中华民国国会史

上

谷丽娟　袁香甫　著

中华书局

图书在版编目(CIP)数据

中华民国国会史／谷丽娟,袁香甫著. —北京：中华书局, 2012.6
ISBN 978 – 7 – 101– 08493 – 1

Ⅰ.中… Ⅱ.①谷…②袁… Ⅲ.议会—历史—中国—民国 Ⅳ.D693.22

中国版本图书馆 CIP 数据核字(2012)第 009719 号

书　　名	中华民国国会史(全三册)
著　　者	谷丽娟　袁香甫
封面题签	张伟然
责任编辑	欧阳红
封面设计	周　玉
出版发行	中华书局
	(北京市丰台区太平桥西里 38 号 100073)
	http://www.zhbc.com.cn
	E-mail:zhbc@zhbc.com.cn
印　　刷	北京天来印务有限公司
版　　次	2012 年 6 月北京第 1 版
	2012 年 6 月北京第 1 次印刷
规　　格	开本 /880×1230 毫米　1/32
	印张 56½　插页 6　字数 1550 千字
印　　数	1-2000 册
国际书号	ISBN 978 – 7 – 101– 08493 – 1
定　　价	198.00 元

目　录

前　言

　　政治民主化和现代化是世界上并驾齐驱的两股全球最强劲的历史潮流,经久不衰。它们相互激荡,相互推进,浩浩荡荡,势不可挡。它们成为世界历史前行的火车头,不断推动着人类文明向更高的层次发展与进步。每一个国家要发展,每一个民族要振兴,都须顺应与追随这两大世界性的潮流。

　　夜郎自大的中国封建清王朝的统治者闭关锁国,一开始将自己置身于这两大潮流之外,未能抓住这历史性的机遇,发展壮大这个历史悠久的文明古国。结果,中国逐渐落后了,和世界先进国家之间的差距也逐渐拉大了。

　　1840 年鸦片战争,帝国主义用大炮轰开了中国的大门。封建统治者们在洋枪洋炮的威胁下,才不得不正视中国落后的现实。因为世界是一个奉行恃强凌弱的强权政治的世界,落后了的中国立即遭到列强的欺凌、掠夺与侵略,民族的生存受到了严重的威胁。

　　一个曾经创造出灿烂的东方文明并对世界文明做出过重大贡献的文明古国,一个拥有世界上最多人口的泱泱大国,成了时代的落伍者,成了列强任意欺凌和侵略的对象。这实在是中华民族最大的悲哀与耻辱。中国人民痛心疾首。民族的危机激励中国人民奋起。一些爱国志士痛定思痛,开始探索救国救民之路。他们放眼世界,开始研究西方先进国家强国之道,从中欲寻求中国富国强兵之路。西方先进国家随处可见的发达的现代工业和发达的物质文明首先吸引了他们的视线。追赶世界现代化的潮流来振兴中华民族就成了他们的共识。这样,19 世纪 60 年代到 90 年代,一场学习和引进西方先进生产设备和先进生产技术的洋务运动应运而生。洋务运动兴办了一批近代军事工业和民用工业。它促进了中国工业的发展,促进了中国资本主义的发展。正是在中国近代化、现代化发展的关键时刻,明治维新后崛起的日本帝国主义奉行侵略扩张的政策,将侵略的矛头对准了中国和朝鲜。1894 年,日本野蛮地发动了侵略中国的甲午战争,并于 1895 年威逼清政府与其签订了《马关条约》。日本不但将清政府的势力赶出了朝鲜后侵占了整个朝鲜,而且割占了中国的辽东半岛、台湾和澎湖列岛,同时还向中国强行勒索了 2 亿两白银的巨款。这打断和阻滞了中国近代化、现代化的历史进程。

花巨资从西方购进先进军舰装备起来的北洋舰队是当时亚洲装备最好、最庞大的一支中国舰队,号称远东第一舰队,却在甲午海战中全军覆没。清政府及其军队的腐败,令朝野震惊。清政府不是动员和依靠全国的力量坚决地抵抗日本的侵略,而是苟延残喘地接受强盗提出的严重损害中国国家根本利益的无理的苛刻条件,订了卖国的《马关条约》。显然,不彻底改造这种卖国的政府,中国人民将无法自救。以孙中山为首的资产阶级革命派主张以革命的手段推翻清政府,建立一个以汉族为主体的共和国,来拯救中国。他们走上了以暴力革命推翻清王朝的道路。资产阶级改良派主张用议会制君主立宪制来改造清政府。他们认识到,在引进西方先进生产设备和技术的同时,还必须引进西方先进的政治制度来改造落后的封建专制制度,才能使中国逐渐强大起来。这样,1898 年中国的戊戌维新运动应运而生。政治改革必然要触及到一些当权者的利益。而缺乏政治经验的维新派又采取了毕其功于一役的激进作法,触动了过多官员尤其是慈禧集团的利益。慈禧立即发动了戊戌政变,残酷地镇压了维新运动,重新临朝训政。

列强对中国的侵略和掠夺,自然要引起中国人民的强烈不满和反抗。清政府本该有一个坚定维护国家利益的不卑不亢的外交政策,对中国人民的爱国激情给以正确的引导,使其转化为举国一致的对抗强暴的强大力量。对列强任何无理的要求决不妥协、退让,并进行有理、有利、有节的斗争。对任何的侵略坚决地动员人民进行抗击,则帝国主义任何的要挟和侵略都是能够打败的。但作威作福的慈禧虽对列强处处掣肘也感到不自在,尤其是列强要其"归政",更令其寝食难安,但她竟轻信其亲信大臣的义和拳是刀枪不入的神兵的鬼话,公然违反国际惯例,下令包围与攻打外国使馆。其愚昧无知的荒谬举动,招致1900年八国联军占领北京并肆意烧、杀、抢、掠。中华民族再次遭到强盗灾难性的浩劫。慈禧则带着光绪等人如丧家之犬,仓皇西逃。最后,善后乏术的慈禧只好向列强做城下之乞盟,订立了《辛丑条约》。列强强行从中国勒索了中国近代史上最大的一笔赔款——庚子赔款。日本通过《马关条约》敲诈的赔款尚未付清,接踵而来的庚子赔款更是雪上加霜。不堪重负的中国人民被压得喘不过气来。中国的近代化、现代化进程因帝国主义的这两场空前的大敲诈和勒索而被中断与阻滞。

　　西逃途中受了点颠簸之苦同时又受列强威逼之气的慈禧似乎也开始醒悟到,再逆历史潮流,不进行改革,日子会越来越不好过。加之和列强翻了一次脸,若不做些迎合列强的事,讨得列强的一点欢心,则今后自己的江山也坐不安稳。为形势所迫,1901年慈禧下了变法诏,捡起戊戌政变中被其践踏的变法旗帜,宣布要进行变法,实施新政。朝野又重新兴起改革的热潮。资产阶级改良派重新抬头,他们要求实行宪政,设立国会,建立君主立宪政体,逐渐形成立宪派。

　　1904年在中国领土上进行的日俄战争,小国日本打败了大国俄国,震惊了一直关注着这场战争进程的中国朝野。在中国人看来,俄国一直是一个强大的军事帝国。这次竟然也败于亚洲小国日本手下,其深层次的原因是什么?通过对这场战争的分析与思考,当时中国朝野基本上形成了一个共识:小国日本打败大国俄国,是君主立宪制对君主专制制的一次重大胜利。日本自明治维新后,实行了君主立宪政体,国家逐渐强大。俄罗斯帝国则一直坚持君主专制制,逐渐衰落。终于出现日俄战争中日胜俄败的结果。这一共识更坚定了中国朝野人士,尤其是立宪派人士,引入君主立宪制来改造君主专制制的决心和信心。他们以日俄战争这活生生的实例来说服慈禧尽早下定决心,实施宪政,以达到安定人心,巩固清王朝统治的目的。当时清政府的一些重臣、封疆大吏、使臣纷纷上折奏请立宪。在朝野的推动下,慈禧于1905年派五大臣赴西洋学习和考察宪政,并依据五大臣出国考察的结果,于1906年正式宣布要预备立宪,决心实施宪政,要求政府官员积极进行改革,为立宪做准备。

清政府预备立宪的上谕为立宪派推进中国政治民主化进程的活动提供了法律依据。立宪派立即公开组织其带政党性质的各种宪政团体来推进宪政。他们出版了一批报刊,向全国介绍西方民主制度,广泛传播宪政知识。重点是详细介绍西方议会的历史性作用,努力提高全民的民主意识与民主觉悟,极力动员和吸引人们投身宪政运动。

西方民主制度的核心是建立和维持一个三权分立的议会,召集国会便成为立宪派奋斗的主要目标。

立宪派在1907年、1908年发动了全国性的国会请愿运动。他们在各省发起请愿速开国会的签名运动,并派代表赴北京呈递请愿书,请求清政府迅速召集国会,以救迫在眉睫的民族危机。在立宪派的推动下,全国各行各业各团体,甚至有1 500多名北京八旗士民,均上书朝廷,请求速开国会。当时全国的报刊也是一片请开国会的呼声。全国几乎形成了一个共识:只有国会才能救中国。当时的舆论呈现一边倒的现象,以致反对西方民主制、反对国会的清政府中的顽固派都不敢再轻易发表他们的反对意见了。

清政府为了预备立宪,在全国人民的强烈要求下,1909年10月在各省设立了咨议局,作为地方咨议机关。它成了省议会的雏形。1910年9月又设立了资政院,作为中央咨议机关。它是中国议会的萌芽。它为立宪派提供了一个合法的议政、参政的场所。尽管它们还只是一个咨议性质的机关,还不是真正科学意义上的地方与国家的议会,但封建专制在中国统治的时间实在是太长了,它对人们的压抑和摧残实在是太久了、太沉重了。民主就像阳光和雨露,正是中国这块古老大地上最缺乏的东西。中国人民通过长期的奋斗,咨议局和资政院终于成立了。它给中国带来的这一缕民主的阳光怎能不令中国人民为之鼓舞与雀跃呢?立宪派人士又充分利用政府为他们提供的这两个合法讲坛,动员舆论,动员群众来争取更多的民主。咨议局成立后,立宪派走上了全国联合的道路,掀起了1910年1月、6月、10月全国性的波澜壮阔的国会请愿运动,要求迅速召集国会以挽救处于千钧一发中的民族危机。在这一场场声势浩大的国会请愿运动中,广大中国民众所表现出来的高涨的爱国热情和推动历史进程的政治主动精神,令人叹服。尤其是很多热血青年在国会请愿运动中,用自己的鲜血写成的一封封速开国会的请愿书,更是深深震撼着人们的心灵。热血青年们这些壮烈的爱国举动,惊天地而泣鬼神。它将国会请愿运动进一步推向了悲壮的新高潮。它强烈地表达了中国人民要求迅速召开国会以救民族危亡的热切愿望。它标志着中国人民的民主意识的觉醒,标志着中国已处于大变革的前夜。

　　清王朝的统治者和所有封建统治者一样,将国家的权力当作爱新觉罗一家的私产,决不愿与任何政治势力分享。相反,一直在极力维护自己的权力。他们采取分化、瓦解和镇压的两手来消弭国会请愿运动。清政府的所作所为,教育了中国的广大民众,其中包括很多立宪派,使他们丢掉了对清政府的幻想。

　　国会请愿运动是中国近代史上规模极大、影响极深刻的一场全国性的政治民主化运动。它动员和吸引了中国广大民众加入到运动之中,共同为早日召开国会而奋斗。在当时的中国,迅速召开国会,实现政治民主化成为全国广大民众的一致诉求,成为一股强大的、势不可挡的历史潮流。它引发和促成了中国近代史上一场最伟大的革命——辛亥革命,并迅速将中国引上资产阶级民主政治的轨道。它迅速无情地将权倾天下、不可一世、逆时代潮流搞复辟的袁世凯永远钉在历史的耻辱柱上。它瞬间就将复辟的跳梁小丑张勋扔进了历史的垃圾堆。这两只不自量力的扑火的飞蛾的迅速毁灭,极大地震慑了一切想称孤道寡的复辟狂和逆政治民主化潮流而动的独裁者,使其不敢妄为。议会在中国才得以断续维持和延续十几年之久。

武昌起义的枪声如平地响起的一声春雷。它给古老的中华大地带来了生机和希望。全国各地纷纷响应武昌起义。辛亥革命的烈火迅速燃遍了神州大地。它很快摧毁了统治中国二百多年已走向没落的清王朝,在中华大地上催生出了一个崭新的民主共和国——中华民国。于是中国便有了十几年的三权分立的议会实践的历史:从各省都督府代表会(1911. 11. 15—1912. 1. 28),到参议院(1912. 1. 28—1913. 4. 8),再到第一届国会(1913. 4. 8—1914. 1. 10;1916. 8. 1—1917. 6. 12;1922. 8. 1—1925. 4. 24)。期间,段祺瑞还成立了第二届国会(1918. 8. 12—1920. 8. 30),即安福国会。广州还召集了护法国会(1917. 8. 25—1922. 6. 16)。中华民国国会的这段历史,错综复杂,头绪繁多。

1911年10月,武昌起义后不久,南方阵营就开始酝酿筹组临时政府,来统一领导辛亥革命。11月15日,南方独立省区派代表在上海成立了各省都督府代表联合会,暂时代行参议院职权,主要任务是组织临时政府。在湖北都督黎元洪的坚持下,各省都督府代表于11月30日赴汉口开会,在武汉制定并公布了《中华民国临时政府组织大纲》(以下简称《组织大纲》),通过了民军和清军停战协定,拟定了南北议和的主要条件。12月10日代表们离鄂赴宁,12月12日在南京继续开会。12月29日,代表们选举孙中山为中华民国第一任临时大总统。1912年1月3日选举黎元洪为第一任临时副总统。筹组了中华民国第一届临时政府——南京临时政府。议决改用阳历,以中华民国纪元,以公历1912年1月1日为中华民国元年1月1日。各省都督府代表会兼具立法和选举总统的职能,后来的参议院和国会沿袭了它的这两项职能。作为中华民国第一个临时性的议会,各省都督府代表会的组织机构尚不很健全。但它在一场翻天覆地的伟大的社会变革中,及时地将辛亥革命的历史性成果以法律和政权的形式肯定与巩固下来。这些都是具有伟大历史意义的、划时代的、开创性的工作。它创立了一个崭新的中华民国。

1 月 28 日,南京参议院成立,各省都督府代表会解散。

1912 年 1 月 28 日,参议院成立于南京。它是依据《组织大纲》的有关规定成立的,共有议员 40 多人。它是南京临时政府时期的最高立法机关。3 月 11 日之前,它的活动的法律依据为《组织大纲》。3 月 11 日《中华民国临时约法》(以下简称《临时约法》)正式公布后,参议院议员的选派及其活动都以《临时约法》为依据。

由于对权力分配的不满,同时为了讨好袁世凯、迎合袁的政治需要,江苏、湖北两省参议员以辞职的形式来反对同盟会占多数议席的南京参议院,在全国掀起了一个否定南京参议院和《临时约法》、重组中央临时议会的政潮。南京参议院与之进行了坚决的斗争,捍卫了《临时约法》,维护了自身的合法地位。

南京参议院在其存在的 3 个月里,议决了一批法律、法规案,以法律的形式进一步巩固了辛亥革命的成果。其中由南京参议院制定的与宪法等同效力的《临时约法》是最重要的一部大法。它以国家根本大法的形式将三权分立的资产阶级民主共和制固定下来。它是参议院和中华民国国会活动的最基本最重要的法律依据。它成为中国议会和一切要求民主与共和的人们维护民主共和制与封建独裁斗争的最重要的法律武器。

南京参议院分别于 2 月 15 日和 2 月 20 日选举了袁世凯为中华民国第二任临时大总统、黎元洪为中华民国第二任临时副总统,通过了中华民国临时政府第一届内阁——唐绍仪内阁。

4 月 2 日,南京参议院议决了《临时政府迁北京》案。4 月 5 日议决:从 4 月 8 日起参议院休会 15 天,于 4 月 21 日全体议员齐集北京,4 月 25 日在北京继续开会。

　　4月29日,北京参议院在北京举行开院典礼。它是中华民国南北统一后北京临时政府时期第一个最高立法机关。它的组成和活动的法律依据是《临时约法》。形式上,北京参议院是南京参议院的北迁。实际上,北京参议院与南京参议院相比,已发生了很大的变化。袁世凯利用参议院的北迁,电令由各省临时议会重新选举各省的参议员,对参议院进行了一次彻底的改造。北京参议院时,同盟会、共和党、统一共和党形成三足鼎立的局面。共和党和统一共和党联手在北京参议院议长、副议长、全院委员长选举中包揽了参议院这些领导席位,彻底改变了南京参议院由同盟会包揽这些领导席位的状况。直到统一共和党因组织陆徵祥内阁与袁世凯及共和党产生矛盾和冲突时,8月与同盟会合组国民党,国民党才又在北京参议院成为多数党。

　　袁世凯登上临时大总统宝座后,就开始采用纵横捭阖的手段将国家的权力集中到自己手中,以便实现其独裁统治。袁的把兄弟、心腹、中华民国第一任国务总理唐绍仪欲行使《临时约法》所赋予内阁的行政权力也引起了袁的不满。袁毫不手软地将唐绍仪内阁搞垮。袁要建立一个完全听命于自己的内阁,即要将国务院变成自己手下的一个幕僚机构,于是一手包办了陆徵祥内阁,以军警压迫参议院通过了其提名的陆内阁阁员名单。

　　北京参议院时期,南北形式上已统一。全国人民要求结束动乱的局面,维持一个安定的环境,以重建家园。各主要政党大都对袁世凯采取了支持的立场。同盟会及其后来改组而成的国民党、共和党、民主党等均坚定地拥袁,支持袁世凯的集权和独裁。8月15日袁世凯不经法律程序,仅凭一纸手令在京捕杀武昌起义有功之臣张振武。袁肆意践踏人权、践踏法律的行径,遭到参议院议员、全国舆论及各人民团体的谴责,陷入了十分被动的境地。孙中山毅然进京帮助袁摆脱了困境。9月25日,孙中山、黄兴与袁世凯、黎元洪共同签署的“内政大纲”,即“八大纲领”正式公布,为袁世凯将国家大权集中到自己手中提供了保证。孙中山赴京的目的之一是拉袁加入国民党并让袁成为国民党的领袖,为袁所婉拒。于是孙中山、黄兴又将赵秉钧拉入国民党,并荐其为国务总理。后又将赵内阁其余阁员均拉入国民党,并确认赵内阁为国民党内阁。国民党全力支持赵阁,拥护袁世凯。这也成为国民党在第一届国会选举中获胜的重要原因之一。即国民党的联袁拥袁政策也并非一无所获。直至1913年3月20日袁雇凶暗杀国民党领导人宋教仁,国民党才从拥袁转为反袁的。

北京参议院在其存续期间,以主要精力、花费了大量的时间议决了《中华民国国会组织法》、《参议院议员选举法》、《众议院议员选举法》、《省议会暂行法》、《省议会议员选举法》等有关国会、省议会组织与议员选举的法案达30多个,为中华民国第一届国会和各省议会的成立奠定了法律基础。同时还议决了《中央行政官官等法》、《中央行政官官俸法》、《服制》、《礼制》、《国籍法》、《戒严法》以及《修正国务院官制》、《修正各部官制通则》等许多行政、军政、财政方面的法律案,进一步健全了中华民国的法制。

4月8日上午,中华民国第一届国会正式成立。当天下午,北京参议院举行闭会式,正式结束。

1913年4月8日,中华民国第一届国会在北京正式成立。它是中华民国首届正式最高立法机关。它采取两院制,由参议院、众议院组成。第一届国会有参议员274名,众议员596名,共计870名,时人称"八百罗汉"。

在第一届国会的选举中,国民党取得了胜利,成为国会中的第一大政党。按各资本主义国家的惯例,应由国民党组织内阁。为了扫清独裁道路上的障碍,袁世凯雇凶将国民党代理理事长宋教仁暗杀于上海,以削弱国民党的势力,阻止国民党组织责任内阁来与自己分掌政权。国民党立即由拥袁转为反袁。这样,在第一届国会中,独裁与民主的斗争十分激烈。

国民党鉴于其军事力量暂时无法立即与袁世凯摊牌,"宋案"发生后,决定先以法律倒袁。国民党一开始利用其在第一届国会中第一大党的优势,在阻止善后大借款合同签字的努力失败后,又按《临时约法》的规定,要求袁世凯将善后借款合同交国会审议。国民党议员抵制袁世凯违背法律程序的先选后宪的主张。国民党利用其在国会宪法起草委员会中的优势,排除袁世凯的干扰,起草了《中华民国宪法草案》,即《天坛宪法草案》,力图利用国会尽快制定一部能保证资产阶级民主共和制度的宪法来阻止袁世凯颠覆民主共和国。

袁世凯则加紧了独裁与专制的步伐。在国会中,他拉进步党,又组织御用的公民党,来对抗和压制国会中的国民党。为防止国民党占优势的国会否定善后大借款合同,袁世凯违背《临时约法》,不经国会议决即正式签字,让合同生效。第一届国会开幕后,袁世凯就采取软硬兼施的办法,分化瓦解了国会中的国民党,使其很快失去了国会中第一大党的地位。袁世凯以武力镇压了国民党发动的二次革命、摧毁了国民党的军事力量后,加紧了对尚留在国会中的国民党温和派议员的压迫和迫害。袁压迫国民党议员同意了其先选后宪的主张,压迫国会选举其为正式大总统。袁干扰宪法起草委员会的宪法起草工作,利用北洋军阀在全国掀起了一场反对和否定《天坛宪法草案》的政潮,以阻止国会制定一部维护民主共和制的宪法,为自己的独裁和复辟扫清将出现的法律障碍。

袁世凯的最终目标是要推翻以议会为核心和主要标志的民主共和国,搞独裁,搞复辟。当国会将其扶上正式大总统的宝座后,袁便决定踢开国会。1913年11月4日,袁下令解散了国民党,非法取消了国民党籍议员的资格,使国会不足法定开会人数而陷于瘫痪。1914年1月10日,袁又下令停止第一届国会议员的职务。中华民国第一届国会第一次被非法解散。

第一届国会第一期常会制定了《大总统选举法》,选举了中华民国第一任正式大总统和副总统,通过了熊希龄内阁。国会组成的中华民国宪法起草委员会起草了《天坛宪法草案》。由于袁世凯的破坏,国会未能召集宪法会议讨论《天坛宪法草案》。第一届国会与袁世凯的破坏议会民主制的行为进行了一定程度的斗争。

袁世凯搞垮了第一届国会后,即加快了独裁与复辟的步伐。袁在指使其爪牙们大造独裁和复辟舆论的同时,还成立了御用的立法和造法机构,为自己制订搞独裁与复辟的法律和法规。急于黄袍加身的袁世凯让其在1913年12月15日成立的御用咨询机关政治会议,彻底修改确立了民主政治原则的《临时约法》,制定一部适应其搞独裁和复辟的新约法。政治会议建议袁世凯成立约法会议来完成这一任务。这样,袁世凯于1914年3月18日成立了其御用的造法机关——约法会议。按袁的旨意,约法会议制定了《中华民国约法》,即《新约法》。5月1日袁世凯将《新约法》正式公布。袁世凯还让约法会议制定了新的大总统选举法,即《修正大总统选举法》,并于1914年12月29日正式公布。《新约法》和《修正大总统选举法》将立法、行政、司法三项大权完全集中于大总统一人。总统任期10年,且可一再连任。由大总统推荐下任大总统人选。即大总统不但是终身制,而且可以世袭,将大总统皇帝化。这为袁世凯搞独裁、搞复辟提供了法律保证。

袁世凯为了尽快地圆其皇帝之梦,连《新约法》规定的由大总统包办的御用立法机关——立法院也不成立,而让其于1914年6月20日成立的御用咨询机关参政院代行立法院的职权,完成其由共和到帝制转变的法律手续。秉承袁的旨意,1915年9月20日,参政院议决召集国民会议,后又按袁的旨意,改用国民代表大会,以所谓投票的办法来改变共和国体,推戴袁世凯为中华帝国皇帝。12月11日,参政院以国民代表大会总代表的名义,两次上推戴书,请袁世凯登极,成为袁世凯复辟帝制的得力工具。袁于12月31日发表申令,改民国五年为洪宪元年,改国号为中华帝国。

袁世凯逆政治民主化的历史潮流而动,复辟帝制,立即遭到了全国人民的谴责、反对和声讨。蔡锷等人在西南组织护国军征讨袁世凯。南方各省纷纷响应。孙中山组织中华革命军讨伐袁世凯。众叛亲离的袁世凯被迫于1916年3月22日取消帝制。6月6日,在全国一片声讨声中,独夫民贼袁世凯一命鸣呼,留下的是千古骂名与耻辱。

袁世凯一死,北洋军阀失去了一个能驾驭该军事集团的强势人物,很快分化成以段祺瑞为首的皖系、以冯国璋为首的直系和以张作霖为首的奉系。安徽督军张勋也独树一帜,组织各省区联合会,自任盟主,亦欲染指中央政权。黎元洪在袁死后的第二天以副总统继任大总统之位。但北京政权落入国务总理段祺瑞手中。

在孙中山和护国军方面的坚持下,段祺瑞同意恢复《临时约法》和第一届国会。恢复民主共和制的目的已经达到。于是护国军方面于7月14日撤销了军务院。孙中山也解散了中华革命军并停止了中华革命党的一切活动,并表示自己不再过问国事,鼓励国民党议员北上,积极参与即将恢复的国会的活动,以便制定一部维护民主共和制的宪法。

8月1日,第一届国会第二期常会在北京举行开院典礼。第一届国会第一次恢复。政党和国会本来是一对密不可分的孪生兄弟。但由于民初政党的素质低下,在参议院和第一届国会第一期常会中的所作所为令国人失望,舆论和民众普遍对政党表现出的朋党陋习很不满。于是,进步党党魁梁启超、汤化龙高唱不党主义。开始时谁也不出头组织政党。国会一盘散沙,八百罗汉八百党。一个议案在国会中赞成、反对纷纷,难有结果,正常的议事无法进行。一些议员出面组织国会议员院外谈话会以便保证国会议事活动的正常进行遭到失败后,组党活动开始活跃。但此时政党并不敢亮出政党的旗号,而纷纷打着"××会"、"××社"、"×园"、"×庐"、"××俱乐部"的旗号登场。国民党系议员组织宪政商榷会。进步党系议员则组织宪法研究同志会和宪法案研究会,后两会又合并成宪法研究会。研究系的名字由此而来。其他的小政党更是五花八门。且这些政党分分合合,令人眼花。

国务总理段祺瑞专权,位至一国之尊的大总统黎元洪不甘心做傀儡。《临时约法》对总统和总理的权限界定不清,府院之争一再发生。国会中的政党再卷入府院之争,矛盾就更加复杂,政潮迭起,政局动荡。

以复辟清王室为职志的安徽督军张勋却占据着战略要地徐州一

带,以各省区联合会盟主的身份,在徐州多次召集一些省区的代表开秘密会议,干涉国政,将徐州搞成当时中国的另一个政治中心。他放肆地攻击国民党籍的阁员,放肆地攻击国民党占优势的国会,扬言要解散国会。国民党系议员对以张勋为代表的旧的封建复辟势力的进攻予以坚决的揭露和反击。段祺瑞则常常利用张勋的势力来对抗国会,对抗黎元洪。研究系也要利用张勋的力量来搞垮国会,以便重组一个能为研究系所控制的新国会。这使国会与张勋之间的斗争更加曲折和复杂。

1917年上半年,一个对德宣战案(即中国加入协约国参加第一次世界大战)搅得本来纷扰的中国政坛更加动荡不安。中国利用协约国需要中国参战的机会,来力争废除列强(既包括同盟国,也包括协约国)强加给中国的不平等条约,是符合中国的国家利益的。尽管从1917年7月开始,全国已是一片赞成对德宣战之声。广州军政府刚一成立,孙中山就立即将对德、奥宣战案交给刚刚成立的护法国会通过,并于9月26日以军政府的名义向德、奥宣战,其急切之情似乎是在赶最后一班车,惟恐晚点。但1917年上半年的情况却并非如此。大总统黎元洪反对参战,国务总理段祺瑞主张参战。这使一度平静下来的府院之争再度激化。4月25日,段祺瑞召集各省督军及其代表到京开军事会议,解释对德宣战的理由。当知道对德宣战是宣而无战、无需出兵欧洲后,多数督军由反对转为赞成宣战,并劝说国会议员们赞成宣战案。梁启超是主张并鼓吹参战最力者之一,故国会中的进步党议员均主张参战。孙中山是坚决反对参战的,并利用其影响反复劝说国民党议员。这样,有部分国民党议员由主张参战转而反对宣战案,但仍有一部分国民党议员坚持参战主张。由于段的爪牙拾起袁世凯的故伎,组成“公民团”压迫国会通过宣战案,激怒了一部分议员。5月19日众议院会议,议决对宣战案“暂时缓议”,即将宣战案搁置。这引起了督军们的不满。研究系乘机给督军们献上搞垮国会之策。督军们按研究系的策划,联名通电痛诋宪法草案,并要求解散国会。黎元洪斥责军人干政。各督军及其代表愤而出京。

5月18日段祺瑞秘密与日本签订1亿元的军事大借款合同被报纸披露出来。这对本来已因"公民团"事件搞得十分被动的段祺瑞是一个沉重的打击。黎元洪在其谋士们的极力怂恿下,于5月23日下令免去了段祺瑞的国务总理兼陆军总长之职。但黎很快就发现自己捅了北洋军阀这个马蜂窝。很多省督军纷纷宣布独立,脱离中央,并酝酿在天津组织临时政府。宣布独立省的督军在津组织总参谋处,准备进兵威逼京师。研究系的参议院议长王家襄,众议院议长汤化龙、副议长陈国祥提出辞呈。研究系议员也纷纷提出辞呈并不出席国会会议,配合督军团,力图搞垮国会。国会拒绝了王、陈等人的辞职,接受了汤的辞职,改选吴景濂为众议院议长。

局势一片混乱。黎元洪根本无力稳定局势,只好采取饮鸩止渴的办法,邀张勋入京调停国事,维持首都的秩序。张勋率领五千辫子军入京,逼黎元洪于6月12日下令解散了国会。国会遭第二次解散。张勋乘机于7月在北京搞了一场短命的复辟清王朝的政变。国家被拖入了一场动乱与战争之中。

第一届国会第二期常会于1916年9月追认了段祺瑞内阁,10月选举了冯国璋为副总统。从1916年9月5日起,花了大量时间和精力审议《天坛宪法草案》,并对其初读和二读。但在二读时因地方制度是否入宪产生矛盾和冲突,宪法在国会中无法通过。宪法会议开至1917年5月25日,以后就因人数不足不能成会。这次议宪是第一届国会几次议宪中时间最长的一次。

7月12日,张勋复辟被粉碎。段祺瑞以国务总理的身份重新执掌北京政权。8月1日,冯国璋入京代理大总统之职。

研究系和皖系军阀联手,借张勋之力推倒了黎元洪,解散了国民党占优势的国会。他们都反对恢复国会,都想组织一个能为自己所控制的新国会。尤其是研究系,一直将国民党作为他们在政坛上、在国会中、在内阁中最主要的竞争对手和最主要的政敌,必欲摧垮而后快。而在这次新组织的段祺瑞内阁中,研究系据有5席。这是自他们与北洋军阀袁世凯、段祺瑞合作以来,分得权力最多的一次。且他们将财政和内务两个最重要的部拿到了手。拿到财政部为研究系开辟了重要的财源,自可筹集充裕的竞选资金。拿到内务部,就掌握了选举议员的直接领导与指挥机关,可直接干预选举。在研究系看来,国民党议员已赴广州参加护法国会,此时若举行新一届国会选举,国民党不会参加。没有了主要竞争对手,自己是胜券稳操的了。于是研究系的首领梁启超、汤化龙等替段祺瑞出谋划策,坚决抵制了恢复第一届国会的要求,于1917 年 11 月 10 日成立了专司修正 1912 年公布的《中华民国国会组织法》、《参议院议员选举法》、《众议院议员选举法》的临时参议院。并依临时参议院修改的此三法选举产生了第二届国会。出于研究系意料之外的是,皖系军阀利用其控制的中央政权,直接指挥各省军阀,完全控制了临时参议院参议员的选举,达到了控制临时参议院及临时参议院对上述三个法修改的目的,进而控制了第二届国会议员的选举,产生了一个完全为皖系军阀所控制的第二届国会。研究系在第二届国会选举中惨败。其在第二届国会中的力量远小于其在第一届国会中的力量。研究系从此开始衰落。其头目梁启超、汤化龙等也就此淡出政坛。正由于皖系和研究系拒绝恢复第一届国会而成立了第二届国会,引起南北的法统之争,导致了国家的分裂和内战。

第二届国会 1918 年 8 月 12 日在北京正式开幕。第二届国会采取两院制,由参议院和众议院组成。按 1918 年 2 月 17 日代理大总统冯国璋公布的《修正中华民国国会组织法》的规定,全国参议员 168 名,众议员 406 名。但由于此时南北分裂,广州建立了军政府和护法国会与北京政府和第二届国会对抗。广东、广西、云南、贵州、四川未参加第二届国会选举。这届国会中,由皖系控制的安福俱乐部成员占 70% 以上。故这届国会又称安福国会。广州军政府和护法国会一直认为北京政府和第二届国会非法,予以否定。但国际上均承认北京政府代表中华民国,自然也承认第二届国会。

安福系议员依仗以段祺瑞为首的皖系军阀的支持,操纵国会,把持朝政,引起众怒。不但广州军政府和护法国会反对,而且直系也公开反对,以后奉系也公开反对。由于得到控制北京政权的皖系军阀的支持,第二届国会开了三期常会,且每期常会均依法延长会期2个月,还开了一次临时会:第一期常会(1918.8.12—1919.2.11),第二期常会(1919.3.1—1919.8.30),临时会(1919.9.10—1920.2.10),第三期常会(1920.3.1—1920.8.30)。1920年7月皖系军阀在直、皖战争中失败,直、奉两系军阀控制了北京政权。8月3日大总统徐世昌下令解散安福俱乐部,以后又通缉其骨干。第二届国会瘫痪。8月30日第二届国会闭会,从此销声匿迹。

直系首领冯国璋离开自己经营有年的巢穴江苏,于1917年8月1日到京,并不是为了那任期只剩下一年多点的代理大总统,而是着眼于下一届大总统。尽管冯与段祺瑞私交甚深,但入京后很快就与刚愎自用的段发生矛盾与争斗。当时南北两个政府对立,段坚持对南方用兵的武力统一政策。但皖系将领纸上谈兵者居多,能征善战者少。段只得借用骁勇善战的一些直系将领来推行自己的武力统一政策。直系自然不愿为段作嫁衣裳,徒消耗自己赖以生存的实力。冯国璋主张以和平的方式解决同西南的争端,与段的主张相左而引发新的府院之争。冯暗中操纵前线的直系将领实施其和平的方针。11月14日,入湘的北洋主力第八师师长王汝贤和第二十师师长范国璋在前线发出主和通电,自行停战并后撤,迫使段祺瑞的心腹、湖南督军傅良佐和代理省长周肇祥于当晚仓皇逃离长沙。段对湘用兵以制两广的计划彻底失败,导致段祺瑞内阁再次倒台。段于1918年初引奉军入关,以皖、奉联盟压迫直系屈从段的武力统一政策。3月23日,段再次上台组织新内阁。段对冯国璋虽十分忌恨,但鉴于直系的军事实力,段不敢以武力驱冯,只能以法律倒冯。第一任大总统任期到1918年10月9日即届满。段要通过自己所控制的第二届国会及时选出新的总统将冯合法地赶下台。皖系提出要先选总统后解决时局,即先倒冯。直系督军和将领在冯的授意下纷纷通电,主张先解决时局后选总统,即先倒段内阁。两派斗争的结果，段与冯相约同时下台。即段、冯均不当下届总统，段连国务总理也不当。这样，第二届国会于 9 月 4 日选举北洋元老徐世昌为第二任大总统。按段、冯事先达成的协定，徐世昌 10 月 10 日就任正式大总统的当天，即下令免去段祺瑞国务总理之职，以其心腹钱能训代理国务总理。段则利用参战督办的身份控制着皖系的军队，同时通过安福系控制着第二届国会，通过国会在内阁中安排党羽，干预内阁的方针政策。国会在选举副总统的问题上各持己见。旧交通系和研究系议员不出席副总统选举会，使选举会不足法定人数一再流会，副总统难产。广州军政府和护法国会通电指责北京政府的总统选举违法，予以反对。直系重要将领吴佩孚也公开通电反对这次选举。

1918 年 6 月 15 日，前线重要的直系将领吴佩孚与南方军队签订了秘密停战协定，退出了战争。湘南战事停止。8 月，吴接连通电抨击段祺瑞的武力统一政策，主张和平。这促进了国内和平运动的高涨。

新上台的大总统徐世昌是主张和平的。他拉直系对抗皖系，在第二届国会中拉非安福系议员共同对抗安福系，并利用协约国列强希望中国和平统一来推行其和平方针。

11 月 11 日，第一次世界大战结束。世界呈现出一派和平景象。这进一步促进了国内和平运动的高涨。作为战胜国的中国，必须举国一致，才能在第一次世界大战后的国际局势的重新洗牌中争取更好一点的地位。徐世昌、钱能训充分利用国内外的和平要求，10 月 25 日发布了一道国内和平令，11 月 16 日又发布了国内停战的命令。段祺瑞操纵第二届国会中的安福系议员酝酿弹劾钱能训内阁，再拥段上台组阁。12 月 2 日，英、美、法、日、意 5 国驻华公使联合向北京政府提出速谋和平的觉书，支持了徐世昌的和平统一方针，抑制了段祺瑞的武力统一政策。这样，第二届国会才于 12 月中旬通过了钱能训为国务总理的提名，1919 年 1 月上旬通过了钱阁其他阁员的提名。徐、钱还于 1918 年 12 月 11 日公布了参加南北和平会议北方代表的名单，并于 1919 年 2 月下旬在上海与南方军政府派出的代表进行和平谈判。因南北争法统,互不相让。即第二届国会坚持自己是惟一合法的国会,不能解散。护法国会则坚持自己是惟一合法的国会,应恢复,而第二届国会是非法国会,应解散。5月中旬,南北和平谈判彻底破裂。

中国作为战胜国,也派出了代表团参加了1919年1月18日开幕的巴黎和会。在第一次世界大战中,中国往欧洲战场源源不断地输送了大量的军用物资和粮食,还送去了15万多劳工。中国人民为赢得这场战争做出了很大的贡献,付出了巨大的牺牲。战争胜利了,在巴黎和会上,中国只要求在国际上得到一个平等的地位。但协约国列强不但不支持中国这最起码的正当要求,反而牺牲中国的利益去满足日本侵占中国山东的无理要求。消息传回国内,中国人民愤怒了。一场伟大的反帝反封建的五四运动终于爆发了。斗争的矛头直指1918年9月与日本签订密约出卖中国山东的段祺瑞、曹汝霖、陆宗舆、章宗祥这几个亲日的头目。在全国人民的支持下,五四运动取得了重大的胜利。出席巴黎和会的中国代表团拒绝在《协约及参战各国对德和约》上签字。

上海南北和谈的破裂及巴黎和会上中国外交的失败,国务总理钱能训出面承担责任,引咎辞职。1919年6月13日,钱能训内阁垮台。直、奉、皖三系围绕新总理人选又进行了长时间的争斗。10月31日和11月4日第二届国会众、参两院才分别通过了靳云鹏的国务总理提名。接着三派又围绕靳阁阁员展开角逐。直至11月28日和12月2日,靳阁各阁员的提名才分别在第二届国会众、参两院通过,靳阁正式产生。安福系议员一有机会即欲倒靳阁。靳只好借直、奉两系军阀来对抗安福系,在直、奉、皖三系之间走钢丝绳。但靳毕竟属皖系,又不能违背自己的上司和恩师段祺瑞的意旨,在安福系的一再刁难下,1920年5月上旬,坚辞国务总理之职。5月14日大总统徐世昌任命萨镇冰兼代国务总理之职。

第二届国会还审议了《民国8年国家预算》案,将政府所提的预算支出压缩了二成左右。当然军费在预算支出中最大,故主要是压缩军费支出。将当年预算赤字从 2 亿多元降至 5 000 万元左右。这在中国国会存在的十几年中是仅有的一次,值得一书。

　　1917 年 7 月 1 日,张勋复辟。6 日,孙中山等离沪赴粤,举起维护法统的旗帜。即以恢复第一届国会和维护《临时约法》相号召,掀起护法运动。他号召国会议员南下广州,召集国会,组织护法军政府,以对抗北京政府及将要组织的新国会。令发动护法者意外的是,恢复旧国会本来与旧议员的切身利益密切相关,但真正响应孙中山号召南下广州的旧议员并不多,竟远不足法定的开会人数。尽管孙中山、国民党议员极力运动旧议员南下,但成效不大。这立即使护法者陷入了违法的尴尬境地。这样,到粤的国会议员只好 8 月 25 日在广州召集国会非常会议,选举了孙中山为大元帅,陆荣廷、唐继尧为副元帅,成立了军政府。唐继尧、陆荣廷并不就副元帅职,即并不支持军政府。更有甚者,当时控制广东的桂系军阀反对以孙中山为首的军政府,军政府形同虚设。为了扩大军政府的基础,1918 年 5 月,国会非常会议通过了《中华民国军政府改组》案,将大元帅独裁制改为七总裁合议制。5 月 20 日,国会非常会议选举孙中山、唐绍仪、伍廷芳、唐继尧、陆荣廷、林葆怿、岑春煊为政务总裁。7 月 5 日,唐继尧、伍廷芳、陆荣廷、林葆怿、岑春煊宣布就政务总裁职。7 月中旬,孙中山、唐绍仪也接受了政务总裁职。孙、唐、唐、陆均不到广州,往往只派代表出席政务会议。8 月 19 日,按多数政务总裁的意见,推举岑春煊为主席总裁。这样,中断了三个月的军政府又继续运转了。

　　第二届国会即将召开。护法国会宣称自己是惟一合法正统的国会。但旧议员到广州者远不足半数,只能开国会非常会议。这在法律上说是被动的。于是决定召集正式国会会议,并于 6 月 12 日在广州举行了正式国会会议开会典礼。尽管反复催促和运动旧议员到广州参加会议,但仍远不足法定的开会人数。于是绞尽脑汁,寻找法律依据,于 7 月 13 日和 8 月 13 日护法国会两次解除了不来广州的 325 名议员的职务,由候补议员递补。这样,到 8 月上旬护法国会参、众两院才凑足法定的开会人数。以不到半数的旧议员解除 325 名旧议员职,在法律上是解释不通的。既然发表宣言宣布正式国会已召集,护法国会又面临一个难以解决的法律难题:应该成立正式政府,即有大总统和由大总统正式任命的内阁组成国务院。护法国会承认黎元洪大总统合法,黎元洪让冯国璋代理大总统自然也合法。黎、冯均在北方,拒绝承认护法国会和军政府。护法国会又很难在较短的时间内选举出一位新的大总统,组成正式政府。于是,护法国会议决自 1918 年 10 月 10 日起,委托军政府代行国务院职权,摄行大总统职务。当然,这在法律上也难以自圆其说。

护法国会主要由国民党系议员组成,但派系斗争却仍然十分激烈。军政府改为总裁合议制后,在开始的一段时间里,军政府的工作有一定的起色。它是一个西南实力派以实力入股的松散的权力机构。其大部分政务总裁只派代表出席政务会议。逐渐地这些代表也懒于出席政务会议。军政府又渐涣散。以岑春煊为首的政学系与桂系联合,逐渐控制了军政府。这引起了非政学系议员的不满。1919 年夏,护法国会酝酿改组军政府。非政学系议员提出改组军政府案甚至提出对主席总裁岑春煊不信任案,护法国会中的斗争激化。政学系主张和北京政府和解并与之订立秘密协定。于是民友系、益友系议员决定脱离桂系和政学系所控制的广东,于 1920 年 3 月底 4 月初离穗,经香港转上海,7 月移滇,继续开国会非常会议,9 月 2 日移往重庆开会。唐继尧、刘显世的滇黔联军在四川大败。10 月中旬护法国会议员又仓皇离渝回沪。

留在广州的政学系议员于 1920 年 4 月再开国会非常会议,5 月 4 日补选政务总裁熊克武、温宗尧、刘显世(未就)取代孙中山、唐绍仪、伍廷芳。1920 年秋,在广东人民的支持下,陈炯明率粤军打回广东,将桂系逐出了广东省。岑春煊及政学系 10 月逃离广东。11 月下旬,孙中山、伍廷芳、唐绍仪又重回广东,再组军政府。1921 年 1 月 12 日,以民友系和益友系为主的护法议员在广州再开国会非常会议。由孙中山的嫡系民友系控制着此时的广州护法国会,并以附逆罪名将政学系及支持政学系的护法议员排除在再次恢复的护法国会之外。

孙中山和民友系坚持在广州选举正式大总统，成立正式政府。益友系议员以国会非常会议选举正式大总统完全违反了《临时约法》和《大总统选举法》为理由，坚决反对选举正式大总统。这样，益友系与孙中山及民友系产生了矛盾与对立。民友系以专横与粗暴的办法对付益友系。益友系议员只得于3月底4月初离开广东。

4月7日，广州国会非常会议开两院联合会。在民友系的主持下，不到3个小时就议决了新的《中华民国政府组织大纲》，并当即选举了孙中山为正式大总统。打着护法旗号肆意践踏《大总统选举法》的行为，立即引来舆论和各方面的谴责和反对。尤其是遭到当时控制着广东的孙中山的重要部属陈炯明的反对。这样，经过疏通，得到陈炯明的同意后，5月5日孙中山才正式宣誓就任大总统职。

10月中旬，孙中山组织北伐军在广州举行北伐誓师大会。由于陈炯明的反对及赵恒惕等的阻挠，直至1922年5月才正式出师北伐。陈炯明依照和直系达成的南北两个总统同时下台，结束南北对立与战争，谋求国家和平统一的秘密协议，于6月16日在广州炮轰总统府，将孙中山逐出广州，并以武力压迫解散了民友系所控制的护法国会。护法运动到此结束。护法国会也到此彻底终结。

护法国会认为第二届国会和北京政府为非法予以否定，故它反对与北方政府的代表举行南北和谈。由于南北两个国会争正统，毫不相让，致使在上海的南北和谈破裂。护法国会和第二届国会支持出席巴黎和会的中国代表团拒绝在《协约及参战各国对德和约》上签字。护法国会支持五四运动。

护法国会于1918年9月下旬至12月下旬，1919年11月中旬到1920年1月上旬，两度召集宪法会议，继续第一届国会第二期常会的制宪工作。1918年12月下旬，因议员纷纷赴上海关注南北和谈，导致宪法会议中断。1920年1月又因政学系议员抵制制宪使宪法会议中断。护法国会制宪工作夭折。

　　1922 年直系在第一次直奉战争中打败了奉系,控制了北京政权。曹锟、吴佩孚为尽快统一中国,打出"恢复法统"的旗帜。6 月 11 日迎黎元洪入京复大总统职。8 月 1 日再次恢复了第一届国会。

　　再次恢复的国会立即陷入了民六、民八议员法统之争的旋涡。双方都认为自己是合法议员,对方为非法议员。双方一再发生冲突,不断上演武打戏,甚至在大白天一些议员手执白旗抬着棺材在大街上游行并大闹众议院。这在中外议会史上也算一大奇闻。以后,政府将民八议员妥善位置后,民六、民八议员的法统之争才逐渐平息。

　　直系的保(定)派和(天)津派为了与洛(阳)派争夺对中央政府的控制权,保、津派在国会中的头目众议院议长吴景濂、副议长张伯烈于 11 月用栽赃诬陷的办法制造了罗文干案,搞垮了洛派的王宠惠内阁。经过调查审理,京师地方检察厅做出了《罗文干案不起诉处分书》,还了财政总长罗文干的清白。署理教育总长彭允彝和吴景濂、张伯烈联手,分别促使内阁和众议院通过一系列重办罗案及查办审理罗案的司法人员的提案,立即导致了刚被释放的罗文干于 1923 年 1 月 15 日再次被捕。这种明目张胆的践踏宪法、践踏人权的行为,立即遭到全国司法界、教育界、舆论界的一致谴责与反对。全国爆发了驱彭学潮。国会众、参两院竟不顾教育界一致反对彭任教育总长的强烈要求,分别于 1 月 19 日和 24 日通过了对彭为教育总长的提名。彭任教育总长的近 5 个月的时间里,驱彭学潮不断。

　　总统瘾十足的曹锟欲尽快将黎元洪赶下台,在策划法律倒黎失败后,又以武力于 6 月 13 日将黎赶下台。这立即引发了全国性的反对直系的政潮。国会再次分裂,议员纷纷离京赴津、赴沪。反直同盟张作霖、段祺瑞、孙中山力图将国会移沪。由于赴沪议员派系林立,加上历史上的恩恩怨怨,矛盾与争斗不断。尤其是直系加大了以金钱引诱议员回京的力度,一些赴沪议员又纷纷返京。国会移沪运动失败。

　　旧国会多数议员以政党、政团为单位,借大总统选举的机会,向直系大施勒索手段。于是,直系津派、保派大肆搜括民间和盗窃国库,筹得巨款,于10月5日上演了中国近代史上最大的一场贿选丑剧,将曹锟扶上了大总统的宝座。

　　贿选后的国会,基本上由参与贿选的议员组成,已完全腐败了。贿选议员自然是十分恋栈的。他们乘大选压急于当大总统的曹锟,让摄政内阁正式公布了他们将议员任期无限延长的议决案,以后又将此载入其仓促议决的《中华民国宪法》之中,达到了其无限延长任期的目的。这批精于权钱交易的议员们十分清楚,这些只完成了达到其目的的第一道法律程序。国会只有开会议事,议员手中才能产生出可用之权。于是这些议员们又于10月26日在北京举行了第一届国会临时会开幕式。这样,又将临时会议无限期地开到1924年北京政变,段祺瑞发出检举贿选议员令为止。

　　曹锟当上大总统后,保派已完全控制了中央政权。曹锟及保派欲承认金法郎案以换取扣留在汇理银行的一大笔中国的盐税。但国会从1923年2月开始即一直反对政府承认用金法郎偿还庚子赔款中法国的剩余部分,并一致否决了政府提交给国会的金法郎案。曹锟和保派欲尽早结束由津派吴景濂为首的民宪同志会所控制的国会,于是组织宪政党、头发党、马蜂党等御用政党来抑制与对抗民宪同志会,尽早结束第一届国会。

　　吴景濂和王承斌(直隶省长)这一对表兄弟利用王搜括民间筹得的巨款,包办大选,将曹锟扶上了大总统宝座,以"功臣"自居。吴还想过把国务总理瘾。曹锟不愿让吴凭借众议院议长的权力和国会第一大政党党魁的地位控制国会、操纵政局,决定倒吴。即不但不能兑现大选时让其组阁的诺言,而且不能让吴再占据众议院议长之席。在众议院宪政党合法倒吴失败后,12月20日,政府强行撤换众议院警卫。失去警卫保护的吴景濂立即仓皇出逃。众议院也进入无议长、由众议院行政委员会代行议长一部分职权的时期,即众议院也处于半瘫痪状态。参议院自1922年9月18日第二期常会闭会后就已进入无议长,以后由参议院行政委员会代行议长部分职权的时期,即参议院早就进入了半瘫痪状态。这在世界议会史上恐怕也算一大怪事。

为早日结束第一届国会,直系控制的中央政府不但扣发议员岁费,而且于1924年1月1日发表了要砸所有众议员饭碗的众议院议员改选令。这不但激怒了非政府党众议员,而且也激怒了一部分政府党普通众议员。于是他们联手在1月9日的众议院常会上通过了《特任孙宝琦为国务总理请求同意》案,推倒了保派的高凌霨代理内阁。曹锟欲让孙宝琦承担办理金法郎案的责任与风险。孙不愿为一顶随时都可能被政潮卷走的国务总理的乌纱帽而背上卖国贼的千古骂名,婉拒之,为曹所不容,只好于7月2日辞职,由顾维钧代理国务总理。

曹锟冷淡国会,愿花钱豢养议员者又大乏其人。缺乏金钱支撑的政党也就失去了往日贿选时的繁荣与活力。国会便逐渐涣散。一些不甘寂寞的政客想出了一个发财的办法来刺激议员的积极性和热情。这就是选举副总统。但向国内各派头目兜售一圈副总统一职,终因未寻得肯出高价的买主而胎死腹中。

10月23日,冯玉祥以奉、皖、粤(国民党)反直三角联盟为依托,发动了北京政变,软禁了曹锟,推翻了直系控制的中央政权。一开始北京政权形式上由冯玉祥、张作霖、段祺瑞和国民党联合控制,实际上主要由冯玉祥、张作霖所控制。

参与贿选的第一届国会议员再次成为众矢之的。舆论与民众纷纷要求追究参与贿选议员的责任。未参与贿选的少数议员欲维持国会,出面组织国会非常会议。他们四处活动,向各方寻求支持。清末时被人们视若久旱甘露的国会,经过十几年的运行,在中国已声名狼藉,故无人再出来为其捧场。国会非常会议最后自生自灭。

11月中旬,冯玉祥、张作霖、段祺瑞在天津举行三巨头会议,决定组织临时执政府;由段祺瑞出任临时执政;决定解散第一届国会,废止《中华民国宪法》和《临时约法》,重新制定新的宪法。

11月30日,临时执政段祺瑞下令检举贿选议员。检察厅搜查了一批参与贿选议员的住宅、众议院秘书厅及承办贿选经费的银行,收集贿选证据。贿选议员纷纷逃匿。第一届国会瘫痪。1925年4月24日，段祺瑞下令废弃法统。即废弃《临时约法》和《中华民国宪法》，解散第一届国会。中华民国国会到此终结。

临时执政府积极筹备制定新宪法，以便召集新一届国会。1925年2月1日至4月21日，善后会议在京举行。会议制定了《国民会议代表条例》等条例。临时执政府依据条例成立了国民代表会议筹备处；7月发布了国民代表会议议员选举日期令，规定9月20日之前，全国各地办妥国民代表会议议员的选举；10月29日，发布了1926年1月15日在北京召开国民代表会议的命令。临时执政府又于1925年8月至12月，召集了国宪起草委员会，依三权分立的原则起草了《中华民国宪法案》，准备提交给国民代表会议讨论通过。由于临时执政府的两大支柱冯玉祥和张作霖反目以至兵戎相见，时局动荡，内战再起。临时执政府本身难以维持，筹备中的国民代表会议自然无法召开，制宪工作随之流产。

1925年东山再起的吴佩孚与张作霖联合，于1926年4月将冯玉祥的国民军赶出京津一带，再度控制了北京政权。但在法统问题上，吴佩孚主张"护宪"，即维护1923年公布的《中华民国宪法》的合法性，恢复第一届国会。张作霖主张护法，不承认《中华民国宪法》，只承认《临时约法》，主张按《临时约法》成立新的国会，反对恢复第一届国会。为了共同讨伐国民军和对付1926年7月国民革命军已开始的北伐，吴、张只好相互妥协，将法统之争放一边，待军事结束后再考虑。这样，护宪的旧议员恢复第一届国会的运动夭折。

中国的国会几乎在一夜之间就成立了。它是中国引进西方民主制度的一次重要的尝试。但很快便开始衰落。真是"其兴也勃，其亡也忽"。它留给了历史太多的遗憾，也留给了人们太多的思考。认真研究国会的这段历史，总结其中的经验与教训，对我们开拓未来是有益的。

中华人民共和国成立以来，尚无人系统地研究中华民国国会的这段历史,至今连一本简要地介绍这段历史的书都没有。

中华民国国会的研究工作是一项开拓性的工作。国会的年代离我们已很久远了。一些资料的收集比较困难。中国的国会一再被解散,经历曲折复杂。它一再出现变种,甚至出现南北两个国会长时间并存与对立的局面。头绪繁多,错综复杂。政党与国会是一对孪生兄弟。议员是带着政党的色彩在国会活动的。弄清各个政党在各个时期对国内外大事的政治态度,是把握国会活动走向的关键问题之一。但在国会存续期间,往往政党林立、名目繁多,有时达几百个之多。这些政党有的又分分合合、聚散无常。挂名现象又很普遍。一个人挂名几个党甚至十几个党的现象很常见。不但一些党的普通成员难分清其党派,甚至一些名人、要人在某一个时期究竟应归属哪一个党都难分清。这些都给国会的研究工作带来了很大的困难。

笔者经过多年的资料收集和对这些资料的潜心研究,写成了《中华民国国会史》一书,也算在这一研究领域内完成了一件抛砖引玉的工作。

国会是一个国家的政治中心之一。全国的政治、军事、经济、文化、外交等领域的重大问题都要汇集和反映到国会中来。国家各种重大的问题都要经国会议决。国会内部的斗争与当时全国的政治斗争紧密相关。历史本身就是生动而丰富的。笔者尽量将国会置于当时历史的大环境中,对国会所议的每一个重要议案的来龙去脉及各党各派对该案的态度做全面、准确的介绍,以期能客观、准确、全面地将一个丰富生动的多姿多彩的国会呈现在读者面前。

本书写的是资产阶级三权分立的议会。清政府的资政院和咨议局不是议会。收入书中是为了说清楚议会在中国的发展历史和中国人民为之奋斗的历史。袁世凯搞独裁和复辟时的御用立法和造法机构更是背离议会民主制的机构,收入书中是为了历史不在这个时期出现断层。南京国民政府时期,再也没有建立过三权分立的国会。国民参政会也好,旧政协也好,所谓的国大也好,都不是三权分立的国会,故未将其收入本书之中。

　　按《组织大纲》和《临时约法》的规定，1912 年 1 月 28 日至 1913 年 4 月 8 日的参议院，并无"临时"二字，当时参议院来往的文件、电报中以及当时的报刊的称呼中，也只用"参议院"，不加"临时"二字。本书也就不加"临时"二字。但参议院由南京移北京后，其本身发生了很大的变化，故本书用南京参议院和北京参议院加以区分之。段祺瑞在 1917 年 11 月 10 日至 1918 年 8 月 12 日也成立了参议院，并无"临时"二字。本书中加"临时"二字，是便于与南京参议院和北京参议院区别开来。

　　受资料和水平的限制，书中必有不妥和错误之处，衷心希望专家、学者和广大读者指正。

作　者

第一章　清朝末年的咨议局与资政院

资政院是清政府为预备立宪而设立的中央咨议机构，是国家议会的萌芽。取资政院之名，其意是资助政府。

咨议局是清政府为预备立宪而设立的地方咨议机构，是省议会的萌芽。

19世纪末20世纪初，中国的民族资本有了初步的发展。中国的民族资产阶级的力量也有所壮大，逐渐成为中国社会一支活跃的政治力量。他们要求改变束缚中国资本主义发展的中国封建专制制度，发展资本主义的工商业，使国家逐渐走上富强之路。以孙中山为首的中国资产阶级左翼即资产阶级革命派一直进行以推翻清王朝为目的的资产阶级革命，以便在中国建立一个资产阶级民主共和国。资产阶级右翼则利用自己的合法地位，大造舆论，要求清政府实行君主立宪，速开国会，制订宪法，在全国掀起了声势浩大的立宪运动，力图在中国建立一个议会君主制的国家。中国人民以西方先进国家的民主制度为蓝图，强烈要求设立议会，实行立宪。在全国民主浪潮的冲击下，1906年清政府宣布仿行宪政，改革官制，以为"预备立宪"的基础。1907年8月，清政府成立了专办宪政、法规和统计各事的宪政编查馆。宪政编查馆类似于立宪国家内阁中的法制局。9月20日清政府的上谕中宣布设立资政院，以立议院基础，并任命溥伦、孙家鼐为资政院总裁，会同军机大臣拟定资政院章程。10月19日清政府发布上谕，命令各省督抚准备在各省省会设立咨议局。1908年7月清政府谕令公布了《咨议局章程》及《咨议局议员选举章程》，同时令各省迅速举办咨议局议员选举，限一年内一律办齐。8月又颁布了《宪法大纲》与《九年筹备立宪清单》。《清单》规定：各省咨议局应于1909年开设，资政院应于1910年召开。1909年8月清政府公布了《资政院改订续订院章》，10月公布了《资政院议员选举章程》。

1909年，除新疆奏明由于条件不具备而缓办外，其余各省咨议局均如期成立，并于10月14日同时召开了第一届常年会议。1910年10月3日，各省咨议局同时召开了第二届常年会。

1910年10月3日至1911年1月11日，资政院在北京召开了第一届常年会。会议通过了关于速开国会、弹劾军机大臣、剪发易服、昭雪戊戌冤狱、请开放党禁、广西禁烟、湖南公债、江西统税改征银元、广西限制外籍学生入高等巡警学堂、云南盐斤加价、广东限期禁赌等案。但多数议案为清政府压下不予公布而失去效力。资政院第二届常年会于1911年10月22日在北京召开，这时辛亥革命已经爆发。会议通过了弹劾邮传部尚书盛宣怀案、释放被捕的保路运动领导人蒲殿俊等人案、解散皇族内阁迅速另组责任内阁案、宪法由资政院协定案、1912年召开国会案等，清政府为了苟延残喘，均一一允准颁布。

但从11月下旬，因全国多数省份宣告独立，一些民选议员纷纷离京，致使资政院不足法定的开会人数无法开会，只好改开谈话会。随清王朝的倾覆，第二届资政院常年会通过的议案虽经清政府批准，却随清朝的灭亡而失去效力。

咨议局和资政院是一个咨议机构，还不是真正科学意义上的议会。但它确实又是议会的萌芽，尤其是立宪派努力使其变为议会性质的机构。它尤如一个长期严密封闭的屋子开了两扇窗户，透进了一缕明亮的阳光和一丝清新的空气，令中国人民耳目一新。中国人民，尤其是中国的知识分子和工商界实业人士为之鼓舞雀跃。中国这趟古老的列车，在封建专制的黑暗隧道中缓慢行驶的时间实在是太长了，封建专制的统治对人们的摧残和压抑实在是太沉重了。咨议局和资政院的开设给中国人民带来的这一缕民主与自由的阳光自然是宝贵的。它是多少先进的中国人经过几代的努力奋斗才得来的,人们自然珍惜这点民主与自由,更希望扩大这种民主与自由。立宪派又利用咨议局和资政院这一合法的讲坛大造舆论、动员群众,来争取更多的民主与自由,争取真正科学意义上的议会早日在中国开设。于是,一个声势浩大的全国性国会请愿运动直接冲击着清王朝的封建专制统治。它促进了革命危机的增长,加速了封建专制的清王朝的灭亡。

一、咨议局的议员选举及第一届第二届常年会

清政府在 1908 年 7 月 22 日颁布《咨议局章程》和《咨议局议员选举章程》的同时,谕令各省迅速举办咨议局议员选举,限一年内一律办齐。这样,各省均设立咨议局筹备处,调查选举。按《咨议局议员选举章程》第 14 条的规定,"每届选举年限以是年正月十五日为初选日期,三月十五日为复选日期。"各省即开始于 1909 年农历正月十五日(阳历 1909 年 2 月 24 日)进行初选,农历三月十五日(阳历 1909 年 4 月 24 日)开始复选。由于中国地域广阔,在一些偏僻省份,这一工作开展得迟缓一些。

中国是一个贫穷落后的国家。《咨议局章程》又对选举人和被选举人的资格、身份、财产、性别、文化程度做了过多的限制,尤其是对性别、财产、文化程度的限制,剥夺了绝大部分公民的选举权与被选举权。这样,在咨议局议员的选举中,中国绝大部分公民的选举权和被选举权均被剥夺。有选举权与被选举权的公民在中国公民中所占的比例极小。据当时报纸报导,各省公布的有选举权的人数,最多是直隶,共 16 万余人,占该省人口总数的 0.62%。少的如黑龙江省才 4 600 余人,占该省人口总数的 0.23%。甘肃省 9 000 余人,只占该省人口总数的 0.19%。江苏省是经济比较发达的省,有选举权的不到 6 万人(其中大县选举人三四千,小县选举人四五百),只占该省人口总数的 0.5%。

当时全国有选举资格的人仅占全国人口的0.42%。当然,不能排除由于中国人历来怕露富,尤其是怕暴露真实财产后被课以重税,不愿申报自己有5 000元以上的资产而漏掉一部分选举人。但从有选举资格的人占全国人口的比重如此之低,说明《咨议局章程》对选举人的资格限制过严,脱离了中国的国情。但就连这么少得可怜的选举人也对选举缺乏热情,而不愿去投选举票。所以1909年的咨议局选举的初选,各地显得冷冷清清。投票的当日,投票所也十分冷清。以比较开化的沿海城市广州、福州为例。广州府享有选举资格者共1 600余人,真正去投票的为399人。该府各属设有89个投票所,其中仅有一所投得16票,算是投票最多的所。其他投票所所投的票3张、5张不等,有60处竟然仅各1票。福建省城福州初选投票日,城市各区到投票所投票者仅为有选举权人总数的40%左右,乡镇各区不到20%。自动放弃选举权的竟占多数。沿海开化的大城市的选举人对初选如此冷淡,其他一些内地省就更可想而知。这自然是选民对选举缺乏认识。全国上下,除立宪派人士和一些知识分子对选举热心外,很多人都不知道何为选举。这只能说明中国民主的道路将是漫长的。

按说,咨议局议员选举如此冷清,则选举应是平静的。但与选举相伴的顽疾贿选却依然出现。如广东一张复选票价在40至200两白银之间。杭州复选每张票50两银子。舍得花三百金,议员即操券而得。贿赂之外,尚有用武力夺取选票的。如直隶安肃县初选时曾发生过械斗;广西桂林东西二区也发生过类似事件。当然也有些省份对咨议局议员的选举办理得比较好,如江苏的选举就比较好,选出的议员素质亦较高。

由于立宪派有自己的合法组织可进行公开的活动,又有自己的纲领。他们都把组织议会当作自己奋斗的主要目标。尽管咨议局只是一个地方咨议机构,还不是地方议会,但立宪派对这个经过不懈斗争政府才允许开设的咨议机构也十分重视。它毕竟可为立宪派提供一个合法的有重大政治影响的政治讲坛。立宪派可利用这一讲坛动员舆论和群众、团结内部,为尽快设立国会提供基础。故立宪派全力投入到咨议局议员的选举之中。资产阶级革命派不具备合法的地位,清末在野的政治力量只有立宪派,且立宪派的势力主要在地方各省。这样,第一届咨议局议员的选举中,立宪派在绝大部分省的咨议局占据了多数席位,咨议局的领导权自然也就控制在立宪派手中。很多著名的立宪派领袖被选为咨议局议长。如张謇为江苏省咨议局议长,汤化龙为湖北省咨议局议长,蒲殿俊为四川省咨议局议长,谭延闿为湖南省咨议局议长。各省咨议局议员大致可分为4类:1. 有传统功名的士绅。2. 若干具有功名同时也曾接受过西方的新式教育者。3. 拥有产业者。4. 高层绅士中多曾任中央或地方官职,有一些政治经验者。全国咨议局议员平均年龄为41岁。由于他们中大多有地位、有财产,故其思想状态为既保守又求进取,在保守中求进取,在进取中又显现出一定程度的保守。

按《咨议局章程》第32条的规定,咨议局常年会自每年农历九月初一日起至十月十一日止。1908年清政府的《九年预备立宪清单》中规定1909年各省设立咨议局。也就是说,1909年10月14日为咨议局第一届常年会开幕之日。全国除新疆奏明不具备条件缓办外,其他省的咨议局都在这一天正式成立。各省督抚也大都到会祝贺。

各省咨议局成立后,按《咨议局章程》选举了议长、副议长和常驻议员,设立了办事处。还各自制定了《议事细则》、《办事细则》、《旁听规则》等,保证了咨议局的正常运转。咨议局还选举了各该省的资政院民选议员。全国大多数咨议局第一届常会40天会期后,由于议案多,又延长了会期几天到10天不等。

按《咨议局章程》的规定,咨议局只是一个地方政府的咨议机构,但立宪派根据自己的政治纲领,努力把咨议局当成他们参与地方政权的阶梯,通过咨议局来监督地方政权,实现本阶级的一些立法要求。所以咨议局第一届常会,所议的议案很多,涉及的面也广。这些案件有咨议局议员提出的,有人民陈请的,也有督抚交议的。涉及教育、铁路、矿务、商务、农务、航运、工厂、户口调查、地方自治、兴修水利、垦务、土地、森林、统计、监狱、保存权利、旗丁生计、禁烟、禁止妇女缠足、保护华侨、禁止外国人购买土地和游猎、税捐、财政、诉讼、对违法地方官吏的查办等等。咨议局通过的议案大都考虑到本省的实际情况和需要，针对着本省长期存在的积弊而提出的。故这些议案大多有益于社会和人民。咨议局的这些活动，在一个封建专制统治了几千年的国度中，实在是别开生面、振奋人心的。按《咨议局章程》第22条的规定，督抚对咨议局议决的议案不同意，可说明原委事由，令咨议局复议。但第一届咨议局议决之案，督抚不同意亦多不交复议，而是搁置不理。咨议局会期只有40天，并可延长至多10天，即顶多50天，常驻议员又无复议之权。督抚便多采取这种拖延的办法，待咨议局闭会，致使议案不生效力。所以这一届咨议局常年会，各省咨议局议决的案件不少，公布的不多，即发生效力的不多，即使公布了也多不实行。行政当局这种对咨议局的蔑视自然引起了立宪派的强烈不满。而惯于独断专行的旧官僚、旧军阀，对咨议局的监督也觉得十分不自在，认为这是咨议局干涉行政，不能容忍，于是要求重新核定《咨议局章程》。民主与专制总是水火不相容的对立体，它们互相排斥。

咨议局第一届常年会时，各地的立宪派还是十分谨慎地处理与督抚的矛盾，以避免与地方行政当局发生直接的冲突。经过一段时间的活动，立宪派力量进一步增强。他们又进行了全国各省咨议局的联合，于1910年8月成立了全国咨议局联合会，选举了领导机构。这样，全国各省咨议局就可互相呼应，声势自然更为壮大。1910年又成立了资政院，这使各省咨议局有了后援。因为按《咨议局章程》第24条、第27条、第30条的规定，当督抚交令复议之案咨议局仍执前议时，得将全案咨送资政院核议，督抚如有侵夺咨议局权限或违背法律等事，咨议局得呈请资政院查办。经资政院议定后再具奏请旨裁夺。资政院立宪派的力量也比较大。这些都从法律的角度为资政院作为咨议局的后盾提供了保证。因此，1910年10月3日各省咨议局举行第二届常年会的时候，立宪派就坚持原则、坚持自身的权力。这样，咨议局与督抚产生矛盾和正面冲突的现象就比较多。

各省咨议局与资政院一开会，即与各省军政长官的违法行为作斗

争。1910年10月3日,广西省咨议局一开会即闹风潮,并致电资政院
核议:1909年广西巡抚张鸣岐向广西咨议局第一届常年会提出广西分
期分区禁售土膏(即鸦片)办法,咨议局议决后,巡抚张鸣岐当即公布,
并奏明朝廷立案。但张鸣岐应广西11厅、州、县土膏商的请求,竟不经
广西咨议局批准,同意将禁售土膏日期延长。该局常驻议员反对延期,
但张仍我行我素。故广西咨议局第二届常年会一开会,议员们对此事
意见很大,认为是巡抚侵夺咨议局权限,决定全体辞职,并请资政院核
议。资政院在正式开议的第一天即10月4日,开议广西咨议局全体议
员辞职事件案,并交特任股审查会审查。审查会立即审查,结果是:
1. 遵《资政院章程》第24条请旨定夺。2. 电复广西巡抚慰留议员。
3. 速复广西咨议局照常开会。审查会将审查结果报告资政院大会。
10月6日资政院开大会,经讨论一致认为广西巡抚侵夺咨议局权限毫
无疑义,均同意审查会意见。同时议决速致电广西咨议局照常议事。
10月7日资政院会通过了致广西巡抚及咨议局电文各一件,同时通过
了起草好的关于广西事件奏折。10月8日资政院将广西事件具奏请
旨。奏折说:"广西分区分期禁售土膏办法,既经该省巡抚于上年提交
咨议局议决,并经该巡抚公布施行,奏咨立案,其效力即与各省单行法
无异。如有必须变更之处,自应由该抚另具议案交局议决,照章办理。
即因限期迫促不及俟本年常会交议,亦当召集临时会,以符定章。乃该
抚因土商之禀请,辄饬据劝业道禁烟公所核复批准展限,复将此案交令
该局常驻议员协议,已与局章不符。嗣据常驻议员以无权议决呈复,该
抚又另委省绅会同道府调查,遂以维持市面为词,率准展限。是业经议
决公布、奏咨有案之单行法得任意以命令变更,与朝廷设立咨议局取决
舆论之本旨尤属不合,其为侵夺该局权限毫无疑义。照院章第24条规
定:应由本院据实奏陈,请旨裁夺。并饬下该抚仍照上年公布办法迅为
禁闭,以重功令而顺舆情。"①由于广西巡抚张鸣岐目无法律,无法掩

① 《申报》1910年10月12日。

饰,朝廷才准资政院所奏,令张遵守 1909 年公布的广西分区分期禁售土膏的办法执行。

各省咨议局对各该省督抚不交预算及所交预算案只列岁出不列岁入,各省咨议局亦联合行动,以不交预算案即停议来迫政府,亦交资政院核议后上奏,最后度支部令各省督抚将预算案交咨议局议决。湖南省咨议局以湖南巡抚杨文鼎发行 120 万两公债不交局议,显系侵权违法,要求资政院核议。云南咨议局以云贵总督李经羲下令盐斤加价不交局议,显系违法,致电资政院。江西咨议局反对巡抚冯汝骙统税改征银元,增加人民负担,不交局议,侵权违法,致电资政院。广东咨议局因请总督袁树勋电奏明降谕旨,宣布禁赌期限,袁以筹抵赌饷无着,不允,双方争执,议员辞职,并电资政院。资政院亦依法利用核议之权,支持了各省咨议局的合法主张和要求,请旨定夺。由于清政府在处理这些事情上往往袒护督抚,又引起资政院与军机大臣的冲突。

二、1910 年的三次国会请愿运动

1909 年 12 月,由江苏省咨议局与各省咨议局联络,发起国会请愿运动。12 月奉天、吉林、直隶、陕西、山西、山东、河南、湖南、湖北、江西、安徽、浙江、福建、广东、广西、江苏等省 50 多名咨议局代表在上海开会,组成了请速开国会请愿代表团,推直隶代表孙洪伊为领衔代表,1910 年 1 月到北京请愿。1 月 16 日请愿代表团向都察院递交了速开国会请愿书,要求清廷一年以内召集国会,以挽救时局。代表团推孙洪伊、刘崇佑、方还等分头拜访王公、重臣,呈交请愿书副本,请求他们予以支持。1 月 30 日,清廷发布上谕,称:"筹备既未完全,国民智识程度又未画一。如一时遽开议院,恐反致纷扰不安,适足为宪政前程之累。"①拒绝了请愿代表的要求。代表们对

---

① 《申报》1910 年 2 月 1 日。

请愿失败事先即有思想准备,故决定继续请愿。

依上海会议的成议,孙洪伊等在北京组织国会请愿同志会,总部设北京,在各省设立分会。该会所订的《简章》明确写明以请求政府即开国会为目的。各省国会请愿同志会分会建立后,即开始推荐进京请愿代表和筹集进京代表们的川资。为了使请愿代表有更广泛的代表性,很多省经各界大会推举,已突破了第 1 次请愿代表仅限于咨议局议员的框框。孙洪伊等还在北京创办了《国民公报》,为速开国会大造舆论。该报主编徐佛苏主稿的洋洋万言的《国会请愿同志会意见书》,系统地阐述了国会请愿同志会对国会问题的主张。各大报刊都转登了这一意见书,在全国产生了很大的影响。

这一次请愿运动,入京的请愿代表共 150 多人。6 月 16 日请愿代表 80 多人前往都察院,按不同的社会团体,均以不同的单位和领衔人的名义递上了 10 份请愿书。6 月 27 日,清廷发布了一道上谕,以宪政筹备未完全,人民程度未划一,资政院为议院基础,议院不能参预一切 4 条理由拒绝了请愿代表的要求,并令以后不得再行请愿。

上谕发表的第二天,很多省即致电请愿代表团,鼓励其不可泄气,继续再请愿。这样,代表团决定进行第 3 次请愿。同时,驻京国会请愿代表团进行了改组,吸收了各省各团体的代表,规模进一步扩大。并选出孙洪伊、方还、吴赐龄、邓孝可等 10 人为职员,推雷奋、孟昭常、徐佛苏、汪龙光等为编辑员,由各省代表中推 1 名评议员。他们决心利用资政院开会之机,进行第 3 次规模更大的国会请愿运动。当然国会请愿代表团主要依靠各省咨议局的支持。各省咨议局联合会对国会请愿运动提供了更强有力的支持。

1910 年 8 月 10 日,全国咨议局联合会在北京开第一次会议。直隶咨议局议长阎凤阁、副议长王振尧,浙江省咨议局副议长沈钧儒,福建省咨议局副议长刘崇佑,四川省咨议局议长蒲殿俊,湖北省咨议局议长汤化龙、副议长张国溶,奉天省咨议局副议长张百斛,黑龙江省咨议局副议长战殿臣等及各省咨议局一批骨干孟昭常、雷奋、杨廷栋、方还、汪龙光、吴赐龄、罗杰、周树标等均出席了会议。会议选举汤化龙为咨议局联合会会长、蒲殿俊为副会长。会议的主要议题之一是促使政府尽快召开国会,制定宪法。9月初,咨议局联合会即提出了《咨议局联合会陈请资政院提议请速开国会提议案》。提议案对6月27日谕旨所提的不能立即召开国会的4条理由:宪政筹备未完全、人民程度未划一、资政院为议院的基础、议院不能参预一切,予以一一批驳,最后再次提出欲救国非速开国会不可的主张①。

　　各省第3次国会请愿代表陆续入京后,9月29日,在京的国会请愿代表团召开国会请愿谈话会。孙洪伊(直隶)、李芳(吉林)、陶镕(安徽)、余镜清(浙江)、罗杰(湖南)、陈登山(湖北)等29人与会,商定第3次国会请愿办法,决定从5个方面同时进行:1.上书政府。2.上书监国摄政王并求见摄政王面陈一切。3.递呈都察院。4.上书资政院。5.由各省人民要求各省督抚代奏速开国会,并推举方还起草请愿书,限10月7日前将请愿书起草好。请愿书自然仍以内忧外患、国势日危,非速开国会无以为挽救危亡之策为基调。

　　10月7日,国会请愿代表孙洪伊、李长生、温世霖等23人,正准备赴监国摄政王载沣的王府递交速开国会请愿书时,旅京奉天学生赵振清、牛广生等17人来到代表处,拿出一份致国会请愿代表书,力陈"国家瓜分在即,东三省土地已先沦亡,非速开国会不能挽救。二次请愿国会无效,今第三次请愿势不能再如前之和平。学生等与其亡国后死于异族之手,不如今日以死饯代表诸君之行"。说毕,赵、牛二人即各拔出利刀欲剖腹绝命以明心迹。各请愿代表及仆役等力夺其刀。赵、牛二人仍泣诉于各请愿代表。各代表又苦苦劝解不必取如此行动。待代表们防备松懈时,牛持刀割下自己左腿一块肉,赵持刀割下右臂一块肉。牛、赵持肉在请愿书上遍擦数次,纸上立即血淋淋一片,气氛十分悲壮,场面令人惨不忍睹。赵、牛等高呼:"中国万岁! 代表诸君万岁!"拭泪忍

---

　　①　申报 1910 年 9 月 10 日。

痛跄跟而去。各国会请愿代表将赵、牛的血书发布,并通电全国①,以进一步鼓起民意。国会请愿代表则往监国摄政王府。但载沣外出,王府回事处说监国今日不一定能回府,请代表们 10 日下午公推二三人再来呈递,若监国仍不在,可将请愿书留下,一定代呈。孙洪伊等代表们商议办法,结果决定留几人在王府门前守候,监国何时回何时呈递,其余人暂回寓赶办上资政院请愿书,上政务处书等。李芳、杨春泰、王庆昌、潘志远、贺培桐、文耆 6 人守候在王府门前。所留 6 人在王府外柳阴下盘桓,极形惨淡,围观者无数。潘志远、王庆昌向围观者轮流演说,说明速开国会的重要意义,闻者无不动容。巡长、巡官及王府卫队管带陆续前来劝慰代表暂先回去,代表们不为所动,一直守候到晚上 10 点钟。民政部尚书肃亲王善耆带领随员赶到摄政王府,劝慰代表们不要等摄政王,说摄政王数日内不能回府,他本人保证将代表们的国会请愿书第 2 天递呈摄政王。这样,代表们将请愿书交善耆请其转呈后才回去。

　　10 月 8 日,国会请愿代表奉天省张成珍和山东省张云湖断指写来的两份血书,要求速开国会。血书词意悲愤,令人不忍卒读。10 月 9 日王双歧、温世霖、潘志远、王庆昌等 11 人又往肃亲王府晋谒善耆。善耆将 7 日转递国会请愿书给摄政王,并面奏当日的情形及摄政王为之动容,给代表们一一说明。代表们说:外间企望国会之热诚大形膨胀,某等身为代表,若国会不能速开,某等誓以身殉②。代表们并将张成珍、张云湖断指写血书的情形陈述,并将二血书呈肃亲王,肃亲王阅之大为叹惜。

　　10 月 9 日下午,国会请愿代表孙洪伊、王双歧、李长生、陈登山、王庆昌、邢佑、周文耀又到资政院呈递陈请建议速开国会书,资政院秘书厅秘书长金邦平出面接受。

　　国会请愿代表又遍访各王公大臣,如庆亲王、军机大臣那桐、徐世昌等,希望他们赞助速开国会。

---

　　①　《申报》1910 年 10 月 14 日。
　　②　《申报》1910 年 10 月 16 日。

国会请愿代表在上监国摄政王载沣的请愿书中说,"救亡惟有国会","国会早开一日,即人民早享一日之太平"。详细阐述了迅速召开国会的理由①。在上资政院陈请建议速开国会书中,除阐明"中国非实行宪政决不足以拯危亡"的道理,还明确提出:"陈请贵院迅赐提议,于宣统三年内召集国会,并请提前议决代奏。"②也就是说国会请愿代表们希望1911年(即宣统三年)召集国会。

10月15日,国会请愿代表又赴资政院陈请股长赵炳麟(钦选议员、御史)宅,请其于开审议会时,将代表们递送资政院的陈请建议速开国会书尽快审议提出资政院大会。赵当场应允。

10月17日资政院会议,湖南议员易宗夔发言说,本院所收到请愿事件如各省咨议局联合会之陈请书、请愿代表之陈请书,均应速交陈请股审查。认为资政院开院半月,讨论的都是些枝叶问题,不是根本问题,"根本问题就是速开国会"③。全场一片掌声。

资政院民选议员也多次开会讨论关于速开国会问题,一致意见认为应定为上奏案而不能认为是建议案。

10月19日资政院会。陈请股长赵炳麟报告对各省咨议局联合陈请书和各省人民陈请书的审查结果。议员方还对上述陈请书的理由进行了说明:1. 筹备宪政机关必恃国会方能完备。2. 人民程度之不划一当以何者为标准? 3. 资政院非国会,国会以责任内阁为对待,而资政院无对待。国会为独立机关,而资政院为非独立机关。4. 国会为人民直接选举而资政院系咨议局选出,为间接选举。5. 时势之变更不能预料,现在世界各国系人民与人民之竞争,非政府与政府之竞争。6. 外交之困难其根本皆在内政之不解决。7. 财政不统一非惟人民不能办事,即各省督抚亦不能办事。8. 国会期限以先朝谕旨,然亦须顺时为

①　《申报》1910年10月16日。
②　《申报》1910年10月18日、19日。
③　《资政院会议速记录》第7号;《申报》1910年10月24日。

变,且舆论皆主速开国会,庶政公诸舆论亦先朝谕旨之至意①。议员易宗夔请变更议事日程先提出国会事件,并请将呈送的请愿书朗读。议员多数赞成,于是由秘书官朗读。议员多人欲就国会问题发言,议长均予以制止,并转入其他议题。

10月22日资政院会议,请速开国会案列入当天的议事日程。讨论此案时,立宪派议员纷纷发言,个个慷慨激昂。湖南议员罗杰说:"现在国民之断指、割臂、挖股者相继,皆表示国民以死请愿之决心。……不速开国会,互选资政院议员不能承诺新租税。"②立宪派议员希望资政院议员全体一致通过速开国会案,故主张用起立这种议员可以互相监督的表决法来表决。因为经过立宪派几年的努力,全国舆论一致主张速开国会,且民情激昂,故一些反对速开国会的官吏也不敢出来公开发表自己的反对意见,当不得不表态时,尽管心里反对,但嘴上也只能表示同意。可见立宪派几年来大造的速开国会的舆论的威力。尽管当天主持会议的资政院副总裁沈家本想用无记名投票法表决,但在立宪派议员的坚持下,只好用起立表决法。结果全场3次表决均全体议员一致起立赞成。当日国会请愿代表得知资政院讨论速开国会案后,都通过资政院议员介绍来到旁听席旁听。当看到资政院全体议员一致赞同速开国会案时,均热泪盈眶,与全场议员一致高呼:国会万岁! 大清国万岁! 大清立宪政治万岁! 这种欢欣鼓舞的情形令人感动。并议决:1. 本院既经全体起立表决,应决定为即时上奏案由资政院总裁面递请开国会折。2. 本院不仅代奏,且当奏陈国会必应速开之理由,方负责任。3. 选定赵炳麟、陈宝琛、汪荣宝、孟昭常、雷奋、许鼎霖6人为速开国会折的起草员③。

10月24日资政院会,表决速开国会具奏案,由起草员向大会宣读起草好的折稿。议员们又对折稿进行了热烈的讨论,并进行了修改后

①　《申报》1910年10月24日。

②　《资政院会议速记录》第9号。

③　《申报》1910年10月29日。

全体通过。10 月 28 日，资政院总裁溥伦将资政院的奏折一并上奏朝廷。奏折先分别介绍各省咨议局请愿代表孙洪伊等和旅日华侨汤觉顿等速开国会说帖的内容及督臣李经羲、陈夔龙，抚臣陈昭常、孙宝琦，藩臣王乃征等所献的速开国会之策后，说："臣院窃维世界政体渐趋一轨，立宪者倡，不立宪者亡，历史陈迹昭然可睹。而立宪政体之要义，实以建设国会为第一。国会之作用在协赞立法，监察财政，与政府、法院鼎立并峙，而为国家统治机关之一，不可不备者也。今朝廷实行立宪不啻三令五申，筹备不可谓不密，督责不可谓不严。而未尝有成效可言者，则以财政之未精确，法制之未统一，而实国会之不早建设有以致之也。今各省咨议局及各代表等以臣院为朝廷取决公论，预立上、下议院基础之地。爰于开会之始，持书陈请，哀痛迫切，远近一致，于国会不可缓设之故，均已抉发靡遗，无庸赘述。惟臣等区区之愚，尚有欲陈于君父之前者，则以近世东西各国，除一二小国外，其国会之制殆无不以两院集合而成。两院制之善，在议事之际，必经二次表决、二次通过。甲院以为可者，乙院或从而否之；乙院以为是者，甲院或从而非之，必二无异议而后致诸政府上奏施行，其善一也。二院协商，一再驳复，而政府不预，则彼此各有居间调停之用，而政府与国会无直接冲突之嫌，其善二也。有此二善则与其维持现状，得偏遗全，不如采取各国通法，径设二院之为愈也。臣等内审国情，外考成法，窃以为建设国会为立宪政体应有之义务。既不可中止，何必斤斤于三五年？迟早之间，人心难得而易失，时会一往而不还。及今图之，犹可激发舆情乂安大局，朝廷亦何惮而不为？用敢合辞赞可，披沥上闻，伏乞皇上毅然独断，明降谕旨，提前设立上、下议院，以维危局而安群情，不胜激切待命之至。除将陈请说帖三件汇总封固，恭呈御览外，理合遵照臣院议事细则第 106 条，恭折具奏，请旨裁夺，伏乞皇上圣鉴训示。谨奏。"①这一奏折，将要求设立国会的理由阐明得很透彻，可见当时全国速开国会的舆论是何等的

---

① 《申报》1910 年 11 月 12 日。

充分,以致于像资政院这种由清朝重要官员主持的咨议机构,竟也写出了如此的奏折。此奏折自然代表了当时立宪派的主张和要求,也足见当时全国上下盼国会如久旱盼甘露之心情,认国会为惟一能拯救国家和民族的良方。不但立宪派,而且大部分官僚均主张速开国会,实行宪政。广大民众,尤其是热血青年,以自己的鲜血来书写血书,表明自己的决心和意志。他们用自己的鲜血书写出的是中华民族可歌可泣的爱国主义历史篇章。这是推动像溥伦这样清廷重臣上奏的动力。溥伦把资政院的奏稿连同3个附件,即咨议局联合会提出的《陈请资政院提议请速开国会提议案》、国会请愿代表孙洪伊等呈递的《陈请建议速开国会书》、日本华侨汤觉顿代表海外华侨所上的《华侨陈请速开国会请愿书》,一并上奏朝廷。同时国会请愿代表又致电各省咨议局及各团体,请各吁求本省督抚代奏速开国会,以昭全国人民一致之意志。

在立宪派的宣传与推动下,全国各地的速开国会请愿运动也异常活跃。1910年7月12日,湖北省咨议局、国会请愿同志会及绅商学界各团体数百人集会,要求速开国会。10月5日,在天津举行直隶各界速开国会请愿大会,有2 000多人参加了会议。会议举定了入京请愿代表,并列队到直隶总督署要求总督陈夔龙向朝廷代奏直隶人民的速开国会的请愿书。陈答应了人们的要求。10月16日,河南开封各界绅民3 000余人举行速开国会请愿大会,并游行到抚院面见巡抚宝棻。宝棻答应了游行群众的代奏速开国会请愿书的要求。10月29日,四川成都国会请愿同志会召集速开国会请愿大会,到会3 000多人,并通过速开国会请愿书请总督赵尔巽代奏。10月30日,福建省福州九府二州各界代表三四千人举行大会,要求一年内即召开国会。会后到总督署请愿,总督松寿答应他们代奏速开国会请愿书。

在全国要求速开国会呼声日益高涨,全国舆论一致要求速开国会的情况下,一些省的督抚等官吏也支持速开国会、设责任内阁的主张。10月25日,由东三省总督锡良领衔,17个省的总督、将军、巡抚联名上奏,要求立即组织内阁,定期明年开设国会。这些掌握着地方实权的官吏的表态,是有分量的,它对清政府最高统治集团是一种很大的压力。

正是在全国一片要求速开国会的呼声中,尽管清政府并不情愿尽快成立国会,但迫于各方的压力,也不得不做出一定的让步。11月4日发出上谕,决定"缩改于宣统五年实行开设议院,先将官制厘订,提前颁布试办,预即组织内阁,迅速遵照《钦定宪法大纲》编订宪法条款,并将议院法、上、下议院议员选举法及有关于宪法范围以内必须提前赶办事项均着同时并举。……此次缩定期限,系采取各督抚等奏章及由王大臣等悉心谋议,请旨定夺,洵属斟酌妥协折衷至当,缓之固无可缓,急亦无可再急,应即作为确定年限,一经宣布,万不能再议更张。尔内外各大臣,务当协力进行,时艰共济。各省督抚领治疆圻,责任尤重。凡地方应行筹备各事宜,更当淬厉精神,督饬所属妥速筹办,勿再有名无实,空言搪塞。必使一事有一事之成绩,一时有一时之进步。无论如何为难,总当力副委任。如或因循误事,粉饰邀功,定即严惩,不少宽假。顾官吏有应顾之考成,国民亦有应循之秩序。此后倘有无知愚氓,藉词煽惑,或希图破坏,或逾越范围,均足扰害治安,必即按法惩办。"[1]这样,将召集国会的日期1916年(宣统八年)改为1913年(宣统五年),缩短了3年。

同日,又发谕旨:"所有各省代表人等,着民政部及各省督抚剀切晓谕,令其即日散归,各安职业,静候朝廷详定一切,次第施行。"[2]

国会请愿代表要求1911年召开国会,故11月7日孙洪伊等致电各省咨议局:"国会仅缩3年,人心失望。如何?速复。"[3]11月7日资政院会议有议员20多人仍以激烈之词演说,主张即开国会,认为时局如此危急,不能延至3年再开国会。

但由于清廷又在钦选议员中物色了反对即开国会的议员做资政院

---

①　《申报》1910年11月6日。
②　《申报》1910年11月6日。
③　《申报》1910年11月9日。

立宪派议员的分化工作,并许以四品京堂。故民选议员声势大衰,资政院对谕旨采取了遵从的态度,未再做出任何反对的决议。

　　立宪派中的温和派认为将召开国会的时间缩短了3年,定于1913年召集,是国会请愿运动的一个可喜的成果,十分满意。11月5日,江苏省咨议局即致电资政院,祝贺国会缩期召开:"请愿有效,天恩高厚,感激涕零。钧院大力维持,谨代表大江南北泥首叩谢。"①同日,江苏省咨议局还致电各咨议局、苏州抚部院、上海教育总会、苏州商务总会,表达了同样的意见与感情。浙江咨议局也给资政院发了类似的电报。11月6日至9日,京师商学各界、各学堂举行提灯会,庆祝国会缩期召开。

　　立宪派中的激进派虽然对于1913年召开国会不满意,但立宪派已分裂,已无法取一致行动。故国会请愿团也只好遵旨于11月5日解散。尽管11月4日上谕一下,国会请愿代表对结果很失望和不满,立即致电各省咨议局,并发表通告各省同志书,说:"千气万力,得国会期限缩短3年,心长力短,言之痛心。以诸父老希望之殷,而效果止此,委任非人,能无惭悚。……各督抚与人民之所要求明年速开者,率皆一,不审谛徒取决于少数之廷臣,而廷臣仰承风旨唯诺者十九。"②在请愿代表激动情绪的影响下,一些省的一部分立宪派曾一度坚持速开国会的主张。但冷静下来后,大多数立宪派还是接受了第三次请愿后清廷缩短召开国会年限的让步。大部分省的咨议局和资政院一样,再也未做出任何反对11月4日上谕的决定。尽管湘、鄂、晋、豫仍有主张再请愿速开国会者,但亦未有更大的行动。其他各地急急于筹备未开国会以前之事项,静俟3年后开设国会。惟东三省深受日本和俄国的侵略威胁,局势危迫,故当第三次请愿未达于1911年召集国会的目的时,奉天省的立宪派尤其是青年学生异常激愤,必欲以死相争。自11月4日缩短期限的上谕发表后,奉天省绅学商农各界众议沸腾,众以为东三省

---

①　《申报》1910年11月9日。
②　《申报》1910年11月14日。

形势危急日甚一日,若待至宣统五年,恐怕国会虽开,东三省的土地已非我中国所有。奉天咨议局立即召开各界联合会议,与会者几千人,皆主张急激请愿速开国会。于是奉天咨议局致电资政院及各省咨议局,要求进行第四次请愿。之后,奉天咨议局又多次开会,研究第四次请愿办法,推举请愿代表,筹措代表进京川资。12月2日省城有一批学生到咨议局面见副议长袁金铠、张百斛,要求速派第四次请愿代表进京。中学生金毓绂当场抽刀切左小指写血书:金毓绂至诚及至诚感人。大家立即阻拦。中学生李德权又以割指之刀割其左股肉,以割下的肉书写血字:李德权请速开国会等大字。学生们要求恳切,情绪激昂,其高涨的爱国热情和悲壮的举动感染了在场的每一个人。袁、张二副议长当即允学生所请,经众人劝说,学生们才回去。12月4日学界同志会数千人赴总督署哀请东三省总督锡良代奏请即开国会。法政学校学生文科又刺左手食指当场写下血书,要求即开国会。法政学校学生苏毓芳向东三省总督锡良叩头流血哀求,气氛悲壮,在场者无不动容。锡良允为致电各省督抚联衔代奏,众始散归。12月5日营口商业学堂学生组织国会请愿事宜,该校学生于长祥又断左手第4指书写血书以壮众志。12月6日奉天8团体46州县几万人拟联衔上书,哀求总督锡良专折代奏请即开国会。未到总督公署之前,商会要求《商务日报》编辑员张进治写一面请愿旗以备赴公署的标志。张进治决定不以墨而以自己的血来书写,故断其左手食指,在三尺黄旗上书写请愿大旗,黄旗几乎变成红旗。请愿队伍悲壮地举着这血写的旗帜向总督署进发。请愿群众情绪异常悲愤,齐声痛哭,场面之悲壮无法用语言来形容①。这正是我们中华民族不屈的民族之魂。东三省总督也深受感动。12月9日,锡良给朝廷上奏折,大意以东省大势"已岌岌不可终日,诚俟至宣统五年,而此土尚为我有与否已不可知"。并将东三省人民激愤情形

━━━━━━━━━━

① 《申报》1910年12月27日。

在奏折中详细介绍,要求朝廷"俯允所请,再降谕旨,定于明年召集国会"①。12月6日,高等学堂学生厚达愤于东三省危急,自刺其股4处,以碗接血后,以血书写万言书,一上咨议局长,一送请愿代表,均为救亡之策。厚达当即被送往医院调治。不久又有师范学堂学生杨育春自刺左手食指写成血书两篇。奉天赴京代表快要出发前,又有学生曹宪廷书写血书:"北京花天酒地,足以坏人名誉,弟曹宪廷切嘱"等语,以振作代表们的精神,激励他们的斗志。

奉天咨议局又于12月8日电邀各省共同请求即开国会,得多数省份赞成的复电后,立即选出入京请愿代表舒基祖、王惕、段实田、孙振香、孙鸿龄、恩吉、崔兴麟、彭济臣、董立威、刘焕文、赵中鹄、张兆龄、广轮13人,12月11日启程进京②。

当奉天国会请愿代表路过天津时,天津学界积极响应。他们组织了"帝国学生同志会"、"全国学界请愿同志会",并分电各省咨议局、商会、教育会,倡议进行第四次请愿。12月20日,天津学界联合咨议局、商会、县董会开大会,顺直咨议局议长阎凤阁等、商务总会经理王贤宾等、在津学界请愿同志会温世霖等3859人到会。会议决定前往直隶总督署请直督陈夔龙代奏请愿书。陈当即答应代奏,并于当日将奏折写好上呈。奏折说:"然长此迟延二三年而后国势已非,人心已去,外患已亟,始行开设以图补救,恐亦无及。是以屡渎宸威,共蒙不测之诛,以为与其亡国后死于外人,诚不若涕泣陈请于我皇上之前,终可上回天听,俯如所求。我皇上既缩九年为五年以救国亡,又何若缩短五年即行召集,以大固皇基乎?今全国上下,自朝廷以至庶人,皆认国会为救亡无上良策。如或少一迟顾,人心一去,将至不可收拾。此民等所以椎心泣血,不敢不竭力为我皇上一言者也。所有吁请明年即开国会以救国亡缘由。"③

---

①　《清末筹备立宪档案史料》〔下〕第648—649页。

②　《申报》1910年12月27日。

③　《申报》1910年12月29日。

　　清政府对奉天发起的第四次国会请愿运动采取了完全压制的政策。对东三省总督锡良的代奏折,予以申斥,"不应再奏"。对直督陈夔龙的代奏折亦予申斥,要该督"剀切宣示,不准再行联名要求渎奏"①。12月23日,清廷谕令陈夔龙对天津学生的请愿运动开导弹压。12月24日,清政府悍然下令将东三省进京的国会请愿代表押送回籍。同时又召见学部尚书唐景崇、民政部尚书善耆,要他们立即部署严密防范和镇压学生请愿运动。在清政府及其地方政府的镇压与分化下,第四次国会请愿运动失败。

　　从立宪运动开始,中国的政治民主化运动逐渐在全国展开,到国会请愿运动时达到高潮。这是中国近代史上规模大、持续时间长、影响深刻的一场全国性的政治民主化运动。尤其是规模空前的国会请愿运动,动员和吸引了中国广大民众置身其中,使政治民主化成为中国人民的共同追求。运动广泛宣传与发动群众的过程,也是对民众进行生动深刻的民主教育的过程,对中国民众民主意识的提高有着极其重要的作用。它使民主的观念深入人心,使政治民主化成为中国人民的共同追求,政治民主化成为中国一股不可逆转的历史潮流,浩浩荡荡,势不可挡。它将试图迟滞这股时代潮流的清政府冲垮。它将袁世凯和张勋这两个逆潮流而动搞复辟的跳梁小丑迅速扔进了历史的垃圾堆。这极大地震慑了那些想称孤道寡的野心家和逆政治民主化潮流而动的独裁者,使其不能也不敢为所欲为,国会在中国才得以存在和维持十几年之久。这股政治民主化的潮流深深影响着中国近代的历史,影响着中华民国的历史。

　　国会请愿运动进一步使人民包括立宪派认识到清政府并无真正实行民主政治的诚意。人民对清政府失望了。这为广大民众包括很多立宪派与清王朝的决裂奠定了基础。立宪派追求的目标是议会制君主立宪制,为了避免暴力革命对社会的巨大冲击和破坏,才主张形式上保留一个满族的君主。但当清王朝成为立宪派实现议会制君主立宪制的障

———————

① 金毓黻:《宣统政纪》卷29。

碍,成为政治民主化的障碍时,他们中的很多人自然要与清王朝决裂。尤其是武昌起义爆发后,他们自然要支持革命。这便是武昌起义后全国迅速响应的重要原因之一,是辛亥革命迅速取得胜利的重要原因之一,也是中国在辛亥革命后迅速采取民主共和制,建立中华民国的重要原因之一。

在波澜壮阔的国会请愿运动中,广大群众尤其是青年学生,表现出的英勇无畏的牺牲精神,震撼人心。这正是我们中华民族高度爱国主义精神的集中体现。正是有这些民族的脊梁和勇士,中华民族才永远不能被征服,中华民族才能始终屹立在世界民族之林。

三、资政院第一届常年会

资政院议员分钦选议员和民选议员。按 1909 年 8 月修改续订的《资政院改订续订院章》和 1909 年 10 月 26 日颁行的《资政院议员选举章程》的规定,钦选议员和民选议员各为 100 人。1909 年 11 月,各省按各省分配的资政院议员名额选出了民选议员。由于资政院民选议员是由各省咨议局在议员中选出,也就是说,资政院民选议员的选举人和被选举人均为该省咨议局议员。各省咨议局议员又多为立宪派,即立宪派基本控制了各省的咨议局,故民选资政院议员也多为立宪派中的佼佼者。资政院钦选议员也是 1909 年 11 月与民选议员同一时间选举的。由于新疆奏明不具备条件缓办咨议局,故新疆分配的 2 名资政院议员未选出,一直缺额。民选议员实际只选出了 98 名。为了保持钦选议员和民选议员数额相等,钦选议员也暂留 2 个缺额,也只有 98 名。但资政院总裁、副总裁不是在资政院议员中推举,而是由清政府另行任命。这使钦选议员实际上占多数。

1910 年 5 月,清政府下令限期召集资政院议员。按上谕,每年阴历八月二十日为资政院第 1 次召集之日。1910 年 9 月 23 日即阴历八月二十日,资政院钦选、民选议员在北京举行了第一届第一次会议,到会议员 160 多人。他们先往各签到室签到,并留下住址,再验当选证书,后每议员发给一个座号及《资政院议事细则》《资政院章程》各一份,徽章一个。上午 10 时摇铃开会。总裁、副总裁面南而立,议员离座起立,秘书长以下面东而立,行见面礼一揖,各就座。总裁起立演说数语毕,照章抽签分股。共分 6 股,各股推举股长及票选理事。

第 1 股,股长赵炳麟,理事沈林一。议员李榘、方还等 31 人。(连股长、理事共 33 人)

第 2 股,股长许鼎霖,理事孟昭常。议员易宗夔、毓善等 30 人。

第 3 股,股长劳乃宣,理事顾栋臣。议员江瀚、王佐良等 30 人。

第 4 股,股长庄亲王,理事陈宝琛。议员严复、席绶等 31 人。

第 5 股,股长睿亲王,理事雷奋。议员李素、顾视高等 30 人。

第 6 股,股长陶葆廉,理事汪荣宝。议员籍忠寅、江辛等 29 人。

资政院座号分配原则:先宗室王公、满汉外藩各世爵,次宗室觉罗,再次各部院,再次硕学通儒、纳税多额议员,最后各省咨议局互选议员①。

9 月 28 日、30 日资政院第二次开会,主要是修改《资政院议事细则》中一些矛盾的条款。

10 月 3 日资政院举行开院典礼,由于摄政王与会,故侍卫很多,警卫森严。议场设御座,由议长将摄政王迎入内,坐于御座之旁。庆亲王、各部尚书亦与会。

先由议员向御座行三跪九叩之礼。后由庆亲王宣读开院谕旨,议长向前跪受谕旨,并将谕旨恭敬地安放在黄案之上。再由监国摄政王宣读训词:"本监国摄政王自奉诏摄政以来,时局艰难,夙夜警惕。诸王大臣等同心匡弼,仰承遗训,将宪政筹备各事次第施行。兹届资政院成立,举行第一次开院之礼,得以躬莅盛典,聿观厥成,曷胜欣悦。方今世际大同,文明竞进,举凡立国之要,端在政治通达,法度修明,尤在上

---

① 《申报》1910 年 9 月 30 日。

下一心,和衷共济。资政院为代表舆论之地。各议员等皆朝廷所信任,民庶所推崇,必能殚竭忠诚,共襄大计,扩立宪之功用,树议院之楷模。岂惟中国前此未有之盛举,亦实于国家前途有无穷之厚望者也。各议员其共勉之。"①

全体行礼后散会。

资政院议员开会时支给旅费与公费。旅费依到京路程的远近不同,按不同的标准支给。公费为确定数目:每年开会期内每个议员支给600元。因会期为3个月,故平均每月约200元;临时会议议员公费减半支给,旅费照每年正式会议办法支给;如有奉旨解散资政院时,议员公费只给半额,旅费全给;议员开会后有辞职者,公费也只给半额,旅费全给。

10月5日,资政院会议选举专任股员。10月6日,各专任股选出股长、副股长。

1. 预算股24人。股长:刘泽熙,副股长:许鼎霖。股员:全公、奎廉、潘鸿鼎、章宗元等22人。

2. 决算股24人。(10月6日资政院会议议决将决算股并入预算股,所以决算股未选股长、副股长。)股员:寿公、胡骏荣、沈林一、赵椿年等24人。

3. 税法公债股12人。股长:李榘,副股长:闵荷生。股员:邵羲、李华炳、文溥、张之霖等10人。

4. 法典股18人。股长:润贝勒,副股长:汪荣宝。股员:道仁、曹元忠、陶葆廉、张缉光等16人。

5. 陈请股12人。股长:赵炳麟,副股长:陈宝琛。股员:方还、博公、郑汉、罗其光等10人。

6. 惩戒股6人。股长:睿亲王,副股长:顺承郡王。股员:胡男爵、

---

①　《申报》1910 年 10 月 5 日。

铠公、尹祚章、郭策勋4人①。

预算股股长刘泽熙为度支部要人,这就出现矛盾:预算本来就是由度支部编定的,现在又由度支部的人出任审查。

资政院第一届常年会除通过速开国会案、弹劾军机大臣案外,还通过了有重大影响的宣统三年(即1911年)预算案。一开始,清政府并不准备将预算案提交资政院。但资政院议员,尤其是民选议员,依据《资政院院章》一再要求和敦促政府将1911年预算案交资政院议决,才勉强提交的。政府提交的原预算案,追加预算案岁出库平银376 355 657两,岁入库平银301 910 297两,赤字7 000多万两。此案提交资政院后,先由资政院的预算股和决算股共同审查,后交大会议决。资政院对一些部门浮报滥报的经费大力削减,最后岁出共核减库平银77 907 292两,将1911年岁出压为298 448 365两。这样,出入相抵尚盈余库平银3 461 931两。这本来对国家的财政是一件好事,但遭到一些省用钱无度的督抚的公开通电反对。如果当时清政府坚持和维护资政院通过的1911年预算案,当时是行得通的。当时京内各衙门都在着手裁撤冗员,裁兼差薪水,削减公费津贴。但1911年1月28日,清政府发表上谕:"试办宣统三年岁入岁出总预算案,……尚属核实。如确系浮滥之款,应极力削减。若实有窒碍难行之处,准由京外各衙门将实用不敷各款缮呈详细表册,叙明确当理由,径行具奏,候旨办理。"②这显然是在迁就一些反对1911年预算的督抚。但此谕旨一下,京内各衙门一些精简措施也停止了,而且还有回潮的趋势。这一道谕旨,使资政院通过的1911年的预算案失去权威性,使政府的军政费用又大增,恢复到以前的状态。这自然只能加重人民的负担。这也说明清政府从来就不为大多数人着想,只代表官僚阶层少数人的利益。

资政院在第一届常年会中还议决了一些议案并具呈上奏,但大都

----

① 《申报》1910年10月8日、12日。
② 《申报》1911年2月2日。

被摄政王压下。

资政院只是在专制体制下开的一个小小的民主窗口,其权力很小,远不是科学意义上的国会。但就是如此一点点民主,也使守旧大臣不能容忍,必去之而后快。有的满族贵族,一看到民选议员在会场上慷慨激昂的发言,就觉得大逆不道,不可容忍。不但对民选议员不满,还对资政院总裁溥伦、副总裁沈家本不满,认为他们压不住民选议员,应该撤换。摄政王在1910年11月中旬还对溥伦下过谕令,让他整顿混乱的秩序。第一届资政院会议结束后的1911年3月份权臣就以溥伦、沈家本不能威慑民选议员,奏请将他们均撤换,改成世续、李家驹为资政院正、副总裁,以便加强对资政院的控制。

1911年3、4月间,各地护路运动兴起,革命危机加深,国内局势紧张。立宪派感受到了革命的危机。为了避免革命,立宪派议员提出召开资政院临时会的要求。但清廷对第一届资政院常年会的民主浪潮仍心有余悸,自然不愿再开资政院会。新上任的资政院总裁世续、副总裁李家驹秉承摄政王载沣及领班军机大臣奕劻等人的意旨,再三阻拦。后来在一百多名议员签名要求下,不得不代为上奏。清廷不但于5月17日拒绝了资政院议员召集临时会的要求,而且命令资政院正、副总裁同内阁总理大臣着手修改院章,进一步剥夺资政院本已不大的权力。修改院章完全不许议员参与,仅以七日之期匆匆改定出奏。修改的院章进一步限制了资政院的权力,扩大了行政的权力。如原院章规定,各省咨议局与督抚异议事件,或此省与彼省咨议局争议事件,均由资政院复议。议决后,由总裁、副总裁具奏,请旨裁夺。修改后的院章将这一条改为:上述异议或争议事件,其属于行政问题者,须呈送内阁核办;其他由资政院核办者,议决后,总裁、副总裁必须咨会国务大臣共同具奏,请旨定夺。原院章还有一条规定:各省督抚如有侵权违法事件,咨议局可呈请资政院核办;资政院可据情奏陈,请旨裁夺。修改后的院章把这一条删掉了。这显然大大削弱了资政院的地位和权力,加强了内阁的地位与权力。辛亥革命爆发后,为了拉住立宪派、挽救灭亡的命运,清廷不得不同意资政院于 1911 年 11 月对院章进行的增大资政院权力的修改。但资政院的活动已不起作用，人们自然也不关心院章的修改，而把注意力完全集中在起义军与清军对峙的战场上。

资政院中，虽然民选议员与钦选议员各半，但钦选议员中也有一批开明人士是真正赞成民主立宪的。再加上钦选议员中有一批昏庸老朽的贵族和只知持禄保身的官僚。他们对宪政知之甚少，因此往往无所主张。加之全国立宪呼声高涨，已成潮流，故他们在议场中不是沉默不语，便是随声附和。而少数反对宪政的顽固派，势孤力单，又碍于全国上下立宪的潮流，害怕院内外的舆论抨击，也不敢对自己的主张多所表露。而民选议员又多是来自各省咨议局中的佼佼者，在第一届咨议局常年会和国会请愿运动中已显露锋芒，得到了锻炼。他们中不少人留过洋，学过政法，有民主宪政方面的知识，又能言善辩。比如江苏的雷奋、孟昭常，直隶的刘春霖、于邦华，湖南的易宗夔、罗杰，浙江的邵羲，江西的汪龙光，广西的吴赐龄等。他们大都是著名的立宪派骨干，在全国有相当的影响。由于这些人的积极活动，民选议员基本上左右了资政院。这样，资政院也基本上变为立宪派的讲坛和与封建专制进行合法斗争的重要场所。他们利用资政院第一届常年会，尖锐地批评清政府的一些政策，尤其是弹劾清军机大臣案，震动朝野。它以实际行动，对各阶层人民进行了生动的民主教育。

四、弹劾军机大臣案的风波

第二届咨议局会议开始后，由于督抚侵越咨议局权限而引起督抚与咨议局的矛盾与斗争。各咨议局纷纷呈请资政院核议。资政院为了处理各省咨议局关系事件，于 1910 年 10 月 19 日议决成立一个审查各省咨议局关系事件的特任股。并通过投票选举了 18 人为特任股股员：许鼎霖、雷奋、于邦华、赵炳麟、劳乃宣、魏联奎、高凌霄、周廷励、陈宝琛、汪荣宝、周廷弼、王景芳、沈林一、易宗夔、汪龙光、罗杰、席绶、孟昭常。

该股选举许鼎霖为股长,雷奋为副股长。除魏联奎外,其余 17 人均兼任其他审查股股员。这 17 人曾向资政院以实难兼顾 2 个审查股股员为由提出辞职,希望另选。但资政院未同意。

湖南巡抚杨文鼎发行 120 万两公债,不交湖南省咨议局议决。即既不交湖南省咨议局 1910 年 6 月的临时会,又不交 10 月的第二届常年会,只上奏清廷批准即实施,且将利息抬高到八九厘,以吸引外资购买公债,其实质上带有外债性质。这显然违背了《咨议局章程》第 21 条第(4)项,而与湖南省咨议局产生矛盾。湖南省咨议局 10 月 6 日依据《咨议局章程》第 27 条,致电资政院呈请资政院核办。10 月 9 日,杨文鼎亦致电资政院,说湖南发行公债是上奏朝廷,谕旨批准的。且安徽省发行公债亦未交咨议局核议。湖南省咨议局又于 10 月 17 日和 27 日电资政院,说安徽所办的公债是在咨议局成立以前的事,和湖南的情况不一样。《咨议局章程》系由钦定,杨巡抚不能诿为不知。该抚具奏时,并未说明是否交咨议局核议,是故意侵越咨议局权限,蒙蔽君上,是违法的。

10 月 25 日资政院特任股员开会,审查湖南咨议局关于巡抚杨文鼎奏办公债侵权违法事,认为杨侵权违法毫无异议,应作为核议案。

10 月 28 日资政院会,议员罗杰发言说,湖南咨议局对杨文鼎巡抚违背法律办理公债案,是一重要议案,请于下次会议开议。议长答应改订议事日程,下次开会议此案。

10 月 31 日资政院会,第一案便是湖南发行公债核议案。先由特任股长许鼎霖说明审查结果:"此事于湘乱后,杨文鼎仿直隶办法行之。但《咨议局章程》有核议本省公债之权。今杨抚既未交局议,显系违法无疑。据杨抚一面,则谓直隶、安徽均已办过,若非有款维持,则湘事俱难举办。但此《咨议局章程》系由钦定,杨抚竟悍然不顾,于五月内湖南开临时会亦不交出,殊为奇异。近广西、江苏、四川各省俱有电询问此事。谓若不设法维持,将来效尤者必将接踵而起。孟子云:徒法不能以自行。诸葛武侯云:有法而不能用,与无法同。外人笑我中国无法。幸近年以来朝廷设有法律。若并此而不能遵守,以后国会虽开,则法律仍不能用。"①语语痛切时弊,议员发言均同意审查报告,要求议长尽快上奏,并对违法侵权的杨文鼎给以处分,以维护法律。不处分,核办与不核办无区别。后议决再交特任股审查。

　　11 月 3 日,资政院会,由特任股长许鼎霖说明湖南公债案审查结果:此案据《咨议局章程》应有核议权利……五月湖南临时会该抚既未交出,九月常会亦未交出,是为侵权。至咨议局章程系由钦定,杨抚绝不能诿为不知。至该抚具奏时,交局议与否并未叙明,其无咨议局章程在心目中而又故意侵蔑咨议局权限,蒙蔽君上,是为违法无疑。遵院章 24 条具奏请旨裁夺②。议员纷纷发言除赞成审查报告外,又鉴于广西禁售土膏展期案,上谕虽然令广西巡抚遵照 1909 年公布的广西分区分期禁售土膏的办法执行,但对广西巡抚张鸣岐未做任何处分,巡抚照当的情况,议决要对湖南巡抚杨文鼎予以处分写入奏折中,以惩戒那些手握实权而肆意侵权违法的地方官吏,维护法律的权威,维护咨议局与资政院的权威与尊严。这样,资政院在关于湖南发公债巡抚侵权违法的奏折中,加入了处分杨文鼎的要求,即弹劾杨巡抚违法发行公债。但清廷在这一类事件中多是袒护地方官员。11 月 8 日清廷发布上谕,将杨文鼎发公债未交湖南咨议局核议说成"系属疏漏",公债事现已经度支部核准,仍可照发。这样,不但未追究杨文鼎侵权违法的责任,而且也未让杨将公债案补交咨议局议决。这是朝廷对资政院和咨议局的极大蔑视。立宪派议员对此极为不满。11 月 9 日资政院会议,当宣读完关于湖南公债弹劾杨巡抚上谕后,民选议员易宗夔首先发言:此案系请旨裁夺之件。今日上谕全无处分。此事有军机大臣副署,军机宜负责任。日前议决时全院一致,此次既无效力,此后督抚侵权违法事件将重见迭

　　①　《申报》1910 年 11 月 8 日。
　　②　《申报》1910 年 11 月 11 日。

出。资政院既可取消,咨议局亦可取消。不必设此有名无实之资政院,任政府自为之,安取此立宪为也①。一些议员发言认为即使"疏漏",亦有责任,亦应处分。更何况不是"疏漏"二字的轻描淡写所能为杨文鼎侵权违法开脱的。一个御史弹劾大臣查实后尚须处分,资政院近200议员议决之件乃不如一个御史参折有力,资政院有何作用?议员们纷纷要求军机大臣,尤其是领班军机大臣庆亲王奕劻到院接受质问。当天资政院总裁溥伦借故未出席会,由副总裁沈家本为议长。民选议员在议场抨击军机大臣,要求军机大臣到会,否则不开议。而军机大臣借故不愿出席。议长沈家本进退维谷。议员们一直坐等到散会,军机大臣亦无一人到会。议员们纷纷以说帖的形式质问军机大臣对内政外交是否完全负责任。军机大臣复文称:"现在新官制之内阁未经设立,军机大臣权限实非各国内阁、国务大臣可比。……说帖所谓是否完全负责任抑不完全负责任之处,自无从答复。将来新官制之内阁设立,此种问题届时自可解决。"②

此时,云贵总督不经咨议局议决,实行盐斤加价,云南省咨议局反对盐斤加价,与云贵总督发生争执,亦电资政院核办。广西巡抚无视广西咨议局的意见,反对高等巡警学堂限制外籍学生与咨议局发生争执,广西咨议局电资政院核办。11月12日和15日资政院会,通过了特任股对云南盐斤加价和广西限制外籍学生案的审查报告,支持了这二省咨议局的合法主张,将两案分别议决上奏。结果朝廷的上谕却将两案分别交盐政处和民政部察核。俨然将盐政处、民政部视为资政院的上级机关。11月22日资政院会,在议员的要求下将此两道上谕当场宣读后,议员们认为这是对资政院的侮辱,不能容忍,对军机大臣进行了猛烈的抨击。议员易宗夔说:本院奉先朝谕旨,确定为立法基础。本院为一完全立法机关已无疑义。上谕由军机拟旨及副署,本院如何性质

---

① 《申报》1910年11月18日。
② 《申报》1910年11月29日。

岂不知之？立法机关所议决之事，何以又转交行政衙门察核？殊不可解。军机大臣既明知之而故为，此违法之事。是军机为侵夺权限违背法律，应据《资政院院章》21条弹劾军机大臣。[①] 议员们纷纷主张对军机大臣提起弹劾。议长以结怨天下一语劝阻。但议员纷纷起来反驳，坚持弹劾军机大臣。经过激烈的争论，最后用起立法付表决，赞成弹劾军机大臣者超过三分之二，通过。随即由议长指定赵炳麟、沈林一、邵羲、籍忠寅、李文熙、孟昭常6人为起草员，起草弹劾军机大臣奏章。沈林一是反对弹劾军机大臣的，在议场哓哓不休。有议员要求取消沈的起草员资格另选他人。议长未同意，认为6人中只1人反对究属少数，决不能不从多数意见。

军机大臣闻讯后，立即上奏请将云南盐斤加价和广西学堂招生两件案均依资政院的意见办理，谋求与资政院妥协。

11月25日资政院开会，先宣读了云南盐斤加价及广西限制外籍学生两案均按资政院议决办理的上谕。秘书长宣读弹劾军机大臣奏折草稿。一些钦选议员发言认为谕旨既已收回成命，弹劾军机大臣的奏稿自然作废。而立宪派议员主张奏稿文字取消，但题目不取消，即以其他理由继续弹劾。议长付表决，多数赞成取消奏稿。但民选的立宪派议员主张仍需以军机大臣不负责任就不可不弹劾，坚持弹劾。钦选议员陆宗舆、汪荣宝则反对再弹劾。但民选议员坚持弹劾是11月22日一致通过的，不能否定，否则资政院自己不负责任。于是弹劾依然保持，又重新指定邵羲、孟昭常、李文熙、易宗夔、顾栋臣、籍忠寅6人为弹劾军机大臣奏折的起草员。

12月10日资政院会议。由资政院秘书长金邦平宣读《资政院奏参军机大臣责任不明难资辅弼折》：

奏为大臣责任不明，难资辅弼，谨据实沥陈恭折，仰祈圣鉴事。

窃维立宪国家，有协赞立法之议会，同时必有担负行政责任之政

---

① 《申报》1910年11月30日。

府。一司议决,一司执行,互相提携,互相维系,各尽厥职,政是以修。比者朝廷预备立宪,以臣院为上下议院之基础,荷蒙圣恩,责以代表舆论,议决法律、预算之事。臣等膺兹重寄,夙夜焦思,诚欲竭尽知能,仰称明诏。以臣院职权惟在议决,至于执行之责,仍恃政府。必彼此同心戮力,相见以诚,乃能上副朝廷改良政体实事求是之至意。现在官制未改,内阁未立,而军机大臣既有赞治几务之明文,又有副署诏旨之定制,目为政府,理同宜然。臣院开院伊始,窃意军机大臣必当开诚布公,于大政方针有所宣示。乃迟迟又久寂无所闻。臣等恐惧忧疑,不知所措,是用遵照院章提出说帖,质问军机大臣对于内外行政是否完全负责。旋据答称,此种问题俟内阁成立以后方可解决,现在难以答复等语。隐然以不负责任之意晓示臣院。似此模棱推诿,尸位旷官,上负天恩,下辜民望,实出臣等拟议言思之外。用敢不避嫌怨,谨将军机大臣奉职无状之咎,为圣明痛切陈之。君主国家以君主神圣不可侵犯,为立国之大本。是以人臣之义,善则归君,过则归己。而近世东西各国且以大臣代负责任之旨,明定之于宪法,使国民可有纠绳政府之途,而不可有责难朝廷之意。凡以巩固国家之基础、保持元首之尊严,用意至深,立法至善。今朝廷既明定国是,采用立宪政体。为大臣者,宜如何仰体圣谟,引国事为己任。仍于臣院创立之始,即以不负责任之言明白相告,受禄则惟恐其或后,受责则惟恐其独先,不特立宪国大臣不应出此,揆诸古人致身之义,亦有未安,其咎一也。立宪国国务大臣之作用在能定行政之方针,谋各部之统一,故必统筹全国之政务,审其缓急轻重之宜,循序进行,有条不紊。今朝廷设立内阁会议政务处,而以军机大臣为其领袖,是其地位实隐与各国内阁总理大臣相当。自应于各部行政从容审议就时势之所宜以定方针之何在,乃会议政务仅等具文,披阅章奏几成故事。平时以泄沓为风气,临事以脱卸为法门。言教育则与学部不相谋;言实业则与农工商部不相谋;言交通则与邮传部不相谋;言财政则与度支部不相谋。乃至言外交、言民政、言藩务、言海陆军政、言司法行政,无不如是。每有设施,动多隔膜,以致前后矛盾,内外参差,纷纭散漫,不可究诘。徒有参谋国务之名,毫无辅弼行政之实,其咎二也。夫以今日危急存亡之际,内忧外患相迫而来,民穷财尽,不可终日。军机大臣受国家莫大之恩,居人臣最高之位,自宜悚惧惕励,殚竭忠诚,共济艰难,稍图报称。乃以不负责任则如彼,不知行政又如此,旅进旅退,虚与委蛇。上无效忠皇室之思,下鲜畏民岩之意,持禄保位,背公营私,视国计之安危、民生之休戚若秦人视越人之肥瘠,漠然无动于其心。坐令我监国摄政王忧劳慨叹于上,4 万万人民憔悴困苦于下。虽复迭奉谕旨,责以警觉沉迷,勉以扫除积习,而诸臣蹈常袭故,置若罔闻,前后相师如出一辙。我皇上以天高地厚之恩,优加倚任,而诸臣以阳奉阴违之习,坐致危亡。臣等实不胜愤懑忧念之至,辄以多数议决,披沥上闻。谨由议长臣溥伦、副议长臣沈家本,遵照臣院《议事细则》第 106 条据情具奏,伏愿圣明独断,重申初三日上谕,迅即组织内阁,并于内阁未经成立以前,明降谕旨,将军机大臣必应担负责任之处宣示天下,俾无委卸,以清政体而耸群僚,实于宪政前途不无裨益。是否有当,谨恭折具陈,伏乞皇上圣鉴训示。谨奏[1]。

秘书长每读一句,场上议员均鼓掌一次,场面十分热烈,民选议员尤为激动。

起草员孟昭常登台说明奏稿:此案非常郑重。起草 3 次,修正 3 次。盖军机不负责任便与无政府同,无政府则无国家。国家犹舟船,政府犹舵工。行洪涛巨浪之中,而舵工毫无主张,则舟船必沦胥以亡矣。此案非如都察院代人呈奏,乃本院议长率各议员代表国民的意见;非如官与官互为纠参,乃立法机关维持行政机关;非如御史风闻之事,乃本院法律上之正当行为,故措词宜严重,不可浮泛;宜博大,不可琐碎;宜

① 《申报》1910 年 12 月 22 日。

顾大局,不可落边际。此案为吾国有史以来第一案,诸君已听过朗读,本员略为说明,请各注意①。议员发言赞同弹劾稿。最后议长以奏案付表决,多数赞成,通过。

清廷的军机大臣,历来是权力至上,从来就没人敢冒犯。资政院一再要求军机大臣到会听候质询,继而以说帖提出质问,终至对军机大臣提起弹劾。这对清政府的尊严与威信是一个空前未有的冲击。军机大臣为抵制弹劾案,均奏请辞职。摄政王载沣温语慰留军机大臣。清朝最高当局的封建统治者,对资产阶级议会民主完全是采取叶公好龙的态度。认为议会可以强国,可以通下情,但当民主一来,受点冲击就了不得,简直天都快要塌下来了。在摄政王看来,资政院如此严厉地谴责朝廷所信任的军机大臣,并提出以责任内阁代替军机处的要求,实在过于放肆,故在12月18日上弹劾军机大臣奏折的当天,即下谕旨训斥资政院:"资政院奏大臣责任不明难资辅弼一折,朕已览悉。朕维设官制禄及黜陟百司之权,为朝廷大权,载在先朝《钦定宪法大纲》,是军机大臣负责任与不负责任及设立责任内阁事宜,朝廷自有权衡,非该院总裁等所得擅预。所请着毋庸议。"②同时下了一道谕旨,不准军机大臣辞职:"军机大臣庆亲王奕劻等奏才力竭蹶、无补时艰,恳恩开去军机大臣要差一折,披览均悉。该大臣等尽心辅弼,朝廷自能洞鉴。既属受恩深重,不应渎请。所请开去军机大臣之处,着不准行。"③摄政王对资政院与军机大臣的态度可谓鲜明。且从前的谕旨皆由军机大臣拟进署名,而给资政院的谕旨则由摄政王独署自发。摄政王是代表皇帝的,是最高统治者,这就未给资政院稍留任何回旋的余地。这自然引起了资政院立宪派议员的极大不满。

12月19日资政院会议。宣读12月18日的谕旨后,立宪派议员纷

①　《申报》1910年12月18日。
②　《申报》1910年12月19日。
③　《申报》1910年12月19日。

纷发言表示不满,认为政府是假立宪,非真立宪,军机大臣以假立宪欺侮君主。有的认为资政院存在与不存在一样,不如解散,资政院自身不能麻木不仁。有的主张必须设立责任内阁。多数仍坚持继续弹劾。议员刘春霖发言揭露某些钦选议员:"在议场时满口为国民说话,而昏夜奔走于权贵之门,奴颜婢膝,种种怪状,实启政府轻视之渐。本员所言虽于本院名誉有关,而实则外间无一不知者。然则此事非军机之过,实议员咎由自取。今本院全体宜尊重身份,须有全体辞职决心。"刘的演说引得满场欢声雷动,一句一鼓掌,成为当天最轰动的演说。最后表决,102 人赞成再弹劾军机大臣。议长遂指定汪龙光、罗杰、邵羲、章宗元、陈树楷、陆宗舆 6 人为起草奏稿员①。

12 月 21 日资政院会,讨论弹劾军机第 2 次奏稿。有主张弹劾军机大臣全体的,有主张只弹劾领班军机大臣奕劻,有主张请降谕旨明定军机责任,有主张请摄政王收回成命以明定军机责任。最后以请降谕旨,明定军机责任付表决,多数赞成。12 月 22 日,摄政王召见溥伦,责成溥伦速将再弹劾军机大臣案设法调停。说:"同室操戈,非国家之幸福。"②这自然使溥伦左右为难。

12 月 24 日,资政院会,由秘书长朗读弹劾军机具奏案,基本上按 21 日资政院议决的请设责任内阁,在责任内阁未成立之前明定军机大臣的责任。12 月 25 日,清廷即发布上谕,饬宪政编查馆速定内阁官制。

12 月 26 日资政院会议时,资政院总裁溥伦发言,以朝廷已于 25 日发出上谕,弹劾军机案可否不上。溥伦是害怕将此案上奏会碰钉子。因领班军机大臣庆亲王奕劻知道资政院将继续上奏弹劾军机大臣案,故再次提出辞职。本来溥伦想将弹劾案折呈上,但 25 日慰留庆亲王的谕旨已下。朝廷坚定支持军机大臣的意见已很清楚。故溥伦不但未上

---

① 《申报》1910 年 12 月 26 日。
② 《申报》1910 年 12 月 30 日。

弹劾折,反而要取消之。于是找了一些有影响的议员,如民选议员方还、许鼎霖、邵羲等做工作,说朝廷既催促速定内阁官制,此案似可以不上。由于取得了这些议员的支持,故 26 日会一开始溥伦便提出取消弹劾案。籍忠寅发言说弹劾案的内容可以修改,但万不可取消。方还发言主张弹劾案不必再上,并摇头晃脑地说了一通取消弹劾军机大臣的理由。易宗夔主张坚持弹劾案。邵羲发言极力主张不必再弹劾军机大臣。于邦华发言主张对弹劾案略事修正仍行上奏。许鼎霖发言说资政院宜求实际不务虚名,不宜再坚持弹劾。钦选议员如陈懋鼎、汪荣宝、陆宗舆等纷纷发言附和放弃弹劾主张的民选议员的发言。整个会场反对弹劾军机大臣的意见逐渐占上风,并要求进行表决。坚持弹劾的议员以此事已经表决,不得再表决。认为昨日之上谕是编定内阁官职,即使今日即刻颁布,其责任内阁何时成立尚不可知。不能将制定内阁官职,与成立责任内阁混为一谈,必须坚持弹劾,以达到使军机大臣负责任的目的。双方各执一词。最后议长以取消奏稿付表决,赞成者 89人,绝对多数,通过。议长并声明上奏事一并取消。主张继续弹劾的议员李素、于邦华等人皆愤然离开议场①。

　　资政院取消弹劾军机大臣案一传出,京师舆论纷纷抨击,尤其是各报纸极力指责一些民选议员的反复无常。民选议员们也觉得脸面上过不去。12 月 27 日上午 10 时,民选议员在全蜀会馆开研究会,到会议员 30 多名,李文熙为主席。首先由主席说明弹劾军机大臣不能中止、当力图继续进行的理由。接着由籍忠寅、罗杰、牟琳、陈敬第发言说明应坚持弹劾的意见。最后议决 12 月 28 日资政院会议上继续提出弹劾案②。

　　12 月 28 日资政院会议,李素首先发言说前日弹劾军机案是取消奏稿并非取消弹劾军机。若以前日上谕藉口取消,此问题如此敷衍,实

---

①　《申报》1911 年 1 月 3 日。

②　《申报》1911 年 1 月 3 日。

与本院前途大有妨害。邵羲发言请指定起草员再起草弹劾案,罗杰、黎尚雯附和。于邦华、籍忠寅等也发言支持继续起草弹劾案。议长询问全院尚须讨论否,众答无须再讨论。于是由议长指定李文熙、陈敬第、江谦、陈善同、陈宝琛、严忠 6 人为弹劾案稿的起草员①。

这时又发生了一起令资政院很多议员意想不到的事。大学堂总监督刘廷琛呈递封奏,痛参资政院,大意为:该院自开会以来,议员私通各日报馆,不分良莠,结党成群,欲助长势力,以为推翻政府地步。其所主张之事,或藉报纸以宣布,或凭演讲以感动,务使国民有反对政府思想。其目的所在,无非与政府为难。始而藐视执政,继而指斥乘舆。奔走权门,把持舆论。近且公倡邪说,轻更国制。赞成虽云多数,鼓噪实只数人。持正者不敢异同,无识者随声附和。使朝廷避专制之名,议院行专制之实。议决案件必要求政府实行,是神圣不可侵犯不在皇上而在议员。若不严惩一二以警效尤,流弊所极,必至包藏祸心,窃窥神器,其害有非臣子所忍言者。且一资政院弊已至此,若待国会成立之后,诚恐大权一去而不可复回,民气一张而不可复遏。履霜坚冰由来渐矣。周王下堂迎觐,土耳其王幽闭深宫,可为寒心,堪为殷鉴。愿我皇上此后凡于议案可者许之,不可者拒之,荒唐者严惩之。则魁柄不至下移,国基可以巩固。又谓今之议者动谓军机制度不善,组织内阁,不知是人之不善、非法之不善。若得其人,即军机旧制亦可济时;不得其人,虽内阁新制亦足以速亡。更请我皇上诰诫军机大臣,正己率物,然后政治清明,纪纲以振,即无责任内阁,亦足郅治。其折由则系为宪政初基,宜祛流弊,请明降谕旨,巩君权而防凌替事折上闻②。

监国摄政王初亦不以为然,嗣经各军机进言,谓资政院近来所议各事确有逾越权限。即如请剪发辫、开党禁等案,或更张祖制,或大背先朝,殊非臣子所宜倡议。监国摄政王将此奏章批交宪政编查馆

① 《申报》1911 年 1 月 3 日。
② 《申报》1911 年 1 月 5 日。

知道。在监国的眼中,宪政编查馆为资政院的上级机关,可见资政院的地位。

　　显然,一个大学堂监督在全国一片要求实行宪政、速开国会声中敢于攻击资政院乃至未来的国会,这自然是有手握大权人物的支持。据当时报纸揭露,军机大臣因资政院一再弹劾,欲留在权力的位子上又怕舆论的非议,欲辞职又舍不得这高位与厚禄,故授意刘廷琛先行上呈弹劾资政院,先发制人。而资政院在政府提交的1911年预算案审议中,核减了大学堂的经费8万两,刘愤愤不平,故也就赤膊上阵。由于刘打头阵,向资政院发难,在军机大臣的授意下,直隶总督陈夔龙、两江总督张人骏、甘肃总督长庚、湖南巡抚杨文鼎、安徽巡抚朱家宝等也电劾资政院,其措词与立意和刘廷琛奏折相似。摄政王都将其交宪政编查馆并案。有的御使干脆指名参劾资政院一些民选议员。御史温肃参奏资政院开会百日,毫无建树,请传旨申斥。侍讲文斌递封奏,对资政院弹劾军机大臣案、剪发易服案肆意攻击。一时间,资政院陷入被围剿的四面楚歌之中。可见中国封建势力之强大,对资政院这么个权力不大的咨议机构都不能容忍。可见中国民主道路是多么的漫长。这自然也引起了资政院民选议员的不满。

　　1910年12月30日资政院会,很多议员对刘廷琛奏参资政院大为愤激。易宗夔说:"本院不但可以不展会,并可以解散。今日各报载刘廷琛参本院一事。本院为人民代表机关,有人奏参,殊为奇怪;且折中措词尤为离奇。折中轻蔑执政,想是指此次弹劾军机。至指斥乘舆,不知所指。包藏祸心,岂非谓本院有谋为不轨之事?刘廷琛不过一无耻小人,而谕旨竟以此折交宪政馆,是以宪政馆为本院上级机关。又剪发案毋庸议,则预算、新刑律各案将来具奏俱可以'着毋庸议'四字了之。请议长宣告解散。"①议员黎尚雯、罗杰、吴赐龄、王廷扬等纷纷发言指

---

　　①　《申报》1911年1月6日。

斥刘廷琛奏折。黎尚雯写成说帖批驳刘的奏折,当场宣读。到底是用全院名义还是署名,又辩论一番,最后仍用署名的办法。有 31 名议员在说帖上署名。

12 月 30 日的资政院会,还通过了新起草的弹劾军机奏折稿,后呈送摄政王。摄政王将弹劾折留中不发,将此折压下。尽管 1911 年 1 月 3 日资政院会议,议员李素问议长弹劾军机案是否留中,议长回答说,既无上谕,恐系留中。李素说,既留中,不知朝廷意思。若朝廷以弹劾为是,即须军机辞职;若以为非,即须本院解散。若模棱两可,则中国不亡于军机即亡于资政院①。议员们又议论了一阵,只是发发牢骚,也拿不出什么办法来。

这样在全国闹得沸沸扬扬的弹劾军机案也就不了了之。这也表现了立宪派的软弱性和妥协性。当资政院 1910 年 11 月 22 日第十八次会议通过弹劾军机大臣案并指定人起草奏折时,资产阶级立宪派与清廷的冲突空前激烈。当时有人回想法国大革命的直接原因乃起于三级会议的情景来类比当时的情景,以为历史会再次重演。如在华传教 50 余年并热心于中国宪政运动的李提摩太,见到资政院弹劾军机大臣的如虹气势,立即致函《基督教世界报》说:吾辈居中国 50 余年,一旦得目睹此景象,殊堪惊讶。吾辈今日所见者,与前日所想望者,有过之而无不及。土耳其、葡萄牙之二大革命尚不能比。盖今日之资政院,一若满人将权利递交人民,仿佛 20 国同时革命而不流一滴血云云②。美国驻华公使说:第一届(资政)院会是成功的,就中国议会发展开创史而言,立宪派人当之无愧③。在外国人看来,像第十八次资政院会议足以引发革命。但是从 12 月 19 日资政院第 25 次会议之后,激烈的气氛和情绪逐渐趋于平静。并未重演法国网球场的宣布起义。立宪派逐渐妥

---

①　《申报》1911 年 1 月 12 日。
②　张朋园著:《立宪派与辛亥革命》第 99、101 页。
③　张朋园著:《立宪派与辛亥革命》第 99、101 页。

协与后退了。这自然是中国的立宪派缺乏远见,看不清清政府很快即将灭亡的命运,空有一番扶倾救危的热情。中国的士大夫可能是受儒家思想束缚太深,缺乏断然采取积极进取的勇气,往往中途出现妥协退让。当然,这和中国资产阶级本身的力量薄弱也有密切关系。中国的资产阶级天生就患有软骨病。但不管怎么说,弹劾军机大臣案还是沉重地打击了清王朝的最高统治者,大煞了其不能批评与反对的威风。这毕竟是一个历史性的进步。

五、剪发易服案

资政院议员周震麟等向资政院提出《陈请资政院提议剪除辫发改良礼服说帖》,主张剪辫和改良礼服。列举了中国人留辫子的五大害处:妨碍尚武精神;工业化大机器生产易给工人带来安全隐患,易给工人生命带来危险;巡警将头发盘在头顶十分不便,不如剪去;辫子妨碍运动,也很不卫生;辫发不利于对外交往,外国人常指摘讪笑。说帖还指出中国的礼服、大帽、翎顶、袍套、悬珠,臃肿繁杂,既不美观又不适体,且造价高,亦应改良。

周的说帖被资政院审查股审查时否决。1910年11月25日资政院会,议员易宗夔在会上提出周的说帖很有必要,应交大会讨论,其理由为:1.世界无长辫之国,何必留此贻笑外人。2.今当列强竞争之世,非养成军国民不可。当兵时剪去发辫,不当兵时又复蓄留,殊属不便。3.今我国欲求国力充足,非实业发达不可。欲求实业发达,非有机械工场不可。则长辫殊属不便。今宜将此案作为议题议决具奏,一新天下耳目。至周震麟改易礼服一层,亦极有理,于经济界绝无影响。罗杰、于邦华等亦主张编入议事日程表。议长答应编入议程表①。11月30日资政院会。审查股报告剪发易服案审议情形,仍欲废止此案。但

---

① 《申报》1910年12月5日。

易宗夔坚持。议长说如再提议此案,需 30 人以上赞同才行。这时议场有 50 多人起立赞同剪发易服案,于是议决此案由特任股审查。

议员罗杰也向资政院提出《拟请明谕剪辫易服与世界大同具奏》案,列举了中国人留大辫子的六害:1. 军人挽辫或藏冠内或露冠外,操演不便。2. 舟车之中以及工厂,一挂机轮,骨肉粉碎。3. 与列强交,脱帽为礼,我独不便,感情难洽。4. 华人出游恒受讥刺,国民外交不能亲切。5. 形式不改,精神不振。垂辫如故,民忘维新。6. 浣沐不便,尘垢易凝,脑气不清,卫生有碍。指出旧服装的六害:1. 衣长袖博,妨碍运动。民兵无妄,军官不武。2. 工人贾夫不便厥职,商战辄败,此一原因。3. 项无硬领逼之竖,颈胸必屈曲,肺病易生。4. 装服既笨,运费过昂,探险远征,以此见阻。5. 投刺理装,非仆不可,官绅坐累,宦习难除。6. 官服繁重,不乘人轿,辄御马车,国耗厚薪,吏仍多窘。同时指出剪辫易服的五大好处:1. 常时便于体育,急时便于角逐,尚武之气振及全国。2. 国内商旅,海洋探险,喜身首之轻,适挈行李于只手。3. 机房无性命之虞,衣冠有轻简之便,作业不苦,人奋厥职。4. 沐发可勤,束身能紧,构思无昏浊之苦,胸挺无病腹之媒。5. 国际论交,不以服异而见恶,免冠致敬不虑发弹之可憎。外交日亲,政策愈活①。

12 月 9 日,资政院特任股员开会,审查剪发易服案。对剪发一事,股员均赞成。但对易服一事,庄亲王、那亲王反对,说:朝服为本朝体制所关,祭祀天地仍宜用朝服,以免数典忘祖之讥。且剪发之后,如果旧服实在不适于用,应如何稍加变通之处,亦宜慎重商妥,然后请旨裁夺,以免扰乱而昭划一。各股员均赞同,礼服中的朝服不改②。

12 月 15 日资政院会议,特任审查股长庄亲王报告对剪发易服案的审查结果。他先详细介绍了罗杰、周震麟二提案的剪发易服的理由后,即报告特任审查股的意见:拟请明降谕旨,凡军界、警界、学界一体

① 《申报》1910 年 12 月 10 日。
② 《申报》1910 年 12 月 16 日。

剪发。农工士庶则悉听其自便,国家绝不干涉,自无惊世骇俗之嫌。此剪发之办法也。中国服制分常服、礼服两种。常服宽绰适体,本可无事更张。礼服则寒燠迭更,年换十数袭,烦费实多。且大褂长袍,有妨动作。应请皇上改定礼服,示天下以准绳,作维新之气象。此易服之办法也。抑更有请者,尚武之风气倡之自下,则迂缓而难成;倡之自上,则势顺而至易。我皇上为海陆军大元帅,应以雷霆万钧之力,发皇武勇,巩固国防。如蒙躬行剪发,为天下先倡,则文靡之风不期绝而自绝,刚勇之气不期生而自生,是在我皇上之果断而已。本股员等多数表决,意见相同,应请议长交付会议①。审查报告后,议员纷纷发言赞成。罗杰说:"出使大臣及陆军大臣、外部侍郎皆已剪辫,朝廷不加禁止,是已默许。与其如此,不如明发上谕,使天下耳目一新,振起立宪国之精神。况中国发辫对外对内无一合宜。如欲全国皆兵,此赘物更不可不去。至易服一层,但请先定礼服,一切材料均须取给本国,以促工业之发达。如谓辫发服制皆列祖列宗所制定,不可更改,则今日立宪已属大悖祖宗成法。"有的议员提议应请摄政王先剪辫,以为天下先。最后表决,结果:在场议员136人,赞成审查报告者102人,反对者20人,废票6张。通过。议长仍令特任股修正审查报告,预备具奏②。

　　12月17日,特任股开会,修正剪发易装具奏案,经反复讨论,最后定稿为:"凡官员、军警、学界人等,皆一律剪发;农工商民悉听其便,朝廷绝不干涉。至易服一节,则请谕旨饬下宪政编查馆会同军咨处、内阁会议政务处,博稽中外制度,厘定常服、公服、礼服,并限用本国材料。至便服,概不准易。……我皇上为海陆军大元帅,我监国摄政王为代理大元帅,锐意维新,精进不已,倘蒙酌量时变,昭示大同,远师赵武灵王骑射改服之心,近采日本明治剪发易装之制,首御军服,为天下先,则柔

---

① 《申报》1910年12月23日。
② 《申报》1910年12月23日。

靡之风不期绝而自绝。"①

12 月 21 日，清廷发布上谕:众以喧传剪发易服，力陈商业危迫，恳予维护等语。国家制服等秩分明，习用已久，从未轻易更张。除军服、警服因时制宜，系前经各该衙门奏定遵行外，所有政界、学界以及各色人等均应恪遵定制，不得轻听浮言，致滋误会②。此谕已经将不同意剪发易服之意表达了，故资政院总裁溥伦在特任股员将奏稿议定后，迟迟未提交大会。但议员一再催促，12 月 24 日资政院会，议员易宗夔即要求朗读剪发案奏稿。12 月 28 日资政院开会时，秘书长朗读剪发具奏案奏稿，议场一片掌声。有反对剪辫议员欲提出意见书，易宗夔等以此事已经表决具奏，不能再发表意见书。这样只能就奏稿表决。议长以奏稿付表决，结果:在场议员 123 人，起立赞成者 98 人，绝对多数通过。于是由溥伦上奏。12 月 30 日清廷发布上谕:"资政院奏请明降谕旨剪发易服，奉旨前已降旨宣示，应仍遵前旨办理，所奏着毋庸议。"③也就是说，必须遵 12 月 21 日之旨。这自然是再次否定了剪发易服，可见清王朝的迂腐与守旧。剪发易服的道理很清楚，奏稿也说得极明白，且实际上有一些中国人如外交界、学界已实行剪辫，清王朝却以祖制来否定资政院的剪发易服案。12 月 30 日下午在资政院会议上，宣读了两道谕旨:1. 延长资政院会期 10 天折，着依议。2. 剪发案，着毋庸议。有的议员还想就剪发案发言，为议长所阻，而开议它案。剪发案最终被清廷否决。

12 月 30 日谕旨宣布后的第二日即有言官仰承风旨，奏参陆军部大臣荫昌擅行剪发，又奏参资政院议员罗杰、吴赐龄等剪发。后又有人严参荫昌剪发。可见当时朝中守旧势力之强，他们反对任何的革新，且一有机会，就对革新的人物进行围剿，对革新的事物予以扼杀。剪发易服这只是形式上的革新亦遇挫，可见在当时中国要进行任何革新之难。

①　《申报》1910 年 12 月 24 日。

②　《申报》1910 年 12 月 22 日。

③　《申报》1911 年 1 月 1 日。

好在摄政王对这些奏折留中不发,才未出现更大的风波。

　　直到 1911 年 10 月 22 日资政院第二届常年会的召开,在辛亥革命浪潮冲击下,清政府摇摇欲坠了,才依资政院的议决,准许臣民自由剪发。

六、资政院第二届常年会

　　按《资政院院章》的规定,资政院第二届常年会于 1911 年 10 月 22 日(农历九月一日)在北京召开。此时武昌起义已经爆发,湖北革命党人组建了湖北军政府,革命在迅速蔓延。为了拉住立宪派,维持自己摇摇欲坠的统治,清廷一反前一段时间一直尽力缩小资政院的权力,限制立宪派借资政院参与政权的作法,对资政院所议决的议案,清廷都一一依允,及时以上谕公布。

　　10 月 22 日上午,资政院举行第二届常年会开会式。内阁协理那同、徐世昌,外务大臣邹嘉来、民政大臣桂春、度支大臣载泽、学务大臣唐景崇、海军大臣载洵、司法大臣绍昌、农工商大臣溥伦、邮传大臣盛宣怀、理藩大臣肃亲王均到会。监国摄政王派礼亲王为代表到会。北京全城密布军警,严防意外。议员到会 100 余人。礼亲王代表摄政王致贺词,大意为:政府有实行立宪之志愿,并深望资政院各议员将平日所研究之学识协议实行,以图国家之幸福而达人民之希望①。

　　10 月 25 日下午资政院会议,到会议员 113 人。由于邮传大臣盛宣怀忠实地执行清廷的干线铁路"收归国有"以便大量借外债的卖国政策,遭到了立宪派和全国人民的反对,1911 年在全国发生保路风潮。尤其是四川人民的保路斗争最后发展成武装起义,这又直接导致了武昌起义。盛宣怀在铁路"收归国有"中起了特殊恶劣的作用。但这一错误政策的制定者是清朝最高统治者,盛宣怀是这一政策的积极执行

———————

①　《申报》1911 年 10 月 24 日。

者。由于激成了武昌起义,故资政院议员在不能追究清政府中枢的责任时,便将矛头对准这一政策的积极推行者盛宣怀。当日议事日程表上第五案《部臣违法侵权激生变乱并有跋扈不臣之迹恳请惩治具奏》案成为当日会议热烈讨论的一案。提案人牟琳说明理由:此次铁路国有、借外债均盛宣怀所主持,则川乱、鄂乱之风潮即由盛一人激成之。院章凡关于公债均应交院议。此次四国借款、日本借款,何竟不能? 况借款合同发表时,度支部泽大臣请假,是不但违背院章,且侵夺主管衙门之权限。以关系数千万人权利,不经阁议,不交院议,以一人之私意行之,亦无对付将来之方法,以至惹起风潮。四川风潮不起,湖北之乱不兴,追原其祸根皆盛宣怀一人酿之。故诛其一人,大乱即可立熄①。易宗夔、刘荣勋等发言亦认为应由盛宣怀来负激起全国动乱的责任。

籍忠寅则提出修正案弹劾盛宣怀,说:今日大局之坏,由于四川之争路风潮。四川风潮由于保路,保路由于铁路国有,而国有政策实由盛氏所发。今而弹劾之,正人心之所同,无反对之者可知。本员所以提出修正案者,因牟、易二人提出之案多偏于法理而略于事实,故将事实列入,以期感动天听。盖盛之此举,非但违背院章,竟将先朝圣训尽行抹倒。单衔奏请此自相矛盾之政策,而窃国有名义以欺天下,尚未知将来之结局如何,率行发表,因此激起川变,遂一发而不可收拾,而仍怙前非,一错到底,竟引起今日非常之变乱②。议员陈懋鼎、黎尚雯等发言,历数盛宣怀的罪状。最后对籍忠寅的修正案表决,全体一致赞成,议决第二天早上即上奏,并议定如弹劾盛宣怀无效则所有各案可不议。

清政府这时正需要一个替罪羊,不但想要将盛宣怀革职,还想杀盛以谢天下。清廷的最高掌权者此时对走狗可是毫不留情。盛宣怀以金钱运动来保命。英、法、德、美四国公使均有照会致中国外务部,请勿将盛宣怀处死。盛宣怀逃到美国使馆,十分狼狈。这时资政院又有弹劾

盛宣怀的奏折。10 月 26 日清政府发布上谕,革去盛宣怀职,以袁世凯的心腹唐绍怡(为避讳改名绍怡,溥仪退位后恢复原名)任邮传大臣。26 日上谕将全部责任推给了盛一人:"资政院奏部臣违法侵权激生变乱据实纠参一折,据称祸乱主源皆邮传大臣盛宣怀欺蒙朝廷,违法敛怨,有以致之。该大臣手握交通机关,不惜专愎擅权,隔绝上下之情,于应交院议、交阁议决之案,一切不顾,于阁制发表之后 2 日,首先破坏,单衔入奏,罔上欺民,涂附政策,酿成祸阶。此次川乱之起,大半原因即以该部奏定,仅给实用工料之款,以国家保利股票不能与鄂路商股一律照本发还。又将施典章所亏倒数百万,弃置不顾,怨苦郁结,上下争持,川乱即作。人心浮动,革党叛军乘机窃发。该大臣实为误国首恶等语。铁路国有,本系朝廷体恤商民政策,乃盛宣怀不能仰承圣意,办理诸多不善。盛宣怀受国厚恩,竟敢违法行私,贻误大局,实属辜恩溺职。邮传大臣盛宣怀着即革职,永不叙用。内阁总协理大臣大学士那桐、徐世昌于盛宣怀朦混具奏时,率行署名,亦有不合,着交该衙门议处。嗣后该大臣等于一切用人行政事宜,务当不避嫌怨,竭诚赞助,以维大局而济时艰。"[1]这一道长长的上谕中,仍坚持铁路国有政策,所谓国有政策实质就是借外债的卖国政策。但将一切过错都推给盛宣怀一人,天子(其实是摄政王)一人圣明。

1911 年 5 月清政府建立了皇族内阁,这显然是对立宪派和全国所要求建立的责任内阁的一种否定,是清政府在实现立宪道路上的一个大退步。立宪派一直激烈反对皇族内阁,资政院第二届常年会一开始,立宪派就利用当时的革命形势来压迫清政府实行责任内阁和速设国会。10 月 27 日和 28 日资政院的会议上,立宪派议员要求解散皇族内阁,另简贤才组织责任内阁,所有满洲贵族不得厕身内阁;明年召开国会;宪法由资政院协定;速开党禁,以示宽大。清朝已临灭顶之灾,已无法再用假立宪来欺骗人民,不得不一一允准资政院的议决。10 月 30

---

① 《申报》1911 年 10 月 29 日。

日，清廷发布了立即组织责任内阁诏，宪法交资政院协赞诏，开放党禁诏。同时还下了一道罪己诏：

> 朕继承大统，于今三载，兢兢业业，期与士庶同登上理。而用人无方，施治寡术。政府多用亲贵，则显戾宪章。路事蒙于金壬，则动怫舆论。促行新治，则官绅或藉为网利之图。更改旧制，而权豪或只为自便之计。民财之取已多，而未办一利民之事。司法之诏屡下，而实无一守法之人。驯致怨积于下而朕不知，祸迫于前而朕不觉。川乱首发，鄂乱继之。今则陕、湘警报迭闻，广、赣变端又见。区夏沸腾，人心动摇，九庙神灵不安歆飨，无限蒸庶涂炭可虞，此皆朕一人之咎也。兹特布告天下，誓与我国军民维新更始，实行宪政。凡法制之损益，利病之兴革，皆博采舆论，定其从违。以前旧制旧法有不合于宪法者，悉皆除罢。化除满汉，屡奉先朝谕旨，务即实行。鄂湘乱事，虽涉军队，实由瑞澂等乖于抚驭，激变弃军，与无端构乱者不同，朕惟自咎用瑞澂之不宜，军民何罪，果能翻然归正，决不追咎既往。朕以眇眇之躬，立于臣民之上，祸变至此，几使列圣之伟烈贻谋颠坠于地，悼心失图，悔其何及。尚赖国民扶持，军人翼戴，期纳我亿兆生灵之幸福而巩我万世一系之皇基。使宪政成立，因乱而图存，转危而为安，端恃全国军民之忠诚，朕实嘉赖于无穷。此时财政、外交困难已极，我君民同心一德犹惧颠危。倘我人民不顾大局，轻听匪徒煽惑，致酿滔天之祸。我中国前途更复何堪设想？朕深忧极虑，夙夜旁皇，惟望天下臣民共喻此意。将此通谕知之①。

冰冻三尺非一日之寒，清政府在满族贵族的专制统治之下，已经彻底腐败，已无可救药，这不是罪己诏几句忏悔的话所能挽救的。况且这种忏悔和反省的话是在革命形势高涨的情况下，为形势所迫而说。若形势缓和后又将如何？回到老路上去的可能性是完全存在的。任何一

① 《申报》1911年11月2日。

个政权到了走投无路时才来检讨,才来反省,自然是太晚了,自然已于事无济。没落腐败的政权垮台是必然的,无可惋惜。

10 月 30 日清廷还发布了将反对立宪的资政院总裁世续开缺的上谕和以李家驹为资政院总裁、达寿为副总裁的上谕。11 月 1 日又发布了袁世凯为内阁总理大臣,开去庆亲王奕劻内阁总理大臣和大学士那桐、徐世昌协理大臣职,让袁世凯组织完全内阁的上谕。

此时资政院的立宪派议员还对清廷存在一定的幻想。为防清廷在政权巩固后又不愿实行宪政,11 月 3 日,资政院又议定拟具《宪法内重大信条十九条》上奏,请宣誓太庙。清政府亦立即准奏。《宪法内重大信条十九条》如下:

一、大清帝国皇统万世不易。

二、皇帝神圣不可侵犯。

三、皇帝之权以宪法所规定者为限。

四、皇位继承之顺序于宪法规定之。

五、宪法由资政院起草议决,由皇帝颁布之。

六、宪法改正提案权属于国会。

七、上院议员由国民于有法定特别资格者公选之。

八、总理大臣由国会公举,皇帝任命。其他国务大臣由总理大臣推举,皇帝任命。皇族不得为总理大臣及其他国务大臣并各省行政长官。

九、总理大臣受国会弹劾时,非国会解散即内阁辞职。但一次内阁不得为二次国会之解散。

十、海陆军直接由皇帝统率,但对内使用时应依国会议决之特别条件,此外不得调遣。

十一、不得以命令代法律。除紧急命令应特定条件外,以执行法律及法律所委任者为限。

十二、国际条约非经国会议决不得缔结。但媾和、宣战不在国会开会期中者由国会追认。

十三、官制官规以法律定之。

十四、本年度预算未经国会议决者不得照前年度预算开支。又预算案内不得有既定之岁出,预算案外不得为非常财政之处分。

十五、皇室经费之制定及增减由国会议决。

十六、皇室大典不得与宪法相抵触。

十七、国务裁判机关由两院组织之。

十八、国会议决事项由皇帝颁布之。

十九、以上第八、第九、第十、第十二、第十三、第十四、第十五、第十八各条,国会未开以前资政院适用之①。

清廷立即于11月4日发布上谕,准资政院所奏的十九条。

资政院又议决即行组织国会,并立即上奏,清政府亦于11月6日发布上谕准资政院所奏:"所有议院法、选举法,着迅速拟订、议决,办理选举。一俟议员选定,即行召集国会。"②

11月8日,资政院还按《宪法内重大信条十九条》的规定,国会未开前以资政院行使国会一些重要权力的规定,选举内阁总理大臣。结果:投票总数92票,袁世凯得78票,黄兴、岑春煊、王人文各得2票,锡良、那桐各得1票。袁世凯当选为内阁总理大臣。

资政院还议定了准许革命党人按照法律改组为政党,并加擢用;改订资政院院章;准臣民自由剪发;改用阳历;议决了山东绅商学界代表请愿八条,并均上奏。清廷亦一一依资政院所奏。

由于全国大部分省宣告脱离清政府而独立,加入到推翻清政府的行列。在北京还有些顽固不化的坚持封建专制的势力,他们对民选议员是仇恨的。民选议员怕满洲贵族所控制的禁卫军屠杀汉人,均逃入清华学堂及移居使馆界内。以后各独立省份的民选议员纷纷回省。加之清廷又派一些钦选议员携款到一些省份为清廷运动,故从11月下

---

① 《申报》1911年11月10日。

② 《申报》1911年11月7日。

旬,资政院已不足法定的开会人数无法开会,只能开谈话会。

资政院第二届常年会通过的议案不少,也都由清廷发布谕旨允资政院之议。但由于辛亥革命势不可挡,很快席卷全国大部分省区,资政院议决案并未发生效力,也起不到消弭革命的作用。

附录:

(一)咨议局章程
1908 年 7 月 22 日颁布

第一章　总纲

一、咨议局钦遵谕旨,为各省采取舆论之地。以指陈通省利病,筹计地方治安为宗旨。各省咨议局设于督抚所驻之地。

第二章　议员

二、各省资议局议员以下列数目为定额,用复选举法选任之。

奉天五十名　吉林三十名　黑龙江三十名　顺直一四〇名　江宁五十五名　江苏六十六名　安徽八十三名　江西九十七名　浙江一一四名　福建七十二名　湖北八十名　湖南八十二名　山东一〇〇名　河南九十六名　山西八十六名　陕西六十三名　甘肃四十三名　新疆三十名　四川一〇五名　广东九十一名　广西五十七名　云南六十八名　贵州三十九名

京旗及各省驻防均以所住地方为本籍。但旗制未改以前,京旗得于顺直议员定额外暂设专额十名。各省驻防得于该省议员定额外,每省暂设专额一至三名,其名数由各督抚会同将军、都统定之。

三、凡属本省籍贯之男子年满二十五岁以上,具有下列资格之一者有选举咨议局议员之权。

(一)曾在本省地方办理学务及其他公益事务满三年以上,著有成绩者。

（二）曾在本国或外国中学堂及与中学同等或中学以上之学堂毕业得有文凭者。

（三）有举贡生员以上之出身者。

（四）曾任实缺职官文七品武五品以上未被参革者。

（五）在本省地方有五千元以上之营业资本或不动产者。

四、凡非本省籍之男子，年满二十五岁，寄居本省满十年以上，在寄居地方有一万元以上之营业资本或不动产者，亦得有选举咨议局议员之权。

五、凡属本省籍贯或寄居本省满十年以上之男子，年满三十岁以上者得被选为咨议局议员。

六、凡有下列情事之一者不得有选举权及被选举权。

（一）品行悖谬、营私武断者。

（二）曾处监禁以上之刑者。

（三）营业不正者。

（四）失财产上之信用被人控实尚未清结者。

（五）吸食鸦片者。

（六）有心疾者。

（七）身家不清白者。

（八）不识文义者。

七、下列之人停止其选举权及被选举权。

（一）本省官吏及幕友。

（二）常备军人及征调期间之续备后备军人。

（三）巡警官吏。

（四）僧道及其他宗教师。

（五）各学堂肄业生。

八、现充小学堂教员者停止其被选举权。

九、咨议局选举事宜照另定选举章程行之。

第三章 议长、副议长及常驻议员

十、咨议局设议长一人,副议长二人,常驻议员若干人,均由议员中互选。常驻议员以该省议员额数十分之二为额。议长、副议长用单记投票法分次互选。常驻议员用连记投票法一次互选,均以得票过半数者为当选。其细则由咨议局自定。

十一、议长总理全局事务,副议长协理全局事务。议长有事故时由副议长中一人代理。议长及副议长俱有事故时由议员中公举临时议长代理。

十二、常驻议员于第二十一条第九至第十二条款所列事件,若不在开会期中得由议长委任协议办理。惟须于次期开会时报告全体议员。常驻议员如督抚有时召集亦可至会议厅,以备询考。

十三、议长、副议长、常驻议员均常川到局办事。

十四、议长、副议长、常驻议员除特定职权外,其余权利、义务均与议员同。

第四章 任期及补缺

十五、凡议员之任期以三年为限,议长、副议长之任期亦同。但常驻议员之任期以一年为限。任期以每届选举后第一次开会之日起算。

十六、议长因事出缺时以副议长递补之。副议长因事出缺时由议员中互选补之。若不在开会期中,得由常驻议员中互选补之。常驻议员因事出缺时以候补常驻议员名次表之列前者递补之。议员因事出缺时以复选候补当选人名次表之列前者递补之。

十七、凡补缺之议长、副议长、议员、常驻议员,其任期以补足前任未满之期为限。

第五章 改选及辞职

十八、议员任满后均分别改选,再被选者得行连任。但连任以一次为限。若议员任期未满而选举区有更改者照旧任职。

十九、凡议员非因下列事由不得辞职。

(一)确有疾病不能担任职务者。

（二）确有职业不能常住本省境内者。

（三）其余事由特经咨议局允许者。

二十、凡议员于任满后再被选而欲辞职者听之。

　　第六章　职任权限

二十一、咨议局应办事件如下。

（一）议决本省应兴应革事件。

（二）议决本省岁出入预算事件。

（三）议决本省岁出入决算事件。

（四）议决本省税法及公债事件。

（五）议决本省担任义务之增加事件。

（六）议决本省单行章程规则之增删修改事件。

（七）议决本省权利之存废事件。

（八）选举资政院议员事件。

（九）申复资政院咨询事件。

（十）申复督抚咨询事件。

（十一）公断和解本省自治会之争议事件。

（十二）收受本省自治会或人民陈请建议事件。

二十二、咨议局议定可行事件呈候督抚公布施行。前项呈候施行事件，若督抚不以为然，应说明原委事由，令咨议局复议。

二十三、咨议局议定不可行事件得呈请督抚更正施行。若督抚不以为然，照前条第二项办理。

二十四、咨议局于督抚交令复议事件若仍执前议，督抚得将全案咨送资政院核议。

二十五、第二十一条所开第一至第七各款议案应由督抚先期起草，于开会时提议。但除第二、三款外，咨议局亦得自行草具议案。

二十六、咨议局于本省行政事件及会议厅议决事件如有疑问得呈请督抚批答。若督抚认为必当秘密者，应将大致缘由声明。

二十七、本省督抚如有侵夺咨议局权限或违背法律等事，咨议局得呈请资政院核办。

二十八、本省官绅如有纳贿或违法等事,咨议局得指明确据,呈候督抚查办。

二十九、凡他省与本省争论事件,咨议局得呈请督抚咨送资政院核决。

三十、凡第二十四、二十七、二十九条所列各项,经资政院议定后均宜分别照行。

　　第七章　会议

三十一、咨议局会议期分常年会及临时会二种,均由督抚召集。开会之第一日督抚应亲自莅局行开会仪式。

三十二、常年会每年一次,会期以四十日为率。自九月初一日起至十月十一日止。其有必须接续会议之事,得延长会期十日以内。

三十三、临时会于常年会期以外遇有紧要事件,经督抚之命令,或议员三分之一以上之陈请,或议长、副议长及常驻议员之联名陈请,均得召集,其会期以二十日为率。

三十四、凡召集开会,应于三十日以前由议长将本届开会应议事件预行通知各议员。

三十五、凡会议非有议员半数以上到会不得开议。

三十六、凡议案之可行与否以到会议员过半数之所决为准,若可否同数则取决于议长。

三十七、凡会议时,督抚得亲临会所或派员到会陈述意见,但不列议决之数。

三十八、凡议案有关系议员本身、亲属及职官,例应回避者,该议员不得与议。

三十九、凡议员于咨议局议事范围内所发言论不受局外之诘责,其以所发言论在外自行刊布者,如有违犯,仍照各本律办理。

四十、凡议员除现行犯罪外,于会期内非得咨议局承诺,不得逮捕。

四十一、凡会议不禁旁听。其有下列事由,经议员公认者不在此限。

（一）督抚特令禁止者。

（二）议长、副议长同意禁止者。

（三）议员十人以上提议禁止者。

四十二、凡议决事件除议长、副议长同意认为应行秘密者外，均公布之。并应随时报告督抚及资政院。

四十三、议员会议时有违背局章及议事规则者，议长得止其发议，违者得令退出。其因而紊乱议场秩序致不能会议者，议长得令暂时停议。

四十四、旁听人有不守规则或紊乱议场秩序者议长得令其退出。

四十五、凡议事细则及旁听规则由咨议局议定呈请督抚批准后公布之。

第八章　监督

四十六、各省督抚有监督咨议局选举及会议之权，并于咨议局之议案有裁夺施行之权。

四十七、咨议局有下列情事督抚得令其停会。

（一）议事有逾越权限不受督抚劝告者。

（二）所决事件违背法律者。

（三）议员在议场有狂暴举动，议长不能处理者。

停会之期以七日为限。

四十八、咨议局有下列情事，督抚得奏请解散并将事由咨明资政院。

（一）所决事件有轻蔑朝廷情形者。

（二）所决事件有妨害国家治安者。

（三）不遵停会之命令或屡经停会仍不悛改者。

（四）议员多数不赴召集，屡经督促仍不到会者。

四十九、咨议局议员解散后，督抚应同时通饬重行选举，于二个月以内召集开会。

第九章　办事处

五十、咨议局设办事处，经理局中文牍、会计及一切庶务，由议长、副议长监理。

五十一、办事处置书记长一人、书记四人，由议长选请，督抚委派。

五十二、办事处办事细则由咨议局自定。

第十章　经费

五十三、咨议局经费由督抚筹指专款拨用，其款目分列如下：

（一）议员旅费。

（二）议长、副议长及常驻议员公费。

（三）书记长以下薪金。

（四）杂费。

（五）预备费。

五十四、前条公费及薪金数目由督抚定之。其旅费、杂费及预备费由咨议局会议预算数目呈请督抚核定。

五十五、咨议局经费由议长、副议长按月清查一次，于常年会开会时造册清报，由议员审查之。

第十一章　罚则

五十六、咨议局罚则分为二种如下：

（一）停止到会，但以十日为限。

（二）除名。

五十七、停止到会以议长、副议长同意行之。除名则以到会议员全体决议行之。

五十八、凡议员有屡违局章或语言行止谬妄者，停止到会。其情节重者除名。

五十九、凡议员无故不赴常年会之召集，或赴召集后无故不到会延至十日以上者均除名。

六十、凡议员以本局之名义干预局外之事者停止到会，其情节重者除名。

第十二章　附条

六十一、本章程自奏准奉旨文到之日起为施行之期。

六十二、本章程未尽事宜得由各省咨议局拟具草案议定后呈由督抚咨送宪政编查馆会同资政院核议办理。①

（二）咨议局议员选举章程

1908 年 7 月 22 日颁布

第一章　总纲

第一节　选举资格

一、凡选举及被选举资格按照《咨议局章程》第三条至第八条办理。

第二节　选举区域

二、初选举以厅、州、县为选举区。复选举以府，直隶厅、州为选举区，各以所辖地方为境界。直隶厅、州之本管地方及府之有本管地方者均作为初选区。直隶厅、州，无属县者以附近之府为复选区。

三、府、厅、州、县境界有更改时选举区一并更改。

第三节　办理选举人员

四、初选区厅以该同知、通判，州、县以该知州、知县为初选监督。复选区府以该知府，直隶厅、州以该同知、通判、知州为复选监督。府直隶厅州之本管地方作为初选区者，由该知府、同知、通判、知州遴派教佐员为初选监督。选举监督各以本衙门为办理选举事务之所。

五、初选、复选均应设投票管理员、监察员，开票管理员、监察员若干名。管理员不拘官绅均可派充。监察员应以本地绅士为限。

六、初选监督职掌如下：

（一）监督初选投票、开票及选举一切事宜。

---

① 《申报》1908 年 7 月 31 日。

（二）保荐初选投票、开票管理员及监察员。

（三）筹定初选投票区、投票所及开票所地址。

（四）造具初选区选举人名册申报复选监督。

（五）征集初选管理员及监察员报告。

（六）决定初选当选人。

（七）给与初选当选人执照。

（八）汇申初选当选人姓名、职衔、票数及初选情形于复选区监督。

（九）宣示初选当选人姓名、职衔及票数。

（十）执行初选变更事务。

七、复选监督执掌如下。

（一）监督复选投票、开票及全区选举事宜。

（二）派定初选、复选投票开票管理员及监察员。

（三）分配初选当选人名数于各厅州县。

（四）汇申初选各区选举人名册于督抚。

（五）核定初选投票区、投票所、开票所及择定复选投票所、开票所地址。

（六）征集初选监督及复选管理员、监察员报告。

（七）决定复选当选人。

（八）给与复选当选人执照。

（九）申报复选当选人名、职衔、票数及全区选举情形于督抚。

（十）宣示复选当选人姓名、职衔及票数。

（十一）核定初选变更及执行复选变更事务。

八、投票管理员执掌如下。

（一）掌投票所启闭。

（二）决定投票之应否收受。

（三）记录投票情形申报选举监督。

（四）掌投票、投票簿、投票纸及选举人名册。

（五）稽查投票所纪律。

九、开票管理员职掌如下。

（一）掌开票所启闭。

（二）清算投票数。

（三）核查投票纸真伪。

（四）决定投票之是否合例。

（五）记录开票情形申报选举监督。

（六）保存票纸。

（七）稽查开票所纪律。

十、投票监察员、开票监察员各会同管理员办理投票、开票事宜，其职掌与前二条同。监察员如与管理员有意见不同时得建议于选举监督。

十一、凡办理选举人员均为名誉职，不支薪水。

十二、办理选举人员除监督员外，不得与于选举人及被选举人之数。

第四节　选举年限

十三、选举年限以三年为一次。

十四、每届选举年限以是年正月十五日为初选日期，三月十五日为复选日期。届期由督抚奏明并咨报民政部立案。其临时选举日期由复选监督申请督抚酌定汇案奏报。

第二章　初选举

第一节　投票区

十五、初选监督应按照地方广狭、人口多寡分划本管区域为若干投票区，至多以十区为限。每区设投票所一处。

十六、投票区应于选举期三个月以前由初选监督一律筹定详细绘图、申报复选监督核定。

第二节　人名册

十七、初选举监督应按照选举资格详细调查，将合格者造具选举人名册。

十八、调查时,初选监督应就本管各地方分设选举调查员。选举调查员办事细则由初选监督拟订呈复选监督核定施行。

十九、选举人名册应载事项如下。

(一)姓名、年岁、籍贯、住所或寄居年限。

(二)办过某项学务及其他公益事务并其年限。

(三)出身。

(四)官阶。

(五)营业资本或不动产之某项所值确数。

二十、选举人名册应于选举期六个月以前一律告成。

二十一、选举人名册告成后初选监督应即呈由复选监督申报督抚并于选举期三个月以前颁发各投票所宣示公众。

二十二、宣示人名册以二十日为期,如本人以为错误遗漏,准于宣示期内取具凭证呈请初选监督更正。前项呈请更正,初选监督应于收呈之日起二十日以内判定准否。

二十三、初选监督判定无庸更正时,有不服者得呈诉于复选监督。复选监督判定期限照前条第二项办理。

二十四、凡过宣示期限即为确定,不得再请更正。其续由初选或复选监督判定更正者,应一律补入选举人名册。

二十五、选举人名册确定后应分存各投票所及开票所,并由督抚咨报民政部。

第三节　当选人额数

二十六、初选当选人额数按照议员定额加多十倍,每届由复选监督遵照督抚所定,该复选区议员额数十乘之为该复选区当选人额数分配于各厅州县。

二十七、初选当选人分配之法,由复选监督以该复选区应出当选人数额除全区选举人总额,视得数多寡定选举人,每若干名得选出当选人一名,再以此数分除各初选区选举人数,视得数多寡定各该初选区应出当选人若干名。其各初选区有选举人数不敷选出当选人一名或敷选若干名之外仍有零数致当选人不足定额者，比较各初选区零数多寡将余额依次归零，数较多之区选出之，若二区以上零数相等，其余额归何区以抽签定之。前二项分配定后由复选监督于初选举期二个月以前榜示初选区。

　　　　第四节　选举告示

　　二十八、初选区监督应于该选举期三个月以前颁发选举告示，其应载事项如下。

　　（一）初选日期。

　　（二）初选投票区、投票所及开票所地址。

　　（三）投票方法。

　　　　第五节　投票所

　　二十九、投票所由投票管理员及监察员掌投票一切事宜。

　　三十、投票之日管理员及监察员均应按时齐集，如有临时不到应由初选监督派员代理。

　　三十一、投票所周围得临时增派巡警严查一切。

　　三十二、投票所除本所职员及投票人与巡警外，他人不得阑入。

　　三十三、投票所之启闭以午前八时至午后六时为率，逾限不准入内。

　　三十四、管理员及监察员应将投票始末情形会同造具报告连同投票瓯，于投票完毕之翌日移交开票所并申报初选监督。

　　三十五、投票所自投票完毕之日起十五日以内一律裁撤。

　　三十六、投票所办事细则由初选监督拟订呈请复选监督核定施行。

　　　　第六节　投票纸、投票簿及投票瓯

　　三十七、投票纸应由复选监督按照定式制成，于选举期二十日以前交初选监督。初选监督应于选举期十日以前分交各投票所。

　　三十八、初选监督应按各投票所所属投票人，分别造具投票簿并按照定式制成投票瓯于选举期十日以前分交各投票所。

　　三十九、投票簿应载明投票人姓名、年岁、籍贯及住所。

四十、投票匦除投票时外,应严加封锁。

第七节　投票方法

四十一、投票人以列各本属投票所之投票簿者为限。

四十二、投票人届选举期应亲赴投票所自行投票,不得请人代理。

四十三、投票人应在投票簿所载本人姓名项下签字毕方准领投票纸。

四十四、投票人每名只准领投票纸一页。

四十五、投票用无记名单记法,每票纸准书被选举人一名,不得自书本人姓名。

四十六、投票人于投票所内除关于投票事宜得与职员问答外,不得涉及私言并不得与他人接谈。

四十七、投票完毕后投票人应即退出,不得逗留窥视。

四十八、投票所倘有顶替及违背定章等事,管理员及监察员得令退出。

第八节　开票所

四十九、开票所设于初选监督所在地方,由开票管理员及监察员掌开票一切事宜。

五十、开票所自各投票匦送齐之翌日由初选监督酌定时刻先行榜示,届时亲自到场督同开票,即日宣示。

五十一、开票时准选举人前往参观。若人众不能容时,管理员得以限制人数。

五十二、管理员及监察员应将开票始末情形会同造具报告于检点票数完毕之翌日申送初选监督。所有票纸分别有效、无效一并附送,于本届选举年限内由初选举监督保存之。

五十三、第三十条、第三十三条及第三十五、三十六条所定各事项开票所一律办理。

第九节　检票方法

五十四、检票时先将选举票与投票簿对照,如有姓名不符及放弃选举权等事均应另册记明。

五十五、凡选举票应作废者如下。

（一）写不依式者。

（二）夹写他事者。其记载被选举人官衔、职业或住址等项者不在此限。

（三）字迹模糊不可认者。

（四）不用投票所所发票纸者。

（五）选出之人不合被选举资格者。

第十节　当选票额

五十六、初选以本区应出当选人额数除选举人总数，将得数之半为当选票额，非得票满该额以上者不得为初选当选人。

五十七、凡因不满当选票额致无人当选或当选人不足定额，由初选监督就得票较多者按照应出当选人额数加倍开列姓名，即行榜示于开票后第三日在原投票地方令原有投票人即就所列姓名内再行投票一次，以期足额。

五十八、当选人名次以得票多寡为序，票数同者以抽签定之。

五十九、凡得票满初选当选票额而当选人额数已满者作为初选候补当选人，其名次照前条办理。

第十一节　当选知会及执照

六十、当选人确定后应即榜示并由初选监督具名分别知会各当选人。

六十一、当选人接到知会后应自知会之日起二十七日以内呈明情愿应选。其逾期不复者作为不愿应选。

六十二、凡呈明情愿应选者由初选监督酌定日期给与当选执照为凭。

六十三、当选执照由复选监督按照定式制成，于选举期二十日以前分交初选监督。

六十四、当选执照给与后应将当选人姓名、职衔榜示并申报复选监督。

第三章　复选举

六十五、复选由初选当选人齐集复选监督所在地方行之。

六十六、复选人名册以初选当选人为限。按照各初选区先后依次编列,其册内应载事项除照第十九条外,并应载明初选当选票数。

六十七、复选当选人为咨议局议员,其各复选区应得议员若干名,每届由督抚按照各该复选区选举人名册总数以全省议员定额分配之。

六十八、复选当选人分配之法,由督抚于各复选区选举人名册报齐后,按照名册以该省议员定额除全省选举人总数,视得数多寡定若干选举人得选出议员一名。再以此数分除各复选区选举人数,视得数多寡定各该复选区应出议员若干名。其各复选区有选举人数不敷选出议员一名或敷选若干名之外,仍有零数致议员不足定额者,比较各复选区零数多寡,将余额依次归零,较多之区选出之。若二区以上零数相等,其余额应归何区以抽签定之。前二项分配定后由督抚于初选举期三个月以前榜示各复选区,并咨报民政部。

六十九、复选监督应于该选举期一个月以前颁发选举告示,其应载事项如下:

(一)复选日期。

(二)复选投票所及开票所地址。

(三)投票方法。

七十、复选投票所及开票所地址由复选监督酌定。其管理员、监察员及一切章程均照第二十九条至第三十五条及第四十九条至第五十二条办理。所有办事细则由复选监督酌定施行。

七十一、复选投票纸、投票簿及投票瓯定式与初选同。

七十二、复选投票方法照第四十一条至第四十八条办理。

七十三、复选检票方法照第五十四、五十五条办理。

七十四、复选以本区应出议员额数除初选当选人总数,将得数之半为当选票额。非得票满该额以上者不得为复选当选人。

七十五、复选当选人名次照第五十八条办理。

七十六、凡得票满复选当选票额而当选人额数已满者作为复选候补当选人,其名次照第五十九条办理。

七十七、复选当选人确定后应即榜示并由复选监督具名分别知会各当选人。当选人呈明情愿应选后由复选监督定期给与议员执照为凭,其呈明期限照第六十一条办理。

七十八、议员执照给与后复选监督应将议员姓名、职衔申报督抚,由督抚分别咨报资政院、民政部立案。

第四章　选举变更

第一节　选举无效

七十九、凡遇下列各项为选举无效。

(一)选举人名册有舞弊作伪情事,牵涉全数人员,被人控告判定确实者。

(二)办理选举不遵定章被人控告判定确实者。

(三)照咨议局章程第四十八条已经奏请解散者。

八十、初选有前条第一、二款情节者,其初选为无效,复选有前条第一、二款情节者,其复选为无效。但初选无效者复选虽经确定一并作为无效。

第二节　当选无效

八十一、凡遇下列各项为当选无效。

(一)辞任。

(二)疾病不能应选或故。

(三)被选举资格不符,被人控告判定确实者。

(四)当选票数不实、被人控告判定确实者。

(五)照咨议局章程第五十八条至第六十条除名者。

八十二、当选无效如已给与执照应令缴还,并将姓名职衔及其缘由榜示。

八十三、当选无效各以候补当选人递补,仍按照第六十条至六十二条办理。

第三节　改选及补选

八十四、改选于每届选举年限举行。选举无效时均一律改选。

八十五、补选以下列各项情事时举行。

（一）议员缺额无候补当选人。

（二）增广议员额无候补当选人。

八十六、改选及补选一切应有事宜均照本章程办。

第五章　选举诉讼

八十七、凡选举人倘确认办理选举人员有不遵定章之行为或于选举人名册有舞弊作伪之证据得向该管衙门呈控。

八十八、凡选举人倘确认当选人内有下列情节者得向该管衙门呈控。

（一）被选举资格不符。

（二）当选票数不实。

八十九、凡落选人员倘确信有下列情节者得向该管衙门呈控。

（一）得票额可以当选而不能与选。

（二）候补当选人名次错误遗漏。

九十、凡呈控应自选举之日起三十日以内为止。

九十一、凡选举诉讼事件，初选应向府、直隶厅州衙门呈控，复选应向按察使衙门呈控。其各省已设审判厅者应分别向地方及高等审判厅呈控。

九十二、凡选举诉讼事件应于各种诉讼事件内提前审判，不得稽延。

九十三、凡不服该管衙门之判定者，初选得向按察使衙门上控，复选得向大理院上控。但自判定之日起三个月以内为限，其各省已设审判厅者照审判厅上控章程办理。

九十四、凡选举诉讼事件所有讼费等项悉照通行章程办理。

第六章　罚则

九十五、以诈术获登选举人名册或变更选举人名册者处十元以上一百元以下之罚金。办理选举人员知情者处一月以上六月以下之监禁或三十元以上二百元以下之罚金。

九十六、冒用姓名投票者处二月以上二年以下之监禁,附加十元以上百元以下之罚金。

九十七、以财物利诱选举人或选举人受财物之利诱及居中周旋说合者处六月以上之监禁,或二百元以下之罚金。财物入官已用去者按价追缴。

九十八、以暴行胁迫妨害选举人及选举关系人者处一月以上一年以下之监禁,或三十元以上三百元以下之罚金。

九十九、以选举人及选举关系人携带凶器者处一月以上六月以下之监禁,凶器入官。

一〇〇、加暴行于办理选举人员或骚扰投票所、开票所或阻留毁夺选举票、投票匦及其他有关选举文件者处二月以上二年以下之监禁,附加十元以上百元以下之罚金。

一〇一、办理选举人员漏泄选举票上之姓名者处二月以上二年以下之监禁,附加十元以上百元以下之罚金。其所漏泄非事实者罚同上。

一〇二、办理选举人员违法干涉选举人之投票或暗记被选举人之姓名者,处一月以上一年以下之监禁或三十元以上三百元以下之罚金。违法擅开投票匦或取出投票匦中之选举票者,罚同上。

一〇三、凡犯本则所定各条者,于处罚后二年以上十年以下不得为选举人及被选举人。

一〇四、本则所定各条俟新刑律颁行后应照新刑律办理。

第七章　专额议员选举办法

一〇五、专额议员指《咨议局章程》第二条第二项所载京旗及驻防人员而言。

一〇六、专额议员选举人及被选举人以京旗及驻防人员为限。

一〇七、专额议员选举及被选举资格按照《咨议局章程》第三条至第八条办理。

一〇八、各省驻防专额议员之数，视该省驻防旧日取进学额全数，在十名以内设议员一名，二十名以内设二名，二十名以外设三名，由各省督抚会同将军、都统定之。

一〇九、专额议员初选当选人额数以议员定额十倍之数为准。其复选当选人额数以议员定额为准。

一一〇、专额议员调查。选举人名册由督抚会同将军、都统于京旗及驻防人员内应各酌派选举调查员。

一一一、专额议员初选投票、开票事宜附于京旗及驻防相近之初选投票所、开票所同日举行。

一一二、专额议员复选投票、开票事宜附于省城或将军、都统、城、守尉所驻防相近之复选投票所开票所同日举行。

一一三、专额议员当选、改选、补选及诉讼、罚则各项事宜均照本章程办理。

第八章　附条

一一四、本章程与《咨议局章程》同时施行。

一一五、本章程如有未尽事宜应行增改者，照咨议局章程第六十二条办理①。

（三）资政院改订续订院章
1909 年 8 月颁布

第一章　总纲

第一条　资政院钦遵谕旨以取决公论，预立上、下议院基础为宗旨。

---

① 《申报》1908 年 7 月 31 日。

第二条　资政院总裁二人总理全院事务,以王公大臣著有勋劳通达治体者由特旨简充。

第三条　资政院副总裁二人佐理全院事务,以三品以上大员著有才望学识者由特旨简充。

第四条　资政院议员以钦选及互选之法定之。

第五条　资政院议员于院中应有之权一律同等,无所轩轻。

第六条　资政院会议期分为二种:一常年会,一临时会。常年会每年一次,会期以三个月为率。临时会无定次,会期以一个月为率。

第七条　资政院开会闭会均明降谕旨,刊布官报。

第八条　资政院开会之日恭请圣驾临幸或由特旨派遣亲贵大臣恭代行开会礼,宣布本期应议事件。

　　第二章　议员

第九条　资政院议员由下列各项人员年满三十岁以上者选充:一宗室王公世爵;一满汉世爵;一外藩(蒙藏回)王公世爵;一宗室觉罗;一各部院衙门官四品以下七品以上者,但审判官检察官及巡警官不在其列;一硕学通儒;一纳税多额者;一各省咨议局议员。

第十条　资政院议员定额如下:一由宗室王公世爵充者以十六人为定额;一由满汉世爵充者以十二人为定额;一由外藩王公世爵充者以十四人为定额;一由宗室觉罗充者以六人为定额;一由各部院衙门官充者以三十二人为定额;一由硕学通儒充者以十人为定额;一由纳税多额充者以十人为定额;一由各省咨议局议员充者以一百人为定额。

第十一条　资政院议员钦选互选之别如下:一宗室王公世爵、满汉世爵、外藩王公世爵、宗室觉罗、各部院衙门官、硕学通儒及纳税多额者钦选;一各省咨议局议员互选,互选后由该省督抚复加选定咨送资政院。

第十二条　资政院议员钦选及互选详细办法照另定选举章程办理。

第十三条　资政院议员以三年为任期,任满一律改选。

第三章　职掌

第十四条　资政院应行议决事件如下：一国家岁出入预算事件；二国家岁出入决算事件；三税法及公债事件；四新定法典及嗣后修改事件，但宪法不在此限；五其余奉特旨交议事件。

第十五条　前条所列第一至第四各款议案应由军机大臣或各部行政大臣先期拟定具奏请旨，于开会时交议。但第三款所列税法及公债事件、第四款所列修改法典事件资政院亦得自行草具议案。

第十六条　资政院于第十四条所列事件议决后，由总裁、副总裁分别会同军机大臣或各部行政大臣具奏请旨裁夺。

第四章　资政院与行政衙门之关系

第十七条　资政院议决事件若军机大臣或各部行政大臣不以为然，得声叙原委事由咨送资政院复议。

第十八条　资政院于军机大臣或各部行政大臣咨送复议事件，若仍执前议，应由资政院总裁、副总裁及军机大臣或各部行政大臣分别具奏，各陈所见，恭候圣裁。

第十九条　资政院会议时，军机大臣及各部行政大臣得亲临会所或派员到会陈述所见，但不列议决之数。

第二十条　资政院于各衙门行政事件及内阁会议政务处议决事件，如有疑问，得由总裁、副总裁咨请答复。若军机大臣或各部行政大臣认为必当秘密者，应将大致缘由声明。

第二十一条　军机大臣或各部行政大臣如有侵夺资政院权限或违背法律等事，得由总裁、副总裁据实奏陈，请旨裁夺。前项奏陈事件非有到会议员三分之二以上之同意，不得议决。

第五章　资政院于各省咨议局之关系

第二十二条　资政院于各省政治得失、人民利病有所咨询，得由总裁、副总裁札行该省咨议局申复。

第二十三条　各省咨议局与督抚异议事件或此省与彼省之咨议局互相争议事件，均由资政院核议，议决后由总裁、副总裁具奏请旨裁夺。

前项核议事件关涉某省者,该省咨议局所选出之议员不得与议。

第二十四条　各省咨议局如因本省督抚有侵夺权限或违背法律等事,得呈由资政院核办。前项核办事件若审查属实,照第二十一条办理。

第六章　资政院与人民之关系

第二十五条　各省人民于关系全国利害事件有所陈请,得拟具说帖并取具同乡议员保结呈送资政院核办。

第二十六条　前条陈请事件应先由议长交该管各股议员审查,如无违例不敬之语,方准收受。

其经审查后批驳者,在本会期内不得再行投递或另向他处投递。

第二十七条　资政院于人民陈请事件,若该管各股议员多数认为合例可采者,得将该件提议作为议案。其关于行政事宜者,应咨送各该衙门办理。

第二十八条　资政院不得向人民发贴告示或传唤人民。

第二十九条　资政院于民刑诉讼事件概不受理。

第七章　会议

第三十条　资政院会议时由总裁为议长,副总裁为副议长。议长有事故时由副议长代理。

第三十一条　资政院常年会自九月初一日起至十二月初一日止。其有必须接续会议之事,得延长会期一个月以内。

第三十二条　资政院临时会于常年会期以外遇有紧要事件,由行政各衙门或总裁、副总裁之协议或议员过半数之陈请,均得奏明,恭候特旨召集遵行。

第三十三条　资政院议员于召集后应以抽签法分为若干股,每股由议员互推一人为股长。

第三十四条　资政院会议非有议员三分之二以上到会不得开会。

第三十五条　资政院会议以到会议员过半数之所决为准,若可否同数则取决于议长。

第三十六条　资政院自行提议事件非有议员三十人以上之同意，不得作为议案。

第三十七条　资政院于预算法典及其余重要议案，应先由议长交该管各股议员调查明确方得开议。

第三十八条　资政院会议应由总裁、副总裁先期将议事日表通知各议员，并咨送行政衙门查照。

第三十九条　资政院议员于议案有关系本身或其亲属及一切职官例应回避者，该员不得与议。

第四十条　资政院议员如原有专折奏事之权者，于本院现行开议之事不得陈奏。

第四十一条　资政院议员除现行犯罪外，于会期内非得本院承诺，不得逮捕。

第四十二条　资政院议员于本院议事范围内所发言论不受院外之诘责。其以所发言论在外自行刊布者，如有违犯，仍照各本律办理。

第四十三条　资政院会议不禁旁听。其有下列事由经议员公认者不在此限：一行政衙门咨请禁止者；二总裁、副总裁同意禁止者；三议员三十人以上提议禁止者。

第四十四条　资政院议事细则、分股办事细则及旁听规则另行厘定。

　　第八章　纪律

第四十五条　资政院议场内应分设守卫警官及巡官、巡警，听候议长指挥。其员额及守卫章程另行厘定。

第四十六条　资政院议员于会议时有违背院章及议事规则者，议长得止其发议，违者得令退出。旁听人有不守规则者，议长得令退出。其因而紊乱议场秩序致不能会议者，议长得令暂时停议。

第四十七条　资政院议员有屡违院章或语言行止谬妄者，停止到会，其情节重者除名。

第四十八条　资政院议员无故不应召集或赴召集后无故不到会延

至十日以上者,均除名。

第四十九条　资政院议员有以本院之名义干预他事者,停止到会,其情节重者除名。

第五十条　资政院议员停止到会以十日为限,由总裁、副总裁同意行之。除名以到会议员三分之二以上决议行之。

第五十一条　资政院议员有应行除名者,如系钦选人员应由总裁、副总裁奏明请旨办理。

第五十二条　资政院有下列情事得由特旨谕令停会:一议事逾越权限者;二所决事件违背法律者;三所议事件与行政衙门意见不合尚待协商者;四议员在议场有狂暴举动议长不能处理者。停会之期以十五日为限。

第五十三条　资政院有下列情事得由特旨谕令解散重行选举,于五个月以内召集开会:一所决事件有轻蔑朝廷情形者;二所决事件妨害国家治安者;三不遵停会之命令或屡经停会仍不悛改者;四议员多数不应召集屡经督促仍不到会者。

第九章　秘书厅官制

第五十四条　资政院秘书厅应掌本院文牍、会计、记载议事录及一切庶务。

第五十五条　资政院秘书厅设秘书长一人,秩正四品。由总裁、副总裁遴保相当人员,请旨简放。

第五十六条　资政院秘书厅设一、二、三等秘书官各四人,一等秩正五品,二等秩正六品,三等秩正七品,由总裁、副总裁遴员奏补。

第五十七条　资政院秘书厅附设图书室一所,掌收藏一切书籍之事。图书室设管理员一人,即以秘书官兼充。

第五十八条　秘书厅秘书长承总裁、副总裁之命,监督本厅一切事宜。

第五十九条　秘书官承秘书长之命,分掌各科事务。

第六十条　秘书厅分为四科如下:一机要科;一议事科;一速记科;

一庶务科。

第六十一条　秘书厅应设书记及速记生等员额,由秘书长酌量事务繁简,禀承总裁、副总裁酌定。

第六十二条　秘书厅办事细则由秘书长拟订,呈候总裁、副总裁核定施行。

第十章　经费

第六十三条　资政院经费其款目如下:一总裁、副总裁公费;二议员公费及旅费;三秘书厅经费及守卫经费;四杂费及预备费。

第六十四条　前条所列各款经费数目另行奏定。

第六十五条　资政院经费由度支部每年归入预算,按数支拨。

附条

第一条　本章程奏准奉旨后,以宣统元年九月初一日起为施行之期。

第二条　本章程未尽事宜由总裁、副总裁会同军机大臣奏明办理①。

(四)资政院议员选举章程

1909 年 10 月 26 日颁布

宗室、王公、世爵选举资政院议员章程

一、本章程所称宗室、王公、世爵赅下列各爵而言:

(一)和硕亲王

(二)多罗郡王

(三)多罗贝勒

(四)固山贝子

(五)奉恩镇国公

---

① 《申报》1909 年 9 月 1 日、2 日。

（六）奉恩辅国公

（七）不入八分镇国公

（八）不入八分辅国公

（九）镇国将军

（十）辅国将军

（十一）奉国将军

（十二）奉恩将军

二、前条所列各爵合资政院院章第九条之规定，无下列各款情事者得选充资政院议员。

（一）奉特旨停止差俸者。

（二）因疾病或其他事故自请开去一切差使者。

三、宗室王公世爵议员数额按照资政院院章第十条第一款所定，依爵级分配之如下：

自和硕亲王至奉恩辅国公十人；自不入八分镇国公至奉恩将军六人。

四、每届选举由资政院于前一年九月内行知宗人府，就宗室王公世爵内查明合格者造具清册于选举年份二月以前咨送资政院，由资政院照第三条所定分别开单于是年三月以前奏请按额钦选。

五、前条宗室王公世爵清册应载明如下列各款。

（一）爵级。（二）名。（三）年岁。（四）现居职任。

六、宗室、王公、世爵，现任军机大臣、参预政务大臣及现充资政院总裁、副总裁者，均于单内注明无庸选充。

七、宗室、王公、世爵议员有缺额时由资政院随时行知宗人府，将本届清册复加修正仍咨由资政院按出缺人爵级将应行选充者开单奏请钦选补足之。修正时应将原册内现失选充议员之资格者按名注明，并将现在合格者一律补入。

八、补缺议员之任期以补足前任未满之期为限。

九、本章程与《资政院院章》同时施行。

满汉世爵选举资政院议员章程

一、本章程所称满汉世爵以满洲、蒙古、汉军旗员及汉员之有三等男以上之爵级者为限。

二、前条各爵合资政院院章第九条之规定无下列各款情事者得选充资政院议员。

（一）奉特旨停止差俸者。

（二）因疾病或其他事故自请开去一切差使者。

三、满汉世爵议员额数按照资政院院章第十条第二款所定依爵级分配之如下。

三等侯以上八人；一等伯至三等男四人。

四、每届选举由资政院于前一年九月内行知各该管衙门，就满汉世爵内查明合格者造具清册，于选举年份二月以前咨送资政院，由资政院照第三条所定分别开单于是年三月以前奏请按额钦选。

五、前条满汉世爵清册应载明下列各款。

（一）爵级；（二）姓名；（三）年岁；（四）籍贯；（五）官职。

六、满汉世爵现任军机大臣、参预政务大臣及现充资政院总裁、副总裁者，均于单内注明，无庸选充。

七、满汉世爵议员有缺额时，由资政院随时行知各该管衙门将本届清册复加修正，仍咨由资政院按出缺人爵级将应行选充者开单奏请钦选补足之。修正时应将原册内现失选充议员之资格者，按名注明，并将现在合格者一律补入。

八、补缺议员之任期以补足前任未满之期为限。

九、本章程与《资政院院章》同时施行。

外藩王公世爵选举资政院议员章程

一、本章所称外藩王公世爵者指蒙古、回部、西藏有下列各爵者而言：

（一）汗；（二）亲王；（三）郡主；（四）贝勒；（五）贝子；（六）镇国公；（七）辅国公。

二、前条所列各爵合资政院院章第九条之规定无下列各款情事者得选充资政院议员。

（一）奉特旨停止差俸者。

（二）因疾病或其他事故自请开去一切差使者。

三、外藩王公世爵议员额数，按照资政院院章第十条第三款所定，依部落分配之如下：

内蒙古六盟每盟一人，外蒙古四盟每盟一人，科布多及新疆所属蒙古各旗一人，青海所属及此外蒙古各旗一人，回部一人，西藏一人。

四、每届选举由资政院于前一年九月内行知理藩部，就外藩王公世爵内咨明合格者造具清册，于选举年份二月以前咨送资政院，由资政院照第三条所定分别开单于是年三月以前奏请按额钦选。

五、前条外藩王公世爵清册应载明下列各款。

（一）部落及爵级；（二）名；（三）年岁；（四）现居职任。

六、外藩王公世爵议员有缺额时，由资政院随时行知理藩部将本届清册复加修正，仍咨由资政院按出缺人部落将应选充者开单奏请钦选补足之。修正时应将原册内失选充议员之资格者按名注明，并将现在合格者一律补入。

七、补缺议员之任期以补足前任未满之期为限。

八、本章程与《资政院院章》同时施行。

宗室觉罗选举资政院议员章程

一、凡宗室觉罗男子合资政院院章第九条之规定无下列各款情事者得充资政院议员。

（一）曾处圈禁或发遣者，但业经开复者不在此限。

（二）失财产上之信用被人控实尚未清结者。

（三）吸食鸦片者。

（四）有心疾者。

（五）不识文义者。

二、宗室觉罗现任三品以上职官、审判官、检察官、巡警官及现充陆海军军人者，无庸选充资政院议员。

三、宗室觉罗议员额数按照资政院院章第十条第四款所定，分配如下：

宗室四人，觉罗二人。

四、宗室觉罗选充资政院议员应分别由各该合格人先行互选。互选于每届选举年份二月初一日在京师及奉天府行之。其临时互选日期届时由谕旨定之。

五、宗室觉罗互选资政院议员在京师以宗人府堂官为监督，在奉天以东三省总督为监督。每届互选，由资政院于前一年九月内行知各该互选监督查照本章程举行互选事宜。

六、每届互选应设互选管理员掌调查互选人并管理投票、开票、检票等事宜。由互选监督遴选相当人员奏明派充。前项互选管理员不得预于互选人之列。

七、宗室觉罗另有资政院院章第九条第五款之资格者不得预于前条互选人之列。

八、每届互选由互选管理员查明合格人员造具互选人名册于互选日期一个月以前呈由互选监督宣示公众。

九、前条互选人名册宗室及觉罗各为一册，应载明下列各款。

（一）名；（二）年岁；（三）旗分、佐领；（四）职业；（五）住址。

十、宣示人名册以二十日为期，如本人以为错误遗漏，得于宣示期内取具凭证呈请互选监督更正补入。其经互选监督批驳者，不得再行呈请。

十一、互选举人及被选举人均以列名互选举人名册内者为限。

十二、互选投票所在京师设于宗人府，在奉天设于总督衙门。互选投票所宗室及觉罗应各为一所，分别投票。互选监督届互选日期应亲莅投票所或派员监察之。

十三、互选人届互选日期应亲赴投票所自行投票。投票用记名单记法，每票准书被选举人一名，并于票末自行署名。其被选举人名及本人署名下均各注明年岁、旗分、佐领。

十四、互选人有现在京师或奉天府以外各地方居住或因疾病事故不能亲赴投票所投票者，得就互选人内委托一人代行投票。前项委托投票应由本人亲书密封，于封面署名画押，连同委托凭证送致受托人。该受托人应将密封及委托凭证临时向互选管理员呈验讫，方准代投。

十五、互选以得票较多者为当选。当选人名次以得票多寡为先后，得票同数者以年长者列前，年同以抽签定之。

十六、投票之有效与否，如有疑义，由互选监督决定之。

十七、互选当选人额数，宗室及觉罗各以第三条所定议员额数之十倍为率。其京师及奉天互选当选人额数分配之法以每届二处互选人数之多寡为准。

十八、关于互选详细规则由互选监督定之。

十九、互选完竣后由互选监督即日将当选人名榜示投票所。如有不愿应选者得于榜示后三日以内呈明互选监督撤销，即将得票次多数者补入之。

二十、当选人确定后由互选管理员造具当选人名册连同票纸于二十日以内呈送互选监督。前项当选人名册除照第九条办理外，并应载明得票数目。

二十一、互选监督接到前条当选人名册后，应先将册内当选人名及得票数目即日通知资政院，仍将名册及票纸咨送存案。

二十二、资政院于前条通知到齐后，即将当选人及得票数目汇开清单，于选举年份三月以前奏请按额钦选为资政院议员。

二十三、宗室觉罗议员有缺额时由资政院随时将本届当选人名及得票数目开单奏请，钦选补足之。

二十四、本届当选人数不足议员缺额之三倍时，应即举行临时互选。临时互选一切照寻常互选办理。

二十五、补缺议员之任期以补足前任未满之期为限。

二十六、本章程与《资政院院章》同时施行。

各部院衙门官选举资政院议员章程

一、本章程所称各部院衙门官以下列各官为限。

（一）内阁侍读学士以下中书以上。

（二）翰林院侍读学士以下庶吉士以上。

（三）各部左右参议以下七品小京官以上。

（四）掌印给事中及监察御史。

二、凡于前列各官有下列资格之一,合《资政院院章》第九条之规定者得选充资政院议员。

（一）现任实缺者。

（二）曾任实缺者但业经休致。革职者不在此限。

（三）奉特旨署理或奏署者。

（四）奉特旨候补补用选用或学习行走者。

（五）其余候补满三年以上者。

三、各部院衙门官选充资政院议员应由合格人先行互选。互选于每届选举年份二月初一日在京师行之。其临时互选日期届时由谕旨定之。

四、各部院衙门官另有《资政院院章》第九条第一、第二及第八款所列资格者之一者不得预于前条互选人之列。

五、各部院衙门官互选资政院议员以都察院堂官为监督。每届互选由资政院于前一年九月内行知该互选监督,查照本章程举行互选事宜。

六、每届互选应设互选管理员掌调查互选人并管理投票、开票、检票等事宜,由互选监督遴选相当人员奏明派充。前项互选管理员不得预于互选人之列。

七、每届互选由互选管理员呈由互选监督通咨各衙门查明合格人员造具名册,于互选日期二个月以前咨送,由互选管理员汇造互选人名册,于互选日期一个月以前呈由互选监督宣示公众。

八、前条互选人名册应载明下列各款。

(一)姓名;(二)年岁;(三)籍贯;(四)官职历俸年数及出身;(五)住址。

九、宣示人名册以二十日为期。如本人以为错误遗漏得于宣示期内取具凭证呈请互选监督更正补入。其经互选监督批驳者不得再行呈请。

十、互选选举人及被选举人均以列名互选人名册内者为限。

十一、互选投票所设于都察院,互选监督届互选日期应亲莅投票所监察之。

十二、互选人届互选日期应亲赴投票所自行投票。投票用记名单记法,每票准书被选举人一名,并于票末自行署名,其被选人名及本人署名下均注明官职。

十三、互选人因职务或疾病或其他事故不能亲赴投票所投票者,得就互选人内委托一人代行投票。前项委托投票应由本人亲书密封,于封面署名画押,连同委托凭证送致受托人。该受托人应将密封及委托凭证临时向互选监督呈验讫,方准代投。

十四、互选以得票较多者为当选。其当选人名次以得票多寡为先后,票数同者以年长者列前,年同则以抽签定之。

十五、投票之有效与否,如有疑义由互选监督决定之。

十六、互选当选人额数以《资政院院章》第十条第五款所定议员额数之五倍为率。

十七、关于互选详细规则由互选监督定之。

十八、互选完竣后由互选监督即日将当选人名榜示投票所,如有不愿应选者得于榜示后三日以内呈明互选监督撤销,即以得票次多数者补入之。

十九、当选人确定后，由互选管理员造具当选人名册连同票纸，于二十日内呈由互选监督咨送资政院。前项当选人名册除照第八条办理外，并应载明得票数目。

二十、资政院接到前条当选人名册后，将册内当选人姓名及得票数目开单，于选举年份三月以前奏请按额钦选为资政院议员。

二十一、各部院衙门官选充资政院议员者，于院内应有之职权本衙门长官不得干涉之。

二十二、各部院衙门官选充资政院议员后，如因升转降调致失本章程第一、第二条所定资格者即同时失资政院议员之资格。

二十三、各部院衙门官选充资政院议员者，有缺额时由资政院随时将本届当选人姓名及得票数目开单奏请钦选补足之。

二十四、本届当选人数不足议员缺额之三倍时应即举行临时互选。临时互选一切照寻常互选办理。

二十五、补缺议员之任期以补足前任未满之期为限。

二十六、本章程与《资政院院章》同时施行。

硕学通儒选举资政院议员章程

一、本章程所称硕学通儒以有下列资格之一者为限。

（一）不由考试奉特旨赏授清秩者。

（二）著书有裨政治或学术者。

（三）有入通儒院之资格者。

（四）充高等及专门学堂以上主要科目教习接续至五年以上著有成绩者。

二、凡有前条所列资格之一合《资政院院章》第九条之规定者，每届选举由资政院于前一年九月内行知学部，由该部通行京堂以上官、翰林、给事中、御史、各省督抚、提学司及出使各国大臣，各搜访一人或二人开具简明事实保送该部，由该部审查将合格人员得保较多者择定三十人作为硕学通儒议员之被选人，造具清册，于选举年份二月以前咨送资政院。

三、前条被选人清册应载明下列各款：

（一）姓名；（二）年岁；（三）籍贯；（四）简明事实；（五）保送人姓名、官职。

四、资政院接到被选人清册后，即将被选人姓名及原保人姓名官职开列清单，于选举年份三月以前奏请按额钦选为资政院议员。

五、硕学通儒议员有缺额时，由资政院随时将本届被选人照前条开单奏请，钦选补足之。

六、本届被选人数不足议员缺额之三倍时，应另行保送。

七、补缺议员之任期以补足前任未满之期为限。

八、本章程与《资政院院章》同时施行。

纳税多额者选举资政院议员章程

一、本章程所称纳税多额者以具备下列资格者为限。

（一）男子照地方自治章程有选民权者。

（二）年纳正税或地方公益捐在所居省份内占额较多者。

二、凡具备前条资格合资政院院章第九条之规定者得选充资政院议员。

三、纳税多额人选充资政院议员应由合格人先行互选。互选于每届选举年份二月初一日在各省城行之。其临时互选日期届时由谕旨定之。

四、纳税多额人另有《资政院院章》第九条第二、第五及第八款所列资格之一者，不得预于前条互选人之列。

五、互选人额数每省以二十人为限，纳税同者以年长者列入互选人，年同则以抽签定之。

六、纳税多额人互选资政院议员以该省布政使或民政使为监督。每届互选由资政院于前一年九月内行知各省督抚，查照本章程举行互选事宜。

七、每届互选应设互选管理员掌调查互选人并管理投票、开票、检票等事宜。由互选监督会同该省商务总会协理,遴选相当人员详请本省督抚派充。前项互选管理员不得预于互选人之列。

八、每届互选由互选管理员查明合格人员造具互选人名册,于互选日期五十日以前呈由互选监督宣示公众。

九、前条互选人名册应载明下列各款:

(一)姓名;(二)年岁;(三)籍贯;(四)纳税类别及年额;(五)住址。

十、宣示人名册以二十日为期,如本人以为错误,得于宣示期内取具凭证呈请互选监督更正。其经互选监督批驳者,不得再行呈请。

十一、互选举人及被选举人均以列名互选人名册内者为限。

十二、互选投票所设于该省商务总会或布政司民政局衙门。互选监督届互选日期应亲莅投票所监督之。

十三、互选人届互选日期应亲赴投票所自行投票。投票用记名连记法照第十七条所定当选人额数,将被选举人名列记一票,并于票末自行署名。

十四、互选人有现在省城以外各地方居住或因疾病事故不能亲赴投票所投票者,得就互选人内委托一人代行投票。前项委托投票应由本人亲书密封,于封面署名画押,连同委托凭证送致受托人。该受托人应将密封及委托凭证临时向互选监督呈验讫,方准代投。

十五、互选以得票过互选人数三分之一者为当选。前项互选人数以实在行使互选权者之数为准。当选人名次以得票多寡为先后,得票同数者以纳税较多者列前,纳税同者以年长者列前,年同则以抽签定之。

十六、投票之有效与否,如有疑义由互选监督决定之。

十七、互选当选人额数以第五条第一项所定互选人额数十分之一为率,如当选人不足定额由互选监督将得票较多数者按照缺额多寡加倍开列姓名榜示投票所,令互选人再行投票以足额为止。其得票及格以额满见遗者一律作为候补当选人。候补当选人名次照第十五条第三项办理。

十八、关于互选详细规则由互选监督定之。

十九、互选完竣后,由互选监督即日将当选人名及候补当选人名榜示投票所。如当选人不应选者得于榜示后三日以内呈明互选监督撤销,即以候补当选人依次补入之。

二十、当选人确定后由互选管理员造具当选人及候补当选人名册连同票纸,于十日以内呈由互选监督申送本省督抚。前项当选人及候补当选人名册除照第九条办理外,并应载明得票数目。

二十一、各省督抚接到前条名册后应先将册内当选人姓名及得票数目即日通知资政院,仍将原册及票纸咨送存案。

二十二、资政院于前条各省通知到齐后,将当选人姓名及得票数目汇开清单,于选举年份三月以前奏请按额钦选为资政院议员。

二十三、纳税多额议员有缺额时,由资政院随时将本届当选人姓名及得票数目开单奏请。钦选补足之。

二十四、本届当选人数不足议员缺额之三倍时,以候补当选人补入之。补入之候补当选人数不敷时应即举行临时互选。临时互选一切照寻常互选办理。

二十五、补缺议员之任期以补足前任未满之期为限。

二十六、本章程与《资政院院章》同时施行。

各省咨议局互选资政院议员章程

一、各省咨议局互选资政院议员额数按照院章第十条第八款所定,准各省咨议局议员定额多寡分配之如下。

奉天三人　吉林二人　黑龙江二人　顺直九人　安徽五人　江西六人　江苏七人　浙江七人　福建四人　湖北五人　湖南五人　山东六人　河南五人　山西五人　陕西四人　甘肃三人　新疆二人　四川六人　广东五人　广西三人　云南四人　贵州二人。

二、各省咨议局互选资政院议员于每届选举年份前一年十月十一日在各省咨议局内行之。其临时互选日期届时由该省督抚定之。

三、各省咨议局互选资政院议员以各该省督抚为监督。每届互选由资政院于前一年九月内行知各该互选监督，查照本章程举行互选事宜。互选监督届互选日期应亲莅该局监察之。

四、互选投票开票检票等事宜由该省咨议局办事处管理之。

五、互选举人及被选举人均以该省咨议局议员为限。

六、互选人届互选日期应亲赴投票所自行投票。投票用记名连记法按照第十条第一项所定该省当选人额数，将被选举人姓名列记一票，并于票末自行署名。

七、互选人有因疾病或其他事故不能亲赴投票者，得就互选人内委托一人代行投票。前项委托投票应由本人亲书密封，于封面署名画押，连同委托凭证送致受托人。该受托人应将密封及委托凭证临时向互选监督呈验讫，方准代投。

八、互选以得票过互选人半数者为当选。前项互选人数以实在行使互选权者之数为准。当选人名次以得票多寡为先后，得票同数者以年长者列前，年同则以抽签定之。

九、投票之有效与否，如有疑义由互选监督决定之。

十、互选当选人数额以第一条所定各该省议员数额之二倍为率，如当选人不足定额，由互选监督将得票较多数者按照缺额多寡加倍开列姓名榜示投票所，令互选人再行投票，以足额为止。其得票及格以额满见遗者，一律作为候补当选人。候补当选人名次照第八条第三项办理。

十一、关于互选详细规则由咨议局拟订呈由互选监督核定施行。

十二、互选完竣后，由咨议局办事处造具当选人名册及候补当选人名册连同票纸，于十日内呈送互选监督，互选监督按照第一条所定该省议员额数将前列当选人复加选定为资政院议员榜示投票所。

十三、选充资政院议员者如不应选，得于榜示后三日内呈明互选监督辞退。互选监督遇有前项情事应依次将本届当选人及候补当选人复加选定补充。如候补当选人不敷选充者,应即举行临时互选。临时互选一切照寻常互选办理。

十四、议员选定后由互选监督给与执照另造议员名册连同当选人及候补当选人原册送资政院。

十五、选充资政院议员者不得兼充该省咨议局议员。

十六、各省咨议局互选资政院议员有以他项资格经钦选为资政院议员者不得兼充互选议员。

十七、各省咨议局互选资政院议员有缺额时由资政院行知该省照第十三条第二项办理。

十八、补缺议员之任期以补足前任未满之期为限。

十九、本章程与《资政院院章》同时施行①。

---

① 《申报》1909 年 11 月 5 日。

第二章　武昌起义后的各省都督府代表会

（1911 年 11 月 15 日——1912 年 1 月 28 日）

各省都督府代表联合会,后改称各省都督府代表会,又简称各省代表会,是武昌起义后主要由南方独立省区(包括少数未独立省区)派出的代表所组成。其主要任务是组织中央临时政府。在沪刚成立时定名各省都督府代表联合会,制定《中华民国临时政府组织大纲》时又定名各省都督府代表会,1912 年 1 月 2 日又改为代理参议院。

各省都督府代表联合会于 1911 年 11 月 15 日成立于上海。在黎元洪为首的湖北集团的坚持下,除每省留代表在上海成立留沪联络处做通信机关外,其余代表于 11 月 28 日由上海启程赴鄂。11 月 30 日在汉口举行了到鄂后的第一次会议,直至 12 月 10 日离鄂赴宁。在鄂期间,制定并公布了《中华民国临时政府组织大纲》,讨论通过了民军与清军《停战协定》,拟定了南北议和的条件。由于清军占领了汉口、汉阳,武昌处于龟山上的清军炮火威胁之下,在武汉已无组织中央临时政府的条件。此时江浙联军攻下了南京,于是各省代表会议决定中央临时政府设在南京,各省代表会亦移往南京。12 月 12 日各省代表会在南京举行了移宁后的第一次会议。1912 年 1 月 2 日议决各省代表会代行参议院职权,直至 1 月 28 日南京参议院成立。在宁期间,各省都督府代表会选举了中华民国第一任临时大总统、副总统;通过了《中华民国政府中央行政各部及其权限》案,并据此通过了中华民国第一届临时政府各部总长的提名,组成了南京临时政府;议决改用阳历,以中华民国纪元,以公历 1912 年 1 月 1 日为中华民国元年 1 月 1 日。尽管各省都督府代表会的组织机构尚不很健全,但它在一场翻天覆地的伟大的社会变革中,及时地将辛亥革命的历史性成果以法律和政权的形式予以肯定和固定下来。这些都是具有伟大历史意义的划时代的开创性的工作。它直接在中华大地上催生出了一个崭新的民主共和国——中华民国。

各省都督府代表会一直代行着参议院职权。它筹组了中华民国第一届临时政府——南京临时政府,并成为南京临时政府时期的最高立法机关。它兼具立法和选举大总统两项职能,后来的国会沿袭了它。实质上,它是中华民国第一个临时议会。1 月 28 日,南京参议院成立,各省都督府代表会结束。

一、武昌起义后的形势与各派政治力量的消长

武昌起义如雷鸣闪电骤然而至,并很快席卷全国。它给古老的中华大地带来了生气,带来了活力,带来了希望。它的突然爆发,既出于立宪派的预料之外,也不在同盟会武装起义的计划之中。但它确确实实又是资产阶级民主运动发展的结果,同时它又把资产阶级民主运动推向了高潮。显然,立宪派长期坚持民主与宪政的宣传,他们发动的一场场声势浩大的全国性的国会请愿运动及随后由他们领导的全国性的保路运动,为武昌起义和全国的响应奠定了基础。武昌起义的第二天,革命党人、前咨议局议员和各界绅商代表举行会议,并决定:宣布中国为汉、满、蒙、回、藏五族共和的中华民国;废除帝号并发文声讨清政府;号召各省立即起义脱离清朝;照会各国驻汉口领事馆;成立湖北军政府。这些都是资产阶级民主革命纲领的体现。由宋教仁主持起草并于1911 年 11 月 9 日公布的《中华民国鄂州约法》是中国第一个采用三权分立原则来建设政权的大法。它共七章六十条,规定"鄂州政府以都

督及其任命之政务委员与议会、法司构成之"。行政权由都督及其任命之政务委员行使。都督由人民公举,代表鄂州政府总揽政务,有宣战、媾和、大赦、特赦、制定官制官规、任命官员、统帅水陆军、宣布戒严之权。政务委员依都督之任命执行政务,发布命令,负其责任,于都督公布法律及其它有关政务之命令时,就其主管事务需副署之。立法权属议会。议会由议员组成。议员由人民选举产生。有制定法律、通过条约、议定预算、向政务员提出质询,有对违法失职的政务员进行弹劾等项职权。司法权归法司。法司由都督任命之法官组成,依法审理除行政诉讼以外的各种诉讼。法官除依法受刑罚宣告或应免职的惩戒外,不得免职。它还首次正式规定人民依法享有民主权利,享有"自由保有财产"和"自由营业"的权利①。这些也都是资产阶级共和政纲的体现。《中华民国鄂州约法》全文见附录(一)。

武昌起义不是孙中山和同盟会直接策划和领导的。由于孙中山等人受清政府的迫害长期流亡国外,同盟会在国内是非法组织,处于秘密的地下状态,这使它在国内的影响和力量大为削弱。孙中山后来对武昌起义提出过一个"成于意外"的解释,正说明同盟会的领导人对国内形势的发展缺乏足够的了解。武昌起义前正在美国的孙中山,接到黄兴发来的"居正从武昌到港,报告新军必动,请速汇款应急"的电报后,还认为起义的时机不成熟而想回电劝阻。但1911年10月12日孙中山立即从美国的报纸上看到"武昌为革命党占领"的报导,知道起义已发生②。孙中山并没有立即赶回国内来亲自领导这场革命与反革命的决战。在这关键时刻,在接到国内同盟会领导人一再敦促他速回的电报后,孙中山并不急于回国,而决定滞留国外,欲游说西方各主要资本主义国家的政府出面支持中国的这场革命,认为:"此时吾当尽力于革命事业者,不在疆场之上,而在樽俎之间,所得效力为更大也。故决意

---

① 《时报》1911年11月9日。
② 尚明轩著:《孙中山与国民党左派研究》,第21页。

先从外交方面致力,俟此问题解决而后回国。"①这样,在武昌起义后革命和反革命处于决战的二个多月里,孙中山一直滞留国外。这自然直接影响了孙中山作为革命领袖的地位和权威,削弱了他对这场革命的影响力。同样,同盟会的其他领导人也对武昌起义的形势估计不足而未及时去领导这场革命。在香港的黄兴曾主张将武昌起义推迟到1911 年 10 月底和其他一些省份同时发动。同盟会中部总部负责人宋教仁、谭人凤、陈其美在武昌革命形势已处于一触即发之时,还指示武昌革命党人应止以调和按佐为主,不能过于急躁,宣统五年(1913 年)为大举之期。甚至在起义前夕,武汉方面到上海邀请宋教仁、谭人凤等来武汉主持革命工作时,宋仍认为武汉不能发难,不肯应邀赴汉。这自然削弱了同盟会对这场革命的领导和影响,使汉族旧官僚乘机抢夺这场革命的领导权。武昌起义胜利后,同盟会领导人也未及时赶往武汉,只派居正、谭人凤于 10 月 14 日从上海赶到武昌。直到 10 月 28 日,黄兴、宋教仁才偕田桐、李书城姗姗来到武汉。这时的形势和半个多月前又大不相同了。到 11 月 9 日,全国已有 12 个省脱离清政府宣布独立,响应武昌起义。这和武昌起义之初一些像黎元洪一类的官僚,害怕沾上清朝叛逆而惹来灭九族之祸,竭力推辞在起义队伍中任职的情况大不相同了。这时形势已十分明朗,革命闹得轰轰烈烈,清王朝已开始土崩瓦解难逃覆灭的命运,剩下的问题是鹿死谁手了。汉族旧官僚也早已从武昌起义的冲击波中清醒过来,开始从革命派手中抢夺胜利果实,甚至不惜发动流血政变从革命派手中抢夺政权。一时间所谓南方革命阵营泥沙俱下,鱼龙混杂。黄兴、宋教仁到鄂后,曾想将两湖政权夺回到革命党人手中,但黎元洪利用湖北军政府都督的权力,进一步巩固和扩大了他在新军中的地位和权力。新军多数军官忠于黎,黄、宋对黎已是奈何不得,只好知难而退,走与汉族官僚妥协的道路。这正如列宁所说:"任何曲折的历史转变就是妥协,是已经没有足够的力量完全否定

---

① 《孙中山全集》第 6 卷,第 244 页。

新事物的旧事物,同还没有足够的力量完全推翻旧事物的新事物之间的妥协。"①当时湖北军政府就是这种新旧势力妥协与共存的结果。总之,这场革命很快走上妥协道路最根本的原因是,中国的资产阶级及其政党力量较弱,其妥协性自然就较大。11 月 12 日,孙中山自巴黎致电各省军政府,主张速定临时总统人选,或举黎(元洪)、或推袁(世凯),要以早日巩固国基为宗旨。11 月 16 日,孙中山自伦敦致电上海的《民立报》转民国政府,表示推黎元洪和袁世凯为民国总统俱可赞成。这一方面表示了孙对黎、袁心存幻想,另一方面也是缺乏自己亲自来领导这场革命的信心和主动精神,是软弱的表现。

这样,湖北的革命志士们尽管同盟会的领导人都不在湖北,文学社和共进会的领导人或受伤,或出逃,或牺牲,在这种情况下仍自发地组织起来,以大无畏的革命精神,果断地发动了武昌起义。他们冲锋陷阵、浴血奋战,用鲜血和生命换来了东方的黎明,开创了历史的新纪元,为民主革命建立了不朽的功勋。但这场起义的指挥者们缺乏远大的政治眼光,不懂得革命派亲自掌握政权对完成革命的重要性,不敢挺身出来当家作主,不敢树立新的革命权威,缺乏应有的历史使命感和历史主动精神,甚至把革命队伍内部的矛盾看得高于同汉族旧官僚的矛盾,而把都督的位置让给了旧官僚。10 月 11 日用枪杆子逼迫清政府新军协统黎元洪来作为自己的革命领袖,用以摆脱由于革命队伍内部的矛盾而造成的政权危机,避免革命队伍"将来发生裂痕"②。这样,使一个昨天还在杀害起义士兵、弹压革命的清军协统黎元洪一夜之间竟变成了革命领袖。

同盟会的纲领三民主义确定的革命目标只是推翻以满族贵族组成的清王朝,建立以汉族为主体的民族国家,解除民族压迫。即主要是排满,而不是要推翻整个满汉地主阶级专政。这样,不管同盟会领导人也

① 《列宁全集》第 13 卷,第 6—7 页。
② 《辛亥首义回忆录》第 1 辑,第 122 页。

好,共进会和文学社的领导人也好,在武昌起义后一个相当长的时期内,事实上主要根据种族而不是根据政治态度来划分革命与反革命的界线。似乎汉人不论立宪派还是旧的清朝官僚,在革命胜利后都会赞成革命。将推翻满清政府,建立共和国作为革命的惟一目标,因而对貌似强大的封建势力的代表心存畏惧和幻想。他们被袁世凯北洋军在局部地区的军事优势所迷惑,看不清其外强中干的本质,看不到人民群众的力量,看不到革命军广大官兵特别是在清政府海军投向革命后的高昂斗志,在对袁斗争中表现出软弱性和妥协性。10 月 29 日,袁世凯密派代表刘承恩(委派前敌招抚事宜选用道)给黎元洪送信,接洽和议。30 日,刘又将袁的求和函送达武昌军政府。① 11 月 10 日,当袁世凯派蔡廷干(海军参正)、刘承恩二人到武昌游说,企图迫使革命军停战并接受君主立宪的国体时,黄兴立即以革命军总司令名义下手谕,指斥袁世凯这样做是想"离间我同胞之心,涣散我已成之势。设心之诡,用计之毒,诚堪痛恨。"②并告诫大家不要被袁世凯的阴谋所迷惑。但就在同一天,黄兴却又致函袁世凯建议他以拿破仑、华盛顿之资格出而建拿破仑、华盛顿之事功,直捣黄龙,灭此朝食。并保证只要袁做到这一点,南北各省人民都将"拱手听命"于袁③。11 日,宋教仁则建议袁世凯"转戈北征,驱逐鞑虏",若如此,"我辈当敬之、爱之,将来自可被举为大统领。"④也就是说同盟会领导人 11 月中就提出联袁倒清策略,规劝袁赞同共和,许以大统领作为袁推翻清廷的条件。革命党人利用满汉民族矛盾,争取与满族皇室有矛盾的汉族官员"反戈"以减少革命的阻力,作为一种策略无疑是对的。但只能是利用封建营垒的矛盾,团结次要的敌人去反对主要的敌人。若把革命成功的希望寄托在袁世凯的身

---

① 《时报》1911 年 11 月 14 日。
② 李廉方:《辛亥武昌首义记》,第 168 页。
③ 《近代史资料》1954 年第 1 期,第 71 页。
④ 《民立报》1911 年 11 月 20 日。

上则是错误的。

黄兴到鄂后就任战时总司令,李书城为参谋长,宋教仁协助军政府处理外交事务。黄兴等人到鄂领导武汉军民进行了一个月的武汉保卫战,大大推动了全国革命形势的发展,为各省起义创造了条件,为巩固和发展革命成果起了促进作用。到汉阳失守的 11 月 27 日,全国有 14 个省起义宣布"独立",脱离清廷。在清廷新编练的陆军 14 镇 18 协中,起义、溃散达 7 镇 14 协。形势向着有利于革命而不利于清军的方向迅速发展。但汉阳失守后黄兴对形势缺乏清醒的估计,对袁世凯与清廷的勾结和争斗缺乏认识,只是从军事态势上来判断形势,而未能从全国政治局势来判断形势。尽管北洋军在龟山上架着重炮,武昌已在其射程之内,北洋军随时可攻占武昌,但袁世凯决不会攻取武昌。袁利用清政府压革命军妥协以便窃取革命果实,但同时袁正在利用革命军压清政府交出权力。攻下武昌也扑不灭已形成燎原之势的革命烈火,攻下武昌,袁世凯以革命军为资本来逼清政府交权的筹码将大大减弱,老奸巨滑的袁世凯自然不会干这种傻事。但黄兴恰恰看不到这一点,在汉阳失守后的 27 日,在军政府召开的紧急会议上,黄兴竟提出放弃武昌进取南京建立临时政府的战略主张,遭到武昌大多数革命党人的强烈反对。作为同盟会主要领导人和战时总司令的黄兴本应服从大多数革命党人的意见,坚持在辛亥革命的首义之地指挥战斗。但他在不做妥善安排的情况下,就于 27 日拂袖而去,和宋教仁、汤化龙等人乘船东下。这种不负责任近乎临阵脱逃的行为,引起了武昌革命党人的强烈不满与愤慨。黄兴等被武汉革命党人骂作"败将逃官"。不但使黄兴自身处于被动地位,也削弱了同盟会在湖北的影响。27 日,黎元洪把原南京陆军中学堂总办万廷献拉出来代理战时总司令。由于万思想守旧,遭革命党人的反对而未敢就职。同时,参谋部长杨开甲辞职。28 日,黎元洪在军政府召集紧急会议,讨论坚守武昌和总司令人选问题,决定由蒋翊武取代黄兴任战时总司令,吴兆麟任参谋长。

清王朝是一个由占全国人口比例很小的少数民族的贵族执掌全国

政权的王朝。清王朝的满族贵族统治者为了巩固自己的统治地位,实施了一系列的对占全国人口绝对多数的汉民族的歧视和压迫政策。其中也包括对汉族官僚的防范、压制和歧视政策,以保证国家政权完全控制在以皇帝为首的满族贵族的手中而不会落入汉族官僚的手中。汉族官僚与满族官僚的矛盾便是清政权中一个比较突出的矛盾。这就使得孙中山制定的联合汉族官僚,推翻以满族贵族控制的清政府,建立以汉族为主体的民主国家,解除民族压迫的政策,不但受到广大汉族民众的支持和拥护,而且易得到汉族官僚的支持。尤其是在一场旨在推翻清王朝的政治大革命发生后,形势逼得他们必须做出抉择时,比较容易地倒向革命营垒方面。正因为如此,武昌起义一爆发,全国各地即迅速响应,一个多米诺骨牌效应立即在中国出现,革命烈火迅速燃遍了全国。这一个农历辛亥年成了中国改朝换代的革命年。这一场伟大的革命冠以辛亥革命而永载史册。在突如其来的汹涌的革命浪潮冲击下,统治中国二百多年的清王朝迅速土崩瓦解。以皇帝为首的满族贵族迅速退出了中国的政治历史舞台。尽管辛亥革命和其他暴力革命一样,对社会造成了一定的破坏,带来了一些混乱,但这是社会为革命不得不付出的代价。辛亥革命不但推翻了一个腐败的独裁政权,而且也结束了在中国延续了二千多年的封建专制制度。社会为其付出一定的代价也是值得的。更何况革命是否会爆发,何时爆发,有其自身的必然规律,不是人们的意志所能决定的。作为职业革命家的孙中山,天天盼望一场推翻清王朝的革命早日到来,甚至一次次采取以卵击石的冒险方式策动起义,即在海外募集一点钱,买一些炸弹和枪支,再找几十个人去攻打总督衙门,力图点燃一场大革命的烈火。然而,盼望中的大革命却并未来到。孙中山意料之外的武昌起义却迅速点燃了辛亥革命的熊熊烈火。这一事实充分说明,告别革命和制造革命一样,只是人们的一种主观愿望而已。

辛亥革命之中、之后,南方阵营对汉族官僚采取了联合甚至依靠的政策。这使以袁世凯为首的汉族官僚迅速填补了以清帝为首的满族贵族退出中国政治舞台后留下的权力真空。这为袁世凯篡夺辛亥革命的胜利果实提供了条件。但时代毕竟已发生了翻天覆地的巨大变化,政治民主化已经成为世界性的大潮流,势不可挡。它逼得世界上的很多大独裁者在搞独裁时都要给自己披上一件民主的外衣。中国清朝末年的全国性声势浩大的宪政运动,广泛地宣传了民主政治的优越性,对全国进行了一场较长时间的民主政治的宣传和教育,增强了各个阶层的民主意识。尤其在辛亥革命浪潮的冲击下,汉族官僚集团也在分化。尽管还有袁世凯、张勋这样一批顽固坚持封建专制制度、随时准备复辟帝制的势力。但有一批汉族官僚经过较长时间的民主思潮的熏陶,经过民主浪潮的冲刷,开始逐渐转向支持和维护共和制的立场上来。如蔡锷、黎元洪、段祺瑞、冯国璋、徐世昌、吴佩孚等。他们在辛亥革命后基本上坚持了维护民主共和制、维护中华民国的立场。虽然"三造共和"是一种溢美之说,但全盘否定他们坚持共和制的立场是不符合历史事实的,也是不公平的。这些都是在中国三权分立的议会能存在的重要条件。

经过国会请愿运动和保路运动的锻炼,立宪派的力量有所发展和壮大。同时通过这些运动,立宪派已开始逐渐走上与清政府决裂的道路。辛亥革命风暴一起,他们中的多数自然要支持并积极投入到这场革命中来。他们以咨议局为主要活动场所,努力促进各省的当权者响应革命,脱离清政府。建立一个以议会为核心的民主共和制国家,自然也成了他们在辛亥革命后的政治奋斗目标。辛亥革命之中、之后,一直以在中国建立一个民主共和国作为奋斗目标的同盟会由非法的秘密组织转变为公开的合法组织,及时抓住了这一历史性的机遇,迅速发展壮大了自己的力量。这些都为三权分立的议会在中国的建立奠定了基础。

二、各省都督府代表联合会的发起

武昌起义和各省纷纷独立以响应武昌起义,共和政体已成大势所趋。但各省各自为政,缺乏沟通和协调。因此,建立一个全国性的临时革命政府来统一指挥全国的革命力量,巩固和发展起义的成果,使中国稳步走向共和,就成了当务之急。

在何地建立中央政权,该地自然就成为权力中心。为此,鄂、沪之间发生了权力中心之争。长江流域历史上就有川蜀、江汉、苏浙上中下游三处中心。武汉经张之洞的长期经营及京汉铁路的建成,在交通、工业、教育等方面有很大的发展。上海在清朝即成为外交、金融、工业、外贸中心。故在辛亥革命时期两处常常发生领导权之争。除这次的建都问题之争,后又发生过否定南京参议院要在武汉建立临时国会之争。

旧官僚程德全、立宪派汤寿潜分别取得江、浙都督位置后,企图利用长江三角洲的经济、文化优势,操纵政局。但沪督陈其美是同盟会的骨干,是程、汤操纵政局的障碍,于是策动立宪派名流唐文治、刘树森、雷奋、赵凤昌、庄蕴宽、黄炎培、姚文楠、沈恩孚、杨廷栋等13人联名致书陈其美,劝其取消沪军都督府,交由程德全统一管辖,理由是:上海亦苏省之一部分,若行政亦经分立,殊与全省统一有碍。这一主张自然为精明的陈其美严词拒绝。这样,程德全、汤寿潜只好变排陈为联陈,共同争取临时政府设上海。

1911年11月11日,江苏都督程德全、浙江都督汤寿潜联名致电沪军都督陈其美,提出了在上海组织中央政府的建议:"自武汉起义,各省响应,共和政治已为全国舆论所公认。然事必有所取,则功乃易于观成。美利坚合众国之制当为吾国他日之模范。美之建国,其初各部颇起争端,外揭合众国之帜,内伏涣散之机,其所以苦战八年,收最后之成功者,赖十三州会议总机关,有统一进行维持秩序之力也。考其第一次、第二次会议均仅以襄助各州议会为宗旨,至第三次会议始能确定国会,长治久安,是亦历史上必经之阶级。吾国上海一埠,为中外耳目所寄,又为交通便利、不受兵祸之地,急宜仿照美国第一次会议方法,于上海设立临时会议机关,磋商对内外妥善之方法,以期保疆土之统一,复人道之和平。务请各省举派代表,迅即莅沪集议。其集议方法及提议

大纲,并列于下。计集议方法 4 条:1. 各省旧时咨议局各举代表 1 人;
2. 各省现时都督府各派代表 1 人,均常驻上海;3. 以江苏省教育总会
为招待所;4. 两省以上代表到会,即行开议,续到者,随到随与会。又
提议大纲 3 条:1. 公认外交代表。2. 对于军事进行之联络方法。
3. 对于清皇室之处置。上举各节,乞速核夺电复为幸。"①程、汤的电报
实际上承认了沪军都督府,陈其美自然立即抓住这一机会积极响应,以
摆脱自己被旧势力处处掣肘的困境。这样,江浙集团与沪军都督组成
了暂时的同盟,与鄂方共同争夺组织中央政府的权力。11 月 12 日,江
苏都督府代表雷奋、沈恩孚,浙江都督府代表姚桐豫、高尔登通电各省
派代表来沪开会,筹组中华民国临时政府,并请各省公认伍廷芳、温宗
尧二人为临时外交代表,以便国际上之交涉。中央政府未组而先推举
外交代表,这是辛亥革命组织临时政府的特色。也只有上海有这种无
中央指挥而独立对外办交涉的经验。庚子时期东南互保的交涉即为一
例。这也是效仿美国独立时各州代表联合会及外交代表先于中央政府
成立之前产生的先例。

　　11 月 15 日,到沪的七处都督府的代表在上海江苏省教育总会召
开第一次会议,议决本会定名为各省都督府代表联合会,并定每日上午
10 时开会,商讨会议进行方法。这七处都督府的代表名单如下:

　　上海:朱葆康、俞寰澄、袁希洛。

　　浙江:姚桐豫、高尔登、朱福铣。

　　镇江:马相伯、陶骏葆。

　　江苏:雷奋、沈恩孚。

　　山东:雷光宇、谢鸿焘。

　　福建:林长民、潘祖彝。

　　湖南:宋教仁②。

---

① 　许师慎:《国父选任临时大总统实录》,第 5 页。
② 　《中华民国建国史》,第 871、872 页。

11月17日代表会开会时,江苏代表沈恩孚报告在苏州都督府看见广东来电,说武昌都督黎元洪也曾通电各省派代表赴鄂筹组中华民国临时政府。经讨论,议决:致电武昌黎元洪都督、黄兴总司令,本会各代表以上海交通便利,多主张在沪开会。倘蒙同意,请即派代表来沪与会①。

11月20日代表会议开会。由于革命军外交交涉刻不容缓,议决:先由到沪各代表所代表省份电黎元洪都督、黄兴总司令,承认武昌为民国中央军政府,以鄂军都督执行中央政务。并请以中央军政府名义委任各代表所推定的伍廷芳、温宗尧为民国外交总长、副长②。并以浙、苏、鲁、闽、湘、沪6省、市代表签名的形式于当日致电各省都督外,还专门致电黎元洪、黄兴通告上述决议:

> 前电请派代表来沪会议各省联络办法,尚未得复,至盼。现在各都督府代表到沪者,浙、苏、镇、闽、鲁、湘、沪七处,奉、吉、直复电即日派人。已到诸代表先行逐日开会。众议谓独立各省无统一机关,则事事无所汇归,民国前途异常危险。中华民国军政府向来名义,久为各都督所认,目下不能不实现之于国中,以扬连师之望。今日公议决定:先由某等所代表各省认鄂军政府为民国中央军政府,即以武昌都督府执行中央政务,统筹全局,画一军令。其中央军政府组织,请贵都督府制定。大局所系,众望所属,务乞主持。除分电各都督府外,谨此奉告。又全国外交总、副长前经推定伍廷芳、温宗尧二君,驻沪办理交涉,并已电达尊处,乞再以中央军政府名义委任之,举国幸甚。浙江代表朱福铣,苏代表雷奋,鲁代表雷光宇、谢鸿焘,闽代表林长民、潘祖彝,湘代表宋教仁,沪代表朱葆康、俞寰澄、袁希洛叩③。

---

① 全国政协编:《辛亥革命回忆录》[6],第241页。
② 全国政协编:《辛亥革命回忆录》[6],第242页。
③ 罗家伦主编:《革命文献》第1辑,第4页。

湖北都督黎元洪在 11 月 7 日致电各省,初步征询各省对组织中央政府的意见:"现在义军四应,大局略定,惟未建设政府,各国不能承认交战团体。敝处再四筹度,如已起义各省共同组织政府,势近于偏安,且尚多阻滞之处。若各省分建政府,外国断不能于一国之内承认无数之交战团。兹事关全局甚大,如何之处,乞贵军政府会议赐教,立盼电复。"①由于长江中游电信线路不通,该电未达南方各省,故各省对该电无反应。这样,黎元洪又于 11 月 9 日再发一电,通知各省请速派全权委员赴鄂组织中央临时政府。11 月 10 日黎元洪再发一通电说各省全权委员一时恐难到齐,请各省先电举各部部长来鄂组织中央政府,电报全文如下:"大局初定,非组织临时政府,内政外交均无主体,极为可危。前电请速派委员会议组织谅达尊鉴。惟各省全权委员一时未能全到,拟变通办法,先由各省电举各部政务长,择其得多数票者来鄂,以政府成立。照会各国领事转各公使,请各本国承认,庶国基可以粗定。敝省拟中央临时政府暂分七部:1. 内务,2. 外交,3. 教育,4. 财政,5. 交通,6. 军政,7. 司法。其首长之条件以声望素著、中外咸知并能出而任务为必要,盖非此不足以昭各国之信用也。现除外交首长多数省份已举伍廷芳、温宗尧二君外,其余各首长应请协举电知敝省。候汇齐后,其得多数当选者,一面电聘,一面通告。时事紧迫,希即会议举定。再财政首长,敝省拟举张謇,并闻。万祈速复!"②浙江都督汤寿潜复电,推政府各部首长:外交已推举伍、温外,内务主程德全,教育主章太炎,财政主张謇,交通主詹天佑,军政主黄兴,司法主汪精卫。云南都督蔡锷复电除表示即日选派全权代表赴鄂共商一切外,主张建立完全统一国家,设立民主立宪政府,不同意实行联邦制国家。镇江都督林述庆复电主张在沪开特别大会,由各都督特派代表公议临时中央政府设于何处,并选举临时大总统主持一切。广东都督胡汉民复电推举临时中央

---

① 《中华民国的建立》,《中华民国建国史》,第 868 页。
② 《中华民国的建立》,《中华民国建国史》,第 868 页。

政府各部首长:汤寿潜任内务,黄兴任军政,张謇任财政,王宠惠任司法,詹天佑任交通,汪精卫任教育,伍廷芳任外交。贵州都督府枢密院复电推举临时中央政府各部首长:汤寿潜内务,黄兴军务,王宠惠司法,詹天佑交通,严修教育,伍廷芳、温宗尧外交,张謇财政,其余等开会决定。这是部分独立省区对湖北倡组临时中央政府的反应。

　　上海毕竟是旧中国第一大城市,是全国的工业、贸易、金融中心,交通方便,各省区都有人驻上海。故上海方面向各省区发出的通电请各省派代表赴沪商议组织中央临时政府,且所提的筹组办法具体而又富于弹性,各省接沪方通电均复电赞成。很多省区就近派本省区在沪有资格的人士为代表。这样,上海各省都督府代表联合会11月15日便召开了第一次会议。11月17日,在沪的各省代表在知道黎元洪的上述电报后,即在当日的会议上讨论此事。考虑到在上海开会比到武昌开会的各种条件更优越,故议决:各省都督府代表联合会仍设在上海。11月20日致电黎元洪、黄兴告知各省都督府代表联合会的决议后,黎元洪仍坚持各省都督府代表联合会应移鄂开会,以便筹组中央临时政府,认为武昌方面通电在先,且有些省区的代表已到鄂;鄂军都督府既被赋予中央军政府的职能,代表会议自然也应在武昌召开,否则"府、会地隔数千里,办事实多迟滞,非常时期,恐失机宜"[①]。并派出代表居正、陶凤集赴沪与在沪代表商议在鄂开会。

　　11月23日,各省都督府代表联合会开会,由鄂赶来的湖北都督代表居正、陶凤集到会报告11月9日湖北都督府通电各省请派全权委员赴武昌组织临时政府的情况:武昌是首义之地,各省宣布脱离清廷而独立后,都视武昌为中心。很多省已派代表到达武昌,武昌完全具备成立中央政府的条件。此次来沪,系与各在沪代表商议同赴武昌开会,商组中央临时政府。这立即在会议上引起较大争执,很多代表仍主张在

<hr/>

　　① 张难先:《中华民国政府成立》,中国史学会主编:《辛亥革命》〔八〕,第12页。

上海开会。经反复调解,最后议决:各省代表均赴湖北。

11 月 25 日代表会开会。鉴于上海方面向各省区发出了派出都督府代表来沪开会筹组中央政府的通知电,有些省区的代表还将来沪;再上海是国际性大都市,是当时中国的中心城市之一,交通又十分方便,于是当日的会议议决:各省仍留沪 1 人以上,在沪成立留沪联络处,"联络声气,为通信机关",作为鄂会后援,并由福建代表林长民负责,其余代表全赴鄂筹组中央临时政府。

11 月 28 日,代表会开会,议决:电武昌都督黎元洪,报告由沪赴鄂代表本日启程;通电各省都督府和咨议局,报告各省都督府代表赴鄂组织中央临时政府,并在上海西门江苏教育总会设立通信机关①。

三、各省都督府代表会在鄂的活动

(一)《各省代表敬告武汉同胞书》的发表

当在沪的各省都督府代表由上海赶到武昌时,汉阳刚刚于 11 月 27 日失守。整个武昌城已处于龟山上的清军炮火的威胁之下,形势十分危险,武昌城内人心惶惶。各省代表已无法再在武昌城里开会,只好转往江北的汉口英租界顺昌洋行楼上开会。

11 月 30 日各省都督府代表联合会在汉口举行了到鄂后第一次会议。会议在鄂开至 12 月 10 日止。11 月 30 日与会代表推举代表中年龄最大的代表、同盟会中部发起人之一的谭人凤为临时议长主持会议。谭此时 51 岁,有的书上把谭写为"白须飘拂的老人"是过于夸张,与实际不符。

为了便于革命军与各方交涉,11 月 30 日的代表会议议决:由临时

---

①　全国政协编:《辛亥革命回忆录》〔6〕,第 242、243 页。

议长致函黎元洪都督,追述代表会在沪时曾经议决公认鄂军政府为中央军政府,请黎君以大都督的名义执行中央政务①。同时议决即日以各省代表会议临时议长谭人凤名义通电各省,告之先暂以鄂军都督为中央政府大都督:本日经各省代表会议,临时政府未成立以前,推举鄂军都督为中央军政府大都督,以便对外,全体赞成,理合通告②。讨论了清军停战条款后,各省代表均主张武汉地区停战,故议决由鄂军政府答复清军第一军总统冯国璋的武汉地区停战条款。

汉阳被清军攻占后,战时总司令黄兴于11月27日晚乘船离开武昌东下上海,武昌人心浮动。为了安定人心,当日代表会议议决以各省代表签名的形式,发表《各省代表敬告武汉同胞书》,除推崇首义之功外,并就当前各省的军事形势加以概括说明。

《各省代表敬告武汉同胞书》全文如下:

同胞诸君:自前月武昌起义以来,湖南、江西、陕西、山西首应之。未及一月,江苏、浙江、安徽、广东、广西、云南、贵州、福建、山东、四川皆次第光复。满虏之所有者,今尚余直隶、河南之一部分而已。今者,满虏财政困难已达极点,一切军需皆恃内帑支给,今其所余不过二百万耳。而诸外国皆严守中立,不允借款。且各国之言论认满洲为已灭亡,惟新政府未成立耳。仆等之来武昌,即为此也。总之,此次革命大举,湖北人为首功,各省人士莫不推崇。今虽有汉阳之小挫,于大局实无妨碍。伏望湖北同胞坚守武昌,独立各省必竭其所能以相助。武昌既为起义首都,又扼中原要势,其存亡实大有关系于海内外之观听。呜呼!同胞,北军之残虐,既于焚杀汉口之时见之矣。今日众同胞之地位,战亦死,不战亦死。死而有裨于祖国,虽死犹生也。时机已迫,涕泣相告,望同胞察之。

再各省军事上之运动,有可为湖北同胞告者如下:

---

① 全国政协编:《辛亥革命回忆录》〔6〕,第243、244页。
② 罗家伦主编:《革命文献》第一辑,第6页。

1. 浙江、江苏、上海联军共三万人围金陵,南城已破,克日可全定。

2. 广东、广西、福建会师北伐,即日出发,现已集合二万人。

3. 江苏、上海已组织北伐队,联合海军二十余艘军舰。

4. 安徽、江西筹议集师出河南,断京汉铁路,前队已出发。

5. 广西现有精兵八千抵湖南,湖南亦已集合精兵五千,不日可以到鄂,合力恢复汉阳①。

武汉地区自1911年12月2日开始第一次停火,以后又一再续延停火日期,战争实际已停止。武汉地区又恢复了平静和秩序。12月5日黎元洪在武昌举行欢迎会,欢迎来鄂的各省都督府代表。各省代表均与会。欢迎会上浙江代表汤尔和代表各省都督府代表会致词赞扬武昌起义:此次民国革命成功,全恃武昌倡义,故各省推重武昌。而此次之革命各处均举动文明,此风为武昌所倡,故各省极推重鄂军。

黎元洪代表湖北军政府致答词,除对汉阳失败引咎外,特别声明:武昌将士仍抱定宗旨,坚守武昌,徐图恢复②。

(二)《中华民国临时政府组织大纲》的制定

12月1日,针对清政府的资政院还存在并正在进行第二届常年会,并且还声称自己是合法的民意机构,与各省都督府代表会处于对立的地位,各省都督府代表会议决致电清政府内阁总理大臣袁世凯,否定资政院代表民意,劝袁氏赞成共和,武汉革命军与清军停战。这时革命阵营建立一个革命政府,以便统一独立各省并与清政府对抗,便成了当务之急。代表会议决先尽快地制定出《中华民国临时政府组织大纲》,以便尽早成立临时革命政府。12月2日各省都督府代表会开会,代表

---

① 沈云龙主编:《辛亥革命始末记》〔一〕,第210、211页。
② 沈云龙主编:《辛亥革命始末记》〔一〕,第218页。

选举雷奋、马君武、王正廷为大纲的起草员,要求他们在尽可能短的时间内将大纲起草好,以便提交代表会。在讨论中,很多代表认为清政府已名存实亡,清朝的大权已完全由袁世凯所掌握。因而当前的主要问题已不是存在于革命军和清政府之间,而是存在于革命军与袁世凯之间。为了避免更多的流血,应该说服袁世凯以一举手之劳推翻清政府,建立共和民国。如果袁世凯愿接受这个条件,革命军应当推举袁为临时大总统。与会代表多数同意这种主张,故12月2日的各省都督府代表会议决了"袁世凯如反正,当公举为临时大总统"。

12月3日,各省都督府代表会逐条讨论了雷奋、马君武、王正廷起草的《中华民国临时政府组织大纲》草案,将大纲逐条讨论修改,最后全文通过,并议决由各省代表签名后当日即公布。尽管代表会议决未独立省份的代表无表决权。但由于组织临时政府十分紧迫,故与会代表均在《中华民国临时政府组织大纲》上共同签字,也未计较表决权一事,故无表决权一项事实上并未实行。

《中华民国临时政府组织大纲》共四章二十一条,全文如下:

第一章　临时大总统

第一条　临时大总统由各省都督府代表选举之,以得票满投票总数三分之二以上者为当选。代表投票权,每省以一票为限。

第二条　临时大总统有统治全国之权。

第三条　临时大总统有统率海陆军之权。

第四条　临时大总统得参议院之同意,有宣战、媾和及缔结条约之权。

第五条　临时大总统得参议院之同意,有任用各部长及派遣外交专使之权。

第六条　临时大总统得参议院之同意,有设立临时中央审判所之权。

第二章　参议院

第七条　参议院以各省都督府所派之参议员组织之。

第八条　参议员每省以三人为限,其派遣方法由各省都督府自定之。

第九条　参议院会议时,每参议员有一表决权。

第十条　参议院之职权如下:

　1. 议决第四条及第六条事件。

　2. 承诺第五条事件。

　3. 议决临时政府之预算。

　4. 检查临时政府之出纳。

　5. 议决全国统一之税法、币制及发行公债等事。

　6. 议决暂行法律。

　7. 议决临时大总统交议事件。

　8. 答复临时大总统咨询事件。

第十一条　参议院会议时,以到会参议员过半数之议决为准。但关于第四条事件,非有到会参议员三分之二之同意,不得议决。

第十二条　参议院议决事件,由议长具报,经临时大总统盖印,发交行政各部执行之。

第十三条　临时大总统对于参议院议决事件,如不以为然,得于具报后十日内,声明理由,交令复议。参议院对于复议事件,如有到会参议员三分之二以上之同意,仍执前议时,应仍照前条办理。

第十四条　参议院议长,由参议员用记名投票法互选之,以得票满投票总数之半者为当选。

第十五条　参议院办事规则,由参议院议定之。

第十六条　参议院未成立以前,暂由各省都督府代表会代行其职权。但表决权,每省以一票为限。

　　第三章　行政各部

　第十七条　行政各部如下:

　1. 外交部。

2. 内政部。

3. 财政部。

4. 军务部。

5. 交通部。

第十八条　各部设部长一人,总理本部事务。

第十九条　各部所属职员之编制及其权限,由部长规定,经临时大总统批准施行。

第四章　附则

第二十条　临时政府成立后六个月以内,由临时大总统召集国民会议。召集方法,由参议院议决之。

第二十一条　临时政府组织大纲施行期限,以中华民国宪法成立之日为止。

各省代表签名

湖北:孙发绪、时象晋、胡瑛、王正廷

山东:谢鸿焘、雷光宇

福建:潘祖彝

湖南:谭人凤、邹代藩

安徽:赵斌、王竹怀、许冠尧

广西:张其锽

浙江:陈毅、陈时夏、汤尔和、黄群

江苏:马君武、雷奋、陈陶怡

直隶:谷钟秀

河南:黄可权[①]

《大纲》与前不久由宋教仁主持制定的《中华民国鄂州约法》一样,是按照西方三权分立原则,仿照美国宪法采用总统制。

《大纲》规定了参议院有立法权、财政权、监督权、选举权。这已经

①　秦春惠著:《民国宪政运动》,第25—27页。

赋予了参议院以科学意义上的资产阶级议会的职权。《大纲》还规定在参议院成立之前,由各省都督府代表会代行其职权。因此,各省都督府代表会实际上成了中国第一个临时国会。《大纲》以后又几经各省都督府代表会修改,并于 1912 年 1 月 2 日再次公布。由于《大纲》列了最高立法机关——参议院的条款,这就使《大纲》不仅仅是组织政府机构的法典,而且已具有宪法的性质。但它作为宪法,又欠缺对国体、人民的权利与地位的规定。对参议院会议法定到会人数无规定,对《大纲》修改程序亦无规定。草创伊始,草率疏漏在所难免,因当时两军炮火正烈,时间又十分仓促,以后《大纲》又进行了多次修改,如增设副总统条款等。

当代表会议正进行的时候,传来了江浙联军 12 月 2 日攻克南京的消息,武昌又处于袁世凯的炮火威胁之下。12 月 1 日,湖北军政府都督府中弹,黎元洪逃离市区,出奔王家店,欲逃往武昌下游 90 里的葛店。职员星散,人心惶恐。在武昌组织中央政府的目的无法实现。12 月 4 日,各省都督府代表会开会,议决:

1. 临时政府设南京。

2. 由各省代表开临时大总统选举会于南京。

3. 将会议情况通电各省,并请未派代表诸省速派代表于 7 日内会于南京。

4. 各省代表于 7 日内会齐南京。

5. 有十省以上之代表到南京即开临时大总统选举会。

6. 临时大总统未举定以前,仍认鄂军都督府为中央军政府,有代表各省军政府之权。

7. 仍推伍廷芳、温宗尧为民国外交总、副长①。

代表会将上述议决于 12 月 4 日电沪军都督转告留沪各省代表。

---

① 《中华民国建国史》,第 880 页;全国政协编:《辛亥革命回忆录》〔6〕,第 246 页。

留沪代表接电后于 12 月 6 日回电在鄂的各省代表,表示将按来电 7 日内当可齐集南京。

按常理,既以湖北军政府为中央军政府,则其外交部长胡瑛即应为中央军政府的外交总长,但代表会两次决议都是由伍廷芳为外交总长。可见英国伦敦林肯法律学院的法学博士伍廷芳在国内外的声望是胡瑛望尘莫及的。故 1911 年 11 月 6 日陈其美成立沪军都督府时立即聘伍廷芳为外交总长,并推荐伍为中央的外交总长。11 月 15 日各省都督府代表会议开会后,又推伍为中央军政府(即由湖北军政府代理)的外交总长。也就是说伍廷芳受革命党和立宪派的共同推戴。

(三)通过停战协定和拟定南北和谈条件

武昌起义爆发,清政府急调重兵到武汉地区镇压。这样,在武汉地区造成了清军的军事优势。但在全国,形势正好相反。当时全国已有十几个省宣布独立,近畿一带的军队亦有不稳的迹象。革命的烈火在迅速蔓延,清政府险象环生。清朝的军事主力又被吸引到京汉铁路一线,根本无法应付其他地区出现的革命形势。即使扑灭了武昌一带的革命烈火,全国其他地方的革命烈火也已成燎原之势,根本无法扑灭。也就是说,辛亥革命已无清晰的战线和战场,包括北京在内,全国各地随时都可能爆发独立战争。靠清朝的兵力已无力应付这种战局。这时,清廷和掌握政权的内阁总理大臣袁世凯希望尽快停战以便尽早开始南北和谈,来平息全国的革命浪潮。为了攫取全国政权,袁世凯采取以清军压革命派和以革命军压清廷,操纵两方,以收取渔翁之利的策略。当袁于 1911 年 10 月 30 日和 11 月 10 日两次派密使游说湖北革命党人接受其君主立宪主张并停战议和受挫后,为迫使革命党人就范,先以全力攻取汉阳以挫革命军的锐气。在 11 月 27 日攻占汉阳后即运动驻华英国公使朱尔典斡旋南北停战以便议和。朱尔典电令英国驻汉代理领事葛福将袁世凯的意思以私人及口头方式转告黎元洪。由于汉

阳新败,武昌已处于架设在龟山上的炮火威胁之下,鄂军政府 11 月 28 日同意停战,并提出停战三条款:

1. 停战 15 日,期内两军各占既有地区。

2. 各省与革命军联合者应派代表聚集上海,以便公举全权委员与袁世凯的代表会商。

3. 停战如需展期,即再停 15 日①。

葛福提出停战分短期和长期。葛福认为黎元洪只能代表湖北发言,尚不能代表其他独立省份,故全国长期停战前先在武汉地区短期停战三天。但负责前线指挥的清军第一军总统冯国璋并未领会袁世凯的苦心,欲乘势一举攻下武昌。袁世凯、徐世昌 11 月 30 日即电冯接受英领事的调解,并提出停战条款:

> 我军并未渡江。英使领现出调停,按公理未可拒绝。兹代拟暂时停战条款:1. 息战时各守现据界线,彼此不得稍有侵犯、窥探等情。2. 息战之期订明由某日某时起至某日某时止,计三日,两军不得于此期内开战。3. 军舰不得藉息战期内泊近武汉南北岸,以占优胜,须远驰武汉下游,至息战期满止。4. 停战期内两军不得添军修垒及一切补助战力等事。5. 息战之约须有驻汉英领事官画押为中间证人,庶免彼此违背条件,以重公法。请转饬黄道与英领商办。有定议,速电示。黎党如派人来商事,可饬黄道、丁士源做执事代表接洽。除奏明外,望查照②。

11 月 30 日各省都督府代表会议在汉口举行第一次会议时,湖北代表、湖北都督府外交部长胡瑛即向大会报告了前一段南北商谈停战议和的交涉情况:民军自汉阳失利,北方即有人来商和平解决。驻汉口的英国领事亦出面斡旋,向南北交战双方商谈停战。按英领事的意见,停战问题分二层。一为长期停战,以全国为范围,应与清政府内阁电

---

① 《中华民国的建立》,《中华民国建国史》,第 934 页。

② 《清农工商部档案》。

商;一为短期停战,只就武汉一隅而言,即与清军统冯国璋商议。现英领事已交到冯军统所开停战条款,请诸君讨议。至于长期停战,据英领事云,黎都督须能代表各省,方可议及①。

代表会逐条讨论了冯国璋提出的短期停战条款,对条款中"民军兵舰须将机关下交英国水师收存"一语,认为是对民军的侮辱,有如战败投降之味,不予接受。同时亦提出"满军须退出汉口15里以外,及满军所据军火应由介绍人英领事签字封闭之"等语,以相对抗。并将修改的停战条款转交冯国璋。即答复冯同意停战,但对条款进行了修正。这样,英领事又出面调解,就袁世凯11月30日与鄂军政府提出的条件加以斟酌修改后,12月1日下午派万国商会会长、英国人盘恩渡江正式与军政府接洽。

汉阳被清军攻占后,清军在龟山上架设的大炮,12月1日击中设在原湖北咨议局的湖北都督府,死卫兵一人。黎元洪仓皇出逃。故当盘恩持停战条款在湖北军政府顾问孙发绪的陪同下来到武昌洪山宝通寺革命军总司令部时,只有军务部长孙武、战时总司令蒋翊武、参谋长吴兆麟等出面接洽停战事宜。盘恩称:英领事联合各国领事,提议停战三日,只要南北双方在停战协定上盖章,即可停战②。

停火对于处于绝对劣势的武昌革命党人来说,自然是求之不得的及时雨。孙武等人立即全部接受了停战条件。但盘恩要求盖上都督印而不是总司令部的印。都督印黎元洪出逃时已带走。情急之下,孙武等人又让人临时赶刻了一枚新的都督印盖在停战协定上。这样,停战协定经双方盖印,英驻汉口领事葛福也画了押即生效。这些手续办完后已是12月1日晚,故武汉地区停战从12月2日起生效。停战协定共5条:

1. 停战时各守现据界线,彼此不得稍有侵犯窥探。

---

① 全国政协编:《辛亥革命回忆录》〔6〕,第243页。
② 《辛亥首义回忆录》,第2辑,第210、211页。

2. 停战之期限于 12 月 2 日 8 点钟起至 5 日 8 点钟止,计 3 日。两军不得在期内开战。

3. 军舰不得藉停战之期泊近武汉南北岸以占优胜地位,须至青山以下停泊,至停战期满为止。

4. 停战期内两军不得添兵修垒及一切补助战力等事。

5. 停战之约须有驻汉英领事官画押为中间证人,庶免彼此违背条件,以重公法①。

武汉地区的 3 天的停战到期后,又从 12 月 6 日早 8 时起到 9 日早 8 时止,再停战 3 天。

这时清内阁亦于 12 月 4 日致电英国驻汉领事和清军前线将领冯国璋,开出全国停战条件共 5 条:

1. 停战 3 日,期满续停 15 日。

2. 北军不遣兵向南,南军亦不遣兵向北。

3. 总理大臣派北方居留各省代表人,前往与南军代表讨论大局。

4. 唐绍怡充总理大臣之代表,与黎军门或其代表人讨论大局。

5. 以上所言南军,秦、晋及北方土匪均不在内②。

黎元洪将清政府转来的上述停战条件交各省都督府代表会审议。

12 月 6 日,各省都督府代表会开会,逐条讨论清内阁开出的全国停战条件。代表们对停战条件中以区域来混称南军、北军不认可,认为北方亦有起义军,尤其是陕西、山西,若用北军,怕清军先攻秦、晋,消灭北方的民军,得手后再向南进犯。主张用清军、民军的称呼。这样秦、晋和北方的起义军都包括在民军之内,便于团结全国的革命军以对抗清军。再就是代表们不承认清内阁所派北方居留的各省人有代表资格而与南方各代表讨论大局,以防袁世凯利用当时居住北方的南方人士作为其御用代表,来制造舆论,牵制和议。议决答复条件:1. 停战 3

---

① 杨玉如编:《辛亥革命先著记》〔一〕,第 191 页。
② 全国政协编:《辛亥革命回忆录》〔6〕,第 247 页。

日,期满续停战 15 日;2. 全国清军、民军均按兵不动,各守其已领之土地;3. 清总理大臣派唐绍怡为代表,与黎大都督或其代表人讨论大局①。

但清内阁不愿用清军、民军的称谓,其意自然在巩固北方军界,尤其不愿将秦、晋划入南方革命军的范畴。双方又经过反复协商,对停战条件再做修改。最后基本达成一致。12 月 8 日各省都督府代表会开会,对修订的停战条件再逐条审议,最后议决停战条款如下:

1. 停战 15 日。由西历 12 月 9 日早 8 点钟起,至 24 日早 8 点钟止。期内除秦、晋、蜀三省另有专条外,两军于各省现在驻兵地方一律按兵不动。

2. 袁总理大臣派唐绍怡尚书为代表,与黎大都督或其代表人讨论大局。

3. 因秦、晋、蜀三省电报不通,恐难即日停战,是以所有以上停战条件与该三省无涉。惟停战期内,两军于该三省各不增加兵力或军火。如有一军在停战期内违反按兵不动或在秦、晋、蜀三省增加兵力之条款,则彼一军有立即开战之权②。

此停战协定经双方盖印,英国驻汉口总领事签押后即生效。12 月 9 日,黎元洪以大都督的名义致电各独立省的都督,通告南北停战协定全文,要求各省接电后即停战,但要求各省在军事上作好应付和议破裂的准备。

上述协议双方基本上均执行了。南北和议也很快就在上海举行。12 月 7 日清廷授袁世凯为全权大臣负责南北议和。袁立即委任唐绍怡为全权大臣总代表,赴南方讨论大局。委任严修(严未行)、杨士琦为代表,汪精卫、魏宸组、杨度为参赞,又以在京每省 1 人为各省代表,亦赴南方参与南北议和。并电告武昌方面,北方和议全权代表唐绍怡

①　全国政协编:《辛亥革命回忆录》〔6〕,第 247 页。
②　张国淦编:《南北议和》,《辛亥革命史料》第三篇,第 286 页。

等即于 9 日南下赴汉口。南方阵营自然也须立即推选出南方的和谈代表参与南北和谈。12 月 9 日,各省都督府代表会开会,一致推举留英法学博士伍廷芳为民国代表全权与北方谈判,并议决和谈大纲 4 条:

1. 推翻满清政府。
2. 主张共和政体。
3. 礼遇旧皇室。
4. 以人道主义待满人。

同时议决以汉口为南北议和地点。这样,唐绍怡于 12 月 9 日离京由京汉铁路南下,11 日到汉口。12 月 9 日黎元洪致电在上海的伍廷芳,告之十一省代表公推其为与北方谈判的民国代表,请其速来鄂与北方代表谈判,并派江苏代表雷奋(雷在武汉)赴沪迎伍。武汉是两军对垒之地,非和谈适宜之地;各省留沪代表坚持在沪谈判;驻沪各国领事极希望在沪谈判,英国驻沪领事也致电北京英国驻华公使,转商袁内阁令唐来沪。最后南北双方商定在上海举行南北和谈。

各省都督府代表会议移南京开会,成立了南京临时政府后,临时大总统孙中山直接过问和指导南北和议的南方代表。鉴于南北和议实际就是南京临时政府与袁世凯之间的谈判,孙中山将商定的南方和议条件咨送代理参议院,征求其同意。1 月 22 日上午代理参议院开会时,孙中山派总统府秘书长胡汉民出席并说明和议条件各草案。胡汉民提出优待清帝、清皇族各条件于代理参议院。代理参议院经讨论均通过。中午,北方急电,又电复 5 条。下午代理参议院又开会,仍由胡汉民口头报告后代理参议院对所提的 5 项和议条件经全体议员讨论后逐条表决,均一致同意。和议条件 5 条如下:

1. 清帝退位,由袁世凯同时知照驻京各国公使,电知民国政府。
2. 袁世凯须宣布政见,绝对赞成共和主义。
3. 大总统接到外交团通知清帝退位后,即行辞职。
4. 大总统辞职后,由参议院另举袁世凯为临时大总统。

5. 袁世凯被举为大总统后,须誓守参议院所定之约法,乃能接受事权①。

(四) 留沪代表筹组临时政府的活动

上海是旧中国的金融、工业、外贸的中心,自然也就成了资产阶级革命派和立宪派活动的中心。上海和江浙在 1911 年 11 月上旬先后独立后,资产阶级革命派和立宪派的代表人物就在上海商讨筹组临时政府的事。1909 年初袁世凯曾表示过支持资产阶级立宪派的立宪运动,博得一些立宪派人士的好感。1908 年,袁的靠山慈禧死后,袁立即被以载沣为代表的皇族集团排斥出京,即以足疾为由将袁"开缺回籍养疴"。但北洋军中很多将领对袁依然忠诚。袁回到河南彰德后,一直和北洋军将领保持联系,仍在一定程度上控制着清政府这支战斗力最强的军队,同时保持了与资产阶级立宪派上层人物的联系,其实还保持了和革命派一些有影响的人物的联系,密切注视着当时中国的政局,随时准备东山再起。而立宪派和一部分革命派也看重北洋军的实力,把希望寄托在袁的身上。当得知上海在筹组临时政府时,袁世凯立即于11 月中旬派人密访江苏都督程德全,说:北军要以项城为大总统。南方先建立政府,而后让与项城。上海的资产阶级立宪派的代表人物和资产阶级革命派的一部分人都把挽救时局的希望寄托在袁世凯身上。为了争取袁世凯的力量尽快推翻清廷,即设计了一个"虚大总统位以待北方之英,树大元帅以顺南军之志"②的临时政府方案,并内定黄兴为大元帅。也就是说让黄兴以大元帅的名义组成临时政府作为过渡,袁世凯反正后将出任大总统。黄兴当时正在武汉任战时总司令职,正组织指挥汉阳保卫战。上海方面就派出立宪派名流庄蕴宽前往武汉,

---

① 全国政协编:《辛亥革命回忆录》〔6〕,第 258 页。
② 章太炎:《复孙中山书》,《大中华杂志》第 2 卷,第 12 期。

请黄兴离鄂东下。11月27日汉阳失守,黄兴、宋教仁、汤化龙即乘船东下,12月1日到达上海。这时江浙联军攻克了南京。尽管11月28日各省都督府代表会移鄂开会且有在鄂成立临时政府之议,但汉阳失守后,武汉地区革命党人在军事上处于劣势,在鄂组成全国性临时政府的目标已不太可能实现。这样上海地区筹组临时政府的活动再次活跃起来。留沪各省代表也接连开会,为筹组临时政府忙碌。江苏巡抚程德全为形势所迫,不得不于1911年11月4日反正,成立了江苏省军政府,出任都督。11月6日,同盟会员钮永建在松江成立了松江军政府。同日,同盟会员秦毓鎏组织光复军,占领无锡、金匮县衙,成立了锡金军政分府。同日,同盟会员何健也在常州光复后成立常州军政分府。11月7日,同盟会员林述庆、李竟成在镇江组织新军起义,建立了镇江军政府,林被推为都督。林述庆又派徐宝山、李竟成率军往扬州镇压了游民暴动后成立了扬州军政分府。这些后成立的军政分府也好,军政府也好,均自成一统,并不隶属江苏省军政府。也就是说,程德全只是名义上的江苏都督。黄兴从武昌回到上海后,江苏省内后成立的这些军政府和军政分府的军事都由黄兴来协调和指挥。长江下游各都督大都希望早日成立政府,以便统一军事,都觉得各省都督府代表会筹组临时政府的行动迟缓。于是江苏都督程德全、浙江都督汤寿潜、沪军都督陈其美协商,请留沪各省代表尽快选黄兴为大元帅以便组织临时政府。12月4日,留沪代表沈恩孚、俞寰澄、朱葆康、林长民、马良、王照、欧阳振声、居正、陶凤集、吴景濂、刘兴甲、赵学臣、朱福铣13人在江苏教育总会开会,议商组织临时政府。江苏都督程德全、浙江都督汤寿潜、沪军都督陈其美以及章炳麟、章驾时、蔡元培(浙江都督汤寿潜临时指派蔡为浙江代表,故亦参加投票)、王一亭、黄中央、赵竹君、顾忠琛、彭锡范等亦到会。会议一开始就通过了当日投票选举暂定大元帅的动议。于是立即进行投票,且3名都督和各省代表均有投票权。由于事前准备不周,仓促间以白纸做选票,各自用铅笔书写。选举结果:黄兴以16票当选为暂定大元帅。这时有代表动议:即然有暂定大元帅,自然应再选一暂定副元帅。经表决,该动议通过。于是立即又投票选举暂定副元帅。选举结果:黎元洪以15票当选为暂定副元帅。并议决黎元洪兼任鄂军都督,仍驻武昌,以免牵动湖北局势。同时议决电请赴鄂代表即日来沪,同赴南京。这时在座的章太炎站起来反对,他挥泪说:黎宋卿在武昌首义,劳苦功高。先是赴武昌一部分代表已举黎为中华民国政府大都督,事实上为大元帅。今反选彼为副元帅,在黄兴之下,太不合理矣![①] 章驾时也激动地起立支持此说,欲将选举案推翻,要以黎为暂定大元帅,黄兴为暂定副元帅。多数人认为正、副元帅刚投票选出,又要立即将被选人易位,这真是将选举当儿戏,立即遭到很多与会者的反对,彼此发生争执。这时有人提出调停办法,以黎元洪为暂定大元帅、黄兴为暂定副元帅,黎在武汉前线指挥,不可能东下,仍由黄兴代行暂定大元帅职。对这一调停办法并未付与表决即相率散会。沪督陈其美即为黄兴布置行辕,调遣军队。

12月5日,由陈其美、程德全等发起欢迎黄兴大元帅大会以示隆重。参加会议的有沪军都督陈其美,江苏都督程德全及留沪的各省代表。留沪各省代表当天议决了以大元帅名义组织中华民国临时政府。由于4日的选举发生激烈的争吵,黄兴主张重新选举而不愿就职。故在5日的欢迎会上黄兴勉强出席,受到与会者的热烈欢迎。先由程德全发言说:昨日自大元帅举定后,即邀同陈君英士亲往黄大元帅行辕道欢迎意,恭请莅会。大元帅谦辞不肯承认。经德全等再三劝驾,仅允到会重行选举。接着沪军都督起而发言说:昨日之选举万不可做无效。况大元帅责任重大,关系全国。方今北虏未灭,军事旁午,非有卧薪尝胆之坚忍力者,不足肩此巨任,故其美以为舍克强先生外无足当此者。这时黄兴站起来表示辞意说:才力不胜,拟举首先赴义之黎元洪为大元帅,再由各都督旁举一副元帅。……兴并愿领兵北伐,誓捣黄龙,以还我大汉河山而后已。至于组织政府,则非兴所能担任者也。接着由各

---

① 李守礼编:《民初之国会》第21页。

省代表发言,其大意为:现今事机危迫,战争未息,黄大元帅苟不俯从众意,其如全国人民何!黄兴再站起来发言谢辞大元帅职,说:"孙中山将次回国,可当此任。"这时会议在推让中进行了二个多小时,一位代表站起来发言说:"开会已二时之久。……方今军务倥偬,时间异常宝贵。孙君诚为数十年来热心革命之大伟人,然对外非常紧急,若无临时政府,一切交涉事宜俱形棘手。况大元帅为一时权宜之计,将来中华底定,自当由全国公选大总统。是故某以为黄大元帅于此时,实不必多为推让。"①这样,黄兴才答应暂时勉任。

上海推选大元帅、副元帅电知各省后,各方反应不一。同盟会的粤督胡汉民复电赞成。桂林都督陆荣廷则认为:"临时政府地点设于南京,未举临时总统以前,仍认鄂都督为中央军政府,敝省均极赞成。临时政府限七日成立,尤为欢迎。惟选举临时大总统,前月有日程都督通电拟举孙文君,已有多省赞同。此次选举,仍宜由各军政府电达南京,以多数取决而昭郑重。至公举大元帅一节,查总统有统率海陆军之权。大元帅名目似应归诸总统。所陈当否,仍候各都督及代表诸君卓裁。"②对推举大元帅提出异议。

12月4日,留沪各代表还议决请赴鄂各省代表即日来沪。由于沪、鄂电报不通,改由九江都督马毓宝处转电武昌,其电文为:"临时政府前经议定武昌,现在南京光复,鄂省军务适紧,援鄂之师、北伐之师待发,急需统一。今同人公议,不如暂定南京为临时政府所在地,举黄君兴为暂定大元帅,黎君元洪为暂定副元帅兼任鄂军都督,藉免动摇而牵大局,俟赴鄂代表返沪,同到南京,再行发表。所有编制,日内并力准备,俾得进行无滞。事机紧急,不得不从权议决,务乞鉴谅,并急转达到鄂各省代表,请即日来沪会议。"③

---

① 李守礼编:《民初之国会》第一章,第20页。
② 《中华民国建国史》第一篇第八章,第882页。
③ 罗家伦主编:《革命文献》第一辑,第6页。

　　在鄂的各省都督府代表得知留沪的 14 省都督府代表推举黄兴为暂定大元帅、黎元洪为暂定副元帅十分不满,认为以林长民为首的上海的各代表仅是代表会的一个留沪的通信机构,做出这样重大的决定是非法的。12 月 7 日,在鄂的各省都督府代表会开会,议决:由黎大都督电沪都督,查实如另有人在沪联合推举大元帅、副元帅等名目,请其宣告取消。这样,黎元洪即向各独立省发出通电:"各省代表均到鄂,议定《临时政府组织大纲》,并定期在南京公举大总统,组织临时政府,经敝处通电各省,各省谅已达览。现忽据来电称沪上有 14 省代表推举黄兴为大元帅、元洪为副元帅之说,情节甚为支离。如实有其事,请设法声明取消,以免淆乱耳目。"[①]

　　原来同意选举黄兴为大元帅的浙江都督汤寿潜回杭州后也立即变卦,推翻原议,反对黄兴就任大元帅。一些江浙将领也公开攻击黄兴为"汉阳败将",反对黄兴出任大元帅。黄兴自然更不愿就任大元帅职了。这样,上海方面筹组中央临时政府的工作夭折。

四、各省都督府代表会在宁的活动

　　沪、鄂两地各省代表先后抵达南京,至 1911 年 12 月 12 日到南京共有 14 省 39 名代表,其名单如下:

江西:吴铁城、林森、赵士北、王有兰、俞应麓

浙江:汤尔和、黄群、陈时夏、屈映光

湖北:马伯援、杨时杰、陶凤集、居正、时象晋

湖南:廖名搢、邹代藩、刘揆一、欧阳振声

奉天:吴景濂

河南:李槃、黄可权

山西:仇亮、乔义生、景耀月

---

①　《黎副总统政书》卷一,第 22 页。

福建：林长民、潘祖彝

江苏：雷奋、陈陶怡、马良、袁希洛

广西：马君武

广东：王宠惠、邓宪甫

四川：周代本、萧湘

直隶：谷钟秀

安徽：赵斌、王竹怀、许冠尧

12月12日，各省都督府代表在南京丁家桥原江苏省咨议局集会。由于有人指福建代表林长民为汉奸，会议议决：由代表会致电福建都督孙道仁，请代林君剖白①。这恐怕是在中国的议会史上因党派之争第一次对议员的身份提出质疑。

12月14日，各省都督府代表会开会。选举议长、副议长。结果浙江代表汤尔和当选为议长，广东代表王宠惠当选为副议长。由于代表会议在选举暂定大元帅、副元帅问题上的反复而引起代表会议的矛盾与争斗，组织中央临时政府一度陷入困境，致使代表会议的权威性大为降低。议长汤尔和以有病为由滞留上海，副议长王宠惠为南北和谈全权代表伍廷芳的参赞亦留上海。12月20日，各省都督府代表会选举山西代表景耀月为代理议长来主持代表会议的工作。按已公布的《中华民国临时政府组织大纲》的规定，中华民国的立法机构是参议院。1911年12月29日各省代表会开会，议决通电各省都督府，请每省选派参议员3人来宁组织参议院；参议员未到院以前，请本省代表暂留1人至3人，代行参议员职权。1912年1月2日代表会开会。鉴于参议院尚无法很快成立，于是议决在参议院成立之前，由各省都督府代表会暂时代行参议院职权。从此时开始，各省都督府代表会即为代理参议院。由于议长汤尔和、副议长王宠惠有较长一段时间不在南京主持各省都督府代表会，引起一些代表的不满，故很多代表乘将代表会议变为

①　全国政协编：《辛亥革命回忆录》〔6〕，第250页。

代理参议院之际提出重选议长、副议长的动议,经表决通过。于是立即进行议长、副议长选举。投票结果,赵士北当选为临时议长,马君武当选为临时副议长。

和在上海与武汉的情况相似,在南京时,各省都督府代表的变动都比较大。这主要是由于各省都督府代表会于1911年12月29日和1912年1月18日致电各省速派参议员到南京组织参议院。这样,一些未派代表的省份陆续派出参议员;一些省份增派或调换了代表;一些代表进入政府为官而辞去代表之职。但各省都督府代表会(后改为代理参议院)的规模在扩大,派出代表与会的省区和代表人数均有所增加,其代表性也更广泛。

各省都督府代表会即代理参议院,除星期日或特别开会外,每天会议2小时,一律不许旁听。

(一)选举孙中山为第一任临时大总统

《中华民国临时政府组织大纲》对临时大总统的选举规定了明确的办法。1911年12月4日,各省都督府代表联合会在鄂已议决,一俟有十省以上的代表到南京,即举行选举会,选举临时大总统,尽快组织中央临时政府,以应付瞬息万变的时局,统一革命阵营的步调。尤其是当时的北伐、财政、外交急需成立一个中央政府来统一处理。12月12日,已有14个省的代表到达南京,故12月14日各省都督府代表会议立即议决12月16日选举临时大总统。并在上海《民立报》等一些报纸上以各省代表会的名义发表公告:本日14省代表议决:二十六日(公历12月16日)下午一时在宁开临时大总统选举会,乞布告国民。

这时孙中山尚在国外,何时回国尚无确切消息。代表们多数之意欲举黄兴为临时大总统,以便尽快组织临时政府。

袁世凯一直觊觎大总统一职,惟恐大总统一职落入他人之手而使自己的希望成泡影,急派唐绍怡为全权代表到武昌向黎元洪转达袁已赞成共和之意。于是黎元洪致电鄂省代表，反对临时大总统的选举："各省代表在宁议举临时大总统，此事关系全局。窃以为和议未决，不宜先举总统，致日后兵连祸结、涂炭生灵，追悔莫及。公等系鄂全权代表，责任綦重，兹事体大，亟宜注意。"①

　　黎元洪除发电阻止外，急派浙江代表陈毅由武昌赶赴南京阻止选举临时大总统，以便将临时大总统之位留给袁世凯。12月15日，北方议和全权代表唐绍怡也通过湖北军政府外交部长、副部长胡瑛、王正廷从武汉急电南京各省代表，说袁世凯"极愿和平了结"，"宁会选举，务乞稍缓"②。12月15日，代表会开会，刚从武昌赶到的陈毅在会上向各省代表报告：袁世凯的代表唐绍怡已会晤黎元洪的代表，表示袁内阁主张共和，但国体必须国民会议议决后，袁内阁据以告清廷，即可实行逊位。伍代表廷芳如不能来鄂，可移上海开议③。各省代表在汉口开会时议决过以临时大总统的职位给袁世凯以作为袁推翻清廷的条件，故代表会经过讨论后，决定留大总统之位等袁世凯。议决：缓举临时大总统，承认上海留沪代表所选举的暂定大元帅、副元帅。为了尽快由大元帅组织临时政府，代表会议议决：《中华民国临时政府组织大纲》追加一条："大总统未举定以前，其职权由大元帅暂任之。"④12月15日，各省都督府代表会电告各省缓举临时大总统：各省代表会议十月二十六日（公历12月26日）在南京选举临时大总统，现因特别事故，暂延时日。专此布闻⑤。

　　由于武昌的黎元洪早已通电反对留沪代表选举黄兴为大元帅，章炳麟及江浙联军亦反对黄兴出任大元帅，黄兴便坚辞不就大元帅职。各省代表决定采取调和的办法。12月16日，各省都督府代表开会，想

①　《中华民国建国史》，第883页。
②　宁可编：《中华五千年纪事本末》，第764页。
③　全国政协编：《辛亥革命回忆录》〔6〕，第250页。
④　全国政协编：《辛亥革命回忆录》〔6〕，第250页。
⑤　《中华民国建国史》，第884页。

重新投票选举黎元洪为大元帅、黄兴为副元帅;并议决:《中华民国临时政府组织大纲》追加条文后增加一项:"大元帅不能在临时政府所在地时,以副元帅代行其职权。"①将大元帅、副元帅易位,让黄兴以副元帅代行大元帅组织临时政府准备法律条文。12 月 17 日,黄兴再次电辞大元帅之职。各省都督府代表会便立即开会,由主席报告黄兴辞大元帅电报内容后,大会就势选出黎元洪为大元帅、黄兴为副元帅;并议决:黎大元帅驻武昌,由副元帅代行大总统职权,组织临时政府②。当即议定派专员赴沪迎黄兴来宁就职及派专人赴鄂向黎面陈一切,同时并于 12 月 18 日电告黎元洪:昨接黄克强来电,坚辞大元帅之任。并以武昌起义为天下倡,黎都督之功为全国人民所敬爱,应拥黎都督为大元帅等因。代表等以组织临时政府刻不容缓,若往复推辞,徒延时日,深恐有碍大局。当由公众议决,推举黎大都督为大元帅、黄克强为副元帅。但武昌关系军事重大,恐大都督万难离鄂,因于《组织大纲》内追加一条:"临时大总统未举定以前,以大元帅暂行其职务;若大元帅不能在临时政府时,即以副元帅代行其职权。"除专员迎迓黄元帅莅宁外,特派时君象晋、陶君凤集、陈君毅、仇君亮于今日赴鄂趋谒,面陈一切。请大元帅承诺,以慰天下之望③。

12 月 4 日,留沪代表选举黄兴、黎元洪为暂定大元帅、副元帅,不到半个月,12 月 17 日又将黄、黎二人位置倒置。这么重大的一件关系到中央临时政府组建的事,各省代表竟当儿戏。同盟会骨干代表在 12 月 17 日的会议上极力反对这一作法,认为以大元帅降至副元帅是奇耻大辱,在会上跳脚大吵大叫。湖北代表拥黎元洪,也在会场大闹,双方争执,以至动武。也有迁怒于未独立的北方各省代表,将其看作汉奸或袁世凯党羽,甚至扬言要以手枪对付这些人,徒增不必要的矛盾与争

---

① 全国政协编:《辛亥革命回忆录》〔6〕,第 250 页。
② 全国政协编:《辛亥革命回忆录》〔6〕,第 251 页。
③ 《中华民国建国史》,第 884 页。

斗。久经官场的黎元洪接各省代表 12 月 18 日电后,自然得推辞一番,于 12 月 20 日回电不受大元帅职:"勘电敬悉。元洪才识凡庸,平时办事,已形竭蹶。此次起义,皆赖鄂中诸君子忠勇之力,元洪何功可言?但愿国事早定,民生乂安,元洪乞骸骨归田里,做一公民,此心已非常满足。大元帅之职恳公等另选贤能,元洪决不敢受。"经各省代表派出专程赴鄂的代表时象晋等 4 人解释面请后,12 月 21 日再致电南京各省代表会:"元洪伏思大元帅原为组织临时政府刻不容缓之举。黄君克强宏才硕画,自足胜大元帅之任。乃谦让不居,屡推元洪承乏。元洪才识平庸,何敢当此重任? 然勘电所载,若大元帅不在临时政府时,即以副元帅代行其职务。既有此明文,元洪姑顺代表诸公之请,承受大元帅名义,即委任副元帅执行大元帅一切任务。盖大局未定,势机危迫,临时政府急宜成立,故元洪不辞僭越之罪,望黄君兴与代表诸君子力任巨艰,急求进行办法,时赐教言为幸。"[①]

黄兴此时已得知孙中山很快将回国,遂取消赴宁以副元帅代行大元帅职权筹组临时政府的打算,决定组织临时政府需等孙中山回国后再做决定。筹组中央临时政府工作陷入停顿。

正当各省都督府代表筹组中央临时政府陷入困境时,孙中山于 1911 年 12 月 25 日回到了上海,使筹组临时政府的工作出现转机。

沪督陈其美得到孙中山确切的到沪日期后,即致电各省都督府代表会,告之孙中山到沪的时间,并请派代表欢迎孙中山。12 月 24 日,各省都督府代表会开会,推马君武、景耀月、王竹怀、马伯援、王有兰、许冠尧为代表专程赴沪欢迎孙中山,同时与孙中山商讨组织中央临时政府事宜。当时各省代表会打算由孙中山以大元帅的名义组织临时政府,以便留出大总统的位子等待袁世凯反正。孙中山到上海即受到了热烈的欢迎。这除了他作为革命领袖在国内外的声望外,另一个原因便是与清军对峙的人们尤其是军人翘足而待孙中山,在很大程度上是

---

① 　杨玉如编:《辛亥革命先著记》,第 225 页。

寄希望他能带回大批款项。但孙并未筹得大批款项,故对前来迎接他的同盟会领导人黄兴、汪精卫等人摊摊手,不无自嘲地说:"予不名一钱也,所带回者革命之精神耳。"①显然孙中山在武昌起义后在国外滞留二个多月以寻求欧美各国政府支持和援助中国革命的活动未取得太多的实质性的成果。

12 月 27 日,各省都督府代表会的代表在上海会见孙中山,商谈组织临时政府之事。代表们转达了各省代表会拟选举孙中山为临时政府大元帅来出面组织临时政府之事征求孙的意见。孙不同意,说:"要选举,就选举大总统,不必选举大元帅。因为大元帅的名称,在外国并非国家元首。"代表们又以各省代表会曾有虚位待袁的决定,说明暂不选举总统的理由:"在代表会所议决的临时政府组织大纲本规定选举临时大总统。但袁世凯的代表唐绍怡到汉口试探议和时,曾表示如南方能举袁为大总统,则袁亦可赞成共和。因此,代表会又决议此职暂时留以有待。"孙中山当即承诺袁世凯若拥护共和,即让位给袁,并希望选举总统,而不是临时总统。他说:"那不要紧,只要袁真能拥护共和,我就让给他。不过,总统就是总统,临时字样可以不要。"代表们回答:"这要发生修改《组织大纲》问题,俟回南京与代表会商量。"孙中山又提出改用阳历的事,说:"本月(十一月)十三日为阳历 1 月 1 日,如诸君举我为大总统,我就打算在那天就职,同时宣布中国改用阳历,是日为中华民国元旦,诸君以为如何?"代表回答:"此问题关系甚大。因为中国用阴历已有数千年的历史习惯,如毫无准备,骤然改用,必多窒碍,似宜慎重。"孙中山说:"从前换朝代必改正朔、易服色。现在推倒专制政体,改建共和,与从前换朝代不同,必须学习西洋,与世界文明各国从同。改用阳历一事,即为我们革命成功后第一件最重大的改革,必须办到。"孙中山对改阳历的态度是很坚决的,故代表们只能答复说:"兹事

① 《孙中山全集》第 6 卷,第 246 页。

体大,当将先生建议报告代表团决定。"①

由于孙中山拟 1912 年 1 月 1 日就总统职,代表们连夜赶回南京报告与孙中山商谈的情况。

1911 年 12 月 26 日,各省代表会议在南京开会,王正廷报告黄兴请代表会速选举临时大总统。经代表讨论议决 12 月 29 日开选举会,选举临时大总统,并在报纸上发布公告:

> 十月二十四日(阳历 12 月 14 日)由各省代表议决,同月二十六日(阳历 12 月 16 日)在宁开临时大总统选举会,旋于同月二十五日(阳历 12 月 15 日)以特别事故,决议暂延时日,临时另行布告等因。今本会议决于十一月初十日(阳历 12 月 29 日)上午 9 时在宁开正式选举会,选举临时大总统,特此公告。各省代表会叩,阳②。

1911 年 12 月 26 日晚,孙中山在上海寓所召集同盟会最高干部会议,商讨组织中央临时政府方案,黄兴、宋教仁、胡汉民、陈其美、汪精卫、马君武、张静江、居正等均与会。在中央临时政府是取总统制还是内阁制问题上发生分歧。孙中山坚持按《中华民国临时政府组织大纲》的规定实行总统制,反对宋教仁等人坚持的内阁制,说:"内阁制乃平时不使元首当政治之冲,故以总理对国会负责,断非此非常时代所宜。吾人不能对于惟一置信推举之人而复设防制之法度。余亦不肯徇诸人之意见,自居于神圣赘疣,以误革命之大计。"③宋教仁则坚持自己历来的内阁制的主张。双方发生激烈的争执。黄兴、胡汉民、张继、汪精卫、陈其美等人是支持宋教仁的主张,马君武、张静江主张总统制。马君武反对宋教仁的内阁制的主张,当场指摘宋教仁是自谋总理,会议闹到不欢而散的地步。黄兴从维护孙中山的威望出发,劝宋教仁取消内阁制之议。鉴于会上多数人主张内阁制,孙中山让宋教仁与张继磋

---

① 丘权政、杜春和选编:《辛亥革命史料选辑》〔下〕,第 296 页。
② 罗家伦主编:《革命文献》第一辑,第 10 页。
③ 罗家伦主编:《革命文献》,第 428 页。

商总理人选。宋、张欲以黄兴为总理。黄兴鉴于党内两种意见对立且闹到如此地步,自然不愿再当总理,故坚不允出任。张继拟举宋教仁出任总理,宋在这种情况下,自然更不愿出任总理。宋教仁邀居正、田桐、吕天民到黄兴处,再力劝其出任总理,黄仍不允。最后黄兴说:俟至宁后决于全体各省代表。这样,黄兴、宋教仁就连夜赶赴南京。

　　12 月 27 日,各省都督府代表会议,宋教仁作了长篇发言,说明宜取内阁制不宜取总统制的理由。广西代表马君武发言坚决反对内阁制,主张总统制。宋教仁一直主张内阁制,在孙中山尚未回国的 12 月中旬各省代表在南京开会时,宋教仁就曾设宴招待代表们,力图说服代表们将《中华民国临时政府组织大纲》中规定的总统制改为内阁制。但多数代表将稳定局势的希望寄托在强势人物身上,加之有宋教仁想当总理的风言,故宋的工作未能生效。这次会上由于同盟会籍的代表意见对立,故代表会最后表决时,多数仍赞成总统制。

　　后来的史学工作者们对这场总统制与内阁制之争多肯定孙的主张而否定宋的主张,甚至指摘宋欲谋总理,这有失公允。中国不存在选民选举总统和总理的条件。在国会存在的十几年间,总统、总理均由国会选出。中国经历了几千年的封建专制制度,封建独裁依然是中华民国的最主要危险。总统制中的总统更迭对国家造成的冲击和痛苦远大于责任内阁制对总理的更迭。也就是说,内阁制对防止独裁更为有利。尽管孙中山坚持总统制,但当孙中山即将把总统之位让给袁世凯时,便也转而主张内阁制来防止袁世凯搞独裁。这样,在孙中山坚持总统制的 2 个多月后,在制定《临时约法》时,孙中山又转而主张内阁制。这不但是一种因人立法的作法而使效力等同宪法的《临时约法》的权威性大打折扣,而且仓促之间的重大改动,使《临时约法》仍留下总统制的一些特点,致使《临时约法》中总统仍有很大的行政权力,《临时约法》中的所谓内阁制实质上变成总统内阁混合制。总统与内阁的权限界定不清,导致以后政坛上一再发生府院之争。

　　12 月 28 日,各省代表会开会。由马君武报告在沪与孙中山接洽组织临时政府的情况。代表们经讨论认为,既然孙中山已经承诺袁世凯若拥护共和即将大总统之位让给袁世凯,再将大总统位子空着等袁世凯表示拥护共和已无必要,议决当天晚上即开大总统选举预备会,12月29日即开总统选举会。代表们对孙中山要求将临时大总统的"临时"二字去掉认为不妥,因为还有些省未独立,正式宪法尚未制定,正式大总统无从产生,只能选出临时大总统,故大总统之前仍得冠以"临时"字样。对于孙中山主张改用阳历的事,代表多数主张暂时不改,这一问题争论甚久,莫衷一是。最后马君武发言强调孙中山对改用阳历一事持之甚坚,甚至说不改阳历就不就大总统之职,故望同人勉予赞同为好。这样,多数人才勉强赞同改用阳历。

1911年12月28日晚,各省都督府代表在南京举行临时大总统选举预备会,首先讨论临时大总统选举方法,议决:

1. 选举临时大总统,用无记名投票法,按《大纲》规定的办法,每省一票,以得票满投票总数三分之二以上为当选。

2. 先投票推举临时大总统候选人。

各省代表急于尽快成立临时政府,仍坚持袁世凯如反正当推袁为临时大总统的决议,只打算暂时让孙中山做一个过渡性的临时大总统。故当日各省代表会还议决了让12月29日被选为临时大总统者必须电告袁世凯,如和议成立,即当以总统之位相让。

在临时大总统选举预备会上,对未独立省代表的选举权问题再次发生争执。按各省代表会原先的决议,各独立省都督府派出的正式代表有表决权,一些尚未独立的省份不是正式派出的而往往由旧咨议局派出的代表为"代表员",无表决权。但这引起了未独立省份的代表,如直隶省代表谷钟秀、奉天省代表吴景濂等的强烈反对,甚至以不参加会议来抗争。再加上当时为了争取尽可能多的省份的支持,扩大南方革命阵营的声势,也就同意给予未独立省份代表的表决权,在选举临时大总统和临时副总统时也都代表各自的省份投了票。

28日临时大总统选举预备会议上,投票选举临时大总统候选人,投完票后即将票箱封好,准备翌日开票。

黎元洪得知 12 月 29 日选举临时大总统的消息后,急派同盟会骨干谭人凤以报告武昌防守情况为名于 12 月 29 日赶到南京。谭一到宁即为黎元洪游说一些代表选举黎元洪为大总统,如找湖北省代表同盟会骨干居正说:君为湖北代表,总统宜选黎元洪①。黄兴发觉后,立即找到谭,劝止谭的违背同盟会最高领导层举孙中山为临时大总统决定的行为。可见当时同盟会思想的不统一。

12 月 29 日上午 9 时,各省代表在南京丁家桥江苏省咨议局会场开临时大总统正式选举会。

当天总统选举会有各省代表共 49 人代表 17 个省出席:

山西省:景耀月、李素、刘懋赏

陕西省:张蔚森、马步云、赵世钰

江苏省:袁希洛、陈陶怡、雷奋、马良

安徽省:许冠尧、王竹怀、赵斌

江西省:林森、赵士北、俞应麓、王有兰、汤漪

浙江省:汤尔和、黄群、陈时夏、陈毅、屈映光

福建省:潘祖彝

广东省:王宠惠、邓宪甫

广西省:马君武、章勤士

湖南省:谭人凤、廖名搢、邹代藩、刘揆一、欧阳振声

湖北省:马伯援、杨时杰、王正廷、胡瑛、居正

四川省:萧湘、周代本

云南省:吕志伊、段宇清、张一鹏

山东省:谢鸿焘、雷光宇

河南省:李槃、黄可权

直隶省:谷钟秀

---

① 　李守礼编:《民初之国会》,第 34 页。

奉天省：吴景濂

南洋各埠华侨代表吴世荣、美洲各埠华侨代表冯自由列席了会议。各省代表以《中华民国临时政府组织大纲》没有华侨系有表决权的明文规定，无法享有选举权，只能在旁听席列席。

议长汤尔和为选举会主席，副议长王宠惠为选举会副主席，推浙江代表袁希洛为书记。由监选员刘之洁先打开头天晚上推举临时大总统候选人票箱计票。结果被推举为临时大总统候选人有三人：孙文、黎元洪、黄兴。

主席汤尔和命秘书宣读《中华民国临时政府组织大纲》全文后，说：按《中华民国临时政府组织大纲》第 1 条的规定，每省以 1 票为限。每省代表无论若干人，当推一代表写票，选举临时大总统，不记选举人姓名。到会 17 省代表共计 17 票，以得票满投票总数三分之二以上者为当选。此次选举为五千年历史上所未有，别开生面，意义重大①。场上代表欢呼鼓掌。由主席按省份次序，逐呼省名，依次投票。

监票人开票后主席宣布：共投票 17 票，孙文得 16 票，满投票总数三分之二以上，当选为中华民国第一任临时大总统。场上代表高呼"中华共和万岁"。

为了尽快组织临时政府，各省代表议决：1. 通电各省告知孙文当选为临时大总统。2. 致电孙文请即日莅宁组织临时政府。3. 各省代表具签名书，交议长汤尔和、副议长王宠惠到沪欢迎临时大总统来宁组织临时政府。

12 月 29 日各省代表致孙中山当选临时大总统电文："今日十七省代表在南京行选举临时大总统典礼，先生当选。乞即日移驾来宁，组织临时政府，并由本会议长汤尔和、副议长王宠惠至沪欢迎。特此奉告。"②

孙中山接电后，当日即分别致电南京各省代表，准备赴宁就职："光复

---

① 杨幼炯著：《近代中国立法史》，第 82 页；《中华民国建国史》，第 903 页。

② 罗家伦主编：《革命文献》第一辑，第 10 页。

中华,皆我军民之力。文子身归国,毫发无功,竟承选举,何以克当! 惟念北方未靖,民国初基,宏济艰难,凡我国民,具有责任。诸公不计功能,加文重大之服务,文敢不黾勉从国民之后,当刻日赴宁就职,先此敬复。"①

同日孙中山向各省发出了内容与上述电报相同的电报。也就是在当选的这一天,按以前的约定,立即致电袁世凯,表示只要推翻清廷,总统之位随时让给袁:"文前日抵沪,诸同志皆以组织临时政府之责任相属。问其理由,盖以东南诸省久缺统一之机关,行动非常困难,故以组织临时政府为生存之必要条件。文既审艰虞,义不容辞,只得暂时担任。公方以旋乾转坤自任,即知亿兆属望,而目前之地位,尚不能不引嫌自避。故文虽暂时承乏,而虚位以待之心,终可大白于将来。望早定大计,以慰四万万人之渴望!"②

《中华民国临时政府组织大纲》既采用美国的总统制,自应有副总统。湖北为首义之地,但在南京临时政府中竟无一人出任次长以上的要职。这引起了一些非议。考虑到当时的这些因素,黄兴主张选黎为副总统,并示意各省代表。这样,各省代表再修改《组织大纲》,加入"副总统"一职后,即于1912年1月3日上午10时各省代表举行临时副总统选举会。17省代表30多人到会。临时议长赵士北为主席、徐绍桢为监选员。先由主席申言选举副总统助理政事的理由和选举办法。每省一票。选举结果由主席公布:共投17票,黎元洪得17票。全票当选为中华民国第一任临时副总统。

会议议决将选举结果通告全国并电告黎元洪。

(二)南京临时政府的成立

1911年12月31日,当选的临时大总统孙中山派黄兴参加当天的

---

① 罗家伦主编:《革命文献》第一辑,第10、11页。
② 《中华民国建国史》,第905页。

各省代表会,向大会提出提案:改用阳历;武昌起义时以黄帝纪元,今应改为中华民国纪元,以 1912 年为中华民国元年。

　　改用阳历,立即引起代表们的争论。反对改用阳历的代表认为:孔子说,用夏之时。自汉武帝时起,中国即用夏历到现在,已二千年,不可轻改。赞成改为阳历的代表则说:孔子是殷的子孙,他反对周历,当时不能主张用殷历,所以来一个用夏之时。我们始祖轩辕氏,以甲子年、甲子月朔的一天冬至为岁首,而现在世界所用的阳历,以冬至后第 10 天为 1 月 1 日,是与轩辕氏所定以冬至为岁首相近,不同夏历正月初一日,要后冬至 45 天①。

　　最后经表决,多数同意改为阳历。议决:改国号为中华民国,以黄帝纪元四千六百零九年十一月十三日为中华民国建元开始,即以公历 1912 年 1 月 1 日为中华民国元年 1 月 1 日。在阳历上必须注明阴历节候。

　　1912 年 1 月 2 日,孙中山通电各省改用阳历,以 1912 年 1 月 1 日作为中华民国建元的开始。

　　孙中山定于中华民国元年元旦就任临时大总统职。这天上午,孙中山在各省都督府代表会议长汤尔和、副议长王宠惠等的陪同下,乘专车赴宁。在沪、宁两地孙中山受到热烈而隆重的欢送与迎接。各省代表到车站欢迎孙中山。临时大总统府设在南京城内旧两江总督衙门。晚上 10 时,在大总统府举行临时大总统受任典礼。各省代表及驻宁各部队团以上军官和各机关科长以上人员出席典礼。

　　先由各省都督府代表会推出的代表景耀月报告临时大总统选举情况:"今日之举为五千年历史所未有。我国民所希望者,在共和政府之成立及推倒满清专制政府,使人人享自由、幸福。孙先生为近代革命创始者,富有政治知识。各省公民选定后,今日任职。愿孙先生始终爱护

---

①　全国政协编:《辛亥革命回忆录》,第 287 页。

国民自由,毋负国民期望。并请总统宣誓。"①

临时大总统宣读誓词:"颠覆满清专制政体,巩固中华民国,图谋民生幸福,此国民之公意,文实遵之,以忠于国,为众服务。至专制政府既倒,国内无变乱,民国卓立于世界,为列邦公认,斯时文当解临时大总统之职。谨以此誓于国民。"②

接着仍由景耀月代表各省都督府代表会致欢迎词:

惟汉曾孙失政,东胡内侵,淫虏猾夏,帝制自为者,垂三百年。我皇汉慈孙,呻吟深热。慕美利坚、法兰西人平等之制,用是群谋群策,仰视俯划,思所以倾覆虐政,恢复人权。乃断头戮胸,群起号召,流血建议,续法、美人共和之战史。今三分天下,克复有二,用是建立民国,期成政府,拣选民主,推置总统。金意能尊重共和,宣达民意,惟公贤;廓清专制,巩固自由,惟公贤;光复禹域,克定河朔,举汉、满、蒙、回、藏群伦,共复于平等之政,亦惟公贤。用是投匦度情,征压纽之信,众意所属,群谋金同,既协众符,欢迎拥戴。要知我国民久困钤制,疾首蹙额,望民主若岁。今当公轩车莅任,苍白扶杖,子女加额,焚香拥彗,感激涕零者,何也?拚舞自由,敦重民权也。用是不吝付四百兆国民之太阿,寄二亿里山河之大命,国民所委托于公者,亦已重哉!继自今,惟公翼翼,毋违宪法,毋拂舆意,毋作威福,毋崇专断,毋昵非德,毋任非才。凡我共和国民有不矢忠矢信,至诚爱戴。轩辕金天,列祖列宗,七十二代之君,实闻斯言。代表等受国民委托之重,敢不尽意,谨致大总统玺绶,俾公发号施令,崇为符信,钦念哉!③

接着由各省都督府代表会推举的代表授孙中山以临时大总统印。由总统府秘书长胡汉民将临时大总统印盖于《临时大总统宣言》等文件上,由胡汉民宣读《临时大总统宣言》。海、陆军人代表徐绍桢致颂

---

① 罗家伦主编:《革命文献》第一辑,第12页。
② 罗家伦主编:《革命文献》第一辑,第13页。
③ 罗家伦主编:《革命文献》第一辑,第13、14页。

词。孙中山致答词,其大意为誓竭心力,勉副国民公意。典礼在乐曲声中结束。

这天,各省都督府代表都出席了临时大总统就职典礼,且每人都得到一幅盖有临时大总统大印的白布条以为纪念。

1912 年 1 月 3 日,代理参议院开会。孙中山出席并向大会提出《中华民国政府中央行政各部及其权限》案:临时政府设 9 个部及各部权限。代表们逐条讨论并做了一些文字修改后通过。孙中山即于当日将《中华民国政府中央行政各部及其权限》公布,共 5 条:

第一条　中央行政各部如下:

陆军部、海军部、外交部、司法部、财政部、内务部、教育部、实业部、交通部。

第二条　各部设总长一人,次长一人。

次长由大总统简任。次长以下各员,由各部部长按事之繁简酌定人数。

第三条　各部局长以下各员,均由各部总长分别荐任、委任。

第四条　各部部长管理事务如下:

陆军部长,管理陆军,经理军事、教育、卫生、警察、司法并编制军队事务,监督所辖军人、军佐。

海军部长,管理海军一切军政事务,监督所辖军人、军佐。

外交部长,管理外国交涉及关于外人事务,并在外侨民事,保护在外商业,监督外交官及领事。

司法部长,关于民事、刑事诉讼事件,户籍、监狱、保护出狱人事务,并其他一切司法行政事务,监督法官。

财政部长,管理会计、库帑、赋税、公债、钱币、银行、官产事务,监督所辖各官署及府县与公共之会之财产。

内务部长,管理警察、卫生、宗教、礼俗、户口、田土、水利工程,若举公益及行政事务,监督所辖各官署及地方官。

教育部长,管理教育、学艺及历象事务,监督所辖各官署学校,统辖学士、教员。

实业部长,管理农、工、商、矿、渔、林、牧、猪及度量衡事务,监督所辖各官署。

交通部长,管理道路、铁道、航路、邮信、电报、航舶并运输、造船事务,统辖船员。

第五条 次长辅佐部长,整理部务,监督各局职员①。

接着,孙中山向大会提出《拟任黄兴等为国务员求同意》案,提出国务员9人,征求代理参议院同意。

代理参议院先开审议会,对临时大总统提出的9名国务员逐一审议。由于前一段被提名为内务总长的宋教仁坚持内阁制,运动各省代表将《中华民国临时政府组织大纲》的总统制改为责任内阁制。一些代表,当然更主要的是如马君武等同盟会的代表,疑宋主内阁制是想当总理,故极力反对宋为内务总长。而一些旧官僚和立宪派也反对宋的政党内阁思想,怕宋为总理时组织清一色的革命党人的政府,也反对宋出任内阁总长。章炳麟一直坚持应选黎元洪为总统的主张,也引起多数代表主要是同盟会代表的反对。很多代表对让年轻的王宠惠(时王才30岁)出任外交总长,认为资历不够,威望不够,不能出任外交总长,而应由伍廷芳担任此职。但孙中山想直接管外交,要起用年轻人,以便随时可以指示。若用资历深、资格老的伍廷芳(时伍已70岁)任外交总长,自然有诸多不便。故孙中山坚持以王任外交总长,再让黄兴与代表们沟通。孙中山与黄兴交换意见后,改提程德全为内务总长,蔡元培为教育总长,王宠惠为外交总长。经过黄兴与代表们疏通后,改提的9名国务员经投票表决,全部通过。由于9名国务员中只有黄兴、王宠惠、蔡元培为同盟会籍,孙中山与黄兴商定,利用各部次长只须由大总统简任无须通过代理参议院同意,尽量安排同盟会骨干任次长。即采用"部长取名、次长取实"的策略,将临时政府的领导权控制在同盟会

---

① 《临时政府公报》第2号。

的手中。1912 年 1 月 3 日,孙中山临时大总统公布了《南京临时政府内阁简任员名单》。

陆军部总长兼参谋总长:黄兴

海军部总长:黄钟瑛

司法部总长兼议和全权大使:伍廷芳

外交部总长:王宠惠

财政部总长:陈锦涛

内务部总长:程德全

教育部总长:蔡元培

实业部总长:张謇

交通部总长:汤寿潜

陆军部次长:蒋作宾

海军部次长兼北伐海军总司令:汤芗铭

司法部次长:吕志伊

外交部次长:魏宸组

财政部次长:王鸿猷

内务部次长:居正

教育部次长:景耀月

实业部次长:马君武

交通部次长:于右任

南京卫戍总督:徐绍桢

关外都督兼北伐第二军总司令:蓝天蔚

参谋部次长兼议和参赞:钮永建

上海通商交涉使兼议和参赞:温宗尧

议和参赞:汪兆铭

议和参赞:王正廷

议和参赞:胡瑛

法制顾问:寺尾亨

法制顾问:副岛义一

法制顾问:章宗祥

政治顾问:犬养毅①。

显然,在上述公布的总长中,已充分考虑到 1911 年 11 月 10 日黎元洪通电各省举荐内务、外交、教育、财政、交通、军政、司法七部部长人选时,一些省份复电推荐的人选。尽管当时宋教仁主张组织临时政府时不用旧官僚,全用革命党,但当时同盟会的力量,尤其是军事力量和财政力量无法完全控制南方的局面,旧官僚和立宪派的力量仍然很大。当时负责筹组临时政府的黄兴只好和孙中山商定,照顾南方各个方面以便团结各方的力量,故 9 名总长中同盟会只占 3 席,其余均安排旧官僚与原立宪派的代表人物。但这些均是拥护共和、拥护民国者,且为国内名流。这一措施对新生的共和国的巩固是有利的。次长除汤芗铭外,全为同盟会之骨干。旧官僚、原立宪派的总长多未到南京履任,故大都由次长代理部务。也就是说,南京临时政府基本上由同盟会所控制。

但临时政府的位置毕竟有限,无法作到使各方都完全满意。如湖北共进会领导人、湖北军政府军务部长孙武特地从武昌赶到上海运动陆军次长一职而不可得,于是一怒之下跑回武汉,联络失意的湖北革命党人和少数政客成立了民社,拥黎元洪为首领,代表鄂方黎元洪等人的利益,成了同盟会的政敌,掀起宁、汉之争,要自立国会,导致宁、汉对立。

(三)《中华民国临时政府组织大纲》的一再被修正

《中华民国临时政府组织大纲》(以下简称《大纲》)是在武汉时匆匆忙忙制定的,以便尽快组织临时政府。1911 年 12 月 2 日起草,12 月

---

① 《临时政府公报》第 3 号。

3日即通过。仓促之间,疏漏之处自是难免。如采取美国的总统制,总统却无制定官制、官规之权,且缺副总统,行政仅限为外交、内务、财政、军务、交通五部,重要的必不可少的司法、教育、实业等部都没有。随着形势的变化,在理论上和事实上都有修改的必要。这样,《大纲》制定后又经多次修改。

1911年12月15日,为了将临时大总统的位子留给袁世凯,决定由大元帅暂组过渡性临时政府,各省都督府代表开会议决:《大纲》追加一条:"临时大总统未举定以前,其职权由大元帅暂任之。"

12月16日,在武汉方面及江、浙势力反对将黄兴排在黎元洪之前任大元帅,又重选黎元洪为大元帅、黄兴为副元帅。黎自然不会离开自己的老巢来宁组织临时政府,于是各省都督府代表又议决再修改《大纲》,在15日《大纲》所追加一条的后面增加一项:"大元帅不能在临时政府所在地时,以副元帅代行其职权。"

《大纲》采用了美国的总统制,但却没有设置副总统的条款,这不能不说是一个很大的疏漏。南京临时政府成立,在各部总长、次长的安排中,未能给首义之地的湖北代表人物在临时政府中安排适当的位置,这样黄兴与孙中山商量设副总统之职来位置湖北方面的代表人物黎元洪。黄兴疏通各省代表修改《大纲》设副总统。1911年12月31日晚9时,各省都督府代表会开会,湖南代表宋教仁、湖北代表居正、云南代表吕志伊提出《中华民国临时政府组织大纲修正案》。代表逐条讨论,当日议决修正各条款为:

1. 原《大纲》第一章标题加"副总统",变为:"临时大总统、副总统"。

2. 原《大纲》第1条亦加"副总统",变为:"临时大总统、副总统由各省代表选举之,以得票满投票总数三分之二以上者为当选。代表投票权,每省以一票为限。"

3. 原《大纲》第5条修改为:"临时大总统制定官制、官规并任免文武职员,但任命国务各员,须得参议院之同意。"

4. 原《大纲》第 17 条行政设五个部,全删。

议至此时,已至深夜,只好公议散会,未议决的以后再议。

其中提案中未来得及议决的条款还有:1. 原《大纲》第三章"行政各部"拟改为"国务各员"。2. 原《大纲》第 17 条拟改为"国务各员执行政务,临时大总统发布法律及有关政务之命令时,须副署之"。3. 原《大纲》第 18 条、第 19 条拟删除。4. 原《大纲》第 20 条"召集国民议会"后加"制定民国宪法"六个字。5. 以前追加的关于大元帅、副元帅职权删除。显然,宋教仁等还是不忘责任内阁制的原则,对临时大总统的权力进行了限制,给国务员以副署权这种内阁制才能有的权力。尽管这还不能说将总统制改为了内阁制,而只是增大了国务员的权力,部分限制了大总统的权力。但这足以引起同盟会中一直反对宋教仁及其责任内阁制主张的马君武等的警觉,认为 12 月 31 日晚上对《大纲》的修改可能导致以后随时恢复内阁制,因为大总统无需经参议院同意就可制定官制、官规,这样大总统就有可能通过制定官制设总理。故广西代表马君武联合一些省的代表要推翻 1911 年 12 月 31 日晚上各省代表对《大纲》的修改。

1912 年 1 月 2 日,代理参议院开会,马君武等广西、安徽、江苏、浙江、福建 5 省代表对前天晚上对《大纲》的修正案提出异议,说如此重大的问题而于夜间仓促进行,应作无效。性格暴躁的马君武的反对最为激烈。但各省代表开会向无定时,临时有应议之事,亦往往于夜间进行,只要有 10 省以上的代表到会即为有效。而前晚对《大纲》修正的会,出席代表已超过 10 省,一定要争其为无效,在道理上、在事实上都无法使人折服,于是马君武等人只好对前日晚上议决的修正案再提出修正案以否定前日议决的修正案。于是会议又讨论马君武等人提出的修正案,在前天晚上修改的基础上再做修改,议决:

1. 原《大纲》第 1 条修正为:"临时大总统、副总统由各省代表选举之,以得票满投票总数三分之二以上者为当选。代表投票权每省以一票为限。"

2. 原《大纲》第 5 条修正为:"临时大总统得制定官制、官规兼任免文武职员,但制定官制及任免国务各员及外交专使,须参议院之同意。"

3. 原《大纲》第 6 条后增加一条为第 7 条(原第 7 条改为第 8 条,余递推),条文为:"临时副总统于大总统因故去职时,得升任之。但于大总统有故障不能视事时,得受大总统之委任,代行其职权。"

4. 以前追加的关于大元帅、副元帅及其职权条款全删除。

经过这次修改,否定了 1911 年 12 月 31 日晚上议决的关于《大纲》第 5 条的修正案。对带有宪法性质的这部大法,一次代表会议议决修正后没过两天,另一次会议又议决修正无效,如同儿戏。这不但影响政府的稳定,而且也影响代表会的威信。这也表明同盟会思想不统一,派系争斗激烈。

临时大总统孙中山于 1912 年 1 月 2 日将《修正中华民国临时政府组织大纲》公布,全文见附录(二)。

(四)北伐的夭折

革命,从总体上看,从战略上看,就是新生力量对旧势力的进攻。武昌起义后,南京临时政府成立前,南方独立省区的革命群众团体和都督府就酝酿进行北伐,直捣清廷巢穴,推翻统治中国长达二百多年的满清王朝,结束少数民族满族贵族对汉民族的统治。广东独立不久,广东的光汉社 1911 年 11 月 15 日即致书广东都督胡汉民要求北伐推翻清王朝。独立后江浙一带也出现了许多主张北伐的团体。上海旅沪各省人士纷纷组织北伐队,学生们组织学生军、北伐团等组织。沪军都督陈其美也准备组织联军北伐。12 月 5 日北伐联合会在上海成立,推江苏都督程德全为会长,章驾时为副会长,朱芸为司令。11 日北伐联合会设立军机统一总汇处作为北伐的军事机关。

12 月 20 日,江浙联军在南京江苏省原咨议局开会,商议北伐事宜并推举徐绍桢为北伐总司令官。

1911 年 12 月广东北伐军第一军约一混成协抵沪。

此时的北伐只是闻雷不见雨,且没有一个统一的有权威的机构来筹划北伐事宜。况且,清军还在进攻陕西、山西等北方省区的民军,战争的乌云仍笼罩在中国的上空。为了统一独立各省的步调,1911 年 11 月 26 日各省都督府代表开会时,专门讨论了北伐的必要性。大多数代表均认为南北和谈前途未定,南方在军事上应做充分准备,一旦和谈破裂,即应北伐,故应制定完善的北伐作战计划。

当天的会议议决:通电独立各省,对清军的作战计划仍宜继续进行,并推谭人凤、马君武、王正廷 3 人面谒北伐总司令官徐绍桢,共同商议作战计划。

1911 年 12 月 29 日,各省都督府代表选举孙中山为临时大总统,正式开始组织临时政府。政体即已决定采用民主共和制,彻底否定了保留清帝的君主立宪制,清帝必须退位。南北和谈中,北方全权代表唐绍怡要求召开国民会议解决国体已无必要。12 月 30 日各省都督府代表开会,议决清内阁代表唐绍怡要求开国民会议一节,应由本会致电伍廷芳代表,请其答复唐绍怡代表:本月初十日(阳历 12 月 29 日)17 省代表在宁开会,选举临时大总统,已足见国民多数赞成共和,毋庸再开国民会议。

孙中山当选临时大总统,袁世凯十分恼火,很怕孙中山久居此位,自己篡夺全国政权当大总统的计划落空,故对南北和谈中唐绍怡、伍廷芳所达成的协定,或否定,或提出更改。唐绍怡作为和谈的北方全权代表,其与南方全权代表所议定的协定自然有效,袁世凯强争其无效,实属狡辩、抵赖的伎俩,使南北和谈濒于破裂。这不但引起了国内外舆论的谴责,而且也引起了南方阵营的警惕,北伐的呼声进一步高涨。南方一些独立省区的都督纷纷致电南京临时政府,要求组织北伐以推翻清廷。

1912 年 1 月 9 日,代理参议院开会讨论局势,均对袁世凯撤销唐绍怡全权代表的资格、否定唐绍怡与伍廷芳已商定的协定、使南北和谈濒于破裂不满,认为南方应加紧北伐的军事准备。当日议决:和议已将破裂,公推马君武、陶凤集二君询问陆军部作战计划如何。

黄兴就任陆军总长兼参谋总长后,即制定了北伐的计划,决定5路进兵:鄂、湘为第一军,由京汉路前进;宁、皖为第二军,向河南前进,与第一军会合于开封、郑州之间;淮、扬为第三军,烟台为第四军,向山东前进,会于济南;秦皇岛合关外之兵为第五军,山、陕为第六军,向北京前进。第一、二、三、四军既达第一之目的,复与第五、六军会合,共破敌巢,攻占北京①。

1月10日代理参议院开会,马君武报告昨日上陆军部询问北伐作战计划的结果:陆军部的北伐作战计划已定,拟分5路进兵。如和局破裂,即行宣战。马君武将陆军部拟定的5路进兵的作战计划向大会作了较详细的报告。

武昌起义后,北方的一些省区也纷纷起义响应。陕西是最早响应武昌起义的北方省。1911年10月22日,陕西的革命党人即发动起义,很快占领西安。23日,清政府西安将军文瑞投井自杀,陕西护理巡抚钱能训被捕。原陕甘总督升允(1909年因反对立宪被革职)混乱中逃出西安城,逃到甘肃。清政府立即起用升允为陕西巡抚,于1911年11月20日督率甘肃的几十营清军从西面进攻陕西。而升允又是一个保皇干将,他率领甘肃马安良的"精锐军"、陇东张行志的"壮凯军"等几万人马东进攻陕西。袁世凯又令驻河南府统领宏威将军赵倜率河南清军从东面攻陕,志在必得。故陕西清军与民军之间的战争是辛亥革命时期延续时间最长、最惨烈的战争,直至南北和议达成,清帝退位,陕西的战事才勉强停止。山西于1911年10月29日宣告独立后,也成立了军政府,脱离清廷,并杀了山西巡抚陆钟琦。清廷又派张锡銮为山西巡抚,率清军进攻山西,夺取太原。山西都督阎锡山退往内蒙。一部分革命党人仍然坚守运城地区、大同地区,战斗亦比较激烈与持久。袁世

---

① 全国政协编:《辛亥革命回忆录》〔6〕,第255页。

凯还拒不承认山西、陕西为起义省份。在这种情况下，1912 年 1 月 19 日代理参议院会议，讨论山西、陕西的局势。陕西代表赵世钰详细报告了陕西和山西危急情形，并说明陕西若失，清军将长驱直下，南京亦将危急，这关系着全局利害，请讨论设法维持陕西局势。

王正廷提议质问临时政府作战计划如何，请政府答复。

张伯烈提议，请亟筹统一军队办法，以利进行。

会议经过讨论，议决办法三条：1. 质问政府继续停战 14 天的事，不特未得参议院同意，且未通知参议院，实为违背《中华民国临时政府组织大纲》。2. 继续停战事无论已否实行，仍当立即进兵，救援山西、陕西。山、陕属我民国范围，自由进兵与和议条款并无违背。3. 停战期内，江、皖所有进行军队，当与武昌援山、陕之军同时并进。

会议议决将上述决议咨送临时大总统孙中山外，推举参议员赵士北、王正廷、陈承泽 3 人面见大总统陈述一切。会议通过的咨文：

照得议战议和，关系军国重要，固不宜黩武，以致生民涂炭，亦岂宜老师，甘堕敌人奸计。自议和以来，清军阴施其远交近攻之手段，既攻陷山西，复集兵河南，以为大犯陕西之举；近且闻清军由甘肃进兵，与驻豫清军成夹攻陕西之势，危险万状。陕西果失，则清军即长驱窥我南京。观袁世凯致段祺瑞电，有陕西土匪不在停战之内等语，其阴险狡猾之战略，已见于言外；且将唐绍怡所签之约任意推翻，有何和约之余地？我临时政府趑趄观望，竟冒冒然将议和日期一再继续，殊不可解；亦未闻有统筹全局之计划，甚至继续停战之约并不通告本院，尤为骇异。兹本院于本日开会，议决办法三条。除推举参议员赵士北、王正廷、陈承泽三员面陈外，抄祈查照办理，并希先行见复施行，此咨①。

民军与清军从 1911 年 12 月 3 日至 12 月 6 日在武汉地区第一次停战 3 日。12 月 6 日至 9 日，又第二次在武汉地区继续停战 3 日。

① 全国政协编：《辛亥革命回忆录》〔6〕，第 257 页。

期满后,12 月 9 日至 24 日又第三次在全国范围停战 15 日。12 月 24
日至 31 日又第四次在全国范围停战 7 日。期满后,1911 年 12 月 31
日至 1912 的 1 月 15 日又第五次在全国范围停战 15 日。接着 1912
年 1 月 15 日至 29 日在全国范围停战 2 周。但就是在停战期内,清
军在北方的一些省份对民军的进攻从未停止。陕西、山西的情况已
如上所述。清政府为控制北方各省,加紧了对革命党人的镇压,以便
维持北方尤其是京津、直隶一带局面的稳定。1911 年 11 月 7 日派人
暗杀了驻保定陆军第六镇统制、同盟会员吴禄贞,将吴禄贞、张绍曾
(驻滦州的陆军第二十镇统制)与山西革命军酝酿中的起义消灭在萌
芽之中。11 月下旬又镇压了革命党人张雨岭、南琴轩在张家口酝酿
中的起义。12 月中旬又镇压了革命党人发动的任丘起义。1912 年 1
月上旬镇压了滦州起义,1 月中旬镇压了革命党人酝酿中的通州起
义,1 月下旬又镇压了革命党人组织的天津起义。山东革命党人多
次起义遭镇压后,向南京临时政府求援。孙中山派军舰开赴蓬莱登
陆占领全城,又派刘基炎率沪军一部,杜持率闽军一部增援。同时委
任胡瑛为山东都督,控制着山东沿海的部分地区。河南省革命党人
筹划中的起义遭镇压后,请求沪军都督陈其美的援助。在陈的帮助
下,组成"威武军"北伐,要打回河南。新疆革命党人也发动起义响
应武昌起义,民军与清军形成对峙局面。甘肃革命党人也响应武昌
起义,成立了甘肃临时军政府。东三省部分地区也由革命党人组织
起义来响应武昌起义。但东三省总督赵尔巽对革命党采取分化和镇
压的两手,扑灭了革命。

　　当时革命运动欲罢不能,革命烈火燃遍全国。北方的一些省份革命势
力与反革命势力进行着你死我活的斗争。作为南方革命政府的立法机关
的代理参议院自然十分关心这场关系国家前途与命运的斗争。北方很多
省份都有代表出席代理参议院。这使得代理参议院能更及时地掌握这些
省份的情况,并做出相应的决议来支持这些省份人民的反清斗争。

　　南北议和,实际上是要停止这场以武昌起义开始的全国性革命。

虽然停战一再延长,但议和中君主立宪还是民主共和都未解决。民军方面要求北伐的呼声也日益高涨。湖南都督谭延闿连电孙中山、黄兴、伍廷芳、陈其美,请其做最后交涉,如君主、民主尚未解决,即令各路开战。湖北军政府鉴于袁世凯撤唐绍怡全权代表之职,否定伍廷芳、唐绍怡所达成的协定,也多次致电孙中山主张北伐。黎元洪1月26日致电孙中山和伍廷芳,主张停战期满议和不成,不能再议展期,表示"鄂中全体军士均已预备作战,誓不愿与满清共和"[①]。同盟会的都督如陈其美等自然亦主张北伐。

1912年1月27日代理参议院会议。鉴于第六次停战期将满,临时大总统孙中山咨文代理参议院,是战是和请代理参议院议决,并派总统府秘书长胡汉民到院陈述意见。代理参议院鉴于北方各省战事实未停止,而议和协定又被袁世凯所否认,故多数主张北伐。最后表决,结果一致可决主战。

由于南北议和仍在进行中,南方虽然对北伐也做了一些准备,但主要还是以北伐来促议和,逼清帝退位,故并未付诸军事行动。随着清帝决定退位,共和体制也就定下来了,只是双方协商优待清帝、清皇族条件,北伐之事也就不了了之。

(五)统一国旗问题的争执

国旗是国家正式标志之一,是象征国家主权和尊严的旗帜。其式样、图案、色彩和使用办法,各国由宪法或专门法律规定之。各国国旗的式样、图案、颜色都具有一定的含义。

帝国主义入侵中国以前,清政府从来没有制定过任何形式的国旗。每当外国人向清朝官员问起中国国旗时,中国官员常常瞠目结舌,不能回答。这样,清政府才决定以黄龙旗为国旗。中国以龙为最尊贵,是皇

---

① 《中华民国史档案资料汇编》第一、二辑,第58页。

帝的象征,黄色又是帝王专用的服色。帝王既穿黄龙袍,代表国家、象
征国家的国旗自然就用黄龙旗。一开始清政府的黄龙旗是三角形的旗。
但世界各国国旗皆方形,三角形自然也就显得不伦不类。直到 19 世纪末,
清政府才将国旗由三角形改为方形。当然,龙是一种不存在的动物。黄龙
旗作为国旗自然就成了一种非驴非马的国旗。西方人常常嘲笑黄龙旗是
在一块黄布上画着一个有爪的蛇。有些西方人干脆将黄龙旗讥为病蛇旗。
黄龙旗作为一国的国旗自然也不伦不类。中华民国临时政府成立了,改朝
换代,自然应确定新式的有代表意义的旗为国旗。

　　用何种图案的国旗,在同盟会未掌权前同盟会高层领导就开始考
虑这一问题,而且成为发生激烈争执的一个问题。1907 年 2 月,同盟
会主要领导人孙中山和黄兴即因国旗图案发生激烈争执。孙中山主张
沿用兴中会的青天白日旗,认为该旗为烈士陆皓东所设计,无数先烈曾
为此流血,用此旗有纪念意义。兴中会成立早期曾用过红、蓝、白三色
旗。红色象征流血以求自由,蓝色标志公平,白色象征人心皎洁而互
爱,合起来就是自由、平等、博爱的三大意义。但不久此旗即为青天白
日旗所代替。黄兴主张用井字旗,表示平均地权之意,且认为青天白日
旗以日为表,是效法日本的国旗太阳旗,不可取,应毁弃。孙、黄二人为
此发生激烈冲突。孙中山十分激动地大声说:"你在南洋,托命于是旗
者数万人,欲毁之,先摈仆可也。"①黄兴当时也很激动,坚持自己的主
张,甚至发誓要脱离同盟会。在孙、黄的争执中,宋教仁同情与支持黄
兴的主张,认为孙中山待人做事"不能开诚布公,虚心坦怀","近于专
制跋扈"。② 3 月 1 日宋教仁向孙中山辞去了同盟会代理庶务干事一
职。本来国旗图案并不是什么重大的原则问题,孙、黄大可不必为此大
动肝火。冷静下来后,黄兴还是勉强接受了孙中山的国旗方案。

　　武昌起义时,革命军所用的是代表 18 行政省的"铁血十八星旗",

---

① 《近代史资料》1957 年第 1 期,第 121 页。
② 《宋教仁日记》,第 343 页。

后又改为代表汉(红)、满(黄)、蒙(蓝)、回(白)、藏(黑)五个民族共和的五色国旗。广东光复时,同盟会一部分用青天白日旗,一部分用蓝地白条井字旗。在组织南京临时政府时,国旗的问题便正式提到了议事日程上了。1911 年 12 月 4 日,各省都督府留沪代表选举黄兴为暂定大元帅、黎元洪为暂定副元帅时,代表们与江苏都督程德全、浙江都督汤寿潜等共同商议,认为用五色国旗既可表明革命行为系为政治改造而起,非专为种族革命;又能缓和满、蒙、回、藏各族的心理,与汉人共同努力赞助共和。公决临时政府组成后,通过国旗议案①。同时也基本商定用武昌起义旗为陆军旗,青天白日旗为海军旗。并请黄兴大元帅裁可,然后公布。因种种原因黄兴并未就任,此案只好搁置。

中华民国临时政府成立后,统一国旗问题自然又是一个突出的问题。代理参议院 1912 年 1 月 11 日会议,议决:以五色旗为国旗,取红、黄、蓝、白、黑五色代表汉、满、蒙、回、藏五族共和之意,并请大总统颁布各省。

孙中山对代理参议院议决五色旗为国旗很不满,仍坚持以青天白日旗做国旗,并于 1 月 12 日复函代理参议院:

> 贵会咨来议决用五色旗为国旗等因。本总统对于此问题,以为未可遽付颁行。盖现时民国各省已用之旗,大别有三。武汉首义,则用内外 18 省之徽志,苏、浙则用五色之徽志。今用其一,必废其二。所用者,必比较为最良,非有绝大充分之理由,不能为折衷定论。故本总统不欲遽定之于此时,而欲俟满虏既亡,民选国会成立之后,付之国民公决。若决定于此时,则五色旗遂足为比较最良之徽志否? 殆未易言。
>
> 1. 清国旧例,海军以五色旗为一二品大官之旗,今黜满清之国旗,而用其官旗,未免失礼。
>
> 2. 其用意为五大民族,然其分配色取义不确,如以黄代满之类。
>
> 3. 既言五族平等,而上下排列,仍有阶级。

---

① 丘权政、杜春和选编:《辛亥革命史料选辑》〔下〕,第 412 页。

　　夫国旗之颁用,所重有三:一旗之历史,二旗之取义,三旗之美观也。武汉之旗,以之为全国之首义,尚矣。苏、浙之旗,以之克复南京。而天日之旗,则为汉族共和党人用之南方起义者十余年,自乙未年陆皓东身殉此旗后,如黄花岗、防城、镇南关、河口,最近如民国纪元前二年广东新军之反正,倪映典等之流血,前一年广东城之起义,72 人之流血,皆以此旗。南洋、美洲各埠华侨同情于共和者,亦已多年升用,外人总认为民国之旗。至于取义,则武汉多有极正大之主张。而青天白日,取象宏美。中国为远东大国,日出东方,为恒星之最者。且青天白日,示光明正照,自由平等之义。著于赤帜,亦为三色。其主张之理由尚多,但本总统以为非于此时决定,则可勿详论。因而知武汉所主张,亦有完满之解说。究之革命用兵之际,国旗统一,尚非所急。有如美国,亦几经更改,而后定现所行用之旗章。故本总统以为暂勿颁定施行,而俟诸民选国会成立之后。谨复①。

　　按《中华民国临时政府组织大纲》第 13 条的规定,临时大总统对参议院的议决案如不同意,可于 10 日内申明理由,交参议院复议。临时大总统再将《国旗统一案》交参议院复议。2 月 7 日和 3 月 29 日南京参议院两次讨论此案,但未等议决,参议院已北迁。在南京临时政府时期,国旗一直未定下来,各地也就各行其是。

附录:

(一)中华民国鄂州约法

1911 年 11 月 9 日公布

　　第一章　总纲

　　第一条　中华鄂州人民,以已取得之鄂州土地为境域,组织鄂州政

---

① 谢振民编著:《中华民国立法史》,第 60、61 页。

府统治之。

将来取得之土地在鄂州域内者,同受鄂州政府之统治。若在他州域内者,亦暂受鄂州政府之统治,俟中华民国成立时,另定区划。

第二条　鄂州政府以都督及其任命之政务委员与议会、法司构成之。但议会得于本约法施行后三个月内开设。

第三条　中华民国完全成立后,此约法即取消,应从中华民国宪法之规定。但鄂州人民关于鄂州统治之域内,得从中华民国之承认,自定鄂州宪法。

第二章　人民

第四条　凡具有鄂州政府法定之资格者,皆为鄂州人民。

第五条　人民一律平等。

第六条　人民自由言论著作刊行,并集会结社。

第七条　人民自由通讯,不得侵其秘密。

第八条　人民自由信教。

第九条　人民自由居住迁徙。

第十条　人民自由保有财产。

第十一条　人民自由营业。

第十二条　人民自由保有身体,非依法律所定不得逮捕审问处罚。

第十三条　人民自由保有家宅,非依法律不得侵入搜索。

第十四条　人民得诉讼于法司求其审判。其对于行政官署所为违法损害权利之行为,则诉讼于行政审判院。

第十五条　人民得陈请于议会。

第十六条　人民得陈诉于行政官署。

第十七条　人民有应任官考试之权。

第十八条　人民有选举投票及被投票选举之权。

第十九条　人民依法有纳税之义务。

第二十条　人民依法有当兵之义务。

第二十一条　本章所载人民之权利于有认为增进公益维持公安之

必要,或非常紧急必要时,得依法律限制之。

　　第三章　都督

　　第二十二条　都督由人民公举,任期三年,续举时得连任,但以一次为限。

　　第二十三条　都督代表鄂州政府总揽政务,其在议会未开设前,暂得制定法律。

　　第二十四条　都督公布法律,但对于议会议决之法律有不以为然时,得以政务委员全体之署名,说明理由,付议会再议,以一次为限。

　　第二十五条　都督于紧急必要时,得以政务委员全体之署名,发布可代法律之制令,但事后仍须提出议会归其承诺。

　　第二十六条　都督于法定之议会开会闭会时期外,遇有必要时,得召集临时会议。

　　第二十七条　都督于议会开会时得出席或命政务委员出席发言。

　　第二十八条　都督得对外国宣战媾和,缔结条约。但缔结条约须提出议会,经其议定。

　　第二十九条　都督统率水陆军队。

　　第三十条　都督除典试院、官吏惩戒院、审计院、行政审判院官职及考试惩戒事项外,得制定文武官制官规。

　　第三十一条　都督依法律任命文武职员。

　　第三十二条　都督依法律给予勋章及其他荣典。

　　第三十三条　都督依法律宣告戒严。

　　第三十四条　都督宣告大赦、特赦、减刑、复权。

　　第四章　政务委员

　　第三十五条　政务委员依都督之任命执行政务,发布命令,负其责任。

　　第三十六条　政务委员提出法律案于议会,并得出席发言。

　　第三十七条　政务委员编制会计预算、募集公债及缔结与国库有负担之契约时,须提出议会经其议定。

第三十八条　政务委员遇紧急必要时,得为非常财政之处分及预算外之支出,但事后须提出议会,经其承诺。

第三十九条　政务委员于都督公布法律及其他有关政务之制令时,就于主管事务须自署名。

第五章　议会

第四十条　议会由人民于人民中选举议员组织之。

第四十一条　议会议决法律案并议定条约及会计预算、募集公债与国库有负担之契约,但基于法律之支出,议会不得减除。

第四十二条　议会审理决算。

第四十三条　议会得提出条陈于政务委员。

第四十四条　议会得质问政务委员求其答辩。

第四十五条　议会得受理人民之陈请,送于政务委员。

第四十六条　议会以总数员四分三以上之出席,以出席员三分二以上之可决,得弹劾政务委员之失职及法律上之犯罪。

第四十七条　议会得自制定内部诸法规,并执行之。

第四十八条　议会于议员中自选举议长。

第四十九条　议会于每年法定时期自行集合开会闭会。

第五十条　议会除第四十六条所载外,有总员三分二以上之出席始得开议。有出席员过半之可决始得决议。可否同数时,议长决定之。

第五十一条　议会议事须公开之。但有政务委员之要求及出席议员过半数之议决得开秘密会议。

第五十二条　议会议员以十人以上之连署得提出议案。

第五十三条　议会议员在会内之发言表决提议,在会外不负责任。但用他方法表于会外者不在此限。

第五十四条　议会议员除关于内乱外患之犯罪及现行犯外,在会期中非得议长许诺不得逮捕。

第六章　法司

第五十五条　法司以都督任命之法官组织之。

法司之编制及法官之资格,以法律定之。

第五十六条　法官非依法律受刑罚宣告,或应免职之惩戒宣告,不得免职。

第五十七条　法司以鄂州政府之名,依法律审判民事诉讼及刑事诉讼。但行政诉讼及其他特别诉讼,不在此例。

第五十八条　法司之审判须公开之。但有认为妨害安宁秩序者得秘密审判。

第七章　补则

第五十九条　本约法由议会议员三分二以上,或都督之提议,议员过半数之出席,出席过半数之可决得改正之。

第六十条　本约法自……日施行之。①

（二）修正中华民国临时政府组织大纲

1912 年 1 月 2 日公布

第一章　临时大总统、副总统

第一条　临时大总统、副总统,由各省代表选举之,以得票满投票总数三分之二以上者为当选。代表投票权,每省以一票为限。

第二条　临时大总统有统治全国之权。

第三条　临时大总统有统率海陆军之权。

第四条　临时大总统得参议院之同意,有宣战、媾和及缔结条约之权。

第五条　临时大总统得制定官制、官规兼任免文武职员,但制定官制暨任免国务各员及外交专使,须参议院之同意。

第六条　临时大总统得参议院之同意,有设立临时中央审判所之权。

第七条　临时副总统于大总统因故去职时,得升任之。如大总统有故障不能视事时,得受大总统之委任,代行其职权。

---

① 《时报》1901 年 11 月 12 日—21 日。

第二章　参议院

第八条　参议院以各省都督府所派之参议员组织之。

第九条　参议员每省以三人为限,其派遣方法,由各省都督府自定之。

第十条　参议院开会议时,各参议员有一表决权。

第十一条　参议院之职权如下:

1. 议第四条及第六条事件。

2. 承诺第五条事件。

3. 议决临时政府之预算。

4. 检查临时政府之出纳。

5. 议决全国统一之税法、币制及发行公债事件。

6. 议决暂行法律。

7. 议决临时大总统交议事件。

8. 答复临时大总统咨询事件。

第十二条　参议院会议时,以到会参议员过半数之所决为准。但关于第四条事件,非有到会议员三分之二之同意,不得决议。

第十三条　参议院议决事件,由议长具报,经临时大总统盖印,发交行政各部执行之。

第十四条　临时大总统对于参议院议决事件,如不以为然,得于具报后十日内声明理由,交令复议。参议院对于复议事件,如有到会参议员三分之二以上之同意,仍执前议时,应仍照前条办理。

第十五条　参议院议长,由参议员用记名投票法互选之,以得票满投票总数之半者为当选。

第十六条　参议院办事规则,由参议院议定之。

第十七条　参议院未成立以前,暂由各省都督府代表会代行其职权,但表决权每省以一票为限。

第三章　行政各部

第十八条　各部设部长一人,总理本部事务。

第十九条　各部所属职员之编制及其权限,由部长规定,经临时大总统核准施行。

第四章　附则

第二十条　临时政府成立后,六个月以内,由临时大总统召集国民会议。其召集方法,由参议院议决之。

第二十一条　临时政府组织大纲施行期限,以中华民国宪法成立之日为止。①

_____

① 《中华民国史事纪要(初稿)》1912 年 1 月 2 日,第 15—17 页。

第三章　南京参议院

（1912 年 1 月 28 日——4 月 29 日）

　　南京参议院是依据《中华民国临时政府组织大纲》（以下简称《组织大纲》）有关规定于 1912 年 1 月 28 日在南京成立的。它是南京临时政府时期最高立法机关。

　　南京参议院成立时，中国尚未统一，南京临时政府和清政府并存，相互对峙。按《组织大纲》第 8 条、第 9 条的规定，参议院应由独立各省都督府选派 3 名参议员组成。但南京参议院除独立省都督府选派的参议员外，还有一部分未独立省区即仍在清政府控制下的省区的代表。这若纯粹从法理上是无法解释的。但这些未独立省区的代表在各省都督府代表会以及后来的代理参议院中，就已代表其所在的省份出席会议，并拥有发言权与选举权。当时为了使参议院具有更广泛的代表性，故仍保留了未独立省区的代表，并一直给予了发言权与选举权。随着清帝于 1912 年 2 月 12 日退位，全国统一于南京临时政府之下，就不再存在独立省区和未独立省区之别，各省在参议院的代表均为参议员。

　　南京参议院前期的议员选派及其活动的法律依据是《组织大纲》。1912 年 3 月 11 日，临时大总统正式公布了与宪法有同等效力的《中华民国临时约法》（以下简称《临时约法》），同时废止了《组织大纲》，南京参议院议员的选派及其活动的依据即变为《临时约法》。各省区的参议员也由 3 人增至 5 人（青海 1 人）。这样，南京参议院议员人数前后变化就比较大。

2 月 15 日,依各省都督府代表会议的决议,南京参议院选举袁世凯为中华民国第二任临时大总统以取代孙中山。也就是说,孙中山向袁世凯交出最高权力已成定局。湖北集团和江苏集团本来对南京临时政府成立时的权力分配就很不满,于是在袁世凯和黎元洪的默许乃至支持下,湖北省和江苏省参议员以辞去参议员并向全国通电方式,否定南京参议院和南京参议院制定的《临时约法》,掀起政潮,并串联一些省区,要另组临时国会。南京参议院与否定南京参议院和《临时约法》另组临时国会的势力进行了斗争,维护了自己的合法地位与《临时约法》。

南京参议院从 1 月 28 日成立到 4 月 29 日结束的 3 个月的时间里,制定了效力等同宪法的《临时约法》。它在国会存在的十几年间一直起着宪法的作用,是中华民国活动的主要法律基础。它是参议院和中华民国国会活动最基本最主要的法律依据。它成为中国议会维护民主共和制与封建独裁斗争的最重要、最有力的法律武器。南京参议院议决了 50 多个议案,制定了一批法律、法规。以法律的形式进一步巩固了辛亥革命的成果。它选举了中华民国第二任临时大总统、副总统,通过了中华民国第一任内阁——唐绍仪内阁。

南京参议院的组织较简单,只有议长、副议长、全院审议长(后改称全院委员长)以及外交(后改为庶政)、法制、财政、请愿 4 个审查会,《参议院法》规定的惩罚审查会未选审查员,未成立。

北京参议院名义上是南京参议院的北迁,但由于北京参议院与南京参议院组成的参议员变化很大,且以袁世凯为首的北京临时政府与以孙中山为首的南京临时政府有很大的差异,故本书将南京参议院与北京参议院区别开,单列一章。

大部分史书都将南京参议院和北京参议院前加"临时"二字,即称为南京临时参议院和北京临时参议院。但加"临时"二字并无根据,也无必要。无论是《组织大纲》,还是《临时约法》,规定的立法机关名称均为参议院。当时的所有公报或咨文用的都是参议院,从未加过"临时"二字。"临时"二字是后来的史学工作者们追加的,并无必要。所以本书尊重当时的事实,尊重历史,只用南京参议院、北京参议院,而不加"临时"二字。

一、南京临时政府时期的政党

政党和议会是一对密不可分的孪生兄弟,是西方民主政治的两个主要标志。健全的政党机制是资产阶级代议制得以正常运转的基础。辛亥革命后,中华民国建立,各派政治力量群起组织政团、政党,以期争夺政权。一时间,各种社团、政团、政党如雨后的春笋葱葱林立在中国这块信奉"君子群而不党"的古老大地上,令人眼花缭乱。据不完全统计,从武昌起义到1913年底,新成立的公开团体多达682个,其中政治类的团体312个。这些一窝蜂似的成立起来的团体,大多数既无章程、纲领,又无固定的组织机构,故很多是旋生旋灭。真正有一定政治影响力和号召力的政团、政党并不多。在南京临时政府时期,主要的政党是中国同盟会、统一党、民社、统一共和党、中国社会党、中华民国工党、共和建设讨论会、国民协会。

1. 中国同盟会

中国同盟会原来一直是一个秘密组织,其总部原设于日本的东京。1911年11月3日上海光复后将总部由东京迁到上海,在上海辛家花园设立事务所。南京临时政府成立后,1912年1月13日,同盟会又将总部由上海移往南京,在南京集贤街设立事务所。1912年2月,孙中山正式提出辞去临时大总统职并推荐袁世凯继任后,政权交替已成定局。这时许多旧立宪派、旧官僚、政客纷纷组织政党,以便争夺议会中的席位。为了适应议会斗争的需要,1912年3月3日,各省同盟会员在南京三牌楼第一舞台召开大会,正式决定改组同盟会为公开政党,选举孙中山为总理,黄兴、黎元洪为协理,宋教仁、胡汉民、马君武、刘揆一、平刚、张继、李肇甫、汪兆铭、居正、田桐为本部干事。总理孙中山指定汪兆铭、张继为总务部主任干事,马君武、田桐为文事部主任干事,居正为理财部主任干事,宋教仁为政事部主任干事,李肇甫为交际部主任干事。同盟会以巩固中华民国,实行民生主义为基础,其政纲为9条:

1. 完成行政统一,促进地方自治。
2. 实行种族同化。
3. 采取国家社会政策。
4. 普及义务教育。
5. 主张男女平权。
6. 厉行征兵制度。
7. 整理财政,厘定税制。
8. 力谋国际平等。
9. 注重移民垦殖事业。

同盟会变为公开政党的同时,废止了原来带有关门主义色彩的内部规定:必须在1911年10月10日武昌起义之前加入同盟会者才可登记为同盟会员。新规定只要赞成同盟会宗旨,由2名以上同盟会员介绍,经评议会认可的成年人均可加入同盟会。南京临时政府时期,同盟会实际上是执政党,故同盟会在这一时期有了很大的发展,成员大大增加。但由于其主要领导人认为革命已经成功,而萌生引退的思想,党务便主要由宋教仁主持。宋教仁主张内阁制最力。尽管在代理参议院和参议院中,同盟会占有多数席位,又控制着南京临时政府,虽然是执政党,但同盟会议员在议会中并未形成一个稳定的议会党团。在一些问题上,与其领导人、临时大总统孙中山的意见相左,如在建都地点问题上、财政问题上、国旗问题上等均如此。这也可见同盟会组织松弛、纪律涣散。

2. 统一党

统一党是由章炳麟的中华民国联合会和张謇的预备立宪公会联合而组成,于1912年3月2日在上海正式成立。章原是光复会的发起人之一,1906年加入同盟会,任《民报》主编。后因《民报》经费问题与孙中山发生矛盾,1910 年 2 月章与陶成章在日本东京重组光复会并任会长。1911 年 11 月 16 日,章从东京返回上海,其积极筹组的中华民国联合会于 1912 年 1 月 3 日在上海江苏教育总会正式召开成立大会,在上海设本部事务所。章炳麟、程德全为正、副会长。该会以"联合全国,扶助完全共和政府之成立"为宗旨,制定了"确立共和政体,建设责任内阁,统一全国,厘定行政区域"等 10 条政治纲领。中华民国联合会成立之初,对孙中山为临时大总统的南京临时政府"立于监督补助地位",基本上采取了拥护孙中山的立场。但沪督陈其美因争权夺利,采取了卑劣的暗杀手段,指使蒋介石于 1912 年 1 月 14 日刺杀了光复会的军事领导人陶成章。章炳麟疑心此事为孙中山所指使,加之袁世凯乘机挑拨,章遂对孙中山和同盟会取反对立场,处处与孙作对。在建都地点、财政等问题上均与孙中山及同盟会对立,大有分庭抗礼之势。

张謇的预备立宪公会成立于 1906 年,是以江浙地区为中心的立宪派政治团体。武昌起义时,由于对形势估计的错误,预备立宪公会的主要领导人曾要求清廷增兵镇压武昌起义,并请清廷颁布宪法、速开国会以消弭革命。但全国革命形势迅猛发展,清王朝大势已去,预备立宪公会的主要领导人及时调整了自己的策略,从支持清廷转向支持革命,策动江苏巡抚程德全易帜,宣布独立,拥护共和,同时积极与同盟会的主要人物黄兴、陈其美等频繁接触以跻身革命行列。这时章炳麟正积极活动,要将中华民国联合会扩大为统一党。张謇一派的预备立宪公会因同以江浙人士为中心之故,遂与章的中华民国联合会联合,于 1912 年 3 月 2 日在上海成立了统一党。章炳麟、张謇、程德全、熊希龄、宋教仁任理事,唐文治、汤寿潜、蒋尊簋、唐绍仪、汤化龙、庄蕴宽、赵凤昌、应德闳、叶景葵、王清穆、温宗尧、邓实、陈荣昌为参事,黄云鹏、孟森、康宝忠、刘莹泽、王朴、马质、钱芥尘、易宗周、黄理中、张弧、王印川、林长民、王观铭、龚焕辰、杨择、王绍鏊、章驾时为干事,制定《统一党章程》,共 9 章 38 条。总纲提出"本党以统一全国建设,强固中央政府,促进完美共和政治为宗旨"。制定政纲 11 条:

1. 固结全国领土,厘正行政区域。

2. 完成责任内阁制度。

3. 融合民族,齐一文化。

4. 注重民生,采用社会政策。

5. 整理财政,平均人民负担。

6. 整顿金融机关,发达国民经济。

7. 整理海陆军备,提倡征兵制度。

8. 普及义务教育,振兴专门学术。

9. 速建铁路干线,力谋全国交通。

10. 励行移民垦殖事业。

11. 维持国际和平,保全国家权利。

统一党为同盟会的反对党,又加上统一党组织上旧官僚、立宪派占优势,故该党反孙拥袁,反对南京临时政府汉冶萍借款,反对定都南京,主张定都北京。

3. 统一共和党

统一共和党由共和统一会、国民共进会、政治谈话会等3政团合并而成。

共和统一会是同盟会员王宠惠、胡瑛、陈其美、钮永建、汪精卫、马君武、于右任、景耀月与旧立宪派伍廷芳、张謇、唐文治、温宗尧、赵凤昌、朱葆康14人于1911年12月21日在上海发起成立的。其目标是为了建立一个统一的、巩固的、健全的民主共和国。南京临时政府成立后,共和统一会的一些发起人先后赴宁任职,在南京临时政府的18个总长、次长中,共和统一会占6席:王宠惠、伍廷芳、张謇分别出任外交、司法、实业总长(此3人跨政团较多,不完全属共和统一会);景耀月、马君武、于右任分别任教育、实业、交通次长。他们主张消除党见,革命党不同派别应该联合,革命党与旧立宪派也应联合,共同建设一个共和国。

政治谈话会是由同盟会籍参议员刘彦、彭允彝、欧阳振声等人发起组织的,主要成员多为参议员。他们的政见和共和统一会基本一致。

以国民共进会命名的政团当时有3个:一是以浙江都督府、浙江省参议会部分司长和参议员为中心,由旧立宪派人士殷汝骊、褚辅成、沈钧儒等于1912年1月9日在上海发起成立的中华民国国民共进会;二是陈锦涛、徐谦、许世英、林志钧、牟琳、陈篆、江辛等人于1912年2月在上海发起组织的国民共进会;三是陈其美、张绍曾、李厚礽、周维山、杨子非、徐振英等人于1912年6月19日在上海发起的中华国民共进会。共和统一会争取联合的是殷汝骊等人发起组织的中华民国国民共进会,而不是后两个国民共进会。

1912年4月11日,统一共和党在南京成立。选举蔡锷、张凤翙、王芝祥、孙毓筠、沈秉堃为总务干事;殷汝骊、张树森、彭允彝、袁家普、陈陶怡为常务干事;刘彦、欧阳振声、景耀月、沈钧儒、萧堃、席聘臣、周钰、张蔚森、吴景濂等20人为参议;马步云、褚辅成、莫永贞、刘文田等25人为交际员。总务干事均为都督府长官,常务干事、参议和交际员多为参议院议员、各省都督府要员及一部分老同盟会员。统一共和党组建过程中,十分重视争取地方实力派和参议院的议员,以便其自身的发展及与各党角逐政权。

1912年3月10日统一共和党公布的《统一共和党规约》共8章37条。该党“以巩固全国统一,建设完美共和政治,循世界之趋势,发展国力,力图进步为宗旨”。制定政纲12条:

1. 厘定行政区域,以谋中央统一。

2. 厘定税制,以期负担公平。

3. 注重民生,采用社会政策。

4. 发达国民商、工业,采用保护贸易政策。

5. 划一币制,采用虚金本位。

6. 整顿金融机关,采用国家银行制度。

7. 建设铁路干线及其他交通机关。

8. 实行军国民教育,促进专门学术。

9. 振新海、陆军备,采用征兵制度。

10. 保护海外移民,励行实边开垦。

11. 普及文化,融和国内民族。

12. 注重邦交,保持国家对等权利。

参议院北迁后,统一共和党势力发展较快,成为北京参议院中所占议席仅次于同盟会和共和党的第三大党。它以第三党自居,宣称在共和党与同盟会之间"无所偏持",实际上欲利用第三党的地位来扩大党势。

4. 民社

民社是两湖人士黎元洪、蓝天蔚、谭延闿、王正廷、孙武、朱瑞、刘成禺等24人发起组织的政团,1912年1月16日在上海正式成立,总部设在上海,吴敬恒为总干事,何雯为秘书。而它的发源地和大本营则在武汉。民社理事长黎元洪,常务理事孙武、刘成禺、饶汉祥、张伯烈、孙发绪。黎元洪为实际的首领,其骨干是原湖北共进会领导人孙武及武昌起义的汪彭年、张伯烈、刘成禺及政客孙发绪等。该社标榜以卢梭的《民约论》为其根本主义,宗旨为"对于统一、共和持进步主义,造成统一共和之新国家"。其目的在于"集思广益,铸造舆论,以国民联合之大多数,造成统一共和之新国家"①。实际上,民社是以湖北为中心的一批共进会员、同盟会员、新军军官和旧官僚,因不满南京临时政府的权力分配而组织的,用拥黎元洪的手段以维护湖北政客集团利益的政团。很多民社的骨干们以首义之功臣自居,认为武昌起义既不是同盟会领导的,也不是同盟会组织发动的,同盟会把持南京临时政府是窃取武昌起义之功。攻击同盟会是"一班海岛出没之伦","无功受禄","掠他人之功以为功","鄂中起义,与若辈有关系与否,不待智者已烛其奸","沐猴而冠,盗终不变其盗"②。它反对南京临时政府举借外债,以

---

① 《民立报》1912年1月20日、23日。
② 《民声日报》1912年3月15日。

图使南京政府陷入财政危机而无法维持的地步。曾掀起否定南京参议院另组临时国会的政潮,以期重新分配中央权力。当孙中山与袁世凯在定都问题上对峙时,民社先鼓吹定都武汉,以图由武汉集团操纵中央政权,为各方所拒时,改为拥护袁世凯定都北京的主张。在南京临时政府时期,民社一直坚持反孙拥袁的立场。

5. 中国社会党

其前身是1911年8月江亢虎在上海发起组织的社会主义研究会,11月5日改组为中国社会党。其标榜的社会主义其实是无政府主义和改良主义的混合物。辛亥革命后,同盟会的重要骨干此时正倾向无政府主义的张继加盟并成为社会党的首领之一,并举孙中山为党外领袖。因得到孙中山的支持,加之张继又以其更新颖、更系统的思想武装了该党,大大加强了社会党党势的发展。其主要干部为张继、江亢虎、李怀霜、殷仁、陈翼龙、沙淦、叶夏声、张克恭等人。其纲领是:赞成共和;融化种界;赞成血统混和,互泯猜疑;改良法律,尊重个人;破除世袭遗产制度,主张死后财产充公;组织公共机关,普及平民教育,教育经费由充公的遗产支付;振兴直接生利之事业,奖励劳动家;专征地税,罢免一切税;限制军备,注重军备以外之竞争①。

在南京临时政府时期,社会党是支持以孙中山为首的临时政府的。

6. 中华民国工党

中华民国工党是由徐企文、朱志尧发起于1912年1月21日成立于上海的。推朱志尧(朱辞职后由徐企文取代)为工党正长(后又改名为正领袖),徐企文、钟衡藏(后选谢月取代钟,再改选时又以龙璋取代谢)为副长(后改名为副领袖)。孙中山支持工党的成立。工党成立后也支持孙中山,曾推举孙中山为名誉领袖。

工党主要是工业界的政党,而不是工人的党。尽管各地都有工人尤其是手工业工人加入,在工人中有一定的影响,但其领导成员不少是

---

① 《中国社会党纲领》,《社会党月刊》第4期1912年。

资本家、工头、士绅,是一个反映民族资产阶级利益的资产阶级政党。其根本主张是发展民族工业,实业救国。这与孙中山的民生主义很接近。工党在政治上拥护共和制,支持以孙中山为首的南京临时政府。1913 年 3 月宋教仁案发生后,工党支持孙中山讨袁。5 月 28 日徐企文在上海发动反袁起义,攻打上海制造局,失败后被捕,9 月 8 日被袁世凯杀害于北京。龙璋等人被通缉,工党随之瓦解。

7. 共和建设讨论会

共和建设讨论会于 1912 年 1 月 5 日发起创设于上海。该会由清末立宪派的宪友会人员所组成,以谢远涵、刘崇佑、汤化龙、孙洪伊、林长民、李文熙、萧湘为核心。他们确定联合袁世凯,以便共同左右中国的政局。也就是说,他们拥护袁世凯以图分享民国政权,即以拥袁为手段,以分享政权为目的。1912 年 4 月 13 日共和建设讨论会在上海召开正式成立大会,选举汤化龙为主任干事兼编辑干事;谢远涵、林长民、萧湘、杨增荦为文书干事;陈元佐、陈兆瑞、陆乃翔为会计干事;余绍宋、李文熙、刘树森为庶务干事;胡瑞霖、陈焕章、孙洪伊、吴景濂、梅光远、张嘉森(即张君劢)等为交际干事。并议定与多数稳健政团结成缓进大党,以与急进党对峙。

8. 国民协会

国民协会是旧立宪党人温宗尧、伍光健、张嘉森等人于 1911 年 10 月 24 日在上海发起,于 1912 年 1 月 21 日在上海正式成立的。其宗旨以谋中华民国之统一,促进共和政体之完成。其政纲为:1. 统一国权。2. 培养国民之元气。3. 谋求民力之发达[①]。1912 年 4 月 1 日又宣布政纲 9 条:1. 厘订行政区域。2. 实行地方自治。3. 奖励移民实边。4. 整顿陆军,充实海军。5. 整理国家财政,刷新经济政策。6. 注重农、矿业生产。7. 注重实业教育。8. 讲究国民外交。9. 巩固司法独立[②]。它赞

---

① 《大公报》1912 年 2 月 8 日。

② 《时报》1912 年 4 月 7 日。

成以民主共和制统一南北,反对袁世凯的君主立宪制。

该会实际领导人为张嘉森。由旧立宪党人、旧官僚所控制,代表上层资产阶级的利益。

9. 除上述政党外还有以下几个较大些的小政团

(1)国民共进会。在南京参议院时期,以国民共进会命名的政团至少有2个:

a. 由王宠惠、徐谦、陈锦涛、牟琳、许世英、林志钧、陈篆、江辛等于1912年2月初在上海发起组织的,以伍廷芳为会长,王宠惠为副会长。以完成健全共和政体为宗旨。其政纲为:灌输国家思想;维持地方秩序;改良社会习惯;增进国民道德;主张世界和平;筹计平民生计;振兴工商实业;提倡尚武精神。以后并入国民党。

b. 由殷汝骊、沈钧儒、褚辅成等浙江人士于1912年1月在上海发起组织的中华民国国民共进会,也简称共进会。

(2)国民公党。其前身是1911年11月17日由夏廷祯在上海发起组织的中国共和研究会,1912年3月正式改称国民公党。以岑春煊、伍廷芳、程德全为名誉总理,王人文为总理,温宗尧为协理。以组织健全政党、制造真确舆论、巩固民国基础为宗旨。其政纲共5条:实行平民政治;整理地金,减除苛税;尊重法律,拥护人权;调剂国用,休养民力;提倡国民外交①。后并入国民党。

(3)自由党。这是一个激进的政团,同盟会派别之一。其中心人物为上海《天铎报》社长李怀霜,《民立报》主笔戴天仇(后改名戴传贤)、周浩等人。该党赞成社会主义。

(4)共和实进会。它是董之云、许濂、夏仁树、晏起等于1912年2月2日在上海发起组织的。推王宠惠为领袖。以监督政府、发表意见、铸造健全之舆论为宗旨。后并入国民党。

(5)国民协进会。国民协进会是由范源濂、籍忠寅、黄远庸等于

---

① 《民立报》1912年5月17日。

1912 年 3 月 18 日正式成立于天津,不久又将本部移往北京。其政纲为:巩固共和政治,确定统一主义,发展社会实力。它源于清末立宪团体宪友会和辛亥俱乐部。其成员一部分为清末资政院钦选议员,如官僚刘泽熙、陈懋鼎、王璟芳等,都是辛亥俱乐部的重要分子。一部分来自资政院民选议员,如籍忠寅、李榘、邵羲、吴鼎昌、林志钧等,都是宪友会的骨干。

国民协进会组织领导机构只设干事和评议二部。本部常务干事有范源濂、籍忠寅、黄远庸、周大烈、严修、吴鼎昌、那彦图、陈懋鼎、刘泽熙等 18 人。其后并入共和党。

(6)民国公会。它是由老光复会会员沈钧业、董鸿祎、叶澜、蔡元康与浙籍立宪党人陈敬第、邵章、黄群、诸翔九等人于 1912 年 1 月底在上海发起成立的。它以浙江籍人士为中心,其政治主张与章太炎的统一党极相近。其政纲 4 条:保持中华民国之统一;建设健全之中央政府,应世界大势,以促民国之进步;成立健全之舆论,保证民国之民权,继此永无障碍;扶植国民经济之发展①。其后并入共和党。

(7)国民党。此党不是同盟会改组后的国民党,而是由潘鸿鼎、朱寿朋、陆鸿仪、沈彭年等人于 1912 年 2 月 27 日在上海发起成立的。它是由清末的保皇会、帝国宪政会逐渐演变而成的。其宗旨为:于全国统一政治之下,以人民为国家主体,完全保护其固有之权利,以发扬共和之精神②。其政纲 6 条:1. 养成共和精神。2. 采取美国共和制,以杰克逊学说为施政基础。3. 外交采取亲美主义。4. 尊重国民的权利义务。5. 制定完全宪法。6. 谋设国会。其后并入共和党。

(8)共和统一会、共和促进会、共和俱乐部、国民新政社。此 4 个小政党均在北京发起组织,地盘皆在北方。此 4 派均合并于共和建设讨论会。

---

① 《民立报》1912 年 2 月 21 日。
② 《民立报》1912 年 3 月 1 日。

共和统一会,1911 年 12 月 20 日在北京成立。它与在上海成立的共和统一会无组织联系。以"巩固民权、监督政府、谋国家统一进行"为宗旨。其标榜的政纲共 11 条:1. 建设统一的共和国体,宪法取固定主义。2. 巩固中央集权,确定地方自治之权限。3. 统一军政,充实军备,实行义务兵役制度。4. 确定财政计划,实行积极的整理政策。5. 维护国家均势,实行公正外交政策。6. 开辟边围,实行经济的军事的移民政策。7. 振兴实业,确定产业制度,实行保护政策。8. 实行国民教育制度,注重军国民精神教育。9. 提倡文言统一,以期五大族之同化。10. 发达人民积极的政治思想。11. 实行司法独立制度[①]。它是一个以靳云鹏、廖宇春为首的拥袁的军政派别。

共和促进会。共和促进会是 1912 年 1 月 16 日在袁世凯授意下由杨度、刘泽熙等人出面在北京发起成立的。其骨干为杨度、王赓(后改名王揖唐)、刘泽熙、邵羲、曲作新、蹇念益、薛大可、陆鸿逵、刘鼎和、乌泽声、舒鸿贻、梅光羲、周大烈、籍忠寅等。它是拥袁的政团。

共和俱乐部与国民新政社均为 1912 年初在北京发起组织的政团,政治主张与共和统一会、共和促进会相近。

二、南京参议院的开院典礼

议会是资产阶级民主共和制的主要标志。各省都督府代表会在筹组中华民国临时政府的过程中,一直把建立一个中华民国最高立法机关的议会摆在十分重要的位置。1911 年 12 月初制定和公布的《中华民国临时政府组织大纲》中就对中华民国议会——参议院的组成、职权、议事的主要规则做了比较详细的规定。为了尽快成立参议院,各省都督府代表会及其后来的代理参议院多次致电各省都督府或各省议会及原咨议局,催促其尽快派出参议员以便尽快成立正式的参议院。

---

① 《共和统一会章程》,中国第二历史档案馆藏。

1911 年 12 月 29 日,各省都督府代表会即议决尽快成立参议院,并决定致电各省都督府催派参议员来宁:"临时政府依次成立,代表责任已毕,立须组织参议院。据《临时政府组织大纲》,参议院由每省都督府派遣参议员 3 人组织之。即请从速派遣参议员 3 人,付与正式委任状,克日来宁。参议员未至以前,每省暂留代表 1 人至 3 人驻宁,代理其职权。"①

孙中山就任临时大总统职后,也立即于 1912 年 1 月 3 日致电各省,请各省尽快派出参议员到南京组织参议院。

1 月 18 日,代理参议院常会议决:电催,限 1 月 28 日以前各省参议员一律到院。参议院即于是日正式成立。

在代理参议院、临时大总统的一再催促下,到 1912 年 1 月下旬,到达南京的参议员的省份有粤、桂、闽、赣、皖、浙、苏、湘、鄂、晋 10 省近 30 人;未推选参议员而仍以代表身份报到省份的有滇、黔、川、豫、陕、奉、直 7 省 10 余人,总计 17 省 40 多人。

1912 年 1 月 28 日上午 11 时,参议院在南京举行开院典礼。到会共有 17 省 31 名议员,其名单如下:

山西:李素、刘懋赏。

湖南:刘彦、欧阳振声、彭允彝。

奉天:吴景濂。

江西:王有兰、文群、汤漪。

四川:吴永珊(玉章)、周代本。

福建:潘祖彝、林森、陈承泽。

广东、张懋隆、赵士北。

安徽:常恒芳。

浙江:殷汝骊、陈毓川。

湖北:刘成禺、张伯烈、时功玖。

①　《民立报》1911 年 12 月 31 日。

直隶:谷钟秀。

江苏:凌文渊、陈陶怡。

河南:李槃。

陕西:赵世钰。

云南:段宇清。

贵州:平刚、文崇高。

广西:邓家彦。

对当天出席会议名单,各书说法不一,出入较大。本文采用当时会议速记录上到会议员的姓名,应该说能较为准确可信些。

临时大总统孙中山及南京临时政府在宁的各部总长、次长13人莅会。除华侨代表和两名新闻记者外,无旁听人员,因为从各省都督府代表会到代理参议院开会时概不许旁听。只是南京参议院1912年3月13日通过了《参议院旁听规则》之后才开始让旁听的。

议员,临时大总统,临时政府总长、次长就席后,临时议长赵士北宣告开会宗旨。

临时大总统孙中山致贺词:

中华民国既建,越二十有八日,参议机关乃得正式成立。文诚欣喜庆慰,谨摅中怀之希望,告诸参议诸君子之前而为之辞曰:人有恒言,革命之事,破坏难,建设尤难。夫破坏者,仁人志士、任侠勇夫,苦心焦虑于隐奥之中,而丧元断脰于危难之际,此其艰难困苦之状,诚有人所不及知者。及一旦事机成熟,倏然而发,若洪波之决危堤,一泻千里。虽欲御之而不可得,然后知其事似难而实易也。若夫建设之事则不然。建一议,赞助者居其前,则反对者居其后矣。立一法,今日见为利,则明日见为弊矣。又况所议者,国家无穷之基;所立者,亘古未有之制。其得也,五族之人受其福;其失也,五族之人受其祸。呜呼! 破坏之难,各省志士先之矣。建设之难,则自今日以往,诸君子与文所共黾勉仔肩而弗敢推谢者也。矧当北虏未灭,战云方急,立法事业,在在与戎机相待为用。破坏建设之二难,毕萃于兹。诸君子勉哉! 各尽乃心、竭乃智,以奠民国之始基,以扬我族之先烈,则不徒文一人之颂祷,其四万万人实嘉赖之①。

陆军总长黄兴、教育总长蔡元培、内务次长居正、实业次长马君武等相继发表了热情洋溢的演说来祝贺参议院的正式成立。

接着,临时议长赵士北致答词:

> 维大中华民国共和之行政既成,三权之制度既立,届第一期议院举行开院大礼。大总统孙文及辰莅院设辞,祝颂希望无既,议员等待聆之余,实深钦赞。当专制方烈,天下钳口,妇寺可以察微,巫医可以监谤,道路以目,天下重足。腹诽者族诛,偶语者弃市。士大夫唯诺依违,皇云庶众。卒之一夫振臂,天下响应。盖顺风而呼易达四远,声非加疾,其为势激也。夫防民之口甚于防川,川崩而溃伤人必多。殷鉴非遥,古有成训,史册具在,前例非欺。此满清专制之政,所以倏忽遂底于亡者也。今辛革命奏功,民国既建,首奠三权,先设议院。四百余州之庶民,代议集于今兹,举满清政府时代狂呼气尽,断支力争九年为期所不能得者,得于一旦,其欢欣流涕,当何如耶! 议员等起于闾阎之间,宣达国民之意,诚知未免空漏之讥,坐言之诮。然为大总统及行政诸公建议陈辞,拾遗补阙,疏达上下之隔阂,沟通朝野之意志,自意欲尽一日之力,以随诸公之后。方今民国幼稚,树立未固,诚以群公行政,须以一朝之设谋,定百万年之长计,万机难周,天职綦重,用是不揣绵弱,欲以爝火增光日月,共谋图危,群策大计,兴亡有任,恫瘝切怀,俯仰中边,意求周备,出纳民命,为国喉舌,此议员等引为任务,愿与行政群公共勖之②。

临时议长答词毕,乐声大作,全体三呼中华民国万岁后散会,到会

① 张国福编:《参议院议事录、参议院议决案汇编》,第2页。
② 张国福编:《参议院议事录、参议院议决案汇编》,第2—3页。

场外合影留念。

三、南京参议院的机构设置及议员概况

南京参议院的机构设置比较简单,只有议长、副议长、全院审议长(后改为全院委员长)以及外交(后改为庶政)、法制、财政、请愿4个审查会。

1912年1月29日,参议院第一次正式会议,即选举议长、副议长。由于南京参议院中同盟会的参议员拥有压倒多数的议席,议长、副议长的选举完全由同盟会参议员来决定,没有别的党派与之竞争,所以议长、副议长选举中没有出现那种两党激烈竞争,拉票、请吃、贿选的现象。这是民国国会存续的十几年中选举议长、副议长中,仅有的一次未出现贿选的选举,也是最平静的一次选举。

按《组织大纲》第15条的规定,议长用记名投票法选举,以得票满投票总数之半者为当选。由临时议长赵士北主席。当日的第一议案便是选举议长。由于《组织大纲》上只规定议长,而并未规定副议长。所以会议一开始,就有议员提出应同时选一名副议长。经表决,一致同意应用记名投票法互选正、副议长各一人。于是发票、投票,开票结果:出席参议员26人,福建籍的同盟会参议员林森以19票的多数当选为正议长,江苏籍同盟会参议员陈陶怡以19票的多数当选为副议长。

陈陶怡与江苏籍原立宪派参议员杨廷栋等联合代表以张謇为首的江苏集团利益,与湖北参议员一道成为否定南京参议院另立国会风波中的骨干。为否定南京参议院,从1912年2月16日后陈陶怡即不再出席参议院会,开始还以请假的名义不到院,但从2月22日开始连假也不请而缺席。并于2月下旬提出辞去参议员之函。3月1日,参议院会,议决江苏、湖北参议员否定参议院,一面辞职,一面均不到院,应以缺席论,函复该两省议员辞职不承认,即函知江苏、湖北二省参议员请于一星期以内函复参议院,过期除名。但他们再未函复,更未到院,

故均除名。这样参议院又缺副议长。

3月15日,参议院会,补选副议长,仍用记名投票法投票。结果,参加会议的参议员28人,王正廷以15票的微弱多数当选为副议长。

2月2日,参议院通过了《参议院议事细则》,全文见附录(三);《参议院办事细则》,全文见附录(四)。2月5日上午议决对临时政府提交的《优待清帝清皇族及满蒙回藏各族待遇条件》案及下午开全院审议会。但当时尚无审议长,于是匆匆忙忙按《参议院议事细则》第31条的规定,由全院议员组织的审议会,须用无记名投票法选举审议长一人。当即用无记名投票法选举审议长。由于是无记名投票,所以选票比较散,当天上午出席会议议员21人,李肇甫得8票,所得票数最高,当选为审议长。3月27日参议院三读通过了《参议院法》,4月1日临时大总统将其正式公布,全文见附录(二)。还于4月1日通过了《参议院旁听规则》,全文见附录(六);4月2日通过了《参议院常费支给章程》,全文见附录(五)。按《参议院法》第30条、第40条的规定,由全院议员充任的全院委员负责重要问题的审议,全院委员会设全院委员长。于是,又将全院审议长改称全院委员长,仍由李肇甫担任全院委员长。

按《参议院议事细则》第42条的规定,设4个常任审查会:财政7人;法律9人;外交5人;请愿5人。2月6日用无记名投票法选举各常任审查会委员:

1. 财政审查会7人:潘祖彝、李肇甫、欧阳振声、文群、殷汝骊、杨廷栋、时功玖。

为否定参议院另组临时国会,杨廷栋、时功玖辞议员职后,3月15日补选席聘臣、黄树中为财政审查会委员。财政审查会选潘祖彝为财政审查会审查长。

2. 法律审查会9人:王有兰、彭允彝、谷钟秀、王正廷、赵士北、平刚、汤漪、熊成章、凌文渊。

凌文渊为否定参议院,辞去议员职。3月15日补选张耀曾为法律审查委员。法律审查会选举王正廷为法律审查长。

3. 外交审查会5人：张继、刘彦、钱树芬、陈陶怡、张伯烈。

陈陶怡、张伯烈为否定参议院，辞去议员之职。3月15日补选刘星楠、吴景濂为审查委员。外交审查长未选。

4. 请愿审查会5人：李榘、刘懋赏、刘成禺、赵世钰、邓家彦。

有议会黑旋风之称的刘成禺也是否定参议院的骨干人物，自然也辞去了参议员之职。3月15日参议院会，补选刘彦为请愿审查委员。请愿审查长未选。

3月27日参议院通过了《参议院法》，4月1日临时大总统孙中山正式公布。按《参议院法》第24、26条的规定，常任委员分设法制、财政、庶政、请愿、惩罚5个部。4月2日参议院会议，按《参议院法》的规定，议决增设庶政、惩罚两个部，每部各定5名审查员。法律审查会、财政审查会、请愿审查会即改为法制部、财政部、请愿部。法制部定为13人，财政部定为15人。

4月3日参议院会，这天补列的议事日程2项：1. 选举庶政、惩罚两部常任委员各5人。2. 补举法制、财政两部常任委员：法制加选4人，财政加选8人。但当天的会议张耀曾提议参议院北上在即，现在院人数亦尚不多，选举审查员的手续似可暂缓。经表决，张的提议获通过，故未再选常任委员。

由于财政审查会积压的案件太多，文群当即提议财政审查会积压案件甚多，至概算案尤关重要，应请加派审查员数人，经表决获得通过。会议主席议长林森即指定陈命官、陈善与、丁廷睿、郑祖荫、常恒芳4人为财政部常任委员。

谷钟秀当即提议已选定的外交股审查员请即改为庶政审查员，经表决通过。

所以南京参议院财政部11人，法制部9人，庶政部5人，请愿部5人。惩罚部未成立。

南京参议院的办事机构设立了秘书厅，掌参议院文牍、会计、编制各种记录并办理一切庶务。参议院秘书厅设秘书长一人,承议长之命管理秘书厅一切事务。2月5日参议院会议,认可陈陶怡、杨廷栋聘请孟森担任参议院秘书长一职。陈陶怡辞去议员之职后,孟森亦辞去秘书长一职。3月20日,参议院认可议长林森聘请殷松年担任参议院秘书长。

秘书厅设秘书、干事两科。秘书科分设文牍、记录两课。干事科分设庶务、会计、图书、守卫4课。

1月31日,参议院常会,用抽签法定参议员席次,当时共有参议员42人定下了席次。当天到会参议员才26人,故有些议员的席次是由到会的参议员代抽签定的。其抽定的席次如下:

1号文崇高,2号李槃,3号刘成禹,4号李素,5号马步云,6号陈陶怡,7号时功玖,8号张蔚森,9号陈毓川,10号张懋隆,11号殷汝骊,12号刘懋赏,13号文群,14号谷钟秀,15号平刚,16号潘祖彝,17号汤漪,18号凌毅,19号钱树芬,20号常恒芳,21号景耀月,22号吴永珊,23号杨廷栋,24号邓家彦,25号欧阳振声,26号朱文卲,27号周代本,28号林森,29号段宇清,30号张伯烈,31号赵世钰,32号曾彦,33号王有兰,34号范光启,35号吴景濂,36号赵士北,37号丘沧海,38号彭允彝,39号凌文渊,40号刘彦,41号王正廷,42号陈承泽。

议员的席次一直是通过抽签来确定的。新来报到的议员随到随抽签。南京参议院如此,北京参议院、第一届国会、第二届国会均如此。第一届国会、第二届国会每一期常会都须重新抽定议员席次。从北京参议院开始,议员人数增多,第一届、第二届国会人数更多,且都开过三期常会,每届国会每期常会开始时议员们都必须重新抽签定席次。为节省篇幅,从北京参议院开始,不再将议员抽定的席次列出。

南京参议院成立之时,还存在南北对峙着的两个政府——南京临时政府和清政府。从法理上说,北方一些尚未独立的省份仍属清政府的统辖范围,在南京临时政府的立法机关中不应有其代表。但这些未独立省份的代表不是这些省份掌权者的代表,而往往是旧咨议局的骨干议员,大都属旧立宪派。他们与南方独立省份的旧立宪派及到南京参议院原立宪派出身的参议员有较密切的联系。他们本人又都赞成共和制而放弃君主立宪制的主张。当时人心多主共和,这些未独立省的代表都认为自己代表了本省多数人的意志。为加速清王朝的瓦解,为在全国确定民主共和制,各省都督府代表会、代理参议院、南京参议院都欢迎这些代表出席其会议,以示自己代表的广泛性、全国性。但对这些未独立省份的代表的权利却发生了矛盾。依据南北两个政权并立的事实,各省都督府代表会曾做出了未独立省份的代表无表决权的决议。这引起了这部分代表的强烈不满与反对。这一决议也基本上未实行。在第一次选举临时大总统和副总统时,经过一番争执,最后未独立省份的代表亦取得了投票权,参加了选举。在各省都督府代表会的会议上,享有与独立省份代表同样的发言权和表决权。在要成立南京参议院时,这个问题又重新提出来了。在1月27日的代理参议院会上再次发生激烈的争议。未独立省份的直隶代表谷钟秀、奉天代表吴景濂对未独立省份的代表无表决权的意见表示了强烈的不满,并以辞职来表明自己的态度。最后经多方调解,1月29日,在南京参议院第一次常会上议决:代表、代理参议员其职权与参议员一律,惟无被选举为长期职员之权,这一问题才解决。清帝退位后,参议院即认为全国统一于中华民国南京临时政府之下,只有一个政府,更不存在未独立省份代表权问题。故2月14日参议院通告直隶、奉天、吉林、黑龙江、河南、甘肃、新疆等省咨议局及山东、贵州都督府:"清帝逊位,中华民国业已完全统一。参议院为全国最高立法机关,请迅即选派参议员3人到院列席。"29日再次通告贵阳都督府,直隶、奉天、吉林、齐齐哈尔、兰州、迪化咨议局:"参议院成立已久。每省应选派参议员3人,曾经电达,迄未派到。现南北统一,待议之事尤多,务速选派3人到院列席或以前派之代表接充,或就近电委,以期迅速派定何人,希先电示。"以上均按《中华民国临时政府组织大纲》的规定,要求各省选派3名参议员到院。3月11日《中华民国临时约法》正式公布生效后,3月13日参议院常会通过了钱树芬的按照《临时约法》第18条应通告各省除已派选的参议员外,再加选合成5人之数的提议。议长林森当即指定胡绍斌、刘星楠二人起草通告。这样当日参议院即通告各省都督、督抚、临时议会、咨议局:"按照《中华民国临时约法》第18条所载,参议院参议员每行省、内蒙古、外蒙古、西藏各选派5人,青海派1人。其选派方法由各地方自定之。查本院自开院以来,各处参议员业经先后到院,惟人数迄未齐集。应即电知贵处,除已经到院外,其未曾选派与到院而复行辞职及到院而未足5人之数者,即希从速选派,迅予到院为荷。"①各省参议院人数由3人增至5人。也说明南京参议院在《临时约法》公布后是依据《临时约法》来进行立法活动的,之前则是依据《中华民国临时政府组织大纲》来进行立法活动的。前后之间的法律基础不同。

正由于南京时期参议院每省议员人数前后不同,中间又因清帝逊位,全国两个对峙的政权并存局面结束,这些都直接影响着南京参议院的人员组成。加之在否定南京参议院时,江苏、湖北两省参议员均辞职,使参议员人数变化加大。开院后的一段时间里,到院议员30多人,到3月下旬增至40多人,4月4日湖北议员欧阳启勋到院而使到院报到议员达最多的49人。参议员之所以变化这么大,一种情况是一些省新选出的参议员到院,该省原都督府代表即解职。如2月14日陕西参议员康宝忠到院,原代表张蔚森解职(其实开院后张一直缺席)。有的是长期缺席而按1912年3月1日参议院会议议决的"一月以内缺席至7天者除名"的办法除名的。如陈毓川、马步云、康宝忠等。在否定参议院风潮中,江苏参议员陈陶怡、杨廷栋、凌文渊,湖北参议员刘成禺、张伯烈、时功玖等辞职,并不再出席参议院会,经参议院挽留无效而去职。加之中国地域广阔,交通不便,3月中旬又按《临时约法》规定各省需增派参议员,故一些议员到参议院,已是快要休会北迁时才到院报到。云南的张耀曾2月17日到院,山东的彭占元2月27日到院,安徽

① 张国福编:《参议院议决案汇编》附编"文电",第11、18、27页。

的胡绍斌2月28日到院,山东的刘星楠3月4日到院,广西的曾彦、刘崛分别于3月5日和8日到院,广东的金章3月13日到院,云南的席聘臣3月15日到院,河南的陈景南、丁廷謇、张善与、李载赓和浙江的黄群、湖北的田桐于3月25日到院,山东的于洪起、史泽咸、陈命官3月26日到院,湖南的覃振3月27日到院,湖北的刘道仁、胡秉柯、福建的郑祖荫3月29日到院,湖北的欧阳启勋4月4日到院。到此时南京参议院到院人数达49人。

正因为如此,南京参议院议员人数及具体人名,很多资料上说法各不相同。本书采用南京参议院北迁前报给国务总理唐绍仪,唐再于4月7日电达临时大总统袁世凯的南京参议院议员名单。名单共49人,具体姓名如下:

直隶:谷钟秀

奉天:吴景濂

河南:陈景南、丁廷謇、张善与、李载赓、李槃

山东:于洪起、陈命官、彭占元、刘星楠、史泽咸

山西:李素、刘懋赏

陕西:赵世钰

湖南:彭允彝、刘彦、欧阳振声、覃振

湖北:刘道仁、胡秉柯、欧阳启勋、田桐

安徽:胡绍斌、常恒芳、凌毅

江西:汤漪、王有兰、文群

浙江:王正廷、殷汝骊、黄群

福建:林森、郑祖荫、潘祖彝

广东:金章、钱树芬、赵士北

广西:邓家彦、曾彦、刘崛

四川:黄树中、李肇甫、熊成章

云南:张耀曾、席聘臣、段宇清

贵州:文崇高、平刚

议长林森,副议长王正廷,全院委员长李肇甫①。

本文将上述名单与后期的南京参议院每天常会的速记录上所记的出席、请假、缺席议员名录一一核对,完全一致。故上述议员名单是准确的。

四、优待清帝清皇族及满蒙回藏
各族待遇条件的议决

如何对待即将退位的清帝、清皇族,一直是全国人民所关注的事,也是南北上海和议的重要议题之一。各省都督府代表会在武汉时于1911年12月9日议决的4条和议大纲中就有"礼遇旧皇室"一条和"以人道主义待满人"一条。可见,当时就已基本定下了对清帝、清皇族取优待政策,而不采用俄国革命消灭沙皇的作法。中华民族对清王朝的这种处置,突显出了这个民族的宽厚与善良。1912年1月18日,临时大总统孙中山便将临时政府优待清帝、清皇族及满蒙回藏的条件电告民国和谈全权代表伍廷芳,指示伍照此与北方协商。这样,南北双方对此优待条件进行协商。议员们自然也十分关注此事。1月25日代理参议院会议,议员们纷纷提出南北和议中优待清皇族的条件已谈妥,应交代理参议院追认。故当日议决:优待清帝、清皇族条件未经公认,应请补交代理参议院追认。但当时南北和议对此尚在商谈之中,并未达成最后的协定,故南京临时政府自然无法向代理参议院提交有关优待条件的协议。

清帝、清皇族及满、蒙、回、藏各族优待条件经南北双方协商,清廷又经多次商讨,最后由清政府起草,经隆裕太后增改后,2月4日由袁世凯内阁正式电告伍廷芳。伍见清廷所提的优待条件与双方以往商定的无大的出入,只是文句上做了较多的增改。但因事关重大,伍廷芳立

---

① 《申报》1912年4月16日。

即赶赴南京与临时大总统面商。2月5日上午,参议院开会,南京临时大总统孙中山将《优待清帝清皇族及满蒙回藏各族待遇条件》案咨送参议院,以求同意。议和总代表伍廷芳和参赞汪精卫、政府委员总统府秘书长胡汉民均出席当天的参议院会,陈述意见并答复议员的质问。

由于参议员对优待条件不熟,于是议决立即将优待条件油印,参会议员人手一份,以便熟悉并研究,并应将优待条件付全院审议会审议,俟审议后再行公决。并决定下午即开审议会。由于尚无审议长,上午参议院又立即选出审议长李肇甫。

当时,临时大总统孙中山将袁世凯电告的优待条件进行了文句修改后全文咨送参议院。袁世凯电伍廷芳的优待条件全文如下:

(甲)关于大清皇帝优礼之条件

第一款　大清皇帝尊号,相承不替。国民对于大清皇帝各致其尊崇之敬礼,与各国君主相等。

第二款　大清皇帝岁用,每岁至少不得短于四百万两,永不得减额。如有特别大典,经费由民国担任。

第三款　大内宫殿或颐和园,由大清皇帝随意居住。宫内侍卫护军官兵照常留用。

第四款　宗庙陵寝永远奉祀,由民国妥慎保护,负其责任,并设守卫官兵。如遇大清皇帝恭谒陵寝,沿途所需费用由民国担任。

第五款　德宗陵寝未完工程,如制敬谨妥修,其奉安典礼,仍如旧制,所有经费,均由民国担任。

第六款　宫内所有各项执事人员,由大清皇帝留用。

第七款　凡属大清皇帝原有之私产,特别保护。

第八款　大清皇帝有大典礼,国民得称庆。

第九款　禁卫军名额、俸饷,仍如其旧。

(乙)关于皇族待遇之条件

一、王公世爵概仍其旧,并得传袭。其袭封时,仍用大清皇帝册宝。凡大清皇帝赠封爵位,亦用大清皇帝册宝。

二、皇族对于国家之公权,与国民同等。

三、皇族私产一体保护。

四、皇族免兵役之义务。

(丙)关于满蒙回藏各族待遇之条件

一、与汉人平等。

二、保护其原有之私产。

三、王公世爵概仍其旧,并得依次传袭。

四、王公中有生计过艰者,应设法拨给官产作为世业,以资补助。

五、先筹八旗生计,于未筹定之前,八旗官兵俸饷仍旧支放。

六、从前营业居住等限制,一律蠲除,各州县听其自由入籍。

七、满、蒙、回、藏原有之宗教,听其信仰自由。

以上条件,列于正式公文,照会各国或电达驻荷华使,知照海牙万国和平会存案①。

2月5日下午2时,参议院继续开会,主席、议长林森宣告开审议会后退入议员席,由新选出的全院审议长李肇甫主席。对临时大总统提交的《优待清帝清皇族及满蒙回藏各族待遇条件》案进行逐条审议。

议员们认为满蒙回藏各族待遇的条件主要是强调各民族一律平等的精神及宗教信仰自由等政策,其目的在于消除各少数民族对辛亥革命和所建立的新政权的疑惧,以安定人心,是中国五大民族相约的条件,与清帝、清皇族的优待条件无关。故通过了将原案中(丙)项关于满蒙回藏各族待遇之条件单独独立出来,在清帝退位之前,以宣言书的形式公布,正告满蒙回藏而释其疑惧,无须等清帝退位后与优待清帝、清皇族的条件一块公布,故应列作第一清单。原案甲、乙两项系清帝退位后才得享受此优待,应于清帝退位后才能发生效力,即只有在清帝退位后才可正式宣布。故将原来甲、乙两项列为第二清单。

①　张国淦编:《辛亥革命史料》,第312、313页。

　　第二清单中甲项，包括标题及第一、二、三、四、七款中，所有"清帝退位"在审议中均改为"清帝逊位"。甲项之后，条文之前加"今因清帝赞成共和国体，中华民国于清帝逊位之后优待条件如下"。

　　第一款讨论时，将原协议的"大清皇帝尊号，相承不替，国民对于大清皇帝，各致其尊崇之敬礼与各国君主相等"改为："清帝逊位之后，其尊号仍存不废，以待外国君主之礼相待。"同时议决若北方坚持，可将"清帝"改为"大清皇帝"，以下各条均如此。

　　第二款讨论时将原协议的"大清皇帝岁用，每岁至少不得短于四百万两，永不得减额。如有特别大典，经费由民国担任"改为"清帝逊位之后，其岁用四百万元，由中华民国给付"。但同时议定电复时须以减少之数告之，必不获已，至多亦不得超过四百万元之数。

　　第三款讨论时将原协议的"大内宫殿或颐和园，由大清皇帝随意居住。宫内侍卫护军官兵照常留用"改为"清帝逊位之后，暂居宫禁，日后移居颐和园。侍卫照常留用"。

　　原协议第四款"宗庙陵寝永远奉祀，由民国妥慎保护，负其责任，并设守卫官兵。如遇大清皇帝恭谒陵寝，沿途所需费用由民国担任"删改为"清帝逊位之后，其宗庙陵寝，永远奉祀，由民国酌设卫兵妥慎保护"。

　　原协议第五款"德宗陵寝未完工程，如制敬谨妥修，其奉安典礼，仍如旧制，所有经费，均由民国担任"改为"德宗崇陵未完工程如制妥修，其奉安典礼仍如旧制，所有实用经费均由中华民国支出"。

　　原协议第六款"宫内所用各项执事人员，由大清皇帝留用"删改为"以前宫内所用各项执事人员得照常留用，惟以后不得再招阉人"。

　　原协议第七款"凡属大清皇帝原有之私产，特别保护"改为"清帝逊位之后，其原有之私产，由中华民国特别保护"。

　　原协议第八款"大清皇帝有大典礼，国民得称庆"删除。

　　原协议第九款"禁卫军名额、俸饷，仍如其旧"改为"原有之禁卫军归中华民国陆军部编制，其额数俸饷，仍如其旧"。

这样将原协议九款改为八款。

第二清单乙项标题,议决在原协议"皇族"前加一个"清"字。

原协议第一款"王公世爵概仍其旧,并得传袭。其袭封时,仍用大清皇帝册宝。凡大清皇帝赠封爵位,亦用大清皇帝册宝"改为"清王公世爵,概仍其旧"。

原协议第二款"皇族对于国家之公权,与国民同等"改为"清皇族对于中华民国国家之公权及其私权,与国民同等"。

原协议第三、四款亦议决在"皇族"前加一个"清"字。

第一清单关于满、蒙、回、藏各族待遇之条件,参议院对孙中山修改后提交的条款未作大的修改,只是将第五款的"官兵"改为"兵弁"。

审议会议决,以上条款,除第一清单各条款另行宣布外,余均列于正式公文,由中华民国政府照会各国驻华公使。

审议会结束后,又重开参议院常会,由议长林森将审议结果报告大会,并由秘书长孟森宣读审议会议决的各条款。主席用起立表决法表决审议会的议决,结果,全体起立赞成,可决。

这样,参议院经过讨论修改后通过了《优待清帝清皇族及满蒙回藏各族待遇条件》案。

2月6日,参议院将议决的《优待清帝清皇族及满蒙回藏各族待遇条件》案咨临时大总统孙中山,咨文中要求政府对第一清单所列条件,"于清帝未退位前先行宣布"。第二清单所列优待,"系清帝退位后乃得享此优待,应于清帝退位后始生效力,即于清帝退位后乃可为正式之宣布"。并说明第二清单内所开各条"凡有大清皇帝字样已改作清帝二字,此二字若清廷尚有要求务从原案,则本院亦可让步,仍称大清皇帝,以示通融"。

经南京参议院修改后的优待条款,由南方议和总代表伍廷芳于2月6日电告袁世凯。8日,隆裕太后召见袁世凯,商量优待条件。商量结果,要求将第二清单中甲项第一款仍加"相承不替"4个字写入。后南京方面坚持不能加入这4个字,隆裕太后等也就放弃了这一要求。

袁世凯及皇族中一些人认为条款中用"逊位"一词有碍清帝体面,要求改为"辞位",并与南方电商,得到同意后,将条款中所出现的"逊位"二字均改为"辞位"。同时又对条款的文字做了少量的修改。2月12日下午,参议院常会。临时大总统孙中山交议经修正的和议案,要求对清政府宣布退位拥护共和限定时日,否则收回优待条件,并特派外交次长魏宸组到院陈述政府的意见。参议院将修正的《关于清帝辞位后优待之条件、关于清皇族待遇条件》案通过,并议决3日内清政府如不依约逊位,即取消优待条件,并将此议决咨复临时大总统孙中山。当日,南方议和总代表伍廷芳将此正式电告袁世凯。2月12日,清帝溥仪奉隆裕太后的懿旨,下诏退位。至此经历268年的清王朝对中国的统治正式宣告结束。中国二千多年的封建君主专制制度也告结束。正式退位诏书并附清帝、清皇族及满、蒙、回、藏各族优待条件,全文如下。

　　诏一、朕钦奉隆裕皇太后懿旨:前因民军起事,各省响应,九夏沸腾,生灵涂炭,特命袁世凯遣员与民军代表讨论大局,议开国会,公决政体。两月以来,尚无确当办法。南北暌隔,彼此相持,商辍于途,士露于野,徒以国体一日不决,故民生一日不安。今全国人民心理多倾向共和,南中各省既倡议于前,北方诸将亦主张于后,人心所向,天命可知。予亦何忍因一姓之尊荣,拂兆民之好恶。是用外观大势,内审舆情,特率皇帝将统治权公诸全国,定为共和立宪国体,近慰海内厌乱望治之心,远协古圣天下为公之义。

　　袁世凯前经资政院选举为总理大臣,当兹新旧代谢之际,宜有南、北统一之方,即由袁世凯以全权组织临时共和政府,与民军协商统一办法。总期人民安堵,海宇乂安,仍合满、汉、蒙、回、藏五族完全领土为一大中华民国。予与皇帝得以退处宽闲,优游岁月,长受国民之优礼,亲见郅治之告成,岂不懿欤! 钦此。

　　诏二、朕钦奉隆裕皇太后懿旨:前以大局阽危,兆民困苦,特饬内阁与民军商酌优待皇室各条件,以期和平解决。兹据复奏,民军所开优礼条件,于宗庙、陵寝永远奉祀,先皇陵制如旧妥修各节,均已一律担承,皇帝但卸政权,不废尊号,并议定优待皇室八条,待遇皇族四条,待遇满、蒙、回、藏七条。览奏尚为周至,特行宣示皇族及满、蒙、回、藏人等,此后务当化除畛域,共保治安,重睹世界之升平,胥享共和之幸福,予实有厚望焉! 钦此。

甲、关于大清皇帝辞位之后优待之条件

今因大清皇帝宣布赞成共和国体,中华民国于大清皇帝辞退之后,优待条件如下:

第一款　大清皇帝辞位之后,尊号仍存不废,中华民国以待各外国君主之礼相待。

第二款　大清皇帝辞位之后,岁用四百万两,俟改铸币后,改为四百万元,此款由中华民国拨用。

第三款　大清皇帝辞位之后,暂居宫禁,日后移居颐和园;侍卫人等,照常留用。

第四款　大清皇帝辞位之后,其宗庙、陵寝,永远奉祀,由中华民国酌设卫兵,妥慎保护。

第五款　德宗崇陵未完工程,如制妥修,其奉安典礼,仍如旧制。所有实用经费,均由中华民国支出。

第六款　以前宫内所用各项执事人员,可照常留用,惟以后不得再招阉人。

第七款　大清皇帝辞位之后,其原有之私产,由中华民国特别保护。

第八款　原有之禁卫军,归中华民国陆军部编制,额数俸饷,仍如其旧。

乙、关于清皇族待遇之条件

一、清王公世爵,概仍其旧。

二、清皇族对于中华民国国家之公权及其私权,与国民同等。

三、清皇族私产,一体保护。

四、清皇族免当兵之义务。

丙、关于满、蒙、回、藏各族待遇之条件

今因满、蒙、回、藏各民族赞同共和,中华民国所以待遇者如下:

一、与汉人平等。

二、保护其原有之私产。

三、王公世爵,概仍其旧。

四、王公中有生计过艰者,设法代筹生计。

五、先筹八旗生计,于未筹定之前,八旗兵弁俸饷仍旧支放。

六、从前营业、居住等限制,一律蠲除,各州、县听其自由入籍。

七、满、蒙、回、藏原有之宗教,听其自由信仰。

以上条件列于正式公文,由两方代表照会各国驻北京公使,转达各该政府①。

清帝退位第一诏是由江苏原立宪派张謇所起草。当清廷决定退位,在上海的同盟会为不使清廷退位诏书措词失当,胡汉民请张謇起草,交唐绍仪电京。但诏书中的"即由袁世凯以全权组织临时共和政府"一句是袁世凯左右按袁的意思加入的。其意自然很清楚,共和政府是清帝恩赐的,清政府将政权授予袁世凯,袁世凯以此为荣。他立即以"全权组织中华民国临时政府首领"的名义分别致各国照会,送达与南方代表伍廷芳议定的优待皇室的各项条件。北京外务部依袁令照会各国使节:现在大清皇帝业已辞位,由前内阁总理大臣袁世凯以全权组织中华民国临时政府。所有中外交涉事件,仍由本部遵守各条约,照旧继续办理②。这是一种完全否定辛亥革命、否定南京临时政府的行为,这已表明了袁氏掌权后民国前途潜伏的危机。这自然引起了南方革命阵营的不满和反对。孙中山在 2 月 13 日给袁世凯要其速到南京就职

---

① 《申报》1912 年 2 月 21 日;《南京临时政府的成立及其政策法令》,《中华民国史档案资料汇编》第一、二辑,第 72—75 页。

② 北京《临时公报》1912 年 2 月 4 日。

的电报中,严厉指出"至共和政府不能由清帝委任组织。若举行之,恐生莫大枝节。执事明于事理,当必知此。"袁世凯似乎也觉得自己的行为太露骨,故在 2 月 16 日不愿南下就职的通电中承认"孙大总统来电所论共和政府不能由清帝委任组织,极为正确。现在北方各省军队及全蒙代表皆以函电推举为临时大总统,清帝委任一层,无足再论。"①也就是说由清帝委任袁世凯为大总统之事只好作罢。但抬出北方各省推举自己为临时大总统为由,不愿赴宁接任南京临时政府的临时大总统,可见袁根本未将南京临时政府放在眼里。

五、孙中山解职及选袁世凯为第二任临时大总统

　　1911 年 12 月 16 日,即在选举孙中山为临时大总统之前,各省都督府代表会议就议决,被当选的临时大总统须电告袁世凯,如南北和议成功,即当以总统之位让与袁。12 月 29 日,孙中山被选为临时大总统后,按代表会议的决定致电袁世凯,称只要袁赞成共和,愿随时将临时大总统一职让袁。但袁以自己的处事方式来推测,生怕总统之位从此落入孙中山之手,故对选举一事很不满,竟以推翻前 5 轮(1911 年 12 月 18 日、20 日、29 日、30 日、31 日共进行了 5 次和谈)南北和谈中所达成的条款来压南方。逼得北方和谈全权代表唐绍怡于 12 月 31 日提出辞职,1912 年 1 月 1 日再次提出辞职。2 日,袁世凯接受了唐的辞职,并电南方和谈总代表,以后应商事件直接电商。以后又直接向南方探询清帝退位后举袁为总统"有何把握?"②袁世凯觊觎临时大总统之位,其心切之情于此可见。

　　2 月 11 日,袁世凯致电参议院赞成共和。参议院于 14 日的常会上指定谷钟秀、时功玖二人起草复袁电,致谢袁赞助共和:"真二电均

---

　　①　《申报》1912 年 2 月 21 日。
　　②　伍廷芳:《共和关键录》,第 71 页。

敬悉。帝政之局终,民国之基固,公为功首,薄海同钦。本院代表全国同声感谢。"①2月12日,清廷公布了宣统皇帝退位诏书。13日,袁世凯致电南京临时政府,宣布政见,表示拥护共和:"共和为最良国体,世界所公认。今由帝政一跃而跻及之,实诸公累年之心血,亦民国无穷之幸福。大清皇帝既诏辞位,业经袁世凯署名,则宣布之日,为帝政之终局,即民国之始基。从此努力进行,务令达到圆满地位,永不使君主政体再行于中国。"②

孙中山接袁世凯赞成共和的电报后,按照承诺,2月13日,向南京临时参议院提出辞职咨文并提出了辞职的3个条件及推荐袁世凯为临时大总统的咨文。孙中山辞职咨文为:

本总统以为我国民之志在建设共和,倾覆专制。义师大起,全国景从。清帝鉴于大势,知保全君位必然无效,遂有退位之议。今既宣布退位,赞成共和,承认中华民国,从此帝制永不留存于中国之内,民国目的亦已达到。当缔造民国之始,本总统被选为公仆,宣言誓书,实以倾覆专制、巩固民国、图谋民生幸福为任。誓至专制政府既倒,国内无变乱,民国卓立于世界,为列邦公认,本总统即行解职。现在清帝退位,专制已除,南北一心,更无变乱,民国为各国承认,旦夕可期。本总统当践誓言,辞职引退。为此,咨告贵院,应代表国民之公意,速举贤能,来南京接事,以便解职。附办法条件如下:

一、临时政府地点设于南京,为各省代表所议定,不能更改。

二、辞职后俟参议院举定新总统亲到南京受任之时,本总统及国务各员乃行辞职。

三、临时政府约法为参议院所制定,新总统必须遵守颁布之一切法律章程③

孙中山推荐袁世凯的咨文为:

①　张国福编:《参议院议决案汇编》附编"文电",第9页。
②　《临时政府公报》第15号,1912年2月14日。
③　《孙中山全集》第2卷,第84页。

南下时,袁于2月底3月初指使其部属演出了一场兵变闹剧,使孙中山派往北京的迎袁南下专使蔡元培等也就无法再坚持袁南下的主张。蔡只好致电南京临时政府,提出统一政府组织办法4条,准袁世凯在北京宣誓就大总统职。临时政府接蔡电后也拟就袁在北京就职的4条办法。孙中山将蔡的4条和临时政府拟定的4条办法一并咨参议院议决。

3月6日上午,参议院常会,讨论孙中山交议的关于《袁总统受职与重行组织统一政府办法》案。政府委员总统府秘书长胡汉民出席参议院会议陈述意见并答复议员的质问后,会议主席林森提议此案关系重大,应即开全院审议会,讨论公决。林的提议付表决,22人赞成(出席议员29人),多数,可决。于是立即开全院审议会,以审议长李肇甫主席,逐条审议。上午未审议完,议决下午继续开审议会。下午1时,参议院接着开审议会,继续上午的审议。汤漪提议说,袁项城君来电既已谓北京略已平静,即应电袁君南来就职。若事实上万万不能来,即电请欢迎专使汪君兆铭南来,面质情形,另议办法。审议长以汤的提议付表决,赞成者8人,少数,否决。议员邓家彦提出动议,一面电允袁总统在北京受职,一面由政府电召欢迎专使汪兆铭回宁报告北京详情。审议长以邓的动议付表决,在场议员30人,赞成者19人,多数,可决。可见当时大部分参议员也被袁世凯的假兵变所欺骗,认为形势危迫,宜速组织统一政府,以定大局。故盼袁世凯早日就职,竟不能等汪回宁报告北京的详情。审议会上,议员谷钟秀将迎袁专使蔡元培的4条和临时政府4条及审议会的修正意见整理,提出关于《袁总统受职与重行组织统一政府办法》案,提出6条办法。经表决,以谷所提之案的6条办法为基础进行讨论。逐条审议修改后,基本通过。谷钟秀再依据讨论的结果,对6条的文字进行整理,再以全案付表决,多数赞成,通过审议会。这样,审查会结束,接着开全院常会,议长林森主席。议员汤漪再次提出袁世凯来南京就职的动议,议长以汤的动议付表决,赞成者少数,否决。审议长报告审议结果后,对审查报告逐条讨论表决。没有太大的修改即通过二读会。议决接着开三读会,对个别文字进行修改后,顺利通过三读。最后将全案付表决,在场议员30人,赞成者19人,多数,可决。并当即议决由议长指定殷汝骊、张耀曾、潘祖彝3人为起草员,起草咨复政府文并拟电给袁总统及欢迎专使。当日,参议院即将《袁总统受职与重行组织统一政府办法》案咨复临时大总统孙中山,说:大总统咨开蔡专使电拟统一政府组织办法4条,又政府所开办法4条。当经本院开会详细讨论,兹将议决各条列下。

1. 由参议院电知袁大总统,允其在北京受职。

2. 袁大总统接电后,即电参议院宣誓。

3. 参议院接到宣誓之电后,即复电认为受职,并通告全国。

4. 袁大总统受职后,即拟派国务总理及各国务员姓名,电知参议院,求其同意。

5. 国务总理及国务员任定后即在南京接收临时政府交代事宜。

6. 孙大总统于交代之日始行解职。

以上条件除电达袁君请其照办,并电知蔡专使等外,特此报告。又北京近状,本院极欲详悉,请即电召汪君兆铭来宁报告一切。

3月6日,参议院致电袁世凯,将参议院上述议决的《袁总统受职与重行组织统一政府办法》告袁。

3月8日,袁世凯按参议院议决的办法电传誓词到参议院:

民国建设造端,凡百待治。世凯深愿竭其能力,发扬共和之精神,涤荡专制之瑕秽。谨守宪法,依国民之愿望,蕲达国家于安全强固之域,俾五大民族同臻乐利。凡兹志愿,率履勿渝。俟召集国会,选定第一期大总统,世凯即行解职。谨掬诚悃,誓告同胞①。

3月9日,参议院临时会议,议题为《袁总统宣示誓词来电》,公议应照3月6日本院议决袁总统受职与重行组织统一政府办法第3条,电复袁总统认为受职并致词于袁总统。并用起立表决法可决起草员草拟的致袁总统的祝词。致词为:

① 张国福编:《参议院议决案汇编》附编"文电",第5页。

共和肇端,群治待理,仰公才望,畀以太阿。筚路蓝缕,孙公既开其先;发扬光大,我公宜善其后。四百兆同胞公意之所托,二亿里山河大命之所寄,苟有陨越,沧胥随之,况军兴以来,四民辍业,满目疮痍,六师暴露,九府匮竭。转危为安,劳公敷施。本院代表国民,尤不得不拳拳敦勉者:临时约法七章五十六条,伦比宪法,其守之维谨,勿逆舆情,勿邻专断,勿狃非德,勿登非才。凡我共和国五大民族有不至诚爱敬,皇天后土,实式凭之。谨致大总统玺绶,俾公令出惟行,崇为符信。钦念哉!①

3月9日,参议院通电全国,通告承认袁世凯受职。

3月10日,袁世凯在北京就任临时大总统职。

孙中山提出辞去临时大总统职后,黎元洪也致电参议院辞去临时副总统及大元帅之职。参议院2月19日常会,时功玖的"应承认黎副总统之辞职,并一面开选举会选举临时副总统"的提议,用起立表决法,多数赞成,可决。并议定20日下午开临时副总统选举会。并于当日将参议院的上述决议电告黎元洪并通告全国。2月20日上午,参议院常会,推举候补临时副总统,用无记名投票法投票,投票结束后,将票箱封好。下午2时,开临时副总统选举会,议长林森主席。先由监选人开启上午封好的选票箱,验选举票。结果黎元洪得7票,获得候补副总统当选人。接着分发正式选票,仍用记省名投票法,参加选举的共15省代表,黎元洪得15票,也是满票当选。选举结果一揭晓,全体议员三呼副总统万岁!中华民国万岁!共和万岁!显然,这种选举也只是走过场,是一出闹剧。临时参议院将选举结果电告黎元洪并通告全国。

3月29日,唐绍仪内阁在参议院通过后,按3月6日参议院通过的《袁总统受职与重行组织统一政府办法》第5条和第6条的规定,临时大总统孙中山正式解职。4月1日上午参议院常会,宣布临时大总统孙中山辞职咨文。下午3时孙总统行解职礼。孙中山、唐绍仪及各

---

① 《申报》1912年3月11日。

部总次长到参议院。议长林森主席报告孙总统解职咨文。孙中山登台
发表演说：

本总统于中华民国正月初一至南京受职，今日四月初一日至
贵院宣布解职。自正月初一日至四月初一日，为期适三阅月。在
此三月中，均为中华民国草创之时代。当中华民国成立以前，纯然
为革命时代。

中国为何而发起革命？盖吾辈革命党之用心以联合四万万人
推倒恶劣政府、造成国利民福为宗旨。自革命初起，南北界限尚未
化除，不得已而有用兵之事。三月以来，南北统一，战事告终，造成
完全无缺之中华民国，此皆全国国民及全国军人之力所致。在本
总统就职之初，亦不料有如此之好结果，亦不料以极短之时期而能
建立如此之大事业。

今日中华民国南北统一，五族一家，本总统已在一月以前，提
出辞职书于参议院。当时因统一政府未成，故辞职之后，仍由本总
统代理。现在国务员已均由国务总理唐君发表，政府已宣告成立，
本总统自当辞职。今日特莅贵院宣布；但趁此时间，本总统尚有数
语宣告，以供贵参议员之听闻。

中华民国成立之后，凡为中华民国之国民，均有国民之天职。
何谓天职？即是促进世界的和平。此促进世界的和平，即是中华
民国前途之目的。依此种目的而进行，即是巩固中华民国之基础。
又凡政治、法律、风俗、民智种种事业，均须改良进步，始能与世界
各国竞争。凡此种种之改良进步，均是中华民国国民之责任。人
人能尽职任，人人能尽义务，凡四万万人无不如此，则中华民国之
进步必速。中国人民居地球四分之一，则凡有四人之地，即有一中
国人民。况交通既便，世界大同，已有中外一家之势。中华民国国
民均须知现今世界之文明程度。当民国初立时，人民颇有不知民
国之为何义，文明进步之为何义，凡吾辈先知先觉之人，即须用从
前革命时代之真挚心，努力进行，而后中华民国之基础始固，世界

之文明始有进步。况中国人民本甚和平,现在世界上立国百有数十,雄强相处,难保不有战争发生。惟中国数千年来即知和平为世界之真理,人人均抱有此种思想。故数千年来之中国,纯向和平以进行。中华民国有此民数,有此民习,何难登世界舞台之上,与各国交际,以希望世界之和平,即是中华民国国民之天职。本总统与全国国民,同此心理,用心研究,将人民之知识、习俗以及一切事业切实进行,力谋善果,即为吾中华民国国民之本分。

本总统解职之后,即为中华民国之一国民。政府不过一极小之机关,其力量不过国民极小之一部分,其大部分之力量,则全在吾中华民国之国民。本总统今日解职,并非功成身退,实欲以中华民国国民之地位,与各国民之力量,与四万万人协力造成中华民国之巩固基础,以冀实现世界之和平。望贵院各位参议员与将来政府,勉励人民,同尽天职,使中华民国从今而后得享文明之进行,使世界舞台从今而后得享和平之幸福①。

孙演说结束后,即将临时大总统印交还给参议院。参议院议长林森、副议长王正廷即令全院委员长李肇甫接收临时大总统印。议长林森命秘书长宣读临时参议院代表全国致词:

维中华民国元年4月1日即中华民国成立之九十三日,临时大总统孙文躬莅本院行解职礼,本院代表全国谨致之词曰:

中华建国四千余年,专制虐焰,炽于秦政,历朝接踵,燎原之势,极及末流,百度堕坏,虽拥有二亿里大陆,莘有四百兆众庶,外患乘之,殆如摧枯拉朽,而不绝如缕者,仅气息之奄奄。中山先生发宏愿救国,首建共和之纛,奔走呼号,于专制淫威之下,身濒于殆者屡矣,而毅然不稍辍,二十年如一日。武汉起义,未一月而响应者,三分天下有其二,固亡清无道所致,抑亦先生宣导鼓吹之力实多也。当时民国尚未统一,国人亟谋建设临时政府于南京,适先生归国,遂

---

① 《孙中山全集》第2卷,第317、318页。

由各省代表公举为临时大总统。受职才四十日,即以和平措置,使清帝退位,统一底定,迨未忍生灵涂炭,遽诉之于兵戎。虽柄国不满百日,而吾五大民族所受赐者,已靡有涯矣;固不独功成不居,其高尚纯洁之风,为斯世矜式已也。今当先生解临时大总统职任之日,本院代表全国,有不能已于言者:民国之成立也,先生实抚育之;民国之发扬光大也,尤赖先生牖启而振起之;苟有利于民国者,无问在朝在野,其责任一也。卢斯福解总统职后,周游演述,未尝一日不拳拳于阿美利加合众国,愿先生为卢斯福,国人馨香祝之矣![1]

同日,孙大总统向全国颁令通告解职。全文如下:

前由参议院议决统一政府办法第六条:孙大总统于交代之日始行解职。今国务总理唐君南来,国务员已各任定,统一政府业已完全成立,于4月1日在南京交代,本总统即于是日解职,用是宣布周知。此后国中一切政务,悉取决于统一政府,本处各部办事人员仍各照旧供职,以待新国务员接理,勿得懈怠推诿,致多旷废。本总统受任以来,栗栗危惧,深恐弗克负荷,有负付托。赖国人之力,南北一家,共和确定,本总统藉此卸责,得以退逸之身享自由之福,私心自庆,无以逾此。所愿吾百僚执事,公忠体国,勿以私见害大局。吾海陆军士谨守秩序,勿以共和昧服从。吾五大族人民亲爱团结,日益巩固,奋发有为,宣扬国光,俾吾艰难缔造之民国,与天壤共立于不敝。本总统虽无似,得以公民资格,勉从国人之后,为幸多矣[2]。

当日,参议院通电全国,通告孙大总统于4月1日辞职。

六、通过唐绍仪内阁

在南北议和期间,革命党人就提出同盟会方面将总统一职让给袁

① 《民立报》1912年4月3日;《申报》1912年4月4日。
② 《孙中山全集》第2卷,第302、303页;《申报》1912年4月3日。

世凯,总理一职自然应由同盟会员担任,再由总理提出阁员全体名单,请参议员投票。这实际是要与袁分权,甚至架空袁。袁和所有独裁者一样,在权力问题上是丝毫不会让步的。袁坚持由自己的心腹唐绍仪担任内阁总理,双方一度争执不下。最后经立宪派官僚赵凤昌等人调停,双方达成一个协议:唐绍仪出任内阁总理,同时加入同盟会。3月8日袁世凯提名唐绍仪为国务总理。3月11日上午参议院常会,对袁提名的国务总理进行表决。公议用投票表决法,结果以17票对4票的多数表决同意。参议院当即将结果咨复临时大总统孙中山,请孙转复袁世凯即行任命唐绍仪为国务总理。3月13日,袁世凯正式任命唐绍仪为国务总理。3月30日在南京临时政府欢迎唐绍仪的宴会上,唐绍仪在黄兴等人力劝之下,正式加入同盟会。在内阁成员人选上,3月15日,袁世凯提出12名国务员请求参议员同意。这12名阁员中,除蔡元培、王宠惠属同盟会外,其余概属已消亡的清朝旧官吏。这立即遭到南京各界的强烈反对,多数参议员对此也很不满。3月15日参议院常会,开议孙中山临时大总统交议袁世凯临时大总统电开《拟任陆徵祥等为国务员请求同意》案。袁拟成立外交、内务、财政、陆军、海军、司法、教育、农林、工商、交通、邮电、工业12个部。参议员王正廷以袁拟派国务员系按12个部办法支配,与参议院3月12日通过《各部官制通则》第1条所规定的10个部不符(多了邮电、工业两个部),"应咨复孙总统请转达袁总统按照议决《各部官制通则》第1条办法,另将拟派之国务员交由本院同意"的提议,经表决,16人赞成(出席议员共28人),多数可决。同时议决将上述议决一面咨复孙总统请转达袁总统,一面径电袁总统请其查照办理。并由议长林森指定李肇甫、谷钟秀起草给孙中山的咨文和给袁世凯的电文。李、谷当即将咨文和电文起草好,并征得议员同意后,当日即发出。这样,内阁难产。

　　袁世凯为了尽快接收南京临时政府,派国务总理唐绍仪南下与南方协商内阁的组成事宜。3月22日唐绍仪由京抵沪,25日再由沪转宁,以便与南方各方面协商新一届内阁的人选。经过反复协商,同盟会的蔡元培、王宠惠、宋教仁、陈其美均入阁。当时南方革命将领强烈要求黄兴出任陆军总长。但陆军总长一职事关军权,袁世凯与所有的独裁者一样,最重视的就是军权。对这种权中之权袁自然要紧紧抓住,寸步不让,坚持以其心腹、北洋大将段祺瑞出任。作为交换条件,答应成立南京留守处,由黄兴出任留守,统帅南方各省军队。同时答应任命王芝祥为直隶都督。南北双方各做妥协,组阁工作才取得进展。在得到袁世凯的认可之后,内阁阁员名单才定了下来。由于组阁迟迟难定,参议院为此事着急,3 月 28 日,参议院常会,由刘彦提议、彭允彝等 12 人连署的《国务员延未交议质问》案通过后即咨送临时大总统孙中山,电达临时大总统袁世凯并知照国务总理唐绍仪,请他们即日答复。

3 月 29 日下午 4 时,参议院开临时会,议长林森主席。孙中山、唐绍仪及南京临时政府多数总、次长出席参议院当日下午的临时会议。孙到会是欲即解大总统职,故携带印、绶到院。参议员多数以为今日只可议决新内阁人员的同意与否,总统解职系另一问题,应另择日期,正式宣告,以表尊崇。这样,孙也就只好作罢。接着唐绍仪登台发表演说,并提出阁员名单以征求参议院的同意。参议院立即中止了当日下午的议事日程,以便讨论通过袁世凯、唐绍仪提出的阁员。由于唐绍仪被选为国务总理,尚未到参议院发表政见,故先由唐绍仪做了简短的演说,发表政见如下:

> 绍仪承孙、袁二大总统推举,充当国务总理,自审才力,实愧不能。然当此存亡危急之秋,国家大事,多未能决,亦不敢不勉为其难。现中华民国既已成立,开端最重要之事件:
>
> 第一、自去岁 9 月起义以来,各省均不免有扰乱之处,不亟图维持,则民生将不可终日。
>
> 第二、中国于外交事件,在满清时代与各国所订条约,名为和好,实则从未开诚布公,以致事事皆落人后,事事皆中国受亏。庚子后免厘加税之约,与国家前途关系甚大,乃至今十余年,厘仍未免,税仍未加,故外国承认民国之后,应首先实行此策。此外,庚子

条约所订者,亦须次第施行。

第三、从前社会趋势,专讲研究文字,而不研究实业,致以地大物博之中国,几变为世界最穷之国家,以致非借外债,即不能办兴利之事务。新政府成立后,即分设农林、工商二部,其宗旨即在振兴实业。交通一部,关系尤重。路权、航权等,均须切实办理。但农林、工商、交通皆系专门,均不能无学问,更不能于专门政治之才求之。此次新政府成立后,此三部必当实事求是,嗣后国家之发达,全在于此。

再,民国今日现状,最困难者,莫如财政。关于财政之报告甚详,今姑简单说之。辛亥年预算表,全国进款银29 700余万两,出款35 000余万两。出入相抵,不敷银5 400余万两。加以筹备各种事务,追加预算各费,应加入银2 400余万两。共不敷银7 800余万两。此外,尚有外债、赔款两种。外债之利、赔款之数年搁下未付者,共约银5 000余万两。又自辛亥年5月以后,所借四国之款,预备改造币制及建筑粤汉、川汉各路者,及各省借以维持市面者,即以去年一年计算,其总数约在银20 000万两之数,其利以5厘计之,亦应银1 000万两。此1 000万两与前7 000余万两合之,已8 000余万两。又去年8月以后之洋债未按期交款者,自9月至今年本月,已约银2 000余万两。9月起义以后,南方军队共有80师团。此时即能裁20师团,亦尚有60师团。此60师团中,1师团每月须银12万两,60师团每月即须银720万两,到年底须8 000余万两。又起义以来,各处所破坏者,其建筑费亦不应不为之预备,最少亦须银1 000万两。全国恩恤事务以及抚育其子弟等事共须1 000万两。其赔偿外人损失之处,此次亦总不能免,数虽不能确指,然亦不能不为之预备。又民国成立以来,临时财政部至今已支出银700余万两,并此款算入,共约银214.5兆之数。此皆元年必须之款,无可减少者。绍仪对于此事,将来尚须再到院陈述事由,以供诸公讨论①。

---

① 《申报》1912年4月3日。

唐绍仪的就职演讲提出了国家要由乱到治、维持民生、发展实业的政策,同时提出中国外交重点是与列强交涉落实免厘加税条约。演说以最大的篇幅说明了政府所面临的严重的财政困难问题。对于如何解决当前的困难,唐绍仪只字未提。唐之所以演说中以如此大的篇幅说明财政的极度困难,恐怕主要是为正在进行的对外交涉大借款埋下伏笔。

接着,唐绍仪介绍提名中的各国务员:至此次组织内阁,各部国务总长,已在北京得袁大总统之命令。此次任命各员发表于贵院,并求贵院之同意。陆君徵祥,历任外交官,折冲樽俎,不亢不卑,中外钦敬,必能大展所长,故任其为外长。赵君秉钧,在京津办理警务,历时已久,此次兵变,维持秩序,尤为得力,将来新政府移往北方,内务实为熟手。故任其为内务总长。段君祺瑞,陆军专家,特任其为陆军总长。刘君冠雄,乃海军宿将,学问优长,经验又久,军心必然钦向,特任其为海军总长。王君宠惠、蔡君元培,一系法学泰斗,一系教育名家,分配司法总长、教育总长最为合宜。熊君希龄,前充奉天财政监理,成绩为各省之冠,财政一途,经验极久,且关系对外各事,亦能应付得体,特任财政总长。宋君教仁、陈君其美二君,虽于农林、工商非其素习,然热心办事,均当今所难得,故分长农林、工商。交通一职重在铁路。吾国铁道建设,关涉外债者为多,非有兼长,难期胜任。梁君如浩,曾办山海关铁路,曾任关道,二者均系熟手,故任其为交通总长①。

唐绍仪介绍提名各阁员后,议员王正廷发言主张先开全院委员会,详加讨论。经表决,多数赞成王的主张,于是开全院委员会。临时大总统孙中山、国务总理唐绍仪均退席。审议会由审议长李肇甫主席。

全院委员会审议所提内阁名单时,对工商总长陈其美的提名和交通总长梁如浩的提名,很多议员发言提出异议。最后用起立表决法表决,在场议员39人(议长不参与表决),结果如下:

---

① 《申报》1912年4月1日、3日。

外交总长:陆徵祥,27 人同意

内务总长:赵秉钧,25 人同意

陆军总长:段祺瑞,22 人同意

海军总长:刘冠雄,20 人同意

财政总长:熊希龄,28 人同意

司法总长:王宠惠,26 人同意

教育总长:蔡元培,27 人同意

农林总长:宋教仁,23 人同意

工商总长:陈其美,24 人同意

交通总长:梁如浩,24 人同意

均过半数,通过全院委员会审议会。于是又立即改开全院大会,孙中山、唐绍仪等行政官员再出席全院大会,仍由议长林森主席。审议长李肇甫报告审议结果后议决用无记名连记投票法投票。在场议员共40 人,议长不参与投票,故投票者共39 人,共投票39 张。结果:

外交部总长:陆徵祥,38 票同意,1 票不同意

内务部总长:赵秉钧,30 票同意,9 票不同意

陆军部总长:段祺瑞,29 票同意,10 票不同意

海军部总长:刘冠雄,35 票同意,4 票不同意

财政部总长:熊希龄,30 票同意,9 票不同意

司法部总长:王宠惠,38 票同意,1 票不同意

教育部总长:蔡元培,38 票同意,1 票不同意

农林部总长:宋教仁,34 票同意,5 票不同意

工商部总长:陈其美,21 票同意,18 票不同意

交通部总长:梁如浩,17 票同意,22 票不同意

除交通总长梁如浩未通过外,其余9 名阁员全部通过。投票结果一出来,唐绍仪即提名汤寿潜出任交通总长,征求参议院同意,议员全体反对,只好作罢。3 月30 日临时大总统正式任命了唐内阁的阁员。4 月1 日,参议院常会。唐绍仪咨告奉袁总统电令,由总理代理交通部

总长咨文在会上宣读,主席用举手表决法,可决。唐正式代理交通总长。4月5日袁世凯电参议院,拟任命施肇基充任交通总长求同意。4月6日,参议院常会,主席、副议长王正廷宣布唐总理咨告《拟派施肇基充任交通总长请求同意》案,用无记名投票法表决,投票结果,到会议员29人,同意15票,不同意13票,通过。4月8日,临时大总统命令任施肇基为交通总长。

3月30日,袁世凯发布《国务员任命令》,正式任命各部总长,唐绍仪内阁正式成立。唐绍仪、蔡元培、宋教仁等4月20日回到北京后,于4月21日正式成立了国务院。

七、临时政府所在地之争

1912年2月13日,临时大总统孙中山在向参议院提出的《辞职办法条件》案中所提的三个条件中的第一条就是"临时政府地点设南京,为各省代表所议定,不能更改"放在新选出的临时大总统必须遵守《临时约法》等一切法制章程条件之前,足见孙中山对临时政府所设地点的重视。这在当时的历史条件下,提出这一条件是必须的。

从法理上说,中华民国临时政府给予清室优待条件,清帝接受后退位,必须将其所握有的北方政权交给南京临时政府。接收清政府的一切权力后,南京临时政府统一了全国,是中国惟一合法的政府。中华民国的立法机关按《临时约法》的规定选举袁世凯为中华民国临时政府第二任临时大总统,临时大总统到临时政府就职,袁自然应该到南京就职。号称共和的中华民国政府不应迁就个人,而应个人就临时政府。即常设的国家政权机关决不应迁就个人,否则违背法理,大有专制时代朕即国家之嫌,因国家机构专为皇帝而设是专制时代通行之法。如果将临时政府移往北京以迁就袁个人,这种近乎移临时政府送北京任袁接收,是有悖法理的。从当时的实际情况看,临时政府设南京更是必要的。袁世凯是刚刚结束的清政府的内阁总理大臣,清朝的重权握在袁手中。在清帝退位后,袁立即将清政府改为共和临时政府,自称共和临时政府首领,将各部大臣改名为各部首领。换汤而不换药,正暴露了袁世凯假共和真封建专制的面目。由于此举过于露骨和拙劣,遭到孙中山等的强烈反对后,袁只好取消共和临时政府,但一整套机构还存在,还在运行,袁以首领的名义任命官员,度支部首领周自齐还在与华比银行商谈借款事宜。原清政府的官员依旧任原职,且把希望寄托在袁世凯身上。此时将南京临时政府移北京来迁就袁,实质就是迁就旧势力,真有新势力向旧势力屈从,民军向北洋军投降之嫌。临时政府在北京组建,其结果必然是总长用几个南方人点缀,各部的机构依然是清政府的旧人所组成,南京临时政府开始的一点革故鼎新之风自然要消失于无形,而为袁的复辟准备条件。黄兴的主张临时政府设南京的电报中说得很清楚。孙、黄坚持临时政府设南京,让袁暂时离开当时帝王气息浓厚的北京,离开北洋的巢穴,自然是希望袁不要背叛共和。临时政府所在地设南京,自然是定都南京的必要条件,也是定都南京的一个重要措施。孙、黄当然希望定都南京,因南京是中华民国的开创之地。但定都何处,最后应由正式国会决定。也就是说,临时政府设南京与定都何处是两个问题,是两个既有联系又有区别的问题。黄兴的通电中也阐述得很清楚。而史书又都将这两个问题当作了一个问题,归为定都问题之争,是不准确的。当时反对临时政府设南京和主张设北京的人们就是将这两个问题混为一谈,而抹煞了孙中山主张的意义,鼓动了人们反对临时政府设南京的情绪。

最先公开反对临时政府设南京的是临时政府枢密顾问、有民国弥衡之称的名士章太炎。孙中山刚一提出,章即于 2 月 13 日致书参议院,反对临时政府设南京,主张定都北京。章太炎致参议院函全文如下:

> 建都议起,南北殊言,颇闻坚守金陵者,谓燕京有使馆炮台之险,亡清污俗之余,移处南方,非独避危就安,亦以涤瑕荡垢。不悟政纪修明,则旧污自化,蚌非自取,则攻具勿施。此二者不足以成迁都之说。

今复举利害校之。中国幅员既广,以本部计,燕京虽偏在北方;以全部计,燕京适居中点,东控辽沈,北制蒙、回,其力足以相及。若偏处金陵,威力必不能及长城以外,其害一也。北方文化已衰,幸有首都为衣冠所辐辏,足令蒸蒸丕变。若徒处金陵,安于燠地,苦寒之域必无南士足音,是将使北民化为蒙古,其害二也。逊位以后,组织新政府者当为袁氏。若迫令南来,则北方失所观望,日、露(注:俄国)已侵及东三省,而中原又失重镇,必有土崩瓦解之忧,其害三也。清帝尚处颐和园,不逞之徒,思拥旧君以倡乱者,非止一宗社党也。政府在彼,则威灵不远,足以镇制。若僻处南方,是纵虎兕于无人之地,非独乱人利用其名,蒙古诸王亦或阴相拥戴,是使南北分离,神州幅裂,其害四也。东交民巷诸使馆物力精研,所费巨万,若迫令迁移,必以重资备偿。民穷财尽之时而复靡以巨币,其害五也。今北方诸议者,咸思改宅天津,其实犹不如仍旧,而况金陵处偏倚之区,备有五害,其可以为首善之居哉?谋国是者当规度利病,顾瞻全势,慎以言之,而不可以意气争也。

若曰南土为倡义根本,必不屈就北方,是乃鄙人倔强之谈,岂足数于大君子之前乎?纵依是说,则倡义之始,实在武昌,又不应以金陵为宅矣!或言南中少吏,自愧菲材,以为建宅北方,必被淘汰,由保图禄位之心,腾其簧鼓,以挠大计,明知大势不可更改也,强与支柱,以延双方调洽之期,一日服官,则一日沾沾自喜,初不虑民生之日瘁,外患之相乘者,窃以口号称志士,热中患失,亦何至是!然以今日仕途混杂,不能无浮竞之徒,私相煽惑。诸君子职在建言,盖起讦谟定命,岂忘国家久安之计,而徇朋友利禄之情,吾以为必不然矣!

愿审思鄙言,速与解决,南北混一,九州攸同,然后生聚教训,期以十年,使中国雄视亚洲,未敢望也。国维四奠,安如泰山,出生民于水火而登之于衽席,则甚幸耳①。

---

① 《中华民国史事纪要(初稿)》,第236页;《盛京时报》1912年2月28日。

　　如前所述,此时的章太炎是完全站在反对孙中山和南京临时政府的立场上,故全力支持袁世凯、信任袁世凯。正是从这一立场出发,章太炎的信将反对定都南京、主张定都北京,将临时政府所在地与建都地点混为一谈,且将其理由发挥得淋漓尽致。由于此信发表得早,并对其主张的理由进行了详尽的阐述,故影响很大。

　　依据法理,依据实际,孙中山提出的临时政府设南京的主张是正确的。但可惜缺乏与同盟会其他领导人及同盟会籍议员的沟通,包括宋教仁在内的一些领导人和同盟会籍的参议员并未理解孙中山的意图,大多数却同意了章太炎的主张。2月14日参议院常会上,在讨论临时大总统交议的《辞职办法条件》案第一条时,同盟会籍参议员、参议院全院委员长李肇甫反对临时政府地点设南京,提议临时政府地点须在北京,并陈述理由:"南北既经统一,即应筹全国所以统一之道。临时政府地点,为全国人心所系,应选择足以控驭全国之地,使各族趋于一致,使足以维系全国人心。前经各省代表指定临时政府地点于南京,系因当时大江以北尚在清军范围。现在情势不同,自非因时制宜不可。"①最后用记名投票表决法表决临时政府所设地点,投票结果,主张临时政府设北京、南京、武昌、天津者分别为20票、5票、2票、1票。可决临时政府地点为北京。并由会议主席陈陶怡指定积极主张建都北京的参议员谷钟秀、李肇甫二人为拟答复总统咨文的起草员。参议院给临时大总统孙文的咨文说:

　　　　今日南北既经统一,即应统筹全国,图所以统一之道。临时政府地点为全国人心所系,应在可以统驭全国之地,使中国能成完土,庶足以维系全国人心,并达我民国合五大民族为一国之旨。前经各省代表指定临时政府地点于南京者,因当时大江以北尚在清军范围内,不得不暂定临时政府适宜之地。今情势既异,自应因时制宜,定政府地点于北京。特新举总统,无论何人,应在南京接收

---

①　蔡寄鸥著:《鄂州血史》,第187页。

事权。事经议决,请查照行之①。

　　孙中山接到参议院《咨请辞职荐贤自代及辞职办法》案的咨文,对参议院将临时政府所在地改设北京的决定大出意料,对同盟会议员的态度更是愤激,立即召陆军总长黄兴到总统府商讨办法。黄兴表示临时政府地点设南京,党中不应有异议。于是孙中山当晚即将当天参议院积极主张建都北京的同盟会籍参议员李肇甫、黄树中等叫来大骂一顿,并限于次日中午12时以前复议改正过来。李、黄等人皆唯唯诺诺。同时孙中山又让胡汉民、居正等约同盟会的参议员,说明政府不能同意该案,必交复议。其理由除郑重和议建都南京的诺言外,北京为专制腐败势力集中之地,污染甚深;又受不平等条约束缚,东交民巷、使馆营房,俨然敌国,动辄受其威胁;袁世凯野心难驯,盘踞自雄,非帝制自为,即屈服于列强强权之下,不但不能建立独立、自由、平等的民国,后患不堪设想。我同盟会议员非力争推翻建都北京的前案不可。黄兴则以武力威胁同盟会参议员说:"政府决不为此委曲之手续,院议自动地翻案,尽于今日;否则吾将以宪兵入院,缚所有同盟会员去。"②同时,总统府秘书长胡汉民遵孙中山的意见,按《中华民国临时政府组织大纲》第14条,15日下午向参议院提交《咨请复议临时政府地点》案。

　　参议院15日下午的会(上午参议院会为《临时约法》审议会及投票选举候补临时大总统)由议长林森主席,一开始即讨论《咨请复议临时政府地点》案。同盟会籍一参议员登台发言,激昂悲愤,说临时政府如不设在南京,则将以身殉会场,并举枪欲自杀。台下大喊:不要讨论!请议长付表决③。主席问全场有无异议,众人一致说无异议。于是将该议员扶下台,即付表决。仍用有记名投票法表决,结果以19票对7票的绝对多数可决临时政府仍设南京。当然,按《中华民国临时政府组织大纲》第14条的规定,对临时大总统交复议的参议院议决事件,只

① 李守礼编:《民初之国会》,第72页。
② 李守礼编:《民初之国会》,第43页。
③ 李守礼编:《民初之国会》,第70页。

要不足三分之二以上议员坚持原议,则参议院之前议即推翻。参议院将复议的结果咨复临时大总统孙中山:"大总统咨回本院关于临时政府地点移北京一案,业经本院照《临时政府组织大纲》第14条,开会复议。讨论结果,主张仍照原案者不及三分之二。临时政府地点仍在南京。"①

袁世凯是以建立以北洋军阀为核心的封建专制为目标的,是中国最大的阴谋家之一,精通政治暗杀之道,以己度人,自然更不敢轻易离开自己的老巢。袁自清末东山再起手握大权之后,就一直深居简出,未敢跨过长江一步。故一得知参议院议决临时政府地点设于南京,自己必须到南京就职一事坚决反对。2月15日袁世凯在复黎元洪2月14日电(该电主定都汉口)的电报中置黎的定都汉口的主张不理,却说:"昨孙、黄二公及同盟会员电约鄙人赴宁。惟北方情形复杂,递引互牵,若因凯一去,变端立见,殊非爱国救民之素志。反复思维,与其孙大总统辞职,不如世凯释权。"②同日,袁世凯通电说:北方危机隐伏,舍北就南,变端立见,已请唐绍仪赴南京协商③。2月16日,袁电南京参议院,表示"南去为难"。同日在复孙中山促其赴宁接任的电报明确拒绝南下,甚至以退职相要挟,说:

> 若专为个人职任计,舍北而南,则实有无穷窒碍。北方军民意见尚多纷歧,隐患实繁;皇族受外人愚弄,根株潜长;北京外交团向以凯离此为虑,屡经言及;奉、江两省,时有动摇;外蒙各盟,迭来警告。内讧外患,递引互牵。若因凯一走,一切变端立见,殊非爱国救世之素志。若举人自代,实无措置各方面合宜之人。然长此不能统一,外人无可承认,险象环集,大局益危。反复思维,与其孙大总统辞职,不如世凯退居。盖就民设之政府,民举之总统,而谋统

---

① 谢振民编著:《中华民国立法史》,第49页。
② 《临时公报》辛亥年12月30日。
③ 郭廷以编著:《中华民国史事日志》第一册,第24页。

一,其事较便。今日之计,惟有由南京政府将北方各省及军队妥筹接收以后,世凯立即退归田里,为共和之国民。当未接收以前,仍当竭志尽愚,暂维秩序。总之,共和既立之后,当以爱国为前提,决不欲以大总统问题,酿成南北分歧之局,致资渔人分裂之祸①。袁世凯不南下就职的态度是坚定的。

由于袁世凯已被选为第二任临时大总统取代孙中山,明正言顺地执掌国家的最高权力,是中国的最高统治者。袁又掌握着一支当时中国战斗力最强的北洋军,是中国最有实权的军阀。中国的政客和大小军阀历来就有趋炎附势,巴结、投靠最有权势的强势人物的传统。因为只有如此才能巩固乃至增加自己的权力。故都争相投袁所好,争先恐后地发出函电,反对临时政府设南京,主张定都北京。再加上南京参议院是在孙中山、黄兴的干预下才将前一天议定的临时政府设北京改为设南京,给人以行政干涉立法的印象。故上海各政团及报界首先起来反对参议院将临时政府设南京的决定。中华民国联合会、民国协会、《神州报》、《民立报》、《时事新报》、《大共和报》致南京参议院电:"都城地点贵院为政府所牵制,舍北取南,帝党有死灰复燃之势,强敌有乘机侵略之虞。况立法为行政所侵,不能保其独立,民国开此恶例,尤可寒心。望诸君以去就力争,保全天职。"②其他地方的各大报纸亦纷纷通电或发表文章,反对临时政府设南京,主张定都北京。且将临时政府地点与国都问题混为一谈。

2月15日,江苏代理都督庄蕴宽首先通电,反对建都南京,主张定都北京,将临时政府地点与国都问题混为一谈。于是全国一时函电交驰,反对定都南京,主张定都北京:江北都督蒋雁行致孙大总统、袁大总统电(2月18日),杭州浙江都督蒋尊簋致袁大总统电,天津国民共进会致袁大总统电(以上为2月19日),直、晋、豫三省咨议局致袁大总

---

① 《申报》1912年2月21日。
② 《盛京时报》1912年2月27日。

统电(2 月 21 日)、浙军司令朱瑞、粤军司令姚雨平、第一军团长柏文蔚、光复军司令李燮和、第 7 师师长洪承点、江北都督蒋雁行、鄂军代表傅人杰等电(以上为 2 月 23 日)、奉天咨议局致袁大总统电(2 月 23 日)、陕西旅京职官薛宝辰等致袁大总统呈、裁缺吏部主事范宝昌、宋宝龄等上表袁大总统呈、齐齐哈尔宋抚台致袁大总统电、上海民国公会致袁大总统电(以上为 2 月 24 日)、天津张镇芳、张怀芝、张锡銮及各司镇道将领通电、北京段(祺瑞)、姜(桂题)、冯(国璋)三军统通电、长沙谭都督(延闿)通电、北京喇嘛印务处及 31 处寺庙得木奇格斯贵等率僧众数千余名各公请坐镇京都呈(以上为 2 月 25 日)、共和实进会全体会员上袁大总统呈、太原阎都督、李抚台来电(以上为 2 月 27 日)、留奥邮电毕业生谢式瑾请速商南使奠都北京呈(2 月 28 日)、齐齐哈尔黑省咨议局请袁大总统定都北京电(2 月 28 日)、马厂第四镇全镇军官公请袁大总统在北京受任电(2 月 28 日)、盛京赵制台等来电(3 月 3 日)、蒙古联合会代表,蒙古恳求袁大总统勿去南京函、江西都督马毓宝电、东北都督蓝天蔚电、广西都督陆荣廷电,等等。

反对定都北京者寥寥无几,只有联军总司令孙岳、安徽都督孙毓筠、山东都督胡瑛。但孙毓筠主张定都天津,胡瑛主张定都武汉。

以上各电、呈主张建都北京的理由不外如下几点:1. 北京由陆路直达欧洲,交通便利。2. 北京文物丰富,可资草创时期凭藉,且北京已有都城规模,不须另用经费。3. 北京足控南、北满,内、外蒙,建都北京不仅便于移民实边,且足以谋五族统一;倘一迁移,控制失宜,既不便殖民,且易招内讧外侮。4. 北京未靖,倘一摇动,难保不生意外之变;且北京专制余孽尚有死灰复燃之虑,必须坐镇。5. 北京使馆林立,若迁都,使馆须迁,各国未必赞同。各国公使对此啧有烦言,稍有不慎,便生交涉。6. 宗社党结合日本从事复满活动,辽东一带正在蠢蠢欲动,风声吃紧。7. 庚子乱后,与外国订有使馆通道之约,若移南京,则江阴、吴淞等处炮台必撤毁,利害关系甚大。8. 就我国历史观察,都南不如都北,建都南京为偏安之计。9. 北方军队麇集如林,一闻迁都之信,皆怀观望,设必坚持成见,则一摇足便生他变。这些理由基本上重复着章太炎函中的理由。

孙中山、黄兴则仍坚持临时政府设南京的正确主张。2月24日黄兴在致江苏省代理都督庄蕴宽、临时政府陆军部顾问李书城的电报中明确指出主张定都北京者将临时政府地点与国都问题混为一谈而产生错误的看法,全面系统地阐述了临时政府必须设在南京的理由。电报全文为:

> 两电均悉。所论各节,以国都问题与临时政府建置地点混合,故生种种误会。鄙意国都问题当由国会解决。临时政府建置地点,当经各方面观察,择最宜于现势者权定之。此次民国成立,合南北军民一致而成,袁公之功自不可没。惟清帝退位,尚在北京,南方各军多数反对优待条件。袁公虽与清廷脱离关系,尚与清帝共处一城。民国政府移就北京,有民军投降之嫌,军队必大鼓噪。且临时政府既立,万不能瞬息取消。清帝既退,其统治权,统一政府未成立前,当仍以南京临时政府为暂行统治权之机关。袁公受民国之事,接受民国政府,自应受之于政府所在地,更无移政府而送其接收之理。自和局既定,袁公心迹之大著,万众倾心,移节南来,感情易惬,于袁与清帝关系断绝,尤足见白于军民各界,而杜悠悠之口。袁公明哲坦白,固已见此,故日来亦有来宁之意。若移政府而北往,势不得不移南方之重旅以镇北京。南北混一初成,移南军而镇北京,必启猜疑之渐。积猜疑而生破裂,后顾之虑正复滋多。袁能南来,以北方领袖之宏才,为民国统一之元首,南方服其坦白,北方服其威重,感情融洽,统一之局可以大定。种种研究,临时政府地点必以南京为适宜,盖就现势细衡之,非为永久之国都计也。即以国都论,鄙意固非主张南京者,要亦不主张北京。诸公主都北京,虽具有理由,究强半不甚确正。请先答尊问各节,再就时论略为评释。尊电所设问题:一、袁公南来,北方能否保持秩序?满、蒙各界能否无联络外人拥幼主以破坏全局?袁公在北固系人

望,维持秩序实不限于其身之驻在北方。袁虽南来,北军将校皆其旧部,对于袁公之爱戴断无易地殊情之理。维持秩序自有重镇之人,此节无容多虑。北方宜驻重兵,为今日必然之事实。宗社党或欲燃已死之灰,联外人以拥幼主亦意中所必有,此在相机镇摄,随宜预防。袁公在北在南皆同一揆,不得谓袁在北则必无此事,在南则难制此变也。一、地理与历史上之观念。南京是否有建都之价值? 此层为国都与临时政府地点之误会。鄙意原不主都南京,前已明言,不再赘。一、外界上之观念,东西国各不反对迁都否? 使馆能移至金陵否? 建都为国内重大之问题,决非专伺外人之意旨。北京非久远建都之地,将来决计迁都,岂能商之外人始定进止? 使馆以国都为主体,国都非以使馆为主体。国都迁则使馆必迁,外交上亦必有一番之办法。惟迁移使馆建筑巨费不能不由民国承认,经济上诚不能无损失,惟此种苦痛实有万不能不忍受者。北方使馆以义和团扰乱之故,防兵警察皆归外人,丧失国权,言之滋痛。建都北京,旧约继续有效,惟迁都可以谋废止,此自外交上收回国权之大关键,非一日所能办,非一言所能尽。然民国基础既定,迁都之际开正式之谈判,持之有故,亦正可乘机而收回之。得收回此种国权,经济上虽蒙大损失,政治上之所得,固已多也。章太炎先生之函与《民立报》之所论略同。所云:谋政治之统一、谋经济之发展、谋兵权之统一等条,多非纯粹之建都问题。其最为人所信持者,北京非首都不足控制藩属,且恐北方地为蒙古。夫控制藩属自有政策,必首都与藩属附近始能收控制之效? 英伦偏于一隅,而殖民地遍各洲。以此说衡之,英属应分裂久矣,而到今益藩殖,知控制之道,自有在也。文化之通塞,在交通机关之通滞及其他政治之明否,于首都无绝对之关系。北方建都在历史盖千年以上矣。南方建统一之国都,无百年之历史。然而文化相较,南优于北,安得以都不在北,北方退化为不可迁都之确论? 鄙意所以决北京必须迁徙者,实逆计民国前途,外交、军事两大问题而生。外交上之收回权可由迁都而发生,前已言之。若以军事论,则北京今日万非建都之地。盖今日之所谓军事,为与世界各国争衡之军事,则军事之布置,当为御外之计。首都在北京,根本勿摇,一有他处迁移,亦难为计,此非可一一明言。谋国者断不可不为全局计久远也。总之,此次组织政府,尚不能即定国都。袁来宁毫无私意。大总统明誓具在,辞职后见明文。各部长官具有心肝,岂肯缘革命以图私利?或疑促袁南来之主张,为苟图利禄,援附以谋固位者之怂恿。我辈办事,此心可质天日,岂为若辈所移转? 富于援附者,南都则南来,北都则北去,亦复谁能集者? 要在当局者力遏,拟挽颓风。不得谓南都则攀附景从,而北都则否也。昨参议院已决定请袁公来宁组织政府,本无事哓辨,惟恐此中或有误会,故略布达,乞详审为幸①。

鉴于孙中山、黄兴坚持临时政府设南京,袁世凯必须到南京来就任临时大总统职,态度是坚决的。袁世凯大概也觉得此时尚不宜与孙、黄在此问题上发生正面冲突,决定采取两面派手法,先口头应承南下就职。

孙中山除一再电催袁世凯南下就职外,为使袁南下尽快成行,2月18日特派教育总长蔡元培为欢迎袁世凯南下的专使,魏宸组(外交次长)、刘冠雄(海军部顾问)、钮永建(参谋次长)、宋教仁(法制局长)、曾绍文(陆军部军需局长)、黄恺元(陆军第三十一团团长)、王正廷(参议院副议长)、汪精卫(前议和参赞)、王景春(外交部参事)等为欢迎员的代表团于2月21日自上海乘轮北上。蔡元培带着孙中山给袁世凯的亲笔函。孙在函中明确表示,袁氏南下,"所关颇巨",进而阐明临时政府设南京的理由及国都定何处由正式国会决定,说:"今所急需者,但以新民国暂时中央机关之所在,系乎中外之观瞻,勿任天下怀庙宫未

---

① 《中华民国史事纪要(初稿)》,第278、279页;《盛京时报》1912年3月2日。

改之嫌,而使官僚有城社尚存之感,则燕京暂置为闲邑,宁府首建为新都,非特公之于文必表同意于国民。即凡南北主张共和及疾首于旧日腐败官僚政治之群公,宁有间焉？至于异日久定之都会,地点之所宜,俟大局既奠,决之正式国会,今且勿预计也。"①

2月27日,蔡元培率领的迎袁代表团到达北京。迎袁南下的理由及此行的目的蔡元培在迎袁南下失败后、代表团即将返南前的3月11日发表的《告别平津各界人士文》说得很清楚:

> 袁公当莅南京就临时大总统职为法理上不可破之条件。盖以立法行政之机关与被选大总统之个人较,机关为主体而个人为客体。故以个人就机关则可,而以机关就个人则大不可。且当专制共和之过渡时代,当事者苟轻违法理,有以个人凌躐机关之行动,则涉专制时代朕即国家之嫌疑,而足以激起热心共和者之反对。故袁公之就职于南京,准之理论,按之时局,实为神圣不可侵犯之条件。而培等欢迎之目的专属于是,与其他建都问题及临时政府地点问题,均了无关系者也②。

袁世凯不赴南京就职的决心早已下定,2月14日,袁世凯告诉《泰晤士报》驻北京的记者、澳大利亚人莫理循说他不会去南京。惯于作伪的袁世凯布置了隆重的欢迎仪式来欢迎南来的代表团,并派赵秉钧、胡维德、周自齐、王树堂、范源濂、颜惠庆、蹇念益、汪荣宝等13位要人为招待员,对代表团隆重欢迎与盛情款待。2月27日袁世凯会见蔡元培等人时明确表示:"一俟拟定留守之人,即可就道。"③以后袁且装模作样地与各统制及民政首领开会商谈留守人的问题,但定的留守之人皆"谦让"不就而"无法"确定。

2月28日蔡元培再晤袁世凯,正式邀请袁世凯南下就任大总统

---

① 《孙中山全集》第3卷,第213页。

② 《盛京时报》1912年3月13日。

③ 国事新闻社编:《北京兵变始末记》1912年版,第119页。

职,袁则取拖延之法,说一时尚难南下。2月29日袁世凯以茶会招待
蔡元培专使。蔡元培在致词中说:"袁大总统必须南行,以联络南北感
情,藉巡视军民近状,以资融洽,至于奠都一事,俟后再议。"①由于迎袁
专使催得急,袁便将早已密谋好的假兵变付诸实施。2月29日晚,北
京即发生假兵变,兵变向天津、保定蔓延。于是袁世凯又装着诚恳的样
子,假惺惺地向迎袁南下专使提议,请副总统黎元洪代赴南京受任副总
统并代行大总统职权,本人暂留北京6个月。这自然又是久经官场的
袁世凯玩弄的一个权术。他明知黎元洪不会离开自己的老巢而失去自
己的地盘和军队,去过6个月的大总统瘾。也明知黎也不敢仅仅为了
代理几天临时大总统迁就南方而得罪自己。真诚的孙中山便真的按袁
的提议电请黎元洪来宁代行大总统职,圆滑练达、精通权谋的黎自然十
分清楚,袁的这个提议只是一个烟幕。袁对大总统一职垂涎良久,怎肯
把到手的大总统再交给别人呢?黎也以湖北局势不稳,自己一离开即
可能生变故的同样理由谢绝了孙中山的邀请。

就在袁世凯提出上述建议的同时,却指使自己的心腹将领段祺瑞、
冯国璋、姜桂题于3月3日发出通电,强硬地主张临时政府须设北京,
袁大总统不能离开北京赴南京,只能在北京受任大总统职,向孙中山、
黄兴进一步施加压力。一些反孙中山、反对临时政府设南京、主张建都
北京的人也乘机向孙中山施加压力,将这次兵变的主要原因说成是孙
中山坚持要袁世凯南下就职。一时反对、指责、抗议南京临时政府和孙
中山的声浪再起。

南北呼应使形势急转直下,迎袁专使蔡元培虽然也识破了袁的伎
俩,但也无奈,只好于3月2日忧心忡忡地致电南京临时政府与参议
院:"北京兵变,外人极为激昂,日本已派多兵入京。设使再有此等事
发生,外人自由行动,恐不可免。培等睹此情形,集议以为速建统一政

---

① 《盛京时报》1912年3月5日。

府,为今日最要问题,余尽可迁就,以定大局。"①

　　孙中山只好于3月6日向参议院提出关于《袁总统受职与重行组织统一政府办法》案,将迎袁专使蔡元培电拟的统一政府组织办法4条及南京临时政府所拟办法4条交参议院求同意。3月6日上午参议院常会,一接到此案,即停下其他议案专议此案。政府委员陈述意见后,以此案关系重大,议决立即开全院审议会审议此案。下午参议院又开临时会,继续审议此案后,又接着开二读、三读会,议决接收办法6条,立即咨送政府电达袁世凯和迎袁专使蔡元培。

　　3月10日,袁世凯在北京石大人胡同前清外务部公署举行了隆重的就临时大总统职的典礼。这是袁世凯在临时政府设何处的争论中的一个关键性的胜利。袁在北京就职,事实上就基本定下了将临时政府定于北京。接下来,便是袁世凯正式提出临时政府设北京的主张。4月1日,袁世凯正式向南京参议院提交了《临时政府迁往北京》案,说:"现在各国务员已经发表,统一政府完全成立。前承贵院议决,允本大总统在北京受职。此后,本大总统所发表命令,须要国务总理及各总长副署。总理及各总长对于进行事项,亦须随时承商。若南北睽隔,政务无由执行。请贵院与临时政府移北京,至要。"正式提出将参议院和临时政府迁往北京的要求。

　　4月2日上午,参议院常会。议长林森主席。所发当日的议事日程上无《临时政府迁往北京》案,议长林森临时将该案补列入当日的议程。主席宣读了袁的提案后,议员谷钟秀提出"此案关系紧急,请宣付讨论,勿庸审查"的动议,经表决,在场议员29人,赞成者20人,多数,可决。于是即开二读会。会上出现临时政府设北京和设南京二种意见,相互争论,各自陈说自己的理由。主张临时政府设南京者认为,临时政府地点设南京,前经参议院表决,业成不可动摇之议案。昨袁总统来电请再决议,是已蔑视参议院之议决权,而可以一总统左右代表民意

　　①　高平叔编:《蔡元培全集》第2卷,第142、143页。

之参议院矣。依法理上说,故不能再行议决。主张临时政府设北京者则说,参议院议决虽当遵守,然而对于国家果有妨碍,亦岂遂可遵守到底,不容修改? 故此议案可再行表决。主张临时政府应设南京者说,按《临时约法》第 23 条,前此之议决不但不可动摇,且亦不能再提出此等议案。主张临时政府设北京者说,此项议案今日绝对可以提出。北方军队之变乱频闻,宗社党人之阴谋日亟。今日袁总统提出此案,刚才表决已同意讨论此案,现在再反对讨论此案,自相矛盾①。参议员钱树芬提出"已议决之法律至应保重,现宜提前组织国会,国会成立则临时政府地点即可由国会议决"的动议,意在尊重参议院已通过的决议和符合《临时约法》的有关规定,临时政府所在地点由正式成立的国会去议决。主席以钱的动议付表决,在场议员连议长共 28 人,赞成者 3 人,少数,否决。至于临时政府设何处,议决用无记名投票法表决。在场议员(包括议长在内)共 27 人,议长不参与投票,总投票数 26 张,主张临时政府设北京为20 票,主张临时政府设南京的为 6 票。临时政府设北京的主张通过二读会。议员谷钟秀又提出省略第三读会的动议,经表决,22 人赞成(在场仍为 27 人),多数,可决。于是以全案付表决,多数赞成,通过。

参议院当日就将临时政府设北京的决议电告袁世凯,同时又以正式咨文复袁。这样,临时政府地点最终确定。

临时政府所在地一经确定,按《参议院法》第 1 条"参议院设于临时政府所在地"的规定,参议院移北京是肯定的。4 月 5 日参议院常会,会议主席、副议长王正廷依据《参议院法》第 4 条的规定,提议从 4月 8 日起参议院休会 15 天,于 4 月 21 日全体议员齐集北京,4 月 25 日在北京开会,经表决,多数赞成。参议院即于当日向全国发出《通告本院议决休会 15 日迁至北京》电。4 月 6 日,参议院临时会,又通过了议员汤漪提出的"政府即将北上,已到院各议员必须悉到北京,俟各省新选参议员到院交待后方能解职"的动议。

---

① 《申报》1912 年 4 月 5 日。

这样,中华民国临时政府和参议院迁北京的全部法律程序均已完成。实际上也就决定了定都北京。

在这场临时政府设何处的南北对抗中,袁世凯又一次获得了胜利。这大大助长了这位独裁者的气焰,加速了袁世凯搞独裁的步伐。

八、《中华民国临时约法》的制定

《中华民国临时政府组织大纲》(以下简称《组织大纲》)虽在一定程度上具有宪法性质,但它过于简单,尤其是对一些重大问题,如国体、人民的权利与地位没有涉及。所以,制定一部更详细的大法,便是参议院急需完成的重要的立法工作。

其实南京临时政府成立后、参议院成立之前,各省都督府代表会代行参议院职权时就开始考虑修改《组织大纲》。1月5日,鄂、赣、闽、滇、粤、桂6省代表即提出修改《组织大纲》案;湘、赣、浙、滇、陕5省代表即提出在《组织大纲》案中应加入人民权利与义务一章案。两案提出后,代理参议院选举马君武、景耀月、吕志伊、张一鹏、王有兰5人为审查员,对提案进行审查。在审查两提案的基础上,代理参议院又议决由上述5名审查员组成编辑委员会,起草《中华民国临时约法》(草案),这即是第一次起草会议。1月25日,编辑委员会将拟定的草案提交代理参议院审议。代理参议院认为此案十分重要,议决先付审查,由临时议长赵士北指定林森、陈承泽、凌文渊、刘成禺、汤漪、王正廷、张伯烈、平刚等9人为审查员组成法律审查会对草案进行审查,并议定4天内向大会提出审查报告。

1月28日,南京参议院成立,代理参议院结束。议员有些变动。为继续《临时约法》的制定工作,编辑委员会又召开了第二次起草会议,再修改《临时约法》(草案)。1月30日,临时大总统孙中山咨请参议院审议法制局起草的《中华民国临时组织法》案,孙在咨文中说:"查临时政府既已成立,而民国组织之法尚未制定。应请贵院迅为编定颁布,以固民国之基。兹据法制局局长宋教仁呈拟《中华民国临时组织法》案 55 条前来,合并咨送贵院,以资参考。"①

1 月 31 日,参议院会。按议事日程安排,讨论政府交议的《中华民国临时组织法》案,结果公议:请由秘书长起草咨文复政府并将原案退回;惟此项咨文拟就后须交大会修改方能缮发。

秘书长将咨文起草好后,提议 2 月 1 日参议院会修改通过后,连政府交议的《中华民国临时组织法》案一并咨送政府。孙中山咨送的此案之所以被否决,原因之一是参议员认为组织法的名称不能包括人权的内容,因而主张制定一部"临时约法";原因之二也是最重要的原因,议员们认为立法权属参议院,如受命于政府,有损立法独立之尊严。而且,代理参议院时就已起草《临时约法》,参议院成立后又继续这项工作。这样,参议院自然要议决将政府起草的《中国民国临时组织法》案退回政府。

编辑委员会将起草好的《大中华民国临时约法》(以下简称《临时约法》)提交参议院。2 月 6 日,参议院会议,对《临时约法》案一读。因它是一部国家的大法,关系国家的根本,十分重要。议员刘彦提议《临时约法》先交全院审议会审议,逐条审议后再付特别审查会审查。刘的提议经表决通过。

2 月 7 日、8 日、9 日、13 日、15 日,按《参议院议事细则》(以下简称《细则》)第 5 章的规定,参议院开全院审议会,由审议长李肇甫主席(2 月 13 日由代理审议长潘祖彝主席),对《临时约法》逐条审议。其中,对《临时约法》草案进行了重大的修改是将《组织大纲》及草案中规定的总统制改为责任内阁制。由于 2 月 5 日,参议院已议决了《优待清帝清皇族及满蒙回藏各族待遇条件》案,清帝即将退位。按各省代表会议的决议,清帝退位,孙中山将临时大总统让给袁世凯。也就是说,以孙中山为首的同盟会将政权转交给袁世凯已成定局。为防袁世凯搞独

① 《南京临时政府公报》第 3 号,1912 年 1 月 31 日。

裁,孙中山等同盟会领导人决定改《组织大纲》中的总统制为责任内阁制。孙中山让总统府秘书长胡汉民先召集同盟会籍参议员,说明中央政府宜将总统制改为内阁制的理由。2月9日参议院会议,由同盟会籍议员提出动议,将草案中的总统制改为责任内阁制,虽然会议有争论,但由于同盟会议员占多数,且包括积极主张孙中山让权的同盟会会员也对袁世凯不太放心,也主张实行责任内阁制来约束袁。因而表决时,多数赞同《临时约法》中规定责任内阁制。2月13日,议决凡案内冠于中华民国之前的"大"字都去掉。《临时约法》案于2月15日全部通过审议会。

2月16日,参议院会议,议决将《临时约法》案付特别审查。由议长指定邓家彦、李肇甫、熊成章、钱树芬、谷钟秀、殷汝骊、欧阳振声、张继、汤漪9人为特别审查员,对《临时约法》案进行审查。经该审查会审查,将原定6章49条改为7章55条。2月17日参议院会议,特别审查会做《临时约法》案审查报告后,立即开二读会,逐条讨论议决《临时约法》。2月20日、21日、22日、23日、27日,3月2日、3月5日参议院会议继续对《临时约法》案二读。3月5日二读会结束。

《临时约法》案二读会结束后,3月5日依《细则》的规定即付法律审查会修改其条款与字句,再付三读会。

3月8日,参议院会,到会议员26人,对《临时约法》案三读。由于《临时约法》是一部临时宪法,有议员提出不能用简单的过议员总数之半出席即开议,应有四分之三出席方可开议,以示慎重。但《组织大纲》和《细则》对重大法律案人数均未做明文规定,《临时约法》案虽做了明文规定,但它既在参议院还未通过三读,更谈不上经临时大总统公布,即尚未成为法律。议长付大会表决,最后可决过议员总数之半出席即可开议。于是对《临时约法》进行三读会。三读会除对个别字句修改外,议决在原第30条之后、第31条之前增加一条,其文为:"第31条,临时大总统为执行法律或基于法律之委任,得发布命令,并得使发布之。"当日三读结束,议长用起立表决法表决《临时约法》全案,全体起立可决全案。这样,南京参议院自 1912 年 2 月 6 日起,经过 32 天,于 1912 年 3 月 8 日完成三读程序,通过了《临时约法》案,并咨请临时大总统孙中山于 3 月 11 日正式公布。

《中华民国临时约法》7 章共 56 条。全文如下:

第一章　总纲

第一条　中华民国由中华人民组织之。

第二条　中华民国之主权,属于国民全体。

第三条　中华民国领土,为二十二行省、内外蒙古、西藏、青海。

第四条　中华民国以参议院、临时大总统、国务员、法院,行使其统治权。

第二章　人民

第五条　中华民国人民一律平等,无种族、阶级、宗教之区别。

第六条　人民得享有下列各项之自由权:

一、人民之身体,非依法律不得逮捕、拘禁、审问、处罚。

二、人民之家宅,非依法律不得侵入或搜索。

三、人民有保有财产及营业之自由。

四、人民有言论、著作、刊行及集会、结社之自由。

五、人民有书信秘密之自由。

六、人民有居住、迁徙之自由。

七、人民有信教之自由。

第七条　人民有请愿于议会之权。

第八条　人民有陈诉于行政官署之权。

第九条　人民有诉讼于法院,受其审判之权。

第十条　人民对于官吏违法、损害权利之行为,有陈诉于平政院之权。

第十一条　人民有应任官考试之权。

第十二条　人民有选举及被选举之权。

第十三条　人民依法律有纳税之义务。

第十四条　人民依法律有服兵之义务。

第十五条　本章所载人民之权利，有认为增进公益、维持治安或非常紧急必要时，得依法律限制之。

第三章　参议院

第十六条　中华民国之立法权，以参议院行之。

第十七条　参议院以第十八条所定各地方选派之参议员组织之。

第十八条　参议员每行省、内蒙古、外蒙古、西藏各选派五人，青海选派一人。其选派方法，由各地方自定之。参议院会议时，每参议员有一表决权。

第十九条　参议院之职权如下：

一、议决一切法律案。

二、议决临时政府之预算、决算。

三、议决全国之税法、币制及度量衡之准则。

四、议决公债之募集及国库有负担之契约。

五、承诺第三十四条、三十五条、四十条事件。

六、答复临时政府咨询事件。

七、受理人民之请愿。

八、得以关于法律及其他事件之意见，建议于政府。

九、得提出质问书于国务员，并要求其出席答复。

十、得咨请临时政府，查办官吏纳贿违法事件。

十一、参议院对于临时大总统，认为有谋叛行为时，得以总员五分四以上之出席，出席员四分三以上之可决弹劾之。

十二、参议员对于国务员，认为失职或违法时，得以总员四分三以上之出席，出席员三分二以上之可决弹劾之。

第二十条　参议院得自行集会、开会、闭会。

第二十一条　参议院之会议，须公开之，但有国务员之要求或出席参议员过半数之可决者,得秘密之。

第二十二条 参议院议决事件,咨由临时大总统公布施行。

第二十三条 临时大总统对于参议院议决事件,如否认时,得于咨答后十日内声明理由,咨院复议。但参议院对于复议事件,如有到会参议三分二以上仍执前议时,仍照第二十二条办理。

第二十四条 参议院议长由参议员用记名投票法互选之,以得票满投票总数之半者为当选。

第二十五条 参议院参议员于院内之言论及表决,对于院外不负责任。

第二十六条 参议院参议员除现行犯及关于内乱外患之犯罪外,会期中非得本院许可,不得逮捕。

第二十七条 参议院法由参议院自定之。

第二十八条 参议院以国会成立之日解散,其职权由国会行之。

第四章 临时大总统副总统

第二十九条 临时大总统、副总统由参议院选举之,以总员四分三以上出席,得票满投票总数三分二以上者为当选。

第三十条 临时大总统代表临时政府,总揽政务,公布法律。

第三十一条 临时大总统为执行法律或基于法律之委任,得发布命令,并得使发布之。

第三十二条 临时大总统统帅全国海陆军队。

第三十三条 临时大总统得制定官制、官规,但须提交参议院议决。

第三十四条 临时大总统任免文武职员,但任命国务员及外交大使、公使,须得参议院之同意。

第三十五条 临时大总统经参议院之同意,得宣战、媾和及缔结条约。

第三十六条 临时大总统得依法律宣告戒严。

第三十七条 临时大总统代表全国,接受外国之大使、公使。

第三十八条　临时大总统得提出法律案于参议院。

第三十九条　临时大总统得颁给勋章并其他荣典。

第四十条　临时大总统得宣告大赦、特赦、减刑、复权，但大赦须经参议院之同意。

第四十一条　临时大总统受参议院弹劾后，由最高法院全院审判官互选九人组织特别法庭审判之。

第四十二条　临时副总统于临时大总统因故去职或不能视事时，得代行其职权。

第五章　国务员

第四十三条　国务总理及各部总长，均称为国务员。

第四十四条　国务员辅佐临时大总统，负其责任。

第四十五条　国务员于临时大总统提出法律案、公布法律及发布命令时，须副署之。

第四十六条　国务员及其委员得于参议院出席及发言。

第四十七条　国务员受参议院弹劾后，临时大总统应免其职，但得交参议院复议一次。

第六章　法院

第四十八条　法院以临时大总统及司法总长分别任命之法官组织之。法院之编制及法官之资格，以法律定之。

第四十九条　法院依法律审判民事诉讼及刑事诉讼。但关于行政诉讼及其他特别诉讼，别以法律定之。

第五十条　法院之审判须公开之，但有认为妨害安宁秩序者，得秘密之。

第五十一条　法官独立审判，不受上级官厅之干涉。

第五十二条　法官在任中，不得减俸或转职。非依法律受刑罚宣告或应免职之惩戒处分，不得解职。惩戒条规，以法律定之。

第七章　附则

第五十三条　本约法施行后，限十个月内由临时大总统召集国会,其国会之组织及选举法,由参议院定之。

第五十四条　中华民国之宪法,由国会制定。宪法未施行以前,本约法之效力与宪法等。

第五十五条　本约法由参议院参议员三分二以上或临时大总统之提议,经参议员五分四以上之出席,出席员四分三之可决,得增修之。

第五十六条　本约法自公布之日施行。

临时政府组织大纲,于本约法施行之日废止①。

从上面的条文可看出《中华民国临时约法》的主要特点是:

1. 它是中华民国当时的最根本的大法,其效力与宪法相同。

2. 确立了资产阶级三权分立的原则,规定了中央制度。约法规定:"中华民国以参议院、临时大总统、国务员、法院行使其统治权。"并分别规定了立法(参议院)、行政(临时大总统和国务员)、司法(法院)的职权及其相互制约关系。

参议院行使国家立法权,其职权包括议决法律、预算和决算,议决税法、币制和度量衡之准则,同意对国务员及外交使节的任命,选举临时大总统、副总统,弹劾临时大总统、副总统及国务员,同意宣战、媾和、缔约、大赦等等。这些职权体现了议会对行政的制约作用。

临时大总统及国务员行使国家行政权。临时大总统代表临时政府总揽政务,统率全国海陆军队。国务总理及各部总长均为国务员,其职责是"辅佐临时大总统,负其责任"。"国务员于临时大总统提出法律案、公布法律及发布命令时,须副署之"。一般都把这看成是责任内阁制。但这还不是完全的责任内阁制,因为国会对内阁的不信任权和内阁要求解散国会之权的两大基本权都没有,内阁也就无须完全对议会负责。这其实是总统内阁混合制。

法院行使司法权,依法审判民事诉讼和刑事诉讼。法官独立审判,

———————————————

① 《中华民国史事纪要(初稿)》,第327—331页。

不受上级官厅干涉。临时大总统受参议院弹劾后,由最高法院组织特别法庭审判之。

3.《临时约法》根据资产阶级民主自由的原则,规定了人民的权利和义务。它规定中华民国人民享有人身、居住、言论、出版、集会、结社、通信、信仰等自由;有请愿、诉讼、考试、选举及被选举的权利;有纳税、服兵役之义务。中国经历了几千年的封建专制,以皇帝为代表的封建统治阶级享有种种特权,人民没有丝毫的自由,更没有参政的权利。《临时约法》用根本大法的形式规定了人民的自由民主权利,这在中国是前所未有的。虽然离真正实现这些权利还有很长的路要走,但这已经是很大的进步。它至少可促进中国人民觉悟,共同废除封建等级特权制度,为争取自己的民主权利而斗争。

4.《临时约法》规定保护私有财产的原则,这对保护和促进中国的民族资本主义经济的发展有积极作用。

《临时约法》是辛亥革命的一个重要成果,是中华民国历史上一部具有进步性的宪法。

《临时约法》也存在一些不足之处,在以后漫长的历史岁月中,这些不足之处也都逐渐地暴露出来。主要有以下几点:

1.《临时约法》对大总统缺乏足够的有效的约束条款,这反映了中国的资产阶级求稳怕乱的思想。《临时约法》对大总统只能以谋叛罪进行弹劾的条款。但对弹劾的成立设置了极严的条件,这些条件几乎是难以做到的。它规定对大总统的弹劾必须有总数五分之四以上的议员出席,对总统的弹劾案才能开议,必须有出席议员总数四分之三以上的议员可决,弹劾案才能通过;对国务员可以失职或违法罪弹劾,但必须有总数四分之三以上的议员出席,对国务员弹劾案才能开议,必须有出席议员总数三分之二以上的议员可决,弹劾案才能通过;且对议员故意不出席议会会议以使议院对一些议案无法开议,没有任何的限制和处罚等强制性法律、法规。显然,弹劾条款自然形同虚设。按弹劾条款,总统除谋叛罪可能被弹劾外,其他罪均可不受追究。即总统可以贪赃枉法,可以搞独裁,可以任意杀人,如后来袁世凯杀张振武、方维便是如此。明明是总统和副总统合谋违法杀的人,但却无法弹劾总统、副总统(《临时约法》无弹劾副总统条款),只好以国务员首领陆徵祥及副署之国务员陆军总长辅佐乖谬,致使临时大总统陷于违法的地位,不得不负责任为理由,弹劾国务总理和陆军总长。这不能不说是《中华民国临时约法》对总统、副总统缺乏约束所致。即使犯谋叛罪,议员总数五分之四以上的议员法定出席人数就是一个问题,因为只要议会中的一个小党被拉拢,出席议员人数就难达到法定人数。在袁世凯杀张、方一案中,参议员要弹劾国务员,仅仅需要四分之三以上的议员出席都不可能,更不用说五分之四。美国是总统制的国家。美国宪法没给总统任何违法的特权,只要违法,即可弹劾。美国宪法规定,只需众议院以简单多数票就可对总统提出弹劾,由参议院进行弹劾案的审理。出席参议院会议的三分之二以上多数票通过,即定总统为有罪,总统就被罢免。如果总统犯有刑事罪行,在其被免去总统之职恢复普通公民身份后,由法院加以审理。且议院开会不足法定人数时,参、众两院还规定了对无故不出席会议议员的处罚等强制性条款。《中华民国临时约法》对弹劾条款规定得如此苛刻,不能不说这是中国的资产阶级怕乱思想的体现,这些恰恰给践踏宪法搞独裁者提供了可乘之机。总统、国务员违法犯罪,进行弹劾程序会引起一些不稳定,使国家机器正常运转受一定的影响。但这种依法律程序惩处违法犯罪的最高统治者,对国家是最为稳妥的办法,决不会像独裁者危言耸听的那样,弹劾就会出现动乱。真正引起动乱的是独裁者动用军警干政。他们或暗中唆使、支持军警,或明目张胆动用军队,这才会使国家陷入动乱之中。动乱恰恰是独裁的产物。

2.《临时约法》对大总统和国务院的行政权限界定不清,是导致以后一再发生的府院矛盾和冲突的重要原因。一般都认为《临时约法》中规定的是责任内阁制,其实不完全是这样。虽然《临时约法》中设国务总理一职,国务总理及各部总长均为国务员,其职责是"辅佐临时大总统,负其责任"。"国务员于临时大总统提出法律案、公布法律及发布命令时,须副署之。"按文理来解释,国务员于大总统提出法律案、公布法律及发布命令的这些作为,须予以副署,似乎是一种义务而不是一项权利,国务员似无抉择的余地。如不副署,反倒构成违法。这自然还不是内阁由议会产生并对议会负责的责任内阁制。《临时约法》中规定总统的权力是相当大的,"临时大总统代表临时政府,总揽政务,公布法律"。"临时大总统统帅全国海陆军队"。总统虽然独立于议会之外,但却因副署权受内阁的制约,并不是纯粹的总统制。只能说是总统、内阁混合制。正由于《临时约法》既设了总理和国务院,又赋予总统很大的行政权,且由国务员以副署权来制约总统,总统和国务院的行政权限没有明确的界定,这就导致了以后一再发生的府院争权的矛盾和冲突。实力派总统如袁世凯借《临时约法》府院权限界定不清任意扩大总统权力。实力派段祺瑞则任意扩大总理的权力。国会的党派再介入,政局更加动荡。从1912年到1925年国会存在期间,连临时内阁在内,内阁更换近30届,每届内阁的平均寿命不到四个月。内阁不稳定则政局动荡、混乱。袁世凯与唐绍仪有几十年的深厚私交,冯国璋与段祺瑞的私交也很深,徐世昌与段祺瑞的私交也不薄,但也未能避免府院之间的矛盾与冲突。黎元洪与段祺瑞之间本无私交,府、院冲突表现就更为激烈,更无法调和。北洋政府时期府、院矛盾与冲突不断,当然主要是由某系军阀要控制中央政权所致,但《临时约法》中的非责任内阁制、非总统制而造成府、院职权界定不清也是重要原因,且实行内阁制的国家一般不设副总统。

3.《临时约法》缺乏对国会的制约条款。按《临时约法》,国会实际上是永远不被解散的。这显然有悖于三权分立、相互制约的原则。国会是不被解散的,得势的军阀与国会发生矛盾和冲突时便以刺刀来非法解散国会。当这派军阀失势时,议员们便又以解散属非法而又堂而皇之地恢复。这样,第一届国会竟前后拖拖拉拉地延续了十几年之久,议员几乎成终身制。他们尽管分党分派,争斗不休,但在无限延长自己任期的问题上却出奇的一致。结果,国会逐渐演变为议员们为维持与谋求自己政治特权的机关,而引起人民的反感。

4.《临时约法》赋予国会的权力大而又缺乏对其制约,这是导致国会腐败的原因之一。《临时约法》规定的国会职权除立法权、财政权、监督权之外,还将大总统的选举权赋予了国会。一般责任内阁制产生出总理后,由总理组织内阁,即顶多总理须国会通过,而普通阁员由总理确定,无须经过国会同意。而《临时约法》则规定每位阁员都须经过国会的同意。又缺乏对议员制约的法律条款。随着议员任期的延长,在选举中出现贿选,从袁世凯开始到曹锟,总统选举中的贿选愈演愈烈,最后达到登峰造极的地步。每位阁员通过国会,请吃请喝成平常事。权钱交易、权权交易(议员以同意权换取阁员安排议员自己或其亲属为官)司空见惯,慢慢导致国会腐败。尽管舆论及时曝光,但却没有有关法律和有关机关来惩治这种腐败,使国会的腐败随时间的推移变得日益严重和公开化。这是第一届国会后期腐败而在中国丧失人心的原因。国会是国家的权力机关,自然就应对其进行有效的制约与监督。否则,腐败就是必然的。

由于宪法迟迟未能制定,《临时约法》作为宪法性质的根本大法,一直是国会存在的十几年间活动的最主要的法律依据。也正是《临时约法》在国会存在的大部分时间里,一直作为宪法,作为国会和政府活动的主要法律依据,才出现上述一些重大问题。当初制定《临时约法》时,本来不打算让它成为中华民国长期适用的宪法,只是为中华民国临时政府存在的一个较短时期而制定的一个临时性宪法。它明确规定《临时约法》实施 10 个月内召集国会,由国会制定正式宪法,再废除《临时约法》。也就是说,国会应该尽快制定一部正式的宪法,以便作为中华民国正式政府和国会活动的法律依据。但由于国会中两派在制宪时在一些重大的法律问题上,意见严重对立,无法调和,几度召集宪法会议制宪,几度搁浅,竟然争吵了十几年也未能制定出一部正式的宪法来。实践证明,《临时约法》将制定宪法之权完全交给国会是不适当的。国会制定不出宪法,就只好一直以《临时约法》作宪法。共和制又是第一次引入中国,在并无民主共和制实践经验的情况下,《临时约法》也只好基本上抄西方的宪法。它自然不可能完全适合中国。故在实行《临时约法》的过程中暴露出其一些重大的不足。中华民国的很多政潮产生的法律根源就是《临时约法》。

九、《国务院官制》、《各部官制通则》等案的通过

1912年3月25日,国务总理唐绍仪到南京晋见临时大总统孙中山,面商有关国务院组织事宜。由于原来《组织大纲》中采用总统制,不设国务院,《临时约法》则设国务院。这样,就须制定国务院官制。于是孙中山命法制局草拟《国务院官制》案,以临时大总统孙中山的名义咨达参议院,以便确定中华民国政治体制。4月1日参议院会对《国务院官制》案进行初读后,议决付法律审查会审查。4月4日下午参议院临时会,先由审查会作《国务院官制》案审查报告,接着议决立即对该案进行二读。二读中,除议决将原案第17条全部删除外,其他条文只是对文字进行了部分修改,即通过二读会。随后又议决即开三读会,三读会只文字上再做了少量修改,即通过。最后全案以举手表决法,多数赞成,可决。

《国务院官制》共17条,全文如下:

第一条　国务院以国务员组织之。

第二条　国务院以国务总理为首领承宣机宜,统一行政。

第三条　凡临时大总统公布法律及发布关于一般行政之命令,国务总理及各部总长均副署之;但法律命令之关于一部或一部以上者,由国务总理及主任总长副署之。

第四条　凡下列各项须开国务会议:

一、法律案。

二、预算、决算案。

三、预算外之支出。

四、军队之编制。

五、国际条约及重要外交事项。

六、官制及官规。

七、执行法律或基于法律委任之命令。

八、各部权限争议。

九、简任官及一级荐任官之任免黜陟。

十、议院咨送之人民请愿案。

十一、各部主管事务关系重要之案件。

十二、国务总理认为应交国务会议之案件。

第五条　各部总长得随时商承国务总理开国务会议。

第六条　国务总理于必要时得中止各部总长之命令处分,交国务会议裁决。

第七条　国务总理于其职权或特别委任范围内得发院令。

第八条　国务总理于必要时对于巡警总监及地方官得发谕令。

第九条　国务总理于地方官之命令处分认为违背法令、侵害公益、逾越权限时,得停止或撤销之。

第十条　国务总理监督所属各官署对于直辖事务应负其责。

第十一条　国务总理有事故时得呈明大总统以他国务员代理其职。

第十二条　国务院置承宣厅其职员如下:

秘书长:一人,简任。

秘书:八人,荐任。

主计:二人,委任。

录事:委任。

第十三条　秘书长承国务总理之命,总理承宣厅事务,其职掌如下:

一、参与机要。

二、保管机密文书。

三、进退国务院所属委任官。

第十四条　秘书承国务总理或秘书长之命分掌下列各事项：

一、宣达法令。

二、收掌公文。

三、保管图书。

四、典守印信。

五、草拟文牍。

六、编纂记录。

七、整理庶务。

第十五条　主计承上官之命掌管会计事务。

第十六条　录事承上官之命缮写文件经理庶务。

第十七条　本制自公布日施行。

这是一个十分重要的法规。它将《临时约法》第 45 条国务员副署权具体化，故更便于操作。《国务院官制》第 1—11 条对国务院、国务总理、国务员赋予了全部的行政权力，明确、具体、比较全面。这与《临时约法》相比，更具体化、明确化，向责任内阁制靠拢了，全部行政权力基本都集中在国务院。

按《国务院官制》规定，国务院由国务总理和各部总长组成，这即是内阁。国务院设承宣厅（相当于秘书厅）作为事务性机构，设秘书长 1 人，秘书 8 人，主计 2 人和适量的录事。机构是比较精干的。

南京参议院议决《国务院官制》案后，即咨达临时大总统袁世凯公布，袁迟迟不予公布。北京参议院开院后袁又对《国务院官制》案进行修改，后再交北京参议院议决，直至 1913 年 6 月 26 日，袁世凯才将修改后的《国务院官制》公布。

1912 年 1 月 3 日，代理参议院议决通过了临时大总统孙中山提交的《中华民国政府中央行政各部及其权限》案。它是南京临时政府各机构设置的主要法律依据。按其规定，中央临时政府共设 9 个部，各部设总长、次长各1人,对各部总长的职权进行了规定。但由于当时组织临时政府是在仓促中进行的,自然《中华民国政府中央行政各部及其权限》显得过于简单,过于概略。制定一系列更为详细的官制官规,以便更详细地规定中央政府各行政机构的设置、职权、编制就是中央政府组织中迫切需要解决的问题。尤其是随着《临时约法》的制定与公布,机构设置有较大的改变,如《临时约法》设国务院和国务总理,由国务总理召集国务会议,这和按《组织大纲》中规定的纯粹的总统制不同,制定一系列的中央政府各机构的官制官规就显得更为重要、更为迫切。总统府直属的法制局花了大量的时间来讨论草拟这些官制案。临时大总统孙中山将这些官制案提交参议院讨论议决。由于事关国家行政机构的构建、编制、职权、责任,即关系到共和国的中央政府的建立和正常运转的问题,这是一件十分重要的工作。故参议院对这一系列的官制案十分重视,都按三读程序来讨论与议决这些官制案。尽管还有很多法律案等待议决,但参议院还是用了大量的时间和精力来议决这些官制案。在各部、局官制案议决之先,先议决通过了《各部官制通则》案。1912年2月22日,参议院会,对政府交议的《各部官制通则》案开一读会,并很快议决交法律审查会审查。3月11日上午,参议院会,审查员代表法律审查会作审查报告后,即开二读会,逐条讨论议决。下午参议院开临时会,继续对《各部官制通则》案二读。3月12日参议院会,继续对《各部官制通则》案二读。二读结束后又立即开三读会,对个别文字进行了修改,最后以全案付表决,全体起立可决全案。孙中山临时大总统当日即将《各部官制通则》正式公布。

《各部官制通则》共26条,全文如下:

第一条　本通则凡外交、内务、财政、陆军、海军、司法、教育、农林、工商、交通各部均适用之。

第二条　各部总长对于主管事务应负其责。事务主管不分明,牵涉二部以上时,得提出国务会议,定其所主管。

第三条　各部总长对于主管事务有认为重要者,得商承国务总理,开国务会议。

第四条　各部总长于其主管事务或特别委任范围内,得发部令。

第五条　各部总长于其主管事务得发谕令于地方官,并于必要时得停止地方官之命令处分或取消之。

第六条　各部总长统辖所属职员并分别任免之。

第七条　各部设承政厅,其所掌事务如下:

一　掌管机要。

二　典守印信。

三　编制统计。

四　记录所属职员进退之册籍。

五　纂辑、保存并收发各项公文函件。

六　管理本部出入经费及一切预算决算。

七　稽核会计。

八　管理官产、官物及所有不属各司事务,但陆海军部得依便宜变通此例。

第八条　各部得分设各司,各司得分设各科分掌事务。

第九条　各部置职员如下:

次长一人,简任。

参事,荐任。

秘书长,荐任。

秘书,荐任。

司长,荐任。

科长,荐任。

科员,委任。

录事,委任。

此外各部依便宜得置工监、工正、工师、工手、副官、司务、编纂、主计、视察、审查等员。

第十条　次长辅佐总长处理部务,总长有故不能视事时,除列席国务会议副署法令及发部命外,得代理其职。

第十一条　参事承总长之命掌理审议及草拟稿案事务。

第十二条　秘书长承总长之命,总理承政厅事务。

第十三条　秘书承总长之命,分掌承政厅事务。

第十四条　司长承总长之命,主管一司事务,指挥监督科长以下各职员。

第十五条　科长承上官之命,掌理一科事务。

第十六条　科员承上官之命,分掌科务。

第十七条　录事承上官之命,缮写文件、经理庶务。

第十八条　工监简任,工正、工师荐任,工手委任,皆承上官之命掌技术事务。

第十九条　副官荐任,承上官之命,掌整理、补助事务。

第二十条　司务荐任,承上官之命,掌专门事务。

第二十一条　编纂荐任,承上官之命,掌编纂、记录事务。

第二十二条　主计荐任,承上官之命,掌经理会计事务。

第二十三条　视察荐任,承上官之命,掌视察及调查事务。

第二十四条　审查荐任,承上官之命,掌审查学艺事务。

第二十五条　各部总长得依据本通则,订定本部详细规则。

第二十六条　本通则自公布日施行①。

以后,按《各部官制通则》精神,参议院又以三读会的方式分别议决通过了《外交部官制》案(1912 年 4 月 3 日通过)、《内务部官制》案(1912 年 4 月 3 日通过)、《交通部官制》案(1912 年 4 月 3 日通过)、《教育部官制》案(1912 年 4 月 4 日通过)、《农林部官制》案(1912 年 4 月 5 日议决)、《工商部官制》案(1912 年 4 月 5 日议决)、《司法部官

---

① 张国福编:《参议院议决案汇编(法制案)》,第 33—35 页。

制》案（1912 年 4 月 6 日议决）、《财政部官制》案（1912 年 4 月 5 日通过）、《陆军部官制》案（1912 年 4 月 5 日通过）、《海军部官制》案（1912年 4 月 6 日通过）。也就是说，《各部官制通则》中规定的外交部、内务部、交通部、教育部、农林部、工商部、司法部、财政部、陆军部、海军部等10 个部都议决并公布了相应的官制。

依上述官制法令的规定，各部设总长 1 人，次长 1 人。各部设承政厅（相当于秘书厅），掌管机要、收发文书、典守印信、管理会计、记录史事等。承政厅设秘书长 1 人。部下设司。外交部下设外政、通商、编译、庶务 4 个司；内务部下设民治、职方、警政、土木、礼教、卫生 6 个司；交通部下设路政、邮政、电政、航政 4 个司；教育部下设普通教育、专门教育、社会教育 3 个司；农林部下设农务、林务、渔务 3 个司；工商部下设工务、商务、矿务 3 个司；司法部下设法务、狱务 2 个司；财政部下设赋税、公债、印制、库务、会计 5 个司；陆军部下设军衡、军务、军械、军需、军医、军法、军学 7 个司；海军部下设军衡、军务、军械、军需、军学 5个司。每个司设司长 1 人。司下面设科，每科设 1 科长和若干科员。

在国会存在的期间内，国务院和中央各部的设置及编制就基本上固定了，只是在 1914 年农林部和工商部合并为农商部。国务总理、外交总长、内务总长、财政总长、陆军总长、海军总长、教育总长、司法总长、农林总长、工商总长均为国务员，由他们组成国务院，即内阁。也就是说，正是这一系列的官规建立和维持了中央政府的行政机构。这一系列的机构是很简练精干的。任何臃肿的机构都是低效的机构，不仅增加了人民负担，而且是官僚主义甚至是腐败的温床。

参谋本部虽然也叫部，但它不隶属国务院，其总长不是国务员，即不是阁员。参谋本部直接隶属于大总统。

除以上各部外，《临时约法》中设国务总理与国务院，为了便于国务总理总揽与行使行政权，还将按《组织大纲》实行总统制时直接隶属于大总统的法制局、铨叙局、印铸局、临时稽勋局改为直接隶属于国务总理，即将这 4 个局改为为国务总理行使行政权服务的机构。临时大总统将法制局草拟的上述 4 个局的官制案咨送参议院议决。1912 年 4 月 4 日,参议院用三读程序通过了《法制局官制》案(共 10 条)、《铨叙局官制》案(共 7 条)、《印铸局官制》案(共 9 条)、《临时稽勋局官制》案(共 9 条)。

法制局职责是承国务总理之命拟订法律命令案,对有应制定、废止、修改的法律命令须具案呈报国务总理,审定各部拟订的法律命令案。它设局长 1 人,秘书 3 人,编纂 8 人,参议 4 人,庶务 2 人,录事若干人。

铨叙局执掌职员任免、升迁及给与阶位、勋章、荣典、赏恤事务。设局长 1 人,秘书 3 人,审查 6 人,录事若干人。

印铸局执掌制造官用文书、票券、勋章、徽章、印信、关防图记及其他品物并刊行公报及职员录事务。它设局长 1 人,秘书 3 人,编纂 4 人,庶务 2 人,工正 2 人,工师、工手、录事各若干人。

临时稽勋局执掌稽查开国前各处倡义殉难者,稽查开国前为国尽瘁身亡者,稽查开国时关于各地方战事宣力著功者,稽查开国时于军事上建议划策或奔走运动成绩卓著者,稽查开国前后输资助公者。它设局长 1 人,审议员专职 10 人,调查员各省专职若干人,秘书 2 人,庶务 2 人,录事若干人。

上述一系列的官制官规,在法律上保证了国务院即内阁执掌全部行政权力,处于行政中枢的地位。

十、《新法律未颁行以前暂适用旧有法律》案的议决

武昌起义后,很多省纷纷宣布脱离清政府而独立,成立军政府。新成立的军政府为了维持正常的社会秩序,调解民事、刑事纠纷,均离不开法律。在新法未制定之前都沿用清朝的旧法。各独立省援用旧法时,又各行其是。有的原封不动的搬用,有的将清朝旧法中与国体相抵

触的部分删除。上海就属前一种情况。1911 年 11 月 9 日上海县司法长发布告示说,现奉民政总长(即上海民政总长李平书)令,"所有本县民刑诉讼,一切暂照从前法律执行"。① 浙江省则将清朝旧法删除与国体相抵触的部分,其余均暂适用。浙江省议会将《前清刑律草案》中"关于法例之规定,第 1 条但书,第 2 条乃至第 8 条;关于恩赦之规定,第 69 条;关于文例之规定,第 82 条;关于侵犯皇室之规定,第 89 条乃至 100 条";"关于内乱之规定,第 101 条至 107 条(注:《民立报》载是第 117 条);关于外患罪之规定,第 108 条乃至 117 条;关于妨害国交罪之规定,第 122 条、124 条;关于漏泄机密罪之规定,第 129 条乃至 135 条",皆删去。把草案中原"称中国者"改称"民国",称"臣民者"改称"人民",并删除"称御玺、制书者"的字样和"宪政编查馆奏定刑律实行后"十二字等等。然后由都督公布施行,至"中华民国刑法颁布之日,失其效力。"各独立省份都遇到此问题,有的类似上海,有的类似浙江,都是援用清朝的旧法。

　　中华民国成立初期,百废待举,法制建设也是如此。尽管参议院除星期天外,每日开会,制定和议决一些急用的法律、法规。但由于参议院成立的时间短,等待议决的案件又多,很多重要的法律都来不及制定。要维持共和国的正常运转,要维护正常的社会秩序,需要法律。国家、社会、人民一天也离不开法律。但制定法律有一定的严格程序,需要时间。也就是说,参议院不可能在一个较短的时间内将大部分重要的法律,包括宪法、民法、刑法等制定出来。南京政府成立后,也只好援用清朝的一些旧法律。为此,临时大总统孙中山于 1912 年 3 月 11 日公布了《临时大总统宣告暂行援用前清法律及暂行新刑律令》:

　　　　现在民国法律未经议定颁布,所有从前施行之法律及新刑律,除与民国国体抵触各条应失效力外,余均暂行援用,以资遵守。此令。

① 《民立报》1911 年 11 月 9 日。

　　南京临时政府司法总长为留英法学博士伍廷芳,他是一位精通法律的法学家。他着手将前清所制定的法律逐一加以研究,挑出暂时可用之法予以取舍并呈报临时大总统孙中山。3 月 21 日,孙中山据司法部呈请转咨参议院承认,将前清制定的一些法律及草案以命令公布暂时遵行,并向参议院提交《司法部呈称拟就删改前清法律暂为临时实用法律》案,孙中山给参议院的咨文为:

　　　　据司法部总长伍廷芳呈称:"窃自光复以来,前清政府之法规既失效力;中华民国之法律,向未颁行;而各省暂行规约,尤不一致,当此新旧递嬗之际,必有补救方法,始足以昭划一而示标准。本部现拟就前清制定之《民律草案》、《第一次刑律草案》、《刑事民事诉讼法》、《法院编制法》、《商律》、《破产律》、《违警律》中,除《第一次刑律草案》关于帝室之罪全章及关于内乱罪之死刑,碍难适用外,余皆由民国政府声明继续有效,以为临时适用法律,俾司法者有所根据。谨将所拟呈请大总统,咨由参议院承认,然后以命令公布,通饬全国一律遵行,俟中华民国法律颁布,即行废止。是否有当? 尚乞钧裁施行。"等情,前来;查编纂法典,事体重大,非聚中外硕学,积多年之调查研究,不易告成。而现在民国统一,司法机关将次第成立,民刑各律及诉讼法,均关系紧要,该部长所请,自是切要之图。合咨贵院,请烦查照前情,议决见复。①

　　3 月 25 日参议院会,对政府交议的《司法部呈称拟就删改前清法律暂为临时实用法律》案一读后,即议决付法律审查会审查。法律审查会审查后,决定将提案名称改为《新法律未颁行以前暂适用旧有法律》案,并对内容进行了审查修改,将暂时适用的法律增加,即比司法部所拟出的更多。3 月 28 日参议院会,法律审查会审查长王正廷将审查报告的主要意见报告给大会。4 月 3 日参议院会对《新法律未颁行以前暂适用旧有法律》案开二读会,逐条讨论议决。二读后即开三读

---

　　①　谢振民编著:《中华民国立法史》,第 55 页。

会,最后对全案表决,在场议员共30人,20人起立赞成,可决全案。参议院当即将议决的《新法律未颁行以前暂适用旧有法律》案咨复临时大总统孙中山,并附咨文:

> 3月21日准前临时大总统孙咨,略开"司法部现拟就前清制定之《民律草案》、《第一次刑律草案》、《刑事民事诉讼法》、《法院编制法》、《商律》、《破产律》、《违警律》中,除《第一次刑律草案》关于帝室之罪全章及关于内乱罪之死刑,碍难适用外,余皆由民国政府声明继续有效,以为临时适用法律,俾司法者有所根据。呈请咨由参议院承认,然后以命令公布通饬全国一律遵行,俟中华民国法律颁布即行废止"等情,前来,合咨本院。查照前情议决见复等因,经本院于四月初三开会决议,金以现在国体既更,所有前清之各种法规已归无效。但中华民国之法律未能仓猝一时规定颁行,而当此新旧递嬗之交,又不可不设补救之法,以为临时适用之资。此次政府交议当新法律未经规定颁行以前暂酌用旧有法律,自属可行。所有前清时规定之《法院编制法》、《商律》、《违警律》及宣统三年颁布之《新刑律》、《刑事民事诉讼律草案》,并先后颁布之《禁烟条例》、《国籍条例》等,除与民主国体抵触之处应行废止外,其余均准暂时适用。惟《民律草案》,前清时并未宣布,无从援用,嗣后凡关民事案件,应仍照前清现行律中规定各条办理,惟一面仍须由政府饬下法制局将各种法律中与民主国体抵触各条签注或签改后,交由本院议决公布施行。应即咨请查照办理可也。此咨大总统①。

对上述几个前清的法律与中华民国国体有抵触的法律进行了删改,其中多如将"帝国"改为"中华民国",将"臣民"改为"人民","恩赦"改为"赦免"之类。尽管以后成立正式国会,正式国会存在十几年,却陷入党派斗争的旋涡不能自拔。不但连一部正式的宪法都未制订出来,而且连民法、刑法之类的重要法律亦未制定出来,一直沿用了前清

---

① 张国福编:《参议院议决案汇编》甲部一册,第119页。

上述一些法律。这对中华民国是一个莫大的讽刺,是对民主共和的一个嘲弄。这也是议员为世人所指责的重要原因之一。

十一、《中华民国接收北方各省统治权办法》案的议决及风波

1912 年 2 月 12 日清帝退位,清政府随之结束。中华民国临时政府成了全国承认的惟一合法政府。一个新的政权要完全取代一个旧的政权,从法理上说,中华民国临时政府必须接管原清政府的一切权力,原属清政府统辖下的北方各省自然应归中华民国临时政府统辖。中华民国临时政府必须完全接收北方各省的一切权力,才能使全国真正统一在中华民国临时政府之下。但当时的情况,北方大部分省份仍为清朝任命的督抚所控制。这些反动的大小军阀搜刮百姓、荼毒地方,引起了这些省的人民的不满与反对。连当地的绅士等亦不满这些军阀把持省政,希望由咨议局选举都督,像南方各省那样以换掉封建思想浓厚的陈腐的督抚。直隶籍参议员在参议院提出的《中华民国接收北方各省统治权办法》案,其核心就是东三省、直隶、河南、甘肃等北方各省的都督由临时省议会(由咨议局改名)选举都督,再由临时大总统正式委任。此案在 2 月 16 日参议院常会上没有任何大的争论,并议决省略二读会、三读会,通过。并将此案咨临时大总统公布。全文如下:

参议院咨。

据本院议员提议,关于接收北方各省统治权办法一案,兹于本日开会议决,以清帝退位,满清政府亦即消灭,北方各省统治权势必由中华民国迅即设法接收,以谋统一。合将议决办法另录附呈。即请查照施行。此咨大总统。

附接收办法五条:

1. 未立都督各省,将原有之督抚撤除,另设都督府为该省之行政长官,以昭划一。

2. 各省都督由各该省人民公举。其未举定前,即由临时政府电委原有之督抚为临时都督,暂代其职。但各该省有督抚与都督并立者,仍应各守其现领区域。

3. 即由临时政府通电各该省咨议局改为临时省议会,限一月之内,召集临时大会,公举都督。

4. 临时省议会既将都督举定,应电请临时政府承认后即日视事,并由大总统补给委任状。

5. 以上所言各省,系指东三省、直隶、河南、甘肃、新疆各省而言。①

此案规定的接收北方一些省份政权的办法,对清除这些省份的封建势力,巩固共和是有利的,在一定程度上也反映了这些省份各界人士革新和民主的要求。该案规定由咨议局改名的临时省议会选举都督,对原立宪派及地方士绅竞争地方政权是有利的。故他们积极为此议案的通过和实施奔波。在南北议和期间,曾商定以南京临时政府所辖的第三军军长王芝祥为直隶都督,以第一军军长柏文蔚为山东都督,以另一革命党人为河南都督,以此作为革命党人让出大总统一职的补偿。当时袁世凯为了窃取辛亥革命的果实,尽快登上民国大总统的宝座,也就默许了。

王芝祥是直隶北通州(今北京通县)人,前清广西按察使。辛亥革命时因同情革命被举为广西军政府副都督,后率广西北伐军到达南京。王为人机警、干练,善观政治风向而见风使舵,故深得黄兴的赏识与信任,在南京加入了同盟会。黄兴将广西北伐军编为第三军时,以王为军长。王是直隶人,与直隶省咨议局局长阎凤阁、参议员谷钟秀及直隶士绅有良好的关系。在阎凤阁、谷钟秀等人的运动下,直隶省临时省议会于3月17日开会选举王芝祥为直隶都督,并函请与电请袁世凯正式委任王芝祥为直隶省都督。4月23日,直隶临时省议会议长阎凤阁、参议员谷钟秀等面谒袁世凯,请其

① 张国福编:《参议院议决案汇编》,第1页。

委任王为直隶都督。袁答应只要王不带兵北上,待王来京即委任。因当时南京临时政府以京津一带刚发生过兵变,为安全计,决定派军队1万人护送国务员和参议员赴京。袁世凯和北洋军人以北方秩序已恢复,国务员和参议员北来,北方军界有能力胜任保护之责,若一定要带重兵北来,则表示南方有猜忌之心,北方军人万难忍受,强烈反对和阻止南军北上。这样,南京临时政府只好退让。

　　5月26日,王芝祥携其参谋长耿毅如约抵京准备就任直隶都督。袁世凯是中国几千年积累下来的封建统治术的集大成者,其作伪的本领登峰造极。他压根就没有要任命王为直督之意。袁世凯的目标不是要建立民主共和制的中华民国,而是要建立北洋军阀对全国的统治。北方邻近京师的省份尤其是直隶省,是北洋军的发祥地和巢穴,是拱卫首都的战略要地。他要以北方几省为自己的根据地以便向南扩张,将北洋军阀的势力和统治扩展到全国,自然决不会允许一个同盟会籍的人来任直督。其实袁的这一意图早就表现出来了。清帝退位,清政府各衙门、各局以及袁世凯在清政府的官职自然应该消失。从法理上说,应等待南京临时政府来接收北方的一切权力。但清帝退位的第二天即2月13日,袁即按退位诏书中的规定成立了北京临时共和政府,自称临时政府首领,改各部大臣为各部首领,改出使大臣为临时外交代表,并通告使团。南方孙中山等立即抗议这种行为,指出"临时政府不能由清帝委任组织",但袁世凯仍以临时共和政府首领的名义任命官吏,引起各方面的反对,舆论也认为袁的这一作法很不得体,袁只好取消临时共和政府的名义。但还在孙中山未解除临时大总统职、南京临时政府仍在行使政权的情况下,即袁世凯尚未正式接任临时大总统职权的情况下,却以临时大总统的名义于3月15日任命自己的心腹张锡銮为直隶都督。张是一个共和异己分子,复辟的干将,在1912年3月初就公开准确预言3年以后恢复君主立宪[①],即3年后恢复帝制。3月23

---

①　《盛京时报》1912年3月13日。

日袁任命心腹张镇芳为河南都督。3 月 28 日袁任命心腹周自齐为山东都督。把这些省的军政大权抢入手中,造成既成事实,以便再以这些省份为基地向全国扩张。以前应允王芝祥督直自然是官场上通用的作伪之术。王到京后,袁立即对王采取了软、硬兼施的手法。一方面袁指使冯国璋、王占元等 10 余名北洋亲信联名于 5 月 27 日上书,声称直隶各路军队反对王芝祥任直隶都督;一方面又亲自设宴招待王,对王称赞有加,并委任王为南方军队宣慰使,让王回南京遣散南方的军队。给王一笔远远超过实际需要的经费,示意王可以包办一切,省下的公费一律不用上缴。王本来是一个善观风向的练达之人,此时南北调和空气正浓,袁的声望又已达顶峰,如日中天。别说王不准备逆袁意,即使欲反对也无法与袁对抗。况袁给的这个美差比做直隶都督还要实惠得多,自然乐得顺水推舟,满口答应。5 月 31 日袁即拟就任王芝祥为南方军队宣慰使的命令,尽管国务总理唐绍仪不肯副署,袁却坚持了这一任命。这也引起了直隶各界的不满。6 月上旬,天津统一共和党支部、保定绅学商界不顾直隶北洋军人的反对,分别致电袁世凯,请任命王芝祥为直隶都督。参议员谷钟秀等也提出质问书,质问袁世凯违反了参议院通过的《中华民国接收北方各省统治权办法》案。袁见自己的心腹镇不住直隶各界,在接到直隶各界电报后亲自出面,饬令国务院电告直督张锡銮,"以都督统辖文武,责任重大,任免之权宜操自中央,……若听本省人民随意迎拒,势必至各党树援,彼此残贼,祸乱相寻,靡所底止。"并在电报中令"直隶都督切实查访,若实系各团体及绅商学界来电,应剀切劝导,俾喻此意;若系奸人借名捏电,应即依法严惩"。① 有了后台老板的发话,张锡銮更是有恃无恐,立即发出北洋军界公启,声讨发动此事的参议员谷钟秀及直隶士绅,并制造谣言,说他们受贿多少万元。很多主张王督直的直隶绅士还接到匿名的恐吓信,说:"谁要附和此事,要拿头颅来见。"吓得这些士绅不敢再谈论此

---

① 《申报》1912 年 6 月 13 日。

事,以免惹祸上身。

对参议员谷钟秀等人的质问书,袁世凯以国务院的名义咨复参议院,说:《中华民国接收北方各省统治权办法》案虽经南京参议院于2月16日议决,并咨临时大总统孙中山公布,但孙大总统并未公布,故不能成为法律。孙大总统3月20日将该案电告袁大总统,同时参议员吴景濂亦致函袁大总统并附参议院原咨文。3月22日袁大总统电复孙大总统,详说都督不能公选的理由,并请转致参议院从长计议见复。但未见复。只是议员吴景濂等3月31日电袁大总统称参议院议决案在法定期限内既未咨院复议,无论将来官制如何规定,现时议案当然有效。袁大总统3月20日得知此案,3月22日即电复议,并未逾越期限,袁大总统自不能承认此案已经成立,故不能公布,自谈不到违反此法的问题。且该案与在该案议决之后3月1日公布的《临时约法》第34条"大总统任免文武职员,但任命国务员及外交大使、公使须得参议院之同意"相抵触,《临时约法》规定除国务员、大使、公使外,其他文武官员任免全权属大总统。故各省及直隶省选举都督是违背《临时约法》的举动,袁大总统绝不承认。

国务院的这个咨复也言之成理。可见,《临时约法》匆忙中将总统制改为内阁制,还是残留了很多总统制的痕迹。大总统在任命地方文武官员的问题上仍有很大的权力,这种权力只是由于国务员的副署权受到一定的约束。但是袁世凯不经国务总理副署而任命王芝祥。也就是说,在这件事情上,袁世凯是违反了《临时约法》的,尽管它引用了《临时约法》中的条款来证明《中华民国接收北方各省统治权办法》案违背了《临时约法》,但即使该案废除,袁世凯也违反了《临时约法》第45条和《修正国务院官制》第8条国务总理副署权。由此也可看出,袁世凯要建立北洋军阀的封建统治,要搞独裁,《临时约法》便是其法律上的主要障碍。

十二、监督临时政府借外债

旧中国军阀林立。中国人口众多,兵源充足,只要有钱就能有枪有兵,就能拉起一支队伍。当然要维持和扩大一支武装自然也完全靠钱。为了维持一支军队和政府的正常运转,南京临时政府一成立就一直面临严重的财政困难。孙中山从国外回到上海时,同盟会及独立各军将领对孙中山翘首以待,盼望他带回巨款,而把孙当作财神来欢迎。这也是江浙联军将领们轻视黄兴而支持孙中山的一个重要原因。孙中山当选总统之日即有将领当面问孙:"公携华侨捐款几何?诸军望之如望岁焉!"孙只能重复那句"我携归革命精神耳"的话来应对。① 因为孙当时既未筹到较多的华侨捐款,也未借到外债。因此,南京临时政府一成立,就受财政危机的煎迫。政府初建,军费政费开支浩繁,尤其是军费。由各省起义军凑成的南方军都带雇佣性质。枪枝弹药需巨资,军饷开支亦庞大,很多部队不给钱就不打仗。海关收入款虽在起义区域之内,但外国帝国主义以种种借口不让临时政府提用偿付赔款。临时政府虽然名义上管辖十几个省区,但控制着各省军政大权的都督截留财政收入不缴中央,在财政上不支持中央临时政府。这样,临时政府不得不靠借债度日:一是借内债,一是借外债。

1912 年 1 月 8 日,各省都督府代表会通过了政府提出的发行国债1 亿元的议案,但购者寥寥,只发行了 737.715 万元。② 内债难解财政燃眉之急。这样,就不得不举借外债。但借债总需要有抵押品,是有条件的。借外债的条件又往往涉及到国家主权这一敏感的问题,随时可能引发起政治风波。故一开始,由于列强尚未承认南京临时政府,为了避开借外债的政治风险,孙中山采取了迂回的办法,并未向外国政府或

---

① 钱基博:《辛亥江南光复实录》,中国史学会主编:《辛亥革命》〔七〕,第56页。
② 《民立报》1912 年 1 月 30 日。

财团直接借款,而是通过民间私人向外国借款,然后再转借给政府。但无利不起早的商人又往往乘机加上自己的利益,即再加上自己的条件而使这种借债条件变得更苛刻。

1. 招商局抵押借款与汉冶萍煤铁公司抵押借款

轮船招商总局于 1912 年 1 月下旬接陆军全体军官将校公函及沪督陈其美转行中央政府急令,以民国新立,军需孔繁,暂以招商局抵押银 1 000 万两借用。2 月 1 日,招商局召开了有四五百股东参加的股东会。由于招商局连年亏损,与会的股东们欲趁此机会为新政府效力,来日可向政府要求权利,以使营业日渐发达,最终摆脱困境,故均同意以招商局抵押借款。这样,由招商局出面与日本邮船株式会社和日清公司商谈借款一事。日本则企图利用这一借款,插足一直在英国控制之下的长江流域的航运业。英国得知后,为保持自己在长江流域的势力,令汇丰银行出面争夺这项借款。德国则说庚子拳乱之后,德亨宝公司曾有 1 000 万两购买该局之说,故应先抵于德人。美国也想争这项债权。同时,招商局未参加股东会的股东则通电反对。参议院得知后也反对这项借款。

汉冶萍煤铁公司抵押借款。南京临时政府还找到汉冶萍煤铁公司,请其将公司财产向日本抵押借债款。该公司是盛宣怀产业的一部分,皇室成员载洵、载涛亦占有相当大的股份。盛怕南京临时政府没收该公司,一直在积极密谋和日本合办汉冶萍煤铁公司,故乘南京临时政府要用汉冶萍煤铁公司抵押借款之机,提出以政府同意中日合办为借款条件。1912 年 1 月 26 日和 29 日,南京临时政府和盛宣怀分别在南京和日本神户,同日本三井、正金财团签订了两个性质相同的中日合办汉冶萍公司的草约:公司资本为日金 3 000 万元由中日合资办理,公司股本中日各半,营业期限 30 年。除公司现存由日本借入日金 1 000 万元外,尚须续借日金 500 万元。再按本合同由公司借给政府日金 500 万元,而求政府批准中日合办,合同尚未通过股东会前,先由该公司借日本 500 万元转借与临时政府,而求其批准。其事先交 200 万至 300 万元,俟合办合同成立交清 500 万元。该款已陆续交临时政府 200 万元。孙中山也发现"由私人与外人合股得钱难保无意外枝节",加之日方的 500 万元借款迟迟不能到位。国内已开始反对这一借款,南京临时政府以日方不能如期交付借款,取消借款 500 万元和中日合作开办汉冶萍公司草约。

上两笔借款都是通过私人出面借款,再转借给政府,故无须通过参议院。但参议院知道这两笔借款后,2 月 9 日,参议院常会,刘成禺提议质问财部《抵押借债不交参议院议决后施行显背临时组织大纲应请质问案》,对上述两笔借款提出反对性的质问:"财政部以招商局抵押借债及以汉冶萍煤铁公司押借外债两层未能遵照中华民国临时政府组织大纲第一条第五项办理,即为违背宪法,应行质问,请迅即答复。"2 月 12 日,参议院常会上,经过讨论,用举手表决法表决,多数可决此质问案,即咨临时大总统孙中山。2 月 18 日,孙中山咨复参议院质问违法借款一案。2 月 21 日参议院常会,讨论孙中山答复咨文,议决政府的答复与参议院质问不相符合,应重行质问并请政府派员到院当面答复。主席林森当即指定刘彦、谷钟秀二人为起草员起草重行质问书。2 月 22 日,参议院常会,通过了起草员起草的《抵押借款及发行军用钞票再质问案》,即咨政府。2 月 23 日,孙中山再咨文参议院答复再质问案,派秘书长胡汉民到院并将关于汉冶萍借款各种文件交参议院。2 月 26 日,参议院常会宣布政府答复《抵押借款与发行钞票质问案》,议决付特别审查。主席林森当即指定谷钟秀、汤漪、钱树芬、张伯烈、张耀曾为特别审查员。由于招商局借款因股东反对已不成立,只剩汉冶萍合资一事,故特别审查委员会经审查提出《汉冶萍借款》案提交参议院。3 月 26 日,参议院常会,讨论《汉冶萍借款案》审查报告,当即议决开二读会,并省略三读通过。参议院以"汉冶萍煤铁公司与日人合办,丧权违法,……既未交本院议决,无论股东会能否通过,本院决不承认"否决了汉冶萍借款。

2. 华俄道胜银行借款

1912 年 2 月中旬,孙中山以临时大总统的名义向参议院提出《拟以蜀省盐课税厘抵押道胜银行借款案》,该案列入 2 月 19 日参议院常会的议事日程中的第 5 议案,但因时间关系,未开议。2 月 22 日,参议院常会,对该案开一读会后,即交财政审查会审查。2 月 26 日,参议院常会,孙中山派总统府秘书长胡汉民出席参议院会陈述意见并解答议员的质问。参议院经过讨论后,用起立表决法可决政府交议案各要点,但"所订合同草约应请咨送本院开会通过方能作准",并咨复孙中山。这就是《第一次议决案》。当日,孙中山将财政总长陈锦涛与道胜银行借款合同草约转参议院。2 月 27 日上午,参议院常会,孙中山派总统府秘书长到院陈述一切并解答议员的质问。当即议决,将借款合同草约付特别审查,并要求特别审查委员会当日即将审查报告交大会议决。当即由主席林森指定刘彦、钱树芬、张耀曾、谷钟秀、汤漪 5 人为特别审查员。下午 2 时,参议院继续开会,宣布审查报告后,就借款草约原文与审查报告合并讨论,将原案第 5、第 7、第 8 各条修正后,省略第三读会通过,并咨复孙中山。这就是《第二次议决案》。

2 月 28 日,参议院常会,刘成禺等认为昨日下午参议院会议不足法定人数即开议,违背院章。这样,又议决昨日会议手续不完备,3 月 1 日再议。并立即通知政府,因手续不完备,道胜银行借款暂缓签字。3 月 1 日参议院常会,用举手表决法否定了 27 日下午讨论《华俄道胜银行借款案》为二读会。议决即开二读会,对条款逐条讨论又做了一些修改,接着又开三读会,对条款的文字进行了修改。最后以投票表决法,全体赞成通过(共 22 人赞成),形成《第三次议决案》咨送政府。借款合同共 13 条,主要内容为:道胜银行借给民国 150 万金镑,年利息 5厘,付款以 9.7 折扣算,一年期,以民国政府所征赋税之收入内备为付息及偿本。

3 月 4 日下午,参议院临时会议,财政总长陈锦涛出席报告道胜银行借款情况并陈述意见答复议员的质问。参议院即对正式借款合同进行审议,公议不须付审查,即开第二读会和第三读会,最后用举手表决法多数通过了已签署的《道胜银行借款合同》。

3. 四国银行借款和华洋义赈会向四国银行借款

　　财政部迭接袁世凯、唐绍仪电,因民国南方需用甚急,已与四国银行商谈借款一事。孙中山将此转咨参议院。3月4日下午,参议院临时会,议决《政府交议北京电告已向四国银行借款案》付财政审查会审查。3月6日参议院常会,宣布审查《政府咨称北京电告已向四国银行借款案》报告。3月7日参议院常会,对《政府咨称北京电告已向四国银行借款案》开第二读、第三读会,并多数可决。四国银行借款的主要内容:四国银行即交200万两,以后再可陆续商量交付,以民国财政部收据作为担保,将来由大借款扣还。利息及各条件因紧急尚未商妥。这次因为是袁世凯提出的借款,只是凭电报,既无借款合同,连利息和条件也未商妥,参议院亦很快通过,在复孙中山咨文中说明通过的理由:"大局危迫,财政困难之时,似此一时权宜办法,本院当暂认为可行,照予存案。"可见,在借外债的问题上,参议院对袁世凯是迁就的,和孙中山借外债时穷追不舍的情况相比,真有天壤之别。参议院对袁的监督至少是不力的。

　　3月初,财政总长陈锦涛以华洋义赈会因安徽救济灾情之事,向四国银行借款160万两白银,以民国财政部收据交银行存执为暂时担保。这就是华洋义赈会向四国银行借款。

　　3月4日下午参议院临时会,政府交议《华洋义赈会拟向四国银行借款请由财政部担保案》议决付财政审查会审查。3月6日参议院常会,宣布审查政府交议《华洋义赈会拟向四国银行借款请由财政部担保案》报告。3月7日,参议院常会,因为救灾关系民命,华洋义赈会向四国银行借款案当日通过二读会、三读会,最后全案可决通过。

　　4. 华比银行借款

　　3月中旬袁世凯与华比银行签定借款草约。国务总理唐绍仪将合同电孙中山,孙中山于3月16日将此事咨文参议院求同意。3月18日上午参议院常会,宣布政府交议唐总理电开拟向华比银行借款案,议决付财政审查会审查,政府委员出席陈述意见并答复议员的质问。最后议决本日下午2时前财政审查会须将审查报告提交下午参议院的临时会。下午 3 时半,参议院临时会议,审查员报告《华比银行借款》案审查大旨。当即表决即开第二读会,逐条讨论公决。只讨论到第 4 条就已六点多钟,于是议决晚上八点开临时会,接着二读。但直至八点半,出席议员人数未过已到院报到议员总数之半,而未能开议。3 月 19 日下午参议院临时会,继续对《华比银行借款》案二读,审议《华比银行借款》案第 5 至第 17 条。除第 4 条担保品和第 15 条优待华比银行条件进行了修正,其余原文通过。二读会结束即开三读会,三读会又议决"此案原文订定以英文为准,本院议决以华文为准,倘将来华英文互有异义时,本院议决应作无效,此层请于咨文内声明"。三读结束后,将全案用起立表决法表决,起立者多数,可决全案。当日参议院即将结果咨复孙中山。孙将此转达袁世凯。袁又按参议院修改的《华比银行借款合同》与华比银行磋商,除第 15 条中仍坚持 1 000 万镑为限。袁又将此电孙中山,孙又咨参议院议决。3 月 22 日晚 9 时,参议院召开临时会,讨论袁的来电,最后以多数赞成通过。

《华比银行借款》案主要内容:华比银行借 100 万英镑,以中国政府国库券担保。中国政府将来借债倘条件与别人相同,华比银行有优先机会,款项以达 1 000 万镑为止。

十三、维护参议院本身合法性的斗争

1912 年 2 月中旬,江苏省参议员陈陶怡、杨廷栋就以南京临时政府未遵守法律程序,擅用汉冶萍公司与轮船招商局的资产作抵押提借外债,威逼议员,蹂躏参议院为理由,不再出席参议院会,并于 2 月下旬正式函告参议院辞去议员之职。2 月 27 日参议院常会。议长林森报告了陈、杨二人的辞职函,参议院经举手表决,可决"来函辞职理由未能充足,碍难承认,应将此意作函复之"。参议院复函陈、杨予以挽留。江苏议员凌文渊也与陈、杨取一致立场,致函参议院,以同样的理由辞职。2 月 28 日参议院常会,对凌的辞职,议决"照昨日议决办法,一并答复"。但参议院未能挽留住江苏籍的 3 名议员,从此,3 议员一直缺席不到会。后按 3 月 1 日参议院议决的"一月以内缺席至 7 天者除名"的办法于 3 月初除名。江苏再未选派议员赴南京参议院。江苏籍议员这次辞职的矛头是对着南京临时政府,而不是南京参议院。但后来他们和湖北省籍议员唱和,转向否定南京参议院,只能说明他们只是将反对借款作为否定南京政权的借口。

2 月 14 日,参议院可决孙中山辞去临时大总统职。2 月 15 日,选举袁世凯为临时大总统。也就是说,孙中山向袁世凯交出临时政府的权力已成定局,只是交接时日问题。所以,反对南京政权的人们,将矛头指向了同盟会占优势的参议院。代表以黎元洪为首的湖北集团利益的湖北籍议员时功玖、刘成禺、张伯烈首先对参议院发难,掀起了一场否定南京参议院,另立临时中央议会的风波。这场风波是因南京参议院议决南京临时政府与华俄道胜银行借款案引起的。2 月中旬,孙中山咨请参议院审议《华俄道胜银行借款》案。26 日参议院常会基本通过,但向政府索要合同草约,形成《第一次议决案》咨临时大总统孙中山。27 日下午,参议院常会,出席议员 19 人,对政府交议的华俄道胜银行借款草约进行审议,对条款进行修改后通过,形成《第二次议决案》,咨送临时大总统孙中山。28 日参议院常会,刘成禺等认为昨日参议院常会到会人数不足议员总数 45 人(按:当日到院报到的议员总人数共 38 人)的半数即开议,违背院章。这样,参议院又议决昨日会议手续不完备,3 月 1 日再议。当即,参议院并通知政府因手续尚未完备请暂缓签字。3 月 1 日参议院常会,用举手表决法否决 27 日讨论《华俄道胜银行借款》案为二读会,公议即开二读会,逐条讨论议决。二读会结束,又议决即开三读会,对文字做了一些修改。三读结束后,用投票表决法对借款案全文表决,结果以 22 票赞成可决,形成《第三次议决案》。湖北籍议员时功玖、刘成禺、张伯烈于 3 月 1 日通电黎元洪及湖北省议会,报告参议院通过借款合同的经过,并提出辞去参议员职务:"政府借道胜债百五十万镑,以民国所得赋税作抵,定期一年偿还,且许以优先权,既起监督财政之渐,复挑拨列强猜忌之心。当此民国未经承认,南北未统一之时,公然与外人订此不利之约,议员总数 45 人,乃以 17 人到会,14 人在场,8 人之赞同作为通过。功玖等力争不获,反被议长当场呵斥,声色俱厉,有若囚虏。功玖等自问能力薄弱,难膺巨任,深恐陨越,有负乡人之托,谨此电辞,并请派要员俾负政府之望。"①在湖北的民社也于同一天致电袁世凯、孙中山、黎元洪,指责南京政府与《华俄道胜银行借款合同》。这显然是经过精心策划的。时、刘、张认为 2 月 27 日参议院会议不足法定人数。28 日参议院会议,刘成禺对 27 日会议的合法性提出疑义后,主席林森即表决 3 月 1 日再议。3 月 1 日再开二读、三读会,已对 27 日的手续不完备进行了纠正。但刘成禺等仍抓住大做文章,显然醉翁之意不在酒。刘、时、张一面表示辞职,一面不经院议即自行离职。3 月 1 日参议院常会,议决对江苏、湖北参议员以缺席论。公议对湖北议员的辞职应不承认,函知江苏、湖北参议员均请于一星期以内函复,过期即除名。3 月 4 日,参议院常会,公议江苏议员陈陶怡、杨廷栋、凌文渊复函辞职理由不足,应再函复仍请克日到院列席,并电请苏督转请克日到院。3 月 5 日参议院常会,议决刘成禺、张伯烈、时功玖复函坚辞势难挽留,据此电请鄂督另行选派参议员来院任事。

　　湖北参议员发难在先,各地一些本来就不满乃至反对南京政权的组织与个人,也纷纷发电反对借款,否定南京参议院。3 月 2 日,共和建设讨论会致电孙中山,说"参议院阿附政府,少数擅决以全国赋税抵借外款,自造灭亡,国民死不承认,请将参议院立时解散。"②江苏都督庄蕴宽以应江苏省议会要求的名义,宣称江苏省参议员已全体辞职,以后参议院各项议决案如有涉及江苏者,"概作无效"③。3 月 11 日,《民声日报》发表《足以亡国之参议院》的文章,公开号召取消参议院,另组

---

①　《民立报》1912 年 3 月 1 日。
②　《时报》1912 年 3 月 2 日。
③　《民立报》1912 年 3 月 9 日。

国民议会。湖北临时省议会于 3 月 14 日通电各省,否定南京参议院,另组议会,"要求各省议会于 3 月底以前另行选举参议员,组织临时中央议会。"①以后湖北临时省议会又致电江苏临时省议会,提议每省议会或咨议局选举议员,齐集汉口,筹划一切事宜。湖北集团要把临时中央议会设汉口,其企图控制议会之心昭然若揭。与湖北临时省议会遥相呼应的江苏临时省议会立即复电,赞成湖北方面另立临时国会的主张,但不同意临时国会设汉口,而主张设在临时政府所在地,即北京,也不愿议会为湖北集团所控制。这样,湖北临时省议会只好复电江苏临时省议会:临时国会地点问题,原以汉口为齐集地点,俟首都决定后,即行移往。现事机紧迫,"凡在长江流域以南各省均齐集汉口,同往北京。长江流域以北各省径往北京集会,限 15 日务各达到往在地点。"又通电说,其倡议已经得到皖、粤、浙、闽、吉、奉、直、豫、晋等省赞成,要求江苏"迅选议员,如期集合"。② 湖北临时省议会,不但否定南京参议院,还否定南京参议院正在制定的《临时约法》,说南京参议院"已不足法定人数,断难开会。即令该院背违法律,任意开会,揆之法律,决难发生效力。勿论该院所决《临时约法》为何项性质,人民决不承认,本议会除电恳袁大总统主持外,相应咨请贵军政府通电袁大总统及各省都督、督抚,不以该院决定之《临时约法》为有效。"湖北和江苏等省的临时议会这些举动,自然在投袁世凯之所好,想投靠袁世凯。袁世凯、黎元洪一直在默认与支持这场否定南京参议院另立临时国会的运动。袁世凯决计解散南京参议院,拟另在原清政府资政院内组织临时参议院,饬委前资政院议长许鼎霖预备开办一切事宜③。3 月 14 日,临时大总统袁世凯将湖北省临时省议会通电各省发起临时国会电转南京参议院。对湖北和江苏省临时省议会否定南京参议院一事一直采取默认与

---

① 《时报》1912 年 3 月 15 日。
② 《神州日报》1912 年 3 月 18 日。
③ 《盛京时报》1912 年 3 月 9 日。

暗中支持的袁世凯,此时决定站到台前,公开向南京参议院正式转达湖北省临时省议会否定南京参议院另行发起成立临时中央议会的要求。这自然是对湖北方面公开支持的姿态。副总统、湖北集团的首领黎元洪也和袁世凯一样,从暗中支持走向公开支持。当 3 月 15 日南京参议院致电黎元洪(黎兼任湖北都督),请其另选派参议员代替已辞职的否定参议院的始作俑者刘成禺、时功玖、张伯烈时,黎 3 月 20 日复电参议院,仍以刘、时、张 3 人为湖北省参议员。当然此 3 人是否定南京参议院的干将,一直坚持不承认南京参议院的立场,并不再赴南京。

针对湖北、江苏两省掀起的否定南京参议院和《临时约法》,另组中央临时议会的风潮,及针对湖北、江苏两个集团的一系列活动得到袁世凯、黎元洪的支持的情况,为维护自身的合法地位和维护《临时约法》,南京参议院决定予以回击。

3 月 18 日上午,参议院常会,议长林森主席。林森宣读了袁世凯 3 月 14 日来电。议员们纷纷发言反对湖北临时省议会发起组织中央临时议会的作法,并逐一驳斥湖北临时省议会重组中央临时议会所提出的理由。最后议决参议院致电袁大总统、湖北临时省议会及各省,声明湖北临时省议会发起另行组织临时国会电无效,并由议长指定 3 名起草员起草电复袁总统并通电各省的电文。议长林森指定谷钟秀、刘星楠、彭允彝 3 人为复电的起草员。

3 月 19 日下午,参议院临时会,议长林森主席。林宣读了起草员起草答复袁总统并通告各省电文。电文驳斥了湖北临时省议会以一省议会名义任意召集临时国会的不正当行为。指出不承认《组织大纲》、《临时约法》,则已选举出的总统、已组成的临时政府均无法律依据,均不生效,则民国的国基全部动摇。议员们对所起草的电文再提出了一些修正意见。议决请议长再指定 1 人按讨论的结果修正已起草好的电文。林森指定张耀曾担任修正起草电文的起草员。张耀曾修正后即于当日以参议院的名义发出《致袁大总统声明湖北临时省议会发起另行组织临时国会为无效电》:"寒电悉。本院之成,根据于《临时政府组织大纲》。现公布之《临时约法》亦载明 10 个月内由大总统召集国会。当此参议院既成立之后、国会未成立之先,乃以一省议会名义辄召集临时国会,不知何所依据？若不承认《临时政府组织大纲》及《临时约法》,则已公布之法律,已选出之总统,已组织之临时政府皆将无效,民国基础于以动摇。且今日以一省议会反对参议院而召集临时国会,他日将又有一省议会反对临时国会而召集第二临时国会,起覆纷纭,事权不定,民国前途将何利赖？本院公认湖北省议会此举为不正当行动,断然无效。除电达各省外,特此布闻。"①同日,参议院还在《通告各省声明湖北临时省议会发起另行组织临时国会为无效电》及《致湖北临时省议会声明发起另行组织临时国会为无效电》中,声明了自己的上述原则立场。

　　参议院严正指出否定参议院、否定《中华民国临时政府组织大纲》和《中华民国临时约法》,则袁世凯的临时大总统、黎元洪的临时副总统一职也就失去了合法性。这自然是击中了袁、黎的要害。尽管袁不得意南京参议院和《中华民国临时约法》,但为维护自身的合法性,并避免因此而引起南北对抗,使接收南方政权再起周折,于是,3 月 22 日致电南京参议院说:"来电悉。所论极为正当。《临时约法》既经议决公布,自为今日办事惟一之依据。鄂省发起中央临时议会,各省来电,纷纷赞成,未免歧视。业经通电,嘱其仍按《约法》第 18 条之规定,迅议选派参议员方法,如额选足,组织《约法》上之参议院,定期集会,庶民国基础不致动摇,而各省意见亦藉融合。"②

　　但湖北临时省议会筹组中央临时议会的工作早已开始。有些支持湖北临时省议会的省份也派出所谓的中央临时议会议员赴武汉。郑万瞻等 20 名"临时议会议员"也准备好启程晋京,在京接待各省派出的"临时议会议员"及筹备临时议会开会事宜,并向湖北都督黎元洪要川资旅费。湖北临时省议会议长刘心源再三与黎元洪交涉,黎元洪答应

①　张国福编:《参议院议决案汇编》附编,第 30 页。
②　《申报》1912 年 3 月 27 日。

发给川资旅费。正准备束装北上的"临时议会议员们"3月底又接到黎元洪转交袁世凯临时大总统3月25日的电报,说:"现在南京参议院系临时过渡机关,照《约法》本须另行组织。俟《约法》上之参议院成立,则现在之参议员即当交代。刻已通告各省,迅照《约法》,自定选派方法,选定员额赴会。是将来之参议院与现在名称虽同,组织已变。其性质即与各省主张中之中央议会无异。至《约法》倘有不尽满意之处,尽可俟该院新举参议员到院开会修改。目前只能以《约法》为准,以免办事毫无依据。总之,中央议会关系全国立法,只在内容不在名称,断不能重台叠阁,致涉纷歧。"①

在这封电报中,袁世凯对这些"中央临时议会议员们"说得非常清楚,要对参议院进行一次脱胎换骨的彻底改组,仍用参议院之名,而行这些"临时议会议员们"所要求的"中央临时议会"之实,排斥同盟会参议员和修改《临时约法》。比起这些招摇过市的"临时议会议员们",枭雄袁世凯的奸诈和狡猾,其权谋,自是登峰造极,无人能望其项背。这些投靠袁世凯的"临时议会议员们"自然得遵从袁的指点。郑万瞻等于4月上旬即入京,力图指挥这次参议员的改选和控制北京参议院。这样,就使北京参议院议员选举的竞争更为激烈,使北京参议院的派争也就更激烈。因为这些议员依仗着袁的支持,有恃无恐。故北京参议院一开院即发生激烈的议员民选、官派之争,接着又是对参议院领导席位的激烈争夺。

附录:

(一)南京参议院议案总结

南京参议院自1912年1月28日行正式开会式,到1912年4月6

---

① 《申报》1912年4月4日。

日最后一次会议,共开会 89 次。议决案 59 件,其中可决案 54 件,否决案 5 件。

可决案为:《中华民国接收北方各省统治权办法案》、《袁总统受职与重行组织统一政府办法案》、《南京府官制案》、《参议院议事细则案》、《参议院办事细则案》、《参议院旁听规则案》、《中华民国临时约法案》、《各部官制通则案》、《参议院常费支给章程案》、《参议院法案》、《外交部官制案》、《内务部官制案》、《交通部官制案》、《外交官及领事官考试委员官制案》、《外交官及领事官考试令案》、《法制局官制案》、《铨叙局官制案》、《印铸局官制案》、《临时稽勋局官制案》、《国务院官制案》、《国务院官制修正案》、《教育部官制案》、《重订教育部官制案》、《农林部官制案》、《工商部官制案》、《司法部官制案》、《财政部官制案》、《陆军部官制案》、《海军部官制案》、《各部院局官制案》、《新法律未颁行以前暂适用旧有法律案》、《参议院开办费预算案》、《华俄道胜银行借款案》、《四国银行借款案》、《华比银行借款案》、《暂行印花税法案》、《华洋义赈会向四国银行借款案》、《优待清帝清皇族与满蒙回藏各族待遇条件案》、《统一军政民政财政办法案》、《限予清帝逊位日期案》、《设立稽勋局及捐输调查科案》、《临时政府迁至北京案》、《拟任宋教仁为驻日外交全权代表求同意案》、《咨请辞职荐贤自代及辞职办法案》、《临时政府地点复议案》、《拟任唐绍仪为国务总理求同意案》、《追认大赦命令案》、《(第二次)拟任陆徵祥等为国务员求同意案》、《拟任施肇基为交通总长求同意案》、《弹劾司法部次长吕志伊违法案》、《抵押借款及发行军用钞票质问案》、《抵押借款及发行军用钞票再质问案》、《中华银行质问案》、《国务员延未交议质问案》。

否决案为:《(第一次)拟任陆徵祥等为国务员请求同意案》、《中华民国临时组织法案》、《招商局抵押借款案》、《汉冶萍借款案》、《女子参政请愿案》。

尚有未议决案 42 件,分别为:《有奖公债章程案》、《设立国史院案》、《各部院局三月份支出概算案》、《西蒙古增加议员案》、《设立财政筹备处案》、《拟以蜀省盐课税厘抵押借款案》、《国会之组织及选举法大纲案》、《华侨要求代议权案》、《中央巡警厅官职令案》、《国旗统一案》、《捕获战品裁判所章程案》、《检查战事违禁品简章案》、《实业部官职令案》、《文官考试委员官职令案》、《文官考试令案》、《商业注册章程案》、《陆军人员补官任职令案》、《陆军官佐免职令案》、《商业银行暂行则例案》、《海外汇业银行则例案》、《法官考试委员官职令案》、《法官考试令案》、《暂行传染病预防法案》、《金库则例案》、《补助拓殖协会经费案》、《兴业银行则例案》、《农业银行则例案》、《殖边银行则例案》、《渔业法案》、《第二次答复抵押借款及发行军用钞票质问案》、《答复弹劾司法部次长吕志伊违法案》、《参谋部三月份公债票补入概算案》、《撤销陆军部概算卫戍费案》、《商标章程及细则案》、《一省只应设一都督案》、《区别任官报功请愿案》、《陆军人员补官任职令修正案》、《会计法案》、《工厂法新发明特许专业法案》、《储蓄银行则例案》、《庶民银行则例案》、《惠工银行则例案》。

议决文电 37 件:《咨行大总统推举议员而质山陕危急情形文》、《咨行孙大总统选定临时大总统袁世凯君未受职以前仍请执行政务文》、《咨催大总统答复抵押借款质文案文》、《咨请大总统派员莅院报告北京乱情并筹对付办法文》、《咨行大总统报告袁大总统电传誓词文》、《咨行大总统接袁大总统电传誓词认为受职文》、《咨行大总统答复国务员延未交议质问案文》、《咨行大总统更正参议院法第九十五条文》、《复袁慰亭君致谢赞助共和电》、《通告清帝逊位诏下孙大总统辞职本院定日选举临时大总统电》、《通告未派参议员各省请迅派参议员电》、《通告选举袁世凯君为临时大总统电》、《致袁慰亭君报告选举为临时大总统请莅院受职电》、《致黎副总统承认辞职电》、《通告承认黎副总统之辞职并定日选举临时副总统电》、《致黎副总统报告选举为副总统电》、《通告选举黎元洪君为临时副总统电》、《通告未派参议员各省再请迅派参议员电》、《致黎副总统解释道胜银行借款草约电》、《致袁大总统议决大总统受职及重行组织统一政府办法电》、《通告议决袁大总统受职及重行组织统一政府办法并接到袁大总统电传誓词电》、《复袁大总统承认受职及致词电》、《通告承认袁大总统受职电》、《致袁大总统议决中华民国临时约法电》、《致袁大总统同意国务总理唐绍仪电》、《致袁大总统议决各部官制通则电》、《通告各省请照临时约法第十八条选派参议员电》、《复袁大总统各部选派参议员办法电》、《致袁大总统请照议决各部官制通则另将拟派各国务员交院同意电》、《致袁大总统声明湖北临时省议会发起另行组织临时国会为无效电》、《通告各省声明湖北临时省议会发起另行组织临时国会电为无效电》、《致湖北临时省议会声明发起另行组织临时国会为无效电》、《致黎副总统声明请袁大总统照议决各部官制通则重行提出各国务员交院同意电》、《通告各省再声明湖北临时省议会发起另行组织临时国会为无效电》、《致袁大总统追认大赦命令电》、《通告孙大总统辞职电》、《通告本院议决休会十五日迁至北京电》①。

（二）参议院法

1912 年 4 月 1 日公布

第一章　总纲

第一条　参议院设于临时政府所在地。

第二条　参议院以约法第十八条所定各地方有五分三以上派参议员到院,即行开会。

第三条　参议院开会期间,至解散之日为止。

第四条　参议院经议长提议,参议员过半数可决,得休止开会;但休会期间不得过十五日。

休会期中有紧急应议事件,议长得通告开会。

---

①　张国福编:《参议院议决案汇编》甲部二册《参议院议案报告分表》,第1—7页。

第二章　参议员

第五条　中华民国之男子年龄满二十五岁以上者,得为参议员。但有下列条件之一者,即失其资格:

一、剥夺公权者及停止公权者。

二、吸食鸦片者。

三、现役海陆军人。

四、现任行政职员及现任司法职员。

第六条　参议员有不合资格之疑者,他参议员得陈请审查,由院公选委员九人审定,报告议长付院议决定。

第七条　参议员于选定通知到院后六十日内不报到者,应即取消,由院咨请另选。但甘肃、新疆、西藏、青海、内外蒙古各处参议员,不在此限。

第八条　参议员到院,须提出委任状于议长。但原选地方先有通知者,委任状得于日后补交。

第九条　参议员既到院者,原选地方非得参议院同意,不得取消。

第十条　参议员任期,以参议院解散之日为限。

第十一条　参议员辞职,须具理由书请参议院许可。参议院许可辞职时,应即通告该原选地方,于一定期间内另行选派。

第十二条　参议院认参议员辞职理由为不当时,得劝告留任。但劝告后七日间犹无确答者,应即解职。

第十三条　参议员非有正当理由,不得请假。假期间在五日以内者,得由议长许可。五日以上者,须付院议决定。

第十四条　参议员不得任意缺席,违者分别惩罚。

第十五条　参议员不受岁费。

第三章　议长、副议长

第十六条　议长维持参议院秩序,整理议事。对于院外代表参议院。

第十七条　议长得任免秘书长及其下各职员,并指挥监督之。

第十八条　议长于常任委员会及特别委员会均得出席发言,但无表决权。

第十九条　议长有事故时,副议长代理其职。

第二十条　议长、副议长均有事故时,得另选临时议长,行议长之职务。其选举方法,准用《临时约法》第二十四条。

第二十一条　议长、副议长任期与参议员同。

第二十二条　议长、副议长因故请假或辞职,须提出理由书付院议决定。但请假期间在五日以内者,不在此限。

第二十三条　议长、副议长有违法徇私情节,经参议员十人以上提议,得交惩罚委员会审查后,付院议决定。如多数认为不称职时,即解职另举。

第四章　委员

第二十四条　本院设全院委员、常任委员、特别委员三种。

第二十五条　全院委员以全院参议员充之。

第二十六条　常任委员分设法制、财政、庶政、请愿、惩罚五部,各担任审查本部事件,由参议员用无记名连记投票法互选之。其各部员数,由院议决定。

第二十七条　特别委员担任审查特别事件,由议长指定或本院选出之。

第二十八条　常任委员得兼任特别委员。

第二十九条　凡被选或被指定为委员者,非有正当理由,不得辞职。

第三十条　全院委员长由本院选定,但议长、副议长不在被选之列。常任委员长及特别委员长,由各委员会互选之。

第五章　会议

第三十一条　参议院除休会外,每星期一至星期五上午九时至十二时为寻常会议时间。但有紧急事件特别开会,不在此限。

第三十二条　参议院议事日程,由议长编定,先二日通知各参议员,并登载公报。

第三十三条　参议院非有到院参议员过半数之出席,不得开会。但《临时约法》及本法关于出席员数有特别规定者,从其规定。

第三十四条　参议院会议时,以出席参议员过半数之所决为准。但《临时约法》及本法关于表决员数有特别规定者,从其规定。

第三十五条　参议院议决可否同数时,应依议长之所决。

第三十六条　参议员于议案有关系本身及其亲属者,不得参预表决。

第三十七条　凡未出席参议员,不得反对未出席时所议决之议案。

第三十八条　关于法律、财政及重大议案,须经三读会始得议决。但依政府之要求或议长、议员之提议,经多数可决,得省略三读会之顺序。

第三十九条　政府提出之议案非经委员审查,不得议决。但紧急之际,由政府要求经多数可决者,不在此限。

第四十条　政府提出之议案,未经本院议决以前,无论何时得修正或撤回之。

第四十一条　议员提出法律案,须有十人以上之赞成者。其他提议,除别有规定者外,须有三人以上之赞成者会同署名,先期交议长通告各参议员。

第四十二条　参议员于议场上临时动议,附议在一人以上方成议题,得请议长付讨论。

第四十三条　委员于议场得自由发表意见,不受该委员会报告之拘束。

第四十四条　参议院会议须公开之。但有下列事由经多数可决者,不在此限:

一、依政府之要求。

二、依议长或参议员之提议。

第四十五条　开秘密会议时,议长得令旁听人退席。

第四十六条　参议院会议之结果,按期编成速记录、议事录、决议录。惟秘密会议事件,不得宣布。

第四十七条　参议院议事细则另行规定。

　　第六章　委员会

第四十八条　参议院遇有重要问题,由议长或参议员十人以上之提议,经多数议决者,得开全院委员会审议之。

第四十九条　常任委员会遇有同一问题须有两部以上协同审查时,得由该数部之同意,开联合委员会审查之。

第五十条　全院委员会非有委员三分一以上出席,常任委员会及特别委员会非有该委员半数以上出席,不得开会。

第五十一条　凡委员会均禁止旁听。

第五十二条　常任委员会及特别委员会得许参议员莅场旁听,但得议决禁止。

第五十三条　各委员长须将委员会议决之结果,报告于参议院。

　　第七章　选举

第五十四条　依《临时约法》第二十九条选举临时大总统或副总统时,参议院应于五日前将开选举会日期布告全国。

第五十五条　施行选举之前一日,参议员以十人以上之连署,得推举临时大总统或副总统候补人。

第五十六条　施行选举以前,由议长延请院外相当之行政官或司法官届期临场检验选举票。

第五十七条　选举用无记名投票法,其对于候补人以外之投票,作为无效。

第五十八条　选举会投票既毕,即将票柜封锁,以后入场者不得投票。

　　第八章　弹劾

第五十九条　弹劾大总统案,非参议员二十人以上之连署;弹劾国务员案,非参议员十人以上之连署,不得提出。

第六十条　决定弹劾案,须用无记名投票法表决。

第六十一条　弹劾大总统案通过后,即日将全案通告最高法院,限五日内互选九人组织特别法庭,定期审判。

第九章　质问

第六十二条　参议员对于政治上有疑义时,得以十人以上之连署提出质问书,由参议院转咨政府。

第六十三条　关于前条之转咨,应酌量缓急限期答复。

第六十四条　政府答复后,如提出质问者认为不得要领时,由参议院咨请国务员限期到院答辩。

但国务员如有不得已事故不能到院时,得委员代表。

第十章　建议

第六十五条　建议案非有参议员五人以上之连署,不得提出。

第六十六条　建议案通过后,即日将全案咨告政府。

第六十七条　已通过之建议案,政府不能采用时,不得再以建议方式提出于参议院。

第十一章　请愿

第六十八条　国民请愿书非有参议员三人以上之介绍,不得受理。

第六十九条　请愿书当付请愿委员会审查。如委员会认为不符格式时,议长应交介绍人发还之。

第七十条　请愿委员作请愿事件表,录其要领,每七日报告一次。

请愿事件如有委员会或参议员十人以上之要求,得提付院议。

第七十一条　除法律上认为法人者外,以总代表之名义请愿者,不得受理。

第七十二条　请愿书对于政府或参议院有侮辱之语者,不得受理。

第七十三条　参议院不受变更《临时约法》之请愿。

第七十四条　参议院不受干预司法及行政裁判之请愿。

第十二章　国务员及政府委员

第七十五条　国务员及政府委员无论何时得到院发言,但不得因此中止议员之演说。

第七十六条　国务员及政府委员于委员会审查议案时,得到会陈述意见。

第七十七条　委员会得经议长要求国务员或政府委员之说明。

第七十八条　国务员及政府委员于各会议,均不得参与表决。

　　第十三章　参议院与人民、官厅及地方议会之关系

第七十九条　参议院不得向人民发布告示。

第八十条　参议院不得因审查事件召唤人民。

第八十一条　参议院为审查事件,得向政府要求报告或调集文书,政府除事涉秘密者外,不得拒绝。

第八十二条　参议院审查关系地方之政务,得咨询该地方议会,令其答复。

　　第十四章　警察及纪律

第八十三条　参议院院内警察权,依本法及本院所定规则,由议长行之。

第八十四条　参议院设守卫警护全院,听议长指挥。

第八十五条　参议员于会议时,有违背院法及议事规则或紊乱议场秩序者,议长得警告制止之,或取销其言论。若仍不听从,得禁其发言或令退出。

第八十六条　议场骚扰不能维持秩序时,议长得中止会议或宣告散会。

第八十七条　旁听人有妨害会议者,议长得勒令退席或发交警厅。若旁听席骚扰不能制止时,议长得令旁听人全体退出。

第八十八条　参议员于议场,不得用无礼之言辞。

第八十九条　参议员于议场或委员会受诽毁侮辱时,得诉之参议院,求其处分,不得私相报复。

　　第十五章　惩罚

第九十条　参议院对参议员有惩罚之权。

第九十一条　凡惩罚事件必交惩罚委员会审查,经院议决定,始得宣告。

第九十二条　惩罚之种类如下:

一、于公开议场谢罪。

二、一定之期间内停止发言。

三、一定之期间内停止出席。

四、除名。

第九十三条　参议员无故缺席连续至五日者,应酌定五日以上之期间,停止其发言。一月内无故缺席至七日以上者除名。

第九十四条　参议员携带凶器入场者除名。

第九十五条　前二条惩罚事件,得由议长提议。其他惩罚事件,须由参议员五人以上之提议,统照九十一条规定办理。请付惩罚之提议,须于惩罚事件发生后三日内行之。

第十六章　秘书厅

第九十六条　参议院设秘书厅,掌本院文牍、会计、编制各种记录,并办理一切庶务。

第九十七条　参议院秘书厅设秘书长一人,秘书员若干人。此外必要职员,由议长酌定。

第九十八条　秘书长承议长之命,管理本厅一切事务。

第九十九条　秘书员承秘书长之命,分掌各科事务。

第一百条　秘书厅办事细则,由秘书长拟订,呈由议长核定施行。

第十七章　经费

第一百零一条　参议院经费由国库支出。

第一百零二条　参议院经费,除开办费外,其款目如下:

一、参议员公费及旅费。

二、议长、副议长津贴费。

三、秘书厅经费及守卫经费。

四、杂费及预备费。

第一百零三条　前条所列各款经费,其数目别以支给章程定之。

第一百零四条　前条所列各款经费,除旅费外,由参议院按月制定预算表,咨请财政部提交参议院分别支给。

第十八章　附则

第一百零五条　本法自公布之日施行①。

(三)参议院议事细则

1912 年 2 月 2 日通过

第一章　通则

第一条　本院除星期六及星期日外,每日上午九时至十二时为寻常会议时间,遇有紧急事件特别开会者不在此限。

第二条　凡会议须有半数以上之议员到会方可开议。

第三条　凡未出席议员不得反对未出席时所议决之议案。

第四条　议长拟定议事日程由秘书科先期印送于各议员。

第五条　凡日程所列议案本日内不能议决者,得下次续议。

第六条　凡议事按照日程依次议决外,遇有紧急事件,得议员五人以上之提议或议长认为必要者,得提前开议。

第二章　会议

第一节　提议及动议

第七条　议员提议事件应具草案说明理由,并须有三人以上之赞成者会同署名,先期交议长通告各议员。

第八条　议员于议场上临时提出意见者为动议,须得一人附议方成议题,可请议长付讨论。

第二节　讨论

---

① 张国福编:《参议院议决案汇编》甲册乙部,第 41—51 页;《中华民国史事纪要(初稿)》,第 399—405 页。

第九条　议员对于议事日程所列议案欲发表意见者,须预将坐号及反对赞成之意,报告于议长,由议长依报告之次序指令反对者与赞成者相间发言。

第十条　讨论涉及议题以外者,议长得制止之。

第十一条　凡发言必在演坛,但极简单之发言得议长之许可者不在此例。

第十二条　讨论时不得对于同一议题有二次以上之发言。但下列各项不在此例:

一、质疑或答问。

二、原提议人解释自己议案之旨趣。

三、审查会报告人说明报告内之用意。

第十三条　议长确知发言之人已尽,即宣告讨论终局。

第三节　表决

第十四条　凡表决之先,经议长将讨论结果两相反对之主旨明白宣示后,无论何人不得再就议题发言。

第十五条　凡表决之际,议长当先令赞成者表决,其表决方法分举手、起立、投票三种。

第十六条　凡表决以多数为准,其可否同数时,议长得以己意决之。

第十七条　既经表决后,议员不得提出异议。

第四节　读会

第十八条　关于法律、财政及重大议案必经三读会始得议决,其他议案若多数议员认为应行合并读会次数时,得合并或省略之。

第十九条　第一读会应于议长将议案通告各议员后隔二日行之。

第二十条　第一读会之际,应由提议人或其委任代表说明议案之旨趣并解释议员之疑问。

第二十一条　凡政府提出之议案既经第一读会者,应交审查会审查之,待其报告后,以该案大纲付之讨论并议决应否开第二读会。

第二十二条　凡议员提出之议案即由到会议员于第一读会讨论大纲并议决应否开第二读会,遇有议决应付审查者仍照第二十一条办理。

第二十三条　第二、第三读会日期或间两日或间一日,得由议员公决之。

第二十四条　第二读会由议员将议案逐条讨论公决可否。

第二十五条　第二读会既毕,议长得以议案交审查会修正其条款及字句。

第二十六条　第三读会议决全案之可否。但除更正文字或发现其中前后矛盾及与他种法律相抵触外,不得提议修改。

第三章　审议会

第二十七条　参议院遇有重要问题由议长或议员十人以上之提议,经多数议决者,得开审议会审议之。

第二十八条　审议会以全院议员组织之。

第二十九条　审议会非有议员三分之一以上到会不得开议。

第三十条　审议会开会时禁止旁听。

第三十一条　审议会举审议长一人用无记名投票法选定之,惟议长、副议长不在被选之列。

第三十二条　审议会开会时,议长退居议员席而以审议长为主席。

第三十三条　审议员对于同一问题得有二次以上之发言。

第三十四条　审议长对于议题如欲发表意见时,得于会员中指定一人代理主席。

第三十五条　审议会会议毕,应由审议长请议长出席以会议之结果报告于参议院。

第三十六条　审议会至预定散会时刻尚不能终局,应由审议长商请议长定续开审议会日期。

第三十七条　审议会有不能解决之问题,审议长应请议长出席而以其结果报告于参议院。

第三十八条　审议会开会时如有违背参议院章程或议事规则,纂乱议场秩序者,议长得不待审议长之报告,自行出席,停止会议。

　　　　第四章　审查会

第三十九条　本院分设各项审查会审查议案。

第四十条　凡政府提出议案必交审查会审查之。

第四十一条　本院审查员分特别、常任二种。

第四十二条　常任审查员于会期之始由议员以无记名连记投票法互选之：

　　　一财政,七人,

　　　一法律,九人。

　　　一外交,五人。

　　　一请愿,五人。

第四十三条　两部以上对于同一问题须行协议审查时,得由该数部之同意开联合审查会审查之。

第四十四条　特别审查员由议长委任,其人数因事之繁简而定。

第四十五条　常任审查员得兼为特别审查员。

第四十六条　凡被选为审查员者,非有正当理由不得辞职。

第四十七条　各项审查会设审查长一人,由各审查会自行举定。

第四十八条　各项审查会开会时间,由审查长酌定之。

第四十九条　审查会不得于参议院开会时间内开会,但得本院之许可者不在此例。

第五十条　审查会有过半数之审查员到会即可开议,其表决以到会审查员之过半数为准,可否同数则取决于审查长。

第五十一条　审查会开会时议长、副议长、议员及政府委员可到会陈述意见或提出意见书。

第五十二条　审查会得请议长向各公署调取关于审查事件之文件。

第五十三条　审查会审查既毕,应具报告书交议长通知各议员。

第五十四条　参议院得指定审查会报告日期,审查会不得无故延迟。

　　　　第五章　议场

第五十五条　会期之始由议长命秘书长抽签定各议员之席次并附以号数,议员应按照签定之号数入席。

第五十六条　凡开会议员须于摇铃后十分钟以内一齐到会。

第五十七条　凡散会须照预定时刻,非由到会议员公决不得延长会时。

第五十八条　凡议员入场时,须由正门各自署名于画到簿。

第五十九条　议事时非为参考不得阅读报纸及书籍。

第六十条　议事时无论何人不得哗笑或发赞成、反对之声,致妨他人之演说及议案之朗诵。

第六十一条　议场内不得吸烟、食物及携带危险物。

第六十二条　凡议场上有紊乱秩序者,议长得停止其发言或令其退出会场。

第六十三条　凡旁听人应守旁听规则,其规则另定之。

第六章　缺席及请假

第六十四条　议员有连续缺席至二次者,议长得警告之。

第六十五条　议员有连续缺席至五次者,议长得报告参议院,按照本院章程惩罚之。

第六十六条　议员有要事请假,得议长之许可者,不以缺席论。

第六十七条　议员除万不得已事故外,每月请假过五天者,以缺席论。

第六十八条　议长须以未到会议员姓名载入议事录,并报告其请假事由于参议院。

第七章　附则

第六十九条　本规则之施行以本院议决之日为始。

第七十条　本规则公布之后非得议员三分之二以上之决议不得修改①。

---

①　张国福编:《参议院议决案汇编》甲册乙部,第9—15页。

（四）参议院办事细则

1912 年 2 月 2 日通过

第一章　总纲

第一条　本院设秘书、干事两科。每科设科长一人,受议长之指挥监督,办理一切事务。

第二条　秘书科分为二课,各设课长一人,受科长之指挥监督。

　第一课　文牍

　第二课　记录

第三条　干事科分为四课,每课设课长一人,受科长之指挥监督。

　第一课　庶务

　第二课　会计

　第三课　图书

　第四课　守卫

第四条　秘书长及干事长均由议长遴选充任,但须经参议院公同认可。

第五条　各课需用人员由科长酌量事务之繁简,商请议长委任。

第六条　科长如有事故时,须商请议长指定某课长代理其职务。若课长以下人员有事故时,即由科长指定相当之员代理。

第二章　秘书科

　第一节　科长之职务

第七条　秘书长管理秘书科一切事务,督率本科各课人员分任其事,并有保管本院印信之责。

第八条　秘书长对于本科应办各事,每日须有定时会同各课长协商办理。

第九条　本院特别文件如不由本院另举起草员,应由秘书长撰拟。

第十条　本院议事及办事报告,秘书长任编纂之责。

第十一条　本科应备考勤簿,课长、课员各自签名并注明到去之时刻,由科长查核。凡有事故请假,须得科长之允许。惟寻常请假,每月不得过三日。

第二节　文牍课职务

第十二条　文牍课掌管撰缮本院一切公文函件并有收发保存之责。

第十三条　凡决定之议案及审查会审查之事件,每件分卷保存。

第十四条　外来一切文牍由本课录由登簿。其应归入卷宗者,将原件分别保存;无须归卷者排日保存其原件。

第十五条　发出一切文牍由本课录底保存。其应归入卷宗者,更录副分别保存。

第十六条　寻常文件除由本院推定起草员及特交秘书长起草者外,即由本科拟稿,会同秘书长呈议长核定缮发。

第十七条　来往电信由本课翻译录底保存。其应归入卷宗者,将原底分别保存。

第三节　记录课职务

第十八条　记录课掌管本院会议速记及制成议事录、速记录及印刷分配事宜,并任校正保存之责。

第十九条　凡与议事相关之准备,由本课会同互相关联之各课准备之。

第二十条　本课掌管议员假簿及缺席簿,按日呈议长察核。

第三章　干事科

第一节　干事长之职务

第二十一条　干事长掌管本院干事科一切事务,督率本科各课人员,并有经理本院一切产业之责。

第二十二条　干事长对于本科应办各事,每日须有定时会同各课长协商办理。

第二十三条　本科所办事务,当秘书长编纂办事报告时,须将详细情形转告秘书长。

第二十四条　本科应备考勤簿，课长、课员各自签名并注明到去之时刻，由科长查核。凡有事故请假，须得科长之允许。惟寻常请假，每月不得过三日。

第二节　庶务课职务

第二十五条　庶务课掌管本院一切庶务并随时承受干事长指任事宜。

第二十六条　凡各课所需物品，须先时知照本课备办。

第二十七条　本课有督率夫役、厨工，按日清洁院内、屋宇、厨房、院场及各种器具之责。

第三节　会计课职务

第二十八条　会计课掌管本院收支簿据及编制本院预算、决算事宜。

第二十九条　应用款项，本课会同干事长向议长承领。

第三十条　本课支付款项须由议长签字凭条照付。

第三十一条　本课每月应造报销清册，一次呈报议长派员查核。

第四节　图书课职务

第三十二条　图书课课长有购买保存书籍、报章、图画之责。

第五节　守卫职务

第三十三条　守卫有护卫本院之责，设守卫长一人，守卫兵四十二人。

第三十四条　守卫长有督率守卫兵分任守卫之责。

第三十五条　守卫兵分班守卫，其分班次第以守卫长命令行之。

第三十六条　本院开会时，守卫长听议长之命令，有维持秩序之责。

第四章　附则

第三十七条　各科办事细则由各科自定，呈由议长核准施行①。

①　张国福编：《参议院议决案汇编》甲册乙部，第17—20页。

（五）参议院常费支给章程

1912 年 4 月 2 日通过

第一条　参议院参议员依院法不受岁费,但得受公费及津贴费,其数目如下:

一　参议员公费,每月二百元。

一　议长津贴费,每月一百元。

一　副议长津贴费,每月五十元。

第二条　参议院参议员之赴院旅费概由选出之地方自行供给。

第三条　参议员之回籍旅费,其数目列表如下。

本项旅费于闭会后一星期内一次支给:

西藏、新疆、青海、内蒙古、外蒙古三百元;

黑龙江、吉林、甘肃、云南二百五十元;

奉天、陕西、四川、贵州、广西、山西二百元;

广东、直隶、河南、山东、福建、湖南、湖北、江西一百五十元;

安徽、浙江、江苏一百元。

第四条　本院秘书厅秘书长以及职员其月俸别为二级,级为三等,如下:

第一级:一等,二百五十元;二等,二百元;三等,一百五十元。

第二级:一等,一百元;二等,八十元;三等,六十元。

第五条　秘书长得受第一级二等之俸,其勤务至三月以上者,得升受第一等之俸。

第六条　秘书员主管一科事务者得受第一级三等之俸,其勤务至三月以上者,得升受第二等之俸。

第七条　秘书员分掌一课事务者,得受第二级二等之俸,其勤务至三月以上者,得升受第一等之俸。

第八条　秘书员佐理一课事务者得受第二级三等之俸,其勤务至三月以上者得升受第二等之俸。

第九条 秘书厅写生及其他事务员得受五十元以下之月俸。

第十条 本院之守卫长一人、卫兵四十二名,均按照本院现定俸额分别支给。

第十一条 本院之执役人等其工给之总数每月不得过五百元。

第十二条 本院附设之图书室、阅报室,所有报费及添购书籍等费,每月不得过三百元。

第十三条 秘书厅印刷室所有工资、材料各费至开办时另行核算。

第十四条 本院所需杂费每月不得过五百元之数。

第十五条 本院预备费在会期中须常保有二千元以上之数目。

第十六条 本院开办费除原预算案规定外,不得改充他费,但经本院决算后所有余款应归入预备费。

第十七条 本院预备费非经开会议定不得动用。

第十八条 本章程之有效自三月初一日始①。

(六)参议院旁听规则

1912年4月1日通过

第一章 旁听券旁听席

第一条 参议院颁发旁听券,执此券者始得入旁听席。但券面污损不能辨认者无效。

第二条 旁听券有效期间,分为一次及长期二种,明载券面。

第三条 旁听席分为特别席、外宾席、普通席、新闻记者席。

第二章 旁听券之颁发

第四条 各官署人员请求旁听,须有所属官厅介绍;各省议会议员请求旁听,须有参议员介绍,统由秘书长承议长命,酌定员数,颁与特别席旁听券,其有效期间,由议长酌定。

---

① 张国福编:《参议院议决案汇编》甲册乙部,第37—39页。

第五条　外国人员请求旁听,须有外交部介绍,由秘书长承议长命,酌定员数,颁与外宾席旁听券,其有效期间,由议长酌定。

第六条　公众请求旁听,须有参议员一人介绍,即由该议员给以普通席旁听券。普通席旁听券,限一次有效。其每次应发券数,由秘书长承议长命,预定核行,均分于各议员。

第七条　在京各日刊、新闻报馆应颁与长期旁听券,其券总数,由秘书长承议长命核定,依各报馆协定之率分配之。京外各日刊、新闻报馆有请求旁听者,由秘书长承议长命,定其员数,颁与长期旁听券。

第八条　颁给各报馆之旁听券,须记其馆名于券面。

第九条　参议员介绍旁听人,须将旁听人及本人姓名记于券面。

第三章　旁听人应守之纪律

第十条　凡旁听人,应以旁听券示守卫,从守卫指引就其席。

第十一条　一次旁听券入场时,应交守卫截角。长期旁听券应听守卫按日查验,并附名刺。

第十二条　凡携带凶器及酒醉者,不得入旁听席。

第十三条　在旁听席应守下列各项:

一　不得携雨具、洋伞、水旱烟具等物。

二　不得饮食、吸烟及唾涕于地。

三　不得对于议员言论表示可否,并不得互相谈笑。

四　不得阑入议场。

第十四条　先期或临时议决禁止旁听,经本院揭示后,凡执旁听券者均不得入席旁听。

第十五条　旁听席骚扰过甚,守卫不能即时制止时,议长得命守卫强制旁听人一律退出。

第十六条　旁听人有妨碍议场秩序者,议长得令其退出,重者或发交警署①。

---

① 　张国福编:《参议院议决案汇编》甲册乙部,第21—23页。

第四章　北京参议院

（1912 年 4 月 29 日——1913 年 4 月 8 日）

　　设在北京象坊桥法律学堂前清资政院旧址内的北京参议院,是中华民国南北统一后北京临时政府时期的第一个最高立法机关。它是按《临时约法》的有关规定成立起来的。

　　北京参议院形式上是南京参议院的北迁,实质上与南京参议院差别很大。首先,参议员人数已由南京参议院的 40 多人增加到近 120 人。北京参议院是各省重新派选新的参议员组成的,即南京参议院议员有一部分落选,只有一部分重新当选。其次,北京参议院开院后重新选举了议长吴景濂、副议长汤化龙、全院委员长谷钟秀,南京参议院议长林森、副议长王正廷、全院委员长李肇甫全部被改选掉。再次,各党派在参议院的力量发生了变化。在南京参议院,同盟会籍参议员占绝对优势,是执政党。北京参议院中,同盟会与共和党势均力敌,均未过半数,都要拉第三大党统一共和党才能形成优势。到 1912 年 8 月,同盟会与统一共和党等党合组国民党后,国民党才又成为北京参议院的第一大党,也是多数党。

　　袁世凯篡夺了辛亥革命的胜利果实,登上了大总统宝座后,就竭力将国家的权力集中到自己的手中。当自己的盟兄弟与心腹、国务总理唐绍仪按《临时约法》的规定欲独立行使国务院的行政权时,他就毫不手软地将唐绍仪内阁搞垮,让一个在国内毫无势力与背景的陆徵祥出面组阁,以便包办和牢牢控制内阁。当袁世凯所提名的 6

名国务员被参议院否决后,袁世凯便以军警威胁参议院,以北洋军压迫参议院,终使参议院通过了袁一手包办的陆徵祥内阁,将内阁置于其控制之下。

袁世凯为了拉住黎元洪这个政治盟友以巩固自己的权力和统治地位,应黎的要求,不经任何司法程序,于1912年8月15日夜16日凌晨,在北京捕杀了黎在湖北的政敌、武昌起义的重要将领张振武及其随员方维。清政府对汪精卫刺杀摄政王尚且经过法律程序判汪徒刑。一个堂堂的号称民主共和的中华民国的临时大总统竟公然践踏法律,凭一纸手令以阴谋的方式滥杀革命功臣,这怎么能不令全国震惊!全国自然是一片谴责之声。任何一个民主国家的元首要制造这种赤裸裸的血案都逃不脱法律的惩治。参议院在此时本该负起维护法律尊严、维护民主共和制的责任,依法追究袁世凯。但面对手握国家最高权力的独裁者,懦弱的参议院不敢把斗争的矛头直指真凶袁世凯,而欲以与此事件毫无关系的早已提出辞呈不管事的国务总理陆徵祥当替罪羊。由于参议院中的各主要政党都在极力搞好与袁的关系,以便从袁处分得点权力和利益,在张振武案上一再妥协,致使张案不了了之。当然,8月24日,孙中山在袁世凯因杀张而处于困难的境地时毅然进京,是对袁的极大支持,使袁化解了危机,摆脱了困境。孙中山劝国民党议员和平解决张案。这样,国民党对张案的态度软化。在参议院中,作为多数党的国民党的态度自然起决定性的作用。

在孙中山、黄兴和国民党议员的支持下,赵秉钧内阁顺利产生。孙、黄又将赵内阁阁员均拉入国民党,并认为赵内阁即是国民党内阁。国民党的领袖及参议员们陷入了国民党已成执政党的虚幻境地。加之孙中山、黄兴、袁世凯、黎元洪共同协定的"内政大纲",又称"八大政纲"于9月25日正式发表。其内容为:1.立国取统一制度;2.主持是非善恶之真公道,以正民俗;3.暂时收束武备,先储备海陆军人才;4.开放门户,输入外资,兴办铁路矿山,建置钢铁工厂,以厚民生;5.提倡资助国民实业,先着手于农林工商;6.军事、外交、财政、司法、交通,皆取中央集权主义,其余斟酌各省情形,兼采地方分权主义;7. 迅速整理财政;8. 竭力调和党见,维持秩序,为承认之根本①。显然,内政大纲强调的是统一和中央集权,实际上是为袁世凯将国家一切大权集中到自己手中而提供了保证。搞垮了唐绍仪内阁后,内阁已完全听命于袁世凯,集权于中央就是集权于袁个人。八大政纲没有一条是要维持共和体制的条文,也根本没提到遵守《临时约法》,坚持三权分立,尊重国会这一国家的根本问题。八大政纲是关于国家的根本性政策,不但未能征求各方面的意见,而且也没有征求参议院的意见。这仅仅是当时中国4个具有一定实力的政治巨头的意见。这是实力政治的露骨表现,完全违背了民主,背离了《临时约法》所规定的民主共和精神。

孙中山、黄兴入京与袁世凯打得火热,并制定了国民党拥袁、全面支持赵秉钧内阁的政策。尽管国民党中有少数党员一直坚持反袁立场,国民党内从来就没有意见完全一致的时候。但从国民党整体看,孙、黄入京后便采取了坚定的拥袁的立场。参议院中的国民党籍参议员采取了全面支持赵秉钧内阁的立场,亦即完全拥袁的立场。直至1913年3月20日,袁世凯雇凶将国民党领导人宋教仁暗杀于上海,宋案真相大白后国民党才从拥袁转为反袁的。

在北京参议院期间,袁世凯利用全国人心思定,采取纵横捭阖的手段,将权力进一步集中到自己手中,逐渐建立起袁氏的独裁统治。

北京参议院自1912年4月29日开院至1913年4月8日解散,共计开了142次会,议决案90多件。其中主要有《中华民国国会组织法》、《参议院议员选举法》、《众议院议员选举法》、《省议会暂行法》、《省议会议员选举法》、《国籍法》、《戒严法》、《国务院官制》、《各部暂行官制通则》等一批法律、法规。北京参议院为正式国会成立而制定的《国会组织法》及参、众两院议员选举法,所花的时间最多。这为第一届国会和省议会的建立奠定了法律基础。

---

① 《民立报》1912年10月1日。

1913 年 4 月 8 日,中华民国第一届国会成立,北京参议院于当日解散。

一、议员概况及"民选"、官派风波

形式上,北京参议院是南京参议院的北迁,实际北京参议院与南京参议院相比,已发生了巨大的变化。南京参议院是由各省都督所派出的 40 多名参议员组成,这些参议员绝大多数为同盟会员。其议长、副议长、全院委员长均由同盟会籍的参议员担任。袁世凯、旧官僚、原立宪派自然不容忍这种立法机关的存在,于是通过湖北省和江苏省的参议员在全国掀起了一场否定南京参议院和《临时约法》、要另立中央临时议会的政潮。这种动摇民国根基的作法自然遭到了南京参议院的反击。参议院向袁世凯明确指出,否定参议院和《临时约法》,袁世凯的临时大总统亦不合法,亦被否定。于是袁世凯改变了策略,决定用偷梁换柱的手法,仍用参议院的名而不再更为中央临时议会,通过由各省临时议会重新选举各省参议员的办法组成一个新的北京参议院,来达到改造南京参议院的目的。因为各省临时省议会是由咨议局改名而成,各省咨议局多为原立宪派所控制,重选的结果,自然大大加强了原立宪派的力量,削弱了同盟会的力量。故北京参议院不但人数增至 110 多人,且已不是在南京参议院议员的基础上增加议员,即南京参议院议员很多已不是北京参议院议员。同盟会在北京参议院已不占多数,已与共和党、统一共和党势均力敌,在参议院形成三足鼎立的局面。

否定南京参议院欲另立中央临时议会的湖北临时省议会议员,为了另立一个中心,上窜下跳,十分活跃。他们于 4 月上旬即赶到北京,在北京长巷下头条南口外设立机关。遵照袁世凯的由各省议会重新改选参议员以改造南京参议院的策略,4 月 7 日、11 日,郑万瞻、胡作宾、彭介石、张鸿翼等人连续两次致电各省议会,指挥各省参议员的改选。4 月 11 日致各省议会的电报说:"民国成立,邦基巩固,其关键端在立法机关组织完备。瞻等此次来京亦抱定此旨。惟观国内现状,察政府近情,不能不借参议院为中央议会胚胎之地。前大总统迭次通电既定参议员须由民选机关选举,我各省似宜权照电内各节迅速办理,将来修改《约法》、更易院名、增加人数、另组国会,俟新参议员齐集,一切俱有把握。谨再申明,万望贵省选员如期赴京,并请即赐电复为荷。"①当各省改选的参议员陆续到京后,他们又多方串联,要驱逐旧参议员(指改选中落选的南京参议院议员)即连那些新选派议员尚无一人到京的省份的旧议员也不让再参加北京参议院的会议。北京参议院一开院就要将南京参议院议长、副议长、全院委员长立即赶下台。这样,北京参议院开院之初即出现民选、官派之争。

4月26日,参议院在北京召开全院谈话会,为4月29日的开院典礼做准备。当天的谈话会议定新选议员已报到的省区如占全国选区的五分之三时,就应提出全体职员改选案(即议长、副议长、全院委员长改选案)。同时,议定某省区新当选议员到京报到,则该省区的旧议员即陆续交替。

4月29日,本是参议院移京后的开院典礼,预定临时大总统袁世凯出席开院典礼并发表重要的演说。这一天的会议的议事日程自然未列议案,自不涉及表决权。议长林森对已有新派选议员报到的省区,并没有将原该省区的南京时的参议员此次又落选者的议席撤去,而是让新、旧议员均参加开院典礼。这种礼遇旧议员的办法完全合乎我们这个礼义之邦的传统,合乎情理。让旧议员参加这么一个开院盛典,也并不涉及任何原则问题和法律问题。但代表湖北集团利益的所谓新选派议员汤化龙、郑万瞻、张伯烈和江西共和党籍议员李国珍等却掀起了一场驱赶旧议员的闹剧。

4月29日上午,参议院开院典礼,议员们身穿礼服陆续入场,准备开会。临时大总统及国务员尚未到会,共和党籍议员郑万瞻、张伯烈、

李国珍等人就领着十几个同伴在会场大喊大叫,说让原由都督派出的议员出席今天的会议是议长违法。一直吵闹到临时大总统袁世凯等到院,叫嚣才停止。

开院典礼一结束,郑万瞻、张伯烈等人又邀集一些同派的代表开谈话会。以林森议长将湖北、江西原由都督选派的议员参加开院典礼违反了《临时约法》,当面质问林森。这些人也真健忘,一个月前还声嘶力竭地否定《临时约法》,此时却以《临时约法》的护法使者的面目出现,理直而气壮如牛。这自然显得有点滑稽。新选参议员中,原立宪派占有明显优势,使运动副议长一席的原湖北省咨议局议长汤化龙如鱼得水。副议长一席已在握的汤化龙按捺不住要尽快登上议长宝座的急切心情,此时也赤膊上阵。他当议长林森的面提出,林森议长是少数人选出的,要重新改选,并全部取消原派议员的资格。他们打出"民选议员"的旗号,这些清末选出的咨议局、资政院的议员,本应伴随清王朝而寿终正寝,却竟然跑到共和制的中华民国的议会中来,并以"民选议员"自居。由于是旧势力的总代表人物袁世凯掌权,故也无人对这些"民选议员"的资格提出疑义,也算一大奇闻。就连前清资政院的钦选议员汪荣宝也拉起"民选议员"的大旗,活跃于会场,并于4月30日的谈话会上,以《临时约法》第18条的规定;公然声明各都督委派的议员无继续存在的理由。可见旧势力在新开院的北京参议院是何等得势。他们当场签名要取消4月30日的议事日程,以便专门讨论取消各都督选派的旧议员的资格,并提出《质问前议长违法案》,指出:1.此次参议员原系民选更替官派,从前各员资格应已消灭,今仍自称议长盘据不退,违法者一;2.据《参议院法》第2条:"参议院以约法第18条所定各地方有五分之三以上选派参议员到院即行开会。"即当更选议长及各股审查员始能开议,前议长竟于30号发交议事日程继续议事,违法者二;3.《临时约法》原定各省5人,今议长于开院之初将鄂议员新旧共9人,赣议员新旧共8人同列议席,编入座号,以开天下不能平均之祸端,违法者三。

4月30日上午9时,参议院再开谈话会,46名参议员到会,公举汤化龙为大会临时主席。李国珍、张伯烈发表演说,要求拒绝原派议员再参加参议院的会议。汪荣宝则声明各省都督府委派的议员无继续存在的理由。其实这些打着维护《临时约法》第18条原则旗号的人,恰恰正是违背这一原则的人。《临时约法》第18条规定:"参议员每行省、内蒙古、外蒙古、西藏各选派5人,青海选派1人。其选派方法由各地方自定之。"选派方法各省自定,当然可以由都督委派,或由临时省议会选派。他们这种过火的鼓噪确实令人反感。况且原派议员后又落选的也有反同盟会派的骨干,如否定南京参议院的干将江苏的陈陶怡、凌文渊等人,汤化龙、郑万瞻、李国珍、张伯烈等人的鼓噪也使他们的处境难堪和尴尬,以致于同是共和党的反同盟会否定南京参议院的干将、原立宪派江苏籍议员杨廷栋也觉得太过分了,不得不起而发言,指出《临时约法》的第18条并未规定要省临时议会选出参议员,只要地方上承认即为当选议员,且事实上各省新派的参议员也不都是由省临时议会选出的。本党、本派议员的一瓢凉水才将李国珍、张伯烈、郑万瞻等人浇得冷静了一点,于是临时主席只好付表决,凡赞成官派议员一律退院者只有21人,少数(在场议员46人),否决,即李国珍、张伯烈的主张被否决。最后多数可决:未经改选参议员省份及已经改选省份而新选之参议员尚无一人到会者,其原省旧有在院之各议员仍得出席,俟该省新选议员有一人以上到院,即行解职①。议员资格的风波才基本平息。

但"民选"、官派议员的冲突并未完全销声匿迹。如1912年6月5日参议院会议上,同盟会议员与共和党议员又因这一问题发生冲突。1912年4月,同盟会籍湖南都督谭延闿解散了湖南省特别议会。湖南省特别议会议员郑国勋等咨请北京参议院查办湖南军队强迫解散特别议会之事。当天在讨论此查办案时,湖南籍同盟会参议员刘彦、彭允彝发表意见说:湖南省特别议会已解散,即不能行文本院,似可不问。湖

---

①　《参议院秘书厅通告》,《正宗爱国报》1912年5月2日。

北籍的共和党议员张伯烈立即发言反驳：如此要事，岂可不问？二君惟恐湖南省议会成立，另选参议员，故如此主张，便可永做官派之参议员矣！① 张攻击刘、彭留恋议员之位，刘、彭当然十分气愤，立即发言反驳说：本员三次辞职，众所共知，张君之言太无根据。同盟会议员李肇甫提出动议：一面请大总统查办，一面由参议院电催湘督从速组织省议会。会议主席、议长提议对李的动议付表决，多数同意。张伯烈又立即发言说：湖南官派参议员不得列表决之数。张要剥夺刘彦、彭允彝的表决权，即剥夺刘、彭的议员资格，这当然引起了刘、彭的愤怒，当即与张争吵起来。经在场议员多数人劝解了好一阵，议场才平静下来②。

由于所谓"民选"与官派议员的交替是逐渐进行的，再加上有的参议员的个人原因，如有的入官场而辞议员，后期有的参议员辞职回乡准备竞选第一届国会议员，各相应省份在该省议员辞职后又补选参议员到北京参议院报到。北京参议院议员一直处于变动之中。直至第一届国会成立、北京参议院解散的前夕，还有参议员辞职和补选的参议员到院报到的：1913 年 4 月 7 日参议员蒙启勋、孙孝宗是最后二名辞职者；1913 年 4 月 2 日新补选的参议员龚政是最后一名到院报到者。

北京参议院从开院到解散，议员变动比南京参议员更大。这就使各种资料上给出的北京参议院议员的人数与姓名出入很大。本书采用凡在北京参议院先后任过议员者（包括辞职的、死亡的在内）都列入。共 139 名，名单如下：

直　隶　　谷钟秀、谷芝瑞、王振尧、李榘、籍忠寅；
奉　天　　吴景濂、孙孝宗、李秉恕、刘兴甲、曾有翼；
吉　林　　王树声、金鼎勋、杨策、李芳、何裕康；
黑龙江　　高加骥、薛珠、王赤卿、关文铎、战云霁、喜山；
江　苏　　汪荣宝、秦瑞玠、杨廷栋、张鹤第、王嘉宾、王立廷、张

---

① 《申报》1912 年 6 月 11 日。
② 《申报》1912 年 6 月 11 日。

嘉镇；

安　徽　江辛、王庆云、俞道暄、曹玉德、胡璧城；

江　西　李国珍、汤漪、陈鸿钧、曾有澜、郭同、卢士模、吴宝田；

浙　江　殷汝骊、周珏、王文庆、王家襄、陈时夏；

福　建　林森、潘祖彝、郑祖荫、陈承泽、李兆年、连贤基、林翰、
　　　　周翰、刘崇佑、林辂存；

湖　北　郑万瞻、汤化龙、张伯烈、时功玖、刘成禺；

湖　南　覃振、欧阳振声、彭允彝、刘彦、陈家鼎；

山　东　刘星楠、王丕煦、彭占元、丁世峄、周树标、侯延爽；

河　南　陈景南、孙钟、阮庆澜、杜潜、刘绩学；

山　西　宋汝梅、张联魁、李素、刘盥训、刘懋赏、苗雨润；

陕　西　赵世钰、景志傅、李述膺、茹欲可、陈同熙；

甘　肃　宋振声、吴钧、王鑫润、田骏丰、秦望澜、魏承耀；

新　疆　刘熺、蒋举清；

四　川　黄树中、邓锡、熊成章、李肇甫、刘声元、邓镕、杨芬；

广　东　卢信、徐傅霖、司徒颖、梁孝肃、杨永泰；

广　西　刘崛、曾彦、邓家彦、黄宏宪、蒙启勋、陈太龙、李拔超、
　　　　龚政；

云　南　张耀曾、顾视高、段宇清、席聘臣、张华澜；

贵　州　平刚、文崇高、姚华、陈国祥、刘显治、陈廷策；

蒙　古　阿穆尔灵圭、那彦图、祺诚武、鄂多台、博迪苏、达赍、熙
　　　　凌阿、贡桑诺尔布、德色赖托布、叶显扬、金永昌、张
　　　　树桐；

青　海　唐古色。

其中林森、潘祖彝、陈承泽、林翰、黄树中、平刚、文崇高 7 名，因"民
选"议员到院，中途辞职。孙孝宗、薛珠、杨廷栋、王嘉宾、郑祖荫、刘懋
赏、田骏丰、秦望澜、熊成章、刘崛、曾彦、邓家彦、蒙启勋、阿穆尔灵圭、王
丕煦、杜潜、邓锡、贡桑诺尔布、王庆云、那彦图 20 名，因病或其他事故，于

开会期间先后辞职。卢士模于民国元年 12 月 3 日病死。喜山、王立廷、张嘉镇、吴宝田、林轳存、魏承耀、龚政 7 名为中途补缺。

　　按《中华民国临时约法》第 18 条的规定："参议员每行省、内蒙古、外蒙古、西藏各选派 5 人,青海选派 1 人。其选派方法由各地自定之。"全国参议院议员总定额为 126 人。但西藏未选派参议员,新疆只选了 2 名参议员,实际只选出 118 人组成北京参议院。上述名单是各省先后任过参议员的名单,故有的行省多于 5 人,蒙古多于 10 人。但各行省、蒙古在职参议员从未超过《临时约法》所规定的额数。"民选议员"一到院,"官派议员"便自动辞职不再到院。因个人原因辞职者,再由参议院报国务院,由国务院通知辞职参议员所在的省份再补选参议员来京,往往又要经过一段时间,尤其是偏远地区花费的时间更长。在这一段时间内,相应省区的参议员往往不足数。也就是说,北京参议院实际报到在院议员不到 118 人。开会时能经常到会的顶多是八九十人。临近第一届国会选举时,很多议员纷纷回乡做竞选第一届国会议员的准备工作,在京参议员就更少。这样,因到会不足法定人数,致使参议院寻常会议流会更是司空见惯。

二、北京参议院的开院典礼

　　1912 年 4 月 29 日上午,北京参议院在北京象坊桥法律学堂前清资政院议场举行开院典礼。整个会场布置得庄严肃穆,主席台悬挂中华民国国旗。

　　临时大总统袁世凯决定参加北京参议院的开院典礼,并要在会上发表重要的演说。法律学堂戒备森严自不必说,整个北京城内也加强了警戒。从宣武门的大总统府到西单到象坊桥法律学堂,三步一岗,五步一哨,沿途戒严,一切无关的车辆与行人禁止通行,只准有参议院特别通行证的人员和车辆通行。

　　到会参议员 72 人,会议由议长林森主席。国务总理唐绍仪,内务总长赵秉钧、陆军总长段祺瑞、海军总长刘冠雄、教育总长蔡元培、农林总长宋教仁、交通总长兼署财政总长施肇基及政府 15 名特派员,上午 9 点前均陆续到会。

英、德、法、美、日、俄、意、奥、西班牙等国由于尚未承认中华民国,其驻华公使均未出席这天的会,只派出各自使馆的参赞出席会议。新闻记者 20 余人到会,普通旁听席有 40 余人,外宾席上有 30 余人。

袁世凯这天早上在总统府接见英国驻华公使商议借款事宜,离开总统府赴参议院时已不早,再加上引导员不认识路,误将袁世凯一行领到财政学堂,发现错了以后又折往法律学堂。袁世凯这天乘坐的是四轮马车,前面由 80 名马队开道,后面有 100 名马队护卫,前呼后拥,风驰电卷,一路威风凛凛,赶到参议院时已是上午 9 时 25 分。袁到院后,立即由参议院迎袁专员将袁引到休息室稍事休息。待专门欢迎袁出场的军乐声骤然响起时,袁才在军乐声中缓缓步入会场,端坐在议场中央的大总统席上。袁入场时,议场上立即响起了一阵雷鸣般的掌声来欢迎袁,如同欢迎一位救世主的到来。立法机关与行政机关是平行的,议员们对袁的热情欢迎自然有些过分和不当。

全国人心思治,很多人把国家走向统一和繁荣的希望寄托在袁世凯的身上。此时袁的声望如日中天。袁又牢牢掌握了中央政府的大权,才出现如此热烈欢迎的场面。像中国这样一个大国,自然不是一些平庸之辈可以管理好的。它需要一批有能力的领导人来管理。无可讳言,袁世凯是一位能人,是一位强人。但更重要的是必须有一个好的机制,既能充分发挥这些能人的才华,同时又对其权力进行制约,防止其权力过大时而搞独裁。要做到后一点却很困难。中国之大,并不缺乏人才。但当历史将某一强人、能人推到权力金字塔的顶端时,他便不愿离开这梦寐以求的位子,千方百计地去巩固自己的位子。为此培植亲信、党羽,形成一个一荣共荣、一损俱损的利益集团。而中国的官场上趋炎附势之风历来盛行。巴结、投靠、吹捧手握重权的上司,以便谋取个人更大的权力之风代代相传不绝。甚至巴结手握重权人的亲属,来

达到巴结讨好手握重权的上司的目的。如由咨议局更名不久的河南省
议会为讨好袁世凯,竟然选举袁的长子、复辟干将袁克定为河南都督。
更令人齿冷的是一人之下万人之上的副总统黎元洪为巴结袁,竟于4
月26日也电请袁克定为河南都督。正是这批官僚政客制造了历史上
一个又一个的偶像,一个又一个的救世主。监督约束机制即便有,也只
是形同虚设。对袁世凯是这样,对曹锟也是这样。正是这些救世主们
将中华民族拖入了苦难的深渊。一个民族、一个国家决不可把全部希
望寄托在某一位能人身上。

　　尽管从休息室走上主席台仅咫尺之遥,但袁世凯仍有点气喘吁吁。
看来,这位中国近代史上的大独裁者的身体是外强中干的。这自然是
这位独裁者沉湎女色,长期大量滥用壮阳药而导致身体虚弱的结果。
袁是一个穷奢极欲的好色之徒,不但妻妾成群,而且身边十几名漂亮的
丫环也成了袁的侍妾。为了在后宫寻欢作乐,袁一直大量地服用壮阳
药。每天上午10时左右都要服一盖碗鹿茸,11时左右喝一杯人参汤,
下午再服活络丹、海狗肾。其饮食亦多为滋阴壮阳之类的食物。[1] 平
时无事即口嚼人参。袁的病态的身体往往伴随病态的心理,竟逆历史
潮流,黄袍加身复辟帝制。又由于身体的虚弱自不堪帝制失败的一击
而命丧黄泉。

　　开院式先由参议院议长林森演说。林演说的大意为:南京参议院
4月8日休息移至北京,至今草草开会,实以事机危迫,刻不可缓,务望
诸公共挽大局。

　　接着,袁世凯发表演讲。袁一站到讲台上,自然又迎来了一阵暴风
雨般的掌声。袁以不甚宏亮但能听清的声音念讲稿,全场肃穆静听。
袁的演讲稿是总统府秘书长梁士诒主持起草的。它是袁世凯政府的施
政纲领,全文如下:

　　　　世凯忝承五大族推举,夙夜祇惧,恐不能胜。谨掬诚悃,敬告

---

① 　全国政协编:《辛亥革命回忆录》〔6〕,第446、447页。

我国民。在志气高远者，谅必以世凯莅任伊始，必有宏大之议，以一新闻听。然审时度势，未敢以语此也。古今立国之道，唯在整饬纪纲，修明法度，使内外相系，强弱相安，乃可巩固国基，争存宇内。迩来兵事扰攘，四民失业，公私交困，已达极点。而士卒多昧服从之谊，人民鲜知公共之益。空谈者，偏于理想；营私者，多年权利。循此不变，必至纪纲废坠，法度荡然。欲保障人民之生命财产而不可得，尚敢复侈言铺张乎！世凯向持锐进主义，不甘以畏难保守自居。数十年苦心经营，当为诸君所共见共谅。但现值改革之后，亟当维持秩序，利用厚生，建设从稳健入手，措置以实事为归。譬如营造巨室，须将基础审慎测量，择工选料，层层稳固，处处坚实，非可徒侈外观，虚事粉饰，然后广厦落成，方能历久不敝。倘以孟浪潦草出之，恐墙壁未立，而倾覆随之，其损失何可胜言。是以必须根本完固，再行急起直追，则观成可操左券矣。

百废待兴，要在财政。去岁度支预算，虽云入不敷出，然尚号称有二百六十余兆两之岁入。半年以来，工商荒废，税入锐减，外债暂不能偿。近以改良政治，必须输入外资，故先定整顿财政大纲，增加财政信用。每年应还借款、赔款本息，约五千万两。借款多以关税作抵，亦有以厘金作抵者；赔款以关税及盐课作抵。速与有约之国，商议加税，一面废去厘金及减少出口税。每年海关、常关所入，可由四千四百万两增至六千余万两，可抵支前项外债而有余。至铁路及他项借款，另以铁路及他项进款偿还，不足则由盐课拨补。尚有各省所借外债，其总数约一千余万两，又去冬欠交庚子赔款一千二百余万两，均归入组织新政府所用大借款项下，速为偿还。建设、行政所需，应迅速成立预算，以定支用大借款标准。目前先发出暂时短期库帑券，以济急需。此项库帑券由将来大借款归还。此事极为要著，舍此无他法可恢复财政信用。仿照新法整理盐政，可增盐课五千万两。清理田赋，剔胥役之积弊，轻人民之负担。未经升科之地，搜集专门人才，从新测量，酌定税率，改良国币，划一圜法，为财政最要关键，即须迅速实行。我国财政专门人员尚少，又乏经验，将来庶政俱举，亦须借用异材，以资先导而备顾问。

民国成立，宜以实业为先务，故分设农林、工商两部，以尽协助、提倡二义。凡学校生徒，尤宜趋重实业，以培国本。吾国实业尚在幼稚时代，质言之，中华实农国也。垦荒、森林、畜牧、渔业、茶桑，富藏于地，类多未辟之菁华。愿我国民，无从空中讨生活，须从脚底下着想。即以矿产言之，急须更改矿章，务从便民，力主宽大，以利通行。且商律与度量权衡，亦应迅速妥订实行。

近日军队复杂，数逾常额几倍，消耗过巨，间阎何以堪此？已饬财政、陆军两部，实行收束之方。

人民信教自由，举凡各教，均一视大同，毫无偏倚。不论其信教与否，亦不论其信仰何教，均须互相尊重，悉泯猜嫌，冀享幸福。

我国民习惯积重，急切难趋大同。教育尚未普及，改革尚多疑沮。军人缺乏精神，训练当探本原。法律亦未完备，法权仍多放弃。交通未能畅达，风气难期划一。均当与国务员随时筹商，力求进行。

迩来外国对我态度，类皆和平中正，藉示赞助之诚。固征世界之文明，更感友邦之睦谊。凡我国民，务当深明此义，以开诚布公巩固邦交为重。凡从前缔结之条约，均当切实遵守，其已缔结而未办之事，迅速举办。

从数千百年专制之后，一跃而跻共和，宜吾国民之色然而喜也。然世凯深以吾国之未进步为忧者，深望吾国民常处于不足，勿夸张自满也。深望以公诚推与，勿互相猜忌也。四万万心唯一心，国乃强。

此次特任国务总理唐君与各部总长，皆一时济变之才。世凯正资倚任，相与共支大局，愿国民深信之，赞助之，为幸①。
袁世凯演讲结束后，全场再次爆发长时间雷鸣般的掌声。

---

① 《政府公报》中华民国元年5月1日;《申报》1912年5月5日。

接着由议长林森致词,致词全文如下:

　　维中华民国元年4月29日,即统一政府成立、参议院移至北京开会之第一日,临时大总统袁世凯躬莅宣言,本院代表国民,谨致之辞曰:

　　　国于大地,各殊其体,惟止至善,曰主于民。肇我中华民国,肇基于武汉起义,底定于南北统一。今者统一政府成立,大总统躬莅本院宣言,凡我五族同胞罔不欢祝,冀观厥成。惟妪抚四千余年之古国,廓清秦政以来十二朝专制之锢习,及晚近时代社会传染之恶风,虽假敏手,是乃大难。望大总统及执政诸君,用人各当其才,行政急所先务,所秉者公意,所察者舆情,民国前途,庶几有豸。本院代表国民,尤不能已于言者。当此内政废弛,外交困厄,民庶穷蹙,军士傲扰,政府排万难、冒万险,苟有利于国者,措施虽有时以权济变,本院亦靡不乐为赞助,期于成功。否则,苟且之策,补苴之术,形式徒具,精神坐亡,本院职司所在,万不能同流自陷,辜负国民。行政、立法机关,相切劘伊始,共矢斯言①。

典礼结束后,袁世凯、唐绍仪及到会的各部总长和特派员到参议院门前与参议院全体议员合影留念。

三、北京参议院中的政党

　　参议院移北京后,原立宪派在参议院的势力有所增强。因而与同盟会参议员在北京参议院的斗争更为激烈。为了争夺对参议院的控制权,参议院移北京后,一些小党开始合并组成大党。同盟会、共和党、统一共和党成了北京参议院中的三大政党。北京参议院开院初期报到的80多名议员中,绝大部分为此三党的议员。1912年5月14日《民立报》公布的议员党籍的名单中,同盟会33人,共和党26人,统一共和党

---

① 《政府公报》中华民国元年5月1日。

13 人,其余大多为无所属者;1912 年 5 月 18 日《申报》公布的议员党籍名单中,同盟会 29 人,共和党 33 人,统一共和党 23 人,其余大多为无所属者;1912 年 5 月 12 日《盛京时报》上公布的议员党籍名单中,同盟会 28 人,共和党 26 人,统一共和党 18 人,其余多为无所属者。各报纸报导出入如此之大,主要是当时跨党议员较多,一些议员党籍无法准确认定。但有一点是肯定的:同盟会、共和党、统一共和党三党是参议院中的三大党,同盟会与共和党势均力敌,统一共和党是第三大党,成为同盟会和共和党斗争时争取的对象。

1912 年 8 月,同盟会与统一共和党合并成立国民党,国民党又成为北京参议院中的第一大党,力量大大超过共和党。

1. 国民党

国民党是由同盟会、统一共和党、国民共进会、共和实进会、国民公党 5 个政党联合而组成的。

（1）同盟会

临时政府与参议院由南京迁往北京,同盟会总部也于 4 月 29 日由南京移到北京,在南京及各省则设支部。上海支部兼任同盟会驻沪机关事务,实际上是北京本部之外的重要决策机关。袁世凯取代孙中山任临时大总统,开始了北洋军阀统治时期。参议院移北京后,同盟会在参议院的势力大减,已失去了其在南京时的多数党和执政党的地位。在北京,参议院中出现同盟会、共和党、统一共和党三足鼎立的局面。为了能使同盟会在议会中取得多数议席并进而组织政党内阁,将中国政治逐渐引向民主宪政的轨道,在孙中山、黄兴的支持下,宋教仁积极联合一些政治主张与同盟会接近的政党,改组同盟会,以便壮大其组织,成为议会中的第一大政党。

（2）统一共和党

统一共和党随参议院北迁也将总部移往北京,设事务所于北京顺治门大街北头路西。统一共和党于本部之下,分设交通处于南京、上海、汉口三城市,设支部于各省省会,设分部于各府、州、县。

由于参议院由南京迁往北京的过程中,议员人数由40多人增加到近120人,且各省又都按1912年3月28日临时大总统袁世凯的通电,由各省临时省议会重选参议员5人,故原南京参议院议员有的落选,有的连续当选,人员变化也大。结果,在北京参议院中,共和党与同盟会所占的议席相差无几,均在40个左右,均未过半数。统一共和党成了参议院中的第三大党,占有议席20多个。由于共和党和同盟会竞争激烈,故均在暗中努力拉统一共和党。这样统一共和党身价大增。

北京参议院正式开会后,1912年5月初,在参议院领导席位的争夺中,共和党以议长一职和全院委员长一职让给统一共和党,共和党只取副议长一席为条件,与统一共和党联手控制了北京参议院正、副议长和全院委员长的选举。结果,统一共和党的吴景濂和谷钟秀分别取得参议院议长和全院委员长的职务。

唐绍仪内阁中,同盟会占了一半以上的阁员,共和党再次联合统一共和党,配合袁世凯将其搞垮,并以统一共和党人新内阁为条件,于6月29日参议院讨论《特任陆徵祥为国务总理请求同意》案时,共和党、统一共和党和无党派议员均投了赞成票。但陆徵祥接着向国会提出的6名阁员名单中,竟无统一共和党一人。统一共和党自知上当,于是又和同盟会联手,一致反对陆徵祥所提的6名阁员。7月19日参议院会议投6名阁员票的结果,6名阁员全部否决。这立即引起了袁世凯与共和党的不满。袁指使军警散发传单,恶意攻击统一共和党,甚至向统一共和党骨干发出威胁。这进一步把统一共和党推向同盟会的一边。加之该党中有一批老同盟会员,更是极力促进统一共和党与同盟会合并。使统一共和党最终同意与同盟会合并。

（3）国民公党

此党在1911年11月17日由夏廷桢在上海发起,直至1912年7月初在上海正式成立。选举岑春煊、伍廷芳、程德全、王人文、温宗尧为理事,又选评议员17人。并决定与统一共和党合并,以谋党势的扩张。该党的实际党魁是王人文、温宗尧。8月初,统一共和党与同盟会协商合组国民党,国民公党也派代表参加了会议。

(4)国民共进会

该党 1912 年 2 月初由陈锦涛、徐谦等人发起于上海,后其总部也随参议院北迁而由上海迁往北京。

(5)共和实进会

该党也主张政党内阁而与同盟会在北京参议院取一致行动。7 月开始谋求与同盟会联合。加入国民党后,因对权力分配不满而退出国民党,重组实进会。

孙中山、黄兴将政权让给袁世凯后,认为推翻了清王朝,革命目的已达,不愿过多地过问政治,将主要精力投向办实业,欲以实业强国。同盟会的工作由宋教仁主持。孙、黄的这一姿态也是对袁世凯的支持。从孙、黄的角度,让权是真诚的。国民党在这一时期是支持袁世凯的。尤其是 8 月 16 日袁世凯在北京违法杀害武昌起义的有功将领张振武、方维,引起一片谴责声。在袁的处境十分被动的时候,孙中山不顾党内的反对,毅然于 8 月 24 日进京。孙此时进京,这一事件的本身就是对袁世凯的极大支持。更何况袁世凯、孙中山、黄兴、黎元洪共同协商内政大纲八条,9 月 25 日以《大总统府秘书厅记录大总统与孙中山、黄克强两先生及黎副总统协商订定内政大纲八条》的名义正式公布。孙中山、黄兴对袁世凯的政策表示了全面的支持。这不但使袁摆脱了因张振武案陷入的困境,而且大大巩固了袁的统治地位。此时的国民党完全采取了支持袁世凯的立场。这也为同盟会与另外 4 个政党联合改组为国民党打下了基础。孙中山、黄兴赞成并支持同盟会改组为国民党。

宋教仁主持了同盟会改组为国民党的工作。一方面,宋教仁、胡瑛、张耀曾、李肇甫、魏宸组等说服了党内一些反对更改同盟会名称的老同盟会员,逐渐统一了同盟会的思想。另一方面,宋教仁等人还反复与一些观点相近的政党协商合并之事。经过一段时间的筹备和酝酿,同盟会、统一共和党、国民公党、国民共进会、共和实进会决定合并,改组成国民党,并决定待孙中山入京后即正式开成立大会。

8月25日,国民党在北京召开成立大会。头天刚到京的孙中山亲自到会并发表演说,对改组国民党表示支持。会议选举孙中山、黄兴、宋教仁、王宠惠、王人文、王芝祥、吴景濂、张凤翙、贡桑诺尔布9人为理事。9月3日,理事们又推孙中山为理事长。孙忙于筹办铁路,委托宋教仁代理理事长。大会还选出了参议30人:阎锡山、张继、李烈钧、胡瑛、沈秉堃、温宗尧、陈锦涛、陈道一、莫永贞、褚辅成、松毓、杨增新、于右任、马君武、田桐、谭延闿、张培爵、徐谦、王喜荃、姚锡光、赵炳麟、柏文蔚、孙毓筠、景耀月、虞汝钧、张琴、王傅炯、曾昭文、蒋翊武、陈明远。选出备补参议10人:尹昌衡、袁家普、唐绍仪、唐文治、胡汉民、王绍祖、高金钊、许廉、夏仁树、贺国昌。

国民党本部设北京。本部设有五部一会:总务部主任魏宸组、殷汝骊;交际部主任李肇甫、恒钧;政治部主任谷钟秀、汤漪;文事部主任彭允彝、杨光湛;会计部主任仇亮、陆定;政务研究会主任张耀曾、刘彦。

国民党在各省设支部,在上海、芜湖、汉口等地设交通部。

国民党的宗旨为:巩固共和,实行平民政治。其政纲为:保持政治统一;发展地方自治;励行种族同化;采用民生政策;维持国际和平。

国民党在北京参议院拥有60多个席位,又成了参议院中的第一大党。他又拉国务总理赵秉钧加入了国民党。赵秉钧内阁除陆军总长、海军总长外,其他总长均加入国民党,当时赵阁又有国民党内阁之称。国民党也以执政党自居,故采取了拥护袁世凯、全面支持赵秉钧内阁的立场。这使国民党在第一届国会竞选中处于有利地位。直到袁世凯指使人暗杀了国民党领袖宋教仁后,国民党才转到反袁的立场上。有的史书说国民党在北京参议院中一直和袁处于对立地位,是有悖于这段历史的。

2. 共和党

共和党是以统一党和民社为中心,合并潘鸿鼎等所组的国民党及国民协进会、民国公会等政团而组成的。它是临时政府北迁后顺应袁世凯组织极大党以对抗同盟会的要求而产生的实力较大的政党。该党固不乏杰出的政治家,但其倚为自重的却是以袁世凯为代表的大官僚、

3. 统一党

在北京参议院时,统一党分裂。1912 年 5 月 9 日,张謇、孟森等人运动统一党并入共和党,立即遭到了章炳麟的反对。5 月 17 日,章发表《关于统一党不与他党合并的演说》,宣告统一党仍保持独立。这样张謇、唐文治、熊希龄、丁世峄、那彦图、阿穆尔灵圭等加入共和党,统一党分裂。章炳麟将统一党理事制改为总理制,并由自己摄行总理。但统一党的政治态度与共和党基本一致:反对同盟会及其政党内阁的主张,赞成混合内阁与超然内阁的主张。不久,章炳麟又欲与共和党重修旧好。7 月下旬,章赴武汉,请黎元洪担任统一党名誉总理,章自己担任共和党理事,“交叉相倚,以为联合之图”。① 由于统一党内矛盾难于调解,8 月章以“厌政党生活,宣告脱党”②,仍当自己的名士去了。章的这些作法引起了统一党内许多人的不满。袁世凯利用这种情绪,支持其在统一党中的亲信王赓等人于 9 月 1 日在统一党北京本部开会,决定废除总理制,恢复理事制。并推举王赓、张弧、王印川、汤化龙、朱清华为理事。统一党遂为袁世凯所操纵和利用。

4. 民主党

民主党是由共和建设讨论会、国民协会、共和促进会、共和统一会、民国新政社、共和俱乐部 6 个政团合并而成的保守派政党。这 6 个政团中,除前 2 个政团有一定的规模和一定的影响外,其余 4 个团体人数都较少,影响也较小。它主要是由旧立宪派和政客为主体组成的党。共和建设讨论会的汤化龙、林长民见一些政党政团相继合并,先后成立了共和党与国民党,为了争夺议会的控制权,同时为第一届国会选举做组织准备,于是汤、林也谋组民主党,以期成为议会中的第三大党,造成三足鼎立之势。利用共和党与国民党对抗的局面,打出调和的旗帜,利用共和党与国民党之争坐收渔人之利。同时也为第一届国会选举夺取

---

① 《章太炎政论选辑》,第 650 页。
② 《盛京时报》1913 年 1 月 11 日。

更多的议席做准备。

1912 年 10 月 27 日,民主党在上海正式成立。通过了民主党党纲和党章,选举汤化龙为干事长,马良、陈昭常、蒲殿俊、孙洪伊、李经羲、梅光远、向瑞琨、罗伦、胡瑞霖、高登鲤、廖宇春、胡源汇等 30 人为常务干事。民主党的领导成员基本上仍为共和建设讨论会的汤化龙、孙洪伊、林长民等。

民主党总部设上海,在北京、天津、南京、桂林、福州等各省省会设立支部和交通处。

民主党的党纲为:(1)普及政治教育;(2)拥护法赋自由;(3)建设强固政府;(4)综合行政改革;(5)调合社会利益。

民主党在 1912 年 12 月分裂,共和统一会宣布脱离民主党独立。

北京参议院政党分合图

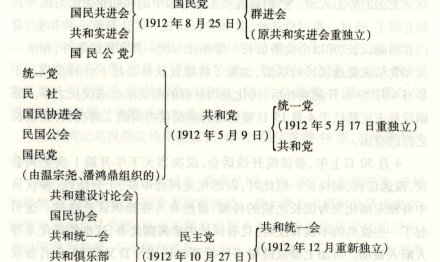

补选请愿常任委员 3 人:陈同熙、张华澜、覃振。

补选惩罚常任委员 2 人:刘绩学、林翰。

1913 年 3 月 14 日,参议院会再次将又出缺的常任委员用无记名连记投票法补选如下:

法制常任委员 2 人:蒋举清、杨芬。

财政常任委员 2 人:王立廷、张嘉镇。

庶政常任委员 1 人:魏承耀。

请愿常任委员 3 人:叶显扬、金永昌、苗雨润。

惩罚常任委员 1 人:张树桐。

法制部、财政部、庶政部、请愿部、惩罚部担任对有关的审议事件的审查,故习惯上又称审查委员会,常任委员又称审查员。参议院开会议决交法制(财政、庶政、请愿、惩罚)审查即是交法制部(财政部、庶政部、请愿部、惩罚部)审查。若议决付特别审查即是对特别事件交由议长指定或全院议员选定的特别委员组成的特别审查委员会审查。

参议院设秘书厅,掌管参议院的文牍、会计,编制各种记录并办理一切事务。按《参议院法》第 17 条的规定,参议院秘书长由议长任命,吴景濂被选为议长后,任命福建省原咨议局书记长林长民为秘书长,以取代原议长林森任命的秘书长殷松年。秘书长承议长之命管理秘书厅一切事宜。

参议院还设有警卫,警卫全院,受议长直接指挥。

参议院的经费由国库支出。议长、副议长有津贴。按当时国际流行国会议员是义务式的,故无津贴,只有公费和旅费。但实际北京参议院还是按月给议员发津贴 200 元以维持议员的生活。

五、《国会组织法大纲》与《选举法大纲》的制定

1912 年 3 月 11 日临时大总统孙中山公布的《中华民国临时约法》第 53 条规定:"本约法施行后限 10 个月内,由临时大总统召集国会。

其国会之组织及选举法由参议院定之。"第 54 条规定:"中华民国之宪法由国会制定。宪法未施行以前,本约法之效力与宪法等。"也就是说,制定国会组织法和选举法之权在参议院,制定宪法之权在国会。《临时约法》公布后的 10 个月之内召集国会,时间是很紧迫的。首先要制定国会组织法与选举法,再依此法在全国范围内进行第一次正式国会的选举,工作量是相当大的。故《临时约法》公布后,很多省的临时省议会电催参议院尽快制定国会议员选举法,以便选举国会议员,如期召开国会。

3 月 20 日,南京参议院常会,议决通电各省声明湖北临时省议会发起另组临时国会无效。并当即由主席指定谷钟秀、汤漪为通电起草员。谷、汤按参议院议决的事项拟定并向各省发出的《通告各省再声明湖北临时省议会发起另行组织临时国会为无效电》中说:"本院现遵约法第 53 条规定,已着手草拟选举法,不日即可议决,咨由大总统公布施行。"[1]其实当时参议院尚未着手起草选举法,因当时急待议决的案件太多,尚无暇顾及选举法的起草,只是为了回击否定南京参议院的逆流而这么说的。但既已说出去了,故匆忙之中也得抽时间起草国会组织法与选举法。3 月 22 日参议院常会上,谷钟秀提议请议长指定特别起草员若干人,起草国会议员选举法。李肇甫提议应先指定起草员拟定大纲,后开审议会审议,再行指定人员着手编订。李的提议经表决通过。当即由会议主席、议长林森指定张耀曾、谷钟秀、汤漪、李肇甫、殷汝骊、文群、彭允彝 7 人为起草员。

起草员将起草好的《国会组织法大纲》和《选举法大纲》提交给 3 月 28 日上午参议院常会,并在大会上报告了起草的宗旨。当即开全院审议会对大纲进行审议。以后又于 3 月 28 日下午、3 月 29 日下午、4 月 3 日下午(原定 4 月 2 日下午的审议会因只到 6 人而流会),开全院审议会审议。因时间短,只审议了《国会组织法大纲》第 1 至第 7 条,

---

①　张国福编:《参议院议决案汇编》甲一册,第 34 页。

就因参议院北迁而停止。由南京参议院起草并部分审议过的《国会组织法大纲》和《选举法大纲》全文如下：

　　　　　甲、《国会组织法大纲》

1. 采用两院制，即定名为元老院、代议院。

2. 元老院取地方代表主义，各地方人数均等。

3. 代议院取人口比例主义。

4. 两院同时开会闭会。

5. 国会会期以四个月为限，但得延长。

6. 代议院议员任期四年，元老院议员任期每二年改选三分之一。

7. 国会职权依约法，但预算、决算须交代议院先议。

　　　　　乙、《选举法大纲》

（甲）代议员选举法。

1. 选举法采复选制。

2. 选举区。初选采小选举区制，复选采大选举区制。

3. 选举人资格。具有下列各种资格者得有选举权：

（1）二十五岁以上之男子；

（2）在选举区内住居一年以上者；

（3）年纳税金二元以上或高等小学以上毕业者；

（4）能识文字者。

4. 被选举资格。中华民国之男子年龄满二十五岁以上者，均得有被选举权。

5. 消极资格。

（1）剥夺公权及停止公权者；

（2）失财产上之信用，宣告破产尚未清结者；

（3）曾受禁锢以上刑者；

（4）有精神病者；

（5）吸食鸦片烟者。

6. 停止选举及被选举资格：

(1)现役海、陆军人；

(2)现任行政司法及警察官吏；

(3)各学堂学生；

(4)僧道及宗教师。

7. 投票方法。初选用无记名单记投票；复选用无记名连记投票。

(乙)元老院议员选举法。

1. 由省议会选出，用记名单记投票法。

2. 被选资格：年龄三十以上。

蒙藏选举法另订①。

北京参议院开院后，离《临时约法》规定的成立正式国会的时间只有 8 个月了。制定国会组织法与选举法便成了一项紧迫的工作，必须抓紧进行。这样，又将南京参议院起草的《国会组织法大纲》和《选举法大纲》列入北京参议院第二次正式会议即 5 月 6 日的参议院常会的议事日程，定的是对大纲案进行一读。大会主席、议长吴景濂介绍了南京参议院起草和五次全院委员会审议《国会组织法大纲》和《选举法大纲》的情况后，即准备对大纲开一读会。但会议用了一个多小时来讨论，却不是对大纲本身的讨论，而是争论先定宪法还是先定国会组织法与选举法。议员郭同、秦瑞玠发言主张先定宪法后定国会组织法和选举法。认为宪法是国家的根本大法，国会组织法与选举法是宪法的附属法律，是宪法的一部分。宪法不定，其附属法律就无法产生。由宪法产生国会组织法和选举法才是法律的正常程序。谷钟秀、王振尧、李肇甫、李国珍等发言主张照《临时约法》先议定国会组织法和选举法而后组织国会，由国会议定宪法。认为《临时约法》有明确规定，参议院制定国会组织法与选举法，国会制定宪法。国会组织法和选举法不定，国

---

① 　《申报》1912 年 4 月 2 日；《盛京时报》1912 年 5 月 8 日。

会就无法产生,故不得不将宪法上一部分的国会组织法和选举法先行提出,以便正式国会早日成立。这是一场先有鸡还是先有蛋的争论。

　　最后付表决,出席议员80人,赞成先定国会组织法与选举法的62人,多数,可决。由于国会组织法和选举法大纲属重要的法律议案,当日参议院会议决开全院委员会进行审查。

　　5月7日,参议院开全院委员会,对《国会组织法大纲》进行审查,逐条讨论表决。首先讨论《国会组织法大纲》第1条,国会采用两院制还是一院制。这本来是成立国会最重要的问题之一,但会议发言者四五个人,均主张采用两院制,并历述两院制的优点及两院职权的不同之点。会议主席、全院委员长谷钟秀问有无主张一院制者,竟无一人应答。以两院制付表决,全体一致同意,通过。在如此重大的问题上,竟毫无不同意见,毫不争论,是不多见的。可能受袁世凯、黎元洪的影响,因为3月21日黎电袁主张国会采两院制,3月23日袁世凯立即复电黎元洪表示赞成,并对两院的组成发表了自己的主张:"上院为地方代表,议员应由各地方议会及行政长官分别选派。下院为人民代表,议员应一律由人民选举。人口比例一节系属选举法问题,尽可查照近年统计,酌定员额。至蒙、藏、青海,情形与内地不同,可另定特别选举法。"①同时亦受西方资本主义国家大都采取两院制的影响。当然袁、黎主张两院制亦受西方两院制的影响,在黎、袁二人的上述电文中都认为西方国家大都两院制,中国亦然。"两院制为大多数国家所采用,中国国会宜从同。"②这也反映了民初一股盲从西方的思潮,不结合中国的国情,盲目学习与全盘引进西方政治制度。其实任何一种政治制度的引入都应该符合中国的国情。

　　两院制创始于英国。英国的国会分上院又称贵族院,代表贵族,下院又称平民院代表平民。上院的贵族主要由5类贵族组成:1.王室贵

①　《申报》1912年4月9日。
②　《申报》1912年4月9日。

族;2. 世袭贵族;3. 终身贵族;4. 宗教贵族;5. 司法贵族。英国是君主立宪制国家,中国是民主共和制国家,当然用不着为贵族设立一个上议院。更何况英国 1911 年法律改革,制定了《议会法》,上院的职权已大大削减了,已无实权,实权已归下院独揽。中国自无必要再设立一个徒有其名而无实权的上院。再以美国为例,美国是共和制国家,它设有参、众两院。但美国是联邦制国家,先有各州,后才有的国家,故设参议院。每州选 2 名参议员组成参议院,代表州权。中国历来是单一制国家,中华民国亦如此,自然没有必要像联邦制国家那样设立代表省权的参议院。中国并无成立上院的条件,故参议院在讨论《国会组织法大纲》时,上院到底如何定位,其性质如何定? 代表何种势力? 议员应如何选举? 其职权是什么? 甚至连取什么名字,都经过反复争论,难于决定。

从理论和各国的实践可以看出一院制的优点:1. 组织简单,人员少,可节省费用,减轻国民的负担。2. 国家遇有紧急要事时,国会能及时做出反应。3. 责任专一,不存在两院权力划分的问题。

两院制的优点:两院可以互相制衡,一院发生错误时,另一院可纠正。中国第一届国会实行两院制,却并未发挥出两院制的优点。如 1922 年财政总长罗文干案,明明是吴景濂、张伯烈等人为适应曹锟打击吴佩孚的需要而操纵众议院制造的一起赤裸裸地践踏基本人权之案,事实清楚,舆论及全国各界一致反对与声讨此案的策划者,但参议院并未出来予以纠正。1923 年众议院通过的议员任期延长案,全国舆论一致反对且寄希望于参议院否决此案,但参议院竟然也通过了。又如 1923 年声势浩大的驱逐教育总长彭允彝的学生运动,1 月 19 日,众议院公然通过了对彭为教育总长的提名。1 月 24 日,游行的学生队伍团团围住了当天要开会表决阁员(自然包括彭允彝为教育总长)提名的参议院,又是递请愿书,又是请求面见参议院的负责人,热切地寄希望于参议院否决对彭的提名。但就在议场被学生们包围的情况下,参议院投票表决时,彭仍安然通过。

　　第一届国会实行两院制,由于中国实在无两院制的条件,故参、众两院的职权相差无几。这样,事实上将国会一分为二了。

　　综观上述情况,显然,实行一院制更适合中国的国情。

　　正由于中国的两院制难于区分两院的职权,故5月7日的全院委员会上,对两院的名称竟难倒了参议员。贵族院自然与民主共和的国体不符,有悖于人人平等之精神,也不符合中国的实情,自不在考虑之列。《国会组织法大纲》案中用元老院与代议院,议员们觉得“元老”二字含有元勋与老人之意,认为今固无所谓元勋而拟定中的被选举人资格30岁以上亦不得谓为老人。于是有提出参议院与庶议院的,有提出评政院与议政院的,有提出参政院与代议院的,有提出国政院与民政院的,有提出上议院与下议院的,有提出左院与右院的,有提出左议院与右议院的。讨论中大致分两派,一派认为中国的情况很难用议院的名字来表示内容,既然难于做到,不如取符号来代表两院的名字,如上下、左右。但上、下仍有阶级之分,不如左右,如左院与右院等。一派主张借院名以表示内容,反对以符号取院名。认为议会是何等重要的机关,岂可仅取符号为名,议院名一定要表明其内容而后可。如参议院与庶议院等。这样甲辩乙争,历时3个多小时,最后将提出的两院名称一一付表决,结果竟无一种名称得过半数,均未通过。于是参议员们在会后再交换意见。5月9日参议院开全院委员会时,继续讨论两院名称。由于5月7日表决时已将所提的两院名称全部否决,但国会两院不可无名称,于是又按美国等国的议院名称来取名,再付表决时,两院取参议院与众议院的名称得多数议员赞同而通过。

　　5月15日下午,参议院开全院委员会,继续审议《国会组织法大纲》第2条“元老院取地方代表主义,各地方人数均等”。由于中国的国情不同于美国等国,参议院到底由何类人员构成,即其应代表何种势力,亦发生大的分歧与争论。主要分两派。一派主张代表特殊势力。民国既无皇族,政治方针宜重工商各方面。既设两院,则参议院应由各省教育、农、工、商各就其法团内选出之,以代表其特殊势力,且使华侨代议权案亦可附带解决。中国人民素来偏于地方观念,今改共和,省制宜破,统一为急,万不可取地方代表主义。一派主张代表地方。说国会组织法议决后即速施行,不可取烦难手续。且各省工、农、商、教育各会亦不完全,有无特殊势力尚不能断定,其职员多半限于省城之少数人,恐亦未必真能代表特殊之势力,不如暂取地方代表主义,俟国会成立后再行改正。两派争论甚久,无结果而散会。

5月18日参议院全院委员会继续审议《国会组织法大纲》第2条,两派继续争论,各持己见,相持不下。代表地方主义,也不合中国的国情,因为中华民国是单一制的国家,并不实行联邦制,故表决时,原大纲中的"取地方代表主义"赞成者少数,被否决。代表特殊势力也不符合中国的国情。中国的工业、商业尚不发达,当时中央尚无商会这一组织,工会、农会,尤其是农会组织亦不健全。教育会自中央到地方其组织较为健全,但中国的教育也不太发达。故以参议院代表特殊势力付表决,赞成者少数,也不成立。这一天的全院委员会争论激烈,但无结果而散。

5月22日参议院再开全院委员会,审议《国会组织法大纲》第2条的后半部分,参议院"各地方人数均等",又立即出现了3种意见:1. 主张绝对均等主义。说各国上院议员大都是各地所选员额相同。上院的作用是专为救济下院的专横,其成员取温和持重就足够,自然无须取比例人口法。2. 主张绝对人口比例主义。以各省人数的多少及负担租税的轻重和将来实行征兵制度为根据,人口多的省份自应多出参议员。3. 主张折衷。说各省选举参议员须先限定一均等员额,然后再依人口比例增加。人口少的省份也可选出一定数量的议员,人口多的省份也不致于抱憾不平。议论庞杂,讨论二个多小时,最后付表决,赞成绝对均等主义者多数,可决。

5月24日参议院全院委员会。由于参议院代表地方及代表特殊势力的意见被否定,故只好具体讨论参议院议员的成份及选举机关。多数议员以为省议会为一省立法机关,即表示一省的意思,为全省的代表,已包括各州、县及城、镇、乡在内。省议员又是一省翘楚之才,故参议员应由省议会选出,本无疑义。

但有很多议员认为,省议会虽为一省人才汇集的机关,但人身行动本无拘束,有学问者,有政治经验者,有精通实业者,亦未必能尽为省议会议员,则将来选举时全由省议会选举,岂非一大半人才将尽行遗漏乎?故教育、农、工、商各界均得有选举与被选举之权,以谋教育的昌盛、实业的发达。故为防止省议会有独专参议院议员之虞,应予以限制,以杜垄断权力之弊。如拟定省议员当选参议员的数额为参议员总额的五分之二,五分之三由教育会、农会、工会、商会等选出。或省议员当选参议员不得超过参议员总数的一半。每省选出参议员 10 人,22行省共 220 人,再加上蒙、藏、华侨等不超过 300 人。蒙、藏议员在《临时约法》未修正前,暂不能预定参议员人数。

又有议员提出,专由省议会选举参议员仍犯代表地方之嫌。且有学问的人往往不常住本省,势必尽数遗漏,亦属可惜。应另以中央教育会为选举参议员的机关,准其选出参议员。

有的议员又提出,除中央教育会外,中央商会、农会、工会亦应有选举参议员之权。但有的议员认为中央尚无商会,教育界已包含有各种有学问的人,农科学者、工科学者均在其内,工会、商会、农会自无再为选举机构之必要。

最后逐项表决,结果议定:每省选参议员 10 人;以各省省议会为选举机关;但由各省议会以内选出者,至多不得过二分之一;蒙、藏参议员人数暂不定;华侨选出参议员 6 人;中央教育会为选举机关,选出参议员定额 8 人。

5 月 25 日参议院全院委员会,审议《国会组织法大纲》第 3 条“代议院(众议院)取人口比例主义”。当时各国下院均取人口比例主义,对此,议员均赞同。但到底采取相对比例主义还是绝对比例主义,如果采取绝对人口比例主义,按人口多少百万人选出一名众议员,但小省,如西北的新疆、甘肃、陕西,东北的吉林、黑龙江等地地广人稀,人口较少,选出的众议员就过少,于是有些议员提出相对人口比例主义,先定各省至少出多少名众议员,人口多或较多的省按人口比例计算众议员人数。有些议员提出人口少的省份的比例与人口多的省份采用不同的比例来避免人口少的省份议员过少、人口多的省份议员过多的问题。人口大省,如四川等省多主张绝对人口比例主义,而人口少的省份,如西北、东北的一些省多主张相对人口比例主义。反复辩论,相持不下。

5月29日,参议院全院委员会,继续5月25日全院委员会的议题讨论,两派仍激烈辩论。最后付表决,赞成相对人口比例主义,大省或较大省份按人口比例主义选众议员;人口少的省份定出一省最低的众议员数目者占多数,可决。但对人口比例数定多少合适,即全国众议员总数定多少以及人口少的省份最低众议员的额数定多少,又发生争论。最后经表决,每80万人得出众议员1人,全国4亿人,全国众议员总数500人左右。接着又讨论人口少的省份众议员的数额问题。人口少的省份议员主张此额应多,提出15人。人口多的省份议员主张此额应少,有提出5人或6人者。又有一种折衷方案提出10人者。最后经表决,结果人口少的省份众议员为10人,得多数赞成。并议决,加在但书后。这条议决为:"众议院议员员额之分配以人口比例为标准,每80万人得出议员1人。但不满8百万人之省份亦得出议员10人。"

6月6日参议院全院委员会,继续审议《国会组织法大纲》第4、5、6条,这几条无太大的争议,只是第6条将"每2年改选三分之一"改为"每3年改选二分之一",其余均按原案通过。

但一涉及两院职权的界定,即涉及参议院职权又出现激烈争论。6月14日、15日两天的参议院全院委员会,主要围绕《国会组织法大纲》第7条,两院职权的界定,再生争议。一派认为英美各国因历史上的关系,国税是由平民承担,预算、决算自然应该由平民院先议,我国也应采用此法。有一派则认为,预算、决算众议院先议并无正当理由,只是沿引外国的成例而已。预算、决算及起草宪法等均为民国重大问题,如由众议院先议,恐不免两院的冲突,应宜两院合并筹议。最后表决,多数赞成众议院有先议预算、决算案之权。其他权,如国务员同意权,大总统、国务员弹劾权,多数主张应属两院职权。《大纲》中将这些职权一一写入尚恐不免有遗漏,不如予以概括地写入。于是通过了秦瑞玠提出的修正案,在第7条加入"宪法未制定以前,国会之职权暂依约法"。

至此,《国会组织法大纲》七条通过了参议院全院委员会的审议。经全院委员会审查后的大纲全文如下。

国会组织法大纲审议之结果如下:

一、采用两院制,即定名为参议院、众议院。

二、参议院组织之分子为四种如下:

1. 省议会选出之议员,其人数各地方均等,每省选举议员十人,即以各省省议会为选举机关。但由各省省议会以内选出者,至多不得过二分之一。

2. 蒙藏议员。

3. 华侨选出之议员定额六人。

4. 中央教育会为选举机关,选出之议员定额八人。

三、众议院议员员额之分配以人口比例为标准,每八十万人得出议员一人。但不满八百万人之省份亦得出议员十人。

四、两院同时开会闭会。

五、国会会期以四个月为限,但得延长。

六、众议院议员任期四年。参议院议员任期六年,每三年改选二分之一。

七、宪法未制定以前,国会之职权暂依《约法》。其两院职权不平等之点,除预算、决算须众议院先议外,余于起草时以明文规定之①。

《选举法大纲》在6月15日参议院全院委员会审议完《国会组织法大纲》后即开始审议。6月18日、21日、22日、24日参议院开全院委

---

① 《申报》1912年7月1日。

员会,将《选举法大纲》审议毕。其中争议最大的是众议院议员选举法中,对选举资格加一条财产限制问题。议员们多数认为要保证年纳直接税2元以上者,必须有相当之财产。对不动产的限制,有的主张100元以上,有的主张300元以上,有的主张500元以上,有的主张800元以上,有的主张1 000元以上。最后付表决,赞成者均不过半数,否决。于是,刘崇佑提议,以1 000元以上与1 000元以下付表决,结果多数赞成1 000元以下。至于到底定多少,议决由起草员起草选举法时再确定。对第5条消极资格中的第3项"曾受禁锢以上刑者",禁锢是日本刑法上的名词,中国政府从没有用过这一名词。新刑律只有徒刑,也无禁锢,这显然是机械照搬了日本刑法上的名词,表决时将此条删去。同时将"能识文字者"作为取得选举权的条款移到第5条,以"不识文字者"作为消极资格的条件。其他的基本按原起草的大纲通过。经过全院委员会逐条审查后的《国会议员选举法大纲》全文如下:

甲、众议院议员选举法大纲

一、选举法采复选制。

二、选举区。初选采小选举区制,复选采大选举区制。

三、有中华民国国籍之男子,年龄满二十五岁以上且在选区内住居二年以上者具有下列资格之一得有选举权。

1.年纳直接税二元以上者。

2.小学以上毕业者。

3.有不动产价格在若干元者(其标准数在一千元以下定之)。

四、被选举资格。中华民国国籍之男子,年龄满三十岁以上者均得有被选举权。

五、有下列之一者不得有选举及被选举权。

1.剥夺公权及停止公权者。

2.失财产上之信用,宣告破产尚未清结者。

3.有精神病者。

4.吸食鸦片烟者。

5. 不识文字者。

六、停止选举及被选举资格。

1. 现役海陆军人。

2. 现任行政、司法及警察官吏。

3. 各学堂学生。

4. 僧道及宗教师。

七、投票方法。初选用无记名单记投票,复选用无记名连记投票。

乙、参议院议员选举法大纲

一、用记名单记投票法。

二、被选资格年龄三十岁以上。(蒙藏选举法另订)①

只有成立正式国会,选举正式大总统,成立正式的中华民国政府,西方各列强才有可能正式承认中华民国。袁世凯自然希望尽快登上正式大总统的宝座,以便进一步巩固自己的权力和统治地位。但参议院开了十几次全院委员会却未能将《国会组织法大纲》和《国会议员选举法大纲》议毕,这自然令袁着急。于是6月份袁世凯即令国务院隶属的法制局,制定筹备和召开正式国会的时间表,催请参议院于7月10日前将《国会组织法》和国会议员选举法制定完毕。法制局拟定了一份筹备召集国会办法说帖,经国务会议议决后,袁世凯于6月下旬,向参议院提出咨请参议院《速议决国会组织法及选举法并限期筹备召集国会办法》文,并将说帖附上,以催促参议院。说帖所定的时间表为:

7月10日　公布《国会组织法》、国会议员选举法。

7月20日　颁布《临时国会事务局官制》。

9月30日　各选举区众议院议员初选举一律办竣。

10月30日　众议院议员复选举及参议院议员选举一律办竣。

---

① 《申报》1912年7月9日。

11 月 1 日　临时大总统颁布召集国会令。

12 月 20 日　临时大总统召集国会①。

这自然大大推动了参议院制定《国会组织法》和议员选举法的进度。

6 月 24 日,参议院常会,全院审议长谷钟秀向大会做了《国会组织法大纲》的审查报告后,秦瑞玠、杨廷栋等即发言提议立即组织人起草《国会组织法》,不必开二读会,以节约时间。谷钟秀、汤化龙、俞道暄、彭允彝等发言反对之。认为大纲不通过三读会议决,起草无标准,必须开二读会议决,得有标准,后再起草则《国会组织法》草案才有根据,将来提出于正式会不致群受攻击。否则漫无头绪,就是起草好了也将为众人所否决,到时再提大纲,反倒更费时日。最后表决,多数赞成将《国会组织法大纲》付二读会。在以后的二读会中,争论最大的仍是参、众两院职权的划定。

6 月 27 日参议院常会,对《国会组织法大纲》开二读会。对大纲第一条中的两院名称争论蜂起。有的主用上院与下院,有的主用上议院与下议院,有的主用元老院与代议院,有的主用左院与右院。各说各的理,争论不休。最后只好一一付表决,结果均不过半数而否决。议员李素赶快站起来说:现在只剩审查报告中的参议院与众议院之名字,若再不通过,又须重新起草。若无十分反对,请将就通过,以便国会早日成立。这样,议长再以参议院与众议院付表决,多数赞成,遂通过②。

第二条第 4 项,将中央教育会改为中央学会,其余均通过。

7 月 4 日参议院常会,继续对《国会组织法大纲》第三条二读。对各省众议员数额如何定,争议很大。可分为三种意见:1. 赞成审查报告。2. 以中国各省人口无准确统计,且已来不及再重新统计,主张按大、中、小省份定众议员名额。3. 由于重新调查选举人不是一时所能办到的,主

---

①　《申报》1912 年 7 月 15 日。

②　《盛京时报》1912 年 7 月 2 日。

张"人数未调查以前得从前清各该省咨议局员额的三分之一之数做该省议员之额数"。经表决,多数赞成第三种主张,可决。同时为减少众议员人数,又议决"若咨议局员额的三分之一而有奇零者,一概作无效"。

第四条、第五条无太大的争论,通过。第六条众议院议员任期争论较大,分三种意见:1.2 年;2.3 年;3.4 年。经表决,赞成 3 年者多数,可决。

参议员任期议决改为每 2 年改选三分之一。

7 月 6 日参议院上午、下午均开常会继续对《国会组织法大纲》第七条二读。对参、众两院职权的划定上又发生激烈的争论。上午曾发生冲突,拍桌子,高声叫喊,会场一度出现混乱。对两院职权的划分出现三种意见:1. 参、众两院职权一一分开。2. 预、决算案由众议院议决,参议院不得过问。3. 预、决算案由众议院先议。三派各执己见,相持不下。最后付表决,前二种意见均不过半数,否决,第三种意见赞成者过半数,可决。对国务员、外交大使、外交公使的同意权到底归两院同时行使还是一院行使,争论也很激烈。最后付表决,赞成归一院行使者少数,否决;赞成归国会两院同时行使者多数,可决。

7 月 9 日,参议院常会,议决《国会组织法大纲》和《国会议员选举法大纲》,省略三读通过,并选出《国会组织法》和《国会议员选举法》起草员 11 人:张耀曾、谷钟秀、汪荣宝、李国珍、李肇甫、刘崇佑、汤化龙、杨廷栋、王家襄、殷汝骊、秦瑞玠。并议决限于本星期内起草完毕,下星期一(7 月 15 日)报告参议院大会。

通过参议院三读会的《国会组织法大纲》全文如下:

一、采两院制,即定名为参议院众议院。

二、参议院组织之分子为四种如下。

1. 省议会选出之议员,其人数各地方均等,每省选出议员十人,即以各省省议会为选举机关。但由各省议会以内选出者至多不得过二分之一。

2. 蒙藏议员。

3. 华侨选出之议员定额六人。

4. 中央学会选举机关选出之议员定额八人(中央学会之组织另以法律规定之)。

三、众议院议员员额之分配以人口比例为标准,每八十万人得出议员一人,但不满八百万人之省份亦得出议员十人。人口调查未终以前,各省应行选出之员额暂定如下:

奉天	十六人	吉林	十人
黑龙江	十人	顺直	四十六人
江苏	四十人	安徽	二十七人
江西	三十五人	浙江	三十八人
福建	二十四人	湖北	二十六人
湖南	二十七人	山东	三十三人
河南	三十二人	山西	二十八人
陕西	二十一人	甘肃	十四人
新疆	十人	四川	三十五人
广东	三十人	广西	十九人
云南	二十二人	贵州	十三人

各省以从前咨议局议员额三分之一为暂定众议院议员员额,每三人作一额,其余数不满三人者不计。

四、两院同时开会闭会。

五、国会会期以四个月为限,但得延长。

六、众议院议员任期三年,参议院议员任期六年,每二年改选三分之一。

七、宪法未制定以前,国会之职权暂依约法,但预算决算须众议院先议之①。

7月1日参议院常会,全院委员长谷钟秀作完《选举法大纲》审查

①《申报》1912年7月15日。

报告后,即议决将大纲付二读会。

7月3日参议院常会。秘书长将临时大总统袁世凯的《咨请参议院从速议决国会组织法及选举法并限期筹备召集国会办法》及国务院的说帖宣读后,平时能言善辩之士此时也面面相觑。说帖中所规定的时间表是按《临时约法》上的规定,自《临时约法》公布的10个月召集国会来排出的。参议院不能按时间表将国会议员选举法和《国会组织法》制定出来,自然要使国会召集的时间大大延后,这是参议院违反《临时约法》的行为。这时袁世凯催促自是依法行事,议员们自应感到惭愧,况此时社会各界和舆论对议员们的拖拉作风已喷有烦言,认为参议员有盘据立法机关之心。在这些压力下,议员们只能急起直追。离7月10日正式公布《国会组织法》和议员选举法只有7天了。讨论大纲的会连南京时的会议算上已开了20多次会还未议定,最快尚需四五天的时间才能议定。议定大纲后还需至少一周左右的时间来起草《国会组织法》和议员选举法。起草结束后至少需要半个月左右的时间用三读会通过。即使全力以赴,最快也得8月初才能将两法议妥。7月10日前是根本不可能议妥此两法的。故当即通过了日内专议《国会组织法》与选举法案的提议。

当天议决将议事日程上的第四案《选举法大纲》提前到第一案开二读会。甲中的第一条无争论通过。第二条,对"初选区采取小选区制,县州为小选区"无争论通过。但对复选采取大选区制中的"大选区"如何划分,意见不一。对大选区划分有4种主张:1.一道为大选区。2.一省为大选区。3.以一府为大选区。4.以人数作比例,凡应出二三名议员的作为一大选区。最后表决,无一种主张过半数,均否决。按《参议院议事细则》,此点为不可弃,表决又不能成立者,得另由起草委员起草,故这一点决定再交起草。起草委员重新起草为"复选举合若干初选区为选举区,其区划别以表定之"。经二读会讨论,多数赞同而可决。对第三条,认为选举权的限制年龄25岁太高,于是又有4种主张:1.20岁。2.未婚18岁,已婚21岁。3.22岁。4.21岁。最后表决,赞成 21 岁者多数,可决。

7 月 8 日上午和下午参议院常会,对《众议员选举大纲》第 3 条中的年纳税和不动产的限制争议最大。又分两种主张。梁孝肃、段宇清等主张普通选举法,即取消财产限制。认为既称民国,应无贫富之界限。美、法均采用普通选举法。英国因为君主立宪制的关系,故有贫富来限制选举权的规定。既然以贫富来分选举权,自然不平等。而且富者尚有纳税与不纳税的区别,富与富也不平等纳税。况且中国和其他国家的国情尤不同,法律未曾规定种种不平等的选举资格。若以贫富来界定选举资格,和《临时约法》所规定的"中华民国人民一律平等,无种族、阶级、宗教之区别"相违背,应更正。

刘崇佑、李国珍等主张限制选举,即选举权资格必须有财产限制。尽管这一主张不符合《临时约法》的精神,剥夺了很多人的选举权,但持这一主张的人亦振振有词。其中刘崇佑的发言最具代表性,其大意为:汉家自有制度。民国选举方法自当审慎定之。美、法虽同为共和政体,法制亦不一例。原文规定 1、2、3 各项具有深意。1. 有恒产始有恒心,免致无赖汉滥厕议席,混乱国是。2. 无论小学毕业以上当须具有判断之能力者方可。3. 不动产资格拟定 300 元以上者[①]。这些话竟出自所谓的人民代表的口中,已令人瞠目。而表决时第一种主张竟只有 6人赞同,第二种主张竟获得大多数的赞同而可决,就更令人瞠目了。第 4 条被选资格的年龄限制,共和党议员仍主张 30 岁,同盟会和统一共和党议员主张 25 岁,表决时,赞成 25 岁者多数,可决。第 6 条对各学堂学生的选举权是否应停止,共和党议员主张停止,同盟会和统一共和党议员主张各学堂学生有选举权,表决时,赞成后一种主张者多数,可决。第 8 条,张耀曾主张复选亦用单记投票,以免议员全为大党垄断,小党向隅。经表决多数赞成张说,可决。其他条款均按审查报告通过。参议院议员选举法大纲也按审查报告通过。

---

① 《盛京时报》1912 年 7 月 12 日。

　　7月9日参议院常会议决省略三读,一致通过了《国会组织法大纲》和《国会议员选举法大纲》。两个大纲的议决,如果算上南京的几次全院委员会,共开会30多次,是南京参议院和北京参议院开会最多的、所费精力最大的议案。

　　通过北京参议院三读的《国会议员选举法大纲》全文如下:

　　　　甲、众议院议员选举法大纲

　　一、选举法采复选制。

　　二、选举区。初选采小选举区制,复选举合若干初选区为选举区,其区划别以表定之。

　　三、有中华民国国籍之男子,年龄满二十一岁以上且在选区内住居二年以上具有下列资格之一得有选举权:

　　1.年纳直接税二元以上者。

　　2.小学以上毕业者。

　　3.有不动产价格在若干元者(其标准数在一千元以下定之)。

　　四、被选举资格。中华民国国籍之男子,年龄满二十五岁以上者均得有被选举权。

　　五、有下列之一者不得有选举及被选举权:

　　1.剥夺公权及停止公权者。

　　2.失财产上之信用,宣告破产尚未清结者。

　　3.有精神病者。

　　4.吸食鸦片烟者。

　　5.不识文字者。

　　六、下列各人停止其选举及被选举资格:

　　1.现役海、陆军人。

　　2.现任行政、司法及警察官吏。

　　3.僧道及宗教师。

　　七、下列各人停止其被选举权:

　　1.小学校教员。

2. 各学校肄业生。

八、投票方法。初选用无记名单记投票，复选用无记名单记投票。

乙、参议院议员选举法大纲。

一、用无记名单记投票法。

二、被选资格年龄三十岁以上。

蒙藏选举法另订①。

六、《国会组织法》和议员选举法及
《省议会议员选举法》等案的议决

1912 年 7 月 9 日参议院常会选举出 11 名起草员后，为了尽快将三个法起草好，起草员进行了分工，各起草员分任某章某节的起草，分别起草后再合起来一块开会讨论。其分工如下：

《中华民国国会组织法》由汪荣宝起草。

《参议院议员选举法》由王家襄、杨廷栋、殷汝骊、刘崇佑、谷钟秀起草，每人负责起草该法的部分章节。

《众议院议员选举法》由张耀曾、秦瑞玠、汤化龙、李肇甫、李国珍起草，每人起草该法的部分章节。

7 月 12 日各起草员即将自己所分的部分起草工作做完后，起草员们便在一起开会讨论、修改三个法的草案。7 月 15 日准时将三个法的草案提交当日参议院常会。起草员张耀曾代表起草委员会向常会报告了起草情况后，即议决付法制部审查。并议决三案必须在 2 日内审查完毕，报告全院。

7 月 15 日参议院常会，法制委员长张耀曾代表审查委员会向大会作《国会组织法》案的审查报告后，即议决付二读会，议决 20 日开二

---

① 《申报》1912 年 7 月 15 日。

读会。

　　7 月 20 日、23 日、25 日、29 日参议院常会对《国会组织法》案进行了二读,并于 29 日三读通过。一是由于时间紧,二是讨论大纲时辩论得充分,故对《国会组织法》案二读时,争论不是太大,只是增减了个别条款和修改了个别条款。主要增加蒙古、西藏选举众议员,蒙古 27 名,西藏 10 名。原审查报告中以蒙、藏系游牧民族,流动性大,无法划定选区为由,蒙、藏无众议员。但很多议员发言激烈地反对审查报告,认为这是不平等对待蒙、藏两族,剥夺了蒙、藏两族人民的选举权与被选举权,蒙、藏应该有众议员。有的议员发言赞成审查报告。最后付表决,赞成蒙、藏应该有众议员占多数,可决。蒙古、西藏众议员名额多少,又有两种主张:1. 蒙、藏众议院议员人数同参议院。2. 蒙、藏众议员人数另定。经表决,赞成第一种意见者,多数,可决。

　　二读会中争议最大的问题仍是参、众两院职权的划分。对第 21 条议定宪法由两院会合会行之,非有出席议员四分之三以上之同意,不得议决,争论大。有些议员发言认为,两院会合会,由于众议院议员人数多于参议院议员人数,前者几乎是后者的二倍,表决时两院议员用合计算法,恐有偏重之弊,众议院议员占优势,参议院议员几同虚设,其权力几乎均操在众议员手里,参议员无可否之权。故应两院会合会时,应该用各院分计法。很多议员发言反对分计法,主张按审查报告用合计法。最后表决,第一种意见少数,否决。第二种意见,多数,可决。

　　另一个有争议的问题是副总统是否应为参议院议长的问题。以副总统为参议院议长,是汪荣宝在起草《国会组织法》时按美国的模式写入该法的,但法制审查时改为由议员中选举两院议长、副议长。二读会时又有议员主张以副总统为参议院议长。认为美国无内阁,副总统较为重要,尚且担任参议院议长。中国既有内阁总理,副总统几乎成了赘瘤,副总统为参议院议长更合适。最后付表决,赞成副总统任参议院议长者 28 人,少数,否决;赞成审查报告由议员互选参、众两院正、副议长者 41 人,多数,可决。

　　再一个问题是四川省临时议会电致四川参议员,认为四川众议员名额太少,应增加。四川籍参议员李肇甫在参议院会议上宣读了此电,并说,以人口比例主义为标准,对四川就显得不公平。四川是人口大省,众议员人数反不及他省,而与江西省一样多,故四川应增加众议员名额。有的其他省议员反驳说:四川省 35 名众议员,与东北三省众议员总数相当,是贵州省的三倍,已不算少。有的议员以再否决已议定名额,《国会组织法》就无成立之期了。有的议员发言请李肇甫牺牲本省利益成全大局。李只好自行取消自己的意见。

　　8 月 10 日,临时大总统袁世凯正式公布了《中华民国国会组织法》,共 22 条,全文如下:

　　第一条　民国议会以下列两院构成之:

　　　　参议院　众议院

　　第二条　参议院以下列各议员组织之:

　　一、由各省省议会选出者每省十名。

　　二、由蒙古选举会选出者二十七名。

　　三、由西藏选举会选出者十名。

　　四、由青海选举会选出者三名。

　　五、由中央学会选出者八名。

　　六、由华侨选举会选出者六名。

　　第三条　众议院以各地方人民所选举之议员组织之。

　　第四条　各省选出众议院议员之名额,依人口之多寡定之。每人口满八十万选出议员一名。但人口不满八百万之省亦得选出议员十名。

　　人口总调查未毕以前,各省选出之员额如下:

　　直隶四十六名。奉天十六名。吉林十名。黑龙江十名。江苏四十名。安徽二十七名。江西三十五名。浙江三十八名。福建二十四名。湖北二十六名。湖南二十七名。山东三十三名。河南三十二名。山西二十八名。陕西二十一名。甘肃十四名。新疆十名。四川三十五名。广东三十名。广西十九名。云南二十二名。贵州十三名。

第五条　蒙古、西藏、青海选出众议院议员之名额如下：

蒙古二十七名。西藏十名。青海三名。

第六条　参议院议员任期六年。每二年改选三分之一。

第七条　众议院议员任期三年。

第八条　两院议长、副议长，各由本院议员互选之。

第九条　无论何人，不得同时为两院议员。

第十条　民国议会之开会及闭会，两院同时行之。

第十一条　民国议会之会期为四个月。但依事情之必要，得延长之。

第十二条　民国议会之议事，两院各别行之。同一议案不得同时提出于两院。

第十三条　民国议会之议定，以两院之一致成之。一院否决之议案，不得于同会期内再行提出。

第十四条　民国宪法未定以前，临时约法所定参议院之职权，为民国议会之职权。但下列事项，两院各得专行之：

一、建议。二、质问。三、查办官吏纳贿违法之请求。四、政府咨询之答复。五、人民请愿之受理。六、议员逮捕之许可。七、院内法规之制定。预算决算，须先经众议院之议决。

第十五条　两院非各有总议员过半数之出席，不得开议。

第十六条　两院之议事，以出席议员过半数之同意决之。可否同数，取决于议长。

第十七条　《临时约法》第十九条第十一款、第十二款，及第二十三条，关于出席及议决员数之规定，于两院各准用之。《临时约法》第二十一条之规定亦同。

第十八条　《临时约法》第二十五条、第二十六条，关于参议员之规定，于两院议员各准用之。

第十九条　两院议员之岁费及其他公费,别以法律定之。

第二十条　民国宪法案之起草,由两院各于议员内选出同数之委员行之。

第二十一条　民国宪法之议定,由两院会合行之。前项会合时,以参议院议长为议长,众议院议长为副议长。非两院各有总议员三分二以上之出席,不得开议。非出席议员四分三以上之同意,不得议决。

第二十二条　本法自公布日施行。

7月23日参议院常会,法制委员长张耀曾做了《参议院议员选举法》案审查报告后即议决付二读会。7月24日、26日参议院会,对该法案二读。基本无太大的争论,只是做了一些文字修改,顺利通过二读会。8月2日参议院常会,又将该法案三读通过。8月10日临时大总统袁世凯正式公布了《参议院议员选举法》,该法共7章44条,全文见附录(一)。

北京参议院后来还用三读程序议决了《参议院议员选举法施行细则》,于1912年12月8日由临时大总统袁世凯公布。

《参议院议员选举法施行细则》共7章26条,全文见附录(二)。

7月19日参议院常会,审查委员长张耀曾代表审查委员会向大会作《众议院议员选举法》案审查报告后,议决立即开二读会。7月24日参议院常会又接着对该法案二读,即将该法案95条全部通过二读,真可谓快。联系到大纲的议决,自然使人有虎头蛇尾的感觉。讨论中未出现大的争论,有些条款是一带而过。

7月31日参议院常会,《众议院议员选举法》案列入当日的议事日程,欲三读会通过。在议长的提议下,议决先将蒙、藏、青海众议院议员选举法报告大会和通过二读后,与《众议院议员选举法》案共同三读,并将此二法案合成一个法案,将《众议院议员选举法》变成三部分:第一编总则;第二编各省议员之选举;第三编蒙古、西藏、青海议员之选举。张耀曾将《蒙古、西藏、青海议员选举法》案起草理由向大会报告

后,即议决交法制审查,8 月 2 日向参议院做审查报告。同时议决将
《众议院议员选举法》案暂时停议,待《蒙、藏、青海议员选举法》经过二
读后再同开三读会。

8 月 2 日,参议院常会,法制委员长张耀曾作《蒙、藏、青海议员选
举法》案审查报告后,议决即开二读会,逐条讨论,未出现太多的争论
即将 25 条全部通过了二读会。

8 月 3 日,参议院特别会议专门对《众议院议员选举法》案进行三
读会。由于加了第三编,该法案增至 121 条。三读会只能对文字进行
修改,自不可能再生争论,全案很快通过三读会。8 月 10 日,临时大总
统将《众议院议员选举法》正式公布,共三编 121 条,全文详见附录
(三)。

参议院还以三读程序议决了《众议院议员选举法施行细则》,共 39
条,袁世凯于 1912 年 9 月 20 日将其正式公布。全文见附录(四)。

各省临时议会是在 1912 年初由清末的各省咨议局改名而成的,议
员仍多是前清选出的咨议局议员。既然推翻了清政府,建立了中华民
国,省议员自然应尽快选举。《省议会议员选举法》必须尽快制定。5
月 17 日参议院常会上,议员刘彦等提出《省议会议员选举法》案,因省
议会与国会有关,故议决待国会的有关法议定后再定省议会议员选举
办法。

《省议会议员选举法》案应由政府提出,于是法制局将此案起草后
即以临时大总统的名义咨达参议院。7 月 10 日,参议院常会对此案一
读,由政府委员简单介绍全案后,议员略有质问,随即议决付法制部审
查。当时参议院正赶议《国会组织法》和议员选举法,抽不出更多的精
力议此案。且《省议会议员选举法》与《国会组织法》和选举法相关,只
有后者议定后,《省议会议员选举法》才能制定。参议院只得将此案暂
搁置。8 月初,《国会组织法》与选举法已议定,法制局 7 月初起草的
《省议会议员选举法》案必须按国会的有关法律进行修改。8 月初,临
时大总统袁世凯指示法制局将该法案撤回修改。《国会组织法》、选举

法议定之后,由于参议员应由省议会选举,尽快选举省议会议员,成立正式省议会就成了当务之急。8 月 9 日参议院常会议决,催政府请其将《省制》、《省官制》、《省议会议员选举法》案速交参议院议决。若《省制》、《省官制》案尚不能交议,可先将《省议会议员选举法》案交议。并限一星期内交议。如限期内不能提出,再由本院另行起草。

在参议院的催促下,8 月 15 日政府将《省制》、《省官制》、《省议会议员选举法》修正案咨送参议院。8 月 16 日参议院常会变更议事日程,先议《省议会议员选举法》修正案。尽管政府委员未到场对修正案作说明,参议院仍议决付法制部审查,议决让政府委员于法制部开会时到会说明。并议决法制部于 8 月 20 日将审查报告交出,8 月 21 日将该案列入议程。但由于 8 月 15 日夜袁世凯突然擅自下令将张振武、方维捕杀于北京。大总统违法杀人的枪声震惊了参议员与全国。议员们,尤其是与张、方有关系的议员十分愤激,故法制部审查《省议会议员选举法》案时,不足法定人数,虽然该案列入了 8 月 21 日的议程,却因法制部不能提交法制审查报告而不能开议。

8 月 23 日参议院常会,汪荣宝代表法制部作《省议会议员选举法》案审查报告后,议决立即开二读会,逐条讨论。8 月 26 日继续开二读会,8 月 30 日参议院常会,将《省议会议员选举法》案通过二读,并即开三读会,将全案通过。

从整个二读过程看,此案通过二读较为匆忙。只是在省议员被选资格要不要加住居该省几年的限定条件及小学教员应否有被选举权等问题有过一些争论,最后表决时,仍按审查报告通过。

9 月 4 日,临时大总统袁世凯发布命令,正式公布了《省议会议员选举法》,共 7 章 99 条,还有各省第一届省议员名额表,全文见附录(五)。

尽管《中华民国临时约法》规定"人民有选举权和被选举权",但当时的中国资产阶级认为中国广大民众"智识未开",因而上述几个议员选举法中规定的不是普通选举,而是限制选举。即除一般资产阶级国家规定的年龄、住居期限有所限制外,还有性别、财产限制和受教育程度的限制。《众议院议员选举法》和《省议会议员选举法》规定,凡中华民国国籍的男子,年满21岁以上,于编制选举人名册前在选区内住满二年以上,且又具有下列资格之一的,有选举众议员、省议员权:1.年纳直接税2元以上;2.有价值500元以上不动产,但蒙、藏、青海得以动产算;3.小学以上毕业;4.有与小学以上毕业的相当资格。参议员当选资格同上,但须年满30岁。蒙、藏、青海地区众议员当选资格还需通晓汉语。考虑到中国的实际,北京参议院又将受教育程度一项放宽为:凡"前清生员以上"和"毕业于6个月以上之各种传习、讲习、研究所等,简易、速成、预备等科,并曾在小学以上学校充当教员一年以上者"(体育教习除外),均当视为"与小学校以上毕业相当之资格",可获选举权①。尽管将受教育程度一项放宽了,但当时中国教育很不发达,有这种资格的人也为数不多。参议员的选举资格和当选资格一般高于众议员,当选资格和众议员基本相同,但年龄须满30岁以上,华侨选出的参议员,则须通晓汉语。参议员的选举因选举机关不同,选举方法也各不相同,因而选举资格较复杂。《参议院议员选举法》分别做了专门的规定:1.蒙古和青海由各选举区王公、世爵、世职为选举人,组织选举会,依所定名额选举,或联合两区以上举行。选举监督以选举会所在地方行政长官(得委托相当官吏)充任。2.西藏分前藏、后藏两个选举区,分别由该区达赖喇嘛、班禅喇嘛会同驻藏办事长官遴选相当人员,于拉萨和扎什伦布组织选举会,各选举5名。3.中央学会由该会会员为选举人选举,但被选举人不以会员为限。中央学会属全国性高级学术团体,依参议院所定办法组成。由教育总长任选举监督,其余同各省办法。4.华侨,初定由华侨居住地商会,后增加中华会馆、中华公所、书报社,各选出选举人一名,到京组织选举会进行选举。选举以工商总长为

---

①　《参议院咨大总统请将解释众议院选举法第四条各教转饬遵照文》,《政府公报》1912年9月13日。

监督,选举人须到京师投票,也可具委托书代行。

　　按上述选举法规定,各省登记的选民有 4000 万以上,占总人口 4 亿多的 9.98％,每 10 人中便约有 1 名选民①。这自然是选举法对选举资格做了种种限制,剥夺了广大人民的选举权,但较清末咨议局选举法登记的有选举资格者增加了 24 倍以上。这毕竟是一个很大的进步。这显然是辛亥革命后引进资产阶级共和制,促使中国民主空气高涨的结果。选举法放宽选举资格使更多的人获得了选举权,因而,尽管选举法对选举权做了种种限制,但还是在一定程度上体现了民主共和精神,反映了人们要求民主权利的愿望。

　　众议员由各省选出,分初选和复选两个步骤。初选以县为初选区。凡地方行政区划和名称(如州、厅等)还未改定的,均以县论。复选则合若干初选区为复选区。选举以各省行政长官为总监督,再由总监督委任各初选区和各复选区的监督,初选区监督即由当地行政长官(县知事)充任。选举手续相当复杂,大致可分为两步。

　　第一步分配名额。即将全省应选出的众议员名额分配于各复选区,其办法是:

$$各复选区选举人数 \div \frac{全省选举人总数}{全省应选出的众议员名额} = 复选当选人名额$$

　　各复选区按照众议员当选名额(得选出的众议员人数)的 50 倍,作为初选当选人名额,再以之分配于各初选区(县)。其办法是:

$$各初选区选举人数 \div \frac{全复选区选举人总数}{复选区应选出的初选当选人名额} = 初选当选人名额$$

　　第二步投票。它分两次进行。

　　先在各初选区(县)由选举人投票选出"初选当选人",能得到法定票数的即可当选。所谓法定票数的计算方法是:

$$\frac{投票人总数}{初选当选人名额} \times \frac{1}{3} = 初选当选人应得的法定票数$$

---

　　① 张亦工:《第一届国会的建立及阶级结构》,《历史研究》1984 年第 6 期。

这就是说,凡能获得选出"初选当选人"一名的选举人数三分之一票数的,就能当选为"初选当选人"。

各初选区的"初选当选人"选出后,即齐集复选区所在地,投票选举"复选当选人"(众议员)。其得票的计算公式是:

$$\frac{投票人总数}{本复选区应选出的议员名额} \times \frac{1}{2} = 各复选当选人应得票数$$

这就是说,凡能获得每初选当选人若干名得选出众议员一名的人数二分之一的票数,就能当选为"复选当选人"(众议员)。

蒙古、西藏、青海的选举众议员选举区划、议员名额分配及选举办法,另有详细规定。

七、国旗、商旗、陆军旗、海军旗的议决

国旗是一个国家的重要徽志,对内对外关系均十分重要。1912年1月11日,代理参议院议决以五色旗为国旗。但由于临时大总统孙中山一直坚持以青天白日旗为国旗,故以暂不颁定施行五色旗为国旗,待民选国会成立后再定,未将代理参议院议决的国旗案公布,即五色旗为国旗案不发生法律效力。南京参议院成立后,2月7日再次讨论政府提交的复议性质的《国旗统一》案,议决先付审查,俟审查报告后再交特别审查。3月29日参议院会,将《国旗统一》案列为当日议程中的第一案而首先讨论,并议决先付审议会审议。由于当时南京参议院要议的重要议案较多,故南京参议院再未议及此案。但中华民国既成立,自然应有国旗。当时全国除广东、广西、福建、云南等省的部分地区以青天白日旗做国旗外,其余地方大都以五色旗为国旗。国旗只能有一个。全国统一了,自然需要尽快统一国旗。5月4日,北京参议院第一次正式常会上,就有议员提出统一国旗的问题,并议决将南京参议院尚待再议决的《国旗统一》案列入5月6日参议院常会的议程。议长报告:"南京参议院以五色旗为国旗,而孙总统来信则云要用天日旗。内务部、江苏都督亦要用五色旗。后来有人在上海通告全国一律皆用五色

旗。故此时案虽未决而民国领土上已全用五色旗矣。"①

谷钟秀发言说:"除广东仍用天日旗外,余已均用五色旗矣,亦可以谓之统一,尚是用五色旗为是。""此案性质纯系政府交议复议案性质,应照此办理。"②

当日议定《国旗统一》案再付特别审查,并指定杨廷栋、秦瑞玠、张伯烈、殷汝骊、李国珍、潘祖彝、谷钟秀7人为特别审查员。

5月10日参议院常会,特别审查长杨廷栋向大会作《国旗统一》案审查报告。审查报告主张,以五色旗为国旗。五色旗为国旗在全国绝大多数地方已通用,中外皆知,不宜更改。因为陆军旗用十八星旗、海军旗用青天白日旗也已通行各处。但陆军旗、海军旗与国旗太无关连,故拟于五色国旗左方上角加十八星为陆军主旗,五色国旗左方上角加青天白日旗做海军主旗。

大多数参议员发言赞成审查报告。故表决五色旗为国旗时,一致赞成,可决,全场一片掌声。惟对陆军旗发生争执。东三省议员一致反对十八星旗,认为这是各省把东三省及蒙、藏排除在外而激烈地抗辩,主张添为二十六星。议员籍忠寅说省制将废,二十六星将来也失其根据,如何办? 十八星旗是武汉首义之旗,有纪念意义之旗,并无地理关系。湖北议员张伯烈也力言十八星并不是代表十八省之意,起义旗万不能更改。这样,又引起激烈的争论。最后议决陆军旗、海军旗仍交审查会再审查。

特别审查会在再对陆军旗、海军旗进行审查时,请东三省与湖北省的议员列席,共同讨论,听取双方的意见,以达成共识。

5月14日,参议院会,再次讨论《国旗统一》案。特别审查委员会提出第2次审查报告,认为十八星旗为武汉首义之旗,在革命史上有纪念意义,十八星本来就无分指十八省之意。但为避免误会,今拟于中央

① 《盛京时报》1912年5月10日。
② 《盛京时报》1912年5月10日。

再加一较大黄色之星,既破十八行省之疑,而众星拱绕又是表示中华民国统一国家之义。海军旗无争议,用五色旗左上方加青天白日旗。

在当天的讨论中,出席参议院会议的海军部特派员发言转告海军部对海军旗的意见:法美各国国旗与海军旗相同,世界上惟君主立宪国的海军旗与国旗有别。中华民国既为共和国,即应以国旗为海军旗。议员张耀曾反对海军部的主张,认为不必照搬外国,青天白日旗在历史上是最光荣的旗,不能磨灭。

在讨论中,议员李肇甫提出陆军旗用五色旗左上方加星旗,但十八星改为十七星,内八星外九星,有纪念武昌起义8月19日(阴历)之意。

这样,当天的讨论中,对陆军旗有两种意见:1.五色国旗左上方加一星旗,星旗共十九星,一星中央,十八星环绕。2.五色国旗左上方加星旗,星旗共十七星,内八星外九星。经表决,多数赞成第一种意见。

海军旗也有两种意见:1.五色国旗左上方加一青天白日旗。2.以五色国旗为海军旗。经表决,多数赞成第一种意见。

商旗用国旗,意见比较一致,故表决时一致同意商旗用国旗。

当日的会议议决《国旗统一》案,省略三读程序全案通过。

这天的会对《国旗统一》案议决要点:1.国旗之左上角加青天白日旗为海军主旗;国旗左上角加十九星旗为陆军主旗。左上角之旗大小占全旗的四分之一。2.商旗与国旗同式,以归简一。

参议院将国旗、陆军旗、海军旗、商旗议定的结果咨临时大总统请其正式公布。袁世凯接参议院咨文后,召集政府有关人员研究,对国旗、商旗无异议,但对陆军旗、海军旗不同意。向参议院提交《复议陆海军旗式》案,咨文中对以五色旗为国旗赞同,自应查照公布,对商旗用国旗亦赞同。但对陆、海军旗不同意,主张陆军旗仍用星旗,海军旗仍用青天白日旗,并说明政府主张之理由:1.陆军旗、海军旗以星旗、天日旗加缀于五色旗的左方上角占全旗四分之一,色彩多而乱,配置不当,形式参差交错,瞻视易混杂。陆、海军旗应以利于远望为主,对海行尤关紧要。以星旗、天日旗分缀于国旗左方,刮风时风吹得旗子抖动飘扬,就只能见旗子的右幅,特别不易识别。2. 各国旗制,对军、商各旗多将国旗缩小置于旗之左方或于国旗中间分别加以标志,或干脆另用一种旗式。而旗制精意在于使国旗整体显得完整无缺。贵院所定的陆、海军旗的式样,使国旗有破损之嫌。3. 至于贵院认为军旗与国旗尚少关联之虑,实际上无此之虞。因为陆军、海军行动之时,一向应先以国旗继以军旗,自然连贯,不必用星旗、天日旗缀在五色旗上来表示军旗与国旗相关连。4. 陆军现用的星旗是武昌起义之旗,海军现用的青天白日旗是革命倡始之旗,都有宏扬革命、表彰功勋的纪念意义。两旗通用已久,色彩纯一,也足以壮观瞻,拟仍以星旗为陆军旗、星旗中央增绘一星共十九星。青天白日旗为海军旗。

北京参议院接到临时大总统的《复议陆海军旗式》案后即列入 5 月 30 日参议院议事日程。5 月 30 日参议院常会对该案一读后即议决再交原特别审查会审查。

6 月 5 日,参议院常会,特别审查长杨廷栋再次作《陆海军旗式》(复议)案审查报告,审查报告认为政府主张以十九星旗为陆军旗,青天白日旗为海军旗,理由甚正当,可以照行。只有个别议员如周钰发言反对,仍主参议院 5 月 14 日的议决外,绝大多数同意审查报告,即接受政府的意见。故很快通过了二读会,并议决省略三读,最后以全案付表决,绝大多数赞成通过。并咨达临时大总统公布。

依《临时约法》的规定,6 月 8 日临时大总统发布命令,公布五色旗为国旗,商旗适用国旗;以十九星旗为陆军旗,以青天白日旗为海军旗。中华民国成立半年,国旗、商旗、陆军旗、海军旗正式确定。

八、唐绍仪内阁的垮台

唐绍仪与袁世凯的私人交谊既早且深。早在袁世凯出任清政府驻朝鲜全权代表时,就一起共事,交往密切,并结为拜把兄弟。袁长唐一岁,为盟兄。当时中国与朝鲜为宗藩关系,朝鲜定期向中国纳贡。1894

年日本政府为了取得对朝鲜的控制权进而吞并之,悍然出兵朝鲜,将中国的势力赶出了朝鲜。袁世凯这位清政府驻朝的全权代表只得化装易服,仓皇出逃,在盟弟唐绍仪的全副武装掩护下才逃过了日本人的追杀,安全离开汉城,逃到仁川乘船回国。唐对袁有救命之恩,袁一直十分倚重唐,视唐为心腹,不断地对唐提拔重用。武昌起义后,袁世凯东山再起,1911 年 11 月出任清政府内阁总理大臣。袁立即让唐绍仪出任邮传大臣。12 月 7 日内阁总理大臣被清廷任命为议和全权大臣,全权处理南北和议事务。袁便立即委任唐绍仪为自己的议和全权代表,与南方和谈。谈判中,唐绍仪又很快让一直觊觎大总统一职的袁世凯如愿以偿。当上大总统的袁世凯立即提名唐绍仪为中华民国第一任国务总理。在袁看来,唐是自己的心腹,自然好控制,对自己必然言听计从。尽管《临时约法》规定实行内阁制,但仍可将行政大权抓在自己手中。同时唐又加入了同盟会,通过唐又可缓和自己与革命党人的关系。但事情并不像袁所预料的那样。尽管唐、袁是把兄弟,但两人所受的教育和经历却完全不同。唐绍仪自 14 岁即赴美留学,是清政府最早派出的留美幼童之一。他接受了 7 年的西方资产阶级的系统教育,耳濡目染西方的文明,久受西方政治思想的熏陶,对西方民主制度十分欣赏与向往。他是一个美国通,尤其在辛亥革命中,在席卷全国的资产阶级民主革命浪潮的冲击下,他更坚定了要实行民主共和制,抵制封建专制的信心和勇气。唐绍仪在辛亥革命后,就开始脱离封建营垒而成为一个拥护共和的资产阶级政治家。袁世凯是北洋军阀的鼻祖与首领,是旧的封建时代传统哺育出的人物,始终是封建阶级的代表。在清末,他也曾附和立宪派的主张,唱过民主立宪的高调,并由此而博得立宪派和舆论的好感,为其在武昌起义后的东山再起捞取了政治资本。但那主要是为了从满族封建贵族手中分得更多的权力。辛亥革命后,袁也曾信誓旦旦地表示自己拥护共和、忠于共和。但那不过是为了要窃取中华民国临时大总统的位子,在南方革命力量的压迫下,不得不做出的言不由衷的誓言。和所有独裁者一样,袁世凯害怕民主,摧残民主,采取一切手段,疯狂地攫取个人的权力,将权力私有化,搞独裁。身为中华民国临时大总统的袁世凯是地道的共和异己分子,是共和国最凶恶的敌人。可见,辛亥革命后,袁、唐这一对把兄弟在政治上分道扬镳是迟早的事。

唐绍仪内阁成立后,唐绍仪按《中华民国临时约法》的规定,坚持实行责任内阁制,自然就不可能事事请示袁世凯,对袁百依百顺,再做袁的幕僚。唐按《临时约法》和《国务院官制》所规定的内阁权限自行处理一些行政问题。这完全是依法行事,是十分正当和正常的。但根本不把《临时约法》和《国务院官制》等大法放在眼中的袁世凯认为自己是中国的最高统治者,权力必须集中到自己手中。内阁必须听命于自己,成为其幕僚机构。各总长是其幕僚,国务总理是幕僚长。国务员只应对大总统负责,听从大总统指挥。如内务总长赵秉钧和陆军总长段祺瑞那样,只知有大总统不知有责任内阁。这样,袁、唐之间的矛盾和冲突就不可避免。于是精于权谋的袁世凯便利用内阁阁员及国会议员进行倒唐。

共和党在北京参议院的议席比南京时大增,加之又拉住统一共和党,故在参议院领导席位的争夺中击败了同盟会。由于共和党在参议院势力的增大,自然难容忍同盟会占一半阁员的唐绍仪内阁的存在,于是和袁世凯相呼应,在参议院向唐发难,以搞垮唐内阁。他们利用华比银行借款和银行团借款问题攻击唐绍仪。

武昌起义后,南北战争与对峙期间,各列强严守中立,不再借款给南北任何一方。这样,南北两方财政十分拮据。1911 年 12 月,袁世凯控制的清政府向美国资本团借款,正谈判时,又同时向华比银行商借款项,结果 2 项借款无一成立。1912 年 2 月 11 日袁世凯宣布赞成共和,12 日清帝正式退位,即所谓南北统一。袁世凯即派度支部首领周自齐与美、英、法、德四国银行团(1912 年 6 月俄、日两国银行团加入变为六国银行团,1913 年 3 月美国退出,又变为五国银行团)商谈借款。2 月 26 日唐绍仪由南方回京后,袁又让唐与银行团继续商谈大额借款。由于急需用钱,中国要求在借款合同商妥签字前,先垫借银1 000万两,以后每月垫借640万两,先垫6个月(3、4、5、6、7、8共6个月份),再向银行团借6 000万镑,所有垫款于借款项下拨还。2月28日,银行团先由汇丰银行垫款平银200万两归南京支用。袁世凯将此事电告孙中山,孙中山即向南京参议院提出《北京电告已向四国银行借款》案。南京参议院于3月4日和7日用三读程序通过了此案。但在给临时大总统咨文中指出银行团借款"条件毫未议定即行收款,将来恐多纠葛,极为危险。此后无论如何急迫,凡借款时总须定明条件,先交本院议决,特此声明。"①参议院的担心不无道理。银行团之所以热心在欧洲市场发行债券以便筹集巨资借给中国,自然是为了谋利。银行团为了垄断对中国的借款,通过各自的政府,由美、英、法、德四国驻华公使出面与袁世凯交涉,为银行团谋求借款优先权,即垄断权。2月29日,北京、保定、天津等处相继发生兵变,银行团暂停垫款的支付。3月2日,北京、天津、保定等地秩序恢复后,袁世凯又请银行团续付垫款。3月7日银行团答应再行垫款1 100万两,并提出借款优先权。3月9日袁世凯致函银行团,答应中国将来的借款,"如四国银行条件与别家银行相同,应先向四国银行商借。"②由于当时银行团答应的垫款比中方要求的少,条件又苛刻,且兵变时又暂停付给。为解燃眉之急和打破四国银行团控制中国、提出苛刻借款条件的企图,袁世凯又让唐绍仪与华比银行再商谈清政府1911年12月已商谈有眉目的借款。很快于3月14日订立了借款合同,先借100万英镑,并拟续借至1 000万英镑。南京参议院3月18日、19日开会,以三读程序通过了华比银行借款合同,只是将拟续借至1 000万英镑改为500万英镑。但袁世凯坚持续借至1 000万英镑。南京参议院又于3月22日晚召集临时会议,又用三读程序将拟续借款改为1 000万英镑,满足了袁的要求。华比银行借款

①　张国福编:《参议院议决案汇编》〔财政案〕,第12页。
②　章伯锋、李宗一主编:《北洋军阀》〔1912—1928〕第二卷,第173页。

对抵制银行团的苛刻借款条件有积极的作用,是外交上的一着好棋。当时银行团也暂不提监督条件。待银行团向华比银行施加压力取消了华比借款后,银行团才又重新提出借款的监督条件。以什么条件向谁借款,借多少,借款的用途,均由袁世凯决定。周自齐也好,唐绍仪也好,后来的熊希龄也好,只是依袁的意旨出面办交涉。

　　四国银行团得知华比借款后,即停止垫款,并于3月19日向中国政府提出质问书,认为华比借款违背了3月9日中方承诺的银行团的借款优先权。3月15日、4月18日,美、英、法、德四国驻华公使两次联合抗议华比借款。面对四国公使,袁玩起了其惯用的伎俩,说:"此事系唐总理经手,须商之唐总理方能决定。"①在四国公使和银行团的压力下,唐绍仪由宁回京后,于5月2日以政府名义承认取消华比借款。5月3日,唐绍仪与银行团继续商议大借款问题。列强为了通过借款来控制中国,银行团不但提出要可靠的抵押品,而且提出要对中国实行监督,即银行团要监督中国借款的用途,同时要监督中国军队的遣散。事关主权,尤其是监督军队的遣散,更是严重干涉中国主权,自然为唐绍仪所拒绝,借款谈判陷入僵局。由于四国银行团的苛刻借款条件,引起了各方面的反对。4月29日,黄兴首先通电提倡国民捐,以尽量不借外债。全国多数省的都督及民间团体纷纷通电反对条件苛刻的银行团借款,或提倡国民捐,或主张募集公债,或主张发行不换纸币(10年之后由政府赎回纸币)。发行公债,南京临时政府试行过,国民认购很少,未成功。国民捐和不换纸币要实行起来,恐怕又要成为摊派,成为苛捐,徒增人民的负担。连年的动荡,民穷财尽,人民生活已十分贫困。要强制实行,难免不遭反抗与抵制,并非良策,且缓不济急。袁世凯决心向银行团商借巨款。鉴于大借款谈判已陷入僵局,5月初财政总长熊希龄已由沪到京履任。于是袁决定改由熊希龄出面与银行团商谈借款,以便转圜。这样,自5月6日以后,就由财政总长熊希龄按袁的意

①　《申报》1912年4月3日。

旨直接与银行团商谈借款事宜。唐绍仪自然也就不能再过问与银行团的借款谈判,即借款之事由袁直接掌管。由于与银行团所商谈的借款数目很大,这笔借款即史称的善后大借款,一时难于很快谈成,中国又急需用钱,于是商谈先垫付一部分善后大借款,待善后大借款商妥后再从其中扣除已垫付的款。这就是所谓垫款合同。谈判中,银行团不但坚持善后大借款须监督,而且连暂时性的垫款合同也须加入监督条件,即银行团对垫款也要监督。经过借、贷双方反复协商,银行团在监督形式上做了点小的让步:垫款用途的监督改由在中国财政部由借贷双方派委稽核员成立管理垫款核计处进行监督;对中国遣散军队改由税务司间接监视。这自然是换汤不换药的办法。中国的税务处总税务司和各地海关税务司均为外国人,尽管他们名义上是中国各级政府的雇员,但实际上是各列强派到中国控制中国关税等财政大权的人员,是中国财政界的太上皇。将他们取代外国军官来监督遣散中国军队自无本质的区别。只是总税务司、税务司名义上为中国雇员,用他们监督似乎就避免了干涉中国内政之嫌,这自然是掩耳盗铃的欺人之谈。在袁世凯满足了银行团的垫款监督条件之后,5 月 17 日熊希龄与银行团签订了300 万两白银的《暂时垫款合同》和《监视开支暂时垫款章程》,银行团才允付 300 万两白银的垫款给中国政府。这自然是中国外交上的一次失败,袁世凯要负主要责任。但此时袁已集军权、政权、财权于一身,人们自然不敢直接指斥袁,更不敢反袁,而是以《临时约法》规定的内阁制,大总统处于不负责任的地位,责任应由内阁来负,即将责任推给国务总理唐绍仪和直接经手借款谈判的财政总长熊希龄。唐根本就无法过问借款谈判,谈判全由熊希龄按袁的意旨进行,熊应负一定的责任。故国内的舆论一致谴责熊希龄。

共和党的政客们则以借款问题配合袁世凯搞垮唐绍仪内阁,保护本党阁员熊希龄。他们采取以攻为守的策略,把一切责任推到唐绍仪一人身上。5 月 10 日北京参议院常会,共和党骨干李国珍发言指责国务总理唐绍仪说:"借款团之所以必求监督我中国财政者,由不信任我政府耳;

其所以不信任我政府者,由南京所借比款约一千数百万,而其用途并未正式宣布。此次大借款,外人恐用途又不明了,不能不要求监督。"李的发言自然在为银行团开脱责任,也是在为袁世凯开脱责任,更是在为熊希龄开脱责任。银行团提出垫款监督条件,并在借款谈判中始终坚持这些监督条件,完全是为了获取更多的利益,减小借款和垫款的风险。这些借款和垫款也都由袁世凯支配,为袁建立独裁政权服务。同时袁还能将其中的部分款项据为己有。袁在这笔善后大借款成立后曾窃取了其中的2 000多万元据为己有①。北洋政府借的外债落入军阀私人口袋的比例一直很大,军阀是北洋政府腐败的总根源。当然,共和党不可能也不敢追究袁世凯的责任,更需袒护本党的财政总长熊希龄。他们完全从党派的私利出发,将矛头对准唐绍仪,并借机攻击孙中山以打击同盟会。共和党议员还准备在参议院提出弹劾国务总理唐绍仪案,力图推倒唐内阁。由于100万英镑华比银行借款主要用于南京临时政府遣散军队,共和党借题发挥,要唐绍仪"宣布比国借款的用途","付与孙中山君洋一百万系做何用?"②并制造孙中山私受比款百万的流言。孙中山不得不于6月29日电请袁世凯宣布华比借款的用途,以正视听。

5月20日,参议院秘密会议,国务总理唐绍仪和财政总长熊希龄出席。唐、熊将上述与银行团签订的《暂时垫款合同》和《监视开支暂时垫款章程》提交参议院征求同意。参议院讨论时并未提出大的修改即通过。会上共和党议员也明知是袁世凯的主意,袁又急等钱用,故也未敢发难,也都基本上同意了与银行团签订的合同和章程。但却把签订条件苛刻的合同和章程的责任全部推给唐绍仪。在这一天参议院的秘密会议上,李国珍发言激昂慷慨地指责唐绍仪就职以来一系列外交上的失败,说唐绍仪外交上完全失败,"实陷吾国外交上之地位于一败涂地。非徒唐总理一身之辱,实致吾民国将为埃及之恶因"。并质问

---

① 《申报》1916年7月7日。
② 《申报》1912年5月15日。

唐绍仪两大责任问题:"1. 借债之事。第一次为英、德、法三国之经济同盟,成于前清粤汉借款。第二次为英、美、德、法四国之经济同盟,成于前清币制问题。经济上之垄断实为政治上之垄断。推其危险,必可亡国。故吾人对于唐总理之另借比款,实认其为有意识之举动。但外交上之操纵分合,其事至为精微。彼既有固结之牢笼以钳制我,我必有周密之布置以防维彼。本员窃计唐总理既有此决心,为借比款之举,则其利用比国而吸收四国银行团以外之四国资本家,必已大有计画;其所以利用四国银行团以外之四国资本家以牵制四国银行团,亦必大有计画。乃何以忽有四国公使之抗议?何以忽有四国公使指定各银行之行为?何以忽言比款之取消?何以忽有四国借款之复活?唐总理若有计画,则决不至此;若无计画,而轻逞意气,以为一掷,驯至辱己辱国。则本员不能不认为民国第一次外交上之大失败,即不能不认为唐总理之责任上问题。此应质问者一。2. 外交既失败于前,即不能不补救于后。比债取消仍就银行之范围,则当放开眼光,统筹全局,以为财政未能整理以前,确须借款若干,定一概算,明指用途,交参议院议决后,即按所定之数借大债一宗以畅施。设外人既生财政上之信用,则条件亦可稍轻。今乃不然,未指定用途,未问过国民。开口必借六万万之大数。资本团既难之,乃复于六万万未借之前,先借短期小债,巧名之曰垫款。外人知我偿还此小债,必不得不有后来之大债,遂苛重小债之条件,以为大债之程式。请问唐总理,有何依据必借六万万?既为外人识破其轻妄之举动,不信任之,不许诺之,又有何把握?只借此短期小债,由前而观,实启外人侮弄之心。由后而观,实授外人箝制之柄。此又不能不认为民国外交上第二次大失败,即不能不认为总理之第二责任问题。此应质问者二。"①

　　共和党议员还准备向参议院提出弹劾总理案,竭尽全力来推倒唐内阁。这自然也是唐绍仪辞职的重要原因之一。唐于 5 月 20 日提出

---

① 　《申报》1912 年 5 月 31 日。

辞呈,6月7日再次提出辞呈。

当然,共和党人只是配合袁世凯在国会倒唐,但真正导致唐绍仪1912年6月15日弃职出走天津的最主要和最直接的原因自然是袁世凯践踏《临时约法》、《国务院官制》,排斥唐绍仪。袁除在参议院支持共和党倒唐外,还在内阁中唆使其心腹阁员来拆唐绍仪的台。内务总长赵秉钧、陆军总长段祺瑞等人在内阁中处处为难唐绍仪。他们在国务会议上,反对按《临时约法》和《国务院官制》的规定行使国务院的法定权力,主张事事奉令承教于临时大总统,极力反对划清总统府与国务院的权限;他们反对按《国务院官制》的规定"国务院以国务总理为首领,承宣机宜,统一行政"及由国务会议议决一切重大问题,即反对国务院为有机整体,主张各国务员可"单独行动",不必固守国务会议的成议。其实质就是否定内阁依法行使职权,一切听命于大总统袁世凯。尤其是甘心充当袁的心腹与打手的内务总长赵秉钧把持内务部,坚持内务部全部用北洋旧人。唐绍仪历来主张多用新人,要内务部也安排少数同盟会会员,以示南北统一,新旧合作。这本是从中华民国安定团结出发的正确主张,并非安插私人。但赵认为唐的主张损害了北洋集团的利益与唐发生矛盾与争执,并于4月23日以内务部全体职员辞职来要挟唐,迫唐退让。且从此以后,仗着袁世凯的支持,赵有恃无恐,不再出席国务会议,有事直接请示袁,只对袁负责,根本不把内阁和国务总理放在眼里,也不执行国务会议的决议。一切大权都抓在袁世凯手中,国务总理被架空,但还要承担大总统所作所为的一切责任,唐绍仪无别的办法,便只能辞职。

导致唐绍仪决心辞职的另一个重要原因是王芝祥改委事件。在前一章的《中华民国接收北方各省统治权办法》案的风波中已详尽地介绍了这一事件。袁世凯、唐绍仪均答应过直隶士绅及同盟会,以王芝祥任直隶都督,但袁不履行自己的承诺,唐则不愿失信于直隶议会和直隶士绅,亦不愿失信于同盟会,故坚持不在袁世凯任王芝祥为南方军队宣慰使的命令上副署,仍坚持任命王为直隶都督。双方闹到决裂的地步。

军政大权又集于袁世凯一身。既然已发生正面冲突,唐绍仪自然无法再在国务总理的位子上干下去,于是决心辞职。

　　导致唐绍仪弃职出逃的是一个偶然爆发的事件。6月14日,在国务院召开的国务会议,开到晚9点才散。各国务员即离开国务院回家了。正当唐绍仪也欲回家时,忽然听见若远若近响起了一阵枪声,时响时停。唐绍仪立即打电话到警察局探问,警察局也不知枪声出自何处。以后查明是齐安门(注:原文如此)外守卫麦田的人见有人来偷小麦,故放火枪以警吓偷麦贼。东城区一带又哗传发生兵变。到午夜,东交民巷使馆区电灯突然熄灭,探照灯划破夜空,巡回扫射,一片令人紧张的气氛。这时国务院卫队有一人喝醉酒后误开了一枪,使气氛更加紧张起来。前些日子袁世凯指使北洋军将领公开反对王芝祥督直,既是直接冲着直隶议会和直隶士绅去的,更主要的是冲着一直坚持王督直的唐绍仪而来的。再想到3个月前为吓唬迎袁南下专使,袁世凯策动的一场兵变,唐绍仪自然不寒而栗,吓得一夜未眠。第二天清晨,即6月15日清晨赶回家给家人打了个招呼后,立即匆匆赶到东车站搭乘早5点的慢车避往天津①。民国的第一任国务总理成了逃亡总理,成为当时国内的一大新闻、一大奇闻。当然唐的出逃并不是其神经过敏、疑神疑鬼而导致的怪异行为,而是唐在与袁几十年密切的私人交往中对袁了解至深的应急反应。唐深知自己这位盟兄是一位什么手段都使得出来的心狠手辣的阴谋家。故唐出走天津后再也不敢与袁谋面。尽管袁派梁士诒赴津劝唐回任,后在接受唐的辞呈后又派梁赴津让唐回京办理国务总理的交接手续,唐亦未敢再回京面袁。但就是如此防范,却仍防不胜防。当7月4日唐携眷属由天津的紫竹林码头登上"新铭"号轮船欲赴沪时,一上船立即遭到原敢死队司令、黎元洪的参谋、鄂将黄桢祥(当时报纸报导黄是奉临时大总统袁世凯的命令赴沪"公干",亦乘该轮赴沪,在船上"巧遇"后立即亮出双枪的)的行刺。由于当时送

行的亲友及同行的眷属均在场,一致出手予以阻止,行刺才未遂。① 唐
只好弃船推迟行期。口蜜腹剑的袁又立即派总统府秘书长梁士诒赴津
"慰问"唐,以南方暴徒多不安全为由劝阻唐不要南行,并"请"唐来京。
袁的这些鬼蜮伎俩自然骗不了相知甚深的盟弟唐绍仪。逃过一劫的唐
自不敢领受这位盟兄的盛情,更不敢再进京。以后于 7 月 17 日秘密离
津赴沪。袁世凯派人暗杀了刺杀宋教仁的凶手应夔丞以灭口,参与策
划刺宋的袁的最重要的心腹因兔死狐悲对此事微露不满的赵秉钧便立
即遭到毒杀。对背叛自己的下属就更可想而知。正是由于唐的这种高
度的警惕才免除了性命之忧。唐绍仪弃职出逃风波过去很长一段时
间,袁世凯曾多次邀唐入京调解政局,但唐经过反复权衡,最后只能爽
邀未敢入京。这样,袁、唐这对盟兄弟在其有生之年再也未曾谋过面。

　　唐绍仪逃到天津后即正式向袁世凯提出辞呈,袁派梁士诒、段祺瑞
等人先后赴津做了一番虚情假意的挽留后,6 月 27 日即准唐辞国务总
理职。同盟会阁员宋教仁(农林总长)、王庞惠(司法总长)、蔡元培(教
育总长)、王正廷(署工商总长兼次长)于 6 月 22 日亦请辞职,7 月 15
日袁世凯发布命令准予辞职,共和党籍的财政总长熊希龄也于同一天
准其辞去财政总长之职。唐绍仪内阁至此结束。

九、陆徵祥内阁的风波

　　袁世凯搞垮了唐绍仪内阁后,提名无党无派、常驻国外,在国内没有
自己势力和背景的职业外交官陆徵祥为新国务总理,以便包办内阁,组
织一个完全听命于自己的内阁,提出组织所谓的"超然总理混合内阁"的
主张。为了保证自己所提的阁员能完全顺利地通过参议院,袁通过共和
党拉统一共和党,作为交换条件,许诺让统一共和党也有人入阁。

　　共和党在组阁问题上的主张与袁世凯一致,主张用对外有信用对

---

① 《申报》1912 年 7 月 7 日、8 日。

内无恶感,与总统一德一心者出任总理,反对同盟会的政党内阁的主张,更反对让同盟会的人出任总理。认为共和党也不到担任总理的时机,以无党无派的超然总理为宜。

统一共和党在共和党的运动下,也同意无党派人士接任总理,若有机会,以统一共和党人如蔡锷出任总理自然更理想。

同盟会主张政党内阁,不同意超然人士出任总理,不同意组织混合内阁。但党内意见并不统一,有两种意见:一派认为唐绍仪是同盟会的人,新总理仍应由同盟会的人出任,如黄兴、宋教仁均可出任总理。一派则主张先恢复党势,暂勿进入政权,同盟会的人不应在此时出任总理,任由无党派者去出任总理。故 6 月 29 日参议院开会通过陆徵祥的总理提名时,同盟会议员多数缺席。

为了使陆徵祥的总理提名能顺利通过参议院,1912 年 6 月 27 日下午,袁世凯将议长吴景濂、副议长汤化龙召至总统府,商谈如何设法使陆徵祥的总理提名通过参议院的问题。吴、汤都明确表示如总统提出陆徵祥为总理,甚表赞成。这样,共和党和统一共和党已明确表态支持陆徵祥出任总理①。

6 月 29 日,北京参议院开特别会,通过袁世凯所提名的国务总理人选。出席议员共 84 人,其中共和党议员 40 人,统一共和党议员 22 人,同盟会议员 12 人,三党之外的议员 10 人。旁听席上坐满了人。以议长吴景濂为主席。先由参议院秘书长宣读临时大总统袁世凯提出的《特任陆徵祥为国务总理请求同意》案。接着由政府委员、总统府秘书长梁士诒说明提名陆徵祥为国务总理的理由,其大意为:一是内政需要。共和初建,在充分考虑本国历史和人民心理的条件下,一切行政宜仿效欧美。陆君久居国外,对共和制及其行政十分熟悉;二是外交需要。东三省、蒙古、西藏、新疆、伊犁、片马边境一直不太平静,故与俄国的外交十分重要。陆君久居欧洲,在俄国居住过十几年,对俄国的情况

---

① 《申报》1912 年 7 月 3 日。

十分熟悉,与俄国上层有很多联系,在俄国有很多关系。各国对陆君十分信任;三是可使政策有连续性。袁大总统、唐总理与陆君共同制定了二条重要的外交方针,陆君接任总理,可使一切行政连贯不致中途变更。

梁士诒发完言后,即开始发票,用无记名投票法投票。这时,共和党议员张伯烈突然跳上台发言说:陆为总理最为相宜,决不致有大总统左之右之之虑等等。张显然想拍马屁,激动之余语无伦次。本来国会通过国务总理及各部总长、政府委员介绍被提名者的履历后,议员可就介绍不实之处提疑问,但决无称扬被提名者的余地。张的这一番当众拍马屁的表演实在令人无法忍受。张伯烈拍马屁的讲话一开始就遭到在场的同盟会议员的暗笑,后来张的讲话越来越下道了,弄得其共和党的同党都觉得尴尬。同党各议员如时功玖、刘成禹等都觉得丢脸而对张横眉怒目,嘘气斥之。其同党议员郑万瞻忍无可忍,只好站起来请议长制止张的发言。全场立即爆发一片掌声。这种喝倒彩的掌声表达了议员厌恶之情。此公也可能是欲出人头地之心太切,开院时间不长,却一再欲演主角,结果却适得其反。这样,在众人斥责下,张才讪讪走下讲台。好在此君已久经沙场,脸皮自然不能与常人相比,况机会有的是,来日方长,不愁名声不远播。张下台后,这才开始发票。

投票结果:赞成票74张,反对票10张。陆徵祥的国务总理的提名获得多数参议员赞成,通过。当日参加会议的12名同盟会议员,除杨永泰、刘星楠未遵守同盟会的决议投了赞成票外,其余10人均按同盟会的决议投了反对票①。

参议院通过陆徵祥国务总理提名的当天,袁世凯即正式任命陆徵祥为国务总理。由于同盟会主张政党内阁,故决定同盟会籍阁员全部退出,财政总长熊希龄也因借外债问题受责备而提出辞职。这样,连交通总长(由海军总长刘冠雄暂代)等共缺6名阁员。

---

① 《申报》1912年7月4日、6日;《盛京时报》1912年7月4日。

经过物色,袁世凯又向参议院提出了陆内阁的其他6名阁员征求参议院同意。但这6名阁员中有2名同盟会会员孙毓筠、沈秉堃,却无统一共和党人。这自然引起了同盟会和统一共和党的不满与反对。同盟会主张政党内阁,故做出决定,凡同盟会会员一律不得进入陆内阁。但袁世凯不顾同盟会的决定,拉拢官瘾十足的孙毓筠、沈秉堃入阁,自然是要分化同盟会。同盟会否定6阁员的提名便是必然之举。统一共和党一直想入阁。袁世凯也曾许诺让统一共和党的人入阁,但却又食言,未让统一共和党一人入阁。统一共和党自知受了袁世凯与共和党的愚弄,自然十分恼怒,于是对陆内阁由支持转而反对,也决定投票时否定提名的6阁员。

7月18日参议院会议,票决陆内阁的6名阁员。国务总理陆徵祥介绍新提名的6名阁员的履历。陆不是一个职业政客,而是一名职业外交家,久驻国外,不但娶了一位年长自己16岁的西妇为妻,而且每遇要事必问计于自己的这位洋夫人。陆的生活方式和思维方式已西化,对国内的情况和习俗已不甚了解。按中国的惯例,只介绍6阁员的履历就可以了,大可不必涉及其他。若要演说,说点谦虚之词或与治国安邦有关系的大话即可。毕竟不是施政演说,无须提出系统的施政方针。但此公却全然不是这样,在介绍6阁员名单时将提出阁员名单比作开菜单。这本已使议员们觉得不入耳,更令议员瞠目的是,此公竟随随便便信口大谈自己被任命国务总理后的个人感受:"此次以不愿吃花酒,不愿恭维官场,不引用己人,不肯借钱之人,居然叫他来办极大之事体。徵祥清夜自思,今日实生平最欣乐之一日。在外国时,不知有生日,因老母故世颇早,此回实可谓徵祥再生之日。"①这些大实话在家里对亲友说说尚可,但在堂堂的国会中,这一番话自然不着边际,大出议员们的意料之外,全院大为诧骇。认为民国正值艰难之际,选出如此一个国务总理,国务自不堪设想。多数议员都认为陆的演说"言词猥

---

① 《参议院第41次会议速记录》,《政府公报》1912年8月3日。

琐",很不得体,此人并不适宜当总理。同盟会和统一共和党本来就反对陆内阁,陆的演说一结束,两党即准备提出对国务总理不信任案。这天参议院的会议议决,第二天即7月19日对提名的6名阁员投票表决。袁世凯一得知陆徵祥的演说和参议员们的反应后,知7月19日票决6阁员是凶多吉少,通过的可能性很小。为了使自己有更充裕的时间做议员们的工作,袁急忙致函参议院,提议对提名的6名阁员暂缓投票。

7月19日,参议院会议。议长、统一共和党籍的吴景濂为避开这一场即将到来的陆内阁的政治风波,托病请假未出席当天的会,由副议长汤化龙主席。汤化龙首先宣读了临时大总统袁世凯的要求暂缓表决6阁员致参议院的信函。但议员发言认为袁函不是正式咨文,当然无效,不能承认,应按议事日程投票表决6阁员。主席付表决,赞成按议事日程投票者多数。于是,立即发票,以无记名投票法投票。结果:

财政总长　周自齐　35票同意　63票反对
司法总长　章宗祥　38票同意　60票反对
教育总长　孙毓筠　11票同意　87票反对
农林总长　王人文　41票同意　57票反对
工商总长　沈秉堃　37票同意　61票反对
交通总长　胡维德　36票同意　62票反对①

这样,袁所提的6名阁员全部被参议院否决。这是参议院遵循民主政治的原则,依据《临时约法》行使其职权、独立做出的一项决定,完全是一种正常的民主程序。长期出使外国,对西方民主制度十分熟悉的陆徵祥自然能坦然面对和接受参议院的表决结果,立即于7月20日以无组织内阁之能力为由向临时大总统袁世凯提出辞呈,辞去国务总理之职。尽管袁予以挽留,但陆执意辞职,后又称病移居医院。近代最大的独裁者袁世凯对参议院将完全由自己物色的6名阁员全部否定十

---

① 《政府公报》中华民国元年8月4日。

分不满。袁要坚持搞独裁,决定向参议院进攻,要打击参议院,以维护自己的权威和强化自己的权力。他首先唆使北京的军警威胁参议院。北京军警在参议院否定 6 名阁员后召开特别会议,公开谴责参议院"挟持党见,故作艰难,破坏大局"①。这些不知有共和只知有长官的旧军警们,竟然也通电大骂参议员是"人民公敌,共和之障碍",指责参议院"谬执党见,陷国家于无政府"。每到关键时刻,袁世凯总要将其掌握的北洋军阀这个法宝拿出来舞弄一番,以显示其声望和权力。袁将参议院否决阁员的情况通电各省,煽动他们起来反对参议院。这样,各地北洋军头目及袁的追随者也纷纷通电攻击统一共和党和同盟会,攻击《临时约法》所规定的共和国体。有的主张取消参议院对内阁成员的同意权,有的主张总统直接管理行政,有的干脆主张解散参议院,实行总统集权,即拥袁实行独裁。一时间,历史的沉渣再次泛起,把北京搞得乌烟瘴气。

在这场袁世凯掀起的反对参议院破坏民主共和制的政治风波中,共和党和统一党为虎作伥,采取了配合和支持袁世凯的立场,扮演了极不光彩的角色。7 月 19 日晚,顾不得其议员也有投票反对 6 阁员的事实,共和党本部发表通电指责同盟会、统一共和党否决 6 阁员,企图推翻陆总理,陷国家于无政府。在独裁者向议会进攻时,不但不能挺身出来维护民主制,反而与独裁者站在同一战线向议会进攻。这些口口声声标榜自己是民主斗士的议员们,本身就缺乏民主的观念,缺乏民主的意识。

历来惯耍反革命两手的袁世凯在向参议院进攻,在向同盟会和统一共和党议员施加压力的同时,又对议员采取拉的办法。7 月 21 日,袁世凯设宴招待参议院全体议员,有参议员 60 多人出席。袁发表演说,先讲各地灾情、外交的危急、内政尤其是财政的困难。最后危言耸听地说,在此"外交、内政如此困难之际,非政府与议会一心一德,必无

---

① 《亚细亚日报》1912 年 7 月 23 日。

足以图存"。副议长汤化龙代表全院致答词,表示对袁大总统"本院同人无不竭其诚意,以相扶助,政府如有确定之政策,尽可放手行之,本院无不同意。此可代表全院告于大总统之前者也"①。

袁世凯对议员采取软硬兼施之后,又于 7 月 23 日向参议院提出陆阁二次阁员名单。为使二次阁员名单能顺利通过参议院,袁又指使其爪牙向统一共和党进一步施加压力。仅在 7 月 24 日一天内,他们就抛出《对议员谷钟秀、吴景濂、殷汝骊等布告》、《忠告参议员图》等,恐吓信达上百封。7 月 25 日,北京军警联合会再次召开特别会议,提出如参议院再不通过二次阁员名单,就请袁大总统下令解散参议院。同日午后 2 时,北洋军人毅军统领姜桂题、直隶提督马金叙、军政执法处处长陆建章、拱卫军司令段芝贵等军警要人,在安庆会馆宴请参议员、新闻记者、政界要人等七十余人。袁世凯的心腹陆建章即席发言说:举办这次宴会是为了联络感情,消除误会。军人决不干涉政治。至于最近军人们的举动,那只是"抱一种国家观念,以外患之迫,财政之危,劝告诸君,舍内而对外,移缓以就急"②。

对袁世凯利用军警威胁参议院、践踏民主的行径,统一共和党起初也进行了一定的揭露和抵制。统一共和党公开发表声明,说:国务员任命由参议院同意,为《临时约法》所规定,"否认同意权者,是否认约法;侮蔑同意权者,是侮蔑约法";本党议员行使同意权,正是为"保民党之精神,洗官僚之陋习,持稳健之政见,谋真正之共和"③。同样,南方革命党人也强烈谴责北洋军警干政、践踏民主的行为。尤其是南京军界也毅然挺身而出,仗义执言,维护民主共和制。南京军界以王芝祥领衔致电袁世凯,强烈谴责北京军警干涉议会的正常活动:"同人忝握兵符,有保障民国之责任,从来对于政治,未敢轻置一辞。惟此摇动国本之言,出

---

① 《时报》1912 年 7 月 27 日。
② 《三日观天记》,《远生遗著》卷 2,第 78 页。
③ 《统一共和党启示》,《民主报》1912 年 8 月 11 日。

自军界,不容不首先诘责,以遏乱萌。"要求袁"查明严戒","以保障议会为保障民国之本根"①。当时,革命党人在南方尚有一定的军事实力,南方军界的动向使袁不能不有所顾忌。7月26日,袁世凯一方面复电南京军界,对他们的通电表示赞许,并声称23日即已饬内务、陆军两部严行禁止军警干政。另一方面,拖至7月27日,即二次阁员名单通过之后的第二天,袁才装模作样地下了一道军警不准干预政治的命令。

7月25日,参议院开第44次会议,吴景濂议长主席,出席议员79人,讨论二次阁员补充名单。总理陆徵祥称病,由陆军总长袁世凯的心腹段祺瑞到参议院代陆徵祥说明 第二次阁员提名人的履历。参议院讨论时,共和党议员秉承袁意要马上表决,但同盟会籍议员和统一共和党籍议员在会前就已商定了延期投票的策略,以对军警干政的一种无声抗议,并挽回一点面子,所提的理由是要对这个新提阁员名单进行审核。这样,议长以延缓一天对袁所提的6名国务员进行投票的意见付表决,40人赞同,多数,通过。

7月26日上午9时30分,参议院举行第45次常会。出席议员92人。政府委员5人出席。旁听席上旁听者甚多。议长吴景濂主席。首先对袁世凯第二次提出的6名内阁成员用无记名投票法投票。投票人数92人。开票后有1张票只写了5名被选人,这1票作废。选举结果:

财政总长周学熙　54票同意　37票反对
教育总长范源濂　70票同意　21票反对
司法总长许世英　70票同意　21票反对
农林总长陈振先　57票同意　34票反对
交通总长朱启钤　47票同意　44票反对
工商总长蒋作宾　44票同意　47票反对②

六总长通过五个,惟工商总长蒋作宾被否决。7月26日,袁世凯正

---

① 《政府公报》1912年7月28日。

② 《政府公报》中华民国元年8月10日。

式任命参议院通过的 5 名内阁成员。很快,袁世凯又提名官瘾十足的老同盟会会员刘揆一为工商总长。8 月 2 日参议院第 49 次常会,由于内阁总理陆徵祥以有病为名不到会,由海军总长刘冠雄代替总理介绍刘揆一的情况。后仍用无记名投票法投票。参加投票的议员总数 81 人,结果 45 票同意,36 票反对,通过了对刘揆一任工商总长的提名。①

　　8 月 2 日,袁世凯正式任命刘揆一为工商总长。刘入阁与同盟会的会员不许入阁决议矛盾,刘揆一为了做官,公开登报退出同盟会。袁世凯用军警压迫参议院达到了目的。这样,外交总长由陆徵祥兼任,内务总长赵秉钧、陆军总长段祺瑞、海军总长刘冠雄留任,再加上新补的 6 名阁员,陆内阁终于凭借军警的干预而建立起来了。这是民国建立以来,军警赤裸裸干涉立法机关行使职权的又一恶劣的事件。虽然以谷钟秀为首的统一共和党议员在部分同盟会议员的支持下,对袁世凯唆使军警压迫国会做出了反击的姿态。但也不敢将反击的矛头直接对准军警干政的策划和操纵者袁世凯,而是将矛头对准长期驻国外、在国内毫无势力根本不可能指挥和调动军警且已提出辞呈的陆徵祥。就连这种软弱的反击,也在袁世凯的破坏和进步党抵制下,无法在参议院提出,最后只好改成质问案了事。

　　陆徵祥毕竟在国外呆的时间长,对西方的民主制度比较了解,故并未仗袁世凯的支持而赖在国务总理的位子上,而是一再提出辞呈并称病住入了医院。8 月 20 日,袁世凯任命内务总长赵秉钧代理国务总理。

　　陆徵祥在辞国务总理之职的同时辞外交总长之职。袁世凯提名梁如浩为外交总长。此时,孙中山、黄兴均在北京,9 月 15 日夜,孙召集国民党议员、理事、参议联席会,要求议员同意对梁的提名。9 月 16 日参议院第 80 次常会,议长吴景濂主席。代理国务总理赵秉钧出席说明提名梁如浩为外交总长的理由:外交总长本由陆总理兼任。惟外交事务甚重,力难兼任,所以大总统拟任命梁如浩君为外交总长,咨文已经

---

① 《盛京时报》1912 年 8 月 7 日。

说明。现在将梁君历史一为报告之。梁君 30 年前留美学生也。研究西学甚有心得,办京奉铁路极有成绩。历任营口、天津等处关道,卓然有声。庚子之后,办理外交,甚有名誉。后充东三省参赞。梁君于外交上极有能力,真不可多得之人才,请贵院同意。① 接着以无记名投票法投票,结果:在场议员 75 人,同意票 47 张,不同意票 27 张,无效票 1 张。梁的提名通过参议院。9 月 16 日,临时大总统袁世凯正式任命梁如浩为外交总长。

此时,黄兴尚在北京,黄兴将赵秉钧拉入国民党。9 月 16 日黄兴向袁世凯推荐赵秉钧为国务总理。9 月 22 日,袁世凯准陆徵祥辞国务总理职,并向参议院提名赵秉钧为国务总理。9 月 23 日,参议院常会,总统府秘书长梁士诒到会介绍赵秉钧。9 月 24 日,参议院常会,以无记名投票法票决赵秉钧为国务总理的提名。由于国民党取完全支持的态度,投票结果:在场议员 71 人,69 票赞成,2 票反对,几乎以全体一致赞成的方式通过了赵秉钧为国务总理的提名。9 月 25 日,临时大总统正式任命赵秉钧为国务总理。

由于八九月份,孙中山、黄兴应袁世凯之约先后入京调和南北关系。孙、黄与袁打得火热,同时又将赵秉钧内阁的成员都拉入了国民党。孙中山高兴地说:"是今日内阁,已为国民党内阁,民党与政府之调和,可谓跻于成功。嗣后国民党同志,当以全力赞助政府及袁总统。袁总统既赞成吾党党纲及主义,则吾党愈当出全力赞助之也,建设前途,于此望之矣。"②此时,从国民党领导人,到国民党议员,均认为赵秉钧内阁即是国民党内阁,国民党对赵内阁采取了全面支持的态度,对袁世凯采取了全面支持的态度,即采取了拥袁的立场。赵秉钧经常出入国民党在北京的总部,俨然国民党领导人之一。当需要国民党在参议院支持赵阁时,国民党议员无不全力支持。国民党议员亦陶醉于执政

① 《参议院第 80 次会议速记录》。
② 《孙中山全集》第 2 卷,第 485 页。

党的虚幻之中。

俄国一直在中国的外蒙和东北扩张自己的势力,力图占领外蒙和东北。在东北,俄国还在与日本争夺,外蒙则成了俄国一国的势力范围。俄国乘中国辛亥革命后处于混乱状态无暇顾及外蒙之机与外蒙上层分裂势力相勾结,努力要将外蒙从中国分裂出去,变为俄国的殖民地。他们对外蒙的上层分子,一面施加压力,一面又以200万卢布贷款为诱饵,软硬兼施,终于在1912年11月3日诱使库伦当局与之签订了《俄蒙协约》及其附约《通商章程》,将外蒙独立出去,完全变成俄国的势力范围。

《俄蒙协约》签订的消息传出,全国哗然。其实袁世凯对此事件应负主要责任,外交总长梁如浩也该承担一定的责任。但袁是手握大权的最高统治者,无人敢反对,责任自然需由梁来承担。这样,梁一时成了众矢之的。在舆论的压力下,梁留下辞职书未等准辞即于11月12日避往天津。11月14日袁世凯准梁如浩辞去外交总长职,同时提名陆徵祥为外交总长。因陆徵祥1911年曾以清朝专使身份前往俄国谈判修订《中俄伊犁条约》,后又被清政府任命为中国驻俄公使,对俄国的情况较熟。南北统一后一直任外交总长,对外蒙问题也较熟悉。

11月15日参议院常会。讨论袁世凯提出的《特任陆徵祥为外交总长请求同意》案。国务总理赵秉钧出席说明重新起用陆徵祥为外交总长的理由后,正准备投票时,议员张伯烈忽然起而发言说:陆徵祥的复任自是赞成。惟梁如浩弃职而逃,蔑弃国务员之责任,政府亦置之不理。尚宜注意,前此唐绍仪出走,今继之以梁如浩。平时则拥高位,有事则去之惟恐不速。若国务员人人如此,临时政府可一朝消灭,而国将不国。此事请总理注意。赵秉钧骤闻此言.殊出意外,为之失色,呆立无言。过了一会儿赵才说:会后再当商议①。赵退席后,即用无记名投

_____

① 《盛京时报》1912年11月21日;《申报》1912年11月21日、23日。

票法投票表决,结果:在场议员 75 人,72 人赞成,2 人反对,1 票无效,几乎全票通过陆徵祥复任外交总长的提名。这位在几个月前曾因在参议院的一场演说被参议员贬斥而辞职的前国务总理兼外交总长,这回在国家危难之际又被参议员们作为外交良将请回来。可见议员们对一个人的评价竟然如此反复无常。这也说明议员先生们好意气用事,好走极端,尤其是判断是非往往夹杂党派的利益。好在陆徵祥不像那些政客,不计个人恩怨,以国事为重,临危毅然受命,也算难得。

11 月 15 日,袁世凯正式任命陆徵祥为外交总长。至此,赵秉钧内阁全班人马完全和陆徵祥内阁相同,只是将总理由陆徵祥换成赵秉钧。从中也可看出,赵内阁和陆内阁都是袁世凯一人包办的结果,才出现这种情况。

十、《修正国务院官制》、《修正各部官制通则》等案的议决

南京参议院选举袁世凯为第二任临时大总统,议决并由孙中山于 1912 年 3 月 11 日公布了《中华民国临时约法》后,又立即议决了南京临时政府提交的《各部官制通则》案、《国务院官制》案及国务院各部的官制案,使《临时约法》中所规定的内阁制的权力具体化、明确化、法律化。这一系列的官制保证了国家的行政权力基本上由国务院即内阁来行使,临时大总统是象征性的国家元首。也就是说,这一系列的官制使中华民国的政体更像议会共和制,即时称的责任内阁制。袁世凯费尽心意取得临时大总统的桂冠是要将一切大权集中在自己手中以便放开手脚当总统,即要搞独裁。南京参议院通过的一系列官制案乃至《临时约法》都是袁搞独裁的障碍。袁对这些自然是不满意的。故南京参议院将这一系列的官制案咨达政府公布时,袁世凯并不公布(孙中山此时已解除临时大总统之职,公布法律之权已归袁氏)。

按《临时约法》的规定,临时大总统对参议院议决的案如不同

意,得在 10 天之内声明理由咨达参议院复议。袁于 4 月中旬也打算将
这一系列的官制案再交参议院复议。但复议只能有二个结果,一是参
议院坚持原议(到会议员三分之二仍执前议时),一是完全否定。第一
种结果自然是袁不希望看到的。第二种结果是否定这一系列的官制
案,实际上也就否定了《临时约法》,自然是袁所梦寐以求的。但刚刚
登上临时大总统宝座的袁世凯此时的地位并没牢固到可以立即否定
《临时约法》的程度,尽管袁也曾向南京参议院提过修正《临时约法》的
意见,但要否定《临时约法》必然要遭到以同盟会为主的革命势力的强
烈反对。当时南方的军队尚未开始遣散,即南方的军事力量还完整地
保留着,故袁还暂时无力否定《临时约法》。于是袁与其谋士商议,决
定向北京参议院提出《修正国务院官制》案、《修正官制通则》案及修正
各部官制案,尽量缩小内阁的权力,增大临时大总统的权力。

对南京参议院议决的官制案既不公布又不交复议而另提修正案,
是缺乏法律依据的,也是蔑视乃至否定南京参议院的行为。但北京参
议院对此并未提出疑义,这不能不说是北京参议院内部存在一股强烈
的否定南京参议院的情绪的反应。北京参议院议员成份发生了巨大的
变化,否定南京参议院的骨干大都成了北京参议院最活跃的议员乃至
骨干。北京参议院开院前后即出现了迫不及待地否定南京参议院的政
潮,前面所说的"民选"、官派议员之争,否定南京参议院议长及一切领
导机构的一系列活动,乃至重新制定《参议院议事细则》、《旁听规则》
等都是其突出的表现。总之,北京参议院存在一种强烈的并不延续南
京参议院的一切重新开始的思潮。袁世凯就是利用了这一思潮而向北
京参议院提出了一系列修正的官制案,并均获得通过。

袁世凯对南京参议院议决的官制案的修正的目的是缩小内阁的权
限、增大临时大总统的权力。《临时约法》虽然规定了要设国务院,即
实行内阁制,但它和责任内阁制还不一样,它赋予了临时大总统很大的
权力,其中最重要的权力之一便是任命文武官员,除任命国务员和大使
需经参议院同意外,其余文武官员均由临时大总统任命。《临时约法》

第 34 条规定得很清楚:"临时大总统任免文武职员,但任命国务员及外交大使须得参议院之同意。"袁对这一条给予的权力是丝毫不放松的。如一直坚持北方各省都督由自己任命。在王芝祥督直的风波上,袁世凯不惜与参议院和国务总理闹翻,也要坚持由自己的心腹张锡銮任直督。故在修正官制案中,尽量缩小内阁权限、缩小内阁对袁世凯在各省心腹的约束,便是其主要的手法:1. 缩小内阁权限。将南京参议院议决的《国务院官制》案第 2 条"国务院以国务总理为首,承宣机宜,统一行政"改为"保持行政之统一"。将内阁(当然首要的是国务总理)制定与实施处理国家行政事务的方针和办法的权力删去,删去之权自然要落入临时大总统之手。2. 削弱国务总理的权限。将南京参议院议决的《国务院官制》案第 6 条"国务总理于必要时得中止各部总长之命令、处分,交国务会议裁决"改为"国务总理于各部总长之命令或其处分认为有碍前条之规定者(注:指保持行政统一条款),得中止之,取决于国务会议"。将国务总理对阁员的约束之权缩小,这自然更便于袁直接指挥自己心腹阁员,使这些阁员忠于自己、只对自己负责。如唐绍仪内阁中的内务总长赵秉钧和陆军总长段祺瑞就是如此。3. 缩小阁员对地方官吏的约束。将南京参议院议决的《各部官制通则》案第 5 条"各部总长于其主管事务得发谕令于地方官,并于必要时得停止地方官之命令处分或取消之"改为"各部总长就主管事务于地方长官之命令或其处分认为违背法令或逾越权限者得停止或撤销之"。减小阁员对自己心腹地方官吏的约束,自然更便于袁世凯直接控制这些地方官吏,在这些心腹地方官吏与省议会发生矛盾与冲突(民初各省都督与省议会的这种矛盾与冲突比较普遍)时袒护这些官吏。4. 增大总统的直接任命官吏的范围。将南京参议院议决的《各部官制通则》案第 6 条"各部总长统辖所属职员并分别任免之"改为"各部总长统辖所属职员简任官、荐任官之进退,会同国务总理呈请大总统行之;委任官之进退由总长专行之"。按袁世凯提交的《修正各部官制通则》案,各部次长为简任,佥事(即科长)以上(包括佥事在内)的秘书、司长、参事均为荐任,只有主事(即科员)为委任。也就是说,原来由各部总长任免的各部所属职员,修正之后只有科员的任免权属总长,其他科长以上的职员任免权均为临时大总统。这使袁世凯的权力大大增强,可以广为安插袁的私人。袁也可通过对这些亲信的任命来控制一些不是由自己亲信担任总长的部。

1912 年 5 月 28 日参议院常会,对临时大总统提交的《修正国务院官制》案和《修正各部官制通则》案进行一读,政府委员出席说明修正理由(大致如上所述)后即议决交法制部审查。

6 月 11 日参议院会,由法制部委员长张耀曾作《修正国务院官制》案的审查报告,审查报告只对政府提交的修正案的文字进行了一些修改,基本上同意政府的提案。有的议员发言省略二、三读手续即通过,但遭到反对,认为法律案必须经过三读手续,不可省略,最后表决,下次再开二读会。

6 月 17 日,参议院会议,对《修正国务院官制》案进行二读,即一条一条讨论表决。这一天,争论最大的还是内阁尤其是国务总理的权限问题。议员彭允彝发言认为修正案第 3 条仅规定“国务总理为国务员首领,保持行政之统一”,则内阁“政治上必不能活动,且与《临时约法》所规定的责任内阁制的原则相违背”,主张将这一条改为“国务总理为国务院首领,定全国大政之方针”。这样改,则政治上国务总理负责任,行政上始能统一。但政府委员立即发言反对,说确定大政方针“乃大总统之权限”,决不能属于国务总理,否则“大总统何所事事?”同盟会议员杨永泰等发言支持彭的意见,共和党议员陈时夏、李国珍等发言反对。当时会议上出现 3 种意见:1. 定大政方针既不属于大总统,也不属于国务总理,而应属于国务院,即属于内阁全体。2. 定大政方针自包含于“保持行政之统一”中,不必标明。3. 大政方针不属于官制问题,可不必讨论。争论较激烈。最后以“国务院以国务总理为首领,定全国大政方针”付表决,只有 26 人赞成(大都是同盟会议员),少数,否决。再以修正案原文(亦即审查报告)付表决,多数赞成。① 修正案的

---

① 《参议院第 21 次会议速记录》。

其他条文只是文字上的修改,争论不是很大,均逐条讨论全案通过二读会。6月19日参议院会,三读顺利通过了《修正国务院官制》案。

6月26日临时大总统发布命令,正式公布了《修正国务院官制》。共12条,全文如下:

第一条　国务院以国务员组织之。

第二条　国务员为国务总理及下列各部总长:

外交总长　内务总长　财政总长　陆军总长　海军总长　司法总长　教育总长　农林总长　工商总长　交通总长

第三条　国务总理为国务员首领,保持行政之统一。

第四条　国务总理于各部总长之命令或其处分认为有碍前条之规定者,得中止之,取决于国务会议。

第五条　国务总理依其职权或特别委任得发院令。

第六条　国务总理就所管事务对于地方长官得发训令及指令。

第七条　国务总理就所管事务于地方长官之命令或其处分认为有违背法令或逾越权限者,得停止或撤销之。

第八条　临时大总统公布法律、发布教令及其他关于国务之文书,关系各部全体者,由国务员全体副署;关系一部或数部者由国务总理会同该部总长副署;其专属国务总理所管者,由国务总理副署。

第九条　下列事项应经国务会议:

1. 法律案及教令案。

2. 预算案及决算案。

3. 预算外之支出。

4. 军队之编制。

5. 条约案。

6. 宣战、媾和事项。

7. 简任官之进退。

8. 各部权限争议。

9. 依法令应经国务会议事项。

10. 参议院咨送之人民请愿案。

11. 国务总理或各部总长认为应经国务会议事项。

第十条　国务会议事件以国务员之同意定之。会议时以国务总理为议长。

第十一条　国务总理临时遇有事故呈明临时大总统,以他国务员代理。各部总长临时遇有事故亦同。

第十二条　本制自公布之日施行①。

《修正各部官制通则》案则比较顺利地通过了参议院,几乎未引起大的争论。6月27日参议院会张耀曾代表法制部作的审查报告就认为政府交议的该案甚善,审查会不过文字上略有修正。故以后在7月1日的二读、三读会上也只是做了个别文字上的修正即通过。

7月18日临时大总统发布命令,正式公布了《修正各部官制通则》。

《各部官制通则》共20条,全文如下:

第一条　本通则于其外交、内务、财政、陆军、海军、司法、教育、农林、工商、交通各部适用之。

第二条　各部总长就主管事务应负其责,事务主管不明关涉二部以上者,提出于国务会议定其主管。

第三条　各部总长就主管事务依其职权或特别委任得发部令。

第四条　各部总长就主管事务对于地方长官得发训令及指令。

第五条　各部总长就主管事务于地方长官之命令或其处分认为违背法令或逾越权限者得停止或撤销之。

第六条　各部总长统辖所属职员:简任官、荐任官之进退,会

---

① 《政府公报》1912年6月27日。

同国务总理呈请大总统行之；委任官之进退由总长专行之。

第七条　各部总长有事故时，除列席国务会议、副署及发部令外，得令次长代理其职务。

第八条　各部设总务厅，其职务如下：

1. 掌管机要。

2. 典守印信。

3. 编制统计及报告。

4. 记录职员之进退。

5. 纂辑、保存并收发各项公文、函件。

6. 管理本部所管经费，并各项收入之预算、决算及会计。

7. 稽核会计。

8. 管理本部所管之官产官物。

9. 其他不属于各司及依各部官制所规定属于总务厅事项。前项所列事，务得依各部之便宜，以其一部属于各司。

第九条　各部设司，分掌部务，于各部官制定之。

第十条　各部总务厅及各司之分科由各部总长定之。

第十一条　各部置职员如下：

次长　　简任

参事　　荐任

司长　　荐任

秘书　　荐任

佥事　　荐任

主事　　委任

各部于前项职员外，有应置专门技术官及其他特别职员者，于各部官制定之。各部为缮写文件及其他庶务得酌用雇员。

第十二条　次长一人辅助总长整理部务、监督各职员。

第十三条　参事二人至四人承总长之命掌拟订及审议法律、命令案事务。

第十四条　各司司长一人承总长之命总理一司事务。

第十五条　秘书四人,承总长之命分掌总务厅事务。

第十六条　佥事承长官之命分掌总务厅及各司事务。

第十七条　主事承长官之命助理总务厅及各司事务。

第十八条　各部佥事员额,总务厅及各司均不得逾八人。

第十九条　各部主事员额于各部官制定之。

第二十条　本通则自公布日施行①。

参议院对袁世凯提交的各部官制修正案和国务院直属的各局官制修正案均用三读程序通过。参议院做的主要工作是对一些部、局的人员编制进行了一些压缩,如对《修正法制局官制》案二读会时,议员质问政府委员案中第 8 条"聘任顾问官"的顾问是中国人还是外国人,当政府委员回答主要是外国人时,议员发言均反对此条,认为法制局是重要机关,不宜聘用外人,万无委任外国人之理,也无委任外国人为官吏的法律。经表决,删去这一条。对"酌设编辑员"一条,也明确限制编辑员在 4 人以内。参事也由 12 人改为 8 人。将《修正铨叙局官制》案中的佥事定额由 14 人减至 4 人。将《修正印铸局官制》案中的佥事由 8 人减为 4 人。将《修正临时稽勋局官制》案中的佥事全部删去。将《修正蒙藏事务局官制》案中的参事 4 人减为 2 人。

中国政府有一个陋习,各部门的掌权者希望自己手中的权力越大越好,但又不愿做具体的事务,故要扩大办事机构。机构的编制越多,还可以更多地安插私人,照顾各种关系。故政府机构越来越庞大和臃肿,人浮于事,成为腐败的温床。这还大大加重了人民的负担。

十一、张振武案及弹劾案风波

张振武(1870—1912),湖北竹山人,曾留学日本早稻田大学。在

---

① 《申报》1912 年 7 月 20 日;《盛京时报》1912 年 7 月 21 日。

日本加入同盟会,回国后任小学教师。1911年6月在武汉加入共进会。武昌起义时,参与了起义的指挥工作并出掌湖北军政府军务部。共进会领导人孙武伤愈后出任军务部长,张退居副部长。黎元洪以群英会反对军务部为借口,先后解除了武昌起义中出名的"三武"——孙武、张振武、蒋翊武的军务部之职务,以便将湖北的军政大权进一步集中到自己的手中。张振武对自己被排挤出军务部很不满,曾向黎元洪要求留任,甚至出任军务部长,为黎所拒绝。张是一个很有主见的人,武昌起义时认为黎元洪是旧军官,不可能领导革命,反对用黎任湖北都督。当黎惧怕武昌起义失败而招致满门诛戮之祸不肯就任都督时,张主张杀黎以绝后患。张对民初政局渐渐为旧势力所把持表示了忧虑和不满。这自然为旧势力所忌恨。张虽然加入了孙武等人为投靠黎而发起组织的拥黎的民社,但由于孙、黎之间时时发生矛盾和冲突,张一直瞧不起这个被枪杆子逼出来的都督,常常当面顶撞黎,这自然招致黎对张的忌恨。更令黎不能容忍的是,张手中仍然掌握着将校补充团和军务司护卫队两支武装,在湖北军界有一定的影响,严重地威胁到黎的权力,妨碍了黎将湖北军权集中在自己手中。正因为张手中有武装,黎一时还奈何不得张。这样,黎就只好与袁世凯勾结,密谋用调虎离山的手段,来清除这个眼中钉、肉中刺。袁自然也就借此紧紧拉住旧官僚出身的黎,以共同对付革命党人,为自己的复辟铺平道路。

1912年4月,袁世凯以临时大总统的名义,电召包括武汉"三武"在内的16位重要革命党人入京。7月底,袁派湖北籍议员刘成禺、郑万瞻回鄂,调解张振武与孙武、张振武与黎元洪之间的矛盾。经刘、郑的一番周旋,黎、张间介蒂似乎全消失,张真诚地相信黎,放松了戒备。这时,袁连电张,让其赴京筹划屯垦事宜。黎则极力劝张,切莫错过这千载难逢的机会,并答应张一定保留将校补充团,并赠张4 000元路费。刘成禺等人也力劝张赴京。这样,张振武于8月上旬,随刘成禺、郑万瞻、邓玉麟等人再赴北京,同行的有将校补充团团长方维等13人,住金台旅馆。张天真地认为在武汉时,刘成禺、郑万瞻的调解之法是成功的,因而也想将此法用于调解同盟会与共和党的矛盾。8 月 14 日,张在德昌饭店宴请同盟会和共和党的要人。8 月 15 日,张又在六国饭店宴请北方将校,以调和南北感情。怀揣袁世凯捕张令的北洋军驻京总司令官段芝贵,也是被宴请者之一。段在宴会途中借故离去布置捕张事宜。宴会晚 10 时左右结束,张与江西协统冯嗣鸿、参议员时功玖,分乘三辆马车返回旅馆,被埋伏在途中、由段芝贵指挥的军警袭击,张被捕,并被解送西单牌楼玉皇阁军政执法处。执法处长陆建章向张出示了黎给袁的密电和有陆军总长段祺瑞副署的袁世凯处决张的手令。张抗议道:余即有罪,应开军法会审,湖北要交出证据,不能凭空杀人。陆答:总统军令只说正法,并未令审讯。此事我也知未免野蛮,为足下抱不平,但爱莫能助。16 日凌晨 1 时,即距被捕不到 3 个小时,张即被处决。15 日晚 9 时许,方维等将校补充团 13 人同时在金台旅馆被捕。方被押往城外孙公园玉皇庙执法处分局,被处决。16 日,军政执法处在张振武、方维下榻的金台旅馆门前贴了一张袁世凯依据黎元洪密电而处决张振武、方维的布告。

　　张被捕,同行的时攻玖、冯嗣鸿知事态严重,立即赶往共和党总部报告。随后又邀孙武、邓玉麟、刘成禺、张伯烈、郑万瞻、张大昕、哈汉章等人,于凌晨 3 点匆匆忙忙赶到军政执法处救人。但张已经被处决。众人惊骇异常。刘成禺惊讶地说:"我不知竟死得这样快!"①促张进京的民社派参议员郑万瞻、哈汉章,觉得自己受了骗,上了当,坑害了朋友,当时即放声大哭,泪如雨下。这些民社派议员心中无比后悔,对袁、黎无比愤慨,自然无法成眠。等到早晨 8 时又前往总统府质问袁世凯,袁回答他们说:"这件事很抱歉,但经过情形诸君当已明了。我是根据黎副总统的来电办理。我明知对不住湖北人,天下人必将骂我,我实不能救他。"②众人愤愤退出。于是,这些人又回到哈汉章家开会商讨对策,准备采取政治行动。袁世凯捕杀张振武,舆论谴责之声一片,矛头直指袁、黎。这样,袁世凯只得宣布以大将军之礼厚葬张、方,各赠大洋3 000元抚恤,并将被捕的湖北将校补充团成员全部释放,每人各给1 000元为回籍川资,以安抚共和党内的民社派和平息众怒。

　　袁世凯枪杀张振武、方维,消息一传出,舆论一片哗然,纷纷指责袁、黎。同盟会势力最强的上海,反应最为强烈。8 月 18 日和 20 日,黄兴两次致电袁世凯诘问张案,要求袁"明白宣布,以解群疑"。上海《民权报》于 8 月 18 日发表了《讨杀张振武者》一文,揭露"黎假袁以杀人,袁假黎以示威。张振武之死于非法,黎元洪主其谋,袁世凯其正凶也"。19 日又发表《袁世凯之毒手》,以后又发表《张、方大冤狱》(一)、(二)、(三)来揭露袁违法杀张振武的行径。18 日,上海《民立报》发表社论谴责袁、黎:"张振武以莫须有之罪名而罹惨祸,不幸或酿成法兰西大革命后恐怖时代之悲剧,以大贻共和前途之隐忧,是则可为心伤不已者也。"20 日,吴敬恒、王芝祥、蔡元培等 17 人,针对袁、黎肆意践踏人权和法律的行为,在沪发起组织法律维持会,开会讨论袁、黎违法杀张振武案,并致电参议院请其严予诘问,以保障共和国之法律。22 日,同盟会本部宣布将"暴戾恣睢,擅杀元勋,破坏约法,摇动民国,人神共愤"的黎元洪,革去同盟会协理一职,并开除出同盟会。北京的《民主报》发表《论黎元洪腾弄奸言罗织大狱簧惑社会欺妄天下之罪恶》一文痛斥黎。共和党的报纸《亚细亚日报》,在案发之初,曾按其党魁的意志追随袁、黎而对自己的党员落井下石,后激起党内尤其是民社派的义愤。在民社派的严正交涉下,才摆出批评袁、黎的姿态。这样,当时全国主要报纸在张案中大都采取了批袁、黎的态度。加之各地函电纷驰,诘难群起,举国义愤,一时间袁、黎处于千夫所指的难堪境地。

　　任何一个法治的国家,无论何级政府官员,不经法律程序,均不能擅为生杀,这是最简单的常识。袁世凯不会不知道,黎元洪也不会不知道。就连专制的清政府在处理汪精卫谋炸摄政王一案时,也经过了一定的法律程序而判处监禁的。而堂堂的中华民国总统和副总统,违反法律任意杀人,肆意践踏人权国法,其行径竟如同土匪和强盗。这是对法律的挑战,是对整个资产阶级共和制的挑战。如果法律惩治不了独裁者,便将永远被独裁者踏在脚下,共和制的中华民国就已剩下一个名存实亡的空壳了。正因为如此,围绕张案,独裁与民主展开了一次搏斗。而当时的北京参议院,作为资产阶级共和国的灵魂和核心,自然成为这场斗争的中心。真正科学意义上的议会,不但要立法,更要保证各项法律的实施,尤其是要监督政府依法行使权力,阻止任何政府官员违法越权的行为。这样才能维护共和制。袁世凯、黎元洪违法杀张振武、方维,全国舆论一致声讨。这对参议院是一个很大的挑战,同时对当时的各政党也是一个极大的挑战。参议院和各政党都必须表明自己的态度。

由于张振武是共和党内的民社派,张案对民社派的刘成禺、张伯烈等参议员冲击最大。他们不仅与张一起发动武装起义并组织湖北军政府,而且又同组民社,同入共和党,利害关系十分密切。刘成禺、郑万瞻等人又奉袁世凯之命赴武汉调解张、黎之间的矛盾后刚刚回京,以为张、黎已言归于好,矛盾已冰释。但张一到京即招致杀身之祸,这显然是袁、黎蓄谋已久的事。调解者自然感到自己上了当,受了袁、黎的愚弄,出卖了同党与朋友,所以十分气愤,态度十分激烈,首先站出来,要为张、方讨个公道。张案也将共和党置于十分尴尬的境地。共和党是北京参议院中地位与同盟会不相上下的大党。它是由统一党、民社等五政团合并而成。它采取同袁世凯结盟来与同盟会对抗的方针。尽管张是共和党人,但事件一开始,共和党的党魁们仍从维护与袁结盟的方针出发,对张采取落井下石的办法以求得维护与袁、黎的密切关系。但这很快就激起了党内民社派的愤怒,再加上袁、黎的作法也太露骨、太不得人心,无法公开袒护。这样,为敷衍舆论,为安抚党内的民社派以避免共和党因张案而分裂,只好改变策略,表面上附和民社派,实际对张案取敷衍消极的态度,设法使事件尽快平息,以维护与袁的联盟。同盟会中的激进派态度比较鲜明,言辞激烈,主张弹劾政府。如弹劾失败,以自动解散参议院作为斗争手段。当时同盟会也实行与袁搞好关

系巩固共和的策略,加之同盟会同张振武个人感情比较疏远,也不愿为
此事与袁对立,多数人只是着眼于改组政府,希望趁内阁行将倒台之
机,组成同盟会的政党内阁。同盟会将张案搁置一旁,于8月25日召
开早已筹备就绪的国民党成立大会。尤其是同盟会的领袖孙中山,在
袁、黎因张案陷入十分被动境地时,不顾党内的劝阻,毅然于18日从沪
乘商船"安平"号,启程赴北京。同行的有孙的夫人卢慕贞、英文秘书
宋霭龄,还有魏宸组、居正、王君复等十多人。22日,"安平"号轮抵天
津。孙在袁世凯派出的代表教育总长范源濂、工商总长刘揆一等迎孙
专员的陪同下,乘专列离开天津赴北京。孙的这一举动,从主观到客观
都是对因张案陷入困境的袁世凯的最大、最及时的支持。奸诈的袁及
时抓住孙给的这一机会,大肆渲染,大做文章,及时摆脱困境。袁组织
了一个对国家元首级的盛大而热烈的迎接规格来欢迎24日到京的孙。
议会这天中断了正常的会议,议长、议员、内阁各总长、袁的代表梁士诒
(时任总统府秘书长)、中外人士齐集车站亲自迎接孙。北京万人空
巷,在车站到宾馆的路上,夹道欢迎,盛况空前。袁、孙十几次推心置腹
的长时间的秘密会谈,以及袁、孙在公开场合的互相吹捧,不但立即将
人们的视线由张案转移到孙在京的活动及孙、袁的一系列热烈交往上,
而且也使全国产生了一种南北统一,全国安定祥和的虚假景象。孙在
京还主动帮助袁平息张案风潮。孙与袁会谈时"颇主张表彰张振武之
功以为和解,免得小题大作致误要政"①。孙在给因力促张案而滞留上
海的黄兴进京电文中说:"以弟所见,项城(袁世凯)实陷于可悲之境
遇,绝无可疑之余地。张振武一案,实迫于黎之急电,不能不照办。中
央处于危疑之境,非将顺无以副黎之望,则南北更难统一,致一时不察,
竟以至此。自弟到此以来,大消北方之意见。兄当速到,则南方风潮亦
止息,统一当有圆满之结果。"②孙还劝告国民党议员,认为弹劾案于事

① 《亚细亚日报》1912年8月29日。
② 《孙中山全集》第2卷,第450页。

无补,不赞成提出,希望和平解决张案。孙甚至公开说:"据我观之,张、方不得谓无罪。"①孙是中国当时声望最高的革命领袖,他的这些言行不但直接影响同盟会,而且影响全国的舆论。在关键时刻,孙帮了袁的大忙。

8月18日,共和党民社派参议员张伯烈、刘成禺等向参议院提出《质问政府枪杀武昌起义首领张振武》案,控诉袁世凯、黎元洪"口衔刑宪,意为生杀"。一般质问案有10人以上连署即由参议院秘书厅备文咨送政府,不交大会讨论。故19日参议院即将此质问书咨送政府。

8月19日参议院常会,议长吴景濂主席,出席议员80人。议员刘成禺要求发言说明其所提的质问案,主席征得议员同意后让刘向大会说明质问案。可见当时参议院多数议员对张案的关注和对袁世凯、黎元洪践踏《临时约法》不经法律程序擅自杀人的不满。

刘成禺登台声泪俱下地说明质问案的理由,对不经审判厅公开审判即杀张表示了极大的愤慨。他控诉政府说:"观政府杀人之手续,直等于强盗之行为,以冠冕堂皇之民国,而有此以强盗行为戕杀人民之政府,违背《约法》,破坏共和,吾人亦何不幸而睹此!且推此义也,则凡民国起义之功首,造成共和之巨子,皆可一一捕杀之,任凭其为帝为王矣!"并列举事实一一驳斥杀张后黎元洪为张所捏造的罪名②。

国民党议员刘彦发言谴责临时大总统竟根据无理由的电文杀人,严重践踏《临时约法》的行径,主张提出弹劾案以尽参议院保护人民之职。

共和党议员张伯烈也声泪俱下地发言驳斥黎元洪强加给张振武的罪名,谴责黎元洪以非罪要求杀人,大总统擅改法律,都完全违背了《约法》。

议员彭允彝、陈景南、陈家鼎、卢士模等发言纷纷谴责袁、黎违法杀张。

---

① 《孙中山全集》第2卷,第418页。
② 《参议院第66次会议速记录》,第2、3页。

　　在讨论采取何种方式来对付杀张一事时,国民党议员多主张弹劾副总统、国务总理、陆军总长。但共和党的提案人张伯烈主张限政府2日内答复,答复后如不满意即提出弹劾案。于是议决咨大总统请国务员8月20日出席答复质问案。

　　8月20日,参议院第67次常会。议长吴景濂主席,出席议员80人。主席让参议院秘书长朗读临时大总统咨复文。咨文中说国务员碍难出席参议院会,杀张振武证据电请副总统调查之后再宣布。袁世凯的这一答复更激起议员们的不满与愤怒。

　　张伯烈发言指出,大总统咨文说明大总统至今没有确实的证据即随便杀张振武,民国《约法》何在?国务员碍难出席"碍难"二字不通,也违背《约法》。

　　郑万瞻发言指出大总统言行是破坏民国、摇动大局,简直是无政府、无参议院、无民国,本院决不能承认。

　　刘成禺发言指出,大总统毫无证据即可杀人,将来可凭一纸空文任意杀人,政府此举如强盗行为。

　　陈家鼎发言指责黎元洪的举动是民国的耻辱,政府杀张行为如同强盗,杀人不要证据,不依法律,政府是无法无天的政府,真是荒唐已极。如此胡乱杀人,岂尚成民国?

　　卢士模主张参议院提起弹劾政府案,指出此次杀人纯粹出于大总统命令。大总统不知张振武罪状,仅凭一纸空电即行杀人。杀张之后,张的罪状仍需问副总统才能答复。如此随便杀人,民国前途十分危险。政府既不出席参议院会,又不答复参议员的质问,政府心目中已无立法机关,故应弹劾国务员。

　　有的议员主张以参议院的名义将张振武事件通电各省。有的主张以大总统答复不得要领,依《约法》第19条第9款,要求政府出席参议院会答复议员的质问。

　　最后议决以大总统答复不得要领,要求陆徵祥总理、段祺瑞陆军总长出席8月21日参议院会,答复议员的质问。

8月21日参议院第68次常会。议长吴景濂主席,议员78人出席。国务员无1人出席,袁世凯只给参议院送来答复咨文,只派总统府秘书长梁士诒为政府委员到会说明国务员不能出席参议院的理由,但咨文中并未提及派总统府秘书长到会说明国务员不能到会的理由。故议长让参议院秘书长宣读临时大总统咨文后,议员们对参议院一再要求国务员出席会议,而国务员不出席十分不满。总统府秘书长梁士诒想发言解释国务员不出席会议理由时,议员们以大总统咨文并没有说明让政府委员出席说明为由拒绝梁发言,并将梁打发回去。梁要求将大总统咨文带回,被议长以"此系大总统送来之咨文,贵委员何能带回"为由拒绝之。

议员张伯烈发言主张仍要求国务员出席参议院会回答议员质问。

议员卢士模主张对政府提出弹劾案,并研究弹劾手续和将大总统不能不依法律而杀人的理由布告天下。

议员陈家鼎主张取消政府,并将政府罪状通电各省省议会及各省都督。

议员刘彦主张开谈话会研究如何弹劾政府。

议员彭允彝、张耀曾也主张开谈话会研究弹劾政府问题。

最后议决立即改开谈话会,讨论弹劾政府问题。这样,从上午10点15分开始,参议院开谈话会。当天的谈话会,共和党主张弹劾全体国务员,国民党主张弹劾国务总理陆徵祥和陆军总长段祺瑞,意见未能统一,无结果。

8月21日下午5时,袁世凯又请共和党民社派议员时功玖、张伯烈、刘成禺、郑万瞻到总统府。袁说:张振武在民国真可谓有才有功之一伟人,余实钦佩之至。但因接有黎副总统来电指陈一切,非常厉害。仿佛不即杀之必足以发生大乱,妨碍治安者,故不得已用快刀断绳办法,其所行种种不法事项,多在湖北。诸君均属鄂人,如不治之,乱将如何[①]?

8月22日参议院常会。国务院有咨文给参议院,陆军总长段祺瑞

---

① 《参议院第69次会议速记录》,第1、2页。

派法制局局长施愚为代表出席会议,说明陆军总长段祺瑞不能到会的原因和暂不能宣布张振武罪状的理由。

会议开始,先由刘成禺向大会介绍昨天下午袁世凯柬请刘等4名民社派议员到总统府谈话的情况。接着由施愚代表段祺瑞向大会说明暂不能宣布张振武罪状的理由:此事所牵涉之人与所牵涉之事,政府现在因此已为保全治安必要之设备,总求其所牵涉之人与事俾少株连,竭力维持,不使生有别项枝节。凡此皆政府现在计划中者,此其一;再则现又小有军事,自17日此事发生后,恐他有阻碍,别生枝节,不能不有所设备,意在宣布后不至另出危险变动,使牵涉之人不得扰乱危局。国务员并非不出席,罪状并非不宣布。半月以后,自可水落石出,自有铁证。望诸君稍忍数日。苟政府不为大局计,何难即日宣布? 段总长刻下实因军事不能出席,派本员声明如此①。

议员们对施愚的解释很不满。张伯烈、刘成禺对半个月后再宣布张振武的罪状之说十分不满,刘成禺指着施愚说:"设将贵委员杀死,谓贵委员有罪,罪状俟半月后再宣布,可乎? 否乎?"施愚回答说:"议会如有生杀之权亦未始不可。"议员陈家鼎听后气得大骂施愚混帐②。一些议员要求再开谈话会,接着讨论弹劾案问题。但一些议员因开议当天议事日程上两个三读会议案(《陆军部官制》案、《服制》案),而未再讨论弹劾案。

8月23日参议院第70次常会,陆军总长段祺瑞出席答复张振武被杀之质问案。段依据8月22日黎元洪来电列举的张振武罪状作为答复参议院关于张振武罪状的质问:1.张振武私自以巨款购买陈旧枪械;2.武昌二次革命,张振武是主谋;3.张振武勾结革职军官、土匪,煽动叛乱,私招将校军队600余人,招收6大队退伍军人为护卫兵,破坏共和,动摇国本;4.张振武被任命为蒙古调查员时索要巨款,在汉口私

① 《参议院第69次会议速记录》,第2页。
② 《参议院第69次会议速记录》,第2、3页。

立屯垦事务所;5.张振武藉报馆鼓动扰乱。段并答复参议员的质问:1.张案情重大,不能以普通法例来减其罪;2.张系军人,不能送审判厅审判;3.张是在其任军务部时所犯的罪,只能军法从事;4.武昌已开过军法会议,判决手续已在武昌经过,只不过由中央执行;5.张虽非间谍又非现行犯,之所以立即杀张是怕另生枝节;6.副总统8月11日电不能算告发词,因军法会议早已在武昌开过并做出判决;7.虽《约法》上只规定总统有特赦之权,无特杀之权,但张入京党羽甚多,危害国家前途,动摇民国之国本,不得不取此办法杀张①。

段所说的每一条都不能为不依法律程序而以一纸命令杀人之事开脱,段的答辩是强词夺理的诡辩,议员们自然很不满意,一一予以批驳。认为张并非军人,应交由检察机关依法审理。即便以张为军人,也应经过军事审判机关依法审理,被告也应到场申辩。在武汉时并未经过军事审判程序,只是杀张后黎元洪既编织张的罪状又编出经过军法会议。所谓军法会议完全是黎元洪后来召集几个亲信军官的会议,怎么能说是军法会议呢?且怎么可能湖北省的判决由中央来执行?多数议员均认为段祺瑞的答辩不得要领。

张振武、方维案成为当时舆论和全国关注的焦点。黎元洪立即加强了对湖北的控制,以巩固自己的地位。张、方被杀后,黎立即派亲信部队包围将校补充团,强行将其缴械后予以遣散。将军事司护卫队和屯垦事务所解散。加派军警和密探在武汉大街小巷巡逻。将邮局和电报局严密控制起来,检查和扣押所有不利于黎的电报和函件。黎以军警牢牢控制湖北省。

为敷衍舆论,8月22日,黎元洪向袁世凯提出辞呈,辞去参谋总长、湖北都督之职,向北京参议院提出辞去副总统职。但同时又指使湖北省旅以上的全体军官、各军事学校校长、都督府军事顾问,以第一镇统制黎本唐领衔于8月23日发表通电,对民社派议员提出的质问书逐

---

① 《参议院第70次会议速记录》,第3、4页。

条批驳,并煞有介事地打出鄂军召集过军事会议,依鄂省陆军条例第57条宣告张振武死刑,来为非法杀张辩解。8月24日,黎本唐再次领衔以军界名义发出气势汹汹的通电,点名痛骂刘成禹、张伯烈,威胁说参议员如弹劾黎元洪,则以刀斧相加之。并再次强调杀张是湖北军界多次开军法会议,全体一致议决张死刑,电请大总统正法的,杀张是合法的。8月23日至8月25日,黎元洪及其周围的文人墨客,又以湖北教育总会、商会、武昌议会、汉口议会、湖北保安社绅耆及全体士民的名义致电北京政府和参议院,斥责参议员,一致挽留黎元洪。似乎湖北离开黎即要大乱。共和党一直坚持拥袁立场,只是碍于本党民社派的面子才附和民社派的。在袁世凯、黎元洪的软硬兼施下,民社派态度软化。于是共和党便开始设法消弭参议院中的弹劾案和查办案。国民党自从其领导人孙中山入京后劝告国民党和平解决张振武案,国民党开始采取完全拥袁的立场。8月27日,国民党议员开会商讨对第二天参议院弹劾案与查办案的态度。认为:这次提出弹劾案,由于共和党中民社派的态度软化,共和党不会支持此案,开会时肯定不能足法定的人数,不能成立。查办案即使勉强通过,也无大的约束力。查办案即使通过,照《临时约法》规定,大总统如不以为然,可交复议,如果争取不到三分之二以上的议员仍执前议,查办案都难成立。于是国民党议定,如果第二天参议院会出席人数够议员总数的四分之三的法定人数,弹劾案能开议,国民党不能不赞成;若实在不能开议或不能通过,亦听其自然,不必再与共和党开斗,徒增恶感①。

共和党亦开会,决定拥袁维护政府的立场不变,议定无论如何必须使第二天参议院的弹劾案与查办案不成立。为保全民社派的面子,不公开撤回该派所提的弹劾案,而是让9名蒙古籍共和党议员不出席第二天参议院的会,使参议院不足四分之三的法定开议弹劾案的人数,使弹劾案不能开议,并设法打消查办案。

---

① 《民立报》民国元年9月4日。

8月28日,参议院第73次常会,出席议员86人,议长吴景濂主席。7月9日否决袁世凯所提名的6名国务员时,出席议员达98人,也就是说,如果共和党不从中作梗,参议院要达到95人开议弹劾案的法定人数是可能的。但由于蒙古籍共和党议员未出席当天的会,共和党民社派提出的《弹劾国务总理和陆军总长》案自然无法开议。于是,有议员提出先议第二案《提议咨请政府查办参谋总长黎元洪违法》案。提案人、国民党议员刘星楠提出第一案弹劾案不能开议,本员所提的查办案也应请缓议,待弹劾案成立之日再将查办案提出。也就是说,刘亦要撤销查办案。由于国民党议员彭允彝、卢士模、覃振、刘彦等人未参加8月27日国民党议员商讨对两案策略的会,8月28日开会时又无国民党其他议员向他们转告昨天会议商讨的结果,因而仍持前几天在会上的态度,抨击不出席会议的议员,要求按议事日程开议查办案。共和党议员按已商定的对策,赞成缓议查办案,并在一些枝节问题上有意纠缠不休,不使查办案开议。共和党议员李榘、李兆年援引江辛曾自己取消过其民国捐案为例,主张取消查办案。江辛立即声明自己并未取消其民国捐案,只是议长未将该案列入议事日程。共和党议员籍忠寅、田骏丰、刘崇佑又抓住议长不将江案列入议事日程,要追究议长的责任,与议长吴景濂纠缠。这引起了国民党议员的不满,而与共和党议员争吵起来。一时议场上拍桌子,大声叫喊和叫骂,议场秩序大乱。待议场秩序基本恢复后,国民党议员李肇甫、熊成章以缓议第二案即是改变议事日程,需表决。共和党议员则反对,双方又生争论。国民党议员刘彦、覃振发言揭露共和党提出弹劾案是假的,这自然触痛了共和党议员,立即引起共和党议员的反对,议场上十几个人同时起立争吵起来,议场秩序又大乱。弹劾案的提出者时功玖、刘成禺、郑万瞻、张伯烈在会上一言不发,一直沉默,并乘此时秩序混乱退场。国民党议员杨永泰、陈景南发言要求对缓议查办案付表决,遭共和党议员的反对。共和党议员宋汝梅、王家襄、李兆年、刘崇佑又以议员提案列在政府提案前不合《参议院法》,议事日程错误,应归无效为由,主张取消查办案。彭允彝则举 7 月 31 日议事日程中第一案为议员所提的《众议院议员选举法》案,第二案为政府提出的《内务部官制》案来反驳。杨永泰发言指出宋汝梅等不在开会之初提出议事日程无效问题,却在将近散会时提出,是不应该的。共和党就这么节外生枝地纠缠一些与案件无关的枝节问题,直至 12 点散会。这样两案都因共和党议员的阻挠而流产了。

临时大总统袁世凯不经法律程序,以手令擅自杀害辛亥革命的功臣,严重践踏了法律,践踏了基本的人权。作为国家的最高立法机关的参议院,不能起来维护法律、维护人权,纵容犯罪,这是一种严重的失职行为。参议院一些政党在这一问题上的所作所为,自然受到当时舆论和民众的责难。

十二、《省制》、《省官制》案的风波

省制和省官制决定着中央与地方、地方立法机关与行政机关的根本性关系。即决定着中央和地方职权的划分,决定着各省立法机关和行政机关的职权划分,是国家权力机构框架性法律,关系着维护国家的统一和人民的民主权利。它涉及国家政权的各个主要方面。它决定国家结构形式上采用单一制还是采用联邦制。

中国历代封建王朝均为君统,采用单一制。在历史的实践中,单一制政体束缚地方的积极性,阻碍国家发展的缺陷又常常暴露无遗。故1894 年孙中山创立兴中会,即欲效仿美国的联邦制。1895 年 2 月在香港成立兴中会总机关时就提出了"驱逐鞑虏,恢复中华,创立合众政府"的革命纲领,其中的"合众政府"即联邦政府。也就是说,资产阶级革命派一开始就探索着学习西方的联邦制。当然,这种制度是否适合中国的国情尚未可知,因为中国并没有这一方面的实践经验。单一制与联邦制孰优孰劣,哪一个更适合中国的国情,尚未可知。但当时的资产阶级革命派是认定了联邦制要优于单一制,而主张联邦制的。尽管后来他们也曾动摇过,但一开始是主张联邦制的。当孙中山在美国得知武昌起义的消息后,就筹划建立联邦制的共和国。说:"吾意拟于他日试行联邦之中国,另设中央之上、下议院,统筹全局。"在 1911 年 11 月 23 日取道欧洲途经巴黎接受巴黎《日报》的记者访问时,再次明确表示:"中国同欧洲一般大,不适合中央集权,拟仿照美国实行联邦制。"①在本书第三章中,江、浙、沪等地的都督成立各省都督府代表联合会,以筹组中央临时政府的文电及活动中,基本上都是仿照联邦制。独立各省建立都督府,大多是仿联邦制。都督的权力是很大的,各省基本是保持着独立或半独立状态,尽管这种状态对巩固南京临时政府未必有利。1911 年 12 月初在汉口各省都督府代表联合会制定并颁布的《中华民国临时政府组织大纲》,就颇具联邦制色彩。

　　袁世凯篡夺了辛亥革命的胜利果实,建立了北京临时政府后,为了其独裁的需要,自然要否定辛亥革命后已在全国一些地区出现的联邦形式的省政权,要实行单一制,将权力集中到中央。袁世凯混淆了"单一制"与"统一国"的概念,以单一制即是维护国家的统一,联邦制即是分裂为由主张单一制。其实奉行联邦制的国家仍是统一的国家,如美国、德国等。当然,联邦制易为地方军阀割据所利用,也易为有国际背景的民族分裂势力所利用,这也是一些国家实践中的不争的事实。也就是说,联邦制不一定适合中国的国情。袁世凯认为北京临时政府建立了,全国统一了,就必须集权于中央。当时全国也急需制定统一的省制、省官制,以便统一全国的行政。同时通过省制、省官制的制定与实施,将权力集中到中央。尤其是将那些响应辛亥革命时独立省份的权力集中到中央。因此,在《省制》、《省官制》的起草和参议院审查、讨论的过程中,不但引起了参议院中各党派的激烈争论,而且引起了各省都督和各省议会的激烈争论。他们纷纷给临时大总统或北京参议院去电去函,甚至派专人赴京面陈自己的主张和要求。这样就引发了一场持续时间最长的全国性的大争论。一石激起千层浪。在北京参议院所有

----

① 　《孙中山年谱长编》上册,第 567、581 页。

议案中,《省制》、《省官制》案是涉及范围最广,争论时间最长,争论最激烈的议案。争论的各方关系错综复杂,争论的焦点则是围绕着权力分配的几个关键问题而展开的:军民分治问题,省长民选还是简任问题,临时大总统解散省议会权的问题。争论的各方根据各自的利益,提出各自的主张,各持己见:袁世凯为了将权力进一步集中到自己手中,坚持军民分治以削减各省都督的权力,坚持省长(省尹、省总监)由大总统简任,反对由省议会选举,坚持大总统有解散省议会之权,以削弱省议会;各省都督大都反对军民分治以抵制袁的集权,支持省长简任,反对省长选举,主张大总统有解散省议会之权,来削弱省议会的权力;各省议会主张省长由省议会选举,反对大总统有解散省议会权,以增大自己的监督权,支持袁世凯的军民分治的主张;参议院则基本上采取支持各省议会的立场。

　　军民分治是黎元洪为将湖北革命党人排挤出湖北省军政府、进一步把湖北省的军权集中到自己手中而于 1912 年 4 月 10 日首先倡导的。即倡导将军政、民政分开,以克服军人柄政之弊。

　　辛亥革命后,很多省建立了军政府。军政、民政、财政大权集于都督一身。这些省维持着独立、半独立的地位。军民分治,是要将军政、民政分开。一省分设都督府与民政府。都督专管军政,民政长官专管民政,各司其职,互不干扰。4 月 10 日黎元洪在给袁世凯的电报中,列举了军政、民政合一的十大害处:荧惑政策,督乱方略,其害一;把持贤路,接挽私人,其害二;招募非人,嚣然自雄,其害三;恣财赎武,暴敛横征,其害四;假以军法,草菅人命,其害五;奸淫劫掠,蹂躏地方,其害六;易受鼓惑,动摇政局,其害七;拥兵自重,易生反侧,其害八;争城夺地,内讧不止,其害九;割据一方,形同藩镇,其害十。黎元洪认为要避免上述十害,就必须实行军民分治,表示"元洪不才,当先率鄂中军界为天下倡"①。抛开黎的私人目的,公正地评价,黎电中所说的不无道理,有

---

① 《黎副总统政书》卷 9,第 11 页。

些可以说切中时弊。黎的削弱各省都督权力的军民分治对中央集权是十分有利的,故黎的倡议深得一心要搞独裁的袁世凯的赞赏,并立即采纳。袁在答复黎的电文中表示,"外省官制,必本伟论","参议院开,当即首提此案"①。一些积极拥护袁世凯集权的政党和名流也将黎元洪的军民分治的倡议视为"建国良谋"而大加称赞。

袁世凯让法制局按军民分治、中央集权的原则起草《省制》和《省官制》案。法制局在起草两案时,关于省议会对省行政长官(省最高行政长官初定名省尹,后改名总监,再改名为省长)有无弹劾权的问题,有两种意见。一种意见认为省议会不应有弹劾省行政长官之权;另一种意见认为省议会可以有弹劾省行政长官之权,惟当予大总统以解散省议会之权以防止省议会滥用弹劾权。后一种意见居多数。故法制局起草的《省制》案中有"省议会对于本省行政认为省尹有失职时得以议员四分之三以上到会,到会会员三分之二以上可决,提出弹劾案,经由国务院达于大总统。大总统如以为然,应免省尹之职;如不以为然,交省议会复议一次,若仍执前议,大总统得解散省议会。但次届省议会仍提出弹劾案时,应免省尹之职"。国务院召开国务会议复核法制局交来的草案。当时唐绍仪内阁尚未垮台,国务员多为同盟会员。司法总长王宠惠也是同盟会员。同盟会为防止袁世凯的独裁,偏重地方分权,故国务院召开国务会议讨论《省制》案时,将其中的省议会对总监的弹劾权保留,而将大总统对省议会的解散权删去,之后以政府的名义咨送参议院。

还在袁世凯和黎元洪一唱一和鼓吹军民分治并准备立即付诸实践时,赣督李烈钧首先起来反对。他于1912年4月18日发出的通电中指出,革命方法本来就分军政、约法、宪政三个时期。革命后的形势要求以"兵权保秩序,以图改革之进行","都督一官应统揽一省之治权"②。粤督胡汉民立即通电响应,认为非国基大定,宗社党无从煽发,

----

①　汪钰孙编:《黎副总统书牍汇编》卷1,第31页。

②　《时报》1912年4月22日。

不宜行军民分治。当胡汉民从北京方面得知袁世凯欲通过《地方制度》案实行军民分治,将军权及财权收归中央,便立即于 1912 年 5 月 25日发出通电,阐明中国目前不可骤然实行军民分治,不可骤然将权集中于中央,应实行地方分权:中国今日所处之地位,为由内治未完全而期进于完全之过渡时期,不能骤采纯全之集权制,而处处不能不留将来集权余地,最宜用有限制的集权说,取集权制之利。以立法、司法两权集于中央,至行政权则取其可集者集,其为时势所不许集者,则授权各省,仍留将来集权地步。同盟会员江西都督李烈钧、安徽都督柏文蔚等立即响应。他们再与各省都督联络,互通声气,以共同抵制袁世凯的军民分治。

7 月 10 日,参议院常会,对《省制》案、《省官制》案进行初读。由政府委员胡乃泰说明理由。胡对《省制》案的理由说明大意为:改前清省、道、府、县 4 级为省、县 2 级,去掉中间道、府(其中也包括与府平行的直隶厅、直隶州)层级,以收行政灵速之效。军政归中央直接管理或由中央派人管理。省总监(参议院法制部审查时改为省长)的权限已与清朝的督抚兼揽军政、财政等权的情况大不相同,已无权限过大之虞。省改道的意见也不适宜于中国。认为一中央政府监督百余道是力所不及的,省的区域暂如以前为妥。我国历史上一直是单一制国家,万难采取联邦制,应采取中央集权、地方分权。省位于中央政府与地方团体之间,是我国特异的一个层级。地方行政应受中央政府的监督。但我国幅员辽阔,欲以一中央政府监督各省的行政事务,难免监督不周,故特分监督权于省议会。凡关于本省行政之得失,省议会对省总监有监督之权。省总监对省议会负责任。给总监以提案权,使行政上有活动的余地。给省议会部分立法权(有关本省单行法的立法权)与对省行政长官的弹劾权。

胡乃泰对《省官制》案的说明大意主要是军政、民政急应分治的理由,省总监的地位与职权,省级民政机构的设置与职能等。

政府委员报告结束后,议员们对政府委员稍有质问后即议决交法制部审查,并议决法制部须在两周内将审查报告交院。

　　参议院各党都认为《省制》《省官制》关系全国,非常重要。各党都召集会议详细研讨之,以确定本党的意见,并拟定了各党就此问题开政治谈话会,充分讨论与协商,以便取得一致,免使两案久搁不决。

　　政府向参议院提交的《省制》和《省官制》草案全文见附录(六)。

　　黎元洪有以副总统的身份操纵湖北民政,以参谋总长及湖北都督双重身份牢牢控制湖北军政的优越条件。但其他各省都督并不具备这些有利条件。军民分治便要严重危及到这些都督手中的权力。省总监的职权主要是内务、行政二项。军政、外交、司法、财务各项行政不属总监统属的范围,另外设立掌军政的官吏及交涉使、国税厅一类,直辖于中央。即军权、外交权、大部分财政权统一归中央。如果完全实行,各省都督就不可能再保持辛亥革命后的这些省的独立和半独立的局面。真正实行军民分治,即使袁世凯仍然重新任命各该省原都督为都督,军饷就可能发生困难。若无军饷或军饷不足,就无法控制军队,甚至要闹出兵变。所以全国大部分省的都督都不赞成军民分治。在同盟会都督胡汉民、李烈钧、阎锡山等的串联与推动下,各省都督逐渐联合起来抵制军民分治。7月28日,广东都督胡汉民、江西都督李烈钧联合通电,反对军、民分治。江苏、浙江、湖南、福建、广西、贵州、安徽、直隶、山东、奉天、吉林、黑龙江、甘肃、陕西等省都督亦相继通电,或反对军民分治,或主张缓办军民分治。全国大多数省手握兵权的都督均反对军民分治,只有黎元洪和四川都督胡景伊支持军民分治。阎锡山本来是积极反对军民分治的,且各方串联策划。从1912年7月18日到8月14日,阎与各省都督往返电报达16封之多,都是策划反对军民分治的内容。但为了取得袁世凯的信任,这只惯耍两面派的老狐狸却致电袁支持军民分治,也被袁归入支持军民分治的行列。很多省的议会及各省的地方士绅又致电袁世凯请速行军民分治。袁世凯是积极推行军民分治的,但全国绝大多数都督均联合起来抵制军民分治。这些人均手握兵权,袁一时还奈何不得他们,只好维持现状。因为袁清楚地知道,要改变这一现状,不用兵恐怕是一时难于办到的。立即用兵,一是难于找到开战的借口;二是此时用兵,各省联手,自己将陷于孤立,形势会立即变得对己不利。袁只好暂时忍让,再待时机。袁一面致电黎元洪,请其居间调停,并让黎随时征集各省都督的意见。7月23日,袁又电令各省都督各派代表3人入京讨论军民分治之事,以备随时咨询。袁世凯决定缓行军民分治,虚设4项办法:1. 已分治省份,如湖北、四川、山西3省,办理既有成效,即作为各省模范。2. 秩序完全恢复省份,如直隶、山东、河南、陕、甘5省,俟《省官制》案通过即须实行。3. 军事未完备省份,如江苏、安徽、江西、福建、浙江、广东、湖南7省地方未大绥靖,军队尚待安置,暂行缓办。4. 边疆省份,如东三省、云、贵、广西、新疆7省交涉繁重,施行特别制度,虚设民政长以都督兼任①。8月17日,袁世凯又让国务院致电各省:关于军、民分治问题,决定在过渡之始,各省都督、省尹得互相兼任。都督兼省尹,则于其下设民事长;省尹兼都督,则于其下设军事长②。这样,袁与各省都督的矛盾缓和。各省都督可以全力反对参议院的省议会选举省行政长官的主张。

各省都督大多与省议会处在矛盾乃至对立的地位,冲突时有发生。故反对由省议会选举省行政长官而支持袁世凯的省民政长官由大总统简任的主张。

各省议会为争得自己的权利,反对省行政长官由大总统简任,要求由省议会选举。1912年7月中旬到8月上旬,直、鲁、豫、陕、奉、吉、黑等省议会纷纷致电袁世凯或北京参议院,电争省总监(即省尹、省长)由省议会选举之权。东三省还派专人赴京呈请。各省议会支持袁世凯军民分治的主张。这也是省议会对各省的这些土皇帝只知对上负责而不知对该省人民负责的不满的表现。参议院与各省议会又是紧密相关的。参议员多是由各省临时议会选出的,且新制定的《中华民国国会组织法》又规定正式国会参议院议员选举,也是以各省议会为选举机

①　《申报》1912年8月30日。
②　《政府公报》民国元年8月公电114号。

关。各省省议会的政治态度和主张,自然要影响到北京参议院议员。

参议院中,由于第一届国会议员选举在即,尽管同盟会的都督反对省民政长官由省议会选举,为了第一届国会选举,同盟会籍参议员和统一共和党参议员(此两党正酝酿合组国民党)采取了支持各省议会的立场,主张省民政长官由省议会选举,以便取得各省议会的支持,赢得第一届国会的选举。这两党在参议院又据有多数议席,参议院若讨论《省制》、《省官制》案,省议会选举省民政长官的条款自然易通过。若如此,临时大总统的权力将大大削弱。袁既无法将自己的亲信安插在各省民政长官的位子上,由省议会选举出的省民政长官只能对省议会负责,而不会听命于临时大总统。加之手握各省实权的都督反对省民政长官由省议会选举,于是袁世凯于 8 月初指示法制局将《省制》、《省官制》案撤回再修改。

法制局在修改两案时,将省的总监改为省尹。并遵照袁世凯的意见,将《省制》案中省议会弹劾省尹权的条款再加入大总统解散省议会权,即恢复到法制局最初提出的草案。同时在《省制》案中加入一条:省议会之议决,大总统认为违背法令或逾越权限时,经国务会议议决,得解散之。省议会解散后,须于 2 个月内改选。

8 月 9 日,参议院常会,议决咨催政府在一周内将《省制》案、《省官制》案、《省议会议员选举法》案交参议院议决。若《省制》案、《省官制》案暂不能交议,可先将《省议会议员选举法》案交议,以免影响省议会议员和国会议员的选举。这样,法制局将修改后的三个法案于 8 月 15 日咨送到参议院。

8 月 16 日,参议院第 65 次会议,议长吴景濂主席。因时间仓促,已无时间将政府所提交的上述三个修正案印出来发给议员,只将修正之处摘抄出来后印出来发给议员。当日的议事日程也未来得及将此三案列入,但此三案尤其是《省议会议员选举法》案急需议决,故主席提议变更议事日程,先议此三案。当天政府委员也未到会说明三案修正的理由,于是议决三案一并交法制部审查,政府委员于法制部开审查会时到会说明。

　　法制部在审查《省制》案、《省官制》案时，将省尹改为省长。但在几个大的问题上产生分歧。首先，对大总统解散省议会权发生争端。国民党历来主张地方分权主义，认为中国地域辽阔，一省可抵欧洲一二国，集权于中央，国家无法对二十几个省区实行有效的监督和管理，国家难治理好，不如省自治更合适。辛亥革命是由各地方发动的，各省已有独立管理本省的能力，自治日益巩固，无须强行使之复旧。故国民党籍法制委员在审查时认为：省议会有弹劾省长权，以便监督省行政。大总统无解散省议会权。民主国的各级议会均不能解散。省议会有违法或越权的决议，省长可以不予公布，交省议会复议。如省议会仍执前议，省长可以撤销之。若省议会认为撤销为不正当，可以提起诉讼到平政院，实无大总统解散省议会之必要。共和党法制委员认为：各国采用解散议会权者甚多，不必专属君主立宪国。法国也是民主共和制国家，未尝无议会解散权。可见民权宜扩张，断不能用此即否认解散权。且立法须保持公平。民政长官应受弹劾，而省议会无论如何不能解散，实于中央监督地方之权大有损害，必不能保持全国的统一。两派在审查《省官制》案、《省制》案时，发生激烈争论，竟至破口大骂的地步。如国民党籍的法制委员长张耀曾说民主共和国的宪法无解散议会者时，共和党籍的法制委员汪荣宝立即站起来，愤怒地斥责张说：此为张君独创之宪法。对方再予辩驳，双方竟争吵起来①。审查中，将政府提交的原案中的省尹改为省长，一致赞同。但省长由大总统简任还是省议会选举，又发生争论。国民党法制委员主张省长由省议会选举，再由大总统简任。共和党法制委员主张省长由大总统简任。《临时约法》规定大总统有任免文武职员之权，由省议会选举省长是违反《临时约法》的。省长既由省议会选举，省长一有违法又提出弹劾，与法理不合。从事实上说，选举的流弊很大。各省议会既为选举参议员的机关，又为选举省

------

　　① 《申报》1912 年 9 月 15 日。

长的机关,选举的纷扰不可言喻。且各省自相选举,实于国家统一有
碍。若省长由省议会选举,将来若省长违法大总统免省长之职时,省议
会可能起来反对其所信任的省长而惹起政潮。国民党法制委员则反驳
说,省议会选举省长由大总统任命,不能说违背《临时约法》。委任官
也是文武职员,但按《中央行政官官等法》第 4 条的规定"委任官之任
免权,由各该长官行之"并不违反《临时约法》。即不是所有的文武职
员都由大总统任免。省长由省议会选举由大总统任命是有条件的简
任,自然并不违反《临时约法》。由省议会选出省长,省议会不能再对
省长提弹劾,更是说不通的。大总统由参议院选出,《临时约法》第 19
条第 11 款规定参议院可对大总统提出弹劾。为什么省议会对省长就
不能提出弹劾呢? 从事实上,辛亥革命后各省自治之习已成,民间势力
颇大。大总统任命省长必采取该省的舆论。采取舆论就不如采法定代
表机关省议会的意见。这样既全面又具有法律效力。故取省长有条件
的简任必然符合地方民意。将来如实行责任内阁,若由大总统任命,则
甲党内阁被推倒,乙党起而组阁,必然导致各省省长尽易其同党之人。
这反易引起政治上的纷扰。这样内阁更迭必波及全国。若省长由省议
会选举则无此弊端。内阁再更迭,也波及不到省议会选举的省长。至
于说省议会选举省长会破坏国家的统一更是说不通的。美国实行的是
联邦制,但美国仍是统一的国家。况省议会选举省长和联邦制相去甚
远,仍为单一制,怎么能破坏国家的统一呢? 双方主要在上面的问题上
激烈争论,各持己见。但由于国民党议员不但在参议院为多数,在法制
部也居绝对多数,故表决时将政府修正的《省制》案中的解散权删去,
变为:"省议会对于本省行政认为省长有违法或失职时得以议员四分
之三以上到会,到会议员三分之二以上可决,得提出弹劾案,经由国务
院达于大总统。前项弹劾案大总统如以为然,应免省长职;如不以为
然,交省议会复议一次,若仍执前议,应免省长之职。"这样,又恢复到
唐绍仪内阁时政府第一次交参议院时的《省制》案第 23 条。同时对
《省官制》案加入省长由省议会选出 2 人,由大总统任命其中之 1 人。

　　9 月 12 日,参议院第 78 次会议,法制委员长张耀曾代表法制部向大会作《省制》案、《省官制》案审查报告。此报告比较长,其大意为:《省官制》案、《省制》案与中国的宪法关系重大,是最重要最大的问题。法制委员会与政府所持的态度完全不同。在政府方面以中央为重,以地方为轻,轻视地方,重视中央,与积极中央集权无异意,在收统一之效。但断定其必妨碍地方发达。省长由大总统任命,用人之权全在中央,不问民意如何。省议会认为省长有违法或失职时,虽可提出弹劾案于大总统,然大总统不以为然得交复议,如仍执前议得解散省议会。政府对省长力加保护,对省议会最后解散,全不加以保护。关于省议会所议决有违背法律权限者,得依国务院指令撤销一层亦不合。省议会的议决于统一有妨碍,省长可再交复议,复议仍执前议以省长的权力可以撤销,又何须大总统解散省议会? 这些,都是偏重中央,对地方事事削减之处。中国地方辽阔,若取中央集权制,中央对地方的监督不可能周到,难收好的效果,反而对地方掣肘,使地方行政不能自如。这样,地方不能发达,中央地方两不得利;辛亥革命事业起自地方,各省自行选举一切官吏,自治的风习已极发达,正可因势利导,不可横加遏止。若强取极端相反的制度,不但难行得通,而且可能引发政潮。正由于这两大原因,审查报告改为省长由大总统有条件的简任。即省议会选出 2 人,由大总统从中简任 1 人为省长。省议会弹劾省长,大总统如不以为然,最后得解散省议会及大总统认省议会议决违背法令得解散省议会条款均删去。这样可保省议会的自由且对于国家统一绝无妨碍①。张耀曾的报告是经过延长大会时间才讲完的,讲完即 12 点半,散会。

　　9 月 13 日参议院常会,议员刘显治发言要求变更议事日程,先议《省制》、《省官制》二案。会议主席、议长吴景濂说国务院函参议院,国务员要求出席参议院发表对此二案的意见,故此二案列入 9 月 16 日的议事日程,国务员定 9 月 16 日出席。此二案俟国务院出席说明后再

---

　　①　《参议院第 78 次会议速记录》。

议。9 月 16 日参议院常会,代理国务总理赵秉钧、财政总长周学熙到会报告国务会议关于与银行团借款而议定的《借款大纲》及介绍大借款商谈情况,于是改开秘密会。9 月 17 日参议院开秘密会继续讨论大借款问题。在俄国的策动下,外蒙上层分裂分子正加紧进行“独立”活动,要将外蒙古从中国分裂出去。9 月 18 日参议院再开秘密会议。代总理赵秉钧、外交总长梁如浩、陆军总长段祺瑞出席介绍外蒙古局势及政府所采取的措施。《省制》、《省官制》二案只好后延到 9 月 19 日参议院常会讨论。

　　9 月 19 日参议院常会,讨论《省制》、《省官制》修正案。共和党是主张省长由大总统简任,反对由省议会选举。国民党的主张则相反。且事关宪法、事关中央集权与地方分权的重大问题,两派自然都十分重视。会下两派各自集会商讨,尽量寻找根据来支持各自的主张。故会上两派争论激烈,互不相让。共和党议员邓镕发言说:依《临时约法》,大总统有任命官吏权。省长既非阁员,为何不改为任命? 中国地域辽阔,若不由中央简任而由各地方选举则成为联邦政体,难收统一之效。且若各省选举,则蒙藏等处非为外人保护而不已。共和党议员李国珍发言说:中国土地甚广,非由中央简任不能收统一之效。如英格兰及爱尔兰等处及法国、日本等本皆采此主义,由中央简任,中国何以独异? 且中国省界本严,如此则将成为联邦政体,本席甚不赞成省长由各地方自选。国民党议员刘彦发言坚持省长地方自选,说:各地方乃自治团体,省长(总监)为自治团体之执行机关,可见当由地方自选,本席不赞成李君之说。李国珍发言说:中国应采用中央集权主义,万不宜采用地方分权主义。国民党议员张耀曾发言支持刘彦,说:总监(省长)并非该省之行政长官,乃系地方自治团之执行机关耳,有自治之执行机关岂有可以由中央简任之理①。双方各执一词,辩论良久。最后表决,《省制》、《省官制》案同时付全院委员会审查会审查,后再开二读会。

_____

① 《盛京时报》1912 年 9 月 24 日。

　　各省都督都希望自己的权力越大越好,更希望自己的权力不受省议会的监督,以便放开手脚做官。大部分省的都督联合抵制了袁世凯的军民分治,迫使袁不得不同意缓办军民分治。于是各省都督便联合起来对抗参议院的民选省长的主张。中国经历了二千多年的封建专制统治,缺乏民主的精神,更缺乏民主的实践,是一个民主意识差的国家。当官者高高在上,当官做老爷,天经地义。掌权者,在其尚未掌权或正在向另一部分掌权者争夺权力的时候,他们往往要高唱民主,高举民主的旗帜,猛烈抨击当时的掌权者独裁,以便将民众聚集在自己的旗帜下,夺取政权。但当他们掌权后,即背叛民众,立即丢掉民主的旗帜,甚至视民主为洪水猛兽。此时其最关心的是如何巩固自己的统治,为此不惜对支持过自己的群众大力镇压。其独裁的程度甚至超过前任掌权者。任何的民主监督对其都如芒在背,不去除不快。所以,对掌权者来说,要真正实行民主,就必须有一个强有力的制度来保证对掌权者的有效监督,防止权力任何私有化的倾向。同时要求掌权者有一颗普通公民之心,时时准备以人民的意志为进退,哪怕你于国家、于人民有再大的功劳也必须如此。要做到这一点却很难。当时各省都督,不管是旧官吏出身,还是同盟会员出身,都缺乏民主精神。尽管他们在反对别人的独裁时激昂慷慨,但面临对自己的监督则照样难于接受。因而与省议会处于对立状态,摩擦与冲突不断。1912年湘督谭延闿因与湘省议会矛盾激化,谭动用军队强行解散了省议会。河南省议会弹劾豫督张镇芳、吉林省议会弹劾都督陈昭常、直隶省议会弹劾都督张锡銮、广东省议会弹劾都督胡汉民、江西省议会弹劾都督李烈钧、甘肃省议会弹劾都督赵惟熙等都是1912年北京临时政府期间发生的事。平时小的矛盾与冲突更是接连不断。为了平息与缓和各省都督与省议会的矛盾与冲突,7月12日临时大总统袁世凯特发布命令对各省都督正式任命,同时要求各省行政官及省议会蠲除意见。命令中说:“数月以来,各省行政长官与该省议会或因权限而启纷争,或因意气而生冲突。始由误会,继趋极端,既无曲谅之诚,复鲜互让之美。……要知政府保障民福,议会疏通民情,情分虽殊,道无二致。若彼此攻击,暗斗弗休,何异言居而毁其居家,言行而弃其辄轩。特此布告各省行政长官及各省议会,务宜共体时艰,互相提掣。"①从袁为此事竟采用发布命令的形式及从命令的内容可看出,当时各省都督与省议会矛盾的普遍性和尖锐性。真要由省议会选省的行政长官,各都督能入选的恐怕是凤毛麟角了。故各省都督极力反对省议会选举省行政长官。当各省都督得知参议院法制部在审查政府提交的《省制》、《省官制》修正案表决时,将大总统解散省议会权删去,而保留省议会对省长的弹劾权,便立即串联鄂督黎元洪、民政长刘心源,甘督赵惟熙,苏督程德全,浙督朱瑞,鲁督周自齐,豫督张镇芳,吉督陈昭常,直督冯国璋,川督胡景伊、民政长张培爵,奉督赵尔巽,粤督胡汉民,桂督陆荣廷,晋督阎锡山,闽督孙道仁14省都督,于10月3日直接致电北京参议院,反对参议院法制部的审查报告,说"顷闻贵院于省官制案经审查会表决,拟删除大总统解散议会权而省议会有弹劾省长权,不胜惶骇。方今国势机陧,党派纷歧。若立法不得其平,则祸变将何所底止?"电报中列举了取消大总统解散议会权而省议会有弹劾省长权的4个忧虑:"议会无限制,势必轶出范围。设与省长极端冲突时,是否别立机关为之裁决? 若不服裁决又将如何处理?此可虑者一。省长既为官吏,惩戒法、行政裁判所互相禁制,复有议会为之监督。今又以无限制之弹劾权相加,势必贤者群思去位而阘茸者、溺职者反得苟且求容。荒政误国,谁尸其咎? 此可虑者二。设因议会无端牵制以致国家要政不能实力奉行,将来中央考绩是否罪加省长?此可虑者三。弹劾滥施,执政者必不能久于其位,遂至政令纷更,迄无定见,大局动摇,何堪设想? 此可虑者四。"电报最后提出:"伏望准诸权衡,平其偏倚,即将此议取消,庶几三权鼎立于不相侵犯之中,寓互相维持之妙,民国前途其有豸乎!"②

①　《盛京时报》1912年7月16日;《申报》1912年7月14日。

②　《盛京时报》1912年10月16日。

　　各省都督一致反对参议院删去大总统解散省议会权而保留省议会弹劾省长之权,各省议会则支持参议院,参议院中国民党议员又占多数,通过法制部审查报告的可能性极大。为了将各省的大权进一步集中到中央,袁世凯借口各省的反对,让国务院将《省制》、《省官制》修正案撤回。国务院于9月20日将撤回咨文送参议院,并承诺一星期内再将重新修订的两案交参议院核议。9月23日参议院常会,宣读了国务院咨请将《省制》、《省官制》案撤回再修正文。尽管有些议员当场对撤回提出异议,但撤回是政府的权限,无可否定,只得将两案撤回。但这一撤回,政府便再也未将《省制》、《省官制》案交参议院核议。

　　两案撤回后,袁世凯又屡屡派总统府秘书长梁士诒与参议院议长磋商,详细陈述省长简任的各种理由,及大总统解散权的必要性,以便议长与议员们疏通,但效果不大。

　　《省制》、《省官制》案撤回后,国务院法制局又拟定了一个折衷方案,仿照普鲁士州制,将省制划分为省官治制和省自治制两制。即将省政权机关划分为省自治机关和省官治机关。省官治机关为总监公署,设总监一人,简任,为一省行政长官,受中央政府的委任,代表政府执行其委任的事务。总监公署设内务、财政、教育、实业4个司。各省依地方情形得设观察使。省议会选举总董事1人,董事6至18人,组成省董事会,依省议会的议决执行该省的自治事务①。显然,袁世凯想方设法也要紧抓任命各省行政长官之权。袁可以在军、民分治问题上暂时做出让步。毕竟有相当多省尤其是北方省的都督是袁的心腹,或已投靠袁。这是袁政府的基础,是袁搞独裁的政治资本,是袁赖以扩张权力的资本。袁可凭借这些资本震慑、拉拢、分化其他省的一些都督。但如果省民政长官由省议会选,兼任民政长的各省都督自然也包括袁所依靠的都督绝大多数要遭淘汰。袁政权马上就要失去其基础的重要部分,袁马上将被驾空。不但不能将权力扩大,以便建立自己的独裁统

---

①　《盛京时报》1912年9月27日、10月15日。

治,而且真实行省议会选出各省行政长官,各省就基本上可以维持独立或半独立状态,袁的命令就真的出不了京城。故袁世凯在简任各省行政长官的问题上是决不会向各省议会和参议院让步的。有各省都督支持自己简任省行政长官,自己更可借他们的力量来压参议院,压各省议会。况且他们都是文人,翻不了天,顶多是吵吵嚷嚷一阵子罢了。

　　各省都督从维护自身利益出发,在省民政长官简任问题上坚定地支持袁世凯,配合得也很默契。在知道法制局仿照普鲁士州制,将省划分为省官治和省自治后,不以为然。又联合起来由浙督朱瑞主稿,黎元洪领衔,苏督程德全,皖督柏文蔚,直督冯国璋,豫督张镇芳,川督尹昌衡、川民政长张培爵,鲁督周自齐,晋督阎锡山、晋民政长谷如墉,甘督赵惟熙,陕督张凤翙,奉督赵尔巽,吉督陈昭常,黑督宋小濂,桂督陆荣廷,黔督唐继尧联名于10月25日致电北京参议院,反对省长民选,主张省长由大总统简任。电文说:"一省之长为官吏。官吏乃总统之属员,不由委任,政策将何以贯通? 吾国既非联邦,则各省行政之长是为官吏,宜委任,不宜选举,夫复何言! 更以事实论之,省长民选,必起党争。甲拥其魁,乙弹其后,即不去位,亦或坐困。弊一;省长民选,必为本省之人,亲戚交游,近在咫尺,趋炎希宠,易与为非。弊二;光复以后,省自为政,扶植中央是为急务。若省长各由民选,则中央与地方弛其维系之道。庸暗者漠视政府,桀骜者割据一方,二十余省之瓦解翘足可待。弊三;国家多事之秋,非强有力之政府不足以转危。故集权之说已成舆论。若省长民选,乃地方分权最力之举,坐致政府徒拥虚名,无术振作。弊四;省长为本省所选之人,往往私其本省,忽于全局。各省贫富悬殊,协款昔有先例。若此界彼疆,不相调剂,贫瘠之省或涸而踣。弊五;省长民选,则其负责之处,对于省会者为多,对于总统者绝少。但为省会赞同之人,即梗中央之命,总统亦无如之何。以下凌上,呼应不灵,行政系统乃如散沙。弊六;各省开明之区,政治能力每苦孱弱,选举之制,尚难利行。边远之民,相去倍蓰,放弃权利,犹属无知。名曰民选,不副其实。拥戴长官,将成垄断。弊七。即此七弊观之,民选省长在在自速其灭亡。苟能除而去之,采用委任之制,则于理论、事实两得其平,固不易之良法也。"电文接着对反对省长委任之理由一一进行批驳:"或谓省长委任恐酿中央专制。不知监督省长既有省议会,省长委任由于总统,监督总统又有国会,专制之弊其何以萌?况缩短总统任期及法定不得三次连任,杜渐防微,其道良多,何必过虑也。或又谓省长委任反于共和之精神。不知共和精神即主权在民之一端。主权在民,若谓国家最高权一发端于议会立法,一方之准绳固宜如此,若任免官吏在行政一方者与是何涉?故法之省长虽由总统委任,毫末不叛于共和,其故可深长思也。瑞等以为省制问题无论取法何国,均无不可。总之民选之制有百弊而无一利,委任之制有百利而无一弊。贵院职司立法,一言可以兴邦,必能博稽外制,评审国情,造民国前途之福。"①黎元洪还将此电全文抄发给了袁世凯。

朱瑞等16省都督的电报,尤如平地一声巨雷。手握兵权的16省都督联名致电本身就有举足轻重之势,而其内容又涉及国家政权构建的根本问题。电报对省长民选害处的分析入木三分,对中央集权,建立强有力的中央政府以维持中国的统一和领土完整的透彻论述,大有高屋建瓴、势如破竹之势。故此电一发,震动朝野。一时舆论倒向一边,纷纷谴责力主省长民选的人是"别有肺肠"、"甘心亡国",一片声讨。坚持要求省长民选的电报立即销声。当时中国内忧外患接踵而至,国事岌岌可危。俄国利用辛亥革命后清政府忙于调兵镇压起义之机,迅速向外蒙渗透,支持外蒙以哲布尊丹活佛为首的分裂势力,要将外蒙从中国分裂出去,1912年1月3日俄国策动乌里雅苏台的札萨克图汗宣布"独立",接着又策动内蒙的哲里木盟科右前旗札萨克图郡王乌泰叛乱,于8月20日宣布"独立"。10月初,俄国直接出兵控制库伦,要将外蒙从中国割裂出去,变为俄国的附庸国。英国则支持以达赖为首的西藏上层分裂分子,要将西藏从中国分裂出去。且西藏分裂势力与外

---

① 《盛京时报》1912年11月8日、9日;《申报》1912年11月3日。

蒙分裂势力遥相呼应。日本一直欲变中国为其独占的殖民地,首先同俄国争夺蒙满,不断地在中国扩张自己的势力范围。这些都严重威胁着中国的统一和安全。当时人们希望建立一个强有力的政府,维持一个统一的国家一致对外,以便对抗列强分裂与瓜分中国的图谋。此时省要维持独立、半独立的状态是不可取的。故一时间赞成简任省长几乎成了检测爱国心的标准。要分裂和瓜分中国的列强不希望中国建立一个强有力的政府,不希望中国逐渐强大,而是希望中国政府软弱无能,希望中国成为其殖民地。正是在这一环境下,舆论才出现一致主张省长简任的局面。

孙中山、黄兴依据其实行联邦制的思想,坚持主张省长民选。11月3日孙中山致电袁世凯主张省长民选。但由于《俄蒙协约》及《商务专条》于当日在库伦签订,外蒙局势危急,舆论披露后全国震惊。人们的视线集中于如何应对俄国支持下的外蒙分裂势力的分裂活动。政府也忙于应付外蒙的局势,省长民选、简任之争暂时放一边。

朱瑞等16省都督的电文一开始就对法制局拟定的仿普鲁士州制的折衷方案不以为然,说"图治不慎必有后忧,法不善难以利行"①。参议员们及各省议会也反应冷淡,故该方案亦未正式提出于参议院。

10月12日,袁世凯在总统府召开地方官制研究会,提出了一个"虚三级制",设省、道、县三级。省为国家行政区域,将省议会废除而虚设一省总监,下置秘书、佥事、主事、技术等官。省总监由中央任命,其职责为执行中央委任的事务及监督该省的各道。一般省划分为4个道,有的省划分为2个道、3个道、5个道、6个道甚至7个道。道、县一方面为国家行政区域,一方面为自治团体。道官制设道知事1人,为道行政官,直接归内务总长管,由内务总长呈由大总统简任,下设秘书、佥事、主事、技术官等。道自治制则设道议会,道议会选举道总董事长1人,道董事4—8人,组成道董事会,依道议会的议决执行该道的自治事

----

① 《盛京时报》1912年11月8日、9日;《申报》1912年11月3日。

务。省总监监督道董事会。县官制设县知事1人,为县行政官,直接归道知事管,由道知事呈请内务总长荐任。下设金事、主事、技术官等。县、市、乡另定自治制①。法制局又据此详细草拟了一个"虚三级制"草案,将全国划为80个道。这个"虚三级制"其实质是实二级制,是废省改道的前奏。它是一个一箭双雕的方案。一方面废除了省议会,道虽有议会,但道知事是简任。这自然彻底消除了联邦制的基础,是单一制的中央集权。另一方面,废省改道,缩小了全国行政区域,各省都督的名称与职权也将随着省的逐渐消失而自然消失。道的军事长官所管辖的军队自然要比都督少得多,至多不会超过一个师。各地军人的兵力将大大减少,凭借手中兵力割据的局面将可避免,中央控制力量将大大加强。当然,这一方案既使各省议会无法接受,参议院也无法接受,就连支持集权的共和党也无法接受。各省都督也不能接受。1913年二次革命,袁世凯打垮了国民党,将权力进一步集中在自己手中后,即正式提出废省改道,废督裁兵的方案,以实现其中央军事集权的目的。但立即遭到各省军阀的反对,包括各省北洋军阀的反对,以各种方法来抵制袁的集权。此方案未能实行。而1912年时国民党的力量尚存,更是行不通。孙中山、黄兴又再次明确了省长民选的主张。如将《省制》、《省官制》案提交参议院,参议院审查时,同样要修改成大多数参议员同意的方案,即国民党议员一直主张的省长民选,大总统无解散省议会之权的方案。权力欲极强的袁世凯当然不喜欢这种妨碍自己集权的地方分权方案,于是采取拖延的办法,不打算再将此二案提交参议院。1912年底以后,各党参议员忙于第一届国会的选举,纷纷离京回乡竞选,致使参议院不足法定人数无法正常议事。当时压在参议院待议的案件已经很多,有些是急需议决的案件。政府一再催促,议长也十分着急,照常发议事日程,但就是无法成会。这时的参议院自然再无资格来催促政府交议《省制》、《省官制》二案了。

---

① 《申报》1912年10月20日、26日,11月24日。

　　袁世凯及时抓住参议院不能成会的时机，于1913年1月8日一天就发布了9道命令：《各地切实执行地方机关划一组织令》、《划一现行各省地方行政官厅组织令》、《划一现行顺天府属地方行政官厅组织令》、《划一现行各道地方行政官厅组织令》、《划一现行各县地方行政官厅组织令》、《划一现行中央直辖技别行政官厅组织令》、《划一现行京师警察官厅组织令》、《划一现行地方警察官厅组织令》、《现行都督府组织令》。将自己一直坚持的地方制度以命令的形式正式公布，让各地执行。

　　《各地切实执行地方机关划一组织令》既是袁世凯要求各地切实遵照执行8个地方机关划一组织的命令，又是解释自己下达这一命令的理由。全文如下：

　　　　利国福民，首在改良政治。而改良政治之枢纽，系于法律之良窳与官制之得失。自统一政府成立以来，虽中央官制业已公布施行，而地方官厅尚多各为风气。诚以共和宣布，其时政府计划惟注重于军事、财政、外交诸大端，对于各省地方亦只以回复秩序为急，故官厅之如何组织，不暇一一深求究，非整齐划一之道。就目前现象而论，各省同此一司，而南北之名称互异；同为一长，而彼此之权限各殊。至于道府并存，府县相辖，则尤沿袭前清之弊政，大庚改革之初心。此外，特别官厅、警察官署系统既不分明，编制复多歧出，以致纪纲愈坠，政令愈疲，官治愈棼，民生愈悴。本大总统慨念时艰，疚心无已。迭经饬据国务会议，佥以地方制度固为民国百年之远谟，而现行机关宜有暂时划一之办法。是以本大总统决定方针，特就各该地方现行官厅先从划一组织入手。所有现设各省、各道、各县以及特别行政，并警察行政各官厅，于其各本官制未公布以前，均应悉依各本令办理。为此，通令京外各官厅，凡现行各项官厅组织，有与各本令所定划一办法不符者，均须分别遵照改定。一面为整齐现制之图，即一面为施行新制之备。至地方制度其关系于国家之强弱与国民之休戚者非常重大。究应采取如何主义，始可得国利民福之精神? 政府提案业已至于再三,现正从长修正,不厌求详,一俟参议院决议再行公布施行。各该长官当念国体骤更,物力不易,行政所需费用悉出国民脂膏,组织能早一日就绪,即地方可少一分更张,我国民亦可稍轻一重担负。此次各令公布后,务各力任其难,按照政府计划,以民国2年3月以前为限,一律办齐,以慰国民喁喁望治之心。共和建设,来日方长,日为改岁,勖哉! 勖哉! 此令①。

其余8种划一组织令格式完全一样,实质也一样。现将《划一现行各省地方行政官厅组织令》全文抄录如下:

1. 地方行政编制法及地方各项官制未公布以前,民国之国家行政区域,除蒙古、西藏、青海地方别有规定外,其各省地方划一现行行政长官之名称如下:

(1)已设民政长省份,以民政长为该省行政长官。

(2)未设民政长省份,以都督兼任民政长为该省行政长官。

2. 各省行政长官之职务、权限依现行法规之例行之。

其依现行中央各部官制所定属于各部总长主管事件,得临时委任各省行政长官办理。

3. 各省行政长官应依现行法规之例,于该省设一行政公署。

4. 各省行政公署除各设一总务处外,划一现行分司之名称如下:

(1)内务司

(2)财政司

(3)教育司

(4)实业司

5. 各省行政公署之总务处,划一现行设官名称如下:

(1)秘书

(2)科长

---

① 《申报》1913年1月10日。

（3）科员

6. 各省行政公署之各司划一现行设官名称如下：

（1）司长

（2）科长

（3）科员

前项规定外，各省公署得参照现行官制之例，酌设技正、技士办理技术事务。

7. 各省行政公署之总务处及各司，为缮写文件、办理庶务得参照现行官制之例，酌用雇员。

8. 除各省行政长官由大总统任命外，司长以下各官依现行法规之例，司长由该省行政长官呈由国务院呈请简任；秘书、科长、技正呈由国务总理荐请任命；科员及技士由该省行政长官委任。

9. 各省行政公署秘书、科长、科员、技正、技士员额，由该省行政长官拟具相当人数，呈由国务总理呈请大总统核定之。

10. 本令自公布日施行。

附　　则

11. 本令施行后，凡从前各省所设之官厅，其署名、官名有与本令划一办法抵触者，应即裁撤或改正之。

12. 本令施行后，各省地方遇有特别事件须设直辖局所办理者，应于未设以前声叙理由，呈报国务总理及该管总长核准施行①。

袁世凯1月8日的命令实质上是不经参议院议决而将政府以前起草的地方制度和地方官制以命令的方式予以公布。这自然立即遭到一直反对省行政长官由大总统任命的省议会的反对。各省议会纷纷致电袁世凯与参议院责问。国民党议员也反对袁的这一作法。彭允彝等国民党议员以《省制》、《省官制》等案政府未交参议院议决，大总统竟以命令制定公布为由，依据《参议院法》第62条提出质问书质问政府，指

---

① 《政府公报》民国2年1月9日第243号。

责袁世凯"官制不交院议,以命令制定,以命令公布,逾越约法,蔑视立法机关"。并提出五不可理由:违背约法,以命令制定、公布官制,无法律依据;以命令制定、公布官制,否定立法机关;如果各地对此违法命令不遵守,整理行政的初衷如何实现;如果1913年3月以前参议院议决相关的法制与命令相反,国政朝定夕改,求整齐划一而难达目的,求治反而愈乱;国务员为何在此侵犯立法机关立法权的命令上副署①。进入1913年1月后,参议院就因不足法定开会人数无法正常议事。尤其1月8日袁世凯命令发布,参议院中的共和、统一、民主三党是支持政府省制方案的,即是支持袁世凯的中央集权制方案的。认为时局艰危,各省秩序紊乱,须统一地方制度,方可巩固中华民国的统一和前途。故对袁世凯1月8日发布的《现行各省地方行政官厅组织令》等令多表同意,并秉承政府之意,进行调停。国民党议员在参议院占多数,当时留京议员也多为国民党议员。如果国民党议员就组织令的质问提交院议,不但难免一番争执,而且还可能再生枝节。于是共和、民主、统一三党商定三党议员不出席参议院会,使参议院不足法定人数而不能开议。1月17日参议院常会又因人数不足而改开谈话会,讨论彭允彝的质问案。但质问案对政府并无约束力。

　　袁世凯则密函参议院正、副议长吴景濂、汤化龙说明原委及不得已之苦衷:临时期限已迫,所有应办要政头绪甚繁,自应依次进行,以免将来之贻误。惟前此咨交贵院之案,其中大抵皆系立待颁布者。而贵院因不足法定人数,停止开会。积案既多,自未便再行稽压,致阻进行之秩序。现拟择各项要案中之万难迟滞者,暂以命令颁布。将来贵院对于各该案如有议改之处,再行分别更正。非世凯之敢侵立法权也,实以局势所迫,不得不设法变通,以求终了责任②。1月15日,临时大总统又特派总统府秘书长梁士诒密晤吴景濂议长,说明政府1月8日以命

----

①　《申报》1913年1月18日。
②　《申报》1913年1月18日。

令公布地方制度之苦衷：现时内省边陲均处阽危，凡我国民正宜同舟共济，诚不应以此小端又起冲突。大总统所亟亟宣布地方官制者，实因参议院久不开会，而临时政府行将告终，万难再待，故不得不权宜办理。内加"现行"字样者，亦即为此。今参议院既如此认真，惟有再请修正，俟表决后即将前者所颁布命令声明取消①。

这些也都言之成理，参议院一直不能成会也是事实。加之 1 月 15 日国务会议讨论答复了彭允彝等的质问书，对彭的质问——予以解释。说大总统 1 月 8 日的命令只是"划一现设之官厅"而非"厘订地方之制度"，不是《约法》第 33 条所规定的官制，"当然不在须交院议之范围"。并对彭的五不理解——予以解释②。当时，国民党认为赵秉钧内阁是国民党内阁，国民党采取了全力支持的态度，只是彭允彝等部分议员提出质问而已。加之参议院半死不活，难开成会，故并未再见波澜。不久，此事也就平静地过去了。但由于此一系列的命令还须制定相应的细则，故各省又多持观望态度，并电催国务院制定实施细则。其实都督们都不赞成上述命令中的军民分治，所以均以各种理由拖延，不愿执行上述命令。

随着袁世凯不断将权力集中于自己的手中，尤其是镇压了国民党的二次革命之后，袁逐渐实行军、民分治。按 1 月 8 日一系列的命令的规定，任命文官充当各省的民政长，不让各省都督控制地方行政，以削弱都督的权力。1914 年 5 月又颁布了《省官制》，改省民政长为巡按使，行政公署改为巡按使署。巡按使管辖全省民政和警备、巡防武装；依据法律、教令得发布省令和省单行章程，但不得与现行法令抵触；受政府特别委任监督全省财政和司法行政，考核财政和司法官吏。袁世凯死后黎元洪继任大总统，于 1917 年 9 月改巡按使为省长，巡按使署为省长公署，其他地方制度基本沿袭了袁世凯的上述地方制度。

省制不定，省议会如何组织，如何运作，都缺乏法律依据。各省议

---

① 《申报》1913 年 1 月 22 日。
② 《申报》1913 年 1 月 31 日。

会自然很着急,纷纷致电参议院和北京临时政府速定省议会暂行法。

在各省议会的催促之下,袁世凯并不想制定省议会暂行法,而是欲让各省议会暂按前清咨议局旧章程组织并运作。他于1913年3月6日电令各省议会克期成立,并让"各省省议会在《省议会暂行条例》未经公布以前,清咨议局章程除与民国国体及法令抵触者外,当然适用"。① 咨议局是一个咨议机关,和议会有着本质的区别,其章程是不可能适用于立法机关性质的议会的。堂堂的共和国临时大总统竟然要将封建王朝的一个咨议机构的基本组织与活动法搬来给议会使用,可见袁的心目中共和与专制并无太大的区别,省议会与咨议局并无太大的区别。足见袁的民主思想实在少得可怜,无怪乎他后来竟敢逆历史潮流,轻易就将皇冠扣在自己头上,称孤道寡地做起皇帝来了。

袁的电令一下,国务院立即落实此令,找来《咨议局章程》,进行一番删改,作为省议会适用标准,也不经参议院议决,直接电达各省都督,由各省都督转达各省议会。国务院在对《咨议局章程》修改时,竟将弹劾省行政长官权、议员言论和人身自由权统统删去。直视省议会为咨议局不若,蹂躏民权,违反共和精神莫此为甚。这自然立即遭到了各省议会的反对。浙江省议会甚至以停会七天来抗议政府延用删改的前清《咨议局章程》。同时,各省议会纷纷电催临时政府与北京参议院,尽快制定与公布《省议会暂行法》。这样,国务院秘书长张国淦又与参议院议长吴景濂、副议长汤化龙、秘书长林长民协商,决定先绕开一时难以解决的省长简任与民选之争,先将《省制》、《省官制》案搁置,只将原《省制》草案中的省议会一章重新起草,单独形成《省议会暂行条例》,提交参议院议决②。这样,法制局按协商的精神起草了《省议会暂行条例》案,经国务会议审核后提交参议院。

3月14日参议院常会,对《省议会暂行条例》案初读后即议决付法

① 《盛京时报》1913年3月13日。
② 《盛京时报》1913年3月16日。

制审查。但参议院法制部在审查时,将政府提交的草案否定,并在原法制部审查报告的基础上,将原审查报告的《省制》案第二章省议会抽出,另行起草了《省议会暂行法》案,并将它连同政府提交的《省议会暂行条例》案一并提交给参议院常会。3月24日参议院常会,通过表决同意了法制部对政府提交的《省议会暂行条例》案的否定,决定对法制部起草的《省议会暂行法》立即二读。3月26日参议院常会继续对《省议会暂行法》案二读。并完成了二读,又议决省略三读将全案通过。

1913年4月2日,临时大总统公布了《省议会暂行法》,该法6章共41条,全文见附录(七)。

十三、《中央行政官官等法》、《中央行政官官俸法》案的议决

不管是哪个国家实行何种政治制度,官等和官俸涉及为官者的切身利益,是为官者十分关切和重视的一个问题。"千里做官为吃穿",做官是很多人谋生、谋出路的手段。中国历来是官贵民贱。在封建社会,知识分子终生的追求就在于仕途的辉煌。只有当官才能光宗耀祖,才能飞黄腾达。官等和官俸也是社会各界十分关心和重视的问题。这不但是因为官是全靠人民养活,政府机构的庞大和官俸过高会直接加重人民的负担。而且官俸过高、特权过多,将刺激人们千方百计地去挤入官场,去钻营。这便是社会的导向。

中华民国是共和制的国家,实行三权分立,第一次有国会。官等、官俸也是破天荒的第一次由一个民意机构在十分透明的情况下来议定。这不能不说是一个进步。北京参议院对官等、官俸法也是十分重视的,以三读程序通过。在二读会时还出现激烈的争论,其中主要是官俸法的争论。

参议院将临时大总统咨送的《中央行政官官俸法》和《中央行政官官等法》案经过初读后即付法制审查。

　　法制部在对政府提交的两案进行审查时,对官俸,尤其是特任官、简任官官俸争论较大。两案中所谓特任官是指国务总理和各部总长,简任官为各部次长,荐任官为参事、司长、科长,委任官为科员。对政府提出的官俸案,法制部审查时出现赞成与反对二种意见。反对者主要认为特任官国务总理月俸 2 000 元,各部总长月俸 1 200 元;简任官各部次长月俸最高 800 元;荐任官月俸最高 520 元。认为定得过高,应适当下调。主张官吏之俸给虽不宜定得过少,以致不足养廉,但也不宜定得过多,过多致增重人民的负担。只有根据国家的收入和国民的生活水平来定一适当的数目。中华民国收入远逊于西方各国,国民的生活水平远低于西方各国,官俸宜以日本为准或略高于日本。但政府所提出的《中央行政官官俸法》案中,官俸定得远高于日本,显然过高,应适当下调。若一味强调高薪养廉,即使给再高的薪俸,性贪者虽十倍于原案之俸犹感不足。薪定得过高反奖励奢侈,更无法矫正做官发财之旧习。赞成者认为,总理、总长地位极高,必须有以保持其品位的俸给。堂堂中华民国的国务员,不宜薄其俸给。总理、总长位置既高,交游应酬费用亦多。能据最高地位必是上等人才,宜使利益稍厚,始可期其乐就。否则,不足以鼓励杰出之士,而次等人才乘其乏矣。故即使不再加多,亦不宜再为减少。第一种意见以日本官俸为准或略高于日本官俸,就已经偏高了。当时中国的经济比日本落后很多,中国人民的生活水平比日本低得多。第二种意见就更脱离中国的经济状况和人民的生活水平,自然更不合理。在北洋军阀统治时期,中央各行政机关官员的官俸基本上是按北京参议院议决的《中央行政官官俸》的标准实行的。即参议院已将官俸下调了,但中央各部官员的工资也常常不能按时发给,或折扣按几成发给,或数月发不出薪。中央各部职员罢工索薪的事屡屡发生。财政部往往等着借外债来发薪发饷的事也屡见不鲜。这些都说明中国的官俸不能定得过高,是由当时的国情所决定的。何况政府提案中有意将官俸定高,留有被参议院压缩的余地。但法制部审查时,第二种意见占多数,表决时,竟基本同意了政府提案中的官俸标准。

1912 年 9 月 30 日参议院常会。法制委员长张耀曾向全院作《中央行政官官俸法》案、《中央行政官官等法》案审查报告,说明法制部对政府提出的此二案审查中未做大的修改,只是文字上做了一些修正。议员略有讨论后即议决付二读会,对二案逐条讨论。

10 月 4 日,参议院常会,对《中央行政官官俸法》案进行二读,逐条讨论。议员们纷纷发言,争论也比较激烈。尤其是对国务总理月俸和各部总长的月俸,大起争论。

议员张华澜发言说:国务总理及各部总长薪俸不宜如此之多。凡主张薪俸多者以为薪俸足以养其身家则不至纳贿营私。不知薪俸太多则赡家之外尚有盈余,本席以为不过逛窑子、吃花酒、打麻将(鼓掌声),置政事于不问。如此则可见薪俸万不宜多。

议员李国珍发言说:现在定薪俸宜抱二主义,一官俸不可太少,太少则不能自赡其身,必致营私纳贿;二官俸不可太多,太多则养身之外尚有盈余,必致荒于酒色,使人们欣羡为官者之安逸,必有钻营苟且之举。现在总宜就程度上及生计上研究而定一标准方可。此次所定之数目未免太多,故本席反对第一条、第二条。本席之意以为第一条特任国务总理月 2 000 元应改作 1 000 元,年核 12 000 元,各总长应改作 800元,年核 9 600 元,荐任亦少有更改。

徐傅霖发言:本席主张审查报告。总长、总理并非前清之官吏,不能注意于钱之多寡。

谷钟秀发言说:此并非有理想即可解决。中国现在各方面及社会看来,若不稍从宽,恐上等之人皆在商业。

俞道暄发言:本席赞成李君之说。(鼓掌声)①

最后议长付表决,赞成总理月俸 1 000 元,总长月俸 800 元者少数,否决。赞成总理月俸 1 200 元,总长月俸 1 000 元者少数,否决。赞成总理月俸 1 500 元,总长月俸 1 000 元者多数,可决。

---

① 《盛京时报》1912 年 10 月 9 日;《申报》1912 年 10 月 12 日。

接着讨论简任官(即次长)、荐任官(即参事、司长、秘书、科长)、委任官(科员)各级月俸。原政府提案第一表第一号,简任官分3级,每级差100元,为800元,700元,600元。由于特任官减少了月俸,简任官自然亦得减少月俸,此时已无须再陈述理由,只是减到多少的问题。简任官分3级均赞同,但又出现三种意见:1.500元,400元,300元。2.600元,500元,400元。3.700元,600元,500元。最后付表决,赞成第一种主张者少数,否决。赞成第二种意见者多数,可决。

第一表第二号荐任官。政府原提案分6级,由220元至520元,法制部审查时改为由200元至520元分6级。由于特任官、简任官均已下调,故荐任官月俸下调也是必然的。最后议决由220元至360元分6级:360元,340元,300元,280元,240元,220元。

第一表第三号委任官。张耀曾、孙钟、张华澜均提出修正案,最后付表决,张的提案通过,即议决由50元至150元分12级:150元,140元,130元,115元,105元,95元,80元,75元,70元,60元,55元,50元。其他条款争议均不大,比较顺利地通过二读,并议决省略三读,全案通过①。

《中央行政官官等法》案在10月2日参议院常会对其二读时,除第六条略有争议外,余均顺利通过二读。10月8日参议院常会又对该案开三读会,除个别文字修改外,全案通过了三读。

其实官俸法为北京官场最关注的事。政府起草此案时已预先将各级官俸数额定得较高,以留参议院削减的余地。参议院法制部审查时也知政府此意,但谷钟秀、徐傅霖等极力主张加多来抵制削减,这样审查时基本照政府原案通过。谷钟秀等人之所以坚持高一些的官俸,主要是谷与广东议员徐傅霖、杨永泰等正在运动国会议员岁费高定为5 000元,中央行政官俸定高一点,国会议员的岁费定高就有参照,到时候,反对之声亦会小一些。再加上参议员中有一些人与官场关系较密

①　《盛京时报》1912年10月4日、13日。

切,亦希望官俸定高。于是才出现主张官俸定高的一派。当时,每月50元即可维持一个小康家庭。《中央行政官官俸法》将官吏的薪俸定得过高,脱离了中国的国情。这些又都是一些议员为自身的利益,故意将官吏的薪俸抬得过高。

10月16日,临时大总统正式公布了《中央行政官官等法》和《中央行政官官俸法》。两法附于下。

中央行政官官俸法(1912年10月16日公布)

第一条　特任官官俸除别有规定外,其俸额如下。

国务总理　月俸　1 500元

各部总长　月俸　1 000元

第二条　简任官官俸除别有规定外,对其各级俸额依附表第一表第一号。

荐任官官俸除别有规定外,其各级俸额依附表第一表第二号。

委任官官俸除别有规定外,其各级俸额依附表第一表第三号。

同一官因其官等不同而俸额异者,依附表第二表定之。

同一官等之官其俸额有数级者,由各该长官视其事务之繁简、学识之短长、执务之勤惰定之,并以次进之,但非执务半年不得进一级。

第三条　简任官进升至各该官最高之等受至最高级之俸满5年以上确有功绩者,得给以700元以内之年功加俸。荐任官进至各该官最高之等受至最高级之俸满5年以上确有功绩者,得给以500元以内之年功加俸。委任官进至各该官最高之等受至高级之俸满5年以上确著勤劳者,得给以200元以内之年功加俸。

第四条　休职退官及死亡时仍给以本月之全俸。

第五条　退官者仍在续办公事清理余务时,照常给俸,休职者在休职期间中仍给俸三分之一。

第六条　凡在官于一年之内因病不能执务过90日或因私事

不能执务过 30 日者,须计其一年应得之俸减其四分之一。但因公致疾及服丧者不在此限。

第七条　关于官俸发给细则由财政总长以部令定之。

第八条　本法自公布日施行。

第一表　简任官以下月俸分级表

俸级	第一级	第二级	第三级	第四级	第五级	第六级	第七级	第八级	第九级	第十级	第十一级	第十二级
第1号	600元	500元	400元									
第2号	360元	340元	300元	280元	240元	220元	200元					
第3号	150元	140元	130元	115元	105元	95元	80元	75元	70元	60元	55元	50元

第二表　官等俸给对照表

简任官月俸

一等　　第一级

二等　　第二级　　第三级

荐任官月俸

三等　　第一级　　第二级

四等　　第三级　　第四级

五等　　第五级　　第六级　　第七级

委任官月俸

六等　　第一级　　第二级　　第三级

七等　　第四级　　第五级　　第六级

八等　　第七级　　第八级　　第九级

九等　　第十级　　第十一级　第十二级①

中央行政官官等法(1912 年 10 月 16 日公布)

第一条　中央行政官除特任官外,分为九等。

第一等、第二等为简任官,第三等至第五等为荐任官,第六等至第九等为委任官。

第二条　简任官属于国务院或直隶于国务总理者,其任免叙等,由国务总理呈请大总统行之。属于各部或直隶于各部者,由各部总长商承国务总理呈请大总统行之。

第三条　荐任官属于国务院或直隶于国务总理者,其任免叙等由各该长官呈由国务总理呈请大总统行之。属于各部或直隶于各部总长者,由各部总长经由国务总理呈请大总统行之。

第四条　委任官之任免叙等,由各该长官行之。

第五条　各官官等,除别有规定外,均依本法所定官等表。

第六条　初任官者之官等,须为官等表中所定各该官最低之等,升任者亦同。

有荐任官资格之人,任为委任官者,其初任官之官等为第六等。应文官高等考试初试及第之人,任为委任官者,自七等始。

转任者,如其前官之官等,高于其转任官之最低等者,须从其前官之官等。

已退官者,如复任时,须依前官官等,或前官官等以下之等。但任前官时,在官已逾二年者,得进前官一等。

第二项、第三项及第四项之规定,于秘书不适用之。

第七条　各官之官等,非在官二年以上,受至各该官官等最高级之俸者,不得叙进一等。

前项之规定,于秘书不适用之。

---

① 《申报》1912 年 10 月 14 日。

第八条　本法自公布日施行①。

尽管北洋军政府握有大权的高官,国务员自不必说,连北洋政府其他机关的首脑均享有各种特权,有数目不小的特别费供其支配。这些都是官俸法所无法约束的。但由议会议定官等、官俸,规范大多数政府官员的薪俸,毕竟是一个进步。作为民主共和国的中华民国,政府官员的薪俸都应有法规予以规定,并由议会进行监督,提高透明度。可是,当时的最高统治者临时大总统袁世凯的薪俸参议院就不敢过问。这在真正的民主国家是不多见的。当时国务院曾将袁世凯的年俸定为白银18万两,合银元近30万元,这在当时是很高的。当时美国总统年薪才7.5万美元,合当时中国币约14万银元。法国总统年俸60万法郎,约合中国币20万银元。袁的薪俸比发达国家的元首均高。当时中国人民的生活普遍贫困,其贫穷程度是世界少见的。但中国元首的薪俸却如此之高,真是穷庙富方丈。但就是如此丰厚的薪俸尚不够袁及其家属的挥霍。袁世凯用钱从来不受任何限制,仅凭其一张字条即可从国库任意支取巨款归其支配。一些议员对此也有议论。1913年7月中旬,众议院议员易次乾曾提过一个议案,共8条,规定大总统年俸20万元,总统府中职员的俸给以预算定之,并限制大总统不得于国库支出法律规定外的款项。但众议院议长汤化龙未敢将此案列入议事日程,即不敢以法律来定临时大总统薪俸,不敢对袁世凯任意从国库中支取巨额钱财进行监督和约束。这自然有悖于民主共和制的精神。对袁不敢监督,袁世凯政府的腐败就是必然的。

十四、《参议院法》的修正

北京参议院开院后,随着时间的推移,有些懒散的议员开会时常常迟到、早退。有些议员则四处兼职,也时时缺席参议院的会,致使参议

---

① 《盛京时报》1912年10月23日;《东方杂志》第9卷第6号。

院开会时,往往不足《参议院法》第 33 条规定的须议员总数过半才能开议的法定人数,无法依《参议院法》规定的常会上午 9 时开会的时间开会,只好一再延迟开会时间以等人,很少有能按规定时间开会的时候,有时甚至等到上午 10 点仍不足法定人数无法开会。有的参议员在参议院常会进行中间退出会场,致使会议不足法定人数而暂停议事。有时常会一再推迟开会时间,在场议员一等再等,也因凑不足开会的法定人数而流会。这些自然是一些参议员缺乏责任心的表现。当然,有时也出于某些党派为使某一议案不能通过,以不出席会议为手段来达到本党派阻止该议案通过的目的。这实际上也是一种党派不负责任的表现。当某一案开会时本有可能通过,即参加会议的多数议员可能赞成,少数服从多数,这是议会民主的根本原则。但少数党为阻止该案的通过,以不出席会议使会议不足法定开会人数的方式来达到自己的目的,这种作法实际上是破坏少数服从多数这一议会民主的原则的。这些问题,在中华民国国会存续期间,一直是困扰议会的一个问题。且随时间的推移,越往后问题就越严重,以至出现过议会几个月一直处于开会即流会的状态。这真是中国议会的一个顽疾,是一个令议长和很多议员头痛的问题。这在世界议会史上也是不多见的。很多议员开始提出议案来解决这一问题。

1912 年 9 月 20 日,参议院全院委员会,议事日程为审议《省制》、《省官制》二案。由于此二案政府撤回修改,当天的全院委员会势必改为常会,但一直因人数不足,延长开会时间多次,最终也未凑足开会的法定人数,流会。9 月 23 日参议院常会,因议员迟到不能按时开会,直等到 9 点 40 分凑足法定的人数后才开会。9 月 24 日参议院常会,因等迟到议员,到 9 点 30 分才开会。9 月 25 日参议院常会等到 9 点 45 分才开会。按时到会议员却要长时间坐等那些姗姗来迟的议员才能开会,这自然白白浪费了按时到会议员的时间。同时,参议院常会从上午 9 点开始到 12 点结束,每天规定的议事时间 3 个小时,每周从周一到周五为常会开会日。如按时开会按时散会,每周议事时间也只有 15 个小时。因议员迟到或早退,使议事时间大大缩短,再加上流会,参议院每周的议事时间本来就不长,再去掉一些人为造成的议事时间的丢失,议事时间就更短。政府提出的很多议案亟待议决,却一直压在参议院,无法议及。尽管政府一再催促,议长也只能干着急。故9月25日参议院常会开始后,议员王家襄、张华润、段宇清、刘显法、宋汝梅、谷钟秀等纷纷发言,对议员迟到的现象表示了强烈的不满,也对议长不能制止这种现象表示了不满。议长吴景濂说,要真正杜绝议员开会迟到、早退和无故缺席的问题,必须修正《参议院法》第13条和第14条,加大对迟到、早退和无故缺席议员的处罚力度。

9月30日,参议院常会,议员刘星楠等提出的《修正参议院法》案列入了当天的议事日程,该案提议将《参议院法》第13条修改为:参议员请假每月不得逾7日,违者按日数扣其公费。第14条修改为:参议员于每日开会后一小时不出席及已到席而后出议场外至一小时之久者,均以无故缺席论,按本法第93条办理。刘星楠说明修正理由后,议员曾有澜、李素激烈反对这一提案。但赞成者多数,表决时,赞成将此案交法制部审查的参议员为多数,这一提案通过一读会。一些参议员迟到依然,到10月15日,参议院常会能在上午9点30分开始是最早的,有时得等到上午10点之后才能开始。

10月15日,参议院常会,因人数不足,再次延长会议开始时间,到上午10时仍不足法定人数,无法开常会。议长在征得在场议员多数同意后,改开谈话会,研究如何修改《参议院法》以保证以后参议院会议能准时开会问题。议员纷纷发言提出自己的主张。到10点15分,又有几个议员姗姗到会,已足法定人数,议长遂宣布开正式会议。讨论修改《参议院法》的问题。

议员苗雨润提议将《参议院法》第31条规定的开会时间每星期一至星期五上午9点至12点改为每星期一、三、五下午1点到5点开会,即隔日开会。认为隔日开会,中间休息一日自可克服迟到、早退、缺席的现象。这自然是一种偷懒的办法。按说,参议员每周只有5个半天为工作时间,这已很少了。因为当时世界上最先进的国家也只有星期天休息,每周 6 个工作日,每个工作日 8 个小时工作时间。每周还有 48 个小时的工作时间。中国的参议员早已享受双休日,且 5 个工作日 也只是每日工作 3 个小时,一周才工作 15 个小时。现在再改为每周 3 个半天,每周工作时间改为 12 个小时。本来此时参议院积压的待议案 已经不少,天天开会尚嫌时间不够,再减少开会时间,积案自然要大增。 但苗的主张却得到很多议员的赞成。全院委员长谷钟秀、法制委员长 李肇甫、议员陈景南等纷纷发言赞同苗的主张。

参议员李榘则主张以法律约束迟到、早退及无故缺席者,赞成按 9 月 30 日议员刘星楠等提出的修改《参议院法》第 13 条、第 14 条的提 案,不到会者扣其公费。但议员阮庆澜立即发言指出此法难有作用, 说:现在不到会者皆系运动为国会议员,又何惧扣其公费也? 一语中 的,全场掌声骤起。阮庆澜的的发言反对常会改在下午开,说:上午纯 是朝气,下午纯是暮气。前清资政院到下午四五点钟之时表决议案,非 常潦草,盖人人皆愿回家,纯乎暮气。阮的话是有道理的,它说出了人 的生理规律,上午总比下午精力更旺盛。阮同时提出,将《参议院法》 第 33 条常会出席人数由议员总数之半数改为三分之一。这自然也是 行之有效的办法。但很多议员对此反应冷淡。

参议员陈同熙提议以公报的形式将速记录、议事日程、出席人数、 缺席人数、请假人数公开,以便舆论监督。

参议员邓镕主张常会应提到星期一至星期五上午 8 点钟开会,说:本 席以为议员应守法律,不应法律迁就议员。也赢得了全场一片鼓掌声。

参议员席聘臣发言反对隔日下午开会,主张按《参议院法》上午开会。 说:天天开会尚且不能开会,何况隔天开会,若隔天开会则更无法开会①。

当天的会议,针对议员迟到、早退、无故缺席的现象,纷纷提出各自的 办法,各陈述各自的理由。最后议长以所提出的办法一一付表决,结果:

1. 赞成参议院常会改成下午开者,多数,可决。

①　《盛京时报》1912 年 10 月 19 日。

2. 赞成参议院常会隔日下午 1 点至 5 点开者，多数，可决。

3. 赞成迟到须将姓名报告者，多数，可决。

4. 赞成缺席理由须得参议院大会承认者，多数，可决。

由于上述可决的结果，实际上是修改《参议院法》第 31 条："参议院除休会外，每星期一至星期五上午 9 时至 12 时为寻常会议时间；但有紧急事件特别开会，不在此限。"修改《参议院法》必须通过三读程序。于是又讨论议决修改《参议院法》第 31 条不付审查，不付二读，省略三读，将修正的第 31 条全文通过。修正的第 31 条全文为："参议院除休会外，每星期一、三、五日下午 1 时至 5 时为寻常会议时间，二、四、六日下午 1 时至 5 时为各审查会开会时间。又凡常会日期会议时间内，由午后 3 时起休息 15 分钟，并于休息后摇铃开会时，再书到一次。但有紧急事件特别开会，不在此限。"①

认为修改《参议院法》将参议院会挪到下午隔日开会也难改变迟到、早退、缺席现象的估计是对的。尽管《参议院法》是修改了，但参议院仍无法正点开会，往往一再延长会议开始时间以便凑足法定开会人数。很多时候是因一些议员中午有饭局而迟到，故改下午开会还不如原来上午开会。到 1912 年 12 月下旬后，情况就更糟，常常因人数不足而无法成会。参议院堆积的待议案又很多，亟待议决。参议员的这种不负责任和懒散，自然引起舆论的不满。临时大总统袁世凯致函参议院议长，请其转致参议员，大意为：临时政府期限将满，所有应办事项头绪繁颐，非振刷精神逐一进行，将来恐难免贻误之虑。世凯受国民之委托，一年以来所谓国利民福者，愧无以报四万万同胞之期许，转瞬临时限满，并此应办之事而不能筹备完全，则咎戾所归，世凯与诸君实不能辞其责。应请转致各议员，务须按日出席，将未结各案赶即核议，并由世凯督饬国务院将提交之案从速议决，依次咨送，俾临时政府期内应行

---

① 《盛京时报》1912 年 10 月 19 日。

之件次第举行,庶将来政府改组不致贻误全国①。

民国最高立法机构连正常的议事活动都不能维持,自然大大影响了参议院的地位和声誉。再加上舆论的不满与抨击,临时大总统的责备,议长自然脸上无光。1912 年 12 月 26 日参议院常会,几次延时,终因人数不足而流会。会后议长吴景濂特给在京议员发通告:临时政府期限迫切,本院屡因法定人数不足未能开会,已迭受政府之催促,舆论之消骂,于立法机关之名誉殊多有损。自今以往,请诸君维持本院名誉,以国家为前提,按期到会。且预算等项议案,尤关重要,诸君既已赞成于前,自不能放弃于后也。

12 月 27 日参议院勉强开成常会。28 日参议院再次因不足法定人数而改开谈话会。为了顾全参议院的面子,28 日议长和议员就提出元旦休会一周的办法来遮掩参议院开不成会的窘况。休会 7 天,此事本来只有正式会议通过表决才能决定。但此时已无法凑足法定开会的人数,自然无法表决。议长也声明自己无决定休会之权。这样,谈话会议定用变通办法:先由议长发通告,令议员于下星期一(即12 月 30 日)到会表决休会事,如大家自不到会,则可由议长发通告宣布自下星期一起休会一周。于是由参议院秘书厅通告各议员:本日议场因 2 次延长时间仍不足法定人数,未能开议。当经在席各参议员开谈话会,以现在时届新年,应自本月 31 号起至来年 1 月 5 日止,休会一星期。其休会时期内,如遇有特别重要事件发生,仍应随时召集开会。惟按照院法第 4 条之规定,本院休会应得参议员过半数之可决方为有效。兹订 30 日午后 2 时正式开会,将前项问题提出表决。如是日出席议员仍居少数,其未出席者于此次谈话会所拟休会办法应作为默认②。

自然,此通知即等于正式放假通知,12 月 30 日根本就没有要开会

---

① 《申报》1913 年 1 月 5 日。
② 《申报》1913 年 1 月 5 日。

之意,故 12 月 30 日无议员赴参议院。放假之后,就更散了,参议院更难凑足法定的开会人数。1913 年 1 月 6 日、8 日、10 日参议院会虽延迟开会时间多次,亦不足法定人数而不能开议。当时提名颜惠庆为驻德公使案等案又急需通过。故 1 月 10 日改开谈话会,议定:由参议院以在京各省议员的名义分头去电催各该省回乡议员回京。议员顾视高在谈话会上提出修改参议院法第 33 条为"三分之一以上议员出席"即可开议案。自然因不足法定人数不能开议。以后又一再流会。直至 1 月 27 日下午,多次延迟开会时间,到 3 点钟才到 57 人,离法定的 59 人尚差 2 人。当时在京的参议员尚有 63 人。一直等到下午 3 点 30 分,才又来了 2 名议员,正好够开议的法定人数 59 人。议长吴景濂急忙摇铃开会。驻德公使颜惠庆的提名急需通过,会议一开始议长就让以无记名投票方式表决通过了对颜惠庆为驻德公使的提名。接着就有议员动议先议本日议事日程中的第 11 案《参议院法第 33 条修正》案,经表决,多数赞成,可决。由提案人顾视高说明修正案的理由后,即开始发言。顾案主要内容是降低参议院常会的法定人数:参议院非有到院参议员三分之一以上出席,不得开会;但《临时约法》及本法关于出席议员数有特别规定者,从其规定。

刘崇佑发言反对顾视高修正案。段宇清也发言反对顾的修正案。说:三分之一人数不过 30 余人,则表决一事不过 10 余人。以四万万民命之所系,而以 10 余人断定前途,危险何堪设想?故本员以为此案万不能成立。

参议员刘声元赞成顾的修正案,说:三分之一为 39 人,表决多数亦得 20 人。且西洋各国亦有三分之一为开会人数者。

参议员刘崇佑发言反对三分之一为开常会人数,说:西洋各国三分之一几多人数?我国参议院三分之一几多人数?不能一体而论。

顾视高反驳说:然则可坐视参议院闭会,全国无立法机关吗?

刘崇佑针锋相对地说:宁可闭会,不能如此含糊。

议员王家襄发言说:只要大家热心国事,修改院法亦可无须,盖院法一经修正,为议员者心中有所恃而不来仍归无效①。

双方各持己见,最后议长以顾视高的修正案付审查进行表决,赞成者少数。议长又以顾的修正案开二读会进行表决,赞成者少数。顾的修正案遭否决。

其实,反对顾视高修正案的议员所持的理由也站不住脚。不但很多老牌民主国家议会常会法定开会人数定为三分之一甚至更少。而且南京参议院在制定与宪法效力等同的《临时约法》时,到会人数20余人,半数可决才十几人,这并未影响《临时约法》成为中华民国有效时间长的一部大法。北京参议院人数比南京参议院多得多,三分之一为39人,比南京参议院议《临时约法》时出席议员过其总数的二分之一的二十几人还多十几人。议会法定开会人数少,不但易成会,而且反能促使一些党派议员积极参加一些有重要议题的会议。

由于北京参议院没有制订防止迟到、早退、缺席的有力法规,参议院的涣散状态不但未改观,反而日益严重。尤其是国会议员选举法公布后,各党派为了在第一届国会选举中获得更多的议员,让本派议员回乡运动选举。到1912年12月,留京议员只剩60多人,只要有几名议员不出席会议,就难凑成59人的法定常会开会人数,故常常流会。1913年1月8日临时大总统袁世凯不经参议院议决,按自己的意旨公布了地方制度及地方官制。这本来是参议院争议最大的问题。共和党、民主党、统一党均支持袁世凯的集权,支持袁所公布的地方制度和地方官制,担心主张地方自治的国民党发难,于是三党商定以不出席参议院常会为抵制,免得再生枝节。故从1913年1月至4月8日参议院解散,参议院常会成会共6次,其余均因不足法定人数而流会。

北京参议院后期的这种涣散状态,是由多种原因造成的,其中最主要的原因为:

1. 常会法定开会人数定得太高。开会法定人数定得高,有些少数

---

①　《盛京时报》1913年2月2日。

党就可以以不出席会议造成会议不足法定人数而流会的方式阻止其反对的议案通过议会。这其实是一种变相的以少数议员的意志强加给多数议员的行为。它破坏了议会民主制的少数服从多数的原则,且是以破坏议会正常议事的手段来阻止不符合自己意见的议案的通过。这严重地影响着议会的议事效力。降低常会的法定出席人数,即可剥夺少数议员以阻止议会正常议事活动来将自己的意志强加给议会的手段。这样,不但易使常会成会,还可促使议员出席常会。因为只有出席常会,少数党才能充分发表自己的意见,才有可能否定某些自己不同意的议案。不出席会议,是完全达不到这一目的的。

当时国外很多老牌议会民主制国家的议会常会的法定开会人数定得就比较低。

上议院或参议院法定开会人数定得低的国家有:日本为议员总额的三分之一;奥国 40 名议员(议员总额 150—170 名);加拿大 15 名(议员总额 72 名),英国 3 名(议员总额 600 余名)。

下议院或众议院常会法定开会人数定得低的国家有:日本为议员总额的三分之一;澳大利亚为议员总额的三分之一;奥国为 100 名(议员总额 516 人);加拿大为 20 名(议员总额 181 人);英国 40 名(议员总额 670 名)。

2. 缺乏对迟到、早退、旷会议员的有效惩戒法规。按《参议院法》规定的开会时间为上午 9 点,这已经算是很晚了。封建王朝的皇帝和大臣都能坚持早朝。而一些所谓的国民代表和公仆们却连封建皇帝和大臣都不如,连 9 点开始的会议都不能按时到会,这是无论如何说不过去的。这就是参议院本身缺乏有效的惩戒议员迟到、早退、旷会的法规。对迟到、早退、旷会约束太松,甚至是纵容。

3. 一些议员素质差。有些议员抽大烟、逛妓院、赌博,往往是造成早晨迟到的原因。有些议员有仆人伺候,懒散成性,也是造成迟到的原因。一些议员法律方面的知识缺乏,对制定法律无兴趣,觉得枯燥无味,懒得出席会议。这也是造成迟到、早退、旷会的原因。这些议员本该不断丰富和充实自己的法律知识,以便胜任议员之职。如实在对议法毫无兴趣,大可辞职,以保证议会正常的议事活动。

十五、预算案、概算案的波折

　　财政是一个国家的命脉。财政是保证国家机器正常运转的基础。财政的无计划性和缺乏强有力的监督,必然导致腐败。旧中国,政府花钱历来缺乏计划性,缺乏监督,全凭统治者的意志。这就使旧中国政府的腐败一届甚于一届。民国初年,经济陷于崩溃的境地,财政几乎全靠借外债度日。而当时财政的混乱,花钱无计划,更加重了民国的财政危机。对民国政府的财政进行有效的监督,使其逐渐走上正轨,便是新生的中国议会的一项重要职责。

　　1912 年 5 月 10 日,北京参议院第 4 次会议上,议员田骏丰提出的《咨催政府将南京决算及本年预算交审议》案获得通过。11 日,参议院将《参议院议决催办预算决算》案咨大总统:

　　　　5 月 10 日,本院议员等以民国建设之始,百凡需财,而内外库空如洗,何能无米为炊。商借大宗外债,自系目前救急办法。但借债而不注重用途,消费过甚,补救无从,将使国家陷于破产之地位,前途危险弗可思议。按照《临时约法》第 19 条,参议院有议决临时政府预算、决算之权。预算未定,政府即不能自由借款任意滥支,使我国民负暧昧之债务。报章所载,政府于外国资本团磋商借款,开议已久。而政府前此支用各款之决算案及本年预算案至今尚未交院。谓理财部甫经成立,无暇及此耶。则南北度支、财政两部不过改易名称合并为一,机关并未中断,所司何事竟置重要问题于不顾?政府财政计划何能如此轻率!窃以为预算不成则用款无一定标准,而债成遂难免挥霍,此吾国民所痛心疾首不能承认者也。拟请咨催政府迅将自南京政府成立之日起所支用经费及同时北京政府支用之经费造具决算交院追认。民国肇造,迄于统一,为民国开基之一大结束,且政府用款当昭大信于中外。兹后建设政府事务殷烦啬缩,固不可图新虚糜,尤当引为深戒。宜有正式之预算案提交院议,使国民晓然于政府之措置,以坚其信用之心。万一正式预算难即编成,请先期编出概算书,由本院提前决议后再行编制详细预算。总之,政府必先有施用方针而后可言借款。万无待借款成立以后始定方针之理。行政经费之概算,即政府方针之所寄。内阁成立已久,自当早有定衡。拟请财政总长即日到院说明财政方针。借款之用途既明,人民皆谅政府之苦心,群疑自能尽释等情,提出议案,经由本日常会讨论,公众可决,相应咨请查照迅予施行。①

此咨文将预算、决算的重要性及交参议院审查的法律依据和意义阐述得十分清楚,并体谅政府的难处,提出预算案一时难以编成时,暂时先交概算,以后再编详细预算。

参议院催交议预、决算案咨送政府,政府不但未能将预、决算提交参议院,而且连个回音也没有。财政监督权是参议院重要职权,故参议员杨廷栋等再提催交预算、决算案。6 月 12 日,参议院常会,讨论《咨催政府将预算决算交议》案。由提案人参议员杨廷栋说明理由,大意为:前本院咨催政府速办预算决算,至今尚无复信。政府用款可以滥用,参议院则不能任其滥用,因有人民跟随在后也。政府人员可不顾财政,参议院则不能不顾财政,亦因有人民监督于后也。政府可置本院咨催于不问,本院却不能听政府之不问;政府不惧本院之诘责,本院却不能不惧国民之诘责。故提出此案,冀尽本院责任之一部分。况各部机关进出款项各有不同。如外务部之有海关税者,交通部之有铁路邮政进项者,目前不仅可以支持,并且非常滥用。余若司法部、教育部竟至非常困难,苦不能支持。有者任自乱用,无者枯窘坐困,参议院不能不为顾及。故各机关既须每月用款,则每月用款必有账目,尽可以已有之账目来决算未来之账目,为预算也。特言每月概算,政府以预算办不到并概算亦必费数月以上之光阴,大约须俟国会开会方可交议。今令其

---

① 《申报》1912 年 5 月 19 日。

按月概算,彼自无可藉口。如仍不办,则用去之款将来决算概不承认。杨说完,全场爆发暴风雨般的掌声,全体一致赞成,群呼不必讨论,可立即表决。表决省略二读、三读,一致通过,咨送政府①。

杨廷栋的提案要求政府在正式预算未提出参议院的时间里,将京中各机关每月用款于当月15日前提出概算交参议院议决,之后方可照支。这本来是正式预算未提出参议院之前的变通办法,以便政府赶制正式预算。但财政部却更显拖拉,迟迟不能将1912年预算案交参议院。到了7月中旬,一年过了一半有余,尚未见政府提出预算案。于是副议长汤化龙等人提出《咨请政府速编临时预算交议》案。7月12日参议院常会,汤化龙说明提案理由,议员们均表赞同,一致议决省略审查、二读、三读,立即咨送政府。

7月15日,临时大总统将《6月份支出概算》案交到参议院。即列入当日参议院常会第一案。这立即引起了议员们的不满。李国珍发言说:本员反对概算,6月份概算7月15日方交到本院,已是用过之款而令我参议院承认。而我参议院亦茫茫然而接受之,是不思之甚,是以极端反对为宜,交回政府。卢士模、殷汝骊等亦主张将此案交回政府,令将以前数月之决算交来,并将7月以后的预算编定交来。谷钟秀主张按议事程序先付审查后报告大会再退回。郑万瞻立即反驳说:7月而交6月之概算,而我参议院亦议,未免失参议院之资格。本员亦赞成李君之说,将此案交回。双方各持己见,最后付表决,赞成此案不能成为一议案者多数,可决。同时讨论咨复政府的方法,议决咨文一面令政府概算须先期交到,一面催政府速交正式预算②。

8月上旬袁世凯将《8月份经费支出概算》案提交参议院。8月9日参议院常会对该案一读。先由政府委员报告8月份各部用款的概算及用途、理由。再由各部委员说明各部款项的支出并回答议员的质问。

---

① 《盛京时报》1912年6月16日;《申报》1912年6月18日。
② 《盛京时报》1912年7月19日。

议员质问的几个主要问题为:(1)总统府的经费由何处支出? 其实,袁世凯随意随时从国库中支出巨额经费,不受限制。这在民主共和制的国家是不应存在的现象。议员的质问,自然意在监督总统府的费用。(2)财政部编制 120 余人,而助手也有 120 余人之多,十分可笑与离奇。(3)交通部定员 115 人而伙食费开支 2 100 余元,司法部比交通部的定员多,而伙食费只用 900 余元,不知交通部伙食费何以支出如此之多?对议员的上述质问,政府委员均不能回答①。最后议决付审查。由于是各部任意编制的概算,财政部无暇整理,且各部都把概算做得高,故审查起来较困难,所费的时间也长。

国务会议议决了《中央行政官官俸法》和《中央行政官官等法》案并咨送参议院求同意。中央各部及国务院各局即按国务院议决的官俸重新再做 8 月份概算,由于原概算是按国务院及各部员司薪水一律发给每人每月 60 元的数(大总统以命令规定每人 60 元)概算的,按新的概算,自然要增加。于是政府又向参议院提出《8 月份经费追加改正概算》案。8 月 27 日参议院常会对其一读。政府委员说明理由后,议员们提出一些质问。主要是说国务院虽然将官俸、官等两法提交给参议院,参议院正在审查,尚未议决,并未成法律,怎么可做概算的法律依据? 须等此两案议决后方可做概算的根据。况且有的部,如参谋部尚未制定官制。但表决时,多数还是同意交付财政委员会审查。接着外交、陆军、海军、工商各部又提出 8 月追加概算案。

9 月 2 日参议院常会,财政委员长殷汝骊作《8 月份经费支出概算》案审查报告后,即议决付二读会。《8 月份经费追加改正概算》案此时尚未审查,故不包括在审查报告之中。

9 月 9 日参议院常会,对政府提出的《外交、陆军、海军、工商各部 8 月追加概算》案一读,议决付财政委员会审查。

9 月 24 日参议院常会,财政委员长殷汝骊作《8 月份经费追加改正

---

① 《盛京时报》1912 年 8 月 14 日。

概算》和《外交、陆军、海军、工商各部8月追加概算》二案的审查报告。审查结果:因官等官俸法未经议决公布,不能据为标准。发给仍照旧每月支洋60元作为津贴,并催法制委员会提前审议《中央行政官官等法》、《中央行政官官俸法》案。外交、陆军、海军、工商各部追加概算亦均照原概算给领,暂不多支。议员未做多的讨论即议决付二读会。接着对《8月份经费支出概算》案二读。由秘书长林长民朗读全案后即到散会时间。

9月25日参议院常会继续对《8月份经费支出概算》案二读,一个部一个部讨论。但有的议员提出已是9月末再议8月概算,钱都已花了,再来议实际等于无效,以后应议10月至12月的预算,8月份的概算再议已无意义,不如不再逐条讨论,而全案通过审查报告。但有的议员坚持逐个部逐条讨论。最后表决,赞成后一种意见者多数。

10月21日参议院常会,继续对《8月份经费支出概算》案二读。由于9月25日就有议员提出9月底议8月概算不妥,并认为到9月政府才交8月概算是政府违法,快10月份了而尚未议决8月份概算是参议院违法。故21日会一开始又有议员提出已是10月下旬,8月份的概算已过两个多月,即使参议院议决,政府亦难照此办理。参议院本身拖拉是有责任的。故提议不必逐条表决,按一个部一个部的概算表决,以便尽快将该案速议定咨送政府。经表决,多数同意。于是一个部一个部表决,全部按审查报告通过。财政监督权是国会重要的职权,关系国计民生的大事。但参议院却几乎在事实上放弃这一职权。政府8月上旬交付的概算,拖至9月初才开二读会,到11月上旬才议决,时过境迁。这种无效议决参议院应负责任。这是一种失职行为。

当日也草草将《8月份经费追加改正概算》案通过二读,欲省略三读,以审查报告咨送政府时,有的议员认为连同《8月份经费支出概算》案,都需再交财政委员会修改文字方可咨送政府。于是议长依议事细则交原审查会进行文字修改后交三读会。

11月4日参议院常会,财政审查会将《8月份经费支出概算》、《8月份追加改正概算》案进行文字修改后,当日的常会即议决将两案一起讨论,立即以三读会的形式草草通过了这二案,咨送政府。8月份支出概算到11月初才议决,这自然使国会对政府的财政监督流于形式。

12月6日参议院常会,又通过了殷汝骊等人提出的《咨催政府赶造中华民国2年1月1日以后预算》案,即咨政府,要求政府将1913年1月1日至6月底的预算做出交参议院。但这只是部分议员想履行自己监督政府财政职责的愿望而已。因为此时参议员有些已开始回乡竞选第一届国会议员,留京议员又懒散拖沓,年底以后常常因人数不足而连续流会,能开成会的时候极少。在参议院急待议决的案件大量积压,而参议院又无力履行自己的义务。这些所谓的人民代表竟将国事视同儿戏。参议院连政府交议的1912年9—12月共4个月的预算案都未能议决。9月30日参议院常会,对该案一读后即付财政审查。之后,就因列入议程而人数不足不能开议,直到北京参议院1913年4月8日闭会也未能再议。同时政府提出的《外交部9、10、11、12四个月临时预算》案、《内务部9、10、11、12四个月临时预算》案、《财政部9、10、11、12四个月临时预算》案、《陆军部9、10、11、12四个月临时预算》案,除外交部的预算案二读、三读通过后,其余部预算案只是提交了审查报告,连二读会都未开。

十六、《服制》、《礼制》案的议决

民国初年,在向西方学习,引进西方政治制度以图强国的同时,在服制上和礼制上也欲向西方学习。希望像剪去清朝脑袋后拖的一条大辫子一样,在服饰上、礼制上也引入西方的服饰和礼制,一新中国的旧服饰、旧礼制,使全国的服饰和礼制来一次改革,以期出现一个崭新的面貌。当然,这其中也在一定程度上反映了民初一种全盘西化的潮流。

《服制》案是在参议院咨催下,政府为规定中华民国男、女公民礼服、礼帽、礼靴的式样、质料、颜色提交给参议院的议案。参议院曾在9次全院常会上讨论此案。除国会组织法大纲和选举法大纲,以及国会组织法和议员选举法外,《服制》案是参议院讨论次数最多的一个议案,可见参议院对《服制》案的重视。

穿衣吃饭,不但对每一个人,而且对每一个民族来说,都是一件大事。穿着显示一个民族的生活水平,穿衣也展现一个民族的特色。参议院作为一个民意机构,重视《服制》案也是顺理成章的事情。参议院在讨论《服制》案的过程中,有些问题争论激烈,甚至出现针锋相对的两种意见。究其原因,既有政治上的,又有经济上的,还有地域上和党派上的原因。

当时参议院主张统一服制,主要出于以下考虑:1. 中华民国新建立,礼服、礼帽、礼靴革新划一,一改满族服装,服饰来一次革新,如发型剪辫子一样,创造一个维新的风气;2. 向西方学习,在服饰上取世界大同主义,即引进洋式服装。这样,1912 年 6 月 5 日北京参议院常会,通过了《咨催政府速定服制》案,咨送政府。7 月上旬政府将拟定的以采用新的西式礼服为主,适当地运用中国原有服式,即二种常礼服中,除一种为西服,另一种则为长袍马褂的《服制》案,咨参议院求同意。

7 月 9 日参议院常会,对《服制》案进行一读。先由政府委员说明理由,大意为:民国新建,亟应规定服制以期整齐划一。今世界各国趋用西式服装。自以从众以昭大同为宜。但仓促变更,一概皆改,未免不易办到。日本维新以来,和服至今犹与洋服并用,而女子用洋服者更少。今民国新定,礼服若概为更易,匪惟滋扰,亦且糜费。故定新式礼服外,旧式袍褂亦得暂时适用。女子礼服更无太多的变更。料俱用丝织品或毛织品,所以寓维持国货之意也。色均用黑,亦以从各国所尚之同也。其制服一项,如军人、警察、外交官各应有特别制服。其他官厅制服不必尽同,均可由各厅自行制定。至于便服,暂听人民自由,不加限制①。有的议员提出,既趋大同,礼服用西洋礼服即可,何得不中不西。政府委员回答说中国布料做外国式衣服甚困难。有的议员提醒说前清礼服犹

① 《申报》1912 年 7 月 15 日。

类似马夫之服,可为前车之鉴。略加讨论后即议决付庶政部审查。庶政部审查时将礼服分为大礼服和常礼服二种,旧式的长袍马褂准暂行适用。同意政府提案中质料用丝织品或毛织品。

8月1日参议院常会,曾有澜代表庶政部作《服制》案审查报告,大意为:民国初建,改定服制在启全国维新之机,取世界大同之义。政府交议案,男子礼服不中不西,女子礼服袭用前清外褂,尤于更易冠裳之意相违背。故本委员会提出修正案规定于条文内,请大家公决①。当即表决,即开二读会,对《服制》案逐条讨论表决。第一条无大的争议,按审查报告通过。第二条,前一部分无大的争议,后一部分,礼服用料争议大。关键是要不要审查报告中的毛织品(也是政府原案)。南方盛产丝织品,故南方议员多偏护丝绸业,主张删去毛织品而用丝织品和棉织品。江苏籍议员汪荣宝发言说:第二条中的"毛织品"三个字宜取消。因为我国呢业尚不发达,我国缺乏此种材料,都须外国输入。外国输入越多,我国绸缎业即受莫大的影响。若再明文规定用毛织品,则绸缎商人愈受影响,是以本员主张删去毛织品,改为棉织品。浙江籍的参议员王家襄、陈时夏,江苏籍的参议员秦瑞玠发言赞成汪的主张。北方畜牧业发达,皮与毛的产量都很大,其毛、皮出口量大,故北方参议员偏护毛皮业。北方议员不主张删毛织品,主张维持原案。奉天参议员曾有翼发言说:审查会未尝不料及此。但现时毛织品固多洋货,而棉织品亦多出于外国。且中国所出毛织品原料最多,若不藉此竭力提倡,则本国材料捐弃而外国之输入愈多,恐防之而益引之也。直隶议员谷钟秀、籍忠寅等发言支持曾的主张,维持原案。最后付表决,赞成删去"毛织品"三个字者多数,可决。讨论第三条第一项时,又在常礼服的用料上起争议。常礼服是经常要穿的,其用量比大礼服更多。故南方与北方议员围绕常礼服是否用毛织品又发生激烈的争执。汪荣宝首先提出修正案:常礼服用本国丝织品,色用黑色。也就是说,汪的修正案又将常

①　《申报》1912年8月13日。

礼服用毛织品一项删去,只留丝织品。这立即引起了北方议员的不满。曾有翼首先发言反对修正案,说:常礼服为常着者。大礼服既不用毛织品,常礼服也不用毛织品,试问,若备用毛织品者是否违法?陕西议员陈同熙,山西议员李素、苗雨润,奉天议员孙孝宗等纷纷发言反对删除毛织品。秦瑞玠、王家襄则支持汪荣宝的修正案,主张删去毛织品,一直争议到散会。这一天的参议院常会就只议这一案,其中主要是争议毛织品是否删除的问题。

8月6日参议院常会,继续对《服制》案二读。鉴于礼服用料南、北两派议员意见尖锐对立,汤化龙、李国珍等提交礼服可用本国毛织品的修正案,以照顾北方议员的意见,调和两派对立情绪。开议该案时,议长首先将汤、李提出的修正案提交大会讨论。谷钟秀提议将这一修正案条款放入附则之中。于是付表决,将"关于大礼服及常礼服之用料,如本国有相当之毛织品时,得适用之"放入附则,赞成者多数,可决。至此,第三条第一项主张删去毛织品,加入棉织品或麻织品,经表决,多数赞成,可决。礼服用料也才解决。对用料问题的争议分为二派,已完全打破了党派界线,而以地域分派。

8月8日,参议院常会,对《服制》案继续二读。这天的会对第三条第二项,马褂罩长袍的常礼服,要不要马褂争议最大。年青的国民党籍议员多反对用马褂。张华澜列举了4条反对用马褂的理由,其大意为:(1)马褂为前清旧制,若将马褂定为礼服,袭前清旧制,是一种耻辱。(2)东洋衣用长西服罩短,而《服制》案中以短衣套于长衣,和前清一样,是一种不东不西的衣服,怎么能定为礼服?(3)马褂形式不雅观。(4)马褂有碍于卫生。江辛、俞道暄、顾视高、杨永泰、彭允彝等发言均反对用马褂。但岁数大些的议员发言多赞成马褂,认为马褂样式雅观,为中国民众所接受,不能废弃。双方争论,各持己见。最后付表决,赞成中式长袍对襟马褂作常礼服者,多数,可决。

8月13日,参议院常会,继续对《服制》案进行二读。在讨论第五条第一项时,李素发言主张将大礼帽用"丝织品"三个字删去,刘崇佑发言支持李的主张。江辛发言说大礼帽非用丝织品不可。王赤卿发言支持江的主张，认为大礼服用丝织品，大礼帽自然也应用丝织品。最后付表决，在场议员69人，赞成删去"丝织品"三个字者21人，少数，否决。在讨论第六条时，对礼靴用缎子为材料发生争议。孙钟、刘声元、蒋举清、刘崇佑等发言说，礼靴用料不多，可不做规定。江辛、田骏丰发言主张礼靴用料规定。谷钟秀对第六条提出修正案为："礼靴分二种。一、甲种式如第六图，色用黑。服大礼服及甲种常礼服时均用之。二、乙种式如第七图，色用黑。服乙种常礼服时用之。"主席以谷的修正案付表决，在场议员64人，赞成者45人，多数，可决。讨论第八条时，秦瑞玠发言主张删去，认为已有第七条的规定的一些人群不适用本服制，若规定所有公职人员均要用西式礼服，从国务总理到城镇乡自治职员均为公职人员，西式礼服多为外国材料，只能使洋货畅销。下级公职人员，尤其是偏僻地区的下级公职人员不便穿西服，故不能硬性规定公职人员一定要穿西式礼服。谷钟秀、俞道暄发言支持秦的主张。郑万瞻、卢士模等发言反对删去第八条。认为若删去，西式礼服不能通行，何必定服制呢？又怎么能在服制上趋于世界大同呢？删去第八条，大家只穿长袍马褂，前面所可决的条款几乎全部推翻，等于推翻《服制》案。两种意见争持不下，最后付表决。赞成删去第八条者，少数，否决。赞成原案者，多数，可决。

讨论第九条，女子礼服。政府原案为"女子礼服如第八图，周身得加绣饰"，审查报告改为"女子礼服为衫裙，料用本国丝织品"。议员李国珍、王鑫润等赞成原案，反对审查报告。陈同熙等赞成审查报告。最后付表决，赞成原案者多数，可决。李素等又主张女子礼服应规定颜色。王家襄等主张女子礼服不必规定颜色。最后议长付表决，赞成规定颜色者，少数，否决，自然不规定颜色。

第十条无争论，通过。张华澜发言要求定女子礼靴，以便提倡天足。经表决，赞成者少数，否决。

第十一条是男子便服，第十二条是女子便服。议员杨永泰、刘崇佑、刘兴甲等发言认为,既然是便服,就不应该以法律的形式来规定样式,这两条应取消。谷钟秀解释说,审查会定此两条,主要是为维持国货。议长最后付表决,赞成删去这两条者多数,可决。

最后一条自无须争论。这样,《服制》案二读结束。

8月22日,参议院常会,对《服制》案三读,对个别文字修改后全案12条均通过。并议决《服制》案的图式再交庶政委员会厘正,厘正后再交参议院大会讨论。

8月30日,参议院常会,对《服制》案三读。除文字做些改动外,主要是对由庶政委员会重新整理好的服装图样进行研究,发现:图中的大礼服实际上是仿照外国一种名为夫劳克扣替的常礼服。图中的一种常礼服是仿照外国的便服。于是就发生争论。外国的燕尾服是西方人的大礼服,中国的大礼服要不要用燕尾服。籍忠寅、汪荣宝等主张用燕尾服,认为以夫劳克扣替做大礼服,各国无此先例。用燕尾服做大礼服最郑重,世界各国通行,宜取一律。苗雨润、李秉恕等则反对用燕尾服做大礼服,认为燕尾服是外国夜间所穿的服装,我国则是白昼穿大礼服,故大礼服用燕尾服不妥。谷钟秀、秦瑞玠等主张要慎重对待,让庶政委员会先找两个上等美国人及外交部调查清楚再定。最后付表决,结果:请庶政委员再行调查整理,今日不即表决①。

9月24日参议院常会,对《服制》案继续三读。由于庶政委员会调查无结果,陈鸿钧、苗雨润发言指摘庶政审查委员会。庶政审查委员曾有翼回击说:本委员会能力如此,如犹以为不合适,请议长指定特别委员另行审查②。宋汝梅发言认为不应责备庶政委员。谷钟秀、杨策出来打圆场,主张以原案付表决。主席以原案付表决,多数赞成,通过。

10月3日,临时大总统袁世凯公布了《服制》。共三章12条,全文

---

① 《参议院第71次会议速记录》,《政府公报》1912年9月25日第148号。
② 《申报》1912年9月30日。

如下：

第一章　男子礼服

第一条　男子礼服分为大礼服、常礼服二种。

第二条　大礼服式如第一图。料用本国丝织品，色用黑。

第三条　常礼服分二种：

一、甲种式如第二图，料用本国丝织品或棉织品或麻织品，色用黑。

二、褂袍式如第三图。

第四条　凡遇丧礼，应服第二、第三条礼服时，于左腕围以黑纱。

第五条　男子礼帽分为大礼帽、常礼帽二种：

一、大礼帽式如第四图，料用本国丝织品，色用黑。

二、常礼帽式如第五图，料用本国丝织品或毛织品，色用黑。

第六条　礼靴分二种：

一、甲种式如第六图，色用黑。服大礼服及甲种常礼服时均用之。

二、乙种式如第六图，色用黑。服乙种常礼服时用之。

第七条　学生、军人、警察、法官及其他官吏之制服有特别规定者，不适用本制。

第八条　凡有公职者，于应服礼服时不适用第三条第二款及第六条第二款之规定。

第二章　女子礼服

第九条　女子礼服式如第八图，周身得加绣饰。

第十条　凡遇丧礼应服前条礼服时，于胸际缀以黑纱结。

第三章　附则

第十一条　关于大礼服及常礼服之用料，如本国有相当之毛织品时，得适用之。

第十二条　本制自公布日施行①。

---

① 《东方杂志》第9卷第5号第31页。

第一图　大礼服式

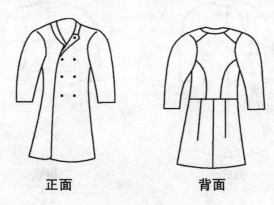

正面　　　　　　　　　　背面

第二图　甲种常礼服式

正面　　　　　　　　　　背面

第三图　乙种常礼服式

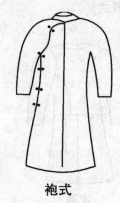

袍式　　　　　　　　　　褂式

第四图　大礼帽式　　　第五图　常礼帽式

第六图　礼靴式

甲种　　　　　　　　　　乙种

第七图　裤式

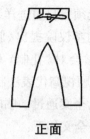
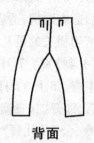

正面　　　　　　　　　　　　背面

第八图　女子礼服

上衣式　　　　　　　　　　　裙式

长与膝齐,对襟用五纽,领用暗扣,袖　　　前后不开,上端左右开。
与手脉齐,下端左右及后开。

　　参议院欲在全国范围内,以法律的形式来统一全国的礼服,是想像
剪辫子一样,在礼服上来一次革新,以改变清朝官场上复杂的官服及社
会上的明显带有清朝特征的服饰,故引进西式礼服,追求世界大同。在
《服制》案的议决过程中,又充分反映出当时议员的既想引进西方的礼

服,又担心此举损害着本国民族工业的一种矛盾心态。其实,一个国家不一定要用法律的形式来强制性地规定礼服。一个国家的服饰应顺其自然。它必须适应国情,适应民俗民情,无须盲目引进洋装。

和服制密切相关的是礼制。政府在向参议院提出《服制》案时,同时也提出了《礼制》案。7月9日参议院常会对《礼制》案一读后即议决付法制部审查。8月12日参议院常会,顾视高代表法制部作《礼制》案审查报告后,即开二、三读会,无大争议,全案通过。临时大总统8月17日发布命令,公布《礼制》,共二章七条,全文如下:

第一章　男子礼

第一条　男子礼为脱帽、鞠躬。

第二条　庆典、祀典、婚礼、丧礼、聘问用脱帽三鞠躬礼。

第三条　公宴、公礼式及寻常庆吊、交际宴会用脱帽一鞠躬礼。

第四条　寻常相见用脱帽礼。

第五条　军人、警察有特别规定者不适用本制。

第二章　女子礼

第六条　女子礼适用第二条、第三条之规定,但不脱帽,寻常相见用一鞠躬礼。

第七条　本制自公布日施行①。

礼制规定很简洁,又由于中华人民共和国成立后并未规定新的礼制,故此礼制中的一些规定至今仍在很多场合中沿用。

十七、《戒严法》案的议决

由于外蒙和西藏分裂势力活动猖獗,外蒙与西藏的局势危急,临时大总统为了增强自己处理紧急事态的能力,特提出《戒严法》案于参议

① 《申报》1912年8月19日。

院,并希望参议院省略审查手续,尽快通过此案。1912 年 11 月 29 日参议院常会将《戒严法》案列议事日程中的第一案。由政府委员登台说明理由:现在蒙藏蠢动风日急,大总统依《约法》得宣告戒严,则此项法律固应行提出,即请贵院省去审查,尽速议决。但议员以此案事关重大,应先审查。经表决,交法制审查会审查。在政府委员要求尽快议决的情况下,议长要求法制审查会提前审查。法制审查会只是在政府提案的基础上做了一些修正,主要修正的几点是:1. 将政府原案的第一条"遇有战争或其他事变,对于全国或一地方,须用兵备警戒时,大总统得依本法,宣告戒严或使宣告之"。由于"其他事变"太广泛,易滥用戒严令,故"事变"前面加"非常"二字予以限制。2. 将政府原案第五条"平时因事机紧要,防止变故,司令官得宣告戒严"也加以限制,改为"遇有非常事变须戒严时,由该地司令官呈请大总统行之。若时机切迫且通信断绝无由呈请时,该地司令官得临时宣告戒严"。对地方司令官宣布戒严进行了严格的限制,以突出戒严属大总统特权。3. 将政府原提案第六条部队团长以下军官均有宣告戒严之权,修正为只有军长、师长、旅长、要塞司令官、警备队司令官、分遣队队长、或舰队司令长官、舰队司令官、军港镇守长官或特命司令官才有第四、第五条宣告戒严之权。4. 在原案第十五条之前加一条"戒严之情事终止时,应即为解严之宣告"。总之,法制审查时对戒严进行了进一步的限制。

12 月 6 日参议院常会,法制委员长张耀曾作了《戒严法》案的审查报告,对政府提案做重要修改之处作了说明,并将审查会讨论时的各种意见一一作了介绍。有的议员提议即开二读会,但有的议员立即发言反对,认为戒严是以军事停止宪法上的效力,关系重大,审查会于此案经再四讨论始行定议。本来本日议事日程上没有,是临时插入的,议员们未及详细研究。如此重大议案本是临时插入,又要立即提前议决,是万分危险的,应改日再开二读会,以便议员回去详细研究。双方各持己见,最后议长付表决,赞成立即开二读会的少数,否决。于是又以付二读会付表决,赞成者多数。也就是说议决隔几天再二读会。

12 月 9 日和 13 日参议院常会对《戒严法》案进行二读,逐条讨论。发布戒严令是在非常时期以命令停止宪法而赋予国家元首实行军事独裁的权力。戒严令一发布,行政权、司法权等权立即全部由军人掌握,故它是在非常时期为维持社会秩序而对人民自由权利进行一定剥夺与限制的特殊手段。戒严是一把不能轻易动用的锋利无比的双刃利剑。它既可维护国家的安全与秩序,又可成为独裁者镇压革命、镇压人民以维持其独裁统治的重要手段。历史上这种例子在国内外比比皆是。远的且不说,令参议员们记忆犹新的是清末清政府就是利用戒严法镇压革命来维持自己已摇摇欲坠的统治地位的。利用戒严令,1911 年清政府镇压四川的护路运动,枪杀爱国群众。利用戒严令,镇压为生存下去而抢米的饥民,等等。这些都发生在参议院开议《戒严法》案不久前的事。故参议员们对《戒严法》案十分重视,争论自然也是激烈的。其争论的核心紧紧围绕戒严实施的时间、区域、范围,戒严权是否需要国会来制约等这些重要问题来进行的。具体表现在对《戒严法》案(审查报告)中的下列条款的争议上。

1. "非常事变"四个字要不要删去。

一派主张删除。这一派认为"非常事变"解释范围太广泛,往往同盟罢工、饥民抢米、盐贩聚众抗拒均可被当局当作"非常事变",用戒严的办法来镇压。如 1911 年四川的护路风潮,清政府及四川地方当局即指为"非常事变",用戒严令,兵警开枪滥杀爱国民众。故戒严只能限于对外战争时期采用,不能用来对内。西方共和制国家,戒严严格限于对外战争,国内骚乱只凭警察之力来平息,警力不足以平息时可请兵弹压,无须戒严。戒严得停止宪法上的效力,必须以对外战争为限。"非常事变"即滥用戒严法律,致行政、司法等权全归军人掌握,一段时间实行军人专制,对人民的权利、自由损害巨大,十分危险。

一派同意审查报告,主张"非常事变"四个字不能删,要不然一些内部动乱难以制止,尤其是国内常发生的兵变与匪乱则难于制止。

两派经过较长时间的激烈争论,最后付表决,赞成删去"非常事变"四个字的少数,否决。以审查报告即不删"非常事变"四个字付表决,赞成者多数,可决。

2. "非常事变"是否改为"兵变匪乱"。

一派主张改,认为"非常事变"范围过宽,易造成很多危险,改为"兵变匪乱",明确地限制国内实行戒严的范围,可防止"非常事变"解释范围过宽而滥用戒严的危险,以确保广大人民的权利与自由。

一派主张不改,认为"匪乱"二字易诬指。

最后表决,赞成将"非常事变"改为"兵变匪乱"者少数,否决。以审查报告付表决,赞成者多数,可决。

3. 戒严加不加"国务会议及国会同意"的限制。

一派主张要加限制。君主制与民主制不同。君主制国家权操君主之手,民主共和制国家权操在代表人民的国会两院之手。中华民国是民主共和制国家,应仿效欧美共和制国家的法律,宣告戒严必须经国会的同意。若国会闭会时须于宣告戒严后,召集国会临时会追认。而审查报告的戒严法是抄袭日本未立宪之前的戒严令。日本是君主制国家,又是抄袭日本立宪前的法律,对中华民国这种共和制国家是不合适的。故应该加限制,使戒严权操之于国会,即间接操之于人民。

一派认为无须加限制。认为大总统既可宣布戒严,自然属紧急情形,无须防止其滥用戒严。如大总统滥用戒严,可依据约法用弹劾或查办程序来补救。当然,这一派的理由是不成立的,既宣布戒严,则宪法已暂时停止,国会如何再依《约法》行使弹劾权和查办权?况《约法》所规定的弹劾大总统权很严格,只有大总统"有谋叛"行为时才可提起弹劾,且须有议员总数五分之四以上出席、出席议员四分之三以上同意才成立,故弹劾条款形同虚设。在张振武、方维被杀案中,弹劾国务总理所需到会议员法定人数(议员总数的四分之三)都达不到,更何况五分之四的人数。查办案又无太大的约束力。故这一派的主张是对大总统的戒严特权无须限制是有悖于民主共和制的原则的。

最后表决,赞成加限制者少数,否决。又以审查报告即不加限制付表决,多数,可决。

4."使宣告之"应否删除。

一派主张删除。认为戒严是大总统的特权,大总统不能以普通法律再将此权授予其他军人,"使宣告之"扩大了宣布戒严人的范围。这容易使各地军人滥用戒严权严重危害广大人民的自由与权利,各地军人滥用戒严权是十分危险的。只能将戒严权授予大总统一人,"使宣告之"应该删除。

一派主张审查报告,即不删除。认为中国地域辽阔,交通、通信不便,有些地方通信断绝,必须让这些地方的军人有宣布戒严之权,以预防"非常事变"。

最后付表决,赞成删除"使宣告之"者少数,否决。又以审查报告原案付表决,赞成者多数,可决。

5. 第一条中是否要增加一项:"前项之非常事变以兵变或土匪骚乱警力不能制止时为限。"

一派主张不加,认为兵变匪乱无非内乱而已,"须用兵备警戒时"一句已是包括兵变匪乱。

一派主张加,认为"非常事变"太广泛,易将与军事完全无关的变故解释为"非常事变"而滥用戒严法,而削弱宪法的地位与作用。内乱照刑法上解释与兵变匪乱不同,加一条不是怕"非常事变"不包括内乱,而正是要将内乱列为不属戒严的范围,以防止戒严范围过宽。

最后付表决,赞成增加一项者少数,否决。又以审查报告付表决,赞成者多数,可决。

6. 戒严地域的争议。

一派主张将第三条的"警备地域"改为"临战地域"。"警备地域"太广,"临战地域"则可明确军事性质,比较准确。

最后付表决,赞成将"警备地域"改为"临战地域"者少数,否决。又以审查报告付表决,赞成者多数,可决。

7. 第四条第二项"出征司令官"应否删除。

一派主张删除,认为"出征"二字不是出北京,在本国境内也无所谓出征,出征应是指境外。这本来是中国宪法效力所不及的地方,且第九条、第十条指挥行政官、司法官也不是在本国国土上执行任务之官吏,自然不能适用。

一派反对删除,主张审查报告。认为出征不一定在境外,因战略上需要临时戒严自不可少。

最后付表决,赞成删除者少数,否决。又以审查报告付表决,多数,可决。

8. 第五条是否删除。

一派主张删除,认为除大总统之外本无人可宣告戒严,考虑到战争紧急情况,不得不有例外,这才有第四条的规定,第五条完全属于平时的情况,不能许给地方军人有戒严之权。否则平时亦可滥用戒严权,侵犯公民的权利与自由。第四条、第六条已与第一条"使宣告之"句相应,无须再有本条,而且"非常事变"的范围本已过宽,若平时亦给地方军人以戒严之权,则一有变动即惊为"非常事变",于是无时无处不可宣布戒严。当反对删除者说戒严正是拥护宪法时,主张删除者对这种近乎诡辩的说法予以驳斥,说:怎么能说戒严正是拥护宪法呢?宪法何须戒严法的拥护?

一派主张不删第五条。认为戒严法不是破坏宪法,正是拥护宪法,不必过为限制。警察限制极严,有变乱时须用兵力则不能不适用戒严法。因有乱党破坏宪法而以戒严弭平之,是戒严正以拥护宪法也。

最后付表决,赞成删去者少数,否决。又以审查报告付表决,赞成者多数,可决。

9. 第六条是否部分删除。

有人主张将第六条军长、师长、旅长删除,专以各种司令官为限。表决时,赞成删除者少数,否决。赞成审查报告者,多数,可决。

10. 将审查报告中的第九条"管理权"改为"管辖权",获多数赞成,可决。因为司令官只能指挥行政官、司法官而不能直接办理行政、司法事务。

由上可见,二读会逐条表决时,基本上是按法制审查会的审查报告通过的。12 月 13 日参议院常会还议决对《戒严法》案进行三读。三读只对个别文字进行修改,即顺利通过。以全案付表决,通过。

由参议院议决的过程可看出,《戒严法》案的范围是比较广泛的:对外战争可戒严,国内的任何"非常事变"也可戒严。享有戒严特权的人的范围也宽,不只是总统有此特权,偏远地区的军人亦享有此种特权。且此种特权基本上是无约束的,它不经国会的同意即可发布。这充分反映了议员们怕乱求稳的心态。这自然很容易为独裁者所利用来镇压革命搞独裁。在参议院议决此案的过程中,有些议员鉴于清末的前车之鉴已提出过一些重要的修正意见,但未被大多数参议员所认同而遭否决。当然在议决《戒严法》案的过程中,基本上不以党派为界线分派,也就是说各党并未统一本党议员的意见,各党议员只是自由地表达自己个人的意愿。但相对而言,国民党参议员赞成审查报告者竟占多数。即他们大多数主张戒严范围宽一些,且此种权力不加约束,即由大总统自由行使,不用国会同意。国民党领导人、法学家、参议院法制委员长张耀曾无论在审查会上还是二读会上,均主张戒严范围宽一些,大总统戒严权不受约束。甚至在二读会的争论中说出"戒严虽停宪法而牺牲少数,正以保护多数人之自由"这种外行人才能说出的话来。国民党议员彭允彝当即发言指出张的观点的谬误。戒严本来是对人们自由与权利的一种普遍性限制。也正是由于国民党这个在参议院中占有绝对多数议席的第一大党的大部分议员的这种态度,《戒严法》案才基本上按审查报告得以通过。这也大概是由于 8、9 月份孙中山、黄兴相继进京调和南北矛盾,与袁世凯共同发表了《内政大纲》,国民党与袁世凯关系处于最融洽的时期。尤其是黄兴将赵秉钧内阁阁员全部强行拉入了国民党,国民党上下都陶醉于国民党内阁已实现的虚幻之中,议员们也陶醉于虚假的执政党的地位,故大力助袁集权。但半年之后,袁世凯就是利用《戒严法》,不但镇压了武装反抗袁世凯的国民党发动的二次革命,而且也镇压了在北京坚持合法斗争的国民党议员,解散了国会,搞起了独裁。这恐怕是议决《戒严法》案时很多国民党议员所始料不及的。这再次说明,议员们应以国家为重,党派利益服从国家利益,否则,贻害国家、贻害人民,最后也往往是搬起石头砸了自己的脚。

《戒严法》案的通过,无疑给袁世凯送上了一把利剑。袁并未像他向参议院提出该案时所说的利用它来对付分裂势力,而是用它来镇压国民党的二次革命,扼杀议会政治。1912 年 12 月 16 日,临时大总统袁世凯正式公布了《戒严法》,该法共 17 条,全文如下:

第一条　遇有战争或其他非常事变,对于全国或一地方须用兵备警戒时,大总统得依本法宣告戒严或使宣告之。

第二条　戒严之地域分为二种。

一、警备地域。

二、接战地域。

第三条　警备地域,为遇战争或其他非常事变之际应警戒之地域。

接战地域,为因敌之攻击或包围应攻守之地域。

前两项之地域,应时机之必要,区划布告之。

第四条　战争之际,要塞海军港、海军造船所及其他镇守地方,遽受包围或攻击时,该地司令官得临时宣告戒严。

出征司令官因战略上须临机处分时亦同。

第五条　遇有非常事变须戒严时,由该地司令官呈请大总统行之。若时机切迫且通信断绝无由呈请时,该地司令官得临时宣告戒严。

第六条　依第四条、第五条规定,得临时宣告戒严之司令官,以军长、师长、旅长、要塞司令官、警备队司令官、分遣队队长,或舰队司令长官、舰队司令官、军港镇守长官,或特命司令官为限。

第七条　依第四条、第五条之规定,临时宣告戒严时,须将戒严之情状及事由,迅速呈报大总统及其所隶属之长官。

第八条　戒严宣告之地域,应时机之必要得改定之。

第四条至第七条之规定,于戒严区域之改定准用之。

第九条　在警备地域内,该地方行政及司法事务,限于与军事有关系者,以其管辖权移属于该地之司令官。

于前项情形,地方行政官及司法官须受该地司令官之指挥。

第十条　在接战地域内,该地方行政及司法事务之管辖权,移属于该地之司令官。

前条第二项之规定,于接战地域准用之。

第十一条　于接战地域内,与军事有关系之民事及刑事案件,由军政执法处审判之。

第十二条　接战地域内,无法院或与其管辖法院交通断绝时,虽与军事无关系之民事及刑事案件,亦由军政执法处审判之。

第十三条　对于第十一条之审判,不得控诉及上告。

第十四条　戒严地域内,司令官有执行下列各款事件之权。因其执行所生之损害,不得请求赔偿:

一、停止集会结社,或新闻杂志图画告白等之认为与时机有妨害者。

二、凡民有物品可供军需之用者,或因时机之必要,禁止其输出。

三、检查私有枪炮弹药兵器火具及其他危险物品。因时机之必要,得押收或没收之。

四、拆阅邮信电报。

五、检查出入船舶及其他物品,或停止陆海之交通。

六、因交战不得已之时,得破坏毁烧人民之动产、不动产。

七、接战地域内,不论昼夜,得侵入家宅、建造物、船舶中检查之。

八、寄宿于接战地域内者,因时机之必要,得令其退出。对于前项第六款之被害人,应酌量抚恤之。

第十五条　戒严之情事终止时,应即为解严之宣告。

第十六条　戒严于解严宣告后失其效力。

第十七条　本法自公布日施行①。

《戒严法》所规定的范围太广泛,且这种特权不受国会约束。《戒严法》中又规定由军政执法处来审判民事及刑事案件,赋予了军政执法处极大的权力。正是这不伦不类的军政执法处成了镇压革命、屠杀无辜人们的绞肉机。更由于《戒严法》制定后,并未制定《戒严法实施法》来具体规定可操作的详细法律。故二次革命一爆发,袁世凯立即发布戒严令。军政执法处和各地军事长官即开始滥捕滥杀。不但在二次革命发生的南方几个省份,而且在全国以乱党罪名滥捕滥杀,不经过任何法律手续,用不着任何形式的审判,随意杀害任何有革命倾向、有进步倾向、甚至无任何政治主张的无辜百姓。借二次革命,袁世凯在全国进行了一场大屠杀,连最高立法机关的国会议员,尤其是国民党议员亦被任意捕杀。这恐怕是讨论《戒严法》时,主张广泛使用戒严权的国民党议员始料不及的。任何事情都应有个度,有个分寸,过则遗害无穷。正是由于国民党议员以执政党自居,过分支持了袁世凯的集权,而使自己付出了血的代价,使人民遭受到如此之大的无谓牺牲。议会制就必须是议会监督政府,相互制约。即便是由本党组成的内阁也切忌党同伐异,也需要对本党的内阁进行监督。

十八、北京参议院闭会式及其议案总结

1913 年 4 月 8 日上午,中华民国第一届国会正式开会宣告成立。北京参议院按《临时约法》第 28 条:"参议院以国会成立之日解散,其职权由国会行之"的规定,于第一届国会成立当天的下午 3 时,举行解散典礼。国务总理及各国务员均出席北京参议院解散典礼。吴景濂为

---

①　《东方杂志》第 9 卷第 8 号。

会议主席。3 点 15 分,主席宣告会议开始,奏乐,全场人员均起立致敬。乐毕,北京参议院议长吴景濂致闭会辞:

> 中华民国 2 年 4 月 8 日,为中华民国国会成立之期。临时政府期内之参议院,即于是日解散,遵《约法》也。景濂等窃维本院自南京移设北京,迄将一载;而更溯元年 1 月 28 日,本院正式开幕于南京之期,则已阅十有四月矣。此十有四月中,本院先后开会,综 220 次,议决之案凡 230 有余。立国纲要,未始不于此稍稍植基础也。

> 而起视全国,民生凋敝,财政困难,国书之交换,茫乎其无期,边患之沸腾,纷然其日亟也。益以内地伏莽,时时蠢动,不逞之徒,或更甘冒犯法纪,冀以达其破坏之目的。现象若此,谁欤负此责者? 毋亦国民代表,应尽之天职,固未有餍人望,而重负全国父老子弟之委托者欤?

> 夫世界共和之国,大政方针规画而执行之者在政府;而赞助而敦促之者则在议会。今幸国会成立。凡一切重要问题,所待维持而解决者,皆恃于完全立法机关是赖。语所谓"失之东隅,收之桑榆"者也。允若兹,景濂等虽未能遽告无罪于国民,而合五族四百兆众喁喁望治之心,则庶几可以稍慰,是又景濂等所馨香颂祷以希望于无穷者也。[①]

临时大总统委托总统府秘书长梁士诒出席会议并代致参议院闭会辞。总理赵秉钧委托司法总长许世英代为宣读国务院致参议院闭会辞。主席宣告向国旗行三鞠躬礼(奏乐),礼毕散会,摄影,三呼中华民国万岁。时下午 4 点钟。

参议院到此已完成其历史使命而告结束。

北京参议院自 1912 年 4 月 29 日开院至 1913 年 4 月 8 日解散,开会日共计 140 天,共计开会 142 次(有 2 天连开会 2 次),议决案 95 件,

---

① 《众议院要览》附录,第 3 页。

未议决案 85 件。

1. 议决案 95 件。

《参议院法第三十一条修正案》、《参议院议事细则修正案》、《参议院会议旁听规则案》、《中华民国国会组织法案》、《参议院议员选举法案》、《众议院议员选举法案》、《众议院议员各省复选区表》、《国会组织法及选举法之解释权限案》、《国会议员选举监督之解释案》、《众议院议员选举法第四条第一二三款之解释案》、《众议院议员选举法第六条第五款之解释案》、《众议院议员选举法第七条第二三款之解释案》、《众议院议员选举法关于蒙藏青海选举之解释案》、《参议院议员选举法施行细则之更正案》、《众议院议员直隶江苏江西湖南甘肃四川广东广西等省复选区表之更正案》、《众议院议员吉林省复选区表之更正案》、《众议院议员福建省复选区表之更正案》、《众议院议员湖南省复选区表之更正案》、《众议院议员河南省复选区表之更正案》、《众议院议员甘肃省复选区表之第二次更正案》、《众议院议员甘肃省复选区表之第三次更正案》、《众议院议员新疆省复选区表之更正案》、《众议院议员广西省复选区表之第二次更正案》、《众议院议员贵州省复选区表之更正案》、《参议院议员选举法华侨选举会施行法案》、《国会议员无庸特设旗人专额案》、《各省第一届议员名额表》、《省议会议员选举法案》、《省议会议员各省复选区表》、《省议会议员各省复选区表施行法案》、《奉黑两省省议会议员第一届变通选举案》、《福建议会议员无庸特设旅闽专额案》、《云南省议会议员无庸特设缅侨及土司专额案》、《中学校以上肄业学生第一届选举期间办法案》、《各省兼辖蒙旗之处办理选举不得稍有遗漏案》、《国务院官制修正案》、《国务院秘书厅官制案》、《法制局官制修正案》、《铨叙局官制修正案》、《印铸局官制修正案》、《临时稽勋局官制修正案》、《蒙藏事务局官制案》、《法典编纂会官制案》、《各部官制通则修正案》、《外交部官制修正案》、《内务部官制修正案》、《财政部官制修正案》、《陆军部官制修正案》、《海军部官制修正案》、《司法部官制修正案》、《教育部官制修正案》、《农林部官制案》、《工商部官制修正案》、《交通部官制修正案》、《参谋本部官制修正案》、《国史馆官制案》、《中央观象台官制案》、《筹备国会事务局官制案》、《筹备国会事务局官制追加案》、《中央行政官官等法案》、《中央行政官官俸法案》、《技术官官俸法案》、《陆军测量官官制官俸法案》、《陆军官佐士兵等级表》、《海军官佐士兵等级表》、《陆军服制案》、《陆军官佐礼服案》、《礼制案》、《服制案》、《国籍法案》、《中央学会法案》、《戒严法案》、《东三省都督改为奉天都督无庸兼辖吉江两省案》、《东三省都督改为奉天都督无庸兼辖吉江两省修正案》、《印花税法修正案》、《兴华汇业银行则例案》、《中华民国元年 8 月份概算案》、《中华民国元年 8 月份概算追加案》、《六厘公债案》、《英金一千万磅借款合同案》、《汉口建筑市场借款案》、《广东以地税抵借外债案》、《浙江裁免漕南兵米改征抵袖金办法大纲案》、《咨请政府速编临时预算交议案》、《国旗统一案》、《国旗统一复议案》、《国庆日纪念日案》、《蒙古优待条件案》、《广西省城暂定为南宁案》、《铁路总公司条例修正案》、《省议会暂行法案》、《行政执行法案》、《西藏选举国会议员变通办法案》、《西藏第一届国会议员选举施行法案》、《中国银行则例案》。

2. 未议决案 85 件。

《西蒙古加增议员案》、《规定中华民国会计年度案》、《实行禁烟法案》、《创办所得捐案》、《刑法案》、《寺观保存法案》、《撤销各省军政府名目案》、《传染病预防修正案》、《弹劾国务总理失职案》、《治安警察法案》、《警械使用法案》、《预戒法案》、《临时稽勋局各省调查会官制案》、《查办参谋总长违法案》、《留学借款作为特别预算案》、《咨请查办军人干预政治案》、《咨请查办湖北都督违法案》、《顾问院官制案》、《中华民国元年临时预算案》、《修改参议院法案》、《弹劾国务总理陆军总长案》、《律师法案》、《法院编制法案》、《法院编制法施行案》、《司法官官等法案》、《司法官官俸法案》、《书记官官等法案》、《书记官官俸法案》、《度量衡新制及推行法案》、《实行剪辫法案》、《农林实验场官制案》、《矿务监督署官制案》、《商品陈列所官制案》、《中央模范工厂官制案》、《度量衡制造所官制案》、《盐务署官制案》、《盐务司官制案》、《税务处官制案》、《民国图书馆官制案》、《中国红十字会条例案》、《吗啡罪法修正案》、《陆军俸给法案》、《海军俸给法案》、《旧法官特别考试法案》、《监狱官制案》、《发行补助汉口商务公债票简章办法案》、《更正中央行政官官等表案》、《国税厅官制案》、《国税分厅官制案》、《厘定国家税地方税案》、《造币厂官制案》、《验契法案》、《盐专卖法案》、《运盐公司条例案》、《文官考试法修正案》、《典试委员会编制法修正案》、《文官任用法施行法修正案》、《秘书任用法修正案》、《文官保障法修正案》、《文官惩戒法修正案》、《文官惩戒委员会编制法修正案》、《文官甄别法修正案》、《地方行政编制法案》、《地方行政编制施行法案》、《省总监官制案》、《道官制案》、《县官制案》、《道自治制案》、《参谋本部官制修正案》、《待质所官制案》、《印刷局官制案》、《造纸厂官制案》、《明定道德教育主旨案》、《咨请筹办河南都督司法案》、《中华民国国会组织法修正案》、《契税暂行条例案》、《税关官制案》、《司法官考试法案》、《司法官考试法施行案》、《律师考试法案》、《外交官领事官官制案》、《外交官领事官官等官俸法案》、《中法实业银行附股合同案》、《蒙藏局官制修正案》、《官盐斤加价案》①。

附录：

（一）参议院议员选举法

1912 年 8 月 10 日公布

第一章　　总则

第一条　参议院议员依《国会组织法》第二条之规定分别选举之。

---

① 《盛京时报》1913 年 4 月 11 日。

00

　　第二条　参议院议员选举人，于本法各章定之。

　　第三条　凡有众议院议员被选举之资格，年满三十岁以上者，得被选举为参议院议员。华侨选举会选出之参议院议员，除前项规定外，以通晓汉语者为限。

　　第四条　参议院议员之选举期日，以教令定之。

　　第五条　选举用无记名单记投票法。

　　第六条　选举非有选举人总数三分二以上到会，不得投票。

　　第七条　选举以得票满投票人总数三分之一者为当选。当选人不足额时，应再行投票，至足额为止。

　　第八条　当选人足额后，并依议员定额选定同数之候补当选人。其当选票额，依前条之规定。凡得票满当选票额，因当选人足额不能当选者，即作为候补当选人。

　　第九条　当选人及候补当选人名次，以选出之先后为序。同次选出者，以得票多寡为序。票数同者抽签定之。

　　第十条　当选人及候补当选人之姓名及所得票数，由选举监督当场榜示，同时通知各当选人。

　　第十一条　当选人接到前条通知后，应于二十日以内答复愿否应选。其逾期不复者，以不愿应选论。但交通不便地方，得延长十五日以内。

　　第十二条　当选人不愿应选时，依次以候补当选人递补之。但本法有特别规定者不在此限。

　　第十三条　凡应选者为参议院议员，由选举监督给予议员证书。同时汇造名册，呈报内务部。

　　第十四条　议员出缺时，依第十二条之规定递补之。

　　第十五条　候补当选人之有效期间，至每届议员改选之日为止。

　　第十六条　第一届选出之参议院议员，于开会后，依下列规定，分为二十七部。每部以抽签法均分为三班。第一班满二年改选。第二班满四年改选。第三班任满改选。嗣后每二年就任满之议员改选之。

各省省议会选出者每省为一部。蒙古选举会选出者为一部。西藏选举会选出者为一部。青海选举会选出者为一部。中央学会选出者为一部。华侨选举会选出者为一部。

议员名额不能三分时,以较多或较少之数为第三班。

第十七条　议员退任,再被选者得连任。

第十八条　关于选举投票、开票、检票、选举变更及选举诉讼,本法所未规定者,准用众议院议员选举法之规定。

第二章　各省

第十九条　各省选出参议院议员之名额,依国会组织法第二条第一款之规定。

第二十条　选举人以各该省省议会议员充之。

第二十一条　各省选举参议院议员,该省省议会议员被选者,至多不得逾定额之半。候补当选人之选举及每届议员之改选亦同。

第二十二条　候补当选人之递补依名次之先后。但应选或现任之参议院议员,由省议会议员被选者已满定额之半时,其缺额应以省议会议员外之被选为候补当选人者递补之。

第二十三条　选举监督,以各该省行政长官充之。选举场所,以省议会会所充之。选举时间,选举监督定之。

第三章　蒙古及青海

第二十四条　蒙古及青海选出参议院议员之名额,依国会组织法第二条第二款及第四款之规定。

第二十五条　蒙古及青海之选举区划及议员名额之分配如下。

哲里木盟二名。卓索图盟二名。昭乌达盟二名。锡林郭勒盟二名。乌兰察布盟二名。伊克昭盟二名。土谢图汗部二名。车臣汗部二名。三音诺颜部二名。札萨克图汗部二名。乌梁海二名。科布多及旧土尔扈特三名。阿拉善一名。额济纳一名。青海三名。

第二十六条　选举人以蒙古及青海选举会会员为之。

第二十七条　蒙古及青海选举会,依第二十五条规定之区划,以各该王公世爵或世职组织之。前项选举会,得依便宜联合二区以上组织之。

第二十八条　选举监督,以选举会所在地行政长官充之。但得委托相当之官吏代理。选举时间及场所,选举监督定之。

第四章　西藏

第二十九条　西藏选出参议院议员之名额,依国会组织法第二条第三款之规定。

第三十条　西藏之选举区划及议员名额之分配如下:前藏五名,后藏五名。

第三十一条　选举人以西藏选举会会员为之。

第三十二条　西藏选举会依第三十条规定之区划,由达赖喇嘛及班禅喇嘛会同驻藏办事长官,遴选相当人员,分别于拉萨及札什伦布组织之。

前项人员名额,各以该区应出议员名额之五倍为率。

第三十三条　选举监督,以驻藏办事长官充之。但得委托相当之官吏代理。选举时间及场所,选举监督定之。

第五章　中央学会

第三十四条　中央学会选出参议院议员之名额,依国会组织法第二条第五款之规定。

第三十五条　选举人以中央学会会员充之。但被选举人不以该会会员为限。

第三十六条　选举监督以教育总长充之。选举时间及场所,选举监督定之。

第三十七条　中央学会之组织,别以法律定之。

第六章　华侨

第三十八条　华侨选出参议院议员之名额,依国会组织法第二条第六款之规定。

第三十九条　选举人以华侨选举会会员为之。

第四十条　华侨选举会由华侨侨居地所设各商会,各选出选举人一名组织之。前项商会以经本国政府认可者为限。

第四十一条　华侨选举会设于民国政府所在地。

第四十二条　选举监督以工商总长充之。选举时间及场所，选举监督定之。

第四十三条　华侨选举会会员因故不能到会时，得具委托证书，委托相当之代理人到会行使其选举权。但代理人以代理一人为限。前项委托证书须经本人签名，并钤该商会图记。凡选举会会员不得为代理人。

第七章　附则

第四十四条　本法自公布日施行①。

（二）参议院议员选举法施行细则
1912 年 12 月 8 日公布

第一章　总则

第一条　每届选举，各选举监督各就本署设办理选举事务所。所有选举事宜，由各选举监督各就本署人员内分别派令兼办。前项办理选举事务所，于选举完毕之日裁撤。

第二条　每届选举，由各选举监督于选举日期前，分别委下列各员：一、投票管理员、开票管理员。二、投票监察员、开票监察员。

第三条　投票管理员应制成投票录，开票管理员应制成开票录，各选举监督应制成选举录，详记关于投票、开票选举始末情形，于本届选举期内保存之。

第四条　除各省选举场所依本法第二十三条所规定外，其他选举场所，由各选举监督于选举期十日以前筹定榜示之。

---

①　《政府公报》1912 年 8 月 11 日；《申报》1912 年 8 月 12 日、13 日；参议院公报科发行：《议会法典汇编》，第 187—193 页。

第五条　投票纸、投票匦由选举监督依式制成,颁发投票管理员。

第六条　凡投票、开票,均于选举场所内行之。

第七条　投票开票时间,由各选举监督于选举期十日以前酌定,榜示于选举场所。前项时间,不得在上午八时前,下午六时后。

第八条　依本法第六条到会之选举人,不满总数三分之二时,由选举监督宣告于次日投票。

第九条　凡当选人不足额,应再行投票,已逾第七条第二项时限者,于次日接续行之。

第十条　被选举人年龄,以举行选举之日计算。

第十一条　被选举人除本法别有规定外,各会选出者,不以各该选举人为限。

第十二条　被选举人于被选前已当选为众议院议员,或于被选后复当选为众议院议员者,如依本法第十一条答复愿应选时,其众议院议员应选在前,即须辞职,未应选者,以不愿应选论。

第十三条　有本法第三条之被选举资格而当选时,系现任官吏,或公吏,如依本法第十一条答复愿应选者,须于未答复前呈请辞职。

第十四条　选举人已被选,而当选人尚不足额时,其已被选之选举人,不得再行投票。

第十五条　关于投票、开票,本细则所未规定者,得适用众议院议员选举法施行细则。蒙古、西藏、青海得适用众议院议员选举施行令,暨众议院议员选举投票纸、投票匦管理规则,众议院议员选举开票规则之规定。

第二章　各　　省

第十六条　每届选举,由各选举监督于选举期十日以前,就各本省省议会议员名额造成选举人名册。

第三章　蒙古及青海

第十七条　蒙古及青海之选举监督,应各就本管区划内之王公、世爵、世职,造成选举人名册。

第十八条　选举会之组织,系联合二个以上之区划者,就各该区划内之王公、世爵、世职,合造一选举人名册。

第十九条　蒙古王公、世爵、世职之住居京师者,如各本选举区划已届选举日期尚无人组织选举会时,得由该王公等就近组织之。其选举监督依本法第二十八条之规定,委托蒙藏事务局总裁代理,其本选举区划组织有选举会者,如住居京师之王公、世爵、世职满十人以上时,得呈明蒙藏事务局转报该选举监督,列入选举人名册,就近投票。俟投票完毕后,由蒙藏事务局总裁将投票匦移交该管监督汇总开票。

第四章　西　　藏

第二十条　依本法三十二条组织选举会时,选举监督应分别前藏、后藏,各造一选举人名册。

第五章　中央学会

第二十一条　每届选举,由选举监督就现在中央学会会员名额造成选举人名册,但名誉会员不得为选举人。

第六章　华　　侨

第二十二条　华侨选举会会员,由各该华侨侨居地之商会、中华会馆、中华公所、书报社,于具备下列资格之人内,依历年公推会长、馆长、所长、社长等相当职员之习惯办理。

一、有中华民国国籍之男子,年满二十五岁以上者。二、有值五百元以上之不动产或动产者。三、无众议院议员选举法第六条所列情事之一者。

前项各商会、中华会馆、中华公所、书报社公推之人到京时,即行呈报该选举监督,俟审查凭证相符,认为会员后,依其名额造成选举人名册。

第二十三条　前条会员,非依参议院议员选举法,华侨选举会施行法第二条第二项之规定审查相符,其选出之人为无效。

第七章　附　　则

第二十四条　选举人名册、投票簿、投票纸、投票匦、投票录、开票录、选举录、当选证书,另以表式定之。

第二十五条　按照本法暨本细则所规定应需之选举费用,本选举费用补助令行之。其选举人须给旅费者,由各选举监督核定。

第二十六条　本细则自公布日施行①。

(三) 众议院议员选举法

1912 年 8 月 10 日公布

第一编　总则

第一条　众议院议员依《国会组织法》第四条及第五条之规定,分别选举之。

第二条　选举年限以三年为一届。

第三条　每届选举年限,其选举日期以教令定之。临时选举日期亦同。

第四条　凡有中华民国国籍之男子年满二十一岁以上,于编制选举人名册以前,在选举区内住居满二年以上,具下列资格之一者,有选举众议院议员之权。

一、年纳直接税二元以上者。二、有值五百元以上之不动产者。但于蒙、藏、青海,得就动产计算之。三、在小学校以上毕业者。四、有与小学校以上毕业相当之资格者。

第五条　凡有中华民国国籍之男子年满二十五岁以上者,得被选举为众议院议员。

于蒙、藏、青海具有前项资格并通晓汉语者,得被选举为众议院议员。

第六条　凡有下列情事之一者,不得有选举权及被选举权:

一、褫夺公权尚未复权者。二、受破产之宣告,确定后尚未撤销者。

---

①　《盛京时报》1912 年 12 月 13 日—15 日。

三、有精神病者。四、吸食鸦片烟者。五、不识文字者。

第七条　下列各人停止其选举权及被选举权：

一、现役陆海军人及在征调期间之续备军人。二、现任行政、司法官吏及巡警。三、僧道及其他宗教师。

前项第二款及第三款之规定，于蒙、藏、青海不适用之。

第八条　下列各人停止其被选举权：

一、小学校教员。二、各学校肄业生。

第九条　办理选举人员于其选举区内，停止其被选举权。但监察员及蒙、藏、青海之办理选举人员，不在此限。

第二编　各省议员之选举

第一章　选举区划及办理选举人员

第一节　选举区划

第十条　初选举以县为选举区，各以所辖地方为境界。地方行政区划及其名称未改正以前，下列各区划均以县论。

一、府，直隶厅、州之直辖地方。二、厅及州。

第十一条　复选举合若干初选区为选举区。其区划别以表定之。

第十二条　行政区划之境界有变更时，选举区一并变更。但原选议员不失其职。

第二节　办理选举人员

第十三条　各省设选举总监督，以该省行政长官充之，监督全省选举事宜。

第十四条　初选区设初选监督，以各该区之行政长官充之，监督初选举一切事宜。初选监督，各以本署为办理选举事务所。

第十五条　复选区设复选监督，于初选期三个月以前，由选举总监督委任，监督复选举一切事宜。复选监督驻在地，由选举总监督定之。

第十六条　初选、复选均设投票管理员、监察员，开票管理员、监察员各若干名，由初选监督、复选监督分别委任。但监察员应以本区选举人为限。

第十七条　投票管理员职务如下：

一、掌投票所启闭。二、决定投票之应否收受。三、掌投票匦、投票簿、投票纸及选举人名册。四、保持投票所秩序。五、其他本法所定属于投票管理员职务之事项。

第十八条　开票管理员职务如下：

一、掌开票所启闭。二、清算投票数目。三、检查投票纸真伪。四、决定投票之是否合法。五、保存选举票。六、保持开票所秩序。七、其他本法所定属于开票管理员职务之事项。

第十九条　投票监察员、开票监察员、各监视管理员办理投票、开票事宜。监察员如与管理员意见不同时，得呈明选举监督决定。

第二十条　凡办理选举人员均为名誉职，但得酌给公费。

第二章　初选举

第一节　投票区

第二十一条　初选监督应按照地方情形分割本管区域为若干投票区。

第二十二条　投票区应于初选期六十日以前，由初选监督筹定，呈报复选监督核定后，转报总监督。

第二节　选举人名册

第二十三条　初选监督应就本管区域内分派调查委员，按照选举资格，调查合格者，造具选举人名册。调查员办事细则，由初选监督定之。

第二十四条　选举人名册，应载选举人姓名、年岁、籍贯、住址、住居年限，及下列第一款或第二款事项。

一、年纳直接税之数或不动产价格之数。二、某种学校毕业或与某种学校毕业相当之资格。

第二十五条　选举人名册应于初选期六十日以前一律告成，由初选监督分别呈报复选监督及总监督。

第二十六条　初选监督应按各投票区分造选举人名册，于初选期六十日以前颁发各投票所，宣示公众。

第二十七条 宣示选举人名册以五日为期。如本人以为错误遗漏，得于宣示期内，取具证凭，呈请初选监督更正。前项呈请更正，初选监督应自收呈之日起，五日以内判定之。

第二十八条 宣示期满即为确定，不得再请更正。其由初选监督判定更正者，应更正选举人名册，补报复选监督及总监督。

第二十九条 选举人名册确定后，应分存各投票所及开票所，并由总监督呈报选举人总数于内务部。

第三节 当选人名额

第三十条 初选当选人名额定为议员名额之五十倍。每届由复选监督按照该复选区议员名额，用五十乘之，为该复选区内初选当选人名额，分配于各初选区。

第三十一条 初选当选人之分配，由复选监督以该复选区应出之初选当选人名额，除全区选举人总数，视得数多寡，定每选举人若干名得选出当选人一名。再以此数分除各初选区选举人数，视得数多寡，定各该初选区应出初选当选人若干名。

初选区有选举人数不敷选出当选人一名，或敷选若干名之外，仍有零数，致当选人不足定额者，比较各初选区零数多寡，将余额依次归零数较多之区选出之。若两区以上零数相等，其余额应归何区，以抽签定之。

初选当选人名额分配定后，由复选监督于初选期十日以前榜示各初选区。

第四节 选举通告

第三十二条 初选监督应于初选期四十日以前颁发选举通告，其应载事项如下：

一、初选日期。二、初选投票所及开票所地址。三、投票方法。

第五节 投票所及开票所

第三十三条 投票所每投票区各设一处。开票所设于初选监督所在地,其地址各由初选监督定之。

第三十四条　投票所及开票所周围得临时增派巡警保持秩序。

第三十五条　投票所及开票所,除本所职员选举人及巡警外,他人不得阑入。

开票所因参观之选举人过多不能容时,管理员得限制人数。

第三十六条　投票所及开票所自投票及开票完毕之日起,十五日以内一律裁撤。

第三十七条　投票所启闭以午前八时至午后六时为率。逾限不得入内。

第三十八条　投票所及开票所办事细则,由初选监督定之。

第六节　投票纸投票簿及投票匦

第三十九条　投票纸应由复选监督按照定式制成,于初选期三十日以前分交初选监督。

初选监督应于初选期七日以前,分交各投票所。

第四十条　初选监督应按照各投票区所属选举人,分别造具投票簿,并按照定式制成投票匦。于初选期七日以前,分交各投票所。

第四十一条　投票簿应载明选举人姓名、年岁、籍贯及住址。

第四十二条　投票匦除投票时外应严加封锁。

第七节　投票开票及检票

第四十三条　投票人以列名本投票所之投票簿者为限。

第四十四条　投票人届选举期,应亲赴投票所自行投票。

第四十五条　投票人于领投票纸时,应先在投票簿所载本人姓名下签字。

第四十六条　投票人每名只领投票纸一张。

第四十七条　投票用无记名单记法。每票只书被选举人一名,不得自书本人姓名。

第四十八条　投票人于投票所内,除关于投票方法得与职员问答外,不得与他人接谈。

第四十九条　投票完毕后,投票人应即退出。

第五十条　投票人倘有冒替及其他违背法令情事,管理员及监察员得令退出。

第五十一条　管理员及监察员应将投票始末情形,会同造具报告,连同投票瓯,于投票完毕之翌日移交开票所,并呈报初选监督。

第五十二条　初选监督自各投票瓯送齐之翌日,应酌定时刻先行宣示。届时亲临开票所督同开票,即日宣示。

第五十三条　检票时应将所投选举票数与投票簿对照。

第五十四条　凡选举票应作废者如下。

一、写不依式者。二、夹写他事者。但记载被选举人职业或住址者不在此限。三、字迹模糊不能认识者。四、不用投票所所发票纸者。五、选出之人为选举人名册所无者。

第五十五条　开票所管理员及监察员,应将开票始末情形会同造具报告,于开票完毕之翌日呈送初选监督。所有选举票应分别有效无效,一并附呈,于本届选举年限内,由初选监督保存之。

第八节　当选票额

第五十六条　初选以本区应出当选人名额除投票人总数,将得数三分之一为当选票额。非得票满额者,不得为初选当选人。

第五十七条　凡因不满当选票额致无人当选或当选人不足定额时,由初选监督就得票较多者,按照所缺当选人名额,加倍开列姓名,即行榜示。于开票后第三日,在原投票所就榜示姓名内,再行投票。至足额为止。

第五十八条　当选人名次,以选出之先后为序。同次选出者,以得票多寡为序。票数同者,抽签定之。

第五十九条　凡得票满当选票额,因当选人足额不能当选者,即作为初选候补当选人。其名次准用前条之规定。

第九节　当选通知及证书

第六十条　当选人确定后,应即榜示,并由初选监督具名分别通知各当选人。

第六十一条　当选人接到通知后,应于五日以内答复愿否应选。其逾期不复者,以不愿应选论。

第六十二条　凡应选者,由初选监督给与当选证书。

第六十三条　当选证书由复选监督按照定式制成,于初选期二十日以前,分交初选监督。

第六十四条　当选证书给与后,应将当选人姓名榜示,并呈报复选监督。

第六十五条　初选当选人受领证书后,由初选监督按照距复选投票所路程远近酌给旅费。

第三章　复选举

第六十六条　复选举由初选当选人齐集复选监督驻在地行之。

第六十七条　复选人名册以初选当选人为限,依各初选区之顺序编列之。其册内应载事项,除依第二十四条规定外,应载明初选当选票数。

第六十八条　复选当选人不以初选当选人为限。

第六十九条　各复选区应出议员若干名,每届由总监督按照各该复选区选举人名册总数,以全省议员名额分配之。

第七十条　复选当选人之分配,由总监督于各复选区选举人名册报齐后,按照名册,以该省议员名额除全省选举人总数,视得数多寡,定每选举人若干名得选出议员一名,再以此数分除各复选区选举人数,视得数多寡定各该复选区应出复选当选人若干名。

复选区有选举人数不敷选出议员一名,或敷选若干名之外仍有零数,致议员不足定额者,比较各复选区零数多寡,将余额依次归零数较多之区选出之。若两区以上零数相等,其余额应归何区,以抽签定之。

复选当选人名额分配定后,由总监督于初选期三十日以前通知各复选监督。

第七十一条　复选监督应于复选期三十日以前颁发选举通告。其应载事项如下:

一、复选日期。二、复选投票所及开票所地址。三、投票方法。四、复选当选人名额。

第七十二条　复选投票所、开票所地址及其办事细则,由复选监督定之。

关于投票所、开票所事项,准用第三十四条至第三十七条之规定。

第七十三条　复选投票纸、投票簿及投票瓯定式与初选同。

第七十四条　复选投票开票及检票准用第四十三条至第五十四条第一款至第四款及第五十五条之规定。

第七十五条　复选以本区应出议员名额除投票人总数,将得数之半为当选票额。非得票满额者,不得为复选当选人。

第七十六条　凡因不满当选票额致无人当选或当选人不足定额时,由复选监督在原投票所重行选举,至足额为止。

第七十七条　复选当选人足额后,并依该区应出议员名额,选定同数之候补当选人。其当选票额,依第七十五条之规定。

凡得票满当选票额,因复选当选人足额不能当选者,即作为候补当选人。

第七十八条　复选当选人及候补当选人之名次,准用第五十八条之规定。

第七十九条　复选当选人确定后,应即榜示并由复选监督具名分别通知各当选人。当选人接到通知后,应于二十日以内答复愿否应选。其逾期不复者,以不愿应选论。

第八十条　凡应选者为众议院议员,由复选监督给与议员证书。

第八十一条　议员证书给与后,复选监督应将复选举始末情形造具报告连同投票簿并有效、无效之选举票及议员名册,呈送总监督,于本届选举年限内保存之,并由总监督汇造该省议员名册,呈报内务部。议员名册应载明议员姓名、年岁、籍贯及所得票数。

第四章　选举变更

第一节　选举无效

第八十二条　凡有下列各款情事为选举无效。

一、选举人名册因舞弊牵涉全数人员经审判确定者。

二、办理选举违背法令经审判确定者。

第八十三条　前条之规定于初选举及复选举均适用之。

初选举无效时,复选举虽经确定,一并无效。

第二节　当选无效

第八十四条　凡有下列各款情事,为当选无效。

一、不愿应选。二、死亡。三、被选举资格不符,经审判确定者。四、当选票数不实,经审判确定者。

第八十五条　当选无效时,当选证书已给发者,应令缴还。并将姓名及其缘由宣示。

第八十六条　当选无效时,应以各该区候补当选人递补。

第三节　改选及补选

第八十七条　改选于每届选举年限行之。

选举无效时,应于该选举区一律改选。

第八十八条　补选于议员缺额,该选举区无候补当选人时行之。

第八十九条　关于改选及补选事项均依本编之规定行之。

第五章　选举诉讼

第九十条　选举人确认办理选举人员有舞弊及其他违背法令行为,得自选举日起,初选于五日内,向地方审判厅起诉;复选于十日内,向高等审判厅起诉。

未设审判厅之处,得向相当受理诉讼之官署起诉。

第九十一条　选举人确认当选人资格不符或票数不实者,得依前条之规定起诉。

第九十二条　落选人确认所得票数应当选而未与选,或候补当选人确认名次有错误者,得依第九十条之规定起诉。

第九十三条　选举诉讼事件,应先于各种诉讼事件审判之。

第六章　罚则

第九十四条　关于选举之犯罪,依刑律处断。

第九十五条　初选当选人已受选举旅费,不于选举日期到复选区投票者,除追缴旅费外,加倍罚金。

第三编　蒙古、西藏、青海议员之选举

第九十六条　蒙古、西藏、青海选举区划及议员名额之分配如下:

哲里木盟二名,卓索图盟二名,昭乌达盟二名,锡林郭勒盟二名,乌兰察布盟二名,伊克昭盟二名,土谢图汗部二名,车臣汗部二名,三音诺颜部二名,札萨克图汗部二名,乌梁海二名,科布多三名,阿拉善一名,额济纳一名,前藏五名,后藏五名,青海三名。

第九十七条　选举监督以各该选举区之行政长官充之,监督区内一切选举事宜。选举监督得酌派办理选举人员,并定其职务。

第九十八条　选举监督应分派调查委员按照选举资格调查合格者,造具选举人名册。

选举人名册应载事项,准用第二十四条之规定。

第九十九条　前条之调查,选举监督若认为不能遍行时,得专就其驻在地行之。

第一百条　选举监督专就其驻在地为调查时,对于驻在地以外之本管区域,应先期详列选举事由、选举资格,并限定日期,令各地之行政长官宣示公众,听选举人合格者自行呈报。

各地行政长官于呈报期满时,应即查实,汇报选举监督。

第一百一条　选举监督应将前条呈报之选举人,一并列入选举人名册。

第一百二条　关于选举人名册之宣示及更正,准用第二十六条至第二十八条之规定。

第一百三条　选举监督应于选举期前颁发选举通告,令本管各地之行政长官宣示公众。

选举通告应载事项如下:一、选举日期。二、选举投票所及开票所地址。三、投票方法。

第一百四条　投票所及开票所设于选举监督驻在地。

选举监督得依便宜分划本选举区为若干投票区,每投票区设投票所一处。

第一百五条　关于投票所及开票所事项,准用第三十四条至第三十八条之规定。

第一百六条　投票纸、投票簿及投票甄,准用第三十九条至第四十二条之规定。投票纸除汉字外,得书各该地通用文字。

第一百七条　投票、开票及检查,准用第四十三条至第五十四条第一款至第四款及第五十五条之规定。

第一百八条　选举按照本区应出议员名额,以得票较多者为当选。当选不足额时,应就原投票所再行投票,至足额为止。

第一百九条　当选人足额后,以得票次多数者为候补当选人,其名额与议员名额同。候补当选人不足额时,准用前条之规定。

第一百十条　当选人及候补当选人名次,准用第五十八条之规定。

第一百十一条　当选人通知及证书之给与,准用第七十九条、第八十条之规定。

第一百十二条　议员证书给与后,选举监督应将选举情形详细记载,连同投票簿,并有效、无效之投票纸及议员名册,于本届选举年限内保存之,并造具该区议员名册呈报内务部。

议员名册适用第八十一条第二项之规定。

第一百十三条　关于选举无效及当选无效,适用第八十二条及第八十四条至第八十六条之规定。

第一百十四条　改选及补选,适用第八十七条、第八十八条之规定。关于改选及补选事项,均依本编之规定行之。

第一百十五条　选举人确认办理选举人员有舞弊及其他违背法令行为,得自选举日起五日内向受理诉讼之官署起诉。

第一百十六条　选举人确认当选人资格不符或票数不实者,得依前条之规定起诉。

第一百十七条　落选人确认所得票数应当选而未当选或候补当选

人确认名次有错误者,得依第一百十五条之规定起诉。

第一百十八条 选举诉讼之审判,适用第九十三条之规定。

第一百十九条 关于选举之犯罪处断,适用第九十四条之规定。

第四编 附则

第一百二十条 本法施行细则,以命令定之。

第一百二十一条 本法自公布日施行①。

(四)众议院议员选举法施行细则

1912 年 9 月 20 日公布

第一条 每届选举由选举总监督于初选期三个月以前设筹备选举事务所,专司筹备全省选举一切事宜。

第二条 筹备选举事务所酌设委员若干人,由选举总监督遴选派充。

第三条 筹备选举事务所之办事细则,由选举总监督定之。

第四条 筹备选举事务所于本届选举事宜完毕后裁撤。

第五条 每届选举由复选监督于初选期六十日以前设复选选举事务所,专司该区复选一切事宜。

第六条 复选监督除依本法第十六条规定设管理监察各员外,得于复选选举事务所内酌设委员若干人。

第七条 复选选举事务所之办事细则由复选监督定之。

第八条 初选监督依本法第十四条第二项之规定设初选事务所时,应即按照本法第十六条及第二十三条分别委任下列各员。

一、调查委员。

二、投票管理员、开票管理员。

---

① 《申报》1912 年 8 月 13 日—19 日;参议院公报科发行:《议会法典汇编》,第 195—215 页。

三、投票监察员、开票监察员。

除上列各员外，初选监督得于选举事务所内酌设委员若干人。

第九条　初复选监督于委任投票、开票、监察员之日，应将其姓名、住址通知各该投票、开票管理员。

第十条　复选选举事务所及初选选举事务所之裁撤，依第四条之规定。

第十一条　依本法第二十条初选监督按照地方情形分划本管区域为若干投票区时，应通示本管区内。

第十二条　每选举区分为两个投票区以上时，须依下列各款之规定。

一、各投票区须冠以第一、第二等字样。

二、选举人名册各投票区分别造具。

三、各投票区设投票管理员若干人，由初选监督遴选派充。

四、初选监督当于初选举期五日以前将选举人名册分送各投票区投票管理员。

五、投票完毕后，投票管理员应会同投票监察员中一人或二人以上，将投票纸、投票簿及选举人名册汇送开票管理员。

第十三条　依本法第十二条行政区划之境界有变更时，应由原辖选区选举监督将隶属于该管区之选举人名册中关于变更之一部送交新辖选举区选举监督。

选举监督接到前项选举人变更名册时，应誊写副本分送关系各区之办理选举人员。

第十四条　选举人年龄及在选举区住居年限，以调查选举人名册之日计算。被选举人年龄以举行选举之日计算。

第十五条　凡一人不得编入数选举区之选举人名册。

第十六条　投票管理员应制成投票录，开票管理员应制成开票录，各初复选监督应制成选举录，详记关于投票、开票、选举始末情形，以本届选举期内须保存之。

第十七条 投票所须有相当设备,使投票人不能互相窥视及交换、传观与其他不正当行为。

第十八条 投票管理员于未投票以前须会集选举人,面开投票瓯,表示其空虚无物后方行投票。

第十九条 投票纸须于投票管理员及监察员之前,使投票人自称姓名、住址与选举人名册无误签字后,方行交付。如疑为非本人时,须有其他投票人为之证明。

第二十条 投票入瓯时,须于投票管理员及监察员之前由投票人自行投入。

第二十一条 届投票时,投票人非有下列情事之一,管理员及监察员不得令其退出:

一、冒替者。

二、在投票所内劝诱、喧骚不服管理员及监察员或巡警之制止者。

三、在投票所内互相窥视及交换、传观不服管理员及监察员或巡警之制止者。

四、携带凶器入投票所者。

五、犯刑律妨害选举各罪之嫌疑者。

六、在投票所内有其他不正当行为,不服管理员及监察员或巡警之制止者。

第二十二条 投票人因有事故退出投票所外及有前条各款情事受令退出者,投票管理员应取回投票纸,将该投票人姓名并退出缘由记载投票录。

第二十三条 依前条退出投票所之投票人欲投票时,管理员得于投票所未关闭以前,准其入所投票。但受令退出者不在此限。

第二十四条 投票人因错误污损投票纸及封筒时得请求换给。

前项投票纸及封筒之换给管理员须将该投票人姓名记载于投票录。

第二十五条 投票管理员认为必要时可给选举人以投票所入场券

及入场号数。

第二十六条　投票瓯闭锁后,凡未送达开票管理员以前,不得移出投票所外。

第二十七条　投票纸及封筒分配于投票所时,须记明数目。俟投票完毕后由投票管理员将用过数目报告选举监督,并将污残余纸一律缴还。

第二十八条　遇有天灾及其他事变发生致不能投票时,投票管理员得呈报选举监督,改定投票期日。但至能投票时不得延至三日以外。

第二十九条　开票管理员于检票完毕后须会同监察员,决定有效票若干,无效票若干,分别记载于开票录。

第三十条　开票管理员须会同监察员将投票总数与投票人总数分别记载于开票录。投票总数与投票人总数相较有增多或减少时,应附记其增减理由。

第三十一条　选举人得请求管理员给与入场券入开票所参观开票事宜。但至座位不能容及遇有必要情形时,管理员得能限制入场人数。

第三十二条　届投票开票时刻该监察员有事故缺席者,由选举监督或其他选举监察员于本选举区内之选举人中选派代理。

前项缺席监察员及代理监察之姓名,应分别记载于投票录或开票录。

第三十三条　依本法第六十五条规定之选举旅费,由各该选举区酌给。

第三十四条　选举人名册、选举人资格调查表、投票簿、投票纸、投票瓯并投票录、开票录、选举录制办经费由各该选举区负担。

第三十五条　依本法第二十条规定办理选举人员及依本细则所设委员,其公费由各该选举区酌给。

第三十六条　投票录、开票录、选举录须缮写副本,以备选举人或被选举人请求阅览。

第三十七条　选举人名册及关于选举文件,依本法一百十二条之规定,于本届选举年限内须保存之。

第三十八条　选举资格调查表、选举人名册、投票簿、投票纸及封筒、投票匦、投票录、开票录、选举录及当选证书,另以表式定之。

前项选举资格调查表式得临时委任初选监督定之。

第三十九条　本细则自公布日施行①。

(五)省议会议员选举法、各省第一届省议员名额表

1912 年 9 月 4 日公布

省议会议员选举法

第一章　总则

第一条　省议会议员依《省制》第五条规定之名额选举之。

第二条　选举年限以三年为一届。

每届选举年限以七月一日为初选日期,八月一日为复选日期。

临时选举日期,由本省行政长官定之。

第三条　凡有中华民国国籍之男子,年满二十一岁以上,于编制选举人名册以前,在选举区内住居满二年以上,具下列资格之一者,有选举省议会议员之权:

一、年纳直接税二元以上者。

二、有值五百元以上之不动产者。

三、在小学校以上毕业者。

四、有与小学校以上毕业相当之资格者。

第四条　凡有中华民国国籍之男子年满二十五岁以上者,得被选举为省议会议员。

第五条　凡有下列情事之一者,不得有选举权及被选举权:

---

① 《盛京时报》1919 年 9 月 26 日—28 日。

一、褫夺公权尚未复权者。

二、受破产之宣告确定后,尚未撤销者。

三、有精神病者。

四、吸食鸦片烟者。

五、不识文字者。

第六条　下列各人停止其选举权及被选举权:

一、现役陆海军人及在征调期间之续备军人。

二、现任司法官吏。

三、现任本省行政官吏及巡警。

四、僧道及其他宗教师。

第七条　下列各人停止其被选举权:

一、小学校教员。

二、各学校肄业生。

第八条　办理选举人员于其选举区内停止其被选举权,但监察员不在此限。

第九条　承揽本省工程之人及承揽本省工程之公司办事人,停止其被选举权。

第十条　初选举以县为选举区,各以所辖地方为境界。

地方行政区划及其名称未改正以前,下列各区划均以县论:

一、府,直隶厅、州之直辖地方。

二、厅及州。

第十一条　复选举合若干初选区为选举区,其区划别以表定之。

第十二条　行政区划之境界有变更时,选举区一并变更。但原选议员不失其职。

第十三条　各省设选举总监督,以本省行政长官充之,监督全省选举事宜。

第十四条　初选区设初选监督,以各本区之行政长官充之,监督初选举一切事宜。

第十五条　复选区设复选监督,应于选举年限六月一日以前,由选举总监督委任之,监督复选一切事宜。

复选监督驻在地,由选举总监督定之。

第十六条　初选、复选均设投票管理员、监察员,开票管理员、监察员各若干名,由初选监督、复选监督分别委任之。但监察员应以本区选举人为限。

第十七条　投票管理员职务如下:

一、掌投票所启闭。

二、决定投票之应否收受。

三、掌投票瓯、投票簿、投票纸及选举人名册。

四、保持投票所秩序。

五、其他本法所定属于投票管理员职务之事项。

第十八条　开票管理员职务如下:

一、掌开票所启闭。

二、清算投票数目。

三、检查投票纸真伪。

四、决定投票之是否合法。

五、保存选举票。

六、保持开票所秩序。

七、其他本法所定属于开票管理员职务之事项。

第十九条　投票监察员、开票监察员、各监视管理员办理投票开票事宜。

监察员与管理员意见不同时,呈明选举监督决定之。

第二十条　凡办理选举人员均为名誉职,但得酌给公费。

第二章　初选举

第一节　投票区

第二十一条　初选监督应按照地方情形分划本管区域为若干投票区。

第二十二条　投票区应于选举年限之前年十月一日以前,由初选监督筹定呈报总监督。

第二节　选举人名册

第二十三条　初选监督应就本管区域内分派调查委员,自选举年限之前年十月一日起,按照选举资格调查合格者,造具选举人名册。

调查员办事细则由初选监督定之。

第二十四条　选举人名册应载选举人姓名、年岁、籍贯、住址、住居年限及下列第一款或第二款事项:

一、年纳直接税之数或不动产价格之数。

二、某种学校毕业或与某种学校毕业相当之资格。

第二十五条　选举人名册,应于前年十一月三十日一律告成,由初选监督呈报总监督。

第二十六条　初选监督应按各投票区分造选举人名册,于前年十二月一日颁发各投票区,宣示公众。

第二十七条　宣示选举人名册以二十日为期,如本人以为错误遗漏,得于宣示期内取具证凭,呈请初选监督更正。前项呈请更正,初选监督应自收呈之日起,二十日以内判定之。不服者,得呈请于总监督,其判定期间同。

第二十八条　凡经初选监督或总监督判定更正者,应由初选监督更正选举人名册,并补报总监督。

第二十九条　选举人名册确定后,应分存各投票所及开票所,并由总监督呈报选举人总数于内务部。

第三节　当选人名额

第三十条　初选当选人名额定为议员名额之二十倍。每届由总监督按照该复选区应出议员名额用二十乘之,为该复选区内初选当选人名额,分配于各初选区。

第三十一条　初选当选人名额之分配,由总监督以该复选区应出初选当选人名额,除全区选举人总数,视得数多寡定每选举人若干名得选出当选人一名,再以此数分除各初选区选举人数,视得数多寡定各该初选区应出初选当选人若干名。

初选区有选举人数不敷选出当选人一名,或敷选若干名之外,仍有零数,致当选人不足定额者,比较各初选区零数多寡,将余额依次归零数较多之区选出之。若两区以上零数相等,其余额应归何区,以抽签定之。

初选当选人名额分配定后,由总监督于六月二十日以前通知各初选监督。

第四节　选举通告

第三十二条　初选监督应于六月二十日颁发选举通告,应载事项如下:

一、投票所及开票所地址。

二、投票方法。

三、本区初选当选人名额。

第五节　投票所及开票所

第三十三条　投票所每投票区各设一处。开票所设于初选监督所在地,其地址各由初选监督定之。

第三十四条　投票所及开票所周围,得临时增派巡警保持秩序。

第三十五条　投票所及开票所,除本所职员、选举人及巡警外,他人不得阑入。

开票所因参观之选举人过多不能容时,管理员得限制人数。

第三十六条　投票所及开票所,自投票及开票完毕之日起,十五日以内裁撤之。

第三十七条　投票所启闭,以午前八时至午后六时为率,逾限不得入内。

第三十八条　投票所及开票所办事细则,由初选监督定之。

第六节　投票纸、投票簿及投票瓯

第三十九条　投票纸由总监督按照定式制成,于五月一日以前分交初选监督。初选监督于六月二十日以前分交各投票所。

第四十条　初选监督应按照各投票区所属选举人分别造具投票簿，并按照定式制成投票匦，于六月二十日以前分交各投票所。

第四十一条　投票簿应载明选举人姓名、年岁、籍贯及住址。

第四十二条　投票匦除投票时外，应严加封锁。

　　第七节　投票、开票及检票

第四十三条　投票人以列名本投票所之投票簿者为限。

第四十四条　投票人届选举期，应亲赴投票所自行投票。

第四十五条　投票人于领投票纸时，应先在投票簿所载本人姓名下签字。

第四十六条　投票人每名只领投票纸一张。

第四十七条　投票用无记名单记法，每票只书被选举人一名，不得自书本人姓名。

第四十八条　投票人于投票所内，除关于投票方法得与职员问答外，不得与他人接谈。

第四十九条　投票完毕后，投票人应即退出。

第五十条　投票人倘有冒替及其他违背法令情事，管理员及监察员得令退出。

第五十一条　管理员及监察员应将投票始末情形，会同造具报告，连同投票匦，于投票完毕之翌日，移交开票所，并呈报初选监督。

第五十二条　初选监督自各投票匦送齐之翌日，应约定时刻先行宣示，届时亲临开票所督同开票，即日宣示。

第五十三条　检票时，应将所投票数与投票簿对照。

第五十四条　凡选举票无效者如下：

一、写不依式者。

二、夹写他事者，但记载被选举人职业或住址者不在此限。

三、字迹模糊不能认识者。

四、不用投票所所发票纸者。

五、选出之人为选举人名册所无者。

第五十五条　开票所管理员及监察员应将开票始末情形,会同造具报告,于开票完毕之翌日,呈送初选监督。所有选举票,应分别有效、无效,一并呈送,于本届选举年限内,由初选监督保存之。

第八节　当选票额

第五十六条　初选以本区应出当选人名额除投票人总数,将得数三分之一为当选票额。非得票满额者,不得为初选当选人。

第五十七条　凡因不满当选票额致无人当选,或当选人不足定额时,由初选监督就得票较多者,按照所缺当选人名额加倍开列姓名,即行榜示,于开票后第三日,在原投票所就榜示姓名内行决选投票。决选投票,以得票较多数者为当选。

第五十八条　当选人名次,以得票多寡为序。票数同者抽签定之。被决选人之名次亦同。

第五十九条　凡得票满当选票额,因初选人足额不能当选者为初选候补当选人,其名次依前条之规定。决选投票后,以被决选人之未经当选者为初选候补当选人,其名次依前条之规定。

第九节　当选通知及证书

第六十条　当选人确定后,应即榜示,并由初选监督具名分别通知各当选人。

第六十一条　当选人自接到通知之日起,应于十日以内答复愿否应选。其逾期不复者,以不愿应选论。

第六十二条　凡应选者由初选监督给与当选证书。

第六十三条　当选证书由总监督按照定式制成,先期分交初选监督。

第六十四条　当选证书给与后,应将当选人姓名榜示,并呈报复选监督及总监督。

第六十五条　初选当选人受领证书后,由初选监督按照距复选投票所路程远近酌给旅费。

第三章　　复选举

第六十六条　复选举由初选当选人齐集复选监督驻在地行之。

第六十七条　选举人名册,以初选当选人为限,依各初选区之顺序编列之,其册内应载事项,除依第二十四条规定外,应载明初选当选票数。

第六十八条　复选当选人不以初选当选人为限。

第六十九条　复选当选人名额依议员名额定之。

第七十条　议员名额之分配,每届由总监督以该省议员名额除全省选举人总数,视得数多寡,定每选举人若干名得选出议员一名,再以此数分除各复选区选举人数。视得数多寡,定各该复选区应出议员若干名。

复选区有选举人数不敷选出议员一名,或敷选若干名之外,仍有零数,致议员不足定额者,比较各复选区零数多寡,将余额依次归零数较多之区选出之。若两区以上零数相等,其余额应归何区,以抽签定之。

议员名额分配定后,由总监督于六月二十日以前通知各复选监督。

第七十一条　复选监督应于七月一日颁发选举通告,其应载事项如下。

一、投票所及开票所地址。

二、投票方法。

三、复选当选人名额。

第七十二条　复选投票所、开票所地址及其办事细则,由复选监督定之。

关于投票所、开票所事项,准用第三十四条至第三十七条之规定。

第七十三条　复选投票纸、投票簿及投票瓯定式,与初选同。

第七十四条　复选投票、开票及检票,准用第四十三条至第五十四条第一款至第四款及第五十五条之规定。

第七十五条　复选以本区应出议员名额除投票人总数,将得数之半为当选票额。非得满额者,不得为复选当选人。

第七十六条　凡因不满当选票额致无人当选，或当选人不足定额时，由复选监督就得票较多者，按照所缺当选人名额加倍开列姓名，即行榜示。于开票后第三日，在原投票所就榜示姓名内再行投票，至足额为止。

第七十七条　复选当选人足额后，并依该区应出议员名额选定同数之候补当选人，其当选票额，依第七十五条之规定。

凡得票满当选票额，因复选当选人足额不能当选者，即作为候补当选人。

第七十八条　复选当选人及候补当选人之名次，以选出之先后为序。同次选出者，以得票多寡为序。票数同者，抽签定之。

第七十九条　复选当选人自接到当选通知之日起，应于二十日以内答复愿否应选。其逾期不复者，以不愿应选论。

第八十条　凡应选者为省议会议员，由复选监督给与议员证书。

第八十一条　议员证书给与后，复选监督应将复选举始末情形，造具报告，连同投票簿并有效、无效之选举票及议员名册呈送总监督，于本届选举年限保存之，并由总监督汇造该省议员名册呈报内务部。议员名册应载明议员姓名、年岁、籍贯及所得票数。

第四章　选举变更

第一节　选举无效

第八十二条　凡有下列各款情事为选举无效。

一、选举人名册因舞弊牵涉全数人员，经审判确定者。

二、办理选举违背法令，经审判确定者。

第八十三条　前条之规定，于初选举及复选举均适用之。

初选举无效时，复选举虽经确定，一并无效。

第二节　当选无效

第八十四条　凡有下列各款情事为当选无效：

一、不愿应选。

二、死亡。

三、被选举资格不符，经审判确定者。

四、当选票数不实,经审判确定者。

第八十五条　当选无效时,证书已给发者,应令缴还,并将姓名及其缘由宣示。

第八十六条　当选无效时,应以各该区候补当选人递补之。

　　第三节　改选及补选

第八十七条　改选于每届选举年限行之。

选举无效时,应于该选举区举行改选。

第八十八条　补选于议员缺额,该选举区无候补当选人时行之。

第八十九条　关于改选及补选事项,均依本法之规定行之。

　　第五章　选举诉讼

第九十条　选举人确认办理选举人员有舞弊及其他违背法令行为,得自选举日起,初选于五日内向地方审判厅起诉,复选于十日内,向高等审判厅起诉。

未设审判厅之处,得向相当受理诉讼之官署起诉。

第九十一条　选举人确认当选人资格不符或票数不实者,得依前条之规定起诉。

第九十二条　落选人确认所得票数应当选而未与选,或候补当选人确认名次有错误者,得依第九十条之规定起诉。

第九十三条　选举诉讼事件,应先于各种诉讼事件审判之。

　　第六章　罚则

第九十四条　关于选举之犯罪,依刑律处断。

第九十五条　初选当选人已受选举旅费,不于选举日期到复选区投票者,除追缴旅费外,加倍罚金。

　　第七章　附则

第九十六条　本法自公布日施行。

第九十七条　本法施行细则以命令定之。

第九十八条　第一届选举日期以教令定之。

第九十九条　本法所定关于选举事项之日期,于第一届选举及临时选举,得由本省行政长官酌量情形更定之。①

各省第一届省议员名额表

直隶	一百八十四名	山东	一百三十二名
奉天	六十四名	河南	一百二十八名
吉林	四十名	山西	一百十二名
黑龙江	四十名	陕西	八十四名
江苏	一百六十名	甘肃	五十六名
安徽	一百八名	新疆	四十名
江西	一百四十名	四川	一百四十名
浙江	一百五十二名	广东	一百二十名
福建	九十六名	广西	七十六名
湖北	一百四名	云南	八十八名
湖南	一百八名	贵州	五十二名

（注：表中列有 22 省,缺西藏、青海、内蒙、外蒙。）②

（六）省制草案、省官制草案

省制草案

第一章　总则

第一条　本制称省如下：直隶省、奉天省、吉林省、黑龙江省、江苏省、安徽省、山东省、山西省、河南省、陕西省、甘肃省、新疆省、福建省、浙江省、江西省、湖北省、湖南省、四川省、广东省、广西省、云南省、贵州省。

---

① 参议院公报科发行：《议会法典汇编》,第 109—125 页。
② 1912 年 9 月《政府公报》通告 149 号。

第二条　省之区域各以固有之境界为准。

第三条　省之设废分合或变更境界以法律定之。

　　　　第二章　省议会

　　第一节　编制及选任

第四条　省议会设于总监所驻之地。

第五条　省议会议员定额：凡一省人口不满千万者五十名，千万以上每四十万人加一名；二千万以上每八十万人加一名，至多以百名为限。

议员定额分配之法，每县一名，其余额以各县选举人数之多寡比例分配之，至足额为止。其议员定额不足每县一名之数时得加额以足每县一名之数。

第六条　议员任期以三年为限。任满改选，再被选者得连任，但连任以一次为限。

第七条　任期以议员当选之日起算。

第八条　议员当选后，人口或选举区有变更而任期未满者照旧任职。

第九条　议员任职后非经议会之许可不得解职。

第十条　议员因故出缺时以本选举区候补当选人名次表之列前者递补之。

第十一条　补缺之议员其任期以补足前任未满之期为限。

第十二条　省议会议员不得同时兼任国会议员。

第十三条　省议会由议员中选举议长、副议长各一人。选举议长、副议长分为二次，用无记名单记法，各以得票过半数者为当选。若无过半数致无人当选，取得票较多数者二名行决选投票。其取得票较多数二名时有票同者，年长为先，年同者抽签定之。决选投票以得票较多数者为当选，票同者年长为先，年同者抽签定之。

第十四条　议长维持纪律，整理议事，对于议会以外为议会之代表。

第十五条　议长有事故时由副议长代理,议长、副议长俱有事故时由议员中选举临时议长代理。

第十六条　议员改选时,议长、副议长一并改选。

第十七条　省议会置秘书,由议长任免之。

第十八条　秘书承议长之命,经理文牍、会计及一切庶务。其员额及办事细则由省议会定之。

第二节　职权

第十九条　省议会之职权如下:

1.议决本省单行法,但以不抵触法律命令为限。

2.议决本省预算及承诺决算。

3.议决省税及使用费、规费之征收,但法律命令有规定者不在此限。

4.议决省债之募集及省库有负担之契约。

5.议决本省财产及营造物之处分并买入。

6.议决本省财产及营造物之管理方法。但法律命令有规定者不在此限。

7.答复总监咨询事件。

8.受理本省人民关于本省行政请愿事件。

9.其他依法律命令应由省议会议决省制草案事件。

第二十条　省议会应行议决之事件得由该议会委任于省参事会代为议决。

第二十一条　省议会对于本省行政事项得以议员十人以上之连署提出质问书于总监,限期答复。

第二十二条　省议会对于总监之答复认为不得要领时,得要求总监自行到会或派员到会答辩。

第二十三条　省议会对于本省行政认总监有违法或失职时得以议员四分之三以上到会,到会议员三分之二以上可决,提出弹劾案,经由国务院达于大总统。前项弹劾案,大总统如以为然,应免总监之职;如不以为然,交省议会复议一次。若仍执前议,应免总监之职。

　　　第三节　会议

　　第二十四条　省议会分常年会及临时会二种。

　　第二十五条　常年会每年一次,由总监召集之。临时会以特别紧要事件为限,由总监或议员半数以上之请求时召集之。召集令之公布日期视道路远近由总监定之。

　　第二十六条　常年会每年十月初一日起开议,会期以六十日为率,其有必须连续开议者得延长二十日以内。临时会期至多不得逾二十日。

　　第二十七条　省议会非有议员半数以上到会不得开议。

　　第二十八条　议员有十人以上之赞同得提出议案。

　　第二十九条　议案之表决以到会议员过半数为准,可否同数取决于议长。

　　第三十条　议员于议案涉及本身或其亲属者,非经省议会之许可不得与议。

　　第三十一条　议员除现行犯罪及关于内乱外患之犯罪外,于会期内非经省议会之许可不得逮捕。

　　第三十二条　会议时议员之言论及表决,于议会外不负责任。

　　第三十三条　会议时总监得自行到会,或派员到会发言,但不得列于表决之数,或中止议员之言论。

　　第三十四条　省议会之会议公开之。但依总监之要求或到会议员半数之可决,得禁止旁听。

　　第三十五条　会议之颠末应记载于议事录,由议长及议员二名以上署名。

　　第三十六条　省议会置守卫若干名,以本地方巡警充之,承议长之命警护议场。

　　第三十七条　议员于会议时有违背本制本议事细则或紊乱议场秩序者,议长得终止其发言。若不从者,议长得令其退席。

第三十八条　议场骚扰不能禁制时，议长得中止会议或宣告散会。

第三十九条　旁听人有妨害会议者，议长得令退席。若旁听席骚扰不能禁制时，议长得令旁听人全体退席。

第四十条　议员屡违本制及议事细则者，停止到会。其情节重者除名。

第四十一条　议员无故不到会延至十日以上者除名。

第四十二条　议员以省议会名义干预外事者，停止到会。其情节重者除名。

第四十三条　停止到会以十日为限，由议长、副议长同意行之。除名以到会议员三分之二以上决议行之。

第四十四条　议事细则及旁听规则由省议会定之。

第三章　省参事会

第一节　编制及选任

第四十五条　省参事会以下列人员组织之：一、总监。二、本省荐任行政官四人。三、省议会议员十人。

第四十六条　前条第二款之为参事会员者由总监任命之；第三款为参事会员者由省议会选举之。省议会选举参事会员时并选举如额之候补参事会员。

第四十七条　省议会选举参事会员、候补参事会员分为二次，用无记名连记法各以得票过半数者为当选。若无过半数致无人当选或当选人不足定额，取得票较多数者按照定额之数或不足额之数加倍开列姓名，即就所列姓名决选投票。其取得票较多数时有数票同者，年长为先，年同者抽签定之。决选投票以得票较多数者为当选，票数同者年长优先，年同者抽签定之。

第四十八条　第四十五条第二款之参事会员出缺时由总监改任之；第三款之参事会员出缺时以候补参事会员补充，若候补参事会员不敷补充或无人补充时应即补选补充之。次序以选举先后为先后，同时选举以得票多寡为先后，票同者年长为先，年同者抽签定之。补缺参事会员由省议会选举者,其补缺之任期以补足前任未满之任期为限。

第四十九条　省议会议员改选时,其由省议会选举之参事会员一并改选,但后任者未就任以前不得解职。

第五十条　省参事会以总监为议长,议长有事故时以代理总监者代理之。

第五十一条　第十二条、第十七条、第十八条之规定于省参事会准用之。

第二节　职权

第五十二条　省参事会职权如下:一、审查总监提出于省议会之议案。二、议决省议会委任本会代为议决之事件。三、议决省之诉讼、请愿及质问事件。四、答复总监咨询事件。五、其他依法律命令属于省参事会权限之事件。

第五十三条　省参事会得由省议会选举之参事会员中选出委员数名检查省之出纳。前项检查时,总监及其所派之官吏须详细说明。

第三节　会议

第五十四条　省参事会由总监或省议会选举之参事会员半数以上请求时召集之。

第五十五条　省参事会会期由总监定之。

第五十六条　省参事会会议禁止旁听。

第五十七条　省参事会非议长及省议会选举之参事会员半数以上到会不得开议。

第五十八条　第二十九条、第三十条、第五十五条之规定于省参事会准用之。

第四章　省之立法

第五十九条　省之立法依第十九条第一款之规定。

第六十条　省议会议决之单行法由总监于一月内公布之。

第六十一条　省议会议决之单行法总监应交参事会审查。若参事会有意见时,总监应将其意见提出于省议会,令其复议。前项复议事件,如省议会议员三分之二以上仍执前议时,总监应即公布之。

第六十二条　省议会议决之单行法与法律命令相抵触时失其效力。

第五章　省之行政

第六十三条　省之行政依省官制之规定。

第六十四条　省之职员以省官制定之。

第六十五条　总监为全省之代表。

第六十六条　总监得提出议案于省议会及省参事会。

第六十七条　总监提出议案于省议会时,应先将该议案交省参事会审查。若省参事会与总监意见不同,应将其意见附列议案,并提出于省议会。

第六十八条　省议会或省参事会之议决,总监认为违背法令者,得开具理由请其再议。若仍执前议,得撤销之。省议会或省参事会不服前项之撤销处分者,得向平政院提起诉讼。

第六十九条　省议会不应召集时,总监得将省议会应行议决事件交省参事会代为议决。议本条之事件时,总监及本省荐任官之为参事会员者,不得加入议决之数。

第七十条　前条事件总监应报告于次期省议会。

第七十一条　省参事会不应召集时,总监得召集候补参事会员补充之。

第七十二条　省议会及省参事会之经费由总监定之,以省费支给。

第六章　省之财政

第七十三条　省之经费以下列各款之收入充之:一、省税。二、使用费及规费。三、财产及营造费。四、省债。

第七十四条　省税依法律及本省单行法之规定。

第七十五条　对于国家之事业或行为不得征收省税。其依法律命令及市乡制之规定不得征收赋税者亦不得征收省税。

第七十六条　省税之蠲缓以有特别之事情为限,由省参事会议决之。

　　第七十七条　凡使用省之财产或营造物者得向该使用人征收使用费。

　　第七十八条　凡省依法令办理之事有关系个人利益者得向该关系人征收规费。

　　第七十九条　省税及使用费、规费之征收方法由省议会议决之。

　　第八十条　省之财产及营造物以省之公有不分属于各县者为限。

　　第八十一条　省之财产及营造物有系私家捐助,当经指定作为办理其事之用者,不得移做他用。其指定办理之事业由省议会议决变更或废止者不在此限。

　　第八十二条　省有下列情事时得募集省债:一、为永久利益。二、为救济灾变。三、为偿还债务。

　　第八十三条　省债之募集方法、利息定率及偿还方法,由省议会议决之。

　　第八十四条　依各省情形或特别之原因得请求补助于中央政府。

　　第八十五条　总监于每年应将明年度之岁入岁出编制预算表,于每年省议会常年会开议时提交议决。预算表提出时应附财产表及上年度预算表一并提出。

　　第八十六条　总监经省议会议决得为既定预算之追加或更正。

　　第八十七条　以省费办理之事件有非一年所能完竣或其费用非一年所能筹拨者,得以省议会之议决之预定年限设继续费。

　　第八十八条　预算除正额外,得设预备费以备预算不敷及预算外之支出,但不得以充省议会所否决事件之用。

　　第八十九条　总监每年应将上年出入编成决算表连同收支细目报告省议会。总监报告决算于省议会时应先交省参事会审查。省参事会对于决算有意见时,应将其意见附列决算表后提出省议会。

　　第九十条　预算议决及决算承诺后,总监应分别报告中央政府并揭示人民。

第九十一条　预算决算程式以命令定之。

第七章　附则

第九十二条　本制自公布日施行。

第九十三条　各省临时省议会之议员在本制施行以后正式省议会成立以前暂不解职。

第九十四条　本制施行后第一届之省议会得于每县选出一名后即行成立,一面仍依法选足补入。其常年会期及选举日期得以省令定之。但第一届之省议会至迟于本年十月初一日必须一律开会。

第九十五条　直接税之种类以法律定之。

第九十六条　国税、地方税法未定以前,于省应征税捐照旧办理。①

省官制草案

第一条　各省设职员如下:总监(简任)、秘书(荐任)、司长(荐任)、金事(荐任)、主事(委任)。除前项职员外,依事务之必要得设专门技术官及其他特别职员,其官制另定之。前项特别职员得作为聘任,为缮写文件及其他特别事项得酌用雇员。

第二条　总监为本省行政长官,依法律命令及省议会之议决,执行本省行政事务。

第三条　总监承中央政府之委任,依法律命令执行关于中央行政事务。

第四条　总监就所管行政事务得依其职权或特别之委任发布省令。总监就第三条委任事务亦得发布省令。

第五条　总监就主管行政事务对于各县知事得发训令及指令。

第六条　总监对于县知事之命令或处分认为违背法令或逾越权限时得停止或撤销之。其对于警察厅长之命令或处分亦同。

---

①　《申报》1912 年 7 月 25 日—27 日。

第七条　总监指挥监督所属官吏。荐任官之任免呈由国务总理呈请大总统行之;委任官之任免由总监自行之。

第八条　总监于非常急变之际需用兵力或为防护起见需用兵备时,得咨行驻扎该省之军队及军舰长官请其派兵。

第九条　总监得以其职权范围内事务之一部委任于各县知事。

第十条　总监公署设总务处,其职掌如下:一、典守印信。二、编制统计及报告。三、记录职员进退之册籍。四、纂辑保存并发各项公文函件。五、管理会计及一切庶务。

第十一条　秘书二人至四人,承总监之命掌管机要。

第十二条　总监公署设司如下:内务司、财政司、教育司、实业司。以上各司中各省有事务较简者得不设专司,以他司兼理。

第十三条　内务司掌关于本省内务行政及监督事项。

第十四条　财政司掌关于本省行政经费之出入并预算决算及监督事项。

第十五条　教育司掌关于本省教育、学艺、宗教及其监督事项。

第十六条　实业司掌关于本省农工商及其监督事项。

第十七条　司长每司一人,承总监之命管理一司事务。

第十八条　佥事承长官之命分掌总务处及各司事务。佥事员额总务处及各司通计不得逾三十人。

第十九条　主事承长官之命经理庶务并辅助总务处及各司事务。主事员额总务处及各司通计不得逾六十人。

第二十条　佥事主事定额以省令定之。

第二十一条　各省省治设警察厅,其官制另定之。

第二十二条　总监有事故时,以席次在前之司长代理。各司长有事故时,以席次在前之佥事代理。

第二十三条　本制自公布之日施行。

附则

第二十四条　监狱法未定以前,各县监狱事务得设专司监督之。

第二十五条　各省依地方之情形得设巡察使承总监之命巡察各县,为指挥监督之补助,其官制另定之。

第二十六条　边远地方或依各省特别情形经国务会议之议决,得以驻在该地方之都督兼任总监①。

（七）省议会暂行法

1913 年 4 月 2 日公布

第一章　组织及选任

第一条　省议会设于省行政长官所驻之地。

第二条　各省省议会议员名额,依民国元年九月二十五日各省第一届省议会议员名额表所规定。

第三条　议员任期以三年为限,任满改选。再被选者得连任。

第四条　任期以议员当选之日起算。

第五条　议员当选后,选举区有变更而任期未满者,照旧任职。

第六条　议员任职后,非经省议会之许可不得解职。

第七条　议员因故出缺时,以本选举区候补当选人名次表之列前者递补之。

第八条　补缺之议员,其任期以补足前任未满之期为限。

第九条　省议会议员不得同时为国会议员。

第十条　省议会议长一人,副议长二人,由议员互选之。

选举议长、副议长,分次用无记名单记法,各以得票过半数者为当选。

第十一条　议长维持秩序,整理议事,对外为省议会之代表。

第十二条　议长有事故时,由副议长代理。议长、副议长俱有事故时,由议员中选举临时议长代理。

_____

① 《申报》1912 年 7 月 28 日。

第十三条　议员改选时,议长、副议长一并改选。

第十四条　省议会置秘书,由议长任免之。

第十五条　秘书承议长之命,经理文牍、会计及一切庶务。其员额及办事细则,由省议会定之。

第二章　职权

第十六条　省议会之职权如下:

一、议决本省单行条例,但以不抵触法律命令为限。

二、议决本省预算及决算。

三、议决省税及使用费、规费之征收。但法律命令有规定者,不在此限。

四、议决省债之募集及省库有负担之契约。

五、议决本省财产及营造物之处分并买入。

六、议决本省财产及营造物之管理方法。但法律、命令有规定者,不在此限。

七、答复省行政长官咨询事件。

八、受理本省人民关于本省行政请愿事件。

九、得以关于本省行政及其他事件之意见,建议于省行政长官。

十、其他依法律命令应由省议会议决事件。

第十七条　省议会对于本省行政长官认有违法行为时,得以出席议员三分二以上之可决,提出弹劾案,经由内务总长提交国务会议惩办之。

第十八条　省议会对于本省行政,认本省行政官吏违法纳贿情事,得咨请省行政长官查办之。

第十九条　省议会议员对于本省行政事项有疑义时,得以十人以上之连署,提出质问书于省行政长官,限期答复。

第二十条　省议会议员对于省行政长官之答复,认为不得要领时,得要求省行政长官自行到会或派员到会答辩。

第三章　会议

第二十一条　省议会分常年会及临时会二种。

第二十二条　常年会每年一次,由省行政长官召集之。临时会因特别紧要事件发生,由省行政长官或议员半数以上之请求时召集之。

第二十三条　常年会会期以六十日为率。其有必须连续开议者,得延长会期二十日以内。临时会期至多不得逾三十日。

第二十四条　省议会非有议员半数以上出席,不得开议。

第二十五条　议员有五人以上之赞同,得提出议案。

第二十六条　议案之表决以出席议员过半数为准。可否同数,取决于议长。

第二十七条　议员于议案涉及本身或其亲属者,非经省议会之许可,不得与议。

第二十八条　议员除现行犯罪及关于内乱外患之犯罪外,于会期内非经省议会之许可,不得逮捕。

第二十九条　会议时议员之言论及表决,于议会外不负责任。

第三十条　会议时省行政长官得自行到会或派员到会发言。但不得列于表决之数,或中止议员之言论。

第三十一条　省议会之会议公开之。但依省行政长官之要求或议员之提议,经多数可决者,得禁止旁听。

第三十二条　议员违背议事细则者,停止到会。其情节重者除名。

第三十三条　议员无故不到会延至十日以上者除名。

第三十四条　议员以省议会名义干预外事者,停止到会。其情节重者除名。

第三十五条　停止到会至多以十日为限,依出席议员多数之决议行之。除名依出席议员三分二以上之决议行之。

第三十六条　议事细则及旁听规则,由省议会定之。

第四章　议决

第三十七条　省议会之议决事件,省行政长官应于十日内公布之。

第三十八条　省议会之议决,省行政长官如不以为然时,应于五日内声明理由,咨交复议。如有出席议员三分二以上仍执前议时,应依前条之规定。

第三十九条　省议会之议决，省行政长官如认为违法时，得咨省议会撤销之。如省议会不服其撤销时，得提起诉讼于平政院。

前条诉讼，于平政院未成立之时，最高法院受理之。

第五章　经费

第四十条　省议会经费及议员公费旅费由省议会定之。

第六章　附则

第四十一条　本法自公布日施行①。

————————

　①　参议院公报科发行:《议会法典汇编》,第103—107页。

中华民国国会史

下

谷丽娟　袁香甫　著

中华书局

第九章　护法国会

（1917 年 8 月 25 日——1922 年 6 月 16 日）

　　1917 年 7 月,张勋的复辟被粉碎,段祺瑞为首的皖系重新控制着北京政权。在研究系党魁的策划下,段祺瑞政府拒绝了第一届国会议员们恢复国会的要求,决定成立一个能为自己所控制的新的国会。这导致了南北的分裂与战争。

　　1917 年 7 月,孙中山南下广州以护法相号召,邀请第一届国会议员南下广州,在广州重开国会。但愿到广州的旧议员并不多,根本凑不足二分之一的法定开会人数。以孙中山对护法的解释,是要恢复旧国会,恢复《临时约法》的效力,主要是恢复旧国会。因为北京政府仍然声明遵守《临时约法》。恢复解散的第一届国会,按说和第一届国会议员的切身利益密切相关,应踊跃赴穗,重开国会,且第一届国会中国民党占有优势。但事实却与此相反,赴广州护法的议员是少数。这就使护法的大前提难以成立。正由于这个大前提不存在,这立即使护法者处于违法的尴尬境地,一开始就如此,且一直延续到护法运动的终结。也就是说,护法运动本身违背了《临时约法》和《中华民国国会组织法》。这也使护法口号缺乏号召力。连护法最直接的受益者的第一届国会议员大都对护法缺乏热情,更别说动员广大人民参加护法运动。这也是护法运动一直难形成声势且一再失败的原因之一。显然,发动护法运动之初,对议员到底能否多数赴广州缺乏正确的估计。

　　8 月 25 日,以国民党系议员为主的部分旧国会议员在广州召集国会非常会议,制定了《国会非常会议组织大纲》。依大纲的规定,推举原众议院议长吴景濂为国会非常会议议长,原参议院副议长王正廷为国会非常会议副议长。国会非常会议制定了《中华民国军政府组织大纲》,并依据此大纲选举孙中山为大元帅,陆荣廷、唐继尧为元帅,并选出了军政府各部总长,在广州成立了军政府。但陆荣廷、唐继尧不支持军政府,始终未就元帅职。各部总长亦多未就职。军政府未得到西南各主要实力派的支持,命令出不了士敏土厂(军政府所在地),形同虚设。这也是护法运动发起者对西南的形势缺乏正确的分析与判断,对到底依靠何种力量来进行护法运动缺乏客观的估计与判断。这是护法运动一再受挫的原因。当时桂系控制着两广。在广州建立军政府,桂系不支持军政府,处处为难军政府。这使军政府的日子很难过。

为了取得西南各实力派,尤其是控制着广东省的桂系对军政府的支持,只能对军政府进行改组,充分吸收西南各实力派,尤其是桂系、滇系参与对军政府的领导。一开始,在孙中山的同意下,吴景濂、汤漪等国会议员中的骨干积极与西南各实力派联系,1918年1月15日组织了西南各省军事联合会。这个联合会所制定的条例既侵夺了军政府的权限,又侵夺了国会的权限,其性质与天津的督军团相似。这立即遭到多数国会非常会议议员的反对,只好作罢。于是国会非常会议和西南各省实力派又酝酿对军政府进行改组,以总裁合议制取代大元帅独裁制,扩大军政府的基础。孙中山一开始是支持这种改组的。但当知道桂系想借改组排挤自己时,便开始反对这种改组。国会非常会议只有民友社系议员支持孙中山反对改组军政府,政学会系和益友社系议员支持对军政府的改组。即国会非常会议中多数议员支持改组。5月17日,《中华民国军政府改组案》通过三读。5月20日国会非常会议选举出孙中山、唐绍仪、唐继尧、伍廷芳、林葆怿、陆荣廷、岑春煊7人为政务总裁。孙中山决定暂时既不就职也不辞职,于5月21日离开广州,经日本,于6月26日回到上海。7月,孙中山、唐继尧、伍廷芳、陆荣廷、林葆怿、岑春煊、唐绍仪先后宣布就任政务总裁职。孙、唐、陆、唐均不到广州,只派出代表到广州出席政务会议。

8月19日,按多数总裁的意见,政务会议推举岑春煊为主席政务总裁,主持军政府工作。

为了与即将在北京召开的由皖系军阀控制的第二届国会相对抗,在广州的旧国会议员决定于1918年6月12日在广州召集正式国会。为了凑足法定的开会人数,在广州的旧国会议员于7月13日和8月13日两次共解除325名议员的职务,以候补议员递补。到8月,在广州的护法国会参、众两院才足法定的开会人数。

护法国会召集正式会议的第一个目标是继续第一届国会第二期常会的制宪,以便向全国表明自己是惟一正统合法的国会。从1918年9月下旬至12月下旬护法国会召开十几次宪法审议会,对宪法草案进行审议。1919年1月初开始又多次召开宪法会议,对宪法草案进行二读程序。至1月下旬,很多议员赶赴上海,关注即将在上海召开的南北和谈,致使广州国会不足制宪的法定人数而停会。当1919年11月中旬又凑足宪法会议人数时,护法国会再开宪法会议,继续制宪。1920年1月初,政学系议员以不出席宪法会议来抵制制宪,护法国会制宪工作最终停止。

仅仅为了分裂后的第一届国会少数议员的权益而召集护法国会,导致南北分裂。南北两个政府进行了一场旷日持久的对立和战争。战争使无数无辜的生灵涂炭,使无数人流离失所。战争耗费了国家巨大的人力、物力和财力。人民厌恶这场战争,要求和平与安宁。从1918年6月开始,全国和平的呼声逐渐高涨。6月3日,各省省议会代表在宁开会,即呼吁南北两个政府早息争端,和平统一。与会代表发表了一个宣言说:"为今之计,亟宜双方罢兵,回复统一,为全国商民留一线生机,为国家前途留一分元气。"①10月,包括一些很有影响力的国民党员在内,全国一些名流发起组织和平期成会,为全国和平统一呼号奔走。

　　第一次世界大战结束后,即将召集巴黎和会。这进一步促进了国内和平运动的高涨。尽管护法国会一直否定北京政府,反对与北京政府谈判,坚持对北京政府的讨伐。但在国内外要求和平势力的压力下,护法国会的态度逐渐软化。军政府在北京政府 11 月 16 日下达停战令后,也于 11 月 23 日下达了相应的停战的命令,并于 1919 年 1 月派出了南方议和代表团赴上海进行南北和平谈判。护法议员也纷纷赴沪监视与影响南北和谈。广州护法国会因不足法定开会人数,只能开谈话会性质的两院会合会。

　　护法国会坚持否定第二届国会及由其产生的北京政府,坚持恢复民八国会。第二届国会也坚持自己是完全合法的国会,决不让步,导致南北和谈于 5 月份彻底破裂。

　　广州军政府由大元帅独裁制改为总裁合议制后的开始一段时间,工作曾有一些起色。但它是各实力派以实力为基础的松散的联合权力机构。多数总裁一直未到广州来履职,只派出代表出席政务会议。时间一长,这些代表也不出席政务会议。军政府开始涣散。军政府的权力逐渐操在主席总裁岑春煊的手中。政学系乘机扩张自己的势力。岑春煊和政学系与各方面的矛盾加深。于是反对派议员又开始酝酿改组军政府,限制岑春煊的权力。开始时,为改变军政府的涣散状态,岑春煊及政学系亦同意对军政府进行改组。但因双方改组目的不同,产生矛盾与斗争,政学系开始反对改组。1919 年 10 月 13 日,军政府任命新的两广盐运使,将两广盐运署置于政学系的控制之下。这立即引起了国会中其他派系的不满与反对。在 10 月 18 日两院联合会上突然提出对主席总裁岑春煊的不信任案。这加深了国会与岑春煊的矛盾。10 月 31 日,军政府改组案起草委员会通过了改组纲领,设总裁院执行总统职权,设行政院执行国务院职权。这自然是为削弱乃至剥夺主席总裁岑春煊的权力,故立即遭到政学系议员的强烈反对。政学系议员又运动各省实力派反对改组军政府。各省实力派鉴于南北和谈实际已经破裂,南北战争随时可能爆发,为了稳定南方局势,也反对改组军政府。

有了实力派尤其是桂系的支持,岑春煊和政学系腰杆子更硬。从1920年开始几乎停止了国会的经费,(国会每月经费定额17万元,但1920年1月至3月国会只得到3万多元)这使双方矛盾进一步激化。更令国会不能容忍的是岑春煊与北方几省督军秘密商谈的和平条件中有同时解散南北两个国会的条件。这样,除政学系外,护法国会议员决心与岑春煊决裂。他们于1920年3月纷纷离穗赴港再转沪。同时政务总裁伍廷芳亦与岑决裂,3月29日离穗经港赴沪。

这样,留在广州的主要就是政学系议员。他们于1920年4月6日推孙光庭为参议院主席,代理议长职权。4月23日推陈鸿钧为众议院主席,代行众议院议长职权。他们除运动赴沪议员回广州外,就是补选总裁。因当时七总裁只剩下岑春煊、陆荣廷、林葆怿3人。5月4日,留在广州的国会议员又补选熊克武、温宗尧、刘显世(未就职)为总裁。

离穗到沪议员,在孙中山、唐继尧等的支持下,决定移滇开会。第一批移滇议员7月2日到昆明。7月10日到滇议员发表国会移滇宣言。8月7日议决取消岑春煊政务总裁职务。8月14日补选刘显世为政务总裁。

7月中旬,滇黔联军将熊克武的川军赶到了川北,占领了重庆、成都等四川大部分地区。于是移滇议员议决将国会移往重庆。9月底,移滇议员到达重庆与9月19日由沪到达重庆的议员会合准备开会时,熊克武的川军8月下旬卷土重来,10月上旬即兵临重庆。10月14日移重庆的国会议员只好仓皇乘船东下回沪。

1920年10月,陈炯明率领援闽粤军将桂军逐出广东。失去依靠的岑春煊逃离广州,政学系议员随之逃离广州。

1920年11月下旬,孙中山、伍廷芳、唐绍仪回到广州,恢复军政府,继续护法。并打算成立正式政府,故催在沪议员速来广州继续开会。

1921年1月12日,护法国会又在广州开会,因不足法定人数,仍叫国会非常会议。政学系以附逆罪名被排除在外。由于孙中山和民友社系坚持选举正式大总统成立正式政府,益友系以此举违背了《临时约法》和《大总统选举法》的规定,反对选举正式大总统,与孙中山和民友系发生矛盾与冲突。多数益友社系议员离粤。

4月7日,国会非常会议开两院联合会。在民友系的操纵下,议决了新的《中华民国政府组织大纲》,并依大纲立即召开大总统选举会,选举孙中山为正式大总统。如此重大的两件事竟然不到3个小时就草草完成,令人震惊。消息传出,立即遭到舆论的谴责与反对。由于陈炯明的反对,直到5月5日孙中山才正式举行大总统就职典礼。

10月18日,孙中山组织的北伐军在广州举行了北伐誓师大会。但由于陈炯明、赵恒惕等的阻挠,直至1922年5月北伐军才出师北伐。6月16日,陈炯明在广州发动武装叛乱,炮轰孙中山的总统府,将孙中山赶出广州。护法运动失败。陈炯明用武力压迫广州的护法国会。护法国会被迫解散,议员纷纷离粤,或赴沪,或赴津京,或回乡。护法国会到此终结。

一、护法国会中的政党

护法国会中最大的党派是国民党的益友社系、民友社系、政学会系、新新俱乐部系等几大派系。民友社系为左的党派,以原中华革命党为骨干。政学系为右的党派,益友社系属中间派,新新俱乐部系往往和民友社系取一致立场。

1. 政学会系。该党是国民党中的稳健派,在护法国会中约有100个席位,以李根源、岑春煊、谷钟秀、张耀曾、章士钊为领袖。它利用岑春煊为主席政务总裁的地位和护国运动时在西南的影响,逐渐把持着军政府,成为军政府的在朝党。它在1918年提出改组军政府案,积极推动军政府的改组并拥岑春煊为主席总裁。它主张南北和平统一,积极推动1919年的上海南北议和。为了与北方政府和平谈判,1920年初,政学系议员以不出席宪法会议来阻止护法国会的制宪。为维持自已在军政府的地位,与西南省份的实力派联手阻止了 1919 年末到 1920 年初的国会对军政府的改组方案。1920 年初,因制宪与秘密和谈与民友系、益友系决裂。当民友系和益友系议员大部分离粤赴沪后,政学系又在广州组织国会非常会议,补选总裁,勉强支撑残局。直到 1920 年夏秋陈炯明率粤军将桂系赶出广东。10 月,广州军政府解散。岑春煊、李根源等离开广东,政学系议员也纷纷离开广州。孙中山重回广东后,1921 年初,护法国会再开国会非常会议时,将政学系排除在国会非常会议之外。政学系参议员杨永泰是政学系的核心人物之一,他利用自己担任广东财政厅长的条件,出资组织南关 50 号俱乐部和石行会馆,政学系就是 50 号派和石行会馆派合并而成的。

(1)南关 50 号俱乐部派。它是 1916 年政学会中的一部分,在反对袁世凯称帝时为军务院派,故在西南有一定的影响。此派在护法国会中占有 30 个左右的议席,在护法国会中属少数派。它以岑春煊为首领,章士钊、冷遹、张耀曾、谷钟秀副之。张、谷并未赴广州,章士钊参与上海南北和议,该派渐由韩玉辰、陈鸿钧、熊成章主持。其骨干分子有金兆栻、杨永泰、欧阳振声、徐傅霖、彭允彝、张鲁泉、周之翰、杨福洲、陈国玺、李肇甫、文群、李为纶、李述膺、孙光庭、王有兰、沈钧儒、张大义、周庆恩等。它们联合桂系,逐渐控制了军政府。广东督军莫荣新与该派接近,但桂系首领陆荣廷忌该系。1919 年 11 月下旬莫返桂时曾因此受到陆的申斥,回粤后莫即声言与政学系脱离关系。该派对外在京、沪、粤三处设《中华新报》作为宣传机构。派张耀曾、谷钟秀分别为驻沪、驻京的外交代表,办理对外交涉。它不惜用种种手段猎取政权,故又称“官僚派”。这一点与北京的研究系很相似。

(2)石行会馆派。这一派附属于政学会,但不受政学会决议的束缚。它的一部分源于北京的平社,即 1913 年前曾由共和党并入进步党的议员;一部分源于北京制宪时的宪法研究会。到粤后,由李根源竭力将这两部分结合为一派。在护法国会中约占 70 个议席,以川、陕、苏三省籍的议员为最多。其领导人为刘治洲、徐兰墅、裴廷藩,其骨干有刘彦、王绍鳌、张知竞、廖希贤、李载赓、王汝圻、王葆真、余绍琴、宋汝梅、王源瀚等。其主张与南关 50 号俱乐部派一致。

2. 民友社系。以照霞楼（国民党议员宿舍）为本部，是旧国民党嫡系中的激进派，是护法国会中的强硬派，反对与北方政府的妥协，故有主战派之称。它拥护孙中山为领袖。它反对 1918 年春夏护法国会改组军政府案，反对将大元帅制改为总裁合议制。积极推动护法国会 1919 年底到 1920 年初的制宪活动。反对岑春煊的军政府 1919 年下半年的秘密谋和活动，积极推动 1919 年改组军政府案的通过，并主张弹劾岑春煊。1920 年春，因对政学系在制宪和对岑春煊、政学系与北京政府秘密谋和不满，1920 年 3 月底离粤赴沪，与政学系彻底决裂。积极参与了护法国会移沪、移滇、移川的工作。1920 年夏，陈炯明率粤军将桂系赶出广州，以岑春煊为首的军政府 10 月垮台，政学系操纵的广州国会非常会议无形解散，政学系均逃离广东。民友系立即回到广州，再组国会非常会议。1921 年初积极推动广州大总统选举的进程，并排挤了反对选举大总统的益友系，控制了广州的国会非常会议，于 4 月 7 日匆忙通过了《中华民国政府组织大纲》和选举孙中山为正式大总统，积极支持孙中山的北伐。1922 年 6 月 16 日，陈炯明叛变，炮轰孙中山的总统府，孙逃离广州。陈炯明驱散了广州非常国会，民友系议员离粤，多数赴沪。民友系又分大孙派、小孙派及共和派。

(1) 大孙派。属老同盟会系。袁世凯称帝前后改为中华革命党。国会第 1 次恢复后为孙中山的嫡系丙辰俱乐部。丙辰俱乐部派以孙中山为领袖。其骨干有林森、谢持、焦易堂、马君武、居正、田桐、丁象谦、叶夏声、张我华、周振麟、陈家鼎、张善与、童杭时、秦广礼等。称为大孙派，即孙中山派，以区别于孙洪伊派。该派与桂系、政学系关系均不融洽。

(2) 小孙派。以孙洪伊为首领，称小孙派，即孙洪伊派，以区别于孙中山派。它是由原进步党分子单独分离出来所组成。袁世凯帝制覆灭后，先在北京组织韬园俱乐部，后并入民友社。其骨干有王乃昌、彭介石、万鸿图、张新吾、萧晋荣、温世霖。他们拥护孙中山。

（3）共和派。由部分旧共和党议员脱离共和党系组成。以王湘、王振霄、刘成禺等为中坚。拥孙中山为领袖。

民友系中的后两派以鄂、直两省籍的议员居多，在西南无地盘，影响也小，善唱高调以鸣不平。

民友社在护法国会中约据有 60 个议席。

3. 益友社系。以褚（辅成）寓为本部，政余俱乐部亦附入之，是旧国民党嫡系中的温和派。主张采取进步的唯民的倾向和温和的社会政策。遇到政学会与民友社发生矛盾时，常处于调和地位。西南实力派与该派的关系也很融洽。该派以吴景濂、褚辅成、王正廷、唐绍仪为领袖。吴、褚为广州国会众议院议长、副议长，王正廷为参议院副议长。其骨干有伍朝枢、王有兰、吕复、曾彦、龚政、罗家衡、张瑞萱、刘奇瑶、易次乾、白逾桓、常恒芳、覃振、赵世钰等。是广州国会中的多数派，拥有220 余个议席。

该派积极推动了 1918 年上半年军政府改组案的通过，积极推动了军政府的改组，以便以政务总裁合议制取代大元帅独裁制，在这一问题上，益友系与政学系密切合作，而促成了这一次改组的完成。积极推动了 1919 年底和 1920 年初的宪法会议的召开，和民友系一道积极推动广州国会的制宪工作。对政学系阻挠制宪十分不满，也反对岑春煊和政学系 1919 年下半年与北方的秘密妥协。和民友系联合促成 1919 年底改组军政府方案的通过。因反对政学系破坏宪法会议及反对政学系秘密谋求与北方的妥协而与政学系分道扬镳，1920 年 3、4 月亦大多数离粤赴沪，积极筹备和参与护法国会移沪、移滇、移川的工作。陈炯明1920 年驱逐桂系和政学系出广州后，益友系多数议员于 1920 年底和1921 年春回到广州，与民友系再组国会非常会议。由于反对大总统的选举而与民友系发生冲突，于 4、5 月份多数离开广州，和护法国会脱离了关系，与在北方的旧国会议员运动恢复旧国会。

4. 新新俱乐部。该派由广州国会新补选的两院议员组成，这便是所称的民八议员。在护法国会中占有 180 余席,倾向民友系,与益友社、民友社共称为国民党议员。由于补选议员身份的合法性一直与民六议员(即旧国会议员中未南下护法被护法国会除名者)发生争议,故组织俱乐部以求团结一致来共同对抗民六议员。在 1919 年上半年的南北双方和议中,他们反对恢复 1917 年被解散的国会,而主张以广州的护法国会为惟一合法的国会。为此曾派赵中鹄、孔昭晟为代表赴沪运动阻止恢复 1917 年被解散的国会。这些人新入政海,往往喜欢唱高调以迎合当时的政治形势。但大多数人的观点接近民友社。其代表人物为张知本、尹福成、何陶、刘云昭、赵中鹄、孔昭晟。其中,张知本、何陶等提出不信任主席总裁岑春煊案。

　　除上述四大派系外,还有文社约有议员 40 人,广东议员俱乐部有议员约 20 人,广西议员俱乐部有议员约 15 人,云南议员俱乐部有议员15 人左右。还有少数人自为战的议员如吴宗慈、汪彭年、郭同等。研究系亦有十来名议员在广州国会。

二、1917 年 8 月召集的国会非常会议

　　1917 年 6 月 12 日,黎元洪大总统以命令解散了第一届国会。国民党系议员陆续离京赴沪。6 月中旬,到上海的国会议员在上海法租界恺自尔路 282 号设立了两院议员通信处。6 月 19 日,旅沪参、众两院议员通电声明,说:黎元洪 6 月 12 日的解散国会命令违背约法,应归无效。6 月下旬,旅沪议员发表宣言,声讨首先倡乱的安徽省长倪嗣冲、主逆安徽省督军张勋及为之主谋、教唆的叛乱者,严正声明"此后有用大总统名义所下条款、文电,均不承认有效。其有摄官承命为叛人所指挥者,亦悉以逆党论,使命往来,均应拒绝。"①

　　张勋复辟很快被粉碎。7 月中旬,段祺瑞重新执掌北京的中央政

权。为了废弃第一届国会,成立一个能为自己所控制的国会,以段祺瑞为首的皖系和以梁启超、汤化龙为首的研究系合作,决定先组织临时参议院,修改《国会组织法》和议员选举法,以便成立第二届国会。这立即遭到以孙中山为首的国民党的反对。孙中山立即举起了维护法统的旗帜,掀起了以恢复第一届国会为核心的护法运动,反对北方再成立新的国会。以国民党议员为主体的旅沪的旧国会议员起来反对段祺瑞再召集临时参议院的作法。7月11日发表宣言,提出5项主张:

1. 解散国会的命令违背《约法》,当然无效。厥后黎大总统既失自由,无合法国务员之副署,(江朝宗等在法律上无国务员之资格),所有任免国务员及一切命令均属无效。嗣后国务员之任免及一切命令,非依《约法》不能承认。

2. 优待条件系因清室退位,表示民国宽大之意,且经前南京参议院议决。今清室既敢僭位叛国,当然失其被优待资格。其应如何办理之处,当由国会议决。

3. 凡主张召集各省代表,再开临时参议院、另组宪法会议等议,均属根本破坏《约法》,绝对不能承认。

4. 国会克日自行集会。

5. 复辟叛国及前此倡乱毁法之祸首,一律依法严办①。

段祺瑞大权在握。他又是一个刚愎自用的人,自然不会理会上述宣言。段要成立一个临时参议院自然是违背《临时约法》的。这种临时参议院必然是北洋军阀与研究系政客集团互相勾结用以打击反对派的卸用机关。孙中山从维护《临时约法》的立场出发,反对再成立临时参议院,主张恢复被解散的国会,决定举起护法的旗帜,欲组成护法政府。张勋复辟发生之时,7月3日孙中山在上海与程璧光、唐绍仪、孙洪伊、章炳麟等商议移政府于上海,迎大总统黎元洪南来,并发表讨逆宣言。孙中山致电在京国会议员南下:"此次时局陡变,暴力之下,已

---

① 《民国日报》1917年7月12日。

无国会行使职权之余地。亟应全体南下,自由集会,以存正气,以振国纪。兹特派汪君精卫驻沪招待,刘君成禺、符君梦松北上欢迎。请毅然就道,联袂出京,无任盼切。"①

在上海筹组政府,外交牵掣过多,难以实现,于是孙中山决定将政府设广州。认为"惟西南6省,为民国干净土,应请火速协商,建设临时政府,公推临时总统,以图恢复。"②7月6日孙中山离沪赴粤,13日抵汕头,派朱执信、章太炎、陈炯明赴广州,与广东省议会、广东省督军陈炳焜联系,促其欢迎国会议员南下,在广州设立临时政府。广东省长朱庆澜、驻粤滇军欢迎孙中山入广州。朱安排省署警卫军统领魏邦平兼任警察厅长,控制广州市区,驻粤滇军亦进驻广州市区。桂系的广东督军陈炳焜虽不欢迎孙中山到粤护法,但也无可奈何。这样,孙中山于7月17日到达广州,筹组军政府。7月19日,孙中山致电旅沪议员,邀其南下,于粤、湘、滇省择地重开国会。7月20日,孙中山又通过津、沪各报邀请国会议员南下,召开国会,以行使民国统治之权。不久,广东省议会也发出通电,欢迎国会议员南下。

7月27日,旅沪议员150余人在上海一品香旅馆开茶话会。经过协商,决定响应孙中山的护法号召,南下广东,再开国会。并再次发表宣言书,除驳斥督军团和顽固守旧派对国会的中伤,揭露其破坏国会的行径外,明确提出了护法的政治目标:"我中国抱民治主义之人民,于此有矢志坚持之事二:一曰维护《约法》,二曰恢复国会。维护《约法》所以为必要者,因此系揭橥国民绝对之决心。中国必须永远依民治主义而治理也。恢复国会所以为必要者,因国会若可依北方军人之意而解散,则民治主义之政治或依照民意而施行之政治必不可能也。"③7月底,众议院议长吴景濂、参议院副议长王正廷通知旅沪议员:"在粤

---

① 《孙中山全集》第3卷,第457页。
② 《孙中山全集》第4卷,第110—111页。
③ 《盛京时报》1917年8月1日。

集会,日昨已经同人认可。时机危迫,尚望从速启程,特筹备川资每人50元。自7月30日起,每日上午10时至下午4时在恺自尔路282号恭候台驾,专此布闻。"①这样,旅沪议员陆续离沪赴粤。广东省长公署指定广东回龙社前烟酒公卖局原址为国会议员招待所。南下议员逐渐齐集广州。

8月18日下午,为筹备在广州重新召集国会,赴广州的100多名国会议员在广州回龙社第一招待所开第1次谈话会,由众议院议长吴景濂主持。议员们认为,现在国势日危,大局岌岌,护法诸事早经认定,现在应该积极进行。目前必须立即进行两件大事:1. 开设国会。2. 组织政府。议员们就此两件事进行讨论。很多人主张,现在开会不足法定人数,可援引文明国家开非常会议的先例,尤其是法国国会开非常会议的成例颇多。为应付时局,先开国会非常会议,待足法定人数时再开正式会议。最后议决采用国会非常会议的名称,8月25日开非常会议。由吴景濂指定吕志伊、王有兰等7名议员起草《国会非常会议组织大纲》,并举定邹鲁、陈寿如为代表分赴督军、省长、程璧光(原海军总长)、孙中山、李烈钧、广东省省议会6处通告谈话会议定的事件,征求他们的意见。同时议决通电西南各省军政长官及上海、天津等处,通告开会日期,并催各地议员速来广州。

8月19日,在粤议员开第2次谈话会,吴景濂主席。邹鲁报告昨日见省长和督军通告开国会非常会议事,省长、督军均表示赞成。陈寿如报告赴广东省省议会通告开非常会议需借用省议会议场为开会地点事,省议会亦同意。孙中山、李烈钧、程璧光等对国会召集非常会议均十分支持。

谈话会议定先设筹备国会非常会议事务处,举定陈寿如、居正、李茂之、傅谐等为筹备员。由筹备员陈寿如持函面商广东省督军、省长、省议会,假省议会议场为国会非常会议的开会地点。议决用国会非常

---

① 《盛京时报》1917年8月4日。

会议的名称通电西南各省。议决国会非常会议用原众议院之印。议决组织护法军政府,举定龚政、王湘、张伯烈、马骧、王有兰、吕志伊、吕复为《中华民国军政府组织大纲》起草员。以便尽快组成西南统一的政府机关。并议决8月19日通电西南各省。电文如下:

> 民国不幸,祸患频仍。倪逆称兵,国会被毁。张贼复辟,国体动摇。造乱之徒,乘机窃政。托名讨贼,推翻约法,擅立政府,易置总统。执法如绳,厥罪为均。又复迭逞狡谋,图湘窥蜀,输兵南下,其势骎骎。凭藉北洋,压制全国,充类至尽之义,吾民宁有噍类之存? 所幸诸公犹持正义,兴师讨贼,信誓在人,救我黔黎,定兹国难,公等之责,吾民之望也。同人等共受国民之托,职务未终,今被国贼之驱,责任难弃,用依《约法》,自集于粤。人数未满法定,本难遽行开会;惟念时局之危,间不容发。西南散处,意志辄殊。对外则冯、段宣战,我将何以处德、奥? 对内则黄陂孤陷,我将何以设政府? 凡兹重要,亟待讨论。爰译主权在民之义,用师法人国变之例,特决定本月25日于广州开非常会议,以谋统一,以图应变。区区之意,如斯而已。凤诒公等护法心殷,尚望时赐名教,用匡不逮。果利于国,同人等靡不乐从之也。谨此奉闻①。

8月24日下午,孙中山邀议员王正廷、吕复、马骧、周震麟、赵世钰、吴宗慈等到黄埔,商谈组织军政府事宜,并商定国会非常会议成立后,所有议员将领半薪。

8月25日国会非常会议举行正式成立典礼。广州市内大街小巷均悬挂国旗以表示祝贺。广州港停泊的军舰都挂满了彩旗、彩球。下午2点,开会典礼在广东省省议会会场举行。奉天、黑龙江、直隶、西藏、浙江、江西、安徽、四川、云南、湖北、陕西、江苏、河南、湖南、广西、贵州、广东17省国会议员120余人出席开会典礼。英、法、日、意各国驻广州的正、副领事到会观礼。各界男女来宾近千人出席观礼。孙中山、

---

① 《民国日报》1917年8月26日。

原海军总长程璧光、第一舰队司令林葆怿、广东省长朱庆澜、广东督军陈炳焜的代表雷殷、滇军将领李烈钧等到会祝贺。

会议由众议院议长吴景濂主持。先由广东省议会行欢迎国会议员礼。省议会议长致欢迎词，欢迎国会非常会议在广州召开。后省议会议员与国会议员行一鞠躬礼即退席。休息后国会议员行非常会议开会礼。先由吴景濂说明此次开国会非常会议的理由。接着由孙中山致祝词："中华民国国会厄于暴政，横遭摧残，今二度矣。国会诸君责职所在，不避雷霆万钧之威，再仆再起，以肇我共和之丕基。今北部为叛党所据，遏绝民意。议员乃相率而会于粤中，举行非常会议。由此而扬谠论，抒嘉谟，建设真正民意政府，起既绝之国运，以发扬我华夏之光荣于世界。大辂始于椎轮，皆以诸君子今日为之始矣。爰进芜词，以摅欢庆。于戏诸君，民昊尔瞻。纲维共和，匪躬蹇蹇。万魔张目，百尔弥奋。大声惶惶，来会羊城。昭苏民治，再造宗邦。壮猷闳谟，烂兹光光。"①

孙中山祝词后，全体向国旗行三鞠躬礼，奏国歌，合影留念后散会。

8月27日，国会议员在省议会议场开第一次国会非常会议正式会议，吴景濂主席。先用抽签法抽定议员席次。接着对吕志伊等起草的《国会非常会议组织大纲》案进行一读。一读后议决即开二读会，逐条讨论。草案共14条，除将第6条的"国会非常会议正、副议长以现在两院正、副议长充之"改为"就现任两院正、副议长内推定之"外，最大的争论是第8条。争论的焦点是建立军政府还是建立正式政府。秦广礼、李国定等发言反对草案中的建立军政府的主张，认为辛亥革命后的南京临时政府，去年肇庆组织的军务院，对内对外名义上均欠妥当，以致成立不久即行取消，故为对抗北京政府，非组织真正之政府不可。赞成组织军政府的议员也举出种种理由说明目前只有组织军政府才是最稳妥的办法。双方争论激烈，遂发生冲突，主席吴景濂无法维持，愤而下台欲去。议员们纷纷挽留，吴才复就主席位，继续讨论第8条。最后

① 《民国日报》1917年9月3日。

就建立军政府和组织正式政府两种主张付表决,赞成建立军政府的多数,通过①。

8月29日,国会非常会议开会,继续对《国会非常会议组织大纲》案二读,王正廷主席,出席议员72人。仍对第8条新修正案"《军政府组织大纲》由国会非常会议制定并宣布之"付表决,在席议员72人,49人赞同,通过。第9、第11、第12 三条议决删除,第10、第13、第14 条无太大的争议均通过。当即议决即开三读会。三读只对个别文字修改。最后全案付表决,全体起立赞成,通过。《国会非常会议组织大纲》共11条,全文如下:

　　　　叛督称兵,《约法》失效,国会毁弃,民意无依。兴亡所关,匹夫有责,衹在议员,敢辞艰巨。兹组织国会非常会议,制斯大纲,特宣布之:

　　　　第一条　　国会非常会议以现任国会议员组织之。

　　　　第二条　　国会非常会议之议事以参众两院议员会合会行之。

　　　　第三条　　国会非常会议至内乱戡定、《临时约法》之效力完全恢复时为止。

　　　　第四条　　国会非常会议非有十四省以上之议员列席,不得开议。蒙古、西藏、青海、华侨各选举区,以省论。

　　　　第五条　　国会非常会议之议事,以列席议员过半数决之。

　　　　第六条　　国会非常会议之正、副议长,就现任两院正、副议长内推定之。正副议长均有事故时,得选举临时议长。

　　　　第七条　　国会非常会议得设各委员会。

　　　　第八条　　《军政府组织大纲》由国会非常会议制定,并宣布之。

　　　　第九条　　国会非常会议于军政府有交议事件,或由六省以上之议员联合提议时,得随时开会议决。人民请愿事件,经委员会审

①　《申报》1917年9月2日。

查后,得提出议决之。

第十条　本大纲有议员四十人以上之连署,得提议修正;以列席三分二以上议决之。

第十一条　本大纲自宣布日施行①。

接着按大纲第6条,一致推定众议院议长吴景濂、参议院副议长王正廷为国会非常会议议长、副议长。以后,吴景濂又指定古襄勤为国会非常会议秘书长。

三、《中华民国军政府组织大纲》的议决和军政府的成立

按《国会非常会议组织大纲》第8条的规定,国会非常会议着手制定《军政府组织大纲》以便尽快地组织军政府。

8月31日下午2时,国会非常会议开会,到会议员72人,吴景濂主席。议题为《中华民国军政府组织大纲》案(由议员龚政等起草)。对该案一读后即议决即日开二读会,逐条讨论。标题全体赞成。第1条刘芷芬、秦广礼、林伯和等主张删去,吴宗慈等主张保留,付表决,赞成删去者少数。以原案付表决,赞成者多数。第2条叶夏声动议元帅由2人改为3人,付表决,赞成者多数。第3—第5条无大的争论,顺利通过。第6条郭同动议加一项"元帅得兼任其他职务",张伯烈发言认为这是当然之事,不必加。郭同发言说不加恐生误会。主席以郭同的动议付表决,多数赞成,通过。第7条无争议通过。第8条王正廷动议总长"由国会非常会议分别选出"。秦广礼、吕复主张改为"由国会非常会议通过"。刘芷芬、吴宗慈、曹振懋均发言赞成选举。主席以王正廷的动议付表决,赞成者多数,通过。邹鲁动议加但书,"但遇总长缺位,未经选举以前,大元帅得为署理之任命。"主席以邹的动议付表决,

①　《申报》1917年9月6日。

多数赞成,通过。第9、第10两条无讨论均通过。第11条,宋渊源提出修正案加一项:"凡有举全省兵力,宣布与非法政府断绝关系者,依前条之规定。"主席以宋的修正案付表决,多数赞成,通过。第12条无大争议通过。第13条自无讨论通过。当即又议决即开三读会。三读会只对文字做了些修改。以全案付表决,一致同意,通过①。《中华民国军政府组织大纲》共13条,全文如下:

第一条　中华民国为戡定叛乱,恢复《临时约法》,特组织中华民国军政府。

第二条　军政府设大元帅一人,元帅三人,由国会非常会议分次选举之;以得票过投票总数之半者为当选。

第三条　《临时约法》之效力未完全恢复以前,中华民国之行政权由大元帅行之。

第四条　大元帅对外代表中华民国。

第五条　大元帅有事故不能视事时,由首次选出之元帅代行其职权。

第六条　元帅协助大元帅筹商政务。元帅得兼任其他职务。

第七条　军政府设立各部如下:

一、外交部;

二、内务部;

三、财政部;

四、陆军部;

五、海军部;

六、交通部。

第八条　各部设总长一人,由国会非常会议分别选出,咨请大元帅特任之。前项选举,以得票过投票总数之半者为当选。但遇总长缺位,未经选举以前,大元帅得为署理之任命。

---

① 《申报》1917年9月7日。

第九条　各部总长辅助大元帅执行职务。

第十条　元帅府及各部之组织，以条例定之。

第十一条　军政府设都督若干员，以各省督军赞助军政府者任之。凡有举全省兵力宣布与非法政府断绝关系者，依前条之规定。

第十二条　本大纲至《临时约法》之效力完全恢复，国会及大总统之职权完全行使时废止。

第十三条　本大纲自宣布之日施行①。

9 月 1 日下午，国会非常会议开会。按《中国民国军政府组织大纲》第 2 条的规定，选举大元帅和元帅。用无记名投票法投票。先选举大元帅，选举结果：总投票 91 张，孙文得 84 票，唐继尧得 4 票，陆荣廷得 2 票，废票 1 张。孙文得票过半数，当选为大元帅。

9 月 2 日下午 2 时，国会非常会议开会，出席议员 98 人。按《中华民国军政府组织大纲》用无记名投票法选举元帅。第一次投票结果：总投票数 98 张，陆荣廷得 76 票，唐继尧得 21 票，刘存厚得 1 票。陆荣廷得票过投票总数之半，当选为元帅。

接着进行第二次投票，结果：总共投票 98 张，唐继尧得 93 票，程璧光得 3 票，李烈钧、黄大伟各得 1 票。唐继尧得票过投票总数之半，当选为元帅。

国会非常会议立即通电桂、滇、黔、川、赣、湘、粤督军，通告选举结果。

9 月 1 日晚饭后，国会非常会议正、副议长吴景濂、王正廷偕同国会议员几十人乘舞凤舰到黄埔公园孙文行辕举行大元帅印信、证书授与仪式。仪式在正大厅举行。议长吴景濂宣读致大元帅词：

> 民国不造，倪、张倡逆，国会解散，大法扫地，以启清廷复辟之变。段祺瑞与张勋，同恶相倾，迭为起灭，孱清斯覆，而大总统亦被

---

① 《申报》1917 年 9 月 7 日。

废斥,国法圮绝,民无所依。景濂等以为救焚拯溺,不可格以恒轨,用是依准法国前例,开非常会议于广州。金谓大盗移国,非武力不能镇治,西南各省与海军第一舰队,兵力雄厚,士心效顺。而部曲散漫,殊未有统帅,不足以收取齐一之效。即于6年8月30日议决《军政府组织大纲》,置海陆军大元帅一人。9月1日,投票选举。前临时大总统孙先生文,手创民国,内外具瞻,允当斯任,即日赍致证书,登坛授受。悃忱未尽,复申是言。所愿我大元帅总辑师干,歼灭群丑,使民国危而复安,《约法》废而复续,不胜郑重期望之至①。

词毕,由吴景濂给孙文授大元帅证书,王正廷给孙中山授大元帅印信。

接着由孙中山致答词:

文以不德,忝为共和先导。民国成立,六年于兹,而枭雄畔换,频繁不已,文不能救,自念无以对我邦人兄弟。今者叛督倡乱,权奸窃柄,国会解散,元首迁废,此诚勇夫志士发愤倡义之时也。而迁延数月,大兵未举,政府未立,内无以攘寇乱,外不足以示友邦。文以国会诸君不释之故,不得不统摄军政。任职以后,唯当竭股肱之力,攘除奸凶,恢复《约法》,以竟元年未尽之责,雪数岁无功之耻。责任在躬,不敢有贰,诸所举措,亦唯国会诸君实匡救之②。

云南督军、省长唐继尧于9月8日致电国会非常会议,表示自己不受元帅之职。国会非常会议去电劝勉唐就元帅职,但唐仍坚辞不就。国会非常会议派章炳麟为劳军使和议长吴景濂与议员吴宗慈、赵世钰、王湘等携带元帅印和证书到昆明,面请唐继尧接受元帅之职。由于章炳麟出面,唐继尧才勉强接受了元帅印信。但唐继尧不举行授印典礼,也不发表就职通电。这摆出的显然是要与军政府保持一定距离的

① 《申报》1917年9月9日。
② 《军政府公报》第1号1917年9月17日;《申报》1917年9月9日。

姿态。

桂系是反对在广州设立军政府的。故桂系首领、两广巡阅使陆荣廷坚辞不受元帅之职。得知自己被选为元帅后,9 月 2 日,陆荣廷致电非常会议议员及孙中山等人,反对在广州设立军政府:"方今国难初定,应以总统复职为先务之急,总统存在自无另设政府之必要。元帅名称尤滋疑议,易淆视听。"① 9 月 8 日上午,桂系军阀、广东省督军陈炳焜在广东省督军署宴请记者时明确表示反对在广州成立军政府,并提出 3 条反对理由:1. 在大总统存在之时另选大元帅、元帅,组织军政府是不合法的。2. 如果北方能恢复国会,回到合法的境地,若成立军政府,则不易取消。而自主政策则易取消。3. 成立军政府难于得到外交上的承认②。

西南最大的实力派桂系反对成立军政府,西南的另一个实力派滇系对成立军政府亦不热心。

孙中山决心成立军政府。9 月 10 日,孙中山在广州举行大元帅就职典礼,正式成立军政府。当日下午 2 点,孙中山从黄埔乘舞凤舰抵市区,在天字码头登岸,改乘汽车。以海圻舰军乐队为前导,两旁以海圻舰水兵和福军(粤军李福林部)护卫,同行有侍从武官王大炜及海陆军官多人。天字码头由滇军 33 团官兵全副武装迎候。永胜寺由林虎派出的步兵一营在该区警卫,随至国会。孙中山所到之处,军警擎枪致敬。当天的警卫十分森严,自然是防备控制广东省又反对成立军政府的桂系捣乱。孙中山当天身穿大元帅礼服,到达国会议场时,国会议员均出来迎接。会场内则由警察、游击队保护,会场外则由福军及滇军保护。孙中山到国会时,鸣礼炮奏乐,以示欢迎。当日出席会议的国会议员 147 人。孙中山入场时,议员们起立鼓掌欢迎。

大会主席吴景濂宣布开会的宗旨后,孙中山走到国旗前行三鞠躬

① 长沙《大公报》1917 年 9 月 17 日。
② 《申报》1917 年 9 月 16 日。

礼。大会主席代表国会非常会议致词:"往者元首丛脞,政出非法,乱者乘之。国会不敢自放其责,而有《军政府组织大纲》之决议。惟鉴于《约法》未复,国权无主,则授大元帅临时统治之职。自视职始,其竭诚尽智,相我法纪,以返邦人于真正共和之域。国会非常会议愿与大元帅共勉之。谨告。"[①]

孙中山宣誓就任大元帅职,宣誓如下:"文谨受职,誓竭真诚,执行国会非常会议所授与之任务,勉副国会代表国民之望,并告我邦人。谨言。"[②]

孙中山又发表就任大元帅职布告:

> 昔胡清失道,人心思汉,文与海内志士合谋征讨。武昌倡议,黄陂实为主帅。江南既定,共和初造,则南都武昌为中区焉。以虏运告终,授之袁氏。文虽自甘退让,而推荐非人,终于反噬。南方涂炭,元勋杀戮;国会解散,恣睢五稔。僭号称帝,实赖西南豪杰出师致讨。兵未渡江,元凶殂殒;黄陂以副贰之位依法继任。然后知神器不可以力竞,民意不可横诬也。徒以除恶未尽,权奸当道,帝孽纵而不治,元勋抑而不用;怏怏之威,上凌元首;诈取之谋,南暨吴蜀;侵约法宣战媾和之权,辱国会神圣立法之地;既被罢黜,嗾贼兴戎,以肇解散国会之祸。小腆乘之,应机复辟,民国根本,扫地无余。犹幸共和大义决于人心,举国同声,誓歼元恶。张绍曾、丁槐等实受黄陂密命,倡议讨逆。师期漏泄,为凶人所掩。乘间攘窃,饰功取威。既覆屏胡,亦以是黜黄陂之命。数遣狙击,逼迫卧寝,纠合无赖,劫夺印玺,以自成伪政府。譬如朱荣、高欢辈,互为首尾,盗取国柄,其罪均也。文于是时,身在海隅,兵符不属,乃与海军总长程璧光、第一舰队司令林葆怿,共商大计。既遣兵轮赴秦皇岛奉迎黄陂,亦不能致。犹谓人心思顺,必有授袂而起者。迁延旬

---

① 《军政府公报》第 1 号 1917 年 9 月 17 日。
② 《军政府公报》第 1 号 1917 年 9 月 17 日。

月，寂然无闻。是用崎岖奔走，躬赴广州。所赖海军守正，南纪扶义，知民权之不可泯没，元首之不可弃遗，奸回篡窃之不可无对抗，国际交涉之不可无代表也；于是申请国会，集于斯地。间关开议，以文为海陆军大元帅，责以戡定内乱，恢复《约法》，奉迎元首之事。文忝为首建之人，谬膺澄清之责，敢谓神州之广，无有豪杰先我而起哉！徒以身与共和死生相系，黄陂为同建民国之人，于义犹一体也，生命伤而手足折，何痛如之！艰难之际，不敢以谦让自洁，即于6年9月10日就职。冀二三君子同德协力，共赴大义。文虽驽钝，犹当荷戈援枹，为士卒先，与天下共击破坏共和者①。

宣言毕，奏乐，合影留念后散会。参加当日会的有滇军师长张开儒、方声涛和海军各舰舰长。省长李耀汉派秘书长彭华绚为代表出席。

大元帅就职典礼结束的当天，按《中华民国军政府组织大纲》第8条的规定，国会非常会议选举各部总长。出席议员123人。9月8日国会非常会议为选举总长曾开过一次谈话会。谈话会本来拟举副议长王正廷担任外交总长，但各议员的意思不希望非常国会开此议员兼阁员的先例，故9月10日会议投票结果：伍廷芳当选为外交总长，孙洪伊当选为内务总长，唐绍仪当选为财政总长，张开儒当选为陆军总长，程璧光当选为海军总长，胡汉民当选为交通总长。

由于伍廷芳、孙洪伊均不在广州，孙中山又任命王正廷为外交次长，居正为内务次长，伍、孙到任前，王暂兼外交总长职，居正暂兼内务总长职。

军政府还任命了若干军政长官：

军政府秘书长：章太炎

军政府总参谋长：李烈钧

军政府海军总司令：林葆怿

大元帅府亲军总司令：李福林

---

① 《民国日报》1917年9月16日；《孙中山全集》第4卷，第139、140页。

大元帅府参军长：许崇智

军政府第一军总司令：陈炯明

军政府卫戍总司令：方声涛

大元帅高等顾问：吴景濂

川滇劳军使：吴宗慈、王湘

湖南劳军使：林祖涵①

　　孙中山将大元帅府设于广州市东郊河南的士敏土厂。军政府设在桂系的势力范围内，处处受桂系的限制、刁难，处境一直很困难。国会选举的各部总长唐绍仪、伍廷芳、程璧光皆延不就职。孙洪伊则滞沪不赴粤。这些部只好以次长代理部务。这说明，军政府的设立仓促，未能就当时的形势做出正确的分析和对各种力量进行正确的估计。这就导致军政府并未成为西南统一的政府，军政府的命令出不了士敏土厂。桂系一直坚持自主而与北京政府保持着半离半合的关系。

　　军政府成立后，以军事特别重要，于 9 月 20 日制定了特别军事会议条例 6 条：

　　1. 为决定军事上行动纲要，由大元帅召集特别军事会议。

　　2. 会议以下列人员充之：

　　（1）参谋总长

　　（2）陆军总长

　　（3）海军总长

　　（4）广东督军

　　（5）海军总司令

　　（6）卫戍总司令

　　（7）由大元帅指定的军事参议 5 人。

　　3. 以上人员如有事不能列席者不得派人代表。

　　4. 会议时大元帅为主席，以多数决定。

---

① 《申报》1917 年 9 月 20 日。

5. 会议时必有过半数以上之列席始得开议。

6. 会议之内容及其议决,与议者均须绝对守秘密①。

四、对德奥宣战案的通过

对德、奥宣战案,1917年上半年闹得全国沸沸扬扬,并由此导致府、院发生最严重的冲突。段祺瑞坚持立即宣战,黎元洪不同意宣战,国会因公民团大闹国会,把本应该也可能通过的宣战案搁置起来。上一章已说明,宣战是符合国家利益的。中国对德、奥宣战不是为了去德、奥等同盟国抢点什么东西,而是为了挣脱列强(既包括同盟国,又包括协约国)用不平等条约强加给中国人民的若干负担,即挣脱枷锁。宣战的理由自然是正当的,这为后来的历史所证明。但1917年上半年的舆论却大都反对宣战。孙中山就是坚决反对宣战者之一。他不但自己反对,而且利用其国民党领袖的影响,给国民党议员发指示,要求他们也采取反对的态度。这使一些国民党议员放弃了支持宣战的立场,而转向反对宣战的立场。孙中山很快也发现了参战是符合国家利益的,于是改变了自己的立场,由反对宣战改为主张宣战。1917年8月14日,正在广州筹组护法政府的孙中山会见美国驻广州领事海因策尔曼时就明确表示要与美国一样,向德、奥宣战。9月7日,孙中山又派胡汉民访海因策尔曼,再次把军政府向德国宣战的意向通知美国政府,并向美国要求财政援助。

由于孙中山及国民党中一直反对宣战的派别,从激烈地反对对德、奥宣战,才2个月的时间又转到赞成比自己强大的政敌一直坚持的对德宣战的主张。这完全是一个180度的大转弯。这在仍手握北京政权的政敌面前,在舆论面前确实太被动了。这就使得需要这种转变的人处于十分尴尬的地位。总得找个理由,找个借口。总不愿也不能说自

---

① 《申报》1917年10月1日。

己以前的主张是错误的,只能说自己从前的主张是正确的,现在改变了
主张也是正确的。可见任何人,包括伟人,要公开承认错误是十分困难
的。尽管人都会犯错误,伟人也一样会犯错误。还在1917年8月,国
民党的高层就开始为自己从反对宣战到赞成宣战的转变找理由。8月
24日,国民党当时的领导人之一、众议院议长吴景濂就这种转变解释
说:"对德宣战乃外交上之关系。对于外交宜全国一致而后不贻羞国
体,故有将错就错之权宜。对于内政则不容政府之专横,以致破坏共
和。文章虽同一时作,实有二个之问题不得谓于内政上之不认非法政
府,即对于外交上不认其对德宣战。尤不得谓于外交上既承认其对德
宣战,而即于内政上认其一切之非法命令。此稍识时势者皆能知之。
但对于此二种问题,一则必须鱼水相欢,一则几如冰炭不容。过于抵
抗,则有团体涣散之虞,外交必将失败。过于服从,则有同恶相济之嫌。
内政益形纠纷。……欲免此种问题之困难,非由根本上解决不可。欲
由根本上解决,非速组南方政府不可。盖南方政府成立,一经外国承
认,则可以维持内政,亦可以主持外交。何所谓抵抗?何所谓服从?况
宣战乃少数武人之主张,并非国民之真意。若南方政府可以主持外交,
则继续宣战可也,即取消宣战也亦未尝不可。然欲取消宣战须在宣战
开始之时。若至宣战着着进行之后,则与协约国权义之关系已深,取消
焉能有效?而战祸将而穷极。惟愿国人猛醒,速组织政府,以解决此外
交问题,否则中国前途有无限之危险。"①吴的这番话自然无法自圆其
说。既然"外交宜全国一致",为何当初在国会讨论政府对德宣战案时
极力反对以致闹到最后决裂的地步?既认定北京政府为非法政府,怎
么就必须承认非法政府对德宣战的政策与事实?北京政府8月14日
正式对德宣战,吴的讲话是8月24日,才过10天,怎么能说宣战已着
着进行,与协约国权义的关系已深,以至无法再取消宣战呢?主要的协
约国俄国十月革命后即宣布退出第一次世界大战。俄国参战3年多,

①　《申报》1917年9月1日。

权义更深,能退出,中国才宣战 10 天就以关系深不能退出? 这些都是吴无法自圆其说的地方。不过这说明,就在组织军政府的过程中,对德宣战案仍是国民党领导人所十分关心和着急的问题之一。如何为尽快地从反对宣战到赞成宣战找一个下台的阶梯,便是国民党领导人的当务之急。不但要面对党内还要面对舆论,且事情急迫。因为一旦成立军政府,就必须寻求国际承认。这种国际承认实际上主要是协约国的承认。因为世界上的主要列强美、英、法、俄、意、日等都是协约国。孙中山下决心向德、奥宣战是在军政府成立之前的 8 月份。军政府成立之后,孙中山交给国会非常会议的第一个提案便是对德、奥宣战案。

军政府成立之后,孙中山便急匆匆地如要赶最后一班车似的将对德宣战案提交给国会非常会议。咨文全文如下:

> 为咨外交方针事。自对德宣战问题发生以来,国民鲜表示赞同之意,而探诸事理,亦未见有无故宣战之由。然自国会被迫解散,张勋敢行复辟以后,民国已无合法政府。段祺瑞假窃名号,乘军政府之未建立,擅向德、奥宣战。今日民国与德、奥两国间交战状态已经成立。以理言,此违法之宣战行为,军政府不能容认。以势言,则交战状态已经成立,非从头再宣布中立,无解决此问题之办法。凡一国外交,当首审己国利害所存以决政策。国会代表民意,必能审度理势,宏谋国利,确定方针。用特依《国会非常会议组织大纲》第 9 条,咨询以后对于德、奥两国应恢复中立关系,抑应"暂行容认"现在交战状态,希贵会从速开会公决。此咨国会非常会议①。

这个咨文用了一个"暂行容认现在之交战状态"来代替对德、奥宣战的字眼,显然给人以手掩琵琶半遮脸的感觉。

9 月 18 日,国会非常会议开会,出席议员 21 省共 83 人。讨论军政府提交的对德奥宣战案。略有讨论后,即付表决,赞成"暂行容认现在

---

① 孙曜编:《中华民国史料》,第 416—417 页。

之交战状态"者53人,多数,通过。同日即备文咨复大元帅孙中山。

　　孙中山自己也觉得"暂行容认现在之交战状态"一语实在是太勉强、太含糊,于是将其改为"承认现在交战状态"后,于9月20日再将咨文送国会非常会议:"前咨询对德奥外交方针应行恢复中立关系抑应暂行容认现在之交战状态。经由贵会开会公决应暂行容认现在交战状态,咨复过府。既经贵会议决方针,自应遵据进行。惟查去咨原文中'暂行容认'四字,本即指承认此交战状态而言,并非另有意义。而措辞尚属含糊,似仍须改用承认现在交战状态字样,始免疑义。相应咨请贵会再行开会议定见复。"①

　　9月22日,国会非常会议开会,议长吴景濂主席,出席议员22省区共60人。讨论大元帅孙文咨送的修改后的对德宣战案。略为讨论即付表决,赞成按上述修改者49人,多数通过。

　　9月26日,即在段祺瑞的北京政府对德、奥宣战后的四十余天后,以孙中山为首的军政府也正式对德、奥宣战。军政府发布了《通告国会非常会议议决承认对德、奥交战状态依议执行的布告》:

　　　　查我国前因德国宣布潜艇战略,曾由政府提出抗议。抗议无效,复由政府得国会之赞成与德断绝邦交。未几复以宣战案提出国会请求同意,未及议决。不幸倪逆嗣冲等倡乱,国会中绝,致此项重案至今未得合法之解决。迩者段祺瑞矫托大总统命令,擅组政府,对于德、奥实行宣战。揆之国法,自属不合;按之事实,我国之与德、奥实已处于对敌地位。今军政府成立伊始,关于对外大计,亟宜决定,以利进行。当于9月18日具文咨询国会非常会议,应否承认对于德、奥两国交战状态。旋经国会非常会议于本月22日开会议决,承认交战状态,具文答复前来。查解决内政与国际战争,本属两事。既经国会非常会议议决,承认交战状态,本军政府自应依议执行,对于德、奥两国一切依据战时国际法规办理。特此

────────────────

① 《申报》1917年10月1日。

布告中外,咸使闻知①。

由于中国南北两个政府均对德、奥宣战,故第一次世界大战结束后,中国也作为战胜国出席了巴黎和会,取得了一定的发言权。为解决列强强加给中国的一些不平等条约奠定了一定的基础。

有的书上说,对德、奥宣战并非孙中山的本意,孙本主张中立,宣战是国会非常会议过半数之意见,作为大元帅的孙中山只得服从国会非常会议的决议。这是不符合历史事实的。

1919 年 8 月 13 日,广东护法国会开两院联合会。鉴于第一次世界大战早已结束,军政府方面尚未宣布与德、奥结束战争状态,议员陈家鼎临时动议:协约国均已对德、奥宣告恢复和平,我国宜取同一态度。此事似应由本会三议长面商军政府各总裁从速提案交本会议决通过公布。议员杨铭源说:此案如提交本会,则必要由足法定人数之正式会议议决,不能由不正式之两院联合会草草通过。章兆鸿说:刻下两院已派员分赴津沪招待议员南下,制宪调查,日来返粤者已有多人,预计不日即可正式开会。不如俟两院足法定人数时再行正式提出。多数议员赞成章说,主张将此案暂时搁置②。

广州国会筹备到了制宪经费后,议员才陆续回粤。两院到 9 月中、下旬已足法定人数。军政府向国会提出《咨询对德复和》案。

10 月 7 日众议院常会,讨论军政府提出的《咨询对德复和》案,军政府委员伍朝枢说明提案理由后,议员们发言认为这是当然之事,无须讨论,即付表决。主席以此案付表决,一致赞成,可决。10 月 9 日参议院常会,讨论军政府提出的《咨询对德复和》案,伍朝枢说明理由后,未讨论即付表决,亦全体一致通过③。

10 月 13 日军政府发出对德恢复和平通电。

---

① 《军政府公告》第七号 1917 年 9 月 26 日;《民国日报》1917 年 10 月 5 日。
② 《申报》1919 年 8 月 22 日。
③ 《民国日报》1919 年 10 月 24 日。

五、《修正中华民国军政府组织大纲》的
通过和军政府的改组

由于事先未征得西南各方面的意见,仓促组织军政府,又实行大元帅独裁制,这就使军政府缺乏西南各实力派支持的基础。陆荣廷、唐继尧不就元帅之职,一些部的总长和一些部门的首脑均不愿就职。这使军政府无法在西南建立起自己的权威。控制着两广的桂系更不愿在自己的地盘上生出一个以孙中山一人说了算的军政府来对自己发号施令,故处处给军政府制造困难。孙中山手中又没掌握一定数量的可靠的军队,无拳无勇,处处受掣于桂系。军政府的号令出不了士敏土厂,形同虚设。从1917年10月即军政府成立一个月后,为改变这种局面,众议院议长吴景濂等人即酝酿改组军政府,扩大其基础。10月21日吴景濂就在给唐继尧的密电中明确提出军事上另设各省联合军事会议,政务则设行政委员会。为使西南统一,程璧光、唐继尧、李烈钧等于1917年11月初发起成立西南各省军事联合会。11月21日孙中山在致唐继尧的密电中明确支持组织军事联合会和政务会,以促成西南各省的统一与联合。这样,1918年1月15日护法各省联合会议在广州成立,20日举行宣誓式。

1月15日,在广东督军署议定《中华民国护法各省联合条例》,共9条,全文如下:

护法各省为拥护约法,保障国会,征讨祸首,戡定内乱,以巩固统一之基础,促进宪法之成立,组成护法各省联合会议。更因时势上绝对之要求与护法各省最后之决心,订定条例,共信守之。

第一章　联合会议

1. 联合会议以下列各代表组织之。

(1)由护法各省自主政府及海军所派出者各一人,但未完全自主省份之护法各军及各战区之联合军经联合会议承认者,得各

派代表一人。

（2）民国元老由前项所列派出代表，各机关公推者无定额。

2. 联合会议所在地暂在广州。但得依便宜迁移之。

3. 联合会议之组织条例另定之。

第二章 联合公约

4. 凡加入护法各省联合会者，有不能脱离之义务。

5. 护法各省及各地方之护法各军非得联合会议之许可，不得募集外债或与外人订立以土地、矿山公产作抵之契约。但发生在本条例宣布以前者得报告联合会议核准之。

6. 护法各地方及各战区之联合军，非有联合会议之决议，不得为停战之宣告或和平条件之提出。

第三章 附 款

7. 本条例宣布之日，护法各省举行宣誓式，以保证其效力。

8. 本条例由下列及继续加入之护法各省依次署名宣布。

9. 本条例于约法效力完全回复后经联合会议之议决废止之①。

在条约上签字的有：广东督军莫荣新、广东省长李耀汉、广东援闽滇军总司令李烈钧、广东援闽粤军总司令陈炯明、广西督军兼湘桂粤联军总司令谭浩明、两广讨龙军联军总司令陈炳焜、云南督军兼省长川滇黔联军总司令唐继尧、贵州督军兼省长川滇黔联军副司令刘显世、海军总长程璧光、海军总司令林葆怿、湖南护国军总司令程潜、湖北联军总司令黎天才、四川靖国军总司令熊克武。

1月20日在广东督军署，按《中华民国护法各省联合会议条例》第7条，举行宣誓仪式。参加当日宣誓的有：伍廷芳、程璧光、林葆怿、李烈钧、陈炯明、李耀汉（省长）、张开儒、方声涛、李福林（广惠镇守使），军政府代表胡汉民，在粤的师长、团长、营长，国会议长吴景濂，议员汤

---

① 《民国日报》1918年2月4日。

漪、杨永泰等。

但以上联合会所制定的条例第 5 条、第 6 条既侵夺了军政府的权限,又侵夺了国会的权限,联合会大有北方督军团的气味。它立即遭到了国会非常会议多数议员的反对。1 月 17 日国会非常会议议员开谈话会,对联合会的条例争论最为激烈。很多人指出联合会的性质与天津督军团相似,不但不能促使各省联合,反易启各省纷扰。该会不仅藐视国会,而且内中条例严重侵犯国会职权,护法者近于违法。多数主张该条例应交国会议决。也就是说,联合会的章程遭到多数国会议员的反对。加之护法各省联合会的外交代表伍朝枢赴沙面运动各国驻广州领事馆承认联合会为交战团体的工作失败,始知联合会与军政府分立决难以得到列强的承认。于是桂系、滇系、黔系等地方军阀又与伍廷芳、唐绍仪、程璧光酝酿,以合议制取代大元帅制这种独裁制(即最后由大元帅一人裁决),建立一个类似 1916 年护国战争时期在广东肇庆成立的军务院,以谋求建立一个西南各省的统一机构。当时唐绍仪、伍廷芳、程璧光对改组军政府的态度是积极的,希望通过改组,让唐继尧、陆荣廷、岑春煊等进入军政府,使军政府有更广泛的代表性,同时也可改善军政府与桂系的关系,改善陆荣廷与孙中山的关系,增强军政府的基础。一开始孙中山对改组军政府是支持的。1918 年 2 月 2 日,伍廷芳、孙中山、程璧光、莫荣新在海珠开会讨论改组军政府办法,除对原稿做了少许修改,孙中山对改组并无异议。即对将大元帅制改为总裁合议制是同意的①。但后来桂系欲借改组军政府之机排挤孙中山,让孙出国游历,办理外交②。这样,孙中山转而反对改组军政府。但各方改组的决心是坚定的。

要改组军政府,自然要通过国会非常会议。政学系坚定地主张改组军政府,但它在国会非常会议中不占多数。占多数的是吴景濂、褚辅

---

① 《孙中山年谱长编》第 2 卷,第 1098、1099 页。
② 罗家伦主编:《革命文献》第 7 辑,第 25 页。

成为首的益友社。桂系早就拉拢益友社。广东督军聘请益友社议员出任顾问、参议之职,给这些人每月领一份津贴。广州生活费用高,这一份津贴对只领半薪的议员自然有吸引力。故自吴景濂以下,凡稍时髦之议员几乎都在督署罗列之中。于是,益友社便与政学系联手来通过改组军政府案。

4月10日,国会非常会议开会。由罗家衡、褚辅成等30余人提出改组军政府案。居正、邹鲁、马君武等反对此案,双方争论激烈。但按议事细则,一读只由提案人说明理由,不详细讨论提案的条文,即应表决是否付审查。议长以付审查进行表决,结果在席议员67人,赞成付审查的51人,多数通过。于是由议长指定罗家衡、褚辅成、汤漪、丁象谦、宋汝梅、陈光勋、王湘、吴宗慈等20人为审查委员对该案审查。

4月11日,孙中山约全体国会议员到军政府谈话,表示反对改组军政府:"军政府视国会如父君,国会之所决议,军府无不服从。顾如昨日所提议的改组军政府,为军政府本身的存亡问题。而国会事先绝未征求军政府意见,径行提议而付审查。揆之事理,宁得为平?且以法律而论,《约法》规定为元首制,今乃欲行多头制。又《军政府组织大纲》明明规定:本大纲于《约法》效力完全恢复、国会完全行使职权时废止。无修改之明文,今日何以自解?……故今日余个人对于改组一事,根本反对。即于改组后有欲以余为总裁者,亦决不就之,惟有洁身引退也。"[①]众议院议长吴景濂、副议长褚辅成等相继发言,解释说改组并非不信任大元帅,本意在多扩充军政府实力,譬之商铺之增加资本以图发达。且案尚在审查中,犹不能谓为表决通过也。

4月12日下午,在回龙旅社第一招待所开审查会,审查改组军政府案。褚辅成说:本案因时势的要求,有认为成立的必要,大体无庸讨论,但条文如何规定,须采纳各方意见,以求完美。于是审议长罗家衡指定褚辅成、王湘、吴宗慈、卢仲琳、王葆真5人上大元帅府,童杭时、龚

---

① 《孙中山全集》第4卷,第442、443页。

政、梁士模等人到督军署,李自芳、彭建标等5人到海军办事处询问意见。4月14日下午,审查会仍在第一招待所开第二次审查会。童杭时报告昨日到督军署询广东督军莫荣新对于本案的意见。莫督说:此案初由唐、伍、程三公主张,经中山同意,国会议员开谈话会亦无异议。荣新遂与唐、伍、程、吴诸公联电西南各省,请求同意。各省亦复电赞同。荣新至今仍是最初主张,赞同改组。至改组中之条文如何规定,荣新无定见,由诸公商定即可赞成。彭建标报告海军林总司令意见,大致与莫督相同。吴宗慈报告中山意见。中山说:予对改组案本可赞同,但细想改组亦无甚益处。究竟陆干卿意见如何,必须亲与陆会面交换意见后再商量此案。丁象谦赞成中山之说。宋汝梅、陈光勋主张先决定改组,与干卿面商乃有结果。汤漪说:干卿已来电表示赞同,无再与商之必要。讨论结果,认为陆荣廷行踪无定,往返太耽误时间。陆曾有电说莫督军同意予亦赞同。不如再由本会推定数人再到督署询问莫督军能否代表干卿意见,究竟干卿意见若何? 如莫督军能代表,即不必与干卿面商。若中山决欲会晤干卿,乃个人拜访。遂由审议长指定前日到大元帅府之人于4月15日往询莫督军,前日往督军署之人往大元帅府,交换双方意见。[①]

5月4日,国会非常会议,出席议员147人。先由改组军政府案审查委员会委员长罗家衡报告审查经过及修正案成立的理由:修正案的内容系采取各方面的意见而成,以求军政府与护法各省团结一致,以与非法政府对抗。审查会无甚修正,不过整理条项文句而已。所增修者,一为各部,二为政务会议所属之参军处、总务处各机关。民友系议员反对改组案,益友系和政学系议员支持改组案。会上两派立即发生激烈的争论。秦广礼发言认为该案违法,根本不赞成。汤漪发言说:改组案可容纳各方面之势力,合于混合小内阁的惯例。古今万国无不可修正之法。法之有特别修正之规定者,从其规定;无特别规定者则依原法议

---

① 《民国日报》1918年4月26日。

决之手续修正之。此万无疑义者。焦易堂、叶夏声、童杭时、丁象谦、凌
钺等相继发言不赞成改组军政府案。宋桢、李华林、陈光勋、罗家衡、汤
漪等发言赞成改组军政府案。最后,议长对各修正案进行表决。先表
决焦易堂的动议俟 6 月 12 日正式国会成立后将改组军政府案通过,结
果赞成者少数,否决。以赞成审查报告付二读会表决,起立赞成者 97
人,多数,通过。秦广礼对表决提起疑义,于是用反证表决法表决,反对
改组军政府者起立,起立者 27 人,少数,证明前次表决为多数①。

　　5 月 7 日,国会非常会议开会,出席议员 21 省共 77 人,吴景濂主
席。当日议程为改组军政府案二读会。民友系议员力图阻止二读会,
益友系和政学系则主张按议程开议。先由政府代表居正宣读孙中山大
元帅辞职书。秦广礼、焦易堂、吴宗慈等发言大意为:大元帅之辞职无
非因改组一案发生。然孙之辞大元帅实与西南大局及外交有莫大之关
系。追忆客年,孙氏如许艰辛,电招我国会议员来粤开此非常会议,以
有今日。今改组军政府已大体通过二读,尚未成立。总裁尚未选出,而
孙辞大元帅职则西南护法无人。本议员通电挽留,勿准其辞,并请暂缓
开二读会,请付表决。议长以暂缓开二读会付表决,赞成者少数,否决。
汤漪发言说:改组案已得各方面同意,故不辞辛劳,经营数月,审查数
次,提出大会讨论,已经表决得多数赞成。今日明明为二读会,事关重
大,岂可停顿? 童杭时、刘芷芬发言主张:昔日我国会非常会议选出之
大元帅、元帅,除今之大元帅外,余未就职。自改组案发生,中外人士非
常注意。一经二、三读便为定案,到时能否得岑西林、唐冀赓二君同意?
倘不允赞成,诸君试思是否又再改组? 汤漪、罗家衡发言主张:军政府
之组织未得各方同意,故有改组。并屡接唐冀赓来电请速谋西南统一
机关,何必通电征求,又多一番手续。如谓通电,则候二、三读会通过,
必通电布告成立。至于今日之二读会,万难变更。吴宗慈主张如要开
二读会,即请先通过准孙辞职。童杭时发言说:先开谈话会,讨论孙之

---

① 《申报》1918 年 5 月 14 日。

辞职。本员以为目下万不能任孙辞职,必须候各省复电赞成、总裁举出、新政府成立,再行提议。童杭时、吴宗慈频呼议长请先通电后开二读会。汤漪、罗家衡等则请立即开二读会。赞成与反对两派大起冲突,议场秩序大乱。议长逼得退席,赞成改组军政府派亦随同议长退出议场。

议场只剩反对改组军政府派议员 26 人。他们举年长的李文治为临时主席,议定仍先开谈话会,讨论大元帅辞职问题及通电各省后再开二读会。

5 月 10 日国会非常会议开茶话会,调解改组军政府案两种意见,但效果不大,仍各持己见。

5 月 16 日国会非常会议开会,吴景濂主席,出席议员 78 人。当日议程为《中华民国军政府改组》案二读会。罗家衡、汤漪等发言主张改组案不可再为延缓。然后即开始二读,对条文一条条讨论。对条文的讨论倒无太大的争议,只是将原案第 13 条"本大纲经此修改后,所有军政府前办一切之事宜仍继续办理"删去,其他条款只做了个别文字修改即通过二读会,议长吴景濂欲即开三读会。汤漪发言说:本案大体业经成立,是本会已经表示改组案进行之坚决矣。应即速向各方面疏通并从速组织进行,俟有头绪时再开三读会可也。

国会非常会议通电西南各省的实力人物征求对改组军政府的意见。谭浩明 5 月 1 日、陆荣廷 5 月 4 日、程潜 5 月 6 日、刘显世 5 月 5 日和 16 日、唐继尧 5 月 18 日纷纷回电赞成改组军政府。

5 月 17 日国会非常会议,吴景濂主席。对《中华民国军政府改组》案三读。三读只对文字进行个别修改。全案很快通过。并议决以伍廷芳、林葆怿、吴景濂的名义通电岑春煊、陆荣廷、唐继尧及南方各派其他重要人物。

5 月 18 日正式公布了《修正中华民国军政府组织大纲》,共 12 条,全文如下:

中华民国国会非常会议为保持护法之统一与发展,特修正

《中华民国军政府组织大纲》,并宣布之。

1. 中华民国军政府以护法各省、各军之联合为基础,于国会、大总统之职权不能行使期内,依本大纲之规定,行使中华民国之行政权。

2. 军政府职权如下:

(1)关于和战事件。

(2)办理共同外交,订立契约。

(3)监督共同财政,办理内外公债之募集。

(4)裁决省与省之争议事件。

(5)关于承认护法省区、军队之加入事件。

(6)关于统筹军备及计划作战事件。

但关于人民有负担之契约、内外公债之募集及和平条件之提出,须经国会非常会议之同意或追认。

3. 军政府以由国会非常会议所选出之政务总裁七人组织政务会议,行使其职权。

政务会议以政务总裁一人为主席,由政务会议推定之。

护法各省及经政务会议承认之护法各军,得各派出代表一人。关于第二条第(1)、第(2)、第(4)、第(6)款所载,得参预政务会议。

4. 军政府设立下列之各部,直隶政务会议:

外交部、内政部、财政部、参谋部、陆军部、海军部、交通部、司法部。

5. 各部事宜,除由政务总裁兼管者外,得各设部长一人。

6. 部长由政务会议特任之。

政务总裁有事故时,得委托部长一人代理。

7. 政务总裁得兼其他职务。

8. 凡关于政务之文书,由政务总裁连署公布之。

9. 政务会议附属机关之组织,另以条例定之。

10. 护法各省自主政府之职权一仍其旧。但现隶北京政府之机关,各省不能直接管辖者,军政府得收回之。

11. 大纲自宣布之日施行。

12. 本大纲至国会大总统能行使其职权时废止①。

5月18日,国会非常会议通电全国解释《修正中华民国军政府组织大纲》:"自国会解散,复辟变起。段氏继之,变本加厉,设立伪临时参议院以遂其攘窃政柄颠覆国会之阴谋。专制政治乃随武力统治主义而复活,此民国成立以来所未曾有之大政变也。两院同人相率南来,集于广州,依先进各国国民会议之惯例,于是有非常会议之组织,以护法讨逆,号召全国。不幸而后先响应者,仅有海军及今日护法之各省各军。长江下游及其以北,依然屈伏于段氏武力统治之下。或则心怀义愤,抑而未伸;或则悔祸稍迟,受其指挥,此则护法战争之所由起。而同人等为国家计,所引为大不幸之事实也。然而段氏以10余省之众,辅之以历次卖国求逞所得外交上饷械之援助,当我护法各省有限之力,卒之丧师失地,屡遭败挫者,非特民意之不可侮,公理之不可灭,有以致之。即我义师将士之艰苦卓绝,与夫护法各省之一心一德,亦由是而昭然共白于天下,斯又同人等所引为不幸中之大幸也。曩者军政府成立伊始,只以事属草创,未臻完备,遂使陆、唐两公谦让未遑,西林一老置身局外,伍、唐、程、林、李、胡诸总长袖手于广州。幸赖孙公中山一人仔肩危时,撑持至今。斯岂诸公护法之志彼此异志欤,抑亦立法未善之所致也?同人等返躬内省,鉴于时势上之要求,而共认军政府改组之不可缓久矣。今则修正《中华民国军政府组织大纲》,业于本日议决宣布。自时厥后,同人等最终之希望,惟在海军及各省同志戮力一致拥护新政府之成立及发展,如身使臂,如臂使指,以继续现军政府未竟之功,回复约法之效力,保持国会之尊严,建设统一之基础,促进宪法之成立。同

---

① 《民国日报》1918年5月26日;孙曜编:《中华民国史料》,第424—427页。

人谨拭目俟之,敬布腹心,伫候明教。"①

　　5月20日,国会非常会议开会,按《修正中华民国军政府组织大纲》的规定选举7名政务总裁。用连署无记名投票法选举,即每张票选举7人。第1次投票结果:投票共123张,唐绍仪115票,唐继尧111票,伍廷芳110票,孙中山107票,林葆怿104票,陆荣廷90票,6人得票均过半数当选为政务总裁。岑春煊与孙洪伊各得61票,均未过半数,再进行第2次投票。在岑、孙之间决选。投票人数为121人,检查所得票数112张,名片111张,票数多于名片,显然有1人投了2张票,依法此次投票无效。于是进行第3次投票,投票人数共104人,名片与票数相同,岑春煊得62票,孙洪伊得41票,吴宗慈得1票。岑春煊得票过投票总数之半当选为政务总裁。②

　　5月18日孙中山通告国会非常会议:军政府政务现已逐渐结束,且命居正办理交待事宜。国会非常会议选出总裁后,派议员代表面见孙中山,请其刻日就总裁职。孙中山说:"予此时虽不就职,惟暂不辞,以谢诸君而维大局已耳。"③5月21日孙离开广州。在离开广州之前,孙中山通知国会非常会议,大元帅府5月22日停止工作。孙在汕头停了一段时间后,经台湾到日本,后又于6月26日回到上海。

　　7月中旬,孙中山接受国会非常会议送来的总裁证书,接受总裁一职,但不往广州,只派徐谦为代表出席广州军政府的政务会议。7月5日,唐继尧、伍廷芳、陆荣廷、林葆怿、岑春煊也通电就政务总裁职。并宣布中华民国军政府依法于7月5日成立,并开政务会议,议定军政府改设农林实验场。8月19日军政府总裁会议,选举岑春煊为主席总裁并兼内务部长,林葆怿兼海军部长,伍廷芳兼外交部长,陆荣廷兼陆军部长(由莫荣新代),孙中山兼司法部长(由徐谦代),唐继尧兼交通部长。

---

①　《民国日报》1918年5月28日;孙曜编:《中华民国史料》,第427、428页。
②　《申报》1918年5月28日。
③　《民国日报》1918年5月28日。

7月24日，军政府七总裁联名发出护法通电，指出"段祺瑞思假外交政策专制国事，遂倒行逆施而不恤也。……挟迫解散国会。……悍然设非法之参议院，通过非法之国会组织及选举法，现又贿赂公行选举非法之国会议员，是今之民国已名存而实亡矣。……国会已于本年6月12日在广州开正式会议，议员陆续南下，法定人数计日可足。而某适承负托，非使国会恢复，约法完全回其效力，不敢自荒厥职"①。

7月27日，军政府总裁兼外交总长伍廷芳以军政府名义发表一对友邦之宣言书，否定北方政府，请求各国承认广东的军政府："护法之本旨原无他求，不过为恢复国会一事。苟国会朝下令恢复，护法同人夕可罢兵。此种要求为惟一之正谊，显而易明。……运和平之妙用是在列强承认护法政府。经此一番承认，列强和平之愿望庶几可以实现也欤。此为代表护法各省各军之诸总裁贡献其悃款之忱于我诸友邦之前，而听世界公论之裁判。当兹军政府改组成立，并恳诸友邦予以承认焉。"②

六、正式国会的召集及议员的递补和议长的改选

北京政府也一再申明维护和遵循《临时约法》。护法的主要目标便是恢复旧国会。因一时人数不足，南下广州的议员便只能暂时开国会非常会议，待南下议员足开会人数即正式恢复第一届国会开正式会议。广州护法国会的发起者最初以为恢复旧国会与旧议员利益密切相关。恢复第一届国会，最主要最直接的受益者是旧议员，旧议员多数到广州不应是太大的问题。但出人意料的是，尽管国民党系骨干议员竭力运动旧议员来穗，但广州国会非常会议开了好几个月，等了好几个月，来穗议员远不足总议员的半数，其中就有原国民党系议员亦未来

---

① 《民国日报》1918年8月2日。

② 《民国日报》1918年8月22日。

穗,无法正式恢复第一届国会。如此,则护法的目标和前提都要动摇了。尤其是北京政府 1918 年 2 月即开始筹办新一届国会选举,3 月正式发布第二届国会议员选举令,限 6 月份选举结束。在广州的护法议员经过半年多的努力,却仍因人数太少无法恢复第一届国会。这自然令护法的发动者十分尴尬和被动。

眼看北京就要召集新一届的正式国会了。这自然令护法议员们十分着急。3 月 18 日,国会非常会议开谈话会,商讨恢复第一届国会开正式会议的事情。当然,会议最集中的问题是如何设法解决开正式会议不足法定人数的问题。很多议员提出了一些办法,如保证国会经费(岁费、旅费)、对不来穗参与护法的旧议员的处理问题以及正式会议会期如何确定的问题。最后议定筹集正式国会,继续第一届国会第二期常会,议定召集办法 4 条。

一、日期。5 月 31 日前齐集广州,6 月 12 日举行正式国会开会式。自开会式之日起,一个月不到会者,依法递补。

二、召集方法。1. 发出正式开会的通电。2. 各省推 1 人或 2 人为招待员,促各该省议员到会,其旅费依第三条的规定。3. 将正式召集国会的通告在全国各地主要报纸上登载。

三、旅费

1. 议员旅费每人先借 100 元,余数到广州再补发。其支借办法,由各省招待员与议长协商。

2. 招待员往返旅费。

(1)秦、甘、晋、吉、黑为 800 元。

(2)奉、直、鲁、豫、新疆、蒙古、西藏为 600 元。

(3)鄂、苏、浙、闽、皖、赣为 400 元。

前 3 项往返旅费如招待员为 2 人时,得于总数之外加支 200 元。

(4)湘、滇、黔、川、粤、桂临时酌定。

四、岁费。自 5 月 1 日起,到粤议员每月暂支 200 元,所欠俟以后补发。但以议员到广州者为限。至于两院公推出外办事者,不在此例。

现设招待所至 5 月 31 日一律取消①。

决定 1918 年 6 月 12 日召集正式国会后，3 月 20 日，以参议院副议长王正廷、众议院议长吴景濂的名义向各省通电，通告 6 月 12 日国会正式开会：

> 前经粤省议会议决，提拨粤库 50 万元以充国会经费，现粤地方政府正交财政厅核议。而开会期迫，万难久待。兹从截留盐款中每月拨定 10 万元。其余不足之数再由护法各省分别筹垫，当无不足之虑。本会议效日复行集议，决定依约法第 20 条自行集会，定于 6 月 12 日在粤举行正式开会。查去年 6 月 12 日为北京政府解散国会之日，定是日开会者，实为继续第二会期起见。凡贵省在籍议员，务请促其早日赴粤，俾得依期开会，解决国事。兹复决定每人得先备旅费 100 元，余数到粤后补发。此项旅费并祈代为垫支，感纫无既②。

3 月下旬以参议院副议长王正廷、众议院议长吴景濂的名义致电各省议会通告开会事宜：

> 去年 6 月，北京政府被督军团之胁迫，颁布解散国会之乱命。查《约法》既无解散国会之明文，则此违背《约法》之命令当然无效。议员等现在南方组织非常国会，一以应政府之奇变，一以促正式国会之进行。筹备至今，事经就绪。现已由粤省应解北京盐款项下拨支若干为经常经费，西南护法各省复允尽力筹垫，经费已充而保卫亦密。经留粤两院议员同人决议，依《约法》第 20 条自行集会。其开会日期定为 6 月 12 日在粤举行，以继续第二会期。请通告贵省在籍议员，依期赴会。如开会后一月未到者即照《议院法》第 7 条，解职并依次递补。特此通告③。

---

① 《盛京时报》1918 年 4 月 5 日。
② 《军政府公报》第 61 号 1918 年。
③ 《民国日报》1918 年 4 月 9 日。

从 4 月上旬开始，又以参、众两院的名义或以参议院副议长王正廷、众议院议长吴景濂的名义，在各地很多大的报纸上发出国会自行集会启事：

去岁 6 月 12 日，民国国会非法解散，衡诸《约法》，当然无效。兹依《约法》第 20 条，自行集会。于 5 月 31 日以前齐集广州，于 6 月 12 日继续第二届开会。务请两院同人早行莅会。其开会后一月不到者，依院法第 7 条办理。谨此通告①。

既然定于 1918 年 6 月 12 日召集正式国会，催各省议员速赴广州以便足法定人数，开始正常的议事活动，这就是当时参、众两院头等重要的大事。对参议院来说，还有一件大事就是缺议长。议长王家襄未南下护法，副议长王正廷又受广东军政府派遣，准备赴美，以赴美特使的名义运动美国政府承认军政府。因为在列强中，美国对军政府较为友善。王正廷早已离粤赴沪准备访美。参议院筹备工作无人主持，开正式会议后亦无人主持。这样，6 月 10 日、11 日两天，参议院在回龙旅社议员公寓（原第一招待所）开谈话会。公推参议院全院委员长赵世钰为主席。赵世钰刚从上海回来，于是向大会报告三件事：1. 关于王正廷副议长委托组织参议院秘书厅。2. 关于受议员委托在沪敦请岑春煊就政务总裁职及岑总裁嘱托向议员代达自己的意见。3. 关于津沪国会议员招待最近情况的报告。两院议员连在粤并得各省招待员确实报告，定期来粤参议员共计 132 人，众议员共计 294 人。按以上人数，参、众两院均不足法定人数，但所差只四五个人，而吉林等几个省报告还尚未到。各 省全部统计报上来后，必足法定人数②。陈寿如发言说到正式开会时间正、副议长仍未到粤怎么办？同人应公决办法。刘芷芬、谢持等发言主张正、副议长未到之前，公推全院委员长赵世钰主持一切。经全体表决，一致赞成。同时议决电催正、副议长即日来粤。

① 《申报》1918 年 5 月 6 日。
② 《民国日报》1918 年 6 月 18 日。

6月12日，参、众两院议员在广东省议会议场举行第一届国会第二期常会继续开会典礼。两院议员300余人身穿礼服于9时齐集。11时开会，议员整序入场。议场旁听席上，坐满了男女参观者。新闻记者在场中忙碌采访。会议主席为众议院议长吴景濂，吴宣布开会，并致开会辞：

> 今日为国会继续开第二届常会之日，亦即议员根据《约法》行使自行集会权之第一次也。本会横遭非法之解散，于今已一年矣。此一年内，大法凌夷，纪纲坠地，蜩螗沸羹，不堪回首。幸赖西南各省护法诸公大力，与本会同人奔走之劳，始有今日之举。景濂对于今日开会以后，有两种希望。第一，希望两院同人已来者，万勿轻于离粤，并设法通知未来之同人，从速南来。第一步早足法定人数；第二步足三分二以上人数，将宪法完全在粤制定，庶可告无罪于国人，而国人对于议员之信仰亦可增加。第二，希望在各省各军护法诸巨公，在法律未完全恢复以前，无论如何困难险阻，不达护法之目的不止。同人等忝为国民代表，必随护法诸公之后，以尽议员之天职①。

吴的话音一落，全场爆发雷鸣般的掌声，意气甚为庄严。后奏国歌，全场肃然起立。奏完国歌，全场向国旗行了鞠躬礼。礼毕奏乐，主席宣布礼成退席。

议员们退入休息室休息后再开会。讨论如何尽快地召集正式会议。众议院议长吴景濂报告最近招待员报告在津、沪等地议员的情况：根据津、沪及各省招待员对准备来粤议员的确实报告，各地限期能来粤议员及已在粤议员相加，参议员共132人，众议员294人，离法定人数均相差几人，且尚未得到吉林等省招待员的报告。估计将来定可足法定人数，在粤同人请勿远离。

6月12日，护法国会参议院、众议院将当日已举行正式国会开会

---

① 《申报》1918年6月20日。

典礼通告西南各省及有关护法人士：

> 慨自叛督称兵，约法失效，国会解散，民国无依。同人等受国民之委托，职务未终，痛共和之垂危，责任难弃，爰依《约法》，自行集会。业于6月文日在广州继续开正式国会。冯稚明公谋国坚贞，情殷护法。尚希时赐明教，用匡不逮。谨布区区，敬告国人①。

虽然开院典礼宣布在广州继续召开第一届国会第二期常会，但离法定的开会人数仍相差很远。于是，议员们酝酿解除不来穗议员之职，补选一批议员，来凑足开会的人数。

1918年6月15日，参、众两院议员开谈话会，讨论议员解职及补选办法。议员发言多主张依1913年9月27日公布的《议院法》第7条："议员于开会后满一个月尚未到者，应解其职。但有不得已故障报告到院时，得以院议展期至两个月为限。"解除一批议员之职。谈话会初步拟定了4条办法：1. 自6月12日开会后，1个月不到者，应照《议院法》解职。因《议院法》已有明文规定，无须再行院议表决，当然解职。2. 迨至7月12日尚不到粤亦不申请故障各议员，一律登报宣布解职。3. 各区所缺员额均由候补人补充。其有不便领议员证者，得即由同乡议员3人以上证明出席；若经法定日期不出席者，作为不愿应选，即由后列候补人补充。4. 所有候补人，不论名次先后，至7月13日均得出席。倘有逾越议员额数之区，其候补人由议员资格审查会核定，其余员另定相当处置办法。当日的谈话会上，也有议员提出，在远不足法定开会人数不能开正式会议，一下子解除大批议员是否合法的问题。这自然是一个难题。议员们认为事关重大，议决成立两院委员协议会，就解职和递补议员事件再进行仔细协商②。这样，两院又各推出同数的协议委员对解职和递补议员一事进行研究。

6月29日，参、众两院议员再开会合会，由众议院议长吴景濂主

---

①　《民国日报》1918年6月23日。

②　《申报》1918年6月25日。

席。先由协议委员、参议员张光炜报告两院协议会对解职与递补议员协议的结果。接着对协议的结果逐条讨论表决。最后经大会议定办法4条:1. 议员于开会后满一个月不到者,依《议院法》第7条之规定,即行解职;前项不到院之议员曾经声明故障者,依《议院法》第7条之规定付院议。2. 解职之议员应由各该院查明应行递补之候补当选人,用公函通知,令其从速到院。3. 轮补之候补当选人,由各该省到院议员过半数确认为不能应选者,应通知其次候补当选人。4. 候补当选人到院,依两院前例,暂取同乡议员3人之证明,先行出席①。当日并议决将以上4条办法电知在沪议员分别转达各省未到议员知照。

　　广州方面采取了各种办法运动旧国会议员来穗开会。但到广州的旧国会议员离议员总数的一半还相差甚远。已过去半年多、快一年了,没到广州的议员多数已不可能再来广州,自然也不会按《议院法》第7条申请有不得已故障的报告到广州。是否要立即于7月13日将这些不到广州的议员立即解职,这又成为一个问题。很多议员主张要慎重。这样,7月11日,参、众两院议员再开谈话会,讨论第一批议员除名(即以一个月不到院即除名)问题。多数主张,将确实根本不可能来广州的旧议员列为第一批除名名单。当天的会议议定了第一批除名议员的条件:1. 此次当选为非法国会参、众两院议员者。2. 现任北京非法临时参议员者。3. 现任非法政府官吏者。4. 候补者已来穗或即将来穗者②。当天的会还议决将上述4条电告上海国会议员通信处,登报宣布,以便周知。按上述4条,7月13日,参议院宣布了解除51名参议员的名单,众议院宣布了解除147名众议员的名单。

　　7月19日,参、众两院议员再开谈话会。众议院议长吴景濂主席。吴先向大会报告了众议院解职人数和姓名。参议院全院委员长赵世钰报参议院解职人数与姓名。接着讨论议员递补办法。最后议定4条递

---

① 《申报》1918年7月9日。
② 《申报》1918年7月21日。

补议员和正式开会办法:1. 推定各省招待员。每省参、众两院各 1 人,担任寄递本省递补议员通知书及招待到粤同人。于 3 日内将招待员举齐报到院。2. 递补议员岁费按照国会议员经费支给规则办理。3. 开议后,对内对外应有正大之宣言及堂皇之议案,由两院同人及时准备。4. 电催在沪同人速来穗①。

8 月 2 日参、众两院谈话会,参议院副议长王正廷主席。讨论旧国会正式开会前发一宣言的问题。议员们发言大致讨论了宣言的内容后议决由主席在参、众两院各指定 15 人为宣言起草员。主席指定参议员林森、赵世钰、刘光旭、王鑫润、金兆棪、李绍白、张鲁泉、王用宾、万鸿图、彭介石、金永昌、李文治、王湘、杨择等 15 人,众议员褚辅成、王乃昌、吕复、孟森、覃超、曹玉德、周嘉坦、张树桐、易次乾、刘盥训、罗家衡、彭允彝、李载赓、马骧、唐宝锷 15 人为宣言起草员。

宣言起草员将宣言起草好后,即交两院联合会。

8 月 9 日,参、众两院联合会,参议员 128 人、众议员 299 人到会,众议院议长吴景濂主席。议题为讨论《中华民国国会宣言》。参议员焦易堂发言认为中华民国国会被非法政府解散,故宣言书内容对于军政府须加重视。因为军政府为国会产生,国会对于军政府须给以实力扶助。第二期常会仅剩 48 天,即使开第三期常会,也仅有 4 个月,故不能开常会行使职权,只能继续宪法会议专讨论宪法。如开常会,则西南问题未解决,国会即满会期。国会能将宪法制定,自无负于国民。国会因有障故不能开常会及制定宪法两层意思不可不加入宣言内。参议员李述膺发言主张宣言书内应加入 3 项:1. 拥护《约法》。2. 选举总统。3. 不承认北方非法政府与外人缔结之条约。当天的发言十分踊跃,有的议员还写成提案。会议讨论宣言书的主要问题后,议决再由审查会复审。并议决参、众两院各举 7 人组成审查委员会。主席吴景濂与参议院副议长王正廷会商指派审查委员。众议院指派褚辅成、罗家衡、唐

---

① 《申报》1918 年 7 月 28 日。

宝锷、彭允彝、吕复等7人,参议院指派林森、汤漪、赵世钰等7人为审查委员①。审查委员会开审查会2次,审查《中华民国国会广州集会宣言书》,将原案、议员提出的各修正案及意见书等分别讨论,综合各种意见,向参、众两院提出审查报告。

8月19日,参、众两院联合会,由审查委员会向大会作宣言审查报告后,即开始讨论。由于审查委员会吸收了各方面的意见,故当天的会议对宣言只做了一些文字的修改就全文通过,当日即将《中华民国国会宣言书》发表,全文如下:

民国成立,政变迭起,而以今次所遭之变为尤烈。始则由于一二民贼,凭藉武力,破坏国家已成之法律;继乃丧权鬻国,屠戮同胞,假外力以求一逞,虽牺牲国家亦所不惜。曩者帝制之变,复辟之乱,罪在叛国,固已不赦。而今日实行武力专制之非法政府,则更一意卖国,以遂逆谋,其罪既浮于毁法,而为祸驯至于亡国。此则一年以还之政变,吾国人所痛心疾首者也。

中华民国由于中华人民所组织,其组织之根本信条载在《约法》者:一曰,中华民国之宪法由国会制定;二曰,宪法未制定以前,《临时约法》之效力与宪法等。自其后者言之,则孰敢于毁弃《约法》者,孰为人民之公敌。自其前者言之,则宪法一日不定,国本一日不固。国会成立以来,两院议员固当竭忠效愚从事制宪。乃者,民国2年,《天坛宪法草案》甫经告成,而国会顿遭非法之解散。民国6年,宪法会议二读将终,而国会又遭非法之解散。倒行逆施,毁法乱政,莫兹为甚。

自海军与西南兴护法之师,而国会议员开国会非常会议于广州,组织中华民国军政府,以统一护法号召全国。职权所寄,载在大纲;大义昭然,揭于天下。凡在国民,皆当援助。设非西南伸护法之大义,国会有集会之自由,则民国主权机关,如宪法会议、总统

---

① 《民国日报》1918年8月16日。

选举会,皆将随民国议会同归消灭。所谓民国,直将陷于无法律、无政府之险地。今者两院议员依据院法,临时集会于广州。凡职权所在,国本所关,若宪法会议之继续,总统选举会之组织,固当勉尽职责,次第进行。惟际此存亡绝续之交,尤当求拨乱反正之道。爰于民国7年8月19日,两院会合开会,本民意之总积,为下列之决议:

一、中华民国大总统之职权,未能依法行使以前,非法政府所公布之伪法律,及其所发布关于抵抗护法行为之伪命令,绝对不生效力。

二、非法政府所缔结之条约契约,及其所发布之公债,按照《约法》,应由国会议决或同意者。在未经议决或同意以前,不得认为有效。

上方陈义,不外回复《约法》,以巩固共和之基础;制定宪法,以完成民国之组织;选举总统,以保持民国之统一。对于毁法卖国之民贼,则与众共弃;对于亲善之友邦,则希望其勿再予非法政府以援助。凡此诸端,悉本全国一致之心理,勉为切实可行之议决。念之哉! 扶危定倾,厥惟护法;多难兴邦,是在国民①。

8月6日众议院举行了第一次正式会议。8月7日参议院举行了第一次正式会议。

广州正式国会一开始定为继续第二期常会,但起草宣言的起草员焦易堂等起草宣言时发现,这会带来一些法律上的问题和现实上的问题:第二期常会只剩四十余天即应闭会。递补未到穗的第一班参议员的任期只剩下四十余天。谁愿意为补足这四十余天的任期而千里迢迢跑到广州来? 如果定名为第三期常会,也就4个月的时间。众议院全部议员的任期(众议员任期为3年)届满。到时候南北大局仍未能解决将怎么办? 军政府只控制西南几个省,是无法组织全国性的众议员

① 《民国日报》1918年8月29日。

大选的。同时还会带来一个法律难题。第二期常会是 1916 年 8 月 1 日开始的,按《议院法》第 7 条解除和递补议员的规定,其时间应从此时算起,一个月不到者解职,即应该 1916 年 9 月 1 日解职。到 1918 年 7 月 13 日解职,显然与《议院法》不符。

8 月 7 日参议院第一次正式会议,副议长王正廷主席。焦易堂发言将上述正式国会定为继续第二期常会或定为第三期常会将带来的困难提出来。与会议员均认为,这确实是一个必须解决的严重问题。参议员汤漪动议先开谈话会,认真讨论这一问题。经表决,绝大多数赞成汤的动议。于是改开谈话会。谈话会,议员们纷纷发言陈述各自的主张。当天的会并无结论。

这一问题把议员们难住了,于是只好再研究《议院法》,寻求解决的办法。众议员李载赓、褚辅成经过研究,提出一个解决方案,将此次国会在广州正式开的会定名为临时会,这样比较妥当。其理由:1. 临时会会期,《议院法》中没有规定,可以自由定之。第三期常会何时开始也无约束。2. 解除议员之职的条款也适用于临时会。即临时会开会后一个月不到者可解除其议员之职。3. 此次集会以制定宪法、预备组织大总统选举为目的,与常会不同,当然为临时会①。褚的这一意见被采纳写入 8 月 19 日的宣言中。

8 月 20 日,众议院会,讨论 6 月 12 日开始的国会正式会议到底定为何种会议。褚辅成依据其研究的方案提出此次集会定名为第二期常会临时会,并说明理由。议员陈家鼎发言主张定名为民国 7 年临时会,并说明理由。议员张知竞发言主张定名为特别会议,并说明理由。最后付表决,在场议员 304 人,赞成褚辅成主张者 168 人,多数,可决。并备咨文移送参议院求同意。

11 月 11 日,参议院会,讨论众议院移付关于此次正式集会定名为第二期常会临时会征求同意案。有的议员发言认为 8 月 19 日的国会

---

① 《申报》1918 年 8 月 24 日。

第一次宣言已宣布了会议为临时会,无必要再经两院分别议决。议员张我华等发言主张应依法律手续,表决众议院咨求同意案。会议主席以众议院移付的原案付表决,多数赞成,通过。

8 月 13 日,按《议院法》第 7 条,议员于开会后满 2 个月不到者解除议员职的规定,参议院再宣布解除 58 名参议员职,众议院也再宣布解除 69 名众议员职,并分别以候补议员递补。这样,和 7 月 13 日解除的一批议员之职,两次一共解除了 325 名议员之职。以不到 300 名议员到会的护法国会解除了 325 名议员之职,在法律上是说不通的。当时不管是参议院也好,众议院也好,都远不足法定的正式会议的开会人数,无权决定如此重大的问题。候补议员递补的程序也不符合《议院法》第 13 条"议员有缺额时,由院通知国务院依议员选举法以各候补当选人递补之"的规定。当时大总统和国务院均在北京,广州无大总统,故无法设国务院。于是只好由护法国会自己来完成递补的法律程序。

广州军政府和护法国会打出的是维护法统的旗帜。他们承认黎元洪大总统和冯国璋副总统的地位合法;承认北京政府为中央政府,护法只是为了矫正北京政府解散国会等非法行为。它们要求恢复第一届国会,要求维护《临时约法》。这些又都是护法的根本目标。尽管孙中山及护法国会竭力运动黎元洪南下,甚至于 1917 年 7 月派军舰专程到秦皇岛迎黎南下,黎不但不南下,且并不承认更不支持广州军政府和护法国会。旧议员中的大多数,其中也包括部分国民党系议员,并不来广州参加护法国会,即并不支持在广州恢复第一届国会,致使护法国会不足法定的开会人数,无法举行正式会议。这就使得护法的根本前提都动摇了。这样,护法国会要在广州恢复第一届国会,召集正式会议,自然要碰到一些无法绕开的根本性的法律问题。这自然常常使维护法统者陷入违背《临时约法》的尴尬境地。

以后,又在 9 月份、10 月份、11 月份、12 月份,护法国会陆续解除了少数议员之职,每次都只限于几名,即 1918 年 9 月至 12 月未再大批解除议员之职。但 1919 年下半年,为了凑足宪法会议的法定人数,又依《议院法》将一个月和二个月不来广州开会的一批成员解除议员之职,同时递补了一批议员。到 11 月时,护法国会议员数达到最多的时候,已能连续开宪法会议了。此时的护法国会又称"民八国会",此时仍在护法国会的递补议员称"民八议员"。1917 年第一届国会被解散后未南下广州开会的议员称"民六议员"。1922 年第一届国会第二次恢复后发生的法统之争,就是民六议员和民八议员争谁合法,是恢复"民八国会"还是恢复"民六国会"(即 1917 年 6 月解散前的国会)。

经过 1918 年 7 月 13 日和 8 月 13 日两次解除 325 名议员职,到 8 月,众议院已足法定的开会人数。10 月,参议院也已足法定的开会人数。但参议院议长王家襄是研究系的骨干,广州护法国会方面一再邀请其赴穗主持参议院,均为王婉拒。众议院副议长陈国祥亦为研究系骨干,1917 年即已病故。既然已开正式会,参议院和众议院需单独开会,不能再像国会非常会议那样,两院会合会只须有 14 个省的议员出席就可开会议事。两院都需补齐议长。尤其是参议院,其惟一的副议长王正廷又被军政府于 1918 年 9 月上旬派往美国办理外交,只能暂由参议院全院委员长赵世钰主持参议院的活动。同时,护法国会还准备尽快召开宪法会议制定宪法。参议院议长为宪法会议议长,故宪法会议也需要参议院尽快地补选议长。

9 月 11 日,参议院开谈话会。公推议员中最年长的李文治为主席。主席宣布今日的会系讨论本院议长问题。先由秘书长报告驻沪通讯处招待员孙隶三电告本院议长王家襄现在决不能来粤,应请援照《议院法》第 7 条办理。全院委员长赵世钰发言表示自己不能久肩主持参议院的重任。张光炜发言主张对本院正议长问题,照《议院法》第 7 条规定解职另选。龚焕辰发言认为议长该选举,但是选临时议长还是补充议长?汤漪发言主张依《议院法》,王议长于正式开会后 2 个月以内既未到院,议员资格已消灭,议长地位当然不能存在。依法解决则议长一席当然正式补选。议员发言多主补选议长,但必须开正式会议,正式会议法定人数又恐不足。于是议决一周内再开一次谈话会,并发开谈话会通知声明系议长改选问题,以引起到粤议员的注意。

9 月 18 日,参议院再开谈话会,仍推李文治为主席。专门讨论议长改选问题。议员发言均赞成改选议长,待足法定人数即开议长改选会。并议定催上海方面议员速回粤,催各省议员赴粤,以便足法定开会人数。

9 月 20 日,参议院再开全院议员谈话会,到会议员 120 多人,仍以李文治为主席。原准备当天的谈话会人数一足即改开正式会议,但人数不足只好仍开谈话会。全院委员长赵世钰报告电催上海议员回粤之事,和现在在粤的参议员为 136 人,离法定的开会人数只差 2 人。于是议决以谈话会的名义致电上海通信处转致各议员速回粤:1. 众议院副议长选出,宪法审议会主席有人,亟待开议,以重制宪。2. 军政府态度明了,积极进取,国事尚大有可为,亟望回粤,共策进行①。并议决从 10 月份开始,参议院岁费不得代领,以便促足法定开会人数。

参议院此后又开了几次谈话会,并试图人数一足即改开正式会,但却因人数不足未能开正式会。10 月 17 日,参议院会,延长 1 小时后已有 139 人到会,已足法定的正式会议开会的人数,于是立即开正式会议选举议长。仍以李文治为主席。先表决王家襄的议员资格,按《议院法》第 7 条,应解除,多数同意,通过。其议长职自然取消。接着选举新的议长,仍用 1913 年 4 月 16 日参议院议决的《参议院议长、副议长互选规则》,用记名投票法选举议长,投票结果:林森得 97 票,王正廷得 20 票,汤漪得 12 票,赵世钰得 5 票,谢持、谢鹏汉各得 1 票。林森得票过半数,当选为参议院议长②。当时林森在桂林,后赶回广州,10 月 24 日正式就参议院议长职。

众议院虽有议长,但因宪法会议开会在即。制宪时,宪法审议会必

---

① 《民国日报》1918 年 9 月 29 日。
② 《申报》1918 年 10 月 24 日。

然要和宪法会议交替进行。宪法审议会主席、副主席,分别以参议院副议长、众议院副议长担任。参议院副议长王正廷已出国,如不尽快选出众议院副议长,宪法审议会就无人主持了。这样,众议院也就急于选副议长了。

当时广州护法国会议员竞争众议院副议长一职的人选有好几个:褚辅成、吴宗慈、张伯烈、叶夏声。褚辅成属益友系,政学系和益友系均推褚为众议院副议长候选人。且褚驻沪担任通信员和招待员时,极力向各省招徕议员赴粤开会,成绩颇佳,这才使广州的护法国会得以正式开会,故众议院副议长一职非褚莫属。民友社则推举本社的吴宗慈为众议院副议长的候选人。还有一部分议员以1917年国会在京时,众议院议长汤化龙、副议长陈国祥同时辞职,众议院曾拟举吴景濂为议长,张伯烈为副议长,后陈国祥留任,张伯烈才未补选上。这次选举当然仍应举张伯烈,故推举张伯烈为众议院副议长候选人。粤籍议员联合闽籍议员,要推举粤籍议员叶夏声为众议院副议长。其理由是:此次国会议员来粤集会,各事多藉粤省之力。这次若选举粤籍议员为副议长,不但是对粤省的一种酬谢,而且对以后办事也易于疏通与联络,与国会前途有利。且参议院正、副议长均为浙江籍议员,这次众议院副议长再选浙江籍议员褚辅成,对各省殊不公平。后一种意见得到相当一部分议员的认同。

1918年9月3日下午,众议院开谈话会,商定9月6日下午1时选举副议长。但6日下午众议院会一再延会,至下午3时仍不足法定人数,离法定人数尚差20余人,故只好延会。这一天主要是粤籍议员联合闽籍议员,相约不出席选举会,并以如不选举叶夏声为副议长就不出席选举会以抵制选褚辅成为副议长。这样,又只好将副议长选举会推迟到9月13日再开,以便双方再协商。但9月13日众议院再开副议长选举会时,由于争持的双方未协商妥,又出现9月6日的情况,因不足法定人数,只好再延会。同时会下再协商。但协商也无大的进展,双方仍相持不下。长此下去,迁延时日,自然会影响到宪法审议会。这时,张伯烈特意避往香港,以示退让。叶夏声则登报表明退让之意。这样,僵局才打开,各方意见遂得到融洽。

　　9 月 17 日下午,众议院再开副议长选举会,仍按 1913 年通过的《众议院议长、副议长互选规则》,以无记名投票法选举议长。结果:在席议员 304 人,褚辅成得 174 票,叶夏声得 81 票,唐宝锷得 12 票,张伯烈得 9 票,田桐、罗家衡、刘炳蔚均各得 2 票,张麟、张相文、王葆真、张琴、李积芳、吴宗慈、白逾桓、彭允彝、郭人漳、王杰、梁步瀛、刘冠三、蒙民伟均各得 1 票,废票 9 张。议长吴景濂宣布褚辅成得 174 票,过半数,当选为副议长。褚辅成登坛受职并演说:"辅成不才,谬膺公选,诚惶诚恐。今既蒙不弃,自应随诸君之后,勉任其难。务祈诸君匡其不逮,则幸甚。"①

七、缓举总统和军政府摄行大总统职务的议决

　　皖系操纵的北京政府,为了否定第一届国会,1917 年 11 月 10 日成立临时参议院,修改了《国会组织法》与议员选举法,按部就班地于 1918 年 8 月 12 日正式成立了第二届国会。第二届国会于 9 月 4 日选举徐世昌为大总统,并着手制定宪法。尽管一些旧国会议员齐集广州召开国会非常会议,声称自己是惟一合法的国会,北京的参议院、第二届国会及北京政府是非法的,但北京的一整套机构却一直在正常运转。尤其是第二届国会正按部就班地履行自己的职责:选举大总统、制定宪法、议决各种重要案件、通过内阁。相比之下,广州的护法政府和护法国会的运转却往往失灵。孙中山的大元帅府受桂系刁难,难以发挥作用。军政府改组,孙离粤,有几个月的时间,广东军政府名存实亡。护法国会由于人数不足只好开非常会议。这些对争自己是惟一合法正统的国会的旧国会来说,自然显得被动。于是护法国会定于 1918 年

---

　　①　《民国日报》1918 年 9 月 24 日。

6 月 12 日召集正式会议,也准备选举正式总统和制定宪法,以与第二届国会相对抗。护法国会在筹备正式会议的前后,其领导人吴景濂、王正廷一再声称成立正式国会的目的在于制定宪法与选举正式大总统。故正式会议召集后,护法国会以解除和递补的方式以凑足法定人数外,选举大总统也是当时的一项紧要任务。护法国会承认黎元洪仍为合法大总统。中华民国第一任大总统袁世凯于 1913 年 10 月 10 日正式就任大总统,到 1918 年 10 月 9 日任期即满。袁世凯死后黎元洪继任。张勋复辟,1917 年 7 月 2 日黎元洪电请副总统冯国璋暂代大总统职务。也就是说,第一任正式大总统任期将满,对护法国会来说,如何妥善处理大总统问题,既是一个法律问题,也是一个必须尽快解决的现实问题。

7 月 19 日参、众两院议员谈话会,议员们就提出正式会议必须发表正大的宣言,议决堂皇的议案。当时议员彭学浚就提出意见书,主张制定宪法。国会承认军政府为惟一的最高护法机关,即闭会。待军政府完全成功再定期开第三期常会选举总统。

7 月下旬,众议员吕荫南提出意见书,主张正式国会制定宪法,选举总统。如因议员不足总数三分之二的法定选举人数,可"援元年例,先举临时总统,组织临时政府,以济《约法》之穷,而救《约法》之厄。"①以过半数的议员即可开选举会,仍以得到会议员投票总数的四分之三为临时大总统当选票数。这样就避免了因大总统任满次任总统尚未选出又无正式国务院摄行大总统职务的情况出现。

对吕荫南的选举总统意见书,议员有反对的也有赞成的。赞成派认为北京非法选举总统即在目前,我南方国会亦应选举总统以为对抗,并可援照元年成案办理,于内政、外交上裨益匪浅。反对派则认为非常会议取消军政府大元帅后,选出七总裁,刻下各总裁均已宣告就职,间有不能到粤者,亦已派定代表。即各部总长亦均拟定有人,现时正在积

---

① 《民国日报》1918 年 8 月 5 日。

第九章 护法国会 1225

极进行之中。今一旦选举总统，总统选出必须组织内阁。则现时之七总裁自然打消，手续繁难，纷更尤甚，于根本之护法机关屡次动摇。不特无以昭示大信，尤恐淆惑观瞻，于西南大局关系非轻①。

参议员何畏10月8日通电，主张"继续民国6年6月国会未解散以前之正式政府"，即仍以伍廷芳为代理国务总理，遥戴黎元洪大总统、冯国璋代总统，再由国会追认伍为正式国务总理，组成正式政府②。但这立即遭到一些议员的反对。认为黎元洪放弃职责不自今日始，冯国璋违法乱政，叛国之罪已彰，再拥戴这种人，对护法、对国家的前途均不利。

9月24日和26日，护法国会两次召集参、众两院谈话会，讨论总统任期延长问题。一种主张延期90天，即袁世凯为洪宪皇帝的83天加上张勋复辟的7天。一种主张延期5个月零6天，即从袁世凯幽禁黎元洪于瀛台，使民国失共和之实算起。关于这一问题议员提出的意见书达二十几件。不管延长90天还是5个月零6天，按《大总统选举法》的规定："大总统任满前3个月，国会议员须自行集会，组织总统选举会，进行次任大总统选举。"这时都应着手准备选举事宜。但这又立即遭到一些议员的反对，认为护法国会一方面组织军政府，一方面又为非法政府的行政首长解释任期，都无法自圆其说。只有黎、冯南下护法，才能议补足任期的问题，而目前黎、冯均不准备南下，自无须讨论任期问题。

众议员陈荣广也提出意见书，主张缓选总统，专制宪法。认为即使由广州正式国会选出的大总统，也不能为全国所拥戴。如果选出总统，必然要组织内阁，成立正式政府与北方政府相对峙。这样"更少政治上可以让步之余地，大局益难解决。倘截然划为鸿沟，以西南数省为统治之地，则不啻形成一国家。然以《约法》上之国会所产生之正式政

① 《民国日报》1918年8月7日。
② 《民国日报》1918年10月9日。

府,岂能于西南别成一国? 况西南所以能相持至今者,非尽由战斗力之足以相抗,实多由于全国人心之趋向。倘别成一国,则维系此一国之人心,自独限于西南,宁能强全国人心于一致,而弃其父母之邦,准以往以推将来,必无实力以成其所谓别一国者,可断言矣。由斯以谈,仅图成一正式政府,益觉难于收拾,若苟成一独立国家,或且不能保持,皆为选举总统后必呈之象,必至之符。……各国承认与否,纯在其利害之关系若何,而决不在吾名称之变易。证以先例,南京之临时政府,奄有全国之泰半,未尝得各国承认也。"①

议员吕复提出意见书,提出三项主张:"不补任、不选举、静候时局之转移,不必提出种种之表示。"认为洪宪帝制并未成立,民国国统实际上未曾中断,无补足大总统任期的问题。主张由现军政府暂行摄行大总统及国务院职权,无须选举总统。不妨以革命的手段恢复国会和约法,再由国会选举总统②。

议员秦锡圭则提出议案,提议外交总长伍廷芳继续代理总理,组织国务院,摄行大总统职务。并以护法讨逆之必要,暂设军事总机关,委托现军政府主任总裁岑春煊执行职权③。议员陆祺也提出由署国务总理伍廷芳组织国务院,摄行总统职权。

总之,护法国会议员为选举总统之事,纷纷提出各自的主张。议员在选举总统问题上大致分为三派:一派主张缓选总统;一派主张速选总统;一派主张不选总统,组织国务院,以国务院摄行总统职权。这一问题争论了好几个月。

国民党领袖、政务总裁孙中山主张先定宪法后举总统。认为:有宪法不患无总统。而有总统则恐终无宪法。诚以总统先宪法而产出,则今日之民国总统者未必即为缔造民国之人,不能尊重民国政体,受宪法

---

① 《民国日报》1918 年 10 月 10 日。
② 《民国日报》1918 年 10 月 12 日、14 日。
③ 《民国日报》1918 年 10 月 15 日。

之束缚,自在意中。其桀者则不使宪法成立;即其驯者,亦能厌恶其条项之束缚而令国会迁就其个人之意思,是无宪法与有等于无之宪法,皆由总统之选出而致此中华民国之危机也。民国2年国民党失败后,不惜变其先定宪法后举总统之主张,以先举总统,其结果,袁氏当选而宪法、国会随之而毁。宪法方在审议而先补选举副总统问题又起,其结果补选之副总统即为领衔干涉宪法、解散国会之人。此皆前车之鉴。为国会议员所宜大觉悟,是以今之国会议员诚能先定宪法后举总统,则中华民国之基既归巩固,虽有野心者,不敢冒违宪之名。然其悍然出于违宪,自有弹劾权与叛逆之罪刑随之,吾人亦可以拥护宪法起而问罪。讵不胜于拥护《临时约法》使违法者得以反唇相稽耶①? 孙中山的这段话是中肯的。

当1918年9月4日,第二届国会选举徐世昌为大总统时,广州护法国会参、众两院联合会一致议决反对北京非法选举总统,并议决发表宣言否定北京的选举,宣言全文如下:

前者国会宣言:"中华民国大总统之职权未能依法行使以前,非法政府所公布之伪法律,及其所发布关于抵抗护法行为之伪命令,绝对不生效力。"可知北京伪国会之组织,及一切行动,悉属伪法律所构成,当然无效。

乃闻北京非法国会,尚欲滥窃大权,选举总统。查《大总统选举法》第二条:"大总统由国会议员组织总统选举会选举之。"是总统选举,为国会之特权。故今日除根据《约法》所产生之国会有此特权外,无论何项机关无参预之余地。大法昭著,中外咸知。万一不幸而有非法选举之事实发生,无论选举何人,对内对外,绝对不生效力。特此宣言,咸使闻知②。

护法国会在总统任期及是否选举总统问题上意见纷歧。同时,若

---

① 《民国日报》1918年9月9日。
② 《民国日报》1918年9月11日;《申报》1918年9月11日。

选举,大总统候选人也难以产生。且在《修正中华民国军政府组织大纲》中对军政府和大总统的关系都未做规定,要很快进行总统选举是困难的。这样,大多数议员渐渐倾向缓选总统。

10月4日,参、众两院开谈话会,讨论总统选举问题,吴景濂主席。会上出现三种意见:一种认为事实上不能选举总统;一种认为应选举总统;一种认为应缓期选举总统。最后表决,赞成暂缓选举总统者,多数。同时议决委托军政府代行国务院职权,摄行大总统职务。并向外发一正式宣言。并由主席指定赵世钰、焦易堂、谢持、汤漪、李述膺、梁士模、周震麟、宋汝梅8名参议员,吕复、汪彭年、张知竞、孙钟、李载赓、王葆真、徐兰墅、徐骧君8名众议员为宣言起草委员。

10月8日,参、众两院开联合会,吴景濂主席,出席会议的参议员138人,众议员299人。先由国会第三次宣言起草委员会委员长赵世钰说明宣言书起草理由后,即由赞成与反对两派相间发言。反对派主张先将草案的前段,即缓举总统付表决,草案的后一段即委托军政府代行职权暂行从长计议,以法律另行规定。赞成派则主张草案前后二段均付表决,以便发表。这样两派在会上发生争执,由争执而导致斗殴。一时议场内墨盒乱掷,桌椅横飞,秩序大乱。一些议员离开议场。待秩序恢复后,议长宣布付表决。当时王钦宇说,军政府既不受国会改称护法政府之议决案,今不能再议此事,以致再失国会威信。且两院联合会已不足法定人数,不能表决。主席回答说:两院联合会向不需法定人数。于是吴景濂将宣言一一付表决,多数赞成,通过。并将《中华民国国会第三次宣言》立即以参议院副议长王正廷、众议院议长吴景濂、副议长褚辅成的名义通电公布,全文如下:

　　选举大总统,为国会议员之职责。依《大总统选举法》第三条第二项:大总统任满前三个月,国会议员须自行集会,组织总统选举会,行次任大总统之选举。惟现值国内非常政变,次任大总统之选举,应暂缓举行。自民国7年10月10日起,委托军政府代行国务院职权,依《大总统选举法》第六条之规定,摄行大总统职务,至次任大总统选出就职之日为止。特此宣言,咸使闻知①。

军政府立即于 10 月 9 日通电摄行大总统职务:

> 准参、众两院咨开:10 月 8 日开两院联合会,议决《中华民国
> 第三次宣言》⋯⋯当经特开政务会议,议决所有国会委托代行国
> 务院职权、摄行大总统职务,敬谨承受。自 10 月 10 日始,依照执
> 行。布告中外,咸使闻知②。

10 月 14 日参、众两院谈话会,讨论中华民国军政府代行国务院职
权摄行大总统职务执行条例案。当即议定先应交付审查,即指定赵世
钰、周震麟、李述膺、童杭时、韩玉辰等 11 名参议员,吕复、李载赓、罗家
衡、张知竞、叶夏声、徐兰墅等 11 名众议员为审查委员。审查委员会
10 月 15 日会议,将条例审查妥。10 月 22 日参、众两院谈话会,多数议
员以执行条例由军政府自定,无须国会代劳,最后表决,取消执行条例。

由于 10 月 8 日会两派争执导致斗殴,反对《第三次宣言》后半部
分的议员有些人当即退场。他们一直反对以军政府代行国务院职权摄
行大总统职务,故这些人联名(259 人)发出通电称:"两院联合授权军
政府执行国务院与总统职权之决议案,系由不足法定人数之议员所通
过,不敢承认。"③可见,在这一问题上两派斗争激烈。

1919 年 3 月,南北和会中断,旅沪的旧国会议员认为南北和会将
由停顿走向破裂。既不能和,自然应当备战。这样,西南为了对内对
外,都应成立正式政府。对内既可以统驭西南大局,对外可以要求友邦
之承认。故宜速选举正式总统,再由总统提出阁员,通过国会。他们将
这一主张速电广州护法国会,希望定期组织选举会,早日选出总统。

在广州的议员接旅沪议员的选举总统电报后,虽不像 1918 年那样
纷纷提出意见书与议案,但多次开谈话会讨论,意见不一。有一部分人

---

① 《民国日报》1918 年 10 月 13 日;《申报》1918 年 10 月 21 日。
② 《民国日报》1918 年 10 月 22 日。
③ 《申报》1918 年 10 月 25 日。

赞同旅沪议员的意见,主张选举总统,成立正式政府。但多数人认为,时至今日,和议情形虽甚险恶,犹不能说无几分转圜的希望。若于此时组织总统选举会,无异于促使和议最后破裂,和议破裂的责任落在护法方面,战事由我发生,对内将失去国民的同情,对外将失去友邦的好感。国会一个多月以来,久因人数不足不能开会。以过半数的常会都不能开,则需要三分之二以上人数的总统选举会更无从召开。民国由武人统治,历年成效既已如斯。西南护法阵营选举总统犹为武人,当为国会议员所不愿;而论功行赏,又不能舍元勋硕望而不举。西南护法阵营的情况是,护法要人不相统属,谁是涵盖一切的人物,足备总统之选? 一时真难得其人。还有一部分议员反对西南自治之说,认为这将开南北分离之渐。若南方选出总统,组织正式政府,和议无复再开之望,战事势必久延,则南北分立或竟演成事实,故不赞成总统选举。讨论的结果,决定缓选总统,缓组正式政府①。

　　这样,广州方面选举正式大总统,组成正式政府的工作,并未进行而搁置下来了。

八、护法国会对南北和谈的反对与阻挠

　　护法国会一直是否定第二届国会和由第二届国会选出的大总统徐世昌的。刚开始时,其惟一的目标是恢复第一届国会。但旧议员多数未南下广州。于是护法国会又以由其改造过的民八国会为合法国会。即其护法的目标是维护民八国会。但南北的对峙和战争中,南方在军事上一直处于劣势。以恢复第一届国会为目标后又改为维护民八国会的护法运动,并未像护国战争那样迅速发展和壮大起来。这自然是护法激不起人们太大的热情,不能很好地动员人民群众的缘故。既然不可能以战争来摧毁北京政权,那么,欲通过南北和谈也就更不可能推倒

① 《申报》1919 年 4 月 2 日、6 日;《盛京时报》1919 年 4 月 11 日。

北京政权。

1918 年夏天开始的国内和平运动，其中就有国民党的一些名流参与发起的，如蔡元培、王宠惠、李肇甫、谷钟秀等。他们都积极参与和发起了全国和平期成会。可见当时国内要求和平的运动的高涨。尽管护法国会反对与北方和谈，因为他们认为不能与非法的政府进行和谈，但迫于国际和国内要求和谈的压力，尤其是 12 月 2 日英、美、法、日、意五国驻华公使劝告和平的觉书，逼得他们步步后退，从反对和谈到同意和谈，从有条件地派出和谈代表，到不再坚持原来条件而同意军政府派出的和谈代表。但他们始终坚持广州的民八国会为合法，否定新国会及其所产生的政府这一条件。和第二届国会一样，护法国会既是南北和谈的重要障碍之一，也是和谈破裂的主要方面。南北和谈，就像导致南北分裂的一条大河上架起了惟一一座通向和平统一的独木桥，事先南北两个国会又都定下了决不相让的过河原则，国家自然无法达到和平统一的彼岸。两个国会都把自己的利益置于国家利益之上。

南北和谈，不是一方征服另一方的城下之盟，双方自然都必须从实际出发，均须在根本性的问题上，即在国会的问题上有所让步，有所妥协，和议才能成功。但中国自清朝开始到北洋军阀政府，尽管对外人，对外国列强可以妥协、退让，甚至可以出卖国家利益，但对内却从不知妥协和退让，从不知为了民族、为国家了的利益，矛盾的双方寻找一种妥协、一种退让。受苦受难受害的却都是人民。

护法国会议员在南北和谈酝酿的过程中就担心国会会作为谈判妥协的筹码而反对和谈。

9 月中旬，护法国会议员王湘、牟琳等致书政务会议，对报纸传说的军政府要人与北京政府商定，由第一届国会重新选举徐世昌为大总统后，第一届国会与第二届国会同时取消之事，公开表明态度①。议员

---

①　《民国日报》1918 年 9 月 23 日。

白逾桓、彭昌福等百余人，以各报纷传军政府有承认徐世昌为大总统、息兵媾和之说，于9月下旬致书军政府诸总裁质问实情。9月下旬，广州的一些报纸又登载出陆荣廷承认徐世昌为大总统的3个条件：1. 新旧国会一律解散，再行召集新的国会。2. 中央须承认西南年来用兵之军费。3. 必须举西南人为副总统。众议院开会讨论后议决以众议院的名义致函军政府，询问此事。军政府均一一回函否定，同时在报纸上发表声明否定之。如在回白逾桓等人的质问中，明确表示"报载各项均属讹言"①。在咨复众议院函中再次表示"报载各项均属讹言"，并告之众议院：9月22日军政府在省议会开茶话会招待议员，表示意见。

　　9月22日下午，军政府主席总裁岑春煊，政务总裁伍廷芳、林葆怿、唐继尧的代表和参谋总长李烈钧等在广东省议会开茶话会招待两院议员。出席茶话会的议员400多人。岑春煊首先演说表示："此后一切大问题之解决当然服从国会多数所主张。同时并极端希望诸公对于全国政治上之研究有一致主张之结果，俾军府方面有所遵循。""西南为护法计、为自卫计，不得不从于战，故和之一字，断不能出诸被讨伐者之口。如北方有悔祸之诚意及切实之表示，煊等及诸君顺从国民多数之心理，当然于拥护《约法》范围以内主张和平。"②岑的尊重国会和在护法范围内实现和平的表态，赢得了议员们的热烈掌声。伍廷芳、李烈钧、林葆怿的演说均表示要坚持护法到底。议员们自然均报以热烈的掌声。众议院议长吴景濂演说："自军政府改组以后，诸总裁之意志相同，护法戡乱坚持到底。诸同人与诸总裁接洽之机会甚鲜，因之彼此略有隔阂。今蒙诸位总裁殷殷征集同人之意见。对于非法之国会选出之总统根本上绝对不承认，而议和则审慎周详，不求其过急。因事缓则易圆故也。必有小忍然后始能收大效，而坚固共和之基础。必忍小小痛

---

① 《民国日报》1918年9月28日。
② 《民国日报》1918年9月30日。

苦而大痛苦始能完全铲除。诸位总裁与两院同人始终一致,必克成功。"①

这次的谈话会,各总裁的表态,让议员们满意,消除了一些议员的疑虑,也增加了议员们对军政府的信任感。

但当时要求和平的空气弥漫全国,对护法国会坚持恢复第一届国会的主张形成了很大的压力。公开反对和平的蠢人在当时的中国几乎已见不到了。全国各地是一片和平的呼声。如何应对全国的这一局面,便是摆在护法国会面前急需解决的一个重大问题。和平期成会10月23日又致电军政府与护法国会,呼吁南北息争,实现和平。10月28日,粤、桂、湘、赣、闽、浙、川、滇、黔、鄂各省议员在广州东园议员俱乐部开会,讨论应付时局的方法。尤其是由全国的社会名流,其中也包括国民党籍的名流所组织的全国和平期成会,直接致电军政府和护法国会呼吁和平,应取何态度。很多议员提出为贯彻护法的目的,应提出永久与合法的和平,并发起组织护法后援会。决定10月30日再开两院议员谈话会,再讨论护法进行事件。

10月30日,两院议员特开护法谈话会,出席会议议员378人,推定吴景濂主席。吴报告是日开会之旨趣为唤起护法讨贼之精神,故当以国民资格发言。褚辅成、吕志伊、童杭时、王葆真、周嘉坦、乐山、白逾桓、郭人漳、陈嘉会、周震麟等纷纷发言,谈自己对时局的主张。归纳起来为:1. 请两院议长通电全国,要求永久、合法的和平。2. 推代表往询军府对和平期成会来电的态度。3. 通电美国国会声明希望永久和平的真义。4. 决定护法后援会的组织与名称②。

10月30日,参、众两院正、副议长林森、吴景濂、褚辅成发出求永久和平通电:

> 军兴以来,吾民竭膏血、涂肝脑,发愤效死,以与伪政府相见于

① 《民国日报》1918年9月30日。
② 《民国日报》1918年11月7日。

疆场者，无他，以护法为职志欲求永久和平巩固之保障。扑强权于方张，苏民治于垂绝也。欲求永久之和平，故包藏祸心，叛法乱纪之军阀不能不悉力屏逐。以护法为职志，故凡受非法推戴、僭窃名号者，不能不声罪致讨。总统任满，大任无属，舆论哗然，段氏气夺。向使徐氏慎厥晚节，拒绝非法国会之选举，力持正谊，远除凶憝，主张不误，尚可予国人以共谅。何图徐氏顽钝性成，甘冒不韪，竟以双十节日忝颜僭受非分。段氏表面虽脱离内阁，而参战处扩张权限，驾乎府院之上，军事、财政、外交归其总揽。段系、奉军，控遏淮、徐，日谋南袭。曹汝霖借债卖国，仍踞要津。复辟首恶，曲法赦免。近且有继续磋商一万万借款之议。是段氏所用种种长乱蠹国政策，徐氏不惟不加补救，反踵事加厉，是我西南所最痛心之非法，徐氏则躬冒之。我西南所望合法之和平，徐氏则根本拒绝。其居心行事，首鼠两端，谲诈远过袁氏。夫南北一家，本无区域之分，依法解决，更无调和之地。袁氏当国，妄冀非分，创为南北之说，以自身代表北方。凡有破坏国宪之举，国人群起问罪，则以固结北派团体，维持北派利益为言，使我忠勇之国军拥护一派权利，又复侈言统一，以中央二字代表专制时代之朝廷。有据法以争者，不问法律之根据，屈全国以必从。口含国宪，言莫予违，朕即国家，路易十四之专横，西史所诋为大逆不道者，民国则素见不鲜。徐、段狼狈相依，师袁故智，僭号伊始，阴示好意，别布阴谋。近顷议和之声几达全国，万一不审，堕彼奸谋，势力之屈服可忧，正谊之牺牲尤大。国人素富苟安之性，兼有雷同之习。徐、段利用国人弱点多方误我，往辙堪虞。夫世运无往而不复，人心有感则必通。专制之毒，至袁、段已为死灰，倏归扑灭。德威廉之屈服，俄皇党之骈诛，中外一理，可资借镜。北方诸彦，熟察潮流，默定趋向，隐忍待发，与义师殊途同归者，所在皆是。证以吴、李诸公迭次通电所言，可见此心此理，薄海皆同。我军政府及诸帅将士精贯日月，至诚无欺。知己知彼，自不至为此类和议诡辩所淆。惟外间不察，易生误会。尚祈统筹全局,说论共抒,藉启愚蒙。临电忧愤,伫望明教①。

10月31日国会议员白逾桓等149人致护法各省电,阐明国会提出的永久和平的内容。

参议院议长林森10月31日亲赴军政府面见总裁伍廷芳,问及军政府对10月23日和平期成会来电的态度。伍说政务会尚未开会,但各总裁均反对此电。当日军政府即复电和平期成会:"得奉通电,极表敬佩。惟念民国七稔,政变迭乘,无一次非调和了局,然不旋踵而变乱即起。无他,苟且偷安,图一时之结束而已,故愈调和而愈纠纷。前事俱在,思之痛心。然则欲求和平,必为依法之和平,而非违法之和平;又必为永久之和平,而非暂时之和平。谅诸公有同情也。护法之举,惟在匡救时变,回复真正共和政治之常轨。苟能以和平而达护法之目的,乃吾人年余以来日夜求之惟恐弗得者。尚望诸公本救国之热忱,求根本之解决,翕国民之企望,提携从事,敢不拜嘉。"②按照国会提出的要求永久的和平与合法的和平来婉拒和平期成会的呼吁。

11月1日参、众两院联合会商讨致美国国会的解释护法国会合法、永久和平主张电文,经讨论修改后即一致通过,译成英文后拍发。

11月6日,以林森、吴景濂、褚辅成三议长的名义复北京和平期成会电:"公等眷念国难,企想和平,联合在野名流,组织盛会,用心良苦。惟《约法》为立国之大本,国会为《约法》上重要之机关。数年以来,兵端迭见,皆由《约法》横被摧残,国会莫举职责。追原祸首,责有攸归。欲使长治久安,要策当以护法戡乱为先。若释奸慝之重诛,置国宪于不问,则是扬汤止沸,使公理、法律长屈服于强权之下。国人血气犹存,良知未泯,恐未能默尔息也。来电谓内争一日不息,则国本一日不安。窃谓国本一日不安,则内争一日不息。公等明达,当知根本之所在。要之,和平固吾人所渴望,而必忠于法律,期以永久。苟安雷同,所不敢

①　《民国日报》1918年11月7日。

②　《申报》1918年11月9日。

蹈。诸公当代名流,海内宗仰。弟等素忝交游,不敢不以自勉者为贤者勉。敢布愚忱,以为商榷。愿更有以教之。"①拒绝了和平期成会的和平呼吁。

为了防止在护法省份成立和平期成会,军政府11月9日通电取缔和平会:迩来各方运动和议,报载纷纭。事虽难遽信,此种传闻影响甚大,事前宜有预防,以免无意识之和平主张惑乱人心,有妨军事,于护法前途尤关重要。兹特提案,以杜隐患。交由本会议议决。除俟续议各条议决公布外,兹将业经通过二条,先行电请查照办理。兹即转令所属官署,一体遵照及发通告周知。条文列后。1. 凡在野之人于护法省份或护法军队驻在地方组织国内和平会者,非得该管长官之许可,不得设立。违者以妨害护法军事论。2. 凡系在野之人于非护法地方组织国内和平会,号召全国者,若拟派人至护法各省或护法军队驻在地方,必须先得该长官之许可。其未得许可而擅至各处者,以间谍论。其虽经许可者,仍应严重视察其行动②。

徐世昌11月16日的停战令,自然是将了军政府一军。由于国会的态度一直很强硬,军政府一时也拿不出办法来,只是按护法国会的调子,坚持永久的和平与合法的和平,对北方的停战令未做出相应的反应。这样,美国驻华公使训示美国驻广州的领事于11月19日谒见军政府总裁兼外交部部长伍廷芳,对军政府提出劝告书:"欧战告终,中国宜速息内争,自谋统一,以派代表于欧战和平会议,与各国共商决世界和平。"③这对一直在争取协约国尤其是美国承认自己为交战团体的军政府,自然是一种很大的压力。因为相对而言,列强中美国对军政府的态度是较好的,故军政府对美国所抱的希望也最大。美国对军政府的影响也较大。

---

① 《民国日报》1918 年 11 月 14 日。
② 《民国日报》1918 年 11 月 20 日。
③ 《申报》1918 年 11 月 24 日。

护法国会参、众两院 11 月 20 日开两院联合会,林森主席。讨论徐世昌停战令后护法国会应如何应对。议员们纷纷发言,坚持永久的和平与合法的和平,坚持以解散非法国会和取消非法总统名义作为和平的条件。最后议决不取消徐世昌总统名义和解散第二届国会不能开和议谈判,由两院联合会议决后,咨请军政府执行,并推两院议长为代表向军政府转达国会的上述决议。

11 月 22 日参、众两院开宪法审议会。议员们鉴于时局紧急,要求议长报告与军政府接洽的情况。林森报告说军政府对国会的意见尚在讨论中,还没有结果。议员们纷纷发表意见。为了使 11 月 20 日两院会合会的议决对军政府更具约束力,参议员朱念祖提议即日两院各开正式会议。将以前联合会议决的停战前提条件依法定手续正式提出咨送军政府,以免纯由两院议长口头交涉。参议员谢持即提起临时动议,主张即行先开参议院正式会议。主席以谢的动议付表决,赞成者多数,通过。于是立即开参议院正式会议,并赶发临时议程,振铃开会。林森主席,出席议员 143 人。由丁象谦提出停战条件议决案。其大意为和战问题依法应由国会议决,是现在之应否停战,军政府代行国务院职权,当然经国会议决之手续。兹特提出停战前提之条件如下:1. 取消伪国会。2. 取消伪总统。以上两端应由北方先行照办,始能认为有议和诚意,然后可以停战,再提议和平条件。如不先行照办,我军政府应仍声罪致讨,决无停战之可言。是否有当,仍候公决①。主席以丁的提案付表决,赞成者多数。主席宣告开二读会,众赞成。二读通过后主席提议省略三读,将全案通过,咨送众议院。众议院接着开正式会议,也用三读程序通过了参议院移送的请求同意案,咨军政府执行。

11 月 23 日上午,军政府开特别会议,讨论停战问题。岑春煊和政学系实际是主张停战的,但国会多数议员显然是反对停战的,故这一天岑借故缺席。其余总裁,总裁全权代表,各军代表,参、众两院议长林

---

① 《民国日报》1918 年 12 月 1 日。

森、吴景濂、褚辅成均出席会议。两院议长坚持国会的议决,若达到了国会通过的两个条件即以明令停战,否则不能下停战令。当时会议出现了两种主张。一种是赞成国会的两个先决条件。李烈钧发言赞成国会的意见,认为南方护法的本意在拥护非法解散的国会,国会的议决不可不绝对尊重之,对于战斗的责任,予可完全负担。孙中山的代表徐谦亦赞成李说。但大多数与会者认为这种问题只能在南北对等的和平会议上决定之,今当先从各国之希望,发表停战令。会议争论到下午1点,无结果。

当晚8点,军政府继续开特别会议。多数主张先行停战,以应国际之希望。至于国会议决的两个前提条件,当于开和平谈判前办到,否则不开谈判。最后表决,多数赞成先发布停战令。这样,军政府11月23日正式发布停战令:"慨自军兴以来,膏血被野,庐井为墟。国力为之凋敝,元气于以毁伤。每一念及,痛心疾首。本军政府护法兴师,原以保全国本为职志,迭经宣布依法和平及永久和平两义,此心此志永矢不渝。苟可以和平而贯彻护法之主张,断不忍重累吾民。比闻北方有休战之言,本军政府素爱和平,讵复好为黩武?为此通令前敌各军队,恪守原防,静待后命。果北方诚意言和,自当依法解决,本军政府有厚望焉。此令。"①由于国会的反对,停战令中未用"停战"二字,以免国会的反对。

12月2日,英、美、法、日、意五国公使团的劝告中国和平的觉书也通过五国驻广州的领事团送达军政府。这对护法国会反对停战、反对和谈的立场是一个打击。广州反对南北和议的势力也不得不有所收敛。代表孙中山的代理总裁徐谦在军政府总裁会议上也声明服从多数意见,不再积极反对主和。但护法国会对一些具体的和平措施往往仍持反对态度。

国会议员对军政府对国会的议决置之不理,下了上述一道似是而

① 《申报》1918年11月29日。

非的停战令,即命令中并无"停战"二字,而是用"恪守防地"很不满,认为军政府蔑视国会。但多数议员仍以形格势禁,原谅了军政府的上述作法。但隔阂再度产生。国会与军政府的矛盾再度明朗化了。12 月 16 日,军政府开政务会议,议决派唐绍仪为南方议和总代表,并未经国会同意即公布。这更引起了护法国会的不满。

12 月 17 日,众议院开紧急会议,讨论此事,并议决:咨请军政府关于湘西、闽、陕、鄂等处未一律停战以前不得先派和议代表。并咨送参议院议决①。18 日参议院会议因不足法定人数,改为 19 日开会,讨论众议院移付的不得先派和议代表,议决修正为咨请军政府于陕、闽、湘、鄂等处非经伪政府将新增各军撤尽,一律停战以前,不得先派议和代表,并请军政府致电外交团、严责北方藉口剿匪,进兵陕、闽、湘、鄂,阻碍和议之罪。经三次读会之手续可决。回付众议院。众议院于当日 14 时开会讨论参议院的回付咨文,表决同意参议院的修正,立即咨达军政府,并将同意之旨通知参议院②。21 日,参、众两院开谈话会,讨论时局与和谈,议决推两院议长及陕、闽、鄂三省议员十余人往军政府提出三项口头质问,要求明确答复。下午 5 时,林森、吴景濂、褚辅成及赵世钰、焦易堂、邹鲁、李述膺、杨铭源、胡祖舜、汪呓鸾、张伯烈受国会之托到军政府提出国会谈话会议决的三项质问:1. 三总裁电徐世昌派遣伍朝枢、王宠惠为欧洲和平会议代表,何以不经政务会议通过并不提交国会同意? 2. 鄂军总司令黎天才等电称上海探报,苏督据岑总裁电,谓此次议和,军政府系为川、滇、黔、湘、粤、桂六省之统一代表,将鄂省除外,是否属实? 3. 国会决议案声明闽、陕、鄂西、湘西等处停战问题未经解决以前,不得议和并不得派议和总代表,军政府何以忽派总代表? 这天由伍廷芳出面接待国会代表,并由岑春煊的代表、军政府秘书长章士钊代岑回答质问:1. 伍、王两君赴欧洲充当代表不能作为已成

---

① 《申报》1918 年 12 月 26 日。
② 《申报》1918 年 12 月 31 日。

事实。赴欧以前尚有很多手续,当与北廷交涉。今距开会之期过于迫近,电报往返过于迟滞,故派伍(朝枢)君往沪,同时电约王(宠惠)君并请北廷外交部派遣代表偕同来沪,会商一切。商酌之结果,伍君当有详细报告呈达军政府。届时如认为适当,即正式派遣。一面提交国会求同意,一面咨遣两君首途。此事实经政务会议决定。惟各省军代表未列席耳。2. 连日岑总裁致北方及南京各电均经在政务会议宣布,皆足证明黎电所称之不确。现既有此误会,当电黎、唐,电明,以释群疑。3. 军府公布所派总代表在前日政务会议决定,国会议决案昨日军政府始行奉到。湘、闽、陕、鄂问题军政府极有把握,陕、鄂、湘、闽不停战,南方代表决不开议。北方如坚执剿匪,军政府自有计划①。

　　赵世钰、张伯烈则说我们皆为政务会议之一员,并未知有此议决案。双方为此发生争论。焦易堂说:总代表已经派定,其余9人若何派法? 章士钊答:已定有人,将来亦作为前次政务会议决定可也。焦斥其妄,且说:军府如此蔑视国会,国会必电中外不予承认。章对诸人态度原本甚严厉,闻焦言后乃稍和易,后又说:派赴欧洲的代表,南北皆加以委任状,视各国接受何方之委任状为定属南属北之标准②。诸代表退出后,即乘照霞楼(国民党民友系议员宿舍)夜宴之便,将与军政府交涉的详细情况一一介绍。议员听后甚为愤懑,一致主张同归于尽的办法。12月22日,国会议员又在东园议员俱乐部开谈话会,以商讨应付办法。议员万鸿图说:吾人何以反对徐、段? 以其违法也! 今岑春煊事事违法,直与徐、段等,今惟有弹劾之。褚辅成、吴景濂二议长相继发言说:军政府与国会已背道而驰,拟于24日开会为最后之对付。吴景濂说:我已受尽军府之痛苦,今已无可希望,惟望同人具有决心。到24日再议决弹劾案,或取消军政府,和议委唐少川办理③。军政府岑春煊得

①　《申报》1918年12月30日。
②　《民国日报》1919年1月6日。
③　《民国日报》1919年1月6日。

到 22 日谈话会的报告后,立即请议员谈话疏通,实际带有谢罪之意。李根源亦竭力出任调人,努力调解国会与军政府的矛盾和冲突,国会才未再提弹劾案。但国会与岑春煊为首的军政府的矛盾进一步加深。

1918 年 12 月 27 日,两院议员因易次乾由上海返粤,代表唐绍仪总裁对国会报告意见,特在东园议员俱乐部开谈话会,林森主席。易次乾向会议转达了唐绍仪的意见:1. 分代表应速派,以免北方以无诚意加我。至陕、闽军队不得认为土匪乃必然之事,不成问题。2. 和议地点若非上海,则辞去总代表职。3. 议和意见:(1)国会必须恢复职权,方合护法本旨;(2)段氏国防督办处为内乱机关,须主张解散;(3)国会宜速规定此后军费每年不得过总支出几分之几。因民国 5 年预算军费额过巨;(4)欧洲和平会议代表由南北和议提前议定,由南北两方加以委任;(5)议和各种条件以国会之意见为意见。

褚辅成发言提出三件事:1. 议和地点是否必争上海? 2. 唐总代表既能尊重国会之意思,国会对于和议条件应有相当之意思表示。3. 军政府约两院议员开谈话会,对于陕、闽、湘、鄂问题及派遣分代表问题必在讨论之中,应作如何主张。

吴宗慈、赵其湘、龚焕辰、张知竞、万鸿图纷纷发言,谈各自的主张,主要意见是国会有议决案当然照议决案办理。

最后汤漪发言提出结束办法:1. 陕、闽、湘、鄂问题不解决不得开始和议。2. 总代表既已派出唐君少川,国会予以承认。其派遣分代表必尊重国会意思。以军政府对于国会乃绝对的,各省乃相对的,不能专徇各省之情,而将国会主体置为客体。假使军府能以国会之意思为意思,应就事实上彼此开诚商办,否则惟有纳于法律之中,即政务会议已经议决之案,法律可以取消之。主席林森以汤说咨询大众,均无异议。至于和议地点,议决非上海不可。最后由主席指定汤漪起草和议条件、范围,呈两院谈话会讨论后由两院议员共同署名通电全国①。

①　《民国日报》1919 年 1 月 4 日。

由于唐绍仪及时转达的意见,在一定程度上缓和了国会与军政府之间的矛盾。

12 月 28 日下午军政府在广东省议会邀请两院议员开谈话会,议员出席者数百人。军政府总裁伍廷芳、总裁孙中山的代表徐谦、总裁陆荣廷的代表郭松年、总裁唐继尧的代表赵藩、军府秘书长章士钊出席。

先由伍廷芳说明今日开谈话会的原因,并念徐世昌和钱能训的履历后说:彼等不过一老官僚。当今日共和政体时代,彼等实在干不了。吾等所以与彼等言和者,以经五国劝告之后,彼等已派朱启钤为总代表,又派各分代表。我们南方虽经派唐少川为总代表,而各分代表尚未派出,遂生以下诸难题:1. 北方藉口南方不肯派代表,为南方无诚意议和之表示,以蛊惑列国,使列国不直我南方。2. 各商会及一般人民亦说我南方不肯议和。3. 陆、唐两总裁亦各来电促派分代表。北方关于此事曾致电陆、唐,欲用离间之术。幸陆、唐两公智烛万里,不坠其计,仍与军府一致进行。似此看来,分代表是应该早日派定的。故特与诸君讨论①。

章士钊发言说:岑总裁因病不能出席,由彼代表之意。第一,西林到粤以来,护法宗旨甚为坚决,至今仍是始终护法,并无他意。第二,无论如何是尊崇国会的。至议定唐少川为总代表,系在国会之议决案未到军政府以前,其他分代表至今未派,足有尊崇国会之意。但现在分代表有不可不派之势,伍总裁已明白言之。且北方对于陕西问题,虽未接确实电文,而已有让步消息。湘省现在早无战争,鄂西亦无战事可言②。

湖北议员张伯烈及陕西议员发言驳章的鄂西无战事和陕西北方有让步之意,章无以对答。

林森发言说:"今日伍总裁、章秘书长所云,即是讨论应否选派分

---

① 《民国日报》1919 年 1 月 5 日。
② 《民国日报》1919 年 1 月 5 日。

代表之一问题。查两院议员昨日在东园两院谈话会亦曾讨论及此。本席敢代同人答复军政府,就是请军政府须照国会之议案执行。总代表已发表,请少川先生担任,同人均无异议。唯分代表非俟北方将闽、陕、鄂西、湘西停战撤兵后不得派遣。据章先生云,军政府极尊重国会,则此议决案即是国会全体之意思,请军政府务必执行。"①

吴景濂发言说:"关于选派分代表问题,林议长尚有一半未曾说明,本席补述之。昨日东园两院谈话会,本席受同人委托,请军政府注意此次派遣分代表是解决中华民国之问题,非解决西南数省之地盘问题。将来停战撤兵以后,派遣代表须择大家信仰之人,不可取部落主义,按省派遣,故吾甚望军政府与国会俱推心置腹、互相尊重。不然,不待北方离间,已可两败俱伤,即非护法之好现象。"②这样,当天的会议军政府与国会意见未取得一致。

12月30日,军政府为派遣议和代表开政务代表会议,列席代表12人。会上仍出现两种意见,一种以北方代表已完全派出,南方总代表已派定,分代表若不从速派出,则北方将有所藉口,而外人或认我南方无诚意议和,故分代表利于速派。至于陕、闽问题即可由代表交涉。如不达到完全停战目的决不开议。一种意见以总代表已派定,可以表示南方对于议和之诚意,分代表非俟陕、闽、鄂各方面完全停战不能派遣。如恐外人误会,可由军政府通电外邦声明北方进兵陕、闽,阻碍和议之罪,分代表缓派。最后表决,除四川代表吴永珊(即吴玉章)、陕西代表赵世钰、湖北代表张伯烈3人赞成后一种意见外,其他9人赞同前一种意见,绝对多数通过。当日军政府以七总裁的名义柬请两院议长吴景濂、林森、褚辅成入府谈话。总裁们的大致意见:前日国会议决案事件,以为军府方面对于此项决议固当服从。唯分代表多已由护法各督军派定。若专重国会一方面意思,则与事实上不免隔阂,或引起护法各省之

① 《民国日报》1919年1月5日。
② 《民国日报》1919年1月5日。

误会,而失其均衡之势。至陕、闽停战,当另为一问题。分代表即派定,陕、闽事不解决决不开议。希望三议长为之疏通各议员意见。林、吴、褚答以国会议决即为多数之意见,议长并无权可以挽回。军府既有此意见,当转告同人①。

此时,各列强再次出面干预。北京公使团指令驻广州领事团转致劝告性质的通告书于广州政府:北方武断派将乘南方争执代表问题之机,以徐总统媾和方针失败为藉口而再取武断主义。政务总裁伍廷芳将此电文转国会,劝即赞成派遣议和代表②。而且外交团明确告诉军政府,1919 年 1 月 25 日前南方还不能派出代表并开始和议,即将关余全部交给北京政府,而不再分一部分给军政府③。列强使出了杀手铜,以切断军政府的部分经济来源来压南方国会自然也无法再强硬下去。唐绍仪要求速派和谈分代表,再加上旅沪议员来电来函让速派和谈分代表,北方在议和地点已让步。陕西南北双方已划定界线,各守原防。国会无法再坚持原议定的派议和代表的先决条件。

1 月 8 日,国会议员在广州东园国会议员俱乐部开谈话会,多数议员同意派议和分代表。并议决三项办法:1. 此次代表必须在人材上着眼,不限省份。2. 两院议员均不得充当代表。如有愿充代表者,非辞去议员本职不可。3. 公推 4 人起一电稿,预备通电西南各省,申明上项主张。出于万全,并非与军政府有何意见。当场推定朱念祖、周震麟、汪彭年、吕复 4 人起草电稿④。

国会的态度一改变,军政府立即于 1 月 9 日开政务会议,并邀请国会参、众两院议长出席。议定派章士钊(代表岑春煊)、胡汉民(代表孙中山)、缪嘉寿(代表唐继尧)、曾彦(代表陆荣廷)、郭椿森(代表莫荣

---

①　《民国日报》1919 年 1 月 10 日。

②　《申报》1919 年 1 月 14 日、16 日。

③　《民国日报》1919 年 1 月 26 日。

④　《民国日报》1919 年 1 月 16 日。

新)、刘光烈(代表四川)、王伯群(代表贵州)、彭允彝(代表湖南)、饶鸣銮(代表福建及海军)、李述膺(代表陕西)为和谈代表。并咨国会同意。当日军政府将代表名单电告徐世昌。

在得到国会的同意后,1月14日军政府正式公布了所派的议和代表名单。并于当日在军政府开茶话会饯别议和代表。岑春煊派代表金永炎出席。金即席转达对议和会议的6条意见:1.恢复国会。2.确定地方分权制度。在宪法未规定以前适用由内政部所拟地方制度。3.划军区并裁撤军队办法。4.补充护法各省军费军械。5.善后借款由南北政府共同办理,其额数分配及监督方法由会议协定之。6.军政府所发布命令均认为有效①。其他各总裁、总裁代表,各省军代表均发言谈了对和平会议的要求和希望。

在派上海和议代表的问题上,国会和军政府的矛盾虽然勉强解决了,但国会对军政府的不信任却加深了。上海南北和谈,事关国会的存亡,国会自然欲尽力将这一和谈置于国会的监督与控制之下。1月16日,众议院会议,出席议员304人,吴景濂主席。议事日程本为补选各项常任委员,但有议员提起临时动议,说南北和平会议代表既经军政府派定,和平会议条例,国会亟应议决,请主席变更议事日程,先议上海和平会议条例。主席咨询大众,皆无异议。于是变更议事日程,讨论由马骧所提的上海和平会议条例案。此案曾在1918年12月17日的众议院会上讨论过一次。1919年1月16日是第2次讨论。当日议员发言踊跃,纷纷提出修正案,将马的原案8条改为5条,并当日通过二读、三读会后,咨参议院征求同意。参议院1月20日和25日二次会议,对众议院移送的上海和平会议条例案讨论,除对个别条款做了文字修改后全案通过。并将其咨送军政府。军政府接到此案后即开政务会议,议决总代表之任命完全由军政府主持,不必求国会之同意,只须通告国会。同时删去"总代表得随意更选其他代表"的条款。再交国会复议。

---

① 《民国日报》1919年1月25日。

国会复议时,仍坚持总代表选派须经国会同意,但接受了军政府后一项意见。1月27日,众议院议长吴景濂、副议长褚辅成将条例电告上海南方和谈总代表唐绍仪:"和平会议选派代表条例业经两院议决,文曰《民国8年上海和平会选派代表条例》。第1条,和平会议由护法政府选派总代表1人,代表若干人。但总代表之选派须经国会之同意。第2条,总代表代表护法政府全权办理和平会议事宜。第3条,代表赞助总代表办理和平事宜。但代表有违反护法宗旨时,总代表得请护法政府改派之。第4条,和平条例之决定,须经国会同意。第5条,本条例自和平会议终了之日废止。等语,特此达知。"①显然,护法国会对南方代表进行了相当的限制。

在南北议和期间,护法国会为了强化自己的地位,采取的另一个措施,即将军政府改名护法政府。参议员丁骞等人提出修正《中华民国军政府组织大纲》案,将军政府改为护法政府,《大纲》中的军政府均改为护法政府。也就是说,只改名称,职权、组织形式均不变。1月11日,护法国会两院开联合会,通过了上述修正案后,咨送军政府。并于当日以参、众两院的名义通电全国:

中华民国国会于本年1月11日开两院联合会,议决军政府改为护法政府。其组织与职权及时效仍照现军政府原案之规定。并议决《中华民国国会第四次宣言》,文曰:"中华民国8年1月11日开两院联合会,议决修改军政府为护法政府案。委托军政府代行国务院职务、摄行大总统职务,以护法政府名义行之。谨此宣言,咸使闻知。"云云。本日宣布,特此奉闻②。

1月14日,参、众两院议长林森、吴景濂、褚辅成又代表国会通电解释军政府改名护法政府理由:"此次军政府改名护法政府,业经国会议决宣言,并于元日通电奉告,谅邀察鉴。惟恐远道传闻,莫明真相,兹特揭

---

① 《申报》1919年2月11日。
② 《民国日报》1919年1月16日。

其议改理由为诸公约略言之。迩者欧战告终，和平会议开始，我西南护法政府当然有派遣代表参列会议之责。惟此项代表关系重大，若以军府名称遣派，则恐友邦以军府名词属于武人性质，既有违世界和平之心理，复易启友邦黩武之误会，将来恐难得其承认。故为遣派赴欧代表计，急宜改军府为护法政府者，此其一。此次欧战结果，世界已入于法理胜利、强权消灭之时期。吾人既以抵抗强权，拥护法理为职志，则立言行事必以法律为根据。民国约法，主权在民，而国会为民意所寄，与此合法国会并立之机关即当显标护法旗帜，以鼓荡全国之人心，不宜再有军府之名。故护法政府之改称，对内可以表示护法之决心，对外足以表白希望和平之素志，此为护法前途计，急宜改军府为护法政府者又其一。凡此二端，同人认为重要理由，故有今兹军府改名之议。前后名称虽殊而其实际之组织不变。既无纷更之弊，尤收名实之功，因时制宜无逾于此。诸公高瞻远瞩，谋国坚贞，对此愚忱，谅荷鉴察，敬布区区，惟希明教。"①

　　但军政府改名护法政府却遭到各省实力派大多数的反对。1月16日军政府开政务会议，讨论国会议决将军政府改名护法政府一事。赵月材、李根源、郭椿森、陈强等不主张更名，认为现在南北和平会议未开，将来或战或和均在未知之数，照此现状，改名称无用。伍廷芳、赵其湘、吴玉章等主张尊重国会，将军政府改为护法政府。双方主张各异，未能统一。只好议定先征求西南各省的意见，再做决定。

　　桂系首先反对更名。在1月6日召开的有参、众两院议长参加的军政府政务会议上，由于国会一再阻挠派出南方和谈分代表，桂系的代表在会议上竟说出要抛开国会的意见：国会日前所咨之两案，束缚我军府太紧，直令无伸缩余地。照《国会组织法》摄行职权，本月10号起，不过3月，即摄行期满，彼时便与国会脱离关系，南北和平会议，军政府可以自由主张②。也就是说，桂系在和议问题上，和护法国会的意见相

① 《申报》1919年1月24日。
② 《申报》1919年1月18日。

左,故反对更名便为必然。1 月 21 日,军政府政务会电西南各省,征求他们对将军政府改名护法政府的意见,结果回电大都持反对意见。于是军政府决定不更名。

1 月 18 日,军政府召开政务会议,议决和平条件,即议和大纲,作为南方议和代表团的谈判的基本条件:1. 国会之恢复。2. 地方制度解决之方法。3. 督军制度之废除。4. 国防督办处之裁撤。5. 军区之划分。6. 军队之裁撤。7. 因护法战争所消费诸军费的清算。8. 关于善后借款之办法①。此议和大纲经国会参、众两院联合会议决通过,作为南方代表和谈的基础条件。

护法国会尽管通过了《民国 8 年上海和平会选派代表条例》、《议和大纲》,用它来约束南方的议和代表,又将军政府改名护法政府以表明国会维持自己合法地位的决心。但很多议员仍不放心。当南方议和代表赴沪时,很多议员亦赴沪,以便就近影响与监视南方议和代表。最多时赴沪议员达 280 多人,致使护法国会参、众两院再度长时间不足法定人数无法开议。尽管护法国会一再函电乃至派人赴沪催议员回粤,但收效甚微。在广州的护法国会又几乎陷入瘫痪状态。这些赴沪议员,口口声声代表人民、维护国家的利益,但其擅离职守的实际行动却表明他们关心的只是自己的地位,自己的切身利益。为了自己的利益可将国家的利益置于不顾的地位。

孙中山一直注视着南北议和,并不断地以函电来指示国会中的民友系和益友系议员。对南北议和,孙一直坚持的条件是"民国国会须享有完全自由行使其正当职权",并于 1918 年 11 月 18 日致电美国总统威尔逊,恳请其支持②。威尔逊复函孙中山,对孙所提的上述主和条件表示赞同。孙中山立即致电军政府及护法国会,要求"由我国政府

---

① 《盛京时报》1919 年 1 月 24 日。
② 《孙中山全集》第 4 卷,第 513—514 页。

以正式公文,要求美总统出为我国调人。"①12 月 5 日,孙中山在复护法国会函中再次提出"请美国总统出而主持公道,吾人终可达到护法之目的。"②12 月 13 日孙中山函漳州许崇智、蒋介石赞成停战,但要固守地盘,再次重申"故文对于我国南北之事,主张请美总统出而为我仲裁人,嘱国人一致鼓吹此说,则以美总统之主持公道,必能为我恢复国会,而于将来国会更加一重有力之保障也。"③孙中山是国民党的领袖,又是军政府七总裁之一(他虽未到广州履任,但于 1918 年 7 月 16 日接受了总裁证书,并派徐谦为自己的代表赴广州参加政务会)。广州护法国会中,不管是政学会、益友社、民友社还是新新俱乐部,均属国民党。孙中山的立场和态度对他们都有重要影响。况且国会的存亡与议员休戚相关,故在维持国会自由行使职权这一点上,利益是一致的。因而对孙中山的立场和主张是一致支持的。在南北和会中,一直坚持国会自由行使职权的立场。

　　1919 年 1 月上旬,护法国会参、众两院电请美国国会转达威尔逊总统,请其为解决中国内争之仲裁人。议员焦易堂等人上书军政府,请美国总统做我国内和平的仲裁人。但美国总统并未出面来当中国南北两方的调解人。各国都是根据本国的利益来采取外交行动的。

　　南北和会于 1919 年 2 月 21 日在上海正式开会,但因陕西停战和国防军停募两件事梗阻而于 3 月 2 日中断,直到 4 月 7 日才又恢复。和谈中关键的障碍是国会问题。第一届国会和第二届国会很多议员均纷纷赴沪,包围、影响、干扰双方的和谈代表。第一届国会坚持自己合法,必须恢复自由集会和自由行使职权。第二届国会又议决新国会不能动摇。这就必然使南北和会破裂。双方必须在国会的问题上都做出让步,谈判才能取得成果,和平才可能实现。双方都走极端,坚持各自的条件,这就使谈判难有大的进展。

――――――――――

① 《民国日报》1918 年 12 月 16 日。
② 《孙中山全集》第 4 卷,第 521 页。
③ 《孙中山全集》第 4 卷,第 527 页。

　　第二届国会虽然有一定的法律依据,又得到国际上的承认。但它完全为安福系所控制。安福系仗着其在国会中的绝对优势,飞扬跋扈,操纵政局,引起国内各方的不满与反对。护法国会的成立本来就缺乏法律依据。议员选出已6年了,已不能再代表当时选举人的意志自不待说。假设护法国会议员仍有效,还有很多法律和现实问题无法自圆其说。如旧国会议员到广州护法时从未达到半数的法定人数,如何能正式开会? 护法国会在1918年7月和8月以不足法定人数的会议解除了三百多未赴广东护法的旧议员资格,并补充候选议员,本身程序就不合法。而且带来了实际问题:一开始国会议员南下广州护法时,其护法的目标是恢复第一届国会自由行使职权,但到1918年后已发生了变化,很多护法议员并不是旧国会议员,而是后补的所谓民八议员,是恢复民六解散的国会,还是民八国会? 护法国会新补选的议员组成的新新俱乐部一直坚持应保持广州的护法国会,反对恢复民六的国会。

　　桂系始终就不曾以恢复旧国会为目标,始终和北京政府保持联系。陆荣廷的通电中只说国会不可不召集,并不说要恢复旧国会。他一直留了一条与北京和解的退路。岑春煊在上海未赴粤前一直主张南北和解,和西南及北京政府均保持关系,函电往返不断。1917年10月北京政府曾欲以岑为国务总理,岑婉拒之。岑于11月19日通电呼吁南北双方罢兵尊法。11月29日致函大总统冯国璋,主张以法律解决南北纷争。12月21日致电冯国璋、王士珍(国务总理)建议南北息兵停战。1918年1月15日致电冯国璋,主张恢复旧国会,和平解决南北争端。1月31日通电北南双方停战。2月7日通电望北南双方进行和谈。只是到了广州之后,担任了主席总裁,才唱起了护法之调。他尽量避免与护法议员的接触,尤其在军政府与护法国会在一些问题上出现分歧与矛盾时,只要有护法议员代表当然包括议长、副议长参加的政务会议,他都借故躲开不出席。在南北和谈复会后,桂系、政学系、岑春煊也在寻找双方妥协的办法。如有些和平人士提出的折衷方案:民六国会重行集会南京,将宪法制定、选举总统后,南北两个国会同时解散;民六国会重行集会南京,继续完成制宪后,追认徐世昌为大总统后,两个国会同时解散。应该说,这一方案有其合理性的地方,是可取的。

这二个折衷方案,应该说充分考虑到了旧国会所坚持的法律问题。岑春煊、政学系、桂系对这种方案是动心的,因而在南北和谈时有所流露。但第一届国会和第二届国会赴沪议员探得风声后,不但第二届国会议员强烈反对,护法国会议员亦强烈反对。这显然是双方在处理纷争问题上不能牺牲党派的利益来服从国家的利益所致。和谈的双方若没有痛苦的妥协,谈判是不会产生大的成果的。所以,和平有时是在痛苦中获得的。如医生做手术时病人是痛苦的一样。但只有如此,病人才能康复。

由广东赶赴上海的议员王试功、刘楚湘、陈荣广在风闻南北和谈在国会问题上欲妥协时,立即致电在广州的众议院议长吴景濂、副议长褚辅成:"谓唐总代表曾将国会让步,至南京制宪一节,电征同意。护法政府及吴、褚两议长,均复电赞成等语。……如以上诸说而应,则是公等已明白附逆,决心牺牲国会,并以鼓煽运动之长技,骗人签字,表示多数,以自标卖国牙行之招牌,而坚北庭之信用。足证高官重赂之说,不为诬谤。公等如不甘顺受此言,则请宣言徐、段为肇乱僭位卖国罪魁,罪魁一日不除,一日不为北廷伪官,亦不往南京制宪,誓与合法国会共其去留,以息人言。如其不然,则是买卖已成,无可抵赖。仆等请正告公等:公等认贼作父,甘为臣妾,始讨之而终事之。在公等牺牲一切自不为人,他人何须辞费。若于求一己之权利而盗卖《约法》、国会,以为交换之资,投降叛逆,望阙输忱,以护法为奇货,假国事以营商。仆等虽不敏,其敢忘护法讨逆之义。昔日逆在境外,西南群帅讨之;今日逆在会内,仆等职权所在,固不能闭目塞耳,任汝纵横也。驰书奉询,伫候宣言。"[①]其反映的激烈程度令人吃惊。大有撼山易,撼我国会难之慨。这也难怪,很多议员已将议员当职业,国会成了议员安身立命之所。

①　《民国日报》1919 年 4 月 26 日。

　　参议院风闻南北和议可能在国会问题上寻求妥协时,立即召集会议议决以议长和议员的名义致电南方代表,阻止其可能出现的妥协,电报声明:"总之,法律问题为护法政府之基本条件。如无完满解决,则全部议定之案当然无效。依《军政府组织大纲》,凡媾和条件,须由国会同意。纵代表中有竟愿牺牲法律者,国会同人决不敢负诸将士及国民护法之苦心,冒昧赞同,以重罪戾。为此合行电达,尚希毅力坚持,勿为国家法律之罪人。"①

　　众议院风闻南北和谈可能牺牲南北两个国会进行妥协时,也立即开会讨论对付办法,议决以全体议员的名义致电南方和谈代表,说:"务望公等顾念军府委托之重,国人属望之殷。对于法律问题,坚持到底。倘此重要问题不得圆满解决,其他各案切勿签字。"②

　　护法国会议员如此强硬的态度,军政府和南方和谈代表自然无法在国会问题上做出丝毫的让步与妥协。正是由于南北两个国会毫不妥协的强硬态度,使南北上海和谈于5月份彻底破裂。

九、护法国会与巴黎和会

　　1917年9月26日,广州以孙中山为大元帅的军政府也正式向德、奥宣战,加入到协约国行列(尽管协约国未承认广州军政府)。1918年11月第一次世界大战以协约国的胜利告终。鸦片战争以来,中国第一次成为一个战胜国,这自然是令中国各界为之高兴与兴奋的事情。胜利消息传遍全国,神州大地掀起了一个庆祝第一次世界大战协约国胜利的热潮。广州军政府亦于11月27日、28日、29日放假3天来庆祝第一次世界大战协约国的胜利。广州举行了隆重的庆祝会,各界名流亦纷纷举行演讲会。广州各界还举行了提灯会。广州的护法国会亦专

---

① 《民国日报》1919年5月4日。
② 《民国日报》1919年5月4日。

门举行庆祝会议。

接下来的，便是第一次世界大战后的善后会议，亦即史称的巴黎和会。它不但是当时国内各界十分关注的一件大事，也是举世瞩目的一件大事。因为国际格局将发生新的变化，这些变化都会对各国产生重大的影响。正因为如此，广州的护法国会和军政府对巴黎和会也十分重视。尽管广州军政府并未得到协约各国的承认，自己无法直接派出赴巴黎和会的代表团。但护法国会和军政府还是积极参与和影响中国赴巴黎和会代表团及其工作。

南方军政府在派遣巴黎和会代表的问题上，并无主动权。当时各国只承认北京政府，而不承认军政府。军政府任命的巴黎和会代表各国不可能承认。这就使得军政府与护法国会在任命巴黎和会代表的问题上较为被动。

1918 年 11 月底、12 月初，护法国会议员即提议南方派出巴黎和会代表。参议员高振霄等向参议院提出《请由政府选派欧洲和平会议代表建议》案，提出不必等南北统一就应派出出席欧洲和平会议的代表，"由摄任大总统职务者选派代表，交合法民意机关同意，定为正当不易之办法。"①参议员张秋白也向参议院提出《否认陆徵祥赴欧代表议和意见书》。

12 月 9 日，参议院会议，林森主席，出席议员 138 人。议程中第 3 议案即为高振霄等提出的《请由政府选派欧洲和平会议代表建议》案，高登台说明理由后，略有讨论即通过。其实，军政府对此事也早已着手进行。因各国未承认军政府，军政府外交部已向外交团以非正式的形式提出派出欧洲和平会议代表问题。

军政府在接到参议院要求速派欧洲和平会议代表的咨文后，12 月 12 日开会讨论，议决派伍廷芳、孙文、王正廷、汪兆铭、伍朝枢 5 人为欧洲和平会议代表，并先派张继、李煜瀛先赴欧洲调查情况。参议院副议

---

①　《民国日报》1918 年 12 月 10 日。

长王正廷 12 月 9 日从美国来电说美政府已训令美驻中国公使,如中国
西南派遣代表赴和平会议须赞成之。故军政府对派遣欧洲和平会议代
表一事较为乐观。军政府总裁孙中山与北京政府派出的代表王宠惠在
上海面商欧洲和平会议代表派遣事宜。军政府秘书长章士钊担心护法
国会通过了巴黎和会代表的提名,而各国并不承认军政府任命的巴黎
和会代表,故 5 名巴黎和会代表并未立即公布。1919 年 1 月 6 日军政
府开政务会议,参、众两院亦有代表参加。代总裁徐谦以外交紧急,主
张迅速任命巴黎和会代表。最后议定,先由军政府立即发表赴巴黎和
会的代表,其方法:1. 通知各代表。2. 急办各代表证书。3. 在政府公
报上公布。4. 通知各国。一俟代表或认为大使、或认为公使名目定
后,再提交国会求同意①。

　　1919 年 1 月 9 日,军政府公布了赴巴黎和会 5 名代表名单:伍廷芳、
孙中山、汪精卫、王正廷、伍朝枢②。由于汪精卫以 1912 年自己曾有不做
官吏的宣言,力辞巴黎和会代表。于是军政府又以王宠惠取代汪。

　　1 月 8 日,护法国会参、众两院谈话会,讨论派出巴黎和会代表的
问题,议决巴黎和会代表要经国会同意。1 月 11 日,护法国会参、众两
院开联合会。议决要发表国会第五次宣言,明确宣布所派出的巴黎和
会代表须经国会同意。并指定汤漪、吴宗慈、朱念祖、丁骞、汪彭年、褚
辅成、韩达齐 7 人为宣言起草员。1 月 14 日,参、众两院联合会,出席参
议员 152 人,众议员 307 人,吴景濂主席。先由起草委员会委员长说明第
五次宣言草案:现在世界和平会开会期迫。我中华民国万不能容南北两
方有各派出代表之事实。惟派遣代表,事关国宪,理应由国会同意。则
北方伪政府之所派代表,同人等自不能承认,并应设法使其不能代表中
国出席而后可。今拟将此事作为国会第五次宣言,请诸君决议③。议员

① 《申报》1919 年 1 月 14 日。
② 《民国日报》1919 年 1 月 11 日。
③ 《民国日报》1919 年 1 月 22 日。

对宣言均无异议,只是文字做了一些修改。议长以全案付表决,一致通过。宣言全文如下:

　　迩者协约各国与德奥媾和,各派全权代表公开会议于欧洲,期于此次会议解决关于世界永久和平问题。我中华民国自对德宣战以来,与各协约友邦一致进行,自应慎选代表列席与议。但《临时约法》第三十四条所载关于任命外交公使、大使之规定,须经参议院同意。此次媾和代表为全权公使,应经国会同意毫无疑义。且《临时约法》第三十五条临时大总统经参议院之同意得宣战、媾和及缔结条约。如媾和开始未经国会同意,此后条约之缔结,在法律上更无所依据。事关国宪且利害及于人民全体,用于事前郑重声明:所有特派之外交人员未经提交本国会依法同意认有媾和全权代表资格者,不得代表中国出席欧洲和平会议,其所协定之事件或缔结之条约,我中华民国人民概不能予以承认。谨此宣言,咸使闻知[1]。

护法国会的第五次宣言,虽然主要是针对北京政府而发的,同时也告诉护法军政府,必须征得国会的同意才能派出巴黎和会的代表。这样,1月15日军政府将其拟派的出席巴黎和会的5名全权大使交护法国会征求同意。1919年1月20日,广州参议院对护法政府拟派的出席巴黎和会的5名全权大使进行投票表决。当天出席议员总共139人,投票结果:孙文133票、伍廷芳88票、王正廷61票、伍朝枢59票、王宠惠51票。只有孙、伍两人获得过半数票通过,其余3人均未通过。按法律程序,参议院将这一表决结果咨众议院求同意,并咨军政府。军政府在得知参议院的表决结果后,只好再采取补救措施。将被参议院否决的王正廷、伍朝枢、王宠惠以出席欧洲和会全权特使的名义,再提交参议院求同意。经伍朝枢疏通后,1月25日参议院会议,经表决,军政府所提3名全权特使通过,但议决全权特使之职仅限于外交问题。

----

① 《申报》1919年1月17日、19日、22日。

　　1月25日，广州众议院讨论参议院移送的欧洲议和全权大使同意案，投票表决。当日出席议员326人，投票结果：孙文313票，伍廷芳286票，均通过。后又对参议院转咨的王正廷、伍朝枢、王宠惠3名出席巴黎和会的全权特使进行投票表决，亦通过①。军政府于1919年2月10日正式公布了孙文、伍廷芳为欧洲和平会议全权大使，王正廷、伍朝枢、王宠惠为欧洲和平会议全权特使②。

　　国际上只承认北京政府而未承认广州的军政府，故中国出席巴黎和会的代表仍为北京政府所任命的5人。即广东军政府只有王正廷一人为赴巴黎和会全权委员。但在选派巴黎和会代表这一问题上，却暴露了护法国会与军政府的矛盾③。

　　南方护法国会和军政府对巴黎和会的进展情况十分关注。会议进展情况除军政府的巴黎和会代表王正廷及时报告给南方外，汪精卫、徐谦、张静江等要人亲赴巴黎，及时了解会议进程，支持中国赴巴黎和会代表团在和会上的一切维护国家利益的行动。

　　1919年1月底，巴黎和会开始讨论中国的山东问题，中日代表在会上进行了面对面的斗争。为了借助国际的力量，废除中日间的密约，收回第一次世界大战爆发后日本凭借武力强取的德国在山东的权益，中国出席巴黎和会代表顾维钧答应美国总统威尔逊公布中日间的密约的要求。日本为了继续强占第一次世界大战中抢夺来的德国在山东的权益，反对公布中日密约。2月初，日本驻华公使小幡向中国政府施加压力，不让公布中日密约。这自然激起了中国人民的愤怒。2月5日，上海和会的南方总代表唐绍仪致电徐世昌要求公布中日间的密约。2月10日，护法国会召开两院议员谈话会，议员发言纷纷要求公布中日密约并坚决否定这些密约。最后议定，以国会的名义通电全国和致电

---

①　《申报》1919年2月4日。

②　《申报》1919年2月10日。

③　《盛京时报》1919年4月13日。

出席巴黎和会的中国代表,要求公布中日密约,否定二十一条及中日之间的密约,嘉勉和会的中国代表。当即由会议主席吴景濂指定吴宗慈、赵世钰、王葆真、孙钟、童杭时 5 人为电文的起草员。2 月 13 日,两院议员再开联合会,对吴宗慈等 5 人起草好的电文进行讨论,经修改后定稿,并议决即日以议长和全体议员的名义发出,通电全文如下:

> 巴黎和平会议,各国代表应有绝对自由发言权。兹据中西各报载称,我国代表提议宣布中日密约及归还胶州湾等问题。原本美大总统威尔逊宣布和平条件之第一条,不得私结国际盟约之要旨。乃驻京日使竟向我国恫吓,干涉代表发言。不徒违背国际公理,抑亦大反此次会议之原则。按世界和平会议之原则,所以谋世界永久之和平,东亚永久和平即为将来世界永久和平之基础。溯自中华民国国会自 6 年 6 月被武力迫散后,所有中日缔结之一切密约、借款契约,早有宣言,我国国民断难承认。又民国 4 年强迫订立之二十一条条约等均有妨害东亚永久和平者,必须于巴黎和会概行提出,要求一律取消,始足维持东亚永久和平而达世界永久和平之目的。今我国内和平会议业经开始,无论结果如何,我全国国民对外均宜采取一致之精神,期以国民全力为我国代表之后盾,赞助其交涉之成功。尤应先将驻京日使向我国非理干涉之情形声叙于各协约友邦,求国际上公平之评判,嗣后我国代表始能自由发表其主张而得所保障。欧战连年,波及世界,卒之强权失败,正义伸张。诸弱小邦皆藉霄云重开之和平会议得以兴灭继绝、扶弱抑强。独日言亲善之东邻,反蔑视我国,违背公理。同心御侮,责在国民。为此通电全国,希一致进行,无任翘企①。

2 月 14 日以参议院议长林森,众议院议长吴景濂、副议长褚辅成的名义发给参加巴黎和会的中国代表电:"此次欧洲和平会议,日本交还青岛及宣布密约问题,关系中国与东亚和平,极为重要。闻诸公提出

---

①　《申报》1919 年 2 月 17 日。

力争,国人同深钦佩。惟日使竟公然反对,而驻京日使更向北政府威胁,国人甚愤。现已不分南北,群起谋画对待方法。望诸公坚持到底,勿为所屈,全国国民当一致为诸公后盾。即希亮察。"①

同时,护法国会议员致电巴黎和会各国代表,请其协助促使中日密约公布于世,以符集会原旨:"贵会提倡国际平等,条约公开。主义仁,声义闻,环宇同钦。敝国人民既受巨痛,尤表同情。所有敝国一二私人与日本订立秘密条约,经敝国国会宣告否认在先,并经敝国列席和平会议代表次第提出。乃日本军阀派野心未戢,威吓阻止,力谋进行,欲逞武力,违反公理,实足妨害世界和平。敬乞贵会昌明正义,贯彻初衷,非惟敝国之幸,环球各国亦利赖之。中华民国国会议员童杭时等。"②

2月28日,在广州东园国会议员俱乐部护法国会召集两院议员谈话会,议决拟电致巴黎和会各国委员,声明中日间所订之二十一条契约及护法战争期内之密约、借款契约均不承认,请各友邦主持公理,劝告日本一律取消。并指定吴宗慈、田桐、董昆瀛3人为起草员。准于3月3日开两院联合会时报告。

3月3日,护法国会参、众两院联合会议,讨论议决了由起草员起草否认中日之间秘密条约的宣言,并议定当日即将宣言发表。宣言全文如下:

迭者巴黎和平会议关于中日密约问题,迭经开会讨论。兹日本代表在和议会宣布并无秘密条约之存在,且日本现请中国允许宣布某项已成之协约。此项借款经日本政府阁议妥协,由驻日章公使正式交涉为国际借款等语。夫所谓国际借款协约者,势必应由国会通过后方得有效,断非一二私人所能缔结此项协约。殊不知何日由民国国会通过。既非国会通过,无论某项条约,概认为私人结成之密约,民国国会全体誓不能承认。曾于中华民国7年8

---

① 《申报》1919年2月21日。
② 《申报》1919年3月4日。

月 19 日当经国会会合开会,本民意之总积,为决议之宣言,其文曰:"一、非法政府所缔结之条约、契约及其所发布之公债按《约法》应由国会议决或同意者,在未经议决或同意以前不得认为有效。"此种宣言殊未闻有何人反抗。彼日本与私人借款在和议席上毫无辩论之余地。乃今日日本代表指某项协约为国际借款,实属误解。我中华民国国民执理相绳,据理立论,各省议会、各属绅商学各界、各国留学生及华侨等函电交驰,咸谓凡自欧战以来,由日本胁诱手段与我国少数武人议定未经国会通过之中日间不平等不自然条约,我国民皆认为无效,应依照战时俄德间及德罗间所订条约并为取消之先例,一概不能发生效力。美大总统威氏宣言,美国决不与他国订立密约。英相乔治宣言与日本密约之无效。中华民国国会代表全国一致之心理,并根据前宣言再为宣布:凡自欧战以后,非法政府及少数武人所缔结之条约、契约,按照约法,未经国会议决或同意者,一概不发生效力。凡我民国无论何人决不得与他国私结密约,大义昭彰,公道昌明,布告中外,咸使闻之①。

1919 年 3 月 3 日,护法国会以两院联合会的名义致电参加欧洲和平会议的各国代表团,要求废除中日之间的密约:

此次会议,主持公理,摧抑强权,揭破国际密约,扑灭侵略诡谋,此固世界人们之所祷祝,而尤我久受东邻压迫之中华民国之人民所感激无尽者也。窃自欧战发生以来,日本利用世界多事,当 1914 年之顷,先以帝制饵袁世凯,旋以武力压迫,取得二十一条之密约,其既也。列国不顾中国因帝制问题久生内乱,警告袁氏。日本亦随列国之后,变支持之态度,而亦与袁氏为难。然袁氏之帝制,虽归失败,而日本之以二十一条,则已告成功。此与此次和平会议之精神背驰者一也。1916 年之顷,国会复开于北京。日本所持对华政策与国会之意见大相径庭。至于翌年,遂即利用段祺瑞

---

① 《申报》1919 年 3 月 11 日。

以武力解散之,于是护法战争因之以起。两年之内,种种密约任日本与段祺瑞自由缔结,人民尽力反抗而不能,此与此次和平会议之精神背驰者一也。昔者各国从事战争,听强权之蹂躏。今者和议之方始,听诸公理的伸裁。切望代表诸君将日本根据强权的精神,与袁世凯缔结之二十一条,与段祺瑞缔结之一切密约,备案提出,宣布废止。此不特中日两国和平前途之幸,亦即世界对于东方和平前途之幸也。海天西望,特此电陈①。

在舆论的压力和各方的摧促下,北京政府于1919年3月中旬陆续公布了中日之间的密约。这时,中日对中国山东的问题成了巴黎和会上远东问题的焦点。日本要攫取第一次世界大战前德国在中国山东的一切权益,中国出席巴黎和会的代表坚持战败的德国在山东的一切权益必须直接归还中国的原则立场。全国人民则一致支持中国代表的正义立场。

1919年2月16日,国会邀请广东各界在广州东园议员俱乐部开茶话会,到会者数百人,讨论外交问题。参议院议长林森代表两院议员发表演说。最后议定,由广东省议会及各团体联合发起于2月18日在广东省议会开广东国民大会,组织外交后援会。2月18日,广东各界及各团体在广东省议会开国民全体大会,议场上下座席爆满。众推参议院议长林森、众议院议长吴景濂、广东省议会议长宋以梅为正、副主席。先由吴景濂演说。后宣布广东各团体致欧洲和会代表陆、顾、王三使电文及致各省通电,并公推组织外交后援会筹备员电文。会议一一通过。由主席指定组织外交后援会筹备员为:程祖彝、曾宪之、杜贡石、黄杰庭、姚伦三、黄璧如、金湘帆、李芝畦、田志堂、李戒欺、罗少翱、梁怀舟、何杰三、陈萝生、黄宪昭、谢英伯、简琴石、张民权。以广东省议会为筹备处。20日召集筹备员开会,着手开始筹备工作。很快就拟定了外交后援会章程,其主旨是积极地开展活动,动员国民,成为出席巴黎和

① 《民国日报》1919年3月13日。

会的中国代表的坚强后盾。

在巴黎和会上,中国代表团要求将德国在山东的权益交还中国的交涉失败。中国代表团在对德和约上签字与否就摆在中国政府和中国出席巴黎和会代表团的面前。一开始,中国政府和中国代表团决定采取"保留签字"的方针。即中国在声明对山东问题保留自己的主张的条件下签字。尽管中国代表团努力交涉,但为列强所拒绝。这样摆在中国代表团和中国政府面前的只有两种选择:无保留地签字和拒绝签字。

这时五四运动席卷了全国,各界人士都反对中国在和约上签字。

护法国会 5 月 5 日开参、众两院联合会,议决致电出席巴黎和会各国代表,声明青岛必须直接交还中国。当 5 月 3 日中国参加巴黎和会的全权委员王正廷辞职时,参、众两院议长立即发电挽留王正廷,并要求不要签订有关胶洲湾的条约,以留将来补救的地步。5 月 14 日参、众两院议长致电王正廷,要求代表团拒绝在有关山东条款的巴黎和约上签字。5 月 24 日参、众两院联合会议决由军政府致电巴黎和会代表,坚持不签字。在接王正廷报告中国出席巴黎和会代表团对是否签字有两种主张时,参、众两院又立即开联合会商讨对策,一致议决以参、众两院议长的名义致电王正廷,主张决不签字。5 月 29 日参、众两院议长按大会的议决,致电王正廷力主不签字:"山东三款,存亡攸关,万勿签字,于寒日业电请尊处坚持。现举国愤争益力,如违民意,剧变即生。希转各使一致保留,谨代国人请命。闻北庭甘心卖国,主张签字,倘陆使变志,兄当力拒云云。窃念山东问题国命所系,一种签字,万劫不复。如北使依从伪命,不问保留与否,悍然签字,则他日即粉其身,无救国亡。森等愚昧,与其为事后之严诛,不若图事前之挽救。拟请诸公联合各团体,速电北方,要求先将主张签字之胡某二使,克日撤回。一面致电陆使,请仍坚持初志,并以最后之警告,俾免铸成大错,无法挽回。存亡之机迫于眉睫,临电不胜惶急,待命之至。"①

---

① 《民国日报》1919 年 6 月 13 日。

　　6月4日,护法国会参、众两院联合会通过了致电参加巴黎和会的各国代表,"切望代表诸君拒绝日本不正当之要求,贯彻和平宗旨",将德国在山东享有的一切权利直接交还中国①。

　　6月7日,护法国会参、众两院议长通电全国,为防止参加巴黎和会的北方代表服从北京政府签字的命令,要求各界"一致力争,协电陆使,坚持初志,万勿签字,并加以最后之警告,俾免铸成大错,无法挽回。"②

　　在全国人民一致要求拒签对德和约的爱国运动的推动下,尤其是留法工人、学生的直接推动和监视下,中国赴巴黎和会代表拒绝在对德和约上签字。中国自鸦片战争以来,第一次面对列强们的无理要求,面对列强们对中国的欺凌坚定地说"不",这开创了一个敢于与列强抗争的先例,是中国外交史上的一个重要的里程碑。

十、五四运动中的护法国会

　　五四运动爆发,很快席卷全国。西南各省尤其是西南政治中心的广州,也响起了"外争国权,内惩国贼"的怒吼。护法国会对五四运动一直是支持的。军政府最初也采取了支持的态度,以便借广泛的群众运动打击北京政府。

　　五四运动爆发后,北京政府逮捕学生,镇压学生的消息传到广州。5月9日,广州参、众两院联合会,议员群情激昂,纷纷发言支持学生的爱国行动,谴责北京政府镇压学生的行为,要求惩办卖国贼。当天的会议决以议长的名义通电全国,要求北京政府释放被捕学生,严惩卖国贼。当日即将草拟好的通电文稿讨论修改后一致通过。这样,5月9日以参议院议长林森,众议院议长吴景濂、副议长褚辅成的名义向全国

---

① 《申报》1919年6月12日。
② 《申报》1919年6月15日。

发出通电：

> 卖国贼曹汝霖、章宗祥、陆宗舆等，甘心为外人鹰犬，密与日本勾结，外而阻挠赴欧代表之要求撤销中日密约及交还青岛，内则希图破坏上海和议，以遂卖国阴谋。罪状昭著，天人共愤。京中学生怵于国亡之惨，目击贼党横行，奋不顾身，义愤勃发，焚曹宅，殴章獠，有史以来无此痛快。乃北庭不思卖国奸党人尽可诛，反任意捕禁学生，并有将加惨害及解散大学之说。同人闻之，不胜诧异。爰于即日特开两院联合会，群情愤激，一致议决通电各省，要求北庭即释已逮学生，维持各校现状，严惩卖国贼曹汝霖、章宗祥、陆宗舆以谢天下。诸公爱国热忱，宁减此莘莘学子，尚乞一致声讨，合力援救，为世间留正气，为国家扫奸氛。事机迫切，立盼进行①。

5月7日参议院议长林森致函广东外交后援会会长宋以梅，要求后援会即发通告，声援学生，要求收回青岛。5月8日广东外交后援会也通电全国，要求北京政府严惩卖国贼，立即释放被捕学生，收回青岛。

5月10日，众议院议长吴景濂致电北大校长蔡元培及北大师生，慰问和声援他们的爱国行动：

> 诸同学以热心领土，突起击贼，大义弥天，神人钦感。贵校长为学生爱国被捕，愿以身代，一番忠义，尤足增母校之光，壮国人之胆。惟国贼未死，领土未回，至望再接再厉，死且不休，博浪长椎，秦庭匕首，义声所播，继起正多。除电北庭立予释放学生，惩办国贼，并通电全国，号召护法各团体群起后援，及电驻沪各代表各予主持外，特电慰问。仍望转致各校学生及此次同襄义举诸君②。

广东军政府于5月10日致电徐世昌要求释放被捕学生：

> 顷闻北京学生为山东问题警告曹汝霖、章宗祥、陆宗舆诸人，发生伤毁之举。有将为首学生处以极刑并解散大学风说，不胜骇

---

① 《民国日报》1919年5月16日。
② 《民国日报》1919年5月18日。

诧。青年学子以单纯爱国之诚，逞一时血气之勇，虽举动略逾常轨，要亦情有可原。且此项问题何等关系，凡属国民有常识者，类无不奔走骇汗呼号以求一当。义愤之余，疑必有人表里为奸，则千夫所指，证以平日历史，又安得不拼命以伸公愤？其中真相若何，当局自能明了。倘不求正本之法，但藉淫威以杀一二文弱无助之学生，以此立威，威于何有？以此防民，民不畏死也。始作也微，将毕也巨，此中国机括，系于一二人善自转移。执事洞明因果，识别善恶，宜为平情之处置，庶服天下之人心。敬布胸臆，愿熟察焉①。

5月11日，以学生为主的广州各界群众在广州东堤东园草坪举行国民大会。会场高悬"欲杜强邦，先歼国贼；不申正义，曷号公民"的对联。一些国会议员、广东省议会议员及群众团体代表纷纷在会上发表演说，要求严惩卖国贼，废除一切不平等条约，日本交还中国的青岛。会后，2万多人举行声势浩大的游行示威，游行队伍高呼"先杀国贼！""还我青岛！""废除不平等条约"等口号，抵达军政府，向主席政务总裁递交了三项书面要求：1. 取消二十一条及国际一切不平等之条件，直接收回青岛。2. 尽快依法严惩卖国贼。3. 请北方释放痛击卖国贼因而被捕之志士②。

5月18日，广州教育界在九曜坊教育会举行会议，一致决定致电声援北京学生的爱国斗争。5月25日，广东高级师范学校召开学生大会，各校均派代表参加。会议就学生如何救国问题展开了热烈的讨论，决定学界联合起来，宣传和动员人民群众加入到爱国运动之中。会后成立了"广东中等以上学校学生联合会"与"广东省会学生联合会"。学生走上街头，宣传抵制日货，凡绘有日商标志的招牌和宣传广告均被捣毁，商店一律禁售日货。

5月12日参、众两院联合会，众议员秦广礼动议，提议由国会咨请

---

① 《民国日报》1919年5月18日。
② 《民国日报》1919年5月18日。

护法政府将卖国贼曹汝霖等交总检察厅提起公诉,由大理院认为外患罪,判决死刑,并严究主犯教唆及一切从犯,以重法律而正是非。主席以秦的动议咨询院议,均赞成。议员纷纷发言指出学生爱国无罪,卖国贼卖国有罪。国会虽有通电,然究非审判机关,不能认为犯罪确定,故由国会议决,咨请护法政府执行,以惩大憝而慰人心。最后表决,一致同意咨行护法政府查照执行①。

6月初津京学生派方豪、杨×、钟×、桂×四人为赴粤代表,国会与军政府均表欢迎。两院议长林森、吴景濂、褚辅成几次与四位学生座谈。6月13日又由在粤全体议员在东园俱乐部开茶话会,邀请学生代表到会演说。到会议员300多人。6月12日还在东园俱乐部由在粤全体议员每人捐助学生款项十元作为学生代表活动之用。总计可捐六七千元之谱②。

当广州的五四运动以抵制日货的形式兴起时,广大学生宣传和检查各商店不要卖日货。当时广州市最大的百货公司是长堤的先施公司,西堤大新公司、真光公司。这三家公司的股东多为广东省香山县人,均与政学会一派相结合,仗着广州当权者这个后台,不理会学生的不要卖日货的劝告,继续经营日货。5月30日,当广州全市学生示威游行队伍到先施公司时,高呼"打倒亡国公司"的口号,冲进公司。广东警察厅派来大批警察镇压学生,当场将数百名学生围困于该公司,第2天才放出来,但捕走了多名学生骨干。

5月31日,日本驻广州总领事太田喜平就广州抵制日货运动致函广东督军莫荣新提出抗议。当日,莫荣新和广东省长翟汪即发出布告:"本月30日晚,惠爱街及长堤等处,聚有多数匪徒,借端滋扰,实属妨害社会康宁。本督军、省长有维持治安之责任,断不容此等乱民扰乱秩

①　《民国日报》1919年5月21日。
②　《民国日报》1919年6月24日。

序,亟应严行禁止。"①

7月10日,广州召开国民大会,讨论外交和国内政局。与会者对外交失败和国内政局不满,尤其是对广州当局5月31日的布告将爱国的学生诬为"匪徒"十分不满。国民大会后组织游行示威,并到军政府请愿。要求军政府颁布惩治国贼条例,发表对外宣言,取消一切秘密条约。并要求伍廷芳出任广东省长,以达粤人治粤的目的。原来广东省长是由广东地方军阀、肇军司令、肇阳罗镇守使李耀汉担任。但李不敢到桂系控制的广州任职,一直躲在自己的大本营肇庆。控制着广东的桂系为铲除李的势力,和政学系联合,于1918年9月下令免去李的省长及所兼各职,遭到李的反抗。在各方的调停下,双方达成由李的部属翟汪代理省长,保留李的肇军总司令职。桂系为了铲除李的势力,1919年6月对李耀汉下达了通缉令。在桂系的压力下,翟汪于6月12日辞去了代理省长职务,由高雷道尹张锦芳护理省长。桂系独霸广东的野心遭到广东各界的反对。五四运动中,广东人民举行罢工、罢市、罢课来抗议桂系军阀对广东的残暴统治,推举伍廷芳为省长就是为了对抗桂系另派省长。也就是说,广东省的五四运动还带有反对桂系军阀的特点。7月10日的请愿是广州各界第八次向军政府的请愿。岑春煊主席总裁接见了请愿代表,但对请愿代表的要求未置可否,代表们自然十分不满。于是代表往总商会。总商会决定从7月11日起全体罢市,非省长问题解决不止。7月11日、12日广州全市罢市,13日电力公司罢工,全城停电。7月14日学生、工人、商界4千多人在东园集会。由学生倡导,与会者赴省议会请任伍廷芳为省长。7月15日广州公民又集会,但为警厅的巡逻队驱散。广东中等以上学校学生联合会闻讯即公函邀请中等以上各校16日在公立法政学校开紧急会议,十余所学校代表到会,议决再进行有秩序的和平游行请愿。随即列队出校游行。他们高举"罢市罢工的同胞快想出对外对内法子来","国亡在即,大家

① 《广东公报》1919年6月。

速起群策群力,共图挽救"的大横幅走上街头。但立即遭到警察的粗暴干涉和阻止。他们抢去了学生的大横幅,并捕走了学生 300 余人。后经学生和学校一再交涉,才将学生放回。但仍捕走游行与请愿的领导人刘柱石、林遇春、黄焕庭、曾景星、胡文灿等 5 人,打伤学生及请愿公民数十人,并将支持学生运动的法政学校校长叶夏声、广东医学院院长邓弇华撤职,分别以区大原、陈彦接任两校校长。

7 月 16 日,军政府发布劝谕各界复业的布告:

> 为布告事。国际变迁,外交失败,痛国势之阽危,原祸因之有自。本军政府昕夕廑念,数月于兹,对于山东问题及其他密约,迭电欧会专使严重交涉,并历经警告北廷促其反省。又严电惩究曹汝霖、章宗祥、陆宗舆等以谢天下。即唐总代表所提八条,一则曰对于欧洲和会所拟山东条件表示不承认;二则曰中日一切密约宣布无效,并严惩当日订立密约关系之人。凡兹表示,宇内共闻,职志所在,惟力是视。乃近日广州公民大会,溯对外之败征,作诛奸之呼吁,义愤所激,罢市罢工,似此不惜牺牲,具征热诚爱国。惟按其请愿之理由,亦即本军政府一年来始终不渝之素志也。所抱既同,当然容纳国民公意贯彻前此主张。兹恐国民尚有误会,因将经过情形明白宣示,用释群疑。尚望各界首领剀切董劝,一律复业,以保公安而维秩序。切切此布①。

显然,军政府的布告仍只对打击北京政府的两个条件表示支持,对广东人民反对桂系任命省长而主张由伍廷芳兼任广东省长的粤人治粤的要求,避而不谈。尽管广东各界为省长人选已进行了八九次的请愿,旅沪粤人还派出吴铁城等 4 人为代表回粤,呼请粤人治粤,以伍廷芳兼任广东省长。但广东毕竟为桂系所控制,政学系控制的军政府与桂系联合才得以维持,故军政府布告中根本不敢提及省长问题。

---

① 《申报》1919 年 7 月 25 日。

但多数国会议员则支持广州的学生运动和广东人民粤人治粤的要求。

议员万鸿图、居正等7月13日对军政府提出质问书,说:"自外交问题发生,各处罢市罢工,奔走呼号,力拒签字,风潮澎湃,震撼全国。顷者广东市民群起响应,经开国民大会,要求护法政府三事:一下令讨贼;二取消中日一切密约;三任伍廷芳兼任广东省长。乃政府无相当办法,致起罢市已逾二日,今复有罢工之举。水火俱绝,若不速行解决,恐险象环生,不可终日。政府究应如何处置,限于3日内明白答复。"①

7月16日,议员陈宏栋、叶夏声、何士果、杨梦弼、王鸿庞、苏佑慈、易仁善、谢环材、黄元白等致军政府、督军署、警察厅公函:

> 昨有各学校学生及公民代表49人到本俱乐部诉称,以关于本省省长问题,前日赴省会请愿,不料有警察多人兼有番禺县署游击队、财政厅卫队在场,横加干涉,以枪殴击并放枪数十响为示威之行动,受伤者共有20余人之多。昨日在东园开会,亦被军警强逼制止,撕毁国旗,任意驱逐,横加殴击,并携带机关枪数枝,如临大敌。且称学生公民集会请愿,人民法律应有之权,官厅宜负保护责任。今乃一任军警横加干涉,肆意蹂躏,陆续拿人等情。议员等即日在本俱乐部召集同人开会,讨论结果,均以军警若果有此行为,未免轶出常轨。为此函请贵政府、贵督军、贵厅长迅下训令禁止,并将被拿之人释放,以安人心而靖地方。不胜迫切待命之至。专此敬请政安②。

7月19日,在沪的政务总裁、和议总代表唐绍仪致电军政府政务会议及粤督莫荣新等,要求释放被捕学生:"当5月间北京学界风潮,北京政府对于所捕学生亦随即释放,不复诛求。况广东为护法政府所

---

① 《申报》1919年7月23日。
② 《申报》1919年7月26日。

在之地,文明宽大更应过之,此为内外视线所集,不可不慎。敬请就于此事取宽和之态度,将所拘学生人等即予释放,无俾他人借为口实,是所切盼。"①

鉴于广东为桂系军阀所控制,政学系控制的军政府又采取了与桂系联合的政策,桂系镇压广州五四学生运动,镇压广东人民,8月7日,政务总裁孙中山致电广州国会辞去政务总裁,以表明自己不愿与西南军阀同流合污,指出:"不法武人,已以割据西南为志,故于人民参与政治之举,力图破坏,徒使民国名存实亡。"②

在国会议员及唐、孙等各界人士的干预下,广州当局只好将被捕人员释放。但桂系和政学系控制的军政府,加紧了对广东群众运动的破坏,利用军警严密监视学生和其他各界积极参与罢市罢工的领导人的行动。用刺刀将广东的群众运动强压下去。

广东学生的抵制日货运动的宣传持续时间很长。很多学生利用课余宣传抵制日货,监督一些见利忘义的商人和公司进日货和卖日货。在这一过程中,有黄复龙、范曾养、古太一、程万镒4名学生因抵制日货的宣传、监督工作过于劳累而殒命,学界定于11月8日为黄、范、古、程4人开追悼会。

1919年11月8日,广州中等以上学生联合会各校学生于东园开会,追悼黄复龙、范曾养、古太一、程万镒,赴会学生五六百人,为承四君遗志,下午2时后祭毕游行。游行队伍经过先施公司门前时,高呼抵制日货,打倒亡国公司等口号,该公司员工马旋德、欧耀和守卫该公司的警察上前制止,双方发生争执,马、欧指挥警察驱赶学生,当场刺伤多名学生。马、欧见状,逃回公司,学生追入,将马、欧扭送往警厅,但警厅当即将马、欧二人释放,而逮捕了十几名在先施公司的学生送往南石头惩戒场关押。这立即引起了各界的强烈反响。广东各地学生会纷纷来电

①　《近代史资料》总51号,第150页。
②　《孙中山年谱长编〔下〕》,第1195页。

声援学生,要求惩办凶手,释放被捕学生。广州大多数报纸都站在爱国学生方面,及时报导事件的真相。护法国会也坚定地支持学生的爱国举动。广东督军莫荣新和护理省长张锦芳联名严禁学生查禁日货,并对已查获的日货令原公司或店主领回,并逮捕分发传单、演讲抵制日货的学生。10日对同情学生的10余家报馆进行搜查,并逮捕记者30余人。当日,护法国会议员邓天一等19人发表通电,声援广州学生的爱国行动,谴责当局镇压学生的行径。参议院议长林森四处奔波,营救被捕学生。

11月11日,广州学生代表上军政府和广东督军署、省长公署请愿,要求释放被捕学生,惩办广东警察厅长魏邦平,惩戒先施公司。但这三处均推托,互相踢皮球。

11月13日,众议院常会,讨论议员孔昭晟等提出的《查办广东省省会警察厅长魏邦平》案,提案人说明查办理由后,议员发言一致赞成,无一人发言反对,表决时全体一致赞成,可决,即咨送军政府。军政府据此咨行广东督军与省长。但粤督与省长漠然置之,自然不能查办,因为镇压学生的禁日货运动的命令正是督军与省长下的。尽管众议院通过查办魏邦平案后,魏也假惺惺地提出了一个辞呈,但粤督莫荣新极力慰留,奖励有加。

11月14日,由广东教育会会长陈其瑗和广州各学校校长面见魏邦平营救被捕学生。魏态度强硬,大放厥词,最后由各校校长具文保释,领回各校的被捕学生。

广州11月兴起的学潮,完全是为了禁售日货与卖日货的先施公司发生冲突而引起的,学生们并未提出粤人治粤由伍廷芳兼任省长的要求。但桂系却站在少数卖日货谋利而不顾大局的商人一边,残酷镇压学生运动。这进一步暴露了其反动面目。

桂系两次镇压广东的学生运动,其残暴程度比北京镇压五四运动有过之而无不及。可见南北军阀真是一丘之貉。他们不过假借护法的旗帜来与北方抗衡,以保住自己的地盘,扩大自己的地盘。

护法国会在五四运动中基本上一直采取支持学生的态度。

十一、护法国会的制宪活动

1918年6月12日,护法国会在广州举行第一届国会第二期常会的开会典礼,宣布为正式国会。会议主席众议院议长吴景濂就提出,议员人数超过总数三分之二的制宪人数时,即将在广州制定宪法。8月2日,参、众两院谈话会,参议院副议长、会议主席王正廷又强调:这次国会开会,第一重要问题当以首先制定宪法为惟一无二的任务,为惟一无二的天职。正式开议后,当即先开宪法审议会,审议在京开会时未了的各种条文,如地方制度。必须运用全副精神使得我中华民国得一极良好的地方制度①。

8月27日,护法国会开第一次宪法会议谈话会,商讨制宪问题。议决续开宪法审议会。但1916年、1917年两年在北京所议的宪法草案的卷牍留在北京,广州无原稿,只得检取北京《政府公报》汇齐作案,以便开始审议。

1916年至1917年,国会在北京制宪时,对地方制度入宪的问题,国民党系议员坚持地方制度写入宪法,研究系反对之,双方争持不下。几经协商,合并提出的地方制度16条写入宪法,并通过了宪法审议会。但宪法会议二读会时,有议员提出对16条中的一些条款的修正案,引起冲突,结果只得再将原案与修正案再交宪法审议会审议。由于研究系议员不出席会议,审议会不足法定人数一直延会至第一届国会第二次被解散。

1917年国会在广州召开时,国会几乎成了国民党一系之国会。在其再制宪时,自然不满意北京时的地方制度16条。于是从1918年9月27日至12月23日,共发开宪法审议会通知15次,因人数不足宪法审议会流会2次,因为时局紧迫,将审议会改开两院联合会1次,实际

---

① 《申报》1918年8月11日。

共计开宪法审议会 12 次。这是护法国会第一次议宪。地方制度一章，曾归纳出 19 项为审议要点：1. 省兼为自治区域之规定。决定省为地方最高自治团体，兼为国家行政区域。2. 县制的规定。决定宪法内应有县制之规定。3. 不设省各地方之规定。决定未设省地方之规定须于宪法中为之规定。4. 地方权限之规定。决定以地方权限应规定于宪法之内。5. 省受中央支配之规定。决定省应受中央之支配。6. 省长职权之规定。认为当然之规定。7. 省长任期、岁俸之规定。大多认为此非大体，不必讨论。8. 省长免职与犯罪之规定。决定省长由省议会选出 3 人，呈请大总统择一任命之。9. 省行政机关之规定。决定与第 12 项合并讨论。10. 省设警备队之规定。规定条文时再行讨论。11. 划分国家税与地方税之规定。决定省之财权为田赋、省附加税、省单行税、省公债，凡边远省份及向受协之省区，其上列收入有视为不足发展地方自治者，经国会议决，得由国库补助。12. 省参事会组织及职权之规定。决定建立省参事会辅助省长执行政务，对省议会负责。其员额完全由省议会选出。13. 省议会职权之规定。决定二读会时讨论。14. 省议会弹劾省长处分之规定。15. 省议会弹劾参事员之规定。16. 省长对于省议会交复议权之规定。17. 省议会解散之规定。18. 省议会常会及临时会之规定。19. 省与中央、省与省、省与省议会争议解决之规定。审议中，第 14 至 19 各项均认为不构成大体，未加讨论。此外，经各议员提出增加的几个问题：1. 省之事权之规定。议决用抽象的列举。2. 县知事民选之规定。议决县设知事一人，由县议会选出呈请省长委任之。但未有省之区域，得由该管区长官直接委任。3. 特别区域适用省之规定。决定未设省之区域应为下列之规定：已设县制者应施行本规定；未设县制者，经国会议决得以次施行本章之规定，未施行以前，其暂行制度以法律定之。4. 屯驻国军之规定。表决不足三分之二之数，否决①。

① 《民国日报》1919 年 1 月 14 日。

1919 年 1 月 7 日,已足法定人数,宪法会议开议。出席参议员 183 人,众议员 397 人,林森主席。这是护法国会第一次开宪法二读会。先由审议长报告地方制度审议结果。议决交付宪法起草委员会按审议结果起草地方制度,后再开二读会。

由于宪法起草委员很多未来广东,于是参议院又补选了 21 名宪法起草委员,众议院补选了 15 名宪法起草委员。并补选谢持、马骧、陈嘉会为理事,以取代解职的原理事李国珍、夏同和、黄云鹏。公推吴宗慈兼任书记长取代原书记长林子衡,健全了宪法起草委员会。

宪法起草委员会 1 月 9 日会议,主席汤漪指定孙钟、吴宗慈、吕复、何畏、韩玉辰 5 人起草地方制度条文。1 月下旬,地方制度条文起草妥,共计 19 条,交宪法起草委员会讨论议决。

护法国会本打算一面由宪法起草委员会起草地方制度条文,一面讨论 1917 年在北京时,国会宪法会议悬而未决的条文。但 1919 年 1 月下旬,南方参加上海和平会议的代表离粤赴沪。和谈的关键问题是法律问题,即国会问题,这自然与国会的命运休戚相关。南、北两个国会的议员对和会进展十分重视,纷纷赶赴上海,以图对和谈代表施加影响。护法国会 80 多名议员于 1 月底即赶赴上海,以后又有些议员陆续赶到上海。加之 2 月上旬是农历的新年,一些议员返乡过春节。这样,1919 年 1 月下旬,护法国会就因不足法定人数而无法开会,更不用说制宪了,只好改开谈话会式的两院议员联合会。(按《国会非常会议组织大纲》第 4 条的规定,只须 14 省以上的议员出席即可开两院议员联合会。)

在粤的议员尤其是议长们十分着急。3 月上旬众议院副议长褚辅成赴沪,面催旅沪议员尽早归粤制宪。3 月中旬,护法国会致电唐绍仪总代表和旅沪议员,催旅沪议员回粤。3 月 29 日,护法国会非正式会议决催议员回粤制宪。4 月 1 日,护法国会参、众两院联合会,议决一个月内仍不回粤的议员取消其资格。2 日,护法国会参、众两院联合会议决催议员回粤。

4月上旬,护法国会发出通告:凡旅京、沪、津、汉等处议员限于5月5日以前返粤,否则除名①。但效果并不大。在5月中旬,上海南北和谈破裂后,议员返回广东的也不多。原因是多方面的。军政府、护法国会、西南各派军阀,各自为政,各行其是。国会议决案对各方约束力不大。军政府财政窘迫,国会经费十分紧张,拖欠议员岁费,也使很多在粤议员旅食维艰而离粤别寻它图。孙文辞职后,国民党议员,尤其是民友社系议员在一定程度上产生灰心思想而消极。加之北京政府和安福系极力拉拢罗致旧议员,致使一些利禄心重之辈为其所招致而去。故护法国会议员东走西奔、七零八落。护法国会呈现一种涣散颓败之势。

为了能使护法国会振作起来,使其能正常地运行,完成制宪工作,6月初,护法国会就开始筹备经费,以便催议员回粤制宪。为尽快制定宪法,7月5日开两院联合会,讨论促进制宪办法:1. 决定广州为制宪地点,无论和议成功否,均不变更。2. 决定8月15日为制宪人数齐集日期。3. 两院共派议员4人为招待员,赴京、沪、津一带催促议员从速回粤。4. 对于来粤议员可贷与起程费五六十元,俟其到广后按月从薪水中扣还②。

于是以参、众两院的名义在全国的一些大报上刊登8月15日开宪法会议要求议员速回粤制宪的广告:

兹经开会决定,8月15日以前齐集广州,继续开宪法会议。凡两院离粤同人及应行递补之候补当选人,务望依期齐集,备足法定人数。如川资缺乏,过沪时可向通信处酌量借支,在应得岁费项下扣除。谨此布告③。

按7月5日两院联合会的议决,参议院派董昆瀛、张鲁泉,众议院

① 《盛京时报》1919年4月20日。
② 《盛京时报》1919年7月13日。
③ 《申报》1919年7月20日。

派张瑞萱、周之翰为赴京、沪、津促议员回粤的招待员,张鲁泉、张瑞萱为驻沪招待员,董昆瀛、周之翰为赴京津招待员。由于经费问题,招待员未能立即动身,一直到 7 月底,军政府专门拨给 6 万元做招待费,4名招待员才动身北上催促议员回粤①。

为推动制宪,就需要得到南方各实力派尤其是滇、桂这两个西南最大的实力派的支持,于是护法国会派众议院副议长褚辅成于 8 月底赴滇面见唐继尧,游说其从政治上和经济上支持国会制宪。国会同时通电西南其他各派首领,疏通制宪事宜,取得他们的支持。

9 月上旬,参、众两院议长林森、吴景濂多次召集国会各派、各系、各俱乐部重要分子开会,以促进宪法会议能早日召开。并决定了几条办法:1. 通电西南护法各省省长,请其转催国会议员返粤。2. 专函津、沪招待员,确定议员南下日期、人数和人员名单,尽快报告广东国会。3. 通电各省议会,请其调查转函敦促国会议员返粤。4. 在粤各省议员担任调查现在留粤议员实数,报告两院。调查确定后并要约束告诫各议员,不得无故离粤。5. 两院议员时有辞职出缺及他就者,此项人数甚多,自应查照递补足额。应由各省议员自行确切查明,克期陈报两院。凡三人以上署名证明某议员确已出缺者,即行挨次以候补人递补②。

在国会的交涉下,军政府决定每月拨给制宪经费 30 万元,3 个月共 90 万元,除一直由两广盐运署按月拨给 17 万元外,每月不足的 13万元由军政府按月拨付。这样,9 月下旬又给议员发了岁费,并从 11月开始,每名议员每月加 200 元。护法国会因而又呈现出活跃的景象。在各方的推动下,议员纷纷赴粤,护法国会议员又多起来了,也热闹起来了。由于政学会在广东专横而与益友系、民友系的矛盾日益尖锐,导致 10 月中旬国会突然提出对岑春煊不信任案和军政府改组案,而将制

①　《盛京时报》1919 年 8 月 13 日。
②　《盛京时报》1919 年 9 月 18 日。

宪搁一边。直至 11 月 18 日国会才再开宪法会议。

　　为了确保宪法会议出席人数,11 月初,吴景濂提出严行取缔议员请长假之例的动议获通过:取消已逾 2 个月尚不到院者的议员资格,即行除名。并当即表决将请长假的梁善济、黄序衡两议员宣布解职,另行依法递补①。同时,又成立了议员纠察团,对于所属议员负连带责任。有缺席者即问明理由,如无故缺席即加以相当之制裁。

　　1919 年 11 月 18 日下午 2 时,广州国会开宪法会议,到会议员极为踊跃,竟有扶病而来者。3 点开会,到会参议员 188 人、众议员 404 人,共 592 人,参议院议长林森主席。对请假议员是否准假付表决,均以现制宪任何人概不准假予以否决。由代理审议长褚辅成报告对宪法草案的审议结果。然后接着在北京提出而未经过二读会的条款逐一讨论。

　　宪法会议自 1919 年 11 月 18 日起到 1920 年 1 月 6 日止,对在北京未通过二读会的《天坛宪法草案》条文继续开二读会,逐条讨论表决,同时对二读会否决但又不可废弃的条文又开了几次宪法审议会。宪法会议的前一段,尽管有些问题有争议,如对国会解散权问题的争议,但未出现两派对抗乃至发生政潮,即宪法会议的前一段相对来说未出现大的波折。但从 12 月 27 日讨论《地方制度》一章的第 11 条即发生争执,由争执到对抗,最后导致宪法会议搁浅。《地方制度》一章是从 12 月 6 日开始二读的,该章的第 1 至第 10 条均较为顺利地通过。但 12 月 27 日宪法会议讨论《地方制度》第 11 条第 1 项"省设省长 1 人,执行国家行政并监督地方自治"时,议员们纷纷提出修正案。

　　张善与修正案:省设省长 1 人,由参事员互选之。

　　李建民修正案:省设省长 1 人,执行省政务并监督地方自治。

　　丁象谦修正案:省设省长执行地方政务兼理国家行政。

---

　　① 《申报》1919 年 11 月 9 日。

刘云昭修正案:省设省长 1 人,执行地方行政依法令得兼理国家行政。

张瑞萱修正案:省设省长 1 人,执行地方行政依法律得兼理国家行政。

许森修正案:省设省长 1 人,任期 4 年,执行地方行政兼理国家行政。

汤漪修正案:省设省长 1 人,执行国家行政并监督地方行政。

江浩修正案与丁象谦的完全相同,刘云昭修正案与张瑞萱的基本相同,只差一个词,一个为"法令",一个为"法律",意思相差无几①。

会上,唐宝锷、褚辅成、谢持发言反对原案,韩玉辰、沈钧儒发言赞成原案,且发言均比较长。当日的会各抒己见,并未表决就到了散会之时。

12 月 30 日,宪法会议再开会,吴景濂主席,继续讨论《地方制度》中的第 11 条第 1 项。沈钧儒、吕复发言赞成原案,谢持发言反对原案。讨论终局后,主席分别以张善与、江浩、许森、丁象谦、李建民、张瑞萱、刘云昭、汤漪各修正案一一付表决,赞成者均不足四分之三,否决。主席又以原案付表决,赞成者差 40 人够四分之三,亦遭否决。但此条显系不可废弃的条文。于是吕志伊提议该条再付审查,经表决,多数赞成,可决②。

1920 年 1 月 1 日、2 日,连开两天宪法审议会,对《地方制度》中的第 11 条第 1 项争议仍很大,各种修正案与原案付表决,均不足三分之二遭否决,即审查会无结果。

1 月 3 日再开宪法会议。只好再将原案、各修正案付讨论,最后一一付表决。赞成原案者 411 人,距四分之三还差 20 多人,各修正案表决时,赞成者亦均不足四分之三,均否决。这天的宪法会议又无结果。

1 月 6 日,宪法会议继续讨论《地方制度》第 11 条第 1 项,当日议员又提出了很多修正案。当天会议主席为宪法会议副议长吴景濂。

---

① 《申报》1920 年 1 月 5 日。
② 《申报》1920 年 1 月 8 日。

尹承福修正案："省设省长1人,统摄全省。依法令执行国家行政;省设参事,执行省行政。"

陈家鼎修正案："每省设省长1人,为省之行政首长。"

徐兰墅修正案："省设省长1人,依法令执行国家行政,并监督地方自治。"

李载赓修正案："省设省长1人,执行省行政,兼执行国家行政。"

童杭时修正案："省设省长1人,执行省政务,依法令得兼理国家行政。"

张瑞萱修正案："省设省长1人,执行省政务。国家行政得依法令委任省长执行之。"

修正案的提案人做出说明,议员讨论后一一付表决。前5个修正案赞成者均不足四分之三,否决。表决张瑞萱修正案时,主席宣告:在场议员592人,起立赞成者464人,已足四分之三以上,可决。

政学会议员徐兰墅对表决结果提出疑义,要求反证表决。政学系议员杨福洲、韩玉辰、宋汝梅等主张用《宪法会议规则》第39条的规定,投票表决。议员张知本(新新俱乐部)、张我华(民友社)则认为既然用了《宪法会议规则》第38条表决,反证表决也是这一条,故仍应用这一条,用反证表决。第39条投票表决是独立条文,宜用第38条反证表决,不宜用第39条。这时已届法定散会时间,议长宣布延长半小时,以两种主张付表决。结果赞成第38条414人,多数,可决。于是议长宣告张瑞萱案反对者起立,反证表决结果,主席宣告:在席人数592人,四分之一为148人,起立者143人,不足四分之一,证明前此表决已足四分之三以上,可决。这时,政学系议员以前一次表决赞成者464人,反对者顶多128人,但这次反证表决时反对者143人,多出15人,显然统计有误,对结果提出疑义,要求用投票法再行表决。本来政学系此时与国会大多数议员发生矛盾,故议场立即出现争执,秩序混乱,已到散会时间,议长宣布散会。其实,当天的会政学系是有备而来的。按《宪法会议规则》第38条的规定,并不需要表决与反证表决的赞成(或反对)人数一致。在场议员二次表决中完全可能有少数议员临时改变主张。但政学系之所以在表决上找茬大做文章,其醉翁之意不在酒。岑春煊和政学系主张在国会问题上退让(即所谓牺牲国会),以便和北方政府和平统一。

岑春煊和政学系既然已基本上定下了与北方和解,广州国会的制宪就与此背道而驰。北京政府徐世昌大总统"令李纯劝告西南停止制宪",①故政学系议员才借正常的表决大作文章。岑春煊和政学系主张南北和平统一,要牺牲南北两个国会,这一主张也无可厚非。解散南北两个国会来换取和平统一,未必不是一件好事,当时的舆论和大多数中国人可能也能接受。因为安福国会操纵政局,飞扬跋扈,引起国内一些派系的反对。而第一届国会吵吵嚷嚷,置国家民族利益于不顾,为党派乃至个人利益争吵不休,广州护法国会也如此,早已不能代表民意,人民对其也逐渐厌恶。解散南北两个国会,南北统一后再选举新一届国会,未必不是件好事。但岑春煊和政学系却不敢公开自己的观点和主张,不是采取正大光明的办法,而是节外生枝,这自然使人无法认同。

1月8日,宪法会议议事日程为《地方制度》第11条第2项至第22条。政学系参议员沈钧儒、金兆棪、杨永泰、秦锡圭、张鲁泉、孙光庭、刘新桂、王銮声、杨森、札布廷、杨泽、丁文莹、杨天骥、韩玉辰、郑际平、杨福洲、宋汝梅17人,众议员徐兰墅、张佩绅、陈鸿钧、李为纶、欧阳振声、裴廷藩、周之翰、朱溥恩、陈祖基、徐绍熙、袁麟阁、刘彦、廖希贤、钟才宏、王源瀚、魏郁文16人,以1月6日对张瑞萱修正案反证表决后,有人提出疑义,要求重新表决,而会议主席置之不理,宣布散会,以及1月8日宪法会议议事日程列第11条第2项至第22条为理由,拒绝出席1月8日的会以为抵制。这使宪法会议不足法定人数而无法开议。从1月8日起到1月24日止,宪法会议因政学系议员不出席不足法定开会人数而流会8次。在此期间,各政团、各党派还在会下召开了8次协商

---

① 《申报》1920年1月26日;《盛京时报》1920年1月26日。

会。但由于政学系出尔反尔,协商妥的办法也无法实行。如1月18日晚各政团协商会,政学系的沈钧儒、王源瀚在会上提出条件,要求第11条第1项下加一但书,"但大总统依官制之规定,得派专员分别管理。"但书如能办到,政学系即出席宪法会议。1月19日各政团协商乃无异议,1月21日各政团一致同意政学系的要求,答应但书连署提出交付审议后再列入议事日程。但政学系又反悔,沈钧儒等又不赞成自己所提出的条件,要将但书与第11条第1项合并表决,即欲推翻已可决的第11条第1项,民友系、益友系自然不同意。其实即使民友系、益友系同意,政学系还会再提其他无理要求。因为政学系已抱定不能让广州国会制宪的决心。

1月15日,军政府总裁伍廷芳致函国会议员,促其尽快制宪:"盖共和国家最重民意。民意以多数为准,少数服从多数,各国通例也。若彼此争持不下,制宪竟因此停顿,万一无成,益为奸人藉口,国事必益纷乱而不可理,是国人方患饥渴求饮食,而力扼其吭,弗使下咽也。此不独举国所痛心疾首,即友邦之表同情于我者亦知所指摘矣。各国国会均有各党各派之争辩,不独我国为然。惟先进之邦,其党派均以国利民福为前提,行一事也,立一法也,有益于国亦有益于党则行之,无益于国者断不为也。以个人与党较,则党重;以党与国较,则国重。诸君代表民意,怀利国福民之旨,其有以党利为重国利为轻者,谅诸君亦期期以为不可也。盖制宪为立国根基,与其他提案不同。囿于党见不可,囿于一时之利害亦不可,当重民意,审国情,行良心之主张,而后国家利益乃可确立。闻诸君对于地方制度辩论颇烈。夫地方制度,宪法一端耳。然为各省治安所关,使立法而善,各省蒙其利,即全国蒙其利。假如立法不当,即就其最切近者言之,人孰无乡井?我立法而使乡井受祸,究何忍焉!此愿诸君返躬深思者也。"①此函言辞恳切。

1月20日宪法会议因人数不足改开谈话会,并欢迎从巴黎和会载

---

① 《申报》1920年1月22日。

誉而归的参议院副议长王正廷。王报告了巴黎和会的经过后,对制宪亦发表了自己的意见:"两院同人,护法南来,当以制宪成功为惟一重要责任。各人认定此责任,则于宪法条文中,纵有意见不相容之点,亦宜交换意见,彼此退让,以促其成功。"①

政学系不出席议员采取先发制人的策略,于1月11日发出通电,以对1月6日宪法会议的表决过程不满,攻击宪法会议。双方越闹越僵。1月17日各政团协商无结果后,民友系和益友系议员48人发出通告,约出席宪法会议议员下次宪法开会日期各持白布旗执香,齐集政学会门外和请假议员寓所,跪求不出席宪法会议的议员出席宪法会议。政学系得此通告后,也拟定待下次宪法会议开会之日,相率到议长之门口呼吁议长,请愿更正议事日程②。真是各有各的招数。

双方矛盾不断激化,其间还出现了1月22日的流血事件。1月22日宪法会议因政学系不出席已第7次流会,只好改开谈话会。议员凌钺、邓天乙、张我华、王湘、胡祖舜、褚辅成等主张通电宣布不出席议员破坏制宪的情况。这时福建籍议员杨山光愤愤不平地对其同乡议员林星辉说:如果宣布不出席人罪状,则不出席人亦必宣布彼辈罪状,双方各执一词。吾辈属中立人,亦将双方互执之点通电全国。此公虽以中立派自居,实则为政学系,只是形式上未加入。1月17日宪法会议流会改开谈话会时,议员们主张下次宪法会议不发宪法会议日程,改为联合会,专议改组军政案。杨山光即登台演说大加反对,益友系、民友系议员对此公已是十分恼怒。今日又说此话,被旁边的张秋白、吴宗慈、申炳炎等人听见,大骂杨放屁,杨于是与张、吴等口角起来。本来议员们因宪法会议一再流会而对政学系行径十分愤懑,不识时务的此公在此时竟为政学系的代言人。于是怒气一齐撒向杨山光,会场一片喊打声。椅、凳、墨盒一齐向杨掷去,杨抱头逃出场外,后面很多议员追着

①　《申报》1920年1月27日。

②　《申报》1920年1月26日。

喊打。杨躲到议场西廊外草地,多名议员捡起廊下铺地大火砖向杨打去,杨被击倒地,又有议员上前用脚乱踢。议院警卫赶来制止,并将杨送到医院①。杨伤势比较重并吐血。经医生检查,背部、胸部、腰部均受重伤,尤以腰部为重。杨除向广东检查厅起诉外,并通电全国。

从1920年1月8日起,因政学系议员不出席宪法会议,使广州国会的制宪从此停了下来。后来一些议员因制宪经费停发而离粤。广州护法国会便再未开宪法会议,制宪最终流产。

十二、改组军政府案和不信任岑春煊案的风波

广州军政府实际是西南各实力派共组的一个联合权力机关,比较松散。1918年军政府将大元帅独裁制改为总裁合议制之后,开始一段时间,涣散松散的状态有所改善。但时间一长,又开始涣散。总裁陆荣廷、唐继尧、孙中山一直未到广州履职,而是派代表出席军政府的政务会议,总裁唐绍仪不在广州且连代表亦未派出。主席总裁岑春煊一直以有病为由不出席政务会,只派代表出席。总裁林葆怿虽在广州,见多数总裁不出席政务会,只派代表出席,故也多不出席政务会议,只派代表参加,且对一些事也不愿多过问。久而久之,就出现总裁不出席代以部长出席,部长也不出席代以司员出席,司员也往往不能如期出席,使政务会议仅存形式,合议精神逐渐丧失。主席政务总裁岑春煊参加了护国运动,与滇、黔军阀关系较好,岑又联合控制广东的桂系军阀,以维持军政府。岑是政学系的领袖,政学系乘机扩张自己的力量,不但控制了军政府的各个重要部门,而且基本上控制广东省政府。如广东财政厅厅长即为政学系的杨永泰。这样,岑春煊和政学系与护法国会其他派系的矛盾加深。

1919年上海和谈停顿之后,护法国会即酝酿改组军政府,已有议

---

① 《申报》1920年1月30日;《盛京时报》1920年1月30日。

员提出改组军政府案。鉴于军政府日益涣散，为使军政府正常运转，为增强军政府的权威性，一开始岑春煊和政学系也同意对军政府实行改革。岑春煊倡议设立建设会议，由各省督军、省长、各军及各省议会派代表1人参加建设会议。这是岑春煊和政学系对改组军政府开始所持的态度。但非政学系派则欲通过改组来改变完全由政学系控制军政府的状况，即不愿让政学系操纵西南政局的状态继续下去。

自1919年5月上海和谈破裂后，西南国会中的主战主张抬头。尤其是8月12日北京政府改派安福系头目、众议院议长王揖唐为北方和谈总代表，护法国会认为这是北方政府无和谈诚意的表现，通电反对王揖唐为北方议和总代表。10月6日，广州国会参、众两院开联合会，出席议员300多人。议员万鸿图等提出的《咨请军政府撤回议和代表速对北方下讨伐令》案和白逾桓等提出的《咨请军政府弃和备战建议》案，均通过后咨军政府。

弃和、备战、下讨伐令，这些都是事关全局的大问题。尽管议员们在国会中可以慷慨陈词，但真要实行起来却很难。如军政府真撤回和谈代表，破坏和谈的责任就在南方。当时全国都渴望和平，希望结束南北间的战争，实现和平统一。军政府真要撤回和谈代表，定会遭全国一致的反对与谴责。至于下讨伐令，即公开宣战。这是破坏当时双方的停战状态，挑起战争，自然也要遭到全国的谴责与反对。军政府即使宣布开战，西南各实力派是否能执行尚未可知。因为西南实力派历来是根据各自的利益各行其是的，而不会去听军政府的号令。在南北的对峙中，南方军事上处于明显的劣势。西南的军阀高举护法的旗帜是为对抗段祺瑞的武力统一政策，力图自保。他们还没有再向北扩张的实力。南方是利用北洋军阀内部直、皖两系争夺北京政权的矛盾，拉直系来对抗皖系。因为南方与皖系之间隔着一个直系，这才勉强维持了平衡，维持住了休战状态。南方若主动开战，直接面对的将是直系，先必须与直系作战。这必然将直系推向皖系一边。南方的军事力量对直系取胜的可能性很小，像直系的吴佩孚就素有常胜将军之称，能征善战。

直、皖若联手,南方的处境将十分困难与被动。这样,军政府自然不会贸然采取国会议员的上述过激主张,既未撤议和代表,更不能下讨伐令,且与北方政府还为和平统一问题函电往返,甚至互派密使磋商。桂系、政学系也确实有牺牲国会谋和的秘密方案,当时的报章又时常披露这些密约的重要内容。故国会中的非政学系派一直对岑春煊、政学系保持警惕。这样,岑春煊、政学系和非政学系的矛盾日益加深。于是非政学系联合借改组军政府之机削弱政学系在军政府中的势力。矛盾爆发的导火线为撤换两广盐运使。1919 年 10 月 13 日,广东督军发表命令,将原两广盐运使李茂之换成军政府顾问、政学系的刘玉麟。

　　1918 年孙中山与桂系粤督莫荣新发生对抗时,1 月 3 日孙中山炮击广东省督军署观音山。后由海军和国会调停,矛盾才稍缓和。粤督答应将当时广东的一个大财源的两广盐运署归军政府管,由大元帅任命两广盐运使,再由广东督军加委,盐运署按月收入的盐款分配给国会、海军及大元帅府作为经费。孙中山任命了老同盟会员李茂之为两广盐运使。这样,国会有了稳定的经济来源,才由非常会进而召集正式会议。李茂之上任后,任用私人,管理不善,办事不力,到 1919 年秋,已欠国会款近 40 万元,欠海军款 50 多万元。盐运使与国会、海军的经费相关,而军政府和粤督未征得国会的同意就更换盐运使,尤其是以政学系的人为新的盐运使,这立即引起了国会中非政学系的警惕与不满。本来广东省另一个大财源广东省财政厅已为政学系所控制,非政学系议员已经很不满。这次政学系又将两广盐运使抓到自己手中,其不满乃至愤怒情绪自可想见。这自然不能等闲视之。于是国会中的非政学系与海军联手,以未还清国会和海军的积欠前不得更换盐运使予以阻止。岑春煊和政学系亦不肯退让。双方僵持不下。1919 年 10 月 16日是新旧盐运使交替的日子。为了能使刘玉麟履任,岑春煊找到军政府参谋总长李烈钧,以如能拥刘上台,即每月盐运署拨助参谋部 3 万元,让李护送刘玉麟上任。于是李烈钧派其部属援赣军炮队司令何子奇率 40 名士兵护送刘到盐运署,强行迫取印信,接收盐运署。国会议员和海军得知后极为愤慨。10月17日非政学系议员在广州东园议员俱乐部开会筹议对付办法。有主张率卫队夺印者,有主张查办者,有主张推翻军政府者。众说纷纭,终无结果。最后议定10月18日开两院联合会,讨论盐运使问题的对付办法。

10月18日,两院联合会,商讨盐运使问题的对策。新新俱乐部的张知本、何陶突然在会上提出对主席总裁岑春煊不信任案并要求表决。由于政学系在国会中属少数,故多数政学系议员不愿出席当天的会以为抵制。本来益友系、民友系、新新俱乐部的议员对主席总裁和政学系已经十分不满,不信任案有如干柴烈火,立即引发了已积蓄在这些议员心中的不满,于是纷纷发言支持不信任案。连温和派益友系的一些议员也都加入支持不信任案的行列之中。与会的政学系议员发言反对不信任案。两派争论激烈导致打斗,议场陷入混乱。益友系在这之前讨论关于军政府改组问题时,即定下了改组用意不牵涉对人的问题,改组范围要以不动摇西南大局为限的方针。对岑春煊不信任案显然超出了这个范围,故益友系骨干赵世钰发言反对不信任案。益友系的头目吴景濂、褚辅成也发言反对不信任案。但议场上赞同不信任案的议员情绪激动,难于控制。于是褚辅成当即想出一个缓冲的办法,提议付审查,结果绝大多数赞成褚的提议,通过。

政学会议员李为纶、张知竞等立即提出意见书反对不信任案:"军政府职权寄之政务会议。国务院之职权由政务会议代行。二者皆为合议体而非独裁制也。动议者不曰不信任军政府,不曰不信任代行国务院职权之军政府,而曰不信任军政府政务会议之主席总裁,其昧于法理可知。此主席总裁乃军府各总裁互推而出,仅于政务会议时有整理议事及秩序之特权,其他仍与各总裁无异。动议者乃对各总裁中之一人加以掊击,是为破坏《军政府组织大纲》。"①

议员何陶、李希莲、尹承福、胡祖舜等亦提出意见书赞成不信任案:

_____

① 《申报》1919年10月30日。

"主席总裁岑西林就职以来,自诿衰病,玩视国事,自不出席政务会议而密谋个人利益百倍于国民之所委托,甚至假借护法名义,暗与北廷勾结,以堂堂主席总裁竟充伪廷顾问,并私派李曰垓等于京密订条件。报章所载,中外咸知。近为刘玉麟运动两广盐运使一缺,不惜以行政首长亲赴督署要求,至以去就相争,非惟放弃职权,亦且损失威信。查岑就职以来,时称有病,从未出席政务会议一次。而事实之昭著于外者,无非牺牲大局,献媚北廷,以致护法讨贼一无所成,筹战言和两俱失败。似此尸位溺职,玩法营私,身西南而心北廷,名护法而实误国。若仍付以军民两政之大权、护法讨贼之重任,我两院同人必至愧对国民,民国前途何堪设想?为此,提议取消岑春煊为护法政府总裁之职,以惩神奸而救危局。"①

由于 10 月 18 日上午的会发生冲突,10 月 21 日,各派联合开一协商会。到会者为各政团推定的代表陈荣广、吕志伊、张鲁泉、汪建刚、王湘、李为纶、李述膺、李建民、许森、项肩、赵世钰、何陶、万鸿图、刘彦、尹承福、李华林、覃振等。公推赵世钰主席。最后商定:先决定改组,至应如何改组,各派均有意见。俟改组问题决定提出国会议决,由各起草员从长讨论如何改组,总期为有利益,不摇动西南大局之改组方可②。

10 月 21 日下午,参、众两院开联合会,吴景濂主席。先讨论前会未决之不信任案,结果认前次付审查会的表决为有效。议决由议长指定特别审查员 21 人。张知本等所提出的不信任岑春煊案文略为:"护法政府受民意机关之委托,以护法戡乱为天职,《大纲》所载,中外咸知。乃主席总裁岑春煊受任以来,假合议制之名,行独裁制之实,营私植党,别具心肝,欸法国民,涂饰耳目,既不能筹备饷械接济我前敌,复不能申明大义固结我人心。国会责以讨贼则抗不遵行,伪廷饵以甘言则奉命维谨。似此有忝职守,形同谋叛。若非综核名实,与众共弃,则

① 《申报》1919 年 10 月 30 日。
② 《申报》1919 年 10 月 28 日。

护法前途宁堪设想。"①

接着再讨论汪建刚等人提出的《改组军政府》案,先由提案人汪建刚说明提案旨趣,接着讨论。由于上午已经过协商,故全场无反对意见。议长以原案付表决,绝大多数赞成,通过。并议决当场由议长指定起草员27人起草《改组大纲案》。

政学系一直是反对《不信任岑春煊》案,同时也不赞成《改组军政府》案,于是多方疏通。政学系的文群、韩玉辰等在广州东堤东山酒店招待起草改组政府大纲起草员20余人。文、韩相继发言说:"岑氏护法本旨始终不渝,尤尊重国会意见。军府之不能发展,因无实在权力。岑氏平昔久引以为大憾。今次尤欲亟思引退返沪,以谢国人。惟现因南北大局已陷入于不战不和之境地,一旦岑去,北方必疑为南方内讧,于西南大局亦不无影响。故同人等极意慰留,岑迫于大义,故未遽恝然舍去。务望国会同人顾存大局,力求弭息私意之政争,而同人等亦可担保以后岑氏一切行动惟国会之命是从。"各起草委员答复大意为:起草各员对岑毫无意见。改组案关系重大,仍须与各方面协商,使得大多数同意方能提出②。

政学系的覃超、萧民伟也在东堤东坡楼大宴国会议员,进行疏通解释。

10月25日,两院议长柬请各省、军代表及改组军政府案的起草员等在东园国会议员俱乐部交换意见。由参议院议长林森主席。联军代表钮永建、湘西代表姜玉笙、贵州代表李世荣、陕军代表赵世钰、鄂军代表高振霄、桂军代表覃超、粤军代表黄强等都同意改组军政府。

政学系议员在向非政学系议员疏通的同时,还向桂系和西南各实力派运动反对改组军政府和不信任岑案。为造舆论,政学系议员又纷纷通电反对上述二案。

① 《申报》1919年10月28日。
② 《申报》1919年11月6日。

政学系韩玉辰等于 10 月下旬通电反对改组案与不信任案：

自和会停顿以来，北方力谋一致。我护法同人宜如何同心御侮，免为仇者所乘。讵国会一部分议员对军府及西南各方面实际上之曲折困难不加谅解，纯以空言高论责备当局，如下令讨伐、撤回分代表、批准总代表辞职等事。其关系如何重大，而必迫军府实行，盖其感情所激，早已置利害得失于不顾也。驯至改组军府案、不信任总裁案亦于两院联合会中口头提出，并主即日通过。军府应否改组，唐总裁、莫督军、陈省长已痛切言之。岑总裁应否去职，诸公当早有所鉴察，无待赘述。窃两院联合会为议员谈话会之变相，开会不拘法定人数，议事不遵法定程序。虽两院议员之来粤者已六百余人，而多数以联合会毫无根据避不出席，故每次开会不过二百人上下，遂为少数议员操纵之工具。且现在两院人数均将达三分二以上，舍宪法不制而专与军府为难，其所提议案又不付两院常会从长计议，而以两院联合会出之，且以此联合会为今后监督军府之惟一机关，则一日之间可倒数政府。又因其不拘人数同时可发生无数联合会，护法旗帜之下而儿戏若此，试问成何事体？特恐彼等妄称为国会总意，以尊重国会之义劫持诸公之口。某等相处有素，见闻较切，为维持大局起见，特加申辩，敬候明教①。

1919 年 10 月 31 日，《军政府改组案》起草委员会通过《改组案纲领》：

1. 军政府改为中华民国联省政府。
2. 由总裁院执行总统之职权，行政院执行国务院之职权。
3. 行政院之组织适用国务院官制。
4. 政务员长由国会联合会选举，以过半数定为当选。
5. 政务员之任命由政务员长经总裁会议后提出于国会联合会求其同意。

---

① 《申报》1919 年 11 月 6 日。

6. 政务员长及政务员如有违法的行为, 国会联合会附议后得以过半数之决议, 提出不信任案。

7. 不信任案如果成立, 则政务员长及政务员即丧失其资格。

8. 政务会议与总裁会议意见不合时, 可开联席会议以决定之。

9. 联席会议以总裁会议、政务会议及各省军代表三方组织之。

10. 军事代表之职权仅限于军事。

11. 军事代表之性质以应政府之咨询本旨, 军事代表关于军事方针得建议于政府①。

上述改组方案自然是一次彻底的改组, 如实行, 不但岑春煊的主席总裁取消, 且以总裁院代行总统职权, 行政院执行国务院职权, 即总裁院的权力也大大缩小。真实行起来, 政学系就无法再控制广州军政府, 将大大削弱政学系的势力, 政学系自然极力反对。

政学会则发表宣言, 反对改组军政府起草委员会的上述纲领:

1. 此次改组目的在谋军政府、国会意思之疏通, 并令军政府负责以代行国务院之职权。今离此标准并《军政府大纲》亦欲从而改正之, 实为不可。

2. 军政府改为联省政府令对于国会联合会负责, 而总裁制度之下组织政务院, 由国会联合会选举政务委员长而付与不信任权、弹劾权于联合会, 是故意破坏《约法》, 而南方之根据亦因之而动摇矣。

3. 军政府系由护法各省、各军队所拥立, 决非由一部之意思所得而变更, 况各省各军队陆续来反对改组之电耶!

4. 当广东开设国会之日, 即宣言制定宪法及选举大总统, 然迄未见诸事实。今幸议员已达法定人数, 正宜先注全力于制定宪

---

① 《盛京时报》1919 年 11 月 7 日。

法，然后选举总统，组织正式政府，俱非难事。如依无益之改组以妨大业之进行，则议员四散，宪法会议将永无成立之日也①。

政学会对不信任岑春煊案更是极力反对。政学系刘治洲等百余人通电反对不信任案："国会为立法机关，凡行使职权、议决案件，自应以法律为依据。不谓10月18日两院联合会竟有张议员知本等临时提出不信任军政府总裁，虽经交付审查，同人等始终认为违法。查国会自到粤以来，中间虽开两院联合会多次，然仅为对外之宣言，如通电公使团否认北方滥借外债及中日军事密约，反对北方发行8年内国公债等项。其性质等于两院谈话会，为同人集合之意思表示而已，向未于法律有所议决也。盖两院联合会为院法规定所无，欲求对外发生法律上之效力，必先求本会自身之适法。此次不信任案为一种变更《约法》之重大议题，乃提案者既不明法律上依据何若及联合会自身之地位何若，而贸然主张，率尔表决，其违法一也。查《军政府组织大纲》，与国务院国务员名异而实同，又经国会去年10月赋予代行国务院、摄行大总统职务，是即以全部《约法》责其遵守，而《组织大纲》中国会对于总裁无监督方法之明文，则总裁有失职时，除用《约法》第19条第11、12项弹劾方式外，别无法律可以援引。今两院常会人数已足，开会已数次，提案者乃不用《约法》上所载弹劾法，偏用《约法》上所无之不信任投票法；不用于《议院法》所定之两院常会，偏用于《议院法》所无之两院联合会，其违法二也。此案既已错误，而付审查，若使议长持之以平，尚可补救。乃所指定之审查员提案人居十之六七，已得过半之多数。夫以提案人而居于审查员多数之列，显失审查制度之精神，其违法三也。在提案人所藉为口实者，以去年10月间赋予军政府代行国务院摄行大总统职务时，系由两院联合会所议决，故不信任案亦仍可由两院联合会议决。其立说未尝不辩。然去年10月之两院联合会议决赋予军政府代行国务院摄行大总统职务时，实待至两院常会法定人数已足方始开议，有当时议事

录可凭,绝非似今次之会,两院出席不过二百余人可为比例。《约法》第 19 条所载弹劾国务员之违法失职时须以总员四分三以上之出席,出席员三分二以上之可决。其意在防少数人及一党之专横。今出席人数仅二百余名,较之两院全数总额不及三分之一,适与《约法》用意完全相反。同人为维持国会信用、法律尊严起见,未敢默尔而息,故特提案否认,敬候公决。"①

　　政学会的通电自然是从本派的利益出发,而非从法律出发的,故很多地方不能自圆其说。如上年 10 月政学会为了扩大军政府权力,极力运动国会委托军政府代行国务院摄行大总统职务时,两院联合会表决时亦不足法定人数,王钦宇当场指出不足法定人数,议长吴景濂说两院联合会向不要法定人数,而不顾反对派的意见,强行通过。至于通电中说两院联合会向未议过法律案。既然改组军政府案算法律案,上年的委托军政府代行国务院摄行大总统职务案远比改组军政府案重要,怎么能反说不是法律案呢? 至于通电中指责不信任案的特别审查委员会中提案人过半数为违法,那么上一年 5 月由政学会、桂系等极力推动的改组军政府案,吴景濂照政学会的意思,指定 21 名特别审查员中,提案人罗家衡为委员长,政学会和桂系的提案人 16 人均指为审查员,提案人在审查委员会中超过三分之二。当时反对派审查员居正、丁象谦等 5 人就此质问议长,议长吴景濂以院法本无明文,无如何也,作答。去年如此甚至有过之而不违法,今年怎么又违法呢? 岑春煊和政学系除疏通护法国会议员外,就是抬出各实力派来反对军政府改组案。要彻底改组军政府,新选出的取代岑春煊者必然为西南实力派人物或在国内有一定声望的人物。但这也不是一件容易的事。陆荣廷、唐继尧一直呆在自己的巢穴,不会到广州来。广东为桂系所控制,孙中山就是被桂系挤走的。只要桂系控制着广东,孙自然也不可能再回广州来取代岑。唐绍仪连总裁都未就,一直呆上海,更不会在此两派激烈争斗时来

① 《盛京时报》1919 年 11 月 15 日。

广州取代岑。而且,即使能勉强举出一个取代岑的人选,那也需要各方反复协商、相互妥协,这不是短时间就能办妥的。况且南北和议破裂后,战争随时可能再起,广州军政府不能长时间无主持之人,且因此激起政潮,这是西南各实力派不愿看到的局面。正是鉴于这种情况,岑春煊决定以退为进,摆脱困境。10月19日通电辞职。10月24日军政府召开军事会议,岑自然不到会,只是向会议递交了辞职书。与会者虽表示总裁的去留取决国会,本会无权干预,但仍按官场的惯例一致挽留。为了促西南各实力派表态挽留,10月27日,岑春煊再向西南各省发出辞职通电。唐继尧10月30日致电广州护法国会,反对改组军政府及不信任岑案:"顷阅贵院有提议改组军政府及不信任主席总裁之说,滇处僻远,未悉详情如何。惟念西南自兴师护法,几经缔造艰难,始成此总汇机关,以与北廷树对抗之势。今忽改组易辙,恐意见未能齐同,全局因而涣散。至主席总裁岑公,声望夙隆,外省推服,此次勉任艰巨,尤令北房胆寒。若不谅其处境之难,致令飘然引退,适足以虚各省之望而快北廷之心,诚非计之得者。近北方自靳氏登台,先谋统一北系,直、皖携手,已见端倪。乃彼亟谋团结之方,而我日趋乖离之势,成败当无待蓍龟。我西南当此风雨飘摇之时,诚宜有强固之政府,庶内足以蒙罩全局,外足以抗御群奸。今军府威力之不振,固无可讳言。但以各省合组之机关不能不以各省之意向为基础,而政府进行之濡滞亦缘形势使然。惟冀诸公协力匡扶,俾得从容就理。至军府内部应如何整顿,和战大计应如何确定,容当拟具意见,另电奉商。若骤议更张,而不暇平心商榷,则和战方针未定,而全局已有瓦解之虞。是虑北廷之不能平服西南,乃先缚手以自毙矣。诸公远谟,当计及此。特竭诚电商,尚祈明察。"①10月31日,唐将此电原文电告广州军政府在粤总裁岑春煊、伍廷芳、林葆怿及各部长各代表。唐在电报中的顾虑是有道理的。在此时彻底改组军政府以联省政府取代军政府,不但不现实,实现不了,而且会造成西

———

① 《申报》1919年11月10日。

南的极大混乱。

11 月 2 日,陆荣廷就 10 月 27 日岑的辞职通电发出慰留岑电,说:"和议未决,国事日亟,岂能因少数异议,动摇政府,授人以隙。岑公身肩重任,关系安危,任事以来,安内攘外,诸赖硕画。江河日下,砥柱攸资,切冀勉济艰难,勿萌退志。尤望诸公一致慰留,以维政局而慰众望,是所至盼。"①

西南实力派和各要人林葆怿、谭延闿、谭浩明、李烈钧、陈肇英、陈炯明、王天纵、熊克武、莫荣新、石青阳等纷纷通电慰留岑春煊。岑本来不想真的辞职,因为要真打算辞职,应该向国会提出辞呈,像上一年孙中山向国会提出辞呈那样。但岑并不向选他为总裁的国会递交辞职书,因国会中政学会是少数派,向国会提出辞职被接受的可能性太大,岑不愿弄假成真。岑通电辞职不过是为了各实力派发慰留电压国会。各方纷纷发慰留电,面子也赚够了,故仍心安理得地做他的主席总裁。政学系则不断地巩固自己的权力和地位。

南方和北方一样,事情总是由有枪杆子的实力派来决定的。在西南实力派的反对下,国会也就无法再坚持彻底改组军政府排斥岑春煊、削弱政学系方案。但改组案和不信任案的法律程序既已开始,自然也无法撤销。非政学系派在与政学系矛盾激化时,尤其是风传军政府与北京政府欲订秘密协定时,又在国会提起此两案来压一压政学系。鉴于各实力派不但反对不信任案,且反对改组案。一些折衷派仍坚持改组案,而将改组案与不信任案分开,并决定通电解释改组军政府的主张。

11 月 13 日参议院议长林森,众议院正、副议长吴景濂、褚辅成及议员二百多人联名发表通电,向各方说明改组军政府的主张:

> 近以改组军政府之议引起各方误会,函电交驰,或以独裁制与合议制之利害相提并论,或以维持现状与和衷共济等说来相劝勉。

---

①　《申报》1919 年 11 月 12 日。

皆由未明此事真相,只见改组案与不信任案相距一日后先提出,遂疑二案有连带作用,因视此举全属意气。不知改组之说酝酿于数月以前,而成熟于上海和会停顿以后。非第国会同人心同此理,即在军府当局亦认有刷新之必要。不图各派正在协商改组之际,当局措施又乖大体,致有不信任投票之提议。同人等以为值此时局,御侮救亡,首宜团结内部,故于不信任案力主审慎,而于改组进行则认为无可再缓。本此诚意与各派调停,于是提出改组一案,特开10月21日两院联合会,表决赞成者几乎全场一致,是日之议事录具存两院,可以复按。乃有少数议员冀于议决之案有所动摇,故作危言,耸动观听。实则改组纯属善意,纯在巩固军府之地位。总裁之合议制既不动摇,各省军之联络尤所注重。不过以现在军府之组织,一方根据《组织大纲》,一方又须代行《约法》上行政大权,以一身兼三种地位,权限未清,责任未明。国会欲向之课责任,在在以牵及根本为虞。坐是斯弊,军府之与国会,始终貌合神离,一切建国大业,无从进行。顾念前途,危险殊甚。现拟改组之要点,仍以总裁代行大总统职权,对外为代表,对内发布命令,不必兼管部务。以各部长组织一行政会议或政务院之类,代总裁向国会负责。如是办理,总裁地位较崇,军府基础益为强固,而行政之与立法声气沟通,《约法》上内阁制之精神亦完全表现。同人等认为团结内部之惟一急图,决无丝毫私见杂厕其间。余若现行之《军政府组织大纲》,虽有应行修改及补充之处,亦无非求行政部执行政务时之便利。此心此志,可质天日。惟当兹起草进行之时,有应请各方贤达注意者二事。草案未定以前,各人有发挥意见之自由。容或有偏于理想,主张过当者,但苟其违反多数意思,即决不能见诸事实。如有意存挑拨摘拾一二未定之名词,藉为攻击之证据而将大多数真正意思之所在一概抹煞者,务乞各方勿为所惑。此同人不能不预先声明者一。又如反对改组案者,苦于理由不甚充足,乃致攻击两院联合会谓无法律之根据。须知两院联合会系国会处非常事变不得已以非常手段,冀达恢复《约法》之目的,且委托现军政府摄行大总统职权代行国务院以及种种重大宣言,对内对外均已发生效力。若因一时意气,发言不检,摇动西南,咎将谁归?此同人应请各方注意者又其一。总之,同人之主张改组纯为良心所驱使,但求适可而止,无取过事更张。对于改组前途,惟一之希望则在总裁之与部长权限如何划分,军府之与国会责任如何规定。自余末节,初无成见。国命将斩,不绝如缕。而西南责任较前益重,乃以总汇机关制度不良,致贻当局之人一筹莫展。身处立法机关,在理不容坐视。本此天职,亟图补救,苟利大局,义无反顾。前此所以主改独裁制为合议制者在此,今兹所以力主划分权限明定责任者亦在此。倘蒙鉴兹愚诚,加以鞭策,俾改组问题得以平稳进行,裨益大局实非浅鲜。风雨如晦,鸡鸣不已,谨沥肝胆,伫候明教①。

由于岑春煊和政学系决心与北京政府秘密订立和平协定,故于1920 年 1 月 8 日起,政学系 32 名议员不出席宪法会议,使宪法会议不足法定人数,广州国会制宪只好停顿。这时国会非政学会派议员愤于政学系有意破坏制宪,又重提改组军政府案与对岑春煊不信任案,以压政学系。岑春煊和政学系则对国会采取釜底抽薪的政策,从 1920 年 1 月开始,几乎停止向国会提供经费。国会每月经费是 17 万元,但 1920年 1 至 3 月,国会所得到的经费总共只有 35 657 元,不足国会额定经费的十分之一②。这样,从 1920 年 1 月起议员月薪无法正常支给,国会全靠以前的节余款勉强支持。政学系议员均在军政府或广东督军署挂名兼差,自有另一份薪水。但对非政学系大多数议员而言,生计就成了问题。

这时岑春煊与北京政府经过长时间的秘密接洽,已有眉目,初步形

---

①　《申报》1919 年 11 月 23 日。

②　《申报》1920 年 5 月 13 日。

成了解决时局办法5条:1. 由中央召集省议会联合会,修改《国会组织法》、议员选举法,依据两法召集新国会。由新国会依据《天坛宪法草案》制定宪法,由中央公布。召集省议会联合会,南北两国会同时停会。2. 西南各省通电取消自主,全国各省电贺徐大总统为中华民国总统。3. 中央设弼政院,弼政8人,南北各推4人。由中央政府函聘参议16人,推荐由中央政府任命。弼政院条例经弼政院拟定,由政府公布之。4. 民国6年后,所有中央政府与各国订立之条约、协定、密约、附件等,一律交付弼政院审议。如有认为伤及主权,由政府议废或加修正。5. 事实问题。西南各省及海军情形不同,由各当局与中央政府直接商洽。议定之事实问题,经直接商洽。如有未能解决者,则交弼政院评议解决之①。

3月11日,岑春煊背着广州护法国会,将上述5条密电西南主要实力派征求意见。由于此时滇、桂两系军阀因争夺驻粤滇军的统率权发生冲突,政学系的将领李根源也卷入了这场冲突。李根源部在广东北江与滇军李烈钧部发生战争,史称两李之战。滇系首领唐继尧因北江问题对岑春煊十分不满,于是在3月24日将岑春煊与北方秘密协商的5条密电告诉了广州国会参议院议长林森、众议院议长吴景濂、副议长褚辅成。国会至此才完全知道了岑春煊和北方秘密和议的内幕,就连政务总裁伍廷芳也被蒙在鼓里,到此时才恍然大悟。知道岑春煊和政学系已决定抛弃国会与北方妥协。广东又为桂系与政学系所控制,已无可挽回,只好另谋办法。

国会议长找到伍廷芳总裁密商办法,最后决定先离开广州,脱离桂系和政学系的控制,再另谋办法。当时政务总裁伍廷芳手中尚有近200万关余。伍廷芳兼任广州军政府的外交部长时,通过其朋友、美国人维勒博士居中斡旋,1919年6月,驻华公使团同意将13%的关余交给西南军政府,但此费不得充作军费,只能用于教育与实业,且必须伍

---

① 《申报》1920年4月9日。

廷芳亲笔签字才可领出。这样伍廷芳手中有关余 180 余万元。林森、吴景濂、褚辅成早就想动用这笔款项作国会经费，但伍认为在广州不能以关余接济国会，若国会迁往他处可商量。这样，国会议长就秘密布置秘书厅将国会一切重要文档秘密转移到香港。3 月下旬，岑春煊赴韶关前线调解李根源、李烈钧两部冲突，伍廷芳、伍朝枢父子于 3 月 29 日与林森、吴景濂、褚辅成同船赴港。非政学系议员也纷纷离粤赴港。到港后，商议国会移沪开会事。伍廷芳从所带的关余中拿出一部分做议员的旅费。

岑春煊得知伍氏父子离粤赴港的消息，犹如晴天霹雳，立即于 3 月 31 日从前线返回广州。4 月 3 日派宪兵搜查参、众两院秘书厅，并由警察把守两院秘书厅。

民友系、益友系及不愿依附政学系的各派议员与政学系决裂。留在广州的以政学系为主的议员再组国会非常会议，补选政务总裁。赴沪国会议员否定 3 月 29 日后的政务会议。

4 月 21 日，护法国会四议长林森、王正廷、吴景濂、褚辅成通电否定广州 3 月 29 日后的政务会议：

> 军政府之职权行使，依《军政府组织大纲》由国会选举总裁 7 人组织合议制之政务会议行之。兹孙总裁文、唐总裁绍仪驻沪，并无代表出席。唐总裁继尧于 2 月已准其列席政务会议之代表赵藩辞职。伍总裁廷芳又于 3 月 29 日离粤。是自 3 月 29 日始，政务会议已不足法定人数，所有免伍廷芳外交财政部长等职及其他一切决议事件，概属违法行为，当然不生效力。至军政府外交、财政两部，只认伍廷芳为合法之部长。一切外交、财政事宜仍应由伍总裁兼部长负责。用特宣告中外，以维法纪而正视听[1]。

至此，护法国会议长及多数议员离粤他往，再设法寻找重新集会之地。

---

[1]　《申报》1920 年 4 月 24 日。

十三、政学系单独支撑的国会非常会议

由于岑春煊和政学系把持广东军政府，且欲绕开护法国会与北方密议和平统一，破坏护法国会的制宪，导致政务总裁伍廷芳、国会议长及大部分议员离粤。伍及多数议员离粤，这对军政府、对政学系自然是一个打击。1920年4月初，岑春煊、政学系只得手忙脚乱地应付这场政治地震。

4月2日，政学系议员发出通电，宣布议长林森、吴景濂、褚辅成罪状。当日岑春煊致函留在广州的议员，一定保证维持国会的经费："西南护法，于今四载。护法以保持国会为目标，国会经费当然维持。现在各方顾全大局，均已恢复原状，国会经费不虞短绌。纵有谣言，当自消灭。军府与国会相终始，春煊衰朽，在军府负责之日，即担负国会经费之时。敬请转告两院诸先生，勿为谣诼所惑为幸。"[1]

4月3日政学系在广州南园开会，到会47人，商筹备非常国会事。为稳住议员，当日到场议员每人均发给港币300元，并议决选举参、众两院临时议长，以维持两院。

参议院选临时主席时，本准备推韩玉辰，韩不就，遂让金兆棪，金不肯就，又让与该派无重要关系的汤漪，汤亦于4月4日离粤赴港，最后推云南老人孙光庭以酬其阻挠制宪时之功。这样，4月6日，在广州的参议员开会，推举孙光庭为参议院临时主席，代理议长职权，并兼理众议院一切事务到众议院选出主席后为止。孙光庭以张鲁泉为参议院秘书长。其实张鲁泉是政学系的骨干，结果，孙光庭成了张鲁泉的傀儡。众议院临时主席曾欲推刘彦、刘治洲、王葆真、王绍鏊，四人皆不就而坚推辞，最后定推陈鸿钧。4月23日在广州的众议员开会，到会107人，选临时主席，陈鸿钧得77票当选为众议院临时主席，代行众议院议长

---

① 《申报》1920年4月13日。

职权。陈又以周之翰为众议院秘书长。尽管这些选举都是由政学系操纵的，但政学系骨干却不愿走到前台当临时主席，可见也是底气不足。众议员4月23日还欲选举临时副主席，但因与会者对这种选举并不满意纷纷退场而作罢。

为了稳住议员，维持国会，岑春煊急忙从两广盐运署调拨4万元，请陆荣廷紧急援拨了1万元，于4月12日给议员发了4月份上半月的岁费。很多赴港议员得讯后又立即返穗领取岁费，领完岁费多又离粤。为留住议员，岑春煊又同时让议员在军政府兼职，让他们再领一份薪金。这样，才留住了一部分议员。留广州的议员主要为：1. 政学系议员，这是留广州议员的核心，人数也多。2. 中立派议员受优待而留下的。据4月27日《申报》报导，每人每月给数百元。3. 一些未带眷属来穗议员，在广州护法3年，耐不住寂寞，在粤聘娶粤女再成一个家。这些金屋藏娇的议员，欲行难行，儿女情长，英雄气短，也只得留在广州。当然还有少数益友系、民友系议员留粤了解广东局势的走向以便与政学系周旋。尽管岑春煊和政学系头目采取各种措施，留住议员不离广州，但议员还是纷纷离粤，留在广州的只一百多人。政学系依样画葫芦，亦开起了国会非常会议。既然孙中山1917年开了以少数议员开非常会议的头，岑春煊自然也可承袭这一做法。一时间全国三个国会并存：一为北方的安福国会，一为广东的护法国会，一为流亡沪、滇、川的护法国会。

既然已稳定了一百余议员留下来，开国会非常会议补选总裁自然就成了首要任务。七总裁中，孙中山早已辞职，唐绍仪又一直未就职，唐继尧也将自己的代表撤走，后又声明否定桂系和政学系控制的军政府，伍廷芳又离粤赴沪并发表声明否定广州军政府。广州军政府只剩三总裁，不足法定人数，已不能代表西南，在与北京政府的和谈中将失去平等地位，也难争得更好的妥协条件。补选就成了当务之急，不管这种补选合法与否。

4月17日，留粤国会议员在广东省议会开谈话会，到62人，参议员孙光庭主席。政学系早已准备好了一个通电,声明国会正统始终在广东及宣布吴景濂和林森未经开会公决的手续就欲将国会迁沪的违法行为,吴、林等自然已完全丧失议员资格。政学系的周之翰、徐傅霖、韩玉辰、杨福洲等发言力主速发此电。

刘楚湘发言反对这一通电:"天下事每每败于一党专制,操切过深,不能相维相让,以致闹出2年、6年的变乱,使国家不可收拾。今林、吴两议长及许多同人往上海,各有理由,我们应该设法请他们回来,一致进行才是。若如这种通电,相煎太甚,愈骂愈糟。2年、6年之覆辙,诚足伤心。如必须打此通电,本席是不肯署名的。"①

龚焕辰发言也反对这一通电:"我们国会两次遭厄,此番南来护法,几历艰辛,应如何团结一致。自林、吴离粤之后,大有分裂之象。现在国会,你们看看到场的不过寥寥这几个人,凄惨不凄惨?可怜不可怜?在沪同人既未尝以恶声加我们,我们又岂可通电伤他?至若伍总裁护法坚决,勋在国家,当今元老,普国信仰之人,吾人应该加意爱护,讵可以意气之言加诸此老?依兄弟的意思,如果这边维持确有把握,可拍电到上海,请同人来粤,共图进行。"

李建民亦发言反对这一通电,其发言较长,大意为:政学系维持国会的手续和方法都不合法。今日以二十几人推的主席,公然任命秘书厅和发出开两院联合会的通告,完全不合法。今日的会不应是两院联合会,而应改为两院谈话会。不能30人、50人就假借名义开起联合会来,更用不着发这种村妪骂人的通电。林、吴两议长所说的离粤理由为军府无护法诚意,岑春煊投降北边,武人截取国会饷源,不是虚造的。你们要维持的诸位必须让岑春煊宣誓诚心护法和尊重国会及保证国会的经费,否则,难以维持一个合法的国会②。

主席孙光庭宣布起草好的通电原稿作废,按龚焕辰的意思致电在

---

① 《申报》1920年4月26日。
② 《申报》1920年4月26日。

沪议员回粤。政学系的周之翰等主张用两院的名义给在沪议员发电报。何陶、陈宗常等 10 余人反对,只准用个人名义,双方争论不休。政学系的韩玉辰说,今日两院联合会已经成立,就用两院联合会的名义。李建民立即反驳说,两院联合会需有合法的议长才能召开。现在二十几个人推的主席无权召集两院联合会,若一定要用国会或两院联合会的名义,我们就要通电宣布你们假窃名义①。

主席宣告电报不用国会名义,今日的会改为谈话会。但过后,政学系的政客们完全未遵守 4 月 17 日两院谈话会上孙光庭宣布的结果,为壮声势,仍两次分别冒充以 356 人和 384 人的名义发布通电,宣布广州国会继续开非常会议和宣布林森、吴景濂、褚辅成的罪状,否定国会移沪。

岑春煊与政学系则一直物色新的补选总裁的人选。一开始欲推广西督军谭浩明和广东督军莫荣新,曾致电督军署征求同意。但谭、莫二氏以自己为陆荣廷的部属,陆任总裁,自己不敢与陆并肩为总裁,复电力辞。且补选 3 个总裁中若有 2 个为桂系,他系亦会生意见。于是又以四川督军熊克武、贵州督军刘显世为总裁候补人。这样不但可使军政府更具广泛代表性,向北京政府表明川、黔仍在军政府控制之下,仍可代表西南,即仍是北京政府惟一的和平谈判的对手,且可抑制已与军政府处于对立地位的唐继尧。唐继尧一直在向川、黔方面扩张势力。恰好此时温宗尧由沪来粤。温系广东人,在国内有一定的声望,于是就请温任总裁。岑和政学系还策划,国会开会时,议事日程中议题为外交问题,而不列选举总裁问题,以免反政学系议员以不出席为抵制。到开会时,再由政学系提出变更议事日程的临时动议,将会议改为补选总裁会。

4 月 30 日,留粤议员在广东省议会开参、众两院联合会,所发的会议通知为讨论外交问题。到会参议员 35 人,众议员 76 人,孙光庭坐在

---

① 《申报》1920 年 4 月 26 日。

主席座位上欲主持会。当即有人质问孙光庭:"何人举你为主席? 恬不知羞,高坐上面。两院无议长,联合会不能开。请你下来,我们开谈话会,另举临时主席。"①

孙光庭又宣布开第二次联合会,众人又反对说上次会多数反对开联合会,只能作谈话会,你们少数人盗窃名义。这时底下群呼:下来! 下来!

反对政学系的议员董耕云、陈宗常、刘锦孝、周问余、王葆真、何陶、余绍琴、邓元、杨福洲、石润金、刘成禺、杨世杰、李建民、岑述彭、陈堃、毕鼎琛、薛珠、孔绍尧、蔡复灵等数十人皆大呼开谈话会,叫孙光庭下来。南关 50 号俱乐部的周庆恩大叫请表决。群喊:500 元国士,请你少说两句好。政学系的韩玉辰和陈国玺跳到座椅上叫打,众说:尔小子经得几个人打? 说着就欲揍陈,吓得陈抱头而下。孙光庭只好宣布休息。但众人说宣告休息你也无此权限,请问你孙光庭等 356 人之电,是哪 356 人? 请答出来,暂准在那上面坐一下,答不出来,赶快给我滚下来! 孙乃抱头窜往休息室。政学系的杨永泰、金兆棪、韩玉辰等面无人色。不一会,孙光庭又从后台出来,居然又坐到主席席上。众又呼下来,今天绝不开联合会。韩玉辰又请表决,周庆恩和之。众又大哗。孙光庭手拿一纸条,说赞成开谈话会者请起立。会场上 7 人起立。于是满场大哗,说:大家不要你表决,你乃当面说谎,真不要脸。韩玉辰大呼本席有提案要说明,一蹿上台,尚未开口,而大众均围至台上,问他说什么。主席的位子也有三四个人与孙光庭并列而坐,并大呼孙不要脸,坐此不动,我们也是主席,人人可坐。孙不得已乃说开谈话会,自己想动身起来,尚未离席,刘成禺、高振霄问孙:你到议场,连那个瓜皮小帽都不取下,怎么配说主席? 孙乃惶然取下小帽,就便坐到秘书长的座位,自己承认不能主席。由王葆真、刘成禺说明国会不能分家,不能由少数人玩弄法纪,须想一妥善办法。无论何人,想卖国会都是不行的。只要

---

① 《申报》1920 年 5 月 6 日。

自己不卖,谁也不敢轻视。这样从下午2点半一直闹到下午4点半才散会。而南关50号尚有10余人不退席,大家怕政学系再取巧,乃由高振霄、张大昕请大家再复入会场,直候至杨永泰等人上了汽车,众始离开会场①。

4月30日的会议因未能控制而失败,于是政学系头目又商量对策,决定采取软的和硬的两手。软的自然是用钱收买。留粤反对派议员骨干是重点收买的对象,如鄂籍民友系议员刘成禺等此时仍留广东。刘在国会中素有黑旋风之称,善演武戏。此君要是在会场上率领一帮反对派打闹,足可把总裁选举会搅黄。这样,岑春煊只好通过政学系用钱买通刘成禺等反对派骨干不出席总裁补选会。可见,阎王也怕恶鬼。据称,为买通这些议员不出席选举会,岑春煊又花去了近10万元②。硬的一手是调动军警,以暴力相威吓,以控制会场。这些准备工作做完后,政学系经研究决定,5月4日开总裁补选会,正式发出通知,已不再用讨论外交问题来遮掩。5月3日,政学系又在广州南园开会,再疏通,并许愿出席5月4日会议并投票者,每人支3个月的岁费③。由于孙光庭在4月30日的会上表现软弱,政学系决定由其骨干陈鸿钧为5月4日会议的主席。

5月4日,广州国会开非常会议。议场外满布荷枪实弹的宪兵,严密监视会场。当日到场议员120余人,由韩玉辰等推陈鸿钧为大会主席。反对派议员立即对陈鸿钧的主席身份提出质问,陈置之不理,仍主持会议并按当日的议程开议。议员中的反对派见此阵势,知政学系已有备而来,非补选出总裁不能罢手,于是有些人开始退场。会议开始后,先由补选总裁提案人韩玉辰登台说明提案理由:军政府自云南撤回代表,伍秩庸出走之后,仅余总裁3人,政务会议不足法定人数,不能开

---

①　《申报》1920年5月6日。
②　《盛京时报》1920年5月26日。
③　《申报》1920年5月9日。

会,军府陷于绝地,大家不能不设法以维持之。查前次改组军府,由非常会议所选出之总裁 7 人。唐少川始终未肯就职,孙中山业已辞职,伍秩庸弃职赴沪,总裁已有 3 人缺席,应由国会补选 3 人①。

刘楚湘登台发言反对:自滇军问题发生以来,西南政变迭出,国会分裂,军政府分裂,伤心惨目,无逾于此。推其原因,俱由各党各派不能互相容纳、互相尊重,且各党派各图其私,皆欲以一党一派垄断政权。现在西南分裂之象虽已朕兆,然亦非绝对不可希望调和的。如唐蓂赓派缪嘉寿来粤,未尝无转圜之意。即岑西林对缪嘉寿所说之话,亦希望缪君回滇,向唐总裁竭力疏通,大家言归于好,共维大局。但是一面言希望调和,一面又排斥孙中山、伍秩庸、唐少川,要另选总裁 3 人,岂不是言论与事实背道而驰? 故主张不能举行补选总裁。若果冥然不顾,即是破坏西南破坏护法②。

周之翰发言赞成韩案。吕复发言反对韩案,说此种重大问题,岂能率尔开会,即行投票。即有不得不补选之情形,亦须先征求各省各军之同意。今日之会,绝对不能投票,只可做一预备会③。

政学系提起讨论终局,反对派反对,双方又是一场争执。但政学系有备而来,于是主席硬付表决,结果赞成者多数。反对派一见事已无可挽回,一哄退席,夺门而出。于是主席立即发票,进行补选总裁的选举,结果:熊克武得 85 票,温宗尧得 84 票,刘显世得 71 票,当选为军政府新总裁④。

刘显世属滇、黔联军,自然不会接受政学系封的总裁。6 月 23 日,刘通电否定广州岑春煊的军政府。

岑春煊和政学系之所以匆匆忙忙急于补选总裁,其目的自然不在护法。岑与政学系一直是主张与北方妥协的,主张牺牲南北国会来达

---

① 《申报》1920 年 5 月 9 日。
② 《申报》1920 年 5 月 9 日。
③ 《申报》1920 年 5 月 9 日。
④ 《盛京时报》1920 年 5 月 9 日。

成和平统一的。当然这一主张也无可厚非。岑与政学系补选总裁以维持军政府只不过是为了在与北方的和谈中增大筹码，为自己争得更好的地位，争得更多的地盘，争取更多的好处。尽管桂系并不太赞成补选总裁之举，但桂系全部精力放在军事上，尤其是陈炯明的粤军在福建实力大增，又有返戈向粤驱逐桂系之势，故桂系忙于调兵遣将，忙于军事，对于广州国会和军政府演出的是什么戏，无暇过问，也不关心，军事实力才是决定一切的。故对岑春煊及政学系改组军政府既不支持也不反对，听之任之。

5月5日，在粤的董耕云、吕志伊等48名反对政学系派议员通电否定5月4日广州国会非常会议补选总裁：

> 慨自我国会南来护法，四稔于兹，屡经险阻艰难，方足法定人数。近因政潮恶劣，两院议长及大多数议员相率避地，暂离广州，留粤议员只有百数十人。乃参议员孙光庭，众议员陈鸿钧，竟敢以一二次之临时主席，冒称两院代理议长，窃取议员356人及384人名义，两次发布通电。又于4月30日攘窃两院联合会之名，通告开会，阳假外交问题，实谋开非常会议，补选总裁。迭经在场多数同人反对，提出诘责。孙光庭自知亏衅，俯首无词，比即自承错误，退居秘书长席，改联合会为谈话会。同人等方期孙等悔祸，不为已甚，对于大局，徐图调和。乃5月4日，孙光庭、陈鸿钧又忽发通告，开非常会议，补选总裁。同人极为诧骇。查《国会非常会议组织大纲》第6条，国会非常会议之正、副议长，就现任两院正、副议长内推定之，正、副议长均有事故时，得选举临时议长。今两院之正、副议长因一时之政潮，与大多数议员离粤，既非议长本身别有事故，非常会议当然不能开会。即以有事故论，亦当选举临时议长，方可开会议事，断不能以一二次之众议院临时主席陈鸿钧窃取非常会议议长之位。同人等比即前往，则见军人荷枪监视议场，以暴力相威吓。同人睹此暴举，益为心痛，不忍以法律正义，竟为威劫，遂根据《国会非常会议组织大纲》第6条再三质问，而陈鸿钧

竟置若罔闻,卤莽灭裂,急以讨论终局付表决。人数尚未点查,即行宣告多数,遽尔发票投票,以一手掩尽全场耳目,甘心为此违法举动。补选总裁,同人等认此为破坏西南大局之第一铁案,誓不承认。况伍总裁廷芳始终未有辞职之宣言,孙总裁文、唐总裁绍仪,虽从前或一度辞职,或未就职,皆未经国会通过。今忽选举3人,7而加3,其数为10,殊与《中华民国军政府组织大纲》第3条政务总裁7人之数不符。陈鸿钧等此举,不独视国会选举职权为儿戏,实为破坏西南之第一导火线。同人等环顾大局,心切忧危,仍再三力争,加以苦劝,陈均置不理。同人见其悍然不顾,无可挽回,不得已遂宣告退席。关于此次违法补选总裁,同人决不负责。至派遣军队荷枪监视,惟袁世凯压迫大总统选举时有此恶举,今于护法策源地竟再出此,尤深慨叹。同人等饱经忧患,奔走连年,口敝心伤,维持乏术。谨此电闻,诉诸全国舆论,即祈谅鉴①。

这些人后来也大都离粤赴沪或他往,留在广州的议员已不足百人。反正岑春煊和政学系已利用留广州的议员补选了总裁,尽管纯属走过场,纯属违法,但毕竟目的基本达到,国会的利用价值已不大,也就不再倾心国会的争斗了。

6月2日下午,在沪军政府总裁孙中山、唐绍仪、伍廷芳,及唐继尧的代表李烈钧,国会两院议长吴景濂、林森、王正廷、褚辅成,及各省各军代表赵世钰(陕西)、覃振(湖南)、谢持(四川)、由宗龙(云南)、王世荣(贵州)、陈策(鄂西)等人在上海孙中山住宅集会,讨论应付时局办法。最后决定由孙、唐(绍仪)、唐(继尧)、伍四总裁发表正式宣言,通告中外,声明不承认广东残留的军政府为护法政府,残留的国会议员既无合法议长,亦不能认为国会,其所议决事件完全不生效力。按6月2日的决定,6月3日,孙中山、唐绍仪、伍廷芳、唐继尧联名发出四总裁宣言电:

> 自政务总裁不足法定人数,而广州无政府;自参、众两院同时

---

① 《申报》1920年5月13日;《民国日报》1920年5月11日。

他徒,而广州无国会。虽其残余之众,滥用名义,呼啸俦侣,然岂能掩尽天下耳目?即使极其诈术与暴力所至,亦终不出于两广。而两广人民之心理,初不因此而淹没。况云南、贵州、四川固随靖国联军总、副司令为进止,闽南、湘南、湘西、鄂西、陕西各处护法区域亦守义而弗渝。以理以势皆明白如此,固知护法团体决不因一二人之构乱而涣散也。慨自政务会议成立以来,徒因地点在广,遂为一二人所把持。论战则惟知拥兵通敌,论和则惟知攘利分肥,以秘密济其私,以专横逞其欲,遂有所谓五条办法者。护法宗旨久已为所牺牲,犹且假护法之名,行害民之实。烟苗遍地,赌馆满街,吮人民之膏血,以饱骄兵悍将之欲。军行所至,淫掠焚杀,乡里为墟,非惟国法所不容,直人类所不齿。文等辱与同列,委屈周旋,冀得一当,而终于忍无可忍,夫岂得已。惟既受国民付托之重,自当同心戮力,扫除危难,贯彻主张。兹已共同决议移设军府。绍仪当受任议和总代表之始,以人心厌乱,外患孔殷,为永久和平计,对北方提出和议八条,尤以宣布密约及声明军事协定自始无效为要义。今继续任务,俟北方答复,相度进行。廷芳兼长外交、财政,去粤之际,所余关款,妥为管理,以充正当用途;其未收者,亦当妥为交涉。文、继尧倡率将士,共济艰难,苟有利于国家,惟力是视。谨共同宣言:自今以后,西南护法各省区、各军仍属军政府之共同组织,对于北方继续言和,仍以上海为议和地点,由议和总代表准备开议。其广州现在假托名义之机关已自外于军政府,其一切命令、行动及与北方私行接洽之事,并抵押借款,概属无效。所有西南盐余及关余各款,均应交于本军政府。在军政府移设未完备以前,一切事宜,委托议和总代表分别接洽办理。希北方接受此宣言后,了然于西南公意所在,赓续和议,庶几国难救平,大局早日解决。文等不胜厚望,惟我国人及友邦共鉴之①。

---

① 《民国日报》1920年6月4日;《申报》1920年6月4日。

广州军政府、政学系在见到孙文等四总裁6月3日的宣言后,即开会商讨对策。6月6日,广州军政府政务会议议决:1. 撤换南方议和总代表,改派温宗尧继任。2. 通告北京政府,孙中山、唐绍仪、伍廷芳三人的总裁资格业经取消。同日发出通电称:"本日开政务会议议决,免去唐绍仪南北议和全权总代表职务,特派温宗尧为南北议和全权总代表。同人等尊重沪会,无非希望促进和议,早日解决大局。惟王揖唐为北方议和总代表,此间始终并未承认,而唐绍仪复经撤销总代表。所有唐、王私议之和平条件,不能生效力。又上海租界内所称之军政府,除唐继尧未辞职外,唐绍仪始终未就职,孙文业于8年8月间辞职,伍廷芳于本年3月间卷款弃职,经于5月4日由国会非常会议宣告免职,另行改选。孙、唐、伍三人所有宣言及一切行动均属无效。"①

广州的国会在补选总裁后就很少开会,故到6月中旬才开会议决让孙光庭、陈鸿钧分别以参、众两院主席代行议长职权的名义通电驳6月3日孙、唐、伍、唐四总裁宣言。6月19日,孙、陈通电称:

本月3日,孙文、唐绍仪、伍廷芳、唐继尧共同署名在沪发表宣言。其开端即否认广州军府与国会之存在,意欲假窃名义,另行僭立机关,藉以遂其破坏西南大局,通敌媾和之阴谋。故继之曰:对于北方继续言和,仍以上海为议和地点,由议和总代表准备开会云云。是已情见乎词。而又僭立机关非日夕所能成事,故复继之曰:在军政府移设未完备以前,一切事宜委托议和总代表分别接洽办理等语。离奇荒谬,骇人听闻。光庭、鸿钧以国本及名分所关,难安缄默,不得不辞而辟之。溯自叛督称兵,《约法》破坏,国会遭非法解散,总统被强迫弃职。同人间关来粤,召集国会,组织军府,民国正统于焉不绝,护法事业于以进行。故依据国法而言,广州以外无国会,亦无政府。虽其间国会不幸而有林、吴、褚等之弃职,然此不过分子之去留,而国会行使其职权自若;军府不幸而有孙、唐、伍

____

① 《申报》1920年6月10日。

等之先后去职,然此亦不过分子之去留,而军府机关行使其职权自若。同人只知广州与军政府为民国正统,与护法中枢之所在,罔识其他,大义昭重,莫容假借。孙、唐、伍早已去职,今不过一私人资格耳。唐继尧曩曾自撤代表,屡催未经续派。三数人者,安得再冒袭军府名义,便其私图。军府移设,已属谰言;而以移设未完为词,责诸议和总代表分别接洽办理,尤为理屈词穷,自欺欺人之语。而就议和总代表一职而论,上年系由军府特派唐绍仪充当。顾自和议再停而后,唐君迭电辞职,甚至一度派员撤回总代表关防委任等件,其去志坚决,可想而知。自是而降,荏苒经年,唐君并未有取消辞职之表示,其是否承认继续为总代表,识者方讥为态度不明。且自北廷改派王揖唐为总代表以来,唐君迭次拒绝,不与谋面。世人方谓唐君此举,尚知尊重西南之公意与禀承军府之明令。乃曾几何时竟失效力,夫岂待言。军兴以来,已阅四载,用兵及于数省,牺牲奚止亿万。同人与海陆军诸将士所奋力以求始终不渝者,要不过国家合法与永久之和平。当兹大法凌夷,奸人当路,方沧胥之是惧,惕共济于同舟。凡我爱国士夫,正宜一德一心,共平大难,以竟全功。讵能听若辈数人变节辱身,骧坏护法救国之大业,致违初志。谨据实纠陈,以正观听。惟我邦人君子共鉴之①。

旧桂系军阀一直盘踞广东,以征服者的姿态出现。他们控制着广东的政权,在各个重要部门惟桂籍人员是用。在经济上对广东进行掠夺。这引起了广东人民对桂系军阀的仇恨。故1920年8月中旬,陈炯明率领援闽粤军打回广东驱逐桂军时,广东人民热情支持和帮助陈军。这样,粤军势如破竹,桂系节节败退。到8月底,粤军已占领了广东大部分地方,桂系败局已定。这极大地震动了残缺不全的广东军政府和国会。

岑春煊加紧投靠北京政府的步伐,以为最后的退路。这时也不再

---

① 《申报》1920年6月29日。

需要国会来支撑门面,故国会经费也不能及时拨给。议员因岁费不能按月发足,遂对参议院主席孙光庭、众议院主席陈鸿钧不满,甚至怀疑孙、陈在款项上有自私之处。于是众人议决设立了两院审计委员会,从8月21日起,连日在众议院秘书厅审查各款项。8月25日正是给议员发7月份岁费之日。陈鸿钧以军政府拨来款项不足,让会计科暂发7月份部分岁费150元。白天,议员领得150元,但并不满意。各审计员遂大哗,大家将陈包围不让走,从中午直至晚上。其他议员闻讯赶来,越聚越多,一时遂成纷乱之场,直至深夜。同时,在场议员又分头招集,各议员陆续到厅,共82人,将陈鸿钧围在中间,强迫再发岁费150元。陈无现款可发。这时有人提议将秘书厅现存款项即由在场人平分,不足部分仍由陈补足到150元之数。众大声赞同。即迫陈立即将会计科长古召来,质问秘书厅实存现款多少。古只好如实答复:除各议员今日领去岁费及发给8月份职员薪水外,尚存7 700元,其中还包括今天未来领岁费议员的岁费,且议会的其余费用均靠这些钱来支出。除支付必需之外,实存仅约2 000元。众遂强硬要求每人各发支票150元,陈苦苦解释,众皆不理,随即将门关上点名,共计82人。即向古科长勒写支票,卒至发出支票,超过存款2 000元。待支票发完,已是午夜2点钟。在勒写支票时,又起争执。当时在场的有参议员和众议员。一众议员忽然发现此款纯属众议院秘书厅所有,与参议员无关,参议员卒至不能获一钱,惟有徒呼惭愧!惭愧![①] 这样,8月30日广州残留国会参、众两院会上,议员李克明等提出陈鸿钧劣迹昭著、孙光庭不负责任,取消两人众、参两院主席案。同时,又有人认为提案人居心捣乱,另有他种作用,拟提出除名。双方争执不下。议员寇遐等20余人以为大局正处风雨飘摇之中,内部不宜再有分裂。国会本身及种种根本问题亟待解决,合力进行犹虞不逮,若纷纷争得失于轻微小事,殊属非是。于是结合同人,连日分向两方调解,才将事情摆平。9月14日,众议院秘

---

① 《申报》1920年9月12日。

书长周之翰因经费紧张,议员又天天闹着补发所欠岁费,无奈之下只好提出辞职书,说:"窃自任职以来,毫无事事。惟处于债务者之地位。日振耳鼓者,即预支催补之声浪;日触眼帘者,即咆哮怒号之状态。政府之供给有限,议员之欲望无穷。稍不如意,虽至好朋友亦反颜变色。秘书厅是何机关,竟至一息不存,一切办公,大有停顿之势。之翰点金乏术,应变无才,与其贻误于将来,何若退身之及早,用敢提出辞职书,恳请俯准施行。"①可见当时留在广州的政学系国会的狼狈困境。但此时陈炯明的粤军已势如破竹地攻取了广东大部分地区,桂军在广东败局已定,靠桂系支持的广州军政府和国会已处于风雨飘摇之中。到10月中旬,军政府主席总裁见大势已去,于10月23日通电宣布引退。10月24日岑春煊、陆荣廷、林葆怿、温宗尧以四总裁的名义宣言解除职务,撤销军政府。10月24日温宗尧逃离广州。10月26日负有卫戍广州之责的广东海疆防务兼摄雷琼镇守使的李根源(政学系)逃离广州,岑春煊也于10月27日逃离广州。政学系控制的军政府土崩瓦解,政学系控制的国会也垮了台,议员作鸟兽散。

十四、部分护法国会议员辗转港、沪、滇、川的概况

民友系、益友系、新新俱乐部议员与政学系发生矛盾,于1920年3月底至4月初,随伍廷芳父子离粤赴港。留在广州的只有政学系和依附政学系的少数议员。参议院议长林森、众议院议长吴景濂和副议长褚辅成到香港后,于4月9日即通电揭露岑春煊等与北方勾结,并声明军政府已不足法定人数,以后一切行为概不生效力:

> 溯自叛督倡乱,《约法》失效,国会遭非法解散,总统被迫去职,国会同人不得已乃依据《约法》自行集会于广州,制定《军政府组织大纲》,选举大元帅。后复修改《组织大纲》,选举总裁七人,

---

① 汤锐祥编:《护法运动史料汇编》〔二〕,第411页。

组织政务会议,依会议制代行国务院职权,摄行大总统职务。一再宣言,矢志护法救国,为国人所共闻睹。嗣因频年战争,重苦吾民,欧战告终,国人望治,由双方政府选派全权总代表,开对等和议于上海。前凡法律、外交、政治、军事诸问题,应悉由上海和会议决,依据《军政府组织大纲》请求国会同意,法理炳耀,昭若日星。不意某自就任后,即勾通北方,阴谋苟和,以金钱、阁员、督军、省长与夫八省铁路督办为私人权利之交换,报纸喧传,丑声四播。森等以事未证实,正待详查,乃某三月真日致电唐总裁继尧,竟以北方数省督军提出解决时局之办法五条,征求同意。其条件首列解散国会,创造省议会联合会。次为西南取消自主,电贺非法总统徐世昌为大总统。其余三条亦无非毁法乱国,瓜分利权,至全国国民所奔走呼号之外交问题,则付诸北方指派之非法机关审议之;全国国民所痛心疾首之武人专横,则由西南军阀与北廷直接协商维持之。似此违反民意,贻祸国家,视国会如无物,置全权代表及其他总裁于不顾,目无法纪,尚何护法之有? 祸国殃民,又何救国之有? 至国会经费,向由盐款拨支,而某以勾通北廷之故,嗾使某设计把持,历时三月,竟不照发,计在使国会无形消灭,以便私图。其用心较袁世凯停止议员职务、督军团胁迫解散国会,尤为险毒。森等职任国会议长,受国民寄托之重,护法三载,大义昭然。今竟以数年来重苦吾民之结果,徒供少数人权利之交换。顾念职责,义难容忍,谨先将某违法祸国之尤者,宣告国人,并即相继离粤,另择地点继续开会,以贯彻护法救国之初衷。广州军政府政务会议自伍总裁廷芳离粤后,已不足法定人数,此后一切行为,概不生效力。而森等则惟有矢诚竭力,一本初志,以与我全国国民共勉之①。

民友系和益友系议员在香港多次举行会议,讨论国会今后何去何从的问题。香港当时是英国的殖民地,自无久留之理。香港的消费水

---

① 《申报》1920 年 4 月 14 日。

平又高,自然是越快离港越好。当时就出现国会移沪开会和移滇开会两种主张。主张移沪开会的议员认为,淞沪护军使卢永祥是皖系,即上海由皖系控制。孙中山采取联皖政策后,皖系对国民党日益表示友好,不会干涉国会在沪自由集会。反对移沪开会的议员认为,国会是被皖系军阀强迫北京政府下令解散的,而旧国会的对立面安福国会又是皖系一手制造与操纵的,皖系不可能支持旧国会。而且护法国会在北京政府所控制的地盘上开,更是说不过去的。既然打算在云南成立新的军政府,国会自然应该移滇开会,才是明正言顺的护法。反对移滇开会的议员认为,唐继尧因反对桂系才与国民党合作,完全是从其势力扩张出发。唐是一位夜郎自大式的人物,未必愿意在自己的地盘上出现一个对其有所约束的国会,即唐未必欢迎国会移滇。且云南不比广东,僻处一隅,交通十分不便,消息闭塞,国会移滇也难产生广泛的政治影响。最后,主张移沪者多数,于是决定移沪开会,由伍廷芳所携关余款中,发给议员赴沪的旅费,每人发给200元,由众议院副议长褚辅成负责分发;另汇100万元到上海汇丰银行作为国会移沪后的制宪经费。孙中山、唐绍仪担任另筹100万元国会经费。4月8日,吴景濂先赴上海筹备国会在沪开会,国会存款50万元由吴带往上海。这样,到港议员陆续赴沪,准备开会。

4月中旬,岑春煊派章士钊到上海,向上海英国按察署控诉伍廷芳私自提取关余案,结果寄存于汇丰银行的100万元存款被英按察署判决假扣留,无法取出。这使在沪议员的经费出现困难。

4月下旬,在沪国会议员多次开会,并请孙文、唐绍仪、伍廷芳出席会议,讨论继续护法问题。初步议定取消广州军政府,将军政府设在云南,并在上海设筹备处。先将参、众两院秘书厅移滇,议员暂不必忙于赴滇,也暂不必开会,静待时局的解决。

尽管云南地处边陲,交通不便,议员多不愿赴滇。但国会不在滇开会,军政府就无法在云南正式成立;不在护法省份开会,国会的合法性就成问题,更无法证明广州国会与广州军政府是非法的。护法国会在上海租界正式开会,自然有损于护法的形象。再加上上海公共租界工部局不让护法国会在租界正式开会。由于这种种原因,在沪国会议员经多次讨论,最后还是决定移滇开会。

5月初,在沪国会议员因国会本身与时局问题,连日在法租界恺自尔路282号国会议员通信处开谈话会。5日下午,两院议长林森、吴景濂柬请各议员集合谈话,由褚辅成主席。议决宣布岑春煊罪状;由王正廷周旋向商家借3万元,每位到沪议员每月给100元,续到者俟下期再发给;由在沪议员署名发表宣言,声明广州军政府与国会已不足法定人数,如有人假用军政府、国会名义,由广州发布何种事件,绝对不生效力,并请主席指定马骧、焦易堂、朱念祖、陈荣广、刘云昭5人为宣言起草员;议决国会移滇开会,将情形宣告云南当局;并决定每省推筹备员1人担任筹备迁滇事宜。除新疆、广西、甘肃3省无人在场未推定筹备员外,其余21省当场各推定1人:直隶王法勤、奉天杨大实、吉林王福、黑龙江邵仲康、江苏陈允中、安徽张我华、江西贺赞元、浙江王宗尧、福建詹调元、湖北彭养光、湖南李执中、山东张瑞萱、河南凌钺、山西王用宾、陕西杨铭源、四川邱仲青、广东孔昭晟、云南李正阳、贵州吴作棻、蒙古恩克阿穆尔、西藏巴达玛林沁①。

上海方面将国会移滇的意见电告云南的唐继尧。唐不太同意将国会移滇而主张移渝。5月6日唐继尧回孙文、伍廷芳、唐绍仪电:“云南地偏陬隅,往来多阻,议员移居多有所不便。惟四川重庆,足设政府,且重庆之交通较云南尚属顺利。故余个人主张不若改迁重庆。但果诸公多数愿来云南,则鄙人亦无任欢迎。尚望诸公再行讨论,决定最后之志愿,速赐回电。”②

但在上海的孙文、伍廷芳、唐绍仪和国会议员的坚持下,唐继尧同意国会与军政府移滇。

---

① 《申报》1920年5月6日。
② 《盛京时报》1920年5月16日。

5月15日,在沪国会议员在法租界恺自尔路282号议员通信处开谈话会,褚辅成主席,由起草员马骧报告国会移滇开会宣言草案,经大会讨论修改后当即发出。国会移滇开会宣言全文如下。

叛督称兵,《约法》破坏,国会遭非法解散,总统被强迫弃职。同人等职居最高立法机关,受国人委托之重,不忍大法凌夷,国本摇动,乃自由集会于广州。初开国会非常会议,继开常会,再开宪法会议者,所以行使我中华民国之立法权也。组织军政府,选举大元帅,复修改《军政府组织大纲》,改选七总裁,以合议制组织政务会议,并代行国务院职权、摄行大总统职务者,所以维持我中华民国之统治权也。不意自岑春煊、陆荣廷尸位军政府总裁以来,专意通敌,希图单独媾和,破坏护法,事实昭著。近复派章士钊、郭椿森等,勾串叛督,秘结五条办法,牺牲国会,并私发真电,唆使莫荣新扣留国会经费,意欲使国会无形消灭,藉除私和之障碍;且派军警围搜两院秘书厅,淫威滥施,横暴万状。同人等不能开会行使职权,遂相率离粤。关于离粤详情及岑氏违法祸国罪状,曾经通电宣布中外。惟同人等职责所在,奚能放弃。兹本国会自由集会之义,移滇开会,誓达护法救国之初衷。所有广州政学系少数议员并无合法之议长为议会主席,其私选总裁及其他一切行为,完全违法,当然无效。广州七总裁已去其四,政务会议已不足法定人数,所有任免职官及其他一切议决,概属违法,亦当然不生效力。至恢复6年宪法会议及新旧国会合并制宪等谬说,尤属无稽谰言,岂能以伪乱真。谨此宣言,藉正观听。护法救国,矢志不渝,凡我国人,其速奋起图之①。

赴滇筹备员选出后,即紧张地开始赴滇的筹备工作。筹备员在上海议员通讯处开会商讨和办理一切赴滇事宜。原定第一批赴滇议员1920年6月1日起程。但由于赴滇所需经费27万元未能筹齐,所以一

---

① 《申报》1920年5月16日。

直到6月17日开始,第一批赴滇议员才陆续出发,连众议院副议长褚辅成在内,共40多人。其具体人员名单如下:乌勒吉(西藏),白瑞、蔡汇东(蒙古),卢一品、张华澜(云南),向作宾、余泱、刘安钦、黄翼(四川),尚镇圭(陕西),刘祖尧、李景泉(山西),王杰、凌钺、万鸿图(河南),亓因培、阎容德、邓天一、高福生、张瑞萱(山东),周钰、项肩、田稔、王宗尧、褚辅成(浙江),许森、邓元(江西),梁星五(安徽),李秉恕(奉天),李春荣、康汝耜、申炳炎、庄怀广、李燕文、赵金堂、魏笑涛、王玉树、杜凯元、童启曾、张秉文(直隶)。

参、众两院秘书厅职员亦有10余人随议员赴滇。

他们先从上海陆续乘船抵香港聚齐,6月23日再从香港转船到越南的海防,由海防换车赴滇,于7月2日晚到滇。

由于赴滇交通十分不便,还要办理护照,手续较繁,路途遥远,途中要多次换车、船,海、陆行程都较劳苦,所以很多议员不愿赴滇,尤其是带家眷的议员更不愿赴滇。故有的议员领完旅费亦滞留沪上。四议长也只去了一位。在沪的孙、伍、唐三总裁赴滇的可能性更小。

7月10日,到滇议员召开参、众两院联合会,议决国会移滇宣言:"国会移滇,早经两院议员开会决议,宣告国人。现两院议员业已集合于云南省城,组织机关,行使中华民国国会职权,以维法统。兹于7月10日开两院联合会,决议为国会移滇成立之宣告。特于本日宣布。"[①]并请孙文、唐绍仪、伍廷芳及在沪议长议员速来滇。

8月7日,赴滇旧国会议员开两院议员联合会。议员万鸿图等提出《岑春煊毁法误国,亟应撤消其总裁职务》案,经过三读程序,一致将此案通过。并以国会非常会议的名义,将这一议决通电告之西南各省,并于8月9日致电留沪的众议院议长吴景濂转告在沪各总裁,并请他们将国会非常会议的这一议决通告各国驻华使节。

8月14日,在滇国会议员开两院议员联合会,补选贵州省省长、靖

---

① 《申报》1920年7月27日。

国联军副司令刘显世为政务总裁,以取代岑春煊。出席两院议员联合会的议员 47 人,刘显世得 46 票当选为政务总裁。8 月 16 日,将撤销岑春煊总裁职,补选刘显世为政务总裁,以国会非常会议的名义电告西南各省及留沪的国会议员及留沪的政务各总裁。

(唐继尧的)滇(刘显世的)黔联军于 7 月中旬,将熊克武的川军赶至川北,占领了重庆、成都等四川大部分地区。进入四川的滇黔将领顾品珍、赵又新、叶荃等十几名军、师、旅级军官于 7 月 19 日主张将国会、护法军政府移往重庆,以巩固西南之局势而达护法之目的。在沪的四川代表、国会议员谢持受本省的委托,向孙中山、唐绍仪、伍廷芳各总裁及国会议员通知欢迎国会和护法军政府移往重庆。

7 月 23 日,靖国联军副总司令、贵州省省长刘显世电在沪的军政府总裁及国会议长,赞成顾品珍等人 7 月 19 日通电中的国会与护法军政府移往重庆的主张:"顾、赵两军长皓电主张军府、国会移设川中,似合目前情势,望诸公一致主张,刷新时局,定成护法大业为幸。"[1]以后又陆续有一些入川的师长电请留沪议员和各政务总裁,将国会与军政府移渝。

靖国联军总司令唐继尧,一开始就主张将国会和军政府设在重庆。这样,国会迁重庆便随着滇黔联军对重庆、成都的占领而成为可能。

8 月 2 日,在滇国会议员开两院联合会,议决国会移渝开会,并致电留沪的国会议长和各位政务总裁:"冬日开两院联合会,议决国会移渝开会,并请各总裁速将政府各机关随同移往重庆,以应时机。特此电达、即希查照施行。"[2]在滇议员议定 8 月 24 日由滇起程赴渝。

8 月 14 日,唐继尧致电唐绍仪,催促国会议员和各总裁赴渝:"上月删电元日收到。现在皖、直情势已经明了,谋和声浪又渐回复。顷已正式宣言,主张法律、外交两问题仍从原议。此外废督裁兵,实行民治

[1]　《申报》1920 年 8 月 5 日。
[2]　《申报》1920 年 8 月 10 日。

主义,切望一致进行,以免此后大局之纷乱。其余各端已分别电商,仍主由和会解决。至于军府、国会移渝,昨经决定,并将宣布。协和上月即已赴渝,尧亦月内出发。各总裁及在沪各议长、议员,望重为敦促,早日赴川,以便军府、国会组织成立也。诸公意见何如,祈待电复。"①

在滇国会议员既已议决国会移渝开会,在沪的议长、议员及筹备员即做赴渝的准备工作。8月22日,参议院议长林森、众议院议长吴景濂发出赴渝开会通告:"国会移渝开会,经两院于本月2日在滇议决,并定24日由滇起程往渝,此间同人亟想赴渝集合。兹预计所筹款项足敷支给在沪同人川资,定于24日起至9月初5日止,每日上午10时至下午4时,在通信处支给。除代备由沪至渝官舱通票一份外,另支大洋50元。届时务祈随盖印章,亲临领取,他人不得代领。"②之所以代备船票而不全部发现款,主要是怕有的议员领款后,他去或留沪不行。第一批领款议员中就出现过此情况,甚至领到钱后赴广州。

此通告发出后,一些议员觉得代买船票定日而行不方便,且现金支给太少,又怀疑议长在代买船票时吃了回扣,故对议长不满。议员杭辛斋等致函议长表示反对,并要求开谈话会讨论。林、吴两议长复函解释,不准备再开会。但这部分议员决定24日再开会否定通告中的办法。这样,森、吴决定于24日开议员谈话会,向议员们说明困难。

8月24日下午,在上海议员通讯处开国会议员谈话会,到会议员80多人。吴景濂议长主席。吴报告此次代备船票藉以督促赴渝。外间说议长从中图利,实无其事。议员高振霄发言:"有关国会事件,非国会公决,不生效力。此种办法,无论有无图利,未经国会,决不承认。至前次领到赴滇川资不行诸君,实因议长勾留沪上,同人怀疑,因此观望,并无别故。如此次议长决心赴渝,同人无不前往,不必过虑。"董昆瀛说:"离粤赴沪时,议长以迁沪定有办法,今日如何? 此次赴渝,是否

---

① 《申报》1920 年 8 月 19 日。
② 《申报》1920 年 8 月 24 日。

诚意护法抑挂牌子与北方做买卖换取个人利权？请议长回答。"吴说："此次赴渝，余一定走，决不再留沪上。至于如何走法，可以不管。"最后议决：1. 否认代备船票，改发川资。2. 在粤及内地同人赴渝，如未领到此项川资，到渝后补还。3. 此次赴渝诚意护法，旅粤及内地同人，均设法函招，早日前往。

这样，又改发现款：参议员每人180元，众议员每人160元，秘书每人120元，职员每人80元。9月6日从上海出发，由林森、吴景濂、茅祖权等及秘书一部分搭通济轮船离沪，直达重庆。9月11日船到武汉因船出小故障，修理后于9月12日离武汉，9月19日到达重庆。四川省省长杨庶堪及全省各界在重庆总商会开欢迎大会，欢迎到渝国会议员，并以重庆总商会为参、众两院院址。9月底，褚辅成等赴滇议员亦赶到重庆会合，准备开会。

被滇黔联军驱赶到川北的熊克武部军事力量并未受到太大的打击。熊充分利用滇黔联军内部的矛盾，在川北重整旗鼓，并联合在四川护法战争中败退陕南的川军刘存厚，于8月下旬卷土重来，击败了滇黔联军。9月6日攻占了成都，并很快席卷了四川大部。10月上旬即兵临重庆。护法国会议员自然无法再在重庆开会，10月14日仓皇乘船东下回沪，情形甚为狼狈。10月15日，川军占领重庆。

滇黔联军对川的统治，类似桂军对粤的统治，也不同程度地遭到川人的反对。正如有民国弥衡之称的章炳麟一针见血所指出的："滇唐祸川，与桂系祸粤同，唐、陆皆在排挤列。"①章的这一评论是符合当时的实际的。故熊、刘反攻时，得到四川各界的支持，使熊、刘联军进展迅速，势如破竹。

国会议员离开重庆前，于10月14日以议长林森、吴景濂、褚辅成等的名义发表离渝宣言：

　　　慨自国会横遭非法解散，森等以大法陵夷，国无与立，不惜琐

————

① 《申报》1920年12月3日。

尾流离,用冀我中华民国根本之有托,共和之幸存。自播迁于粤省,继流寓于滇中,迨以川滇黔护法诸公之电招,又复不惮险阻,匍匐前来,此岂有他哉?

　　盖以护法业经三载,竟无尺寸之功可告国人。而巴蜀居高建瓴,进可谋全国之统一,退可维法系于不替。加以北庭怙恶不悛,近复内讧迭起。森等窃幸天心悔祸,民意可恃,竟护法之全功,成统一之大业,此诚千载一时之机会也。于是森等抱组织政府,谋永久和平之心,连袂而来,以希望与我川、滇、黔父老相周旋于樽俎坛坫之间。不谓中道横生厉阶,兵戈满眼,烽火惊心。森等患难余生,岂复畏死,但以徒张空拳,于事无济,此则森等不能不告有罪于我父老之前者也。惟是我中华民国之大法,一日不能复其效力,即我同人等之责任一日不能卸其肩。此次入川,既违愿而别求安全之地,以为国命之寄,森等职守所在,义不容辞。此等苦衷,谅早在滇、黔、川父老洞鉴之中。切劝川中将士早息阋墙之争,共勤护法之业,不啻川人之幸,亦全国之幸也。谨布胸臆,诸为鉴察[1]。

十五、孙中山对广州军政府的重组 和国会非常会议的重新召集

　　陈炯明是老同盟会员。1917 年第一次护法运动中,孙中山想方设法从桂系军阀控制的广东军队中争得省长亲军 20 营,交给陈炯明带领,同时派得力的干部前往协助陈炯明整顿和发展这支部队。为避免被桂系消灭,12 月 2 日,孙中山以大元帅的名义任命陈炯明为援闽粤军总司令,让陈率部开往闽南以求发展。在国民党人力、物力的全力支持下,陈所率的粤军很快发展壮大起来。1920 年,粤军回师广东,赶走了桂系。依靠桂系支持的岑春煊、李根源及政学系议员于 1920 年 10

---

① 《申报》1920 年 11 月 3 日。

月逃离广东,以政学系议员为主的广州残缺国会作鸟兽散。

国民党人大都将陈炯明的粤军看作国民党的武装,自然都希望孙中山再回广州,重组政府,以便与北方的北洋政府相对抗。其实,陈炯明已成了新的军阀,在其实力得到发展并率粤军将桂军赶出广东后,像所有军阀一样,陈也将广东视为自己的地盘,不希望孙中山再回广东建立一个政府来管束自己。他指使粤人 11 月 7 日通电反对在广州重组军政府。但粤军第二军军长许崇智在打回广东的战斗中,屡建战功,对陈炯明的作法颇不以为然。加之陈炯明违背了取得广东之后许许崇智为广东省长之前约,许、陈矛盾日深。许屯兵北江,与陈对立。许于 11 月上旬即离粤赴沪,请孙中山回广州,愿以自己的兵力为后盾,让孙中山重新恢复军政府。这样,孙中山便偕伍廷芳、唐绍仪等于 11 月 25 日从上海启程,11 月 28 日抵达广州,受到广州各界的热烈欢迎。

孙中山等回到广州后,即着手恢复军政府,将军政府设于广州观音山原广东督军署。孙中山兼任内政部长,唐绍仪兼任财政部长,唐继尧兼任交通部长,伍廷芳兼任外交部长,陈炯明任陆军部长,徐谦任司法部长,李烈钧任参谋总长。12 月 1 日,孙中山、唐绍仪、伍廷芳、唐继尧四总裁通电宣布非常国会回粤,军政府在广州继续执行职务。

由于桂系已投靠北京的北洋军政府,12 月陆荣廷就任北京政府委任的两粤边防督办,决计夺回广东的地盘。这样,孙中山决定讨伐桂系,先统一西南。

残缺国会临时主席孙光庭、陈鸿钧及政学系议员 10 月逃离广州后,在广州的国民党民友系议员邹鲁、王试功就开始着手护法国会在广州重召集的工作。他们电请政学系以外的护法议员回广州,仍以海珠酒店东园议员俱乐部为招待议员的地点。军政府恢复后即筹备款项。1920 年 12 月 7 日,孙中山任命国民党的骨干邹鲁为两广盐运使,任命黄强为粤海关监督,任命陈其尤为潮海关监督。12 月 18 日孙中山令两广盐运使邹鲁筹备召集国会非常会议,决定一个月内复开国会非常会议,附政学系议员不得列席非常会议。孙中山 12 月中旬即有电邀请国会议员来粤,再组非常国会,解决建设新中国的大政方针。这样,一些议员陆续到粤。众议院副议长褚辅成于12月18日到粤,参议院议长林森1921年1月2日到粤。1月3日林森致电众议院议长吴景濂,催吴及在沪议员来粤。1月4日,军政府总裁孙中山、伍廷芳、唐绍仪致电吴景濂,请吴及留沪议员速赴粤开会。1月9日军政府总裁唐继尧、刘显世亦分别从滇、黔致电吴景濂及留沪国会议员速赴粤开会。

　　孙中山此次回粤,是要组成正式政府,要选举正式大总统,即不再承认黎元洪的大总统地位,不再承认北京政府为中央政府。1921年1月1日,孙中山在军政府演说中提出在广州建立正式政府,成为对内对外总机关:"建议设立正式政府之权,全在国会。国会在北京不能行使职权,而在广州能自由行使。是望国会诸君建议,仿南京临时政府办法,在广东设立一正式政府,以为对内对外之总机关,中华民国前途其庶几乎! 余认广东此时,实有建立正式政府之必要。愿以此重大之事,作中华民国10年1月1日之新纪念焉。"①

　　要选举总统、成立正式政府,就需要召开正式国会。因为此时已不同于1912年初选举孙中山为临时大总统的情况。当时国会尚未成立,正处于革命阶段,也没有制定《临时约法》,只有一个《中华民国临时政府组织大纲》,大纲规定临时大总统由各省都督府代表选举。但已有《临时约法》和《大总统选举法》,对大总统的选举有严格的人数限制。《临时约法》规定要有议员总数四分之三以上出席,得票满投票总数三分之二以上得当选为临时大总统。《大总统选举法》规定要有议员总数三分之二以上列席,得票满投票人数四分之三得当选为大总统。要召开正式国会,不但召集需费时日,而且要凑足法定的选举人数十分困难。即便凑足法定人数,民友系也占不到绝对多数,其他派系参加,投票结果难以控制。故孙中山一派(包括小孙派),即民友系派,主张开国会非常会议,只要有14省议员出席即可开会。但国会非常会议只能

———————
　　① 《民国日报》1921年1月11日。

产生军政府,而不能产生正式政府,《军政府组织条例》中亦有规定。这就使孙中山和民友系面临一个难于跨越的法律问题。既然孙中山及民友系举的是护法的旗帜,即维护《临时约法》,而选举大总统成立正式政府,不经正式国会,自然是违法的。这也是当时许多人反对选举大总统的原因。陈炯明公开反对,1921 年 1 月 15 日,陈炯明招待到穗的参、众两院议长,坚决反对国会不按《大总统选举法》选举总统的非法行为,态度强硬。唐继尧、刘显世也反对,主张组织联省自治政府。如果说陈、唐、刘更多地是从其军阀本身的利益出发反对,而非从维护《约法》的立场来反对的话,那么和孙中山关系一直较融洽的唐绍仪亦出面反对,甚至离开广州躲到家乡香山县呆着。伍廷芳亦反对。前一段时间一直与民友系结盟反对岑春煊为首的政学系的益友系亦反对选举大总统。这不能不说涉及到重大的法律问题。如果说不举护法之旗,而举革命之旗,自可不管《临时约法》,选大总统、大元帅、主席均可。但既举护法旗帜,自应维护《临时约法》。史书多以孙中山对选举大总统的态度为判断是非的标准是欠妥的。

国会议员再赴广州的人数远不足法定开会人数,故只能召开国会非常会议。国会非常会议只要够法定省份(14 省)议员到会即可召开。

民友系议员于 1920 年 12 月至 1921 年 1 月,和孙中山一道积极筹备选举。1921 年 1 月上旬,议员童杭时等 83 人将应尽速选举大总统案提交参议院秘书厅。童等的提案全文如下:"慨自军府独裁制改为合议制后,遂令大政方针不能一致,内部纠纷因之丛集,贻祸几不堪收拾。今虽河山再造,军府重建,然惩前毖后,自宜速图补救,俾名正而言顺,言顺而事成,此选举总统为不可缓也。综其理由,约有数端:1. 由对外言,大总统代表全国,各国所公认也。今军府首领尚未正名称,是代表全国之资格,我犹未敢自信,安望人之信我。故欲对外取得国际地位者,亟应选举大总统。2. 由对内言,凡立国家,必有元首。今中国元首称为大总统,人民所公认也。若另立名词,必难了解,亦理所固然。故欲对内适合国民视听者,亦应选举大总统。3. 由对敌言,北方则冯、徐相继,居然自命中央。南方尚头绪纷繁,迄今莫资统驭。我自示弱于人,人自见侮于我。若谓彼系伪总统,不足轻重,试问真总统者安在?故中国一日无正式总统,即徐氏一日得僭窃名位。无怪中外耳目为之混淆。是为对敌计,更应选举大总统。此外,如一事权专责成,诸事易于进行。以视一国三公,道谋筑室,徒滋纷扰者,其利害之相去,何可以道理计。乃或谓选举大总统应有法定人数,庸讵知国家处非常事变,势不得不以非常手续出之,以救法律之穷,盖守常经与应权变,势不同也。兹特提议由国会非常会议选举大总统,赋与全权,负担责任,以建设真正民治国家,俾四万万同胞共享民族平等、民权发达、民生乐利之麻。中国幸甚!是否有当,敬请公决。"①提案者搜索枯肠地将能找到的理由一一罗列。但从维护《临时约法》和《大总统选举法》的护法角度看,上述理由缺乏法律依据。同时,议员陈家鼎等也提出选举总统案。与此同时,护法国会开始审查议员资格,淘汰附逆(即附政学系、桂系)议员,以便为选举大总统会清除反对者。1921 年 1 月 12 日,参、众两院开第一次谈话会。议员凌钺再将国会在滇开会时提出的《现在两院议员曾经附逆及破坏制宪者,经审查确定后,不得列席非常会议》的议案,要求组织审查委员会,审查议员附逆问题。经过讨论,议决立即改开两院联合会。当日的两院联合会很快就议决了附逆标准 6 条:1. 通电破坏宪法会议者,如沈钧儒等 31 人。2. 通电诬伍总裁卷款潜逃者。3. 曾任岑政府(伍总裁离粤后之岑政府)各职者,如徐傅霖等 38 人。4. 僭称参众两院议长、秘书厅各职者,如孙光庭等 12 人。5. 提案补选伪总裁者。6. 曾领赴云南路费复回广东有附逆证据者。议决组成 21 人特别审查委员会进行审查。当即由议长林森指定凌钺、申炳炎、万鸿图、邓天一、田铭璋、谢英伯、李希莲、何畏、王斧、吕天民、尚镇圭、李素、彭介石、麦春秀、孔昭晟、郭同、童杭时、邹鲁、谢持、赵世钰、周震鳞 21

---

① 《民国日报》1921 年 1 月 12 日;汤锐祥编:《护法运动史料汇编》〔二〕,第 424、425 页。

人为审查委员,凌钺为委员长。审查委员会立即进行审查。原定 15 日报告两院,但审查工作量大,未能按时提交两院。18 日审查委员会又开审查会,将应予审查的议员列表摘出。此间,对一些人也大起争议。如对广西议员、民友系干将马君武,在桂系当权时一直任石井兵工厂厂长,显然附逆有据,但审查会并未对其审查。故有些议员指责审查会审查不公。

尽管民友系十分积极地推动总统选举的进程,但当时反对者很多。政务总裁 5 名中,竟有 4 名不同意选总统。广东最大的实权派粤军总司令、陆军部长、广东省长陈炯明反对最为坚决。1 月底,胡汉民出面调停孙、陈之间的矛盾,双方遂同意缓 2 个月再提选举总统案。这样,选举总统一事就一度沉寂下来了。

1920 年 11 月,黔督刘显世被其部属卢焘、何应钦、谷正伦等旅长逐出贵阳。1921 年 2 月上旬,唐继尧被其部属、滇军军长顾品珍逐出云南。这时,唐继尧、刘显世一改过去反对选举正式大总统而变为表面上赞成总统选举,这自然也是从其自身的利益出发的。由总裁合议制变为总统独裁制,权力更为集中。孙中山要北伐,必须先消灭桂系陆荣廷的势力,巩固广东政权,所以极力主张援桂讨陆。唐继尧、刘显世此时希望孙中山独揽政权,这样才能顺利地援桂讨陆,他们才有机会卷土再回滇、黔。这样,5 位政务总裁中有 3 位同意选举总统。于是,军政府将《组织正式政府》案提交国会。国民党中的大孙派又沿袭军阀在选举中惯用的假造民意的手法,派人分赴南洋,运动国民党海外支部致电军政府速开国会非常会议,选举正式大总统,组织正式政府,以为解决时局的最良策略。加拿大国民党总干事陈树人代表 9 千党员拍来电报,美国的国民党全体党员拍来电报,英国的国民党全体党员拍来电报,还有南洋英属芙蓉埠国民党、霹雳埠广东商团、马六甲埠侨民、吉隆坡埠华侨、庇能埠国民党支部均拍来电报,催选总统等等。一时华侨请举大总统的电报,纷如雪片,达 70 余件,其电报用词如出一律。这使沉寂一时的总统选举又重新热闹起来,但两派的争论也越加激烈。孙中山一派坚持说只有选出总统,组成正式强有力的政府,外人才能承认,才能交涉向列强要原分给广东军政府的关余,才能巩固西南护法团体。反对选举的陈炯明等认为,只图虚名不讲实际会导致各省分离。至于外人是否承认广东的政府,全在自己的实力,而不在更改名称。3月15日广州军政府召开军政会议,讨论攻桂计划。陈炯明与孙中山大起冲突,当场互相揭发指责,竟至破口大骂。陈主张粤省军力不敷分布,对征桂宜取守势。孙中山当场揭露北京政府如何派李鼎新、林葆纶等与陈炯明密订条件,陈炯明如何派员与陆荣廷勾结密谋等事,指责陈附逆私通。陈炯明则指责孙中山只能虚言,毫无实际,只知挑拨,自私自利,盗窃国法。彼此口角不休,经孙洪伊等劝解调和后散会。会后孙中山即下戒严令,以防不测;并将自己的卫队改变为团,以资守备。

　　孙中山本人也积极准备总统的选举。3月20日,孙中山在广东省教育会演讲五权宪法,宣布自己的政见。22日孙中山在广州北郊阅兵,在北较场检阅第一路司令黄大伟的部队。24日又在黄埔检阅海军陆战队。

　　4月4日,孙中山在广东财政厅宴请议员,并发表即席演说,其大意为:外交团将关余交北京政府,不啻对西南宣告死刑,我人不皆成土匪?救济方法,惟有快选总统,否则,我只有一走,另干事业。要知革命须大家奋斗,望诸君努力,救兹大体①。林森、张继皆附和孙说。益友系不赞成选总统,吕复起而发言反对:"护法为西南独有,若革命则人皆能,将来国体愈闹,恐更不可收拾。"民友系议员大声斥吕,遂起冲突,乃至以酒杯酒壶飞掷,宴会不欢而散。

　　护法国会中的民友系联合新新俱乐部,积极准备总统选举。1921年3月26日,参、众两院开联合会,议决革除陆荣廷、林葆怿的总裁职务并宣布其罪状。当即指定5人起草通电,并不再补选总裁,因为此时由民友系控制的护法国会,已决定废除总裁合议制而改为大总统独裁

---

　　①　陈锡祺主编:《孙中山年谱长编》〔下〕,第1343页。

制。时任中国国民党本部总务主任的居正亦由上海赶赴广州,联名向国会提出实行总统制提案,来推动总统选举。护法国会于1921年4月2日会议通过了此案。4月5日,两院议员谈话会。益友系褚辅成、白逾桓等主张暂从缓选举总统,而与民友系立即选举总统的意见产生矛盾。民友系议员将白逾桓、狄楼海打伤,其中狄的伤势甚重。白逾桓乃国民党老资格有影响的党员,还遭此横暴,可见民友系当时的骄横。故褚辅成等益友系议员只好不出席总统选举会,有些干脆离粤他去。

益友系是国民党中的温和派。1920年3月,和政学系矛盾并决裂后,他们一直是拥护孙中山的,希望与支持孙中山出来主持南方的政局。不管是以主席总裁的名义,还是以大元帅的名义来主持护法政府,他们都是支持的。他们之所以不同意大总统选举,是认为这种选举是违法的,是有损于孙中山的形象和威望的。也就是说,基本上是从爱护孙中山的立场出发的,而并不是要拆孙中山的台。唐绍仪和孙中山的关系也一直是比较好的,包括伍廷芳在内,都是从爱护孙中山的立场出发来反对大总统选举的。在选举大总统已成事实后,唐、伍也还是接受了这种现实。他们并未像对岑春煊那样离孙而去,伍仍然留在孙中山政府中任要职。唐一直呆在香山县老家,甚至也形式上对孙当选为大总统表示了祝贺,以维护孙中山,维护广州政府。这既不同于陈炯明,更不同于政学系。

如果孙中山当时能更广泛地倾听党内和社会各方面的意见,是可以避免在选举问题上的失误。因为选举大总统后,尽管孙中山就职的当天即发表宣言请各国承认护法政府并亲自致电美国总统哈定,希望哈定予广州政府以支持。但是哈定不但未予支持,而且各国驻华公使团对广州选举大总统也提出抗议。尽管孙中山一再向外交公使团交涉将以前关余拨给南方的部分重新拨给南方,但公使团却将关余全部拨给了北京政府。

孙中山在1923年2月打垮了陈炯明再回广州组织军政府时,也抛弃了一年多以前国会非常会议为其选出的大总统的名义,而组成大元帅府以大元帅的名义号召天下。其实1922年5月4日孙中山下达讨伐徐世昌令时,就用大元帅的名义,而不用大总统的名义了。

益友系议员大都离开广东,在广东的议员主要是民友系和新新俱乐部的议员,故广州的大总统选举也主要是这两部分议员。

由于益友系议员反对总统选举与民友系议员发生矛盾和激烈冲突,众议院副议长褚辅成和益友系很多议员离开广东。众议院议长吴景濂一直呆在上海未赴广东,众议院已无人主持。4月14日,护法国会开非常会议,出席议员150余人,林森主席。有议员动议,认为众议院秘书厅事务自褚副议长请假离粤后实际已无人主持,况非常国会已经成立,现在国库异常支绌,自无设立两院秘书厅之必要,不如将两院秘书厅合并,另组一非常会议秘书厅,以省经费。议员们皆以为然。于是议决推举凌钺、茅祖权、张知竞、秦楷、丁骞5人为清理委员并暂代议长职务,从4月14日起,在众议院秘书厅将一切案卷先为接收,然后合并。

十六、广州正式大总统选举风波和正式政府的成立

1921年3月底4月初,民友系议员纷纷向国会非常会议提出关于选举总统的议案。周震麟等160余人以时机日迫,政潮险恶,非由非常会议速选总统,无以挽救危亡、刷新民治为理由,提出《中华民国政府组织大纲》草案;谢持等64人致函议长林森请求于4月7日前开国会非常会议,议周震麟等提出的《中华民国政府组织大纲》草案。李绍白、张瑞萱等提出《组织选举会选举总统》案。张瑞萱等13人致函议长林森,请速开两院联合会,议决《中华民国政府组织大纲》草案,依法组织大总统选举会。反对总统选举的益友系议员白逾桓等则提出《限期依法组织总统选举会》案,来抵制违反《大总统选举法》的总统选举,议员连署者亦不少。为此,4月6日孙中山在广东省财政厅宴请全体议员,说:我此来为革命而来,诸君如赞成革命,请留此间。否则,今晚告别①。宴会

---

① 汤锐祥编:《护法运动史料汇编》〔二〕,第448页。

上,益友系与民友系议员因意见对立,再次发生争吵,宴会不欢而散。

4月7日下午2时,广州护法国会开两院联合会,出席议员222人,旁听席数百人,林森主席。议员尚镇圭临时动议,请即日将两院联合会改开非常会议,讨论《中华民国政府组织大纲》草案,经表决,多数赞成,通过。凌钺动议以参议院议长为非常会议议长,经表决,多数赞成,通过。遂由主席林森宣布开非常会议,讨论周震麟等人提出的《中华民国政府组织大纲》草案。

周登台对提案的理由进行了说明:因护法5年,法既没护,乱却益多。原因在没有一个有主义有担当的政府,用革命精神来做建设的事业。所以郑重提出此案来,先定个改造中国的基础①。

议员丁骞动议此案不付审查,即开二读会,经表决,多数赞成,通过。即开二读会,逐条讨论修改通过。接着又议决即开三读会,除文字上略有修改,经表决,全案通过。《中华民国政府组织大纲》共7条,全文为:

第一条　中华民国大总统依本大纲之规定行使其职权。

第二条　大总统由国会非常会议选举之,以得票过投票总数之半者为当选。

第三条　大总统总揽政务,公布法令,统率陆海军。但缔结国库有负担之契约,须交国会非常会议同意或追认。

第四条　大总统对外代表中华民国。

第五条　中华民国政府设置各部,掌理部务。部长由大总统任免之。

第六条　本大纲自宣布之日施行。

第七条　本大纲自施行之日,《军政府组织大纲》即行废止②。

这个大纲,自然是完全违背《临时约法》的。它既无国会,又无内

①　《民国日报》1921年4月15日。
②　《民国日报》1921年4月15日。

阁。这在声称民主共和的民国,也是一个奇观。

依法,国会议决之法案,国会本身无权公布,须政府公布才能成为法律,才能生效。但民友系急于要选总统,也就顾不得必须经过的法律程序。皖籍议员丁象谦当即动议立即照上述组织大纲开大总统选举会,经表决,多数赞成,通过。于是立即将国会非常会议改为总统选举会,仍以林森为总统选举会主席。民友系议员田桐动议,用记名投票法投票选举大总统。主席立即以田的动议付表决,多数赞成,通过。民国多次选举大总统、副总统均用无记名投票法投票,惟有此次用记名投票法。显然坚持选总统者对选举无把握,才用记名投票法。接着主席指定了8名检票员。清点人数,按坐位发票,用记名投票法选举。于是投票、封匦、开匦、检查票数与发票数相符。选举结果:总投票数222张,孙中山得票218张,陈炯明得票3张,废票1张,孙中山以绝对多数当选为大总统。此时,已是下午4点半,散会。

当日国会非常会议议长林森通电全国,通告选举孙中山为总统:

> 国会同人鉴于外交迫切、内乱迭起,北京政府已自承认非法,取消其伪政府资格,中华民国对内对外皆不可不成立正式政府。特于本日在广州开国会非常会议,议决《中华民国政府组织大纲》,并依大纲第二条条文:"大总统由国会非常会议选举之,以得票过投票总数之半者为当选。"于本日举出孙文为中华民国大总统。特此奉闻①。

一个大总统选举会,从通过大法性质的《中华民国政府组织大纲》到选出正式大总统,前后仅仅用了2个多小时。这也是一个奇迹,当可记入《世界吉尼斯大全》了。这种大总统选举既是空前的又是绝后的。对这次的大总统选举,不管国民党人后来怎么解释,也不管国民党史学家如何粉饰,作为一个声称为维护《临时约法》而发动护法运动,以护法为旗帜,即以维护《临时约法》与国会为旗帜者,要建立正式政府,就

---

① 《民国日报》1921年4月18日。

应严格遵守《临时约法》和《大总统选举法》。但却在选举大总统组织正式政府这种重大问题上严重地践踏了《临时约法》和《大总统选举法》。以维护《临时约法》和旧国会为号召而组织政府与北京政府分庭抗礼的广州政府,如此明目张胆地践踏《临时约法》,自然要遭到各界的强烈反对。

广州大总统选举一经报导,舆论一片哗然。纷纷以"闹剧"、"怪剧"来称这次选举,有的甚至以"一群猴子演戏"来形容此次选举。《字林西报》甚至声称:孙中山再失败时,不准其再逃入租界。

在上海的护法国会众议院议长国民党人吴景濂,在对采访的联合通信社的记者谈这次选举时说:"余为护法之人,曩与孙中山同时到粤,同以护法为职志,数年以来,未尝更改。孙中山有所举动,如果合法,吾人当然赞成。若在护法区域内发生违法之事,则期期以为不可。即如选举总统,有历届遵行之《大总统选举法》在,依照该法,组织总统选举会,则吾人对于当选人赞否为别一问题,而对于选举之事,不能发生异议。今广州竟于《临时约法》、《大总统选举法》以外,别构所谓《中华民国政府组织大纲》,据以选举总统,完全是法外行动。此种行动若依革命手段出之,如南京第一次选举之故事,吾人亦无可非议。乃竟用国会议员名义,负此法外行动之责任,殊非吾人所敢赞同,西南各省恐承认者绝少也。"[1]

西南各手握兵权的实力派也多反对这次的大总统选举。湖南督军赵恒惕通电公开反对这次选举。当时的陆军总长、内务总长、广东总司令、广东督军兼省长陈炯明始终反对这场总统选举,只是囿于"以下犯上"而未公开通电反对。就连当时积极追随孙中山的廖仲恺、胡汉民(后服从孙中山,支持总统选举)、汪精卫、蒋介石、戴季陶也均不赞成这次大总统选举。如广州欲选总统,完全可举革命的旗帜,则名正言顺;仍举护法的旗帜,就无法自圆其说。

---

① 　《申报》1921年4月9日。

正由于各界,包括国民党内很多人也反对这次大总统选举,由民友系控制的护法国会4月19日开会,议决国会非常会议发表宣言,解释这次总统选举,同时宣布组织正式政府。4月20日发表《国会非常会议通告选举总统成立正式政府宣言》,全文如下:

民国成立,十载于兹,祸乱相寻,迄无宁岁:始则有袁氏之称帝,继则有武人之毁法;毁法之祸未终,而复辟之乱又作,自是厥后,我中华民国遂无正式政府之存在。维时我国会暨前大总统孙公不忍共和之颠覆,大法之凌夷,爰集南疆,建设军府,共负护法戡乱之大任。事业未成,而有岑春煊、陆荣廷诸逆背信弃誓,牵制破坏,坐是荏苒数载,大义未伸,大法未复,戡乱之业未终,救国之责未尽。总统一职,久虚无人,政府机关,缺焉不备。而北中奸慝乘时窃据,以伪乱真,举国彷徨,莫知所属。惟我国会为民意枢机,本有选举总统建设政府之责,曩以播迁于变乱之间,容与于合议之制,委曲调和,未遑他顾,瞻徇迁就,别具苦心。然狃于一时不健全之舆论,而忘立国求安之良谋,借鉴前车,知非长策,追惟往昔,良用心疚。洎乎粤军返粤,岑、莫潜踪,薄海人民,望风起舞,皆有根本改造之决心。内外舆情尤多改建正式政府之敦促。而总统一职,咸属望于开创民国之前大总统孙公。佥谓民国成立以来,变乱频仍,国基未固,民生凋敝,法纪凌夷,皆由民国元年授权袁氏,付托非人。始基不臧,致流毒无尽,驯致材官走卒,坐拥封圻,亡清妖孽,僭窃大号。对于国人及各友邦,淆乱观听。纲纪荡然,以聚敛为内治,以鬻国为外交,墨吏盈庭,虎狼遍野。侈言统一,而晚唐藩镇五代割据之威信不如;信口和平,而萧墙动兵争夺相杀之事不绝。近更蒙藩内犯,复辟之说再炽,北中华帝国之称,喧腾中外,共和命脉,不绝如缕。人民久困于水火,一切内治外交,纵有方策,谁为设施?盖彼帝制余孽,满清废僚,但知利禄之争,遑识建设之计。故从根本解决,非扫除群逆,无以开刷新之机;非选任硕望,不克建民治之极。民间意见,请愿迭来。同人来自民间,受民委托。今兹民情如此,民意如彼,同人责职所在,讵容诿卸。乃公同讨论,亦以为民国之事,惟热心民国者方足与谋,而非彼帝制余孽,满清废僚,所能为役也。况总统为一国元首,未可久虚;政府为众政枢机,岂宜常缺。前大总统孙公,手创民国,首倡三民主义,赤忱谋国,中外同钦。徒以事权不属,建设政策未一实行,而负责之心始终如一。假使畀以大柄,必能使国基巩固,民权发达,民生乐利。爰于民国10年4月7日依《中华民国政府组织大纲》之规定,票选前大总统孙公文为中华民国大总统,敦请克日就职,成立中华民国正式政府。从此正名定分,凡我国民及各友邦,当晓然于中华民国正统之所存。行见发扬民治之精神,涤除专制之余秽,泯息纠纷,慎固邦交,民国前途,胥于是赖。倘有犯顺叛逆长此执迷不悟者,当与国人共弃之。特此宣言,咸使闻之[1]。

孙中山被选为正式大总统,却不能立即就职。其原因主要是手握广东实权的陈炯明反对大总统选举,不同意孙中山就大总统职。孙中山亲自到省长公署向陈炯明当面解释,陈拖延不答。孙又托粤军司令部及省长公署的参议罗翼群给陈捎话,说:"我被选为大总统,举国皆知。只要我一出师,长江及华北军民甚多欢迎归附者,北洋军阀决无力来犯粤省。桂军残部惩于侵粤之败,那还敢再向粤谋。请竞存放心。我必须于本月就职,并速行北伐。成功自不用说,万一事败,则我出走,粤省任由竞存去和人家妥协,我可不管。这样好吧?"陈炯明无词可推,说:"中山先生要做广东总统,请其于5月5日就职如何? 盖距国会选出之期尚未逾一个月。中华民国国庆为'双十',今孙总统就职为'双五',亦是恰好之纪念日也。"罗将陈意转告孙中山,孙微笑着诙谐地说:"我是广东总统,竞存是广东皇帝。皇帝开了金口,我遵命就是。"[2]这样,孙中山才定于5

---

① 罗家伦主编:《革命文献》第7辑,第96—98页;《申报》1921年4月26日。

② 罗翼群:《孙中山就任非常大总统纪略》,《文史资料选辑》第24辑,第48页。

月5日正式就任大总统之职。

孙中山要成立新的正式政府,另一个目标是争取列强的承认。孙文的女婿戴恩赛是积极支持孙中山就任正式大总统的,并说自己与美国现任总统有师生之谊,孙就职后可担保美国首先承认。广州正式政府成立后,孙中山即派戴恩赛赴美、汪精卫赴法、张继赴日、何永曾赴英,以南方正式政府外交代表的名义请求这些国家的承认。但均未取得效果,各列强无一承认广州政府者。孙中山正式就任大总统之前,广州政府外交部正式照会外交团,通告大总统就职日期,以期其驻广州领事们能参加就职仪式。但外交团通过驻广州领事团将照会退回给了广州政府。驻华各国公使团向各国政府报告广州大总统选举后,各国均指示其驻华公使通过驻广州领事否认孙文的大总统。同时各国驻广州领事团以孙文当选大总统以来各地商人均形裹足不前,于各国商务影响不小的名义向孙文提出抗议。

这使广州政府负责外交的伍廷芳显得被动。伍在孙文当选大总统后不无滑稽地说:"总统既然是国会多数举出来,我们只有一致服从。你看我这样大的年纪,还有什么贪恋的吗? 不过我现在骑在虎背上,先要把老虎打死,我才能下来。"①

5月4日,广州军政府政务总裁孙文、唐绍仪、伍廷芳、唐继尧通电取消军政府、政府总裁解职:"中华民国大总统已定于5月5日就职,正式政府成立。军政府即应于是日取消。所有军政府政务总裁职务,均应解除。除咨明国会非常会议外,特此电闻,希为察照。"②

大总统选举结束后,有些议员因孙文未兑现选举时许诺给议员的酬金,一些议员主张以不送大总统证书印信来压孙履行承诺。在林森等人周旋下,这些议员才放弃上述主张。

5月5日上午8时半,国会非常会议议长林森赴大总统府给孙中

---

① 《申报》1921年4月17日。
② 《申报》1921年5月11日。

山授当选大总统证书。9点半在国会礼堂举行授印典礼。礼堂布置极为壮观。由第一师师长邓铿派出大队士兵维持秩序,公安局派出侦缉员几十人巡逻。9时,国会议员各穿礼服,相继莅会,共230余人。参观席上已坐满了人。9点20分,孙中山穿平民服,与伍廷芳、徐谦、何副长官、孙科等乘汽车到国会。9点30分,各议员齐集礼场,林森为主席。赞礼员从休息室引孙文就大总统席,向国旗行礼,乐声大作。孙中山发表就职宣言。宣言全文如下:

> 文受国会付托之重,膺中华民国大总统之选,兹当就职,谨布所怀,以告国人。前清末季,文既愤异族之专政,国权之日落,乃以民族、民权、民生三主义提倡革命。赖国人之力,满清覆亡。文喜共和告成,战争可息,慨然辞总统职,以政权让袁世凯,而自尽力于铁路事业。不谓知人不明,民国遂从此多事,帝制议起,舆论哗然。虽洪宪旋覆,而余孽尚存,军阀专擅,道德坠地,政治日窳,四分五裂,不可收拾,以至于今。文既为致力于创造民国之人,国会代表民意,复责文以戡乱图治,大义所在,其何敢辞?
>
> 窃维破坏建设,其事非有后先,政制不良,则致治无术,集权专制,为自满清以来之秕政。今欲解决中央与地方永久之纠纷,惟有使各省人民完成自治,自定省宪法,自选省长。中央分权于各省,各省分权于各县,庶几既分离之民国,复以自治主义相结合,以归于统一,不必穷兵黩武,徒苦人民。至于重要经济事业,则由中央积极担任,发展实业,保护平民,凡我中华民国之人民,不使受生计压迫之痛苦。对于外交由中央负责,根本民意,讲信修睦,维持国际平等地位,保障远东永久和平。际兹拨乱返治之始,事业万端,所望全国人才,各尽所能,协力合作,共谋国家文化之进步。文誓竭志尽诚以救民国,破除障碍,促成统一,巩固共和基础。凡我国人,幸共鉴之。孙文①。

---

① 《孙中山全集》第5卷,第531—532页。

主席林森给孙授以印绶,并向大总统致词:

　　改辙易轨,为求治常经,达变通权,尤匡时急务。同人者鉴于军政府之组织权责不专,遇事瞻顾,致大乱未平,而国本先涣,乃谋彻底之改造,制定《中华民国政府组织大纲》,选公为大总统,畀以戡乱建设之全权,期早统一民国,再造共和;妥协邦交,实成法治;谋社会幸福,祈永久和平。民国前途,胥公是赖。公其宣达民意,尊重民权,黾勉仔肩,以毋负国民重托。斯则同人者所以代表国民而殷殷深致其属望者也。今者受职伊始,谨致中华民国大总统印绶,俾公发号施令,资为符信。公其勉旃!

又祝词曰:

　　共和再造,民国重光。大权有托,我武维扬。戡定变乱,纲纪四方。发号施令,堂堂皇皇。宏谋硕画,福国利民。三民主义,贯彻精神。万邦和协,法治有真。鼓轩鼓舞,欢祝同伸①。

礼毕摄影而散。孙中山就任的是中华民国大总统,一些史书说孙就任的是中华民国非常大总统,与史实不符。民国史上并无非常大总统的称谓。

孙中山宣誓就职后,在几名侍从武官的陪同下,乘汽车至北较场举行阅兵大典。当日参加阅兵式的部队有邓仲元的第一师、洪湘臣的第二师。全省各级军官多戎装佩剑,到较场恭候。孙中山驾到,军乐大作。在邓、洪两师长及陈觉民、黄大伟、翁式亮等高级武官引导和陪同下,孙中山缓步走过各部队前一一检阅。各军一律举枪致敬,极为肃穆。检阅结束后,孙回总统府受贺。陈炯明、魏邦平等数百人已在总统府恭候,孙一一接见。

当日,孙中山发表对外宣言。

5月6日,孙中山组织正式政府,任命:

外交总长:伍廷芳;次长:伍朝枢。

---

① 《民国日报》1921年5月13日。

财政总长:唐绍仪;次长:廖仲恺。

内务总长:陈炯明。

陆军总长:陈炯明(兼);次长:程潜。

海军总长:汤廷光;次长:林永谟。

大理院院长:徐谦。

参谋总长:李烈钧;次长:蒋尊簋。

总统府参军处长:徐绍桢。

总统府秘书长:马君武。

唐绍仪一直在家乡香山县唐家湾不就职,这自然是表示不同意孙中山为总统。但他毕竟是孙中山的老友,尽管不同意孙的作法,但一直保持沉默,而不公开反对孙。

十七、护法国会对北伐的敦促

随着陆荣廷于 1921 年 7 月 19 日通电解除粤桂边防督办之职,标志着孙中山 6 月发动的援桂讨陆战争取得了决定性的胜利,旧桂系势力基本被摧垮。8 月,粤桂战争结束,粤军统一了两广。陈炯明的势力扩展到广西,据有两广,在西南实力派中,力量得到迅速发展。打败了桂系后,孙中山开始筹划北伐,但由于陈炯明的反对与掣肘,孙无法实现这一计划。

7 月底,发生在湖北境内的援鄂战争,是湘军、川军、直系军阀利用湖北人民和湖北地方势力驱逐贪婪成性、搜刮与为害湖北多年的山东籍的两湖巡阅使、湖北督军王占元之机,向湖北扩张而发起的一场战争。一些护法议员认为这是北伐的最好时机,7 月底 8 月初向国会非常会议提出北伐议案,敦促广州的孙中山政府尽快出师北伐。

议长林森提出《宣布 5 年以来黎徐等毁法乱国之罪状,明令出师讨伐以谋国家统一》建议案,说:“是宜宣布 5 年以来,各罪魁毁法乱国之罪状,使中外咸知大总统行使大元帅之职权,指挥义师,分途北伐,直捣北京,扫除残暴。护法政府早出一日师,非法政府少卖一日国。免除亡国之痛,在此一举。"①

8月1日,护法国会在广东省议会议场开非常会议,林森主席。议员田维纲等提出的《咨请政府讨伐伪廷》建议案,列入当日的议事日程。田登台说明提案理由后,议员们发言均认为田案属正大的主张,讨伐北方非法政府自属正义之举。但这关系政府军事计划,宜先征求政府的意见,对北伐应事先做充分的准备,方可将此案通过。最后议决,先将田维纲等的提案暂行搁置,推举议长林森往谒大总统孙中山,探询孙的意见后再定期开会讨论讨伐案。孙中山尽管也希望尽快北伐,但军事上仍未准备好,尤其是陈炯明的反对,一时自不可能出师北伐。尽管湘军、直系军阀均进入鄂境,湘军大败王占元部。北京政府于8月9日免去王占元本兼各职,任命直系的萧耀南为湖北督军,吴佩孚为两湖巡阅使,将湖北划给了直系吴佩孚。为了全面控制湖北,8月中旬,吴佩孚发动了驱逐入鄂的湘军的战争。当时,湖南属于广东护法政府所辖,入鄂湘军是强弩之末,枪枝弹药缺乏。尽管湘军打得十分顽强,湘直之战打得惨烈,但直军是新投入战斗的生力军,军火又充足。到8月底,湘军即已不能支持而败退。不但湖北省为直军控制,直军还在南下,湖南亦受直军的威胁。湖南局势危急。护法国会中的湘籍议员彭邦栋、田永正等为救湖南的危局,于9月上旬向国会非常会议提出《救湘鄂谋统一速进行北伐》建议案。提案提出应尽快地下令北伐的4条理由:1. 援桂讨陆的西征军已发展到十几万,贫瘠的西南省份难以供养如此多的军队,宜立转西征之旅东出武汉,讨伐北廷。2. 只有尽快下令北伐,征讨北方的非法政府,列强才能不再借巨款给北京政府。3. 北京政府已明令讨湘,"湘为护法策源地,亦两粤重要门户也。""贼已攻我门户,我尚可以旁观自诿耶?"当然该立即下令北伐。4. 吴佩孚已进攻湖南,湘军拼死抵抗,"此而不急起援助,则是两粤之藩离行且

---

① 《民国日报》1921年8月17日。

尽撤,而与敌人相见堂衢矣! 惟趁湘军锐气尚存之时,我政府速下明令,宣布徐、靳、曹、吴等历年来毁法乱纪,卖国殃民种种罪状,大兴义旅以援救湘鄂者,积极北征。"因时乘势,宜速下令北伐。建议案认为"现下时期为我政府大张挞伐戡定暴乱、实行统一、扩张民治之第一好机会也。兹谨依法建议,咨请政府,采择施行。"①

9月8日和9月9日,护法国会开非常会议,讨论彭邦栋等提出的北伐建议案。由于陈炯明虽与湖南当局订有湘粤同盟协定,陈派洪兆麟率粤军中的湘籍部队援湘,但湘督赵恒惕为防孙中山借北伐之机,行"伐虢取虞"之策取湖南,不让北伐军入湘。陈反对孙中山北伐,认为广东连年征战,民穷财尽,现在急需停战,让粤省人民休养生息。我们先把广东省建设好,使广东成为一个和平、富庶之省,全国各省便会转向粤方。陈的主张不无道理。由于陈反对北伐,孙自无法立即出师北伐。故多数议员对北伐案仍主慎重,尽管议员们均支持北伐,认为这是正大光明的正确的决策,但鉴于西南方面的认识有待统一,暂不宜通过此案,只宜请议长林森再与大总统沟通。最后议决将北伐建议案暂行搁置,再由议长与大总统协商。

孙中山反复与陈炯明磋商,一再耐心劝说陈支持北伐,这样,陈勉强答应负担北伐饷项。

9月26日,护法国会开非常会议,再次讨论北伐案,最后议定将以明令发表。

10月初,护法国会议员丁骞、刘云昭等提出《咨请政府速行出师讨贼决议》案,提出"请即日出师,并请于出师前明令讨贼,电知全国,以壮声威。"并说明理由:"川军攻吴,正在激战。吾出为犄角,使敌军不能兼顾,此百年不遇之机会,万不可失。故曰非速行出师不可。不曰北伐,而曰讨贼者,因北方军界不少明达,恨贼党祸国,实有其人。吾一出师,可望彼方倒戈。标名北伐,即是一网打尽,适以足促其团结,不如专

---

① 《民国日报》1921年9月12日。

月 18 日孙中山组织北伐军在广州东较场举行北伐誓师大会,但由于陈炯明反对北伐,处处掣肘,使北伐军迟迟难于挥师北上。要北伐,还必须有军饷。粤军参谋长兼第一师师长邓铿支持孙中山的北伐,北伐军的军饷主要靠邓铿与廖仲恺合力筹解。但 1922 年 3 月 22 日邓铿被暗杀身亡,军饷就成了大问题。孙中山的北伐计划陷入了困境。湖南督军兼省长赵恒惕不让北伐军假道湖南,这又给北伐增加了困难。1922 年 3 月,孙中山的国民党、奉系、皖系的反直三角联盟已形成。孙中山决定绕道江西进行北伐。孙中山将北伐军编为三大讨贼军:第一讨贼军总司令陈炯明,第二讨贼军总司令许崇智,第三讨贼军总司令李烈钧。但陈炯明反对北伐而拒不接受北伐第一讨贼军总司令的职务。之所以用讨贼军,是按国会非常会议建议案将北伐军改为讨贼军的,以免"标名北伐,即是一网打尽,适以足促其团结"的情况出现。

5 月 4 日孙中山在广州以大元帅(孙中山 1921 年 12 月 10 日在桂林设立北伐大本营,自任大元帅)的名义下令讨伐徐世昌:"本大元帅接受国民托付之重,深念连年国难未定,人民痛苦益深益烈,爰命诸将,分道出师,亲履行间,以除民贼。出师宗旨,在树立真正之共和,扫除积年政治上之黑暗与罪恶,俾国家统一,民治发达。所认为民贼者,惟徐世昌及共恶诸人。""我国民当知国事如此,非以彻底之主张,为根本之解决,罔克有济。"[①]

5 月 8 日孙中山任命李烈钧为北伐军总司令,许崇智为总指挥。5 月 9 日在韶关举行北伐誓师大会。5 月 13 日北伐军分三路进军江西。

6 月 16 日,陈炯明在广州策动武装叛乱,炮轰总统府,赶走孙中山。北伐夭折。广州护法国会亦被陈炯明强行解散,议员被迫纷纷离粤。护法国会到此彻底结束。

---

① 《民国日报》1922 年 5 月 6 日。

第十章　第一届国会第二次恢复后的常会

（1922 年 8 月 1 日——1923 年 10 月 10 日）

　　第一届国会 1917 年 6 月第二次被解散后，有一些议员滞留北京。当时北京政府为阻止旧国会议员南下，将旧议员拉入仕途，让其在政府部门任职，或设立专门机构来位置旧议员。如设立经济调查局，专门位置旧议员。有一部分旧议员又当选为第二届国会议员，自然也在北京。

　　1920 年 5 月，在京的除又当选为第二届国会议员之外的旧议员组织正谊俱乐部，以团结旧议员，为恢复第一届国会做初步的准备。

　　1920 年 7 月直皖战争以皖系败北告终，安福俱乐部被解散，第二届国会瘫痪。10 月大总统徐世昌下达第三届国会选举令。直系控制的省区和西南地区均抵制这一选举令，并不进行第三届国会的选举。

　　1920 年 10 月被陈炯明和国民党民友系驱逐的政学系议员也陆续到达北京。他们和 1921 年春回京的益友系议员在京组织宣南寄庐。这样，在京旧国会议员力量逐渐增大。他们为恢复第一届国会的工作也更为活跃。1920 年底，在京旧国会议员又以第一届国会同人新年恳亲会的名义进行恢复旧国会的活动。1921 年 1 月 16 日，在京旧国会议员在中央公园举行了自其 1917 年 6 月被解散以来的人数最多的一次集会。到会旧国会议员 200 余人。这是一次显示旧议员团结和力量的大会，也是鼓舞旧议员为恢复第一届国会的集会。此后，在京的旧国会议员恢复第一届国会的活动更为活跃。他们发表声明，游说一些省的督军、省长，尤其是重点游说当时控制北京政府的国内两个最大实力派军阀曹锟、张作霖,要求恢复第一届国会。并于 1921 年 4 月在天津设立第一届国会通信处,作为联络各地旧议员的机关,以推动旧国会的恢复。

1922 年 4、5 月间发生的第一次直奉战争,以直系的胜利告终,北京政权由直系一派所控制。曹锟、吴佩孚经过反复权衡,决定打出"恢复法统"的旗帜,将全国统一于直系的统属之下。即以恢复并控制旧国会,让黎元洪复任大总统职,剥夺南方护法的理由,促使孙中山取消广州政府。6 月 11 日黎元洪入京复大总统职。6 月 16 日,陈炯明依与直系订立的秘密协议,炮轰孙中山的总统府,将孙赶下台并逐出广东。这样,广东已既无政府又无国会。一些护法议员纷纷回到上海、天津和北京。第一届国会 8 月 1 日在北京正式开会,为继续第一届国会第二期常会,至 9 月 18 日结束。从 10 月 11 日起,第一届国会又召开第三期常会。

广州护法国会被陈炯明解散后,大孙派、新新俱乐部系大部分议员赴沪,在上海组织法统维持会,小部分赴京参加了恢复国会的运动。国会恢复后,即出现民六、民八议员争法统的局面。民六议员是未参加护法被广州护法国会于 1918 年、1919 年取消议员资格者。民八议员则是广州护法国会取消民六议员资格后新递补的议员。前者主张恢复民六即 1917 年 6 月被解散的国会,认为广州护法国会取消自己的议员资格是非法的,自己仍是合法议员。研究系、政学系、益友系多数主张恢复民六的国会。民八议员则认为应恢复广州召集正式会议后的民八国会,即 1919 年广州的护法国会。他们认为,这次旧国会再次恢复是坚持护法的结果,护法成功才有国会的恢复。这为各方所公认,故应恢复民八国会。民六议员不参加护法,已被广州民八国会除名,已失去议员资格。自己依法递补并努力护法,于法于理,是合法议员;民六议员已失议员资格,不能再参与恢复的国会。在京的议员徐清和、梅宝玑等 48 人脱离宣南寄庐,另组法统学会,以上海的法统维持会为后盾,要求恢复民八国会。大孙派、小孙派支持他们的主张。孙中山、孙洪伊均通电支持民八议员恢复民八国会的主张。之后,孙中山又鼓励和力促大孙派留沪议员参加恢复的国会,在国会中奋斗。这样,1922 年 9 月初上海法统维持会又有一批议员赴京。这壮大了民八议员的力量。于是民八议员为出席众议院常会和宪法会议,与反对者多次发生冲突。10 月 21 日众议院会议时,甚至出现民八议员抬着棺木要出席会议,以表示誓死与反对恢复民八国会的众议院议长吴景濂血战的决心。10 月末,北京政府设立了一个政治善后讨论会来位置民八议员,月薪与议员同,均为 400 元。民八议员和民六议员均在百余人之数。民六议员或因入仕途、或因政治原因、或因自然减员,所空出的缺额均由民八议员递补。这样民六、民八之争才逐渐平息。

《临时约法》给了国会过大的权力,又缺乏对国会和议员的有效的监督条款来制约国会,再加上因各种原因,第一届国会议员给自己任意解释任期,致使这届国会议员任期拉得太长,前后达十多年。即议员掌握权力的时间过长。于是有一些议员利用手中的权力谋取私利。或进行权钱交易,或进行权权交易,甚至对不顺从国会头目的政府官员进行迫害。如众议院议长吴景濂、副议长张伯烈蓄意制造了罗文干案,不顾各界的强烈反对,公然践踏人权,搞垮了王宠惠内阁,将主张先宪后选的吴佩孚的洛派势力赶出了北京政权。从 1923 年 5 月初开始,直系的津、保派策划通过国会法律倒黎,即通过国会解释黎元洪的任期将黎赶下台,以及国会通过选举次任总统的提案倒黎。但遭到拥黎派议员的抵制。他们以不出席参、众两院讨论黎的任期案和讨论选举下任总统案的常会,使常会不足法定人数无法开议。这样,直系又决定武力驱黎,即通过北京军警索饷的办法于 6 月 13 日将黎驱逐出北京,逼黎交出大总统印信。津、保派本打算将黎驱逐后即开总统选举会,选举曹锟为大总统。驱黎政变立即引发了全国性政潮,国会再次分裂,议员纷纷离京,留京议员不足法定人数。驱黎政变后近 3 个月的时间,参、众两院的常会因不足法定人数无法成会。于是直系津、保派筹得巨款,加大了贿赂议员回京选举曹锟为大总统的力度。议员则乘机利用手中的选票集体向直系索要高价,终于在光天化日之下,于10月5日上演了中国近代史上最大的一场贿选丑剧,将曹锟推上了大总统的宝座。这立即遭到了全国人民的反对与谴责。孙中山发出了讨伐曹锟的命令。浙江督军卢永祥、淞沪护军使何丰林、四川督军熊克武、云南督军唐继尧、奉天督军张作霖均先后通电反对贿选,并宣布与曹锟断绝一切关系。移沪国会议员通电反对贿选,声讨曹锟和参与贿选的议员。上海、浙江、广州、奉天等地人民团体纷纷集会和通电反对贿选,声讨曹锟和卖票的议员。有很多地方将本地参与贿选的议员宣布削去省籍。有的地方群众团体到当地检察厅起诉本地参与贿选的议员,并要求查封其财产。有些地方愤怒的学生甚至捣毁了贿选议员的家。

国会还通过了《修正国会组织法》案,将议员的任期无限期地延长,并借贿选的机会压直系的中央政府将其公布而成为正式的法律,后又写入宪法。同时,为了掩饰国会在贿选问题上的丑行,匆匆通过了争持10年之久的宪法。10月10日宪法会议正式公布了《中华民国宪法》,又称《民国十二年宪法》,或《曹锟宪法》。从1922年10月11日开始的第一届国会第三期常会于1923年10月10日闭会。

一、旧国会议员恢复第一届国会的活动

1917年,孙中山南下广州,以维护法统、恢复第一届国会相号召。一部分旧国会议员响应孙的号召,南下广州,组织护法国会和军政府,与北京的段祺瑞政府对抗。段政府为破坏护法运动,极力拉拢旧议员,或将旧议员安插在政府各个部门,或将旧议员安置在专门为罗置旧议员而设的经济调查局,阻止旧议员南下。这样,在北京滞留了一批旧议员。当1918年全国和平运动高涨时,这批滞留在京又未能当选为第二届国会的旧议员也渐活跃起来。他们在原参议院议长王家襄(王此时任中原煤矿公司督办)的联络下,逐渐形成了一股政治力量。他们以恢复第一届国会为目标,常常以各种名义集会,分析时局的走向,团结在北方的议员,等待时机。

1919 年南北两个政府在上海进行和平谈判,处理南北两个对立的国会成了双方争持的焦点而导致谈判的破裂。1920 年 4 月初,王家襄等在京旧议员 179 人发表宣言,提出自己的主张:由第一届国会制定宪法,宪法公布后,第一、第二届国会同时解散。

5 月,王家襄、郭人漳、何雯、景耀月等在京成立了旧国会议员通信处,只吸收未当选为第二届国会议员的旧议员,运动恢复旧国会。

7 月,直皖战争爆发并很快以皖系的失败而告终。北京政权为直、奉两系所控制。皖系一手操办和控制的国会成了众矢之的。由第二届国会选举出的大总统徐世昌 8 月 3 日下令解散安福俱乐部,在事实上停止了第二届国会。10 月 30 日,徐又下令按 1912 年 8 月公布的《国会组织法》和国会议员选举法选举新一届国会。但直系控制的省份及西南省份并未进行新一届国会议员的选举。在京的旧议员认为时机已到,于是积极到各地运动各省的督军、省长,尤其是运动直系军阀,同意恢复第一届国会。由于这些旧议员在京城大都有职务,或已入仕途,或挂名于政府专门位置他们的局、会,每月领数百元的薪金。生计所关,故也不敢太刺激北京政府,一些活动都是悄悄地进行,甚至是秘密地进行。11 月 20 日在北京象坊桥湖广会馆旧议员开过一次大会,并推定代表 10 人筹备恢复旧国会事务。以后又断断续续开过会,至 1921 年 1 月底,开会十余次,其地点都在王家襄供职的北京西城区东铁匠胡同中原煤矿公司事务所。为使会议不致刺激政府,每次开会的人数都不多,不出传单、不设正式会场、不推举会议主席,自由出席,随便发言。但均主要围绕如何恢复旧国会和继续制宪的问题进行讨论。1920 年 12 月上旬,他们就议定要发表宣言,提出自己恢复第一届国会的主张,并推定了起草人将宣言起草好,又经过详细讨论核议,后因以时机未到,决定暂缓发表。北京政府对旧议员的这些活动仍很警觉,其中有几次在中原煤矿公司事务所开会时,警察中途突然光顾,入内查问。但因既无开正式会议的形式,未搜查到会议记录,又未发现与会者出轨的言论,也就无可如何。从1920年底开始,在京的旧议员又以第一届国会同人新年恳亲会的名义进行活动。1921年初又吸收第二届国会中的旧议员加入恳亲会,一是为了壮大声势,二是为了使第二届国会议员的资格无形取消。1月中旬,在京旧议员议定各省推举在京旧议员3人,专门担任联络旧议员加入恳亲会之责。

1月16日下午,在京旧国会议员以恳亲会的名义在中央公园水榭举行西餐会,出席议员200余人。这是在京旧议员自第一届国会1917年解散以来,规模最大的一次集会。王家襄和皖籍议员王源瀚均在会上发表了恢复旧国会的演说。1月28日,在京旧国会议员在中原煤矿公司事务所开谈话会。邓毓怡报告了运动浙、鄂两省督军赞成恢复旧国会的经过。最后议决:1. 一星期内发表自由召集旧国会之宣言。2. 筹备自由召集旧国会之手续。

3月3日,浙江督军卢永祥通电主张恢复旧国会,制定宪法。3月8日,在中原煤矿公司事务所,旧议员再开谈话会。鉴于卢永祥的通电与旧国会宣言主要内容一样,于是议决改宣言为对宪法问题的意见。主张即时自由召集旧国会开会,首先制宪;对于地方制度,只订大纲,由各省自制省自治法。并推王源瀚、罗纶、陈善3人为意见书起草员。此意见书起草好又经讨论通过后,于3月中旬发表。其目的只在于表明自己的存在,造声势。4月初,在京旧国会议员再开会,议决在报纸上发广告,征集散居全国各地旧议员对恢复旧国会的意见与办法,并决定在京、津设立第一届国会通信处。

1920年底到1921年初,广州要再次召集国会非常会议,运动旧议员赴粤。北京政府为了不让在京的旧议员南下,尽力位置在京旧议员。旧议员到京者渐增。1921年1月上旬,留京旧议员提出了一个213人的名单要北京政府安排,说这些人要有空缺才能来京。政府则告之要先来京后方可委任。第二届国会议员得到消息后,也向政府交涉,要求同样的待遇。当时经过多年的战争,国库空虚,经济处于崩溃状态,一下子安排这么多人自然困难。这些口口声声自称是人民代表,却不惜加重人民的负担,拼命挤入官场。

奉系军阀头目张作霖一直不得意旧国会,主张召开第三届国会。1月初借政府财政困难、减政减员之机,张要求裁撤专门位置旧议员的经济调查局。此时,北京政权是由直、奉两派支持的,奉张发话了,政府只好准备照办。在京旧议员知道后,又开谈话会商讨对策。多数意见主张全体赴粤参加国会非常会议。以赴粤来压北京政府。大有此处不养爷,自有养爷处之概。因为此时正值广州护法国会的参议院议长林森在京、津一带运动议员南下广州开会,组织正式政府。林许以除给赴广州的旅费外,再给 3 个月的岁费,以促留在京、津一带的旧议员南下。在京旧议员的这一招自然灵验。北京政府赶忙许诺不撤经济调查局,即使要撤经济调查局,也将设立统一委员会来位置旧议员。这样,经济调查局未撤,到 1922 年在经济调查局挂名的议员已达 300 多人(实际在京者 100 多人)。看来这些所谓的人民代表也是谁给钱捧谁,惟独不顾人民的死活。

旧国会议员在天津设通信处后,即推代表陈善赴沪与旧众议院议长吴景濂接洽。吴对恢复旧国会极表赞成,但对继续 1917 年的制宪持保留态度(吴参加护法国会,在广州以议长的身份主持了护法国会的制宪活动)。支持在津设立议员通信处,答应在上海向各方联络,以便使旧国会早日恢复。并认为联省自治未成立前,除恢复旧国会别无它法。

1921 年春,全国商教联合会发起在上海召开国是会,制定宪法,各界响应。同年夏、直系政客张绍曾发起召开庐山国是会,直系大将吴佩孚立即通电响应,并得到直系的支持。同年春、夏,南方尤其是西南一些省份,开始联省自治运动。或三省、或五省联合制订联省自治法。浙江和江苏两省议会首先制定了联省自治法,很多省纷纷效仿之。这些活动,自然是抛开国会,各行其是。对一心想恢复旧国会的议员是一种打击。不甘寂寞的留京旧议员自然不愿自己的制宪特权被他方所取代。8 月 9 日留京旧国会议员在宣南寄庐俱乐部开会,议决要由全国公认的合法机构(注:这里自然指旧国会)制定自治大纲,作为各省惟一遵守的法律,旧议员应负起完成宪法的责任。并决定由宣南寄庐出面与在京各团体的旧议员联系,征求他们的意见。

宣南寄庐与在京的各旧议员组成的政团联系和协商,于 8 月 19 日在中央公园召集旧议员谈话会,议决了起草好的对时局主张的宣言,并以第一届国会议员的名义发表。公布了当天议决的几个问题:1.《约法》上大总统无解散国会之权。6 年 6 月 12 日之非法解散,认为无效。主张迅择适当地点,续行集会,完成宪法。2. 现在各省所唱之联省自治,即吾人曩时所争之地方制度。兹决定于宪法地方制度章内规定大纲,开放自治,其自治法由各省自定之。3. 制宪为国会特权,系《约法》所赋予。如各省长官指派代表制宪,吾人认为违反《约法》,极端反对之。4. 国民大会须由合法国会本《约法》第 2 条所规定之精神,制定《国民大会组织法》召集之。不得以少数阶级或团体代表为无根据之组织。此外,对于太平洋会议(华盛顿会议)派遣代表、缔结条约,主张应依《约法》由国会通过。苟不经过国会,一概认为无效①。

11 月,华盛顿会议开幕后,参加华盛顿会议的中国代表团全权代表顾维钧致电北京政府,认为我国在华盛顿会议上最感困难的是国家不能统一。其所以不能统一,因无国会。按各国惯例,签订一切条约必须经过国会。我国目前无国会,将来华盛顿会议签订条约是否即由元首一人负责? 这是法律上易产生的疑问,外国可能要以此为借口,为难中国。在京的旧国会议员得知这一电报后兴奋不已。12 月,力主召集第三届国会的靳云鹏内阁又倒台了,代之而起的又是有赞成恢复旧国会之说的旧交通系头目梁士诒出面组阁。留京旧议员认为这是恢复旧国会的极好机会,于是多次开会,推定谢翊元、邵瑞彭、黄明新、贾述尧、纳谟图等 10 人晤曹锟、张作霖,易宗夔、骆继汉、孟昭汉晤梁士诒,游说他们同意恢复第一届国会。并将游说的问题节略写成书面材料递送。

_____

① 《申报》1921 年 8 月 27 日。

但曹、张、梁均托故未见,只由手下人代为接见并收下了书面材料。

旧国会,包括护法国会,多次制宪,均因党派之争而失败。人们对国会制宪失去信心。1922年3月15日,中华民国八团体国是会在上海召开。全国学者、名流章太炎、张君劢、沈信卿、温少鹤、黄炎培、张一麟、黄任之等抛开国会,欲制定《国是会议宪法草案》。留京、津旧议员4月6日发表宣言,重申要恢复旧国会,由国会制定宪法的主张。

1922年4月底,第一次直奉战争爆发,在京的旧议员纷纷聚集天津。旅居上海的旧国会众议院议长吴景濂回奉天兴城老家奔母丧,27日到津,与在津的旧议员汇合,开始主持恢复旧国会的筹备工作。吴担心旧国会复会不足法定的开会人数,又派人赴沪运动旅沪议员北上。

5月初,第一次直奉战争即以直系的胜利告终。北京政权完全由直系把持。5月12日,曹锟、吴佩孚在保定召开直系政治与军事联合会,直系的军政要人均出席了会议。会议决定打出“恢复法统”的旗帜,即恢复旧国会,让黎元洪复大总统职,补满大总统任期,剥夺南方护法的理由,让孙中山取消广州政府,将中国统一在直系控制的北京政权的统治之下,再将曹锟扶上大总统宝座。为此,直系派郭唯一为代表,与在京的旧议员接洽恢复旧国会的事宜。

有了直系的支持,在津、京的旧国会议员恢复第一届国会的进程大大加快。5月中旬,在天津日租界设立了第一届国会议员通信处。5月20日,第一届国会继续开会筹备处的招牌即正式挂在直隶省议会门前。5月中旬,吴景濂回上海运动旅沪议员北上开会。直系的前绥远都统、将军府树威将军张绍曾利用其与吴佩孚为儿女亲家的身份,奔走于京、津、保之间,为旧议员与直系牵线搭桥。旧议员中的各派代表人物也纷纷赴保定,和曹锟、吴佩孚拉关系。这样,京、津、保之间,旧议员往来不绝于道。一时间,保定西关外保阳、长生两旅店中住满了各派别的旧议员。保定成了当时中国的政治中心。

5月19日,曹锟、吴佩孚等10位直系将领发出维护法统的通电。

5月24日,在天津直隶省议会,第一届国会继续开会筹备处开正式成立大会,到会参议员 26 人,众议员 42 人,参议院议长王家襄主席。会议议决了以第一届国会继续开会筹备处的名义通电全国,声明将筹备召集旧国会:"民国议会自 6 年 6 月 12 日遭非法解散,法系凌夷,六载于兹,乱且滋甚。现同人决议依法自行集会。惟因政治上之障碍,先于天津假顺直省省议会设立第一届国会继续开会筹备处,业于本日成立。一俟筹备就绪,即行定期开会。特此奉闻。"①当天的会议还推吕复、李文熙赴沪,与旅沪议员接洽恢复旧国会事宜及运动在粤议员的北返事宜。还议决由两院议长发公函通知散处各地的旧议员回津、京参加会议。同时由在津、京的旧议员函告同乡议员速回津、京。

5 月 28 日,曹锟、吴佩孚首先联名发出贺电,接着 5 月 29 日湖北督军萧耀南,5 月 30 日陕西督军刘镇华,5 月 31 日绥远都统马福祥、山东督军田中玉、安徽省长许世英,6 月 1 日甘肃督军陆洪涛、河南督军冯玉祥、安徽皖南镇守使马联甲等,6 月 2 日江西督军陈光远,6 月 3 日宜昌长江上游警备总司令孙传芳,分别发出贺电,祝贺第一届国会继续开会筹备处的成立。

5 月 29 日,旧国会参议院议长王家襄、众议院议长吴景濂赴保定面谒曹锟、吴佩孚,商讨迎黎驱徐和召集旧国会的事宜。曹、吴责备旧国会迟缓徘徊。于是,旧国会议员加快了向大总统徐世昌逼宫和恢复旧国会的步伐。

6 月 1 日下午,在天津直隶省议会第一届国会继续开会筹备处召开第 2 次会议,到会参议员 63 人,众议员 138 人。会议议决立即发表《通告全国宣布徐氏罪状,由国会行使职权,再由合法总统依法组织政府电》,宣告旧国会即日行使职权,取消南北两个政府,另组合法政府。电文如下:

　　民国宪法未成以前,国家根本组织厥惟《临时约法》。依据《约法》,大总统无解散国会之权。则 6 年 6 月 12 日解散参、众两

---

①　《申报》1922 年 5 月 28 日。

院之令,当然无效。又查《临时约法》第28条,参议院以国会成立之日解散,其职权由国会行之,则国会成立以后,不容再有参议院发生,亦无疑义。乃两院既经非法解散,旋又组织参议院,循是而有7年之非法国会以及同年之非法大总统选举会。徐世昌之伪大总统既系选自非法大总统选举会,显属篡窃行为,应即宣告无效。自今日始,应由国会完全行使职权,再由合法大总统依法组织政府。护法大业亦已完成,其西南各省因护法而成立之一切特别组织自应于此终结。至徐世昌窃位数年,祸国殃民,障碍统一,不忠共和,黩货营私,种种罪恶,举国痛心,更无俟同人等一一列举也。六载分崩,扰攘不止,拨乱反正,惟此一途。凡我国人,同此心理,特此宣言、惟希共鉴①。

会后,王家襄代表国会立即赶往黎元洪宅,拥黎复位。

1922年5月28日,在吴佩孚的策划下,长江上游警备总司令孙传芳即发表通电,请南北总统孙中山、徐世昌同时退位,说"广东孙大总统原于护法,法统既复,责任已终,功成身退,有何流连? 北京徐大总统新会选出。旧会召集,新会无凭,连带问题,同时失效。所望我两先生体天之德,视民如伤,敝履虚容,及时引退,适可而止,知几其神,标逊让之高风"②。5月31日,大总统徐世昌立即通电表示了辞意。6月2日辞职出京,将大总统职务交国务院摄行。

得知徐世昌离京消息后,曹锟、吴佩孚于6月2日即指派天津镇守使赵玉珂等为代表欢迎黎元洪复大总统职。已当过一回傀儡,饱尝过当傀儡苦味的黎迟迟不肯表态。曹锟又派其参谋长熊炳琦、吴佩孚派其参谋长李济臣专程赴津劝驾。6月2日由曹锟、吴佩孚领衔,曹锐、齐燮元、田中玉、萧耀南等联名通电拥护黎元洪复大总统职。当天,吴佩孚还单独发出了《通告徐氏退职国会集会并派代表欢迎黄陂复职

① 《申报》1922年6月3日。
② 《申报》1922年5月30日。

电》。参议院议长王家襄、众议院议长吴景濂也亲往天津黎元洪宅请黎入京复任大总统职。黎说："你们选举曹锟为总统,事情就好办得多。"可见黎是因直系操纵北京政权而迟迟不肯出山。

6月3日,王家襄、吴景濂等旧议员又向全国发出《通告全国徐氏离京及周自齐等奉还职权之电文应如何接收候公意商榷施行电》,征求全国各实力派对接收北京政权的意见。6月4日,吴佩孚立即回电王家襄、吴景濂,主张"请元首克日返京以巩固国本。元首未到京以前,当然由国务院摄行职权"。这样,鲁督田中玉、赣督陈光远、苏督齐燮元、陕督刘镇华等纷纷回电王、吴,主张立即请黎元洪入京复大总统职。有的还派出代表赴津劝驾。6月6日黎元洪当着参、众两院议长和各军阀代表及各省团体代表的面,提出"废督裁兵"的主张,作为自己复大总统职的条件。

直系恢复法统的开场锣鼓敲得震天响,戏的主角黎元洪却迟迟不肯出场。这自然急坏了这场戏的总导演吴佩孚和曹锟。黎在这时又提出"废督裁兵"作为自己出场的先决条件。为了救场,曹、吴也只能硬着头皮先答应下来这一条件。更何况"废督裁兵"是当时全国人民共同的愿望,也无法拒绝。当时中国军阀割据,内战频频,中国财政的大部分用于战争,财政枯竭,民不聊生,人民渴望和平,渴望裁减军队。军阀们尽管在拼命地扩军,却不敢公开反对裁兵,且不能不做表面的敷衍。6月7日,曹锟、吴佩孚联名通电表示"废督裁兵,锟、孚愿为首倡"。接着,直系将领一个个气壮如牛地通电要废督,要裁兵。当然,这也只是一场闻雷不见雨的鼓噪。

黎元洪以"废督裁兵"压了一下直系军阀的气焰,挣够了面子之后,于6月10日通电复大总统职。6月11日上午8时,在参议院议长王家襄、众议院议长吴景濂等一批议员及国务总理的陪同下,乘专门的花车入京。本来第一届国会继续开会筹备处6月7日开会议定驻津议员6月12日全部进京,准备开会。故一些已进京的议员得知6月12日有花车专门迎接在津议员入京,一些在京议员也从京赶到津,再搭乘

12 日的专车入京,以便一享乘坐花车的荣耀。致使 6 月 12 日乘花车入京议员达 214 人,可见这些人虚荣心之强烈。花车在天津站启程前,天津各界在车站举行了简短的欢送仪式。花车抵京时,总统府代表汤芗铭,国务院代表、内务总长高凌霨及各界代表均到车站欢迎。之后,议员们乘汽车往众议院议场开谈话会。

6 月 13 日,刚复职的大总统黎元洪发布撤销 1917 年 6 月 12 日解散国会的命令。

6 月 14 日下午,旧国会议员在众议院再开谈话会,到会议员 239 人,参议院议长王家襄主席。会议议决 8 月 1 日为国会正式开会日期。6 月 15 日发出正式开会通知,请各省议员速来京报到开会。参议院第一班议员任期仅余 84 天,应同时通知改选中已当选的参议员赴京报到。

二、民六、民八议员的法统之争

1922 年 5 月战胜奉系后,直系即举出"恢复法统"的旗帜,恢复了第一届国会,也在口头上肯定了"维护法统"的护法运动。以法统已经恢复,护法运动目的已达,南、北两个政府自然应取消,恢复以黎元洪为大总统的政府。

旧国会恢复后,立即出现民六、民八议员的法统之争。民六议员是 1917 年国会解散时未赴广州参加护法国会被护法国会除名的部分议员。民八议员则是护法国会将未赴广州护法国会的旧议员于 1918 年和 1919 年除名后,以候补议员补充的 1919 年护法国会的新议员。民八议员认为,国会之所以能恢复,皆为护法之力,是护法成功的结果,这已为各方所承认,所以只有护法议员才有资格列席恢复的国会。民八广州国会自由集会,在法律上是合法和有效的,民六议员既经广州国会除名,已失去议员资格,既无议员除名后再复职的法律,也无其再复职的理由,于法于理均不能再取得议员资格。民六议员则坚持恢复民六国会。认为广州国会只能认为护法,不能认为适法,民六国会为法统正宗。民六议员的资格是广州国会非常会议取消的,不符合《议院法》,递补议员的手续也不完备。此次国会再开会,是依大总统黎元洪明令撤销 1917 年 6 月 12 日的解散国会的命令,自然应该恢复民六国会。且自 1921 年冬季以来,奔走运动,谋旧国会的复活,都是民六议员之功,怎么能让与民八议员?两方各持己见,争斗日益激烈。按说参加过护法国会的旧议员应该支持恢复民八国会的主张。但恰恰相反,包括参加过护法国会的原众议院议长吴景濂在内的多数参加过护法国会的旧议员都不支持恢复民八国会。国民党政学系议员在 1920 年与孙中山决裂,1921 年国民党益友系又因选举正式大总统与孙中山和民友系分道扬镳,自然也都不支持恢复民八国会。支持恢复民八国会的便只有被陈炯明赶出广东的孙中山和民友系,及由民八议员为主体的新新俱乐部。加之国会复会后,民六议员有部分入官场做官及少量的自然减员,均由部分民八议员递补了。这些递补了的民八议员也不积极主张恢复民八国会。故在恢复的国会中,要求恢复民八国会的议员属少数。这便决定了恢复民八国会主张难于实现。

主张恢复民八国会的议员在旧国会恢复之初,在对待国会问题上又分二种意见。1922 年陈炯明炮轰孙中山的总统府,将孙逐出广州,推翻护法政府,取消了护法国会。该派议员大部分避往上海,在沪组织了法统维持会,主张恢复民八国会,根本不承认在京于 8 月 1 日恢复的旧国会,故也拒绝赴京参加旧国会的活动,即不与恢复后的旧国会发生关系。并将护法议员又赴京参加恢复旧国会活动,包括在恢复的国会中要求恢复民八国会的护法议员,视为背叛护法宗旨,予以反对。该派的一小部分议员赴京参加恢复的国会,他们在国会内要求恢复民八国会,驱逐民六议员。这即是护法议员徐清和、梅宝玑等 48 人在北京象坊桥南沟沿 69 号成立的法统学会,在国会一恢复即提出恢复民八国会的问题。孙中山 8 月中旬回到上海,鉴于短期内将陈炯明逐出广东,重回广州再组政府的可能性极小,故主张上海法统维持会议员赴京,在国会内部为恢复民八议员的席位而斗争,自己也通电声明恢复民八国会的主张。这样,上海的法统维持会的议员也陆续赴京,尤其是法统维持会的头目邹鲁、谢持、焦易堂、杭辛斋等率领 60 余名法统维持会议员于 9 月 1 日由沪到京,9 月中旬又在北京头发胡同 6 号成立了护法议员办事处,对外又称护法议员联欢社。民八议员在北京的声势大增。这样,民六、民八之争就更为激烈。

国会的上述情况,控制北京中央政权的直系头目曹锟、吴佩孚并不十分清楚。待 8 月曹锟派代表孙岳、吴佩孚派代表王法勤赴沪谒孙中山商谈全国统一之事,孙中山为孙岳、王法勤详细解说护法国会的情况后,曹、吴才对旧国会的情况有了详细的了解。但此时旧国会已经恢复开会,民六、民八之争已开始。直系则采取不干涉国会民六、民八之争的态度,让国会各派自行解决。这样,旧国会一恢复,便上演了一场又一场民六、民八之争的文戏和武戏。

由于众议院 8 月 1 日会未发给民八议员开会通知书,民八议员尹承福等向吴景濂提出质问,其大意:1. 对护法事业是否承认? 现将依法解职的议员令其列席,反将合法递补之议员屏诸院外,是否议长个人对于护法功业尽行毁弃? 2. 护法议员者为功为罪? 护法时所递补议员究竟为功为罪自当立为判断。若以为功,何致不能使之出席? 倘以为罪,自应与议长偕同赴粤,共同待罪法庭。3. 护法时期依法所递补议员根据何法解职? 护法时所解职、递补议员均属依法办理,今忽将依法递补议员无形解职,究竟根据何种法律? 4. 已经解职的议员如何复职? 遍查各种法典,只有解职之规定,并无复职之条文。今将业已解职之议员复职,究竟根据何项法律? 5. 何以不发给护法已补议员 8 月 1 日开会通知书? 议员等报到在先,届期何以未见通知? 总之,护法已补议员与国会不得谓为尚未发生关系。若欲以议长之意思为转移,立法院内尚不讲法律,无怪乎国人视国法如弁髦,视国会如赘疣。据此五则,特为质问①。吴是护法国会众议院议长,自然无法回答。

---

①　《盛京时报》1922 年 8 月 5 日。

1922 年 8 月 1 日,恢复后的众议院第一次常会上,法统学会的议员徐清和(第一届国会众议员,又参加护法国会)在议长吴景濂说完开场白后即高声问吴:顷闻议长谓今日之会为继续民六会议。然今日之议长即民八护法之议长,何可不承认民八会议? 请议长回答①。张伯烈派的骆继汉、胡鄂公起来厉声斥责徐,并欲对徐动武,会场秩序大乱。彭汉遗劝徐停止发言,张伯烈亦出面劝骆、胡,才未演成武戏。

8 月 10 日,恢复后的国会开第一次宪法审议会。徐清和质问审议会主席王正廷:前在广东时既已依据法律召集宪法会议,继续开会。而今日之宪法会议审议会是继广东开会?② 主席未能置答。

8 月 30 日众议院常会,法统学会的徐清和、梅宝玑、王法歧等 40 多人(内有民八议员 20 余人)闯入众议院,找吴景濂质问民八议员资格问题,吴躲着不见。正好碰见褚辅成,即问褚的副议长资格(护法国会时选褚为众议院副议长)何时消灭? 因何消灭? 褚面红耳赤,不能答复。这天的众议院常会流会。当晚,吴景濂和王家襄即入总统府谒见大总统黎元洪,陈述事情的经过,并说此事因实是由于允诺给民八议员每月 400 元,未兑现,现在民六议员已发过 200 元,民八议员也应同等待遇。在京民八议员现在也就 20 余人,所费有限,应请元首速为拨筹。黎元洪立即传见财政次长凌文渊,嘱令赶筹万余元,以资应付。

8 月 31 日宪法审议会,民八议员派 4 名代表孙品璋、梅宝玑、方子杰、何晓川到众议院,欲出席审议会,未让入会场,由众议院秘书长潘祖彝出面优礼接待。由于人数不足,审议长王正廷正欲宣告散会时,议员徐清和大声质问王:护法议员今日来院出席宪法会议,何以不许其出席? 请审议长明白答复。王故作没听见,宣布人数不足延会。

9 月 1 日,众议院常会,又因民八议员要求出席而未开成。当日晚参加护法与民六、民八议员关系均较好的参议院副议长、宪法审议会议

---

①　《申报》1922 年 8 月 4 日。

②　杨幼炯著:《近代中国立法史》,第 301 页。

长王正廷受吴景濂、王家襄两议长之托,在东方饭店邀宴全体护法议员,提出调停条件:1.即日由政府给民八议员发一个月的薪400元。2.催政府从速设立政治讨论会罗致民八护法议员充会员。该会得随时建议政治上的任何问题,政府应转咨两院讨论。3.由公府择日再开游园会如前,补行招待式。护法议员答以尚须与上海法统维持会商量才能决定,致使调停无结果。王正廷以鲁案督办署有要紧公事为由,中途退席,并请假未出席第2天的宪法审议会,导致9月2日的宪法审议会无人主席而不能开会。

　　9月3日政府公布《政治善后讨论会条例》,以便尽快位置民八议员,平息民六、民八之争。9月1日,邹鲁等带领60余名法统维持会议员由沪到京,要求恢复民八国会议员势力大增。9月4日民八护法议员在中央公园来今雨轩开茶话会,筹商对策。结果一致决定奋斗出席宪法审议会。9月5日的宪法审议会,议题为审议县制。审议长王正廷主席。法统维持会议员焦易堂、邹鲁、谢持等相继发言。焦易堂首先起立质问审议长:"民国8年在广州宪法会议已通过之条文及审议会已经通过之地方制度各条文,审议长根据何种理由、何种法律以取消之?审议长曾经出席8年宪法会议,试问何以对国家、何以对人民?查民国6年国会遭两次之非法解散,国家法统顿遭紊乱,同人自由集会,国民同深庆幸。兹者以国家根本大法竟取消于无形,我护法同人将何以对天下后世?恐审议长死无葬身之地矣。"①陈铭鉴等请继续开审议会。谢持登台发言,与焦易堂同。董昆瀛等主张此问题另开一谈话会讨论。审议长以是否开谈话会,其权在议长,声言须请议长复席。王家襄不肯复席,只对来请其复席的秘书说:"请审议长按议事日程开议。"②这样,陈铭鉴、蒋羲明等登台继续做讨论宪法条文的发言。焦易堂、邹鲁等亦同时登台,与陈等并肩发言,声言根本上不能承认今日的

①　《申报》1922年9月8日。
②　《申报》1922年9月8日。

审议会。这样,发言的发言,劝解的劝解,嘲笑的冷语讥讽,旁观者冷静旁观。审议长王正廷十分窘迫,对于护法议员当面质问既无词答,欲继续开会又不能维持,力请王家襄议长复席。王又不来,秩序愈闹愈糟,无法再开会,遂由宪法会议议长王家襄复席宣告散会。这时议场后门打开,民八议员梅宝玑、孙芳等则从议场后门一拥而入,其中有人将王正廷揪住说:"你曾经当过民八审议会审议长,何以擅将已通过之条文无形取消?"围攻了王正廷一阵后,一哄而散①。9月6日众议院副议长选出后,王正廷立即以专办鲁案为由辞去宪法审议会审议长,躲开了民六、民八争斗之旋涡,审议长由新选出的众议院副议长张伯烈代理。

　　当日,众议院即发出通告,以后开会,议员必须随身携带议员证书与徽章,否则不能进入议院门。为防民八议员再闹议场,决定加强警卫,开会时众议院派宪兵戒严。

　　9月6日下午,众议院常会,决选副议长。护法议员徐清和忽持名片四张登台对吴景濂说:"外间有法统维持会代表方子杰、梅宝玑、关棣、梁星五四人请见议长。今若无暇接见,可先派人招待。"一面又对检票员说:"关于选副议长事不必报告,现在法律问题尚未解决,开会当然无效。况护法议员与吴议长之交涉正无解决办法,若再将副议长选出,法律问题更增障碍。"当日是褚辅成、张伯烈二人决选副议长,两派议员正摩拳擦掌以一争胜负,自然对徐阻挠选举十分不满,议场上立即一片喊打声。当经其他议员出面调解,将徐边劝边推地推出议场外,将门关闭。此时护法议员李燮阳发言:"法律问题未解决以前,请大众对副议长事不必发言,应先解决法律问题。"一些议员又一拥而上将李推出议场之外。场内秩序大乱。原益友系骨干吕复临时动议,以徐清和和李燮阳屡次滋扰议场,应照院法第77条提付惩戒。杨时杰认为徐清和、李燮阳出席会议当然有发言权,吕复的惩戒提议不合法。众人见杨祖助徐、李,又围打杨,并将杨推出门外。其中参与殴斗的有民六议

---

①　《申报》1922年9月8日。

员雇用的仆役、打手,可见民六某些议员也是早有准备的。议场本是议员发表意见行使自己权力的场所,议场上出现反对意见就仗人多之势要动粗,且又要惩戒正当行使发言权的议员,自然是违法的。议场上其他一些护法议员对惩戒案均强烈反对。吕复见势不妙,且怕因再生冲突影响当日的议长选举,遂声明取消惩戒案。混乱的议场才逐渐平静下来。挨打并被推出议场的徐清和、李燮阳、杨时杰中杨的伤势最重,他们找到众议院警卫处长汤步瀛,指名要捉拿混入议场受雇于民六议员的打人凶手高进、周穷鬼、赵升等。7 日,徐清和等上法院控告吴景濂唆仆凶殴罪,并向全国发出通电。

9 月 7 日,大孙派议员邹鲁、焦易堂、谢持等往访参议院议长王家襄,询问王氏对民八风潮的意见。王当即答复:"就法律而言,鄙人始终只承认民国 6 年有国会。盖因民六国会为法,民六以后之国会为护法。诸君护法之功固不可没,然因护法成功便将护法与法混而为一,则断断乎不可。法者,诸君之目的,护法者,诸君之手段。今日目的既已完全达到,手段便可终了。关乎此,则当然无民六、民八之争。至就事实而言,诸君于国家于法统均有特殊之劳绩,鄙人力之所及者,当然为诸君尽力。"谢等当即说:"王议长始终只为民六议长,如此主张,同人不能相责。惟吴景濂既为民六议长,又为民八议长,今日对同人如此轻视,决不能与之罢休。"旋即退出①。

9 月 8 日,法统维持会大孙派的邹鲁、焦易堂、谢持等又联名致函参议院正、副议长王家襄、王正廷,要求将国会常会、宪法会议、宪法审议会一律暂停,平心气和地讨论解决法统问题后,再依法开会。王家襄复函邹等婉言拒绝了停会的要求。

9 月 9 日,大总统黎元洪开茶话会招待护法议员,要求护法议员顾全大局,相忍为国。

黎元洪又请众议院副议长张伯烈出面调解民六、民八的矛盾。9

---

① 《申报》1922 年 9 月 11 日。

月 10 日张约议员温世霖一道宴请法统维持会议员邹鲁等,协商法律、事实上顾全争执双方的办法。多数民八议员大体接受了张、温的调解,但希望政府尽快兑现其对民八议员的许诺,速将位置民八议员的政治讨论会成立。并要求:1. 以护法人物为委员长。2. 该讨论会经费须按月拨付。3. 该讨论会议决案件须由政府采择施行。这样,除邹鲁、谢持等少数骨干仍坚持民八国会之议外,多数态度软化。

9 月 12 日,大总统黎元洪又与两院议长协商妥善对待民八议员的办法:如民八议员在院外扰乱,以治安法绳之;如果护法议员在院内扰乱,以院法绳之;如果举动文明,则和平待遇之。

9 月 14 日,孙中山复函法统维持会头目焦易堂,告之国会问题可做最低限度的让步:"最低限度之让步,当以去吴景濂之议长及议员中不良分子,庶使国会空气,稍得清明。"①这就是说,孙中山在恢复民八国会的问题上做出了让步。这样,众议院副议长张伯烈的民六、民八的调解工作才有了积极的结果。民八议员多数最后接受了张代表黎元洪提出的调停条件:1. 容纳民八议员于政治讨论会,各给 400 元月津贴,与第一届国会同始终,并担保其津贴。2. 政治讨论会由国务总理兼委员长,以崇体制。3. 由大总统招宴民八议员,当面加慰奖护法之劳,并颁给护法纪念章。

旧国会决定 9 月 18 日举行第二期常会闭会式。在京的法统维持会议员 9 月 17 日在南沟沿 69 号法统学会处开会商讨办法。最后决定全体赴会,并制备了旗帜。按孙中山去吴景濂议长职的指示精神,旗帜上写吴景濂的种种不法行为,以及已解除议员之职的民六议员非法窃据议席,胆敢制宪,必酿成未来之大乱,图谋权利等。上海法统维持会议员 20 多人乘火车于 9 月 17 日晚到京,于是法统维持会议员在头发胡同护法议员办事处连夜再开紧急会议,传达孙中山的指示,讨论后再做决定:护法议员根本未承认恢复的民六国会,如果出席非法国会 9 月

---

① 《国父全集》第 3 册,第 813 页。

18 日的闭会式,反有承认其合法性之嫌。故护法议员一概不出席非法国会的闭会式,以示反对。并起草宣言书,表明自己的这一严正立场。这样,第一届国会第二期常会闭会式才未出现民八议员闹会场的情形。在 10 月 11 日第三期常会开会式上,大孙派和民八议员再次向众议院议长吴景濂发难。

10 月 21 日上午,护法议员办事处的议员和法统学会的议员在北京象坊桥南沟沿 69 号开全体会议,到会议员 100 多人。鉴于在争民八议员合法权的争斗中,多次失利,共同研究再进行办法。经表决,决定本日下午宪法审议会全体到会,要驱逐广州护法国会解职议员,誓与众议院议长吴景濂奋斗到底。并决定今天下午的会抬一具棺材与会,以示即使血溅衣襟亦在所不惜的决心。

当日下午,宪法审议会在众议院议场举行,因到会人数不足法定人数而延会。这时议员徐清和率领以民八议员为主的护法议员 100 余人,排队徒步前往众议院。他们手执白旗,上写"维持法统"、"誓与吴景濂血战!""以身殉法"、"免除宪法战争"等字样。跟随议员后面的是雇来的 8 名力工抬着一口黑色的大棺材,沿路围观人群如潮水,都来一睹这一奇观。棺材一直抬至众议院大门口,欲强抬入门,被众议院警卫与吴景濂特请警察厅增派的右二区警察一齐阻止。其中一位便衣厉声指挥警察蜂拥而上,用警棍乱打议员。徐清和大声喝斥说:"尔等军警何敢打议员!"军警才停止了暴力。徐清和指着棺材说:"本席两次出席议会,均被吴景濂嗾人打伤。今日一息尚存,誓非与吴景濂决最后之生死不可!故特携带棺材,以为再不生还之表示。"说完复夺门而入。警卫因徐为现任议员,且佩有徽章,只能让其入院。这时,众议院外围观者越来越多。其他民八议员因不是现任议员,无议员徽章,被阻在院门外,棺材亦放在众议院门口。徐清和入院后即大呼:"吴景濂何在!"即登楼直奔议长室。适逢吴景濂正与几位议员谈话。徐清和立即上前质问吴:"前几次我出席时,你叫人打我。今天特带着棺木出席,誓非与你决一死生不可!门前来的都是与你一致护法的同志,你为什么不要他进来？"吴景濂答："是议员便要他进来，不是议员便不要他进来。"徐又问："你用什么方法取消他们的议员资格？你在广东护法，他们也在广东护法。今日护法成功，你便牺牲了他们，自己去要了一个勋一位的头衔（注：10月9日，大总统黎元洪授吴景濂勋一位）。不知你在举行这授勋大典的时候，愧死不愧死？"吴答："我高兴授勋，何干你的事？至于民八议员应否列席，当听法律解决，景濂一人有何责任？"徐乃大声叫骂："你拿着议长的资格，今日包办这个，明日包办那个。广东同志的事，你就说是要依法解决。你是什么东西？也配讲法律吗？"徐乃破口大骂，不堪入耳。在场议员马骧等乃将徐清和拉入客厅，百般劝解。徐始出院将情况告之门外的民八议员。民八议员仍坚持非见吴景濂谋最后解决不可。于是徐清和第二次入院中，觅吴景濂不得。其实吴见势早已逃避。后经多人劝解，民八议员始归。棺材是从棺材店借来的，警察迫令其抬回原店①。

民六、民八的争论，虽然以后在制宪会议上，护法议员仍提出要接续民八的制宪会议，但两派的斗争趋于缓和。其主要原因是1922年10月28日北京政府为缓和民六议员与民八未重新递补议员者之间的矛盾，而设立了一个政治善后讨论会，直属国务院，来位置未重新递补上的民八议员，月薪400元，与议员待遇一样。除头发胡同6号护法议员联欢社谢持、焦易堂、邹鲁、杭辛斋等坚持民八为合法外，其余不能重新递补的民八议员态度软化。在当时两院议员中，参加护法的1917年旧议员多，民八和民六议员均在百余人，居少数。且民六议员中，因从政和政治原因及自然减员，已由民八议员（他们原来多为民六时的议员候补人）递补并已出席恢复的旧国会者几十人，实际上民八不能出席国会会议的人数更少，只有几十人。1922年10月下旬，邹鲁、谢持被孙中山召往南方，组织对陈炯明的讨伐。1922年底，护法议员联欢社改变策略，决定焦易堂竞选参议院副议长，即实际上承认了民六的国

---

① 《申报》1922年10月24日；《盛京时报》1922年10月25日。

会。民六、民八的斗争基本上消失。1923年各种矛盾和斗争,如罗文干案导致的驱逐彭允彝的学潮、倒张绍曾内阁的运动、驱黎运动、贿选等等,也使议员政治态度不断的分化,民六、民八的斗争更淡化乃至消失。

民六、民八争法统都是从各自的立场出发。但无论恢复民六国会也好,恢复民八国会也好,都缺乏法律依据,都不合法而言法。

恢复民六国会是违法的。既然民六议员说袁世凯、黎元洪解散国会是违法的,但却承认两次解散国会令有使国会停会、闭会、结束的效能,以致使各议员的任期有中断的功效。即两次解散令有延长议员任期的功效,从这个角度又承认解散令是合法的。按《临时约法》的规定,国会自行开会闭会,并不受任何行政解散或召集的命令。既然不承认解散令,就应该继续开会。既使北京不能开会,但民六议员为何不去广州参加护法国会,而相当多的人却留在北京政府所设的经济调查局按月领津贴,放弃自己的责任呢? 议会制是从西方引进的。西方发达国家议员个人出席国会的权利被剥夺的例子比比皆是。到20世纪20年代,美国每届国会改选之时,选举诉讼之案,几乎是没有一次改选中不出现的。胜诉的议员有时甚至到其任期快满时才得以出席国会的会议,但从来没有过胜诉议员因遭横逆受阻无法履行其议员的权利而延长其任期,以弥补诉讼期所耽误的行使议员权利的时间。

民八议员要求恢复民八议会也缺乏法律依据。第一届国会从1913年4月8日开会,到1922年6月广州护法国会结束,就算扣除第一次解散中断两年多时间,参议院第三班议员为最长任期6年也早已届满。第一届国会也届满,又何来的恢复之说?

不管民六议员也好,民八议员也好,都振振有词,但却都避开了一个根本性的前提:人民表明其主权意愿的权利被剥夺。按宪法规定,主权在民,人民是国家主权所握有者。《临时约法》第2条:"中华民国之主权属于国民全体。"他们选举议员是让其代表自己的意志。为了使选民的意志能保持其效力,国会议员均有任期,且任期都较短,以使人民在较短的时间内有及时表示其意愿,再选举能代表他们的新一届议员。第一届国会 1913 年 4 月 8 日正式成立,众议院议员任期 3 年,即到 1916 年 4 月 7 日任期全部届满,应重新选举。尽管其间横遭袁世凯的解散,也不能因此而延长议员的任期。主权在民是民主共和制的实质与灵魂。人民选出的代表只能在议员任期的时间内代表他们,过了任期的时间,人民必须重新选举能代表他们意志的新议员。第一届国会议员到 1922 年第二次恢复时,已过去 9 年多。中间经历了多少风风雨雨。议员们组织的政党也经过无数次的分分合合,已与当初的政党面目全非,连名称都多次更改了。议员在此期间的政治态度已发生了巨大的变化,有的甚至是根本性的变化。如有的背叛了共和,成了袁世凯复辟帝制的吹鼓手和干将;有的投靠了军阀。怎么可能代表人民呢?如果国会中断 30 年、50 年,其尚存的议员仍有权出任议员来代表选举他们的人们吗? 所以,不管民六议员也好,民八议员也好,其资格均已不存在。

三、第二期常会闭会式及第三期常会开会式

　　第一届国会第二次恢复是以继续第二期常会的名义继续开会的。第二期常会在 1916 年 8 月 1 日已举行过开会式,故 1922 年 8 月 1 日第二次恢复时就未再举行任何仪式。按议员们的解释,第二期常会会期还剩下 48 天,到 9 月 18 日结束。9 月 9 日,国会参、众两院谈话会,基本上定下了第二期常会按时闭会,再由两院常会议决。9 月 11 日,参议院常会,议决第一届国会第二期常会于 9 月 18 日闭会,9 月 18 日上午 9 时由参、众两院议员在众议院议场会合举行闭会式。第三期常会 10 月 1 日集会(按《议院法》的规定,参、众两院正式开会日之前的 10 天,参、众两院各自集会一次),10 月 11 日正式开会,举行开会式。并咨送众议院求同意。9 月 13 日,众议院常会,一致通过了参议院议决的第二期常会闭会和第三期常会开会日期,并咨复参议院。第二期

常会闭会日期是依据议员对第二期常会会期的解释而定的。国会第二次恢复之前的酝酿过程中就先对会期进行了研究后确定了第二期常会还有 48 天的会期。这几乎就基本确定了 9 月 18 日第二期常会到期。有些书上说是因民六、民八议员法统之争激烈而决定闭会的说法是无根据的。由于第二次恢复时，国会未举行任何典礼，故第二期常会闭会式、第三期常会开会式，都搞得较隆重。

　　9 月 18 日第一届国会第二期常会在众议院议场举行闭会式，大总统黎元洪决定出席闭会式。为防法统维持会议员闹会场，北京的军警如临大敌，严加戒备。9 月 17 日，警察厅就在众议院门前右侧架设帐幕，步兵统领衙门右翼兵队在众议院门前左侧架设帐幕。这天下午警察厅又派出 6 个分队的警察，步军统领衙门派出约 300 人的右翼游缉队来到众议院。

　　9 月 18 日早上，在众议院所在地的象坊桥一带满布军警。从东厂胡同大总统黎元洪宅到众议院沿途也是三步一警，五步一兵，气氛十分森严。众议院大门严密看守，不但有众议院卫队严格查票，而且还有军警严密监视所有与会人员。为了制造热烈的气氛，众议院门前高扎彩牌，彩旗迎风飘扬，军号不停地吹鸣。由于京城报纸连日报导民六、民八的剧烈争斗，很多人以为闭会式定有一场热闹的武戏上演，旁听便十分踊跃。旁听席上人山人海，旁听席中妇女尤多，其中议员太太不少。各报记者也纷纷赶到，在会场上十分活跃，随时准备抢带有爆炸性的头条新闻。

　　上午 9 时 15 分，黎元洪大总统身穿大礼服，偕同侍从武官荫昌、指挥使徐邦杰及各侍从武官，分乘总统府红牌汽车 5 辆到院。由王家襄、吴景濂、张伯烈三议长迎入休息室。由于唐绍仪内阁同意案已从众议院撤回，王宠惠内阁将发表而未发表，所以国务院方面出席会议的只有外交总长顾维钧、农商总长卢信、财政次长张英华。当天出席会议的参议员 165 人，众议员 378 人，参议院议长王家襄主席。

　　10 点 5 分，赞礼员引导大总统、国务员入席后，即开会。

王家襄致闭会词：

　　惟中华民国 11 年 9 月 18 日为第二期常会闭会之辰。参议院、众议院议员齐集礼堂，举行盛典，谨为之词曰：维我国会，举世瞩目，回顾 10 年，绝而复续。靡不有初，鲜克有终，职责弗举，献替无从。幸赖多士，不挠不屈，天佑吾华，翳消日出。危基再振，法统重光，自行集会，济济跄跄。宪典草创，引为己责，审慎周详，惟善是择。欧美良规，我则效之，刍荛有言，我则采之。大业未成，国难未已，暂息尘劳，岂曰中止。春秋代谢，岁月常新，祝吾国会，轨辙常循①。

大总统黎元洪致颂词：

　　本日为第二期常会闭会之期，本大总统轸国步之多艰，念人事之代谢，惩前毖后，感幸弥深。溯自 6 年以还，变故纷乘，议席中辍，崎岖岭表，百折不回。当时距闭会之期不过 40 余日，竟为时势所迫，不克稍延，以举行法定之式。及至风流云散，犹能支持数载，集合群彦，而睹法统之重光。虽盛衰隆替皆若有数存乎其间，然苟非诸君子决心毅力，不肯自馁，以负国民代表之天职，又安得有今日济济一堂之盛会耶？前事之不忘，后事之师。本大总统愿与诸君子互相淬厉，共矢忠诚，树立万年不拔之基，以为民国前途之祝颂②。

赞礼员宣布向国旗行三鞠躬礼后，主席宣告闭会礼成，奏国歌后退席摄影留念。由于民八议员抵制闭会式，故这天的闭会式比较平静。

当日，参、众两院向全国发出闭会通电："两院第二期常会业于今日届满闭会。特闻。"③

随着第二期常会闭会，参议院第 1 班议员任满退职。9 月 18 日下

---

① 《众议院公报》第二期常会闭会式纪事。
② 《众议院公报》第二期常会闭会式纪事。
③ 《申报》1922 年 9 月 20 日。

午,参议院开谈话会,送别第 1 班议员,最后留影惜别。第 1 班补选议员早已于 1917 年选出,自然接替到任议员之职。参议院议长、副议长也随第 1 班参议员任满而任满。从此后开始,参议院由于议长的难产,一直就没有议长、副议长,无法正常议事,进入半瘫痪状态。

10 月 11 日,是第一届国会第三期常会举行开会式的日子。大总统和国务员均决定出席开会式并要在大会上致颂词。但此时,不但民六、民八争法统正烈,而且还出现保、洛派即曹锟与吴佩孚争夺对北京政权的控制权。吴景濂、张伯烈等正秉承保派的旨意,欲倒王宠惠内阁。王阁是洛派内阁,若不推倒,保、津派就无法将内阁抓过来,就无法通过国务院为大总统选举筹集巨款。因为王阁的财政总长罗文干采取财政公开的政策,这对津、保派的欲暗箱操作财政以肥私,自然是一种坚壁清野的政策。津、保派自然要寻找一切机会倒王阁。这些矛盾在第三期常会的开会式上也都完全暴露出来了。

为防民八议员扰乱会场,这一天,不但众议院会场的象坊桥一带,军警戒备森严,而且北京城也增强了警备力量。从大总统黎元洪的住宅东厂胡同到西长安街直至象坊桥,沿途加派了数百名宪兵和警察,严加警卫。

上午 9 时,参、众两院议员先后齐集众议院。9 点 20 分,署国务总理王宠惠率领署外交总长顾维钧、内务总长孙丹林、财政总长罗文干、陆军总长张绍曾、海军总长李鼎新、教育总长汤尔和、农商总长高凌霨、交通总长高恩洪等乘国务院汽车直接进入众议院内。一些倒阁议员纷纷质问会议主席吴景濂:"议员为国会主人翁,每到国会均在院外下车。阁员何人,竟敢乘坐汽车直入院门?!且闻系由吴景濂议长事前命令警卫招待入门。未免重视阁员,侮辱国会。"有议员大呼:"非弹劾吴景濂不可!"吴亦无可如何。王宠惠及阁员自然不快。民八议员 20 余人也持参观券进入议场,并挤到议场前面,在准备照相台上,大演其说,警卫出面制止。民八议员大声呼:"吴景濂是什么东西?今天投南,明天附北。在广州做议长,仇视民六议员。今天来北京也做议长,又仇视我们在广东的同志,并且拿我们做牺牲品。昨日(指国庆日)已换得一个勋位的头衔。不报此仇,何以对得起因护法而死于九泉的同志!"①时台下鼓掌如雷。吴见形势不佳,大声呼:"驱逐!驱逐!"由某议员将民八议员送出院外。故尚未开会之际,院中秩序已混杂非常。

9点50分,大总统黎元洪偕同侍从武官荫昌及侍从武官多人乘"红牌一号"汽车来院,由秘书招待入休息室,当即振铃开会。到会参议员139人,众议院329人,由吴景濂主席。赞礼员蔡璋导黎大总统、王署总理及来院阁员入场。主席宣告举行开会式。当即有大孙派议员彭养光大呼:"黎公此次出山,是否希望国家统一? 希望国家统一,是否须先将国会统一? 今日国会中民六、民八议员自然要问,热心权利的吴景濂操纵于外,使此神圣立法机关已失国民信仰。吴景濂固属罪不容辞,黎公亦有相当之责任。"一时大孙派之邹鲁、谢持等群起击案大呼:"吴景濂为非法议长,不能主席,请速下台!"这时张伯烈派的反对王内阁的民六议员郑江灏等手指国务员席上大声说:"坐在国务员席上的是谁? 若是参观人请上楼去。其中有一王宠惠我认得。他是一个平民,为什么坐在国务总理席上? 请问议长,这一班人是谁请来的?"②

议场纷纷嚷嚷,秩序大乱。吴景濂身为会议主席已失去维持会场秩序的能力。民六豫籍参议员陈铭鉴主张将议场中扰乱秩序的议员驱逐出场,全场多数鼓掌以示赞成。这样,议场才渐安静下来。黎元洪立即催吴景濂赶快念开会词,吴即赶忙照稿念开会词:

> 维中华民国11年10月11日为我国会第三期常会开会之辰,参议院、众议院议员会合一堂,举行盛典。谨为之辞曰:翳我国会,于今10年,再蹶再起,踔厉无前。受民付托,敢息仔肩? 常会三开,兹日盛事,庶几太平,喁喁望治。顾我同人,欿然自视,制宪未竟,大业未成,横览海宇,仍事纷争。艰难国步,曷慰民生? 分权集

---

① 《申报》1922年10月14日。

② 《申报》1922年10月14日。

权,病之症结,冀得其平,徐图建设,折中讨论,克陈时臬。前车未远,来轸方遒,黾勉从事,共济同舟。完成宪典,用奠金瓯,劳之一朝,逸之永世。萃兹一堂,跄跄济济,愿我国会,千秋万岁①。

大总统黎元洪继续登台致颂词,时台下掌声及谢持一派拍桌大骂声并作。谢等大声喊:"二次国会是否黎元洪所解散? 今日国会恢复,黎以何种资格来致颂词?"②

黎待会场稍静,即硬着头皮致颂词:

> 本日为第三期常会开会之期,两院诸君跄济一堂,依法集会,岂惟诸君之幸,本大总统亦与有荣施。诸君久居议席,平日于政府措施利弊得失,皆能灼照无遗,必能宏未竟之业,尽监督之责,可以断言。但尤有进者,共和肇建,已逾十年,立国大本,莫如宪法,迁延偃扰,犹付阙如,海内嗃嗃,有如望岁。诸君子皆博通中外,精研政治,尚冀为国家计长久,各竭智能,速建大法,永树万年不拔之基,是本大总统所日夕企祝者也③。

国务总理王宠惠本来也要以国务员全体的名义致颂词,但见会场纷扰不安,赶快令秘书问会议主席,国务员还要不要致颂词。吴见会场如此,赶快回答说不必再致颂词,赶紧招呼赞礼员结束会议。赞礼员大声宣告向国旗行三鞠躬之礼。在场者向国旗三鞠躬,国乐大作。主席赶快大声宣告开会式礼成,散会,退席。

退席后,议员、大总统、国务员均到众议院门前摄影留念。正当要拍照时,倒阁派的民六议员新民社的郑江灏跳过来大骂私生子内阁,并动手推开国务总理王宠惠,不让王就座拍照。经吴景濂等出来连说带劝,让郑站回自己的位置上准备拍照,王宠惠才就坐。维持王内阁的议员则大声斥责郑江灏说:"阁员不法,吾辈自可依法律谋对待之办法。

---

① 中华民国 11 年《参议院公报》第 3 期第 1 册。
② 《申报》1922 年 10 月 14 日。
③ 中华民国 11 年《参议院公报》第 3 期第 1 册。

今日系举行开会典礼,既非弹劾阁员之时,此地为摄影之所,又非议员议事之地。郑议员此种行为是否合法?纵不爱惜个人人格,独不顾惜国会之尊严乎?"①郑始悻悻而退。摄影一结束,大总统黎元洪和国务员赶忙离开了众议院,一场闹剧才收场。

当天,外国人到院参观开会式的不少,见中国议会一个开会式的场面竟如此混乱,一些议员如此无理取闹,均啧啧相议。

一个开幕式,并不涉及任何议题。一些议员连最起码的礼仪都不顾,将社会上一些地痞无赖的作法带到国会中来,实在是太无人格。

四、国会第二次恢复后的常会时的政党

第一届国会留京议员以北京西城区东铁胡同中原煤矿公司事务所为活动场所,以恢复第一届国会为共同目标进行活动。由于只有一个共同目标,故不分政党与派系。广州的护法国会在其几次分裂后,也有部分议员回到北京,组织宣南寄庐,和在中原煤矿公司事务所活动的议员联手运动恢复旧国会。在旧国会1922年8月1日恢复之前,由于在恢复民六、民八国会问题上的分歧,宣南寄庐发生分裂。徐清和、梅宝玑等48人脱离宣南寄庐,在象坊桥南沟沿69号组织法统学会,从事恢复民八国会的活动。

第一届国会1922年8月1日正式恢复,除少数法统学会议员争恢复民八国会引起争斗外,其他各党派尚未正式组织。当然旧有的几大政党和派系的轮廓仍存,但由于议员们经历了多年的颠沛,有着各种不同的经历和阅历,他们的思想和主张随着日月的磨蚀,也都发生了不同程度的变化。有些以前旧的各政党领袖的影响力和号召力大大减弱。分化最为明显的是研究系。其首领梁启超、汤化龙为了使研究系能控制议会,竟然和皖系联手,搞垮了第一届国会。但由于皖系利用手中的

① 《申报》1922年10月14日。

权力控制了第二届国会的选举,使研究系在第二届国会中的议席反比在第一届国会中少了许多。这使很多研究系成员对其领袖不满,在思想与行动上产生裂痕。其旧的首领汤化龙 1918 年 9 月在加拿大被暗杀身亡,另一主要首领梁启超的声望和影响力下降。研究系分化为蒲殿俊、蓝公武派,王家襄派,李文熙派,有的干脆不再入研究系。国会一复会时,研究系如一盘散沙,后随着国会派系斗争逐渐激烈又重新聚集起来。国会恢复之初,国人多希望尽快完成已拖了 10 年的宪法。直系,尤其是吴佩孚要求国会暂不行使其他职权,以免各派陷入其他纠纷,专心制宪。宪法出台后好让总统欲极强的曹锟尽快圆大总统梦。国会中附曹、吴的议员也在国会中提出先暂停其他职权,专门从事制宪的提案。虽然这种提案在国会未获通过,但国会恢复后的一段时间,却也基本上将主要精力放在制宪上。这样,议员组政团的情况不太活跃。待 1922 年 8 月下旬,为竞争众议院副议长,议员们又开始组织政团并打出旗号。此时尚无正式内阁。政学系和益友系因护法的关系,团体尚保存,只是暂未打出旗号。他们想包办内阁,这引起了旧研究系和讨论系等系的忌妒,也都纷纷组党、组政团,以便参与政权的角逐。到 1922 年 12 月张绍曾内阁同意案提交国会时,各党各政团纷纷亮出旗帜,进行角逐。1923 年 6 月,直系发动了北京驻军与军警索饷驱黎,搞了一场武力驱黎的政变,国会再次分裂。离京议员有政学系、褚辅成为首的浙江系、东三省议员、大孙派。当时奉系、皖系和国民党系正组织反直三角同盟,由皖系的浙江督军卢永祥和奉系筹款运动国会移沪。但终敌不过控制中央政权的直系财力雄厚。在金钱的诱惑下,赴沪议员有相当一部分又返回北京。再加上历史上一些派系的恩恩怨怨,无法释怀,故一些议员不愿赴沪。致使国会移沪运动失败。

直系武力驱黎的目的在于尽快把曹锟扶上大总统的宝座。故驱黎后直系保、津两派干将纷纷出动,拉拢议员,包办选举。一些议员投靠直系的军人、政客,为借大总统选举的机会捞取更多的好处,纷纷组织政团。这种以金钱为转移的政团,分分合合,令人眼花缭乱。到 1923

年9月,北京的国会议员组织的政团达50多个。一时将整个北京城搞得铜臭熏天。在金钱的诱惑下,各大政团都有议员参加了贿选,只是所占各该政团的比例不同而已。

甲、众议院副议长选举时的派系

国会第2次恢复的是1917年解散时的国会。1917年6月国会被解散时,众议院副议长为陈国祥,1922年8月国会再度恢复时陈国祥早已病故,所以需要补选众议院副议长。各党欲争得副议长一席,国会刚恢复时党派并不太明显的国会议员,争相组党,以便竞争。这时尚无正式内阁,都是临时内阁。关于内阁的组织,政府方面自然只能与政团协商,不能直接面对议员。当时正酝酿唐绍仪内阁,益友系自然全力支持,但研究系和讨论系因未能取得阁员而大力反对。新的研究系也逐渐形成,此派也想在两院进行一次竞争。因为不但众议院副议长空缺,参议院第二期常会也很快届满,参议院正、副议长也将出缺。直系的保、津派为争夺中央政权,也开始投资国会,拉拢议员。一些议员纷纷着手组织政团,向保定与天津接洽党费。到众议院副议长竞选时,最主要的政团如下:

1. 小麻线胡同1号吴景濂宅。它是原益友系,以吴景濂、褚辅成为首领,其骨干有吕复、刘奇瑶、黄赞元等人,在两院占有100多个议席。它仅以吴宅为接洽机关,并未进行大规模的组织政团的活动。他们推褚辅成为众议院副议长候选人。它以后改组为民宪同志会。

2. 北京中华新报议员联欢会。它是旧的政学系团体,其重要骨干为谷钟秀、张耀曾、李根源、杨永泰、李肇甫等。它仅于每周星期日在中华新报社开议员联欢会一次,交换意见,并未大张旗鼓地进行组党活动。在国会有五六十个议席。当时与益友系颇为接近。它后来改为宪政社。该派推李肇甫为众议院副议长候选人,初选投票李落选,复选中支持了益友系的众议院副议长候选人褚辅成。

3. 延旺庙街实话报社。它是新研究系。国会第2次恢复后,研究系分裂最甚。蒲殿俊、蓝公武为一派,王家襄为一派,李文熙又为一派。

有些原研究系分子则不再加入研究系,成为无所属分子。为了议会斗争的需要,蒲殿俊、蓝公武、李文熙重新结合,拥蒲殿俊为众议院副议长候选人。王家襄一派本与此派各异其志,但王家襄历来不肯自树旗帜。竞选众议院副议长之初,王与蒲派联络,表示支持蒲为众议院副议长候选人,以为自己参议院议长任满时再竞选议长作准备。但此时王、蒲两派有点貌合神离。以后到张绍曾内阁提出国会时,该派成立宪法研究会。推蒲殿俊为众议院副议长候选人,初选落选后,复选支持了后孙公园 11 号的众议院副议长候选人张伯烈。

4. 旧讨论会。由张国淦、江天铎、司徒颖、孙润宇等所组织。旧国会恢复,江天铎即着手联合新旧交通系各议员,欲组织团体。先后组织适庐和乐园两个团体,实为一系。张国淦任农商总长时,号称在国会拥有近百个议席,后逐渐减至四五十人。它与后孙公园 11 号关系较好。

5. 壬戌俱乐部。自中原煤矿公司事务所议员和宣南寄庐分裂后,1922 年 8 月下旬在顺治门大街 200 号正式打出旗号。大多数成员为宣南寄庐之议员。1916 年的平社,1919 年的石行会馆分子多加入其中。其骨干有余绍琴、裴廷藩、钱崇垲、张汉等。其后台为保派的参谋部次长蒋雁行,是一个拥护曹锟的政团。设立八股,每股有正、副主任:总务主任张汉,副主任向乃祺、周克昌;文书主任田永正,副主任卢元弼、韩璠;会议主任黄明新,副主任黄云鹏、冯振骥;庶务主任孟昭汉,副主任朱家训、刘映奎;交际主任纳谟图,副主任谢翊元、陈光勋;政务主任廖希贤,副主任钱崇垲、董毓林;法制主任任焕黎,副主任陈世禄、范振绪;编辑主任余绍琴,副主任邵瑞彭、李膺恩。钱崇垲因未被选为总务主任,心中甚为不满。陈光勋等以钱和保派关系密切,张汉纯为买空卖空,欲以钱取代张汉,以密切该派与曹锟的关系,而发生明争暗斗。该派推裴廷藩为众议院副议长候选人。初选失利后,决选中支持张伯烈为众议院副议长候选人。在国会拥有六七十个议席,在众议院拥有40 多个议席。它是京兆尹刘梦庚给开办费而成立的政团。

6. 后孙公园 11 号。是张伯烈、郑人康、郑江灏、胡鄂公等出面组织的。在国会中占有百余个议席,在众议院中占有六七十个议席。两湖议员多加入其中。它和旧讨论会、壬戌俱乐部及无所属议员关系较好。以京兆尹刘梦庚为后台,与保派的关系十分密切。该派推张伯烈为众议院副议长候选人。

7. 石驸马大街 3 号。由于宝轩、刘彦、王绍鏊等所组成。其中多为 1916 年平社、1919 年石行会馆分子所组成。在国会中约有 30 个议席,在众议院约有 20 个议席。推王绍鏊为众议院副议长候选人。

8. 西河沿 182 号。是由景耀月、张益芳、王谢家、梅光远等所组织的,和保派关系密切。

此外,还有汪彭年拉安徽议员亦成一派,在国会众议院中约有 10 个议席,并举汪为众议院副议长候选人。湖南众议员郭人漳也拉一部分人独树一帜,在众议院约有 10 个议席,推郭为众议院副议长候选人。

9. 法统学会。设在北京象坊桥南沟沿 69 号。由徐清和、梅宝玑、方子杰、关棣、孙芳等 40 多人所组成,其中大部分成员为民八议员。以上海的法统维持会为依靠,在新恢复的旧国会中,为争民八议员的合法地位进行了一系列的奋斗。该派无意争众议院副议长。

10. 护法议员联欢社。设在北京头发胡同 6 号,是 1922 年 9 月上海大孙派的法统维持会的头目邹鲁、谢持、焦易堂、杭辛斋等人率领在沪的 60 多名议员入京后组成的。它也为恢复民八议员的合法地位而奋斗。

乙、张绍曾内阁时期的政团

自 1922 年 12 月 5 日,张绍曾的国务总理提名案交国会后,国会围绕政权斗争更为激烈。直系分为保、津、洛三派,三派也均围绕中央政权而明争暗斗。他们争相招致国会议员以供其利用。这样议员也纷纷组党,各树一帜,作为竞争政权和骗取直系的党费的工具。这时派别就更为清晰,主要政团如下。

1. 民宪同志会。它是由小麻线胡同 1 号的益友社改组而成的,其首领为众议院议长吴景濂。其改组原因系因同系的江西、浙江两省议员宣布脱离益友系,益友系动摇。吴景濂怕该系瓦解,自己失去基础,于是宣传唐继尧、陈炯明助其巨额党费来发展党势。故改组为民宪同志会,以求更大的发展。改组成功后,该系即力图包办张绍曾内阁,一直支持张绍曾出面组阁,张阁在两院通过时均投赞成票。这引起了大孙派、小孙派、讨论会、新民社等派系的不满。他们进而针锋相对,在国会中反对吴景濂包办张阁同意案。该派的核心人物还有褚辅成、吕复、赵世钰、马骧、陈策、王观铭、刘奇瑶、罗家衡、汪建刚、陆昌烺、白逾桓等人,其事务所仍设北京小麻线胡同 1 号吴景濂宅,在国会中约有 150 个议席。

2. 新民社。它是以后孙公园 11 号为基础扩大而成的,其首领为众议院副议长张伯烈。张当选副议长后,欲扩大自己的势力,以便与吴景濂的民宪同志会抗衡,纠集志同道合的议员于 1922 年 12 月 7 日组成新民社。成立之日,张伯烈在其私宅宴请议员,到者 170 余人。其成员多出于新共和党。其主张反对吴景濂包办张阁,并联络讨论会、民治社、全民社,一致反对吴景濂。声称张绍曾如有组阁诚意,应先排除吴氏而与各政党直接交涉。该派的核心人物为张伯烈、郑江灏、胡祖舜、骆继汉、袁麟阁、范鸿钧、牟鸿勋、彭汉遗、黄赞元、张玉堂。其事务所设石驸马大街。

3. 全民社。它由直隶议员温世霖所组织。温与直系头目曹锟是拜把兄弟,故全民社是一个带有强烈拥戴曹锟为大总统的政团。与天津派并驾齐驱,且颇具实力。支持张绍曾组阁,并竭力周旋新民社,促其赞成张阁。该派利用曹锟这个大后台,努力在政界扩展势力。在国会中占有八九十个议席,也具有相当的实力。其核心人物为温世霖、张士才、谷芝瑞、钱崇垲、史泽咸、张益芳、景耀月。其事务所设在北京甘石桥。

4. 壬戌俱乐部。该派在 1922 年 8 月下旬成立,以张汉、廖希贤、钱崇垲等为骨干,受津派经济人王承斌、边守靖和保派经济人参谋部次长蒋雁行指挥。其目的与全民社相同,以拥戴曹锟任大总统为目标。

其党员很多都跨其他党,如钱崇垲等即为全民社成员。它也是支持张绍曾出面组阁的政团。其事务所设在北京西城化石桥的烟酒署旧址。

5. 政学会。它是旧国民党中的一个派系。它常以获得实际政权为目的,故在南北政界十分活跃。1916 年 6 月成立的段祺瑞内阁中,张耀曾为司法总长、谷钟秀为农商总长、殷汝骊为财政次长。在 1917 年 5 月的伍廷芳内阁中,张耀曾为司法总长、谷钟秀为农商总长。1919 年到 1920 年的广州军政府基本由政学系所控制。回北京后,支持和拥护黎元洪,支持张绍曾出面组阁,在张阁中,彭允彝取得教育总长职,李根源取得农商总长职。在国会占有五六十个议席。其核心人物为谷钟秀、李根源、张耀曾、杨永泰、韩玉辰、李肇甫、王猷等人。其事务所设在北京中铁匠胡同 13 号。它是一个坚定的拥护大总统黎元洪的派系,反对直系武力驱黎,并与黎同时出京赴津。

6. 民治社。它是由小孙(洪伊)一派议员于 1922 年 11 月成立的。开成立大会时,出席党员达 200 余人。每 10 名党员为一组,每组举委员 2 人,由全部委员组成政务委员会。其政治主张倾向苏联的社会主义制度。在议会约有 30 余个议席,与大孙派关系较好。对张绍曾内阁案持反对态度。其核心人物为王湘、王乃昌、牟琳、张书元、吕泮林、陈堃、郭同、戴书云、龚焕辰、陈纯修、王枢等。其事务所设北京松树胡同 34 号。时人称民治社与新民社、全民社为三民团体,其组成分子多国民党系中人。

7. 讨论会。它是 1916 年国会第 1 次恢复时就成立的宪政讨论会。国会第 2 次恢复时又打出此旗号,但核心人物已有大的变化。广东籍议员在讨论会中占主导地位。广东派又分适庐、乐园两系。其核心人物为江天铎、孙润宇、谭瑞霖、司徒颖、辛汉等人。其事务所设在北京太平街 7 号。

8. 宪法研究会。此亦为 1916 年国会第 1 次恢复时成立的宪法研究会,史称研究系。该会在国会第 2 次恢复后分为王家襄派与梁启超派,两派各施手段,争霸党中。但梁对研究系的影响力已大为削弱。对张绍曾内阁同意案,初持放弃投票权的态度,后又采取谋求与张阁联络,取支持张阁的态度。其核心人物为王家襄、梁启超、蒲殿俊、林长民、蓝公武、籍忠寅、张树楠、杜成榕、李文熙、熊正瑗等人。其事务所一在北京未央胡同1号(即宪法急进会),主要骨干为蒲殿俊等;一在北京西交民巷74号,主要骨干为籍忠寅、张树楠等。两派主张稍有差异。

9. 中国国民党。该党以孙文为领袖,在国会有约百余个议席。其主张是努力宣传孙文的三民主义与五权宪法。在京的核心人物为谢持、王用宾、焦易堂、周震麟、田桐、彭养光等人。其事务所设在北京头发胡同6号。

10. 漠南寄庐。它实际是蒙藏议员俱乐部性质的政团。由蒙古议员诺门达赖、金永昌、恩和布林等与西藏议员石凤歧等组织的政团。其办事处设北京西四牌楼石碑胡同。

11. 西北议员俱乐部。主要由甘肃与新疆两省议员联合组成,是甘肃、新疆议员联络的惟一机关。他省议员也有加入者,但为数不多。其核心人物为董士恩(董为甘肃督军陆洪涛同胞异姓之弟)。其事务所在北京丰盛胡同4号。

12. 宪法学会。它是直隶众议员邓毓怡发起组织的,它的会员多为两院研究系议员。此外,北京大学少量的学生也加入该会。其事务所设北京南长街。

13. 二班改选参议员俱乐部。此为新改选的参议员所组成,其事务所在北京报子街西头路北。

14. 蒙藏议员俱乐部。由蒙藏议员熙钰、纳谟图等所组织。内部意见不一,故较为散漫。其事务所设在北京福佑寺,是一个拥曹的小政团。

15. 群治社。它是由新选的参议员所组成,在参议院有50余个议席。其骨干为刘哲、雷殷、辛汉等人。

此外,还有一些小的政团以所在街道乃至门牌号为名称的。

丙、曹锟贿选时的政团

　　1923 年 6 月直系发动北京的军警武力驱赶大总统黎元洪后,国会再次分裂,一些派系亦出现分裂。政学系随黎离京赴津。以褚辅成为首的浙江系、东三省议员、大孙派均纷纷离京。奉系、皖系和国民党系的反直三角同盟筹款运动国会移沪。北京国会自驱黎后因不足法定的开会人数,近 3 个月无法成会,于是加大了以金钱引诱议员回京的力度。每次开会给出席费。同时每周开宪法会议,尽管均流会,但只要到场,出席费照发。同时对贿选大总统开出高的标价。在直系金钱的利诱下,一些离京议员又逐渐回到北京。

　　曹锟急于当总统,保、津两派自然急曹之所急。保派、津派军人、政客,为了在曹锟面前争功讨封,纷纷拉扰一些议员以便多拉选票。津派大选经济人王承斌、边守靖、曹锐、张志潭和保派大选经济人王毓芝、刘恩源、陆锦、高凌霨、刘梦庚等纷纷筹集巨额选举金的同时,又各拉一部分议员组成政团,以便控制更多的选票,邀功讨赏,以致津、保两派也明争暗斗,各不相让。贿选毕竟是一种见不得阳光的丑恶行为,无法在光天化日之下明目张胆地进行交易,只能暗地里以口头协商的方式进行。因为如果签订书面协定,反贿选的议员也大有人在,书面协定将成为刑事犯罪的铁证。但这种暗地里以口头协定的方式又带来了问题。贿选方怕议员将钱骗到手不投曹锟的票,因大总统选举用的是无记名投票法投票,故坚持选举结果出来再付钱。被贿赂的议员又怕投完票将曹锟推上总统宝座后,直系食言,不兑现承诺,不给钱。同时,贿选的议员还要防止被那些出头与直系接洽贿选交易的人廉价出卖自己,从中肥私。尤其是众议院议长、国会中的大党民宪同志会的吴景濂一直要包办选举。他与直系筹得贿选金最多的津派经济人王承斌有亲戚和师生关系,更易于暗中做手脚。为了在大选中捞取更多的好处,议员纷纷组织小政团,单独和各经济人直接交涉,同时便于约束和监督像吴景濂这种欲代表国会包办贿选的少数大党党魁。故一些小政团如雨后春笋,纷纷破土而出,且分分合合,令人眼花缭乱。到 1923 年 9 月初,北京议员组织的政团达 50 多个,真是如夜市的地摊,竞相叫卖,待价而沽。其数量使当时的报刊都无法准确的统计。各报统计的结果也互有出入。但若仔细分析，还是可以将大致的轮廓描出来：这些政团大多数是由以往的四五个大党逐渐分化演变而来。故大致可分为几大派系。

1. 益友社系。

（1）民宪同志会。此会是以小麻线胡同吴景濂宅一派改组而成。其首领就是众议院议长吴景濂。在驱黎政变中，民宪同志会分裂，褚辅成反对吴景濂包办贿选，脱离民宪同志会，拉走了一批民宪同志会会员，恢复褚寓。民宪同志会是当时众议院中的第一大党。此派基本上属直系中的天津派，重视权与利，一切以权利为转移，故朝是而夕非。吴景濂以此为自己的政治资本，投靠直系曹锟，以曹锟为后台，兴风作浪，操纵政局，掀起政潮。1922 年 11 月中旬，捏造罪名，制造罗文干案，搞垮了王宠惠内阁。由于罗文干案践踏人权，引发了学潮和政潮。全国一片反吴（景濂）反彭（允彝）之声。吴依仗后台曹锟，蔑视舆论，践踏民意，继续包办张绍曾内阁。吴是一个卑鄙的政客，翻云覆雨。开始拥黎拥张（绍曾），与黎、张结盟。但为了早日将急欲当总统的曹锟扶上总统宝座，1923 年 6 月又转而倒张驱黎。之后又积极包办大总统的贿选，不顾全国人民的反对，参与策划和主持了大总统的贿选，在历史上留下了可耻的一页。吴景濂培植和利用心腹马骧、罗家衡等私党，牢牢控制民宪同志会，进而操纵国会，危害国家，为国人所不齿。民宪同志会是贿选中最卖力气的派系之一。该会除马骧、罗家衡为吴景濂的心腹骨干外，其重要骨干还有余绍琴、汪建刚、王观铭、赵世钰、陈策、刘奇瑶、蒋宗周、凌鸿寿、陆昌烺、毕维垣、刘冠三、王迪成、陈士髦、廖希贤、陈世禄、张瑞、任郁文、侯元耀等。

（2）香炉营头条 16 号。由胡鄂公、易次乾主持。

2. 新共和党系。

（1）新民社。张伯烈当选为副议长前后拉起的一个政团，以便与吴景濂所控制的民宪同志会对抗，1922 年 12 月 7 日正式成立。其党员多出身于新共和党。设事务所于北京石驸马大街 32 号。它是一个坚定的拥护曹锟,积极参加贿选的政党之一,属保定系。为与吴景濂的民宪同志会在国会中争夺权力及与民宪同志会在曹锟处争宠邀功,而与吴景濂及民宪同志会勾心斗角。它联络讨论会、民治社、全民社共同反对吴景濂包办张绍曾内阁和包办大总统选举。新民社首领为张伯烈,其骨干有郑江灏、郑人康、宋汝梅、邱冠芬、孔庆恺、袁麟阁、范鸿钧、牟鸿勋、黄赞元、彭汉遗、张玉庚、骆继汉。

(2)诚社。骆继汉本属新民社,因与张伯烈矛盾,后分裂出组织诚社。这样,诚社的政治态度与新民社相近,亦属保定系,积极拥曹,参与贿选。其核心人物为骆继汉、胡祖舜、袁麟阁、范鸿钧等。

(3)后孙公园11号。郑江灏、牟鸿勋本为新民社,因与张伯烈矛盾而分裂出来,另组一政团。其政治态度与新民社相同。

(4)颐园俱乐部。这也是新民社分裂所产生的政团。彭汉遗、黄赞元、张玉庚等与张伯烈有矛盾,脱离新民社而自成此一政团。其政治态度与新民社相近。

3. 孙洪伊系,又称小孙派。

(1)全民社。它是由察院胡同2号(温世霖)、宏庙(李春荣)与西河沿182号(景耀月)等小政团合并而成。事务所设在北京甘石桥117号。其骨干分子为直隶议员温世霖、李春荣、王吉言、马文焕、钱崇垲、谷芝瑞、张士才和经济派的史泽咸、张益芳、景耀月等。该派与保派关系甚深,故积极拥曹锟为大总统不遗余力,是保派的中坚团体,积极参与贿选。在国会有近百个议席。因仗着温世霖与曹锟为把兄弟的关系,引曹锟为后台老板,在国会中势力大,野心亦大。

(2)宏庙23号。它是全民社的分店。其骨干为李春荣、王吉言、马文焕、张国浚等。

(3)西河沿182号俱乐部。其骨干为景耀月、张益芳、林绳武等,多数加入全民社。林绳武后分裂出去另组广誉社。林本人未参加贿选。

(4)均社。由全民社分裂出来,其骨干有钱崇垲、盛际光、谷芝瑞、张树楠等。

（5）民治社。为孙洪伊一派议员所组成，事务所设松树胡同 34 号。其骨干为王湘、牟琳、宋桢、陈堃、张书元、吕泮林、王法歧、王乃昌、万鸿图、曹振懋、李燮阳、王杰、郭同、陈纯修、王枢。尽管原来与大孙派关系较好，但它拥曹锟为总统，鼓吹孙中山与曹合作，以掩饰其拥曹行为。这遭到大孙派的反对。

（6）地方制度协进会。由王试功等组成，接近洛派。

4. 讨论会系。

此系属骑墙派，每当政争激烈时常作壁上观，俟占优势者望其加入时才加入，或以第三者的资格调和以取利。

（1）乐园。其骨干为司徒颖、张国淦、贺廷桂、林炳华、温雄飞、孙润宇等。事务所设北京东太平街 7 号。

（2）适庐。中心人物为江天铎、谭瑞霖等。事务所设北京宣外椿树街头条。

5. 研究系。

（1）宪法研究会。该系好投机，善权谋，喜好说大话。但连年失意，急于想有所成绩。该系好投靠掌握中央政权的北洋军阀，如与袁世凯结盟，1917 年投靠段祺瑞，依附徐世昌。在保定派、天津派开始运动贿选时，曾表示过反对。后津、保派驱黎元洪时，政学系拥黎，参议院议长的决选人杨永泰即被驱逐。保派以参议院议长许王家襄，并许准研究系一人入阁，于是又投向保定派，又开始拥曹。除林长民南下，刘以芬等数人未投票外，多数参加了贿选。该派首领为梁启超、王家襄、蒲殿俊、籍忠寅。

（2）宪法学会。由直隶议员郑毓怡所发起，大多数成员为直隶研究系议员。其事务所设北京南长街，是一个坚定拥曹的小政团，属保定系。保派的京兆尹刘梦庚为其后台。

6. 一些小的由津、保两派大选经济人操纵的拥曹小政团。

（1）石驸马大街 3 号。由吴莲炬、赵时钦、张佩坤、刘辅同、宋汝梅等组成。由保派经济人王毓芝和刘梦庚供给经费。

（2）宣外200号。由裴廷藩、黄明新、任焕黎、王法歧、周志昌等人组成。由保派经济人刘梦庚供给经费。

（3）化石桥56号。由彭占元、岳秀夫、孟昭汉等组成。由保派经济人刘梦庚联系。

（4）壬戌俱乐部。由顺治门大街200号改组而成，以张汉、廖希贤、黄云鹏、余绍琴、孟昭汉、田永正为骨干。办事处设在化石桥60号。受津派经济人王承斌、边守靖及保派经济人参谋次长蒋雁行指挥。

（5）灰厂观音堂10号。由许峭嵩、易仁善、董庆余等组成。听保派经济人操纵指挥。

（6）宪友俱乐部。由王谢家、李钟麟、万钧等组织的政团。与陆军次长陆锦联系。活动地点在北京北新华街。

（7）报子街18号。主要由直隶议员常堉璋、张鼎彝、马英俊、王锡泉等组成。为保派经济人京兆尹刘梦庚所控制。

（8）漠南寄庐。由蒙古议员诺门达赖、恩和布林、金永昌等及西藏议员石凤歧等组成。办事处设北京西四牌楼石碑胡同，为保派经济人程克操纵。

（9）蒙、藏议员俱乐部。是由熙钰、纳谟图等蒙古和西藏议员为拥曹而组成的小政团。

（10）西北议员俱乐部。主要是甘肃、新疆两省议员组成的拥曹政团，由董士恩主持。活动地点在丰盛胡同。

（11）浩园。由傅梦豪等组织的小政团。

（12）果园。由贾庸熙等组织的小政团。

（13）明德学社。由于元芳等组织的小政团。

（14）南庐。由王钦宇、杨诗浙、范殿栋等组成的小政团。活动地点在绒线胡同。

（15）大中俱乐部。由傅师说等组成的小政团。

（16）顺城街33号。由刘可均等蜀、苏议员投靠曹锟所组织的小政团。

（17）政社。由恒诗峰、李榘、阮性言等组织的拥曹小政团。

（18）联社。由周钰等组织的小政团。

（19）翠花街17号。由张复元等浙江议员组成。

（20）水月庵7号，由王绍鏊、谢翊元等组织的小政团。为顺城街33号分支。

（21）群治社。由雷殷、辛汉、刘哲、黄佩兰、谷嘉荫、郭步瀛、李安、陆军林、潘大道、黄金声、端多布等新选参议员组成。

（22）宪法协议会。由班廷献等人组织的拥曹小政团。

7. 国民党系。

此系以孙中山的三民主义为信仰，大都忠于孙中山，除少数如叶夏声等人参加贿选外，大都既不为钱所动，又不以威而惧。在政治上屡仆屡起，终能独树一帜。

（1）护法议员联欢社。由国民党的谢持、王用宾、焦易堂、周震麟、田桐、彭养光等人组成，事务所设头发胡同。

（2）南沟沿69号。为民八议员徐清和、凌毅、梅宝玑等组成。

（3）励志社。叶夏声等所组织，参加了贿选。

8. 段祺瑞系。

（1）安福系。此系人数不多，势力亦小。由于历史原因，与第一届国会不相容。其初本为无形结合，后始由刘恩格、乌泽声等人组一竺庐。驱黎政变和大选引发全国性政潮，直系和反直派的斗争使段祺瑞的政治地位大增，该系身价亦随之大增。该系的根据地在天津，拥段拒曹，其行动能自成一体，不为他系所支配。

（2）浙系。此系为浙江籍议员与褚寓合组而成。首领为褚辅成。褚辅成本为益友系重要骨干，民宪同志会的骨干，因恨吴景濂包办贿选，遂脱离益友系，恢复褚寓。但浙江议员与褚亦有隔阂。浙江督军卢永祥属皖系，奉、皖、孙结成反直联盟，奉、浙、粤曾有反对曹锟贿选的协定，要求这些省的国会议员一致抵制贿选。为了团结更多的国会议员抵制贿选,浙督卢永祥的公子卢小嘉撮合褚寓和浙江议员携手合作。这样,两派言归于好。其行动完全以拥护卢永祥为目的,故被称为浙系。褚辅成在驱黎政变后即南下,是主张国会南迁最力之人。浙系是抵制贿选的。浙江省众议院议员邵瑞彭将直系贿选支票公布报端,并向地方检察厅提出控告直系贿选。这使曹锟的贿选丑行暴露在阳光下,遭全国人民的谴责和声讨。

9. 奉天系。

此系均为东三省议员所组成。东三省议员除极少数自由活动外,大都加入该系。由于奉系军阀头目张作霖控制着东三省,东三省成了张作霖的独立王国,他也控制着东三省的国会议员来为自己的政治利益服务。故张出经费在京设立东三省议员俱乐部作为东三省议员活动机关。此系以乡谊联合,合作精神自然就比较强。该系有议员50余人。由于得到土皇上张作霖的支持,故经济很宽裕。此系一开始无首领,自驱黎政变发生后,刘恩格常代表奉系与各方接洽,这样,奉天系逐渐形成以刘恩格为核心。虽然众议院议长吴景濂是奉天人,但奉天系鄙视吴,最恨吴,不把吴当作同乡看待。吴反正也攀上了直系曹锟这一高枝,自然也不把奉天系放在眼里,更谈不上与该系携手联合。由于奉、皖、孙结成反直联盟,张作霖自然反对选曹锟为大总统。奉、浙、粤曾协定对曹锟贿选取釜底抽薪的办法,让本地区国会议员不参加大总统选举会。张作霖令东三省国会议员不许参加大总统选举会。为了拉住东三省议员,张作霖特别优待东三省议员。除按月资助外,还将他们中的大部分人任命为厂长、督办、税捐局长、监督、咨议等,另拿一份薪金。但东三省很多议员,在本省领费的同时,又暗中接受曹锟的贿赂,很多人暗地里回京参加贿选,两头骗钱。1924年10月冯玉祥发动北京政变后,查获的贿选名单,竟有很多奉天系的议员。如奉天参议员、山海关监督苏毓芳等人,就是又秘密回京参加了贿选的议员。东三省未参加贿选的仅只有刘恩格、罗永庆、王秉谦、姜毓英等少数议员。张作霖知道后十分震怒,说:"骗我金钱,为人干事,人之无良,一致于此。"并电令东三省严行查办,治以军法①。一些秘密参与贿选、两头拿钱的东北议员大为恐慌,自不敢回东北。张作霖也只能将这些人在东北的兼职撤销。如将山海关监督苏毓芳褫职查办等。

10. 政学会系。

(1)宪政社。该系向以一足在南、一足跨北,为狡兔三窟之计。由于政学系在西南有一定的势力,和沈鸿英的关系密切。直系为对付南方的国民党,也拉拢政学系,直至沈鸿英的军事实力消失为止。黎元洪喜欢该系的机警,先后让该派的张耀曾、李根源、彭允彝入阁,使该派势力在北方大振。黎元洪甚至想出钱让宪政社组织大党。宪政社以德报德,改变其历来模棱的故伎,坚定地拥黎。1923 年 6 月驱黎政变发生,政学系也坚定地维护黎的地位。黎元洪离职出京赴津,该社议员也相率出京,多数赴津,也有部分南下赴沪。该派尽管反对曹锟的贿选,但金钱的诱惑力实在太大,在金钱的诱惑之下,有 30 余名宪政社的议员又秘密由津回京参加了 1923 年 10 月的贿选。该派的骨干为谷钟秀、张耀曾、李肇甫、李根源、韩玉辰、杨永泰、张鲁泉、金兆棪、丁文莹等。

(2)匡庐。主要以江西籍的政学系议员为主。活动地点在北京的江西会馆。主要成员为汤漪、王有兰、王侃、邹树声、陈友青等。驱黎政变发生后离京赴津。其中汤漪是宪法起草委员会委员长,是反对贿选最坚定者。一些反对贿选的电报均以其领衔。但在金钱的诱惑下,王有兰等还是回京参加了贿选。

五、众议院副议长的补选和参议院议长的难产

1917 年 6 月第一届国会被解散后不久,众议院副议长陈国祥即病故。1918 年护法国会众议院曾改选褚辅成为副议长。但国会第 2 次恢复的是民六国会议员的资格,因而护法国会选举的参议院议长、众议

---

① 《申报》1925 年 1 月 7 日。

院副议长无效。众议院还须补选副议长。众议院各派系又纷纷角逐副议长一席。吴景濂派（原益友系）推举褚辅成为副议长候选人。旧政学系推举李肇甫为众议院副议长候选人。原研究系推举蒲殿俊为众议院副议长候选人。壬戌俱乐部推举裴廷藩为众议院副议长候选人。后孙公园11号推张伯烈为副议长候选人。石驸马大街3号推举王绍鏊为副议长候选人。安徽议员推汪彭年为副议长候选人。湖南籍众议员郭人漳也拉一部分人独树一帜，亦成为副议长候选人。这样，副议长的角逐自然激烈。

　　1922年8月23日，众议院常会，议事日程第6案即为互选本院副议长。在开议此案时，因徐清和对该案有意见，且报号在先，故先发言。徐清和发言指责众议院议长吴景濂"专制武断"、"轻举妄动"、"命令议员"，护法国会时由于议长个人的私意，使护法议员奔波于川、滇、沪、粤之间，最后将国会送至黄浦滩上。同人应同心协力，共策进行，打破议会首领制，遇重要事件须开谈话会，共同磋商，勿任议长一人捣鬼。现副议长褚辅成"并未辞职，无须再选。现在既非选举不可，本席发言已毕，只好宣告退席，不参与选举。"①徐清和等人随即退出选举会场。

　　接着以无记名投票法选举副议长。由于投票后很多议员即离去，当天未能报告选举结果，到9月6日众议院常会时议长才报告选举结果：8月23日共投票367张，名片367张，票数与名片数相符，选举有效。各候选人得票如下：褚辅成83票、张伯烈75票、裴廷藩42票、蒲伯英（殿俊）40票、王绍鏊20票、吕复18票、刘奇瑶17票、汪彭年11票、贺赞元11票、郭人漳10票、温世霖9票、李肇甫9票、欧阳钧2票、徐傅霖2票、刘崇佑等各1票，废票4张。按《众议院规则》第6条的规定，应在得票最多的褚辅成、张伯烈2人中用无记名投票法决选副议长。这样，9月6日众议院常会又进行副议长决选的无记名投票。结果：在场议员390人，发票390张，名片390张，票数、名片数与在场人

____

　　①　中华民国11年8月《众议院公报》第二期常会第124号。

数相符。张伯烈得票 218 张，褚辅成得票 161 张，废票 11 张。张伯烈得票比较多数，当选为副议长。会议主席吴景濂请张伯烈就副议长职。

张伯烈登台发表就职演说：

> 伯烈承同人不弃，谬以副席相委。自问学识谫陋，材力绵薄，诚恐有负诸君之委托。惟鉴于副席久悬，有碍议事之进行，故勉竭驽骀，暂为就任。至议长与副议长之职责皆为诸君所赋与，议长执掌全院事务，副议长不过仅负辅助之责。嗣后对于议员之地位及人格，自应竭力尊重，决不为个人之私利，致忝厥职。吴议长经验宏富，磬磬大才，伯烈不敏，应即勉随其后，以尽襄助之责，即所以答谢诸君之盛意也①。

按 1912 年 8 月 10 日公布的《参议院议员选举法》第 16 条的规定，1913 年 7 月 21 日参议院常会用抽签的办法将议员分为 3 班。第 1 班议员满 2 年改选，第 2 班议员满 4 年改选，第 3 班议员满 6 年改选。第 1 班参议员到第二期常会结束即任满。这样，1916 年 8 月 1 日第一届国会开第二期常会时，11 月 30 日大总统黎元洪即发布了参议员第 1 班改选的教令。各地于 12 月份至 1917 年春即将第 1 班参议员的改选工作完成，只待第二期常会结束即接任。但中途再遭解散。1922 年 8 月 1 日第一届国会再次恢复。到 9 月 18 日即补满第二期常会会期，后即举行了闭会式。第 1 班旧参议员任期结束，由新选出的参议员取代。尽管参议院副议长王正廷再次当选为参议员，议长王家襄抽签为第 3 班参议员，任期 6 年。但按 1913 年 9 月 27 日公布的《议院法》第 20 条的规定，参议院议长、副议长任期 2 年，即任期到第二期常会结束时即结束。1922 年 10 月 11 日第三期常会开始后，参议院即无议长，改选议长就成了当务之急。这样各派又开始争夺议长的位子，又演出了一幕幕贿选的丑剧。且这种争夺变成了一场马拉松式的争夺，竞争双方都采取了我不能当选也不让你当选的策略。激烈争夺的结果，议长无

---

① 中华民国 11 年 9 月《众议院公报》第二期常会第 125 号。

法选出。

1922 年 10 月 1 日,按《议院法》的正式会议前 10 天集会一次的规定,参议院非正式集会。此时参议院无正、副议长,按常例推参议员中年龄最长的 71 岁的黄锡铨为临时主席。当天的会议定 10 月 4 日下午开谈话会,讨论议长、副议长选举问题。

10 月 4 日,参议院谈话会,议定 10 月 12 日开议长选举预备会。

10 月 12 日,参议院开议长选举预备会,议定 10 月 16 日下午选举议长。

10 月 16 日下午,参议院会为议长选举会。先议定议长选举会开票时须将选举人与被选举人的姓名逐一朗读,后即以有记名投票法投票选举议长。结果:在场议员 186 人,投票 186 张。杨永泰 61 票,王家襄 51 票,王湘 43 票,汤漪 16 票,赵世钰 5 票,李槃、张骏烈、韩玉辰、丁佛言、王人文、张翔初、黄锡铨、萧承弼各 1 票,白票 2 张。临时主席宣布:被选举人得票均未满投票总数之半,应按照本院议长、副议长互选规则第 2 条之规定,应以比较得票多数者杨永泰、王家襄 2 人决选。当时议定 10 月 18 日举行决选议长选举会。

只剩下杨永泰和王家襄二人角逐议长,竞选就更为激烈。这时,报纸上早已纷纷传扬杨永泰、王家襄用金钱运动议长、收买选票的事。连卖票经手者、买票付款者、买卖票之等级、价格,开支票之银行、取款之日期,都跃然于报纸之上。杨、王都非常人。杨永泰是政学系的骨干,在护法时期先是出任广东省财政厅厅长,后又出任广东省省长,这都是肥缺。王家襄是研究系的重要骨干,一直任第一届国会参议院议长,袁世凯复辟时任参政院参政,国会第二次解散后任中原煤矿公司督办,来钱的渠道、筹钱的渠道多。当时各大报纸均登出 10 月 14 日原广东军政府总裁兼外交总长温宗尧给杨永泰汇的 15 万元现款到京后,杨公开收买选票,票价分甲、乙、丙、丁四等,各为 3 000 元、2 000 元、1 000 元、500 元。若能代为包买 5 张以上票者,除所买之票照数给付外,另给交际费 3 000 至 5 000 元不等。王家襄用钱收买选票的事也在报上披露。

这立即引起了民众的不满。10 月 17 日,北京知识界在湖广会馆发起成立了国民监督选举团来监督参议院议长的选举,当日以国民监督团的名义向全国发出通电,揭露参议院议长选举中的贿选:"最近参议院议长改选问题发生,竟有公然以金钱买票、运动选举之事。报纸喧传,群众口说。有汇兑之人,有经手之人,有退款之人,有买票之等级、价格,有开支票之银行,有取款之日期,历历如绘。青天白日,赫赫首都,严重神圣之国会议员,如此明目张胆,干犯国法,寡廉鲜耻,人格何存?如有此种行为之人果真当选议长,为一院之表率,是直接侮辱国会,间接侮辱国民。且因此坠国会之信用,召外力之觊觎,终必三蹈民二、民六之复辙而后已。"石淑卿、孙几伊、余调生等人签名的向参议院的请愿书,要求参议院"将此次议长选举有无报载行求贿赂事实,付诸院议,仍由院议自行公决此次议长选举之有效与否,以息外间之浮言,而保国会之尊严。"①并选定 12 人于参议院的 10 月 18 日的议长选举会前将请愿书送到参议院。11 月 12 日,北京知识界还成立了国民监督议会团来监督国会,尤其是参议院的议长选举。

10 月 18 日下午,参议院会,决选议长。未开会前,参议院门前已经热闹非凡。有旅京浙江同乡会、有北京市民、有河南公民、有北京学生团、有国民监督选举团,纷纷散发传单,反对参议院议长贿选,揭露贿选内幕,痛斥贿选行径。还有民八议员二三十人在院门口散发传单,他们手持"维护法统"、"免除宪法战争"、"澄清国会"等字样的旗子。遇有议员入院,则上前劝阻其入院,说:"今日之会,决开不成,不必进去。且法律问题未决,再将议长选出,更增纷扰。况金钱选举,外间啧有烦言,若再续继决选,其如人格何?"同时象坊桥一带,杨永泰、王家襄两派互相散发传单,揭对方议长候选人的丑。王家襄派的传单专揭杨永泰贿买选票的事:杨贿买选票款项来源、价格、经手人、支款银行、取款日期、退款证据等,言之凿凿。杨永泰派的传单则揭露王家襄

---

① 《申报》1922 年 10 月 21 日。

1913 年为当议长,串同袁世凯逮捕议员 8 人,后又当袁氏参政院参政,1916 年勾结督军团解散国会的罪状,以及利用福中公司的资金,再将进步党经手管理的资产抵押现款,做议长贿选买票之费的丑行等等,也言之有据。

　　这天的参议院会签到议员 174 人,已过法定人数。但由于王家襄派此时处于劣势,如选举肯定败北,于是采取我不能当选也不能让你当选的策略。支持王家襄的议员均呆在休息室,就是不入会场参加会议。故议场中出席会议的议员不到 100 人,不足法定开会人数。尽管多次到休息室催促休息室的议员入场,但他们就是不入会场。新民社派议员郑江灏发言,要求杨永泰和王家襄站出来,如报刊所载他们贿选不实则应起诉报刊侮辱名誉罪,如不起诉便是默认自己有行贿买票之事,参议院必须严惩买票和卖票议员。一是不足法定人数,二是一些议员不愿当旁听者的面讨论贿选之事,于是改开谈话会。王派的贵州籍议员张金鉴发言揭露杨永泰通过政学系议员张鲁泉写信给自己,言明付 5 千元要张为杨运动选票。张鲁泉立即站起来否认。两人争执不下。最后郑江灏提出建议案,公函司法衙门,依其职权迅速检举,如有证据,依法惩治。全场鼓掌和之。但因不足法定开会人数,此案无法正式通过。均同意籍忠寅的组织特别委员会审查参议院选举长舞弊嫌疑问题。

　　10 月 20 日参议院会,郑江灏等发言要求张金鉴将张鲁泉贿选买票的证据在全院公布,待此事解决后再选议长。张鲁泉亦要求张金鉴拿出证据来。张金鉴说自己已将证据交律师,准备起诉,与院内无关。郑江灏要求组织特别委员会审查此事。张鲁泉要求将自己所提的关于王家襄议员资格的提案交大会公决。张案指出王家襄是大总统任命的福中公司督办,是官吏,其议员资格不能承认。王派议员以议长未选出,此案不能开议,反对讨论此案。汤漪等发言说上次选举议长,开票时在场议员才二三十人,不足法定人数,应作无效,要求再开选举预备会。各说各的主张,均无定论。最后定于 10 月 23 日开决选议长选举会。

　　10 月 23 日,参议院开决选议长选举会,对国民监督国会选举请愿团请愿书要不要付审查,对议长选举中风传的买卖票问题要不要组成特别审查会审查,争论不休。杨永泰和王家襄派坚持不付审查,应决选议长。大孙派、小孙派以杨、王两人对报纸所登载二人对买卖票一事未置一字更正,大有损于国会的形象和尊严,应组织特别审查会查清买卖票之事。并主张取消杨、王两人的决选资格,重新投票。双方争持,临时主席黄锡铨为杨派,迟迟不对争论付表决,至不足法定人数散会为止。定于 10 月 25 日再开决选议长选举会。鉴于大孙派、小孙派等派要否定杨、王的议长决选候选人资格,使想当议长又处僵持状态的杨、王醒悟,决定加快决选的步伐。

　　10 月 25 日,参议院再开决选议长选举会。杨派、王派主张散票选举议长。小孙派的宋桢、大孙派的王用宾发言认为金钱运动选举未解决前不能散票。杨、王两派阻止王用宾发言,大叫散票、投票。赞成与反对散票的两派大起争执。议场中拍桌子声、顿足声、叫骂声,震耳欲聋。小孙派的万鸿图偕数人占据讲台,大呼:"本席不赞成投票,不能散票!"场中要求发票声、顿足声、拍桌子声,乱成一片。万鸿图大怒,说:"投他妈的什么票!"边说边将投票箱推下台,票箱砸到书记员席,一王姓速记员头破血流。李素将主席案上的墨盒摔掷于地上。此时秘书厅职员正挨座散选票,大孙派的冯自由上前夺过秘书手中的票且撕且走且掷,碎票片片如蝴蝶在议场飞舞,最后将手中碎纸掷到杨永泰头上。这时有人大叫延会。议场西边王鑫润则大呼:"岂有此理! 趁火打劫!"郑江灏起而欲与之争,并欲取墨盒掷之。经众劝止。主席宣告延会。25 日的决选会,应该说是大孙派、小孙派借着舆论之势将选举会搅黄了。大孙派希望先解决法律问题,即先解决民八、民六之争,后再选议长。小孙派在这一点和大孙派同,同时小孙派希望借机推翻 10 月 16 日的选举结果,以便本派推举的候选人王湘能重新当选。汤漪派尽管人数少,亦认为有当选的希望,故也附和小孙派。但大孙派和小孙派在会场上不占多数,杨党和王党占多数。不过他们正处于竞争的关键时刻,亦不愿得罪其他派系而使自己处于竞争中的劣势,故采取了克制的态度,未与大孙派、小孙派扩大冲突。这是这一天武戏未再出现撕打,再掀高潮的原因①。

10月27日参议院会,决选议长选举会,签到议员161人,但到会场者只72人,两次延长时间一小时,议场仍不足法定人数,只好延会。10月30日,参议院会,决选议长,签到人数141人,到会场者只有108人,流会。11月1日参议院会,签到人数170人,到会场不足法定人数,流会。这几次会议签到议员已超过法定人数,由于王家襄派议员见杨永泰派占优势,若开决选议长会,必然是杨胜王败,故都躲在休息室不出席会,使决选议长会流会,以争取拉票时间。11月1日参议院会不足法定人数改开谈话会。谈话会决定11月3日再开谈话会。但对选议长一事无法达成一致。11月8日和10日的谈话会,对选议长一事也无法达成协议。这一时期,主要是王家襄派见自己处于劣势而采取拖延议长决选的策略,以便争取拉票的时间。11月13日,参议院开议长决选谈话会。鉴于自己在竞争中处于劣势,王家襄发言放弃决选资格,以逼杨永泰也放弃决选资格。杨永泰这天也到院。当一得知王以放弃决选资格来迫自己也放弃决选资格,杨此时正处于优势,自然不愿放弃,故未出席会议。会上,杨派议员李安陆等发言反对王家襄以放弃决选资格来取消决选议长选举会的作法。大孙派的王用宾则主张改议长制为委员制。王家襄派的刘哲与大孙派的蔡复灵是邻座,因要不要设议长问题发生争执而撕打起来。结果,刘的左眼受伤出血,蔡的鼻子被打肿,身上穿的马褂被撕破。议场一片叫骂与喊打声,秩序大乱。会议临时主席黄锡铨赶紧摇铃散会。

11月17日,参议院再开谈话会,讨论议长决选问题。决定参议院停会一周,各派院外协商议长决选问题。各派在院外开了2次协商会,也无结果。会上有三种意见:1. 修改《议院法》,增设行政委员7人。2. 先选举临时议长。3. 维持决选会。会议决定11月29日开会,讨论

① 《申报》1922年10月28日。

三种意见。这样,参议院会经过 20 多天的停顿于 11 月 29 日再开会,仍由黄锡铨主席。先由议员赵时钦报告协商会上的三种意见。议员们先后发言说出各自的意见。最后付表决,结果如下:

1. 表决方法:一、修改《议院法》,二、选举临时议长,三、即行决选。在场议员 138 人,起立赞成者 105 人,多数,可决①。

2. 修改《议院法》后,即日决定决选,由议长将修改院法案移付众议院。在场议员 138 人,起立赞成者 63 人,少数,否决。

3. 决定修改《议院法》后,即日决选,再开会修改《议院法》,由议长移付众议院。在场议员 138 人,起立赞成者 83 人,多数,可决。

所谓修改《议院法》,主要是为了减小议长的职权,降低议长竞争中的激烈程度,同时也是为防止出现像众议院议长滥用职权制造罗文干案这种现象的发生。

上述表决通过的第 1 条与第 3 条有矛盾。王湘、汤漪当即对第 3 条的表决提起疑义,以为不先修改《议院法》便不能开决选会,第 3 条的表决应无效。但政学系急于决选,利用主持会议的临时主席黄锡铨的年迈糊涂取巧,纷纷退场,使会议不足法定人数而散会。

12 月 1 日,参议院会,讨论修改《议院法》。政学系议员发言要求按 11 月 29 日第 3 条表决的结果进行议长决选。因第 3 条只要决定了要修改《议院法》,就应立即决选议长,后再修改《议院法》。这立即遭到王家襄派和其他一些派的反对。两派相持不下,一些议员退场,会议不足法定人数,改开谈话会,亦无结果。12 月 4 日、6 日、8 日参议院会,继续讨论修改《议院法》,因王家襄派见杨永泰派坚持议长决选,故不出席会议,致使 3 天的常会连续流会。这使政学系也无法坚持先选议长。

参议员雷殷等 108 人向参议院提出组织参议院行政委员会案。主张以 27 省区的代表和正、副议长组成行政委员会,以增加对参议院议长的监督,增强参议院行政工作的透明度,削减议长职权。12 月 11 日

---

① 《申报》1922 年 12 月 2 日。

参议院会,讨论修改《议院法》。但多数议员发言主张讨论和表决雷殷
提案。认为修改《议院法》牵扯到众议院,设行政委员会只是参议院内
规则的修改。尽管杨永泰派坚持决选议长,但多数主张先设行政委员
会。最后议决"以议长选举会临时主席兼充修正院法及院内规则之主
席"(在场议员138人,赞成者77人)。

12月15日参议院会。由于议员提出的修改《议院法》和修改参议
院院内规则案达五六件之多,经过反复争论,最后以将"这些提案一并
交付审查"付表决,在场议员152人,赞成者115人,多数,可决。又以
"审查委员共27人,每省1人,内外蒙古各1人,西藏1人,青海1人,
华侨1人,即由主席指定"付表决,赞成者多数,可决。于是由主席黄
锡铨指定江浩、赵连琪、赵成恩等27人为特任审查委员。

12月18日参议院开修改《议院法》会议,由特任审查委员长作审
查报告后,表决立即开二读会逐条讨论。12月20日,23日参议院连续
开二读会,23日二读结束后接着开三读会将全案通过。《议院法》修改
的条文如下:

第十五条　议长维持院内秩序,开会时为主席。

第十六条　院内行政委员会,指挥监督秘书长及其所属各
职员。

第十八条　议长、副议长均有事故时,得选举临时议长。

第二十二条　两院各设下列四种委员会。

1. 全院委员会。2. 院内行政委员会。3. 常任委员会。4. 特
任委员会。

第二十四条　议事日程由院行政委员会定之,由议长先日通
告各议员,并登载于公报。

第八十四条　秘书长及其所属各职员,均由院内行政委员会
进退之①。

---

① 《申报》1922年12月26日。

《议院法》经此一改，议长只存其名，实权大为缩小。

12月23日参议院会快结束时，杨永泰派议员丁文莹等主张开议长决选会。王家襄派议员黄佩兰等主张非修改委员会规则不能举行决选。两派争执，又无结果。12月26日参议院会，因这一天会议通知是"讨论院内规则"，故对当天会议的通知内容，杨派的丁文莹等立即质问会议主席黄锡铨，黄答复说是秘书厅发的会议通知，自己也不清楚。众闻之大哗。尤其王家襄派的黄佩兰等说会议通知是23日会议多数人的意见，并对会议主席提出严厉质问。有的主张惩戒主席，有的主张另推临时主席即开决选议长会，更有的指着主席的鼻子训骂并施，并将主席台上的文具摔于地上。吓得年迈的主席赶紧逃离议场，秘书厅秘书也相继逃离议场。10月中旬，黄锡铨的儿孙们就担心黄年迈经不住议长选举会的惊涛骇浪的冲击，即写信给参议院为黄代辞临时主席职。10月25日参议院议长决选会的武戏风浪，吓得黄赶紧提出不再当临时主席。11月13日参议院谈话会再演武戏，黄以自己不能维持会场秩序，再次辞临时主席职。但惟有按年龄最长者为临时主席的惯例才能产生出临时主席，用选举的办法同样会遇到选议长一样的困境，无法产生临时主席，黄也就只好一直出任临时主席。26日的会议，很多议员直接冲着黄来，黄只能就此下台了。

会场秩序稍安定后，又经过协商，最后又以年龄次长的李文治为临时主席。王家襄派以外的派系多对王所控制的秘书厅不满，秘书长沈钧儒只好辞职。26日的会以议事科张僧鸾科长代理秘书长职。同时议决用抽签的办法每省区选出1人共27人组成院临时行政委员会，以便监督秘书厅的工作。并当即抽签签定王观铭、杨绳祖、谢书言等27名行政委员。

12月27日，参议院会，原定表决张绍曾内阁。但杨永泰派提起动议，要求改变议事日程，决选议长，遭到王家襄派的强烈反对，两派发生冲突，会场秩序大乱，只好改开谈话会，协商下次会议的议事日程。临时主席李文治不愿负责，坚辞临时主席。于是再推年龄次长者为主席。

年龄次长者王凤翯、谷嘉荫二人同岁,经抽签,定王为临时主席。并决定临时主席只主持决选议长和通过内阁两件事。议决 12 月 29 日投张绍曾内阁同意案票,1923 年 1 月 4 日开议长决选会。杨永泰、王家襄两派之所以同意开议长决选会,均对自己当选有信心。此时,居住在上海的孙中山和岑春煊的关系,已由水火不相容转为携手合作以便将陈炯明驱逐出西南。杨永泰则利用孙、岑联合的机会,以支持大孙派推举的参议院副议长候选人焦易堂为条件,拉得了参议院大孙派的票,一计算已达 90 多票,认为当选议长已有把握。王家襄拉住小孙派,又以支持益友系副议长候选人赵世钰为交换条件,拉得了益友系的票,一计算也已达 90 票左右,也认为当选议长已有把握,故一改前一段拖延和破坏议长决选的作法,也同意决选。

1923 年 1 月 4 日参议院开会,决选议长,王凤翯为临时主席,仍用记名投票法投票。由于双方势均力敌,直至决选会前双方仍在拉票,以致决选会延迟了 1 个小时。这天,出席会议的参议员也空前的多,达到 196 人。于是立即进行议长决选投票。共投票 196 张,与在席议员人数相符,结果:杨永泰得票 91 张,王家襄得票 89 张,白票即废票 16 张。杨、王两人均未过半数,且十分接近,投票自然无效。主席宣布:杨永泰 91 票,王家襄 89 票,废票 16 张,俱未过半数,定 1 月 8 日再行决选。当日投废票的冯自由、王泽攽、黄伯耀、张我华、潘大道、汤漪等 16 人自成为杨、王拉票之重点[①]。

1 月 4 日的决选,引起原民友社系大孙派、小孙派的矛盾。大孙派的焦易堂等指责王湘等不应当援助破坏民二国会及曾任洪宪参政之王家襄。小孙派的王湘等指责焦易堂等不应当援助破坏民八国会及推翻护法政府的杨永泰。双方各执其理,颇难一致。后经冯自由、何畏等出面调停,说杨、王均不忠于国会,国民党仍当维持推翻决选的原议,1 月 8 日一律投废票。

---

① 《申报》1923 年 1 月 7 日。

8 日决选,杨、王极力拉票,到 7 日,每票价格已由 5 千元涨至 8 千元。但由于大、小孙派决定 8 日投废票,杨永泰收买的一些议员见票价上涨,也觉得卖给杨票太便宜,于是向杨声言,已为杨投了两次票,义务已尽,不再投第三次票,意在再勒索一些钱。杨永泰又以所失已多,不肯再行冒险,致使投杨票之人或态度不明,或为王派收买。这样,杨永泰立即处于劣势。于是,杨永泰派也变更策略,一开始坚持以 1 月 4 日决选中得票最多者为当选,后来实在站不住脚,亦采取不出席选举会使选举会不足法定人数而流会的策略。

1923 年 1 月 8 日参议院决选会,王凤翥为临时主席,出席议员 170 人。杨永泰的政学会派议定以 1 月 4 日决选中得票最多者为当选的策略。李安陆等 20 人提出一声明书交院,认为互选和决选不同,互选须得票过投票总数之半为当选,而决选以得票为比较多数者为当选,故杨永泰已当选为议长。主席让李安陆发言先说明其旨趣。李发言时,王家襄派议员潘承谔、王伊文、张树楠等大呼,今日只能根据通告散票投票,不能提出问题。王派的张树楠、王伊文发言认为 1913 年 4 月 24 日议决的《参议院议长、副议长互选规则》第二条"互选以得票过投票总数之半者为当选;若无过半数时以得票比较得票多数者二人决选之。"决选也是为了求得过半数,若决选只须得票较多即可当选,那互选时已有得票较多的候选人,何必再来一次多余的决选? 并举 1913 年 4 月众议院议长的选举为例,互选得票最多的汤化龙、吴景濂在 4 月 28 日的决选中均未过半数,4 月 30 日再开决选会,汤化龙得票过半数才当选的。又举参议院 1913 年 8 月至 9 月的参议院议长选举为例:8 月 26 日互选得票最多的王家襄、王正廷,9 月 3 日决选时王家襄得票过半数才当选的。故只有决选有明确规定如 1913 年 9 月 10 日议决的《众议院规则》明确规定"决选以得票比较多数者为当选"外,否则,决选只能以过半数为当选。况且 1 月 4 日的会议临时主席并未宣告杨永泰当选,而是通知今日再决选。杨派议员李安陆等认为本院秘书厅通告今日再开决选会是违法的,决选不能有第二次之投票,而决选当然以得票较多者为当选。1月4日杨永泰已当选,只有请主席补行报告当日投票的结果,不能再开决选会。张金鉴、王伊文等仍大呼散票。冯自由、吴莲炬等大骂张、王等人不知决选为何物,不配投票,并拍桌叫喊。场内秩序大乱。王派一直大呼散票散票,杨派的张鲁泉拍案大骂,呼散票的"不是东西"。而场内更多的人则斥责临时主席不能维持会场,不配当主席。王凤翥本来也是杨派,自不愿开决选会,亦发起脾气,反唇相讥,并摇铃散会后,本人立即逃出议场,以免受拳脚之苦。这时议场大乱。王派议员欲上台发言,均被张鲁泉推下,并将纳谟图推至跌倒,饱以拳脚。这时议场人声鼎沸,乱成一团。张金鉴亦施展拳脚,与张鲁泉撕打起来,李安陆也大抖威风,张拳乱打,并举起国务员席的坐椅向人群中掷去。一时间墨盒、桌椅乱飞,"混蛋!""狗蛋!""王八蛋!"的骂声充斥整个会场。一直闹到4点多。议员雷殷手拿一个小纸条上书"谷嘉荫"三个字,声言请谷为临时主席,接着开会。宝应昌等则大声叫骂:"看哪个王八旦敢主席!?"吓得谷也不敢就主席位。最后还是小孙派的首领王湘站到台上大声说:"诸公尚欲维持国会否?如果不要国会,则今日一哄而散,国会恐从此消灭。如倘欲维持国会,必须于纷纠之中重觅解决方法。本席主张星期五(12日)开一谈话会,由临时行政委员会发一通知,假以时日,院外洽商。以院外洽商之结果,供谈话会参考而决定,再以谈话会之决定为以后之进行。"大多数赞成王说,遂散会①。

　　杨永泰派在议长竞选中已处于劣势,于是采取以其人之道还治其人之身的策略,也以不出席会议来抵制和拖延决选。真所谓戏法都一样,你可以变,自然别人也可以变。1923年1月12日参议院谈话会没来几个人,连谈话会亦无法开。且1月12日参议院临时行政委员会开会时,只有10人到会,亦流会。1月15日参议院再开谈话会,到会60余人,讨论议长决选办法。杨派仍坚持1月4日得票最多的杨永泰为

---

①　《盛京时报》1923年1月12日;《申报》1923年1月11日。

议长,王家襄派反对。针对 1 月 4 日决选废票多的现象,有人提议再开议长决选会时,废票不计入总票数中,这样,肯定能有候选人得票过半数。但立即又遭到反驳。谈话会无结果。

1 月 22 日参议院会,讨论张绍曾内阁阁员何日投同意票时,王家襄派陈铭鉴提议 1 月 26 日决选议长,但其他派并不支持。1 月 26 日,参议院会,签到议员 141 人已足法定人数,但到议场者远不足法定人数。杨永泰派竞争议长处于劣势,故政学系议员也照王家襄派在其处于劣势时的办法一样,均坐在休息室不出席会议。参议院会只好改为谈话会,商讨议长选举问题。杨派坚持 1 月 4 日已选出杨永泰为议长,王派则否认。谈话会自然一无所获。

由于处于劣势的杨永泰派的抵制,1 月 29 日参议院会虽签到议员 140 余人,但议场上远不足法定人数,改开谈话会。支持王家襄的议员刘哲、丁铭礼等主张 1 月 31 日开议长决选会。支持杨永泰的议员张鲁泉、焦易堂主张在对决选议长时是以得票较多者还是得票过半数为当选未解决前,暂不决选,意在拖延决选。刘哲反对张、焦之说,主张 2 月 2 日开议长决选会。张光炜反对刘哲的主张,说刘不知法律。刘哲恶言相报,张以手仗击刘。此时会场上居多数的王派议员一拥而上,抢下张的手仗,并齐以拳脚痛打张。会场顿时大乱,议员一哄而散。王派议员将张的手仗交参议院警卫,以作为张的凶器。支持王派的议员赵连琪、娄裕熊等 38 人在参议院提出惩戒张光炜案。

1 月 31 日参议院会,签到议员 160 人,由于支持杨永泰的议员呆在议员休息室不出席会议,议场议员只有 119 人,不足法定人数,改开谈话会。谈话会议定 2 月 2 日开议长决选会。

2 月 2 日,参议院会,决选议长选举会。一开始支持杨永泰的议员就以开议长决选会的通知未经院内临时行政委员会,不生效力。支持王家襄的议员以 1 月 31 日谈话会定的今日开议长决选会反驳。支持杨的议员以当日谈话会未过议员半数,其议决不生效力再反驳。双方争持不下。这时处于劣势的杨永泰做了长篇发言,声明与王家襄一样,放弃决选资格。但王派议员以杨永泰到第三期常会离闭会只差8天才宣布抛弃,若再重新互选、决选,8天是无法选出议长,故仍应今天进行一次决选。且王家襄宣布抛弃决选后的1月4日已进行了一次决选,王的抛弃宣言已无效。杨派及非王、杨派主张就杨、王抛弃决选资格进行一次投票来决定。王派反对,说要再咨询王对抛弃决选是否仍坚持。杨派反对说王宣布抛弃后并未声明抛弃无效,无须再问王。杨派坚持就抛弃付表决。王派坚持发票决选。杨派议员纷纷退场,议场只剩125人,不足法定人数。杨派议员大叫散会。王派议员埋怨临时主席王凤翯(杨派)未及时宣布封闭议场门进行投票,致使议员纷纷离场。主席宣布散会。

由于政学系议员抵制,2月5日、7日、9日参议院会,签到人数都不到一半而流会,只好休会半个月。3月7日参议院会,也不足法定人数而流会。3月12日参议院会,王家襄派坚持继续定日期开议长决选会。非王派却专注查办参议院秘书厅一案的讨论,一方面是为了拖延决选,一方面又以参议院秘书厅管理混乱,一些职员挂名拿薪不到厅办事,办事则另雇额外书记30余人及秘书厅帐目存在一些问题,进行质问,意在打击前议长王家襄。可见,秘书厅缺乏监督也要出现问题。一直争论到会场又不足法定人数而散会。

参议院议长选举中,杨永泰已处于劣势。政学系打算让韩玉辰出马竞选议长。杨的人望原本不如韩。在广东护法杨为广东财政厅长时,护法议员就提出了《查办广东省财政厅厅长杨永泰》案,后因政学系控制了广东军政府,对杨进行了保护。这次竞选议长候选人,政学系事先进行预投票的会上,杨永泰比韩玉辰只多一票,但散会后很快又接到政学系两议员邮来的投票,皆系选韩,故韩比杨反多一票。但杨氏钱多势大,故仍让杨出马竞选。现在杨处于劣势,让杨、王均退出决选,韩出而竞选,获胜的可能性大。于是又请王正廷出面做调人。王正廷于3月14日宴请王家襄、杨永泰及参议院中重要人物面商议长选举之事。王正廷的意思是请王家襄、杨永泰均抛弃议长的竞选资格而让与第三者。但王在席间即表示不肯抛弃之意,说仍须开会决选一次,如仍

无结果,然后商酌其他办法。杨永泰闻王如此主张,当即发表意见说:
"再行决选,决不赞成,惟欲让与第三者,则彼可以牺牲。"杨明知再决
选必落选,更不愿让王家襄得胜。故决选会自然开不成①。

　　参议院议长难产,一直以年长者担任会议主席。但年长者,年高老
迈,脑力衰退,记忆力、鉴别力均不够用,加之对议事规则不太熟,又缺
乏掌握会场尤其是激烈争论的会场的经验,遇事不能当机立断,该付表
决的迟迟不付表决,常使会议无结果,各派纠纷加剧。3 月 16 日参议
院会,丁文莹等提议在杨永泰、王家襄二人之外选一临时议长以取代年
长老迈的临时主席,但立即遭到王派的李兆年等人的反对。他们坚持
决选议长,并于 3 月 19 日提出决选议长的 3 条办法。政学系的郭步瀛
则提出临时议长选举的 3 条办法相对抗。3 月 21 日参议院会,双方争
执又无结果。这样,双方一直僵持着,再未开成议长决选会。4 月下
旬,参议院议决先修改《参议院议长、副议长互选规则》,再选议长。并
指定汤漪、解树强等人修改了《参议院议长、副议长互选规则》,但参议
院开会时又将其全部推翻。后又指定郭步瀛、娄裕熊等人重新修改了
《参议院议长、副议长互选规则》,参议院开会讨论多次,由于两派意见
对立,如选举议长时一样,一直未能通过,议长选举自无法进行。直至
6 月发生驱黎政变,国会再次分裂,参议院一直不足法定人数,无法开
议。修改议长选举规则和选举议长之事一直被搁置。

　　10 月 26 日,第一届国会临时会开会后,参议院又面临选举议长的
问题。政学系的杨永泰已离京。王家襄虽留京,却因一些支持王为议
长的人已为王捧场了近 1 年,已不再想为其捧场,这样,王的支持票也
下降了,于是王也决定不再为竞选投资而退出议长的竞争。杨、王都已
成了明日黄花。于是又涌现一批新的议长竞选人。他们是:民治社的
王湘,研究系宪法研究会的籍忠寅,民宪同志会的赵世钰,群治社的郭
步瀛、刘哲、雷殷,政学会的张鲁泉,石驸马大街 3 号的吴莲炬、赵时钦、

————————

① 《申报》1923 年 3 月 16 日。

宋汝梅，新民社的郑江灏，还有丁铭礼、张凤翙、张文等十几人。这样，竞争更为激烈，选举形势更难预料。

11月12日，参议院议长选举预备会，谷嘉荫为临时主席，讨论修改议长互选规则，议员意见纷歧，讨论无结果。

11月19日参议院会，谷嘉荫主席，议程上所列的是议员所提的参议院议长互选规则案4个。由提案议员说明提案理由后，议员略有讨论，因4个提案均为同一内容，经表决4个提案合并付特别审查。并议决当场由临时主席指定侯汝信、吴莲炬、黄佩兰、赵成恩、蓝公武、辛汉、张树楠、赵时钦、李澜9人为特别审查委员。并议定下次会议提出审查报告于大会。

11月23日参议院开会，谷嘉荫为临时主席，到会议员139人。由特别审查会委员长侯汝信向大会报告议长互选规则审查报告。议员略有讨论后，即议决对审查会提出的互选规则修正案进行二读，逐条讨论、修正并表决通过后，即开三读会，对文字进行了个别修改后，全案通过。《参议院议长、副议长互选规则》共5条，全文如下：

1. 议长一人，副议长一人，用无记名投票法分次互选之。

2. 互选以得票过投票总数之半者为当选。若无过半数时，以比较得票多数者二人决选之。但决选时以得票比较多数者为当选。

3. 投票时议员不得出议场。但闭门以前，议员后至者得入场投票。闭门之宣告由主席酌定时刻行之。

4. 闭门后在场议员投票时，主席宣告封匦，计算人数。

5. 投票、开票监督员八人由主席指定①。

11月30日，参议院开补行议长选举会，谷嘉荫主席。由于各候选人均无当选把握，并不希望立即选举，故会场很快又出现节外生枝。由于新疆参议员一不拉引等4人不会写汉字，请新疆议员那德昭先在选

---

① 《申报》1923年11月26日。

票上写上其欲选的议员籍忠寅的名字,有的议员以请人代写违法为由,大加反对。一些议员乘机起哄,会场秩序大乱,最后只好延会。其实,在选举中,西藏、蒙古、新疆议员不能写汉字而求他人代写的情况经常发生。1913 年选举王家襄为议长时就是如此。这次有的议员抓住此事大作文章,一方面是其他候选人对籍忠寅四处拉票十分不满,另一方面是这些候选人运动选举票的工作尚未做好,无当选把握,故借请人代写问题搅扰会场,以达到延缓选举的目的。这样,当天的会未能投票,在争执中散会。

12 月 5 日,参议院再开补行议长选举会。由于多数议长候选人无当选把握,均愿选举缓开,故议决待散票手续完备后再开选举会。

12 月 14 日参议院会,本定为议长选举会,各派又借金法郎案阁员不到会为由,推迟当日的议长选举。但行政委员会 2 个月的任期已满,当日又重新改选了行政委员会。同时议决一切行政由临时主席、行政委员负责。

由于竞争议长的人多,各派只好一再协商,但均无结果。这样,参议院多次将选举议长列入议程,但由于一些派系以不出席会为抵制,致使选举会不足法定人数而流会。或将其他紧要议案列入议事日程,当这些议案议决后再要开议长选举会时,一些派系议员纷纷退席而使正在进行的会不足法定人数而延会。

1924 年 2 月中旬,国会临时会 4 个月的会期眼看就要到期了,法治共进会等一些并未推举议长候选人,即不参与议长竞争的所谓中立政团多次讨论议长选举办法,拟定将议长、副议长、全院委员长三席分配给竞选议长的政团。但一是肉少狼多,二是积极竞选议长的政团无法达成妥协,故无结果。这样,参议院原定 2 月 20 日选举议长,并事先发出了议事日程,因院外协商未妥,这天的会自然也是各说各的主张,各坚持各的意见,会议无结果而散。

由于角逐参议院议长的人较多,且均无获胜的把握,故议长的选举会一直未能开成。众议院秘书厅秘书长由行政委员会选举一名委员担任,这使很多参议员想效仿。1924年6月18日参议院会,议员苗雨润动议仿照众议院办法,参议院秘书厅秘书长由行政委员会互选之。主席咨全体议员,均无疑义。这样,参议院下一届行政委员会签抽出后,选举张我华为秘书长。

马蜂党在参议院势力较大,他们经过几个月的疏通,觉得取得参议院议长已有把握了。于是8月11日参议院大会上,马蜂党的宋汝梅提起动议,主张选举议长、副议长以解决种种纠纷,提出《提议定期选举议长紧急动议》。宋说明理由后,马蜂党的蓝公武发言说,从前院议既定每星期开会两次,一次议各项案件,一次选举议长,相间而行,应请主席照院议办理。小孙派的王湘反对。接着争论撤销顾维钧违法代阁案,直至散会。8月27日参议院会,马蜂党的刘凤翔再次提出先选议长的主张,马蜂党的娄裕熊、黄自芳、张树楠、陈铭鉴、侯汝信、蓝公武等均发言主张先选议长,否则违反宪法。小孙派的王湘、杨允升见当时议场上的马蜂党议员并未全部出席当天的会,在议场并不占多数,杨立即动议将当天的会改为议长选举会,立即投票选议长。马蜂党议员李兆年、蓝公武、陈铭鉴即发言反对当日投票选议长。大会临时主席谷嘉荫也是马蜂党成员,于是按铃打开议场门,宣布散会。其实,马蜂党对选举议长也无绝对把握,况且现在的临时主席谷嘉荫就是马蜂党,真要选举还不知鹿死谁手。故以后参议院开会时,马蜂党也不再提议长选举了。一直由谷嘉荫为大会代理主席,以临时行政委员会代理部分议长职权。直至冯玉祥于1924年10月23日发动北京政变,11月30日临时执政段祺瑞发布检举贿选议员令,贿选议员纷纷逃匿,第一届国会无形中废止,参议院议长、副议长也未能选出,只好一直以行政委员会来代行议长部分职权。

从1922年10月开始的参议院议长选举工作,一直延续到1924年10月,开了几十次会议,一再发生矛盾、争斗乃至冲突,议长却始终难产。这使参议院在两年的时间内处于半瘫痪状态,无法进行正常的议事活动。显然这种反常现象是由于不正当的议长竞争和开会的法定人数定得过高所致。这在世界议会史上也是十分少见的。

曹锟为当总统,以金钱引诱赴沪、赴津议员回京。1923 年 9 月参议院才又足法定开会人数。选举曹为大总统后,参议院于 10 月 9 日又重新抽定各省的行政委员,并议定以后每 2 个月以抽签的办法更换一次各省的行政委员。

六、国会制造的罗文干案及驱彭学潮

直系分保、洛、津三派。保派以曹锟为首领,熊炳奇、王毓芝、高凌霨、刘梦庚、刘恩源等为骨干。洛派以吴佩孚为头。津派由曹锟之弟曹锐挂帅,其重要骨干为直隶省议会议长边守靖、直隶省长王承斌。保、津两派除在权力分配上发生争斗外,其政治态度基本一致,故有时又笼统称为保派,不再细加区分。

曹锟依靠吴佩孚打得了天下,故对吴特别器重和信任。曹常说保、洛一家,保、洛不能分之类的话。但在对待大总统选举的问题上,曹、吴之间逐渐发生矛盾。津派则抓住这一矛盾并将其扩大,以打击吴佩孚。第一次直奉战争后,吴佩孚的权势如日中天。他包办了王宠惠内阁,操纵北京的政局。在对待所谓最高问题即大总统选举问题上,吴主张借用黎元洪这块招牌,剥夺西南护法的理由,先统一中国,制定宪法,按部就班地将曹锟推上总统宝座。他反对保、津派草率地将曹仓促推上总统宝座而惹起政潮,动摇直系的统治。但曹锟的总统瘾太大,急于当总统,怕夜长梦多。津派窥破了曹的这一弱点,迎合曹,积极运动大总统选举,并扩大保、洛之间的矛盾,从中渔利。第一次直奉战争时,曹锐、边守靖主张联奉,独吴佩孚认为奉张是当时直系的主要敌人,主张对奉开战。后来奉军源源不断入关,要抢夺中央政权,曹锟才下定决心应战,终于爆发了直奉战争。曹锟自然又主要依靠吴佩孚打败了奉张,将奉军赶出关内。这自然对曹锐、边守靖大为不利。边守靖赶忙避往武汉。洛吴急电湖北督军萧耀南逮捕边。萧不愿为此事开罪曹锐,加之与边有一定的私交,让边赴宁暂避了一段时间,经江苏督军齐燮元的疏通,后来边才无事。曹锐凭着与曹锟手足之情的庇护,虽不至于像边守靖那样出逃,但日子也不好过。曹锐在直隶省长任期内的五六年间,大肆搜括和侵吞,是有名的大贪官,遭直隶各界的一致反对。但曹仍恋栈不愿去职。第一次直奉战争后,吴佩孚暗中支持直隶各界去曹锐的要求。正是在吴的支持下,曹锐于 1922 年 6 月 18 日被免去直隶省长之职。这自然使曹锐、边守靖对吴佩孚十分怨恨。津派积极运动总统选举,投曹锟所好,一是抢功,二是讨赏争封,三是打击吴。吴知津派的活动后,1922 年 10 月中旬边守靖到保定,吴立即电曹锟,先论时局,最后痛斥边,请曹勿为所惑。边只得仓促回津。10 月底吴又驰函曹锟,说:“大帅功高望重,将来无政敌。请转告边洁卿,不必花冤钱。”①10 月下旬,吴佩孚又以直鲁豫巡阅副使的名义要求稽查曹锐历年经手直隶省军政各费的细帐。这一手对曹锐自然是致命的,吓得曹锐当日即赴保定求救兵,并设法离间曹、吴,使保、洛分家。下属亲毕竟不如兄弟亲。曹锟本来就是一个耳朵根软的人,加之吴佩孚包办内阁、操纵政局、阻挠选举,曹锟决定要刹一刹吴的气焰。

　　保、津派为曹锟运动总统,一直拉拢议员,尤其是众议院正、副议长吴景濂、张伯烈。吴、张是一对朝秦暮楚的政客。他们一直想要利用国会来操纵政局、包办内阁,乃至包办将来的大总统选举。吴佩孚对旧国会也只是利用而已,并不得意旧国会。旧国会一恢复,吴便一再要求国会暂停行使其他职权,专司制宪。王宠惠内阁是采取不经过国会而直接由大总统“派署”的办法任命的。吴佩孚采取限制与削弱国会权力的办法,自然与吴景濂要包办内阁、操纵政局的野心相冲突,故吴景濂也对吴佩孚十分不满。只是由于吴手握重权,一时还无力反对而已。王宠惠内阁是由吴佩孚一手包办的,未给吴景濂丝毫插手的机会,也未让吴景濂派一人入阁。吴景濂自然对王阁十分不满,寻找机会倒阁。保、津两派对吴佩孚包办王阁,在权力的分配中所得甚少,均十分不满,

---

① 《申报》1922 年 11 月 3 日。

也想搞垮王内阁,同时打击吴佩孚。尤其是津派,急欲通过倒阁打击吴佩孚,以摆脱自己当时所处的被动局面。他们只有利用津、保派的手足之情,借曹锟的力量才能压制住洛吴。于是他们抓住曹锟贪财的弱点,在曹面前说王阁如何如何在经费的分配上厚洛薄保等。这使曹对王阁更为不满并涉及洛吴,终使曹下定倒王阁的决心。吴佩孚得讯后,也支持王阁财政公开的政策,电王催公布财政收支,并促将近数月收支彻底公布,说:"如此,则浮言自息,思挑拨者无技可施,图攫柄者亦可减少。"[1]旧中国财政困难重重,同时财政也是黑幕重重。王阁的财政总长罗文干是个清官,上任时即坚持要财政公开,要增加财政的透明度,并想从自己任上开始形成一个财政公开的制度,使以后不管谁接管财政,都不能改变财政公开的制度。但财政公开,又触动了津派的切身利益,而为津派所反对。曹锐是一个搜括百姓出了名的大贪,虽然在直隶激起公愤被赶下了省长的宝座,但仍凭借其兄曹锟的权势以津派首领的地位控制着直隶、染指北京的中央政权。这是一个要钱不要命的主。北京政变后,冯玉祥知曹锐搜括了百姓大量的金钱,故将其抓起来想从他身上弄点钱发军饷,但曹宁可吞食鸦片而死也不愿将吞进的民脂民膏吐一点出来。财政真正公开,等于断了曹锐的一个重要财源,故津派极力反对财政公开。认为财政公开是"王、罗坚壁清野之法。王、罗不于上台之时公告其计划,而于将去时公布之,在津派则为妨碍本系今后之财源。"[2]这样,津派和吴景濂等就结成了倒阁联盟,相互呼应。

黎元洪于1922年11月15日午设宴招待刚就任陆军检阅使而到京的冯玉祥,为其洗尘。王宠惠、罗文干正提出辞职,未出席宴会,其他阁员均作陪。同时,众议院正、副议长吴景濂、张伯烈亦出席作陪。可见当时北京政要对驻京的这一支能征善战的军队驻守北京的重视。席间闲聊时,谈到民六、民八议员争正统的事时,吴景濂信口说:"此次民

---

① 《申报》1922年11月19日。

② 《申报》1922年11月18日。

由于黎食言未发令说明罗案,20日中午,王阁阁员又入总统府并开府院联席会议。阁员问黎元洪:"昨日特别会议议决的命令,何以至今不发表?"黎答:"议员力阻,以为不可发表。余无成见。"王宠惠说:"钧任(罗文干字)是否得贿,尚无实据,总统据少数议员之要求,遂令军警密拿,非但手续不合,且破坏责任内阁,此后阁员将人人自危。罗案既入司法范围,自应依法解决,总期水落石出。实则严惩,虚则反坐,最为公允。如此令再不发表,宠惠万难维持,只求速去。"阁员中有指黎已有违法之嫌,一误不可再误,坚请将命令盖印、即付印铸局。黎又有发命令之意。吴景濂、张伯烈知道后,又派议员20日、21日、22日轮流入总统府陪黎,不让发命令①。

19日晚,吴景濂在小麻线胡同吴宅召开本派会议,商讨应付罗案问题的对策。议定20日下午在众议院开会,由余绍琴、焦子静、刘楚湘、彭汉遗、李肇甫、钱崇垲6人提出、78人连署查办罗文干案。20日下午众议院开会,议员到会踊跃,最多时达408人。吴景濂主席。先讨论余绍琴等人提出的《查办派署财政总长罗文干丧权祸国纳贿渎职》案。王恒发言说:"查办系对行政官吏而言,对于国务员只可提出弹劾案。况国会举发此案之手续似应先经院议之通过,然后方得盖用院印,咨达政府。乃仅由吴、张两议长以私人所发之公函,亲自携见总统,迫令军警逮捕,无论案之内容如何,本院手续已不完备。吴、张两议长已先居违法地位,请大众注意。"尚镇圭发言:"此事应分两层讨论。查办案为一事,吴议长违法为一事。关于后者,本员主张另行提出惩戒案。"刘余杰发言赞成尚说。吴宗慈主张一通过查办案,二因此而生的事实,当宣告无效。主席吴景濂怕议场再生意外,赶忙以《查办派署财政总长罗文干丧权祸国纳贿渎职》案付表决,在场议员403人,起立赞成者375人,多数,可决。当天众议院议程中关于宣布中奥借款合同等罗文干所订的合同无效的提案有10个,最后合并付表决。以吴宗慈的

①　《申报》1922年11月22日。

《咨请政府前财政总长罗文干所订之华义银行借款合同宣告无效建议》案付表决,在场议员 408 人,起立者 391 人,可决,后又可决将上两案通电全国。吴景濂请张伯烈主席,讨论惩戒议长的提案。尚镇圭说明惩戒案的理由后,吴景濂为自己辩护说:"国会议员为国民代表,处于监督政府之地位。此次罗文干勾结海外驵侩,擅订合同,将巴黎和会议决德奥借款概作中国赔偿之无效债票,而换给以新债票,其中一切丧权祸国,非丧心病狂决不至此,预料必有纳贿渎职情形。乃经同人等尽力检举,卒由华义银行副经理处得有种种受贿贪赃确实证据,本院议员马君骧、焦君子静、刘君楚湘等遂立行提出查办案。是日正为星期六之宪法审议会。因昨日为星期日,例不能开会,而案情重大,无可稽延,并由马君函知本席,请设法赶行举发,以免漏网。本席嗣约同张君伯烈、马君骧数人,同见总统,迫以大义,当以未经议院通过,不能用咨文送达,乃以本席与张君伯烈两议长名义,用公函盖印携往。所以从权达变者,盖恐一经正式提议延误时机,罗文干早已远扬而去。其用议长吴景濂、副议长张伯烈者,所以表明责任。夫政府当局纳贿违法,欲藉此中饱私囊,不惜断送国家,贻祸国民,凡属国民分子,均有举发监督之责。景濂等当此时机紧迫、迫不待缓之时,亦惟有本此旨意,聊尽责任而已。惟当总统面达时,系请其依法办理。以后总统方面如何办理情形,不敢妄为悬揣。至于本席与张君伯烈,因为尽力国家而受牺牲,本无足惜。特此报告,听候惩戒。"①吴宗慈发言提议惩戒,要吴当场谢罪。但大多数人要求散会,只好散会。

王宠惠内阁是洛派内阁,故 11 月 19 日王内阁即将罗案详情电告吴佩孚以求吴的援助。这样,吴立即于 11 月 20 日给黎元洪一电,并将电文电告王内阁,电文为:

　　　顷接步军统领聂宪藩、警察总监薛之珩来电云,"奉钧座面谕,财政总长罗文干、库藏司长黄体濂有违法行为,事关重大,令即

---

①　《申报》1922 年 11 月 23 日。

迅捕,并密传法庭无任隐匿等因,遵即分传送交检厅"云云。窃查现行内阁制度,照章俱由内阁负责。罗总长及该司长等,纵有违法事件,应提出阁议公决,经国务员副署,解除官职,方能送交法庭。若如聂统领、薛总监来电所云,似属不是事体,殊蹈违法之嫌,非所以保持威信,昭示国人也。心所谓危,未敢缄默,谨陈愚悃①。

接着吴佩孚又发一长电致黎元洪,其中有"罗案依法解决,实惩虚坐。法律不能独宽于议员。内阁来去分明,俟法律为归宿。奥款合同事前不公布,受诬宜也"②。

黎元洪知道自己违法,吴佩孚又来电严责。故 22 日,黎本欲亲往地方检察厅看守所迎罗,但汪大燮、孙宝琦认为有失大总统的体统而劝阻。于是黎派侍从武官荫昌、税务督办孙宝琦、平政院院长汪大燮、总统府大礼官黄开文为代表,到地检厅迎接罗文干,并向罗道歉。黎元洪亲自打电话要全体阁员均往地检厅迎接罗文干。罗文干不愿出地检厅,坚持要与吴景濂、张伯烈对质。经孙、汪等反复婉劝,罗始答应往总统府见黎一面再行回所。罗至公府,黎降阶相迎,并紧紧握住罗的手,连说:"我委屈你了!"并为罗道喜说:"非我委屈君,则君之人格名望,何能倍增曩昔?岂非一大可喜之事。现在此案既已明白,君可回家,明日起即请到财政部办事,万勿介意。"罗文干要回拘留所,黎再三挽留并再三道歉,罗最后答应暂住总统府大礼官处③。

21 日,国务院召开内阁临时会议,议决:1. 退回众议院关于查办罗文干的不合法咨文。(注:国务员只能提弹劾案)。2. 以内阁的名义将此案发生后的一切情况通告全国。

法庭审理罗文干案,依法传作为证人的吴景濂、张伯烈出庭。心虚的吴、张此时自然不能出庭。用公开的法律手续,自己必然要输。于是

① 《申报》1922 年 11 月 25 日。
② 《申报》1922 年 11 月 25 日。
③ 《申报》1922 年 11 月 24 日、25 日。

一面向保定的后台老板曹锟求援,一面以众议院的查办案继续对内阁发难。21日,吴景濂率30多名议员再找黎元洪,要求黎下令罢免王宠惠、罗文干。

当时,京津地区的华、洋各报纸,对黎元洪以命令代替法律,对议员轮流监守总统府不让黎发布不利于吴景濂的命令,不许黎在命令上盖章,及轮流守候黎,纷纷予以抨击与讥讽。司法界也对黎元洪、吴景濂公然践踏人权的作法不满。知识界一些知名人士也都发表谈话来抨击中国最高当局的违法行为。11月22日,北大校长蔡元培在会见记者时就说:"余认此举为国会及总统双方之自杀,于钧任(罗文干的字)人格一无所累。"①

津保派之所以制造罗文干案,其目的在于倒阁并尽快将曹锟扶上大总统宝座。罗是王阁的灵魂,去罗足以动摇王阁。津保派的目的是将曹锟扶上总统宝座。但在这之前,先必须将内阁拿到手。因为无钱是难于获取总统之职的,而不得内阁则无从获取巨款。不管用什么手段,诬陷也好,栽赃也好,践踏国法也好,冒天下之大不韪也好,反正倒阁的方针既定。实在不行,就请出后台大老板来,以权势欺压各方。在保津派的要求下,11月23日,怕自己的爪牙顶不住压力,保津派的总后台老板曹锟终于走到前台,发出通电,痛斥罗文干丧权辱国,列举了罗误国的五大罪状,并提出"组织特别法庭或移转审讯,彻底根究。"②

23日晚,黎在东厂胡同住宅将要就寝时,吴景濂率领议员20余人兴冲冲地闯进黎宅,将曹锟的电报像圣旨一样地展示给黎看。并当面警告黎,如果吴佩孚胆敢包庇王内阁,保定还准备好了下一步骤,请求政府加以讨伐。吴并拿出一个拟好的申斥吴佩孚的电报让黎当场签发,黎亦顺从地予以签发。

保、津派早已组织和策划好,只待曹锟电报一发,各省立即响应。

---

① 《申报》1922年11月26日。
② 《申报》1922年11月25日。

曹锟的漾(23 日)电一发出,各省督军及省长王承斌、齐燮元、马联甲、杨锡珪、田中玉、卢永祥、张锡元、熊炳琦、蔡成勋、何丰林立即呼应,通电痛斥罗文干,间接声讨吴佩孚。尽管吴佩孚是直系最重要干将,有"常胜将军"之称,曹家的天下也主要是靠吴佩孚打下来的,但直系的老大是曹锟,而不是吴佩孚。吴十分清楚,在儒家思想统治了几千年的中国,正统思想根深蒂固。只要其主人还未到千夫所指的程度,背叛主人,以下犯上,尽管有道理,也是弥天大罪,很快就可能覆灭。这种例子在历史上和现实中比比皆是。远的不说,近的如滇系军阀顾品珍1921年2月上旬赶走了滇系军阀头目唐继尧,但1922年3月,唐继尧即回师驱顾,顾军士无斗志,致使顾死无葬身之地。陈炯明背叛孙中山,后来也身败名裂。吴佩孚还是精通此道的聪明人,自然不与曹锟冲突。这从第二次直奉战争直系大败后,吴佩孚东山再起时不但不再拥戴已被反直同盟推倒的曹锟,而且连理都不太愿理曹,就可明显地看出吴对曹的真实看法。同时吴也十分清楚,保、洛的对抗将使奉张和西南有机可乘,将危及直系的根本利益。尽管在津、保派包围下曹锟干出这种蠢事,但吴佩孚仍以直系的大局为重,委曲求全,牺牲王内阁。11月24日吴发出通电说:"罗案既交法庭,听候起诉,自有水落石出。徒以总统手续有误,辱爱奉闻,初非敢含蓄责备,及另有何种作用。今曹仲帅既有主张,佩孚抱拥护总统,服从仲帅为志,故对该案静待法庭办理。恐有误会,用曝微忱。"[1]

其实,吴佩孚对王宠惠、罗文干并不熟悉,吴与罗素不相识,与王亦只是在吴入京贺黎元洪复职时见过一面,均无私交。王宠惠是同盟会会员,国民党的骨干,罗文干也是国民党系的知名法律学家。故王、罗更谈不上是吴的私人。在军阀中,吴还是比较正派的一个。他在处理王宠惠内阁上,抛开党派偏见,以德才来选择阁员,不是以党派私利为标准,而是以直系的根本利益为转移的。用王、罗主要是以威望、人格、能

---

① 《申报》1922 年 11 月 26 日。

力为标准的。更重要的是,吴佩孚为了巩固直系政权,当时正积极谋求
与孙中山合作。王宠惠内阁是作为吴、孙合作的开端而组织的。既然
曹锟发了话,吴为了维护直系的团结和利益,毫不犹豫地决定牺牲王内
阁。这次曹、吴之间出现矛盾,显然是曹听信了保、津派的谗言所致。
有的史书就认为保、洛分家了。其实保、洛不可能分家。曹锟是一个贪
婪卑劣、庸懒无能的人,事事都得依靠吴佩孚及曹身边的人,尤其是吴
佩孚。吴在当时的军阀中有儒将之称,不但能征善战,素有常胜将军之
称,而且很有政治头脑,为人正直倔犟,敢说敢为。曹家的天下主要是
依靠吴打下来的,曹家的江山还必须主要靠吴来维持。当时北方的奉
张、西南的势力、还有残余的皖系都对直系构成威胁,没有吴的支持,曹
锟很快就要垮台。所以保、津两派对洛吴形同水火,欲置吴于死地而后
快。他们利用罗文干案,鼓动曹打击洛吴,鼓动保、洛分家。曹为私欲
也有利令智昏的时候。除此之外,大事并不糊涂。曹锟当时就反对身
边人所鼓吹的保、洛就此分家之说。曹对左右说:“诸君须知保、洛分
不了家。分家双方无利。吾有今日,子玉与有助力。他人能杀功臣,吾
不忍也。”[①]曹仍将吴视为自己头号依靠的心腹,信任如故。保、津派使
尽了浑身解数也根本动摇不了吴在直系的地位,动摇不了吴在曹心目
中的位置。曹一遇大事首先就想征求吴的意见。这一点,曹自己说得
很明白,如津派要急拥曹为总统,欲以政治方式如劝进或在京制造兵
变,曹借机入京,曹下不了决心时说:“予生平逢困难时,每得子玉一言
而解决。今仍决之于吴。”[②]当然,吴也离不开曹,吴对曹忠心无二。吴
是曹一手提拔起来的,曹对吴有知遇之恩。曹是一个十足的懒人,他需
要一个像吴这样的人替自己包打包唱。曹一个突出的特点是对他所信
任的有能力的人能放手让他干,不会因功高震主而限制乃至诛杀威望
高过自己的部属。吴在对皖、对奉问题上,敢说敢为,频频直言通电,指

①　《申报》1922 年 11 月 28 日。
②　《申报》1923 年 7 月 9 日。

陈时弊,如高屋建瓴,独树一帜,博得全国舆论与名流的一片喝彩,威望如日中天。要是换一个主人,就难于让吴如此无顾忌地发表政见,吴也就难于发挥自己的才能。尽管曹很贪婪,但他不妒能。对王宠惠内阁,吴是以直系的根本利益出发包办的,而不是从个人利益安插私人的产物。所以曹一表态,吴便立即转舵。有的书上说,吴从此不再过问北京的政权,这也不符合事实,也有悖吴的性格。吴只不过改变了方式而已。但仍然积极参与政治,及时提出自己的意见和主张,供曹选择。每遇大事,如贿选,如内阁成员的安排,如一些对外交往,像金法郎案,中苏协定,德发债票案,乃至直系内部比较重要的人事安排,均一再及时电曹阐明自己的主张。但若曹既以命令形式已颁布,吴则不再争,而是服从。吴要其身边人记住:"予之方针,有建议在事前。若即颁令,予决不争。"①只是津、保派争斗时,自己置身事外,决不卷入。因吴对津、保两派均无好感。

　　失去洛吴的支持,在津、保两派的猛烈攻击下,王宠惠内阁立即陷入瘫痪状态。罗文干又回到看守所。

　　在保津派及吴景濂制造的罗案过程中,法律又一次遭到了严重的践踏。在民主国家,倒阁是常有的事,但大都是合法倒阁。吴景濂、张伯烈身为众议院正、副议长,本应维护民主、维护法律,但却为了私利,投靠直系保、津派军阀,为军阀赤膊上阵,打着国会的旗号,胁迫总统下令逮捕阁员,自然是违法的。对阁员违法犯罪,国会只能通过弹劾案来追究。黎元洪作为国家元首,本应维护宪法,保护人权,却为了自保,竟以命令代替法律,直接下令拘捕阁员,严重地践踏了司法独立的原则,践踏了《临时约法》,践踏了人权。试想,对堂堂的国务员也可不经过司法部门正常的法律程序即予以逮捕,普通老百姓的人权就更没有保障了。黎元洪自然难逃违法的责任。蔡元培、胡适发表谈话,均理解罗

---

① 《申报》1923年10月22日。

文干,说:"倒阁用非法手段,可叹。"①

　　1922年11月27日,众议院会。对内阁的查办案有4个:张益芳等提议《并案查办派署国务总理王宠惠同罗文干丧权祸国纳贿渎职》案、王任化等提议《请将罗文干案共同舞弊之派署国务总理王宠惠并案查办》案、齐守朴等提议《为派署国务总理王宠惠擅权渎职祖党娄贼提出查办》案、钱崇垲提议《查办派署国务总理王宠惠、派署外交总长顾维钧》案,议决合并讨论,并议决合并付表决。在场议员301人,起立赞成者262人,多数,通过。11月29日,黎元洪发布命令,免去王宠惠内阁全体阁员,汪大燮内阁同一天派署。在汪大燮内阁中尚留了交通总长高恩洪这个洛派阁员,且交通部是一个重要的财源,津、保派自然要将洛派这最后一个阁员挤出内阁。1922年12月5日,在吴景濂等的操纵下,众议院通过了《咨请政府将派署交通总长高恩洪、前署财政总长罗文干舞弊卖国违法渎职、擅定订购铁路材料合同声明无效,并将高等褫职查办以崇国法而保权利》案。当时在场议员312人,起立赞成307人。这样,高恩洪也于1922年12月21日,以给假的名义赶出了内阁,并于1923年1月4日正式免职。可见保、津派对洛派也采取了赶净的政策,将洛派排挤出中央政权。

　　1923年1月11日,经过近二个月的关押,过了倒王宠惠内阁的政潮后,京师地方检察厅对罗文干案做出裁决,公布了《罗文干案不起诉处分书》:1.关于受贿不成立。2.关于伪造文书不成立。3.关于损害国产不成立。罗文干、黄体濂犯罪嫌疑不成立,应予不起诉的处分。这样罗、黄才出拘留所②。这当然是对诬陷罗的吴景濂、张伯烈的一个沉重打击。因为正是通过制造罗案,吴、张进一步投靠了津、保派,清除了洛派对中央政权的控制,大大增强了吴、张以国会名义控制政局、包办内阁和总统的权力。再加上吴、张一再以国会的名义通电宣布罗的罪

① 《申报》1922年11月27日。
② 《申报》1923年1月13日。

状,而检察厅宣布罗无罪,无异于是宣布吴、张等关于罗案的通电通篇
都是欺骗全国的谎言,无疑是对全国宣告吴、张故意诬陷罗,等于在国
人面前打了吴、张一记耳光。这自然使吴、张老羞成怒。吴立即派代表
找总理张绍曾和总统黎元洪,要求重办罗案,法官若不办,连法官并办。
张回答说:“政府不能干涉法庭。罗文干若丧权辱国,可再明令交法
庭。”黎则答:“司法独立。如硬说有罪,可另依法控告。”①此时,张绍曾
内阁阁员同意案已提交国会,吴景濂、张伯烈即以不重办罗案则不通过
内阁来要挟张阁。本来重办罗案只涉及总理和司法总长程克。但此
时,教育总长彭允彝却自告奋勇,赤膊上阵,充当重办罗案的积极推
动者。

　　彭允彝挂名政学系,因与政学系的张耀曾、谷钟秀一派关系不很融
洽,投靠吴景濂,同时又成为益友系的坚定分子,与吴景濂打得火热。
1922年11月底,汪大燮临时内阁以彭允彝为教育总长时,北京各校立
即一致宣言不承认彭。彭之所以能入阁,主要是借助吴的力。故彭对
吴心存感激,总思量要报答吴。罗文干出狱,使吴大为恼火,司法总长
程克又刚刚上任,且是实力派冯玉祥的人,吴无法支使程。彭这时急吴
之所急,自告奋勇在内阁中打头阵。在吴景濂主持的益友社开会商讨
对罗文干被无罪释放的对策时,彭提出了对罗案的具体办法,即吴在国
会中提查办罗案,彭在内阁会议上提出重办罗案的说帖。1923年1月
13日晚,在张绍曾宅召集特别国务会议上,彭提议:奥款合同使国家损
失数千万巨款。检察厅竟含混免诉。国务院为国家代表,应代表国家
为告诉人,向检察厅声请再议。至检厅受理后办法如何,则国务院可不
过问。此种办法并无行政干涉司法之嫌。

　　京师地方检察厅的《罗文干案不起诉处分书》洋洋数千言,将罗文
干的所有证据予以详细公布。这在当时是一个重大的新闻,一些大报
都纷纷登载。人们对罗案已十分清楚。阁员们个个心里也都很清楚,

①　《申报》1923年1月15日。

是为倒王宠惠内阁才制造了罗案。阁员稍有点良心者决不会再主动提出重办罗案。故该提的人国务总理和司法总长没有提,倒是彭允彝越职言事,在内阁会议上提出重办罗案。彭已公开提出,其他阁员不但不能反对,而且只能赞同。一是因为北京政府的大老板曹锟最后促成的罗案,二更为重要的是,这是国会吴景濂、张伯烈制造的罗案,是吴、张要重办罗案,彭不过是吴、张的代言人与打手。阁员谁不赞成彭的意见,谁的提名就难过国会这一关。既然彭提出来了,自然只有赞成,反正不是自己主动提出的,责任也不大。这样,内阁一致通过了重办罗案的提议。1月15日晚8时,罗文干再次被捕。1月16日的内阁会议,彭允彝将13日晚上的提议正式写成说帖在会上提出:

　　奥款展期合同,迭经国会及国务院会议否认。今罗案与此项合同有直接关系,地方检察厅竟宣告诉讼不成立。认为与国家有莫大损害,依刑事诉讼条例第220条及252条、254条,本院应代表国家为告诉人,请求再议刑事诉讼条例。

　　第220条　被害人之法定代理人、保佐人或配偶者,得独立告诉。(按:国家被害,其法定代理人当然为国务院及国会。)

　　第252条　告诉人接受不起诉之处分书后,得于7日内经由原检察官向上级检察长声请再议。

　　第254条　上级检察长认为声请有理者,应分别为下列处分:

　　1. 侦察处分未完备者,命令下级检察官续行侦察。

　　2. 侦察处分已完备者,命令下级检察官起诉①。

　　这样,国务院在1922年11月罗案初发时,并未取得告诉人资格,案子审结后忽又以告诉人资格声请再议,这本身就不合法。

　　吴景濂、张伯烈则操纵众议院通过相应的查办案。1月17日众议院常会,以压倒多数通过了吴景濂派骨干余绍琴等提出的《罗文干、黄体濂犯渎职诈财及伪造文书等罪,地方检察厅不起诉之处分一案,请咨

————————

　　①　《盛京时报》1923年1月19日。

政府饬由主管官厅,迅将该犯等严重羁押、续行侦察》案和谷思慎等提出的《法官违法宽纵罗案,咨请政府依法查办》案,后一案并将查办司法部司长胡祥麟加入查办文中。

如果说,第一次捕罗时议员们对罗案不甚了解,是受吴景濂的煽动而通过查办案,尚情有可原。第二次捕罗时罗案真相已大白于天下,国会再次通过查办案,这只能表明议员维护的不是国法、不是人权,而是自身的利益,个人的面子。这些议员连起码的诚实都没有了。他们不但不能维护法律,反而肆无忌惮地践踏法律;不但不能维护人权,反而肆意践踏人权。这在各国的议会中也是不常见的。还不如其后台老板曹锟,曹锟后来在谈到罗案时还对身边人说了一句大实话:"罗案始因国会通电,以为事出有因。在我决无成见,希望早日了结。罗本国家有用之才。"①

本来第一次捕罗,舆论界及各界知名人士就对行政和国会为倒阁采取非法手段和干涉司法独立持批评和否定的态度。第二次再捕罗,更是明目张胆地践踏法律,践踏人权。对一个内阁成员、堂堂的财政总长都可以任意明目张胆地诬陷,那普通百姓人权就更无丝毫保障;在京城人权竟遭公然践踏,在偏僻的城镇农村就更可想而知了。各界,尤其是舆论界、教育界、司法界对最高当局的国会、国务院、大总统践踏国法、践踏人权的行径十分痛恨。教育界对教育总长彭允彝为讨好吴景濂、越职言事的卑劣行径,更是十分痛恨和鄙视。教育界泰斗、北大校长蔡元培首先拍案而起。1月17日即以辞职来抗议当局干涉司法独立、蹂躏人权的恶劣行径,表示不愿再与彭允彝之流为伍。18日即离京赴津,并通电发表辞职宣言和离职启事。蔡的辞职宣言全文如下:

　　窃元培承乏国立北京大学校长,虽职有专司,然国家大政所关,人格所在,亦不敢放弃国民天职,漠然坐视。数月以来,报章所纪,耳目所及,举凡政治所有最卑污之罪恶、最无耻之行为,无一不

①　《申报》1923年4月8日。

呈现于国中。国人十年以来,所最希望之司法独立,乃行政中枢竟以威权干涉而推翻之。最可异者,钧座尊重司法独立之明令朝下,而身为教育行政长官之彭允彝即于同日为干涉司法独立与蹂躏人权之提议,且已正式通过国务会议。似此行为,士林痛恨,金谓彭允彝此次自告奋勇,侵越权限,无非为欲见好于一般政客,以为交换同意票之条件耳。元培目击时艰,痛心于政治清明之无望,不忍为同流合污之苟安,尤不忍在此种教育当局之下支持教育残局,以招国人与天良之谴责,惟有奉身而退,以谢教育界及国人。谨此呈请辞职,迅予派员接替,立卸仔肩。此呈大总统。

蔡元培并同时发出启事:

　　　元培为保持人格起见,不能与主张干涉司法独立、蹂躏人权之教育当局再生关系,已呈请总统辞去国立北京大学校长之职。自本日起,不再到校办事。特此声明①。

国会,尤其是众议院正、副议长吴景濂、张伯烈等干涉司法独立、践踏人权,蓄意制造罗文干案,内阁尤其是彭允彝配合国会,强行要求司法部门重办罗文干,立即引起了教育界、司法界和舆论界的强烈不满与反对。蔡元培在教育界是一位很有名望很有影响的教育家,他的辞职立即引发了一场声势浩大的学生运动。本来从彭允彝1922年11月29日被任命为署教育总长后,教育界就一直反对彭。彭在罗案中的拙劣表演,进一步激起了教育界的痛恨。在得知1923年1月19日众议院投张阁阁员同意案票时,北大、法专、医专、工专等学校学生及民权大同盟、国民监督议会团等团体代表皆赴众议院请愿,要求否决对彭允彝的教育总长的提名。请愿的北大学生1 000多人,高举写着"警告国会"的大旗,学生每人手持一面小旗,上书"驱逐教育界败类彭允彝"、"拥护司法独立"、"保障人权"等字样,列队向众议院出发,沿途散发传单。到达众议院门前与早已到达的法专、医专学生汇合。三校学生相见,欢

---

① 《申报》1923年1月20日。

声雷动。各校推举出代表彭其相、汤炳荣、奚浈、杨寿璧4人要求见议长呈递请愿书。众议院议长等却调来数百名警察,镇压和平请愿的学生。警察对手无寸铁的学生大打出手,或用枪,或用警棍,或用皮带打请愿的学生,横冲直撞,直至将请愿学生全部驱散赶走为止。在冲突中,有200多名学生受伤,其中重伤50余人。议员为人民的代表,接受人民的请愿是其重要的职责之一,无可推卸。但在堂堂的庄严的国会门前,却出现这一幕血腥镇压人民和平请愿的惨剧,这只能说明吴景濂、张伯烈之流反人民的本质。

众议院镇压和平请愿学生的消息一传出,全国震惊。全国各地学生、各界正义人士纷纷声讨吴景濂、张伯烈等元凶制造血案、践踏人权、干涉司法的罪行,声援北京学生的正义行动。

吴景濂、张伯烈等控制的众议院通过了包括彭允彝在内的张绍曾内阁所有阁员后,人们把希望寄托在参议院。参议院决定1月24日投张阁阁员同意案票。学界决定1月24日再发动一次和平请愿运动。由于警察1月19日的镇压学生和平请愿的行径遭到全国一致的谴责和声讨,军警当局不愿再为吴景濂、张伯烈、彭允彝之流担当骂名。吴景濂、张伯烈和彭允彝一再商讨如何镇压学生的反彭运动。彭允彝以署教育总长的身份找到大总统黎元洪,要求大总统下令解散北大等北京八所学校,黎元洪不敢为也不愿为,说:"我不蒙坑儒名。"[1]吴景濂、彭允彝又运动驻京的最大实力派冯玉祥,让冯对罗文干发难,冯却之说:"本军初到近畿,不便蒙干政名。"后来又以各种条件引诱冯玉祥镇压学生,平民出身的冯玉祥自然不愿替吴、彭之流担当这遗臭万年的打手,严厉拒绝了吴、彭的要求,说:"军人有分内事,不便掠政客之美。学生天真烂漫,有何罪恶?"[2]

1月20日,北京八校教职员联席会议及校务讨论会在法专召开紧

---

[1] 《申报》1923年1月21日。

[2] 《申报》1923年1月24日。

急会议,讨论应付时局办法。决定:1. 对 1 月 19 日的惨案依法解决,依法控告吴景濂、彭允彝。2. 致函参议院,要求其否决彭允彝的教育总长的提名。3. 致函教育界各机关,不接受彭允彝之公文。4. 发表宣言揭发议员受贿事实。5. 驱逐彭允彝,迎蔡元培校长回校①。

1 月 21 日,北京八校发表通电,将 1 月 19 日众议院门前警察镇压学生的惨案真相通告全国。同时上大总统呈文,要求罢免彭允彝,慰留蔡元培校长,并上京师地方检察厅起诉吴景濂。地检厅 1 月 22 日传被告吴景濂到厅,吴以国会开会为由拒不到厅,只派众议院警卫长、吴的心腹汤步瀛到厅。汤推说是地方警察行凶,而非众议院警卫行凶,与众议院无关。此时,正是黎元洪、张绍曾、吴景濂联盟最密切的时期,他们政治上互相需要、互为利用。张绍曾和黎元洪商定为吴景濂开脱罪名,由警察厅出公函到地检厅,证明学生与地方警察发生冲突,与众议院警卫无关。这样,地检厅只好做出不予起诉的决定。

1 月 24 日,参议院对张阁阁员同意案投票。北大、法专、男高师、女高师、华北大学、医专、北京第四中学、工专、美专、平大、豫章商业学校等北京市共 34 所学校先后列队到天安门集合,约 5 000 人的学生队伍列队到象坊桥参议院门前。北大学生竖起丈余长的白布旗帜,上书"北京各校学生请愿否决彭允彝"。学生派出代表 24 人要面见参议院临时主席王凤翥。最后由参议院秘书长沈钧儒出面接见学生代表。学生代表将请愿书面交沈并陈述去彭理由。沈钧儒说:"本人对此次学生之人格运动极为钦佩,请愿书当然转交主席。惟今日瞬即投票,只好以各位来意转达各议员。"②代表以不得要领,坚请沈向议员们转述不得投彭允彝同意票之意见。沈钧儒旋又介绍参议员王观铭与各代表相见,双方交谈约 20 分钟,学生代表再次详细说明了去彭的理由。因开会时间已到,沈、王均出席参议院会。各代表只好坐在参议院接待室等

---

①　《申报》1923 年 1 月 21 日。

②　《申报》1923 年 1 月 27 日。

候投票结果。门外 5 000 多学生亦立于凛冽的寒风中等待最后的解决。参议院投票的最后结果揭晓,彭允彝竟以多数票获得教育总长之位。这一消息大出学生们的意料之外。因为彭允彝为千夫所指,故连日来很多参议员或公开或私下对学界、报界表示了反对彭的态度。据报界统计,赞成彭为教育总长的参议员已不可能过半数。但表决的结果正相反。这表明,很多表面上表示反彭的参议员大耍两面派手法。他们利用无记名投票无法查出投票人的机会投了彭的赞成票。显然这批议员或是彭的同党,或接受了彭的贿赂。议员们耍两面派手法这并不是惟一的一次,以前有过,以后也常发生。就拿 1923 年 10 月闹得沸沸扬扬的曹锟贿选总统为例,当时一些议员,如东三省的奉系部分议员和政学系部分议员公开都表示反对贿选,其实又都偷偷溜回北京,以直系不能公布其姓名为条件,偷偷参加了贿选会投了曹锟的票,以至很长一段时间反对贿选的议员都不知道,因而统计时都认为选曹锟为大总统的会不足法定人数。直至 1924 年 10 月冯玉祥发动北京政变,查获参加贿选会议员名单才知有一批议员秘密回京参与了贿选。原以为东三省只有 21 人公开参与了贿选,其实东三省议员除十几人外,大部分都参加了贿选。此事曾引起了张作霖的震怒。

其实,为让国会通过张阁阁员,吴景濂等私下与一些派系的议员一直在进行交易。除罗文干案外,尚有几笔大交易做成:对民六议员发经济调查局历年积欠的薪金共 17 万元;对民八议员(后又递补为议员者)发政治善后讨论会欠薪 20 万元,①来换取他们通过张阁阁员。一些参议员只顾自己的钱包,哪管国法和人权。天真的学生们把希望寄托在已经腐败的参议院,失望便是必然的。学生们一知参议院表决的结果后,愤激不可言状,多数捶胸顿足大哭。国会又一次将其反人民的面目暴露在光天化日之下。连在天津养病的梁启超也对来访者慨叹:

---

① 《申报》1923 年 1 月 30 日。

"现在魑魅横行,非笔舌所能济。法律破产! 代议政治破产!"①吴景濂、彭允彝还要求大总统黎元洪、国务总理张绍曾不要挽留蔡元培,而要批准其辞职,在汪精卫、严修、吴稚辉、李石曾之中选择一人代蔡为北大校长。黎、张害怕激化矛盾,激起全国更大的政潮,未允吴、彭的要求。

参议院通过彭允彝为教育总长后,国立女高师校长许寿裳、医专校长周颂声、工专校长俞同奎、美专校长郑锦等在美专召开紧急会议,商讨应付时局的办法。这些校长们鉴于彭允彝毫无人格,教育界既一致不承认其为教育总长,而仍安然通过国会,可见世道衰微,廉耻道德沦丧,遂一致决定即日辞职,不负维持责任。这样,当时北京八所国立学校的校长中,已有五所学校的校长辞职。1 月 25 日,国务会议,经讨论,议决仍慰留五所学校的校长。

1 月 26 日,北京八所国立学校职员联席会开会议决对许、周、俞、郑四校长去函挽留,恳以教育为重,勉力维持。

为了对付教育界的驱彭运动,吴景濂、彭允彝又运动警察总监薛之珩,要求其出面取缔北京学生联合会和北京国立八校教职员联席会,逮捕其骨干。薛不愿替吴、彭背上历史的骂名,不肯照办,说:"警察职责在维护社会之安宁秩序,不能为法外行为。现在教职员、学生均无逾越范围之行动,不能无故加以取缔。"②彭允彝又利用老乡关系,用重利收买湘籍教职员打入教职员联席会,欲篡夺教职员联席会主席,亦为代表们所识破而未能得逞。

1923 年 3 月 2 日是中国的元宵节,学生们与市民举行提灯会,以唤起民众,亦遭吴、彭和军警的取缔。

北京政府与曹锟、吴佩孚商定借用政学系在西南的影响来解决西南问题,决定扶植政学系。彭允彝乘政学系得势之机稳稳坐上了教育

---

① 《申报》1923 年 1 月 28 日。
② 《申报》1923 年 3 月 2 日。

总长的位子。于是,北京的一些学校,北大、高师、女师、农专、高工、美专等脱离与彭允彝的关系,宣布教育独立,由各校评议会维持校务,经费直接由财政部拨。学生代表2月2日、7日分别找国务院、教育部、黎元洪大总统,要求免彭允彝职,均无效。

各学校放寒假,学生们大都回家,学潮渐趋向平静。但教育界一直坚持反彭的立场,一有机会即驱彭,甚至起诉彭。彭也千方百计设法镇压、瓦解国立各校的反彭势力。由于当时直系曹、吴要利用沈鸿英来控制西南,要借重政学系来拉住沈,故让学界共弃之的彭允彝留在内阁。彭又是一个十分恋栈、不知进退的政客,故一直赖在教育总长的位子上不肯去职。自彭任教育总长后,北京学界一直不平静,一直不得安宁。直至1923年6月13日黎元洪被迫去职,政学系阁员李根源、彭允彝也就离开了内阁之后,学界的驱彭运动才停止。

1922年1月15日晚,罗文干、黄体濂再次被捕。最高当局赤裸裸地干涉司法、破坏法律、践踏人权的行径使司法界震惊,也使司法界愤慨。法律界泰斗、修订法律馆总裁江庸愤怒地站出来,于19日提出辞呈,以示抗争。除向总统提出辞职呈文外,并发表通电。其呈文为:

为司法当局干涉司法,破坏法令,呈请辞职,仰祈钧鉴事。窃查司法不能干涉,载在《约法》。此次署司法总长程克,勒令京师地方检察厅逮捕依法释放之罗文干等,再行侦查,显与《刑事诉讼条例》不合。干涉司法竟出之司法当局,殊出意外。庸职司修律,目睹《约法》无效,其余司法法规,更可任意破坏,何必徒耗从事修订。惟有据实披沥下情,恳乞大总统准予免职,俾减内疚,不胜感激之至。

其通电全文为:

司法总长自行干涉司法,破坏法令。庸久历法曹,现又职司修律,司法独立,既经绝望,法律徒存具文,何必从事修订,因于本日辞职。特此通电,伏惟裁察①。

黎元洪极力挽留无效,江于 20 日晨携家眷离京。

东三省特别区法院电京严厉斥责新任司法总长程克违法行为。同时该法院厅长及检察官又电诘京师地方检察厅根据何种法规接受重行羁押罗、黄的命令。程克亲自回电解释。该法院职员认为程克毫无觉悟,更为愤慨,议决罗案若无合法办法,即相率罢工或自行解散。2 月 2 日安徽、湖北高等地方审判厅、检察厅全体职员电京严厉斥责当局破坏司法独立,要求挽留江庸。

奉天、河南、山东、直隶、江西 5 省高等地方检察厅及察哈尔都统审判处亦均电京挽留江庸。挽江即系不满和反对保派司法总长程克。

1923 年 6 月 29 日,即经过近半年的再次审理,地方审判厅再次判决罗文干无罪,将罗文干、黄体濂释放。这再一次暴露了吴景濂、彭允彝等人的栽赃诬告之行径。吴、彭等竭尽全力对罗文干的陷害,终未能得逞。这自然使吴、彭无法无天的嘴脸再次暴露在全国人民面前。吴景濂再次找到司法总长程克说:“罗案无罪,余太没面子,应上诉。”②这样,程克又令检察官抗诉。但此时,彭允彝已随黎元洪下台而离开了北京、离开了内阁。尽管彭还想复职,但高凌霨代总理阻止彭复职。吴缺此重要的帮手,有些孤掌难鸣。国会参、众两院自倒黎政变发生后,一些议员南下,已不足开会的法定人数,故也无法再利用国会议决的方法来干预司法机关办案。高等审判厅审核上诉理由后,以理由不充分而驳回。这样,罗文干案最后划上了句号。不过从罗案中,吴景濂把面子看得比法大,不惜以栽赃陷害的手法来对付政敌,暴露了吴政治品德的卑劣。1924 年 2 月 25 日,地检厅将奥债全卷送还财政部,罗文干案到此彻底结束。

---

①　《申报》1923 年 1 月 22 日。

②　《申报》1923 年 7 月 23 日。

七、张绍曾内阁的风风雨雨

1922 年 6 月黎元洪入京暂行大总统职权，立即任命颜惠庆署理国务总理。但由于北京政府的财政极端困难，颜惠庆只答应担任到 8 月 1 日国会复会的一天为止。这样，7 月 31 日黎元洪给颜惠庆假，以王宠惠代理国务总理。黎元洪积极物色国务总理人选。黎打算请南方的名流唐绍仪为国务总理，出面组阁。7 月下旬，黎派陆军次长金永炎到保定、洛阳征求北京政府太上皇曹锟、吴佩孚对组织内阁的意见。曹、吴都表示内阁总理应由元首选派，我等决不干涉。但曹锟提出以高凌霨为交通总长、汪士元为财政总长、张绍曾为陆军总长。吴佩孚则要让其亲信高恩洪出任交通总长，而以高凌霨为财政总长。这样，8 月 5 日，大总统黎元洪任命唐绍仪署理国务总理，唐未到任前由王宠惠兼代。并将《特任唐绍仪为国务总理咨请同意》案咨送国会。黎任命唐的命令公布后，直系大将吴佩孚出面反对唐绍仪出面组阁，主张由王宠惠出面组阁，各省直系军阀纷纷附和吴。这样，黎元洪只好于 9 月 19 日正式任命王宠惠署理国务总理，同时阁员也主要依吴佩孚的意思进行了调整。王宠惠虽为国民党员，但包括顾维钧（外交总长）、罗文干（财政总长）、汤尔和（教育总长）等阁员在内，党派色彩也都不鲜明，当时被称为"好人内阁"，但都是亲英美的。吴佩孚亦为亲英美派，加之吴的心腹孙丹林为王阁的内务总长，高恩洪为交通总长，故王宠惠内阁又有"洛派内阁"或"英美派内阁"之称。王宠惠内阁中仅有高凌霨一人为保派，这自然引起了保派、津派的不满。他们挑拨曹锟说，吴佩孚已经拿去了内阁，下一步就要拿去总统。总统欲极强的曹锟本来耳根就软，尤其听不得别人要抢他的总统之位的话，故对自己的第一大心腹吴也起了疑心。吴又一直主张国会专心制宪、暂不行使其他职权，这自然得罪了国会。议员若不行使其他职权，就无法操纵政局，也就无法获取私利，国会对吴自然十分不满。于是 11 月 18 日捏造罪名，制造了罗文干案,将王宠惠内阁搞垮。黎元洪又致电太上皇曹锟、吴佩孚,请他们提出组阁人选,曹、吴又回电说组阁为元首特权,决不加以干涉的套话来敷衍。这样,黎元洪于 11 月 29 日任命汪大燮署理国务总理,免去王宠惠署国务总理之职,同时对内阁进行了调整。1917 年 11 月直、皖两系斗争白热化的时候,代理大总统冯国璋一时难物色合适人选时,曾请汪大燮代理了一星期的国务总理。这次黎找到他时,他同样声明代理之期不得超过 10 天。但这样一个临时总理和临时内阁也遭到曹锟的反对。大总统黎元洪又赶紧在征得曹锟、吴佩孚的同意下,12 月 6 日将张绍曾内阁同意案提交国会。12 月 11 日汪大燮代理总理的 10 日之期已满,于是黎元洪又请王正廷暂时代理总理至正式内阁产生。王不肯代理,黎再三恳求,王提出 3 个接受代理总理的条件:1. 请议长将张绍曾内阁同意案即日列入议事日程。2. 无论内阁前途形势如何,代理总理以 10 天为期。3. 代理期内,不任免重要人员,不公布重大政令。以上条件经黎元洪与国会议长同意后,12 月 11 日黎元洪正式发表命令,以王正廷代理国务总理。

　　张绍曾属津派。津派的首领曹锐是曹锟最器重的一个弟弟。津、保派又刚刚联手打击洛派,搞垮了王宠惠内阁。津、保派此时关系最为融洽,几乎彼此不分。张绍曾为国务总理自然得到津、保派的首肯。张与吴佩孚又是儿女亲家,吴自然对张为国务总理不提异议。也就是说,张绍曾为国务总理得到直系津、保、洛三派的认可。这就决定了张必然为国务总理。剩下的是国会形式上的通过。众议院议长吴景濂属津派,故尽力为张绍曾疏通国会。国会派系林立,疏通自然费时日。尽管控制着北京政权的直系均支持张绍曾组阁,国会中各大派系对张为国务总理本身亦无意见,但对吴景濂包办张阁十分不满,要求张绍曾直接找他们,不让吴包办,以便分得利益。12 月 15 日,众议院常会,议事日程列入了《特任张绍曾为国务总理咨请同意》案。但由于一些派系如小孙派、新共和派对吴景濂包办内阁十分不满,会上向吴景濂发难。当日发难的主要是小孙派的民治社陈纯修,要求议长吴景濂如期公布众议院预算决算,指责吴把众议院当一人之众议院,且揭发吴景濂在广东及上海两方面经手的护法国会的经济事项一塌糊涂,当时就有人提议彻底清查帐目。牟琳则要求投同意票之前,张绍曾应发表政见。尚镇圭干脆指责议长包办内阁才使内阁迟迟不交院议,并指责吴景濂到保定去磕头拜寿,致使众议院会议延搁,是议员的耻辱。这样,尚镇圭与吴景濂派的白逾恒等发生冲突和斗殴,使当日的会未开成。决定18日下午再开众议院会,通过张绍曾的提名。18日上午,张绍曾在外交大楼开茶话会,招待民治社及各派议员。黎元洪则召焦易堂、王乃昌、王用宾等大孙派和小孙派议员入府劝释。其实,很多派系,如大孙派、小孙派、讨论会系、新民社都只对吴景濂包办张内阁表示不满与反对,对张绍曾本人并无大的成见。

经过张、黎疏通,18日下午众议院常会,尽管王恒发言要求应先解决大总统资格问题,然后才可投同意票,但经表决而否定。即开议《特任张绍曾为国务总理咨请同意》案。先由总统府秘书长饶汉祥介绍张绍曾履历:张君绍曾此次政府提出为国务总理,因为张君系天津武备学堂与日本师范学堂毕业生。由日本回国后即充直隶教练公所总办,旋为贵胄学堂监督,陆军第二十镇统制,绥远将军,陆军训练总监,陕西省长,陆军总长,陆军上将。当其充任二十镇统制时,适值辛亥改革,张君驻兵滦州,主张减削政府实权,提出宪法信条,而共和因以告成,遂有今日之民主国家。及其为绥远将军时,特开西盟会议,时外蒙蓄有野心,自会议一开而外蒙遂即取消独立。其后又改定边防制度,所以三特别区皆因以成立,而边患以靖。及为陆军训练总监,又规定国防之计画。时值张勋复辟,张君极力反对,而复辟之事因未成功。现为陆军总长,关于蒙古边防之事,筹画不遗余力。即如安徽裁兵一事,亦由张君指挥一切,成效昭著。且张君对于国会始终主张拥护。因为国会被非法解散后,去年在汉口提倡庐山会议。今年法统重光,张君主持之力为多。且南北当道与张君多系朋簪,其主张向均无偏无倚。而其心中抱负总是在促成统一上着想。所以政府以为张君确系此次内阁最称适选人物,故提出为国务总理,咨请国会同意。今日汉祥代表政府出席贵院,说明张君之政治历史,尚请贵院诸君加以同意为幸①。饶将张描绘成开国元勋、取消外蒙独立的功臣、反对张勋复辟的英雄,自然言过其实,是过分吹捧的溢美之词。饶介绍完后,议员略有讨论即用无记名投票法表决。结果:共发票457张,实投票456张,投票数少于人数,依法应为有效。同意票392张,不同意票61张,废票3张。大多数同意,通过。即移付参议院求同意。

参议院正因议长决选闹得不可开交,故《特任张绍曾为国务总理咨请同意案》迟迟未列入议程,为此大总统黎元洪给参议院咨文催迅议同意案。12月23日参议院会,议决12月27日投内阁总理同意票。12月27日,参议院会,会名为同意特任国务总理投票会,但因杨永泰派坚持决选议长,另一派坚持要投同意案票,两派坚持己见,发生争论,只好改开谈话会,无结果而散。12月28日参议院再开谈话会。鉴于12月29日不再投同意案票,即面临元旦放假,故多数同意王湘的提议:1.本星期五(即12月29日)投同意票。2.下星期四(即1923年1月4日)举行议长决选,议长未选出以前,继续决选,不得再议他项问题。但谈话会的议决不生效力,还须经正式会议表决。

12月29日,参议院会议,先对王湘28日谈话会上的提议付表决,结果:在场议员173人,起立赞成者113人,大多数赞成,可决。于是由总统府秘书长饶汉祥向大会介绍张绍曾的历史。接着发票,以无记名投票方式投票,结果:在场议员190人,总投票数190张,名片190张,票数与名片相符,同意票173张,不同意票14张,废票3张。大多数同意,通过。

1923年1月4日,大总统黎元洪正式任命张绍曾为国务总理,并以命令的方式同时派署了张绍曾内阁的其他阁员:

外交总长:施肇基。内务总长:高凌霨。财政总长:刘恩源。陆军总

---

① 　中华民国12年《参议院公报》第3期第3册,第135、136页。

长:张绍曾(兼)。海军总长:李鼎新。司法总长:王正廷。教育总长:彭允彝。农商总长:李根源。交通总长:吴毓麟。国务院秘书长:吕均。

1月5日,黎元洪大总统即将张绍曾内阁阁员同意案的咨文送众议院。1月11日京师地方检察厅经审理,认为罗文干受贿不成立,伪造文书不成立,损害国家财产不成立,决定不予起诉,罗文干出拘留所。这样,吴景濂又忙于罗织罗文干罪状,策划再次拘罗。故张阁阁员同意案直至1月17日才列入众议院议事日程。其间,王正廷坚持不就司法总长职。这样,黎元洪于1月12日任命程克署司法总长,免去王正廷的署司法总长职。

1月17日,众议院常会,讨论张阁阁员同意案。国务总理张绍曾未出席当天的会,只以书面说明提出各阁员的理由,派国务院秘书长吕均代为出席众议院会。议员以国务总理不亲自出席众议院会说明提出各阁员的理由,太轻视国会为由,议决当日不开议阁员同意案。并议决1月19日众议院常会,开议阁员同意案,并要求国务总理到会亲自说明提出各阁员的理由。

1月19日,众议院常会。本来1922年11月29日大总统黎元洪任命彭允彝署教育总长时,就遭到北京教育界的反对。1923年1月11日罗文干无罪释放后,彭允彝为讨好吴景濂,又与吴勾结罗织罗文干罪状,导致罗于1月15日再次被捕。彭侵越权限,干涉司法,引发了北京的学潮。学生们得知众议院1月19日讨论张阁同意案,几千名学生早早赶往众议院请愿,要求否决彭允彝为教育总长。吴景濂立即调来军警镇压与驱散请愿的学生。

国务总理张绍曾出席了当天的众议院会,介绍大总统提出拟任各国务员履历:

施君肇基,年44岁,浙江杭县人。前清留美康奈尔大学毕业,得有博士学位,归国后考取法政科进士。历任湖北洋务局第一科科长,湖广督署洋务文案,考察政治大臣一等秘书官,京汉铁路正监督,京奉铁路会办,邮传部参议,吉林滨江道兼任交涉局总办,吉林交涉使,外务部左右丞,民国交通总长,总统府大礼官,驻英吉利公使,参与巴黎和会全权代表,驻美利坚公使,华府会议全权代表。兹拟任为外交总长,依法咨请贵院同意。

高君凌霨,年53岁,直隶天津县人。前清甲午科举人,内阁中书,荐升湖北提学使,布政使,历充湖北学务、财政、军政、路政各要差。民国后曾任直隶财政司长、国税厅长,改组各省银行督办,农商次长,两任财政总长,两任内务总长,一任兼代交通总长,一任农商总长。兹拟特任为内务总长,依法咨请贵院同意。

刘君恩源,年50岁。直隶河间县人,天津武备学堂毕业。光绪三十一年奉派赴欧美考察各国宪政、财政,光绪三十二年奉派赴欧美各国考察军政,前后出洋4次,调查宪政、财政。历任湖北武备学堂教习,北洋督练处、学务处提调,陆军贵胄学堂监督,总统府高等军事顾问,浦口商埠督办,胶澳商埠会办,陆军中将。兹拟特任为财政总长,依法咨请贵院同意。

李君鼎新,福建闽侯县人,英国格林海军大学堂毕业。历任定远军舰帮带,飞艇猎舰管带,海筹军舰管带,直隶山永协副将。奉派赴美瞻士丹地方参与海陆军赛会,并考察美国海军船坞、机厂、学校、练营,调补海军部军法司司长。民国元年补授海军部参事,授海军少将,旋补海军总司令。6年授为曜武将军。德奥宣战时充国际委员会委员。7年派为海军慰问使。8年使奉派赴日本参观海军大操典礼,并考察日本海军、军港、营厂、学校。10年为海军总长,海军上将,勋二位。兹拟特任为海军总长,依法咨请贵院同意。

程君克,河南开封县人,年44岁,由河南大学堂遣派留学日本,初习工艺,转考法政。前清末叶倡导民权、推翻帝制,萍乡、广州之役皆亲与焉。武昌起义,联合北方同志,多所规画。南北议和之际,沟通斡旋,促成共和。元年以功特授勋五位。历任内务部参事,参议院议员,汉中道尹,阿尔泰办事长官兼副都统。兹拟特任为司法总长,依法咨请贵院同意。

　　彭君允彝,年46岁,湖南长沙县人,明德师范毕业后留学日本,毕业早稻田大学法制经济科。南京政府时代任参议院议员。临时政府时代仍继任参议院议员,后当选众议院议员,国民大学校长,众议院全院委员长。军政府时代充南北和议代表。10年任湖南宪法起草委员。11年筹办省议会选举,继又任省长选举总监督,被选为预备省长。兹拟特任为教育总长,依法咨请贵院同意。

　　李君根源,年45岁,云南腾冲县人,日本陆军士官学校毕业,早稻田大学政治经济科毕业。历任云南讲武堂总办、督练处副参议,筹办片马边防交涉事宜。辛亥光复,会同蔡故都督锷举义,任云南军政总长,改任陆军第二师师长,滇西总司令。元年10月授陆军中将,12月被选为众议院议员。5年洪宪变起,组织军务院于肇庆,任军务院副都参谋,滇粤桂联合军都参谋。国会重开,特任陕西省长,授勋三位。7年2月任驻粤滇军总司令兼滇军第四师师长,督办粤、赣、湘边防军务,旋又兼摄滇军第三师师长。9年1月任督办广东海疆防务事宜。11年9月特任航空署督办,10月特任云威将军,11月特任署农商总长。兹拟特任为农商总长,依法咨请贵院同意。

　　吴君毓麟,年53岁,直隶天津县人,北洋水师学堂毕业。历充海军练船鱼雷教习,北洋水师提督洋务委员,朝阳矿务局总办,陆军、海军考工官,邮传部款项处会办,海军部视察。辛亥南北议和分代表,海军大沽造船所所长兼管直隶港务事宜。10年7月奉派督办京东河道事宜,津浦铁路管理局局长,浦信铁路督办,海军中将,勋五位。兹拟特任为交通总长,依法咨请贵院同意。

　　至于陆军总长,现因尚无相当人员,拟任绍曾兼任,一并依法咨请贵院同意①。

　　张绍曾介绍完阁员历史后,尚镇圭则提出外交总长施肇基在巴黎和会上力主签字,是卖国贼,何能为外交总长?黄攻素说施为洋奴。有

---

　　①　中华民国12年《参议院公报》第3期第4册,第37、38、39页。

的议员对拟任彭允彝为教育总长提出异议,但立即为民宪同志会和政学会的人所阻止,他们要求立即发票。吴景濂便立即让发票,用无记名投票法投票。结果,在场议员 519 人,发票 519 张,各阁员提名人得票为:

外交总长:施肇基 328 票。内务总长:高凌霨 293 票。财政总长:刘恩源 421 票。陆军总长:张绍曾 430 票。海军总长:李鼎新 441 票。教育总长:彭允彝 292 票。司法总长:程克 365 票。农商总长:李根源 355 票。交通总长:吴毓麟 407 票。

所拟任的国务员包括教育界一致反对的彭允彝,均获得多数票,全部通过。移付参议院。彭允彝的教育总长的提名通过众议院,这使教育界大为失望。于是他们又把希望寄托在参议院,希望参议院能否决对彭允彝为教育总长的提名。

参议院正为决选议长的事所困扰,临时主席及参议院临时行政委员会又无权发议事日程,故众议院移送的张阁阁员同意案,参议院 1 月 22 日才开会讨论何日开会投票决定阁员。会上,焦易堂主张当日立即投票,以躲开学生的请愿。认为 1 月 19 日众议院对张阁阁员提名投票时,学生得知消息便立即到众议院请愿。今日立即投票,学生不知道,可免去学生请愿事件。焦是大孙派的首领,尚是如此害怕群众,可见议员已完全脱离了群众。张树楠主张 1 月 24 日投票,以便议员有 2 天的考虑时间。娄裕熊则主张 1 月 26 日投票。三种意见各有支持者,最后付表决。在场议员 176 人,赞成当日投同意票者 49 人,少数,否决。赞成 1 月 24 日投同意票者 132 人,多数,可决。

1 月 24 日,参议院开特任阁员投票会。北大、法专、华北大学、北京第四中学等 34 所学校 5 000 多名学生得知消息后,赶到参议院门前和平请愿,要求参议院否决对彭允彝为教育总长的提名。参议院会延长半小时后始足法定人数开会。先由国务总理张绍曾介绍拟提名的各阁员的履历后,议员丁铭礼以教育总长彭允彝已经辞职何以又提出本院求同意?质问张绍曾。汤漪以"教育总长彭允彝在未提出以前已派署,其对于教育行政上种种措施极不合宜。以此等人充当教育总长前途有无困难? 现闻其本人业已提出辞呈,据说总理已收受其辞呈,乃一面收受其辞呈,一面请求本院同意,请问总理是何用意?"①向张绍曾提出质问。张回答说:"拟任彭允彝为教育总长,既经提出于前,中途不得变更。惟当日绍曾因认为彭允彝可以一致协力,故一并提出。同意与否,权在国会。"②一些议员当场大骂彭允彝无耻。但政学系议员、民宪同志会议员、大孙派议员均从本派利益出发,支持不得人心的彭允彝,不让发言继续下去,一再催促国务总理退席和发票。这样,主席指定监察员8人后即发票,用无记名投票法投票,结果,在场议员205人,共投票205张,名片205张,所提名的阁员得票如下:

外交总长施肇基:同意票99张,不同意票105张。

内务总长高凌霨:同意票133张,不同意票71张。

财政总长刘恩源:同意票175张,不同意票30张。

司法总长程　克:同意票171张,不同意票32张。

海军总长李鼎新:同意票180张,不同意票24张。

教育总长彭允彝:同意票113张,不同意票90张。

农商总长李根源:同意票175张,不同意票21张。

交通总长吴毓麟:同意票189张,不同意票15张。

陆军总长张绍曾:同意票169张,不同意票34张。

除外交总长施肇基未通过外,其余均通过③。

参议院只是否定了施肇基的外交总长的提名。施被否定的主要原因是其不愿按一些议员的条件安插这些政客。外交经费本来就紧张,也无法再给一些要挂名外交部的议员或其亲友开支一份薪金。甚至施不像别的提名阁员那样请议员吃饭以笼络议员。在议员看来,施是只

①　中华民国12年《参议院公报》第3期第4册,第40页。
②　中华民国12年《参议院公报》第3期第4册,第40、41页。
③　中华民国12年《参议院公报》第3期第4册,第13、14页。

一毛不拔的铁公鸡,于是动用了手中的表决权否定了对施的提名。只要查一下 1 月 24 日参议院会议的记录,没有一个议员发言对施的提名提出异议。当日有几名议员对彭允彝的教育总长的提名提出了明确的反对意见及反对的理由,但彭却安然通过了参议院。教育界一致反对彭出任教育总长,彭在罗文干案中粗暴干涉司法的拙劣表演引发了全国司法界的反对,引发了一场波澜壮阔的学潮。但彭与吴景濂勾结,拉拢议员,大拉选票。直至参议院马上要投票的 1 月 24 日,彭还在忙于宴请参议员,进行紧张的拉票活动。故彭的教育总长的提名顺利地在参议院获得通过。这主要是民宪同志会、政学系、大孙派蔑视民意,公开支持彭的结果。有些史书对国会派系斗争总是以国民党的态度为态度,在国民党的几大派矛盾和争斗时,又以大孙派的态度为态度,这自然过于脸谱化了。

参议院的这一表决结果,使人们对国会又一次失望。

1 月 25 日,大总统黎元洪正式任命了除外交总长外的各部总长。2 月 3 日,黎元洪又将《拟任黄郛为外交总长咨请同意》案提交众议院。并于当日任命黄郛署外交总长、免去施肇基署外交总长职。2 月 7 日众议院常会将黄郛同意案列入议程,因当天国务总理张绍曾出席讨论对俄方针的外交秘密会,未能出席众议院会,故众议院当天也就未对黄郛同意案投票。从 2 月 11 日起,国会因农历的春节放假 15 天,黄郛同意案被压下。3 月 8 日,张阁主张对西南采取和平统一政策,与直系保、洛派主张的武力统一政策发生矛盾与冲突,张阁提出总辞职。黄郛同意案自然无法开议。

由于曹锟、吴佩孚催促内阁和黎元洪发表孙传芳督理福建、沈鸿英督理广东两道命令,内阁迟迟不愿发此两令,怕影响南北和谈乃至引发南北战争。但吴佩孚催得急迫,竟派代表入京,3 月 7 日见总理张绍曾,重申洛吴的要求。内阁 3 月 8 日午后开会,决议不发此两道命令。但太上皇已派人在京催,故内阁于当晚提出辞职,并发辞职通电:

　　　绍曾等德薄能鲜,承元首特达之知,受国民付托之重,遭时艰屯，出膺国寄。受任之始，即宣言以和平统一为职志，以促成宪法为指归，期于扫除以往之纠纷，企图未来之建设。戈戈之愚，敢誓天日。视事以来，淹逾二月，心长力短，事与愿违。自维才不足以济变，诚不足以感人。近日以来，粤中有僭名窃位之行，各方呈枕戈待旦之兆。和平立破，调剂无方。佳兵既与本志相违，坐视又惟滋乱是惧。息壤在前，惟有援立宪国之成例，全体引咎辞职，以谢国民而明责任。除呈请大总统另简贤能外，谨布悃忱，诸维亮鉴①。

吴佩孚因数次战争，皆未能与对手彻底分胜负。第一次直奉战争，奉系败退关外，实力并未受到大的损失。奉系势力雄踞关外，时时窥伺中原。奉张一日不忘吴，吴即不能一日忘张。直皖战争，皖系残余势力尚盘据浙、沪，时时威协着直系。孙中山于1923年2月下旬抵粤并设立大本营，就大元帅之职，管制海陆各军，任命粤、闽、湘等省官吏。国民党的势力振兴广东，随时准备北伐。且奉、皖、孙结成反直三角联盟。孙中山图赣的声浪高涨，赣如有事，奉天、浙江必动，这是洛吴最担心的事。而四川对于湖北，亦有顺流而下之势。直系的处境并不令人乐观。面对如此复杂的环境，洛吴制定了相应的对策。第一步，先制粤。欲令孙传芳出师福建，将福建控制在手，再与广东惠州的陈炯明、西江的沈鸿英联成一线，牵制孙中山图赣。这样，陈炯明、沈鸿英在前，孙传芳在后，互相接应，进而取广东，即通过沈鸿英联合陈炯明余部，将孙中山逐出广东。即使一时不能将孙中山逐出广东，沈、陈与孙中山在广东混战，孙自顾不暇，则江西可保。江西为直系控制，则可牵制浙江的卢永祥。这样，表面上孙传芳仍属北方直系范围，与西南并不直接作战，只是拉拢住西南的陈炯明、沈鸿英为直系所用。即挑起和利用西南内部的战争，使孙中山自顾不暇。洛吴又支持四川的邓锡侯驱逐熊克武以定四川。四川定则湖北可保，北之奉张孤掌难鸣，自不足虑。在吴佩孚

---

① 《申报》1923年3月10日。

的战略中,对付广东的孙中山是全局的关键。故保曹、洛吴力促张绍曾内阁和黎元洪发布命令,任命孙传芳督理福建、沈鸿英督理广东。尤其是孙传芳督理福建一事,更是迫在眉睫。因孙传芳部两师两旅之众,移动后不能复归原处,如不给他福建地盘,他必然要抢夺江西的地盘而与江西督理蔡成勋冲突,广东的孙中山则必乘赣乱之机图赣,进而牵动奉军入关。但张绍曾内阁和大总统黎元洪并不体谅曹、吴的苦衷,并不配合曹、吴的战略,一直坚持和平统一政策,不愿发表对孙传芳、沈鸿英的任命,以免引起南北之争乃至南北战争。在保、洛催促甚急的情况下,张阁才提出总辞职。曹、吴原来并不要立即倒张阁,只要张阁听命而行,乐得以张为傀儡而操纵之。张阁愤而辞职,均出曹、吴意料之外,继张阁的人选,保洛事前既未预备,临时组织又颇费周章,且将倒阁之名揽到自己身上,又怕予人以口实。尤其关外、西南合纵之间,再激起中枢政潮,授隙于人,为曹、吴所不愿为。张绍曾自不足惜,但怕影响到直系政权。况张绍曾政见与保洛虽有时不无出入,然大体不差。故对张阁辞职始终持冷静态度,挽留内阁。即便张提出辞职,保洛方面为实现自己的战略目标仍始终催张、黎速发孙、沈两令,毫不放松。既然保洛无倒阁之意,黎元洪又一再挽留。3月19日,张阁又复职。但只好屈从直系的意志,放弃和平统一主张,服从直系武力统一政策。同意发沈、孙两道任命。这样,3月20日,黎元洪发出了有关西南的11道命令:

　　特派沈鸿英督理广东军务善后事宜;特派杨希闵帮办广东军务善后事宜;任命林虎为潮梅护军使兼任粤军总指挥;任命陈炳光为广东陆军第一师师长;任命钟景棠为广东陆军第二师师长;任命黄业兴为广东陆军第一混成旅旅长;任命王定华为广东陆军第二混成旅旅长;任命温树德为驻粤海军舰队司令。

　　特派孙传芳督理福建军务善后事宜;特派王永泉帮办福建军务善后事宜;任命臧致平为漳厦护军使①。

---

　　①　《申报》1923年3月22日。

此令的发出,标志着黎、张屈从直系军阀的意志,由和平统一转向直系的武力统一。

但派署外交总长黄郛属国民党系,不愿事事惟命是听于直系军阀。以目前之苟安,既不能见谅于西南,又不能见信于保、洛,加之金法郎案主要责任在财政总长刘恩源,但刘却将责任推给黄。刘、黄矛盾加深,金法郎案使黄备受国会议员攻击,外长同意案自然很难通过国会。而与日本交涉废弃二十一条又十分棘手。于是黄于1923年3月21日提出辞呈,辞去外交总长职。乘此机会下台,省去许多烦恼。尽管大总统黎元洪慰留并给假10天,但假到期后黄仍不到部,部务由次长沈瑞麟代理。3月25日黎元洪指令慰留黄。黄接此令后,3月27日又第2次上辞呈。黎见黄去意坚决,只好照准。又提因罗文干案关系,在京静候查办的前王宠惠内阁中的外交总长顾维钧为外交总长。4月8日将《拟任顾维钧为外交总长请求同意》案提交国会,将《拟任黄郛为外交总长请求同意》案撤回。4月9日黎元洪发布命令,免去黄郛署外交总长职,任命顾维钧署外交总长。顾维钧坚持国会通过了自己的提名后方能就外交总长职。但国会一直迟迟不讨论,顾维钧也迟迟未上任。尽管5月6日发生山东临城劫车绑架案,土匪孙美瑶等绑架了20多名外国人和100多名华人。由于绑架了外国人,而震动中外。驻华公使团对中国政府一再施加巨大的压力,外交问题十分严峻,府、院、保、洛各方一再催顾就职,但顾坚持国会不通过不就职,直至6月6日张绍曾内阁总辞职,即张阁最后垮台,顾亦未就外长一职。其实,顾也清楚,临城劫车绑架案、废除二十一条、金法郎案皆十分棘手,自己又未得国会通过,乐得不陷入漩涡之中。

由于张绍曾3月8日的辞职通电中有"粤中有僭名窃位之行"一句,此句自然是指责孙中山在广东设大本营、就大元帅职、任命官吏。这立即引起了大、小孙派议员的不满和反对。津派对张阁也不十分满意。尤其是张阁对金法郎案处理不当,连一直拥阁的民宪同志会也不满,3月21日声明不再拥张阁。国会中大、小孙派1923年3月中旬即开始酝酿的倒阁,到3月下旬就逐渐形成声势。当然,按《临时约法》的规定,对内阁和阁员只能用弹劾案而不能用不信任案。对国务员的弹劾案要有议员总数的四分之三以上出席,即需要参议员206人、众议员448人出席才能开议。要足四分之三的人数是不可能的,因为只要有一二个小政团以不出席会议为抵制,弹劾即不能开议。当时政学系是坚定地支持张阁的。尽管在金法郎案上,民宪同志会激烈反对内阁,但对张阁还基本上是支持的。这样,倒阁积极的大、小孙派只好变通,对张阁提不信任案。大孙派的张我华等人向参议院提出《对于张阁外交失败及变更和平统一政策不信任决议》案,列入1923年4月2日参议院会的议事日程。

1923年4月2日,参议院会议,谷嘉荫为临时主席。第一案便是对张阁不信任案,先由提案人张我华说明提案旨趣,大孙派的焦易堂发言支持张案。张我华接着对自己的提案的题目进行修正,改为《对于国务员张绍曾等丧权误国咨请大总统立予罢免决议》案,要求以三读程序通过此案,并要求即日付审查、即日提出审查报告,使三读于一日内同时结束。反对意见认为,对内阁只能按《临时约法》的规定进行弹劾。最后经表决,交付审查,再定是弹劾案、决议案还是不信任案。对审查员应定多少名,是抽签还是指定,又发生争论,最后只好付表决,多数赞成每省区一名审查员,共27名审查员,即分省区各抽出一名审查员组成特别审查委员会。4月4日特别审查委员会开会,认为无论是不信任案还是决议案,均无法律根据,最后议决仍改为弹劾案。

4月9日参议院会,特别审查委员会委员长王观铭向大会作审查报告。审查报告将张我华的提案改为弹劾张阁案,这立即遭到倒阁派的反对,而拥阁派则赞成审查报告。两派发言各持己见,以致发生争吵和对骂,会议无结果而散。

4月11日参议院会,接着讨论张我华提案到底是以弹劾案、不信任案还是决议案表决,两派仍各持己见,争执不下。最后分别对内阁不信任案、对内阁决议案、对内阁弹劾案三种主张进行表决。先对当天焦易堂提出的《对于张内阁丧权误国不信任决议》案进行 2 次表决,第 1 次对焦易堂的以不信任案的形式对待张阁的修正案表决,第 2 次对张绍曾内阁不信任案表决。第 1 次用起立法表决,"凡赞成焦议员修正案者"请起立,在场议员 142 人,起立者 79 人,多数。接着发票,用无记名投票法表决"是否赞成不信任",结果:在场议员 141 人,共投票 115 张,名片 132 张,人数多于名片数,名片多于票数,说明有人投了弃权票,故投票有效。赞成不信任案 94 票,反对不信任案 21 票。不信任案通过。4 月 18 日,参议院会,议决将《关于张内阁丧权误国不信任决议》案立即移付众议院。

　　大孙派、小孙派在参议院提出对张阁的不信任案的同时,在众议院也提出了对张阁的不信任案。只是由于张绍曾内阁是众议院议长吴景濂包办下产生的,吴、张当时结成联盟,故对张阁取支持态度。这样,吴迟迟未将不信任案列入议事日程。参议院大、小孙派的势力较大,加之又拉上了群治社(群治社在参议院有近 50 个议席),不信任案才得以通过参议院。不信任案的通过,对刚刚度过辞职风波的张内阁自然是一个新的打击。张又忙着运动众议员,除宴请外,再给议员以各种名义的津贴。为此张向银行借现款 5 万元,又不顾陆军部的反对从该部提款 5 万元,均用于贿赂众议员。并答应了吴景濂重办罗文干案和将揭发罗案有功的徐世一安排为币制局副总裁及以民宪同志会的孙钟出任印铸局局长的要求,作为众议院撤销对张阁不信任案的交换条件。更主要的是,曹锟、吴佩孚均不赞成推倒张阁。此时,保、洛又是一家了。在罗文干案中,吴佩孚以直系大局为重,屈从于曹锟,已不再露骨地干涉北京的政局。但曹是一个缺乏主见的人,他离不开吴,一事当前则要先征求吴的意见,吴的意见自然也就往往具有决定性的作用。4 月中旬,洛吴就致电张绍曾,要他不要理会不信任案①。4 月 22 日(农历三月初七)是吴佩孚五十寿辰,国会议员、总统府代表、国务院代表、各地

---

① 《申报》1923 年 4 月 18 日。

达官显贵千余人赶赴洛阳为吴祝寿。吴佩孚对来祝寿的张绍曾之弟张绍程说："传语乃兄,应做之事,尽力去做。不必与政客往来,亦不必怕议员反对。"吴佩孚又对来祝寿的议员说："你们只议你们的宪法。对于行政上的事,可以不要管他。"①吴佩孚借做寿之机,公开站出来制止国会的倒阁,明确地做出了支持张阁的表态。这使一些并不坚定的倒阁派立即转舵。4 月中旬,张绍曾又亲赴保定面曹,承诺以全体阁员署名请国会从速解释总统任期来倒黎元洪,为曹锟当总统铺平道路。这自然使一直觊觎总统之位的曹十分满意,也表态支持张阁。曹、吴的态度自然对张阁的去留有决定性作用。

1923 年 4 月 23 日众议院常会,讨论参议院移付的《关于张内阁丧权误国不信任决议》案。赞成者牟琳、张善与、骆继汉、陈邦燮等发言认为张阁办理外交的种种失败,复又破坏和平,应该辞职。反对者吴荣萃、李载赓、王荣堂、徐际恒等发言认为不信任案法律无根据。国会能以立足者,纯以《临时约法》为保障。政府果有祸国之事件,应直接提出弹劾案。主席宣告交付审查后,吴荣萃请组织特别审查委员会审查,用抽签法每省抽一人组织之。彭养光主张交全院委员会审查。彼此又争论良久。结果以付全院委员会审查付表决,在场议员 433 人,起立赞成者 285 人,可决。张琴提出疑义,主席再用反证表决,起立者 33 人,少数,证明正表决为多数。胡祖舜请即日开全院审查会审查,付表决,起立者 132 人,少数,否决。

4 月 25 日,众议院开全院委员会,审查不信任张阁案。两派争论激烈,首先反对派徐兰墅发言,认为不信任案在《约法》上并无根据,参议院不能以此法律毫无根据之案移付本院。查民国 2 年、民国 6 年两次解散国会,同人等屡以法律无根据认为非法解散。此次断不能以此非法之提案而施诸政府。如同人对于张阁果认为失败、不妨提出弹劾。本席对于不信任案认为违反《约法》第 19 条第 12 项,不能成为议题,

---

① 《申报》1923 年 4 月 28 日。

先请公决。赞成派王葆真发言说:"本席赞成不信任案,但对于参议院移付之案自应加以修正。对于张阁种种失职,应在不信任案内胪列,庶几政府接到是案,无从遁饰。如发行特种国库券,黑幕有三四百万之巨。如财政部私印流通券、印花税及金法郎案延不提交,种种藐视国会,应列举案内,今日当即通过。至于内阁继任问题,无庸过虑。"反对派李载赓发言:"本席对于本案有修正之动议。张阁外交失败,财政溺职,无可讳言。惟国会对于推倒内阁,自应有适法之对待,断不能国会自身先陷于违法。应根据《约法》提出弹劾。今日之不信任案,设使通过,亦属无效,应将不信任案修正为弹劾案。"赞成派牟琳发言:"宪法会议出席人数已修改为五分三,而弹劾案四分三之出席,则弹劾较宪法案尤为重要,同人发言唱此种弹劾之高调,若要拥护内阁,不妨言明,何必用此手段?"反对派徐际恒说:"中华民国国会并无不信任权,而参议院有此案亦并未经过三读会手续,本席认为此案根本不能成立。"赞成派田桐发言说:"中华民国系民主国家,非君主国家只要拥护君主一人,故民主国之内阁有违法失职,国会当然有罢免之权。张内阁当时发表政见为和平统一,同人当然赞同他。现在不和平统一,同人当然反对他。张阁早应自己辞职,何必恋栈? 更不必观望国会行动,意甚简明。"反对派周庆恩发言说:"本席反对并非为张阁辩护,为维持根本大法,不能不按诸法律发言,应请诸公慎重考虑,断不能使国会自身陷于非法地位。从前订《约法》时,未预料后来有政党内阁,不过至今却无政党内阁,所以用不着不信任权。不信任权者,对政党内阁之手段。若以不合法手段对付政府,恐失国民大多数同情。"赞成派吴宗慈请周不要乱比喻,如此案通过岂非大多数。尚镇圭发言说:"本席赞成不信任案,说议员赞成内阁,是赞成其政策。他现在政策变更,当然不能信任,对私人无关系。请大家注意,万不能留此丧权辱国之内阁。"反对派张益芳发言:"本席对于内阁是赞成推翻的,维何以不用《约法》上有根据之弹劾案,反用违法之不信任案,自身偏要违法,更要仿效于民二、民六政府解散国会之违法? 应请郑重补救,改为弹劾案,免使政府对国会不信任。"赞成派张善与发言:"不信任案系决议案之一种,对于法律手续并无不合。"反对派梁俊耀发言:"宪法未公布以前,《约法》即是根本大法,不信任案于《约法》无根据,当然反对。"赞成派符诗镕发言:"本席今日接到 7 号俱乐部同人公启一件,嘱本员反对不信任案。但本席对于不信任案完全不反对。今日附带警告同人,均勿被人欺侮,被卖而尚不能觉察,应请注意。"反对派彭汉遗发言:"诸君要倒阁,何必用此种违法手段? 孙文自己先违反和平,并不是张阁违背方针。"①赞成派谷思慎披露 7 号俱乐部通告,发言赞成不信任案。

结果,意见分四种:1. 完全赞成原案。(田桐、王葆真、牟琳、尚镇圭、张善与、符诗镕、谷思慎、吴宗慈等)2. 修正为对于张阁外交失败及变更和平统一政策弹劾案。(李载赓)3. 以内阁失职应依约法弹劾,不能采用外国不信任之惯例。(徐兰墅)4. 对于参议院咨交不信任内阁案,认为约法上无根据,主张不收受。(吴荣萃)因吴荣萃的主张离原案最远,先付表决。用有记名投票法表决,结果:在场议员 401 人,共发票 401 张,同意票 220 张,不同意票 150 张,废票 12 张,投弃权票 19人。同意票过半数,可决。这样,众议院实际上否定了参议院通过的《关于张内阁丧权误国不信任决议》案②。

张绍曾内阁中的财政总长刘恩源 1922 年千方百计要谋一崇文门税关监督而不可得,后乞怜熊炳琦谋一青岛会办之差以自娱,其在财政上无信用资望可言。在张阁初组时,借助津派之力登上财政总长宝座。此人既无财政方面的常识,又缺乏管理财政的经验,故上任数月,私人腰包徒增数十万,但国家的财政却糟到不可收拾的地步。这自然使张阁也陷入困境。众议员骆继汉等于 4 月下旬提出弹劾财政总长刘恩源案,对刘不公开收支而导致财政破产的违法失职提出弹劾。刘恩源向列强驻华公使团运动的 3 000 万元垫款本属单相思。刘又四处许愿,约

① 《申报》1923 年 4 月 28 日。
② 《申报》1923 年 5 月 1 日。

定军警5月10日来取第3期允付的60余万欠薪欠饷。但60万对穷到极点毫无信用的财政部并非易事。到5月9日还未见分文。8日刘已风闻军警10日索饷,届期如不付,将刘带往南苑看管之消息,知如再恋栈,必受窘辱。三十六计走为上。9日黎明即搭车逃往天津再不敢回京,一面向大总统黎元洪提出辞呈。黎元洪、张绍曾鉴于刘执掌财政部将财政搞得一塌糊涂,故亦不挽留,5月12日,黎元洪令"财政总长刘恩源呈请辞职,准免本兼各职",同时"特任张英华署财政总长"。

　　张绍曾内阁财政陷入绝境,军警接连索饷,使张阁陷入了进退维谷的境地。许给议员的好处也无法兑现。许给吴景濂的条件自然也难兑现。更为难办的是,4月中旬答应保定的条件,回到北京后就有人提醒张绍曾说,黎元洪任期的解释属国会的权限,由内阁全体提出是不合法的。加之黎元洪知道张欲以任期解释来倒黎,于是传话给张说:如此作法,则国会不信任案一到,我非免职不可。这样,张只好放弃以全体阁员署名提出黎元洪任期解释案。这自然使保、津派大为不满,决定倒张,并托吴景濂在国会活动。众议院议员任期早已届满,再如何解释也难自圆其说。张绍曾作为国务总理,自应筹备众议院改选事。消息一传出,立即引起了吴景濂和众议员们的愤怒。恋栈的众议员们认为这是张绍曾要砸自己的金饭碗,故群起攻张。吴当面质问张绍曾改选众议员事,吓得张赶紧否认。这进一步加深了张与国会的矛盾。于是吴景濂和否定对张阁不信任案的部分议员又转而倒阁。5月2日,众议院常会。本来4月25日众议院常会已将参议院移送的《关于张内阁丧权误国不信任决议》案否决,但吴景濂将此被否决的案又重新列入了这天的议事日程,即重新讨论此案。经过辩论,最后用起立表决法以不信任案重付全院委员会审查付表决,结果:在场议员332人,起立赞成者197人,可决。

　　以起立表决法否决了投票表决法表决的结果。吴景濂之流翻云覆雨的手法令人吃惊。国会在自己否定自己的权威。5月15日,吴景濂又在中央公园来今雨轩宴请中立派议员,运动他们一同倒阁。

5月16日,众议院召开全院委员会,重新审查《关于张内阁丧权误国不信任决议》案。一开始,出席议员257人,未过半数。全院委员长即要以出席人数过三分之一即开议,徐兰墅、吴荣萃、陈士髦、彭汉遗等发言反对适用三分之一,乃主张适用半数出席即开议。张国浚、牟琳、彭养光主张适用三分之一。两派正争论时,又有议员陆续到会,再查在场人数,已为299人,过半数。这样,出席全院委员会法定人数之争自然就停止。接着拥阁、倒阁派议员就不信任案以"反对"、"赞成"、"修正"相间发言,各述理由,又经过激烈的争论,最后以不信任可否付表决,在场议员321人,起立赞成不信任案257人,多数,可决①。

不信任案通过了众议院全院委员会的审查。国会自成立以来,对一个议案要开全院委员会审查,这是第二起,第一起是1917年对德宣战案。不过,此案仍需通过二读、三读的法律程序。但拥阁派以不出席会来抵制不信任案,故从不信任案通过众议院全院委员会审查后,众议院便一直因人数不足而流会,直至6月6日张阁总辞职,众议院常会也一直未开成。

保、津派从对张阁不信任案都难于通过众议院的情况得知,由国会用合法的政治驱黎,是难以实现的。于是决定以索饷、辞职等手段进行军事驱黎。军事驱黎便需要踢开内阁这个障碍。因为有内阁在,实行的又是责任内阁制,饷自然由内阁负责,辞职亦需先通过内阁,总统处于二线,所施的任何压力由内阁挡着。再加上保、津派对张绍曾已失去信任。这样在保、津派的策动下,在保派阁员高凌霨、吴毓麟、程克的半挟持下,在6月6日突然召集的紧急内阁会议上,高等把早已拟好的辞职通电让张与阁员签名,这样制造了内阁总辞职。张内阁最后垮台。尽管驱黎后,与张绍曾私交甚深的冯玉祥一直坚持让张复职。但津、保派不信任张,保派阁员高凌霨早就想过一把总理加大总统职权于一身的瘾,即早就想代理国务总理。6月6日张绍曾内阁全体辞职,大总统

---

① 《申报》1923年5月19日。

黎元洪在下台前的 6 月 13 日已免去张绍曾的国务总理兼陆军总长之职,任命李根源代理总理。但 6 月 14 日,在京的保派阁员高凌霨、程克、吴毓麟、李鼎新、张英华开会议决由国务院摄行总统职权。6 月 16 日,参、众两院会决议由国务院摄行总统职权后,国务院立即于当日通电全国,依法摄政,并议决由高凌霨代理国务总理。按法理,国务总理缺位时,应由首席阁员、外交总长顾维钧代理,但高凌霨迫不及待地将代理国务总理抢到手,即将国务总理和大总统的职权抢到手。同时千方百计地将张绍曾回任之路堵死。

　　6 月 16 日国会参、众两院会合会议决,自 6 月 13 日开始,黎元洪所发的命令不生效力。免张绍曾总理职的命令是 6 月 13 日下的,自然也该不生效力。这自然又燃起了张绍曾回到国务总理宝座的希望。于是,张绍曾以国务总理的名义于 6 月 23 日从天津发出一国务院令,停止国务院秘书刘远驹职,以一试自己的国务总理是否仍生效。这一招弄得自命为代总理的高凌霨和国务院秘书长张廷锷十分窘迫。6 月 19 日拥张绍曾的 17 个国会政团发表宣言,迎张复职,甚至以不出席宪法会议和大总统选举会为要挟。但反张派也早有驱张的准备。他们充分利用张绍曾已失去曹锟信任的有利条件,对代总理兼摄大总统职权志在必得的高凌霨极力运动保、津派阻止张绍曾回任,使张回任的一切努力成为泡影。与张绍曾私交甚深的冯玉祥一直是坚定的拥护张绍曾回任的,曾扬言要派一团的兵力到天津迎张绍曾入京复职。但坚定的反张派、京畿卫戍司令、第十三师师长王怀庆针锋相对,也扬言,如果冯玉祥派兵迎张入京复职,自己必派第十三师到丰台阻拒之。北京两个实力驻军头目剑拔弩张,曹锟只好出面制止,同时致电天津的张绍曾,让其"稍事休息"。张绍曾到这时才知道上了保派阁员的当,白白赔了一顶国务总理的桂冠,已是后悔莫及。曹锟当上总统后张绍曾国务总理一职也一直未下令免去,只是于 10 月 12 日下令高凌霨兼代国务总理。这又使难于割舍国务总理一职的张绍曾心动,并曾数次运动曹锟身边的人,欲回到国务总理位子上,但无效。于是又想起自己的儿女亲家、直系的实权人物吴佩孚,张运动吴支持自己回到国务总理的位子上。吴对张派来运动的人说:"张、我亲戚,不便主张。"婉拒了张的要求①。1924 年 1 月 9 日,孙宝琦内阁正式通过众议院。大总统曹锟于 1 月 12 日正式任命孙宝琦内阁的同时,免去了张绍曾国务总理兼陆军总长之职,并任命张为将军府树威将军,张绍曾与内阁再无缘分了。

八、国会介入的驱黎政变

曹锟行伍出身。部下除吴佩孚外,皆赳赳武夫,不知政治、法理为何物。故一二识字者,钻营得进,弹铗而歌,即成上客。如边守靖、高凌霨等,本皆刀笔小吏,腐败官僚。然一经攀曹,经曹使用,即身价倍增,成稀世之宝。此等人以做官发财为目的,权利冲突时,虽骨肉亦可相残。第一次直奉战争结束后,曹锟、曹锐兄弟操纵政权。直系除吴佩孚为首的洛派外,保派又分裂为津、保两派。高凌霨、刘梦庚、王毓芝、刘恩源等皆为保派中的铮铮者,然以品格之不齐,志趣往往相背,加之争权夺利,其势相水火。他们只知一味捧曹以谋私利。在筹办总统选举中明争暗斗,又分为两派。一为武官派,如王毓芝、陆锦、刘恩源等;一为文官派,如高凌霨、吴毓麟、项致中等。1923 年 6 月 25 日,津、保派在津派边守靖宅集会。在如何安置张绍曾问题上,王毓芝主张让张绍曾督鲁,以缓和国会中拥张与反张之间的矛盾,遭吴毓麟的反对。吴说王对三爷(即曹锟)之事一味败坏:"若照你的主张,事事和平,黎黄陂安有走之一日?今我辈费九牛二虎之力将黎驱走,你又来替张绍曾扛帮。你须知国会不信任张绍曾,如用张绍曾,国会即不投总统票,岂不害了三爷么?"王则反唇相讥道:"三爷安安稳稳的一个总统,全是你们一班义和团闹坏的。逼走黄陂,令三爷受天下人唾骂。"于是吴、王立即对骂起来,吴骂王为营混子(王军佐出身)。王骂吴为臭铁匠(吴曾

---

①　《申报》1923 年 12 月 31 日。

充兵舰机师)。双方都拿出了泼妇骂街的本领,扭作一团。经高凌霨等拉开,始散去。吴毓麟在保派被推为第一流的人物,其素质犹复如此,保派其他人物就更可想而知。且由此可知,驱黎政变完全是由这些人策划与实施的。

津派之人皆小有才而无德,时时兴风作浪,是贿选中的急进派,引起全国的反感和厌恶,故时人均称津派为牛鬼蛇神。且津派要人大都有外号,时人称其外号而不呼其名。津派本是曹锐一手所组织以控制中央政权为目标的派别,后靳云鹏(外号斜眼总理)、潘复(外号大少爷)等加入,也分新旧两派。新派以张志潭(外号智多星)为头,靳初不露面;旧派以边守靖(外号打鼓手)为中坚,曹锐(外号神机军师)仅在后面主持之。还有一些骨干如刘彭寿(外号小人标本)等。曹锟则利用津、保、洛派互相制约来巩固自己的地位。

曹锟本是一个贪婪的市侩,看重权与利,而不太在乎舆论与是非。别看曹是一介武夫,但笼络人,驾御部属之手段却很高明。曹锟又是个无主见的懒人,事事愿由身边人代办。曹锟天天为这些兴风作浪、争权夺利的津、保派所包围,故对洛吴的逆耳之言自不入耳。尽管黎元洪一再声明1923年10月10日到任后决不再谋求连任。但曹锟是一个总统瘾十足的人,完全听不进吴佩孚劝告,在身边保、津派干将的怂恿下,连三四个月也不愿等了,于6月发动了一场驱黎运动。

黎元洪1922年6月第2次复任大总统职务时,其法律地位和任期问题,就成为当时一个有争议的问题。孙中山首先就反对黎元洪复职,表示非法的大总统徐世昌既退,护法成功。黎元洪为解散国会者,且其法律所定的任期已由冯国璋代满,应由护法政府继承法统。广州护法国会反对黎复职。6月初,林森等护法议员通电痛斥黎元洪解散国会毁法的罪状:循张勋之请将民国大权献于清室的叛国之罪;临难之时不顾总统资格逃入日本使馆避难的辱国之罪,均言之成理。总之,反对黎复职。后由于陈炯明叛变,驱逐孙中山与护法国会出广东,孙中山也就无法再坚持原主张。直系只是出于其政治目的让黎暂时复职,以为过渡,但时刻准备将黎赶下台。故一些津、保派的议员认为洪宪 83 天,张勋复辟 7 天即是黎元洪应补的任期,黎只能再当 3 个月的大总统。1922 年 6 月 3 日,皖系军阀浙江督军即通电反对黎元洪复职,认为:"《约法》上只有因故去职及不能视事两语,并无辞职条件。则当日黄陂辞职,自不生法律问题。河间为旧国会选举之合法副总统,则依法代理应至本任期满为止,毫无疑义。《大总统选举法》规定任期 5 年,河间代理期满,即是黄陂法定任期终了。在法律上成为公民,早已无位可复。"①电文中实际向黎发出警告。6 月 7 日,淞沪护军使何丰林亦发出了内容类似的电报,反对黎元洪复职。只是由于已经控制了北京政权的直系军阀需要利用黎元洪这块招牌来压西南,大小军阀及政客们才纷纷通电表示了对黎元洪的拥戴并促黎复职,黎才得以复任大总统之职。当时政学系被逐出广东后即开始积极参与旧国会的恢复活动,积极运动和支持黎元洪复职,故自然希望黎的任期长一些。政学系重要骨干张耀曾于 6 月 6 日发表通电,第一次正式解释黎复职的任期。说依《大总统选举法》的规定,必须是总统自身有事故,如生病辞职,且必须是总统自动辞职,而不是受人逼迫辞职,才是合法的辞职。黎元洪 1917 年 7 月的被迫辞职只能作为事实上的离职,而不能认为法律上的辞职。冯国璋的代理总统也只是事实上而不是法律上的代理,不具备法律的效力。所以"黎大总统于 6 年 7 月被迫离职,尚余任期 1 年 3 月有余。……黄陂续任,应竟其未尽之期。"②

黎元洪于 1922 年进京复职之时,就很清楚自己复任的法律地位及复职任期的解释必将成为一个法律问题。依据政治形势发展的需要随时都可能提出来,即随时可能以任期问题为由将自己赶下台。故在 6 月 10 日的就职通电中声明自己的法律地位及任期静候国会解决:"谨于本月 11 日先行入都,暂行大总统职权,维持秩序。一面恢复国会,克

①　《申报》1922 年 6 月 5 日。
②　《申报》1922 年 6 月 10 日。

期齐集。……如其国会开幕,现状依然,他日解决总统问题,无论复任另选,元洪皆当力践前誓,揖让后贤。息壤有盟,菟裘无恙,国人亦当怜此暮齿,放之海滨,不忍值国家浩劫之时,强沦胥以俱尽也。"①

黎元洪于 1917 年下解散国会之令时,曾通电辞职以谢国人。当时国会解散,故未向国会提出辞职咨文。国会于 1922 年 8 月 1 日正式恢复后,黎元洪提交给众议院的第一号咨文即是辞大总统职。其用意自然是想乘各方均拥戴自己复职的好时机,让国会明确确定自己的法律地位和复职任期的长短,同时也可避免日后被赶下台的窘境。

8 月 8 日,众议院常会。议长吴景濂主席。讨论大总统辞职咨文时,议员张伯烈、马骧、骆继汉、尚镇圭、刘彦、徐清和、徐兰墅、汪彭年、陈蓉光等发言,均主张将大总统辞职咨文退回。其理由:《临时约法》无大总统辞职的规定;大总统由总统选举会选出,非由众议院选出,不能向众议院辞职,应向总统选举会提出,众议院无权收受大总统辞职咨文;大总统辞职咨文由代理国务总理王宠惠副署不生效力。最后主席以"大总统系由总统选举会所选出,故众议院对于大总统之辞职实无权受理,将原咨退回"付表决,一致赞成。8 月 11 日,黎元洪向参议院提出《大总统咨为补行辞职手续俟国会人数足三分二以上时公决》文。8 月 21 日,参议院常会,议长王家襄主席。讨论大总统辞职咨文,议员发言均主张将咨文暂时搁置不议或退回去。其所陈述的理由与众议院议员所陈述的理由相似。最后付表决,赞成"应由本院会合众议院共同解决,现暂不讨论,将其搁置",付表决,赞成者多数,可决。

黎元洪同时将上述第二次辞职咨文送众议院。8 月 23 日,众议院常会。主席吴景濂对黎的第二次辞职咨文以"俟与参议院协商后再行办理"咨询全院议员,议员们均无异议。这样,国会对黎元洪的辞职既未挽留,又未接受,只是将黎的法律地位和任期问题搁置。这些问题真要讨论起来,各派分歧一时难于解决。且这些问题还取决于直系的政

---

① 《盛京时报》1922 年 6 月 14 日。

治需要。

曹锟急于当总统。自1922年11月利用罗文干案将洛派的王宠惠内阁搞垮后,便加快了驱黎的步伐。津、保派的政客们急主子之所急,对驱黎准备了两种方案:一是政治驱黎,一是军事驱黎。政治驱黎,就是利用收买的议员,通过被搁置在国会中的黎元洪的辞职咨文,或提出解释黎元洪总统任期案,用合法的手段将黎赶下台。如果这一招失灵,则利用各省的直系军阀发难,将黎轰下台。

1923年4月,一些投靠津、保派的国会议员为适应直系将黎尽快赶下台的政治需要,重提黎元洪辞职案或提出解释总统任期案。参议员宋汝梅等提出《提议定期开两院会合会,解决大总统补行辞职》案。要求尽快开两院会合会,解决黎元洪的辞职问题。参议员范樵等提出《解释总统任期并依法组织大总统选举会》案。参议员张端、侯汝信等提出《请咨众议院迅速共同组织大总统选举会,选举大总统以救国家》案。张案认为黎元洪"恬淡自守,谦德为怀,辞职之书,早达两院。任期长短,毫无问题。"主张"请大会即日公决,咨商众议院",共同速组大总统选举会,选举下一任大总统。范案认为"自民国5年1月1日洪宪称帝起,迄民国5年6月6日项城死亡止,中间160日,俱当认为民国中断期间,依法均当由黄陂补任。……而黄陂于客岁6月11日复任,迄今已335日,业超过任期175日,法律资格久已不存。总统任满而不退位,是总统违法也。内阁不依法摄行总统职务,是内阁违法也。国会不依法改选,是国会违法也,并导政府于非法,陷总统于不义也。"主张"一面由黄陂自动退位,依法由国务院摄行总统职务,以遏乱萌而符法治。一面速组总统选举会,选举次任大总统。"①这些可爱的议员们可能是忙于盘点自己的"冰敬"、"节敬"、"炭敬"去了,竟把选举下任大总统的大事都忘了,让黎元洪多任了半年的大总统,至今才猛然发现。这真是滑天下之大稽。

---

① 《申报》1923年5月9日、10日。

众议院议员提出速开两院会合会解决黎元洪辞职问题和速选举下任大总统的提案前后共达21件之多。其内容和参议员所提出的大同小异。

为了能凑足选举大总统会所需议员总数三分之二以上的人数,直系的保、津派以给宪法会议出席费的办法来引诱议员。这样,到5月中旬,一直流会的宪法会议又能凑足议员总数三分之二以上的人出席。也就是说,已凑足了大总统选举会的人数。拥曹派议员此时人人摩拳擦掌,个个争先,以便邀功请赏。到5月中旬,参、众两院议员提出总统选举案达26件。按省份,直隶议员提出9件,为最多,河南、山西各4件,次之。按党派分,全民社议员提出10件,为最多。

由于保、津派加快了政治驱黎的步伐,一些议员争相提出大总统任期解释案及选举次任大总统案,黎知道自己的任期又成了一个敏感的政治问题。为求得主动,1923年5月21日,大总统黎元洪致两院议长公函:"元洪复职之初,曾宣言法律问题听候国会解决。嗣两度咨请辞职,未承开议;补任期间亦未解释。元洪当国家艰大之冲,受人民付托之重,自惭凉德,深望替人,使征守法之心,早作洁身之计。现在尸素已久,岁序将周,虽议案尚无遵循,而法理究有限制。博考众论,固非一辞,假定长期,亦仅数月。念来日之大难,冀及时之有托。深望转告同人,查照《总统选举法》,注意准备,无任盼祷。"①

总统府并将黎元洪的这一函通电全国周知,其目的是想让急于当总统的曹锟及津、保派放心。但总统欲十分强烈的曹锟在未登上总统宝座前总是难以放心的,加之国会中的拥黎派的所做所为,就更令曹锟着急。

政学系是坚定的拥黎元洪派。其重要骨干韩玉辰等针对津、保派急于驱黎和选举下一任总统,于5月提出"先制宪法,后举总统,为今

---

①　《申报》1923年5月23日。

日国是之所在"。① 他们采取不参加商讨总统选举问题的会来抵制新总统的选举。此时,奉系、皖系、国民党的反直同盟已初步形成。他们也抵制选曹锟为大总统。奉系头目张作霖干脆电令奉、吉、黑三省国会议员不许参加新一任总统选举问题的会议,违者则日后不令回籍。国民党中大孙派也不参加此种会议。这样,就使政治驱黎难以实现。

5 月 14 日和 5 月 16 日,参议院将新总统选举案列入议事日程,拥黎派即不出席,致使人数不足而流会。5 月 23 日,众议院议程上也列入了关于总统选举问题的提案共 21 件,但反对派议员以不出席当天的会议为抵制,致使当天众议院常会流会。

参、众两院的常会只须议员总数过二分之一即可成会,但都成不了会,总统选举会须议员总数三分之二以上出席就更不可能了。直系的政治驱黎彻底失败。于是只剩军事驱黎一途。从 6 月初开始,直系即开始实施军事驱黎策略。按《临时约法》实行的是责任内阁制,元首不掌管行政的实际权力。大总统处于不负责任的地位,有内阁隔着,无法直接就冲着大总统去。于是津、保派决定第一步先搬开内阁这个障碍;第二步便直接对黎元洪大总统下手;赶走了黎元洪后,各直系将领联名电曹入京维持治安,行使最高权力,再速开选举会,将曹扶上大总统宝座。

6 月 6 日,在保、津派的策动下,张绍曾内阁总辞职。接着由北京军警出面,以索饷为名,逼黎元洪下台。因为此时无内阁,无财政总长,自可直接向大总统索饷。

黎元洪挽留张绍曾无效,又先后找到颜惠庆和顾维钧组阁,颜、顾均受津、保派不许出面组阁的警告,不敢出面组阁。军警索饷,步步紧逼黎元洪。北京警察罢岗,公民团围总统住宅,要求大总统下台,并对黎宅断水断电。终于于 6 月 13 日将黎元洪逼走天津。

索饷驱黎,在光天化日之下,直系搞了一场政变,全国为之震惊。对直系的种种暴行,全国舆论和民众纷纷谴责和反对,引起了全国性政

---

① 《申报》1923 年 5 月 24 日。

潮。直系成了众矢之的。国会再次分裂。反直派议员纷纷离京赴津、沪。奉、皖、孙反直同盟运动议员赴沪再召集国会。直系的洛吴十分厌恶保、津派这种破坏直系大局的作法,整日借酒浇愁,并请病假两周以示不满。直系洛派的鄂督萧耀南、豫督张福来呈请曹锟查办京师军警罢工的首谋。直系洛派、保派、津派矛盾加深。曹锟把责任推给部属,责备冯玉祥办事不该如此操切,说:"余亦并未有叫他这样办,殊属荒唐。"冯本来就是被人利用,也一肚子怨气,说:"现在事体弄僵,全推在我身上,岂有此理!"①津、保派设计的第二步、第三步自然也就难于实行了。保、津派只能求助于金钱这根魔杖了,于是又导演了中国近代史上最大的一场贿选丑剧。

九、为政变披上合法外衣的参、众两院会合会

黎元洪被迫离京的 1923 年 6 月 13 日上午,以大总统的名义连发了几道命令:1. 准张绍曾辞国务总理、陆军总长之职。2. 任命农商总长李根源署国务总理。3. 任命陆军次长金永炎署陆军总长之职。4. 裁撤全国的巡阅使、巡阅副使、陆军检阅使、督军、督理。5. 军队由陆军部直接管辖。黎元洪以大总统的名义同时还致函列强各国政府和外国公使团,声明"本人在京不能自由行使职权,定于本日移津。"并向国会提出咨文,撤回去年向国会提出的辞大总统职的咨文。这些,都是在依法律而采取的行动,以便与直系非法的行动相对抗。

直系搞驱黎政变自然是违法的。为防被动,只能将大总统黎元洪6 月 13 日的命令扣住不让发表。同时指令直隶省长王承斌在天津新站截住黎元洪的专列,强行索取了大总统的印信。6 月 14 日晨,王承斌等强迫黎元洪在津、保派起草好的三封电报上签字才让黎元洪下车回到其在天津的住宅。这三封电报是:1. 大总统致参、众两院的电报:

---

① 《申报》1923 年 6 月 25 日。

"本大总统现在因故离京,向贵会辞职。所有大总统职务依法由国务院摄行。敬此电达,希即查照。"2. 大总统致国务院电:"本大总统因故离京,已向国会宣告辞职,所有大总统职务,依法由国务院摄行。应即遵照。"3. 大总统致全国的通电:"本大总统因故离京,已向国会宣告辞职,所有大总统职务,依法由国务院摄行。应即遵照。"①

直系上述作法,自然是极力在为非法的政变披上一件合法的外衣。奉、皖、孙三角反直联盟则欲充分利用直系驱黎政变在全国掀起一场反直运动。在反直联盟的支持下,黎元洪通电全国,公开直系驱黎政变的真相,否定6月14日在直系武力逼迫下所签发的三封电报,公布了6月13日上午在北京以大总统名义所发的数道命令,声明将政府暂移天津。署国务总理李根源也在天津设立国务院。政学系是坚定的拥黎派。他们随黎到津,协助黎在津组织政府。黎元洪还致函国会,要求国会惩办监视元首、强索印玺的直隶省长王承斌。也就是说,双方都尽力将自己的行为披上合法的外衣。

在反直联盟的推动下,全国掀起了一场颇具规模的反直运动。这大出乎驱黎政变策划者意料之外,令其头痛。于是他们决定借助国会来为自己驱黎政变披上一件合法的外衣,减少政变带来的冲击,使权力的交接较为平稳与顺利。

黎元洪被迫离京的6月13日,北京军警当局就召集保、津派议员几十人到参议院开会,商讨应付时局的办法。这便有王承斌截车、夺印,逼黎在三封通电上签字的一幕闹剧上演。如无这些议员的点拨,不知法理为何物的津、保派的丘八们大概是想不到这些办法的。当天的会商定14日下午2时开两院谈话会,讨论黎元洪离职、张绍曾内阁总辞职之后的应付措施。此时国会已明显分裂,为防14日的会难于控制,吴景濂等又进行了更周密的策划和安排。总之,津、保派确定要用国会的名义来完成这场驱黎政变的善后工作。

---

① 《申报》1923年6月18日。

6月14日下午,在众议院议场,参、众两院议员开两院谈话会。众议院议长吴景濂主持。出席会议的参议员120人,众议员257人,不但远不足讨论大总统辞职所需要的议员总数三分之二以上的出席会议的人数,连二分之一的总人数都不足。吴报告了6月13日有军警头目到会的两院谈话会的经过,说:"黎总统昨日出京后曾有公函分致两院,说其在京不能自由行使职权,已移津。今天又由天津来电辞职,这些都请诸公讨论。"①

早已准备好的议员吴宗慈立即发表意见说:"时局纠纷,至今已极。合法机关,只有国会。两院同人不能不有正当表示。本席以为当务之急:1. 应即定期开两院会合会,解决黎总统辞职事件。其日期以星期六(注:6月16日)为宜。2. 总统未举出以前,应由国务院摄行职务。3. 俟平时秩序完全恢复后,即组织大总统选举会。"②

宋汝梅欲发言取悦于直系以邀功,李载赓害怕会议时间一长反对派赶来搅扰会场,希望会议赶快结束,于是赶紧说:"吴君主张办法3条,均已发挥尽致,即可照此步骤办理,无庸多加讨论。"捧曹派议员一致鼓掌以示赞成。他们希望赶快结束此会,以免生意外。

吴景濂要包办大总统选举,引起民宪同志会一些议员的不满,纷纷离开民宪同志会,另起炉灶,拥褚辅成,重立褚寓。褚系浙江籍众议员。浙督卢永祥属皖系,属反直同盟,故浙江籍的国会议员也多反直。此时褚辅成登台发言抨击直系搞的这场政变,说:"国会对于此次政潮,应有所表示,……"刚说到这儿,台下捧曹议员立即起哄,歇斯底里地大喊大叫,声音震耳欲聋,以阻止褚的发言。不得已,褚只好下台。

主席立即以星期六(6月16日)开两院会合会咨询在场议员(反直派议员多未到会,到会也多中途退出了会场),自然一致赞成。主席赶忙宣布散会。参、众两院立即发通告,通知6月16日开两院会合会,解

①　《众议院公报》中华民国12年6月第3期第24、25号。
②　《众议院公报》中华民国12年6月第3期第24、25号。

决大总统辞职事件。

6 月 16 日的两院会合会对直系的津、保派来说，是十分重要的会议。因为他们搞的驱黎政变不但遭到反直联盟的强烈谴责，而且也遭到直系中的洛派的责难。只有借助国会为政变披上一件合法的外衣才能勉强收场。如何尽可能使更多的议员出席 6 月 16 日的会议，如何完全控制 6 月 16 日的会议按直系的主张通过相应的决议，便成为津、保派最关注的问题。6 月 14 日晚，国会的吴景濂、张伯烈和津、保派的袁乃宽、刘梦庚、高凌霨在袁家花园开会商讨 6 月 16 日两院会合会如何能循着津、保派的要求开。要做到这一点，自然又得靠钱。吴景濂、张伯烈事前已征求过各捧曹派头目的意见。吴、张代表捧曹派议员提出先送给每名议员夫马费 500 元，作为出席 6 月 16 日两院会合会解释黎元洪任期及处理黎走后政局办法的报酬。至于选举大总统，每票至少要 5 000 元，并请刘、高、袁三氏即予答复，以便转告同人。刘、高等略加考虑，对于出席 6 月 16 日两院会合会每个议员酬劳费 500 元，当即承诺照办。至于大总统选票价每张 5 000 元的要求，则表示不敢作主，须待王毓芝从保定回京后再商量。这样，自 6 月 14 日晚上开始发放 6 月 16 日两院会合会的出席费，截止 15 日晚，议员往领者近 300 人。未往领者，6 月 16 日晨由该处派员分送。同时，6 月 15 日晚又将答应接济吴景濂党党费 120 万元中的 30 万元交给了吴①。

吴景濂既然接受了保定方面的巨款，花人钱财，替人消灾，故自然十分卖力地帮曹锟及津、保派渡过眼下的难关。吴与自己党内的两个重要心腹马骧、罗家衡经过周密的策划，决定由马出面提出关键提案，吴以会议主席的身份控制会场，通过马的提案。

6 月 16 日下午 2 时，参、众两院开会合会。众议院议长吴景濂主席。会议经 3 次延长开会时间，到 3 点 20 分才开会。这天签到议员 560 人，但到议场的只有 467 人，有一些议员在休息室坐着不出席会

① 《申报》1923 年 6 月 19 日、23 日。

议。在议场的议员吴荣萃等发言主张延会,到 6 月 18 日再开两院会合会解决一切。郑江灏等发言反对之。主席吴景濂指定捧曹派议员陈铭鉴、郑江灏、蔡正煌、景耀月、王茂材、雷殷、饶孟任等人往休息室催请不出席会议的议员出席会议。不一会儿,陈铭鉴回到议场报告说,在休息室未出席会议的议员有人主张延期开会,以便再进行协商;有人主张开谈话会,如开谈话会,他们即到场与会。捧曹派议员蓝公武发言坚持今日一定开两院会合会解决黎元洪弃职后的问题。骆继汉发言主张,今日是议总统问题,并不是宪法会议,两院有半数议员出席即可开会。主席立即接着说:"现在会场有 472 人。但系解决黎总统辞职事件,出席人数究应若干? 其手续如何? 请讨论。"彭汉遗发言主张今日系讨论总统辞职事件,关系重大,不能以过半数即可解决。大孙派议员张我华、陈士髦发言主张议员出席人数不足三分之二以上不能开会发言。吴宗慈发言主张有过半数议员到场即可开会。林长民、骆继汉、郑江灏、王乃昌等发言主张先开谈话会,然后再开会合会,意在先将在休息室的议员吸引一部分到议场中来。主席征得多数同意后,即开谈话会①。由陈铭鉴等人往休息室催议员出席谈话会。

　　于是开谈话会。彭汉遗发言认为黎元洪任期自冯国璋代理满后,已无辞职之可言。现在既已弃职,本会宜讨论一切善后问题。陈家鼎发言说:"黎元洪自民国 6 年 6 月 12 日以后,为民国罪人,其间任期迁延一年之久,实为国会之羞,当然许其辞职。"张鲁泉发言说:"黎已遁去津门。按《大总统选举法》第五条第二项,应由国务院摄行大总统职务。现宜订于星期二(6 月 19 日)组织选举会,选举继任总统。"籍忠寅发言说:"本席有简单意见发表。以眼前时局重大,国会只有根据法律行事。而法律对于总统不能行使职权时,只有根据《大总统选举法》第五条第二项之规定办理。此条既合法,当然一方面由国务院摄行职权,一方面于三个月内组织总统选举会。至于黎元洪的辞职,可不必讨论。

且总统究竟应向何处辞职,并无规定明文。况且黎元洪在就职的时候,就宣言暂时行使总统之职,是其职务已无根据。但黎走以后的命令、电文以及个人举动应否发生效力,应加以表决。"反直派议员刘泽龙发言说:"本席主张以为黎元洪与张绍曾皆应复职,恢复以前的原状。"马骧赶紧登台发言说:"欲解决时局,须以快刀斩乱麻的手段,所有黎的辞职一层不必讨论。现在只按《大总统选举法》第五条第二项办理,且不必表决。"吴宗慈立即发言赞成马的意见,请再开正式会合会,即以半数为法定人数。反直派议员张端发言反对吴宗慈的主张。但议场大部分为捧曹议员,赞成吴的主张反对张的意见。马骧立即提议仍恢复会合会,表决"大总统黎元洪 6 月 13 日离职出京,应即依《大总统选举法》第五条第二项之规定办理。自 13 日起,黎元洪所发命令概不生效。"①经表决,赞成者多数,于是立即改开会合会。

参、众两院会合会仍以吴景濂为主席。吴立即提议以马骧的提议付表决。张端发言反对。吴宗慈发言赞成,说:"本席对马君的提议极端赞成。如不赞成,试问,黎元洪如在津下令解散国会,同人将如何表示?"骆继汉赞成马的提议,并请主席立即付表决。主席立即以马的提议以起立法付表决,并报告表决结果:在场议员 472 人,起立赞成者354 人,多数,可决。为避免争执,主席立即宣布散会②。

吴景濂立即将上述议决备文咨送国务院。国务院于当日立即通电全国,由国务院依法摄行大总统职务。

在吴景濂等的主持下,国会总算勉强为政变披上了一件合法的外衣。但无论从内容和议决程序上看,6 月 16 日国会的议决都是违法的。6 月 16 日国会议决的是重大的法律案和宪法案,共二条:1. 依《大总统选举法》第五条第二项的规定,即大总统因故不能执行职务时,以副总统代理之。副总统同时缺位时,由国务院摄行其职务,同时国会议

---

① 《申报》1923 年 6 月 20 日。
② 《申报》1923 年 6 月 20 日。

员于3个月内自行集会,组织总统选举会,行次任大总统之选举。2.
自6月13日起,黎元洪所发布的命令、文电概不生效。第一条涉及对
宪法的解释,必须开宪法会议。按1923年4月30日公布的修正后的
《中华民国国会组织法》第21条的规定,应有两院总议员五分之三以
上之出席,出席议员三分之二以上的同意才能议决。第2条是解除国
家元首职权。元首离京便视为去职是违法的。很多外国元首在旅途中
还处理国政。且没有任何一部民国的法律有国会解除大总统职权的条
款。弹劾大总统,按《临时约法》的规定必须有总议员五分之四以上之
出席,出席议员四分之三以上可决,自然均不是简单多数出席和简单多
数可决来决定的。其法律程序就更不合法。规定下午2点开会,不足
法定人数时,最多可延长2次开会时间,每次延长不得过30分钟。
但当天的会延长开会时间3次,到3点20分才开始,这已违法了。
马骧当日的提议两点都属重大的法律案,应经过三读程序,吴景濂却
以建议案用起立法草草表决,即散会,自然也违法。国会这种种违法
行径自然只能激起人们对它的厌恶。当时的各大报纸揭露,6月16
日会议的提案人马骧因提案得款5万元①。国人对当日参加会合会
接受直系金钱的议员更是十分憎恶。

6月22日,国会议员褚辅成、丁文莹等201人发表宣言,否认6月
16日国会会合会的议决,指出了该议决的十大违法之处后,严正声明:
"6月16日两院会合会之议决,种种违法,根本无效。"②

6月17日,护法议员在北京头发胡同6号集会,一致反对6月16
日参、众两院会合会之议决,并于同日发出否定16日议决的通电。6
月19日旅沪议员致电北京国会,否定6月16日会合会的议决。

国会因在驱黎政变的问题上再次分裂。直系为驱黎和驱黎的善后
花费了250万元:议员节敬30万元,奖赏军警20万元,给市民团5万

① 《申报》1923年6月26日。
② 《申报》1923年6月23日。

元,给捧场的新闻界 5 万元。其余为国会各政团所瓜分。其中民宪同志会所得最多,为 30 万元。此 30 万元为民宪同志会二三党魁所平分。于是,民宪同志会未得利者大为不满,以致出现分裂。褚辅成乘机拉出一批议员,脱离民宪同志会,再树褚寓旗帜,自立门户①。这对民宪同志会的头目吴景濂等自然是一个打击。其包办选举也进一步暴露,引起了各派对吴包办的警惕和防备。同时也引起了保、津派经济人对吴的不满。说:"本党尚不能维持,何以号召国会同人?"捧曹各政团普通议员更是对吴不满,认为票得靠大家投,你吴大头出卖同人而独得巨款,太不应该,而攻击吴。使吴难以完全控制和包办大选。

十、国会移沪运动的失败

1923 年 6 月 13 日直系策动驱黎政变,黎元洪离京赴津。黎元洪先企图将国会移津开会,在津重组政府,曾提出以部分财产招待到津议员,每人给 500 元旅费。但黎个人的财力毕竟有限,无法维持国会和政府的正常运行。天津只是军阀、政客们卸装后用于休息的后院,却并非设立中央政府的好地方。且天津在直系势力范围之内,为直系严密控制,连发一个电报都为直系把持,并不具备成立政府的条件。当时奉天的张作霖、皖系段祺瑞(包括浙江督军卢永祥、上海淞沪护军使何丰林)和孙中山正在酝酿组织反直三角同盟,决定抓住这一时机,削弱直系。故政变后,段祺瑞与奉张代表反复磋商办法。卢永祥亦派其公子卢小嘉赴津、赴奉商讨一切。6 月 17 日,段祺瑞、卢小嘉、黎元洪的代表和奉张的代表在天津议定几条办法:1. 国会南迁。2. 奉、浙分担款,中山能合作则甚好,否则各办各事,殊途同归。3. 派员赴湘、闽、陕、新,预计 28 日前可有回电。4. 协定日期同时齐发反直电。5. 禁止部下支支节节反对曹。6. 黎元洪的代表代黎声明:本人即复职,以 3 个

① 《申报》1923 年 6 月 26 日。

月为限,即由国会批准其辞职,决不谋联任。7. 万一某方以迅雷手段,以政治手腕立总统,则戴黎为正统。8. 某方取法律手段则拆台。主委员制,重点则在海军及闽、湘、浙与西北某省①。当时离京赴津议员有政学系、褚辅成为首的浙系、东三省议员、拥张绍曾议员及大孙派部分议员。6 月 20 日晚,赴津议员在黎元洪宅开谈话会。黎元洪报告政变经过。国务总理兼农商总长李根源报告:此后政府行动唯国会合法之决议是从。黎退席。褚辅成主张国会迁沪。为打消一些议员的顾虑,大孙派议员焦易堂说:同人或恐民八之争不敢南下,则鄙人敢代表民党全体发言,以前在京民八之争实系政治手段之一种,盖恐国会被人强奸,留为补救方法之余地。今形势了然,当时目标既已消灭,民八之争直已不成问题,请同人放心。

经过讨论后议决:1. 由在津同人致函宪法会议议长吴景濂,表示国会在未觅定可以自由行使职权地以前,宪法会议暂停开会。2. 推定田桐、吕志伊、章士钊赴沪筹备国会开会地点。3. 发表对内对外宣言,声述国会移地开会之理由。4. 招待同人离京。

6 月 21 日褚辅成等 185 人发表《离京议员宣言》,宣布国会移沪。全文如下:

> 客夏直系军阀赫然以大法昭示天下,赞成恢复法统。方冀其有悔祸之诚,遵循正轨,牖启新机。不图贪暴性成,诡诈百出。始则以武力破坏和平,继则以金钱阻挠制宪。知元首不为所利用,挤而去之,以遂其攘窃之私。构煽军警,勾结流氓,势劫威胁,直使堂堂首都变为临城第二。黄陂既去,犹复监禁车内至 12 小时,凌辱无所不至。高凌霨等既经免职,乃冒充之阁员,自称摄行大总统之职。北京何地?夺位何事?国会同人倘能不畏强御,主持正义,某等相忍为国,讵不愿共图挽救。而两院 16 日谈话会,竟为暴力所劫持,不恤以非法开议,以非法表决,致国家最

————————
① 《申报》1923 年 6 月 28 日。

高主权机关陷于戕法营私之地。某等认今兹之变与洪宪帝制、张勋复辟,同为国家非常不幸之事。而此次乱起,国会议员且慑于淫威,不能尽责。凡有血气,其何能忍?因是决然离京,别谋救济。谨以四事宣告国人,俾晓然于此次事变所由来及某等急起纠正之苦衷。

1. 北京为军阀暴力所包围,国会不能自由行使职权,故某等相率离京。

2. 在乱事未戡以前,国会暂移上海行使职权,完成大法。

3. 至乱事平定,首都秩序回复之日,国会仍还京开会。

4. 自6月14日起,北京伪国务院对内、对外一切行动,均属无效①。

田桐、吕志伊、章士钊到沪后,即选定上海斜桥新建的湖北会馆为国会移沪筹备处的开会地点,月租600元。赴沪议员报到和接待事务仍在法租界恺自尔路国会议员通信处。6月26日国会移沪筹备处发出通告,7月10日开会:"北京政变,国会陷于暴力重围之中,不能自由行使职权。同人力持正义,誓维国法,相约离京,别觅安全之地自由集会。刻已觅得相当地址,于上海斜桥南首新建湖北会馆内为筹备处,拟于7月10日前集会。至招待所另有设备。同人如须移住,请至筹备处接洽。除另函通知外,特此布达,顺颂议祺。"②

皖系浙江督军卢永祥指定以上海纸烟捐、烟酒公卖、盐余及电报局收入作国会经费,孙中山、张作霖也负担一部分款项。这样,国会经费有了着落。由津赴沪议员每人发给旅费1 000元,每人每月可领津贴300元。正在广州的孙中山也于6月27日致电国会议员,促其南下。并派汪精卫驻沪招待议员,派刘成禺、符梦松北上欢迎议员南下。卢永祥6月26日致电京、津两地议员欢迎南下,并派代表邓汉祥赴津欢迎

---

① 《申报》1923年6月25日。
② 《申报》1923年6月28日。

议员。6月26日上午,邓汉祥宴请在津各议员,转达了卢永祥欢迎议员南下赴杭州。席间讨论南下行期,决定7月1日在津议员由津出发,先到上海,再商议赴杭事宜。当时在天津招待处签到议员190余人,其中决定7月1日南下议员160余人。

7月初,天津又加推杭辛斋、徐兰墅赴沪、杭。徐7月3日到沪,和先期到达的田桐、吕志伊、章士钊为接洽代表。

7月13日下午,在沪议员开谈话会,讨论对内对外宣言,并指定临时秘书长但焘,及张心芜、田桓、夏兆英等8人为临时秘书。议定先刻秘书厅印,院印俟半数同人通过再刻。

7月14日下午2时,国会移沪集会式在上海斜桥湖北会馆举行,到会议员200余人。上海各界对议员赴沪是欢迎的。7月14日,上海市区各马路商界主动悬国旗,以示庆祝。他们认为南下议员不为利诱,不怕威胁,主持正义,保存国统,殊足以寒巨奸之胆,故沿街店铺及各公团机关一律悬国旗以示纪念。当天到会来宾较多。除新闻记者外,有全国工界救亡大会监视国会团、国民大会、工商友谊会、安徽旅沪同乡会、安徽驻沪劳工总会、上海纺织工会、中华印刷工会等各界代表,及社会名流章太炎、于右任、沈仪彬、唐榴等。但就在集会式上,各派就发生意见上的分歧。政学系是拥黎元洪为总统的,皖系则欲拥段祺瑞;国民党则拥孙中山,反对再让黎出来任总统之职。故就在开幕式上发生争执。开幕式时,秘书长但焘是湖北人,是拥黎元洪复职的,故在会场上准备了"大总统席"。一直拥护黎元洪的名流章太炎也赶来参加开幕式,也为黎的复职呐喊。一些国民党议员一见"大总统席"就立即质问但焘,所贻之总统席系指何人?但只好说因国会惯例,开会时有总统席,所以依样画葫芦。

按惯例,以年龄最长的江苏籍议员凌鸿寿为大会主席。由秘书张心芜宣布开会式程序后,全体向国旗行三鞠躬礼。由主席委托秘书长但焘宣读13日谈话会起草的对内对外宣言。并当场推定谢持、凌钺、张知本、茅祖权、褚辅成、杭辛斋6人为审查员,入休息室审查修改对内对外宣言。将原文修改妥后由凌钺再向大会宣读。会议对文字略做修改,一致通过。

中华民国参议院众议院对内宣言:

国会成立以来,迭遭政变,同人等忝为民役,恒用疚心,每于困心衡虑之中,为委曲求全之计,而其结果,乃有不忍为国人道者。6月13日之变,畿辅军阀窃位乱国之罪,迹象彰彰,举国共瞻,无待申述。同人等既不敢以国宪为人驱除,将大位奉之国贼,复念吾国为礼让名教之邦,同人俱受父兄师保之训,又不敢稍越几希之戒,而为自鬻之谋,则今日南迁,势不容已。同人等比物此志,不约而同,兹谨于14日下午2时在上海举行移沪集会式。一俟数及法定,即行正式开会,行使职权。所有建国大计,自当顺应国民心理,按切时势要求,次第讨论施行。同人等任职有年,国是未定,区区此心,愧对父老,惟此守法持正,差堪自信。邦人君子,尚祈鉴之①。

中华民国参议院众议院对外宣言:

中华民国,以北京政变,伪阁窃柄,已无政府。加之武夫横行,威逼利诱,国会失其自由。同人为保全机关之神圣及个人之人格,决计南迁。现已到沪者已达300人以上,其余留在京、津,克期待发,此皆守法持正之士。兹谨于14日午后2时,在上海举行集会式。一俟足法定人数,即行正式开会,行使职权。经此集会,留京议员陷于强暴,即有议案,不生法律效力。北京武人如有假借政府名义,不论与各国订立何项条约,磋商何种借款,吾国会概不承认。民国不幸,屡以政治问题发生变乱,致烦各友邦之考虑,同人深为不安。惟此次播迁,由于武人盗国,事出非常,义不容已。其中情节,各邦明达,谅所周知。谨此宣言,伏希鉴察②。

---

① 《申报》1923年7月15日。
② 《申报》1923年7月15日。

　　7月16日,赴沪议员开谈话会,议定为节约开支,先不设秘书厅,暂设办事处,地点设上海大寿第一品香。办事处组织大纲由起草员田桐、褚辅成、张知本、潘大道、张树森、凌钺6人起草。

　　针对直系利用曾出现的民六、民八法统之争离间南下议员,运动民六议员回京,按反直即以友军相视的原则,孙中山派汪精卫代其转告民八议员:不必视此为恢复民八法统之良机。不妨碍他人反对直系军阀非法武力之进行。民八议员7月17日晚上开会讨论孙中山的指示,决定将法统问题暂时放开,并推杭辛斋、谢持二人向民六议员说明此意①。

　　7月19日,在沪议员开谈话会,为了尽快在上海召开国会会议,议决各省区推举一人担任联络本省区议员的工作,稳定在沪议员,催促滞留京、津等处的议员赴沪开会。这样,从7月21日以后各省区推定其负责人:直隶康问昙、安徽凌毅、江苏茅祖权、浙江杭辛斋、云南吕志伊、贵州黄禄贞、广东孔昭晟、江西孔昭尧、陕西宝应昌、山西陈玉麟、福建唐睿、湖南周震麟、湖北张知本、广西王乃昌、甘肃张宸枢、新疆张凤九、华侨刘芷芬、蒙古白瑞、西藏乌勒吉、吉林李梦庚、山东杜汝舟、奉天周之桢、黑龙江李国桢、浙江沈守经、四川刘安钦、河南张善与、蒙古色旺端多布。

　　国会议员赴沪后,开始由褚辅成、田桐等负责筹备国会移沪开会事务,后经上海议员通信处又推举凌钺等12名筹备员加入筹备工作。8月13日,筹备员开会,推选筹备主任四人,其中参议院推焦易堂、潘大道为筹备主任,众议院推褚辅成、凌钺二人为筹备主任。4名筹备主任轮流为主席,对内指挥各种职员,对外代表国会与各方接洽。

　　到7月31日,赴沪报到议员388人,实际在沪362人,形势较好。当然,其中有些议员是为了钱,在京、津、沪三地均领钱。当时留京议员岁费不能按时足额发放,这也是使一些议员来沪的原因。由于形势较

---

①　《申报》1923年7月19日。

好,赴沪的各派议员便又开始围绕在沪国会的控制权进行争夺。赴沪议员有国民党系,有政学系,有联省自治派褚辅成和沈钧儒系,有皖系,有奉系,矛盾错综复杂。其中国民党系与政学系的争斗最激烈。在护法国会时,这两派就形同水火。7月底,上海议员对在沪召集国会是继民六、民八还是民十二国会,意见不一。7月底,在津的政学系议员杨永泰、汤漪给在沪的政学系议员韩玉辰的信中,主张上海国会应继续民十二国会。政学系的主张引起了国民党议员的不满。国民党议员主张在上海召开的国会应恢复广州的国会,并痛斥政学系的继续民十二国会的主张。两派为此发生矛盾与冲突。加之在沪国会筹备处基本上为国民党议员所控制,也引起了其他派系的不满。这些,不但使留津的政学系议员裹足不南下,且一部分在沪的政学系议员也纷纷返津。此时,直系的津、保派又逐渐筹得了贿选的款项,加大了贿选的力度。8月初又发了议员的岁费,当即就有在沪议员40多人返京领岁费。后来,北京国会又给常会出席费和宪法会议出席费,一些在沪议员纷纷北返。到9月22日,在沪参、众两院开会时,参议员出席才51人,众议员出席才85人。这天的会,因内部矛盾,国民党议员均未出席。在沪国会变得冷清。会是难于开起来了,在沪议员一天无所事事。9月末,应浙江方面的邀请,褚辅成等近百名议员往浙江海宁观钱塘潮。待直系的津、保派以每张选举大总统的票价定为5 000元并开始发给议员支票时,由沪、津返京议员就更多了,在沪召集国会已是不可能的了。在沪、津尚留下了一些洁身自好的议员,未去参加贿选,这也算是难得的了。国会移沪运动最后还是失败了。

十一、直系军阀对议员的拉拢与贿赂

第一次直奉战争,直系打败奉系后,就一直控制着北京政权。大总统黎元洪是一个傀儡,大事都须请示保定的直鲁豫巡阅使曹锟。曹才是北京政权实际上的最高统治者,是一个只须行使权力而无须负任何责任也无需过多劳神的最高统治者。在常人看来，这比走到台前当总统还要舒服得多。但曹锟的总统瘾特别大，一直想尽快地过一把总统瘾。日有所思，夜有所梦，曹有时竟到意乱情迷的地步。神经错乱时，喜笑怒骂，遇物即砸。单砸坏的一般古董的价值即达10多万元。曹在保定车站备了一列花车，以便随时晋京就任大总统职之用。曹病发时就问："花车来否？花车来否？"左右只好哄他说："来了！来了！"曹的病才爽然若失①。历代的独裁者都有浓浓的总统瘾、皇帝梦，但像曹锟痴迷到这种程度的却并不常见。

一打败奉系，曹锟就开始着手当总统的准备工作。他于5月19日将自己的心腹刘梦庚保举为京兆尹。按曹的旨意，刘上任后，对京兆尹分内的事并不太热心，却热衷于拉拢国会议员组成各种政团，为国会选举大总统做准备。顺治门大街200号的壬戌俱乐部、石驸马大街3号、后孙公园11号、报子街18号、化石桥56号等议员政团，便都是由刘梦庚给开办费而拉起来的政团。刘因此而大得曹锟的赞赏。直系的保派、津派政客见此，也急起直追，纷纷拉一部分国会议员组成政团。这样，政团如雨后的春笋破土而出，越接近选举时，政团越多。且有些政团朝聚暮散，分分合合，令人眼花。

冯国璋死后，曹锟取代冯成为直系的头目。曹既是一个懒人，又是一个无主见的人。而有"常胜将军"之称的直鲁豫巡阅副使兼陆军第三师师长吴佩孚是一个有头脑的人物，几乎成为直系的灵魂。吴能征善战，曹家的天下主要是靠吴打出来的。曹十分器重和倚赖吴。吴对曹忠心耿耿，处处以直系的根本利益的大局为重，处处维护曹锟的威信与利益，对曹始终服从。即便出现利益上的矛盾与冲突，也都放弃自己的利益来照顾曹的利益。如在罗文干案上就是如此。用曹锟自己对曹吴关系的话说，即是"你即是我，我即是你"，是相互依存的关系。吴佩孚主张先利用黎元洪将徐世昌赶下台，同时恢复第一届国会，剥夺孙中

① 《申报》1923年9月5日、9日。

山护法的理由,迫使孙取消广州的护法政府,全国统一在直系的统治之
下。曹锟自然成了全国惟一的大总统人选。此时瓜熟蒂落,总统一职
自然收入直系囊中。吴反对对议员施行贿赂手段,反对通过贿选取得
大总统之位。这样既可免去可能因此引发的全国性政潮,又可省去一
大笔贿选费用。开始时,曹锟同意了吴佩孚为直系制定的这一策略。
直系实施这一策略,将徐世昌赶下了台,护法政府也被搞垮,联省自治
派成立联省自治政府的计划也束之高阁了。急于当大总统的曹锟让其
心腹大将熊炳琦(山东省长)、王毓芝(全国烟酒事务署督办)、刘恩源
(财政总长)、高凌霨(内务总长)、刘梦庚等运动和拉拢议员,将黎元洪
赶下台,再尽快地开总统选举会,好让自己早日地圆大总统梦。从
1922 年 9 月下旬以后,京中的打着某号、某社、某庐、某俱乐部的政团
应时而生。直系则给捧曹政团议员每月二三百元不等的津贴,或聘为
直鲁豫巡阅署的顾问,或聘为北京各衙门的高参、顾问。一些议员以有
利可图,挂名多个议员政团,以领取多份津贴。再加上政团头目开空名
单吃空缺,致使 1922 年 11 月初向保定开出的领取津贴的各政团国会
议员的名单议员总数相加达 4 000 多人,令曹锟大为惊讶。曹问左右
到底有多少国会议员,左右回答说,到院报到的议员总数为 600 多名。
曹斥责说:"朦混开单讨赏!"①又让津、保派选举经济人重新核实议员
名单,将各政团虚报和重复报的议员剔除,按实数给捧曹议员发津贴。
吴佩孚一直对曹锟这种拉拢和贿赂议员的作法不以为然,一再密电劝
阻。吴称:"爱曹拥曹比津派尤切。所以主张缓选,以为时机未至,恐
为奉张及西南所乘。"②说出了吴的担心。对曹锟、对直系,吴的话无疑
是金玉良言,但无奈曹锟的总统瘾头太大,他怕夜长梦多,再生变故。
吴的忠言逆耳,渐渐引起了曹的反感。加之曹被津、保派政客所包围。
津、保派政客之所以使劲捧曹,倒不是对曹如何的忠心,也不是对曹有

①　《申报》1922 年 11 月 8 日。
②　《申报》1922 年 12 月 11 日。

如何深厚的感情。他们都是一帮利禄之徒,之所以迫不及待地要将曹捧上大总统宝座,一是为了抢功,二是为了封侯,故捧曹不遗余力。这从当时捧曹最力的王承斌一年多以后就成为北京政变的主谋之一就可看出。他们在曹的面前挑拨说吴久蓄异志,想当总统,终于和众议院议长吴景濂、副议长张伯烈一道制造了罗文干案,将洛吴的势力逐出北京政权。

　　洛派的王宠惠内阁倒台后,曹锟加快了贿选的步伐。1922 年 12 月 9 日(农历十月二十一日)是曹锟 61 岁生日,曹决定借机大办一场,除借机敛财外,就是检阅一下捧曹议员,观察国会各派议员的态度,为大总统选举做准备。国会也真不含糊,派出其二号人物众议院副议长(参议院此时已无议长、副议长)张伯烈作为国会的正式代表赴保定为曹祝寿。众议院议长吴景濂还感不足,为表对曹的耿耿忠心,8 日晚吴又以个人身份亲赴保定给曹拜寿。亲往保定拜寿的国会议员达三四百人之多。他们拼命巴结曹锟,以当曹的鼓吹手为荣。不但有失人民代表的身份,而且有失人格。这是中国国会的耻辱。众议院议长、副议长巴结曹锟的行为更是令人瞠目。众议院副议长在保定时,竟胸悬红条,义务当起了招待员,忙前忙后,对曹锟大献殷勤、大显亲热,已不像是一个国会众议院的副议长,倒像曹家的高等仆人,其行为实在令人肉麻。

　　曹锟为了拉拢议员将自己捧上总统宝座,又承袭前清官僚的故智,以"冰敬"、"炭敬"、"节敬"来收买议员。前清时,京外的职官为了巴结京官中有势力者以便往上爬,直接送金钱行贿京官中掌重权者。天热时送上一笔钱,曰"冰敬";天冷时送上一笔钱,曰"炭敬";逢年过节送上一笔钱,曰"节敬"。这在清朝是十分流行的贿赂手段。曹锟也拾起清朝的这一故伎,给议员送"冰敬"、"炭敬"、"节敬"。1923 年春节前,曹锟送众议院议长吴景濂 3 万元"炭敬",送副议长张伯烈 1 万元"炭敬",送保、津派议员每人 200 元"炭敬"。共计发给"炭敬"418 份。张伯烈因正、副议长待遇悬殊而大闹。曹锟只得再补给张 1 000 元。捧曹议员更因议长 3 万元、议员 200 元,相差悬殊而吵闹不休。2 月份发放捧曹议员每月的 200 元津贴,改由袁乃宽发放。由于北京政府财政困难,所筹得的现款不足。尽管曹氏兄弟富甲中国,但又都十分吝啬,不愿自己掏腰包。故津贴没发完即无款可发,袁只好逃往天津。当时北京政府财政十分困难,经费非常紧张。粥少僧多。高凌霨在北京红罗厂住宅的客厅,就是被领津贴而不得的议员所打毁的。1 月份在高宅领 200 元津贴的议员达三四百人之多。后无钱可发,高氏于 1923 年 1 月托词儿媳妇有病躲往天津。

　　1923 年 1 月,捧曹政团就与津、保派贿选经济人讨价还价,商定投曹锟的票价。一开始定为每张票价 4 000 元,因各政团领袖想多得,以议员中本有等级之分,即议员有大议员、小议员之分,有一等议员即政团领袖、二等议员、三等议员之分,而奔走贿选之事又有多处运动劝诱者,有只仅投手中一票者,劳逸本不平均,待遇无差别,殊不合理。于是津、保方面决定除各政团另给巨额运动费外,议员分三等:甲等 6 000 元,乙等 4 000 元,丙等 3 000 元。消息一传出,议员因利益不均,各派又各起暗潮。于是津、保派决定议员不再分等级,取普及均等主义,每票统一一个价格,钱暂由全国烟酒事务署督办王毓芝先在该署拨用。由于贿选经费颇巨,一时筹措费力。再加上国会派系太多,政学系是坚定地拥黎元洪的,国民党大孙派又反对选举大总统,要凑足法定的大总统选举会的人数和足够的票数,亦非易事。当时国会参、众两院议员总数 870 人,号称八百罗汉。除非这八百罗汉佛光普照,否则,难有普天同庆曹三当选大总统之一日。对于年过六十、暮年已至的曹锟来说,要早登大位,除国会是须逾越的主要障碍外,各实力派的态度也很重要。于是曹锟在收买议员的同时,又拉拢奉张、陈炯明、孙文、卢永祥等实力派及在全国有声望、有影响的人。

　　1922 年秋,曹锟派孙岳赴上海面见孙文,以孙正(大总统)曹副(副总统),孙文出洋来笼络孙。曹锟又约奉天的张作霖的把兄弟袁金铠入关,商直奉和议,又以曹正张副为交换奉张承认曹锟为总统的条件。对陈炯明则以曹正陈副为诱饵。对浙江督军卢永祥亦同样诱以曹正卢

副。这些作法实际上是承袭徐树铮的故智,玩的是旧把戏,各方反应很
冷谈。曹锟派其在天津的弟弟曹锐登门拜访段祺瑞,力图以团结北洋
派的说法去打动段不反对曹锟为大总统。段对曹锐说:"仲珊如有力
量能做总统则做。否则,从速罢手。须知做了总统,功归他人;做不了
总统,罪归仲珊一人。"①

在直系内部,吴佩孚为了维护直系的利益,不愿看到曹锟倒行逆施
而使直系成为众矢之的,一直坚持先制定宪法后选举总统,反对曹锟以
收买议员的方式获取总统桂冠而惹起政潮乃至战争,一再密电曹锟说:
"目下时机未到,只宜安心静候。若轻听人言,致蒙不利,则某受恩深
重,不忍坐视,惟有避诸海外。"②"最高问题,水到渠成。大帅似宜通电
劝速制宪,则全国人民推戴,有所专属。勿宜用冰、炭敬,转滋反响。"③
吴佩孚对津、保派来洛阳游说自己支持尽快将曹捧上总统宝座的政客
说:"最高问题予赞成曹使,与诸君同。诸君须知捧有捧法。有捧得急
捧坏者。故善捧须善保。苟捧到目的地而不问保护方法,不如慢捧。
快跑与慢步一样是到。"④

尽管曹锟急于圆其大总统梦,但对其心腹大将吴佩孚的劝告不能
不加考虑。当然,最主要的还是经济问题不尽曹意,津、保派贿选经费
筹措得不到位。这是最掣肘的事。

曹锟急于当总统,与其利害相关的黎元洪鉴于曹的权势,尽管一再
声称随时准备让位,但实际上又对大总统这一尊位恋恋不舍。他出钱
让一直拥护自己的政学系议员组织大党,以阻止曹锟的先选后宪的主
张,拉奉系和西南势力与直系抗衡。曹锟决定驱黎。津、保派在策动政
治驱黎失败后,以军警索饷的名义,于 6 月 13 日将黎元洪赶下台。但

---

① 《申报》1923 年 7 月 13 日。
② 《申报》1923 年 1 月 16 日。
③ 《申报》1923 年 1 月 22 日。
④ 《申报》1923 年 2 月 23 日。

这立即遭到反直同盟的谴责与反对,全国出现了一个反直的浪潮,曹锟陷入困境。更令直系和曹锟头痛的是,国会再次分裂。留京的议员不但不够总统选举会的人数,而且连开常会的人数都不足。此时,根本没有选举大总统的条件。

为了尽快地圆曹锟的大总统梦,6 月底,保、津派选举经济人曾想抛开国会,在北京搞一场小的兵变,借口维持秩序,迎曹锟入京圆总统梦。这是一种最省钱最简捷的办法。但北京军警搞了一场驱黎政变已遭到全国的谴责。捧曹议员为防止北京军警再抢走自己贿选这一宗大的买卖,在国会参、众两院的谈话会上和政团协商会议上,喋喋不休地要求追查和严惩以武力驱黎的军警。经过一场驱黎政变,敢再冒天下之大不韪的北京军警已不太好找了。当津、保派经济人找到京畿卫戍司令、第十三师师长王怀庆,让其部下在京制闹一小乱子、造一场小兵变时,王推托说:"不如商请冯使动手。"待再商之于驻北京南苑的陆军检阅使冯玉祥时,在驱黎政变中倍受责难的冯玉祥干脆拒绝说:"此事我未学过。"最后商之于驻北京西苑的第九师师长陆锦,陆也不愿为之,说;"外人收械,将如何?"[①]这样,策动北京兵变的计划无法实现。但兵变的消息却传遍了京城,闹得京城人心惶惶。

保、津派经济人又策动召集 16 省区督军会议,让他们出面以拥戴的办法将曹锟捧上总统宝座,选为非常总统。此举从眼前看也是最省钱最快捷的办法之一。但利润高的投资,往往风险也大。东北虎奉张虎视眈眈,段祺瑞和浙江的卢永祥也不好对付,还有西南的势力,均可乘机兴兵讨伐。到时候四面楚歌,后果不堪设想。且直系中的洛派就反对此法。直系头号干将吴佩孚就反对此法。在回答美国记者时就说:"无论谁为总统,只须国会正式产生,我均承认。凡非依法选举之总统,我不承认。曹使决不为此不合规则之举动。直隶派如一家,曹为家长,我犹长子,复有次子、幼子。惟用武力置其父于总统之位,非曹使

---

①　《申报》1923 年 7 月 10 日。

之意,亦非我意。"①显然这一办法也行不通。最后只剩下通过国会选举一途了。

要通过国会选举大总统,首先要将离京议员吸引回京,以凑足法定的议员总数的三分之二以上。要吸引议员回京,自然只有靠钱。津、保派选举经济人自然只好找国会中各政党和政团的头。其中,最重要的就是众议院议长、民宪同志会的头目吴景濂。参议院因两派争夺议长使议长无法产生。大总统选举会也好,宪法会议也好,参、众两院会合会也好,都只能由众议院议长为主席。吴的民宪同志会又是国会中第一大政党。这样,吴的地位就突出了,显得十分重要。自吴景濂、张伯烈和保津派合作制造了罗文干案后,吴已投靠曹锟。又由于吴与津派头目、直隶省省长、陆军第二十三师师长王承斌是师生加表兄弟的关系而成为津派。以后由于王承斌用损招筹得贿选巨款,更突出了吴的地位和作用。王、吴联手几乎包办了大总统选举,甚至引起保派的忌妒。

要通过国会选举,议员身价大增。留京议员奔走于直系各贿选经济人之门,大施敲诈、包围之手段,如炎夏中的蚊子、苍蝇,挥之不去,令人生厌。以致熊炳琦、王承斌来京不敢有固定的住所,日易其住地以为躲避。留京议员日日索要津贴,索要岁费,荐托私人,要求权利。也就是说,要维持在京的议员已不易,再要将离京议员吸引回京就更难,都得靠钱。吴景濂与直系商量,决定用给议员发常会出席费的办法,来吸引议员回京和稳定在京的议员。

8月21日晚,各政团在甘石桥14号开协商会,商讨给常会出席费的办法。最后议定以维持费的名义给出席费。议员每出席一次会,不管此会是否能成会,(其实自驱黎政变之后,参、众两院一直流会。)均支洋50元,每星期统计后一次发给本周出席费,岁费另发。即出席费不算入岁费。当时吴景濂正在津与曹锐、王承斌商谈贿选经费的筹集及何时开总统选举会的问题。8月22日早晨由津回京后,协商会推辛

---

① 《申报》1923年7月23日。

汉等 12 名代表将协商结果告吴。8 月 23 日,吴与保派在京的经济人商定后派人向保定领回现金 20 万元作为国会议员常会出席费(每人每次 50 元)和宪法会议出席费(每人每次 20 元)。

8 月 23 日宪法会议,吴景濂主席。到会议员只 453 人,只好改开谈话会,商讨维持费发放的问题。马骧提出发维持费以吸引离京议员回京以便开总统选举预备会,说:"9 月 13 日以前非开大选会不可。未开大选会以前非开预备会不可。此当然之事。惟日期似可再为酌定。至支给岁费问题,发岁费则人人皆得支给;发欠费则第 3 班新参议员所领者不多。为维持机关计,似仍以发岁费为宜。"

籍忠寅则反对以维持费的名义,坚持仍以支借岁费的名义,说:"发岁费则支借方法如何均无问题。发维持费则法律上无根据。不独南下同人藉口反对,恐在京同人亦不肯受此无名之款,名为维持,实不能维持也。"

最后议定推定 8 人为起草员起草支借岁费办法。当即由主席推定参议院郭步瀛、王伊文,众议院马骧等 8 人为起草委员,定 24 日再开两院谈话会。

8 月 24 日下午,两院议员在众议院议场开两院谈话会。吴景濂主席。郭步瀛向大会报告起草宗旨:"起草员等此次起草,关于经费名称,有主张维持费者,有主张支借岁费者,有主张出席费者。讨论结果,以为维持费、出席费,法律上无根据。若用支借岁费名义,则不出席者亦可根据法律来索取,仍不足以达维持目的。最后乃定为《临时支给方法》,由国会预备费内支给。盖以《议院法》第 92 条有预备费之规定故也。草案共计 3 条。其原文云:'临时支给方法:1. 两院于每星期开常会时,出席议员得由国会预备费内支给一百元。2. 每次开会于会场计算人数发给出席证。散会时出席之议员以出席证换取支给证。3. 两院议员凭支给证于次星期一向会计科支领。'业由秘书厅散布是否适当,或别有较善办法,应请大家从长讨论。"①

---

①　《申报》1923 年 8 月 28 日。

王敬芳、李燮阳反对预备费,说:"不知其来路。同人若取得岁费以外之款,必受人以攻击。本人赞成维持,但不愿得此不明不白、有人包办之款。若云维持,则宜公开商量办法。"王敬芳则提出修正案,将标题改为《岁费暂行支给方法》。将第1条"由国会预备费内支给"删去,改为"借支岁费一百元"。但反对王的修正案者甚多。主席以王之修正案付表决,在场议员152人,赞成者77人,多数通过。谷芝瑞对表决提出异议,主席用反证表决,起立反对王之修正案93人,多数,王的修正案否决。郭光麟提议再反证表决,谷芝瑞诋王敬芳系大资本家,可不受款,但不能破坏大局。立即引起争论。

主席吴景濂说:"本席可以明白宣言者,此种款项政府实不愿接济反对党,固不得不如此规定。以岁费名义,则本席绝对的办不了。不然不出席者亦来支费,则不堪其扰。此款本属维持之宗旨,不过临时所筹之款,以对付拆台者之作用。务请大家本此宗旨,破除成见,共维危局,勿伤感情。不然摄政期间一过,全国无合法机关,不特危及国家,且亦自杀本身。而赴沪本被骗,刻已觉悟回京者不少。闻不日尚有百余人来京,万不可自闹意见,以遂他人拆台心愿。"争执很久,又对王敬芳修正案做一表决,在场171人,起立赞成者51人,少数。又以原案付表决,起立者147人,多数通过。并当即议定8月27日即施行①。

显然,以谈话会的形式变更《议院法》和《岁费支给规则》,自然是违法的。议员出席常会,是议员之义务,再支给出席费,自然是带有贿赂议员性质的支给。一经传出,自然遭到普遍的反对。舆论反对,离京议员反对,留京的一部分议员亦反对。参加24日两院谈话会的议员王敬芳以吴景濂用两院谈话会的名义,通过少数人的议决,变更《议院法》和《岁费支给规则》,认为这是枉法牟利,足为国会自杀的行为而愤然离京。离京议员汤漪等485人发出通电,历数吴景濂罪状,反对常会出席费。其电文如下。

---

① 《申报》1923年8月28日。

　　此次政变以来,同人相率离京,早经宣告中外。北京一隅,久已陷于有官吏而无政府、有议员而无国会之绝地。乃吴景濂为虎作伥,悍然不顾,明知留京议员事实上不足五分三,犹复滥用职权,续发宪法会议开会通告,其名义以制宪相号召,其实际以出席相羁縻。国会信用之破坏,议员人格之损失,在所不计,必使南下同人永无自由集会之一日而后快。其罪大恶极已为国人所共见。迨至宪法会议流会第 27 次以后,吴景濂乃揭开假面,竟于 8 月 24 日,利用会场集众谈话,以 152 人之到场,77 人之起立,通过支给常会出席费一案,每星期一百元。是则以一谈话会之结果,变更两院依法成立之法律也。查院法及岁费支给规则,既无出席费之规定,而宪法会议规则所规定之出席费,尤不能适用于常会。甚至以集众谈话而变更民国法律,增加国库负担,根本上为法外行动。在吴景濂宁不知之? 顾乃甘冒不韪以为之者,惟其以包办大选为生命,以依附军阀为后盾,而后举天下之恶而归之于一人而无所惧也。是知有万恶之军阀而后有万恶之吴景濂,有万恶之吴景濂而后有无恶不作之谈话会。以大典筹备处为狭小,而乃假神圣之议场为其尾闾。以大选票价为未足,而竟不惜变更已成之法律,公然行贿,此则不特目无国会、无法律,而且视全国无一人矣。用特列其罪状,诉诸公判,尚希邦人君子,一致声讨,大局幸甚。迫切陈词,惟希亮察①。

8 月 26 日,众议院副议长张伯烈致函吴景濂,认为支给预备费在法律上站不住脚,不如改为借支岁费。留京议员、前参议院议长王家襄也于 8 月 27 日致函吴景濂,认为以常会出席费的名义不妥,不如以补发岁费的名义为妥,同时指出用谈话会变更院法是违法的。众议院议员彭养光、韩玉辰依《刑诉条例》第 262 条在京师地方检察厅告发吴景濂、张弧、熊炳琦、王毓芝、刘梦庚等公然行求贿赂,共同触犯《刑律》第

---

① 《申报》1923 年 8 月 31 日。

142 条、第 83 条、第 386 条、第 389 条、第 26 条,要求检察厅"依法侦查,传唤各该被告人等到厅审讯,并即起诉,以慰天下之望。"①

8 月 29 日参议院常会,到会议员仅 115 人,不足开会的法定人数,流会,改开谈话会。黄佩兰、籍忠寅、熊正瑗、蓝公武反对 24 日谈话会议定的《临时支给方法》,主张以发所欠岁费的形式发款。董士恩、姚翰卿、宋汝梅则坚持《临时支给方法》,并故意顿足拍桌子扰乱会场,至无结果而散。8 月 29 日众议院常会,只到议员 265 人而改开谈话会。李国珍提出 24 日谈话会议定的《临时支给方法》违法,请取消。场中和者颇多。会议主席吴景濂见势只好宣布散会。部分留京议员以不领常会出席费来反对该费,且留京议员反对以出席费名义发款的方式者越来越多。吴景濂也觉得出席费弄巧成拙,决定采取变通办法。这样,9 月 6 日宪法会议因人数不足流会,改开谈话会。主席吴景濂让胡祖舜在会上提出出席费支出办法修正案。经胡说明后,均赞成,且议定不必讨论,即请于两院常会时遵照执行。胡的修正案为《岁费暂行支给办法》:1. 两院于每星期开常会时,出席议员得由国会岁费内支给一百元。2. 每次开会于会场计算人数、发给出席证,散会时出席之议员以出席证换取支给证。3. 两院议员凭支给证于次星期向会计科支领。4. 未出席议员岁费,俟国会经费拨足后,再行补给②。只是将"预备费"改为"岁费",换汤而不换药。且仍以谈话会的形式修改《议院法》和《岁费支给规则》,同样是违法的。

出席费只是让议员回京参加常会的,并不包括选举曹锟为大总统的收买议员选票的费用。也就是说,直系还要准备收买议员选票的钱,这是一笔巨资,必须先筹足。

曹氏弟兄在当时的中国是屈指可数的富豪。据当时的报纸公布的军阀财产统计表中,曹锟财产 5 000 万元,是首富。和张作霖的财产一

---

① 《申报》1923 年 8 月 31 日。
② 《申报》1923 年 9 月 10 日。

样多,在表中并列第一。曹锐的财产也在 1 200 万元以上。曹氏兄弟是当时出了名的吝啬鬼,自然不会掏腰包出选举费。事前曹锐答应先垫 100 万元,等筹到选举经费时再归还。就这样,当曹垫了 30 万元后就不肯再拿钱出来。并于 6 月 27 日电致内阁高凌霨、吴毓麟、程克和国会的吴景濂等人,说:"大选为国家大典,断无由私人出资筹办之理,当由国家代筹。项城之时用去将近 2 000 万,河间处顺水推舟之势,亦用去公款 500 余万,东海亦用去公款千余万。仲帅有大功于国家,更应由国家筹办,有例可援,并非额外。"①曹锐说得明白,自己一分钱都不掏。其实,曹锐不但不掏,而且还从包办选举中取利。这在所有的选举经济人中均如此。办大选可以渔利,不办则无利。

6 月 28 日晚,在王毓芝家,保、津派选举经济人会议,商讨大选经费,决定苏、皖、赣、直、鲁、豫、鄂、陕、甘、热、察、绥 12 省区分派选举费350 万②。虽然这些省的头目为巴结曹锟,也都各自认了摊派给自己的那部分选举款项,但却并未痛痛快快地汇出,多数都取拖的策略。这自然令保、津派经济人着急。此时,王承斌却独出心裁,欲拔头筹,取悦曹锟。

王承斌是奉天人。第一次直奉战争因曹锟怀疑其通奉,让王坐了冷板凳,致使王在第一次直奉之战中毫无建树,于是决定要利用大总统选举之机,急起直追。曹此时最愁选举经费,王急主子所急,决定利用手中的权力为曹筹款。这样,王就把一个好端端的直隶省闹得人仰马翻、鸡犬不宁。他以直隶省省长之权,以竭泽而渔之计,令各县知事向绅商筹款,大县负担二三万元,中县一二万元,小县一万或八千不等。直隶共 130 多个县,仅此一项就可筹得 200 余万元。另外,还派其属下军警在直隶境内捉财神,即逮捕贩毒分子 500 多人,集中移解大名府,交冀南镇守使孙岳审办。除将少量缴纳不起罚金的小贩毒分子如李七

---

① 《申报》1923 年 7 月 2 日。
② 《申报》1923 年 7 月 1 日。

五等枪毙,用以震慑有钱的毒贩缴纳罚金外,其余均关押在大名公园。以大名公园为会审所,特立一名目为"直隶临时会审处"的机构。将公园6个门全部堵塞,只留大门出入。将公园严密封锁。镇守署派监视兵20名,监视官2名、勤务兵2名(送文件及上街购物)。除勤务兵受长官命令可以出门外,所中职员、夫役及监视官兵入门后概不许出门。王承斌等定下,每名毒贩至少须交罚金一万元,否则枪毙。单这一项收入至少可得500万元。①

这样,在津、保各干将中,王承斌是筹款最多的一个。贿选的经费主要用的是王搜括来的巨款。王筹的经费自然由王来支配,这使其他大选经济人的处境尴尬。9月12日总统选举会失败后,大选经济人高凌霨、吴毓麟、程克、袁乃宽、熊炳琦、王毓芝、刘梦庚、边守靖等在甘石桥议员俱乐部开会,与吴景濂等各团体的28名代表筹谋解决办法。这些代表均认为如果款子无着落,则虽日日召集我们会议,亦无补于实际。选举经费由津方支配,应请王承斌来京。于是议定请王承斌来京亲自办选举。这样,吴景濂打电话请王来京。王于9月14日来京坐镇贿选。这无疑又提高了吴的身价。因为吴是王的表兄兼老师,这一对表兄弟正欲借机包办选举。曹氏兄弟已许愿,曹锟上台后第一任内阁由吴景濂出面组织。吴景濂则乘此有利时机,要推倒保派高凌霨内阁,为自己组阁做准备。吴景濂9月上旬电津派首领曹锐说:"大选不难,去高即有办法。""高不忠于三爷。"②同时吴还派人赴津面曹锐,催曹速速去高。吴、高之间乃至津派、保派之间围绕权力又出现狗咬狗的争斗。为了调和矛盾,9月29日,津、保派要人在北京甘石桥议员俱乐部开协调会,经过争吵,最后议定:总统大选概由津、保各要人共同办理,有功共得,有利均沾,不得独自邀功,阻碍大事③。

---

①　《申报》1923年9月12日。
②　《申报》1923年9月11日。
③　《申报》1923年10月3日。

筹得巨款的王承斌进京后，就留京坐镇收买议员。直系贿赂议员的工作大有进展。由于给足了参、众两院常会出席费，促成了一直陷于流会苦恼的参、众两院又能照常开会了。直系又将宪法会议和大选预备会的出席费提高到每人每次200元，将普通议员选曹锟为大总统的票价每张定为5 000元，特殊议员每张票价远高于5 000元。这对议员们来说，诱惑实在太大了。当时中上等收入月工资五六十元，已能维持小康生活。一个大学的教授月工资也不过200元。这样，很多离京议员又纷纷回京。这使9月10日的总统选举预备会和10月4日的宪法会议得以开成。10月1日起，津、保派贿选经济人又开始向议员发贿选支票。支票在大有、盐业、劝业三家银行兑现。即由此三家银行承办这项业务。每张普通议员的支票额为5 000元，支票有贿选经济人签名：孝记（王承斌字孝伯）、秋记（吴毓麟字秋舫）、兰记（王毓芝字兰亭）、洁记（边守靖字洁卿），共4种。支票只填了10月而未填具体日子，须在大总统选出后由开支票人补填日期并加盖私章才能支付，以防投资扔入水中。除普通票价外，还有1万元甚至1万元以上的特殊票价，以收买重要议员。如给吴景濂的票价为7万元，给张伯烈的票价为3万元，给钱崇垲的票价为2万元，给骆继汉、蓝公武的票价各1万元等。这笔贿选金实在太诱人了，不但很多议员甘冒身败名裂、遗臭万年的风险公开参加贿选以获得这笔巨款，而且连很多一直反对贿选的议员如奉天系议员、政学系议员，也经不住诱惑，以帮助他们保守回京参加总统选举会的秘密为条件，又偷偷溜回北京参加了贿选。

在曹锟收买议员选票的同时，张作霖、段祺瑞、孙中山的反直三角同盟为拆曹锟的台，也采取了"贿不选"的办法，在北京六国饭店设立专门机构，以每张6 000元到8 000元不等的价格，收买一些议员不参加曹锟的选举会，使选举会不足法定人数而无法开会。他们一共收买了40多名议员就罢手了，以为再有40几名议员不参加会，使总统选举会不足法定人数而流会已是绰绰有余，已是十分把握的事情。但有些议员是两头拿钱，在六国饭店领完钱照样参加总统选举会，再拿一份钱。反直同盟统计不参加总统选举会的议员人数时,并未想到这些议员中竟又有人偷偷溜回北京参加选举了。再加上直系已吸取 9 月 10 日的教训,对选举会进行严密的布置,严加控制,不让外界知道与会的准确人数。不但议场,而且连议员签到处都严加看守。同时对两院所有的工作人员从秘书到清洁工,每人均另给 2 个月的薪金,由吴景濂直接发给,共发给 8 万余元①,用钱来堵住工作人员的嘴。所以 10 月 5 日的大总统选举会的消息封锁得十分严,连与会到底多少人,外界都难以得知。

津、保派在曹锟当选大总统后,将付给议员买选票的支票全部兑现付出后,10 月 16 日对所用的贿选经费总结帐,其清单为:1. 各政团党费 324.2 万元。2. 特别票价 141 万元。3. 普通票价 304.5 万元。4. 特别酬劳费 32.4 万元。5. 宪法会议出席费 57.2 万元。6. 常会出席费 20 余万元。7. 招待处临时费 120 余万元。8. 冰敬、炭敬、夫马费 190 余万元。9. 秘密费 70 余万元。总计 1356 万多元②。财政部应履行的筹发经济调查局的经费为数不小,尚未算在内。这一项支出也是大选中买卖双方达成的条件之一。经济调查局是国会第二次恢复前位置民六议员的机构。此外,还有十几位富翁议员参加贿选不愿要钱而要求官职者,也都如愿封了官。这十几位富翁大多是蒙古王公等。

直系贿赂议员的巨款都是临时向民间搜括来的,曹锟自己当然分文不掏。

十二、各政团的宪、选协商会

1923 年 6 月 16 日国会参、众两院会合会议决以国务院摄行大总统职务。不管此议决合法与否,从留京议员的立场看,按《大总统选举

---

① 《申报》1923 年 10 月 9 日。

② 《申报》1923 年 10 月 26 日。

法》的规定,从国务院摄行大总统职务之日起,3个月内组织总统选举会,选举下任总统。从法理上说,议员应该酝酿选举总统的问题。事实上,曹锟急于当总统,津、保派急于将曹锟推上总统宝座。以曹锐为首的津派属急进派,认为通过法律的途径即通过国会选举太慢,更痛心花钱太多,主张绕过国会,由各地实力派拥戴曹锟入京就任大总统职。曹锐曾对财政总长张英华说:"照他们(注:指议员)这样无厌之求,那有许多钱。我们马上请三哥到京,谁还敢拦阻吗? 我已和翼青(靳云鹏)议定,不要他们这班东西。"①保、津派还策划了一种办法:大总统选举期不定,先以制宪为名开宪法会议,若遇宪法会议到会议员数达到大总统选举会人数581人时,即临时动议,提出改开大总统选举会提案。会场外用2 000名公民团、500名警察、500名军队包围会场,用1913年袁世凯逼选的办法,不选举出总统不让议员出会场。这些方案又为各大报纸所披露②。6月19日宪法会议开会时,就有公民团包围会场的事情发生。这自然引起留京议员的警觉,以免落入津、保派所设的陷阱中,怕将曹捧上了大总统宝座,自己一无所获。捧曹议员只是借捧的机会谋取私利,弄些钱花。故他们还要防止被少数政党党魁包办选举,为自己的私利和直系勾结廉价出卖议员。稍露头角的议员多存有不为牛尾之心,不愿再为少数党魁摇旗助威,而是独树一帜,组成政团,直接与津、保派经济人联系。这样,到6月下旬在京的国会议员组成的政团达50多个。即使两院所有的800多名议员都在北京,每团平均才十几个人。更何况当时留京议员远不足总数之半,都无法成会。故这些政团大多数是三五个人为一伙。这些小政团为权利结合,以金钱为转移,分分合合,令人眼花缭乱。连当时的报纸都难弄清到底有多少政团,各政团的大致成员是哪些。虽然这些议员害怕被少数党魁包办选举出卖自己的利益,但包办之事不可避免。因为既要向保定方面索取酬劳,不能

---

①　《申报》1923年6月16日。

②　《申报》1923年6月25日。

不派出极少的代表,不可能每个政团单独行动,即不能不有一致的行动,否则要不上好价钱。一致行动的本身必然含有包办,必然就会出现利益不均。如6月16日两院会合会,马骧提案,捧曹派议员当然赞成。但却不知此一起立赞成,已为人所卖。马骧即有5万元之进项,与起立者每人500元相比,自有天壤之别。驱黎政变中,民宪同志会得款30万元,因分配不均,导致分裂。此事暴露,各政团自然也不满。认为吴景濂包办此事而肥私,对吴更抱防备之心,防止吴再出卖多数议员的利益而谋取私利。同时攻击吴,并以不出席宪法会和常会为抵制,要求开各政团协商会,协商利益均分的保证办法,协商如何对付直系可能设计的陷阱。吴受各政团的攻击,也只好同意协商,否则将被各政团所抛弃。这样,就有了各政团6月21日、22日两次协商会。6月21日的协商会有30个政团派代表参加。6月22日的协商会有35个政团参加,未参加协商会的政团只剩十余个。这是自政团成立以来规模最大的两次协商会。其议定的几条原则是国会尔后几个月活动的依据,直至大总统选出,宪法制定为止。

6月21日晚,在众议院小议场,两院30个政团代表开协商会,出席的各政团及其代表为:1. 民宪同志会代表吴景濂、罗家衡、马骧、刘冠三。2. 宪法研究会代表籍忠寅、蓝公武、杜成镕、李文熙、熊正瑗。3. 民治社代表牟琳、宋桢、陈堃。4. 新民社代表邱冠荣、孔庆恺。5. 群治社代表雷殷、辛汉。6. 诚社代表骆继汉、胡祖舜、袁麟阁、范鸿钧。7. 宪政社代表金兆棪、丁文莹。8. 全民社代表谷芝瑞。9. 政社代表李榘、阮性言。10. 乐园代表贺廷桂、林炳华。11. 宣外200号代表王法歧、周克昌。12. 匡庐代表邹树声、陈友青。13. 均社代表钱崇垲、盛际光。14. 石驸马大街3号代表张佩坤。15. 宪法协议会代表班廷献。16. 宪友俱乐部代表李钟麟。17. 西河沿182号俱乐部代表景耀月。18. 颐园俱乐部代表张玉庚。19. 大中俱乐部代表傅师说。20. 明德学社代表于元芳。21. 观音堂10号代表许峭嵩、董庆余。22. 广誉社代表林绳武。23. 联社代表周珏。24. 顺成街33号代表陈士髦。25.

翠花街 17 号代表张复元。26. 水月庵 7 号代表谢翙元。27. 浩园代表傅梦豪。28. 果园代表贾庸熙。29. 法治统一会代表岳秀文。30. 适庐代表谭瑞森。这是会议册登记的代表。其实出席人数比这多。各政团的头目和骨干，一些担心被出卖的捧曹议员也都赶来出席协商会。当然也有个别的反对 6 月 16 日两院会合会议决的政团成员出席会议，如属政学系的宪政社亦派代表金兆棪、丁文莹出席了协商会。

　　当场公推民治社代表牟琳为临时主席。牟登台报告："值此时局紧急之秋，欲谋根本解决之计，责任全在两院同人。故今日特约各政团代表诸公到会，本集思广益精神，以谋共策进行之大计，务望诸公各抒所见，以救此危亡之局。"王法歧发言："今日未协商各项办法之先，本席须先质问吴议长者三事：1. 前日宪法会议开会时，突有公民团包围议会之事发生。吾人欲促宪法，必先予吾人安心制宪之保障。吴议长与军警当局交涉之结果，此后究竟能否保障宪法会议之安全，此应质问者一。2. 值此时局纠纷，谣言繁起之际，外间相传宪法会议开会时，将有胁迫变更议事日程改开总统选举会之事，此亦为吾人不能安心制宪之一原因。吴议长究竟能否负决不变更议事日程之责任？此应质问者二。3. 制宪经费有无具体办法？此应质问者三。请吴议长立即答复。"①

　　保、津派，派中有派，大选方案层出不穷。其中就有以制宪为借口，待够选举人数时，由吴景濂控制会场，立即转为总统选举会，以公民团和军警包围议场，强迫议员选出总统这种逼奸的方案。议员怕落入这一圈套，故自驱黎政变后，一些议员不敢轻易出席宪法会议，致使宪法会议屡屡因不足法定人数而流会。捧曹议员怕落入这种圈套，竹篮打水，选举费分文捞不到，故时时先要防范当局设这种圈套，王法歧首先揭破此事。

　　吴景濂只好登台作答："王议员法歧所质问之三点，正本席欲向同

　　①　《申报》1923 年 6 月 26 日。

人报告之事。1. 前日公民团包围议会之事,已由警厅探查明白,确为存心破坏国会者所为。连日与军警当局严重交涉,已由军警当局担保此后再不致有此种公民团发现。景濂可对同人负完全责任。2. 宪法会议变更议事日程选举总统之谣言亦系存心破坏宪法者所捏造。景濂奔走国事数十年,决不肯冒大不韪而为此违反人心之举。宪法会议既系景濂主席,则景濂不变更议事日程,谁也不能变更议事日程,今日可对同人宣誓,决不做此违法行为。亦望同人共同遵守法津,在宪法会议之时,切勿贸然有变更议事日程之提议。总之,吾人头可断,违法之事不可为。此层请同人放心,景濂可以担保。3. 制宪经费一层,今日交涉之结果,已由中国银行拨到现款 10 万元,余数亦可陆续照拨。景濂亦可完全担保。以上三点,均请同人不必顾念。景濂在京一日,当根据法律以谋保障国会、促成宪法之计,只求同人勿轻信谣言,自相猜忌,则时局必可渐就法律上之轨道。以袁世凯之专横,吾人尚能本护法之精神,与之奋斗,维此垂危之法统,使今日吾人尚有从容言法之余地,足见人心不死,天道尚存。尚望吾同人共同努力,见怪不怪,则存心破坏国会、破坏宪法者,均无由施其鬼蜮伎俩矣。"①

宪友俱乐部的头目王谢家大呼:"国会同人不要自杀,则一切问题自可依法解决。"

王敬芳发言:"此后宪法能否促成,时局能否依法解决,全视吾人院内之行动如何为转移。同人如能共同守法救此危亡,则虽千万阴谋家亦不能破坏同人促成宪法及依法解决时局之计划。连日外间所传各节,纵非谣言,吾同人果能同抱头可断、法不可违之精神,则本席可以断定,同人终能实行依据法律解决一切时局之责任。今日既为吾同人第一次之协商会,本席以为宜将各项办法,提纲挈领,一一表决,以为吾人院内行动之标准。"

吴景濂:"今日系两院各政团之第一次协商会,须由各代表尽量发

挥意见,再付表决。"

宪政社的李肇甫说:"先由各政团分别协商,提出意见,再开协商会。"

宪法研究会的蓝公武说:"既谓之协商会,须各代表到会协商,以多数政团所主张之办法,为最后之结果。亦即吾同人所应共同遵守之协定。值此时局纠纷,只期有最后妥善办法,则协商会无妨连开数次,以有办法有结果为止,似无各个政团预先提出办法之必要。"①

宪法研究会的籍忠寅说:"今日为第一次之协商会,虽不能求具体之结果,然须大约决定吾同人所应协商之范围。以本席之见,吾同人今日所应协商者,厥有两点:1. 如何而后可以促成宪法会议,可以安全开会,如何而后可以促成宪法。2. 总统选举会开会日期,究竟定在何时。将此两点协商妥协,则一切之争端,一切之谣言,不难迎刃而解。"②

最后以籍的动议征询代表意见,均无疑义。遂决定 22 日晚再开第二次协商会③。

6 月 22 日,在众议院小议场,两院各政团代表开第二次协商会。到会政团除 21 日晚 30 个出席外,当晚又有壬戌俱乐部、漠南寄庐等 5 个政团加入。故当晚的协商会共有 35 个政团代表参加。仍公推民治社代表牟琳为临时主席。按照 21 日晚协商会所定的"如何而后可以促成宪法"及"决定大选日期之范围"等两个问题进行讨论。

宣外 200 号的王法歧提出制宪办法 11 项:1. 关于除去障碍者。(1)禁止公民团发生。(2)对于上次两院会合会是否合法,不必争持。(3)内阁须有负责之人,张总理有使之复职之必要。(4)宪法会议不变更议事日程,以安人心。(5)大选须与公布宪法同时行之。但 3 个月内不能公布宪法,则另定大选日期。2. 对于积极进行者。(1)制宪经

---

①　《申报》1923 年 6 月 26 日。

②　《申报》1923 年 6 月 26 日。

③　《申报》1923 年 6 月 26 日。

费如期发放。(2)彼此互劝出席。(3)宪法会议少讨论、多表决。(4)宪法会议时不必为绝对之主张。(5)秘书查点人数,须由议长负责。(6)不出席即扣费,以示惩罚。

宪法研究会代表熊正瑗发言说:"欲促成宪法,须先谋安全制宪之保障。本席主张:1. 即开大选预备会,决定大选日期,以免对手方为法外之行动。2. 大选会须另定议场,以免各方面怀疑宪法会议开会时有变更日程,即时改开大选会之举。3. 大选会可另定主席,以免各方面对于吴议长有所怀疑。4. 于40日或45日内,将宪法全部完成。"①

政学会的王猷说:"1. 禁止公民团包围。2. 防止宪法会议时变更议事日程。同人疑点一释,则宪法会议自可开成,宪法始有速成之希望。"②

吴景濂的心腹、民宪同志会代表马骧说:"1. 一致维持宪法会议。2. 禁止公民团发生。3. 查办军警当局。4. 宪法会议不变更议事日程。5. 如期发放制宪出席费。皆为连日协商会同人共同之意见,请主席先付表决。其他不同之意见,再陆续协商可也。"③

颐园的彭汉遗说:"欲促成宪法,须先开大选预备会,决定大选日期。于是各方面可以安心,吾同人始可安心制宪。本席主张下星期三(27日)即先开大选预备会。"

郭光麟说:"请以王法歧所提出之11条办法先付表决。"

主席说:"可按照马议员骧所提出同人连日协商共同之点先付表决。王议员法歧第1中的(3)项办法,系主张张绍曾复职,非同人共同之点,须分别表决。"

西河沿182号的代表张益芳说:"1. 军警能保障公民团不发生,宪法会议自能开会。2. 保障宪法会议时不变更议事日程,宪法会议自能

① 《申报》1923年6月27日。
② 《申报》1923年6月27日。
③ 《申报》1923年6月27日。

开会,请同人就此两点研究。"

宪法研究会的蓝公武说:"请以同人共同之点先付表决。"

群治社的代表潘大道说:"此次宪法会议不能开会之原因:1. 恐怕军警及公民团包围,迫胁选举总统。2. 两院同人百余人对于前次解决黎元洪辞职问题之两院会合会认为无法律上之根据。今日欲就二点谋救济之方:1. 须查办军警当局。2. 须容纳津派议员之意见,而以宪法会议解决黎元洪离职问题。"①

诚社的骆继汉说:"潘君所提之两项救济办法,第一点查办军警,为两院职权以内之事,尽可分头提案,自由连署,各自提出于本院。第二点所谓对于前次解释黎元洪离职问题之两院会合会认为无法律上之根据,须再开宪法会议救济之。在法律上观察,未免错误。须知以宪法会议解释总统任期,系尚未公布之《宪法草案》上的规定,非现时吾人应共遵守之《约法》上的规定。《约法》上既对于解释总统任期无明白规定条文,则潘君根据何种法律可以武断前次之两院会合会为不合法?至谓津派百余人之反对,均应容纳其意见,而推翻前次之表决,则他日赞成派又来反对今日反对两院会合会之人,潘君有何法可以救济?请潘君及津派同人注意法律上规定'未出席之议员不得反对出席议员之表决'。津派同人纵以两院会合会为不当,尽可于当日出席,在院内为严重之反对。今者事过境迁,断无推翻表决另谋救济办法之理。"②

蓝公武说:"潘君所主张查办军警一层为同人共同之主张,当然可以赞成。惟所谓推翻前次会合会另以宪法会议解释黎元洪离职问题一节,系误会当日两院会合会表决之性质。大总统因故去职,须按照《大总统选举法》第5条第2项办法,是法律上当然之手续,不待两院会及任何会议之表决,即可依法实行。前次会合会之表决,不过同人于兹时局紧急之际,对于法律上当然之手续,重为一度之声明而已。此种手续

---

①　《申报》1923 年 6 月 27 日。

②　《申报》1923 年 6 月 27 日。

问题,似无另谋救济之必要。如以两院会合会解决此问题为不当,以宪法会议解决此问题,法律上之根据又在何地? 故本席认为愈救济愈纠纷。今日所应切实协商者:1. 如何而后可以促成宪法。2. 如何而后可以依法解决时局。至于赴津议员百余人,其中爱护国会、爱护宪法者不能无人,然别有目的、别有肝肠者亦在少数。而且前次发出宣言中之署名人物,其中不少出席前次两院会合会之人。他如江西议员李国珍、邱珍、熊正瑗、黄缉熙4人,则均未赴津、未签名,而彼等亦将其名加入。一省如此,他省可知。似此则津派同人发出之宣言,同人只可承认其为两院少数议员之一种意见,能疏通固善,不能疏通亦不能因此少数议员之意见而中止同人之进行。”①

李肇甫说:“潘君所提议之两点,本席认为即今日宪法会议不能开会之病源:1. 查办违法之军警当局是两院职权分内之事。2. 以宪法会议救济前次之两院会合会,亦容纳津派同人意见之惟一办法。同人不要以自己之主张是对的,是维持国会,是促成宪法,他人之主张是不对的,是破坏国会,是破坏宪法。本席平日与蓝君私交甚笃,深信蓝君之人格甚高,不致为任何方面帮忙。不过蓝君今日之言论,武断津派同人为破坏国会,誓不承认。本席亦津派宣言署名之一人,自信是良心上的主张,是爱国会的、爱法律的。深信值此纷纠之时局,如同人一致主张以‘总统’、‘宪法’两问题同时并进,或可做通。否则可以武断任何方法、任何压力,终归两败,本席且当誓死坚持到底。”②

王敬芳说:“今日协商会目的,在调和各派意见,共同协商促成宪法、解决时局之办法。对于蓝、李两君意见上之冲突殊觉悲观。至于前次会合会解释黎元洪离职一节,因法律上本无明白之规定。谓之为合法,固无法可合,谓之为违法,亦无法可违。望同人仍本协商之精神,将

---

① 《申报》1923 年 6 月 27 日。
② 《申报》1923 年 6 月 27 日。

各项共同办法,先付表决。"①

乐园的孙润宇请主席付表决。

主席以 1. 两院同人一致维持宪法会议,彼此劝勉同人出席。2. 禁止公民团包围议会。3. 查办此次肇乱之当局。4. 宪法会议不能变更议事日程选举总统。5. 制宪经费如期发放等 5 项付表决,众无异议,通过。主席请讨论总统选举日期。

宪政社的金兆棪请先以"选举总统日期与公布宪法同日行之"付表决,再行讨论大选日期。颐园的彭汉遗主张下星期三(27 日)开大选预备会时再定选举日期。王敬芳主张 7 月 23 日以前完成宪法,7 月 26 日公布宪法,选举总统,8 月 1 日为新总统就职期。籍忠寅主张将"选举总统日期与公布宪法同日行之"先付表决。至于大选日期 7 月 26 日太促,不如以 8 月 1 日或 8 月 15 日为适中。李肇甫主张 9 月 1 日为选举总统公布宪法之期,可以调和津派之意见,使新总统于 10 月 10 日就职。

主席以 1. 选举总统与公布宪法同日行之。2. 8 月 15 日上午选举总统,下午公布宪法。3. 两星期内开大总统选举预备会。4. 派牟琳、金兆棪、潘大道、张益芳 4 人赴津挽劝在津同人回京,共同促成宪法。——付表决,众无异议,均通过,遂散会②。

这两次政团协商会,达成了 3 条协议:1. 确定了选举日期。2. 严禁公民团包围议场。3. 宪法会议不许变更议事日程。第 1 条,意在让保定的曹锟放心,国会肯定选举,以遂其愿。这可使直系不要行非常手段,如兵变、如拥戴。第 2 条是预防直系逼迫选举。第 3 条是防止吴景濂和直系勾结,出卖捧曹议员的利益。按《临时约法》和《大总统选举法》的规定,自高凌霨代理内阁摄行大总统职务后 3 个月之内,国会必须组织总统选举会,选出次任大总统。即选举总统是国会应尽的法律

---

① 《申报》1923 年 6 月 27 日。
② 《申报》1923 年 6 月 27 日。

责任,如不能按时选出总统,便是国会违法失职。议员们心里也都很清楚,一旦开总统选举会,曹锟必然当选,无人与曹竞争。但议员们对开总统选举会顾虑重重,设置种种障碍,说穿了,就是要用手中的选票敲诈勒索更多的金钱,且必须保证这种敲诈万无一失。犹如绑票的江洋大盗,保证勒索的金钱到手永远是第一要务。各政团两次协商会就是为了统一议员们的思想和步调,以确保敲诈万无一失。第一届国会堕落到如此地步,已是不可救药了。

　　7月初,各政团派出以曹锟的把兄弟、全民社头目温世霖为首的各政团代表团赴保定面见曹锟,表示国会议员拥戴曹为大总统,说服曹不要采取政治手段获取大总统之职,应仍由国会选举。

　　7月7日和8日,国会在京的30多个政团又在京连续开了两次协商会,讨论吸引议员回京的办法。议定先制宪后举总统的策略,以便吸引议员回京。并决定以国会的名义,发出先宪后选的通电。并再次派温世霖、牟琳等赴保定向曹锟解释国会的上述策略,并请曹也发出先宪后选的通电,以配合国会将离京议员吸引回京。

　　当时国会议员,不管是留京的、赴津的、赴沪的,有相当一批人是以捞钱为目的,利用同乡、朋友关系,组成各种小政团,并进行分工。如以2人赴津,2人赴沪,多人留京。若津、沪给议员发钱,则在津、沪者设法为留京者代领,万一不能领时则急电通知本人往领。在京者对赴津、沪者所负的义务完全相同。这使得京、津、沪的议员总数一直处于变动之中,难以准确统计。随着津保派筹得巨款,加大了贿赂议员的力度,不但宪法会议给出席费,常会也给出席费,离京议员回京者越来越多,政团协商会定下的吸引议员的策略才得以实现。

十三、第三期常会会期的延长和议员任期的无限延长

　　第一届国会自第二次恢复后,成绩寥寥,劣迹不少。舆论和民众对

国会的不满与批评日盛。众议院议长吴景濂等投靠曹锟,秉承曹锟的旨意,制造了罗文干案,包办内阁,驱黎政变中充当帮凶,为曹锟当选大总统多方运动。参议院自 1922 年 10 月 11 日第三期常会开会后,两派围绕着议长的角逐,纠缠不休,使参议院陷入半瘫痪状态,无法维持正常的议事活动。就是这么一个国会,议员们为了自身的利益,却将常会会期一再延长。在常会会期无法再延长时,又利用手中的立法之权,通过法律,将议员任期无限期延长。

第一届国会第三期常会到 1923 年 2 月 10 日即将届满,大多数议员主张延长会期,其表面的理由是宪法未成,延长会期制定宪法。表面理由冠冕堂皇,说是为国,其实在的原因则在营私:如果闭会,手中就无权。不但不能操纵政局,捞取额外的好处,而且连岁费都难支领。当时北京政府财政极度困难。各个部、国务院秘书厅、总统府的职员均欠薪,军队普遍欠饷。

1923 年 1 月 23 日,众议院常会,吴景濂主席。全院委员长马骧提出动议:依《中华民国国会组织法》第 11 条的规定,将第三期常会延长会期 4 个月。议员陈家鼎提出修正案,将第三期常会延长会期 2 个月。议员们自然是希望会期延长的时间越长越好。先以陈家鼎的修正案付表决,赞成者少数,否决。再以马骧的动议付表决,赞成者大多数,可决。马的提案通过后,即移付参议院征求同意。

2 月 2 日参议院会。对众议院移付延长会期 4 个月的咨文经表决,多数赞成,可决。议员陈铭鉴动议自 2 月 11 日起两院休会 15 日,再继续开延长会期 4 个月的会,经表决,赞成者大多数,可决。也就是说,2 月 11 日第三期常会到期,先休会 15 日,到 2 月 26 日再继续开延长会 4 个月到 6 月 26 日。参议院将自 2 月 11 日起休会 15 日,再继续开延长会期 4 个月会案移付众议院求同意。

2 月 7 日,众议院常会,讨论参议院移付的休会 15 日案,经表决,大多数赞成,可决。

6 月 4 日,参议院会因不足法定人数,改开谈话会。议员潘大道、董昆瀛提出,国会延长会期至 6 月 26 日,眼看届满,应商定应付办法。于是决定下次会议专门讨论解决会期问题。

6 月 8 日参议院常会,谷嘉荫为临时主席,讨论第三期常会延长 4 个月届满时应如何再延长的问题。董昆瀛主张"延长到第四届常会前一日为止"。张树楠主张延长至本年 10 月 10 日为止。显然张的主张又把上次议决自 2 月 11 日起休会 15 日后再延长会期 4 个月的议决否定了,而把休会的 15 天又算在会期之内了。娄裕熊主张"延长会期到 9 月 30 日止"。最后,主席以"本届会期延长至 12 年 10 月 10 日止"付表决,赞成者,多数。即由秘书厅备咨文移付众议院求同意①。

6 月 13 日,众议院常会,讨论参议院移付的再延长会期案。基本上无大的讨论,即付表决,大多数赞成,通过。

第三期常会会期为 4 个月,经两次各延长会期 4 个月,共延长 8 个月,为常会会期的 2 倍。这完全是议员们为了操纵政局和将议会当作争名争利的场所所致。但再延长也总是有时间限制的。故当 1923 年 10 月 10 日临近时,议员们又开始谋无限期延长的办法。即通过对议员任期的无限延长,议决"议员职务应俟下次选举完成,依法开会前一日解除之"的条款,来达到无限延长任期与会期的目的。

第一届国会 1913 年 4 月 8 日正式成立,众议员任期 3 年,到 1916 年 4 月 7 日即届满应全部改选。但旧议员利用其对法律的解释权,违背"主权在民"的原则,将其任期延长到 1923 年 10 月 10 日。就是按议员们自己解释的任期,也总有到期的时候。这样,从 1923 年 7 月开始,恋栈的众议员们就开始筹划如何将自己的任期无限期地延长下去的方案。

1923 年 7 月 25 日,众议院常会,吴景濂主席。这是自 6 月 13 日驱黎政变后众议院发议程开的第一次常会。由于此时国会因驱黎政变而产生分裂,一些议员离京赴津或赴沪,宪法会议从 6 月份开始一直因人

---

①　《申报》1923 年 6 月 12 日。

数不足而流会。这天众议院常会一再延会，也只到 251 人，不足法定人数，无法开议，改开谈话会。诚社的骆继汉提出："现在时局凌乱，国家合法机关只剩一国会。（按：此时大总统被驱逐，国务总理也被放逐天津，在京合法的内阁阁员不足半数）如国会不能维持，是全国政治上无一合法机关矣。故维持国会机关为当今要图，维持之法有三。1. 调查在京议员人数。历次宪法会议，本院议员出席宪法会议者，常在 340 人之谱，以开常会当无不足之理。而何以今日常会反告不足，是上次小议场之集会，各代表与当局会面之结果不无关系。2. 岁费问题。当初曹使致电国会，承认由银行方面垫拨 30 万元，至今多日，未见拨到。是政府之无筹款能力，于此可以证明。不然 30 万元之小款在政府何以一再迟延，致令同人失望。3. 延长任期问题。若由自身提出，实有关于自身之体面。本席主张由政府咨询国会，请讨论延长任期，或由参议院提出。其理由即共和国家不可无国会。即欧美各国先例，亦多有可以援引之处。"吴景濂立即表示赞成骆说。彭汉遗发言说："岁费关系同人自身，请大家帮忙去催岁费。王茂材君所提出之修正国会组织法案，列入议事日程已有两月之久，并无伤于本院颜面之处，本星期五开会之时仍可继续讨论。"①

　　参议院 7 月 25 日常会也因出席只 88 人改开谈话会。张鲁泉提出要维持国会，须先将延长众议员任期案解决，主张由参议院派员与政府交涉，由政府迅速提出延长众议员任期案。临时主席谷嘉荫征得众人同意后，指定张鲁泉、陈铭鉴、侯汝信、郭步瀛、陈寿如、赵时钦、林炳华、阎秉真 8 人为代表向政府交涉延长众议院议员任期案。同时，吴景濂也备咨文催政府尽快向国会提出延长众议员任期案。但高凌霨、吴毓麟认为延长众议院议员任期关系重大，不敢负责，怕引起各方的反对。于是决定通电各省征求意见后再决定，即采取推诿的办法。征求各省的意见，弄不好就要闹成一场反对国会的政潮。指望政府提出延长众

①　《申报》1923 年 7 月 29 日。

议员任期已不可能,于是在吴景濂的运动下,决定由参议院提出此案。这样,参议员郭步瀛等起草提出《提议国会第三期常会延长至众议院议员第二届召集开会之前一日止决议案》,列出了4条理由:1. 众议院议员任期只剩两个多月,若不延长会期,制宪工作难于完成。2. 若众议院议员任满即行解职,在南北未统一前,如第二届众议员选举不成,就只剩参议院一院无法行使国会职权。3. 众议院第三期常会延长,自然参议院第三期常会当然得同时延长。4. 国会遇特别故障任期延长,英国已有先例可援①。

　　离京议员褚辅成、汤漪等致两院留京议员,反对延长任期案,认为6月13日驱黎政变发生后,国会中断,国会应该奋斗以恢复政变前的局面,而不应附逆助贼。这只是从当时的政治斗争出发而言。其实国会制宪不算法统分裂时期的护法国会的制宪,前后也进行了三年多,竟然制订不出一部宪法来。这是这些可爱的议员们严重失职的结果。但这些气壮如牛的议员们却是利用自己的过错作为延长自己任期的理由,且振振有词。天下哪有这样的道理?如果10年、20年都制定不出一部宪法来,难道国会议员的任期就应延长10年、20年吗?这些议员还振振有词地援引一些老牌民主制国家的先例,但这些议员却不敢说,正是这些国家的议会,凡涉及议员本身利益的问题,如增加议员岁费、变更议员任期,议员均不敢自己提出相关的提案,均由政府提出这方面的提案。即使国会议决有关自身问题的政府提案,也都是从下一届的国会开始实行,没有本届国会自己议决自己受惠的例子。

　　8月1日,参议院会出席议员81人,改开谈话会。张鲁泉、侯汝信将国务会议议定仍由两院自动提出众议员延长任期案,再咨交政府执行报告众人,议决将议员郭步瀛提出的《提议国会第三期常会延长至众议院议员第二届召集开会之前一日止决议案》列为参议院下次会议(8月8日)议事日程第一案。8月8日参议院会,到会议员72人,改开谈话会。由于按《国会组织法》同一议案不能同时提出于两院,参议院又因人数离法定数相差甚远,难成常会,若仍将《提议国会第三期常会延长至众议院议员第二届召集开会之前一日止决议案》列入参议院议程,众议院势必不能提出为议题,两下均有耽误,于是议定将此案暂不列入参议院议程,让众议院先行提出讨论。这样,就由众议院提出给自己延长会期案。延长众议员任期关系议员的切身利益,故 8 月 29 日,众议院常会议事日程即将众议员延长任期案列入议事日程,因当日出席议员 265 人,不足法定人数流会而未讨论,但决定下次会仍列入议程。

由于 8 月 24 日两院会合会通过了每周常会也给出席费 100 元的议决,在沪议员已于 8 月 16 日领得沪方岁费,有二三十人先后随北京国会派往上海运动议员回京的张鲁泉回京,在京议员也因每周常会可得 100 元而踊跃出席会议。9 月 7 日众议院第 62 次常会到 302 人,这是自 6 月 13 日政变以来,众议院常会第一次足法定人数。由于延长众议院会期与议员利益相关,故会议一开始,即对议程中的第一、二案以等当局出席为由不议,急急忙忙议第三案,即议员王茂材等提出的《修正国会组织法》案,修正《组织法》第 7 条,加一项“前项议员职务,应俟下次选举完成,依法开会之前一日解除之”。提案人王茂材未出席,奉楷出席说明提案理由。全院委员长马骧以此案重要为由,请议长当场指定审查员的动议通过。议长吴景濂当即指定王敬芳、胡祖舜、牟琳、马骧、徐傅霖 5 人为审查员组织特别委员会。王敬芳立即发言:“本席不赞成众议员延长任期,请主席取消审查员资格。”这样吴又指定孙润宇取代王敬芳为审查员。当即审查后由特别委员会委员长胡祖舜向大会作审查报告:“审查会对王议员修正案认为可以成立。其理由:1. 众议院任期将满,国会万不可中断。2. 国家政争,终无统一希望,不可不有统一之国会以维系之。惟原修正案系专对众议院而言。中华民国国会由参、众两院组织成立,对参议院议员任期亦须为之顾及。故修正如次:第 7 条下增加一条:前两条议员职务,应俟下次选举完成,依法开会之前一日解除之。"主席立即以赞成即开二读会付表决,多数赞成后,即开二读会。主席又以特别委员会修正案付表决,在场308人,起立者260人,多数通过。万钧请即开三读会的提议经表决通过后立即开三读会。三读会上,只对个别文字略加修改后,主席即以全案付表决,在场308人,起立赞成者261人,多数,可决。修正案通过。即咨达参议院。延长任期案在短短两个小时不到即草草通过三读会①。

众议院一通过延长议员任期案,各界立即通电反对众议院在两个小时内自行通过众议员任期延长案,并警告参议院要否决该案,把希望寄托在参议院。留京的部分参议员也发表声明,反对众议员任期延长案:

> 此次国会重光,一年以来,毁誉参半。喜我同人,始终尊重法律,不作法外行动。此心可质天日,可告国民。自众议院延长任期案移付来院后,全国舆论为之哗然。我同人不乏明达之士,对于拂逆舆情、毁弃法律之议案,自有正当主张,以保存国法之尊严、同人之人格。惟一般同人或有未审此案之利害,谨扼要为诸公言之。溯此案自发生以后,即招舆论界之攻击,或谓系大选之交换条件。夫大选为国会职责,决不受政潮鼓荡,使国家常陷于无政府之险境,尤不能对于任何方面为条件之要挟。本院同人苟能本此大义,昭告国人,必能得多数国民之信仰,而为中华民国国会史上之优点,此理至明,尽人可喻。惟众院为任期所限,切身权利所关,昧然有此越轨行动,同人等不能不加以纠正,俾国人晓然于参议院议员十年以来尊崇法律之主张,始终不渝,亦以保全众院议员之人格,使毋贻毁弃法律之羞。盖两院制之优点,即在甲院可以纠正乙院之失,俾法律方面不受政潮激动而发生破坏,亦不因权利冲突而引起政争。故两院制结晶之点即在于本院能调剂各方面之不平而使国家永处于巩固不摇之地位。以是之故,本院惟一之职责,即在于

---

① 《申报》1923年9月11日、30日。

守法二字。诸公守正不阿,决不以鄙人之言为过激。万一同人不察,昧然通过,则国人为维持国法计,必将有严厉之抵制。此时不仅众议院议员为全国所唾弃,即本院亦将与之皆亡。此为本院同人生死关头,谨掬血忱,伏希鉴察①。

9月21日,陕西省议会副议长侯国藩和议员刘岩、翁同文等33人通电反对众议院延长任期案:

> 报载9月7日众院以该院任期将满,不可中断,到会308人,以261人之多数通过延长任期等语。查民国之必需国会,原期代表人民以谋国家富强、人民治安也。去岁国会二次复活,国人之最终希望,原欲宪法早成以谋统一也。乃其结果竟成相反。两院议员终日捣乱,惟利是趋,投票出席等为交易,金钱为其目的,国家置诸脑后。不特国计民生各案迄未置议,甚至根本宪法,流会已至35次。惟于切己关系之延长任期案则踊跃出席,支领出席费则争先恐后,天良实已丧尽,似此将何以为国?宪法则于12年间不能成立,此次延长任期则于顷刻通过,实为无耻之尤。恶例一开,虽延百年亦何不可?思往征来,此等议员有何后望?欲其制宪,决非所能。若再听其自行延长任期,更不知将演何种丑象。与其保留徒害无益之众院议员,将来贻羞于中外,无宁即早根本铲除,另辟解决国是之新径。盖国会成立十有二载,耗费不赀,成绩毫无,种种秽史,擢发难数,污国实甚。国会议员之自绝于人民,早已大暴于天下。害群之马不除,前途绝少希望。同人等对于国会议员呕心泣血历有年所,所延长任期誓不承认。人之爱国,谁不如我,务祈一致坚决主张,不胜翘企之至②。

人们又一次将希望寄托在参议院能否定众议院通过的延长议员任期的《修正国会组织法》案。而很多参议员口头上表态要否定众议院

---

① 《申报》1923年9月30日。
② 《申报》1923年9月30日。

的无限延长议员任期的提案。显然,从后来参议院以绝对多数通过了
此案的结果看,有些议员又一次玩起了两面派手法。其实主要因为延
长众议院议员任期的提案,也涉及参议员的利益。因为《议院法》规
定,两院必须同时开会。如众议员任满而新一届众议员又未产出,众议
院势必不能开会。众议院不能开会,参议院也就不能开会,也应停会,
参议院也形同虚设。这样,参议员的大多数自然同意议员任期延长案。
因为这些议员考虑的不是国家利益,考虑的不是如何来维护国会制本
身,而只考虑他们自身的利益。

　　参议院自第三期常会开会以后,由于议长选举中两派以不正当的
手段明争暗斗,使参议院处于半瘫痪状态,开常会足法定人数而成会的
次数屈指可数。1923 年 6 月 13 日驱黎政变后,一些参议员离京,致使
参议院 3 个多月都因不足法定开会人数而不能成会。所以众议院移付
的《修正国会组织法》案,到 9 月下旬都不能开议。眼看众议员自己解
释的任期也都快到了,这自然使留京众议员们十分焦灼。众议院议长
吴景濂、副议长张伯烈等人更是坐立不安。吴、张也就顾不得议长身
份,只好自己亲自出面疏通参议员出席参议院会,并用增加宪法会议出
席费的办法引诱离京的参议员和众议员回京。同时,还利用让众议员
以乡谊来动员同乡的参议员出席会议。经各方疏通,参议院定于 9 月
26 日开常会通过《修正国会组织法》案。吴景濂很清楚,此时的很多参
议员们也是无利不起早之徒,不给好处是难于确保参议院 9 月 26 日的
常会能足法定开会人数而成会的。于是吴也使出其惯用的手段,以增
加参议员出席 9 月 26 日会议出席费的办法来促成参议院通过议员任
期延长案。吴与众议院各政团的头目协商决定,9 月 26 日众议院常会
停开,将这次众议院常会出席费全部挪作参议院 9 月 26 日常会参议员
的出席费。这样一腾挪,出席 9 月 26 日参议院常会的参议员每人约可
得出席费 300 元。同时,吴景濂又设法从众议院挪出部分现金,给参议
院秘书厅发了半个月的薪水,以便让参议院秘书厅配合,以促成 9 月
26 日参议院的常会。正是在吴景濂、张伯烈的全力运动下,参议院 9

月 26 日的常会才成会。

　　9 月 26 日下午 2 时参议院常会。谷嘉荫为临时主席。按议事规则，议员到会不足法定人数可延长时间两次，每次 30 分钟，若仍不足法定人数，即应宣布延会即散会。但当天参议院会因不足法定人数，延长时间三次，每次各 30 分钟才足法定人数。众议院移付的《修正国会组织法》案列为参议院当日议事日程的第二案。由于害怕讨论当日议事日程中的第一案《国际法庭公约》案占时间长而影响讨论第二案，更怕讨论第一案时一些散漫惯了的议员像往常一样中途再退场而使常会不足法定人数而中止。故一开会，议员赵成恩立即提出动议，变更议事日程先讨论第二案，经表决，多数赞成，可决。本来参议员李广濂、李槃对此案各有修正案提出，会议主席让二李分别说明提案理由，立即为张鲁泉以二李的修正案可一并交付审查会审查为由，阻止了二李的发言。接着对《修正国会组织法》案一读。按常规，应安排赞成、反对的议员相间发言。但接下来宋汝梅和潘江的发言均是赞成众议院修正案，并立即议决指定宋桢、娄裕熊、赵世钰、陈铭鉴、纳谟图 5 人为审查员，即日审查。这 5 名审查员从下午 3 点 30 分到 3 点 45 分，只用了 15 分钟的时间就审查完毕，由宋桢向大会作审查报告：审查结果，对该案一致赞同，是否有当，仍候公决。又本院议员李君槃及李君广濂均有修正案提出，审查会对于两修正案加以讨论，以为意思甚好，惟再加修正，众议院是否赞同不得而知。倘众议院不能同意，则参、众两院势必再开协议会，因此再阅月余，恐终无法解决。所以本审查会意思，李君等既有修正理由，不妨另行提案，以作本案之外再加一议决案①。按议事规则，提案与议员对议案提出的修正案应一块讨论，表决时，以离提案最远的修正案先付表决。但审查委员会的审查报告却将二李的修正案作另一提案处理，这显然是怕修正案通过否定众议院移付的提案，参、众两院还得再开协议会，影响众议院议员任期延长案在当天通过。

----

　　①　《参议院公报》第 3 期第 11 册第 8、9 页。

审查报告后,议员黄佩兰发言赞成审查报告,同时提出《咨催政府即日依法举办次届众议院议员选举决议案》。议员吴莲炬发言赞成审查报告,同时提出《第三期常会之期延长至宪法完成之日为止,一面咨催政府克日依法举办众议院议员下次选举决议案》。潘江发言赞成众议院移付案,万鸿图发言反对众议院移付案。主席以付二读会及即日开二读会付表决,多数赞成,即开二读会。李槃发言基本赞成众议院移付案,而主张加一但书为"但延长至宪法完成之日止,延长期限不得逾一年"。李广濂发言赞成审查报告,但主张须加一但书:"但延长期限不得过一年。"

主席以李槃修正案付表决,在场议员 142 人,起立赞成者 40 人,少数,否决。郑江灏对表决提出疑义,于是主席以反证表决,"不赞成李槃修正案者起立",在场 142 人,起立者 86 人,多数,证明刚才表决赞成者为少数。李槃的修正案否决。

主席以李广濂修正案付表决,在场议员 142 人,起立赞成者 18 人,少数,否决。

主席又以审查报告付表决,结果,在场议员 142 人,起立赞成者 113 人,多数,可决。

接着又议决即日开三读会。宋汝梅对审查报告做个别文字修改的意见,经表决被否定。主席立即以全案付表决,结果:在场议员 142 人,起立赞成者 101 人,大多数。全案成立。

接着又议决改变议事日程,讨论黄佩兰提议案《咨催政府即日依法举办次届众议院议员选举决议案》。议员赵时钦发言赞成黄案,但主张改成建议案,黄佩兰同意改为建议案。建议案无须议决,直接送政府。吴莲炬也发言将自己所提的议决案改为建议案,咨达政府,自不必议决。黄、吴之建议案对政府并无约束,只能应付舆论。

议员任期无限期延长案,就这么草草在参议院通过。这样,国会参、众两院通过了《修正国会组织法》案,在该法的第 7 条后加一条,全文为:"前两条议员职务应俟下一次选举完成,依法开会前一日解除之。"

9 月 26 日参议院通过众议员任期延长案后,中外舆论纷纷谴责,认为"国会又添一罪案"①。上海各选区同乡联席会 10 月 1 日在沪举行会议,一致否定国会议员任期延期案,反对贿选。尤为值得注意的是,直系的一些实力派如冯玉祥、吴佩孚、齐燮元等均反对国会延长案,尤其是直系最大的实力派吴佩孚反对最坚决。9 月 27 日、30 日连续给摄政内阁临时主席高凌霨发两封密电阻止摄政内阁公布国会议员任期延长案。特别是 30 日的电报,措词严厉:"众议院延长任期,毫无理由。参议院居然通过,不啻国会自杀。内阁若为公布,等于政府自杀。10 月 10 日前能办成总统选举固好,过此以往,请不必再言选举。"②正因为直系内实力派反对甚烈,摄政内阁就是否公布国会延长案在内阁会议上讨论了 4 次,研究达一个星期之久而决定不了。但延期案事关众议员的切身利益,更与吴景濂保住议长地位,即与吴的政治生命相关。吴景濂一再催促高凌霨公布众议员任期延长案。甚至以不公布则 1923 年 10 月 10 日以前不选举大总统,要等过了 10 月 10 日后再选举,以免直系军阀过河拆桥。因为 10 月 10 日后再开选举会,众议员已过了任期,在众议员延长任期中选举出大总统,若认众议员延长任期为非法,则非法议员选举出的大总统自然非法,使大总统与众议院处于同等的地位,以作为众议员本身存在的保障。当然,津、保派尤其是与吴景濂处于对立地位的保派高凌霨、王毓芝等十分厌恶国会,要取消国会之蓄谋已久。但曹锟要取得合法总统这块招牌,则还不能不暂时借用一下国会,且时间又紧迫,必须在 10 月 10 日前选出总统。对吴景濂和众议院来说,时间更显紧迫,10 月 10 日之前政府不公布众议院议员延长任期案,则众议员将全部失去议员资格,吴的政治生命也就结束了,故吴景濂再三催促。10 月 2 日晚上,吴景濂给半津半保派的交通总长吴

①　《申报》1923 年 9 月 28 日。
②　《申报》1923 年 10 月 6 日、7 日。

毓麟打电话,下最后通牒,说:"命令究竟下否? 如其不然,我即中止帮忙,于明日出京。议员亦当南下,勿怪我不讲交情。"①犯难的摄政内阁只好再向直系的大老板曹锟请示办法。已被大总统美梦搅得情迷意乱的曹锟,自然希望早一日圆自己的总统梦。曹锟10月2日致电摄政内阁:"众议院延期一案,已经参议院通过,咨达政府。事属维持国家,祈即依法公布,至为企盼。"②曹并答应疏通吴佩孚。吴对曹历来服从,曹只要发话,吴从不反对。这样,摄政内阁于10月4日,即总统选举会的前一天,以命令的形式公布了众议员延期案。同时公布了众议院议员改选令,以平息反对众议员延长任期的人们的不满。第一届众议院议员改选令:1. 民国12年10月为第一届众议员改选年限。2. 第二届众议员选举日期以教令定之。3. 本令公布日施行③。接着议员又将延长任期写入了1923年10月10日公布的《中华民国宪法》,成为该宪法的第49条。这就为这些国会议员无限期的延长任期提供了法律依据。这正是这些恋栈的议员扼杀中华民国国会的又一重大举措。有了议员任期无限延长的法律依据,第一届国会第三期常会才于1923年10月10日结束之后,恋栈的议员们又于10月26日召集临时会。至此,这些贿选议员们按自己的利益,将中国的国会变成了一个打开后就永远无法再关闭的潘多拉魔盒。无疑,这也是这些贿选议员们对第一届国会的致命一击。

十四、曹锟的贿选及其反响

　　按《大总统选举法》的规定,从国务院1923年6月16日摄行大总统职务后的3个月内,国会应该组织总统选举会,选出下任大总统。也

---

① 《申报》1923年10月7日。
② 《申报》1923年10月7日。
③ 《申报》1923年10月4日。

就是说,9月15日之前应召集大总统选举会。如果9月15日前仍未召集大总统选举会,是国会违法。当时参议院无议长、副议长,所以违法的责任就主要由众议院议长承担,故吴景濂一直在张罗大总统选举会。只要能成会,吴就可交差,至于能否选出大总统则是另一回事。吴自己就说:"开会(指大总统选举会)责任在我,成不成听天。保方不备现款,我亦无法。"①离9月15日越近,吴就越着急。驱黎政变后的一段时间,吴大包大揽,牛皮吹大了,又用去了保、津派上百万元的选举运动经费。日言包办而包办不成,日言开会而流会如故。竟两个多月参、众两院未能开成一次常会,没法向曹锟交待。为了吸引议员回京,8月底又发给议员常会出席费。到9月上旬,回京议员增多。9月7日,众议院常会,出席议员308人。这是自6月13日驱黎政变以来,第一次足法定开会人数而成会。吴景濂认为开大总统选举预备会的时机已到(按1913年、1917年两次总统选举会的惯例,预备会只须半数以上的议员到会即可),立即议决9月8日开大总统选举预备会,并发出了会议通知。

9月7日晚,众议院议长吴景濂、副议长张伯烈及其他七八个主要政团的头目找到保、津派大选经济人,商议如何促成第一天的预备会。吴、张等提出先预付一部分选举费以促成预备会。保、津派的经济人鉴于吴一再吹牛能成会,但两个多月却一直流会的实际,推说非过9月8日一关,才能试出疏通国会议员工作的成绩,必须9月9日后才可谈钱。显然,保、津派怕议员骗钱。

9月8日下午2时开大总统选举预备会,一些捧曹政团的头目也下了大力气动员议员出席,连身患重病的议员易宗夔等人都用担架抬到会场参加会。会议两次延长开会时间至下午3点,出席会议的参议员106人,众议员285人,不足半数。又经两次延长至3点50分,离过半数的436人还差9人。议员宋汝梅发言说:预备会出席人数问题本

---

① 《申报》1923年9月3日。

无法律之规定,惟民二、民六两次先例系过半数。究竟此项先例是否应行遵守,是一个问题,请大家讨论。议员胡祖舜以既未开会,不能发言为由,反对宋再讲下去。议场很多人大叫"延会!""延会!"台下也不让宋说下去。只好散会。

吴景濂、张伯烈等又找到选举经济人王毓芝、熊炳琦商议办法。吴、张等认为常会和宪法会议均有出席费,而大总统选举会一文不给,又不肯先付部分票款。要如此,恐怕每开一次预备会,人数要少一次。于是双方商定几条办法:1. 自 9 月 10 日至 12 日,每日开总统选举预备会,到成会为止。2. 出席议员于出席之日的晚上,亲至甘石桥领出席费 200 元。3. 一经成会,即定选举日期,愈早愈好,以免中途生变。4. 如人数缺少数十,另备暗中补救方法①。

吴景濂等人估计,9 月 10 日的会,议员人数过半的可能性极小。于是,事先吴就布置自己所掌握的众议院秘书厅作弊。一是冒签未出席议员的姓名充数,二是统计时多报出席人数,务必使 9 月 10 日的会对外宣布的出席人数过半数。

9 月 9 日是星期天,吴景濂和津、保派经济人从中午到晚上,一共宴请议员 13 次,疏通议员参加第 2 天的会。同时让这些议员相互转告未赴宴的议员每人 200 元的出席费的事,因病力疾出席的议员,另再送医药费 200 元。

9 月 10 日下午 2 时,大总统选举预备会,两次延长开会时间到 3 点。主席吴景濂报告参议员出席 107 人,众议员出席 294 人,离过半数 436 人尚差 35 人。在场议员又一致要求再延长开会时间,一面让议员钱崇垲、邱冠棻等分别乘汽车四处拉人。当日病重的议员易宗夔等 3 人由人抬入会场。到下午 3 点 45 分,主席吴景濂大声向大会报告:在场议员 436 人,恰好过半数,开会。这样,当天的会议决了六条:1. 9 月 12 日开大总统选举会。2. 以宪法会议议场为总统选举会会场。

---

① 《申报》1923 年 9 月 13 日。

3. 大总统选举会以宪法会议议长为主席,以宪法会议副议长为副主席。4. 两院抽签 16 人为开票、检票、唱票员。5. 开票时准入参观。参观人适用《旁听规则》。6. 另设写票所,唱名写票。

　　尽管吴景濂将这场作弊的大总统选举预备会的闹剧演得活灵活现,但因涉及的人多、面广,故很快就败露。9 月 10 日,众议院秘书厅议事科工作了十几年的秘书孙曜出于良知和责任,向全国发出通电揭露大总统选举预备会的舞弊行为:

　　　　曜前蒙委为本院秘书,任事以来,夙夜警惕,惟恐奉职不力,上累知遇,对于议事科法定职守范围以内,从不敢有所怠荒,当蒙鉴察。本日大选预备会,曜出席议场,稽核议员人数。查是日在场人数,据分路查点人报告,总数实为 421 人。当时三次检查之所得,不可谓不精确。惟秘书长训令再三,使书 436 人。曜以此事关系过大,未敢从命。秘书长乃转干于其他秘书,遂以凑成是日之会。此当日实在情形、本科科长深知其情,堪以作证。伏思国会为立法机关,职员系法定职守,在议场庄严之地,而行此诡遇。预备会如此,正式选举可知。瞻念前途,不寒而粟。曜一介书生,只知守法,供职议会 10 余年,从未见过此千古创闻之恶例。倘当此苟同,上有累议长知人之明,下亦贬损一己之人格,谨将当日实在情形,缮呈钧鉴。倘不蒙察谅下情,以为愚戆,不堪任使,则曜窃知罪矣。言尽于此,进退惟命,谨呈议长、秘书长钧鉴①。

　　其实事前,吴景濂便从两院秘书厅挑出了认为可靠的 30 人专办舞弊之事,并许以优厚的报酬。吴同时还安排其靠得住的参议员张汉章、宋汝梅,众议员陈策等担任监督议员到会签名的工作,共同舞弊。一些并未到会甚至离京的议员也被冒签了名字。冒签名字的议员有张瑾雯、李汝翼、冯振翼、刘景晨、李兆年、陈绍元、黄伯耀、李燮阳、孔庆恺、方德九、贺升平、陈鸿畴、李素、李景泉、林长民、曾庆模、张凤翔、董庆

---

　　① 《申报》1923 年 9 月 15 日。

余、杜华、何诠等 20 多人。这些被冒名签到者知道后,有很多人,如冯振翼、张瑾雯、李汝翼、刘景晨、黄伯耀、李燮阳等发出函电,声明自己并未列席 9 月 10 日的会议而被冒名签到的事。

国务院密电曹锟的电文中说,9 月 10 日的大总统选举预备会"两院人数实到 409 人,由吴莲伯就两院书记编成 30 人列席,凑成预备会半数之法定人数。"请曹锟转告王承斌,不要随便将巨额贿选费交给吴景濂,不能任吴等人骗取选举费①。

孙曜的通电及被冒签名议员函电,使 9 月 10 日大总统选举预备会舞弊暴露,全国舆论一片声讨和谴责之声。国会议员褚辅成、汤漪等 483 人通电否认北京的大总统选举会:

> 近日吴景濂等盘踞北京国会议场,挟其议长资格,利用军阀武力和金钱,公开贿买议员,而犹不足,乃至破坏立宪国之根本制度,以求其诡计之得逞,竟于本月 7 日常会,10 日总统选举预备会,捏报出席人数,宣告成会。查两次开会,所有实在人数,业经被捏报而未出席之议员及秘书厅在场职员证明,绝对不足法定人数。……今吴景濂等既敢以捏报而成常会及选举预备会,则明日之伪选会,必仍取以少报多之惯伎,捏报成会,竟一日之力,使曹锟得假借尊号,以入都门。察往知来,事有必然。前闻吴景濂等曾伪造议员徽章,希图雇人冒名入场。各报喧传,举国皆知。查大总统选举会法定出席人数为 581 人,现在京人数相差既多,吴景濂既敢捏报于前,势必雇员冒充于后,总以完成盗窃名器之伪选会为务。此等恶例既开,后之强有力者,但能盘踞首都,勾通议长,倒行逆施,复何事不可为!民国法律之谓何?国民公意之谓何?同人等为国为民,义难缄默,特再正式通告:吴景濂等以捏报及冒名之伎俩,拥戴总统,国人誓不承认。尚祈邦人君子一致否认,同力声讨,

---

① 《申报》1923 年 9 月 21 日。

以纾国难,则国家之幸,亦同人等之荣也①。

留京部分议员也对 10 日总统选举会舞弊十分不满,王枢、刘以芬、刘尚衡、刘纬、刘景烈、蓝公武、李燮阳、吴作棻、黄元操、黄象熙、李耀忠、曾昭武、符诗镕、孙世杰、周恭寿等致函吴景濂要求将秘书长及在场秘书交法庭判罪,全文如下:

> 窃选举总统为宪法赋予国会之大权,应以合法手续进行,方足定天下之人心,谋图国家之统一。乃前日选举预备会,竟有违法舞弊、捏报人数情事。经秘书孙曜、议员刘景晨等举发,固已众目昭昭,无可掩饰。按照刑律,已成立伪造文书之罪名。窃意执事如尚欲维持国会尊严,应将秘书长及在场秘书立交法庭判罪,另开预备会,依法议决,尚足挽盖前愆。执事乃一意孤行,毫无顾忌,使国会自身陷于违法地位。将来选举总统,亦必受国人之指摘,种革命之祸根,则破坏大局,动摇国本,执事实不能不任其责。桑榆挽救,端在此时,谨布腹心,即希谅察②。

要吴景濂依法追究此事无异于吴将自己送上法庭判罪,因为整个舞弊事件是吴一手策划与指挥的,吴怎么可能追究呢? 吴自然不承认舞弊之事,并以 9 月 10 日总统选举预备会的成功向大选经济人表功邀赏,提出条件,要求经济人承诺。大选经济人虽口头允诺照办,但未能即时履行。吴十分不满,故 9 月 11 日大选经济人在外交大楼设宴招待议员以庆祝 9 月 10 日预选会的成功,作为 9 月 10 日会议主角的吴景濂竟未出席 11 日的宴会,而是去城南游艺园看戏。

9 月 12 日大总统选举会,吴景濂明知不可能成会。因为津、保派的贿选经费并未到位,且议员如何验资,证明确有其款,如何付款,均未商妥,自然买卖不能成交。包办大选的吴景濂为了应付保定,不得不如此。反正选举会我已组织了,选不成那是保、津方面不愿拿钱,责任在

---

①　《申报》1923 年 9 月 15 日。

②　《申报》1923 年 9 月 17 日。

保、津。加之又是 9 月 10 日会议的决定,故吴照常组织召开了 9 月 12 日的大总统选举会。这天众议院增加院外警卫约百余名,由步军统领衙门、卫戍总司令部加派步军、游缉队两个大队,持枪防卫,且有便衣侦探掺杂在街市行人之中。众议院外两旁搭起蓝布帐蓬两座,一座为步军衙门长官休息处,一座为警察厅长官休息处。旁听座及议场内外遍布便衣侦探。这天外交团未派人出席,外宾席只有西欧 6 人,日本 6 人。普通席约 400 人,记者约百余名。下午 2 时开会,两次延长时间到 3 点多,到会才 422 人,距大总统选举会的法定人数 581 人尚差 159 人。议员王枢登台发言:前日选举预备会,据孙科员通电,系由秘书长指使捏造人数,议员刘景晨等亦声明并未出席,有请假收据为凭。此次选举,关系大局安危,必依法定手续无瑕疵,方足奠定大局。今预备会之人数,竟有以少报多之嫌疑,实属破坏大选,损失国会尊严。若不从严查究,深恐贻国人以口实,大局更陷于不可收拾。应令吴议长退席,开预备会,另推主席,进行大选。捧曹干将宋汝梅、王伊文欲上台殴打王枢,经多人喝阻未成。李燮阳上台发言赞成王枢之说,令吴退席,说:非俟预备会人数事件解决,不能再为总统选举会主席。一时议场秩序大乱,吴景濂赶紧宣布散会,遂散会①。

　　议员们捧曹是为了钱、为了利。他们都是一帮不见真佛不会烧香之徒。在京的大选经济人只好请出筹有巨款的津派首领之一的直隶省长王承斌来京坐镇选举。王来京并将巨款由津移入北京的几家银行,一改以往闻雷不见雨的状态,又是给常会出席费又是增加制宪出席费,并从 10 月 1 日开始,给议员签发 5 000 元的支票。议员们也拿着支票往有关银行核实无误后,总统选举会才在沉寂了一段时间后,又要开张了。经过较长时间的准备与策划,10 月 1 日,津、保派大选经济人与吴景濂等商定,总统选举会定于 10 月 5 日。津、保派经济人 10 月 1 日大宴议员,从下午 1 点至晚 11 时,每 2 小时一班,共分 5 班,系清点在京

---

①　《申报》1923 年 9 月 16 日。

议员数目性质。

10月3日,浙江籍众议员邵瑞彭将10月1日发给他的贿选之大有银行5 000元支票一张,用珂珞版印出,刊登在全国各大报纸上,并向京师地方检察厅告发,请其实行侦查起诉,并通电全国,通电全文如下:

> 瑞彭幼承庭诰,自行束修。及为议员,不骛党争,不竞名利。十载以还,蔫目时变,以为宪典未立,拨乱无方。曩岁恢复国会之役,蒙犯艰难,奔走夙夜,方冀大法早成,私愿已足,未敢贪婪竞进,为我邦家羞。暨乎6月13日政变又作,瑞彭虽切覆巢之忧,犹殷补牢之望。不图构难之人,志在窃位,金壬鼓煽,思欲重贿议员,使选举曹锟为总统。初疑报纸谰言,未足凭信。乃本月一日宵分,竟有授瑞彭以五千元支票之事。窃谓政变之应如何处置,曹锟之宜为总统与否,皆当别论。若夫选举行贿,国有常刑,不为举法,何所逃罪。特向京师地方检察厅依法告发,又恐京师受制强暴,法律已无效验,用是附告发状原文,布告天下,以求公判。邦人父老,百尔君子,其鉴察焉①。

邵瑞彭告发状全文如下:

> 为告发高凌霨、王毓芝、边守靖、吴景濂等,因运动曹锟当选为大总统向议员行贿,请依法惩办,以维国本而伸法纪事。窃民国总统职在总揽政务,代表国家,地位何等重要。乃直鲁豫巡阅使曹锟者,以骚乱京师翊戴洪宪之身,不自敛抑,妄希尊位。国会恢复以来,以遥制中枢,连结疆吏,多方搜括,筹集选费,为第一步。以收买议员,破坏制宪,明给津贴,暗赠夫马费,为第二步。以勾通军警,驱逐元首为第三步。以公议票价,速办大选,定期兑付,诱取投票,为第四步。近月以来,高凌霨、王毓芝、边守靖、吴景濂等,与三五不肖武人,假甘石桥梁宅房屋组织买票机关,估定票价,一律给价。传闻每票自五千元至万余元不等。于本年10月1日新设甘

---

① 《申报》1923年10月7日。

石桥俱乐部,竟公然发行通知,召集在京议员五百余人至该处。表面称为有事谈话,实则发给支票。此项支票系用洁记字样,加盖三立斋图记,均由王毓芝、边守靖商同高凌霨、吴景濂等亲自办理。所签票数在五百张以上。而当时领票人员有190余人。其经中间人过付持送者,不在此数。瑞彭持身自爱,于此等事未敢相信。适值同乡议员王烈将前往该处,托其向王、边等探听。王君回称,该被告等已将选举曹锟之票价支票五千元交我带交,退还与否听君自便,我不负责等语。瑞彭当将支票留下。似此公然行贿,高凌霨等显犯刑律第142条、第83条、第159条第一项第二款之规定。瑞彭为国家立纪纲、为国会保尊严、为议员争人格,不得不片言陈诉。除曹锟、王承斌、熊炳琦、吴毓麟、刘梦庚等分属军人,当依法另向海、陆军部告发,特检具甘石桥通知一件,五千元洁字签字盖有三立斋图记背注邵字之支票照片,正反两面共二纸,向大厅告发。为此请求即日实行侦查起诉,严惩凶顽,民国幸甚。此呈京师地方检察厅检察长龙。众议院议员邵瑞彭呈①。

邵瑞彭将曹锟的贿选铁证公布于天下,自然使曹锟及其贿选经济人十分被动。10月3日、4日两天的晚上,甘石桥的贿选经济人大为着忙,将前两天发出的贿选支票收回,另换其他式样的支票,且要求领支票议员不许将支票示人与外露作为领取支票的条件。北京是直系的天下,邵瑞彭将贿选之事揭露后,只好立即出京赴津,住入日租界。8日即致函北京地检厅,告之自己住天津日租界息游别墅19号,请其克日派检查官来津取证并迅传被告提起公诉。北京政权由直系操制,北京的司法部门自然不敢调查和起诉贿选之事,只好以"原告出京,无从详询,不能证明边守靖等所开发(支票),王烈亦否认过付支票,依法不能起诉,合行批驳。"②

---

①　《申报》1923年10月7日。

②　《申报》1923年10月13日。

邵又立即致函北京地检厅,声请再议贿选案。北京地检厅当然不可能再查此案而置之不理。这样,邵又到广东总检察厅要求调查起诉贿选案。

邵瑞彭以确凿的证据,揭露了直系和国会贿选买卖票的丑恶行径,激起了全国一片反对与谴责之声。就是在光天化日之下,全国一片声讨声中,直系上演了近代史上最大最露骨的一场贿选。

10 月 5 日总统选举会是经过津、保派要人即贿选经济人和国会一些人精心策划和指挥的一次总统选举会。

选举会场设在众议院议场。4 日,众议院所在地的象坊桥一带就由军警保安队戒备。众议院门前有营帐数座供军警休息之用。5 日,北起西单,南至宣外大街,三步一警,五步一兵,均荷枪实弹,如临大敌。还有一队一队巡逻的保安队。象坊桥则自东口至西口,军警夹道排队。上午 11 时即不许无关车辆和无关人员通行。城堞上布满了望的兵哨。北京军警长官王怀庆、聂宪藩、薛之珩、车庆云均亲临现场指挥。无论议员、职员、参观人均准入不准出。除津、保派要人,阁员、公使团外,均须经人身搜检,女宾由女探检查。为议员备餐两顿,为参观人员备有面包、茶水。津、保派要人将众议院隔壁的大中公寓全部包租下来。津、保派要人,阁员 5 日上午 9 时即均入大中公寓,组成大本营坐镇指挥众议院议场的大总统选举。除临时在众议院与大中公寓架设电话外,还不断地有人员往返,通报情况,传达指令。当然,还为议员中的瘾君子设烟榻 4 个,烟枪 8 副。烟瘾发作时,到吴景濂处领通行证,在军警监视下往吸。在众议院东院操场内,搭起 4 座蓝色帐蓬,一座为招待外国客人休息之用,一座为招待新闻记者休息之用,一座为招待男性参观者之用,一座为招待女性参观者之用。未开会前,早早就有便衣侦探进入帐蓬中。为新闻记者设的帐蓬内便衣侦探尤多。除外宾外,各帐蓬的来宾、记者均被严密监视,不许随意走动。

总统选举会定于 10 月 5 日上午 10 时开始。这一天早 8 点半,选举会主席吴景濂即从其小麻线胡同乘车出发。前有警车开道,后有保镖6人乘坐架着机关枪的汽车殿后,吴车居中。自9月18日晚小麻线胡同吴景濂宅被人扔过炸弹,虽未造成人身伤亡和大的财产损失,但立即对吴加强了保卫。有警卫多人日夜守卫吴宅。吴出门前后均有警车保卫,十分威风。北京经常值班之军警和很多市民均认识吴的车队。故从吴宅到众议院,沿途的军警向吴的车队举手致礼,吴微微点头致意,其得意之色,虽车如闪电疾驰而过,犹令路人一望而知之。大选的当日也是吴政治生命登到顶峰之时,以后便一路下坡乃至跌入被逐被抛弃的低谷。但此时正是吴氏得意之时、得志之时。吴早早来到议场,和吴的心腹健将30多人,胸佩可任意出入的特别证章,内外忙碌。这天只有美国公使舒尔曼到会,其他如英、德、日、意、荷等国只派出参赞与会。外交总长顾维钧躬任招待外国驻华使节之劳。

这一天,议员签到处被严密地看守起来。吴景濂选派了十分可靠的秘书厅人员负责看守议员签到簿,旁人不许在签到处停留,更不让接近签到簿。议员签到后立即离开签到处。散会时,将签到簿锁入保险柜中。

大总统选举会定于上午10时开会,但签到议员远不足议员总数的三分之二,只好一再延长开会时间,临时将会改为不定时开会,何时凑足人数何时开会。到11点30分,签到议员才400多人。吴景濂又和大中公寓中坐镇指挥的保、津派要人商量后,又派出100多辆汽车分头到各政团、俱乐部拉议员。大都由同乡议员拉同乡议员与会。连身患重病的梁善济、廖宗北、张佩坤等都用担架抬到众议院议员休息室中,签到后待投票时写完票立即抬走。为凑足总统选举会的人数,坐镇大中公寓的津、保派要人与吴景濂临时决定,反直议员只要肯出席,不管投谁的票也一律给5千元。

直到下午1点20分,才下令摇铃开会。吴景濂就主席、顾盼议场,意殊自得。1点52分宣告开会。吴报告签到人数,参议员152人,众议员441人,共593人,现场出席585人,已足法定人数,可以开会。尚有梁善济、廖宗北、张佩坤3人力疾到院,允于投票时出席。报告毕,由秘书长抽定开票员、检票员、唱票员16名,其中参议员8人:黄树忱、郭步瀛、娄裕熊、王观铭、王伊文、姚翰卿、董士恩、丁铭礼。众议员 8 人：
郑康聪、赵金堂、王双歧、马骧、易次乾、谢翱元、陈承箕。此 16 人均为
极力捧曹热心大选之人，又多为吴景濂的亲信。故有的报纸揭露说抽
签所用的签已事先做好了记号，故有此必然结果，而决非巧合。吴景濂
说明写票方法，先由检票员投票，再由检票员唱议员姓名，挨次写票及
投票。自下午 2 时至 4 时投票毕，照例封票箱，旁听人入席。当众点唱
票。据吴景濂报告：票数与人数相符，投票总数为 590 票，四分之三应
为 443 票，曹锟得票 480 票，按照《大总统选举法》，当选为中华民国第
二任大总统。场下议员掌声雷动，"大总统万岁"之声充斥会场，议员
个个十分卖力，这全是让钱支的。当日的选举，孙文得 33 票，唐继尧
20 票，岑春煊 8 票，段祺瑞 7 票，吴佩孚 5 票，王家襄、陈炯明、陆荣廷
各 2 票，吴景濂、陈三立、张绍曾、张作霖、陈遐龄、唐绍仪、汪兆铭、王士
珍、李盛铎、谷钟秀、谭延闿、卢永祥、李烈钧、高锡、符鼎升、姚桐豫、胡
景翼、欧阳武、严修各 1 票，废票 12 张，闻其中有孙美瑶 1 票，"五千元"
1 票，"三立斋" 3 票①。

　　终于把曹锟推上了总统宝座，直系的干将和国会的捧曹头目们弹
冠相庆。当即吴景濂以总统选举会的名义将选举结果咨达摄政内阁和
通电通告全国，并将选举结果致电曹锟。摄政内阁亦于当日将大总统
选举结果通告全国。直系统治的各省、直系各将领，包括吴佩孚，自然
也都纷纷致电曹锟祝贺其当选，一片庆贺之声。但这场贿选是在光天
化日之下，在众目睽睽之中进行的，全国都看得十分清楚。曹锟贪一己
之尊荣，造下了弥天的罪孽，遗害的是国家和民族，留下的是千古骂名。

　　在这场中国近代史上最臭名昭彰的贿选闹剧中，曹锟及其直系那
一群抬轿子者及吹鼓手们应受到历史的审判，应该谴责。参与贿选的
议员更应该受到谴责。本来在贿赂事件中受贿者应承担更多的责任。
更何况参与贿选的议员结成团伙与帮派，利用曹锟欲当大总统的心理，

① 《申报》1923 年 10 月 9 日。

明目张胆地进行敲诈与勒索。其手段之卑劣，其明火执仗的阵势，真有如绑票的江洋大盗。按《临时约法》和《大总统选举法》的规定，及时地如期选举出大总统是国会议员的职责。但贿选议员却违背这些大法，以选举大总统为手段进行敲诈和勒索，即不给钱就不开总统选举会，不选举大总统，践踏的是《临时约法》、《大总统选举法》及其与之相关的法律。当时若举行总统选举，并无有力的竞争对手与曹锟争总统。当时国内有资格与曹锟竞争总统的段祺瑞、孙中山、张作霖已结成反直同盟，根本不会去参与这场竞争。只要开总统选举会，大总统必然选曹锟。也就是说，不是在几位总统候选人竞争白热化的状态下某位候选人为了胜出而贿买选票，而是议员们以违背法律、不履行职责的手段，强行索要贿赂。这就更为恶劣，更该受到严厉谴责。洞烛其奸的直系的灵魂吴佩孚一再函电曹锟不要理会议员的敲诈，不要花冤枉钱，大总统之桂冠自有瓜熟蒂落、水到渠成之时。可惜未被总统瘾过大的曹锟采纳，终于出现了近代史上这一出贿选的丑剧。

曹锟在全国一片反对声中进行的这场贿选，激起了全国人民愤怒的声讨。10月7日，中国国民党发表申讨曹锟贿选窃位宣言。10月8日孙中山以大元帅的名义发布讨伐曹锟令：

> 伪巡阅使曹锟贿诱议员，迫以非法，僭窃中华民国大总统，其背叛民国，罪迹昭著。在贿选将行之顷，奉、浙当局及西南诸将领及海内名流硕彦以及公私各团，函电交争，冀阻非分。该逆充耳无闻，悍然不顾天下之是非，其怙恶不悛，其自绝于吾民，已可概见。年来于粤、蜀、湘、闽、桂诸省，犯顺侵疆，屡为贼害，虽被歼克，祸心未已。我同袍将士，护国护法，已历年所，岂能容庇国贼妄干大位。兹特宣布罪状，申命讨伐。我全国爱国将士，无问南北，凡能一致讨贼者，悉以友军相视，共赴国难，以挽垂危之局。庶我先烈艰难缔造之民国不因逆贼而中断。亿兆人民，实利赖之。此令①。

---

① 《申报》1923年10月13日；《民国日报》1923年10月13日。

并同时发出命令,"着护法各省区长官,将此次附逆国会议员一律查明通缉惩办,以昭炯戒而立国纪。"①浙江督军卢永祥、淞沪护军使何丰林、四川督军熊克武、云南督军唐继尧、奉天督军张作霖均先后通电反对贿选,并宣布与曹锟断绝一切关系。上海、浙江、广州各团体纷纷集会和通电反对贿选,声讨曹锟。

10月6日,移沪国会议员在湖北会馆开紧急会议,到会议员158人,当场议决声讨贿选宣言,宣布参与总统选举会议员丧失议员资格。宣言如下:

> 自6月13日北京政变,同人等猥以身受全国人民付托之重,为卫护国家纪纲法律,相率南下,集会沪渎,迭次发表宣言,当为全国所共鉴。乃直系军阀仍悍然不顾,恃其金钱万恶,可以驱使一切无耻之徒,竟于10月5日以五千元之票价,捏报590人之出席,480之票数,使民国罪魁及此次毁法乱纪之祸首曹锟,伪称当选总统。窃以共和国家,总统、国会俱为人民所托命,今竟明目张胆,使神圣议会变为交易市场,尊严总统视若交易货品。显犯刑典,腾笑友邦。曹锟个人不足惜,其如中华民国名誉何?卖票败类不足惜,其如四百兆人民之人格何?同人等诚不足以感人,力不足以弭乱,抚躬自问,负疚滋多。虽不敢谓保兹清白之身,为国家留一线之正气,仍当大声疾呼,追随全国人民之后,明正贿选之罪,一致声讨。谨此宣言,统希鉴察②。

10月6日护法议员在上海国会议员通信处开会,到会议员100多人,议决发表宣言否认贿选:"本月微日,宛平所行伪总统选举会,其出席分子,半为议员(如吴景濂等是也),半为非议员(如王家襄等是也),揆据《大总统选举法》,根本不能成立,应构成紊乱国宪之罪。况公然贿买,秽德彰闻,灭廉耻,毁宪法,率兽食人,罪在不赦。某等谨依国宪

---

① 《申报》1923年10月13日。
② 《申报》1923年10月7日;《民国日报》1923年10月7日。

之规定,宣告宛平伪会选举曹锟之所为,于法当然无效。所有同谋僭窃诸犯,愿与天下共弃之。特此宣告。"①

10月5日的总统选举会有在人数上有作弊之嫌。一是选举当日从签名处签到簿、会场不让摄影等嫌疑外,离京议员还查明选举的当日众议院隔壁的大中公寓临时组织了60余人佩带议员徽章,入场投票。汤漪等出京议员一再致函吴景濂公布10月5日参加大总统选举会议员名单,但吴就是不敢公布。这样,汤漪等人又通过京津议员详细的调查,得到参加贿选者550多人,并将名单在各大报纸公布。

当时公布的参加贿选议员的名单见附录(一)。但此附录并未将全部参与贿选的议员收入。因为当时有一些议员以替其保密为条件,偷偷地参加了投票。如东三省的奉系议员苏毓芳等几十人便都是秘密参加贿选投票、当时未被人发现者,直至1924年10月冯玉祥发动北京政变,搜出贿选当天议员签到簿后才知道的。其实东三省66名议员中,只有10余人未参与贿选投票,其他的均参与了贿选。这些议员为了几千元钱,却将自己永远钉在了历史的耻辱柱上。

当时全国人民对受贿议员也十分鄙视和憎恨,斥称其为"猪仔议员"。各省纷纷调查本省参加贿选的议员,并将名单在报纸上公布,以将受贿议员的丑恶嘴脸公开曝光,并削除其籍贯。如东三省人民就以东三省全体国民的名义发表宣言,将吴景濂等参与贿选的议员削除省籍,宣言说"国有此等人是亡国妖孽,社会有此等人是为灭种败类。腾环球列邦笑,贻中土民族羞。斯人产于中国,固中国全境之大不祥。斯人产于东三省,尤东三省人民之大不幸也。同人为保存中国体面计,为保存东三省人格计,已公决将吴景濂及诸三省无耻议员削除省籍,并宣告死刑,亦古者刑人于市,与众共弃之遗意也。"②一些参与贿选的议员家产被查抄,如浙江救国大会对浙籍受贿议员由检察厅起诉,各县查封

① 《申报》1923年10月7日。
② 《盛京时报》1923年10月14日。

其财产。安徽芜湖市各学校愤怒的学生游行并捣毁了芜湖贿选议员吕祖翼、彭昌福的家。安庆贿选议员张伯衍、何雯家亦被愤怒的学生捣毁。国民党将该党受贿议员叶夏声等开除出党。由于《临时约法》没有规定选民对其所选出的议员的监督与制约的条款，无法对违法议员依法进行惩罚。议员们不但利用手中的权力谋取私利，而且利用手中的权力来阻止司法部门对其违法行为的追究。议员变成了一个享有特权的群体。尽管人们痛恨贿选议员，可也奈何不得他们。

曹锟的贿选在中国历史上留下了可耻的一页。但贿赂议员却不是从曹开始的。袁世凯对旧国会议员、段祺瑞对新国会议员、反直派为拆曹锟的台，均用过贿赂议员的手段。真是戏法人人会变，玄妙各有不同。单单谴责直系一派，也欠公允。贿赂是社会的一个毒瘤，是任何一个政权的致命肿瘤。任何一个政权，只要缺乏有效的监督和约束，腐败就会应运而生，行贿受贿便会无孔不入，越演越烈，人民深受其苦。这个政权最后必将遭人民的唾弃而垮台。

十五、《中华民国宪法》的制定与公布

直系，尤其是吴佩孚，主张第一届国会第二次恢复后，不要管其他事，集中精力制定宪法。1922年7月30日，吴佩孚给国会传话时说：国会如无诚意制宪，则国民当自行筹备制宪[①]。这样，国会在恢复时，一些国会议员就纷纷提出国会暂停其他职权的行使，专门从事制宪的提案。如议员姚桐豫等提出的《多开宪法会议先议地方制度大纲》案、议员姚守先等提出的《继续开会宜先完成宪法然后徐议其他》案、议员彭汉遗等提出的《从速组织宪法审议会》案、议员王廷弼等提出的《从速制宪以固国本》案、议员杜成镕等提出的《请先制定宪法暂缓行使职权》案、议员罗永绍等提出的《即开宪法审议会暂缓行使其他职权》案、

① 《申报》1922年8月3日。

议员杜师业等提出的《请同人保留其他职权先行制宪以尽天职而慰国人之望》案、议员李文熙等提出的《在宪法未公布以前,本院应暂缓行使职权》案。不行使其他职权,则很多议员就没法利用手中的职权谋利,这当然要受到很多议员的反对。8月8日众议院常会上讨论上述提案时,议员纷纷发言反对。最后主席用起立表决法以"本提案之精神注重宪法会议,但因所提各案与《宪法会议规则》及《众议院规则》相抵触,不能付表决"付表决,起立赞成者,多数,上述各案被否定。参议员类似上述的提案也在参议院被否决。尽管提案被否决,但在国会恢复后的一段时间,国会还是把主要精力放在制宪上。8月10日即开宪法审议会。

宪法审议会自然仍继续1917年的宪法审议会。1917年最后一次宪法审议会为第44次会,故1922年8月10日的宪法审议会为第45次会。由于第44次会与第45次会相隔的时间较长,中间又出现省自治、联省自治运动,湖南、浙江等省已制定了各自的省宪法,甚至要实行联省自治,制定国宪。1922年6月,陈炯明将孙中山逐出广州后,省自治、联省自治也波及到北方的一些省份。国会再讨论地方制度时,就不得不考虑省自治和联省自治的问题。故在继续讨论1917年宪法起草委员会所提出的地方制度一章共16条的基础上,汤漪等又提出地方制度修正案。不但将地方制度规定得更加具体和详细,而且赋予省以更大的自治权。这显然是依据当时省自治、联省自治的情况而提出的。但中央与地方权力如何划分的问题是重要的问题,也是宪法审议会一再讨论的问题。其实质就是既要保持统一国的国家,维护中央政府的权威和权力,又要充分发挥地方的自治权。审议会议定了先制定国家宪法,后制定省宪法的原则。即省依据国家宪法所赋予的权力,在不抵触国家宪法的范围内,得自行制定省宪法。即否定了当时省自治、联省自治的国家宪法尚未制定就已制定了省宪法的作法。如湖南省就已制定了省宪。议决国家宪法中对省的事权取概括的规定,以便各省制定省宪时有更大的自由空间。由于省的权力扩大,省与中央权力如何划分,便十分突出。这样,又议决在宪法中增加《国权》一章,明确规定国家的权力,以便划清国家与地方的权力界线。这也是1917年制宪时遗漏的地方。《国权》一章,议员们又提出了各种提案,最后议决《国权》一章交宪法起草委员会依据宪法审议会讨论的结果起草条文,再付审议会审议。地方制度是关系全局的重要问题,也是历次制宪争论最激烈的问题。这次的宪法审议会中,讨论地方制度所花的时间也最长。

宪法审议会从1922年8月10日起至11月25日止,共开会14次,所有《地方制度》一章及增加和修正专章条项各问题,经审议会审议,其结果如下:

(一)关于地方制度全章问题,决定分下列四个大体即四个主要问题,分别详加讨论,表决结果:

1. 省之地位与权限。省之地位业于1917年审议会通过:省为自治团体兼国家行政区域。这次审议主要是省的权限问题。对这一问题有两种主张:一种主张为:(1)省依宪法之赋与,于不抵触国宪之范围内,得自制定省宪法。(2)省之事权取概括规定,补入列与国权一章。另一种主张为:省于不抵触国宪范围内,得制定自治法;省之权限取列举规定,反对再加国权一章。还有折衷上两种主张为提出补充或修正之动议者。后以省的事权取概括主义付表决。在场人数466人,遂以393人起立赞成通过。

2. 省与中央的关系。讨论这项大纲之初,议员们都以为过于空泛,希望能有适当标准。这就不能不于国权一章应否加入宪法,及各省于不抵触国宪范围以内得自制定省宪与否加以详细的研究。此议既定,于是赞成、反对各有主张。接着以"以所有关于国家事权各修正案一并交付宪法起草委员会,俟提出章次或条文后,再行议决"及"各省于不能抵触国宪范围内,得自制省宪"及"在地方制度章内,应规定关于省宪法各原则"。依次付表决,均得在场议员三分之二以上之起立同意,可决。

3. 县制度如何规定。县制度规定于宪法,业经1917年5月25日的宪法审议会通过,这次讨论时,概括起来有三种主张:(1)详细规定。
(2)规定大纲。(3)规定原则。这一问题,审议时间长,争论尤其激烈。
结果以县制于国宪内规定大纲付表决,得在场议员三分之二以上起立
赞成,可决。并决定各种提案一并付宪法起草委员会参考。

4. 未设省地方,其制度应如何规定。这项大纲内,包括有未设省
未设县、未设省已设县两种情况。未设省已设县的三个类似的提案:王
玉树提出的"未设省已设县的地方,适用本章之规定"。桓钧提出的
"已设县未设省之地方,适用本章之规定"。邓毓怡提出的"未设省之
区域属内已设有县治者,适用本章之规定"。合并表决,通过。王玉树
提出的"未设省县之地方,在未适用本章规定以前,其制度以法律定
之",经表决,在场议员三分之二以上赞成,可决。除上述通过各提案
交宪法起草委员起草外,其逐一表决中否决各案,如林长民提案,李芳、
金永昌等共提之案,叶夏声提案,何雯提案以及其他关于此项大纲的提
案,也议决一并交付宪法起草委员会参考。

(二)关于增加及修正专章条项问题

1. 增加《教育》、《教育及学校》、《教育与民生》各章草案的规定。
此问题吕复、孙润宇、袁麟阁、蒋凤梧、沙彦楷等分别提案增加者,经合
并讨论的结果,以赞成宪法内增加《教育及学校》专章付表决,在场447
人,三分之二以上为299人,起立赞成者305人,超过三分之二以上,可
决。接着因议员黄佩兰对于表决提起异议,遂以反对于宪法中加入
《教育及学校》专章表决,在场议员447人,三分之一为149人,起立者
178人,过三分之一以上,证明前次表决无效,否决。

2. 增加《劳工》、《劳工互助》、《经济制度》、《民生》、《资产制度》、
《财产制度》、《社会共同生计》各专章的规定。这一问题为议员江洪、
王鑫润、骆继汉、汪彭年、黄攻素、向乃祺、沙彦楷等分别提案增加者,经
合并讨论的结果,依议员马骧提出的表决方法,以赞成将关于民生国计
在宪法有规定的必要,其标题及其条文交宪法起草委员会讨论付表决,
在场议员455人,三分之二以上为304人,起立者330人,超过三分之

二以上,可决。

3. 增加国民大会,县民大会,市、乡、村民大会的规定。这一问题由议员张树森所提出。讨论结果:以原案付表决,在场455人,三分之二以上为304人,起立者56人,不及三分之二以上,否决。

4. 增加《铨试》专章、《官吏》一章及《中央任命官吏对各省取平均主义》一条、《国会第20条修正案》、《修正立法权章查办官吏条文案》、《于大总统章第67条内末后增加一项修正案》、《补充法院章条文案》、增加《国军一章、陆海军专章及省不得设置省军条文之规定》、加入《中央政府组织大纲》一章、增加《国家与地方及各地相互之关系》一章、《关于省与国家及其他省之关系事件各种之规定》。当第74次宪法审议会审议之初,议员马骧动议:"以上各案一并交宪法起草委员会参考,限期交起草,定期交宪法会议",有30人以上之附议。议员陈铭鉴并主张对马骧动议不应用三分之二人数之表决,只须过半数即可。经表决,多数赞成过半数,可决。议员吴宗慈则主张限定宪法起草委员会于3星期内起草完毕,即继续开宪法会议。经讨论结果,以马骧的动议付表决,在场议员441人,起立者387人,三分之二以上赞成,可决。

审议会对上述(一)中的四个大体完全可决,交宪法起草委员会起草。对于上述(二)中的4项,除1、3两项否决外,第2项则交宪法起草委员会讨论起草,第4项则交宪法起草委员会参考①。

宪法审议会审议结果,还必须交宪法起草委员会起草成具体的宪法条文。自1917年国会再次被解散后,已历经5年多的时间。有的起草委员已为政府官员而失去议员资格。一些安福系重要骨干也失去了议员资格,起草委员中的第1班参议员任期随1922年9月18日第二期常会闭会已届满,故宪法起草委员会委员缺额较多。这样,1922年10月23日众议院常会又补选了15名宪法起草委员:陈家鼎、吕复、叶夏声、牟琳、罗家衡、胡祖舜、蒲伯英、饶孟任、王源瀚、姚桐豫、刘楚湘、

<hr>

① 《申报》1923年1月3日、4日。

王有兰、徐兰墅、吕泮林、林长民。参议院由于议长难产，直到 11 月 6 日才补选了 15 名宪法起草委员：赵时钦、辛汉、潘大道、宋汝梅、王伊文、金兆棪、雷殷、纳谟图、熊正瑗、张树楠、黄元操、沈钧儒、何畏、高仲和、章兆鸿。

宪法起草委员会充实后，从 11 月 9 日起，即依宪法审议会的结果起草具体宪法条文。到 12 月 23 日，将起草的地方制度修正案(共 10 条)，增加的《国权》章(共 16 条)通过三读后，提交宪法会议。到 1923 年 4 月 17 日将《生计》和《教育》两章起草后通过三读，可决后亦提交宪法会议。

由于 1923 年 1 月的宪法会议因不足法定人数一再流会。为了促成宪法会议，2 月初众议院即开始酝酿降低宪法会议法定的出席人数。4 月 20 日众议院常会，最后议决将《中华民国国会组织法》第 21 条第 2 项由原来的"前项会合时以参议院议长为议长，众议院议长为副议长，非两院各有总议员三分二以上之出席，不得开议。非出席议员四分之三以上之同意不得议决"改为"前项会合时，以参议院议长为议长，众议院议长为副议长。正、副议长均有事故时，以两院副议长临时代理。非两院有总议员五分之二以上之出席，不得开议。非出席议员三分之二以上之同意，不得议决。但关于议宪程序，以两院议员总数过半数之出席开议，出席议员过半数之同意议决"。

这一修正，主要是针对当时的实际情况：1. 当时参议院议长已无法产生，宪法会议只有一副议长，若副议长有病或有事，宪法会议即无议长无法开议，所以加上参、众两院副议长代理一项。2. 以往宪法会议不足法定人数往往是参议院不足法定人数，故改成参、众两院混合在一块计算人数。3. 将宪法会议法定开会人数由三分之二降至五分之三，即由 581 人降到 523 人，这自然便于成会。将议决人数由出席会议议员总数的四分之三降为三分之二，至少减少了 44 张可决票。

参议院也以三读程序将众议院移付的《修正国会组织法》案于 4 月 27 日通过。4 月 30 日，大总统黎元洪将这一修正案正式公布。

《宪法会议规则》中第3条第2项与《中华民国国会组织法》第21条第2项的规定相关的部分也于5月3日的宪法会议上进行了修正，即将原来的"本会议开会以参议院议长为议长,众议院议长为副议长"改为"本会议开会以参议院议长为议长,众议院议长为副议长。议长、副议长均有事故时,以参议院、众议院副议长依次临时代理。"

1922年12月30日,宪法会议开二读会。这是国会第二次恢复以来的第1次二读会。议事日程为《中华民国宪法草案》中的《地方制度》一章及增加各专章并修正各案。宪法起草委员会委员长汤漪报告,所有《地方制度》、《国权》增加及修正各专章条项各问题起草经过情形。代理审议长张伯烈做审议经过情况的报告。1923年1月10日、16日、18日的宪法会议因人数不足而流会。到1月20日宪法会议足法定人数,即继续开二读会,将《地方制度》案中的第1条讨论通过。但1月25日宪法会议讨论到《地方制度》案中的第2条时,反对省宪派即节外生枝,争论遂起。发生了应以1917年起草的《地方制度》案为原案,还是以这次宪法起草委员会起草的《地方制度》案为原案的争议,相持不下,多次会议,争执如故。两派各成立组织机构。省宪派于1923年5月6日成立省宪同志会,推汤漪为临时主席。反对省宪派也于5月13日下午在宣武门外江西会馆开反省宪同志会成立大会。由于反对省宪同志会议员不出席会,致使宪法会议多次流会。于是两派又多次协商,尤其是5月26日国会议决每人每次出席宪法会议给20元出席费后,5月29日出席宪法会议议员十分踊跃,竟达746人。5月31日的宪法会也达754人。6月2日、6月9日的宪法会议,出席议员亦多。这几次会,除9日会议因争论应否继续广州护法国会制宪外,其他几次会均讨论《地方制度》案。两派亦各说各的理由,无结论。6月13日驱黎政变后,一部分议员离京,宪法会议因人数不足而连续流会达44次之多。但为了稳住在京议员,尽管连续流会,但不按5月26日两院会合会议定的宪法会议流会不给出席费的规定,出席费照发。在京议员每周3次的宪法会实际就是去领20元出席费,领完费会也就结束了。之后又加大了以金钱诱使议员回京的力度。8月底留京议员又议定,参、众两院常会,每次出席费50元,一周两次常会出席费100元。这样,在京议员每个月可领到常会出席费400元,宪法会议出席费240元,共计每月可得640元,而在沪议员每月只能领到300元的津贴,不到前者的一半。再加上津、保派经济人已筹到一大笔贿选费,并定下每张选票最低价5 000元。留京国会又派议员到沪策划、疏通、引诱,致使赴沪、赴津议员又陆续返京。津、保派的贿选经济人早已精心策划,要在10月5日开大总统选举会。10月4日的宪法会议是为了准确测算出席的议员总数。故4日的宪法会议一定要开成,开不成就无法开第2天的选举会。这样,策划者们将4日的宪法会议的出席费由以前的每人20元提高到200元。10月4日下午2时宪法会议,吴景濂主席。两次延长时间到下午3时,到会议员527人,已足法定人数,立即开会。这是自6月13日驱黎政变后宪法会议在连续流会44次后第一次成会,可见还是钱的魅力大。这自然令吴景濂等兴奋不已。由于第2天还有更重要的会议,所以这天的会议显得十分匆忙,草草而过。按照当日所列的议事日程:《中华民国宪法》案(地方制度章第2条以下)二读延前会。会议主席吴景濂立即切入主题,让早已准备好修正案的议员黄赞元登台说明理由。牟琳立即发言要求依修正案逐条讨论,并说:时局紧急,维持国家之宪法,亟须成立,请同人注意:1. 少发表意见。2. 少讨论。3. 多行表决。与会议员大都是为钱而来的,管他宪法是什么样子,尽快走完立宪程序的心理,使他们齐声赞成牟的提议。于是只用了3个小时就草草通过了黄赞元的修正案。当天通过的地方制度章共12条,详细条文如下:

第一条　地方划分为省、县两级。

第二条　省依本宪法第五章之规定,得自制定省自治法,但不得与本宪法及国家法律相抵触。

第三条　省自治法由省议会、县议会及各省各法定之职业团体选出之代表,组织省自治法会议制定之。前项代表除由县议会各选举一人外,由省议会选出者不得逾由县议会所选出代表总额之半数。其由各法定之职业团体选出者亦同。但由省议会、县议会选出之代表,不以各该议会之议员为限。其选举法由省法律定之。

第四条　下列各规定,各省均适用之。

1. 省设省议会,为单一制之代议机关。须依直接选举方法选出之。

2. 省设省务院,执行自治行政,以省民直接选举之省务员五人至九人组织之,任期四年。在未能直接选举以前,得适用前条之规定,组织选举会选举之。但现役军人非解职一年后不得被选。

3. 省务院设院长一人,由省务员互选之。

4. 居住省内一年以上之中华民国人民,于省之法律上一律平等,完全享有公民权利。

第五条　下列各规定,各县均适用。

1. 县设县议会,于县以内之自治事项有立法权。

2. 县设县长,由县民直接选举之。依县参事会之赞襄,执行县自治行政。但司法尚未独立及下级自治尚未完成以前,不适用之。

3. 县于负担省税总额内,有保留权。但不得逾总额十分之四。

4. 县有财产及自治经费,省政府不得处分之。

5. 县因天灾事变或自治经费不足时,得请求省务院,经省议会议决,由省库补助之。

6. 县有奉行国家法令及省法令之义务。

第六条　省税与县税之划分,由省议会议决之。

第七条　省不得对于一县或数县施行特别法律。但关系一省共同利害者不在此限。

第八条　县之自治事项,有完全执行权。除省法律规定惩戒处分外,省不得干涉之。

第九条　省及县以内之国家行政,除由国家分置官吏执行外,得委任省、县自治行政机关执行之。

第十条　省、县自治行政机关执行国家行政有违背法令时,国家得依法律之规定惩戒之。

第十一条　未设省、已设县之地方,适用本章之规定。

第十二条　内、外蒙古,西藏,青海因地方人民之公意,得划分为省、县两级,适用本章各规定。但未设省、县以前,其行政制度以法律定之①。

10月6日下午2时宪法会议开会,吴景濂主席。延长时间到3点零5分,主席报告出席议员563人,已足法定人数,开会。即对《中华民国宪法》第五章《国权》二读。同样,《国权》章已不是宪法起草委员会1922年12月23日向宪法会议提交的《国权》章的16条,而是会下早已修正过《国权》章17条。未作任何修正即逐条表决通过了二读会。由于宪法起草委员会委员长汤漪及大部分委员离京,宪法起草委员会已不足法定的开会人数,无法开会,即宪法会议议决的宪法条文的文字整理工作无法再交宪法起草委员会。牟琳动议请议长指定若干人整理字句。经表决,决定由议长当场指定30人为整理文句委员。主席当场指定蓝公武、籍忠寅、陈铭鉴、李槃、赵世钰等15名参议员和吴宗慈、胡祖舜、杨铭源、刘彦、谷芝瑞等15名众议员为整理文句委员。《国权》章17条见《中华民国宪法》第五章《国权》。

籍忠寅又接着提出动议,今日解决民六(即1917年)二读会中未经解决的各悬案(即争论很大,虽经多次讨论,均未能通过二读会的条款)。吴宗慈报告民六二读会未决各问题的经过,并建议对这些问题省略审查报告,即付二读会。对籍、吴的动议先后表决通过后,即对各悬案开二读会。各悬案也一一顺利通过二读会。为明晰将这些条款列出如下,其中括号内第×条是对应于《中华民国宪法》中的条款序号。

---

①　《申报》1923年10月10日。

第三十二条　国会常会于每年八月一日开会。（第五十二条）

第三十五条第三项　众议院解散时，参议院同时休会。（第五十四条第三项）

第七十五条　大总统于国务员受不信任之决议时，非免国务员之职即解散众议院。但解散众议院须经参议院之同意。原国务员在职中或同一会期，不得为第二次之解散。大总统解散众议院时，应即令行选举，于5个月内定期继续开会。（第八十九条）

第八十二条　国务员受不信任之决议时，大总统非依第七十五条之规定解散众议院，应即免国务员之职。（修正后的第八十九条已包含这一条，故删去）

第九十二条第二项　未经请求复议之法律案，逾公布期限即成为法律。但公布期满在国会闭会或众议院解散后者，不在此限。（第一〇五条第二项）

第九十三条　国会议定之决议案交复议时，适用法律案之规定。（第一〇七条）

第一〇七条　审计院之组织及审计员之资格以法律定之。审计员在任中非依法律不得减俸、停职或转职。审计员之惩戒、处分以法律定之。（第一二一条）

第一〇八条　审计院院长由参议院选举之。审计院院长关于决算报告，得于两院列席及发言。（第一二二条）

主席又以《中华民国宪法》的前文"中华民国宪法会议为发扬国光，巩固国圉，增进社会福利，拥护人道尊严，制兹宪法，宣布全国，永矢咸遵，垂之无极。"付表决，全场起立，掌声雷动，一致赞成。时下午6时20分，遂发给出席证，宣告散会①。

如果说10月4日的宪法会议的速度惊人的话，10月6日的宪法

---

① 《申报》1923年10月10日。

〔江苏〕：蓝公武、藩承锷、辛汉、吴荣萃、方潜、夏寅官、阮性言、孙润宇、孙炽昌、高旭、胡兆沂、刘可均、沙元炳、戴维藩、陈义、陈中、丁善庆、石铭、杨润、谢诩元、邵长镕、陈尚裔、王茂材。

〔安徽〕：丁铭礼、桂殿华、胡璧城、吕祖翼、何雯、贺廷桂、张伯衍、吴汝澄、李振钧、陈策、宁继恭、汤松年、刘鸿庆、汪建刚、张佩坤、吴日法、张振麟、王迪成、许植材、彭昌福。

〔江西〕：黄缉熙、邹树声、刘濂、蔡复灵、萧辉锦、毛玉麟、张益芳、陈友青、黄懋鑫、梅光远、王有兰、曾干桢、陈鸿钧、葛庄、陈子斌、赖庆晖、刘景烈、汪汝梅、戴书云、程铎、潘学海、卢元弼、吴宗慈、邓元、黄象熙、罗家衡、欧阳成、彭学浚、邱冠棻、贺赞元。

〔浙江〕：郑际平、张复元、孙棣三、周学宏、周钰、陆昌烺、谢国钦、金尚铣、姚桐豫、韩藩、蒋著卿、王烈、陈焕章、傅亦僧、傅师说、徐象先、林玉麒、杜师业。

〔福建〕：李兆年、陈祖烈、范毓桂、裴章浍、董庆余、钟麟祥、欧阳钧、朱腾芳、高登鲤、曹振懋、赖德嘉、陈承箕、陈堃、朱观玄、李尧年、张琴、陈蓉光、黄荃、黄肇河、杨树璜、林鸿超、杨士鹏、连贤基、刘万里、潘训初。

〔湖北〕：牟鸿勋、郑江灏、张汉、胡祖舜、彭汉遗、范鸿钧、陈邦燮、张伯烈、王笃成、廖宗北、骆继汉、袁麟阁、杜树勋、冯振骥。

〔湖南〕：田永正、席业、方表、刘彦、李锜、陈嘉会、陈家鼎、黄赞元、何彝虞、郑人康、罗永绍、魏肇文、程崇信、陈九韶、席绶、周泽苞、王恩博、向元均、禹瀛。

〔山东〕：刘星楠、萧承弼、张鲁泉、王凤寿、徐宝田、金骏烈、张汉章、周庆恩、刘昭一、周嘉坦、阎与可、张玉庚、袁景熙、胡鑫尧、王广瀚、金承新、王谢家、盛际光、王之篆、杜凯之、周祖澜、赵正印、管象颐、于均生、于湄、于元芳、王志勋、张映竹、彭占元、李元亮、郭广恩、刘冠三、周廷弼、曹瀛、史泽咸。

〔河南〕：王伊文、陈铭鉴、黄佩兰、毛印相、李檠、万鸿图、侯汝信、杨允升、任同堂、贺升平、徐绳曾、李载赓、李奎文、田增、孙正宇、岳秀夫、陈鸿畴、孔庆恺、杜潜、耿春晏、李时灿、陶毓瑞、王敬芳、郭光麟、任焕藜、王法歧、张嘉谋、陈全三、袁振黄、方德九、王荣光、陈廷飏、王杰。

〔山西〕：刘懋赏、班廷献、苗雨润、田应璜、张联魁、李素、郭生荣、龚鼎铉、康慎徽、周克昌、裴清源、梁俊耀、梁善济、赵良辰、穆郇、罗黼、张升云、阎鸿举、耿臻显、郑化国、郭德修、石璜、刘祖尧、刘志詹、王国祐、景耀月、狄楼海、高洪、景定成。

〔陕西〕：范樵、李述膺、张蔚森、岳云韬、张凤翔、杨逢盛、赵世钰、谭焕文、王鸿宾、白常洁、李含芳、赵煊、杨诗浙、马骧、殷大信、阎琳、朱家训、任郁文、姚守先、杨铭源、裴廷藩、高增融。

〔甘肃〕：万宝成、文登瀛、魏鸿翼、王鑫润、范振绪、姜继、郑濬、赵守愚、李凤威、李增秋、窦奉璋、祁连元、田澍、郭修、张映兰、李克明、丁佩谷、萧汝玉、张廷弼、郝天章、周之翰、魏郁文、张全贞。

〔新疆〕：那德昭、蒋举清、阎光耀、一不拉引、刘寯佺、徐万清、师敬先、孔昭凤、李澜、文笃周、继孚、李含筌、李永发、杨增美、陈世禄、袁炳煌、李式璠、罗润业、张瑞。

〔四川〕：王献、吴莲炬、王湘、赵时钦、潘江、杨肇锡、余芹生、黄翼、曾铭、刘泽龙、刘纬、廖希贤、袁弼臣、周泽、陈宗常、萧湘、孙镜清、古壹、江椿、傅鸿铨、杜华、徐际恒、蒲殿俊、唐玠、奉楷、王枢、余绍琴、熊兆渭、黄汝鉴、杨肇基。

〔广东〕：黄锡铨、易仁善、李自芳、黄明新、陈垣、李清源、谭文骏、叶夏声、谭瑞霖、马小进、黄霄九、徐傅霖、黄汝瀛、曾庆模、饶芙裳、郭宝慈、杨梦弼、何铨绳、陈绍元、司徒颖、易次乾、许峭嵩、梁成久、林树椿、王钦宇。

〔广西〕：林炳华、刘景云、郭椿森、黄绍侃、刘锦才、雷哲明、黄宝铭、唐树基、詹永祺、陈师汝、程修鲁、龚政、龙鹤龄、王永锡、梁昌诰、张廷辅、王乃昌、罗增麒、凌飞、程大璋。

〔云南〕：李正阳、李恩阳、何畏、周泽南、李增、王桢、严天骏、毕宣、角显清、张大义、由宗龙、李华林、陈光勋、李燮阳、俞之昆、陈时铨、陈祖基、万鸿恩、张联芳、段雄、刘炳蔚、赵诚、王人文。

〔贵州〕：姚华、胡庆雯、吴作棻、张世昌、金铸昌、曾昭斌、牟琳、杨粲英、符诗镕、杜成镕、万钧、孙世杰、刘尚衡、夏同和。

〔蒙古〕：鄂博噶台、纳谟图、李钟麟、祺克慎、刘丕元、张文、刘新桂、佈霖、陆大坊、宋汝梅、邓芷灵、董士恩、棍布扎布、娄裕熊、郭步瀛、金永昌、张树桐、乐山、敬棍太、李芳、唐宝锷、孙钟、陆大铨、熙玉、李景和、克希克图、易宗夔、吴恩和、张海若、诺门达赖、邓镕、汪震东、佘司礼、车林湍多布、德色赖托布、塔旺布理甲拉、博彦德勒格尔、阿拉玛斯图夫、恩克阿穆尔、祺诚武。

〔西藏〕：龚焕辰、巫怀清、刘文通、霍椿森、王弎、康士铎、萧必达、饶孟任、方贞、江天铎、江聪、恩华、石凤歧、李安陆、巴达玛林沁。

〔青海〕：刘丕烈、那旺呢嘛、龚庆霖、南木勒、札木苏、多吉尔。

〔华侨〕：陈寿如、沈智夫①。

（二）中华民国宪法

1923 年 10 月 10 日公布

中华民国宪法会议为发扬国光，巩固国圉，增进社会福利，拥护人道尊严，制兹宪法，宣布全国，永矢咸遵，垂之无极。

第一章　国　体

第一条　中华民国永远为统一民主国。

第二章　主　权

第二条　中华民国主权属于国民全体。

第三章　国　土

第三条　中华民国国土，依其固有之疆域。国土及其区划非以法

---

① 《申报》1923 年 10 月 20 日。

律不得变更之。

第四章　国　民

第四条　凡依法律所定属中华民国国籍者，为中华民国人民。

第五条　中华民国人民，于法律上无种族、阶级、宗教之别，均为平等。

第六条　中华民国人民，非依法律不受逮捕、监禁、审问或处罚。人民被羁押时，得依法律以保护状请求法院提至法庭审查其理由。

第七条　中华民国人民之住居，非依法律不受侵入或搜索。

第八条　中华民国人民通信之秘密，非依法律不受侵犯。

第九条　中华民国人民有选择住居及职业之自由，非依法律不受制限。

第十条　中华民国人民有集会、结社之自由，非依法律不受制限。

第十一条　中华民国人民有言论、著作及刊行之自由，非依法律不受制限。

第十二条　中华民国人民有尊崇孔子及信仰宗教之自由，非依法律不受制限。

第十三条　中华民国人民之财产所有权不受侵犯。但公益上必要之处分，依法律之所定。

第十四条　中华民国人民之自由权，除本章规定外，凡无背于宪政原则者，皆承认之。

第十五条　中华民国人民依法律有诉讼于法院之权。

第十六条　中华民国人民依法律有请愿及陈诉之权。

第十七条　中华民国人民依法律有选举权及被选举权。

第十八条　中华民国人民依法律有从事公职之权。

第十九条　中华民国人民依法律有纳租税之义务。

第二十条　中华民国人民依法律有服兵役之义务。

第二十一条　中华民国人民依法律有受初等教育之义务。

第五章　国　权

第二十二条　中华民国之国权，属于国家事项，依本宪法之规定行使之;属于地方事项,依本宪法及各省自治法之规定行使之。

第二十三条　下列事项由国家立法并执行之:

一、外交。

二、国防。

三、国籍法。

四、刑事、民事及商事之法律。

五、监狱制度。

六、度量衡。

七、币制及国立银行。

八、关税、盐税、印花税、烟酒税、其他消费税及全国税率,应行划一之租税。

九、邮政、电报及航空。

十、国有铁道及国道。

十一、国有财产。

十二、国债。

十三、专卖及特许。

十四、国家文武官吏之铨试、任用、纠察及保障。

十五、其他依本宪法所定属于国家之事项。

第二十四条　下列事项由国家立法并执行,或令地方执行之:

一、农工矿业及森林。

二、学制。

三、银行及交易所制度。

四、航政及沿海渔业。

五、两省以上之水利及河道。

六、市制通则。

七、公用征收。

八、全国户口调查及统计。

九、移民及垦殖。

十、警察制度。

十一、公共卫生。

十二、救恤及游民管理。

十三、有关文化之古籍古物及古迹之保存。

上列各款,省于不抵触国家法律范围内,得制定单行法。本条所列第一、第四、第十、第十一、第十二、第十三各款,在国家未立法以前,省得行使其立法权。

第二十五条　下列事项由省立法并执行,或令县执行之:

一、省教育、实业及交通。

二、省财产之经营处分。

三、省财政。

四、省水利及工程。

五、田赋契税及其他省税。

六、省债。

七、省银行。

八、省警察及保安事项。

九、省慈善及公益事项。

十、下级自治。

十一、其他依国家法律赋予事项。

前项所定各款有涉及二省以上者,除法律别有规定外,得共同办理。其经费不足时,经国会议决,由国库补助之。

第二十六条　除第二十三条、第二十四条、第二十五条列举事项外,如有未列举事项发生时,其性质关系国家者,属之国家;关系各省者,属之各省。遇有争议,由最高法院裁决之。

第二十七条　国家对于各省课税之种类,及其征收方法,为免下列诸弊,或因维持公共利益之必要时,得以法律限制之:

一、妨害国家收入或通商。

二、二重课税。

三、对于公共道路或其他交通设施之利用，课以过重或妨碍交通之规费。

四、各省及各地方间因保护其产物，对于输入商品为不利益之课税。

五、各省及各地方间物品通过之课税。

第二十八条　省法律与国家法律抵触者无效。

省法律与国家法律发生抵触之疑义时，由最高法院解释之。

前项解释之规定，于省自治法抵触国家法律时，得适用之。

第二十九条　国家预算不敷，或因财政紧急处分，经国会议决，得比较各省岁收额数，用累进率分配其负担。

第三十条　财力不足或遇非常灾变之地方，经国会议决，得由国库补助之。

第三十一条　省与省争议事件，由参议院裁决之。

第三十二条　国军之组织，以义务民兵制为基础。各省除执行兵役法所规定之事项外，平时不负其他军事上之义务。

义务民兵依全国征募区分期召集训练之。但常备军之驻在地，以国防地带为限。

国家军备费不得逾岁出四分之一。但对外战争时不在此限。

国军之额数由国会议定之。

第三十三条　省不得缔结有关政治之盟约。

省不得有妨害他省或其他地方利益之行为。

第三十四条　省不得自置常备军，并不得设立军官学校及军械制造厂。

第三十五条　省因不履行国法上之义务，经政府告诫仍不服从者，得以国家权力强制之。

前项之处置经国会否认时，应中止之。

第三十六条　省有以武力相侵犯者，政府得依前条之规定制止之。

第三十七条　国体发生变动，或宪法上根本组织被破坏时，省应联合维持宪法上规定之组织,至原状回复为止。

第三十八条　本章关于省之规定,未设省已设县之地方均适用之。

第六章　国　会

第三十九条　中华民国之立法权由国会行之。

第四十条　国会以参议院、众议院构成之。

第四十一条　参议院以法定最高级地方议会及其他选举团体选出之议员组织之。

第四十二条　众议院以各选举区比例人口选出之议员组织之。

第四十三条　两院议员之选举以法律定之。

第四十四条　无论何人不得同时为两院议员。

第四十五条　两院议员不得兼任文武官吏。

第四十六条　两院议员之资格,各院得自行审定之。

第四十七条　参议院议员任期六年,每二年改选三分之一。

第四十八条　众议院议员任期三年。

第四十九条　第四十七条、第四十八条议员之职务,应俟次届选举完成,依法开会之前一日解除之。

第五十条　两院各设议长、副议长一人,由两院议员互选之。

第五十一条　国会自行集会、开会、闭会。但临时会于有下列情事之一时行之:

一、两院议员各有三分之一以上之联名通告。

二、大总统之牒集。

第五十二条　国会常会于每年八月一日开会。

第五十三条　国会常会会期为四个月,得延长之,但不得逾常会会期。

第五十四条　国会之开会、闭会,两院同时行之。

一院停会时,他院同时休会。

众议院解散时,参议院同时休会。

第五十五条　国会之议事,两院各别行之。

同一议案不得同时提出于两院。

第五十六条　两院非各有议员总数过半数之列席,不得开议。

第五十七条　两院之议事,以列席议员过半数之同意决之。可否同数,取决于议长。

第五十八条　国会之议定,以两院之一致成之。

第五十九条　两院之议事公开之。但得依政府之请求或院议秘密之。

第六十条　众议院认大总统、副总统有谋叛行为时,得以议员总数三分二以上之列席,列席员三分二以上之同意弹劾之。

第六十一条　众议院认国务员有违法行为时,得以列席员三分二以上之同意弹劾之。

第六十二条　众议院对于国务员得为不信任之决议。

第六十三条　参议院审判被弹劾之大总统、副总统及国务员。

前项审判,非以列席员三分二以上之同意,不得判决为有罪或违法。

判决大总统、副总统有罪时,应黜其职。其罪之处刑,由最高法院定之。

判决国务员违法时,应黜其职,并得夺其公权。如有余罪,付法院审判之。

第六十四条　两院对于官吏违法或失职行为,各得咨请政府查办之。

第六十五条　两院各得建议于政府。

第六十六条　两院各得受理国民之请愿。

第六十七条　两院议员得提出质问书于国务员,或请求其到院质问之。

第六十八条　两院议员于院内之言论及表决,对于院外不负责任。

第六十九条　两院议员在会期中,除现行犯外,非得各本院许可不得逮捕或监视。

两院议员因现行犯被逮捕时,政府应即将理由报告于各本院。但各本院得以院议要求于会期内暂行停止诉讼之进行,将被捕议员交回各本院。

第七十条　两院议员之岁费及其他公费,以法律定之。

第七章　大总统

第七十一条　中华民国之行政权由大总统以国务员之赞襄行之。

第七十二条　中华民国人民完全享有公权、年满四十岁以上并居住国内满十年以上者,得被选举为大总统(自第七十二条至第七十八条,业于中华民国二年十月四日宣布)。

第七十三条　大总统由国会议员组织总统选举会选举之。

前项选举,以选举人总数三分二以上之列席,用无记名投票行之。得票满投票人数四分三者为当选。但两次投票无人当选时,就第二次得票较多者二名决选之,以得票过投票人总数之半者为当选。

第七十四条　总统任期五年。如再被选,得连任一次。

大总统任满前三个月,国会议员须自行集会,组织总统选举会,行次任大总统之选举。

第七十五条　大总统就职时,须为下列之宣誓:

"余誓以至诚遵守宪法,执行大总统之职务。谨誓。"

第七十六条　大总统缺位时,由副总统继任,至本任大总统期满之日止。

大总统因故不能执行职务时,以副总统代理之。

副总统同时缺位,由国务院摄行其职务。同时,国会议员于三个月内,自行集会,组织总统选举会,行次任大总统之选举。

第七十七条　大总统应于任满之日解职。如届期次任大总统尚未选出,或选出后尚未就职,次任副总统亦不能代理时,由国务院摄行其职务。

第七十八条　副总统之选举,依选举大总统之规定,与大总统之选举同时行之。但副总统缺位时,应补选之。

第七十九条　大总统公布法律,并监督确保其执行。

第八十条　大总统为执行法律,或依法律之委任,得发布命令。

第八十一条　大总统任免文武官吏。但宪法及法律有特别规定者,依其规定。

第八十二条　大总统为民国陆海军大元帅,统帅陆海军。陆海军之编制以法律定之。

第八十三条　大总统对于外国为民国之代表。

第八十四条　大总统经国会之同意得宣战。但防御外国攻击时,得于宣战后请求国会追认。

第八十五条　大总统缔结条约。但媾和及关系立法事项之条约,非经国会同意,不生效力。

第八十六条　大总统依法律得宣告戒严。但国会认为无戒严之必要时,应即为解严之宣告。

第八十七条　大总统经最高法院之同意,得宣告免刑、减刑及复权。但对于弹劾事件之判决,非经参议院同意,不得为复权之宣告。

第八十八条　大总统得停止众议院或参议院之会议。但每一会期停会不得逾二次,每次期间不得逾十日。

第八十九条　大总统于国务员受不信任之决议时,非免国务员之职,即解散众议院。但解散众议院须经参议院之同意。

原国务员在职中,或同一会期,不得为第二次之解散。

大总统解散众议院时,应即令行选举,于五个月内定期继续开会。

第九十条　大总统除叛逆罪外,非解职后,不受刑事上之诉究。

第九十一条　大总统、副总统之岁俸,以法律定之。

第八章　国务院

第九十二条　国务院以国务员组织之。

第九十三条　国务总理及各部总长均为国务员。

第九十四条　国务总理之任命须经众议院之同意。

国务总理于国会闭会期内出缺时,大总统得为署理之任命。但继任之国务总理须于次期国会开会后七日内提出众议院同意。

第九十五条　国务员赞襄大总统,对于众议院负责任。

大总统所发命令及其他关系国务之文书,非经国务员之副署,不生效力。但任免国务总理不在此限。

第九十六条　国务员得于两院列席及发言。但为说明政府提案时,得以委员代理。

第九章　法　院

第九十七条　中华民国之司法权由法院行之。

第九十八条　法院之编制及法官之资格,以法律定之。

最高法院院长之任命,须经参议院之同意。

第九十九条　法院依法律受理民事、刑事、行政及其他一切诉讼。但宪法及法律有特别规定者不在此限。

第一百条　法院之审判公开之。但认为妨害公安或有关风化者得秘密之。

第一百零一条　法官独立审判,无论何人不得干涉之。

第一百零二条　法官在任中,非依法律不得减俸、停职或转职。

法官在任中,非受刑法宣告或惩戒处分,不得免职。但改定法院编制及法官资格时,不在此限。

法官之惩戒处分,以法律定之。

第十章　法　律

第一百零三条　两院议员及政府各得提出法律案。但经一院否决者,于同一会期不得再行提出。

第一百零四条　国会议定之法律案,大总统须于送达后十五日内公布之。

第一百零五条　国会议定之法律案,大总统如有异议时,得于公布期内声明理由,请求国会复议。如两院仍执前议时,应即公布之。

未经请求复议之法律案,逾公布期限即成为法律。但公布期满,在国会闭会或众议院解散后者,不在此限。

第一百零六条　法律非以法律不得变更或废止之。

第一百零七条　国会议定之议决案,交复议时,适用法律案之规定。

第一百零八条　法律与宪法抵触者无效。

第十一章　会　计

第一百零九条　新课租税及变更税率以法律定之。

第一百一十条　募集国债及缔结增加国库负担之契约,须经国会议定。

第一百一十一条　凡直接有关国民负担之财政案,众议院有先议权。

第一百一十二条　国家岁出岁入,每年由政府编成预算案,于国会开会后十五日内先提出于众议院。

参议院对于众议院议决之预算案,修正或否决时,须求众议院之同意,如不得同意,原议决案即成为预算。

第一百一十三条　政府因特别事业,得于预算案内预定年限设继续费。

第一百一十四条　政府为备预算不足,或预算所未及,得于预算案内设预备费。

预备费之支出,须于次会期请求众议院追议。

第一百一十五条　下列各款支出,非经政府同意,国会不得废除或削减之:

一、法律上属于国家之义务者。

二、履行条约所必需者。

三、法律之规定所必需者。

四、继续费。

第一百一十六条　国会对于预算案,不得为岁出之增加。

第一百一十七条　会计年度开始预算未成立时,政府每月依前年度预算十二分之一施行。

第一百一十八条　为对外防御战争或戡定内乱、救济非常灾变,时机紧急不能牒集国会时,政府得为财政紧急处分。但须于次期国会开会后七日内,请求众议院追认。

第一百一十九条　国家岁出之支付命令,须先经审计院之核准。

第一百二十条　国家岁出岁入之决算案,每年经审计院审定,由政府报告于国会。

众议院对于决算案或追认案否认时,国务员应负其责。

第一百二十一条　审计院之组织及审计员之资格,以法律定之。

审计员在任中,非依法律不得减俸、停职或转职。

审计员之惩戒处分,以法律定之。

第一百二十二条　审计院院长由参议院选举之。

审计院院长关于决算报告,得于两院列席及发言。

第一百二十三条　国会议定之预算及追认案,大总统应于送达后公布之。

第十二章　地方制度

第一百二十四条　地方划分为省、县两级。

第一百二十五条　省依本宪法第五章第二十二条之规定,得自制定省自治法,但不得与本宪法及国家法律相抵触。

第一百二十六条　省自治法由省议会、县议会及全省各法定之职业团体选出之代表,组织省自治法会议制定之。

前项代表,除由县议会各选出一人外,由省议会选出者不得逾由县议会所选出代表总额之半数。其由各法定之职业团体选出者,亦同。但由省议会、县议会选出之代表,不以各该议会之议员为限。其选举法由省法律定之。

第一百二十七条　下列各规定,各省均适用之:

一、省设省议会,为单一制之代议机关,其议员依直接选举方法选出之。

二、省设省务院,执行省自治行政,以省民直接选举之省务员五人至九人组织之,任期四年。在未能直接选举以前,得适用前条之规定,组织选举会选举之。但现役军人非解职一年后,不得被选。

三、省务院设院长一人,由省务员互选之。

四、住居省内一年以上之中华民国人民,于省之法律上一律平等,完全享有公民权利。

第一百二十八条　下列各规定,各县均适用之:

一、县设县议会,于县以内之自治事项有立法权。

二、县设县长,由县民直接选举之,依县参事会之赞襄,执行县自治行政。但司法尚未独立,及下级自治尚未完成以前,不适用之。

三、县于负担省税总额内,有保留权,但不得逾总额十分之四。

四、县有财产及自治经费,省政府不得处分之。

五、县因天灾事变,或自治经费不足时,得请求省务院经省议会议决由省库补助之。

六、县有奉行国家法令及省法令之义务。

第一百二十九条　省税与县税之划分,由省议会议决之。

第一百三十条　省不得对于一县或数县施行特别法律。但关系一省共同利害者不在此限。

第一百三十一条　县之自治事项,有完全执行权。除省法律规定惩戒处分外,省不得干涉之。

第一百三十二条　省及县以内之国家行政,除由国家分置官吏执行外,得委任省、县自治行政机关执行之。

第一百三十三条　省、县自治行政机关执行国家行政,有违背法令时,国家得依法律之规定惩戒之。

第一百三十四条　未设省已设县之地方,适用本章之规定。

第一百三十五条　内外蒙古、西藏、青海因地方人民之公意,得划分为省、县两级,适用本章各规定。但未设省、县以前,其行政制度以法律定之。

第十三章　宪法之修正解释及效力

第一百三十六条　国会得为修正宪法之发议。

前项发议,非两院各有列席员三分二以上之同意,不得成立。

两院议员非有各本院议员总额四分一以上之连署,不得为修正宪法之提议。

第一百三十七条　宪法之修正,由宪法会议行之。

第一百三十八条　国体不得为修正之议题。

第一百三十九条　宪法有疑义时,由宪法会议解释之。

　第一百四十条　宪法会议由国会议员组织之。

前项会议,非总员三分二以上之列席,不得开议;非列席员四分三以上之同意,不得议决。但关于疑义之解释,得以列席员三分二以上之同意决之。

第一百四十一条　宪法非依本章所规定之修正程序,无论经何种事变,永不失其效力①。

_____

① 　孙曜编:《中华民国史料》第515—535页。

第十一章 国会临时会及国会的终结

（1923 年 10 月 26 日——1925 年 4 月 24 日）

第一届国会议员将自己的任期无限延长后，又于 1923 年 10 月 26 日起开临时会。由于留在国会中的多数议员是贿选议员，此时的国会已腐败。这之后的国会之争基本上是无原则的争斗。国会绝大多数党都是拥曹锟的党。但由于利益分配不均，为争权夺利大体又分为政府党和非政府党。此时，北京政权基本上控制在直系保定派手中。政府党就是保派支持的党，非政府党是保派之外直系其他派系或个人支持的政党。

第一届国会议员早已远远超过其任期，恋栈的议员却欲长期占据着国会这个舞台。即使无所事事，不但不闭会，也不休会，一直就这样隔三差五地开着会。这不但令全国人民厌恶和不满，也令北京的当权者们头痛。登上大总统宝座的曹锟，已无求于国会，早存鸟尽弓藏之心。尤其是为解决北京政府的财政危机，曹早就想办妥金法郎案和德发债票案。曹希望国会早日闭会或长时间休会，以免国会在办此两案时掣肘和再勒索。但第一届国会一直不闭会，仍想操纵政局。津派的众议院议长吴景濂在包办大总统选举时，和保派产生矛盾。吴又借国会中第一大党党魁之力，挟以往贿选之"功"，仍欲包围曹锟，操纵政局，要过一过国务总理之瘾，和保派矛盾加深。曹锟决定倒吴，即不但不能兑现让吴组阁的诺言，而且也不想让吴在众议院议长的位子上呆下去。保派组织宪政党倒吴。吴凭借民宪同志会，再加上由其控制的众议院秘书厅和警卫处,与宪政党在众议院议场内外周旋和打斗。乌合之众的宪政党究竟非吴党的对手。保派法律驱吴之策无法实现。保派的代理国务总理、内务总长高凌霨只好亲自出马,1923年12月20日以内务总长的名义下令强行撤换众议院警卫。失去众议院警卫护驾的吴立即仓皇出逃。从此,众议院也进入无议长的半瘫痪状态。以后成立众议院临时行政委员会代理议长一部分职权。临时行政委员会是众议院各派的缩影,各派围绕众议院秘书长和警卫长人选争斗不休。

保派为了尽快结束国会,扣住众议员岁费不发。1924年1月1日又发布众议院议员改选日期的教令。这不但危及了非政府党议员的利益,而且也危及了宪政党普通议员的利益。于是他们联手于1月9日通过了《特任孙宝琦为国务总理请求同意》案,推倒了保派高凌霨代阁,成立了孙宝琦内阁。

孙宝琦不是保派,孙阁不是孙宝琦所组,主要是由曹锟越俎代庖。尤其是曹坚持以与孙矛盾甚深的王克敏为财政总长,而不以孙物色的龚心湛为财政总长。结果内阁中孙、王勾心斗角,再将国会中的政党引入孙、王斗争之中,孙阁便一直呈不稳定状态。加之孙只愿办理德发债票案,不愿办全国一致反对的金法郎案,为曹锟和保派所不容,孙只好于7月2日辞去国务总理之职。曹锟以顾维钧暂代国务总理,欲以颜惠庆出面组阁,遭国会非政府党的反对。直至9月4日江浙战争爆发,第二次直奉战争已迫在眉睫,均属直系卵翼下的非政府党和政府党为避免倾巢之卵之命运,众议院9月12日通过了颜惠庆内阁,颜阁成立。

10月23日,冯玉祥发动了北京政变,推翻了直系控制的中央政权。十分恋栈不知进退的贿选议员仍加紧运动来保存旧国会,将一切责任和罪过全推给曹锟、吴佩孚。他们运动段祺瑞支持他们,又让民八议员出面恢复民八国会,欲博得孙中山和国民党的支持。但贿选议员有如厕所飞出的一群苍蝇,到哪儿都令人厌恶,自无人搭理他们。11月30日,段祺瑞的执政府发出了检举贿选议员令,搜查了贿选议员的住宅。参加贿选的议员纷纷逃匿。第一届国会瘫痪。

　　1924 年 11 月 24 日，段祺瑞正式就任中华民国临时执政，集大总统和国务总理大权于一身。这自然既违背了《临时约法》，也违背了曹锟 1923 年公布的《中华民国宪法》。于是，段祺瑞及其谋士们宣布北京政变是一场政治革命，宣布临时执政府是新生的革命政权，《临时约法》、《中华民国宪法》都应废止，国会应该解散。

　　未参加贿选的第一届国会议员于 12 月中旬组织国会非常会议，力图阻止段祺瑞的执政府解散国会和废止《临时约法》。这时，段及其谋士们已决定废弃《临时约法》和解散国会后，再召集国民会议制定新宪法，依据新宪法召集新一届国会。段祺瑞临时执政府利用人们对已腐败的第一届国会的厌恶心理，于 1925 年 4 月 24 日发表了废弃法统的命令，正式废弃了《临时约法》和解散了国会。但临时执政府在新宪法草案起草妥后，尚未来得及召集国民会议通过新宪法即倒台。新的国会自然无法召集。这样，三权分立的国会到此终结。

　　国会临时会时，国会已涣散。参、众两院能够法定开会人数开成大会的时候不多。政府提交给参、众两院的议案也寥寥可数。虽然以制定《宪法实施细则》，完善宪法为开临时会的重要理由，但临时会根本未进行这方面的工作，也未再进行制定法律、法规的工作。各党派之间无原则无休止的争斗是临时会时旧国会斗争的特点。

一、国会临时会的开幕及会期的一再延长

　　尽管摄政内阁于 1923 年 10 月 4 日下令各省区举行下届众议员选举，但议员们都滞留京城不肯回乡。京城毕竟是这些众议员获取金钱、获取各种额外利益的地方，而家乡则是花钱的地方。竞选新一届众议员就必须花钱运动。故他们又以各种理由，在第三期常会结束后，又谋开了第一届国会临时会。

　　10 月 10 日国会在其第三期常会结束前就议定 10 月 15 日参、众两院开谈话会，商讨开临时会的事。这样，10 月 15 日下午，在众议院议

场开参、众两院谈话会。众议院议长吴景濂主席。主席首先报告:今天
签到的参议员122人、众议员303人。今日的谈话会系10月9日两院
常会时决定于13日后开一谈话会,商议开临时会事宜。按照《宪法》
第51条"国会自行集会、开会、闭会。但临时会于有下列事情之一时行
之",其第一款规定"两院议员各有三分之一以上联名通告"。现在场
议员各有三分之一以上出席,应请诸君即将临时会日期讨论。

议员们纷纷发言,提出了开临时会的理由:1.《宪法实施细则》尚
未议定。2. 宪法起草委员提出的《民生》、《教育》二章未继续议决。
3. 副总统尚未选出。4. 众议院议员任期已满,第二届众议员选举尚未
着手。若不开临时会,则在较长时期,将无国会。

会议议定10月26日开临时会。最后,主席报告说:按照《议院
法》第1条规定"民国议会每届法定开会期日或临时会期日之前10
日,两院议员各自集会于本院",第2条"民国议会开会之日由两院议
员会合举行开会式。"照此两条规定,应于10日前各自集会于本院。兹
拟按照今日决定,即发通知,于明日即行各自集会,以了院法上责任。
将来开会时尚须举行开会式。众均赞同,散会①。

10月16日,参、众两院分别集会于各院,形式上履行院法上的
规定。

10月26日上午10时,两院议员在众议院议场举行第三期临时会
开会式,吴景濂主席,出席议员300余人。小孙派民治社众议员陈纯修
在未开会前突然登台发言:众议院3年任期已于双十节闭会之日终了,
今两院犹得复开临时会,系根据宪法49条"议员之职务应俟次届选举
完成依法开会之前一日解除"之规定。然所谓议员之职务者,就文义
上之解释,并不包含议长在内。议长任期已满,当然不能延长。今日临
时会应由参议院议长为主席或另推主席,方与法理不背②。当时会场

---

① 《申报》1923年10月19日。
② 《晨报》1923年10月27日。

上一派主张另推会议主席，一派主张以吴景濂为主席。两派发生争执，议场秩序大乱。参议员丁铭礼发言认为，众议院议长任期问题，是众议院内部的事。今日为参、众两院联合举行开会式，于法理上谈不到此。小孙派众议员王枢拍桌大呼：请吴景濂退席！接着又大骂吴。经吴派干将马骧等极力劝阻，吴景濂才宣告开会。曹锟要倒吴，自然不会出席当天的会。代理国务总理高凌霨和吴的关系形同水火，更不会到会。且曹、高都希望国会早点结束，从内心就不赞同开临时会，为了应付国会，总统府和国务院只派出海军总长李鼎新出席了当天的会。于是由赞礼员引导李入场就席。

先由主席致开会词：

大道之用，有弛有张。况我国会，法治是匡。懔兹权责，敢即怠荒。宪典始颁，推行宜力。人心厌乱，兵争宜息。除弊兴利，错枉扶直。丁兹艰虞，敢旷厥职。祝我同人，德业日新。每进愈上，奋厉精神。驰誉四国，造福兆民。

李鼎新代表大总统曹锟致颂词：

本日为参、众两院临时会开会之期，本大总统躬逢嘉会，无任欣慰之至。民国成立十有二年，风云傲扰，迄无宁岁，爰及今兹。两院诸君于艰阻备尝之余，策厉精神，不怠益奋，而煌煌《宪法》之大典，始得克日以观成。此诚开国以来国会第一之伟绩，举国人民所不胜同声庆幸者也。本大总统谬膺重寄，当此宪典颁行之始，大经大法既已纲举目张，黾勉绸缪，自觉率循有自。此后，行政、立法两方面均当矢勤矢慎，提絜进行，俾政象聿新，得进于法治国之盛轨，于以戢祸乱而进休明，此则本大总统日夕兢兢愿与我两院诸君所交箴互勉者也。谨于国会临时会开始之日，敬贡一言以为颂。

李鼎新接着代表国务院致颂词：

国会临时开会，凌霨等赞襄国务，躬与盛典，实为荣幸。上届会期，诸君选举元首，制定《宪法》，克践两大职权，为民国谋万世之安，厥功甚伟。国务员有翊助大总统推行宪法之责任。凌霨等

不能依据宪法第52条"8月1日常会开会"之规定。如果不这么解释，则关于两院法律问题须开宪法会议来讨论解决，不能由两院各自解释，即使开两院谈话会也无济于事。故不如依宪法第49条及第51条的规定，就现有的临时会继续开会，无所谓闭会与否。这是最简便的办法，不必开两院谈话会，免生纷扰。3. 这次发生闭会问题，是由众议院议员张琴的提案，众议院行政委员会因应对困难才推人前来与本会协商办法，并不是众议院大会上所决定的事。众议院行政委员会既不愿拿出明确的主张，则本会亦不便负责做出可否的表示。最好由本会答复众议院行政委员会，请原提案人将闭会问题提出众议院大会，解决其可否，然后正式移付本院，再开会讨论，也不为晚。由于后一主张最圆滑，各委员皆以为然，经表决多数通过。并当场推定当日主席文登瀛及秘书长张我华二人前往众议院行政委员会报告参议院行政委员会决定的情况。

7月29日众议院行政委员会会议，张我华报告当日参议院行政委员会的决定：以宪法第49条，其中对议员职务注明须俟次届议员选出开会前之一日解除之。此次临时会即根据此条而来，并未规定临时会是否应于何日闭会。宪法第52条8月1日开会的规定，是否适用于临时会又为一待解决问题。两院均无议长，行政委员会又不能遽然决定此类任期、会期之重大问题，必俟大会取决多数之同意。现在仍由贵院先将张议员提案在大会讨论，参议院静候结果，再订办法。张琴亦在会上陈述意见，说国会会期与议员任期为重大法律问题，请于31日前开紧急会议，讨论本人提出的8月1日开常会案。众议院行政委员会各委员鉴于参议院既不愿开协商会，不如先将张的提案及解释国会任期、会期的意见一文，交秘书厅印布报告大会，待取得多数意见后再定办法。

8月1日众议院会议，张琴发言请议8月1日开常会案，并说明理由。政府党派的议员王敬芳、景耀月等赞成8月1日开国会常会，并要求议颜惠庆内阁同意案。非政府党议员范熙壬、吕复要求讨论吕复的《弹劾顾维钧、程克、王克敏、陆锦、李鼎新、张国淦、颜惠庆、吴毓麟等擅结德债,损害国权,触犯刑章,蹂躏宪法》案。双方发生争执,头发党的黄翼大闹议场,两派发生武斗,只好散会。

9月上旬,直系军阀、苏皖赣巡阅使、江苏督军齐燮元联合福建的直系军阀孙传芳等为夺取张作霖支持的皖系军阀浙江督军卢永祥控制的上海,发动了江浙战争,历史上又称"齐卢之战",拉开了第二次直奉战争的序幕。北京政府于9月7日正式下达了对卢永祥的讨伐令。议员们为了避免卷入这场军事冲突的旋涡,更不愿与政府一道对这场军事冲突负责任。9月10日参议院会议,政府党议员王观铭动议休会15天,说:"现在时局不靖,同仁多有请假回乡里者。本院每届开会甚感困难。且江浙军事,政府已有讨伐令。嗣后时局究竟变幻至何程度,固难预测。但中央万一于必要时宣布戒严,则开会上将愈感不便。更就国会内部言之,两院同仁对于时局均未尝有所建议。纵即照常开会,亦决无何等裨益。似此情形,莫如依照院法第4条,咨商众议院一致休会15日。倘众议院不能通过,则本院可单独休会7日。至于休会后遇有紧急事件,尚可依照本条第1项由议长随时通告议事。现在本院虽无议长,然可由行政会会同主席行使通告之职权。"王的动议经过讨论后即付表决,赞成从9月17日起休会15天者多数(在场议员153人,赞成者95人),通过。主席谷嘉荫声明此案业已成立,自应即日咨达众议院,倘众议院不通过,本院拟单独休会7天。众均无异议①。由于休会是政府通过政府党提出的,这引起了非政府党的警觉。9月17日众议院会议。在讨论参议院移付的休会案时,民治社的王乃昌、法治共进会的李载赓等发言均主张不休会。最后,会议主席以参议院来咨的休会案付表决,赞成者少数,否决。这样,参议院只能单独休会7天。参、众两院就再也未讨论临时会会期的问题。临时会也就一直开到冯玉祥发动北京政变推翻直系政权,11月30日段祺瑞执政府发出《检举贿选议员令》,才最后结束。

---

① 《申报》1924年9月15日。

二、国会临时会议时的党派

1923 年 10 月 26 日第一届国会临时会议开会后，国会对直系来说，利用价值已不大，故希望国会早日闭会。

曹锟冷落国会，愿花钱豢养议员者又大乏其人，失去金钱的支持政团就急剧减少，国会的党派开始衰落。由于此时的国会基本上是由贿选议员所组成，国会政党都是拥直派。直系保派执掌北京政权。国会政党便分为拥保派的政府党和保派之外直系其他派系与个人支持的非政府党。政府党和非政府党在国会中的斗争，基本反映的是直系内部派系与派系、个人与个人之间的斗争，是权力和利益之争，已很难区分是非。当时国人对贿选议员很厌恶，更不会去关心这些狗咬狗的争斗。

民宪同志会、法治共进会、新民社、静庐等基本上可划入非政府党。宪政党、头发党、马蜂党为政府党。由于有些党完全以金钱和利益为转移，朝秦暮楚。要严格地划清哪个党或政团属于政府党，哪个党或政团属于非政府党，有时是比较困难的。

国会临时会时，主要政党有以下几个。

1. 宪政党。在曹锟贿选中，保、津两派矛盾和争斗激烈。尤其是吴景濂想借其表弟王承斌筹得大批贿选经费而包办选举，与保派的高凌霨、王毓芝等的矛盾变得十分尖锐。贿选结束后，吴景濂要组阁，这自然直接威胁着保派的高凌霨内阁。此时两派的斗争便达到白热化的程度。保派欲乘大选余热未退之机，将民宪同志会之外的各派收拾一处，化零为整，组织一个大的政府党，阻止吴景濂组阁，将吴派赶出权力中心，以解除对高阁的威胁。即不但不让吴组阁，而且还要将吴从众议院议长的位子上赶走，以政府党取代民宪同志会，控制国会。1923 年 10 月下旬，组织政府党的筹备工作即已开始。11 月 7 日在甘石桥原大选筹备处开成立会。政府党定名为宪政党，地点设甘石桥原大选筹备处，推曹锟为宪政党的领袖，王毓芝为理事长，高凌霨、吴毓麟、程克、刘彭寿、常耀奎为理事。其中常耀奎为常住理事。审查科主任谷芝瑞、王谢家；文书科主任骆继汉、贺赞元；宣传科主任景耀月、赵时钦；会计科主任史泽咸、段大信；交际科主任胡源汇、郭步瀛（后期又由常耀奎兼）；庶务科主任王双歧、周克昌。由政府每月拨10万元给宪政党。11月18日在甘石桥开正式成立大会，即对外正式宣布成立宪政党。为吸引党员、实现化零为整的计划，保派停止了对各政团的津贴，以每名宪政党党员月津贴200元的价格来招揽议员。因金钱关系，各政团纷纷弃其旧居加入新党。宪政党盛极一时。12月上旬，众议员在甘石桥宪政党部领津贴者300多人，显见大部分政团均加入了宪政党。该党领袖们以为本党已拥有众议院三分之二以上的议席，把吴景濂赶下台将众议院议长的位子取入宪政党手中是很有把握的。不料一到议场，宪政党能勇往无前、再接再励者只是少数几个有切身利害的主角，大部分宪政党员并不卖力，有的作壁上观，有的甚至暗中帮着非政府党。在议场上，宪政党竟不敌民宪同志会，屡战屡败。看来靠宪政党根本无法将吴景濂从议长宝座上赶下来。代理国务总理兼内务总长高凌霨只好亲自出马，以内务总长的命令，强行撤换众议院的警卫，用武力的办法将吴驱逐出京。但让保派伤心与恼火的是，1924年1月9日众议院会议，竟完全为非政府党所控制。一些宪政党党员追随非政府党，通过孙宝琦内阁，推倒了保派的高凌霨内阁。这大大出于曹锟、王毓芝、高凌霨的意料之外，是对保派的一个打击。至此，保派要人才醒悟过来，才知道宪政党看似庞大，实际是一群乌合之众。大多数党员发款时则聚，款尽则散，不足恃。于是宪政党的头目们除与平日深信的少数宪政党骨干仍相结合外，对其余的党员则任其去往，也不逐不留，只是将每名党员每月200元的津贴取消。宪政党本来就是政府明码实价豢养的政党，一开始名声就不好。很多党员只是为了每月200元津贴而入的党。"宪政党"三个字本来就足以令人闻而却走，毫无叫座的能力。保派将每月200元的津贴一取消，宪政党自然如鸟兽散。一时间，北京甘石桥宪政党党部门前冷落车马稀，仅留下谷芝瑞、景耀月、史泽咸等少数宪政党骨干仍扛着该党的招牌伺机活动。但终因力单势孤,无法有所作为。于是,这些不甘寂寞的宪政党政客们,酝酿另起炉灶,再组它种名义的政团为保派效力。1924年2月,谷芝瑞、景耀月等人重组头发党。宪政党的骨干籍忠寅、张树楠、钱崇垲等不愿低头俯就,屈居谷、景之下,于是另成立马蜂党。头发党和马蜂党成立,宪政党也就彻底消亡。

2. 头发党。王毓芝见宪政党一盘散沙、无所作为后,断了对该党的津贴。一般党员见无利可图,遂如鸟兽散,衰败的宪政党就只剩一些骨干。宪政党原分成两派,一派拥钱崇垲为首领,一派戴谷芝瑞、景耀月为头目。他们决定另树旗帜,再找买主。此时,财政总长王克敏与国会交恶。国会议员在1924年初就纷纷提出弹劾王克敏案、查办王克敏案、质问王克敏案。本来王克敏最讨厌议员,开始与政府党并无任何接洽。1月16日众议院议决弹劾王克敏案交付审查。参议员则提出参议院审判国务员规则案,摆出一付弹王的架势。王怕弹劾案通过,为了自保,决定收买政府党议员为其保驾,将众议院即将提出的弹劾案否决。于是邀宪政主角谷芝瑞、景耀月、史泽咸等商议重整旗鼓之策。谷、景、史等正好借王克敏的支持,1月下旬在头发胡同6号原护法议员联欢社旧址,组织新的政团。时人便将该团冠以"头发党"这种不雅之名,来表示对其厌恶的情绪。它与宪政党无大的差别,故当时又有人将其称之为新宪政党,但叫头发党更普遍。宪政党尚余几万元保存在住会理事兼会计主任常耀奎手中。常将此款的一部分转归谷、景、史等掌握。王克敏又给了1万多元。这些均作为头发党的开办费。以后经费即由王克敏供给。王克敏成了头发党的后台老板,常耀奎是头发党的小老板。头发党的机关报是《宪政日报》。头发党党员津贴每月为200元。由于弹劾阁员案、内阁同意案均只取决于众议院,故头发党只吸收众议员不吸收参议员。这样,花钱不多又解决问题。王克敏估计在众议院吸收百名左右的众议员,即可成为众议院多数党而控制众议院。最后在众议院实际吸收了50多名众议员。如黄翼、李含芳、贺赞元、葛庄、杜树勋、胡源汇、王钦宇、张琴、李春荣、黄懋鑫、谢翊进、周庆恩、司徒颖、汤松年、刘鸿庆、吴荣萃、席绥、程铎、白常洁、戴书云等都是头发党的众议员。

　　头发党除为王克敏帮忙取消弹劾案外，就是帮助曹锟、王克敏办理金法郎案和德发债票案。在孙宝琦内阁的斗争中拥王克敏倒孙宝琦，对任何倒孙案都支持，对任何倒王案都反对。对全民社李燮阳 1924 年 3 月提出的对孙阁不信任案因该案捎带了王克敏与金法郎案而不支持。对弹劾王克敏案竭力反对，或捣乱会场，使会议无法进行。或投票时不投名片，使票数多于名片，使投票无效。反对在 1924 年的《中苏协定》上签字，并借此欲倒孙阁。后因各省直系将领和全国人民反对保派不顾国家利益否定《中苏协定》，头发党与保派才有所收敛。头发党的骨干一直主张国会闭会或长时间休会。孙阁倒台后又力促颜惠庆内阁通过众议院，反对撤销违宪代阁案。头发党仅景耀月、谷芝瑞、史泽咸较具手腕，像汤松年、刘鸿庆、黄翼、张琴之流则仅有吵闹议场的本领。黄翼等在会场一发言，四座即以擂桌子、拍板凳、喝倒彩乱之，以示深恶痛切之意。此辈尽其力量只会搞破坏。王毓芝组织宪政党时已深悉此辈伎俩。头发党力尽声嘶却又不能将颜惠庆内阁办有眉目，王深恨此辈之无用。8 月时曾商于王克敏不如再牺牲几万元，另组一精干之党，宁缺毋滥，非略有所长者概不容纳。事为头发党议员所闻，史泽咸等即包围王毓芝说："吾人受尽社会之唾骂，为君等帮忙。今乃中途相弃，使人灰心，恐不足以招徕。君必相弃，则吾人可相率与小孙派及 42 号携手，君等亦有不利焉。"王毓芝、王克敏无法，乃与头发党约法三章：非商得同意，不能对外有所接洽；不得虚报名额领支津贴；不许党员跨党。头发党一一应承，于是王克敏仍旧发给党费①。头发党为众矢之的，又缺乏手腕，故虽有政府为其后盾，但始终未起多大的作用。

　　3. 马蜂党。宪政党解体后，谷芝瑞、景耀月等组织头发党专门吸收众议员，原宪政党中的参议员不但不能加入，而且到头发党党部参与

　　①　《申报》1924 年 8 月 21 日。

游戏、赌博之事都不可能。宪政党中原均社的众议员钱崇垲和宪政党中的原研究系的参议员籍忠寅、蓝公武、辛汉、张树楠等本与谷、景等沆瀣一气，与头发党未始不能合作。只因自视太高，头发党党魁既为谷、景所得，自不愿低头俯就，听任谷、景之流的指挥。加之谷、景不吸收参议员，于是租赁马蜂桥7号为机关，另立宪法社。时人冠以马蜂党这一不雅之名以示厌恶。钱崇垲、籍忠寅、蓝公武等游说总统府秘书长、保派头目王毓芝。说弹劾王克敏案须出席议员三分之二以上的多数同意通过，但审判权仍操于参议员之手。若得多数参议员表同情于政府，该案纵使在众议院通过，亦不难平反。且参议院议长问题，自前月院内协商无结果后，至今仍甚沉寂。惟因张鲁泉返籍回京后，对于议长着着进行。政府党方面如不急起直追，必落人后。钱、籍、蓝等说得天花乱坠，王毓芝深以为然，即由宪政党剩余的经费中拨出2万元，再由财政总长王克敏拨款2万元，作为马蜂党的开办经费。马蜂党从1924年3、4月份开始筹备，4月21日正式开成立大会。马蜂党以吸收参议院议员为主，也吸收众议院议员，以壮大自己的声势，但马蜂党的重点在参议院。宪政党中的研究系全体加入了马蜂党。故研究系的众议员王敬芳、胡源汇、郭光麟、耿兆栋等均为马蜂党成员。以参议院第一班改选的参议员为主组成的群治社也全体加入了马蜂党，即雷殷、谷嘉荫、黄佩兰、郭步瀛、潘大道、黄金声、李安陆、车林湍多布等均加入了马蜂党。马蜂党在参议院的势力较大，约拥有五六十个议席。参议院临时主席谷嘉荫即为马蜂党。马蜂党不但成立于头发党之后，且因主要由参议员组成，其重要性不如头发党，故一切待遇均低于头发党。头发党议员每人皆可得津贴，马蜂党只有骨干才能享有津贴，一般成员均不发给。故马蜂党尽管政治态度与头发党相同，但并不如头发党那么卖力。由于钱崇垲与籍忠寅等有矛盾，后均社又独立。马蜂党的骨干还有宋汝梅、林炳华、陈铭鉴、李澜、潘承锷、侯汝信、黄自芳、刘凤翔、娄裕熊、苗雨润、刘哲、邓芷灵、李兆年、王凤翙等。

4. 法治共进会。机关设在石驸马大街42号，故又简称42号。在

1923 年 11 月、12 月的吴景濂派与反吴景濂派的斗争中,李载赓、万钧、叶夏声、林树椿、彭汉遗等以中立派自居。该派不满于政府党,欲组一大政党与宪政党对抗。于 1923 年 11 月开始聚于石驸马大街 42 号。该派是前财政总长、津派的张英华出钱支持的,资金比较宽裕,故十分活跃。该派除在国会活动中颇具声色外,还多次赴洛阳、往天津、到南京、下杭州,四处串联,向各方兜售副总统,尤属意吴佩孚出任副座。曹锟当选大总统后,保派在北京建立了一个保派的中央政权。大选中出过大力的津派被排除在中央政权之外。保派以张英华任财政总长时经手铜元票中有舞弊营私行为为由,向北京地检厅起诉张,其目的在于让张向保派报效一笔钱。张有钱但也决不愿受制于保派,于是出钱组织法治共进会,专与保派作对。由于同属津派,法治共进会与民宪同志会气味相投,在吴派与反吴派斗争中袒护吴,并以中立派的身份活跃在国会各派之间。众议院通过孙宝琦内阁而倒高凌霨内阁便是其得意之作。正因为孙阁为若辈所造成,故一直举着拥孙之旗帜。弹劾财政总长王克敏案就是该派提出来的,且一有机会就在众议院动议对弹王案表决。该派反王不遗余力,极力运动孙阁局部改组以排去王克敏等。其目的在于迫保派打消铜元票案,让张英华复出。孙阁倒台后,顾维钧代理国务总理。法治共进会反对顾代阁,在众议院提出撤销违宪代阁案,坚持只有先通过撤销违宪代阁案才能开议颜阁同意案。对《中苏协定》主张尽早签字,对李燮阳的对孙阁不信任案持极端反对态度。其主要成员还有毕维垣、唐宝锷、凌鸿寿、斐廷藩、何弼虞、徐际恒、姚守先、汪震东、唐玠、梁昌诰、黄攻素、潘江、刘彦、王杰、赵时钦、林绳武、陈时铨、杨克山、敬棍太、仇玉斑等。

　　5. 民宪同志会。吴景濂在京时,是国会中的一个大的党派,借贿选之余威,基本上左右着国会。但自 1923 年 12 月 21 日吴景濂被保派逐出北京,该党元气大伤。由于吴景濂在得志时过于张狂,包办总统选举,包办内阁,引起国会中其他派系的不满。民宪同志会的议员自知此时投降他派必遭拒绝,故只能尽力维持本团体。吴刚被逐时,该派在马骧等人的组织下,仍努力奋斗,虽然力量不如前,但也不算弱。和法治共进会等一道推倒了保派的高凌霨内阁。对孙宝琦内阁虽不甚满意又深恐保派乘其后再攫取总理一职,故与法治共进会同举拥孙之旗帜而另图内阁局部改组以逐王克敏。对李燮阳的对孙阁不信任案力持反对态度。对副总统选举亦表示热情。但对副总统人选主张为唐绍仪或唐继尧,这与法治共进会不同。对《中苏协定》亦主张尽快签订。该派分子能征惯战,故保派要人笼络该派的骨干,聘该派的马骧、罗家衡、易次乾、汪建刚为财政部1924年夏设立的中俄会议提案筹备处的委员。7月又聘该派的子侄辈任商标局各科科长、办事员,致使该派分裂。马骧、罗家衡、易次乾、汪建刚、赵世钰、陈策、胡祖舜态度软化,由反王克敏到倒向拥王克敏,主张通过颜惠庆内阁。而该派的陆昌烺、吕复、王荫棠、薛丹曦则仍坚持反王克敏、与保派不合作的立场。马骧等人态度的变化,引起该派多数议员之不满而向在天津的吴景濂告状。陆昌烺在吴前攻击马骧说:"大儿子不争气。"①这样,7月19日吴将马骧、罗家衡、易次乾召到天津,说:"君等同情颜惠庆,吾诚不解。以公言,颜曾做徐世昌政府之总理及主张金法郎案之人,均与民宪同志会立于政敌地位。以私言,吾之被逐,颜与有力,安得助之? 吾以为君等帮忙颜阁至少亦当得一阁员。今乃为区区数百元之四委员投降耶?"②吴与罗、马等闹了一夜。回京后,马、罗、易、汪函财政部,辞去中俄会议提案筹备处委员之职。但民宪同志会因马骧、赵世钰等办事多不满人意,出现分裂,跨入他党者不乏其人。故从1924年夏开始,民宪同志会就已走向衰落。此派骨干还有陈世禄、刘冠三、蒋宗同、凌鸿寿、廖劲伯、王绍鳌等。

6. 民治社。为小孙派机关。其领袖为牟琳、王湘等。机关原设在松树胡同,1924年3月即迁入石驸马大街3号。原石驸马大街3号为

---

① 《申报》1924年7月24日。

② 《申报》1924年7月29日。

保派小团体,吴景濂被驱逐后该小团体瓦解,黄翼等人加入头发党。民治社虽然后迁入石驸马大街 3 号,但和原石驸马大街 3 号的保派小政团是完全不同的两个政团。民治社在倒吴景濂时是坚定的反吴派,与宪政党的谷芝瑞、景耀月呵成一气为倒吴之动作。当时,牟琳亦想竞争众议院议长之位,故反吴不遗余力。因不同意贿选离京的郭同回京后倾向法治共进会。郭同曾与牟琳商议不反对吴景濂的议长资格作为孙洪伊内阁通过国会的条件,牟不接受。通过孙宝琦内阁倒高凌霨内阁之时,民治社属宪政党,但亦支持了倒高阁的投票。小孙派奉行逢阁必倒之政策以为孙洪伊组阁做准备。也就是说,只要不是小孙内阁即倒之。故后来亦倒孙宝琦、倒王克敏,全力支持与该派关系密切之全民社的李燮阳的不信任孙阁案。1924 年 4、5 月份,该派挟有洛、宁为后盾,小孙派对组阁跃跃欲试,该派亦特别活跃。但由于该派在国会中锋芒毕露,尽管在贿选中尽力捧曹,但和保派并无太深的关系,保派极力反对和抵制小孙组阁。北京的官僚亦害怕小孙组阁而大刀阔斧地改革,对小孙的组阁亦全力反对。小孙派与民宪同志会及法治共进会的关系并不融洽。尽管为小孙组阁与后两派套近乎,但后两派对小孙派一直保持警惕,严加防范,不愿为小孙派所利用。故小孙组阁之梦很快便破灭。该派自然也反对颜惠庆组阁,反对国会闭会。后来亦发生分化,分为南派、北派。南派牟琳、王乃昌、陈堃、曹振懋、陈士髦、郭同、王枢、裘章澄、陈时铨、张树桐反对颜组阁态度坚决,称为强硬派。北派张书元、王法歧、王湘、陈纯修、吕泮林、万鸿图、杨允升等称温和派,靠近保派,投靠王毓芝。该派在参议院人数略多,在众议院人数较少,不过 20 人,但均能利用议场形势冲锋作战。

7. 全民社。原为北方之国民党机关,因温世霖与曹锟是把兄弟而成为保派中坚政团。大选前该派分子很多均南下,已渐衰落。宪政党、头发党成立,很多党员又纷纷加入宪政党和头发党,该团体无形涣散,仅拥虚名。该党反对吴景濂为议长,反对通过孙阁案来倒高阁。李燮阳为该派的中坚人物。其于 1924 年 3 月下旬提出对孙阁不信任案前即召集该社全体成员会议,对此案详加讨论,多数赞成才提出。其之所以提出对孙阁的不信任案,因贿选时曹锟曾许过让该系首领温世霖组阁。曹入京后亦有让温入阁之想法,但迁延几个月亦无结果。为开创局面,为在政治上有所收获,故李燮阳提出此案。但该派人数太少,不足以号召。李之提案既得不到拥王克敏派的支持,因提案中涉及金法郎案和王克敏,即得不到保派的支持,又得不到拥孙宝琦派的支持,竟未能正式提出于众议院,即自生自灭。此后,该派更是无声无息。

8. 新民社。由原众议院副议长张伯烈为反对吴景濂包办选举而组织之政团,在贿选中捧曹出过大力。但保派否定众议院议长时自然得捎上副议长。为安抚张伯烈,事先宪政党以2万元的报酬请素与保派接近的张伯烈牺牲副议长一席,张婉拒之。加之张竞选副议长时借吴景濂力不少,当时吴派的褚辅成竞争副议长甚力,吴怕褚的地位提高而影响自己对民宪同志会的控制,乃至失去党魁之地位,因褚为人较正派,在党内本来就有一批追随者,即褚寓,故吴对褚竞选副议长取消极态度,反暗中助张使张取得副议长一席。在贿选中吴、张之间有过矛盾和龃龉,但事涉本身利益,故在倒吴过程中一直袒吴,也算以德报德吧。吴被逐出京后,张也就只好辞去副议长之职。在通过孙阁倒高阁时亦和法治共进会及民宪同志会取同样的态度。由于1924年3月张伯烈离京回武汉原籍,对政治消极,新民社群龙无首,变得无声无息。其骨干有郑江灏、宋汝梅、黄赞元、彭汉遗、孔庆恺、牟鸿勋、张玉庚、邱冠棻、郑人康等。

9. 静庐。由继孚、张益芳、何雯等组织的政团,其骨干有张之刚、王茂材、黄肇河等。其政治态度和法治共进会相同。其中何雯是积极推销副总统一职者,在京、津、洛、宁、杭穿梭兜售副总统,终未寻得买主而作罢。

10. 司法部街6号。这是大孙派的组织。主要目的是进行反直运动。1924年夏,大孙派议员冯自由、焦易堂、彭养光、凌毅等北来与张我华、王绍鳌、郭同等成立俱乐部。对直系的一切政治动作一概反对。

即对任何方面有反对直系的动作均愿厕足其间。京中保系报纸称其为海派,大肆挑拨其与各派的关系。它是一反政府党,所以各非政府党如法治共进会、静庐、民宪同志会欲表明自异于海派,与该派保持距离,不愿沾上反政府之名。

11. 均社。为钱崇垲所组织。先加入宪政党,宪政党衰落后,又入马蜂党。因与马蜂党的籍忠寅等矛盾,又独立出来。该派的政治态度与头发党和马蜂党相似。其骨干还有李有忱、陈士髦、田增、岳秀夫等。

12. 东三省议员俱乐部。东三省在众议院共有议员 36 人。1923 年驱黎政变大都离京回奉,始终不食回头草者 10 人,尚存 26 人。他们大都以奉张的政治主张为主张,反吴景濂,倒高阁,支持《中苏协定》签字。除其中 5 人为颜惠庆所收买,赞成颜阁,其余人联名上书奉张说 1922 年 5 月 10 日张大帅免职令系颜惠庆副署,我等在京必不令此豸出头,均反对颜阁。

三、众议院议长问题的风波

吴景濂、王承斌这一对表兄弟、两个奉天名人均属津派,一文一武,在曹锟贿选时均赤膊上阵,使尽了全身的解数,是贿选的大"功臣"。在贿选中,为让吴、王卖力,曹氏兄弟曾许诺吴景濂为曹锟上台后的第一任总理。曹锟当上大总统后,吴便开始着手组阁,欲过一把总理瘾。1923 年 10 月 10 日,曹宣誓就任大总统。当晚,吴景濂即召集党徒商量组阁之事。并开始组阁的筹备工作,物色阁员,宴请议员。10 月 14 日吴景濂与曹锐长谈,商组阁事,双方商定:曹愿为后台;议员不入阁,留在国会为吴阁后援;吴阁将以发清议员岁费为组阁交换条件①。吴积极进行组阁活动。但吴希冀的总理之职只能是一个梦,是吴一厢情愿的梦。吴景濂在贿选过程中的表演,使其在全国声名狼藉,舆论是一

---

① 《申报》1923 年 10 月 16 日。

片谴责与声讨之声。吴在国会贿选中指挥自如,并不说明吴在国会中有多高的威望、有多大的影响力。而全是其表弟王承斌手中几百万贿选费的神奇力量所引发出的魅力。其实,国会中很多捧曹派对吴翻手为云、覆手为雨,利用金钱包办与操纵选举并从中渔利的行径深恶痛绝。临时会开会式上小孙派和研究系就首先迫不及待地出来向吴的议长席位提出挑战就是明证。吴虽为奉天的议员,而奉天绝大部分议员均对吴十分厌恶而不愿与吴为伍。更为严重的是,在贿选中,由于吴包办选举而与保派的高凌霨摄阁闹到水火难容的地步。吴要当总理,自然先需把高凌霨这个兼代总理赶下台,为自己腾地方。故吴不遗余力地攻击高,拆高的台。高本来也是一个总理瘾十足的政客,将张绍曾连骗带哄地赶离总理的位置(张的总理职一直到 1924 年 1 月才免去)后就一直占据着总理这一位置不肯下。整个保派,高凌霨、王毓芝、程克及曹身边的人如李彦青等都厌恶吴,故联合起来反对吴。曹锟刚当上总统时,因曾以总理一职许过吴,一开始是想让吴组阁。但保派及曹身边的人一致反对,说:所许之人不只吴景濂一个。确实,曹锟以经营大选的缘故,曾将总理一职作为赠送品,除许过吴景濂、王承斌、高凌霨外,在疏通交通系时曾许过颜惠庆,疏通小孙派时许过孙洪伊,为求拥护张绍曾内阁的议员的援助,也曾以此职许过弃职赴津的张绍曾。直系的实权人物中,除王承斌外,大都反对吴组阁。吴佩孚、冯玉祥、齐燮元、王怀庆等均一致反对吴组阁。可见吴在得势之时太张狂,竟未给自己留一点余地。这样,即使曹锟想让吴组阁都已很难。更何况曹、吴是一主一仆,吴只是曹众多走狗中的一条,而且是一条不知自己身份、不识趣的走狗。吴挟其以往之功,仍蹈以前包围黎元洪的故智,渐渐为曹锟所厌恶。于是,曹锟决定踢开吴。为断绝吴的组阁路,在保派的运动下,10 月下旬,曹锟将《特任孙宝琦为国务总理请求同意》案送到众议院。曹不但不再让吴组阁,而且决意不再让吴在众议院议长这个位子上呆下去,以免吴像以往一样操纵国会,为自己制造麻烦。曹锟对其左右说:"吴景濂得寸则寸,假意与孙宝琦联合,在保持其议长。一旦高倒孙起,吴必凭藉国会再倒孙。目前应以倒吴为前提。"①由于曹锐是支持吴景濂的,曹锟特地将曹锐召来北京训斥了一番。曹锐只得逐渐附保,毕竟还是兄弟亲。故曹锐在倒吴过程中保持了沉默和中立。津派中其他眼明手快之徒,如张志潭等纷纷飞上别枝,一齐附保。津派在支吴上自然无法再有作为。当然,官场上的派系斗争总是生生不息的。内阁为保派高凌霨所控制,津派自然不甘心。王承斌又起承曹锐的地位,将津派结合在一起,再图发展。但津派已走上了不信不亲之路,于是想起了联合洛派以自重。边守靖亲赴洛阳面见吴佩孚,力图说服吴与津派联手。吴对津派历来无好感,一年前津派利用罗文干案声讨自己的情景仍然历历在目,自然更不会在津、保之争中倒向津派,故对边十分冷淡。王承斌又拉直系的另一大实力派冯玉祥,共结金兰之好。冯已别有所图,几个月后拉着王承斌一道搞了一场震惊中外的北京政变,这自是后话。但在这一回合的津、保派斗争中津派处于劣势。津派的失势,吴景濂不但顿失组阁权,而且连议长的位子也难保。既然总后台曹锟发话了,保派立即组织、策划和指挥倒吴的运动。他们联络吴佩孚,请吴佩孚发电反对吴景濂组阁,又联合冯玉祥倒吴。为了拉拢冯玉祥,10月20日高凌霨主持内阁会议,除原定的从崇文门税关每月供给冯军饷10万元外,又决定从盐余中每月拨10万元作为冯军之饷。

　　保派将其设在甘石桥议员俱乐部的贿选大本营改作倒吴大本营,欲将吴景濂派之外的捧曹的各政团合组一大政党,为政府所用,即拥护高凌霨内阁,为倒吴出力。10月底即在甘石桥筹组宪政党并于11月18日正式开成立大会。宪政党捧曹锟为领袖,以王毓芝为理事长,以高凌霨、吴毓麟、刘彭寿、程克等为理事。它是典型的政府党,为高凌霨内阁所控制,是捧曹政团松散的组合。10月下旬,甘石桥俱乐部就秘密议定了倒吴三步曲:1. 解释议长任期。2. 改选议长。3. 组正式内

―――――――――

①　《申报》1923 年 12 月 14 日。

阁。无论如何必倒吴景濂①。

10月26日,第一届国会开临时会,小孙派打头阵,首先提出了吴景濂任期问题,也是事出有因。当时吴组阁的呼声高。吴自己也在积极张罗组阁事宜。这样,众议院议长一职行将腾出。新民社、全民社、民治社等稍有实力的政团均起而逐鹿。民治社的牟琳竞争尤力。为绸缪未雨之计,在新旧交替之际,欲角逐众议院议长一职者,均欲先得民宪同志会的同意,而后可取得多数票。故这些竞争者均先后一探吴景濂的口气,以窥其意旨所在。而吴则说:"本人组阁与否,现尚在考虑之中。诸君且少安毋躁。某苟组阁,议长之职自然妥觅替人,无待诸君之过虑也。"各方对吴欲操纵下任议长选举之言自然均不太满意。由于组阁事日急,吴景濂召集本派议员会,欲将议长一职让自己的心腹马骧接任,说:"某将组阁,议长问题不能不先行解决。今同人所推新民之张亚农(伯烈)、全民之温支英(世霖)、民治社之牟贡三(琳),某以为皆属不当。吾党此时不可放松政权。此席某意当属马彦翀(骧),诸君谅以为然。"民宪同志会议员自无异议。但此话一传出,民宪同志会要了总理后还不肯交出议长的意图大白。于是,小孙派全体一致倒吴。研究系本欲以本派的籍忠寅为议长,曾托吴帮忙,被吴拒之。一得知吴派并不交出议长一职,于是也加入倒吴行列,积极运动倒吴。这自然是甘石桥宪政党头目求之不得的事,于是加紧了倒吴的步伐②。10月26日参、众两院议员一起举行临时会开会式时,陈纯修、王枢等立即在会上发言否认吴景濂的议长地位,主张另选临时主席主持临时会开会式。陈当场给议员散发意见书,主张临时会议应另选临时主席。意见书代表了反吴派的意见,全文如下:

众议院3年任期已于双十节闭会之日终了。今两院犹得复开临时会,系根据《宪法》49条,"议员之职务,应俟次届选举完成,依

① 《申报》1923年10月26日。
② 《申报》1923年11月1日。

法开会之前一日解除之。"然所谓议员之职务者,就法文意义解释,并未包含议长在内。兹举其理由如下:1.《议院法》第20条,众议院议长任期3年。在众议院3年会期既已终了了,议长资格当然消灭。2.《宪法》49条之规定,系延长议员职务,并非延长议长职务。法文规定,本极明了。若谓议长资格可以继续,实无理由。3. 此次临时会,非会期内之临时会,乃三届会终了之临时会。议长3年任期既已终了,若再延长,即系违法。4. 议员取得议长后,其资格并非连续不断。如参议员任期6年,议长任期仅有2年。2年任期满后,议长资格消灭,而议员资格仍旧存在。现众议院议长任期已满,议长资格当然消灭,但仍得行使议员职务。两院事同一律,众议院何能独异?按以上所举理由,此次临时会应另推临时主席,方于法理不背①。

意见书也言之成理,加之开会式上反对派咄咄逼人的气势,吓得吴景濂一个多星期未敢发议事日程,未敢召集众议院会。吴与其心腹商议,决定将《特任孙宝琦为国务总理请求同意》案列入11月5日的议事日程。这本来是明修栈道暗渡陈仓之计,借开会讨论同意案的机会承袭议长的地位。但反吴派议员早已看破吴之诡计,由民治社王枢等40余人发起,11月4日下午在江西会馆开各政团协商会,讨论对付办法。全民社、民治社、宪法研究会、均社、宪友俱乐部、石驸马大街3号、法治协进会等十几个团体代表计70余人与会,公推谷芝瑞为主席,协商会议决:1. 通知众议院秘书厅,否认吴发的议程公函。2. 提前到议场,先包围议长席,不许吴入坐。3. 改为谈话会,决定下次会期等办法。4. 当晚赶印送同人通知各一份。5. 并登出广告,声明本日系自由集会。并推出景耀月、牟琳、蒲伯英3人为起草员,当场草出函文,文为:

> 径启者。自10月10日众院任期终了,依法开会。照《议院

---

① 《盛京时报》1923年10月30日。

法》第20条,众议院议长任期3年,任期既满,业已闭会解职。此次所开之临时会,系根据《宪法》第49条之规定,限于议员职务。旧议长资格已经消灭。既无议长,众议院秘书厅擅编议事日程,此种违法通告,同人等决不承认。本院为立法机关,万不可自陷于违宪违法地位,即希本院同人一致主张,实纫公谊①。

11月5日下午2时众议院大会。反吴派议员王枢等中午12点多即赶到。吴景濂也已有所准备,令众议院门卫先将议场各门一律封锁,非至下午2时吴亲自到院,不得开门。故反吴派议员进不了门,只好聚集在议场门外,大骂吴大头霸占议场。蒲伯英、王乃昌、陈纯修、王枢等30余人在议场门口卷袖摩拳,猛击议场之门。但门卫就是不开。等到下午2时,吴氏率领本派议员几十人并后面跟着警卫十几人到院。因研究系、小孙派中颇有有拳脚功夫者,故吴带上众议院警卫以防备打架。吴等入休息室后方令开议场门。两派议员一拥而入。刘楚湘首先抢入,直登讲台,占坐秘书长席,反吴派则相继将讲台包围,大呼推举临时主席。这时吴派干将马骧、刘冠三等人亦入场狂呼和叫骂。一时间,议场内一片彼此大声叫骂声。院秘书长郑林皋及各秘书均直立场内未就席。王枢说:"吴前议长所发之议事日程为违法,今日开会实为昨日江西会馆政团协商结果所云之谈话会。现在请推临时主席,讨论进行事项。"牟琳等赞成之。刘冠三说:"吴景濂就是主席,不必再推。要开谈话会,可请吴景濂主席。"马骧说:"各方有什么意思,尽可协商,不必尽闹意见。现在最好请吴景濂到场开谈话会,共谋妥协方法。"边说边打躬作揖,到处招陪疏解。无奈反吴派嘻嘻之声四起,纷乱声中反吴派推全民社的谷芝瑞为临时主席。谷就秘书长席做临时主席,宣告谈话会开始。全民社的李燮阳说:"现在众议院既无议长,为救济目前计,当然就今推定年长者为以后开会之临时主席。此层甚为重要,请大众注意。"刘冠三大呼:"反对!反对!打!打!"胡祖舜主张今日秩序已

① 《申报》1923年11月7日。

乱,应请暂时散会,徐图根本解决。民治社的陈纯修等动议8日开谈话会。谷芝瑞咨询有无异议,反吴派赞同。刘冠三、马骧等反对,旋亦大呼散会。谷芝瑞说:"8日开谈话会既无异议,即此散会。"遂退席。正拟散会时,马骧由议场后门出场,从台后迎吴景濂入场,后跟随院警卫及便衣侦探一大群。倒吴派大呼"吴大头无主席资格"!且登台与之理论。讲台前众声鼎沸。反吴派人物大呼"拖他下来"!吴景濂至此暴躁万状,乃挥拳向上台拖者乱击。王枢之心窝猛中一拳,大呼而奔。伏埋两旁之便衣侦探及警察等亦上前帮助,将反吴派一一拉下。吴始闯至主席席上。牟琳大呼:"警兵乃捍卫众议院之用,并非保护私人,且带武器入场,尤与院法不合。除推翻吴之议长资格外,应提付惩戒!"场内秩序大乱。吴急摇铃宣告散会。众纷纷奔出,一场闹剧才告结束。散会后,倒吴派蒲伯英、王枢、牟琳、王乃昌、景耀月等约50多人相率退入休息室,讨论下次种种对付方法及决定下次开会日期。讨论结果:1. 吴景濂已失议长资格,公然盘踞议长席,且擅带警探入院护卫,向议员动武。似此违法渎权,应提出惩戒。如经众认为触犯《议院法》时,并得主张除名。2. 院警于开会时无论正式或非正式会,例不得闯入议场。况出而参加议员相互间之行动,殊属玩法乱纪,决将警卫长汤步瀛交付惩处。其他外来杂色探、警应向负责任者追究。3. 对于吴景濂所发议事日程,认为秘书厅不守院内规则,应同时提付惩戒。4. 决定通知同人于星期四(8日)再开谈话会,以便议定议事日程之编制。5. 下次开会时之武力准备①。

　　11月8日下午,倒吴派议员到众议院准备开谈话会。事前已得知消息的吴景濂下令将众议院大议场各门紧锁,不让打开。故倒吴派既找不到秘书长,又找不到秘书,无法进入大议场。所幸小议场尚未封锁,于是到小议场开会。到会议员80余人,推牟琳为主席。会议议定:令吴景濂将1919年以后的帐目全交出来,组织审查会审查吴的帐目。

---

①　《申报》1923年11月8日。

推张琴、陈纯修为发起查帐委员会案的起草员,并由今日到会各议员全体署名,以公函通告议员查吴的帐目;先组织行政委员会,负责指挥。秘书厅有不受命令者,解除其职务;推景耀月任起草组织行政委员会提案的起草员①。

看来,众议院议长问题的解决,并不像民治社和研究系最初发起倒吴时设想的那么容易。吴景濂毕竟控制了众议院第一大党,又拉住了其他几个所谓中立的政团。故倒吴派一面加紧在甘石桥组织一大党的步伐,一面以查帐来打击吴。从广州护法国会开始,一些议员就对吴不理睬议员公布帐目的要求不满。吴凭自己牢牢控制的秘书厅,面对议员多次查帐的要求,就是不交出帐簿来,不让查帐。这次倒吴派查帐的来头不小,吓得吴赶紧将重要帐目取回私宅保存。

陷入四面楚歌的吴景濂,也曾向王承斌求援。王亦不欲因吴而内外树敌。尤其是王已知后台老板曹锟厌恶吴,故便与吴有意拉开了距离,以防吴倒而牵扯到自身。无亲情可言,有的只是利害,官场历来如此。日暮途穷的吴还对曹锟寄于一线希望,多次求见曹锟,均为曹手下的人以各种理由阻挡。但曹氏觉得如此决绝,未免予人以鸟尽弓藏之叹,也易令还在用的走狗们心寒。于是在11月6日派人将价值2千元左右的古玩玉石赠吴,并极言阁事未能帮忙之苦,议长问题,因属院内事,更不便左右袒。寥寥数语,即在于打断吴之妄念罢了。这只不过是曹锟给这条已没有用场的走狗扔块骨头,略事安慰。但这却又立即燃起了吴的一线希望。于是借对曹的馈赠入府谢恩为名,11月8日晚6时入府,几番周折,直至将近晚9点,曹始出来一见,所谈不过寥寥数语。吴甚至乞怜于曹锟说:"外间辄谓景濂如何热心揆席。其实景濂不特无此梦想,即议长一席亦久有摆脱之意。数月以来备受各方责难,受尽报纸唾骂。倘得及早卸责,务望念及微劳,荣以顾问头衔,俾得终

①　《申报》1923年11月11日。

日随侍左右,较之厕身议席,受赐实多。"①曹锟只是说些彼此共同休戚,万勿灰心等语,敷衍一番。至此,吴对曹的幻想才开始打消。吴开始联络与拉拢中立派,以保住自己议长之位。所谓中立派,取义很狭窄。仅对倒吴风潮而言。众议院有几个小政团,人数约在 70 左右,在倒吴派和保吴派争斗时标榜中立,如李载赓、万钧的法治共进会等。倒吴派则认为中立派实际均为助吴派。11 月 10 日,中立派在众议院小议场召集倒吴、拥吴、中立三派协商会。到会 119 人,推王谢家主席。最后议定协商标准三项:1. 议长应否改选,交付院议,取决多数,不牵涉宪法问题。2. 由众议院秘书厅发出通告,召集常会。3. 开会时,吴景濂暂坐主席席,俟足法定人数,由吴声明事关己身,应行退席,另推年长者主席。② 但倒吴派代表表示对上述几条须回去开会商讨后才能决定。

　　11 月 13 日下午,倒吴派议员在西安饭店开政团协商会。到会政团代表 70 多人,由牟琳主席。先报告 11 月 10 日三派协商的结果,接着详细讨论三项协商标准,一致认为第 3 项"吴景濂暂坐主席席"不能接受,而应按惯例先推临时主席才能开会议事。中立派代表李载赓等来西安饭店,得知倒吴派会议的结果后,仍请牟琳等稍作让步。牟琳坚持会议结果,说:"吴景濂议长资格,依法 10 月 10 日即已解除。若再如前日之调停 3 项办法,由吴主席,付院议表决。假令彼时同人中受吴之金钱收买,而一时出于感情予以左袒,则法律不将由金钱而被破坏耶?且吴主席,吴自退席,此层有何保障可坚同人信用?"③和中立派代表略有争执,无结果而散。

　　11 月 15 日李载赓等仍以中立派名义在中央公园来今雨轩开调停会,议决:1. 由过半数议员具名通知秘书厅发出开会通知。2. 由同人函请吴景濂暂行请假,由张伯烈暂代主席。3. 开会时临时动议议长问

① 《申报》1923 年 11 月 17 日。
② 《申报》1923 年 11 月 13 日。
③ 《申报》1923 年 11 月 16 日。

题,请张伯烈自行退席,另推年长者临时主席。议长应否改选,依法投票表决。4. 订期开会时,议事日程列入议长问题案。5. 不许10代表辞退职务。6. 以石驸马大街42号为办事地点。7. 推李载赓主持一切事务。8. 每日下午8时为接洽时间。9. 每省推出负责调查专员2人或3人①。但倒吴派不接受中立派的调停条件,认为吴景濂资格既已消灭,张伯烈之副议长当然事同一律。吴派则让步到由张伯烈主席,不同意议长、副议长之外的人为主席。中立派调解失败。8月下旬,吴景濂发表了《为议长问题致众议院同人书》,除将自己为护法事业劳碌奔波,为说服曹锟、吴佩孚恢复法统而奔走及主持制定宪法和选举总统的劳绩罗列外,还提出开宪法会议解决议长问题。宪法会议须有两院总议员数五分之三以上出席,出席议员三分之二以上同意才能议决。开宪法会议自不可能解决议长问题。各方反应冷淡,无人响应,弃置一边。倒吴派联名请当局停发国会议员岁费。吴抓住此机会,决定11月28日开众议院常会。27日吴在中央公园来今雨轩大宴议员,以停发岁费一事做文章,挑起中立派议员对倒吴派的不满,使11月28日众议院的常会成会,自己议长的地位得到确定。

此时的吴景濂为保住议长的位子已是左支右绌,对组阁一事自然想都不敢想了。放弃组阁幻想的吴景濂,决计要推倒策划与支持倒吴运动的高凌霨内阁,从源头上扼制住倒吴运动。最简捷的办法就是将被自己一直压在众议院的保派为阻止自己组阁的《特任孙宝琦为国务总理请求同意》案通过即可。按新公布的《中华民国宪法》,只须国务总理的提名通过众议院,孙内阁便正式成立。这和《临时约法》要求全体阁员都须通过众议院和参议院不同。11月26日下午,在小麻线胡同吴景濂宅开民宪同志会骨干会议,议定发议事日程,11月28日下午2时开众议院常会,投孙宝琦同意票。请中立团体担任倒吴派的疏通工作。倒吴派得到会议通知后,于11月27日召开紧急会议,决定11

---

① 《申报》1923年11月18日。

月 28 日,提前一小时在众议院召集谈话会,使吴景濂不得为会议主席。即使吴不到会,也不能让张伯烈为会议主席。要想尽一切办法阻止众议院通过孙宝琦内阁。到此时,保派才知向众议院提出孙阁同意案的失策,现在反成了对手利用来反对自己的有力武器,须时时提防反对派突然通过此案。

11 月 28 日下午 1 时许,倒吴派众议员谷芝瑞、王枢、陈纯修、牟琳、李燮阳一干人等,即早早赶到众议院。先到秘书厅,质问秘书厅是何人主张发今天的会议通知的。后又到签到处将签到簿撕毁。此时吴派议员陈策、汪建刚、王迪成、刘冠三、陈士髦等一干人也赶到众议院。未到开会时间,众议院已异常热闹,两派议员赶到者竟达 300 人以上。

下午 2 时,吴景濂到院,立即命令差役振铃开会。倒吴派议员牟琳、李燮阳等早已埋伏在议场门口,门一开启便立即首先拥入议场。这时倒吴派议员彭昌福从第 3 休息室走出来,恰好与吴派的陈策、汪建刚、王迪成等相遇。彭即破口大骂,并说吴景濂已失议长资格,不应擅发议事日程。陈策亦破口对骂。双方由对骂而动手大打。陈策猛举手提包向彭昌福砸去,彭的面部及左眼角受重伤,血流如注。陈策仍叫骂不停,气势汹汹,经多人劝解而边骂边走入会场。场内已有 200 多人。倒吴派吴荣萃发言说:议长问题尚未解决,无人主席,不能讨论同意案。本席主张请旁听者退席,改为谈话会。王乃昌、景耀月等大呼赞成。王枢、谷芝瑞等请推年长之张玉庚主席。张登台,谷芝瑞、牟琳随之。张正手指东西楼之旁听者退席。拥吴派连出奇招,选出打手数十人为先锋队,于议场后门蜂拥而出,趁倒吴派无准备之际,用冲锋阵势将牟琳、王枢等各由东西上台梯栏挤下。王枢等倒地,压于东边梯道口。谷芝瑞等亦被压于西道口,一时拳脚交加,一顿痛打。余绍琴、廖希贤、刘冠三等多人则围至牟琳身前,一齐出拳殴打。后又推牟于地,反拖其足,如拽老鼠。王枢、李燮阳急上前救牟,则吴景濂身后之便衣拔桌上墨盒与廖希贤,廖向王枢头部掷去,伤王眼角,王倒地。刘冠三猛踢王,并将李燮阳的手指打伤。场内打作一团。议场乒乓之声一片，继以呼救怒骂之声，真如乡间村与村之间械斗。吴景濂则于先锋队冲出后由警卫长带领戎装警卫10余人，拥其入场，入坐议长席，静坐观战，口中喃喃作语。观战约一小时之久，见本派大获全胜，才决定收兵。吴两手拿着铜铃大摇特摇，高呼退席，散会。倒吴派这次吃了一个大亏，赶紧用汽车将受伤者送入医院治疗，并电检察厅检伤。王枢、谷芝瑞、陈纯修、李燮阳、彭昌福受伤甚重，不过尚无生命危险。自然，倒吴派又是到检察厅起诉吴，又是通电全国，吴派亦然。这些都已成固定程序，不赘述①。

11月28日，吴景濂派大获全胜，决定挟新胜之余威，再接再励，拟再发众议院12月1日开会的通知与议事日程。准备再用武力对付倒吴派。为防孤立，加紧拉拢中立派。11月29日晚，吴景濂在中央公园来今雨轩大宴中立派各政团，并许以加入民宪同志会者酬300元、500元不等。倒吴派29日下午在甘石桥，晚间又在东方饭店集会协商对付办法，都认为无论如何决不能让吴景濂安坐众议院主席位。决定采取其他严厉办法对吴。同时，内阁亦大力配合倒吴派，将国会经费交给倒吴派在倒吴派据点西安饭店发放，剥夺了吴的经济权。29日吴派马骧、易次乾、刘冠三、汪建刚、彭汉遗、王茂材等联名提案惩戒王枢、牟琳等以私人行动处置全院经费。

由于11月28日吴派得势，吴又发出12月1日开会通知。倒吴派通过多次交手，亦知在众议院会场中，由于吴能以议长的身份指挥院警和秘书厅，吴手下又蓄有打手，倒吴派武力难敌吴派，再按旧法临时必将再吃大亏。看来这些赳赳好汉也是纸老虎，更无前仆后继之气概，但又不能让吴开成会。若吴一开成会，必通过孙宝琦内阁，即等于倒高凌霨内阁，使本派失去一个重要的支持。于是决定动用院外力量，采取当权派惯用的手段，以每天三五毛钱的价格雇乞丐、车夫、杠夫等约2000

① 《申报》1923年12月1日。

人,组织公民团。12月1日众议院会时,这些公民团每人手持白旗,上写"公民请愿团"、"违法之吴景濂还配当主席吗?""满任议长还能发通知吗?"其中最大的两面旗子上写着"公民护宪团"、"吴景濂违宪,议员诸公不要盲从,今日不能开违宪会议,违宪者自弃于国人"等,包围众议院。非吴派赴会议员见此转身折回。吴景濂指挥吴派议员偷偷地将众议院西后门打开进入。吴入议长席,摇铃开会,虽多次延长开会时间,终因人数不足,只好宣告延会①。

　　倒吴派的一部分人和内阁一道以公民团的形式阻止了12月1日众议院常会。这虽然是一个既省钱又简捷有效的办法,但此拙劣手法却很容易引起人们的反感,易失人心。当然,议员最担心的是政府是否要解散国会。故12月3日吴派议员陈子斌等提案质问:"公民团系现阁指使,宪政党尤有异谋,是否当局欲解散国会,限3日内答复。"②更令公民团的组织与指挥者始料不及的是,12月4日驻京公使团到外交部要求中国政府彻查公民团,今后应严加禁止。这样,又使倒吴派出现意见分歧。研究系、讨论会和大部分小孙派都对钱崇垲、谷芝瑞等组织公民团不满,倒吴派思想涣散。公民团反倒成了吴景濂的续命汤。吴乘势再发出12月6日开会通知和议事日程,抓紧行使不知哪天就不能再行使的议长权力。倒吴派得知后,自然不敢重演公民团的闹剧。情急之中自然想到钱。众议院会是下午2时开,甘石桥宪政党定于该日下午3时至5时给宪政党众议员发第一次津贴。这一招自然灵验,常会出席费100元,且自临时会议开始后,由于政府不按时给这笔费,常会出席费只是一张欠条,属赊帐。故这天到甘石桥领津贴的众议员达257人,参议员84人,在发津贴处是人山人海。相比之下,象坊桥众议院议场则显得冷清,签到者仅202人,到议场者才一百多人。坐议长席的吴景濂神色沮丧。场下大呼延会,吴只好摇铃散会。吴景濂会后说:

①　《申报》1923年12月4日。
②　《申报》1923年12月4日。

"今日延会,果以多数议员往领津贴之故,则以后众议院正无妨常常开会,未审是否有人常常发给津贴耳!"①这样吴又发出 12 月 10 日的开会通知和议事日程。

12 月 10 日下午众议院常会,吴派议员全体出席。吴景濂即先据议长席。倒吴派议员亦纷纷赶到。倒吴派议员戴书云首先登台发言:"吴为前议长,本人对于本院议长问题曾以书面表示,承认议长问题有 2 项解说:1.《宪法》第 49 条包括议长在内。2.《宪法》第 49 条不包括议长在内。其说极为含混。同人为维持《宪法》计,绝对主张吴已失议长资格。吴氏本人为制定《宪法》之一人,应请其维护《宪法》,勿再霸占议长席。同人须知此次之临时会,非第一、二、三期会期之临时会,乃会期满后之另一临时会,当然不能包括议长任期,应推年长者为临时主席。"言毕仍站在讲台上。吴派马骧即请主席查点人数。牟琳、钱崇垲等主张推定主席后再查点。吴派议员李含芳立在台阶前大呼非查点后不能另推主席。刘冠三厉声请戴书云下演讲台。戴说:"俟推定后本人即下。"秘书查点人数毕,吴景濂报告在场 301 人。寇霞、李含芳等请戴归席。戴下台后寇霞说:"自议长问题发生以来,双方各执一说。然'议长发生问题'六字则无疑义。现在可以请吴景濂守法退席,由同人提出讨论。"马骧登台发言:"应依宪法第 47、48 两条解释。"众说俟推出主席再议,此时尚谈不到。马又说:"议长有问题无问题应付表决。"此时台下反对、赞成之声闹成一片。吴见形势不佳,急摇铃退席。吴去后,倒吴派王乃昌、李燮阳、牟琳等大呼:"勿走!勿走!即行开会。"陈纯修等推胡源汇为临时主席。于是胡走上讲台的台阶,吴派议员陆昌烺据坐总统席,薛丹曦据坐议长席。其他吴派议员肆意呼叫。当时秩序大乱,一哄而散。大会散会后,吴派与反吴派在众议院开谈话会。吴景濂、马骧、刘冠三等在后台与寇遐协商调和办法 3 项:1. 下次开会即讨论议长问题,以投票手段表决。因事实上有取决于主席之关系,吴

---

①　《申报》1923 年 12 月 9 日。

景濂须退席、回避。但退席后倘一次不能解决,吴之议长资格不能作为消灭。2. 议长问题一次不能解决时,下次开会日程仍由吴景濂与牟琳等会商发布。3. 如投票结果,吴之议长解职,自应推年长者主席。但于临时主席期间内不能议决法律等案。倒吴派允于考虑后答复。11日晚甘石桥召开反吴派重要分子会议,讨论此事。定 12 日召集倒吴全体分子大会讨论此事①。

11 月 18 日,政府党——宪政党成立后,更坚定地推行倒吴策略,决定以宪政党来组织指挥这场倒吴运动。12 月 16 日,甘石桥宪政党开第 2 次议员讨论会,公推谷嘉荫为临时主席。讨论众议院议长问题。议决 3 项:1. 以后众议院开会时,本党党员应一致出席。如吴景濂退席或擅行宣告散会,本党同人不得退席,即在议场开会。2. 推举代表向参议院交涉,借其议场开会。3. 以后自由开会时,以本党众议员 300以上之署名,发出通知。当即由主席指定牟琳、谷芝瑞、李含芳、王法歧等 4 人为赴参议院交涉借地开会之代表②。

吴景濂一探知宪政党的这一策略后,也立即与党徒商定对策。决定再开会时,严密封闭议场,不许退席、不许延会。力争通过孙宝琦国务总理提名案,孙通过了即倒高凌霨内阁成功。同时争取通过反对金法郎案昨晚的通电。开会后便将议场门锁上,关在议场里一任对方闹,一直与之周旋,以求胜之,顶多付出点皮肉伤痛之代价。只要倒高成功,议长之位也好保多了。

12 月 18 日下午 2 时,众议院开会,讨论《特任孙宝琦为国务总理请求同意》案。吴景濂 2 时入场坐主席位,延长至下午 3 点签到 300 余人,已足法定人数,遂即摇铃开会。倒吴派牟琳等亦相继出席。反吴派议员王杰首先发难,说吴景濂已失去议长资格应另推临时主席主持会议。余绍琴发言说金法郎案形势紧张,主张变更议事日程将孙阁同意

----

① 《申报》1923 年 12 月 14 日。
② 《申报》1923 年 12 月 19 日。

案暂搁置,先议金法郎案。反吴派反对余说,说须举出临时主席,有议长方能讨论。旋江聪与牟琳言语冲突,于是全场纷扰,墨盒数十个一齐向吴景濂议长席上飞去。秘书或躲在桌子下,或以坐椅挡之,或以书本掩面。吴独立台上,左避右闪,同时用双手遮护头部。但由于有的墨盒同时飞来,躲闪不及,为黄翼一墨盒打伤左眼,当场出彩。于是激动的拥吴、倒吴双方互动拳脚,相互扭打一处。吴景濂立即召来众议院警卫,将黄翼扭出议场看管起来,后送检察厅。倒吴派牟琳、吴荣萃等20余人纷纷离席,拟由后台冲出议场。但因门被锁不得出场。吴派薛丹曦大呼:"有退席者即系卖国贼。"陈时铨登台发言:"今日之事,实国会自杀,请同人自行提出解散众议院。"马骧则在议场上与牟琳跳脚吵吵。吴景濂离开议长席发言说:"本席为黄翼等用墨盒打伤,黄系现行犯,兹已报告地检厅来院验伤。查有一般卖国贼为金法郎案昨晚各得贿款400元,故甘心代人行凶。本席今日虽死于台上,亦必反对到底。"马骧发言说:"今日之斗殴,并非议员打议员,乃卖国贼打议长。"刘冠三等均有同样之言论。牟琳亦欲上台发言,被拥吴派压阻。李载赓提起动议,将同意案暂搁置,先解决金法郎案,并将预拟之《为金法郎案通电全国》的电文稿取出朗读,众均表示赞成,即日以全体出席人署名拍发,有不愿署名者可各自声明。吴派议员陈策、薛丹曦等提议主张今日即投孙宝琦为国务总理的同意票。众赞成。这时反吴派议员牟琳、景耀月等盘踞台上,有坐在国务员席位上的,有坐政府委员席上的,有吸烟的,有大叫不承认的。这时胡源汇又与吴景濂口角,互相对骂。经王敬芳解劝始息。吴景濂报告政府委员已出席。遂由政府委员吴廷燮说明孙宝琦履历后,吴景濂询问是否照例由本席指定检票员8人,台下有报之可以者。吴遂指定薛丹曦、陈世禄等8人为检票员。方欲发票时,倒吴派吴荣萃等拟一拥出场,以使在场人数不足法定无法投票。但议场四周大门紧锁,谁也出不去。于是秩序又大乱。排解良久。遂由秘书发票。倒吴派51人在台上不投票。吴景濂报告:"共发票267张,但坐在台上者尚有51人,究竟在该处者是否议员?"王乃昌说:"议员

过半数须 299 人,今 267 人,是否合法,请同人注意。"拥吴派议员有人
说:全场已有 318 人,超过法定人数,至于坐在委员席上者,只能认其自
弃投票权。讨论良久,决定举行投票。但只有吴派投票,倒吴派及中立
派皆未投票。吴派议员见投票人数少,主张将今日所投之票,由检票员
封上票箱,保留,勿开匦。这时检察官到院,吴景濂对众报告,顷被黄翼
殴伤,众所目睹,可否即请检察官就场验伤?众赞成。检察官方绍先带
同检验官吏到场验吴之伤,说系轻微皮肤擦伤。吴即将验伤表格撕毁
并顿足大骂:"余伤及太阳穴,险致送命,尔何信口胡言?"检验官吏被
骂出,吴要求另派检察官。吴又找来容光、容生两照相馆的人,拍摄现
场。倒吴派坐在台上国务员席位上的 50 多人皆转身面壁而坐,不让曝
光。湖南议员覃寿公因摄影触电惊吓昏倒,抬至第 4 休息室。地检厅
又第 2 次派检察官入议场验伤,并有震旦医院的医生到现场诊治,替吴
景濂伤处包裹绷带。一直闹到 6 点 10 分始散①。

　　从这天会场情况看,尽管经牟琳、王乃昌等在议场招本党议员退
席,亦只有 50 余人应召,出场不成坐台上。可见宪政党并不团结,拼死
卖命者不多。看来重金之下也未必出勇夫。无怪 19 日高凌霨的机关
报就说组宪政党真是白花钱。黄翼被送到检察厅后,谷芝瑞赶紧给高
凌霨挂电话说:"务须保护黄氏,将其立即释放,否则宪政党解体矣!"②
高赶紧让司法总长程克亲自去处理此事,将黄释放。这天武戏的主角
自然是吴景濂。此公维妙维肖的表演,无论做功、唱功都很到位,观者
无不喝彩。此公若是从事表演艺术,问鼎奥斯卡奖亦未可知呢。

　　吴景濂凭着民宪同志会和一直由他控制与指挥的众议院警卫和众
议院秘书厅,在与倒吴派的斗争中反而略占上风。保派的法律驱吴策
略难于奏效。

① 《申报》1923 年 12 月 21 日。
② 《申报》1923 年 12 月 22 日。

四、众议院警卫的撤换及吴景濂的出逃

直系的保定派花了不少钱,组织宪政党,要将吴景濂从众议院议长的位子上拉下来,以便控制国会。尽管宪政党号称人数最多,领取宪政党的津贴的议员达400多人,号称国会中第一大党。但在倒吴的斗争中,竟不敌吴景濂的民宪同志会,屡战屡败。不但未能将吴从议长宝座上拉下来,而且1923年12月18日吴景濂主持的众议院会还通过了针对保派的否认金法郎案的通电。并对孙宝琦为国务总理的提名进行了投票,即进行了倒保派高凌霨内阁的投票。宪政党在会场上竟然一筹莫展。消息传到国务院,令高凌霨十分着急。孙宝琦的提名通过众议院之时即是自己垮台之日。恋栈的高怎么能不着急呢? 眼见自己组织的宪政党是完全指望不上了,只好自己亲自上阵了。图穷匕首见也好,赤膊上阵也好,已经顾不了那么多了。12月18日晚,高即召集国务会议,商量对付办法。解散国会,虽有谋士早就献过此策,高也曾私下运动过直系在各地的诸侯。但这是件要冒天下之大不韪的事,风险大,各路诸侯反应冷淡。更重要的是,曹锟也不会同意。还在1923年11月28日庆祝曹锟62岁生日前,高阁就曾拟好命令,让国会停会10天。曹锟不同意发这种命令,说:"我被他们捧上台,不能即以此为报。"①让曹下令解散国会,曹就更难同意了。倒是小孙派、宪政党要求内阁撤换为虎作伥的众议院警卫不失为一妙招。众议院警卫是议长挑选的并只听议长调遣,对议长负责。吴景濂正是凭借这支警卫部队才控制会场,压制反吴派的。当晚的国务会议着重讨论了撤换众议院警卫的办法和风险。民国元年组织北京参议院时,当时的内务总长赵秉钧就欲由内务部节制参议院警卫而与参议院发生争执。斗争的结果,只能按各国议会的警卫由议长指挥,对议长负责的惯例,参议院警卫归参议院编

① 《申报》1923年12月22日。

制,不受政府的直接管辖。也就是说,袁世凯当年慑于公论而不敢为的,今高凌霨决心为之。阁议认为,撤换警卫毕竟只涉及议长的权力和《议院法》,比解散国会和强令国会停会的政治影响要小得多,涉及的面也小得多,风险自然也小得多。况且国会反吴派的力量也比较大,他们一致要求撤换吴景濂一直用来压制他们的众议院警卫,故撤换众议院警卫不致在国会中引起太大的风浪。吴景濂在全国已声名狼藉。孙中山在1922年就提出倒吴。奉天张作霖更是不得意吴这个奉天人,舆论一直攻击吴。故以撤换众议院警卫驱吴激起政潮的可能性极小。但撤换众议院警卫对吴来说无异于釜底抽薪,是对吴的致命一击,即使有点风险也值得一试。于是阁议决定撤换众议院的警卫。

在得到曹锟的点头后,12月20日代理国务总理兼内务总长高凌霨以内务总长的名义下达了撤换众议院警卫的命令,令京师警察总监薛之珩去执行。命令全文如下:"令京师警察总监薛之珩。迭据报告,众议院警卫长及警卫有不称职情事,着该总监即日将众议院全体警卫一体撤换。"

薛之珩奉命后,即命令保安督察长张汝霖兼代众议院警卫长,并在保安队挑选百余人作为众议院新的警卫,由薛亲自统率到众议院执行撤换任务。众议院原警卫长汤步瀛为吴景濂的心腹,闻讯立即用电话报告吴景濂,并按吴的指示,立即关上了众议院的大门以拒绝撤换。汤请薛之珩一人入院,与吴景濂以电话商谈撤换警卫事。吴在电话中指责政府撤换警卫之举违法,大骂政府和高凌霨。薛只好回红罗厂高宅向高凌霨报告吴景濂不许撤换众议院警卫的情况。高大怒,又以内务总长的名义下了第2道命令:"令京师警察总监薛之珩。众议院警卫长及警卫,本系保护议员。今乃闯入议场,殴打议员,实属有违职守。又据众议员谷芝瑞等358人公函,据称迭次开会,警卫长率领警卫擅入议场,殴打议员,甚至成伤,请求将该院警卫长、警卫一律撤换等情。据此,责令该总监即日将众议院警卫长及警卫全体撤换,以保议员生命之安全。如该警卫长等擅敢抗令,着该总监强制执行,不得违误。此令。"

内务总长高凌霨。"①

薛之珩奉到内务总长第 2 次强制执行的命令后,即传令张汝霖率领保安队二队、侦缉队一大队,共 500 多人,又至众议院强行接收警卫处,并增派王、阎二督察长指挥一切。同时电话通知内右二区署长李镜溪另派办事员照料。薛本人亦随同到众议院接收。下午 2 时 30 分,张汝霖率领全队到院,在门外排列队伍。先由王督察长入院,由院内值星官姜德霖出见。各保安队旋即入院,分列院内各休息室及各电话处把守,院内各警卫岗位亦同时换易。张汝霖当即命令院内值星巡长交出军装、军械、名册、器具。值星巡官先将枪交出,计三八式步枪 160 支、手枪 100 支,由二区办事员杜公颖、李英才两人点收,交库加封。其他关于警卫处之名册、簿记、器具请单,亦一并移交。院内警卫事务即由张汝霖派保安队担任。

12 月 20 日,高凌霨以内务总长的名义通电全国,宣布撤换众议院警卫:"国会之有警卫队,本为保护议会及议员而设。乃近日众议院警卫官弁、长警屡有武装闯入议场、殴打议员情事。18 日更围困司法官吏,拘禁黄议员翼至七八小时之久,实属有乖职守。查该警卫队本由京师警察厅派往。兹据谷议员芝瑞等 358 人请求撤换前来。本部职责所在,未便不理。除业饬警察总监将原派警卫队全数撤回,另选得力官弁长警前往接替,以保安全外,恐传闻失实,特此布达。"②

12 月 18 日众议院会,吴景濂被打伤后,即派自己的心腹马骧等赴总统府向曹锟告状,曹锟根本不接见。12 月 20 日撤换众议院警卫后,吴又亲具手书致曹锟,极力表示个人对曹的忠诚而冀曹之哀怜,并让手下干将马骧、狄楼海二人持自己的手书谒曹,希望曹能接见马、狄二人,马、狄二人再鼓动三寸不烂之舌,必可说得曹心软而有所挽回。不料依然吃了一闭门羹。到此时,吴始知自己已被曹彻底抛弃。加之众议院

____

① 《申报》1923 年 12 月 23 日。
② 《申报》1923 年 12 月 22 日。

警卫一撤换,等于撤换了吴的禁卫军。12 月 20 日吴宅的门卫也被警厅撤走,换上了北京保安队的警卫,且人数加倍,日夜监视吴。一个月前还气壮如牛的吴曾趾高气扬地说:"我怕什么?! 当日徐清和抬棺材到众议院来,我都对付过了。靠他们(指政府党议员)瞎捣乱,有何用处?"[1]似乎任何人也奈何不得自己。曾几何时,一旦失宠于曹锟,又失去众议院警卫的护卫,吴就乱了方寸。吴对来访的党徒说:"吾今已在虎口中矣!"加之又传来检察厅因 12 月 18 日吴骂检验官吏并撕检验表格,将以侮辱司法官吏、毁损官方文书提出起诉,传票亦已印发。吴觉得危险在向自己逼近,于是决定三十六计走为上。由于怕自己的车被人认出,于是向亲戚借了一辆车,又从车行租了一辆车。12 月 21 日清晨 4 点,让家里的听差约门前新换的警卫在一小屋喝茶吃点心,自己和少数几个心腹从后门上车,逃离北京,前往天津,躲入租界。吴到天津后,即发出一通电:

> 现政府滥用行政职权,侵犯议院权限。突于号日喉使武装警察数百人,擅行占据本院,勒令警卫交械解散,并把守议场及搜查各科处文卷。暴力胁迫,职务停顿,业于当日电达,计邀洞鉴。景濂身负重伤,又被密布警探包围。以袁世凯之专横、黎元洪之阴贼所不敢为者而现政府公然为之。属有血气,同深愤慨。景濂对于本院职务既不能行使,个人行动亦复失其自由,爰于本日移津调养。惟自出京以后,众院一切行为皆属非法,景濂不能承认。各科处文件滥被搜查以及封存待开之孙阁同意案票瓯,嗣后如有遗失变动,政府负责,与景濂无涉。特再电闻,伫候明教[2]。

当初在制造罗文干案,倒王宠惠内阁,拥张绍曾内阁,包办总统选举等一系列的政潮中,推波助澜、翻云覆雨的吴景濂,今天也落到了兔死狗烹、鸟尽弓藏的地步。直系保派以武力驱吴,不但未引起人们对被

---

① 《申报》1923 年 11 月 10 日。
② 《申报》1923 年 12 月 23 日。

逐者的同情，更谈不上引发政潮。舆论对吴被直系抛弃取冷眼旁观，甚至冷潮热讽的态度。吴自非良善之辈，逃到天津后，也曾设法靠近反直同盟，欲将贿选内幕披露，以泄对曹的怨恨。但吴在全国实在已是声名狼藉，为千夫所指。反直派亦不愿搭理吴。段祺瑞以吴不好共事却之。奉系张作霖十分厌恶吴，在得知吴被驱时，幸灾乐祸地说："活该如此结果，却怨谁来？"吴又派代表到沪与留沪议员联络，留沪议员坚持要吴南下自首贿选之事。这自然是令吴无法接受的条件。此时曹锟指示在津的王承斌、边守靖出面调停，意在封住吴的嘴，让吴安分，不要乱说。王、边亦劝吴勿与曹锟彻底翻脸，自己尚在直系控制的地盘内讨生活。吴只好认输，抱着藏弓烹狗之叹，在天津作起寓公来了①。

宪政党以为议长任期倒吴景濂必然伤及副议长张伯烈。张在竞选副议长时借吴之力不少。尽管在贿选过程中，因分赃不均张、吴有了过节，然在倒吴的过程中，张一直袒吴。这样，素与保派接近的众议院副议长张伯烈对撤换众议院警卫一事也表示了不满。同时也知道自己的副议长的位子与议长一样，同样不保，于是12月22日向众议院提出辞去众议院副议长和议员之职，全文如下：

　　自本院议长问题发生以来，伯烈忝列副席、未便置喙，以事关法律、静待公决。讵院内之争未已，而院外之纠纷又生。孙阁同意案关系内政，金法郎案关系外交，原因复杂，酿成政潮，竞争日益剧烈，形势愈趋愈恶，国会之职务固被妨碍，宪典之精神亦受影响。伯烈为国会计、为宪法计，有不能默尔而息者。查宪法第49条所载，第47条、第48条议员之职务，应候次届选举完成依法开会之前一日解除之，似此众议员任期三年之条文致有变更，第议长任期亦3年，应否同议员职务一体延长，院内同人持论既不一致，又无他项明文规定，只有开会公同议决以解决之始为正当。乃吴君景濂，既不肯将此案提出付诸公决，而反对者又坚不承认开会讨论，

① 《申报》1923年12月25日。

各走极端，均属非是；甚至迭次开会，互相凶殴。以立法议政之地变为演武决斗之场，国会庄严损失殆尽。然此犹曰院内之事，与院外无涉也。乃日昨内务部忽据议员谷君芝瑞等函请该部派遣警士数百人将本院固有之巡警全体驱逐，殊堪骇异。查《众议院议事规则》第142条，本院设守卫、警官。守卫司议事堂内警察，警官司议事室外警察，是院内守卫及警察，为本院特立机关，在政府殊无调遣或撤换、解散之权力。兹者为攻击吴景濂个人地位，竟不惜引虎入室，破坏院法，使神圣不可侵犯之议院受行政机关非法之蹂躏，任意行动，弁髦法纪，以视解散议会相去几何？恶例既开于中枢，流毒恐及于全国。夫所贵乎宪法者，将纳全国上下于法律范围以内，一切行动胥以法律为准，故宪法可以弭乱而图治也。伯烈久厕议席，屡经政变，忍辱负重，不即远引者，殆希宪典告成，或可匡国于万一耳。今值《宪法》初颁之时，竟有违法滥权，强逐院警，占领议院之行动。造意于议员，实施于内长，上无道揆，下无法守，祸变之来，宁可思议。伯烈既未克消弭于事先，复无能挽救于事后，溺职负咎，百喙莫辞。从此远引，庶免罪戾，用特提出辞职书，向本院辞去众院副议长并众院议员之职，还我初服，以谢国人。敬乞开会公决，准予辞职为荷①。

以后众议院也仿照参议院成立了众议院院内临时行政委员会来代行议长部分职权，再也未选议长。

1924年1月9日，众议院会，通过了孙宝琦内阁，推倒了保派的高凌霨内阁，但大权仍为保派把持。他们对国会采取断粮之策，以致国会过冬的取暖都成问题，能容纳千人的众议院议场寒冷如冰窖。八百恶客纷纷自己寻觅生路，国会日见败落沉寂。2月初，蛰居天津的吴景濂曾做回京运动，欲重振民宪同志会，再创辉煌。曹锟闻讯急命交通总长吴毓麟转告王承斌阻吴回京，说："北京政情甚为复杂。我劝莲伯不必

----

①.《申报》1923年12月25日。

方各持己见,相持不下。宪政党要将自己所推定的临时主席张映兰扶上议长席。但反宪政党派早已占据了议长席,张抢不上议长席。会场顿时陷入了混乱,会议无法进行。宪政党无能力控制会场,双方只好议定院外协商妥当后再开大会。但会下的多次协商,双方仍各坚持己见,协商失败。

12月28日,众议院两派议员双方均各自发出29日开会通知。29日下午2时,各派议员纷纷到院出席。3时院役振铃开会。各秘书和速记员均未出席,议员多在场内聚谈吸烟,全不像要开会的样子。吴派议员陈世禄先抢占主席座位,自称主席。宪政党的黄翼急推张映兰为临时主席,张蹒跚登台。这时主席座位已为陈世禄所占踞,遂至总统席安坐,俨然一白发总统。宪政党的戴书云等拟就秘书长席,陈世禄将主席及参、众两院秘书长坐椅搬至主席座后的桌上,场内大哗。李含芳请开谈话会。马骧仍主张先决众议院警卫权问题。胡祖舜发言说:“众议院是中华民国的众议院,不能由任何方面之操纵把持。同人为中华民国之众议员,不能为一人而牺牲一切。今日之事,无论为议长问题、院警问题、行政委员会问题,均为众议院本身发生之问题,则无疑义。解决之道,舍协商以外,实无他法。请同人平心静气、开诚布公,共同提出讨论,使国会机关不致由一二人而陷入停顿。”场下对胡之动议多表同意。陈世禄急摇铃散会。宪政党的戴书云说陈不应任意振铃宣布散会,双方大起口角,混蛋、王八蛋之骂声不绝。刘泽龙与将振铃取下的宪政党议员景耀月吵作一团。宪政党的黄翼大声呼叫“有力气的出来格斗!”吴荣萃说:“院警问题固是重要。但此次之纷扰,究系何人所惹出?现在只有各抒意见,开诚协商之一途。如长此争执,可不要国会。”马骧则高唱法律论,维护众议院原有之警卫权。谷芝瑞在场下发言反对。刘泽龙说:“岁费尚且无着,你们争些什么?”中立派万钧说:“纠纷既至如此,请同人共同主张:1. 从前警卫不能恢复。2. 现有警卫撤换。3. 由行政委员会组织警卫处。”黄翼主张修改院法,将议长职任改正,并说警卫处当然由内务部警察厅管辖。陈世禄骂黄放屁。景耀月报之以极粗俗不堪入耳之骂声。万钧动议请开谈话会,以手势挥旁听者退席。于是改开谈话会,公推中立派之万钧主席。吴宗慈主张由中立派议员推举代表,向政府接洽岁费。各派议员纷纷发言,大都主张先在院外协商。于是决定由各派推出代表在院外协商①。

12月30日下午1时,中立派万钧、叶夏声、李载赓等人在石驸马大街42号宴请吴派的民宪同志会、反吴派的宪政党、民治社各骨干,三方当面协商。吴派的马骧、骆继汉,反吴派的景耀月、牟琳,中立派的万钧、叶夏声、李载赓等主客共20余人,分坐两席,张伯烈等亦到场。最后商定草案交各政团研究后推出正式代表协商:1.院警问题。有国会与政府间之立法、行政两大权限关系,内务部所派之警卫,应由中立分子公推代表前往面请高凌霨先行下令撤回,庶各项纠纷方有解决之望。在各代表未亲往高处之前,并当先去一函电申明来意,一切详细理由则待当面陈述。2.关于众议院岁费,殊不能因有纠葛而停顿不管。在西安饭店一方经手发放,亦非正当办法。以后当由吴派、反吴派及中立派三方各推代表一人,会同张伯烈共与当局接洽领取,交由众院会计科按照旧制发给。当时张伯烈亦表示服从多数,愿负相当之责任。各方当晚各开本团体会议,决定态度后再推出代表。3.以后大会召集,不应再由任何一方面单独印发通知,致互相争持,乃至毫无结果。现拟将议长问题暂时搁置,以留待以后从长计议。先将警卫、岁费等问题三方协商妥后,征取各方同意,在新年假期满后,定期在众议院开大会,公同讨论,暂时推举一临时主席,由秘书厅发通知召集会议。如此则无论吴景濂地位存在与否,及行政委员会应否组织,一律归大会决定,俾能维持众议院。当时三方代表均表示了相当可以容纳之意,待各派决定态度后再行协商。当时,推举31日上财政部领岁费的代表共5人:宪政党的景耀月,吴景濂派的余绍琴,中立派的李载赓、吴宗慈,再加一副议长

---

①　《申报》1924年1月1日。

张伯烈①。但宪政党代表对会议协商的几条不满意。宪政党党魁赶走吴景濂的目的在于控制众议院，至少使吴不可能回来重坐议长席，故力主先选院内行政委员会。选出行政委员会自然就从法律上和事实上彻底否定了吴景濂的议长资格。但吴派则坚持先撤院警再谈其他。为逼议员接受宪政党党魁的意图，宪政党党魁谷芝瑞、常耀奎(宪政党常住理事，保派干将)29 日致函财政部、内务部将众议院岁费先存放在财政部，于众议院无正式代表以前请勿发给。国会的办公费自然也不发给。由于无法取暖，容纳上千人的众议院议场竟然像冰窖。再加上宪政党反对张伯烈以副议长身份交涉岁费，认为张的副议长资格已消灭，只能以个人资格出面。又以列席协商会议的人不能全权代表本党为词而否定协商会。故 31 日宪政党的代表景耀月也就躲开，不赴财政部索岁费。赴财政部领岁费的众议院其他代表自然白跑了一趟。又找到宪政党的另一头目钱崇垲，钱只答应以私人资格出面帮忙。这前前后后也暴露出宪政党头目之间勾心斗角，意见各不相同的状态。以利益暂时结合的政团，勾心斗角自然更激烈。钱崇垲与各代表用电话询问内务总长高凌霨催岁费，高说："此事本人不管，倘常朗斋(耀奎)、谷霭堂(芝瑞)能答应，则此款立可照拨。众院诸君可直接与常、谷二君接洽。"②故 12 月 31 日各机关均由财政部分得 5 成 5 的薪金，独众议院向隅。这自然是对该院议员的一大打击。不给罗汉们饭吃，这不但引起了他派议员们对宪政党党魁们的仇恨，而且也引起宪政党的议员乃至少数小头目对党魁的不满和愤怒。这便成为 1 月 9 日众议院会宪政党议员纷纷倒戈反对谷芝瑞，和其他派议员一道通过孙宝琦内阁而倒高凌霨代理内阁的重要原因。

促使高凌霨内阁倒台的另一大原因，便是众议院议员改选令。众议院议员改选令虽然已于 1923 年 10 月 4 日由所谓的高凌霨摄政内阁

---

① 《申报》1924 年 1 月 3 日。
② 《申报》1924 年 1 月 3 日。

公布,但第二届众议员选举日期令并未公布,即何时改选并未定。高凌霨等尽管将众议院议长吴景濂赶走,致张伯烈也同时失去副议长资格。但吴派极力反抗,且还出现在新的利益驱使下和其他一些派系结合来对抗宪政党的趋势。宪政党并没有像预期的那样控制住众议院。鉴于这一情况,高凌霨决心下达众议员改选日期令,结束本届国会。按《中华民国宪法》的规定,下达新一届众议员选举日期的命令,以便成立新一届国会,是政府的职责。更何况第一届国会众议员已大大超过其任期,选民们都希望早日结束因贿选而人心丧尽的这一届国会。但这一届国会议员却恋栈不去,决心要利用手中的权力来无限期延长其任期。故当时保派要人开会讨论此事时,就有人担心议员们会利用手中的权力来反对与阻挠正常的众议员改选,主张要谨慎行事。张志潭认为1924年1月1日下达改选众议员令操之过急,主张春节时趁国会休会时下达为妥。既然已经将众议员的岁费扣住未发,春节议员回家者必多,那时下改选日期令,多数议员必不回京,旧众议院自然闭会。但高凌霨要解散这届众议院的心情迫切,不愿再等这一个多月,断然于1924年1月1日发布教令,定于1924年4月14日举行众议员初选,5月14日举行众议员复选。高的主要目的自然不在于成立新一届国会,而是要结束本届国会,以防众议院随时可能通过孙宝琦内阁来推倒自己,因为孙阁同意案早已提交众议院。高在公布改选令之前也做了一些工作,如以资助宪政党头目和骨干竞选下届众议员的承诺来换得其对改选令的支持。但这毕竟是少数议员可能得到的优惠。就是得到这一承诺的议员对承诺能否兑现尚无把握。何必放弃现成的议员职务再去从事新一轮的竞争?故只有少数铁杆宪政党议员支持改选令下达后的高。大多数议员希望自己的任期无限延长,期望议员这个金饭碗能给自己捞取更大的实惠、更多的好处,自然对高的改选令这种借刀杀人之策十分不满和反对。改选果能实现,则无论吴派、宪政党派、中立派,均当玉石俱焚。也就是说,高凌霨等不但对反对派,而且对本派普通党员也一律开刀。这一作法不但激起反对派、中立派的不满和反对,而且也引起了宪政党大部分议员的不满,认为党魁出卖了他们的利益。本来宪政党就是以津贴来吸引党员的。宪政党成立之初,声言党员每人每月发给津贴200元。故一时如蝇逐臭,趋之若鹜,根本无所谓主张,更谈不上信仰,只是一笔交易。但议员加入宪政党后,政府却并不按月给党员发津贴,只是临到要党员冲锋陷阵时,才发给一笔阵前犒赏。到宪政党发钱时,领钱人多,但临阵时却只有寥寥可数的少量铁杆党员在会场上冲锋陷阵,孤军奋斗。多数宪政党议员并不卖力,甚至冷眼旁观。岁费停发,尤其是众议员改选令一下,危及大多数宪政党议员的利益,于是,很多宪政党议员反戈相向。1月3日宪政党一部分议员就在甘石桥开会,决定赞成孙宝琦出面组织正式内阁,即决定倒高凌霨代理内阁。他们与中立派乃至民宪同志会沟通,酝酿倒高阁。众议院各派又在院外多次开会协商,最后达成了三条协议:1. 推举代表赴财政部交涉领取元旦前被财政部扣住的众议员的岁费。2. 向政府交涉撤回警卫。若上午撤回警卫,则下午即开会讨论组织院内临时行政委员会问题。3. 1月5日召开众议院谈话会。

1月5日,众议院谈话会。推举钱崇垲、金贻厚、陈堃、李载赓、景耀月5人为代表,万钧为总代表,向政府交涉发放所扣的岁费和撤警事宜。1月9日上午撤警下午即开大会,讨论成立院内行政委员会事。

岁费和撤警的交涉并不顺利,不倒高阁,这两个问题看来都难解决。于是一些非政府派政党决定加快倒高阁的步伐。中立派的李载赓、万钧、叶夏声等积极运动民宪同志会,让他们放弃只有先撤警才能讨论组织院内临时行政委员会的主张,先共同倒高阁。民宪同志会对倒高阁自然十分积极,同意了中立派的调解,反正吴景濂再复议长职的希望十分渺茫,坚持先撤警后成立行政委员会的意义已不大。中立派又以先成立院内行政委员会,来拉住一直反对吴景濂为议长的宪政党中的牟琳派的民治社,加入倒高阁的行列。同时,津派也积极加入了倒保派的高阁的活动。为此,津派花去了运动费10万余元。此时直系的津派与保派明争暗斗正烈。

1 月 9 日，众议院开临时会，签到议员 340 人，摇铃开会。胡祖舜首先发言主张变更议事日程，改开谈话会，请上次谈话会所推各代表将连日与政府接洽经费及撤警情形先行报告。其次关于秘书厅办公问题亦须提出，商一办法。谈话会后再开大会，至谈话会主席仍请万钧担任。众同意。万钧坐秘书长席宣告开会。由李载赓报告与政府接洽众议院经费和要求撤换众议院警卫的经过情形。最后言至高凌霨只派秘书代见时，说："系有意藐视国会。且于撤警问题，坚不应允。对发放经费一节，则须全体盖章。种种留难，不堪忍受。若非赶将行政委员会组织成立，则对外不能生效，国会将无形消灭。至于政府方面，大有一笔将国会勾销之意。应请大众平心讨论，速筹对待之法，切不可自杀。"[1]全场议员听完李的报告后均忿忿然。戴书云、马骧等都有痛切之发言。陈宗常主张立即开大会。景耀月等表示反对。经王法歧、王乃昌等调解后，仍由万钧为主席开大会。主席按铃关门，查点人数。在场共 342 人，已过法定人数，宣告开会。

民宪同志会的薛丹曦发言主张先解决孙阁同意案，立即遭到宪政党议员的强烈反对，两派发生争吵，人声喧闹，会场秩序一度混乱。法治共进会的叶夏声发言赞成薛的意见。又引起宪政党议员的反对，引起了一阵骚动。民治社议员牟琳发言要先解决行政委员会组织问题。民宪同志会议员马骧发言反对牟的主张，议场再次发生争吵，再度陷入混乱。中立派议员奉楷发言主张一面投孙阁同意票后不开票将票箱封上，一面讨论组织行政委员会问题，通过后再开票。全民社的李燮阳赞成奉的主张并提出弹劾内阁案。于是会场又一次发生争吵，人声鼎沸，议场又一次陷入混乱。宪政党议员谷芝瑞发言反对投同意票，主张即选议长。台下薛丹曦等大呼："投同意票！投同意票！"宪政党议员葛庄、谷芝瑞跑上台，葛抢占议长席，谷抢占秘书长席。法治共进会议员唐宝锷、民宪同志会议员陈世禄等在场下大骂葛、谷破坏会议。会议主

---

① 《申报》1924 年 1 月 12 日。

席正欲将投同意票付表决,谷芝瑞将提案从主席手中抢走,激起众怒,场下一片喊打声。陈世禄等飞奔上主席台要揍扰乱会场的宪政党骨干谷芝瑞、葛庄。谷见势不妙,赶紧起身从议场后门逃跑。葛庄行动稍迟,被陈揪住。薛丹曦等亦奔上台来打葛。葛急忙夺起坐椅挡住众人,边自卫边逃,无奈力单势弧,拳脚还是如雨点般地落在葛的身上。葛亦步谷之后尘,抱头从议场后门逃走。谷、葛出门后,即将议场后门从外面锁上。同时也将议场的其他几个门均从外面锁上。会议主席报告:"议场内各门皆锁。无论如何按捺门铃,场外警卫始终就是不理。同人将困毙场内矣!"叶夏声、胡祖舜皆愤怒已极,主张即使会开到深夜,也需将李燮阳的投孙阁同意票和组织临时行政委员会的提案解决。这时,议场各个门同时突然大开。议场中议员大叫关门。场外的谷芝瑞和警卫长张汝霖命令警卫将议场门大开。议员吕复责问警卫长何故忽令警卫将各门大开。张急不择言说:"叫你们在此开会,已经是大面子了。"这样,因争执又乱了一阵。下午5点钟左右,谷芝瑞和警卫长将议场的电闸拉下,议场电灯全部熄灭,议场顿时一片漆黑。在场议员更是愤怒了。唐宝锷主张点蜡烛。戴书云说:我本宪政党党员,今既有如此现象,我亦愿牺牲我的主张,而服从本院多数人的意思。会议主席以李燮阳的投孙阁同意票与组织临时行政委员会同时进行的提议付表决①。结果:在场议员342人,起立赞成者340人,多数,可决。主席报告说,投票箱和抽签筒均锁在大总统休息室。该室的钥匙被谷芝瑞带走,无法开门,应如何将票箱和签筒取出?后来议员们将大总统休息室的钥匙找到后,立即开门将票箱和签筒取出。由于议场内无电灯,胡祖舜主张延会。刘泽龙主张必须将临时行政委员会和投孙阁同意票有结果再散会。王乃昌提出选举行政委员及投孙阁同意票同时并举即请会议主席宣告一面制签一面散票的动议。主席立即以王的动议征求在场议员意见,在场议员同呼赞成。于是,再清点在场议员人数为301人,

---

① 《申报》1924年1月12日。

足法定开会人数。主席又请秘书李冀侯为会议秘书长。接着以李载赓提出的《众议院临时行政委员会组织大纲》案逐条讨论表决。一共 8 条,结果全部通过。主席立即宣告全案成立。

主席宣布抽签签定众议院行政委员,每省区签定一名行政委员,一名候补行政委员。经抽签定龙鹤龄、黄霄九、李膺恩、程铎 4 人为抽签员。同时一面投孙宝琦为内阁总理的同意票,并指定高登鲤、郭宝慈、陆昌烺等 8 人为检票员,延长会议时间,立即投票。

投票结束后,会议主席宣布投票结果:出席议员 307 人,共发票 307 张,投入票箱内的票 283 张,名片 285 张,同意票 250 张,不同意票 23 张,废票 10 张。同意票大多数,孙宝琦为国务总理案完全通过。主席一宣布投票结果,全场掌声雷动。按新颁布的《中华民国宪法》,只须国务总理通过众议院,内阁就已通过国会了。1 月 12 日,大总统曹锟正式任命孙宝琦为国务总理,高凌霨内阁自然推倒。由于众议院印被吴景濂带往天津,故将咨文备好,连夜派人赴津找吴盖印。1 月 10 日,众议院行政委员会成立后即议决向吴景濂索回众议院印信。吴只好派黄辉将众议院印信送还给众议院临时行政委员会。

这时行政委员和候补行政委员也已签定。主席又向大会报告了签定崔怀灝(直隶)、蒋宗周(奉天)、毕维垣(吉林)、王文璞(黑龙江)、王绍鏊(江苏)、王迪成(安徽)、葛庄(江西)、谢国钦(浙江)、高登鲤(福建)、冯振骥(湖北)、王恩博(湖南)、周嘉坦(山东)、王敬芳(河南)、侯元燿(山西)、任郁文(陕西)、郭修(甘肃)、张瑞(新疆)、李汝翼(四川)、陈垣(广东)、程大璋(广西)、李临阳(云南)、符诗镕(贵州)、乐山(蒙古)、札木苏(青海)、方贞(西藏)25 名众议院临时行政委员及韩增庆、刘恩格等 25 名众议院候补临时行政委员[1]。

众议院临时行政委员会的成立,既断绝了吴景濂的归路,让其死灰无法复燃,同时也使宪政党控制众议院的企图落空。加之又倒了高阁。

<hr>

[1] 《众议院临时会会议速记录》第 7 号;《申报》1924 年 1 月 12 日。

吴景濂派与保派至少打了一个平手,甚至还略占上风。

众议院将投票结果正式咨文送大总统和参议院,同时于 10 日又通过天津发出通电,一为报告通过孙阁电,一为揭露高凌霨电。发此两电之目的在于公布选举结果和揭露真相,以防保派否定这次投票。

报告通过孙阁通电为:

> 本日众议院常会,出席议员 307 人。依据宪法第 94 条,对于大总统拟任之国务总理孙君宝琦,以 250 票同意,依法通过。特此奉闻[①]。

揭露高凌霨的通电为:

> 昨日众议院常会,议员动议投孙阁同意票,解决政局。而内务部派来之警卫不听主席指挥,不封闭议场,又将票匦签筒封锁,电灯线斫断,种种妨碍投票,致引起大多数之公愤,非解决此案不出议场。多方设法,始得投票,使正式内阁安然产出。内务部滥用职权,违背《议院规则》,擅撤院警以抵制孙阁之产生,为其尸位恋栈之计。袁世凯所不敢为者,而高凌霨悍然为之,欲推翻共和政体之根本机关,得以自便私图。以今大总统提出之阁揆,而高凌霨公然反对,不啻目无国会,亦目无总统矣。今幸天相中国,同人共同觉悟,得使《宪法》上之内阁正式产生,国事尚有转圜之望。为此宣布真相,以求国人之裁判。总之,有国会一日,决不使权奸卖国之流怙权舞法,此可告慰于天下者也。布此区区,顺维察谅[②]。

9 日通过孙阁,宪政党理事长王毓芝事前毫无所知,待木已成舟,始仓皇失措。10 日进谒曹锟,挨曹的一阵训斥,惶恐之余,停止办公一天。组织宪政党,本来就遭到直系内部的津派、洛派的反对。津派反对自不待言,直系最大的实力派洛吴一直持反对态度。一开始吴佩孚就

---

① 《申报》1924 年 1 月 13 日。
② 《申报》1924 年 1 月 13 日。

反对政府每月拿 10 万元办宪政党,说:"曹为一国的,勿为一党总统"①。1923 年 12 月下旬,吴佩孚又电曹,请解散宪政党。宪政党在主子需要之时的无能表现,自然令其主子不满,于是便欲抛弃之。宪政党理事长王毓芝,理事高凌霨、吴毓麟、程克、刘彭寿等纷纷备函辞去宪政党的理事长、理事之职。宪政党立即陷入了奄奄一息的地步。以后王克敏为了对付法治共进会等的反对,支持与利用宪政党以自保,这样宪政党又逐渐过户于财政总长王克敏。有王的支持,宪政党得以生存。

六、众议院临时行政委员会的内争

众议院临时行政委员会的组织依据是 1924 年 1 月 9 日众议院大会议决的《众议院临时行政委员会组织大纲》,大纲共 8 条:

第 1 条　本院于院法未修正以前暂以临时行政委员会处理本院一切行政事务。

第 2 条　临时行政委员会由每省区各签定一人组织之。

第 3 条　临时行政委员会每二个月改签一次。

第 4 条　临时行政委员会处理事务由全体委员三分之一以上之出席,出席员过半数之议决行之。

本会议决事件由大会临时主席会同值日委员行之。

本会议值日委员七人,其轮班次序以别表定之。

第 5 条　临时行政委员会开会依省区之顺序轮推一人为主席。

第 6 条　《议院法》第 16 条、第 84 条、第 86 条、第 87 条规定议长对于秘书厅职员及警卫各职权,由大会临时主席会同本会行之。

第 7 条　临时行政委员会委员告假逾会期四分之一时由该员

---

① 《申报》1923 年 11 月 19 日。

所属省区另行签补。

　　第 8 条　本会办事细则由本会自定之①。

　　1924 年 1 月 9 日,由抽签的办法每省区各产生众议院临时行政委员会委员和候补委员各一名,共产生了 25 名委员,25 名候补委员。1月 10 日下午众议院临时行政委员会在该院第 5 休息室开成立大会,推直隶议员崔怀灏为临时主席。当日议决:1. 推举任郁文、方贞、王恩博、乐山、程大璋等为临时委员会办事细则起草员。2. 推举崔怀灏、万钧(9 日众议院大会主席)于 11 日上午 10 时赴津,向吴景濂索回院印。3. 推举毕维垣、王迪成、葛庄、谢国钦、高登鲤、周嘉坦 11 日上午 10 时赴财政部领取岁费及公费。4. 托万钧、崔怀灏在津拍发孙宝琦为国务总理同意案之通电。5. 万钧、崔怀灏两主席签名,由会计科向盐业银行借款 200 元,以作电费及零星开销。6. 议员王茂材请下次大会列入本席之弹劾内阁案,决定开大会时将所有各案一并列入。7. 改正通电电文,将常会改为临时会。8. 万钧交出封裹之孙阁同意案决定加印,由主席转交秘书李冀侯妥为保存。9. 暂请李冀侯代理临时秘书长。10. 由主席将本日秘书到院办事签到簿加盖图记。11. 秘书厅由李冀侯指挥,照常办事。12. 值日行政委员负院内一切责任。13. 在院警未撤换前,院内各科文件,由各科长负责保管。②

　　1 月 12 日下午众议院行政委员会第 2 次会议,轮推奉天的议员蒋宗周主席,议决:1. 按职员次序,请首席秘书文书科科长王大经暂行代理秘书长。2. 议员乐山推前参议员时任内务部秘书的蒋羲明为秘书长,议决交大会公决。3. 本院正式秘书长决定不以院内职员充当。4. 议事科秘书李冀侯交出上次委员会嘱令加封保管之孙阁同意票,议决交新任王秘书长负责保管。5. 撤换本院政府派出之警卫,由巡官李景芳暂代警卫长。6. 推蒋宗周与王大经赴津向吴景濂取回院印。7. 通过委员会办事细则。8. 饬李景芳巡官向政府派遣之警卫长索回议场钥匙,负责保管。9. 通过万钧、崔怀灏两议员赴津旅费。10. 轮推委员周嘉坦等赴财政部索取岁费公费。11. 14 日开第 3 次委员会。12. 王茂材等议员弹劾内阁案俟大会时一并列入议程。13. 致吴景濂信的称谓仍沿前例办理。14. 即日咨请政府撤换众议院警卫。15. 大会会期由下次委员会再订。16. 委员会戳记,自本日启用。17. 秘书厅一律照常办事。

当日通过的《众议院临时行政委员会办事细则》全文如下:

第 1 条 本会组织与职权,依《临时行政委员会大纲》之规定行之。

第 2 条 本会开会时,除依《大纲》第 5 条轮推一人主席外,并轮推理事一人。

第 3 条 本会开会时,大会临时主席得列席发言,但不得加入表决。

第 4 条 本会值日委员,依《大纲》七人一班,每一班值日三天。

第 5 条 本会值日委员办理日行事件,遇有重要事项,须即定期通告委员开会。前项日行事件须经值日委员签名盖章。

第 6 条 本会议事依《大纲》第 4 条之规定,遇有可否同数时,取决于主席。

第 7 条 未出席之委员不得反对本会议决之事件。

第 8 条 本会以每日下午一时至六时为办公时间。

第 9 条 本细则有委员五人以上之提议,得开会修正之①。

参、众两院秘书厅和警卫都是按《议院法》各由两院议长所组织,并由议长指挥的。众议院秘书厅和警卫都是由议长吴景濂组织的并由吴指挥的。即众议院这两个机关吴派色彩很浓厚。吴已被逐,由临时

---

① 《申报》1924 年 1 月 15 日。

行政委员会代替议长行使职权,对这两个机关的人员变动,尤其是秘书长和警卫长的变动就是必然的。临时行政委员会是抽签产出的,委员必然带上党派的属性。这样,在秘书长和警卫长的人选上各持己见。尤其是秘书长的人选更为重要,争斗自然激烈。原众议院秘书长郑林皋和原警卫长汤步瀛是吴景濂的心腹,随吴一起逃往天津。尽管吴派留京议员想让他们复职,但由于反吴派的坚决反对,他们均未能再回到原来的职位上来。警卫当时已由内务部接管后派出了新的警卫和警卫长取代。众议院收回警卫权是维护立法独立的重要保证,故非政府党一致要求撤换内务部派出的警卫和由政府任命的警卫长,将警卫权收回众议院。政府党借内务部派出的警卫已将吴景濂赶走,目的已达,也不反对撤换内务部派出的警卫。这样,众议院临时行政委员会一成立,即和政府交涉撤警一事。临时行政委员会1924年1月12日即任命众议院资历最深的巡官李景芳为代理警卫长。但很快有的行政委员就指出李景芳在内务部派出众议院警卫长后即投靠政府所派的警卫长张汝霖,在1月9日众议院大会通过孙宝琦内阁投票时割断会场电线,破坏当天的大会。这样,1月14日临时行政委员会再开会时,任命众议院资历较深的二等巡官潘涛声为代理警卫长。但反吴派以潘的吴派色彩太浓而极力反对,并物色新的警卫长。第一届临时行政委员会中,反吴派占优势,他们利用这一优势,在3月5日的会议上议决调参议院资历最深的一等巡官为众议院警卫长。于是调参议院职员表查得参议院一等巡官唐成城符合条件。3月9日即为第一、第二届临时行政委员会交接的日子,第1届临时行政委员会为防变故,在3月7日的会议上,通过了委任唐成城为众议院警卫长和免去汤步瀛的众议院警卫长职的两道命令。潘涛声则仍回众议院任巡官原职。并咨国务院将前次派来的张汝霖等撤回。3月16日内务部将所派出的警卫撤出众议院,唐成城与张汝霖办理交待后,17日唐正式上任。众议院警卫长的问题才解决。

　　众议院秘书长一职的人选则要曲折得多,两派围绕众议院代理秘书长一职的争斗一直比较激烈。

1月10日,临时行政委员会第一次会议。民宪同志会的李临阳主张仍请原秘书长郑林皋回任,立即遭到政府党的符诗镕的反对,只好指定李冀侯暂任临时秘书长,负责保管临时行政委员会的文件。但反吴派对在众议院秘书厅这种吴派势力比较强的机构中选秘书长自不同意,而坚持在众议院秘书厅外选秘书长。且物色原参议员、现任内务部秘书的政府党成员蒋羲明为众议院秘书长。民宪同志会鉴于郑林皋回任已不可能,则主张以众议院资深之职员为秘书长。在1月12日的临时行政委员会上,吴派委员周嘉坦、毕维恒坚持在众议院秘书厅职员中资格最老者派为代理秘书长。政府党的乐山则主张在众议院秘书厅之外任命一代理秘书长,并推荐蒋羲明。双方各持己见,但第1届临时行政委员会中反吴派占优势。经表决,赞成由院外觅人代理秘书长者多数。乐山等政府党委员坚持立即投票表决蒋羲明为代理秘书长,吴派坚决反对。最后议定先在会下协商后再决定。于是决定先由众议院首席秘书文书科长王大经暂行代理众议院秘书长的职务。由于要选秘书长,在天津的吴景濂又立即让郑林皋由津赶回京,力图复职。1月14日众议院临时行政委员会会议,政府派委员坚持对提名蒋羲明为代理秘书长进行投票表决。吴派委员则反对表决。由于当天会议主席为吴派的毕维垣,故当天未表决,定下次会再表决。1月21日临时行政委员会会议,政府党委员要求对蒋羲明为代理秘书长的提名进行投票表决。吴派不同意当天表决。争议结果,下次开会再表决。1月24日众议院临时行政委员会会议,在政府党委员的一再坚持下,对代理秘书长进行有记名投票表决,结果:到会委员21人,除委员崔怀灏声明放弃投票权外,14人赞成蒋羲明代理众议院秘书长。按《众议院临时行政委员会组织大纲》的规定,应由这天的行政委员会主席王迪成和1月16日众议院推出的年龄最大的大会临时主席凌鸿寿一同下一委任状。但凌鸿寿是民宪同志会的,虽列席临时行政委员会会议,但不愿在委任蒋羲明的命令上署名,提出对蒋羲明任命为众议院代理秘书长一事要先报告众议院大会。吴派委员均坚持报告众议院大会。反吴派则主张既经行政委员会议决,自可不必通过大会,直接任命。但凌鸿寿就是坚持不在委任命令上签字。1月26日众议院大会因人数不足改开谈话会。会议主席凌鸿寿将众议院秘书长的问题提交谈话会讨论。在众议院,吴派势力较大。于是谈话会上,又要求秘书长由众议院大会公决,不能由行政委员会决定。1月28日临时行政委员会会议,对于秘书长任命一事两派仍坚持己见如24日,又无结果。这样便将代理秘书长一事搁置。王大经暂代秘书长便一直执行秘书长职务。但王大经的吴派味也较浓。由于大会主席凌鸿寿坚持不在任命蒋羲明的命令上署名,小孙派的牟琳(此时属宪政党)等给临时行政委员会来函件,为《关于临时主席违法情形请通知全院同人提付惩戒之》。王大经未将此函报告行政委员会,而在上面批了"印提"二字,同时还将一件反吴派要求查吴景濂帐目之函压下来未向临时行政委员会报告。反吴派委员以此事为由,于2月14日的临时行政委员会会议上对王提出质问,并认为是违法犯罪性质,要求撤换王。尽管吴派委员为王开脱,但反吴派委员占优势,最后议决将王大经解职,由众议院议事科长王睦孙为暂代秘书长。吴派虽在第一届临时行政委员会中是少数,但在众议院中仍为一个大党,故利用众议院大会反对临时行政委员会对蒋羲明的任命。2月15日众议院大会,民宪同志会的马骧以蒋羲明为内务部秘书,质问行政委员会何以要任命蒋为众议院代理秘书长。2月16日临时行政委员会会议,对任命代理秘书长一事,因大会临时主席凌鸿寿坚持不在任命令上签字,两派发生争执。小孙派李燮阳主张即使凌不签字,也要由临时行政委员会正式任命蒋羲明为临时秘书长。政府党的张瑞,高登鲤等鉴于凌鸿寿对暂代秘书长的王睦孙的任命令亦不肯签字,故主张以临时行政委员会的名义请大会更换大会临时主席。最后,当日临时行政委员会主席陈垣以"关于秘书长问题大会临时主席两次不肯签字,委员会应于下次开大会时报告大会。若下次大会不能开成即由委员会执行,仍俟以后大会开成再补行报告"付表决,在席委员16人,赞成者14人,可决。

　　由于大会临时主席凌鸿寿坚持不在暂代秘书长和代理秘书长委任命令上签字,宪政党2月21日晚宴请各政团头目,疏通更换众议院临时主席凌鸿寿。但更换临时主席亦非易事。吴派在众议院的势力较大,不是宪政党所能左右的。且宪政党此时已开始分裂,只好将此事搁下。由于众议院此时已无代理秘书长,2月22日众议院大会因人数不足改开谈话会,又因秘书长的事两派争执,最后通过了每次众议院大会在议员中签抽一人为代理临时秘书长,大会主席仍为凌鸿寿。

　　2月25日众议院谈话会,用抽签的办法签抽出第二届临时行政委员会委员。并议决如果第一届临时行政委员会任满的3月9日众议院仍不能开成大会,上述所抽的行政委员即为确定。这新签抽出的委员吴派占优势。故吴派议员以不出席大会的办法,使众议院在3月9日前再未开成大会,即让谈话会上签抽出的第二届行政委员会自然生效。尽管3月14日众议院大会上,政府党议员王法歧提出动议说第二届临时行政委员会委员系谈话会所产生,未经过大会手续,不能作为有效,应行取消。今日应另行签抽,并仿参议院办法多抽几次,以便临时递补。但吴派议员坚决反对王的动议。两派又是一场激烈的争论,最后付诸表决,赞成2月25日签定的第二届行政委员为有效者208人,多数,可决。王法歧对表决提起异议,又用反证表决法表决,反对2月25日签定的第二届行政委员者起立,起立者30人,少数,证明前次表决确为多数。王的动议遭否决。

　　第一届行政委员会3月9日届满,为了使蒋羲明能成为代理秘书长,2月27日临时行政委员会会议,经过一番争论后,决定大会临时主席不签名也要任命秘书长。最后议定以众议院临时行政委员会的名义,正式委任蒋羲明为众议院秘书厅代理秘书长。尽管在会议上吴派委员反对,但终因在委员会中势单力孤,毫无用处。于是27日晚,吴派召开会议,商讨如何保住吴派在众议院秘书厅的阵地。当晚议决5条办法:1. 通知本院秘书厅职员,嘱勿交代。2. 提出报告于大会,声明委任蒋羲明为代理秘书长之手续并不合法。3. 由大会主席凌鸿寿具名报告大会,声明此项委任并未同意亦并未签名,且曾为大会所反对,不能赞成此项任命。4. 由马骧、罗家衡等 32 人函知委员会,否认此项委任。5. 马骧等亦复函本院秘书厅,切勿服从违法命令,擅自私行交代。

政府党为了造成既成事实,在 3 月 8 日第一届临时行政委员会最后一次会议上,赶紧让蒋羲明正式就任众议院代理秘书长职。蒋羲明也赶来参加了临时行政委员会会议,并发表就职演说。委员张瑞对蒋就任秘书长是否合法提出疑义,劝蒋不要因就秘书长职而引起众议院风潮。王敬芳反驳张,说大会临时主席不在临时行政委员会任蒋为秘书长的任命状上签字是临时主席违法。

1924 年 2 月 25 日抽签定出的众议院第二届临时行政委员会委员吴派占优势。3 月 10 日临时行政委员会完成第一届和第二届的新旧交替的移交工作,新一届行政委员会就提出代理秘书长的问题。吴派即提出任命蒋曦明为代理秘书长未经临时大会主席凌鸿寿签名,依法应作无效,不能出席行政委员会会议,欲仍以吴派的王大经为代理秘书长。反吴派的委员认为蒋曦明为上一届行政委员会选举的代理秘书长,当然合法有效,凌鸿寿不签字是违法的。王大经为代理秘书长时,对委员会决定下次开会对蒋曦明为代理秘书长进行表决之事不记入当天的议事记录,同时委员会议决要求查前议长吴景濂帐和大会临时主席凌鸿寿于行政委员会议决不副署为违法两件提案压置两星期之久未提出委员会报告,已经 2 月 14 日的行政委员会会议议决解职,自然失去代理资格。吴派以蒋羲明为内务部秘书,不宜为众议院秘书长。反吴派则以王睦孙是吴景濂所信任之人,也是内务部佥事,但一直任议事科科长来反驳。吴派坚持众议院大会未解决秘书长问题前,蒋羲明先不能就职。这样,刚宣布就职才 2 天的蒋见此阵势只好以请病假为由,不敢到众议院秘书厅视事。3 月 15 日,众议院临时行政委员会会议,以蒋羲明并非众议院职员,议决将蒋请假 10 日之函退回。这就否定了蒋的秘书长身份。蒋氏非得介入众议院秘书长之争,结果自己落得个无法下台的尴尬地步。两派在众议院代理秘书长人选上各持己见,相持不下。这样,众议院再开会时,只好每次都由议员中用抽签的办法抽出一人为代理秘书长。

3月21日众议院会议,临时主席凌鸿寿报告临时行政委员会起草的秘书长问题报告书。两派即发生激烈的争吵。吴派主张应令前秘书长郑林皋回职,反吴派则主张尊重第一届临时行政委员会的决议,令蒋羲明即日就职。虽然安排赞成与反对者相间发言,但甲派发言时,乙派拍桌大骂,乙派发言时,甲派亦如是对之。旁听者仅只能听见其相互谩骂之声,直至散会。4月19日众议院会,凌鸿寿请假一天,推年次长者杜树勋为大会临时主席。这以后,大会临时主席即由头发党的杜树勋担任,这自然使吴派不悦。

由于众议院第二届临时行政委员会中吴景濂派占优势,故5月初,临时行政委员会推翻了第一届临时行政委员会任命蒋羲明为代理秘书长的决定,决定由议事科长王经佐为代理秘书长。5月3日众议院会,汪震东向大会报告了行政委员会的这一议决。这立即引起了头发党张琴的反对,民治社的王乃昌亦反对,认为行政委员会违法。吴派的民宪同志会的刘冠三赞成,头发党的黄翼骂刘“放屁!”民宪同志会的陈世禄骂黄“混帐!”牟琳、李燮阳、廖希贤、胡祖舜、马骧等相继发言,双方争吵激烈。黄翼大骂马骧,刘冠三要与黄格斗,陈世禄大骂黄翼不配当议员,应即枪毙。黄则拍桌顿足,使出泼妇骂街的本事。会场一片混乱。

由于第二届临时行政委员会已快满期,当天又签抽出了第三届临时行政委员会委员。由于代理秘书长,两派争论激烈,胡祖舜动议:本院秘书长由行政委员互选一人充之,其任期以各届行政委员之任期为限。由于此动议,既不在吴景濂势力较大的众议院秘书厅产生秘书长,也不由政府党的蒋羲明担任,且任期仅为2个月,故得到多数人的赞同。主席付表决时,在场议员332人,起立赞成者287人,绝对多数通过。这样,一直争夺了三四个月的众议院代理秘书长一职,至此才似基本解决。第三届临时行政委员会选举河南籍议员郭光麟为秘书长。但郭为头发党,故在会场上常与非政府党产生矛盾与冲突。7月上旬签抽出第四届众议院临时行政委员会后,选举出的临时秘书长李含芳又是头发党,非政府党不满,决定连大会临时主席和秘书长均签抽,以撤换头发党杜树勋的临时主席职。7 月 5 日众议院会就提出此问题,12日会又接着讨论此问题。头发党则坚持杜树勋、李含芳分别为大会临时主席和临时秘书长。法治共进会拥年长的凌鸿寿为主席上台拟就主席席,头发党谷芝瑞等则按住杜树勋不让其离主席席。双方发生冲突。谷芝瑞拳击法治共进会的李载赓,李面部受伤。头发党的贺赞元急扯李衣,与李撕打起来。万钧赶忙以手保护李及凌鸿寿。民宪同志会的陈世禄占据主席席。头发党的葛庄、贺赞元等拥着杜树勋立于台左,法治共进会的何弼虞、民宪同志会的蒋宗周等拥年长的法治共进会的凌鸿寿立于台右。台下有鼓掌作乐者,有高呼开门散会者,有发声助威者,秩序极为混乱。双方又相继发表各自的意见。民治社的王乃昌发表折衷意见,主张秘书长与大会临时主席问题分开解决,今日先签抽主席,众赞成。于是当即签抽卢仲琳为临时主席,卢坚决不干,说此种办法毫无根据,急以签掷地。于是重新签抽李东璧为大会临时主席。这以后大会临时主席一直由李东璧担任。李有事请假时,才临时由他人暂代理。众议院秘书厅的秘书长,从第三届临时行政委员会开始,即由行政委员会选举一名委员担任。

七、胎死腹中的副总统选举

1924 年 1 月 1 日政府公布了新一届众议员选举日期令,很多众议员认为新一届众议员选举即将开始,自己的任期已屈指可数了。曹锟自当上总统后,已无求于国会,逐渐疏远国会。一些政团头目想见曹一面都很难。曹往往派总统府秘书长王毓芝代为接见一些一再求见曹的政团头目。王则拉个架子对求见的议员带答不理的。况曹锟和保派还存时时欲踢开国会之心。如撤换众议院警卫,对国会采取坚壁清野的不给议员岁费的政策,直至选举日期令,招招都旨在踢开国会。失去后台、失去金钱支持的国会自然日益涣散。一些不甘就此终结自己议员生涯的几个小政团，由石驸马大街 42 号的法治共进会发起，于 1 月中旬在太平湖开聚餐会，谋求巩固国会内部以延长议员任期的办法。认为必须先有外援才有办法。决定在直鲁豫巡阅使吴佩孚、副使兼直隶督军和省长王承斌、江苏督军齐燮元身上下功夫。其办法就是以副总统一职来吊起这些人的权力欲望。当然，以副总统选举也能吊起议员们的金钱欲望。这是调动议员们积极性摆脱涣散状态的最有效的办法。上一回一张 5 000 元的大总统选举票，就让很多议员不怕落得个千古骂名而赴汤蹈火地参加了贿选。尤其是东三省一些议员，不顾东北王张作霖的严厉警告和阻挠，也千方百计地参与了贿选。可见金钱的魔力。若副总统选举运动成功，虽每张选票 5 000 元不可能，但 2 000 元、3 000 元是可能的。故副总统选举就成了恋栈议员抵制政府选举新一届众议员的有效办法。更何况副总统选举为《宪法》所规定，又是国会召集临时会的重要理由之一，故名正言顺。

这些政团商定了以副总统选举作为打开国会新局面的办法后，一些活跃分子就开始着手实施这一策略。其中，安徽籍众议员何雯便是其中十分活跃的分子之一。此君在曹锟的贿选中收入颇丰，在万元以上。此君贿选的丑行曾激起安徽家乡父老乡亲们的愤慨，引发安徽学生抄砸何雯家的义举，一时闹得满省风雨，全国各大报纸均有报导。但此君又是一个好赌之徒，贿选中入项的万元之资在甘石桥活动中心的几个晚上的赌博之中尽数输光，更急待寻找发财的新机会。在政团协商会上，他自告奋勇地和河南籍众议员耿春宴承担游说吴佩孚的任务。

吴佩孚虽是曹锟的得力部属，对曹绝对服从，但吴却不属于曹锟卑污贪婪之流的人物。吴有自己的人格，在军阀中还是比较正派的一个。他反对曹锟的贿选，更不参加贿选。他对国会在贿选后进行的争权夺利的狗咬狗的争斗十分厌恶，斥之为"一群疯狗"[1]。何、耿到洛阳以副

---

[1]　《申报》1924 年 1 月 5 日。

总统之职运动吴。吴在 1922 年 10 月就曾声明:"本人一不做总统,二不做督军、省长。"故自不会为副总统动心。从直系驱黎政变后,吴即按联皖抗奉的策略与段祺瑞通函遣使,并派陆军部司长李钟岳与段的子侄联系,与段拉关系。这次何、耿到洛阳,吴正好借机拆散反直同盟,以副总统一职许皖系的卢永祥,拉住皖系对抗奉系。故吴在接见何、耿时说:"现国会已有 13 年,任期之长,为各国所未有。且分子甚杂,每易发生政潮,令人言之生厌。但今则总统有之,《宪法》有之,其功罪或足相抵。惟副总统一席,今尚未选出,殊为不可解耳。"何闻言大喜,觉得副座选举有望,立即问道:"大帅此言,自为正论。某当以是意转达两院。然大帅之对人主张,可得闻乎?"吴答:"此事吾早已言之,惟有段合肥、卢子嘉(永祥)2 人足膺是选。但合肥资望过深,似不能屈居副座。以年龄、资格、才具言之,合南北各方之评论者,惟有卢子嘉合适耳。"①吴佩孚拉皖系对抗奉系的策略跃然纸上。和国会一些政团的打算大相径庭。但何、耿闻吴言,以为吴同意了国会选举副总统的主张。因为在何、耿看来,选举副总统和选举大总统一样,都是一笔买卖,只是买卖大小不同而已。不管他选的是阿猫也好、阿狗也好,只要给钱就行,更不必管他是联皖抗奉还是联奉抗皖。故何、耿两人兴冲冲地返回北京,向议员报告。一看交易有望,一些积极筹划副总统选举的政团像打了一针兴奋剂一样,欣欣然地积极张罗起副总统选举来了。他们分两批人马,一批征求曹锟的意见,一批征求段祺瑞的意见。

曹锟对来运动副总统选举的议员说:"子玉既有此项主张,我甚赞成。但此事由国会办理。如何选举,选举何人。以我之地位,不便发言。诸君依法办理可耳。"似乎曹也默认了副总统的选举。其实曹不愿意暴露自己与吴在联皖联奉问题上的矛盾而说了含混的话。

段祺瑞对来运动副总统选举的议员则推托说:"我素不闻政事,今在病中,尤不愿多言,请与我左右商之。"于是议员又商之于段的左右,

---

① 《申报》1924 年 1 月 27 日。

据答:"合肥决不愿就副席。若对卢子嘉,此间亦未便代做具体之答复。"①

1月23日,几个积极张罗副总统选举的政团再开协商会,纷纷发表各自的主张。认为尽管段合肥的态度不明朗,但曹锟、吴佩孚是支持副总统选举的。这是令人鼓舞的。最后基本上达成了共识,认为《宪法》规定总统与副总统选举本应同时进行。现在总统已选出,副总统尚无人提及,未免违宪。议员自身不觉察,而待疆吏发言,显然自弃职务。且自去年10月10日以后,政府以旧国会无用,不重视,只认为国会作用仅选举总统与制定《宪法》而已。议员们也觉得无事可做,纷纷离京。现在非以副总统选举一事相号召,决不能使议员们重新团结。故办理副总统选举一事,若能进行,实是一举两得,绝对不能再犹豫。这样,一些较大的政团也加入副总统选举行列。当然除为了拢住本派议员不离京这一共同目的外,又有各自的不同打算。吴景濂派也加入副总统选举行列,除以副总统选举吸收成员抵制新一届众议员选举外,还想让吴景濂卷土重来,重新回到众议院议长的位置上。因为选举副总统不可能由众、参两院的院内临时行政委员会主持,只能由议长主持。参议院一直选不出议长,自然只有吴景濂是现成的众议院议长。且在上一次大总统选举中吴已一显身手,让诸罗汉要求的条件得到满足,罗汉们也基本满意。这回轻车熟路,罗汉们对吴的贿选之术是无可挑剔的。小孙派的民治社牟琳等也积极运动副总统选举。该派除为延长旧众议员的任期外,还想取得议长的位子。选副总统不可能由行政委员会主持,两院必产生出议长来主持。牟琳对众议院议长一席,该派参议员王湘对参议院议长一席,均志在必得。同时还有一个目的,在选副总统时出力多一些,便于以后为该派首领孙洪伊组阁打下基础。并针对吴派放出的吴景濂要回京东山再起之风,牟琳等又高举查吴的帐目这一杀手锏来镇住吴。2月中旬又致信蛰居天津的吴,催其将众议

① 《申报》1924年1月27日。

院帐目从速造报。吴造具帐目后，牟认为不细，仍追问。同时追问广东时护法国会用款情况。总之要让吴死了旧梦重温之心。当然，积极运动副总统选举的还有法治共进会、新民社、静庐等派的头目，他们也都别具心肠。

正是在这种形势下，副总统选举提案应运而生。先是有法治共进会的众议员林树椿等，后又有民宪同志会的众议员薛丹曦和民治社的众议员陈堃等提出的副总统选举案。且都乘春节团拜之便，纷纷串联、接洽，让议员在自己的提案上签名。结果在林树椿提案上签名的众议员达182人。其中该案的提案人中就有牟琳、余绍琴、李载赓、王茂材、万钧、董庆余等。该提案名为《遵宪组织副总统选举会提议案》，全文为："查《宪法》第78条，副总统之选举，依选举大总统之规定，与大总统之选举同时行之。现大总统早经选出，而副总统尚未选举，同人职责所在，未便久延。谨依《宪法》第73条，提议组织总统选举会，选举副总统，以符宪法而固国基。是否有当，敬候公决。"①并于2月11日将此案提交众议院。

其实在对待副总统选举问题上，直系保、津、洛三大派的主张是有差别的。保派不主张选副总统，欲师徐世昌的故智，对副总统争而不选，虚副总统之位以作为以后各派政治和军事斗争中的筹码。曹锟则基本倾向保派，尤其对洛吴的联段不以为然，觉得还是亲戚亲（曹与张作霖为儿女亲家），说："子玉欲拥戴段合肥，当俟我出京以后。"②曹是一个无主见的人，有时在联皖联奉问题上出现摇摆难定的状况。这样，当国会中非政府党各派选举副总统之声高唱入云时，保派所组的宪政党一直保持沉默。洛派吴佩孚认为奉系是直系最主要的敌人，故主张联皖抗奉。新的津派以王承斌为头，其骨干为张绍曾、张英华、吴景濂等。津派历来主张联奉。在第一次直奉战争前就主张联奉。故主张副

① 《申报》1924年2月13日。
② 《申报》1924年3月31日。

总统一职给张作霖。在天津的吴景濂按津派之意,派方声涛为代表赴奉,以副总统一职许张。张未置可否,却以奉天省长一职饵吴。吴知张十分厌恶自己,估计八成是奉张以省长来诱捕自己,故未敢赴奉。①

曹锟为了联奉,在3月16日张作霖过49岁生日时,派周梦贤并让梁瞎子率领北京戏曲界数百人赴奉天为张祝寿。王承斌派云章赴奉给张拜寿。参、众两院议员40多人也借给张拜寿的名义赴奉,其主要目的则是以副总统一职运动张。但不管议员们如何鼓动三寸不烂之舌,张作霖及其身边人对副总统一职并不动心。

吴佩孚为了联皖,也借3月13日段祺瑞59岁生日大做文章。吴提前一个多月即任命王承斌、杨以德为为段做寿筹备处正、副处长。2月中旬由吴领衔,直系将领和要人联名通电尊段并为段祝寿。尽管段坚辞曹、吴代其做寿,段的眷属也公开声明:"欠饷及灾民太多,应先筹发军饷、赈济贫民为是,不可因一人耗万民脂膏。"②但吴仍于段生日的这一天派钱秉鉴、迟云鹏为代表,亲赴段宅致贺。国会议员们也纷纷借祝寿之机赴段宅以副总统一席运动段。段对各方祝寿代表一概不见。吴为贯彻尊段选卢以拆散反直同盟的策略,还让议员何雯等前往浙江以副总统一职饵卢永祥。并让何大张旗鼓地进行,以便在反直同盟中制造矛盾与分裂。何雯等议员自然希望副总统选举这笔买卖能做成,故十分卖力地游说卢永祥。但卢的反应冷淡。

不管怎么说,议员们热衷副总统选举,选举副总统成为议员们的热门话题,冷清了好一阵的国会又开始活跃和热闹起来了。众议员徐际恒等56人再次向众议院提出副总统选举案,洋洋近千言,列举了选举副总统的理由,强调了实施《宪法》就必须尽快选举副总统。

尽管民治社、全民社、民宪同志会、宪友俱乐部、法治共进会、观音堂10号等15个政团一致主张尽快选举副总统,但直系的实权派吴佩

---

① 《申报》1924年3月28日。
② 《申报》1924年2月21日。

孚、王承斌、齐燮元等均对副总统一职不动心，而只打算以副总统一职作为联皖或联奉的筹码。也就是说，直系各实权人物都不打算再花这笔冤枉钱。2月中旬，在京议员才450人左右，两院的常会都很难开成。没有金钱是很难凑足总统选举会所必须的581人。为凑足这一人数，叶夏声、张伯烈、彭汉遗、萧辉锦等人挖空心思，又于2月下旬3月初掀起行宪运动。3月9日在中央公园开行宪筹备会，并向全国发出通电。1923年10月10日公布的《中华民国宪法》，由于它与贿选连在一起，遭到反直同盟的一致反对，在直系地盘上也遭到冷遇。北京政府也并无遵行之意。故《宪法》中规定的军额裁减、划分地税与国税、地方制度等等均未实行。按常理，《宪法》既经公布，政府即应施行。不施行则政府溺职，国会督责即可。行宪须议员鼓吹，是议员自认《宪法》尚未生效。这就自相矛盾。其实鼓吹行宪的议员另有目的。因为《宪法》中尚缺《民生》和《教育》二章。这些议员欲在行宪会议开会之始，将此事提出，要求国会重开宪法会议，修补《宪法》。国会再开宪法会议，就可名正言顺再向政府索取宪法会议议员出席费。议员有出席费可拿，出席者必踊跃。这样再重演1923年的故伎，由宪法会议随时转为副总统选举会。但让叶夏声、何雯等人作难的是，尽管他们向国内有实力的军阀流波送盼，但副总统一职的买主难觅。最后决定重点还是放在洛吴身上。3月上旬，何雯、李载赓先后赴洛阳。但吴佩孚仍推浙江卢永祥为副总统，嘱李、何回京积极进行，并允以相机赞助。但派往游说浙卢的议员无功而返。李载赓等以吴佩孚有赞助之言，以小人之心度之，以为吴有副总统之意，所以推卢，乃官场示谦逊的手法而已。李回京后即在西安饭店宴请众议院行政委员，说明吴的表示及自己忖度的洛吴欲为副总统的隐衷。众皆以为然。3月底又派叶夏声、唐宝锷赴洛运动吴。事前李载赓曾致电吴说："副选为遵宪计，势在必举。同人多属望我公。兹派叶、唐二君趋前承教，务恳推诚接洽。"[1]李载赓

---

① 　《申报》1924年4月11日。

等留京疏通各政团,并请两院行政委员会着手清查在京人数及分头去电催离京议员回京。李载赓等并拟定副总统选举计划:1. 选举会主席以张伯烈或参议院临时主席谷嘉荫充任,不赞成吴景濂回京,以免引起众议院冲突。2. 众议院秘书厅秘书长由议员抽签一人负责选举期中的一切责任。让众议院行政委员会任命的秘书长蒋羲明辞职;如主席为谷嘉荫,则由参议院秘书长陈定远负责选举期中的一切事务。3. 对内阁主张局部改组,不致使国会与府方发生隔阂。并望洛吴荐一二人入阁,做政治上声气相通的实援。4. 最关重要的运动费以发清两院议员旧欠岁费为名支取。议员既得到实惠,又可不引起外间的攻击。5. 各政团公开协商,不取包办垄断手段,以免各方意气之争。6. 如各政团同意,即开两院谈话会,磋商组织副总统选举会等事。7. 分头派人疏通各省疆吏及在野名流①。

由于奉、皖、孙文反直同盟已基本形成。皖、奉均不受直系的拉拢。奉张、浙卢对副总统不屑一顾。吴佩孚则始终对副总统一职不动心。齐燮元亦无意于副总统。议员们兜售的副总统找不到买主,热闹一时的副总统选举运动逐渐变得沉寂。1924 年 4 月,曹锟、吴佩孚见奉、皖对抛出的副总统诱饵并不咬钩,只好商定缓办副总统选举。副总统选举终于胎死腹中。

八、国会的倒王克敏运动

王克敏既是高凌霨代理内阁的财政总长,又是孙宝琦内阁、顾维钧代理内阁、颜惠庆内阁的财政总长。从 1923 年 7 月 16 日到 1924 年 10 月 31 日,除中间张弧署理了近 3 个月的财政总长(1923 年 8 月 14 日—11 月 12 日)外,一直由王克敏任财政总长。也就是说,在曹锟的大总统任内,替曹管钱的便是王克敏。当时北京政府财政已到山穷水

---

① 《申报》1924 年 4 月 11 日。

尽的地步,财政总长像走马灯似地频频换人,王独得曹的信任,表明王是曹的嫡系。但王与国会的关系却一直比较紧张。一开始,由于保派倒吴景濂,王也从经济上配合以倒吴,故王与吴派关系如同水火。王与前财政总长张英华的关系一直很紧张。张是倾向津派的,是保派将张挤下台而换上王克敏,以将财权抓在保派手中。王克敏为打击张英华,以张经手的铜元票有舞弊问题提出查办张氏案,要挟张拿一笔钱报效保派,并派人暗示张。张托曹锐向总统疏通,请为宽免。曹锟令张自作辩诉状,以便交司法部核办,曹未提报效一事。这样张便做了一洋洋万余言之辩诉状,力辩自己无罪。保派见张并无报效表示,即派人劝张速定报效数目。张闻言大为不满说:"查办张某目的乃在此耶!某固有钱,然不能为苞苴之用。"①于是张英华团结昔日拥戴张绍曾之议员李载赓等在石驸马大街42号组织法治共进会,与王克敏对抗。即王以政府的压力逼张,张以国会之力压王,以迫王对自己松手。不料王亦倔犟,对铜元票案紧追不放。王克敏与法治共进会关系自然是对立的。国会开始时主要是吴派的民宪同志会和法治共进会反对王,1923年11月12日高凌霨再次任命王克敏为财政总长。众议员王茂材等提出查办王克敏案,力图阻止王就任财政总长职。此时国会起而反王者尚不多,王未予理会,如期上任。王克敏主张通过金法郎案,国会绝大多数派系均反对金法郎案。这样王与国会大多数人的主张相反,这成为国会反王的理由。而王又与宪政党的谷芝瑞等配合,扣发议员岁费来逼议员按保派的意志行事。甚至将1923年12月下旬各机关均发给的5成5的薪饷(国会议员称岁费),独将国会应发部分扣下不发。这自然激起了大多数罗汉们的愤怒。此时,王又采取了在国会中树敌的不智之举,将以前在财政部领津贴的议员名单(除王的同乡和宪政党议员外)在其机关报上公布,更令一些议员难堪,且此项津贴财政部早已停发。于是国会查办王克敏、弹劾王克敏之声骤起。这便是中国外交部

---

①　《申报》1924年2月21日。

1923 年 12 月 28 日照会八国公使驳复金法郎案后,国会依然以金法郎案弹劾王克敏的原因。

1924 年 1 月 12 日,孙宝琦内阁成立,公布王克敏留任财政总长。议员们对扣发岁费的王克敏再任财政总长异常愤懑。14 日中立派议员李载赓、叶夏声、万钧等在石驸马大街 42 号法治共进会开会,议决提出质问,当晚送达政府。李载赓、叶夏声、万钧等 21 人署名的质问书如下:

> 为质问事。昨阅本月 12 日命令,特任王克敏为财政总长,曷胜诧异。查王克敏前以金法郎案利诱当局,迭长财政,为私人营年利益,不惜丧权卖国,违法渎职,掀动政潮,蔑视民意,经本院议员依法提案弹劾,查办在案。似此声名狼藉、嫌疑显著之人,政府苟非与之朋比为奸,自宜速为屏黜,以示远嫌,何必恋恋相依,百方回护,致为盛名之累。将谓其善于筹款耶? 则该员自长财政,倏已 3 月,而军警正饷,未发分文,教育、司法毫无拨注,以致罢公罢学,纷然并起,索薪索饷,接踵而来,历任财长未有如该员之顽钝庸劣者。将谓其信用素著耶? 则金城、盐业与有宿嫌,道胜、汇丰向无情感,个人商业则倒欠极巨,受雇法人之下,则盗蚀自肥,华洋商界无肯与为贸易者。然则政府所以倚若长城,未忍割爱,自必于筹款信用之外,别有借重之途。而据舆论纷传,则谓金法郎一案,政府将希冀其杯羹分惠以偿其一己之利欲。果尔,则该员此次之留任,直不啻特树子以摇钱。然而新阁初成,人才是尚。总揆廉洁自持,海内推许,诚不敢漫以不肖,妄测贤明。究竟政府有何必不得矣之苦衷,非留用王克敏复长财政不可? 本院监督行政,职责所在,未能无疑。应请政府于 3 日内明白答复。此致国务总理孙[①]。

国务总理孙宝琦在组阁的过程中,受曹锟和保派的压力很大,他们力主除总理易人外,阁员依旧,即仍保持内阁的保派色彩。这使孙很为

---

① 《申报》1924 年 1 月 17 日。

难,尤其是财政总长备受国会议员的攻击,其本人与王的关系亦不睦,也想易人。故一开始孙拟定的阁员名单并无王克敏,议员们也纷纷运动府院去王、去高(高凌霨兼内务总长,保派之意是高去总理职仍任内务总长)等与国会严重对立的阁员。曹锟和保派坚持王克敏留任财政总长,要牢牢控制住政府的财权。同时,将出阁后的高凌霨安排为税务督办。议员们为力阻王克敏就任财政总长,众议员叶夏声等提出《弹劾财政总长王克敏》案,王茂材等提出《查办中国银行总裁王克敏营私舞弊》案和《查办署财政总长王克敏藐法转帐盗窃国库》案。1924 年 1 月 12 日众议院临时行政委员会将这三案均列入 16 日众议院大会的议事日程。1 月 16 日众议院会。这是自成立临时行政委员会后,众议院第一次大会。会议议决将王茂材等人提出的两个查办王克敏案合并讨论。政府党议员发言反对查办案,非政府党议员发言支持查办案,会上两派激烈的争辩。最后付表决,在场议员 303 人,起立赞成者 242 人,查办王克敏案可决。17 日众议院将查办王克敏案送政府。当日还议决《弹劾财政总长王克敏》案付特别审查,并抽签定马庆长、史泽咸等 19 人为审查弹劾案的委员。即对弹劾案,国会取开弓不放箭的手段,暂付审查。如查办案送政府后,王克敏却步不就财政总长职,则可撤销。王克敏一直运动留任财政总长一职,但与国会交恶,国会通过了对自己的查办案,王克敏也就不敢贸然立即上任,而是采取观望的态度。先运动宪政党为自己保驾。就在众议院 1 月 16 日通过查办王克敏案的晚上,效忠于宪政党的谷芝瑞等三五名议员秉承高凌霨之旨意在甘石桥宪政党党部召集党员会议。到者虽有百余人,但多数是来观风色的。待谷芝瑞发表援助王克敏消弭弹劾案时,党员们即大哗。会议便一哄而散。大部分党员均认为保派过河拆桥,党员津贴早已停发,连岁费亦停发,自不能再为王克敏卖命。实际上,民治社分子早已与宪政党背道而驰。一些党员也早已纷纷声明退出宪政党。没有钱是无法维持宪政党的。以金钱结合的党下场也只能如此。宪政党是指望不上了,政府只好亲自出面干预了。1 月 19 日曹锟召见王克敏为其撑腰,说:

"倘有人反对,予来重办。"①总统府还派人向提出弹劾王克敏案的叶夏声疏通,并加以恐吓之词:"政府因年关迫届,军政各费积欠甚巨,预计非千万元恐难稳度。政府以王克敏颇善理财,且事前亦有所准备,故孙阁仍以王氏长财,此政府擢用王克敏之苦衷。今国会无端攻击,使其不敢踏步上台。万一军警因饷项无着发生意外之变,国会能否负责? 如不能负责,何如对王氏个人放松一步,俟年关过去再想一种较为妥协之办法。"②原希望此一席话可以吓倒国会议员而自行撤销弹劾案。不料被叶氏拒绝,说:"非政府先行撤警及发放岁费,无疏解调停之可言。"③曹锟又极力担保于国会弹劾时极力帮忙。这样,王克敏于 1 月 24 日就职。国会中除张英华派的法治共进会仍坚持尽快通过弹劾案惩办王克敏外,多数议员认为王克敏以过年为名就职,此时若即将王赶下台,则无异于反对过年。中国人又最重视春节,年前若真发不出薪饷,引起动荡,政府将把责任推给国会,国会会引起众怒。当然更为重要的是,罗汉们并非不食人间烟火的神汉,也等着岁费过年,如闹得过僵,王克敏真的不负责任,不但本月岁费无着,财政部元旦前扣住存入银行的国会 5 成 5 岁费也将可望而不可即,年关亦难度过。各政团研究,不如对王放松一步,度岁之后相机再动。且参议院从 2 月 26 日开始休会 15 天,众议院虽未休会,但议员回籍过年者不少,也不能成会,春节前王案只好搁置。

2 月 13 日,众议院特别审查委员会开会审查弹劾财政总长王克敏案。弹劾案分金法郎案与 500 万使领库券两项,审查亦分两项。由于政府对金法郎案尚在交涉之中,政府是否承认,王克敏是否依从外人的要求,尚不能定,议决取消此项。第 2 项使领库券案,认为政府举公债是直接有关国民负担的财政事项,应交众议院议决后方能执行。政府

---

① 《申报》1924 年 1 月 21 日。
② 《申报》1924 年 1 月 24 日。
③ 《申报》1924 年 1 月 24 日。

不通过国会贸然发行使领库券,显然违反《宪法》第111条,多数可决弹劾理由成立。

2月15日众议院会,由凌鸿寿主席,由特别审查委员会报告对弹劾财政总长王克敏案的审查结果后,即投票。在场332人,发票332张,结果:共投票281张,赞成票213张,反对票67张,废票一张。但名片280张,少于票数1张,且赞成票离三分之二法定数尚差9张。名片少于票数,应为无效。拥王派施少投一名片之小伎,就使投票无效,这对倒王派是一个打击。

2月15日众议院会议之后,拥王派与弹王派各显神通,相互斗法。拥王派在舍饭寺花园饭店设立机关。该派的重要分子每日齐集此处商讨应付之法,决定并实行两种办法来阻止弹王案在众议院的通过:1.以重价收买弹王派及中立派分子。对出席而能投反对票者,每人给500元;出席而不投票者每人给400元,消极不出席者每人给200元。此招对贪财的罗汉自然屡试屡灵。到2月20日罗致的人数已大为可观。只须再收买40张反对票,即足以否决弹王克敏案。该派要人四处拉拢,以便最后否决弹王案。2.散布空气以离间反王派。拥王派对外宣传说,弹王案皆由王克敏上台后彻查铜元票舞弊而引起的。张英华害怕王查铜元票舞弊案。侵吞公款属刑事犯罪,查铜元票案,张英华除躲入租界外,国内将无容身之地。故张英华拼命挑动议员掀起风潮、推倒王氏,以便逍遥法外。所以弹王派均受张氏的利用。最近张又私下给李载赓10万元巨款以作运动议员之费。而李则除对弹王派重要分子稍有分润外,余则悉数独吞。故议员赞成弹王不啻助成李之发财,实在又为李利用。究竟张、李之间有无此种私下交易,局外人自无从得知。但拥王派这一挑拨,弹王派议员果然向李责问,逼李表明心迹,气势汹汹,弄得李有口难辩。此种反间计弄得反王派出现内哄之象。

弹王派对于拥王派第一项反间计大为恼火。因为它实在大不利于该派的团结。故该派以反击拥王派的反间计为第一要着。决定对于登载此消息的《北京晚报》提起诉讼,已准备向地检厅投递诉状,一面函警厅说该报诬蔑国会,要求先予封门,勒令停刊,等待法庭解决。弹王派以为此招至少可使该报自行检点,以后不敢登载有损该派的新闻。但该报并非不知登载此种消息足以惹起诉讼,其敢于登载,当然自有护身之符。故有恃无恐,决非弹王派小小的恫吓,便畏缩不前。该报以预备下辩诉办法以备万一。社会上对这一无聊诉讼并不关注。弹王派亦准备了三项临机应变之法:1. 开会时,如赞成弹劾案足数则主张投票,否则主张不投票。2. 拥王派得势主张投票时,则利用前次拥王派捣乱之道反治其人之身,也多投票而少投名片。3. 如弹王案根本不能成立时,则迅速提出不信任案①。

总统府秘书长王毓芝鉴于宪政党涣散,不足以与弹王派对抗,而将目光放在历来善于利用议场形势冲锋作战的小孙派的民治社上。动之以金钱,晓之以利害,终于使以牟琳为首领的民治社与宪政党再次携手拥王。该派自孙宝琦内阁投票以倒高阁时与政府党的宪政党分道扬镳后,和石驸马大街 42 号法治共进会合作得不甚融洽,与吴景濂派更是水火不相容。正在彷徨歧路之时,王毓芝之辈出面调解,遂乐得顺水行舟,钱财有收。仍掉过头来,复与宪政党合作。王克敏既有宪政党为之奔走,又有牟琳等为之帮忙,形势大为改善。2 月 22 日众议院会议,又将弹王案列入议事日程。开会之前,王克敏事前布置极为周密,预备了二法:1. 由宪政党联络各拥王派一致出席 22 日众议院会,于投票时否决弹劾案。2. 如会场形势不佳,则采取临时退席的办法使会议不足法定人数而无法开会。22 日众议院会议时。因民治社分子吕泮林等受王克敏等之金钱运动,2 月 15 日即投了弹劾案的反对票,被弹劾派发现,大骂吕等不要脸,吕等面子上过不去,临时变卦,不肯出席 22 日众议院会。于是宪政党的谷芝瑞等临时变更,采取第 2 法,以 200 元支票临时收买不出席者,致使会议少 4 人而无法开议。休息室有议员 10 余人,怎么催请出席亦不动,以不出席为抵制。此时,弹劾王克敏派也已

① 　《申报》1924 年 2 月 24 日。

明白,即使开会,也已难凑足三分之二的同意票,非另辟途径,弹劾案无成立之望。当天的会议只好改开谈话会。决定下次会议议程专列临时会闭会问题。如会能开成,弹劾案有即须解决之必要时不妨临时动议变更议事日程,再议弹劾案。22日晚,石驸马大街42号法治共进会开会。认为就目前形势,弹劾案万难通过。决定对王克敏暂放松一步,待国会闭会问题解决后,再努力进行。如前次投孙宝琦内阁票以倒高阁时那样,寻找时机,给拥王派一个措手不及。3月中旬,顾维钧对《中苏协定》草签一事向王正廷发难,王克敏本来就反对中苏关系正常化,故附顾一起向王正廷发难,借机掀起政潮,指使自己操纵的政团倒孙。于是石驸马大街42号的法治共进会和民宪同志会等弹王派别决定再向王施加压力。3月28日众议院会,又临时动议投票表决弹王案。由于头发党在投票时以投票不投名片的方式捣乱,结果,票数多于名片数4张,投票无效。倒王派又决定提出对王不信任案,以便通过后,对内阁局部改组,去王。此案从4月初即酝酿,但议员们恐此案一通过,政府依《宪法》解散众议院,打了自己的饭碗。投鼠忌器,反对该案。经法治共进会一再疏通,说依宪法解散众议院必得参议员之同意。无论如何参议院必不至赞同解散众议院,反对者始安心。又由于曹锟、王克敏要冒天下之大不韪,欲毅然承认金法郎案。5月5日林绳武提出《为国务员王克敏违反院议,阴谋承认金法郎,营私卖国,事机危迫,亟宜用记名投票法,议决不信任案,免其财政总长职权决议案》送众议院秘书厅。决议案指责王克敏"假关税会议开议,为承认金法郎交换条件,大有迅雷不及掩耳之势",要求免去王的财政总长之职[①]。众议员林树椿、梁昌浩等180余人又提出对王克敏不信任案,7日交众议院秘书厅。8日又有众议员李有忱等提出对王克敏不信任案。

5月16日众议院会,叶夏声动议变更议事日程,先议弹劾王克敏案,并说明理由:"弹劾王克敏案,如以手枪杀人,决伤不着自身。若主

张提不信任案,譬如以炸弹炸人,殃必及于自己,请同人注意。"主席以叶的动议付表决,在场议员 339 人,起立赞成者 124 人,少数,否决①。由于倒王派因弹王案无望通过,由于政府党的捣乱,连不信任案都无法通过。更由于曹锟坚定地支持与庇护王克敏,倒王派根本搬不动王,倒王运动自然渐渐销声匿迹。只是北京政变曹锟倒台王克敏才随之倒台的。

按 1923 年公布的《中华民国宪法》的规定,对国务员弹劾案通过众议院后,由参议院审判被弹劾的国务员,来判定其是否有罪和是否违法。由于 1924 年 2 月中旬,众议院已启动对财政总长的弹劾程序,参议院的非政府党为了配合众议院的弹劾程序,也开始制定对被弹劾的大总统、副总统和国务员的审判规则。2 月中旬,参议员黄佩兰等提出《参议院审判规则》案,参议员萧辉锦提出《参议院审判委员会组织规则》案,参议员何畏等提出《参议院审判法》案。此三案均列入了 2 月 18 日参议院会议的议事日程中的第 1、第 2、第 3 案。黄佩兰所提之案曾列入 1 月 23 日参议院会议,黄曾在当日会上说明过自己提案的理由。议员正发言时因会场人数不足,只好散会。即黄案一读未结束。18 日便再列入议程。

2 月 18 日参议院会,谷嘉荫主席。首先讨论前三案,由议员萧辉锦、何畏先后说明提案理由。主席以第 1、第 2、第 3 案合并付法制股审查付表决,赞成者多数,可决。

由于众议院弹劾王克敏案一波三折,参议院法制股一直拖到 7 月 1 日才将《参议院审判法》起草好并审查通过,准备提交大会。《参议院审判法》共 25 条,全文如下。

　　第一条　参议院依宪法第 63 条之规定,组织审判会议,审判被弹劾之大总统、副总统及国务员。

　　第二条　审判会议以参议院议场为会场。

　　第三条　审判会议以参议院议长为审判长,参议院议员为审

---

① 《申报》1924 年 5 月 19 日。

判员。参议院议长有事故时,副议长代行其职权。副议长亦有事故时以临时议长代行审判长职权。

第四条　审判会议书记员由审判长指派秘书厅职员充之。

第五条　审判会议之司法警察以参议院警卫充之。

第六条　审判会议前,应组织预审委员会为会议之预备。

第七条　预审委员会以全院委员长为预审委员长,全院议员为预审委员。

第八条　参议院接受众议院移付弹劾案后,应于三日内开会,交预审委员会,定期预审。

第九条　预审委员会接受弹劾案,应于七日内开会,预审日期,应通知被弹劾人以书面辩解,不能详尽时,得声请出席辩解。被弹劾人出席预审委员会,由委员长讯问之。委员长问毕,预审委员得以书面提出意见。

第十条　预审委员会得咨请驻在地警察、宪兵、司法长官搜索证据及传讯证人、鉴定人,驻在地警察、宪兵、司法长官接受公文后应即执行职务。

第十一条　预审委员会得议决选定或由委员长指定专任委员,调查证据之全部或一部。

第十二条　预审委员长得于必要时指挥院警。

第十三条　预审终结应将审查事实与讯究证据之经过报告于本院。

第十四条　预审委员会报告到达后,参议院议长及议员,应于3日内齐集参议院议场,举行审判会议开会式。

第十五条　审判会议开会时,审判长、审判员均签名于誓书,由审判长代表宣誓。誓词:"余誓以至诚遵守法律,以尽审判之职责。此誓。"

第十六条　审判会议须公开之。但或与外交及风化有关,或审判员自行辩论时得秘密之。

第十七条　审判长应指定审判日期,于5日前通知被弹劾人。

第十八条　审判会议由预审委员长报告预审结果后,审判长应调查证据,讯问证人、鉴定人。但被弹劾人出席时,应先询问被弹劾人。

第十九条　调查证据讯问毕,被弹劾人、证人、鉴定人退席。审判员应就事实及法律自行辩论、终结、定期开会判决。

第二十条　判决依照《宪法》第六十三条第二项,以列席三分二以上同意,用无记名投票法表决之。表决后,审判长应指定审判员草拟裁判书。

第二十一条　判决由审判长在会场宣告,于3日内将裁判书送到众议院及被弹劾人,并宣布之。判决有罪或违法时,应照《宪法》第六十三条第三项、第四项执行之。如有余罪,由参议院径付法院审判。

第二十二条　被弹劾人不依限提出辩解书或未请出席辩解、临时缺席,审判程序自依次进行,定期审判。

第二十三条　参议院接受弹劾案后,未及开审或审理中已届议会闭会时期,下期议会开会时仍应继续审理。

第二十四条　会议规则本法所未规定者得适用《议院法》及《参议院议事细则》之规定。

第二十五条　本法自公布之日施行①。

随着国会倒王克敏运动衰落,参议院法制股制定的上述审判规则,并未列入过参议院大会的议事日程,而不了了之。

九、孙宝琦内阁、顾维钧代阁及颜惠庆内阁的风波

孙宝琦的总理提名是保派为阻止吴景濂组阁于1923年10月30

---

① 　《申报》1924年7月24日。

日提出于众议院的。吴景濂派于 1924 年 1 月 9 日将孙的提名通过众议院而达到倒高凌霨的保派内阁的目的。通过孙宝琦内阁,保派自然不快。保派自然希望本派组阁,而不希望由孙这种非保派嫡系的人来组阁。孙阁筹组之初,所提阁员名单并无王克敏。曹锟和保派就用强硬的手段支配阁员,将保派的程克由司法部调到重要的内务部,以高凌霨为税务督办,尤其是让王克敏留任内阁的关键的财政部任总长,迫孙同意。孙虽勉强同意,但终不以为然。尤其是让王克敏长财更是不满。孙、王关系本来就不融洽。阁员不能由国务总理挑选,尤其是财政总长不能由国务总理安排人选,无疑架空了总理,如何谈得上责任内阁? 孙对王任财政总长一事终难释然。故孙在总统府受一个多小时的逼迫,不得不同意曹锟所提名的一些阁员。这样新组的孙阁依然是一个保派色彩甚浓的内阁,孙回宅即蒙被而卧,次日摒绝一切应酬,又准备好辞呈,后为颜惠庆所阻而未递,可见孙对组阁的不满。王克敏则因国务总理孙宝琦组阁名单中并无自己,只是由于曹锟的坚持,自己才留任财政总长。虽然有曹锟的支持就足以稳坐财政总长的位子,但《宪法》明文规定是实行责任内阁制,国务总理未提自己为阁员,自然说不通,自己也没面子。尽管王钻营留任财政总长不遗余力,托府方要人疏通自己的留任并已如愿。但由于国会对自己又是弹劾、又是查办,表面文章自然还得做,于是装模作样地提出辞呈,并避往西山。王想,大总统曹锟已发表了对自己的财政总长的任命,又近年关,各机关、军警都眼巴巴地等着财政总长筹薪筹饷以渡过年关。给这些嗷嗷待哺的机关职员和军警以薪饷,非我莫属。故决定拿孙宝琦一把,让孙亲自登门挽留自己,也可挽回一些失去的面子。但孙宝琦这老头也倔犟,对王的辞职置之不理。在孙看来,王筹年关薪饷不过依仗两人帮忙,一为汇理银行的贝勒,一为税务司的安格联。本人为税务督办有年,为安之老上司,今舍名分不说,以朋友交情论,安可帮王之忙,未必不能帮我之忙。虽与贝勒不很熟,然以本人在外交、财政上之岁月,加以贺德霖(前财政次长)、蔡廷干(时任税务处会办)、颜惠庆之撑持,凑足几百万元亦非难事。何必屈尊求教,牺牲老面子。双方僵持,王更显尴尬。孙的左右怕孙、王关系过僵,曾怂恿孙宝琦之子背着孙一度拜访王克敏,以缓和孙、王关系,事为孙宝琦得知,大怒,痛骂不休。王闻之,更不愿与孙合作。按《宪法》规定,实行的是责任内阁制,阁员与总理意见对立应退出内阁。但王克敏是保派,仗曹锟的信任和支持,和其他保派阁员联手反要将孙逼走。当时,保派的首领是已身任总统府秘书长的王毓芝。王的后面是曹锟。内务总长程克是王毓芝安插在内阁中的高凌霨的替身。程与王克敏在内阁中常常一唱一和,一致抗孙。众议院撤警一事,孙宝琦在1924年1月即有撤警之意,但程拖至3月才撤警。对国会的事完全由程克硬干。教育总长张国淦在黎元洪被逐出京前已投靠保派。海军总长李鼎新是几朝元老,在直系统治时期一直任海军总长,是任阁员时间最长的一个,自然也是保派。就连孙的妹夫农商总长颜惠庆也是保派六人公司之一。孙在内阁中势单力孤,渐成一个傀儡。但孙又不甘心做傀儡,故内阁矛盾重重。民国正式内阁十几个(即正式通过国会的内阁),成立得最容易的是孙宝琦内阁。其通过于国会,既出于保派意料之外,也出于孙宝琦意料之外。当开始一得知自己的总理提名已通过众议院时,孙还不敢相信。而阁员与总理合作之难,也莫过于孙宝琦内阁。尤其是孙宝琦与王克敏的关系形同水火。

孙宝琦和王克敏对金法郎案所持的态度不同,是孙、王矛盾的一个重要方面。曹锟和王克敏一直把承认庚子赔款的法国剩余部分用金,即承认金法郎案作为解决当时北京政府财政危机的关键办法,力图早日解决金法郎案。但国会和全国又一致反对承认金法郎案。因承认金法郎案后,中国的损失很大。连当时直系的最大实力派吴佩孚也坚决反对承认金法郎案。鉴于此事已引起全国上上下下的关注,孙宝琦和外交总长顾维钧不愿惹起众怒,主张不承认金法郎案。

国会鉴于曹锟和王克敏对金法郎案的态度,为阻止政府承认金法郎案,对王克敏提出弹劾案与查办案。弹劾案由于政府党的破坏,众议院两次投票时政府党议员均用少投名片,让票数多于名片数,使投票无效的办法,破解了对王的弹劾。但1924年1月16日众议院通过了查办王克敏案。以后国会又提出不信任王克敏案。查办王克敏案送政府后,按程序应由政府派员调查处理后答复国会。孙宝琦曾拟一密令面呈曹锟,请派审计院院长庄蕴宽查办。但曹引王为心腹,自己在金法郎案上的态度与王一致,自然不同意查办,只能将查办案压下,既不驳回,也不查办。尽管众议院开会多次提及此事,但曹锟就是压着。孙要查办之事为王克敏得知,王、孙关系进一步恶化。王甚至以不筹办2月份的军政费来要挟孙。王对国务院经费一再设卡,国务院的杂费常告断绝。以前总理、总长每月均有几万元的机密费供支配,此费不在审计院预算之列。院、部不发薪时,总理、总长恃以为活。王克敏对国务院的机密费分文不给。孙连正常的应酬的开支全无,窘苦异常,还不如自己在税务督办任中每月还有1500两银子可支配。不但王克敏、王毓芝时时欲去孙宝琦,甚至给宪政党放风说孙阁是过年用的,约于二三月后改组,本党组阁机会很快会到来。曹的左右甚至计划春节后给孙以接洽统一的名义出京,由颜惠庆代理。而且孙宝琦也时时欲去王克敏。孙在国会中拉住石驸马大街42号的法治共进会和吴景濂的民宪同志会等倒王的力量倒王克敏,为自己护驾。本来孙阁就是由法制共进会、民宪同志会一手包办的,自然在孙、王的矛盾和斗争中拥孙倒王。此时国会已涣散,不甘寂寞的政客正愁无法消遣,自然采用议员们惯用的手段对孙宝琦取包围之策,施加自己的影响,以便操纵政局。这样,孙、王各使手段,争斗不休。一会儿递辞呈,一会儿请病假,国事视同儿戏。更有甚者,王克敏既不出席内阁会议,也不到部办公,一切公事均在私宅进行。在孙、王斗争中,王仗着保派和曹锟的支持,又手握财权,孙既无党又无钱,自然处于劣势。

在财政危机的煎迫下,曹锟和王克敏急于解决金法郎案和德发债票案,以解眼下各机关薪金和军警之饷的燃眉之急。穷机关职员索薪可以不理,饥兵饿警索饷却不能不管,否则要引起兵变。但国会又因金法郎案要倒王克敏,又是弹劾案,又是查办案,又是不信任案,铺天盖地,使得老卖国贼王克敏也不敢贸然办理此案。王克敏正因为此事而闹得臭名远扬,不便再公开来办理此案。曹锟虽然急得像热锅上的蚂蚁,想促成此案,但又不愿负责任、担骂名。此案又不能不办。于是曹、王想出了一个万全之策,寻找能背起这一责任的替罪羊。当然最好的人选是孙宝琦。从名义上说,实行的是责任内阁制,内阁总理负责是名正言顺的。所以1924年2月底,曹锟找到孙宝琦说:"金法郎案一日不解决,外交、财政即一日无办法。我看不管外间如何反对,总尽先解决才好。"孙答称:"此事当然要早为解决。但外间对此早已闹得满城风雨,且吴使亦有公开解决之言。无论如何,总应交国会复议,政府方可站得住脚。"①曹闻言很生气。显然,孙不愿意为一顶随时可能被政潮卷走的国务总理的乌纱帽而背一辈子卖国贼的骂名。当然,练达的顾维钧更不会主动承担此责任。顾自巴黎和会博得名声之后就很珍惜自己的名声,基本上以爱国的外交家的面目出现,一开始就反对承认金法郎案。其左右和友人亦纷纷劝顾:王克敏尚可托庇外人。公负盛名,万不可贸然承认金案,致贻后悔。即因此去职,亦可告无罪于国人,留为将来活动之地。见多识广的老官僚孙宝琦也是久经宦海之人,见曹不愿将金法郎案提交国会通过,而让自己负责办理,于是又与左右商量对策。结果决定将球再踢回给曹锟,即让曹锟出手谕自己去办。这样,出了事曹负责。故孙又立即找到曹锟说:"现经考虑,交国会复议事实上万办不到,则亦不妨变通为之。拟请给余一手条,俾余提出阁议,请大家公决。大家见钧旨如此,当然可以通过。只要阁议通过,此事亦未尝不可办也。"见孙宝琦这只老狐狸如此圆滑,曹笑了,说:"既然如此,迟几天再说罢。"②可见曹也不愿背骂名,不肯负责任。

1924年3月下旬,全民社的李燮阳接近民治社,提出对孙阁不信任案寻求连署者。有的议员请孙宝琦疏通,因该案不但倒孙而且倒王

① 《申报》1924年3月6日。
② 《申报》1924年3月6日。

克敏。孙知此案不但拥孙派,即拥王派亦不能同意,即使提出于众议院
也不可能通过,故不愿花没用的钱去疏通,说:"疏通最低之程度亦须
请客。国务院分文无入,焉能有余钱请客?"①对李提出的不信任案置
之不理。孙深知,威胁其地位的是王克敏,是保定派,而不是李燮阳。

　　1924年3月中、下旬,中苏交涉出现风波后,国务总理孙宝琦、外
交总长顾维钧均托病请假以避政潮的冲击。曹锟、王克敏欲乘全国目
光集中于中苏交涉之机,办理金法郎案。4月上旬孙宝琦销假赴院视
事后,王克敏又以索薪索饷之风甚、财政无办法为由提出辞职。其意图
在于让孙宝琦主动提出解决金法郎案,即依然要国务总理出头负担责
任。同时放出风来,要大家想个办法自己才可以不辞职。明眼人自然
知道王氏所谓的办法即是承认金法郎案。但哪位阁员愿冒天下之大不韪
之险而提出来呢?孙宝琦仍然采取老办法,将球踢回去。4月15日的
国务会议上,孙宝琦说:"际此财政困难时代,叔鲁(即王克敏)既无办
法,大家何曾有办法?鄙意仍请叔鲁于无办法中想办法来。"②这样,王
克敏以"无办法"三个字把球踢给孙宝琦,逼孙说出"金法郎"三个字。
宦海中人的孙宝琦就是不点破"金法郎"三个字,把球踢回王克敏,让
王自己去承担责任。

　　这些,自然引起曹锟的不满。府方传出话来:孙能负责则留孙。孙
不肯背包,请便。孙虽口口声声尊重曹意,其如不能体会曹意何?③

　　孙宝琦就职之始即未获得组阁之全权,以后自然事事掣肘,孙阁前
途自不难预见,孙又偏偏恋恋鸡肋,不肯舍去。乃至孙为总理,而按月
之薪俸尚须乞怜于人。孙的倒台是迟早的事。但由于洛阳的吴佩孚不
主张随意去孙,更重要的是曹锟和保派5、6月份撇开国会办理德发债
票案引起国会很多政团的不满。5月,民治社又运动孙洪伊组阁,并得

①　《申报》1924年4月5日。
②　《申报》1924年4月18日。
③　《申报》1924年4月24日。

到吴佩孚的支持。孙若组阁,将有可能大刀阔斧地改造政权。故保派拼命反对孙洪伊组阁,并令王克敏与孙宝琦缓和关系,以免为孙洪伊利用。这样,孙阁又延长了一二个月的寿命。待这两件事一过,保派即又加紧倒孙宝琦的步伐,孙、王关系又紧张。6 月 16 日,孙宝琦通电各省:"本人出任艰巨,原非得已。财政总长王克敏既不出席两院,复不出席阁议。经办要案均须本人署名,令负责任,而事前经过情形,毫不与闻。"①可见孙、王关系之紧张,孙企图借疆吏之力将王排除出阁。但王克敏是曹锟政权的重要支柱之一,曹也决不会让中央财政权旁落,故一直护着王克敏,在孙、王之中留王排孙。6 月底曹锟嘱人转告孙宝琦:"请勿赶王克敏走,王走我亦走。"孙也就只好表示:"我走让王,请白宫放心。"②事已至此,孙只能下台。于是孙再提辞呈,同时通电各疆吏,声明辞职苦衷。曹锟于 7 月 2 日下令免去孙宝琦总理之职,同时任命顾维钧代理国务总理之职。拥孙宝琦议员对此亦十分愤慨。免孙是拥孙倒王派的一个挫折。法治共进会 7 月 3 日召开紧急会议,认为顾维钧代理内阁违法,决定办法:1. 查《宪法》各条,并无代理内阁之明文。即使是派署内阁,亦只可于国会闭会期中行之。今国会并未闭会,政府毅然免孙宝琦职以顾维钧代理,不知根据什么? 若说以孙阁阁员代理阁揆系权宜之计,则责任内阁总统将国务总理免职,内阁即已瓦解,阁员势且不能言留,怎么可以代阁? 国会所信任者为孙宝琦,孙氏以外,无论何人为总理概未经国会信任则不能承认其政治上之行动。即代阁非法,不能认为有效。以上情形除向政府声明外,即通电全国。2. 代阁既非法,行动不能发生效力,而事实上孙阁又已终了。中央政事岂非陷于中断? 故政府欲挽救此失,宜速提新阁同意案咨送国会。并准备议案提交众议院。3. 新阁人选须有改善孙阁往事之才志,且人

① 《申报》1924 年 6 月 18 日。
② 《申报》1924 年 7 月 2 日。

选宜先非正式通告给国会①。民宪同志会的态度与法治共进会相似。民国自唐绍仪第一届内阁到顾维钧代阁,已先后有三十几届内阁。有十余届是通过国会的正式内阁,有十几届是大总统派署的内阁,有十几届是总统派代的内阁。到此时,派代内阁又成了一个法律问题了。闲得无事的议员也真能想得出再做文章的题目来。7月5日,众议院会。廖劲伯(希贤)、叶夏声动议请变更议事日程,先议《咨请大总统速提继任国务总理交本院同意并否认违法派代国务总理》案。用起立表决法表决。在场393人,起立赞成者219人,多数,可决。政府党在议场捣乱。头发党的贺赞元、汤松年提起疑义,谷芝瑞主张投票表决。头发党议员在议场下拍桌子、大吵大嚷。会场秩序大乱,只好散会。

　　政府知道上述政团的动向后,决定提出新内阁同意案以堵众议员之口。曹锟决定提颜惠庆为国务总理。颜与保、洛、宁之间均有良好的关系。本来大选前为拉外交系,曹就曾以自己当上大总统后颜组第一任内阁相许。只是由于入京后吴景濂极力竞争总理而未能实现对颜的许诺。颜在曹的眼中是外交系中比较老成者,对开展外交有利。组阁用外交人才,对解决外交悬案大有裨益。颜的党派色彩较淡,不易为议员所包围。颜和孙宝琦有亲戚关系,可减轻免孙产生的冲击,尤其是可减轻对拥孙派的冲击。7月5日晚,府方将《特任颜惠庆为国务总理请求同意》案送众议院。7月7日,要人为使国会通过颜阁而疏通议员。王毓芝宴头发党众议员。王克敏宴马蜂党众议员。7月8日顾维钧宴法治共进会众议员。自7月6日起,头发党的张琴、林绳武在西安饭店宴请众议员,谷芝瑞、刘鸿庆在西车站宴请众议员,疏通颜阁。曹锟也发话:"转告议员,不许反对代阁,且须通过颜阁。一时来不及,停几天投票亦好。"②疏通过程中,一些政团又提出要求作为同意颜阁的交换条件。如民治社要求入阁,民宪同志会要求津贴党费,法治共进会要求

① 《申报》1924年7月6日。
② 《申报》1924年7月11日。

不以王克敏为财长,头发党则要求该党小老板常耀奎入掌农商。还有些人要求给官或给钱,如给官要先给后投票,给钱要现金交易决不赊帐。有些条件是难于满足的,故颜阁同意案则迟迟无法投票。顾维钧代阁自然要较长时间代下去。政府也并不催国会讨论同意案。7月9日参议院开会时,法治共进会派、民宪同志会派欲变更议事日程,先讨论否认违宪派顾维钧代国务总理案,经表决,少数,否决。

　　7月12日众议院会,小孙派的牟琳动议变更议事日程,先议《咨请大总统撤销违宪代阁决议》案。头发党的汤松年反对变更议事日程,坚持按议事日程开议第一案。两派各持己见。最后会议主席以牟琳的动议付表决,在场议员364人,起立赞成者218人。于是开议《咨请大总统撤销违宪代阁决议》案。议员纷纷发言。头发党等坚持派代合理,反对派认为派代违法,乃至两派在会场发生冲突,演出一幕武戏而收场。7月16日众议院会,当日的议事日程为延前会,即延7月12日的议事日程。但头发党贺赞元、谷芝瑞、汤松年等反对讨论撤销违宪代阁案。牟琳等坚持开议撤销违宪代阁案。两派争吵激烈。一派发言,另一派在下面拍桌子顿足,又吵闹一场而散。不过撤销代阁案一派的气势已大不如前。这自然是疏通后一些非政府党议员态度软化的结果。

　　参议院7月23日会议。议员盛时动议变更议事日程,先议其所提的第12案《咨请政府明令撤销顾维钧暂行代理国务总理之违法命令以保宪典而符法制决议》案。马蜂党的张树楠等反对此案。两派发生争执。最后会议主席以盛的变更议事日程的动议付表决。结果:在场议员149人,起立赞成盛的动议者75人,多数,可决。第12案的提案人盛时登台说明提案理由。马蜂党议员纷纷退席,会议不足法定人数,只好散会。

　　7月24日,阁员在顾维钧宅开会,认为通过几天的疏通,又许诺发国会议员2个月的岁费,颜阁已能通过众议院。要求政府党在7月25日众议院会上防止两种情况即可:1. 防反对派在会场挑衅打架,使会

说,颜阁有款即决、无款即搁,款多即快,款少即慢,发岁费是关键。

8月6日,众议院行政委员会开会,经过两派激烈的争论,后用表决的方法定8月8日众议院大会的议事日程为专门讨论颜阁同意案。8月8日众议院会,大会临时主席凌鸿寿因兄病故请假返籍,仅代理秘书长李含芳就秘书长席,推杜树勋为主席。政府委员吴廷燮代表政府说明提出颜阁同意案的理由后即退席。头发党的张琴请议《会期案》。小孙派的曹振懋发言说:"本院最近之大争执,尽人皆知为颜阁同意案、撤销代阁案、弹劾案之种种。当究其实际,症结之所在,则金法郎案悬而未决,致令人之欲出而染指。政府之注意在是,同人之注意亦在是。不如仿照参院办法,用同人名义直接致电法国,告以去年10月3日本院已代表人民否决此案,今后无进行之可能。如是各方对于是案之希望既绝,则以后之政治问题,可不致混入法津问题并为一谈。而本院同人现在所争执之各点,或得解决之机会。"陈士髦发言赞成曹说。头发党的王钦宇发言说:"颜阁同意案送达本院已一月有余。若果同人能早将是案依法解决,则所谓代阁案、弹劾案皆可迎刃而解。今日请即投票表决。"静庐的张益芳发言说:"本院屡次开会,均因同人意见不一,致对于任何之案皆无结果。今日变更议程,请将代阁案提前讨论,办一结果。"刘彦发言赞同张说。一直以捣乱会场为职的汤松年上台准备发言,场下吼声大作,且有很多人以脚踩地板要求汤下台。汤坚持不下台,场下反对声一浪高过一浪。头发党的刘鸿庆在台上向台下拱手作揖,请大家不要过于给汤以难堪。台下哄然大笑,秩序混乱。头发党的谷芝瑞在场下指着反对派大骂你们是混蛋王八蛋。在一片叫骂的混乱中只好草草散会①。

众议院行政委员会11日开会。鉴于颜阁同意案三次上议事日程,均因各政团事先无具体协商,均无结果。于是决定以行政委员会的名义致函各政团12日下午2时在众议院小议场先开一协商会,交换意

---

① 《申报》1924年8月11日。

见,然后13日再开行政委员会,根据协商的情况再议决颜阁同意案列议程的问题。12日各政团代表在众议院小议场开协商会。双方仍各持己见,仍如水火。于是决定13日再开协商会,并议定代表规模再扩大,开大规模的协商会。13日各政团协商会,小孙派的民治社牟琳发言认为,国会党派之间的感情和权利冲突可以调解。但撤销代阁案为政府违反宪法,议员只有维护《宪法》的义务,故此案只能一致赞成。法律问题有别于权利和感情,无法调停。头发党的王钦宇认为宪法未明白规定国务总理派代的条文,但也未规定国务总理不许派代的条文,故派代国务总理不违反《宪法》,不能比附援引。两派发言各说各的意见,各坚持自己的主张。这样,又最后商定以今日到会者为发起人,由行政委员会发通知,15日在众议院大议场邀全体议员公开协商。但15日在众议院开协商会,因非政府派政党不愿协商,以在众议院大议场开协商会违反院法。双方争执,非政府党议员纷纷退席,协商会未开成。8月26日、27日众议院行政委员会连续开会协商。由于政府党在这届行政委员会稍占优势,故议定8月29日开全院大会时,将颜阁同意案、撤销代阁案同时列入该日议程,并以照顾二派为由,议决办法5条:1.颜阁同意案、撤销代阁案俱列入29日大会的议事日程,依《议院法》,颜阁同意案列为第1案,撤销代阁案列为第2案。2.双方在当日的会场上均不动议变更议事日程。3.投同意票后先将票箱封上,暂不开票,依《议事规则》第65条但书第8项,议撤销代阁案。4.撤销代阁案请同人修正,以决议案通过。其修正范围以不咎既往,后不为例为限。5.撤销代阁案决议后,一面咨送参议院,一面将同意票开票①。但行政委员会的决议对大会无约束力,只有大会的决议对行政委员会有约束力。加之当时江苏直系齐燮元与浙江皖系卢永祥剑拔弩张,冲突将一触即发,全国目光均转向华东地区。8月29日众议院大会,尽管政府党议员吴荣萃要求按议事日程开议第一案颜阁同意案,却无人响应。

---

① 《申报》1924年8月29日。

头发党的景耀月主张抽定下届行政委员的主张,立即得到多数赞同。于是当即抽定汤松年、李载赓等4人为抽签员,签定了下一届行政委员会委员。非政府党的黄攻素、张善与、马骧等提出变更议事日程,先议第3案《咨请政府明令辟谣制止苏、浙、闽、赣、皖各省军事行动,以定人心而维大局建议》案(议员陶保晋等提出)。经表决,起立赞成者大多数。陶保晋说明提案理由:"报载苏、浙、闽、赣、皖各省军事当局调兵运械,日夕不遑。当此南北各省水旱奇灾之际,民生疾苦,惨不忍闻。乃人民方救死不遑,疆吏犹好勇以逞。上海一隅尤关中外大局,稔知大总统居中驭外,素主和平。当此灾祲洊至,水旱频仍,又何忍重苦吾民、造兹浩劫。惟望我大总统明令辟谣,昭示天下。所有苏、浙、闽、赣、皖各省军队一律退还原防,制止军事行动,以安人心而保大局。"①以陶保晋原案付表决,在场议员442人,起立赞成者389人,通过。非政府党议员刘彦动议请变更议事日程,先议《为国际联合会本届改选,我国如再落选则宜决定出会建议》案(议员刘彦等提出),经表决,在场442人,起立赞成者296人。刘彦说明提案理由后,即表决,起立赞成者332人,多数可决。加之又报告下一届临时行政委员抽签的结果,已近下午6点,头发党的张琴要求议颜阁同意案,法治共进会的李载赓要求议撤销代阁案,头发党的王钦宇也要求议颜阁同意案。头发党的景耀月主张散会,于是散会。颜阁同意案和撤销代阁案均未议。

　　9月3日,众议院临时行政委员会会议,决定再将颜阁同意案和撤销代阁案同时列入9月5日众议院大会的议事日程,仍遵守临时行政委员会8月27日议决的5条精神办理。9月5日众议院大会。罗黼提出颜阁同意案和撤销代阁案两案同时投票表决,并将其提案写出挂主席台。头发党的谷芝瑞将罗案撕毁,要先议颜阁同意案。头发党的汤松年登台欲发言,非政府派议员擂桌子起哄,阻止汤发言。法治共进会的李载赓登台欲发言,政府派议员亦擂桌起哄。两派以墨盒为武器,互

　　① 《申报》1924年9月2日。

相攻击,议场墨盒飞舞,只好散会。

8月底,江浙战争已箭在弦上,大有一触即发之势。直奉战争的阴云密布。为了这场即将到来的大战,曹锟想组一个更易指挥的内阁。鉴于颜阁又迟迟不能成立,8月30日曹锟派总统府秘书长王毓芝找高凌霨,让高组阁。高心里十分清楚,直奉之战,军费浩繁,内阁要筹此巨额军费是十分困难的,故推辞。9月4日,江浙战争爆发,为准备迫在眉睫的直奉战争,曹锟在总统府中成立机要处,由王毓芝、李彦青、陆锦、吴毓麟4人主持,将大权集中在总统府,军事、饷需、运输种种要务均取决于机要处。机要处成了一变相的战时内阁,凌驾于内阁之上。内阁只能对机要处决定的事项行使公布和执行之权。曹锟为了摆脱吵吵嚷嚷的国会对战事的干扰,让政府党在9月10日的参议院会上通过了休会15天的议案。只要国会休会,曹就可以派署自己得心应手的国务总理。这些自然引起了非政府党的警觉。非政府党并不是反政府党,他们大都是捧曹锟的,在曹锟的贿选中是替曹出过力的。他们并不敢与曹对立。他们之所以不通过颜阁,大都是想乘颜阁需要众议院同意的机会,勒点钱财或捞取一官半职。只是内阁未能满足各政团五花八门的条件而相持着。直奉战争一旦爆发就是一场大战,一再闹而不顾直系的大局,真惹怒了曹,将国会解散也未可知。且此时如再吵闹影响战局,直系要垮了,贿选的国会自然无存在的余地。不管保派、津派还是洛派,倾巢之下无完卵。这样,非政府派很多议员只能改变作法,同意颜阁。颜阁总比高阁强,高阁是非政府派搞垮的,通过颜阁,卖个人情给颜,颜也不好意思解散国会。9月10日新签抽出的众议院第五届临时行政委员会开第1次会议,就将颜阁同意案和撤销代阁案列为9月12日众议院会议的议事日程上的第1、第2两案。9月12日众议院会,小孙派的牟琳、法治共进会的李载庚、静庐的张益芳动议变更议事日程,先议第2案《咨请大总统撤销违宪代阁决议》案,付表决,在场议员353人,起立赞成者135人,少数,否决。吕复动议变更议事日程先议第3案《恢复县议会决议》案,付表决,在场议员413人,起立赞成者184人,少数,否决。民宪同志会的马骧则主张痛痛快快地投颜阁同意案,并说了一番意味深长的话:"今日议程第1、第2两案为政治案,第3案为法律案。李、牟、张三君主张议代阁案,即同人心理有解决,政治案之趋势。不如痛痛快快将同意案解决以表示同人真正之态度。若枝枝节节,今日必无结果。"马的话也一语道破了大多数非政府派议员的心理。经表决,多数同意按议事日程开议第1案,即颜阁同意案,政府委员吴廷燮说明颜惠庆简历。除牟琳、王乃昌、徐兰墅、王绍鏊等七八个人声明退场再未回到议场投票外,其余议员均在场。这天整个议场都比较安静,没有往常的争吵和打闹。签抽杨永清、赵金堂、郭光麟、何彀虞、孟昭汉等8人为检票员后,即用无记名投票法对颜惠庆为总理进行表决。结果:在场439人,散票439张。开票后计票共393张,名片397张,同意票291张,不同意票100张,废票2张,名片多于票数,投票有效。过半数为220人,同意票超过半数,颜阁同意案成立。当即咨达政府。9月14日,曹锟正式任命了颜惠庆内阁。

十、《中苏协定》签字的风波

十月革命后,列宁领导的苏联政府发表了两次对华宣言。1919年7月25日,苏联政府发表了《俄罗斯苏维埃社会主义共和国政府对中国人民和中国南北政府的宣言》,即第一次对华宣言,宣布废除沙俄与中国签订的一切密约;放弃沙俄在中国用侵略手段取得的土地;废除沙俄在中国的领事裁判权;放弃庚子赔款的俄国部分和中东铁路方面的一切特权。1920年9月27日,苏联政府发表了《俄罗斯苏维埃联邦社会主义共和国政府对中华民国政府的宣言》,即第二次对华宣言。宣言重申了苏联的第一次对华宣言中的主要内容,并建议两国恢复外交关系和缔结友好条约。由于当时的北洋政府并未奉行独立自主的外交政策,其外交政策基本上是追随协约国列强的外交政策。当时列强对苏联采取了敌视的政策,帝国主义对苏联进行封锁和武装干涉。所以中国政府对苏联的宣言未能依据中国的国家利益及时做出积极的反应。即便是1922年夏苏联政府派出了著名的革命外交家越飞赴北京力图打开中苏之间已中断的外交关系,北洋政府也并未做出积极的响应。越飞只好与孙中山的国民党联合。1923年1月26日发表了《孙文、越飞宣言》,这对北京政府自然是一个刺激。对于平等对待中国的苏联伸出的友好之手采取置之不理的政策,这自然极大地损害了中华民族的根本利益而招致有识之士的不满和反对。各方要求北京政府恢复中苏谈判。恢复中苏邦交的呼声日益高涨。终于迫使北京政府于1923年3月决心进行中苏交涉,尽管这种决心并不坚定,中间发生过动摇。3月18日中国外交部照会苏联政府,任命王正廷为中俄交涉的正式代表。5月初,王正廷就筹建了对俄交涉督办公署。9月初,苏联外交部副外交人民委员(即副外长)加拉罕率苏联外交团到达北京,中苏开始就两国间一系列重大问题进行谈判。由于协约国列强,尤其是日本不愿看到中苏关系正常化,对北京政府施加影响。11月20日北京政府以调查日本关东地震中中国旅日侨民受害情形为借口,派王正廷赴日,中断了中苏间的谈判,同时缩减了对俄交涉督办公署的经费,裁撤了公署的人员。1923年3月,孙中山在广州成立了海陆军大元帅府。1924年1月,孙文确立了联俄、联共、扶助农工的政策。4月初孙文决定先承认苏联,派伍朝枢为代表赴苏。苏联自然要与承认自己的南方政府建立外交关系并援助国民党,这对北京政府是很大的触动。加之协约国的英国和意大利已正式承认了苏联并与苏联建立了正式的外交关系,协约国列强再也没有阻止中国与苏联实现邦交正常化的理由。这样,北京政府在中苏谈判中止了几个月后,又于2月下旬电召在上海的王正廷回京重开中苏会谈。到3月中旬,中苏双方就两国关系中的一系列重要问题达成了协议。3月14日王正廷和加拉罕各以全权代表的资格在《解决中俄悬案大纲协定草案》、《暂行管理中东铁路协定草案》及七种附件上非正式签字。《解决中俄悬案大纲协定草案》又称《中苏协定》,共15条。主要内容为:中苏两国恢复正常外交关系；废除沙俄与中国政府所订的一切公约、条约、协定、议定书及合同等，另本平等、相互公平的原则及 1919 与 1920 年苏联政府两次对华宣言的精神，重订条约、协约和协定。废除前沙俄政府与第三者及中国政府与第三者所订立的有妨碍对方主权和利益的一切条约、协定，以后双方亦不得订立此种条约协定；苏联政府承认外蒙为完全中华民国之领土，尊重中国在该地的主权。一俟蒙古撤兵条件商定后，苏联军队全部撤出外蒙；两国政府均不允许反对对方政府的机关、团体在本国境内存在与活动，彼此不做反对对方的宣传；两国商定重新划定国界，在此之前维持现有疆界；苏联政府放弃庚子赔款和一切租界地，并取消治外法权、领事裁判权，取消中东路商业事务以外的一切特权。

应该说，《中苏协定》是中国自鸦片战争以来与外国签订的第二个平等条约，第一个平等条约是 1921 年 5 月与第一次世界大战中战败国德国所签订的《中德协约》。但就是这么一个平等条约，在国内却掀起了轩然大波。这种风波首先由内阁开始，然后波及国会和全国。王正廷对王、加会谈的情况均及时向内阁做了详细的汇报。1924 年 3 月 6 日和 8 日，王两次列席国务会议，对中苏谈判的进展情况做了详细的说明。国务会议将王、加所商定的大纲协定交各部征求意见，以后又多次召集特别国务会议讨论大纲协定的修改意见，王正廷再根据这些修改意见再与加拉罕协商修改。从 3 月 9 日至 3 月 13 日，连续 5 天，王正廷上午出席特别国务会议，报告王、加就中方修改意见双方商谈的结果，下午再依国务会议的决定，再与加氏协商修改问题，至内阁成员均表满意，才于 3 月 14 日王、加双方草签了协议。按说，草签的《中苏协定》是在内阁的监督和指导下形成的，接下来两国政府正式签字便是顺理成章的事，不会再生波折，尤其对中国政府来说，对《中苏协定》应该是满意的。但事情恰恰大出人意料之外。

在 3 月 15 日的国务会议上，在对王正廷和加拉罕草签的《中苏协定》审议时，外交总长顾维钧突然对《中苏协定》的一些条款提出疑义：指协定和附件中不可没有明确废除《俄蒙修好条约》的规定，不可为外蒙古撤兵设置条件,不可承认把俄国东正教会在中国所有地产移交苏联政府。即所谓的"三不可";关于中东路赎价和退还庚子赔款拨充教育基金难于承认。即所谓"两难承认"。保派的陆军总长陆锦和财政总长王克敏立即发言支持顾。国务总理孙宝琦主张正式签订《中苏协定》。其他阁员主张慎重签字。由于顾、陆、王的坚持,国务会议议决令王正廷与加拉罕交涉,对《中苏协定》再进行修改。这自然是违背外交惯例的作法。《中苏协定》已属平等条约,再提额外要求便是过分要求,不但苏方不会再退让,而且也使王正廷为难,实际上是在拆全权代表王正廷的台。这是在把外交当儿戏,全然不顾国家利益。当时保派正在倒孙宝琦内阁,欲借否定《中苏协定》,即把《中苏协定》说成是丧权辱国的协定,借此将一直支持《中苏协定》的孙宝琦打倒。如果说保定派的陆锦、王克敏等不懂外交还勉强说得过去。他们完全以保派的利益为依归,从来不知道考虑国家的利益。王克敏更是一个地道的老卖国贼,他不会顾及国家利益,自不足为奇。但顾维钧是精通外交的专家,应该十分清楚《中苏协定》是一个平等的协定。通过协定,中国基本上可收回沙皇时期俄国从中国攫取的各项权益。王、加草签的协定中有关蒙古归属和解决外蒙古问题的办法已经做了使中国满意的解释;苏联从蒙古撤军条件也基本上按中方的要求列入;中东路的赎价也是 3 月 13 日国务会议上确认的;归还东正教堂地产和庚子赔款俄国剩余部分用作中国的教育也是公平的,都以中方声明方式列入协定的附件中,也是经当时中国政府有关部同意、国务会议认可的。顾维钧却出尔反尔。其原因也可能出于列强的压力,当时法、美两国表示了对《中苏协定》的不满。但这恐怕不是主要的。顾能在巴黎和会上顶住协约国列强的巨大压力,和代表团其他成员一道拒绝在巴黎和会对德和约上签字。这次《中苏协定》列强的压力比巴黎和会要小得多。到底是什么原因使顾如此反常呢? 当时全国一些大报对这一问题的解析不无道理:顾迎合保定派倒阁的政治需要才这么做的;顾、王的关系不好在当时是众所周知的,顾在处理此事中掺入了个人感情的因素。顾、王虽同是留美学生，二人回国从政，王正廷属国民党系，参加了南京临时政府，反对帝制，参加护法。顾则一直供职于北洋政权，充袁世凯的秘书，参加了二十一条秘密交涉，由曹汝霖举荐出任驻美国公使。尤其是在争巴黎中国代表团第二代表（实际是副团长）地位上，二人关系闹得很僵。这在《顾维钧回忆录》中，对王在巴黎和会上的一些言行的无情贬斥就可看出顾、王关系形同水火。因为顾在整个回忆录中，王是惟一一位遭如此严厉贬斥之人。顾在回忆中对袁世凯的回忆用的是中性词语，对曹锟的回忆甚至是带赞赏的语气，这和回忆中对王正廷的看法形成鲜明的对比。其实，王在巴黎和会上要保住自己第二代表的位置不全是争个人地位，作为南方惟一一位代表，争第二代表的位置实际上主要是在为争广州军政府与北京政府的对等地位。纵观王的一生，王并不是那种野心大、好争权之徒。当时一些报纸认为，顾利用外交总长的权势拆王正廷这个全权代表的台，并非毫无根据。

曹锟一介武夫，文化素质低，对外交一窍不通。他所依靠的总统府秘书长王毓芝也是一介武夫，营混子，文化素质也不高，人品低下。保定派则通过其头目王毓芝为曹锟对《中苏协定》草案解说的机会影响曹。说外蒙撤军条件字样和撤销《俄蒙协约》规定不明确。北京与库伦完全无接洽，即使协定成立，亦不能专凭外交上的办法来收回。如外蒙自身否认中俄间的解决办法，俄仍有借口而不撤兵。且如领事裁判权之取消，则哈尔滨为已成之事实，非此协定之所得。关税平等之说，关键在将来的关税会议，此协议写上了也无异于空谈。一旦中苏邦交恢复，苏联使馆成立，苏取得国际上的地位，宣传过激主义，反为中国之害。故现在实不必承认苏俄，更不必遽然订立协定。协定草签完全是王正廷草率苟且，不负责任。应当以条件问题与苏联拖延。曹以为然，将《中苏协定》压下，并依外交总长顾维钧的要求，3月20日下令撤销了中俄交涉督办，由外交部接办中苏交涉。3月16日、3月19日，苏方代表加拉罕两次照会王正廷，拒绝了中方继续交涉的要求，希望中国不要受列强干扰，三日内正式签署《中苏协定》。3月20日，国务院按顾维钧在内阁会议上否认《中苏协定》的意见发出通电,说中苏交涉和《中苏协定》中,没有写上取消《俄蒙协定》、苏联无条件从外蒙撤兵及中方不承认把俄国东正教在华所有地产移交苏联政府的中方要求。并以此作为否定前一段交涉和《中苏协定》的理由。3 月 22 日顾维钧驳加拉罕 19 日的照会,说王正廷仅有谈判权,无签订协定权和签订协议之权。

王正廷本属国民党营垒,与孙中山一直保持着密切的关系,自然也不将北洋政府的压迫放在眼里。为了国家的利益,也为了对抗顾维钧的拆台,3 月 21 日、23 日、27 日,王先后向全国发出 3 次通电,将中苏交涉经过和北京政府破坏《中苏协定》的真相公布于众,诉诸舆论。中国人民素有爱国传统,绝大多数人都是爱国的,卖国贼总是极少数。中国人民自发地奋起与北洋政府抗争,维护国家与民族的利益,强烈要求政府签订《中苏协定》。3 月 21 日,北京教育会、北京国立八校教职员联席会议、中华教育改进社、北京青年国民俱乐部、民权运动大同盟、北京各团体联合会、马克思学说研究会、国立北京大学学生干事会、中俄协进会等 9 个团体,发表正式宣言,催促政府签订《中苏协定》,承认苏联。宣言指出:"中俄两国边境接连 1 万多里。对于侵略的列强,双方利害又很相同。在互助的关系上应当结为兄弟般亲密的盟联。"宣言谴责北京政府对王正廷、加拉罕草签的《中苏协定》反悔的行为,呼吁全国同胞团结一致,"1. 反抗帝国主义对中国外交之压迫。2. 督促政府立即无条件承认苏俄。"[①]北京大学教授也发表宣言,警告北京当局,要求立即签订《中苏协定》,恢复中苏邦交,并派出以李大钊为首的代表团前往外交部抗议当局反悔已草签的《中苏协定》。3 月 20 日,北京学生联合会开会讨论中俄关系问题,议决致函警告顾维钧,指责顾对已草签的《中苏协定》反悔,"将使苏俄甘心还予之各种权利断送于俄顷之间","窃以民八曹、陆、章卖国之行为亦不过如是"。警告顾"倘先生

---

① 《申报》1924 年 3 月 24 日。

犹执迷不悟,则敝会一息尚存,誓心力争,赵家楼故事可为殷鉴"。① 针对苏联政府 3 月 16 日照会王正廷,限 3 日内正式签定《中苏协定》,过期苏联政府不受协定的约束,该会交际股、女高师等四校代表往见加拉罕,劝其缓期出京。北京大学等北京四十余所大中学校决定 3 月 29 日举行游行演说,督促中苏交涉。4 月 1 日,北京师范大学等四校学生发表宣言,督责北京当局及苏联代表促成中苏外交。全国各地各团体也纷纷通电敦促北京政府迅速签订《中苏协定》。

国会议员也围绕着《中苏协定》草签一事展开了激烈的争斗。头发党和马蜂党秉承保派的旨意,按保派的策略,依保派阁员在 3 月 15 日国务会议的腔调挑剔《中苏协定》、抨击王正廷,作为推倒国务总理孙宝琦的手段。头发党的谷芝瑞、景耀月等向众议院提出中俄交涉质问书,攻击《中苏协定》丧权辱国,以追究内阁办理中俄交涉损失国家权利的责任倒孙宝琦内阁。因为孙支持草签《中苏协定》。头发党及马蜂党多次分别开会讨论对《中苏协定》的对策。决定参、众两院开会时,要求孙宝琦、顾维钧出席。孙若出席,即当场对孙发难,使孙不安于位,迫使孙自动辞职。孙若不出席参、众两院的会,则以孙不尊重国会、对中俄外交显有失当之处,不敢出席国会会议,则对孙阁提出不信任案,将孙排斥出内阁,为保派出面组阁创造条件,也为财政总长王克敏去掉一个政敌。拥孙宝琦的法治共进会等政团主张在《中苏协定》上正式签字,指责顾维钧、陆锦、王克敏处置失当致使中苏交涉破裂,应负责任,也欲借此倒王克敏。3 月 20 日,法治共进会开会议决:不可借外交为内争工具,必须承认苏联,《中苏协定》大纲应责成政府须附带外蒙撤兵之声明。

3 月 21 日,众议院会议。法治共进会议员彭汉遗质问众议院临时行政委员会不按 3 月 14 日众议院会议议定的,要求王克敏出席众议院会议答复对金法郎案的质问,只要求孙宝琦、顾维钧出席答复对中苏交

涉的质问。要求立即让王克敏出席答复议员的质问,认为王克敏与中苏交涉停顿关系极大,应该出席会议回答议员的质问。但当日阁员均未出席众议院的会议。保派气势汹汹也欲利用《中苏协定》草签一事倒孙。但保派这种不顾国家利益,利用外交做内争的工具的作法,不但遭到全国人民,也遭到了包括吴佩孚在内的直系一些重要将领的谴责与反对。保派弄巧成拙,反处于被动地位。

3月25日下午,国务总理孙宝琦在国务院第一客厅招待两院议员,说明政府对中苏交涉的意见。顾维钧、王正廷、王继曾及国务院、外交部、中俄交涉督办公署各重要职员出席。王正廷、顾维钧在介绍中苏交涉及《中苏协定》时,观点是针锋相对的。接着议员发言也是针锋相对。头发党和马蜂党反对即签《中苏协定》。谷芝瑞、景耀月发言说王正廷所草签的《中苏协定》丧权辱国,不能签这种卖国的条约。法治共进会的李载赓质问顾维钧:"外交部接收中苏交涉后,能否保证比王正廷原议定的草案更有利于中国? 如若不能,请外交当局即在《中苏协定》上签字。"顾无言以对。两派辩论激烈,几至动手,招待会不欢而散。

3月28日众议院会。非政府党议员临时动议要求孙宝琦、顾维钧、王克敏出席众议院当天的会,回答议员对中苏交涉的质询。由于顾维钧在处置中苏交涉中严重失当,导致各方尤其是直系实力派的强烈不满与反对,只好称病不视事。按责任内阁制的精神,尽管孙宝琦是主张在《中苏协定》上签字的,但他作为国务总理毕竟未能抵制保定派在中苏交涉问题上发难,致使中苏交涉出现如此大的风波,自然也有责任。加之全国对保定派挑起中苏交涉风波的谴责和反对,此事的始作俑者顾维钧称病,孙宝琦自然也不愿站到台前独自承担这场政潮的强烈冲击,也称病不视事。王克敏则提出辞呈也不到部。故众议院以电话联系让顾、孙、王出席时,国务院和外交部均以有病或已提辞呈为由推托。此时的政府党也因后台处境困难而底气不足,再也不提《中苏协定》丧权辱国。非政府党则欲乘胜追击,一举倒王克敏。鉴于王是极力反对《中苏协定》的，弹王派决定新帐老帐一块算。法治共进会的叶夏声临时动议变更议事日程，投票表决开议弹劾王克敏案。政府党议员反对变更议事日程。双方又发生争执。最后投票时，因政府党有意使变更议事日程的表决无效，故在投票时一些议员不投名片，结果：共投票227张，名片223张，赞成变更议事日程者204人，反对者21人，废票2张。由于票数多于名片，依法为无效。

3月28日参议院会，非政府党议员纷纷发言对政府处置中苏交涉失当不满，要求顾维钧、王克敏、孙宝琦出席接受议员的质询。孙、顾、王同样以有病或已提辞呈来推托。这天的参议院会议决3月31日再开会，要求孙宝琦、顾维钧、王克敏出席回答议员关于中苏交涉的质问。当然，3月31日参议院会议时，孙、顾、王均以3月28日不到会的理由继续推托，阁员无一人到会。

3月底4月初，议员纷纷提出质问案，质问中苏交涉事件。众议员祝震等因政府对中俄交涉既不提交国会同意，又不声明撤销《中苏协定》草约，又不批准签字，究竟抱何种方略，特向政府提出质问书一件。众议员吕复等为中俄交涉事宜提出质问书一件，对外交部接收办理中俄交涉，外交当局的意见如何，外交当局如何负责等提出质问。参议员刘凤翔等对中俄交涉有列强干涉一事提出质问。

最令保派心惊的是，直鲁豫巡阅使站出来严厉指斥保派在处理《中苏协定》中完全不顾国家利益的行径。吴佩孚十分清楚，《中苏协定》是一个十分难得的平等协定，关系到国家的利益。吴抱定促成《中苏协定》的决心，即使内阁因此而倒台也在所不惜。在吴看来，内阁不能维护国家利益，这种内阁自然该倒。吴在10天左右的时间里，为促使《中苏协定》的签订，于3月18日、20日、21日、22日、23日、25日、26日、29日向北京政府像连珠炮似地发了8封电报。这如雪片般飞来的电报，其口气一封比一封严厉，催促北京政府迅速在《中苏协定》上签字。3月20日吴在致曹锟、孙宝琦、顾维钧、王克敏的电文中有"中俄交涉，久延不决，致生波折，并闻有破裂之说，曷深惊异。此事关系国信国权至巨,深望毅力主持,仍本原旨,将协定即行签定,勿掠浮誉"①。
3月21日吴在致曹锟、孙宝琦、顾维钧、王克敏的电文中有"中俄交涉
垂成忽变,举国皇然。斯事议论亘二三年之久,已往多少机会皆已错
过。今兹协定幸尚维持公平,自外交政策言之,亦仅为桑榆之收耳。傥
并此而不急起直追,一误再误,坐令国信国权坠地无余,外交当轴责无
旁贷,其何以自解于国人?佩孚为顾全国家利害、名誉计,不问主办此
事者之为何人,但能将此千钧一发之外交不再令交臂失去,贻将来国际
上之大不利,皆所馨香崇祷者也。现在谈判虽暂停顿,挽救犹非甚难,
务请毅然决然将协定大纲即予签定,以维国交而宏远谋"②。3月23
日,吴佩孚针对国务院20日电所陈述的要求对《中苏协定》草案进行
3点修改的理由逐条予以批驳,末尾又指出:"海通以来,我国对外所
订约章,类皆丧权辱国,无可为讳。今对俄协定,若谓尽美尽善,诚不
免犹有缺憾。然衡之已往,已为开未有之先例。揆之目前,更属不可
再失之良机。诚能及时运用,其挽回中华民国利权荣誉犹不在少,此
所谓失之东隅收之桑榆者也。……诸公以现条件为不满足,不敢即
谓非是。但诸公能否必将来可取得较此更优越之条件、收折冲樽俎
之全功?且诸公更能否经此顿挫不致引起意外纠纷而成一误再误
之局?"③

　　吴佩孚3月25日、26日发给北京政府的两电措词更加严厉,如26
日的电报中有:"中俄交涉业已迭电陈述利益,无庸多赘。惟此事既归
外部接办,外交总长即应负完全责任。若迁延不决或即决定而仍与从
前所议无甚出入,则贻误国家实非浅鲜,国人当有诘责。外交总长不能
辞其咎。又外传此次中俄交涉之破裂,与道胜银行有关。如果属实,财
政总长亦应负完全责任,相应电请注意。总之,此事关系重大,倘真有

---

①　《申报》1924年3月25日。
②　《申报》1924年3月25日。
③　《申报》1924年3月30日。

故意破坏者,即属存心叵测,自应为国除奸。"①吴佩孚的电报正气凛然,语词锋利,掷地有声。对阻挠在《中苏协定》草案上正式签字的顾维钧,王克敏、陆锦、王毓芝之流自然是一种震慑,使其大有闻雷失箸之态。这谈虎色变之洛电,无疑是这些人政治生命的催命符。当然对迁就保派的孙宝琦也是一个震动。吴佩孚还邀约江苏督军齐燮元、湖北督军萧耀南、陆军检阅使冯玉祥及王承斌等直系实力派人物一齐通电向北京政府施加压力。这样,各省督军亦纷纷通电,指责外交总长顾维钧所争各点近于无意识,策划撤换外交总长,由农商总长颜惠庆代理外交总长或由外交次长沈瑞麟署理外交总长与加拉罕继续谈判。齐燮元干脆主张请王正廷继续与加氏谈判。这对北京政府的压力是很大的。孙宝琦和顾维钧请病假,玉克敏再次提出辞呈。这大大打击了阻挠《中苏协定》正式签字的保派势力,使保派有所收敛。顾维钧在巴黎和会上获取的一些声誉到此亦烟消云散。故《顾维钧回忆录》中,顾氏对这一段历史的回忆在最重大和基本的问题上失实之处甚多。

由于遭到直系实力派和全国人民的强烈谴责,无关阁员对中苏交涉均不敢负责,且均将责任推给外交总长顾维钧,说中俄交涉应由外交部办理。反对《中苏协定》的政府派议员也只好偃旗息鼓。这些巨大的压力便均压向外交总长顾维钧。顾也不想背上因破坏《中苏协定》而成为千古罪人的骂名,只好硬着头皮与态度变得强硬的加拉罕沟通。3月27日顾在西堂子胡同本宅宴请议员何雯、饶孟任、陈铭鉴、张益芳等,托他们出为调人,与加氏联系。国务总理孙宝琦亦托何雯、饶孟任等会晤加拉罕,充当调人。何雯等即致函加氏,约次日会面。3月28日下午,何雯等4人赴官厂胡同与加拉罕会面,斡旋、疏通。于是,加拉罕建议同顾维钧秘密谈判,以避开西方列强的干涉。这样,双方经过二十多个回合,《中苏协定》仍基本上保持草签时的原样于5月31日在北京中国外交部正式签字。

① 《申报》1924年3月31日。

十一、德发债票案

北洋政府时代,军阀割据,穷兵黩武,连年混战,兵多饷繁,人民不堪负担。社会生产力又遭战争的破坏,财政极端困难,日以外债救急。北洋政府的财政总长的主要任务便是筹饷筹薪。饷、薪筹得多,在财政总长的位子上才能坐得稳。1923 年 11 月王克敏接替张弧再次出任财政总长时,和其前任一样,面对的是已欠饷达半年多的军警和欠薪达半年以上的国务院机关和各部的职员,还有欠薪半年以上的北京八所国立学校的教职工。曹锟、王克敏搜索枯肠,要在金法郎案和德发债票案上打主意,尤其是前者一解决,从 1922 年 12 月开始从关税中每月扣存120 万法郎便可立即到手,折合中国现洋几百万,这自然是太有诱惑力了。当然这是一种割肉补疮、出卖国家利益的勾当,国会反对,全国各界反对,连直系的支柱吴佩孚也反对。曹锟、王克敏自己不敢大胆地承担责任,让国务总理孙宝琦当替罪羊,又碰了壁。于是决定先解决德发债票案。尽管解决此案可得之现款只有 900 万元左右,但它的风险也小,因当时人们并不太知道何为德发债票案。况且 900 万元也可顶个三五个月。此时的曹、王即便是一根稻草也要抓住不放。曹锟下了办理德发债票案的手谕,孙宝琦也同意办此案,王克敏从 1924 年春即开始派代表与德方秘密商谈此案。

第一次世界大战后期,中国对德宣战,参加了协约国。战争结束后,按国际惯例,协约国均向战败的德国提出了战争赔偿的要求,并成立了赔偿委员会。中国未在巴黎和约上签字,故未能进入赔款委员会。但由于协约国要求赔偿的总额数目巨大,德国无力赔偿。中国作为战胜国的一员,也向德国提出了战争赔偿。1921 年 5 月 20 日,当时由直奉共同控制的北京政权的梁士诒内阁与德国签订了《中德协约》,就赔偿问题达成了原则协议。这一协议自然是解决德发债票案的依据。

自清政府以来,中国即向列强借债,借债又往往以发售债券的形式进行。对德的几笔借款也如此。第一次世界大战后,我国对德各种债券停付本息。巴黎和会后,德国人所持有的中国的各项债券便遇到了麻烦。当时其他国家的中国债券持有人,都到伦敦中国使馆注册登记为有效债券。德国人欲往伦敦中国使馆注册,认有效,又怕协约国知道后勒令交付赔偿委员会处理;不注册则该券又无效,本利均无着。于是德国人与政府交涉,以此项债券退回政府,让政府抵偿对华赔款之用。曹锟、王克敏则盯上了存在伦敦汇丰银行的到期息票款和中签的债票款。本来中国政府已宣布停付各种德债券本金和息金。但当时关税控制在列强手中,英国的安格联爵士任海关总税务司,按时将德发债券中签的本金和到期的息金从中国的关税中直接扣留存入伦敦的汇丰银行。由于曹锟、王克敏等米下锅,放弃了1921年中国政府所提1亿零50万元参战军费的赔偿要求及不管德商私欠中国人民债务3 000万元的索还,与德方签定了德发债票案:德国将1908年津浦路借款债票、1910年津浦路续借款债票、1911年湖广铁路借款债票及这些借款中的中签债票及到期息票连同1921年所付现款400万元,共计约3 484万元作为德国政府赔偿中国款项的预先部分交给中国;德国政府担任解决德国私人对中国政府所有索债以作为中国政府因战争而发生的全体索债余部的最后赔偿;中国政府宣布上述3种借款及善后借款仍有效,并恢复还本付息。善后借款的到期息票中约916万元由德国政府交与中国政府;中国政府将德华银行在华的不动产连同其上面所建的房屋交还德华银行,中国政府拟将德华银行恢复到战前的地位。

　　尽管王克敏与德国方面的谈判是秘密的,但德方当事人德华银行董事长斐格频频北上来京还是引起了人们的注意。报纸上亦有报道。1924年3月上旬,国会议员叶夏声等就开始质问此事,但王克敏予以否认。众议员林树椿、梁昌诰再质问,王克敏迟迟不答复,这显然有问题。于是,反王派议员仍不放松此事。彭汉遗致函众议院临时行政委员会,请王克敏出席4月19日众议院会,说明一切。同时,林树椿等对德发债票案一事提出质问,要求5日内答复。这样,4月下旬曹锟只好让国务总理疏通民宪同志会派、法治共进会派,不要在德发债票案上与政府为难,同时令内政总长程克、总统府秘书长王毓芝疏通各派议员不要反对德发债票案。5月8日,众议院行政委员会致函孙宝琦出席10日众议院会以回答议员对金法郎案、德发债票案的质询。孙出席5月10日众议院会,回答议员关于德发债票案的质问时,承认了德发债票案"政府正在暗中进行,此事关系外交,未便公开"。① 议员梁昌诰、李载赓等认为政府秘密进行德发债票案有违国法,特提出建议案,要求政府将这一问题提交国会,公开解决,以重宪典。"依照《宪法》第85条、第110条之规定,应交国会议决"。② 王源瀚、刘彦等20人提出对德国赔款质问书,对德国赔款为何从1921年的2.2亿元降至1.2亿元及积存伦敦银行德发债票息金等提出质问。

5月16日,众议院会议,通过了胡祖舜等提出的《德发债票与德国赔款关系国家财权甚大,非依法交由本院议决,政府不得自由与德国缔结关系本案之任何协约》案,即咨达政府。国务院接到咨文后,以案关法律解释,当即发交法制局会同宪政实施筹备处审核此案,在《宪法》上究竟应否交议以为决定的标准。旋据各该局、处会核呈复国务院,以《宪法》第85条、第110条规定须交国会讨论事件,应以募集国债及缔结增加国库负担的契约为限。现德发债票案属德国对我国应付的赔偿,其性质为收入而不是支出,与《宪法》上募债及增加国库负担不可混同,似可以不受《宪法》这样条款的拘束,无须交国会议决。国务院要财政部按上述理由草拟咨文答复众议院。内阁决定德发债票案不交国会议决即准备签字。众议员对政府的这一态度不满,于6月2日临时召集紧急会议,请全体阁员出席。结果只有孙宝琦一位阁员到会。孙宝琦在回答议员要求德发债票案未经国会同意以前政府不能签字时说:"宝琦在位一日,可以担保不秘密签字,且必公开办理。""将来必交

① 《申报》1924年5月13日。
② 《申报》1924年5月18日。

国会征求同意,此事宝琦在职一日,可以完全担保。"①财政总长王克敏
办德发债票案时,本不主张交付国会,即抛开国会,故对孙的上述表态
十分不满,王、孙间的矛盾进一步加大。6月2日晚,在孙宝琦宅开国
务会议。阁员均认为孙白天在众议院允诺将德发债票案交国会议决不
妥,说孙既不熟悉该案内容,怎么可以贸然允交国会?孙辩解出席众议
院时只说应否交议须经主管机关核议决定,并不是说已决定提交众议
院②。王克敏对孙白天在众议院的表态十分不满,说孙把事情弄糟,索
性不办德发债票案。曹锟见此,十分着急。最后颜惠庆等阁员出面调
解王、孙的矛盾,决定此案不交国会议决即签字,过后再报告国会,也算
给孙一个面子,一个下台的阶梯。同时阁员积极疏通各派议员,并许以
事成之后每个议员补发800元为2个月的欠费,特别重要的议员单有
酬劳。

　　6月5日参、众两院分别召开紧急会议,由国务员出席报告中俄交
涉及德发债票案,国务总理孙宝琦、外交总长顾维钧、交通总长吴毓麟、
农商总长颜惠庆、海军总长李鼎新均出席。议员郭同等首先就质问与
德发债票有关的主管部财政总长王克敏。王本主张德发债票案不必报
告国会,所以众议院秘书厅当即打电话催王到会自然也是徒劳。在交
通总长吴毓麟答复议员对德发债票案详细内容的质问后,便主要集中
在此案应否交众议院议决的争议上。王杰、李载赓主要质问孙宝琦6
月2日在众议院大会上同意交国会议决,为何今日只报告而不交议。
孙只能改口作答说:"德发债票系根据《中德和约》附件而来,即是赔
款,债票又系旧发,并非新发,与《宪法》所规定者不同,非增加国库负
担。政府只有取公开态度以应付之。现在请贵议员等注意者:1. 以国
际情形而言,中国不在赔款委员会内,若再延宕,恐不能办。2. 若德国
方面亦借口交该国国会议决,则前途恐不能办。3. 政府财政困难,又

────────

① 《申报》1924年6月5日。
② 《申报》1924年6月4日。

非速办不可。"刘彦、王乃昌、王杰仍坚持德发债票案须交众议院议决。孙宝琦回答:"《宪法》85 条只规定不经同意不生效力,并非不准签字。且赔款乃履行和约之结果,并非和约。"议员李燮阳等质问孙在 6 月 2 日众议院会上答应交院同意,今日何以变卦时,孙只能回答:"上回王议员质问是否公开,本席答复以交贵院为公开。本席年近七十,说话岂有不算话之理? 但交院亦必依据《宪法》。政府行动万不能违背《宪法》。《宪法》85 条所云,只说不生效力,并非说不准签字。"①议员王枢、王敬芳质问国会未闭会何以不交议。孙答:"请贵议员等查民国元年以来之外交案那一宗是先交议然后签字?"②议员们纷纷提出质问,孙有点难于招架。头发党的黄翼大叫开门散会,陈泽民首先打开议场门出场,李载赓等不许开门,说擅自开门者交付惩戒。但希望领 2 个月岁费的议员毕竟不少,会场上高呼"散会"、"开门"之声连成一片,陈载赓等只好开门散会。孙等人这才如释重负地离开众议院,前往参议院,出席当日参议院会。孙宝琦、吴毓麟、顾维钧对中俄交涉和德发债票案作了与众议院相同的报告。对德发债票案,参议员张我华、潘江、何畏等均坚持先交议后签字,孙只能做含糊的答复,双方相持了一个多小时,只好散会。显然,内阁出席 5 日参、众两院的会,口头报告,全在于敷衍国会。

　　阁员出席完参、众两院会已是晚 9 时,孙宝琦及全体阁员均到大甜水井吴毓麟宅开特别国务会议,讨论德发债票问题。当时有的阁员鉴于议员的态度,担心速办易横生枝节。但多数阁员主张速办,这时又有政府派议员多人接踵而至,要求政府放心办理。于是阁员一致决定先批准德发债票案,以后再交国会。并由孙及全体阁员在议事录上签名以表示共同负责。这样,6 月 6 日和 7 日,外交总长致德国驻华公使,同意德发债票案,完成了外交方面的手续。

　　法治共进会和小孙派的民治社等派仍坚持德发债票案不经国会不

---

①　《申报》1924 年 6 月 8 日。
②　《申报》1924 年 6 月 8 日。

生效力,6 月 6 日,分别致函外交总长顾维钧和德国驻华公使,表明上述立场和态度。议员刘彦提议德发债票案请交国会议决,议员何弸虞、王源瀚提案请将中德协约连同德国赔款、德发债票,5 天内提交国会。

此时,政府已办妥德发债票案,拟将此案的内容及办理经过在适当的时候报告国会,查照而已,并不需要国会议决。但国会中的非政府党骨干仍就此事做文章,认为政府未经国会议决而先行办理有违《宪法》,仍坚持立即交议。并要求众议院行政委员会 6 月 10 日召集众议院临时紧急大会讨论德发债票案。但行政委员会开会讨论时争议很大,最后表决,否定了 10 日开紧急大会的要求。6 月 9 日参议院会,就德发债票案政府党和非政府党再生争执。经投票表决变更议事日程先议德发债票案。张我华登台做了较长的发言,对德发债票案提出了一系列的疑义,认为不经国会议决违反《宪法》。马蜂党议员发言反对张说。双方在会上发生争执。一些议员退场,议场不足法定人数,只好散会。

6 月 13 日众议院会。法治共进会的议员何弸虞临时动议先议当日议事日程中的第 15 案《德发债票案根据《宪法》第 111 条、第 85 条,国会有议决权,应咨请政府速将该债票全案提交两院议决》(刘彦等提出)、第 16 案《咨催政府迅将办理德国赔款及德发债票案限期提交国会议决》(何弸虞等提出)、第 17 案《对于政府交涉德国赔款及德发债票之案之决议》(郭同等提出)。主席以何的变更议事日程的动议付表决,结果:在场议员 395 人,起立赞成者 171 人,少数。李载赓对表决提起异议,于是主席用反证表决法表决。结果:赞成不变更议事日程者 142 人,少数。说明上一次变更议事日程赞成者多数。头发党的汤松年、黄翼、谷芝瑞等对上述表决再提起异议,要求按《众议院规则》的有关规定,用投票表决法表决。李载赓发言反对,结果双方发生争执。李做出让步,但动议要用记名投票法投票表决。主席又以李的动议付表决,在场议员 397 人,起立赞成者 144 人,少数,否决。于是只好用无记名投票法表决。正欲投票时,政府党议员大呼散会。何弸虞发言质问大会临时主席头发党籍的杜树勋何以不维持议场秩序,并随手将主席座上的文件摔到台下,一时纸片纷飞,场内大乱。代理秘书长、马蜂党籍的郭光麟由场内后门出场。杜树勋按铃开门散会,并欲离开会场。何弼虞急忙上前拉住杜,强让其归主席座,欲再行投票。杜对何恶语相加,何立即对杜饱以拳脚。头发党的胡源汇等赶快上前护拥着杜树勋离开议场。敬棍太将票箱猛力推掷台下,大呼:"什么会场! 什么票箱!"场内人声嘈杂,议员纷纷离场,只好散会。

会后,非政府党的法治共进会等派议员185人联名提出惩戒案,要求惩戒大会临时主席杜树勋和临时秘书长郭光麟。杜树勋则往地检厅起诉李载赓、何弼虞等殴伤罪。国会内部的打闹,司法机关一般均不插手,官司自然打不起来。但惩戒案属院内议行处理的事,只要够常会的法定人数(包括出席、表决),即可通过对议员停止发言、停止出席、于公开议场谢罪的惩戒。除名的惩戒则需要出席常会议员三分之二以上的同意。为惩戒案,政府党和非政府党在会外进行协商。政府党以不阻止催政府交议德发债票案通过众议院,换取非政府党撤销对杜树勋、郭光麟的惩戒案。

6月18日,参议院会。经过政府党和非政府党双方激烈的争论,最后以《咨催政府将德国赔款及德发债票迅速提交国会议决》案付表决,结果:在场议员146人,赞成者101人,多数,通过。立即咨达政府。

6月20日,众议院会议。经过政府党和非政府党双方的辩论,最后以《关于德发债票与德国赔款一案,应根据上次议决,咨催政府克日交议》付表决,结果:在场议员419人,起立赞成者319人,多数,通过。即咨达政府。

政府对国会参、众两院通过的将德发债票案交国会议决案不予置理。7月2日,参议院会议。经过政府党与非政府党的激烈争论,最后以《政府当局交涉德国赔款及德发债票丧失权利、损害国库,急图补救决议》案,付表决,赞成者多数,通过。该案提出了5条救济办法:1. 政府对德赔款应根据前政府所提清单交涉,不得减少。其赔款延期之息金亦应由德国政府负之。2. 我国前此所负德国债款除其债票曾依前政府所宣布期限在驻英使署注册证明为非德人所持有者外，其余一切德国所有之债权，无论为德政府所持有或为德国人民所持有，我政府应向德政府交涉，尽数抵充赔款。3. 政府应通告各友邦，凡我国所认为应抵充赔款之德国债权，在未经德国正式承认以前，本政府仍继续保持停付本息之态度，未经本政府特许以前，此等债权不得转移于任何国人。4. 前条德国各债权，如经政府正式收回后，除现金准许自由支配外，所有原系德发债票，政府应一律销毁，不得再行发出。5. 政府应根据上列各条与德国政府交涉，其交涉经过应随时报告国会。未依法同意以前，政府所有签证或换文不生效力①。内阁对参、众两院的要求与咨文一概置之不理。反正当时全国上下都瞧不起这些已为金钱而堕落的议员，对已腐败的国会的吵吵闹闹，人们已漠不关心，故不理睬国会也不致引发政治风波。但吴佩孚在6月3次致电总统府和国务院，要求公开德发债票案，并声明只对国会宣布不算数：德款案仅对国会公开不算数。因议员有人格极卑者，要求津贴后即改反对为赞成。应请昭告全国，对疆吏与人民一体公开②。操守廉洁的吴佩孚在电报中直言指斥了老虎屁股摸不得的议员品德低下，其厌恶之情跃然纸上。议员亦没有一个敢出来反驳。这在议员方面是少见的。这些议员历来是无理辩三分，常常用诡辩术来为本派乃至个人谋私利。这也可看出议员心里明白他们在全国人民心目中的形象。7月7日，顾维钧代总理与王克敏商议，依吴佩孚的要求，将德发债票案分期酌量发表。11日国务会议，应吴佩孚及各方来电要求公布德发债票内容，决定由外交部、财政部、交通部于12日同时公布了德发债票案。根本就没有交国会。参议员张我华等于7月中旬通电全国揭露王克敏等："浮开镑数，私增有效票额，倒认已免息金，勾结外人，朋分债款，损失国库收入、商民财

---

① 《申报》1924年7月5日。
② 《申报》1924年7月1日。

产,为数至一万六七千万元之巨。"①但毕竟也未拿出证据,只是罗列罪名。7月25日众议院会议,吕复等提出《弹劾顾维钧、程克、王克敏、陆锦、李鼎新、张国淦、颜惠庆、吴毓麟等擅结德债,损害国权,触犯刑章,蹂躏宪法》案。在讨论要不要变更议事日程先讨论此案时,先用起立表决法表决,在场议员422人,起立赞成者227人,多数,可决。但头发党汤松年、席绶、程铎等对表决提起异议,结果又用无记名投票法表决。投票结果:在场431人,发票431张,共投票316张,名片308张,赞成议弹劾案181张,反对议弹劾案135张,弃权115人,票数多于名片数,说明有一人投二票以上,依法投票无效。即无法开议弹劾案,只好散会。8月1日众议院会,吕复延续上次会议,继续讨论弹劾顾维钧等案。头发党的黄翼在台下咆哮如雷,大肆反对。范熙壬请议吕复的弹劾国务员案。头发党的席绶、程铎、谷芝瑞反对。王绍鳌发言说:"议场主张各有不相同,不妨各行其是,黄议员何必借故捣乱,今日非议弹劾案不可。"黄翼急举木椅向王掷去,席绶、葛庄拖范熙壬下台,黄翼又拔下固定之墨盒击王绍鳌,中王腰部,墨溅满身。白常洁将写好挂场内的各议案撕去。法治共进会的刘彦、何彝虞,小孙派的王法歧与头发党的胡源汇、程铎等扭打成一团。王文璞大呼:"大家要国会不要国会?如果这样文武带打,简直是自伤人格。今日行凶者非交付惩戒不可。"王乃昌、李载赓相继发言赞成。王绍鳌动议惩戒黄翼行凶,头发党的汤松年急将贴出的提案撕去。王又二次贴出,汤又撕去。黄翼亦提出惩戒王绍鳌案,汤松年提出惩戒何彝虞案,民宪同志会的蒋宗周将上两案亦撕去,混乱中只好散会②。

德发债票案早已解决,弹劾王克敏案却难于通过,弹劾全体阁员案更不可能通过,之所以在众议院提出此案,也只是非政府党的一部分议员对政府不将德发债票案报告国会不满情绪的发泄。在以后的众议院

---

① 《申报》1924年7月21日。
② 《申报》1924年8月4日。

会上再也未将弹劾全体阁员案提出讨论。也就是说,办德发债票案的过程中,政府对国会的要求未予理睬,国会亦毫无办法。

十二、沸沸扬扬的金法郎案

　　八国联军侵略中国,占领北京。1901 年 9 月 7 日强迫清政府与参战的俄、英、美、日、德、法、意、奥八国及比、西、荷共十一国签订了不平等的《辛丑条约》。其中列强向清政府勒索巨额赔款,赔款总数为海关银 4.5 亿两。分 39 年付给,加上利息共计 9.82 亿两。这就是庚子赔款。按法国的要求,1905 年换文,法国指定用电汇办法付款,即将每年付给法国的赔款均以法郎计算,双方确定的每年应付法国 1 400 多万法郎,由中国将海关银购买法郎电汇交付。由于有此换文,第一次世界大战前,银价下跃,法郎升值,大多数情况下,中国每年要花比《辛丑条约》规定付给法国的白银数多的白银购买法郎来支付给法国。在前 16年中,十分之七的年份均如此,只有十分之三的年份能用《辛丑条约》规定的或略少的白银购得按电汇办法所需的 1 400 多万法郎。也就是说,在中国参加第一次世界大战前的 16 年中,中国为遵守电汇付款的换文,付给法国的赔款远高于《辛丑条约》所规定的给法国的白银数。这是两国货币在这一时期升值贬值所造成的,中国遵守换文多付了很多白银。1917 年中国参战,列强将庚子赔款缓付 5 年。第一次世界大战期间,交战各国军费支出猛增,出现现金不足,于是大量印制纸币,以应财政金融之急。滥印纸币的结果,自然造成货币的贬值。这时法郎大大贬值。德国的马克、奥国的克郎、俄国的卢布都大大贬值,只有英、美、日的货币未出现贬值。

　　《辛丑条约》是列强用武力强加给中国的不平等条约,其中的庚子赔款是对中国一种赤裸裸的掠夺。侵略者不但侵入被侵略国烧、杀、抢、掠,而且还要向被害者索取巨额赔款。这巨额赔款给中国人民带来了沉重的经济负担,使本来贫穷的中国人民雪上加霜,更加贫困化。为了解除中国人民的痛苦,1914 年 5 月,伍廷芳、王文典等爱国名流在上海发起恳让庚子赔款会,并由该会中外发起人王文典赴各省埠,后又赴俄国、欧洲、美国等各国,要求各列强放弃庚子赔款。各国人民十分同情中国人民的痛苦处境,对勒索性质的庚子赔款也觉不妥。国内和国际上的知名和平人士纷纷响应中国的恳让庚子赔款会,在国内和国际上设立恳让庚子赔款分会 1 600 余个。国际上知名和平人士、各界代表纷纷支持与声援中国人民的正义要求,赞助恳让庚子赔款的声浪遍及全球。王文典在海外奔走呼号近 2 年。这样,一些国家的政府有主张全免庚子赔款的,有主张减若干成的,有主张免去利息的,有主张缓期支付赔款的。此后中国参加第一次世界大战,庚子赔款展缓 5 年支付,请求放弃庚子赔款的运动也就暂时停顿下来。第一次世界大战结束后 1919 年召开了巴黎国际和平会议。伍廷芳、王文典、伍朝枢等向巴黎和会进行了第 2 次请愿,要求协约国各列强放弃庚子赔款。美国首先表示放弃庚子赔款尚未付给的部分,以后英、日、法等国也相继效仿,德、奥等战败国,庚子赔款自然停付。10 月革命后的苏联政府于1920 年正式宣布放弃俄国庚子赔款。

华盛顿会议期间,法国总理勃理安向出席会议的中国代表面许退还未付的庚子赔款作为中国振兴教育事业之用及维持中法实业银行复业,代偿中国政府所欠该行股本及积欠。1922 年 7 月 9 日和 7 月 27日,中法换文,中国政府与法国驻华公使秘密订立了《中法实业银行复业协定》,对法国放弃庚子赔款议定了三种用途:1. 作为 5 厘金券付息拨本之用,以换回中法实业银行发给远东存户的无利证券。2. 中法间的教育及慈善事业。3. 中国政府应缴中法实业银行股本余额。这是颜惠庆临时内阁(颜兼外交总长,董康为财政总长)时订立的协定。1921 年政府派外交总长颜惠庆、财政总长高凌霨(以后随财政总长的更换,又由新财政总长董康代替高)、中国银行总裁兼中法银行中方总裁王克敏与法方商定《中法实业银行复业协定》。其实法方的上述协定,只是将庚子赔款移做中法实业银行复业之用。由于中法实业银行违反银行定例,专营投机事业,图利私人,以致于 1921 年因亏本而倒闭。法方总裁业经法国治罪,中方总裁王克敏因该行所收存款无法支付,所发钞票不能兑现,该行股东、存户及执票人等呈诉追偿,无法应付。王克敏自己在该行亦有巨额存款。于是王和法方串通,要求中国政府将法国部分退还之庚子赔款,移充该行复业之用。法国部分的庚子赔款还剩 23 年本息共计法郎 39 158 万余法郎,按 1905 年中法换文,中国只须再付近 5 000 万元即可,中法实业银行亏损远高于 5 000 万元,从退还庚款项下指拨尚不足弥补亏损,故用于教育和慈善事业是掩人耳目。于是,法国政府又违背 1905 年换文的规定,要求中国用根本不是在法国流通的所谓金法郎支付,即用现金支付,以应付的银换成金付给。此时的法郎币值已跌至战前的三分之一左右。第一次世界大战前 1 两海关银只能换 3 个多法郎,战后则 1 两海关银可换 11.4 法郎,用电汇只能是用当时通用的且有汇价的所谓纸法郎来支付。法国本来就没有金法郎这种流通货币,自然亦无金法郎的汇价。法国提出此非分之要求,自然是违背 1905 年换文的电汇付款办法的,想改换成以白银兑换黄金的办法来基本维持战前的法郎值交付。

颜惠庆内阁当时未同意以所谓金法郎来付法国剩余的庚子赔款。以后王正廷临时内阁也拒绝用金法郎而坚持用通用的纸法郎来付庚子赔款。张绍曾正式内阁成立后,法国驻华公使游说中国政府,以无论用金、用纸,都无区别,中国的这些钱仍用于中国,只是从一个口袋转到另一个口袋而已。1923 年 1 月 26 日张绍曾内阁的财政总长刘恩源刚到任。1 月 29 日法国驻华公使即与刘约谈用金法郎付庚子赔款之事。法使大谈 1922 年 7 月 9 日中法签订的《中法实业银行复业协定》对中国带来的好处,似乎用金法郎支付,中国的肥水并未流入外人田。并以法国政府已将上述协定公布了,按法国《宪法》的规定,凡公布之案满一个月不实行者作为无效,即 1923 年 2 月 12 日正午 12 时以前如仍得不到中国政府的正式同意该协定的照会,该协定即作废,对法国退还庚子赔款问题将产生严重影响,即将对中国不利。故中国政府需于 2 月

10日中午12时前将同意的照会送到法使馆,因法使馆电达巴黎需2天的时间。刘恩源是直系的一个政客,不知此案的内情,一开始感到莫名其妙,于是连夜调看案卷。在法使以《中法实业银行复业协定》为诱饵的游说下,刘基本同意用金法郎的付款方式。但事关重大,1月31日刘召集财政部重要部员24人开会商讨,结果21人赞成法方的付款办法,3人仍坚持1905年的换文,用电汇付款的办法,即所谓纸法郎付款。2月1日又召开财政部、外交部、总税务司、税务处四机关重要人员会议,仍有两种主张,赞成法方付款办法的占多数。国务院也于1923年1月30日,2月3日、6日、8日、9日,五次召开国务会议反复商讨此事。就在此时,法使利用其支持的东方汇理银行放风说,如不同意法方提出的付款方式,将扣留盐税作为法国的庚子赔款。这时又值年关,处于经济危机的北洋政府财政一筹莫展,催饷催薪的事接连不断。一闻将扣留盐税,本来大部分阁员同意法方的要求,认为按法方要求用金或按1905年换文用流通的纸法郎都用于中国的事业,2月9日的特别国务会上,决定以内阁的名义正式呈文请大总统黎元洪正式批准同意法方的要求。黎盖完章后即转外交部,让外交部转交法国驻华公使。其实用金用纸相差甚大。未付法国的庚子赔款39 158万余法郎,按法方要求用金中国需付约12 726万元,而按当时法国流通的货币法郎付给,中国只须付约4 894万元,两者相差约7 831万元,算上扣除中国政府欠中法实业银行1 000余万元,欠缴中法实业银行股款2 500万法郎折合中国币312.5万元,两者还相差6 500余万元。这是中国的损失。如满足法国的要求,则拉丁货币同盟用法郎的国家意大利、西班牙、比利时也有同样的问题,若同样处理,中国的损失就更大。法使鼓吹的这些赔款均用于中国,只是从一个口袋转到另一个口袋,也是站不住脚的。原中法实业银行是由法方控股的,由于经营不善亏损而于1921年倒闭,欠了很多债户的债。上述协定中以退回的庚子赔款去偿还中法实业银行的东方债权人的债。这实际上是将国民全体的钱,即国库的钱去偿还给少数资本家、官僚、有势力的市侩,这当然是不合理的。而且中法实业银行的债权者不只是中国人,还有很多的日本、菲律宾、安南(即今越南)、印度及南洋群岛各国的人,即楚人之失不尽楚人得之。法国捞取了一个放弃庚子赔款的美名,却让中国多支出赔款几倍的钱去替倒闭的中法实业银行还储户的债,以使该行复业。尽管规定5厘金券换回的无利证券4.74亿法郎归中国所有,中国以损失6 500万元以上的代价换得时值不满6 000万元的无利证券,已属得不偿失,而且这种无利证券只要中法实业银行不赢利,则永远无还本之日。

国会议员褚辅成等得知此事,即坚决反对,当即警告外交总长黄郛不得将同意法方要求的公文送出。但黄郛是一个十分珍惜头上乌纱的政客,认为将此公文送出,出了事内阁全体负责;若将此公文压下,耽误时日,最后《中法实业银行复业协定》废止,出了事则是自己一个人的责任。权衡利弊之后,黄郛毅然将此公文于1923年2月10日送出。

褚辅成是益友系的重要骨干,褚寓是益友系的重要派别之一。尽管以吴景濂为首的益友系是拥阁派系,由于有褚辅成派的坚决反对金法郎案,故该派在这一问题上决定采取宁可让内阁垮台也不能承认法国的用金法郎付款的要求。本来从2月11日开始国会已进入半个月的休会期,但在众议员褚辅成、张峰等的要求下,2月13日众议院召开紧急会议讨论金法郎案,并要求有关的阁员出席说明并接受质询。2月13日众议院紧急会议时,国务总理张绍曾、财政总长刘恩源、外交次长沈瑞麟、外交部通商司长周传经出席众议院紧急会议。先由《以政府承诺法政府以金法郎付还庚子赔款,国家损失太巨,请共同讨论补救方法》案的提案人褚辅成说明理由:"政府承认法国要求,以金法郎交付庚子赔款,其白银损失在5 000万两以上,折银元7 000余万元之巨。如政府果已允诺,本席以为有三大危险之点:1.23年后中法实业银行仍无盈余,中国之股款又如何交涉?2.23年以后,法政府不为中法实业银行担保怎么办?3.法郎价格再跌,对于俄、法如有同样的要求,又如何应付?"张绍曾等也只能以几次国务会议讨论的结果作答。议员大都不满意,最后可决议员王葆真等提出的《请政府速将承诺法政府以金法郎付交庚子赔款一案提交国会审查议决》案①。国会议员纷纷质问政府,以《中法实业银行复业协定》性质类似条约,其内容有关国库负担,必须经国会通过,只有政府承认是不发生效力的。金法郎案也是参议院4月2日提出对张绍曾内阁不信任案的重要原因之一。

金法郎案一传出,舆论一致反对,各界人士和人民团体纷纷发表谈话和声明,反对政府承认金法郎案。在这一形势下,1923年3月3日国务会议决定立即由外交部向法国驻华公使声明:"2月12日中法换文应作无效,俟国会议决后,再行通知。"②华盛顿会议决定允许中国召开关税会议以便实施二五加税(值百抽2.5的附加税),但需要各列强参加会议,即中国无关税自主权,增加关税需列强批准。法国即以不承认金法郎案法国即不参加关税会议来压中国。同时又让总税务司按月将应付法国的庚子赔款以金法郎120万元每月从盐税中扣存于汇理银行(意大利、比利时、西班牙三国亦以同样办法扣存庚款)。3月中旬,法使再催外交部批准《中法实业银行复业协定》。外交总长黄郛鉴于国内的反对,以金法郎案未解决,该协定难于批准做回答。法国政府4月下旬也召见中国驻法公使陈箓,以不承认金法郎案法政府决不赞助中国增加关税和借款。在法国政府的压力下,国务会议催国会速议复金法郎案。同时咨文国会,究竟如何应付比、意、英、荷、日等国要求改用金法郎的问题。5月15日,法国驻华公使照会中国外交部,催用金法郎支付庚子赔款。5月下旬,比利时政府也声明,中国若不将金法郎案尽快解决,比利时将单独不参加特别关税会议。6月18日,比利时驻华公使照会中国外交部,催促中国用金法郎偿还庚子赔款。国务院则将法、比两国的声明和照会咨送国会,催国会速将金法郎案解决。由于外交总长黄郛5月下旬辞外长职后直至7月23日顾维钧通电就外交总长职,外交总长一职一直空缺。这段时间金法郎案只好搁置。顾

① 《申报》1923年2月19日。
② 《申报》1923年3月6日。

维钧上任后立即征求各方面的意见,通过高凌霨摄政内阁向众议院提出《以庚子赔款维持中法实业银行复业,并协定16款,用金法郎偿还,咨请议决》案。1923年9月28日众议院常会议决将此案交全院委员会审查。同时摄政内阁又向众议院提出《比、美、意、日、法、英、荷、西八国公使来照及比、日、法、意四国公使简略要求用金偿还庚子赔款,咨请议决》案。

10月3日众议院常会,将上述两案合并,当即开全院委员会审查两案,并一致否决。

金法郎案经众议院否决,与此案有直接和间接关系的英、法、意、比、日、荷、西、葡八国驻华公使大为惊诧,均各密电本国政府报告否决情况和陈述意见,认为要将庚子赔款改用金本位计算,则应援助法国,力争《中法协定》生效。英、法、意、比、日、荷、西、葡八国驻华公使秘密开会协商,结果决定立即由法国驻京公使付乐猷向中国政府交涉,要求中国政府暂行保留《中法协定》,待下届国会提出再议。同时有关系的各国也向中国政府要求赔款改用现金,并以不出席特别关税会议来压中国政府承认改用现金支付庚子赔款。10月7日,法国驻华公使即照会中国政府,声明中国国会否决《中法协定》,大伤两国感情,并妨及中国信用,已报告本国政府,在本国政府未决定办法前,该协定仍然有效[①]。八国驻华公使也催中国政府解决金法郎案。11月中旬,法国总统米勒兰约见中国驻法公使陈箓,要求中国政府尽快解决金法郎案。

曹锟上台之后,财政更为困难,国务院秘书厅及各部均欠职员薪金数月,军队和警察所欠的饷也都有好几个月。在京的军警首脑如冯玉祥、王怀庆等,除向财政部一再索饷外,还多次直接找到大总统曹锟索饷。法国又抛出诱饵:只要承认《中法实业银行复业协定》,法国的庚子赔款可缓付2年,即由总税务司扣存之款中国可提回用于军费、政

---

①　《申报》1923年10月8日。

费。曹锟想以承认金法郎案来换取法方放回从1922年12月被扣留在汇理银行的几百万盐税款。内阁的财政总长王克敏上台之初就将目光投向金法郎案和德发债票案,把解决这两案当作解决当时财政危机筹措大笔经费的主要办法。这两案一解决均可立即获得现款1000多万元。王克敏尤其热心解决金法郎案。因王克敏在倒闭的中法实业银行有巨额存款,自己又是该行的中方董事长,故希望通过金法郎案的解决,使该行尽快复业①。代理国务总理兼内政总长高凌霨等保派阁员更是仰曹锟鼻息,积极主张解决金法郎案,提出在事实上承认或变相承认金法郎案。只有外交总长顾维钧不愿落下千古骂名,不同意承认金法郎案。在这种形势下,金法郎案尽管被国会否定,但政府仍随时可能在事实上承认它。这引起了全国各界的警觉,也引起了国会议员的警觉。

众议院此时因议长问题两派激烈争斗已无暇顾及其他问题。这一段时间便主要由参议院出面阻止政府承认金法郎案。1923年12月14日参议院会议,议员们提到政府有变相承认金法郎案之说,于是当即议决请代理国务总理高凌霨、财政总长王克敏、外交总长顾维钧出席当日的参议院会议,以备质问。电话联系的结果,三位阁员都托词不到。议员们认为这是蔑视国会,均很气愤,议决15日下午再开会,并让秘书厅备好正式咨文即日送达政府,请各有关阁员务必于15日下午准时出席参议院会。15日参议院会,国务院秘书厅来函:本日召开国务会议,有关阁员均不能出席参议院会。议员们自然很气愤,于是议决于16日向全国发出反对金法郎案的通电。并决定17日参议院会议仍请各有关阁员到会。但17日参议院会,代理国务总理高凌霨称病不到,财政总长王克敏以正在辞职中亦不到会,只有外交总长顾维钧一人到院,且声明自己仅仅以外交总长的资格出席,并不代表内阁全体,故不能决定金法郎案问题何时解决。议员们对顾的回答不满,认为不负责任,不得要

---

① 《顾维钧回忆录》第一分册,第321页。

领,再咨国务院,请国务总理及全体阁员一致出席12月19日下午的参议院会。但19日参议院的会内阁成员无一人到会,只送来一个咨文,以17日外交总长出席参议院会,答复已详尽,全体国务员无须出席参议院19日的会,待政府拟有办法后再出席报告为由,拒绝出席19日参议院会。这样,参议院又要求全体国务员出席12月22日参议院的会议,以备答复议员对金法郎案的质问,但国务院对此仍置之不理,无一位阁员出席。显然,当上了大总统的曹锟已再也用不着国会,且从内心对吵吵嚷嚷、争斗不休的国会厌恶,故不愿再理睬国会。高凌霨的保派内阁也采取了同样的态度。丢尽了面子的参议院对内阁自然十分气愤,于是通过了查办积极主张承认金法郎案的财政总长王克敏和对此案负有责任的教育总长黄郛案。由于众议院因议长问题无法成会,12月18日,众议院300多人联名通电反对金法郎案。

全国舆论也公开反对金法郎案。直系的灵魂吴佩孚也以承认金法郎案中国损失过巨,也一直反对承认金法郎案,一再致电曹锟要求曹拒绝承认金法郎案。

在一片反对声中,曹锟只好暂时放弃对金法郎案的承认,先办理德发债票案。1923年12月26日,中国外交部照会八国公使,驳复他们用现金交付庚子赔款的要求。但1924年2月11日,荷、比、西、美、法、意、英、日八国驻华公使,联衔向中国外交总长顾维钧提出金法郎案复牒,仍坚持要求中国用金货交付庚子赔款。

1924年1月,孙宝琦内阁成立后,为了筹备燃眉之急的薪饷,解决当时的财政危机,曹锟、王克敏急切地希望办理金法郎案,将法国从1922年12月1日起从盐税中扣存的1 000多万法郎(法国按该国每月的庚子赔款数120万法郎从盐税项中按月扣存)提回,给嗷嗷待哺的军警及中央机关发饷发薪,当时薪饷均已欠数月。同时促成各列强参加关税会议,以便落实华盛顿会议关于中国提高关税的问题。提高了关税便可再以关税为抵押借更多的外债。正因为曹锟、王克敏有此意图,而国会和全国又一致反对承认金案,曹、王又不愿负责,于是找孙宝琦这个傀儡总理来承担办理金法郎案的责任。老官僚孙宝琦也不愿冒天下之大不韪,不愿落个千古骂名,不同意办理金法郎案。孙与曹、王在这个问题上的矛盾和冲突,便一直贯穿于整个孙阁存在的数月之中。国会临时会议一直反对金法郎案,在金案问题上对曹、王一直保持警惕。这一时期的弹劾王克敏案,查办王克敏案,对王克敏不信任案,其主要理由就是因王克敏要承认金法郎案作为其解决财政困难的根本办法。通过这些提案来阻止王克敏和曹锟办理此案。1924 年 1 月 23 日孙宝琦出席参议院会宣布政见,在回答参议员关于金法郎案的质询时,明确表示只要自己在任一日,不但自己决不承认金法郎案,而且要监督他人在此案上的非法行动。当时曹锟、王克敏打算办理金法郎案和德发债票案,筹备大笔款项以应财政之急。孙宝琦则只同意解决德发债票案,而不同意解决金法郎案。在中德 1924 年春秘密谈判德发债票案时,为报纸所披露。议员在关心德发债票案时,更担心政府秘密进行金法郎案。5 月 10 日孙宝琦出席众议院会解释德发债票案时,议员彭汉遗再次质问孙宝琦报载秘密进行金法郎案的问题。孙宝琦再次说:"金法郎案之进行与否,当然与国会取一致之态度。"①当 6 月上旬德发债票案以给议员补发欠岁费 2 个月 800 元的条件换取议员同意与德国签字后,曹锟、王克敏曾设想给议员补发岁费 7 个半月即 3000 元为条件,运动国会通过金法郎案,并要孙宝琦负责任。6 月 6 日晚的内阁会议上,孙明确表示财长既不负责而要我负责,我宁就此下台②。由于孙宝琦和外交总长顾维钧不肯背负这个责任,金法郎案只得暂缓办理,尽管政府党议员代政府请客,疏通中立派及非政府党议员。直系的支柱吴佩孚一直反对金法郎案。当闻知政府对金法郎案有秘密进行之说,即于 6 月上旬密电曹锟予以阻止:"法郎案有暗中进行之说,事关国家

---

① 《申报》1924 年 5 月 13 日。
② 《申报》1924 年 6 月 8 日。

大计,应慎重考虑,然后决定。即办,亦须公开,勿为一二人所惑,致铸大错。"①再加上德发债票案的解决,曹锟、王克敏政府又收入了约 900 万元现款而解决了几个月开支,在各方的反对下,政府只好将金法郎案放一放,暂缓解决。

法国政府急于解决金法郎案,6 月中旬又向中国政府抛出一个新诱饵:中国政府如承认金法郎案,庚子赔款可缓交 2 年。且中国政府可将从 1922 年 12 月起扣存盐税的每月 120 万金法郎提回作军政费。②曹锟、王克敏自然急于承认金法郎案。在德发债票案解决后,孙宝琦已无利用价值且有碍于金法郎案的解决,这样便迫使孙宝琦于 7 月 2 日辞去国务总理职,提名颜惠庆为新的国务总理。在颜未通过国会前,由顾维钧代理国务总理。顾维钧是反对承认金法郎案的,故一上台,一是声明自己只能短暂代理此职,再是声明在代理国务总理期间重要案不办,等新的正式总理上任再办。也就是说,顾在代理总理期间不办金法郎案。颜惠庆临时内阁时批准了《中法实业银行复业协定》,是承认金法郎案的先声。为防止颜上台后即办金法郎案,1924 年 7 月 16 日参议院会议决定由大会主席领衔,当日列席议员全体署名,再次通电全国,反对承认金法郎案。

9 月中旬,颜惠庆的国务总理提名在众议院通过,颜正式内阁产生。颜是主张解决金法郎案的人。当时江浙战争基本结束,第二次直奉战争已迫在眉睫,双方都在加紧战前的准备工作。9 月 17 日吴佩孚以讨逆军总司令的身份入京主持直军的全面的军政事务。打仗即需要大量的款项。张作霖为了保住既得的权力同时染指中央政权,出私财 1 200 万元作为奉军军费③。当然张的这些钱均是平时从东北人民身上搜括来的。但他舍得花钱,舍得为这场战争下赌注。当时直系估计,要进行这场战争,至少需要 2000 万元以上的军费。尽管曹锟和张作霖

---

①　《申报》1924 年 6 月 13 日。
②　《申报》1924 年 6 月 21 日。
③　《申报》1924 年 9 月 27 日。

一样有钱,在当时的中国并列为首富。但曹却是个吝啬鬼,决不肯掏已进入自己腰包的钱,舍不得对这场战争压上自己的资财。所以直系的军饷筹措得十分艰难,往往到延误战机的程度。解决金法郎案筹措大笔军费以便支持这场即将到来的直奉大战便成了曹锟的首选。连入京后日夜忙于处理军政大事的吴佩孚也于9月下旬向财政部调看了金法郎案的全部案卷,便是曹锟急于解决金法郎案的明证。但这时法国内阁刚更迭,新的班乐卫内阁主张在中国内战时期解决金法郎案不免有助中国政府军费之嫌,不如稍后解决,以便将法国同意缓付2年的庚子赔款不是现在提用,而是用于此次内争的善后费①。这样,金法郎案只好搁置。直至10月下旬冯玉祥发动北京政变推翻直系政权止,此案便再未提起。

在曹锟当政时,段祺瑞是坚决反对承认金法郎案的。但段祺瑞一上台,为解决财政危机,却立即将目光盯在金法郎案上,决心解决之。1924年12月12日在段祺瑞宅开会,商讨应付财政困难的办法,结果认为财政的根本办法在于开关税会议提高中国的关税,这样每年可增加关税收入2 000余万元。但要开关税会议就必须解决与外国的悬案。第一就是要解决金法郎案。而该案的关键点在中法实业银行的复业。但当时也有顾忌:昔日段以反对金法郎为重要理由倒直,一上台就办,太说不过去;政敌及公团必极力反对;国库确实增加负担。鉴于此,段令财政部再详细研究。这样财政部成立了金法郎案专门委员会,专门研究和办理金法郎案,听取各方面的意见,并与法国驻华公使及中法实业管理公司交涉。12月27日在财政部金法朗案专门委员会开会,外交部、农商部、教育部均派代表与会,对此案进行商讨。由于此事重大,决定再征求各方的意见。这样,一方面与法国方面协商,一方面征求各方面如各驻外使节的意见,国民党的意见,各实力派尤其是段祺瑞执政府的支柱冯玉祥和张作霖的意见,双管齐下。由于国民党方面反

---

① 《申报》1924年9月12日、15日。

对金法郎案,1925年2月23日段祺瑞执政府的全体阁员宴请在京的国民党领袖,请他们不要反对金法郎案,但疏通无效。当然这也无法动摇段政府解决金法郎案的决心。当时最大的实力派张作霖支持段政府解决金法郎案。冯玉祥也不反对而采取了默认的态度。同时段政府又与法方协商对1922年的中法换文进行了一些修改:法国政府承认了退还庚子赔款余额,1922年的换文为移转该款用途,由移转到退还,中国取得了对该款的主权,此款主体由法国政府转为中国政府,规定在相当期间内将此款借给中法实业银行,中国由债务者变为债权者;中国在中法实业管理公司的所占股金由三分之一上升到二分之一,即与法方地位相同,中国股金1 000万法郎由中国政府自筹,改为从中国借给该行款项扣除;形式上用1905年换文的电汇付款办法,避开了金法郎这个刺眼的字眼,而改用未贬值的美元。

其实用美元电汇付款和法方坚持的金法郎付款无本质的差别,甚至还要支出更多。因美元并未贬值。新协定规定法国退还的庚款逐年垫借给中法实业银行,作为该行5厘美金公债的担保,此项公债分23年还清。其实是否有损于国库,关键就在中法实业银行将来能否将借款全部偿还中国,若能则国库自然无损失。但能否偿还只能看当时借款的担保品。新协定是以远东债权人应得之债券全数作为担保品。但这种债券有多少当时都不清楚,即事实上无确实的借款担保品,是否将来能全数还也就是个未知数。若不能还或部分不能还便均为国库的损失。正是由于上述有一些条款变得于中国有利,而关键部分又为不确定,这自然又堵了一部分反对者的嘴。尽管国会非常会议在得知政府要承认金法郎案,1925年4月2日国会非常会议开会,议决当日即通过《反对金法郎案宣言》,当日即向全国发表通电。其实段祺瑞政府最感兴趣的自然是被总税务司扣存的1923、1924两年法国庚子赔款2 000多万法郎,合中国币1 003.39万元,当时就已与汇丰银行商妥分三期将此款提回:第1期5月14日提回400万元,第2期5月23日提回300万元,第3期5月30日提回303.39万元。故1925年4月12日财政总长李思浩与法国驻华公使马太尔将新协定商妥,在法国外长签字后段政府立即于 4 月 21 日正式公布了中法新协定。在这之前的一天,段祺瑞发出了办理金法郎案的通电来解释自己为何由一个金法郎案的坚决反对者变为赞成者的原因。4 月 23 日财政部也发表了金法郎案中法新协定说明书。

国会非常会议在政府公布金法郎案后,22 日即召开会议讨论该案,5 月 1 日又在天津日租界开会,议决将拟好的《反对金法郎案宣言》发出。

但不管怎么说,争论了二三年闹得全国沸沸扬扬的金法郎案总算划上了句号。

十三、检举贿选议员令

1924 年 10 月 23 日,冯玉祥发动了北京政变,软禁了曹锟,推翻了直系的中央政权。爱憎分明的冯玉祥对贿选现象十分痛恨,十分鄙视参与贿选的议员。发动北京政变之初,冯曾拟一举解散国会,并征求王正廷、张耀曾对解散国会的意见。王、张经过认真研究认为,为了稳定局势,对国会暂宜取慎重态度:既然此番班师主和,对外所持名义是以改良政治为立足点,断不可再以革命行动自居。政变只是掌权人的更替,与国际毫无关系。如认为革命行为则是推翻旧政府,另创新政府,而新创立的政府必须再得到各国的重新承认,这就会引起无穷的外交纠纷。现在的国会是前政府所生。它的过期和合法与否,只属法律的争执问题。如要解散,无论找何种理由,必须正式政府才有此种权力,否则仅凭武力之强迫,则国民军无异于自己承认为革命,将招致外交上的麻烦①。冯玉祥为了稳定局势,采纳了王、张等人的意见。冯将主和通电补送参、众两院,黄郛临时内阁仍由大总统曹锟任命。曹锟的辞大

---

① 《申报》1924 年 11 月 16 日。

总统职的咨文亦交国会。这些作法都是冯顾忌外交而力避革命行为的结果。当时的国会，不但见弃于国民，奉张、津段、粤孙等要人也无不鄙弃贿选议员。但投鼠忌器，竟不能遽令解散。冯准备在征得张作霖、段祺瑞、孙中山等人的同意后再说。

北京政变之初，很多议员颇有自危之感。参议员潘江发起提出总辞职，以谢国人，推活跃的叶夏声起草。叶是一个利禄之徒，十分恋栈，自不知进退。他虽为国民党员，因参加贿选而被国民党开除出党，自然不愿起草辞职书，以咨请曹锟退位建议案通过或曹锟辞职文批准后再提总辞职为由不起草辞职书。因为曹锟应向大总统选举会辞职，此时国会根本不可能凑足大总统选举会的法定人数。议员们在窥破冯玉祥的为难之隐后，努力谋求延续国会命运的方法。延续国会自然必须议重大案件。这样10月下旬众议员叶夏声提出《为咨请大总统曹锟速行引咎退位以定大局建议案》："民国成立以还，变乱相乘。推厥原因，实由元首不得其人，以致国体屡变，议会播迁。护国护法之争，统一联治之说纷然并起。其结果干戈扰攘，迄无宁日。生命涂炭，六合糜烂，此诚忧国者之所痛心疾首也。徒以历年狃于因循渐进之积习，无由为根本彻底之改革。元首屡起问题，辄以姑息苟安，暂求敷衍。初不问其德行才识之如何。去岁曹锟被选总统，即其一端。故自曹氏当国以还，政以贿成，群邪并进，纲维失坠，法纪荡然。元首高拱深宫，昏淫无度，左右口衔天宪，为所欲为，犹复不知自省。本年水旱荐臻，兵匪四起，而曹氏恃其武力，竟复轻启内哄。人民吁请和平则诡词搪塞，国会议决中止则置若罔闻。吾民何辜？罹此荼毁。所幸前敌将领爱重和平，班师弭战，倡言改革，民国安危系于此举。同人等痛前车之既覆，冀补救于未来，以为欲谋根本之改造，当求症结之所在。元首非人，实阶之厉。庆父不去，鲁难未除。况内外均有责言，而威信亦扫地以尽，迟徊恋栈，贻笑国人。计不如请其速行退位，为民国稍留人格。且改革伊始，自宜延揽贤豪。曹氏不去，四方为之裹足，加以前敌收束未竣，曹氏不去，难保死灰不至复燃。至虑过渡时期陷于无政府之地位，即查《大总统选举法》规定,总统缺位,内阁得摄行大政,自不致有青黄不接之虞。用特依据院法两院得以法律及其他事件,建议政府之规定,提出本案,是否有当,尚候公决。"①

此提案所说不虚,也言之成理。如果出于一个与贿选无关系的议员之口,那上述对贿选上台的曹锟及其得力干将的谴责也算得上淋漓尽致。但此公实在太健忘了,一年前他不但积极参加了贿选,而且还是所有参与贿选议员中惟——个敢于在报纸上刊登文章说自己参与贿选出卖选票比在京、津、沪三地骗取津贴的议员要正当、要磊落的议员。即此公是敢于站出来承认自己出卖选票的惟——位议员。一年前,贿选议员为了将手中的选票变成大把的现钞,曾想尽一切办法,使出敲诈、勒索的手段。到此时,却将贿选的全部责任推到行贿者身上。自己不但一点责任都不承担,反倒以追究贿选责任的执法官自居。可见这些贿选议员良心丧尽,对参与贿选一事竟无半点反省。

北京政变一发生,议员震惊之余,自然欲尽快了解政府对待贿选议员的动态。10月31日黄郛临时内阁成立后,贿选议员日日探听是否有解散国会的阁议,可见贿选议员毕竟做贼心虚。10月24日众议院会,即决定派临时行政委员会委员亲自找国务总理颜惠庆接洽,订定日期开紧急会议,请其出席,宣布政府对时局的方针及处置方法。但颜惠庆内阁已提出辞职,自身难保,自然不会再搭理这帮贿选议员。

11月初,国民军要查究1923年贿选全案,并令天津当局将吴景濂逮捕解押北京,因贿选会时不足法定人数,曾有冒名议员10余人充数。这对所有参与贿选的议员自然是一种压力。11月6日众议院举行秘密会议,商讨国会自卫问题。当日参议院也举行秘密会议,均不同意当天的解决曹锟辞职问题的议程安排,一致同意先策划国会命运问题。结果决定由各政团与政府及段祺瑞、冯玉祥、张作霖联络。很多贿选议员主张务必使这次政变做成专对曹锟、吴佩孚,而不涉及国会议员,保

---

①　《申报》1924年11月1日。

存国会,保存贿选《宪法》。但国民党议员主张对国会进行根本改造。

当时北京各界人士要追究贿选议员责任的呼声很高,主张由新政府开一国民大裁判,没收贿选议员的财产赈济战区人民的损失,战争中阵亡将士所遗之孤儿寡母应向贿选捧场议员索命①。虽然主张有些偏激,但可见京城各界对这些不知进退毫无廉耻的议员的痛恨。这样,国会多数贿选议员均做种种准备。参议员张我华、刘景辰等主张速举议长及组织总统选举会。选出议长以增强议会本身及对外交涉的力量。选举段祺瑞为总统,以段做国会护身符。在天津的吴景濂、张伯烈也以总统之职运动段祺瑞,以保存贿选国会并寻找自己东山再起之机。议员中凡与孙中山、段祺瑞有因缘者,皆争先打出国民党和段祺瑞系的招牌,很多议员皆有归附之心。但大孙派议员并不赞成选总统及委任正式内阁。且未参加贿选的议员自命人格高尚,不愿与贿选议员为伍。国会内部逐渐又分为贿选派与非贿选派。非贿选派主张旧国会立即解散,由非贿选议员组织非常国会,以济代议机关之穷。贿选派议员对非贿选派议员的主张无颜明白抗争,亦别出心裁,耸动以前被摈弃的民八议员出面运动恢复民八国会,说贿选曹锟全系民六国会之罪恶,今日理应解散,而以民八议员代之。一些曾身为民八而又参与贿选之人,以为如此一变,则此辈贿选之臭名亦可随"民六"二字而消失。选议长更是由于内部纷争,各派都欲争夺议长而无法进行。

这时,国内有影响的人物都直接或间接表明了必须解散旧国会的意见。11月8日,孙中山在广州致电在京的中俄庚款委员会主席、国民党重要骨干徐谦,指出旧国会须解散,伪《宪法》须改订,革除弊政宜严②。张作霖11月中旬即主张将包办贿选的吴景濂捉拿归案,吓得吴躲在天津的日租界不敢出来。王承斌参加了北京政变又是奉天人,鉴于政变前,王曾一直是第二十三师师长,政变后冯派王到天津收编第二

————————
① 《申报》1924年10月30日。
② 《孙中山年谱长编》第3卷,第2055页。

十三师旧部并再兼任该师师长。张作霖 11 月中旬以王承斌是贿选硬角、讨逆副帅,将王承斌的第二十三师缴械,撤其省长兼督军职务,吓得王赶紧逃往天津英租界。11 月 10 日在天津召开的冯玉祥、段祺瑞、张作霖三巨头会议,如何对待国会也是会议的重要内容之一。17 日三巨头会议很快达成一致:旧国会决解散,现在将将办未办之选举一律停止。剥夺第一届国会贿选议员的选举权与被选举权。①

第一届国会大部分议员参加了贿选,全国人民都一直谴责这近代史上最臭名昭著的贿选。北京政变后全国各界再次掀起声讨这次贿选事件的高潮,并一致要求解散这已完全腐败的第一届国会。

为了推倒贿选的国会,11 月下旬,北京公民联合会发出通电列举国会的十大罪状,要求解散这样的国会。该通电是当时通电中要求解散国会理由阐述得最全最激烈的,故全文引用如下:

民国改建,变乱相寻,推原祸始,实在国会。综其大罪,厥有十端,揭之于下,务乞鉴察。

一、此次奉浙举义,均以反对贿选为之号召,因此名正言顺,极洽舆情,竟将贿选总统根本推倒,而受贿选举之国会,当然无存在之余地,即按寻常法律治罪而论,亦属予受同科。此国会万万不能存立者一。

二、国会贿选以后,草率公布《宪法》,以为保障。此种《宪法》之内容姑无论适用与否,在反直派之各方面,绝未承认为有效。既未承认制定《宪法》于前,决不能适用立法机关于后。此国会万万不能存立者二。

三、此种国会迭次解散,最后以护法之名义,利用孙中山组织广州护法政府。如系贯彻主义起见,应当拥护中山到底,旋复勾结反对中山最力之曹锟、吴佩孚等以便私图,反颜事仇,无耻已极。此国会万万不能存立者三。

---

① 《申报》1924 年 11 月 19 日。

四、近年战祸皆属国会假借法统之名义,蔓延全国,中途忽又抛弃护法主张,贿选曹锟为总统,法统之义自己破坏无余。中山亦深恶痛绝国会之反复无常,早已宣言护法告终,并将护法总统名义取消。法统一层现在毫无附丽之根据,决不能再信少数狡黠之辈,坠入计中,以留国家之巨毒。此国会万万不能存立者四。

五、此种万恶之国会任期早满,惟利用国家纷乱,延长十余年之久,盘据机关,把持政局,以谋自利,贪欲无厌,既无十人以上之政团,接洽极不容易。疏之则据法律以为难,亲之则挟私利以相翾,言行秽恶,无赖之尤。此国会万万不能存立者五。

六、国会分子复杂已极,最近补入之人尤为卑劣。虽有少数自爱之人,在万恶国会之中绝无指导操纵之能力,决不能因此最少数之顾全而贻最大之隐患。此国会万万不能存立者六。

七、国会人数已达八百余名之多,而运动存在之方法无微不入。或以危词恫吓,或以甘言引诱。方面既多,手段至巧,征之往事,丝毫不爽。每次解散恢复之后,不但毫无忏悔改善之心,而狡诈诡谲挑拨政潮之术,愈用愈妙。近且运动接近直派人物,极力鼓吹,以作万一死灰复燃之地步,狼狈为奸,恬不知耻。此国会万万不能存立者七。

八、国会前因反对参战一案,迫不得已,毅然出于解散之一途。国家保全在此一举,此种莫大之功勋,足增无上之价值,国人称颂,毫无间言。如果以前次解散之事认为非法,不独前后主张大相矛盾,且参战案及华府会议各案,都属非法范围以内之事,揆之事理,极不相容。此国会万万不能存立者八。

九、国会信用扫地以尽,国人谈及切齿痛心,确系自绝于人,无可讳饰。但其保护地位之方法,卑劣已极。曾复审察大势所趋,拟用非常之手段,污坏高洁之人格。有谓至相当之时机弹劾曹锟,另选某某为总统之议。如果届时真正出此,则被选举者强为继任,实则受其侮辱,国人必不相谅,势必反对利用国会以为攘夺权利之资。始谋不臧，攻毁必至，况以后一切行政事项，在在都受牵制。远鉴参战一事，近鉴吴景濂一事，可为寒心。吴之与曹，何等密切，设非万不得已，曹亦何至恶辣至此。此国会万万不能存立者九。

十、此次改建，国家所有政治事项宜从根本着手，必须恰乎人情，常乎事理，庶足以收拾人心完成伟业。国会既为祸乱之媒，最好乘此机会任其消灭。既无他人因故解散之嫌，复无丝毫假借名誉之具，所谓多行不义必自毙也。此国会万万不能存立者十①。

段祺瑞是第二届国会即安福国会的制造者，如不能恢复第二届国会反而维持旧国会，等于否定了自己以前的行为。段自然反对维持旧国会。段身边的谋士王揖唐、姚震、林长民、章士钊等主张改造国会，将旧国会彻底改造。段祺瑞按11月中旬在天津召开的冯玉祥、段祺瑞、张作霖三巨头会议达成的协定，22日入京，取代黄郛临时内阁，组织临时执政府，出任临时执政兼主持国务会议。11月29日在段宅，段主持了其上台后的第一次国务会议。为了阻止旧国会继续开会，为使其瘫痪，为了应付各方惩办贿选议员的要求，新上任的司法总长章士钊提出《检举贿选议员》案。认为去年贿选证据确凿，值此政治革新之际，非依法惩处不足收澄清之效。各阁员均同意，该案通过。阁议通过后，章即在司法部召集总检察长、高等及地方检察长开审议会，当即决定由地方检察厅依法检举。章士钊亲自圈出第一批被检举者，分最要、次要、再次要三等。章要求凡被检举者，即往搜索住宅，并逮捕这些议员。决定后即由地检厅连夜通知各检察官，于11月30日早6时齐集检察厅，将内阁和司法总长检举议员的决定宣布，并将要搜查与逮捕的议员名单交各检察官。检察官认为事关重大，须先讨论后再行动。这样，检察官当即开会讨论，提出两种主张：1.检察厅不比审判厅，应服从上级机关之命令，遵照执行。且受贿议员已触犯刑章，在检察厅理应依据法律所付与之职权，从事检察该受贿议员等之证据，俟证据确实即依法提起

① 《申报》1924年11月27日。

公诉。2. 贿选议员全国痛恨,应即检举,自不待言,惟逮捕要慎重。议员在开会期内非现行犯不得逮捕或监视,写入《宪法》。现《宪法》既未明令废止,国会亦未解散,且上星期两院照常开会,政府并未阻止,这无异默认其存在。受贿议员虽已触犯刑章,但非现行犯,忽命我辈前往逮捕,在法律上说不过去。不是说贿选议员不应逮捕,但必须依法行之。否则尽可派军警前往,何需我辈? 司法界对于政治问题自应超然独立,绝不能以一时之状况而违法从事。对搜索证据为法律所规定,当然可行。于是一致决定只依法搜索贿选议员住宅,不逮捕议员。如要逮捕,则请先下令废止《宪法》、解散国会。各检察官以此结果报告总检察长,经一再磋商,结果决定由各检察官按自己的意见办理。这样,下午1时,各检察官分成11班,每班1—3人不等,搜索了司法总长提供的90多名议员住宅和有关银行。吴景濂、张伯烈、谷芝瑞、马骧、李载赓、景耀月、彭汉遗、吴荣萃、陈家鼎、葛庄、黄霄九、邱冠莱、席绶、江天铎、龚政、叶夏声、王双歧、黄翼、张琴、万钧、毕维垣、王敬芳、张鼎彝等均在第一批搜索名单之内。在有关银行大有银行搜得业经领取5 000元支票有40余张共20余万元,其票面所记的出票人名为洁记(边洁卿即边守靖经手)。在直隶省银行搜得业经领取的5 000元支票有180余张,共90余万元。以后又陆续在银行搜取证据,前后共搜出480多张贿选支票。还有从议员家搜出的与贿选有关的密件。12月8日北京地方检察厅又搜查了众议院秘书厅,搜集贿选证据。在京参与贿选议员纷纷躲入使馆区的六国饭店,外国医院。旧国会从此停止了开会,停止了活动,无形中废止。检举贿选议员实际上成了废止旧国会的手段。

　　贿选议员在北京已无法立足,纷纷逃往天津法租界的国民饭店,并于12月1日发表通告,说1924年11月30日午后参、众两院忽被军警占领,绑去议员多人,已不能行使职权,于本日移津。12月3日被逐贿选国会议员在津发表宣言,反对执政府。但由于失去任何实力人物的支持,国民对此辈更是痛恨,故在津召集会议亦因无人参加而不成会,以后也就无声无息。1925年到1926年间,随吴佩孚的东山再起,贿选议员曾打出过护宪的旗号,力图复活旧国会。但未成气候,护宪运动失败。

十四、流产的国会非常会议及国会的终结

北京政变后,软禁了贿选总统,贿选议员也成了众矢之的,日子也越来越难过,活动也渐减少。尤其是 1924 年 11 月 30 日开始检举贿选议员后,贿选议员纷纷逃匿,旧国会无形中废止。但非贿选议员却日益活跃。在吴佩孚南逃,11 月中旬冯玉祥、段祺瑞、张作霖三巨头天津会议时,留津的反直议员也十分活跃。他们一面召集留津议员开谈话会商讨应付时局的办法,一面电邀移沪国会议员北上。推叶兰彬、邵瑞彭等 4 人为天津办事处代表,彭养光、凌毅、胡钧、范熙壬、童杭时等 10 人为北京办事处的代表。他们认为,未参加贿选的 279 名议员既能不负国民,当然有其代表资格。若讲法律,则应将国家种种重大问题交未参与贿选的国会议员,以为过渡。11 月 22 日下午,北京办事处召集在京非贿选议员开会,到会 50 余人,公推年长的李文治主席(李既未参与贿选,亦未南下领费)。童杭时报告组织办事处的经过。向乃祺、韩玉辰、范熙壬三人共同提议组织非常会议,认为国会问题很困难,合猪仔议员于一堂固然廉耻无存,而人数不足也不能开会,只好以非常会议为救济。此提议获通过。并推黄云鹏、谷思慎等当场起草国会非常会议宣言,宣言全文如下:

> 去岁曹锟贿选窃位,同人皆坚持正义,自维力薄,未克制止,曾以戡乱讨贼之任付诸国人及各方将领。乃者浙奉兴师,举国响应,期月之间,元恶就逮。当此民意机关绝续之交,同人自觉代表国民之职责,益为重大。特于本日(22 日)在北京成立国会非常会议,期存大法于一缕,共策国事之进行。侯政制完成,民意有托,同人解除责任以谢国人。中华民国 13 年 11 月 22 日国会反对贿选议员 279 人宣言①。

---

① 《申报》1924 年 11 月 28 日。

　　非贿选议员急于发表此项宣言,意在段祺瑞正式就任执政前,成立国会非常会议,造成既成事实,迫段承认。故当日的会议还推举彭养光、范熙壬、童杭时、张瑾雯、韩玉辰、王家襄6人为代表,于11月23日上午与段祺瑞接洽。范熙壬、黄云鹏、胡钧、韩玉辰于11月22日晚即前往与段的心腹许世英、陈宧、姚国桢交换意见。许、陈得知宣言已发,不禁骇然,答应与章士钊、林长民商定后再定与段见面的日期。段祺瑞及其主要谋士如章士钊等本来就主张废弃法统。段祺瑞临时执政府本是冯、段、张相互斗争、相互利用、相互妥协的产物,其产生并无法律根据。也就是说,依《临时约法》也好,依1923年的曹锟宪法也好,它都是非法的。于是段祺瑞及其谋士们便决心废弃曹锟宪法和《临时约法》及旧国会。声称此次是一次政治革命。而此时却又出来一个非常会议,俨然为一立法代议机关。非常会议的成立并发表宣言,这对段来说无疑是一当头棒,段自然很不高兴,故不愿与非常会议的代表见面。1924年11月23日王家襄、童杭时赴段宅时,许世英代见代表。王家襄对许说明来意:"同人来意,当此政变之际,非有一民意机关不足以维持一切。将来临时政府与国民会议之组织法希望由非常国会制定,纵或不能亦须经国会通过,庶政府一切行动尚有轨范。请合肥表示意见。"①许只应付了几句,未做答复。这样,设在北京太平湖饭店非常国会办事处,11月23日、24日连日开谈话会。23日在津拒贿议员全体专车赴京,这样非贿选议员25日开大会,到会151人,仍由李文治为主席。会议讨论通过了《国会非常会议组织大纲》,共11条,内容如下:

　　第一条　本会议由未参加12年10月5日非法大总统选举会之国会议员组织之。

　　第二条　本会议制定一切临时法规,并议决关于政治重要事件。

---

① 《申报》1924年11月30日。

第三条　本会议非有 14 省以上之议员列席,不得开议。蒙古、西藏、青海、华侨各选举区以省论。

第四条　本会议之议事以列席议员过半数决之。

第五条　本会议设行政委员执行一切事务,由各省议员互选 1 人充之。

第六条　本会议开会之主席由行政委员依次充任。

第七条　本会议得设各委员会。

第八条　本会议设秘书厅,承行政委员会之命令办理事务。

第九条　本会议至正式代表民意机关完全成立时为止。

第十条　本大纲有议员 10 人以上之连署得提修正案,以列席三分之二以上议决之。

第十一条　本大纲自议决宣布日施行①。

并推定代表彭养光、韩玉辰、范熙壬、童杭时、张瑾雯 5 人于 26 日午再次到段宅见段,段只派执政府秘书长梁鸿志代见。彭养光再次向梁说明成立国会非常会议宗旨:“同人组织非常国会,不过临时过渡之一种代表民意机关,其任务仅以:1. 草定《国民会议之组织法》。2. 提出一种宪法草案于国民会议而止,并不行使其他职权。”韩玉辰并声明:“非常会议为纯粹辅助临时政府之机关,决不提弹劾案及质问案等,请转达执政放心。”范熙壬则说:“临时政府系革命行为,非常会议亦属革命行为,当然与临时政府合作,希望执政指定开会地点及筹拨开办经费,以便着手进行。”梁鸿志婉拒之,说:“段执政与余个人对于非常会议均无成见,惟目下解决纠纷之局,须注重政治之急进。法律问题,当从长计议。若急剧开催国会非常会议,恐惹起重大纠纷。”②国会非常会议以后又多次开会商讨对策,并派代表向各方活动,但均无结果。12 月 10 日,拒贿议员在太平湖饭店开会,到会 23 省区议员共 75

---

① 郭剑林主编:《北洋政府简史》〔下〕,第 1178 页。

② 《申报》1924 年 12 月 3 日。

人,推年长的李文治为主席。议决:1. 非常会议名称不变,只须再冠以
"国会"二字。名为国会非常会议。2. 限 5 日内各省区推出一名行政
委员,组织行政委员会,进行会务。3. 国宪起草委员会大体决定应由
国会非常会议产生。4. 决定以参议院为国会非常会议议场。11 日谈
话会即迁至参议院开会。

　　12 月 11 日,国会非常会议在参议院开谈话会,推石润金为会议主
席。范熙壬介绍 10 日晚司法总长章士钊邀议员在章宅吃饭时,章主张
解散国会。这天的谈话会上,议员纷纷发言一致反对解散国会,并议决
推沈钧儒、王用宾、张光炜、吕复、刘盥训、张知竞 6 人见段,说明不能解
散旧国会的理由。同时议决尽快组成行政委员会,巩固内部。

　　此时的段祺瑞周围大都是安福系的骨干成员,如梁鸿志等,还有研
究系林长民等,政学系章士钊等,都主张解散旧国会,废除《临时约法》
和 1923 年 10 月公布的曹锟宪法。

　　段祺瑞也多次开会商讨对付国会非常会议的办法。决定设立法制
院、参政厅等机构来安置未参加贿选议员中的重要分子,以减小废弃
《临时约法》和解散旧国会的阻力。内阁会议一决定解散旧国会和废
弃曹锟公布的宪法及《临时约法》后,一直躲着不见国会非常会议代表
的段祺瑞,12 月 13 日下午在执政府接见了国会非常会议的代表王用
宾、沈钧儒、吕复、刘盥训、张光炜、张知竞 6 人。在回答代表问题时,段
明确宣布:"此次系纯粹革命,《约法》、国会应同时消灭。已由阁议决
定,命令即日可下。13 年来祸乱频仍,皆《约法》所造成,自非取消不
可。且曹锟公布宪法,早已革《约法》之命而消灭之。予乃为革曹命而
消灭其宪法,要之《约法》与国会皆已消灭。"①临时执政府决定解散旧
国会和废弃《临时约法》的消息传来,非贿选议员均甚激昂。15 日非常
会议开会,议决反对取消约法和国会。16 日非常会议在参议院再开
会,到会 80 多人,孙光庭主席。仍讨论如何应付政府解散国会与废弃

① 《申报》1924 年 12 月 18 日。

约法令。议决：执政何日下令废弃约法解散国会令，国会非常会议立即发出否认临时执政府宣言，并指定董昆瀛、范熙壬、高仲和、王用宾、沈钧儒、张光炜、张知竞、周恭寿、李肇甫、王宗尧、阎秉真等15人为宣言起草员。

　　15日下午在段宅开临时法律会议，讨论发表取消国会、宪法、约法三大命令问题。出席会议的有司法总长章士钊、财政总长李思浩、法制院长姚震，前司法总长朱深、旧国会宪法起草委员会委员长汤漪及执政府秘书长梁鸿志等，讨论良久，意见不一。章士钊主张：国会、《宪法》、《约法》三者在现时革命政府之下，无一可以幸存。如稍持调停将就，或变相保留之说，则现在革命政府失去法律上之根据，徒与反对者以口实。故为巩固政府地位起见，非首先打破法统不可。打破法统则国会、《宪法》、《约法》三项绝对不可存在。李思浩则从事实方面立论，说：执政府系临时性质，并非国家之主人。其本意即承认取消国会、《约法》、《宪法》为正当，但须决之于国民代表会议①。两派议论，相持不下。于是16日晚再开会协商。但主张发表命令者居多，只是决定将原拟定的三命令，略加修正，只笼统地发一道命令。因为1923年公布的《宪法》如认为根本无效，则无须发撤销令，发撤销令反而等于在撤销令之前认为该《宪法》有效。参、众两院机关之存在，无论说是根据《约法》还是《宪法》，《约法》、《宪法》解决，国会问题随之解决，无再以明令解散之必要。故只须以一笼统的废止法统令即可。孙中山的代表孙科在接见天津英文明新报记者时说：

　　　　废除《约法》与解散国会两事于政治上之意义绝少。盖自袁世凯总统以来即无人曾遵守《约法》。而国会之存在，亦徒为纷纠之发动点也。吾人今日之问题，为如何方足使临时政府为合法政府。人皆知今日之政府为国内军阀所拥护而组织者，并非本于全国人民之意志。苟段氏以其地位为合法，不得人民同意而将国会

①　《申报》1924年12月22日。

与《约法》取消，则将来如再有军阀起而另组新政府，亦可以任意
将以前之政府取消而自造制度，且亦认为合法之举矣。故吾人断
不可忽视此种举动将造未来之若干纷纠。苟人皆起而效尤，焉有
止境？段氏此举有利亦有害。使全国人民均起而赞成之，则为国
家之福，不然则徒引纷纠耳。然则谁能够此资格承认此革命临时
政府为合法，曰为全国人民。惟人民自身始有权决定何者为彼等
要求之政府也。吾父与国民党对于各项问题之主张已明白宣露于
国人。自前吾父离广东时即曾发表宣言，划出国民党在最近应行
之事业为召集国民会议以解决国是。并拟召集国内各商会、教育
会、学生会、工会、实业会、各党派之代表组织预备会以磋商大会中
的议事日程①。

　　这里，孙中山明确提出了是否解散国会与废止《临时约法》必须由
国民会议讨论解决。此时的孙中山已对苏联的新型的社会制度发生了
兴趣，已把学习的目光从西方转向了苏联，即抛开西方的议会制，自然
也就再也不把维护旧国会和《临时约法》作为其奋斗的目标了。

　　彭养光12月19日由天津致函段祺瑞反对取消《临时约法》：

　　　　昨上一电，谅荷明察。窃共和肇造十有三年，祸乱相寻，迄无
宁岁。论者皆谓辛亥改革为不彻底，虽救正方法各有不同，而观察
病源已趋一致，根本改革之说遂成为今日有力之主张。惟念辛亥
以来，国体与政体确定已久，《临时约法》实为国体政体之所托命。
国会沿《约法》产生，又负有制宪权责。13年来之《约法》国会受
军阀之蹂躏践踏，名存实亡者久矣。祸国者军阀，非《约法》与国
会也。公今欲谋根本改革，宜首先尊重《约法》与由《约法》而产生
之国会，荡涤专制余毒，发扬共和精神，夫而后辛亥革命乃有归宿，
否则《约法》去而国体、政体失所凭依，国会去而将来之宪法丧厥
胎原。窃未敢苟为赞同者也。国家遭此非常变乱，循自然之法程，

处之以镇静，尤虞中外之震撼危疑。今乃以辛亥革命所取得之
《约法》、国会继取消满清帝制，曹锟贿选后，使之与伪宪同其命
运，斌珷瓦砾，初莫抉择，一律蠲除，毫无顾虑，将来行使统治权，对
内对外必致大感困难。法兰西为共和先进，其《人权宣言》与我国
之《临时约法》相等。法兰西之宪法虽修改频繁，实则以《人权宣
言》为根据，与我国之约、宪两法有母子递嬗关系，形式亦复相同。
而我国宪法尚未产出，《约法》一废，人民之权利失其保障。值此
递嬗未尽，异说纷纭，不幸枭杰者乘机而起，致复演法兰西惨剧，夫
岂公为国之初衷，亦非人民望治之本意。公东山再起，秉国之钧，
国人所仰望于公者至重且巨。公纵不为将来之宪法计，独不为目
前之安危计乎？今之论者有谓国会经贿选后已不足法定人数，年
限过久，不适运用。岂知分子犯罪，机关无责；人数不足，何难补
选。至若年限之说，则又非第一届国会之所甚者。英吉利长期国
会，亘16年，清教徒首领且出而执政界之牛耳以收革命之局。年
限之说，不足为取消理由。况《约法》所赋予之制宪事业，未曾成
功，国会权责关系綦重。公出膺艰重，毅然以继续辛亥革命彻底改
革为职志，钦仰莫名。惟其间程序，万难漠视。有辛亥而后有《约
法》，有《约法》而后有中华民国，有中华民国而后有国会，有国会
而后有将来之宪法，系统相承，不容或间。一有所议，动摇国本，用
是尽竭愚诚以供献于左右。至养光之所以期期致辩者，非为议员
争去留，实为国家策利害。钧座公正明达，谅能原察，倘蒙酌为采
纳，即请特颁明令，撤销伪宪，再申《约法》效力。其国会应否改
选，抑或补选足额，俾完制宪大业，一听国民会议之解决而处理之。
国是前途，庶几有豸，敬颂勋绥①。

由于国会非常会议的反对，尤其是国民党的对《临时约法》和国会
宜取慎重态度的主张，12月20日国务会议决定将上述三令暂时搁置。

————

① 《申报》1924年12月25日。

　　主张维持法统、恢复国会之论,也会引起争论和纠纷。是恢复第一届国会,还是恢复第二届国会,或恢复广州护法国会,或恢复第三届国会,又将成为一个有争议易引发纠纷的问题。当时贿选议员大多数逃到天津租界后,曾想借恢复法统而东山再起。毕竟第一届国会是全国一致选出的,为全国所承认。第二届、第三届国会很多省区未参加选举,不为全国一致承认。恢复法统自然只能恢复第一届国会。恢复第一届国会,也要引发第一届国会贿选议员和非贿选议员之争。非贿选议员不愿与贿选议员为伍,这是一个难解的结。第二届国会即安福国会议员见自己的后台老板段祺瑞重新上台执政,也十分活跃,在京设立了通信处,预备法统恢复后出而争正统。他们认为,当时通过对德宣战案是第二届国会所为。参战大大提高了第一次世界大战后中国在国际上的地位,中国才以战胜国的身份出席了巴黎和会,提出了自己的正当要求,才能参加华盛顿会议,收回国家的一部分权益,尤其是收回了青岛及胶济铁路,获得了德国的赔款,才有德发债票案,才有各国纷纷放弃庚子赔款的剩余款项。国家得到这么多的政治的、经济的利益,都是第二届国会和段祺瑞之功。第一届国会绝大多数议员参加了贿选,第二届国会多次通电反对贿选,以拒选有功相论,第二届国会也属先觉。第一届国会少数议员以拒贿而居功。拒贿乃议员天职,何足言功? 况且第一届国会拒贿议员中多是贿而不选之人。第二届国会议员同时又是第一届国会议员的议员参与贿选者极少。第二届国会是依《临时约法》产生的。恢复法统自然就应该恢复第二届国会。确定第二届国会的地位也就是确定中国在国际上的地位。第三届国会议员认为,第一届国会和第二届国会议员均已满任期,才依《临时约法》选举的第三届国会。恢复法统自然应恢复第三届国会,以第三届国会作为过渡。护法国会议员则认为恢复法统,恢复《临时约法》是护法国会的功劳。恢复法统就应该恢复民八国会。民八国会议员多数未参加贿选。当时各派议员均从各自的立场出发,各持各的理由,分别进行运动。其中最为活跃的是第一届国会中的拒贿议员、民八议员和第二届国会议员。他们到处活动,四处联络,或发通电,或集会,或运动当时的执掌政权的实力派。

12月26日,国会非常会议再开会。针对段祺瑞政府要废弃《临时约法》和解散旧国会的决定,议定要维护《临时约法》,讨论已起草好的《拥护临时约法宣言》。但对宣言何时发,会上即发生争论。有的主张缓发,有的主张即发,一时无定论而散会。

1925年2月4日,国会非常会议在参议院开会,根据议员吕复提议:善后会议代表纯系各省区军民长官所指派,只能代表各该长官意思,不能代表人民公意,应由本会通告政府,本会议员为人民代表,本会议即为代表民意机关。善后会议只能讨论各省军事善后问题,其他各议案均应移交本会议决方能生效。当即议决依吕复主张起草第三次宣言,交起草委员会起草。并议决即日将上次通过的第二次宣言即《拥护临时约法宣言》通电全国。第二次宣言全文如下:

> 去岁曹锟将以贿选窃据大位也,同人痛法纪之坏、人道之微,相率南下移沪集会,复列举其罪状,移檄海内,树国人以戡乱讨贼之义。迨浙奉兴师,国民响应,名正言顺,固有所本也。今幸元恶就逮,公理大彰,国事有进行之望,政制有更新之机。同人当此民意机关绝续之交,责任綦重,未敢轻弃。爰于11月22日通电宣告成立国会非常会议,所以维大法于不坠,固国本于将倾。谨本斯旨,重为申告。夫立国必有所始,《约法》者,民国之所以始也。曩者袁氏称帝,畏而去其籍,则尝更立章制,以愚国人。然曾不旋踵,袁氏覆败,而《约法》如故。其后屡经变乱,不绝如缕之法统,终益光明无他。先烈精神之所由寄托,一国组织之所由范成,根本盛大,不可卒摇也。曹氏歝法攘国,其罪既著,歝除明复,自同前例,讵复可容异议?爱国之士,诚欲彻底改造,宜共追溯建国最初之原则,详绎全权在民之精意。创制因革之事,一俟总民意机关之成立而议决之。当其新法未立,民志易淆,岂应轻肆訿诛,增其疑殆。假令本法已缺,而进取大业旷时弗就,致使飘摇之局益陷于纠纷昏

暗之中,前路颇危,宁堪设想?况乎非常之举出于纯民之意,事虽繁重,犹为无弊。少涉偏擅,则奸宄并起,何人不可昌言嗾?安知不更有利用机会,溃厥大防,以便其私图者乎?同人目睹国家阽危,惊虑实甚。为杜渐防微计,欲使改进者有常可守,而怀私者以法为惧。特举三事,郑重宣示于国民之前。一、民国之成基于《约法》,除由总民意机关得另制定根本法替代外,无任何人,均无加以毁弃或变更之权。二、主权在民为共和立宪国家之大经大法,民国《约法》第2条特有规定,昭示无穷。前项总民意机关之发生及其组织,必须本此精神。如有擅造假冒者,国人不得承认。三、《约法》未经总民意机关另制定根本法替代以前,决不失其效力。就中关于人民自由平等之规定以及财政、外交上之限制,于国民生存、国家权利尤为重要。无论中央及地方政府,均不得有所违背①。

3月19日,国会非常会议发表第三次宣言,声明国会非常会议是代表人民的民意机关。除军事问题外,政府其他各案均应交国会非常会议解决,反对国民会议。

由于报纸报导,段祺瑞执政府为解决财政危机,即将承认金法郎案。4月1日国会非常会议在参议院开会。议员周兆沅临时动议,讨论反对金法郎案。议员纷纷发言反对段祺瑞执政府承认金法郎案,损害国家利益。结果议定发表《反对金法郎案宣言》,并讨论通过了宣言。《反对金法郎案宣言》声明"在此民意机关不能行使监督权期间,无论何人当国,其所协定之契约,绝对无效,国人绝对无履行之义务。同人职责所在,誓持反对态度,与之周旋。南山可移,此志弗渝。"②

4月12日,外交总长沈瑞麟、财政总长李思浩与法国驻华公使正式签定中法金法郎案。北京政府4月21日正式公布了金法郎案新协

① 孙曜编:《中华民国史料》,第593、594页;《申报》1925年2月10日。
② 《申报》1925年4月6日。

定。4月22日,国会非常会议召集紧急会议,讨论金法郎新协议及对付办法。最后议决发表《反对金法郎案宣言》。并指定阎秉真、常恒芳、黄元操、高仲和、李肇甫、向乃祺、王秉谦7人为宣言起草员。

段祺瑞政府决定发布废弃法统令后,为尽量减少阻力,在其谋士的策划下,又提出毁法造法的理论,即用召集国民会议来制定宪法,按新宪法选举新的国会。段依第一届和第二届国会早已超任期,全国人民对第一届国会和第二届国会的厌恶心理,许诺待国民会议制定宪法后再召集新国会。与此同时,段政府又妥善安置第一届国会拒贿议员和第二届国会议员。善后会议制定的《国民会议组织法》规定,未参加贿选的旧国会起草委员会全体委员及拒贿议员的三分之一加入国民会议,为国民会议议员。善后会议又吸收了拒贿议员中的骨干和活跃分子为委员。以后又成立建设会议来位置拒贿议员,成立国政商榷会来位置民八议员和第二届国会议员。同时制宪研究会也安插上述部分议员。且所位置与安插的议员月薪400元,与议员岁费等。并许这些议员有提宪法草案于国民会议并出席说明之权。即类似原参、众两院合组的宪法起草委员会的地位,以示优待。同时再将上述一些议员任命为中央和地方各级政府机构的官吏。财政部又拨款6.7万元来收束众议院秘书厅,将秘书厅职员也做妥善的安置。这一系列旨在减小废弃法统令阻力的工作基本做好后,1925年4月24日,临时执政发表废弃法统令:

> 自临时政府成立,本执政负改造之责,与民更始。就职以来,良用祗惧。兹幸《国民代表会议条例》业经善后会议一致议决,咨由本执政公布在案。国是既定,众纷可理。主权还诸国民,法统已成陈迹。所望制宪大业早日观成,民国议会依法产生,长治久安实多利赖。至不参加贿选之前国会议员首倡正义,志切匡时,仍当与本执政共济艰难,力图建设。应如何特设机关,俾抒抱负之处,着临时法制院妥订条例,呈准施行。①

---

① 《申报》1925年4月27日。

废弃法统令公布后,执政府即派警察封锁参、众两院,遣散两院夫役。内务部也派员接收国会印信、文件、器具。国会非常会议行政委员会遂无法行使职权。国会非常会议4月25日决定在参议院开会,被警察所阻止,进不了参议院。执政府又托与政府和国会非常会议议员关系都较好的旧议员如王家襄等人出面疏通所剩不多的国会非常会议议员。多数国会非常会议议员对执政府的位置议员的条件比较满意,态度软化。5月1日,国会非常会议在中山公园水榭开会讨论如何应付时局时,很多议员主张将已拟定的《反对金法郎案宣言》缓发。但在褚辅成派坚决主张下将此宣言通电全国。褚辅成派决定举出护法不护宪的旗帜,出京赴津。少数非褚派议员亦随褚离京赴津,在津再集会。但在津议员对组织新政府问题上出现分歧。褚派主张新政府取委员合议制,非褚派主张总统制,选张作霖为大总统。两派争执无结果。执政府则派姚震、李思浩、乌泽声、曾毓隽分头疏通在津议员,许以优厚条件运动他们回京。这样又有些赴津议员回京。护法之旗已缺乏号召力,当时各实力派没有人站出来公开支持,舆论和民众对此更漠不关心。护法运动终未成气候。

十五、《中华民国宪法案》的起草

1924年11月中旬在天津召开的冯玉祥、段祺瑞、张作霖三巨头会议决定废止1923年公布《中华民国宪法》和解散旧国会。按照这一决定的精神,段祺瑞在入京就任中华民国临时执政之职的11月21日,即向全国发表通电,在宣告自己入京就临时执政之职外,宣布了自己的政治主张:"海内久望统一,舆论趋于革新。愿与天下人相见以诚,共定国是。如制定国宪,促成省宪,改订军制,屯垦实边,整理财政,发展教育,振兴实业,开拓交通,救济民生诸大端,必须集全国人之心思才力以为之,庶克有济。现拟组织两种会议。一曰善后会议,以解决时局纠纷,筹备建设方案为主旨,拟于一个月内集议。其会议简章另行电达。二曰国民代表会议,拟援美国费府会议先例,解决一切根本问题,以三个月内齐集。其集议会章,俟善后会议议定后即行公布。会议完成之日,即祺瑞卸责之时。总之,此次暂膺艰巨,实欲本良心之主张,冀为彻底之改革。"①通电中明确提出召开善后会议解决时局纠纷,谋求统一;召集国民代表会议制定宪法,解决国家的长治久安。制定新的宪法,自然就是否定旧国会1923年制定的宪法和《临时约法》。通电中明确提出要仿照1787年美国13州代表在美国的费城制定美国宪法的先例,由国民代表会议制定新的宪法。这里吸取了第一届国会因党派之争,一部宪法争吵了十几年而难于产生的教训,故不再用国会来制定宪法。即剥夺了《临时约法》中规定的国会有起草宪法、议决宪法的特权。这当然也无可责备。宪法关系全体国民,不一定需要国会来包办。一些民主国家如美国等国家的宪法就不是由国会制定的。有的国家对宪法中的重大问题举行全民公投,直接征求全体国民的意见。第一届国会垄断了起草和通过宪法之权却没有很好地履行制宪的责任和义务,剥夺国会的这一权力也就在情理之中了。

12月24日,临时执政段祺瑞正式公布了《善后会议条例》,共13条,全文见附录(一)。25日,段派许世英筹备善后会议,实际负责者为杨永泰。

12月30日,临时执政段祺瑞分别致电各军首领和各省区及蒙、藏、青海军民长官电,邀请他们或由他们的全权代表赴京参加1925年2月1日召开的善后会议。1925年1月1日,段专电孙中山、黎元洪;章太炎、唐绍仪、岑春煊;王士珍、汪精卫、黄郛、熊希龄、赵尔巽、胡适、李根源、潘大道、乌泽声、刘振生、杨永泰、邵瑞彭、彭养光、李肇甫、汤漪、林长民、张绍曾、严修、梁启超、朱启钤、杨宇霆、饶汉祥、王九龄、杨庶堪、褚辅成、虞洽卿、梁士诒,邀请他们参加善后会议。

---

① 孙曜编:《中华民国史料》,第537、538页。

　　1月17日,孙中山在《关于善后会议致段祺瑞电》中,提出善后会议必须有现代实业团体、商会、教育会、大学、各省学生联合会、农会、工会、各军、各政党的代表参加。善后会议所讨论的问题仍须提交国民会议做最后的决定。段并不完全同意孙的主张,只决定于善后会议所设的专门委员会聘请各省省议会议长、省教育会会长、省农会会长、省城总商会会长及北京、天津、上海、汉口总商会会长为专门委员,并于1月29日段致各省区四法团特请专门委员电,邀请这些人为善后会议专门委员会委员。国民党和孙中山作为反直三角联盟的一方对段祺瑞把持包揽善后会议不满,决定不参加善后会议。1月30日,国民党议决党员概不参加善后会议。2月10日,国民党发表《反对善后会议之宣言》,详细阐明自己反对善后会议的立场。

　　2月1日,临时执政段祺瑞发表了长篇的《临时执政建设宣言》,再次详细提出和阐发了其政治主张:由善后会议解决时局纠纷,共谋和平统一;由国民代表会议制定国家宪法,促成省宪,解决一切根本问题。

　　2月1日至4月21日,善后会议在北京召开。除国民党外,西南各省都派出了代表出席会议,其它省区也都派出了代表出席会议。会员名单见附录(二)。这是自张勋复辟后南北分裂以来第一次出现全国统一的趋向。会议由于派系众多,争论自然也激烈。会议按《善后会议条例》选举赵尔巽为议长,汤漪为副议长。赵是一个起居都需人扶持的老人,实际善后会议由汤漪主持。

　　善后会议制定了《国民代表会议条例》,临时执政4月24日将其正式公布。条例共6章39条,全文见附录(三)。同日公布的还有善后会议制定的《军事善后委员会条例》和《财政善后委员会条例》。

　　5月3日,段祺瑞公布了《国宪起草委员会规则》,共9条,全文见附录(四)。

　　按《国民代表会议条例》第2条的规定,成立国宪起草委员会起草《中华民国宪法案》及其施行细则;国宪起草委员会委员每省军民长官各推举 1 人,每区长官各推举 1 人,临时执政选聘 20 人,内外蒙古、西藏各 2 人、青海 1 人,亦由临时执政分别选聘。

5 月 16 日临时执政任命林长民办理国宪起草委员会事宜。林即着手筹备国宪起草委员会,主要是为段祺瑞物色选聘国宪起草委员人选和督促各地军民长官推举国宪起草委员。7 月 4 日,临时执政段祺瑞致电各省区军民长官速推举国宪起草委员,并公布临时执政选聘的梁士诒、李家驹等 20 名国宪起草委员。这样,各地军、民长官陆续推定国宪起草委员。7 月 17 日,临时执政段祺瑞发布《召集国宪起草委员会令》,定于 8 月 3 日在京召集国宪起草委员会,起草宪法。

8 月 3 日,国宪起草委员会在京举行开幕典礼。按《国宪起草委员会规则》第 1 条的规定,用无记名投票法选举林长民为委员长,刘恩格、贡桑诺尔布、陈定远、李坚白、顾兆麟、汤漪为理事。国宪起草委员会委员名单见附录(五)。

国宪起草委员会成立后即抓紧进行宪法的起草工作。先后开大会41 次。中间又将宪法草案分成几个部分,分别指定国宪起草员按大会讨论的结果分几个小组起草宪法相应部分的具体条文。这样又开分部起草会议 22 次。各部分起草好后,国宪起草委员会开大会以三读会的严格程序讨论、修改草案,最终于 1925 年 12 月 11 日将宪法草案全部通过。接着备咨文将宪法草案咨送临时执政,以便由临时执政提交国民代表会议讨论。

《中华民国宪法案》共 5 编 14 章 160 条,全文见附录(六)。

《中华民国宪法案》和《临时约法》、《天坛宪法草案》及 1923 年的《中华民国宪法》一样,是一部依据三权分立原则制定的维护民主共和制的宪法草案。这时,中国已有十几年的民主共和制的实践,《临时约法》的一些缺陷和《中华民国宪法》的缺陷也已充分暴露,故《中华民国宪法案》尽量吸取了中华民国实践过程中的一些经验和教训,故又有自己的特色。

1. 设立了《国家与地方事权之分配》一章,明确划分国家与地方的权限,规范了中央与地方的关系。

2. 参议院、众议院议员总数大大减少。众议院议员总数规定为300 至 400 名之间。这比第一届国会众议院议员总数 596 人少得多,比第二届国会众议院议员总数 406 人也少。参议院议员总数 90 人,这比第一届国会参议院议员总数 274 名少得多,也比第二届国会参议院议员总数 168 名少很多。这显然吸取了两届国会,尤其是第一届国会议员人数过多,反影响国会的效率而做出的修改,以提高议事效力。

3. 众议院和参议院的职权有很大的不同,众议院的权力远大于参议院的权力。法律案和预算案的最后议决权都赋予了众议院。第一届国会参、众两院职权基本相同,这就等于将国会一分为二,任何法律案、国务委员同意案、预算案只有两院一致同意才能通过,影响议会的议事效率。若遇两院不一致时,还要组织两院协议会协议,就更影响议事效率。《中华民国宪法案》吸取了第一届国会的教训才做出这种规定。

4. 众议院常会会期为 4 个月,最多只能再延长 2 个月。这显然是针对第一届国会借未限制常会延会时间,而将常会延长的会期超过常会本身 4 个月的会期,变成常年开会的情况而做的限制。

5. 将大总统、副总统选举权,国务员同意权从国会中剥离出去。第一届国会在选举大总统时出现贿选,这使国会的形象受到致命的损害。第一届国会很多议员在行使国务员的同意权时,进行权钱交易、权权交易,这也严重损害了国会的形象,还严重影响了行政的独立,引发政潮,无法产生一个相对稳定的政府。中华民国 13 年的时间内,内阁更迭 30 多届,其中很多是因为国会党派争斗而造成的。这对国家是不利的。《中华民国宪法案》吸取了这种教训,将国会的有些权力剥离也是合理的。尤其是选举大总统、副总统的权力本来就不属于国会的权力。

6. 明确规定众议院议员任期 3 年,任满之日即解职。这是为防止象第一届国会为无限期延长自己的任期而做出的明确规定。1923 年公布的宪法规定议员职务"应俟次届选举完成,依法开会之前一日解除之"。这是议员无限期延长任期的法律条文,曾遭到全国的反对。

7. 原选区选民可以撤回本选区的众议员。第一届国会很多议员逐渐不能代表甚至完全违背了其选区的选民意志。如很多参与贿选的议员,虽遭到家乡父老的谴责和反对,但选民们对自己所选出的代表毫无制约的办法。《中华民国宪法案》给选民以撤回权,自然是增加了一项选民对议员的监督之权和制约之权,使议员不能毫无顾忌地在议会中违法乱纪、损害国家与人民的利益。正是由于第一届国会缺乏对议员的有效监督,很多议员才逐渐腐化、堕落。任何权力都需要人民的有效监督,哪怕是对所谓的人民代表的监督。这也是第一届国会的一个沉痛的教训。

8. 参、众两院常会开会的法定人数降低。由于《中华民国国会组织法》规定参、众两院常会开会的法定人数为议员总数之半,定得过高。于是在第一届国会、第二届国会中,因某一党派不同意某一提案或某一议题,以不出席会议作为抵制,使常会一再流会。最为突出的是 1922 年、1923 年第一届国会参议院第三期常会选举议长时,估计本派处于劣势时,凡议程中列有选举议长议题的常会,均以不出席来抵制选举,致使议长选举会流会达几十次之多,使参议院几十次常会基本上都白白浪费了。这严重影响了议事的正常进行。参、众两院议员总数均在几百人,平时总有请病假、事假的,还有的辞职或自然死亡递补议员不能及时递补的,故再有一个党以不出席常会来抵制一些议案,就容易使常会流会。以这种将议会搞瘫痪的手段来破坏议会少数服从多数的原则,自然是应该防止的。更为重要的是,国会也不致因政见不同而造成分裂乃至出现南北两个国会和南北战争,使国家陷入分裂状态。正是鉴于中国议会中出现的问题,借鉴一些民主国家议会开会的法定人数定得并不高的惯例,《中华民国宪法案》将参、众两院常会开会的法定人数定为各院议员总数的三分之一。这是合理的。

9. 采用总统制以避免府院之争,便于政府的稳定。国务总理及国务员无须经国会同意,直接由大总统任免。大总统召集并出席国务会议。这显然是为防止第一届国会和第二届国会存续期间一再出现的府院之争而定的。同时,第一届国会参、众两院都有对国务员的同意权,这使内阁往往难产。在第一届国会和第二届国会存续的十几年中,民国30多届内阁,正式通过国会的才14届,远不足一半。其余都是临时内阁、代理内阁和署理内阁。这使强有力的政府难于产生和难于维持。

10. 大总统、副总统由全国选民于每县内选出大总统选举人一名,到京组织大总统选举会,以无记名投票法选举大总统、副总统。这显然也是为了避开由国会选举大总统的弊端而取此法的。

11. 众议院有对国务总理和国务员不信任的议决权来监督政府,大总统有解散众议院之权来与之平衡。这显然是因《临时约法》中国会是不被解散的而引发一场场全国性的政潮乃至分裂与内战,才做出大总统有解散权的条款的。这符合三权分立、相互制约的原则。

12.《地方制度》列为一编,又分《省区》、《蒙藏》两章,对地方制度做了较为详细的规定。地方制度一直是民国议会中争论最为激烈的问题,国会中的很多武打戏是由地方制度问题上两派矛盾激化的结果。地方制度关系到中央到地方权力机构的整个体系,还关系到维护国家的统一及调动各方积极性的大问题。当然,这些都未经过系统的实践,尚难判断其是否适合中国的国情。

《中华民国宪法案》参照了一些民主国家的宪法,同时又结合中华民国十几年议会实践的经验而起草的一个宪法草案。它是一个维护资产阶级民主共和制的宪法草案。按《国民代表会议条例》的规定,《中华民国宪法案》必须由国民代表会议议决通过才能成为正式的新宪法。临时执政府在国宪起草委员会会议尚未召集之前的 1925 年 5 月 1 日即公布了《国民代表会议筹备处条例》，设立国民代表会议筹备处，筹备召开国民代表会议。7 月 1 日，临时执政段祺瑞公布了国民代表会议议员选举日期令，规定各地应于 9 月 20 日之前办妥国民代表会议议员的选举。各地陆续选举国民代表会议议员。10 月 29 日，临时执政段祺瑞发布了 1926 年 1 月 15 日在京召开国民代表会议的命令。

由于从 1925 年 10 月开始，内战的阴云再次笼罩中国的上空，国内政局再次陷入内战和混乱之中。10 月的浙奉战争爆发。同月吴佩孚在汉口成立十四省讨贼联军并任总司令，随时准备北进以报北京政变的一箭之仇。11 月下旬，北京又爆发了一场声势浩大的反段反奉的群众运动，控制北京的国民军部分将领同情甚至暗中支持这一运动，使北京局势更为混乱和动荡。亲奉的阁员纷纷辞职离京，段祺瑞的重要心腹也开始逃往天津。11 月 26 日国民军拘捕了执政府秘书长曾毓隽。11 月 29 日，段的心腹、临时执政府的临时法制院院长姚震被国民二军拘捕。12 月 29 日，冯玉祥部将段祺瑞的最重要的心腹徐树铮捕杀于廊坊。段祺瑞执政府摇摇欲坠。段本人于 1926 年 1 月 1 日提出辞职。1925 年 11 月下旬，奉系重要将领郭松龄起兵反叛张作霖，冯玉祥支持郭反张。这样，执政府的两大支柱——冯玉祥的国民军与张作霖的奉系公开决裂，使执政府失去支撑，倒台已属必然。1926 年 1 月中旬，张作霖以讨伐魏益三的名义向关内进攻。这样，尽管段祺瑞曾下令 1926 年 1 月 15 日召集国民代表会议讨论通过新宪法，但国内已不存在召开全国范围的国民代表会议的条件。国民代表会议流产。段祺瑞也只好于 4 月 20 日正式下野。

1925 年 4 月 7 日，段祺瑞临时执政召集内阁会议，议决设立临时参政院代替国会辅佐临时执政府。4 月 13 日临时执政公布了《临时参政院条例》。

5 月 1 日临时执政段祺瑞下令召集临时参政院会议，并派赵尔巽、汤漪、汪大燮、熊希龄、王家襄、黄郛、徐绍桢、刘骥等 30 人为参政,赵尔巽为议长参政,汤漪为副议长参政,同时公布了《修正临时参政院条例》。

5 月 13 日,临时执政段祺瑞通电,定 6 月 5 日临时参政院在京开会。7 月 30 日,临时参政院在北京举行开幕典礼。临时参政院参政的名单见附录(七)。从名单中可以看出,很多参政是第一届国会未参加贿选的议员。赵尔巽已是风烛残年的老人,实际主持参政院的是副议长汤漪。汤是第一届国会的重要骨干、宪法起草委员会委员长,也是一位有名的法学家。

十六、护宪议员恢复第一届国会运动的失败

第二次直奉战争中失败的吴佩孚辗转到湖北。1925 年吴控制了湖北,并乘孙传芳以浙、闽、苏、皖、赣五省联军总司令的名义讨伐奉军之机,于 10 月在汉口成立了十四省讨贼联军,就任总司令职。总司令部设于汉口查家墩,委蒋方震为总参谋长,张其锽为秘书长,共设 20 多个处,员司 2 000 余人,每月经费 30 万元,俨然为一军政府。一时间吴的身价倍增,声势更为显赫。被段祺瑞执政府检举和通缉的贿选议员又把东山再起的希望寄托在吴佩孚身上,逐渐云集汉口。1925 年 11 月 2 日,在汉口的议员集会,决定护宪,组织政府,并派孙钟赴包头、王乃昌赴南京、廖劲北赴河南游说各实力派。但由于贿选议员已声名狼藉,各方讨厌贿选议员,故收效不大。贿选干将、原众议院议长吴景濂也于 11 月 4 日经沪赶到汉口,并带来旅沪贿选议员的 6 条意见:1. 组织合法政府。2. 组织政府人物须由讨贼分子参预。3. 卖国党徒须付之国法。4. 各部组织依民元官制。5. 国会自由集会,选举总统后依法改选。6. 宪法上组织须逐渐推行①。但武汉的人民对贿选议员也十分

---

① 《申报》1925 年 11 月 11 日。

厌恶。对吴景濂个人,武汉的舆论也颇多攻击语。尤其是这些议员许给萧耀南(鄂督)副总统以换取萧同意国会在武汉召集,湖北人民自然不希望这批贿选议员在武汉召集旧国会。湖北县联会电吴佩孚,反对议员在武汉召开旧国会。

由于当时吴佩孚的主要精力放在军事上,且只有军事问题解决了,即只有吴重新握有中央政权后,才能谈得上法律和政治问题,故对到汉的受贿议员采取了不即不离的应付态度。这样,一些到汉的议员又离鄂赴津。

1925 年 12 月郭松龄倒戈反奉失败,由于冯玉祥公开支持郭倒戈,张作霖认为冯是郭倒戈的罪魁祸首,于是联合李景林、张宗昌的直鲁联军,并与吴佩孚联合,形成一个反冯大同盟,又称"讨赤"大同盟。张要报冯玉祥助郭倒戈之仇,吴要报冯北京政变的倒戈之仇。但冯玉祥的 20 万之众的国民军是一支训练有素、战斗力很强的军队,并不是轻而易举就可以打败的。奉军由于郭松龄倒戈,大伤元气。本来奉军的战斗力就不强,此时更无单独消灭国民军之力。1926 年初,为联合吴佩孚,张作霖许诺将来北京政局由吴佩孚主持。在国民军 4 月退出北京后,如何组织中央政府的问题就摆在直奉的面前。吴佩孚提出恢复 1923 年公布的《中华民国宪法》,让北京政变时被推翻的颜惠庆内阁复职并摄行大总统职权,作为过渡政府,恢复旧国会。这就是所谓的护宪。张作霖认为 1924 年自己起兵讨伐贿选是正当的,贿选的国会负连带责任,自无恢复之理,由贿选国会制定的宪法自然应废除,应该恢复《临时约法》,重新进行国会选举,成立新的国会。这就是所谓的护法。贿选议员多是护宪派,拒贿议员和东三省议员多为护法派。

国民军撤出北京,尤其是王怀庆 1926 年 5 月 1 日正式就任京畿卫戍司令后,贿选议员又纷纷赴京,准备再恢复国会。在这之前已有少部分议员到京设立联络机构。到 5 月中旬,到京的护宪议员已达 300 多人。参议院在北京油房胡同 24 号张鲁泉宅设立通信处。众议院在北京抄手胡同孙宅设通信处。为了得到实力派的支持,他们首先运动曹锟系统的要人,要求在曹锟的下野宣言中提出护宪问题。但曹的下野宣言中只用了"大法可复"这种含混的提法来回避护宪和护法之争。因为这里的大法即可指《临时约法》,也可指 1923 年 10 月公布的《中华民国宪法》。任凭所需者做出各自需要的解释。护宪议员又以选张作霖为总统来换取张对护宪议员恢复旧国会的支持。他们派杨允升于5 月中旬赴奉运动张作霖。对护宪议员来说,大总统选张作霖还是选吴佩孚,或张正吴副,或吴正张副,本无定数。此辈在武汉时则以大总统许吴,以副总统属张;及对奉系人物,则说只要奉张赞成恢复旧国会,则定将举张为大总统,副总统属吴。此辈居心,惟冀骗得集会之权。只要能再集会,选吴选张,仍须再看势力强弱与利益厚薄而定。对护宪议员而言,大总统选举也只是一笔买卖。5 月 20 日,手抄胡同派议员就有人说:"同人出亡年半,收入绝鲜,今后当再办一次大选,以资周转。"①这是护宪议员的大实话。看来真是本性难移。吴佩孚曾多次声称自己不当大总统。故吴景濂在汉口当吴佩孚的面说要举其为大总统时,吴佩孚大怒,拍案厉声骂吴景濂混蛋②。一点面子也未留给抬轿子的吴景濂。也可见吴佩孚对这批贿选议员的厌恶之情。奉张虽早存当大总统之心,但却不愿由这批名声不好的议员来选自己为大总统,故对护宪议员的游说也不予置理。护宪派议员又推李炳华、张鲁泉等访刚恢复国务总理之职的颜惠庆,表示颜阁已依宪法恢复,国会自应即行自由集会。关于国会开会地址及国会经费,请颜阁设法筹备。颜惠庆并不见李、张,只派孙润宇代见。孙未表示意见,只答应代为转达。护宪议员又派代表直接和法政大学交涉,要求其交还参、众两院议场,但法政大学以该址原本属法政大学而予以拒绝。议员又找到卫戍司令王怀庆交涉,让法政大学让出院址。法政大学推代表见王,称

---

① 《申报》1926 年 5 月 22 日。
② 《申报》1926 年 5 月 20 日。

该校校舍现尚不够用,参、众两院以前本属借用法政大学性质,不能再任议员喧宾夺主。王怀庆以两方皆言之成理,本人难作主,等政府、教育部裁夺来推托。

这时国会非常会议议员,除安福系一部分不主张恢复《约法》外,均主张恢复《临时约法》,恢复 1923 年 6 月 13 日的状态,即让黎元洪复大总统职补满 83 天任期,依法再选举新的总统。他们联络名流、法团和报纸以壮声势,发表宣言,并运动各实力派支持。5 月中旬,他们派王葆真赴武汉谒吴佩孚,又派议员面孙传芳。由于该派在段祺瑞政府时期,大都参加了段所设的参政院、法制院、建设会,直系自然不会支持这派议员的主张,派往谒吴佩孚、孙传芳的国会非常会议的代表均碰钉子。该派又托在奉的拒贿议员疏通奉张,张亦不愿支持这一派的主张。因此,该派了无成绩,只好静以观变。

护宪派由于有吴佩孚的护宪主张,有吴的并不坚定的支持,在京便积极谋求集会。1926 年 5 月 19 日和 20 日,护宪议员在抄手胡同开会,议决:1. 向财政部请筹备费。2. 请驻武汉议员推 4 人留武汉,其余均北上。3. 请卫戍司令催法政大学让出院址。4. 通电宣布 6 月 1 日自由集会。5. 众议院议长仍吴景濂,参议院议长推谷嘉荫,对外代表一切。6. 集会后即组织大总统选举会。7. 声明国会未恢复前,所有摄阁措施概不负责[①]。这样,旅武汉议员在吴佩孚和湖北督办陈嘉谟合送北上旅费后赴京。尽管北京的护宪议员一再催促在汉的吴景濂北上主持,但吴却迟迟不敢入京。一向善呼风唤雨的吴之所以不敢入京,自有其苦衷:张作霖是反对护宪的,主张法律问题和组织政府问题,由元老及各省会议决定。5 月 2 日,张在给吴佩孚的电报中重申了自己这一主张。为了打击护宪派和旧国会,在电报中张还以吴景濂勾结郭松龄叛乱的名义,要求吴佩孚逮捕吴景濂。吓得吴景濂躲在汉口托庇于直系,取消了入京布置国会开幕事宜的打算,未敢入京主持护宪议员的

---

① 《申报》1926 年 5 月 21 日、22 日。

活动。

　　在京的护宪议员欲借吴佩孚入京，欢迎吴的时机开会。5 月 28
日、29 日护宪议员连续 2 天开茶话会，议决：1. 促同乡议员来京凑数。
2. 调查到京人数，以簿签名。3. 推代表向颜惠庆索费。4. 清理两院
文件。5. 起草宣言，借吴入京之势，为拍发机会①。护宪议员 5 月 30
日又开会，决定 6 月 20 日国会自由集会。并发表通电："13 年 11 月段
祺瑞毁法乱政，国会为暴力压迫，不能行使职权。现暴力消除，首都奠
定，国会应即依法继续 13 年临时会开会，特此奉闻。"②

　　要正式集会，就首先要有会场。护宪议员派代表向国务总理颜惠
庆、京畿卫戍司令王怀庆乃至直接向法政大学交涉，要求收回参、众两
院院址，均无结果。眼看所定的 6 月 20 日开会的日子快到了，这自然
使护宪派十分着急。于是，他们除继续向颜要求收回两院旧址，同时要
求颜拨怀仁堂作临时应急的会址。由于颜内阁按奉直协议只是过渡一
下的工具，颜阁开成国务会议时即辞职。颜自不敢作主，迟迟不敢答应
护宪议员的要求，一拖再拖，最后只能推到国会所定的开会日期 6 月
20 日的前一天即 6 月 19 日答复。但到 6 月 19 日颜亦未得到吴佩孚、
张作霖的任何指令。吴对国会恢复问题采取任其自然不加积极赞否的
态度。在院址问题上也没有正式关照过颜，嘱颜如何做。奉张则一直
坚持反对护宪的主张，自更不以国会重开为然。颜须看吴、张的脸色，
按吴、张之意行事，故只好再取拖延之法，要议员再等几天，与各方做最
后的协商。但议员深恐时机错过，等大局定后国会无复活之望，故急欲
开成一次会，做到名义上的恢复。护宪议员以和平交涉势难收效，会期
在即不容延误，决定强行接收怀仁堂。6 月 19 日下午 3 时，派出原众
议院秘书厅人员多名赴怀仁堂接收该处房屋，令原住办事人员即行迁
让，态度十分强硬，似非立时借用不可。该处办事人员以未接上面的命

①　《申报》1926 年 5 月 30 日。
②　《申报》1926 年 5 月 31 日。

令不便轻易迁让拒之。经长时间交涉终未得结果。但诸议员以集会事已如箭在弦上,不得不发,必于日内举行集会式。这时护宪议员派出赴保定见吴佩孚(此时吴已北上准备入京见张作霖,专车停在保定车站)的代表叶夏声、彭汉遗、廖劲伯、刘彦4人,20日来电说吴已致电颜惠庆、王怀庆二人,说"现国会因两院地址尚未腾出,拟在怀仁堂先行集会,届时请派军警妥为保护,无任感荷"①。但国务院仍无即日拨让怀仁堂的明确表示。且从6月20日起总统府、新华门大门及两辕之铁栅栏门均严密关闭并增派军警守护,出入怀仁堂国务院的西苑门,门禁也加严,不持入门证,一律不让入内,防止议员占用怀仁堂。6月21日,护宪议员在油房胡同24号召集紧急谈话会,计议如何赶期召集会议目的的办法。议定22日发集会通知,即使没有会场,也要在露天举行国会自由集会的开会式。护宪派议员一直派代表在保定运动吴佩孚的支持。

吴佩孚主张护宪,从这一点出发,他应该支持护宪派恢复国会的运动。但在与张作霖商谈联合讨赤之初的1925年与张有约:恢复法统,另起炉灶;直不拥曹,奉不拥段。且奉张一直坚持护法,按《临时约法》成立新的国会,即决不承认贿选所造成的后果,反对已丧失人格的贿选议员再集会。当时冯玉祥的国民军这个吴、张的主要的共同敌人实力仍很强,吴、张决定要联合进攻国民军,将其摧垮。为了维持与奉张的合作,就不应该支持护宪派的恢复旧国会的运动。吴处于十分矛盾的地位。故护宪议员定于6月20日在怀仁堂举行国会自由集会开会式时,吴先发一电请颜惠庆派警察保护。但由于奉系反对恢复旧国会,更反对贿选议员再集会,在京与奉方谈判的吴佩孚的代表张其锽依北京的形势,若护宪议员真的自由集会,将引起直奉两方的重大纠纷,甚至导致直奉合作的破裂,于是连向在保定的吴佩孚发出5封密电,请吴务必慎重对待此事。吴得电知北京的局势

① 《申报》1926年6月26日。

与奉方的态度,为了不影响奉直的反赤联盟,尤其是为了不影响已定的吴佩孚与张作霖即将在北京的会晤,吴佩孚决定制止国会的开会式,临时又改变支持护宪派集会的主意。6月20日吴又急电颜惠庆:"昨以两院议员有要求在怀仁堂开会之举,曾电请派军警保护。刻因情形不同,恐滋他方误会,应特通知议会诸君,少俟两院地址收还后,再行自由集会,俾免发生他方误解。并希婉为劝慰,至盼。"①这封电报自然是吴撤销了对护宪议员再集会的支持,护宪议员自然十分惊讶,一面急电在保定的代表叶夏声等向吴哀求,一面要求财政次长符定一向吴说项,务达开会目的。左右为难的吴自然只好采取拖延的办法来应付。

　　旧国会要集会,经费自然是另一个关键问题。护宪议员在颜惠庆内阁恢复后即一再向颜阁要求经费。但颜阁本身就是一个成立后正式开第一次国务会议即应辞职的过渡内阁,没有吴佩孚、张作霖的允许是不可能给护宪议员拨经费的。况且当时正在进行围剿国民军的战争,北京政权财政十分困窘,更不愿再负担这批吵吵闹闹的议员们的经费。故尽管护宪议员十分活跃,但经费却无着落,议员俱乐部的房租、伙食、杂用等项经费均是各首领垫出或挪借的。护宪议员积极为经费之事奔走,并请当时支持护宪的吴佩孚促政府为国会拨款。吴不愿为这些议员而出面催促政府,而是委婉地予以拒绝,说:"京中财政现状诸君当知。"②

　　6月28日吴佩孚入京与张作霖匆匆会面后当日即出京赴长辛店,行营设于火车上。与张会晤后,吴佩孚对国会取冷静态度,对包围他的议员取敷衍办法。吴景濂派代表毕翼庭于7月15日起即在长辛店疏通吴的左右,其他到长辛店来要求8月1日国会行集会式的议员不乏其人。但此时国民革命军的北伐已经开始,并占领了湖

---

① 《申报》1926年6月28日。
② 《申报》1926年6月18日。

南直指湖北,南线吃紧。吴已无暇顾及国会的问题,无暇顾及法律的问题,必须全付精力投入到军事上。再者,即便护宪议员恢复了国会,由于国会非常会议议员与护宪议员主张不同,更不愿与贿选议员为伍,纷纷出京,要足法定的开会人数都困难,更不必说召开宪法会议将尚未完成的《生计》、《教育》两章完成及召开总统选举会选举总统、副总统了。在议员张鲁泉请求吴佩孚给款维持在京议员生活时,吴佩孚决定拨款 8 万元遣散议员,彻底打消议员再集会的幻想。最后由财政次长兼盐务署长符定一筹得 8 万元,除国会各派首领奔走活动费用以及各俱乐部、通信处所挪借消耗的房租、伙食、杂用等项,所剩不到 4 万元,于是每个议员只发给了 100 元返乡川资,前往领款者三百多人。这样,奔忙了一阵的护宪议员的自由集会运动也就烟消云散了。

附录:

(一)善后会议条例

1924 年 12 月 24 日公布

第一条　本会议以解决时局纠纷、筹议建设方案为宗旨。

第二条　本会议以下列各员组织之:

一、有大勋劳于国家者。

二、此次讨伐贿选制止内乱各军最高首领。

三、各省区及蒙、藏、青海军民长官。

四、有特殊之资望学术经验由临时执政聘请或派充者,但不得逾三十人。

前项第一至第三款会员不能列席时,得派全权代表与议。

第三条　本会议开会闭会日期,由临时执政定之。

第四条　本会议设议长一人、副议长一人,由会员互选之。开会时议长主席。议长有事故时,由副议长代理。

第五条　本会议应行议决事项如下:

一、国民代表会议之组织方法。

二、关于改革军制事项。

三、关于整理财政事项。

四、其他各案由临时执政交议者。

本会议议决各案,咨由临时执政执行。

第六条　本会议就应行议决事项设专门委员会审查大会所交议案,并得出席报告及陈述意见。

前项委员由临时执政聘请或派充之。

第七条　本会议以会员全体三分二以上之列席开会,列席员过半数之同意议决。

第八条　临时执政得随时出席会议,或派代表提出第五条所列各种事项之议案。

临时执政提出之议案应提前付议。

第九条　本会议设于北京。

第十条　本会议以一个月为期,于必要时得延长二十日。

第十一条　本会议议事细则由会议自定之。

第十二条　本会议设秘书厅掌文书、议事、速记、会计、庶务等事项。

秘书厅设秘书长一人、秘书五人、事务员四十人。秘书长由临时执政任命,秘书由秘书长呈请任命,事务员由秘书长派充。

第十三条　本条例自公布日施行①。

①　孙曜编:《中华民国史料》,第539—541页。

(二)善后会议会员名单

会员	代表	会员	代表	会员	代表
孙　文		刘镇华	王泽攽	汲金纯	白文琳
黎元洪			楚纬经	吴俊升	汪维城
张作霖	郑　谦		郭毓璋		王树常
	袭玉崑	何丰林	汪庆辰	吴光新	陶云鹤
	战涤尘	陈乐山	邓汉祥	鹿钟麟	李兴中
卢永祥	张　仁	王桂林			汪秉乾
	祁景颐	张载阳	金兆蕃	李鸣钟	刘之龙
冯玉祥	刘　骧	潘国纲	杜　持		熊　斌
	陈金绶	臧致平	张凤翙	刘郁芬	王乃模
胡景翼	张炽章	杨化昭	刘春台	宋哲元	张维藩
	李仲三	李景林	岳　屹	张之江	陈琢如
孙　岳	刘汝贤		张化南		刘震龙
	徐卓增	姜登选	黄容惠	岳维峻	寇　遐
孔繁锦	张继宠	张学良	胡若愚	何　遂	金兆棪
吴新田	聂光韬	韩麟春	戢翼翘	杨希闵	卢启泰
唐继尧	周钟岳	张宗昌	逯长增	谭延闿	
	徐之琛	郭松龄	郭大鸣	刘震寰	
	马　骢	阚朝重	翁恩裕	许崇智	
阎锡山	温寿泉		王守中	程　潜	
	苏体仁	张作相	张　恕	范石生	邓之诚
	潘连茹		孙广庭	胡思舜	李岳渊
郑士琦	江　晧	王树翰	荣　厚	林俊廷	
	黄家濂	许兰洲	王丕焕	陈炯明	李国凤

会员	代表	会员	代表	会员	代表
李烈钧			何葆华	邓锡侯	刘炳南
柏文蔚	常恒芳	杨如轩	顾韶	胡汉民	
沈鸿英	岑德广	邓如琢	邓嘉璋	张一气	
李宗仁	严端	刘显世	刘燧昌	周荫人	李钧南
黄绍竑	蒙民伟	唐继虞	李华英	萨镇冰	林铧栘
刘存厚	尹朝桢	赵恒惕	萧堃	王天培	邢端
熊克武	张铮		钟才宏	彭汉章	黄元操
刘湘	张再		陈强	陆洪涛	康新民
赖心辉	张英	马麒	赵从轺		陈能怡
	稽祖佑		朱绣		魏鸿发
刘成勋	费行简	常德盛	王化一	杨增新	王树楠
	周炯伯	刘文辉	段班级		钱桐
袁祖铭	唐瑞铜	王永江	邴克庄	薛笃弼	曹寿麟
樊钟秀	王鼎洛	杨以德	杨以俭	那彦图	
石青阳		龚积柄	田步蟾	李垣	
洪兆麟	李桓	于驷兴	程廷恒	章嘉呼图克图	
叶举	李苟	韩国钧	于宝轩		黄玉
邓本殷	黄志桓	孙传芳	高尔登	达赖喇嘛	
林虎	丁润身	夏超	邵章		顿柱汪结
米振标	夏东晓	王揖唐	汪声玲	班禅额尔德尼	
林建章	刘传绶		刘朝望		罗桑
许建廷	饶鸣銮	胡思义	吴钫	陆兴祺	朱清华
方声涛	林知渊	杨池生	顾思浩	贡桑诺尔布	
憨玉琨	齐真如	萧耀南	周斌	祺履平	
马福祥			王运孚	车林桑都布	
郑金声	杨兆庚	杨森	胡光杰	阿木尔沁格勒图	
方本仁	方达智		顾鳌	札噶尔	

会员	代表	会员	代表	会员	代表
王汝勋		乌泽声		虞和德	
	杜经田	杨永泰		梁士诒	
卢金山		刘振生		于右任	
李传业	李传济	邵瑞彭		周作民	
高世读	罗经猷	彭践光		周学熙	
唐绍仪		李肇甫		言敦源	
岑春煊		汤漪		江亢虎	
王士珍		林长民		屈映光	
黄郛		张绍曾		张嘉森	
熊希龄		朱启钤		马君武	
赵尔巽		杨宇霆		任可澄	
胡适		王九龄		冯自由	
李根源		杨庶堪		王伯群	
潘大道		褚辅成①			

（三）国民代表会议条例

1925 年 4 月 24 日公布

第一章　总纲

第一条　中华民国临时政府为制定宪法及其施行附则召集国民代表会议。

第二条　中华民国宪法案及其施行附则之起草，由国宪起草委员会行之。

宪法案起草期间不得逾三个月，草案完成后，咨由临时执政提出

---

①　刘寿林、万仁元、王玉文、孔庆泰编：《民国职官年表》，第 176 页。

于国民代表会议。

国宪起草委员会委员,由每省军民长官各推举一人;每区长官各推举一人;临时执政选聘二十人;内、外蒙古,西藏各二人;青海一人,仍由临时执政分别选聘,并定期召集之。

国宪起草委员会委员为说明草案旨趣,得随时出席于国民代表会议。

各地方法团得提出关于宪法之意见书于国宪起草委员会。

国宪起草委员会规则另定之。

第三条　国民代表会议,应依召集日期于临时政府所在地开会。

第四条　国民代表会议,自开会之日起,以三个月为期,但得延长一个月。

第五条　国民代表会议非有议员总额五分三以上之报到,不得开会。

第六条　国民代表会议之议事以议员总额过半数之出席开议,出席议员三分二以上之同意议决。

第七条　国民代表会议议决之宪法案及其施行附则,由国民代表会议宣布。

第二章　组织

第八条　国民代表会议,以下列各款选出之议员组织之:

一、由吉林、黑龙江、福建、陕西、甘肃、新疆、广西、云南、贵州各省选出者每省十六人,奉天、安徽、湖北、湖南各十八人,山西十九人,广东二十人,山东、河南各二十二人,四川、江西各二十四人,浙江二十六人,直隶、江苏各二十七人。

二、由京兆、热河、察哈尔、绥远、西康各区选出者,每区八人。

三、由内、外蒙古选出者三十人,其名额分配另定之。

四、由西藏选出者,前、后藏各八人。

五、由青海选出者,五人。

六、由华侨选出者,十六人。

第九条　国民代表会议议员于开会后满一个月尚未到会者,应解其职。

第三章　议长副议长及审查会

第十条　国民代表会议设议长一人,副议长一人,由议员分次互选。

前项互选用有记名单记投票法,以得票过投票总数之半者为当选。投票至二次无人当选时以得票最多者二人决选,以得票较多者为当选。

第十一条　议长维持议场秩序,整理议事,指挥监督秘书厅职员,对外为本会议之代表。

议长有事故时,副议长代行其职权。

第十二条　国民代表会议,设审查会由议员互选审查员六十人组织之,审查长由审查员互选。

前项互选审查员用有记名连记投票法,审查长用有记名单记投票法,各以得票较多者,为当选。

第四章　选举

第十三条　凡中华民国国民年满二十五岁以上之男子,无第十四条至第十七条情事者,均有选举及被选举为国民代表会议议员之权。

被选举人不以选举人为限。

第十四条　有下列情事之一者,不得有选举权及被选举权:

一、褫夺公权尚未复权者。

二、经证明为癫痴者。

三、不能解说并书写本国日用通行之文字者,但蒙、藏、青海之选举人以各该地方通行文字为准。

第十五条　现任陆海军、巡防队、警备队、警察署职官及现役兵警者,停止其选举权及被选举权。

第十六条　现任行政官吏及司法官吏于其管辖或驻在地方,停止其被选举权。

第十七条　办理选举人员于其选举区内停止其被选举权。

第十八条　各省区议员之选举以覆选制行之，蒙古、西藏、青海、华侨之选举以单选制行之。

第十九条　选举人以列名于选举人名册者为限。

不论何人不得同时列名于二选举区以上之选举人名册。

选举人名册由该管选举监督调查编制于选举期前宣示之。

第二十条　初选用无记名单记投票法，复选用无记名连记投票法，均以得票较多者为当选。

单选准用初选之规定。

第二十一条　复选单选当选人为国民代表会议议员。

当选人名次以得票之多寡为序，票同抽签定之。

第二十二条　初选、复选或单选得票次于当选人者为候补，候补当选人其名额与当选人同。

第二十三条　选举日期由临时执政以命令定之。

第二十四条　选举监督设置如下：

一、初选以县知事为选举监督，复选以所属各该省区最高行政长官为选举监督。

二、单选以所属各该地方最高行政长官为选举监督，但华侨以特派大员为选举监督。

第二十五条　初选以县为选举区，每县选出初选当选人一人。但依内务部改正行政区域合并之县，其当选人名额，依其旧有之县数。

第二十六条　初选、复选或单选得由该管选举监督酌量地方情形于该选举区域内分为若干投票区。

第二十七条　各省区因故不能举行全部选举时，得按照该省区初选当选人总数与应出议员名额之比例尽先选出议员若干人。

前项选举，其选举监督得临时特派该区域内行政长官充之。

第二十八条　开票应于选举监督所在地由选举监督监视行之。

第二十九条　蒙、藏、青海之选举于各该盟部行之,被选举人以各本盟部人为限。华侨之选举于命令指定之地方行之,被选举人以华侨为限。

第五章　秘书厅

第三十条　国民代表会议设秘书厅,掌文书、议事、速记、会计、编辑、庶务等事项。

第三十一条　秘书厅设秘书长一人,由临时执政任命,承议长之指挥管理本厅事务监督本厅职员。

第三十二条　秘书厅设秘书十二人,由秘书长呈请临时执政任命,承秘书长之命分掌本厅事务。

第三十三条　秘书厅设事务员六十人,由秘书长委任,承长官之命分掌各科事务。

第三十四条　秘书厅视事务之繁简,得酌设速记及雇员。

第六章　附则

第三十五条　国民代表会议议事细则由会议自定,秘书厅办事规则由秘书长商承议长定之。

第三十六条　本条例发生疑义时,由临时法制院解释。

第三十七条　为筹备国民代表会议各事宜,得设国民代表会议筹备处,其组织另定之。

第三十八条　选举程序令另定之。

第三十九条　本条例自公布日施行①。

（四）国宪起草委员会规则

1925 年 5 月 3 日公布

第一条　国宪起草委员会设委员长一人、理事六人,由委员用无记

①　孙曜编:《中华民国史料》,第551—557页。

名投票法分次互选,以得票较多者为当选。

委员长整理议事,维持会场秩序,对于会外代表本委员会。委员长因故不能出席时,由理事依次代理。理事辅助委员长整理议案及一切关系议案之文件。

第二条　国宪起草委员会非有委员总额五分三以上之报到,不得开会。

国宪起草委员会之议事以委员总额过半数之出席开议,出席委员三分二以上之同意议决。

第三条　国民代表会议条例第二条第二项之宪法案起草期间,应自国宪起草委员会开会之日起算。

第四条　本委员会委员得分部起草国宪。

分部起草及各委员之分任方法以出席委员过半数之同意定之。

第五条　本委员会委员得就国宪问题全部或一部提出议案,但须有十人以上之连署。

前项议案须附理由书提交委员长先期印刷配布于各委员。

第六条　委员会会议录除登载公报外,由委员长及理事署名送交政府保存,会议录须登载列席委员之姓名。

委员对于会议录所载如有异议,委员长及理事应连名答复或更正之。

第七条　国宪起草委员会议事细则由本委员会自定。

第八条　国宪起草委员会设事务处,由临时执政派员筹备管理本委员会各事宜并监督所属职员。

前项事务处置秘书四人承长官之命,掌理本处机要事务,设文书、议事、编辑、庶务各科,置科长各一人,科员共二十人,技士二十人。

秘书科长荐请临时执政派充科员技士委充。

事务处因缮写文件及襄理杂务得酌用雇员。

事务处办事细则由本处自定。

第九条　本规则自公布日施行①。

（五）国宪起草委员会委员名单

1925 年 8 月

委员长　　林长民

理　事　　刘恩格　贡桑诺尔布　陈定远　李坚白　顾兆麟　汤漪

委　员　　直隶省军政长官推举　　吴得禄

　　　　　直隶省民政长官推举　　孙松龄

　　　　　奉天省军政长官推举　　李坚白

　　　　　奉天省民政长官推举　　曲宗邦

　　　　　吉林省军政长官推举　　荣孟枚

　　　　　吉林省民政长官推举　　刘风竹

　　　　　黑龙江省军政长官推举　乐骏声

　　　　　黑龙江省民政长官推举　徐　霖

　　　　　江苏省军政长官推举　　王嗣鋆

　　　　　江苏省民政长官推举　　沙彦楷

　　　　　安徽省军政长官推举　　刘振生

　　　　　安徽省民政长官推举　　孙养癯

　　　　　江西省军政长官推举　　黄序鹓

　　　　　江西省民政长官推举　　戴秉清

　　　　　浙江省军政长官推举　　莫永贞

　　　　　浙江省民政长官推举　　余绍宋

　　　　　福建省军政长官推举　　陈　建

　　　　　福建省民政长官推举　　林灏深

　　　　　湖北省军政长官推举　　周　斌

① 孙曜编：《中华民国史料》，第 562、563 页。

湖北省民政长官推举	陈定远
湖南省军政长官推举	王克家
湖南省民政长官推举	李祚辉
山东省军政长官推举	郭葆琳
山东省民政长官推举	吴锡永
河南省军政长官推举	史之照
河南省民政长官推举	张璧
山西省军政长官推举	冀贡泉
山西省民政长官推举	王怀明
陕西省军政长官推举	王恒
陕西省民政长官推举	党积龄
甘肃省军政长官推举	苏兆祥
甘肃省民政长官推举	水梓
新疆省军政长官推举	吴钰
新疆省民政长官推举	洪桢
四川省军政长官推举	曾彝进
四川省民政长官推举	贾晋
广东琼崖高雷八属督办邓本殷推举	毛澄宁
广西省民政长官推举	秦善培
贵州省军政长官推举	周恭寿
贵州省民政长官推举	陈筦山
京兆特别区长官推举	顾兆麟
察哈尔特别区长官推举	柯逸
川边特别区长官推举	董鸿诗
绥远特别区长官推举	刘人杰

临时执政选聘 李家驹 梁士诒 魁升 汤漪 林长民 章士钊 马邻翼 江庸 姚震 汪有龄 施愚 徐佛苏 余榮昌

马君武　方　枢　刘恩格　江亢虎　齐振林　梁　龙　林行规　贡桑
诺尔布　业喜海顺　那彦图　王罗皆　棍却仲呢　林沁旺济勒①

（六）中华民国宪法案

1925 年 12 月

中华民国国民代表会议,为巩固国家统一,确立社会秩序,保持和平,增进幸福,奠定邦本,发扬国光,制兹宪法并宣布之,咸与率由,用垂无极。

第一编　总纲

第一章　国体及主权

第一条　中华民国永远为民主共和国。

第二条　中华民国之主权本于国民全体,依本宪法之规定行使之。

第二章　国土国都及国旗

第三条　中华民国领土总括直隶、奉天、吉林、黑龙江、江苏、安徽、江西、浙江、福建、湖北、湖南、山东、河南、山西、陕西、甘肃、新疆、四川、广东、广西、云南、贵州各省,京兆、热河、绥远、察哈尔、西康各区,及蒙古、西藏、青海。

领土非依修正宪法之程序,不得变更。

领土内各区域因地理历史或经济上之关系必须变更时,经关系地方最高议会之同意,以法律定之。

如最高议会不同意时,得征求直接关系地方下级议会之同意。

第四条　中华民国以北京为国都。

第五条　中华民国之国旗以红、黄、蓝、白、黑五色为标识。

国徽、军旗及商旗以法律定之。

第三章　国家与地方事权之分配

第六条　下列事项属于国家:

---

①　刘寿林、万仁元、王玉文、孔庆泰编:《民国职官年表》,第 178 页。

必要时,得行使其立法权。

第十一条　国家预算不敷或因紧急财政处分,经民国议会议决得比较各省区岁入额以累进率分配其负担。

第十二条　各省区遇有非常灾变、财力不足救恤时,经民国议会议决得由国库补助之。

第十三条　国家对于各省区立法为免除下列各弊得以法律限制之:

一、有害国家之收入及通商。

二、各省区及各地方间交通机关使用之过重规费。

三、各省区及各地方间通过或输入货物之课税。

四、各省区及各地方间对于输出货物为不正当之竞争。

第十四条　国家因国防或全国公益之必要,经民国议会之议决得将省有、区有财产移归国有,但须经关系省区议会之同意。

第十五条　省区不得缔结有关政治之盟约或以武力相侵犯。但国体发生变动时,得联合维持之,至国体回复为止。

第十六条　省区有不履行本宪法上之义务者,国政府得裁制之。

第十七条　国家行政委任地方执行者,其经费由国库支出之。

第十八条　省区法律不得与国家法律抵触。

第十九条　本章各规定于蒙、藏准用之。

第二编　国家机关

第五章　民国议会

第二十条　中华民国立法权由民国议会行使之。

第二十一条　民国议会为下列两院:

一、众议院。

二、参议院。

第二十二条　众议院以各选举区选民直接选出之议员组织之。

选民之资格以曾受义务教育为标准。

选民之登记、选举区之划分及议员之选举,以法律定之。

第二十三条　众议院议员之总数不得少于三百人或超过四百人。

前项议员之名额应于每届人口总调查终了后,依法律所定之比例分配于全国各选举区。

第二十四条　众议院议员任期三年。但得以原选举区选民十分一以上之连署提议,过半数以上之同意撤回之。

众议院议员于任满之日解职,新选之议员应于前届议员任满后两个月内自行集会于国都。

第二十五条　众议院议长一人,副议长二人,由议员互选之。

第二十六条　众议院于每年三月一日开会,其常会期为四个月。但依院议得展长两个月。

第二十七条　众议院于有下列情事之一时,得开临时会由议长召集之。

一、议员三分一以上之请求。

二、参议院之请求。

三、常任委员会或政府认为必要。

第二十八条　参议院以下列各议员组织之:

一、由各省选出者每省三人。

二、由各区选出者每区一人。

三、由内外蒙古选出者各二人,前、后藏各二人,青海一人。

四、由法定各特别市选出者每市一人。

五、由华侨选举会选出者四人。

前项议员之选举及选举会之组织,以法律定之。

第二十九条　参议院议员任期四年。

第三十条　参议院以副总统为议长。

副议长二人由议员互选之。

第三十一条　参议院常年开会。

第三十二条　两院之议事除别有规定外,非各有总议员三分一以上之列席不得开议,非有列席员过半数之同意不得议决。可否同数时,取决于议长。

第三十三条　两院之议事公开之,但依政府之请求或院议得开秘密会议。

第三十四条　众议院得以总议员三分二以上之列席,列席员过半数之同意对于国务总理及国务员为不信任之议决,但大总统得交复议。

前项复议如有总议员三分二以上之列席,列席员三分二以上之同意仍执前议时,大总统非依第七十七条之规定解散众议院,应即免国务总理或国务员之职。

第三十五条　众议院认大总统有谋叛行为时,得以总议员四分三以上之列席,总议员三分二以上之同意弹劾之。

第三十六条　众议院认国务总理及国务员有违法行为时,得以总议员四分三以上之列席,列席员三分二以上之同意弹劾之。

第三十七条　众议院于常会闭会后,为行使本宪法第二十七条、第四十九条、第五十条、第五十一条、第五十五条第二项、第六十七条、第一百零二条第二项、第一百零五条所载各职权,得设常任委员会,由议员互选委员三十人组织之,继续开会至众议院开会之日止。

前项委员会之议事以总委员过半数之列席,列席员三分二以上之同意决之。但不为众议院所追认时,即失其效力。

第三十八条　参议院议决之法律案,须由政府提付于众议院。政府如有异议时,得具案同时提出之。

前项提付之案,经众议院否决后,如有参议院总议员过半数之同意仍执前议时,政府须提付于众议院复议之。但众议院如有总议员过半数之同意仍予否决时,应废弃之,于一年内不得再行提出。

第三十九条　政府提出众议院之法律案须经参议院之议决。

前项议决,政府认为不满意时,得以原案提出于众议院,但须将参议院否决或修正之旨趣并案提出之。

第四十条　众议院议决之法律案,大总统须于送达后二十日内公布之。

第四十一条　众议院议决之法律案,大总统如否认时,得于公布期内声明理由,请求复议。如众议院有总议员过半数仍执前议时,大总统应即公布之。

第四十二条　众议院议决之法律案,除预算外,参议院如有异议时,得于十日内将否决或修正之理由,咨由政府提付于众议院复议之。如众议院有总议员过半数之同意,仍执前议时,大总统应即公布之。

第四十三条　法律非依立法程序不得变更或废止。

第四十四条　下列事项政府须随时报告于参议院:

一、基于法律委任之命令。

二、外交重要事件。

三、交通行政计划。

第四十五条　参议院审判被弹劾之大总统。

前项审判,由议员互选审判员七人行之,以全院议员为陪审员。非有陪审员总数三分二以上之列席,列席陪审员三分二以上之同意,不得判决。

大总统被判决为有罪时,应黜其职,仍应负刑事上之责任。

第四十六条　参议院裁决省区与省区或其他地方之争议事件。

第四十七条　下列事项由两院会合行之:

一、宪法修正案之提出。

二、大总统就职宣誓之公证或其辞职之承诺。

三、迁都案之议决。

四、宣战、媾和事件之交议或追认。

第四十八条　两院对于官吏违法或失职行为,各得以院议咨请政府查办。

第四十九条　两院各得受理国民之请愿。

第五十条　两院各得提出质问书于国务总理及国务员并得要求其出席质问之。

第五十一条　两院各得建议于政府。

第五十二条　无论何人不得同时为两院议员。

第五十三条　两院议员不得兼任文武官吏,但国务员不在此限。

第五十四条　两院议员于院内之言论及表决对于院外不负责任。

第五十五条　两院议员在开会期内,除犯内乱外患罪或现行犯外,非得各本院之许可不得逮捕或监视。

前项规定于常任委员会之委员准用之。

第五十六条　两院议员之公费以法律定之。

第六章　民国政府

第五十七条　中华民国行政权由大总统以国务总理及国务员之赞襄行使之。

第五十八条　中华民国国民享有完全公权年满四十岁以上,并住居国内满十年以上者,得被选举为大总统。

第五十九条　大总统由全国选民于每县内各选出大总统选举人一人,集会于国都选举之。

前项选举以选举人总数三分二以上之出席,用无记名投票行之,以得票满投票总数四分三以上者为当选。但两次投票无人当选时,就第二次得票较多者二名决选之,以得票过投票之半数者为当选。大总统选举人之选举以法律定之。

未设县地方依其固有行政区域准用县之规定。

第六十条　大总统任期五年。如再被选,得连任一次。

大总统任满六个月前,须执行大总统选举人之选举。各选举人须于三个月内自行集会于国都,行次任大总统之选举。

第六十一条　大总统就职时须为下列之宣誓。

余誓以至诚遵行并拥护民国宪法,执行大总统之职务,谨誓。

第六十二条　大总统辞职或缺位时,由副总统继任,至本任大总统期满之日止。

大总统因故不能执行职务时,由副总统代理之。

副总统同时缺位,由国务总理摄行其职务,同时须于六个月内依法执行次任大总统之选举。

第六十三条　大总统于任满之日解职。

届期如次任大总统尚未选出，或选出后尚未就职，次任副总统亦不能代理时，由国务总理摄行其职务。

第六十四条　副总统之选举依选举大总统之规定，与大总统之选举同时行之。

副总统于大总统任满之日，同时解职。

第六十五条　大总统公布法律，并监督确保其执行。

第六十六条　大总统为执行法律，或基于法律之委任，得发布命令。

第六十七条　大总统为维持公安、防御非常灾变，于众议院不能开会期内，经众议院常任委员会之同意，得发布与法律有同等效力之教令。

前项教令须于众议院开会后七日内请求追认。

第六十八条　大总统得制定官制官规，但官制须经参议院同意。

第六十九条　大总统任免文武官吏，但宪法及法律有特别规定者依其规定。

第七十条　大总统为中华民国陆海军大元帅统率陆海军。

第七十一条　大总统对于外国为中华民国代表。

第七十二条　大总统经民国议会之同意，得宣战、媾和。但宣战系防御外国攻击时，得于宣战后请求民国议会之追认。

第七十三条　大总统得缔结条约，但媾和及关系立法事项之条约，须经众议院同意。

第七十四条　大总统得依法律为戒严或解严之宣告。

第七十五条　大总统颁予荣典。

第七十六条　大总统得宣告大赦、特赦、减刑、复权。但大赦应经最高法院之同意。

第七十七条　大总统经参议院之同意，得解散众议院。但同一事件不得为二次之解散。

众议院解散后，新选举之执行，依众议院议员任满改选之规定。

第七十八条　大总统、非解职后不受刑事上之诉追。

第七十九条　大总统副总统之年俸以法律定之。

第八十条　国务会议以国务总理及国务员组织之。

会议时以国务总理为主席。

大总统得出席于国务会议并得召集之。

第八十一条　国务总理及其所推荐之国务员，由大总统任免之。

国务院由国务总理管领，各部由各国务员管领。但得设不管部之国务员，其名额不得过管部国务员之半数。

第八十二条　国务总理秉承大总统决定大政方针。

国务总理去职时，国务员应连同去职。

第八十三条　大总统发布命令及其他关系国务之文书，国务总理及国务员须副署之。

第八十四条　国务总理及国务员得于两院列席及发言。

　　第七章　民国法院

第八十五条　中华民国之司法权由法院行使之。

第八十六条　法院依法律受理民事、刑事、行政及其他一切诉讼。

陆海军人，除犯军法受军事审判外，其他诉讼应受法院审判。

人民在平时犯军法者，应受法院审判。

第八十七条　法院之编制及法官之资格以法律定之。

第八十八条　法院之审判公开之。但认为妨害公安或有关风化者，不在此限。

第八十九条　法官独立审判，无论何人不得干涉。

第九十条　法官非依法律不得减俸停职或转职。

第九十一条　法官非受刑罚宣告或惩戒处分，不得免职。

法官之退休年龄及惩戒以法律定之。

第九十二条　法官俸给以法律定之。

第九十三条　下列事项临时组织国事法院裁决之：

一、法律是否抵触宪法及其他宪法上疑义之解释。

二、国家与省区或其他地方权限之争议。

三、关于国务总理及国务员被弹劾事件。

第九十四条　国事法院以下列各员组织之：

一、最高法院院长。

二、由最高法院选出者四人。

三、由参议院选出者四人。

国事法院裁决程序以法律定之。

第九十五条　国事法院由最高法院院长主席，非有总员三分二之同意，不得裁决。

第八章　会计制度

第九十六条　租税之征收以法律定之。

税率非依法律不得变更。

第九十七条　募集国债、缔结增加国库负担之契约，须经众议院议决。

第九十八条　国家岁入及岁出由国库经理之。

第九十九条　国家岁入岁出由政府编成预算案，于每会计年度开始前二个月内提出于众议院议决之。

第一百条　众议院对于预算案不得为增加岁出之议决。

第一百一条　政府为特别事业得于预算案内预定年限设继续费。

第一百二条　政府为备预算不足或预算所未及，得于预算案内设预备费，但不得过本年度预算总额十分之一。

预备费之支出须经众议院之同意。众议院闭会时，政府得以常任委员会之同意为支出之处分，但须于次期众议院开会后二十日内请求追认。

前项支出在众议院解散期内，政府须报告其理由于参议院，并于次届众议院开会后二十日内，请求追认。

第一百三条　下列各款之支出,民国议会不得废除或削减之。

一、法律上属于国家之义务者。

二、履行条约所必需者。

三、法律规定所必需者。

四、继续费。

第一百四条　会计年度开始预算尚未成立时,政府得按照上年度预算总额十二分之一为每月临时之支出。

第一百五条　为对外战争、戡定内乱,或救济非常灾变,时机紧迫,不能召集众议院时,政府得以常任委员会之同意为财政紧急处分,但须于次期众议院开会后七日内,请求追认。

第一百六条　国家支付命令须经审计院之审核。

第一百七条　国家决算案由政府于每会计年度终了后三个月内送交审计院审核,提出于众议院议决之。

决算案被否决时,国务员应负其责。

第一百八条　审计院院长由大总统任命之,但须经众议院之同意。

审计院院长对于众议院负责。

审计院院长非以众议院总议员过半数之议决,不得免职。

第一百九条　审计院职员在任期中,非依法律不得减俸、停职或转职。

审计院职员之惩戒处分以法律定之。

第一百十条　审计院之组织,审计院院长及其他职员之资格,以法律定之。

第三编　地方制度

第九章　省区

第一百十一条　省区各得制定宪法,但不得与本宪法抵触。

省区宪法未制定施行以前,其地方制度依国家法律所定。

第一百十二条　省区制定之宪法,须经其下级地方自治团体议决,或全省区选民总投票。

省区宪法之起草议决及关于审议总投票各程序省区自定之。

第一百十三条　省区内之县为自治团体兼行政区域。

第一百十四条　省区内未设县之地方,得依其固有之名称及区域准用县自治制度。

第一百十五条　省区立法权由省区议会行使之。

省区议会之组织,由省区宪法规定其大纲。

第一百十六条　省设省长一人,由省选举二人呈请大总统择一任命。其选举方法依各省宪法之所定。但退职未满一年之军人,不得被选。

省长任期四年,非经省议会之议决,不得免职。

前项各规定区之行政长官准用之。

第一百十七条　住居省区内一年以上之中华民国国民于省区法律上完全享有公权,但同时不得列名于两选举区之选民名册。

住居省区内各地方间之国民亦同。

　　第十章　蒙藏

第一百十八条　内蒙古各旗于其关系各省区制定宪法时,应依本宪法第一百十二条第一百十四条之规定,有与县同等参与之权。

第一百十九条　内蒙古各旗于其关系各省区之议会,有与县同等选出议员之权。

第一百二十条　青海与甘肃省之关系,准用第一百十八条、第一百十九条之规定。

第一百二十一条　外蒙,前、后藏各得制定宪法,但不得与本宪法抵触。

前项宪法之制定,须由最高地方议会及所属各行政区域之议会选出之代表组织宪法会议行之。

第一百二十二条　外蒙,前、后藏宪法未制定施行以前,由地方行政首长拟具暂行地方制度,呈请国政府核定行之。

第一百二十三条　外蒙,前、后藏各设最高地方议会,以地方选出之议员组织之，于地方自治事项有立法权。

第一百二十四条　外蒙，前、后藏之行政首长，由大总统任命之。

前项行政首长依其宪法规定由国民选举时，其被选之行政首长仍由大总统任命之。

第一百二十五条　内、外蒙古，前、后藏所属之行政区域各设议会，以本区域选出之议员组织之，于其区域内之自治事项有立法权。

第一百二十六条　内、外蒙古各旗札萨克，或沿用承袭制或用选举制，各依其宪法定之。如用选举制时，其被选之札萨克仍须经地方行政首长呈请大总统任命。

前、后藏所属行政区域官吏之任用，依其宪法定之。

第一百二十七条　内、外蒙古，前、后藏及回部原有爵号概仍其旧。

第一百二十八条　本宪法第七条、第八条所列举各事项，外蒙，前、后藏得请求国政府，或由国政府徵其同意，由国家扶助其执行。

第四编　国民

第十一章　权利义务

第一百二十九条　凡依法律所定属中华民国国籍者为中华民国国民。

第一百三十条　中华民国国民于法律上无种族、阶级、宗教之区别，一律平等。

第一百三十一条　中华民国国民有身体之自由，非依法律不受逮捕监禁或处罚。

国民被羁押时，其关系人得依法律声请法院提审之。

第一百三十二条　中华民国国民有家宅安全之自由，不受侵犯。但依法律应搜索检查者，不在此限。

第一百三十三条　中华民国国民有信仰宗教之自由，非依法律不受限制。

第一百三十四条　中华民国国民有选择居住及职业之自由，非依法律不受限制。

第一百三十五条　中华民国国民有言论、著作、刊行之自由,非依法律不受限制。

第一百三十六条　中华民国国民有结社、集会之自由,不受预防之限制。但遇发生不法行为或妨害公安秩序时,应禁止之。

第一百三十七条　中华民国国民使用书信、电报、电话之秘密,不受侵犯。但法律有特别规定者,不在此限。

第一百三十八条　中华民国国民之财产所有权,非依法律不受侵犯。

公益上必要之处分,除法律有特别规定外,须给以相当之补偿。

第一百三十九条　中华民国国民依法律有选举及被选举权。

第一百四十条　中华民国国民有诉讼于法院之权。

第一百四十一条　中华民国国民有请愿于议会之权。

中华民国国民因公共之需要,经所属最高地方自治团体或职业团体可决,有提出法律案于议会之权。

前项提案程序以法律定之。

第一百四十二条　中华民国国民有诉愿于行政官署之权。

第一百四十三条　中华民国国民依法律有纳税之义务。

第一百四十四条　中华民国国民依法律有服兵役之义务。

第一百四十五条　中华民国国民依法律有受教育之义务。

第十二章　生计

第一百四十六条　国民生计组织以适合正义,使各得相当之生活为原则。个人之生计自由在此范围内应受保障。

第一百四十七条　国家关于私有财产、私人契约及其营业之立法原则,应依下列各规定:

一、国家为保护农民恒产,奖励垦殖及防止土地之滥用或兼并,对于土地之享有权得设限制。

二、不因劳力经营而增高价格之土地,得以累进法定其税率。但随一般物价增高者,不在此限。

三、利用天然富源为大规模之营业以国有或地方公有为原则。其特许及其他营业属于独占者,国家或地方得限制或征收之。

四、财产之承继,国家得依其价额及承继者之亲等或关系加以限制,其税率以累进法定之。

五、重利借贷及不动产使用之重租,禁止之。

第一百四十八条　国民有不背善良风俗为精神或体力上劳动之义务。

老弱残废不能生活者,国家或地方应救恤之。

有劳动能力非因怠惰过失而失业者,国家或地方应予以劳动之机会或协助之。

第一百四十九条　国家对于著作、发明、美术、意匠及其他精神劳动应奖励之。

第十三章　教育

第一百五十条　全国教育以道艺并重,发挥民主精神为宗旨。

第一百五十一条　学校教育不受宗教仪式及其教材之支配。

第一百五十二条　学校教育不得为党派主义之宣传。

第一百五十三条　国民受义务教育概免纳费。

义务教育之年限,教育税之征收及小学教员之优待,以法律定之。

第一百五十四条　国家及地方之教育经费以行政费全额十分之二为最低限度。

关于教育基金、学校产业及学术奖励金,得由国有及地方公有财产拨充之,不得移做他用。

地方教育经费不足时,得请求国家补助之。

第一百五十五条　国家及地方对于成绩优异无力升学之学生,由学校审定后应予以相当资助,使受中等以上之教育。

第五编　附则

第十四章　宪法之修正

第一百五十六条　宪法修正案之提出,依下列方法行之:

一、由民国议会提出者,须两院各有总议员三分二以上之连署。

二、由地方最高议会提出者,须有全国地方最高议会过半数之连署。

三、由大总统提出者,须经民国议会总议员三分二以上或全国地方最高议会过半数之同意。

国体不得为修正之议题。

第一百五十七条　宪法修正案由国民会议议决之。

第一百五十八条　国民会议以下列议员组织之:

一、由地方议会议员互选者,每省十人,每区五人,内、外蒙古各五人,前、后藏各三人。

二、由众议院议员互选者五十人。

三、由参议院议员互选者三十人。

四、众议院议长。

第一百五十九条　国民会议于宪法修正案成立后,两个月内由大总统召集之。

第一百六十条　国民会议以众议院议长为议长。非有议员总额五分三之列席不得开会。非有列席员三分二之同意不得议决。①

(七)临时参政院参政名单

1925 年 7 月

议长参政:赵尔巽

副议长参政:汤　漪

参政:贺培桐、杨以俭、仇玉珽、袭玉崐、张恕、王莘林、陈国权、丁梦武、周乃文、陶保晋、汪声玲、刘朝望、方达智、黄自希、晋延年、邵章、米材栋、蔡凤祀、程明超、沈庸、萧堃、赵心筠、逯长增、吕学琦、寇遐、胡春

---

① 　孙曜编:《中华民国史料》,第 565—592 页。

林、温寿泉、苏体仁、虞维铎、冯炳奎、丁搏霄、王达、王树楠、王乃蔚、罗泽㫚、张英、盘珠祁、甘嘉仪、简书、孙晋陞、阚铎、龚柏龄、郭景岱、王郁骙、鲁鸿琛、李垣、恩克阿穆尔、穆奇贤、吉稚图、王寿崑、赵从轺、袁金铠、陈金绶、张继宠、尹朝桢、任可澄、张建、张再、关建藩、高家骧、刘汝贤、瞿寿禔、邓萃英、程昌恒、魏军藩、马育航、蒋拯、邢麟章、刘炳南、周廷劢、马君武、蒙民伟、周沆、费行简、丁润身、李荀、丁汝晟、刘白、黄乃桢、渠英、崔季友、夏东晓、段班级、胡若愚、李岳渊、邓嘉章、原智铭、罗经猷、顾韶、阿木尔沁格勒图、顿柱汪结、楚称丹增、罗桑坚赞、陈兴贵、林沁旺济勒、溥伦、宝熙、马良、马福祥、冯自由、郭桢祥、凌升、补英达赖、多尔济帕拉穆、吴得禄、范先炬、齐耀瑭、李维周、徐果人、戴秉清、沈钧业、郑丰稔、屈佩兰、宋传典、胡鼎元、胡仕学、李溶、慕寿祺、熊崋、林正煊、赵世铭、段茂森、成维新、李世俊、张玉琮、任道源、冯广民、张松龄、傅岺、甘铉、李绍臣、卢芳、阮性存、张芹、周以灿、戴耀东、刘逵九、刘星涵、李澍荣、张履中、刘文龙、刘浚清、张翼廷、张万善、郭象伋、姜郁文、孙学仕、张志良、徐绍桢、周学熙、江朝宗、屈映光、王印川、张广建、陆宗舆、吕公望、言敦源、彭养光、黄书霖、王伯群、杨士骢、治格、刘骥、刘传绥、凌毅、陈汉第、邵瑞彭、乌泽声、邓汉祥、刘振生、金鼎勋、金兆棪、何葆华、李国凤、周肇祥、杜光俊、范毓灵、黄永熙、康新民、邵扬辉、赵尔巽、汤漪、吉雅泰、刘文揆、王家襄①

---

①　刘寿林、万仁元、王玉文、孔庆泰编《民国职官年表》，第 177 页。

结 束 语

清朝末年,为了彻底改造腐朽的清政府,挽救迫在眉睫的民族危机,立宪派极力主张引入西方的国会。他们以西方议会制为武器来反对封建专制制度。为此,他们对西方议会制的优越性做了长时间的宣传。为了促使清政府缩短预备立宪的时间,尽快召开国会,1907 年、1908 年、1910 年三年里,立宪派在全国发动和组织了一场场声势浩大的国会请愿运动。一些热血青年当场用自己的鲜血写下的一封封速开国会的请愿书,震撼人心,将国会请愿运动推向了一个悲壮的高潮。当时全国几乎形成了一个共识:只有国会才能救中国。只要国会一开,迫在眉睫的民族危机可立即化解,民族就可以独立,国家就可以逐渐富强起来。这时,辛亥革命正在进行中,南方革命阵营就以美国的政治模式为蓝本,引入了议会机制,开始了议会制的大胆实践与尝试。1911 年 11 月成立了各省都督府代表会,之后又于 1912 年 1 月成立了南京参议院。尽管其成员并非民选,而主要是由各省都督指派,即官派。但它制定了《中华民国临时政府组织大纲》、《中华民国临时约法》等一系列的重要法律,选举了第一任和第二任临时大总统、临时副总统,成立了南京临时政府和北京临时政府,在中国这块古老的大地上,催生出了一个崭新的民主共和国——中华民国,开创了一个新时代。它及时地将一场伟大革命的成果用法律与政权的形式巩固下来。

武昌起义在全国引发的多米诺骨牌效应,使清政府满汉官僚之间的矛盾和争斗的天平急速向着汉族官僚倾斜。一直觊觎着国家权力的袁世凯及时抓住了这千载一时的机会,迅速东山。在各主要帝国主义国家的支持下,袁采用纵横捭阖的手段,重新夺回了对北洋军的统驭权,同时将清政府的权力抓到了自己手中,成为当时中国最具实力的强势人物和耀眼的政治明星。辛亥革命进行的过程中,南方革命阵营各派政治人物就都将推翻清王朝统一全中国的希望寄托在袁的身上,并许以全国最高权力作为袁推翻清王朝的酬劳。故清帝一退位,南方阵营便立即将临时大总统的桂冠从孙中山头上摘下来戴到了袁世凯头上,把建设一个独立、民主、富强的国家的希望寄托在袁的身上。北京参议院各政党竞相与袁结盟,以便在中国新的政治版图上占据更有利的位置。袁则乘机将国家的全部权力抓到自己手中搞独裁。他破坏《临时约法》中的责任内阁制的原则,搞垮了唐绍仪内阁,将内阁变成了其幕僚机构。他不经法庭审判,仅凭一纸手令就任意捕杀武昌起义的有功人员,严重践踏了《临时约法》、践踏了人权。由于中国封建官场上的对权力敬畏、崇拜与追逐的思想遗毒作祟,参议院中的各政党为了自身的利益,对袁的这些违法行径采取了姑息与容忍的态度。这无疑是对独裁的纵容,危及了民国的生存。

袁世凯暗杀宋教仁的枪声震惊了国民党。国民党立即从拥袁转而反袁。第一届国会开幕后,袁世凯除对国民党在南方发动的二次革命进行残酷镇压外,对留在北京国会中的国民党籍议员采取软硬兼施的办法,压迫打击与分化瓦解并用。梁启超、汤化龙等进步党党魁欲乘机坐大,帮助袁瓦解与制服了国会中的第一大党。但一戴上正式大总统桂冠的袁世凯即过河拆桥,一脚将国会踢开,即将包括进步党在内的一切党派踢开,放开手脚搞独裁,并进而演出了一场复辟帝制的丑剧,也为自己敲响了丧钟。逆历史潮流而动的袁世凯很快就被滚滚向前的历史车轮碾得粉身碎骨。

袁死后,国会恢复。原进步党一些成员不满其党魁在袁世凯解散国会搞独裁过程中的表现,脱离该党而转入国民党阵营,导致由进步党演变而来的研究系在恢复后的国会中力量削弱。于是,研究系的头目采取联合皖系、利用督军团与国会的矛盾来搞垮国会的策略,以便重组一个能为研究系所控制的国会。这时,府院关系紧张。府院之争几起几落。国会中的政党与督军团再介入,为府院之争火上浇油。1917 年上半年,一个全国瞩目的对德宣战案搅得中国政局动荡不安,最终导致府院决裂。1917 年 5 月,大总统黎元洪免去段祺瑞国务总理兼陆军总长之职。段祺瑞则在天津组织总参谋处,欲进兵威逼京师。军阀张勋以调人的身份带兵入京,逼黎元洪解散了国会,并乘机搞了一场短命的复辟政变。

在研究系的积极参与下,段祺瑞举起讨逆的旗帜,出兵讨伐张勋。复辟之乱很快被平息。段祺瑞以国务总理的身份重新执政。皖系军阀与研究系联手控制了中央政权。为了各自的利益,他们顶住了国内要求恢复国会的压力,坚持其成立新一届国会的主张。在筹备新一届国会的过程中,皖系踢开研究系,成立了一个完全由其操纵的第二届国会。第二届国会完全是皖系手中的一个政治工具。1920 年它随着北京皖系政权的垮台而瓦解。

与此同时,少数旧国会议员以西南地方军阀为依托,1917 年 8 月在广州召集护法国会。他们举出护法的旗帜,即维护《临时约法》,维护依《临时约法》产生的国会和依《大总统选举法》产生的大总统的合法地位。即拥护大总统黎元洪,要求恢复旧国会。但黎与多数旧国会议员并没南下广州,即不支持护法运动。护法运动失去了前提,护法者反而陷入违法的尴尬境地。护法国会一直处于涣散与半瘫痪状态。尽管护法国会主要由国民党系旧议员所组成,但为了争权夺利,各派系争斗依然十分激烈,甚至很残酷,以致几度分裂。故旧国会第二次恢复后,参加护法的多数旧国会议员也不支持民八议员的恢复护法国会的要求。护法国会实际上成了西南军阀维持独立、半独立状态的装饰品。

1922 年,控制了中央政权的直系为了其政治需要,第二次恢复了其并不十分得意的旧国会。旧国会再次恢复后,议员们为了谋取个人和小集团的利益,纷纷组织各种政团,投靠各派军阀,领取其津贴并充当他们的政治工具。这些政团在政坛上呼风唤雨、兴风作浪,不断惹起政潮。就连力主恢复旧国会的直系大将吴佩孚都厌恶地将这些议员斥之为"一群疯狗"①。1924 年底,段祺瑞执政府决定解散国会时,少数未参加贿选的旧国会议员四处活动,向各方寻求支持,力图保住国会。清末时被人们视若久旱甘露的国会,在中国只断断续续运行了十几年就已声名狼藉。不但再无人出来为其捧场,而且要求解散国会的声音高涨。在四面楚歌声中,国会走到了尽头。几乎在一夜之间成立的国会,却很快走向衰落,原因是多方面的。

1. 国会忽视与放弃了军人不得秉政的基本原则。任何形式的民主都是排斥军人秉政和干政的。军队不得介入国内的政争。现役军人非退役若干时间不得被选为政府首脑。这些都是民主政治应遵循的最基本的原则。中国的议会完全忽视了这一原则,一开始就将建立和维持一个统一的共和国的希望寄托在手握军权的强势人物身上,迫不及待地将新生的民主共和国政权交给北洋军阀总头目袁世凯。袁世凯、张勋先后两次颠覆民国、复辟帝制、开历史倒车的事件一再证明军人秉政、干政直接危及着民国的生存。国会本应该吸取这沉痛的历史教训,负起将国家逐渐从军人秉政的状态中摆脱出来而引向民主政治轨道的责任。但国会在其以后存续期间,往往反其道而行之。国会中的一些政党为了从军阀政权中分得一部分权力,或为了从军阀政权中获取一些利益,常常联合甚至投靠军阀,与军阀同流合污。更有甚者,少数政党为了改变自己在国会中的劣势地位,竟然勾结军阀,里应外合,共同向国会进攻,欲将其搞垮后成立一个能完全为自己所控制的新国会,导致了国家的分裂与内战,也大大压缩了国会的生存空间。正是由于这些政党与军阀勾结,国会的生存环境变得更恶劣,国会在中国就更难生存。

2. 贿选严重损害了国会的形象,危及议会本身的生存。1913 年第

---

① 《申报》1924 年 1 月 5 日。

一届国会选举时,贿选就已出现,且在一些地方还比较严重。1916 年底到 1917 年初,研究系在皖系的支持下,靠金钱和权力基本上控制了第一届国会第一班参议员的改选。1918 年皖系用金钱和权力完全操纵了第二届国会的选举,产生了一个完全由皖系控制的安福国会。贿选违背了社会的基本道德,践踏了社会的公平与公正,使选出的代表失去了代表性与合法性,也使国会本身的合法性受到挑战。第二届国会是贿选的产物。其合法性一开始就遭到质疑。不但护法各省认其为非法而反对,而且北京政权的重要支柱之一的直系一开始就对其合法性公开提出质疑。以后北京政权的另一重要支柱奉系也公开对其进行否定。贿选会葬送任何一种形式的民主,议会制更是如此。

3. 国会未能很好地履行自己的职责,令国人失望。各省都督府代表会和南京参议院虽不是由民选而是由各省都督所指派的议员组成,但它却较好地履行了自己的职责。尤其在推翻清王朝、创立中华民国的伟大历史变革中,它比较出色地完成了自己的历史使命。但从北京参议院开始,尽管其成员是所谓民选者,但却逐渐开始涣散,流会渐成为其顽疾。在舆论的讯弹中,在各方的催促下,北京参议院勉强完成了成立国会所必要的法律的制定工作。第一届国会成立后,党派争斗日趋激烈,成绩鲜少。尽管国会极力维持其制宪的垄断权,1913 年反对与抵制了国内要求由著名法学家组成编拟宪法委员会起草宪法的主张,并否决了政府提交的《编拟宪法委员会案》,维护了自己起草与通过宪法的特权。但包括广州护法国会在内,第一届国会几度制宪都因党派争斗几度中断。经过近十年的时间,宪法终未成。《民法》、《刑法》等一系列的重要法律失去宪法基础,更无从着手制订。鉴于此,1921 年春,全国商教联合会在沪召开国是会,要绕开国会制定宪法,各界支持。旧国会议员立即发表宣言,称制宪为国会特权,各省派代表自行制定宪法违反《临时约法》,坚决反对,再次维护了国会制宪的特权。1922 年 8 月再次恢复的旧国会立即集中精力和时间议宪。但两派在地方制度问题上争持不下,陷入僵局。直到 1923 年 10 月,为了掩盖其贿选的丑行,国会将制宪与总统选举捆在一起,且将宪法会议的议员出席费提高到 200 元,只用了几个小时即匆匆将争执了十几年的宪法通过三读。因与贿选相关,此宪法公布后即遭到人们的非议。1924 年段祺瑞执政府将其废除。1923 年 7 月,积极主张恢复旧国会的吴佩孚在接见美国记者伍德时说:"国会十年,未举一事。"①这一结论虽严苛了一点,但国会也确实无法向全国人民交出一份像样的成绩单来。中国人民对国会也就不得不由寄予厚望变成失望。国会自然要失去人心。

4. 南北两个国会的法统之争,导致国家的分裂与内战,给人民带来了痛苦与灾难。1917 年开始的南北两个国会的法统之争,将国家拖入了分裂与内战的泥潭。中国人民包括前线将士一开始就不愿意为两个已让人们失望的国会去进行一场分裂国家的战争,而希望国家和平与统一。到 1918 年,全国和平统一的呼声高涨。两个国会却置全国人民强烈的和平诉求于不顾,反对南北停战,反对南北和谈,为 1919 年在上海召开的南北和谈设置无法逾越的障碍。终因两个国会相互否定,互争法统而导致上海和谈破裂。国会将自身利益置于国家与人民利益之上的作法,完全违背了民意,当然要失去民心。

5. 国会常常干涉行政,使政局动荡。一些党派为了自身的利益,动辄对内阁或阁员提出质问案、查办案、不信任案、弹劾案,使内阁不安其位。国会越到后来,这种现象越严重。1922 年为了推倒王宠惠内阁,竟然不顾舆论界、教育界、司法界的强烈反对与谴责,国会执意制造了罗文干冤案,激起了全国学潮与政潮。国会也将其践踏宪法、践踏人权、蔑视民意的面目暴露无遗。在第一届、第二届国会正常运转期间,内阁平均寿命不足 4 个月。这自然影响了国家的稳定和发展。这与当初引入国会为强国富民的目标背道而驰。这自然让国人对国会感到厌恶与失望。

6. 国会破坏了议会制生存的基本原则。民主的本意和目标是要实

---

① 《申报》1923 年 7 月 23 日。

现依多数人的意志与意愿的统治。少数服从多数的原则是各种民主形式生存的最基本的原则。不能遵守这一原则,任何一种民主制都会名存实亡。议会制更是如此。《临时约法》、《国会组织法》、《议院法》等法律法规,无不是依此原则来制定的。它以法的形式具体、严格地规定了可操作的程序,来保证国会按此原则正常运转。但国会中的一些党派和议员的民主素养不高,常常为了党派的利益,以践踏这一原则为能事。每当某派某一主张处于少数时,为阻止多数人的意见或主张通过国会,常用的办法之一是强占主席台和讲坛,让会议无法进行;或在会场上跺脚,捶桌子,大喊大叫,大吵大闹,将会搅黄;或挑起打斗,各施拳脚,将会搅散。这种现象在1912年的北京参议院就已出现。当时的舆论曾将个别能打能闹的议员揶揄地冠以"议会黑旋风"的绰号。以后,"议会黑旋风"的队伍不断扩大。一些党派一有需要时,便让这些"黑旋风"们在议场上冲锋陷阵,相互打斗。国会后期这种现象更是屡见不鲜。这些"议会黑旋风"们自然是议会的致命杀手。它张扬的是暴力文化,遗害无穷。一些党派破坏少数服从多数原则的另一种常用的办法是不出席会议,使会议不足法定人数而流会。国会的几次制宪都因少数人不出席以抵制制宪而中止了宪法会议,以致一部宪法,十年不成。1922年参议院选举议长时,将此术发展到了淋漓尽致的地步。两位议长候选人一算计自己拉得的选票处于劣势时,便让支持自己的议员坐在休息室不出席会议,让议长选举会流会。这样僵持了近2年,有关议长选举的会开了几十次,却一直无法选出议长来,只好以每2个月抓一回阄产生出的行政委员会代行议长部分职权,管理参议院。1923年众议院在其议长任期满后,怕陷入与参议院一样的议长马拉松式的选战,干脆直接用抓阄产生的行政委员会代行议长部分职权。像人不能揪住自己的辫子离开地球一样,行政委员会只是国会的缩影,派系斗争依旧。两派只是在行政委员会复制了在参、众两院的争斗与倾轧。行政委员会无法有效地管理院内的事务。参、众两院便都处于瘫痪和半瘫痪状态。国会自己搞垮了自己。也徒增民众对国会的恶感。

7. 腐败使国会走上了一条自我毁灭之路。一些人的议员资格是花钱取得的。当议员成了他们的一种投资。投资当然会要求回报,必然要追求最大的利润。国会是权力机关。《临时约法》赋予国会的权力很大,又缺乏有效监督与制约国会的条款。当时的司法又不独立。国会以权谋私、搞腐败就是不可避免的。国会竟然可以不顾全国的反对,公然利用手中的立法权来谋取议员的私利:1913年将议员的岁费定得远高于当时发达国家议员的年薪;1923年在岁费外,又给自己议定很高的常会和宪法会议的出席费;自己提出并议决无限期延长议员任期案,并逼政府公布为法律。议员还一次次利用选举大总统、选举议长、通过内阁阁员的机会,进行勒索。其中最疯狂的自然是1923年10月强行向直系索要5 000元大总统选举会的出席费,上演了中国近代史上最大的一场贿选丑剧,遭到全国的反对与声讨,也将自己送上了一条自我毁灭的不归之路。

孙中山对议会在中国的这段实践的总结中就沉重地指出:"但是欧洲代议制政体的好处,中国一点都没学到;所学的坏处却是百十倍,弄到国会议员变成猪仔议员,污秽腐败,是世界各国自古以来所没有的。这真是代议政体的一种怪现象。"①在西方发达国家运行正常的议会,中国将它作为救国良方引入后却无法正常运行。这真是"橘生淮南则为橘,生于淮北则为枳"。其实,这种"橘化为枳"的现象不单出现在中国。19世纪拉丁美洲一些国家引入美国的议会民主制,20世纪亚非一些发展中国家引入西方的议会民主制,很多也都不同程度地出现了"橘化为枳"的现象。这就值得人们深思。

议会制在中国的实践证明,议会这种民主形式只代表少数人的利益。这正是当时的人们诟病和抨击中国议会的主要原因。正当中国的议会陷入无法摆脱的困境、中国人民必须重新寻找自己的发展道路的时候,震撼世界的苏俄十月社会主义革命取得胜利。它所建立起来的

① 《孙中山选集》第763页。

工农政权,吸引了中国人民,开阔了中国人民的眼界。中国人民开始将学习的目光转向苏联。五四时期,活跃的思想界对民主进行了正本溯源的广泛探索与宣传,努力让民主回归到"多数人的统治"或"人民的权力"的本意上来。他们高举民主的大旗,批判议会制只代表资产阶级的利益。他们提出要消灭剥削制度,建立平民政府,让广大下层民众翻身解放,成为国家和社会的主人。五四运动开创了中国一个新的时代,即新民主主义革命的时代。中国人民开始为实现以工农为主体的多数人的统治的目标而努力奋斗。

实现多数人的统治,是多少个世纪以来人们孜孜以求的政治理想和奋斗的目标。为实现这一目标,世界各国人民一直在进行着不懈的努力与斗争,甚至不惜流血牺牲,用暴力革命的方式来推翻独裁统治,建立民主政权,力求达到他们期盼中的民主。民主成为人类共同的理想与追求,成为与现代化并驾齐驱的世界潮流。潮流所到之处,一顶顶皇冠落地,一个个独裁政权垮台,一个个大独裁者被推上了历史的断头台。中国和一些发展中国家引入西方的议会制中出现的"橘化为枳"的现象,只能说明,一个国家采取何种形式的民主,即采取何种民主制度,必须依这个国家的国情而定。每个国家都有各自的历史、各自的文化传统、各自的生活习惯、各自的道德规范、各自的宗教信仰。与之相适应的民主形式必然也是多种多样的。民主和民主形式是既有联系又互相区别的两个概念,不能混为一谈。孙中山就对西方的议会制不以为然,认为它不适于中国。1906年他就创立了五权宪法这种与议会制完全不同的另一种民主形式。五权宪法和三民主义都是孙中山学说的核心。在很长的一段历史时期,孙中山和国民党都大力宣传和努力推行三民主义和五权宪法。即民国时期试行的民主制就不只议会制这一种形式,足见民主形式的多样性。

民主是一个国家文明进步的标志。保持社会的和谐与稳定,促进社会的公平正义,努力发展经济,改善民生,这是各国人民的共同愿望和根本利益所在。发展中国家必须在这一前提下,依据本国的国情,借

《资政院会议速记录》第七、九号

《参议院汇编》　甲编　乙编　民国8年3月至8月

《参议院公报》第一期　第五册　中华民国8年2月

《参议院公报》第二期　第四册　中华民国8年8月

《参议院公报》第二期　第五十六册　中华民国11年9月

《参议院公报》第三期　第一册至第十八册　中华民国11年至12年

《参议院第六十一次会议速记录》　323.53　857—66　登记号182454

参议院秘书厅《参议院要览》(全)　中华民国8年12月订

《第一届国会继续开会筹备纪事》

《国会法规》　北京大学图书馆馆藏

《议会法典汇编》　参议院公报科发行

《宪法起草委员会会议录》第一册　民国2年11月出版

《宪法起草委员会会议录》　民国2年11月出版民国8年1月重印

《宪法起草委员会会议录》　民国8年3月　宪法起草委员会书记
　　处印

《宪法起草委员会议录》共五册,第一至四册　民国8年5月再版于广
　　州,第五册系《地方制度案专号》　民国8年5月出版于广州

《宪法会议公报》第1—61册

《宪法新闻》第5、6、7册　民国2年5月

《众议院速记录》第二届国会第一期常会

《众议院临时会会议速记录》第七号

《众议院临时行政委员会汇编》第一期

第一期国会《参议院公报》第十三册,第二次特别会速记录

《参议院公报》　中华民国7年1、2月　第三、四册

参议院公报科编:《参议院公报》台北文海出版社有限责任公司印行
　　1978年版

北京《临时公报》　民国元年2月

《临时公报》辛亥年12月

《临时政府公报》第 2、3、15 号 中国第二历史档案馆编:《中华民国史档案资料汇编》1912 年第二辑 江苏古籍出版社 1991 年 6 月出版

《南京临时政府公报》第三号 民国元年元月 31 日

《政府公报》北京印铸局印行 民国元年——民国 8 年

《政府公报分类汇编》 民国元年——3 年

《军政府公报》第 1 号 民国 6 年 9 月 17 日

《军政府公告》第七号 民国 6 年 9 月 26 日

《申报》1908 年 7 月—1926 年 6 月

《盛京时报》1912 年 2 月—1923 年 10 月

《民国日报》1917 年 7 月—1922 年 5 月

《民立报》1911 年 11 月—1913 年 7 月

《晨报》1918 年 12 月—1923 年 10 月

《中华民报》1913 年 5 月

《晨钟报》1918 年 5 月—9 月

《时报》1910 年 11 月—1913 年 9 月

《大公报》1912 年 2 月

长沙《大公报》1917 年 9 月

《民声日报》1912 年 3 月

《神州日报》1912 年 3 月

《公言报》1919 年 5 月

《广东公报》1919 年 6 月

《亚细亚日报》1912 年 7 月—1913 年 4 月

《民主报》1912 年 8 月,1913 年 1、3、4 月

《民权报》1912 年 8 月

《正宗爱国报》1912 年 5 月

《东方杂志》第 9 卷 第 4、5、6、8、11、12 号

《大中华杂志》第 2 卷 第 12 期

《社会党月刊》第 4 期　1912 年

《辛亥革命丛刊》第二辑

《近代史研究集刊》1992 年　第 21 期

《近代史资料》总 51 号、1954 年第一期、1957 年第一期

《历史研究》1984 年第 6 期

《共和统一会章程》　中国第二历史档案馆馆藏

《国民党议员名单》　中国第二历史档案馆馆藏

《癸丑同志会宣言书》　中国第二历史档案馆馆藏

张友渔主编:《世界议会辞典》　广播电视出版社 1987 年 9 月第 1 版

张国福编:《参议院议事录　参议院议决案汇编》　议事录:(南京)起
　　中华民国元年一月讫四月　议决案汇编:甲部一册、甲部二册　北
　　京大学出版社　1989 年 10 月版

张耀曾、岑德彰编:《中华民国宪法史料》[上]　沈云龙主编:《近代中
　　国史料丛刊》续编　第八十一辑　文海出版社有限公司印行
　　1978 年版

刘寿林编:《辛亥以后十七年职官年表》　沈云龙主编:《近代中国史料
　　丛刊》续编第五辑　文海出版社有限责任公司印行

孙曜编:《中华民国史料》　沈云龙主编:《近代中国史料丛刊》第二辑
　　文海出版社有限责任公司印行　1978 年版

刘寿林、万仁元、王玉文、孔庆泰编:《民国职官年表》　中华书局
　　1995 年 8 月版

中华民国史事纪要编辑委员会编:《中华民国史事纪要(初稿)》
　　[台]中华民国史料研究中心印制　1971 年 5 月版

钱实甫著:《北洋政府时期的政治制度》(全二册)　中华书局　1984
　　年 5 月版

杨幼炯著:《中国政党史》　商务印书馆　1937 年版

谢彬著:《民国政党史》　学术研究会总会　1926 年版

杨幼炯著:《近代中国立法史》　商务印书馆　1935 年版

中国第二历史档案馆编:《中华民国史档案资料汇编》第一辑、第二辑,第三辑政治,第四辑(上) 江苏古籍出版社 1991年6月版

尚明轩著:《孙中山与国民党左派研究》 人民出版社 1986年7月版

《列宁全集》 人民出版社 1959年版

金毓黻:《宣统政纪》 卷29 1934年版

《辛亥首义回忆录》第一、第二辑 中国人民政治协商会议湖北省委员会编 湖北人民出版社出版 第一辑 1957年3月一版 1979年12月二版 第二辑 1957年12月一版 1980年2月二版

李廉方编:《辛亥武昌首义记》 湖北通志馆印行 1947年版

中国第一历史档案馆编:《清末筹备立宪档案史料》[下] 中华书局 1979年版

张朋园著:《立宪派与辛亥革命》 台北中研院近代史研究所 1969年版

中国社会科学院近代史研究所中华民国研究室、中山大学历史系孙中山研究室广东省社会科学院历史研究室合编:《孙中山全集》第2—6卷 中华书局 1984年版

《孙中山选集》 人民出版社 1981年10月版

许师慎:《国父选任临时大总统实录》 中国文化服务社 1948年4月版

中国人民政治协商会议全国委员会文史资料研究委员会编:《辛亥革命回忆录》[6]文史资料出版社 1981年版

沈云龙主编的《近代中国史料丛刊》第42辑:《辛亥革命始末记》渤海寿臣辑 文海出版社有限责任公司印行 1978年版

罗家伦主编:《革命文献》第1、2、3、7辑 [台]中国国民党中央委员会党史史料编纂委员会 [台]正中书局 1955年出版 1984年5月影印再版

秦春惠著:《民国宪政运动》 [台]正中书局 1978年11月版

《中华民国建国史》 [台]教育部主编 1985年版

杨玉如编:《辛亥革命先著记》[一] 科学出版社 1958年1月版

宁可编:《中华五千年纪事本末》 人民出版社 1996 年 10 月版

谢振民编著:《中华民国立法史》 中国政法大学出版社 2000 年 1 月版

《黎副总统政书》卷 1、9 上海广益书局 1914 年版

丘权政、杜春和选编:《辛亥革命史料选辑》[下] 湖南人民出版社 1981 年 9 月版

张国淦编:《辛亥革命史料》第三编 龙门联合书局 1958 年 3 月版

李守礼编:《民初之国会》 [台]正中书局 1977 年 12 月版

中国第二历史档案馆编:《中华民国史档案资料汇编》 江苏古籍出版社 1991 年 6 月版

《宋教仁日记》 湖南人民出版社 1980 年版

《宋教仁集》[下] 中华书局 1981 年版

观渡庐(伍廷芳)编:《共和关键录》 [台]文海出版社有限责任公司 1978 年据易堂书局民国元年版印行

蔡寄鸥著:《鄂州血史》 龙门联合书局 1958 年版

郭廷以编著:《中华民国史事日志》 [台]中央研究院近代史研究所 1979 年 7 月版

《北京兵变始末记》 国事新闻社编 1912 年版

高平叔编:《蔡元培全集》第 2 卷 中华书局 1984 年 9 月版

中国史学会主编:《辛亥革命》[七][八] 上海人民出版社、上海书店出版社 2000 年 6 月版

汤志钧编:《章太炎政论选辑》 中华书局 1977 年版

章伯锋、李宗一主编:《北洋军阀》 第二卷 武汉出版社 1990 年版

章伯锋主编:《北洋军阀》第三卷 武汉出版社 1990 年版

黄远庸:《远生遗著》卷 2、3 商务印书馆 1920 年出版

陈锡祺主编:《孙中山年谱长编》[上]第一卷、第二卷,[下]第三卷 中华书局 1991 年 8 月版

汪钰孙编:《黎副总统书牍汇编》卷一 上海广益书局 1919 年版

邹鲁:《中国国民党史稿》 上海商务印书馆 1947年版

李剑农撰:《戊戌以后三十年中国政治史》 中华书局 1965年7月版

张静如、刘志强著:《北洋军阀统治时期中国社会变迁》 中国人民大学出版社 1992年版

王芸生著:《六十年来中国与日本》第6卷 生活.读书.新知三联书店 1982年版

陶菊隐著:《北洋军阀统治时期史话》第二册、第三册 生活·读书·新知三联书店 1957年8月第一版,1978年4月第3次印刷

南海胤子撰:《安福祸国记》[上篇] 北京神州国光社 1920年9月版

鸿隐生:《安福秘史》 上海宏文图书馆 1920年版

刘以芬:《民国政史拾遗》 [台]文海出版社 1954年版

李新、李宗一主编:《中华民国史》第二编第二卷 中华书局 1987年9月版

王彦民:《徐树铮传》 黄山书社 1993年12月版

中国社会科学院近代史研究所《近代史资料》编辑组编:《徐树铮电稿》(《近代史资料》专刊) 中华书局 1963年版

邹鲁著:《回顾录》 岳麓书社 2000年9月版

冯自由:《革命逸史》第3集 中华书局 1981年8月版

陆纯编:《袁大总统书牍汇编》 上海广益书局 1936年再版

谷钟秀著:《中华民国开国史》 沈云龙主编:《近代中国史料丛刊》第66辑 [台]北文星书店 1962年6月影印本

《熊希龄集》[上] 湖南人民出版社 1985年版

朱建华、宋春主编:《中国政党史》 黑龙江人民出版社 1991年7月版

[日]北一辉:《中国革命外史》(中译本) 大楚报社 1945年6月版

何仲箫编:《陈英士先生纪念全集》卷2 [台]文海出版社 1970年版

《梁启超致梁思顺函》1913年5月2日 中华书局藏抄件

丁文江、赵丰田编:《梁启超年谱长编》 上海人民出版社 1983年版

外交部吉林交涉署:《中俄蒙古交涉节略》 1913 年版

中国国民党中央委员会党史委员会编订:《国父全集》第 3 册 ［台］台
　　北文物供应社 1973 年版

郭剑林主编:《北洋政府简史》［下］ 天津古籍出版社 2000 年 10
　　月版

汤锐祥编:《护法运动史料汇编》［二］ 花城出版社 2003 年 3 月版

中国人民政治协商会议全国委员会文史资料研究委员会编:《文史资
　　料选辑》 第 26、41、48、53、82 辑 中国文史出版社 2000 年 1
　　月版

中华民国国会史

中

谷丽娟　袁香甫　著

中华书局

　　国民党在第一届国会选举中赢得了胜利,成为国会中第一大政党。国民党在参议院的优势更为明显。国民党组阁已基本成定局。为了阻止国民党组阁,袁世凯雇凶将积极主张政党内阁的国民党代理理事长宋教仁暗杀于上海。国民党立即从拥袁转为反袁。这样,在第一届国会中,国民党与袁世凯的斗争十分激烈。

　　国民党鉴于其军事力量无法与袁世凯摊牌,同时,从拥袁立即转为反袁,舆论不是一时所能扭转的,于是,决定以法律倒袁。国民党将宋案真相公布,以动员舆论,揭露袁世凯。同时利用其在国会中的第一大党的优势,在阻止善后大借款合同签字失败后,又要求袁世凯按《临时约法》的规定,将善后借款合同交国会审议,以便在国会中否定大借款合同。主张按法律程序先订宪法后选正式大总统,反对袁世凯的先选后宪的主张。国民党还利用其在宪法起草委员会的优势,排除了袁世凯的干扰,起草了维护民主共和制的《天坛宪法草案》,力图利用国会尽快通过这部已经起草好的宪法草案,来阻止袁世凯颠覆民主共和国。袁世凯则加紧对国民党的分化瓦解和镇压。在国会中,袁拉住进步党、组织御用的公民党,来对抗和压制国会中的国民党。采取软硬兼施的办法,分化瓦解了国会中的国民党,使其失去了第一大党的地位。为防国民党在国会中否定大借款合同,袁公然违背《临时约法》,不交国会而直接签字,让合同生效。袁世凯以武力摧毁了国民党的军事力量之后,加紧了对留在国会中的国民党议员的压迫和迫害。任意逮捕和杀害国民党议员,制造白色恐怖,压迫国民党议员同意了其先选后宪的主张,并以军警胁迫国会选举其为正式大总统。登上正式大总统宝座的袁又操纵各地的北洋军阀,掀起反对与否定《天坛宪法草案》的狂潮,以阻止国会通过这部维护民主共和国的宪法草案。袁世凯搞独裁、搞复辟的面目暴露得越来越清楚。一些进步党议员也逐渐看清了袁的庐山真面目,开始与国民党议员联手,以图阻止袁的独裁。当上正式大总统的袁世凯决心踢开已无利用价值的国会。1913年11月4日下令解散国民党,取消了国民党议员的资格,将国会搞瘫痪。进步党议员纷纷反对袁的作法,力图挽救国会。袁搞垮国会的决心是坚定的,于 1914 年 1 月 10 日下令停止了国会议员职务。国会被解散。

一、第一届国会的选举及宋教仁的被暗杀

第一届国会选举是依据北京参议院制定的 1913 年 8 月 10 日由临时大总统袁世凯公布的《中华民国国会组织法》、《参议院议员选举法》、《众议院议员选举法》的规定进行的。这几个法的最大特点是设立了华侨参议员专额 6 名,给一直热心爱国、对国家做出过很大贡献的广大海外华侨以特别的照顾。这自然是对广大海外爱国华侨的一种鼓舞。

各省参议员的选举,则先选举省议员,组织正式省议会。然后以省议会为选出机构,以省议员为选举人,选举本省参议员,但省议会议员当选参议员数额不得超过该省参议员总数之半。各省行政长官为各该省参议员的选举监督。蒙古与青海由各选举区划王公、世爵、世职为选举人组织选举会,选举参议员,并以选举会所在地方行政长官为选举监督。西藏分前藏、后藏两个选举区,分别由该区达赖喇嘛、班禅喇嘛会同中央政府驻藏办事长官选出 5 倍于参议员名额的人员,于拉萨和扎什伦布组织选举会,各选出 5 名参议员。华侨由华侨居地商会、中华会馆、中华公所、书报社各选出选举人 1 名,到北京组织选举会进行参议员选举,工商总长为选举监督。

众议员选举分初选和复选。初选以县为选举区,每个县又划分为若干投票区。若干初选区为一复选区。初选以各县行政长官为各该县初选监督。各省行政长官为各该省众议员选举总监督,由总监督任命复选区监督。

众议员初选监督在本区内派调查员,按选举资格调查本区内符合选举条件者造具选举人名册,于初选期 60 天以前分别呈报复选监督及总监督。同时,按各投票区分造选举人名册,于初选 60 天以前在投票

所将选举人的名单贴出公示。

复选监督按照该复选区议员名额乘 50 即为该复选区内初选当选人总额,再以该复选区初选当选人总额去除该复选区全区选举人总额,即得出多少选举人应选出 1 名当选人。再由此推算出各初选区当选人总数,由各该初选区按各该初选区应选出的当选人总数选出该选区的选举人。

复选举由初选当选人齐集复选监督驻在地行之。即由初选当选人选举众议员,但众议员不以初选当选人为限。各复选区的复选当选人即众议员的名额数由省总监用该省众议员名额总数去除省内各复选区选举人的总数(即全省复选举人总数),得到复选区多少名选举人应选出 1 名众议员。再算出各复选区各该选出多少名众议员。

初选和复选均设投票管理员、监察员,开票管理员、监察员。投票所和开票所均有巡警保持秩序,无关人员不得入内。

《众议院议员选举法》还规定了严格的选举诉讼条文。但第一届国会选举却并不平静,世界上一些国家选举中的弊病也出现在中国的第一届国会的选举之中,有的还带有中国特色。

第一届国会的选举自 1912 年 12 月上旬正式开始,到 1913 年 3 月基本结束。但各党派为角逐全国政权,为这届国会竞选的准备工作很早就开始了。从各政党的成立开始,以及一些政党的分分合合,无不是以这届国会的竞选为目标的。同盟会改组成国民党、联合袁世凯、将赵秉钧内阁全体阁员拉入国民党,应该说都是为了适应议会斗争的需要,壮大国民党党势,以便在国会选举中取得多数议席。国民党本部到各省分部都设有选举科,全力以赴地投入到第一届国会的选举之中。他们发展党员也是以有选举权的人为对象。国民党实际领导人宋教仁就说:"我们此时虽然没有掌握着军权和治权",但"世界上的民主国家,政治的权威是集中于国会的"。所以"我们要停止一切运动,来专注于选举运动。……我们要在国会里头获得半数以上的议席,进而在朝,就可以组成一党的责任内阁;退而在野,也可以严密地监视政府,使它有所惮而不敢妄为,应该为的,也使它有所惮而不敢不为"①。

共和党更是重视这次选举,把它当作全党的头等大事,全力以赴。为此,它在各省广设分部,动员全体党员,"不争做官,而争做议员",将国会选举的成败当作党的政治纲领能否实现的大事。共和党本部还为各地制定选举的具体细则和注意事项,以使其党员能更多地当选。

统一党也全力以赴地参加第一届国会的竞争。他们仗着有袁世凯这个大后台,资金充足,决定用钱来运动选举以期获胜。

民主党虽然成立较晚,但依仗其中坚分子大都是前清咨议局的骨干和宪友会会员,以政见相同而牢固结合。他们也跃跃欲试,欲一露身手,在中国政坛再创辉煌。

各政党对第一届国会选举均十分重视,这自然是件好事。但令人遗憾的是,尽管各党口头上都以"注重党德"、"宣传党纲"相标榜,但在竞选的整个过程中,竟不见有哪一个政党发表竞选的政治纲领,全国未闻有哪一个选区开政党演说会。这自然是一大怪事。有的却是拉票、买卖选票。也就是说,各政党不是通过宣传自己的政治纲领、政治主张来争取选民,争得议席,而是以行政权力控制选举,或将用钱买官的官场通行作法来买选票。掌握枪杆子的甚至以武力威胁选民投自己的票。弄虚作假、舞弊亦常发生。个别的甚至欲用放毒的手段暗杀对手,如国民党河南分部就接到误投到该部的共和党秘密谈话文件一份,内规定如何破坏国民党的竞选,甚至提出于对手可施放毒药、罗列罪名等阴狠手段。此事为国民党所获,告到内务部,内务部不得不于1913年1月5日通告各省选举总监,严查防杜②。

不以行政权力左右选举是保证选举公平、公正的首要条件,也是世界民主国家最普遍的选举规则。故现役军人、司法行政部门的公务员均不得加入党派,在党派争斗中保持中立。但当第一届国会选举时,国

────────

① 《宋教仁集》〔下〕,第456页。
② 《政府公报》民国2年1月5日第239号。

民党、共和党等都各自控制着一些地方的军政大权。如国民党控制着广东、湖南、江西、安徽、山西、陕西等省,共和党控制着湖北、河南、山东、直隶、甘肃、新疆、江苏等省,这些省的司法权也大都控制在这些党的手中。他们则利用手中的行政权力操纵着选举。他们控制着选举总监督、复选监督、初选监督,投票管理员、开票管理员、监察员。这些省的选举结果自然可想而知。这一结果也说明了行政权力对选举的操纵与影响。选举诉讼在这些省自然也可想而知。在这些省,舞弊者大胆舞弊,舞弊而当选者照常当选,能受到法律制裁的,实在少见。

以共和党控制的湖北选举为例,湖北是黎元洪的独立王国,是共和党的基地。他们利用手中的权力打击、排斥国民党当选人。如湖北第三选区汉川欧阳启勋系国民党人,当选为众议院议员。民主党就串通为袁世凯的心腹施愚等控制的中央选举事务所,与湖北选举总监督夏寿康联手,借口欧阳启勋辞职批准日期与当选日期不符(欧阳启勋原任湖北省民政署司法科长,在投票前已辞去官吏之职),宣告其当选无效,另以民主党籍的该选区第一候补人张则川递补。其时欧阳启勋已向众议院报到。民主党首领汤化龙依仗众议院议长的职权,不许欧阳出席众议院会议,而支持身份未明的张则川列席议事。欧阳奔走于京、鄂间,卒不得直,因患痨疾,饮恨以殁。又如湖北选举参议员,第一次投票,同盟会(湖北同盟会支部招牌始终未改)韩玉辰、共和党刘成禺均以得票满投票人总数的三分之一当选。共和党在黎元洪的支持下,企图再收买二三张选票,使同盟会全部选举落空。刘成禺、孙武强迫省民政长兼选举监督夏寿康以选举人未离座位写票为由,呈报中央选举事务所宣告韩、刘当选无效,重行选举。同盟会选举人杨瀚芳、李宗唐等以夏妨碍选举、触犯刑律,向湖北高等审判厅控告。依选举诉讼应先于其他讼诉审理的规定,高检厅长王镇南、高审厅长易恩侯(王、易均为同盟会会员)亲自莅临主持,两次传讯夏,夏不到,第三次出传票由司法警察全付武装强制夏出庭受审。夏对刘成禺、孙武说:"你们闹党争,要我坐牢,我不干。"刘乃请教育司长时象晋、实业司长屈德泽调停,保证不再拉选票,选举才正常进行。第二次投票,韩与刘同时当选。共和党并不罢手,韩赴北京到参议院报到,中央选举事务所竟又以韩有二票左书"松滋"地址为由,宣布其当选无效,并登报宣传。但参议院国民党占明显优势,参议院议员资格审查委员会对韩的议员资格审查合格,共和党也就奈何不得①。甘肃都督赵惟熙以共和党支部长名义致函地方长官,必须将本属初当选人"用全力联络入党,已入他党者勒令退党"②。

　　在第一届国会的竞选中,用金钱收买选票的现象在一些地方也较为严重。初选时,每张选票价值两角至五角,最多不超过二三十元。到复选阶段,"辇金收买初选当选人,或一百元一个,或二百元一个。时期愈促者价愈昂。故欲为议员者,其收买初选当选人之费,多者三四千元,少者亦二千余元,且必付现金,不容赊欠。"③湖北选举竞争激烈,因而票价飞涨。"共和党人胡鄂公利用办理荆州旗籍善后事宜的职权,变卖八旗公产,移作选举费用。其他当选者,均与金钱和行政压力有关。民主党仅汤化龙一人当选,所得票数最多,所花费用也最巨。共和党欲完全控制省议会和独占10名参议院议员,出重金收买同盟会籍省议员,果有一二人受其摇惑。孙武扬言:'我愿为第10名参议员候选人,有把握当选。'共和党以平湖门外乙栈(张之洞所修的四栈之一)为招待所,用机器架桥,伸出江中取水,供乙栈使用;汉口第一家福昌旅馆和三分里、四成里若干妓院,由招待所包下。几家规模大的餐馆,凭招待所印条记帐。真是穷奢极欲,煊赫一时。李白贞告余,当时刘成禺一次在汉口某处(地点记不清)以13万元分给共和党省议员,并大声言如有人不按党议投票,就得退钱,不退不行,言下势极凶狠云。……共和党支部马宙伯,张汉等经手挪用湖北官钱局官票50万串,直到1914

①　韩玉辰:《民初国会生活散记》,《文史资料选辑》第53辑,第200页。
②　《民主报》1913年1月22日。
③　《申报》1913年1月7日。

年段芝贵督鄂时不准销帐。马等入京求困居瀛台的黎元洪调解。黎不允,说:'谁叫你们为5个参议员花这么多钱,比前清捐5个道台的钱还多呢。'卒经陈宧疏通,由黎签请袁世凯批令,免予追赔了案。因此乡人以六言诗讥刘成禺、董昆瀛、张汉、彭介石、郑江灏5人曰:'倘来身价十万,可怜人民血汗。血汗换得拥袁,兔死狗同遭难'(袁消灭国会,刘、董等亦被摒弃)。"①湖北议员"凡当选者,无人不出于金钱运动。即大名鼎鼎之汤化龙,亦被初选当选人吴宝瑆控其揩骗票价不付"。"未投票前,汤即面许以300元酬投票之劳,投票后仅只给予20元"②。湖南贿选参议员,"有消耗至数千金者",甚至有"破产运动,因耗资已多,而票额仍难如愿,竟在家放声大哭",或"悬梁自缢为家中瞥见得免于死者"③。四川共和党系的都督胡景伊对选举代表的拉拢收买,不惜施用各种卑鄙手段,要官许官,要钱支钱,遂使共和党金钱收买肆无忌惮。广西省桂林市,民主党为了拉选票,在发选票时,每一初选人附送一张食品免费券,上面写着"凭券发米粉若干碗,如未使用,或使用未完的数量,得按值换取现金"。同时组织捃客,包办投票,1人可领十余票或数十票。复选时,复选人集中桂林,民主党租赁酒楼和妓院作为招待复选人的俱乐部,邀请复选人到俱乐部就餐,招妓、饮酒、赌博,乌烟瘴气,以拉选票④。竞争中的各党,不但要用钱收买非党和反对党的选票,而且连本党党员,为了不被他党收买,保证所提候选人当选,有的也需要用金钱来控制。

　　竞选中以金钱收买选票的贿选,是扼杀议会政治的致命杀手。它不但破坏了公平与公正的竞选,使一些卑鄙贪婪的政客跻身最高立法机关,而且它从议会内部直接腐蚀着议会制度本身。用金钱收买选票

————————

①　韩玉辰:《民初国会生活散记》,《文史资料选辑》第53辑,第201页。

②　《申报》1913年3月3日。

③　《民主报》1913年3月31日。

④　魏继昌:《国民党和民主党在桂林竞选国会议员的斗争》,《文史资料选辑》第82辑。

而当上议员的人,本身就是一批寡廉鲜耻的政客。他们把竞选议员当作一种投资,投资自然要谋求最大的回报。也就是说,他们当上议员后自然要利用手中的权力来捞回自己的投资和谋求最大的利润。在这些议员心目中,什么共和国的前途,什么民族的命运,什么大众的疾苦和利益,都不是他们要关心的,他们所关心的只有如何为自己捞取更多的钱财和利益。正由于有这么一批议员,袁世凯的收买政策才能奏效,曹锟的贿选才能成功。到后来,一些议员干脆结合成为自己谋利益的小集团,只要国会有选举,只要每一届内阁请求国会投同意票,他们便借机发财,或要钱,或要官,即自己到政府部门兼职拿一份薪水,或将子女亲属安排到政府部门,五花八门。其中最突出的代表人物便是声名狼藉的众议院议长吴景濂,他便是利用议长的权力而致富的。正是有这么一批大搞腐败的议员,第一届、第二届国会才到不可救药的地步,最后被全国抛弃。腐败,是国会走向衰败的最主要的原因。国会要预防腐败,第一关就必须把住议员选举关,要严厉打击竞选中的贿买选票的事件,不让贿选议员进入议会。

据当时的报导,第一届国会选举中,各党为了争取更多议员而浮报选民数额。一些办理选举的人私藏选票、雇人冒投。有的与办理选举的人员勾结,公开抢选票。有的甚至以武力胁迫选举人投某党议员的票。这些五花八门的选举丑态使选民反感与厌恶。

第一届国会选举,有几千万选民参加。这是当时全国瞩目的一件大事。人们对此倾注了极大的热情。因为这毕竟是中国几千年来第一次正式国会选举,其意义自不待言。尤其是当时的中国,对国会寄予了极大的希望。当时全国有影响的《申报》1912年9月6日、7日连续登出该报的社论《敬告选举人》中说:"吾国今日之国势已如是,强弱兴亡,在此一举。"这确实反映了当时中国人民的心理。因为,建立国会,将中国引向民主共和并最终走上富强之路,是中国几代人的希望与追求。中国几代人为之奋斗的国会终于要在中国成立了。人们翘首以待中国正式国会的诞生,认为只有国会才能救中国,才能使中国走上独立与富强的道路。

　　第一届国会选举中,中央学会的 6 名参议员却难产。

　　1912 年 11 月 22 日参议院议决的《中央学会法》案,11 月 29 日临时大总统将其正式公布。中央学会选举资格定为国内外大学或专门学校 3 年以上毕业者。这些人有的住北京,有的散处各省。选举资格的审查,即毕业证书的审查,不可能全由中央办理,须委托各省教育司。总的选举名册得待各省教育司将审查合格者全部呈报后才能制定。各省教育司接到中央的总选举名册及统一规格的投票纸才能开始选举中央学会会员。只有中央学会会员选定后才能由这些会员再选举 8 名参议员,但 8 名参议员不以该会会员为限。由于这一程序较为费时费事,各地又未接中央之令,故第一届国会选举时,中央学会的选举并未同时进行。1913 年 3 月 20 日,筹备国会事务局公布了中央学会互选日程并电告各省民政长官:1913 年 3 月 25 日至 4 月 11 日审查毕业文凭,4 月 15 日制定总的选举名册,4 月 17 日发表选举名册并举行中央学会委员选举,4 月 23 日开票,4 月 24 日计算总票数,4 月 25 日发表当选人,5 月 1 日召集会员举行中央学会成立式。但中央学会选举涉及全国各省区,不但工作量大,而且难以做得透明与公正。选举中央学会委员的过程中就存在严重的贿选和操纵选举的现象,矛盾重重,难以进行,学界自动起来建议取消中央学会选举参议员的规定。北京大学多次决议取消这项选举,故中央学会 8 名参议员未能如期选出。

　　第一届国会选举出参议员总数为 266 人,众议员总数为 596 人。议员名单见附录(二)、(三)。由于当时跨党现象严重,各党议员的准确数字难于统计,故随统计的方法不同而不同。下面是其中的几种统计方法,供参考。

	参议院议员	众议院议员	
		据《各直省众议院议员表》统计	据《众议院议员一览表》统计
国民党	158	365	371

共和党	49	159	122
统一党	4	15	4
民主党	2	12	19
超然派	3	2	29

表中众议院议员,据《各直省众议院议员表》统计者,是据《时报》1913 年 4 月 6 日所刊载而统计的;据《众议院议员一览表》统计者是据《国民》第 1、第 2 号所刊载而统计的,同时参照《时报》、《申报》、《民立报》、《民主报》刊载的有关资料统计而成。

但上表统计把跨党者也算在各党之中。还有另一种将跨党派议员单独计算的方法,则第一届国会选举中各党的人数为:

	参议院	众议院
国民党	123	269
共和党	55	120
统一党	6	18
民主党	8	16
跨党者	38	147
超然派	44	26①

从表中可以看出,无论是按两种统计中的任何一种,国民党在第一届国会选举中,不管是在参议院还是在众议院,都是占据议席为最多的第一大党,在国会的议席超过了共和党、统一党、民主党三党(该三党为在议会中与国民党相对抗,于 1913 年 5 月,合并成立了进步党)所获议席的总和。当然,由于当时跨党现象普遍,有的资料说跨党议员 180 多人。再加上当时各党基层组织不全,如该地方候选人非某党党员,则各党立即进行拉拢,请其入党;也有的原无党派,只是为竞选成功,希望得到帮助而临时要求入党的。这种互相利用、互相凑合的现象,更难判定一些议员的党籍。故各党议员都无法准确统计。国民党当时是最庞

---

①　邹鲁:《中国国民党史稿》第一篇,第 145、146 页。

杂的组织松散的一个党,其当选议员自无法准确地统计,故对国民党在第一届国会议员总数有 392 人,较共和、统一、民主三党之和多 169 人的说法①;有 490 人的说法②;还有 471 人的说法③。但不管取哪种说法,都表明国民党在第一届国会选举中,以较大的优势击败了共和、统一、民主三党,取得了选举的胜利。

　　国民党在议会选举中获胜,自然为国民党组成一党内阁创造了条件。由多数党组成政府,这在一般民主国家是顺理成章的事。国民党在国会选举中的胜利,自然使国民党为之振奋,尤其是当时主持国民党工作的代理理事长宋教仁更为兴奋。为了部署国民党的选举工作,同时为了探望阔别八年的家人,宋教仁于 1912 年 10 月 18 日离京南下。当各地国民党议会选举获胜的消息不断传来,国民党在第一届国会选举中获胜已成定局时,宋教仁立即于 12 月下旬离开故乡湖南桃源,出游长江中下游省份,开始组织国民党内阁的准备工作。宋教仁草拟了《国民党之大政见》,作为国民党执政的施政纲领。同时还打算将"愚呆脆弱之黎元洪"选为总统,以实现排斥袁世凯的策略④。在长沙时,与湘督谭延闿、湖南内务司长仇鰲商谈组阁,约请谭出任内阁总长,仇任湖南护理都督。1 月 29 日,宋教仁自长沙启程赴鄂,准备沿长江水路赴沪,与黄兴商讨国家大事。到湖北后,除进行公开演讲外,主要想联合黎元洪和民社派。

　　1913 年 2、3 月间,南方各省国民党籍议员纷纷到达上海,商讨国会开幕后的策略。尽管当时湘、闽、粤、赣等省议员反袁情绪强烈,想推举黄兴取代袁任总统,但国民党领导人觉得光靠国民党的力量太弱,无法排袁选黄,必须再联合其他力量,以对付咄咄逼人的袁世凯。于是,

---

①　李剑农撰:《戊戌以后三十年中国政治史》,第 169 页。
②　《两院议员之确实调查》,《民主报》1913 年 4 月 16 日。
③　《国民党议员名单》,原件藏中国第二历史档案馆。
④　朱建华、宋春主编:《中国政党史》,第 85 页。

国民党改变了张振武案时反对黎元洪的态度,希望与黎合作倒袁。据说,张继、曾昭文、田桐等国民党骨干早已开始运动黎元洪出任正式总统①。黄兴在湖南时也曾致书黎元洪表示敬意。黄兴的部属也向黎元洪建议,推举黎元洪为总统,黄兴为副总统,与袁世凯竞选。宋教仁1913年1月底离湘赴鄂,也积极运动黎元洪与袁竞选总统,实施其利用"最为愚呆脆弱之黎元洪"而"自为实权总理"的策略②。在张振武事件中,民社派和同盟会稳健派在国会中有过合作,有接近的趋势。虽然在国会议员竞选中两派也发生过矛盾和冲突,但民社派毕竟和同盟会有一定的历史渊源,故宋教仁极力争取与民社派建立政治联盟,提议由辛亥革命时的革命同志,组成同志内阁,以孙武为陆军总长③。但黎元洪和民社派决心和袁联合以对抗国民党。所以,国民党的"拥黎倒袁"的策略根本无法实施。这样,国民党认识到排袁无法实现,便将努力的主要方向仍放在争取政党的责任内阁上。以后宋教仁又分别到上海、杭州、南京活动。一路上到处会见国民党人,到处发表演说,指陈时弊,宣布政见,准备组阁工作。

国民党在国会选举中击败了共和、民主、统一三党而取得了胜利,也是对袁世凯操纵国会实行独裁的一个打击。国民党一党内阁若成立,必然制约袁世凯,阻碍袁的专制与独裁。所以,在宋教仁离京南下之前,袁世凯企图用50万元收买拉拢宋教仁,遭到品格高尚的宋教仁的拒绝后,便指使亲信爪牙密切监视宋的一言一行。宋教仁对政府的客观而尖锐的抨击使袁世凯如芒在背。于是,袁决定从肉体上消灭宋,使国民党议员在国会中失去坚定的核心人物,为自己搞独裁扫清障碍。1913年3月20日,袁派杀手将宋教仁刺杀于上海。但宋案很快被侦破,凶手武士英很快被捕获归案,宋案真相大白:袁世凯让赵秉钧负责,

① 《政海之一勺》,《远生遗著》卷3,第70—72页。
② 北一辉:《中国革命外史》第153页。
③ 《政海之一勺》,《远生遗著》卷3,第70—72页。

通过内务部秘书洪述祖,指示应桂馨收买武士英暗杀了宋教仁。袁世凯的元凶面目彻底暴露。全国为之震惊。这给沉醉于国会选举胜利的国民党人当头一棒,使他们看清了袁世凯的狰狞面目:袁可以不惜使用各种阴险残忍的手段来摧残民主,摧残国会,摧残坚持共和维护国会的国会议员。血淋淋的事实说明,只要中国封建势力的代表人物手握全国政权,中国就不可能有真正科学意义上的议会。

宋案也擦亮了孙中山等国民党领导人的眼睛,使他们彻底认清了袁世凯反对共和坚持独裁的反革命面目,决心推倒袁世凯以维护共和制。孙中山主张立即迅速兴兵讨袁,但黄兴等党内多数领导人认为,国民党控制的南方军队刚刚经过裁撤,无法立即与袁世凯开战,必须加以整备才能作战。黄兴认为:"南方武力不足恃,苟或发难,必致大局糜烂。"①孙中山坚决反对法律解决的幻想:"国会乃口舌之争,法律无抵抗之力,各省都督又多仰袁鼻息,莫敢坚持,均不足以戡予智自雄、拥兵自卫之野心家。欲求解决之方,惟有诉诸武力而已矣。"②孙中山的看法自然是对的。但国民党确实没有和袁世凯摊牌的军事实力。况且,自1912年8月孙中山入京后,国民党就采取了拥袁的立场,要使全党从拥袁转为反袁也需一个过程。故孙的主张不为党内大多数领导人接受。国民党人面临难以避免的决战和难以避免的失败的尴尬境地。黄兴只好一面迁就孙中山,积极备战,一面插手宋案的司法工作,主张稍缓用兵,暂时按法律程序倒袁,认为:"民国已经成立,法律非无效力,对此问题宜持以冷静态度,而待正当之解决。"③他主张以其制人之道还制其人之身,即欲以暗杀袁世凯,省事免牺牲。这自然暴露了中国的资产阶级力量薄弱和其主要领导人缺乏远见的弱点。

孙中山、黄兴于1912年8月、9月相继入京调和南北矛盾,与袁世

---

① 《孙中山全集》第3卷,第165页。
② 《陈英士先生纪念全集》卷2,第24页。
③ 《孙中山全集》第3卷,第165页。

凯打得火热。袁、孙、黄、黎(元洪)四巨头共同商定的内政大纲八条是一个支持袁世凯集权、支持袁世凯独裁的纲领，是国民党拥袁的重要举措。孙、黄北京之行的幼稚之举，使袁世凯摆脱了张振武案的被动状态，为袁的独裁涂脂抹粉，大大提高了袁的声望，大大巩固了袁的统治地位。既误导了国民党，也误导了全国舆论。当时国民党全党，整个国家都还沉醉于南北已调和，全国已团结一致的幻觉之中。黄兴等人又将赵秉钧内阁阁员全部拉入国民党内，国民党误认为实现了国民党内阁的主张，正陶醉于执政党的幻觉之中。孙中山可以在一夜之间完成从拥袁到反袁的转变，但对一个国家，对一个已经松散、涣散的国民党，要想像一个人那样在一夜之间就完成从拥袁到讨袁的策略转变自是不可能的。况且仅凭宋教仁被暗杀这一事件是不可能发动一场全国性的武力倒袁运动的。民初的暗杀活动频发，国民党也常用此手段来对付其政敌。袁世凯当时搞独裁与复辟的面目未彻底暴露，当时国民党要反袁连能号召人的口号都提不出来，怎么去动员群众呢？此时革命党人掌握的军队经裁撤后力量已无法与袁对抗，且这些军队都没有战争的准备，立即发动讨袁的战争是不现实的。所以也只好一面准备武装反抗袁世凯，一面进行法律倒袁。

　　孙中山的看法是对的，在袁世凯手握全国政权的条件下，宋案是无法在法律范围内解决的。尽管宋案要犯应桂馨、武士英为法、英租界当局捕获，并于4月16日、17日移交给中国方面。但袁世凯却于3月26日在北京放走了洪述祖，并阻挠法庭开庭。洪潜逃赴青岛，躲在德租界，使宋案的开审增加了严重困难。4月24日，凶手武士英突然不明不白地暴死狱中。袁世凯命江苏都督程德全赴沪处理宋案。北京方面力图直接掌握宋案的审判权被国民党挫败后，4月13日，程德全和孙中山、陈其美等商议后，向袁世凯和内务、司法两部正式提出组织特别法庭的要求，并请委任伍廷芳为特别法庭主任，但为袁政府所拒绝。4月17日，司法部直接电令上海地方检查厅厅长陈英按常规负完全责任审理，初审由上海地方审判厅审判。18日，英租界移交了证物证据。5

月 5 日,上海地方检查厅长陈英开始预审应桂馨和嫌疑犯朱阴榛。6 日,上海地方检查厅按法律程序向北京地方检查厅发出传票,请北京地方检查厅传解宋案嫌疑犯赵秉钧、程经世(内务部秘书)到沪归案,等候质问。同时要求外交部向青岛德国当局交涉从速引渡洪述祖归案。

　　审理宋案刚开始正常进行时,袁世凯即出面干涉。这样,江苏高等审判厅厅长杨荫杭突然于 5 月 8 日将上海地方审判厅厅长黄庆澜以下直至书记,全体撤换,委任屠铨接任厅长。对杨荫杭的命令,上海地方检察厅厅长陈英宣布辞职以示抗议。江苏省高等检察厅委任蔡季严接任陈英任厅长。

　　5 月 13 日,北京地方检察厅在上海地方检察厅的催促下,也向赵秉钧、程经世发出传票。但赵、程却拒绝出庭。

　　由于宋案要犯不到庭,审判一延再延。5 月 30 日,上海地方审判厅不得不在宋案要犯缺席的情况下开庭审判。但原告代理律师因本案要犯未到庭,要求法庭强行拘传赵、程、洪到庭;请求法庭延期开庭。被告律师以上海地方审判厅法官未接大总统、司法总长的任命,不符合《中华民国临时约法》的规定,没有开庭的资格。这样,法官不得不宣布退庭。此时,进步党极力为袁世凯一手制造的宋教仁血案辩护,声言"宋案确与政府无关",并捏称"系同盟会人自屠"①,"其主使者,陈其美也"②。直到 6 月 15 日,宋案真相已大白于天下,进步党仍一面主张"法律解决",一面散布赵秉钧是否"有罪",尚待"证明"。进步党在宋案中扮演了为刽子手涂脂抹粉的不光彩角色。

　　在此期间,国民党员黄复生(参与过谋刺前清摄政王)、国民党议员谢持、宋教仁的秘书周予觉一起从上海带了炸药和黄兴给的 3 000 元经费赴京企图暗杀袁世凯。但周在袁的侦探追踪下叛变自首。周的妹妹周予儆为袁世凯收买,谎称黄兴组织"血光团"赴京实行暗杀。5

---

①　《梁启超致梁思顺函》1913 年 5 月 2 日。
②　《梁启超年谱长编》,第 665 页。

月 17 日,北京军政执法处逮捕了参议员谢持,并指其为"血光团"成员。因无证据,在国会交涉下于 19 日释放。北京当局对"血光团"暗杀事件大肆喧染,来冲淡袁世凯的血腥行动。5 月 29 日,袁世凯下令改组北京地方检察厅、北京地方审判厅,全换成袁的党羽,以加强对司法机关的控制。新组建的北京检察厅也立即向上海发出传票,要居住在上海租界的黄兴到案对质,以此作为对宋案传赵的对等报复,以谎言来把宋案之水搅浑,使人民难辨真假。袁的用心阴险恶毒可见一斑了。黄兴为了揭穿谎言,6 月 11 日赴租界会审公廨,表示愿赴京对质。因北京地方检察厅证据不足,租界当局才未令黄兴到案。

这样,宋案就陷入了公判不成,律师抗告,法庭搁置,政府抵制,不但事实不进行,而且连新闻都没有的局面,最后不了了之。

二、第一届国会开幕

第一届国会议员选举正在进行之时,1913 年 1 月 10 日袁世凯发布正式国会召集令,限当选的众、参两院议员,于 1913 年 3 月底之前齐集北京:

> 正式国会召集之期,依照《约法》以十个月为限。民国元年 8 月,业将《国会组织法》及参议院、众议院议员选举各法,公布施行在案。民国正式国会,为共和建设所关。本大总统承我国民付托之重,迭经饬由国务总理、内务总长督令筹备国会事务局及各该参议院议员选举监督、众议院议员选举总监督、选举监督等,分别妥速筹备,并先后制定参议院众议院议员各选举日期令,俾各依限进行。
>
> 自《约法》施行以来,现已十个月届满。据国务总理、内务总长呈:据筹备国会事务局呈称,众议院议员复选举,除据报延期各省份外,余均于民国 2 年 1 月 10 日遵令举行,其参议院议员选举亦将次第遵令举行等语。
>
> 本大总统深维我中华民国缔结之艰难,夙夜兢兢,未敢以临时

期内,稍涉暇逸。兹幸国会议员已如法选出,亟应依照《约法》下令召集。自民国2年1月10日正式国会召集令发布之日起,限于民国2年3月以内,所有当选之参议院议员及众议院议员,均须一律齐集北京,俟两院各到有总议员过半数后,即行同时开会。至关于国会开会之筹备事项,应由国务总理、内务总长督饬筹备国会事务局速为筹备完全。

共和政治之良否,政府固有完全之责任,而尤以正式国会为管枢,一德一心,共图盛业。斯即本大总统代表我汉、满、蒙、回、藏五大民族所馨香祷以求之者也。此令①。

参、众两院议员按限期陆续齐集北京。再由大总统袁世凯3月19日发布命令:"中华民国2年4月8日民国议会开会礼。"

议员尚未到京时,袁世凯即开始着手收买议员。袁指示其在各地亲近他的封疆大吏,对议员尽情结纳,用赠送旅费或安家费的名义,分别给议员以巨额金钱。议员在赴京途中,由筹备国会事务局所设立的招待处多方拉拢,为收买政策打下基础。待议员到京,袁世凯则在北京摆下了迷魂阵。酒、色、名、利一齐投向议员。议员一下火车,各政党招待员都围拢上来,拉议员到自己的招待所。对支持袁的政党的议员,"三天一小宴,五天一大宴,平日的饭菜亦系十大碗"。袁世凯拉拢议员的招待员和交际员由200多人增加到500多人,其中各色各样的人都有。任议员好清谈、好漫游、好嫖赌或好古董字画,他们中均有人投其所好。妓女荟萃的北京八大胡同,成了袁党收买议员的交易所。很多国民党议员就是被袁的"银弹"、"肉弹"、糖衣炮弹所击中而逐渐投向袁的。整个北京城,被袁世凯及其一帮无耻政客搞得乌烟瘴气。国人期望已久的国会就是在这种气氛中开场的,这真是莫大的讽刺。②

① 《申报》1913年1月13日。
② 汪建刚:《国会生活的片断回忆》,《文史资料选辑》第82辑,第178—180页。

由于袁世凯及其所控制的党,不惜重金收买国民党的议员,使国民党议员阵容出现不稳和混乱。为了稳住国民党议员,国民党各省党部都指定几人专门负责团结本省议员的任务,也不得不用银弹、肉弹来巩固自己议员的阵容。各党加强了对本党党员的控制和监视。各党的议员招待所对本党议员尊之如上宾,防之如盗贼。各党劝跨党者脱离他党,故脱党入党者纷纷不定。党员无信仰、无操守。这使各党议员总数难以统计。这说明,一些通过金钱当选的议员有相当一部分素质很差,有的甚至是一些鸡鸣狗盗之辈。这也表明当时的中国不存在普遍选举的条件,才会选出如此素质的议员。

同时袁世凯又在北京屯集大军,供其调遣,随时准备镇压任何可能出现的反袁的行动。

第一届国会开幕典礼于1913年4月8日在北京象坊桥众议院议场举行。这一天,北京大街小巷遍悬国旗和彩旗。8点钟以后,顺治门内外及象坊桥一带,沿路分布着警察与兵士。众议院(即财政学堂)门前饰以五彩牌楼。从上午9时起,议员们大都身穿礼服,胸佩徽章,鱼贯进入会场。其中有参议员197人,众议员503人到会。中外来客近千人亦陆续入场。议场旁听席人满为患,后来者几无立足之地。凡参观人员入门时发给纪念章一枚。门口还有几个人向进入会场的议员分发《敬告议员》的传单:"今日国会开会,自愧无所贡献,谨敬陈数语于吾最可敬仰最可亲爱之议员曰:吾国人为世界所轻视久矣!自民国成立,吾国民崭然见头角,已渐为外人所重。今复见国会成立,开数千年未有之盛局。此正吾国民荣誉雄飞世界之大好时机矣!颇闻驻京全体外人今日来院参观者不下数百人,将于此觇吾人民结合之秩序,观我人民论议之标准,以为承认之方针。吾愿吾最可敬仰亲爱之议员以庄严稳健态度代表吾国民全体,俾外人起敬佩之心,动友爱之念,民国甚幸!"传单对议员提出了要求和希望①。由于议员们大都身穿《服制》所

---

① 《盛京时报》1913年4月13日。

规定的大礼服,故仪容整齐,加之人数众多,显得场面宏大庄严。尽管议员中尚有十来位遗老遗少,身穿长袍马褂,拖着长辫,十分滑稽与不协调。但由于议员人数多,这十几位怪物亦未十分煞风景。国务总理赵秉钧、外交总长陆徵祥、陆军总长段祺瑞、海军总长刘冠雄、司法总长许世英、农林总长陈振先、交通总长朱启钤,大总统代表、总统府秘书长梁士诒,筹备国会事务局委员长施愚、委员顾鳌出席了开幕式。袁世凯并未出席国会开院典礼。此时的袁已非一年前北京参议院开院典礼时的袁了。袁执掌全国政权一年多,并未给民国和国民带来人们希冀已久的和平与安定。各地土匪猖獗,军队哗变不断,财政极度困难,全靠举借外债度日。宋教仁案,袁是嫌疑犯,国人逐渐开始看清了袁的本来面目。袁在辛亥革命时政治投机所赢得的声望,此时也已一落千丈。在国会开院典礼前,袁曾派总统府秘书长梁士诒等分别与各党商议开院之日总统是否应亲自到院问题。国民党以各共和国成例,大总统无亲临国会之事实,以免政府与国会声气相混,并援引法、美两国之例为证,极力反对袁到院①。国民党领导人称:袁如到会,仅视如来宾,不以总统之礼待之。盖国会一经召集,不复愿有临时政府也。由于国会第一大党这一态度,袁只好不赴会②。而且,袁的国会开会颂辞亦未让在会上宣读。当时梁士诒本拟宣读袁的颂词,但会议临时主席嘱梁将颂辞交给秘书而未让梁宣读。之后,袁的颂辞很快就在政府公报上登出,以致很多书便以为在会上宣读了。国会对袁在第一届国会之礼遇与一年前北京参议院开院典礼时的礼遇有天壤之别。

　　上午 11 时,筹备国会事务局委员顾鳌宣布第一届国会开会典礼开始。拱卫军鸣礼炮 108 响,以示致敬。接着由筹备国会事务局委员长施愚报告:民国国会今日成立,实为前古未有之盛典。今年 1 月 9 日,大总统宣布命令,拟于 3 月内召开国会。俟因人数不足,乃改为 4 月 8

---

① 《申报》1913 年 4 月 14 日。
② 《申报》1913 年 4 月 14 日。

日。现在,参议院议员到者 177 人,众议院到者 500 人,两院者共 677
人。今两院推举年最长者杨琼为会议临时主席,上台主持今天的开院
典礼。顾鳌即扶请杨琼就临时主席席位。实际上,这天会议的临时主
席的推举亦经过一番斗争。国民党拟依各国的先例,推举前北京参议
院议长吴景濂(国民党)为临时主席,但共和、民主、统一三党极力反
对。最后四党协商推举议员中年龄最大的议员为临时主席,并委托筹
备国会事务局以议员报到册为根据(各省以电报报名人未到京者除
外),调查议员中年龄最长者为 68 岁的云南参议员杨琼(国民党),遂
被推定为临时主席。杨登台就任临时主席,全场掌声雷动。杨琼委托
筹备参议院事务处委员长林长民代为宣读由国民、共和、统一、民主四
党推举 7 人共同起草的开幕词:

> 惟中华民国 2 年 4 月 8 日,为我正式国会第一次开院之辰,参
> 议院、众议院议员集礼堂,举盛典,谨为词以致其忱曰:视听自天,
> 默定下民。亿兆有与于天下,权舆不自于今人。帝制久敝,拂于民
> 意。付托之重,乃及多士。众好众恶,多士赴之。众志众口,多士
> 表之。张弛敛纵,为天下鞿,缓急疾徐,为天下枢。兴欤废欤,安欤
> 危欤,祸福是共,功罪之尸,能无惧哉! 于乎! 多难兴邦,惕励蒙
> 嘏,当兹缔造,敢伸吾吁。愿我一国,制其中权。愿我五族,正其党
> 偏。大穰旸雨,农首稷先,士乐其业,贾安其廛。无政不兴,无隐不
> 宣。章皇发越,吾言洋洋。遐听远慕,四邻我臧。旧邦新命,悠久
> 无疆。凡百君子,孰敢怠荒!①

各议员、国务员、政府特派员向国旗行三鞠躬礼,礼毕到礼场外合
影留念,散会。

袁世凯的国会开会颂辞全文如下:

> 中华民国 2 年 4 月 8 日,我中华民国第一次国会正式成立,此
> 实四千余年历史上莫大之光荣,四万万人亿万年之幸福。世凯亦

---

① 《众议院公报》第一期第一号。

国民一分子,当与诸君子同深庆幸! 念我共和民国,由于四万万人民之心理所缔造,正式国会亦本于四万万人民心理所结合,则国家主权,当然归之国民全体。但自民国成立,迄今一年,所谓国民直接委任之机关,事实上尚未完备。今日国会诸议员,系由国民直接选举,即系国民直接委任。从此共和之实体,藉以表现,统治权之运用,亦赖以圆满进行。诸君子皆识时俊杰,必能各抒谠论,为国忠谋。从此中华民国之邦基益加巩固。五大族人民之幸福日见增进。同心协力以造成至强大之民国,使五色国旗常照耀于神州大陆,是则世凯与诸君子所私心企祷者也。谨致颂曰:中华民国万岁! 民国国会万岁!①

三、第一届国会第一期常会时的政党

第一届国会第一期常会的半年多的时间里,是中国的独裁与民主激烈斗争的时期。袁世凯为了搞独裁,对国民党议员采取软硬兼施的办法,促使国民党议员的分化导致国民党迅速瓦解,最后取缔了国民党。国民党及国民党部分议员则进行反击。国民党议员力图制定一部保证三权分立的宪法来阻止袁世凯的专制和独裁,将中国稳步引向民主共和的道路。袁世凯则首先拉住以梁启超为首领的进步党,压制和打击国民党。以后又组织御用党——公民党来绞杀议会民主制。最后,袁世凯解散了议会,推翻了共和国。

1. 进步党

国民党在第一届国会选举中获胜,成为议会中的第一大政党。为了在国会中对抗与削弱国民党,袁世凯除将国民党领导人宋教仁暗杀外,就是出钱让梁启超、王赓(揖唐)等人将共和、民主、统一三党合组一大政党,来与国民党对抗。为了能与袁世凯分享政权,梁启超等人按

---

① 《东方杂志》第9卷第11号。

袁的意旨,促成了共和、民主、统一三党合并成进步党,拥护袁世凯,压制和打击国民党,自觉不自觉地成为袁世凯的政治工具。在宋教仁案中,为刽子手袁世凯开脱和辩白。支持袁世凯的善后大借款不经国会的作法,以促成善后大借款的成立。支持袁世凯镇压国民党发动的二次革命。按袁世凯的旨意,颠倒法律程序,先选后宪,将袁世凯提前扶上了正式大总统的宝座。为袁世凯的专制和独裁涂脂抹粉,公开声称支持袁世凯搞"开明专政"。这加速了袁世凯的独裁和专制的步伐。进步党这种投靠强权,同类相残的行为,严重危及到议会制的生存,危及到了民主共和制,最后也危及到进步党的生存。当进步党很多议员发现自己的生存也受到威胁,再欲和国民党稳健派议员联手维护民主制时,为时已晚。袁世凯于1913年11月下令解散国民党,追缴参、众两院国民党议员的证书、徽章,把国会搞瘫痪了。大多数进步党议员也就失去其活动的政治舞台。进步党党魁梁启超直至1915年8月筹安会成立,袁世凯马上要皇袍加身时,才与袁世凯分道扬镳,从拥袁转向反袁。国会中的一些党派为了维护本派的地位和权益,后来也一再投靠中国当时的实权派。

1913年5月29日,经过较长时间的讨价还价,在袁世凯的支持与督促下,由共和、民主、统一三党合组的进步党在北京共和党俱乐部召开成立大会。推举黎元洪为理事长,梁启超、张謇、伍廷芳、孙武、那彦图、汤化龙、王赓、蒲殿俊、王印川9人为理事。理事下设政务、党务两部。

政务部部长林长民,副部长时功玖、王荫棠,下设法制、财政、外交、军政、教育、实业、地方自治、庶政8科。各科设主任1人,副主任2人。

法制主任:汪荣宝　　副主任:汪有龄、饶孟任

财政主任:吴鼎昌　　副主任:解树强、褚翔

外交主任:林志钧　　副主任:赵管侯、克希克图

军事主任:罗　纶　　副主任:王傅炯、管云臣

教育主任:耿臻显　　副主任:陈廷策、萧湘

实业主任:张善与　　副主任:李素、王湘

地方自治主任:汪彭年　　副主任于元芳、董昆瀛

庶务主任:张嘉璈　　副主任:胡源汇、戴声教

党务部部长:丁世峄,副部长:孙洪伊、胡汝麟。下设文牍、会计、交际、地方、庶务 5 科,每科设主任 1 人,副主任 2 人。

文牍主任:王家襄　　副主任:凌文渊、祁桂芬

会计主任:金　还　　副主任:胡瑞霖、张开屏

交际主任:黄远庸　　副主任:李文熙、李俊

地方主任:梁善济　　副主任:郑万瞻、孙熙泽

庶务主任:张协灿　　副主任:虞廷恺、于邦华

进步党党纲 3 条:1. 取国家主义,建设强善政府。2. 尊人民公意,拥护法赋自由。3. 应世界大势,增进平和实利。

1913 年进步党人熊希龄出任国务总理。9 月 11 日,进步党和北洋军阀混合的熊希龄内阁艰难地产生。尽管进步党在熊希龄组阁之后想实施自己的政治抱负,将中国逐渐引向民主之路。但他们依靠的是北洋军阀头目袁世凯,他们的主张不但无法实现,而且成了袁世凯镇压国民党、摧残民主的一个政治工具。

进步党成立不久,因权力分配发生矛盾,导致内部分裂。1913 年 6 月,原共和党中民社派的张伯烈、刘成禺、郑万瞻、胡祖舜、彭介石、胡鄂公等与原统一党的黄云鹏、吴宗慈、王湘等 40 余人宣布退出进步党。6 月 29 日,共和党在北京湖广会馆宣布复党。选举黄云鹏为党务科长,贺孝齐为文书科长,陈绍唐为交际科长,黎宗岳为会计科长,邱志岳为庶务科长。选黎元洪为理事长,章太炎为副理事长。史称新共和党。其政治主张和进步党相似,拥护袁世凯,与国民党为政敌。

民主党中李庆芳一派也反对与共和党、统一党合并,1913 年 6 月另组议员同志会,号称政党中的超然派,受梁士诒操纵和支持。以后梁士诒组织御用的公民党时,议员同志会即为公民党之中坚。

2. 国民党

国民党在同盟会时期就是一个多派系、意见纷歧、缺乏一个坚强有力的领导核心的政党。1912年8月改组为国民党时,又并入了好几个政团,吸纳了一批官僚、政客、投机分子,党内派系林立,成员更为复杂。宋教仁被害后,党内失去了一个优秀的议会斗争的领导人,内聚力进一步削弱。虽然国民党派出了领导人张继(参议员)赴京领导国民党议员进行议会合法斗争,但也无法扭转国民党在议会中的衰落。尽管国民党是国会中的第一大党,其议席远远多于第二大党进步党。但在袁世凯的金钱和官位的引诱下,国民党开始分化。在参、众两院刚开院的议长、副议长选举中,在众议院竟不敌袁世凯用金钱支持的进步党,一些国民党众议员被进步党暗中收买。结果,众议院议长、副议长的席位均落入进步党手中。国民党只取得了参议院议长、副议长的席位。他们企图阻止袁世凯善后大借款的签字,但未成功。袁世凯为防国民党在国会否决善后大借款合同,在进步党的配合下,根本无视国民党议员要求善后大借款合同需通过国会审议的合法要求,不履行法律程序,根本不将合同提出国会求同意。国民党利用在国会中第一大党的地位,在选举宪法起草委员会时,占据了宪法起草委员会多数议席。国民党力图制订一部能保证三权分立的宪法保证中国民主共和制不被颠覆。但袁世凯掀起了一场全国性的反对与否定宪法起草委员会起草的《天坛宪法草案》的政治风潮。并通过取消国民党议员资格的办法,迫使宪法起草委员会不足法定人数无法正常工作,最后只好自动解散。尽管国民党议员尽力抵制袁世凯违背法律程序,要先选总统后订宪法的主张。但到1913年8月,为营救被袁世凯违法逮捕的议员和保障国民党议员的人身安全,以国会通过《国会议员保障法》案为条件,违心地同意了袁世凯的先选总统后订宪法的主张。

第一届国会一开幕,袁世凯就采取软硬兼施的办法,分化瓦解国会中的国民党。一些国民党议员以入党作为升官发财的捷径,一遇袁世凯的横逆,便立即退出国民党以自保。再加上袁世凯用金钱与官位相引诱,很多国民党议员脱离国民党,另起炉灶,别树一帜,纷纷另立小政团。不到 5 个月的时间,便先后从国民党分裂出了七八个小政团。国民党迅速瓦解,很快失去了国会中第一大党的地位。

(1)国事维持会。1913 年 2 月 17 日,由孙毓筠、王芝祥、于右任、李经羲、林述庆、杨曾蔚、温寿泉等人在北京发起成立国事维持会,首先脱离国民党,另树一帜。它所标榜的宗旨是"维持时局,巩固国家,以至诚大公之心,为排难解纷之举"。声称凡议会与政府有意见隔阂,各省与中央有误会、有抵触,两党有激烈冲突,它都将设法疏通,居间调停。在宋教仁案和善后大借款两件大事上,国事维持会支持袁世凯。国民党发动二次革命时,国事维持会也支持袁世凯,完全成为袁世凯的御用党。孙毓筠名为国民党人,却卖身投靠袁世凯,任袁世凯政府顾问,月俸 800 元,死心塌地为袁卖命,是臭名昭彰的"筹安会六君子"之中坚,成为袁的心腹和袁复辟帝制的最重要的吹鼓手。

(2)潜社。由广东籍国民党众议员司徒颖、黄霄九、梁仲则、陈垣、马小进、温雄飞等近 20 人组成。社领为司徒颖、黄霄九。潜社由总统府秘书长梁士诒操纵与支持,成立于 1913 年 4 月中旬。9 月初与议员同志会等政团合组公民党,司徒颖为公民党国会议员会副会长。

(3)相友会。由国民党人刘揆一发起,于 1913 年 5 月 8 日正式成立。刘为会长,陈黻宸为副会长,主要骨干有辛汉、张国溶、孙钟、黄赞元等人。其标榜的宗旨是"实行调和党见,俾各融合,共支此危局"。刘揆一是一个官瘾十足的利禄之徒,是老同盟会员。1912 年 3 月同盟会改为公开政党时,被选为同盟会十干事之一。袁世凯通过杨度,以官位和金钱为诱饵,使刘公开反对国民党政党内阁的主张,并违反同盟会总部做出的同盟会员不得自由加入混合内阁的决定,出任陆徵祥的超然内阁的工商总长,并发表宣言,公开声明脱离同盟会,以实际行动拥护袁世凯而否定同盟会的政党内阁的主张。孙中山、黄兴于 1912 年 8 月、9 月先后进京帮助袁世凯渡过张振武案的难关,开始了孙、袁的政治蜜月。同盟会改组为国民党,在孙、黄的帮助下,参议院通过了赵秉钧的所谓"国民党内阁",刘揆一才再次入国民党。但在宋案发生后刘又充当袁世凯的说客南下,在游说黄兴及国民党要人放弃追查宋案元凶工作失败后返京。刘揆一在袁世凯的支持下,发起成立了相友会来拥护袁世凯,反对国民党。1913 年 7 月 18 日,刘揆一因工商部以东北矿山抵押私借外债被国会追究,受舆论的反对,辞去工商总长之职,相友会改由杨度直接主持。不久,陈黻宸、黄赞元、张国溶等联合其他政团组织大中党。

（4）超然议员社。由国民党湖南籍众议员郭人漳、陈家鼎,江西籍众议员黄懋鑫,云南籍众议员李增,广东籍众议员江天铎,贵州籍众议员夏同和,湖北籍参议员彭介石等发起,于 1913 年 5 月 18 日宣告成立。它标榜"以不偏不倚之精神调和党见,维持国是为宗旨"①,实际上是一拥袁政团。它反对国民党的二次革命,支持袁世凯对二次革命的镇压。其后,郭人漳、陈家鼎、夏同和、李增等与李庆芳的议员同志会等政团联合,组成公民党。但不久夏同和、江天铎等人又以超然议员社名义与相友会、政德社、集益社等政团合组大中党。

（5）癸丑同志会。由国民党湘籍众议员陈家鼎、席绶、陈九韶、郑人康及鄂籍参议员韩玉辰等人发起,1913 年 6 月 15 日宣告正式成立的。举刘公为会长,张我华、王湘为副会长。总务部正长胡祖舜,副长禹瀛、耿毓英。政务部正长陈家鼎,副长赵时钦、高仲和。交际部正长胡鄂公,副长王国祜、席绶。文事部正长马小进,副长韩玉辰、邵瑞彭。评议部正长高旭,副长李载庚、郑江灏。其标榜的宗旨为"力矫两党（指国民党、进步党）之弊,而以主张正义,发挥真实民意为指归,虽不敢直命为第三党,而天道后起者胜,一旦时势到来,夫亦未遑多让"②。该会基本上保持了与国民党友党的姿态,在很多问题上与国民党取一致或相近的意见。

---

① 《申报》1913 年 5 月 26 日。
② 《癸丑同志会宣言书》,中国第二历史档案馆馆藏。

（6）政友会。原为山西籍国民党众议员景耀月（曾任南京临时政府教育次长）发起，后孙毓筠所组的一个小政团民权党，也加入该会。该会1913年6月19日正式成立，政纲为巩固共和，发展国力，实行世界的国家主义。景耀月、孙毓筠为理事（后又增选袁乃宽、程克为理事）。参、众两院国民党籍议员加人者共67人，占该会总数85人的近80%，其余会员为进步党籍议员或无党派议员，故是国会中最大的国民党分裂组织。其活动经费主要由袁世凯供给。它接受了袁世凯50万元津贴。该党完全倒向袁世凯成为袁的御用党，同国民党对抗。不久，政友会发生分裂，陕西、甘肃、河南三省籍的国民党议员赵世钰、张树森、张蔚森、李克明、李载庚等另组政德社。该社后来合并于大中党。

（7）集益社。1913年7月，由广东籍华侨国民党参议员朱兆莘发起组成，参加者多为广东籍国民党议员，故它是一个广东人组织的具有浓厚地方色彩的小政团。如国民党参议员周廷劢、李自芳、王鸿庞、李英铨、黄锡铨，国民党众议员黄汝瀛、郭宝慈、林绳武、林文英、苏祐慈等均为集益社的广东籍成员。同年9月，集益社并入梁士诒所组织的袁世凯御用党公民党。10月初集益社又独立，与相友会、超然议员社等联合组成大中党。

（8）政友俱乐部。1913年6月，由直隶籍国民党参议员恒钧与江苏籍进步党参议员蓝公武、江西籍进步党众议员李国珍等发起组成的。成员大部分为国会中国民党籍议员，其次为进步党议员。标榜该政团标准3条：一是凡入政友俱乐部者以脱离党籍为前提。二是在议院内严守正义，不许盲从一党为无谓竞争。三是对宪法问题发表良心上的自由主义，不受党见约束。并声称要打破官僚政治，不为一二野心家利用。目的标榜为协调国民、进步两党，以超然态度保持国会的平衡。

（9）大公俱乐部。湖南籍众议员郭人漳在发起组织超然社的同时又组织参、众两院国民党所谓稳健派议员成立大公俱乐部，公开宣布脱离国民党。它与超然社接近。

（10）宪政公会。由国民党理事贡桑诺尔布联合蒙古参议员德色赖托布和西藏籍参议员札希土噶于国民党二次革命后组成的一个政团,蒙古、西藏议员多加入宪政公会。该会实为贡桑诺尔布主持的蒙藏议员会,其骨干有张国溶等。1913 年 10 月初与相友会、集益社、超然议员社合组大中党,贡桑诺尔布为大中党五理事之一。

国民党有一批议员根本不相信法律解决宋教仁案,即所谓激进派。他们在国民党发动二次革命前和二次革命中陆续南下。这样,国民党在京议员除去分裂出去另组政党、政团而脱离国民党者外,只剩 100 多人。与进步党在国会中拥有的 200 余议员相比,已相形见绌。所余的 100 多国民党议员中的稳健派在国民党北京本部负责人张耀曾、谷钟秀、吴景濂、汤漪、王正廷等人的维持下,日子也很难过。尽管他们决定不变更组织,维持现状,在法规范围内进行政治活动,但也遭袁世凯的压迫与摧残,态度软化。二次革命爆发前夕的 1913 年 7 月 3 日,袁世凯令国民党本部:必须在 3 日内宣布将李烈钧、黄兴、柏文蔚、陈其美、陈炯明等开除出党,并将隶属于该党一切与南方关系密切、支持南方各国民党籍都督的国民党员一律除名。国民党北京总部的负责人都一一照办了。留在国民党内的留京国会议员把希望寄托在制定一部完备的宪法来约束袁世凯的专制独裁统治。袁世凯利用国会将自己举上正式大总统宝座后,即过河拆桥,决定取消国民党议员的资格,搞垮国会。1913 年 11 月 4 日袁世凯下令解散国民党,追缴参、众两院国民党议员的证书、徽章,迫使国民党议员离京。国会因人数不足而停止了正常的议事活动。

3. 公民党

镇压了二次革命后,袁世凯重要政敌国民党在国内残存的军事力量已被摧垮。不可一世的袁世凯毫无顾忌地加紧了搞封建独裁的步伐,加紧了对民主共和标志的国会的压迫与摧残,力图让国会按袁的意旨制定出一部有利于袁搞独裁的宪法,加紧对国民党留京稳健派议员的迫害。袁世凯要随时踢开国会搞封建独裁的面目逐渐暴露,进步党的生存亦受到威胁。这样,进步党与袁世凯的矛盾逐渐加深。为了对抗袁世凯,与国民党势不两立的进步党又主动缓和了与留京的国民党稳健派议员的关系,以携手对抗袁世凯对国会的压迫和摧残。袁世凯见进步党力量大增,已成为国会第一大党,又见进步党和国民党接近,深恐对己不利,便指使总统府秘书长梁士诒出面另组御用党,以便将自己尽快扶上正式大总统的宝座,名正言顺地搞封建专制。于是梁士诒以其所控制的李庆芳为首的议员同志会为核心,联合潜社、集益社,于1913年9月18日正式成立公民党。加入公民党的还有超然议员社、政友会、政友俱乐部、癸丑同志会等政团的一部分成员。如癸丑同志会的谷思慎、陈九韶、郑人康、席绶、骆继汉;政友会的刘祖尧、郭德修、杜凯之、岳秀夫;政友俱乐部的恒钧,超然议员社的郭人漳、陈家鼎、李增等人,原为国民党议员,后来均加入公民党。其政纲标榜为:以国家权力实现政治统一,增进人民福利。

公民党设本部于北京,各省设支分部。以梁士诒、叶恭绰等人为理事,以袁景熙、周廷弼、刘濂、龙建章、权量、程铎、金永昌、邹继龙、潘学海、戴书云等82人为参事。公民党在国会参、众两院设国会议员会,举李庆芳为会长,梅光远、司徒颖为副会长,曾有澜为众议院干事长,王双歧为副干事长。两院议员加入公民党的有近200人,成为国会中仅次于进步党的第二大党。由于十分卖力地为袁世凯任正式大总统奔走,得到袁的特别赏识,袁每月发给公民党每个党员200元津贴。它是民初典型的御用党,其主要任务便是选举袁世凯为正式总统。

梁士诒则乘机将其部下交通系全部加入公民党,以便团结与发展交通系的势力。由于交通系的加入,公民党财力雄厚,党势亦盛。梁的实力大增,成为一个握有实权的权谋家,故当时有小总统之称。

袁世凯当上正式大总统后,公民党中的集益社、超然议员社、潜社的大部分成员又与公民党分道扬镳,另组大中党,或加入民宪党。公民党即由盛转衰。

4. 大中党

大中党是由政德社、集益社、宪政公会、相友会、超然议员社五政团的议员合组而成,其中政德社的议员加入大中党的人数较多。其成员大多数为原国民党议员。

大中党1913年10月18日正式成立于北京。其标榜的党纲2条:1. 采用国家主义,运政治于立宪轨道,以巩固共和,保持统一为宗旨。2. 以不偏不倚的精神,审察内治外交现象,以时发表政见,谋主旨之实行。它反对两党制和多党制,主张实行三党制。自立于第三党的地位,既不属于国民党又不属于进步党。推贡桑诺尔布、陈黻宸、江天铎、朱兆莘、黄锡铨5人为理事。它反对袁世凯解散国民党和收缴国民党议员证书、徽章。但该党成立不久,国会就被迫停止正常的活动。大中党1913年底以后就已无什么活动了。

5. 民宪党

国会屈服袁世凯的压力,被迫采取了先选总统后制宪的颠倒的法律程序,将袁选为正式大总统。得逞之后的袁世凯气焰更加嚣张,将进攻的矛头直指国会,指向国会宪法起草委员会和正在起草中的《天坛宪法草案》,以便为自己的独裁统治扫清法律上的障碍。袁世凯对国会活动的干扰和压迫,不但引起国民党稳健派议员的不满,而且引起进步党中的宪政派议员的不满与反抗。1913年10月21日,国民党稳健派议员孙润宇、张耀曾、汤漪、谷钟秀、杨永泰、曹玉德、钟才宏、张治祥等,与进步党的宪政派议员蓝公武、汪彭年、李国珍、刘崇佑、丁世峄,和新共和党议员解树强等发起成立了民宪党,以便合力抵制袁世凯对国会的压迫,尽快制定出一部完备的宪法来约束袁,制止袁的专制与独裁,保住国会,保住议会政治制度。国民党议决保留国民党而委派一些本党议员加入民宪党以与国民党联合行动,故民宪党成员中国民党议员占多数。据1913年11月13日《民宪党党员一览表》统计,该党共有党员40人,其中,国民党籍议员26人,进步党、新共和党等14人。

该党提出以巩固民主政体,励行立宪政治为宗旨。民宪党作为一种新的力量与国民党议员联合,终于完成了《天坛宪法草案》的起草并通过了宪法起草委员会的三读程序,为完成《天坛宪法草案》尽了一份力。民宪党成立不久,1913 年 11 月 4 日,由于袁世凯下令解散国民党并追缴两院国民党议员证书、徽章,而迫使国民党议员纷纷离京,民宪党的活动也就停止了。

第一届国会第一期常会政党分合图

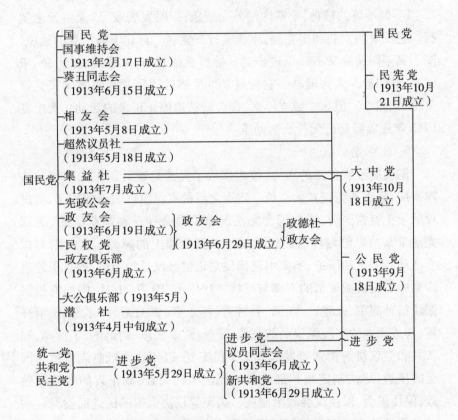

四、第一届国会的组织概况

中华民国第一届国会是中华民国首届正式最高立法机关,也是旧中国惟一一届经过全国各省区选举而产生的正式国会。它于 1913 年 4 月 8 日正式成立。它采取两院制,以参议院、众议院组成。这届国会是按《中华民国临时约法》、《中华民国国会组织法》、《参议院议员选举法》、《众议院议员选举法》、《众议院议员各省复选区表》、《参议院议员选举法实施细则》、《众议院议员选举法实施细则》等一系列的法律选出来的。按《中华民国国会组织法》的规定,全国参议员274人,众议员596人。这样,第一届国会议员总数应为870人,当时人称八百罗汉即由此而来。

中国第一届国会虽然采取两院制,参、众两院虽与一些立宪国家的上、下两院相当,却没有贵族、平民之分,也无职权轻重之别,两院权力基本相同。在这届国会两院中,国民党势力最大,进步党次之,两党在议院中相互争斗与对抗。由于中国的国情及当时特殊的政治格局,第一届国会是资产阶级民主共和国的象征,是作为君主专制制度的对立物而出现的,并与袁世凯的独裁统治做了一定程度的斗争。

由于是正式国会,不但议员人数多,组织机构也更健全。参议员任期六年,每两年改选三分之一;众议员任期三年,期满全部重选。第一届参议员到院开会后,按各省区、地区分为26部,每部用抽签法分做三班,第一班满两年改选(第一届国会不到一年便被非法解散,1916年8月1日恢复国会时,参议员第一班尚未改选),第二班满四年改选,第三班满六年改选。每两年轮流就任满的参议员(三分之一)改选;退任再被选任的,仍得重任。各部名额不能平均分成三份的以较多的或较少的列为第三班。议员出现缺额时,以候补议员依次递补。无候补议员可补的,举行补选。

国会两院均设议长、副议长各一人,由议员互选。其任期:参议院为两年,众议院为三年。出缺时,应行补选,任期以原任的期满为限。如有违法情事,经议员五分之一以上的提议,交惩戒委员会审查后,由院议决;如有议员总数三分之二以上的出席、出席议员三分之二以上认为违法,即须解职另选①。

———————

① 《议院法》十四至二十一各条。

　　1913 年 9 月 10 日议决的《众议院规则》和 1 月 13 日议决的《参议院委员会规则》规定,国会两院各设三种委员会:

　　第一,全院委员会。两院均由全体议员组成,开院时互选委员长一人主持,议长和副议长不在当选之列。参议院或众议院开会时,由议长或议员 10 人以上的提议,毋须经过讨论,即行决定改开全院委员会(参议院或由议长预定开会日期)。全院委员会开会时,议长退居议员席,委员长就秘书长席(指定一人执行秘书长职务);如不能维持秩序时,议长得自动复席。委员长有事故时,由各常任委员会委员长依次代理。

　　第二,常任委员会。两院为审查各项案件,于每次会期之初,选举各项常任委员,组成委员会,其名称和数额如下:

　　参议院

　　　　法制股审查委员　　25 人

　　　　财政股审查委员　　25 人

　　　　内务股审查委员　　11 人

　　　　外交股审查委员　　11 人

　　　　军事股审查委员　　11 人

　　　　交通股审查委员　　11 人

　　　　教育股审查委员　　11 人

　　　　实业股审查委员　　11 人

　　　　预算股审查委员　　45 人

　　　　决算股审查委员　　27 人

　　　　请愿股审查委员　　25 人

　　　　惩戒股审查委员　　11 人

　　众议院

　　　　法典委员　　37 人

　　　　预算委员　　73 人

　　　　决算委员　　73 人

　　　　外交委员　　23 人

内务委员　　29 人

财政委员　　37 人

军事委员　　23 人

教育委员　　23 人

实业委员　　23 人

交通委员　　25 人

请愿委员　　37 人

惩戒委员　　23 人

院内委员　　23 人

众议院的常任委员用限制连记记名投票选举(限制人数为原额的三分之一),以得票较多数的当选,得票数相同的则抽签决定。各委员会设委员长一人,理事一人或数人,由全体委员用无记名投票法分次互选,以得票较多数的当选(同数抽签)。理事掌办议事录和文件,委员长有事故时,由理事依年龄大小顺次代理。开会日期,由委员长决定;非经院议许可,不得与本院同时开会。审查议案时,其他议员得到会陈述意见,但不得参加表决。付托委员会的事件,应依院议期限提出报告;如无故延迟,议长得取决于院议依法改选。委员会所舍弃的意见,有全体委员三分之一以上的同意,得用书面形式,和委员会的报告同时提出于院会。有联合审查的必要时,得开两个以上委员会的联合审查会;开会时,依上列顺序的委员长担任主席。

参议院的常任委员用无记名连记投票法分股选举,以得票较多数的当选。各股设委员长一人、理事一人,由委员分次互选。委员会开会时,议长得随时出席发言;议员经委员会许可的,亦得到会陈述意见,但却不得参加表决。审查结果,由委员长委托本股委员一人代为报告。报告结果除议长认为应行秘密外,须印发给议员。其余与众议院相同。

第三,特别委员会。两院为审查特别事件,得设特别委员会,名额依院议决定。委员由议长指定或由互选产生,如众议院审查议员资格的特别委员就是由互选产生的。凡由互选产生的特别委员会委员长和理事,则属于得票数最多的和次多者任之。指定的则以第一名为委员长,次名为理事。

两院各置秘书厅,由议长任命秘书长1人,掌握院内一切事务,并分科办事:众议院秘书厅分置议事、速记、文书、会计、庶务5科;参议院秘书厅分置文牍、议事、速记、公报、会计、庶务6科。设秘书6人,分掌各科事务;科员、事务员共计不得超过30人。

两院各设警卫长1人,受议长指挥。依参议院1913年9月10日议决的《参议院警卫处组织规则》规定,警卫长之下设巡官4人,巡长8人,巡警68人,掌办全院警卫事务。

五、参、众两院议长选举的激烈争夺

国民党在第一届国会选举中获胜,成为国会中的第一大党,其在参、众两院的议席均超过了共和、统一、民主三党议席的总和。按常理,参、众两院议长、副议长选举自然不应有太大的波折,议长的席位自然归国民党。此时袁世凯已与国民党决裂,为了控制国会,对议长的席位的归属十分重视。他让其御用党出面用金钱收买国民党议员的选票,使参、众两院议长选举争夺激烈,一波三折。在正式国会开幕前,袁世凯及其御用党即开始着手准备议长选举,运动议员,尤其是分化收买国民党议员。

1913年4月8日下午,参、众两院议员在众议院议场开预备会,由议员中最年长的杨琼为临时主席,商议议长选举办法。但在选举议长细则问题上,国民党主张用记名投票法选举议长,该党之所以坚持记名投票,主要是为了防止本党议员被袁世凯及反对党用金钱所收买,暗中投他党籍的人为议长。共和、统一、民主三党则主张用无记名投票法选举议长,以便收买国民党议员,取得议长的席位。两派互不相让,后经协商,定于4月12日参、众两院联合再开预备会,讨论选举议长的办法以及组织两院的手续等问题。

　　4月12日,参、众两院在众议院议场开第1次联合预备会,出席议员622人。仍以杨琼为会议临时主席。按国民、共和、统一、民主四党在会下协商的结果,四个政党各出一名联合预备会临时书记,由主席指定李肇甫、林长民、张国溶、林万里为临时书记员。同时,按会前四党协商的结果,应该先推定起草员起草议长互选规则草案,后交大会讨论。但当会议临时主席提议推定起草员以便尽快制定议长互选规则草案时,民主党议员刘崇佑却提出要先讨论议长互选规则,后再起草规则这种本末倒置的主张。刘盛气凌人,大有要操纵会议之气概。进步党议员李国珍、籍忠寅等发言支持刘。国民党议员易宗夔、谷钟秀、汤漪等发言指出,无草案无法讨论,坚持先起草后讨论。双方争持不下,最后临时主席付表决,赞成先起草后讨论者多数,可决。先有草案才能讨论这本来是一个常识,为何共和党、民主党议员要提出这种无理要求? 其实,这只是共和、民主、统一三党在实施拖延议长选举时间的既定策略。宋教仁案之前,国民党采取了联合袁世凯的策略,故拥袁。并认为赵秉钧内阁即是国民党内阁,舆论亦如此宣传。故当选的一些新议员加入国民党自然是为了分享执政党的好处。这也是国民党在第一届国会选举时取得胜利的重要原因之一。但宋教仁案的真相大白后,国民党立即从拥袁转入反袁、倒袁,这就使一些为捞取执政党好处而新加入国民党的议员得重新考虑自己的抉择。袁世凯是当时中国权势最大的人物,手握重兵,反袁的风险自可想而知。袁世凯通过共和、统一、民主三党(此三党正在商讨合并成一大党)拉拢、分化国民党。有些国民党议员在金钱的利诱下,逐渐投向袁世凯。国民党议员队伍开始分化。共和、统一、民主三党设法拖延议长选举时间,争取更多的时间做收买、瓦解国民党议员的工作,同时也想等各该党议员全部到京,以便在议长的选举中更有把握击败国民党。记名投票还是不记名投票法又成了双方争执的焦点。正因为如此,当天的会议并未因表决已有结果争论停止。刘崇佑又立即对表决提出疑义,要求主席清点人数再行表决。主席只好重点人数再付表决,结果:到会议员622人,赞成先起草后讨论者

460 余人,多数,可决。就在清点人数时,共和党议员素有"议会黑旋风"之称的刘成禺故意搅扰会场,无故捶案,歇斯底里地大喊大叫,大有要打人闹事之势。会场秩序为之大乱。临时主席努力维持,才使议场逐渐平静下来。表决过后,刘崇佑又提出以 4 位临时书记为议长互选规则草案的起草员。易宗夔以偶数表决时易发生困难,主张起草员应为奇数。凡需表决,总宜单数,这本是个常识问题。但非国民党籍议员却在会上坚持偶数的不合情理的主张,最后临时主席只好付表决,赞成刘主张者只有 160 余人,少数,否决。刘的两次动议均遭否决,于是刘崇佑、李国珍、刘成禺大叫大嚷不让再开会,鼓动该派的一些议员离开会场。临时主席又以赞成另推议长互选规则草案起草员付表决,赞成者 300 多人,多数,可决。这时共和党议员郑万瞻又率领议员多人在议场门外大呼大叫,气势汹汹,极力要搅散会议。各议员皆嗤之以鼻。这些人为了党派的私利采用这种手段拖延议长选举的时间,才出现这一场场闹剧。稍有点良心和正义感的人们都会厌恶和谴责这些行为。连与郑万瞻同为一派的共和党议员丁世峄也看不下去,当场即说:我们总要以中华民国为前提,不要以党字放在脑筋中①。接着讨论,讨论推选起草员的方法,有主张投票选举的,有主张由主席指定的。非国民党籍议员又大吵大闹搅扰会场,会场秩序大乱。于是,主席只好宣布休息 10 分钟。休息后再开会时,议员吴景濂、丁世峄、刘崇佑等人提议散会,散会后四党再开协商会。于是,只好散会。

　　由于 12 日的预备会出现争吵与混乱,13 日、14 日国民、共和、统一、民主四党连续开协商会,经过反复磋商,最后达成协议:1. 议长互选规则草案由四党推林长民、林文渊、王家襄、林万里、张耀曾、谷钟秀、汤漪、张国溶、胡汝麟 9 人为起草员,交临时主席开预备会时当场举定,经众认可。2. 定于 15 日午后一时开参、众两院联合预备会。3. 预备会主席和书记员仍同前。4. 正式会参、众两院暂适用前参议院议事细

---

①　《盛京时报》1913 年 4 月 17 日。

则及旁听细则。5. 选举议长、副议长大纲：（1）副议长决定 1 人。（2）议长、副议长以得票过投票总数之半者为当选，第一次无人当选再用决选法选出。（3）记名投票、无记名投票付预备会讨论。6. 起草员定于14 日午前 10 时在众议院会议，先行起草，俾预备会推定后即时提出讨论①。

4 月 15 日下午 1 时，参、众两院在众议院议场开第 2 次联合预备会，出席议员 600 多人。按四党会前协商的结果，临时主席杨琼指定林长民等 9 人为议长互选规则草案起草员。但议员发言多数认为参、众两院人数相差悬殊，众议院议员总数是参议院的二倍多，两院一起表决互选规则对两院不能发生效力，应该各自单独开会，各自表决，两院的议长互选规则可以不完全相同，这样可免去参、众两院相互牵制的弊病。经表决，多数赞成，可决。并议决 4 月 16 日两院各自开会，但 4 月16 日的会是正式会还是预备会，又争论不休。这样，临时主席决定 16日上午 9 时参、众两院各自召集的会不言正式与预备，两院各自表决互选规则，以便早日选定议长，开议国事。起草员将早已起草好的《参、众议院议长、副议长互选规则》案提交大会，共 5 条：

第一条　议长一人，副议长一人，用无记名投票法分次互选之。

第二条　互选以得票过投票总数之半者当选。若无过半数时，比较得票多者二人决选之。

第三条　投票时议员不得出议场。但闭门以前议员后至者得入场投票。闭门之宣告由主席酌定时刻行之。

第四条　闭门后，在场议员投票毕时，主席宣告封匦，计算人数。计算人数后，主席宣告开匦开票。

第五条　投票、开票监察员八人由主席指定。②

---

①　《盛京时报》1913 年 4 月 18 日。

②　《盛京时报》1913 年 4 月 20 日。

　　在众议院，共和、统一、民主三党的议席总数接近国民党，且众议院国民党议员又多非老同盟会员，多是后加入国民党的。这些人易于拉拢。故袁世凯及共和、统一、民主三党把主要精力和金钱都花在众议院议长、副议长的竞争上。致使众议院正、副议长选举竞争激烈，波澜迭起，两派对议长、副议长争夺甚至到了白热化的程度。

　　4月16日上午9时，众议院开预备会议，出席议员468人，推举众议院年龄最大的福建省国民党籍议员丁济生为会议临时主席。主席按四党会前议定每党推1人为临时书记的协定，指定林长民、林万里、张国溶、李肇甫4人为临时书记。接着由起草员张国溶报告众议院议长、副议长互选规则草案的理由后，即逐条讨论。对第1条是用记名还是无记名投票法立即引起争论。国民党议员主张用记名投票法。易宗夔发言说：本席对于第1条颇有讨论。因记名投票与无记名投票互有利弊，起草员已经言及。据本席看来，记名较无记名利多而弊少。从法理上言之，无记名只适宜于间接选举之初选。因初选人程度不齐，无独立性质，投票时或为威胁，或为利诱，或碍于情面，则选举不凭公意，有失立法之本旨。至国会议员之程度甚高，人人有独立之性质，即选举时纯粹自由，自不患为外界势力所动摇，何必采用无记名？且国会所选举，非组织议会即组织政府，关系甚为重大，选举人当然标出姓名，负完全之责任。若被选人不称职，选举人亦与之不名誉。从习惯上言之，中华民国在南京开第1次参议院选举议长即用记名投票。后定《临时约法》第24条亦明言之。至北京参议院选举议长亦用记名投票。是中华民国已开之先例，何必废止？共和党、民主党、统一党议员主张用无记名投票法选举议长、副议长。民主党议员刘崇佑发言反对易宗夔的主张，说：无记名为世界各国选举通例，以尊重选举人之自由。至《约法》当采用者，已规定于《国会组织法》，《约法》所未采用者，当然不必遵守。国民党议员陈嘉会起而反对刘之主张，说：自由当为磊落光明之自由，勿取暗昧不明之自由。国民党议员罗永绍则说：宪法未定以前《约法》当然有效。共和党议员李国珍、张伯烈、黄群反对记名投票的主张,国民党议员徐秀钧、景耀月、孙钟又起而发言反对无记名投票的主张。双方争持不下,主席宣告付表决。刘崇佑又主张用投票表决,共和、统一党议员附和刘说。国民党议员则主张用起立表决,又起纷争。主席宣告闭议场门请点人数,共和党议员郑万瞻立于门旁不准闭门。清点人数后,主席宣告赞成用起立表决法表决者请起立,起立者多数,可决。共和、民主、统一三党议员退席入三党休息室。且有的在场外叫嚣。主席再清点人数,只剩272人,按到京议员人数虽过半数,但离众议院总额596人之半数298人尚差20多人,只好宣布散会①。

众议院筹备处通告4月17日午后一时开会,但民主、共和、统一三党17日时又函筹备处,要开四党协商会,不能开预备会。尽管国民党议员按时到会,亦不能开会。

4月18日下午1时,众议院第3次预备会。在对云南议员顾视高、曾子书的议员资格是否合法争执一阵之后,按4月16日的议决,主席丁济生宣布用起立表决法就有记名与无记名投票法选举议长进行表决。由于用起立表决法与记名投票的效果相同,都是在众目睽睽之下表明自己的意见,且这时议员未排定席次,同一党派议员坐在一起,故一些被收买的国民党议员无法投机取巧,只能以本党意见为意见。表决结果:赞成记名投票者259人,到场议员总数514人,过半数。可决。起立者群相鼓掌。共和、统一、民主三党一些议员则吵吵嚷嚷,搅扰会场,主张刚才的表决应归无效。其中尤以刘崇佑为甚,喋喋不休,令人生厌。多数议员呵斥刘,议场才逐渐平静。主席遂宣布用记名投票法下星期一(4月21日)开议长、副议长选举会。

共和、民主、统一三党知道,若用记名投票法选举议长、副议长,暗中拉拢国民党议员的工作就要前功尽弃,故坚决反对记名投票法,否定4月18日的表决。这些党依仗有袁世凯的支持,国民党在袁世凯的压迫与利诱的兼施下,已开始分化。孙毓筠1913年2月成立了国事维持

---

① 《申报》1913年4月22日。

会,潜社这时也已成立,相友会、超然议员社等也正在酝酿之中,国民党已呈四分五裂之势。时间对共和、统一、民主三党有利,故这三党坚持否定 4 月 18 日可决的用记名投票法选举议长、副议长的作法。这样,4 月 21 日上午 10 时四党只好再开协商会,商议众议院选举议长事宜。争论的焦点是 4 月 18 日众议院议决的用记名投票选举议长是否有效。国民党坚持表决有效,其他三党否认这一表决,认为以前四党协商,表决先用起立法,有疑问时再用投票法决之。4 月 18 日表决赞成用记名投票法投票多 2 人,内有 2 人(指顾视高、曾子书)是否有议员资格尚未判定。用起立法表决有疑问,自然应用蓝、白票再行表决。国民党则说 4 月 18 日的表决是林长民(共和党)等统计的,明明多数,何有疑问? 无再用蓝、白票表决之必要。三党又提出,下次开会如为正式会议,应暂适用前参议院的议事细则,内有一条,凡表决时有 5 人以上之要求得用无记名投票法行之。其实质仍是要争回用无记名投票法选议长。国民党代表在此问题上不敢作主,而国民党的稳健派似有让步的迹象,故三党坚持适用前参议院议事细则①。

　　4 月 22 日,四党又再开协商会议,经过反复协商,国民党做出让步后,勉强达成几条协议:1. 定于 4 月 24 日午后 1 点两院各自开正式会:(1)临时主席及临时书记同前。(2)众议院议事细则及旁听规则暂适用前参议院的议事细则及旁听规则。(3)提出预备会议互选议长、副议长规则,恐有记名草案提出,逐条表决。如有 5 人以上之要求,得按前参议院议事细则第 50 条以无记名之蓝、白票表决之。2. 第一次会及互选议长、副议长,各议员均带证书,公推 8 人(国民党 4 人,其余三党 4 人)在画到处检验证书②。这自然是共和、统一、民主三党的重大胜利,第 3 条否定了 4 月 18 日的议决,且定下了用无记名投票法来表决是否用无记名投票法选议长、副议长。

---

① 《申报》1913 年 4 月 28 日。
② 《盛京时报》1913 年 4 月 27 日。

4月24日众议院第1次正式会议。丁济生辞临时主席职,且未到会,以年龄次长者云南籍议员赵藩为临时主席。会议一开始就因湖北议员欧阳启勋、张则川的资格问题长时间争执。其实,欧阳启勋已取得众议员资格,也已到众议院报到,但共和党控制的湖北当局却以其是官吏(他原是地方官吏但早已辞职)而来函取消欧阳的资格让候补的张则川递补。这当然是湖北共和党控制的选举机关耍的小动作。当天的众议院会又一次为此事纠缠。最后,欧阳启勋与张则川同时退出会场。会场平静后即表决了用前参议院的议事细则与旁听细则。接着再讨论互选议长、副议长规则时,第1条用有记名投票法与无记名投票法选举又生争执,自然按4月22日4党协议,用蓝、白票即无记名投票法表决是否用有记名投票法选举议长、副议长。在计票过程中,又将议长互选规则后4条讨论,均按原起草案通过。结果在场参加投票议员547人,名片546张,赞成有记名投票法选议长、副议长票270张,赞成无记名投票法选议长、副议长票276张。名片比票数少一张,投票无效①。显然,由于用了无记名投票法,被收买的国民党议员自然可投机取巧,表决结果和4月18日用起立表决法的情况大不一样了。刘崇佑等人也就不再搅扰会场。议决4月25日再投票。

4月25日众议院第2次正式会议,赵藩主席,出席议员534人。继续重新以无记名投票法表决选举议长、副议长是用记名投票法还是无记名投票法。投票结果:出席议员534人,赞成无记名投票者268人,赞成记名投票者266人,但名片533张,即名片与人数不符。依法表决应无效。但国民党议员易宗夔发言承认今日的表决为有效,立即博得一阵掌声。这样《众议院议长、副议长互选规则》完全按两院起草员起草案通过。余下的便是用无记名投票法选议长、副议长了。主席立即以今日的表决为有效付表决,赞成者多数,可决。并决定5月26日开

---

① 中华民国2年《众议院速记录》第1册,《众议院第1次常年会会议速记录》第2号。

用无记名投票法选议长、副议长会。由于易主动承认当天的表决为有效,国民党内的妥协派抬头。这就为袁世凯与共和、统一、民主三党拉拢国民党议员、用钱收买选票扫除了障碍,于是加大了收买力度。"只要你投汤化龙一票,即给万金以上的代价。"①国民党方面的议长候选人也收买选票,有人出价非国民党派议员举吴景濂者600元,不举汤化龙者300元②。当然,三党仗着袁世凯这个大后台,财源充足,国民党自然无法与之相比。有些国民党议员经不住银弹的攻击,要不脱党,要不受贿,以暗投汤化龙的票。当时议员贿赂成风。山西民主党议员李庆芳等发起两院议员同志会,就是议员暗地交易的一个组织。参、众两院议员的价格随行情涨落。据5月6日的《民立报》披露:收买议员之法愈出愈奇。21、22日,脱党者不过5 000元,跨党者不过3 000元,投汤票者不过2 000元。及以后,价忽飞涨。且皆现洋交易,概不赊欠。此时脱党、跨党不成问题。一票竟有居奇至万元者。30日晨,竟许某君以陆军中将,并现洋2万元。更托某君做捎客,临时1万元1张,购得4票,而国民党乃完全失败。其诱人之法,更有奇者,如逢投票之日,倘不出席,游万牲园一日,赠送1 000元,打麻雀或投废票一张,亦送洋1 000元。买卖中的钱财纠纷,甚至公然上诉法院。这是对议会民主的亵渎和摧残。在这种风气下,选举只是个形式,结果自可预知。

4月26日下午,众议院第3次会议,正式以无记名投票法选举议长、副议长。赵藩主席,到会议员550人。一开始即因是否应先定议员席次争执较长时间。国民党议员多主张先抽定议员席次再投票选议长、副议长。其他三党则多主张先不抽签定议员席次,赶紧投票。主席付表决,赞成立即发票选议长者多数,可决。于是发票,以无记名投票法选举议长。结果:总票数与总名片数相同,共550张。汤化龙得272票,吴景濂得266票,陈家鼎得1票,贺赞元得1票,废票4张,无效票6

①　汪建刚:《国会生活的片断回忆》,《文史资料选辑》第82辑,第183页。
②　《申报》1912年4月29日。

张(吴景濂无效票 5 张,汤化龙无效票 1 张,均因票面名字写得有误)。过半数应为 276 张,均未过半数①。

4 月 28 日下午,众议院再开选举议长、副议长会。因发现有假冒蒙古议员阿育勒乌贵的人进入会场开会,国民党议员大为不满,要求清查在场是否仍有假冒议员入场者。其它三党则反对再清查,要求投票选举议长。双方争论一阵后开始投票,结果:在场议员 543 人,票数543 张,名片 543 张,票数与名片相符,与人数相符。汤化龙得 269 票,吴景濂得 267 票,有疑义之票 3 张(吴景濂 2 张,汤化龙 1 张,均为票上名字有笔误),废票 4 张。同样无人过半数。共和、统一、民主三党主张决选以得票多者为当选,国民党反对之,主张过半数当选。于是准备再决选②。

4 月 30 日众议院常会,继续决选议长,选举副议长。主席赵藩。到会议员 541 人。旁听席坐满了来宾。用无记名投票选举议长,结果:名片和票数均 541 张和人数相等,汤化龙得 279 票,吴景濂得 248 票,废票 14 张。过半数为 271 票,汤化龙得 279 票已过半数,当选③。

5 月 1 日,众议院常会,到会议员 533 人,赵藩主席。用无记名投票法选举副议长,选举结果:陈国祥得 269 票,吴景濂得 255 票,赵炳麟、赵藩、林长民、景耀月各得一票。废票 5 张。陈国祥得票过半数,当选为副议长。

临时主席赵藩请正、副议长就席。议长汤化龙遂上台演说:

中华民国众议院第 1 次议长,化龙适承其乏。自维德薄能鲜,深用悚惶。国步方新,法政未熟,法度不立,疾苦犹壅,既献身于立

---

① 中华民国 2 年《众议院速记录》第 1 册,《众议院常年会会议速记录》第 3 号第 8、9 页。

② 中华民国 2 年《众议院速记录》第 1 册,《众议院常年会会议速记录》第 4 号第 9 页。

③ 中华民国 2 年《众议院速记录》第 1 册,《众议院常年会会议速记录》第 5 号第 8 页。

法之地，正效忠于同胞之日。当就职之始，敢宣誓于我议员诸君，宣誓于我全体国民。誓曰：民宪不成，国本焉立，继自今悬宪政以为鹄。凡合斯轨，沥诚扶翼；若其背道易辙，视力所至，务摧廓之。罔敢偏倚，亦罔怯虑。矢同心而共济，出艰而履亨。凡诸所言，在生无变。

陈国祥亦接着演说：

> 国祥以藐躬厕于立法之府，复被举为众议院副议长，望轻任重，惧不克负荷以佐我议长汤先生而举其职也。惟有矢诚宣誓，冀获同人之助，以尽力于我新造之共和国而已。誓曰：国体初变，百废待举，民视民听，惟此国会。国会能举其议政之实，民国始奠其无疆之基。所不同心协力以辅汤公以尽吾责而巩吾邦本者，凡我国民得共屏之。秉忠弗渝，敢告天下①。

陈国祥是贵州省议员，以前默默无闻，在共和党内属于二三等的角色，在政界中本是无足轻重的无名之辈。之所以被共和党推举为众议院副议长候选人，主要是因为贵州省10名参议员全为清一色的共和党，陈在竞选中出力颇多。共和党举陈为副议长以示对贵州共和党的基地的重视，和对贵州共和党支部及陈国祥的嘉奖。

议长、副议长既已选出，收买议员的价格也立即下跌。收买一名国民党议员从4 000元(内含中介费1 000元)下跌到收买一名国民党参议员3 500元，收买一名国民党众议员2 500元。在收买江西籍的国民党众议员邓元的过程中，卖主中介人何承卿等的中介费为买卖双方欺诓勒去，一分未得。屈荣崇、梁通福、何承卿3位中介人不胜愤恨，遂联名向京师地方审判厅起诉，说："窃买卖房产，中费多寡各方习惯不同，以动物而论，如卖猪买羊，各地亦有成规，断无霸吞行钱之理。岂议员而独不然耶？况猪羊价贱，尚且优待行户。议员价昂，何得刻苦中

① 《众议院公报》附录中华民国2年5月3日。

人？”①真是无奇不有。有些议员人格丧尽，廉耻荡然无存。当然，国民党也用钱来稳定自己的议员投吴景濂的票。如给鄂籍国民党议员胡祖舜 3 000 元，给骆继汉 2 000 元，胡、骆才投吴一票。

国会一开始即受金钱的腐蚀。其始作俑者，就是中国近代最大的独裁者袁世凯。他拿国库的钱来拉拢、利诱议员，腐蚀国会。袁世凯在摧毁国会的过程中，使用了两种手段，一是以武力压迫国会，这在北京参议院的陆徵祥内阁强行通过的张振武案件中就露骨地使用了这一手段。暗杀国民党领导人宋教仁及后来的对国会议员的监视、搜查、逮捕、杀害等，都是袁摧残国会的血淋淋的事例。一是以金钱来贿赂议员，腐蚀国会。相比之下，后一种手段对国会的摧残是最致命的。前一手段，十分露骨，人们看得十分清楚，大部分议员多能不屈不挠，与恶势力殊死抗争。它无法摧残议员们的意志。后一种手段一般很隐蔽，它利用了一些议员的私欲，摧毁的是议员的良心、人格与道德。第一届国会应该说是在腐败中消亡的。

众议院议长汤化龙任命共和党议员林长民为众议院秘书长。

参议院国民党的优势明显，且国民党参议员多为老同盟会员，政治上较为稳定。故共和、统一、民主三党不把竞争的精力放在对参议院正、副议长的职位上。所以，和众议院相比较，参议院正、副议长的选举竞争不激烈，议长、副议长产生得较为顺利。

4 月 16 日上午，参议院会议，出席议员 167 人，仍推年长的杨琼为会议临时主席，推林森、黄佩兰、黄树荣、李槃为临时书记。先由《参议院议长、副议长互选规则》草案起草员汤漪报告草案起草理由：此种草案，寥寥数条，本无条条说明之必要。惟第 1 条内宜规定投票方法，在委员起草会中已有二种主张。即一主无记名，一主有记名是也。主张无记名者多据普通选举会之情形为言，以为如是则投票者不至受外界之影响胁迫。此一说也。主张有记名法者以为互选议长、副议长乃院

① 《民立报》1913 年 7 月 2 日。

内组织之一种手续,其情形与普通选举会绝对不同。无记名法所具消极方面之作用,至于院内互选之际,则此作用亦不可见,故不如用有记名法,以表示对于议长之信用与议员自己之责任心。

议场对有记名与无记名投票法争论激烈。国民党议员杨永泰、蒋举清等发言主张有记名投票法,认为普通选举会的理由对院内互选不成立。有记名投票法在民国临时政府时期内有先例可循。南京参议院选林森为议长,北京参议院改选吴景濂为议长,均采用记名投票法,两次绝无何等流弊可言。共和、统一、民主三党议员丁世峄、曹汝霖等发言多主张维持原案,用无记名投票法。说记名投票恐受外界压制及伤害他人的感情,于事有碍,不如用无记名投票,可充分表达议员自己的意思等。主席付表决,同意丁、曹2人主张用无记名投票法者45人赞成,少数,否决。又以有记名投票法付表决,赞成者105人,多数,可决。草案第2至第5条均无大的争议通过。当日还议决:1. 本院临时主席于议长未选出以前即为本院正式会议临时主席。2. 本院暂时适用《参议院议事细则》及《旁听规则》。3. 假签定议员议席。同时议决开议长互选会日期由临时主席及书记会同众议院协定于同一天举行。

4月21日、22日,国民、共和、统一、民主四党协商决定24日下午参、众两院同时分别开正式会议,讨论《议事细则》、《旁听规则》及《议长、副议长互选规则》。4月24日下午1时,参议院开正式会议,临时主席仍为杨琼。经正式表决,仍用北京参议院《议事细则》,将北京参议院《旁听规则》稍做修改正式通过。《参议院议长、副议长互选规则》按16日的议定正式通过。鉴于众议院议长、副议长竞争激烈、一时难以产生,故这天参议院会还议决不管众议院开会与否,4月25日参议院开常会正式选举议长、副议长。

4月25日下午,参议院常会,选举议长、副议长,杨琼任主席,到会议员212人。首先用记名投票法选举议长,结果:在场议员212人,张继(国民党)129票,丁世峄(共和党)77票,汪荣宝3票,王正廷1票,王家襄1票,废票1张。张继得票过半数,当选为议长。

接着用记名投票法选举副议长,结果:王正廷(国民党)127 票,田应璜(共和党)76 票,王人文 3 票,朱家宝 2 票,籍忠寅、林森、丁世峄、刘成禺各 1 票。王正廷得票过半数,当选为副议长。

选举结束后,张继、王正廷就议长、副议长席。张继首先发表演说,大意:鄙人才识短浅,谬膺重任,只尽诚担任义务而已。查民国成立,基础未固,本院议员既为国民代表,须热心讨论国务,勿负国民付托之重。

王正廷接着发表演说:鄙人膺此重责,惟求竭诚意以尽义务。从前参议院每受世人之讥弹,希望诸君顾念国民代表之重,尽诚就事,勿蹈覆辙①。

议长张继任命国民党干事长平刚为参议院秘书长。

国会开幕后经过近一个月,参、众两院议长才选出,按《国会组织法》的规定,国会会期为 4 个月,已占去近四分之一。国会的效率之低可见一斑。

参议院议长张继应孙中山之召,于 7 月 1 日离京南下策划二次革命。二次革命爆发后,张继发表《讨袁宣言》刊布于各报。同时致电参议院,历数袁世凯蹂躏议会的行径,认为"北京久为袁氏势力所布满,凡我立法机关种种行动悉为其武力所破坏。我参议院为保持立法尊严及言论自由计,应请全体议员迁出北京,择地开议,以纠元凶而伸国法。"②南方的国民党报纸也纷纷呼吁国会南迁。除一部分激进的国民党议员南下参加二次革命外,多数国民党议员仍留北京观望。因为国民党的军事力量与袁世凯的北洋军相差甚远,加之国民党从拥袁转为反袁的时间短,袁的反共和的面目尚未暴露,故国民党在舆论宣传上不处于主动地位而往往处于被动地位。这些,都是很多国民党议员观望而不南下的原因。二次革命失败已成定局之后,为讨好袁世凯,超然社的参议员彭介石等提出《请将张继、谢持、陈其美等除名》案,同时袁世

---

① 《盛京时报》1913 年 4 月 30 日。
② 《申报》1913 年 7 月 17 日。

凯也咨请参议院查照将张继除名并宣布其内乱罪状。

8月15日，参议院常会，讨论《取消陈其美、谢持、张继议员资格》案，立即引起激烈的争论。最后付表决，结果赞成将此案付特别审查者多数。由会议主席指定林森等13人为特别审查员。

审查会经审查决定，此案不能成立。其理由以张继等既为内乱犯，随时俱可逮捕，罪名未经法院判决以前，本院无除名之办法。但张继等告假离院已逾限期多日，王正廷副议长迭承议员质问，无以为对，不得已命参议院秘书长平刚赴沪找张，如张无意充当议长，必即具辞职书交平刚带回北京。至于彭介石提议各节，等将来大理院公布后应得除名处分乃另一问题。陈其美之缺由候补人陈洪道递补①。

张继于8月11日给参议院写了一封辞职书，以脑病需要就医与调治为名，提出辞职，并声明"近日各报假托继名，对于国政有所评议，均非继意，概不负责。"②

8月20日参议院常会，特别审查委员会向大会说明对《取消陈其美、谢持、张继议员资格》案的审查结果。参议院秘书长平刚报告赴沪与张继谈话始末，并宣读张继的辞职书。经表决，多数同意张继辞去议长、议员之职。

其实，张继已不可能再为议长之事早已为各党所知，故从8月份开始，各党便又开始了对议长的角逐战。此时的形势已与4个月前大不相同了。国民党除激进派议员南下参加二次革命外，留京议员也纷纷别组政团。国民党已不是参议院的多数党了。据1913年8月29日《盛京时报》的统计，在参议院各党的议席大致如下：国民党98席，进步党90余席，政友会、宪政公会各30余席，共和党、超然社各10余席。

国民党推举王正廷，进步党推举王家襄，政友会推举孙毓筠为议长候选人，进行角逐。但每一个党在参议院的议席均未过半数。也就是

---

① 《申报》1913年8月24日。
② 《申报》1913年8月27日。

说,仅凭各党自己的力量是不可能得到议长一职,必须联合它党或收买选票才可能取得议长一职。

8月25日上午,在参议院超然议员社休息室,国民党邀集各派协商选举参议院议长事宜。国民党为了保住参议院议长一职,提出仿西方各国成例,由国会各主要政党预先分配议会领导职务,然后一致投票的办法,主张议长由国民党推出,副议长由进步党推出,全院委员长由政友会推出,但为进步党及政友会等党所拒绝。政友会欲与进步党联合推孙毓筠为议长,为进步党所拒绝。进步党凭借袁世凯的支持,决心要将议长一席据为该党所有。

8月26日,参议院常会,选举议长。用记名投票法选举,指定张烈等8人为监察员,按议员座号先后投票,结果:出席议员217人,王家襄104票,王正廷99票,孙毓筠6票,林森2票,王赓、赵世钰、德色赖托布各1票,废票2张。所有候选人均未过半数。按参议院议长互选规则,只能在王家襄、王正廷二人中决选,于是议定27日上午8时再开会进行决选①。

为配合参议院议长选举,进一步打击国民党,使之完全不能染指议长一职,8月27日清晨,袁世凯下令逮捕了参议员丁象谦、朱念祖、赵世钰、张我华、高荫藻,众议员褚辅成、常恒芳、刘恩格。被捕议员除赵世钰属政友会外,其余均为国民党。这自然是对国民党议员的一次直接沉重的打击,不但直接减少了国民党选议长时的票数,而且使国民党得竭尽全力来营救被捕议员。并且造成一种对国民党议员的恐怖气氛,彻底摧毁国民党竞争参议院议长的决心,使进步党在竞争参议院议长席位中处于更有利的地位。同时,又通过给进步党充足的资金,让其放手收买选票。进步党以"投票时如举该党某人即予以300元之酬谢,后增至千元,即该本党议员亦有受贿数百元。惟国民党议员抱定举王

---

① 《申报》1913年9月2日。

正廷之宗旨,未为利动,苦守前志,互相提携,清操未泯,拥护政党面目洵足矣。"①参议院 27 日的常会就变成向政府交涉释放被捕议员为议题的会。国民党议员在会上激昂慷慨,其他党派也只能表示同情。

9 月 3 日上午,参议院常会,进行议长决选。连副议长王正廷在内,出席会议议员 209 人,仍用有记名投票法。由于进步党使用了金钱,国民党又遭议员被逮捕的打击,故选举结果为:王家襄 111 票,王正廷 93 票,废票 5 张。王家襄得票过半数,当选为议长。

9 月 5 日参议院常会,王家襄就任会议主席并发表演说:"本席谬承诸君之雅意,举为议长。议员为人民代表,议长为议员代表。民国前途千钧一发之秋,所希望者,诸君能达其巩固共和之目的,本员对于诸君亦自当慎勉尽职。"②

秘书长由议长任命并对议长负责,故王家襄出任参议院议长后,立即改组参议院秘书厅,任命张嘉璈为秘书长以取代张继任命的秘书长平刚。

参议院全院委员长及常任委员的选举均较晚,直至袁世凯下令解散国民党,取消国民党议员资格即实质上停止国会正常活动之前的十几天才进行这项选举。

1913 年 10 月 17 日参议院举行全院委员长选举会,用记名投票法选举全院委员长。此时袁世凯压迫国会力图取消国会的意图已逐渐明显,进步党本身亦感到压力,故大多数议员开始从打击压制国民党议员转向联合国民党议员以便共同对抗袁世凯的压力。故全院委员长的选举十分顺利,结果:在场议员 206 人,林森得 131 票,张蔚森得 58 票,丁世峄、田应璜各得 3 票,籍忠寅、吴文瀚各得 2 票,王赓、韩玉辰、陈瀛洲、蒋举清各得 1 票,3 票无效。这样,国民党议员林森以压倒多数当选为参议院全院委员长③。

① 《盛京时报》1913 年 8 月 31 日。
② 《盛京时报》1913 年 9 月 11 日。
③ 《参议院全院委员长选举会》,第一届国会《参议院公报》第 14 册。

10月20日,参议院常会,用无记名连记投票法选举各股常任审查委员。议定一股投一次票后即开票,以免各股委员重复。于是议长定吴景鸿等8人为监察员,先选法制股审查员25人,出席议员170人,结果杨永泰等25人当选。一次选举结束后即到散会时间。

鉴于20日的选举常任委员的办法太慢,一天只能选一股,参议院共12股,除法制股已选出还余11股,若仍每天选一股,一星期开会三次,必须四个星期才能全部选出,这自然不妥。于是议长在征得多数同意后,决定11股一次投票,选票后面印有各股委员的名额。至于重复的做适当调整。又鉴于上次监察员过累,议长又重新指定杨增炳、富元等16人为监察员。当天投票后,结果自不能立即统计出来。故到10月24日参议院常会才公布22日的选举结果。结果如下:

财政股常任委员:童杭时、金兆棪等25人。

内务股常任委员:王人文、孙光庭等11人。

外交股常任委员:朱兆莘、刘成禺等11人。

军事股常任委员:陶逊、徐镜心等11人。

交通股常任委员:吴湘、梁士模等11人。

教育股常任委员:吴景鸿、杨琼等11人。

实业股常任委员:张鲁泉、杨渡等11人。

预算股常任委员:向乃祺、蒋报和等45人。

决算股常任委员:金永昌、王鸿庞等27人。

请愿股常任委员:杨增炳、韩玉辰等25人。

惩戒股常任委员:汤漪、吕志伊等11人。

众议院全院委员长和常任委员的选举比参议院还晚一些。

10月27日众议院常会,选举全院委员长,仍用无记名投票法选举。议长指定陈太龙、王葆真等8人为检票员。结果:总票数463张,张耀曾180票,王印川160票,李庆芳44票、张伯烈34票,其余有得10票、8票、1票、2票不等。无人得票过半数,只能在得票较多的2人中决选。

第一次得票多的4人均为宪法起草委员,于是宪法起草委员能否兼任全院委员长又生争执。但议长坚持可兼,并大多数议员亦认为可兼,这样,又接着在张耀曾、王印川 2 人中决选。选举结果:共投票 368 张,张耀曾得 235 张,王印川 146 票,废票 5 张。张以绝对多数当选。这也恐怕是进步党联合国民党共同对抗袁世凯的压迫而将国民党推上前冲锋之故吧。

10 月 29 日众议院常会,选举常任委员,用限制连记记名投票法选举(限制人数为原额的三分之一),以得票多数者当选,得票数相同者抽签决定。当天投完票后即将票箱封上。10 月 31 日众议院常会开始开票箱计票,当天未统计完,第二天接着统计。到 11 月 3 日众议院常会,才宣布结果。

法典委员:骆继汉、邓镕等 37 人。

预算委员:张知竞、耿兆栋等 73 人。

决算委员:唐玠、阎文铎等 73 人。

外交委员:胡汝麟、谢湘等 23 人。

内务委员:毕维垣、王鸿钧等 29 人。

财政委员:郭同、李克明等 37 人。

军事委员:杜士珍、汪震东等 23 人。

教育委员:萧晋荣、张相文等 23 人。

实业委员:陈士髦等 23 人。

交通委员:王源瀚、文笃周等 25 人。

请愿委员:李有忱、陈光谱等 37 人。

惩戒委员:祁连元、李春荣等 23 人。

院内委员:方贞、汪有龄等 23 人。

参、众两院各常任委员会尚未来得及选出委员长,更谈不上开展有关案件的审查,11 月 4 日,袁世凯即下令解散国民党,取消国民党议员的资格,国会即处于瘫痪状态。

六、《议院法》案的风波

国会参、众两院的活动必须有一个详细的准则来规定,才能正常运转。所以国会一开会,两院即着手制定《议院法》来作为国会活动的准则,规范国会的一切活动。

1913年4月28日,参议院常会,议决尽快制定《参议院法》,并由议长指定曹汝霖、汤漪、王家襄、金兆棪、解树强、朱兆莘、田应璜、胡璧城、延荣、王立廷、苏毓芳、胡秉柯、蒋举清13人为院法起草员。

5月3日众议院常会,第一案即为《推举本院院法起草员》。议员易次乾、谷钟秀发言主张应参、众两院共同起草,范熙壬等发言则主张两院各自单独起草。于是议决先由会议主席指定13人为起草员:孙钟、汪荣宝、张耀曾、李国珍、易宗夔、王敬芳、李肇甫、胡汝麟、景耀月、黄云鹏、彭允彝、凌文渊、谷钟秀。

5月5日众议院常会,孙钟代表起草委员会陈述《议院法》必须参、众两院共同起草的理由,认为如两院不共同起草并由大总统公布就没有法律效力,不能对两院产生约束力。若两院产生矛盾与冲突时不易解决。世界实行两院制的国家大都有两院共同制定的规则供两院共同遵守。同时主席宣布既两院共同起草议院法,自应另行推定起草员。

5月10日众议院常会,由原推定的院法起草员汪荣宝介绍与参议院院法起草员协商的结果,参议院院法起草员也同意由两院共同起草,故本院13名众议院法起草员均主张将《众议院法》改为《议院法》,另推13名《议院法》起草员。于是议决,将《众议院法》改为《议院法》,仍以5月3日所推定的13人为起草员。

5月19日,参议院常会,对众议院的"请两院共同起草《议院法》"的来函进行讨论,有的议员发言主张参、众两院应该各自起草,有的赞成两院共同起草。最后付表决,赞成两院共同起草者多数,可决。这样,两院起草员共同起草了《议院法》。但《议院法》是两院共同合议还是先交一院先议,一院先议是何院先议,两院起草委员意见不一。最后付表决,议定先交参议院先议。

6月9日参议院常会,对《议院法》案一读。先由起草员汤漪报告起草情况后即讨论。有的议员发言主张立即付特别审查,有的主张和众议院共同审查,有的主张不付审查,当日即开二读会,经三读后提交众议院,有的主张可暂付本院审查,审查完后省略三读再提交众议院,然后两院合并讨论。最后付表决,赞成付审查者多数,可决。并议决起草委员 13 人之外,再加《参议院议事细则》、《旁听规则》起草员 14 人,共 27 人,组成特别委员会审查《议院法》案。

6 月 18 日参议院常会,田应璜代表审查委员会作《议院法》案审查报告后,即议决立即对《议院法》案进行二读。以后又于 6 月 19 日、20 日、23 日、25 日、26 日、27 日,7 月 1 日、3 日、7 日、8 日参议院常会继续对该案二读。7 月 9 日参议院常会,《议院法》案全部通过二读会。二读会中,除议员的岁费争论较大外,其他无太大的争论,比较顺利地通过二读会。《议院法》草案规定,议员岁费 4 000 元,日费 20 元,委员会出席费 10 元。当时世界各国议会议员的俸给分三种:一是无俸给,完全是尽义务,如英国、葡萄牙、西班牙等国议会议员除旅费外,无岁费与日费。二是有岁费,如日本、法国、美国、荷兰、比利时等国,有岁费则无日费。三是有日费,如德国、奥地利、丹麦、瑞士等国,有日费则无岁费。当时,世界各国议会即使有岁费、日费,也都不高。以后逐渐增加那是以后的事。如岁费高的法国,议员岁费 9 000 法郎,约合中国 3 000 多元;日本议员岁费约合中国 2 000 元;比利时议员岁费 4 000 法郎,约合中国 1 000 多元。德国日费即每开一天会给议员 15 马克,奥地利日费 20 法郎,丹麦日费 13 法郎,瑞士日费 20 法郎。这些富裕的国家议员的岁费、日费大多数是很低的。中国是一个十分贫穷的国家,靠借外债度日。议员岁费和日费定得如此之高,比富裕国家都高得多,而且岁费和日费同时拿,这在世界上是无先例的。当时中国连温饱都是一个难解决的严重问题,连北京都经常有因贫困而自杀的报导。京城都如此,其他地方更可想而知了。当时月收入在 50 元左右的家庭就已经是生活无忧的中产阶级家庭。定如此高的岁费与日费自然脱离了国情。前清资政院议员和南京参议院议员只有开会时才月给 200 元。《议院法》案将议员的俸给定得如此之高,当然要引起全国的反对。因为这会大大加重本来就不堪重负的人民的负担。因参、众两院岁费开支大大增加，省议会、县议会、乡自治会的议员们的岁费自然要随之增加。这自然是一笔巨大的开支。全国反对将议员俸给定得如此之高便是必然的事。《议院法》案一脱稿，就已引起了全国的反对。一些议员也纷纷提出意见书，要求核减议员薪俸。众议员耿春晏首先提出意见书说："顷闻院法起草委员会提出议院法案第92条，两院议员公费一节，既定岁给兼定日给，又于日给之外兼定委员会日给，种种名目，骇人听闻。且岁费既定4 000元矣，日费又定20元，薪俸之巨较临时参议院突增数倍。即欧美极富之国亦无此先例。际兹财政奇绌，度支仰屋，国家仅赖借款以为存活，而议员竟坐拥厚俸，于心殊觉未安。"并主张"月给仍照前参议员200元之数，岁给以1 200元为中率，至多不得过2 000元之数"①。众议员孟昭汉也提出意见书，反对岁费加以日给，同时指出岁费已是日本议员2 000元的二倍，还再加日费的例子世界上没有，是极不合理的，要求废止日费、降低岁费。众议员范殿栋也提出意见书，反对岁费、日给并行，主张除旅费外，每月300元，不出席会每日扣10元或20元②。

　　参议院在对《议院法》案二读过程中，对议员的俸给提出的修正案最多，争议最大。7月9日讨论到《议院法》案第92条议员俸给时，提出修正案20多件。对岁费主要有五种主张：1. 主张全删，即主张无岁费。2. 主张2 400元。3. 主张3 000元。4. 主张3 600元。5. 主张6 000元。议员吴湘主张无岁费而取日给主义。程莹度、解树强、向乃祺均主张岁费加至6 000元。并说，财政困难乃一时之影响，万无终困之理。陈善主张岁费。杨永泰说：岁费数目无论多寡，均不能不与日费并行。有日费则劳逸可均，即出席者报酬多，不出席者报酬少。岁费宁可少而日费不可无。陈善主张无论日给岁给，统合计算万不能过3 600元。陈铭鉴赞成杨永泰的意见，只主张将日费改为出席费。最后以日费付表决，赞成者

① 《申报》1913年6月25日。
② 《申报》1913年7月1日。

少数,否决。接着讨论岁费数目。蒋曾燠主张6 000元。汤漪赞成蒋说,岳云韬反对蒋说。最后议长将岁费的修正案的主张归纳为三种:1.2 400元。2.3 600元。3.6 000元。但提出岁费2 400元的议员声明自己主张有日费的前提下提出岁费2 400元,现无日费,本人修正案取消。于是以3 600元付表决,赞成者少数,否决。又以6 000元付表决,在场议员164人,赞成者88人,多数,可决。王家襄对表决提起疑义,议长用反证表决法,起立者70多人,证明前次表决确为多数。其余2条均无大讨论,通过。这样,《议院法》案就全部通过二读会。

7月17日参议院常会,对《议院法》案三读,对个别文字做了些修改后,全案通过,即咨送众议院。

尽管参、众两院《议院法》起草委员会在起草《议院法》案过程中,参议院在审查与通过《议院法》案过程中,都振振有词地说什么议员处于国家最高立法机关,其俸给要与其地位相当;什么议员职任重大,只有高薪才能养廉,高薪才可防止政府收买议员,等等。但这些堂而皇之的话掩饰不了多数议员借立法之权为自己营私的动机。故参议院一议定岁费为6 000元,立即引起了全国的反对。7月13日,北京救国公会汪祺砥、洪桢、廖秩道、颜绍泽,中国共和党尤列、廖容、廖肃、姚嘉鸿,共和党陈绍唐、刘乳球、潘赫、刘剑芒,群进会胡瑞中、覃寿公、胡宗佐、张则川,政治研究会洪铸、王盛春等12.4万余人发表通电,指斥议员说:"议员代表人民监督行政,尤当洁己奉公,为天下倡,乃贪婪成性,利欲薰心,借立法之大权,为渔利之私计,民膏民脂恣其剥蚀,予取予求,不汝瑕疵。就此六千元计算,只该院岁费所需每年已近一百万元之谱。况该院发端,众院援例。国会作俑,省会效尤,训至县议会、乡自治皆将据为典则,步其后尘。充类至尽,非将全国岁入悉举而纳诸议员私囊不可。"并警告议员说:"如该院天良未绝,应即自行削减。否则,同人等惟有妥筹最后对待之法,以遏骄风而苏民困,敢竭血忱,遥维心印。"①

---

① 《盛京时报》1913年7月19日。

各省也纷纷致电参、众两院,要求将《议院法》案中的议员岁费核减。《议院法》案咨送到众议院后,一些众议员纷纷提出核减议员岁费的提案。众议员张恩绶、王双歧等提出提案,主张议员岁费定为2 400元,议长、副议长岁费按参议院议决减半。众议员王玉树、吕泮林等提出提案,主张议长每年8 000元,副议长每年7 000元,议员每年4 000元。众议员胡寿昺提出提案,主张按日本议员岁费2 000元,或以前清咨政院及前参议院议员开会时每月给200元①。各省也致电参、众两院让其核减议员岁费。都寄希望于众议院能否定参议院对岁费的议决。

7月28日,众议院常会,议决对参议院移付的《议院法》案付审查,3日内审查完毕。并议决审查委员15人。当即由议长指定陈敬第、江天铎、徐兰墅、蒲殿俊、张伯烈、邹鲁、张澜、张树森、邓毓怡、李含芳、蒙经、吴渊、罗永绍、黄懋鑫、黄群15人为审查员。审查会7月29日开会审查《议院法》案。由于该案经参议院通过,故审查会尽量维持原案,不做过多的修改,以便修改之处与参议院协商时更容易。但出于各方对议员岁费的反对,决定核减议员岁费。审查会即出现三种主张:1.按前参议院每月200元,岁费定为2 400元。2.参议院草案本规定岁费4 000元加日费,取消日费,岁费定为4 000元。3.以现参、众两院议员之公费每月300元,岁费定为3 600元。审查会经表决,多数赞成3 600元。议长、副议长岁费分别减至6 000元和5 000元。

8月4日众议院常会,陈敬第代表审查委员会向大会作《议院法》案审查报告后,即议决即日开二读会。8月6日、8日接着开二读会,8月11日众议院常会将《议院法》案二读结束。争议最大的还是议员岁费。8月8日众议院常会,对议员岁费纷纷提出修正案,概括有五种修正案:1.岁费1 200元。2.岁费2 400元。3.岁费4 000元。4.岁费4 800元。5.岁费5 000元。最后一一付表决,均少数,否决。又以审查报告的岁费3 600元付表决,在场议员339人,赞成者188人,多数,可决。同时,以审查报告中议长岁费6 000元,副议长岁费5 000元付表决,多数赞成,可决①。

8月11日众议院常会。议员褚辅成提出给出席费的动议,经表决,在场356人,赞成者209人,多数,可决。

对每次出席费给多少,又有四种主张:1. 1元。2. 5元。3. 6元。4. 10元。以1元,5元,6元分别付表决,赞成者均少数,否决。最后以10元付表决,在场议员351人,赞成者233人,可决。可见,大多数众议员也是巧立名目以提高自己的俸给。这天同时又通过表决,议长交际多应有交际费。又以议长交际费为2 000元表决,在场348人,196人赞成,可决。以副议长交际费为1 000元表决,在场351人,233人赞成,可决②。

8月13日众议院常会,对《议院法》案三读,除个别字词修改后,全案通过,并咨回参议院。

8月18日参议院常会,对众议院咨回的《议院法》案逐条讨论,只对第5条议会延长会期问题和第92条议员岁费不同意,议决由议长指定陈光焘、齐忠甲、朱念祖、彭建标等15人为协议委员与众议院协商。其余条款均同意,只做了文字上的修正。

8月20日,众议院开常会,对参议院来咨对《议院法》案第5条、第92条不同意,已指定15名协议委员,要求众议员亦出同数委员开协商会。众议院当即议决《议院法》案第60条至第68条暂时为参、众两院协议会规则,并用投票法选出了陈治安、罗永绍、徐象先、廖北宗等15名《议院法》协议会委员,并回咨参议院。

9月1日,参议院常会,众议院来咨选出协议会委员15名,并表决《议院法》第60—68条为协议暂行规则,要求参议院同意。参议院经讨论后表决,同意了众议院的以《议院法》第60—68条为两院协议会

---

① 《众议院公报》附录第一期议会速记录第50号。

② 《众议院公报》附录第一期议会速记录第51号。

暂行规则。

这样,两院各 15 名协议会委员组成协议会,经协商将第 5 条改为"民国议会会期之延长,其期间由两院临时定之"。第 92 条改为议员岁费5 000元,议长交际费每年 5 000 元,副议长交际费每年 3 000 元。

9 月 11 日参议院特别会议。由秘书长报告两院协议会修正《议院法》第 5 条和第 92 条的结果,经表决,通过了两院协议会修正的结果。

9 月 18 日众议院常会,对两院协议会的结果,只须宣读,无须对结果再付表决。即咨送政府。

临时大总统袁世凯于 1913 年 9 月 27 日以命令公布了《议院法》,共 19 章 94 条,全文见附录(四)。

七、善后大借款风波

自中华民国临时政府成立后,不借外债就无法维持政府和军队的开支。小借款数额小,只能救眼前之急。大借款数额大,条件苛刻。列强借款给中国并非要使中国复兴与强大,而是要控制和遏制中国,削弱中国。1912 年 3 月 14 日俄国驻英国大使本肯多夫在给俄国外交大臣的信中对列强的这一政治目的说得很清楚:"后来,袁世凯上台,有把中国变为名副其实的大国之虞。这种前景对别处产生什么影响,我不甚了了,但在伦敦影响极大。公开对抗不可能,社会舆论及商界亦不允许。所以人们产生一种想法,认为目前只能采取一种施加影响的方式,即控制中国国库。这是一种政治构思,不是银行的主张,而是政治上的主张。于是,各银行立即从领导地位变为充当工具。这是惟一有效的办法,但它要求列强团结一致。"[①]正由于列强要通过大借款来控制中国,其所提出的条件严重危及了中国的主权而遭到中国人民的强烈反对,中国政府亦不敢贸然接受苛刻的借款条件。这样,大借款谈判错综

---

① 章伯锋、李宗一主编:《北洋军阀》第二卷,第 248 页。

复杂,千回百折。2 500 万英镑的善后大借款是民国初年的一笔最大的借款。善后借款谈判经历一年多。这笔借款在国内引起的争议也最大。究其原因,主要是借款条件苛刻,事关中国主权。

在本书前面唐绍仪内阁的垮台问题中已谈到了 1912 年中国政府与美、英、法、德四国(1912 年 6 月 19 日俄、日加入变为六国,1913 年 3 月 20 日美国退出变为五国)银行团的借款谈判从 1912 年 2 月 12 日清帝退位即开始。袁世凯先派度支部首领周自齐,后又改派从南方回京的唐绍仪于 2 月 27 日与四国银行团商讨大借款。中国方面提出先借平银 1 000 万两救急,以后每月行政费 640 万两,南北各半。银行团如允将借款先垫借 6 个月,即当向银行团借款 6 000 万英镑,分 5 年交款,所有垫款在借款项下拨还。因垫款及借款交付日期不同,英镑与现银的汇率也不断波动,1 英镑兑换白银在 7.0 两至 7.4 两之间。也就是说,中国提出的大借款数在 4 亿多两白银。3 月 7 日银行团答应再垫款银 1 100 万两(此前的 2 月 29 日已垫款给中国 200 万两),但提出银行团对中国今后的借款有优先权(即垄断权)为条件。3 月 9 日袁世凯回函银行团,答应了银行团的优先权的条件。但银行团得知中国与华比银行签订了 1 000 万镑的借款合同,即以中国政府违反了 3 月 9 日的承诺,向中方提出抗议并停止了垫款的交付,借款谈判中断。3 月 25 日和 4 月 18 日,美、英、法、德四国驻华公使出面两次向中国政府提出抗议,要求中方取消华比借款。这样,中国政府于 5 月 2 日正式取消华比借款,中国继续与银行团商谈借款问题。4 月 30 日,银行团代表到国务院会晤唐绍仪总理,商谈借款事宜。唐提出银行团 5、6 两个月份先垫付 3 500 万两,7 至 10 月份 4 个月,每月垫付 1 000 万两,总共垫款 7 500 万两。银行团代表回去商量后即提出监督中国财政和监督中国裁军作为借款和垫款的条件。5 月 3 日,银行团代表再到国务院会晤唐绍仪时将监督条件提出。由于事关主权,尤其是监督军队,为前所未有,唐当场予以拒绝。谈判自无法再进行下去。

袁世凯因政府急用钱,又改派刚上任的财政总长熊希龄出面与银行团商谈垫款合同。银行团坚持监督条款,只是将税务司(洋人担任)取代外国军官来监督中国遣散军队,袁世凯亦决定接受。5月13日财政总长熊希龄将谈判已有眉目的《暂时垫款合同》和《监视开支暂时垫款章程》提交参议院当天的秘密谈话会讨论。有些议员尽管觉得《监视章程》有不妥,但熊希龄解释说银行团坚持,不得不如此;《章程》属信函,并不是正式合同;监督只是在垫款期间监督,不垫款自然不必监督。谈话会基本上同意了《合同》和《章程》,一是《合同》和《章程》并未正式签字,二是谈话会的结果不能发生议决效力,故决定俟国务院正式签字后交院再开会通过。但议员们的意见要熊再与银行团磋商,字句再做些修改。并请各国务员在5个月内速备他项财源为5个月后的政费,则外国人的监督行政也就仅仅这5个月即可结束。如5个月后仍依赖外债,则将步埃及和高丽的后尘,就十分危险。

熊希龄又与银行团就《合同》与《章程》磋商,银行团不肯退让。5月17日才正式签定垫款300万两的《暂时垫款合同》与《监督开支暂时垫款章程》。5月20日除内务总长赵秉钧外,各国务员均出席当天参议院的秘密会议,讨论《合同》和《章程》。由于全国各界已有反对声,共和党将《章程》中写入监督中国财政与军队的条款的责任推到唐绍仪身上。唐则请求参议院追认政府已承认的垫款条件,外交失败之责自己承担。熊希龄亦请议员们体谅政府的苦心,不要过于追究法律责任。同盟会议员覃振、李肇甫发言则维护着唐绍仪,认为内阁倒则政治影响太大。以前的事应该说是应急,下不为例就行,不要过于追究内阁的责任。这样,5月20日的参议院会虽然争论激烈,但也基本通过了《合同》与《章程》,只是要求政府以正式咨文提交参议院,参议院再开会讨论。这样,6月2日临时大总统袁世凯提出正式咨文,将《合同》与《章程》提交参议院求同意。

此时,银行团的苛刻的垫款监督条件早已见于全国各报,引起了全国尤其是南方爱国人士的强烈反对。声讨、谴责熊希龄之声响彻扬子江畔。有个别的南方报纸甚至声讨参议院,要求解散参议院,手刃参议员。

5月24日,黄兴通电痛斥熊希龄:"此种《章程》匪独监督财政,并直接监督军队。军队为国防之命脉,今竟允外人干涉至此,无异束手待毙,埃及前车实堪痛哭。20年来,海内各志士赴汤蹈火、粉身碎骨所辛苦缔造之民国竟一日断送于区区三百万之垫款。吾辈一息尚存,心犹未死,誓不承认。熊希龄身负重任,竟敢违法专断,先行签约,悍然不顾,此而可忍孰不可忍。闻《章程》已提交参议院核议,祈痛加驳斥,责令毁约。一面请由大总统提交参议院议决发行不兑换券以救目前之急,并实行国民捐以为后盾。"①南方同盟会籍的都督也都纷纷通电激烈反对。但北方北洋系的都督和北方的一些报纸则说非借款无以应目前之急,主张参议院通过《垫款合同》和《监视章程》。熊希龄因受舆论谴责而提出辞呈。受共和党议员攻击的唐绍仪以熊辞自己不能独留为由亦提出辞职。各政党奔走劝慰唐、熊留任。于是,各方均等着参议院对《合同》和《章程》的表决结果。

6月3日,参议院开秘密会议,讨论临时大总统提交给议会的请求参议院同意《合同》和《章程》的提案。国务院秘书长魏宸组出席并说明提案理由,大略说外债不可不借,借款条件不能不定。一面示以有款之利,一面示以无款之害,滔滔不绝,大有斩钉截铁之势。共和党、统一共和党议员谷钟秀、杨策、籍忠寅、杨廷栋、殷汝骊、王家襄、秦瑞玠、彭允彝等发言大致相同,大意为:借款应急为本院所公认,所定之条件亦可承认。惟值此银行团的伦敦会议尚无结果,即此条件尚未确定之时,政府应再尽力磋商。外间反对也是希望条件变得更有利,尽量减轻其流弊。至于限制各省借款万不可允许。况且大总统只许借款条件相同时对银行团予以优先权而已,此层亦须切实声明②。魏宸组则反对再与银行团代表磋商合同与章程。这样会议一直从9时进行到12时,议

① 《申报》1912年5月26日。
② 《申报》1912年6月10日。

决第 2 天开秘密会议,请唐总理及熊总长出席。

6 月 4 日参议院再开秘密会议,接着议头天的议题。国务总理唐绍仪、财政总长熊希龄、陆军总长段祺瑞均出席。段因借款大部分用于裁兵,怕参议员有质问,故亦到院。

唐绍仪先发言:垫款一事日来并无进步。在吾国未经参议院同意,在外人未得伦敦复信。如问条件能否磋商,则虽有磋商之机会,实无必能得当之把握。今各省纷纷反对借款,或主国民税,或主不换纸币。在政府视之,无论其有无成效,断不能济一时之急。反对借款者为各省,而急电索款者亦为各省。彼固不问中央之有款与否,尤不问中央款之所从来。试问,中央除先借债外尚有何术? 欲借款不能无条件。条件之大纲 7 条具见印刷品矣。得参议院同意后始可接着与银行团商酌。否则,政府殊有难于执行之势。至磋商情形皆熊总长主之,另有报告[①]。

熊希龄接着说:今日交议 7 条已为 60 余日磋商之结果。视初由外人交来者已有不同。在此参议院未通过,伦敦无回信之际,自可再与磋商。但谓外人必允让步,本部实不敢妄下断语,但有一层希望。外人视参议院颇重,每次会议必殷殷然询参议院之意见如何,谈及各省反对情形,辄谓此不能发生效力,盖彼亦确认参议院为最高之立法机关也。如参议院能先对大纲表示同意,再就条件中指出某条应如何改,则本部必奉命尽力磋商,或能有济,未可知也[②]。

这天发言亦多为共和党与统一共和党议员,大都同意唐、熊的意见,参议院可大致同意《垫款合同》和《监视章程》,但要求财政总长熊希龄再与银行团磋商,尽量多挽回一些权益。同盟会参议员覃振、陈景南主张全案通过,遭一些议员的斥责。最后对汪荣宝的动议"本院对于垫款表示同意,至条件尚须由财政总长磋商"进行表决,结果大多数

---

① 《申报》1912 年 6 月 10 日。
② 《申报》1912 年 6 月 10 日。

11 月 27 日,中国财政总长周学熙与六国银行团举行正式会议,继续进行大借款的谈判。12 月 21 日谈判结束,双方达成了借款 2 500 万镑的合同,定于 12 月 29 日正式签字。12 月 27 日,参议院秘密会议,国务总理赵秉钧和财政总长周学熙到院报告大借款合同。由于 8 月和 9 月国民党主要领导人孙中山、黄兴先后入京调和南北关系,正是袁世凯与孙中山、黄兴关系最好的时期。在孙、黄的带动下,国会中国民党议员采取了全面支持与赞助袁世凯的政策,对政府的拥护不遗余力。因而对袁世凯政府的借款,不管是克里斯浦借款,还是善后大借款都是赞同的。故当天财政总长周学熙将大借款合同的 5 项特别条款交参议院时,参议院经讨论后,大多数均同意了这些谈判条件。由于尚未签订正式借款合同,即还不是将合同依法交参议院议决,故周学熙答应待正式借款合同签字后再交参议院批准。由于国民党议员认定赵秉钧内阁为国民党内阁,故全力支持赵内阁。在 12 月 27 日参议院在讨论大借款条件时,其他党个别议员对大借款个别条款提出异议,一些国民党议员立即起来辩护,惟恐伤及合同。这种极端的作法使他们后来反对此项大借款时显得十分被动。这一事实表明,国会中任何一个政党,必须以国家的利益为出发点,才能站稳脚根。如果事事以党派利益、以小集团利益为出发点,自然要陷入被动之中。

当然,当时如果不进行这一借款,财政无以为继,政府无法支撑,且借外债不但是从清政府就已开始,而且,南京临时政府也基本上靠借外债维持。大借款的谈判从唐绍仪内阁即已开始,故这项大借款当时被视作必然之事,当时的舆论亦无反对之声。

大借款马拉松式的谈判,主要是由于六国银行团节外生枝所致。本来约定 1912 年 12 月 29 日大借款合同正式签字。但六国银行突然又以巴尔干战争,欧洲市场金融紧张,发行善后借款债券困难为由,要求将原议定的大借款年息 5 厘增加到 5.5 厘。中国政府认为本已商定的条件,六国银行团单方面变更,使中国方面吃亏太大,故只好延期签订大借款合同。之后,银行团方面又提出一些附加条件,中国方面难于接受。这样,善后大借款迟迟不能签字。银行团则利用中国政府急需钱用的弱点,抬高借款条件。

美国新当选的总统威尔逊正式上任后,对美国的对外政策进行了一次调整。1913年3月20日,美国宣告退出六国银行团,并对对中国的大借款条件提出批评。威尔逊发表宣言书说:"本政府以该借款条件近于干涉中国行政独立,且其中抵押品及办法陈废苛重。"①美国当时已是世界经济力量最强大的国家之一。美国退出银行团并批评善后大借款的条件,对其他五国及资本团震动很大。其他五国尤其害怕美国单独借款给中国以谋取在中国的更大权益。于是,五国银行团一方面加强联合以对付美国,并将承借的股份重新分配;另一方面对自己所要求的苛刻条件稍加放宽,利息仍回到双方原商定的年息5厘。

袁世凯指使凶手将国民党领导人宋教仁暗杀后,国民党立即由拥袁转为反袁。由于国民党在南方几个省尚掌握一部分武装力量,袁肯定不会坐视这些武装力量的存在,与国民党兵戎相见只是时间问题了。袁自然急于得到这笔大借款。当时到期的外债和赔款已达1 000多万英镑,列强催讨正急。袁政府的正常行政费和军费也指着借外债。大借款不成立,政府都难以支持,更难去发动一场讨伐国民党的战争。1913年4月22日,袁世凯指令国务总理赵秉钧、财政总长周学熙共同在大借款合同上签字。赵、周于4月24日草签了大借款合同,4月26日正式与银行团签订了大借款合同。前后历时一年的《善后借款合同》正式生效。合同总共21条,其主要内容为:借款总额为2 500万英镑,借期47年,年利息5厘。此项借款由在欧洲市场发行债券来筹集,债券按9折出售,84折实收,即中国实际只能收2 100万镑。再扣除中国到期的借款、赔款及盐务整顿费1 270万镑。此项借款以盐税、关税及直隶、山东、河南、江苏四省的中央税款为担保。中国必须聘用外国人协助管理盐税征收,即由五国控制中国的盐税。中国将在47年内,

---

① 《东方杂志》第9卷第12号第8页。

连本带息应偿还 6 785 万镑。

袁世凯利用这笔大借款,不仅维持了其政府的正常运行,而且还用它发动了一次消灭国民党军事势力的战争。同时还将此项大借款的一部分装入了自己的腰包。中国人民在尔后的 47 年中却必须用自己的血汗来偿还这笔巨额的借款。

国民党为了阻止袁世凯发动一场讨伐国民党军事力量的战争,极力反对善后大借款。4 月 19 日,国民党在上海的报纸《民立报》即发表反对大借款的文章说:"须知政府杀人之钱、买收议员之钱,皆得于此取求,而异日仍以吾民之膏血抵偿之也。"4 月 24 日,当黄兴在上海得知善后大借款即将签字的密报后,立即急电北京国民党总部:"请本党诸公力行设法反对,以免本党之失败!"①4 月 26 日发表通电,力图阻止善后大借款的正式签字,指出该借款未经国会通过就准备正式签订是违背《临时约法》的,同时指出:"临时政府将遂告终。国势未安,百政莫举。掌财政者全无计划足以昭示国人。骤须巨款,用途安在? 此小之表示政府之不诚,大之人民得坐政府以破坏约法、蹂躏国会之罪。今宋案证据已经发表,词连政府,人心骇惶。倘违法借款之事同时发生,则人心瓦解,大局动摇,乃意计中事。……深望政府俯从民意,非得人民代表之画诺,一文不敢苟取。"②孙中山、胡汉民分别到上海、香港两地的汇丰银行交涉,要求电阻银行团签字。孙中山通电银行团各国,反对违法的善后借款。

4 月 25 日,刚刚当选为参议院正、副议长的张继、王正廷与国民党总部负责人商讨阻止善后大借款合同签字的紧急应付办法。按商定的办法,张继、王正廷两人以参议院议长、副议长的身份连夜紧急赶赴袁世凯处要求立即面见袁陈述意见。袁手下人以袁已睡为词拒不见张、王,张、王只好留下拟好的致袁世凯、国务院、外交部的信,信中详细陈

①　《亚细亚日报》1913 年 4 月 30 日。
②　《民立报》1913 年 4 月 27 日。

述了反对善后大借款的理由,指出按《临时约法》和《国会组织法》的规定,未经国会批准,总统和国务院均无权签署这种借款条约。并要求政府于 4 月 26 日午前做出答复,否则国会将依法对政府提起弹劾。4 月 26 日上午,袁世凯复函张、王,称"国家需款孔急,不能再事迁延。"[①]下午又派总统府秘书长梁士诒前往解释。梁向张继等声明,借款协议已于 1912 年 12 月 27 日在北京参议院已通过,无须再经国会,且《善后借款合同》已经正式签字,无法再更改。其实合同当时并未正式签字,只是定于当日晚上正式签字,梁撒谎意在合同已既成事实,无法变动,来对付国民党的反对。为阻止善后大借款合同的正式签字,张继、王正廷特访法国驻华公使,说明中国政府不由国会通过即违法向外国借款,"国会万不能承认"。法公使笑着答:"贵国所负外债甚多,各国催收甚急,不能不从速清付。加以贵国民情扰动已极,恐不久将有大变,贵国之能生存与否尚不可知。鄙意以为贵国不如趁此时机借一巨款,维持现状。若现状不能维持,恐贵国永无向外人借款之一日。且各国向中国投资,只知与政府交涉,至如国会赞成与否,我外人概不过问。诸君可不以此事向我多谈。"话不投机,张、王只好告退。王正廷还访欧洲公使团以国会未通过大借款合同,请暂缓签字,但所得到的答复和法国公使的回答大同小异。

当国民党人获悉《善后借款合同》正式签字仪式正定于 26 日晚在北京汇丰银行举行时,王正廷又立即赶到汇丰银行找到银行团各代表,以政府办事手续不合宪法,要求银行团暂缓签字。银行团主任答称:彼等现与中国政府直接办事,不能徇政党之请而碍进行[②],予以拒绝。晚 11 点,住在六国饭店的国民党参议员派代表数人前往汇丰银行交涉。当时中方签字的代表国务总理赵秉钧、外交总长陆徵祥、财政总长周学熙已进入汇丰银行。知国民党人赶来银行,均十分恐惧,生怕手枪、炸

① 《申报》1913 年 4 月 29 日。
② 《申报》1913 年 4 月 29 日。

弹将及其身,故躲藏起来。国民党议员再将意见陈告银行团,力请其候将借款合同交国会通过后再行签字。银行团仍以前言为答。当银行团发现银行附近暗处仍有人守候显系监视各国务员之行动时,又立即用电话通知警察局派来侦探一排前来汇丰银行警卫。国民党议员只好离开①。4 月 27 日清晨 2 点多钟,《善后借款合同》正式签字生效。

《善后借款合同》生效后,4 月 27 日张继、王正廷即以参议院正、副议长的名义通电全国,谴责政府违法签订《善后借款合同》,声明"政府如此专横,前之参议院既屡被摧残,今之国会又遭其蹂躏。不有国会,何言共和? 继等惟有抵死力争,誓不承认"②。

4 月 28 日参议院常会,议决要求国务总理、外交总长、财政总长等 3 名国务员 29 日出席参议院会,回答议员的质问。针对政府在《善后借款合同》签字后一直声称该合同经前参议院 1912 年 12 月 27 日会议已经通过的说法,议决组织特别审查会,审查政府与前参议院有关大借款的文件。国民党议员汤漪、张我华等 13 人提出《关于大借款质问书》,指出:"查此次借款一案,临时参议院不过赞成大意,并未全案议决。遽行签字,实属骇人听闻。"③

国务院接到参议院要求国务员出席参议院会和汤漪等人的质问书后,并未派国务员出席 29 日参议院的会议,只送交了一份咨文作为答复,其大意为:大借款已于前参议院表决通过,今次签押合同与前大略相同。现众议院议长尚未选出,俟两院正式构成后再行出席报告④。

4 月 29 日参议院常会,由秘书长宣读政府答复咨文后,国民党议员对国务员不出席会议极为不满,要求参议院通过决议,否定大借款。进步党(此时已酝酿成熟,只待宣布)议员则认为大借款合同经前参议

---

① 《申报》1913 年 4 月 29 日。
② 《申报》1913 年 5 月 4 日。
③ 《申报》1913 年 5 月 3 日。
④ 《申报》1913 年 5 月 4 日。

院通过,否定它即是否定前参议院的议决,依《国会组织法》,不承认大借款合同的表决还需众议院同意才能咨送政府。且否定大借款的表决名为何案? 其对何发生效力? 国民党议员一时也难回答。杨永泰随机应变说:作为一种申明案。当然《约法》和《国会组织法》中并无申明案之说。但国民党在参议院占优势,最后表决,赞成"对于中国政府所定中国善后借款合同未经临时参议院议决通过,认为违法,当然无效"者多数。于是备咨文送政府。

　　进步党是支持政府签订《善后借款合同》的,因为袁世凯已允诺以该合同的部分回扣做该党费用①。参议院 5 月 3 日的常会上,进步党议员蓝公武、王家襄对张继、王正廷以参议院正、副议长的身份通电反对大借款提出质问,认为该通电与参议院有关,应立即发电声明与参议院无关。国民党议员杨永泰、蒋举清发言反驳说,此电只由张继、王正廷署名,并不是以参议院全体名义,无声明之价值。由于参议院国民党占优势,议长对蓝、王的质问未予置理。但会后,丁世峄等 87 名进步党议员发表通电,声明张继、王正廷 4 月 27 日的通电"业由张、王二君当院声明纯系个人私电,与参议院无涉"②。接着为证明政府签订《善后借款合同》并不违法,汤化龙等 48 人又以前参议院议员的身份通电全国,证实前参议院确实通过了此项合同,说"此项条约,事实上确为前参议院业经通过之件"③。

　　善后大借款签订后,国民党均反对。为了阻止银行团付款,孙中山投书伦敦各报,呼请银行团的五国人民阻止付款:"如供以巨款,则或即因此促成惨剧之战祸。人道为文明国家所尊重。余为此故特恳君等竭力阻止五国银行团付款北京政府。盖该政府今必利用此金,以充战费也。"④孙中

---

①　《中华民报》1913 年 5 月 10 日。
②　《宪法新闻》第 5 册 1913 年 5 月。
③　《宪法新闻》第 6 册 1913 年 5 月。
④　《申报》1913 年 5 月 21 日。

山再与汇丰银行交涉,要求停止向袁世凯交款,汇丰银行不予置理。

4月28日,国民党籍安徽都督柏文蔚通电反对大借款,指出"宋案证据内有政府发给巨金资助凶人之语。兹复当政府交替之时,蔑视议会,秘借巨款,不明用途。即平日谨言守之人,莫不闻之痛心,言之发指"。要求袁世凯立即废除大借款①。国民党籍江西都督李烈钧4月31日通电反对大借款,要求袁世凯"熟权利害,勿因借债而坠邦基"②。国民党籍广东都督胡汉民5月1日通电反对大借款:"前此粤中人士对于大借款反对甚众,现闻政府有违法借款情事,愈加激烈,誓死不认。均谓宋案有政府以巨金资助凶人之说,今复蔑视约法,弁髦议会,益足滋人疑骇,人心汹汹,无可解说。专制政府举债至千百万之重,亦当博采舆论,不敢取决于一二私人。何况今日尚名民国,应请立罢前议,勿失人心。"③

鉴于1912年5月、6月份,在黄兴、孙中山及国民党各督的推动下曾出现过一次反对大借款的浪潮。大借款合同签字前后,黄兴、孙中山,参议院正、副议长又通电反对,国民党都督也通电反对。袁世凯历来重视制造舆论,故以驳斥李烈钧、胡汉民的通电为由,也发布命令,说明借款的经过。5月3日国务院发出通电转达了袁的这一命令。说明大借款签订的合法性,说大借款合同"所有特别条件及普通条件均经分别表决通过并载明前参议院咨送议事录第3册中。"并指责胡、李二督"有此随声附和之言,淆惑观听,殊堪骇诧。"④

江苏都督程德全亦通电反对大借款,说"无蹈一时之毁誉,转为万世之罪人",安徽都督柏文蔚通电反对大借款,说"借款监督,欠款亦监督。无宁忍痛须臾,尚可死中求活"。针对程、柏二人通电,4月28日

---

①　《申报》1913年4月30日。
②　《申报》1913年5月6日。
③　《申报》1913年5月2日。
④　《申报》1913年5月7日。

财政总长周学熙通电解释大借款经过,坚持大借款合同"于12月27日与总理同赴参议院报告全文并撮要缮印分布。先将特别条件逐条表决,再将普通条件全体表决,均经通过"①。

黄兴在国务院通电转达袁世凯命令和财政总长周学熙的通电发表后,5月1日再次向全国通电,指出:"国会初成,民意待白,政府乃悍然不顾,借口于经年之废案,在临时政府告终之期,当局挥金僇辱人民之际,暮夜之间,骤加人民以二万万五千万元负担。事前不与国会筹商,事后复避国会质问,聚为秘谋,出乃规避,玩国民于股掌,视议会如寇仇。国政至此,体统安在?"②5月5日,湘、粤、赣、皖四都督谭延闿、胡汉民、李烈钧、柏文蔚联名发表通电,反对政府违法借款。通电指出:"不意以号称民国,期限既终之政府,乃有悍然不经院议私借巨款之事。且举债至二千五百万镑之重。其条件内容概未宣布,竟先许外人为审计局总理、借款局总理、盐务顾问、长芦盐务总监各要职。财权先亡,国本随之。陷民国为埃及之续,以前清专暴所未敢出者,竟见诸民国之政府。海内外烈士前仆后继,躬冒万死,缔兹民国,而政府甘以断送于借款之下。凡有血气,孰不发指眦裂!况宋案证据宣布,词连政府,有以巨金资助凶手之语,全国汹汹,方虞震动。今复不经院议,违法借款,人心一失,窃恐虽有大力,无以善其后。应请大总统立罢前议。"③

5月8日国务院奉袁世凯的命令发表通电,驳斥湘、粤、赣、皖四督5月5日的通电。通电首先抓住该电中任外人为总理、总监与事实有出入的事,指责4督"捏词耸听,淆乱人心"。并指责四督不积极解款中央却反对借款,是"不负责之空言,坐观成败,该督等何利之有焉?""该督等当国基将定之秋,不于国际债权求根本之解决以免破产,徒为

① 《申报》1913年5月1日。
② 《民立报》1913年5月2日。
③ 《民立报》1913年5月8日。

叫嚣,若惟恐国之不亡,亡之不速者,其何以对既死之烈士? 更何以对起义之军人耶?"对四督指责政府以巨金资助凶手一事,电文反而进一步指摘四督说:"政府为全国政令所自出,中外具瞻,岂可臆断是非,自污国体? 该督等与政府谊同一体,休戚相关。如不候国会之制裁与法官之判决,好为逆臆,自蓄成心,侵轶鼎立之三权,淆惑一时之耳目,似此上无道揆,下无法守,人心愤失,大命随之,该都督等亦难辞其责任。且都督为现役军官,有绝对服从之义务。民政长为行政长官,有服从中央命令之义务,万国通义。讵尚未闻该都督、民政长等近日电文多出于职任范围之外,竟置行政统系于不顾,该都督等亦有属官,如相率效尤,何以为治? 且唆同僚以抗争,陷国事于危险,雌黄信口,更非身列军界、政界者所当为。"①命令完全是决裂的口气,气势汹汹,其目的自然是要封堵四督的嘴。5 月 9 日袁世凯又发出通电,对宋教仁案以法官独立审判为由,预审期禁止各报登布消息,申明未经判决以前任何人"不得妄下断语"。自然,袁在掩饰自己的罪行。通电重点说明前参议院1912 年 12 月 27 日秘密会议已将大借款合同通过之事。看来袁世凯也站到了前台在不遗余力地制造舆论②。

6 日财政部通电,逐条反驳黄兴 5 月 1 日的通电③。

在袁世凯、周学熙、国务院与国民党领导人及四督的论战激烈之时,不但北洋派都督也通电附和袁世凯,且连国民党籍的山西都督阎锡山、陕西都督张凤翙都加入了袁世凯反对国民党行列。5 月 13 日,由张凤翙领衔,山西都督阎锡山、直隶都督冯国璋、奉天都督张锡銮、山东都督周自齐、河南都督张镇芳、甘肃护都督张炳华、甘肃提督马安良、甘肃护军使张志行通电指名道姓攻击谩骂黄兴、李烈钧、胡汉民:"我国光复,铁血所成,险阻艰难,以有今日。乃黄、李、胡等不惜名誉,不爱国

---

① 《申报》1913 年 5 月 13 日。
② 《申报》1913 年 5 月 12 日。
③ 《申报》1913 年 5 月 12 日。

家,谗说殄行,甘为戎首。始以宋案牵诬政府,继以借款冀成乱谋。"接着为袁世凯开脱宋案和为袁的大借款辩护:"宋案证据既经国务总理宣布,真相已明。借款条件早经临时议院通过,当然有效。"最后竟威胁说:"自今以始,倘有不逞之徒,敢以谣言发难端,以奸谋破坏大局者,则当戮力同心,布告天下,愿与国民共弃之。"①这恐怕是张凤翙、阎锡山之流急于要投靠袁世凯,急于向袁世凯表明其已与国民党分道扬镳,电文才采取谩骂手法。以致支持大借款的一些都督不愿在电文上署名,也包括黎元洪在内,也不愿列名这种电报之上。

以后黎元洪自己主稿、自己领衔,湖北署民政长夏寿康,直隶都督兼民政长冯国璋,奉天都督兼民政长张锡銮,吉林都督兼民政长陈昭常,黑龙江都督兼民政长宋小濂,江苏都督程德全、民政长应德闳,浙江都督兼民政长朱瑞,福建都督孙道仁、署民政长江翕经,山东都督兼民政长周自齐,河南都督兼民政长张镇芳,山西都督阎锡山、护民政长陈钰,陕西都督兼民政长张凤翙,甘肃都督兼民政长张炳华,四川都督兼民政长胡景伊,广西都督兼民政长陆荣廷,云南都督蔡锷、民政长罗佩金,贵州都督兼民政长唐继尧,热河都统熊希龄署名发出长电,先列举了国家面临的6个危险问题,说明"舍借外债无良方"的道理及"虽明知饮鸩止渴之危,亦勉怀亡羊补牢之念"的道理。接着说明大借款已通过前参议院,"然手续未周,应由议院与政府共尸其咎",不能因此小疵而翻全案。"总之,推翻借款,远患近忧,外争内乱,于势实万无可逃。"要求议员"推诚行事,达权通变,念时局之艰危,允借款以承认";同时"监督用途,稽查冒滥";监督财政部整顿盐纲,计划财政;督促各省协助中央,"即以中央统一各省,内部无分裂之虞,斯外人无干涉之渐。"这样才能"不使帝制复回,民权中断"。同时不点名地批评国民党"始主集权而继主分权,始主借款而继主拒款,雨云翻于掌上,冰炭变

① 《申报》1913年5月18日。

于心中"的作法①。通电也言之成理,语气委婉,对政府、国会、政党在借款中的责任评说也还算公正,故17省和1个特区的军政长官均列名该通电之上。

显然,在围绕善后大借款的宣传战中,国民党不占优势。一是袁世凯的独裁,尤其是复辟帝制的面目尚未暴露,只是暗杀一个宋教仁并不能引起全国共讨之的局面。因为民初的暗杀屡见不鲜,且国民党本身就一再使用暗杀手段,甚至加之于盟友,如民初刺杀光复会的主要领导人之一的陶成章。宋教仁被暗杀后,国民党领导人亦派出暗杀人员赴京欲施行暗杀。这种把水搅浑的作法,自然使人们无法凭暗杀一事来判断是非。更何况袁在极力否定政府与刺宋案有关,且抓住国民党指派的杀手的被抓一事大作文章。二是国民党开始时认为赵秉钧内阁是国民党内阁,对赵内阁采取了全面过分的支持,如对善后大借款在前参议院秘密会议上讨论时,其他党的议员对某些条款提出质疑时,国民党议员立即反驳,惟恐损及已商妥的条件。这种完全从党派利益出发,将党派利益置于国家利益之上的作法,不但损害了国家利益,而且最后也损害了国民党自身的利益,对议会政治也是一种直接的损害。国民党再以善后大借款来作为反袁的理由,自然难以动员舆论、争得人心。善后大借款是形势所迫,不得不借。这一点连国民党的重要骨干和激进分子邹鲁在5月3日众议院常会上对大借款问题的发言中一开始即承认,说:"借款事情,当此国家财政困难之时,人人皆知非借不可。"以大借款向袁发难自然难于争得舆论与人心。三是袁世凯抓住了当时人心思治,以边疆的危机,列强欲瓜分中国,中国要统一,地方要服从中央,这些堂而皇之的理由而获得多方面的同情与支持。也就是说,既然国民党将中央政权让给了袁世凯,只要袁世凯复辟帝制的面目未暴露,袁就可利用自己合法的大总统地位,在与自己政敌的斗争中,更容易赢得舆论与人心。正由于在这场论战中,国民党处于劣势,故只好节节

————————
① 《申报》1913年6月1日。

退却。

5月3日众议院常会。当天,秘书长报告从4月24日到5月1日,众议院收到各省函电关于反对大借款的14件,超过了关于宋案函电11件。可见大借款成为当时关心的热点问题。当日并有政府咨众议院关于大借款文一件,大略为:政府现与五国银行团借款条约业已成立,已于4月26日签字,其条件与前参议院议决之条件大致相同,请贵院查照。并附合同原文。故会议一开始即讨论有关善后大借款的问题。国民党议员邹鲁的发言比较入理,其大意:国家财政困难非 借款不可。但政府办理大借款未经国会议决即签字,手续不合法。1912年12月27日国务员到会报告借款事件,不等于政府已正式提出议案,因为提出议案权在临时大总统,国务员无此权力,大总统并未提出大借款议案;当时财政总长只将特别条件的条文而未将普通条件的条文也交参议院;大借款案未经三读会不能作为正式通过;如果此议案在参议院通过,参议院必然有正式咨文复政府,但并没有咨复政府公文,故不能说前参议院已通过。既未经前参议院正式议决通过,自然应通过正式国会通过。正式国会于1913年4月8日开会,政府签字是在此后的半个多月,不交国会,自然是蔑视国会,是违法的,因为即使国会闭会期遇此重大事件也应召集临时国会。所以应请国务员出席本院会答辩①。

邹的发言入情入理,故表决时一致同意以全院的名义质问政府,请其答复。并议决下星期一(5月5日)请国务总理、外交总长、财政总长出席答复②。

5月5日众议院常会。国务总理赵秉钧因宋案已托病请假不到,财政总长周学熙也因大借款签字之事惹起政潮,托病请假不到,外交总长则借故有事不到,仅代理国务总理段祺瑞一人到院接受众议员的质问。段一开始即声明自己对详细情形不十分明了,只知大概。段在回

---

① 《众议院公报》附录,第一期议会速记录第7号。
② 《众议院公报》附录,第一期议会速记录第7号。

答议员质问时,一味坚持的是前参议院已经通过了大借款,尽管在议员的质问下,段的回答前后矛盾不能自圆其说。若问的问题难于回答,段则以详细情形不甚了解来搪塞,尽管议员所问均非具体细节。议员们对段的答复很不满,又议决用电话催财政总长周学熙、外交总长陆徵祥到院,自然毫无结果。于是国民党议员谷钟秀提出动议:"对于借款并不反对,惟政府违法签约咨请本院查照备案,本院决不承认。"进步党系骨干议员在会场上发言节外生枝,力图阻止表决。当时主持会议的主席为进步党系的汤化龙议长。汤按《议事细则》将谷的动议付表决,结果:在场议员372人,229人起立赞成,可决。但主席随即宣布咨复公文起草后尚须报告大会。但当天的会由于进步党系议员为阻止咨文的表决纷纷退席,不足法定人数而散会。咨复公文表决一事自然未进行①。

众议院散会后,进步党议员对汤化龙按议事细则表决谷钟秀的动议大为不满与责难,汤只好借口奔祖母丧请假回鄂。国会开会时,主席必须严格按议事细则来控制议事的进行,这本是会议主席的职责。但进步党议员为了开脱袁世凯在签订大借款合同上违法的作法,竟不惜破坏议会的议事法规,这是不正当的手法。它直接损害的是议会制本身。副议长陈国祥取代汤化龙为会议主席后,就秉承进步党的意志采用了这种不正当的手法,导致了众议院两派的矛盾与争斗,乃至武斗。

5月7日众议院常会,副议长陈国祥主席。按常理,首先应由秘书长将5月5日起草好的咨复公文宣读与表决。但陈国祥与进步党系议员相互配合,以议他案而根本不提及此事。这自然引起国民党籍议员的不满。易宗夔发言要求秘书长宣读咨还政府之文,但陈国祥仍不予理会,仍引导会议讨论他案。国民党议员一再发言要求宣读咨文,陈仍不理会。但进步党议员李国珍发言说,此事要经过三读会,进步党议员发言附和。这自然是进步党节外生枝,要推翻5月5日的议决。国民

党议员据理驳斥,陈国祥则仍与进步党其他议员配合,东扯西拉议别的案件,根本不理会咨文一事。一直拖到中间休息①。休息时陈国祥与进步党议员商定进步党退席,使会议不足法定人数,自然不能开议咨文一事。陈国祥和进步党采取这种不正当的手段破坏了会议的正常进行,激怒了国民党议员。本来休息前国民党议员对陈国祥东扯西拉、拖延时间,把本该一开会就宣读的咨文只字不提就很不满,强压怒火。休息后国民党议员见进步党竟以不出席会,使会议不足法定人数,自然更不满。谷钟秀登上讲台大骂"亡国议长",吕复、陈策等拔起墨盒向陈打去,会场一片混乱。陈国祥在众议院警卫的护卫下才离开了会场②。

　　进步党依仗后台袁世凯,采取一些不正当的手段,阻止已议决的将善后借款咨请查照备案的咨文咨还袁氏政府。一方面大造舆论,发表通电说"政府为不违法"③,比黎元洪领衔的17省都督和民政长的通电离事实更远,攻击国民党反对借款即是破坏民国。一面以决定退席使会议不足法定人数阻挠国会表决通过退回咨文。进步党决定采取各种手段来阻止国会表决退回的咨复公文的通过,相约:1. 如遇国民党议员发言,"即大起喧哗,必使其不得发言而止"。2. 要求袁政府概不发给国民党议员"本月之津贴","使其穷困无聊,必为三党所用而后已"。3. 如暗中退席和上述二法均无济于事,"即以激烈手段对付"④。

　　5月10日众议院常会,尽管国民党议员提出咨复公文之事,但进步党以要求惩戒5月7日掷墨盒者。国民党议员则提出应惩戒当天无故退席的议员及祖护这些退席议员的会议主席陈国祥。又是一阵争论,自然又无结果。

　　5月15日众议院常会。议长汤化龙假满回京,主持会议。国民党

①　《众议院公报》附录,第一期议会速记录。
②　《申报》1913年5月12日。
③　《宪法新闻》第7册1913年5月。
④　《进步党秘件》,《中华民报》1913年5月15日。

议员再次提出 5 月 5 日议决,要求宣读退回咨文。进步党又采取东扯西拉的办法,一会儿提出江西进兵的事,一会儿提出湖南借款的事,一会儿又是惩戒议员的事,汤化龙就是不报告退回咨文,一直拖到散会为止。

5 月 17 日众议院常会,汤化龙主席。国民党议员纷纷提出要求议长立即报告退回咨文,汤仍拖延不报告,进步党乘机搅扰议场,汤化龙以会议秩序不能维持为由散会。

5 月 19 日众议院常会,议程中本列有报告退回咨文,但议长汤化龙却利用议长权力,除秘书厅起草的一份咨文外,又塞入进步党议员刘崇佑起草的一份咨文。咨文历来由秘书厅起草,议员如认为咨文与表决内容有不同时,讨论时可提出,但没有议员越俎代庖起草咨文的。故此事又引起争论,一直争论到代理国务总理段祺瑞到院答复参议员谢持被捕事件的质问止。退回咨文未宣读。这自然是汤化龙及进步党为配合袁世凯采取种种不正当的手段来拖延咨文的宣读和通过。

5 月 23 日众议院常会,汤化龙主席。议题仍为退回咨文。进步党议员一直想推翻 5 月 5 日的议决,要求对退回咨文开三读会。国民党议员覃振发言微露反对大借款之意,进步党议员李国珍立即质问覃是否反对大借款。覃未答。李又说:"反对借款即为破坏机关,破坏机关即为破坏民国,破坏民国即为大逆不道。"①真是大帽子满议场飞舞,武断蛮横的李国珍此时大概将议场当作了口诛笔伐的战场,要以言定罪,欲兴文字之狱。此君竟不许议员对政府的行为持反对意见,这在世界议会史上是不多见的。议会是议员自由发表意见的场所,议员在议场有绝对言论自由,议事并无禁区。这是世界议会通行的原则之一,也是议会赖以生存的先决条件之一。"议员在院内之言论及表决,对于院外不负责任",此原则已写入《约法》。而当时会议主席亦帮腔要求覃振回答李国珍的质问,就更令人瞠目。正是在这种情况下,两派在争议

---

① 《众议院公报》附录,第一期议会速记录第 14 号。

时发生冲突,由文斗变为武斗,动起了武。两派又将议会的争斗向社会扩散以求得同情。5月23日国民党众议院议员徐秀钧、张耀曾等253人通电揭露进步党人欲推翻众议院5月5日议决,并挑起5月23日的武斗。进步党众议院议员胡汝麟等302人亦于5月25日通电斥责国民党议员5月23日在众议院动武。

6月16日众议院常会,国民党议员再次提出应将退回咨文报告全院。但进步党议员又挑起争端,议长以会场秩序不能维持而宣布散会。

6月20日众议院常会,秘书长朗读了咨复大借款咨文后,进步党议员王敬芳即提出对咨文的修正案。结果议决指定王敬芳、谷钟秀、褚辅成、孙洪伊、李国珍、孙润宇、黄懋鑫7人另行起草咨文。但由于此7人中进步党占优势,国民党起草员自然坚持咨文的起草应严格按5月5日议决的内容,双方各持己见,故迟迟无法起草成咨文交大会。此事一拖也就不了了之。

5月5日参议院常会,当宣读完临时大总统袁世凯关于大借款咨文说“大借款前临时参议院已经通过”,“相应咨明贵院查照”。这立即引起国民党议员的不满。经变更议事日程后即讨论大借款。国民党主张将大总统咨文退回。进步党主张大借款已签字,款项已动用,不宜再反对。要退回政府咨文应咨众议院征求其意见。两派争论至散会。5月7日参议院常会,国民党议员要求接着讨论大借款问题,进步党反对,最后以变更议事日程先议大借款问题付表决,多数赞成。但进步党对表决提出疑义并大喊大叫,搅扰会场。进步党退出会场,致使人数不足无法继续开会。以后进步党参议员以不提大借款为出席会议的条件,否则签到后亦不出席会议而在休息室呆着,使会议不足法定人数而不能开会。参议院多次流会。5月19日参议院常会,因讨论议员谢持被捕事件而成会,待讨论大借款问题时进步党和国民党又生争执,直至散会。5月21日、23日参议院常会,又讨论政府的大借款查照备案的问题,双方各持己见,无结果。这时国民党议员蒋曾燠等又向参议院提出《退还政府咨请将中国善后借款合同查照备案》案,参议院于5月26

日、28 日、30 日,6 月 2 日、6 日开常会讨论此案,国民党与进步党争论激烈,争持不下。最后,6 月 6 日的参议院常会,经过争论,最后将该案付表决,多数赞成,可决。

从上面的两党对大借款的争论可看出,国民党议员声称对善后大借款本身并不反对(4 月 29 日参议院会是个例外,但国民党很快即进行了调整),只认为政府不经国会正式通过即签字,手续上违法,主张将政府的善后借款合同查照备案的咨文退回去。国民党国会议员的态度与孙中山、黄兴等领导人的态度是有区别的。但进步党完全站在袁世凯的立场,与袁一个鼻孔出气,竟然不顾事实,硬说善后大借款并不违法。为此与国民党争持了一个多月,终于在众议院阻止了将政府的善后借款合同查照备案的咨文退回的文件的通过。袁世凯在善后大借款问题上我行我素,又有进步党的支持,对国民党议员的要求更不屑一顾。

进步党对善后大借款采取了完全支持但监督用途的立场。这一点,其党魁梁启超在 6 月 15 日的进步党大会上的演说中说得很清楚:"大借款之应借不应借,政府之违法不违法,均不成问题。目今对于借款之最要关键则为监督用途。"正是按这一方针,进步党势力大的众议院 5 月 19 日将进步党议员范熙壬提出,孙光圻、刘景烈等 10 人连署的《众议院质问善后借款合同事宜书》咨送政府。6 月 1 日众议院将进步党议员蒋凤梧提出,姚文楠、刘显治等 13 人连署的《质问大借款用途及财政善后计划书二》咨送政府。6 月 25 日参议院将进步党议员陈善提出,李文治、方圣征等 12 人连署的《参议院质问政府关于大借款成立整顿盐务事项书》咨送政府,便都是落实进步党上述方针而形成的几个质问书。但财权和军权一样,是一切权力中的核心。像抓军权一样,袁世凯也紧紧抓住财权。进步党企图监督财政,但袁世凯紧紧把住钱袋子,进步党的目的自难实现。更何况进步党只是在议会中提二个提案,并无具体的监督财政的措施,这更便于袁世凯敷衍进步党。

在善后大借款风波中,进步党不遗余力地替袁世凯粉饰,明明是违法却硬说成是合法。在这场风波中,进步党采取了将水搅浑以混淆是非的手法帮助与支持袁世凯。袁世凯最终目的是建立自己的独裁统治,国会是其通往帝制道路上的一个障碍,迟早得取消。故袁世凯一直蔑视国会。就在国会正式成立后,袁背着国会极其秘密地与奥国于1913年4月20日正式签订了借款合同,以契税抵借瑞记洋行之款320万英镑,回扣九二,年息6厘,以1912年6厘公债募集之数做备偿还。奥国借款共二笔,第一笔120万镑,第二笔200万镑。此事为五国银行团发现,认为中国与奥国借款有损于银行团的垄断地位,故没有按《善后借款合同》向中国交付借款。这样,奥国借款才暴露出来。国会与舆论界事先一无所知,真是欺瞒天下。消息一传出,舆论哗然。进步党无法再为政府违法借款掩饰了,而且对政府如此蔑视国会也很不满,于是与国民党一道,就奥国借款向政府提出质问乃至提出弹劾政府案。国民党籍参议员汤漪首先对奥国借款向政府提出质问书,要求"咨请政府将奥国借款确实内容明白答复"①。6月25日,代理国务总理段祺瑞和代理财政总长梁士诒及财政部公债司司长陈威出席众议院会议,议员就奥国借款纷纷提出质问。陈威在会上竟然公开狡辩,说奥国借款系6厘公债(1912年发行的内债)作抵,可以不交院议。议员当场查阅合同原文,予以驳斥。这样,激起议员的更大不满。于是进步党与国民党议员共同协商弹劾内阁。新共和党众议员何雯提出,胡祖舜、张伯烈等连署的《弹劾财政总长擅借奥款案》,进步党议员李国珍提出,牟琳、汪荣宝、林长民等连署的《弹劾国务总理及财政总长违法擅借奥款》案,国民党众议员邹鲁提出,易次乾、殷汝骊等连署的《弹劾国务员全体失职违法》案,均列入7月4日众议院常会的议事日程。虽然出席会议的议员不足议员总数的四分之三以上的法定人数,无法开议弹劾案。但当天的常会还是讨论议决了《议院法》有关条款,作为弹劾案的准备工作之一。国务总理赵秉钧自宋案案情公布后,早已提出辞呈,袁

①　《民立报》1913年5月16日。

准其一直休"病假",由段祺瑞代理国务总理。财政总长周学熙因善后借款合同签字风波,也已提出辞呈并以病为由亦不到部视事。袁世凯于7月6日将赵秉钧免去国务总理一职,就将弹劾风应付过去了。其实,此时大权全在袁世凯一人手中,内阁只是袁的一个办事机构。真正该负责任的是袁世凯,而不是内阁。但按《临时约法》却只能追究内阁。这也明显看出《临时约法》责权不明的缺陷。

八、先选还是先宪的争论

只有正式国会才能选举正式大总统。进入1913年,正式国会行将召集,谋求正式大总统以便进一步巩固自己的权力便是袁世凯的重要目标之一。当时,全国有资格当选为大总统的孙中山、黄兴、黎元洪已纷纷声明决不做大总统的候选人,即决不参加大总统的竞选。孙、黄在宋案发生前一再表明自己不当大总统,大总统非袁莫属。宋案发生后就更不会钻到袁世凯的巢穴北京来。国民党欲推黎元洪为大总统以取代袁世凯。但黎元洪4月6日在力辞大总统候选人的通电中却与欲推举其为大总统候选人的人急眼了:"倘或有少数议员垂爱个人,贻误全局,在元洪为损友,在民国为罪人。唯有解甲归田,长辞都市,唯天与日实式凭之。敢布腹心,伏唯矜谅。"[1]黎在此电中赌咒发誓不当大总统,甚至对推荐自己为大总统候选人的议员到开骂的地步,这也是一大奇闻。是黎元洪真的不愿当总统吗?自然不是。中国的政客们强烈的权力欲是世界闻名的,黎也不例外。这从黎尔后几次出任总统就可看出,此公对傀儡总统之位都十分留恋,大总统瘾还是很大的。此时为何如此谦逊?其实黎在这里是为了避祸,怕当宋教仁第二。为了自保,为了避免袁世凯对自己的猜疑,才如此急于表白。由此也可看出,此时如果选举总统,大总统的桂冠只能落到袁氏的头上,因为没有任何竞争对

① 《盛京时报》1913年4月19日。

手,袁是惟一的候选人。故进行正式总统选举之日,即是袁世凯登上正式大总统宝座之时。早日选举正式大总统和让袁世凯早日当正式大总统是同义语。袁世凯催国会选举正式总统与向国会催要正式大总统的桂冠是一回事。这些在当时,无论对各个政党,还是对手握实权的各省都督,都已是一件心照不宣的事。为免夜长梦多,一生都在全力追逐权力的这位中国近代史上的大独裁者,在国会召开之前就开始谋划早日成为正式大总统。还在 1912 年,袁世凯就多次表示要尽快选举出正式大总统,只有选出正式大总统,组成正式政府,列强才能承认中华民国。当然,此时袁也未忘记给自己这种急不可待要当正式大总统的心情披上一件漂亮的外衣,说什么这是自己为了早卸"仔肩",归隐田园。真是此地无银三百两。1913 年 3 月 15 日晚,袁世凯在总统府召集顾问厅,秘书厅,军事处,国务员,参议院正、副议长开临时会,商讨尽快选举正式大总统的办法①。这无疑是正式大总统选举的动员会。会后,筹备国会事务局立即拟定了正式大总统选举法 5 条:1. 国会开会日为选举正式大总统时期。2. 投票用单记名法。3. 投票监察员、管理员由国务员中推派。4. 开票、检票员由临时大总统在未开票之前 7 日任命公正大员为之。5. 唱名员由总统府及国务院、参众两院、各部秘书长中任命②。3 月 31 日,国务院召集国务会议,讨论选举正式大总统事宜,议决编订宪法之前选举正式大总统,并作为第 1 议案向将开幕的正式国会提出③。国会尚未开幕,大总统选举的催场锣鼓却已开张。可见袁世凯当正式大总统的急不可待的心情。国会开幕后,5 月 3 日袁世凯又咨参、众两院,催促选举正式大总统。5 月初,17 省都督联衔通电提出先选总统以呼应袁世凯:1. 先举大总统,以现行的约法为临时宪法,至正式民国宪法令国会详慎编纂。2. 选举正式大总统之日,临时

---

① 《盛京时报》1913 年 3 月 21 日。
② 《申报》1913 年 3 月 24 日。
③ 《申报》1913 年 4 月 2 日。

大总统方可提出辞书①。

3 月 20 日,袁世凯、赵秉钧策划暗杀了宋教仁,国民党立即由拥袁转为反袁。其推黎元洪为大总统以取代袁的策略又因黎不愿入瓮而失败。这样国民党只好坚持先制宪法后选总统的策略,以阻止袁世凯登上正式大总统的宝座。国会中的第一大党反对先选大总统,选举自然无法实行。因为此时国民党在南方的军事力量尚存,袁还有所顾忌。当时国会中的其他政党也都主张先定宪法后举总统。当时国会中的另一大党进步党一开始也是坚持先宪后选。在 6 月 15 日进步党大会上,其党魁梁启超在大会上的演说中还再次声明"先定宪法后举总统"②。国会政党先宪后选的理由也是充足的:1. 宪法制定后,始能依法选出总统。2. 若先选总统,则总统之权的行使无一定的范围。3. 若先举总统而后制定宪法,国会有因人而异其法之弊。规定总统权限难保政府不干涉。4. 先选总统必须先制定选举法,仍要费时日。5. 总统权限既不分明,当选者能否就任尚是问题。即使就任,若所制定的宪法对总统权限规定过小,其就任的总统能否不辞职又成一个问题。正由于国会各政党坚持先宪后选,尽管袁世凯急于当上正式大总统,但也无机可乘。

7 月初,众议员陈光谱提出《请先定宪法中关于总统选举及其权限法》案。众议员王默轩提出《请先定总统选举法,选举总统,后定宪法》案,以后又有议员陆续提出先选总统案。这只是个别议员的主张,还不是一些政党的主张,故此种意见影响不太大。7 月初,袁世凯训谕两院称:正式政府延未成立,徒使列国疑视,亟须早日选举正式总统,以固国基,并设法令列国从速承认民国,以免国事之涩滞,且毋使国民疑视两院③。足见袁世凯欲当正式大总统的急切心情不减。而英、法、德、俄、意、比等国家驻华公使也支持袁,声称选袁为正式大总统的第二天即承认中华民国。这些国家也确实在选袁为正式总统的第二天承认了中华民国。可

---

①　《盛京时报》1913 年 5 月 4 日。

②　《申报》1913 年 6 月 19 日。

③　《盛京时报》1913 年 7 月 9 日。

见各帝国主义国家也都看中了袁世凯这个独裁分子为自己理想的代理人。这些帝国主义国家是这场先选后宪运动的有力的推波助澜者。

袁世凯镇压了国民党发动的二次革命，摧垮了国民党的军事力量，震慑了非北洋军阀的各地方军阀，将势力扩展到了长江以南。袁的权力得到了巩固和扩大，气焰也更加嚣张，也可抽出更多的精力来谋正式大总统之位。国会中的政友会与共和党投袁所好，于7月底即提出先选总统。众议员吴日法7月17日提出的《限期先定宪法中关于选举总统之一部选举总统后定宪法全部》案列入了8月15日众议院议事日程，但当日议他案，对该案未开议。

在袁世凯的爪牙们策动下，8月5日，黎元洪领衔共19省都督电呈政府，力请将宪法中关于大总统权限之项提前议定，早日选举大总统。8月30日，黎元洪又电催梁启超和汤化龙，说只有先选总统，"方足以定人心，固国本"①。进步党人一直是支持袁世凯的，自然也愿做此顺水人情以讨好袁世凯，于是改变了"先宪后选"的方针，赞同先制订大总统选举法，先选举大总统，后订宪法。并派刘崇佑、黄群等为代表与国民党人张耀曾、谷钟秀等人协商，希望国民党人也放弃先订宪法后选总统的主张。袁世凯镇压了二次革命，摧垮了国民党在南方的军事力量。留在国会中的国民党议员为避祸苟全，纷纷脱党。有的还特别发表声明，虽曾名义上入了国民党，其实"足也未至党门一步"②。有的转入以前从国民党分化出的小派别，有的干脆加入进步党，国民党一蹶不振。留在国民党的议员也已不敢与袁世凯正面冲突，更不敢再倡言"法律倒袁"了。有些人甚至还对袁抱有一定的幻想。认为袁的最大野心只是取得正式大总统之位并将此位长期保持下去，趁早如他的心愿，或许还能求得个平安。否则国会与袁对抗，袁再解散国会，议员就失去了一个活动场所。有的则幻想在选举袁为正式大总统后，迅速

---

① 《黎副总统政书》，第329页。
② 《许世英亦脱国民党》，《时报》1913年9月18日。

制定与公布宪法,用以限制袁,将中华民国引向法治轨道。再加上当时国民党议员普遍感到自身的安全受到威胁,想制定一个《议员保障法》,一则为营救被捕8议员,同时保证国民党议员的人身安全,于是与进步党达成协定:国民党同意先举总统,进步党同意《议员保障法》案即后改名的《国会议员内乱外患罪逮捕法》案。

9月5日众议院常会,议事日程第1—7案均关于先举总统之案:议员杜师业提出的《请提前制定总统选举法,明定日期选举正式总统》案,议员陈光谱提出的《请先定宪法中关于总统选举及其权限法》案,议员吴日法提出的《限期先定宪法中关于选举总统之一部,选举总统后定宪法全部》案,议员王默轩(王讷)提出的《请先定选举总统法选举总统,后定宪法》案,议员李载赓提出的《请制定正式大总统选举法及正式政府组织法》案,议员徐象先提出的《限期先定行政机关一部分》案,议员谢树森提出的《请先制定大总统选举法即交宪法委员会起草》案。各提案人说明理由后,主席即宣布七案并案讨论,并极力引导会议尽快通过先制定大总统选举法先举总统后制定宪法。但新共和党议员强烈反对,少数国民党议员如尚镇圭亦发言反对。当日七提案人及发言支持七提案的议员主张先选正式大总统的理由概括如下:1. 内忧外患,大局日危。这次南方之乱(注:指国民党二次革命)盖因正式总统和正式政府未产生,一些野心家有机可乘。如不选举正式大总统,成立正式政府,仍为临时政府,内阁亦为临时,不能久长,故凡事不负责任、敷衍。选出正式大总统,组成正式政府,则此现象可消除。2. 不选举正式总统,成立正式政府,各国对承认中华民国持观望,只有尽快选举正式总统,成立正式政府,各国才能承认中华民国。3. 国会成立4个多月了,宪法未制定,正式大总统未举,正式政府未产生,人们认为这是国会不负责任。只有选举正式大总统,成立正式政府,才可恢复人们对国会的信任。

张伯烈、尚镇圭等人反对先选总统,并针对主张先选总统的理由一一批驳,其理由概括如下:1. 这次南方之乱是少数野心家的行为,与人民毫无关系。若说临时政府必不负责任,更无道理。临时大总统一直在维持秩序,为海内所信仰,此人人皆知。可见临时政府期内亦可维持秩序。南方之乱不到一个月便已平息,足见临时大总统和临时政府的权威。现在新一任国务总理已任事,各国务员不日即提出参、众两院求同意。新任总理一直声明要组织负责任的政府,要组织责任内阁。临时政府不负责任之说无根据。2. 不选举正式大总统组织正式政府,外国不承认中华民国之说更是错误的。美国、巴西、秘鲁、古巴等国已正式承认中华民国,南、北美其他国家也正纷纷效仿美国,欲承认中华民国。外人承不承认,不在正式政府与临时政府,而在中华民国有无法治。3. 宪法是国家根本大法,不可能在极短时间就制定。纵观东、西方各国宪法都不是在极短的时间内产生的,这一点,人们会理解,不会因此而责备国会。如果正式大总统不待宪法制定即选出,其不知者或以为本院为维持现状才这么做;知者必以为本院不依法律手续,反失国民对国会的信任。4. 正式大总统必为现在的临时大总统,此人人皆知,何必急急选举? 稍一忍耐似亦无妨。5. 如先选举正式总统,总统选举法与总统的权利,总统的权利与国会的权利,总统的权利与内阁的权利,总统的权利与人民的权利均有关系。如先制定总统选举法,就象一个人徒具头面而手足不全,能成为人否? 故当然不能先制定总统选举法①。

　　本来当天的会,议长汤化龙就想尽快引导会议对先举总统进行表决,由于新共和党议员及少数国民党议员的激烈反对,议长只好逐项表决。先以不必付审查付表决,在场 319 人,起立赞成者 192 人,可决。又以先举总统案开二读会付表决,在场 339 人,起立赞成者 211 人,可决。又以今日即开二读会付表决,在场 327 人,起立赞成者 181 人,可决。主席又以先行举定正式大总统,要求参议院同意,然后再由两院定期会合开议付表决,在场 326 人,起立赞成者 243 人,可决。又议决省

---

① 《众议院第一次常年会会议速记录》第 64 号。

略三读会,全案通过①。

9月8日参议院常会,秘书长宣读众议院来咨:现在内忧外患相继而至,应将关于宪法一部分选举总统方法先行议决,即行举定正式大总统。此议在众议院已经通过,特要求贵院同意,然后再由两院定期会合开议。会议讨论众议院来咨时,新共和党的刘成禺发言逐条批驳先选举大总统的理由,议员蒋羲明亦全面批驳了先选总统人发言所提出的理由。双方经过激烈地辩论,最后议长以"众议院来咨关于先定宪法中大总统选举法一部分,以便先举总统,请本院同意,如同意者请起立"付表决,在场158人,起立者112人。多数,可决。议长又以"星期五(即9月12日)会合两院开会"付表决,全体赞成,可决②。

先选总统后订宪法,不仅仅是一个简单的变更法律程序的问题,而是独裁者在宪法尚未产生前就随心所欲地玩弄国家大法,怎么能幻想这种独裁者会遵守法律呢?对野心家的迁就自然会给国家带来更大的灾难。

九、中俄外蒙问题交涉风波

外蒙很早就是中国领土的一部分。1756年清政府即开始派办事大臣驻库伦(即今乌兰巴托)。此外还设乌里雅苏台将军、科布多参赞大臣、阿尔泰大臣。早在1728年中国就与俄国签订了《恰克图界约》,划定了中俄边境在外蒙古一段的边界。但从19世纪末开始,俄国就向外蒙渗透与扩张。日俄战争中俄国战败,俄国在日俄对中国东北新一轮争夺中失利,在东北的扩张受到日本的阻遏,于是将侵略的重点转向中国的外蒙古。用卢布收买与拉拢外蒙上层分子,大力扶植亲俄势力,力图控制外蒙古。

---

① 《众议院第一次常年会会议速记录》第64号。
② 中华民国2年10月第一次国会《参议院公报》第13册。

1909 年清政府在外蒙推行新政,设立了巡警队、审判厅、卫生局、商品陈列所等一批新机构。这与外蒙一些上层分子的既得利益产生了矛盾。俄国乘机鼓动这些人进行分裂活动。清政府推行新政在外蒙设置了过多的机构,和当时清朝官场普遍腐败一样,这些机构的官员亦腐败。这些机构不但未产生预期的效果,给外蒙人民带来好处,反而加重了外蒙人民的负担,引起了外蒙人民的不满。在俄国的怂恿和支持下,外蒙上层分裂势力充分利用了这种不满来进行分裂祖国的活动。

辛亥革命后,清政府将重兵调往南方镇压革命,俄国乘机煽动外蒙分裂势力“独立”,脱离中国。俄国与外蒙分裂势力联手将清政府派驻库伦的办事大臣及各机关赶出外蒙。在俄国的支持下,以库伦活佛哲布尊丹巴为首的外蒙分裂势力于 1911 年 12 月 16 日成立“大蒙古国”,正式打出了分裂的旗号。1912 年 1 月 3 日,乌里雅苏台的札萨克图汗宣布“独立”。外蒙的局势自然很容易影响到了内蒙。

辛亥革命是比较注意民族政策的。南北和议时即议定了满蒙回藏待遇条件。1912 年 2 月 5 日南京参议院常会议决了《关于满蒙回藏各族待遇条件》,列入第一清单。蒙古王公据此订定了优待条件 11 条,要求大总统批送参议院议决。此 11 条实际多属维持现状并要求与汉人平等待遇,并无特别的新要求。北京临时政府成立后,首先采取了稳住内蒙古的措施。1912 年 5 月临时大总统即将《蒙古联合会要求优待条件》案提交参议院。参议院 5 月 30 日常会对该案进行一读后,即议决付特别审查。议长指定张耀曾、谷钟秀、汪荣宝、王家襄、李肇甫、殷汝骊、王振尧、徐傅霖、刘兴甲、杨廷栋、刘盥训、曾有澜、胡璧城 13 人为审查员。并允许蒙古议员到审查会陈述意见。

该案提交参议院后,舆论十分关注。但由于国会中同盟会和统一共和党二党因蒙古议员多为共和党而对此事冷漠,故久置未议。蒙古王公一再催促,才于 8 月 14 日列入参议院议事日程。可见参议院某些政党不是从国家利益,而是从党派利益出发来对待此案,竟然不顾 2 月 5 日南京参议院议决的《关于满蒙回藏各族待遇条件》,欲反对此案。

这自然是很不顾大局的作法。这些人在《俄蒙协约》签订后不进行反省,却激昂慷慨地要追究他人的责任,以推卸自己的责任。

8月14日参议院常会,谷钟秀代表特别审查会向大会作《蒙古联合会要求优待条件》案审查报告,审查报告将原提案名改为《蒙古待遇条例》案,使该案更符合法律性质而免去类似于条约性质。同时将原案第8条"蒙古地方高级行政机关须由蒙古王公人民掌理",归入官制及任用法另议,故将其删除,其余均大致照原案。由于南京参议院已议决类似的条件,故当日的会即对该案二读、三读,无大的争议,全案通过。8月20日临时大总统袁世凯发布命令正式公布《蒙古待遇条例》,条例共9条,全文如下:

一、嗣后各蒙古均不以藩属待遇,应与内地一律。中央对于蒙古行政机关亦不用理藩、殖民、拓殖等字样。

二、各蒙古王公原有之管辖治理权一律照旧。

三、内、外蒙古汗、王公、台吉、世爵各位号应予照旧承袭,其在本旗所享之特权亦照旧无异。

四、唐努乌梁海五旗、阿尔泰乌梁海七旗系属副都统及总管治理,应就原来副都统及总管承接,继任之人改为世爵。

五、蒙古各地胡图克图、喇嘛等原有之封号概仍其旧。

六、各蒙古之对外交涉及边防事务自应归中央政府办理。但关系地方重要事件者,得随时交中央政府认定,交该地方行政机关参议,然后施行。

七、蒙古王公、世爵俸饷应从优支给。

八、察哈尔之上都牧群、牛羊群地方,除已开垦设治之处照旧外,作为蒙古王公筹画生计之用。

九、蒙古人通晓汉文并合法定资格者,得任用京外文武各职①。

---

① 《申报》1912年8月21日;《盛京时报》1912年8月28日。

此条例的公布对稳定蒙古,尤其是内蒙上层是有积极作用的。

由于俄国支持外蒙上层分裂势力,英国支持西藏上层分裂势力,外蒙和西藏两地局势变得动荡和不稳定,中国的国家安全与领土完整受到了严重威胁。为此,北京临时政府决定内务部增设一次长专门负责处理蒙藏事务。参议院 1912 年 5 月 4 日常会,讨论临时大总统袁世凯提交的《请将官制通则内务部加次长一人》案时,内务部增设一次长,袁世凯曾向南京参议院提出过,3 月 12 日南京参议院常会予以否决。这次重提,又遭议员的反对。议员大都认为,各部次长均一人,若内务部次长二人,与《各部官制通则》不符,其他部再仿效,徒添官职。不如另设一专门机构管理蒙、回、藏事务。依法政府提交的议案必须付审查,于是议决付特别审查。议长指定那彦图、阿穆尔灵圭、张耀曾、郑万瞻、谷钟秀、汪荣宝、刘兴甲、李肇甫、李国珍、王振尧、李素 11 人为审查员。

5 月 8 日参议院常会,张耀曾代表特别审查会作《请将官制通则内务部加次长一人》案审查报告,审查报告认为:“行政组织最贵划一,《各部官制通则》每部各设次长一人,内务部未便独异。且拟增之次长是否专理蒙藏事务,来咨并未指明。是两次长权限性质相同,殊为复赘,无须增设。若系专司蒙藏,则与次长辅佐总长处理部务之性质不符。若蒙藏事务极力经营,亦非仅增次长一人所可期其发达。兹经公决,内务部无须增设次长一人,仍照《各部官制通则》办理。惟蒙藏事务重要,应特设蒙藏事务局,直隶于国务总理,以重事权而专责成。如经院议可决,应咨请大总统速将蒙藏事务局官制案提交本院议决。”①之后,议员即对审查报告讨论。有的主张设蒙藏事务部以总长主持,对内对外方更有效。但反对设部者认为君主时代有藩地,故设有专部。现在共和政体再设类似理藩部不妥。最后表决,否认内务部增设一次长得多数,可决。设置蒙藏事务局及隶于国务总理得多数,可决。于是

---

① 《申报》1912 年 5 月 16 日。

咨文临时大总统设蒙藏事务局,隶属国务总理,请速将蒙藏事务局官制提交本院议决。

按参议院的议决,政府又向参议院提出《蒙藏事务局官制》案。6月12日参议院常会对该案一读。政府委员胡礽泰对该案大略说明,大意说该局官制与其它国务院直属局大致相同,只是多设了一个副局长。由于该局事务政策性强,故以局长为政务官,副局长为事务官。且局长须赴蒙藏调查联络,局务即由副局长代理。同时特设执事官4人,作为王公、喇嘛等来京时接待翻译之用。设研究会以资规画,酌聘顾问以收集思广益之效①。议员进行质问后即议决付法制审查。7月2日参议院常会,秦瑞玠代表法制部作该案审查报告,审查报告将局长、副局长改称总裁、副总裁,秘书、佥事、主事人数进行压缩,其他基本上如政府所提原案。议员未做太多讨论即议决付二读会。7月15日参议院会对该案二读,7月17日参议院常会,对该案继续二读,二读无大的改动,顺利通过,并当即三读通过。7月24日袁世凯以临时大总统命令公布了《蒙藏事务局官制》。共13条,全文如下:

1. 蒙藏事务局直隶于国务总理,管理蒙、藏事务。
2. 蒙藏事务局置职员如下:总裁(简任),副总裁(简任),参事(荐任),秘书(荐任),佥事(荐任),主事(委任),执事官(委任)。
3. 总裁1人综理局务,监督所属职员。
4. 副总裁1人辅助总裁整理局务。
5. 参事2人,承总裁之命,掌拟订及审议法律命令案事务。
6. 秘书2人,承总裁之命,掌理机要事务。
7. 佥事8人,承总裁之命分掌局务。
8. 主事12人,承长官之命辅助佥事分掌局务及翻译事务。
9. 执事官4人,承长官之命掌接待及传译语言事务。

---

① 《申报》1912年6月18日。

10. 蒙藏事务局得商承国务总理酌设顾问作为名誉职。

11. 蒙藏事务局为缮写文件及其他庶务得酌用雇员。

12. 蒙藏事务局附设蒙藏研究会,掌研究、调查蒙藏一切事宜。其组织法另定之。

13. 本制自公布日施行①。

9 月 9 日,临时大总统袁世凯任命蒙古亲王贡桑诺尔布为蒙藏事务局总裁。此前,临时大总统已于 6 月 30 日任命蒙古亲王那彦图署乌里雅苏台将军兼办理图什业图、车臣两盟事宜。无论是《蒙古待遇条例》,还是成立蒙藏事务局并安排蒙古上层人物担任相关的重要职务,这些措施旨在团结蒙古上层。它也确实起到了积极作用,稳定了内蒙古的局势,阻止了外蒙分裂势力向内蒙扩张。但这些措施,对外蒙却收效甚微。这主要是由于在收买、拉拢外蒙上层分子时,俄国毕竟比中国实力雄厚得多。无论是财力和军力,中国是无法与之竞争的。当时中国政府陷入了严重的财政危机之中,靠借外债度日。而俄国则通过用巨额卢布和大量武器来收买外蒙上层分子,使之听命于自己。一个落后的国家,一个穷国,要维持统一都很困难,尤其是有外国势力插手时,事情就更复杂,更难应付。当时的情况,要解决外蒙问题有三种途径:1. 通过中国内部谈判或武力的方法解决。要成功,必须有雄厚的国力和军事力量。这是涉及国家主权的问题,是中国的内政,正当的途径是内部谈判。2. 通过外交途径。与控制外蒙的俄国交涉,同时和其他与俄国在这一问题上有利益冲突的列强交涉,寻求他们遏制俄国在外蒙的扩张。3. 第 1、第 2 两种方法联合运用。

北京临时政府成立后,袁世凯也曾尝试与库伦当局解决外蒙问题。1912 年 3 月 12 日,库伦当局致电袁世凯申明"独立"。袁接电后于 3 月 15 日复电库伦当局,说:"外蒙同为中华民族,数百年来俨如一家。现在时局阽危,边事孔棘,万无可分之理。……如有要求,但能取消独

---

① 《申报》1912 年 8 月 3 日。

立,皆可商酌。"①库伦当局接电后拒绝取消独立,并回电袁世凯。袁接电后派专员前往库伦。同时又于 4 月 10 日致电库伦当局,说:"蒙汉一家,必须合力以图,新基方能巩固。……但使竭诚相待,无不可以商榷,何必劳人干涉,致失主权。……务望大扩慈心,熟观时局,刻日取消独立,仍与内地联为一国,则危机可挽,邦本可固。国民对于贵喇嘛同深感戴,必当优为待遇;即各王公及他项人员等,亦必一体优待。……已派专员前往库伦,趋谒住锡,面罄衷曲,商议一切,到时切希赐晤。"②库伦当局接电后,召集王公会议,议定决不取消独立,并回电袁世凯说:"与其专员来库,徒事跋涉,莫若介绍邻使商榷一切之为愈也。"③发电后,库伦当局将在库伦的汉族商人急行驱出。5 月 21 日北京临时政府所派的 3 名专使,二人行至恰克图被俄兵阻留,一人机灵地进入库伦,将公文及礼物交给库伦当局内部衙门,请为转投,后也被库伦当局派兵将该专使押送出外蒙。北京临时政府又派敖汉喇嘛到库伦见哲布尊丹巴活佛陈说利害,活佛均置之不理。敖汉只好回到北京。此外章嘉、丹珠图两活佛及喀喇沁王贡桑诺尔布等先后去电劝告库伦当局,库伦当局均置不答。这样,北京临时政府几乎无法与库伦活佛和平谈判解决问题。这是俄国操纵库伦当局逼中国政府与其直接谈判外蒙问题的手段,是俄国插手中国内政的露骨表现。在清帝退位前,俄国已提出要求由中俄直接接触解决外蒙问题,为清政府拒绝。1912 年 4 月 2 日俄国驻华代办谢金在会见袁世凯时,再次要求中俄协商解决外蒙问题,袁表示赞成同俄国达成协议。但国务会议讨论这一问题时,认为外蒙是中国领土,不能让俄国人干涉中国内政,议决对俄的要求置之不理。外交部 8 月 13 日授权驻外使节再次声明:"民国对于满蒙藏各地有自由行动之主权,外人不得干预。"④

---

① 《申报》1912 年 12 月 20 日。

② 《申报》1912 年 12 月 21 日。

③ 《申报》1912 年 12 月 21 日。

④ 《东方杂志》第 9 卷第 4 号 1912 年 10 月。

外蒙本身军事力量薄弱,但由于俄国干涉并在外蒙驻有俄军,武力解决外蒙问题变得十分困难。1912年3、4月间,中国政府由黑龙江向外蒙边境调兵,由新疆调兵援阿尔泰,俄国立即出面干涉,并以武力相威胁。俄国外交部公开向中国驻俄公使威胁说:"中国进兵外蒙,俄当干涉"①,逼得北京临时政府只好下令暂缓调动,免生交涉。中国政府也只好采取和平方式设法再与库伦当局直接谈判。但库伦当局仗着俄国的支持,拒不与中央政府谈判,且在分裂的道路上越走越远。外蒙的形势日益危急。9月18日参议院秘密会议,代理国务总理赵秉钧、陆军总长段祺瑞出席。在答复对外蒙政策的质问时,赵、段均明确说明不能用武力解决外蒙的理由及坚持和平方式与库伦活佛直接谈判的方针,语气十分坚决。但俄国则要逼中国政府与其直接商谈外蒙问题,中国政府认为这是干涉中国内政,未予置理。俄国不甘心,于是用软硬兼施的办法迫使库伦当局于1912年11月3日与其签订了《俄蒙协约》及《通商章程》。《俄蒙协约》共4条,全文如下:

1. 俄国政府扶助蒙古保持现已成立之自治秩序及蒙古编练之国民军,不准中国兵队入蒙古境及华人移殖蒙地之各权利。

2. 蒙古政府准俄国人及俄国商务照旧在蒙古领土内享用此约所附专条内开各权利及特种权利。其他外国人自不得在蒙古享同等于俄国人民所享之权利。

3. 如蒙政府以为须与中国或别国订约时,无论如何所订之新约未经俄政府允许,不能违背或变更此协约及专条内各条件。

4. 此友谊协约自签押之日施行。

其附约《通商章程》共17条,规定了俄国在蒙古享有广泛的权利:俄国人可在蒙古自由居住、往来、经商、租地、买房、开垦;享有经营矿产、森林、渔业等事业之权;俄国拥有贸易免税权、开设邮政、银行权;俄国享有治外法权。

---

① 　外交部吉林交涉署:《中俄蒙古交涉节略》1913年版。

这样,外蒙古实际上成了俄国的附庸与殖民地。

俄蒙订立协定之事,国内一些报纸是转录外电得知的。中国政府从11月6日库伦电报局总办顾保衡给北京临时政府急电中得知确切消息。当时俄领事已调电报生10余人占据该电报局,逼电报局的人员离库伦回北京。当日中国外交部让前总理兼外长曾长时间出使俄国的陆徵祥赴俄驻华使馆证实此消息后,立即于11月7日发表严正声明:"外蒙古为中国之领土,其与外国订约,无论何种条件,中国断不能承认。"同时指示中国驻俄公使刘镜人向俄政府作类似的声明。11月8日,俄驻华公使库朋斯基将《俄蒙协约》面交中国外交总长梁如浩时,梁当即声明:外蒙古乃为中国之一部分,与外国不能擅行订约,其理自明,中国断难允认该约。① 11月16日中国外交部正式照会俄驻华公使,再次声明不承认《俄蒙协约》。

中国政府接到《俄蒙协约》后十分震惊。从11月9日,总统府连续召集各种会议:内阁会议、军事会议、各省都督代表会议,商讨应付外蒙局势的办法。同时临时大总统袁世凯还致电各省都督,征求对蒙事的意见。当时政府分两派:主战派和缓战派。主战派认为时局至此,战不胜,蒙古必亡;然不战,蒙古亦亡。与其坐以待亡,何若背城借一,集合南北军队为战事之预备。缓战派现在国基未固,实力未充,不如先与俄人和平谈判,如不得结果,再以武力为最后之对待。临时大总统袁世凯对用武力解决外蒙古问题持慎重态度。讨论结果,缓战派占大多数。

各省都督大都主战,纷纷致电临时大总统、国务院、参议院主张武力征蒙:11月13日晋督阎锡山、晋民政长谷如墉通电,11月7日苏督程德全通电,11月14日浙督朱瑞通电,15日黎元洪通电,粤督胡汉民通电,11月15日直督冯国璋通电,11月13日由黎元洪领衔、直督冯国璋、鲁督周自齐、湘督谭延闿、赣督李烈钧、桂督陆荣廷、粤督胡汉民、晋督阎锡山、甘督赵惟熙、皖督柏文蔚、奉督张锡銮、吉督陈昭常、黑督宋

---

① 《盛京时报》1912年11月16日。

小濂、新督杨增新、苏督程德全联名通电。

各省议会亦纷纷通电主张征蒙。

临时大总统袁世凯和国务院当时主张和平方式、外交方式解决外蒙的问题,利用各列强在中国保持均势的愿望,争取英、法、美、德、日的同情,通过与俄国谈判,和平解决外蒙古问题。用军事力量阻止俄国和外蒙分裂势力对内蒙的颠复和扩张,以确保内蒙的稳定和安全是当时政府政策的重心。同时又采取优待拥护民国的蒙古上层人士:在总统府特设蒙政顾问厅,所有倾服民国的蒙王一律委任为总统府顾问;令蒙藏事务局将各盟旗王公、贝子、贝勒等详细调查,如该公等确能谙熟政治或素称开通者,即由国务院蒙藏事务局分别聘为顾问;对外蒙效顺民国的上层人士,由大总统酌予位置以资奖励。这些措施旨在安定人心,抵制外蒙分裂分子的煽动与诱惑。以武力平息外蒙分裂势力的分裂活动,此时已不大可能。俄国已派重兵进入了外蒙各战略要地,连蒙古人亦不让自由进入这些地方,并在俄蒙边境屯兵,摆出了一副与中国一战之架式。中、俄力量相差悬殊,况且中国当时只是形式上统一了,实际并不统一。北京临时政府正处于财政危机中,靠借外债度日,自然更没有力量和俄国进行一场可能是旷日持久的军事较量。

《俄蒙协约》签订的消息正式公布,外交总长梁如浩自然成了众矢之的。袁世凯通过梁如浩谋求英、法等国出面干预的要求遭冷遇。11月12日梁只好提出辞呈,并于当日弃职出走天津。面对舆论的压力,袁也需要一个替罪羊来承担责任,故这一回袁未按官场的常规做一下挽留的姿态,立即向参议院提名陆徵祥为外交总长以取代梁如浩。参议院11月15日的常会上,几乎以全票通过了陆徵祥为外交总长。这位几个月前因在参议院中的一场演说被议员贬得一钱不值而被迫辞职的前总理兼外交总长,这回又被参议员视为办理外交的良将,可见参议员们的健忘与反复无常。在此外交危急困难之时,陆徵祥不计前嫌,也不顾曾为国务总理的身份降就外交总长,大有苟一息尚存,必为国家尽力效忠之气概,足见此君尚有不计个人得失以国事为重的品格。这是一般政客所不具备的品格。当然,让才出任一个多月外交总长之职的梁如浩来承担在处理外蒙问题上的责任自然也是缺乏说服力的。这表明临时大总统袁世凯、国务总理赵秉钧在推卸责任。

11 月 11 日参议院常会,议决要求国务员出席参议院会说明外蒙问题交涉情形及政府处理方针。

11 月 13 日,参议院开秘密会,除外交总长梁如浩外,国务总理赵秉钧及各部总长均到会,外交次长颜惠庆亦到会。由赵秉钧说明外蒙问题前后交涉的情况及政府处理的方针:鉴于国情,不得不抱持和平主义,总期用外交手段以告解决。若不能独立交涉以奏其功,则不得已凭赖日、英、美、法四国居中调停,以期圆满。赵并强调《俄蒙协约》事关重大,政府有种种不得已的苦衷。今日国务员出席参议院会即是为了与参议员诸君协商办法,共筹大计①。有的议员质问赵说,此次俄蒙之事政府何以事前无准备,事后无办法,今日又空空洞洞出席,是何道理。赵即答:惟有全体国务员与贵院及各省各政党同筹办法。万不得已,政府即全体辞职,请另举强有力之政府,以筹对待方法②。也就是说,参议院如再逼,国务院全体阁员即罢工。赵秉钧摆出了一付我是流氓我怕谁的姿态。议员尽管不满意,但也无可奈何。因为换一届内阁不但无济于事,反而可能激起一次政潮。中国是一个弱国,从鸦片战争后一直处于被列强欺凌的地位,没有力量去与一个有几千公里公共边界线的列强进行一次全面对抗。这种状况是谁也无法在短时间所能扭转的。更何况议员们对外蒙之事以前并不重视,亦应负有责任。赵与议员之间舌战一阵之后,便由陆军总长段祺瑞宣布军方的意见,其大意:军界对外蒙与俄国签订《俄蒙协约》异常激愤。在军人一方面惟有主战之一法。但目前对库伦用兵有很多不利条件:1. 交通不便。2. 北蒙现气候寒冽,不便久驻军队。3. 北蒙军粮缺乏,必须由内地供给。4.

---

① 《盛京时报》1912 年 11 月 17 日;《申报》1912 年 11 月 20 日。

② 《盛京时报》1912 年 11 月 19 日。

各军相隔,诸多不便。仓促派兵,恐有自溃之虞。此时只宜采用二种办法:1. 派兵防守内蒙古东部各处要厄,示以兵威,使各王公免为活佛煽惑。2. 徐候春日和暖,联师大举,直捣库伦。日前以达里岗崖(离张家口700里程)为蒙兵占领,已饬令察哈尔何都统宗莲督率第一镇步、骑、炮队进兵攻击,禁卫军王统制廷桢督率该军移驻归化城,镇压地方,拔队进发。近日热河札赉特旗等处又报库伦活佛特派逃王宫保札卜带队进袭,异常猖獗,遂饬姜军统桂题酌派步、马、炮数营协驻札热河军队。至东三省征蒙军队,现尚将劲旅驻扎东蒙一带,不准迁动,务严各路边防,实行对蒙军事筹划。日来又以迭接各省军长、师长及各团体来电,请速提出备战议案,俾可出征。应预定来年进行计划。以中库一经宣战,则西伯利亚必不能任我行使。规定进兵之路如下:1. 由承德出长城绕兴安岭攻车臣汗。2. 由兰州出长城绕贺兰山攻外蒙戈壁。3. 由新疆迪化攻扎萨克图①。议员认为段的发言很有条理,故无质问。

　　《俄蒙协约》公布,参议院中各政党均异常愤激。国民党、共和党、民主党、统一党开联合会,均表示要牺牲党见,通电全国,共御外侮。但在具体问题上,如在对待内阁问题上态度并不一致。

　　民主党态度最激烈,一面通电上海本部及各省支部,一面泣陈各省都督与各种团体,告以领土丧失,国家已亡,万不能不共同决死以为背城借一之计。拟通电全国,列数政府十大罪状。并联合共和、国民两党,求其同意。该党主张弹劾政府,请临时大总统另组内阁。

　　共和党亦很愤激,对民主党通电各省表同意,欲借此激励民气,知注重监督政府并为外交后盾,但不同意弹劾内阁。认为在任梁如浩为外交总长一事上,临时大总统用人不当,而参议院通过对梁的任命也应负相当的责任,在外交危急之时不宜轻易动摇内阁。如弹劾案通过,必又陷入无政府状态,就更加危险。既然国务总理赵秉钧承诺尽力挽救,应待观后效,但梁如浩应请政府惩办。

①　《申报》1912年11月22日。

由于在黄兴等国民党人强拉硬拽下,赵秉钧内阁的全体非军人阁员名义上均加入了国民党。国民党认定赵秉钧内阁是国民党政党内阁,力持拥护内阁。国民党不但不同意弹劾内阁,而且连民主党的通电也未表同意,态度异常冷静。国民党机关报对此事也保持沉默,不发表议论。

统一党自8月章太炎退出后,已为袁世凯所控制,对内阁采取拥护与维持态度,自然也不赞同民主党的通电。

《俄蒙协约》签订的消息一经公布,全国舆论哗然。11月15日,孙中山致大总统、国务院、参议院、各省都督、省议会长电,坚决主战。并提出钱币革命解决财政困难,解决征蒙军费。钱币革命即禁止现银交易,改用纸币作为流通货币。印3亿纸币以解决财政困难。同时逐年练兵500万以便与俄作战。第1年中国出兵100万。"然以此而敌俄,在第1年之战,胜负未可知。惟第2年我当出兵200万,意料中当可逐俄出满蒙之野,而复我黑龙江沿海州之侵地。然万一仍败,则第3年当出兵400万。若犹不能得利,则第4年当出兵600万,则未有不胜者也。在此期内俄必财政之恐慌,革命之起义,与我可乘之隙者甚多。若彼犹不屈服,则期第5年之大举,必出兵至800万或至千万,必直抵莫斯科、圣彼得堡而后已。或疑此作战之计划为万不能行之事。不知此乃以常理而言耳,若出以非常之方,则未有不能行者也。近世战斗之力每以金钱为限,吾先既已行钱币之革命,则不受金钱之限制矣。而以四万万人之人工、物力而供给千万之兵5年之饷,实绰绰有余也。"①孙先生是一位气魄宏大的理想家,而不是金融家与军事家。其在此电中所呈现的雄心大可令成吉思汗汗颜,但付诸实践则是行不通的。一个国家的财政困难决不是靠滥印纸币所能解决的。滥印滥发纸币必然要造成严重的通货膨胀,是变相地搜括百姓,使人民进一步贫困化。其结果只能扰乱金融市场,造成社会的全面动荡。更何况用中国滥印的纸币

————
①　《孙中山全集》第2卷,第544—548页。

也不可能从国外买到足以装备 800 万至 1 000 万军队的武器。且当时中国印刷技术水平低,还不能印出合格的纸币。故袁世凯回电中婉拒了孙中山的这一救国之策,说:"纸币本位是否可行,暂置不论。中国印刷术不发达,所有纸币大抵印自外洋。一年来因中国银行发行钞票,现在运到之票仅及百万,遑论 3 万万。至练兵 500 万之说,世凯练兵十载,于军事稍有知识。现俄兵在西伯利亚者共有 32 万,战时可出 50 万,即中国以同等之数相抗,此 50 万兵之将校已非数年不办。"①孙的主张当时无人喝彩与应和,包括国民党在内,故其不但不可能实施,也未产生多大影响。但有的史书却将孙的这一主张当作当时的济世良方加以赞赏,这是值得商榷的。

孙中山于 11 月 17 日、18 日、19 日接连三天致密电临时大总统袁世凯,提出三大主张:1. 对俄外交需持强硬态度。2. 对蒙古须持进攻主义。3. 对待效顺民国之各蒙须施羁縻手段。袁世凯 19 日回电承认除第三项已经筹办外,其余二项至今意见不一致,务请孙来京面商办法②。

在祖国危难的时刻,整个民族奋起,表现出一种强烈的爱国之情,万众一心,众志成城,这实在令人振奋。它使中华民族永远不可能被征服。但当时中国毕竟是一个贫穷落后的弱国,与俄国的综合国力相差甚远,中国无法与俄国立即进行一场持久的军事较量。这个客观现实迫使激动的人们不得不同意政府以和平方式与外交谈判的手段来与俄国解决外蒙的危机。而且在以强凌弱的国际关系中,中国外交活动的余地也有限。也就是说,与俄国再签订条约,也是一个十分不平等的条约。对中国而言,只是尽量多争回自己的一点权力。

11 月 23 日,新上任不久的外交总长陆徵祥即亲往俄国驻华使馆与俄国驻华公使库朋斯基晤谈。这样,中俄之间的一场关于外蒙问题

① 《盛京时报》1912 年 12 月 13 日。
② 《盛京时报》1912 年 11 月 24 日。

的艰难的马拉松式的谈判开始。

中俄谈判开始一段时间后,12月中旬,袁世凯通电各省维持和平,提出4条办法:1.中俄如无构战之举动,各都督不得遽做国际战征之举动。2.令各省务将旅华俄人切实保护,以履信约。3.征库讨蒙各团体俱属热心爱国,惟一切进行不得徒逞意气,务以国家为前提而做交涉之后盾。4.关于各新闻报纸论说须由根本上据理发挥,不得做愤激之语①。

中俄之间的谈判十分艰难,进展缓慢。参议员对外交总长陆徵祥又产生种种疑问。袁世凯12月中旬致函参议院,告之陆总长迭次与俄使会议情况及俄人强硬的态度,陆总长颇胜任外交谈判,希诸君平心断定,不作局外之评判,任意毁谤非议,应设身处地为局中人略作打算②。

在中俄关于外蒙问题的谈判过程中,俄国政府还利用中国财政的严重困难,来压中国政府在谈判中做出更大的让步。当时中国不但难以偿还到期的外债及赔款,而且必须举借外债来维持正常的军政费用。六国银行团在善后大借款谈判中,为了取得更优惠的条件,将垫款停付,以逼中国让步。这使中国财政雪上加霜。俄国则在大借款问题上刁难,1912年12月借款谈判正处于关键时刻,俄国乘机通过其盟国法国向中国转达俄方的意思,必须先解决蒙古问题,才能实现签约借款。

由于南京临时政府成立之初的1912年1月5日临时大总统孙中山发表对外宣言,承认清政府与各国缔结的一切条约,承诺清政府所借之外债及所承认之赔款民国负责不变更其条件偿还;民国政府尊重清政府所让与各国和各国个人种种权利等既得权利。③ 1912年这些外债和赔款(主要是庚子赔款),就是一笔数目巨大的款项。其中属政府之

---

①　《盛京时报》1912年12月22日。

②　《盛京时报》1912年12月21日。

③　《中华民国史事纪要(初稿)》中华民国元年1月5日。

间达成的庚子赔款就达白银 3 000 多万两,合银元 4 000 多万元。列强依据上述宣言,向中国政府索要 1912 年的庚子赔款。民国政府 1912年 12 月就向公使团提出赔款展缓偿还的要求,提出办法三种:1. 民国元年 12 月应交付之一切赔偿款项展缓 1 年。2. 民国元年 12 月应交付之一切赔偿款项作为一别项借款于 5 年或 7 年间分年偿还。3. 民国元年 12 月应交付之一切赔偿款项展期至大借款成立之后①。俄国政府反对赔款展期,竭力以困民国政府。1912 年 12 月 25 日、27 日、30日驻京公使团会议讨论赔款展期问题,由于俄国公使坚决反对,其盟国法国亦附和,展期问题不能决定。俄国驻华公使声言:此次反对赔款展期,并非与民国有所芥蒂,实因临时政府成立之初,即首先声明前清所订条约上之责任,民国一一担任照办,不稍变动。今对于赔款,即欲改期,实已自失信用,窃为民国不取②。1913 年 1 月 13 日俄驻华公使照会外交部:此时无睦谊可言,请将付款日期及依据何法付款,速复俄参赞③。俄国步步紧逼,极尽敲诈勒索之能事。在俄国政府的坚持下,庚子赔款 11 国于 2 月 17 日将上年海关入税羨余共银 1080 万两,悉数作庚子赔款付给 11 国,将 1912 年 4 月底以前的庚子赔款全部还清④。并允许 1912 年 5 月以后的欠款展至 1913 年 6 月还清。

　　国际间无公理可言,各列强都推行强权政治,谋求霸权,弱国总是处于被欺凌的地位。在中俄关于外蒙古的谈判中,俄国充分利用其有利的地位来压迫中国让步:俄国收买了外蒙上层分子,使之甘愿成为俄国在外蒙扩张势力的马前卒而控制着外蒙,逼中国政府承认俄国在外蒙取得的种种权益。所以,中俄间的谈判十分艰难,陆徵祥尽了最大的努力,为国家争回了一些权益。1913 年 5 月 20 日中俄双方在北京草

① 《申报》1913 年 1 月 7 日。
② 《申报》1913 年 1 月 7 日。
③ 《申报》1913 年 1 月 15 日。
④ 《申报》1913 年 2 月 19 日。

签了《中俄协约》,尽管这是一个不平等条约,但就中俄双方的实际情况分析,这也是中方能争取到的一个较为好一些的不平等条约。协约草案共6条。

　　1. 俄国承认蒙古完全为中国领土之一部分。俄国于外蒙古现有权利利益均须由中国许可。

　　2. 中国允外蒙古自治,所有情状悉照今日,中国允不再为更改。又中国允外蒙古招练军队,办理警政,以便自行保护及维持地方治安。外蒙古遇除蒙人外之他国人民之移殖其境时,中国须允其有阻止之权。

　　3. 俄国允除派领事卫队外,不再派兵前往蒙古。又允除俄国领事署职员外不派他项职员前往蒙古。并允不殖民于外蒙古。

　　4. 中国政府允以和平办法及按照条约保护俄人在外蒙之权利,并声明听由俄国调处。照上列各条之本旨,定立中国对待外蒙古办法之大纲,并使该处中央长官自认有中国所属部内向有之地方官吏性质。

　　5. 俄国政府允使外蒙古承认中国得在该境内重行设立官署及派员驻扎。华侨有驻各地之权。其他蒙古各处概由俄国担任居间调停及在外蒙须由中国允许俄之享有《俄蒙协约》附约17条所规定之商业权利。

　　6. 俄国承认中国有办理外蒙外交之权,并允将关于俄库政治问题直接与中国谈判、协商、施行①。

上述条约,已基本恢复了中国在外蒙的政治地位,俄国则获得了《俄蒙协约》附约中所规定的商业权利。

5月26日外交总长陆徵祥将草约提交当日的国务会议并获得通过。5月28日袁世凯将草约提交国会求同意。并在给国会的咨文中提请国会省略审查手续及三读会手续,尽快通过。

----

① 《申报》1913年7月13日;《近代史研究集刊》1992年第21期,第396页。

5月30日众议院开秘密会议,代理国务总理段祺瑞和外交总长陆徵祥出席报告《中俄协约》草案。会上,陆徵祥除对《中俄协约》草案谈判经过及协约内容逐一说明外,并特别解释说达成此约是因为北蒙地势辽远,非我国现时财力所能经营,只能姑允俄请,日后另筹回复。众议院讨论后,以事关重大,决定成立特别审查会审查。

6月3日,外交总长应特别审查会的要求,到会对草案条件及有关问题做了详细的说明。

6月5日,众议院秘密会议,由特别审查委员会向大会作审查报告后,即开始讨论。6月6日众议院秘密会议接着讨论《中俄协约》草案,代理国务总理段祺瑞、外交总长陆徵祥到会接受质询。在这二天的会议中,国民党议员发言多反对草案,进步党主张维持政府原案,调和派则主张修改审查报告。最后付表决,通过了审查报告。并议决"应行修正或解释之点,以审查报告为基础,征集众见,公同议定,作为一种意见书,送付政府,请其与俄使交涉。"①众议院所提出的修改意见,其中最主要的是外蒙官员不得称中央长官,军警须受中国政府节制。

陆徵祥按众议院的意见6月11日与俄使再交涉,被俄国驻华公使库朋斯基当场拒绝。

6月9日,袁世凯在已基本完成进攻国民党的军事部署后,下令免去江西都督李烈钧职,以黎元洪兼领江西都督。袁世凯与国民党的矛盾白热化,南北战争有一触即发之势。国民党则加紧在议会中的反袁攻势,以延缓袁世凯对国民党的军事进攻。6月13日众议院秘密会议,讨论《中俄协约》,国民党议员以《中俄协约》草案断送蒙古,袁世凯不抵御外侮,却一心想发动内战消灭异己,批评袁政府"空言搪塞,不肯实力维持,蒙古尚可增兵,我国未加守备,反至调兵南下,贻俄人以乘间进行。"②国民党议员对6月6日的表决提出疑义。进步党议员发言

---

① 《近代史研究集刊》1992年第21期,第307页。
② 邹鲁著:《回顾录》,第54页。

说,按法律,既经表决,当然生效,世界各国议会无取消表决的代议制。国民党议员发言认为将一部分领土断送于他国,并不能代表国民将一部分主权让与外人,更将一部分国民置诸不顾,此等表决当然不能认为有效。进步党议员发言说,俄人前已声明蒙古主权仍为中国所有,蒙古领土当然为中国之领土。蒙古人民当然受中国之保护。各国皆互有缔约者,不闻有丧失领土及人民者。国家之强健在于军事、内政、教育种种完备,不在缔结条约。双方争执激烈,会场秩序大乱,只得散会①。6月16日外交次长刘式训再次与俄使交涉(外交总长已请病假)修正《中俄协约》草案,再次遭拒。

6月18日众议院秘密会,代理国务总理段祺瑞出席,外交总长请病假住进了医院,外交次长刘式训出席。段报告与俄使交涉的情况,祈诸议员按照原案曲为通过。经过国民党与进步党反复辩论后,最后付表决:政府原案万难承认,再请陆外交总长依据修正案与俄政府严重交涉②。即众议院仍坚持6月6日的议决。这样,外交总长陆徵祥又抱病再次与俄交涉,要求修改《中俄协约》,再次遭俄使拒绝。6月20日陆徵祥再次抱病出席众议院会,报告与俄使交涉被拒的情况,并请众议院能通过《中俄协约》。进步党主张事已如此,只有忍痛承认。国民党则仍反对承认。

在京的蒙古王公联合会一直希望国会尽快通过《中俄协约》以稳定蒙古局势,结束因库伦独立而引发的内、外蒙近两年的战争与动乱,以免使蒙古人民的生命财产继续再遭蹂躏,而两次致书参、众两院及其审查委员会,紧急呼吁国会尽快批准《中俄协约》。6月19日,蒙古王公联合会第3次公函临时大总统、国务院、参众两院,要求尽快批准《中俄协约》,公函说:"我蒙人生命财产日在蹂躏糜烂之中,是议院诸公从容讨论之时,即我蒙人呼吸死生之日。乃诸公不察,一味挑剔字

① 《申报》1913年6月18日。
② 《盛京时报》1913年6月21日。

句。俾俄约否决,库伦独立永难取消,是视我蒙人之被兵燹蹂躏为无关
痛痒,是视我蒙人之生命财产为无足保护也。……倘此次《中俄协约》
为参、众两院所否决以致不能成立,则惟有全体蒙人一律回牧以作保全
土地权利之计划。"①蒙古王公联合会并托国民党骨干、蒙古众议员易
宗夔与国民党议员协商,不反对《中俄协约》,易完全应承了此事。

　　7月7日众议院秘密会议,代理国务总理段祺瑞和政府委员出席
报告中俄交涉的情况,要求议员将政府提出的《中俄协约》最后通过。
当日两派争论,仍无结果。

　　7月8日众议院秘密会议,段祺瑞代理国务总理及政府委员出席,
继续讨论《中俄协约》草案,经过争论后,对草案进行表决,结果以230
票对182票通过了《中俄协约》。进步党、超然议员社、政友会均投了
赞成票,新共和党多数议员也投了赞成票。国民党议员除少数不愿投
反对票而弃权外,大多数均投了反对票。

　　众议院将通过的《中俄协约》草约咨送参议院。参议院于7月13
日举行秘密会议,讨论《中俄协约》草约,代理国务总理段祺瑞出席报
告中俄交涉情况。参议院经过辩论后即议决付特别审查会审查。审查
会中对草约即出现两种意见的争论,国民党籍审查员否定草约,进步党
籍审查员坚持通过《中俄协约》。7月13日,俄驻华公使库朋斯基按俄
政府的指令,正式通告中国外交部,俄政府否认5月20日中俄草签的
《中俄协约》,俄政府单方面撕毁了协约。

　　7月15日参议院秘密会议,审查委员会向大会作《中俄协约》审查
报告,对审查会中两种对立意见做了说明,讨论时赞成和反对的两派激
烈争论,各持己见。此时二次革命已爆发。7月12日李烈钧在江西湖
口宣布独立,通电讨袁。7月15日黄兴到南京迫江苏都督程德全宣布
独立。当天黄兴发表讨袁通电。国民党与袁世凯已公开决裂。国民党
议员均很激愤。参议院国民党占优势,于是决定否决《中俄协约》草

---

①　《申报》1913年6月21日。

约,以配合国民党的军事行动。7月16日参议院秘密会议,继续讨论《中俄协约》,两派会上激烈争论,最后付表决,以114票反对,99票赞成,否决了《中俄协约》,场面十分热烈①。有些书上说参议院7月11日否决《中俄协约》,与史实不符。

俄国驻华公使库朋斯基将《中俄协定》草约电达俄政府后,沙皇尼古拉二世、总理大臣卡柯采夫等认真研究后,认为草约首先规定俄国承认蒙古完全为中国领土,对俄不利,它等于承认了中国对外蒙拥有完全主权,这会破坏俄国在蒙古的影响,有助于中国将俄国势力逐出外蒙,故电令库朋斯基通告中国,推翻与否认5月20日拟定的草约。7月13日晚,库朋斯基就将俄国政府否认草约的照会和新的更苛刻的交涉条件面交中国外交总长陆徵祥。新的交涉条件共4条:1. 除内蒙外,中国认蒙古自治及其所发生的权利。2. 俄国认中国为蒙古上国及其相联之权利。3. 中国听俄调处,照本约及俄蒙原约本旨以定将来中俄两政府对待往还之办法。4. 关于中俄两国利害与蒙古新局面发生之事件,由中俄日后商量②。此事发生在众议院通过《中俄协约》之后,参议院刚刚对《中俄协约》一读,尚未表决之前。也就是说,俄国首先不顾国际惯例毁约,俄国的霸权主义和不讲国际信誉的嘴脸暴露无遗。这样,不管参议院通过与否,《中俄协约》已为俄国所推翻。有的书上说参议院否定《中俄协约》后,俄国才有了推翻《中俄协约》的借口,才将《中俄协约》推翻的。这是有背于历史事实的,客观上将毁约的责任推到了参议院,推到了中国人身上,美化了谋求霸权的俄国政府。因为是在俄国公使向中国外交总长正式照会推翻《中俄协约》后的第3天,即7月16日参议院才表决否定了《中俄协约》。应该说参议院的否决多少为中国争回了一点面子。要不然,中国政府、中国国会通过的《中俄协约》为俄国政府所推翻,中国政府何以善后?正因为如此,一些赞成

---

① 《盛京时报》1913年7月22日。

② 《申报》1913年7月17日。

《中俄协约》的政党、报刊、蒙古王公乃至政府,并未再责备参议院,并未责备反对该协约的国民党。倒是几十年后的今天,有的书却激昂慷慨地责备起参议院与国民党了,这自然有失公平。试想,要真是国民党的责任,正在围剿国民党的袁世凯肯定要利用这一事件,动员一切反国民党的势力,掀起一场对国民党的口诛笔伐的声讨。但事实上,参议院否定《中俄协约》草案后,袁世凯政府、报纸对当时全国瞩目的这么一件大事就再也缄口不言了,好像压根就没发生这么一件事一样。

熊希龄内阁成立后,其外交方针为"速结积案为主,俄约尤急"①。新任外交总长孙宝琦为袁世凯的儿女亲家。孙与俄国公使库朋斯基就外蒙问题进行了新一轮的谈判,从9月18日起至10月29日结束,共会谈10次。在新一轮谈判中,俄方得寸进尺,提出了更为苛刻的条件。除坚持过去的条件和要求外,还提出中国应允许外蒙办理境内一切内政,工商事宜。条约中应将中俄蒙三方并列,让外蒙成为事实上的独立国。对中国方面坚持于条约正文中俄国承认外蒙为中国领土的一部分的合理要求,俄方坚持不同意,只许列入附件。内战内行外战外行的袁世凯自然又是退让。

11月5日,由中国外交部与俄国驻华公使双方签押《声明文件》及《声明另件》互换公文。11月22日,中俄双方同时宣布,原文共二件。

甲声明文件。关于中俄两国对待外蒙古之关系,业经大俄帝国政府提出大纲以为根据并经大中华民国政府认可,兹两国政府商订如下。

一、俄国承认中国在外蒙古之宗主权。

二、中国承认外蒙古之自治权。

三、中国承认外蒙古人享有自行办理自治外蒙古之内政并整理本境一切工商事宜之专权。中国允许不干涉以上各节,是以不将兵队派驻外蒙古及安置文武官员,且不办殖民之举。惟中国可

_____

① 《申报》1913年10月7日。

任命大员偕同应用属员及护卫队驻扎库伦。此外,中国政府亦可酌派专员驻扎外蒙古地方,保护中国人民利益。但地点应按照本文件第五款商订。俄国一方面担任除各领事署护卫队外,不于外蒙古驻扎兵队,不干涉此境之各项内政,并不在该境有殖民之举动。

四、中国声明承受俄国调处,按照以上各款大纲及 1912 年 10 月 21 日《俄蒙商务专条》明定中国与外蒙古之关系。

五、凡关于俄国及中国在外蒙古之利益及各该处因现势发生之各问题,均应另行商订。双方奉有本国政府委任签押盖印,以昭信守,缮具二份立于北京。

乙声明另件。大中华民国外交总长孙为照会事:照得本日签定关于外蒙古问题之声明文件,本总长奉有本国委任,以政府名义向贵公使声明各款如下。

一、俄国承认外蒙古土地为中国领土之一部分。

二、凡关于外蒙古政治、土地交涉事宜,中国政府允与俄国政府协商,外蒙古亦得参与其事。

三、正文第五款所载随后商订事宜,当由三方面酌定地点、派委代表接洽。

四、外蒙古自治区域应以前清驻扎库伦办事大臣、乌里雅苏台将军及科布多参赞大臣所管辖之境为限。惟现在因无蒙古详细地图而该各处行政区域又未划清界限,是以确定外蒙古疆域及科布多、阿尔泰划界之处,应按照声明文件第五款所载,日后商定。

以上四款相应照请贵公使查照,须至照会者。右照会大俄帝国钦命驻华全权公使库①。

显然,上述声明文件及另件与 5 月 20 日中俄双方草签的《中俄协约》相比,中国丧失了更多的主权,俄国在外蒙古得到了更多的权利。

---

① 《申报》1913 年 11 月 26 日。

由于此时国会已瘫痪,也不可能听到对中俄上述声明文件及另件的反对声了。

十、《大总统选举法》的制定

参、众两院议决先制定《大总统选举法》,先选正式大总统。《大总统选举法》为宪法的一部分,因此,必须按制定宪法的程序制定,即必须由两院组成的宪法会议来制定。要开宪法会议,就必须制定《宪法会议规则》,宪法会议才能正常进行。1913 年 9 月 12 日参、众两院开会合会,就议决指定杨廷栋等 9 人为起草员起草《两院会合会议事细则》。起草委员在起草时一致认为,《大总统选举法》为宪法的一部分,议决《大总统选举法》的两院会合会应为宪法会议,故将《两院会合会议事细则》改名为《宪法会议规则》。《宪法会议规则》起草好后即提交两院会合会。两院会合会以出席议员满各院议员三分之二以上的法定人数为开议《宪法会议规则》案的法定人数。尽管有的议员提出议《宪法会议规则》非议宪,出席会议的法定人数为各院二分之一即可,但表决时,遭否决。《宪法会议规则》案在二读、三读时,均以到会议员过半数同意为可决,因为《宪法会议规则》毕竟不是宪法,无须到会议员总数的四分之三以上同意为可决。9 月 17 日,参、众两院会合会,杨廷栋说明《宪法会议规则》案各条的理由后,即议决省略审查,即日开二读会。二读会将第 1—9 条逐条讨论通过。9 月 19 日与 24 日参、众两院会合会将《宪法会议规则》继续二读,并于 24 日通过二读。9 月 26 日参、众两院会合会,《宪法会议规则》通过三读。《宪法会议规则》共六章 58 条,全文见附录(五)。

参、众两院议决将宪法中的《大总统选举法》抽出来提前制定,以便先举正式大总统。9 月 12 日参、众两院联合会议,讨论制定《大总统选举法》,议决委托宪法起草委员会 5 日内将《大总统选举法》起草完毕交宪法会议讨论。

9月13日宪法起草委员会开会讨论《大总统选举法》的起草问题,议决由委员长指定3人为起草员。汤漪当即指定伍朝枢、汪荣宝、何雯3人为起草员,限3日内起草完毕交宪法起草委员会讨论。为使起草员有所依据,宪法起草委员会对《大总统选举法》的范围进行了讨论,议定:1. 大总统职权暂时适用《临时约法》的规定。2. 大总统任期6年。3. 大总统选举法包含副总统在内,副总统不必与大总统同时选举。

起草员将《大总统选举法》案起草好后,即交宪法起草委员会。9月15日、16日两日,宪法起草委员会两次开会讨论,通过了《大总统选举法》案。由于起草员是按9月13日宪法起草委员会议定的范围起草,故宪法起草委员会未做大的修改即通过了《大总统选举法》案。正文6条,附则1条。

宪法起草委员会将其起草并通过的《大总统选举法》案提交宪法会议。

9月26日参、众两院会合会,对《大总统选举法》案初读,由宪法起草委员会委员长汤漪做说明后,《大总统选举法》为宪法的一部分,故按《宪法会议规则》第10条,即表决付审议会审议。

9月29日,按《宪法会议规则》第四章的规定,参、众两院开第一次审议会,审议《大总统选举法》案。以审议长王正廷为会议主席。由于9月26日、27日两天各党对《大总统选举法》进行了充分的协商,认为宪法起草委员会起草的《大总统选举法》案中规定大总统选举会法定人数为参、众两院各四分之三,定得太高,须670多人出席。据两院以往开会的情况,要足此法定人数不易。协商改为大总统选举会出席的法定人数为参、众两院各三分之二出席,得票满投票人数的四分之三为当选,决选时须过半数。改大总统任期为5年,但得连任一次。各党协商还是比较顺利的。这时的国民党留在国会的议员与进步党关系大为改善,袁世凯的独裁已使两党逐渐靠近。宪法起草委员会起草的《大总统选举法》是依据《临时约法》第29条大总统、副总统选举,以选举人数四分之三以上之列席,得票满投票人数三分之二者当选的规定起草的。这天的审议会第 1 条和第 2 条第 1 项均顺利通过。第 2 条第 2 项第 3 项则议决改为"以选举人总数三分二以上列席,无记名投票行之,得票满投票人数四分三者"为当选。在场议员 521 人,赞成上述改动者 358 人。通过。

9 月 30 日,参、众两院在众议院议场开第 2 次审议会,继续对《大总统选举法》案进行审议。审议长王正廷主席。讨论第 2 条最后一项决选人数。有的议员提出"以得票过投票人数之三分之二者为当选",有的议员提出"以得票过投票人数之半者为当选"。最后付表决,在场议员 594 人,赞成后者的为 475 人,过三分之二,可决。第 3 条总统任期,原案为 6 年不得连任。讨论时对此条提出修正案不少,有的提出大总统任期 4 年得连任一次,有的主张大总统任期 6 年得连任一次,有的主张大总统任期 7 年不得连任,有的主张大总统任期 8 年不得连任。最后主席付表决,在场议员 492 人,赞成大总统任期 4 年得连任一次者 201 人,不足三分之二的 328 人,否决。又以大总统任期 5 年得连任一次付表决,赞成者 383 人,过三分之二,可决。此时会议时间已到,主席以延长时间付表决后,一些不同意延长时间的议员狂奔出议场,审议长立即令将议场各门遍锁,议员欲出无门,只好又坐下来。议员谷钟秀动议省略他项问题,只将副总统问题提出讨论,经表决,谷的动议通过。对副总统问题讨论,结果将原案的"大总统缺位时,副总统代理之",改为"大总统缺位时,副总统继任,至本任大总统期满之日止"。这样,《大总统选举法》案匆匆通过了审议会。

10 月 1 日,宪法会议在众议院议场开会,参议院议长王家襄主席,出席会议的参议员 185 人,众议员 445 人,均过各院议员三分之二的法定人数。当时有议员动议指定起草员 3 日内起草《大总统选举施行细则》,主席为了赶时间尽快议决《大总统选举法》案,以便按袁世凯的要求尽早选袁为正式大总统,将此动议搁起,俟《大总统选举法》案通过后再依院议决定。先由审议长王正廷报告 9 月 29 日和 30 日审议会对

《大总统选举法》案审议的结果。会议主席王家襄按《宪法会议规则》第 11 条开二读会,对《大总统选举法》案逐条讨论表决。对标题,有议员主张去掉大字,经表决,否决。对第 1 条有人主张加消极资格,即 1. 皇室不得当选。2. 现任总统血系不得于解任时当选。经表决亦否决,按原案通过。第 1 条有的议员主张将年龄改为 35 岁,经表决,赞成者少数,否决。又以原案付表决,在场 606 人,赞成者 548 人,过四分之三,可决。第 2 条决选人数有议员提出改为四分之三,经表决否定。有议员提议将出席人数改为四分之三,经表决否定。有人提议将无记名投票改为秘密投票,经表决,否决。有人提出出席人数不规定,付表决亦否决。最后以第 2 条原文付表决,在场 589 人,起立赞成者 474 人,过四分之三,可决。第 3 条,有的议员提出大总统任期 5 年不得连任,有的议员提出大总统任期 3 年得连任,经表决均否决。有的议员提出"如届改选总统时,如新总统未选出、旧总统已期届满,此时应由国务总理摄职",经表决,否决。以第 3 条原案付表决,在场议员 661 人,赞成者 482 人,过四分之三,可决。

10 月 2 日宪法会议,继续对《大总统选举法》案二读。虽然议员提出动议,但多被否决,而按审议会原案通过。只是将第 5 条后一部分单立一条,全案变为 7 条。当日全案通过二读。

10 月 4 日宪法会,将《大总统选举法》案,通过三读。5 日,宪法会议正式公布了《大总统选举法》。全文如下:

第一条　中华民国人民完全享有公权,年满四十岁以上并住居国内满十年以上者,得被选举为大总统。

第二条　大总统由国会议员组织总统选举会选举之。

前项选举,以选举人总数三分二以上之列席,用无记名投票行之。得票满投票人数四分三者为当选。但两次投票,无人当选时,就第二次得票较多者二名决选之,以得票过投票人数之半者为当选。

第三条　大总统任期五年。如再被选,得连任一次。大总统任满前三个月,国会议员须自行集会,组织总统选举会,行次任大总统之选举。

第四条　大总统就职时,须为下列之宣誓:

"余誓以至诚,遵守宪法,执行大总统之职务。谨誓。"

第五条　大总统缺位时,由副总统继任,至本任大总统任满之日止。

大总统因故不能执行职务时,以副总统代理之。副总统同时缺位时,由国务院摄行其职务。同时国会议员于三个月内,自行集会,组织总统选举会,行次任大总统之选举。

第六条　大总统应于任满之日解职。如届期次任大总统尚未选出,或选出后尚未就职,次任副总统亦不能代理时,由国务院摄行其职务。

第七条　副总统之选举,依选举大总统之规定,与大总统之选举同时行之。但副总统缺位时应补选之。

附则:

大总统之职权,在宪法制定以前,暂依《临时约法》关于临时大总统之规定①。

十一、正式大总统、副总统的选举

10月4日宪法会议通过了《大总统选举法》案后,接着即开大总统选举预备会。议定:1. 以宪法会议议场即众议院议场为总统选举会会场。2. 以宪法会议主席即参议院议长王家襄为选举会主席,有故不能到时以宪法会议副议长即众议院议长汤化龙代理之。3. 以10月6日为大总统选举日。4. 以大总统选出的次日为副总统选举日。5. 投票方法。不在本席次写票,在演台左右设临时写票处。6. 由参、众两院

---

① 《政府公报》民国2年10月16日。

以抽签的办法各抽出 8 名发票、开票、检票员。7. 开票与参观。开票时可以参观,其规则适用众议院旁听规则。但投票时,无论何人不准参观。

　　二次革命爆发后,1913 年 7 月 21 日袁世凯宣布了全国戒严令。9 月 25 日众议院常会通过了议员李载赓等提出的《咨请政府宣告解严》建议案,咨送政府。但政府以各种理由搪塞,并不解除京津地区的戒严。要选举正式大总统了,如不解严,在戒严状态下选举大总统,这在世界上实属罕见,说明当时并不具备大选条件。10 月初,众议员乌泽声、陈廷策、毕维垣、易宗夔等依据《议院法》第 40 条,就戒严一事提出质问书质问政府:"前因南方乱事,政府颁布戒严令。乱事已平,至今尚未解除。现在《大总统选举法》案宪法会议已将议决,正式总统即日选出。各国承认亦准备进行。果使中华民国第一任正式大总统产生于戒严期内,宁不贻诮世界?本院议员李载赓等提出建议案请政府解严,已于 9 月 25 日议决咨送政府。政府对于此项建议案尚未采纳施行。究竟政府何日解严?兹依据院法第 40 条,提出质问书,限即日答复。"①但不管建议案也好,质问书也好,袁世凯就是不解严。大总统选举就是在戒严状态下进行的。这真是一个天大的笑话。袁为了搞独裁,竟然连脸面都不顾了,坚持戒严状态下,让国会选自己为正式大总统。

　　10 月 6 日为大总统选举日。这一天,北京全城三步一岗五步一哨,荷枪实弹的军队、警察和便衣侦探遍布街头巷尾巡查。选举会场的众议院门前事先已扎起彩坊,悬挂国旗与彩旗,场面壮观。京师警察厅和拱卫军联合派出的军警早早就来到众议院"保卫"国会。此时,拱卫军司令李进才和后路统领刘金标改穿便衣,率便衣军警数千人,自称"公民团"将国会团团围住,除外国记者和外国参观者外,所有入场的人只准进不准出。在屋顶和会场两墙外的高处均布置有岗哨监视会

────────

①　《申报》1913 年 10 月 8 日。

场。故选举会场不但显不出丝毫的喜庆气氛,反而显现的却是一片紧张、沉闷的气氛。

各国使馆特派人员、日本和西方各报社驻北京的记者及通信员、中国各大报纸的新闻记者均到会场。旁听席坐满了中外参观人员,中国妇女界到会参观者30余人。演讲台下两旁的国务员席、政府委员席均铺上了红桌布,并备有笔墨,改为议员投票时写票处。

会议定于8点开会,但直到9点才足法定开会人数。会议主席王家襄在会议一开始即宣布议员不得自由离去。

按预备会议的决议,选举会首先用抽签法抽定参、众两院各8名发票、开票、检票员。抽签的结果,参议院8人为:陈铭鉴、何海涛、杨喜山、富元、王湘、阎光耀、刘光旭、马良弼。众议院8人为:黄裳吉、彭占元、邱国翰、徐傅霖、韩胪云、周庆恩、张浩、侯效儒。

抽签结束后,旁听者退场,封闭议场。正欲发票时,有议员发现旁听席上有人,全场哗然。经查,原来是议院的工作人员。于是有议员动议撤走秘书、速记员及各项事务员。主席付表决,动议通过。于是会议主席令为会议服务的工作人员等全部退出会场。

10点钟,主席宣布开始投票,方法为参议院先投,众议院后投,每12人为一组,按组领票、写票、投票。由主席每次点唱12人到演讲台写票处写票。第一轮投票时,已投完票的议员急欲出场,主席立即予以制止。第一轮投票结束已是中午,但选举会并未准备午餐。进步党本部送来二担面包点心,包围议场的“公民团”不让送入选举会场。送饭人解释说是给拥护袁总统的进步党议员送的饭,经“公民团”核实后才准送入。国民党议员大都饿着肚子蹲在选举会场。有的议员饥饿难忍,要求上街买点食品充饥,“公民团”把住前后大门,一个不让出,并大声叫喊:“今天不选出我们意中的大总统,就别想出院!”平时能言善辩、能打能闹的议员见“公民团”外虽罩便衣,但军裤、皮鞋和短枪赫然可见。秀才遇见兵,自然不敢争辩,只好退回。更苦了议员中的一批瘾君子,如孙毓筠、籍忠寅、田应璜、张汉、廖宗北、彭邦栋等,烟瘾发作,涕泪满面，丑态百出。要求离开会场抽几口过瘾，自然亦遭"公民团"之呵斥。下午快2点，旁听者允许入旁听席参观唱票、计票。第一次投票结果：在场议员759人，袁世凯得471票、黎元洪得154票、伍廷芳得33票、孙文得13票、段祺瑞得10票、康有为得10票、梁启超得5票、唐绍仪5票、王人文3票、王赓3票、岑春煊2票、孙武3票、熊希龄2票、贡桑诺尔布2票，汪兆铭、朱瑞、张绍曾、王正廷、蔡元培、郭人漳各1票。投票总数四分之三为570票，无人超过，无人当选①。

　　进步党、公民党议员要求不要散会，继续进行第2轮投票。议场已被"公民团"包围，无人能出去。议场旁听席上也满布穿制服的军人和警察，故议员们亦均不提异议，于下午3点进行第二轮投票。下午5点半，第二轮投票结果始出来：袁世凯497票，黎元洪162票，伍廷芳24票，孙文13票，袁克定4票，康有为3票，岑春煊2票，刘冠三、袁乃宽、王赓、朱瑞、王家襄、张謇、汤化龙、张勋、唐绍仪各1票。第二次投票总人数为745人，以四分之三即559票为当选，第二次投票均无人当选，自然要进行第三次决选投票②。

　　这时很多议员又累又饿，一些议员大叫：肚子饿了！不能再枵腹从公了！主席王家襄沉重地说：本席和诸位一样未曾吃饭，只有再忍数小时。且根据卫队长报告，"公民团"已几次想冲进来，若再拖延，门禁恐难维持。

　　一些旁听席上的中国人和中国各报社的记者也空腹一整天，一个个饥肠辘辘，欲出门购物充饥而被军警捕去者不乏其人。《北京日报》主笔金兰亭采访选举会，自早上8点入会场到下午5点尚粒米未进，实在饥饿难忍，欲出会场买点心充饥，被门外的"公民团"疑为逃席议员，将金逮捕押解到军政执法处，加上手铐脚镣，打入牢房。金高声剖辩，并出示记者有关证件，由执法处承审员查问核实确系记者而非议员，才

①　《申报》1913年10月12日。
②　《申报》1913年10月12日。

予以释放①。袁世凯及其党羽们真如绑票的江洋大盗,竟演出这一幕绑票勒索不给饮食的不人道丑剧。

下午5点40分,进行总统选举第三轮投票,即在得票较多的袁世凯、黎元洪二人中决选。投票程序与前两轮基本相同,只是为了节省时间,将12人一组改为20人一组,以加快写票、投票速度。晚7点50分,第三轮投票结果出来:投票总人数703人,袁世凯得507票,黎元洪得179票,废票17张(未投袁、黎的票均为废票)。按《大总统选举法》第2条规定,决选"以得票过投票人数之半者为当选"的规定,主席王家襄宣布袁世凯当选为中华民国第一任正式大总统。议场中并不激动,掌声寥寥,倒是一片伸懒腰打哈欠和慨叹之声。此时议场突然一亮,犹如白昼,接着,霹雳一声响,全场议员以为是炸弹爆炸了,均抱头逃命,十分狼狈。其中有多人失足而被践踏。后仔细查看,原来是一西人未经议长许可,偷着用镁闪光灯照相,影机火裂造成一场虚惊。众议员大骂照相者无赖不止,同时纷纷责问主席,主席默无一言②。主席最后宣布:袁世凯当选为正式大总统,对于其个人应以总统选举会之名义送达当选证书,此项公文明日即行送出。至对于政府之公文应俟副总统选出后一同送达。7日下午1时开副总统选举会③。

当一得知袁世凯当选为大总统,包围会场的"公民团"高呼大总统万岁之声震耳欲聋,和选举会场冷清的场面成了鲜明的对比。

10月6日这一天,当正式大总统心切的袁世凯一直密切关注着选举的情况。总统府秘书长梁士诒始终未离开办公室一步,一直注视着正在进行的选举。到下午亦未见结果。袁也沉不住气了,一再追问选举的结果,梁不敢将选举的实况告袁,只是含糊地回答选举正在顺利进行之中。等到报告袁、黎决选时,袁更十分着急,坐立不安,踱来踱去,绕室彷徨,直到最后选举揭晓,方安静下来。这可能是这位大独裁者自

①　《申报》1913年10月12日。
②　《盛京时报》1913年10月10日;《申报》1913年10月8日、12日。
③　《申报》1913年10月12日。

知坏事干得太多,对自己能否当选没有信心的缘故吧。

正由于袁自己没信心,才动用军警假扮"公民团"。使用"公民团"这种手段始于袁,其后的继任者又一再沿袭这一卑劣的作法,演出了一场场丑剧。当然,为当选正式大总统袁也用金钱收买一些有影响的议员,收买选票,据传每张选票甚至高达 6 000 元,袁为此花去了几百万元。虽然不如后来的曹锟所用的贿选金额大,但民国的贿选是自袁开始的。时评:袁世凯是用了七分武力、三分金钱才当上的正式大总统。

10 月 7 日下午 1 时,在众议院举行副总统选举会,这天再无"公民团"来捧场了。其投票方法和程序同大总统选举。选举结果:黎元洪610 票,阎锡山 17 票,伍廷芳 15 票,贡桑诺尔布 10 票,徐世昌 7 票,张绍曾 5 票,段祺瑞 4 票,赵秉钧 4 票,张謇 3 票,张继、蔡锷、蔡元培、朱瑞、孙文、黎天才、冯国璋、袁克定、谷钟秀各 1 票。当日出席议员 719人,四分之三为 530 人,黎元洪得票过四分之三,主席宣布黎元洪当选为中华民国第一任正式副总统。全场掌声雷动,与 6 日形成了鲜明的对比①。这倒不是因为这位"黎菩萨"威望有多高,而是议员们对袁世凯不满的再次发泄,抬黎以贬袁。

新共和党人以黎元洪第一轮投票即大大超过法定的四分之三票数当选,全是本党活动的结果为由,向黎邀功。黎自然只好赞许新共和党人的忠诚,赏赐有加。这也是大选中一则趣闻。

10 月 8 日,大总统选举会主席王家襄、副主席汤化龙率领一乐队将大总统证书送到总统府,并举行了简短的仪式。王家襄手捧证书向袁世凯致词:家襄、化龙谨代表两院议员致送公举证书于大总统。袁接过证书说:世凯老朽,兹任重大,既承两院公举,义不敢辞。乐队奏乐。一场小小的仪式结束,王、汤 2 人率队而回②。

10 月 10 日,袁世凯发布命令:王家襄给予一等嘉禾章。这自然是

① 《申报》1913 年 10 月 12 日。
② 《申报》1913 年 10 月 10 日。

对王在选举中所卖力气的回报。但一个参议院议长由总统颁令给予奖章,可见袁把自己凌驾于最高立法机关之上。

和所有的军阀一样,黎元洪深知有兵才有权,有地盘才有根基。黎被选为正式副总统后,袁世凯4次电黎进京,要黎10月10日在京宣誓就任副总统职。黎以种种理由婉拒,就是不肯离开老巢半步,终于坚持10月10日在武汉宣誓就任副总统职。这样,王家襄只好于10月下旬亲自专程赴武汉给黎元洪送副总统证书。黎想故伎重演,再度在武汉遥领副总统之职。但这只是黎个人的如意算盘。形势已经变化了,上一次遥领副总统职之所以能如愿,是当时国民党在南方几省的军事力量尚在。为了对付国民党,袁必须拉住黎,故允许黎的军事力量存在,允许黎在武汉遥领副总统职。二次革命,袁拉住黎共同摧毁了国民党在南方的军事力量。在袁看来,不但黎这个帮凶和盟友的利用价值没有了,而且黎以副总统兼湖北都督,手中握有一支军队,雄踞中原要冲,是自己的心腹之患。剥夺黎手中的军权将黎调出老巢,由北洋派取代其在湖北的权力便是袁摧垮国民党后的第一个重要的政治目标,自然不会再让黎遥领副总统一职了。12月8日,袁世凯派心腹、陆军总长段祺瑞到武汉促黎元洪入京。12月9日,在袁的心腹陈宧等的挟持下,黎离开湖北登车北上。北洋军阀立即插足湖北,将湖北纳入北洋势力范围。12月10日,袁世凯任命段祺瑞暂兼代湖北都督,以便完成改造湖北军队,以北洋军全面控制湖北的程序。

黎元洪既失军权又失地盘,成为傀儡。入京后,连自由都丧失了。黎元洪既非北洋系,即非袁嫡系,却在镇压国民党中自觉地死心塌地地成为袁的重要盟友和帮凶,到头来自然只有落得一个兔死狗烹的下场。

袁世凯的就任正式大总统的典礼定在中华民国国庆日即10月10日举行。袁本应到国会宣誓就职。但袁本来就蔑视国会,不愿赴国会。再加上出于安全考虑,不赴国会宣誓就职,而选择过去皇帝举行登极大典的太和殿举行就职典礼。这也流露了袁羡慕以前皇帝登极大典的隆重,自己也想过把瘾,同时作为以后称帝的预演,可见袁的皇帝梦早已开始了。原定袁完全仿照皇帝登极的形式,坐北朝南,文武官员、议员、各国公使站立两侧。但国会力争议员席位应设在北面向南居中的位置,认为民国以民为主,总统就职原系向全国国民代表的议长和议员宣誓。议长、议员的席位应设在北面向南居中处,听取总统誓词,万不可侧居客席,贻讥世界。袁坚持其非坐北朝南不可,最后折衷,议员立于南面居中,袁坐北朝南,足见袁称孤道寡的决心。其实,国旗代表国家,总统就职应对国旗宣誓,议员只处于证人的地位,面对宣誓人有越出证人身份之嫌。

10 月 10 日紫禁城一带戒备森严。新华门至长安门由拱卫军后路警卫。中华门至东、西长安门南一带由拱卫司令部卫队警卫。玉带桥两旁东西长安门北一带由总统府卫队一营警卫。天安门内至太和门由拱卫中路第 3 营警卫。东西三门及长安街各便门由警察厅警备。天安门前站立二军乐队,一队身穿红色制服,一队身穿蓝色制服。大总统、国务员、公使团均由天安门进入紫禁城,其余观礼者均从东华门、西华门入。袁世凯这天身穿淡蓝色的陆军大元帅服,乘坐华丽的金漆朱轮双马车,由 10 余名军官随侍,于 10 点过一点到天安门。军乐队奏乐以迎。袁于金水桥下马车改乘 8 人抬的大彩轿进入保和殿休息,完全是一派皇帝的派头,哪有点共和国总统之味道? 10 点 55 分,赞礼官宣布总统到。这时穿戴金线军装、蓝制服、佩军刀的 320 名军人雄赳赳地进入太和殿,分两排站在东西两席前,形成一条警戒通道。接着侍从文官梁士诒、夏寿田和侍从武官荫昌、唐在礼,分别乘 4 人抬的大彩轿进殿。最后袁世凯乘 8 人抬的大彩轿进殿。下轿后,袁由 4 侍从簇拥登上就职台,随员捧盘进誓词。袁宣读誓词:“余誓以至诚,遵守宪法,执行大总统职务,谨誓。”接着袁宣读宣言书,略称“余不才,忝居政界数十年,向持稳健主义,以为立国大本,在修明法度,整饬纪纲,而后应时势之所宜,合人群而进化。故历办革新诸政,凡足以开风气者,必一一图之。但余取渐进而不取急进,以国家人民之重,未可作孤注之一掷。……盖余亦民国一分子,耿耿此心,但知救国救民,成败利钝不敢知,劳逸毁誉不敢计,是以勉就兹职"。对于国家建设,袁强调以道德为本,法律为用。袁要求"全国人民注意实业,以期利用厚生,根本自固"。提出"输入外国文明教育"来振兴我国的教育事业。"输入外国资本,以振兴本国实业"的主张①。读毕,由外交团领袖柏新德致贺词,袁致答词。袁并与各国公使握手晤谈约半小时。清皇室代表溥伦先代表清帝致祝词,接着自拟祝词,袁致答词。就职典礼进行时,鸣礼炮101响致贺②。

议员们则一直站在太和殿的南面居中。此时袁的正式大总统已到手,故同时也就下定了踢开国会的决心,所以也未让议长代表国会致贺词。

整个就职典礼在浓浓的封建气息中进行。

典礼结束后,上天安门阅兵。袁乘双人肩舆上天安门,和陆军总长及外交团阅兵。段祺瑞、王士珍、荫昌、段芝贵、唐在礼5人陪同检阅。各受阅部队列队走过天安门。计有步兵7个团、机关枪连4个,炮兵连3个,骑兵中队4个,共2万多人。尽管下着小雨,道路泥泞,但各受检阅队伍穿上崭新的服装,步伐整齐,精神饱满地通过天安门,军容甚为壮观。各国公使啧啧称赞中国军队大有可为。阅兵式下午1时结束③。

晚上,袁世凯在总统府设宴款待驻近畿北洋军官,营长以上均出席,有数百人。同时外交总长孙宝琦在外交部迎宾楼举办盛大晚会,招待达官显贵和外国公使及夫人。

十二、宪法起草权的争夺

宪法是国家的根本大法。它规定一个国家的社会制度、国家制度、

---

① 《袁大总统书牍汇编》,第5—11页。
② 《盛京时报》1913年10月15日。
③ 《盛京时报》1913年10月15日。

国家机构、公民的基本权利和义务等一系列最根本的原则性问题。宪法具有最高的法律效力,是制定其他法律的依据。在大多数国家,宪法都是按照特别的严格的程序来制定的。有的国家由最高权力机关通过复杂的程序来制定宪法。有的国家则成立专门的制宪 机构如制宪会议、宪法起草委员会来制定。美国于 1787 年 5 月在费城举行由 55 名代表组成的制宪会议,起草美国的宪法。法国第一部宪法——1791 年宪法是由 1789 年成立的制宪议员工会负责起草的。起草好的宪法必须由立法机关或最高国家权力机关以全体组成人员的三分之二或四分之三的多数通过才为有效。有的国家还要经过全民讨论或公决。可见,大多数国家制定宪法的程序是严格而复杂的。

尽快制定一部中华民国宪法来维护资产阶级共和制,对维护国家的稳定和统一是十分重要的。宪法和每一个阶级、每一个政治集团及每一个人的切身利益密切相关。故各方对制定宪法一事十分关注。宪法制定的程序是十分复杂和严格的。也就是说,是一件费时费力的最重大的立法工程,必须尽早着手。还在第一届国会选举开始后不久,即在第一届国会正在热火朝天地进行选举战时,1912 年末,各方就在酝酿宪法的起草。

尽管《临时约法》第 54 条规定:"中华民国之宪法,由国会制定。"《中华民国国会组织法》第 20 条规定:"民国宪法案之起草,由两院各于议员内选出同数之委员行之。"明确地规定了由国会起草宪法。参议院用了半年的时间才将《中华民国国会组织法》、《参议院议员选举法》、《众议院议员选举法》案议决,且在临时大总统的一再催促下,才完成的。制定与通过宪法的工作量很大,所需的时间更长,国会的议事效率又如此之低,尤其是参议院无原则的党派争斗不休,若引入宪法的起草和议决,宪法能否制订尚未可知。加之参议院自 1912 年 12 月下旬以后就已严重的不景气。常因人数不足无法议事,流会极多,成会极少,亟待议决的案件大量积压于参议院。尽管舆论讥讽,政府催促,却仍无起色。议会的声誉大降,人们对国会制宪能力缺乏足够的信心。

从 1912 年末开始,主张成立专门机构来起草宪法的议论日起。尤其是宪法关系到各政治集团的利益,故纷纷争夺宪法的起草之权。1912 年 12 月,在法律专家章士钊的谋划下,江苏都督程德全致电临时大总统袁世凯,建议设立专门的宪法起草委员会起草宪法案,以便交明年的国会讨论议决。袁鉴于《国会组织法》第 20 条之规定,宪法由国会起草,回电程表示为难。章士钊则帮程德全起草致各省都督电文,鼓吹设立专门的宪法起草委员会尽快起草宪法案。此电报 12 月 22 日发给各省都督。电文中说明宪法草案不能由国会而应由专门的制宪机构来起草的理由及办法:

> 惟立法起于福国利民,苟对于国利民福而有所商榷修改,则揆之立法者本意,必无所连。以是德全终敢渎陈,冀得诸公赞同,共图挽救。夫宪法必由国会起草,表面虽似合共和原理,而实质上其弊甚大。编制法律最须特别学识。讨论宪法尤须极冷静之头脑、极专一之心志与应有尽有之时间。将来国会议员固不乏特别学识之才,惟国会中立法事件极为纷繁,再益以最重之宪法草案,其不能得宽闲之时间,静一以求之,是可断言者。德全之为此言,非薄视国会也。国会程度之高,如美之康格雷可以观矣。其宪法亦且为近世共和政治之初祖。而当开国时康格雷即认定编定宪法非别机关不可。于是由各州推举代表特开宪法会议于费拉德费亚,与国会职务不相混淆。与会者皆一时名俊,为国会诸贤所不及。美利坚宪法遂永为共和立宪之楷模,法兰西视之远有逊色。前例昭昭,不可不鉴。吾人议设之起草机关,较之费拉德费亚会议权限大小何若,虽待评论,然草案终须由国会通过,无损国会固有之权。揆之《约法》第 54 条,宪法当由国会制定,定无违反;即准之第 20 条慎重起草之本意,不能谓之相背,适可谓其相成。德全无似,拟建议由各省都督联合呈请大总统向参议院提议,仿美国各州推举代表之例,由各省都督各举学高行修识宏才俊之士 2 人,一为本省者,一为非本省者,集为宪法起草委员会。草案既立,然后提交国

会再行议决。此大略也。其办法则由大总统提出《国会组织法》第20条修正案并同时提出宪法起草委员会法案，要求参议院通过。德全之愚，以为欲求宪法之完密，非此莫可。诸公关怀大计，夙所倾倒，特此通电，敢求俯赐赞成，联名建议。想参议院诸君为国尽瘁，必无成心，求其同意，当亦不难也。伏维垂鉴，迅速电复①。

此电倒也言之成理，且又举出可借鉴之先例。

浙江都督朱瑞于12月27日回电程德全，响应程22日电中所倡议的成立宪法起草委员会的主张，并进一步献策说：

> 如宪法之重大，即使委员会立有完全草案，能保其一字不易如案通过耶？设议决之际，少有增删，则毫厘之差千里之失，又将何以纠正之？故鄙意以为尊电所论固宜协力进行。即使所图不成而为补助纠正之计，犹宜于北京设一宪法研究机关，调取各国成规，熟考各国历史，待来年议决宪法之时，每议一条，加以评论，逐日印刷，广为分布。其善者则鼓吹，以促国会之通过；其不善者则说明，以促国会之反省。闻中央立法机关之议决往往随新闻论说为转移②。

朱瑞的电报将程德全的电报未能尽言的话和盘托出，以行政干涉立法之心暴露无遗。这也是行政争起草宪法权的根本目的所在。

袁世凯要搞独裁，《中华民国临时约法》就是其独裁道路上的一大障碍。故袁对《临时约法》十分不满，认为他对自己的束缚太甚。1912年11月《俄蒙协约》签订后，袁却认为是《临时约法》对其约束之过才造成这种局面。他在会见国民党人白逾恒、仇亮、沈佩贞、景耀月、林述庆时，竟大发对《临时约法》的牢骚，说："现在《俄蒙协约》发表，舆论激昂，群以推倒政府号召国人。其实予甚赞成，并非好激愤之言。诸君要

① 《申报》1912年12月27日。
② 《申报》1912年12月30日。

知,自南京参议院厘定《临时约法》,限制总统之处甚多。予一举一动时时为遵守约法之故,至有许多事左牵右制,不能放手去做。至于今国事日危,予临于四面楚歌之中。长此以往,危险万状,亡国之谶,恐不幸而言中矣。予甚愿早息仔肩,勿使亡国之事出于袁某之手。"①其对《约法》的不满溢于言表。制定一部袁世凯满意的宪法以便其搞独裁便是这位独裁者梦寐以求的事。江苏都督程德全1912年12月提出的成立宪法起草委员会的主张,正迎合了袁世凯要控制宪法起草权和决定权的要求。袁决心利用各省都督为巩固自己的地位而不希望由国会单独把持制定和议决宪法权的心理,调动他们来干预国会的制宪。于是在1913年初再通电各省都督,让他们就程德全的主张各抒己见,详细条陈,并选派代表来京,在总统府开特别会议,研究宪法的起草。这样,云南、浙江、河南、陕西、奉天、吉林、湖南、江西、山东、广东、安徽、直隶、甘肃、四川、贵州、新疆、黑龙江等十几个省的都督纷纷通电赞成成立宪法起草委员会的主张。有了这些地方实权派的支持,本来就想控制宪法起草权和决定权的袁世凯更坚定了专门成立宪法起草委员会的决心。于是让法制局起草了《编拟宪法草案委员会大纲》案,其主要内容:1.本会专为拟纂宪法草案,以为提交国会之准备。2. 本会设立于北京。3. 委员之组织:由国会选出8人,国会未开会以前以参议院代之;国务院举出6人;各都督举2人;各省议会举1人。4. 以3个月为度,委员到有三分之一即行开会。5. 经费由中央政府及各省分任。6. 本会详章另订②。

　　1月26日临时大总统将该案连同《修正国会组织法》案即将国会组织法第20条修正为"民国宪法案之起草,由宪法起草委员会行之"咨送参议院。由于参议院人数不足,一再流会。2月3日勉强开成一次会外,2月份未能再开成会。3月3日,参议院常会勉强足法定人数,

---

① 《盛京时报》1912年11月26日。
② 《申报》1913年1月27日。

对上述二案进行一读。国民党议员覃振以该案违反《临时约法》第54条,应退回政府。共和党议员刘崇佑主张凡政府提案依《议院法》应付审查,主张付审。张耀曾起而发言侃侃而谈:"现在此案尚不能云赞成、反对。当视其提出之案其手续合乎法律否。若合乎法律,则本院亦应照法律手续办理;若不合乎法律,则本院不照法律手续办理而取消之,亦无不可。此案政府提出手续本无不合法律之处,但其内容本系关于《约法》。《约法》规定宪法起草权在国会。《国会组织法》规定宪法由两院起草即本由《约法》而来,则政府应当先提出修正《约法》案,再提出此案,方为合法。今政府不过提出修改《国会组织法》案,不知宪法起草本根据于《约法》,则自应先行修改《约法》而后可,万不能置《约法》于不理而遽提出《编拟宪法委员会大纲》案,则本院即可不必拘于法律手续,现在即行退回,亦无不可。"共和党议员刘崇佑、汪荣宝仍发言坚持应付审查。国民党议员李肇甫发言坚持不付审查,并说此案不能成立的三条理由:1. 政府提出此案当先提出修改《约法》案。2. 此案本根据于各省都督来电,并非真为政府所提。3. 不付审查即行取消,本院因有前例。双方坚持己见,议长以付审查表决,赞成者少数,否决。刘崇佑诘问议长违法。议长说:"本席并不违法。盖本席无要求议员非赞成付审查不可之权也。"这时国民党议员厉声说:"提案为违法,违法案亦付审查,若大总统提出改中华民国为中华帝国亦应付审查乎?"①会场吵吵嚷嚷,议长宣布休息10分钟。休息过后人数不足,只好散会。参议院再成会时已是3月14日,勉强开成会后,由秘书将起草好将《编拟宪法委员会大纲》案退回政府的咨文朗读,进行文字修改后咨送政府,其理由主要是该案与《临时约法》第54条显有抵触。政府接到咨文后,又于3月15日备咨文给参议院,要求复议。参议院在其解散前,再未议过此案。

　　袁世凯在1913年1月26日将《编拟宪法委员会大纲》案咨送参议

---

①　《盛京时报》1913年3月7日;《申报》1913年3月8日。

院的同时就致电各省推举宪法委员,国务院在2月上旬即举出委员李家驹、汪荣宝、杨度、黎渊、张煜、张耀曾(张坚辞)、马龙等,并由这些人拟定办法。并决定如《编拟宪法委员会大纲》案在参议院不能通过即改名宪法研究委员会。3月1日,宪法委员会开会,因各省推举的委员尚未到齐,不足三分之一,未能开议。当天推举马相伯(良)为名誉会长。3月8日开第1次正式会,由于参议院否决了《编拟宪法委员会大纲》案,宪法委员会改名宪法研究委员会,3月中旬选举杨度、马良为宪法研究会的正、副会长,并聘一些法律界专家为顾问。宪法研究会作为政府编纂宪法的机关,主要由军阀、官僚、政客组成,它与国民、共和、统一、民主四党成立的宪法讨论会相对抗。它迎合袁世凯集权的要求,制订宪法草案。但国会的四个政党一致坚持《临时约法》和《国会组织法》中的宪法由国会起草的条文,故宪法研究委员会也就只能勉强维持下去。到8月23日开最后一次会,前后5个多月,将《宪法大纲草案》制定,并按袁世凯6月24日给该会函中所提的办法,以宪法研究委员会的名义用意见书的方式将《宪法大纲草案》送国会。该大纲共24条:

1. 对于领土取概括主义。

2. 统治权属之国家。

3. 对于蒙藏之治理,根于习惯,得以特别法律定之。

4. 行政部之组织采用内阁制。

5. 大总统对于两院所议之议案有复议权及中止权。

6. 大总统有颁布紧急命令权。

7. 大总统有任命国务员及外国公使权,不必经国会同意。

8. 大总统有停止议会权。每期不得过二次,每次不得过十五天。

9. 大总统得参议院同意,有解散众议院权。(并主张改变《参议院组织法》)

10. 大总统任期七年,得连任一次。

11. 大总统由国会选出。

12. 大总统非大逆不道,不负责任。

13. 中华民国之行政最高权委任之于大总统,而内阁总理及国务总长辅助之。内阁总理及国务总长皆为国务员。

14. 国务员对于众议院负政治责任。

15. 国会组织采两院制。

16. 参议院之选举加入县议会。

17. 两院议员在任中不得兼为国务员。

18. 召集国会属之宪法。以每年一月第二星期第一日开会,会期四个月,但可延长。

19. 众议院有弹劾国务员权。(议员四分之三以上出席,出席议员三分之二可决)

20. 国务员被众议院弹劾后,参议院组织特别法庭审判之。

21. 预算案先交众议院。

22. 两院议员之薪俸取日给主义。

23. 行政诉讼设平政院判断之。

24. 义务教育规定之宪法①。

显然,上述大纲扩大了大总统的权力。

由于宪法起草和决定权涉及到国会的权益,即涉及各党的权益,各党自然密切注视着政府在争制宪权的一切活动,并一直筹商对策。尽管国民、共和、统一、民主四党在参议院争吵不休,勾心斗角,但面临权益被侵犯时,四党决心在制宪问题上联合起来与政府对抗。1913 年 1 月 17 日,民主党党魁汤化龙在中华饭店邀请其他三党负责人商定对策,决定四党共同组织宪法讨论会,共同研究提出宪法上的重大问题,预先在讨论会中协商解决。这样既可免去国会开会时无谓的争议,又可免去各党之间的很多猜疑与误会,便于一致对抗宪法研究会。四党在 1 月下旬即将宪法讨论会简章订妥:1. 本会以讨论宪法上各种问

---

① 《申报》1913 年 8 月 25 日。

题,预备国会之提案为宗旨。2. 本会以共和、统一、国民、民主四党中各推出 8 人之党员组织之。3. 本会以每星期二为常会期,但得开临时会议。4. 第 2 条所列四党皆有提出议题之权。5. 凡议题提出后,各会员应报告各本党,于下会期开会时陈述本党之主张,公同讨论。6. 讨论终结应将各党之主张及理由详记于记事录。7. 会议时以会员 1 人为主席,主持会场秩序。主席由各党之会员轮任之。8. 本会公推会员 2 人为干事,掌理会务。9. 本会聘用书记员 1 人、庶务员 1 人,分掌一切事件,由干事指挥之。干事得因必要情形临时雇用人员。10. 本会经费由四党平均负担。11. 本会以国会制宪宪法之日解散。12. 本会章程经二党以上之提议得公决修改。① 四党依据此章程,每周均举行常会,各党提出议题,共同讨论协商。并公推由共和党议员汪荣宝和国民党议员易宗夔为宪法讨论会干事。宪法讨论会主要是讨论宪法中的大问题,而并非起草宪法。如大总统的权限、任期、选举方法;实行内阁制还是总统制;总统有无解散议会之权;任命国务员是否需要通过国会的同意;地方制度等原则性的问题,以便供正式国会开始后的宪法起草委员会参考。通过四党在宪法讨论会中的协商,以尽量免除国会制宪时各党之间的矛盾与冲突。当然,宪法讨论会的最主要目的是与宪法研究委员会对抗,以保证国会起草宪法的权力。正由于国会各党意见一致,终于保住了国会起草宪法的权力。

十三、宪法起草委员会的成立

制定一部民国宪法是全国关注的大事,国会按《约法》和《国会组织法》的规定,坚持国会起草宪法。制宪的第一步便是选举宪法起草员,组成宪法起草委员会。

1913 年 5 月 10 日,众议院常会,议员张华澜就提出应赶紧会同参

① 《申报》1913 年 1 月 28 日。

议院议定宪法。6月7日,众议员何雯等向众议院提出《请速组织宪法起草委员会》案,提出"宜与参议院协商委员数额,从速选出,俾两院会合得以组织宪法起草委员会"。众议院为此事曾与参议院协商,众议院主张参、众两院各选出宪法起草员30人,参议院主张每院各选出宪法起草员20人。众议院想与参议院协商一致后再开会讨论,故此案到6月20日才列入当天的议事日程。参议员杨永泰等于6月初提出《民国宪法起草委员会编制法》案,6月9日参议院会对该案一读。有的发言主张不付审查即日开二读会,议决后咨送众议院求同意。有的主张先与众议院协商后再提出,以免众议院若也有此项提案提出,而出现不一致,只须将宪法起草委员会人数规定后通知众议院,众议院同意后,成立宪法起草委员会,宪法起草委员会的规则等其他事项由宪法起草委员会自行议定。有的认为应先规定宪法起草委员互选规则,否则宪法起草员无法选出。当日基本上议定参、众两院各出20名宪法起草员,与众议院协商后再决定。6月11日参议院常会,杨永泰动议将自己的提案搁起,先将宪法起草员人数议决后通知众议院求同意,参议院再选出本院宪法起草员。议长将杨的动议付表决,多数赞成,可决。于是先讨论两院宪法起草委员人数。众议院主张每院30人,参议院上次主张每院20人。讨论时,议员发言有主张30人,有主张20人,最后付表决,赞成每院30人者多数,可决。同时议决由议长指定5人起草《参议院互选宪法起草委员规则》。议长当即指定龚焕辰等5人为起草员。

6月23日,参议院常会。由龚焕辰对《参议院互选宪法起草委员规则》案进行说明后,即对规则案一读。议员简略讨论后,即议决不付审查,直接开二读会。

6月24日、25日,参议院常会,对《参议院互选宪法起草委员规则》案二读。逐条讨论。其中争议最大的是第2条。首先争论的是用单记投票法还是连记投票法。原案规定用连记投票法。单记投票法一张票只选一人,此法各党基本上能取得与其在国会中的议席比例一致的宪法起草委员名额,对小党有利,故议席少的党的议员发言多主单记投票法,议席多的党的议员发言多主连记投票法。进步党议员吴文瀚、陆宗舆、王家襄等发言主张单记投票法。国民党议员朱兆莘、金兆棪、蒋曾燠、韩玉辰、吕志伊等发言主张连记投票法。最后付表决,赞成单记投票法者50人,少数,否决。这样,仍按起草委员会所定的办法用连记投票法。连记投票法,一张票限制选举的人数,自然也关系着大党、小党能当选宪法起草委员的多少。一票所写的选举人数越多,对大党越有利,对小党越不利。原案规定用三分之二连记投票法,即每张票最多只能选20名宪法起草委员。进步党议员陈铭鉴主张每票限写12人,延荣主张用三分之一连记投票法,即每票限写10人,刘彭寿主张每票限写15人。国民党议员韩玉辰、吕志伊等发言赞成原案,即主张用三分之二连记投票法,各自说明理由。后付表决。赞成三分之一连记投票法者少数,否决。赞成每票连记12人者,少数,否决。赞成每票连记15人者,少数,否决。赞成三分之二之连记投票法者109人,多数,可决。显然,国民党在参议院占优势,故国民党主张用三分之二连记投票法,即每张票限连记20人获通过。这样,就可保证国民党参议员占据近20个宪法起草员的席位。这一条通过后,其他几条无太大争议,顺利通过二读。6月25日二读结束后,立即议决开三读会,对词句略加修正即全案通过。《参议院互选宪法起草委员规则》共4条,全文如下:

　　1. 本院依国会组织法第二十条之规定,与众议院各选出宪法起草委员三十人。

　　2. 前条委员由本院议员用无记名三分之二之连记投票法互选之,以比较得票多数者为当选。票同抽签定之。一次选举不足额时仍依前项之规定续选之,以足额为限。

　　3. 候补委员额限十五人,依前条之规定互选之。

　　4. 凡委员有不能就职或辞职者,应声明理由,经院议许可,以候补委员依次递补之。候补委员不敷递补时仍依第三条之规定补选之①。

---

① 　参议院秘书厅:《参议院要览》法令一第73、74页,中华民国8年12月订。

6月30日参议院常会,按《参议院互选宪法起草委员规则》选举参议院宪法起草委员30名。选举前表决通过了议员丁世峄凡选举票连记人数在20人以下者一律作为有效的动议。投票结果:

汤　漪(国民党)121票	金永昌(国民党)121票
杨永泰(国民党)120票	金兆棪(国民党)119票
蒋举清(国民党)117票	张我华(国民党)117票
朱兆莘(国民党)116票	宋渊源(国民党)114票
向乃祺(国民党)111票	金鼎勋(国民党)110票
石德纯(政友会)110票	蒋曾燠(国民党)110票
赵世钰(政友会)110票	吕志伊(国民党)108票
王用宾(政友会)108票	王鑫润(国民党)108票
车林桑都布(共和党)106票	高家骥(国民党)105票
段世垣(国民党)103票	饶应铭(共和党)97票
王家襄(进步党)93票	丁世峄(进步党)89票
王　赓(进步党)83票	蓝公武(进步党)82票
曹汝霖(进步党)81票	陆宗舆(进步党)81票
阿穆尔灵圭(共和党)78票	陈铭鉴(进步党)77票
解树强(进步党)76票	齐忠甲(进步党)75票
陈善(进步党)75票①	

齐忠甲、陈善并列倒数第一名。7月1日参议院常会,经抽签定陈善为宪法起草员。

7月2日参议院常会,用同样的方法选举出候补宪法起草员15人,选举结果如下:

卢天游(国民党)93票	刘积学(国民党)86票
田永正(国民党)86票	杨福洲(国民党)81票
程莹度(国民党)82票	杨　渡(国民党)78票

---

①　中华民国2年7月《参议院公报》第6册第26次会议速记录。

徐镜心（国民党）78 票　　袁嘉谷（进步党）77 票

刘映奎（国民党）76 票　　杨增炳（进步党）67 票

齐忠甲（进步党）54 票　　籍忠寅（进步党）52 票

姚　华（进步党）51 票　　李　槃（进步党）50 票

辛　汉（国民党）49 票①

6 月 20 日众议院常会，对何雯等人提出的《请速组织宪法起草委员会》案初读。此时参、众两院已商定每院各选 30 名宪法起草员，何案已显然过时，用何种方法选举宪法起草员才是应讨论的问题。但会议却纠缠在何案要不要付审查，要不要开二、三读会上浪费时间，大费口舌。20 日的会议上，进步党议员主张如何选举宪法起草员，可待参议院议决后参考参议院的办法以便两院一致。国民党则认为起草宪法与选举宪法起草委员的选举方法是两件事，后者是两院院内的事，不必求两院一致。争论直至散会。

6 月 23 日众议院常会，因何雯案无谓的争论占去很多时间，只好付表决。先以何雯案付审查进行表决，在场议员 450 人，起立赞成者191 人，少数，否决。既不付审查，要不要对何案二读，又生争议。有的议员认为此案已过时，无须二读。有的议员认为此案不能作废，当然要付二读会。两种意见争持，最后付表决，在场议员 473 人，起立赞成何案开二读会者 217 人，少数，过时的何案才被否决。接着对易宗夔提出的《宪法起草委员本院选举规则》案初读。易说明理由，主要说明为何用有限连记投票法。一读中又出现三种意见：一派主张付审查；一派主张不付审查，即付二读；一派主张不必付审查，即行取消，由议长指定本院宪法起草委员。最后付表决，赞成付审查者多数，可决。并由议长指定黄云鹏、孙钟等 15 人为审查委员。

6 月 27 日众议院常会。黄云鹏作《宪法起草委员本院选举规则》案的审查报告。审查报告对原案的重大修改主要是将有限连记投票选举

---

① 《盛京时报》1913 年 7 月 8 日。

　　参、众两院各选出宪法起草委员 30 人后,接着便是成立宪法起草委员会,即选举宪法起草委员会领导机构,选定议事地点,制定议事规则,便是起草宪法案之前必须完成的工作。为此,宪法起草员于 7 月 6 日和 10 日召开了二次谈话会,以为宪法起草委员会成立的预备。

　　7 月 6 日上午,宪法起草委员 60 人在参议院议场开第 1 次谈话会,推汤漪为临时主席。当日会议讨论的结果:1. 议决宪法起草委员会设委员长 1 人,理事 6 人。2. 议决由临时主席指定张耀曾(国民党)、王家襄(进步党)、夏同和(超然议员社)为《宪法起草委员会规则》起草员。3. 议决宪法起草委员会开会的法定人数为总额的三分之二以上出席,人数过半数为可决人数。4. 议决授意规则起草员按 1、3 条范围起草《宪法起草委员会规则》。

　　当日的谈话会对宪法起草委员会开会和办公地点议论纷纷。国民党议员多主张在京外,如西山、北戴河等地,其理由:1. 各国宪法起草地点均不在京城。2. 要留历史上之永久纪念,必择名胜之地。3. 在京外,则宪法起草员无应酬征逐之分心,可专心于宪法的研究。4. 宪法草案未经宪法起草委员会通过以前,易守秘密,以免外界干扰,而能起草成一有系统的宪法。

　　反对宪法起草委员会在京外择地开会者认为:1. 宪法起草委员会在京外,则参、众两院日常开会不能到会。2. 各宪法起草员在京多有兼任它事,不便远离。3. 如要求在名胜地制宪,不必求京外才有。由于后一种意见居多数,于是决定在京城起草宪法。

　　但在京城何处为宪法起草委员会制宪地点,有的主张在万牲园畅观楼,有的主张在北海团城子,有的主张在众议院用财政学堂的旧讲堂。但多数人既反对在参、众两院界内,又反对在万牲园,万牲园太远太偏,而属意于北海。于是议决由王赓查勘北海,看有无合用的房屋,下次开会时报告后再定①。

---

　　①　《盛京时报》1913 年 7 月 10 日。

7月10日下午2时,宪法起草员在参议院议场开第2次谈话会,仍推汤漪为会议临时主席。王赓报告查勘北海的情况:北海房屋虽多,惟现成适用的只有外交总长陆徵祥借用来避暑的几间,可能否令陆总长迁出尚是一问题。最后经大家讨论认为,一是不好意思让陆腾出房子,二是即使陆腾出亦未见够用。北海为会议地点只好作罢。孙润宇主张在天坛,曹汝霖、易宗夔主张在众议院,何雯、褚辅成主张暂时在众议院开会,再从容选择地点。赞成何、褚之说者多数。并议决所选开会地点必须具有两种便利条件:1.适中。2.现成。并由临时主席指定王赓、朱兆莘、曹汝霖、汪荣宝、张耀曾5人为勘视地点委员。并议决下星期一,即7月12日在众议院借用财政学堂旧讲堂召开正式成立大会。当日将起草好的《宪法起草委员会规则》分发各宪法起草员,以备以后的会议讨论①。

7月12日上午10时,宪法起草委员会在众议院开成立大会,到会宪法起草员56人,推汤漪为会议临时主席,推吴宗慈、蒋举清为临时书记。会议开始,朱兆莘即提议派定纪念品专员,司理留存纪念品物。说美国13州代表会议起草宪法时所用纸、笔、墨、册、本、桌、椅及一切器具现均存费城纪念室中供人参观。美国人尚恨当日保存纪念物品没有特别注意,故事后留下来的仅有此数。又恨当日影象、留声机未备,否则纪念物品不知增多几许。大家均赞成朱说。接着便讨论已起草好的《宪法起草委员会规则》草案。草案前面第1—9条,除第7条删去外,余各条均只对个别文字进行修正。但讨论到原草案第10条议决人数时,即起争论。原草案定为"出席过半数之一致成之",进步党、共和党、超然社起草委员反对草案的规定,要照国会组织法议决宪法的"非出席议员四分之三以上之同意不得议决"的规定。国民党、政友会的委员则认为起草宪法并不是议决宪法,只须出席会议人数过半之赞成即可议决,否则,宪法起草不知何时才能完成。二派争论,各持己见。

---

① 《盛京时报》1913年7月15日;《申报》1913年7月20日。

进步党委员以国民党委员坚持原案太不让步退席以抗议。政友会陈景南反对进步党的这一作法。进步党委员反唇相讥。共和党议员汪彭年大声警告国民党委员。国民党委员以牙还牙。进步党委员王印川斥责国民党和政友会委员,政友会委员陈景南离席挥动拳头,会上发生冲突。待秩序平静后,以各说付表决,均遭否决①。

7月15日宪法起草委员会开会,会议主席与书记同7月12日。继续讨论议决人数。国民党委员褚辅成、政友会委员孙钟提出主张,以总数过半数为议决人数,共和党委员主张五分之三为议决人数。以五分之三为议决人数付表决,只差一票过半数,被否决。以总数二分之一为议决人数付表决,赞成者45人,多数,可决。其他条款均无多大争议,全案通过。《宪法起草委员会规则》共18条,全文如下:

1. 本会设委员长一人,理事六人,由委员互选之。

2. 委员长用无记名投票法选举之,以得票最多者为当选,票同抽签定之。

3. 理事用无记名连记投票法选举之,以得票较多者当选,票同抽签定之。

4. 委员长主持本会一切事务,于会议时为主席。

5. 理事整理本会议事录及一切文件,于委员长有事故时,以名次列前者代行其职务。

6. 本会置书记、速记各若干人,由委员长临时雇用。但由两院秘书厅调用人员得酌给津贴。

7. 本会会议日期由委员长定之。先日将议题通告各委员。

8. 本会非有三分之二之出席不得开议。

9. 本会之决议以委员总额半数之一致成之。表决方法准用《参议院暂行议事细则》第四章第五节之规定。但对于第六十条

---

① 《盛京时报》1913年7月17日;《宪法起草委员会会议录》第一册,第6—11页。

及六十一条所规定人数均改为十人。

10. 会议时委员欲发言须起立呼主席并报明席次，按报名先后顺序发言。

11. 委员有提起修正之动议者，须具案提出于主席。

12. 同一议题提出数个之修正案时，其表决顺序以与原案相差最远者为先。

13. 委员长欲自与讨论时应临委员席，该讨论问题未决以前，主席由理事代之。

14. 理事在会议中发言、表决与委员同。

15. 本会委员一月内无故缺席至三次以上或请假至七次者，应通知各院解职另补。

16. 本会会议时，两院议员均得随时旁听。

17. 本会须用速记录随时分配两院议员。

18. 本规则自本会议决之日施行①。

7月19日上午，宪法起草委员会开会，按《宪法起草委员会规则》选举委员长、理事。出席委员51人，仍以汤漪为临时主席。委员长选举结果：

汤漪26票，王家襄25票，汤漪当选为委员长。接着选举6名理事，结果：蒋举清12票，杨铭源10票，王家襄8票，黄云鹏9票，夏同和7票，杨永泰5票，均当选为理事。

9月3日，王家襄当选为参议院议长后，辞去宪法起草委员、理事之职。9月20日补选理事，仍用无记名投票法选举，结果：李国珍19票，王敬芳8票，丁世峄4票，张耀曾2票，解树强2票，陈发檀1票，谷钟秀1票，废票1张。李国珍当选为理事②。

① 《宪法起草委员会规则》，《国会法规》。

② 《宪法起草委员会会议录》，宪法起草委员会第20次会议，民国2年11月出版。

权利、义务是否用列举之规定。3. 国会采一院制抑采两院制。附两院选举及权限。4. 行政之部组织采总统制抑采内阁制。5. 大总统选举方法及权限。6. 副总统应否设置。7. 国务员权限。8. 平政院应否设置。9. 审查法律权。10. 解释宪法权。11. 预算、决算、审计院。12. 宪法修正。

宪法起草委员会自8月2日第4次会至9月20日第20次会结束,共开了17次会议,将要讨论的12条大纲详细讨论,并一一付表决,表决结果如下:

1. 宪法中应规定领土,用概括方法规定领土。

2. 人民的权利、义务用列举法规定。

3. 国会采两院制。两院之组织不必悉依《国会组织法》的规定。待讨论的12条重要议题完全议毕,再议国会两院权限的异同。

4. 行政部之组织采内阁制。

5. 大总统由两院议员组成国民议会或国民公会选举。须议员总额的四分之三出席,出席议员三分之二之票数为当选。二次投票不足额时,取票额较高者二人决选,以比较多数者为当选。大总统任期六年,不得连任,得再任。大总统任命国务总理须得众议院同意。大总统得参议院出席员的三分之二以上之同意,可以解散众议院。大总统为保持公共之安全,值非常灾变,限于紧急不能召集国会时,可以国务员连带负责,得发布不抵触宪法之紧急教令,此教令至次期国会开会时,当于第一星期内提出,求其承认。否则,除失其效力外,国务员仍负责任。大总统有复议权,但须过出席议员三分之二之可决,能维持前案。大总统经国会同意得宣战。但为防御战争时,先宣战再来国会追认。大总统缔结条约之权概括列举。大总统可以缔结条约,应得民国议会之同意。宪法上规定民国两院分别同意大总统任命外交官不加限制,宪法上无须条文规定。大总统对于法院审判确定之刑罚得免除或减轻之。

大总统得行使特赦权,不过应得最高法院之同意。大总统除叛逆罪外,其他刑事罪非解职不受诉罪。

6. 应设副总统。大总统出缺时以副总统代理大总统,一面另选新总统。

7. 国务总理得众议院同意。国务员有违法行为时两院得弹劾之。国务员违法由众议院弹劾之。国务员违法由参议院为审判机关。国务员受弹劾除免职外,得剥夺公权。国务员受弹劾后,大总统非得国会之同意,不得赦宥。议员可兼国务员。

8. 不设平政院。

9. 法院无审查法律权。

10. 解释宪法属于制定宪法机关。

11. 预算、决算由行政机关编制。预算是行政一种行为。预算案由众议院先议。参议院对于众议院议决之预算案有可否权,惟参议院所否决者,众议院如仍执原议,参议院不得再否决之。政府基于法律规定之结果,所生之岁出者与法律上属于政府税务之岁出者,国会不得自由议决。继续费(因特别事业政府得于预算预定年限内设定的经费)宪法上应规定。审计院为独立之机关,不附设于财政部之内。其审计员系由参议院选出。院长由各审计员互选,其资格由法律定之。审计员每任期为九年,每三年改选三分之一。

12. 修正宪法机关为原来制定宪法之机关。两院议员四分之一以上之连署、三分之二以上之同意方能提出宪法修正案。两院通过之修正动议案应交会合会议决,其手续依制定宪法之规定。宪法上明白规定修改宪法时惟共和国体一条不得修改[①]。

宪法起草委员会在讨论 12 条大纲中,所花时间最长的是讨论大总统的选举及权限,说明宪法起草委员会对此问题的重视和慎重。草案

---

① 《宪法起草委员会会议录》第一、二册民国 2 年 11 月出版。

给予大总统的权力比《临时约法》所规定的要大,但对要搞独裁,想当皇帝的袁世凯来说,仍是难以接受的。袁希望放开手脚搞独裁,反对对自己的任何约束。这一点,他在 10 月 25 日的通电中说得十分清楚。独裁与民主总是水火不容的。

9 月 20 日的宪法起草委员会经表决,由委员长指定张耀曾、丁世峄、黄云鹏、孙钟、李庆芳 5 人为宪法条文的起草员,按照宪法起草委员会对 12 条大纲讨论的结果起草宪法条文。9 月 22 日,5 名宪法条文起草员在众议院第一审查室讨论宪法起草问题,决定分章分人起草。决定分 9 章:第 1 章国体。第 2 章国土。第 3 章国民。第 4 章民国议会。第 5 章大总统。第 6 章国务院。第 7 章法院。第 8 章审计。第 9 章附则。宪法起草员进行了分工:张耀曾分任起草第 1、2、3 章,黄云鹏分任起草第 4 章,孙钟分任起草第 5 章,丁世峄分任起草第 6、7 章,李庆芳分任起草第 8、9 章。并议定于星期五(9 月 26 日)将宪法全案草出交宪法起草委员会议决。但 5 人在起草宪法条文的过程中,李庆芳鉴于法国和智利在国会闭会时设立国会委员会代表国会行使监督政府的国会部分职权,认为此法甚好,提出在宪法中加入国会委员会一章,其他几名起草员亦赞同,于是决定宪法草案中加入一章国会委员会。这样宪法草案章次变为:第 1 章国体。第 2 章国土。第 3 章人民。第 4 章国会。第 5 章国会委员会。第 6 章大总统。第 7 章国务院。第 8 章法院。第 9 章法律。第 10 章会计。第 11 章附则。5 名起草员将各自起草的条文一起讨论,5 人以三读的形式逐章逐条讨论通过。

宪法起草委员会在宪法起草员起草宪法时,仍开会讨论 12 条大纲之外遗漏的重大问题。10 月 23 日宪法起草委员会会议,按讨论 12 条大纲时议决的参、众两院权限异同待 12 条重要议题完全议毕时再议的规定,首先讨论参、众两院的问题。当日议决:"两院精神及其基础条件应规定于宪法,其余则让之于法律。""参议院以选举法所定地方最高议会及其他团体所选举之参议员组织之。众议员以法定选举之比例人口选举之。""议员任期在宪法上应规定,今日不必讨论。""中央立法权无限。"

当日议决加入国教、省制,蒙藏治理权另加以特别法规定之①。

9月27日宪法起草委员会会议,讨论宪法内应否定孔教为国教,争论激烈。赞成定孔教为国教者认为:孔教为文明进步之国教,并非野蛮时代之迷信宗教者可比。中国的伦理道德基于孔子的六经。孔子的大同、小康等学说即卢梭之《民约论》。孔子拥护君主专制之说系误人之谈。孔教并无仇视他教等事,对于喇嘛、回、佛、道教等之存在并无妨碍,应定孔教为国教。

反对孔教为国教者认为:中国非宗教国,孔子非宗教家。信教自由是宪法通例。定孔教为国教与宪法抵触。五族共和,孔教以外仍有喇嘛、佛、回、道教等,如以孔教为国教易启蒙、藏二心②。

由于袁世凯干扰与破坏宪法起草,为尽快通过宪法,9月27日宪法起草委员会会议议决,地方制度入宪法问题缓议。

10月13日宪法起草委员会会议,继续讨论孔教,双方仍各持己见。最后以孔教定为国教的各种动议一一付表决,均少数赞成,否决,孔教为国教入宪法被否决。10月28日宪法起草委员会开会时,又提出孔教问题,双方妥协,最后通过在宪法草案第19条后增加一项"国民教育以孔子之道为修身之大本"。13日的宪法起草委员会会议在讨论蒙藏地方自治权应否特别规定时,多数认为这与地方制度有关,议决应先讨论地方制度。

10月11日,宪法条文起草员张耀曾、丁世峄、黄云鹏、孙钟、李庆芳5人虽党籍不同,然由于袁世凯要破坏宪法的起草、要搞独裁的面目已逐渐暴露,故都一致齐心协力起草,对条文起草,均以学理上公平为主张。全部宪法草案拟定后,以三读会的形式于10月11日下午全部通过,立即提交宪法起草委员会。5起草员共赴同生照相馆合影留念。

---

① 《申报》1913年9月29日。
② 《申报》1913年10月3日。

宪法起草委员会接到宪法起草员提交的宪法草案全文后,立即赶印以便讨论。并于10月14日开始宪法起草委员会开会对宪法草案全文二读,逐条讨论表决。10月15日、16日、20日、21日、22日、23日、24日、25日、28日接着对宪法草案二读,并于10月28日将全案通过二读。并议决宪法草案条文整理交由宪法起草员张耀曾、孙钟、黄云鹏、丁世峄、李庆芳办理,10月31日开三读会。

10月31日,宪法起草委员会会议。对整理好的宪法草案三读,并顺利通过三读。当主席表决全案时,委员全体起立并鼓掌通过,后到会场外摄影留念。再开茶话会,商议起草宪法草案理由书,并决定宪法起草委员会迁回众议院。

《中华民国宪法》案又称《天坛宪法草案》,共11章113条,全文见附录(六)。

《中华民国宪法》案1913年11月1日由宪法起草委员会提交宪法会议。但袁世凯很快发布了解散国民党收缴国民党议员证书、徽章令,国会瘫痪。1914年1月10日袁世凯又下令停止两院议员职务,解散了国会,故未开宪法会议讨论此案。袁死后,1916年8月1日,国会第一次恢复,才开宪法会议讨论《天坛宪法草案》,将草案大部分二读通过。同时,由宪法起草委员会起草了地方制度一章提交宪法审议会。1917年6月12日国会再遭解散,宪法会议对《天坛宪法草案》的审议工作再次搁浅。1922年8月1日,国会第二次恢复,再举行宪法审议会。议定地方制度一章,并增加国权一章提交宪法会议,以后又由宪法起草委员会草定生计、教育各一章,提出于宪法会议,但未及二读而发生驱黎政变,议宪中止。故将国会第一次恢复与第二次恢复的议宪情况附于《天坛宪法草案》后,更加明晰,且书后面将要用到这些资料。

十五、袁世凯掀起的否定《天坛宪法草案》的风潮

袁世凯一直密切注视着《天坛宪法草案》的起草情况,宪法起草委

员会每次开会的结果,均由进步党的宪法起草委员汪荣宝、王赓、王印川等人私下向袁做详细的报告。故袁对宪法起草委员会议宪的情况了如指掌。

《天坛宪法草案》和《临时约法》一样,是依据资产阶级三权分立、互相制约的原则制定的宪法,是维护民主共和制的根本大法。袁世凯要搞独裁,处心积虑地要使民主共和制名存实亡或干脆废除共和制复辟帝制,故对《临时约法》一直是仇视的,对正在制定的《天坛宪法草案》是十分不满的。袁世凯镇压了国民党的二次革命,摧毁了国民党的军事力量,但为了利用国会选自己为正式大总统,故一开始尚不便过分发泄自己对《临时约法》和《天坛宪法草案》的不满,还不便立即向国会进攻。但当正式大总统的桂冠戴到头上后,袁已无所顾忌。袁不但再也用不着国会,而且国会和《临时约法》、《天坛宪法草案》一样,都成了自己独裁道路上的主要障碍。于是决定向国会进攻,掀起了一场修改《临时约法》、否定《天坛宪法草案》的全国性的政治风波。

袁世凯在自己就任正式大总统的第4天,即10月14日即向国会提出《修正临时约法》案及《宪法不能由议会公布咨询》案。

袁世凯在《修正临时约法》案中说:"本大总统证以20阅月之经验,凡从《约法》上所生障碍,均有种种事实可凭。窃谓正式政府之所以别于临时政府者,非第有一正式之大总统,遂可为中华民国国际上之美观而已也;必其政治刷新,确有以餍足吾民之望,而后可以收拾乱极思治之人心。故政治能刷新与否,必自增修《约法》始。盖《约法》上行政首长之职任不完,则事实上总揽政务之统一无望。故本大总统之愚以为《临时约法》第4章关于大总统职权各规定适用于临时大总统已觉得有种种困难,若再适用于正式大总统,则其困难将益甚。苟此种种之困难,其痛苦仅及于本大总统之一人一身,又何难以补苴弥缝之术相与周旋。无如我国民喁喁望治之殷,且各挟其生命财产之重,以求保障于藐躬。本大总统一人一身之受束缚于《约法》,直不啻胥吾四万万同胞之生命财产之重,同受束缚于《约法》。本大总统无状,尸位以至今日,万万不敢再博维持《约法》之虚名,致我国民哀哀无告者,且身受施行《约法》之实祸。"①

在《修正临时约法》案中,袁提出修改者:1. 删去《临时约法》第33条,大总统制定官制官规时国会的议决权。2. 删去《临时约法》第34条大总统任命国务员及外交大使、公使时国会的同意权。3. 删去《临时约法》第35条大总统宣战、媾和及缔结条约时国会的同意权。袁提出《临时约法》应增加者:1. 大总统为保持公共安全,防御灾患,于国会闭会时,得发布与法律同效力之教令。2. 大总统为保持公共安全,防御灾患,有紧急之需用而不及召集国会时得以教令为临时财政处分权②。

在《宪法不能由议会公布咨询》案中,袁指责宪法会议公布《大总统选举法》侵犯了他的大总统公布权,认为议会只有议决权而无公布权。说:"本月4日,宪法会议议决《大总统选举法》案,来咨虽仅止声明议决宣布,并公决送登政府公报等语,显与《临时约法》及《国会组织法》规定不符。然以目前大局情形而论,内忧外患纷至沓来,友邦承认问题又率以正式大总统之选举能否举行为断。是以接准来咨,未便过以《临时约法》及《国会组织法》相绳,因即查照来咨,命国务院饬局照登。惟此项咨达饬登之办法,既与《约法》上之国家立法程序大相违反。若长此缄默不言,不惟使民国议会蒙破坏《约法》之嫌,亦恐令全国国民启弁髦《约法》之渐,此则本大总统于宪法会议之来咨,认为于现行法律及立法先例俱有不宜,不敢不掬诚以相告者也。"接着袁提出:"无论此次议定之大总统选举法案或将来议定之宪法案,断无不经大总统公布而遽可以施行之理。"③

仔细研究《临时约法》,宪法的公布权并未明确规定。《国会组织

---

① 《政府公报》1913年10月23日。
② 《申报》1913年10月18日。
③ 《政府公报》1913年10月21日。

法》更无这方面的规定。宪法会议只是按宪法由宪法会议公布的各国惯例，认为《大总统选举法》即为宪法的一部分，自然应由宪法会议公布。袁事先对此未提出疑义，是急于当正式大总统，以免自己横生枝节影响总统选举。当上正式大总统后，袁即以此事向国会发难，自然是一种挑衅行为。国会决定不予置理。

对于《修正临时约法》案，国会认为按《临时约法》的规定非有议员总数五分之四以上出席才能开议修正约法案，此时根本无法凑足这一法定人数。现在《天坛宪法草案》已起草好，不久将开宪法会议议决，无须再修正《临时约法》。

这样，国会将袁的两案搁置。

袁提出的两案是对国会的挑衅，国会和舆论对袁的作法不满。袁提出两案的本意，在于影响对《天坛宪法草案》的制定和通过，即袁要把自己的意志塞进正在制定中的宪法草案之中。

鉴于国会无意对制宪方针做出重大改变，袁世凯便对宪法起草委员会进一步进行挑衅。10月18日，袁世凯咨达宪法会议，告之已特饬国务院派施愚、顾鳌、饶孟任、黎渊、方枢、程树德、孔昭焱、余棨昌8人为委员，出席宪法会议、宪法起草委员会、宪法审议会。袁的咨文说："查《国会组织法》，载民国宪法案由民国议会起草及议定。迭经民国议会组织民国宪法起草委员会及特开宪法会议。本大总统深维我中华民国开创之苦，建设之难，对于国家根本组织之宪法，甚望可以早日告成，以期共和政治之发达。惟查《临时约法》，载明大总统有提议增修约法之权。诚以宪法成立，执行之责任在大总统。宪法未成立以前，《约法》效力原与宪法相等。其所以予大总统此项特权者，盖非是则国权运用，易涉偏倚。且国家治乱兴亡，每与根本大法为消息。大总统既为代表政府总揽政务之国家元首，于关系国家治乱兴亡之大法若不能有一定之意思表示，使议法者得所折衷，则由国家根本大法所发生之危险，势必酝酿于无形，甚或补救之无术，是岂国家制定根本大法之本义哉？本大总统前膺临时大总统之任一年有余，行政甘苦知之较悉，国民疾苦察之较真。现在既居大总统之职,将来即负执行民国议会所议宪法之责。苟见有执行困难及影响于国家治乱兴亡之处,势未敢自已于言。况共和成立,本大总统幸得周旋其间。今既承国民推举,负此重任,而对于民国根本组织之宪法大典,设有所知而不言,或言之而不尽,殊非忠于民国之素志。兹本大总统谨以至诚对于民国宪法有所陈述。特饬国务院派遣委员施愚、顾鳌、饶孟任、黎渊、方枢、程树德、孔昭焱、余棨昌前往代达本大总统之意见。嗣后贵会开议时,或开宪法起草委员会,或开宪法审议会,均希先期知照国务院,以便该委员等随时出席陈述。"①宪法委员会自选出正式大总统和副总统后,再未开会。且宪法会议议长此时正在武汉,所以对袁的咨文未做答复。10 月 22 日,宪法起草委员会开会时,饶孟任、黎渊、施愚等 6 名政府委员到天坛宪法起草委员会,声明奉袁世凯派来与会的缘由。宪法起草委员会工作人员经请示会议后回复:宪法起草委员会表决不许旁听。施等声明并非旁听,系由大总统委任到会陈述意见。工作人员请示会议后回答:本会尚未接到大总统派政府委员来会陈述意见的咨文。施等告以宪法起草委员会即国会中之一部分,咨文已到国会数日,应已宣布,请贵会电询议长。工作人员请示会议后明确回答:宪法起草委员会会议,总统既无提案权,自无派政府委员出席会议陈述意见之理。施等竟强行进入旁听席。宪法起草委员会以政府委员不依法律强行出席为蔑视宪法起草委员会,当即依《宪法起草会议规则》饬警卫将饶、黎等人挥之去场,饶等只好退出,后往晤宪法会议副会长汤化龙,请其将袁世凯的派政府委员出席的咨文转达宪法起草委员会,冀得做根据,以做重赴宪法起草委员会会议的根据。汤化龙一直在讨好袁世凯,自然当即应允施等 8 人之请,即以宪法会议名义将袁的原咨文转达宪法起草委员会。

　　宪法起草委员会得袁的咨文即于 25 日会议时讨论,一致认为:宪法会议的规则中议长并没有对外代表之权,近日又未闻开宪法会议,此

---

①　《政府公报》1913 年 10 月 23 日。

咨文又何自来耶？遂议决将咨文退还宪法会议，并咨复宪法会议："查宪法会议自大总统选举法议决宣布后并未开会。按之宪法会议规则，议长亦无对外代表之职权，此项咨文何从发出？所称查明公决等语，既未经贵会议决，在法律上实无根据，本会碍难收受。当经开会议决，相应将原咨退还，即希查照可也。"①10月25日，宪法起草委员刘崇佑诘问汤化龙副议长：王议长既已去京，公代理正议长，何以有此举动？汤谓自己于此事全不知情，至接到宪法起草委员会咨复后始知有此事件。比即考查发送咨文之由来。据宪法会议秘书长（亦即参议院秘书长）张嘉璈回答说：王议长去京之际曾有办咨之盼饬，故即遵办②。以后，汤化龙又调停宪法起草委员会与政府在这个问题上的矛盾。但宪法起草委员会坚持原则，不让政府委员与会。

宪法起草委员会坚持原则，将袁世凯所派的8名政府委员拒之门外，抵制了袁对制宪的干扰。袁自然十分恼怒。袁和所有独裁者一样，对民主是仇视的，于是决定动员自己的政治资本——北洋军阀来压迫国会，在全国掀起一场以北洋军阀为主体的反对《天坛宪法草案》和反对宪法起草委员会、压迫国会的浪潮，动员以北洋军阀为主体的一切封建势力来围剿民主的力量，为自己的独裁大造反革命舆论。袁世凯自己决定赤膊上阵，这样在全国又掀起一股争独裁的恶浪。1913年10月25日袁世凯向全国发表长长的通电，陈述自己对《天坛宪法草案》一些主要条款的反对意见，并饬各省条陈对该宪法草案的意见。通电全文如下：

> 制定宪法关系民国存亡，应如何审议精详，力求完善。乃国民党人破坏者多，始则托名政党，为虎作伥，危害国家，颠覆政府。事实俱在，无可讳言。此次宪法起草委员会，该党议员居其多数。阅其所拟《宪法草案》，妨害国家者甚多，特举其最要者，先约略

① 《申报》1913年10月28日。
② 《申报》1913年10月30日。

言之。

立宪精神以分权为原则。临时政府一年以内,内阁三易,屡陷于无政府地位,皆误于议会之有国务员同意权,此必须废除者。今《草案》第80条,国务总理之任命须经众议院同意;第43条,众议院对于国务院得为不信任之决议时,须免其职云云。比较《临时约法》,弊害尤甚。

各部总长,虽准自由任命,然弹劾之外,又入不信任投票一条,必使各部行政,事事仰承意旨。否则国务员即不违法,议员喜怒任意,可投不信任之票。众议院员数596人,以过半数列席计之,但有150人表决,即应免职,是国务员随时可以推翻。行政权全在众议员少数人之手,直成为国会专制矣。自爱有为之士,其孰肯投身政界乎?

各部各省行政之务范围甚广。行政官依其施行之法,均得有适当之处分。今《草案》第86条,法院依法律受理民事、刑事、行政及其他一切诉讼云云。今不按遵《约法》,另设平政院,使行政诉讼亦隶法院。行政官无行政处分之权,法院得掣行政官之肘,立宪政体固如是乎? 国会闭会期间,设国会委员会。美国两院规则内有之,而宪法并无明文。今《草案》第五章规定,国会委员会由参、众两院选出四十人共同组织之。会议以委员三分之二以上列席,列席员三分之二以上同意决之。而其规定职权:(1)咨请国会召集临时会;(2)闭会期内,国务总理出缺时,任命署理国务总理,须得委员会同意;(3)发布紧急命令,须经委员议决;(4)财政紧急处分,须经委员议决。此不特侵夺政府应有之特权,而仅仅四名委员,但得二十余人之列席,与十八人之同意,便可操纵一切。试问能否代表两院意见? 以少数人专制多数人,此尤蔑侮立法之甚者也。

文武官吏,大总统应有任命之权。今《草案》第一百七、一百八两条,审计院以参议员选举之,审计院长由审计员互选之云云。

审计员专以议员组织,则政府编制预算之权亦同虚设。而审计又用事前监督,政府直无运用之余地。国家岁入岁出,对于国会有预算之提交,决算之报告。既予以监督之权,岂宜干预法人,层层束缚,以掣政府之肘? 总其流弊,将使行政一部,仅为国会附属品,直是消灭行政独立之权。

近来各省省议会掣肘行政已成习惯。倘再令照国会专制办法,将尽天下文武官吏皆附属于百十议员之下,是无政府也。值此建设时代,内乱外患,险象环生,各行政官力负责任,急起直追,犹虞不及。若反消灭行政一部独立之权,势非亡国灭种不止。此种《草案》,既有人主持于前,自必有人构成于后。设非藉此以遂其破坏倾覆之谋,何至于国势民情,梦梦若是。征诸人民心理,既不谓然。即各国法律家,亦多訾驳。本大总统忝受付托之重,坚持保国救民之宗旨,确见及此等违背共和政体之宪法,影响于国家治乱兴亡者极大,何敢缄默不言?《临时约法》,临时大总统有提议修改《约法》之权。又美国议定宪法时,华盛顿充独立殖民地代表第二联合会议议长,虽寡所提议,而国民三十万人出众议员一人之规定,实华盛顿所主张。法国制定宪法时,马卖马洪被选为正式大总统,命外务大臣布罗利向国民会议提出《宪法草案》,即为法国现行之原案。此法、美二国第一任大总统与闻宪法之事,具有先例可援。用特派员前赴国会陈述意见,以期尽我保国救民之微忱。《草案》内谬点甚多。一面已约集中外法家,公同讨论,仍当随时续告。各该文武长官,同为国民一分子,且各负保卫治安之责。对于国家根本大法,利害与共,亦未便知而不言。务望逐条研究,共抒谠论,于电到五日内迅速条陈电复,以凭采择。①

11 月 4 日,袁世凯又向各省地方军政官员发出了第二次通电,全文为:

---

① 《申报》1913 年 10 月 28 日。

本大总统以制定宪法关系民国存亡,亟应先就全国文武行政长官广集意见,以求国家根本大法之获臻良善。曾于有电将《宪法草案》中最为荒谬有害之第41至43,第五章第51至54,第80、86,第107、108等条电告在案。现查该起草委员会所定《宪法草案》,违背法理国情者尚多。该起草委员等于开二读、三读会时,不惟不与修正改良,反较初次《草案》变本加厉。兹再摘其《草案》中谬误条文为第2次之通告。

如第22条,参议院以法定最高级地方议会及其他选举团体选出之参议员组织云云。按参议员由最高级地方议会选举,本为联邦国特例,与中国国情相悖。本此以定地方制度,无异以宪法造成联邦,大足妨碍中央统一。

又第26条,两院议员不得兼任文武官吏,但国务员不在此限云云。按起草委员所以规定此条但书者,无非欲以议员专占国务员之职,为实行国会人专揽政权之计,必使国务员尽出于议员而后已。合观第80及82条可知,非议员而受任国务员者,必难安于其位。政府进退,全在议会一党人之手,而行政机关之独立,遂扫地尽矣。

又第41条,众议院认为大总统、副总统有谋叛行为时,得以议员总额三分之二以上之列席,列席员三分之二以上之同意弹劾之。第42条,众议院认国务员有违法行为时,得以列席员三分之二以上之同意弹劾之。第44条,参议院审判被弹劾之大总统、副总统及国务员。第2项,前项审判,非以列席员三分之二以上之同意,不得判决为有罪或违法。第4项,判决国务员违法时,应黜其职并得夺其公权。如有余罪,付法院审判之云云。按《临时约法》于弹劾案之审判权,则委之最高法院审判者。则既由议院弹劾,复由议院审判,无异以原告为问官,罪名又由其认定,而其同意人数,比《约法》则大行减少。凡此皆所以达其容易推翻政府之目的,不为国本定计。

其第44条第4项,则并行政任免及司法审判权、检察权而兼行之,是国家惟此立法权一项,为能独立无限耳。

第64条,大总统为执行法律或依法律之委任得发布命令云云。按《约法》,大总统有制定官制官规之权,而于此消除之。条文中隐含有官制官规为普通法律之解释,则行政机关之组织及职权之运用,无复敏活之余地矣。

第65条,大总统为维持公共治安,防御非常灾患,时机紧急,不能召集国会时,经国会委员会之议决,得以国务委员连带责任,发布与法律有同等效力之教令。第2项,前项教令,须于次期国会开会后7日内,请求追认。国会否认时,即失其效力。按紧急教令权为维持国家必不可缺者。今既曰紧急,又待议决;既经议决,又须国务院连带责任。与事实相违,于法理不贯。名予大总统以此权,而实操诸委员会少数议员之掌握,何取乎宪法有此规定哉?

第67条第2项,海陆军之编制,以法律定之。按军事贵秘密,不能随时宣布。军学为专门,势难尽人通晓。今其编制,必以法律定之,是昧乎军事性质,将来必不适用。军事为国家强弱存亡之大本,岂国会议员所能编定合宜之制典?

第71条,大总统依法律得宣告戒严,但国会或国会委员会认为不必要时,应即解严云云。照此规定,是国会有自由解严之权。则宣告戒严全归无效,而军事进退亦可操之立法机关矣。

第76条,大总统除叛逆罪,非解职后不受刑事上之诉究云云。按共和国通例,大总统除叛逆外,不负刑事上责任。今规定解职后可以诉究,其流弊无穷。

综观全文,比照《约法》,皆变本加厉。而宪法之提案修正及解释,统纳入国会权力范围之中,行政机关无复裁量之余地。况责政府以进行,而又束缚惟恐其不至,故削大总统及政府之威信,使对内对外均无以保其独立之精神,而为国会之役使,夫何足以当国民委托之重寄,而维持国家之安全?且一经成立,永无提议改正之希望。前途危险,不可思议。各文武长官,同膺行政之任,自当各举经验所得,逐条研求,发摅意见,以供参考。兹将重要条文,先行电达。其草案全文,已经排印,续即分寄①。

北洋军阀的总头目袁世凯站到台前并担任领唱这一主角,各地方军阀立即争先恐后地加入了这一场反对国民党议员、反对《天坛宪法草案》、反对宪法起草委员会、反对议会民主制的反革命大合唱。江苏都督张勋、民政长韩国钧、宣抚使冯国璋10月29日通电反对《天坛宪法草案》,"应请大总统明发命令,将该国民党本、支、分部通饬一律解散;并严诫两院不可使一党专横,以致害及全局。一面切实察看该党国会议员,如有迹涉嫌疑者,即行依法究治,以伸国宪而绝祸根。"②10月31日,对宪法一窍不通的江苏都督张勋又发出通电,鹦鹉学舌地按照袁世凯10月25日之电——否定《天坛宪法草案》,要求"草案应即取消",要求对国民党"自宜立时解散"③。10月29日,河南都督张镇芳亦鹦鹉学舌地按袁世凯10月25日通电的内容发表了否定《天坛宪法草案》的通电。发出通电响应袁世凯10月25日通电的各地军阀还有:松江镇守使杨善德10月28日的通电,重庆镇守使刘存厚10月28日的通电,江苏省民政长韩国钧10月30日的通电,副总统兼湖北都督黎元洪、署湖北民政长饶汉祥、汉口镇守使杜锡钧、荆门镇守使丁槐10月30日的通电,赤峰督办姜桂题10月30日的通电,四川都督胡景伊10月29日的通电,齐齐哈尔都督毕桂芳10月30日的通电,河南护军使赵倜等人10月30日的通电,广东都督龙济光、署民政长李开侁的11月1日通电,江北都督蒋雁行11月1日的通电,湘南镇守使赵春廷11月3日的通电,多伦镇守使王怀庆11月3日的通电,广西都督陆荣廷11月8日的通电,11月9日直隶都督冯国璋、署直隶民政长刘若曾第2次宪法意见电,山东都督靳云鹏、民政长田文烈11月11日的通电,11

① 《申报》1913年11月8日。
② 《申报》1913年11月3日。
③ 《申报》1913年11月3日。

月 14 日浙江都督朱瑞、民政长屈映光再陈宪法意见电,11 月 16 日吉林民政长齐耀琳请改组宪法起草委员会电,11 月 10 日上海镇守使郑汝成宪法意见电,11 月 18 日江苏民政长韩国钧第 2 次宪法意见电,11 月 13 日河南都督张镇芳、民政长张凤台电等。这些电报有的要求撤销宪法草案,有的要求解散宪法起草委员会,有的要求取缔国民党,有的要求撤销国民党议员的资格,均争先恐后,驰电交加。

各地大小军阀,不管是否北洋系,在袁世凯的指挥棒下,一致地加入到反对《天坛宪法草案》、反对议会的大合唱中。究其原因,一方面是由军阀的本性决定的,任何军阀都是封建势力的代表,都要以军权来控制政权,将权力视为自己的,即将权力私有化。这自然与议会制权力是人民的而不是任何个人能私有的格格不入。军阀与议会是互为水火的对立物。故各地的都督和民政长与省议会及支持省议会的参、众两院一直处于严重的对立状态,矛盾与冲突不断。为支持各省议会抵制地方军阀的压迫,参、众两院不知提过多少查办地方军、政官员的议案,故这些军阀也同袁世凯一样,对议会民主恨之入骨。这方面的情况前面有过详细介绍。只要有军阀存在,议会就会常受枪杆子的压迫。中国国会在其存在的十几年中一再被军阀用武力解散就是明证。另一方面,加入这一大合唱的本身就是一种表态。各地北洋军阀用以表明自己对其北洋鼻祖袁世凯的忠诚,非北洋系的地方军阀则借机投靠袁世凯,以图在袁的独裁政权下保存自己的实力,故都争先恐后十分卖力地加入了这一反民主的大合唱。尽管这些军阀对法律一窍不通,谈不出自己什么看法,都是重弹袁世凯 10 月 25 日电报中的老调。袁世凯之所以要亲自领着这帮丘八们如此卖力地进行这场合唱,主要是为了统一这些军阀们的步调,制造舆论,以便通过取缔国民党达到解散国会的目的,最终为自己的独裁扫平一切障碍。10 月 25 日袁世凯的通电已是杀气腾腾了。

十六、袁世凯对国会议员的压迫、
迫害及国会的反抗

　　国会是国家最高立法机关,是民主共和国的标志,国本之所在。共和制度存亡系于国会。国会由议员组成,议员为国会之本。如果议员不能自由地表达自己的意志,不能自由地行使自己的职权,议员的人身安全无保障,就不能安居其职,国会将失去其功能,共和就徒具虚名。

　　宋教仁案真相大白于天下后,无论是主张武力倒袁还是法律倒袁,国民党已与袁世凯处于对立的地位。留在国会中的国民党议员,也与袁处于对立的地位。袁世凯为了建立自己的独裁统治,自然要对处于反对党地位的国民党议员进行恐吓和迫害。第一届国会开会后,袁世凯即加强了北京地区的戒备。除所有警队加强警戒外,又增派军队协力警备。国会议场及议员住处暗布密探,严密监视国民党议员的言行。

　　1913 年 5 月 17 日清晨 5 时,军政执法处以与天津一暗杀团有关为由,到国民党四川籍参议员谢持在北京皮库营的住宅,将谢捕走,并搜查了谢的住宅,但并未发现任何证据。此事立即引起了国会的警觉,因为这是中国设立议会以来出现的第一例议员被捕事件。按《临时约法》的规定,在国会开会期间,议员除现行犯及关于内乱外患之犯罪外,会期中非得国会许可不得逮捕。军政执法处的行为显然是违法的。参议院正、副议长得知谢持被捕的消息后,立即用电话询问代理国务总理段祺瑞、内务部、警察厅、地方检察厅及军政执法处,均推说不知道。四川籍议员也为此事四处奔走、打听。在各方的质问与催促下,军政执法处只好于当日下午将谢持放出。

　　这天下午众议院常会,谢被捕事件成了重要议题之一。当议员孙镜清、熊兆谓向大会报告谢持被捕情况后,议员纷纷发言,认为政府擅捕议员违背约法,要求代理国务总理立即出席众议院会回答议员质问。经表决,一致同意立即用电话通知代理国务总理段祺瑞立即到院回答议员的质问。众议院秘书厅给国务院、陆军部、总统府、段祺瑞宅打电话,均未找到段。

5月19日参议院常会,议长报告京畿陆军执法处关于释放谢持事来函,请讨论对付办法。谢持报告当日被捕情况后,议员纷纷发言认为逮捕谢持,政府违法,提出三种主张:1.要求政府出席参议院会,口头答复。2.要求政府书面答复。3.请政府将此案作为查办案。经表决,赞成代理国务总理、陆军总长段祺瑞5月21日出席答复者多数,可决。

5月19日众议院常会,代理国务总理段祺瑞出席答复谢持被捕事件。段祺瑞以谢持为血光团财政部长为由认定谢有罪,议员质问,既有罪又何以释放,若逮捕为是则释放为非,若逮捕为非则释放为是,总之,政府违法。且以非法机构军政执法处逮捕议员和人民,而并不由检察厅、警察厅行使这种职权更是违法。段均无法答复。故这天段的答复议员认为不得要领。

5月21日参议院常会,代理国务总理段祺瑞并未到院接受议员关于谢持案的质问,于是又用电话催促,国务院回话说今日国务总理不能出席参议院会。这样,有的参议员即提出质问书,但因临时大总统曾经有咨文说:以后国会提出的质问书如果不用全院名义概作无效,故议长未将质问书送政府。5月23日参议院常会,再次议决用电话催代理国务总理即日到院接受质问。国务院回答:经商量之结果,以为可以不必出席,将另用公文答复①。同时,并对临时大总统的质问书不用全院名义概作无效之说,议决“本院质问书有1人提出须得10人以上之连署”②。5月26日参议院常会,政府对谢持案的公文答复以“此案纯系司法问题,政府不负责任,自无出席答复之义务”③来搪塞。所答非所问,议员们很不满,认为本院照约法第26条提出质问,且军政执法处无

---

① 《参议院第9次会议速记录》。
② 《参议院第9次会议速记录》。
③ 《申报》1913年6月8日。

逮捕议员的权力,此即系违法,自应催请国务总理出席答复。经表决,再打电话催国务员出席答复本院的质问。但国务员亦未出席。这自然是藐视国会的作法。5 月底,由张我华提出,朱念祖、丁世峄、王家襄、丁象谦等 18 人连署的质问书,质问政府违法逮捕议员谢持,指出:军政执法处不依法律,擅行逮捕、拘禁,复不依法审问,严刑残暴,无存此机关之必要。

　　1913 年 7 月 12 日,二次革命爆发,袁世凯立即于 7 月 21 日发布戒严令。袁加紧了对国会中的国民党议员的监视与迫害。7 月 27 日,袁世凯下令"着军警各管官随时认真保护议员"①,实际上是下令加强对国会中国民党议员的监视。7 月中旬,国民党众议员邹鲁提出《弹劾国务员全体违法失职》案,历数政府违法溺职的罪状,淋漓尽致,引起了袁的忌恨。7 月 23 日夜,袁令军警到邹鲁主持的广东籍议员组成的公余俱乐部抓邹,邹已离京南下,军警即将在该处的国民党参议员汤漪、李自芳、彭建标、李茂之、王鸿庞、何士果,众议员司徒颖、熊成章 8 人,稽勋局长冯自由等抓往南城牛血胡同警察分署讯问。8 议员和冯自由在侦探队押一宿,第 2 天被解往京师警察厅②。汤漪系江西人,其同乡、进步党众议员李国珍及黄远庸闻讯赶到京师警察厅做保,在汤漪等议员做出不在国会对此次逮捕行动提出质问的保证下,才许保释,恢复自由。冯自由是在其好友、内务部参事程克的帮助下,7 月 26 日获释。

　　8 月 22 日,国民党众议员张琴被警察厅传讯。当日晚,浙江籍国民党众议员卢钟岳被捕,警察还到卢宅搜查。众议院议长汤化龙得报后即电询警察厅和军政执法处,均说不知此事。又电询警备司令部,说确有此事,但详细情况应守秘密,不便宣布。浙江籍同乡议员亦为卢钟岳获释四处奔走。8 月 23 日众议院常会,议员徐象先将卢被捕事件报

---

①　《申报》1913 年 7 月 30 日。
②　冯自由:《革命逸史》第 3 集,第 363 页。

告大会后,议决电请政府出席众议院会答复议员被捕事件。在众议院和浙江议员的交涉下,卢钟岳于8月23日获释。

7月24日,湖南籍国民党众议员郑人康去探望友人之病,被警察捕往警署,后送警察厅,郑给湖南会馆打电话,在同乡人的担保下才于午夜释放。

由于议员被捕事件接连发生,众议院议长汤化龙、副议长陈国祥7月24日下午5时赶往总统府面见临时大总统袁世凯,向袁交涉说:本院有本院之尊严。本院议员应受约法之保护,不能任意蹂躏。本院系根据《约法》而成立,政府虽颁布戒严之令,然亦有绝对不可执行者。总统在戒严期内,究竟有无维持本院之意。如无维持本院之意,则本院难以存在,惟有全体辞职而已。如有维持本院之意,即不能为法外之骚扰。袁世凯回答说:政府现在方且惟恐违法。故虽在戒严期内,凡事均照法律执行。至对于议会方维持之不暇,岂敢有破坏议会之心。汤化龙说:既然维持议会,则须有维持之法。第一,非由大总统特别下一训令于戒严总司令及副司令等处不可。盖戒严自有戒严法,不能为法外之骚扰。大总统若下一训令,饬总司令官及副司令官,则以后免于骚扰,本院方能受约法上之保护。袁世凯答应下一训令保护议员①。

7月25日,众议院常会,讨论议员被捕事件时,议长汤化龙将其24日见袁交涉的情况报告全院后,经讨论,议决提一质问案以公文咨送政府。并议决由议员萧晋荣提出一查办擅自逮捕议员之官吏案。

7月28日,众议院常会,对《查办违法逮捕之官吏》案一读,均赞成,议决付审查。并由议长指定林鸿超、黄汝鉴、郑万瞻、李增、贺升平5人为审查员。但审查会迟迟未将审查报告提交大会。8月29日众议院常会讨论褚辅成等被捕问题时,王乃昌再次催审查会提出审查报告。

广东籍国民党众议员伍汉持,反对善后大借款。大借款未经国会议决,袁世凯擅令签字。为此,伍提出查办袁世凯案,列袁10大罪状。

---

① 《众议院公报》附录,众议院第一次常年会会议速记录第43号。

　　当时袁已将权力集中在自己手中,凶相逐渐露出。故敢在伍的提案上签名仅叶夏声等10人,勉强够查办案连署人数,向众议院提出,为进步党籍的议长汤化龙搁置。伍汉持致书袁世凯,促其退位。这些自然引起袁世凯的忌恨。7月27日伍汉持为避袁的迫害,离京赴津,住日租界内的日本人旅馆。8月1日,伍出门访友时为一直寻机抓捕他的军警逮捕。国民党众议员找到议长汤化龙,汤给天津警察厅去过二次信,天津警察厅回过一信。8月19日,天津警备司令杨以德奉袁世凯命令,将伍汉持秘密杀害,成为国会议员流血第一人。此事警方一直对国会保密,故8月25日众议院常会,广东国民党议员易次乾发言要求议长汤化龙再给天津警察厅去信要求放人。

　　8月4日,议员居正、胡秉柯、杨士杰、田桐、白逾桓、刘英等以所谓内乱罪被通缉。

　　8月10日,国民党众议员徐秀钧、王侃、王有兰被警察捕去。国民党北京本部的吴景濂等找到汤化龙议长,要求议长出面交涉放人。汤于晚上给警备司令处打电话交涉,问其有何证据,回答说确有证据,问能否先将人释放,回答说不能释放。于是议决电话通知国务员出席众议院会,回答关于违法逮捕议员一事的质问。但国务院置之不理①。众议院致函北京警备地域司令官问其逮捕议员徐秀钧是否有内乱或现行犯之确据,若无确据应请释放。但警备地域司令官回函说:"查徐秀钧等或居中助逆,或躬与逆谋,确凿有据。"并将江西宣抚使兼安徽宣抚使段芝贵致临时大总统及会议军事处密电抄送众议院。密电称"据拿获叛党供称,有王有兰、文群当湖口倡乱时居中助逆。又有王侃、徐秀钧二人系李匪住京坐探,躬与逆谋,皆为乱党至要之人,确凿有据,现应逮捕解往九江归案讯办,以成信谳。"②

　　8月13日众议院常会,当将警备地域司令官回函宣读后,国民党

　　①　《众议院公报》附录,众议院第一次常年会会议速记录第51号。
　　②　《众议院公报》附录,众议院第一次常年会会议速记录第52号。

议员要求即使内乱有证据,也应由大理院提起公诉,不能由中央解至地方,希望议长给政府去一信,但进步党议员萧晋荣、王枢以众议院未经讨论议长不能去信阻之。徐秀钧是宪法起草委员,宪法起草委员会开会议决委托委员长汤漪与政府交涉。汤漪致电政府,要求对徐秀钧慎重处理,单凭段芝贵的一封电报并不足为据。但军政执法处仍于8月16日将徐解往九江,9月1日将徐杀害。

8月15日众议院常会,国民党议员提出,李烈钧湖口宣布独立的7月11日至7月25日间,文群、王有兰尤其是文群一直出席众议院会,说居中助乱,证据不足,且不能将徐秀钧等解往九江,应由大理院提起公诉。但进步党议员萧晋荣、王乃昌发言认为,宣抚使电报称叛党供称即为人证,不能说无证据,证据确凿与否,是司法机关的事,本院无要求察看之权,须等待判决之后,若无证据,众议院可提出查办案。显然,一些进步党议员在干同类相残的勾当。任何民主国家的法律,都是无罪推定,这些议员却用有罪推定。这真是袁世凯地道的帮凶。正由于有这些帮凶,故当天的会只议定由议长信函政府,说明王有兰、文群在李烈钧湖口独立期间尚出席众议院会,居中助逆不确①。正由于众议院的态度不明朗,这也是导致议员徐秀钧被押往九江,并被杀害的原因之一。

二次革命被镇压,袁世凯消灭了国民党的军事力量后,加紧了对国民党留京议员的压迫。对该党重要人物,均派警兵数名,昼夜随行,加意监视。7月31日袁发布的命令中对国民党及国民党议员进行公开的威胁和通牒,这引起了国民党议员的愤慨,于是以不出席国会会议来抗议。8月1日,参、众两院常会及8月2日众议院常会均因国民党议员不到会,不足法定人数而流会。8月6日参议院常会,国民党议员蒋举清、居正因一直有侦探4名尾随监视,行动不能自由。国民党议员梁登瀛动议要求国务员出席参议院会,回答关于议员受到监视的质问,经表决通过。

---

① 《众议院公报》附录,众议院第一次常年会会议速记录第53号。

7月下旬，参议员韩玉辰提出《请袁大总统辞职以平大乱》建议案，这本来是议员行使自己的正当权力的举动。在议会中保证议员言论自由的绝对权利，是议会存在的基本条件之一。但韩的提案在一些议员看来，是大逆不道，立即遭到进步党、新共和党、政友会、超然派的攻击，以"破坏国宪、扶助乱党"的罪名，陈铭鉴、王家襄、籍忠寅、张汉、陆宗舆等提出惩戒韩玉辰案①。

韩案列入7月30日参议院常会的议事日程。当日参议院先用无记名投票法表决熊希龄为国务总理的提名，投完票后，进步党、政友会、超然派议员纷纷退席，致使会议不足法定人数而无法开议韩玉辰的《请袁大总统辞职以平大乱》建议案。以后又提出惩戒韩玉辰案。国民党留京的本部负责人这时只求自保，故劝韩玉辰撤销建议案。它党也将惩戒韩玉辰案取消。故两案均搁置。

7月31日，袁世凯下令："政党行动，首重法律。近来赣、粤、沪、宁凶徒构乱，逆首黄兴、陈其美、李烈钧、陈炯明、柏文蔚皆系国民党重要之人，其余从逆者亦多国民党党员。究竟该党是否通谋，抑仅黄、李等私人行动，态度未明，人言藉藉。现值戒严时代，着警备地域司令传询该党干部人员，如果不预逆谋，应限3日内自行宣布，并将隶籍该党叛徒一律除名，政府自当照常保护。若其声言助乱或藉词搪塞，则是以政党名义为内乱机关，法律俱在，决不能为该党假借也。"②

国民党北京本部的负责人吴景濂、王正廷接此命令后，面谒北京警备地域司令官赵秉钧说：除黄等人名须俟开大会。赵问：如三日答复之限何？吴、王答称：此即依限答复，彼等已决改组③。但袁对这种答复不满。吴景濂、王正廷等即召集国民党人商议，最后决定按袁的命令将黄兴、陈其美、李烈钧、柏文蔚除名。于是以国民党的名义发出通告：

---

① 《申报》1913年8月7日。
② 《申报》1913年8月4日。
③ 《申报》1913年8月6日。

"黄、陈、李、柏纯系个人行动,除名非大会不能决定。惟限迫,谨遵令除名。"①在袁的统治下,要生存只能苟且。这也是一种生存策略。尽管历史书多对这种行为贬诉与谴责,但普通党员不能负责任,要负责任自然是国民党的主要领导。试想,国民党重要领导人有充足的经费逃往国外,但大部分党员确实没这种条件。1912 年 8、9 月份孙中山、黄兴进京与袁搞得火热,以后又全力支持袁世凯巩固其权力,这大大加强了袁所取得的合法地位。袁正是利用了这种合法地位,事事以中央的身份,以维护民国统一做旗帜,国民党的任何对合法中央的否定便都会使自己陷入非法、被动与孤立。这时袁并未复辟帝制,其窃国大盗的面目并未暴露,故无法动员全国人民来进行一场反袁的战争。国民党的二次革命也就提不出能争得人心的口号与纲领。失败便是必然和迅速的。国民党的军事力量与袁世凯相差过大是其失败的原因,但非主要原因。护国战争时,反袁的军事力量与袁的军事力量相差也很大,但很快就取得了胜利。其原因就是袁世凯称帝,其窃国大盗的面目彻底暴露,讨袁军高举保卫共和国反对帝制的旗帜,很快获得了民心,得到了人民的支持。

　　袁世凯并未因为北京国民党本部留京负责人对袁的命令表示服从而停止对国民党议员的迫害。8 月 27 日,袁世凯以北洋第二师第四旅旅长鲍贵卿,上海查办使雷震春,北洋第一军军长、江西宣抚使兼安徽宣抚使段芝贵分别从安徽、上海、江西发来的所谓前方电报为依据,以内乱罪的嫌疑下令逮捕了参议员朱念祖(赣)、丁象谦(皖)、张我华(皖)、赵世钰(陕)、高荫藻(皖),众议员褚辅成(浙),刘恩格(奉)、常恒芳(皖)。逮捕是在 27 日早上进行的。张我华是正在赴参议院当日常会的途中被捕的。丁象谦、高荫藻、常恒芳、赵世钰、朱念祖、褚辅成是在寓所被捕的。刘恩格 26 日晚宿于八大胡同的妓院,头天未抓到,第二天早上家人用电话催回家时被捕的。也就是说,均不是能构成对

_____

①　《申报》1913 年 8 月 7 日。

社会威胁的现行犯。国民党二次革命已被镇压近一个月,即内乱已平,即使有参与内乱之嫌疑,也已无法构成对社会的任何威胁,此时再抓议员是没有必要的。更为可笑的是,政友会的赵世钰、奉天的刘恩格均不可能与南方宣布独立的国民党领导人有联系,却也因助乱嫌疑被捕。这显系滥捕。每个议员都能感到自身的危险。正因为如此,这次逮捕国民党议员(除赵世钰为政友会总务主任外,其余 7 人均为国民党议员)的行动,激起了参、众两院议员强烈的不满和愤慨,不管是国民党也好,进步党也好,共和党也好,均在不同程度上表示了不满。因为这些被捕议员多为国民党中的稳健派,二次革命已过去近 1 个月,还如此任意抓议员,自然要危及议会的生存。袁世凯要搞独裁,要搞垮议会的面目已渐暴露,这引起了很多议员的警觉。

8 月 27 日上午参议院常会。副议长王正廷主席,报告 8 议员被捕情况后,议员们群情激愤。当即议决变更议事日程,讨论议员被捕事件。全体一致议决国务总理熊希龄、陆军总长段祺瑞即日出席参议院会,回答有关议员被捕事件的质问。经秘书电话与国务院联系,熊、段均推托不能到会。进步党议员陆宗舆、丁世峄、陈铭鉴、蓝公武等纷纷发言对政府任意逮捕议员表示不满,建议参、众两院议长立即面见临时大总统,并提出质问书质问政府。经表决,全院一致通过了提出质问政府任意逮捕议员书。

8 月 27 日下午众议院常会,共和党议员张伯烈对当日政府仅凭电报或书信即大肆逮捕,立法机关不能自保表示愤慨,并动议即请国务总理出席答复。议长汤化龙报告说,一知本院议员褚辅成、常恒芳被捕的消息,即用电话各处探询,得知褚、常在军政执法处,即派众议院庶务科长持议长函到军政执法处打听。处长陆建章及副官均躲避不见,只由执法处一庶务员出面答复,说是奉警备地域司令处的命令逮捕议员的,并答应将议长函转送处长,下午当有回信。

进步党议员刘崇佑对接二连三的逮捕议员,国会三番五次就此问题与政府交涉毫无结果,表示不满,要求众议院不必开议,待此问题解决了再开议。这时,参议院亦来电话,将参议院议决的两院议长同至总统府面询大总统,与之交涉告之众议院,众议院亦表同意。同时议决因议员被捕一事,议员张伯烈等委托议长面询大总统不能开议,俟明日开会再报告于众议院。即众议院议决因议长交涉被捕议员事停会一天①。

众议院散会后,众议院议长汤化龙与参议院副议长王正廷一同到总统府当面询问临时大总统袁世凯逮捕议员之事。袁说:逮捕情节亦不甚明了。不过适间始知有逮捕之事而已。至于实在情形,因现在未得报告,故不知之。

汤化龙将众议院讨论议员被捕事件对袁说明后,袁说:此次被捕之议员非毫无证据。

汤化龙将众议院会讨论中所说的证据亦须有证据之程度:证据不可不分别其程度。现在之证据究竟可否作为证据? 如果可以作为证据,亦当按法律之规定,由审判厅审判之,断不能以一纸电报或一封书信即认为确实证据。

袁说:前者因为逮捕议员,本大总统业已屡次嘱咐逮捕机关,当宣布戒严令时又特下命令,使此种机关竭力拥护,不得无故逮捕议员。现在既然逮捕,想必是有确实证据。若无证据,绝不能轻易逮捕也。

汤化龙说:现在既已逮捕矣,但是其证据确实与否尚不得而知之,然必须想一善后办法。按《约法》上之规定,议员犯内乱外患或现行犯等罪可以逮捕。除现行犯可以即时逮捕外,其余若内乱或外患等罪,皆是受嫌疑者,似乎可以不必即时逮捕。而《约法》如是规定者,因虽为嫌疑之犯罪,若不即时逮捕即发生甚大之危险,故不得不速行逮捕,而不必俟国会之许可也。《约法》之精神实系如此,设使虽犯嫌疑不即时逮捕亦不能发生危险则自应俟有确实证据后再行逮捕矣。现在既已逮捕,可否用保释方法?

---

① 《众议院公报》附录,众议院第一次常年会会议速记录第58号。

袁答:可否保释,此乃法律上之事,本总统未甚明了,亦不敢径置可否。

汤、王因不得要领,遂出总统府。王正廷提出上军政执法处,于是汤、王又到军政执法处及陆建章家找陆,均未找到。汤、王又找到北京警备地域司令官赵秉钧,询问逮捕褚辅成等8名议员的事。赵说:初本不知,现正派人调查。此次逮捕议员一事办理未免操切,以后总想一办法,以善其后。两位议长对于此事有何办法,可以发表,可以照办。

汤说:如果不逮捕尚不至发生何种危险,而又无确实之证据,可否暂时释放? 若实有犯罪证据,彼时仍可归案办理,议会绝不袒护。

赵回答说:两位议长如欲保释,当俟至总统府请示总统再说。

汤说:保释按法律上说,议长保释议员实无此种规定,所以允许保释者,实为事实上便利起见。

赵说:两位议长可以暂且回去,晚间必有回信。

在王正廷的提议下,汤、王又找到国务总理熊希龄探询。熊说:今早始知此事。因为议院打电话要求本总理出席,当时因不晓其中详情,故未即时出席。嗣后已悉此事,而该院开会时间已过,于是始终未曾出席。总而言之,无论出席与否,此事我总负完全责任,按照法律办理,绝不能有法外之行动,可断言也。

汤说:总理既谓负完全责任,则所要求之事业已满意,当请总理察看此次被逮情形,如果情节尚不至即时必须逮捕者,请总理想一方法。

熊希龄当时亦答应。

晚上参、众两院议长均收到军政执法处的回函,将旅长鲍贵卿和查办使雷震春的电报转国会,并据此说明逮捕理由。晚上12点左右,参、众两院议长又收到赵秉钧的不让议长保释被捕议员的回信。于是,28日晨汤化龙又给熊希龄总理打电话,请熊出席众议院当日的常会,熊说:请转达贵院诸君,办理此次逮捕之事,绝不至有法外之行动。但今日不能出席说明。无论是否到院,而对于此事敢负完全责任而保证政府不能有违法之行动。

当参议院副议长王正廷一得知 28 日晨 5 时被捕的 8 名议员已解往天津并将押往上海时,立即打电话到国务院探问是否属实,国务总理熊希龄立即赶到总统府探询,临时大总统袁世凯声称并不知道,于是立即由总统府电津令将此 8 人扣留天津①。

8 月 28 日众议院常会,会议主席、议长汤化龙将与袁世凯、赵秉钧、熊希龄交涉被捕议员事向大会详细报告后,议员们对袁世凯、赵秉钧、陆建章等人均以不知来推诿,把逮捕议员当儿戏的作法十分不满。

共和党议员张伯烈对袁世凯、赵秉钧违法逮捕议员且佯说不知情一事十分愤慨,指责袁政府是"暴乱政府,强盗政府",对鲍贵卿、雷震春的来电逐一质疑、逐一驳斥。指出鲍、雷竟然于同一日分别从上海和安徽发出类似的电报,且电报的语气如出一人之手的事实。提出"莫如与参议院会商,得其同意之后,当开国民大会,推倒此种暴乱政府而改良之"的主张。

进步党议员刘崇佑也指责政府"此等随便逮捕,随便解去,直系强盗行为,非政府所应出此"。主张国会议决保护议员的法律。进步党议员李国珍指责政府无故逮捕议员,"暴政横行,实令人痛心疾首"。进步党议员郑万瞻对军政执法处随便逮捕议员且任意起解,国务总理熊希龄不知道,警备司令赵秉钧亦不知,也十分不满,要求质问政府是否负责任。进步党议员黄群提议,要求将被捕的 8 议员留京,归大理院审判,并设法保出 8 议员。

总之,当天的会议,不但国民党议员十分愤慨,进步党和共和党议员亦十分激愤,一致反对政府违法任意逮捕议员。有的把矛头直指这场逮捕议员的主谋、不可一世的袁世凯。这和一个月以前进步党、共和党议员围攻因提出《请袁大总统辞职以平大乱》案的韩玉辰的情况已大不一样了。因为此时他们已感到了袁的法西斯独裁统治也危及到了自身的安全了。赵世钰、刘恩格既可被逮捕,其他非国民党议员同样可

---

① 《众议院公报》附录,众议院第一次常年会会议速记录第 59 号。

能被逮捕,只须一封信、一封电报,如此简单。这怎么能不使议员人人感到自危呢?

当天众议院的会一致议决:被捕议员不得解往他处,均应留在北京。

当天众议院会还议决:褚辅成等被捕政府有无违法,被捕诸人应归何种机关审判,请付审查,其审查之结果应用何种形式提出,俟审查报告后再行议决。指定李庆芳、黄群、陈敬第、易宗夔、王源瀚、郑万瞻、刘崇佑、黄懋鑫、萧晋荣、伍朝枢、江天铎、邓镕、孙钟、张耀曾、李增 15 人为审查员,限第 2 天向大会提交审查报告。同时议定以公文和议长亲自出面的方式向政府交涉议员被捕事件①。

8 月 28 日下午 3 点 50 分,参议院召开特别会,大会主席、副议长王正廷向大会报告 27 日和 28 日与众议院议长面见政府重要部门长官就被捕 8 议员交涉的情况。议员对袁世凯、赵秉钧、陆建章的掩耳盗铃的作法十分不满,纷纷指责他们违法任意逮捕议员。议员提出 2 条办法:1. 解释《约法》及《戒严法》与司法机关的解释。2. 审查昨日逮捕之议员是否归大理院处理,应指定审查员审查。最后付表决,全体赞成。并议决咨众议院求同意。

8 月 28 日下午 4 点多,国务总理熊希龄在迎宾馆招待参、众两院议员,700 多名国会议员到会。熊发表演说,表示要组织责任内阁,对国事负完全责任,要建立一法治国。国民党议员谷钟秀立即抓住熊要建立一法治国的表态,发言指出,议员屡屡遭逮捕,中国已成无法律的国家。而当局对逮捕议员一事,一概推说不知,政府实不负责任,希望熊总理对被捕议员从法律上尽快解决,以表明政府负责任及政府依法办事的诚意。

8 月 29 日,众议院常会,由李庆芳代表审查委员会向大会报告审查议员被捕事件的结果,认为政府逮捕议员不能认为违法,但应以大理

---

①　《众议院公报》附录,众议院第一次常年会会议速记录第 59 号。

院为审判机关。此审查结果宜以建议案的形式建议于政府。议员徐象先、张伯烈等发言对审查报告认为政府逮捕议员不认为违法表示反对，要求删去。为避免争议，议长以审查报告中的关于诸议员之事建议案建议政府付表决，多数赞成，可决。并议决变更议事日程，即讨论审查委员黄群等起草的《被捕议员应归大理院审理》建议案。经表决，建议案不付审查即开二读会，二读通过后省略三读顺序全案通过，咨送政府。

张耀曾、谷钟秀、郑万瞻等提出的《议员保障法》案未列入众议院当天的议程，经表决变更议事日程先议此案。张耀曾对该案说明后，即议决付审查。并指定萧晋荣、罗家衡等11人为审查员。当欲再议关于徐秀钧应解回北京的动议时，已不足法定人数①。

8月29日下午3点，参议院特别会议，秘书长平刚报告众议院来文，通告当日众议院议决各节。参议院亦议决如众议院的办法。参议院调查委员会报告，调查报告认为以各处电文未足为逮捕诸议员通乱的充分证据。如果得有他项证据，则此案应归大理院审理。经表决，多数赞成调查报告，可决。同时议决对张耀曾等提出的《议员保障法》案付审查。

《被捕议员应归大理院审理》建议案提交给政府后，众议院议长汤化龙与参议院副议长王正廷为维持建议案，又会晤临时大总统袁世凯一次，会晤国务总理熊希龄二次，希望建议案发生效力。袁当面甚表赞同，熊也允为维持。

9月1日众议院常会。由萧晋荣作《国会议员保障法》案审查报告后，张国溶、邓镕、萧晋荣等发言反对此案，认为《临时约法》对议员保障已有明确规定，《约法》效力如宪法。只要按《临时约法》执行即可，无须再制定《国会议员保障法》案。由于进步党代表刘崇佑、黄群与国民党代表张耀曾、谷钟秀等代表两党协商达成协议：进步党赞成《议员逮捕法》案，国民党赞成先选举大总统案。故当天众议院会，刘崇佑、黄群一再发言，支持国民党张耀曾的提案，只是要求将该案改名为《议

---

① 《众议院公报》附录，第一期议会速记录第60号。

员逮捕法》案。这样，表决该案是否开二读会时，多数赞成开二读会；表决立即开二读会时，多数亦赞成。于是即开二读会。经表决，将提案名改为《议员逮捕法》案。并逐条讨论通过二读会。

9月4日众议院常会，对《议员逮捕法》案三读，对文字进行修改。首先表决通过了将标题改为《国会议员内乱外患罪逮捕法》案，除个别条款文字略改外，均顺利通过三读。《国会议员内乱外患罪逮捕法》案共4条，全文如下：

第一条　国会议员犯有内乱罪或三等以上有期徒刑之外患罪时，虽在戒严期内，除在接战地域逮捕外，仍属大理院审判。

第二条　戒严司令官查获证据，认国会议员有犯内乱罪外患罪之嫌疑，实行逮捕时，须于逮捕后二十四小时内解交总检察厅起诉。在开会期中，政府应同时以文书将罪据报告于国会。

于总检察厅所在地以外逮捕时，前项解送期得依道路远近，酌量展长。但须于逮捕后二日内起解。

第三条　关于以上之逮捕，若有挟嫌诬陷情节，须将告发人按律治罪。

第四条　本法自公布日施行①。

众议院将《国会议员内乱外患罪逮捕法》案咨送参议院求同意。参议院9月5日常会，对该案议决不付审查，直接开二读会，并省略三读会，全案通过。

但袁世凯政府以《国会议员内乱外患罪逮捕法》与《临时约法》、《戒严法》及其他现行法均有冲突，碍难公布施行，一直不予正式公布，也就不能成为法律而生效。

9月2日，众议院议长汤化龙和参议院副议长王正廷，面见国务总理熊希龄，交涉《被捕议员应归大理院审理》建议案。熊说现在戒严司令官已与大理院接洽，尚未停妥。汤、王又问被捕8议员为何尚未解

① 《众议院第一次常年会会议速记录》第63号。

回。熊说须俟此问题解决后方能解回,在此问题未解决以前不能解回。汤、王又问如果在天津竟将这些人冒昧解往南方则又将如何?熊答:已行文天津,非有国务院命令,则此8人不能轻易解往他处①。9月4日,汤化龙、王正廷又电催熊希龄将被捕8议员解回京。9月5日又以参、众两院名义去函熊,所得答复如前。9月8日,国务总理熊希龄出席众议院会,提出阁员名单,议员李载赓又提出政府对建议案久无消息,熊无法作答。9月9日,参议院正、副议长王家襄、王正廷面见国务总理熊希龄,催问被捕8议员应归大理院审理事。熊答须俟大理院将法律解释清楚再定办法。二位议长又以私人资格找大理院院长,大理院院长将国务院和军政执法处要求对有关法律的解释相告外,也认为8议员当然归大理院审判②。9月10日众议院常会,鉴于8日熊希龄未回答自己的问题,李载赓再次动议要求熊希龄出席当日的会,若不能出席,请指定日期出席答复,不能托故不出席便了此事。议长将李的动议用电话告之国务院。

9月11日参议院特别会议,为对大总统所提《拟任命各国务员咨请同意》案投票表决。熊希龄出席介绍各国务员历史。参议员李述膺向熊质问被捕8议员拘天津已二三个星期,此事总理究竟如何办法?

熊答:此事发生本为法律上问题,非政治上问题。政治上问题在总理可立时解决,法律上问题则不能不需法律机关之解决。按照《戒严法》,戒严时司令官有时有指挥之权。大理院又系司法独立,行政官不能干涉。因此之故,不能不由此两机关将法律解决。熊并介绍了戒严司令官与大理院多次会议协商的情况,并担保被捕8议员必无丝毫危险③。

9月8日参议院常会,鉴于戒严期内军政执法处对不论何人均可任

---

① 《众议院第一次常年会会议速记录》第63号。
② 中华民国2年10月第一次国会《参议院公报》第13册。
③ 中华民国2年10月第一次国会《参议院公报》第13册。

意逮捕,任意逮捕议员,一般人更是随意逮捕滥加杀害。军政执法处处长陆建章是袁世凯的心腹,嗜杀成性,有"陆屠夫"之称。当时的人们对陆既害怕又痛恨。为了防止陆利用《戒严法》任意抓人、滥杀无辜,参议员陆宗舆提出《戒严法施行法》案。陆宗舆说明提案理由后,即议决付审查。并由主席指定彭介石、龚焕辰、苗雨润等9人为审查员。

9月23日,参议院常会龚焕辰代表审查会向大会作《戒严法施行法》案审查报告后,议决即开二读会,逐条议决。全文通过二读后又立即开三读会,将全案通过。当天的会还以三读的方式通过了陈铭鉴、陈善本提出的《南方乱事既定拟请政府勿事株连》建议案。

9月25日众议院常会,河南籍众议员李载赓提出《咨请政府宣告解严建议》案。李说明戒严令后,军警横行,滥捕滥杀无辜平民。仅开封一处,自戒严令后,被无辜滥杀数百人,其中学界百人以上。这些人均被军警冠以乱党罪名,随捕随杀。河南还不属交战之地。连最高立法机关的民国国会,在戒严期中被捕议员数十起,中国已暗无天日。现南方乱事已平,已无戒严之必要。现正式大总统选举即将开始,自应从速解除戒严。李说明后,大会议决对此案不付审查,即开二读会。二读会通过后又接着开三读会,将此案通过。袁世凯为了独裁,只将福建、湖南二省解除戒严,迟迟不解除一直无战事的京畿地区的戒严令。10月20日众议院常会,李载赓就此事提出质问,要求国务总理出席答复。电话联系的结果,熊希龄因公事赴总统府故不能出席众议院会。10月24日众议院常会,李载赓因熊希龄一直不到会回答8议员被捕及解严等事,再次提出要求熊出席答复。10月27日众议院常会,主席宣读国务院来函:第一层答复解严之事,说因张家口、热河、察哈尔蒙匪甚为猖獗,戒严之令一时不能解除。第二层关于8议员之事,延迟许久本甚抱歉,惟南省尚未将证据交来,故不能解决,现在已电催各省从速交来,以便解决。第三层国务总理因今日有外交会议,故不能出席众议院会。①

---

① 《众议院第一次常年会会议速记录》第77号。

8议员被捕已2个月了,派往南方镇压二次革命的段芝贵、雷震春、鲍贵卿等军长、宣抚使、旅长、查办使亦回京开过军事会议,却仍拿不出8议员犯罪证据,说明毫无证据。参、众两院通过了《国会议员内乱外患罪逮捕法》案、《戒严法施行法》案,袁世凯既不公布又不交院复议,蔑视国会。对众议院通过的《被捕议员应归大理院审理建议》案、《咨请政府宣告解严建议》案、《南方乱事已既定拟请政府勿事株连建议》案,更可置之不理。国会在这二个多月的时间里,是想通过制订有关法律为手段,营救被捕议员,制止袁世凯利用《戒严法》滥捕、滥杀无辜。但近代史上这位大独裁者和其他独裁者一样,根本不把法放在眼里,而是要借助屠杀,打击和消灭自己的政敌,造成恐怖气氛,使人们不敢说话,只有在这种气氛中袁世凯才便于迅速建立法西斯独裁统治,故对被抓错的8议员,既不宣布罪状,又不释放,无视法律,践踏人权。对国会议员尚且如此,对普通百姓更是任意捕杀。尽管国务总理熊希龄幻想建立责任内阁,建立负责任的政府,也一再努力想通过法律手段解决被捕8议员的问题。但大权完全集中到袁世凯手中,袁根本不让熊有插手的余地。10月底,袁世凯背着国务院下令军政执法处将被捕8议员于11月1日解往南方,为众议院得知,立即让议长汤化龙与熊希龄和袁世凯交涉,并派警卫长亲赴天津,才阻止了袁于11月1日将8议员解往南方的行动。直至袁世凯解散国会,一直押在天津的丁象谦、张我华、赵世钰、刘恩格、高荫藻才被释放,而将褚辅成、朱念祖解往安徽宿县交雷震春,将常恒芳解往安庆,交倪嗣冲。后雷震春将褚、朱二人转解倪嗣冲处。直至1916年袁世凯死后才出狱。

国会解散后,袁世凯以私藏炸弹意图暗杀的罪名将参议员徐镜心在京逮捕并杀害。以"意图暗杀"罪将众议员段世垣在京逮捕并杀害。全国被袁世凯杀害的无辜冤魂多得难以统计。任何法西斯独裁都是在屠杀中建立起来的。

长,转饬各该地方警察厅长,及该管地方官,凡国民党所设机关,不拘为支部、分部、交通部,及其他名称,凡现未解散者,限令到三日内,一律勒令解散。嗣后再有以国民党名义发布印刷犯品,公开演说,或秘密集会者,均属乱党,应即一体拿办,毋稍宽纵。至该国民党国会议员,既受李逆烈钧等特别津贴之款,为数甚多,原电又有与李逆烈钧一致进行之约。似此阳窃建设国家之高位,阴预倾覆国家之乱谋,实已自行取消其《国会组织法》上所称之议员资格,若听其长此假借名义,诚恐生心好乱者有触即发,共和前途之危险,宁可胜言?况若辈早不以法律上之合格议员自居,国家亦何能强以法律上之合格议员相待?应饬该警备司令官,督饬京师警察厅,查明自江西湖口地方倡乱之日起,凡国会议员隶籍该国民党者,一律追缴议员证书、徽章。一面由内务总长从速行令各该选举总监督暨初选举监督,分别查取本届合法之参议院、众议院议员候补当选人,如额递补,务使我庄严神圣之国会不再为助长内乱者所挟持,以期巩固真正之共和,宣达真正之民意。该党以外之议员,热诚爱国者素不乏人,当此尽去害群即所以扶持正气,决不致怀疑误会,借端附和,以自蹈曲庇乱党之嫌。该国民党议员等回籍以后,但能湔除自新,不与乱党为伍,则参政之日月仍属甚长,共和之幸福不难共享也。除将据 呈查获乱党各证据另行布告外,仰该管各官吏一体遵照。此令①。

11 月 6 日,内务总长朱启钤向全国通令解散各省国民党支、分部。

11 月 4 日,解散国民党追缴国民党籍议员证书、徽章的命令是完全出于袁世凯的独断独行。事前袁世凯并未露出半点风声。11 月 3 日晚,袁世凯就派军警查封国民党总部,搜查簿据。11 月 4 日晨,袁世凯才传国务总理熊希龄、内务总长朱启钤到总统府,告以决心取缔国民党、取消国民党议员资格之事,并将早已起草好的命令拿出来让熊、朱

---

① 《申报》1913 年 11 月 7 日。

副署。熊、朱均无辞,即行副署。其他国务员得知命令已签发的消息,均齐集国务院,电召朱启钤内务总长询问一切。朱说:已下令执行矣。各总长相视愕然①。熊希龄所一再声称的要建立责任内阁只是一句空话,一切大权全操纵在袁世凯的手中。袁在10月25日反对《宪法草案》的通电中要求大总统独断独行,表明了袁不与任何政党分权的决心。依附袁世凯的熊希龄内阁自然无胆量与袁争权。

对袁世凯解散国民党取消国民党议员资格的命令,熊之所以副署,还有另一更富故事性的说法。这就是解散后熊的原部属郑廷玺的回忆说是袁以承德避暑山庄的窃宝事件挟制熊在命令上副署,且说此事是1917年熊希龄亲口对自己说的。尽管此说亦有漏洞,不妨作为一说照录如下。

11月4日解散国民党的命令,是国务总理熊希龄副署的。据解放后郑廷玺回忆,为了挟制熊希龄在这道命令上副署,袁世凯以熊任热河都统期间避暑山庄的盗宝案压熊。11月3日上午,袁世凯约熊到总统府议事,时间安排在袁接见外国公使之时。熊到后即有外国公使谒袁,袁乘机让熊暂时退入自己的办公室内稍候。熊入室,室内无人,只见袁的办公桌上放着前司法总长调查承德避暑山庄盗宝案的调查卷宗。熊将卷宗粗略看后,知案涉自身,自然十分恐惧,脸色立即变得苍白,心中十分不安。外交使节走后,袁传熊到外室谈话。熊毕竟心虚,凶吉难料,十分紧张。袁见熊态,便装出十分关怀的口吻对熊说:"秉三,你昨晚别是因公务忙没有睡好觉吧? 不然,为什么面色这样不好看,精神很显疲惫呢?"熊婉言谢过袁对自己的关怀。袁随即严词厉色地说:"国事不好向前推进,都因国民党凡事故意刁难掣肘,真令人痛心。我国现在是责任内阁制,如不将国民党这个障碍铲除,内阁既不能顺利执行职责,总统的权力也就不能行使了。根据目前形势,我们要把国家治好,非立即解散国民党不可,取消国民党籍的议员资格。我的意见如此,秉三,你看怎样?"此时内心十分恐惧的熊只有立即赞成的份了。于是,

---

① 《申报》1913年11月10日。

袁立即将早已拟好的解散国民党、取消国民党籍议员资格的命令让熊副署。熊也就只好乖乖地在命令上副署。熊副署毕,袁立即传令已预在邻室的阁员们进来,顺序副署齐备①。

11月4日,袁世凯还下了一道命令,说:"查广东、湖南两省为该党之根据地,而暴民专制、土匪横行,其痛苦亦甲于各省。倘各省均如湘、粤,岂非成一暴民土匪之国,更何言共和幸福?该党标其名曰国民,而专以残民为事,与民意违反,良善者敢怒而不敢言。本大总统为顾全大局,容忍经年,静盼其默化潜移,渐趋正轨。乃近来体察情形,该党阴谋诡计层出不穷,秘密机关逐经发现。本大总统何能宽容少数乱徒,置四万万人利害于不顾,不得已始有解散该党之令。"②

11月4日,袁世凯还发出了一篇长长的布告,宣布国民党的"罪状"说:"使我国民之颠沛流离于枪林弹雨者为国民党党员及国民党议员乎。……该党党魁黄兴等,竟借此号召党徒,潜谋破坏。一年以来,各省之拥兵跋扈,形同割据,藉端敛财,有若盗贼。以致国家不能统一,地方愈遭糜烂,莫不出于该国民党党员。"再次宣布解散国民党和取消国民党议员之资格:"该国民党党员及该国民党议员作乱及助乱情形证据既确,未便一再姑容。除令饬将该党立予解散,并饬追缴该国民党国会议员证书、徽章。"③袁世凯发布此布告的目的在于掩饰其解散国民党的不法行为,把国民党诬为称兵构祸之"暴徒",将自己打扮成救国救民的救世主。黑白完全颠倒。

11月4日下午,袁世凯将早已油印好的追缴国民党议员证书、徽章的名单由警备司令官、警察总厅分送各区,由区长带同巡警按名单住地到各国民党议员住宅索取证书、徽章。如与国民党有特别关系者,同

①　郑廷玺遗稿:《袁世凯挟制熊希龄解散国民党的经过》,《文史资料选辑》第48辑,第134、135页。

②　《申报》1913年11月7日。

③　《申报》1913年11月8日。

时搜查函件,凡涉嫌疑的证据全部拿走。11 月 5 日又派警兵守候在两院门口,俟议员到院时再拿出名册,比对册中有名而 4 日夜未经查及的国民党议员,则就在院门外将其证书、徽章扣除。第一次收缴和注销(有些国民党议员已逃离北京,无法追缴,故袁采取了注销的办法)国民党议员证书 380 多件,其中参议员 120 多件,众议员 250 多件。参议院已不足法定开会人数,但众议院尚足法定开会人数。袁氏取消国民党议员资格的目的在于取消国会。但众议院仍足法定开会人数。于是袁世凯违背自己刚刚发布的命令,指使军警将收缴范围扩大到湖口之役以前已声明脱离国民党的议员及跨党议员的证书、徽章。军警出动,又于 11 月 7 日第二次收缴了议员证书、徽章 80 多件。两次共收缴和废除议员证书、徽章共 470 余件,以后又在议长汤化龙、王家襄的交涉下,返还了少数议员的证书、徽章,但仍收缴及废除了 438 名议员的证书、徽章。国会参、众两院均已不足法定开会的人数,袁才罢手。此时的国会开会亦不成,闭会亦不成,暂停会议亦不成,因不足法定人数,无法开会,也无法议决闭会和停会,只能开谈话会。11 月 13 日参、众两院谈话会,王家襄报告与政府交涉的结果:王提出凡登报声明脱党及反对乱党有证据者一百多人拟请政府发还徽章、证书,以使国会足法定的开会人数。但政府只同意回复议员资格者不过 20 余人,国会自然开会不成。

与会议员对政府不居解散国会之名却收解散国会之实都十分不满,但也无可奈何,只好决定自 11 月 14 日起,两院停发议事日程。

11 月 12 日,国务院奉大总统袁世凯令通电各省,通令取消各省议会国民党议员的议员资格。各省议会也大都陷入瘫痪状态。

国民党议员资格的取消直接导致了国会的瘫痪。各党存亡亦面临考验。国会的这一危机立即引起了非国民党议员的忧虑和危机感,因为他们的议员权利也无法行使而处于名存实亡状态。11 月 6 日,进步党开会讨论时局。经过讨论,大多数人希望设法维持国会,要求袁世凯保留业已脱离国民党籍议员的资格,使国会能足开会的法定人数。第 2 天,参、众两院议员联合开谈话会,经过讨论,大多数均赞成维持国会,恢复二次革命前就已脱离国民党籍议员的资格。参议院议长王家襄和众议院议长汤化龙面见袁世凯,代表国会议员要求袁维持国会。袁"口口声声系维持国会,并问有何方法维持"。当王、汤告以"当以恢复一部分议员之说相达",袁置之不答。接着王、汤又与国务总理熊希龄、陆军总长段祺瑞、内务总长朱启钤接洽,熊说:"维持之说恐难做到。且总统并无维持之议。"王、汤诘之曰:"屡次见总统皆主张维持国会,何以总理又谓总统不主张维持,究竟哪一方面话是有责任的?"段祺瑞答:"我只知道有利于国家。如谓紧一步有利于国家,我就紧一步。如谓松一步有利于国家,我就松一步。"朱启钤则说:"此种责任我们实不敢担负。种种议论皆无维持现在国会之意。"熊希龄问;"如果两君能担任恢复一部分议员,开会后能修改《国会组织法》,则此事尚有商量。"汤、王即答:"议长只能有维持议场责任,议员行动不能干涉,此事殊不敢担任。"熊希龄又劝王、汤辞职。王、汤说:"欲辞职亦须开会后。"①王、汤与政府关于维持国会的交涉也只好到此为止。

显然,袁世凯要解散国会的决心是坚定的,不可改变的,故国务院自不敢出来维持国会。口口声声要建立责任内阁的熊希龄,也只能依据袁世凯的吆喝来行动。

袁世凯及国务院要取消国会的意见,自然也引起了非国民党议员的不满,于是对袁世凯政府的践踏宪法、摧残国会的行为提出质问。11月17日,众议院议员邓毓怡等194人对政府非法取消国民党议员的资格,致使国会不足法定人数不能开会提出质问书,要求政府三日内答复。质问书如下:

> 近日报载,大总统11月4日命令解散国民党,并追缴该党国会议员证书、徽章。……独是国民党与籍隶国民党之议员,在法律本属两事,其处分自不能从同。……查《议院法》第八条,议员于开会后,发现不合资格之疑义时,各院议员得陈请本院审查,由院

---

① 《申报》1913年12月15日。

议决选举十三人组织特别委员会审查之。据此,议员资格之疑义,
其审查权属之两院,院法规定,彰彰可证。今政府以隶籍国民党之
议员早不以法律上合格之议员自居为理由,岂非以政府而审查议
员资格,侵害国会法定之权限乎? 至于追缴证书、徽章,直以命令
取消议员,细按《约法》,大总统无此特权,不识政府毅然出此,根
据何种法律? 此不能不怀疑者一也。11 月 4 日命令之结果,国民
党议员被取消者三百余人,次日又追加百余人,遂过议员总额之
半,两院均不能开会。……政府确为惩治内乱嫌疑耶,则应检查证
据,分别提交法院审判,不得以概括办法,良莠不分,致令国会人数
不足,使不蒙解散之名而受解散之实也。……究竟政府方针,对于
民国是否有国会之必要? 对于国会是否以法律为正当之解决? 此
不能不怀疑者二也。……兹依《议院法》第四十条提出质问,应请
政府于三日内明白答复①。

12 月 3 日,参议院亦以政府之下令追缴议员证书、徽章,国务员辅
弼总统,列名副署,应负责任。特依《约法》第 19 条第 9 款、《议院法》
第 40 条,提出质问书于国务员,限 3 日内答复。全文如下:

中国以数千年君主专制之国,不旬月而国建共和,政取立宪,
揆之国情民度,固未必皆适合也,深识者亦恒窃窃忧之。顾忧之仍
皆慎审将事,黾勉维系者。良以建国于列强抢攘之秋,变政于民生
凋敝之日,一之为甚,何可再摘? 今之民主立宪,固不尽可以图存,
而不民主不立宪,则其亡可立而待。所以举国人士,矢志一致,勉
赴前途,而不敢轻言其他者此也。乃者政府发号施令,往往逸出法
律范围,与人民以借口。

而议员代表国民,督政立法,又未能尽惬于人心。政局荡摇,
百事迟滞,此诚危急存亡之秋。举棋不定,乱即随之。所幸邦本奠
定,《约法》犹存;三权分立,机关粗备。虽行事未能悉如人意,而

———————————

① 谢振民编著:《中华民国立法史》,第 89、90 页。

国民更事既多,二年以来,忍而安之,举无异议。此以见民情之向背,而人心之无反对也。但使政府与国会,依法循分,并力建设,则自今以往,国事大定,宪法告成,纳民轨物,即不患无长治久安之道,福国利民之方。乃不意事出非常,变生意外。前月4日,政府忽有追缴议员证书、徽章之命令,并以暴力禁阻议员到院,其数多至四百余人。令下之日,举国惶骇,人心骚动。两院至因此不足法定人数,一月以来不得开会。此事与民国国体政体,有莫大关系。大总统令出府中,用意或别有所在。而法有明文,国务员辅弼总统,列名副署,于此命令,不能不负责任。兹谨依《约法》第十九条第九款、《议院法》第四十条,提出质问书于国务员,并依《议院法》第四十条,限政府三日内答复。

立宪国家,立法行政各有专司。而行政权力,能为直接发动。立法机关,虽代表人民,恐未必事事悉如政府意旨,即难保不遭行政权之压迫。以此之故,各国皆于宪法及议院法,规定保护议员之专条。我国仿此,故于《约法》第二十五条,规定议员院内言论及表决,对院外不负责任。更于《议院法》第八条,规定惟院内得审查议员资格之合法与否。第七十八条,七十九条,规定惩戒事件,必付审查,经院议决定,方能除名。非有所私于议员,盖所以防院外势力之侵入,保护其身体言论之自由,俾得完全执行其职务也。今《约法》未废,《院法》施行。不依院议,政府擅以命令取消议员,果依何种法律,此需明白答复者一也。

在政府以为取消者,系国民党党籍之议员,而国民党则与谋乱有关。不知党中有少数谋乱之分子,即可牵及于其党。而既对于机关下处分,则非其个人别有谋乱关系,即不能同时并及党之其他党员,而况其为议员乎?且法贵持平,罪需有证。政府若认该党议员另有谋乱关系,则依《约法》第二十六条,本可执行逮捕,送交审判,取证定罪。政府行政之权,固自施行裕如。议院决不曲庇乱党,得罪全国。乃今政府不依法逮捕此项议员,在法不能认为与内乱有关,而乃追缴其证书、徽章,以暴力禁阻其到院。政府此种行动,何所取法?有何根据?此项议员究竟为罪之有无?此需明白答复者二也。

尤可怪者,政府以命令取消议员,致使议会不足法定人数不能开会,乃又令内务总长,从速行令各该选举总监督、选举监督,分别查取本届合法之参、众两院议员候补当选人,如额递补。是政府认此项被追缴证书、徽章,被禁阻到院之议员,其资格为已消灭。不知议员资格之消灭,除死亡及辞职得许可者外,其他除名一端,无论为由于院外判决为有罪之结果,或由于院内之惩戒处分,依《议院法》第七十八条,皆必要经院议决定,议长宣告。其议员之递补,又必依《议院法》第十三条,议员有缺额时,由院通知国务院,依《议员选举法》,以各该候补当选人递补之。今此项被命令取消之议员,既未经院内除名之手续,法律上决难认为议员出缺。政府未得两院通知,传来之候补议员,亦决无从为如额之递补。《议院法》前经大总统公布施行,政府与国会皆应遵守。国会而承认被命令取消之议员为资格消灭,承认候补议员之可以递补加入会议,国会为违法。政府不经院议决定,以命令除议员之名,并令非法之候补者如额递补,是否为合法?此需明白答复者三也。

政府既以命令取消议员,而又不明其有罪无罪,且直认为资格消灭,令候补者递补。是虽为对于议员之问题,然此令若可以有效,则今后无论议员犯罪与否,政府皆可随时随意以命令取消,又皆可随时随意令候补者递补,则《约法》、《院法》不啻一齐破坏。今两院因暴力干涉,不足法定人数,不能开会已一月于兹矣。议案山积,不能整理;宪法草成,不得开议;中俄条约签押,不得与闻;大政方针宣布,不得过问;议员被取消者,被暴力禁阻,不能到院;候补当选人,不合法不能递补。机关虽在,开会无日。政府如以为民国犹应有国会也,其速取消前令,彼此犹可相见以法律。若以为有国会掣政府之肘,不便大政方针之施行,则政体如何,无关存亡;非法之下,无为不当。政府尽可为所欲为,以图快意。乃计不出此,既以非法使议会永无开会之日，又畏首畏尾，不愿居破坏国会之名。究竟奚所取意？是何居心？此需明白答复者四也。

议员等被选举而来，幸不在取消之列。欲履行职务，而开会不能；欲引咎辞职，又自问无罪。《约法》犹在，政体未更，诚不知计所从出。又不欲政府之用意，终无以明白表示于全国也，故提出质问书。惟政府其依限答复①。

12月23日国务院则以"两院既不足法定人数，即不能适用各种法律，以院之名义提出质问书，故不用正式公文答复，以公函径致两院议长申明原委，并请以议长名义转知各议员"。原文如下：

查《议院法》第四十条提出质问书之规定，系根据于《约法》第十九条、《国会组织法》第十四条之规定而来。质而言之，议院质问权之行使应以《约法》及《国会组织法》为主，《议院法》为从。盖一则属于根本法之性质，一则属于普通法之性质。以普通法之规定补充根本法之所无则可，以普通法之规定变更根本法之所本有则不可。依《约法》第十九条及《国会组织法》第十四条之规定，质问权为议院职权之一，非议员职权之一，其义甚明。故质问权之行使，无论《议院法》有如何连署之规定，虽不必经由院议公决，而不能不经由议院提出。是以议员迭次依《议院法》而提出质问书均于议院有《国会组织法》第十五条所定总议员过半数之出席，得以开议时由议长业于开议日期报告文件之期提出报告。此执行《国会组织法》及《议院法》之通例，实为两院所现行。断未有不经此项手续而可以滥行质问者也。兹来咨既称两院不足法定人数不能开会，则议院所有之质问权当然因不能开会之结果而不能提出。若谓《议院法》第四十条之规定仅以得二十名以上之连署为限，此外均属自由，则必本条无提出由院转咨之明文而后可。本条既明明规定提出质问书应由各院转咨矣，则《议院法》所称之各院应即

---

① 谷钟秀著：《中华民国开国史》，第158—162页。

该《国会组织法》第二条所称各议员组织之院及第三条所称各议员组织之院为两条所称之院,欲行使《约法》第十九条、《国会组织法》第十四条之质问权,其质问书应于有《国会组织法》第十五条总议员过半数之出席得以开议时提出。盖法称质问书系规定提出于各院,非规定提出于各议长也。若不于此时提出,则不能以不足行使议院职权之各院率行转咨,此为《约法》、《国会组织法》、《议院法》相互间之精神所寄,未便以不能开会之少数议员而可意为出入于其间也。

　　查两院议长业于11月13日以两院议员不足法定人数不能开议,不得已于11月14日起停发议事日程等语,通告有据。此次质问书之提出,在议院议长通告停发议事日程之后,既已停发议事日程,何能提出质问书?且查当日提出质问书之情形,系发生于两院现有议员之谈话会,以法律规定所无之谈话会而提出属于法律上议院职权之质问书,实为《约法》、《国会组织法》、《议院法》规定所未特许。政府为尊重国会起见,对于不足法定人数之议院非法提出之质问书,应不负法律上答复之义务。惟查各该质问书于追缴隶籍国民党议员证书、徽章及令内务总长分别查取本届合法候补当选人如额递补各节不无所疑,不能不略为说明,以免误会。查11月4日大总统命令曾声明:此举系为挽救国家之危亡,减轻国民之痛苦起见,并详细情形布告国民。盖以议员多数而为构成内乱之举,系属变出非常。《议院法》未规定处理明文,即如各国亦无此先例。大总统于危急存亡之秋,为拯溺救焚之计,是非心迹昭然天壤。事关于国家治乱,何能执常例以相绳?所以令下之日,据东南各省都督、民政长来电,均谓市民欢呼额手相庆。议员张其密等所称举国惶骇,人心骚动,系属危言耸听,殊乖情实,且现已由内务总长核定调查候补当选人,划一办法,令行各省依法办理。议员邓毓怡等所称对于民国是否有国会之必要?尤属因误滋疑。总之,前奉大总统命令,业已郑重声明,总使我庄严神圣之国会不再为助长内乱者所挟持,以期巩固真正之共和,藉达真正之民意等因。各议员果能深体此意,怀疑之点当能释然①。

国务院的这篇公函真是御用法律家的一篇弄法的奇文。《临时约法》第 19 条、《国会组织法》第 14 条只规定了议会有质问权,《议院法》第 40 条即具体规定了只要有 20 名以上的议员连署即可提出质问书由各院转咨政府,要求政府限期答复。质问书并非议案,无须表决,由院转咨政府即可。而参、众两院对外只有议长,自然由议长转咨,再也没有谁能代表两院对外。公函却否定议长是惟一对外能代两院转咨质问书的人。这自然是诡辩。

其实,以袁世凯为首的北洋政府是撕毁《约法》、《国会组织法》,非法取消议员资格致使国会瘫痪的罪魁祸首,却以歪曲《约法》、《国会组织法》来为自己开脱罪责,真是权大嘴大。

11 月 10 日,宪法起草委员会开理事会,因不足法定人数,决定宪法起草委员会自行解散。《天坛宪法草案》夭折。

政治会议召开后,为了投袁世凯搞独裁之所好,各地方军阀、政客纷纷通电陈述所谓救国大计。黎元洪及各省都督 1913 年 12 月 18 日和 22 日两次致电袁世凯,以立法机关成绩綦少,现又不足法定人数,主张停止现有两院议员职务,给资遣散。袁世凯立即向政治会议提出《救国大计咨询》案。1913 年 12 月 29 日,政治会议开第一次会议,即开议此案,并议决付审查。审查会自然同意停止现有两院议员的职务,给资遣散。并将此意由 1914 年 1 月 9 日的政治会议通过,呈送袁世凯。1 月 10 日袁世凯即下了一个冗长的解散国会原因的布告。同日,又下了《停止两院议员职务令》:

> 本日政治会议呈复救国大计咨询一案。据称前兼领湖北都督黎元洪等原电修正宪法一节,若指《约法》而言,应于咨询增修《约法》程序案内另行议复。其对于国会现有议员给资回籍、另候召

------

①　《申报》1913 年 12 月 29 日、30 日。

集一节,应请宣布停止两院现有议员职务,并声明两院现有议员既与现行《国会组织法》第十五条所载总议员过半数之规定不符,应毋庸再为现行国会组织法第二条及第三条之组织。至如何给资之处,应由政府迅速筹画施行。是否回籍可听其便,政府毋庸问及等语。本大总统详加披阅该会议议复各节与该前兼领湖北都督黎元洪等救国苦心深相契合。原呈所陈大要以为非速改良国会之组织,无以勉符尊重国会之公心,洵属度势审时正当办法。查两院现有议员既与现行《国会组织法》第十五条所载总议员过半数之规定不符,应即依照政治会议议决宣布停止议员职务,毋庸再为现行《国会组织法》第二条及第三条之组织,所有民国议会应候本大总统依照约法另行召集。此次停止职务各议员,由国务总理、财政总长迅将如何给资之处筹画施行。余如该会议所陈办理。至两院现有议员自宣布停止职务之日起,既均毋庸再为《国会组织法》第二条及第三条之组织,一应两院事务应由内务总长督饬筹备国会事务局分别妥筹办法,免滋贻误,以副本大总统尊重国会之初意。此令①。

解散国会,自然是袁世凯改变国体的前奏。故政治会议的政客们不敢负责,将提议取消议员资格的黎元洪等抬了出来。袁世凯则将政治会议与黎元洪均抬出来,以减轻自己的责任。

各省的议会的命运与国会相似。1913 年 11 月 10 日国务院奉大总统令即通电停止了各省议会的一切活动:"凡各该省议会经组织委员会或选有常驻议员以及其他名称,但为常年会及临时会规定所无者,即为违法,于令到之日即行立饬撤销。至本年常会法定会期早已届满,体察各省现情,实不应召集临时会议。凡请开临时会在前,现在尚未开会者,应令即日一律闭会。无论于何种事件,虽未议决,均可待至明年常会开会时再行继续提议。嗣后该会议员有请求开临时会,须先由该民政长呈

---

① 《申报》1914 年 1 月 13 日。

报内务总长核准后再行依法召集,以节该员等道途往返之劳,并示各地方爱惜物力之意。务各切实遵行,俾宏治术,此令等因,特电行遵照。"①

政治会议成立后,各省都督和民政长纷纷电请停止该省议会议员职务。袁世凯亦交政治会议议决,政治会议议决"各省议会根本上之不应存在,法律、事实均有强固之理由。拟请将各省议会一律解散"②。袁世凯据政治会议呈报的议决,1914年2月28日发布大总统令:"省议会不宜于统一国家,统一国家不应有此等庞大地方议会,应即依照议决,将各省议会一律解散。"③省议会本来早已不存在,命令将省议会制度也彻底否定了。

十八、熊希龄内阁的产生与垮台

宋教仁案真相大白后,国民党立即从拥护赵秉钧内阁转而反对赵内阁。国民党是国会中第一大政党,赵秉钧又是宋案的主要嫌疑犯,舆论自然也极不利于赵,赵再在总理的位置上呆下去已很难,宋案后国民党则一直设法倒赵。1913年5月初,参、众两院正式开会后,国民党就运动以汤化龙出面组成新内阁来取代赵秉钧内阁。但共和党支持赵内阁,并不支持汤化龙出面组阁。赵秉钧迫于各方压力,不得不向袁世凯提出辞呈。袁认为此时接受赵的辞职,无异于自己承认赵是刺宋的主犯,故不准赵辞职,只以"请假"的名义让赵离开总理的位子。自1913年5月1日起袁世凯即让赵请长假,由陆军总长段祺瑞代理国务总理一职。国民党发动二次革命,袁世凯以戡乱的名义调兵镇压。袁以合法中央政府的名义,名正言顺地征讨国民党。国民党当时尚提不出能动员舆论取得民心的讨袁的理由和口号,结果,除国民党报纸外,舆论

①　《申报》1913年11月17日。
②　《申报》1914年3月4日。
③　《申报》1914年3月4日。

多向着袁世凯,全国几乎一致声讨国民党。此时,人们已无须去判断宋案的是非,而只须凭眼前的这场大厮杀来判断一切。也正因为如此,袁世凯才于7月16日接受赵秉钧的辞呈,免去赵的国务总理之职。袁怕上海地方检察厅传唤赵赴沪出庭,又于7月17日任命赵为步军统领衙门统领。这样,即使上海方面再传,赵也可以公事无法脱身为由拒绝赴沪出庭。7月21日,袁世凯在宣布全国戒严的同时,任命步军统领赵秉钧兼任北京警备地域司令官、京畿军政执法处处长,陆建章兼任北京警备地域副司令官。12月16日袁又改任赵秉钧为直隶都督,一直重用宋教仁案的主要嫌疑犯。

当时的外交总长陆徵祥在俄国政府于7月13日正式照会中国政府推翻了5月20日中俄双方草签的《中俄协约》后,对俄不顾外交惯例背信弃义的作法十分不满,对中俄间关于外蒙问题的交涉已失去信心。他向袁世凯提出辞呈,并不再管外交部的事,一切部务由外交次长代理。财政总长周学熙在善后借款合同签字后,受各方尤其是国民党方面的责难后,也请病假不视事,并提出辞呈。5月16日后由总统府秘书长梁士诒代理财政总长。教育总长范源濂也于1月28日辞职。教育总长由海军总长刘冠雄、农林总长陈振先先后分别兼署了很短一段时间,5月1日后由教育次长董鸿祎代理。工商总长刘揆一因不经国会私借外债,被国会发现并追究责任后,引起了袁世凯对刘的不满,刘只好辞职。袁世凯于7月18日正式免去刘职,以工商次长向瑞琨暂时代理工商总长。也就是说,赵秉钧内阁早已是一个十分残缺的内阁,早就该改组,早就该修残补缺了。但此时的内阁已成了袁世凯的办事机构之一。袁在总统府还有一整套由其精心组织的办事机构在运转。内阁残缺对袁世凯政权的正常运转的影响并不严重。可见,从赵秉钧内阁开始,责任内阁制已名存实亡了。

既称民国,又实行所谓责任内阁制,内阁自也不可缺少。袁世凯也一直在物色内阁的人选。袁自然属意于由北洋系的人出任总理一职。曾想让自己的盟兄、北洋元老徐世昌出任国务总理,曾放出风来说国务总理一职"舍徐菊人殆无第二人足相属"①。但国民党人宁可让进步党人出面组阁，也不愿让北洋派的人出面组阁，故对徐出任国务总理持反对态度。进步党人见国民党在国会的势力大减，且有联合进步党抵制袁世凯的独裁与专制之意，也想乘机由进步党人出面组阁，故也反对徐世昌出任国务总理。在这种情况下，徐世昌自然不愿接受国务总理的提名。当时国民党南方的军事力量尚存，正式大总统选举尚未进行，袁世凯还需要进步党的支持，以便战胜国民党，故决定提名原共和党籍的热河都统熊希龄为国务总理。

熊希龄曾于1912年3月30日被任命为唐绍仪内阁中的财政总长，因善后借款风波于7月14日辞去财政总长之职，12月12日外调出任热河都统。熊虽曾声明退出共和党，但与进步党人关系密切。熊希龄接到7月6日袁世凯让其组阁的来电后，开始感到很意外，7月18日回电袁世凯时说"6日电悉，甚为惶悚"。接着说明自己不愿出面组阁的二条理由：一为共和国家必须组织政党内阁，"政党内阁方能相让，否则各又争持，即一内阁中已起冲突，不待国会之推倒"。并举出同盟会、统一党的唐绍仪混合内阁和名义上为政党内阁实为混合内阁的赵秉钧内阁的垮台乃至日本国的西园寺混合内阁垮台为例，说明不能组织混合内阁。并说明自己退出共和党已引起进步党的不满，而国民党又因自己加入过共和党而怀疑自己"为有实无名之进步党派，不惮以私见相反对"，故自己不敢担任总理。二为即便政党内阁不能成立，同志内阁也未尝不可。但由于各党对阁员之位必力争，必然又陷混合内阁之覆辙，同志内阁也不能实现。自约同志组织内阁也未必能得国会中两党多数之同意。电报的最后答应因热河边防财政急迫，亟待处理，只能于7月20日以后启程进京②。熊的这封电报自然是一封半推半就的电报。他提出的不愿组阁的二大理由也就是委婉地提出自己

---

①　《民立报》1913年7月5日。
②　《申报》1913年7月26日。

组阁的条件:即使不能组织政党内阁,也必须组织同志内阁,即由自己挑选志同道合的同志来组阁。

袁世凯对这种半推半就借以抬高声价的官场惯用手法自然十分清楚,故一面回电劝驾,一面将《拟任熊希龄为国务总理咨请同意》案提交国会。进步党、国民党也致电熊敦促其速进京受任国务总理职。熊一直拖到参、众两院通过其为国务总理的提名,袁世凯正式任命公布后的二十多天后的8月22日才入京。

众议院将同意案列入7月21日众议院会议的议事日程,但当天签到议员才265人,不足法定人数,流会。

7月23日众议院常会,开议的第一案即是《拟任熊希龄为国务总理咨请同意》案。先由司法总长许世英出席介绍熊的历史:熊君在前清时代戊戌年即主张变政,因此获罪监禁多年,是熊君实为新学之先导。后被赦复官,随五大臣出洋考察政治,回国后建议甚多。后又办理两江及东三省农工商诸政,均能擘画精详,规谋远大。后又为东三省监理财政官,切实调查,条理非常精密。各省财政报告以东三省报告为最详晰,成绩亦为最优。平日研究范围甚广,而于财政尤多心得。各省财政情形最为熟悉。光复后在民国为财政总长,历练更深。现任热河都统,于财政、军事均能措置得宜。大总统意思以为人才缺乏,旧人或有经验而缺于学识;新人或有学识而缺于经验。若求如熊君其人者,实属不可多得。所以拟任命为国务总理,请贵院同意①。

新共和党议员郑万瞻、张伯烈等提出近日读报章熊希龄不愿担任国务总理,熊又在热河并未来京,若本院同意而本人竟不同意则本院的同意无效。故主张待熊到京后得到熊同意出任总理之职时再投票。而一些议员发言认为,既然政府提名熊为总理,自然已与熊商妥,得熊同意,故不必等熊到京再投票。最后付表决,在场议员445人,赞成暂缓投票者161人,少数,否决。于是当日即投票表决。有议员发言主张用

---

① 《众议院公报》附录,第一期议会速记录第42号。

有记名投票法表决,有的议员发言反对,认为历来此项投票均为无记名投票法,以保证议员自由表达个人意志。最后只好付表决,在场议员445人,赞成有记名投票法158人,少数,否决。于是以无记名投票法投票。结果:共发票449张,名片449张,因有1人未投票,故共投票448张,名片448张。同意票为260张,不同意票179张,无效票9张。多数通过,咨送参议院①。

7月30日,参议院常会,第一案即为众议院移送的《拟任熊希龄为国务总理咨请同意》案。司法总长许世英出席介绍熊希龄的历史后,即开始用无记名投票法表决。结果:在场议员202人,赞成票121张,过半数,通过。

7月31日,袁世凯正式任命熊希龄为国务总理。袁世凯和各个方面纷纷致电熊希龄,劝其速速来京就职以组织新内阁。8月22日熊入京。

国务总理很快就选定,但阁员的产生还是颇费周折的,以致新一届内阁迟迟无法产生。熊希龄在组阁过程中仍然遇到了一些困难。这种困难不是来自国会方面。发动二次革命的国民党在军事上彻底失败,国民党议员失去了依托,一些议员纷纷另组政团以避袁世凯的迫害,甚至投靠袁氏,支持袁的独裁。一些激进议员纷纷离京。故国民党在国会的势力大大削弱,已不再是昔日的国会中第一大政党。留在国会中的国民党议员也早已失去了以往勇猛进取之概,对新内阁不闻不问,很多人甚至在力图自保,故支持进步党出面组阁。在国民党议员看来,由进步党组阁总比由北洋派的徐世昌、段祺瑞出面组阁要强得多,故并不为难熊希龄组阁。熊希龄组阁的困难来自袁世凯。袁只是想利用进步党来彻底战胜国民党,将正式总统的桂冠戴在自己头上,并不想与进步党共享政权。所以,熊希龄一到北京,袁世凯就把一张早已拟好的阁员名单交给熊:外交总长孙宝琦,财政总长周自齐,交通总长杨士琦或杨

----

① 《众议院公报》附录,第一期议会速记录第42号。

度,内务总长朱启钤,陆军总长段祺瑞,海军总长刘冠雄。关键的部都由北洋派人士占据,只留下农商(工商部、农林部已决定合并为农商部)、教育、司法三个部总长由熊希龄安排。在袁看来,对进步党收买付出的这个代价已经很高了。但这与进步党的期望值相差太大。原来进步党欲以林长民长外交,王赓长内务,梁启超长财政,汪荣宝长司法。尤其是对财长一席,进步党力争梁启超出任,以便为进步党打开一条筹备经费的门路。但袁对外交、内务、财政三个关键部毫不退让。双方讨价还价,一直拖到9月上旬,袁世凯才做出了一些让步,同意由熊希龄兼任财政总长,周自齐为交通总长,梁启超为司法总长,汪大燮为教育总长,张謇为农商总长。其他部的总长仍按袁拟定的人员。这样,才将熊内阁阁员同意案交国会通过。

9月8日众议院常会,第一案即是临时大总统袁世凯提出的《拟任各部总长咨请同意》案。国务总理熊希龄出席并逐一介绍几位新总长的历史。首先介绍孙宝琦历史:"当前清变法维新之际,设立政务处,是在军机处以外专办理一切新政事宜。孙宝琦即为该处提调,于中国全国政治极有研究。后经出任驻法钦差。尔时历任驻法钦差颇有不甚理事者,而孙宝琦在法国极能认真办事,且自己学习法文,年纪甚大,犹能学习法文至数年之久。且在法名誉亦甚佳,尤为留学界所钦佩。其于外国政治亦属研究有素。从前希龄游历至法国时,曾询诸留学生,莫不交口推许。其后改任德国钦差,我国对德外交素称困难,而孙宝琦办理得当,有名誉。归国后以其长于对德外交也,故任为山东巡抚。从前山东历任巡抚对于德国外交颇有隔阂之处,孙宝琦均能办理完善。不但有外交能名,而且富于平民政治思想。在山东巡抚任时,屡上折奏,对于政治主张推倒贵族,其所条陈各折奏均历历可征。外交上必须选一对于中外负有名望之人,始可称职。所以提出孙宝琦为外交总长。"接着介绍朱启钤的历史:"朱启钤在前清曾任巡警总厅厅丞,办理巡警事务卓卓有名。后在东三省办理蒙务,甚有成绩。并且交卸后不辞劳苦,亲赴黑龙江、蒙古等处地方调查边务,又到日本考察内务及边务各种情形。前任交通总长时,对于交通计画成绩甚佳,如川汉、粤汉、沪宁等路俱属棘手问题,皆在朱启钤手内解决。他人所不能解决者,朱启钤能解决之。若非极有能力之人,何能如此。且能破除情面、办事认真,所以提出朱启钤为内务总长。"介绍梁启超时说:"查梁启超博学多闻,其所著作具见诸多各种报章杂志,对于中外新旧法律均有透彻之研究。若任梁启超为司法总长,必能胜任愉快,自有伟大建树而使中华民国成为一法治之国家也。"介绍汪大燮时说:"查汪大燮在前清时曾游历各国,考察宪政,对于外国政治以及教育极有研究。后任驻英公使,名誉极佳。有数种大问题皆由其手内解决。一为禁烟问题。彼时唐绍仪正在外部赞成此议,现在禁烟一事颇见成效者,实由汪大燮发其端。其二为改革币制问题,所具条陈实有宏远规画。币制一事在前清时代视为迂阔之论,无人提议,降至今日此种建议价值极高。此人有世界眼光,知识深远。后任驻日公使,办理外交亦甚有声誉,绝无丝毫错误。此种人才殊不多觏。盖办理教育必须富有中外知识且曾考究各国教育制度者,然后能做出一种教育方针,成为中国国民教育也。"介绍张謇时说:"张謇最初研究农务,后至日本考查工商各种实业。旋于江南组织纱厂,成效卓著。中国办理实业,其成效以张謇所办纱厂为第一。后赴东三省考查各种实业,颇有成绩。长江一带,张謇创办各种实业甚多。"介绍周自齐时说:"周自齐曾充驻美参赞,后任外务部丞参,颇有能名。及武汉起义以来,任为度支部首领,于财政甚有经验。其后更任山东都督,各种政治极其娴熟。因交通部含有外交、财政两种性质,如任周自齐为总长,将来与中国交通政务上必能大见发达。而且关于交通所借外债,将来对于偿还等一切办法必能措置得当。况中国各路积弊甚多,非熟悉国内情形不足以整顿之也。"①熊希龄将六总长历史介绍后,议员李载赓即提出"孙宝琦者在前清时夤缘庆亲王,认作义父,似此寡廉鲜耻之人,似乎不能任为民国外交总长"。及提出汪大燮前在外务部

① 《众议院公报》附录,第一期议会速记录第65号。

时对苏杭甬铁路的问题的质问,都被进步党及议长所阻止。于是会议主席赶紧宣布用无记名投票法投票。结果,在场议员连会议主席共442人,按规定,议长不投票,故投票总数441张,名片亦441张。6名总长候选人得票如下:

外交总长　　孙宝琦　　同意票 339 张　　不同意票 99 张

内务总长　　朱启钤　　同意票 323 张　　不同意票 114 张

司法总长　　梁启超　　同意票 357 张　　不同意票 83 张

教育总长　　汪大燮　　同意票 321 张　　不同意票 117 张

工商总长　　张　謇　　同意票 429 张　　不同意票 12 张

交通总长　　周自齐　　同意票 355 张　　不同意票 84 张

六部总长同意票均过半数,全部通过①。

9月11日参议院特别会,第一案即为众议院移送的《拟任各部总长咨请同意》案。国务总理熊希龄出席介绍拟任的六总长的履历后即用无记名连记投票法表决。在场议员连议长在内共179人,当日议决议长无投票权故投票178张,结果如下:

外交总长　孙宝琦　同意票 151 张　不同意票 26 张　无效票 1 张

内务总长　朱启钤　同意票 143 张　不同意票 33 张　无效票 2 张

司法总长　梁启超　同意票 149 张　不同意票 25 张　无效票 4 张

教育总长　汪大燮　同意票 127 张　不同意票 47 张　无效票 4 张

工商总长　张　謇　同意票 169 张　不同意票 4 张　无效票 5 张

交通总长　周自齐　同意票 153 张　不同意票 23 张　无效票 2 张②

临时大总统袁世凯于9月11日发布命令,正式公布了对六国务员的任命。这样,国务总理熊希龄兼任财政总长,加上留任的陆军总长段祺瑞、海军总长刘冠雄,熊希龄内阁便正式成立。由于梁启超、汪大燮、张謇都是社会名流,张謇又是全国知名的实业家和教育家,时人称此内

---

① 《众议院公报》附录,第一期议会速记录第 66 号。

② 第一期国会《参议院公报》第 13 册,第二次特别会速记录。

阁为"第一流人才内阁"。

熊希龄一开始也希望改变赵秉钧内阁"只是一个盖印、副署"的机构的状况,希望国务院与"总统府划清权限",建立起一个责任内阁①。故参、众两院通过后,袁世凯于 1913 年 7 月 31 日正式任命熊希龄为国务总理,熊却迟迟不入京就职。直至袁做出"任希龄组织,绝不掣肘"的承诺②,他才于 8 月 22 日入京。熊对袁的承诺信以为真,故 8 月 28 日在迎宾馆开茶会招待两院议员的演说中声称要建立"责任内阁"、"使中华民国为法治国"③。但事实立即使熊明白,这只是自己的一厢情愿。袁世凯对大权紧紧抓住,丝毫无放权给内阁之意。就连袁世凯违法逮捕 8 议员之事,熊向国会表示要"负完全责任,按照法律办理,绝不能有法外之行动,可断言也"。当熊向袁交涉时,立即发现袁根本不让自己插手此事。尽管毫无确实证据,袁却一直违法地将 8 名议员拘禁在天津,使熊食言于国会。熊除了 9 月 8 日和 11 日不得不分别出席众、参两院常会介绍新提名的国务员履历外,再未敢出席过参、众两院的会。10 月上旬后,袁世凯为了攫取更多的权力,开始向国会进攻,要求修改《临时约法》以大大增加大总统的权力。袁的"杀鸡吓猴"的狠招自然吓得熊及熊内阁只能乖乖地听从袁的摆布,再也不敢提划清国务院与总统府的权限和建立责任内阁之事,以致不得不顺从地在解散国民党、取消国民党议员资格的命令和解散国会命令上副署。有的书上说梁启超为内阁起草的《政府大政方针宣言》经国务会议通过,宣言在经济上提出了一整套发展资本主义的政策,在政治上主旨在于贯彻法治精神,不失为是一个建设资产阶级共和国的纲领。与袁世凯北洋集团的扩张官僚资本主义经济势力和建立封建独裁统治的政策是抵制的。这一评价是与历史事实不符的。袁世凯竭尽全力要将全部权力

---

①　《熊秉三先生致书》〔甲编〕,《熊希龄集》〔上〕。
②　《熊秉三先生致书》〔甲编〕,《熊希龄集》〔上〕。
③　《熊秉三先生致书》〔甲编〕,《熊希龄集》〔上〕。

完全集中在大总统手中,如果说在其当上正式大总统之前,其手段还较隐蔽一点的话,在其当上正式大总统之后就完全公开化了,变得赤裸裸地要权,不会允许熊希龄内阁有自己的一套大政方针的。事实上,《政府大政方针宣言》是 10 月 18 日和 20 日在总统府召开的国务会议上定下来的,此国务会议正是袁世凯主持与参与的,①怎么可能违背袁世凯的意志呢? 熊希龄此时无此胆量,梁启超此时也无此胆量。熊、梁自保还来不及呢。其实,北洋政府存在的整个时期,基本上采取了鼓励发展资本主义的经济政策。从 1912 年至 1916 年,北洋政府颁布有利于资本主义经济发展的条例、章程、细则、法规达 80 多项②。也就是说,袁世凯也在鼓励资本主义经济的发展。此时进步党一些党员已看清袁世凯要搞独裁的面目,尤其是袁借取消国民党议员资格将国会搞瘫痪后,大多数进步党议员对袁十分不满甚至持反对态度。作为进步党领袖的梁启超和汪大燮(进步党支部长)一改过去的常参加进步党议员会并愿发表政见的惯例,也不敢再参加进步党议员的会议。一是无独立之政见可发表,再恐怕为保乌纱,自不便开口,怕获罪于袁。这引起大多数进步党议员的不满。11 月 30 日,进步党议员开会,最后议决:1. 本党对于现在之国会绝对的主张维持。2. 本党之国务员既不肯出席议员会发表政见,应将今日所决之党议派人说明。如以为然,望极力主张,否则以后行动认为个人之行为。3. 国会问题未解决之先,本党议员不辞职、不出京③。从第 2 条即可看出进步党议员对进步党的国务员有意疏远进步党是十分不满的。

　　至于 8 月 28 日熊希龄到参、众两院发表施政演说恐怕是误将 8 月 28 日熊希龄在迎宾馆招待参、众两院议员的演说当作施政演说。但就在此演说中,熊还特别声明大政方针须待内阁组成后才能宣布。有的

①　《申报》1913 年 10 月 23 日、25 日。
②　张静如、刘志强著:《北洋军阀统治时期中国社会之变迁》,第 16 页。
③　《申报》1913 年 12 月 5 日。

书上说内阁正式任命后的第 3 天,即 9 月 13 日熊希龄率同各国务员出席国会,正式宣布"大政方针"。这也与事实不符。当时一些新任国务员尚未就职,大政方针尚未完全出台。当天是星期六,不是参、众两院会议日。查当日参议院、众议院均无会议,参、众两院亦无会合会。且当时袁世凯、国务院和国会把选举正式大总统当作一件大事来进行,正忙于大总统选举的各项准备,无暇顾及大政方针。加之熊希龄在 8 议员被捕事件上对国会食言,除 9 月 8 日和 11 日熊希龄为介绍 6 国务员履历不得不赴众、参两院外,直至国会瘫痪,就再也未出席过参、众两院的会议,尽管议员一再要求熊出席回答对 8 议员被捕事件的质问,但熊总是找借口推脱了。所以,熊希龄从未在国会正式宣布过大政方针。这只要一查当时参、众两院的会议记录就能证实。

　　第一流人才内阁,一开始是想有所作为。如主张责任内阁,建立负责任的政府。但当见到袁世凯决心搞独裁和专制、气焰嚣张时,也只好乖乖地跟着袁世凯,成为袁世凯摧残民主、解散国会、大搞独裁的帮凶。赵秉钧内阁、陆徵祥内阁开始的每星期一的国务会议均在总统府开的惯例,熊也乖乖地继承,也将国务会议移到总统府开,甘心使国务院成为袁的办事机构。就连进步党党魁梁启超在进步党议员的强烈要求下,12 月中旬参加进步党议员会,在解释袁世凯 11 月 4 日取消议员资格的命令时也振振有词地说:"此次国会问题发生,总统初无打消国会之心。在国务院一方面尤且主张维持国会。至于大总统出此手段,若以严格之法律观之,固为违法。然自湖口起事后,著名之乱党党员厕身国会者甚多,两院未闻有取消通乱议员之提议,未免有损国会威严。大总统对于乱党既尽法惩治,对于乱党之议员,议院既不肯铲除,大总统为保持国会尊严起见,故出此策。就政治方面言之,实有可原之地。何况此次并非将议员除名,只追缴议员证书。证书受自选举监督,选举监督乃行政官也。故追缴证书仍可视为行政上之作用,不为政府辩则已,若为政府辩固振振有词也。……总统当下命令之后,以为国民党在议院中已占少数,即使取消一部分议员必不至于不能开议。殊不料竟使国会不能支持,实出总统意料之外也。诸君今日欲维持国会,第一先决问题在承认初四日之命令,解决之法仍宜不出命令范围之外。"①这真是一篇为袁世凯反民主搞独裁涂脂抹粉的绝妙奇文。这位进步党的头脑与理论家毕竟并非凡人,讲起歪理来竟也唾沫星四处乱飞,竟然在大白天睁着眼睛说瞎话。正是袁世凯给出的收缴议员证书的名单,怎么能说袁连国民党议员的大致数目都不清?第一次收缴议员证书后,袁及其党羽一算众议院还足法定的开会人数,于是置11月4日的命令只收缴湖口起义后仍留在国民党的议员证书于不顾,而是将收缴范围扩大到湖口起义之前加入过国民党的议员证书。怎么能说国会的瘫痪是出于袁的意料之外呢?怎么能说袁一开始有维持国会之意呢?又怎么能说袁世凯要踢开国会是为了维护国会的尊严呢?但此时袁世凯是赤裸裸地搞独裁,无须别人为其粉饰。梁的粉饰不但是多余的,反将自己暴露无遗。因为随后接着而来的袁世凯解散国会的命令无疑是给为其粉饰的人一记响亮的耳光。好在梁公脸皮不薄,也不觉得有何损伤。

袁世凯一直在疯狂地集权,以尽快建立一个袁氏王朝。在袁的眼中,熊希龄内阁副署完解散国会令之后,就已无存在之必要了。尽管熊内阁已变成袁的一个附属的办事机构,内阁只是徒有虚名。熊对袁也是绝对服从、毕恭毕敬。但袁仍嫌内阁碍手碍脚,决定废除徒具形式的内阁制,实行总统制。1914年1月17日政治会议在总统府召开,国务员亦出席,讨论的问题是实行总统制还是实行内阁制。这已等于公开了袁要实行总统制。参加的会议讨论这一题目,熊自然知道这意味着什么。事涉本身,熊赶紧站起来表态:自民国成立以来,因党争之故,五易内阁,中外之人皆觖望。彼自居国务总理之任以来,颇觉现制之疵谬,故以行政权集于总统之手计最便②。

1月17日的会议无疑宣布了要终结内阁制。各地军阀政客自然

————————

① 《申报》1913年12月14日。

② 《申报》1914年1月20日。

不会放过向袁世凯这一表达忠心的机会,于是纷纷通电主张废除内阁制,实行总统制。1 月 24 日安徽都督倪嗣冲首先通电倡议修改约法,实行总统制。接着四川都督胡景伊、江苏都督冯国璋等纷纷通电主张废除内阁制、实行总统制。这无疑是一场倒阁运动。熊希龄只好于 2 月 3 日的国务会议上提出辞职。9 日正式将辞呈交给袁世凯。袁自然又假惺惺地做了一番挽留后,于 9 日先免去熊所兼的财政总长,12 日又免去熊的国务总理之职。进步党阁员梁启超、汪大燮也只得提出辞职。袁又假意做了一番挽留后,20 日免去了梁、汪的司法及教育总长之职。熊内阁不到半年亦垮台。

附录:

(一) 第一届国会议长变化表

1. 第一届国会第一期常会(1913. 4. 8. —1914. 1. 10.)

参议院议长:张继(1913. 4. 25. 当选,8. 20. 辞。9. 3. 由王家襄补)

副议长:王正廷

众议院议长:汤化龙

副议长:陈国祥

2. 第一届国会第一次恢复后的常会(1916. 8. 1. —1917. 6. 12.)

参议院议长:王家襄

副议长:王正廷

众议院议长:汤化龙(1917. 5. 31. 辞,当日由吴景濂补)

副议长:陈国祥

3. 护法国会时期(1917. 8. 25. —1922. 6. 15.)

参议院议长:林森(1918. 10. 17. 当选,代理未到会之王家襄)

副议长:王正廷

众议院议长：吴景濂

副议长：褚辅成（1918.9.17.补选）

4．第一届国会第二次恢复（1922.8.1.—1925.4.24.）

参议院议长：王家襄（1922.8.1.—1922.9.18.之后无议长）

副议长：王正廷（1922.8.1.—1922.9.18.之后无副议长）

众议院议长：吴景濂（1922.8.1.—1923.10.10.之后无议长）

副议长：张伯烈（1922.9.6.—1923.10.10.之后无副议长）

（二）第一届国会参议院议员名单

直隶：王法勤、郝濯、宋桢、王试功、王观铭、籍忠寅、刘彭寿、王文芹、张继、张其密。

奉天：袭玉崑、李绍白、孙乃祥、赵连琪、陈瀛洲、苏毓芳、富元、谢书林、杨渡、延荣。

吉林：娄鸿声、萧文彬、杨福洲、杨绳祖、赵成恩、齐忠甲、王洪身、赵学臣、高鸿恩、金鼎勋。

黑龙江：刘正堃、郭相维、姚翰卿、李伯荆、蔡国忱、金德馨、杨崇山、郑林皋、杨喜山、高家骥。

江苏：陶逊、蒋曾燠、秦锡圭、杨择、辛汉、蓝公武、王立廷、解树强、朱甲昌、郑斗南。

安徽：章兆鸿、张我华、丁象谦、汪律本、高荫藻、吴文瀚、胡璧城、李子干、马坤、石德纯。

江西：萧辉锦、汤漪、蔡复灵、邹树声、朱念祖、卢式楷、刘濂、周泽南、燕善达、符鼎升。

浙江：金兆棪、许燡、王正廷、陈洪道、童杭时、郑际平、王家襄、陆宗舆、张烈、张嘈。

福建：宋渊源、陈祖烈、林森、雷焕猷、潘祖彝、黄树荣、方圣征、杨家骧、李兆年、刘映奎。

湖北：刘成禺、韩玉辰、张汉、董昆瀛、居正、彭介石、高仲和、郑江灏、蒋羲明、胡秉柯。

湖南：陈焕南、彭邦栋、李汉丞、周震麟、吴景鸿、田永正、向乃祺、盛时、胡瑛、黎尚雯。

山东：揭曰训、尹宏庆、王凤翥、刘星楠、萧承弼、丁世峄、安举贤、徐镜心、张锡珍、唐仰怀。

河南：李槃、刘积学、谢鹏翰、万鸿图、陈铭鉴、毛印相、贾济川、王靖方、段世垣、黄佩兰。

山西：王用宾、张杜兰、张瑞玑、苗雨润、田应璜、刘懋赏、陈敬棠、张联魁、段砚田、班廷献。

陕西：焦易堂、张蔚森、赵世钰、窦应昌、李述膺、范樵、钟允谐、岳云韬、陈佶、何毓璋。

甘肃：王鑫润、马良弼、文登瀛、范振绪、梁登瀛、宋梓、万宝成、王沚清、马维麟、魏鸿翼。

新疆：廉炳华、何海涛、蒋举清、李溶、孔宪瑞、刘寯佺、宋国忠、阎光耀、哈得尔、何多才。

四川：潘江、王湘、赵时钦、谢持、程莹度、周择、饶应铭、李国定、吴炳臣、杨芬。

广东：何士果、李自芳、彭建标、杨永泰、王鸿庞、李茂之、李英铨、温雄飞、黄锡铨、周廷劢。

广西：马君武、曾彦、梁士模、梁培、黄绍侃、严恭、郭椿森、卢天游、黄宏宪。

云南：吕志伊、孙光庭、李文治、赵鲸、王人文、陈善、杨琼、谢树琼、朱家宝、袁嘉谷。

贵州：吴作棻、黄元操、张光炜、刘光旭、徐承锦、周学源、姚华、李耀忠、陈光焘、张金鉴。

蒙古：王銮声、金永昌、色旺端多布、熙凌阿、德色赖托布、苏珠格图巴图鲁、佈霖、刘新桂、祺诚武、鄂多台、鄂博噶台、车林桑都布、祺克坦、荣厚、布尔格特、陆大坊、唐古色、曹汝霖、噶拉增、塔旺布理甲拉、巴图永东、阿穆尔灵圭、罗布桑车珠尔、旺楚克拉布坦、诺尔布三布、杨增炳。

西藏：傅谐、龚焕辰、厦仲阿旺益喜、顿住罗布、札希土噶、王赓、厦札噶布伦、孙毓筠、江赞桑布、程克。

青海：洛藏达吉、山住布、扎细。

华侨：唐琼昌、吴湘、蒋报和、朱兆莘、谢良牧、卢信①。

（三）第一届国会众议院议员名单

直隶：崔怀灏、杜凯元、张士才、赵金堂、张官云、王吉言、杨式震、张书元、马文焕、陈纯修、童启曾、张敬之、李春荣、王玉树、李永声、王葆真、温世霖、吕泮林、吕复、张则林、贾庸熙、邓毓怡、韩增庆、王双岐、金贻厚、张滋大、常育璋、耿兆栋、李保邦、张秉文、王振尧、胡源汇、王锡泉、张恩绶、恒钧、张云阁、李揯荣、马英俊、刘景沂、张国浚、孙洪伊、李家桢、谷钟秀、吕金镛、谷芝瑞、李景濂。

奉天：罗永庆、蒋宗周、李秉恕、吴景濂、李有忱、杨大实、邴克庄、焉泮春、王荫棠、张嗣良、仇玉珽、刘兴甲、翁恩裕、曾有翼、刘恩格、姜毓英。

吉林：董耕云、徐清和、李膺恩、范殿栋、齐耀瑄、杨振春、张雅南、毕维垣、莫德惠、王玉琦。

黑龙江：田美峰、关文铎、杨荣春、叶成玉、秦广礼、孟昭汉、刘振生、陈耀先、王文璞、邵庆麟。

江苏：董继昌、陈义、王绍鏊、陈允中、张相文、高旭、胡映庚、徐兰墅、王汝圻、朱溥恩、汪秉忠、吴涑、石铭、茅祖权、方潜、胡兆沂、刘可均、孙炽昌、孟森、吴荣萃、杨润、夏寅官、陶保晋、董增儒、孙光圻、瞿启甲、徐兆玮、蒋凤梧、朱继之、谢翊元、杨廷栋、陈士髦、张鹤第、王茂材、凌文

---

①　刘寿林、万仁元、王玉文、孔庆泰编：《民国职官年表》，第148—164页。

渊、孙润宇、居宽、邵长镕、陈经镕

安徽：凌毅、王源瀚、彭昌福、汪建刚、汪彭年、陈策、常恒芳、曹玉德、汤松年、贺廷桂、周学烨、杨士聪、唐理淮、宁继恭、刘鸿庆、王多辅、许植材、吴日法、吴汝澄、陈光谱、何雯、余窔、陶融、丁秉炎、张埙、戴声教、江谦。

江西：黄象熙、吴宗慈、邱冠菜、欧阳沂、戴书云、黄懋鑫、潘学海、程铎、曾干桢、邓元、贺赞元、郭同、彭学浚、邹继龙、黄攻素、罗家衡、陈鸿钧、陈子斌、王恒、王有兰、欧阳成、辛际唐、李国珍、梅光远、葛庄、赖庆晖、刘景烈、王侃、徐秀钧、曾有澜、黄裳吉、文群、黄格鸥、张于浔、卢元弼。

浙江：周珏、朱文劭、傅梦豪、张浩、金尚诜、金秉理、韩藩、丁俊宣、赵舒、蒋著卿、陈燮枢、田稔、张傅保、卢钟岳、褚辅成、傅家铨、王烈、胡翔青、杭辛斋、虞廷恺、陈黻宸、林玉麒、杜师业、张世桢、邵瑞彭、徐象先、杜士珍、蔡汝霖、周继漤、陈敬第、谢国钦、戚嘉谋、袁荣叟、黄群、俞凤韶、姚勇忱、俞炜、殷汝骊。

福建：杨树璜、张琴、陈承箕、陈垦、曹振懋、欧阳钧、丁济生、丁超五、詹调元、刘万里、朱腾芬、林鸿超、黄肇河、林辂存、陈蓉光、黄荃、朱金紫、高登鲤、李尧年、杨士鹏、刘崇佑、连贤基、郑德元、林万里。

湖北：覃寿公、时功玖、张伯烈、张大昕、胡祖舜、杨时杰、彭汉遗、王笃成、冯振骥、汪哕鸾、邱国翰、田桐、白逾桓、廖宗北、吴寿田、萧萱、石瑛、欧阳启勋、范熙壬、陈邦燮、汤化龙、胡鄂公、骆继汉、郑万瞻、查季华。

湖南：梁系登、禹瀛、郑人康、魏肇文、钟才宏、李积芳、周泽苞、陈家鼎、李执中、李锜、陈九韶、罗永绍、彭允彝、郭人漳、胡寿昺、王恩博、陈嘉会、石润金、覃振、欧阳振声、席绶、刘彦、程崇信、张宏铨、彭施涤、周大烈、黄赞元。

山东：周庆恩、刘昭一、盛际光、魏丹书、周廷弼、于恩波、金承新、杜凯之、于洪起、彭占元、丁惟汾、刘冠三、史泽咸、董毓梅、艾庆镛、王谢家、张玉庚、阎与可、曹瀛、周祖澜、郭广恩、王之篆、王广瀚、袁景熙、于元芳、管象颐、穆肇仁、张金兰、于廷樟、侯延爽、周树标、王讷、李元亮。

河南：凌钺、王杰、刘峰一、刘奇瑶、刘荣棠、任曜墀、岳秀夫、贺升平、耿春晏、张善与、张嘉谋、杜潜、李载赓、王敬芳、胡汝麟、韩胪云、张坤、孙正宇、金焘、陈景南、魏毅、郭光麟、梁文渊、彭运斌、王廷弼、张锦芳、丁骞、袁习圣、郭桂芬、张协灿、王印川、林英钟。

山西：龚鼎铉、王国祜、侯元耀、刘盥训、阎鸿举、罗黼、石璜、刘祖尧、李景泉、狄楼海、周克昌、景定成、康慎徽、赵良辰、耿臻显、梁善济、刘志詹、李庆芳、穆郇、张升云、景耀月、郭德修、裴清源、康佩珩、谷思慎、贾鸣梧、王定圻、常丕谦。

陕西：焦子静、白常洁、高增融、刘治洲、裴廷藩、马骧、杨铭源、寇遐、李含芳、王兆离、朱家训、杨诗浙、王鸿宾、姚守先、尚镇圭、张树森、段大信、茹欲立、陈豫、谭焕文、高枳。

甘肃：李克明、周之翰、张廷弼、王定国、郭修、祁连元、李增秌、侯效儒、杨润身、贾继绪、段维新、李发春、张国钧、丁丰沛。

新疆：文笃周、李式璠、陈世禄、张万龄、袁炳煌、张瑞、罗润业、继孚、刘寯伦、米家骥。

四川：刘泽龙、王安富、卢仲琳、廖希贤、杨肇基、王枢、熊成章、李为纶、张知竞、唐玠、杜华、傅鸿铨、余绍琴、袁弼臣、江椿、黄汝鉴、周泽、熊兆渭、李肇甫、孙镜清、刘纬、张瑾雯、黄云鹏、蒲殿俊、秦肃三、张治祥、曾铭、李文熙、萧湘、郭成玟、杨霖、萧德明、萧贤俊、黄璋、张澜。

广东：叶夏声、马小进、许峭嵩、刘裁甫、黄汝瀛、郭宝慈、林伯和、杨梦弼、徐傅霖、饶芙裳、易次乾、萧凤翥、郑懋修、邹鲁、苏祐慈、黄霄九、司徒颖、陈垣、谭瑞霖、江琼、梁成久、林绳武、伍朝枢、伍汉持、梁仲则、陈发檀、梁梦元、黄增考、陈治安、林文英。

广西：王乃昌、萧晋荣、罗增麒、黄宝铭、覃超、王永锡、蒙经、凌发彬、梁昌诰、翟富文、程修鲁、程大璋、龚政、赵炳麟、陈绳虬、蒋可成、钟业官、陈太龙、马如飞。

云南：李燮阳、陈祖基、王桢、段雄、张大义、张华澜、陈时铨、陈光

一、全院委员会。

二、常任委员会。

三、特别委员会。

第二十三条　委员会之组织,以各院规则定之。

第五章　议事及提案

第二十四条　议事日程,各院议长定之。先日通知议员,并登载公报。

第二十五条　议员对于议案,有关系本身者,不得参预表决。

第二十六条　凡未出席议员不得反对未出席时议决之议案。

第二十七条　关于法律、财政及重大议案,非经三读会不得议决。但因政府之要求,议长或议员十人以上之动议,经院议可决者,得省略三读会之顺序。

第二十八条　政府提出之议案,非经委员会审查不得议决。但紧急之际,因政府之要求,经院可决者,不在此限。

第二十九条　政府提出之议案,未经议决以前,得随时提出修正案,但不得将原案撤回。

第三十条　议员提出法律案,须有二十人以上之连署;其他提案,除别有规定者外,须有五人以上之连署。

第三十一条　开秘密会议时,议长得令旁听人退席。

第六章　预算案

第三十二条　预算案交委员会审查后,限三十日内提出报告。

第三十三条　预算案会议时,议员提起修正之动议,非有二十人以上之赞成,不得成为议题。

第七章　弹劾

第三十四条　弹劾大总统案,各院非有总议员五分一以上之连署。弹劾国务员案,各院非有总议员十分一以上之连署,不得提出。

第三十五条　弹劾案之表决,用无记名投票行之。

第三十六条　弹劾大总统案可决后,即日将全案通告最高法院,限五日内组织特别法庭审判之。

第八章　建议

第三十七条　建议案非有十人以上之连署，不得提出。

第三十八条　建议案可决后，即日咨达政府。

第三十九条　已咨达之建议案，政府不能采用时，同会期内，不得再以建议方式提出。

第九章　质问

第四十条　议员质问政府时，得以二十人以上之连署提出质问书，由各院转咨政府限期答复。

第四十一条　政府答复后，如提出质问书者认为不得要领时，得由各院咨请国务员，限期出席答复。

第四十二条　关于前条之咨请，国务员如有不得已事故不能出席时，得委员代理。

前项委员答复后，如提出质问书者仍认为不得要领，由各院咨请国务员出席答复时，国务员不得再委员代理。

第四十三条　议员对于政治上紧急问题，得临时动议，经院议可决，要求国务员出席答复。

第十章　查办之咨请

第四十四条　查办案非有议员十人以上之连署，不得提出。

第四十五条　查办案可决后，即日咨达政府。

查办终结时，政府应即答复。

第十一章　请愿之受理

第四十六条　人民请愿书，非有议员五人以上之介绍，不得受理。

第四十七条　请愿书当付请愿委员会审查。如委员会认为不依式时，议长应交介绍人发还之。

第四十八条　请愿委员会应作请愿事件表，录其要领，每十日报告一次。

第四十九条　请愿事件经委员会可决，得提付院议。但否决事件如有议员四十人以上之要求,亦得提付院议。

第五十条　请愿事件经院议可决后,其应行咨达政府者,由院咨达政府,并要求其报告。

第五十一条　除法律上认为法人者外,以总代之名义请愿者,不得受理。

第五十二条　请愿书对于政府或议院有侮辱之语者,不得受理。

第五十三条　抵触宪法之请愿,不得受理。

第五十四条　干预审判之请愿,不得受理。

第十二章　两院议事之关系

第五十五条　政府提出之议案,经甲院可决或修正议决时,甲院应将该案移付乙院。

第五十六条　甲院移付或其提出之议案,乙院可决时,乙院应将该案咨达政府,并将可决之旨通知甲院。

第五十七条　政府提出之议案,经甲院否决时,甲院应将否决之旨通知政府。

第五十八条　甲院移付之议案,经乙院否决时,乙院应将否决之旨通知政府及甲院。

第五十九条　甲院提出之议案,经乙院否决时,乙院应将否决之旨通知甲院。

第六十条　甲院移付或其提出之议案,经乙院修正议决时,乙院应将该案回付甲院。

第六十一条　甲院对于乙院回付之议案,于其修正同意时,应将该案咨达政府,并将同意之旨通知乙院;若不同意时,得向乙院请求协议,乙院对于协议之请求不得拒绝。

第六十二条　前条协议,由两院各出同数之委员组织协议会行之。协议会之委员数,依甲院之所定。但每院至多不得逾十五人。

第六十三条　协议会委员,用无记名单记投票一次选出之,以得票较多数者为当选。但得依院议由议长指定之。

第六十四条　协议会由两院委员各选委员长一名。每会更代主席,其第一次会议之主席,抽签定之。

第六十五条　协议会非两院委员各有三分之二以上出席,不得开议。

第六十六条　协议会之议事,以两院议决不相一致之事项为限。

第六十七条　协议会之议事,依出席委员过半数之同意决之。可否同数,取决于主席。

协议会之表决,用无记名投票行之。

表决之际,应比较两院出席委员之员数,若多少不同时,应抽签减去其较多之员,不预表决。但主席不在比较之列。

第六十八条　协议会之议决案,须先提出于甲院。

第六十九条　两院对于协议会之议决案,不得再行修正。

第十三章　国务员政府委员出席及发言

第七十条　国务员及政府委员,得随时出席两院,并发表其意见。但不得中止议员之发言。

第七十一条　国务员及政府委员,得出席于各委员会及协议会,并发表其意见。

第七十二条　各委员会及协议会,得请国务员及政府委员出席说明。

第七十三条　国务员及政府委员于各会议,均不得参预表决。

第十四章　两院与人民及官署之关系

第七十四条　两院不得对于人民发布通告,亦不得为审查事件传唤人民。

第七十五条　两院除对于大总统及国务院外,不得与其他行政及司法官署直接往复文书。但别有规定者,从其规定。

第七十六条　两院为审查事件,得向政府要求报告,或调集文书,政府不得拒绝。

第十五章　惩戒

第七十七条　两院各对于本院议员,有惩戒之权。

第七十八条　凡应行惩戒事件,须付委员会审查,经院议决定,由议长宣告之。

第七十九条　惩戒之方法如下:

一、扣费。

二、于一定期间内停止发言。

三、于一定期间内停止出席。

四、于公开议场谢罪。

五、除名。

除名之议决,除第八十条、第八十一条规定外,须有出席议员三分二以上之可决。

第八十条　议员无故缺席者,按日扣岁费十元。若连续至三次者,酌定五日以内之期间,停止其发言。连续至六次者,应酌定十日以内之期间,停止其出席。经停止出席期满后,仍无故缺席连续至三次者除名。

第八十一条　议员携带凶器入场者除名。

第八十二条　惩戒之动议,非有议员二十人以上之赞成,不得提起。但关于前二条惩戒事件之动议,得由议长提起之。

惩戒之动议,须于应行惩戒事件发生后五日内行之。

第十六章　秘书厅

第八十三条　两院秘书厅各设秘书长一人,职员若干人,掌本院文牍、会计、记录、编辑及一切庶务。

第八十四条　秘书长及所属职员,均由议长进退之。

第八十五条　秘书厅组织,别以规则定之。

第十七章　警卫及纪律

第八十六条　两院警卫权依本法及本院所定规则,由议长行之。

第八十七条　两院各设警卫长一人,调度全院警卫,受议长之指挥监督。

第八十八条　议员于会议时,有违背院法及议事规则或紊乱议场秩序者,议长得警告制止之,或撤销其言论,若仍不听从,得禁止其发言或令退出。

第八十九条　议场骚扰不能维持秩序时,议长得中止会议或宣告散会。

第九十条　旁听人有妨害会议者,议长得勒令退席,或送交警署。若旁听席骚扰不能制止时,议长得令旁听人全体退出。

　　第十八章　经费

第九十一条　两院经费由国库支出。

第九十二条　两院经费其款目如下:

一、议员岁费及公费。

甲、岁费:每年五千元。议员得辞岁费全部或一部。

乙、交际费:议长每年五千元,副议长每年三千元。

丙、旅费:依道路之远近,交通之情形,以别表定其数目。

二、秘书厅及警卫经费。

三、预备费。

第九十三条　前条所列各款经费支给办法,别以支给规则定之。

　　第十九章　附则

第九十四条　本法自公布日施行①。

(五) 宪法会议规则

1913 年 9 月 26 日议决

　　第一章　总纲

第一条　本会议以参议院、众议院会合行之。

第二条　本会议须有国会组织法第二十一条第二项之出席人数方可开议。

第三条　本会议之议长、副议长依《国会组织法》第二十一条第二

---

① 　众议院秘书厅 1919 年 8 月订:《众议院要览(法令一)》,第 61—72 页。

项之规定。

本会议开会以议长为主席,议长有事故时以副议长代理之。

第四条　本会议以参议院秘书长为秘书长。

参议院秘书长有事故时,以众议院秘书长代理之。

第五条　本会议每星期至少须开会两次,其日时由议长定之。

第六条　议员出席不足法定人数,议长得展长时间,展长满一时仍不足数应宣告延会。

　　　　第二章　议事日程

第七条　凡付议之问题应在议事日程内标明章节及第若干条。

　　　　第三章　议事

　　第一节　读会

第八条　第一读会于宪法草案配付各议员后三日以上、十日以下行之。

第九条　开第一读会时,应由起草委员长或委员先说明全部主旨,再逐条说明之,议员对于说明有疑义时得质问之。

第十条　依前条说明后即议决草案大体应否付审议会审议。

第十一条　审议会报告或议决毋庸审议时应不用表决即付第二读会。

第十二条　第二读会应将宪法草案逐条议决。

第十三条　第二读会遇有争议不能解决之问题,得由议员提议有五十人以上之附议,经大会可决后开审议会审议之。

第十四条　第二读会毕,得依便宜将宪法草案交原起草委员会整理其条项及文句。

第十五条　第三读会应于前条整理条项文句后定期行之。

第十六条　第三读会除修正文字外应将全案议决之。

　　第二节　讨论

第十七条　凡就议事日程所载议题,欲发言者应于会议开始前将其席次及反对或赞成之旨通告于秘书长。

第十八条　秘书长依前条通告之次序记载于发言表报告议长,议长当讨论之始依发言表次序指令反对者及赞成者相间发言,其不应指令者通告作为无效。

第十九条　未通告发言之议员除质疑应答及唤起注意外而欲发言者须俟已通告之议员全数发言毕,起立呼议长,并报告自己席次,待议长之许可,始得发言。

第二十条　于延会或议事中止时,发言未毕之议员得于再行讨论之始继续发言。

第二十一条　凡发言须登演坛,但简单之发言不在此限。

第二十二条　议长无论何时得令在席发言之议员登演坛。

第二十三条　讨论不得出议题之外。

第二十四条　议员于同一议题发言以一次为限。

第二十五条　起草委员长或委员为辨明其报告之旨趣得发言数次。

第二十六条　议长欲自与讨论时应就议席,由副议长临议长席。

第二十七条　议长既与讨论该问题未决以前不得复议长席。

第二十八条　对于同一议题,非经赞成者及反对者各三人以上之发言,不得提起讨论终局之动议。

提起讨论终局之动议时,须有五十人以上之附议,应由议长查明人数后咨询大会决之。

第二十九条　讨论终局议长宣告之。

　　第三节　修正

第三十条　对于宪法草案有提出修正案者,须详具理由于讨论以前提由议长交付审议会或大会。

第三十一条　提出修正案时,须有二十人以上之连署。

第三十二条　临时提出修正之动议者,须具案并说明理由有三十人以上之附议,方得成为议题,应由议长查明人数再后付讨论。

第三十三条　同一议题有数议员各提出修正案时,其表决顺序以与原案相差最远者为先,由议长宣告之。

第三十四条　修正案已被否决时当以原案表决。

第三十五条　修正案及原案皆被否决时,该议题为宪法中不得废弃者,应依第十三条之规定开审议会审议之。

　　第四节　表决

第三十六条　表决人数依《国会组织法》第二十一条之规定。

凡与宪法无关之问题,仍以过半数之同意决之,可否同数取决于议长。

第三十七条　议长欲行表决时,须宣告应行表决之问题,经此宣告后无论何人不得再就议题发言。

第三十八条　表决时议长应令以为可者起立,查对起立者之多少宣告可否之结果,议员如有疑义,经说明理由后有二十人以上之附议,议长应令以为否者起立反证之,如仍有疑义经说明理由后有三十人以上之附议,议长应令秘书长点唱议员席次再行起立表决。议员对于点唱表决之结果提起异议,经说明理由后有四十人以上之附议,议长应令用记名或无记名投票表决之。

第三十九条　议长认为必要或有议员二十人以上之要求时,得不用起立之方法以记名或无记名投票表决之。

第四十条　凡记名投票以为可之议员用白色票,以为否之议员用蓝色票,各记本人姓名投入票匦。

凡无记名投票以为可之议员用白色票。以为否之议员用蓝色票,投入票匦,并将本人名刺投入名刺匦。

票数与议员数或名刺数不符者应再行投票,但其不符之数与表决之结果无关系者不在此例。

第四十一条　凡表决时,应封闭议场,禁止出入。

第四十二条　议员不得请变更自己之表决。

　　第四章　审议会

第四十三条　审议会以本会全体议员组织之。

第四十四条　审议会以参议院副议长为审议长。参议院副议长有事故时,由众议院副议长代理之。

第四十五条　开审议会时议长退居议席,审议长就秘书长席。

第四十六条　审议会非两院议员各过半数之出席不得开议,但议决时以出席员三分二之同意决之。

第四十七条　审议会除上列各条外,适用《众议院规则》第二十五条至第二十九条之规定。

第五章　请假缺席及惩罚

第四十八条　议员非有正当之理由不得请假,一月中请假满三次以上者,须付会议决定之。

第四十九条　议员有缺席者,应由议长劝告之。一月中缺席至三次者应酌定次数停止其发言,一月中缺席至五次者应酌定次数停止其出席。

第五十条　议员受停止出席之处分至三次时,应即除名。

第五十一条　议员携带凶器入议场者除名。

第五十二条　议员有非礼之言动时,分别轻重依下列各款惩罚之:

一、于公开会场谢罪。

二、一定之次数内停止发言。

三、一定之次数内停止出席。

四、除名。

第五十三条　第四十九条及第五十条惩罚事件得由议长提议,其他惩罚事件须由议员十人以上之提议。

第五十四条　遇有前条提议时,应由议长指定惩罚委员十五人审查后报告大会决定,始得于公开会场宣告之。

第五十五条　请付惩罚之提议,须于惩罚事件发生后三日内行之。

第六章　附则

第五十六条　本会议关于记录、警卫、纪律及旁听事项,俱适用《众议院规则》第七章、第十一章、第十三章之规定。

第五十七条　会议时对于本规则有疑义时,议长应咨询大会决之。

第三十四条　国会临时会之召集于有下列情事之一时行之。

一、两院议员各有三分一以上之请求。

二、国会委员会之请求。

三、政府认为必要。

第三十五条　国会之开会、闭会，两院同时行之。一院停会时他院同时休会。众议院解散时参议院同时休会。

第三十六条　国会之议事两院各别行之。同一议案不得同时提出于两院。

第三十七条　两院非各有议员总数过半数之列席不得开议。

第三十八条　两院之议事，以列席议员过半数之同意决之，可否同数取决于议长。

第三十九条　国会之议定以两院之一致成之。

第四十条　两院之议事公开之，但得依政府之请求或院议秘密之。

第四十一条　众议院认大总统、副总统有谋叛行为时，得以议员总数三分二以上之列席，列席员三分二以上之同意，弹劾之。

第四十二条　众议院认国务员有违法行为时，得以列席员三分二以上之同意弹劾之。

第四十三条　众议院对于国务员得为不信任之决议。

第四十四条　参议院审判被弹劾之大总统、副总统及国务员。

前项审判非以列席员三分二以上之同意，不得判决为有罪或违法。判决大总统、副总统有罪时，应黜其职。其罪之处刑由最高法院定之。判决国务员违法时，应黜其职，并得夺其公权。如有余罪，付法院审判之。

第四十五条　两院各得建议于政府。

第四十六条　两院各得受理国民之请愿。

第四十七条　两院议员得提出质问书于国务员，或请求其到院质问之。

第四十八条　两院议员于院内之言论及表决，对于院外不负责任。

第四十九条　两院议员除现行犯外,非得各本院或国会委员会之许可,不得逮捕或监视。两院议员因现行犯被逮捕时,政府应即将理由报告于各本院或国会委员会。

第五十条　两院议员之岁费及其他公费以法律定之。

　　第五章　国会委员会

第五十一条　国会委员会于每年国会常会闭会前,由两院各于议员内选出二十名之委员组织之。

第五十二条　国会委员会之议事以委员总额三分二以上之列席,列席员三分二以上之同意决之。

第五十三条　国会委员会于国会闭会期内,除行使各本条所定职权外,得受理请愿并建议及质问。

第五十四条　国会委员会须将经过事由于国会开会之始报告之。

　　第六章　大总统

第五十五条　中华民国之行政权由大总统以国务员之赞襄行之。

第五十六条　中华民国人民完全享有公权。年满四十岁以上并住居国内满十年以上者,得被选举为大总统。

第五十七条　大总统由国会议员组织总统选举会选举之。

前项选举以选举人总数三分二以上之列席,用无记名投票行之。得票满投票人数四分三者为当选。但两次投票无人当选时,就第二次得票较多者二名决选之,以得票过投票人数之半者为当选。

第五十八条　大总统任期五年,如再被选得连任一次。

大总统任满前三个月,国会议员须自行集会,组织总统选举会,行次任大总统之选举。

第五十九条　大总统就职时须为下列之宣誓:

余誓以至诚遵守宪法,执行大总统之职务。谨誓。

第六十条　大总统缺位时由副总统继任,至本任大总统期满之日止。大总统因故不能执行职务时,以副总统代理之。副总统同时缺位,由国务院摄行其职务。同时国会议员于三个月内自行集会,组织总统选举会,行次任大总统之选举。

第六十一条　大总统应于任满之日解职。如届期次任大总统尚未选出或选出后尚未就职,次任副总统亦不能代理时,由国务院摄行其职务。

第六十二条　副总统之选举依选举大总统之规定,与大总统之选举同时行之,但副总统缺位时应补选之。

第六十三条　大总统公布法律并监督确保其执行。

第六十四条　大总统为执行法律或依法律之委任,得发布命令。

第六十五条　大总统为维持公共治安,防御非常灾患,时机紧急不能召集国会时,经国会委员会之议决,得以国务员连带责任,发布与法律有同等效力之教令。前项教令须于次期国会开会后七日内请求追认,国会否认时即失其效力。

第六十六条　大总统任免文武官吏。但宪法及法律有特别规定者依其规定。

第六十七条　大总统为民国陆海军大元帅,统帅陆海军。陆海军之编制以法律定之。

第六十八条　大总统对于外国为民国之代表。

第六十九条　大总统经国会之同意得宣战。但防御外国攻击时得于宣战后请求国会追认。

第七十条　大总统缔结条约。但媾和及关系立法事项之条约非经国会同意不生效力。

第七十一条　大总统依法律得宣告戒严。但国会或国会委员会认为无戒严之必要时,应即为解严之宣告。

第七十二条　大总统颁予荣典。

第七十三条　大总统经最高法院之同意得宣告免刑、减刑及复权。但对于弹劾事件之判决,非经国会同意不得为复权之宣告。

第七十四条　大总统得停止众议院或参议院之会议。但每一会期停会不得逾二次,每次期间不得逾十日。

第七十五条　大总统经参议院列席议员三分二以上之同意,得解散众议院。但同一会期不得为第二次之解散。大总统解散众议院时，应即令行选举，于五个月内定期继续开会。

第七十六条　大总统除叛逆罪外，非解职后不受刑事上之诉究。

第七十七条　大总统、副总统之岁俸以法律定之。

第七章　国务院

第七十八条　国务院以国务员组织之。

第七十九条　国务总理及各部总长均为国务员。

第八十条　国务总理之任命须经众议院之同意。国务总理于国会闭会期内出缺时，大总统经国会委员会之同意得为署理之任命。

第八十一条　国务员赞襄大总统对于众议院负责任。大总统所发命令及其他关系国务之文书，非经国务员之副署，不生效力。

第八十二条　国务员受不信任之决议时，大总统非依第七十五条之规定解散众议院，应即免国务员之职。

第八十三条　国务员得于两院列席及发言。但为说明政府提案时，得以委员代理。前项委员由大总统任命之。

第八章　法院

第八十四条　中华民国之司法权由法院行之。

第八十五条　法院之编制及法官之资格，以法律定之。

第八十六条　法院依法律受理民事、刑事、行政及其他一切诉讼。但宪法及法律有特别规定者不在此限。

第八十七条　法院之审判公开之。但认为妨害公安或有关风化者得秘密之。

第八十八条　法官独立审判，无论何人不得干涉之。

第八十九条　法官在任中，非依法律不得减俸、停职或转职。法官在任中非受刑罚宣告或惩戒处分不得免职。但改定法院编制及法官资格时，不在此限。法官之惩戒处分以法律定之。

第九章　法律

第九十条　两院议员及政府各得提出法律案，但经一院否决者于同一会期不得再行提出。

第九十一条　国会议定之法律案,大总统须于送达后十五日内公布之。

第九十二条　国会议定之法律案,大总统如否认时,得于公布期内声明理由请求复议。如两院各有列席员三分二以上仍执前议时,应即公布之。未经请求复议之法律案,逾公布期限即成为法律。但公布期满,在国会闭会或众议院解散后者,不在此限。

第九十三条　法律非以法律不得变更或废止之。

第九十四条　法律与宪法抵触者无效。

第十章　会计

第九十五条　新课租税及变更税率以法律定之。

第九十六条　现在租税未经法律变更者仍旧征收。

第九十七条　募集国债及缔结增加国库负担之契约须经国会议决。

第九十八条　国家岁出岁入每年由政府编成预算案,于国会开会后十五日内,先提出于众议院。参议院对于众议院议决之预算案,修正或否决时,须求众议院之同意,如不得同意,原议决案即成为预算。

第九十九条　政府因特别事业得于预算案内预定年限设继续费。

第一百条　政府为备预算不足,或预算所未及,得于预算案内设预备费。预备费之支出,须于次会期求众议院之追认。

第一百零一条　下列各款支出,非经政府同意,国会不得废除或削减之:

一、法律上属于国家之义务者。

二、履行条约所必需者。

三、法律之规定所必需者。

四、继续费。

第一百零二条　国会对于预算案不得为岁出之增加。

第一百零三条　会计年度开始预算未成立时,政府每月依前年度预算十二分之一施行。

第一百零四条　为对外战争或戡定内乱,不能召集国会时,政府经国会委员会之议决得为财政紧急处分,但须于次期国会开会后七日内,请求众议院追认。

第一百零五条　国家岁出之支付命令,须先经审计院之核准。

第一百零六条　国家岁出岁入之决算案,每年经审计院审定,由政府报告于国会。众议院对于决算案否认时,国务员应负其责。

第一百零七条　审计院以参议院选出之审计员组织之。审计员任期九年,每三年改选三分之一。审计员之选举及职任以法律定之。

第一百零八条　审计院设院长一人,由审计员互选之。审计院院长关于决算报告得于两院列席及发言。

第十一章　宪法之修正及解释

第一百零九条　国会得为修正宪法之发议。

前项发议非两院各有列席员三分二以上之同意不得成立。两院议员非有各本院议员总额四分一以上之连署,不得为修正宪法之提议。

第一百一十条　宪法之修正由宪法会议行之。

第一百一十一条　国体不得为修正之议题。

第一百一十二条　宪法有疑义时由宪法会议解释之。

第一百一十三条　宪法会议由国会议员组织之。

前项会议非总员三分二以上之列席不得开议;非列席员四分三以上之同意,不得决议。

关于《天坛宪法草案》的五点说明

1.《天坛宪法草案》中第56—62条于1913年10月4日以《大总统选举法》的形式公布施行。

2. 1916年第一届国会第一次恢复后,宪法起草委员会又接着起草了主权章草案和地方制度章草案。个别议员又对草案提出修正案。此二章草案条文如下。

第　章　主权(本章由起草委员会续行提出)

第　条　中华民国主权属于国民全体。(本条由起草委员会续行提出)

第　条　中华民国人民之自由权,除本章规定外,凡无背于宪政原则者皆任认之。(本条经骆继汉提出,本条所谓"本章"指第三章而言)

第　条　两院对于官吏违法行为各得咨请政府查办之。(本条起草委员会续行提出)

第　条　国会议定之决议案与法律有同等之效力。(本条由向乃祺提出)

第　条　凡直接有关国民负担之财政案,众议院有先议权。(本条由程莹度提出)

第　条　宪法之修正、解释及效力。(本条由起草委员会续行提出)

第　条　宪法非依本章所规定之修正程序,无论经何种事变,永不失其效力。(本条由起草委员会续行提出)

第　章　地方制度(本章由起草委员会续行提出)

第　条　地方最大区域如下:

(一)省。

(二)蒙古、西藏、青海及其他未设省之区域。(本条以下十六条由起草委员提出)

第　条　前条区域之设置或区划以法律定之。

第　条　省设省议会,其组织及选举以法律定之。

第　条　省议会以不抵触中央法令为限,有下列各职权:

(一)议决本省单行条例。

(二)议决本省预算、决算。

(三)议决省税及使用费、规费之征收。

(四)议决省债之募集及省库有负担之契约。

(五)议决本省财产及营造物之处分并买入。

(六)议决本省财产及营造物之管理方法。

（七）答复省长咨询事件。

（八）受理本省人民关于本省行政请愿事件。

（九）关于本省行政及其事件之意见得建议于省长。

（十）其他依中央法令应由省议会议决事件。

第　条　省议会对于本省省长认有违法行为时，得以出席议员三分二以上之可决，提出弹劾案，经由内务总长提交国务会议处理之。

第　条　省议会认本省行政官吏有违法行为时，得咨请省长查办之。

第　条　省议会议员对于本省行政事项有疑义时，得以十人以上之连署提出质问书于省长，限期答复。

第　条　省议会议员对于省长之答复认为不得要领时，得要求省长到会或派员到会答辩。

第　条　省设省长一人，由大总统任命之。（不加制限）

第　条　省长依法令执行国家行政并监督地方自治。

第　条　省长认省议会有违法时，得省参事会之同意，提出解散案呈大总统咨交参议院议决之，但同一会期不得为二次之解散。

第　条　省设省参事会赞襄省长。

第　条　省参事会以下列人员组织之：

（一）省议会选出者六人，前项省议员当选者不得过三分之一。

（二）省长推任者六人。

第　条　省参事会以省长为会长。

第　条　省参事会之职权以法律定之。

第　条　蒙古、西藏、青海及其他未设省之区域，其制度以法律定之。

3. 1916 年第一届国会第一次恢复后，曾开宪法会议，对《天坛宪法草案》进行二读。通过二读会的章、条如下。

　　第一章　国体（本章标题照《天坛草案》通过）

　　第一条　（本条照《天坛草案》通过）

第　章　主权(本章标题照续提案通过)

第一条　(本条照续提案通过)

　第二章　国土(本章标题照《天坛草案》通过)

第二条　(本条照天坛草案通过)

　第三章　国民(本章标题照《天坛草案》通过)

第三条　(本条照《天坛草案》通过)

第四条　(同上)

第五条　(同上)

第六条　(同上)

第七条　(同上)

第八条　(同上)

第九条　(同上)

第十条　(同上)

第十一条　中华民国人民有尊崇孔子及信仰宗教之自由,非依法律不受制限。(本条修正通过)

第十二条　(本条照《天坛草案》通过)

第　　条　中华民国人民之自由权除本章规定外,凡无背于宪法原则者皆承认之。(本条修正增入)

第十三条　(本条照《天坛草案》通过)

第十四条　(同上)

第十五条　(同上)

第十六条　(同上)

第十七条　(同上)

第十八条　(同上)

第十九条　(同上)

国民教育以孔子之道为修身大本。(本项议决删除)

　第四章　国会(本章标题照《天坛草案》通过)

第二十条　(本条照《天坛草案》通过)

第二十一条　（本条照《天坛草案》通过）

第二十二条　（同上）

第二十三条　（同上）

第二十四条　（同上）

第二十五条　（同上）

第二十六条　两院议员不得兼任文武官吏。（原案之但书删除）

第二十七条　（本条照《天坛草案》通过）

第二十八条　（同上）

第二十九条　（同上）

第三十条　（同上）

第三十一条　国会自行集会、开会、闭会，但临时会于有下列情事之一时行之：

一、两院议员各有三分一以上之联名通告。

二、大总统之牒集。（本条修正通过）

第三十三条　国会常会会期为四个月，得延长之，但不得逾常会会期。（本条修正通过）

第三十四条　（本条决议删除）

第三十五条　国会之开会、闭会两院同时行之。

一院停会时，他院同时休会（本项照《天坛草案》通过）

众议院解散时，参议院同时休会。（本项公决缓议）

第三十六条　国会之议事两院各别行之。

同一议案不得同时提出于两院。（本项照《天坛草案》通过）

第三十七条　（同上）

第三十八条　（同上）

第三十九条　（同上）

第四十条　（同上）

第四十一条　（同上）

第四十二条　（同上）

第八十七条　（同上）

第八十八条　（同上）

第八十九条　（同上）

　　第九章　法律(本章标题照《天坛草案》通过)

第九十条　（本条照《天坛草案》通过）

第九十一条　（同上）

　　第九十二条　国会议定之法律案大总统如有异议时,得于公布期内声明理由请求国会复议,如两院仍执前议时应即公布之。（本条修正通过）

　　未经请求复议之法律案逾公布期限即成为法律。但公布期满在国会闭会或众议院解散后者不在此限。（本项公决缓议）

第九十三条　（本条照《天坛草案》通过）

第九十四条　（同上）

　　第十章　会计(本章标题照《天坛草案》通过)

第九十五条　（本条照《天坛草案》通过）

第九十六条　（本条议决删除）

第九十七条　（本条照《天坛草案》通过）

　　第　　条　凡直接有关国民负担之财政案,众议院有先议权。（本条修正通过）

第九十八条　（本条照《天坛草案》通过）

第九十九条　（同上）

第一百条　（同上）

第一百零一条

一、

二、

三、

四、（同上）

第一百零二条　（同上）

第一百零三条　（同上）

第一百零四条　为对外防御战争或勘定内乱、救济非常灾变,时机紧急不能牒集国会时,政府得为财政紧急处分。但须于次期国会开会后七日内,请求众议院追认。(本条修正通过)

第一百零五条　（本条照《天坛草案》通过）

第一百零六条　（同上）

第　　　条　国会议定之预算及追认案,大总统应于送达后公布之。(本条修正通过)

　　第十一章　宪法之修正解释及效力(本章标题照续提案通过)

第一百零九条　（本条照《天坛草案》通过）

第一百一十条　（同上）

第一百一十一条　（同上）

第一百一十二条　（同上）

第一百一十三条　（本条照《天坛草案》通过）

前项会议非总员三分二以上之列席不得开议,非列席员四分三以上之同意不得议决。但关于疑义之解释得以列席员三分二以上之同意决之。(本项修正通过)

第　　　条　宪法非依本章所规定之修正程序,无论经何种事变永不失其效力。(本条照续提之案通过)

　　第　　章　地方制度(本章标题照续提之案通过)

4. 1916年第一届国会第一次恢复后,曾开宪法会议,对《天坛宪法草案》进行二读,虽提出宪法会议,但未能通过二读会的章、条如下。

中华民国宪法会议为发扬国光、巩固国圉、增进社会之福利、拥护人道之尊严,制兹宪法,宣布全国,永矢咸遵,垂之无极。(《天坛草案》)

第三十二条　国会常会于每年三月一日开会。(同上)

第七十五条　大总统经参议院列席议员三分二以上之同意,得解

散众议院,但同一会期不得为第二次之解散。大总统解散众议院时,应即令行选举,于五个月内定期继续开会。(同上)

　　第　　条　　国会议定之决议案与法律有同等之效力。(由议员向乃祺提出)

　　第一百零七条　　审计院以参议院选出之审计员组织之。审计员任期九年,每三年改选三分之一。

　　审计员之选举及职任以法律定之。(《天坛草案》)

　　第一百零八条　　审计院设院长一人,由审计员互选之。

　　审计院院长关于决算报告得于两院列席及发言。(同上)

　　第　　章　　地方制度(本章由起草委员会续行提出)

　　第　　条　　地方最大区域如下:

　　(一)省。

　　(二)蒙古、西藏、青海及其他未设省之区域。(由起草委员会续提)

　　第　　条　　前条区域之设置或区划以法律定之。(同上)

　　第　　条　　省设省议会,其组织及选举以法律定之。(同上)

　　第　　条　　省议会以不抵触中央法令为限,有下列各职权:

　　(一)议决本省单行条例。(由起草委员会续行提出)

　　(二)议决本省预算、决算。(同上)

　　(三)议决省税及使用费、规费之征收。(同上)

　　(四)议决省债之募集及省库有负担之契约。(同上)

　　(五)议决本省财产及营造物之处分并买入。(同上)

　　(六)议决本省财产及营造物之管理方法。(同上)

　　(七)答复省长咨询事件。(同上)

　　(八)受理本省人民关于本省行政请愿事件。(同上)

　　(九)关于本省行政及其事件之意见,得建议于省长。(同上)

　　(十)其他依中央法令应由省议会议决事件。(同上)

　　第　　条　　省议会对于本省省长认有违法行为时,得以出席议员三

分二以上之可决,提出弹劾案,经由内务总长提交国务会议处理之。(同上)

第　条　省议会认本省行政官吏有违法行为时,得咨请省长查办之。(同上)

第　条　省议会议员对于本省行政事项有疑义时,得以十人以上之连署,提出质问书于省长,限期答复。(同上)

第　条　省议会议员对于省长之答复认为不得要领时,得要求省长到会或派员到会答辩。(同上)

第　条　省设省长一人,由大总统任命之。(不加制限)(同上)

第　条　省长依法令执行国家行政并监督地方自治。(同上)

第　条　省长认省议会有违法时,得省参事会之同意,提出解散案呈大总统咨交参议院议决之。但同一会期不得为二次之解散。(同上)

第　条　省设省参事会赞襄省长。(同上)

第　条　省参事会以下列人员组织之:

(一)省议会选出者六人,前项省议员当选者不得过三分之一。

(二)省长推任者六人。(同上)

第　条　省参事会以省长为会长。(同上)

第　条　省参事会之职权以法律定之。(同上)

第　条　蒙古、西藏、青海及其他未设省之区域,其制度以法律定之。(同上)

5. 1922年第一届国会第二次恢复后,宪法起草委员会又起草了地方制度修正案、国权章草案、生计章草案、教育章草案。具体章、条如下:

第四章　地方制度(1922年11月23日宪法起草委员会提出)

第一条　地方划分为省、县两级。

第二条　省依本宪法第五章第　条之规定,得自制定省宪法。但不得与本宪法及国家法律相抵触。

第三条　省宪法由省议会、县议会及全省各法定之职业团体选出之代表组织省宪法会议制定之。

前项代表除由县议会各选出一人外,由省议会选出者不得逾由县议会所选出代表总额之半数,其由各法定之职业团体选出者亦同。但由省议会、县议会选出之代表不以各该议会之议员为限。其选举法由省法律定之。

第四条　下列各规定各省宪法均适用之:

一、省设省议会为单一制之代议机关,须依直接选举方法选出之。

二、省设省长或省政务委员,其选举依省宪法之所定。但现役军人非解职一年后不得被选。

三、住居省内一年以上之中华民国人民,于省之法律上一律平等,完全享有公民权利。

四、省文官之铨试、任用、纠察及保障,须依国家法律行之。

第五条　县制由省宪法会议制定之。但不得违反下列各规定:

一、县设县议会,于县以内之自治事项有立法权。

二、县除自定县税外,对于担负省税总额内有保留之权,其额数以省法律之规定。

三、县有财产及自治经费,省政府不得处分之。

四、县因天灾、事变或自治经费不足时,得请求省议会议决,由省库补助之。

第六条　县设县长,其选任方法由省宪法定之。

第七条　县有奉行国家法令及省法令之义务。

第八条　县以下之自治制由省议会制定之。

第九条　未设省已设县之地方适用本章之规定。

第十条　内外蒙古、西藏、青海因地方人民之公意得划分为省县两级,适用本章各规定,但未设省县以前其行政制度以法律定之。

第五章　国权(1922年12月23日宪法起草委员会提出)

第一条　中华民国之国权,属于国家事项,依本宪法之规定行使之;属于地方事项,依本宪法及各省宪法之规定行使之。

第二条　下列事项由国家立法并执行之:

一、外交。

二、国防。

三、国籍法。

四、刑事、民事及商事之法律。

五、监狱制度。

六、度量衡。

七、币制及国立银行。

八、关税、盐税、印花税、烟酒税、其他消费税及全国税率,应行划一之租税。

九、邮政、电报及航空。

十、国有铁路及国道。

十一、国有财产。

十二、国债。

十三、专卖及特许。

十四、国家文武官吏之铨试、任用、纠察及保障。

十五、其他依本宪法所定属于国家之事项。

第三条　下列事项由国家立法或执行,并得令地方执行之:

一、农工矿业及森林。

二、学制。

三、银行及交易所制度。

四、航政及沿海渔业。

五、两省以上之水利及河道。

六、市制通则。

七、公用征收。

八、全国户口调查及统计。

九、移民及垦殖。

十、警察制度。

十一、公共卫生。

十二、救恤及游民管理。

十三、有关文化之古籍、古物及古迹之保存。

上列各款省于不抵触国家法律范围内得制定单行法。

本条所列第一、第四、第十、第十一、第十二、第十三各款在国家未立法以前,省得行使其立法权。

第四条　国家对于各省课税之种类及其征收方法,为免下列诸弊或因维持公共利益之必要时,得以法律限制之。

一、妨害国家收入或通商。

二、二重课税。

三、对于公共道路或其他交通设施之利用,课以过重或妨碍交通之规费。

四、各省及各地方间因保护其产物对于输入商品为不利益之课税。

五、各省及各地方间物品通过之课税。

第五条　除第二条、第三条、第四条所列举各事项外,皆为省之事权。

第六条　省法律与国家法律抵触者无效。

省法律与国家法律发生抵触之疑义时,由最高法院解释之。

前项解释之规定于省宪法抵触国家法律时,得适用之。

第七条　国家预算不敷或因财政紧急处分,经国会议决,得比较各省岁收额数,用累进率分配其负担。

第八条　财力不足或遇非常灾变之地方,经国会议决,得由国库补助之。

第九条　省与省争议事件由参议院裁决之。

第十条　国军之组织以义务民兵制为基础,各省除执行《兵役法》所规定之事项外,平时不负其他军事上之义务。

义务民兵依全国征募区分期召集训练之。但常备军之驻在地以国防地带为限。

国家军备费不得逾岁出四分之一。但对外战争时不在此限。

国军之额数由国会议定之。

第十一条　省不得缔结有关政治之盟约。

省不得有妨害他省或其他地方利益之行为。

第十二条　省不得自置常备军,并不得设立军官学校。

第十三条　省因不履行国法上之义务至危害统一时,经政府告诫仍不服从者,得以国家权力强制之。

前项之处置经国会否认时应中止之。

第十四条　省有以武力相侵犯者,政府得以前条之规定制止之。

第十五条　国体发生变动或宪法上根本组织被破坏时,省应联合维持宪法上规定之组织至原状回复为止。

第十六条　本章第四、第九、第十一、第十二、第十三、第十四、第十五各条关于省之规定,未设省之地方均适用之。

第六章　生计(1923年4月17日宪法起草委员会提出)

第一条　国民生计以适合正义使各得相当之生活为原则,个人之生计自由在此范围应受保障。

第二条　国家关于财产、营业及私人契约之立法应依下列各规定:

一、国家为保护农民恒产及防止土地之滥用或兼并,对于土地之享有权得设限制,其不因自力经营而增高价格之土地,得以累进法定其税率。

二、利用天然富源之营业,以国有或地方公有为原则,其特许及其他营业属于独占者,国家或地方得限制或征收之。

三、财产之承继,国家得依其价额及承继者之亲等或关系加以限制,其税率以累进法定之。

四、重利借贷及不动产使用之重租禁止之。

第三条　国民有不背善良风俗为精神上或体力上劳动之义务。

老、弱、残废不能劳动者国家或地方应救恤之。

有劳动能力非因怠惰过失而失业者,国家或地方应予以劳动之机会或协助之。

第四条　劳工受国家保护。凡关系劳工之立法,应尊重国际正式劳工会议决之原则。

第五条　精神劳动之出版权、发明权、美术权受国家保护。

第六条　为防护及发展生计之结社或集会,无论何人与何职业,除于公共安宁有直接危害之行为外,法律不得限制。

第七条　全国生计会议依法律由全国各职业团体选出代表组织之。凡关系生计之行政立法事项,有下列之职权:

一、建议政府。

二、受政府之咨询。

三、提出法案于政府时,政府须咨交国会。但生计会议得派代表出席说明。

各地方生计会议之组织依各地方法律之所定。

第七章　教育(1923年4月17日宪法起草委员会提出)

第一条　全国教育应以致力于人格完成,发展民主国之国民精神为主旨。

第二条　义务教育之学年至少以六年为限。

在义务教育学年内免纳学费,其教科书及学校用品均由学校设备之。

小学教员之年功加薪及养老金以法律定之。

第三条　国家及地方对于未受教育之成年者应予以补习之机会。

第四条　国家及地方之教育经费占岁出全额之成数,应依教育需要及财政状况明确规定之。

关于教育基金及学术奖励金之筹定,得就国有及地方公有财产拨充之。

第五条　国家及地方应筹设特别基金,对于成绩优异无力升学之学生予以相当资助,使得受中等以上之教育。

第六条 全国教育会议之组织以法律定之。凡关系教育之行政立法事项,有下列之职权:

一、建议政府。

二、受政府之咨询。

三、提出法案于政府时,政府须咨交国会。但教育会议得派代表出席说明。

四、审定教科书。

各地方教育会议之组织依各地方法律之所定。

第七条 学术上之研究国家应予保护,不得限制①。

(七)众议院规则

1913 年 9 月 10 日议决

第一章 集会及开会

第一条 议员应于法定集会之日午前九时集会于众议院。

第二条 到会议员应将当选证书交本院查照。

第三条 到院议员已满总额之过半数时,应用无记名投票法分次互选议长、副议长。

选举时以议员年长者为临时主席。

第四条 临时主席指定检票员八人,投票毕当场计算票数及名刺数,如票数多于名刺数应重行投票。

第五条 开票毕,临时主席宣告被选者得票之数,以得票过投票总数之半者为当选。

第六条 得票无过半数时,以得票最多数者二人决选之,决选以得票比较多数者为当选。

票同以年长者当选,年同以抽签定之。

---

① 张耀曾、岑德彰编:《中华民国宪法史料》〔上〕,第 3—46 页。

第三十一条　常任委员用限制连记记名投票选举之,以得票比较多数者为当选,票同以抽签定之。限制人数照原额三分之一。

第三十二条　常任委员不得兼任。

第三十三条　常任委员会有缺员时,依第三十一条之规定行补缺选举。

第三十四条　常任委员于一月内五次以上不出席者,应由各该委员长通知议长另行选举。

第三十五条　常任委员非有正当理由经院议许可不得辞职。

第三十六条　常任委员长一人、理事一人或数人,由该会委员用无记名投票法分次互选之,以得票最多数者为当选,票同以抽签定之。

第三十七条　理事掌委员会议事录及其他文件,委员长有事故时理事代理之。理事在二人以上,其顺序以年龄定之。

第三十八条　常任委员会开会日时由委员长定之,但非经院议许可不得与本院同时开会。

第三十九条　常任委员会审查议案时,议员得到会陈述意见,但不得参与表决。

第四十条　有全额三分一以上委员之同意,得将委员会所弃之意见以文书与委员会报告,同时提出于大会。

第四十一条　付托于委员会之事件,应由院议限期报告。委员会无故迟延,议长得取决于院议依法更选之。

第四十二条　常任委员会得于会内分设数科,各科互选审查主任一人整理该科事务。

第四十三条　凡一事件有联合审查之必要时,得联合二项以上之委员会审查之。其开会时以本规则第三十条前列之委员长为主席。

第四节　特别委员会

第四十四条　本院为审查特别事件得设特别委员会,员数以院议决之。但别有规定者从其规定。

第四十五条　特别委员由议长指定,以首列者为委员长。但院法

第八条所规定,应以得票最多数之一人为委员长。

第四十六条　本规则第三十一条、第三十六条至四十一条,本节适用之。

第三章　议员资格之审查

第四十七条　议员对于他议员之资格认有异议时,应作成异议书两份,提出于议长,由议长分交审查委员会及被议议员。

第四十八条　被议议员受异议书后,应于五日内提出答辩书,由议长付委员会审查。但有特别故障,经他议员证明时,议长应付院议展长日期。

第四十九条　被议议员如不于定期内提出答辩书,委员会应即审查报告于大会。

第四章　开议、散会及延会

第五十条　本院议事每星期三次,间日行之。但有紧急事件时不在此限。

第五十一条　议事时间下午一时至六时,但议长得依便宜咨询院议变更之。开议满两时,议长应宣告休息二十分钟。

第五十二条　到议事时,秘书长查出席议员,足法定人数,议长命秘书长报告重要文件后,宣告开议。

第五十三条　开议以前无论何人不得就议题发言。

第五十四条　议员出席不足法定人数,议长得展长时间,展长满一时仍不足数,应宣告延会。

议事中议员退席至不足法定人数,应宣告延会。

第五十五条　议事日程所载之议题毕议后,议长宣告散会。

第五十六条　议事未毕已届散会时间,议长应宣告延会。但得依便宜展长时间。

第五章　议事日程

第五十七条　议事日程应载明各种付议事件及其顺序并开议日时。

第五十八条　议事日程记载之顺序以政府提出之案列前。

第五十九条　遇有紧急事件未载议事日程或已载而顺序在后必须速议者,议长得依院议变更之。

第六十条　议事日程预定会议某议案之时间已至,议长应中止会议中之事件,付议预定之事件。

第六十一条　议事日程所载事件,会议未毕或不能会议时,议长应再定议事日程。

　　　第六章　议事

　　第一节　提案及动议

第六十二条　凡提出议案者应具案附以理由,送由议长付印,分送各议员。

第六十三条　除院法及本规则别有规定外,凡发动议有一人以上之赞成即为议题,议长得令动议者将议题写出。

第六十四条　动议成为议题后,议长咨询全院应否变更议事日程。

第六十五条　动议成为议题后,未经议决不得提出别种动议,但下列各项不在此限:

一、延会。

二、唤起注意议事日程。

三、唤起注意违背法规。

四、收回动议。

五、讨论终局。

六、付审查。

七、修正。

八、关于本规则第五十九条之变更议事日程。

第六十六条　议题已经讨论动议者,非经本院许可不得收回。

　　第二节　读会

第六十七条　第一读会应于议案分送议员两日后行之。但紧急事件不在此限。

第六十八条　第一读会朗读议案后,国务员、政府委员或提案者得说明其旨趣。

议长得依便宜省略议案之朗读。

第六十九条　前条之程序既终,政府提出或参议院移付之案,就大体讨论后,应付委员会审查之;议员提出之案,就大体讨论后,议决应否开第二读会。如有付审查之动议已可决时,待其报告再决应否开第二读会。

第七十条　委员会审查报告就大体讨论后,议决应否开第二读会。

第七十一条　凡议决不开第二读会之议案即行作废。

第七十二条　第二读会应于第一读会二日后行之。但议长得咨询院议缩短时日或与第一读会同日举行。

第七十三条　第二读会应将议案逐条朗读议决之。但议长得依便宜省略朗读。

第七十四条　第二读会得提出修正之动议。

议员于第二读会前得提出修正案于议长。

第七十五条　委员会审查之修正不待有赞成人,即为议题。

第七十六条　议长得更改逐条讨论之顺序或联合数条或分割一条付之讨论。但议员有提出异议者,待有赞成人,不用讨论即取决于院议。

第七十七条　第三读会应于第二读会二日后行之。但议长得咨询院议缩短时日或与第二读会同日举行。第三读会议长得依便宜省略朗读。

第七十八条　第三读会应议决议案全体之可否。

第七十九条　第三读会除文字外不得为修正之动议。但发现议案中有互相抵触或与现行法律抵触者不在此限。

第三节　讨论

第八十条　凡就议题欲发言者应于会议开始前将其席次及反对或赞成之旨通告秘书长。

第八十一条　秘书长依前条通告之次序记载于发言表报告议长。

议长当讨论之始依发言表次序,指令反对者赞成者相间发言,其不应指令者通告作为无效。

第八十二条　未通告发言之议员,非于已通告之议员全数发言毕后不得发言。但已通告之甲方议员虽发言未毕,而乙方之议员发言既毕时,未通告之乙方议员得请发言。

第八十三条　未通告而欲发言者,应起立呼议长并报告自己席次,待议长之许可始得发言。

第八十四条　二人以上起立请发言时,议长许先起立者发言。不能辨先后时,许未经发言者发言。如均未发言或均经发言,许席次较后者发言。

第八十五条　发言应登演坛。但简单发言不在此限。

议长无论何时得令在席发言者登演坛发言。

第八十六条　讨论不得出议题之外。

第八十七条　议员就同一议题发言不得逾二次,惟下列各项不在此限:

一、质疑。

二、应答。

三、唤起注意。

四、委员长或报告者为辨明其报告之旨趣。

五、提案者或动议者为辨明议案或动议之旨趣。

第八十八条　发言者不得朗读意见书。但为引证及报告朗读文书者,不在此限。

第八十九条　发言不得涉及他人私事。但议题系关于他人本身之事者,不在此限。

第九十条　发言者有不规则之言动时,议员得唤起议长注意。

第九十一条　议长振警铃或起立发言时,发言者虽未毕,应即停止发言。

第九十二条　延会或议事中止后,再行讨论时,发言未终之议员得继续发言。

第九十三条　议长欲自与讨论应就议席,由副议长就议长席,该议题未经议决不得复议长席。

第九十四条　讨论既毕议长即宣告讨论终局。

第九十五条　讨论虽未毕,议员提起讨论终局之动议,有五人以上之赞成或议长有讨论终局之咨询,不用讨论即取决于院议。

第九十六条　议长宣告讨论终局,无论何人不得再就议题发言。

第四节　表决

第九十七条　议长宣告讨论终局后,朗读议题宣告付表决。

第九十八条　表决时,议长应令以为可者起立或举手,检起立或举手者之多少,宣告可否之结果。其结果如有疑义或议员提起异议时,议长应令以为否者起立反证之。如仍有疑义或议员提起异议得十人以上之赞成时,议长应令秘书长点唱议员席次再行起立表决。

第九十九条　议长认为必要或有议员十人以上之要求时,得不用起立或举手之方法,以记名或无记名投票表决之。

第一百条　记名投票以为可之议员用白色票,以为否之议员用蓝色票,各记本人姓名投入票匦。

第一百一条　无记名投票以为可之议员用白色票,以为否之议员用蓝色票投入票匦,票数多于在场议员人数时,应再行投票。

第一百二条　行表决时,应封闭议场禁止出入。

第一百三条　议员不得请变更自己之表决。

第一百四条　可否同数时,取决于议长。

第五节　修正

第一百五条　议员有提起修正之动议者,应具修正文书送交议长。

第一百六条　议员提出之修正案与委员会提出之修正案,其表决顺序以议员提出者为先。

第一百七条　同一议题有数议员各提出修正案时,其表决顺序以与原案相差最远者为先,议员如有异议时,待有赞成人得不用讨论取决于院议。

第一百八条　修正案全被否决时,当就原案表决。

第一百九条　修正案及原案均不得通过时,该议题为本院议决不得废弃者,由议长指定委员另行起草,员数以院议决之。

第七章　记录

第一节　议事录

第一百十条　议事录记载下记事项。

一、关于本院集会及开会、闭会之事项并其年、月、日、时。

二、开议、延会、议事中止及散会之月、日、时。

三、每次会议议员到会之数及请假缺席议员姓名。

四、出席国务员及政府委员姓名。

五、付委员会审查事件。

六、议长及委员长报告事件。

七、已付会议之议案题目。

八、已作为议题之动议及动议者姓名。

九、决议事件。

十、表决可否之数。

十一、本院认为必要之事项。

第一百十一条　议员对于议事录所记载事实,如有异议,议长应令秘书长答复,议员仍有异议或不服议长之处置,议长得不用讨论即取决于院议。

第一百十二条　议事录由议长秘书长署名盖章。

第二节　速记录

第一百十三条　速记录以速记法记载议事。

第一百十四条　议事时经议长取消之言论不记载于速记录。

第一百十五条　秘密会议之速记录不付印刷,秘书长保存之。

第一百十六条　发言之议员于速记录分配后一日内得请订正字

句,但不得变更发言之旨趣。

对于速记录之订正有异议者,待有赞成之议员,议长得不用讨论即取决于院议。

第八章　请愿

第一百十七条　请愿者应做请愿书记载请愿之旨趣及其住所、职业、年龄,提出之年、月、日,各自署名、盖章,由议员介绍提出于本院。

请愿者有二人以上,首列者当依前项之规定,并全书余人之姓名。不具备前二项形式者本院不受理。

第一百十八条　法人之请愿书以代表者署名盖法人印章。

第一百十九条　请愿书应用国文,如必须用外国文时附以译文。

第一百二十条　介绍请愿之议员应署名请愿书之表面并盖印章。

第一百二十一条　请愿委员应依请愿书提出之顺序审查之。

第一百二十二条　议员十人以上对一请愿事件以简单说明书请议院急行审查时,议长得不用讨论即取决于院议限定时日付托于请愿委员。

第一百二十三条　请愿书表由议长付印分送各议员。

第一百二十四条　请愿委员审查之结果当从下之区别记载其大至要,报告大会:

一、应付院议者。

二、无须付院议者。

第一百二十五条　请愿委员对于印付院议之请愿,应作特别报告。

第一百二十六条　议员对于无须付院议之报告于一星期内如无要求应付院议时,从委员会之决议。

第一百二十七条　请愿书付院议时,不用朗读。但议员有要求朗读者,议长得不用讨论,取决于院议。

第九章　请假、缺席及辞职

第一节　请假缺席

第一百二十八条　议员因事不能出席时,应提出请假书,开具理由、日数,受议长或院议之许可。出席中遇有不得已事故须退席时,应提出缺席书于议长。

第一百二十九条　议员假期已满因事仍不能出席时,应再请假,受议长或院议之许可。

第一百三十条　议员于假期中出席应失请假许可之效力。

　　第二节　辞职

第一百三十一条　议员辞职时,应提出辞职书于议长,由议长付印分送各议员。

第一百三十二条　开会中议员辞职,议长应报告于大会,得不用讨论取决于院议,但在闭会期内得由议长处理,于次会期之始报告本院。

　　　第十章　秘书厅

第一百三十三条　本院秘书厅设秘书长一人,秘书及速记、技士各若干人。

第一百三十四条　秘书厅分科如下:

议事科、速记科、文书科、会计科、庶务科。

第一百三十五条　秘书长承议长之指挥综理全厅事务,监督所属职员。秘书长有事故时,由议长指定秘书一人代行其职务。

第一百三十六条　秘书承秘书长之指挥监督分掌各科事务,其员数至多不得过三十人。

第一百三十七条　本院秘书厅之各科各以秘书一人为科长,秘书若干人为科员,由议长指任之。

第一百三十八条　速记、技士承秘书长及秘书之指挥、监督,掌理关于速记事务,其员数至多不得过三十人。

第一百三十九条　本院秘书厅为缮写文件、办理庶务得临时雇员。

　　第十一章　警卫及纪律

　　第一节　警卫

第一百四十条　本院设守卫、警官。守卫司议事堂内警察。警官司议事堂外警察。但有议长之命令,警官得入议事堂执行警察事务。

第一百四十一条　本院内防火、上灯、导水、暖炉及扫除等事守卫监督之。

第一百四十二条　本议院内如有重罪、轻罪之现行犯,守卫及警官得先行制止,请求议长命令逮捕,但在议场内应由议长命令行之。

第二节　纪律

第一百四十三条　入议场者应着礼服、常服。

第一百四十四条　入议场者不得戴帽及携带外套、伞仗等物。

第一百四十五条　议场内不得饮食及吸烟。

第一百四十六条　议事时,除参考外不得阅读书籍及报纸。

第一百四十七条　议事时,无论何人不得发赞否声或鼓掌喧噪妨害他人之发言朗读。

第一百四十八条　休息及散会时,非经议长宣告,议员不得退席。

第一百四十九条　议长振警铃时,无论何人俱应沉默。

第十二章　惩戒

第一百五十条　议事中发生惩戒事件,议长得中止会议或使犯者退出议场。

第一百五十一条　委员会中发生惩戒事件,委员长适用前条之规定。

第一百五十二条　委员长不认为惩戒事件,委员得依院法提出惩戒之动议于大会。

第一百五十三条　依院法提出惩戒之动议时,议长得不用讨论取决于院议,交惩戒委员会审查之。

第一百五十四条　惩戒事件之议事用秘密会议。

第一百五十五条　议员于自己受惩戒之会议不得列席。但经议长许可得自行辩明或托他议员代为辩明。

第一百五十六条　惩戒委员会得经由议长通知本人及关系议员到会询问。

第一百五十七条　议员不从议长制止或取消之命时,议长除依院法处分外,仍得作为惩戒事件,交惩戒委员会审查之。

第一百五十八条　议员受在公开议场谢罪之惩戒时,惩戒委员会应预拟谢辞要领同报告提出于议长。

第一百五十九条　停止出席以十日为限。

第一百六十条　被停止出席者如系委员,即作为已解任者。

第一百六十一条　议员于被停止出席期内擅入议场,议长应命退出,不从应行必要处分再交惩戒委员会。

第一百六十二条　院议决定惩戒事件,议长在公开议场宣告之。

第一百六十三条　被惩戒者之言论,议长于宣告时得省略其一部或全部。

第十三章　旁听

第一百六十四条　本院旁听券分一次及长期两种。

第一百六十五条　旁听人非执有本院旁听券不得入席。但参议院议员佩有徽章者不在此限。

第一百六十六条　旁听席分特别席、普通席、新闻记者席三种。

第一百六十七条　本院议员或行政各部得介绍人旁听,由秘书长承议长之命酌定员数席位及有效期间分别发给旁听券。介绍者及旁听人均须署名券面。

第一百六十八条　日刊报馆有请求旁听者,由秘书长承议长之命,定其员数发给长期旁听券。报馆之旁听券须记其馆名于券面。

第一百六十九条　旁听人入场时,一次旁听券应交守卫截角,长期旁听券应交守卫查验并附名刺。

第一百七十条　凡旁听人应将旁听券示守卫从其指示就席。

第一百七十一条　凡携带危险物品者或精神病者或酒醉者或幼童不得入旁听席。

第一百七十二条　在旁听席应守下列各项之规定:

一、不得携带雨具、洋伞、水旱烟具等物。

二、不得饮食、吸烟及随意唾涕。

三、不得谈笑或对于议员言论表示可否。

四、不得阑入议场。

五、不得扰乱秩序。

第一百七十三条 旁听人不守旁听规则时,议长得令其退席或交警卫。

第一百七十四条 旁听人扰乱秩序,介绍者应负其责。

第一百七十五条 旁听席秩序扰乱守卫不能制止时,议长得命其强制旁听人一律退出。

第一百七十六条 先期或临时议决禁止旁听经本院宣告后,无论何人不得入席旁听。

第十四章 附则

第一百七十七条 本规则有疑义时,议长应咨询院议决之。

第一百七十八条 本规则之修正非有议员总额十分一以上之连署不得提出。

第一百七十九条 本规则自议决日施行①。

(八)参议院议事细则

1913 年 10 月 13 日议决 1918 年 8 月 27 日修正

第一章 议席

第一条 议员之议席俱编号数。

第二条 每会期开会之始,议长就席后,即命秘书抽签定议员之议席。

第三条 临时开会可继续前会之议席。

第二章 开议、散会及延会

第四条 本院于每星期内至少须开会三次。但得依事情之必要由院议增加之,会议之时间由本院临时定之。

---

① 众议院秘书厅 1919 年 8 月订:《众议院要览(法令一)》,第 75—97 页。

第五条　本院会议日,秘书长查点出席议员,满法定员数时,议长命秘书长报告重要文件后宣告开议。

第六条　议员出席不满法定员数,议长得酌定时刻命秘书长计算之,计算二次数仍不满时,即宣告延会。

会议中议员退席致不满法定员数时,应为前项之宣告。

第七条　会议中议长得酌定时刻中止议事。

第八条　议事日程所载之议题议毕后议长宣告散会。

第九条　议事未毕已届散会时间,议长宣告延会。但得依院议展长时间。

第十条　议长未宣告开议以前或宣告散会及延会之后,无论何人不得就议事发言。

第三章　议事日程

第十一条　本院应议事件及开议日时,须记载于议事日程。

第十二条　议事日程记载之次序如下:

甲、政府提出之案。

乙、众议院移付之案。

丙、本院自行提出之案。

丁、请愿事件应行提付院议者。

第十三条　遇有紧急事件未载议事日程或已载而顺序在后必须速议者,由议长提起或议员动议得依院议变更之。

第十四条　议事日程所载某时应议事件,若其时刻已届,议长得依院议停止他项议事,改议此项事件。

第十五条　议事日程所载事件不能开议或开议不能完结者,议长得改定议事日程。

第十六条　议事日程所载各种议案须先期印刷分送各议员。

第四章　议事

第一节　提议及动议

第十七条　议员提议各项事件,应具案附以理由依法定之,赞成者连署提出于议长,议长印刷配付议员。

第十八条　会议时议员提起动议,除本细则别有规定外,须有三人以上之赞成始得作为议题。

议员对于议案提起修正之动议,非有十人以上之赞成不得作为议题。

　　第二节　读会

第十九条　第一读会于议案配付各议员后,必须隔两日行之。但紧急事件不在此限。

第二十条　第一读会朗读议案标题后,国务员、政府委员或提议者得说明其旨趣。议员对于议案有疑义时,得请国务员、政府委员或提议者说明之。

第二十一条　第一读会凡政府提出或众议院移付之议案,应付各该股委员审查之,待审查报告就大体讨论后,即议决应否开第二读会。

议员提出之议案就大体讨论后,即议决应否开第二读会,如有请付审查之动议可决后,当待其报告再议决应否开第二读会。

第二十二条　凡议决不须开第二读会之议案即行作废。

第二十三条　第二读会应于第一读会二日以后行之。但议长得依院议缩短时日或与第一读会同日行之。

第二十四条　第二读会应将议案逐条朗读议决之。

第二十五条　第二读会议员得对于议案提起修正之动议或于读会前预备修正案提出于议长。

第二十六条　委员会审查报告之修正不待有赞成人即作为议题。

第二十七条　议长得变更逐条之顺序或联合数条或分析一条付之讨论。但议员有提出异议者,待有赞成人不用讨论即决之。

第二十八条　第二读会毕,得依便宜将修正议决之条项及文句交原审查委员整理之。

第二十九条　第三读会应于第二读会二日以后行之。但议长得依院议缩短时日或与第二读会同日行之。

第三十条　第三读会应议决议案全体之可否。

第三十一条　第三读会除更正文字外,不得提起修正之动议。但发现议案有互相抵触事项或与他项法律抵触事项必须修正者,不在此限。

第三十二条　议长于各读会得依便宜省略议案之朗读。

第三十三条　建议、查办、请愿各案经说明旨趣讨论大体后,得依院议不适用本节读会之规定即付表决。

第三节　讨论

第三十四条　凡就议事日程所载议题欲发言者,应于会议开始前将其席次及反对或赞成之旨通告于秘书长。

第三十五条　秘书长依前条通告之次序记载于发言表报告议长。议长依表列次序指令反对者及赞成者相间发言,其不应指令者通告作为无效。

第三十六条　未通告发言之议员非于已通告之议员全数发言毕不得发言,但已通告之甲方议员虽发言未毕而乙方之议员发言既毕时,未通告之乙方议员得请发言。

第三十七条　未通告而欲发言者须起立呼议长并报告自己之席次,待议长许可始得发言。

第三十八条　二人以上请发言时,议长认先起立者指令发言。同时起立则依议长所指定。

第三十九条　于延会或议事中止时,发言未毕之议员得于再行讨论之始继续前之发言。

第四十条　凡发言须登演坛。但简单之发言及经议长许可者不在此限。

第四十一条　议长无论何时得令在席发言之议员登演坛。

第四十二条　讨论不得出议题之外。

第四十三条　议员于同一议题发言不得至两次。但质疑应答或唤起注意不在此限。

第四十四条　委员长或报告者为辨明其报告之旨趣得发言数次。

国务员、政府委员及提议者或动议者为辨明议案或提议动议之旨趣得发言数次。

第四十五条　凡被议不合资格及应行惩戒之议员为辨明其事得发言数次。

第四十六条　会议时不得朗读意见书。但为引证及报告应朗读文书者不在此限。

第四十七条　议长欲自与讨论时应临议席,副议长应临议长之席。

第四十八条　议长既与讨论该问题未决以前,不得复议长之席。

第四十九条　讨论终局由议长宣告之。

第五十条　发言者虽未毕,议员提起讨论终局之动议有十人以上之赞成时,得不用讨论即决之。

第五十一条　凡讨论终局之动议非赞成、反对各有二人以上发言之后不得提起。但一方有二人以上发言而他方无请求发言者不在此限。

第四节　修正

第五十二条　有提起修正议案之动议者,须具案提出于议长。

第五十三条　议员提出之修正案与委员会提出之修正案其表决顺序以属于议员提出者为先。

第五十四条　同一议题有数议员各提出修正案时,其表决顺序以与原案相差最远者为先。议员如有异议时,待有赞成人得不用讨论即决之。

第五十五条　议员提起修正议案之动议业已成立者,非经本院允许不得撤销。已撤销之动议,他议员得照第十八条第二项之规定续行提出。

第五十六条　修正案被否决时,当就原案取决之。

第五十七条　修正案及原案皆不得通过时,该议题为院议所不得废弃者,得委员另行起草。

第五节　表决

第五十八条　非现在议席之议员不得与于表决之数。

第五十九条　议长欲行表决时,须宣告应行表决之问题,经宣告后无论何人不得再就议题发言。

第六十条　表决时议长应令以为可者起立或举手,检查起立或举手者之多少宣告可否之结果。如议员认为有疑义提起异议时,应令以为否者起立反证之。如议员认为仍有疑义,提起异议得二十人以上之赞成时,应令秘书长点唱议员席次,再行起立表决。

议员对于点唱表决之结果提起异议,得三十人以上之赞成,议长应令用记名或无记名投票表决之。

第六十一条　议长认为必要或有议员二十人以上之要求时,得以记名或无记名投票表决之。

第六十二条　凡记名投票以为可之议员用白色票,以为否之议员用蓝色票,各记本人姓名投入票瓯。凡无记名投票以为可之议员用白色票,以为否之议员用兰色票,投入票瓯,并将本人名刺投入名刺瓯。

票数与名刺数不符者应再行投票。

第六十三条　点唱席次或投票表决时,应封闭议场禁止出入。

第六十四条　议员不得请变更自己之表决。

　　第六节　秘密会议

第六十五条　本院秘密会议依《约法》第二十一条及本院规则之规定行之。

第六十六条　议长或议员十人以上提议秘密会议时,议长当即屏退旁听人,立决可否。

第六十七条　秘密会议事件不许刊行,由秘书长保存之。

　　第七节　预算决算会议

第六十八条　预算委员分拆预算案为数部时,每部审查毕得开会议。

第六十九条　预算各部之议事毕,当就总额行确定之议决。

第七十条　预算之会议如发现认为必须更行审查之事项,以该事项为限得再交预算委员审查之。

第七十一条　预算案之会议准用本院委员会规则第四十六条之顺

序逐次议决。

第七十二条　前会期提出之决算案得于次会期续付审查。

第七十三条　决算案之会议准用本院委员会规则第四十八条、第四十九条之规定。

第五章　记录

第一节　议事录

第七十四条　议事录应记载下列各事项：

一、关于议院之成立、开会之事项并其年、月、日、时。

二、开议、延会、中止及散会之月、日、时。

三、每次会议议员列席及缺席请假之数。

四、付委员审查事件。

五、国务员或政府委员到会日、时并其职名及其报告事件。

六、议长及各委员长报告事件。

七、已付议之议题及提议者之姓名。

八、已作为议题之动议及动议者之姓名。

九、决议事件。

十、表决可否之数。

十一、其他本院认为必要事件。

第七十五条　议长对于议事录所载事实如有异议，议长应令秘书长答辩。议员仍有异议时，议长得不用讨论依院议决之。

第七十六条　议事录须议长或整理当日会议之副议长或临时议长并秘书长或其代理之秘书署名盖印。

第二节　速记录

第七十七条　速记录用速记法记载会议时，国务员或政府委员、议长、议员之发言，于每会议之次日印刷分配于各议员。

第七十八条　凡会议时，经议长取消之言论不得记载于速记录。

第七十九条　发言之议员于速记录分配后一日以内得请订正字句，但不得变更演说之旨趣。

第六条　凡普通请求旁听者,须有本院议员一人介绍,即由该议员给以普通席旁听券。普通席旁听券限一次有效,其每次应发券数由秘书长承议长命预行核定,均分于各议员。

第七条　在京各新闻社应颁与长期旁听券,其券总数由秘书长承议长命核定,依各新闻社协定之率分配之。京外各新闻社有请求旁听者,由秘书长承议长命定其员数颁与长期旁听券。

第八条　颁给各新闻社之旁听券须记其社名于券面。

第九条　本院议员介绍旁听人须将旁听人及介绍人姓名记于券面并由介绍人加盖图记。

介绍人应将所加盖券面之图记另备印鉴交存警卫处随时查对。

第三章　旁听人应守之纪律

第十条　凡旁听人应以旁听券示警卫,从警卫指引就席。

第十一条　一次旁听券入场时,应交警卫截角;长期旁听券应听警卫按日查验并附名刺。

第十二条　凡携带凶器及酒醉者不得入旁听席。

第十三条　在旁听席应守下列各项:

一、不得携带雨具、洋伞、水旱烟具及其它障碍物。

二、不得饮食、吸烟及唾涕于地。

三、不得对于议员言论表示可否,并不得互相谈笑。

四、不得阑入议场。

第十四条　本院开秘密会议时,凡执旁听券者均不得入席旁听。已入席者,议长得令其退席。

第十五条　旁听席骚扰过甚,警卫不能即时制止时,议长得令警卫强制旁听人一律退出。

第十六条　旁听人有妨碍议场秩序者,议长得令其退出,重者或发交警署。

第四章　附则

第十七条　本规则自议决之日施行。①

（十）第一届国会第一期常会议案总结

第一届国会第一期常会自 1913 年 4 月 8 日举行开会式到 11 月 4 日袁世凯解散国民党收缴国民党议员证书、徽章，将国会搞瘫痪，无法再开议止，前后近 7 个月的时间。参议院共开常会 84 次。众议院开常会 88 次。

（一）参议院议决案如下：

《议院法》、《两院议员旅费表》、《参议院议事细则》、《参议院议长、副议长互选规则》、《参议院委员会规则》、《参议院秘书厅组织规则》、《参议院警卫处组织规则》、《参议院警卫处办事规则》、《参议院旁听规则》、《国会议员内乱外患罪逮捕法》、《参议院互选宪法起草委员规则》、《戒严法实施法》、《浦信铁路借款合同》、《同意政府任命熊希龄为国务总理》、《同意政府任命孙宝琦等为国务员》、《同意禁烟公约》、《咨请政府速将本年预算提交国会议决》、《同意先行议定关于选正式总统方法》、《查办河南都督张镇芳案》、《查办湖北民政长夏寿康违背约法案》、《美国承认民国应先派专使赴美答谢建议案》、《请与英国严重交涉废约停运退回印烟建议案》、《规定民国银行制度图广销公债救济财政》、《南方乱事既定拟请政府勿事株连建议案》。

否决案：《善后大借款》、《中俄协约》。

（二）众议院议决的案件

《议院法》、《众议院规则》、《宪法起草员众议院互选规则》、《国会议员内乱外患罪逮捕法》、《同意政府任命熊希龄为国务总理》、《同意政府任命孙宝琦等为国务员》、《同意先行议定关于选正式总统方法》、

①　众议院秘书厅 1919 年 8 月订：《众议院要览（法令二）》，第 41—44 页。

《先选总统求参议院同意》、《美国承认民国应先派专使赴美答谢建议案》、《参议院咨请会期满后另开会议要求同意案》、《中俄协约》、《浦信铁路借款合同》、《两院议员旅费表》、《同意禁烟公约》、《契约法》、《预戒法》、《咨请查办奉天北路洮南各省官吏违法》、《被捕议员应归大理院审理建议案》、《咨请政府宣告解严建议案》、《众议院议长副议长互选规则》。

　　否决案:《盐斤加价》、《各省预算决算暂交省议会议决》、《中央学会选举资格咨询案》。

　　两院会合会和宪法会议还议决了:《大总统选举法》、《宪法会议规则》。

第六章　袁世凯的御用立法与造法机构

（1913 年 12 月 15 日——1916 年 6 月 29 日）

《临时约法》确立的三权分立的民主共和制，是一切独裁者搞独裁的严重障碍。从袁世凯 1912 年 3 月任临时大总统后，即将《临时约法》视为眼中钉，不断地进行攻击，要求修改《临时约法》。当国会已被解散，权力高度集中到袁的手中后，袁便着手彻底改造《临时约法》，要制定一部适应其搞独裁的新约法。于是在 1913 年 12 月 15 日正式召集了政治会议。并于 12 月 22 日将增修约法案提交政治会议。政治会议本来是政府的一个咨询机构，无权对《临时约法》进行修改。事实上，袁世凯也未把政治会议当作立法机关，很多重要的法规袁都直接公布，而不提交政治会议议决。袁只是为了尽快地制定一部适应袁搞独裁需要的约法，也就顾不得法理与事实，将修改《临时约法》这种修改宪法性质的大事交给一个咨询机构。政治会议的官僚政客也不愿冒天下之大不韪，不敢以立法机关自居而做出荒谬绝伦的举动，建议袁世凯成立约法会议负起专门修改约法的责任。袁于 1914 年 3 月 18 日成立了其御用的造法机关约法会议。按袁的旨意，约法会议制定了新的约法。5 月 1 日袁将《中华民国约法》即《新约法》正式公布。《新约法》将立法、行政、司法大权完全集中到大总统一人之手。它以法律的形式肯定和强化了袁世凯的独裁统治，为袁复辟帝制开辟了道路。12 月 29 日，袁世凯还公布了约法会议制定的《修正大总统选举法》，将大总统变为终身制并可世袭。

急于黄袍加身的袁世凯,在指使其爪牙大造复辟帝制舆论的同时,指使其御用的咨询机关参政院代行立法院职权,完成其推翻民主共和制复辟帝制的法律手续。参政院议决以国民代表在全国各地进行国体投票的这种简捷的办法来复辟君主立宪制。参政院又以国民代表大会总代表的名义,将袁扶上了皇帝的宝座。1915 年 12 月 31 日,袁世凯正式发布命令,改民国五年为洪宪元年,改国号为中华帝国。

袁世凯逆历史潮流而动,复辟帝制,立即遭到全国人民的谴责和反对。不可一世的强势人物袁世凯成了一只妄图阻挡历史车轮前进的小螳螂,被历史的车轮碾得粉碎。

一、政治会议

政治会议的前身是地方行政会议。1913 年 9 月,熊希龄内阁组成后,秉承袁世凯的旨意,打算用"废省改道"的办法来削弱各省军阀手中的权力,扩大中央的权力,尽量将权力集中于袁的手中,特电各省派员入京讨论地方行政划分问题,故定名"行政会议"。11 月 5 日,国务院奉袁世凯的命令,通电各省,就年龄在 35 岁以上、有 10 年以上的行政经验,"又明于世界大势、品学兼优"的人员中选派 2 人到京,参加地方行政会议,讨论有关问题。此时,袁世凯已将国会搞瘫痪了,并决定踢开国会搞独裁。为了加快独裁的步伐,袁世凯打算以行政会议取代国会成为自己的御用立法机构。但行政会议之名本身与立法毫不相干,只能讨论与行政有关的问题,与立法不沾边。这样,袁世凯于 11 月 26 日将行政会议正式更名为政治会议,并规定政治会议由中央和各省官吏所派出的代表组成。12 月 12 日,袁世凯任命清末旧官僚李经羲为政治会议议长。12 月 14 日又任命张国淦为政治会议副议长,顾鳌为政治会议秘书长。袁世凯以优厚的待遇笼络政治会议议员:议长、副议长夫马费每月 1 000 元,普通议员每月夫马费 300 元,不在政府任职者每月加津贴 200 元①。

12 月 15 日,政治会议在北京举行了开幕式,12 月 29 日起正式议事。为了加速独裁的进程,袁世凯于 12 月 22 日即将《救国大计咨议》案(即解散国会案)和《咨询增修约法程序》案提交政治会议。12 月 29 日政治会议第 1 次正式会议即将此案列入议事日程。政治会议只完成了袁世凯交给的第一项任务,议决暂停参、众两院议员职务,由政府酌情给资让这些议员回籍。依据政治会议的这一议决,1914 年 1 月 10 日,袁世凯发布命令,停止国会现有议员的职务,每人发旅费 400 元,饬令回籍。对袁交给的第二项任务即增修《临时约法》,政治会议则以本会为政府咨询机关,无参预增修根本法的职责为由而推托回去,并建议袁世凯成立专门的造法机关来完成这项任务。尽管袁对此很不满,还是按政治会议的建议,决定成立约法会议来修改《临时约法》及与之相关的法律。并命政治会议议决《约法会议组织条例》,以便尽快召开约法会议。这样,从 1 月 16 日至 1 月 24 日,政治会议议决了《约法会议组织条例》案。1 月 26 日袁将《约法会议组织条例》正式公布。至此,政治会议就已完成其使命,一直处于半死不活的状态。直至 5 月 26 日,袁世凯下令停止政治会议,政治会议拖到 6 月才开闭会式,最终结束。

(一) 政治会议的开幕

1913 年 12 月 15 日下午,政治会议决定在北海团城子承光殿举行开幕式。这天上午,政治会议成员到中南海觐见袁世凯,对袁行觐见礼,并恭听袁的训辞。这天 8 时,内务部派招待员到新华门外接待室接待政治会议成员。10 时,李经羲亦到。新华门各招待员将政治会议议员引入至春藕斋(此地为国务员谒见大总统时的聚集室)下车。接着

---

① 《申报》1913 年 12 月 3 日。

由国务总理熊希龄、内务总长朱启钤二人导引至居仁堂行觐见大总统礼（居仁堂即前海宴堂旧址）。大总统席在堂正中，副总统席在国务总理之上，会员席分左右向上排列。国务员、政治会议议员依次入席。直至 11 时大总统始出。议员们向袁世凯行三鞠躬礼。大总统坐定后，笑慰诸人："今日天寒，诸位均好？"议长李经羲立即起立代表诸议员向袁毕恭毕敬地致谢："托大总统福庇，诸人均好。"①于是袁对政治委员会发训辞，约三四千言。其中有：

> 共和政治为宪政之极轨，本大总统固欣然慕之，然初何敢谓招牌一改，国力即随之充足。即以目今之内政而论，紊乱何堪设想。一般人民以国体既改，国民均属平等，于是乎子抗其父、妻抗其夫、属员抵抗长官、军士抵抗统帅。以抵抗命令为平等，以服从命令为奇辱，而政治遂不能收统一之效。而不知所谓平等者系在国法上之平等，即无所谓贵族、平民等阶级是也，非谓一讲平等即无权力服从之关系也。此误认"平等"二字为内政紊乱之原因一。国民既属自由为神圣不可侵犯，于是乎攘权可以自由，争权利可以自由，假结社自由之名而谋乱可以自由，藉言论自由之说而造谣亦可以自由。种种违法举动，无不可以"自由"二字为卸责之地。则强有力者遂可自由于弱无力者生命财产范围内，而大乱遂起，而不知所谓自由者系法律范围内之自由。非谓一讲自由即可任意自由于法律范围之外也。此误认"自由"二字为内政紊乱之原因二。……一讲"共和"二字，而天下遂无不可共和之物也。乃一般人民将"共和"二字认错，而自辛亥革命以来，共产共妻之说腾诸国人之口，则抢掠人之财产，奸淫人之妻妾及其他种种强盗行为，几视为法律所许而莫敢过问者也。此误认"共和"二字为内政紊乱之原因三。有以上之种种原因而内政遂呈一极不稳固现象。而所谓革命之伟人、巨子者，挟其手造民国之功，更觉睥睨一切，反抗

---

①　《申报》1913 年 12 月 20 日。

政令,蹂躏人民,抢掠奸淫,无所不至。成则把持大权,牺牲人民,败则席卷公款,逍遥海外①。

独裁与民主真是水火不相容。在袁世凯这位独裁者看来,资产阶级提倡的"平等"、"自由"、"共和"倒成了内乱的三大原因。辛亥革命即是革命党人以"平等"、"自由"、"共和"煽惑的结果,造成了内乱。袁世凯的这些话已将其对资产阶级民主共和制、对辛亥革命的极端仇视的心态表露无遗。袁接着又将自己打扮成挽狂澜于即倒的中流砥柱:"本大总统际此内乱外患纷至沓来之顷,不惜以藐焉一身,支撑危局,时而身命财产陷于危险之地,则不妨牺牲一己之身命财产,以保护全国人民之生命财产;时而名誉陷于危险之地,亦不惜从而牺牲之,以付诸身后之公论,以期巩固政府,整饬内政而伸展国力。"明明是近代史上最大的一个窃国大盗,却厚颜无耻地将自己打扮成了中国的救世主。最后要求各议员以"救国救民"为己任,"辅佐本大总统及诸国务员"②。

议员们毕恭毕敬听完袁的训辞后,李经羲代表政治会议致答词,表示要谨遵大总统的教诲。觐见毕,议员们退出后,到另一室用茶点。12时同赴国务院。当日大雪,总统府的轻便铁道难以行驶,河水结冰船又不能通。只好另雇人力车几十辆送众议员进总统府。觐见后,政治会议议员由紫光阁便路步行到国务院。雨雪载途。

国务院特悬国旗表示欢迎之意。12时15分,国务院茶会开始。国务总理熊希龄坐主位,众皆随意就坐,谈饮自如。一直吃喝到下午2点多结束,才赴北海团城子开会。

下午3点,政治会议开幕式正式开始。先由秘书长顾鳌报告开会情况。议长李经羲就议长席后宣告开会式。大总统代表、总统府秘书长梁士诒代表大总统致勖词,说:"全国统一,政治亟待进行,本总统深

① 《申报》1913年12月21日。
② 《申报》1913年12月21日。

维集思广益之义,特开政治会议。嘉与邦人图新政治,博求京外通习政治与有经验者尽萃于滋,咨度全国利病损益之宜。凡旧制之待更,新规之当举,与夫慰元元企慕之策,副列邦期许之盛者,皆将于滋是望。尚其摅发,谋猷殚竭诚,关于政治应兴应革者,熟察时弊、揆度国情,谠论是抒,措置有效,于以登郅治而弼丕基焉。"①

接着由国务总理及各部总长致颂辞,次由议长李经羲致祝辞:"政治会议为一种特别组织。大总统之所以召集本会,在使全国邃于学识富于经验之人才萃于一室,共谋国利民福。本席谬承议长之职,代表本会会员,深愿本会远览世界之趋势,近察吾国之国情,惩前毖后,图谋补救,使政治日趋稳健,无复飘摇之虞。本日大总统训辞,以共同救国为言。而救国之道,则以扶植强有力之政府为归。兹当本会开幕,特为宣言,深望本会发摅谠谟,图谋国事,以无负大总统召集本会之盛意焉。"②最后全体向国旗行三鞠躬礼后散会。

政治会议议员姓名如下:

议长:李经羲　副议长:张国淦

总统府特派:李经羲、梁敦彦、樊增祥、蔡锷、宝熙、马良、赵惟熙、杨度

国务总理派:方枢、吴贯因

外交部选派:陈懋鼎　内务部选派:顾鳌　财政部选派:吴乃琛　陆军部选派:徐树铮　海军部选派:王崇文　司法部选派:余绍宋　教育部选派:许寿裳　工商部选派:夏敬观　农林部选派:刘馥　交通部选派:陆梦熊　大理院选派:汪燨芝　姚震

蒙藏事务局选派:阿穆尔灵圭、那彦图、江赞桑布、贡桑诺尔布、塔望布尔克、厦仲阿旺益喜、札尔顿丹增尔布

绥远城将军选派:吴渊、刘朝望

---

① 《申报》1913 年 12 月 21 日。
② 《申报》1913 年 12 月 21 日。

乌里雅苏台将军选派:徐蔚

阿尔泰办事长官选派:恩华

直隶:梁建章、刘彭寿　河南:沈铭昌、王印川　江苏:许鼎霖、张一麟　湖北:刘邦骥、夏寿康　云南:朱家宝、周传性　广东:周易、苏乃锴吉林:齐忠甲、徐鼎康　甘肃:范振绪、秦望澜　山东:王丕熙、艾庆镛安徽:江绍杰、孙毓筠　浙江:孙世伟、朱文劭　湖南:贝允昕、任福黎贵州:黎渊、王朴　广西:朱为潮、王德传　黑龙江:蔡运升、张志潭　热河:艾羲命　山西:邢殿元、李庆芳　陕西:王恒晋、白常洁　江西:梅光远、夏孙桐　四川:邓镕、胡忠亮　福建:林万里、李景铭　奉天:张国淦、陈瀛洲　新疆:王学曾、杨增炳　打箭炉:严崇经

从上述各单就可看出,政治会议议员多为清末官僚。如袁世凯派出的总统府代表李经羲、梁敦彦、樊增祥、宝熙、赵惟熙、马良、杨度便大都为清末官僚。这真是一个地道的为独裁服务的御用机构。从政治会议议长、副议长、秘书长均由袁世凯任命,12月15日政治会议全体成员觐见袁世凯,恭恭敬敬地聆听袁的训词,更体现了政治会议的御用性。

(二)《救国大计咨议》案的议定
和《约法会议组织条例》的制定

政治会议决定12月29日举行正式会议。12月21日、22日李经羲两次入总统府谒袁世凯,请示会议的各项事宜和进行办法。12月25日政治会议在北海团城子开谈话会,传达袁的旨意,协商12月29日正式会议进行办法。

12月29日,政治会议在团城子会场举行第一次正式会议。袁世凯特派司法总长梁启超、总统府秘书长梁士诒、法制局长施愚出席陈述意见。

会议一开始,即由议长李经羲发表长篇演说,说明政治会议的性质

与任务。在谈到法律时,李认为:

　　窃以为此时政治方针惟以简单适用为主。若涉于苛细,多事防维,不独束缚驰骤,修改之说易起,纷扰之势易滋也。事实上增一分困难,恐人民即多一分苦痛。说者每谓行政范围多活动之余地,则弊害将流于专横。经義则以为不得善良之政府,虽有良法,何在不可假为厉阶。苟政府善良,行法之人皆能精白乃心,运用敏活,则留活动之地,即以植强固之基,岂非国民馨香祷祀以求之者耶?就现在时势言之,须求人以行法,尚未到纯用法治之时。何则?根本之法未成,手续之法未具,遽欲以精深之学理参以精美之习惯以应用于社会,其势必有所扦格而不行。殆弊害一生,补救不易,后此立法之障碍必将节节而生,更从何达法治之目的乎?比年以来,人心百脉愤张,皆奋然跃于常度之外,吏无守职之意,民有恐怖之心,万事废弛,藩篱荡决。此等现象最阻政治进步。大半病根在一扰字。扰则不能静,一切设施之力量即难于从容发抒。夫天下未有到于扰而不乱者也,故今日图治要领须以简单适用为惟一之主张。凡国家根本重要问题,留其有余,去其太甚,休养生息,与民更始,引浮动之人心纳诸轨物。民志一定,方能共图乐利。此虽乱后下手办法,亦即根本上着脚办法也。急进派之主张往往缺乏统系,名为百废共举,实则一事无成。至于社会上风俗习惯欲谋改革,亦非渐进使有程序不可,并非徒托空言之理想家所能做到。总要由静做到定,由定做到安,然后国家之威法,官厅之信用,官吏之责任,人民之感情可发生效力。及至各方面效力一齐发生,乃可渐进于治①。

在谈到政治会议的性质时,李说:

　　性质实为一种咨询机关,辅助政府之建设,有可否同意之取决。而可否实行之权,则须待裁可于政府。大总统曾经宣布不存

---

① 《申报》1914 年 1 月 3 日。

成见,但以救国为前提。吾辈受命令派遣,以言论尽献于国家。虽非代表国民,亦当自尽天职。至与立法机关之不同之点,则立法机关凡经议决事件,期在必行。本会备政府之咨询,虽经议决事件,而抉择之权仍听之政府①。

这里,对政治会议是政府的咨询机关说得很清楚。

袁世凯首先向政治会议提出《救国大计》案,包括《遣散国会议员和增修约法》案。故 12 月 29 日的会议的议题便是这两案。袁世凯特派的政府委员对《救国大计咨议》案,即解散国会案和《咨询增修约法程序》案进行说明后,未经大的讨论,表决付审查。并由议长指定蔡锷、顾鳌、饶汉祥、许鼎霖、朱文劭、姚震、梁建章、沈铭昌、孙毓筠、邓镕、方枢、那彦图、贝允昕、王印川、陈瀛洲 15 人为审查员。

审查会于 1914 年 1 月 2 日和 6 日开会对两案进行审查。对《咨询增修约法程序》案提出了一些问题。李经羲、张国淦二议长又入总统府谒袁请示办法。袁又将《临时约法》中欲增修的条款分项标出。审查会开会时十分秘密,连速记员亦不让在场,自然更不许旁听。审查会的权力是比较大的,其做出的决定大会一般是不能否定的,即大会只是走个举手通过的形式。

政治会议按其议定的原则,开大会之前先开谈话会,对大会的内容进行协商,取得一致,以免大会发生分歧乃至争论。1 月 8 日政治会议开谈话会,协商 1 月 9 日大会进行办法。

1 月 9 日,政治会议举行第 2 次正式会议,顾鳌代表审查委员会向大会作两案的审查报告。对《救国大计咨议》案,审查报告认为,国会制定宪法草案,种种谬误,致惹起全国的反对。国会现在又不足法定开会人数,不能议事。建议大总统暂停两院议员职务,由政府酌情给资回籍。议员是否回籍,政府可以不问。但暂不解散参、众两院,以存国会之名。报告后,无大的讨论,只文字上做些修改即通过。对于《咨询增

---

① 《申报》1914 年 1 月 4 日。

修约法程序》案,审查报告认为,《临时约法》之应增修及该案得由大总统提出,法理、事实两无疑义,所当讨论者,系以何种机关。据《临时约法》规定,当由国会承继。惟国会既难开议,召集又需时日,黎元洪及各督又引用费拉德费亚事例说宜属本会。但本会既为政府咨询机关,更无参与增修根本法之职责,宜于咨询机关及普通立法机关外特设造法机关,将来《临时约法》修正后,凡属于约法的各种重要法案,即可由其制定,国家要政庶不久悬①。该案亦只做了个别文字修改无大的争论即通过。

　　政治会议的议员全部是由中央与地方政府派选的。它只是政府的一个咨询机构。袁世凯也不把它当作立法机关,故很多法规,包括各部官制修正案,也未提交已开幕的政治会议议决而直接公布。它确实无权对《临时约法》进行修改。但袁世凯为了尽快地建立起自己的独裁体系,也顾不得法理与事实,将修改《临时约法》的任务交给政治会议。政治会议也不愿冒天下之大不韪,违法地修改中华民国的根本大法《临时约法》,将球踢回给袁世凯,让袁成立造法机关去完成这一大事。鉴于袁世凯仇视三权分立的立法机关,政治会议的政客们避开用立法机关,而用造法机关以区别立法机关的国会,用心也真是良苦。袁世凯对政治会议的这一作法自然很不满。因为这要延迟袁修改《临时约法》以便尽快建立袁氏王朝的时间,故1914年1月11日大总统袁世凯又发布命令,责成政治会议就建议中的造法机构名称、组织方法、议员选举方法尽快议决,做出明确的答复。命令全文如下:

　　　　据政治会议呈称,前奉《咨询增修约法程序》一案,经开会全体议决,佥以为宜于现在之咨询机关及普通之立法机关以外,特设造法机关,以改造民国国家之根本法等语。本大总统就任宣言业经郑重声明,誓以刷新政治为藐躬之责。现在国事日棘,诚有如该会议所陈,非刷新政治无以救国家之危,非增修约法无以立政治之

-----

① 《申报》1914年1月11日。

本。既据该会议全体议决,请即特设造法机关,并征引法理事实,反复印证,而于其机关、组织尤肪肪。然以召集富于学识、经验、声望素著之员,希冀方来,具见政治会议各员同心爱国,出于至诚。本大总统虽以就衰之年,亦甚愿竭尽智能与我国民共此艰难大业。综核该会议原呈各节,按诸美法先例,既属同符,准以吾国现情,尤为切中,自应如议进行。惟事关国家大计,所称造法机关究应如何组织,应用何种名称,其职权范围及议员选派方法应如何妥慎规定,特再咨询政治会议,克日议决具复,以凭公布施行。此令。"①

政治会议自无法再推托,1月16日开会讨论成立造法机关之事。议长李经羲首先发言说:"鄙人对于组织造法机关之意见,政府此次声明之意旨,并无以此项机关代国会之心,故此等机关无长久之必要。此机关专为增修《约法》及制定附属于《约法》之各种法案,故成立愈速愈妙。惟欲其速,则手续万不可繁,亦不能过于详备。若求其详、求其备,则种种阻碍转因之而发生。鄙意略仿南京参议院之组织颇为适当。诸君再详细讨论。"②这里,李将袁世凯的急迫成立造法机构的心情转达无遗。

议员讨论时,对造法机关的取名议论纷纷。有的主张用国民会议,有的主张用国法会议,有的主张用共和构成机关,有的主张用共和建设机关,有的主张用共和议院,有的主张用造法会议,有的主张用国本法会议,有的主张用修正约法会议,不一而足,一时难于取得一致。最后决定付审查,由议长指定蔡锷、许鼎霖、刘馥、顾鳌、方枢、王印川、李庆芳、邓镕、朱文劭、孙毓筠、刘邦骥、贡桑诺尔布、林万里、黎渊、陈瀛洲15人为审查员,并由15人中举出起草员。

1914年1月19日和23日,审查会开会2次。议长李经羲亦与会,以便贯彻袁世凯的意图。会议由审议长蔡锷主持。会议议定造法机关

---

① 《申报》1914年1月14日。
② 《申报》1914年1月21日。

的职权为增修《约法》及附属于《约法》的重要法案。造法机关的议员选举采用派而兼选,派选结合的方法。造法机关定名国法会议。主要问题议定后,即由审查长指定顾鳌、朱文劭、邓镕、方枢4人为《国法会议组织条例》起草员。李经羲则反对将造法机关定名为国法会议,主张用增修约法会议。起草员将《国法会议组织法》草案起草后,审查会逐一讨论修改,将造法机关的名称依议长的意见改为约法会议,故草案亦改名为《约法会议组织法》草案。

1月24日政治会议开第5次常会,由审议长蔡锷报告审议结果。约法会议议员选举方法争论较大。有的主张派,有的主张选,最后折衷,选派结合,派中有选,选中有派。同时将《约法会议组织法》草案改名为《约法会议组织条例》草案。并对草案的条文做了一些文字的修改后即全案通过。政治会议以咨询答复案将政治会议的议决及《约法会议组织条例》草案呈袁世凯。袁世凯于1月26日发布命令,公布了政治会议关于约法会议的议决。同时于当日发布命令公布了《约法会议组织条例》。全文见附录(一)。

1914年1月29日,袁世凯又公布了法制局制定的《约法会议议员选举程序实施细则》。2月4日袁又发布了《约法会议议员选举日期令》。2月5日,筹备约法会议事务处按袁的命令,通告各省民政长兼约法会议选举会监督:要求各省于1914年2月20日之前办妥约法会议议员的选举,边远省份最迟只能在2月20日后的10日内办妥约法会议议员的选举。2月13日,袁世凯又公布《约法会议秘书厅组织令》,同日任命王式通为约法会议秘书长。真是紧锣密鼓,足见袁氏搞独裁、搞复辟心情之迫切。

参政院成立后,1914年5月26日袁立即下令停止了此时已处于半死不活的政治会议。但政治会议却一直拖到6月5日上午,袁世凯在怀仁堂公宴政治会议全体议员,即主子赏光后,议员们下午畅游北海,到晚间始开闭会式。尽管《政治会议规则》规定政治会议每周开常会两次,但在政治会议存在的5个多月中,只开了15次常会。其所议的议案少且多无关痛痒。一开始袁对其抱有很大的期望,希望它为自己完成两件大事:一是增修约法,一是解散国会。但它只完成了后一件事,却将第一件事推给了约法会议。在袁的命令下,政治会议议决了《约法会议组织条例》,即帮袁筹备了约法会议。既然走狗不走,袁只得豢养新的走狗。约法会议成立后,袁明显地冷落政治会议。很少再将议案交政治会议,政治会议也就很少开会了,直至解散。

政治会议风流云散,其中有近 20 人入参政院为参政,十几人回原衙门任职,为袁世凯特别卖力得袁赏识者十几人袁均予以位置。尚有 30 余平庸者,袁均给以 2 级或 3 级嘉禾奖章将其打发走。

二、约法会议

约法会议是御用的造法机关。其职权和主要任务是议决增修《约法》案及附属于《约法》的重要法案。它是按政治会议所制定的《约法会议组织条例》组成的。1914 年 3 月 18 日开幕,共有议员 62 人。由各省、京师、蒙、藏、青海、全国商会联合会的选举会选出。1914 年 1 月 26 日袁世凯公布《约法会议组织条例》,到 3 月 18 日约法会议开幕,包括选派议员,前后才一个多月,其速度之快是少见的。这充分表明袁世凯要尽快修改《临时约法》,搞独裁心情的迫切,同时也说明约法会议议员选举是假,派才是真。孙毓筠、施愚分别为约法会议的正、副议长,王式通为秘书长。

约法会议秉承袁世凯的旨意,制定了《中华民国约法》,即《新约法》,修订了《修正大总统选举法》,为袁世凯搞独裁提供了法律基础。约法会议还制定了《参政院组织法》、《国民会议组织法》,为袁世凯复辟帝制准备了立法和“民意”机关的法律文书。约法会议还制定了《审计院编制法》、《立法院组织法》、《立法院议员选举法》。1915 年 3 月 18 日,约法会议闭幕。约法会议是袁世凯得力的御用造法机关,深得袁的赏识。闭会后,其骨干得到袁的提拔和重用。

约法会议议员待遇优厚,薪俸每月 500 元,并提供住处。

(一) 约法会议的开幕

3 月 16 日,筹备约法会议事务处在迎宾馆开欢迎约法会议议员大会,并给议员颁发证书。约法会议议场定在第一届国会参议院。3 月 14 日袁世凯发布命令,定于 3 月 18 日举行约法会议开幕式。为了让约法会议尽快运转,以便尽快制定出袁所需的约法,尤其为避免前参议院议长难于产出的局面,同时更是为了牢牢控制约法会议,使其完全遵照自己的意志运转,3 月 16 日袁世凯在总统府召集部分有影响的约法会议议员"商议"约法会议议长、副议长人选。袁提出以孙毓筠为议长,施愚为副议长。与会议员自然不敢提出异议,"一致"拥护袁的旨意。袁世凯特意启用孙毓筠为议长,是因为孙是老同盟会会员,辛亥革命后又当过安徽都督。袁世凯用国民党的这一无耻的变节分子,自然是想利用老同盟会员这块招牌,让孙来主持修改《临时约法》。施愚是法制局局长,是北洋的御用法律干将。不久王式通调任政治会议秘书长,由袁的另一位御用法律干将顾鳌接任约法会议秘书长。

3 月 18 日约法会议在前参议院议场举行开幕式,到会议员 44 人,旁听席空虚,会议冷清。先由筹备约法会议事务处人员报告筹备开会的情况及到会人数。并报告推定议员中年龄最长的马良为临时主席。

马良就临时主席,由秘书长顾鳌代马宣读早已准备好的大会开会祝词:

> 今日为约法会议开幕初日,良以一日之长承诸公谬推为临时主席。念《约法》关系之重,有不能已于言者。《约法》为一国根本大计,凡政治之良窳,国力之强弱,社会之文野,非进即退,罔不由之。东西各国多集全国之才力,成一固有宪章。此宪章而良,则为英吉利,为德意志,为美利坚,国日以强,民日以富;此宪法而不良,则为墨西哥,为南美共和诸国,纷乱相寻,靡有宁息。其关系之重,

有如此者。我国《临时约法》成于二年以前,仓卒规定,于国情时局未能审度施行,以致百困交集。政府竭蹶于上,国民咨嗟于下。佥谓《约法》实召厉阶,遂以报纸之鼓吹,舆论之攻击,各都督、民政长之电请,政治会议之议决,大总统之明令召集约法会议,其关系之重,相需之殷复如此。本会议荷斯重责,求所以副国民推选,全国属望之意者,厥有二端:一须研究中国实在情势,勿徒袭他国之成法;一须参考中国既往历史,勿徒学理之空谈。而研究之方出以挚诚,持以缜密,成一完全无缺之宪章,以为我中华民国永远巩固之基础。斯则同人拳拳之心,对于国民,对于政府,责任所在,罔敢不尽者也①。

代理国务总理孙宝琦代表袁世凯致颂辞:

中华民国 3 年 3 月 18 日,约法会议正式成立,行开会仪式。此实全国政治刷新之日,亦即五大民族幸福增进之初步也。查《临时约法》为南京临时参议院各省都督指任参议员所议决。无论冠以临时之名,必不适用于正式政府也。即其内容规定束缚政府,使对内政、外交及紧急事变即无发展伸缩之余地。本大总统证以种种往事受其苦痛,间接而使四万万同胞无不受其痛苦者。琴瑟不调,改弦更张,在今日实为急务。前据政治会议一再讨论,佥以宜特设造法机关,名曰约法会议。及定期选举组织告成。诸君为有学识经验者,必有灼见真知而能谋福利以为根本之解决者。况共和国所藉以为巩固者为宪法。方今吾国宪法既因事实上之障碍而猝难发生。苦长守此不良之《约法》,恐根本错误,百变横生,民国前途危险不可名状。故本大总统对于此次增修约法,固信诸君发抒伟论,必有良好之结果。尤愿诸君宝贵时日能为积极之进行也。谨致颂曰:中华民国万岁! 中华民国国民万岁!②

---

① 《申报》1914 年 3 月 23 日。
② 《申报》1914 年 3 月 23 日。

颂词毕,临时主席及与会者向国旗行三鞠躬礼,摄影留念。开幕式结束。

休息 30 分钟后,约法会议选举议长和副议长。因袁世凯已有旨意在先,结果自然是孙毓筠以 40 票当选为议长,施愚以 28 票当选为副议长。3 月 19 日新选正、副议长孙敏筠、施愚入总统府觐见袁世凯以示谢恩,同时再次听取袁的旨意。袁设宴款待孙、施。

约法会议议员姓名如下

议长:孙毓筠　副议长:施愚

京师:邓镕、宝熙、黎渊、程树德

直隶:王劭廉、李榘　奉天:袁金铠、陈瀛洲　吉林:齐耀珊、徐鼐霖　黑龙江:秋桐豫、施愚　江苏:庄蕴宽、马良　安徽:孙毓筠、王揖唐　江西:赵惟熙、李盛铎　浙江:朱文劭、邵章　福建:严复、王世澄　湖北:刘心源、张国溶　湖南:夏寿田、舒礼鉴　山东:柯劭忞、王丕煦　河南:王祖同、王印川　山西:贾耕、田应璜　陕西:汪涵、王恒晋　甘肃:顾鳌、秦望澜　新疆:王学曾、王树楠　四川:傅增湘、曾彝进　广东:梁士诒、龙建章　广西:张其锽、关冕钧　云南:严天骏、胡商彝　贵州:任可澄、陈国祥

西藏、蒙古、青海:那彦图、齐默特色木丕勒、阿旺根敦、棍布扎布、噶拉增、江曲达结、许世英、钱能训。

全国商会联合会:冯麟霈、向瑞琨、李湛阳、张振勋

从上述名单可看出,约法会议议员有十几人为政治会议议员,有一些则是当时身居要职的现任官吏。

(二)《新约法》的制定

约法会议一召开,袁世凯立即于 1914 年 3 月 20 日将早已准备好的《增修约法大纲》案提出于约法会议,共 7 条。

1.《临时约法》,近于多头政治,违反主权不可分之原则。

2.《临时约法》规定大总统制定官制官规、任命官吏、缔结条约均须得参议院同意，大总统紧急命令及紧急财政处分权反未规定，未免束缚行政权太甚。

3.《临时约法》国务员专为一章，认为政府于行政首长之大权近乎冲突。

4.《临时约法》对参议院职权规定范围太广。

5. 行政咨询机关无所规定，亦觉疏漏。

6. 预算不成立时，并无救济方法，财政上殊失活动。

7.《临时约法》规定，民国宪法由国会制定，违反宪法产出国民之原则，于法理更为不合①。

3月24日，约法会议第3次常会，第一案即为袁世凯交议的《增修约法大纲》案，大总统特派员、司法总长章宗祥报告大总统对于约法之意见：此次约法会议之组织，因为《临时约法》束缚政府过甚，颇有碍于政治之进行，且正式政府而受《临时约法》之箝制，于事实尤多窒碍。大总统万不得已，始有增修《约法》之提议，而遂有约法会议之组织。现在约法会议已正式开会，故特提出讨论修正办法。惟是手续繁难，恐议员诸公矫枉过正，篡改过多，转失大总统之初意。故希望诸公斟酌施行，苟能不碍于政治之进行，均可暂仍其旧。其太妨害于政治活动者，则不能不为修正，以期达到最初之目的。② 章说明后，略加讨论即议决付审查。议长指定邓镕、王劭廉、陈瀛洲、马良、王揖唐、赵惟熙、严复、曾彝进、那彦图、梁士诒、傅增湘、许世英、庄蕴宽、关冕钧等15人为审查员。审查会多次开会对《增修约法大纲》案进行审查。孙敏筠、施愚二议长则两头忙碌。一面谒袁商承意见请示办法，一面不时与审查员接洽疏通意见，会商办法，落实袁的旨意。

3月31日约法会议，邓镕代表审查会作审查报告。议员对审查报

① 《申报》1914年3月30日。
② 《申报》1914年3月29日。

告一致赞同,审查报告成立。议长指定施愚、顾鳌、黎渊、程树德、王世澄、夏寿田、邓镕7人为起草员起草新约法。这7人多为北洋派中的法律帮,专秉承袁的旨意以制造御用法律为能事。

这时袁世凯又咨约法会议,要将优待清皇室条件及满蒙回藏各族待遇条件入《约法》。约法会议又于4月8日召开特别会议。会议一致同意袁的将优待条件入《约法》的要求。最后议决付审查,议长指定宝熙、那彦图、江曲达结、夏寿田、梁士诒、王世澄等为审查员。审查报告交到约法会议后,决定并案起草。即由3月31日会议指定的7人起草全案。

7名新约法起草员分工如下:施愚起草约法第4条,王世澄起草第33条,顾鳌起草第34条,夏寿田起草第35条,程树德起草第5条,黎渊起草第19条第5款,邓镕起草第16条。

起草员将新约法分为10章64条,比《临时约法》增加8条。10章的题目是:总纲、人民、立法院、大总统、政府、法院、参政院、会计、制定宪法程序、附则。

4月13日约法会议开会,到会议员55人,由起草委员程树德报告《增修约法大纲》案起草的大旨和理由:对原《约法》之增修之法分为三种。1.于《约法》中修正者。2.于《约法》中删去者。3.于《约法》之外增加者。对《约法》中修改者即参议院改立法院,国务员章改为政府章,特设国务卿一条。于《约法》中删去者,即原《约法》第34条规定之任命国务员、外交大使之同意权及第35条规定之缔结条约同意权。其于《约法》之外另行增加者,即增加条文,关于特加之顾问院、审计院及参政院之职权之规定;并增加一条保护优待条件之效率。统计全文共64条,较原《约法》增加8条。其宪法案之提出则先由参政院厘定,提交总统,然后由总统提交国民会议(即立法院)。

程报告后,略有讨论即议决付审查。由议长指定严复、王揖唐、梁士诒、曾彝进、许世英、陈瀛洲、龙建章、朱文劭、张国溶、王印川、李榘、张其锽、舒礼鉴、王学曾、王劭廉15人为审查员。

审查会连日开会,至 4 月 16 日大体审查完毕,指定许世英、朱文劭、李榘、张其锽、龙建章 5 人为审查报告起草员。尽管和第一次起草员起草的约法无实质性的变化,但它在章节顺序的安排和标题上更加规范化,更符合袁世凯的突出总统制的意图。其章节顺序和标题变为:国家、人民、大总统、立法、行政、司法、参政院、会计、制定宪法程序、附则。这显然比第一次起草的章节顺序和标题,从法律的角度看,更加规范和合理。也就是说,这么一改就显得第一次的起草员缺乏一些基本的法律常识。但第一次起草员却多是北洋派的法律帮,他们仗袁世凯的支持,为袁世凯服务,以法律专家自诩,在法学界称霸。孙毓筠指定他们为起草员是为了使新制定的约法能更好地贯彻袁的意图。第二次起草员的更改,使第一次起草员大失面子,于是恼羞成怒,与第二次起草员发生冲突。代理国务总理孙宝琦赶紧出面调解。4 月 21 日和 23日两次开茶话会,招待议员,疏通意见。议长孙毓筠也做东开茶会招待议员,极力疏通,才得以让第二次起草的约法通过。这也是约法会议在按袁世凯的旨意起草一部新约法的过程中的一个小插曲。它充分暴露了袁世凯的御用所谓法律专家、北洋军阀中的法学帮实在是一批学阀。他们是依仗袁世凯的支持才在法学界称王称霸、横行一时的。不料却在制宪时闹出这种笑话。

4 月 22 日,约法会议开会。由朱文劭说明审查报告对起草案修正点的理由:本审查会对于此案前后共开会 4 次,详细研究,对于原案颇有修正。但其修改关系意旨者则附以理由说明,不关重要者则不必另加说明。第一章标题总纲。本审查会详细研究,观其内容所规定大半关于国家之组织,不若即以国家为标目,似乎与内容尚属相符。又第 3条规定领土取列举主义,假如稍有不明了之处,转恐滋生疑弊,故不如取概括主义。又第 4 条人民得享下列之权利,其"得"字似无用之之必要,故删去。本条第 7 项信仰宗教之自由改为信教之自由。第三章标题为立法院,本审查会以为既取总统制,则当然先总统而后立法院,故改其标题为总统,其条文皆随之变更次序。原第 22 条国际宣战,本会以为既属宣战当然为国际宣战,将"国际"二字删去;且各国宪法宣战、媾和多属相提并举,原案无"媾和"二字,故即加入。第四章标题立法院与第七章标题法院文字上不甚分晰,恐致混淆。且第六章标题政府,范围亦不甚明了。本审查会对讨论结果佥以为不甚妥善,是以改第四章标题立法,第五章标题行政,第六章标题司法,第七章标题参政院。其附则仍照其旧,无甚修改。本会审查结果如此,诸君对于此案如有意见请讨论①。

约法会议 4 月 25 日、27 日两次常会,对《中华民国约法增修》案二读。二次二读会不过召开了一个多小时,即通过。其中发生争议的主要有第 27 条,大总统颁给勋位、勋章及其他荣典,有个别议员以颁给勋位似帝王的权力,认为不妥而反对。但大多数仍坚持此条。第 14 条大总统为国之元首,总揽统治权。有议员反对总揽统治权,认为民主共和国此说不妥,但持此意见者极少数而否决。第 25 条,有的议员对大总统缔结条约无任何限制认为很危险,主张加"但变更领土或增加人民负担之条款,须经立法院之同意"以为限制,此提议得多数支持通过②。

显然,由于袁世凯要在 5 月 1 日公布新约法,约法会议便迎合袁匆匆将该案通过二读会。但二读结束后,有的议员发现第 3 条"中华民国之领土以其固有之领土为疆域",有重大错误,尽管有个别人提出,但赶进度的议员们仍将此条通过。中华民国是在清朝的基础上建立的,本无固有之领土,外国人所说的支那本部系指内地行政 18 省。按二读会通过的条文,将可能给列强将满洲、蒙古、西藏、青海支解出去的藉口。二读结束后,27 日约法会议议决仍让第一次指定的起草员整理,以便交三读。按说,二读会后,只能对文字进行修改,不能改变二读会通过的条款的本意。但起草委员会也认为第 3 条有重大的错误,易引起严重后果,自然又请示袁,最后将该条改为"中华民国之领土,依从前清帝

① 《申报》1914 年 5 月 27 日。
② 《申报》1914 年 5 月 6 日。

国所有之疆域"。出如此大的错误,这在制宪史上也是一大笑话,且一再闹笑话。可见这些所谓"有学识经验者",其"灼见真知"也不过如此。

4月29日约法会议,起草委员程树德向大会说明整理修正之处及其理由,并着重说明第3条所作的重大修正。经表决,将修正后条文中的"清"字去掉,通过了修正的条文。其他条文只是增减个别字,无大变化,通过了当天的三读,并将全案通过。约法会议将新的约法咨送袁世凯,可能约法会议自知给大总统之权力达到皇权之地步,故咨文中采取了此地无银三百两的文法,说:"本法纯系本国历史构成,求合本国特性。此次结果名以隆总统之权,实以重总统之责。民国成立三载,以制度不良,一筹莫展,财政则库空如洗,内务则以盗贼纵横,军政则兵骄饷绌,外交则虎视鹰瞵。民德堕落,民生憔悴,尤不忍见闻。今障碍已除,政治刷新,此在今日大总统就职曾宣言不使帝政复活,皇天后土,实鉴此心。苟利国家之事计,无不猛厉进行。"①此咨文又是一篇奇文。这样一部为袁搞独裁的约法却冠以适合中国历史和国情的约法。岂不知独裁与腐败是一对孪生兄弟,只要失去监督,腐败便迅速蔓延开来。

袁世凯本身就是一个窃国大盗,直接从国库中任意支取现金供其家族挥霍。袁世凯1妻9妾,子女32人。伺候袁氏家族的下人一大帮。袁的妻、妾、子女均过着挥金如土的奢靡生活。其次子袁克文是京津一带有名的花花公子,狂嫖滥赌,整日泡在妓院。这么一个庞大的奢侈的家庭的庞大开支全靠袁世凯一人来维持。这是多么庞大的一笔开支。1913年12月30日国务会议议决大总统年俸36万元,公费每年150万元,交际费每年54万元。这点年俸其实不够袁氏家族开支的零头。但这在当时的中国,当时的世界,已是创记录的高薪,远高于世界各国元首的薪金。当时美国总统年俸才7.5万美元,约合中币15万元。故袁世凯装模作样地批示:应减为俸金月支3万元,始按8成起

---

① 《申报》1914年5月2日。

支,公费月支 4 万元,交际费月支 4 万元①。但袁世凯随时批条子任意
从国库中支取现金,少则几万,多则几十万。不管财政如何困难,袁一
批条,立即给予现金,底下人从不敢怠慢。总统一上任,即由财政部筹
拨 150 万元,由财政总长亲自送交袁世凯,作为总统任后的零用。总统
留 100 万元,其余 50 万元分给部长。巧立名目,盗窃国库。袁甚至将
手伸到崇文门税关,由崇文门税关每年给袁氏进贡 10 万两白银,名曰
给袁氏妻妾子女的"化妆费"。可见袁之贪婪。袁世凯在前清军机大
臣时代聚敛的"资产约值千万元以上。于第一次革命后任为民国总
统,五国大借款除支销外尚余 2 000 万元,袁氏即据为己有,于是其资
产计达 3 000 余万元。袁将此款一半存于青岛某外国银行,一半存于
各外国银行。第二次革命后,兵权、财权皆归掌握,其资产闻已达 5 000
万元。"②

　　可见,袁世凯拼命地抓权搞独裁是为了疯狂地窃取国库以肥私。
但这在共和国毕竟是违法犯罪的行为,于是袁便一意孤行地要复辟帝
制。当上了皇帝,国家都是袁氏的,袁氏侵吞国家的财产也就合法化
了。袁为了当皇帝,在筹备帝制过程中,一切支出(包括收买豢养复辟
帝制的爪牙,为了登极修缮宫殿及各项筹备开支)均从国库中支取。
单这一项就从国库支取了几亿元之多,以至将当时中国银行和交通银
行两大银行的现金和将发行的新的纸币席卷一空。真是一场空前的
财政金融大浩劫,以致袁死后国库已一贫如洗。且政府还欠中行和
交行 9 000 多万元。直至袁死后的三四年,中国人民尚在纸币的跌
价的痛苦中过日子。上行下效,袁世凯在各地的代理人自然一个比
一个贪,都肆无忌惮地盗窃国库,疯狂地搜刮百姓。这就是袁世凯
及其追随者为什么要搞独裁、搞复辟的重要原因。因为只有在铁幕
下,这群黑帮才敢于如此猖狂、如此肆无忌惮地化公为私,聚敛财富。

---

①　《申报》1914 年 1 月 15 日。
②　《申报》1916 年 7 月 7 日。

他们自然敌视民主,反对监督。因为透明度高的民主制度,这群牛鬼蛇神难于藏身。

袁世凯急切盼望的新约法终于通过了约法会议,袁立即于1914年5月1日正式公布了《中华民国约法》,又称《新约法》,共10章68条。全文见附录(二)。

和所有大独裁者一样,袁世凯在搞独裁要求修改《临时约法》时,也有一套堂而皇之的借口。什么为国为民,什么刷新政治,什么建立强固有力的政府等等,将自己装扮成救世主。他组织了一个御用的造法机关约法会议为其制定了一部《新约法》。《新约法》无限地扩大了大总统的权力,将大总统凌驾于行政、立法、司法之上,拥有不受制约的绝对巨大的权力:大总统为国之元首,总揽统治权;大总统对国民之全体负责任,即大总统行使国民全体的权力,而不用对任何民意机关负责,不受其监督与制约;大总统可以随意自由任命官吏、制定官制官规,宣布战争与媾和。这完全背离了民主共和制三权分立的原则。即彻底摧毁了辛亥革命后建立的中华民国的法律根据。适应了袁世凯搞军事独裁的需要,也为袁的复辟奠定了基础。

由于袁世凯在搞独裁时,加紧了对舆论的控制。1914年4月2日制定了《报纸条例》来压制舆论,并查封一些有民主与进步倾向的报纸。此时的报界均只报导事实,不敢对政治发表评论。故国内报纸均不敢对《新约法》发表评论。但当时一些外国的报纸则纷纷发表评论。如《大陆报》在5月3日《北京通信》中说:

> 修正《约法》已如预料于5月1日公布矣。中国试行之代表政体即日告终,狄克推多(dictator)之制即日正式开幕。……《新约法》所予大总统独裁之权无异帝制。今试将全文中之大总统三字代以大皇帝,则读之者方将疑为俄国之法。《新约法》中规定大总统为国之元首,对国民之全体负责任,而于如何能令大总统负责之手续则付诸阙如。……以鄙意而论,《新约法》危险之要点则在大总统统率陆、海军一条。……《新约法》之施行实使军人狄克推

多之制成完全法定之政体。……《新约法》所予大总统之职权,虽
最专制之君主亦当踌躇满志①。

这一评论一针见血,是中肯的。

其实,任何一个国家,把权力过于集在一个人手里都是危险的。人
性总有善的一面与恶的一面,权力过于集中又缺乏制约,国事就只能凭
最高统治者的个人意志。心魔即魔,心佛即佛,危险自不待言。

(三)《参政院组织法》和《修正大总统选举法》的制定

按《新约法》规定,须设大总统的咨询、审议机构参政院。参政院
之组织,由约法会议议定之。袁世凯又于5月上旬将《参政院组织法》
案提交约法会议。1914年5月11日,约法会议开会,由政府委员说明
《参政院组织法》案的主旨:"现在重要亟待举行者不少,《约法》上所定
咨询机关之参政院,自应从速组织,以资征求意见。惟欲收实效,则组
织方法之良否关系匪轻。经典有'三公坐论,询及卿士'之文,古训是
式,酌以今情,此参政院之所以必有专官也。参政院与立法院不同,
《约法》中所规定各种之同意权并审议大总统之咨询案,是参政官之职
权,尤为重要,必须严定资格,慎选贤能,然后参政院之设乃有裨益,此
参政官之所以应严定资格也。其次《约法》所载审议政事未曾规定范
围,非区别种类、明白规定,不足以资遵守。他如院长以下人员之数额、
议事之规则,均组织时应先筹及,此所以必须确定标准也。故依《约
法》之规定,提出《参政院组织法》案,请贵会议决。"②

报告后无讨论即决付审查,由议长指定邓镕、梁士诒、朱文劭、王劭
廉、施愚等15人为审查员。

19日约法会议,由审查委员长邓镕作审查报告,审查报告只对原案做

---

① 《申报》1914年5月9日。
② 《申报》1914年5月16日。

了一些文字上的修正,并未做大的改动。报告后无讨论,即议决付二读。

22 日约法会议,对《参政院组织法》案二读,二读中也对原案只做了文字修改即通过,并议决当即三读,并将全案通过。袁世凯立即于 5 月 24 日公布了《参政院组织法》共 15 条,全文见附录(三)。

5 月 26 日袁世凯任命黎元洪为参政院院长,汪大燮为副院长,张国淦为秘书长,张未到任前由林长民代理。11 月 14 日袁正式任命林长民为秘书长。

参政院待遇优厚。院长月俸 1 000 元,月车马费 2 000 元,副院长月俸 800 元,月车马费 1 000 元,参政月俸 500 元。

最先提出说帖要求修正 1913 年 10 月 4 日参、众两院制定的《大总统选举法》的是袁世凯的美国顾问古德诺。古氏也是最先在报纸上发表文章要求改内阁制为总统制以增大总统权力者,也是后来帝制的卖力鼓吹者。古氏的说帖以原《大总统选举法》是根据《临时约法》制定的,现在已制定了《新约法》,《临时约法》已废止。原《大总统选举法》与《新约法》矛盾之处甚多:如大总统由参、众两院为选举机关已不适用,《新约法》实行一院制,只有立法院;大总统、副总统均有事故时,由国务院摄行其职权也不适用,《新约法》实行的是总统制,无国务院。袁世凯接此说帖如获至宝,欲借机修改《大总统选举法》,使自己成终身总统,而且传位于子孙。于是立即向参政院提出咨文并将此说帖附上,要求修改《大总统选举法》。袁世凯在参政院的心腹梁士诒、程树德、施愚自然闻风而动,和其他一些投靠袁世凯的名流如梁启超、王家襄、严复等立即在参政院提出《修正总统选举法建议》案,除重复古德诺的老调外,还要求按《新约法》赋予的大总统权力来修改《大总统选举法》,并提出由议决《新约法》的约法会议来修改《大总统选举法》:"修正权应属于现在之约法会议。盖以约法会议之职权既可修正与宪法效力相等之《约法》,即可以修正属于宪法一部分之《大总统选举法》。"①

---

① 《申报》1914 年 8 月 23 日。

1914 年 8 月 18 日,参政院放暑假后的第 1 次会议就将梁士诒等的提案列入议题。当日议决不付审查即将此案咨送政府转交约法会议。

袁世凯又立即将参政院的《修正总统选举法》案咨交约法会议。8 月 26 日约法会议在放暑假四周后第 1 次会议上即讨论此案。结果一致同意修正大总统选举法,议决多派人审查。于是由议长指定李盛铎、王树楠、齐耀珊、王印川、朱文劭、柯劭忞、那彦图、宝熙等 15 人为审查员。

9 月 7 日约法会议开会,到 48 人。由审查委员王印川作《咨请修正大总统选举法》案的审查报告:"查《大总统选举法》本为宪法之一部分,在宪法未定以前,与等于宪法之《约法》自有重大之关系。今《约法》既经修正,而《大总统选举法》悉仍其旧,其与《约法》抵触之点及事实上万难实行之处,诚如原案所云。急宜比拟现行《约法》,参酌吾国国情,加以相当之修正,固无待言。至修正机关在宪法会议,事实上既不存在之时,自应属于造法机关之约法会议,亦无异议。惟此案关系重大,凡大总统之资格、任期及选举方法无不包括在内,尚望修正之时慎重将事,以期尽善。"①

审查报告后,王揖唐、梁士诒主张以《大总统选举法》加入《新约法》,这显然超出审查报告的讨论范围,主席予以制止。其他无讨论,经表决均赞成审查报告。于是由议长指定严复、王世澄、程树德、顾鳌、邓镕、夏寿田、李榘 7 人为《修正大总统选举法》案起草员。

12 月 21 日,约法会议开第 29 次会议,起草员严复对《修正大总统选举法》案起草进行说明后,无讨论,即由主席宣告付审查。由主席指定施愚、马良、梁士诒、邓镕、李盛铎、赵惟熙、王祖同、那彦图、王揖唐、曾彝进、巴哈布、冯麟霈、汪涵、齐耀珊、舒礼鉴 15 人为审查员。审查会从 12 月 22 日至 24 日连开审查会,将该案审查毕。由于此案关系到袁世凯,这些御用造法者均觉得十分重要,于是孙毓筠开茶话会,尽力疏通,以便开会时主张一致,易于通过。

① 《申报》1914 年 9 月 12 日。

12月25日,约法会议开第30次会议,由审查长施愚报告审查的结果:"现在中国最重要之事为安定人心。欲安定人心必须有强有力之政府。政府强否,全在总统之得人,又在乎选举之良否。故从前国会议决之《总统选举法》在今日实有修改之必要。不过中国与东、西先进国有不同之点,不能适用其先例而已。所以本法不能按普通选举通例,想诸君对于此种情形早已洞悉,不必赘述矣。"①审查报告后即开始一读,众无讨论,又议决当日开二读会,很快全案即通过二读会。

12月28日约法会议开第31次会议,对《修正大总统选举法》案三读,只做了个别文字的修改即全案通过。袁世凯于12月29日将《修正大总统选举法》公布,共15条,全文见附录(四)。

《修正大总统选举法》,将大总统任期延长至10年,且可无限制的一再连任,即将大总统变成了终身制。又规定下任大总统人选由当任大总统推荐。这样,大总统自然又可以世袭了。《修正大总统选举法》和《新约法》已完全将大总统皇帝化了。这为袁世凯由独裁到皇帝铺平了道路。

(四)约法会议的闭会

约法会议将《新约法》及其附属法:《修正大总统选举法》、《参政院组织法》、《审计院编制法》、《立法院组织法》、《立法院议员选举法》、《国民会议组织法》制定完后,这一御用的造法机构也就该寿终正寝了。1915年3月14日,袁世凯下令约法会议3月18日闭会。由于约法会议为袁世凯搞独裁与复辟制造了一系列的大法,袁对这一组织十分满意,故不但从优颁给约法会议议员勋章,而且对没在政府中(中央与地方政府)任职的王祖同等12人,分别给予京外的要职。闭会式也很隆重。这些待遇远高于政治会议。

---

① 《申报》1914年12月30日。

3月18日上午,约法会议举行闭会式,到会议员49人。国务卿徐世昌、内务总长朱启钤、司法总长章宗祥均出席。孙毓筠主席,秘书长报告开始行闭会礼。主席宣读袁世凯3月14日令。全场向国旗行三鞠躬礼。国务卿徐世昌代表大总统致颂词:

> 约法会议为国家特设造法机关,成立以来至于今日,阅时一载。凡国家之大经大法,均已分别改造次第告成,福国利民,厥功甚伟。回溯民国初元,镠扰丛杂,左支右绌,建设未遑,人心危疑,几摇国本。推厥祸始,以《临时约法》为之厉阶。自《新约法》告成,政体为之一定,循途守辙,得所遵依。施行将近一年,成效业已大著。我国民喁喁而望,群以为久安长治之业可徐图也。且参政、审计各院久经依法成立,立法院及国民会议又已著手依法筹备。风声所树,纲举目张。挽危局而使之泰宁,无一非约法会议之所赐。约法会议议员自各尽爱国之诚,而本大总统负国家元首之重任,实为全国人民敬拜嘉贶。兹约法会议择于开会周年之今日举行闭会式,功成身退,历史所荣。惟祝约法会议丰功伟业与国家亿万年有道之长共垂不朽。特致颂词,用酬劳勋。此颂①。

议长孙毓筠代表全体议员致答词:

> 今日为约法会议闭会之日,又适为开会满一周年之日。同人等造法之责自今日终,而望治之心乃自今日始。夫无法律不足以言政治也。而政治非突然发生之物,有其历史焉,有其国情焉,必几经郁积发展之功,乃成为一种特殊之政治。故言造法者,欲其适用于此种特殊之政治,必期适用于此种政治之历史与国情,此中外论政不易之定理也。夫曩者《临时约法》之为梗,国内嚣然矣。求治太急,既不能因时制宜以收渐进之效,而觊觎非分者,又往往因人立法,挟其束缚驰骤之术,以遂其桀骜恣睢之谋,而其祸之中于国家者,几至不可收拾。同人等自开会以来,惩前毖后,知国家百

年根本大计,非捐除一切偏私党援之见不足以言建设。而又内稽国度,外览大势,忧患起伏,环来无端,非合四万万搏如散沙之众建一强有力之政府,不足以策图存。凡此种种,皆所公认为今日救国之要图者。故开会一年间,即一本斯旨,同心戮力,切实进行,不敢瞀谈法理以博高名,亦无取泥守成规以误国是。凡所议决关于增修《约法》以及附属于《约法》之种种根本大法,无一不实事求是,以期合于历史国情为归。虽后此世界政象万变,异日之政治能适用今日之法律与否,而要之为今日计,为中国之根本计,则舍此实无他策。此区区救国所期,毋负于国民者也。夫为政在人,徒法亦不能以自行。今者约法虽立,国基渐巩,而后此奉行之方则尤在政府表率之资。与夫国民遵守之力,强毅贤明如我大总统者,知必能巩固国权,发挥而光大之,此同人所谓望治之心自今日始者也。昔者美国十三州有费城宪法之会议,而国基以固,至今百年,声施灿然大地,论者咸归功于华盛顿创造之力焉。使异日者吾国政治刷新,得以追纵北美,而大总统之声光亦媲耀华盛顿,则岂止同人之荣幸已哉①。

国务卿代表大总统与议长、副议长、议员相互行一鞠躬礼,秘书长报告礼成退席。

闭会典礼结束后,国务卿、内务总长、司法总长率全体约法会议议员入总统府谒大总统,袁设盛宴招待全体议员。

三、参政院

参政院是依据 1914 年 5 月 24 日袁世凯公布的《参政院组织法》的规定成立的,是袁世凯御用的咨询机关。其参政均由袁任命。其中很多参政或为前清遗老,或为官僚政客,或袁的党羽。袁任命黎元洪为参

---

① 《申报》1915 年 3 月 23 日。

政院院长,汪大燮为参政院副院长。由于《新约法》附则中规定,在立法院未成立以前,以参政院代行其职权,于是参政院兼有袁世凯御用立法机关的职权。袁世凯厌恶带任何一点民意性质的机关,再加之复辟心切,故根本不想成立立法院,一直以参政院代行立法院职权,来尽快完成其由共和到帝制的法律程序。参政院在袁的爪牙把持下,未负袁的期望,将袁扶上了其朝思暮想的皇帝的宝座。

1914 年 6 月 20 日,参政院举行了开院典礼。袁世凯派国务卿徐世昌为代表到会致贺词,将一个开院典礼搞得十分热闹,也足见袁对参政院所寄的厚望。袁任命的参政总共 75 人,其名单如下。

院长:黎元洪　　副院长:汪大燮

参政:李家驹　瞿鸿禨　于式枚　周学熙　陆徵祥、张荫棠　唐景崇　熊希龄　梁士诒　联芳　李国杰　吕海寰　严修　梁启超　宝熙　施愚　黎渊　程树德　胡钧　蔡锷　蒋尊簋　王家襄　汪有龄　陈国祥　朱文劭　荫昌　徐绍桢　陈汉第　王世澄　邓镕　王印川　萨镇冰　王揖唐　赵尔巽　锡良　孙毓筠　宋小濂　姚锡光　李经羲　袁树勋　赵惟熙　李盛铎　毛庆蕃　刘若曾　丁振铎　冯煦　那彦图　樊增祥　饶汉祥　陈钰　李开侁　杨守敬　王树楠　马其昶　宋炜臣　李湛阳　劳乃宣　严复　张振勋　渠本翘　冯麟霈　王闿运　柯劭忞　马良　刘锦藻　孙多森　李士伟　钱恂　杨度　高增爵　秦望澜　增韫　孟继笙　阿穆尔灵圭　塔望布鲁克札勒

从上述名单可见,参政有很多是当朝官僚,如黎元洪、周学熙、梁士诒、汪大燮、黎渊、施愚、王揖唐、刘若曾、熊希龄、陆徵祥、孙多森、李士伟、严修、杨度、荫昌、张镇芳、程树德、胡钧、蔡锷、那彦图等。有前清老朽不堪的遗臣如赵尔巽、丁振铎、唐景崇、增韫、李经羲、宝熙、宋小濂、劳乃宣、于式枚、袁树勋、王树楠、赵惟熙等。

袁世凯精心挑选这批官僚和前清遗臣组成参政院,自然是复旧,使参政院成为一个听话的御用机构,为自己的复辟铺平道路。

6 月 29 日,袁世凯下令,在立法院成立前,参政院代行立法院职

权,为自己搞独裁与复辟服务。参政院也不负袁世凯的厚望,成为袁世凯复辟帝制的一个得力的御用机关。

　　参政院以两张面孔对外。当其代行立法院职权召集会议时,允许旁听,这是一张面孔。当其为最高咨询机构召集会议时,禁止旁听,又是一张面孔。参政院作为政府最高咨询机构,它是政府机构的一部分;作为代理立法院,又成为民意机构,代表人民。这真是天下一大怪胎,既是政府机构又是民意机关。这种根本对立的两种职能的转换只须袁世凯的一道命令。这真是掩耳盗铃。参政院虽然标榜其代行立法院职权,但其实质仍是袁世凯的御用咨询机构,为袁世凯的独裁服务。当参政院于1915年第2次代行立法院职权时,它只做了一件事,就是将袁世凯扶上了皇帝的宝座,即为袁世凯复辟帝制竭尽了全力。正因为如此,参政院是一个死气沉沉的机构。其代理法院职权开会时,大都是走形式,议员们只是举手去了。它的会议也引不起舆论的兴趣,故不但外国记者不去采访与报导,中国各大报纸也很少派记者去采访,会场上冷冷清清。像梁启超等名流参政多不发言,干脆都拿本书在会场看。一是袁世凯所提交的议案如《违令惩罚法》、《诉讼法》、《请愿法》、《纠弹法》、《民国三年内国公债条例》(请求追认)、《典当法》、《审计法》、《会计法 》、《出版法》、《暂行刑律补充条例》、《惩治盗匪条例》、《证券交易所法》、《修正印花税法》、《扩充公债条例》、《自治试行条例》、《私盐惩治条例》、《权度营业特许法》、《修正国籍法》等案,无大的讨论价值,袁也不希望参政院做修正,只是走形式通过就行。袁世凯让参政院代行立法院职权到12月29日闭会止,值得一提的是10月2日参政院第15次会议。

　　1914年6月,第一次世界大战爆发。德、奥为首的同盟国集团与英、法、俄为首的协约国集团在欧洲厮杀。日本为推行其大陆政策(该政策主要为侵略中国而制定的),乘机扩张其在中国的势力,立即向德国宣战。对德宣战后的日本并不向急需援助的欧洲战场派兵,支援正在与德国厮杀正酣的协约国作战,却立即把侵略的矛头对准中国,要将德国在胶州湾的租借地抢占过来归日本。第一次世界大战爆发后,中国立即宣布中立。但日本在对德宣战后即封锁青岛港口,并与英军一起发动对德军的进攻。奉行外战外行、内战内行的袁世凯对日、英的侵略行为一再迁就,并学着清政府1904年日俄战争时在辽东划出交战区的办法,把龙口、莱州及接连胶州湾附近各地方划为交战区。并声明:在交战区"本政府不负完全中立之责任",但对中国的"领土行政权及官民之身命财产,各交战国仍须尊重"①。但日本军队却大大超出中方所划的交战区,甚至向潍县以西进军,并在日军经过之地,强迫中国地方政府为其提供军队给养,征夫差,发行军用票强迫中国人使用。这引起了中国人民的极大愤慨。这些,自然也反映到参政院,一些尚有爱国之心的参政决心向袁世凯政府提出质问。

1914年10月2日,参政院第15次会议,参政梁启超提出紧急动议,要求讨论政府对日本、英国在山东的侵略行动取何对策。梁的质问大意为:日、德在山东的争夺,中国政府宣布局部中立并划定交战区。但日军大大超出交战区,向西不止。潍县以西无一德兵,日军不向目的地的胶州进行,而向潍县以西,是何道理? 中国政府就此事与日本政府交涉否? 英国与日本是同盟国,在山东共同向德军进攻,破坏了中国的中立。中国政府向英国政府提出过抗议否②?

参政蔡锷发言说,日本的大陆政策的实质就是侵略中国。日本本是岛国,日本的所谓"大陆政策非大陆上活动不可。质言之,即吞并我中国之政策也。故第一次甲午之役即占我台湾,……第二次则侵略南满,……第三次之机会……藉青岛问题与德国开衅,占领胶济铁路。其目的所在,无非思于媾和条件中提出取得津浦北段铁路之权。……其施行大陆政策的结果恐以山东为第二之南满。……政府究竟如何

---

① 王芸生著:《六十年来中国与日本》第6卷,第49页。
② 《申报》1914年10月6日。

对付?"①

当日的会还有参政邓镕、徐绍桢、赵惟熙、王印川等作了长篇发言。最后一致通过了质问政府咨文,对政府提出了五项质问:

1. 日本军队已占据潍县车站且向西进行,政府是否向日本政府提出抗议? 日本政府作何答复? 若彼不答复或答复不能使我国民满意或答复后而不实行,我政府作何筹划对待? 2. 日本侵略山东,此等举措是尊重 中国的中立还是破坏中国的中立? 政府曾否向日政府得有确实的保证,保证此后决无此等行动? 若其有之,政府何以对待之? 3. 今青岛之役,明明为日英联军与德交战,英国自应负连带责任,政府曾否对英国政府提出过抗议? 4. 日军在山东所到之处,惨杀中国国民、奸淫妇女,我政府曾与日本政府严正交涉否? 5. 日军在其所到之处大量发行军用钞票,并强制流通,政府是否过问过②?

质问咨文是送给了袁世凯,但袁世凯并不置理,也未作答复。参政院本来就是袁的御用机构,一见主子不理,也就知趣地不再提及此事。

1914 年 11 月,为适应袁世凯尊孔复古的政治需要,参政院提出以忠孝节义为中华民族之特性、立法之精神,和六项具体办法,倡导忠于袁世凯。1915 年 5 月,袁世凯同日本签订卖国条约,遭到全国人民的强烈反对,为转移人民视线,参政院秉承袁的旨意制定了《惩治国贼条例》,准备镇压革命党人。当然,最为突出的是参政院为袁世凯否定共和制复辟帝制制造法律依据和制造民意。

1915 年夏天,在袁世凯的暗中鼓动和支持下,复辟帝制的恶浪滚滚。袁世凯的政治顾问美国人古德诺是袁的政治晴雨表。每到关键时刻,古氏都会站到台前为袁世凯的独裁和复辟鼓噪一番。1914 年 2 月古氏发表《总统制与内阁制之比较》一文,鼓吹改内阁制为总统制,赋予总统以更大的权力,为袁搞独裁大造舆论。袁则利用约法

---

① 《申报》1914 年 10 月 6 日。
② 《申报》1914 年 10 月 8 日。

会议,制定了《新约法》,将内阁制改为总统制,赋予大总统的权力等于皇帝。7月,古氏又提出说帖,鼓吹修改《大总统选举法》。袁世凯又通过约法会议,制定了《修正大总统选举法》,使大总统袁世凯变为终身总统、世袭总统。1915年8月3日,古氏在袁世凯政府办的《亚细亚日报》上发表了《共和与君主论》,鼓吹在中国实行帝制。袁视为珍宝,凡入总统府的外客,除非目不识丁、胸无点墨之人,每人均赠送古博士的《共和与君主论》一册,一时传为笑话。袁还暗中示意与支持杨度、孙毓筠等人组织筹安会,鼓吹帝制并四处串联,煽风点火,将全国搞得乌烟瘴气。袁世凯则欲利用参政院代行立法院职权的办法,来完成由共和到帝制的法律手续。8月31日,袁下令参政院代行立法院职权于9月1日正式开会。参政院院长黎元洪并不赞成恢复帝制,但在袁的控制下只好采取虽不反对恢复帝制之举,亦不与闻此事之进行的态度,坚辞参政院院长之职,除9月6日参加过参政院的谈话会外,再未出席过参政院代立法院的任何会议,即9月1日参政院代行立法院职权的开会式也未参加。9月3日,梁启超发表《异哉所谓国体问题者》,反对复辟帝制。全国对此文反响较大。一些进步党籍参政亦学黎陆续辞职。一些反对复辟帝制的官史,如总检察长罗文干、教育总长汤化龙、农商总长张謇、平政院长周树模、陆军总长段祺瑞、国务卿徐世昌等纷纷辞职。

9月1日,参政院代立法院开会时,沈云沛、周家彦、马安良、蔡锷等请愿改变国体。

9月6日,代立法院的参政院开谈话会,参政院院长黎元洪出席并主持会。袁世凯派政事堂左丞杨士琦到场宣读大总统宣言:"本大总统受国民之付托,居中华民国大总统之地位,4年于兹矣,忧患纷乘,战兢日深。自维衰朽,时虞陨越,深望接替有人,遂我初服。但既在现居之地位,即有救国救民之责,始终贯彻,无可诿卸,而维持共和国体,尤为本大总统当尽之职分。近见各省国民纷纷向代行立法院请愿改革国体,与本大总统现居之地位似难相容。然大总统之地位本为国民所公举,自应仍听之国民。且代行立法院为独立机关,向不受外界之牵掣。本大总统固不当向国民有所主张,亦不当向立法机关有所表示。惟改革国体,于行政上有甚大之关系。本大总统为行政首领,亦何敢畏避嫌疑,缄默不言。以本大总统所见,改革国体,经纬万端,极应审慎。如急遽轻举,恐多窒碍。本大总统有保持大局之责,认为不合事宜。至国民请愿,要不外乎巩固国基,振兴国势。如征求多数国民之公意,自必有妥善之上法。且民国宪法正在起草,如衡国情,详晰讨论,亦当有适用之良规。请贵代行立法院诸君子深注意焉。"①袁的宣言是既想当皇帝,又不想背上背叛共和的罪名,要走狗们将复辟帝制的运动搞成不得不尊重"民意"而将朝思暮想的黄袍加身的运动。真是既想当婊子又想立牌坊。袁与一切独裁者一样,在搞独裁、搞复辟时总是要扯起"民意"、"人民拥护"的幌子。走狗们心领神会,梁士诒、张镇芳、杨度、孙毓筠秉承袁的旨意,用钱用官位收买一些人组织变更国体请愿团。9月19日组成全国变更国体请愿联合会,以沈云沛为会长,那彦图、张锦芳(张镇芳之弟)为副会长,以便掀起更大的请愿运动。

　　9月6日代行立法院的谈话会,多数认为:按立法院法定职权实不能收受此等关乎国体之请愿事件。至于巩固国基,人人有此心理。大总统宣言书中亦著此语。但此是宪法上事,应待国民会议解决。谈话会结果,将各省公民请愿书付审查以符手续。公决以后该院确守职权,不再论及国体问题②。当日推联芳、梁士诒、陈国祥、汪有龄、王家襄、宝熙等9人为审查员,审查9月1日的请愿。

　　变更国体请愿会又第2次上书代行立法院,要求变更国体。这样,第1次、第2次请愿书共88件。9月15日代行立法院开始审查国体请愿书。宝熙、王家襄认为此项请愿书本属不应收受,今既交审查,亦实

①　《申报》1915年9月10日。
②　《申报》1915年9月10日。

无置议的余地①。但多数审查员为袁世凯的复辟帝制的爪牙,故不同意此意见。最后议决审查报告:此项请愿无非欲巩固国基,振兴国势,将来宪法起草当能妥筹善法。惟议决宪法之权在于国民会议,应请政府迅于年内召集国民会议,以定大局,以安人心。

9月20日,代行立法院开谈话会,但王印川提议事关重大,应改为正式会议,以昭慎重。经表决,多数赞成王的动议,于是立即开正式会议。由审查委员长联芳委托汪有龄报告审查结果。由于审查意见将决定国体的事推给国民会议,自己不担责任,议员们自然乐得同意。参政邓镕提议在年内召集国民会议之后加"抑或另筹征求民意办法"亦通过。于是立即议定咨文连同第1次第2次请愿书88件咨送政府。②

袁世凯于9月25日发布电令,1915年11月20日要求国民会议复选结束,以便尽快召集国民会议,解决国体。

参政院代行立法院将复辟帝制的工作推给了国民会议。但中国地域辽阔,交通又不发达,袁世凯要求11月20日前办妥国民会议议员复选的时间过于仓促,恐难办到。急于黄袍加身的袁世凯计划1915年办妥复辟帝制的一切法律手续,以便1916年1月1日开始改年号为洪宪。这样,袁世凯又暗中指使爪牙另谋更省时间的便捷之法来决定国体,即尽快地复辟帝制。在梁士诒、杨度的策动下,沈云沛等又向参政院进行第3次请愿,反对参政院议决的以国民会议解决国体,主张以更简便的公民代表大会解决国体。袁又指使参政院的爪牙与之配合。

9月28日,参政院代行立法院开会。帝制的推动者梁士诒提出的变更议事日程先议变更国体请愿书的动议获通过。参政邓镕按正常的法律程序,提议请愿书先付审查,只有审查报告出来后讨论才有依据。但希望几分钟内就能解决国体问题的汪有龄、梁士诒、孙毓筠、赵惟熙却发言坚持认为请愿书的内容参政都已熟知,无须再付审查,现在只是

---

① 《申报》1915年9月19日。
② 《申报》1915年9月24日。

参政院代立法院定解决国体问题的办法,即应起草尽快解决国体问题的简捷办法。经表决,邓镕的动议遭否决,汪有龄等的动议获通过。当即由代理主席汪大燮指定梁士诒、汪有龄、施愚、陈国祥、江瀚、王劭廉、王树楠、刘若曾等 9 人为起草员。

9 月 30 日,起草委员会将《国民代表大会组织法》案起草妥后,即提交参政院。参政院代立法院 10 月 2 日会议,由起草委员长梁士诒说明起草提案之要旨:本法案起草意思,因为本院代行立法院会议,应当代表国民全体。本院遵守《约法》第 2 条,中华民国主权本于国民全体之规定。现在国民全体意思均以共和国体不宜中国,屡次请愿变更为君主立宪。如各省公民、各团体代表、八旗王公、学界、商界等曾经 3 次请愿,可见国民全体对于国体问题之注目。本院自收受请愿书以来,曾经 3 次开会。鉴于一般人民心理咸欲迅速解决此问题,故为此法案之起草。草案之精神,可分几点言之。第一点,人多。查国民会议不过 300 人,本法第 3 条规定人数有 2 004 人。第二点,取地方主义。所谓国民全体代表照地方分配之,以县为单位,每县 1 人。第三点,取区别主义。将各省及特别行政区域划分为 28 个地域,举行投票不在京城,分之各地域,以示真确民意之所在。第四点,取迅速主义。故虽政府主张由国民会议解决,而本院仍不赞同,此本法之精神也[①]。显然,梁介绍草案的核心精神就是尽快地走完这一过场。草案共 17 条,有的参政如赵惟熙还嫌第 14 条手续太繁,认为每次只选代表 1 人,太费时间,主张删除这一条。于是只好议决再付审查,由代理主席指定徐绍桢、那彦图、陈懋鼎、黎渊、邓镕、王印川、姚锡光等 9 人为审查员。

10 月 6 日,代行立法院会议,审查委员长徐绍桢请邓镕代向大会作审查报告。邓将审查中几处重要的修改报告:删去原案第 10 条以便使选举加快;审查报告后,即议决立即二读,又做了一些修改。其中重

---

① 《申报》1915 年 10 月 6 日。

要的有:选举日期由原案的"以教令定之"分别改为"县知事定之"及"监督定之①"。二读后又接着三读,文字略有修改,即全案通过。

10 月 8 日,袁世凯公布了《国民代表大会组织法》,共 16 条,全文见附录(五)。

10 月 19 日,代行立法院会议,王印川动议先讨论国民代表大会投票标题获通过。王发言说:"我国现情,人皆注目于君主立宪解决国体,所定标题自应就君主立宪方面着眼。君主立宪之外不应有他样议论。若定他样标题与公民请愿之本意不合。中国现状非君主不能立宪,非立宪不足救亡,现惟有以君主立宪为标题。"孙毓筠立即发言支持王的意见:"王参政此言理由极正当,各请愿书均如此言,诚非君主不足以救亡。本席意思以为必联书此四字以为标题,下书某人赞成或反对。绝不必书写共和或民主字样。"梁士诒亦发言为王、孙捧场。这样当场即议决投票的标题为:"君主立宪",下面是赞成或反对,并署上投票人的姓名②。

从上述袁世凯爪牙的发言及参政院对投票票面的标题议决,也可看出袁及其爪牙作贼心虚,知自己逆历史潮流而动,复辟帝制不得人心。按说决定国体就是让投票人在共和制与君主制中自由择其一,即应该用无记名投票法让投票人真正表达自己的意见,在共和制与君主制中自由选择。但袁世凯及其爪牙不敢让投票人自由表达自己的意见,故坚持用记名投票法,且袁氏的国体投票的票面标题却不敢将共和与君主并列。尽管袁世凯利用手中的权力,利用北洋军阀控制的中央与地方政权,大造复辟舆论,并摧残与镇压反对帝制的舆论。一开始筹安会制造帝制舆论时,全国很多报纸都出来反对。就连袁的巢穴北京的一些报纸如《国民公报》、《新中国报》、《醒华报》、《天民报》等都反对帝制。但袁世凯利用专政工具,武力查封反对帝制的报纸,迫害相关

---

① 《申报》1915 年 10 月 10 日。
② 《申报》1915 年 10 月 24 日。

的记者和编辑人员。同时，又以金钱收买为手段，控制舆论。经过袁世凯及其爪牙的一番摧残与收买，便只剩下千篇一律的复辟舆论。但民心是无法改变的。辛亥革命后，民主共和逐渐深入人心。袁世凯及其爪牙只好加紧对人民的控制，时时处处提防随时可能出现的反对帝制的多米诺骨牌现象的发生。

10 月 25 日，全国国民代表大会代表选举开始，到 11 月 5 日结束。

10 月 28 日，全国各地国体投票开始，11 月 20 日结束。

袁世凯为了尽快地登极，让各省自行决定投票选举国民代表的日期和国体投票的日期。各省投票的结果连同所投的票均报到参政院。到 12 月 11 日止，除黑龙江、甘肃、新疆等偏远省外，参政院共收到推戴书 23 件，均共同委托参政院代行立法院职权，为国民代表大会总代表。

12 月 11 日上午，参政院代行立法院会议，汪大燮报告全国国民代表国体投票的结果：各省国民代表共 1993 人，所投之票全体一致赞成君主立宪。

近 2 000 人在全国不同的地方投票，结果无一张不同意票。这种做作过头的戏恰恰暴露了这场闹剧策划者手段的卑鄙与拙劣。完全一致的投票恰恰说明它完全是由独裁者控制的假投票，古今中外的例子反复证明了这一点。这种投票完全是被人操纵的假投票。

这天的参政院的会议上，筹安会的杨度、孙毓筠动议：本会前由各省委托为总代表，尤应以总代表名义恭上推戴书。于是由秘书长将早已准备好的推戴书当场向会议朗读。参政院立即对推戴书进行表决，自然又是一致同意，通过。汪大燮立即宣布：中华帝国国体已定。参政们立即全场起立，高呼：帝国万岁！皇帝万岁！会场上响起一片复辟的狂吠声。

袁世凯接到参政院的推戴书之后，自然求之不得，朝思暮想的皇帝权杖已送到自己手中。但袁在此时偏偏要扭捏一番，于 12 月 11 日中午将参政院的推戴书退回参政院，并咨文参政院：

　　查《约法》内载，民国主权本于国民之全体。经国民代表大会全体表决,改用君主立宪,本大总统自无讨论之余地。惟推戴一举,无任惶骇。天生民而立之君,大命不易,惟有丰功盛德者始足以居之。本大总统从政垂30年,迭经事变,初无建树,改建民国,已历四稔,忧患纷乘,怨尤丛集,救过不赡,图治未遑,岂有功业足以称述。前此隐迹洹上,本已无志问世,遭遇时变,谬为众论所推,不得不勉出维持,舍身救国。然辛亥之冬,曾居政要,上无裨益国计,下无济于民生。追怀故君,已多惭疚,今若骤跻大位,于心何安?此于道德不能无惭者也。制治保邦,首在大信。民国初建,本大总统曾向参议院宣誓,愿竭能力,发扬共和,今若帝制自为,则是背弃誓词,此于信义无可自解者也。本大总统于正式被举就职时,固尝掬诚宣言,此心但知救国救民,成败利钝不敢知,劳逸毁誉不敢计,是本大总统既以救国救民为重,故不惜牺牲一切以赴之。但自问功业既未足言,而关于道德信义诸大端又何可付之不顾?在爱我之国民代表,当亦不忍强我以所难也。尚望国民代表大会总代表等熟筹审虑,另行推戴,以固国基。本大总统处此时期,仍以原有之名义及现行之各职权维持全国之现状。除申令宣示外,相应咨复贵院,并将国民代表大会总代表推戴书及各省区国民代表推戴书等件送还,希即检收查照可也①。

这个咨文让参政院另行推戴是假,要参政院再为其做一篇歌功颂德的大文章,替他洗刷背叛民国之罪是真。其实,袁世凯欲掩盖其背弃誓言,背叛民国罪行的闹剧早已策划好了。故参政院一接到袁世凯的咨文的当天下午5点再次开会。袁的党徒们按早已准备好的台词再演推戴的闹剧。先由参政院秘书长宣读袁的咨文。接着由孙毓筠提议再上第2次推戴书。参政们自然一致赞成,仍推秘书厅起草第2次推戴书。秘书厅仅仅用了15分钟的时间就将文长2 600多字的第2次推戴书拟好,这显然秘书厅事前早就将第2次推戴书已准备好了,否则,

---

① 《申报》1915年12月16日。

就是光抄写 2 600 字的推戴书 15 分钟也是不够的。参政院自然又是一致通过了参政院秘书厅起草的推戴书。推戴书列举了袁具有经武、匡国、开化、靖难、定乱、交邻六大功绩,对袁进行了肉麻的吹捧。参政院即于当晚将第 2 次推戴书进呈给袁世凯。经过这两揖两让的一番做作后,袁安然接受帝制。

12 月 12 日,袁世凯发表接受帝制的申令,把自己复辟行为美化为顺从民意的爱国之举:"天下兴亡,匹夫有责,予之爱国,讵在人后? 但亿兆推戴,责任重大,应如何厚利民生,应如何振兴国势,应如何刷新政治,跻进文明,种种措置,岂予薄德鲜能所克负荷! 前次掬诚陈述,本非故为谦让,实因惴惕交萦,有不能自已者也。乃国民责备愈严,期望愈切,竟使予无以自解,并无可诿避。"①真是既然已当了婊子,却硬要给自己立一块贞洁的牌坊,以掩尽天下人的耳目。

12 月 13 日,袁世凯以皇帝之尊在居仁堂接受百官的朝贺。12 月 31 日袁世凯发表申令,改民国 5 年为洪宪元年,改国号为中华帝国。袁世凯逆历史潮流,复辟帝制的消息传出,激怒了全国人民。全国人民强烈反对帝制。12 月 25 日,唐继尧、蔡锷等通电各省,宣告云南独立,组织护国军讨伐袁世凯,护国战争爆发。孙中山同时发表《讨袁宣言》,组织中华革命军,武力讨袁。1916 年 1 月 26 日,护国军蔡锷所部入川,李烈钧所部进入两广。护国军得到了各阶层人民的热烈拥护和广泛的支持,其力量迅速壮大。护国军迅速打败了袁世凯派往南方的北洋军,护国运动声势进一步扩大。

袁世凯背叛共和复辟帝制,一开始得到了各主要帝国主义国家的默许甚至支持,尤其是对中国抱有巨大野心的日本,利用袁称帝压袁与其签订了卖国的二十一条,并进一步怂恿袁称帝来引发中国的内战,搞乱中国,削弱中国,以推进其侵占中国的战略。当袁决定复辟帝制后又转而反对,并从政治、军事、经济上支持中国的反袁武装,甚至直接在其

---

① 《政府公报》1915 年 12 月 13 日;《申报》1915 年 12 月 16 日。

控制的胶州湾武装国民党,帮助成立中华革命军。1915 年 10 月 28 日,日本代理驻华公使小幡酉吉、英国驻华公使朱尔典、俄国驻华公使库朋斯基访问中国外交部外交总长陆徵祥,提出请中国政府缓办帝制的三国联合劝告。小幡代表三国说:"中国进行帝制,难保国内不引起骚动。因此三国政府希望中国政府暂缓实行。"11 月 3 日,法国驻华公使康梯访外交总长陆徵祥,劝告中国政府暂缓变更国体。11 月 5 日,意大利驻华公使访中国外交部,劝告中国政府暂缓变更国体。12 月 12 日,袁世凯发表了接受帝位的申令后,12 月 15 日,日、英、俄、法、意五国驻华公使向中国再次发出警告,向中国外交部声明,对改变国体持静观态度;加之云南等省独立,护国运动兴起,这犹如将利令智昏的袁世凯放在炉火上烤。进退维谷的袁世凯于 1916 年 1 月 21 日通过中国外交部通告各国驻华公使,暂缓登极。2 月 23 日,袁世凯公开下达延缓登极的申令。

袁世凯倒行逆施复辟帝制的行为,不但遭到护国军、中华革命军和全国各阶层人民的声讨,而且也逐渐引起北洋军阀内部重要将领的不满与反对。袁的重要心腹段祺瑞一开始就不赞成袁复辟帝制,故称病辞去陆军总长职,不愿为袁氏的帝制卖命。袁的另一个重要心腹江苏将军冯国璋也不支持袁复辟帝制。冯是一个手握兵权割据一方的诸侯,他的反对就更令袁头痛。冯国璋不但不同意帝制,而且串联一些省手握兵权的北洋派将领逼迫袁世凯取消帝制。冯不但与护国阵营暗通声气,而且在北洋派中欲自成一派。冯已联络好江西将军李纯、浙江将军朱瑞、山东将军靳云鹏、湖南将军汤芗铭,欲联名共同发一个逼迫袁取消帝制、惩办祸首的电报。但冯觉得五名将军联名声势还不够大,决定用五人联合的名义密电征求其他省将军的同意。3 月 19 日,袁接到其另一个心腹直隶巡按使兼将军朱家宝密报的冯国璋等五将军密电,把袁吓出了一身冷汗。外有护国军和中华革命军的进攻,内有北洋将领的逼宫,帝国主义又不支持。直到此时,袁才知大势已去,皇帝之梦难圆,只好取消帝制。

1916 年 3 月 22 日,众叛亲离的袁世凯在全国人民讨伐和谴责声中发表申令,被迫取消了帝制:"着将上年 12 月 11 日承认帝位之案即行撤销,由政事堂将各省区推戴书一律发还参政院代行立法院转发销毁。所有筹备事宜,立即停止。……今承认之案业已撤销,如有扰乱地方,自贻口实,则祸福皆由自召,本大总统本有统治全国之责,亦不能坐视沦胥而不顾也。"①

从上述申令看,袁虽被迫取消帝制以缓和矛盾,却仍欲保全其大总统的地位,即仍然要以大总统的身份牢牢控制中央大权。

2 月 29 日,在袁世凯的指令下,参政院代行立法院已经闭会。袁撤销帝制,还需要参政院配合,再演一场戏。于是袁又于 3 月 22 日下令召集参政院代行立法院临时会。这样,3 月 25 日参政院代行立法院临时会开会,讨论袁世凯所提《撤销承认帝制》案。当然又是全场一致通过,当日即咨复袁世凯,请将各省推戴书发还各省自行销毁。并议决因推戴皇帝案失效力,恢复因与帝制抵触而失去效力的民国时代的各项法令,并且自请解散。4 月 2 日,参政院代行立法院临时会开会,议决撤销国民总代表名义及其决定的君主国体案。

袁世凯虽然撤销了帝制却仍赖在大总统的位子上不退,已毫无一点廉耻。这立即遭到全国的反对。

3 月 26 日,唐绍仪电斥袁世凯不得再居总统之职,总统继承应依《临时约法》的规定。电报斥责袁说:"撤销承认帝制之令,而仍居总统之职,在执事之意,以为自是可敷衍了事。第在天下人视之,咸以为廉耻道丧,为自来中外历史所无。"②4 月 18 日,唐继尧、刘显世、陆荣廷等宣布袁世凯已丧失大总统资格,应由副总统黎元洪继任。

袁世凯以黎元洪、徐世昌、段祺瑞 3 人的名义于 4 月 1 日再向护国军提出 6 项议和条件。4 月中旬,西南护国军回答 4 月 1 日电报,另提

---

① 《政府公报》1916 年 3 月 23 日;《申报》1916 年 3 月 25 日。
② 《申报》1916 年 3 月 28 日。

议和6项条件:1. 袁退位后贷其一死,但须逐出国外。2. 诛帝制祸首杨度等13人以谢天下。3. 大典筹备费及用兵费6千万,应查抄袁及帝制祸首13人的财产赔偿之。4. 袁子孙3世应剥夺公权。5. 依照民元年《约法》,推举黎副总统继任大总统。6. 除国务员外,文武官吏均照旧供职,但关于军队驻地须接受护国军都督的指令。随着时间的推移,反袁独立省份增多。北洋军阀内部也开始主张袁退位以保全北洋军。4月26日江苏将军冯国璋、4月29日山东将军靳云鹏、5月3日四川将军陈宧、5月4日湖南将军汤芗铭、5月20日冯国璋等致电劝袁退位。5月8日和9日,孙中山两次通电讨袁。袁世凯欲称孤道寡,结果众叛亲离,真成了孤家寡人。本来就靠吞服过量壮阳药来维持健康的袁世凯,此时无论精神还是肉体,都已是外强中干,竟至经不住复辟帝制失败的打击,于6月6日在全国一片谴责声中,这个千夫所指的独夫民贼也就一命呜呼,留下的是骂名与耻辱。窃国大盗恐怕也只有这种下场。袁的复辟帝制的御用机构参政院自然成了袁的陪葬。6月29日,新上任的大总统黎元洪下令裁撤参政院,以后其骨干受到通缉。

附录:

(一)约法会议组织条例
1914年1月26日公布

第一条　约法会议以议决《增修约法案》及附属于《约法》之重要法案为其职权。

第二条　约法会议以下列各选举会选出之议员组织之:一、京师选举会选出四人;二、各省选举会每省选出二人;三、蒙藏青海联合选举会选出八人;四、全国商会联合会选举会选出四人。

第三条　选举会之选举监督依下列之规定:一、京师选举会选举监督:内务总长;二、各省选举会选举监督:各省民政长;三、蒙藏青海联合选举会选举监督:蒙藏事务局总裁;四、全国商会联合会选举会选举监督:农商总长。

第四条　选举监督调查有中华民国国籍年满三十岁以上之男子而认定其有下列资格之一者列入选举人名册:一、曾任或现任高等官吏而通达治术者;二、曾由举人以上出身而夙著闻望者;三、在高等专门以上学校三年以上毕业而研精科学者;四、有万元以上之财产而热心公益者。前项选举人之调查,选举监督得因便宜以现住于该选举监督驻在地方者为限。

第五条　蒙藏青海得以在京之王公、世爵、世职及其他相当人员,全国商会联合会得以在京之职员及其他殷实会员,由选举监督认定其为通达治术或热心公益者,列入选举人名册。不适用前条第一款至第四款之规定。

第六条　选举监督调查有中华民国国籍年满三十五岁以上之男子而认定其有下列资格之一者列入被选举人名册:一、曾任或现任高等官吏五年以上而确有成绩者;二、在内外国专门以上学校习法律政治之学三年以上毕业或曾由举人以上出身习法律政治之学而确有心得者;三、硕学通儒富于专门著述而确有实用者。前项被选举人各省选举会不以本省人为限,其他选举会不以地方为限。

第七条　选举日期以教令定之。

第八条　选举人名册、被选举人名册,至迟须于选举日期前三日告成。

第九条　选举会非选举人满被选举人定额十倍以上时不得开会,但蒙藏青海及全国商会联合会选举会得因便宜以五倍以上为限。

第十条　被选举人名册至少以满被选举人定额二倍为限。

第十一条　当选人以列名于被选举人名册者为限。

第十二条　选举会之选举用记名单记投票法,以得票较多数者为当选,票数相同以抽签定之。

第十三条　当选人资格非经约法会议议员资格审定会审定合格后不为确定。前项之约法会议议员资格审定会其组织以教令定之。

第十四条　约法会议议员资格审定会于审定当选人合格后,由审定会给予议员证书。其审定不合格者,行知该选举监督,开会另选。

第十五条　约法会议非有总议员三分二以上之出席不得开议,非有出席议员三分二以上之同意不得议决。

第十六条　约法会议设议长一人,副议长一人,由议员互选之。前项互选以得票过半数者为当选。投票至二次无人当选时,以第二次得票较多者二人决选之。

第十七条　约法会议议决事件,咨由大总统裁可公布之。

第十八条　约法会议会议时,政府得派员出席发表意见,但不得加入议决。

第十九条　约法会议议事规则由约法会议自定之。

第二十条　约法会议秘书厅之组织以教令定之。

第二十一条　关于选举程序之施行细则以教令定之。

第二十二条　本条例自公布日施行①。

(二) 中华民国约法

1914 年 5 月 1 日公布

第一章　国家

第一条　中华民国由中华人民组织之。

第二条　中华民国之主权本于国民之全体。

第三条　中华民国之领土依从前帝国所有之疆域。

第二章　人民

第四条　中华民国人民,无种族、阶级、宗教之区别,法律上均为

---

① 《申报》1914 年 2 月 2 日。

平等。

第五条　人民享有下列各款之自由权：

（一）人民之身体非依法律不得逮捕、拘禁、审问、处罚。

（二）人民之家宅非依法律不得侵入或搜索。

（三）人民于法律范围内,有保有财产及营业之自由。

（四）人民于法律范围内,有言论、著作、刊行及集会结社之自由。

（五）人民于法律范围内,有书信秘密之自由。

（六）人民于法律范围内,有居住迁徙之自由。

（七）人民于法律范围内,有信教之自由。

第六条　人民依法律所定,有请愿于立法院之权。

第七条　人民依法律所定,有诉讼于法院之权。

第八条　人民依法律所定,有诉愿于行政官署及陈诉于平政院之权。

第九条　人民依法令所定,有应任官考试及从事公务之权。

第十条　人民依法律所定,有选举及被选举之权。

第十一条　人民依法律所定,有纳税之义务。

第十二条　人民依法律所定,有服兵役之义务。

第十三条　本章之规定,与陆海军法令及纪律不相抵触者,军人适用之。

第三章　大总统

第十四条　大总统为国之元首,总揽统治权。

第十五条　大总统代表中华民国。

第十六条　大总统对于国民之全体负责任。

第十七条　大总统召集立法院,宣告开会、停会、闭会。

大总统经参政院之同意解散立法院。但须自解散之日起,六个月以内,选举新议员,并召集之。

第十八条　大总统提出法律案及预算案于立法院。

第十九条　大总统为增进公益或执行法律,或基于法律之委任发布命令,并得使发布之。但不得以命令变更法律。

第二十条　大总统于维持公安,或防御非常灾害,事机紧急,不能召集立法院时,经参政院之同意,得发布与法律有同等效力之教令。但须于次期立法院开会之始,请求追认。

前项教令,立法院否认时,嗣后即失其效力。

第二十一条　大总统制定官制官规。

大总统任免文武职官。

第二十二条　大总统宣告开战、媾和。

第二十三条　大总统为陆海军大元帅,统率全国陆海军。

大总统定海陆军之编制及兵额。

第二十四条　大总统接受外国大使、公使。

第二十五条　大总统缔结条约,但变更领土或增加人民负担之条款,须经立法院之同意。

第二十六条　大总统依法律宣告戒严。

第二十七条　大总统颁给爵位、勋章并其他荣典。

第二十八条　大总统宣告大赦、特赦、减刑、复权。但大赦须经立法院之同意。

第二十九条　大总统因故去职或不能视事时,副总统代行其职权。

　　第四章　立法

第三十条　立法以人民选举之议员组织立法院行之。

立法院之组织及议员选举方法,由约法会议议决之。

第三十一条　立法院之职权如下:

（一）议决法律。

（二）议决预算。

（三）议决或承诺关于公债募集及国库负担之条件。

（四）答复大总统咨询事件。

（五）收受人民请愿事件。

（六）提出法律案。

（七）提出关于法律及其他事件之意见、建议于大总统。

（八）提出关于政治上之疑义，要求大总统答复。但大总统认为须秘密者，得不答复之。

（九）对于大总统有谋叛行为时，以总议员五分四以上之出席，出席议员四分三以上之可决，提起弹劾之，诉讼于大理院。

前项第一款至第八款，及第二十条、第二十五条、第二十八条、第五十五条、第五十七条事件，其表决以出席议员过半数之同意行之。

第三十二条　立法院每年召集之会期，以四个月为限。但大总统认为必要时，得延长其会期，并得于闭会期内召集临时会。

第三十三条　立法院之会议须公开之。但经大总统之要求，或出席议员过半数之可决时，得秘密之。

第三十四条　立法院议决之法律案由大总统公布施行。

立法院议决之法律案，大总统否认时，得声明理由，交院复议。如立法院出席议员三分二以上仍执前议，大总统认为于内治外交有重大危害，或执行有重大障碍时，经参政院之同意，得不公布之。

第三十五条　立法院议长、副议长，由议员互选之，以得票过投票总数之半者为当选。

第三十六条　立法院议员于院内之言论及表决，对于院外不负责任。

第三十七条　立法院议员除现行犯及关于内乱外患之犯罪外，会期中非经立法院许可，不得逮捕。

第三十八条　立法院法由立法院自定之。

　　第五章　行政

第三十九条　行政以大总统为首长，置国务卿一人赞襄之。

第四十条　行政事务置外交、内务、财政、陆军、海军、司法、教育、农商、交通各部分掌之。

第四十一条　各部总长依法律命令执行主管行政事务。

第四十二条　国务卿、各部总长及特派员代表大总统出席立法院发言。

第四十三条　国务卿、各部总长有违法行为时,受肃政厅之纠弹及平政院之审理。

第六章　司法

第四十四条　司法以大总统任命之法官组织法院行之。

法院之编制及法官之资格以法律定之。

第四十五条　法院依法律独立审判民事诉讼、刑事诉讼。但关于行政诉讼及其他特别诉讼,各依其本法之规定行之。

第四十六条　大理院对于第三十一条第九款之弹劾事件,其审判程序别以法律定之。

第四十七条　法院之审判须公开之。但认为有妨害安宁秩序或善良风俗者,得秘密之。

第四十八条　法官在任中不得减俸或转职。非依法律受刑罚之宣告或应免职之惩戒处分,不得解职。

惩戒条规以法律定之。

第七章　参政院

第四十九条　参政院应大总统之咨询审议重要政务。

参政院之组织由约法会议议决之。

第八章　会计

第五十条　新课租税及变更税率,以法律定之。

现行租税未经法律变更者,仍旧征收。

第五十一条　国家岁出岁入,每年度依立法院所议决之预算行之。

第五十二条　因特别事件,得于预算内预定年限设继续费。

第五十三条　为备预算不足,或于预算以外之支出,须于预算内设预备费。

第五十四条　下列各款之支出,非经大总统之同意不得废除或裁减之：

　　（一）法律上属于国家之义务者。

　　（二）法律上之规定所必需者。

　　（三）履行条约所必需者。

　　（四）陆海军编制所必需者。

　　第五十五条　为国际战争或戡定内乱及其他非常事变不能召集立法院时，大总统经参政院之同意，得为财政紧急处分。但须于次期立法院开会之始请求追认。

　　第五十六条　预算不成立时，执行前年度预算。会计年度既开始预算尚未议定时亦同。

　　第五十七条　国家岁出岁入之决算，每年经审计院审定后，由大总统提出报告书于立法院，请求承诺。

　　第五十八条　审计院之编制由约法会议议决之。

　　第九章　制定宪法程序

　　第五十九条　中华民国宪法案由宪法起草委员会起草。

　　宪法起草委员会以参政院所推举之委员组织之，其人数以十名为限。

　　第六十条　中华民国宪法案由参政院审定之。

　　第六十一条　中华民国宪法案经参政院审定后，由大总统提出于国民会议决定之。

　　国民会议之组织由约法会议议决之。

　　第六十二条　国民会议由大总统召集并解散之。

　　第六十三条　中华民国宪法由大总统公布之。

　　第十章　附则

　　第六十四条　中华民国宪法未施行以前，本《约法》之效力与宪法等。约法施行前之现行法令，与本约法不相抵触者，保有其效力。

　　第六十五条　中华民国元年二月十二日所宣布之《大清皇帝辞位后优待条件》、《清皇族待遇条件》、《满蒙回藏各族待遇条件》，永不变其效力。

其与待遇条件有关系之《蒙古待遇条例》,仍继续保有其效力,非依法律不得变更之。

第六十六条　本约法由立法院议员三分二以上,或大总统提议增修经立法院议员五分四以上之出席,出席议员四分三以上之可决时,由大总统召集约法会议增修之。

第六十七条　立法院未成立以前,以参政院代行其职权。

第六十八条　本约法自公布之日施行。民国元年三月十一日公布之《临时约法》,于本约法施行之日废止①。

(三)参政院组织法
1914 年 5 月 24 日公布

一、参政院应大总统之咨询,审议重要政务,其职权依本法之规定行之。

二、下列各款由大总统交参政院议决之:(一)依《约法》所定须经参政院同意事件。(二)《约法》及附属于《约法》各法律疑义之解释事件。(三)行政官署与司法官署之权限争议事件。

三、下列各款大总统得咨询参政院征集其意见:(一)关于缔结条约事件。(二)关于设置行政官署事件。(三)关于整理财政事件。(四)关于振兴教育事件。(五)关于扩充实业事件。(六)其他大总统特交事件。

四、参政院对于第三条第(一)款至第(五)款事件得建议于大总统,前项建议之提案须有参政十人以上之连署。

五、参政院设院长一人,由大总统特任;副院长一人,由大总统于参政中特任之。

————————

① 《政府公报》1914 年 5 月 1 日。

六、院长总理全院事务,会议时以院长为议长,副院长辅佐院长。院长有事故时以副院长代理。

七、参政院设参政五十至七十人,由大总统就具有下列资格之一者简任之:(一)有勋劳于国家者。(二)有法律政治之专门学识者。(三)有政治经验者。(四)硕学通儒有经世著述者。(五)富于实业之学识经历者。

八、参政院会议日期由院长定之。

九、第二条第(一)款依约法所定须经参政院同意事件,以参政三分之二以上之出席,出席参政三分之二以上之议决行之。

第二条第(二)款、第(三)款及第三条、第四条所定交议或咨询及建议事件以参政过半数之出席,出席员过半数之议决行之。可否同数时,取决于议长。

十、参政院会议时,大总统得派员出席说明交议或咨询之主旨。

十一、大总统交议第二条第(一)款所定,须经参政院之同意事件,由议长于会议时指任审查员十人审查之。

十二、第二条第(二)款、第(三)款及第三条、第四条所定之交议或咨询及建议事件,经参政过半数之同意,认为须付审查或起草者,由议长指任审查员或起草员。

十三、参政院议事细则由参政院定之。

十四、参政院置秘书厅,由大总统以官制定之。

十五、本法自公布日施行①。

(四)修正大总统选举法

1914 年 12 月 29 日公布

第一条　有中华民国国籍之男子完全享有公权。年满四十岁以

---

① 《申报》1914 年 5 月 24 日、26 日。

上，并住居国内满二十年以上者，有被选举为大总统资格。

第二条　大总统任期十年，得连任。

第三条　每届行大总统选举时，大总统代表民意依第一条所定，敬谨推荐有被选举为大总统资格者三人。

前项被推荐者之姓名，由大总统先期敬谨亲书于嘉禾金简，钤盖国玺，密贮金匮于大总统府特设尊藏金匮石室尊藏之。

前项金匮之管钥大总统掌之，石室之管钥大总统及参政院院长、国务卿分掌之，非奉大总统之命令，不得开启。

第四条　大总统选举会以下列各员组织之；

　　一、参政院参政　互选五十人。

　　二、立法院议员　互选五十人。

　　　前项各款之互选用记名连记投票法，以得票较多数者为当选，由内务总长监督之。

　　　届组织大总统选举会，立法院在闭会期内时，以在京议员之名次在前者五十人为大总统选举会会员。

第五条　大总统选举会由大总统召集，于每届选举期前三日以内组织之。

第六条　大总统选举会以参政院议场为会场，以参政院院长为会长。

参政院院长如系副总统兼任，或有其他事故时，以立法院议长为会长。

第七条　选举大总统之日，大总统敬谨将所推荐有被选举为大总统资格者之姓名，宣布于大总统选举会。

第八条　大总统选举会除就被推荐三人投票外，得对于现任大总统投票。

第九条　选举大总统，以会员四分三以上到会，用记名单记投票法，得票满投票人总数三分二以上者为当选；若皆不足当选票额时，就得票多数之二人行决选，以得票较多数者为当选。

第十条　每届应行选举大总统之年，参政院参政认为政治上有必要时,得以三分二以上之同意为现任大总统连任之议决,由大总统公布之。

第十一条　大总统任期未满因故去职时,应于三日内组织大总统临时选举会。

临时选举未举行前,大总统职权由副总统依《约法》第二十九条之规定代行之。如副总统同时因故去职,或现不在京,及有其他事故不能代行时,由国务卿摄行其职权。但第三条第一项、第二项所规定之职权,不得代行或摄行。

第十二条　届行临时选举之日,由代行或摄行大总统之职权者,咨行大总统临时选举会会长,指任会员十人监视开启尊藏金匮石室,恭领金匮到会,当众宣布,就被推荐三人中,依第九条之规定投票选举。

第十三条　现任大总统连任,或当选大总统继任,均应于就职时为下列之宣誓:

余誓以至诚遵守宪法,执行大总统之职务。谨誓。

宪法未公布施行以前,前项誓词须声明遵守《约法》。

第十四条　副总统之任期与大总统同,任满时由连任或继任之大总统推荐有第一条资格者三人,准用选举大总统之规定行之。

副总统任期未满因故去职时,由大总统依前项之规定行之。

第十五条　本法自公布日施行。

本法施行之日,中华民国二年十月五日所宣布之《大总统选举法》废止之①。

(五)国民代表大会组织法

1915 年 10 月 8 日公布

一、关于全国国民之国体请愿事件以国民代表大会代表国民全体

_____

① 《政府公报》1914 年 12 月 30 日。

之公决定之。

二、国民代表以记名单记法选举之,以得票较多者为当选。

三、国民代表大会以下列当选举人组织之:

（一）各省各特别行政区域,每县一人。

（二）内外蒙古三十二人,每盟二人。

（三）西藏十二人,前、后藏各六人。

（四）青海及回部八人。

（五）满、蒙、汉八旗二十四人,每旗一人。

（六）全国商会及华侨六十人。

（七）有勋劳于国家者三十人。

（八）硕学通儒二十人。

四、各省及特别行政区域之国民代表由国民会议各县选出之初选当选举人选举之。

五、蒙、藏、青海之国民代表由国民会议,蒙藏青海联合选举会选出之单选当选举人选举之。

六、满、蒙、汉八旗之国民代表由国民会议中央特别选举会,八旗王公、世爵、世职选出之单选选举人选举之。

七、全国商会之国民代表,由国民会议中央特别选举会有商、工业实业资本一万元以上者选出之单选选举人选举之。

八、有勋劳于国家者之国民代表,由国民会议中央特别选举会有勋劳于国家者选出之单选选举人选举之。

九、硕学通儒之国民代表,由国民会议中央特别选举会硕学通儒或高等专门以上学校三年以上毕业、或与高等专门以上学校毕业有相当资格者、或在高等专门以上学校充教员二年以上者选出之单选选举人选举之。

十、选举监督依下列之规定。

（一）各省以各该高级长官会同监督之。

（二）各特别行政区域地方以该高级长官为监督。

（三）第三条第（二）、（三）、（四）款以蒙藏院总裁为监督。

（四）第三条第（五）、（六）、（七）、（八）款以内务总长为监督。

十一、选举国民代表场所设于监督所在地。届选举日期，就报到之选举人，由监督召集之，组织选举会举行选举。但得由监督长官委托该县知事行之。

十二、选举国民代表日期，县知事定之。

十三、国民代表决定本法第一条事件以记名投票方法行之。投票结果由该监督报告代行立法院集合全国票数，比较其决定意见，定为国民代表大会之总意见。前项之票纸应于开票后封送代行立法院。国体投票日期由监督定之。

十四、前条决定投票之标题，由代行立法院议决咨行政府转咨各监督，于投票日期宣示国民代表。

十五、依本法所定关于选举投票之筹备事宜，由内务部及办理国民会议事务局会同办理。

十六、本法自公布日施行①。

---

① 《申报》1915 年 10 月 4 日、10 日。

第七章　第一届国会第一次恢复后的常会

（1916 年 8 月 1 日——1917 年 6 月 12 日）

1916 年 3 月 22 日，在全国一片反对声中，袁世凯被迫取消帝制，3 月 23 日废止洪宪年号。4 月 22 日任命段祺瑞为国务卿兼陆军总长。5 月 8 日改国务卿为国务总理。这样，6 月 6 日袁世凯死后，大权由段祺瑞执掌。尽管 6 月 7 日黎元洪依法以副总统继任大总统，但段祺瑞及其心腹以实行责任内阁为由，不愿和黎共享政权。

袁世凯一死，北洋军阀失去了一个强势的领军人物，很快分化成以段祺瑞为首的皖系、以冯国璋为首的直系、以张作霖为首的奉系。安徽督军张勋也独树一帜，不断强化自己的地位，欲成就一番霸业，并染指中央政权。西南各军阀亦拥兵自重，割据自雄。

一开始，段祺瑞不准备恢复《临时约法》和第一届国会。但孙中山、黄兴及梁启超、蔡锷和护国军方面一再坚持，段才答应恢复《临时约法》和第一届国会。梁启超为了和段祺瑞为首的皖系分享政权并欲使进步党能控制西南，运动护国军方面于 1916 年 7 月 14 日撤销了军务院，做出拥段姿态。孙中山和国民党在旧民主主义阶段，也一直把维持三权分立的民主共和制，即维持一个国会和《临时约法》作为主要的革命目标。认为既然国会和《临时约法》均已恢复，革命目的已达到，于是解散了反袁称帝时组织的中华革命军并停止了中华革命党的一切活动。孙中山本人再次表示不过问国事。孙鼓励国民党议员北上，积极参与即将恢复的国会的活动，以便制定一部好的宪法，来巩固民主共和制。

1916 年 8 月 1 日,第一届国会参、众两院在北京举行第一届国会第二期常会开会典礼。第一届国会正式恢复。

政党和国会是一对不能分离的孪生兄弟。民初国会中的政党素质普遍低下,民主意识差,缺乏政治信仰,缺乏政治节操。在参议院和第一届国会第一期常会的活动中,一些党派不同程度地出现将党派利益置于国家利益之上的现象,毫无原则、无休无止的争斗,大有封建时代朋党的遗风。一些政党不但不能积极维护宪法与法律,维护民主共和制,而且为了能从独裁者处分一杯残羹,投靠独裁者,践踏民主。一些政党不但成了袁世凯搞独裁的帮凶,其一部分成员还成为袁世凯复辟帝制的吹鼓手。这引起了舆论和民众的普遍不满。这样,第一届国会第一次恢复之初,各政党都不敢公开亮出自己的旗帜。进步党首领梁启超、汤化龙则高唱不党主义。谁也不出头组织政党。结果,第二期常会开会之初,国会一盘散沙。议员人自为党,出现八百罗汉八百党的局面。一个议案在国会中赞成、反对纷纷,难有结果,议事无法进行。一些议员出面组织国会议员院外谈话会以便维持国会的正常议事活动失败后,于是组党活动又开始活跃。明明是政党却不敢公开亮出政党的旗号,而是打着"会"、"社"、"园"、"庐"、"俱乐部"之类的招牌。国民党系议员组织宪政商榷会。进步党系议员则组织宪法研究同志会和宪法案研究会,后又合并为宪法研究会。这便是历史上称之为研究系的由来。其他政党也纷纷组成"会"、"社"、"园"、"俱乐部"等。且各政党分分合合,不断变化。

段祺瑞热衷专权,刚愎自用。其头号心腹国务院秘书长徐树铮又是一个惯要权谋、恃才自傲、狡黠专横、目中无人的政客,根本不把毫无实力的大总统黎元洪放在眼中。位至一国之尊的大总统黎元洪也不甘心做一个傀儡,加之《临时约法》对总统和总理的权限界定不清,便一再发生府院权力之争。国会中的一些政党又因本党的利益深深卷入府院之争,或支持府方,或支持院方。这些政党又将府院矛盾带到国会,引起国会内部的争斗,对府院之争火上浇油,使矛盾更加激烈与复杂,政潮迭起。

安徽督军张勋,占据徐州一带,组织各省区联合会,自任盟主。在徐州多次召集一些省区的代表开秘密会议,商议国家大政方针,俨然欲使徐州成为当时中国的另一个政治中心。张勋一直以复辟清王朝为职志,将当时被通缉的帝制犯和北洋派下台军人与政客搜罗到自己帐下。为了复辟,将国民党占优势的国会当作攻击目标,必欲解散而后快。国会中的国民党系议员,对以张勋为代表的封建势力的进攻,予以坚决的揭露和反击。段祺瑞则利用张勋的势力来制约国会,制约黎元洪。研究系也利用张勋的力量来反对国民党占优势的国会。他们在国会中与张勋配合,以图搞垮国会,重组一个研究系占优势的国会。这使国会与张勋之间的斗争曲折复杂。

1917年上半年,一个对德宣战案(即中国是否加入协约国参与第一次世界大战),搅得本来纷扰的中国政坛更加动荡。真是一石激起千层浪。各党各派,各军阀政客,各社会名流,纷纷通电或发表演说,表明自己的态度,阐述各自的主张,或赞成,或反对,激昂慷慨,各说各的理,各唱各的调,热闹非凡。平心而论,中国利用协约国需要中国参战的机会,力争废止列强(既包括同盟国,也包括协约国)强加给中国的不平等条约,是符合中国的国家利益的。尽管1917年下半年,广州军政府刚一成立,孙中山就立即将《对德奥宣战》案交刚刚成立的护法国会通过并急匆匆地于9月26日向德、奥正式宣战。其急切之情似乎是在赶最后一班车,惟恐晚点。但1917年上半年,孙中山是坚决反对参战的。当时多数名流如章太炎等也都反对参战。舆论也多反对参战。大总统黎元洪反对参战,国务总理主张参战。这样,在参战问题上,平静下来的府院之争再起。4月25日,段祺瑞召集各省督军及其代表到京开军事会议。当知道对德宣战是宣而无战,不需要出兵欧洲后,多数督军赞成宣战。国会议员在宣战问题上亦分为两派。梁启超是坚决主张参战的,故研究系议员均主张参战。孙中山是坚决反对参战的,在孙的反复劝说下,国民党议员有一部分是反对参战的,一部分仍主张参战。当时宣战案在国会通过的可能性还是较大的。但段祺瑞的另一个心腹、陆军次长傅良佐拾起袁世凯的故伎,组成"公民团",逼迫国会议员通过宣战案,激怒了议员。5 月 19 日众议院会议,通过了将对德宣战案"暂时缓议"的决定,将对德宣战案搁置。这立即引起了督军们对国会的不满。

5 月 18 日,段祺瑞秘密与日本签订一亿元的军事大借款合同被报章披露,对本来已因"公民团"事件搞得很被动的段祺瑞更是一个沉重的打击。黎元洪在其谋士的极力怂恿下,头脑一热,即于 5 月 23 日下令免去段祺瑞国务总理兼陆军总长之职,由外交总长伍廷芳暂时代理国务总理,由陆军次长张士钰代理陆军部部务。

黎元洪很快就发现自己捅了北洋军阀这个马蜂窝。

段祺瑞被免职的当天即离京赴津,与督军团及研究系头目策划在津组织临时政府事宜。各省的北洋督军大多数纷纷通电独立,脱离中央,并于 6 月 2 日在津设立总参谋处,准备进兵,威逼京师。研究系与之配合,力图借机搞垮国会。研究系的参议院议长王家襄、众议院议长汤化龙、副议长陈国祥及研究系议员纷纷提出辞职书。国会开会除接受汤化龙的辞职书,选举吴景濂为众议院议长外,拒绝了其他研究系议员的辞职。但研究系议员纷纷离京赴津,留京者也不出席国会会议,致使会参、众两院不足法定的开会人数无法开会。

黎元洪又提名李经羲为国务总理,经国会通过后于 5 月 28 日正式任命。但李躲在天津租界不敢出来。黎一再派人催请李尽快上任。李提出必须张勋进京保驾自己才敢来京就职。这样,黎只好电请张来京调解时局。张立即率 5 000 辫子军从徐州登车北上,逼迫黎元洪于 6 月 12 日下令解散了国会。张乘机搞了一场短命的复辟清王朝的丑剧。国家被拖入了一场动乱与战争之中。

第一届国会第二期常会于 1916 年 9 月追认了段祺瑞内阁。10 月选举了冯国璋为副总统。从 1916 年 9 月 5 日起,审议了《天坛宪法草案》并对其进行了初读、二读。对地方制度是否入宪争议最大，两派发生了冲突。由于研究系议员以不出席会议的方式来搞垮国会，故宪法会议因人数不足，只开到1917年5月25日止。这次议宪是第一届国会几次议宪所花的时间最多的一次。

一、第一届国会恢复的酝酿

以国民党为主的一些反对袁世凯政权的议员在袁政权陷入四面楚歌、行将垮台之际，即酝酿恢复第一届国会。1916年5月31日，由云南、贵州、广西、广东、浙江、陕西、四川、直隶、奉天、吉林、黑龙江、江苏、安徽、江西、福建、湖北、湖南、山东、河南、甘肃、蒙古、西藏、新疆及华侨国会议员211人署名，在《申报》第1张第1版(广告版)用大的黑体字刊登了《国会议员通告》，提出6月30日前齐集上海，择地开会："敬启者：议员等忝受国民委托，彼袁氏非法蹂躏，有职莫举，忽忽三年。值此国变非常，允宜依法集会。查《临时约法》第20条，参议院得自行集会、开会、闭会，第28条以国会成立之日解散，其职权由国会行之，是国会议员得自行集会、开会、闭会，为《约法》所规定。议员等鉴于时势之必要，已自由集会，先后莅沪者达2百余人。兹特正式通告，凡我两院议员统限于6月30日以前齐集上海，以便择定相当地点，定期开会。"

此通告在《申报》1916年6月2日、4日、6日、8日、10日、12日、14日、16日反复刊登。

6月6日，袁世凯死。6月18日，旅沪议员321人在《申报》第1张第1版(广告版)再次以黑体字刊登《国会议员集会紧急通告》："同人等公议催集，两院未到议员于6月30日以前齐赴上海。现在经费筹妥，并择定开会地点。国事危迫，一发千钧，务请两院诸君为国效劳，即日来沪，幸无迟延。"

此通告同样在《申报》6月19日、20日、21日、22日反复刊登。

6月19日，在沪国会议员团又以参议院、众议院的名义通电各省都督、将军、巡按使,请其通知各省议员于 6 月 30 日前齐集上海,7 月 10 日两院会合行开会式。6 月 23 日又以参、众两院的名义将此电在《申报》第 1 张第 1 版(广告版)上以大的黑体字刊登《民国议会集会通告》:"《临时约法》第 20 条,参议院得自行集会、开会、闭会。国会组织法第 14 条,民国宪法未定以前,《临时约法》所定参议院之职权为民国议会之职权。又第 10 条,民国议会之开会及闭会两院同时行之。现依以上规定,自行集会、开会,凡两院议员,除附逆者外,务于 6 月 30 日以前齐集上海,7 月 10 日两院会合行开会式。各议员到沪后费用由两院支给。特此通告。"

此通告连续在 6 月 24 日、25 日、26 日、27 日、28 日、29 日、30 日的《申报》上登载。有的书上说议员集会通告是 6 月中旬才发的,这是不确切的。袁世凯死前,议员就开始在上海集会,并发通告让全体议员到上海集会。

6 月 7 日,即袁死后的第 2 天,黎元洪在北京东厂胡同副总统府行就任大总统职典礼,正式就任大总统职。在沪的国会议员即开会筹商对时局的办法。6 月上旬,旅沪国会议员即议决要求政府以命令的形式恢复旧《约法》及 1913 年国会所制定的《大总统选举法》,废止袁世凯 1914 年所制定的《新约法》及自 1913 年 11 月 4 日袁世凯以暴力停止国会正常议事活动以后,所制定的一切与《临时约法》及《大总统选举法》相抵触的法令。并按议决,6 月中旬发表了《国会议员宣言》,正式向全国宣布了自己的上述主张。同时议决以前众议院议长汤化龙的名义致电中央政府,承认黎元洪正式接任大总统,并请嗣后一切应依旧《约法》执行国务,将袁氏的《中华民国约法》作废①。

梁启超、孙中山、蔡锷等也都主张承认黎元洪接任大总统,段祺瑞组织内阁,恢复《临时约法》,召集国会。

段祺瑞对旅沪国会议员恢复《临时约法》和召集国会的主张持保

---

① 《盛京时报》1916 年 6 月 11 日。

留态度,只是笼统地提出召集各省代表来京解决约法问题。6 月 19 日旅沪议员派出的代表汤化龙等与段祺瑞反复协商,段才做出让步,同意了旅沪议员的政府以命令的方式宣布恢复《临时约法》的主张,由段据实电达各省,由汤通电在沪国会议员及南方各领袖知照①。但段祺瑞很快又反悔,推翻了以命令恢复《临时约法》的协议,函请汤化龙将恢复《约法》一事暂缓决定②。段祺瑞并于 6 月 22 日通电反对恢复《临时约法》,仍以袁氏的《新约法》为行政准则。

　　6 月 23 日,旅沪议员 300 余人开大会,议决电诘段祺瑞对恢复《临时约法》和召集国会一事无诚意。

　　6 月 23 日,段祺瑞致电旅沪国会议员:"约法问题,议论纷纭,政府未便擅断。诸君爱国俊彦,法理精邃,必能折衷一是。敢希详加讨论,示以周行,无任企盼。"③

　　旅沪国会议员开会讨论段的电报后,议决以国会议员谷钟秀、孙洪伊等 299 人的名义于 6 月 28 日复电段祺瑞,重申自己的主张:"元年《约法》与三年约法之争端,在先决二者孰为法律。如以三年约法为法律,当然不能以命令废止。惟查《临时约法》为民国之由成,议会、总统皆兹产出,其效力至尊无上。在国会既成立以后,宪法未制定以前,如欲有所增修,依《临时约法》第 55 条及《国会组织法》第 14 条之规定,当由大总统或国会议员三分二以上之提议,并经国会议员五分四以上之出席,出席员四分三以上之可决,而后其所增修者乃为合法,乃得有效。三年约法会议,其组织及程序,既与《临时约法》第 55 条所载不符,则其所增修者,自不得称之为法律,实属违宪之行为。是《临时约法》本来存在,原无所谓恢复。今日以命令废止三年约法,乃使从前违宪之行为归于无效,更无所谓以命令变更法律。现在各省尚未统一,调

---

① 《盛京时报》1916 年 6 月 22 日。
② 《盛京时报》1916 年 6 月 23 日。
③ 《盛京时报》1916 年 6 月 28 日。

护维持惟有一致遵守成宪。否则,甲以其私制国法,转瞬乙又以其私制而代甲,循环效尤,人持一法,视成宪如土苴,国法前途何堪设想?请公坚持正义,力赞大总统,毅然以明令宣告不依法律组织之约法会议所议决之《中华民国约法》及其附属之《大总统选举法》、《国民会议立法院组织法》均与民国元年《临时约法》、《国会组织法》及民国二年宪法会议制定之《大总统选举法》相违背,当然不生效力。此后,凡百庶政应与国人竭诚遵守真正国法,以固邦基而符民意。根本既决,大局斯安。众意金同,特电闻。"①

黎元洪的政治态度则比段祺瑞要明朗得多。6月上旬,黎元洪即电邀张继、汤化龙、王宠惠等国会重要人物入京面商召集国会事宜。但黎只是一个光杆司令,是一个牌位。北京政权为以段祺瑞为首的北洋军阀皖系所控制,废止袁氏的《新约法》,恢复《临时约法》必须得到段祺瑞的认可。

6月22日,蔡锷致电黎元洪,请遵用元年之《约法》。23日,孙中山函劝段祺瑞规复《临时约法》,尊重国会。26日,唐绍仪、梁启超致电段祺瑞,劝其立即恢复元年之《约法》,并驳斥了段6月22日反对恢复民国元年《约法》之电。

袁世凯一死,北洋军阀失去了团结的核心人物,已分裂成几派,力量大不如前。皖系只是北洋军阀中的一个派系。南方护国运动中,各派力量得到发展。全国已非北洋军阀的一统天下,段祺瑞一派的力量也有限。况且黎元洪已就任大总统,段祺瑞也不想给大总统权力过大。《新约法》和《修正大总统选举法》给总统的权力等同皇帝,这也是段祺瑞所无法同意和实行的。故在南方各派领袖和国会的坚持下,段祺瑞只好做出让步。6月29日,段主持国务院会议,决定恢复《临时约法》,废止袁世凯的《新约法》,8月1日以前召集国会。6月29日晚,由段祺瑞及其内阁其他成员副署,大总统黎元洪6月29日发布恢复国

---

① 《盛京时报》1916年7月1日。

会令。

一、申令

共和国体,首重民意;民意所壹,厥惟宪法;宪法之成,专待国会。我中华民国国会自3年1月10日停止以后,时越两载,迄未召复。以致开国五年,宪法未定,大本不立,庶政无由进行。亟应召集国会,速定宪法,以协民志而固国本。

宪法未定以前,仍遵行中华民国元年3月11日公布之《临时约法》,至宪法成立为止。其2年10月5日宣布之《大总统选举法》,系宪法之一部,应仍有效。此令。

兹依《临时约法》第53条,续行召集国会,定于本年8月1日起继续开会。此令。

民国3年5月1日以后所有各项条约均应继续有效,其余法令除有明令废止外,一切仍旧。此令。

民国议会业经续行召集,所有关于立法院、国民会议各法令应即撤销。此令。

国会业经召集,内务部所属之办理选举事务局应即改为筹备国会事务局,迅速筹备国会事务。此令。

参政院应即裁撤。此令。

平政院所属之肃政厅应即裁撤。此令。

二、策令

特任段祺瑞为国务总理。此令①。

以上一系列的命令,基本上满足了国会及南方各派的要求。孙中山认为上述命令发表,表明北京的当权者已赞成共和,革命目的已达,于是决定对北京政府采取支持的态度。一方面收束全国各地的中华革命军,一方面敦促在沪的国民党派议员北上,以便组织一个好的国会,制定一部好的宪法,把国家纳入法治轨道。旅沪议员一开始决定在上

---

① 《盛京时报》1916年7月2日。

海开会,主要是担心段祺瑞仗势压制国会,使国会无法独立行使自己的职权,故不肯轻易入京。黎的上述命令发布后,旅沪国会议员派张继等到北京考察形势,看国会是否能在京独立开会。7月上旬,张继由北京致电驻沪议员团说:"北京之现状较之昔日面目一新,国会可望完全独立。黎总统秉性温厚,对于国政秉公办理。故诸公等惠然北上,在京开会,勿挟疑义而致踌躇。"①

旅沪议员团多为国民党籍议员。7月上旬开会议决,议员7月31日前齐集北京,俟足法定人数即行开会,国会得自行召集,黎元洪6月29日的命令援引《临时约法》第53条由大总统召集国会是错误的,总统无权召集国会。

7月6日,旅沪国会议员团又以参议院、众议院的名义在《申报》第1张第1版(广告版)以黑体字大标题刊登《民国议会集会改正地点通告》:"《临时约法》第20条,参议院得自行集会、开会、闭会;《国会组织法》第14条,民国宪法未定以前,《临时约法》所定参议院之职权为民国议会之职权,又第10条,民国议会之开会及闭会两院同时行之。业经依法定于7月10日集沪开会通告在前,现约法问题业经解决,同人等公同议定,改于7月31日以前齐集北京,俟足法定人数即行开会。至政府6月29日之命令依《临时约法》第53条之规定,实系援引错误。合并声明,特此通告。"

此通告在《申报》1916年7月7日、9日、11日、13日、15日、17日、19日、21日、23日、25日、27日、29日反复刊登。

7月中旬,北京政府内务部总长许世英派代表沈钧儒、孙熙泽持许的亲笔信赴沪欢迎议员团赴京。许世英在致沪议员函中称:"国家多故,议职停举于今3年。自顷《约法》重新,共和再造,轩昊之灵实凭佑之。夷方执庄严,神州洪纤万端,诸待张举。国会处神圣之地,诸公皆英俊之俦,再竟前猷,益恢伟略,众生蒙福岂有涯既。兹特请沈君衡山、

---

① 《盛京时报》1916年7月8日。

孙君焕庭赴沪欢迎。开会期近，群伦跂望，尚其勉行星轸，共宏汉京邦家百年之光，不仅世英一人之幸也。肃缄布臆，顺颂行祺。"①

　　这样，旅沪议员们准备赴京。在启程赴京前，交通部让沪宁铁路局送给在沪议员赴京特别免费车票。在沪议员商议婉拒之，并于 7 月 18 日致沪宁铁路局，以"议员川资载在院法，至乘车免价，并无规定"婉拒之②。在沪议员不谋求特权的这一小小举动，博得了舆论的好评。议员是人民的代表，本来就应该代表人民，不但自己不能搞特权，而且应监督政府官吏不搞特权。但要监督别人，自己首先要不搞特权。要防止政府的腐败，议会首先要廉洁，不能搞腐败，不能搞权钱交易。但中国的国会之后却逐渐腐败起来了。

　　旅沪议员即将赴京，但遇到一个小问题，即很多人没有议员证书和徽章：有一大部分国民党议员的证书、徽章被袁世凯在 1913 年收缴了，有些是年久遗失的，还有一些留在原籍的家中，故 7 月中旬旅沪议员团致电内务部"将参、众两院之议员证书重新印制，派员到沪给发。凡持有旧证书者则其交出换领新证书，其未携有旧证书者则令其取具有旧证书议员 3 人之保结，然后发给。而向被取消之议员，其所追缴之证书亦无庸再事发还"③。这些最高立法机关的议员们法制观点也不强。按《参议院议员选举法》第 13 条的规定，参议员证书应由选举监督发给。按《众议院议员选举法》第 80 条的规定，众议院议员的证书应由复选监督发给。故内务部接议员电后也犯难了。内务部无权给议员发证书，但若不补发，又恐旅沪议员托故不入京。不得已只好提交国务会议讨论。国务会议最后商定：将追缴的证书查找到后即转送参、众两院秘书厅，由两院分别办理。原证书丢失者可由同院 3 人以上证明领取新制的徽章到院出席会议，后再向原选区地方长官请求补给证书。这

---

①　《盛京时报》1916 年 7 月 16 日。

②　《申报》1916 年 7 月 19 日。

③　《盛京时报》1916 年 7 月 16 日。

一问题才算解决。这样,旅沪议员及散居各省的议员才陆续入京。

国会又要开会了。筹备国会事务局自然须将参、众两院议场进行修整。内务部要求 7 月 25 日前完成修整工作。众议院议场的修整工作不很大,少数桌椅损坏需加修理即可。但参议院议场被袁世凯改为参政院会场时,改动大。参议院原议场系仿照外国议会议场模式,座位成阶梯式。改为参政院议场时,为照顾那些老态龙钟的参政老爷们,遂改为平面铺地板。因这些老爷们必须跷脚将腿架于桌椅之侧,故将座位拆去,改用旧式书桌,横七竖八,毫无秩序。且地板多被厚底靴磨穿,破烂不堪,修整量大。筹备国会事务局派人清扫参议院议场时,从各座桌椅中清出的《三国》、《水浒》、《红楼梦》、《金瓶梅》、《灯草和尚》等及断简残篇之新旧小说一大网兜。这便是参政老爷们的政绩。此外,花生、瓜子壳及一些食品肴核堆得满地。可见参政院开会时会场的情景。尽管有些国会议员比较懒散,经常迟到早退,但与这些参政老爷们比,又是小巫见大巫了。可见袁世凯这个腐败政权腐败到了极点。袁世凯称帝也就是这个政权腐败到了极端的标志。两院的修整与布置,连议员旅费在内约需 20 万元。参、众两院议员之公费及二院秘书厅工作人员及警卫的薪饷每月需 42 万元。但由于窃国大盗袁世凯已将国家搞得一贫如洗。袁世凯一死,陈锦涛接任财政总长时,对国库进行了彻底清查,财政部不但现金分文俱无,而且连纸币也没有。一查帐目,自袁世凯的帝制问题发生后,除原有的行政费、军费等不计外,其专属于办理帝制一事就花去国库 6 亿多元①。其中有些钱是借的外债。要知道,中国当时的财政收入一年才只有 4 亿元左右。这真是中国的一场大浩劫。这自然也是给那些以为中国只有建立开明专制、赋予大总统更大的权力才能使国家富强的人上了生动的一课。这些钱也大都流入了那些复辟帝制的干将们的腰包。这些无利不起早的政客们正是通过帝制运动中饱私囊、大发横财的。正由于此,国会所需的经费只好东挪西凑,如从盐款下挤

① 《盛京时报》1916 年 9 月 7 日;《申报》1916 年 9 月 6 日。

拨出 10 万元。政府与来京的旅沪议员团派出的代表商定,自报到之日起,每人每日发给旅费 5 元,各省远道来京的议员另给川资百元,待国会重开时再议定议员的俸给①。

7 月上旬,汤化龙出京赴津,与在津的王家襄协商,暂定殷松年为参议院秘书长、陈光焘为众议院秘书长,组织秘书厅,筹备国会重新召集事宜。

在酝酿国会恢复的过程中,国会与北洋军阀之间的矛盾依然如故。这便是第一届国会恢复后北洋军阀与国会的冲突贯穿始终的原因。

二、第二期常会开会典礼的举行

1916 年 7 月 28 日,在众议院议场两院议员会合开谈话会,为定于 8 月 1 日的开会典礼做准备,出席议员 300 多人。各议员在休息室相见,追述民国 2 年国会情形,不堪回首。此次民国复生,诚为幸事,均相约以后不再做无谓的党争,一旦国会正式开会后即开议国事中的大问题。可惜议员记性太差,过不久却又为党派的利益纷争不止。

会议由王家襄为主席。由于王家襄为参议院议长,却又担任过参政院参政,为袁氏的独裁效力,有帝制嫌疑,引起了很多议员的反感,认为他不能再厚着脸皮呆在议长的位子上。上海的庄守华、周邦桢等 7 月 6 日公开致电王家襄:"君以参议院议长荣任袁家参政,总代表劝进,责任同肩。今袁氏亡,国会活,如何自处,宜早审度免辱,鄙人属在同国,敢贡区区。"②王家襄 7 月 7 日复电说:"襄自帝制发生,反对收受请愿无效,10 月初即托故告假回南,另图进取,此后绝未到院,11 月、12 月间复先后二电一函辞职在案,故总代表劝进幸不列名,此皆有该院出席簿、议事录可稽,无可遁饰。尊电所指,确非事实。至曾任参政或其

---

① 《申报》1916 年 7 月 15 日。
② 《申报》1916 年 7 月 11 日。

他官吏应否消灭议员资格,此系另一问题,将来两院自有正当解决方法。总之,议院为立法机关,岂容自外法律。法律上资格完全存在一日,自当勉尽法定职务一日,他非所知。"①

袁世凯成立的政治会议、约法会议、参政院都是袁用来否定《临时约法》、否定民国,搞独裁、复辟帝制的御用立法机构。这些御用机构中的议员否定了《临时约法》和中华民国,自然无资格再来充当中华民国议会的议员,更不用说议长。参加了这些御用机构的原国会议员本该反省自己的叛背民国的行为并为自己的行为承担责任,自觉地辞去议员的职务。但中国的政客历来脸皮不薄,决不会主动下台。即使有人赶,能挺便都要挺下来。王氏的电报说自己1915年10月就托故离开了参政院,这也无法开脱自己的责任。袁世凯复辟帝制是1915年夏就紧锣密鼓地进行着。9月1日袁世凯下令参政院代行立法院职权开会时,参政院的主要任务就是复辟帝制,9月6日参政院就开始审查改变国体请愿书,20日参政院就议决年内召集国民会议或另筹征求民意善法。这些都是王氏参与的,王氏并未提出过反对意见。一些议员们对王家襄再任参议院议长不以为然。故当天两院谈话会王家襄以主席的身份主持会议,刚说明谈话会的宗旨,众议员吴宗慈就诘问:"今日开会是否如国会初开时以年最长者充主席?"王家襄答:"众议院汤议长请假回籍,故由鄙人充临时主席。如必欲另推举主席,当请公决。"②如要表决临时主席,自又是一番热闹,因对王家襄为参政一事不满的议员大有人在。好在王本人在下面与一些重要议员早已疏通,故原国民党籍骨干议员谷钟秀赶紧出来打圆场说:"主席问题系小事,不必费时讨论。"国民党籍议员朱兆莘也赶紧帮腔说:"此次国会继续开谈话会,与国会初开时议长未举定者不同。今日开谈话会当然以参议院议长为

① 《申报》1916年7月11日。
② 《申报》1916年8月1日。

临时主席。"①反对王家襄继续为参议院议长的主要是国民党籍议员，现谷、朱相继出面打圆场，反对者也不便再坚持，故多数同意王以临时主席的身份主持会议。这天的谈话会议决了几件事：1. 两院开会式定于8月1日上午9时。2. 黎大总统决定出席开会式，各议员皆穿中式常礼服出席。3. 在典礼上，黎元洪大总统是否行就大总统宣誓礼，由大总统自己决定。4. 这次重新召集的国会为第二期常会。5. 致函国务院，请总统、总理及各部总、次长于8月1日到院。6. 开会后，首先由大总统宣读祝词，其次由参议院议长王家襄代表全体议员演说开会词，再由总统行宣誓礼②。

　　大总统得知两院谈话会结果后，致函两院，决定8月1日亲自在开会典礼上补行大总统就职宣誓。

　　8月1日，参、众两院在众议院议场举行开会典礼。上午9时，参、众两院议员身穿中式常礼服齐集众议院。到会参议员139人，众议员318人。中外参观者千余人，旁听席人满为患，后到者几无立足之地。由于议员们均穿礼服，加之当天的天气晴朗，顿显出一片喜气的景象。议员见面后，彼此握手，频语寒暄，不胜悲喜交集。议员中尚有1人发辫后垂，显得刺眼。不过与1913年国会开幕式相比已大为减少，这也算是外观上的一种进步。大总统黎元洪、国务总理兼陆军总长段祺瑞、财政总长兼外交总长陈锦涛、内务总长兼交通总长许世英、海军总长程璧光、农商总长兼司法总长张国淦、教育总长范源濂均出席会议。黎元洪也夹杂在与会的人流中，这与袁世凯参加参议院开会典礼时的情形形成鲜明的对照。当时袁前呼后拥大摆臭架子，大显威风。黎元洪以一普通与会者的身份进入会场之举，博得当时舆论的称赞。

　　10时振铃开会，议员入礼堂就席，大总统及国务员入礼场就席。入场时乐队奏乐。

---

① 《申报》1916年8月1日。
② 《申报》1916年8月1日。

会议主席、参议院议长王家襄致开会词：

维中华民国5年8月1日，为我国会第二次常会开会之辰，参议院、众议院议员集礼场举盛典，谨为之词曰：于铄国会，遵晦时休，谁为阶厉，于兹三秋。紫色蛙声，天地塞否，危基将颓，狂流畴砥。皇佑神宇，廓除经营，譬之种种，昨死今生。一夫之祸，闭聪锢明，多士之责，善谋乃成。国有宪章，我则率之，国有舆论，我则择之。程赋制用，我节目之，内政外交，我约束之。各尽言责，罔或颇偏，绵兹国会，亿万斯年①。

接着由黎元洪致颂词：

天佑吾华，政局聿新，经纬万端，宜叩众意。议会诸君子皆为国民所选举，其于民生国计筹之熟矣。方今时局难危，正赖贤豪补救。望诸君子一心一德，无党无偏，以法治为指归，立宪政之基础。国运隆昌，政象清明，皆将于诸君子是赖。元洪不敏，悉膺重寄，惟竭至诚，从诸君子后，冀有造于家邦。躬莅盛会，无任欢欣，谨贡一言，为民国议会祝②。

黎祝词毕，全体向国旗三鞠躬，军乐队奏乐。主席宣告开会式礼成，又宣告大总统就职宣誓开始。

黎元洪又按《大总统选举法》规定的誓词登台宣誓："余以至诚遵守宪法，执行大总统之职务，谨誓。"

宣誓毕，各归休息室茶点后，即摄影留念。

8月14日，北京政府电令各省行政长官于10月1日召集被袁世凯于1913年11月10日解散的省议会开会。这样，除浙江省议会于9月1日开会，湖南省议会于7月24日、四川省议会于8月15日开临时会外，其他各省议会均于10月1日开会。

按《议院法》，每期常会应重新选举全院委员长。

---

① 《众议院要览》中华民国8年8月订。
② 《众议院要览》中华民国8年8月订。

8月16日参议院常会,议程中的第一案即为选举全院委员长。投票选举结果:在席议员174人,赵世钰得104票,当选为全院委员长。

8月16日众议院常会,选举全院委员长。第一次投票结果:在席议员395人,彭允彝得187票,李国珍得47票,其他的票都是几票。均无人过半数。于是议决第二次投票,在得票最多的彭允彝和李国珍2人中决选,结果:彭允彝得260票,李国珍得125票。彭允彝得票过半数,当选为全院委员长①。

8月18日,参议院常会,用无记名连记投票法分12股选举各股常任委员,以得票较多者为当选,结果如下:

1. 法制股审查委员:蒋举清、王鑫润、张我华、王用宾等25人。

2. 内务股审查委员:彭介石、陈焕南、王人文、萧之彬等11人。

3. 财政股审查委员:李述膺、丁象谦、田永正、金兆棪等25人。

4. 外交股审查委员:朱念祖、汤漪、卢信、陆宗舆等11人。

5. 军事股审查委员:韩玉辰、刘星楠、居正、李溶等11人。

6. 交通股审查委员:李茂之、梁士模、黎尚雯、萧辉锦等11人。

7. 教育股审查委员:金永昌、吴景鸿、姚华、李文治等11人。

8. 实业股审查委员:张鲁泉、马伯瑶、马荫荣、张光炜等11人。

9. 预算股审查委员:吴文瀚、张杜兰、李绍白、黄树荣等45人。

10. 决算股审查委员:彭邦栋、何多才、谢树琼、梁培等27人。

11. 请愿股审查委员:章兆鸿、李兆年、宋国忠、袁嘉谷等25人。

12. 惩戒股审查委员:汪律本、鄂多台、熙凌阿、林森等11人。

8月18日众议院常会,用限制连记记名投票法(限额人数为原额的三分之一)投票选举13个常任委员会委员,以得票较多者当选。结果如下:

1. 法典委员:萧晋荣、秦广礼、徐兰墅、吕复、叶夏声等37人。

2. 预算委员:褚辅成、张伯烈、李肇甫、王枢、王葆真等73人。

---

① 《申报》1916年8月20日。

3. 决算委员：欧阳振声等 73 人。

4. 外交委员：汪彭年、史泽咸、孙润宇、邵瑞彭等 23 人。

5. 内务委员：罗家衡、王荫棠、张浩、朱博恩等 29 人。

6. 财政委员：陈鸿钧、王源瀚、牟琳、邹鲁等 37 人。

7. 军事委员：吴宗慈、方潜、杨式震等 23 人。

8. 教育委员：张华润、黄攻素、李撎荣、李执中等 23 人。

9. 实业委员：陈祖基等 23 人。

10. 交通委员：杜凯之等 23 人。

11. 请愿委员：王乃昌、覃振等 37 人。

12. 惩戒委员：李增等 23 人。

13. 院内委员：尚镇圭、罗永庆等 23 人。

三、国会议员院外谈话会
及对附和帝制议员的处理

袁世凯死后，不但共和党人，而且连孙中山和大多数国民党人都把段祺瑞看作北洋军阀将领中的精粹，再造共和的强人。他们把将中国引向民主共和的希望寄托在段的身上，对段采取了支持与合作的立场。孙中山 1916 年 6 月即主动提出收束中华革命军。7 月即令全国各地的中华革命党停止一切活动，以便从事和平建设，进行以议会为主要场所的合法的政治活动。为表示与段祺瑞控制的北京政府合作的诚意，1917 年 1 月孙中山破例在沪正式接受北京政府颁授给他的大勋位，且表示自己从此以后决不过问国事，以示对段祺瑞政府的信任。于是国民党各派系，不管是欧事研究会、中华革命党还是其他派系，便都又以国会为进行政治活动的主要场所，议员们又纷纷回到国会。国会恢复后，张继以国民党领袖的资格在京集合和团结国民党籍议员。由于民初政党未给人们留下好印象，在国会中将党派利益置于国家利益之上，吵吵嚷嚷纷争不止。在袁世凯破坏民主共和制搞独裁的关系国家和民

族前途命运的问题上,不但公民党这种御用党,就连进步党和国民党分裂出来的大部分政团,也未能尽到维护民主共和制的职责,反而竞相投靠权贵袁世凯,为袁搞独裁推波助澜,在客观上助长了袁复辟帝制的气焰。这自然引起民众和舆论对政党的责难。为了迎合民众的心理,进步党党魁梁启超、汤化龙等采取因噎废食的办法,大唱不党主义。大唱要超越政党之外,举国一致协商、共济国事的高调。但议会与政党本是一对孪生兄弟。离开政党,议会就无法正常运转。国会第一次恢复后的最初一段时间里,谁也不愿意出头组织政党。故恢复后的国会,议员如一盘散沙,结果是八百罗汉八百党,各自为政。一个议案,在国会中赞成、反对、修正,议论纷纷,难以形成一个多数赞成的主张。往往开会议论半天,议案却难有一个结果,正常议事无法进行。于是一些活跃的议员不得不另行设法预筹妥善之计。

开始,参议院副议长王正廷发起召开院外干事会,分省接洽,统一意见,保证议事能正常进行。但议员们怕少数操纵多数,纷纷反对院外干事会,主张召开院外谈话会,先将欲议决案件由谈话会讨论后再移交参、众两院常会。这样,谷钟秀、王正廷、丁世峄、孙洪伊、褚辅成等又积极筹组院外谈话会,出面联络各省议员。

8月4日上午,参、众两院议员在众议院会合开谈话会,议决组织院外谈话会。各省按该省在参、众两院议员总数的五分之一的数目,选举各该省参、众两院的代表,称交际员,代表各该省,组成院外谈话会。对议院中的重大问题,各省议员先统一意见,然后再开院外谈话会,协商与综合全国的意见,作为正式会议的准备。

8月9日,参、众两院交际员在众议院小议场开院外谈话会,议定院外谈话会地点宜在院外,先借江西会馆开会,待四川会馆修缮好后再到四川会馆开会。议决指定5人起草《国会议员院外谈话会简章》,限24小时内起草完毕。

8月10日,国会议员院外谈话会在众议院开会,将起草好的《国会议员院外谈话会简章》付公决。讨论中对简章中设理事争论很大,无外乎要防止少数操纵多数,故有的主张设干事三四人,于是议决交付审查。推举9人为审查员,12日下午提出审查报告,再行公决。当时起草的简章共10条。

1. 本会以交换意见,联络感情为宗旨。

2. 本会按照各省参、众两院议员名额推选五分之一人数为交际员。

3. 本会由全体交际员过半数以上之出席,选举正理事1人,副理事2人,以得票过投票总数之半者为当选。副理事各院选出1人。

4. 本会以正理事为主席。正理事缺席时,副理事代行之。

5. 本会每周开会2次,但理事认为有重要事件时或有交际员10人以上之提议,得开临时会议。开会之通告与议题之分配由理事行之。

6. 本会之开会须有交际员过半数以上之出席。表决时以出席过半人数行之。

7. 本会议决事件由理事随时通告全体议员。如交际员或交际员以外之议员认为应付两院议员多数讨论之件,经20人以上之提议,得开全体议员谈话会。

8. 遇有关于一院事件时,得由该院副理事或该院交际员10人以上之提议,得开一院谈话会。一院谈话会之出席人数与表决适用第6条规定。一院谈话会以该院选出之副理事为主席。

9. 本会经费由两院议员分担。经费之支出由理事编制预算交全体议员谈话会议决之。议员分担之本会经费于国会每次常会第1月公费项下扣除之。

10. 本会简章如有未尽事宜,有交际员20人以上之提议,过半数之出席,出席过半数之议决,得修正之①。

---

① 《申报》1916年8月14日。

8月12日下午,国会议员院外谈话会在众议院议场开会,讨论简章。会议主席褚辅成刚报告完,请大家讨论,会场立即满堂起哄、人声鼎沸,弄得会议主持者十分惊讶。待稍静后仔细听,原来均是激烈反对简章。有的议员站在席位上慷慨发言,有的议员则是走上讲台发言,均是激烈反对简章的。会议几乎一边倒,无反对的声音。发言者不是反对简章的词字,而是反对整个简章,即主张取消简章。认为院外谈话会决无拘束院内各议员的效力,该简章一切实为荒谬,不能承认。一直哄争了一个多小时。会议的主持者一时莫名其妙,只好付表决。结果在场议员400多人,赞成简章的只有20多人。这样,只好依多数的议决,取消简章。会场上有人提议另推起草人重新起草简章,但立即招来了一片嘘斥声。显然,议员们反对任何简章,即不需要任何简章。

前几天议员们开会时还主张制定简章,今天又突然全部推翻了已草定的简章,而且反对再制定此类简章。这似乎真是令人难于理解。其实,这只是非交际员的议员为了不让交际员总出头而知名度增大,神通日广,将自己置于鼓中,即一种绝对平等的思想使然。因为正好前一天王正廷、吴景濂、张继等合宴各省交际员,意在阁员同意上有所疏通。非交际员的议员闻之,一是心理不平衡,同为议员,交际员与非交际员地位即不同了;一是大起疑心,生怕被交际员操纵和蒙蔽。这才出现12日会上议员们激烈反对简章的场面。非交际员议员占五分之四,占绝对多数,故控制了当日院外议员谈话会会场,一致推翻了简章。交际员议员只占五分之一,即赞成简章的最多为五分之一。但因有些交际员事关本身,怕引起多数的不满,不但无人发言,就是表决时,亦只有少数人公开表明支持简章的态度。议员们本来是一个表现欲望极强的群体,以往的参议院和国会第一期常会开会时已表现得淋漓尽致。为一些无关紧要的问题争个面红耳赤,甚至亮出拳脚。这是中国议会史上第一次出现这种情况。这是议会政治与政党政治脱节的结果。

　　上述情况表明,院外谈话会这种形式是不适合议会政治的。也就是说,不党主义是不适合议会政治需要的。试想,800 名议员,人人发言一次,就永无议决一案之时。议会与政党是密切相关的,必须建立二三个政治素质高的政党,议会才能正常运转。这些政党要有自己的有威望的领导人、有明确的政治纲领。这些领导人能领导、影响和支配全党,能集中党内大多数的意见。也就是说,尽管议员们要求平等,但还是要有组织,有组织就是少数人控制着多数人,否则要陷入无政府状态。

　　院外议员谈话会,8 月 15 日开了一次会,到会交际员 70 余人,讨论了两院选举各常任委员的方法。由于各常任委员几乎占议员总数的80% ,即只要愿意,到院议员基本上都可为某一审查会的常任委员。也就是说,这不涉及权力之争,故交际员做出的议决的精神就是尊重各议员的选择,自然不会遭议员的反对。故当日议决,将 1913 年第一届国会第一期常会举定的各股常任委员名单为底本,由各省交际员向本省议员询问有无改任别股委员之要求,再将名单送院印发,以此名单作为选举时写票的参考。

　　此后,院外议员谈话会就基本上停止了活动,逐渐被以各种会的名义出现的党派所取代。

　　在袁世凯复辟帝制时,有一批国会议员为献媚袁世凯,罔顾国家宪法,背叛共和国体,积极参与洪宪帝制,已完全丧失了议员资格。这些议员自然不宜再留在共和国的立法机关之内。取消这些人的议员资格便是顺理成章的事情。在国会恢复之前,旅沪议员团在上海开会时已讨论了这一问题,决定要取消这些议员的资格。这在 6 月 23 日开始在《申报》上登出的《民国议会集会通告》中明确提出了不让附逆议员与会的主张。当时旅沪议员议定凡任约法会议议员、任参政院参政、任国民代表大会代表、帝制请愿代表领衔、帝制报馆总经理的国会议员,一律予以处置。这样就包括参议院议长王家襄(王任参政院参政)、众议院副议长陈国祥(陈是双料货,既任约法会议议员,又任参政院参政)

在内,有110多人①。但北方议员,即便不是帝制嫌疑者,很多也与帝制派感情较融洽。真要是提出惩办案,这些人相率不出席,则可能不足法定人数而不能开会。因为尽管帝制嫌疑议员,其选区人民也很反感,多主张取消其资格。但这些人大多数不但不反省,反而准备抱成一团以保住议员的地位。更令旅沪议员难以对付的是,北洋军阀与帝制派关系密切。帝制派也利用这一点,上窜下跳,四处串联,加紧了与北洋军阀的联系,并纷纷在报纸上发表声明,洗刷自己,否认曾参与帝制活动。他们于6月中旬在北京下斜街云山别墅建立了通信处,选举景耀月、薛大可为正、副会长,加强了联系,以求自保。他们和一些北方议员联手,扬言如南方议员提出取消帝制嫌疑议员资格案,即提出取消二次革命嫌疑议员资格案以为对抗。以张勋为首的封建势力则支持这些帝制派议员,也扬言如取消帝制嫌疑议员资格,则犯有二次革命嫌疑的议员资格亦一律取消。在这些人的眼中参与二次革命议员和参与帝制议员罪相同,惩罚亦应相同。这样旅沪议员团开会又进一步将帝制嫌疑的范围缩小到38人②,以后又进一步缩小到十几人。

帝制嫌疑议员与其他反袁议员的矛盾在国会恢复之初表现明显。如前述7月28日参、众两院谈话会时,吴宗慈提出以最年长的议员为主席的动议,实质就是否定王家襄的参议院议长资格。王家襄曾于7月份请王正廷、谷钟秀、殷汝骊、丁世峄、孙洪伊等有影响的人物为其多方设法疏通才保住了议长的位子。但一些议员对王家襄仍为议长是一直不满的。8月4日两院茶话会,王家襄为主席,刘成禺大声说请王正廷为主席,不能专由你(指王家襄)为主席。8月8日两院谈话会,王家襄为临时主席,刚要报告开会宗旨时,议员刘成禺即要请参议院副议长王正廷登台报告应讨论的事项,就是蔑视王的议长资格。当王家襄坚持先说明开会宗旨后王正廷再发言,议场下面起哄并引起一阵骚动。

①　《盛京时报》1916年6月25日、8月17日。

②　《盛京时报》1916年8月3日。

这显然是对王家襄为议长不满的宣泄。9月8日宪法会议上,王家襄在一次表决前忽略了以讨论终局付表决的程序,为此,议员紧紧抓住不放,并要提出惩戒。9月15日的宪法会议,议长王家襄表示对9月8日因忽略以讨论终局付表决一事承担责任,表示愿接受惩戒。但一些议员仍抓住不放,穷追猛打,自然也是对王不自动离开议长之位的不满。

众议院副议长陈国祥曾是参政院参政又是约法会议议员。众议院很多人对陈再为副议长也是很不满的。国会恢复后,众议院议长汤化龙因家事请假回乡,众议院决定8月8日第一次正式会议时,选举临时议长。8月8日,陈国祥已用电话报到了,说已到京了。按说无须再选临时议长,会上也有人提出先缓选临时议长,但遭到强烈的反对。议场上一片要求发票选举临时议长之声,于是只好发票选举。最后吴景濂以绝对多数票当选为临时议长。只是因为吴不愿因当几天临时议长(议长汤化龙两周之假很快即到期)而使自己站在两派斗争的风口浪尖上,得罪进步党人,故坚辞不就临时议长之职,陈国祥才得以以副议长的身份代行议长职权。

这样,帝制嫌疑议员的去留只能凭其自觉。因为按《议院法》第15章所规定的对议员的惩戒中的除名处分,只有议员无故长时间缺席及携带凶器入场等2项。议员背叛共和、淆乱国体等罪并未归入院法,纯属刑事问题,应经司法机关裁判,院内不能予以惩戒。也就是说,院内无法提出惩戒案来惩处帝制派骨干,只能凭帝制派议员本身的自觉性。故当帝制嫌疑众议员林万里提出辞呈:"帝制发生之际,身在北京,又曾署参政院参政。兹不愿以帝制嫌疑之身,再入神圣之议会。谨按照《众议院规则》第131条,提出辞职书,即希察照为幸。"①在当时引起了较大的震动。有的报纸还称赞林万里"不失血性男儿"。但辞职的毕竟只有林万里、胡瑛、王印川等几人。再加上孙毓筠、薛大可被通缉,自

---

① 《申报》1916年8月15日。

然不能到院,时间一长可以无故缺席除名。再就是议员缺额时,候补议员递补,资格审查时,可使帝制派议员不能通过资格审查而将帝制派议员拒之议会门外。如9月11日参议院会,叶恭绰因曾请愿帝制,议员资格审查就未通过。但多数帝制嫌疑议员仍留在国会中。他们于8月中旬酝酿,于8月27日在北京东城礼士胡同蒙藏议员招待所开成立大会,正式成立了蒙藏议员俱乐部①,结成政团以巩固其在国会的地位。尤其是随着国会中党派斗争日益尖锐,议员们更无心去关注帝制嫌疑议员的问题。一个堂堂的共和国国会,竟然让很多帝制派议员在其中占据议席,也是一件怪事。其实说怪也不怪。护国战争只推翻了一个洪宪皇帝,帝制余孽尚在,封建的北洋军阀仍统治这个国家。以张勋为代表的复辟势力仍很张狂。督军团成了当时中国政治舞台上一股有举足轻重的势力。他们染指中央,反对国会、干扰制宪。这些便都为几个月后的张勋复辟提供了条件。

四、第一届国会第一次恢复时期的政党

第一届国会第一次恢复后最初一段时间,进步党的党魁梁启超、汤化龙等高唱不党主义,谁也不出头组织政党。结果一盘散沙。为了维持国会的正常议事,一些议员组织院外谈话会,但很快就以失败而告终。于是组党活动又开始活跃起来。沉寂了近三年,政党又纷纷出现,但又不敢公开打出政党的旗号。明明是政党,却打着"××会"、"××社"、"×园"、"×庐"、"××俱乐部"的招牌。且分分合合,令人眼花。

国民党领导人张继回京再欲收拢国民党议员时,开始是以"张寓"的名义活动的。后于1916年9月6日成立了"宪法商榷会"。梁启超、汤化龙分别将原进步党收拢成立了"宪法研究同志会"和"宪法案研究会"。后为了与"宪政商榷会"对抗,于9月12日将两会合并成"宪法

_____

① 《盛京时报》1916年9月2日。

研究会"。这便是史称的"研究系"的由来。除这两大派系外,国会中还有其他一些小政团。

1. 宪政商榷会

宪政商榷会主要是由原国民党议员组成,也包括一部分原进步党议员。1916 年 9 月 9 日,客庐系、丙辰俱乐部、韬园系合组宪政商榷会。其领导人为张继。其领导机构较大。

文书科主任龚焕辰,副主任彭允彝、张瑞玑,办事员王有兰、刘盥训、叶夏声、马君武、吴渊、杨择、陈洪道、田桐、王枢。

议事科主任林森,副主任朱念祖、蒋举清,办事员王洪身、秦广礼、张鲁泉、王杰、郭同、覃振、邹鲁、吕志伊、金永昌。

交际科主任李肇甫,副主任王法勤、陶保晋。

会计科主任杨铭源,副主任张浩、彭汉遗,办事员卢信、杨渡、方潜、宋渊源、刘冠三、周之翰、李式璠、蒙经、张大义。

庶务科主任牟琳,副主任李有忱、张我华,办事员张书元、董耕云、郑林皋、焦易堂、陈策、陈蓉光、刘奇瑶、祁连元、张树楠。

该党在宪法问题上主张两院制和地方分权,在宪法中规定省制大纲,省长民选。与研究系对立。

宪政商榷会在国会中拥有近 400 个议席,是国会中的第一大党,但组成人员复杂,分三个大派系。

(1)客庐派。这是国民党中的稳健派,以前拥护宋教仁,此时以张继为领袖。张耀曾、谷钟秀、杨永泰、李肇甫、褚辅成、王正廷、吴景濂、吕复、文群、彭允彝、欧阳振声等为骨干,约有议员 270 余人。它又包括谷钟秀、王正廷、吴景濂为首的 3 个小派别。张耀曾为司法总长,谷钟秀为农商总长。

(2)丙辰俱乐部。其骨干是中华革命党议员,是国民党中的急进派。其骨干为林森、居正、田桐、叶夏声、马君武、白逾桓等。有议员近 60 人。由于孙中山一开始就主张在第一次世界大战中保持中立立场,故丙辰俱乐部不但反对对德国宣战,而且反对对德绝交。

　　（3）韬园系，此系以原进步党分化出来的孙洪伊、丁世峄、温世霖等为首领。袁世凯帝制运动初期，这些人即公开宣言反对帝制，南下赴沪，与国民党取一致行动。南北统一，国会恢复，论功论才，孙洪伊入阁任内务总长，丁世峄为总统府秘书长。其骨干为王乃昌、萧晋荣、彭介石、牟琳、郭同、汪彭年、龚焕辰等。共有议员近60人。力主冯国璋为副总统。

　　由于宪政商榷会由上述三派合并而成，成员复杂，思想不统一，结合自难长久。韬园系因内务总长孙洪伊与国务院秘书长徐树铮矛盾和冲突，及后来段祺瑞将孙洪伊免职，韬园系和丙辰俱乐部联合起来支持孙反对段祺瑞和徐树铮。但客庐派因张耀曾、谷钟秀入段阁，对段阁采取了支持的态度，对韬园系和丙辰俱乐部反段不支持，而是冷眼旁观。这就使客庐系与韬园系及丙辰俱乐部分歧加深。这是导致宪政商榷会分裂的重要原因。丙辰俱乐部又以谷钟秀本以浙江小吏起家，表面上与国民党接近，而实际行动上往往又反感国民党的激烈行动，而对谷不满。这样，三派互相矛盾，导致了宪政商榷会无形中解体。

　　1916年10月国会补选副总统，以孙洪伊为首的韬园系及客庐系的吴景濂一派主张选举冯国璋为副总统，以图抬出冯国璋来抵制段祺瑞。谷钟秀、张耀曾等则反对选冯国璋为副总统，主张在南方人物黄兴、陆荣廷、岑春煊、蔡锷、蔡元培中选出1人为副总统。双方争执不下，结果决定在宪政商榷会内部预选。当日参加预选会的180余人，陆荣廷得120余票定为候选副总统。但拥冯的秦广礼、刘恩格等人大为恼火而当场激烈反对，起而动武，相互扭打，茶壶茶杯乱飞。这一闹剧结束后，反对冯国璋主张陆荣廷为副总统的谷钟秀、张耀曾等对吴景濂等不按党内决议，仍投冯国璋的票十分不满。于是脱离客庐系而组织政学会。1916年11月政学系正式成立。王正廷、龚政、吕复、褚辅成、吴景濂也于1916年11月将客庐系改为益友社。这样宪政商榷会由三派变为四派。丙辰俱乐部与韬园系政治主张相近，不久又合组民友社。宪政商榷会遂完全消失。

（4）政学会。1916 年 11 月 19 日政学会正式成立,取该名的意思是入会者人人都要努力学习政治。以研究政务,实行改进为宗旨。政治方针规定为 6 条:1. 对于政权取恬静主义。2. 对于政治取稳健和改进主义。3. 对于政府取劝告、监督主义。4. 对于各政团取亲善联络主义。5.对于会务取公开主义。6. 对于会员取平等主义。可见政学会是一温和折衷的政治团体。会员无入会手续,无拘束,合则来,不合则去。政学会推张耀曾为主席,谷钟秀、钮永建为副主席。干事有李根源、韩玉辰、文群、李述膺、徐傅霖、杨永泰、李肇甫、彭允彝、骆继汉、郭椿森、曾彦、周之翰、金兆棪。干事多为欧事研究会会员,同时还是西南护国运动时军务院的成员,故时称"军务院派"。

政学会议定几条原则:1. 政学会仍为国民党的一部分。2. 拥护孙中山、黄兴两先生。3. 奉行三民主义。4. 拥护共和、实现宪法。5. 成员以国会议员为主,非议员不吸收。只有钮永建一个人不是国会议员,是个例外。正因为这几条原则,政学会与国民党及其演变而成的商榷系仍有相当的联系,仍属国民党系。它仍坚持两院制和地方分权,主张地方制度入宪法,省长民选。主张国会取两院制。这些均与商榷系主张相同而与宪法研究会对立。但政学会支持段祺瑞内阁,主张对德、奥断交和宣战。但向段提出政学系帮忙参战案通过国会的条件是以岑春煊为四川督军,为段所拒。后又提出李经羲为四川督军,又因李不就职而作罢。但政学系支持对德宣战的态度始终未变。直至1917年 5 月 10 日皖系军人策划公民团围攻议会,欲迫使议会通过对德宣战案,谷钟秀、张耀曾宣布辞职。5 月 16 日,孙中山致电民友社、政学会、政余俱乐部及国会两院议员,要求否决对德宣战案,政学会才放弃对段阁支持。

（5）民友社。宪政商榷会中的客庐系因其成员谷钟秀、张耀曾入阁而对段祺瑞内阁采取支持的态度。丙辰俱乐部和韬园系则因政争逐渐走上反段阁之路。这样,丙辰俱乐部和韬园系与客庐系发生分歧和矛盾。韬园系的领袖孙洪伊因与段祺瑞及其心腹徐树铮的矛盾与冲突,于1916年11月20日被解除了内务总长之职。孙回到国会后即策划推倒段内阁,被段祺瑞以武力逼走。韬园系另一位领袖丁世峄也在段祺瑞及其心腹徐树铮的逼迫下,于1917年2月5日被迫辞去了总统府秘书长一职。丁回到国会,统率与整顿韬园系,使韬园系党势大增。为了推倒段内阁,韬园系与丙辰俱乐部马君武、温世霖一道,将韬园和丙辰俱乐部合并为民友社,与客庐分道扬镳。民友社是坚定的反段派。不但反对对德宣战,而且反对对德断交,是国会中最活跃的政党之一。其机构设置如下。

总务科主任萧晋荣,副主任吴宗慈、周震麟。

文书科主任马君武,副主任叶夏声、覃寿公。

交际科主任温世霖,副主任王乃昌、彭介石。

会计科主任白常洁,副主任张大昕、杨树璜。

庶务科主任王湘,副主任张善与、丁象谦。

地方科主任张书元,副主任李国定、曹振懋。

审计科主任陈嘉会,副主任龚焕辰、陈懋鼎。

参议院院内干事:万鸿图、彭介石、赵时钦、张我华。

众议院院内干事:李有忱、王玉树、王乃昌、吴宗慈、叶夏声、彭汉遗。

政团宪法协商会代表:叶夏声、王试功、曹振懋。

(6)益友社。政学会分出去之后,商榷系已完全分裂,名实皆亡。1916年11月,张继、吴景濂、王正廷等宪政商榷会中客庐的骨干亦将客庐改组为益友社。其骨干为龚政、吕复、褚辅成、彭允彝。益友社基本上是主张对德宣战的。

(7)政余俱乐部。由于益友社的王正廷、褚辅成受孙中山和民友社反对对德宣战的影响,也反对对德宣战,而脱离主张对德宣战的益友社,于1917年5月6日正式成立政余俱乐部。其骨干还有胡汉民、彭允彝、吕复、陈独秀等。益友社再度分裂,力量大减。益友社的首领张继因积极主张对德宣战,与国民党的领导人孙中山意见相左。孙中山

议员未当选以前的规定,亦不适用议员兼国务员的情况。并援引英国议员兼任各部大臣之例。商榷系议员骆继汉等发言坚持此主张,商榷系议员吕复、褚辅成提出《修正议员选举法第 7 条第 2 款》案,将《众议员选举法》的有关条款修改为议员可以兼任国务员。研究系议员持前一主张,商榷系议员持后一主张。两派激烈争论,相持不下。最后议长只好以谷钟秀、孙洪伊的辞职书付审查进行表决,多数赞成,可决。于是由议长指定张伯烈、陈光第、赵炳麟等 13 人组成的审查会进行审查。

8 月 29 日,审查会开会审查。有 6 名审查员主张议员可兼任国务员,有 6 人主张议员不能兼国务员。到底能否兼任,最后取决于审查长张伯烈的意见。属研究系的张伯烈是主张不能兼的,但他却不发表意见。其目的是使审查会不能就谷钟秀、孙洪伊的辞职问题做出结论,审查会自然也就无法向众议院大会提出审查报告。这样,众议院若再开会通过阁员提名时,以谷、孙议员资格尚未确定为由,阻止众议院通过对谷、孙的阁员提名。中国官场上的权谋让这些政客发挥得淋漓尽致了。

8 月 30 日众议院常会,国务总理段祺瑞到院,除准备介绍军事与外交事件外,还准备介绍 8 总长之履历,以便众议院追认。众议院拟变更议事日程,将追认 8 国务员案提前议决。但由于 8 月 28 日大总统的咨文而生争议。其咨文为:"查国务总理段祺瑞现在业经就职,其余各国务员自应依照《临时约法》第 34 条,咨请贵院同意。兹于本年 6 月 30 日,特任唐绍仪为外交总长,陈锦涛为财政总长,程璧光为海军总长,张耀曾为司法总长,7 月 12 日特任孙洪伊为内务总长,范源濂为教育总长,许世英为交通总长,8 月 1 日特任谷钟秀为农商总长。除由国务总理出席说明外,相应咨请贵院依法办理。再,国务总理段祺瑞久任陆军总长一职,即由该总理兼任,以资熟手,不再另行提出,合并声明。"①

咨文中最后一句在众议院引起争议。多数议员认为咨文不明了,到底陆军总长需不需要请求同意,不明确。于是产生三种意见。甲派

---

① 《申报》1916 年 9 月 4 日。

主张即有咨文到院,应即日投票。这一派的真实意图,以议员兼任国务员为最满意,至少必须二者得其一。如得多数同意即为国务员,否则仍不失为议员。故主张先投票后解决辞职问题。乙派主张咨文之尾于总理兼任陆军总长不再提求同意为违法,应将原咨退回。这一派的真实意图是希望孙洪伊、谷钟秀的议员资格失去,国务员资格亦失去为最满意。将咨文退回,先讨论议员资格,自然该辞去。然后再投国务员票,否决孙、谷二人的提名,使其失去国务员资格。丙派主张,此案并未列入今日的议事日程,今日自不必遽行投票。至兼任是否须求同意,法律上并无明文规定,应查照先例。昔日熊希龄兼任财政总长时是如何办理的。三派争论了一个多小时。先由议长令秘书厅检查文卷,将关于熊希龄兼任财政总长并未再请求国会同意的情况报告,则如今段总理之兼陆军总长亦不另求同意。丙派闻之自然满意,甲派自然也满意,但乙派仍说法律问题不可拘于先例。甲派则说不妨一面投票一面请总统补提陆军总长为第 2 次阁员之同意。两派相持不下,结果只好付表决,结果赞成咨请总统补提陆军总长交院同意者多数①。

9 月 1 日,众议院常会,议程中的第一案即为《特任唐绍仪为外交总长,陈锦涛为财政总长,程璧光为海军总长,张耀曾为司法总长,孙洪伊为内务总长,范源濂为教育总长,许世英为交通总长,谷钟秀为农商总长咨请同意》案(大总统提出),同时黎元洪大总统将《特任段祺瑞兼陆军总长咨请并案同意文》送到众议院。议长先以同意文与第一案并案付表决,多数赞成。

张伯烈发言说:"孙洪伊等辞职一案,既有人提议,本席对于此案亦略有讨论。孙君既就内务总长之职,当然辞去议员一职。但既经提出辞职书于议会,就应俟议会解决后始可投同意票。此案正在审查中,忽而孙君又提出取消前次之议员辞职书,申明不就内务总长之职。取消之函尚未报告解决,忽而又以任为内务总长之公文提出国会,是将此

---

① 《申报》1916 年 9 月 4 日。

做议员与任总长之事视同儿戏。谷钟秀、张耀曾君虽一就职一未就职，然其为阁员之命令既经政府揭出，亦当然辞议员之职。谷虽有解职书，审查会尚未解决，张并则辞职书亦无之。所以本席主张除其他提出之阁员，皆可今日投同意票外，其孙、谷、张三君俟解决辞职案后投之。本席对于孙、谷、张非有攻击之意，以为三君如欲充议员，则须坚决辞去各总长之职，同人等自当玉成其高尚美德，遂其为议员之志。三君如欲做各部总长，则须坚决辞去议员之职，同人等自当以多数同意赞成，遂其展舒怀抱之志。如两方去就不明，始而恐做总长不成，继而又恐做议员不成，瞻前顾后，一脚两船，在孙、谷、张三君虽无以议员兼阁员之意，而自他人视之，孙、谷、张似近于患得患失，乞其余不足又顾而之他之龃龊小人。爱三君实所以毁三君也。加之国民方面观察，以议员而做阁员已失人民代表之信仰，既做阁员而又不舍议员，则人民代表之信仰更觉扫地。前袁大总统时代，共和中含有专制，尚无为阁员者不辞去议员或以阁员兼议员之事。今真正共和时代反有此种事实发生，则人民尤不相信民党之爱国心也。诸君当知君子爱人以德。"①

显然，这是一篇经过精心准备的演说，也是一篇淋漓尽致的党派之间相互攻击的发言。但毕竟国民党系议员在众议院占多数，孙洪伊一派背叛进步党加入国民党营垒，自然增大了国民党系的力量。故张伯烈动议变更议事日程先解决谷钟秀、孙洪伊，张耀曾3人议员资格事件后再投同意票，经表决只有20余人赞同，遭否决。于是仍按议事日程开议第一案。

国务总理段祺瑞介绍8国务员履历：唐绍仪留学美国，前清时曾充外务部侍郎，做过天津海关道，历办交涉，颇有成效，民国元年曾任内阁总理，故任为外交总长。孙洪伊，前清秀才，顺直咨议局选为常驻议员，宣统二年为缩短立宪，又充直省请愿代表，民国改革，又充进步党副理事长，故任为内务总长。陈锦涛，前在美国大学 留学，于财政极有经验，前清曾充任大清银行监督，民国时代又充任欧美财政员，民国2年

---

① 《盛京时报》1916年9月5日。

曾充司法总长,故任为财政总长。程璧光留学英国,回国历任海军要职,历充海圻、海容及其他各舰长,故任为海军总长。张耀曾留学日本,并充国立北京大学法律教授,极富法律专业知识,故任为司法总长。范源濂留学日本,学识宏富,前又做过教育次长、教育总长,故此次仍任为教育总长。谷钟秀前在日本早稻田大学毕业,学识宏富,后又当咨议局议员,民国改革又当过众议员,故任农商总长。许世英在前清曾任大理院长,在刑部当过司员,民国2年又做过司法总长,还做过巡按使,故任为交通总长。特请贵院同意①。

段祺瑞介绍后即开始以连记无记名投票法投票表决。投票结果:共投票455张,名片455张。

外交总长唐绍仪379票　　财政总长陈锦涛391票

海军总长程璧光276票　　司法总长张耀曾357票

内务总长孙洪伊345票　　教育总长范源濂439票

交通总长许世英284票　　农商总长谷钟秀277票

陆军总长段祺瑞432票

各总长的同意票均过投票总数之半,多数,通过。

9月4日下午,参议院常会,议程上第一案即为《追认全体国务员同意案》。国务总理介绍各国务员的履历后,由于是众议院通过之后移送的案,参议院只能表示同意与不同意,无需讨论。于是立即以连记无记名投票法投票。共198名参议员投票198张,结果:

外交总长唐绍仪184票　　财政总长陈锦涛174票

海军总长程璧光139票　　司法总长张耀曾170票

内务总长孙洪伊158票　　教育总长范源濂184票

交通总长许世英145票　　农商总长谷钟秀137票

陆军总长段祺瑞186票

均过半数,通过。

①　《申报》1916年9月7日。

从参、众两院投票情况看,国民党系议员在两院中占多数。但国民党国务员得票反而少,尤其是谷钟秀、陈璧光得票均低于段祺瑞的亲信官僚许世英。这种现象与当时国民党一些议员中流行的为官即是对国民党的不忠,是对革命的背叛的思想密切相关 。后来的宪法二读会中删去议员可兼国务员都是出于这种思想。这当然是不符合议会政治精神的。英国的内阁成员基本上都是由多数党议员兼任的,个别的例外,但少见。这样可使内阁成员先当议员,接受正式的民主训练。这对内阁成员防止独断专行是有益的。它可增强内阁成员的法制观念和民主观念,可增强政府对议会的影响力,避免国会与内阁的对立。

由于以张勋为首的督军团一直通电反对唐绍仪就任外交总长,唐绍仪北上到天津后就一直未敢贸然进京就任外长一职。后来又返回上海,坚辞外交总长一职。唐绍仪在其被任命为外交总长后一直未上任,由陈锦涛兼任。但陈一再提出辞去兼外交总长一职。这样1916年10月初,黎元洪又提名陆徵祥为外交总长。10月3日众议院常会将《拟任陆徵祥为外交总长咨请同意》案列入当日的议程第一案。国务总理段祺瑞到院介绍陆的履历:陆君久任公使,并三次为外交总长,外交上声望极重,心思极细,实为外交上不可多得人材,望贵院即予同意。段祺瑞介绍后,当即有议员质问段:今日提出之陆徵祥是否即系洪宪国务卿之陆徵祥抑系另有一人? 段祺瑞无可置答,遂微笑点头,悠然退席①。

当即用无记名投票法表决,结果,出席议员388人,投票388张,同意票189张,不同意票198张,废票1张。同意票未过半数,否决。

陆徵祥的外交总长的提名被否决,自然很正常。陆以前任外交总长时,对俄、对日交涉失败,国人记忆犹新。袁世凯称洪宪皇帝的1916年1月1日至3月23日,陆徵祥任国务卿,与洪宪同始同终。陆若再担任外交重任,不但令国人不放心,而且这么一个与帝制关系如此深的

①　《申报》1916年10月10日。

人被重用,真是贻笑中外。陆徵祥能在众议院的表决中得票189张,也不算丢面子,甚至可以说比较风光了。这一方面表明议员中与帝制派有瓜葛的不在少数,另一方面也可能陆只是一个职业外交官,无党无派,即便为帝制派,其政治色彩也还不是太浓的。

督军团的张勋却立即通电指责国会否决陆徵祥为外交总长的提名,并致电政府任命陆徵祥为外交总长,无须通过国会。张这个复辟狂真有强烈的表现欲望,似乎他才是国家的主宰。

10月中旬,政府又提名汪大燮这个与洪宪帝制关系极深的人为外交总长。汪自知与洪宪帝制关系深,又有陆徵祥因与洪宪帝制关系深而被众议院否决的前例,自知难通过国会,故表面坚辞外交总长之提名,以便提名被否时有台阶下。10月17日众议院常会,将《拟任汪大燮为外交总长咨请同意》案(大总统提),列为当日议事日程中的第一案。国务总理段祺瑞出席介绍汪的履历:汪大燮在前清时曾任邮传部章京,曾任英日公使,为人细致有才干,为外交总长难得之人材;或疑其前任参政院副院长时,列名推戴帝制,此举非出其本心,将为保全今大总统起见。若汪君不能忍辱含垢,勉为此举,则今大总统断断不能自脱。故推戴书上呈后,即翩然远行。时势所迫,应为众谅。今外交事件积压甚多,险象环生,甚望贵院即于同意①。

段在此极力为汪洗刷帝制嫌疑,但越洗越勾起人们的回忆。1915年9月1日参政院再次代行立法院职权开会后,参政院院长黎元洪因不赞成复辟帝制,辞参政院院长职,并不再出席参政院的会议,参政院便由副院长汪大燮主持。作为复辟帝制的总代表的参政院,对袁世凯一再劝进,汪大燮怎么能脱得了责任呢? 故段的这番为汪洗刷的话自然适得其反,越洗帝制的嫌疑越大。众议院用无记名投票法表决,结果,在场议员投票共445张,同意票219张,不同意票226张,否决。

外交总长一职关系重大,不能久悬。各省督军、省长中关心外交者

①　《申报》1916年10月23日。

总长人选,而让教育总长范源濂兼任内务总长。

由于财政总长陈锦涛、次长殷汝骊涉嫌受贿被起诉,1917年4月18日财政总长、次长均被免职。段祺瑞提名李经羲为财政总长。

4月27日,众议院常会,当日议程只有《拟任李经羲为财政总长咨请同意》案(大总统提出)。议员李肇甫动议:现在之同意案暂不投票,俟各辞职之国务员及现在之缺额同时投票。吕复赞成,认为现在各国务员十缺五六,似此东拉西扯、枝枝节节之办法,实近于敷衍现状。且每次提出1人,其政见是否与总理相符,亦不可得而知。故不若俟各部国务员问题解决后同时提出,再求同意,庶可宣布政见于国人①。张伯烈以本日议事日程只此一案,议事日程无法变更为由来反对。李国珍也以议事日程只能变更不能废弃为由反对。陈时铨等坚持既然有人提出动议,又有附议,自然应付表决。于是议长以李肇甫的动议付表决,在席议员419人,起立赞成者85人,少数,否决。

于是由国务总理段祺瑞介绍李经羲的历史:李氏前清历督云贵各省,声绩卓著,而于财政上亦有绝大经验。现在财政人才缺乏,故将李氏提出,务求同意②。接着以无记名投票法投票,结果:在席议员432人,发出票数432张。但检得票数427张(有5人未投票),同意票260张,不同意票160张,废票7张。同意票超过在席人数之半,通过。

5月1日参议院常会,第一案为《特任李经羲为财政总长咨请同意》案。国务总理段祺瑞出席介绍李经羲的履历后,即开始以无记名投票法投票,结果:出席议员207人,除议长不投票外,实发票206张,名片与票数相符。同意票为164张,不同意票39张,废票3张。同意票过半数,通过。但李经羲一直未就任财政总长一职。

由于对德宣战问题,总统府和段祺瑞产生对抗。黎元洪5月23日免去段祺瑞国务总理兼陆军总长之职,令外交总长伍廷芳暂行代理国

---

① 《申报》1917年4月30日。
② 《盛京时报》1917年5月1日。

务总理,张士钰代理陆军总长。黎元洪又提名李经羲任国务总理。

5月27日,众议院常会,开议大总统提出的《拟任李经羲为国务总理咨请同意》案。由于罢免段祺瑞,引发政潮,北洋系大部分省的督军已宣布独立,脱离中央,政局混乱。新国务总理为各方所瞩目,旁听席人满为患,后来者多在旁听席后站立,旁听者共有五六百人之多。其中男女外宾及新闻记者不少,会议盛况空前。由代理国务总理伍廷芳在其子伍朝枢的扶掖下至演坛,议员们鼓掌欢迎声达场外。伍代总理说明李经羲历史:李君经羲,在前清时代曾任贵州巡抚、广西巡抚、云贵总督,政绩卓著,名噪一时;且曾编制新军,注重学务,培植人才甚多,故李君于政治、军事、学识、经验均极富,以之充任国务总理必能宏济时艰,维持大局。况曾任李君为财政总长亦得两院诸君通过。此次拟任总理,望诸君同意①。伍代总理说明毕即退席。台下鼓掌之声又起。历来国务总理、国务员出席国会,没有出现过像这次议场上一致热烈欢迎和欢送伍公的场面。接着用无记名投票法投票。结果:投票总数463张,同意票388张,不同意票63张,废票12张。同意票过半数,通过。众议院再将此案移送参议院。

5月28日参议院常会。议长王家襄报告说本日议事日程乃上星期六所发,而昨日之国务总理同意案已经众议院通过,移交本院。本席认为事关重要,按照《议事细则》第3条之规定提前投票②。众无异议。议长又问尚须国务员出席说明李经羲的历史否,众说不必。于是开始用无记名投票法投票,结果:在场议员包括议长共196人,除议长不投票外,共投票195张,同意票166张,不同意票25张,废票4张。同意票过在场议员之半数,通过。

5月28日,大总统黎元洪正式任命李经羲为国务总理。但李经羲并未就国务总理之职。

---

① 《申报》1917年5月30日。
② 《申报》1917年5月31日。

六、国会与府院之争

议会是各种政治势力的代表云集与争斗的场所。政治生活、社会生活中的各种矛盾与大的争斗自然要反映到议会的斗争中来。当时的府院之争自然也引发国会两派的争斗。

如本书的南京参议院一章中所指出，《临时约法》规定的并不是纯粹的责任内阁制，而是总统、内阁混合制，对总统与内阁的权限界定不清，导致府、院权力的大小因人而异。强势人物袁世凯为大总统时，独揽政权，大总统的权力很大，国务院只能听命于袁。黎元洪任大总统时，国务总理段祺瑞独揽大权，内阁的权力很大。段以责任内阁为幌子，不让黎参与国事，只把黎当作盖印的工具。出现"发一令总统不知其用意，任一官总统不知其来历"的现象。府院冲突自然难于避免。袁世凯与唐绍仪私人关系那么深，也因府院冲突使得唐愤而辞职。黎与段并无私交，段又是一个权力欲极强的人，府院冲突就更加不可避免和更加尖锐。

袁世凯死后，段祺瑞立即起用其亲信徐树铮为国务院秘书长。徐是一个惯要权谋的政客，恃才自傲，目中无人。狡黠专横有袁世凯第二之称。徐是段祺瑞的谋士与第一心腹，段无徐则无法办事。段又是一个疏于办具体事务的人，将很多事情交给其亲信去办理，且恪守"用人不疑"的古训，向来放手让亲信全权办理所托的事。这种放手到了毫无节制的地步。即对亲信毫不约束，亲信出了错误总是百般庇护。徐树铮仗着段祺瑞的倚重，更是飞扬跋扈。段祺瑞的很多政敌其实都是其亲信部属树的。鉴于此，袁世凯在取消帝制恢复国务院以段为国务总理时，就拒绝过段要让徐树铮为国务院秘书长的要求。徐树铮从来就不把黎元洪这个大总统放在眼里，常常连最起码的表面上的客气和尊重都没有。故黎元洪一开始坚决反对段祺瑞让徐树铮出任国务院秘书长。但段非坚持以徐为国务院秘书长不可。在徐世昌和总统府秘书长张国淦的反复调解下,黎有条件地同意了徐出任国务院秘书长。条件就是黎每次见徐树铮必须张国淦在场。

1916 年 8 月 1 日,张国淦辞去总统府秘书长职务,由韬园系的参议员丁世峄接任。丁世峄接任后,看到国务院权力过大,大总统只是一个傀儡,故力主提高大总统的地位。于是丁世峄提出了一个总统得出席国务会议,参与国政的办法。但立即遭到段祺瑞的强烈反对,并以请假不上班来压府方。这样,黎元洪只好又请出北洋元老徐世昌来调解府院矛盾。在徐的调解下,府院双方划定了权限:1. 凡载在约法属总统特权者归府主持,由国务员照例副署。2. 凡属行政范围概归院主持,由总统照例裁可,不必再与以何等之难驳。3. 凡重要国政及兼涉府院者,由院与府再议办法,双方不得有所专擅,亦不得有偏执①。以后府院又商定了一些相互间的办事细则。这样,府院间的矛盾得到缓和。

府院的权限并未严格界定,府院之争很快又因内务总长孙洪伊与段祺瑞、徐树铮的矛盾再次爆发。

孙洪伊为清末立宪党激进派的领袖,1913 年加入进步党,袁世凯称帝后转向国民党阵营,国会恢复后为商榷系中韬园派的首领。国民党此时的策略是联合冯国璋的直系对抗段祺瑞。孙洪伊与冯国璋又都是直隶人,有同乡之谊,二人关系密切。孙利用内务总长的特殊身份为冯运动副总统。这样,韬园系最先在国会中提出速选举副总统案。黎元洪此时也采取拉直系对抗皖系的策略,故十分看重孙洪伊与冯国璋的特殊关系及孙在国会中的影响。直系与皖系是北洋军阀中两支势均力敌的大派系,只有得到直系的支持才能对抗段祺瑞的专权。故黎元洪极力拉孙洪伊入阁以自重。孙也是一个恃才自负的人,入阁后很快就与段祺瑞及其心腹徐树铮产生了矛盾。

1916 年 7 月 6 日,黎元洪发表了陆荣廷取代龙济光为广东督军的

---

① 《申报》1916 年 8 月 29 日。

命令,以图尽早结束广东的军事冲突。龙济光不愿离开广东,并同护国军进入广东的李烈钧部发生冲突。国务会议在讨论如何解决广东问题时,本来国务会议时国务院秘书长无发言权,但徐树铮不顾自己的身份,在国务会议上建议电令闽、粤、湘、赣四省的北洋军出兵援助龙济光、讨伐李烈钧。作为国民党系的孙洪伊自然反对徐的这一建议,并指出徐在国务会议上无发言权。这自然引起徐对孙的不满与敌意。徐在得到段祺瑞的支持后,私自拟就讨伐李烈钧的命令到总统府盖印。黎不同意这一命令,未盖印,故未发表。但徐又以国务院的名义下令闽、赣两省出兵。直系的江西督军李纯回电,以江西兵力单薄,只能派兵防守赣粤边境,不能越境进攻为由,婉拒出兵广东。国务员看见此电后才知道,徐没取得内阁的同意竟擅自发出如此重大的命令,很不满。孙洪伊当面指责徐越权。两人当时即为此事争吵起来。徐以攻为守说孙勾通报馆、泄漏国务院秘密并从中渔利来攻击孙洪伊,以摆脱困境。孙、徐关系进一步恶化,形同水火。

按规定,任免县以上的官吏,须经国务会议讨论,主管内务部的内务总长必须副署。但徐不经过国务会议,又不经内务总长,擅自以政府的名义任命郭宗熙为吉林省省长。徐还不经过国务会议,给参议院发咨文答复参议院对福建省长胡瑞霖在湖南财政厅长任内的劣迹的查办案,为已投靠皖系的胡百般辩护。孙洪伊以此事关系重大,徐破坏了内阁制度,侵犯了内阁的权力,当面质问段祺瑞:凡与各省民政长官有关的问题,内务总长是否无权过问?院秘书长是否有权擅自处理?由于徐的行为露骨地侵越权限,段无法为徐开脱,被问得哑口无言。孙洪伊对徐的横行霸道的行径深恶痛绝,起而与徐斗争,以打击徐目无内阁的嚣张气焰。孙于8月30日提出辞内务总长职,并致函国会,收回其议员辞职书,仍回议会。由于错在徐树铮,无可掩饰,段只好派交通总长许世英往孙宅挽留孙,并将孙的辞呈送还。孙洪伊同意不辞职,但条件是必须对秘书长的权限做出明确的规定。内阁中其他成员对徐树铮独断专行、侵犯内阁的权力也十分不满,故支持孙的主张。国务会议很快通过了在国务院秘书厅规则中加入对秘书长职权限制性条款:1.承总理之命,掌管秘书厅事务。2.经国务会议决定之案,不得擅自更改。3.公文命令,非得总理及负责总长之副署,不得发行。另外还规定:凡是政府答复国会的质问案,均须由主管部起草;政府命令,须由国务员副署后送府盖印发表①。孙洪伊争得这些后才复职。这一事件是对段祺瑞、徐树铮专权的一次打击,徐、段自然更是憎恨孙洪伊,随时准备反击。

袁世凯搞独裁复辟帝制时,对各部的官制进行了大修改。恢复《临时约法》后,内阁开会议决暂行适用民国元年的官制,各部开始整顿部务。9月8日,内务部以部令改组内务部机构,裁减人员。孙洪伊将内务部中袁世凯时代的旧职员裁撤,换上了本派系的人员。被裁撤的人员大多与北洋派高级官员有各种联系,事情很快就捅到段祺瑞那里,段、徐决定借此机会来打击孙洪伊。在徐的煽动下,被裁减的内务部职员祝书元等28人向平政院起诉,控告孙违法。徐运动平政院于9月21日受理了这一起诉,并限孙洪伊5日内提出答辩。孙指责平政院违法受理该案,拒绝答辩,并呈请大总统咨询国会。由于有段祺瑞的支持,平政院10月7日做出缺席裁决,取消内务部部令,准被解职人员仍回内务部供原职。出现类似情况的还有交通部被裁职员罗国瑞等9月26日向平政院提起行政诉讼,平政院亦做出了同样的裁决。交通总长陈锦涛接受了这一裁决,孙洪伊则拒绝接受这一裁决,并呈大总统,不承认平政院的这一裁决。段祺瑞、徐树铮则利用此事欲将孙洪伊驱逐出内阁。徐征得段的同意后未经国务会议讨论,即拟就一道按平政院裁决书执行的命令送总统府盖印。孙洪伊拒绝在这一命令上副署,并呈请大总统将此案提交国会审议。于是黎元洪拒绝盖印。这样,府院在这一问题上再次陷入僵局。

整顿部务,本来是经国务会议讨论决定的,此事不应成为一个大问

---

①　王彦民:《徐树铮传》,第32页。

题。段、徐之所以借机做文章,完全是为了将孙洪伊驱逐出内阁。因孙掌管内务部,掌握着国内各派的幕后活动,尤其是孙通过本派将段、徐操纵徐州会议的黑幕透露出来,对段、徐打击很大,使段的威信大降,严重危及到北洋集团的利益,段决心将孙逐出内阁。10 月 18 日,徐树铮将段祺瑞的"孙洪伊着即免职"的命令让黎元洪盖印,为黎所拒。

　　研究系也想借机与段祺瑞联手将孙洪伊逐出内阁。一是孙背叛进步党加入国民党系,拉走进步党系一批议员转入国民党系,故对孙洪伊耿耿于怀;二是第一班参议员改选在即,研究系为了改选中获胜,对内务总长一职觊觎已久,想将孙推倒,换上本派的人执掌内务部。9 月 24日研究系的机关报《晨钟报》刊文攻击孙洪伊裁撤内务部职员违法。10 月 23 日,研究系的首领、众议院议长汤化龙亲往总统府面黎,向黎施加压力,让其同意免去孙洪伊内务总长职。于是,围绕着府院在这一问题的斗争,在国会中引发了拥段反孙和拥孙反段二派议员的争斗。10 月 24 日,支持孙洪伊派的众议员王玉树、秦广礼、温世霖、吕复、褚辅成等 27 人就国务总理径自呈请罢免国务员是否合法一事,在众议院提出质问书,说:"断无以国务总理请将国务员免职之理。即有政见不合而起内讧,总理不能维持,亦惟有内阁自行解散,未有由总理请将一部之阁员免职以维持内阁者。如其有之,则是破坏《约法》之尊严,蔑视国会之职权,侵犯同僚之责任。"①支持孙洪伊派议员欲借助国民党系在国会中的优势,争取将内务部诉讼案及所引发的法律纠纷在国会中解决。而支持段祺瑞派的议员则坚决反对这种作法。11 月上旬,众议员吕复等提出政府关于平政院裁决案不交院解释质问书。拥段派议员金鼎勋等以国会有可否法律之权而无解释法律之权提出反驳书,极力主张取消吕案。国民党参议员张我华等提议咨请政府将此次关于内务部行政诉讼所援据之法律交国会解决案。拥段派参议员王靖方等又针对张的提案,提出商榷书,以国会无解释法律之权,从法律及各国惯

例的角度逐条批驳张案,以全面否定张案。11 月 7 日,参议院常会,对张我华案进行一读。尽管《临时约法》没有明文规定解释法律之权属于何机关,但各国惯例,法律的解释权大多属最高法院,故表决时,赞成张我华案者少数,张案被否决。

10 月 24 日,一向很少入总统府的段祺瑞前往总统府面黎,要求黎在免孙洪伊的命令上盖印,并以不免孙职即免段职要挟。按说,孙洪伊是按国务会议的决定下令改组内务部的,段此时又认平政院的裁决为有效,则段自身亦应负违法的责任。为将孙逐出内阁,段也顾不上这些,可见段驱孙的决心之大。在段的当面追逼下,黎元洪答应劝孙洪伊自动辞职,而不同意下免职令。段又拟令孙洪伊就任水利局总裁之职。黎元洪也劝孙先就任该职,内务部暂不开缺,等待徐世昌入京调解府院矛盾。孙洪伊自认无错,孙派国会议员也反对孙忍辱负重,反对孙辞职。孙依仗国会议员的支持,坚持不自愿辞职,也不当水利局总裁。黎元洪曾打算请徐世昌出来组阁,但北京政权控制在段手中,徐在试探直系,希望直系支持自己组阁,但冯国璋未置可否。徐知自己毫无实力,又得不到直系的支持,于是放弃组阁的打算,只好以调解人的身份入京调解府院冲突。

府院之争愈演愈烈,国会两派的争斗也日益激烈。11 月上旬,众议员吕复等提出查办徐树铮案,连署议员 60 余人。查办案说:"徐树铮为淮上郾夫,略识之无,粗通军事,诩诩然自命为奇才",实为"段总理之嬖幸及罪大恶极较刘瑾、魏忠贤尤甚"。并列举徐树铮的七大罪状:1. 不经国务会议,自拟命令,挟制总统盖印,离间府院感情。2. 将平政院裁决掺入赏勋命令中,让总统盖印,朦混公事。3. 侵权违法,参与国务会议讨论。4. 擅发军令,破坏大局。5. 操纵徐州会议,煽惑军人干政。6. 反对中行兑现,扰乱金融。7. 不经主管部,越权具文答复参议院查办胡瑞霖案。[①] 拥段的众议员张伯衍、杨润则提出反对查办徐树

---

① 　《盛京时报》1916 年 11 月 16 日。

铮意见书,说:"徐在乡里,素重义气,颇近于豪侠一流。其幼年熟读书史,下笔千言,故一时文名大噪。弱冠投笔从戎,由日本士官学校卒业,后尤长于军事学识。段总理爱其才,留入幕中有年。自辛亥改革,段以军人领袖请愿共和迄去岁反对帝制,虽系段公卓识,亦徐君赞襄密勿之力居多,是为段公信任徐君之始。夫岂区区乡曲鄙夫,略识之无,粗通军事者所能肩此任哉?""刘瑾、魏忠贤为倾覆明社之奸珰,比徐为奸珰,则嬖幸徐君之总理亦即与嬖幸奸珰之明熹宗相等矣。其污蔑秘书长实欲污蔑我总理也"①。同时拥段派众议院郭章鋆等也提出反对查办徐树铮书,说吕复提出国务院秘书长徐树铮七大罪状咨请总统查办案,"以虚张夸大之词为咨请查办之资料,于现行法规上实属毫无根据……揆之提出原案之本意,无非以近日府院意见之不调,归咎于国务总理,因而迁怒于该秘书长。不知府院意见之不调,为混合内阁时代必不可逃之事实。其原因不在一事,其关系亦不止一人。欲求救济之方,舍组织一纯粹政党之内阁其道末由,若因此之故而归咎于国务总理,又不敢显然弹劾总理而迁怒于其事务官,以为直接推倒国务院之秘书长即间接以推翻总理。此等举动殊欠光明磊落,实大失议会之尊严。且《约法》第19条明定咨请政府查办云云。原案竟指定大总统派员查办,于法亦显不合。本席为维持法治起见,认原查办案之内容不具备《约法》第19条第10项之要件,其根本上为不成立"②。

在北洋元老徐世昌、王士珍的调解下,11月中旬,黎元洪、段祺瑞各做出让步:内务总长孙洪伊去职,徐树铮辞国务院秘书长职。这样,11月20日黎元洪下令免去孙的内务总长职,徐树铮11月22日辞职,国务院秘书长一职由张国淦继任。府院之争暂告一段落。

但国会因府院之争引发的斗争并未停止。11月18日,众议院常会,将《国务院秘书长徐树铮七大罪状咨请大总统派员查办》案列为议

① 王彦民:《徐树铮传》,第34页。
② 《申报》1916年11月21日。

事日程的第 11 案。议员褚辅成提起动议,先议第 11 案。议长以褚的动议付表决,在席议员 335 人,起立者 163 人,少数。褚辅成对表决结果提起异议。议长以反证表决法即以按照本日议事日程顺序开议付表决,在席议员 335 人,起立赞成者 112 人,少数。议员陈士髦对表决结果再提起异议。议长宣告点唱席次再行表决。议员克希克图等 10 人以上要求用无记名投票法表决,在席议员 326 人,起立者 224 人,多数,可决。于是用投票表决法表决。由于票数多于名片,投票无效。变议事日程先议第 11 案的提议就被无形否决。

11 月 21 日众议院常会,将《国务院秘书长徐树铮七大罪状咨请大总统派员查办》案列为当日议事日程的第 12 案,按顺序开议是议不到此案的,反对徐树铮派议员吕复动议变更议事日程,先议第 12 案,经表决,在席议员 397 人,起立赞成者 224 人,多数,可决。提案人吕复说明该案的理由。会上两派争论激烈。由于查办案事实清楚,故主张成立者占大多数。拥段派议员刘彦主张先付审查,并援引查办张勋案亦先付审查的先例,以拖延时间。议长汤化龙为拥段派,即以付审查进行表决,在席议员 382 人,起立者 204 人,多数,可决。议长宣告付内务委员会审查。但反段派为防止议长再像查办张勋案一样,一拖就近 2 个月才将审查报告提交大会,于是提出 3 天内向大会提出审查报告。汤化龙宣布内务委员会限本周内(即 24 日前)提出审查报告。

11 月 24 日众议院常会,查办徐树铮案未列入当日的议程。吕复动议变更议事日程,先议此案,经表决,在席议员 446 人,起立同者 195 人,少数,否决。

11 月 28 日,众议院常会,《国务院秘书长徐树铮七大罪状咨请大总统派员查办》案审查报告列为当时议事日程的第 13 案。按顺序当日恐难议及此案。议员刘恩格动议先议第 13 案,经表决,在席议员 394 人,起立赞成者 221 人,多数,可决。于是由内务委员长罗家衡报告对第 13 案的审查结果,大意为:原案列举的徐树铮七大罪状,无可掩饰。惟其前在陆军次长任内被参之事及挌总统之手不让下笔等语均行删去。唐宝锷发言认为查办第 1、2 两款关系到总统,在法律上、政治上、事实上均不宜过问,务须删去,以保全元首及国会之尊严。对唐的动议"删去本案大罪一、大罪二两款"进行表决,在席议员 389 人,起立赞成者 230 人,多数,可决。议员马骧动议查办案标题改为《咨请政府查办前国务院秘书长徐树铮》案,经表决,在席议员 333 人,起立赞成者 171 人,多数,可决。最后以全案付表决,赞成者多数,可决。

11 月 20 日,孙洪伊被免去内务总长职后,支持孙的众议院议员邵克庄、温世霖等对孙被免职之事提出质问书,质问政府:"读本月 20 日大总统令内务总长孙洪伊著免本职,此令。窃以内务总长乃国务员之一,当然受《约法》上之保障。查《约法》第 47 条,国务员受参议院弹劾后,临时大总统应免其职,但得交参议院复议一次。立法之意何等慎重。今内务总长并未受国会弹劾,竟以大总统之命令免职,弁髦约法,侵越国会职权,莫此为甚。又《约法》第 45 条下半段规定云,宪法未施行以前,本《约法》之效力与宪法等。以政府之私意免国务员职,实属违宪。副署之国务员辅佐无状,已可想见,应负何责任?"①

国务院答复邵克庄等的质问说:"查《约法》34 条,大总统得任免文武职员。此次内务总长免职系依据此条办理。"②

12 月 2 日,韬园系温世霖、张善与、祁连元等 75 人在众议院提出弹劾国务总理段祺瑞案,列举段及段内阁十大罪状,其中 6 条为违法,4 条为失职。6 条违法罪是:1."国务总理段祺瑞,思挟武力以自重。嗾令秘书长徐树铮密电集合各省区军民长官代表开会于徐州,通电全国攻击国会,排斥国家命官,显然破坏《约法》,反抗中央","以内阁行政领袖,公然勾结军队,煽动内乱。谋国之人,躬蹈叛国之罪"。2."财政、农商两部之兴亚公司借款,交通部之电话借款,径以国务会议决定及主管部私意擅与外人签字,并未经国会议决,亦未呈请大总统批准,

① 《申报》1916 年 11 月 27 日。
② 《申报》1916 年 12 月 7 日。

不独藐玩国会,抑且蔑视元首。"3."两院咨请政府将民国2年国会停止后之法律条例提交院议,此乃依法必应履行之手续。乃国务院复咨抗不照办,且有此等法令皆已行之有效,勿庸交议等语。是其为袁氏护法,蔑视国会职权而等《约法》于无物矣。"4."今会期届满,预算、决算尚未提出,是欲以一切收入支出,长听政府之滥费自由,将使国家财政之计划不立,而国会监督之作用全失矣。"5. 近来政府于质问书多起,竟等于专制时代之留中,并不答复,无视《约法》与《议院法》。6. 第一班参议员"应行改选,业由参议院咨行政府,政府将公文搁压一月有余,并不照办。是欲使届时参议员阙失一部不能开会,国会失其活动,其破坏立法机关之阴谋显然可见"。失职的4条罪状是:1. 政府外交不能立定方针、应付无方,"自郑家屯、老西开之问题发生,政府一味颟顸自了,日复一日,刚柔两无可言,应付毫无主见。以致事势日形紧迫"。2. 政府财政应付无方,不谋财政自给,仰仗外资,引进外资不能趋利避害。3. 地方行政官任命时排斥异己,致使一些省长悬缺未补,或暂委人兼署,或以某人权摄。一些不称职者,虽受舆论攻击,国会咨请查办,政府亦不更换。4. 为了向兴亚公司借500万美元小款,竟以湖南水口山锡矿和安徽太平山铁矿做抵押①。

与此同时,参议员龚焕辰、陈洪道、周震麟、杨渡等提出,林森等十余人连署《弹劾国务总理段祺瑞》案,弹劾案共三大款九大罪状:1. 欺蒙元首。2. 破坏约法。3. 贻误外交,丧权辱国。等等②。

弹劾国务员案需要议员总额的四分之三以上出席才能开议。参、众两院根本无法凑齐这一法定人数。提案人明知这一点而坚持提出弹劾案,旨在揭露段祺瑞。

拥段的研究系也不示弱,也将攻击的矛头对准孙洪伊,力图把水搅浑,以抵消弹劾案对段祺瑞声誉的损害。研究系众议员艾庆镛、李尧

---

①　《盛京时报》1916年12月2日、3日;《申报》1916年12月3日。

②　《申报》1916年12月6日。

年、王谢家等20余人,以传闻孙洪伊在内务总长任内侵吞公款一事提出质问书于政府:"近闻内务总长孙洪伊在任数月,吞食公款,为数甚巨。由市政公所挪用14万余元,由该部预丰银号挪用7万余元。两项共计20余万元。查官吏薪俸规定明白,贪脏条例惩罚甚重。……孙洪伊总长内务,宜如何整躬率属洁身自爱,若果如外间所传挪用公款至20余万元之巨……如何处理,谨依法提出质问。请咨达政府,迅速答复。"①

国民党系议员在国会中毕竟占优势,孙洪伊在国会的倒段活动威胁到段祺瑞的地位。1917年1月13日,段祺瑞令步兵统领江朝宗派兵到孙洪伊宅抓捕孙。事先得到消息的孙洪伊早已逃离北京,经武汉转南京,托庇于冯国璋。

七、副总统选举

国会恢复后,政府计划交议的主要议案中就有追认内阁和副总统选举。在追认内阁和选举副总统的问题上,原国民党议员欲让唐绍仪出任总理,让段祺瑞出任副总统,以便使内阁为国民党所控制,故开始主张先选副总统后追认内阁。但北京政权为以段祺瑞为首的皖系所控制,段祺瑞自然不会为别人作嫁衣裳,去就任毫无实权形同摆设的副总统。实行责任内阁制,段连大总统的位子都不感兴趣。他要将内阁控制在自己的手中,自然不会让别人抢走国务总理一职。别说让唐绍仪当总理,就是让唐绍仪当外交总长,段祺瑞都通过张勋的督军团出面反对,使唐不能就职,而清除了一个总理的潜在竞争对手。因为唐曾任过国务总理,在国内外有一定的声望。另外总理辞职后法定均由外交总长代理。国民党在国会中占优势,府院之争若支持府方,段即须辞职,国务总理一职自然就会落到外交总长身上。故段不愿唐任外交总长。

----

① 《申报》1916年12月7日。

鉴于这一情况,国民党只好放弃原打算,支持段祺瑞出任总理。

在 1913 年 9 月 5 日公布的《大总统选举法》中规定,大总统缺位时由副总统继任,大总统因故不能执行职务时以副总统代理之。也就是,除上述特殊情况外,副总统平时并无任何职权,也无事可干。副总统缺位,也不会对国事造成较大影响,故选举副总统之事便搁置下来。

副总统虽无权但位尊,政治上有一定的影响,故谋求这一职位的实权人物不少。正因为副总统无任何事需在京履职,即可以像黎元洪此前那样,在自己的巢穴遥领副总统之职,以增大自己在全国的政治影响,增强自己在全国的政治地位。且有接替大总统的可能。当时欲谋副总统的有江苏督军冯国璋、广东督军陆荣廷、原护国军两广都司令岑春煊,连声名狼藉的张勋也对副总统一职垂涎三尺。这些人都在运动此职位。

当时内务总长孙洪伊和冯国璋的私人关系密切,孙利用内务总长及国会议员韬园系领袖的身份,很早就为冯运动副总统一职。同时,孙洪伊与徐树铮、段祺瑞的关系已到了形同水火的地步,孙洪伊为冯国璋运动副总统的另一个目的是借直系以对抗皖系。在国会中最先提出补选副总统案的也是韬园系议员。9 月份,韬园系众议员王乃昌、萧晋荣,参议员宋渊源等分别在众、参两院提出补选副总统案。

国民党系议员对副总统人选主张各异。客庐系中的谷钟秀、张耀曾、杨永泰等与西南关系密切,主张选举旧桂系的首领时任广东督军的陆荣廷为副总统。但客庐系的吴景濂一派主张选冯国璋为副总统,导致该系分裂为政学系与益友社。当孙洪伊让韬园系议员提出补选副总统案时,正是国会忙于制定宪法之际。韬园系议员四处运动选举事宜。研究系也一直在拉直系冯国璋以自重。它又与韬园派处于对立的地位,在推举冯为副总统的问题上也不甘落后,于是研究系众议员邓毓怡、参议员蓝公武也分别在众、参两院提出补选副总统案。这样,一些众议员和参议员也纷纷提出补选副总统案。补选副总统又一变过去的沉寂,在国会中成了一个热门话题。参、众两院议长经过沟通后,决议将补选副总统提案均列入 1916 年 10 月 12 日各自的议事日程。

　　10 月 12 日参议院常会。主要议题是补选副总统,共 5 件关于补选副总统的议案:1.《提议选举副总统》案(议员蓝公武等提出)。2.《提议定期组织选举会选举副总统》案(议员刘光旭等提出)。3.《提议咨请众议院定日期选举副总统》案(议员宋渊源等提出)。4.《提议克日补选副总统以符法制》案(议员宋桢等提出)。5.《提议按照法定期限速行补选副总统》案(议员朱兆莘等提出)。其中前 4 案列入了当日的议事日程,第 5 案是在印发议事日程之后提出的。议长咨询变更议事日程将朱兆莘补提之案补入议程同时讨论,众皆同意。议员林森动议 5 案同为一事,当然归并讨论并请议长告各提案人省略说明之手续,以免多耗时间。议长以林的动议付表决,多数赞成。于是各议员反对、赞成相间登台发言。反对派议员高仲和主张缓选,其理由:1. 非国民多数之要求。2. 恐选举时发生政治上之影响。3. 副总统职权尚待规定。赞成派议员朱念祖主张速选,其理由:1. 舆论并无缓行选举。2. 政治问题不足虑。3. 国会召集时迟迟始行提议补选,并无别意。反对派议员蒋羲明主张缓选,其理由:1. 关涉政治上问题,恐生不良之结果。2. 会期未终了,不必急于选举。3. 恐选举时有竞争致生他变。4. 党派未分明,正好不举行选举,免碍宪法案之进行。5. 迟选可养成资望合格之人。6. 两院均有多人提案,恐其中有发生私人感情之作用。赞成派议员朱兆莘发言:补选副总统乃法律问题,非政治问题。非副总统应否补选之问题,乃补选日期迟速之问题。亦不必待国民要求,国会应自行依法补选。至于选举有竞争乃各国通例。若仅限于候选者 1 人,并非好现象,故竞争不足虑①。最后以王正廷的动议“限于下星期内开两院联合会议定选举日期”付表决,多数赞成,可决。

　　10 月 12 日,众议院常会,当日议事日程中第 6 至第 14 案均为补选副总统案:《请依法补选副总统》案(议员陈纯修等提出),《依法补选副

------

① 《申报》1916 年 10 月 15 日。

总统》案(议员邓毓怡等提出),《请议定日期咨行参议院选举副总统》案(议员覃寿公等提出),《请依法速选副总统以定国是》案(议员耿兆栋等提出),《请速组织总统选举会补选副总统》案(议员仇玉珽等提出),《依法选举副总统》案(议员唐宝锷等提出),《请两院会合组织总统选举会补选副总统》案(议员朱观玄等提出),《依法补选副总统》案(议员刘恩格等提出),《选举副总统》案(议员温世霖等提出)。议长以第6至第14案性质相同并案讨论,议员们均赞同。提案人陈纯修说明第6案的旨趣后,其他第7至14案的提案人均自行声明省略说明提案旨趣,即开始讨论。议员龚政反对速选副总统,主张俟宪法全部制定后再为举行。议员秦广礼说:大总统选举法为宪法的一部分,已于民国2年议决公布施行,不应表示反对。接着又讨论应不应付审查,应不应付二读。结果多主张既不付审查,亦不付二读。褚辅成动议"乃以本院咨商参议院会商选举副总统日期"付表决,多数赞成,可决。议员牟琳动议"7日内即开会合会",议长以牟琳的动议付表决,在席议员354人,赞成者219人,多数,可决①。

10月13日,宪法审议会开会,将《天坛宪法草案》审议完毕之后,宪法审议会主席王正廷宣布决定下星期内开两院会合会,商订选举副总统日期。

10月16日下午,参、众两院在众议院开会合会,讨论选举副总统日期。但会议却发生激烈争论。当天报名发言的40多人,实际发言者20多人,争论达4小时之久。一派为速选派,一派为缓选派。前者虽居多数,但后者气概雄杰,声浪高亮,有足使会议无结果之威力。主张速选副总统者(张我华、吕复、褚辅成、易宗夔、朱兆莘等),其理由主要为:依《大总统选举法》副总统缺位时,应于3个月内组织选举会选举之。今副总统缺位将近半年,自应从速补选。宪法会议于星期一、三、五行之,选举副总统可于星期二、四、六行之。选举副总统与制定宪法

———————
① 《申报》1916年10月15日。

可以并行不悖。副总统早日选出,则政潮可早日平静,国基可以早日稳固,人心可早日安谧。

主张缓选副总统者(王洪身、张知竞、陈时铨、龚政、寇遐等),其理由:制定宪法为最重要,应俟宪法制定后再行补选副总统。选举副总统须费种种手续和若干时日,实有害于宪法会议,使宪法不能早日产出,国基不能早日巩固,政潮不能早日平定,人心不能早日安谧。

缓选派人数少,但态度激昂,以致会场秩序混乱。这其中的隐情是,这少数人颇怀疑此次选举副总统专为各派中坚分子邀功自结之计,利用多数人为傀儡以结交权贵。当时副总统呼声最高的是直系首领冯国璋,这些人就担心各派中坚分子速选是为了结交和讨好直系。故在会场中一显威风,使各派的中坚分子知道利用多数议员之不易。

当天发言中,缓举副总统派又分4种意见:1. 宪法制定后选举。2. 宪法二读会终了时选举。3. 2个月后选举。4. 三星期后选举。

速举副总统派也分4种意见:1. 10月18日选举。2. 一星期之内选举。3. 下星期三(即10月25日)选举。4. 11月1日选举。

最后,会议主席按议事规则,将8种主张一一付表决。当时在席议员530人。

赞成宪法全部制定后再选举副总统的226人,不足半数,否决。

赞成宪法二读会终了再选举副总统的233人,不足半数,否决。

赞成2个月后再选举副总统的113人,不足半数,否决。

张伯烈、龚政对出席议员总数提出疑义,主席再清点人数,在场议员523人,加上西边厕所尚有7人,共计530人,于是大起争端。有的主张以上表决无效,有的主张以上表决有效。会场秩序大乱,主席不能维持,只好宣布延会,星期三(10月18日)再开会。

由于汤化龙为10月16日会议主席时,在两院会合会上宣布当日的会为谈话会,谈话会的表决是无约束力的。于是参、众两院又反复协商补救办法。加之副总统候选人人选散,各党意见不一,需要协调,故18日的两院会合会一直拖到10月24日才举行。

10月24日,两院会合会,商议副总统选举日期,王家襄主席。主席首先宣布:前次开会汤议长谓系谈话会性质,实系总统选举会之预备会,今日继续讨论。这立即又引起争论。有的主张,前次会合会既为谈话会,今日仍应做谈话会。前次谈话会的表决无拘束力,今日既开预备会,应重新表决。王正廷发言说:前次会议隐含总统选举会预备会性质,汤议长上次宣布为谈话会性质自然无效。但不能因一人错误而以多数议员的表决为无效。众无疑义。主席王家襄以前次会议的表决有效无效付表决,多数赞成有效。马骧又提出前会第3次表决"2个月后再选举副总统"时忽多出7人,自然该表决应无效。应重以"2个月后再选举副总统"付表决,议场中很多议员反对此说。两派争执激烈,议场秩序大乱。经劝止,议场才逐渐平静下来。可见议员们往往在这些枝节问题上纠缠不休,而白白浪费时间。议长以褚辅成的动议在前会第3次(即"2个月后再选举副总统")表决无效付表决,结果,在席议员489人,起立赞成前会第3次表决无效者仅82人,否决。议长又接着以上次会议其他几种未表决的主张付表决。在席议员489人,结果:

赞成三星期后选举副总统的185人,少数,否决。

赞成一星期内选举副总统的324人,多数,可决。

于是议长宣布一星期内召开副总统选举会,选举按总统选举会规则进行。即:1.以宪法会议议场为总统选举会会场。2.总统选举会以宪法会议议长为主席,以宪法会议副议长为副主席。3.两院各抽签8人为开票、检票员。4.开票时准人参观,适用旁听规则。5.另设写票所,唱名写票,用无记名投票法。

主席宣告除选举日期另定外,一切手续仍照上次总统选举会办理。多数赞成,散会。

10月28日总统选举会发出通告,10月30日上午9时举行补选副总统会。总统选举会鉴于2次参、众两院会合会迟选、速选争执激烈,怕一些议员气愤未消而以不出席来消极抵制,故又发通知劝告各议员准时出席副总统选举会,以便足三分之二的法定选举会的人数。

10 月 30 日上午 9 时在众议院议场举行副总统选举会。议员出席者蜂拥而至,参观人员也很多。众议院外车马云集,人声喧天,真有挥汗成雨、喘气成云之概。和 1913 年大总统选举时差不多一样热闹,只是墙外屋顶并无数万军士警戒,亦无自称公民团的包围议场。为安全起见,政府加派宪兵一排、巡缉队若干,与原有的警察相间站立。

大会一开始,即有议员发言说:当民国 2 年选举正、副总统之时,颇受军人压迫之痛苦,方能应时选出。现在虽无外界之强迫,设第一次不能选出亦望诸君勿随意退席,免致不足法定人数,使今日之会又归无结果也。于是议定一次不能选出再行二次选举,二次不能选出再行决选。

选举会主席王家襄宣布:适间业经大家议定,一次不能选出二次选举,二次不能选出再行决选,今日定当选出。议员无紧要事不经主席许可不得退场。王并命警卫严格把守会场,不许议员随便离开。接着即开始第一轮投票,结果:共投票 734 张,名片 734 张,票数与名片数相符。四分之三当选票额为 551 张。冯国璋得票 431 张,陆荣廷得票 176 张,为最多的 2 名,但皆不足法定当选票数。其余岑春煊、黄兴、唐继尧、蔡锷、梁启超、段祺瑞、徐世昌、柏文蔚、那彦图、贡桑诺尔布、李烈钧、杨增新、王揖唐、张绍曾、张勋、汤化龙、李时新、张作霖、蔡元培、许世英、孙武、康有为、章炳麟、李经羲、刘冠三等自十几票至 1 票不等。主席宣告休息 20 分钟再行第二次投票。此时已是中午,议员们退入休息室取食饼点,依期再行开会。第二次投票至下午 3 点开票,总票数为 732 张,四分之三之当选票为 549 张,冯国璋得 528 票,陆荣廷得 180 票。其余黄兴、岑春煊、蔡锷、唐继尧、梁启超、李烈钧、李根源、段祺瑞、贡桑诺尔布仍各得 1 票至十几票不等。

主席宣告:按《大总统选举法》,两次不得法定票额,当就第二次得票最多数之 2 人中行决选,以得票过半数者为当选。今接行第三次投票,请诸君就冯、陆二君再投决选票,如投他人者作为无效。

第三次投票到下午 5 点半开票,结果:总票数 724 张,冯国璋得 520 票,陆荣廷得 201 票,废票 3 张。冯国璋得票过半数当选为副总统。结果一宣布,全场掌声雷动①。

当然,冯国璋自然也在南京遥领副总统之职。副总统的头衔大大提高了冯国璋的政治地位。冯在南京建立了副总统府。11 月 8 日,冯国璋在南京正式宣誓就任副总统职。

八、参议院第一班议员的改选

1913 年 7 月 18 日参议院常会,依据《参议院议员选举法》第 16 条的规定:"第一届选出之参议院议员于开会后依下列规定分为 27 部,每部以抽签法均分为 3 班。第一班满 2 年改选,第 2 班满 4 年改选,第 3 班任满改选。嗣后每 2 年就任满之议员改选之。

各省省议会选出者,每省为一部。

蒙古选举会选出者,为一部。

西藏选举会选出者,为一部。

中央学会选出者,为一部。

华侨选举会选出者,为一部。

议员名额不能三分时,以较多或较少之数为第 3 班。"

议决分 3 班,用抽签的办法:一抽议员姓名,一抽班次,来将各部议员分成 3 班。

7 月 21 日,参议院常会,按 7 月 18 日议定的抽签办法,抽定了议员的班次。结果如下:

直隶　　第一班　张其密　刘彭寿　王试功
　　　　第二班　张　继　王观铭　王法勤
　　　　第三班　宋　桢　王文芹　郝　濯　籍忠寅
奉天　　第一班　陈瀛洲　李绍白　赵连琪
　　　　第二班　谢书林　杨　渡　袭玉崑

---

① 《申报》1916 年 11 月 1 日、3 日。

段、张的压力下,省议会只好选赵连琪,而使国民党系骨干李绍白
落选①。

华侨参议员的改选也出现买卖票现象。1917年3月18日华侨选
举会在北京商品陈列所进行选举,选出一名参议员冯自由。19日再选
另一名参议员时,开会前即有人要用金钱收买选票。坤甸及婆罗洲代
表、选举人李炎山为某人运动参议员,身揣2万元存折,被另一派代表
刘芷芬告发,被巡警当场查获。李党自不甘心,纷纷出面交涉,并与选
举监督员、监察员发生冲突乃至斗殴。李炎山及选举监察员均受伤②。

湖北省议会参议员的选举舞弊也严重。陈时欲运动参议员,以殖
边银行钞票贿买议员选票并谎报年龄。湖北省议会议员赵光弼、向炯、
陶甄、孙绍宾等在高审厅控诉。用钞票贿买议员选票一节,高审厅批令
依法另向地方检察厅告诉。陈派以买卖票证据如不足,即以诬告反坐
相恫吓,故原告未敢轻易上地检厅告诉,反正年龄一事是明摆着的,因
陈时为武昌中华大学校总理,教育部亦有其档案。尽管陈时当选参议
员,湖北督军兼省长、选举监督王占元也将当选证书发给了陈时。但陈
时当时只有26岁,离参议员当选的年龄资格30岁尚差4岁,这是无法
否认的事实,故法庭也只好做出取消其资格的判决。但陈时又到大理
院抗告,大理院审理后驳回了陈的抗告,维持了湖北高等审判厅的判
决。湖北高等审判厅厅长周心约在1917年3月接到大理院的判决后,
要撤销陈时的参议员资格,并将意见报给省长王占元。王还主张维持
陈的参议员资格而与周心约争辩致起龃龉。周心约自请辞职。此事在
湖北各界引起了强烈的反响,纷纷要求执行大理院与湖北高审厅的判
决。拖至4月27日才正式执行判决,取消了陈时的参议员资格③。

湖南省议会选举参议员亦出现公开买卖选票的现象,竞争激烈时
每票由200元涨至600元。这引起了各界强烈的不满。一些人散发传

---

①　《盛京时报》1916年12月24日。
②　《申报》1917年3月21日、23日。
③　《申报》1917年2月2日、3月31日;《盛京时报》1917年5月1日。

单说省议员溺职,并威胁说"将以手枪炸弹施之会场"①。

参议院议员改选过程中,买卖票等贿选现象较为普遍。但由于买票者在地方上都是有钱有势的人,卖票者又是省议员,买卖双方又各得其所,交易又极秘密,使得贿选的取证困难。贿选双方与地方权贵有各种关系,官府的包庇,使很多贿选案,无法揭露与起诉,即使起诉也大都不了了之。

研究系依靠以皖系为首的北洋军阀,在这次参议员的改选中获得了改选中的大部分议席②。品尝到甜头的研究系便自以为只要国会重新选举,重施故伎,就可所向披靡,大获全胜。这就更增大了研究系要搞垮国会的决心。故在督军团对国会进攻,国会行将解散的前夕,研究系的参议院议长王家襄、众议院议长汤化龙、副议长陈国祥及参、众两院几十名研究系议员同时提出辞职,在国会内部配合督军团的行动。

议员贿选既毒害了社会风气,也使议会在人们的心目中失去了尊严。用金钱买到议员资格的议员,不但不能代表人民,且本身连人格都已丧失。这种人把议员当作一种黑色的投资,投资自然要追求最大的利润。这就是每当国会参、众两院有选举、有投票时,即会出现贿选。因为通过贿选而为议员的人,不但要想方设法收回自己的投资成本,还要追求更大的回报。故每当国会投票时,他们便会想方设法将自己手中的票卖个好价钱。最明显的例子是曹锟贿选总统,每票票价卖到5 000元以上。贿选成为国会的索命汤。

九、兴亚公司借款案风波

袁世凯为搞帝制,将国库掏空。陈锦涛接任财政总长时,国库一贫如洗。向四国银行团商量 1 亿元的大借款,又因第一次世界大战,欧洲

---

① 《申报》1917 年 1 月 4 日。
② 《盛京时报》1916 年 12 月 29 日。

银根吃紧,借款谈判一波三折,无大的进展。财政总长急得像热锅上的蚂蚁,四处求借。一些国际上的金融掮客乘机在中国活动。他们大都住在北京六国饭店。走投无路的陈锦涛只好经常跑六国饭店,与住在饭店的外国掮客商议借款。谷钟秀是一个不甘寂寞的政客,就任农商总长时,为了巩固自己的地位,亦帮助财政部借款,向陈锦涛出谋划策,向陈进言实业借款之策,认为只有从实业借款入手,才能促成大借款。即让掮客来帮助促成与四国银行团的大借款。走投无路的陈锦涛将此策视为救命金丹,立即采纳。与日本的两个金融掮客本田、长滨商订兴亚借款合同。合同分3个。

一、第一号合同

1. 本借款称实业借款。

2. 本借款金额五百万元。

3. 借款金额自签字之日起,五日以内交付,但扣除六分之手续费。

4. 利息六厘。每年六月支付。

5. 偿还期限三年。

6. 本合同以中日两国签字作成,若日本文有疑义时以华文为准文。

二、第二号合同

中国政府因与兴亚公司合办开矿,约定下之二条。

1. (1)因合办采掘湖南水口锡矿,关于下列一切协议可俟与湖南矿务局交涉后决定之。

（2）共同开掘安徽太平山铁矿。由是所得之利益中国政府及公司各半分配,故对于公司之出资不付利息。

2. 兴亚公司当负责周旋八千万元大借款之责任。

三、第三号合同

1. 兴亚公司就于大借款虽为中国政府负斡旋之责,若双方条件不合时,能解除其责任。

2.大借款不成立时,合办事业之条约归于无效。

3.大借款成立时,五百万元之借款可于三个月内偿还。

4.五百万元之借款不定担保品。若大借款不成立时,当于六个月内提出相当之税金作为担保。

5.此合同以中日两国文字作成。条文有疑义时以中华文字为据①。

日本并无兴亚财团,只是借款成立之日即兴亚公司开张之时,是纯由日本金融掮客所经营的皮包公司。湖南水口山锡矿为湖南地方公产,非国产。安徽省并无太平山这一山名,更无太平山铁矿。安徽曾只有太平府、太平县。且太平府名早已不存在,只有太平县。太平县诸山并无铁矿。可见上述合同的荒唐。故当陈锦涛将上述合同交国务会议讨论时,内务总长孙洪伊、教育总长范源濂反对,认为以湘皖两矿合办,易引起国人反对。但在陈锦涛的坚持下,内阁还是通过了兴亚借款合同。这样,兴亚公司借款合同9月9日签字。9月14日付500万元。

兴亚借款合同一传出,国内外一片哗然。银行团找到日本驻华公使林权助,抗议日本单独借款给中国。林将真相告之银行团的其他代表,说明兴亚公司在日本并无势力,只能视为个人行动。

国内反应最强烈的莫过于湖南。安徽因并无太平山铁矿,故也就不用担心什么,反应自然平静。水口山锡矿为湖南省地方公产,该矿开办已20余年,并无外资。该矿每年红利三四百万元之多,是湖南地方重要财政收入之一。国家任意处置省的公产,严重损害了湖南的利益。9月4日,湘籍的熊希龄得到兴亚借款合同中涉及湖南水口山矿,立即电告湖南督军谭延闿,让其速设法抵制。谭立即致电大总统和国务院反对中日合办水口山矿。湖南籍国会议员彭允彝、黄赞元、郭人漳、黎尚雯、陈嘉会、周震麟、李执中等面见国务总理段祺瑞,反对中日合办水口山矿。9月9日,湖南省议会电达中央,声明中日合办水口山矿万难

---

① 《申报》1916年9月27日。

承认。9月18日湖南省议会在长沙发起召开国民全体大会,讨论抵制政府擅押水口山矿之办法。共提出办法5条:1.推举代表4人赴京,议会中2人。2.设立国民大会事务所,由各界推举2人为干事,以争回水口山矿时废止。3.由公民要求省议会提前开会。4.用公民名义电争政府。5.设法为省政府后盾①。湖南省议会分别致电大总统和国务总理及各部总长,反对中日合办水口山矿。湖南报界,湖南矿业总会、湖南农会纷纷致电中央,反对中日合办水口山矿。9月20日,湖南省议会开茶话会,讨论抵制中日合办水口山矿办法。鉴于9月18日众议院会议员纷纷反对合办水口山矿,农商总长谷钟秀亦答应修改借款合同。于是省议会再致参、众两院电,表示决不承认中日合办水口山矿之决心。湖南省又建立保矿会、公民保矿会。旅京湘人又在京组织保矿联合会。总之,湘人一致反对中日合办水口山矿。

9月18日众议院秘密会议,国务总理段祺瑞、农商总长谷钟秀、外交次长夏诒霆等出席。众议员首先就兴亚公司借款一事纷纷提出质问。谷钟秀、陈锦涛是中方签字的两代表,故谷登台报告借款交涉的经过并向会议宣读合同全文。国民党系议员10余人纷纷起来质问,谷站立在演讲台近3小时。质问者以此项借款合同即属《约法》第19条所谓国库有负担之契约,政府不先交议会议决,实为违法。谷钟秀则未肯遽认为国库有负担之契约,而又不敢竟言其非是,遂不免游移其词,多加诠释。就垫款性质,是一时周转的,又是附有解除条件的,为种种反复之陈说。因此两方争辩之点集中于是借款还是垫款上。质问者说合同中明言借款,谷则说合同中未提及担保品,实足证明其是垫款。质问和答辩双方就此问题争持。彭允彝发言说:借款必经国会承认,此种合同恐难得国会同意,今可否向日人磋商改约或竟废约。谷总长说:此系财政总长之事,未敢贸然代答,但愿任磋商。议长汤化龙说:质问已久,

---

①　《申报》1916年9月25日。

今谷总长既允磋商改约或废约,此系负责任之言,似可不必再行质问①。一些议员酝酿弹劾陈锦涛、谷钟秀二总长。

　　财政总长陈锦涛、农商总长谷钟秀又找到日本人本田、长滨商议改约之事。由于本田、长滨均为掮客,并无日本财团的背景,未得到日本政府的支持,属私人行为。故中方一提改约,本田、长滨也很快就同意了。当时,由于第一次世界大战,欧洲的铜价飞涨,中国本来属银本位和铜本位的国家,银元和铜板作为货币在全国流通。欧洲铜价飞涨后,日本人在中国收购铜钱从山东偷运出境,到日本将铜钱炼成铜块运往欧洲,牟取暴利。偷运铜钱的数目巨大,到了官厅也几乎无法禁止的步地。陈锦涛决定将兴亚公司借款合同中的中日合办水口山矿及太平山矿的条件改为政府收购铜钱,日本出资在天津日租界设立炼铜厂,所得利润对半分。于是又将兴亚公司借款合同进行修改。

　　甲、借合同。中国政府与日本兴亚公司所订。

　　1. 定名为实业借款。

　　2. 总数五百万日金。

　　3. 年息六厘。

　　4. 每日金百元实付九十四元,收付时均由横滨正金银行经手。

　　5. 以收卖及提炼制钱事业之经营为担保。

　　6. 俟国会通过再行发生效力。

　　7. 此合同签印后前次条约合同一律作废。

　　乙、收卖及提炼制钱合同。中国政府与日本久原氏所订。

　　1. 此项事业之经营预定为六百万元,由久原担任,不足时再愿供给。

　　2. 设总厂于天津,中国派总办,九原派代表,合议一切事情。

　　3. 工厂精炼之铜除直接供中国政府之用外,以市价贩卖之。

①　《申报》1916年9月21日。

4. 经费期限一年半。

5. 久原所垫经营费随后再行清算。

6. 精炼制钱之利益由中日双方均分。

7. 提炼总量为六万吨①。

上述合同与原合同相比,流弊更大。前约只限于与特定地方和限于与所定矿有关系的人,而新合同遗害全国。按新约,计可得利约1 200万元,中日双方各得600万元,借500万元,除偿还本息外,还须再给日方600万元之利,这种合同自然严重损害了中国的利益。况且中国内地省份尚在铜本位时代,铜钱仍为流通货币,突然收毁如此之多的制钱,必然引起财政恐慌。合同商妥后,日方代表返回东京,说10天内做正式回答。

10月5日,众议院会,财政总长陈锦涛、农商总长谷钟秀、交通总长许世英均与会。陈锦涛将兴亚借款合同在众议院公布后说:兴亚公司代表返回东京约定日期10天,必有确定回答。今已过一星期,再过三四天便有回电,契约是否可改,届时方可决定。议员们询问以制钱合同尚未确定,前次矿山合办之约究竟已否作废?陈锦涛说:可以作废。不过制钱合同如不成立,须俟3个月内大借款不成,则矿山合办之约自一律取消。议员们以借款500万元须还本息,又送利600万与人。本国商人颇有愿承办此事另报效政府若干,政府俱予批驳,何以如此?大利必送外人而不愿与本国商人?陈锦涛回答说:政府因无力经营此事,既借他人之款,不得不给以利益。如靳此利益,中国政府一半利益也不可得。日本人的利因偷运制钱已获得,中国政府又无法禁止,不如因势利导,与日人合办。议员们一听大哗。说:如遇外人夺我利益之时,我无法禁阻,即与合办了事,则他日夺我无论何种利益,俱可如此办理,亡国即翘足而待。国务员如此发言,真是不负责任且亦毫无良心。议员们又问:无法禁止即与合办,是否政府即自谓责任已尽?陈答:必欲禁

---

① 《申报》1916年10月1日、1917年1月15日。

止,请问中国是否能与外人开仗? 议员们一听,大声斥陈:此为陆军总长之责任,非财政当局所应言者。一时间荒谬之声遍于会场①。

11 月 4 日,众议员凌钺、陈家鼎、张伯烈、胡祖舜等提出,郭人漳等 60 余人连署,提交《弹劾财政总长陈锦涛、农商总长谷钟秀借款违法》案。弹劾案指责陈锦涛、谷钟秀"公然藐视民宪,擅自签字","开他国代庖我外交财政之渐,隐示我独立向四国银行团借款之资格亦从此丧失。此则于丧失权利以外,兼抛弃主权矣"②。当然,弹劾案需要议员总数四分之三以上的出席才能开议,但要凑足此法定人数几乎是不可能的,故弹劾案只是表明部分议员的态度而已。

兴亚公司借款一事,日本人中山氏曾来京要求政府履约或以日人所提条件改为收买制钱。但由于国会的反对,陈锦涛、谷钟秀以大借款不成,期限已过为理由,废止了兴亚公司借款合同。由于兴亚公司只是一个皮包公司,在日本并无实力,纯属私人性质。废约之事倒也未引起什么太大的国际间的风波。但此事到此并未结束,以后在国内引起了更大的风波,以致财政总长陈锦涛、次长殷汝骊涉嫌受贿而被罢官并被起诉。

中国的商人见炼制钱利大,决心取代兴亚公司。全国商会联合会议决,由该会组织保利银公司在国内招募股本,并订定办法 8 条。由会长吕逵先请愿国会。国会以此事有利无弊,亦予支持,并咨请政府施行。财政部对 8 条详加讨论,略有更改,便由部直接与保利银公司另拟借款 500 万元合同及收炼制钱合同,并将二份合同提出众议院求同意。合同规定收炼制钱的余利,一切开销外,分为 15 成,财政部得 5 成,各省得 3 成,保利银公司得 7 成。政府需用铜斤铸造铜币时,保利银公司须以炼制成之铜斤与造币厂,其价以收炼制钱之成本为限,不得增加。惟此种铜斤之数应以足造辅币。应该说此合同对国家来说比兴亚公司

① 《申报》1916 年 10 月 1 日。
② 《申报》1916 年 11 月 9 日。

的合同更有利。中国商人自然是图利的,但也有爱国的一面。

　　1917 年 1 月 9 日,众议院元旦后第 1 次正式会议。讨论《财政部华商保利银公司借款合同》及《财政部华商保利银公司借款订立收炼制钱合同》案(大总统提出)。由政府委员说明理由并要求省略审查。骆继汉、吕复等主张允政府委员要求省略审查。萧晋荣、杨铭源、王源瀚主张付审查,主席以省略审查付表决,多数赞成。又以付二读会付表决,多数赞成,又以即日开二读会付表决,多数赞成。于是逐条讨论表决。当时耿增显提出修正案,“收炼制钱数目暂以六万吨为限”,表决时,赞成者多数,可决。当时全国有 512 亿多枚制钱在流通,以 1200 文折算银元 1 元,价值 4 千多万元。做一定的限制对稳定制钱市场是有好处的。因为国内很多省制钱仍为货币在流通。罗家衡提出修正第 3 条,各省 3 成改为 5 成,公司 7 成改为 5 成,骆继汉反对。主席以修正案付表决,赞成者多数。何雯提出异议,吕复和之,主席以反证表决,起立赞成者少数,说明前次表决确系多数。主席又以即日付三读表决,赞成者多数。三读除对合同个别字进行修正外,全案通过。

　　由于众议院将利润分成改为:各省、财政部、公司均 5 成,即各占三分之一。这自然严重影响了投资商人的利益。投资本来就有风险,若利润一少,一些股东会望而却步。故保利银公司全体股东代表丁长升、金森、张兴汉、胡炳堃等函参议院(印送传单)要求维持公司所提的原案,即利润公司 7 成,财政部 5 成,各省 3 成,并详细将公司所提的 8 条与兴亚公司的条款进行对比,说明中国商人顾全大局,让利于国家不少,若按众议院修改的公司仅得利润的三分之一,股东就可能不会再投资,保利银公司亦将宣告解散。

　　1 月 11 日参议院常会,议程中的第一案、第二案均为众议院移付的《财政部华商保利银公司借款合同》和《财政部华商保利银公司借款订立收炼制钱合同》案。由政府委员说明理由 并要求省略审查。接着即讨论。由于众议院在各方利润分配上做了修改,保利银公司又印送了传单。会上就出现省略审查与付审查二种意见。议长以省略审查付表决,赞成者少数。这样便须付财政股审查。但要求 13 日提出审查报告。

财政股审查后,又将众议院修改之处再改为原案,即不限定 6 万吨,利润分配仍公司 7 成,财政部 5 成,各省 3 成。

1 月 16 日参议院常会,第一案《财政部华商保利银公司借款合同》案及第二案《财政部华商保利银公司订立收炼制钱合同》案审查报告。报告后,即议决同日进行二读会。二读会无实质性修正,即开三读会,对个别文字修改后即全案通过,咨众议院。

1 月 17 日,众议院常会,第一案即《财政部华商保利银公司借款合同》及《财政部华商保利银公司订立收炼制钱合同》案,参议院修正后转来。收炼制钱案众议院将原案第一条限定为 6 万吨,参议院恢复原提案不加限制。众议院也分两派,郭涵、王谢家、王源瀚反对参议院修正案,吕复、陈士髦、王玉树赞成参议院修正案。最后,以参议院修正案付表决,赞成者少数,否决。参议院对收炼制钱案第 3 条修正为:余利原案财政部 5 成、公司 7 成、各该省 3 成、众议院前次修正各得 5 成,参议院维持原案。讨论时,王源瀚、罗家衡、马骧反对参议院案,马说:6 万吨之利益计可得 2 400 余万,三分之一亦可得 800 万元。以 500 万元之资本而得 800 万元,试问何种利益有如此之大? 陶宝晋、牟琳赞成参议院案。最后以参议院修正案付表决,赞成者少数,否决。这样两院自然要开协商会。议决举 13 人为协商员①。

两院各举出 13 人组织协商会,最后议决收买限 6 万吨,余利则政府、公司及收买省份三股均分,即恢复了众议院在这两条上的主张。但又增加了第 3 条第 2 项"收钱各省所得之利益以办理地方公益为限,非经省议会议决不得动用"。

2 月 20 日,众议院常会,第一案由两院协议委员会提出的《华商保利银公司收炼制钱合同》案,先由参、众两院协议委员会众议院委员黄云鹏报告协议会议决该案的结果。议员褚辅成以《议院法》第69条协议结果不能再为修正,主张不必讨论即付表决。议长汤化龙说:不能修正是矣。然能否表决亦一问题,证以民国2年之先例,本院未表决而参议院则曾表决,则将用何种办法?龚政等主张再表决,刘盥训主张不能表决,修正均无余地,况全体表决乎?假使表决否决之后又当用何办法以济其穷?① 可见两院制当发生不同意见时,处理很困难。最后,议长以《议院法》第69条之解释对于协议会议决案应付表决来进行表决。在席议员316人,起立赞成者104人,少数,否决。但两院协议委员会对第3条增加的第2项,议员有持反对有持赞成意见。最后议长以本案协议会议决案增加之第3条第2项合于《议院法》第66条之规定付表决,起立者少数,该项否定。

2月22日,参议院常会,讨论两院协议委员会提出的《华商保利银公司收炼制钱合同》案。参议院协议委员蒋举清报告协议会协议结果后,讨论时也出现对协议结果不付表决当然成立的意见和协议结果应付表决的意见的激烈争论。最后,议长以赞成协议会报告后不付表决当然成立付表决,在席议员153人,起立赞成者85人,多数,可决。

由于商人觉得无大利可图,且投资本身就有风险,于是3月23日宣布解散保利银公司。本来是一件利国利民的好事,却让一些有红眼病的议员给搅黄了。这些人宁可看着日本人大量偷运制钱出境,国家受损,却不肯让中国人办成一件利国利民、保护民族利益的事。保利银公司发布解散宣言,将事情的经过及苦衷一一公布。这自然是对一些议员们的声讨。

商人在筹划保利银公司招募股金的过程中,花了一定的人力和财力,故向财政部请求补偿这种损失。于是,财政部决定设炼铜厂,添招商股。由财政部制定办法,经国务会议议决。这样,原来保利银公司的股东又活跃起来,到天津筹商进行办法及入股事宜。这种有点类似换

---

① 《申报》1917年2月23日。

汤不换药的办法,自然招来一些物议。陈锦涛只好呈请缓办。这一缓办,自然又一次使有关商人利益受到损失。这些商人认为被陈锦涛一再愚弄,于是告发陈锦涛。

还在筹建保利银公司时,陈锦涛就有意让其弟陈廷铭为公司的董事。商人们自然求之不得,满口应承。但由于国会将合同修改,条件苛刻,保利银公司只好宣布解散。后财政部陈锦涛又想出了换汤不换药的办法:由财政部办炼铜厂,各商人入股,并仍然想让其弟陈廷铭为该厂董事。但按有关章程规定,董事须万元以上的股本方有被推举为董事的资格,于是财政次长殷汝骊向商人为财政总长陈锦涛做借款入股的提议。陈廷铭也直接向商人提出这一要求。商人先并未答应,财政部有关人员对炼铜厂一事采取了拖延的办法以逼商人就范,一个炼铜厂的章程修改了几十次还不能定议。商人们困候太久,于是同意陈锦涛的借款入股的个人要求,声明总长若认股,即不交现款亦可通过。财政次长殷汝骊在出面帮陈的同时也想乘机为本党筹集一点活动经费(这便是后来取消对殷的通缉令的原因)。这些所谓的公仆们,在办理公事时,总忘不了营私。官场之腐败可见一斑。于是与商人柴瑞周、张兴汉、舒礼鉴、丁长升、金森等谈妥,由商人先付 10 万元垫股,分两期垫付。第一期需等国务会议议决办炼铜厂后,即付 5 万元,第二期是在炼铜厂成立开工后,再垫付 5 万元。这样,国务会议议决办炼铜厂后,3月 26 日,商人将 3 万元现金和一张 2 万元的支票送到殷汝骊宅。殷不收支票,只要现金。3 月 27 日商人又将 2 万元现金送到殷宅。财政部因办炼铜厂招来非议,陈锦涛决定缓办炼铜厂,并立即指示将 5 万元退还商人。并让商人张兴汉出具证明,证明陈锦涛的清白,并未受贿、无暗昧之事。商人们觉得受了陈锦涛的愚弄,于是 4 月 16 日到国务院告发陈锦涛和殷汝骊受贿事。殷立即潜逃。4 月 18 日,大总统将陈、殷免职,交司法部门处理。本来交通总长就涉嫌交通部租车受贿案而提出辞呈。财政总长、次长受贿案使本来不稳的段祺瑞内阁更形动摇。

在陈锦涛被免职前,议员胡祖舜等曾提出弹劾财政总长陈锦涛案,说"陈锦涛身列国务员之崇阶,位居财政部之首席,不知洁己奉公,竟尔贪赃枉法。犹令尸位政席,靦颜枢府,法纪何存?官方尽瘵,哀吾中华将何以为国。"①国会鉴于财政总长、次长涉嫌受贿,交通部又因租车买车发生通同作弊问题。参、众两院要求国务总理段祺瑞出席国会,回答质问。

4月17日下午2时,众议院会,国务总理段祺瑞带同秘书长张国淦出席。议员纷纷质问财政总长、次长因设炼铜厂而发生的受贿之事。段一一回答,承认确有其事,正在查办之中。

4月17日下午4时参议院会,出席完众议院会的国务总理段祺瑞又与司法总长出席参议院会。又回答了议员们对财政总长和次长受贿一事的质问,及交通部津浦路租车受贿之事。

4月18日陈锦涛、殷汝骊被免去财政总长、次长后,4月24日参议院会议,国务总理段祺瑞出席报告财政部、交通部两部受贿案,并回答议员们的质问。有的议员问:各部总长贪赃受贿,无所不为,既为总理推荐,总理应否负连带责任?段祺瑞回答:事非国务院发生,乃各部总长个人行为,总理不能负连带责任②。

6月26日,京师地方审判厅刑事第2庭宣告了对财政部受贿案的一审判决:陈锦涛犯受贿罪和诈欺取财罪,判处有期徒刑3年零2个月,并剥夺终身为官吏权及选举权;商人张兴汉犯行贿罪,判处8个月有期徒刑③。

陈锦涛不服一审判决,提出上诉。10月30日,京师高等审判厅做出终审判决:判陈锦涛有期徒刑3年,剥夺为官员资格终身。

陈锦涛成为北洋政府时期在任上被判刑的内阁成员第一人。

① 《申报》1917年4月22日。
② 《申报》1917年4月27日。
③ 《申报》1917年6月30日。

十、张勋干政与国会的反击

自民国以来,军阀与议会常常处于对立和冲突的地位。军阀用刺刀压迫国会的事一再发生。第一届国会恢复后的情况也是如此。

袁世凯一死,北洋军阀失去了一个强势的领军人物,受到的冲击是巨大的,力量大为削弱,很快分裂成皖系、直系、奉系。北洋系外的军阀们又均欲独树一帜,努力强化自己的地位与权力,割据一方,并随时准备染指中央政权。安徽督军张勋、省长倪嗣冲就是如此。他们组织各省区联合会,自任盟主,欲成就一番霸业。

张勋,江西奉新人。1895 年投靠袁世凯,充工兵营管带。1899 年随袁至山东镇压义和团,升任总兵。1902 年调北京,宿卫端门,多次随从慈禧太后和光绪皇帝。1906 年调任奉军辽北总统。1908 年至 1911年,先后任云南提督、甘肃提督、江南提督等职。武昌起义爆发后,被派往南京镇压革命,率江防营与革命军激战,大败。袁世凯任内阁总理大臣后任命张为江苏巡抚,署两江总督兼南洋大臣。袁世凯当上临时大总统后,任命张为都统,领武卫前军,驻兖州。张勋以徐州、兖州为巢穴,迅速将其原仅有败兵千余人的武装扩编成 60 个营,约 2 万人。这是一支杀人放火、无所不为的强盗军。1913 年张勋率军南下镇压二次革命,攻占南京城后,下令部下大抢 3 天,整个南京城一片血雨腥风。张部在南京城烧杀、奸淫、抢掠,无所不为,引起南京人民乃至全江苏人民的切齿痛恨,纷纷要求惩办张勋,将张部调离江苏。江苏籍的熊希龄内阁的工商总长张謇就曾以将张勋调离江苏为自己就任总长的条件。当时国会也提出查办张勋案。尤其是张部在南京抢红了眼,竟然在太岁头上动起了土,抢劫杀害日本人,惹起外交风波。最后不但赔偿了日本人的全部损失,张勋本人也被迫到日本驻南京领事馆当面向日本人谢罪。就这么个双手沾满人民鲜血、罪恶累累的封建地方军阀却受到袁世凯的包庇和重用。先是任命张为江苏都督。由于江苏人民的强烈

反对,袁只得将张部撤离了南京,却升张勋为长江巡阅使。1914 年 6
月封张为定武上将军。1915 年 4 月,张部起名定武军。张勋一直以效
忠清室自居,以复辟清室为职志,以辫子军独树一帜。即尽管进入民国
有年,政府一再申令剪辫,并派专使到张勋部,要求剪去部队人员的大
辫子。但张勋为了表示对清室的忠诚,及表明复辟清室的决心,他不但
自己不剪辫子,也不让部属剪辫子。已进入民国多年,张及张部却仍拖
着一条大辫子,成了一批不合时宜的怪物,成为当时一大奇闻。时人称
定武军为辫子军。直至 1917 年复辟清室时,定武军覆灭,一条大长辫
还留在张勋的头上。袁世凯逆历史潮流而动,复辟帝制,落得个身败名
裂、命丧黄泉的下场。张勋不但未能吸取袁倒行逆施而招致失败的教
训,反而认为袁世凯复辟帝制是应该的,只是不应当自己当皇帝,辜负
了清帝的皇恩,有失忠义,才招致失败。要复辟就应该复辟清王朝,让
爱新觉罗氏出来当皇帝,复辟才能成功。因此,袁死后,张加紧了复辟
活动,将被通缉的帝制犯顾鳌、薛大可、梁士诒,北洋派下台军人、政客,
如陆建章、阮忠枢等都集合在自己的帐下,或任为顾问,或任为参议,让
他们为自己的复辟出谋划策。一直鼓吹恢复清室的康有为也成为了张
勋的贵宾。

　　张勋身为安徽督军(1916 年 7 月 6 日由段祺瑞政府正式任命),自
应驻守安徽,但他却占据徐州、兖州一带战略要地和富庶之区。段祺瑞
政府曾下令让张勋移驻安庆,张抗不遵命,对其部下将领说:"袁氏既
殁,我不复受人之控制。我有劲旅四万,苟有妨害我之自由者,则出而
抵抗之,亦所不恤。今次中央之移驻命令,我实不能遵从。尔等当体此
意,准备动员,勿临时贻误。"①也就是说,不用武力驱赶,张勋是不可能
移驻其应驻之地的。段政府多次电令张勋移驻皖境,张一再抗命,并以
辞皖督来赖在徐州一带不走。并说:"政府要我离徐州,无非谓我系安

---

①　《申报》1916 年 9 月 17 日。

徽督军。但我已屡电辞职,而政府又不许,得非有意与我为难。"①张电
政府:"惟离徐移皖一层万难遵命。"②张赖在徐州一带不走,一是因在
该地收入甚丰。每年从政府领款 400 万元,厘金 200 万元,地方捐纳的
维持治安费 400 万元,此 3 项即达 1 000 万元,别的收入还不算在内。
若驻安庆则收入要大减。一是徐州是交通要道,战略要地,便于张呼风
唤雨、兴风作浪、染指中央政权。若在偏僻的安庆,张勋就不可能成立
各省区联合会,并自任盟主。

张勋是一个无法无天、野心勃勃的地方军阀。徐州一带已成张勋
的独立王国。张勋以徐州一带为复辟的基地,团结各地方军阀,以实现
自己的政治目标。袁世凯统治的末期,江苏督军冯国璋为确立未独立
各省的盟主地位,于 1916 年 5 月 17 日召开了南京会议。由于冯首鼠
两端,遭独立各省的反对和袁世凯的破坏,会议失败。5 月 30 日冯宣
布解散南京会议。

张勋则乘机拉南京会议中的主张对护国军对抗的北方省份的代
表到徐州开会,以成就自己的霸主地位。6 月 9 日第一次徐州会议召
开,张勋主席。吉林、黑龙江、奉天、直隶、山西、安徽、河南 7 省代表
参加了会议。议决了纲要 10 条:1. 尊重清室优待条件。2. 保全袁
世凯家属生命财产及其身后荣誉。3. 速行组织国会,施行完全宪
政。4. 电劝独立各省取消独立,否则武力对待。5. 抵制暴烈分子参
预政权。6. 严整兵卫,保全地方。7. 维持国家秩序,设有用兵之处,
合筹军饷。8. 电请政府罢除苛细杂捐。9. 中央如有弊政,应合力电
争。10. 固结团体,遇事筹商,取同一态度③。上面纲要的内容反映了
这些地方军阀在袁死后欲结成一种互相利用的联盟,以巩固与加强自
身的地位与权力。张勋以盟主的身份主持会议,自然提高了自己的身
价。张勋充分利用了这一点,肆意干涉国家政治事务,力图按自己的意

---

① 《申报》1916 年 10 月 16 日。
② 《申报》1916 年 10 月 22 日。
③ 郭廷以编著:《中华民国史事日志》第一册,第 245 页。

志来影响国家。

在南方护国军领导人蔡锷、唐继尧等通电要求恢复《临时约法》，召集旧国会，惩办帝制祸首时，6月20日，张勋通电，反对惩办帝制祸首。并将帝制通缉犯梁士诒、顾鳌、薛大可庇护起来。针对上海议员团要求取消帝制派议员的议员资格，为了包庇这些帝制派议员，1916年7月，张勋致电大总统黎元洪及各省督军，要求在国会开会前，将议员中参与二次革命的国民党议员与帝制派议员一同罢免。并攻击上海议员团在上海集会是违法行为。当然，张勋的矛头主要指向国民党。纲要的第5条有明文规定。张勋不但反对国民党中的国会议员，更反对国民党籍人士入阁。当众议院9月1日通过了段祺瑞所提的阁员时，张勋立即跳出来，于9月2日通电，以国民党籍的司法总长张耀曾贩运烟土（其实是唐继尧之弟唐继虞利用政府阁员免检之机，贩运烟土，经上海查实后将张放行），反对张为司法总长："查张耀曾贩土营私，丧权辱国，罪状卓著，无可讳言。国务院为一国行政最高之机关，奚容有此败类厕足其间，以重贻国家之羞。况外报之讥弹未已，人民之指摘尤殷。使耀曾少有天良，早宜遁迹深山，藉平众议。而竟恬不知耻，强颜北上，已属觍然人面。而众议员等党同伐异，一味盲从，尤失其代表人民之资格。……勋敢代表大多数之国民曰：此等阁员、此等议员，我辈国民断难承认。"①电报不但肆无忌惮地对张耀曾进行人身攻击，而且攻击国会，严重干预国家的政务。这自然也引起了很多国会议员的不满。9月4日，参议院通过段内阁全体阁员后，9月13日，由张勋领衔，倪嗣冲、姜桂题、张作霖等14人连署，致电大总统和国务院，要求将张耀曾即日予以罢斥，交法庭公审。并于9月中旬发电指责国会，对国会提出查办督军、省长案表示不满与反对，说：凡以后遇有此等之查办案，应请政府派员查办。如所参不实，则原提出议案之议员当反坐其罪。②

---

① 《申报》1916年9月6日。
② 《申报》1916年9月17日。

对张勋等军人肆无忌惮地攻击国会、攻击阁员、干涉国家政治事务，自然引起很多议员与舆论的不满与反对。众议员赵炳麟出于一时的义愤，同时也想在国会中表现自己，提出《禁止军人干涉议会》案。该案列入众议院 8 月 21 日的议事日程。但赵属于宪政讨论会。宪政讨论会主要是由原大中党成员、旧官僚组成的政团。他们与北洋军阀有着千丝万缕的联系，且依附于以段祺瑞为首的皖系。宪政讨论会并不同意赵的这一提案。故 8 月 21 日众议院常会要开议此案时，赵以此案需要修改为由，将提案撤回。修改是假，撤回是真，故赵再也未敢将此案提出。不但未提出，而且当 10 月份邹鲁提出查办张勋案后，赵还提出意见书，反对邹的查办张勋案，也是一大笑话。

9 月 22 日，张勋召开了第二次徐州会议。直隶、山东、江苏、山西、湖北、江西、河南、奉天、黑龙江、吉林、福建、浙江督军及淞沪护军使均派代表出席了会议，成立了"各省区联合会"，推张勋为盟主。张勋又提出 8 条纲领。有的报纸说此 8 条纲领经代表讨论通过，有的报纸说张所提 8 条杂乱无章，并未通过。现在各书的说法各异。但不管怎么说，会上提出过 8 条纲领，现将 8 条抄录如下：1. 固结团体、巩卫中央，以免为少数人所牵率。2. 凡我军民长官，各宜精白乃心，共谋郅治。3. 国会为立法机关，本应尊重。倘竟各怀党见，违反真正民意，不顾国家，至不得已时，亦当为正当之干涉。4. 宪法为立国要素，务在审度国情，按切时势，有必不可行之处，当共抒正论，俾垂久远。5. 云土一案，阴谋滋大。张耀曾实犯嫌疑，觍然就职，建议无效，应如何力争。6. 外交关系中国全局，应有海内有人望者主持。7. 此次会议宗旨坦白，应不避嫌怨，一致进行。8. 各省区派代表常川驻徐州①。

第二次徐州会议规模比第一次的更大。张勋自以为自己的威望很高，这些与会省区均支持自己，故更加放肆地干预政治，指责国会，指责国民党的阁员，气焰更为嚣张，态度更为狂妄。9 月 25 日致电大总统

---

① 《申报》1916 年 9 月 27 日、28 日。

反对唐绍仪就任外交总长,并对唐进行了人身攻击:"唐绍仪学识凡庸,材知猥下。迹其平生宦迹所经,内膺阁部,外任疆圻,典绩无称,瑕疵丛集。奢华骄侈,徒以挥霍见长;险诈阴私,专以夤缘为务。至于外交经验,则除谙通译、善应酬而外,更无表现。加以其人素行不检,秽德彰闻,人言啧啧,事非一端。但事属以往,或系个人私德,勋等亦不欲轻于攻讦,致伤忠厚。兹特就其近年最失信用为中外人士所稔知者,撮要言之。辛亥南北共和,不得已与四国称贷,甫订成约,而唐绍仪忽借比款,于是责言交至,信用全堕,然犹曰操纵自有微权,肆应断难持一。惟以 600 万之巨款,竟与少数伟人朋比分肥。报销曾无一字。及其任内阁总理,国会以比款用途相诘,唐恶颜结舌,无可为词,竟至弃职潜逃,逍遥海上,外人腾笑,舆论交攻。至今此案虚悬,漫无归宿。外交以信用为要素,即此一举,已重为外人所鄙薄。……夫外交总长之职权,实有代表国家之资格。其与外人缔结条约,解释纠纷,一动一言,均关国体。今以付诸中外所不许可之唐绍仪,勋等爱国家,不能不鳃鳃过虑。议者至谓唐之此来,实将要结外援阴图不轨,无稽谰语固难轻信,惟以唐之行迹证之,受命既久,越趄不前,勋等方谓其尚有耻心。今则贸然而来,逗留津门,闻又要求多款,居心叵测,何以示人,宜国民之群起反对也。勋等与唐多属旧交,毫无嫌怨,使非万不得已,何肯遽事讦弹。务请我大总统俯鉴微忱,令勿就职,以取瑟而歌之意,示爱人以德之诚,则所全者大矣。倘竟不蒙明察,使其仍长外交,必至金壬误国,华夏蒙羞。则勋等于唐就职以后,署名签押之件,势必一律不敢闻命。除公举代表与唐绍仪清算比款外,谨合词电呈,伏乞钧鉴施行。"①列名此电报的督军、省长、都统、师旅长连张勋在内共 34 人,其中有一些人名是张勋未得本人同意而冒签的,如冯国璋、王占元、李纯。张勋以为自己真是众望所归的盟主,可代表各督军,故肆意冒名签字于电报上。其实,各省派代表驻徐也只是为了弄清徐州动向。一些省的督军并非要拥思

———

① 《申报》1916 年 9 月 30 日。

想陈旧、头脑简单的张勋为盟主,顶多只是利用张而已。段的心腹曾毓隽回忆说,这封电报是段祺瑞授意徐树铮等起草由曾毓隽送徐州假一些省督军的名义发的,以阻止唐就任外交总长[1]。

　9月26日,唐绍仪提出辞职,并痛斥张勋、龙济光干政:"前此枭雄柄国,颠倒舆论,仇视贤良,功罪错乱,黜陟舛迕,甚至骄兵悍将,嗾使干政,内外相结,上下交征,遗毒无穷,于今为烈。近如张勋盘踞徐州,形同割据,弁髦中央命令,官吏由其任免,赋税由其征收。近且搜集逋逃,号召徒党,以背谬不法之言论干犯国会尊严,以无稽之谈肆诋司法总长勒令解职。此种行为一开,必先动摇国本,甚非国家之福。又如龙济光,督粤3年,纵兵殃民,奸淫抢掠,甚于盗贼。以为政府曾奖以有世界眼光,故虽奉明令解官而延不交代,肆为无理之要求。近虽交印而仍占据孤山,勒索巨款,以备独霸琼岛之需。仪粤人也,南望故乡,切肤深痛,崇耻厉辱,已种于前,遗患方长,奚堪设想,欲哭无泪,从政何裨。"[2]

　9月下旬,在张勋气焰嚣张之时,众议员李燮阳等提出《关于张勋恣横骄纵目无法纪政府久不惩治是何用意》的质问案,斥责张勋"力主复辟之邪说,身作帝制之保障。叛国逆贼,延为上宾,帝制余孽,悉成佳士。今日之徐州会,竟成帝党之巢窟。阴谋会议,志存乱国。犹复变本加厉,密结13省督军同盟,干涉国政。横暴之状,较昔愈烈。及今不图,兹蔓难治。特就所知,举条质问如下:国家军队向重纪律,文明各国莫不皆照。张勋辫子军,既非正式军队,又非遵陆军部章程训练,均系辛亥金陵败逃后所招,服制奇异,垂辫累累,既无教育,复无纪律,霸据徐州,形同强盗。……中国以一不学无术之军人,横霸一方,独行专制。清江浦常关直由其征收,两淮盐运税款,亦由其自由提拨,江北官吏悉归其支配,津浦铁路沿线亦为其蹂躏不堪。徐淮一带,地方主权已成其个人势力范围,与中华民国显成分立之象。……政府通缉未获叛逆梁

---

①　曾毓隽:《忆语随笔》,《文史资料选辑》第41辑,第20页。
②　《申报》1916年9月29日。

士诒、顾鳌、薛大可及宗社党首领铁良……一则聘顾问,一则礼为上
宾。……张勋破坏国法之行为已著,理宜由政府严加斥革,从重惩治。
殊政府对之泰然,毫不过问。……传闻张勋近日在徐州时开秘密会议,
意欲推倒现国会、现内阁,已行种种阴谋手段,不久或有不可思议之暴
动。……查张勋劣迹多端,久已擢发难数。燮等耳闻目睹,实亦罄竹难
书。中国之有张勋,犹家室之有大盗。且张勋破分统治权,阴谋内乱,
弁髦法律,毁国会,毁内阁,藐视政府,违法嚣攘,遗笑全球。"①这是一
篇难得的讨张檄文,文笔酣畅,淋漓尽致又切中要害,触到了张勋的痛
处。张立即跳出来,致电府院,"欲囊鞬入京,与之一较曲直","仰恳政
府派员赴徐调查。如有事,勋愿伏罪;如事实不确,应将提案人及署名
人反坐。"②

　　段祺瑞也在复李燮阳等人的质问书中为张勋辩护,对李质问书中
所列罪状逐条否认:"徐淮一带为张军驻地,因图运输汇解便利起见,
税款就近抵拨军饷。军人准发免票事,诚有之,亦不仅徐淮为然。""沟
通宗社党,事难证明。……至梁、顾等亦经访查,并未在徐。""查张勋
言论,逾越职权,已屡经政府严电诘责,大总统并有通令诰诚矣。""徐
州会议不久有不可思议之暴动发现,……报载传说,自难凭信。"③

　　段祺瑞与张勋的关系,既有相互利用的一面,又有争斗的一面。在
第二次徐州会议上,张勋主张由徐世昌出面组阁,段祺瑞退居徐阁的陆
军总长。这显然是张不承认乃至否定段祺瑞欲统领北洋的领袖地位。
段自然对张很不满。9月29日大总统黎元洪准外交总长唐绍仪辞职,
并下令诰诚军人不得干政,隐斥张勋、倪嗣冲等组众集议,凌轶范围,不
顾大局。当日,段祺瑞亦电禁各省开会干政。9月30日段再次电诚师
旅长越权干政。张勋10月1日复电政府,反对黎、段9月29日之电,

①　《盛京时报》1916年9月27日。
②　《盛京时报》1916年10月29日。
③　《申报》1916年10月16日。

指责北京政府"上无道揆"①。

9 月 29 日，直系湖北督军王占元、江西督军李纯、江苏督军冯国璋分别致电张勋，诘问 9 月 25 日排斥唐绍仪的电报为何不征得本人同意竟冒名列于电报上。并公开通电否认 9 月 25 日张勋攻击唐绍仪之电的签名，指出全系张勋捏造的签名。这显然是蔑视和公开否认张勋的各省区联合会的盟主地位。以后，直系的冯国璋、王占元、李纯又联合川、桂、浙、湘、黔、滇各省暗中对抗徐州各省区联合会。张勋此时才认识到自己的霸主梦难圆，于是大骂王占元说：子春背盟②。

很多议员对张勋践踏国法、肆意干政的蛮横行径十分气愤，对段祺瑞祖护张勋很不满。10 月，国民党众议员邹鲁等提出《查办张勋》案，列举张勋 4 大罪状：坏法乱纪，律有明条，有罪不罚，国将不国。安徽督军张勋者，向仇民国，别有腑肠。共和再造，政府方兴，优容曲加新命，虽因风雨飘摇，责来宽往。既失国家刑赏，贻患养痈。因而数月以来，任意僭据徐州、抗驻安庆。数其最近大罪，可为四端。国家税赋自有统系机关以为征收，乃张既霸收清江浦常关，复强提两淮盐款，破坏政治机关，阻止政治作用，是为紊乱国宪，其罪一。人民身体，虽一审问之微，亦须依法，乃张勋滥杀无辜良民早难数计，截杀津浦车客时有所闻，既弁髦刑章，复蔑视《约法》，是为违反法律，其罪二。更复悍然大集军人，广招帝孽，迭开大会，自为盟主，订立章程，纷驰电报，以推翻内阁为职志，不惜再三胁迫总统任命之阁员，是为抗拒命令，其罪三。以神圣国会为仇敌，因而迭次干涉国会议员之言论，是为蹂躏国会，其罪四。似此霸据一方，号召多省，自为行动，目无中央，俨若一国之内有两政府，变更中央之国权，破坏国家之统一。政府既不能委为不知，知之而竟不按法严办，徒以空言申诰，既不斥其姓名，复不定其罪状，国人正疑政府罚不加诸有罪，莫测用意何由。近日张勋复电反声之来，竟以上无

① 《盛京时报》1916 年 12 月 14 日。
② 《申报》1916 年 10 月 12 日。

存土,则每箱订定之价格究系 6 000 或 7 000 亦应明明白白,不得如此含糊。总而言之,即认政府收买为正当办法,如此重大贸易提用巨额公债票,自应明白宣布普告国人,并咨交国会详细讨论方为合法。今乃糊涂订约,行为鬼蜮,无论如何辩护,终无以缄天下人之口,释天下人之疑。"①这一质问书,以铁的事实说明了以 8 200 两一箱的高价收买烟土已高出了其实际价格的二三倍,这无疑也揭露说即使收买烟土一事是正当的、必要的话,那也是经办合同的人员与外商勾结出卖国家的利益。这一质问书像一颗重磅炸弹,震动了朝野,人们自然要求揭开这一《收买烟土合同》的黑幕。这样,段祺瑞政府只得派代理平政院院长张一鹏和丁士源赴上海调查此事。为争得主动,冯国璋也于 3 月底赶忙致电国务院,认为显系有人作弊,要求国务院严查。

3 月 27 日众议院常会。众议员郭宝慈等提出的《咨请政府杜绝烟害万勿以公债票收买土商存土致滋流弊而溃烟防决议》案,列入当日议程的第 6 案。开会后,议员褚辅成动议变更议事日程先议第 6 案,经表决多数赞成。郭宝慈说明提案理由,经表决付二读会,多数赞成。又经表决多数赞成即开二读会。经表决,将提案的题目改为《咨请政府不得收买存土议决》案,未做大的修改通过二读。接着又议决开三读会,将全案通过。

3 月 29 日参议院常会,对众议院移付的《咨请政府不得收买存土议决》案进行讨论,尽管有的议员为慎重起见主张先付审查。但经表决多数反对付审查,主张即开二、三读会。这样,当即开二读、三读会将全案通过后咨达政府。但政府以方式不合,此案属行政处分,非立法处分,将案退回国会。

4 月 3 日参议院常会,议员丁世峄以政府收买存土、订立合同何以不先交国会议决,应请国务总理定期出席回答质问。

4 月 17 日参议院会,国务总理段祺瑞和司法总长张耀曾到院,议员们

①　《申报》1917 年 3 月 30 日。

纷纷质问段祺瑞收买烟土案的事。当议员汤漪问总理所派的调查员已有报告给国务院,对上海收买烟土案有何决心时,段说:尚未详细研究,待国务院全体议定办法,再行报告。又派人从旁面调查后再决定办法。杨永泰问:此等案件已成不名誉之事。既无收买之必要,何必生此枝节? 段答:签字已成事实,至于能否取消须调查内容方能决定。现在张一鹏君之调查报告适才送到,尚未看得分晰,故未决定①。总之,段在回答议员关于收买烟土案时,均以需要研究调查报告后方能回答来搪塞。

4 月 24 日参议院会,国务总理段祺瑞出席,报告调查上海收买存土、交通部受贿和财政部受贿案。对上海收买存土,段说:"收买烟土现已致电南京,令其设法取消合同,并另派员前往与土商交涉以取消合同为主。"②这是政府第一次向国会声明取消《收买烟土合同》。

政府派往上海的调查人员经过详细调查发现,上海存土与合同中的一千一二百箱相差很大,实存 2 252.5 箱。合同中收买存土价为每箱 8 200 两,而烟土商实收每箱只有 5 700 两。显然这是有人与烟土商勾结出卖国家利益,中饱私囊。这些问题,谁也已无法再为之祖护。于是 5 月 18 日的国务会议上决定取消《收买烟土合同》,派张一鹏再赴上海彻查;将原驻沪禁烟员撤职,委任丁士源为驻沪禁烟员;对合同经手人借机牟利的要给予严惩;并以此次收买价格和数量与合同不符为由,将合同取消。

这一收买洋烟土案暴露出了段祺瑞政府的腐败。依理依法,禁烟协定规定的禁止洋烟的时间一到,应严格禁止再出售摧残人们精神与肉体的烟土。协定中丝毫未规定中国有收购剩余洋烟的义务。冯国璋作为副总统也好,作为江苏督军也好,并无对外交涉的职权。但在洋烟土商的运动下,侵越权限,损害国家的利益,和洋商订立《收买烟土合同》,高价收购洋商的烟土。这些完全违背常理和法律的行为,自有其

---

① 《申报》1917 年 4 月 21 日。
② 《盛京时报》1917 年 4 月 27 日。

黑幕。始作俑者冯国璋敛财有道是出了名的,此事也将此公敛财手段暴露无遗。但由于冯是直系头目,手握重权,是割据一方的军阀,其订立的严重损害中国国家利益的合同,竟然还得到了大总统和国务总理的认可和保护。中国在禁烟运动中缴获的烟土历来均焚毁,并不用于制药。此次却打着制药的幌子用高价购入大量洋烟土,坑害国家、坑害人民。冯国璋、段祺瑞、黎元洪之流的政要们是靠吸吮中国人民的血汗才得以维护其政权的,但他们却成了外国烟贩利益的代理人,干着坑害国家与人民的卖国勾当。更有甚者,当全国人民一致反对时,他们仍然在千方百计地维护这种卖国的合同。段祺瑞政府的卖国性和反人民性自然在这一事件中暴露无遗。

　　按常理,收买洋烟土事件到此似乎该结束了。所存的英商从印度输入的洋烟应该销毁或运出国门。但实际情况并非如此。1917 年 7月段祺瑞再度执掌中央政权再组段内阁。7 月 6 日冯国璋代理大总统并于 8 月 1 日到京履任。段、冯联合执掌着最高权力。英国的烟土商乘机再暗中积极运动。将每箱烟土价格由 8 200 两白银降至 6 200 两。这样,冯、段又以 1917 年 1 月已订立合同为由,复活以制药的名义收买洋烟土之议。1918 年 6 月 11 日,北京政府再与联社(洋烟商)签订了《收购存土第二次补充合同》,该合同共 5 条,主要内容为:中国政府将联社积存的 1 577 箱鸦片全部收购;按本合同订立日期之上海兑换率以鹰洋偿还;每箱价格由 8 200 两减为 6 200 两;中国政府仍以民国元年 6 厘债券付给联社;10 年全部还清。上海的大鸦片商协记制药公司的吴引之以为有暴利可图,提出包销该项存土,计划在 3 年时间内在江苏、江西、浙江、湖北四省将存土卖完。此消息一传出,江西、江苏、浙江、湖北各省爱国团体群起反对。全国禁烟联合会,全国其他省的社团也纷纷通电反对补充合同。这自然又是洋烟商与当朝权贵再次勾结出卖国家利益以肥私的行径。此时,第一届国会已经解散,段祺瑞控制的第二届国会于 8 月 12 日正式成立。在冯、段的操纵下,第二届国会安福系参议员吴宗濂、龚心湛、陈焕章提出,唐理淮、江绍杰、蒋菜、沈国钧、周秀文、李盛铎、瞿文选、赵元礼等连署,向参议院提交《请咨政府速以所买存土实行制药运销国外》案,以将存土制成吗啡贩卖到欧洲为名,支持政府收买这批洋烟土。真是急冯国璋、段祺瑞之所急。

1918年9月20日,参议院常会。吴宗濂等的提案列入当日的议程。参议员卢锷生、何焱森等收到议事日程和印发的吴案后,立即向参议院提出《反对请咨政府速以所买存土实行制药运销国外案》意见书,指出吴宗濂等人的提案违反了中国现行刑律和禁烟公约,违反了中国1914年4月11日后施行的《吗啡治罪条例》,违反了海牙国际禁烟公约。在这天参议院常会上,吴宗濂对自己的提案理由做了十分可笑的长篇发言,其大意为:将烟土制成吗啡可治很多病,有益无害;将吗啡设法销往欧洲,可以挣一大笔钱;吗啡供给欧战中的盟国是间接挫世界公敌,友邦将欢迎之不暇;《海牙公约》有绝对禁止吗啡输出,是指各国商人未经该国政府的特许而做吗啡买卖。也就是说,《海牙公约》并非绝对禁止吗啡卖卖,到底能否将吗啡销往欧洲,全看政府有无决心①。这真是一篇奇文。按正常的议事规则,应该是赞成与反对吴宗濂案的议员相间发言,但该案明显违法与离奇,会上竟没有人敢做赞成的发言。结果全是反对吴案的发言。何焱森按其意见书的理由发言反对。陈邦燮发言说:"本席以为存土实行制药一层,实背中国刑章;而运销外国一层,又违万国公约。此种议案断无成立之理。查收买存土一事发生于两年以前,因在上海方面之英商以尚有存士1 500余箱之多,为保全成本起见,要求政府准其卖尽,以免亏累。此全系外国奸商为个人利益关系,不惜违犯刑律,违背约章。而中国商人如协记公司等,遂亦四面奔走,运动包销。当时旧国会正在开会,乃以此事质问政府,而政府答复谓无此事。不意今年上海收买存土竟成为事实。可知政府对于此事原系一种秘密违法之行动。今值两院开院之初,正宜提出质问书,质问政府究竟有无此事。如无此事则已。若果政府答复谓有此事,则两院应依法提出弹劾案,弹劾政府之违法,又何能提案为政府想法运销?"①陈介、陈懋鼎、谭雨三、林韵宫等发言,认为收买存土是违法之事,此案完全违法,不能作为人民代表的建议案,应否定,议长应以不付二读会付表决。一个国家堂堂的国会,竟在光天化日之下,堂而皇之地讨论起如何贩卖毒品,这真是天下奇闻,在民国国会史上是第一次,也是惟一的一次。提案连署人之一的蒋棻大概也觉得有点丢人,立即声明取消自己的连署。主席梁士诒以《请咨政府速以所买存土实行制药运销国外》案不须开二读会表决,赞成者绝大多数,彻底否决此案。

参议员陈邦燮、韦荣熙、陈焕章提出,何毓章、陈介、邓镕、沈国钧、周秀文、江绍杰等27人连署提交《质问政府收买药商存土》案,指责政府收买烟土是:"假制药之名,行卖烟之实。烟禁破坏,法纪荡然。置国家刑章于不顾,《海牙公约》于不问,甘冒不韪,以身试法,良可痛也。推其用意及所持之理由,无非以替政府筹款之名,甘言诱惑,实则肥一己之私囊而已。"②真是一针见血,也算痛快。但令人不解的是陈焕章、沈国钧、周秀文、江绍杰等人是吴宗濂案提案人或署名人,却又成了《质问政府收买药商存土》案的提案人或署名人。这些所谓的人民代表真是变色龙。参议院按《议院法》第40条的规定,质问案有20人以上连署即咨达政府限期答复。众议院议员王玉树等亦提出《质问政府收买药商存土》案咨达政府,要求答复。

英、美两国政府也反对中国政府收买存土的作法。9月25日,英、美公使到中国外交部就此事提出抗议。11月3日,中国外交部答复英、美公使,说收买之土除制药外,余均销毁。

直到段祺瑞辞去国务总理后,11月1日代理国务总理钱能训才咨复参、众两院议员质问收买存土案,仍以制药供医用为名,为政府收购存土辩解。当然咨文中再未敢说往欧洲贩运吗啡,而只是强调列强各

---

① 中华民国7年10月《参议院公报》第2册,第85页。
② 中华民国7年10月《参议院公报》第2册,第135页。

国都禁烟,但都在严格的法律条文的约束和政府监督下,制造一定量的吗啡供医用,中国亦应如此。这些当然是站不住脚的。即使制成药,如此多的鸦片烟土,所制的药够用几百年。况以前收缴的烟土都销毁,而不用于制药,这次用国库的钱去收买烟土来制药,自是掩人耳目之举。这自然又遭到全国各界和舆论的一致反对。全国禁烟联合会,商、学界各团体纷纷通电反对收购存土,强烈要求按通常的办法,销毁这批存土。经全国人民长时间不懈的斗争,直到1919年1月,北京政府才开始决定将这批烟土焚毁。并委派张一鹏为监视焚土专员,于万国禁烟会在上海开幕的1月17日,在上海中外禁烟会代表的监视下,开始焚烧这批烟土。到1月19日全部烧完,历时3天。

十二、国会第一次恢复后的议宪

国会恢复后,尽快地制定一部宪法,便是摆在国会面前的一项重要与紧迫的任务。正式政府成立了很长时间,却仍然以《临时约法》代替宪法,其中《临时约法》已有一些明显不适用之处。如《临时约法》规定的议会是一院制的参议院,而正式国会为参、众两院。无论从规模上和职权划分上,均有很大的不同。故当时全国均盼望国会能尽快地制定一部正式的宪法。国会恢复后,也花了很多时间很大的精力来议决《中华民国宪法草案》即《天坛宪法草案》。第一届国会几次议宪,这一次所花的时间是最多的一次。

国会开幕后,院外谈话会就议定要尽快开宪法会议,议定宪法。1916年8月参议院即致函众议院,一周后即开两院会合会议,议宪法。8月25日,众议院常会,秘书长宣读参议院来函一星期后两院会合赶议宪法。议员陈允中等提出的《请提前制定宪法建议案》和议员吴宗慈等提出的《追认阁员案通过后即开宪法会议》案列入当天的议事日程中的第一案和第二案。议员骆继汉的动议第一案、第二案并案讨论通过后,由提案人陈允中、吴宗慈分别说明提案理由。鉴于参议院已来

程莹度　说明　第十章　会计　第 95—100 条。

解树强　说明　第十章　会计　第 101—106 条。

向乃祺　说明　第十章　会计　第 107—108 条。

黄赞元　说明　第十一章　宪法之修正及解释　第 109—113 条。

初读主要是宪法起草员说明。除个别争议大的问题，如对孔教的问题发生争论外，其他问题均无讨论。

9 月 13 日宪法会议，宪法起草员逐条说明后，议员们对是否开宪法审议会审议还是由宪法起草委员会边起草边审议，意见不一。议员金兆棪提起讨论中止的动议。按《宪法会议规则》主席王家襄应以讨论终局付表决，多数同意后即结束讨论，再将二种意见分别付表决。但王家襄一时疏忽，未先就讨论终局付表决，竟先以应否付宪法审议会审议付表决，表决结果大多数同意付宪法审议会审议。主席刚将表决结果宣布，议员郑江灏发现主席表决时缺了对讨论终局付表决的程序，立即发言指出议长已违反了法定的表决程序，表决应无效。并根据《宪法会议规则》第 21 条第 2 项，非两院各有议员三分之二以上之出席不得开议，非出席议员四分之三以上之同意不得议决。今议长说大多数是否足四分之三以上之法定人数？遽行表决，实属违法。① 于是议员大哗，议场秩序大乱。议长王家襄大声宣告散会。刘成禺等以未先表决讨论中止而狂呼表决无效。在议场拍案狂叫，大骂议长违法。张伯烈、吕志伊、金兆棪、刘成禺、郑江灏、董昆瀛等 100 余人提出议长违法之惩戒案。

9 月 15 日，本应开宪法审议会，宪法会议审议长王正廷刚就主席位，即有议员提出前次宪法会议表决开宪法审议会之前尚欠讨论终局的表决，应将本宪法审议会改为宪法会议，补行表决。反对改开宪法会议的议员认为：前次宪法会议时对开宪法审议会的表决几乎全体一致赞同，不只过半数，也不只过四分之三，此等表决绝对有效，决不能于今

---

① 《申报》1916 年 9 月 11 日。

日宪法审议会中推翻宪法会议之表决案。双方争论激烈,人声鼎沸。审议长王正廷不能维持,请王家襄复席。王家襄登台复议长席,说:前日表决开审议会之时,到院议员 600 有奇,其起立赞成开宪法审议会者590 余人,实不能说表决无效。至于说欠缺讨论终局之表决,此仍手续上的问题。本席实自觉疏忽。惜当时全体赞同,竟无一人出而纠正,遂致成错误。此本席一人应负其责,即请惩戒可也。[①] 言毕,仍就议员席,其意是接着开宪法审议会,故不就宪法会议议长席。少数激烈派议员力争补行表决,秩序又乱。议员陈时铨忽以谩语骂人,满场大哗。很多议员欲散会,审议长王正廷摇铃关闭议场,不让议员退席。一面声言既不能开宪法会议,又不能开宪法审议会,咨请大众议决开谈话会。议员胡玉齐发言反对:诸公既反对审议会,谓其无根据,今又议改为谈话会,又有什么根据耶? 两方又大哗,争执,秩序大乱。陈时铨竟破口大骂"你们是混帐王八旦"等,不堪入耳。刘崇佑以议员骂人殊为非礼,与大家联合提出惩戒动议。陈时铨仍晓晓称辩。彼此大吵大闹,议员纷纷退入休息室。经十几分钟后又以谈话会的名义开会,议决下次改开宪法会议。

9 月 20 日参、众两院开宪法会议,宪法会议副议长汤化龙主席(有说王家襄不敢主席,有说多数议员不承认王为主席,有说王的惩戒问题未解决不能主席。反正王当天未出席会议)。主席说:今天开宪法会议。前次开宪法会议时场中辩论集于两点:1. 讨论终局之表决应否补行。2. 前此付审议会审议的表决是否有效。第一层,无人以为不宜补行,第 2 层则有人说前次付审议之表决由于手续错误而来,既讨论终局须补行表决,则因此错误而来之付审议表决当然无效。有的则说手续即有错误,但前次表决理应自己尊重,断不能推翻,故付审议表决当然有效。

于是两派又生争论,各持己见,有议员提议且将第二层从缓讨论,

---

① 《申报》1916 年 9 月 18 日。

先以讨论终局付表决。于是议长以讨论终局付表决,绝大多数起立赞成,只有8人未起立。接着讨论前会付审议之表决有效、无效问题。二派又争执,讨论多时。决定付表决时,忽有议员说:按照《宪法会议规则》并无能以表决之有效、无效付表决之规定。全场愕然,又生难题。这时有议员提出,《宪法会议规则》第57条"会议时对于本规则有疑义时,议长应咨询大会决之"可解决此难题。于是又讨论这次付表决是以有效付表决抑以无效付表决。多数认为以无效付表决,盖含有反证前此表决之意。于是议长以前此付审议之表决有以为无效者请起立,起立者仅8人。主席宣布:反证表决既是少数,可见当日赞成审议会者实足四分之三以上之人数,为有效。表决结果既然是付审议表决有效,于是继续开审议会,由审议长王正廷主席。

当然这场风波是有些议员对积极参与帝制的王家襄仍为议长的不满的一种发泄。但利用一个小小的法律程序发难,使3次宪法审议会无法正常进行,自然是一种浪费时间的现象。如果认为王家襄已失议长资格,可直接提出对王的不信任案,才是解决问题的正当办法。

(二)《天坛宪法草案》审议会

按《宪法会议规则》的规定,宪法草案经一读后,即应开宪法审议会对宪法草案进行审议。宪法审议会和宪法会议不同之点为:1. 宪法审议会法定出席人数为两院议员各过半数;宪法会议法定出席人数为两院议员各过三分之二。2. 宪法审议会以出席议员三分之二的同意可决之;宪法会议以出席议员四分之三以上的同意可决之。(凡与宪法无关的问题仍以过半数之同意可决之)3. 宪法审议会以参议院副议长为审议长;宪法会议以参议院议长为议长,众议院议长为副议长。

宪法审议会从1916年9月15日起开会,至1917年1月10日止,共开会27次,除9月15日因9月13日宪法会议议长因缺以讨论终局付表决的程序而导致两派纷争,使9月15日的宪法审议会无法正常进行外,实际审议会开了 26 次。

9 月 15 日宪法审议会,即议决先将《天坛宪法草案》中所有重大问题付讨论,然后再将议员提出来的草案中未列入的紧要问题付讨论。现将宪法审议会讨论的重大问题和紧要问题的结果归纳如下:

1.《天坛宪法草案》所有重要问题的审议结果

(1)国土问题

这是草案的第二章所列国土用概括规定。审议中有两种主张。一种主张赞成草案用概括规定,如议员郭涵、丁骞、骆继汉、曹玉德、王绍鏊等发言均持此主张。一种则反对草案,主张用列举法规定国土,议员汤松年、宋渊源、马君武、郭人漳、陈嘉会、丁象谦等发言持此主张。最后付表决,结果:在场议员 623 人,赞成草案者 459 人,过三分之二,通过。

(2)人民自由权问题

这是草案的第三章第五条至第十六条,人民自由权均加以法律的限制。议员骆继汉、韩玉辰、易宗夔、朱兆莘等发言赞成草案。议员邹鲁、叶夏声、贺赞元、秦广礼等发言主张人民自由权有几条可限制,其余无须限制。最后付表决,结果:在场议员 565 人,赞成原案者 398 人,过三分之二,通过。

(3)国民教育以孔子之道为修身大本问题

这是草案第三章第十九条第二项所列。议员汤松年、蒋羲明、章兆鸿、陈铭鉴、张琴、朱兆莘等发言赞成原案。议员张鲁泉、何雯、吴宗慈、林伯和、凌文渊、张伯烈等发言反对原案,主张将此项删除。最后付表决,结果:在场议员 567 人,赞成原案者 367 人,反对原案主张删去者 200 人,尽管赞成者多数,但仍不足三分之二,未通过。

(4)国会采取两院制问题

这是草案第四章第二十一条的条文。议员陈铭鉴、李国珍、王玉树等发言赞成原案,主张国会采取两院制。议员刘崇佑、李载赓、王敬芳等发言反对原案,主张一院制。最后付表决,赞成原案采取两院制者超过三分之二,原案通过。

（5）参议员的选举机关问题

这是草案第四章第二十二条的条文，该条文规定参议员由最高级地方议会及其选举团体选出。议员张琴、秦广礼、童杭时、吕复等发言赞成原案。议员林长民、陈光焘、程莹度等主张再加入"法定议员"一项。最后付表决，赞成原案者超过三分之二，通过。

（6）议员兼任国务员问题

这是草案第四章第二十六条"两院议员不得兼任文武官吏，但国务员不在此限"。议员刘恩格、王玉树、何雯等发言赞成原案。议员张国浚、袭玉崐、李有忱等发言反对原案，主张删去但书，即主张删去"但国务员不在此限"。最后以两种主张付表决，结果：在场议员494人，赞成删去但书者281人，赞成原案者175人，均不足三分之二，无结果。

（7）不信任国务员之决议问题

这是草案第四章第四十三条所列："众议院对国务员得为不信任之决议。"何雯、李春荣等发言赞成原案，陈善、陈光焘、蒋羲明等发言反对原案。最后付表决：在场议员545人，赞成原案者381人，过三分之二，通过。

（8）国会委员会问题

这是草案第五章所列。何雯、叶夏声等发言赞成原案，主张于国会常会闭会期内设国会委员会。议员刘恩格、仇玉斑、张知竞等发言反对设国会委员会。最后付表决：在场议员482人，赞成删除这一章，不设国会委员会者472人，超过三分之二，通过。

（9）紧急教令问题。

这是草案第六章第六十五条所列。议员孙润宇、李国珍、林长民等发言赞成原案，主张大总统有发布教令之权。议员刘恩格、吕复、叶夏声等发言主张删去这一条。最后付表决，结果：在场议员557人，赞成原案者315人，赞成删去者235人，均不足三分之二，无结果。

（10）解散众议院权问题

这是草案第六章第七十五条所列。议员蒋羲明、吕复等发言赞成原案。议员王玉树、秦广礼、吕志伊、易宗夔等发言反对大总统有解散众议院权。又有议员主张大总统有解散众议院权,但须加限制。最后付表决,结果:在场议员472人,赞成原案者314人,赞成大总统无解散众议院权者134人,赞成有限制的解散权者361人(此时在场议员549人)。三说均不足三分之二之数,无结果。

(11)国务总理同意权问题

这是草案第七章第八十条所列。议员程莹度、李春荣、刘恩格等发言赞成原案,主张国务总理须求众议院的同意。议员王玉树、童杭时、龚政等发言反对原案,主张全体国务员均须求众议院同意。议员孙钟等发言反对原案,主张所有国务员均无须求众议院同意,直接由大总统任命。最后付表决,结果:在场议员567人,赞成全体国务员均须求众议院同意者169人,少数,否决。赞成原案者432人,超过三分之二,通过。

(12)行政诉讼问题

这是草案第八章第八十六条所列。议员王绍鏊、孙钟、李春荣等发言赞成原案,行政诉讼由法院审理。议员刘恩格、骆继汉、张嗣良等发言反对原案,主张设平政院审理行政诉讼。最后付表决,结果:在场议员536人,赞成原案者371人,三分之二以上赞成,通过。

(13)财政紧急处分权问题

这是草案第十章第一百零四条所列。议员孙润宇、陈铭鉴、韩玉辰等发言赞成原案,主张大总统有财政紧急处分权。议员丁象谦、龚政、卢天游等发言反对原案。最后付表决,赞成原案者327人,超过三分之二,可决。

(14)审计院组织问题

这是草案第十章第一百零七条、一百零八条所列。议员龚政、何雯、马君武、易宗夔等发言赞成原案,审计员由参议院选举。议员孙润宇、刘恩格、王绍鏊等发言反对原案,主张审计院院长由参议院选举,审计员由院长呈请大总统任命。还有人主张审计院院长由大总统提出参议院同意后任命之。最后付表决,结果:在场议员 539 人,赞成原案者 222 人,赞成审议员由院长呈请任命者 306 人,赞成审计院长由大总统提出参议院同意后任命者少数。三种主张均不足三分之二。无结果。

此外,《天坛宪法草案》中没有,而议员新提出又认为重要问题应讨论是否须加入宪法的问题如下:

2.《天坛宪法草案》之外提出的重要问题审议的结果

(1)增加省制一章问题

这一问题争论最为激烈,甚至引发两派的武斗。最后在中立团体的反复协商下,省制入宪通过了审议会。详情见本书后文《地方制度入宪的风波》。

(2)增加主权一章问题

宪法审议会因地方制度入宪发生冲突而第一次停会后,各政团开协商会,协商的时间又长,宪法审议会又不便久停,于是议决先审议其他问题。

11 月 3 日,宪法审议会开会,审议加入主权一章问题。先由提案人秦广礼说明理由后,即开始讨论。议员叶夏声、丁象谦、蒋羲明等赞成秦的提案,在宪法中加入"中华民国之主权属于国民全体"。议员王振尧、何雯、孙润宇等发言反对之。最后付表决,在场议员 449 人,赞成秦案者 298 人,仅差 1 人足三分之二。于是有人对表决提起疑义,主席用反证表决法再表决,不赞成加入者 81 人,不足三分之一,证明前次表决赞成加入者实超过三分之二,通过。

(3)增加教育一章问题

提案人吴日法并未提出具体条文,其提案之意为,如经多数通过后,再交起草委员会起草条文。议员潘江、刘盥训等发言主张加入教育一章。议员王振尧、金兆棪、蒋羲明则发言反对之。最后付表决,在场议员 498 人,反对加入者 392 人,过三分之二,否决。

(4)增加宪法神圣一章问题

提案人梁昌浩,提案只列出了标题"宪法之神圣",具体条文俟此意通过后再交宪法起草委员会起草。议员吴莲炬等发言赞成增加一章，议员蒋羲明等反对之。最后付表决，结果：在场议员460人，赞成加入者346人，过三分之二，通过。

（5）增加国防一章问题

提案人吴莲炬，其意思也是待多数同意通过后再交宪法起草委员会起草条文。讨论后付表决，结果：在场议员498人，反对增加此章者428人，过三分之二，否决加入此章。

（6）增加海陆军问题

提案人吴莲炬。讨论时仅王振尧一人支持吴的提案。付表决时，在场议员450人，反对加入者428人，过三分之二，否决。

（7）增加法官任免问题

1916年12月8日，宪法审议会因地方制度入宪问题两派发生殴斗，审议会第2次停顿。各中立团体协商起草地方制度大纲的同时，为了应付全国要求速定宪法的呼声，12月20日，宪法审议会再开会，审议增加法官任免问题。曹玉德等为提案人，主张最高法院院长之任命须经参议院同意，非经弹劾，不得免职。议员吕志伊、吕复、马骧等发言支持曹案，议员郭涵等反对之。最后表决，两种意见都不足三分之二，无结果。

（8）增加查办权问题

提案人钟才宏，主张国会有查办违法官吏之权。议员张国溶等支持钟案。经表决，在场议员464人，赞成增加查办权者390人，过三分之二，通过。

（9）增加国教一章问题

1916年12月28日和1917年1月8日两次宪法审议会专门讨论国教问题。提案人王敬芳、王谢家、程大璋等主张将孔教定为国教。议员孙光庭、张琴、刘星楠等发言支持王案，议员王葆真、吕复等发言反对之。最后付表决，结果：在场议员525人，赞成王案者255人，反对者264人，废票6张。均不过三分之二。无结果。

(三)《天坛宪法草案》二读会

按《宪法会议规则》的规定,宪法审议会审议结束后,应开宪法会议对宪法草案进行二读,即逐条讨论议决。1917 年 1 月 26 日,宪法会议开始对《天坛宪法草案》进行二读。宪法会议议长王家襄首先宣告:本日议事日程系《中华民国宪法草案》开第二读会。总标题应先付表决。此外,条文以前,尚有前文。因系在法律条文以前者,可俟经过三读会后,再行表决。其总标题亦可俟三读会后,再行提出表决。今先以内容第一章付讨论。王讲完后即开始二读程序。二读程序从 1917 年 1 月 26 日开始到 4 月 20 日止,逐条讨论、修正、表决。与宪法审议会审议的结果,又有不同。其修正或删除的条款如下:

1. 第 11 条修正为"中华民国人民有尊重孔子及信仰宗教之自由"。

2. 删去第 19 条"国民教育以孔子之道为修身大本"。

3. 第 26 条"两院议员不得兼任文武官吏",删去"但国务员不在此限"。

4. 第 31 条修改为"国会自行集会、开会、闭会,但临时会于下列情事之一时行之:

(1)两院议员各有三分之一以上之联名通告。

(2)大总统之牒集"。

5. 第 33 条改为"国会常会,会期为 4 个月,得延长之。但不得逾常会会期"。

6. 第 34 条删去。

7. 第 35 条第 2 项"众议院解散时参议院同时休会",公决缓议。

8. 第 44 条和第 45 条之间议决增加一条:"两院对于官吏违法或失职行为,各得咨请政府查办之。"

9. 第 49 条修正为:"两院议员在会期中,除现行犯外,非得各本院许可,不得逮捕或监视。两院议员因现行犯被逮捕时,政府应即将理由报告于各本院。但各本院得以院议要求于会期内,暂行停止诉讼之进行,将被捕议员交回各本院。"

10. 第五章全删除。同时删除与本章有关的第 65 条。

11. 第 71 条修正为:"大总统依法律得宣告戒严。但国会认为无戒严之必要时,应即为解严之宣告。"

12. 删除第 72 条"大总统颁予荣典"。

13. 第 73 条修正为:"大总统经最高法院之同意,得宣告免刑及复权。但对于弹劾事件之判决,非经参议院同意,不得为复权之宣告。"

14. 第 80 条第 2 项修正为:"国务总理于国会闭会期内出缺时,大总统得为署理之任命。但继任之国务总理须于次期国会开会后 7 日内提出众议院同意。"

15. 第 81 条修正为:"大总统所发命令及其他关系国务之文书,非经国务员之副署,不生效力。但任免国务总理不在此限。"

16. 第 83 条删去后一句"前项委员由大总统任命之"。

17. 第 85 条增加"最高法院院长之任命须经参议院之同意"。

18. 第 92 条前半部分改为:"国会议定之法律案,大总统如有异议时,得于公布期内,声明理由,请求国会复议。如两院仍执前议时,应即公布之。"该条后半部分"未经请求复议之法律案,逾公布期限即成为法律。但公布期满,在国会闭会或众议院解散后者,不在此限"公决缓议。

19. 第 96 条"现在租税未经法律变更者仍旧征收"删去。

20. 议决第 97 条和第 98 条之间加一条:"凡直接有关国民负担之财政案,众议院有先议之权。"

21. 第 104 条修正为:"为对外防御战争或戡定内乱、救济非常灾变,时机紧急,不能牒集国会时,政府得为财政紧急处分。但须于次期国会开会后 7 日内,请求众议院追认。"

22. 第 108 条后面加一条:"国会议定之预算及追认案,大总统应于送达后公布之。"

23. 第十一章标题改为:"宪法之修正解释及效力。"

24. 第113条后加"但关于疑义之解释得以列席员三分之二以上同意决之"。

25. 第113条后加一条:"宪法非依本章所规定之修正程序,无论经何种事变,永不失其效力。"

二读会中,除上述条款变动外,《天坛宪法草案》其余条款均按宪法起草委员会起草的原案通过。

(四)《天坛宪法草案》中几个争议较大的问题

《天坛宪法草案》在宪法会议召开的审议会及二读会时,一些问题争论激烈,以至酿成斗殴。争论大的主要有以下几个问题:

1. 孔教问题

《天坛宪法草案》第19条中的"国民教育以孔子之道为修身大本"一项。在1916年至1917年的宪法会议的审议会及二读会中,这个问题争论很多。

在审议会中,张鲁泉、何雯、吴宗慈、张伯烈等主张删除第19条的这一项,认为:(1)孔子之道,多为君主说法。此项规定与民国国体相矛盾。(2)草案已规定人民信教自由,若将孔子之道特别规定,是先以宪法条文压迫他教,恐对内对外都招致纷争。(3)修身大本、教育方针应属行政范围,订入宪法上不妥。(4)孔子非宗教家,宪法上有这一项既不能为孔子争光,删除这一项,正是对孔子的尊重。(5)伦理问题写入根本大法中,既不合适,且既有宪法上之拘束力,恐怕要出很大的危险。(6)国民教育即强迫教育,五族人民都应担当这项义务。如以孔子之道订入宪法,则五族人民中信奉回教、佛教及天主教、耶稣教等教是否违反宪法?是否应受法律制裁?(7)国家教育方针是可以随时变迁的。例如,人民懦弱,即宜提倡军国民教育;人民贫穷,即宜提倡实业教育;人民道德薄弱,即宜提倡道德教育。今天如以此项订入宪法,将来如何变更?(8)国家若要尊孔,可以举行祀孔典礼或将孔子学说于大学校中特设专科,以及采取其他各种尊孔方法。如果一定要争这一项条文入宪,而人民不讲道德,也恐怕于事无补。

议员汤松年、蒋羲明、章兆鸿、陈铭鉴、张琴、朱兆莘等主张维持原案,其理由是:(1)孔子之道是教育问题,不是宗教问题,这一项与第11条并不冲突。(2)孔子天下为公的学说何尝不是共和真谛?(3)今天全国人民的心理,对孔子非常信仰。要培养社会道德,必须以孔教为基础。(4)此项既然已订入草案,无故删去,恐怕外界不知详情而产生误会。(5)孔子之道是中国二千多年来组织社会的重心。即使认为是教育方针,照荷兰宪法先例,教育方针订入宪法也无不可。(6)草案第11条为普通的规定,此项为特别的规定,按普鲁士、哥伦比亚、古巴、巴拿马各国宪法亦有先例可援。(7)外国教会学堂都读四书,可见孔子之道,即使外教的人亦无不信仰,定入此项,不致引起他教争端。

双方争执不下。表决多次,均无结果。议员王敬芳、程大璋、李景濂、郭人漳等提议以孔教定为国教。赞成者、反对者各执一词。用无记名投票法表决,结果均不足三分之二而未获通过。最后在二读会时双方让步,废除草案上的条款,代之以"中华民国人民有尊崇孔子及信仰宗教之自由,非依法律不受限制"。显然条文中尊孔和信教是自相矛盾的。

2. 紧急教令权问题

《天坛宪法草案》第65条规定:"大总统为维持公共治安,防御非常灾患,时机紧急,不能牒集国会时,经国会委员会之议决,得以国务员连带责任,发布与法律有同等效力之教令。前项教令须于次期国会开会后7日内,请求追认。国会否认时,即失其效力。"这一条是参照德国、日本等紧急命令条款的。

在审议会中,议员刘恩格、吕复、叶夏声等反对原案,认为:(1)紧急教令既与法律有同等效力,则已公布的法律,无论何时都可借紧急教令作用,以停止或变更。(2)宪法有紧急命令的规定的国家,大都是君

主立宪的国家,民主共和制的国家少有。(3)国家遇到内乱外患,草案
已有宣告戒严及对外宣战的规定,也无发布紧急命令之必要。(4)草
案中的维持公共治安,防御非常灾患均是抽象的,并不是具体的。政府
认为紧急的,人民未必认为紧急。界限既不清晰,事件又未列举,则政
府滥用紧急命令权时,于人民权利自由的影响很大。(5)草案第 20 条
及第 93 条已规定:立法权在国会,非依法律不得变更。若大总统可发
布与法律有同等效力的命令,也与草案本身相抵触。(6)国会常会期
间为 4 个月,只占全年的三分之一,而闭会期间占全年的三分之二。若
闭会期内,政府即可发布与法律同等效力的命令,从时间的长短看,政
府行使立法权反比国会行使立法权更大。(7)本草案的国会委员会既
已删除,此条更无存在的余地。

议员孙润宇、李国珍、林长民等赞成维持原案,其理由是:(1)原案
规定这种紧急命令权,其中已设有许多限制条件。现在国会委员会虽
已取消,但国务员负责一层还存在。对于这种教令,国务员岂肯轻易副
署?(2)英国、法国宪法上,因不允许政府有紧急命令权,每为时势所
迫,终不免于违宪。我国应引为前车之鉴。(3)紧急命令所关系的事
实,与戒严及防御宣战各不相涉,不能说大总统既有戒严权和防御权,
即不应有紧急命令权。(4)本条第 2 项国会否认即失效力的规定,与
本草案第 42 条很有关系,可不必顾虑政府的专制。(5)紧急教令与财
政紧急处分,也迥然不同。彼为消极的,此为积极的,二者并列,并不重
复。(6)国会委员会的规定,既已删除,而国务员的责任界限仍很明
了。不能说无国会委员会,大总统即不当有紧急教令权。

多次表决,包括反证表决,都不足三分之二,无结果。到二读会中,
因以不足出席议员总数四分之三的赞成而废弃。

3. 议员兼任国务员问题

草案第 22 条规定:"两院议员不得兼任文武官吏,但国务员不在此
限。"草案采用责任内阁制,就理论和实例而言,议员兼任国务员当然
不在禁止之列。

在审议会中,议员张国浚、袭玉崐、李有忱主张删去但书。其理由是:(1)议员兼任国务员,不是巩固三权分立之道。(2)议员兼任国务员,名为政治上的运用,实际上足以打开议员运动国务员之门,且容易引起党派的无形冲突,而影响议会。(3)草案已规定众议院有弹劾国务员及为不信任之决议权。如果议员可兼国务员,则因弹劾或不信任的结果,到议员与政府不能并存时,必然发生种种障碍。(4)议员可兼国务员,政府可借此左右议院。(5)国务员事务繁重,如同时又须列席议院,于职务职权上,也两者相互妨碍。(6)议员可兼任国务员,此时必为政党内阁。为阁员的人必然是政党的要人。若有违法行为,可直接运动本党议员,又可借其他阁员中的兼任议员,出席议会为之袒护。(7)议员在议会上虽然铮铮有声,入阁以后即难保其不变初衷。而且,假使阁员不都是议员,则议会对于议员的兼任者,感情必善。否则,感情必恶。政府与议会之间的隔阂,终究不能疏通。

议员刘恩格、王玉树、何雯主张不删但书,其理由是:(1)本草案所采取的,不是绝对的三权分立制度,是议会制度。政党内阁必然出现。既不能限制政党要人入阁,又何必限制议员不得兼国务员?(2)选举运动在立宪国家是无可忌讳的事实,这自然是党派关系,与议员兼任国务员无关。(3)议员兼国务员,可破除立法行政两方面的界限。(4)议会只须过半数的出席即可开议。议员兼阁员与议事正常进行并无妨碍。(5)我国人民眼光只知尊重政府,而不尊重议会。如果宪法上规定阁员可兼任议员,可使人民尊重政府之心移到尊重议会上来。(6)议员兼阁员,这一制度在英、法等国行之已久,毫无弊害。

审议会表决时无结果。二读会中,双方又进行辩论。最后以出席会议606人,赞成删去但书510人,超过四分之三,张国浚的修正获得通过。

4. 解散国会权问题

草案中第75条中虽然赋予总统以解散众议院之权,但设有二个限制:须经参议院列席议员三分之二之同意;同一会期不得为第二次之解散。在草案中与这条有关系的第43条,"众议院对于国务员得为不信任之决议"以及第82条,"国务员受不信任之议决时,大总统非依第75条之规定解散众议院,应即免国务员之职"。

审议会中,议员王玉树、秦广礼、吕志伊、易宗夔等反对原案。蒋羲明、吕复赞成原案。陈光焘、汤漪赞成有解散权,反对参议院三分之二同意之限制。孙钟赞成解散权宜严格限制。各项提案表决均无结果。

二读会中,章士钊等主张总统有解散众议院之权,不受参议院同意之限制。秦广礼等主张第75条全删。仇玉珽、李庆芳主张第43条众议院对国务员不信任案全删。骆继汉主张修正为大总统遇有众议院否决预算案或不信任决议成立时,得解散之;但同一会期不得为第二次之解散。李述膺主张第43条和第75条并存,惟将三分之二以上的限制改为同意者。

由于各种意见互不相让,争论不休,这项条文在二读会中未能得四分之三赞成,这一问题始终未解决。

(五)地方制度入宪的风波

按1916年9月20日宪法审议会的议决,《天坛宪法草案》审议结束后,再将《天坛宪法草案》中未列入的紧要问题提出讨论。这样,从10月20日开始,宪法审议会开始讨论未列入《天坛宪法草案》中的重要问题。

10月中旬,在宪法商榷会议员的强烈要求下,焦易堂、吕复等提出的省制订入宪法的提案列入审议会议程。20日审议会开会,焦、吕等首先发言,指出欧美等共和制国家的宪法,都将地方制度列入,省长民选,并给予地方一定的自治地位。

研究系的首领梁启超在8月中旬的谈话中就主张"省制当别以单行法"①。研究系是反对地方制度加入宪法的。故这天的会议中,研

---

① 《申报》1916年8月18日。

究系议员发言均反对地方制度加入宪法。尤其是众议院会议上,宪法会议副议长汤化龙,在宪法会议、宪法审议会上,一般很少发言。但这一天的会议上汤不但积极发言,而且是地方制度加入宪法的最激烈的反对者。汤发言的要点是:1. 宪法属硬性,省制属软性。属硬性者将垂之永久,属软性者固时有变更。以时有变更之省制加入永久不易之宪法,则将来无伸缩之余地,其流弊孔多。省制的变更恐摇动根本大法。省制别以法律规定较有伸缩余地。地方制度何者为良,目前尚不能确定,尚在试验期。不能以宪法进行试验。2. 各省议会多赞成省制入宪,但各省督军、省长多持反对态度。若省制加入宪法,易引起政潮①。

宪法商榷会派的韩玉辰等力主省制加入宪法,认为:1. 地方制度宜确定。2. 可划清中央与地方的权限。3. 国家责任可由中央与地方分别负担。4. 有利于地方事业的发达。5. 可养成人民自治的习惯②。

双方唇枪舌战,激烈争论,无结果。

10月23日、25日,宪法审议会继续讨论省制入宪问题。主张和反对省制入宪的两派,搜肠刮肚地各自找理由说明自己的观点,各说各的,毫无接近之势。各政团决定对省制问题进行会外协商,宪法审议会暂不审议省制,而审议其他问题。11月3日宪法审议会议决对省制问题暂时放下不审议,先审议由宪法起草委员会续行提出的主权加入宪法问题。

从11月4日开始,宪法研究会、宪政讨论会、宪法协议会、平社、宪政商榷会、益友社、丙辰俱乐部、韬园代表26人在众议院合组宪法协商会,协商省制是否加入宪法。11月7日、10日、13日宪法协商会开会协商省制是否入宪。一派主张省制加入宪法,先由宪法起草委员会起草,于宪法二读会后提出。一派主张省制不加入宪法,待宪法公布

① 《盛京时报》1916年10月25日;《申报》1916年10月24日。
② 《盛京时报》1916年10月25日;《申报》1916年10月24日。

后,按宪法会议手续另行制定省制。丙辰俱乐部、益友社、宪政商榷会、韬园等持前一主张。宪法研究会,宪政讨论会、宪法协议会等持后一主张。平社属中间派,倾向于省制加入宪法。两派相持不下。主张省制加入宪法的益友社做出让步:省长可由大总统任命,但须先征得省议会的同意。但研究系不肯做丝毫的让步。

由于二种意见相持不下,宪法协商会又于11月25日、28日开会协商。议定宪法审议会对省制大纲是否加入宪法进行投票。并议定分两次表决:

1. 第一次表决,主张省制大纲加入宪法者投白票,主张省制大纲不加入宪法者投蓝票。

2. 第二次表决,主张除省长任免问题外,省制大纲加入宪法者投白票,主张俟宪法公布后用制宪程序制定省制作为宪法的一部分者投蓝票。

11月29日下午,宪法审议会开会,王正廷主席。按宪法协商会议定的办法,先对省制大纲加入(白票)与不加入(蓝票)宪法进行无记名投票。结果:共发票627张,有4人未参加投票,实际投票623张。白票327张,蓝票296张。均未过三分之二,无结果而散。

12月2日,各政团代表仍在众议院开宪法协商会,讨论省制加入宪法的表决方法。经过反复协商,决定先将省长民选与任命先行表决。12月4日下午开宪法审议会之前,各政团又临时协商决定当日的表决分四轮:

1. 除省长任免问题无庸规定外,宪法中加入地方制度大纲。

2. 宪法公布后,以制宪手续制定地方制度。

3. 省长由大总统自由任命,地方制度加入宪法。

4. 省长由民选,地方制度加入宪法。

12月4日宪法审议会,王正廷主席。按各政团会前商定的办法进行投票。

第1轮投票表决,除省长问题无庸规定外,宪法加入地方制度,赞成者投白票,反对者投蓝票。结果,在席议员647人,有2人未投票,共投票645张,其中白票388张,蓝票257张,均不足法定的三分之二的人数,未通过。

第2轮投票表决,宪法公布后以制宪手续制定地方制度,赞成者投白票,反对者投蓝票。投票结果:在席议员582人,白票250张,蓝票332张,皆不足法定的三分之二,未能通过。

第3轮投票表决尚未进行,时间已到,只好延会。

12月6日下午,宪法审议会开会,王正廷请假,由代理审议长陈国祥主席。继续表决12月4日宪法审议会未来得及进行的第3、4轮省制入宪的表决。

先用无记名投票法表决省长由大总统自由任命,地方制度大纲加入宪法,赞成者投白票,反对者投蓝票,结果:在席议员564人,发票564张,2人未投票,故共投票562张。白票374张,蓝票188张,以过三分之二为375张,白票少一张过三分之二,仍无结果。马骧、张我华、吕复对表决提出异议,应用反证表决法表决。但会议时间已到,只好下次会议再用反证表决。

12月8日下午,宪法审议会,王正廷请假,仍由代理审议长陈国祥为主席。陈宣布:前次表决投票因在场人数与票数不符,认为与表决有关。今依规则重新投票。惟声明依《宪法会议规则》第41条表决时封闭议场。凡封闭会场以后,议员不得再入议场。且依规则第46条,以出席议员三分之二的同意决之,则须以出席议员总数为准,不能以开选举箱后所得总票数为准。

宋渊源、马骧立即反驳:规则上未曾规定放弃投票者在事实上须以票数为准。且第40条第3项明明有票数与议员总数不符之说,可知既有人放弃投票,须以票数为准。

在如何计算票数上,研究系与商榷系即发生矛盾。

发票前,陈国祥并未依法清点人数,发票时商榷系众议员魏肇文、戴书云举发某议员多发给了一票,于是将多发的一票缴销。这显然是有人要作弊。即使发票员真出错多发给某议员一票,那么该议员应立即声明并退回,不会待其他议员举报才缴回。这就使人对这场投票发生疑问。投票后陈国祥宣布投票结果:今日共散票 638 张,白票 422 张,蓝票 214 张。共收到票 636 张,名片 635 张。名片比票数少 1 张,且有 2 人未投票者。依《宪法会议规则》须 426 票方足法定三分之二票数。白票尚差 4 张。多一张票亦与结果无关。下次表决第 4 个问题。

票数多出名片一张,也就是说,有一人投了 2 张票。按《规则》投票无效。于是益友社的张我华等提出异议说,名片与票数不符,惯例及宪法会议规则第 40 条第 3 项应再行投票。但陈国祥坚持说名片与票数只差一张,而白票与法定数尚差 4 张,不影响结果。于是益友社议员在台上与主席陈国祥争吵起来。吕志伊、张我华、陈策等纷纷发言说名片少于票数,则必有 1 人而投 2 票者,此次表决按规则自然不生效力,须重新表决。研究系的郭涵、李国珍亦厉声相驳。此时议场人声喧嚣,秩序大乱。有高呼狂叫者,有先后奔走者,有彼此谩骂者。研究系干将刘崇佑、林长民、陈光焘、籍忠寅等闻讯从休息室赶往讲台,以速记员的坐椅、墨盒为武器将刘成禺、张我华、陈策、陈时铨打伤。刘崇佑等在殴斗中受轻伤。研究系还决心将事闹大。按说议场中,议员既代表人民,自然要讲文明。既不能人身攻击、恶意中伤,更不能动武。偶尔因一时的激动发生动武,应在议会中解决,而不能把社会的力量引入议会的斗争中来。但研究系为搞垮国会,反其道而行之。经该派研究后,由众议院议长汤化龙、副议长陈国祥哭诉于大总统黎元洪、国务总理段祺瑞,除攻击益友社外,还要求解散国会。黎、段不允,劝导一番,汤、陈悻悻而退。同时研究系致电各省督军、省长,"控诉"益友社的暴行,力图引入武人干涉国会。研究系同时提起诉讼。刘崇佑、籍忠寅等向北京医院侯希民医生处要求开诊断书,为起诉做准备。侯医生经过仔细看验,仅有最轻擦伤两处,不允出诊断书①。研究系又到地方检察厅告诉。益友社亦以牙还牙,采取了相应的对策来回击研究系。

---

①　《盛京时报》1916 年 12 月 13 日。

研究系的策略是要利用此次事件搞垮国会,重新选举一个为研究系所能控制的国会。此时要解散国会,自然要引发一场全国性的政治风波。当时全国的矛盾尚未激化到这种程度,各方面还无这样的心理准备,且省制入不入宪也不是各省军阀最关切的问题。故各省对研究系的电报反应冷淡,只有个别督军如贵州督军刘显世回电响应外,其余均保持沉默。

研究系这种旨在解散国会而引进外面势力干涉国会的作法,在国会的一些派系中引起了反感。未参加这场殴斗的其他政团联合,除调和益友社和研究系的矛盾外,就是共同协商起草地方制度一章加入宪法问题。

12月12日下午,平社、韬园、苏园、衡社、宪政讨论会、静园等政团代表在众议院开第一次会议,组织所谓中立政团协商会,议决:劝止两方面停止在报纸上的攻击;由中立各政团举定省制起草员,另定一省制草案,然后令益友社和宪法研究会双方认可;对两方所提的惩戒案及控诉案,均应取消;不主张通电各省。研究会已经通电各省,已无法挽回,可劝益友社不要通电。

以后丙辰俱乐部、宪法协议会、宪友会、宪法商榷会等政团亦加入中立团体的协商会。协商会力量大增,并于12月16日、18日、19日、21日、22日多次开会,将地方制度草案一章共16条议定后,再分别征求宪法研究会和益友社的意见。益友社召开全体大会讨论中立团体制定的16条,讨论结果:赞成中立各团协商会所起草的16条。这样,益友社复函中立团体,表示“对草案大体极表赞成”。宪法研究会亦开会讨论中立团体所议定的地方制度草案。尽管并不情愿地方制度加入宪法。但由于除益友社和宪法研究会外,各团体均已赞同地方制度入宪,仅研究会一政团反对也阻止不了宪法中加入地方制度,一味反对不但是徒劳的,而且易使自己孤立。当时舆论已对研究系不利,故也只好大体同意了地方制度加入宪法。在复中立政团函中表示“大体赞成”的意见,但又提出了修改意见:1. 弹劾省长以三分之二以上议员出席。

2. 将解散省议会咨交参议院议决改为国务会议议决。3. 省参事会明定职权或全体删去。4. 省长对省议会之议决有交复议之权。鉴于众怒难犯,故研究系在复函中给自己留了余地,声明"万一因修正之故致生变动或纷扰,则本会亦不坚执原议"①。足见宪法研究会在各政团一致的压力下,不得不放弃原来所坚持的立场的矛盾心理。自然,各政团并未理睬宪法研究会的修改意见,仍照已议定的草案提出于宪法审议会。总之,在这一次地方制度入宪的风潮中,宪法研究会的作为引起国会内外的不满。

1 月 7 日下午,中立各政团在众议院开会。孙润宇报告研究会与益友社的复函。中立各团体为防止研究会出尔反尔,又议决地方制度草案由宪政讨论会孙润宇提出,各政团一律连署后向 1917 年 1 月 10 日的宪法审议会提出;并再三约定,全案一起表决,不再逐条讨论以免节外生枝。

1 月 10 日,宪法审议会开会,审议长王正廷主席。当日的议事日程为续议省制加入宪法问题。众议员李景濂发言说审议省制原系副审议长主席,一案未了,主席不得更易。王正廷即请副审议长陈国祥主席。陈国祥主席则要按 12 月 4 日各政团协商决定的四轮表决中未表决者进行表决。孙润宇提起动议,以各政团协商好的省制大纲一章付表决,不必讨论条文。先以加入不加入宪法付表决,条文的讨论俟之二读会。于是陈国祥以地方制度一章加入宪法付表决,在席议员 460 人,起立赞成者 446 人,超过三分之二,通过。

宪法审议会自 1916 年 9 月 15 日起至 1917 年 1 月 10 日结束,历时近 4 个月。其中省制加入宪法问题开会次数最多,从 1916 年 11 月 20 日起至 1917 年 1 月 10 日止,开会 10 次,且多次发生冲突,其中以 1916 年 12 月 8 日的冲突为最大。

地方制度 16 条交宪法会议二读会。4 月 25 日二读会对《地方制度》16 条二读。宪政讨论会的孙润宇提议以全章付表决,孙之意在于

<hr/>

① 《申报》1917 年 1 月 8 日。

按宪法审议会前各政团协商的宪法审议会时全章付表决的方式表决。宪法审议会审议时全章付表决通过。但各政团协商时并无宪法会议二读会时《地方制度》也以全章付表决的议定,而且二读会的惯例均为逐条讨论表决。故孙润宇的提议遭多数议员的反对,说孙的提议违反了二读会逐条表决的手续,又起争执。议长宣告依章逐条讨论。刚把标题通过,讨论第 1 条时,又有修正案提出,结果以修正案付表决,未能通过。又以原案付表决,亦未能通过。于是议决将全章再付审查会审查。

5 月 23 日宪法审议会,审议地方制度,审议第 1 条,尚未来得及表决,会场已不足法定人数,只好延会。

5 月 25 日宪法审议会继续审议地方制度。但讨论到第 7 项时,会场又不足法定人数,只好延会。

由于研究系和督军团联手要搞垮国会,故研究系议员纷纷出京赴津,在京的研究系议员也不愿参加宪法会议,宪法会议只好停止,直至国会被解散。

十三、对德宣战案的风波

1914 年 7 月爆发的第一次世界大战,历时 4 年多,参战国家由开始的 8 个增加到近 40 个。参战国家遍布欧洲、亚洲、美洲和非洲,卷入战争漩涡的人口达 15 亿以上。主要战场在欧洲。参战的一方为德国、奥匈帝国、土耳其等国,称同盟国;另一方为英、法、俄、日等国,称为协约国,又称协商国。大战一开始,中国政府即于 8 月 6 日宣布中国对欧战保持中立,并公布局外中立条规。对同盟国和协约国均不偏袒,完全按国际公法办理。同时电请美国政府转达参战各国,不要在中国领土上发生作战行为。

独占中国是日本早已定下的国策。故欧战爆发后,日本在征得英国同意后对德宣战,要将德国在山东的租界据为己有。故乘宣战之机,不顾中国的反对,向中国山东境内的德军进攻。最后日本夺取了德国在中国山东省的全部权益。日军占领青岛后,不顾中国政府提出的日军打败德军后应将军队撤出青岛和胶济铁路沿线地区的要求,赖在山东不走。

欧战爆发后,英国驻华公使朱尔典曾劝中国加入协约国。大总统袁世凯同意加入协约国,但向朱尔典提出3个条件:1. 由协约国垫款整顿中国兵工厂,并请英、法两国专家帮助中国制造军火,提高其质量,以应协约国之所需;2. 协约国未经中国同意,不得签订与中国有关之条约;3. 上海租界不得包庇中国政治犯。① 英、法、俄三国政府同意此3个参战条件,但日本政府坚决反对中国参战,中国参战计划受挫。

欧战,即第一次世界大战是一场旷日持久的消耗战,随着时间的推移,交战双方都耗费了巨大的人力、物力和财力,都深感人力、物力、财力的枯竭。双方都已精疲力尽。为了开辟新的人力和物力资源,协约国各列强都想拉人力和物力资源丰富的中国参战。从1916年下半年开始,即动员中国加入协约国,对德宣战。德国为了赢得这场战争,决定以无限制潜艇战来扼杀英国等协约国。1917年1月31日,德国正式宣告:今后一切驶向协约国港口的船只,不论它属交战国还是中立国,都将受到德国潜艇的攻击。德国的这一无限制潜艇战政策是不人道的。它必然伤及大量无辜的中立国非军事船只与人员。即这一举措不仅严重损害了参战的协约国的利益,也损害了中立国家的利益。一些中立国家纷纷抗议德国的无限制潜艇战政策。美国虽然为中立国家,但一直是倾向协约国方面的。欧战开始后,美国向协约国提供了100亿美元的贷款来支持协约国。在德国宣布实施无限制潜艇战政策后,2月3日,美国宣布与德国断绝了外交关系。2月4日,美国政府照会包括中国政府在内的各中立国家政府,欢迎它们与美国采取一致行动。当晚,美国驻华公使芮恩施拜会大总统黎元洪、国务总理段祺瑞,劝中国对德断绝外交关系。黎犹豫,段则表示赞同。2月6日国务会

---

① 　陶菊隐著:《北洋军阀统治时期史话》第二册,第49、50页。

议,商讨对德问题,议定未得美国允予财政帮助的保证前,不与美国采取与德绝交的一致行动。中国外交部正式询问美驻华公使芮恩施:1. 美国政府能否保障中国陆、海军和兵工厂不受外国势力的控制? 2. 美国政府能否保障中国得出席战后的和平会议? 3. 协约国规定不得单独媾和的伦敦协定,与其它未参加协定的参战各国具有何种关系? 此外,还希望美国借款给中国,使中国能够负担起对德绝交后的各项责任。2月8日,美驻华公使芮恩施复中国外交部:美国必将设法援助中国,使中国能负起对德绝交后的责任,而不致影响中国对于军事设备及一般行政的统制权①。德国封锁协约国的港口,攻击一切进入协约国港口的船只,自然对中国也构成了严重的威胁。2月9日,中国外交部就德国的潜艇袭击政策正式向对德国驻华公使辛慈提出抗议。当天,外交总长又以外交部的名义答复美国公使2月4日的照会,声明中国与美国采取一致行动,并拟进一步做必要的准备。中国政府已开始向对德宣战迈出了第一步,自然只能沿这条路走下去。即中国政府已决定参加协约国。日本则利用英、法、俄、意等国迫切希望中国参战的机会,通过秘密外交,迫使英、法、俄与其订立密约,承认日本继承德国在中国山东的全部权利。西方的这些国家纷纷出卖中国利益换取日本支持中国参战。这样,日本也转而支持中国参战。2月7日,国务院电中国驻日公使章宗祥,密探日本对华参战的意见。段祺瑞是亲日的。日本政府为了与美国争夺对中国的控制权,也积极支持中国参战。2月9日,日本内阁决定支持美国对中国参战的劝导。2月9日、12日,日本外务大臣本野两次召见章宗祥,希望中国与德国断绝外交关系并参加协约国。2月13日,本野又派寺内首相的亲信西原龟三赴华,以同意中国减缓交付庚子赔款、提高关税和提供参战军费为条件,促使北京政府立即向德国宣战。日本驻华公使也按日本政府所定的方针劝段政府参战。

协约国一致劝中国参战。中国政府提出参战条件并在探得各协约

---

① 陶菊隐著:《北洋军阀统治时期史话》第三册,第93页。

国基本上赞同这些条件后,决心加入协约国。第一步便是与德国断绝外交关系,第二步便是向德、奥宣战。

中国要断绝与德国的外交关系,并进而宣战,按《临时约法》,宣战须征得国会的同意。力主参战的国务总理段祺瑞很清楚,一定要搞好与国会的关系,取得国会议员多数的支持,内阁参战的政策才可能实施。本来提外交抗议是政府的职权,无须征得国会的同意。但2月10日,段祺瑞还是率全体国务员(外交总长伍廷芳让其子伍朝枢代其出席)出席参、众两院当天的会议,向全体议员说明政府的外交方针,尤其是对德方针。段在参议院会议上报告对德抗议一事时说:此次德国通牒于我国华侨生命财产实有妨碍。又经美国政府劝告我国,谓宜与美国取一致之行动,故政府不能不向德国提出抗议①。段并一一回答了议员们的提问。后又匆匆赶往众议院报告对德外交的情况。

此时,协约各国均在极力劝中国与德国断交并加入协约国。2月14日国务会议决定,如德国潜艇再袭击中立国船只时,即与德国断绝外交关系,并向协约国提出要求增加关税、缓付庚子赔款等条件。派陆徵祥为代表访协约各国驻华公使,正式提出中国加入协约国的条件:1.庚子赔款,德、奥方面永远撤销,协约国方面缓还10年。2.现行进口税实抽5%,改订货价后实抽7.5%,裁厘后抽12.5%。3.解除《辛丑条约》中关于军事的部分,即废止天津周围不得驻扎中国军队,中国不得在大沽口修建炮台,各国得在使馆区域及京奉路马家堡至山海关之段驻兵等条款。中国参战只承担供给协约国原料及劳工的义务,不派兵到欧洲②。

协约各国为促使中国参战,对中国方面所提的参战条件,经协约各国公使请示本国政府并经公使们反复协商,2月下旬即统一了意见,基本上同意中国所提的条件,并公推法国和比利时驻华公使为代表,正式

<hr>

① 《申报》1917年2月14日。
② 陶菊隐著:《北洋军阀统治时期史话》第三册,第97、98页。

答复陆徵祥说,各国对中国所提上述各条原则上赞成,具体办法应当另行研究,并催促中国政府先行采取对德宣战的步骤。

2月26日,国务会议决定加入协约国。2月28日,全体国务员谒大总统黎元洪,说明内阁决定的对德外交方针,由绝交而宣战,再行加入协约国。黎元洪不同意内阁的这一外交方针,说这些都须先征求国会的同意,且对德绝交和宣战,现在还尚不到时候。既然实行的是内阁制,外交方针自然由内阁决定。黎元洪欲以大总统的权力来干涉甚至左右对德宣战案,是不符合内阁制的精神的,没有法律依据。

3月2日上午10时,国务总理段祺瑞邀请参、众两院各派议员王家襄、汤化龙、章士钊、彭允彝、杨永泰、吴景濂、黄云鹏、汤漪等20多人在国务院开秘密谈话会,说明近日外交经过情形及政府所处地位与其决心,务请两院赞成与支持①。

3月3日,国务会议决定先对德绝交。3月4日,段祺瑞及全体国务员在总统府会议对德问题。即请黎元洪令驻协约国公使,向驻在国(主要是日本)磋商与德国绝交条件。黎因不同意与德绝交,主张对德绝交案须先得国会之同意。段在一气之下即乘车离京赴津。并通电各省说明与元首外交政见不同,只好辞职。协约国自不希望段辞职,3月5日协约国驻华公使访中国外交部,对段辞职表示关切。黎元洪只好请正在京办事的副总统冯国璋3月5日晨赴津调解。临行前黎元洪答应了冯国璋请段复职的三个条件:1.此次内阁所定的外交方针决无变更。2.以后国务会议决定之事总统不再拒绝盖印。3.以后国务院如有训令驻外各公使及外省军民长官之电报、文件,总统决不琐琐干涉②。同时,黎元洪也提出了两个条件:1.外交、军事未确定前,不得再提内阁一部分改组动议。2.嗣后凡提出阁员须先得总统同意③。黎提

---

① 《申报》1917年3月3日。
② 《盛京时报》1917年3月10日。
③ 《申报》1917年3月9日。

的两个条件不过是为挽回点面子,无关痛痒。因为段提出的新阁员如内务总长均为国会所否决,段自然不愿再碰这个钉子。前三个条件则一直是段所要求的条件。在满足了段要求的条件后,3月6日段返京履任。

3月7日,中国政府电中国驻协约国各国公使,向驻在国声明中国已决定对德绝交,并磋商对德绝交各协约国对中国的条件。

3月8日,段祺瑞再次邀请国会各政团代表到国务院。各政团议员到者80多人,阁员全体到会。国务总理段祺瑞报告外交经过情形及对德方针。议员大多数表示政府果认这项政策为适宜,能得各友邦确实保障,国会自当赞同。只有马君武、白逾桓等少数人表示反对政府的对德外交政策。这样,国务总理段祺瑞再邀请参、众两院全体议员3月9日晚8点在迎宾馆开茶话会,再做疏通工作。

3月9日晚,国务总理段祺瑞在迎宾馆开茶话会招待参、众两院议员。出席议员近500人。各国务员均出席,段祺瑞主席。段致词首先说明中国此次外交不得不取积极方针的原因及与各协约国一切交涉之经过,说:中国果至加入地步,财政上必有影响,不能不图填补,于是有缓付赔款及改正关税之磋商。又如某项条约有损及中国国防主权之处,历来交涉未得要领,此次中国如果加入协商,则各友邦自应容纳中国之请,以期国际间之平等。日前政府既致电协商七国,欲于上述种种求得一确实之保障。今日既得七国复电一致承诺,吾国之希望此事已渐有把握。政府将赴国会正式报告,今日特先邀诸君将大概一谈。吾国历来外交上之弱点及欧战后国际地位之可危。如必终守中立,则必至愈陷于孤立之境。今兹政府所定之对德方针,非为图利起见,实为避害起见①。这里段祺瑞已把内阁的决定,即不但与德断交,而且加入协约国都和盘托出,并说明了实行这一方针的理由,应该说比较透彻。众议院议长汤化龙致答辞说:自外交之事发生,政府屡次与两院同人接洽,

---

① 《申报》1917年3月12日。

所有经过情形及所欲执之态度均于事前一一披露于两院,此实立宪国之精神。政府此种与议会亲密情形为历来所寡有。化龙今日虽不能代表两院对于总理外交上之意见有所置答,而此节则可代表同人致其感谢于政府也。至详细情形,政府明日既已定期出席报告于两院,则或赞或否,自当听之公议。惟两院同人对于政府此次举动实已多数赞同,当必有以赞助政府①。汤的话也是客观的。此次政府的对德外交透明度还是比较高的,大多数议员是满意的。

3月10日下午2时众议院会,讨论对德绝交案。国务总理段祺瑞及各部总长均出席(外交总长伍廷芳由其子为代表出席)。段登台报告外交经过(与上面的大致相同)后说:对于德国既有绝交之言,今为国家体面计,不能不践此语。而协商各国对于吾国声明之义务范围则已表示承认,对于吾国提议之利益条件则亦承诺开议,已无彷徨之余地。今当实行第二步之前,应请贵院表示一种意思予以赞助。唐宝锷问:吾国对于战事预备尽何种义务? 段答:当以劳力及原料为限。反对对德政策的田桐、萧晋荣、叶夏声、吴宗慈纷纷发言,其大意说政府所说种种权利,余以为断无收回之望,因此事必以德国失败为前提,然而德国安见必败?② 当时反对政府对德政策的议员其主要理由是德国不会失败,中国的权利收回无望。国务员退席后,又进行了一番讨论即行投票。结果,在席议员448人,赞成对德绝交者331人,反对对德绝交者87人,弃权者3人。这样,对德绝交案以绝对多数通过众议院。

3月10日下午5点,参议院会,讨论对德绝交案。参加完众议院会,段祺瑞又率领阁员赶到参议院。由段祺瑞详细介绍对德抗议以来外交的经过与变迁,政府决定对德方针的由来及对协约国过去、现在之交涉情况。反对对德外交方针的议员王试功、刘成禹、袭玉崐、马君武、龚焕辰进行了一些质问。如袭玉崐质问:对德抗议后,德国一方面对于

---

① 《申报》1917年3月12日。
② 《申报》1917年3月13日。

我国有何不满意之据？段回答：据电报，德国于抗议之后，击沉某船中有中国人 500 余人，又某船有中国人几十人。龚说：此是自不小心，不足为怪。① 所谓的人民代表，对在德国潜艇政策中遇害的中国人达 500 多人，竟然不怪德国的这项必然伤害到无辜平民的政策，反将责任推到被害人身上，人性何在？中国人的命就如此无价值？

由于会开到很晚了，参议院当日未就对德绝交案付表决。3 月 11 日参议院会，继续讨论对德绝交案，反对绝交案议员丁象谦、丁世峄、马君武和赞成对德绝交案的议员李述膺、韩玉辰、王正廷发言，各自阐述自己的理由，驳斥对方的理由。最后以无记名投票法表决，结果：在席议员 201 人，赞成对德绝交的 158 人，反对对德绝交的 37 人，废票 1 张，弃权 5 人。以绝对多数通过了政府对德绝交案。

断绝与某一国的外交，按《临时约法》，无须通过国会。段内阁这么做是为了在加入协约国的问题上得到国会的更大支持，以便尽可能以举国一致的体制对德宣战。这在 3 月 8 日、9 日段与参、众两院议员的谈话中说得很明白。也就是说，3 月 10 日、11 日的对德绝交案是对德宣战投票的预演。参、众两院都以绝对多数通过。按常理，对德宣战通过国会似乎也不应成问题。

3 月 10 日德国驻华公使转交德国政府对中国政府 2 月 9 日严重抗议照会的复文，声称难于取消无限制的潜水艇作战计划。3 月 14 日，中国政府正式宣布对德绝交。

对德外交问题出现后，全国都十分关注。一直亲德的梁启超在第一次世界大战开始，曾预言德国必胜，英、法等协约国必败。但随着战争的进程，德国的败象逐渐显露，到 1917 年就已更为明显，尤其是这一年美国加入协约国之后，德国战败几乎成了不可逆转之势，故梁积极主张中国对德宣战。他在报纸上发表了其 3 月 26 日的《致国际政务评议

---

① 《申报》1917 年 3 月 13 日。

会书》,主张"为人道、为公法、为国仇与德宣战。"①认为不对德宣战"领事裁判权一项已无从撤销","国交复续时旧条约效力亦复续,我所负种种不正当之义务无由解除。故宣战后,将来重缔和约,在我为有利也"。宣战还可与友邦解决我国十几年来"改正关税"的"宿题"②。5月,梁又在报纸上发表《对于外交方针之质言》,主张中国主动参战将有利于增强中国的国际地位,有利于改变中国几十年来的外交困境。"从积极进取方面言之,非乘此时有所自表现,不足以奋进,以求厕身于国际团体之林。"③积极鼓吹中国不可丧失此次机会应向德宣战。

副总统冯国璋反对对德宣战。1917年4月下旬,即在中德绝交后,即在报上发表《中德绝交利害书》,洋洋数千言,反对中德绝交。一开始,各省督军包括张勋在内均反对对德宣战。

国内的一些商会开始一听到要参战也纷纷通电反对中国参加协约国集团,后经政府解释,亦渐渐不再反对。

国民党的主要领导人多反对中国加入协约国。1917年3月9日,孙中山致英国首相乔治电,劝勿怂恿中国加入协约国。同日致参、众两院电,反对中国加入协约国,说:"文于中国加入一事,再三熟虑,审察南方情况,灼知加入以后必起两种危险。其一为排外之盲动也,一为回教徒之叛离。华人排外性根久伏,遇隙必发,一旦开战,则必有国内敌人损伤及我之事,其图报复者将不辨国籍,恣行杀戮,第二之团匪弹指可见。回教徒在中国势力不可侮,若与土战,彼必循其宗教之热狂起而反抗。,中国从此大乱,危亡指日可见。……勿以中国投之不测之渊,庶几不负国民重托。"④孙先生的电报所说的不能参战的两大理由,至少中国国民有盲目排外之说是站不住脚的,或者说是不正确的。中国历史上是曾出现过盲目排外现象,如孙电文中所指的义和团曾出现过盲

①　《申报》1917年3月28日。
②　《申报》1917年3月28日。
③　《申报》1917年5月11日。
④　《申报》1917年3月9日。

目排外现象。但那是在清政府以慈禧为首的少数愚蠢的满族贵族的煽动和操纵下才出现盲目的排外现象。但整个民族对在华的外国人是友好的、友善的。至于说第 2 个理由，土耳其是后加入同盟国的，不是主要的同盟国成员，且中国参战并不用派军队与同盟国开战，只是出劳力（即华工）和物资，不会与土耳其发生正面冲突。中国回族也不可能起而反抗，他们也没电文中说的那么"热狂"。中国 8 月对德宣战后的情况也证明了这一点。孙先生 9 月即在广州以军政府的名义对德、奥宣战，实际上也完全否定了自己反对参战的这两大理由。接着，孙中山于 5 月 4 日致函国民党中的民友社，5 月 16 日致电民友社、政学会、政余俱乐部及全体议员，5 月 20 日致函两院议员，5 月 22 日致电两院议员，反对对德宣战，要求议员们否定对德宣战案。

3 月 10 日，唐绍仪、温宗尧、章炳麟也致电参、众两院，反对加入协约国。

当时中国到底该不该加入协约国？大多数历史书都对中国对德、奥宣战一事持否定意见。这些史书又多以孙中山的上述立场为依据。这是值得商榷的。因为 1917 年下半年后，孙中山不但不再坚持自己的上述立场，而且来了一个 180 度大转弯，积极主张并实行对德、奥宣战。8 月，孙中山在广州筹组护法军政府的过程中，在会见美国驻广州领事时就表示要对德、奥宣战，并积极推动护法国会和护法军政府通过对德、奥宣战案。9 月 10 日护法军政府一成立，18 日刚当上大元帅的孙中山就急忙将早已起草好的《对德、奥宣战》案咨送护法国会求同意，其急切之情似乎是在赶最后一班车似的，惟恐晚了耽误了。护法国会 9 月 22 日通过孙提交的《对德、奥宣战》案后，9 月 26 日孙中山即宣布正式对德、奥宣战。这只比北京政府 8 月 14 日宣布对德、奥宣战才晚了一个多月。也就是说，1917 年下半年孙中山就以自己的言论和行动否定了其上半年积极反对参战的立场。孙中山自己都已否定的东西，再作为否定参战的依据自然是没有说服力的。尽管上半年，对中国是否加入协约国一事，有些名流及商界反对，对是否宣战一事争论激烈，导致了段祺瑞内阁的垮台和国会的再次被解散,形成了波及全国、对国家震动很大的政治风波。但到了下半年,全国一致主张对德、奥宣战,都主张加入协约国,再也没有反对的声音了。尽管此时出现南、北两个对立的政府,但两个政府却在宣战问题上的主张和作法一致。这恐怕只能说明加入协约国的主张是符合中国的国家利益的。

世界一直实行的是强权政治,无公理可言,历来以大欺小,以强凌弱。中国当时是一个被列强侵略和欺凌的弱国,列强将一个个不平等条约强加给中国。如八国联军侵略中国,就强迫清政府与列强签订了《辛丑条约》,规定北京到山海关12个重要地区驻扎外国军队,不许中国在这些地方驻军。规定天津租界20里以内中国不得驻兵。并要求中国赔偿各列强出兵中国的军费及其在华商人、传教士的损失。各列强浮报、滥报共报出超过4.6亿两关平银的巨额赔偿,最后确定为:赔偿总额4.5亿两白银,39年还清,连利息共9.8亿多两白银。主要列强索要的赔偿金额为:俄国1 957.5万英镑,德国1350万英镑,法国1 060万英镑,英国742.5万英镑,日本540万英镑,美国472.5万英镑,意大利405万英镑。俄国、德国、法国三列强滥报浮报的数目最多,占整个庚子赔款的大部分。这当然是一种强盗式的讹诈和勒索。美国国会也认为这种赔款要得不光彩,故在清末时就将庚子赔款215.7万英镑返还中国,以后又首先宣布放弃庚子赔款的剩余部分。但中国方面向德国政府交涉,请其效仿美国放弃庚子赔款的剩余部分时,德国政府予以拒绝,说这项赔款已列入国家的预算之内。当时庚子赔款一项,中国每年就要拿出4 000多万元来偿还,这对当时年财政收入才4亿元左右的中国来说,是一项沉重的负担。这沉重的负担自然完全得由中国人民来承担。故1914年爱国人士伍廷芳等人在上海发起组织了"华民请求各债权国允让庚子赔款会"。这一民间组织向海内外知名人士呼吁,要求他们利用自己的影响,使列强各国政府放弃庚子赔款的剩余部分,以减轻中国人民的重负。该组织在海外建立了几百个分会,逐渐得到了各国人民的同情与支持。首先促使美国政府放弃了庚子赔款剩余部分。废止《辛丑条约》等不平等条约,废止庚子赔款,提高关税,一直是中国人民的强烈要求。当时的北洋政府一有机会就向有关列强就上述问题进行交涉。中国利用协约国列强要求参战之机,即利用协约国与同盟国列强之间的矛盾与战争的机会,来争回自己的正当权益,来挣脱列强强加给中国的一些不平等条约的枷锁,这有什么错?中国对德宣战,不但可废止同盟国关于中国的不平等条约,而且可要求协约国废止其强加给中国的一些不平等条约,即向交战双方均提出符合本国利益的正当的要求,这难道能说不应该吗?当时反对参战者的主要理由是以德国为首的同盟国尚有力量,不会败。但当时德国的败象已定,尤其是美国的参战,德、奥方面的败局就已确定。如果不加入协约国,中国将再难找到迫使协约国列强基本承诺同意中国所提的上述维护国家正当权益的条件的机会。也正是由于中国的参战,中国才停付了同盟国的庚子赔款,并延缓5年付协约国庚子赔款。由于争取了5年的时间,苏俄在十月革命后放弃了这项赔款并声明废弃俄中之间的不平等条约。第一次世界大战后,在中国方面的要求下,英、法、日等国也先后放弃了庚子赔款的未付部分。

中国对德宣战,是鸦片战争后中国第一次积极参预国际事务。这提高了中国在国际上的地位和发言权,赢得了外交上的一些主动权。正由于中国的参战,尽管有日本的压制,但中国毕竟在巴黎和会上获得了席位,获得了争取主权的机会。和中国以前在国际事务中任列强摆布、毫无发言权相比,是一个很大的进步。中国代表在巴黎和会上拒签了对德和约。这使得中国在1921—1922年的华盛顿会议上第一次以平等的地位参加了这一国际会议,并再次提出自己的正当权益和要求。经过中国代表团的努力,在华盛顿会议上中国争回了一些权益,如日本将胶州湾德国原租借地交还中国,日本军队撤出山东,日本撤销《二十一条》要求中的第5款等。这些权益的恢复是与参战密切相关的。

3月19日,英、法、日、俄、意、比、萄七国驻华公使致中国外交部觉书劝中国加入协约国。3 月 21 日协约国驻华公使照会中国外交部：中国加入协约国后，各国将以善意商中国所提的加入协约国的条件。4 月 6 日，美国向德国宣战。

军阀们都将自己手中的军队视为命根子，只有为自己争权夺利时才肯出动军队，若要为国家打仗，他们则要推三阻四。一开始，各省督军们均反对对德宣战，害怕丢弃地盘、地位，领兵去欧洲打仗，更不愿拿自己手中比生命还重要的军队去欧洲冒险。这样，段祺瑞 4 月中旬就召各省督军及其代表陆续入京，向各省疏通，让他们赞成内阁的对德方针。4 月 25 日段召集的军事会议正式开幕，段为会议主席。海军总长程璧光、参谋总长王士珍、训练总监张绍曾等亦列席会议，出席会议者 39 人。鄂督王占元、直督曹锟、鲁督张怀芝、赣督李纯、闽督李厚基、吉督孟恩远、豫督赵倜、察哈尔都统田中玉、绥远都统蒋雁行及苏、黑、奉、浙、湘、甘、陕、秦、黔、滇等省督军均派代表出席了会议。由于事前已疏通，反复说明此次对德宣战实际上是宣而无战，不需要各省出兵就可以挽回很多失去的权益。这样，很多督军就变反对参战为力主参战。25 日会议一开始即对内阁的外交方针进行表决。出席会议的各省区均有表决权，每省区以一票为限。结果出席会议的 25 个省区，赞成内阁对德外交方针的为 17 个，依从多数意见的为 7 个。段祺瑞的外交方针得到督军们压倒多数的支持。

5 月 1 日，国务会议议决对德宣战。随即段率领阁员到总统府面请黎元洪核准。5 月 2 日督军团代表倪嗣冲、张怀芝、李厚基等晋见大总统黎元洪，请求对德宣战。3 日，日本驻华公使林权助也谒黎元洪要求中国参战，不让国会否决参战案。并说中国参战须举国一致，如发生政变，日本亦同其利害。段祺瑞又派前驻德公使王宠惠赴上海晤孙中山、唐绍仪，疏通对德问题的意见。

5 月 3 日，段祺瑞在迎宾馆开茶话会，招待两院议员，说明不得不对德宣战的苦衷，要求国会合作，支持政府的对德外交方针。

5 月 4 日，督军团倪嗣冲、曹锟、孟恩远、赵倜、李厚基、阎锡山、张怀芝、王占元等在迎宾馆招待参、众两院议员。李厚基代表各督军演说："对德问题,初起余个人本不赞成。犹忆在闽时,初闻政府有对德抗议之事,非常骇怪。匪独余一人如是,即全国之人初闻此事者亦莫不骇怪也。何以故? 以未明此事之真象。……及到京而后,考察内容,始知政府确有不得已之苦衷,非出于第三步不可。"①众议院议长汤化龙致答词:"军人与国会接洽,自民国以来,今日为开宗明义第一次,是极可欣喜之事。何以故? 以军人已居然认识国会,故在专制时代凡人只认有我之价值,而不认有与我对面之价值。立宪时代则反是。今日各督军及各代表邀请两院同人,是能尊重我之价值,同时又能尊重我之对面之价值。所以同人等对于尊重国会本身价值以外,同时亦须尊重各督军及各代表之价值。至外交方针自宜全国一致。譬之于蛇,头尾要须一贯。若头向东而尾向西,或头向西尾向东,必不能行动自如。又蛇尾无眼,如头东尾西,势必走入火坑里去。故现在国会与政府万不可一个做头,一个做尾,尤不可如无眼之蛇尾走入火坑里去。但两院同人未经讨论表示意见,余尚不能代表。所可代表者,为感谢各督军及各代表之好意耳,且可逆料将来国会必有一种正当之主张。"②

　　国民党很多人一开始是主张对德宣战的,即大部分国民党的国会议员主张对德宣战。如国民党的国会领导人王正廷、林森、张继等都是主张宣战的。但在孙中山的反复劝说下,放弃了自己的主张而赞成孙中山的反对参战的主张。这使国会中支持参战的力量发生了一些变化。为此,5月6日上午,段祺瑞在国务院和反对参战的王正廷、汤漪等9人座谈,争取他们能支持对德宣战。下午又找支持参战的政学会议员李肇甫、骆继汉、杨永泰、徐傅霖、王侃等人谈话,疏通对德外交方针,坚定其支持参战的决心。晚上,段祺瑞又宴请益友社议员,再作疏通,希望他们支持对德宣战。

---

① 《申报》1917年5月7日。
② 《申报》1917年5月7日。

5月7日,大总统黎元洪把对德宣战案提交众议院。

5月8日上午,段祺瑞邀请国会各党派主要人员108人在国务院开座谈会,解释对德外交政策中4个人们最关心的问题:1.俄国虽然发生了二月革命,政权更迭,但仍继续对德作战,俄德单独媾和是谣言。2.保证参战后对日本没有秘密外交,中国政府不偏重一国。3.对德宣战后,中国没有实际战争,全国无施行军法的必要。4.德国已转攻为守,没有取得胜利的可能①。

5月8日下午众议院会,由于知道是讨论对德宣战案,不但议员出席踊跃,旁听者亦早早赶到会场。众议院门前有人散发俄德单独媾和之不确及对德宣战浅说的印刷品,还有送《国民公报》、《大中报》(载有梁启超的《外交方针质言》)者。国务总理段祺瑞、外交总长伍廷芳、海军总长程璧光、司法总长张耀曾、农商总长谷钟秀均出席会议。秘密会议先由段祺瑞解释了对德政策的理由及实行第三步的必要,并回答了议员们的质问。在回答中,段再次强调了对欧战的估计,认为协约国必胜无疑。我国参战将提高中国的国际地位,并保证宣战之后无实质性的参战行为,且强调只要加入协约国,中国政府所提出的参战条件均好商量②。反对参战者在会场气势汹汹,并要求立即对提案投票表决。稳健派则欲稍延缓时日以避反对派之锐气。最后有人动议开全院委员会对宣战案审查,经表决,多数同意。反对派对表决提起疑义,于是用反证表决法表决,结果赞成不开全院委员会者少数。反对派又提出立即开全院委员会,稳健派反对。后经人婉言劝告提出动议者,已届散会时间,劝其取消了动议。当时会场两派都很紧张,纷纷打电话给本派未出席的议员赶紧来出席。对参战一事分三派,一派主张参战,一派主张不能参战,一派为怀疑派。从8日会场的情况看,参战派虽占优势,但已无绝对优势。这自然是一部分国民党议员受孙中山的影响,改支持

<hr />

① 《申报》1917年5月11日。
② 《申报》1917年5月11日;《盛京时报》1917年5月11日。

参战为反对参战,使形势与 3 月 10 日众议院讨论对德绝交案时不同。当时几乎是一边倒。可见孙的影响力还是比较大的。5 月 8 日的众议院会议定 5 月 10 日开全院委员会审议宣战案。

5 月 8 日晚上,各派开会商讨对德宣战案的对策。研究系是坚定支持对德宣战的。国民党系的客庐派、政学会是支持对德宣战的,但韬园系及丙辰俱乐部则是反对对德宣战的。益友社也有条件地支持对德宣战,即只要协约国能答应中国的参战条件,就支持对德宣战。从当时的情况看,对德宣战案在众议院通过的可能性还是比较大的。但恰恰在这最敏感的时刻,段祺瑞的另一个心腹、陆军次长傅良佐又干了一件蠢事,而使对德宣战案搁浅。傅良佐也没有什么新花招,只是拾起袁世凯的故伎,组成"公民团"来要挟压迫国会,组成海陆军人请愿团、五族公民请愿团、北京市民请愿团等。有些请愿团的成员是雇的社会无业人员。5 月 8 日、9 日一些请愿团已在北京街头亮相。

10 日下午,众议院举行全院委员会审议对德宣战案。一些打着"陆海军人请愿团"、"五族公民请愿团"、"政学商界请愿团"、"学军商界请愿团"、"北京学界请愿团"、"北京市民请愿团"旗号的人们早早来到象坊桥的众议院,有近 2000 人,并逐渐聚集在众议院门前将出入口围住。议员陆续到来后,每当议员要进入众议院时,"公民团"的人都要塞给议员参战请愿书和警告议员不要反对内阁的外交方针的传单。如果议员不接受或接之稍迟就将招来一顿拳脚。反对对德宣战的吕复、陈策、邹鲁等同乘一架马车。公民团一见邹鲁来,即将其马车围住,扭住邹、吕即打。邹鲁面部受伤两处,陈策手受伤,并丢失眼镜。反对对德宣战的吴宗慈、郭同同行,公民团先殴打吴后又殴打郭,警兵上前保卫郭亦挨了雨点般拳头。江天铎是赞成对德宣战的议员,因不接传单亦挨打,眼镜亦被抢走。连岁数较大的议员刘冠三亦被打。这使议员们的愤慨达到极点。议员们先入休息室休息,纷纷议论今日所发生的事,一致主张不先解决此事不能开议宣战案。这时公民团赵鹏图、张尧卿、刘坚(以上均为陆军部咨议和差遣)、白亮(众议院技士)等人面见议长,说:"倘不通过参战案,一个议员也别想出去",出去则"打死无赦"①。闻讯赶来的军警并不驱散"公民团",只是不准议员出去。下午两点半,全院委员会会议,议员们纷纷发言痛论北京秩序既成此等景象,尚何外交可言。受伤议员各报告受伤情况。当即议决将全院委员会改为大会,暂不讨论对德宣战案。一致议决请国务总理、内务总长、司法总长出席质问其关于北京秩序是否尚能担负责任。下午5时,代理内务总长范源濂到会。范到后即声明自己病假尚未满,是抱病而来的,关于公民团请愿事件事前毫无所闻,惟责任所在,不得不抱病速来。范当即下令警察解散公民团。但范的命令根本无法执行,只好用电话催段祺瑞速来。段又令北京警察总监吴炳湘先来解散公民团。吴来后对公民团温言劝导了一番,也不起作用。这时院外公民团有狂呼者,有拍掌者,有辱骂者。众议院院厨役为议员购买的食物如点心、鸡蛋亦被公民团抢去。到晚上7点钟段祺瑞才到院,即开会。议员纷纷提出质问,段回答说:我事前并不知道,3时得到消息已饬主管官吏作速解散,察其情节令法庭起诉。众议员们说外面公民团至今未解散,总理果有解散之决心吗? 段回答说:彼等亦系国民一分子,来院请愿情亦可原,不能不予以和平劝导。如果用兵力解散或致伤害人命,恐怕还有人说话。议长宣布暂时休息。段、范及陆军次长傅良佐亦退入休息室。在休息室,挨打的议员邹鲁愤激之余也在总理休息室外愤怒地大叫:打议员可以不问,则议员亦何不可打总理②。气势汹汹欲闯入总理休息室,经大家劝阻才罢手。

　　一直到晚上9点多,"公民团"向议院内投掷砖瓦,打伤了日本联合通讯社记者中野,段怕引起外交纠纷,才调来马队将"公民团"驱散。

　　9点半,众议院继续开会,范源濂说今后加强国会的警卫工作,训

---

① 《众议院公报》第2期第112号1917年5月13日。
② 《申报》1917年5月13日。

令各区警署加强议员住宅的安全保卫,保证今后不再发生今日的事故,希望议员不要因今日意外之举介介于怀。会议于 10 点半结束。

"公民团"事件发生后,全国舆论纷纷谴责。5 月 11 日内阁成员伍廷芳、程璧光、张耀曾、谷钟秀 4 人提出辞呈。

5 月 12 日,国务会议举行例会时,就剩段祺瑞一个光杆司令,无法成会。督军团开会,鉴于当前的局势、决定仍留京暂不回省。

5 月 13 日,留京各省督军在迎宾馆、德昌、东安、长安等饭店分别宴请本省议员,代段祺瑞疏通。5 月 15 日、16 日段祺瑞以国务院的名义二次将对德宣战案咨送众议院。

5 月 16 日,孙中山致电北京民友社、政学会、丙辰俱乐部及国会议员反对对德宣战。

5 月 15 日下午 6 时,督军团在迎宾馆设宴招待参、众两院议员。王家襄、王正廷、汤化龙等 220 多名议员出席。仍由福建督军李厚基代表各督军致词说:公民请愿团滋扰行为,不特社会上不以为然,即督军等亦认为不可。惟望议员诸君以国家大事为重,切勿因此介意,致令外交问题久悬不决。各督军等本拟在军事会议决定外交方针后早日出京,适因此事发生,自不得不尽力维持。尚祈议员勿趋于感情,而使外交问题早有所解决也。由参议院议长王家襄致答词:公民团事诚不幸,如政府能担保以后不再发生此等事端,同人亦决不介意。惟国会将以自由发表意见,见仁见智,各有不同,同人自当各本良心上以决从违①。

5 月 15 日,李厚基在中央公园设宴招待闽、苏二省议员,疏通感情,以期同意对德宣战案。同日豫督赵倜,晋督阎锡山,安徽省长倪嗣冲,吉督孟恩远也分别招待各该省国会议员,为宣战案疏通。

5 月 17 日,段祺瑞又以国务院咨文催促众议院从速通过对德宣战案。咨文中有"如果贵院置之不议,则政府即认为贵院放弃职权"等

---

① 《申报》1917 年 5 月 18 日。

语①。17 日,众议院议长汤化龙约各政团要人到院咨询 19 日众议院常
会如何处理宣战案,大多数意见主张缓议。

　　5 月 19 日,众议院会议,讨论对德宣战案。对国务院三次来咨催
议对德宣战案,议员褚辅成(赞成有条件加入协约国)说:本员认为国
务院之咨文根本不生效力。盖宣战乃大总统之特权,载在《约法》,国
务院不能取而代之。是以此咨文无讨论之价值。本案开议与否应由国
会自身决定。本员意见,现内阁阁员既已多数辞职,仅有内务总长一
人,亦在假期中。假令开议,应请国务员全体出席,有何人出席乎? 假
定通过,又何人负宣战之责任乎? 故通过不可,否认亦不可。本员主张
本案暂不开议,俟内阁全体改组之后再为决定②。几种意见互有讨论,
最后议长以“对德宣战案暂行缓议,俟内阁全体改组再行讨论”付表
决。结果:在席议员 409 人,起立赞成者 229 人,多数。王敬芳对表决
提起异议,议长以反对褚辅成动议付表决,起立者 125 人,少数,证明适
间表决确系多数。即咨复政府。这样,国会将对德宣战案暂时搁置
起来。

　　国会一直将对德宣战案搁置到 6 月 12 日被迫解散亦未再讨论。
直至粉碎张勋复辟后,段祺瑞再度执掌国家政权,于 8 月 14 日中国政
府才正式宣布对德宣战。但此时无国会。直至第二届国会成立后,于
1918 年 11 月 2 日国会才追认对德宣战案,几天以后的 11 月 11 日,第
一次世界大战以协约国的胜利而告结束。

十四、国会再次被解散

　　国会恢复后,就和一些省的督军处于对立的地位。徐州会议,张勋
曾几度扬言要解散国会。在对德宣战案的问题上,尽管督军团也尽力

―――――――――

① 《盛京时报》1917 年 5 月 22 日。
② 《盛京时报》1917 年 5 月 22 日,《申报》1917 年 5 月 22 日。

疏通国会通过对德宣战案,但国会将其搁置。这立即使国会与督军团的矛盾加剧。督军团即开始商量如何解散国会的问题。研究系一直在寻求解散国会重建一个能由研究系控制的新国会的机会。他们自然不会放过这样一个机会。故研究系的重要人物也积极参加了督军团解散国会的活动,并主动替这些头脑简单、根本不知有法也不懂法的丘八们出谋划策,完全与督军团合流。5月18日下午督军团在北京开会,商议以何理由解散国会问题。初拟以国会缓议对德宣战案为词提出解散国会的要求。但研究系的谋士们认为不妥,因为当时人们多对对德宣战有怀疑,以此为是难于得人心。不如以国会制定的宪法的某些条文严重违反宪政精神为由,提出解散国会的要求,人们更易接受。于是在研究系议员的谋划下,草拟了正在制定中的宪法中的众议院对国务员的不信任投票、解散国会权带限制(得参议院同意)及以两院议决案与法律案有同等效率等条款不好为由,提出解散国会的要求。5月19日,在京的督军和督军代表,由年龄最大的孟恩远领衔、王占元、张怀芝、曹锟、李厚基、赵倜、倪嗣冲、李纯、阎锡山、田中玉、蒋雁行亲自签名,由代表代签名者为杨善德、陈树藩、张作霖、张广建、毕桂芳、姜桂题、杨增新,各省代表以本人名义签名的为冯国璋的代表师景云、刘显世的代表王文华、唐继尧的代表叶荃、谭延闿的代表张翼鹏。总共22人联名呈请大总统改制宪法,解散国会。呈文如下:

> 呈为吁恳改制宪法以清政纪而维国本事。窃惟国家赖法律以生存,法律以宪法为根本。故宪法良否,实即国家存亡之枢。恩远等到京以来,转瞬月余。目观政象之危,匪言可喻,然犹无难变计图善。惟日前宪法会议二读会,及审议会通过之宪法数条,内有"众议院有不信任国务员之决议时,大总统可免国务员之职,或解散众议院。惟解散时,须得参议院之同意";又"大总统任免国务总理,不必经国务员副署";又"两院议决案,与法律有同等效力"等语,实属震悚异常。
>
> 查责任内阁之制,内阁对于国会负责。若政策不得国会同意,

或国会提案弹劾，则或令内阁去职，或解散国会，诉之国民。本为相对之权责，乃得持平之维系。今竟限于有不信任之议决时，始可解散。夫政策不同意，尚有政策可凭；提案弹劾，尚须罪状可指。所谓不信任云者，本属空渺无当。在宪政各国，虽有其例，究无明文内阁相对之权，应为无限制之解散。今更限以参议院之同意。我国参众两院，性质本无区别，回护自在意中。欲以参议院之同意，解散众议院，宁有能行之一日？是既陷内阁于时时颠危之地，更侵国民裁制之权。宪政精神，澌灭已尽。

且内阁对于国会负责，故所有国家法令虽以大总统名义颁行，而无一不由阁员副署，所以举责任之实际者在此，所以坚阁员之保障者亦在此。任免总理，为国家何等大政，乃云不必经国务员副署。是任命总理时，虽先有两院之同意为限制，而罢免时则毫无牵碍，一惟大总统个人意旨便可去总理如逐厮役。试问为总理者，何以尽其忠国之谋，为民宣力乎？且以两院郑重之同意，不惜牺牲于命令之下，将处法律于何等？又将自处于何等乎？

至议决案与法律有同等效力一层，议会专制口吻，尤属显彰悖逆，肆无忌惮。夫议员议事之权，本法律所赋予。果令议决之案，与法律有同等效力，则议员之于法律无不可起灭自由，与"朕开口即为法律"之口吻，更何以异？国家所有行政司法之权，将同归消灭，而一切官吏之去留，又不容不仰议员之鼻息。如此而欲求国家治理，能乎不能？

况宪法会议近日开会情形，尤属鬼蜮。每一条文出，既恒阻止讨论，群以即付表决相哗请。又每不循四分三表决定例，而辄以反证表决为能事。以神圣之会议，与儿戏相终始。将来宣布后，谓能有效，直欺天下耳！此等宪法，破坏责任内阁精神扫地无余。势非举内外行政司法各官吏尽数变为议员仆隶，事事听彼操纵，以畅遂其暴民专制之私欲不止。我国本以专制弊政，秕害百端。故人民将士，不惜掷头颅，捐血肉，惨淡经营，以构成此共和局面，彼等乃舞文弄墨,显攫专制之权,归其掌握,更复成何国家?

以上所举,犹不过其荦荦大者。其他钤束行政,播弄私权,纰缪尚多,不胜枚举。如认此宪法为有效,则国家直已沦胥于少数暴民之手。如宪法布而群不认为有效,则祸变相寻,何堪逆计? 推原祸始,实由组识宪法之根基不良所致。考各国制宪成例,不应由国会议定。故我国欲得良妥宪法,非从根本改正,实无以善其后。不于此时急行划除,恐宪法全部二读会不日告终,条文已定;三读会不过修正文字,于立法义旨不能再有改移;三读既竟,当日即可径由宪法会议宣布施行。彼时即欲补苴,势将无及。强调挽救,又必酿成绝大衅端,不蹈违法之行,即造革命之实。

恩远等触目惊心,实不忍坐视艰辛缔造之局,任令少数之人倚法为奸,重召巨祸。欲作未雨之绸缪,应权利害之轻重。以常事与国会较,固国会重;以国会与国家较,则国家重。今日国会既不为国家计,是已自绝于人民代表资格,当然不能存在。犹忆《天坛草案》初成,举国惶骇时,我大总统在鄂督任内挈衔通电,力辟其非,至理名言,今犹颂声盈耳。议宪各员,具有天良,当能记忆。何竟变本加厉,一至于此? 惟有仰恳大总统权宜轻重,毅然独断。如其不能改正,即将参、众两院即日解散,另行组织,俾议宪之局得以早日改图,庶几共和政体永得保障。奕世人民,重拜厚赐。恩远等忝膺疆寄,与国家休戚相关,兴亡之责,宁忍自后于匹夫。垂涕之言,伏祈鉴察,无任激切屏营之至。谨呈大总统①。

同日,督军团以类似上述呈文内容的呈文送国务总理。5 月 18日,督军团向各省通电,通电内容亦同呈文。从呈文中明眼人一眼就能看出这是研究系的呈文,因为呈文中全为研究系对宪法的主张,而决不会是督军们的主张。这也是研究系弄巧成拙,进一步暴露了他们和督军联手搞垮国会的图谋。

---

① 《盛京时报》1917 年 5 月 22 日。

5月17日,督军团代表李厚基、张怀芝、倪嗣冲等谒大总统黎元洪,要求解散国会,黎元洪予以拒绝说:"国会否决即为民意反对宣战之表示。民意如此,已无所谓办法不办法。""我非专制君主有无上权力者。大总统惟有依法律行事,凡违法之事当然不可。"①

5月20日,黎元洪邀国会各政团领袖汤化龙、谷钟秀、吴景濂、王正廷等商讨督军团呈文。黎要求国会自动改正各督军所攻击的宪法草案中的三个"缺点"。各政团领袖回答说,他们对此并无成见,可以转达给本团体的议员重加考虑。当谈话结束时,有议员问黎如督军团一定要解散国会时,总统用什么办法对付他们。黎慷慨激昂地说:我抱定了九个字的主意,"不违法,不盖印,不怕死!"②

5月21日黎元洪召孟恩远、王占元到府说:解散国会既为约法所未规定,解决时局惟有总理辞职③。王、孟不肯转达,要总统正式派人前往宣布此意。王、孟离开总统府后即赴段祺瑞宅召集督军团会,决定支持段祺瑞。督军们决定立即赴徐州。

段祺瑞在公民团的事件上已十分被动。5月18日北京英文《京报》又将中国与日本秘密签订的1亿元的军事大借款的协议揭载出来。密约的主要内容:中国向日本借1亿元,以2 000万元做日本代中国改组军械厂,用8 000万元做招募及训练一特别新军之需。中国允将上海、汉阳、巩县的3处军械厂交与日本④。消息传出,舆论哗然。这对本来就摇摇欲坠的段内阁更是一个沉重的打击,段更为被动。局势变得对黎元洪越来越有利。这使黎身边的谋士们大为兴奋。他们积极鼓动黎采取行动,罢免段祺瑞。一向懦弱和优柔寡断的黎元洪在这些谋士们的极力鼓动下,一反常态,变得果断与强硬起来。5月22日,

---

①　《申报》1917年5月21日。

②　《申报》1917年5月23日。

③　《申报》1917年5月23日。

④　《申报》1917年5月19日。

段祺瑞为了缓和与黎的矛盾,稳定混乱的政局,向黎元洪提出了补充的阁员人选。人选中多是黎元洪所熟悉且有好感的人,黎也有所动心,也不想引起更大的政治风波。但在其左右亲信以千万不要再中段祺瑞的圈套和总统难道还没有受够段的气的劝说下,黎决心罢免段。5月23日,黎元洪下了三道命令:1. 国务总理兼陆军总长段祺瑞着免去本职,外交总长伍廷芳着暂行代理国务总理。2. 陆军次长张士钰着代理部务。3. 特派王士珍为京津一带临时警备总司令,江朝宗、陈光远为副司令①。这几道命令显然是黎元洪头脑发热而发出的,它的后果是严重的。黎本来就毫无实力,是一个光杆总统。段祺瑞及其皖系支持黎,黎才能在大总统的位子上呆下去。离开段,黎元洪自身都难保,更谈不上稳定局势。黎很快就发现自己捅了北洋军阀这个马蜂窝。

段祺瑞被免职的当天,即离京赴津,与督军团和研究系头目谋划在天津组织临时政府事宜,拟推徐世昌为临时政府大元帅。5月26日,安徽省长倪嗣冲;5月29日,陕西督军陈树藩,河南督军赵倜、省长田文烈,安徽督军张勋;5月30日,奉天督军兼省长张作霖,浙江将军杨善德、省长齐耀珊;5月31日,山东督军张怀芝,黑龙江督军兼省长毕桂芳、帮办军务许兰洲;6月1日,福建督军李厚基,直隶督军曹锟、省长朱家宝,上海护军使卢永祥;6月3日,山西督军阎锡山,先后通电独立,脱离中央。6月2日,宣布独立各省在天津设立总参谋处,准备进兵,威逼京师,吓得黎元洪5月28日任命的国务总理李经羲躲在天津租界不敢露面。

面对如此混乱的局面,黎元洪一筹莫展。一开始,黎想请出北洋元老徐世昌出任国务总理,以稳定政局,为徐所拒绝。5月25日晚,黎约国会主要派系的首领汤化龙、黄云鹏、张耀曾、江天铎、谷钟秀、张大昕、吴景濂、黄赞元、褚辅成、马君武到总统府说明徐世昌拒绝出任国务总理及请王士珍出任总理又被王坚拒的情况,提出现在惟有提名李经羲

---

①　《申报》1917年5月24日。

为国务总理,务请在座的各位极力代为疏通议员,使内阁尽快产生,政局才有望稳定。众人多表示一定尽力疏通。

这样,5月27日、28日国会众、参两院均顺利通过了李经羲的国务总理提名。5月28日,黎元洪正式任命李经羲为国务总理。

此时,研究系与段祺瑞和督军及其代表在天津筹组中央临时政府。研究系的国会议员也配合段要搞垮国会,纷纷向国会提出辞呈。研究系众议院议长汤化龙、副议长陈国祥及研究系议员十几人同时提出辞职书。5月31日,众议院常会。先表决汤化龙的辞职,结果:在场议员357人,赞成汤辞职者272人,多数,可决。于是接着以无记名投票法选举议长,结果:在场议员341人,发票341张,吴景濂得票257张,过半数,当选为议长。

吴景濂登台发表简短的演说:汤议长辞职,诸君不弃,举本员担任。时局危险,诸君务必力顾大局,勿存党见。现在宪法关系紧要,尤当速为议决宣布。本员担任以后,但愿诸君勿为外界所阻,大会、宪法会议一律照常进行①。

当天的会议否决了陈国祥及研究系的刘崇佑、黄群的辞职。6月2日众议院开会再次否决研究系陈国祥等12人的辞职。6月6日,参议院会,也否决了研究系的参议院议长王家襄和30余名议员的辞职。此时,研究系的解树强又提出国会闭会的动议,经表决,结果:在场议员138人,赞成者63人,少数,否决。也就是说,国民党利用其在国会中的优势,否决了研究系议员的辞职以搞垮国会的作法。但研究系议员则纷纷离京赴津,即使留京者也不出席国会的会议。参、众两院因不足法定人数,只好停会。

局势越来越混乱,黎元洪只好再三派人赴津催请国务总理李经羲尽快上任。李自然深知黎毫无实力,连他自己的安全都难给予保证,于是李提出必须由张勋进京保驾,才敢来京就职。李也是一个思想守旧

①　《申报》1917年6月4日。

的满清官僚,和张勋私人关系很深,故提出了这一要求。为了救急,黎元洪也无别的更好的选择,只得同意李的要求。虽然张勋在对待国会和内阁问题上与段祺瑞的态度一致。但张勋是在德国人的扶植下才发展起来的。张不属北洋系,张的辫子军连国家的正规军都不是。德国人给张钱,供应张枪炮,才使张成为称霸一方的地方军阀,故张勋不但反对对德宣战,而且反对对德绝交。尽管张勋以各省区联合会的盟主自居,但段祺瑞在京召集的商讨对德宣战的督军团会议,张盟主也拒绝参加。此时走投无路的黎元洪只得采取饮鸩止渴的办法来摆脱自己的困境,对漂来的任何一根救命稻草都紧抓不放。黎还天真地希望利用段、张在对德问题上的对立,把张拉到自己一边,为己所用。既然李要张保驾,黎便于5月31日向张勋发出进京调解的邀请电。一直以复辟清王朝为职志的张勋认为实现自己政治目标的机会到了,立即提出调解的5个条件:1. 解散国会。2. 段复职。3. 去群小。4. 督军参与宪法。5. 大赦帝党①。并于6月7日带五千辫子军从徐州登车北上。辫子军8日到京,张本人却滞留天津,与天津各方面尤其是段祺瑞派周旋。

　　6月8日晚,黎元洪派总统府秘书长夏寿康到天津迎接张勋进京,但张勋并不急于进京,却提出调停的4项条件:1. 解散国会。2. 另定宪法。3. 拥护元首。4. 实行责任内阁制②。6月9日,张勋让夏寿康将此条件带回京,并限6月11日晚6时为回答的最后期限,过期则通电不负责,各军自由行动。并说只要应允解散国会一条,其他条件均可商量。

　　黎元洪只有请神之术而无送神之法,也就只好答应,当即下令撤销总统府幕僚处。解散第一届国会是令黎最棘手的问题。《临时约法》上无解散国会的条款。黎自己又口口声声说决不干违法的事。经过苦思苦想,黎元洪终于想出了一个不违法又能解散国会的办法,这就是让议员们辞职或国会自行解散。6月9日晚,黎元洪将国民党系议员首

①　《申报》1917年6月2日。
②　《申报》1917年6月12日。

领吴景濂、王正廷等 11 人(研究系议员多已提辞职书,出京赴津者不少)邀到总统府,劝他们辞职或自动解散国会。但立即遭到国民党议员的一致反对,称:大总统若欲解散国会,须发布解散命令,否则断不辞职或解散。若大总统以命令解散,则当对于总统问以背逆之罪①。双方从晚 6 点一直争论到晚 12 点,遂无结果。

国会议员吴宗慈、萧晋荣、王乃昌、彭介石等上书大总统黎元洪,劝其"趁此时机,声明大义,大张挞伐,以祛国民永远之痛苦。""对于国事,勿存苟且调停之态,勿发违法乱宪之令,勿为幽囚傀儡之人。"②

两广、滇、黔、湘、川等省也反对解散国会。

张勋又催得急。黎也考虑过自己辞职,让副总统冯国璋代行大总统职权,但却又舍不得大总统之位,此公原来也是恋栈之人。最后还是决定牺牲国会来保全自己大总统的位子。这明明是件违法的事,黎又不愿担此责任,还得找理由为自己开脱。黎的日籍法律顾问有贺长雄认为,既然《临时约法》无解散国会的明确规定,目前政治问题可以政治解决之。若以解散国会为违法,则去年召集也是违法的,故主张国会可以解散。但黎的另一位外国法律顾问莫利逊则以《临时约法》无明文规定,不可以以命令解散国会③。黎元洪只能取其所需,采用有贺长雄的解释来为自己解散国会的违法行为披上一件"合法"的外衣,于是立即将解散国会的命令拟定好。

黎元洪解散国会的命令虽已拟好,剩下的问题是谁来副署。依法在新任国务总理未就职前,命令应由代理国务总理伍廷芳来副署。9日,黎元洪请伍廷芳入府。伍在其子伍朝枢的陪同下入府。黎请其在解散国会的命令上副署。伍凝思久之,其子用广东话对其父说:"阿父年已 70 余,尚复何求? 若一经副署,便受千古恶名,颇不值得。"伍点

①　《盛京时报》1917 年 6 月 12 日。
②　《申报》1917 年 6 月 13 日。
③　《申报》1917 年 6 月 12 日。

头。伍对黎说:我不副署①。伍并提出辞呈。10 日下午,王士珍等又到伍廷芳宅,先是好言相劝,伍以"不违法"三个字应对,就是不副署。及至逼急之际,伍乃说:"予老矣,虽死无憾。盖予信灵魂学,深知肉体之躯壳虽死,其中之灵魂永存。"②总之软硬均不买帐。走投无路的黎元洪又于当日晚间派夏寿康、李国钧赴津,请李经羲副署。李说:"我已屡次辞职,即总统未许。但我既未就职,更说不到副署。"③黎元洪只得请王士珍以京津警备司令的名义,函劝国会自动休会。王以无此职权、无此先例婉拒。正在危难之时,步军统领、京津警备副司令江朝宗挺身出来救驾。黎元洪立即于 6 月 12 日下了免去伍廷芳的代理国务总理之职,以江朝宗取代的命令。"国务总理李经羲未到任以前,特任江朝宗暂行代理。"④江朝宗在解散第一届国会进行新一届国会选举的命令上签字后,6 月 12 日黎元洪正式发布了解散第一届国会进行新一届国会选举的命令,全文如下:

上年 6 月,本大总统申令,以宪法之成,专待国会。开会五年,宪法未定,大本不立。亟应召集国会,速定宪法等因。是本届国会之召集,专以制宪为要义。

前据吉林督军孟恩远等呈称,"日前宪法会议及审议会通过之宪法数条,内有'众议院有不信任国务员之决议时,大总统可免国务员之职,或解散众议院。惟解散时须得参议院之同意';又'大总统任免国务总理,不必经国务员之副署';又'两院议决案,与法律有同等效力'等语,实属震悚异常。考之各国制宪成例,不应由国会议定。故我国欲得良妥宪法,非从根本改正,实无以善其后。以常事与国会较,固国会重;以国会与国家较,则国家重。今日之国会既不为国家计,惟有仰恩权宜轻重,毅然独断,将参众两

① 《申报》1917 年 6 月 13 日。
② 《申报》1917 年 6 月 14 日。
③ 《申报》1917 年 6 月 14 日。
④ 《申报》1917 年 6 月 15 日。

院即日解散,另行组织,俾议宪之局得以早日改图,庶几共和政体永得保障"等语。近日全国军政商学各界函电络绎,情词亦复相同。"查参、众两院组织宪法会议,时将一载,迄未告成"等语。

现在时局艰难,千钧一发。两院议员纷纷辞职,以致迭次开会均不足法定人数,宪法审议之案欲修正而无从。自非另筹办法,无以慰国人宪法期成之喁望。本大总统俯顺舆情,深维国本,应即准如该督军等所请,将参众两院即日解散,克期另行选举,以维法治。此次改组国会,本旨原以符速定宪法之成议,并非取消民国立法之机关。邦人君子,咸喻此意。此令①。

毫无政治节操的黎元洪,竟然屈从张勋等的压力,下达了解散国会的命令。黎自知此举违法,却又不愿承担违法的历史责任,于是于国会解散令下达的当天,又通电各省,陈述其不得已之苦衷。文曰:

元洪自就任以来,首以尊重民意,谨守《约法》为职志。虽德薄能鲜,未餍舆情,而守法勿渝之素怀当为国人所共谅。乃者国会再开,成绩鲜鲜;宪法会议,于行政立法两方权力畸轻畸重,未剂于平,致滋口实。皖、奉发难,海内骚然。众矢所集,皆在国会。请求解散者,呈电络绎,异口同声。

元洪以《约法》无解散之明文,未便破坏法律,曲徇众议,而解纷靖难,智勇俱穷。亟思逊位避贤,还我初服。乃各路兵队,逼近京畿,更于天津设立总参谋处,自由号召,并闻有组织临时政府与复辟两说。人心浮动,讹言繁兴。安徽张督军北来,力主调停,首以解散国会为请,迭请派员接洽。据该员复述:"如不即发明令,即行通电卸责,各省军队自由行动,势难约束"等语。际此危疑震撼之时,诚恐藐躬骤然引退,立启兵端。匪独国体政体根本推翻,抑且攘夺相寻,生灵涂炭,都门首善之地,受害尤烈。外人为自卫计,势必至始于干涉,终以保护,亡国之祸,即在目前。

---

① 《申报》1917 年 6 月 15 日。

元洪筹思再四,法律事实势难兼顾,实不忍为一己博守法之虚名,而使兆民受亡国之惨痛。为保存共和国体,保全京畿人民,保持南北统一计,迫不得已,始有本日国会改选之令。忍辱负重,取济一时,吞声茹痛,内疚神明。所望各省长官,其曾经发难者,各有悔祸厌乱之决心;此外各省,亦皆曲谅苦衷,不生异议,庶几一心一德,同济艰难。

一俟秩序回复,大局粗安,定当引咎辞职,以谢国人。天日在上,誓勿食言①。

同一天,那个像戏法一样由非阁员的步军统领变作国务总理的江朝宗也发表通电说:"朝宗仰承知遇,权代总理,诚不忍全国疑谤集于主座一身,特为依法副署,借负完全责任。……一俟正式内阁成立,即行引退。违法之责,所不敢辞,知我罪我,听诸舆论。"②怪哉,黎、江两人的电报都承认解散国会是一件违法的事情,却在光天化日之下干了,还大言不惭地辩解。两君的脸皮之厚,人格之低下,也就为天下人共知了。

黎元洪还想借解散国会来保住总统这顶乌纱帽。但张勋借黎之手解散了国会,黎已没有利用价值了,便被一脚踢开。7月1日张勋抬出清废帝,演出了一场为时仅12天的短命的复辟丑剧。

附录:

第一届国会第一次恢复后的议案总结

第一届国会第一次恢复,从1916年8月1日至1917年6月12日,参议院共开常会60次,全院委员会5次。议决案58件,其中可决

① 《申报》1917年6月14日。
② 《申报》1917年6月14日。

案 46 件,否决案 12 件。

可决案:《特任段祺瑞为国务总理咨请同意》案、《恢复中国、交通两银行质问》案、《请恢复各县议会建议》案、《特任唐绍仪为外交总长、陈锦涛为财政总长、程璧光为海军总长、张耀曾为司法总长、孙洪伊为内务总长、范源濂为教育总长、许世英为交通总长、谷钟秀为农商总长咨请同意》案、《特任伍廷芳为外交总长咨请同意》案、《特任李经羲为财政总长咨请同意》案、《特任李经羲为国务总理咨请同意》案、《天津维持国权国土请愿事件》案、《请将民国二年国会停止后以明令公布之法律及法律同等之条例咨交两院审议定存废》案、《湖南省议会代理议长彭兆璜、安徽公民江辛等请愿事件》案、《移植军队实行屯垦巩固国防建议》案、《请查办广西财政厅长田永斌纳贿违法》案、《法领事强占天津老西开案应请政府先行拒绝法代理公使以便严重交涉建议》案、《河南省议会议员杨允升及议员杨汉光等请愿事件》案、《湖南公民保矿会代表金鏖等请愿事件》案、《湖南保矿会会长龙璋等请愿事件》案、《延长两院会期》案、《众议院议员选举法第五章选举诉讼解释》案、《全国禁烟联合会关于禁烟请愿》案、《山西省议会关于禁烟请愿》案、《参议院华侨议员选举施行法》案、《恢复地方自治机关决议》案、《修正参议院委员会规则加院内审计委员》案、《恢复地方自治机关议决》案、《国葬法》案、《参议院议员选举法第 21 条解释》案、《规定民国纪念日》案、《国会议员经费支给规则》案、《参议院经费支给规则》案、《吉黑两省官盐拟请变为官运商销建议》案、《请政府饬驻外领事调查居留各国华侨人数及营业状况并外人待遇情形报告外部编成专册以便设法保护建议》案、《吉林省议会关于老西开交涉请愿事件》案、《直隶公民代表王秉寿等关于天津海光寺洼交涉请愿事件》案、《黑龙江公民代表高昆等关于郑家屯交涉请愿事件》案、《奉天公民代表李有兰等关于郑家屯交涉请愿事件》案、《吉林公民代表梁宗拯等关于辽源县交涉事件请愿事件》案、《参议院秘书厅组织规则第 4 条修正》案、《河南省公民张维之等关于恢复省议员杨汉光等资格请愿事件》案、《江苏议员联合会费玄韫等关于恢复地方自治请愿事件》案、《浙江省议会关于酒类公卖请愿事件》案、《江西省议会关于取消清理官产处请愿事件》案、《财政部华商保利银公司借款合同》案、《财政部华商保利银公司订立收炼制钱合同》案、《添设公使、领事或商领事并置保护华侨机关建议》案、《顺直省议会关于谿豁田赋加闰请愿事件》案、《顺直省议会关于严禁吗啡请愿事件》案、《顺直省议会关于军国民教育请愿事件》案、《陕西公民徐朗西等关于陈树藩祸陕请愿事件》案、《僧界总代表觉先等关于管理寺庙条例请愿事件》案、《鸦片吗啡治罪法》案、《省议会议员任期解释咨询》案、《咨请政府不得收买存土》案、《暂定 8 月 1 日为国会第三届常会会期》案、《庆祝宪法成立大会决议》案、《各县地方分庭组织法》案、《钞票制限》案、《森林法》案。

第一届国会第一次恢复,众议院开常会72次,全院委员会1次,议决案57件,其中可决案48件,否决案9件。

可决案:《规复省议会》案、《特任段祺瑞为国务总理咨请同意》案、《请查办胡瑞霖在湘贪赃枉法紊乱财政》案、《请查办广东前将军龙济光违法乱政黩货殃民》案、《请查办河南省长田文烈及政务厅长陶琪、财政厅长顾归愚肆恶殃民》案、《请将广东赌博刻日禁绝严申法令建议》案、《特任唐绍仪为外交总长、陈锦涛为财政总长、程璧光为海军总长、张耀曾为司法总长、孙洪伊为内务总长、范源濂为教育总长、许世英为交通总长、谷钟秀为农商总长咨请同意》案、《特任伍廷芳为外交总长咨请同意》案、《特任张国淦为内务总长咨请同意》案、《特任李经羲为财政总长咨请同意》案、《特任李经羲为国务总理咨请同意》案、《请将民国二年国会停止后以明令公布之法律与法律同等之条例咨交两院审议定存废》案、《请赶造民国四年度岁入岁出正式预算建议》案、《整理中交银行建议》案、《请将中国银行先行兑现并清理交通银行以维金融建议》案、《特别行政区域仍与原属各该省共一议会殊多困难》案、《各特别区域仍归原省监督建议》案、《请回复县议会及城镇乡自治会建议》案、《组织银公司合炼制钱预济钱荒请愿事件》案、《查办陕西督军陈树藩纵匪殃民反抗中央破坏议会》案、《众议院议员选举法关于第五章选举诉讼解释》案、《查办陈宦》案、《振兴华侨学务建议》案、《弹劾广西财政厅长田永斌请愿》案、《汉口华景街商民请愿事件》案、《延长两院会期》案、《查办汤芗铭》案、《查办徐树铮》案、《国葬条例》案、《查办张广建》案、《禁烟建议》案、《参议院议员选举法第21条解释》案、《请咨政府下令禁绝广西赌博请愿》案、《规定民国纪念日》案、《财政部华商保利银公司借款合同》案、《财政部华商保利银公司订立收炼制钱合同》案、《恢复地方自治机关》案、《庆祝宪法成立大会决议》案、《整理金融维持中行建议》案、《中国银行质问书》案、《咨请政府不得收买存土》案、《查办浙江省长齐耀珊违法》案、《各县地方分庭组织法》案、《律师法》案、《众议院经费支给规则》案。

第八章　中华民国第二届国会

（1917 年 11 月 10 日——1920 年 8 月 30 日）

第二届国会 1918 年 8 月 12 日正式开会,到 1920 年第二届国会第三期常会闭会,前后历时 3 年多,如果算上为第二届国会做法律准备的临时参议院 1917 年 11 月 10 日开院算起,历时近 4 年。它一共开了三期常会和一期临时会,若加上临时参议院的会议,成为有始有终连续会议程序的一届国会。且每期常会大多都依法延会 2 个月,即常会大多都开了 6 个月。每期会议时间为:1. 临时参议院:1917 年 11 月 10 日至 1918 年 8 月 12 日。2. 第二届国会第一期常会:1918 年 8 月 12 日至 1919 年 2 月 11 日。3. 第二届国会第二期常会:1919 年 3 月 1 日至 1919 年 8 月 30 日。4. 第二届国会第二期临时会:1919 年 9 月 10 日至 1920 年 2 月 12 日。5. 第二届国会第三期常会:1920 年 3 月 1 日至 1920 年 8 月 30 日。

1917 年 7 月 1 日,张勋复辟,大总统黎元洪 7 月 2 日致电南京副总统冯国璋,请其依《临时约法》第 42 条及《大总统选举法》第 5 条暂时代行大总统职务,并任命段祺瑞为国务总理,令暂行护摄。张勋复辟很快被粉碎。7 月 14 日,黎元洪通电引咎辞职,并推副总统冯国璋代理大总统。段祺瑞、冯国璋先后入京履任。因对德宣战案,段祺瑞与第一届国会交恶,不愿恢复国会。研究系党魁梁启超、汤化龙等也因研究系在第一届国会所占议席不多,势力薄弱,亦不愿恢复旧国会,故制造国会改造论,贡献于段祺瑞。研究系和皖系联手决定另组国会。于是召集临时参议院,重订国会组织法和两院议员选举法,以产生一个能为自己所控制的新国会。也就是说,皖系和研究系在重组国会的问题上同床异梦。皖系充分利用手中的权力,排斥研究系,建立了一个完全由安福系所控制的第二届国会。故第二届国会又叫安福国会。由段祺瑞头号心腹徐树铮组织的安福俱乐部自然听命于段。安福系由于在国会中占有绝对的优势,再加上有以段祺瑞为首的皖系的支持,飞扬跋扈,操纵国会,把持朝政,这引起众怒。直系,以后奉系亦与直系取同一立场,公开要求解散安福俱乐部和安福国会。

　　第二届国会开幕后的 1918 年 11 月 2 日和 5 日,众、参两院分别追认了 1917 年 8 月 14 日北京政府对德、奥宣战案。在皖系和安福系的操纵下,9 月 4 日选举徐世昌为大总统而将直系首领冯国璋挤下了总统宝座。由于旧交通系、研究系、宪政讨论会联手抵制而使副总统选举最终流产。在国内外要求中国实现和平统一势力的压力下,安福国会众、参两院分别于 12 月 14 日和 18 日通过了主张南北和平统一的钱能训为国务总理。1919 年 1 月 7 日和 9 日通过了钱内阁各阁员的提名。钱内阁成立后,即主持了 1919 年上半年的南北和谈。但由于安福系的阻挠与破坏,南北和谈最终破裂。加之 1919 年上半年中国在巴黎和会上的失败,钱能训引咎辞职。安福系企图让本系的人出面组阁,遭到直、奉两系的反对。在直奉两系的坚持下,安福国会众、参两院分别于 1919 年 10 月 31 日和 11 月 4 日通过了靳云鹏为国务总理的提名。靳出面组阁过程中又遇到安福系的干扰,组成的混合内阁一直处于动荡不稳的状态。在直、奉、皖三派的争斗中,靳云鹏内阁于 1920 年 5 月倒台。

　　1919 年第二届国会还审议通过了《民国八年国家岁出岁入总预算》案,将政府所提的预算支出压缩了二成左右。当然,由于军费在预算中所占的比重很大,故压缩的军费的绝对数最大,自有裁减军费之效。并将当年预算中的赤字从 2 亿元降到 5000 万元左右。

　　1918 年底,第二届国会选举了宪法起草委员会。1919 年宪法起草委员会起草完《中华民国宪法草案》,提交宪法会议。己未系反对第二届国会制宪。1919 年秋,七省反皖联盟形成。此七省议员也抵制第二届国会制宪。这就使宪法会议不足法定人数而无法开会。故第二届国会并未召开宪法会议来讨论和通过宪法。第二届国会制宪之事夭折。

1920 年 7 月 14 日直皖战争爆发,只经过几天便以直胜皖败而告终。8 月 3 日,大总统徐世昌下令解散安福俱乐部,安福系头目受到通缉。安福国会立即瘫痪,形同解散。8 月 30 日,在凄风苦雨中,第二届国会举行了第三期常会闭会式,出席议员寥寥。闭会式也就等于正式宣告了第二届国会的终结。走这一形式,也算有始有终。

10 月 30 日,大总统徐世昌发布了第三届国会选举令。11 月 23 日大总统徐世昌又以教令公布了众议院议员选举日期。但由于直系欲恢复第一届国会,抵制第三届国会的选举。故只有江苏、安徽、山东、山西、陕西、甘肃、新疆、奉天、吉林、黑龙江、蒙古 11 省区选出了众议员,史称新新国会议员。不但不足法定人数不能开会,而且也不足十四省议员,无法开非常会议。在直系的支持下,第一届国会 1922 年 8 月 1 日正式开会。第三届国会自然也就夭折了。

尽管广东的护法国会否定北京政府和第二届国会,直系后来也实际上否定了徐世昌政府和第二届国会,但北京政府和第二届国会仍是当时国际上承认的合法政府与国会。巴黎和会和华盛顿会议也都只承认并接纳了北京政府派出的代表团。造成这一时期南北两个对立的政府和南北两个相互否定的国会是源于对《临时约法》的不同解释。即《临时约法》本身的缺陷是造成南北分裂乃至战争的法律根源。当时制定《临时约法》时,只是临时性的,并不是长时间适用的大法。《临时约法》中也明确规定在其公布后的 10 个月内须召集国会,制定宪法。

1919 年 9 月,北京政府以中国合法政府的名义在《协约及参战各国对奥地利和约》上正式签字。1922 年 2 月在华盛顿会议上,又在《九国关于中国事件应适用各原则及政策之条约》上签字,并在华盛顿会议期间与日本签订了《中日解决山东悬案条约》。也就是说,尽管广州军政府和护法国会发表宣言和声明,否认北京政府及第二届国会,但国际上只承认当时的北京政府为中国惟一合法的政府。尽管国民党史学家一直坚持否定北京政府而肯定孙中山成立的广东军政府的立场,解放后我们有些史书也持此观点,但这是值得商榷的。中国怎么能在长达5年之中没有一个在国际上能代表中国又为国际所承认的合法政府呢? 历史事实是各国一直承认北京政府代表中国。从法理上说,黎元洪的总统地位是依《临时约法》取得的。黎元洪依《临时约法》让冯国璋代理大总统和任命段祺瑞为国务总理,也都是合法的。广州军政府和护法国会也承认这一点。由合法的代理大总统冯国璋下令召集的第二届国会及由第二届国会产生的大总统和内阁,也应该是合法的。广州军政府和护法国会认其为违法予以否定。这只是当时中国内部派系斗争的表现。

一、皖系和研究系合谋再组的临时参议院

1917年张勋复辟被粉碎后,段祺瑞再度出任国务总理兼陆军总长,北京政权再度为皖系所控制。黎元洪是无颜在大总统的位子上再呆下去,只好辞职。由副总统、直系首领冯国璋代理大总统。段、冯分别于1917年7月14日和8月1日到京履职。

研究系和皖系军阀联手,借张勋之手解散了国民党占优势的旧国会。研究系的主要首领梁启超、汤化龙、林长民、汪大燮、范源濂在新组的段祺瑞内阁中谋得了财政、内务、司法、外交、教育总长之职,研究系与皖系军阀共同控制着北京政权。这是研究系最为得意的时刻,因为这是他们和北洋军阀联合中分得权力最多的一次。研究系的得势使其头目们的头脑发热,以为利用这一权力,就足以建立一个新的由其控制的国会,排斥国民党,进一步扩大自己的权力。为此,他们制造各种理由,千方百计地阻止国民党占优势的旧国会的恢复。研究系的首领向段祺瑞献策:中华民国既由张勋复辟所推翻,已经蜕化死去。现在复生

的中华民国是段公您一手另造的,不再是从前的那个中华民国了。因此,旧国会断无恢复的道理。旧国会不好,首先是《国会组织法》和国会议员选举法不完善。倘若不先组织一个过渡机关,将《国会组织法》和国会议员选举法修改,仍用旧法选出新国会,必将重蹈旧国会的覆辙。故仿照民国元年同盟会在南京召集参议院作为过渡性的立法机关的成例,也成立参议院,修改《国会组织法》和参、众两院议员选举法。再依据这些新法召集新一届国会。这正是以国民党之道还治国民党之身。国民党没有理由反对,其他方面更无理由反对。

研究系的这一策略也正中段祺瑞的下怀。段因对德宣战案与旧国会闹得很僵,自然也不希望常常与自己作对的由国民党控制的国会再恢复。南京参议院是由地方官吏指派而不是由选举产生的。这就完全可利用执掌的全国政权,产生出一个可以由自己控制的参议院,并进而产生一个完全由皖系控制的国会。研究系和段祺瑞同床异梦,各有各的打算,各具肺肠。

研究系的这一策略经其主要领导人之一的汤化龙与共同通讯社记者的谈话而公开出来:"国会业已解散,宪法亦已中止,已与旧民国灭亡无异。盖段总理准据新法律而组成共和国,何谓违法?"①

舆论对汤氏的谬谈大不以为然。汤氏这位日本法政大学法律专业的毕业生,平时又以法律专家自居,其言谈荒谬到如此地步,也可能是小集团利益令其昏了头脑。国家大法,谁有权中止? 段祺瑞是据何种新法组成共和国的? 共和国既非段祺瑞一个人缔造的,也非段氏个人的共和国。段祺瑞是据黎元洪依《临时约法》发布的命令复职的,冯国璋是据《临时约法》和《大总统选举法》代理的大总统的。怎么能不顾事实,藐视国家根本大法? 在舆论的抨击下,研究系的政客们只好再修正自己的理论,再将《临时约法》的旗子举起来,为自己的行为披上一件合法的外衣。但《临时约法》中,国会是不被解散的。段祺瑞和研究

---

① 《盛京时报》1917 年 8 月 1 日。

系也顾不得许多了。熟知法律的研究系政客们玩弄法律,这正是法律最大的悲哀,也是议会制的悲哀。

7月20日,国务院举行粉碎张勋复辟后的第一次国务会议。梁启超、汤化龙的不恢复旧国会而召集临时参议院的主张获国务员的一致赞同而通过①。国务院通电各省征求对召集临时参议院问题的意见:

> 国体新复,政府初成。国会既已解散,宪法尚未成立。今日仍为适用《约法》时代,虽行政、司法组织初完,而未有立法机关。揆之《约法》第4条,中华民国以参议院、临时大总统、国务院行使其统治权之文不相符合,则组织立法机关实为最急之务。忧时之士对于立法机关之组织盖有数说。一为恢复旧国会之说。以为召集令下,旦夕可成,利在求速,以兹为便。不知明令解散之后,断无重行召集之理。即以事实而论,凡最高机关能行使其职权者,全赖人民信仰之心。自经解散,国会之威信全失。唐督军破甑之说,可谓罕譬而喻。威信既失,精神不存。假恢复徒兹纷藉,此恢复之说必不可行也。一为改选之说。以为国会不良,咎在分子。是说也,虽持之有故而行之实难。盖选举程序繁重万分,调查宣布以非一时所能竣功。加以初选复选之期,则国会之成立,为期尚远。若仓促集事,必蹈元年调查虚诬之弊。而且,人数过多,权限不明,规制未善。言者多曰苟假一时之便利,将贻日后之纷争,是则改选之说,岂但目前困难,亦非所以长久之计也。一为改组之说,即陆巡阅使之所主张。减其额数,严其资格,则所选必为良材,而议事庶遵轨道。然改组国会必先改《国会组织法》,尤必先有提议改组并制定法律之机关,其职权又必为法律所许可者。否则,高言改组,不生法律效力,且迁延时日,较改选殆又过之。苟无合法之机关,改组之说仍不得实施也。夫今日既为遵行《约法》时代,则所谓合法之立法机关,无过于《约法》上之参议院者。其立法之职权载在

---

① 《盛京时报》1917年7月24日。

《约法》，班然可考。夫国会之职权，乃由《约法》上之参议院递嬗
而来。有参议院行使立法职权，即无异于国会之存在，是与《约
法》精神、共和本旨不违悖。且人数无多，选派由地方自定，依据
《约法》，可以迅速成立。救时之图，计无逾于此者。制宪之权属
诸国会，《约法》具有明文。自各省督军主张另定制宪机关，赞成
者众，然解决制宪问题，势必增修《约法》。惟《约法》上之参议院
乃有此职权，是非召集《约法》上之参议院不为功也。至于《国会
组织法》乃《约法》上参议院所制定。既有制定之权，畀以修改之
任，于法为宜，于理为顺。改组之主张亦必先召集《约法》上之参
议院乃能贯彻也。总之，宪法未定以前，《约法》为根本大法。依
据《约法》以召集《约法》上之参议院，依据《约法》上参议院之职
权以解决制宪，修正《国会组织法》，各问题则事事守法以行，于政
治上能得平允，于法律上不生矛盾。但立法为最高机关，其成立程
序，政府应征集多数意见。谨就讨论所得，详悉电达，即请发抒伟
见，迅速详复。总期国是早定，依序施行，是为至盼①。

　　这洋洋近千字的电报，明眼人一看便知是梁启超、汤化龙之流的杰
作。电报已将汤化龙的讲话做了重大的修正，即承认了《临时约法》，
并以《临时约法》作为主要的法律依据来解释自己的主张。梁、汤之
流，摇唇鼓舌，以解释《临时约法》的权威自居，以维护《临时约法》自
诩，无非是为：先成立参议院，由参议院修改《国会组织法》和议员选举
法，再据新的《国会组织法》和议员选举法，选出新一届国会。但从上
述电文中，恰恰严重歪曲了《临时约法》，违背了《临时约法》。参议院
是在辛亥革命推翻清王朝的过程中，依据《中华民国临时政府组织大
纲》成立的。也就是说，在推翻一个封建王朝的大革命中组织了参议
院。《临时约法》公布之日，《中华民国临时政府组织大纲》即废止，再
成立参议院自然失去了法律依据。《临时约法》第53条也明确规定，

---

① 《盛京时报》1917年8月1日；《申报》1917年7月30日。

《临时约法》施行后,限 10 个月内召集正式国会;第 28 条规定参议院以国会成立之日解散,其职权由国会行之。《临时约法》是 1912 年 3 月 11 日公布实施的。正式国会是 1913 年 4 月 8 日正式成立的。中华民国依然存在,即段祺瑞依然打着中华民国的旗号,怎么能在《临时约法》实行 5 年多后,取消国会,再倒退到成立参议院? 这完全是梁启超、汤化龙等为了研究系一派的利益,甚至对因此而导致国家的分裂和战争于不顾,一意孤行。梁、汤等以为当时组织一个能为研究系控制的国会时机已到,才置国家利益于不顾。自视过高的梁、汤等人以为排除了国民党,研究系就能坐大,称雄中国政坛。这自然太缺乏自知之明。既然是研究系投靠皖系,那么,北京政权的主人自然是皖系,还轮不到研究系。皖系怎么可能成立一个由研究系控制的国会,让研究系以国会控制北京政权呢? 也就是说皖系决不会将北京政权让给研究系。在随后的参议院议员选举和第二届国会选举中就雄辩地证明了这一点。

7 月底 8 月初,直隶督军曹锟,山东督军兼省长张怀芝,江苏代理督军兼省长齐耀琳,浙江督军杨善德、省长齐耀珊,福建督军兼省长李厚基,湖北督军兼省长王占元,山西督军阎锡山,河南督军赵倜、巡阅使田文烈,安徽督军兼省长倪嗣冲,奉天督军兼省长张作霖,陕西督军兼省长陈树藩,甘肃省长张广建,吉林督军孟恩远、省长郭宗熙,热河都统姜桂题等纷纷回电国务院,赞成成立参议院。尽管西南护法各省反对,但有了大多数省的军政长官的支持,段祺瑞立即从各方面着手筹备成立参议院。原定 9 月初即成立参议院。但参议院议员如何产生,主张不一。一种主张由各省军政长官指定派送,一种主张由省议会公举。本来段祺瑞准备解散省议会,但由于代理大总统冯国璋及研究系的反对,省议会一直留存下来。一种主张在旧国会议员中选派。第一种主张认为旧国会既经解散,若再由民选机关选出,难保不再有激烈分子掺入。第二种主张认为参议院虽非依法召集,但既名为民意机关,万不可由行政官吏主持其事。至于参议院的召集本无法律之规定,特求手续上的便利与名义上的吻合,自以省议会公举为宜。第三种主张认为旧国会激烈分子虽多,但非全数皆然,其中优秀分子亦属不少,似未可一笔抹煞。现在既拟召集参议院,各省指派固属出于专制,省议会公举亦恐稽废时日,不如由国会议员中择其品行端方、深明大义者,各省酌派数人以求意见之一致。且旧国会虽经解散,除激烈分子多已分驰沪、粤,其余尚多留滞京城,一经召集,不难立时成立,似较之指送、公举二种均为轻而易举。研究系极力主张由省议会选举或从旧议员中产生。因为在省议会中,研究系占优势。留京的旧议员自然也是研究系占优势,国民党议员大都南下广州参加护法国会。研究系的如意算盘是先控制参议院,以便制定有利于研究系的《国会组织法》和国会议员选举法,进而取得新国会的多数议席而操纵新国会。但北洋军阀已从第一届国会的实践中知道控制国会的重要性,自然不愿看到一个由研究系控制的参议院和新国会。皖系决定制造一个完全由皖系控制的参议院与国会。故皖系极力主张参议院议员由各省督军推举,以便产生一个完全听命于段祺瑞的参议院。研究系毕竟只是投靠皖系而从皖系手中分掌一部分权力。但北京政权是由皖系所控制,自然得以皖系而不是研究系的意志为意志。这从代理大总统所发布的有关命令即可看出。

1917 年 9 月 29 日,代理大总统冯国璋发布了组织参议院的命令:

> 《国会组织法》及两院议员选举法,民国元年系经参议院议决咨由袁前大总统公布。历年以来,累经政变,多因立法未善所致,现在亟应修改。着各行省、蒙、藏、青海各长官仍依法选派参议员于一个月内到京组织参议院,将所有应行修改之组织、选举各法开会议决。此外职权,应俟正式国会成立后按法执行,以示尊重立法机关之至意①。

从上述命令中可看出,参议员由各省长官选派,这完全体现了皖系的意志,而否定了研究系党魁的主张。命令中还对参议院的职权进行了严格的限制:只修改《国会组织法》和两院议员选举法,不能行使其

---

① 《申报》1917 年 10 月 1 日。

他国会的职权。也就是说,将要成立的参议院并不是一个最高立法机关。

对上述命令,冯国璋在当天的致各省督军、省长的电文中做了明确的解释:

> 吾国共和成立,以主权属诸人民全体,岂可一日无立法机关!不幸事故迭乘,国会解散,黎大总统决然去职,国璋不得已而依法代理。任事以来,瞬将二月,德薄能鲜,百无一成。

> 当世明哲,无不以选举国会议员为第一要义。国璋深表同情。而赞成先设《约法》上参议院者,已居全国之大多数。若迁延不决,丛脞滋多。爰折中于二者之间:一面令内务部筹备国会选举,一面按照《约法》,由各省选派参议院议员。但参议院仅以修正《国会组织法》为限度,而其他职权仍待诸正式国会执行。如此办法,在参议院成立期间,既不妨碍国会选举之时日,亦不侵越正式国会之职权,仅于《国会组织法》求一良好之结果。双方并进,自谓略尽苦心,冀保各方面之平均,以避意见上之冲突。

> 但愿代表机关,早得成立,真正民意,赖以发扬,毋使最可宝贵之光阴,虚掷于商榷之中而致政府无人监督,则国璋误国之罪,或可末减。诸公爱国之诚过于国璋,幸各捐弃小嫌,共维大局,前途统一之效,与东亚和平之福,均于此事卜之。敢布腹心,幸垂察之①。

冯国璋还拟定三个条件作为参议员当选资格交内务部核发各省:1. 各省议会中品学端正之议员。2. 各省名望素著之绅士。3. 旧国会中拥护政府之议员②。

西南则反对北京政府另组参议院的违法行为。10月3日,孙中山通电反对北京再成立参议院,斥之违法:

---

① 《申报》1917年10月3日。
② 《盛京时报》1917年10月6日。

民国存亡，系于《约法》;《约法》无效，民国即亡。查《约法》，政府既无解散国会之权，更无国会成立后再发生参议院之理。乃北京伪政府于9月29日忽有另组新国会，重开参议院之伪令，背叛《约法》，递迹昭然，退化却步，为天下笑。

前者，叛军迫散国会，系以暴力摧残。及暴力既消，《约法》犹存，国会当然恢复。伪政府果有尊崇《约法》拥护共和之诚意，自应以恢复中断之国会为先务。其功罪若何，尚可待诸国民公决。今竟继续叛军之暴力，遏抑国会之再开，俨然以一己之大权自造立法机关，修改《国会组织法》及两院议员选举法，与袁世凯之以另召国会欺蒙全国而自造袁氏之参政院，修改《约法》，如出一辙。

试问孰授之权而敢于恣睢妄行如此!《约法》之根本已遭破坏无余，而犹复日依《约法》某条，其将谁欺? 国会本尚存在，何事另行召集? 参议院已经消灭，何得重行发生? 此等悖逆之行为，谅为有目所共见。

本军政府以讨灭伪政府，恢复《约法》、国会为职志，除已通令明正厥罪外，惟恐莠言乱政，淆惑听闻。尚希诸公一致通电反对，伸正义而诎邪说，民国前途庶几有豸①。

10月6日，广州护法国会以国会非常会议的名义发出二封通电反对设立参议院。一封是发给西南各省军政长官的，指责"段氏谬附《约法》，欺罔全国，悍然不顾，遽下召集临时参议院之令，以遂其垄断政权、破坏共和之专欲。……近更进而变更《国会组织法》及选举法，预为排斥异己之地，然后以某派垄断国会议员之选举。至于明年总统之更选法之制定，亦将恃某派为包办"。一封是发给大总统黎元洪、代总统冯国璋及西南各省军政长官和社会名流的，指出："国会之组织，岂纯属于普通立法作用者? 盖宪法内容之一部，亦于焉寄托，决非可以行政部之意思而变更之。果其为法不良，亦惟国会始有修正之权。至观

① 《孙中山全集》第4卷，第210、211页。

《临时约法》第53条之规定,虽有国会之组织及选举法由参议院议决之云云,实列于第7章附则之内,凡法所具之附则时,则绝对以适用于一时为限,与法之正文继续有效者迥别,尤不得妄为比附。况《约法》第28条明白规定参议院于国会成立之日解散云云。民国国会久已成立,人民与政府亦久已承认。今于国会非法解散后召集参议院尚觊觎然依据《约法》,自欺欺人,又将谁信? 夫大总统在《约法》上只有召集国会之权,绝无解散之权。谓国会非经改造不能召集,此端一开,后之执政尤而效之,则民国国会之组织与选举法则无时不可以修正,且无时不可特设机关以修正之,所谓代表人民多数意思之立法机关无时不在动摇之中,是共和政治之精神已根本破坏,后果又何堪设想?"①

段祺瑞本来是个刚愎自用的人,加之有研究系的党魁为其谋划,为其违法行为披上一件合法的外衣,自然不会理会西南护法国会和军政府的反对,而积极筹组参议院。

尽管参议院只是一个临时性机构,且职权又是如此之小。但它却议决新国会的组织法和议员选举法,即关系新国会的组成原则。故北洋军阀、研究系、交通系、讨论会各派均十分重视,并为取得更多的参议院议席而展开了激烈的争夺。此时内务总长为研究系首领汤化龙。汤凭借手中的权力以内务部的名义指派北方及长江流域一些省的参议员。当时规定每省指派5名参议员,组成参议院。研究系往往用电报将各该省5名参议员全部指派为研究系成员。研究系当时的策略是:研究系即使每省不占5名参议员,至少必须占3名参议员,以保证研究系在参议院的多数。再利用在参议院的多数制定有利于研究系竞选新国会的《国会组织法》和参、众两院议员选举法。北洋军阀;尤其是皖系军阀,在段祺瑞的心腹徐树铮的操纵和指挥下,利用北洋军阀掌握的各省地方政权,基本上控制了参议员的选派,即选派能为自己所控制的参议员。一时间,谋参议员之职者,趋之若鹜。或走本省督军、省长的

①　《盛京时报》1917年10月20日。

门路,运动被指派;或走汤化龙的门子,由内务部指派。当时的北京政权为皖系所控制,研究系自然无与皖系竞争的实力。参议院议员选派的结果,研究系在参议院中还不到 30 个议席,即不到总议席的三分之一,反不如在旧国会时的势力大,绝大部分议席为皖系所控制。研究系是资产阶级的右翼,它一直采取了与北洋军阀联合来打击、压制和排斥资产阶级的左翼——国民党,将国民党议员诬为"不良分子"、"暴烈派"、"社会动乱之源"。采取了同类相残的错误策略。北洋军阀,不管是袁世凯也好,段祺瑞也好,在利用研究系反对与打击国民党势力时,在一段有限的时间内,分给研究系部分权力,但这只是临时性的。当北洋军阀目的达到后便一脚踢开研究系,卸磨杀驴,研究系则落得个兔死狗烹之下场。这便是研究系对北洋军阀自作多情策略的必然下场。由于势单力薄,研究系参议员在参议院中不可能有所作为,其控制参议院乃至在新国会中占据多数议席进而控制新国会的策略已完全失败,故对参议院取消极态度。其骨干蓝公武等人在参议院一开院即以有病为由提出辞职。

临时参议院议员名单见附录(一)。

1917 年 11 月 10 日,段祺瑞一手制造的参议院在北京原参议院议场举行开院典礼。参议院门前结彩悬灯,并挂一书有"开会志庆"四个大字的匾额。在总统府、国务院到参议院的沿途,三步一岗,五步一哨,布满了军警。象坊桥以西至参议院之间戒严,禁止行人与车辆的通行。按规定,参议院只是修改《国会组织法》和议员选举法的机关,并不执行其他任何职权,即它不是一个健全的最高立法机关。代理大总统和几乎所有的国务员(除外交总长汪大燮因病未到外)均出席了参议院的开院典礼。各国驻华公使或参赞官也都身穿大礼服出席参议院的开院典礼。其中有英国驻华公使朱尔典,日本驻华公使林权助,足见日、英两国对段祺瑞政权的重视和支持。这和 1912 年北京参议院开院典礼,1913 年第一届国会开会典礼,列强驻华公使无一人到场,形成了鲜明的对照。

　　上午 10 时,参议院开幕典礼开始。按惯例,会议推参议员中年龄最长的河南籍参议院张凤台为主席。首先由张凤台上台宣读早已准备好的开会祝词:

　　维中华民国 6 年 11 月 10 日,参议院举行开院典礼,为文以祝之曰:紧维国会,轨法是宅。牡闸失宜,粤若扞格。消息盈虚,忽芒剖析。秉此机枢,伊谁之责? 条贯整齐,罔或怼忒,如物处衡,如表斯植。庶几来兹,昭示程式,百千万祀,奠我邦国①。

代总统冯国璋致颂词(此颂词为总统府秘书长张一麐起草):

　　维中华民国 6 年 11 月 10 日,参议院举行开会式。国璋适以代行职权,躬与盛典,谨述所怀,聊代颂祷。窃以近百年来,立国于世者,以民主为指归。吾国顺世变迁流,乃有辛亥之役。历时六载,政局数更。朝野人士,日叹息于国基之不定,民命之倒悬。国璋以为立国者,盛德也,大业也。法之自始革命,以至于第三共和;美自抗英,以至于联邦成立,其曲折变迁之史为何如者? 吾人试一覆按,则知六载之岁月,曾何足以判定民族之政治能力。此立国之勇气,不能不厚望于诸君子也。吾国今日处境与法、美异者,今世国际竞争之世也;今世内治整饬之世也,制度上从容试验之功万不能如法、美之多,故非有健全之国家机关不能急起直追。而立法、行政二者之相济为用,盖视他国为尤急矣。夫行政者,固当廓清专制之旧弊,展布民主之新猷。而立法机关所以促其进行者,当为之相度社会情形,筹先后缓急之序。若其不然,则结果必出于横决。此则天下所共见,无须缕述。国璋慨往昔立法之不良,而民意机关之不可一日缺也,乃令各地依法选派参议员组织参议院,属以修改国会组织、选举两法之任。盖民主国主权寄于国会。国会之行使其权而当也,斯国本立,反是者乱。今组织、选举两法之斟酌、损益在诸君。诸君一言一字之出入,今后国家千百年之治乱系焉。所

----

① 《盛京时报》1917 年 11 月 13 日。

望经此次修正以后，国会成，宪法定，而国家不复见立法机关之纷更，岂独国璋得躬与太平之幸，而诸君之盛德大业，将永为国人所颂祷不止矣。谨祝①。

国务总理段祺瑞致颂词：

今日为参议院开院之期。诸君子皆富于经验、学识，抱爱国之诚，惠然戾止，敢为举国人民额手称庆。

窃维立法原则，在三权鼎立，已成世界公例。代议制度，东西各国行之已久，具有成规。中国六载以来，事变相循，国会再蹶，为祺瑞等所痛心。论者推究原因，咸谓组织法、选举法未能尽善有以致之。海内人士，初则心知之而未肯昌言。今则情见势绌，无可游移。凡人民所祈请，宏达所筹划，佥以先设参议院，解决根本办法，为当务之急。琴瑟不调，则改弦更张。易曰："无平不陂，无往不复。"西儒谓力行之理，两力平均，等轻等重，则成定体；两力维系，相吸相绕，则成回环往复之体。世界万事万物，不能外此公例。诸君子更定良法，使三权永剂于平，则凡百设施，归于轨道。若金在范，若土在陶。以此图治，则四百兆人之禔福可以坐致，共和前途实利赖之。

抑祺瑞犹有进者：古今伟大事业，成于一诚。持此为鹄，无事不济。诸君子以真实无妄之心，惩前毖后，制定大法，使国会重开，人民受福。他日作中华民国国会史者，据事直书，归美有在，诸君之荣誉，即参议院之荣誉，亦即将来国会永久之荣誉。祺瑞等愿托古人颂祷之例，谨贡一言②。

在场全体人员向国旗行三鞠躬礼，在议场外照相留念后散会。

11月12日下午，参议院开谈话会，协商选举议长、副议长之日期和办法。到会者89人，仍以张凤台为主席。皖系议员黄云鹏主张依

---

① 《盛京时报》1917年11月13日。
② 《盛京时报》1917年11月13日。

《临时约法》第24条的规定,用记名投票法投票,无须讨论。该派的刘朝望、吴文瀚发言赞成。这是皖系怕研究系收买本派议员而提出此主张。因为皖系是通过权力和金钱的力量维系本派议员的。这种议员自然也易为金钱所收买。研究系的杨增炳反对用记名投票法,认为《临时约法》上参议员职权已受到很大限制,不应再适用第24条,应用无记名投票法投票。筹备参议院事务处的刘道铿报告前参议院已制定过正、副议长互选规则,征求众意见是否可适用,并当众将该互选规则条文朗读一遍。规则规定用记名投票法选举议长、副议长,众认为可以适用。至于选举日期,克希克图主张星期二(11月13日),陈藻主张星期五、六(11月16日或17日),张瑞主张星期三(11月14日)。主席以张瑞的主张付表决,赞成者76人,通过。吴文瀚动议先签定议员席次后选举议长、副议长,经表决,多数赞成,通过。

议长、副议长的选举自然又是一场党派之间的激烈竞争。研究系推定的议长候选人为梁善济。研究系在底下早已开始运动,并连日招待各议员,进行紧张的拉票活动。讨论系推定的副议长候选为孙润宇。9日晚,讨论系的江天铎等在同兴堂设宴招待参议员,积极为孙拉票。皖系与交通系则推定王揖唐为议长候选人。有了北洋军阀和交通系的支持,王揖唐的人气最旺。

11月14日下午,参议院会,临时议长张凤台为主席。先行抽定议员席次,以便接下来有秩序地选举议长、副议长。

抽签定完议员席次后,临时议长张凤台即令议事科职员签定克希克图、刘光旭、黄云鹏、陈铭鉴等8人为检票员,用有记名投票法选举议长,结果:在席议员102人,票数102张,人数与票数相符。王揖唐得65票,梁善济得35票,那彦图、张凤台各得1票。王揖唐得票数已满投票人数之半,当选为议长。

接着仍用记名投票法选举副议长,结果:在席议员102人,票数102张。那彦图得52票,梁善济得23票,孙润宇得20票,杨增炳得2票,蓝公武、罗纶、陈涛、阿穆尔灵圭、张瑞各得1票。那彦图所得票数过投票人数之半,当选为副议长。

　　尽管研究系也在会前极力运动议长、副议长之席,但其势力过小,终敌不过皖系而败北。议长、副议长的席位均为皖系包揽。

　　新选出的正、副议长王揖唐、那彦图登上主席台,张凤台回到议员席。

　　王揖唐即席演说:"本席蒙诸君雅爱,推举为议长。诚以本院为改善国会之组织法及议员选举法,为将来中国立法机关之进步,任艰责重,诚非揖唐所能胜任。但既非谬举,亦即迫于公义,又何能辞? 惟愿我同人本良心上之主张,为立法机关谋求进步。将来国会成立,立法机关改善,则我辈庶可告无罪于国民。我同人忝任斯艰,并应多方以匡正之。"①

　　那彦图亦登台致词,其大意为:那彦图学识疏陋,谬蒙斯选,俯仰抱愧,何以克当? 惟愿我同人,有以提携而赞助之②。

　　王揖唐指定王印川为参议院秘书长。

　　段祺瑞用研究系政客的主张,以效仿民初南京参议院为幌子,大售其私。自然都完全违背了他们口口声声要遵从的《临时约法》。辛亥革命推翻了君主专制,当时没有现成的国会。在那种特殊条件下,成立一个过渡性的临时立法机关,组织临时政府,制定《临时约法》是惟一可行的办法。可是,粉碎张勋复辟后,段祺瑞再度执政时,本来已有正式国会,且冯国璋的代理大总统、段祺瑞的总理之职都是根据《临时约法》和第一届国会第二期常会延续的结果。只是国会被武力再次解散。既然复辟被粉碎,国会依法理应恢复。这在中国已有先例。袁世凯复辟帝制而行洪宪帝制,历时百日,国会被非法解散近三年之久。粉碎了袁氏复辟,第一届国会很快即恢复。张勋复辟,不到半个月,国会反倒不能恢复。段祺瑞、梁启超、汤化龙之流均无法自圆其说。段、梁、

---

①　《盛京时报》1917 年 11 月 17 日。
②　《盛京时报》1917 年 11 月 17 日。

汤之流为了达到各自控制国会的目的,断章取义,肆意曲解《临时约法》。作为资产阶级右翼的研究系,本应维护民主制度,但他们的头目们为了从军阀政权中分得一杯残羹,竟一再与北洋军阀联手,打击、摧残资产阶级左翼,事实上在摧残民主制本身。这也是议会政治在中国受挫的重要原因之一。但北洋军阀对主动投怀送抱的研究系从来都只是利用一时,用过后即无情地踢开。在参议院乃至后来第二届国会成立的过程中,北洋军阀坚持压制、排斥和打击研究系的势力,致使研究系在参议院只获得了30席左右。这对一直想通过搞垮国民党占优势的第一届国会以便产生一个由研究系控制的国会的研究系来说,自然是一个致命的打击。研究系从此开始衰落。这是研究系头目投靠军阀而自酿的苦果。

12月18日,参议院常会,副议长那彦图主席。议员克希克图动议选举全院委员长,经表决,多数赞成,可决。主席宣布用无记名单记投票法选举全院委员长。选举结果:在席议员91人,总投票数91张,名片与票数相符。刘恩格58票,梁善济11票,罗纶6票,陈铭鉴3票,姚华2票,黄云鹏、王学曾、张凤台、陈瀛洲、蓝公武、陈善同、邓镕、汪秉忠、汪有龄、杨增炳、孙润宇各1票。

主席宣告刘恩格得票为最多数,应当选为全院委员长。

议长、副议长、全院委员长位子均为皖系(即后来的安福系)议员所垄断。

二、临时参议院修改《国会组织法》和议员选举法

参议院是皖系一手制造与控制的。它的成立乃至以后的第二届国会的成立,均明显地违背了《临时约法》,不但广州护法国会和军政府予以否认与反对,就是北方阵营对其质疑之声也不断。1917年11月14日段祺瑞的心腹干将、湖南督军傅良佐、省长周肇祥因战事失利,逃离长沙。使以段祺瑞为首的皖系对西南用兵的武力统一政策遭受了致

命的打击。11月15日，国务总理段祺瑞即提出辞呈，引咎辞职。这对参议院自然是一个打击。11月19日长江三督（湖北督军王占元、江苏督军李纯、江西督军陈光远。此三督均属直系）通电请撤兵停战议和，并要求解散参议院。一些舆论也要求解散参议院。这些都给参议院很大的压力。尽管皖系议员在参议院占据绝对多数，此时也不敢过于张狂，即不如后来安福系气焰那么嚣张。11月20日上午，参议院议长王揖唐、副议长那彦图晋谒代总统冯国璋，询冯对参议院之态度，冯表示不参与参议院本身的问题。11月22日，冯国璋免去段祺瑞国务总理的职务，以汪大燮代理国务总理之职。这对参议院中的皖系议员自然又是一个很大的冲击。皖系议员经开会讨论后，决定由议长王揖唐再面谒代理大总统冯国璋。但11月27日晚王请见元首时，冯借故不见。王及皖系议员自然十分不悦，甚至准备上书请大总统颁令解散此种无味之参议院①。这样，参议院开院后即冷清。研究系议员纷纷提出辞呈，皖系议员也垂头丧气。参议院的会也较少。

11月19日下午，参议院议员开茶话会，讨论关于正式开会的手续，出席议员90余人，王揖唐主席。由于参议院此时已成了舆论批评的目标，故这一天的茶话会，主要是皖系骨干发言为议员们打气。主席王揖唐说："本席意见已于就职时说过，期在迅速修正两法，促正式国会之成立。至报纸载本席有不慎之谈论云云，实属与事相左。除昨已登报声明外，今趁此机会再为声明。"②

陈铭鉴发言说："外界近日对于本院有种种揣测之谣传，同人当然置之不理。本席主张迅速开正式会，行使本会职权，修改选举、组织各法，以促正式国会之成立。"③

黄云鹏对政府以命令的方式规定参议院只议两法表示不满，发言

① 《盛京时报》1917年11月30日。

② 《申报》1917年11月23日。

③ 《申报》1917年11月23日。

说:"本院根据《约法》成立,当然为《约法》上之机关。职权问题本院暂不行使则可,断不能受命令之限制,使本院修改各法转无根据,有碍实施。本席主张开会之日可以对政府先行声明。"①

吴文瀚针对黄的发言说:"本席以为本院职权对于政府可以不必有一种声明。同人此次对于国会组织、选举法抱一种调和宗旨,以满足国人之希望。至于职权问题,在黄君以为职权不确定,致生社会误会。其实本院修改《国会组织法》,《约法》上已付与,可无待声明。至于同人此次主张,其大多数均抱一息事宁人主义,绝不至引起政界风潮。目下所最希望者,无非欲正式国会迅速成立,庶本院同人一番不得已之苦心可以见谅于全国国民。"②吴自然比黄更明智一些。在段祺瑞摇摇欲坠时,已无资格再与政府提参议院其他职权的行使问题。

这天的会定星期三(11月21日)开谈话会,星期五(11月23日)开正式会。最后,王揖唐再次为议员们打气,说:"现当然照众议,决定于星期三开谈话会,筹议议事规则等件。今日到会人数非常齐整,精神非常团聚。有此一会,不独外界浮言可以渐息,并可预卜本院将来必收善良之效果。"③

11月21日下午,参议院开谈话会,到会者70余人,王揖唐主席。讨论适用哪一个议事细则。议事细则有两个,一个是1912年参议院制定的议事细则,一个是1913年第一届国会参议院制定的议事细则。经讨论,多数发言主张用民国元年(即1912年)参议院制定的《参议院议事细则》。经表决,多数赞成适用1912年制定的《参议院议事细则》。但此问题还必须经过11月23日的正式会议表决。接着讨论《国会组织法》和议员选举法如何修正的问题。议员发言认为,由秘书厅将1912年制定两法的速记录印出来分发各议员,以供参考,再由议员提

① 《申报》1917年11月23日。
② 《申报》1917年11月23日。
③ 《申报》1917年11月23日。

出大体标题,由议长汇列提出,认为两法中所应修正的即付讨论,无修正必要的可不必讨论。最后决定星期五(11月23日)开大会讨论这些问题。

11月22日,段祺瑞内阁垮台,皖系所控制的参议院受冲击很大,议定中的11月23日参议院正式大会因人数不足流会。

11月26日下午,参议院会议两次延长开会时间,才足法定人数。当日的议事日程为《适用元年参议院议事细则》案,王揖唐主席。主席声明本案业经谈话会决定,以无须讨论即付表决咨询院议,众无异议。主席用起立表决法以适用元年《参议院议事细则》付表决,起立赞成者多数,可决。议员吴文瀚提出选举或指定审查委员数名对于《国会组织法》及两院议员选举法原案加以审查的动议,经表决,多数赞成,可决。并议决审查委员定为11人,用无记名连记投票法选举。当即投票,选举结果:所投票数与名片各89张,陈铭鉴53票,克希克图45票,刘恩格39票,黄云鹏39票,李庆芳36票,罗纶29票,周渤28票,刘振生28票,阿穆尔灵圭27票,陈藻25票,邓镕24票。以上11人得票最多,当选为审查员。何毓璋23票,吴文瀚22票,孙润宇22票,汪有龄21票,成多禄21票,乌泽声20票,陆宗舆18票,胡钧16票,刘光旭15票,姚华13票,王学曾12票。以上11人得票为次多数,为候补当选人。主席宣告按《议事细则》第75条的规定,应以陈铭鉴为审查委员长。

这时,法制局起草了《国会组织》和议员选举法修正案,经国务会议讨论后,由大总统提交参议院。

12月18日参议院会议,其议事日程是大总统冯国璋提出的三案初读:1.《修正国会组织法》案。2.《修正参议院议员选举法》案。3.《修正众议院议员选举法》案。其实,如按1912年参议院制定这三个法案时,完全由参议院独立起草、议决,并未让政府干涉和参与此事。这一次政府竟直接提出三个法的修正案,参议院竟也未敢以行政干预立法而提出异议,看来也是因总后台倒台了,只能"抱一息事宁人主义",以免再起政潮,致使参议院招来更多的非议。

先由政府委员法制局参事邵从恩将三案的主旨合并做了详细的说明,其大意为:三个法修正者仅占十分之三四,而依原法未加修改者占十分之五六。重要的修改有:1. 虽仍取二院制,但参、众两院议员的资格及选举方法各不相同。众议院变化不大,主要是对参议院进行修正。众议院议员仍由一般国民中直接选举。参议院议员则从以下资格者中选出:(1)具有特别专门学术者,即学术代表。(2)财政上占有优势者,即事益代表。(3)对于国家或社会著有勋绩者,即勋绩代表。(4)对于政治有经验者,即高级行政、司法官代表。2. 减少参、众两院议员总数。参议院议员总数减至 130 余人,众议院议员总数减至 350 余人。这样,两院议员总数 500 人左右。既可避免全国优秀人才全部集纳于国会而影响地方其他事业,又可节省财政开支。3. 增加特别行政区,如京兆、热河、察哈尔、绥远。4. 参议院议员另组选举会选举,不再由省议会选举①。

议员胡钧提出一系列质问,但议员阮毓崧认为今日只是对修正案开初读会,胡钧之言可在二读会时讨论。应将政府提出的修正案一并交付特别审查会审查。陈铭鉴发言主张审查会已将《国会组织法》审查完并提出了审查报告,应先将特别审查会审查报告提付大会以后再并案交付审查或另组审查会。

克希克图提起变更议事日程的动议,请将审查报告书即日提出,当场分发并由委员长报告结果,俟表决后即可并案交付全院委员会加以审查。经表决,克氏动议获通过。

于是分发特别审查会审查报告,并由审查委员长陈铭鉴向大会作《国会组织法》审查报告,将几处大的修正进行说明,其大意为:1. 对参议院组织的修正,在省议会之下加入特别区域。2. 参议院议员总额减至 160 余人。3. 参议员选举加入中央选举会,删去原案的中央学会。

---

① 中华民国 7 年 1 月《参议院公报》第 3 册,第 9—17 页。

4. 众议院议员总额亦酌减。5. 原《国会组织法》第 13 条之附项加一但书："一院否决之议案不得于同会期内再行提出,但同意案不在此限。"①

　　议员李拔超、阮毓崧、黄云鹏提议将政府提案合并交全院委员会审查,经表决,多数赞成,可决。

　　全院委员会自 1917 年 12 月 21 日起至 1918 年 1 月 7 日止,共开会 7 次,将三个法案的修正案审查完毕。其中争论时间最长、争议最大的是地方参议员选举机关。研究系参议员发言坚持以省议会为各该省参议员的选举机关,其理由是:1. 以省议会为参议员选举机关最为简便。原法以省议会为选举机关,被选的参议员为全省各方面的人才,而不单是省议会议员。因原选举法规定各省参议员中省议会议员被选者不得逾该省参议员定额之半。2. 若组织地方选举机关,取复选制,贿选现象将更加严重。

　　皖系参议员发言则反对以省议会为参议员选举机关,主张另组地方选举机关。其理由是:1. 省议会为最高自治团体,并不是联邦国家之立法机关。参议院既不取地方代表主义,自无以省议会为选举参议员机关的必要。2. 近年来省议会选举迭经争执,不获良好结果。

　　其实,以省议会选举还是另组地方选举团体,贿选这一顽症在当时都是无法避免的。当时政府和议会均已腐败。两派争论的实质都是力图以自己所能控制的选举机构选出本派的议员。研究系在各省议会中占明显的优势,皖系军阀及皖系议员则反对省议会为参议员选举机关,另组自己便于控制的地方选举机关,均系争本派的利益。但由于参议院是由皖系势力所控制,故全院委员会最后表决时,后一种意见占优势。

　　1918 年 1 月 9 日,参议院会议,议长王揖唐主席。当日的议事日程为全院委员会提出《修正国会组织法》案、《修正参议院议员选举法》

　　①　中华民国 7 年 1 月《参议院公报》第 3 册,第 23—26 页。

案、《修正众议院议员选举法》案的审查报告。由全院委员长刘恩格合并三案向大会说明全院委员会审议会对三案审议的结果，其大意为：1. 一致同意国会采取两院制，无人提出一院制。2. 政府提案将原案参议院代表地方主义改为代表特殊势力。但全院委员会认为代表特殊势力仍含有阶级之意，与共和制不合，不甚妥当，改为取人才主义。这与政府提案参议院取保守主义，网罗各方面稳健的人才的精神是一致的。3. 组织中央选举会取代中央学会选举会选举参议员，其选举、被选举资格无大的差别。4. 组织地方选举会选举地方参议员，采取复选制。以县为初选区。5. 参议院议员总数减至160多人。6. 众议院议员选举法无大的修改，只将众议院议员总数减少三分之一。7. 国会会期为4个月，但得延长之。政府提案加一项"前项延长期间至多不得逾2个月"，经表决亦通过①。

审查报告后，议员克希克图、吴文瀚、陈铭鉴动议开二读会，经表决，多数赞成，可决。议员刘恩格动议省略第二读会的顺序，即日开二读会，经表决，多数赞成，可决。即开二读会逐条讨论。1月10日、12日、15日、19日、25日、28日参议院开会，继续对三个法案二读，并于1月28日将三个法案全部通过二读会。1月28日还将黄云鹏提出的《蒙古四部、西藏第二届众议院议员选举施行法》案通过了初读和二读。并议决由议长指定邓镕、周渤、刘恩格、胡钧、刘振生5人为整理委员，整理上述四案各条文与文字。

在二读过程中，争议最大的自然还是《国会组织法》第2条，参议院议员的选举机关。研究系议员袁荣叟提出修正案如下：

第二条　参议院议员名额150人，由下列各机关选出之：

1. 由各省议会选出者，每省3人。

2. 由各特别行政区选举会选出者，每区1名。

3. 由各省及各特别行政区之参事会选出者，每省区1名。

①　中华民国7年2月《参议院公报》第4册，第15—20页。

4. 由学术代表选举会互选者 11 名。

5. 事益代表选举会互选者 11 名。

6. 勋劳代表选举会互选者 8 名。

7. 蒙、回、青海世爵选举会互选者 15 名。

8. 西藏唐古特官喇嘛官选举会互选者 4 名。

9. 华侨代表选举会选出者 3 名。

第 3 项之参事会未经成立以前可由各行政长官选派之。①

袁荣叟为自己的修正案做了长篇发言,列举了中外事例,旁证博引,力图说服在场的更多的议员支持自己。但表决时,在席议员 88 人,赞成者 27 人,少数,否决。因为这虽不是一个重大的法律原则问题,但涉及新国会参议员选举中选举机构为何派所控制的问题。尽管袁的方案已做出了一定的妥协,即每省 5 名参议员只有 3 名须省议会选出,其余 2 名让与各该省长官。但皖系为核心的北洋军阀控制着大部分省级政权,皖系参议员自然不会接受袁的妥协方案,故袁修正案被否决。

研究系议员陈瀓也在 1 月 9 日的会上提出对第二条的修正案:

第二条　参议院以下列议员组织之:

1. 由省区(特别区域)议会选出者。

2. 由省区(特别区域)参事会选出者。

3. 由中央选举会选出者②。

陈的修正案与袁的修正案无实质的差别,故最后表决时,在席议员 88 人,起立赞成者 18 人,否决。

三个法案的其他条文的修改都未发生太大的争议即通过。

由 5 名整理委员将上述四法案的条文一一整理并对文字进行修改后,即提交参议院。二读会通过了皖系议员提出的由地方选举会选举参议员的方案,否定了研究系议员提出的仍以省议会选举参议员的方

---

① 中华民国 7 年 2 月《参议院公报》第 4 册,第 8、9 页。

② 中华民国 7 年 2 月《参议院公报》第 4 册,第 9 页。

案。这自然是对研究系的一个沉重打击,使研究系在即将开始的新国会的选举中处于不利地位。故 1 月底,研究系议员又重演其 1917 年 5 月底对待旧国会的故伎,梁善济、高登鲤、李拔超、罗纶、陈化时、任耀墀等纷纷以病为由提出辞议员职书。但 1 月 28 日参议院会讨论这些人辞职问题时,经表决,均一一否决,即辞职未准。

2 月 4 日,参议院会议,对上述四个法进行三读。除个别文字修改外,均全部通过三读会。

2 月 17 日,代理大总统冯国璋正式公布了《修正中华民国国会组织法》、《修正参议院议员选举法》、《修正众议院议员选举法》、《蒙古四部、西藏第二届众议院议员选举施行法》全文详见附录(二)、(三)、(四)、(五)。

之后,参议院又制定了《修正参议院议员选举法实施细则》、《修正众议院议员选举法实施细则》,1918 年 3 月 3 日代理大总统冯国璋以教令公布了这两个细则。

3 月下旬,段祺瑞再次上台,第三次出任国务总理,组成新内阁。这无疑对皖系控制的参议院是一剂强心剂。按段的旨意,4 月初,徐树铮、王揖唐就开始运动政府,以参议院代行国会职权选举大总统,以便尽快将直系的代理大总统冯国璋赶下台。4 月下旬,段祺瑞南下在汉口召开会议,研究对南方军事作战问题时,也提出以参议院代行国会职权,选举总统的主张,遭到与会的直督曹锟、鄂督王占元、鲁督张怀芝等与会者的反对。曹锟的发言基本代表了与会者的意见,他说:"总统选举固极紧迫,然选举机关不可不依法律所定,以示慎重元首之意,并以减少反对者口实。至所谓法律上之选举机关,自以赶行召集新国会为当。现在新国会既在办理选举,自无须临时参议院代行职权。"[1]由于参议院召集之前就已定下其职责只能修改国会组织和选举法,不能行使其他职权,故以参议院代行国会职权的主张遭各方面的反对而作罢。按

①　《申报》1918 年 5 月 3 日。

说国会组织与选举法修改完了，参议院即应结束。但直至第二届国会正式举行开会典礼的 1918 年 8 月 12 日下午参议院才闭会。闭会仪式，代理大总统冯国璋派农商总长田文烈为代表出席，国务总理段祺瑞及各国务员均亲自出席。田文烈代表冯国璋致了颂词，段祺瑞亦亲致颂词。

三、第二届国会的选举

1918 年 2 月 18 日，代理大总统冯国璋发布命令，令内务部筹办国会选举事宜："《国会组织法》及两院议员选举法均经修正公布。所有选举事宜关系綦重，着内务部督饬筹备国会事务局按照法定程序迅速筹办，慎重执行，以符本大总统尊崇立法之至意。此令。"①当日，冯国璋命令内务部成立了由内务部次长于宝轩为委员长的筹备国会事务局，筹办国会选举中的事务性工作。

3 月 6 日，代总统冯国璋发布第二届国会参议院议员和众议院议员选举令，规定参议院议员选举于 6 月 20 日举行；众议院议员选举初选于 5 月 29 日举行，复选于 6 月 10 日举行②。

除广东、广西、四川、云南、贵州等省抵制这次国会选举外，各地都着手第二届国会的选举。党派竞争早已拉开了序幕。由于控制着中央政权的皖系军阀决心要控制新国会，利用其手中的权力和金钱来控制这场国会议员的选举。故与第一届国会选举相比，权力和金钱的介入更深、更广，贿选更为露骨也更加严重。皖系则由段祺瑞最得力的心腹徐树铮来操纵这场选举。其实在临时参议院议员的选举时，就是由徐树铮策划和操纵的。临时参议院开会后，为了操纵参议院，皖系政客王揖唐、曾毓隽、光云锦、刘恩格等即在北京安福胡同梁式堂住宅与接近他们的议员经常聚会，以形成一个政治派系。

---

① 《申报》1918 年 2 月 20 日。
② 《申报》1918 年 3 月 8 日。

　　新国会选举令下达后,徐树铮、王揖唐等即决定组织政党,以便第二届国会的竞选。在段祺瑞、徐树铮等皖系的支持与操纵下,1918 年 3 月 7 日,王揖唐、王印川、郑万瞻、光云锦、刘恩格、黄云鹏、吴文瀚、江绍杰、田应璜、曾毓隽、康士铎、乌泽声、汪立元、于宝轩、克希克图、熊正琦、李盛铎、王郅隆、梁鸿志等在梁式堂宅开会,决定成立政党,以梁宅所在地的安福胡同的地名命名该党名为“安福俱乐部”。并决定 3 月 8 日为正式成立日。安福俱乐部只吸收议员。

　　段祺瑞、徐树铮又与旧交通系的首领梁士诒进行了一笔政治交易,来为安福俱乐部筹备竞选资金。梁士诒因为袁世凯复辟帝制被列为帝制祸首,受到通缉,梁答应为安福俱乐部筹款 300 万元,作为交换条件,段祺瑞、徐树铮则赦免梁士诒。

　　此时,皖、奉军阀合作,徐树铮出任奉军副总司令,又先后挪用北京政府拨给奉军的军饷近 200 万元做安福俱乐部的经费。

　　安福俱乐部依仗皖系控制的北京政权,又筹集了大量的经费,于是派员分赴各地,演出了一场权力与金钱操纵的第二届国会的选举闹剧。徐树铮则坐镇北京,指挥和操纵着这场选举。

　　国民党各派系一致否定第二届国会,自然对第二届国会的选举采取抵制的态度。这样,第二届国会选举中皖系的主要竞争对手是研究系。直系首领、代理大总统冯国璋尽管也通过王克敏给了研究系王家襄 40 万元,让研究系竞选用[1],但毕竟是小巫见大巫。1918 年 3 月下旬,段祺瑞重新组阁时,联合交通系,将研究系踢开。这样,投靠皖系力图在新的国会中扩大自己势力的研究系再次受挫。这是研究系头目政治投机的第二次大失败。第一次失败是研究系的前身进步党为了压制国民党、壮大自己的力量,投靠袁世凯。但当袁世凯利用进步党压制国民党,强迫国会选自己为正式大总统后,将进步党一脚踢开。在护国战

---

　　① 刘冰天:《关于徐树铮和安福俱乐部》,《文史资料选辑》第 26 辑,第 102 页。

争中,进步党获取了政治资本,才重整旗鼓,恢复了自己的力量。但它并没有记取这次教训,在第一届国会第一次恢复后又投靠了段祺瑞的皖系。待皖系再次将其踢开时,研究系从此一蹶不振,逐渐衰败,在政治上逐渐变得无足轻重。

得到段祺瑞全力支持的徐树铮,一直在策划和指挥第二届国会的选举。5月27日密电山西督军阎锡山,6月1日致电皖系各督军,要他们严格按北京段政府的指示,严密控制各省的国会议员选举,不让别的派系与政党染指。6月7日徐树铮又进一步提出了山西参、众两院议员名单,让阎锡山务使这些人当选,其提出的参议员名单为:田应璜、贾耕、祁景颐或曾纪纲、陈钰或刘懋赏、解荣辂或张瑞;候补梁万春、张友桐、冯司真、樊振声、兰承荣。其提出的众议员名单为:李庆芳、祁景颐、郭象升、吴淞、冀贡泉、常赞春或李友莲、裴宝棠、耿臻显、狄麟仁、邢殿元、兰均、刘械或梁济、郭德修、高时臻、杨柏荣、李道在或庞全震、刘培润或张集义;候补王学伊、林孚、赵丙燮、任应春、马晋、庞士俊、穆郇、陈毓沂、兰承荣、许喆、郭沛、仇元璹、张承绪、王禄勋①。

6月7日,徐树铮还密电陕西督军陈树藩,除点名要陈严防该省国民党人赵世钰、李述膺、杨铭源、寇遐、尚镇圭、焦冰、马骧、李含芳、焦易堂、刘治洲、于右任、茹欲立、郭希仁、李元鼎、张炽章、李异、田中玉、薛其昌、南岳峻、雷溥等当选外,对陕西19名参、众两院议员徐树铮提出了12名候选人:崔云松、谭湛、张蔚森、王觐墀、宋伯鲁、段大信、郭毓璋、钟允谐、高杞、罗仁博、张树森、白建勋。徐手下留情,留出7个名额由陈树藩安排私人②。

从这两个省的例子中,就可看出徐树铮操纵第二届国会选举的情况。这场选举的结果就可想而知了。段祺瑞、徐树铮充分利用掌握北京中央政权的优势,指挥各省区的军政长官直接操纵第二届国会的选举。

① 《徐树铮电稿》,第205页。
② 《徐树铮电稿》,第205、206页。

徐树铮还通过派往各地的安福系干将，利用当地安福势力直接操纵各地的选举。因而各地选举中弄虚作假、买卖选票的现象十分严重。这场选举战，把全国搞得乌烟瘴气。由于有了段祺瑞、徐树铮等直接出面插手各地的选举，各省的军政长官也亲自出面干预选举，以便尽可能使安福系及各省军政长官的私人当选。故选举的舞弊和贿选都大胆而放肆。选举诉讼形同虚设，舞弊者、贿者无后顾之忧。

京兆地区众议院议员初选时，选举事务所所长曹倜与安福系首领之一的康士铎和骨干张汇泉串通，任意增减初选选民人数。在有康士铎、张羽翼的县增加选民数，反之则核减选民人数，以保证安福系候选人能在复选中获胜。为此，将大兴县京城京营众议院议员选民人数从3万人增至6.1万余人，将宛平县众议院议员选民人数从2.4万人增至6.5万余人，将涿县众议院议员选民人数由1万余人增至2.2万余人，将安次县众议院议员选民人数由2.3万人增至3.1万人。此4县众议院议员选民调查事项均由康、张主持。康、张与曹勾结，不论财产、直接税等项资格的限制，凡支持安福系者，均列名选举册，给予选举权，甚至并无其人而捏造假名充数。众议员选举选民的资格高于省议会议员选举选民的资格，前者要求年纳直接税4元以上，有价值1 000元以上的不动产，年满25岁以上的男子方有选举权；后者只要求年纳直接税2元以上，有价值500元以上的不动产，年满21岁以上的男子。也就是说，在同一选区，众议员的选民要少于省议员的选民。但在康、张、曹控制的选区则恰恰相反：大兴县省议会议员选民4.7万余人，而众议院议员的选民6.1万余人；宛平县省议会议员选民3.3万余人，而众议院议员选民6.5万余人。曹倜无法控制住的安固县，众议院议员选民1.7万余人，曹则严令减至1.4万余人。京兆地区初选当选人王德麟、孙玉丰向高等审判厅起诉曹倜、康士铎、张汇泉选举舞弊。皖系的高等审判厅厅长刘含章以王、孙所控业已逾期不能受理予以驳回①。

---

①　《申报》1918年6月24日。

中央选举会第一部(有学识者)6月21日投票选参议员,不依选举法"选举非有选举人总数三分之二以上之到会不得投票"的规定,人数不足即开始投票,随到随投,随投随去。从上午9时直至下午6时,一直在不足法定人数的情况下进行投票。当场有选举人指出此种选举违法,应立即停止,但选举监督不予理会。6月22日选举监督又照前一天的办法继续投票①。中央第一部选举人张玉崐、何峻业等4人向京师高等审判厅起诉选举监督、教育总长傅增湘,揭露傅的违法行为。7月8日,高等审判厅宣判张、何等控中央选举会第一部选举监督违法舞弊案,认定选举监督并不违法,说鉴于选举场地过小,可采用随到随投的办法。这自然是强词夺理的判决。中央选举会第一部的投票是在众议院议场进行的。议场可容纳上千人。旧国会选举袁世凯为正式大总统就是在此议场进行的,当时到会议员700多人,中央选举会第一部选举人才400多人,怎么能容不下呢? 至于张、何诉傅增湘选举舞弊一层,高等审判厅则以证据不足、不能成立,予以驳回。②

6月10日,山东济南选区众议员复选,选举监督故意拖延时间,使当日不能开票。选举人甲一等依选举法拟具公函要求监守票箱,被拒绝。次日开票,选举人甲一等42人投王逢源的票,但开票后,王仅得有效票22张,无效票6张,共28张。选举人田允青等43人投张肇铨的票,次日开票,张只得有效票25张,无效票3张,共28张。这显然是选举监督作的弊。甲一等向山东高等审判厅起诉选举监督,但此案也不了了之。③

湖北省江汉道选区众议员复选,选举监督也故意拖延时间,使当日不能开票。初选人依选举法的规定,要求监守票箱,被复选监督、道尹张理春拒绝,并出动军队驱逐要求守票箱的初选人。次日开票,初选人

---

① 《晨钟报》1918年6月23日。
② 《申报》1918年6月24日,7月11日。
③ 《申报》1918年6月17日。

陈思源等81人投倪鸿钧44票、熊瑞菜37票,经涂改者达30多票,致使倪、熊两人落选。初选人陈思源、聂桂甲、刘芬、项杰等81人依法上高审厅起诉,高审厅受而不理①。湖北省参、众两院议员选举诉讼30余起,官厅多采取受而不理、理而不判的办法,竟无一案得到解决。众议员汤用彬因初选夺票,在黄梅县连伤3人,其中叶某受伤最重,未几毙命。该县知事曾禀报湖北省,最后也不了了之。汤照当议员②。

黑龙江众议员复选分两个区。当时绥兰道为其中一个复选区,复选区监督为绥兰道道伊谷芝瑞。谷与直系关系密切。安福系怕影响其在该区的复选,通过全力支持安福系的黑龙江督军兼省长鲍贵卿,在复选前夕,假辞将谷调往北京,由该道首县县长、鲍的亲信常谷香代理该复选区监督。结果,安福系将该道的议员全部囊括而去。

第二届国会选举,以权力介入选举的情况很严重。各省由政府官员指定议员,筹办选举的政府官员作弊的现象十分普遍。尽管各地因此而发生的选举诉讼案很多,但由于司法已由北洋军阀所控制,竟无诉讼案获胜者,作弊的官员及议员并未受到法律的惩治。

第二届国会选举中,买卖选票肆无忌惮,公开进行。中国很多地方本来民风纯朴。但第二届国会选举中严重的贿选风污染和毒化了社会风气。贿选对社会的遗害是深长的。

安福系在充分利用手中所掌握的权力来影响第二届国会议员选举的同时,还充分利用金钱这根魔杖来控制第二届国会议员的选举。如上所述,安福系所筹集的贿选资金最为雄厚,因而牢牢地左右着从中央到地方的选举。

参议院议员中央选举会第一部(有学识者)选举参议员,因买卖选票一事闹得沸沸扬扬。一开始即出现安福俱乐部包办中央选举会选举的形势。安福俱乐部运动中央选举会经费预定10万元,即预计10人

① 《申报》1918年7月26日。
② 《申报》1918年8月5日。

当选,每人 1 万元。对安福系候选参议员,安福俱乐部预先支给 4—6 千元的运动费。研究系和中立团体亦纷纷染指中央选举会的参议员选举,与安福俱乐部竞相收买选票,使价票迅速上涨。于是,安福俱乐部与交通系联手,由交通系提供 30 万元经费,许交通系推举 5 名候选人。每张票的价格 200 元至 400 元不等。中央选举会第一部应选出参议员 10 名。6 月 20 日选出的 6 名参议员得票数分别为:罗鸿年 155 票,胡钧 141 票,周诒春 149 票,许喆 140 票,吴宗濂 148 票,何焱森 147 票[①],全为安福系与交通系。按每票平均 300 元计,上述这些当选参议员每人用于买选票的费用都在四五万元之数。当时报纸估计安福系 300 多名国会议员贿选用去了近千万元,并非毫无根据。当然安福俱乐部买选票的手段也颇为巧妙。对于教员或留学生出身的选举人,欲保其体面者,美其名曰车马费[②]。山西大学派投票团 55 人进京,19 日晚忽要求每张票增至 400 元并加付来京旅费,北洋大学派出的投票团知道后亦提出同样的要求。王揖唐忙碌到半夜,多方奔走交涉,最后不得不屈从,商定付一半现金,一半支票。20 日投票时,选举人按安福系预先印好的投票次序名单投票,名单有"阅后即毁"之字样[③]。

　　由于票价上涨,投票人趾高气扬,徜徉于八大胡同。买卖双方皆扬扬得意[④]。所谓学者的价值于此可见了。中央选举会第一部有选举权者,不是多年留学海外即在国内最高学府毕业者。从表面看,是一群富有新知识的群体。他们在中国宪政革新中的责任甚重,而世人希望于他们的亦甚殷切。在第二届国会选举中,这一群才学拔萃、万人仪表的群体,竟然参与贿选,且在光天化日下进行,当时中国道德败坏到何等程度自可想而知了。

---

①　《申报》1918 年 6 月 24 日。

②　《申报》1918 年 6 月 19 日。

③　《申报》1918 年 6 月 22 日。

④　《申报》1918 年 6 月 24 日。

　　直隶参议员贿选，票价远在中央选举会之上，多者一票卖 3 000
元，少者一票卖千元。其中有冯国璋的大公子冯家遂、曹锟之弟曹钧、
天津警察厅长杨以德之弟杨以俭亦参与角逐。他们都有权力做后盾，
又都是一掷千金、有钱的主。票价自然攀高①。

　　天津方面，安福俱乐部承揽包办选举者为李榘，直隶省议会议长边
守靖在津海很有势力，故两方竞争众议员十分激烈。李榘颇为不支，乃
于 6 月 8 日急电王揖唐求援。王立即于当日携巨款赴天津救援李榘，
以一夜功夫挽回颓势，安福俱乐部 3 人当选众议员，击败了边守靖，使
边落选。直隶保定府众议院议员复选竞争亦十分激烈，候选人用麻布
袋装满现大洋，罗列榻案，因钞票和支票到最后均难交易，非当场过现
不可②。

　　湖北众议员选举，王揖唐拨巨款派安福系重要骨干王印川坐镇汉
口，主持贿选。研究系和超然派亦参与竞争。致使票价一再上涨。7
月 16 日夜，武昌的票价：本县投本县，卖者已有 500 元一张，缺一不可
之表示；若投外县则每张 600 元。一些原欲竞选议员者，如原省议会议
员程国璠、陈士英及郭辑伍等均因本人经济实力不足退出竞争，一变而
为掮客，真可谓善于观风使舵者。安福系则仗着权势，每票法定 400
元，来者不拒。一些趋炎附势者，情愿廉价售给安福系。18 日晨，即投
票前，一些选举人闻知超然派票尚不足，出而居奇，票价一路上涨，至下
午 2 时，一票竟涨至 1 600 元。这种贵票约十四五张，均被超然派买
去。但如前所述，尽管研究系及超然派刘绍炎、倪鸿钧、阮毓菘、熊瑞荣
已买足了当选所需的票数，但由于是隔天开匦，选举监督涂改选票，致
使 4 人全部落选，成候补议员，几万元的贿选费亦付之东流③。

　　江苏是冯国璋为首的直系地盘，其督军李纯和省长齐耀琳均为直

————————

①　《申报》1918 年 6 月 22 日。
②　《申报》1918 年 6 月 15 日。
③　《申报》1918 年 7 月 19 日、23 日。

系干将。研究系在江苏省议会中也有相当大的势力,因而安福系与研究系在国会议员竞争中斗争十分激烈。研究系派其干将蓝公武亲临指挥。安福系则派段书云携巨款到江苏。两派竞争激烈,一张票价涨至300元。两派互不相让,以致出现选民捣毁票匦事件。尽管蓝公武煞费苦心,终以金钱不敌安福系,种种计划难于实现。众议院议员选举结果:淮扬道安福系3名,研究系1名;沪海道安福系2名,研究系1名;苏常道安福系4名,研究系2名;徐海道安福系3名,研究系2名;金陵道安福系2名,研究系1名。参议院议员选举结果:安福系3人,研究系2人。(选出后,以研究系韩世昌为湖北人,资格无效,又补上安福系的杨寿楠顶替韩)①

湖南省参议员竞选,安福系占优势。安福系派至湘省收买选票之人,因中饱私囊之故,并未照该系原定票数收买,且未照原定价目出钱。研究系以为有机可乘,出而竞争,深恐选举人又受他方运动,故对各选举人严密监守,使人难堪。很多选举人十分愤怒,遂拟迁出招待所,放弃选举权以资抵制②。复选举最后结果,5名参议员全部为安福系所买得。

由于贿选重复,一个人重复当选的现象亦发生。这就是安福系党魁王揖唐,在皖当选为众议员,在中央选举会又当选为参议员。王自分身无术,最后就任了众议员。

由上述部分选区的选举情况就可看出,第二届国会选举完全由皖系军阀与各省区地方军阀联手操纵与控制。他们利用手中的权力与金钱,牢牢地控制了这场选举。故这次选举并不是真正的选举,完全是军阀控制的带指派性的贿选。这样,到1918年7月底选举全部揭晓。除粤、桂、云、贵、川5省参加护法及川边一特区抵制第二届国会选举外,总共选出参议员147名,众议员325名,两院议员共472人,安福系占

---

① 《安福祸国记》上篇,第28页。
② 《申报》1918年7月26日。

384名,其中包括梁士诒为首的旧交通系议员50余名,旧交通系不久便与安福系分道扬镳,另组侨园俱乐部。这时安福系议员还有330余名,占议员总数的70%,在第二届国会占绝对多数。因而,第二届国会完全为段祺瑞、徐树铮操纵的安福俱乐部所控制,第二届国会又名安福国会。当然,各省军政长官在奉到徐树铮和安福俱乐部密示的名单,并未完全遵照办理,而是将自己的至亲厚友塞入议员行列。不过这一类议员到京后均遵照本省军政长官之嘱,在安福俱乐部挂上了名字,均算安福派议员。正因为如此,1919年秋冬,直、奉联手形成八省反皖同盟,这些省的议员逐渐与安福系分道扬镳,安福系的力量才大为减小。

研究系在第二届国会中只取得了20余席,远少于其在第一届国会中所占有的近150席,而成为一个无足轻重的小党派。

第二届国会参议院、众议院议员名单见附录(六)。

广州护法国会和军政府完全否定第二届国会选举,认为是一次违反《约法》的选举。就是北京政府控制的地区也对选举中的舞弊、贿选及皖系操纵选举十分不满,一些舆论也纷纷予以揭露、贬斥。曹锟手下得力的将领陆军第三师师长吴佩孚在1918年8月7日的通电中,也痛斥了这场由皖系包办的国会选举:"此次新国会选举,政府以金钱大施运动,排除异己,援引同类,因之被选议员半皆恶劣。此等国会,不但难望良好结果,且必以立法机关受行政之指挥而等赘瘤。极其流弊,卒以政府不受法律约束,伪造民意,实行专制,酿成全国叛离、外人瓜分之祸。缘此推之,亡国之兆已萌,若再以武力平内乱,是惟恐亡不速也。"[1]这一电报对这场选举的评价是中肯的。

四、第二届国会中的政党

第二届国会,既称新国会,又称安福国会,故这届国会最大的派系

---

[1]　《申报》1918年8月21日;谢振民:《中华民国立法史》,第150页。

当然是安福系,它占据了第二届国会70%以上的议席而左右了第二届国会。它依仗着皖系控制着北京政权和在第二届国会中的绝对优势,飞扬跋扈、祸国殃民,激起众怒。它完全成了段祺瑞、徐树铮的政治别动队。第二届国会中有点实力的派系还有旧交通系和新交通系。他们有相当的经济实力,故在第二届国会中也有一定的影响。其余派系如研究系、己未俱乐部、宪政讨论会,都属于小派系,影响较小。

1. 安福系。安福系是由安福俱乐部而来,1918年3月8日正式成立。它是段祺瑞及其心腹徐树铮为包办第二届国会选举及操纵第二届国会而组成的。其前身是1917年段祺瑞的御用党中和俱乐部。安福俱乐部是以该俱乐部所在安福胡同的地址"安福"作为名字的。由于皖系控制着北京政权,故安福系是第二届国会中气焰最盛的一派,在第二届国会472个议席中占有330多个议席,而牢牢控制着第二届国会。安福俱乐部后来因参加的人多,安福胡同梁宅房舍容纳不下,又在太平湖清醇亲王府旧邸设立分部,有时也叫太平湖俱乐部。但其本部一直在安福胡同,故一般仍称安福俱乐部。

对外,安福系的首领是王揖唐,实际上安福系完全是由徐树铮操纵与控制的。徐树铮是安福系实际的首领与党魁。但徐树铮为现役军人,不便出面,只好在幕后操纵与控制。

安福俱乐部简章标榜其宗旨为:本俱乐部以保持统一,巩固共和,励行宪政,保育民生为宗旨。吸收成员的手续为:凡赞成本部宗旨,有部员10人以上之介绍,经主任许可者,得为本部部员,给予部员证。其组织机构:本部设理事长1人,理事5人,由评议员过半数之推举,经大会出席员过半数之同意决定之。设主任1人,主持本部一切事宜。设评议会,议决本部一切事宜。设干事部,执行本部一切事务。并决定在各省区设支、分部。支部简章规定,各支部主任由本部委任,干事长由各支部选举;各支部部务进行情况、部员名册、职员名册、议决案件、预算案,每月向本部报告。筹备分部简章规定,在各县治所在地设分部,以本部简章第1条为宗旨。

安福俱乐部按章程规定,设干事部、评议会、政务研究会。

(1)干事部主任王揖唐,下设文牍、交际、会计、庶务、游艺5课。其中交际、会计二课是核心。

交际课主任:曾毓隽,副主任:郑万瞻、光云锦。

会计课主任:王郅隆,副主任:梁鸿志、杨以俭。

文牍课主任:刘恩格,副主任:夏仁虎、黄云鹏。

庶务课主任:乌泽声,副主任:康士铎、熊正琦。

游艺课主任:克希克图,副主任:吴渊、周秀文。

课底下设股。交际课下设院内交际、院外交际、外交交际、临时交际4股。会计课下设筹画、支纳、综核3股。文牍课下设函件、册籍、新闻、译著4股。庶务科下设安福本部、太平湖俱乐部2股。游艺课下设雄辩讲演、拳射球壶、琴棋诗钟、金石书画、图书园艺5股。

(2)评议会会长田应璜,副会长吴文瀚、王印川。

(3)政务研究会会长李盛铎,副会长秦望澜、克希克图。

评议会除以议员身份的评议员外,还有院外评议员。院外评议员有徐树铮、曾毓隽、李恩浩、丁士源、姚国桢、陆宗舆、曹汝霖、姚震、段芝贵、吴鼎昌、吴炳湘。这些都是实权派人物。故评议会决定着安福俱乐部的一切重大决策。它直接由王揖唐控制,秘密集会,解决重大问题。政务研究会类似影子内阁,会长为国务总理之影,各股股长、副股长则与各部总、次长相对应。凡有重大议案,安福俱乐部都要事先开会,做出决定。安福俱乐部一经决定,凡安福系议员,应在国会参、众两院内一致坚持安福俱乐部的决定。

安福系是坚决反对和阻挠1918年底和1919年上半年的南北和谈的。为一致抵制和谈,1919年4月安福俱乐部内部又组织了政务调查会与两院议员联合会,以团结与巩固安福系,抵制全国各方面要求南北和谈、实现和平统一的潮流。因为南北真统一,南、北两个国会便都难单独存在。它主张拒绝在巴黎和会的对德和约上签字。这对北京政府有很大的影响。当然,安福系的团结还主要是靠每月发给每个成员的

300元钱来维持的。

安福俱乐部是皖系军阀、政客、官僚为了谋取本派系和个人利益的政治集团。对外主要依靠日本帝国主义的支持,国内则依靠皖系的军事力量,秘密大借外债,控制第二届国会,成为段祺瑞的政治工具,在中国政治舞台上横行了两年多,为全国人民所深恶痛绝。1920年直皖战争,皖系失败,徐世昌下令解散安福俱乐部,并通缉安福俱乐部的主要头目。安福系彻底瓦解。解树强、郑万瞻、熊正琦、江绍杰、龚心湛、汪立元、瞿文选、陈懋鼎、唐理淮、吴宗濂、陈焕章等均为安福系骨干。

2. 旧交通系。旧交通系领袖为梁士诒。梁士诒1907年任京汉、沪宁等五铁路提调和交通银行帮理,后又改任全国铁路总局局长。梁担任铁路部门的主管官后,通过各种联系,逐渐在交通系统中形成一个派系。其主要人物有:叶恭绰、关赓麟、阙冕钧、赵庆华等。他们逐渐控制了全国铁路系统。到1911年在清政府真正管理的6条铁路中,5条为该系所控制。袁世凯当政后,梁被任命为清邮传部副大臣,很快又升为邮传部大臣,同时兼任交通银行总理。1912年袁世凯任中华民国临时大总统及1913年袁任正式大总统时,梁士诒为总统府秘书长,权倾朝野,交通系迎来了其鼎盛期。交通系通过"全国交通协会"(梁士诒为会长,叶恭绰为副会长,关赓麟为秘书)控制全国的铁路交通。

1913年9月,梁士诒集合国会中的潜社、集益社、议员同志会等小团体,组成公民党,拥护袁世凯,为袁所倚重。这一时期不断有交通系骨干担任交通总长、财政总长、内务总长。交通系借此大力扩张自己的势力。在袁世凯称帝时,以梁士诒为首的交通系支持帝制,并为袁的帝制筹集大量资金。袁死后,全国要求惩办帝制祸首,梁士诒、朱启钤、周自齐以帝制祸首受通缉,梁、朱逃往国外,旧交通系受到沉重打击,力量大为衰落。在安福国会的竞选过程中,梁士诒以给安福俱乐部筹集300万元经费为条件,换取段祺瑞政府于1918年2月4日对梁士诒等交通系首脑的特赦。3月梁士诒回到北京。梁等在北京侨园组织俱乐部以重振交通系,故又称侨园派。其主要骨干为朱启钤、周自齐、叶恭绰、龙建章、任凤苞、阙冕钧、权量、陆梦熊、汪有龄、陈懋鼎、梁鸿志、陈振先、鲍宗汉、韦荣熙等人。其中龙建章和叶恭绰最为活跃,被称为交通系中的龙虎二将(叶恭绰字誉虎)。在第二届国会中,旧交通系有50多个议席。

由于在第二届国会选举中,安福系和新、旧交通系相互勾结,互相配合,完全操纵和控制了这届国会选举,三派在第二届国会472个议席中获得了400以上的议席。安福国会成立之初,三派依然维持了合作的关系。在新国会议长、副议长的分配上,旧交通系领袖梁士诒、朱启钤获得了参议院正、副议长的位子。安福系领袖王揖唐获得了众议院议长的位子,刘恩格获得众议院副议长的位子。但在和战与大总统选举问题上,旧交通系与安福系产生了矛盾与斗争。旧交通系反对段祺瑞的"武力统一政策",主张南北议和,和平统一。他们欲举徐世昌为大总统,缓选副总统,为南方留出一个副总统的位子。和安福系完全拥段的政治态度大相径庭。安福系和皖系推行武力统一政策,欲选曹锟为副总统,以换取曹锟积极向南方的征战。由于旧交通系再拉了一部分安福系议员抵制副总统选举会,致使副总统选举会接连流会,副总统选举最后流产。旧交通系与安福系在国会的关系形同水火。1918年11月和12月,梁士诒、朱启钤辞去参议院正、副议长之职,由安福系的李盛铎、田应璜继任。

旧交通系在1918年10月选举副总统时,运动一部分议员脱离安福俱乐部,另组一侨园俱乐部。11月初,旧交通系又组织丰盛俱乐部,参加该俱乐部的议员最多时曾达120余人,大大削弱了安福系的力量。

3. 新交通系。新交通系成立于袁世凯死后黎元洪继任大总统之时。此时,交通系首领梁士诒、朱启钤因帝制罪魁被通缉逃亡国外。旧交通系骨干分子叶恭绰为了维持交通系的势力,利用曹汝霖、陆宗舆出面主持。曹、陆二人则乘机利用交通系的势力自立一种新的势力,不想再奉梁士诒为首领。这样,新交通系形成。

曹汝霖,1900年赴日留学,1904年回国。曾任清政府外交部副大臣等职。1913 年 8 月至 1916 年 4 月一直任外交次长。1915 年代表袁世凯与日本秘密签订了卖国的二十一条，遭到全国人民的谴责。

　　陆宗舆，留学日本，日本早稻田大学毕业后归国，曾任清政府东三省盐运使、交通银行总顾问兼副总裁等职。1913 年起，任中华民国驻日公使。在交涉二十一条的谈判中，起了重要的作用，因此受到舆论的谴责。

　　新交通系一直和段祺瑞的皖系结盟。曹汝霖因梁士诒的出缺接任交通银行总裁。1917 年 7 月至 1919 年 6 月一直接任交通总长一职，新交通系力量有较大的发展。第二届国会正式召开后，新交通系和旧交通系联合，一同为徐世昌的大总统竞选运动，但仍各立门户，互争长短。在第二届国会中有 20 余个议席。其主要骨干为曹汝霖、陆宗舆、丁士源。当时国人一致斥责曹汝霖、陆宗舆为卖国贼。段祺瑞举借日债 3亿元即是通过新交通系才办成的。故南方军政府与直系军阀都以曹、陆作为攻击安福系的靶子。曹汝霖、陆宗舆、章宗祥是五四运动打击的目标。故该系经五四运动的沉重打击而走向衰落。

　　4. 研究系。第一届国会被解散后，研究系投靠皖系军阀，在政治舞台上十分活跃，其投靠军阀的政治面目暴露无遗。1917 年 7 月以段祺瑞为首的皖系重新执掌北京中央政权后，在段祺瑞内阁中研究系占 5 席。研究系首领幻想与皖系长期合作而分享政权。由于认为本派在第一届国会中所占的议席太少，故在 1917 年上半年即欲设法搞垮国民党占优势的旧国会。粉碎张勋复辟后，研究系利用与皖系全面联合的关系，制造违背《临时约法》的理论，阻挠旧国会的恢复。研究系的主要头目梁启超、汤化龙为段祺瑞出谋划策，主张召集参议院，修改国会组织与议员选举法，成立一个新的国会。其目的在于欲以研究系来控制新国会。皖系采纳了梁、汤的主意，以梁、汤之法将参议院和新国会抓在自己手中，而将研究系踢开。尽管研究系积极支持段祺瑞的各项政策，支持皖系武力统一中国、对西南用兵的政策。但皖系在参议院和新国会的选举中采取了严厉打击研究系要独自控制新国会的坚定政策，研究系这批投机政客的策略彻底失败,走向衰落。在第二届国会中只取得30余席。其领袖为梁启超(汤化龙于1918年9月在美国遇刺身亡),其重要骨干有林长民、王家襄、蓝公武、籍忠寅、黄群、徐佛苏、梁善济、刘崇佑、蒲殿俊、李国珍、陈国祥、张东荪、张嘉森(即张君劢)等。

由于研究系头目制造了共和再造之说,及主张组建参议院修改国会组织和选举法,故广州护法国会对其蓄意破坏第一届国会及歪曲《临时约法》深恶痛绝。广州军政府1917年10月3日下令通缉梁启超、汤化龙(同时被通缉的有段祺瑞、倪嗣冲、朱深)。

研究系反对中国在巴黎和会对德和约上签字,并及时将巴黎和会的消息报告给国内,因而为推动五四运动起了一定的促进作用,并对五四运动采取了支持的立场。

5. 己未俱乐部。它以靳云鹏、钱能训为中心,徐世昌为后台。靳云鹏1911年被云南起义军战败逃到北方,经段祺瑞引荐,袁世凯任命其为北洋军第五师师长。1913年到1916年任山东都督、将军、督军。袁死后,又受段祺瑞的重用,1918年任参战督办公署参谋长,忠实执行段的武力统一政策,被段倚为左右手,与徐树铮、曲同丰、傅良佐同为段的重要心腹,被称为四大金刚。徐树铮与靳云鹏因争权而矛盾日趋尖锐。徐盛气凌人,到处伸手揽权,往往使靳难堪,徐、靳关系形同水火。于是由安福系分出,与靳云鹏接近的议员与丰盛派、中立派、钱能训派合组己未俱乐部,与徐所控制的安福系对抗。其骨干有于宝轩、黄云鹏、陈介、易宗夔、罗正纬、周棠、陈邦燮等人。在第二届国会中期约有百余个议席。1919年5、6月,安福系放价收买己未系议员,己未俱乐部则另立己未同志会,专门为吸收安福系议员而设。

6. 第一届国会恳谈会。该会是由留京未赴粤的旧国会议员所组成,会员200余人。有的被选为第二届国会议员,有的已任行政官吏,有的为经济调查会委员。在第二届国会中未树鲜明的旗帜。但利用其政治影响,欲操纵上海和议。该会有一定的实力,其中心人物王家襄、陈铭鉴、易宗夔等人系研究系的骨干。

当时北京还有一个正谊学社,它是由未赴广东的旧国会议员组成。凡又被选为第二届国会议员的旧议员不得加入,以保持其组织的纯洁性。

第一届国会恳谈会一直在暗中进行恢复第一届国会的"法统重光"的运动。

7. 宪政讨论会。这是一个很小的派别,以孙润宇、江天铎为中心,与新交通系关系十分密切。

五、第二届国会开院典礼及议长、副议长的竞争

1918 年 7 月 12 日,代理大总统冯国璋发布命令,要求所有当选的第二届国会参、众两院议员 8 月 1 日以前齐集京师,定期开会,以便正式成立新的国会。随后又指派曾毓隽为参议院会议筹备处处长,王印川为众议院会议筹备处处长,着手筹备两院开会事宜。这样,新当选的新国会议员陆续到京。

安福俱乐部对本派到京议员均接入早已准备好的旅馆及招待所。安福俱乐部将该派议员分大、中、小三等。大议员在旅馆独住一屋,中议员在旅馆数人共住一屋,小议员则分住各招待所。且每名安福议员均发给 500 元作为新国会成立前在京的费用,以稳定本派议员。8 月 18 日,安福俱乐部举行欢迎会,欢迎参、众两院安福系议员。王揖唐在会上宣布政府对安福系议员实行永远津贴,每人每月津贴现洋支票 300 元,票面印有"任重致远"四个字①。安福系主要是靠金钱之力来维持本派议员以贯彻党魁的意图的。

由于安福系议员可得双份津贴,经济自然十分宽裕,故一些人吃喝嫖赌,无所不为。第二届国会议员到京后,北京八大胡同的"妓馆生涯

---

① 《申报》1918 年 8 月 21 日。

骤形拥挤"①,这些新选出来的议员们的道德水平就可见一斑了。

8月12日上午10时,第二届国会参、众两院议员在北京象坊桥众议院议场举行第二届国会第一期常会开会式。到会参议员107人,众议员258人。代理大总统冯国璋,国务总理段祺瑞,外交总长陆徵祥、内务总长钱能训、财政兼交通总长曹汝霖、陆军总长段芝贵、海军总长刘冠雄、司法总长朱深、教育总长傅增湘、农商总长田文烈均出席了会议。法、比两国驻华公使及其他国家的驻华使馆的参赞出席了会议。中外新闻记者亦赶往采访。中外旁听席上坐满了旁听者。

筹备国会事务局委员长、内务次长于宝轩报告开会,并推举年长的福建籍参议员李兆珍任临时主席,主持会议。

临时主席就席后即宣告开会,并致开会辞:

> 维中华民国7年8月12日,为我国会开院之期。四方英俊萃于一堂,诚大典也。谨致祝词以襄盛举,其词曰:国步方艰,多士兴之,民困未苏,多士济之。凡兹多士,亿兆赖之,言坊行表,为举国重。发纵指示,为举国先,视听所寄,好恶从同。无偏无党,奚罪奚功,欲循正轨,鉴兹前车。欲障狂澜,赖此中枢。愿我五族,互相扶持。愿我同人,念兹在兹。邦基永奠,我谋孔臧。景运方新,受福无疆。绵兹国会,日月同光②。

代理大总统冯国璋致颂辞:

> 参、众两院为国家立法机关。自去岁解散以来,久未成立,无以慰国人之望。本代大总统就职之初,即汲汲以此为念,是以召集参议院,修正国会选举法。自公布之后迄今,不过数月,而各省及中央办理选举已次第告竣,足见举国望治,人有同情。今幸值贵院开会之期,本代大总统得躬与其盛,其为欣幸企慰自不待言。盖天下无无国会之立宪国。论专制政体与立宪政体之区别,即以国会

---

①　《申报》1918年8月4日。

②　中华民国7年9月《参议院公报》第1期第1册,第3页。

之有无为断。惟是西哲有言：政治为人类之产物，一国之政治又一国国民之产物。凡国民有普通性有特别性，其栖息于立宪政体之下，希望食国会之幸福，此根于普通性，而然各国之所同也。至国会之组织如何，权限之范围如何，此根于特别性而成一国之所独也。今国会之组织及权限既已确定，将来国民终竟得食其幸福，则全在国会之自身。诸君来自田间，品望最优。值此国人望治之时，而得以发挥立法之真意。将来制成完善之宪法，解除小民之痛苦，矫已往之覆辙，开未来之盛轨，皆将诸君是赖。是则本代大总统区区之望，抑亦国民之厚幸也已①。

国务总理段祺瑞代表全体国务员致颂辞：

正式国会二届成立，祺瑞又逢其盛，庆幸何如。诸君皆一时俊彦，明体达用，为国家前途所利赖。今得聚首一堂，祺瑞略述往日经过情形与诸君商榷焉。民国建立七年，危而复安者，再国会亦不幸两蹶，纷扰迄无宁息。虽曰国家改革所不能免之阶，然溯厥由来，宁非《约法》不良所致。夫以专制政体一跃而为共和，已臻至上之境，共同爱护之，使永远强固，非国会与政府相辅而行不可矣。今之相需最殷者，在良好宪法。四海嗷嗷，同深仰望。国会为立法机关，监督政府，俾无自私自利之图。顾政府为政令所自出，整饬纲纪，强固国势，亦国会所宜赞助。而自有内阁以来，更易十数，组阁之才固难其选，信任不专，束缚而驰骤之，即当其才，亦奚由展布乎？当此全球鼎沸，内难未夷，所冀国会政府协力同心，由是敦睦邦交，修明内政，以与列强并驾齐驰。语曰："陈善为敬，颂不忘规。"敢援斯义，为诸君祝，为国会祝，为全国人民祝也②。

临时主席及在礼场者均向国旗三鞠躬。礼毕退席。

参议员李兆珍等35人提议，参议院于8月17日下午开谈话会，商

① 中华民国7年9月《参议院公报》第1期第1册，第3—4页。
② 中华民国7年9月《参议院公报》第1期第1册，第4—5页。

讨议长、副议长选举事宜。出席议员 109 人。讨论结果：定于 8 月 22 日下午开议长、副议长选举会，并签定议员席次。议长、副议长选举仍适用 1913 年议决的《参议院议长、副议长互选规则》，用记名投票法选举议长、副议长。

8 月 17 日下午，众议院开茶话会，出席议员 233 人。首先由众议院筹备处长王印川报告：查照先例，议长未举出前应推年长者 1 人为临时主席。已报到议员中以直隶议员王树楠年龄最长，应请就主席①。王就临时主席后即咨询选举正、副议长日期，请众公决。郑万瞻发言主张 8 月 20 日选举正议长，22 日选举副议长。耿兆栋询问到院议员已过半数否，王印川回答说已过半数。议员夏仁虎请主席将郑的提议咨询有无异议。刘朝望等发言赞成郑的提议。康士铎发言请以郑的提议咨询有无异议，不必表决。主席以郑的提议咨询有无异议，众无异议。接着又以前届《众议院规则》咨询适用与否，耿兆栋说：当然适用，惟委员会人数规定应待议长选出后加以斟酌。主席以耿议咨询有无异议，众无异议②。

本来安福系已定王揖唐、王印川为众议院正、副议长。但奉籍议员刘恩格决心争夺副议长席并得到奉系军阀张作霖的全力支持，张声言："国会用我奉军军费二百余万元，乃这些事竟要与我较量，我定有相当办法。"③尽管段祺瑞已答应由政府将徐树铮挪用的奉军军费（一部分用于新国会贿选，一部分用于编练参战军）拨还，但上述话语仍明显地表示了张对段、徐的不满。这实际上是一直谋求副总统位子的张作霖对段、徐以副总统位子许给曹锟，以作为促曹对南方作战的交换条件的不满。张之所以坚持要由奉籍议员刘恩格为众议院副议长，恐怕还是着眼于将来副总统选举的争夺中对己有利。因为段、徐许曹以副总统

---

①　《申报》1918 年 8 月 20 日。

②　《申报》1918 年 8 月 20 日。

③　《晨钟报》1918 年 8 月 22 日。

职位是以曹积极与南方作战为条件的,曹也不见得会为此而为段政府卖命,徒损自己的实力。染指关内的张作霖是手握重兵的东北王。张的这番带威胁的警告,段、徐自然不可轻视,于是决定满足张的由刘恩格为众议院副议长的要求。第二届国会议员大都由政府指派,国会成为了政府的机关。现在,国会议长,督军又要求指派,国会不但是政府的机关,而且成了督军的机关。民国成立以来,挟军队之力争大总统者,前曾有之,挟军队之力以争副总统者亦有之。现在又挟军队之力争议会副议长,此为民国以来的第一次。要如此,何必搞徒具形式的选举,花费许多金钱? 完全可挟军队之力以命令指定议员、组织国会,则更为爽快,完全可省去遮遮掩掩的贿选了。为了让刘恩格如愿,6 月 21日,安福系首领之一的王揖唐在安福本部宴请本派议员,竭力为刘疏通说:"王月波(印川)为顾全团结计,业已退让,现改就秘书长,望同人体谅王君之意,一致举刘,勿令团体分裂"①。

　　8 月 20 日下午众议院开议长选举会,由于安福系为了给自己的首领当议长捧场,约定早到议院以便下午 1 时准点开会。故这天的选举会于 1 时准点关闭会场开始开会。这在民国议会成立以来,能准点开会是不多见的。这天出席议员 278 人,推定年长之直隶籍议员王树楠为临时主席。临时主席指定乌泽声、刘振生、克希克图、黄云鹏、耿兆栋、王运孚、杨增炳、汪立元 8 人为投票、开票监察员,以无记名投票方式选举议长。结果:王揖唐得 262 票,籍忠寅得 11 票,王树楠、黄群各得 1 票,王揖唐得票过半数当选为众议院议长。王揖唐即登台致词:"揖唐学识谫陋,蒙诸君不弃,委托以议长一席。凡应选议员者,即有担任议长之义务。揖唐亦议员之一,虽才不称职,然以义务所在,亦不敢辞。民国 7 年以还,人人所最盼望者,良善国会之成立,将有以促进国家之发展。国会合参、众两院而成。众议院有预算之先议权,上关国计,下系民生,较参议院之责任尤为重大。国家立宪之精神,尤在预算

　　①　　鸿隐生:《安福秘史》,第 17 页。

案之适当,必求有利于国而无病于民,庶使国家政治日进于轨道。救风雨飘摇之国于磐石之安者,责在国会;拯困苦颠连之国民登诸衽席之上者,其责亦在国会。本院代表国民监督政府。既云国会,望诸君顾名思义,应念念不忘于国字,则国家及国民均将蒙其福利。此次当选诸君为各方面之英杰,或著作湛深,或才识优长,或经验宏富。不独国人赞美,即世界邻邦亦称颂不置也。揖唐不敏,谬承推举,诸君匡正不逮,随诸君子之后,以尽力于国事,以期不负全国父老之委托,使国家有统一之希望,使国民享安全之幸福,则此庄严灿烂之国会将膺无上之光荣。今日谨代表同人祝国家万福,国会万福。"①

众议院 8 月 22 日下午开会,继续选举副议长。出席议员 257 人。王揖唐主席,指定孙润宇、郭涵、刘映奎等 6 人为投票、开票监察员,用无记名投票法投票,结果:刘恩格得 176 票,王印川得 11 票,黄群得 9 票,籍忠寅得 6 票,王树楠得 5 票,贺培桐得 4 票,康士铎、郭涵各得 2 票,王揖唐、那彦图、孙润宇、吴文瀚等各得 1 票,废票 13 张。刘恩格得票过半数,当选为副议长。刘恩格登台致词:"鄙人学识浅陋,蒙诸君公推为副议长。但副议长一席本为预备代理议长职务,实为议员一分子。本员一面仍尽议员之天职,勉从诸君子之后。"②

议长又宣告抽定各员席次,毕即散会。

众议院议长聘王印川为院秘书长。

1918 年 12 月 7 日,众议院选举全院委员长,到场议员 213 人,投票 210 张,结果:黄云鹏得 171 票,当选为全院委员长③。

参议院正、副议长,安福系早已拟定由交通系的梁士诒、朱启钤担任,以酬劳第二届国会选举中交通系为贿选提供资金,笼络交通系。同时,梁士诒是有名的财神,故亦是国务总理一职的有力竞争者,将梁安

---

① 《申报》1918 年 8 月 23 日。
② 《申报》1918 年 8 月 25 日。
③ 《申报》1918 年 12 月 11 日。

置在议长位置,自然就消除了一名国务总理的有力竞争者。但交通系毕竟与安福系有矛盾,它并不赞成段派的武力统一政策,主张用和平方法解决与西南护法省份的纠纷。加上在推举总统、副总统问题上的矛盾和争斗,梁士诒一再表示不出任参议院议长。但段祺瑞、徐树铮接连电催梁(此时梁正在香港)回京。安福系则决定不等梁同意,举梁再说。这样,梁才于22日抵京,并立即赶赴参议院选举会场。

8月22日下午2时35分,参议院第一次会议,选举议长、副议长并签定议席。到会议员123人,推年长的李兆珍为临时主席。主席宣布用记名投票法选举议长,并指定史宝安、陈懋鼎、周作民、沈国钧、邓镕、江绍杰、陈介、周秀文8人为投票、开票监察员。投票结果:投票总数123张,与投票人数相符。梁士诒得119票,梁善济得3票,李兆珍得1票。梁士诒得票过半数当选为议长。梁登台发表简短演说:"士诒才疏学浅,本不足膺议长之任。惟是际此国家多难之时,宜令全国人民皆知尊重法律,方足以解决目前之纷纠,消弭将来之祸患,故本届国会尤为重要。士诒既承诸君不弃,举为本院议长,自当竭其绵薄,勉就斯职。此后自当尊重法律,恪恭将事,尚望诸君随时指示,匡所不逮,期有以副人民望治之心,并巩固中华民国之国本,是中华民国之幸!抑亦本院之幸也!"①

梁氏演说毕。即开始选举副议长,仍用有记名投票法投票。仍以史宝安等原8名议员为投票、开票监督员。投票结果:投票总数123张,与投票人数相符。朱启钤得114票,李盛铎得4票,梁善济得3票,秦望澜得1票,废票1张。朱启钤得票已过投票总数之半,当选为参议院副议长。

朱启钤自新国会开会后就一直未出席过参议院会,自然也未出席当日的选举会,故省略了演说一事。于是以抽签的办法抽定议员席次即散会。

---

① 中华民国7年9月《参议院公报》第1期第1册,第33页。

参议院议长梁士诒聘请梁鸿志为参议院秘书长。

朱启钤一当选为副议长即以自己任中兴煤矿公司总经理需全身投入实业为由,提出辞去参议院议员及副议长职。开院后,朱启钤就一直未到院出席会议。1918年11月27日,参议院第16次常会。一些议员对朱启钤长期不出席会议有意见,要求变更议事日程,讨论朱启钤的辞职事件,经表决,多数赞成,可决。主席梁士诒又询问朱启钤辞职之事分两层,一层是辞副议长之职,一层是辞议员之职,这两层是分别表决还是合并表决。议员有主张合并表决者,有主张分别表决者。主席以合并表决付表决,赞成者少数,否决。主席又以分别表决付表决,赞成者多数,可决。主席以同意朱启钤辞去副议长职付表决,赞成者多数,可决。主席又以同意朱启钤辞去议员职付表决,赞成者多数,可决。

12月4日,参议院第17次常会,选举副议长。议长梁士诒主席,出席议员112人。主席宣告仍按照1913年制定的《参议院议长、副议长互选规则》,用有记名投票法补选本院副议长。主席指定陈赓虞、祝华如、张敬舜、倪道杰、林灏深、蒋荣、吴德培、冯汝骥8人为投票、开票监察员。投票结果:在席议员107人,发票107张。田应璜73票,李盛铎28票,秦望澜4票,贾耕1票,废票1张。田应璜得票超过投票总数之半,当选为参议院副议长。

田应璜登台发表就职之意见:"鄙人学识浅陋,今日承诸公推选为本院副议长,且感且愧。查副议长一职系赞襄议长办理院内一切事务,责任本非至重。但对于责任上应办之事,亦断不敢放弃职权。所幸院内诸事既有议长倡导于前,复有诸同人督责于后,则于应尽职务上或可以藉免愆尤。而鄙人尤深望诸公随时指导,俾有所警惕于心,实为莫大荣幸。想诸公今日既以此席相推举,他日必能匡正其所不逮。鄙人对诸公表示者如此,以后见诸行事者亦必如此,知我同人必能相谅也。"①

由于选举副总统及南北和战等问题上的分歧,交通系与安福系逐

---

①　中华民国8年2月《参议院公报》第1期第5册,第23页。

渐走上对立,故梁士诒于 1918 年 12 月 13 日以解决南北纠纷无期而提出辞去参议院议员及议长之职。参议院 12 月 21 日大会表决接受梁的辞职。参议院 1919 年 1 月 9 日第 23 次会议补选议长。副议长田应璜主席,指定苏毓芳、毕维垣、陶家瑶、贺国昌、陈之麟、陈宝书、王学曾、易顺豫 8 人为监察员,用有记名投票法投票,结果:94 人投票,李盛铎得 86 票,段书云得 5 票,孟宪彝得 1 票,田应璜得 2 票。李盛铎得票过半数当选为议长。李盛铎即上台发表简短的演说:"盛铎承诸公推举为本院议长,自知学识谫陋,年力就衰,实不敢担此重任。惟以际兹时局尚未大定,本院应进行之事甚多,如果再事推诿,必致迁延时日,转恐贻误大局,以故盛铎不能不勉为担任。此后对于巩固国家,保护人民权利以及本院一切应尽职务,定当竭力进行,勉从诸公之后,以副诸公厚爱之盛意。抑盛铎尚有声明者,今日盛铎身体微觉不适,仍请田副议长主席。"①

这样,参议院正、副议长均换成安福系的骨干。由于参议院秘书长梁鸿志也是安福系骨干,故未随议长的变动而变动。

1918 年 9 月 28 日,参议院第 7 次常会,选举参议院全院委员长。用有记名投票法投票,结果:在场议员 110 人,共投票 110 张,人数与票数相符。李盛铎得 73 票,江绍杰得 12 票,秦望澜得 5 票,宋伯鲁得 4 票,张元奇、邓镕各得 3 票,陈瀛洲、王学曾各得 2 票,周自齐、赵连琪、梁善济、沈国钧、田应璜、德色赖托布各得 1 票。李盛铎得票过投票总数之半,当选为全院委员长。1919 年 1 月 9 日,李盛铎当选为参议院议长后,全院委员长空缺。1 月 14 日,参议院第 24 次常会,李盛铎主席,用有记名投票法选举全院委员长,结果:在场议员 86 人,邓镕得 73 票,段书云得 7 票,赵连琪、任凤宾、李国杰、冯家遂各得 1 票。邓镕得票过出席人数之半,当选为参议院全院委员长。

由于参议院人数减少,各审查委员会的常任委员亦应相应减少,议员才够分配于各审查委员会。为此,参议员陈介等提出《拟请修正本

①　中华民国 8 年 3 月《参议院公报》第 1 期第 6 册,第 55、56 页。

院议事细则及委员会规则》案。1918 年 8 月 27 日参议院第 2 次常会，经过讨论，修正通过了该案。和 1913 年 10 月 13 日参议院议决的《参议院委员会规则》相比，人数大为减少：

1. 法制股审查委员由 25 人减为 15 人。
2. 财政股审查委员由 25 人减为 15 人。
3. 内务股审查委员由 11 人减为 7 人。
4. 外交股审查委员由 11 人减为 7 人。
5. 军事股审查委员由 11 人减为 7 人。
6. 交通股审查委员由 11 人减为 7 人。
7. 教育股审查委员由 11 人减为 7 人。
8. 实业股审查委员由 11 人减为 7 人。
9. 预算股审查委员由 45 人减为 23 人。
10. 决算股审查委员由 27 人减为 11 人。
11. 请愿股审查委员由 25 人减为 9 人。
12. 惩戒股审查委员由 11 人减为 9 人。

新增设院内审计股，审查委员 5 人。

9 月 15 日，参议院第 6 次常会，分别选举 13 股常任委员。

由于众议院议员人数减少，各常任委员人数自然要相应减少。为此，众议员黄云鹏、刘映奎等提出《拟请修正众议院规则》案，要求减少各常任委员会委员。

8 月 27 日众议院常会，讨论黄云鹏等人所提的修正案，议决交付黄云鹏、陈光谱等 9 人组成的审查委员会审查。众议院用三读程序于 10 月 7 日最后通过了《拟请修正众议院规则案》。和 1913 年 9 月 10 日第一届国会议决的《众议院规则》相比，人数均大为减少：

1. 法典委员由 37 人减为 25 人。
2. 预算委员由 73 人减为 49 人。
3. 决算委员由 73 人减为 49 人。
4. 外交委员由 23 人减为 15 人。

5. 内务委员由 29 人减为 19 人。

6. 财政委员由 37 人减为 25 人。

7. 军事委员由 23 人减为 15 人。

8. 教育委员由 23 人减为 15 人。

9. 实业委员由 23 人减为 15 人。

10. 交通委员由 25 人减为 17 人。

11. 请愿委员由 37 人减为 25 人。

12. 惩戒委员由 23 人减为 15 人。

13. 院内委员由 23 人减为 15 人。

10 月 28 日,众议院常会,将 13 个委员会的常任委员一并选出。

六、追认对德奥宣战案及通过对德奥和平案

段祺瑞是因积极主张对德、奥宣战而与旧国会产生矛盾与对抗,最后下台的。张勋则利用混乱的政局搞了一场短命的复辟清王朝的丑剧。张勋复辟被粉碎后,段祺瑞重新执掌北京政权。段上台后自然要贯彻自己的主张。这时旧国会已被解散,大总统黎元洪已经下台,由副总统冯国璋代理大总统。此时全国上下均主张对德宣战。大总统冯国璋于 1917 年 8 月 14 日正式发布了对德、奥宣战布告:

> 爰自中华民国 6 年 8 月 14 日上午 10 时起,对德国、奥国宣布立于战争地位。所有以前我国与德、奥两国订立之条约及其他国际条款、国际协议,属于中德、中奥之关系者,悉依据国际公法及惯例,一律废止①。

中国从此正式加入协约国,并从物资和人力上大力支援协约国。中国输往欧洲的劳工就达 15 万多人,牺牲在欧洲的中国劳工达 2 万多人。中国的战略物资和粮食源源运往欧洲战场支持已精疲力尽的协约

---

① 《政府公报》1917 年 8 月 14 日。

国。尽管中国参战较晚,但在第一次世界大战中,中国人民为协约国的胜利还是做出了很大的贡献和牺牲的。

第二届国会于1918年8月12日正式成立,参战案自然应交国会追认。1918年10月27日,新上任不久的大总统徐世昌将《对德奥宣战咨请同意》案咨送众议院。众议院11月1日常会,将《对德奥宣战咨请同意》案列为当日议事日程中的第一案。此时,段祺瑞已不是国务总理,钱能训为代理国务总理组成临时内阁。第一次世界大战胜负已成定局,且接近尾声,全国已是一片赞成参战之声,已无反对之声。且又是一个追认案,完全是走个形式,钱能训内阁并未太重视,故只派了国务院参议曾彝进出席众议院会说明宣战案。由于第二届国会完全由安福系所控制,安福系议员在参、众两院均占绝对多数。段祺瑞因积极主张中国参加第一次世界大战加入协约国集团而捞取了政治资本,声望大增。安福系自然不会放过借追认参战案进一步提高自己的总后台老板段祺瑞声望的机会,故对钱能训只派曾彝进出席说明宣战案大为不满,纷纷发言指责钱对如此重大的问题竟采取如此不郑重的作法,一致要求代理国务总理钱能训及外交总长亲自到会。当日即用电话与国务院联系,要求即日出席众议院会议。但钱能训、陆徵祥均有事无法出席当日的会。于是议决《对德奥宣战咨请同意》案改为11月2日再议,并要求国务总理、外交总长均需出席。

11月2日,众议院常会,除陆军总长段芝贵外,代理国务总理钱能训领着全体国务员出席众议院会。钱能训说明咨请同意之理由及其经过情形后,议员纷纷发言。自然均是同意并带有吹捧力主宣战的段祺瑞的言词。最后议决以无记名投票法投票,结果:投票总数246张,与名片相符,同意票244张,不同意票1张,白票1张。追认案在众议院通过后移送参议院①。

11月5日,参议院常会,议事日程第一案即为众议院移送的《对德

<hr />

① 《申报》1918年11月6日。

奥宣战咨请同意》案,除陆军总长外,代理国务总理钱能训率其余国务员到会。钱登台亲自说明咨请同意案的理由及其经过情形后,议员陈邦燮、何焱森、蒋荣、汪有龄、陈振先、张元奇相继发言赞成。议员谭雨三提议用投票表决法表决,多数赞成,可决。于是用无记名投票法投票,结果:在席议员 104 人,同意票 104 张。即全场一致同意,通过①。

这样,对德、奥宣战案在第二届国会中通过。

1918 年 11 月 11 日,协约国与德国签订休战条约,第一次世界大战以协约国的胜利而告终。中国作为协约战胜国的一员,亦分享着战胜国的喜悦。中国南、北两个政府都分别放假 3 天来庆祝第一次世界大战的胜利。各种形式的演讲会、庆祝会、提灯庆祝晚会,全国上下一片喜庆。人们在庆幸中国能跻身于战胜国行列的同时,自然不会忘记当年力主参战的段祺瑞。段一时成了民族英雄,其威望达到了顶点。安福系自然不会放过这抬高段祺瑞、抬高皖系、抬高安福系的绝好机会,借庆祝活动大肆吹捧段祺瑞。安福系众议员王伊文等立即提出《请以 7 月 3 日为马厂首义再造共和纪念日》案。

1919 年 1 月 18 日众议院常会,讨论王伊文的提案,王未出席当天的会议,由郑万瞻代为说明:"马厂誓师,推倒复辟,实可为三次恢复共和之纪念日。如无此日,试问中华民国何能存在于今日? ……10 月 10 日武昌起义之期,12 月 25 日云南倡义之期,均已定为纪念日。马厂誓师,关系尤为重大,岂可即不定为纪念日乎?"议员罗正纬、吴渊等反对,认为将来国家纷扰日多,即纪念日益增加,恐数十百年后一年中无日不成纪念日。民国纪念日不宜过多,故不赞成此案②。这立即遭到安福系议员的反驳。安福系议员在众议院占绝对优势,故主席以此案成立付表决,赞成者多数,通过。咨送参议院求同意。

1 月 23 日,参议院常会,议长李盛铎主席。议事日程第二案即为

①　中华民国 8 年 1 月《参议院公报》第 1 期第 4 册第,28—36 页。
②　《众议院速纪录》第二届国会第一期常会。

《请以 7 月 3 日为马厂首义再造共和纪念日》案。议员杨以俭发言赞成，并认为理正言顺，无可讨论，请即付表决。主席以此案不适用读会手续付表决，多数赞成。主席又以此案成立付表决，多数赞成，通过。

2 月 7 日大总统徐世昌发布命令："国会议决，以 7 月 3 日马厂首义再造共和之日，为民国纪念日。"①

这样，便出现了 3 个民国纪念日并存的状况。直至 1920 年 7 月的直皖战争以皖系失败而告终，安福国会寿终正寝，安福系的头目受通缉，安福国会一切议决均宣布为非法而失效，故 7 月 3 日马厂纪念日也就从中国的日历上消失。

中国作为战胜国，也派出了代表团参加了 1919 年 1 月 18 日在法国首都巴黎开幕的巴黎和会。当时国内各界对巴黎和会寄予了很大的希望，希望中国能借战胜国的资格，改变几十年来中国一直受列强欺凌的国际地位。在巴黎和会上，一直欲侵占中国的日本帝国主义坚持攫取战败的德国战前在中国取得的各项特权，即坚持攫取德国战前在山东的各项特权。尽管中国代表在巴黎和会上一再与列强交涉，要求日本归还德国战前在山东的一切特权，但贪婪的日本决不肯吐出已到嘴的肥肉。美、英、法等列强为避免巴黎和会的破产，竟然牺牲中国的利益来满足日本的侵略欲望，决定将德国战前在山东的特权转交日本。当初，协约国与同盟国厮杀得精疲力尽时，极力拉中国参加协约国，以便充分利用中国丰富的人力和物力资源来赢得战争。不但好话说尽，要恢复中国的大国地位，而且许诺废除很多不平等条约，以促中国尽速参战。中国从人力物力上大力支援协约国，为协约国的胜利做出了很大的贡献。但到头来，战胜国的中国却仍被协约国列强踩在脚下，任意欺凌。这立即激怒了中国人民，反对帝国主义和封建主义的五四运动爆发，并很快席卷全国。在全国人民高涨的爱国热情的激励下，中国出席巴黎和会代表团拒绝在有将德国战前在山东的各项特权让给日本帝

---

① 《政府公报》1919 年 2 月 8 日。

国主义的条款的《协约及参战各国对德和约》上签字。这样,在法理上,中德战争状态并未终止。出席巴黎和会的中国代表团全权委员陆徵祥6月28日致电北京政府,说"拟请迅咨国会,建议宣布中德战事状态告终"。北洋政府历来对帝国主义畏如猛虎,从来都是逆来顺受。中国出席巴黎和会代表团竟然对列强的无理要求坚决地予以拒绝,这完全出于协约国列强的意料。于是,协约国各列强通过其驻华公使对北洋政府施加压力。在拒签巴黎和约后最初的一段时间,北洋政府以为大祸即将降临,一再开会商讨善后办法,但又拿不出办法。拒绝签字冲击下的北京政府在一段时间里竟茫然不知所措。直到7月23日,徐世昌才向国会提出《即拟宣告自6月28日起中德战事状态终止咨请同意》案,全文如下:

　　查巴黎会议对德和约所有交涉经过情形前经咨达在案。现据全权委员陆徵祥等6月28日电称:"我国对于山东问题,自通知大会宣言维持保留后,最初之主张注入约内不允,改附约后又不允,改为约外又不允,改为仅用声明不用保留字样又不允,改为临时分函声明不能因签字而有妨将来之提请,重又复完全被拒,不得已,当时不往签字。当即备函通知会长,声明保存我政府对于德约最后决定之权"等语。政府以山东问题关系至大,前经迭电坚持,竟未能达我初旨,曷胜慨惋,当经电饬该全权委员等,关于拒绝签字以后各种办法尚应悉力筹维,妥为应付。此次德约未经签字,系因约内关于山东三款未能赞同,其余各款我国与协约各国始终一致。承认现在协约各国对德战事状态既已告终,中国为协约国之一,对德所处地位当然相同。查各国对德状态和好日期系以6月28日为始,兹拟宣告自6月28日起中德战事状态终止,业经国务会议议决。依照约法第三十五条之规定,应征求国会同意,相应咨请贵院迅速议复,以凭施行。此咨众议院①。

① 《盛京时报》1919年7月29日。

　　1919年8月1日，众议院常会，讨论《即拟宣告自6月28日起中德战事状态终止咨请同意》案。先由政府委员说明提案理由：此次巴黎和会，对德和约于6月28日协约各国在法国凡尔赛均已签字。惟我国因约内关于山东三款，政府及人民均不满意，故未签字。其余各款则与协约各国意见始终一致。今德国方面和约已经签字，则对于加入战团，协约各国当然一致有效。故自6月28日和约签字后双方面战争状态既已告终，惟究以中国未行签字。我专使在巴黎与各国法律专家讨论，以为就法律方面而言之手续上未免稍为欠缺，故政府拟由中国方面宣告对德战争状态终止，藉以表示平和之意。兹先请国会同意，然后再由大总统以明令宣布。

　　议员们发言多表赞成，但担心宣告对德战争状态结束是否会影响中日间山东问题的解决。政府委员认为结束战争状态与中日间山东问题是两件事，不会互相影响。最后，以无记名投票法投票，结果：在席议员229人，投票229张，名片与票数相符，227票赞成，废票2张。以绝对多数通过，即转咨参议院求同意。

　　8月2日参议院常会，当日议事日程中无《即拟宣告自6月28日起中德战事状态终止咨请同意》案。议员汪声玲动议请变更议事日程，先议众议院移付之大总统提出《即拟宣告自6月28日起中德战事状态终止咨请同意》案，经表决，多数赞成汪的动议。于是由政府委员说明理由后，议员略有讨论，也只是担心中德停战案能否影响到中日山东问题的解决。政府委员做了解释后即开始用无记名投票法表决。结果：在场议员101人，名片101张，同意票99张，不同意票1张，废票1张。多数同意，通过。

　　9月15日，大总统徐世昌发布布告：

　　　　我中华民国于6年8月14日宣告对德立于战争地位，主旨在乎拥戴公法，维持人道，阻遏战祸，促进和平。自加入战团以来，一切均与协约各国取同一态度。现在欧战告终，对德和约业经协约各国全权委员于本年6月28日在巴黎签字。各国对德战事状态即于是日告终。我国因约内关于山东三款未能赞同,故拒绝签字,但其余各款我国与协约各国始终一致承认。协约各国对德战事状态既已终了,我国为协约国之一,对德地位当然相同。兹经提交国会议决,应即宣布我中华民国对于德国战事状态一律终止。凡我有众,咸使闻知①。

9月10日,中国出席巴黎和会代表陆徵祥、王正廷遵照北京政府的训令,在《协约及参战各国对奥地利和约》上签字。该条约规定奥地利放弃在中国的各项权益。

9月18日,大总统徐世昌发布命令:

　　　对德战争状态终止,业于9月15日宣告在案。兹据专使陆徵祥电称:“奥约已于9月10日经我国签字”等语,是对德、奥战争状态业已完全解除。惟宣战后,对德、奥人民所订各项章程,非有废止或修改之明文,仍应继续有效。此令②。

这样,中国自1917年8月14日宣布对德、奥宣战至此全部终止。

由于第二届国会第二期常会已闭幕,第二期临时会又只议预算案,故对奥和约到第三期常会召开后才提交国会审议。

1920年5月26日众议院常会,刘恩格主席,当日议事日程第一案便是政府所提奥约咨请同意案。先由外交部参事刘崇杰代表政府出席报告:“协商及参战各国与奥国间之和平条约,系于民国8年9月10日由陆、王二专使会同各国全权,在圣日耳曼盎雷依宫正式签字。此次订约,自会议开始以迄正式签字,其间所经波折不一。最初我国提出大会对奥要求条件,大要计分八款。除青岛等一、二特别问题外,其余均与向德要求者相同。德约未签字之后,对奥约签字与否,关系愈重。其初忌我者,颇有藉词拒我单独签奥约之意。幸归无形打消。嗣某国方面因天津奥租界问题,对此稍有阻挠。亦经各国委员调解,继奥全权又提

----

① 《政府公报》1919年9月16日;《申报》1919年9月16日。
② 《政府公报》1919年9月19日;《申报》1919年9月20日。

出答辩书,于全约14章颇有修改,而关于中国五款,变更尤多,殆有根本推翻之意。终各全权委员分向英、法、美、日等国委员接洽,并缮具说帖,函送和会会长及三国委员团,将奥所提修正案关于中国各款,逐条答辩,请其提出高等会议,照原案拒绝修正。至8月19日5国会议,对于约内中国一章决定按照中国专使请求维持原案,对奥和约因以定局。我国专使遂于9月10日与各国全权在圣日耳曼盎雷依宫将议定约文正式签字。全约计分14部分,381条,附件十三种。内有七种:曰关于监察军械及弹药贸易之专约,曰议定书,曰协商及参战各国间关于意大利赔偿计算之协定,曰协商及参战各国问题关于旧奥匈君主国领土脱离费用分担之协定,曰议定书,曰声明书,曰签字之议定书,亦经两专使于同日分别签字,嗣最高会议又修正附件内关于意大利赔偿计算协定声明书及关于旧奥匈君主国领土脱离费用分担协定声明书二种,亦于民国8年12月8日经顾专使维钧在法外交部与各国全权公同分别签字。此我国参与议订奥约之大概情形也。此项条约之效力,须俟缔约国批准存案,并须俟协商及参战领袖国中之三国批准存案,始能完全发生。上年10月准驻意王使电意君主,已于是月7日颁布命令,将对德、奥和约批准。并称因议院未及通过即已解散,故按照意宪法第5条先行批准,将来新国会召集,此项命令仍须于若干日期内交院追认。又迭准顾使电称,国际联合会既已成立,大会之期计必不远。我国入会资格首凭奥约。奥国已于上年10月批准,法国亦已提交国会。今国际联合会董事部召集国际财政会议,我国如有意加入者,尤宜迅行批准各等语。所陈不为无见。近又准施使本月6日电,英已批准奥约等语。我国未签德约,奥约施行之迟速,于我关系綦切。现各国既有批准消息,在我自不容独后,务希迅予通过,以便克日批准施行。"①

议员黄云鹏质问奥约中关于中国的条款第113条至117条等款,刘崇杰一一逐条说明。解树强主张开全院委员会审查,经表决,多数赞

---

① 《申报》1920年5月29日。

成。当即开全院委员会,由全院委员长黄云鹏主持。全院委员会无大的讨论即通过。于是又改开常会,以无记名投票法表决,结果:在席议员205人,同意票203张,不同意票1张,弃权票1张。奥约及附件宣告通过,即日备文咨达参议院。

5月29日参议院常会,讨论众议院移送的关于对奥和约问题,李盛铎主席。由政府委员刘崇杰出席说明理由后,议员胡钧略有质问后,即开全院委员会审查,全案通过全院委员会后即再开大会,用无记名投票法表决,结果:在席议员共91人,同意票90张,不同意票1张。完全通过,即咨达政府。

6月18日大总统徐世昌发布命令,正式批准对奥和约:"本大总统经国会之同意,批准协商及参战各国与奥国间之和平条约及附件七种,并修正附件二种,兹公布之。"①

七、选举总统、副总统

按1913年10月5日宪法会议公布的《大总统选举法》第3条的规定:"大总统任期5年,如再被选,得连任一次。任满前3个月,国会议员须自行集会,组织总统选举会,进行次任大总统选举。"中华民国第一任正式大总统袁世凯于1913年10月10日正式就任,到1918年10月9日,5年任期已满。1916年6月6日袁世凯死后,6月7日副总统黎元洪继任大总统。按《大总统选举法》第5条的规定:"大总统缺位时由副总统继任至本任大总统任满之日止。"即继任也只能到1918年10月9日第一届正式总统任满为止。1917年7月,张勋复辟,7月2日黎元洪特任冯国璋以副总统代理大总统职务。7月6日,冯国璋在南京宣布代理大总统职务。代理大总统职自然不能改变第一任大总统的任期,即到1918年10月9日,冯的代理大总统亦到任期,应选举新一

---

① 《申报》1920年6月20日。

公举一德望兼备、足以复统一而造平和者,以副《约法》精神之所在,则国本以固,隐患以消。"①

段祺瑞握有北京中央政权,得到日本帝国主义的支持,又牢牢控制了第二届国会。段自然欲染指大总统。但直系反对段为大总统,吴佩孚于 8 月 7 日发表主和通电并斥责北京政府"误听宵小(注:指徐树铮)奸谋,坚持武力,得陇望蜀,援粤攻川,直视西南为敌国,竟以和议为逆谋"②。8 月 21 日吴佩孚通电反对选举总统:"选举问题,虽非师长等所敢问。然新旧国会分立,南北既无统一精神,焉有真正民意? 若当此兵戈未息之时,骤行选举典礼,不但于法理不合,且恐促民国分裂,此尤为我经略使(曹锟)与长江三督帅及各省军民长官所急应注意者也。"③直、皖在大总统问题上争斗,旗鼓相当。段祺瑞、徐树铮也不能完全控制局势。尤其是,南北战争给国家和人民带来的是深重的灾难。它消耗了国家的财力和物力,战火荼毒着中华大地,涂炭生灵,人民厌恶这场战争。国内商、学、政界一些知名人士呼吁和平,全国形成了一个广泛的和平运动。段祺瑞要出任总统也为时局所不容。为防夜长梦多,段祺瑞只能与冯国璋相约,同时下台。即段、冯均不当总统,段连国务总理也不当。也就是说,皖、直间的争斗使冯、段同时退出大总统的争夺。这样,大总统合适的人选就剩下徐世昌了。徐世昌是袁世凯的拜把兄弟,与袁是同辈的北洋元老,在当时北洋元老中资望最高。曹锟、倪嗣冲、张作霖、卢永祥都是徐世昌任东三省总督时的旧部属,自然对徐恭敬。徐久经官场,有丰富的政治经验,且一直不卷入各政治派别的争斗。各派争斗可调和时,徐总是以调解人的身份出现,不偏不倚。直、皖两派争斗出现危机时,徐亦多次出面调解,故徐与各派的关系都比较好。更为重要的是,徐为文人,手无兵权。在当时控制北京政权的

① 《晨钟报》1918 年 8 月 14 日。
② 《申报》1918 年 8 月 21 日。
③ 《申报》1918 年 8 月 25 日。

皖系看来徐应该比有军队的冯国璋好控制。所以,在 1918 年 7 月底 8 月初,曹锟、张作霖、倪嗣冲、张怀芝、王揖唐、鲍贵卿、田中玉、龙济光和各省军政长官代表(除西南和长江三督外)在天津开会讨论总统选举问题和南征问题时,大家一致赞成推徐世昌为大总统。但副总统的人选则意见分歧,未取得一致。大总统人选一定,尽快通过国会选举的手续便是皖系当务之急。

8 月 27 日,众议院常会,安福派议员王伊文提出,程克等 63 人连署的《请两院从速会合定期组织总统选举会行次任大总统选举》案列入当天的议事日程,议员发言均要求速选举大总统,一致通过此案,并议决咨送参议院限 7 日内开两院联合会。

8 月 29 日参议院常会,当日议事日程有几案均为选举大总统问题,议决将当日议事日程中的《即请速依法组织总统选举会》案(吕调元等提出)、《即请速组织总统选举会》案(张玉庚等提出)、《即请迅速组织总统选举会》案(邓镕等提出)与众议院移送的《请两院从速会合定期组织总统选举会行次任大总统选举》案合并讨论,议员发言均同意速组总统选举会选举大总统,议决 8 月 31 日两院开会合会商讨总统选举事宜,并复众议院咨文。

8 月 30 日,安福俱乐部开会,商讨大总统选举事宜,均认为宜尽快选举大总统。议定 9 月 4 日为大总统选举日,并推定议员杨增炳向大总统选举预备会提出意见书,将 9 月 4 日定为大总统选举日向大会提出,并推定孙润宇在次日的两院联合会上提出主张迅速选举大总统的理由。

8 月 31 日,参、众两院在众议院议场举行大总统选举预备会,出席参议员 116 人,众议员 272 人,参议院议长梁士诒主席。

主席:查今日两院会合开会,发出通告系言明为会合开议组织总统选举会日期事。考其性质与《国会组织法》上所谓两院会合会不同。因今日之会议为会合两院议员商定总统选举会之日期及一切预备,系有总统选举预备会之性质。故查照民国 2 年及民国 5 年国会之先例,本日两院开会名义当名为大总统选举预备会。既名为大总统选举预备会,则查照2年及5年先例,凡出席人数及表决人数皆当以过半数为准。现在咨询诸君对于此点有无异议,(众谓无异议)既无异议现即讨论选举日期及时间①。

众议院王揖唐主张适用《参议院议事细则》,经主席询问,众均赞成。

会议讨论杨增炳提出意见书,主张定9月4日为大总统选举日。孙润宇说明宜速选总统的理由:第一为法律之限制。查《大总统选举法》规定大总统任满前3个月,应组织大总统选举会,行次任大总统之选举。现距大总统任满之期只一月有余,则此项选举会之组织自属不容延缓。此其理由几为人人心理之所同,而本员等责任所系,尤不容忽视也。第二为时局之影响。回忆前年洪宪失败,国会恢复未及一载,又有复辟之变。段总理以一身独任其难,定乱俄倾。嗣段总理以国家为己任,组织内阁,谋求统一。不意西南意见纷歧,又发生种种不能联属之关系,卒至两方竟以兵革相见。中央为求大局统一起见,对于傲扰省份不外两种办法:一为调停,一为讨伐。调停无效惟有讨伐。当时内阁决定讨伐政策以后,尚未获效,而前敌将士即有主和之通电。内阁命令既不能及于前敌,惟有再行调停。不意为时未久,前敌将士又复主战。内阁为求统一及人民福利起见,于是准前敌将士之请,继续讨伐。乃日来前敌将士遽又通电主和。大局变化无端,一至于此。主和者为政府,主战者亦为政府,然则时局究将如何解决乎?一再思维,此际惟有从速选举德望兼备之总统,庶将来有担负解决时局责任之人,以慰海内喁喁之望。第三为人民方面之希盼。本员系长江流域选出之人。即以长江流域之上海而言,所有一切商务自去岁以来,非常停顿。如四川、广东有事省份固不能彼此运货。即以江苏本省而言,商务亦非常滞塞。资本既不流通,物价逐日见昂贵,人民所感受痛苦,亦遂不可言喻。故一般人民极盼望大总统从速选出,则解决时局有日,人民即可稍安喘息。

---

① 　中华民国7年10月《参议院公报》第1期第2册,第1页。

职此三种理由之故,所以本员赞成以 9 月 4 号为大总统选举日期。此外,尚有一项简单理由,即未来之大总统对于时局之政策不可不使其有所准备也。以美国而言,法律上规定大总统任满之前一个月须将次任大总统举出。即使个人有所准备之意。现距大总统任满之期已迫,为大局方面、人民方面着想,固应从速。即为有被选为大总统资格之人着想,亦应从速选举,使其有所准备也①。孙将安福系的意见大加发挥。

接着,以杨增炳意见书主张定 9 月 4 日为选举总统日付表决,赞成者多数,可决。

主席又以 1913 年和 1916 年以宪法会议为总统选举会会场,以宪法会议议长、副议长为总统选举会主席、副主席,现无宪法会议,以众议院议场为总统选举会会场,以参议院议长、众议院议长为总统选举会主席、副主席,征询众意,均无异议。又议定按 1913 年的先例,选举总统后的第 2 天即 9 月 5 日为副总统之选举。

9 月 4 日,大总统选举会在北京众议院议场举行。这一天,绒线胡同、宣武门大街一带军警林立。居民、商店都奉警察厅的命令,悬挂国旗。众议院门前竖立彩架,中间嵌有黄色的"总统选举会"五个大字。安福俱乐部特备汽车 10 辆,往来于选举会场与议员住地之间,接议员到会场投票,由议员李庆芳专司稽查。旁听席上坐满了中外记者与来宾。

10 时振铃开会。参议员 132 人,众议员 304 人出席。参议院议长梁士诒因患感冒,依决议请选举会副主席、众议院议长王揖唐主席。参议院签定陈之麟、解荣辂、江绍杰、宋伯鲁、吕调元、倪道杰、许受衡、林韵宫,众议院签定刘兴甲、王毅、王树楠、易克桌、刘朝望、金绍城、刘树棠、罗仁博为开票、检票、发票员。用无记名投票法,每 10 人一组写票、投票,结果:在场议员 436 人,徐世昌得 425 票,段祺瑞得 5 票,王士珍、张謇、倪嗣冲、王揖唐各得 1 票,废票 2 张。徐世昌得票过投票人数四分之三(327 张),按《大总统选举法》当选为中华民国大总统。

---

①　中华民国 7 年 10 月《参议院公报》第 1 期第 2 册,第 3、4 页。

选举结果一宣布,全场一致鼓掌欢呼。

大会议决由总统选举会正、副主席梁士诒、王揖唐代表两院敦劝当选大总统徐世昌就职。

广州护法国会和军政府通电反对这次选举。当然主要是针对第二届国会的非法,其选举自然亦非法,而不是针对徐世昌本人。9 月 13 日吴佩孚通电反对这次大总统的选举。

徐世昌按官场惯例于 9 月 5 日发表一篇揖让文章,以示谦德。经过一番形式上的推让后,在国会,曹锟、张作霖、倪嗣冲等各省长官"挽劝"下,徐才表示了就任大总统职。

9 月 16 日上午 11 时,在东四五条胡同徐宅举行大总统授受仪式。由总统选举会主席梁士诒、副主席王揖唐带领随员 40 余人,亲自将大总统当选证书授予徐世昌。徐世昌接受证书后致答词说:"世昌不敏,承全国重托,两院公推,义无可辞,引为己任。此后厉行宪政,发扬国光,敢竭寸长,冀符舆望。"①

10 月 10 日在怀仁堂举行大总统就职仪式。议员和各国驻华公使均到场。当日先行前总统冯国璋与新任总统徐世昌交接典礼,冯、徐互致颂词,词毕互相鞠躬致礼。冯国璋退出后,即进行大总统就职仪式。

由随员捧盘进誓词,徐世昌面对国旗宣读誓词:"余誓以至诚,遵守宪法,执行大总统职务,谨誓。"

接着徐世昌宣读就职宣言:

> 世昌不敏,从政数十年矣,忧患余生,备经世变,近年闭户养拙,不复与闻时政。而当国是纠纷,群情阂隔之际,犹将竭其忠告,思所以匡持之。盖平日忧国之抱,不异时贤,惟不愿以衰老之年再居政柄。耿耿此衷,当能共见。乃值改选总统之期,为国会一致推选,屡贡悃忱,竟辞不获。念国人付托之重,责望之殷,已于本日依法就职。惟是事变纷纭,趋于极轨,我国民之所企望者,亦冀能解

①　《晨钟报》1918 年 9 月 17 日;《申报》1918 年 9 月 18 日。

决时局,促进治平耳。而昌之所虑,不在弭乱之近功,而在经邦之本计。不仅囿于国家自身之计划,而必具有将来世界之眼光。敢以至诚极恳之意,为我国民正告之:今我国民心目中之所注意,金曰南北统一。求统一之方法,意宜尊重和平;和平所不能达者,则不得不诉诸武力。乃溯其已往之迹,两者皆有困难。当日国人果能一心一德以赴事机,亦何至扰攘频年,重伤国脉。世昌以救民救国为前提,窃愿以诚心谋统一之进行,以毅力达和平之主旨。果使阅墙知悟,休养可期,民国前途庶几有豸。否则息争弭乱徒托空言,或虞诈之相寻,致兵戎之再见。邦人既有苦兵之叹,友邦且生厌乱之心。推原事变,必有尸其咎者,此不能不先为全国告也。虽然此第解决一时之大局耳,非根本立国之图也。立于世界而成国,必有特殊之性质与其运用之机能。我国户口繁殖,而生计日见凋残;物产蕃滋,而工商仍居幼稚,是必适用民生主义,悉力扩张实业,乃为目前根本之计划。欲期国家之长治,必先使人人有以资生;而欲国家渐跻富强以与列邦相提挈,尤必使全国实业日以发展。况地沃宜农,原料无虞不给,果能懋集财力,佐以外资,垦政普兴,工厂林立,课其优劣,加之牖导。更以国力所及,振兴教育,使国人渐有国家之观念,与夫科学之知能,则利用厚生,事半功倍。十年之后,必有可观。此立国要计,凡百有司暨全国商民所应出全力以图之者。立国之主要既如上所述。但揆诸目前之状况,土匪滋扰,户口流亡,商业凋零,财源枯竭,匪惟骤难语此,抑且适得其反。是必先去其障碍,以严剿盗匪,慎选有司,为入手之办法。然后调剂计政,振导金融,次第而整理之。障碍既去,乃有可为。此又必经之阶级,当先事筹措者也。内政之设施尚可视国内之能力以为缓急之序。其最有重要关系而为世界所注目者,则为欧战后国际上之问题。自欧战发生以来,我国已成合纵之势。参战义务所在,惟力是视,讵可因循。而战备边防,同时并举,兵力财力,实有未赡。因应稍疏,动关大局,然此犹第就目前情势言之也。欧战已将结束,世界大势当有变迁,姑无论他人之对我何如,而当此漩涡,要当求所以自立之道。逆料兵争既终,商战方始,东亚片壤殆必为企业者集目之地。我则民业未振,内政不修,长此因仍,势成坐困,甚为危险什伯于今,故必有统治之实力,而后国家之权利乃能发展,国际之地位乃能保持。否则委蛇其间,一筹莫展,国基且殆,又安有外交之可言?凡此国家存亡之关键,我全国之官吏商民不可不深长思也。至于民德堕落,国纪凌夷,风气所趋,匪伊朝夕。欲挽回而振励之,当自昌始。是必以安敬律己,以诚信待人,以克俭克勤为立身之则,以去贪去伪为制事之方。凡有损于国有害于民者,必竭力驱除之,能使社会稍息颓风,即为国家默培元气。而尤要在尊重法律,扶植道德,一切权利之见,意气之争,皆无所用其纷扰,赏罚必信,是非乃公。昌一日在职,必本此意,以为推行,硁硁之性,始终以之,冀以刷新国政,振拔末俗。凡我国民亟应共勉,昌之所以告国民者,此其大略也。盖今日之国家譬彼久病之人,善医者须审其正气之所在而调护之,庶几气体之亏由渐而复。假令培补未终,继以损伐,是自戕也,医者何预焉?爱国有如爱身,昌敢以最诚挚亲爱之意,申告于国民①。

徐世昌的就职宣言,洋洋洒洒千余言,从内政到外交,从近期的目标到长远的目标,都提出了自己的主张,即提出了一套谋和平与统一,谋求经济发展和教育振兴及通过外交来提高和改善中国国际地位的主张。这和当时大大小小军阀忙于争权夺利,忙于打内战自是不同。徐世昌毕竟是以一个文人的身份出任大总统,自然比一个军阀头目出任大总统,总算是一个进步。武夫出任大总统往往导致动辄以武力解决国是。正由于徐世昌出身文人,中央权力操纵在各派军阀的手中,徐的主张自然难于贯彻。

英国驻华公使朱尔典代表各国驻华外交使团致颂词:

---

① 《申报》1918 年 10 月 11 日。

　　大总统阁下：兹因阁下被选举为中华民国大总统,本大臣应代驻京各国大臣声明热衷致贺之忱。此次以至上之尊位得选阁下阅历宏深、名望隆重之政治大家,不能不认为中华民国将来吉祥之预兆。今际就位之佳期,本大臣等应将各人真确奉贺之意上达清听。兹蒙阁下智慧保牧导引,各大臣深谅各本国政府与贵国政府幸存之睦谊,必应日益敦笃。尤切望大总统极力谋猷之事,必有南北早日统一之成功,俾中华人民全享衽席炽盛之幸福①。

徐世昌致答词：

　　本大总统为国会依法选举,今日就职。承贵公使代表各国驻京公使以诚挚之盛意修词祝贺,实深欣我国政府与贵公使所代表之各国政府睦谊素敦。本大总统自必恪守前规,竭力维护,俾旧有之邦交日益巩固,且对于协商各国仍当继续尽力协助,冀获完全之胜利,俾永久和平早日成立。至我国全国统一,原属国本第一要义,全国民生之所依倚。本大总统必当力求治理,以副各友邦期望之美意。顺颂贵公使及各位公使福履绥和,并祝贵公使所代表各国国运盛昌②。

　　徐世昌的就职宣言,重申了对国内和平统一的主张,外交使团的颂词也希望中国南北实现和平统一。和平统一符合当时中国人民的愿望。

　　按8月31日参、众两院总统选举预备会议的议决,9月5日选举副总统。但副总统则陷入了难产的境地。

　　副总统在《临时约法》中并没规定享有多大的权力,在法律上的地位并不十分重要。但自民国以来,由于各派势力争斗的结果,大总统都没有任满5年的,副总统都曾递补或代理过大总统,行使大总统的职权。因此,副总统的位子对一些想过大总统瘾的军阀政客还是很具吸

①　《申报》1918年10月13日。
②　《申报》1918年10月15日。

引力的。故围绕副总统选举,各派明争暗斗,直至第二届国会解散亦未能选出副总统。当时奉系军阀的首领张作霖欲谋副总统职位。1918年初,为换取奉军出兵关内压迫冯国璋,支持段祺瑞再次出来组阁,徐树铮答应举张作霖为副总统,故张积极支持段祺瑞。但6月份,为了换取曹锟南下作战,徐树铮又将副总统之位许给曹锟,故曹锟亦觊觎副总统的位子。曹、张都是手握重兵的军阀,均具竞争实力。安徽督军倪嗣冲亦暗中运动副总统的位子。而主和派为实现南北和平又欲虚副总统之位以待南方。这样,围绕着副总统选举一事,各派争斗不止,使副总统选举波澜迭起。刘恩格一派主张选张作霖。安福系在举副总统一事上意见也不尽一致,但大都主张选曹锟,不过需以曹锟南下作战为条件。梁士诒的旧交通系与研究系则反对选曹,主张仍选冯国璋为副总统。但冯不愿再当副总统,主张选西南方面的人士,以息内争促和平。长江各督也赞成冯的主张。段祺瑞坚决反对冯的主张。这样,多数人主张缓举副总统。

9月5日上午10时,副总统选举会仍在众议院举行。由众议院议长王揖唐主持,因人数不足,延长两次开会时间后,参议院议员出席人数为34人,众议院议员出席人数为64人,共计98人,不但不足副总统选举会的人数,连法定的开通常会的人数都不够,只好改开谈话会。在谈话会上,议员发言多主张副总统选举宜慎重,不能太仓促,要先行协商。这样,谈话会商定9月6日再开两院谈话会。

9月6日,参、众两院谈话会。参议员80余人,众议员240余人出席,两院出席议员均过半数。对选举副总统一事,延期一层无一人提出异议。有的主张按日顺延,直至选出为止;有的主张先底下疏通,然后再决定选举日期;有的主张留副总统一席,为南北和谈时留伸缩的余地,或虚位以待和平有功者。最后议决:副总统之选举俟相当时期再开两院谈话会定期选举,但此项时期至长以延至大总统就任前为限①。

① 《申报》1918年9月10日。

9 月 30 日,新国会参、众两院谈话会,参议员 91 人,众议员 229 人出席,王揖唐主席。议决 10 月 5 日两院联合会,协定正式选举副总统日期。10 月 5 日,参、众两院联合会,王揖唐主席。参议员 105 人,众议员 185 人出席,议决 10 月 9 日开总统选举会选举副总统。

为了统一安福系议员的步调,10 月 8 日下午,安福俱乐部在本部太平湖开副总统选举预选会,并企图以预选会的结果来影响 9 日的正式选举。段祺瑞特派徐树铮到会说明段本人不当副总统,请众人选举曹锟为副总统之理由。之后预投票,结果到会 357 人,投曹锟票者 348 人。

10 月 9 日上午 10 时,新国会开副总统选举会,梁士诒主席。直等到 12 时,签到者:参议员 101 人,众议员 253 人。入议场者:参议员 92 人,众议员 246 人,共 338 人,离法定三分之二的 383 人差 45 人。梁士诒按《参议院议事细则》延长两次时间仍不足法定人数的规定,宣布延会。但安福系吴文瀚、克希克图、光云锦反对延会,主张下午接着开会。经表决,吴等的提议通过。并由王揖唐出主意关闭会场,只许进不许出,包括旁听席上之外国人亦不许出,由议院预备点心茶水。安福系派出汽车四出分头拉议员出席,最后众议院议长王揖唐亦乘汽车亲自出马拉人,结果仍不足法定人数(仍差 28 人),只好议决 16 日再开选举会。

会后,安福系与旧交通系围绕副总统选举,又在暗中激斗。旧交通系、研究系、宪政讨论会联手以不出席 16 日的选举会来与安福系对抗。主张缓举副总统的议员纷纷离京赴津。周自齐在天津私宅设立议员接待站,在四家旅馆订下了房间,邀请议员赴津。还在天津组织和平促进会,准备提出促进南北和平,缓举副总统的建议。16 日到达天津的新国会议员达 134 人。安福系亦派出 8 名代表到天津运动议员回津,许诺只要参加选举会,每人给 500 元,均遭拒绝[1]。有传闻,对不出席之议员有由该系首领每人津贴 2 000 元之说,但终属传闻。

① 刘以芬:《民国政史拾遗》,第 22 页。

　　10 月 16 日 10 时,新国会开副总统选举会,梁士诒主席。不足法定人数,两次延长时间到 11 时 20 分,出席参议员 82 人,众议员 185 人,共 267 人,比法定的 383 人少 116 人,只好宣告延会。在缺席议员中,竟有曹锟之弟、参议员曹钧。可见开选举会之前曹氏兄弟就已知定流会,故曹锟也就只好放弃副总统之候补证了。这一延会,实际上就成了无限期地延会。安福国会始终无法产出副总统。

八、通过钱能训内阁

　　直、皖两系围绕北京中央政权的权力及对西南和战问题争斗日趋激烈。争斗的结果是冯国璋和段祺瑞同时下台。即冯国璋不再任大总统,段祺瑞不任大总统和国务总理。10 月 10 日,即在正式就任大总统职的当天,徐世昌发表了上任后的第 1 号命令,免去段祺瑞的国务总理之职,以内务总长钱能训代理国务总理一职。钱能训在徐世昌清末任东三省总督时,为徐幕下的参赞,是徐的心腹。徐世昌一直是主张南北和解而不主张继续南北战争的,钱也是反对战争主张和平的。10 月 23 日,钱能训致电西南,主张和平,说:"欧战现将结束,行及东亚问题。苟内政长此纠纷,大局何堪设想?"同时提出"先就事实设法解纷,而法律问题俟之公议"①。10 月 24 日大总统徐世昌又下了一道和平命令。一时间,和平呼声高涨。11 月 16 日大总统徐世昌又下了一道停战令。段祺瑞虽然不任国务总理,但仍留任参战督办,控制着军权,又控制着国会。这就在实际上控制着北京政权。徐、钱的和平方针和措施尽管事前与段祺瑞进行过沟通,力图争得段的默认。但由于与段的武力统一政策相距甚远,故遭到段祺瑞、皖系、安福系的阻遏与反对。安福系决定对徐、钱施加压力。说新国会将不会通过钱能训内阁,并扬言要对钱内阁提出弹劾案。11 月 27 日徐世昌与段祺瑞会见时,段祺瑞表示

---

① 《申报》1918 年 10 月 26 日。

了对钱内阁的和平方针的不满："钱内阁对南方表示退让,实属毁我北洋派之体面。"徐世昌则为钱辩护说："钱氏之意,大致与余之意见相同。从大局上打算,忍一时之苦痛,以期将来集大权于中央,并不违背阁下统一之希望。"①由于徐、钱态度之强硬,安福俱乐部决定对钱能训内阁提出弹劾案,欲推倒钱阁,再抬出段祺瑞来组阁。11月30日,张作霖、倪嗣冲、曹锟又要求徐世昌让段祺瑞再次出来组阁。主战派再次活跃,段祺瑞再次上台组阁的迹象明显。这立即引起了驻京外交公使团的关注,并决定出面干预,以抑制主战派,支持和平派。12月2日,英、美、法、日、意五国公使联合提出了劝告北京政府和南方速谋和平统一的觉书。12月3日,徐世昌在总统府召开会议,请段祺瑞、曹锟、张作霖、倪嗣冲、张怀芝、王占元、孟恩远等各省的督军及全体国务员出席。徐世昌将五国的劝告觉书的内容详细介绍给与会者。列强这种主张和平的强硬表态,自然是对主战势力的一个沉重打击。这些与会的赳赳武夫,顿时变得很温顺。段祺瑞见列强一致的表态,形势对自己很不利,于是也只能言不由衷地表示赞成和平方针："予本主战之一人。予之主战,实为统一国家起见。今既情移势变,为谋对外起见,予亦绝无坚持从前政策之理。深望大众嗣后务应本总统政策以行,借谋国家长治久安之计。"主战干将倪嗣冲也急忙表态说："关于军事各问题,前此业经定有办法,自当遵照办理。至选举副座及内阁改组两问题,系政府与国会之事,非吾等职责所关。吾等大家理宜依元首之谕而行。"②会议决定允许同西南开对等和平会议,副总统选举问题暂时搁置,钱能训内阁同意案即行提出于第二届国会。会后段祺瑞立即召集王揖唐、曲同丰及安福系要人,在府学胡同段宅开会,说明协约各列强提出和平劝告的觉书,要求王揖唐等依据新形势,不要再为阻碍和局而生争执,通过钱内阁,缓举副总统。后台发话了,王揖唐等只能表示同意与服

---

① 《申报》1918年11月29日。
② 《晨报》1918年12月4日。

从。12 月 9 日,王揖唐召集安福系国会议员开会,说明形势,要求安福系议员通过钱能训内阁。

徐世昌、钱能训的和平统一主张再次占了上风。徐世昌立即向第二届国会提出钱能训为国务总理同意案及钱内阁同意案。徐先向国会提出《拟任钱能训为国务总理咨请同意》案。在国会讨论此案前,安福俱乐部与徐世昌、钱能训订下了 4 项口头契约,作为同意钱阁案的交换条件:1. 欧战告终,和议开始,吾国为国际团体员之一,应以国民总意共谋对外,故永久和平必须兼顾统一。政府能本此义以与西南有责任者妥协时局,实为吾人所赞同;2. 现在元首依法就任,不惟国内所赏戴,且为列邦所钦崇,国本所关,岂容置议?故对元首应绝对维持其地位;3. 现《行国会组织法》及选举法,因旧法两院性质混同,员冗议滞,为世诟病,经临时参议院修正,认为适当,非宪法制定有所变更,不得加以修正或废止;4. 宪法为全国根本大法,不宜有所偏执,亦不容有所垄断。故对于重重问题,学理国情均应斟酌,地方意见并须容纳,以达改良约法之目的①。这几条,实际上为南北和谈设置了障碍。

12 月 14 日,众议院常会,议程中的第一案即《拟任钱能训为国务总理咨请同意》案(大总统提出)。先由政府委员、总统府秘书长吴笈孙出席说明请求同意之理由:

> 大总统任钱能训君为国务总理,要求贵院同意。本日大总统因事不能亲来贵院,特派笈孙到院代为说明。此次大总统任命国务总理为时势需要起见,几经审慎,始定提出钱君。其中有几层关系:一则今日时局首宜尊重和平,以力求行政之统一。钱君久历京外,其平日宗旨趋重实践,不为偏激之谈,于今日之时势最合。二则钱君自任巡警部丞参、奉天左右参赞以及政事堂右丞,佐大总统筹办新政多年,必能考镜世界现状及吾国大势,斟酌损益,以定适于时势之政策。三则钱君凤任阁员,复以内务总长兼代揆席。于

---

① 《晨报》1918 年 12 月 10 日。

代理期内赞襄密勿,规画宏远,以之实任斯职,必能胜任愉快。大总统深盼正式内阁早日组织成立,俾一切政治得以进行。是以依据《约法》提出贵院,望诸君同意①。

议员无甚讨论即用无记名投票法表决,结果:在场议员256人,弃权1人,参加投票议员255人,名片与票数相符。同意票236张,不同意票14张,废票5张。以绝对多数通过,即备咨文移送参议院。

12月18日,参议院第20次常会,讨论众议院移送的《拟任钱能训为国务总理咨请同意》案(大总统提出)。先由总统府秘书长吴笈孙出席说明理由后,即用无记名投票法表决,结果:在场议员109人,发票109张,名片与票数相符,同意票105张,不同意票4张,绝对多数通过。

12月20日,徐世昌正式任命钱能训为国务总理。同时,经过反复磋商,又向国会提出《拟任陆徵祥为外交总长、钱能训为内务总长、龚心湛为财政总长、靳云鹏为陆军总长、刘冠雄为海军总长、朱深为司法总长、傅增湘为教育总长、田文烈为农商总长、曹汝霖为交通总长咨请同意》案。

1919年1月7日,众议院常会,讨论大总统提出的钱能训内阁阁员同意案。国务总理钱能训出席说明请求同意的理由:

能训忝膺揆席,承诸君子之推重,不敢以庸拙辞。因思国务至重,必得闻望夙著、气谊孚洽者相助为理,分任其劳,庶可稍副诸君子之责望。兹拟任陆徵祥为外交总长,龚心湛为财政总长、靳云鹏为陆军总长、刘冠雄为海军总长、朱深为司法总长、傅增湘为教育总长,田文烈为农商总长,曹汝霖为交通总长。内务总长一席,此时尚无适当人员,拟仍由能训兼任。所以拟任数君之理由:陆君历任驻外公使,海牙平和会专使,于外交界夙著成绩。此次参战计画及议和准备,均由其一手经理,以之续任外交总长最为相宜。龚君

① 中华民国8年2月《参议院公报》第1期第5册,第45页。

全部阁员通过参议院。参议院备文咨送政府。

1919年1月11日,大总统徐世昌正式公布了对钱内阁的任命。

徐世昌让钱能训出任国务总理,自然为南北和议创造了条件。钱能训是徐世昌任东三省总督时的右参赞,二人私交甚深。钱也是主张和平统一的,且与西南的岑春煊、陆荣廷的关系很好。徐、钱合作,借国内国外要求和平的强大力量,最后促成了南北议和。

九、第二届国会对南北和议的反对与阻挠

1918年10月,新任大总统徐世昌上台。这时,第一次世界大战接近尾声。各国开始着眼战争结束后国际新格局。国内外要求中国和平统一的呼声逐渐高涨。徐世昌顺应时代的这一潮流,提出和平统一中国的主张。在新国会中,徐世昌支持旧交通系首领梁士诒、周自齐等联合研究系等非安福系来对抗安福系,同时拉直系来对抗皖系,并利用全国各阶层强烈要求国家和平统一的呼声及协约国列强希望中国和平统一意愿,来推行其和平方针。

第一次世界大战行将结束时,协约国列强能抽出精力来关心其在远东的利益,关心其在中国的利益。

日、美、英等国家为维护其在华利益,希望中国停止内战,实现和平与统一。9月9日英国驻华公使朱尔典拜会中国外交总长陆徵祥时就正式表示希望中国南北实现和平统一,以免危及中国的国际地位,说:"贵国近来情形愈趋愈下,南北问题若不早日解决,长此以往,必有分裂灭亡之惨。现时前敌将士均不愿战,人人皆知。自外人观之,实无十分必战之理由。中央政府屡借外债,举凡国家所有可以抵押者均已抵押殆尽。此款尽充军费,而未收丝毫实效,万非长久之计。西南声称彼等实愿和平了结,因中央政府向无诚意,此说真假不可得而知。惟伍君廷芳曾向本国驻粤领事声明数次,托其向本公使转探中央政府口意,大约实有调停之余地。"陆徵祥答:"南北战争,全民涂炭,诚有如贵公使

所言有分裂灭亡之惨。中央政府岂不愿和平解决,无如西南极坚持。如请恢复旧国会一层,此万难办到。旧国会从前所办之事,如反对宣战问题及库伦条约,种种刁难情形,实为中外所共见。断难独责中央政府之无诚意也。"朱尔典说:"总而言之,此事若不早日解决,贵国将来地位实有不堪设想者。贵总长亦知两月以前英美驻华各界要人曾立一会,对于中国现状曾有决议,请本公使转达本国政府设法劝告中国等情。该会要人类皆久居中国,深知中国内情,且与彼等私人亦有利益关系,均以为贵国内部如不即日平静,国家万无存在之理,此事贵国政府不可不注意也。"①9月下旬,美国政府通过中国驻美公使顾维钧转告新当选的大总统徐世昌,希望其迅速解决国内时局,实现国内和平。10月10日美国总统威尔逊在祝贺徐世昌就任大总统的电报中希望中国停止内战,实现统一:"今贵大总统就任之日,正贵国各派首领以爱国为怀,牺牲一切,息争之时。更宜和衷共济,力谋国民幸福,统一南北,而于各国际公会中亦占其应有之地位也。"②驻华外交公使团在祝贺徐世昌当选的颂词中也希望中国早日实现和平统一。10月18日,美驻华公使芮恩施拜会徐世昌大总统时,也提出非正式的和平劝告。

与此同时,国内和平运动进一步高涨。10月初,张謇发出主和通电,反对战争,呼吁和平。10月23日,熊希龄、蔡元培、张謇、王宠惠、庄蕴宽、孙宝琦、周自齐、王家襄、谷钟秀、丁世峄、李肇甫等发起组织了和平期成会。10月30日又议决和平期成会纲领10条。11月3日,依纲领选举出和平期成会会长熊希龄、副会长蔡元培。

10月23日,和平期成会的熊希龄、张謇、蔡元培等向全国发出通电,呼吁和平:

①　叶公绰:《一九一九年南北和议之经过及其内幕》,《文史资料选辑》第26辑,第49页。

②　李新、李宗一主编:《中华民国史》第二编第二卷,第298页;《申报》1918年10月19日。

　　慨自国内构衅，忽已年余。强为畛域之分，酿成南北之局。驯至百政不修，土匪遍地，三军暴露，万姓流离。长此相持，何以立国？希龄等夙夜焦思，以为内争一日不息，即国本一日不定，险象环生，无有终极。况欧战将终，国际势迫，若仍兄弟阋墙，何能折冲御侮？且不自谋和解，难逃世界责难。是以人心厌乱，举国从同，各抱忧危，苦难宣达。希龄等外察大势，内观舆情，瞻前顾后，义难缄默。拟组织一平和期成会，为同情之呼吁，促大局之平和。凡赞成本会宗旨者，切望同声相应，协力进行。盖和局早成一日，即乱机减少一分；群力增加一分，即国本早定一日。忧时君子，当韪斯言。谨布腹心，伫候明教。再本会宗旨，不分党派，亦非政团。平和告成，本会即行解散，决无他种作用，谨并声明①。

　　这一和平通电对当时的中国影响很大。这一通电也直接电达广州军政府与护法国会。

　　11月11日，第一次世界大战结束，世界呈现一派和平景象。各协约国积极准备召开世界和平会议，处理战争的善后问题。国际和平的环境，进一步促进了国内和平运动的高涨。中国作为协约国的一员，人们沉醉在战胜国的喜悦之中。南北两个对立政权，都放假庆祝第一次世界大战的胜利。各地纷纷召开公理战胜强权的庆祝大会。中国人民自然更企盼着国内和平，希望中国以一个统一的国家的面目出现在世界和平会议上。全国性的和平运动，进一步孤立了主战派。就连积极主战的安徽督军也不敢公开主战，而复和平期成会的电报中，赞同和平主张。

　　第一次世界大战行将结束之前，无暇东顾的西方列强开始关注自己的在华利益。此时，一直积极扶植皖系、支持皖系武力统一中国的日本寺内内阁9月21日倒台，9月28日原敬内阁成立。在英、美、法等

<hr>

　　①　李新、李宗一主编：《中华民国史》第二编第二卷，第308—309页；《民国日报》1918年10月26日。

国通过外交途径对日本施加影响,迫使日本新内阁放弃支持皖系武力统一中国的政策,而与他们采取基本一致的促进中国和平的政策。这也进一步促进了中国的和平运动。

南北战争完全是一场军阀之间的战争。双方都投入了大量的兵力,极大地消耗了国家的人力、物力和财力。它给人民的生命财产带来了巨大的损失。人民厌恶这场战争。处于前线作战的双方士气都不高,多有厌战情绪,故吴佩孚8月发出的罢战主和通电得到舆论界的支持与响应。全国要求和平的运动从1918年夏天即逐渐高涨。这时,第一次世界大战已接近尾声,为了战后争得更好的国际地位,眼看胜利已临近的各协约成员国都加紧了外交活动。中国本来加入协约国就比较晚,参战的地位本来就比较脆弱。中国政局动荡,南北内战不止,更将严重削弱中国在即将召开的战后和平会议上的地位。中国一大批有识之士,奔走呼号,希望北南双方尽快停战议和,以一个和平统一的战胜国的面目出现在国际舞台上,出现在战后的和会上,以便在战后国际格局重新洗牌的过程中争取一个较好的国际地位。

正是在这一国际、国内的大环境下,徐世昌出任大总统,其一上台,就决心推动国内和平的进程。故其就职宣言中就明确表示要以诚心谋统一,以毅力求和平。徐世昌并以也主张和平统一方针的心腹钱能训代理国务总理,来推进和平进程。

10月25日,大总统徐世昌下了一道和平的命令:

> 欧战以来,兵祸至烈,影响政治,震动全球。而立国久远之图,究未可悉凭武力,故欲保障人类之幸福,必先维持国际之和平。美大总统威尔逊有鉴于斯,迭次宣言,咸以尊重和平为主旨。吾国政府以逮士庶,莫不佩其悯世之诚。而大势所趋,即列邦亦将赞助进行,以为世界和平之先导。自兹兵事永弭,工商大兴,扶持物质之文明,辅助民生之发达,大同盛轨,此为权舆。本大总统适以斯时谬膺众选,亟当详审世局,用定设施。夫以欧西战祸扰攘累年,所对敌者视若同仇。所争持者,攸关公义。一经息争,弭乱遂若异口

同声。况吾国二十余省,同隶于统治之权。虽西南数省政见偶有异同,而休戚相关,奚能自外?泯无南北之判,安有畛域之分?试数上年以来,几经战伐,罹锋镝者,孰非胞与?縻饷械者,皆我脂膏。无补时限,转伤国脉,则何不释小嫌而共匡大计,蠲私忿而励公诚?俾国本系于苞桑,生民免于涂炭。平情衡虑,得失昭然。兹值列强偃武之初,正属我国肇新之会。欲以民生政策与协约诸邦相提携,尤当革国人之心思才力,刷新文治,恢张实业,以应时势而赴事机。及兹黾勉干济,犹虑后时,岂容以是丹非素之微,贻破斧缺斨之痛。况兵事纠纷,四方耗敝,庶政搁滞,百业凋残。任举一端,已有不可终日之势。既无对外关系,讵能长此支持?所望邦人君子,戮力同心,幡然改图,共销兵革。先以固国家之元气,次以图政策之进行,民国前途庶几有豸。以言政策,莫要于促进民智,普兴实业,而二者皆当具有世界之眼光。吾国文教早辟,而民智葑塞,进步较晚,是宜旁采列邦之文化以灌输之。吾国物力素丰,而兴业之资、母财犹乏,是宜兼集中外资力以辅助之。以国家为根本,以世界为步趋,劝使人民智识跻及于大同,社会经济日臻于敏活。民智进则国权自振,民生厚则国力益充。夫如是乃可保文物之旧邦,乃可语共和之真谛。本大总统不惮哓音瘏口,以尊重和平之主旨告我国民,固渴望我东亚一隅与世界同其乐利。此时大局未定,保乂为先。军民长官,各有捍卫地方之责,仍应遵照前令,力除匪患,用保治安。民瘼攸关,勿稍玩忽。惟兹有位,其共念之[①]。

皖系、安福系是反对和平统一方针的,尤其是皖系灵魂人物、安福系的主要头目徐树铮,一直在中国政治舞台上兴风作浪,四处煽风点火。徐世昌为避免徐树铮阻碍其所要采取的和平措施,用调虎离山之法,派徐于11月4日启程赴日本观操。

11月16日,在征得各省督军的意见后,徐世昌发表了停战令,要

---

① 《申报》1918年10月27日。

求"所有前方在事各军队，务当即日罢战，一律退兵。其各处地方治安，责成该管区军民长官派队接防，妥筹布置。至土匪扰乱，公安及军队不遵戎纪有碍秩序者，是为国人所共弃，及时戡定，勿滋民患。"①

安福系是反对徐世昌和钱能训代理内阁的上述和平措施的，故开始酝酿在国会弹劾钱能训代理内阁，并和各主战督军联合，运动段祺瑞再出面组织内阁，以贯彻皖系的武力统一政策。段祺瑞于 11 月 27 日面见大总统徐世昌，向徐施加压力，力图阻止和平进程。11 月 30 日主战的张作霖、倪嗣冲、曹锟又要求段祺瑞再次出来组阁。

主战派的这些活动，立即引起了驻京外交公使团的关注和干预。12 月 2 日，英、美、法、日、意五国公使联合递交了劝告北京政府和南方速谋和平统一的觉书，要求中国尽快实现和平统一，全文如下：

中国南北乖离之内讧，计已两经寒暑，日、英、美、法、意各国政府常引以为深忧。此不祥之纷争，非独危及中国自身之康宁，损及诸外国之利益，且延而动摇一般之人心，致予敌国以可乘之隙。际此次战争最大难题，中国之与联合国侧协力业受莫大阻害。今幸危机渐过，各国咸希望平和及正义实现于各国民间。当此企图以实现平和及正义为目的之全世界组织成立之时，而中国内讧不息，此伟大事业必加一层之困难。日、英、美、法、意联盟政府既悉中华共和国大总统所执妥协内讧之措置，深望偿此莫大之希望。同时南方各首领之态度，亦示有同样稳健解决纷争之意，实无任欣幸之至。是以前记五国政府深愿北京政府及南方各首领勿以个人感情用事，勿拘法规枝节。凡有障害于树立平和之一切举措，亟须力避，以便速为无隔意之协议。更以顾念理法大则与中国民福之感情为基础，以举中国国内平和统一之实为要。对于妥协成就手段案出之兆候，特以同情与期待以欢迎之，并更言明于兹：日、英、美、法、意各国政府，欲图解决南北双方致招乖离之各项难题，故极力

①　《民国日报》1918 年 11 月 19 日。

特表深厚之同情。且五国政府并无何等干涉之企图,更无指示何
等特殊条件以左右之之意。是等妥协条件,纯欲由中国人士自行
协定。五国政府为妥协统一之实现计,南北双方凡有热望,自当力
为声援。此不过深望中国国民得以参与现在各国所企图之世界改
造之伟业,以发扬其国威而已[①]。

徐世昌及时将此觉书向段祺瑞、张作霖、曹锟等人详细转达后,主
战派才变得收敛了,并均表示支持徐世昌的和平方针。

徐世昌乘主战派偃旗息鼓的机会,让安福系把持的第二届国会通
过了钱能训内阁。同时,徐世昌、钱能训拟定了参加南北和平会议北方
代表的名单。并抵制了安福系以其头目王揖唐为北方和谈总代表以便
控制南北和谈的要求,任命徐世昌、钱能训的心腹、旧交通系的首领朱
启钤为北方和谈总代表。并乘徐树铮不在国内的机会,于 1918 年 12
月 11 日将参加南北和平会议的北方代表名单在国务会议上通过,并立
即在报纸上公布出来。名单如下:

总代表:朱启钤(代表徐世昌)

代表:吴鼎昌(代表安福系)

　　　方枢(代表段祺瑞和安福系)

　　　汪有龄(代表旧交通系梁士诒)

　　　施　愚(代表直系李纯)

　　　刘恩格(代表奉系张作霖)

　　　王克敏(代表直系冯国璋)

　　　李国珍(代表研究系)

　　　江绍杰(代表安福系)

　　　徐佛苏(代表研究系)

徐树铮 12 月 16 日从日本观操回来时,尽管对北方和谈以朱启钤
为总代表十分不满,但名单已正式公布,生米已成熟饭,且又有 12 月 2

---

① 《民国日报》1918 年 12 月 6 日。

日五国劝告和平的觉书,也不便公开反对。但他除通过安福系和谈代表吴鼎昌操纵整个北方和谈代表团外,还直接致电总代表朱启钤,向朱发号施令。徐于1919年4月8日、5月12日、5月15日、5月16日多次致电朱启钤,向朱发出旨在破坏和谈的指令。此时的徐树铮只是参战处的参谋长,竟直接向朱启钤发号施令,可见徐的张狂和专横。

借助国内外要求中国实现和平统一的力量,徐世昌、钱能训积极促成了1919年的南北和谈。但以段祺瑞为首的皖系和以段的心腹徐树铮为首的安福系一直是反对南北和谈的。因为若和谈成功,徐世昌的地位就越巩固,直系也将更为得势,失败的就是主战的皖系和安福系。故安福系或公开或隐蔽地为南北和谈设置障碍,将和谈推向破裂。

安福国会于1919年1月25日开秘密会议,商讨对上海南北和议对策。议员们自然清楚,国会是这次和议中的焦点,若成功,安福国会就得解散,甚至南北两个国会都得解散。故很多安福系议员发言时扬言,如果牺牲新国会,则决心仿照旧国会在粤开会的先例,移赴奉天开会。又有人主张,如至不能抵抗时,干脆自行解散,但必先发一种通告,声明两院经过事件,概作无效。即选出的大总统徐世昌,通过的钱能训内阁均无效①。这显然是向徐世昌、钱能训施加压力。

南北双方在上海的和谈,关于会议的名称都未能取得一致。结果,北方称为"南北和平会议",南方则称为"上海会议"。其他问题,尤其是国会问题,均各坚持己见。此时,一直想控制南北和议的江苏督军李纯(一开始,他就主张南北和议在南京举行),秘密提出了一个解决国会的办法:先把1917年国会被解散以前的宪法会议恢复起来,由旧国会议员在南京召开宪法会议的三读会,完成制宪过程,并通过追认徐世昌为总统的议案,然后公布宪法,解散南北两个国会。根据宪法规定的国会组织法和国会议员选举法,进行国会议员选举,召集新一届国会。

这一方案正在向各方秘密交涉的过程中为安福系得知,便立即遭

① 《申报》1919年1月27日。

到安福系强烈地反对。4 月 12 日,安福系召开紧急会议,讨论对策。到会者一致对徐世昌、钱能训不满,认为这是出卖安福国会。有人甚至提出撤换北方总代表朱启钤。最后议决:1. 依照上次决议之宣言,认为大总统地位不能因和议而摇动。2. 国会非依宪法不能改组,南京制宪之说及两国会同时取消,旧法召集新会之议,认为摇动元首地位,违反北方二十省之民意,绝对皆不能赞成。3. 和平会议中,人若因瓜分政权之故,为不公正之主张,其所议决者概不承认。4. 国会问题,若赞成南方一偏之主张,使中央及北方各省军民及政府冒违法之嫌时,概不承认①。并推参议院议长李盛铎、众议院议长王揖唐面见大总统徐世昌和国务总理钱能训,以国会的名义向徐、钱申明国会对待和议中的国会及大总统的态度。

4 月 13 日李盛铎、王揖唐谒见大总统徐世昌,4 月 14 日面见国务总理钱能训。4 月 17 日晨,王揖唐再次面见钱能训。向徐、钱说明安福国会对和谈中的上述态度(安福系的意见,自然就是安福国会的意见),向徐、钱施加压力。要求政府电令北方议和代表保存新国会及反对恢复民国 6 年的宪法会议。并要求钱能训率全体阁员出席安福国会会议,回答议员的质问。徐、钱只好退缩。

4 月 17 日,安福系再次开会,由李盛铎、王揖唐将面见徐、钱的情况介绍后,安福系议员的情绪稍为安定。于是议定:1. 联名致电朱启钤,声明总代表性质为两院通过的国务总理所委任,等于行政委员,法律问题即国会问题无权解决。2. 对 4 月 18 日国务委员出席众议院会议,质问时宜取平和态度②。

4 月 18 日,众议院开秘密会议,钱能训率全体阁员出席,回答议员质问。由于议员与政府早已沟通,这天议员的质问比较平和,钱能训在安福系的压力下已退缩,故在会上答应:1. 不使北方陷入违法之地位。

① 《申报》1919 年 4 月 14 日。
② 《申报》1919 年 4 月 19 日。

2. 维持新国会。3. 不赞成以旧约法召集新国会及在南京开旧国会。①

按安福系 4 月 17 日的议决,安福系议员王郅隆等 330 余人 4 月 17 日致电北方和议总代表朱启钤并通电全国:

> 近闻报载,尊处会议现竟涉及法律问题。查法律问题,质言之即国会问题。国会根据《约法》,总统由斯选出,内阁由此通过。中外具瞻,国本所系,一有动摇,牵及全局。况执事系受国务院委任,其权限不能出乎行政范围。国会系国家立法机关,断非行政委任人员所能议及。倘若越权擅议,则紊乱国宪,动摇国本,必有尸其责者。郅隆等为拥护法律、巩固国本计,特电声明,尚希照察②。

安福系议员直接向北方议和代表和全国宣布北方议和代表无权在和谈中讨论国会问题。也就是说,最关键的国会问题是和谈中不可讨论的问题,这其实就将和谈的大门关上了。安福国会这种蛮横无理的阻挠,自然导致南北和谈的破裂。

十、第二届国会与巴黎和会

1918 年底和 1919 年上半年,全国瞩目的两件大事就是巴黎和会和上海南北和议。

1917 年 8 月 14 日,段祺瑞再次上台后,北京政府即正式宣布对德、奥宣战,加入了协约国行列,并尽力履行了自己的义务。

1918 年 11 月 11 日德国与协约国方面签署了停战协定,第一次世界大战以协约国的胜利而结束。和协约国各国一样,中国也为这一胜利而庆祝,而欢呼。大总统徐世昌在 11 月 16 日的命令中说:"我协商国士兵人民,不惮躬冒艰险,卒以公理敌强权而获此最后之胜利。吾国力排众难,加入战团,与兹盛举,是堪欣幸。"③

---

① 《申报》1919 年 4 月 20 日。
② 《申报》1919 年 4 月 20 日。
③ 《政府公报》1918 年 11 月 17 日。

　　第一次世界大战在 1918 年 9 月、10 月间就已成定局。9 月德国西线完全崩溃,10 月奥匈帝国军队在意大利战场惨败。匈牙利国内爆发了革命,保加利亚和土耳其等同盟国的成员已向协约国投降,并签订了停战协定。土、保、匈、奥等国投降并退出战争。同盟国已土崩瓦解。各协约国已着眼于战后国际局势的重新洗牌,均积极开展外交活动,以谋求在战后新的国际局势中取得更好的地位。第二届国会的一些议员也开始提议案,敦促政府未雨绸缪,早做战后和议问题的准备工作。

　　10 月 19 日,参议院第 9 次常会,参议员韦荣熙提出,陈介、沈国钧等连署的《请咨政府,欧战将终,迅速派员赴欧,准备参预和议以救危局》案列入当天的议程。该案说:"查近日欧战报告,德、奥势蹙,其联盟国之保加利亚、土耳其两国已向协约求和,德、奥亦向美国提起议和案,可见世界和平曙光将次发展,讲和会议为期不远。吾国前为世界正义起见,为协约国协助起见,遂有加入参战之举,为交战团体中之一分子。和议开始当然有参预权利,毫无疑义。惟他国之对我是否能如我之自期许,亦不可不先自筹策以图应付。且和议开时,非惟议决欧洲种种国际问题,而东亚种种问题亦必取决于此。是此次和议实为吾国生死存亡关头,万难缓视者也。民国 3 年秋间,袁前大总统已有预备和议之加入。乃国事蜩螗,荏苒至今,至可太息。日前外交部虽有议和筹备处之设,究竟筹备此事有无确实把握? 当此千钧一发之际,稍涉敷衍,必使莽莽神州万劫不复。本院责任所在,义难缄默,应即咨请政府迅派大员遄赴欧洲,准备参预和议。对于吾国地位利害,何者应争回,何者应提出,认真切实筹定,免至一误再误,民国幸甚。谨依院法第 37 条规定特为建议,提请公决。"[1]此案对战后即将召开的和会十分重视,和会对中国的影响也说得很清楚。当日的会议,因该案涉及外交而转开秘密会议,议定付外交股审查。外交股审查委员会 10 月 24 日开审查会,认为战争尚未结束,派和议代表还太早,但可预先筹备,故将该案改为

---

　　①　中华民国 7 年 11 月《参议院公报》第 1 期第 3 册,第 79 页。

《请咨政府,欧战将终,迅将准备参预和议事宜切实进行,以救危局》案,文字亦做了相应的修改。11 月 8 日参议院第 13 次常会,讨论通过了外交股的审查报告,以三读会的程序将全案通过咨送政府。众议院亦有类似提案提出。

11 月 2 日,大总统徐世昌设宴招待两院议员,徐在演说中说:"吾国年来数经忧患,外交内政驰废不修,言治者任举一端何莫非当务之急,顾鄙人以为今日国人所当殚力聚策以赴之者,厥为欧战议和问题与战后吾国在世界上之新地位。此实为世界大势变迁之要键,而吾国兴替所关,深望诸君子考虑建白以与政府戮力疾追者也。……吾国对于维持人道之责任与协助联军之热忱未尝迟回顾忌,于是有 8 月 14 日之宣战布告。溯自参战以至今日,吾国上下敌忾同仇。凡所以协助联军者,如供给华工以裨助兵役,如输出原料以增制军需,如桑运米粮,如捐给药物,预除障碍,遏止阻谋,力所能逮,罔不供亿。今者吾人平昔所薪往之和平目的,行且达及。而当此和议未就以前,吾国将以何法益求促进联军之胜利,增进国际之地位,此诚为政府旦夕经营之事,而亟望国会诸君有以牖其衷而助其成也。抑且欧战和议开始,必将为全球谋长治久安之道。如是则舍先决俄国问题、奥匈问题、巴尔干问题而外,远东问题必将为此后列强之共同目的。吾国处此潮流,将何术以图存?而在此和平会议中当求如何发言以保利益?此种种者迫在眉睫,端视国人一德一心以收其效。议会有协助政府之责。历观开战以来,交战国政府中,如英首相,如美总统,凡政策决定以后,恒得国会之一致辅援。我国会诸君能师法英美,以协佐政府解决此后之外交,以助成美总统所提议之世界平和乎?此实鄙人夙夜跂迟而欲诸君之慎为裨助者也。"①可见政府在欧战行将结束前,也开始关注战后的国际格局,重视战后的和平会议,但又一时苦于没有一定的对策。

11 月 1 日参议院常会,又通过了议员何焱森《请以中华民国国会

① 中华民国 7 年 11 月《参议院公报》第 1 期第 3 册,第 1—3 页。

名义致电法国国会及协商各国国会祝贺欧战胜利》案,并咨送众议院求得众议院的同意后,即以国会的名义致电协约各国国会祝贺欧战胜利。

11月11日,即在第一次世界大战结束的当天,英皇乔治即致电大总统徐世昌祝贺协约国的胜利。

11月15日,参、众两院分别开会议决电贺协约各国国会,祝贺第一次世界大战结束协约国取得最后胜利。按参、众两院的议决起草好电文又经国会参、众两院通过。11月20日,参、众两院议长梁士诒、王揖唐分别致电美、英、法、意、日等协约国国会,祝贺协约国的胜利。

11月15日上午,旅京协约国的外国人分别于10时在北京西什库天主教堂和于11时在北京灯市口耶稣堂开祈祝会,祝贺协约国的胜利。各协约国驻华公使,北京政府内阁全体成员,参、众两院议长梁士诒、王揖唐,参战督办段祺瑞均来往仆仆地参加了两个庆祝会。

北京政府原定11月14日、15日、16日三天为庆贺欧战胜利日,但由于准备工作需时日,改为11月28日、29日、30日。政府各机关及学校放假3天,举行各种形式的庆祝会、讲演会、提灯会。28日还在天安门举行了盛大的阅兵式。29日外交部举行盛大的宴会,宴请协约各国驻华公使,陆军部、海军部则设宴招待协约各国陆、海军人员。30日参、众两院开茶话会,招待各国驻华公使及商学各界人员。当时全国上下沉醉在一片胜利的喜悦之中,均认为欧战以协约国的胜利而结束,这是公理战胜了强权,世界将走向光明,弱肉强食的时代将逐渐终结。

由于段祺瑞是力排众议坚决主张和推动中国参战的第一人,故欧战的胜利及其一系列的庆祝活动,将段祺瑞的声望推向了其政治生涯中的高峰,段祺瑞成了民族的英雄。安福系议员自然乘机大捧段祺瑞以抬高自己的身价。安福国会众、参两院分别于1919年1月18日和23日通过了《请以7月3日为马厂首义再造共和纪念日》案。

第一次世界大战结束,人们在庆祝之后,欧战后的和会自然是人们最关注的大事。1918年1月8日美国总统威尔逊发表了著名的14条宣言,对战后的国际关系准则提出了一系列新的规则,包括国与国之间不得订立任何秘密协定,外交活动必须公开,海洋自由,民族自决等。并倡议设立国际联盟,以维护各国的政治独立和领土完整。以后威尔逊又提出战后议和大纲 5 条。第 1 条就是各国人民权利平等,待遇毫无轩轾。不管威尔逊的宣言和大纲有多大的实际指导意义,战后的国际格局要重组是肯定的。一些弱小国家对威尔逊、对美国抱有很大的希望,其中包括中国。由于中国自鸦片战争以来,一直受列强的侵略和欺凌。它们把一系列不平等条约强加给中国和中国人民。中国既然是战胜国,自然应该享受战胜国的权利。中国自然不会利用战胜国的地位去欺凌谁,而只是想利用战胜国的地位挣脱强加给自己的若干不平等条约,如废除二十一条、废除中日间一切密约、收回胶州湾租借地、改订关税、收回治外法权等,谋求与各国平等的国际地位。这些自然是最正当不过的要求,也完全符合威尔逊的宣言和大纲的精神。第二届国会议员也纷纷提出各种提案,要求在欧洲和会上收回本属中国的各项权益。

参议员何焱森、卢谔生等提出的《请咨政府对于欧战和议列席时提出收回德国租借之胶州湾全部国土建议》案,指出:"德国昔日所租借之胶州湾及所攫得种种利益,在德国今日固无赓续之权,即在各友邦亦无继承德国昔日所占有土地及其他种利益之权。况日本政府早已宣告将胶州湾全部交回。今我政府正宜乘此时机,复我故土。今请咨政府于列席欧战和议时,应将德国昔日租借之胶州湾全部及其所攫得种种利益提出协商各国收回。"①参议员尹宏庆、张玉庚等提出《对于山东胶州湾胶济路、威海卫请咨政府于欧战和平会议列席提议收回以重国土而维主权》案,也提出了收回战前德国在山东的租借地和特权(后由日本强行夺去)。参议员黄锡铨、蒋棻等提出的《请咨政府参预议席请将辛丑条约未经交付之赔款全部取消免予交付建议》案,指出:"1. 德

---

① 中华民国 8 年 1 月《参议院公报》第 1 期第 4 册,第 110、111 页。

会议,商谈对德及其盟国的停战和平条件通知函后,1918 年 11 月 14 日,北京政府内阁会议,决定派熟悉欧洲各国情况的外交总长陆徵祥为中国出席巴黎和会的全权委员。这时,上海的南北和议即将召开,全国要求南北和解的气氛很浓。尽管北京政府为了强调自己是惟一合法的政府,拒绝了西南护法政府的南北两个政府会同派遣代表,即南北各派若干代表为双方合派人员,再由北方正式任命的主张。但为了营造南北和解的气氛,为即将在上海召开的南北和会创造条件,在外人的斡旋下,北京政府还是在巴黎和会代表中吸收了一名南方的代表王正廷。1918 年春,王正廷奉护法政府之命在美国进行外交斡旋,以争取美国承认军政府,但无成效。1919 年初,王得知军政府委派其为出席巴黎和会特使。鉴于各国未承认护法军政府,护法军政府的这一任命无法为国际上承认。要成为巴黎和会代表,就须争取得到北京政府任命。故王在美国积极运动,频频拜会美国要人,争取他们支持南北两个政府共派代表的要求。在美国友人的帮助下,最后美国驻华公使芮恩施亲自出面与大总统徐世昌协商。当时国内和平空气正浓,北京政府为了向世界表明中国国内在走向和平与统一,决定让王正廷以广东军政府代表的身份加入中国出席巴黎和会代表团。1919 年 1 月 21 日,大总统徐世昌发布命令,特委陆徵祥、顾维钧、王正廷、施肇基、魏宸组充赴欧参与和会全权委员。之所以用全权委员而不用全权大使、全权特使,主要是为避开第二届国会。用大使、特使必须经过国会的同意。第二届国会肯定不会同意南方代表王正廷进入中国代表团的。按 1919 年 1 月 17 日赴巴黎和会的中国代表团讨论结果并报给巴黎和会秘书处和用电报报给北京政府五代表的顺序为:陆徵祥、王正廷、施肇基、顾维钧、魏宸组。北京政府考虑到陆徵祥身体一直不好,常去瑞士养病,次席全权代表将取代首席全权代表负起代表团的管理职责。北京政府自然不愿此项权力落入南方代表手中,于是将顾维钧从第 4 位提到第 2 位。这立即引起了中国出席巴黎和会代表团内的矛盾与冲突。于是北京政府又于 2 月 21 日致电中国出席巴黎和会代表团,同意了陆徵祥原来报来的五位和会代表的排列顺序。

出席巴黎和会的代表,北京政府特意用全权委员的名义,避免了要通过国会而可能引起的波折。国务院2月14日在《咨复议员龚秉钧等提出请咨政府将欧战媾和专使提交国会同意案业经院议可决文》中,婉拒了国会的要求,说"和约未经签字以前不能正式征求国会同意,盖和约尚未签字,即媾和成否尚不可知,将何所据以征求同意? 立宪各国先例类于全权签字以后、元首未经批准以前,始行提出国会征求同意,我国似应仿照办理。至原案所称此次陆外长赴欧,据报纸喧传即系当媾和大使之任,但未经政府明令发表,亦未咨请国会同意。查《临时约法》第34条,大总统任命外交大使、公使须得参议院之同意,请一并咨请政府依法办理等语。查《约法》所载任命外交大使、公使须得参议院同意,明系指大使、公使而言,现在陆徵祥等五员系经大总统特委派充赴欧参与和会全权委员,其名义与大使、公使不同,此条似不适用。"①尽管国会对政府以全权委员的名义绕开国会同意关而直接任命出席巴黎和会的代表很不满意,但也无可奈何。

巴黎和会在大国的操纵下,将各国席位分配分成三类:第一类为"享有整体利益的交战国",所谓主要协约国,即美、英、法、意、日等国,每国5席;第二类为"享有局部利益的交战国",是在战争中提供了一些有效援助的国家,每国3席;第三类为协约国阵营中对德绝交的国家,只能在讨论问题涉及到这类国家时,才能出席。这类国家每国2席。美、英、法等协约国原拟将中国列为第二类国家。但日本为了保持自己在中国的种种特权并攫取德国在山东的租界及各种权益,在巴黎施展外交手腕,极力压低中国在巴黎和会上的地位,尽力限制中国在巴黎和会上的发言权,最后将中国降为第三类国家,只给了2个席位。经中国代表团的力争,最后允许中国5名代表可轮换出席,每次该中国出席的会议时可任意派5人中的2人出席。

———————

① 中华民国8年3月《参议院公报》第1期第6册,第214、215页。

　　尽管在出席巴黎和会代表的席位受到挫折,但中国对巴黎和会仍寄予了很大的期望。北京政府派出了由62人组成的代表团。代表团除包括几乎所有驻欧美主要国家的公使外,还有25位专家及一些行政技术人员。中国代表团仅比日本代表团少1人,在所有27个参加巴黎和会国家代表团中,人数居第9位。国内各知名人士亦纷纷云集巴黎。他们当中有研究系首领梁启超(徐世昌派梁赴巴黎随时与折冲樽俎之和会代表筹商擘画)及研究系的骨干蒋方震、张君劢、丁文江等。有国民党的重要骨干汪精卫、张静江、徐谦等,还有旧交通系的首领叶恭绰等。他们到巴黎除探听巴黎和会进展情况外,还欲对参加和会的代表施加自己的影响。当然,这些人有一个共同之点是希望通过巴黎和会,尽量多争得中国应有的权利与地位。

　　德国是战败国,中国是战胜国。在巴黎和会上,德国理应将其在胶州湾租借地、铁路及其它在山东的各种特权交还中国。但日本却想攫取德国在山东的上述各项特权。这便是巴黎和会上中日斗争的焦点问题,即所谓山东交涉问题。

　　1919年1月28日,在巴黎和会讨论中国的山东问题时,为了借助美国总统宣言中的反对签订密约的条文来破除中日之间的密约,中国代表顾维钧在会上答应威尔逊将中日密约提交巴黎和会。日本政府为了维持1918年9月与段祺瑞政府签订的密约,极力反对公布这些密约,并指令日本驻华公使小幡2月2日到中国外交部向中国施加压力,不让中国赴巴黎和会代表在和会上公布中日间关于山东问题的密约。此事经舆论公开后,立即引起中国人民的强烈反对与谴责。全国舆论一致要求公布与废除中日间的密约。

　　中日间1918年9月24日签订的关于山东问题的密约正是段祺瑞为向日本借款而签订的卖国的秘密协定,出卖了顺济和高徐两条铁路的路权。段祺瑞内阁议决后签订了秘密协定。由于事关后台段祺瑞,故皖系、安福系显得很被动。全国上下一片要求公布中日密约之声,独安福系对公布中日密约一事噤若寒蝉。由安福系把持的国会自然不可能通过要求公布中日密约的议案。

在全国一致强烈的要求下,北京政府不得不公布1918年的中日密约。但令人惊讶的是,中日密约竟然保存于曹汝霖、徐树铮的私人手中,他人皆不得见。这真是一大奇闻。1919年2月,北京政府将中日密约电达中国出席巴黎和会的代表,并陆续向上海的南北和会提交了密约。3月14日起向全国公布中日密约。

中日密约的公布,使人们进一步认清了段祺瑞的卖国嘴脸。段在对德宣战中捞取的政治声望即如过眼烟云消失殆尽。这对皖系,对安福系,对安福国会也是一次政治上的沉重打击。安福系、皖系十分被动。

安福国会虽然在公布密约上很为被动,但密约公布后,安福国会仍坚持其收回山东胶州湾、收回关税自主权等项要求,并支持中国赴巴黎和会代表团在中日山东问题的立场和采取的措施。4月初,国会议决以参、众两院议长及全体议员的名义致电各主要协约国首脑提出自己的上述主张。这样,4月3日参议院议长李盛铎、众议院议长王揖唐及全体议员致电美国总统、法国总理、意大利总理、英国首相:"敝国自对德宣战后,前与德国缔结条约当然废止。此次和会席上,务乞贵总统、总理、首相主持公道,对于敝国要求应由德国将胶澳直接交还之主张力予赞助,以昭正义而维公法,实为盼祷。"①

4月26日,参议院常会,议员陈振先等提出的《请议决由两院议长用国会的名义致电欧美会议代表主持公理,回复我国山东主权决议》案列入了当天的议程。讨论时,一致赞同,并议决不适用读会规定,当即全案通过。由于4月27日为星期天,众议院不能开常会,故又议决先由参议院单独向巴黎和会各国代表去电,以免延误时间。

5月2日,众议院常会,通过了山东问题应直接交还中国的议案。

当巴黎和会上,列强置中国的正当权利和要求于不顾,并用牺牲中国的利益来满足日本长期霸占中国的欲望,竟将德国在山东的权益交

---

① 《盛京时报》1919年4月10日。

给了日本。中国代表团在巴黎和会上对山东问题的交涉最终失败。消息传到国内,中国人民十分愤怒。当初欧洲战场厮杀得难解难分、双方都精疲力尽之时,协约国为了利用中国丰富的人力和物力资源来打赢这场战争,协约各列强一致极力拉中国参战。中国往欧洲战场源源不断地送去了15万劳工,军用物资和粮食也源源不断地运往欧洲,支援协约国。中国人民为赢得这场战争做出了很大的贡献,付出了巨大的代价。战争胜利了,中国作为一个战胜国,只要求能在国际上得到一个平等的地位。协约国列强不但不支持中国这种最起码的最低要求,却仍要将中国踩在脚下,任意欺凌。这哪来的公理? 哪来的正义? 中国人民压抑已久的愤怒自然如火山一样爆发了。一场伟大的反帝反封建的五四爱国运动终于爆发了。

5月5日,参、众两院按原商定的开两院联合会,专门讨论巴黎和会上中日关于山东问题的交涉失败后的对策。最后议决致电各国巴黎和会代表,陈诉中国对青岛问题的决心。

五四运动的矛头直接指向以段祺瑞为首的皖系及由皖系控制的北京政权。斗争的矛头直指段祺瑞、曹汝霖(交通总长)、陆宗舆(币制总裁)、章宗祥(驻日公使)这几个亲日的头目。中日密约就是这几个人再加上徐树铮经手秘密签订的。皖系、安福系对五四运动采取了敌视的态度,主张坚决镇压学生。这也是安福国会对五四运动的态度。皖系、安福系对钱能训内阁镇压学生运动不力很不满,于是力图倒阁,换上安福系内阁,甚至欲以安福系首领、众议院议长王揖唐出面组阁。

段祺瑞针对学潮,授意安福系阁员提出整顿学风,首先撤换北京大学校长蔡元培。但由于教育总长傅增湘拒不副署,安福系竟扬言要暗杀蔡元培。蔡被迫于5月9日辞职离京。皖系、安福系又指责傅增湘包庇蔡元培、钱内阁应付学潮软弱无力,要进行倒阁运动。傅增湘5月15日辞职后,安福系立即推出参议院副议长、安福系骨干田应璜继任教育总长。但在各方强烈反对下,最终未敢向国会提出。

第二届国会在巴黎和会上关于山东问题交涉失败后,一直是主张拒绝在对德和约上签字的。

5月12日，大总统徐世昌邀请参、众两院议员开茶话会，商讨对德和约签字问题。众议院秘书长王印川表示："在印川个人之意，与其签字而断送青岛，不如不签字之断送，他日尚可设法。故绝对主张不能签字。"①5月13日，徐世昌再次邀集议员商讨对德和约签字问题，议员们再次主张拒绝签字。

全国各地是一片反对在巴黎和约上签字的声音。北京各界一再向政府请愿。一些省派出赴京请愿团。其中山东省曾先后两次派出进京请愿团。第一次请愿团代表是由各界选出的，第二次请愿团代表是由各县选出的。代表团在面见大总统徐世昌、代理国务总理龚心湛时，坚决要求拒绝在巴黎和约上签字。

5月20日，北京政府向第二届国会提出关于山东问题的咨文，说明政府对巴黎和会对德和约采取保留签字的方针，征求国会同意。5月26日众议院会，在讨论政府送交的山东问题时，基本上同意政府的方针。经表决赞成政府保留签字的方针绝大多数，通过。但以和约条文未经提交众议院，不能遽为同意而咨复政府，要求将修正的条款再提交国会。

在中国出席巴黎和会代表向各大国交涉保留签字的主张遭列强拒绝后，5月24日国务院通电宣布外交困难情形，对巴黎和约主张签字，并说已征得两院议长同意。也就是说，列强拒绝中国的保留签字的主张后，中国政府准备签字。

6月9日，安福俱乐部召集全体会员大会，决定以安福俱乐部全体议员的名义否定政府签字的电文："顷闻报载，国务院敬电宣布外交困难情形，对于和约主张签字，并谓征询两院议长意见相同等语。查日前政府提交众议院请求同意之咨文，对于青岛问题曾经郑重声明，主张暂行保留，以为异日挽救地步。前次众议院开会，虽以和约条文未经提

---

① 《公言报》1919年5月13日。

出,不能遽为同意。然对于保留青岛,他约签字一层固已多数赞成,咨复政府在案。今国务院敬电所云,是青岛问题亦在签字之列,与政府提交众议院咨文全然不符,殊堪骇异。且以征询两院议长为词,尤属误谬。查议会以多数议决为原则,议长不能代表全院意思。且询诸两院议长,对于此层并无若何表示。政府假托名义,不知是何居心?议员忝为国民代表,对于此等国家重大问题,当然服从多数民意。上次众议院开会,对于青岛问题已有明确之表示。今后政府外交计画纵有变更,议员等一日在职,绝对不能负责。谨电奉闻,敬希察鉴。"①

安福议员在第二届国会中占绝对多数,其态度即第二届国会的态度。安福议员的这一通电对政府无条件签字的方针是一个很大的制约。

6月25日,第二届国会众议院会议,议员杜维俭等提出保留山东议决案,经大会议决改为建议案通过并咨送政府,要求政府拒签巴黎和约。这对政府签约的主张是一个重要的制约。

正是在全国人民高涨的爱国热情的鼓舞下,中国出席巴黎和会的代表最后才能拒绝在《协约及参战各国对德和约》上签字。拒绝在对德和约上签字,是中国外交上一个重要的里程碑。它标志着中国外交开始改变对列强逆来顺受的一贯作法,开创了一个敢于坚持原则与列强抗争的先例。

十一、第二届国会的制宪活动

第二届国会的合法性从它开始选举时就受到置疑,到它开会时也一直受到置疑。不但广州的国会非常会议和军政府发表声明认为它是不合法的,就连北方的吴佩孚也通电声明它是不合法的。第二届国会为了争合法,明明国家处于分裂状态,并不具备制定宪法的条件,却偏

---

① 《申报》1919年6月13日。

要进行宪法的制订工作,以表明自己的合法性和正统性。第二届国会选举出大总统徐世昌后,即开始着手制定宪法的工作。一些议员(主要是安福派议员)纷纷提出从速组织宪法会议进行制宪的议案。两院为此也曾开谈话会,有的主张速定宪法,有的主张缓定宪法。

1918 年 10 月 31 日众议院常会。当日的议事日程中的前五案均为从速组织宪法会议,尽快制定宪法的议案。由提案人说明理由后,议员发言有两种意见,一种尽快制定宪法,一种是暂缓制定宪法。安福系议员发言均持前一种意见,非安福系议员如旧交通系、己未俱乐部则持后一种意见。最后表决,自然是赞成前一种意见者多数,可决,并议决一星期内召开参、众两院会合谈话会,商讨制宪事宜。并以《咨请订定两院会合会日期以便协商组织宪法会议》案咨送参议院。

参议院 11 月 5 日常会,众议院提出的《咨请订定两院会合会日期以便协商组织宪法会议》案列为当日议事日程中的第二案。当日议事日程第一案《对德奥宣战咨请同意》案讨论表决完后,开议第二案时,议场已不足法定人数,只好延会。

11 月 8 参议院第 13 次常会,梁士诒主席。当日议事日程第一案便是众议院提出的《咨请订定两院会合会日期以便协商组织宪法会议》案,讨论时亦出现两种意见,安福系主张尽快制定宪法,旧交通系和己未俱乐部等非安福系主张暂缓制宪。

旧交通系的汪有龄发言主张缓定宪法,其大意为:选举总统与制定宪法性质迥然不同。前些日子急于选总统是因为第一任总统 1918 年 10 月 10 日任满,《大总统选举法》内虽有内阁摄行大总统职权的规定,但国务总理段祺瑞在 1918 年 8、9 月即有宣言至新总统就任即决定下野。到时无继任总统则国政无人执掌,故全国人民均希望从速选出第二任大总统。宪法固为国家根本大法,亟应制定。然中华民国实际上已有宪法可遵守,即《临时约法》是也。宪法不妨审慎制定,不必过于急促。大总统已下和平命令,西南各省如能体谅总统之苦心,和平解决,自非难事。万一彼方不谅,仍主战争,则我两院同人提议制定宪法,于西南各省乃无丝毫抱歉之处。同人须知西南数省不能加入此次之国会,并非全省人民之意,乃当局少数人之意。若急急开议宪法,直将西南各省多数同胞之意一概抹煞,问心能无愧乎?况议宪并非刻不容缓之事,若说刻不容缓,则何不于国会开会之第一日即行提出?既可延至今日,即可再延一时。故本席主张缓议宪法。且宪法会议在法律上规定出席人数非常之多,如意见不同,即难保一定能常常开成会。对不出席宪法会议的议员的看法也是见仁见智。主张速定宪法者会说不出席议员无天良,而主张缓定宪法者对于出席议员会说值大局和平有望之际,不能促进和平,反而阻碍和平。这样,出席议员与不出席议员之间反生误会①。汪的发言不但阐述了缓议宪法的理由,而且表明了反对速定宪法的议员将以不出席宪法会议来抵制制宪的态度,软中带硬。

安福系的议员翟文选发言主张速定宪法,大意为:西南各省现正有讨伐徐总统之明文,且报纸喧传南方国会亦已组织宪法会议。我待彼而彼不我待。我望和平而彼下讨伐令,孰曲孰直,无待置辩。国会应以人数为标准,不能以省数为标准。《约法》赋予国会制宪权,前国会未能制定完毕,此次国会当然有继续制定之责任。大局和平与否为院外之事,似不必顾虑此问题。前在谈话会辩论甚久,今可不必再为多辩。此次新国会召集已近3个月,尚未议宪法,已过于迟缓。若再不定期会议尽快制宪,不足以餍人民之希望。溯自民国以来,种种祸乱发生,均缘于约法不良之所致。现在如不速为制定宪法,仍实行《约法》,这是口头上希望和平者而内心仍无厌乱之意。故本席主张今日即须决定两院会合会的日期,越快越好。因距第一期常会闭会日期不多也②。

己未俱乐部议员陈介发言也主张缓定宪法,其理由大致为:东西方各国的宪法均与其国情有关。中国制定宪法不能不看现在的时局的状况如何。要使人民尊重法律,则制定的法律必须适合民情,则法律必须

---

① 中华民国8年1月《参议院公报》第1期第4册,第41、42页。
② 中华民国8年1月《参议院公报》第1期第4册,第43、44页。

经多数人之参酌。宪法制定应全国人民参与,不应有一部分人不得列席。国家对西南不能视若化外,不能悍然不顾西南方面的意见,故宪法应缓议①。

安福系议员胡钧发言主张先定宪法与缓定宪法可在两院会合会上发表,今日应议者只应是定两院会合会的日期。

这样,安福系议员发言提起讨论终局,立即对众议院的提案表决以定两院会合会的日期。非安福系议员则主张充分讨论。但参议院安福系议员占绝对优势,坚持讨论终局,主席只好付表决,结果自然赞成讨论终局者多数。接着,安福系和非安福系又生争执。非安福系议员主张先就速缓进行表决,然后再就日期进行表决。安福系议员唐理淮提议以 11 月 11 日为两院会合会的日期,安福系议员纷纷发言请主席以唐的提议付表决。这时旧交通系的议员陈邦燮提议以 12 月 11 日为两院会合会的日期。主席以陈的 12 月 11 日为两院会合会日期付表决,赞成者少数,否决。主席又以唐理淮的以 11 月 11 日为两院会合会的日期付表决,在场议员 121 人,起立赞成者 81 人,可决。即由秘书厅移咨众议院。

11 月 11 日,参、众两院会合会,梁士诒主席。先议决适用《参议院议事细则》。接着讨论制宪问题,仍是两种意见。安福系坚持两院速选举宪法起草委员,起草宪法。旧交通系、己未俱乐部等非安福系议员主张暂缓制宪。两派发言各持己见,最后只好付表决。赞成两院速选宪法起草委员以便尽快制定宪法者多数,可决。接着又讨论宪法起草的原则,结果议决抛开《天坛宪法草案》,另行起草。议决参、众两院各选出 30 名宪法起草委员、15 名候补宪法起草委员,组成宪法起草委员会起草宪法。

11 月 20 日,众议院常会,选举宪法起草委员会委员。刘恩格主席。选举众议院宪法起草委员会委员用何种方法选举,立即发生了激

---

① 中华民国 8 年 1 月《参议院公报》第 1 期第 4 册,第 45、46 页。

烈的争执。非安福系议员主张按 1913 年 6 月 27 日制定的《宪法起草委员众议院互选规则》选举宪法起草委员。该规则的核心是用限制三分之二连记无记名投票法选举宪法起草委员。这一方法选举的结果,象安福系这种多数党宪法起草委员名额可控制在总数的三分之二左右,少数党宪法起草委员名额可获得总数的三分之一左右。这一方法自然能使国会中的各党派都获得多少不同的宪法起草委员的名额,可避免完全由多数党包揽全部宪法起草委员会的名额。安福系议员为了包揽全部宪法起草委员会的名额,以便控制宪法的起草,提出用无限制连记无记名投票法选举宪法起草委员。安福系仗着自己在众议院的优势地位,十分张狂。本来宪法起草应吸收各方代表参加,使宪法的起草更为全面。安福系竟然连国会中的少数党都不让其有代表参加,这自然有悖于制宪须有广泛代表性的精神。安福系议员与非安福系议员各持己见,相持不下。最后付表决。结果赞成用无限制连记无记名投票法者多数,可决。这引起了非安福系的强烈不满,于是投票中有人做手脚。第 1 次投票,总投票数 208 张,名片 205 张,票数多于名片 3 张,即等于有 3 人一人各投了 2 张票,依法投票无效。安福系议员杨逢盛指斥有人故意捣乱,鲍宗汉等人拍桌子大声喊叫,要付惩戒,议场秩序大乱。主席极力维持,待议场安定下来后,再进行第 2 次投票,结果总票数仍多于名片 2 张,自然无效。主席宣布:"均系重叠投入,应做无效。"①

　　安福系议员主张 11 月 20 日的第 2 次投票应该有效。但非安福系议员认为第 2 次投票应作无效,不承认此次选举,并散发油印传单,坚持用 1913 年制定的用限制三分之二连记无记名投票法选举宪法起草委员,认为这是当时众议院议决的,与众议院规则的精神相同;此法一方面可防止多数党操纵制宪,一方面容纳少数党的意见;11 月 20 日第 1 次投票数多于名片,一致认为无效。第 2 次投票票数仍多于名片,自然也不能认为有效。同时,反对制宪的众议员杜持等又提出缓议宪

---

①　《申报》1918 年 11 月 24 日。

法案。

11月27日,众议院常会,第一案为选举本院宪法起草委员报告。即认为11月20日投票有效,只须向全会报告当选人。这立即引起了非安福系议员的反对,认为11月20日选举宪法起草委员方法错误,应归无效。安福系议员坚持认为11月20日的第2次投票有效,两派大起争执。围绕11月20日第2次投票2张废票是否有效大生冲突。议场上拍桌子、顿足、拍皮包,满场叫骂之声震耳,议场秩序大乱,议员一哄而散,已不足法定人数,只好散会。

安福俱乐部为宪法起草委员选举事,在太平湖俱乐部召开本系全体议员大会,商讨对策。最后议决:11月20日第2次投票选举之宪法起草委员有效,这一点不能否定,也不能与反对派妥协。但将来若宪法起草委员中有因生病或自己的意思辞宪法起草委员职者,其缺员即让与反对派,以此与反对派沟通。这样,安福俱乐部的头目与反对派疏通,反对派鉴于安福系在众议院占绝对优势,总以少投名片来拖延宪法起草委员的选举亦不是长久办法,也就接受了安福系的妥协条件。

12月7日众议院常会,第二案《选举宪法起草委员30人》报告案,王揖唐主席。王认为:11月20日投票为票数之乖错,并非绝对违法。时间宝贵,请勿以此意见致生枝节。

由于会下已互相做出妥协,会上再无一人对11月20日第2次投票结果提出疑义,众议院宪法起草委员选举风波才算过去。当即用无限制连记无记名投票法选出了30名宪法起草委员。

11月22日,参议院常会,梁士诒主席。议事日程第二案即为《选举宪法起草委员30人》案。由于安福系已在众议院领略了反对派的手段,已不再坚持用无限制连记无记名投票法选举参议院的宪法起草委员。故尽管一开始,议员郭章鋆提出以无限制连记投票法选举宪法起草委员的动议,但竟无一人附议,自不成立。主席以适用1913年6月25日通过的《参议院互选宪法起草委员规则》付表决,多数赞成。于是用无记名三分二之连记投票法选出宪法起草委员30人。

以后,参、众两院又分别选出 15 名候补宪法起草委员。

12 月 27 日,新国会宪法起草委员开茶话会,商讨宪法起草准备事宜。决定以众议院小议场为宪法起草委员会会所。推定起草员起草《宪法起草委员会规则》。

12 月 30 日,两院宪法起草委员在众议院小议场开成立会。公推年长的宪法起草委员陈嘉言主席,先讨论议决起草好的《宪法起草委员会规则》,逐条讨论、修改,通过。该规则共 18 条,全文如下:

1. 本会设委员长一人,理事四人,由委员互选之。

2. 委员长用无记名投票选举之,以得票最多者为当选,票同抽签定之。

3. 理事用无记名连记投票选举之,以得票较多者为当选,票同抽签定之。

4. 委员长主持本会一切事务,于会议时为主席。

5. 理事整理本会议事录及一切文件,于委员长有事故时以名次列前者代行其职务。

6. 本会置书记速记各若干人,由委员长临时雇用。但由两院秘书厅调用人员得酌给津贴。

7. 本会会议日期由委员长定之,先日将议题通告各委员。

8. 本会非有委员三分二之出席不得开议。

9. 本会之决议以委员总额半数之一致成之,表决方法准用《参议院议事细则》第四章第五节之规定。但对于第六十条及六十一条所规定人数均改为十人。

10. 会议时委员欲发言须起立呼主席并报明席次,按报名先后顺序发言。

11. 委员有提起修正之动议者,须具案提出于主席。

12. 同一议题提出数个之修正案时,其表决顺序以与原案相差最远者为先。

13. 委员长欲自与讨论时,应临委员席。该讨论问题未决以前主席由理事代之。

14. 理事在会议事发言表决与委员同。

15. 本会委员一月内无故缺席至三次以上或请假至七次者，应通知各院解职另补。

16. 本会会议时两院议员得随时旁听。

17. 本会须用速记录随时分配两院议员。

18. 本规则自本会议决之日施行①。

接着，按《宪法起草委员会规则》第2条，用无记名投票法选举委员长，结果：出席委员43人，安福系的郑万瞻得26票，当选为委员长。郑万瞻登台演说：

> 委员长系义务职。既承诸君委以义务，自不敢故为逊谢。以后仍望同人交相勉励，以期有成。惟万瞻今日有不能已于言者：现在世界各国除英吉利不成文宪法外，无不有成文宪典以为国家组织之基础。盖宪法为根本大法，根本不定则国基不固，政治无由进行。民国建立今已七年，仅有仓促草定之《临时约法》，致历年变故迭起，忧时之士无不以促成宪法为惟一救国之计。及不幸屡遭蹉跌，未副所期。万瞻于第一届国会即忝列议席，制宪之经过均所目击。兹姑约略言之，民国2年《天坛草案》告成，不幸而有癸丑之难，致国会停职，议宪中缀。迨民国五年国会恢复，满冀宪法可以赓续开议，早日告成。乃不幸因党争之轧轹，复辟祸作，国会解散。迨合肥讨逆成功，入掌国政，因各省军民之请求，始依法召集参议院，修改《国会组织法》及两院选举法，乃召集第二届国会。同人备念国本之不固，亟盼宪法早日成立。虽其中不无持异之人，然多数均渴望宪法早成，故起草委员早经选定，现在吾侪之责任即在制宪一事。区区之意，欲与同人共勉之，即希望同人于极短之时间为极精之研究，俾草案早日竣事，使议宪得以计日成功，即令政

---

① 中华民国8年2月《参议院公报》第1期第5册，第171、172页。

局推移不能圆满达到目的,然我同人制成良好宪法草案以慰人民数年之企望,亦可告无罪于国民。所谓功自我创,不必功自我成也[①]。

郑万瞻就会议主席。接着按《宪法起草委员会规则》第 3 条用无记名投票法选举理事,结果胡钧、秦望澜、翟文选、饶孟任 4 人当选为理事。

最后,宪法起草员抽定席次才散会。

1919 年 1 月 6 日,宪法起草委员会开会,委员长郑万瞻主席,讨论宪法起草问题。最后议定不限制起草时间。议决抛开《天坛宪法草案》另行起草新宪法草案,先拟定宪法大纲。并由主席指定邓镕、陈光谱、饶孟任、秦望澜、李继桢 5 人先拟定宪法大纲。5 人很快将大纲拟定,共 20 条。

1 月 13 日,宪法起草委员会开会,委员长郑万瞻宣告开议宪法大纲大体。先由首席宪法大纲起草员邓镕说明宪法大纲 20 条的起草理由。接着起草员发言讨论宪法大纲大体。议决删除宪法大纲中的第 11、12、13、15 四项。当日即将大纲大体全部议决。接着从 1 月 15 日起至 4 月 9 日止,宪法起草委员会共开会 9 次,将宪法大纲逐条讨论审查,一一通过。4 月 9 日宪法起草委员会将宪法大纲逐条议决完毕后,即议决由主席郑万瞻指定 7 人按宪法会议议决的宪法大纲起草宪法条文。主席指定邓镕、向乃祺、黄云鹏、陈光谱、袁荣叟、胡钧等 7 人为宪法草案条文起草委员。

宪法条文起草委员依据宪法起草委员会讨论的宪法大纲,草拟出宪法条文,并多次开会,以三读会的形式逐条通过后,提交宪法起草委员会。

宪法起草委员会在宪法条文起草委员会提交宪法条文草案后,即对宪法草案条文开二读会,逐条讨论议决。5 月 30 日议决第 1 条至第

---

① 《申报》1919 年 1 月 3 日。

17 条。6 月 16 日议决第 18 条至第 31 条。6 月 23 日议决第 32 条至第 56 条。6 月 27 日议决第 57 条至第 59 条,并将草案国务院章第 60 条、第 61 条交宪法条文起草员另起草条文,6 月 30 日议决第 60 条到第 75 条第 1 项。7 月 4 日议决第 75 条第 2 项至第 94 条。7 月 11 日将国务院各条议决,宪法条文草案即全部通过宪法起草委员会二读会。并交宪法条文起草员整理文字,草拟说明书。宪法条文起草员按宪法委员会讨论的情况,对宪法草案条文修改、整理,并草拟说明书后,再提交宪法起草委员会三读会。

8 月 12 日,宪法起草委员会会议,对宪法条文起草员整理的宪法草案进行三读,对文字进行了一些修改后,全案《中华民国宪法草案》通过三读,即咨送参、众两院,为宪法会议提供了起草好的宪法草案。

直皖关系因吴佩孚坚持从湖南撤兵北归并与南方订立停战协定而日益紧张,吴是公开否定第二届国会的。因直皖矛盾激化,波及第二届国会。7 月底,己未系 90 多名议员通电反对第二届国会制宪与选举副总统。此时直奉两系组织的八省反皖同盟已成立。若安福系坚持开宪法会议,此八省议员定将抵制,宪法会议法定人数将不足,故第二届国会也就未再组织宪法会议来审议《中华民国宪法草案》。1920 年 7 月的直皖战争直胜皖败,安福俱乐部被解散,安福系头目遭到通缉,安福系如鸟兽散。第二届国会制宪终夭折。

《中华民国宪法草案》又称《民八宪草》,共 10 章 101 条。

《国体》一章,"中华民国永为统一民主国",这表明其仍为一种单一制宪法,而不是联邦制宪法。《国土》章仍采取概括主义:"中华民国国土及其区划,非以法律不得变更。"《国民》一章规定中华民国人民不分种族、阶级、宗教,于法律上均平等,人民有居住、通信、选择职业、集会结社、言论著作、信仰宗教等项自由权利,非依法律不受侵犯。这些,都是资产阶级宪法普遍的原则。

国会仍采取两院制。众议院议员按人口比例选举产生。参议院议员按行政区划组织地方选举会产生。中央各机关及华侨参议员由中央选举会产生。两院议员不得兼行政官吏。国会常会每年3月1日开会,会期4个月,遇有要事时可延长2个月。弹劾大总统、副总统、国务员及对国务员不信任的决议权均属众议院。审核被弹劾大总统、副总统及国务员之权属参议院。国家岁入、岁出预算众议院有先于参议院议决之权。参议院如对众议院已议决的岁入岁出预算否决时,应求众议院的同意。如不得众议院的同意,众议院原议决案即成立。政府为应付对外战争或内乱而做财政紧急处分时,应在规定时间内请求众议院追认。

政权组织形式仍采用内阁制。国务员赞襄大总统执行职务,对于众议院连带负责。众议院对国务员有弹劾权和对内阁有不信任权,同时大总统有解散众议院之权。

财政方面,新课租税及变更税率应以法律规定。募集国债及缔结将会增加国库负担的契约须经国会通过。政府应将每年岁入岁出编成预算案交国会议决。国家岁出之支付命令须经审计院核准。国会已议决的预算案大总统有异议时,无权请求国会复议。

尽管起草《民八宪草》之初,宪法起草委员会曾议决抛开《天坛宪法草案》单独另行起草。但其内容大部分和《天坛宪法草案》相同。如国家、国土、国民的权利与义务,关于大总统、关于国务员、关于法院、关于法律,或完全相同,或基本相同,两者不同之处主要有:

1.《民八宪草》删除了《天坛宪法草案》中国会闭会期尚有的国会委员会。

2. 删除了《天坛宪法草案》中大总统下令解散众议院以前应得参议院三分之二以上议员的同意。即《民八宪草》对大总统解散众议院未做任何限制,这增加了内阁对议会的制约。

3.《天坛宪法草案》以国会参、众两院联合会为解释宪法的机关。《民八宪草》以国会参、众两院议长及大理院、平政院、审计院三院院长的特别会议有解释宪法之权,这一点自然更合理。

4.《天坛宪法草案》议员不得兼任官吏,但国务员不在此限。《民八宪草》则将但书删去,即议员不得兼包括国务员在内的一切官吏。

5. 国会开会的法定人数不同。《天坛宪法草案》规定非有议员总数过半数不得开议。《民八宪草》规定非有议员总数三分之一以上的列席不得开议。这一点也更合理,可防止因政见不同的党派以不出席国会为抵制。第一届国会就因法定开会人数规定过高而常流会。

6.《天坛宪法草案》只规定大总统任命国务总理和各部总长。《民八宪草》规定大总统除任命国务总理和各部总长为国务员,还可任命不管部的国务员,但不管部国务员不得超过各部总长总额的三分之二。

7.《天坛宪法草案》规定参议员由省议会选出,中央由中央学会选出。《民八宪草》规定参议员按各行政区划组织地方选举会选出,中央机关及华侨由中央选举会选出。

8.《天坛宪法草案》参、众两院的职权基本相同。《民八宪草》将参、众两院职权进行了划分。弹劾权、不信任权赋予了众议院。弹劾的审理权归于参议院。

9.《民八宪草》中大总统的权位比《天坛宪法草案》中略有提高。

十二、围绕靳云鹏内阁的争斗

在北京政权中,徐世昌大总统和钱能训总理是主和的,和主战的皖系、安福系时时处于矛盾乃至对立地位。安福系和皖系在国内外要求和平的压力下,才不得不表面赞同南北议和。南北和谈的破裂及巴黎和会上中国外交的失败,使徐世昌陷入内外交困的地步。1919 年 6 月 11 日,徐世昌向第二届国会提出辞呈,引咎辞职。辞呈中,关于对德和约"内审国情,外观大势,惟有重视英、美、法各国之意见,毅然全约签字,以维持我国际之地位。惟是国内舆论,坚拒签字,如出一辙,……欲以民意为从违,而熟筹利害,又不忍坐视国步之颠踬。此自对外言之不能不引咎者一也"。关于上海的南北和谈,"乃沪议中辍,群情失望,在南方徒言接近,而未有完全解决之方;在中央欲进和平,而终乏积极进行之效绩。……此就对内言之不能不引咎者一也"。① 但当时北京政府仍遵照《临时约法》,实行的是责任内阁制,总统自无须对内政外交负责,也就无须引咎辞职。更为重要的是,如果总统真辞职,必然会引起北京政府的一场严重的政治危机。这不但一时难以物色一个有足够声望能为各派所接受的人物当总统,而且总统选举程序又较复杂,不是三两天能完成的。此时,已有越来越多的直系控制的省区公开否认第二届国会,第二届国会的日子越来越不好过,再进行一次总统选举可能惹来更多的责难。这样,第二届国会参议院6月13日开常会,讨论徐世昌的辞呈,一致不同意徐辞职。最后议决总统辞职书无副署不合法,退回。这样,由参、众两院议长李盛铎、王揖唐亲赴总统府将辞职咨文退还。各地督军自然又是纷纷通电挽留。徐世昌亦并非真心辞职,只是借辞职压一压安福系,以摆脱巴黎和会与上海和谈失败后的困境。故在各方形式上的挽留下很快取消了辞意,6月22日国务院通电各省,说明大总统已取消辞意。

《临时约法》规定取内阁制,6月12日内阁总理钱能训引咎提出辞呈,其余各部总长负连带责任,亦提出辞职。由于在一系列问题上,徐世昌、钱能训与安福系处于对立地位,在对待南北和谈问题上安福系对徐世昌、钱能训十分不满,一直运动倒阁,以便换上安福系满意的总理。加上内政外交的失败,总得有人出来负责。国务总理自然是负责任的人选,故徐世昌很快就接受了钱能训的辞呈,6月13日免去了钱能训的国务总理兼内务总长之职,而挽留了钱阁的其他阁员。接惯例,应按现任内阁成员的席次顺序任命代理国务总理:外交总长、内务总长、财政总长等。当时,外交总长陆徵祥尚在法国,内务总长空缺,于是轮到财政总长龚心湛代理国务总理。龚是安福系的干将。他一代理国务总理,立即请安福系的实际领袖徐树铮每日到国务院协助处理事务。内阁完全被安福系把持。这立即引起了直、奉两系的警觉和反对。龚赶

---

① 《晨报》1919年6月12日;《申报》1919年6月14日。

紧声明自己只代理 10 天。围绕着内阁的组成问题,徐世昌、直系、奉系与安福系又进行了新一轮的争斗。徐世昌欲由其另一个心腹周树模出面组阁,但遭到安福系的反对,只好作罢。徐世昌又欲以靳云鹏出面组阁。靳云鹏属皖系,与徐树铮、曲同丰、傅良佐同称段祺瑞的四大金刚,和段还有师生之谊。但因与徐树铮争权争宠,靳、徐关系形同水火,靳不但不是安福系,而且站在安福系的对立面,故安福系反对靳为国务总理。靳与曹锟是拜把兄弟,与张作霖是儿女亲家,与吴佩孚又是山东同乡。与直系、奉系的关系均较好。以靳为总理,对缓和皖系与直、奉之间的矛盾均有好处,直系的曹锟与奉系的张作霖也欲利用靳云鹏为总理来对抗安福系。徐世昌也不愿由安福系的人出任总理,而希望以靳为总理来抵制安福系。直系和奉系反对龚心湛代理国务总理把持内阁,希望龚尽快下台,换上靳。但国会为安福系所把持,正式提名靳为国务总理,很难在国会通过。于是徐打算以任命靳代理国务总理以取代龚。但这立即遭到安福系的反对,说不同意临时内阁总理易人,如提正式总理于国会求同意,则元首可自行定夺。将安福系这一表态翻译一下,其意便是:除非大总统提出安福系满意的国务总理人选才可能通过国会,否则,必须让龚心湛一直代理国务总理。在安福系看来,即使不能由安福系出任正式总理,代理总理也一样可把持内阁。这样龚心湛也就仗着安福系的支持,安于代理总理之位而不再提辞职之事,9 月上旬,龚把家眷也接到北京,做久居之计。声言只代理 10 天的龚,居然在代理总理的位子上呆了近 3 个月也毫无去意。于是直、奉两系开始出面驱龚扶靳。

　　9 月 5 日,直系大将吴佩孚致电大总统徐世昌,指责龚心湛说:"龚代揆登台之初,只声明负责 10 日。讵 10 日之后,竟据责任内阁重地久假不归。"①吴当时只是一个师长,尽管其一再通电揭露和斥责安福系和代总理龚心湛,嬉笑怒骂、讽刺挖苦,倒也十分痛快,但对安福系和龚

---

①　《申报》1919 年 9 月 13 日。

心湛尚构不成震慑之力。于是直系头目曹锟与奉系头目张作霖只好亲自出面来驱龚扶靳。

9月19日,曹锟致电大总统说:"时事多艰,中枢负重,龚代揆以兼任事繁,屡拟辞职,近闻意颇坚决。并闻钧座有拟提靳总长继任揆席之议。锟对于中央组阁问题素守服从主义,奚敢率尔陈词。只以内阁虚悬,庶政待理,于大局安危关系至巨。靳总长才猷卓越,腾济时艰,继任揆席,允孚众望,锟尤极表赞同。现值内政纠纷,外交紧迫之际,引重致远,尤赖中枢。窃愿速决大计,俾内阁早日组成,用扶危局。区区愚诚,用敢渎陈聪听,伏乞垂鉴。"①

为了尽快地以靳云鹏取代龚心湛,9月22日,曹锟又与张作霖联名致电大总统徐世昌:"行政总枢,责在内阁,必须得完全负责之人,对内对外方有依据。比因内阁更迭,龚代揆以兼职事繁,本不欲久任,是席只以继任无人,勉肩重寄。近闻辞意已决,并闻有以靳总长继任之说。锟等以时艰日亟,阁揆久虚,关系綦重。如龚代揆决计引退,关于继任人物,我大总统渊衷默运,必已属意其选。靳总长心地光明,操行稳健,为锟等所深悉。以靳代龚,实属允孚众望,极表赞同。当兹内忧外患之秋,中枢负重,未可久悬,揆席得人,尤为先务。窃愿速决大计,俾内阁早日组成,时局前途挽回攸赖,用敢密陈聪听,伏候钧裁。"②北洋军阀两大派阀的头目直接出面,龚心湛自无再恋栈的余地。曹、张联名电报的当日,龚即赶忙提交辞呈。徐树铮和安福系阻止靳组阁的努力亦完全失败。9月24日,徐世昌大总统发布命令,准龚心湛免去本兼各职,以靳云鹏兼代理国务总理。龚是直、奉两系赶下台的,有的书上说是安福系所迫而去职,与史实不符。

徐世昌大总统向国会提出《拟任靳云鹏为国务总理咨请同意》案。当时第二届国会正开第二期临时会。10月31日,众议院开临时会,到

---

① 《申报》1919年9月29日。
② 《申报》1919年9月29日。

会者261人,副议长刘恩格主席。议程即为《拟任靳云鹏为国务总理咨请同意》案。先由政府委员总统府秘书长吴笈孙说明靳云鹏的履历:靳云鹏现年44岁,山东济宁县人。小站新建陆军兵官学校炮兵科毕业。前清历任军官学校教员、提调、协统、北洋江北参议官,浙江、云南总参议等职。辛亥之役充第二军前敌总参议官。民国以来历任近畿陆军第五师师长,会办山东军务,山东都督,泰武将军,讨逆军总参议,侍从武官长,督办参战处参谋长,督理参战军训练事宜,参陆办公处办事员,荐补陆军中将加上将衔,果威将军,特授勋二位,现任陆军总长暂兼代国务总理。查靳云鹏随同总统治军多年,知之最深。其在山东督军任内,于绥靖地方各事办理极臻妥协。自任陆军总长一年以来,各省军事如此困难,整理维持,劳勚尤著。迩日代理总理,对于军事、财政、和议、外交均有切实计画,观察各方舆论,对于靳云鹏均甚翕服,总统认为以靳云鹏组织内阁为国务总理,于现在时局最为适宜,故此提出请求同意①。

吴介绍后即用无记名投票法投票,结果:出席议员261人,同意票249张,不同意票7张,废票5张。大多数同意,通过,即咨送参议院。

11月4日,参议院会议,李盛铎主席,到会104人,讨论众议院移送的《拟任靳云鹏为国务总理咨请同意》案,总统府秘书长吴笈孙介绍靳云鹏履历后,即用无记名投票法投票,结果:在席议员104人,同意票103张,不同意票1张。大多数同意,通过,即咨送政府。

11月5日大总统徐世昌发布命令,正式任命靳云鹏为国务总理。在国务总理的任命上,安福系处于下风。于是安福系竭尽全力争取占据关键阁员席,以便控制内阁,架空靳云鹏。

靳云鹏上台后,9月25日在国务院谈话会上就声明:"施政方针务袭龚心湛之政策,对于南方主张从速和平统一。"②显然,靳想利用直、

---

① 《申报》1919年11月3日。
② 《盛京时报》1919年9月27日。

奉之力摆脱安福系乃至段祺瑞的控制,主张与南方议和,反对对南方用兵。这与直系的主张一致。这些,必然要与安福系发生冲突。

靳云鹏从 9 月 24 日代理总理开始,即着手组织正式内阁。靳提出的内阁名单为:

外交总长　陆徵祥　　　内务总长　田文烈　财政总长　周自齐
陆军总长　靳云鹏(兼)　海军总长　萨镇冰　农商总长　张志潭
教育总长　夏寿康　　　交通总长　曾毓隽　司法总长　朱　深

张志潭原为陆军次长,是靳的心腹。周自齐为旧交通系,是个亲英美派,起用周是想得到旧交通系经济上的援助,让周向美国进行大借款交涉,为中央筹措各项费用。夏寿康是黎元洪的心腹,起用夏是为将来请黎元洪出面调停南北关系,为南北再开和谈做准备。此名单征得了徐世昌的同意,也征得了段祺瑞的同意,因为田文烈、曾毓隽、朱深、张志潭均属皖系,段也就同意了。11 月 7 日靳又将此名单电告曹锟、张作霖及一些省的督军征求意见。

11 月 7 日,曹锟回电靳云鹏,赞成所提阁员:“巩固国家,端在得人。我公晋膺总揆,袍泽称庆,舆论翕然,足证德望素孚,非锟 1 人之阿谀也。阁员职任匡济,极宜推选英俊,共图治理。陆军一职仍由我公并任,极洽鄙愿;田、周、陆、萨、张、夏、曾、朱诸公分长各部,尤见我公知人善任,锟极端赞佩。从此内外同心,共谋国是,天下治安,谨拭目以待。”①

11 月 9 日,张作霖亦复电靳云鹏,赞成所提阁员:“阳电敬悉。国事蜩螗,千钧一发。我公出膺艰巨,定能利国福民。承示各部总长,贤才硕彦,独出冠时,为国得人,共图匡济,遂听之下,极表赞同。际会风云,夔龙并驾。庆明良之遇合,欣契稷之同登,贞下起元,在此一举。我公润色鸿业,旋乾转坤,有何宏猷,务祈随时赐示,无不藉尽绵薄,勉效

---

①　《申报》1919 年 11 月 12 日。

驽骀,以图赞襄于万一。谨驰电奉复。"①

各省军阀也都附和,尤其安福系所倚重的皖督倪嗣冲也复靳电对所提阁员表示赞同。这大出安福系的意料,于是安福系赶忙派干将赴皖劝倪。

11月6日,靳云鹏又将上述拟定的阁员名单交安福党魁征求意见,遭到安福系的强烈反对。在靳云鹏总理提名通过国会时,安福系便提出以本派人物吴炳湘、李思浩、姚震、朱深、曾毓隽分别任内务、财政、司法、交通各部总长及国务院秘书长作为靳通过国会的条件,靳未表示反对,只说总理同意案之前不便表示。在安福系看来,靳云鹏所提的阁员名单和安福系的交换条件出入很大,感到上了靳的当,于是极力反对。尤其是内务总长和财政总长,安福系志在必得。内务总长若在安福系手中,就有权包办国会的选举,众议院3年全部改选,参议院3年改选一半,且1920年改选在即。田文烈虽为皖系,但不是安福系,安福系一定要换上本系人物。财政总长关系到安福系每月14万元的党费(主要用于安福系议员每月300元的津贴),以前曹汝霖、龚心湛任财政总长时,都是由财政部以"参战秘密费"按月支付。如换上与安福系对立的周自齐,这笔党费就会停付,更不可能支付安福系的竞选经费。于是提出非以本派的李思浩担任财政总长不可。

11月8日,安福系开会研究对策,一致反对靳所提的阁员名单,并推参议院议长李盛铎、众议院副议长刘恩格、交通部次长曾毓隽面见靳云鹏。11月11日,李盛铎、刘恩格、曾毓隽面见靳云鹏,要求对靳所提出的名单进行修改。靳答:"此项名单系与段合肥商定,不能变易,能通过几人即提几人。"②

此时,安福系的主要头目徐树铮早已于10月赴库伦处理外蒙撤销自治的问题,另一个重要头目王揖唐也于9月以北方和谈总代表的身

---

① 《申报》1919年11月14日。

② 《申报》1919年11月15日。

份南下上海,在京的安福系一时群龙无首。安福系反对靳所提阁员,阻挠正式内阁的成立,自然又招来很多请解散安福俱乐部的电报。故他们的态度一度软化。其干将王郅隆面谒靳云鹏,拉其入安福系,靳当即拒绝说:"余系军人,未便入党。"①

11月18日,安福系傅良佐到总统府见大总统徐世昌,要求更动财政总长。徐不愿迁就安福系,不肯更动财政总长。这样,安福系与靳的斗争有点一筹莫展。但11月19日徐树铮自库伦发给安福系电报,说:"若有人主张危及国会,某将声罪致讨。"②安福系得电之后,态度又转强硬。有人主张提出查办周自齐借款卖国案以窘政府。安福系又包围与游说段祺瑞,请其出面支持安福系的要求。11月22日,段召见靳时说:"财长一席,安福方面绝对不赞同周自齐,为之奈何?余意此时不妨依彼等之请,改提李思浩试办财政。如果实在不能支持下去,再换周自齐亦不为晚。"③段已发话,作为下属与学生的靳自然不敢违抗,于是财政总长改提李思浩,周自齐改任币制局总裁。

11月24日,徐树铮从库伦回到北京。徐因在外蒙取消独立一事中为国立功,俨然为一个不可一世的英雄。安福系自然为之一振,对讨论中的内阁问题态度更趋强硬。

11月22日,大总统徐世昌将修改的内阁名单提交众议院求同意。

11月28日,众议院会,副议长刘恩格主席。国务总理靳云鹏出席介绍提名的各阁员的履历:

> 云鹏材识浅薄,谬领中枢,实抱绠短汲深之惧。现在国家多故,内讧虽息而统一尚未观成,外患沓来而应付尤虞失措。为今之计,非罗致硕望通材组织正式负责内阁,不足以熙庶政而应时势之需求。陆君征祥,历长外交,经验素富,此次赴欧参预和会,对于国

① 《申报》1919年11月18日。
② 《申报》1919年11月23日。
③ 《民国日报》1919年11月26日。

家主张权利尤振振有声,故仍以之长外交。田君文烈,历官中外,谙练老成,故以之长内务。曾君毓隽,代理交通部务,迄今数月,颇多成绩,故以之长交通。萨君镇冰为海军魁宿,故以之长海军。李君思浩,关于财政上之运用,可称熟手,故以之长财政。朱君深久长司法,不无可取,故仍以之长司法。夏君寿康,科第出身,必可菁莪造士,故以之长教育。张君志潭,从政多年,深负时誉,故以之长农商。至陆军一席,则由云鹏自兼。当此时局艰难,阁员久悬,殊非国家之福。诸公明达,素所钦佩,务请赞助政府,予以同意,俾正式内阁早日成立。云鹏不敏,当竭尽绵薄,使百废备举,以慰国民颙颙望治之心①。

主席宣布用无记名连记投票法投票。并指定贺黻晁、魏福锡、袁振黄、李棠生、黄秉义等 8 人为检票员,共发票 263 张,名片 263 张,开票结果共投票 258 张,投名片 255 张,票数多于名片 3 张,按《众议院规则》第 4 条为无效。主席遂宣告第一次投票无效,依法应进行再投。第 2 次投票共发票 252 张,名片 252 张,开票结果,共投票 251 张,名片 251 张,票数与名片相符,遂由检票员唱票,秘书厅计数。结果如下:

外交总长陆徵祥,同意票 211 张。

内务总长田文烈,同意票 192 张。

财政总长李思浩,同意票 232 张。

陆军总长靳云鹏,同意票 202 张。

海军总长萨镇冰,同意票 232 张。

司法总长朱　深,同意票 200 张。

交通总长曾毓隽,同意票 209 张。

教育总长夏寿康,同意票 122 张。

农商总长张志潭,同意票 73 张。

按所投票数,过半数为 126 张,,故除农商总长张志潭,教育总长夏

---

① 《盛京时报》1919 年 12 月 2 日;《申报》1919 年 12 月 1 日。

寿康所得票未过半数否决外,余均通过①。

12月2日参议院会,对众议院移付的七阁员同意案进行票决。先由国务总理靳云鹏说明所提阁员的履历。议员陈懋鼎据外间传说政府对农商、教育二部有拟派他部总长兼署或由次长代理部务,不再另提人的事提出质问,靳回答:"农、教二部由他部兼署或由次长代理部务之说,此不过外间一种揣测。其实政府方面极欲国务员全体成立,则各部皆有负责之人。惟该两部前经众议院否决,此后欲求相当人物且能得国会方面之同意者,颇为困难,但政府亦当勉力选择。"②

接着以无记名连记投票法对所提七阁员票决,结果:在席议员104人,投票104张,名片总数与投票总数相符。由于有一张未写字的白票,实际有效票只有103张。内务、交通总长各有一票未写字,故只有102票。各阁员得票如下:

外交总长陆徵祥,同意票95张,不同意票8张。

内务总长田文烈,同意票99张,不同意票3张。

财政总长李思浩,同意票91张,不同意票12张。

陆军总长靳云鹏,同意票93张,不同意票10张。

海军总长萨镇冰,同意票97张,不同意票6张。

司法总长朱　深,同意票82张,不同意票21张。

交通总长曾毓隽,同意票83张,不同意票19张③。

参议院也将7名阁员全部通过。

1919年12月3日,大总统发了六道重要命令,第一道命令免去旧阁员陆徵祥、靳云鹏、刘冠雄、朱深、田文烈本职。第二道命令任命陆徵祥、田文烈、李思浩、靳云鹏、萨镇冰、朱深、曾毓隽为外交、内务、财政、陆军、海军、司法、交通等总长。第三道命令任命田文烈兼署农商总长。第四道命令,任命何煜为内务次长,潘复为财政次长,傅岳棻为教育次

---

① 《盛京时报》1919年12月2日;《申报》1919年12月1日。

② 《申报》1919年12月6日。

③ 《盛京时报》1919年12月5日;《申报》1919年12月6日。

长,姚国桢为交通次长。第五道命令为教育次长傅岳棻仍著代替部务。第六道命令,任命周自齐为币制局总裁。[1]

其中潘复为靳云鹏的同乡和好友,显然潘的任命在于作为靳的耳目监视李思浩。代理教育总长、农商总长及一些次长的任命和正式阁员一道任命,说明徐世昌、靳云鹏早已商妥了对付和抑制安福系在内阁中的势力的办法。因为安福系29日在曾毓隽宅开会,决定推举黄云鹏、田应璜为农商和教育总长。故徐、靳只能抢在安福系之前将农商、教育两部的代理总长公布。

李思浩本来推荐与其共事多年、关系十分密切的财政部秘书钱锦孙为次长,但徐世昌公布的却是潘复。事前靳云鹏并未与李商量,即以潘复为次长,显然是要在财政部安插耳目。李思浩不愿以后办事处处被掣肘,立即提出辞职,12月3日夜出京赴津。安福系志在完全控制财政以便营私,故全力支持李思浩,反对潘复为财政次长,并阻止潘到任。徐世昌、靳云鹏借直、奉之力,以命令频频更改有伤威信为由,拒绝安福系的要求。靳甚至发牢骚说:"以正式总理不能用一次长,处处受某派牵制,此等总理有何趣味。"[2]由于潘复暂无法上任,12月7日徐世昌下了一道命令,以为非直系亲属服丧的名义给潘假20天,"财政次长潘复呈,现有期服,恳量于假期等语。潘复着给假20日,财政次长着钱锦孙暂行署理"。[3] 安福系经过讨价还价,最后与徐世昌、靳云鹏达成妥协:钱锦孙调币制局帮办,潘复假满后到财政部上班,就任次长。12月28日徐世昌发布命令,授钱锦孙二等大绶宝光嘉禾章。12月31日任命钱为币制局帮办。这样潘复才于1920年1月5日到财政部上班。

---

① 《盛京时报》1919年12月6日。

② 《民国日报》1919年12月26日。

③ 《申报》1919年12月9日。

十三、1919 年度预算案的审议

第二届国会为安福系所操纵,为所欲为,时人对第二届国会均侧目。但第二届国会议决 1919 年预算案、裁减军费一事,为时人所称道,也是其少有的成绩之一。

第二届国会第一期常会行将结束时,第二届国会即开始催促政府提交预算案。1919 年 2 月 6 日众议院常会,当日的议事日程第 3、第 4 案都是议员所提出的催政府速交预算案。先由第 3 案《咨请政府限期提出预算决算》案的提案人吴道觉说明提案理由后,议员吴文瀚、郑万瞻、黄云鹏等发言认为此案是当然之事,应用本院名义咨催政府于第二期常会时将 1919 年预算、决算案提交国会,第 3、第 4 案性质相同,两案宜合并。经表决,赞成者多数,可决。即咨送政府,并以众议院的名义咨催政府速将预算、决算案交众议院。

第二届国会第二期常会开会后,政府为了增加财政收入,向国会提出了《所得税法》案。1919 年 3 月 22 日,众议院会议,在讨论政府提出的《所得税法》案时,议员发言纷纷指出政府尚未向国会提交预算案,在预算案未议决成立之前,不应提出此等法案。这自然对政府是一个压力。

当时北京政府陷入财政危机。其应付财政危机的办法就是借外债和借内债即在国内发行公债。借外债需要抵押品,还附有种种条件,易引起国内的反对,难于成功。借内债则无这些问题。于是,北京政府将《民国 8 年公债条例》案提交国会,欲发行 2 亿元公债。

4 月 18 日,参议院常会,国务总理钱能训率领全体阁员出席。议员们纷纷以 8 年预算案尚未做出,怎么就能确定本年度公债发行的数额?这显然手续上就不合法。钱能训无法回答,只好说若认为不合法尽可提出弹劾案。

5 月 1 日,大总统徐世昌将《民国 8 年度国家岁出岁入总预算》案提交众议院,但5月3日又以本年度预算案因西南尚未统一,须重行追加,而将预算案收回。这之后就迟迟未将预算案再交国会。

5月29日众议院常会,有的议员提出政府将预算案撤回后已二十多天了,尚未再提出本院,预算是何等重要,应催政府速交预算案。最后议决限政府10天之内向国会提出预算、决算案。

在国会的严厉催促下,6月5日大总统徐世昌将《民国8年度国家岁出岁入总预算》案再提交众议院。

6月11日众议院常会,对政府提交的《民国8年度国家岁出岁入总预算》案初读。这时钱能训已提出辞呈,辞去国务总理职,故未出席当日的众议院会,司法总长朱深亦未出席,其他阁员均出席,总长不在者次长出席。各部将该部所提出的预算经费分别向众议院说明。6月17日众议院常会,继续对《民国8年国家岁出岁入总预算》案一读。代理国务总理、财政总长龚心湛率阁员出席,继续由未说明预算经费的各部进行说明,当然都是照事先准备好的稿子念。只有外交次长陈篆除念稿外,还感慨地说了一番外交经费短缺的话:他国即秘密费一宗往往累计达千万元以上。我国外交经费内外通计不过600余万元。平时交际尚觉捉襟见肘,更何能规画远大。诸君徒慨外交之失败而不知省钱惜费实为外交失败之重大原因①。

各部说明理由后,议员们按一读的规定,简单地提了一些问题。议员陈蓉光问:岁入内所列2万万元之公债有无把握?龚心湛答:把握却不敢言,但预算须求收入适合。因支出适差2万万元,故拟募公债2万万元以弥补之。陈又问:查岁出中以军费为大宗,即特别费一项已在1万万元以上。何以不于编制时详为核减,即可少募公债1万万元。龚答:国会如以为可减者,将来尽可核减。杜棣华质问说:预算通例系量出为入,我国以生计凋敝,各项实业之未发达,却宜量入为出,此层须请

---

① 《申报》1919年6月22日。

审查时注意①。从这些一问一答中可以看出,北京政府所以定出发2亿元公债,完全是因预算有2亿元的赤字。至于2亿元公债能不能完全发售出去则就不管了。这自然是不负责任的做法。民国自南京临时政府开始发行公债,但国民认购并不踊跃,售出的都不多。加之以前发的公债贬值,人们就更不愿购买公债,即人民对国家财政并无信任感。军费支出又主要是陆军军费支出,其中1919年度预算中的陆军军费中有1亿元的特别支出,占陆军预算支出的39.6%。所谓特别支出是无法说出是用于何项的不可预见性支出。这就太随意了。可见军费预算中的岁出水分大,龚也承认可核减。议员简单质问后,即议决交预算股审查。

众议院当日的议程中还有政府提出的《民国8年公债条例》案。龚心湛登台说明理由后,议员简单提出质问。该案规定1919年发行公债2亿元,利息7厘,20年偿还。100元面值发行时实收90元,到期连本带息4亿多元,以国家田赋收入担保。议员觉得发行公债数额过大,几乎为1919年预算岁入的一半。议员杜棣华说:今年犹有田赋可以作抵,以后年须募集巨额之公债弥补预算,更将用何作抵?② 议员解树强发言主张此案与预算案有连带关系,须交财政股审查,俟预算审查完毕后与预算合并审查方能得公债总额究应如何规定确数。经表决,多数赞成,可决。遂交财政股与预算股合并审查。

政府提出的1919年预算案概况如下:

岁入除去借内债外债,政府预算案把借内债外债都算入了当年的岁入,这自然是不合理的,本文将其剔除。

民国八年度国家预算案概况

一、岁入总共40 740.0708万元

1. 田赋:经常门8 708.5294万元,临时门612.1103万元。

---

① 《申报》1919年6月22日。

② 《申报》1919年6月22日。

2. 关税：经常门 7 561. 2907 万元，临时门 69. 5749 万元。

3. 盐税：经常门 9 168. 6026 万元。

4. 货物税：经常门 3 903. 7706 万元，临时门 2. 6685 万元。

5. 正杂各税：经常门 2 483. 2394 万元。

6. 正杂各捐：经常门 433. 2541 万元，临时门 391. 1410 万元。

7. 官业收入：经常门 241. 1368 万元，临时门 3. 1522 万元。

8. 各省杂收入：经常门 616. 7172 万元，临时门 29. 3037 万元。

9. 中央各机关收入：经常门 190. 4094 万元，临时门 4. 4638 万元。

10. 中央直接收入：经常门 4 273. 7652 万元，临时门 1 822. 9410 万元。

警察收入：临时门 224 万元。

合计：经常门 37 580. 7154 万元，临时门 3 159. 3554 万元。

二、岁出总计 64 768. 7787 万元

1. 各机关经费：经常门 2 423. 8599 万元，临时门 204. 4012 万元。

2. 外交经费：经常门 489. 5656 万元，临时门 132. 4555 万元。

3. 内务经费：经常门 4 455. 6804 万元，临时门 343. 4557 万元，特别门 224 万元。

4. 财政经费：经常门 4 140. 0137 万元，临时门 1 538. 2297 万元。

5. 陆军经费：经常门 15 106. 6381 万元，临时门 491. 7027 万元，特别门 10 244. 8676 万元。

6. 海军经费：经常门 1 060. 2474 万元，临时门 6. 5024 万元。

7. 司法经费：经常门 1 034. 7124 万元，临时门 6. 9352 万元。

8. 教育经费：经常门 620. 2065 万元，临时门 56. 1453 万元。

9. 实业经费：经常门 337. 5170 万元，临时门 38. 2247 万元。

10. 交通经费：经常门 194. 5075 万元，临时门 18. 9184 万元。

11. 蒙藏经费：经常门 131. 8742 万元，临时门 5. 0 万元。

借款经费（即到期的内外债）：21 463. 1176 万元。

合计：经常门 29 994. 8227 万元，临时门 2 841. 9708 万元，特别门

10 468. 8676 万元①。

　　从北京政府提出的 1919 年度预算案看,岁入岁出相差约 2.4 亿元,即 2.4 亿元的赤字,这对岁入才 4 亿元左右的当时的中国来说,预算赤字确实太大。这一方面说明北洋政府陷入了经济危机,同时也说明北洋政府不能量入为出,该紧缩的没有紧缩,缩不下来,尤其是军费庞大。这时腐败的北洋政府实际上是维持内战的机器。预算中军费 2.5 亿元占预算总支出的 41.5% ,占实际岁入的 66% ,这在世界上都是不多见的。其中,陆军特别经费又占陆军经费的近 40% ,这更是一笔巧立名目可任意花的钱。1919 年南北停战,即中国基本无内战,军费还如此庞大,军阀混战之时,军费就更庞大。军阀执政,对任何一个国家和民族都是灾难。北洋军阀执政时,其军队都是用于内战,即庞大的军费都是支持内战的。军阀们正是用人民的血汗钱,为争地盘、争权力,将人民推向血海,将国家推向深渊,却还要打起"统一"、"讨逆"的大旗。相比之下,预算中的教育经费才 620 万元仅为预算岁出的 0.96% ,即还不到 1% ,真正与国家和民族的振兴相关的教育,却被军阀们挤到了一个可有可无的位置。当时日本每年的教育经费是 4 千万元,是中国的七倍,而中国的人口是日本的几倍。一比即可见差距了。关税和盐税都是依据上一年度的实际收入而列入岁入的。关税还低于盐税。这一方面说明中国的对外贸易的不发达,但低于盐税,显然是中国的关税定得过低。中国关税不能自主,全控制在列强手中。尽管北洋政府也一再与列强交涉提高关税,尤其是协约国列强在拉中国参加第一次世界大战向德奥宣战时也曾承诺提高中国的关税,但却迟迟未兑现。帝国主义对中国的经济掠夺可见一斑。

　　1917 年、1918 年两年度因国内战争,无法对比。以 1919 年度的预算和 1916 年相比,1919 年度收入减少了 3 000 万元,支出却激增 1.1

---

① 　《申报》1919 年 6 月 13 日;《盛京时报》1919 年 6 月 14 日。

亿元。可见北洋政府的财政每况愈下①。

预算股和财政股从 6 月 23 日开第一次审查会,接着开大会 3 次,对《民国 8 年度国家岁出岁入总预算》案和《民国 8 年公债条例》案进行审查。加之 7 月 2 日政府又向众议院提出的《民国 8 年度路电邮航四政特别会计预算》案,7 月 5 日众议院一读后也付预审股审查。总、分专表共 59 册,审议工作量大。审查会开了 4 次大会后,即分定科目开始审查。第一阶段审查是定下原则,经讨论决定原则为:

一、对于岁入

1. 关于田赋、地丁及凡为人民直接之担负不应轻议增加。

2. 洋关税入之议定增加者,应比照最近年度之征额增入。

3. 盐税之征不足额者,烟酒杂捐及涉于奢侈品的收税应酌增之。原表漏列之项应补列之。

二、对于岁出

1. 政费中涉及浮冗不急者分别删减。如总统府、国务院设的附属机关,总统府的外交委员会、财政委员会、军事处,国务院的战后经济调查局等这些浮冗的机构撤销。如战后经济调查会经费列入预算案,该会 300 多人,每人月薪 300 元,月所需经费约 10 万元。但该会每月只开 1 次会。会员中稍知尽职者不多见,大都逍遥燕市,虚与委蛇,实在是无太大用处的机构。但它是位置第一届国会议员的机构,故并没有裁撤。

2. 军费分别种类,删去特别军费一项以归统一。

3. 借款镑价按时核准,以减轻支出之数。

按上面所议定的原则,审查会分科审查完接着又审查《民国 8 年度路电邮航四政特别会议预算》案,审查结束后又开总审查会,逐款、逐项、逐目、逐节详细讨论,先后开会共 15 次,到 8 月 9 日全部结束。这一阶段的审查结果:

———————

① 　《盛京时报》1919 年 6 月 12 日。

　　1919 年度预算案岁入岁出相差太大，于是将岁入由 4 亿元增至 4.4 亿元，岁出均减去 2 成左右，由 6.47 亿元减至 4.9 亿元左右。交通 4 政特别预算纯为实业款项并有外款关系，不应牵入政费、军费等费，应暂予维持。

　　岁入不足之款准许募集国内公债 5 千万元，但不得以田赋地丁为担保，而以盐余担保。再有少量不足之数暂由银行垫款①。

　　预算股和财政股对《民国 8 年度国家岁出岁入总预算》案和《民国 8 年公债条例》案的审查结果写成书面报告提交给众议院。8 月 15 日众议院常会，预算委员会向大会做《民国 8 年度国家岁出岁入总预算》案和《民国 8 年公债条例》案的审查报告。8 月 19 日众议院开始对上两案进行二读。由于预算案二读程序工作量大，8 月 30 日第二届国会第二期常会闭会时，二读才开始，于是又于 9 月 10 日开临时会，来完成预算案的二读、三读程序。众议院于 9 月 18 日继续对预算案二读，一直到 11 月 13 日才结束二读。当日即开三读会，将全案通过。

　　众议院在二读会时，大都按审查报告通过，个别的做了一些修正。岁出进行压缩，各部门的费用尤其是军费，削减了二成。陆军军费 2.5 亿，占全国岁入的六成多。众议院二读时，议员鲍宗汉等认为军费开支减二成还是太庞大，应裁减陆军部养的一批闲人。提出修正案再减一成。国务院得知后急忙给众议院送来陆军部的咨文，说明军费不能再削减的理由："查 8 年度预算陆军经费共银二万五千余万元，为数不为不巨。然因历年变故相寻，遂至兵额饷数逐渐增加。本部原编预算均系按实支之数核算。既经众议院预算审查会削减二成，能否办到，尚无把握。至陆军咨议差遣候差人员，或系国内外正式陆军学校毕业生，或系军队经验较深之裁缺官长，或系迭次事变奔走国事著有功劳，经各长官保送者，实与他项官吏不同。现在军官俸给法尚未核定，各军队正在收束。前项人员实无法安置，只得酌给薪津以资养瞻。原列之数尚恐

_____

　　①　《盛京时报》1919 年 8 月 22 日。

不敷,咨请转告众议院,仍照预算审查会议决原案核议。"①这样,众议院就未再坚持将陆军军费再削减一成。其他部门的经费,除交通部只减半成,教育部基本上没减外,均减二成左右。同时裁撤了一些浮冗机构,如总统府外交委员会、财政委员会,国务院的经济调查局等。但有些浮冗机构,如禁卫军粮饷局,总统府顾问、咨议经费,由于与安福系有交换条件,照样未裁。但审议中,将全国水利局亦裁撤了。虽然当时大局混乱,水利无事可做。但大局平定,要搞建设时,各省水利待兴孔多,全国应有一个总揽机关。况且预算中全国水利局每月才五六千元之数,为数不多,不应撤销。由于该局总裁李硕远为研究系之嫡系,安福国会坚持撤消,自然让人怀疑有出于党派斗争的因素。

对岁入,众议院审查时也做了调整,虽有增有减,但总数是增加了约4千万元。田赋减了近24万元,各省杂税减了近60万元。关税增加了1 760多万元,盐税增加了710多万元,货物税增加了近20万元,正杂各税增加了25万多元,中央各机关收入增加了近470万元,中央直接收入增加了约920万元。

11月13日的会,主席宣布:岁出修正总数共为49 230.6532万元,岁入除临时门第10款岁入借款外,修正总数为49 283.749万元,出入相抵尚余53.0958万元(将发行5 000万元公债亦归入岁入)。

最后以起立表决法对预算案全案表决,赞成者多数,可决②。

主席宣告接议《民国8年度路电邮航四政特别会计预算》案,由审查主任白常文报告审查结果后,依次逐条表决,基本上按审查报告通过,岁入、岁出均各减9 800余万元,收支平衡,均为14 146万余元。当经二读、三读,全案付表决,多数赞成,可决③。

11月13日众议院秘书厅通夜加班,备文将众议院通过的《民国8年度国家岁出岁入总预算》案和《民国8年度路电邮航四政特别会计

① 《申报》1919年9月30日。
② 《盛京时报》1919年11月18日。
③ 《盛京时报》1919年11月18日。

预算》案移付参议院。

11 月 13 日议完上二案后,众议院又接议《民国 8 年公债条例》案。由于财政困难,政府已不待国会议决,乘国会闭会的十天时间内,国务院于 9 月 4 日召开国务会议议决公布公债条例,条例中 1919 年公债总额仍为 2 亿元,先发行 5 000 万元。9 月 7 日徐世昌将 1919 年公债条例以教令公布。这自然使议员大为不满。9 月 18 日众议院常会讨论预算案时,议员王玉树动议代理国务总理兼财政总长龚心湛出席质问关于 8 年公债 5 000 万不交国会议决即以教令公布之理由。但由于事前政府在发布教令时已先向安福系疏通,尤其是向王揖唐、李盛铎二议长疏通。国务院又及时将解释咨文送到国会,解释发行 5 000 万元公债理由:"8 年公债条例前经大总统提交贵院在案。惟因 8 年预算案尚未通过,致此条例亦未克议决颁行。近来财政日益困难,而兵警饷糈尤关紧要,不得已将 8 年公债先行公布,暂发行 5 000 万元以维持目前之急,其余仍俟提交原案经贵院议决后再为发行。相应咨请贵院查照可也。"①再由于所发的公债 5 000 万元亦为财政和预算审查委员会所允许的数目,故议员也就未再深究。

11 月 13 日众议院常会讨论此案时,先由财政委员会向大会作审查报告:民国 8 年公债条例一案,承准大会交付本会同预算委员会合并审查。曾经预算、财政两委员会开联席会议。因财政委员会不足法定人数,由预算委员长通知审查 8 年预算之结果,岁入岁出不敷之数为 5 000 万元,拟即以 5 000 万元暂定为 8 年公债债额,其条例各项由财政委员会自行开会审查之。现经本会同人审查,对于此案大体尚属赞同。其修正之点厥有 4 端:1. 债额 5 000 万元既经预算委员会通知,自应将原案第一条债额 2 万万元改为 5 000 万元,暂做标准。如大会对于预算全案出入数目有变动时,此项债额 5 000 万元亦请大会注意修正。2. 债额既改 5 000 万元,则原案第 4 条还本年限似应缩短。本会同人

① 《盛京时报》1919 年 9 月 21 日。

意见金以第 6 年起还本,分 5 年还清为较适当。是以规定第 6 年起每年还债额总数十分之二,至第 10 年为止。3. 原案第 5 条以国家田赋收入为此项公债之担保品,预算委员会极为反对,本会同人深表同情。且此项债额既经改小,则担保品更应随而改指。兹经本会援照政府前次公布八年公债条例办法,指定盐税余款暂做担保。如政府以为有较此妥善之担保品出席大会声明时,应请大会注意修正。4. 原案第 6 条,本会增加一项,前项实收本均用现金。同人意见,鉴于元年公债价格之低落,实受钞票停兑之影响。兹为巩固八年公债信用起见,特增此项均用现金之规定。以上四端本会同人意见全体一致,当即根据将原案条文修改①。议员讨论时因抵押品问题争论到散会,以后众议院会议将此案通过。

11 月 19 日,参议院常会,对众议院移付的《民国 8 年度国家岁出岁入总预算》案及《民国 8 年度路电邮航四政特别会计预算》案一读。议员简单讨论后即议决付预算委员会审查。

预算审查委员会分 4 科审查两案。第 1 科审查岁入,主任委员王学曾。第 2 科审查财政、外交、教育等部所管岁出各项经费,主任委员罗鸿年。第 3 科审查陆海军、内务等及蒙藏院所管各项经费,主任委员汪声玲。第 4 科审查路电邮航四政特别会计及交通、司法、农商等部所管经费。自 11 月 24 日起分科开会审查,前后用了约 20 天的时间审查,发现众议院审查的预算案中漏列 120 余万元,众议院议决的预算案连公债在内,盈余 50 余万元。参议院预算审查委员会发现众议院的计算有错误,实际 1919 年除发 5 000 万元公债,还出现 200 多万元的赤字,只好拟增发公债的数额弥补之。

预算委员会将审查报告提交参议院后,参议院即开二读会,至 12 月 18 日二读结束。12 月 19 日参议院常会又对预算案进行三读,将全案通过。参议院除对众议院审查预算案中的漏列和计算错误进行纠正外,基本上同意众议院对预算案的审查结果。并将审查后的预算案咨

---

① 《申报》1919 年 11 月 18 日。

送政府。

12 月 27 日,国务会议讨论国会审议后的预算案,议决:1.《民国 8 年度国家岁出岁入总预算》案和《民国 8 年度路电邮航四政特别会计预算》案即日呈请元首先公布。2. 补提 600 万元公债先发行,俟来年议员到齐后再咨请追认。

12 月 28 日,徐世昌大总统以正式命令公布了《民国 8 年度国家岁出岁入总预算》和《民国 8 年度路电邮航四政特别会计预算》。

第二届国会为皖系和安福系所控制。安福系操纵国会,把持政权,在中国政治舞台上横行,为时人所深恶痛绝。直系公开要求解散第二届国会。史学界对第二届国会亦是完全否定的。但如果无第二届国会,皖系自然要照样把持北京政权,在中国的政治舞台上横行,把战争加给国家和民族。1919 年预算自然要维持 2.5 亿元的赤字。也就是说,第二届国会在很多问题上还是对北京的北洋政府进行了制约。1919 年预算案就是一个明显的例子。

十四、第二届国会几期会议概况
及第二届国会的消亡

第二届国会第一期常会 1918 年 8 月 12 日开幕,会期为 4 个月,到 12 月 11 日应该闭会。此时,南北两个政府正准备在上海开和平会议。会议的关键问题是如何处理南北两个国会的问题。这和第二届国会议员的切身利益密切相关。议员们对此事十分关心。由于第二届国会成立以来,不但南方以第二届国会为非法通电否定之,而且北方阵营尤其是直系对第二届国会的合法性也提出质疑。大总统徐世昌、代理国务总理钱能训又拉直系来对抗安福系。故安福系担心政府在与南方和谈中牺牲第二届国会,不愿按时闭会。因为只有开会,国会才能行使其职权,监督与制约政府。众议员吴渊等提出《请将本届国会常会依法延长二个月》案。依据《修正中华民国国会组织法》,提出将第一期常会延长二个月。12 月 7 日众议院常会一致通过了吴的提案后咨送参议院。12 月 10 日参议院常会,也一致通过了众议院移付的延长会期案。这样,第一期常会到 1919 年 2 月 11 日才闭会。大总统徐世昌、国务总理兼内务总长钱能训率全体国务员出席了 2 月 11 日第二届国会第一期常会的闭会式。徐、钱并在会议上均致了颂词。

同样,为了监督即将召开的南北两个政府在上海的和谈会,安福系议员王葆鋆等提出《请以 3 月 1 日为两院开会期,以便职务之进行》案,主张 3 月 1 日开第二期常会。1 月 11 日众议院常会和 1 月 18 日参议院常会分别通过了此案。这样,2 月 11 日刚开完第一期常会闭会式,3 月 1 日即又开第二期常会开会式。大总统徐世昌派总统府秘书长吴笈孙代表其出席,并代其宣读开会式颂词。国务总理钱能训率全体国务员出席并致颂词。

第二期常会对《修正中华民国国会组织法》第 6 条、《修正参议院议员选举法》第 17 条、《议院法》第 20 条进行了再修正。将参议院议员任期由 2 年改为 3 年,参议院议长、副议长的任期亦随之由 2 年改为 3 年。

同样,第二期常会也以外交(主要指巴黎和会)、1919 年预算案尚未着手进行为延长会议的理由,众议院、参议院分别于 6 月 7 日、6 月 14 日议决延长会期二个月,到 8 月 30 日才举行第二期常会闭会式。安福系的代理国务总理龚心湛以大总统代表和代理国务总理的双重身份出席会议,并宣读了双份颂词,一份为大总统的颂词,一份为全体国务员颂词。真是煞费苦心。此时,直、奉、徐世昌与皖系就内阁的组成正在激烈斗争之中。安福系一直支持本派的龚心湛代理国务总理,而反对靳云鹏出任代理国务总理,故第二期常会闭会式徐世昌不出席也不再派总统府秘书长为代表出席。这样,闭会式便只能由安福系自弹自唱。

由于直、奉与皖系在内阁组成问题上斗争日益激烈,当时南北两个政府又酝酿重开上海和议。安福系自然想将第二期常会尽量延长,以便通过国会来影响国内的政局。8月底,安福系欲将已延长2个月会期的第二期常会再延长2个月。但这立即遭到己未系、研究系的强烈反对。按《修正中华民国组织法》的规定,每期常会至多只能延长2个月,延长4个月是违法的。这样,一当议事日程上出现再延长第二期常会会期案时,己未系、研究系等一些非安福系议员不出席会议,使会议不足法定人数,不能开议。8月上旬众议院连续因不足法定人数而流会。其实,安福系有一部分议员也认为再延长会期明显地违反了《修正中华民国国会组织法》,也不主张再延长会期。安福系头目只好放弃再延长会期的办法,转而寻求召开临时会议,于是以1919年度预算急需通过为理由提出召开临时会的主张。依法只有遇到宣战、媾和或其他重大事件,国会才能召集临时会。预算案政府提交国会已好几个月了,再以此理由开临时会也很勉强。安福系只好运动己未系,寻求其支持。己未系的首领靳云鹏出任总理的呼声较高,己未系议员也希望自己的首领能通过国会,成为正式总理,也同意开临时会。

8月21日,众议院常会,当日并未将开临时会的提案列入议事日程,但安福系议员会上临时动议变更议事日程,将安福系议员黄云鹏等所提开临时会案提出讨论。经表决多数赞成,通过。提案人说明理由后,主席即以开临时会付表决,多数赞成,可决。何日开临时会,有三种意见:9月15日开;9月10日开;9月1日开。主席以9月15日开临时会付表决,赞成者少数,否决。主席又以9月10日开临时会付表决,赞成者多数,可决。至于临时会会期长短,有的主张到预算案审查结束,有的主张不超过4个月。但安福系希望越长越好,黄云鹏主张不规定限期,光云锦主张以上各种主张不必表决,其实质仍是不规定限期。最后多数赞成光的意见,即咨送参议院。

8月23日参议院常会,副议长田应璜主席。杨以俭动议变更议事日程,将众议院咨送的开临时会案提出议决。主席以杨的动议付表决,多数赞成,可决。己未系议员陈介发言说:"众议院咨送的原案有2人提出,其理由均以为预算尚未制成,非开临时会不可。但临时会非有宣战媾和重大事件不能召集。预算案交到议会已数月之久，未能议决，实我两院开会次数甚少所致，诚我两院同人所应抱愧者。但事处万不得已，不能不为变通之计，故本员对于开临时会不能反对。惟提案人及众议院通过开临时会之理由均以预算为言，故本员主张欲求预算早日通过，非限定专议预算案不可。任意提案势必致预算案迟滞，即以余暇议决其他各案，亦只可限定从前未了之议案可以提出，此外不能另提他案。"安福系议员胡钧发言要求先讨论是否应开临时会，决定后才能讨论是否专议预算。安福系议员邓镕主张先通过众议院开临时会案，至于临时会开会时，除议预算外，会期内如遇有内阁等问题变动等亦应讨论。主席以 9 月 10 日开临时会付表决，赞成者多数，可决①。

这样，临时会议时间多长未限制，故一直开到第三期常会会期 1920 年 3 月 1 日前的 2 月 10 日才算结束。临时会议亦不单议预算案，而是议一切议题。

1919 年 9 月 10 日，第二届国会临时会开会式。大总统徐世昌未到会，仍由安福系自拉自弹自唱。这一回由安福系的司法总长朱深作为徐的代表致颂词，代理国务总理龚心湛代表国务员致祝词。临时会一直开到 1920 年 2 月，快到第三期常会开会期。原定 2 月 10 日举行临时会闭会式，因临近旧历年，议员纷纷返籍，在京人数太少，无法举行闭会仪式，故临时会未举行闭会式即闭会了。

1920 年 3 月 1 日，第二届国会第三期常会在北京举行开会式。这时，靳云鹏正式内阁成立有几个月了。大总统徐世昌派总统府秘书长吴笈孙为代表出席会议并致颂词。国务总理靳云鹏尚在假期中未出席会，由农商总长田文烈为代表出席开会式并代表全体国务员致颂词。

此时直奉 8 省反皖同盟已经成立，并公开要求解散第二届国会，解散安福俱乐部。2 月 23 日吴佩孚致电大总统徐世昌、国务总理靳云鹏，严厉斥责安福祸国："慨自安福跳梁，政纲解纽，穷凶极恶，罄竹难

① 《申报》1919 年 8 月 28 日。

书。稍有血气,咸不欲共戴一天。而乃长恶不悛,鬼蜮百出。值兹全国
蜩螗之秋,潜为位置私人之计。只知扩张党势,不顾牵动大局。如果一
意孤行,势必酿成大乱。"①

　　3月初,即有19省联电北京政府,公开要求解散由安福系把持的
第二届国会,解散安福俱乐部。第三期常会开会式才到一百多议员。
有些省,尤其是参加反皖同盟的省的议员到京者少。故3月1日开会
式后,因不足法定的开会人数,参、众两院均无法议事。安福国会的议
长们不断以函电催促议员来京开会,直到3月底,参、众两院才足法定
的开会人数。安福系开始瓦解涣散了。虽然安福系欲倒靳内阁,但由
于遭到直、奉二系的反对,也是几起几落。尽管安福系和安福国会的日
子不太好过,但其靠山皖系的军事力量还在,自然还可支撑下去。于是
又决定延长第三期常会的会期。

　　第二届国会第三期常会以1920年度的预算案政府尚未提交国会
为由,照例众、参两院分别于6月17日和18日通过了将第三期常会延
长2个月的议案。但7月14日直皖战争爆发,只经过了几天即以皖系
的失败而告终。安福系和安福国会赖以依存的皖系倒了。段祺瑞7月
19日通电自请罢免官职,解除定国军名义,引咎辞职。徐树铮等纷纷
躲入日本使馆,王揖唐逃往日本。树倒猢狲散。安福系议员失去靠山,
自然解体星散,国会已无法再开会。

　　直皖战争前夕,徐世昌欲以其心腹周树模出面组阁。7月2日,徐
世昌发布命令,正式接受了靳云鹏的辞职,并于7月上旬将《拟任周树
模为国务总理咨请同意》案提交给了国会。但众议院不足法定人数,
无法开议。尽管徐世昌派总统府秘书长吴笈孙一再催促,也无济于事。
直皖战后徐还想组织周树模内阁,继续催促众议院。吴笈孙对众议院
副议长刘恩格说,"如能足法定人数,则望早将内阁通过,如其不能,亦

---

　　① 《申报》1920年3月3日。

望早日闭会,以免政府为难。"①就是这样催,众议院也不足法定人数,无法开会,自然无法对周树模的提名付表决。

直皖战争结束后,7月29日,曹锟、张作霖、靳云鹏及各省代表在天津曹家花园召集会议,即天津会议,会商各项问题。内阁决定再由靳云鹏出面重组,徐世昌自然只能放弃周树模组阁的主张。

8月7日,徐世昌在总统府举行联席会议,曹锟、张作霖、靳云鹏、张怀芝、萨镇冰、田文烈、王怀庆、吴笈孙、郭则沄等出席会议。会议一致同意由靳云鹏组阁。因安福系议员纷纷逃走,提出靳阁同意案,国会亦不足法定人数,不能开会。这样,徐世昌于8月9日发布命令,特任靳云鹏署国务总理。8月11日,徐世昌发布命令,任命靳云鹏内阁各总长:颜惠庆署外交总长,张志潭署内务总长,周自齐署财政总长,靳云鹏兼署陆军总长,萨镇冰任海军总长,董康署司法总长,范源濂署教育总长,王乃斌署农商总长,叶恭绰署交通总长。

直皖战争皖系大败,全国要求解散安福俱乐部、解散安福国会的呼声再次高涨。这样,徐世昌在各方的压力下,决定解散安福俱乐部。

8月3日,大总统下达解散安福俱乐部的命令:

> 政党为共和国家通例,《约法》许结社集会自由,安福俱乐部具有政党性质,自为法律所不禁。近年以来,迭据各省地方团体函电纷陈,历举该部营私误国,请予解散。政府以为党见各有不同,攻击在所不免,自可毋庸深究。乃此次徐树铮、曾毓隽等称兵构乱,所有参预密谋,筹济饷项,皆为该部主要党员。观其轻弄国兵,喋血畿甸,肆行无忌,但徇一党之私,虽荼毒生灵,贻误国家,亦若有所不恤。该部实为构乱机关,已属逾越范围,断不能容其仍行存在。着京师卫戍总司令、步军统领、京师警察厅,即将该部机关实行解散。除已有令拿办诸人外,其余该部党员,苟非确有附乱证据者,概予免究。其各省区设有该部支部者,并着各该省区地方长官

① 《申报》1920年8月2日。

转饬一律解散①。

第二届国会本已处于瘫痪状态,此令无异于解散国会之令。

8月4日,大总统徐世昌下罪己令。

徐世昌尽管解散了安福俱乐部,使安福国会处于瘫痪状态。但就是不下解散安福国会之令,声称不愿"为解散国会之行为而为段祺瑞之第二"②。其实解散国会,徐有自己的苦衷。尽管徐世昌可以下罪己令,可以承认自己部分的过失,但决不承认自己是非法总统。如像对待安福俱乐部一样承认安福国会为非法而下解散令,则自己的大总统也成为非法大总统,自然就得下台。徐自然不能自己说自己当了几年的非法总统,更不愿因此而下台。在徐的坚持和斡旋下,8月7日,在曹锟、张作霖、徐世昌、靳云鹏等人的联席会议上,做出了"类似不解散(国会)之议决"③。8月19日,第二届国会参议院议长李盛铎、众议院副议长刘恩格在江西会馆以盛宴招待曹锟、张作霖,代两院议员感谢曹、张二使不解散新国会之恩。8月20日,在京的两院议员再次宴请曹、张以感谢二使对新国会的宽容。这些,也再次表现了第二届国会的兴衰荣辱的命运全部操纵在军阀的手中。

8月30日,第二届国会第三期常会在一片声讨声中举行了闭会礼,也算有始有终。更令人不解的是,除农商总长王乃斌外,重新任命的靳云鹏内阁的其他阁员均出席了闭会式。

滞留在京的第二届国会议员一天到晚无所事事,于是又联合起来向政府索要所欠的岁费。北洋政府财政一直无法摆脱困境,靠借外债和内债度日。在《中央行政官官俸法》、《议院法》中说过,官员的薪俸和议员的岁费(每年每人5 000元)定得比一些富裕国家如日本等国都高,严重脱离了中国的经济水平,故欠薪、欠饷、欠议员岁费之事司空见惯。第二届国会议员乘其空闲无事可干时,8月下旬在京召开两院议

①　《申报》1920年8月5日;《盛京时报》1920年8月7日。

②　《民国日报》1920年8月12日。

③　《申报》1920年8月13日。

员谈话会,决定向财政部索要其欠国会的近200万元之款。并以若政府不给欠款,即以审议1920年度国家财政预算案为由,9月再召集临时会。这自然又在给政府出难题。

徐世昌投鼠忌器,不能明令解散第二届国会。但第二届国会一直在自己任总统期间为难自己,操纵政局,且在解散安福俱乐部后,还在给自己出难题,制造麻烦。于是他想出了一个彻底结束第二届国会的办法,即于10月30日下达了依1912年8月10日公布的《国会组织法》和参、众两院议员选举法选举第三届国会的命令。其真实用心自然不在选出新的国会,开创新局面,而主要在扫除安福国会这个障碍。北方一直宣称遵守《约法》,这回又恢复旧的《国会组织法》和国会议员选举法,意在剥夺南方护法的依据。至于选举的前途如何,恐怕未做周密的预计,以致产生了各种矛盾。

选举令中规定用1912年8月10日公布的旧的《国会组织法》和议员选举法,而不用1918年2月17日公布的新的《修正的国会组织法》和议员选举法,这自然是打发走安福系参议员的好办法。此时下达这一国会选举令,就等于结束了安福国会的参议院。众议院议员任期3年,已全部满任期,只有参议院第2班议员任期6年,尚有3年的任期,即有一半的参议员尚有3年的任期。1918年公布的新修正的《参议院议员选举法》规定参议员由地方选举会和中央选举会选出。1912年公布的《参议院议员选举法》,参议员由各省议会和蒙、藏、青海及中央学会选出。用1912年公布的《国会组织法》和议员选举法,自然也就否定了还有3年任期的第二届国会参议院第2班参议员的资格,即否定了第二届国会。尽管第二届国会议员反对,但已失去皖系这个靠山的安福系议员已无法再掀起政潮了。安福系议员再提出要求,不但无人支持,也无人理睬。

徐世昌的国会选举令一发表,在京的第二届国会议员立即于1920年11月1日、2日连续开谈话会,议决反对徐的这一命令。议员贺培桐发言主张:政府已下令恢复旧的《国会组织法》和国会议员选举法,第二届国会等于根本取消。惟法律问题关系至重,不如先由我们自己发一宣言,承认第二届国会为非法,将第二届国会成立以来的一切议决之案及选举之案全部取消。与会者均赞成贺的主张,并推议员刘果、向乃祺等5人为宣言书的起草员。起草员起草后11月3日再开谈话会将宣言书议决①。这是以退为进的一个狠招。反正安福国会回天乏术,倒不如来一个玉石俱焚,再拉上大总统一道同归于尽,倒也是一桩无本的买卖。

这一招确实厉害,把大总统徐世昌吓了一大跳,于是立即让署国务总理靳云鹏出面调解。徐、靳答应将第二届国会议员聘为各部顾问、咨议。这样,议员们要发表宣言之事才作罢。但议员们仍坚持向国务院索要欠款。

第二届国会在直皖战争后处于完全瘫痪状态,留京的议员索要所欠的岁费便成了一件大事。为此,参、众两院秘书厅会计科与财政部多次交涉,要求财政部拨给所欠国会的经费。财政部虽然也答应,但以数目过大,国库空虚,决定稍缓时日,待有钱时一起拨发。但两院议员以缓不救急,仍积极交涉索要。他们推举饶汉秘、陈邦燮、陈焕章等10名议员代表,直接向财政部交涉索要岁费。且议定每省推举2名议员筹备国会第三期临时会,以压政府。11月6日上午,饶汉秘等10人又上国务院质问用旧法改选议员的命令一事。由国务院秘书长郭则沄代靳云鹏接见。双方谈了三小时无结果。由于议员代表几乎天天到国务院、财政部索要岁费。12月初,财政部对所欠国会180万元左右的款项,决定先付三成现金,其余用1919年公债按3折抵发。但议员们并不满意,仍继续开会。陈邦燮、陈焕章等多次到国务院陈述开临时会的理由。并与靳云鹏多次辩论,靳一直不同意他们开会。

由于第三届国会选举在很多省陷于停顿,国会议员不能如期选出,第二届国会议员想援引欧洲的先例,由现国会继续行使职权。1921年

---

① 《申报》1920年11月5日。

2月27日,参议院开谈话会,到会49人,全体主张开临时会,催促政府交议1921年度预算案,并推定陈邦燮、邓镕等6人赴众议院接洽,以便两院一致行动。尽管这些议员知道再开会成功的几率极小,但这也是对政府施压的手段,对政府亦是一种揶揄。在穷极无聊时,这些议员们还弄出一些恶作剧,如将国会的房产作抵押向银行借款以充所欠岁费。

留京新国会议员还运动离京议员回京开会。到1921年3月中旬,回京的第二届国会参议员竟过半数,已够开会的法定人数。众议员到京者也达192人,只差12人即过半数。第二届国会又跃跃欲试。政府得知后立即让参议院代理秘书长设法运动参议员,取消再开会之事。在京的众议院副议长刘恩格属奉系,又当选为第三届国会议员,不希望第二届国会再度开会惹起政潮,故劝第二届国会留京议员:在京议员能不能真足法定人数?徒取开会形式,等于不开;参议院正、副议长均不在京,无从接洽;政府对开临时会有无误解?在在须审慎研究。此三种问题一时不解决,不如暂缓为是①。4月下旬,第二届国会议员在《顺天时报》上发通告,定于4月30日下午1时在众议院议场自行集会。刘恩格不同意再开会,用公函劝慰各议员,陈述不得再开会的理由。政府赶紧责成参议院代理秘书长尽快收束参议院秘书厅。同时又将第2班有6年任期的参议员聘为金融讨论会会员,每人月薪200元。新国会议员的活动热度大降。4月30日,北京警察厅又派警察到众议院守卫、阻止议员入院。只有提前到众议院的20余人进入了议场,其余均被警察阻挡住,未能进入议场。会未开成。

十五、第三届国会的流产

1920年8月30日,第二届国会第三期常会闭会时,第二届国会众议院议员3年任期已满,参议院议员任期6年,每3年改选一半,即参

---

① 《盛京时报》1921年3月15日。

议员的一半任期已到,必须重新选举。也就是说,北京政府必须筹备下一届国会的选举。

当时广东尚有一个由政学系控制的残缺的护法国会,北京有一个第二届国会,两个国会对立,成为和平统一的主要障碍之一。1920 年夏秋,陈炯明率领粤军回师广东,将桂系赶出广东,依附桂系的岑春煊等逃离广州。10 月 24 日,岑春煊、陆荣廷、林葆怿等发布宣言,宣布取消广东军政府,取消西南各省的自治,统一在北京中央政府之下。由政学系控制的广州国会非常会议自然也瓦解。安福俱乐部 8 月 3 日被解散后,第二届国会亦已瘫痪。1920 年 10 月 30 日,北京政府发布了和平统一令,同时下达了国会选举令:和平统一,善后各端,亟待次第施行。国会为人民代表,关系綦重。所有参、众两院即从新选举,着内务部依照元年 8 月 10 日公布之《国会组织法》及《参议院议员选举法》、《众议院议员选举法》,督同各省区长官,将选举事宜迅速妥筹办理①。

1920 年 11 月 23 日,大总统徐世昌又用教令公布了众议院选举的日期:众议院初选期为 1921 年 3 月 1 日,复选期为 1921 年 4 月 1 日,蒙古、西藏复选期为 1921 年 4 月 10 日,遇必要时延期 10 日②。

选举令既已公布,选举日期亦已确定,一些省区即开始着手第三届国会的选举工作。有些想当总统的军阀头目,如张作霖、曹锟也都积极准备,要操纵这场新的选举。奉张控制着东北的军政大权,东北的选举自然完全由张所控制。但对于想当总统的张来说,东三省议员的全部票也无法圆其总统梦,于是张在晋、鲁、豫等省积极运动。曹锟一开始也跃跃欲试,但吴佩孚劝其高举"法统重光"的旗帜,恢复第一届国会,将徐世昌赶下台,抬黎元洪出来统一南北,再通过第一届国会登上总统宝座。这样曹锟才对第三届国会选举采取了暗中抵制策略,直系控制的省区基本上未进行第三届国会的选举。当时的国务总理靳云鹏也积

---

① 《申报》1920 年 10 月 31 日。
② 《申报》1920 年 11 月 25 日。

极筹备资金,组织了"立园"、"春明雅集社"、"十人团"等组织,拟在新一届国会的选举中获取约 100 个议席,以维持自己的地位。研究系、交通系、己未系、讨论系、政学系(从广州逃北京后,在京又组织了"宣南寄庐"),均准备参加新一场的竞选。但由于当时恢复第一届国会的呼声不断高涨,故多数派系虽然积极成立组织,但也只是做点竞选的准备工作,不愿贸然投资于新的选举之中,害怕旧国会恢复,自己血本无归。

中国实行共和制,从 1912 年算起,也快 10 年了。但中华民族的民主意识还比较淡薄,多数国民不知选举为何事,不予重视。加之又将选举人的各种资格定得过高,使大部分公民的选举权被剥夺,公民欲参与也不可能。一些有选举权的洁身自好之士,愤世嫉俗,不愿参与由金钱与权力操纵的选举,而放弃自己的选举权。一些军阀、政客相互勾结,操纵选举,以选举为升官发财的捷径,以选举来达到控制政权的目的,把持垄断选举,公开进行选票的买卖。贿选一直是中国选举中的一个毒瘤。第三届国会的选举也一样。奉天省竟出现伪造选票。湖南省有权势之人操纵选举。安徽省发生选举集会争执。江苏、云南争选省议会议长。山东也因省议会议长问题引起风潮。鲁督田中玉以权干涉选举,被山东人民控告。因选举而引起的诉讼几乎各省都有。以金钱和权势为个人谋议员位置,根本谈不上人民代表。自然不可能指望这种议员代表国民监督行政、造福于国家与社会。

湖北省在几届国会选举中,都是各派矛盾最尖锐、斗争最激烈的一个省。第三届国会选举也如此。当时湖北省长夏寿康提出改组湖北省选举事务所办法 5 条,以便控制湖北的国会议员选举。湖北崇政俱乐部又称楚善派省议员,也积极运动力争第三届国会议员,与夏发生矛盾。该派的骨干胡鄂公、郑江灏以旅京同乡会的名义由京返鄂运动本派的国会议员选举。楚善派以夏寿康所提的 5 条办法与中央颁布的选举法令及施行细则相抵触要求夏废止,并发动本派攻击夏,要将夏驱逐出湖北。夏派也不甘示弱,也对楚善派以金钱运动国会议员的选举进行揭露。这样,在湖北形成拥夏派与驱夏派。两派互相攻击,斗争日趋激烈,相互毫不妥协,矛盾无法调和。最后闹到北京国务院,湖北的国会选举只好于 1921 年 1 月停顿下来。

天津的国会议员选举因舞弊被起诉到地方检察厅,直隶省议会要求省署饬高等审判厅审讯,闹得沸沸扬扬。3 月 21 日,天津的初选投票者寥寥无几。投票人亲自到选举站投票者仅几十人,其余都是由他人代为投票。

京兆特别区选举出现包办,由边某一手经理。边指定其私党锡麟等 7 人为复选当选人。并假直隶省长曹锐名义向政府索款 30 万元作为收买初选当选人的贿赂资金(包括京兆、直隶、热、察在内)。由于国库空虚,直系后来又决定恢复第一届国会,尽管有拨款 30 万的成议,终未能实行。但仍电令各知县,扣发初选当选人证书,收买当选人,并令各县令,如果初选当选人不配合,即由县知事派人代行投票①。

蒙古与西藏的国会议员选举,更是公开买卖选票,且出现中介人包办贿选的现象。每名参议员、众议员售价 3 000 元,外加 900 元的包办费。

上海选举舞弊现象严重。初选时,浮报选举人名单。3 月 1 日上海县众议员初选投票,很多是一个人冒充他人名义,一天投五六次票。有的一个人竟投了几十张票,多次出入选举投票所。杨春绿等 10 余人到上海地方审判厅起诉上海县知事沈宝昌及各乡市经管国会议员选举事务的管理人员通同舞弊,并电北京当局要求查办之。

热衷当议员者,不但在地方运动,而且纷纷入京运动内务部和筹备国会事务局,谋求北京政府的特别助力。故有一段时间,北京各大中西饭店、各大旅店人满为患,住进很多运动议员的旅客。

旧议员则积极运动直系军阀恢复第一届国会。直系也准备利用第一届国会来为自己的政治目的服务,故直系控制的省区或倾向直系的

---

① 《盛京时报》1921 年 3 月 25 日、31 日。

省区采取拖延的办法来对付第三届国会选举。直系大将吴佩孚连电北京政府，反对第三届国会的选举。浙江省督军卢永祥也于 1921 年 2 月 9 日通电，以全国尚未统一，宜缓办选举来反对第三届国会的选举。3 月 3 日卢又发出通电，公开反对第三届国会的选举，主张恢复第一届国会。赣、闽、鄂、秦、晋等省也迭电要求缓期选举。这使很多省区对第三届国会的选举裹足不前，甚至完全停顿。

1920 年 10 月 30 日，北京政府下达第三届国会选举令，以后又公布选举日期令，并一再催促各地选举。但到 1921 年 6 月，只有江苏、安徽、奉天、吉林、黑龙江、山东、山西、甘肃、新疆 9 省，及青海区阿拉善、额济纳 2 旗，内蒙古哲、卓、昭、锡 4 盟选出众议员 201 人。这些新选出的议员时人又称新新议员。其他各省区，北京政府一再严催，均未照办。参议员选举因未颁布参议员选举办法，自然也就无法进行。故第三届国会要正式成立不是指日可待的，而新选出的众议员又陆续到京，等待正式开会。但议员的岁费、旅费（约 40 500 元）均分文未给。尤其是华侨议员，远涉重洋来京，原议定每名华侨议员拨 3 000 元为旅费亦未拨给。这样，议员的生计自成问题。按议院法规定，议员岁费 5 000 元，第一届国会按月支 400 元，每年年末月支 600 元。第二届国会分 4 次支给，每次支 1 250 元。故到京新新议员到内务部及筹备国会事务局催要岁费。筹备国会事务局、内务部也向国务院上呈要求发给岁费。以后议员们又推举代表直接多次找国务总理靳云鹏，除催速开第三届国会外，就是索要旅费与岁费。靳是积极主张尽快召集第三届国会的，故除一面加紧催促未选出议员的省区赶紧选举，一面积极筹措第三届国会的经费。11 月中旬靳曾要求财政部先拨给第三届国会全年岁费的四分之一。但已被军队和中央各机关索饷催薪弄得焦头烂额的财政部，借垫无门，哪有能力再支给这批议员的旅费和岁费，故一直拖着未办。到 1921 年底，梁士诒开始组阁时，内务部又再次上呈国务院，要求拨给第三届国会即新新国会议员的旅费、岁费，维持国会，同时拨给筹备国会事务局积欠的 17 万元经费。新新国会议员也派代表多次找梁士谘交涉旅费与岁费,寻求梁的支持。但直到第一届国会恢复,第三届国会即史称的新新国会无形中流产,新新议员们一分岁费也未能领到。这对那些用钱来收买选票的新新国会议员来说,这回是血本无归,故出现个别新新议员因借债竞选还不上债而自杀的。如山东籍一新新议员向人借贷 2 万余元投入竞选才当上了议员,本想到京就职后陆续归还。不意新新国会流产,该议员痛心饭碗被打,加之债主催逼还债,悲愤交加,一时想不开,竟自杀身亡①。

由于直系曹锟、吴佩孚不赞成召集第三届国会,故已选出的第三届国会议员,举出王景尧、柴春霖、孙谌、王文渊、谢述曾、史家淦 6 人于 11 月 18 日到保定去游说曹、吴。19 日见吴佩孚。当议员问吴:"巡帅对于召集国会,究否赞成?"吴答:"是乃政治问题,非吾所得预闻。但余个人意见,虽不反对,然观各省所办之选举,大率不脱包办与贿买两途。此言非单纯对君等而发,实全国之通病也。故余个人意见,对此项习惯不敢予以同情。"②吴不但未表示对召开第三届国会的支持,还当面揭穿这些议员全是由包办和贿选而产生的,等于当场打了这些议员一记耳光,是指着这些人的鼻子骂他们。这些议员度量也够大了,竟也未做丝毫的争辩。这说明吴的话全是事实,无可反驳,也说明这些议员也不以包办和贿选为耻。这从另一个侧面暴露了当时官场已是廉耻扫地,腐败到了何等地步。议员们见曹锟时,问曹锟对召集第三届国会的意见,曹说:"并不是不召集。补选各省未选出之议员,亦非难事。惟一经开会,必需巨款。此项经费必须预先筹有着落。政府若能筹出 1 千万元款项为开国会之用,则予必极力为国会赞助。"③当时北京政府财政极端困难,国库空虚,连总统府的职员都几个月未发薪,军队和机关到财政部索饷索薪者络绎不绝。为国会筹 100 万都十分困难,筹

---

①　《盛京时报》1922 年 7 月 2 日。

②　《申报》1921 年 12 月 4 日。

③　《盛京时报》1921 年 12 月 4 日。

1 000万更是不可想象的事。即，这只是曹锟反对召开第三届国会的托词而已。

第二届国会众议院副议长刘恩格是奉天人，靠张作霖的支持，在第三届国会的选举中仍被选为议员。刘以第二届国会众议院副议长的身份将第二届国会众议院秘书厅余款2万元挪出，10月在北京宣武门外西草厂胡同16号设立了第三届国会议员通信处，作为第三届国会议员集会与联络的场所。

第一届国会若恢复，自然也就彻底否定了第三届国会。阻止第一届国会的恢复，才可能召集第三届国会。为此第三届国会议员在北京西草厂胡同16号办事处多次开会商讨对策。决定接收众议院，改组众议院秘书厅。即将通信处改为秘书厅，入据众议院。1922年4月底直奉战争爆发，5月初即以直系胜利而告终。这时，在直系的支持下，恢复第一届国会的呼声再次高涨。新新国会议员多次开会决定发出通电，否定恢复第一届国会。5月23日，新新国会议员以皖、苏、鲁、晋、甘、新、奉、吉、黑、蒙、青海11省区全体众议员的名义通电全国，陈述第一届国会无恢复的理由：

> 夫民主国家，当以国会为主体。无国会固足召乱，无良好之国会更足遭殃。试观民国11年过去之历史，祸变来由，即知其概。本届国会，系依旧法改选。在政府既足以维持法统，尊重民权；而被选者亦极自由，绝无党派官厅之操纵。无非欲挽回危运，福民利国，藉卫身家。慨自被选来京，已达一载，召集之令未下，恢复旧国会之谣已兴。初犹谓梁、叶主张。迨战事方终，旧议员仍极力运动。夫议员不过人民之代表，断未有10年以前之选举代表10年以后之人民，开五洲各国未有之恶例，遗中国后世无穷之乱机。况去法衡情，改选告成，即人民取消前议员之表示。同人等以国家安危所系，法统存废攸关，不得不代表民意郑重声明，将旧国会不能恢复理由，条列于后，请求诸公主持正义，阐发明言，俾作典型，表示来许。并请政府立颁参议员选举办法。南北未办选举各省长

官,赶速举办,召集期以 3 个月。先以筹统一之定局,进而谋宪法之成功。耿耿此心,谨先宣告。兹将第一届国会不能恢复理由,分法津、事实两项说明之。

闻主张恢复旧会者,为 6 年解散之国会。查 6 年解散国会之议员,分为南北两派。在北者即经济调查局之委员也。据其恢复最要理由,曰:维持法统。申言之,则不承认解散命令也。夫解散令既经承认,则议员资格当然不能存在。广州之自由召集,亦为法律所许。凡为议员者,应必以法统所系之身,力尽维持之责任。乃何以肯卖广州维持法统之国会,再充解散国会政府之官员? 岂解散之令,做官吏即可默认,做议员即可否认乎? 是其议员之资格不待南方取消,早在北方丧失。法统断绝,尚何有恢复之微机? 或曰,此南方取消之议员于国会本身无关也。故其自由召集递补议员,制定宪法,种种正式之会议,迥与初次非常不同。然姑就广州言之,计其时日又届 6 纪。不特众议员早经任满,即参议员亦已逾期。法统久悬,又何有恢复之余地? 然当未改选以前,亦可延其名义。兹则政府已依据南方所护之法改选矣,是新选不得目为非法,护法者即不得不认为议员。盖人民享有选举及被选举权,载在《约法》。选举年限,《选举法》亦有正条。谈法统者更安能稍有侵害? 况议员本人民之代表。今人民既另选代表,是前代表之根据已失,旧议员之名义自消。法统转移,更何有恢复之论? 据此法律上旧国会之不能恢复理由也。

至若旧国会以往之成绩,昭昭在人耳目,无庸赘言。即以制宪论,当国家改革之初,诸待建设,则国会惟一任务即在宪法之速成。若果计日程功,庶帝制复辟可不发生,又何有南北分崩之祸? 讵乃舍本务末,虚掷时光,两次无成,犹复归咎于解散。然广州制宪,绝无丝毫障碍,乃何仍破裂无遗? 盖党见太深,分子又杂,所以一而再,再而三,终不克成,今尚望其而四而五乎? 况历来战祸,何一不由旧议员构造而成。即如此次奉直祸端,非由旧议员力谋恢复,勾结梁、叶、赵杰，假统一以煽惑乎？夫以南方取消之议员，乃以恢复为统一之号召，非极愚者决不为其所愚，即彼议员中亦多有否认者。不谓张、赵竟为所误，今犹欲欺众人。况其中亲日派、交通系分子甚多，影响于内政外交甚大。与其悔后，不如慎初。此事实上旧国会之不能恢复理由也。

然力持恢复说者，以为非恢复不克统一。试问：南方统一，仅在国会乎？较国会问题重且大者尚多，如能允其要求，则统一不难立见。否则，恢复经济局之议员，不能统一，即恢复广州之国会，亦不克统一。徒以扰乱全国政局，推翻国会法统，褫夺选民公权。既无济于目前，复遗患于身后。国内不乏明达，当必有正当之箴言。此非为议员计也，为国为民，应以召集新国会为救时要务。况已选竣者有 11 省区，未办者如速举办，至迟 3 月，当可告成。一俟国会重开，首以解决纠纷，谋中华之统一；进而商榷制度，筹宪法之安全。成败安危在此一举，邦人君子幸以教之。不胜盼切待命之至[①]。

上述通电也确实言之成理，但连大总统徐世昌都以非法总统被逼下台，新新议员人微言轻，即使有理，无权势人物支持，也难生效力。这也是中国议会的无奈与悲哀。

6 月 1 日第一届国会议员王家襄、吴景濂等 150 余人发表宣言，宣布即日行使职权，取消南北两政府，另组合法政府。在直系的逼迫下，6 月 2 日大总统徐世昌辞职出京，将总统职务交国务院摄行，署国务总理周自齐则赶紧通电，总统职权奉还国会，暂以国民资格维持一切，听候接收。下令进行第三届国会选举的大总统被直系以其大总统地位不合法而赶下台，这自然是对希望召开第三届国会的新新国会议员的沉重打击，使召开第三届国会变得十分渺茫。新新国会议员立即开会商讨对策，一时也是一筹莫展，于是议决再发通电。6 月 3 日，新新国会议

① 《民国日报》1922 年 5 月 26 日。

员以第三届国会 11 省区众议员的名义发出通电：

> 时局纠纷，累年不解。今即舍法律而言事实，恢复 6 年国会果能统一南北，是固国家之幸。惟旧议员东日通电，声明自今日始行使国会职权，而稽其到会人数，则众议员仅 135 人，参议员亦仅 68 人，共仅 200 余人。国会职权是否不足法定人数，亦可行使？当兹维持法统之际，议员为立法之人，倘一举动在法律上无所根据，诚恐此例一开，将何以善其后乎？愿与国人共商榷之[①]。

当旧国会议员要入京时，新新议员于 6 月 12 日面见黎元洪大总统，侃侃而谈其旧国会不能恢复的理由。黎的大总统地位的合法性与第一届国会的恢复密切相关，自然不会支持新新国会议员的要求。后新新国会议员又找到第一届国会参议院议长王家襄、众议院议长吴景濂交涉，自然更无结果。于是 20 余名新新国会议员采取占领众议院阻止旧议员入院，并阻止众议院秘书厅将众议院文件、器具、印信交内务部的办法来阻止恢复旧国会。此时，第二届国会参议院少数议员也占据了参议院，阻止第一届国会参议员入院。北京一时三个国会相冲突，倒也热闹。内务部最后只好向其发出最后通牒：如果到底不肯让出，当取强制手段。由于第二届、第三届国会已无任何权势人物的支持，也实在难以对峙下去，最后只好撤退。

旧国会恢复后，新新国会便成非法，议员也失去资格。第三届国会自然也就流产了。9 月，旧国会民六、民八议员争法统最激烈时，北京政府怕新新国会议员乘机再起来争法统，别生枝节，故国务院急忙特电已办第三届国会选举之省区，一律聘新新议员为省署顾问。这样，新新国会议员渐渐都离京返乡当顾问去了，北京就再无他们的声音了。

---

① 《申报》1922 年 6 月 5 日。

附录：

（一）临时参议院议员名单

议　　长：王揖唐。

副议长：那彦图。

京　　兆：孟锡珏。

直　　隶：王振尧、耿兆栋、张佐汉、高凌霨。

奉　　天：陈瀛洲、赵连琪、刘兴甲、刘恩格、翁恩裕。

吉　　林：齐忠甲、逯长增、乌泽声、徐鼐霖、成多禄。

黑龙江：蔡国忱、孟昭汉、刘振生、翟文选、赵仲仁。

山　　东：于元芳、张玉庚、张栋铭、陈　藻、艾庆镛。

河　　南：陈善同、张凤台、林东郊、陈铭鉴、任曜墀。

山　　西：田应璜、梁善济、李庆芳、张杜兰、张　端。

陕　　西：何毓璋、陈　泰、谭　湛、高增融、党积龄。

江　　苏：汪秉忠、王立廷、孙润宇、蓝公武。

安　　徽：光云锦、吴文瀚、宁继恭、陈光谱。

江　　西：邱　珍、宋育德、葛　庄、贺国昌、饶孟任。

福　　建：林蔚章、刘以芬、王大贞、陈之麟、高登鲤。

浙　　江：袁荣叟、汪有龄、陆宗舆、蔡元康、王廷扬。

湖　　北：查季华、阮毓崧、张则川、胡　钧、周兆沅。

湖　　南：朱后烈、周　渤、吴凌云、李　俊、唐乾一。

甘　　肃：段永新、秦望澜、马维麟、李增秋、刘朝望。

新　　疆：王学曾、杨增炳、李钟麟、杨应南、胡　霖。

四　　川：罗　纶、邓　镕、刘　纬、黄云鹏、谢刚德。

广　　西：李拔超、关冕钧、陈化时、林世焘、吴肇邦。

贵　州：姚　华、唐尔镛、雷　述、孙世杰、刘光旭。

蒙　古：阿穆尔灵圭、色旺端鲁布、塔旺布里甲拉、帕勒塔、札噶尔、阿拉坦瓦齐尔、棍布扎布、鄂多台、祺诚武、克希克图。

青　海：勒旺里克津。

西　藏：罗桑班觉、厦仲阿旺益喜、罗卜桑车珠尔、巫怀清。[①]

（二）修正中华民国国会组织法

1918 年 2 月 17 日公布

第一条　民国议会以下列两院构成之。

参议院、众议院。

第二条　参议院以下列各议员组织之。

一、由地方选举会选出者一百三十八名。

二、由中央选举会选出者三十名。

第三条　众议院以各地方人民所选举之议员组织之。

第四条　各地方选出众议院议员之名额依人口之多寡定之。每人口满一百万选出议员一名。但人口不满七百万之省得选出议员七名。不满一百万之特别行政区亦得选出议员一名。

人口总调查未毕以前各省区选出之名额如下：

直隶　　　二十三名

奉天　　　十一名

吉林　　　七名

黑龙江　　七名

江苏　　　二十七名

安徽　　　十八名

江西　　　二十四名

---

① 刘寿林、万仁元、王玉文、孔庆泰编：《民国职官年表》，第 172 页。

浙江　　二十六名

福建　　十六名

湖北　　十八名

湖南　　十八名

山东　　二十二名

河南　　二十二名

山西　　十七名

陕西　　十四名

甘肃　　十名

新疆　　七名

四川　　二十二名

广东　　二十名

广西　　十三名

云南　　十五名

贵州　　九名

京兆　　四名

热河　　三名

察哈尔　二名

归绥　　一名

川边　　二名

第五条　蒙古、西藏、青海选出众议院议员之名额如下：

蒙古　　十九名

西藏　　七名

青海　　二名

第六条　参议院议员任期六年，每三年改选二分之一。

第七条　众议院议员任期三年。

第八条　两院议长、副议长各由本院议员互选之。

第九条　无论何人不得同时为两院议员。

第十条　民国议会之开会及闭会两院同时行之。

第十一条　民国议会之会期为四个月,但依事情之必要得延长之。

前项延长期间至多不得逾两个月。

第十二条　民国议会之议事两院各别行之。

同一议案不得同时提出于两院。

第十三条　民国议会之议定以两院之一致成之。

一院否决之议案不得于同会期内再行提出,但同意案不在此限。

第十四条　民国宪法未定以前《临时约法》所定参议院之职权为民国议会之职权,但下列事项两院各得专行之:

一、建议。

二、质问。

三、查办官吏纳贿违法之请求。

四、政府咨询之答复。

五、人民请愿之受理。

六、议员逮捕之许可。

七、院内法规之制定。

预算决算须先经众议院之议决。

第十五条　两院非各有总议员过半数之出席不得开议。

第十六条　两院之议事以出席议员过半数之同意决之,可否同数取决于议长。

第十七条　《临时约法》第十九条第十一款、第十二款及第二十三条关于出席及议决员数之规定于两院各准用之。

《临时约法》第二十一条之规定亦同。

第十八条　《临时约法》第二十五条、第二十六条关于参议员之规定于两院议员各准用之。

第十九条　两院议员之岁费及其他公费别以法律定之。

第二十条　民国宪法案之起草由两院各于议员内选出同数之委员行之。

第二十一条 民国宪法之议定由两院会合行之。

前项会合时,以参议院议长为议长,众议院议长为副议长。非两院各有总议员三分二以上之出席不得开议,非出席议员四分三以上之同意不得议决。

第二十二条 本法自公布日施行①。

(三)修正参议院议员选举法

1918 年 2 月 17 日公布

第一章 总则

第一条 参议院议员依国会组织法第二条之规定分别选举之。

第二条 参议院议员选举人及互选人于本法各章定之。

第三条 有中华民国国籍之男子、年满三十岁以上合于本法各章所定之资格,无《众议院议员选举法》第五条所列情事之一者,得为参议院议员之选举人。

有中华民国国籍之男子、年满三十五岁以上,无《众议院议员选举法》第五条所列情事之一者,得被选为参议院议员。但蒙、藏、青海、回部、华侨之被选举人以通晓汉语、汉字为限。

第四条 参议院议员之选举权及被选举权,其限制依众议院议员选举法第六条、第七条之规定。

第五条 参议院议员之选举日期以教令定之。

第六条 选举用无记名单记投票法。

第七条 选举非有选举人总数三分二以上到会,不得投票。

第八条 选举以得票满投票人总数三分之一者为当选,当选人不足额时,应再行投票至足额为止。

第九条 当选人足额后,并依定额选定同数之候补当选人,其当选

---

① 参议院秘书厅 1919 年 12 月订:《参议院要览》,第 9—14 页。

票额依前条之规定。

凡得票满当选票额，因当选人足额不能当选者，即作为候补当选人。

第十条　当选人及候补当选人名次以选出之先后为序，同次选出者以得票多寡为序，票数同者抽签定之。

第十一条　当选人及候补当选人之姓名及所得票数，由选举监督当场榜示，同时通知各当选人。

第十二条　当选人接到前条通知后，应于二十日以内答复愿否应选。其逾期不复者，以不愿应选论。但交通不便地方得延长十五日以内。

第十三条　当选人不愿应选时，依次以候补当选人递补之。

第十四条　凡地方选举会复选及中央选举会互选之应选者为参议院议员，由选举监督给予议员证书，同时汇造名册，报告内务部。

第十五条　议员出缺时依第十三条之规定递补之。

第十六条　候补当选人之有效期间至每届议员改选之日为止。

第十七条　第一届选出之参议院议员于开会后，依《国会组织法》第六条规定之任期以抽签法分全院议员名额为二班，第一班满三年改选，第二班任期满改选，嗣后每三年就任满之议员改选之。

议员名额不能二分时，以较多或较少之数为第二班。

第十八条　议员退任再被选者得连任。

第十九条　关于选举投票、开票、检票、选举变更及选举诉讼本法所未规定者，准用众议院议员选举法之规定。

　　第二章　地方选举会

第二十条　地方选举会以有下列资格之一者为初选选举人：

一、曾在高等专门以上学校毕业及与高等专门以上学校毕业有相当资格，任事满三年者或曾任中学以上学校校长及教员满三年者，或有学术上之著述及发明，经主管部审定者。

二、曾任荐任以上官满三年者，或曾任简任以上官满一年者，或曾受勋位者。

三、年纳直接税百元以上或有不动产值五万元以上者。

第二十一条　各省区地方选举会以县为初选区。

第二十二条　各县初选人以具有第二十条资格之一者，每三十人互选初选当选人一名，但人数少至三十人之县亦得选出初选当选人一名。

第二十三条　初选得票当选及候补人均适用第一章第八条、第九条、第十条之规定。

第二十四条　初选监督以县知事充之。

第二十五条　初选投票场所设于县知事所在地。

第二十六条　初选日期由复选监督定之。

第二十七条　初选监督应就本管区域内分派调查员按照选举资格调查合格者造具选举人名册，调查员办事细则由初选监督定之。

第二十八条　选举人名册应载选举人姓名、年岁、籍贯、住址及第二十条第一款或第二款、第三款所列之资格。

第二十九条　选举人名册应于初选期六十日以前一律告成，由初选监督呈报复选监督。

第三十条　初选监督应将选举人名册于初选期六十日以前宣示公众。

第三十一条　宣示选举人名册以五日为期，如本人以为错误、遗漏得于宣示期内取具证凭，请求初选监督更正。

前项请求更正，初选监督应自收受请求书之日起，五日以内判定之。

第三十二条　宣示期满即为确定，不得再请更正，其由初选监督判定更正者，应将更正选举人名册补报复选监督。

第三十三条　选举人名册确定后，应存投票所，并由复选监督报告选举人总数于内务部。

第三十四条　初选当选通知及证书准用众议院议员选举法之

规定。

第三十五条　各省区选出参议院议员名额如下：

一、每省五名。

二、每特别行政区一名。

第三十六条　各省区地方选举会设于各省区最高行政长官驻在地。

第三十七条　各省区地方选举会复选监督以各省区最高行政长官充之。

复选举场所由复选监督定之。

第三十八条　蒙古及青海地方选举会以各蒙旗王公、世爵、世职组织之。前项选举会得依便宜于中央政府所在地组织之。

第三十九条　蒙古及青海地方选举会选出议员之名额如下：

蒙古　　十五名

青海　　二名

第四十条　蒙古及青海地方选举会之选举监督，以选举会所在地之行政长官或盟长或蒙藏院总裁充之。

选举场所由选举监督定之。

第四十一条　西藏地方选举会，由驻藏办事长官会同达赖喇嘛及班禅喇嘛遴选相当人员组织之。

前项选举会得依便宜于中央政府所在地组织之。

第四十二条　西藏地方选举会选出议员之名额六名。

第四十三条　西藏地方选举会之选举监督以驻藏办事长官或蒙藏院总裁充之。

选举场所由选举监督定之。

第三章　中央选举会

第四十四条　中央选举会以具有下列各项资格者分部组织之。

第一部　曾在国立大学或外国大学本科毕业以其所学任事满三年者，或曾任国立大学校校长及教员满三年者，或有学术上著述及发明，经主管部审定者。

第二部　退职大总统、副总统、国务员及曾任特任官满一年以上，或曾受三等以上勋位者。

第三部　年纳直接税一千元以上者，或有一百万元以上之财产，经营农、工、商业，经主管官厅证明者。

第四部　华侨有一百万元以上之财产，经驻在地领事官证明者。

第五部　满州王公具有政治经验者。

第六部　回部王公具有政治经验者。

第四十五条　中央选举会各部互选之议员名额如下：

第一部　十名

第二部　八名

第三部　五名

第四部　四名

第五部　二名

第六部　一名

第四十六条　中央选举会于中央政府所在地行之。第一部以教育总长为选举监督，第二部、第五部以内务总长为选举监督，第三部及第四部以农商总长为选举监督，第六部以蒙藏院总裁为选举监督。选举场所由各该选举监督定之。

第四十七条　中央选举会各部互选人之资格应于互选投票前八十日，由各该选举监督按照各项资格派员或委托各省区行政长官及驻外领事分别调查，于投票前四十日造具选举人名册宣示公众。

前项调查员办事细则由各该选举监督定之。

第四十八条　中央选举会互选人名册宣示后二十日以内，如本人以为错误、遗漏，得取具证凭，请求更正。二十日期满即为确定，不得再请求更正。

前项请求更正各该选举监督应自收受请求书之日起，五日以内判定之。

第四章　附则

第四十九条　本法施行细则以教令定之。

第五十条　本法自公布日施行①。

（四）修正众议院议员选举法

1918 年 2 月 17 日公布

第一编　总则

第一条　众议院议员依《国会组织法》第四条及第五条之规定分别选举之。

第二条　众议院议员总选举日期，以教令定之。但改选及补选日期，得由复选监督或蒙、藏、青海选举监督定之，并报由内务部呈报大总统。

第三条　有中华民国国籍之男子、年满二十五岁以上于编造选举人名册以前，在选举区内住居满二年以上，具有下列资格之一者，得为众议院议员之选举人：

一、年纳直接税四元以上者。

二、有值一千元以上之不动产者。但蒙、藏、青海得就动产计算。

三、在小学校以上毕业者。

四、有与小学校以上毕业相常之资格者。

第四条　有中华民国国籍之男子、年满三十岁以上者，得被选为众议院议员。但蒙、藏、青海之被选举人，以通晓汉语汉字为限。

第五条　有下列情事之一者，不得为众议院议员之选举人及被选举人。

一、褫夺公权尚未复权者。

二、受破产之宣告确定后尚未撤消者。

---

① 　参议院秘书厅 1919 年 12 月订：《参议院要览》，第 14—19 页。

三、疯癫或有癈疾者。

四、不识文字者。

第六条 下列人员停止其选举权及被选举权。

一、现任官吏及巡警。

二、现役海陆军人。

三、各学校肄业生。

四、僧道及其他宗教师。

前项第四款于蒙、藏、青海不适用之。

第七条 小学校教员停止其被选举权。

第八条 办理选举人员于其选举区内停止其被选举权。但监察员及蒙、藏、青海之办理选举人员,不在此限。

第二编 各省及各特别行政区议员之选举

第一章 选举区划及办理选举人员

第一节 选举区划

第九条 初选举以县为选举区,复选举以道或特别行政区为选举区。

第十条 行政区划之境界有变更时,选举区一并变更,但原选议员不失其职。

第二节 办理选举人员

第十一条 各省设选举总监督,以该省行政长官充之,监督全省选举事宜。

第十二条 初选举区设初选监督,以县知事充之,监督初选举一切事宜。

第十三条 复选举区设复选监督,以道尹或特别行政区长官充之,监督复选举一切事宜。

第十四条 初选举、复选举均设投票管理员、监察员,开票管理员、监察员各若干名,由初选监督、复选监督分别委任。但监察员以本区选举人为限。

第十五条　投票管理员之职务如下：

一、掌投票所之启闭。

二、决定投票之应否收受。

三、掌投票匦、投票簿、投票纸及选举人名册。

四、保持投票所秩序。

五、其他本法所定属于投票管理员职务之事项：

第十六条　开票管理员之职务如下：

一、掌开票所之启闭。

二、清算投票数目。

三、检查投票纸之真伪。

四、决定投票之是否合法。

五、保存选举票。

六、保持开票所秩序。

七、其他本法所定属于开票管理员职务之事项。

第十七条　投票监察员、开票监察员、各监察管理员办理投票开票事宜。

监察员与管理员意见不同时，得呈明选举监督决定。

第十八条　办理选举人员均为名誉职，但得酌给公费。

第二章　初选举

第一节　投票区

第十九条　初选监督应按照地方情形分划本管区域为若干投票区。

第二十条　投票区应于初选期八十日以前，由初选监督筹定呈报复选监督核定后，转报总监督。

第二节　选举人名册

第二十一条　初选监督应就本管区域内分派调查员，按照选举资格调查合格者编造选举人名册。调查员办事细则由初选监督定之。

第二十二条　选举人名册应载选举人姓名、年岁、籍贯、住址、住居年限及下列第一款或第二款事项：

一、年纳直接税之数或不动产价格之数。

二、某种学校毕业或与某种学校毕业相当之资格。

第二十三条 选举人名册应于初选期六十日以前一律告成,由初选监督分别呈报复选监督及总监督。

第二十四条 初选监督应按各投票区分造选举人名册,于初选期六十日以前颁发各投票所宣示。

第二十五条 选举人名册自宣示之日起五日以内,如有错误遗漏,得由本人请求初选监督更正。

前项请求更正初选监督应自收受请求书之日起十日以内判定之。

第二十六条 宣示期满不得再请更正。

初选监督判定更正后,应将更正名册补报复选监督及总监督。

第二十七条 选举人名册确定后,应分别存投票所及开票所,并由总监督报告选举人总数于内务部。

第三节 初选当选人名额

第二十八条 初选当选人名额定为议员名额之五十倍,每届由复选监督按照该复选区议员名额用五十乘之,为该复选区内初选当选人名额,分配于各初选区。

第二十九条 初选当选人之分配,由复选监督以该复选区应出之初选当选人名额,除全区选举人总数,视得数多寡,定每选举人若干名得选出当选人一名,再以此数分除各初选区选举人数,视得数多寡定各该初选区应出初选当选人若干名。

初选区有选举人数不敷选出当选人一名,或敷选若干名之外仍有零数致当选人不足定额者,比较各初选区零数多寡,将余额依次归零数较多之区选出之。若两区以上零数相等,其余额应归何区以抽签定之。

初选当选人名额分配定后,由复选监督于初选期十日以前榜示各初选区。

第四节 选举通告

第三十条 初选监督应于初选期四十日以前颁发选举通告,其应载事项如下：

一、初选日期。

二、初选投票所及开票所地址。

三、投票方法。

第五节　投票所及开票所

第三十一条　投票所每投票区各设一处，开票所设于初选监督驻在地，其地址各由初选监督定之。

第三十二条　投票所、开票所周围，得临时增派巡警保持秩序。

第三十三条　投票所及开票所除本所职员选举人及巡警外，他人不得阑入。

开票所因参观之选举人过多不能容时，管理员得限制人数。

第三十四条　投票所及开票所自投票及开票完毕之日起十五日以内一律裁撤。

第三十五条　投票所自午前八时启至午后六时闭，逾限不得入内。

第三十六条　投票所及开票所办事细则由初选监督定之。

第六节　投票纸投票簿及投票匦

第三十七条　投票纸应由复选监督按照定式制成，于初选期三十日以前分交初选监督，初选监督应于初选期七日以前分交各投票所。

第三十八条　初选监督应按照各投票区所属选举人分别造具投票簿，并按照定式制成投票匦，于初选期七日以前分交各投票所。

第三十九条　投票簿须载明选举人姓名、年岁、籍贯及住址。

第四十条　投票匦除投票时外应严密封锁。

第七节　投票开票及检票

第四十一条　投票人以列名本投票所之投票簿者为限。

第四十二条　投票人届选举期应亲赴投票所自行投票。

第四十三条　投票人于领投票纸时，应先在投票簿所载本人姓名下签字。

第四十四条　投票人每名领投票纸一张。

第四十五条 投票用无记名单记法。

第四十六条 投票人于投票所内除关于投票方法得与职员问答外,不得与他人接谈。

第四十七条 投票人投票完毕后,应即退出。

第四十八条 投票人倘有冒替及其他违背法令情事,管理员及监察员得令退出。

第四十九条 管理员及监察员应将投票情形会同造具报告连同投票瓯,于投票完毕之翌日移交开票所并呈报初选监督。

第五十条 初选监督自各投票瓯送齐之翌日,应酌定时刻先行宣示,届时亲临开票所督同开票,即日宣示。

第五十一条 检票时应将所投选举票数与投票簿对照。

第五十二条 选举票有下列情事之一者为废票:

一、写不依式者。

二、夹写他事者。但记载被选举人职业或住址者不在此限。

三、字迹模糊不能认识者。

四、不用投票所所发票纸者。

五、选出之人为选举人名册所无者。

第五十三条 开票所管理员及监察员,应将开票情形会同造具报告,于开票完毕之翌日呈送初选监督。所有选举票,应分别有效无效,一并呈送,于本届选举年限内由初选监督保存之。

第八节 当选票额

第五十四条 初选以本区应出当选人名额除投票人总数,以得票满三分之一为当选票额。

第五十五条 因不满当选票额致无人当选或当选人不足定额时,由初选监督就得票较多者,按照所缺初选当选人名额加倍开列姓名即行榜示,于开票后第三日,在原投票所,就榜示姓名内再行投票,至足额为止。

第五十六条 凡得票满当选票额,因初选当选人足额不能当选者,即作为初选候补当选人。

第五十七条　初选当选人及初选候补当选人名次，以得票之多寡为序。票数相同，抽签定之。其再行投票选出者，以选出之先后为序。

第九节　当选通知及证书

第五十八条　初选当选人选出后，应即榜示，并由初选监督分别通知各当选人。

第五十九条　初选当选人接到通知后，应于五日以内答复愿否应选。其逾期不复者以不愿应选论。初选当选人不愿应选者，以初选候补当选人依次应选。

第六十条　初选当选人应选者由初选监督给予初选当选证书。

第六十一条　初选当选证书由复选监督按照定式制成，于初选期二十日以前分交初选监督。

第六十二条　当选证书给与后，应将当选人姓名榜示，并呈报复选监督。

第六十三条　初选当选人受领证书后，由初选监督按照距复选投票所路程远近酌给旅费。

第三章　复选举

第六十四条　复选举由初选当选人齐集复选监督驻在地行之。

第六十五条　复选人名册以初选当选人为限，依各初选区之顺序编列之，其册内应载事项除依第二十二条规定外，应载明初选当选票数。

第六十六条　复选当选人不以初选当选人为限。

第六十七条　各复选区应出议员若干名，每届由总监督按照各该复选区选举人名册总数，以全省议员名额分配之。

第六十八条　复选当选人之分配，由总监督于各复选区选举人名册报齐后，按照名册以该省议员名额除全省选举人总数视得数多寡定，每选举人若干名得选出议员一名，再以此数分除各复选区选举人数，视得数多寡定各该复选区应出复选当选人若干名。

复选区有选举人数不敷选出议员一名，或敷选若干名之外，仍有零数致议员不足定额者,比较各复选区零数多寡,将余额依次归零数较多之区选出之。若两区以上零数相等,其余额应归何区,以抽签定之。复选当选人名额分配定后,由总监督于初选期三十日以前通知各复选监督。

第六十九条　复选监督应于复选期三十日以前颁发选举通告,其应载事项如下：

一、复选日期。

二、复选投票所及开票所地址。

三、投票方法。

四、复选当选人名额。

第七十条　复选投票所、开票所地址及办事细则,由复选监督定之。

关于投票所、开票所事项准用第三十二条至第三十五条之规定。

第七十一条　复选投票纸、投票簿及投票甄定式与初选同。

第七十二条　复选投票、开票及检票准用第四十一条至第五十二条第一款至第四款及第五十三条之规定。

第七十三条　复选以本区应出议员名额,除投票人总数将得数之半为当选票额,非得票满额者不得为复选当选人。

第七十四条　因不满当选票额致无人当选或当选人不足定额时,由复选监督在原投票所再行选举,至足额为止。

第七十五条　复选当选人选出后,应依该区应出议员名额选定同数之复选候补当选人。其当选票额依第七十三条之规定。

凡得票满当选票额因复选当选人足额不能当选者,即作为复选候补当选人。

第七十六条　复选当选人及复选候补当选人之名次,准用第五十七条之规定。

第七十七条　复选当选人及复选候补当选人选出后,应即榜示并由复选监督分别通知各复选当选人。复选当选人接到通知后,应于二

乌兰察布盟：一人

伊克昭盟：一人

土谢图汗部：一人

车臣汗部：一人

三音诺颜部：一人

扎萨克图汗部：一人

乌梁海：一人

科布多：二人

察哈尔：一人

归化城土默特：一人

阿拉善：一人

额济纳：一人

旧土尔扈特：一人

哈萨克：一人

呼伦贝尔：一人

前藏：四人

后藏：三人

青海：二人

第九十九条　选举监督以各该选举区之行政长官充之，监督该管区域内一切选举事宜。选举监督得酌派办理选举人员并定其职务。

第一百条　选举监督应分派调查员按照选举资格调查合格者造具选举人名册，选举人名册应载事项准用第二十二条之规定。

第一百零一条　前条之调查选举监督，若认为不能遍行时，得专就其驻在地行之。

第一百零二条　选举监督专就其驻在地为调查时，对于驻在地以外之本管区域，应先期详列选举事由选举资格并定日期，令各地之行政长官宣示公众，听选举人合格者自行呈报各地行政长官于呈报期满时，应即查实汇报选举监督。

第一百零三条　选举监督应将前条呈报之选举人一并列入选举人名册。

第一百零四条　关于选举人名册之宣示及更正准用第二十四条、第二十五条、第二十六条第一项之规定。

第一百零五条　选举监督应于选举期前颁发选举通告,令本管各地之行政长官宣示。前项选举通告应载事项如下:

一、选举日期。

二、选举投票所及开票所地址。

三、投票方法。

第一百零六条　投票所及开票所设于选举监督驻在地,选举监督得依便宜分划本选举区为若干投票区,每投票区设投票所一处。

第一百零七条　关于投票所及开票所事项准用第三十二条至第三十六条之规定。

第一百零八条　投票纸投票簿及投票瓯准用第三十七条至第四十条之规定。

投票纸除汉字外得书各该地通用文字。

第一百零九条　投票开票及检票准用第四十一条至第五十二条第一款至第四款及第五十三条之规定。

第一百一十条　选举按照本区应选出议员名额以得票较多者为当选。当选不足额时,应就原投票所再行投票,至足额为止。

第一百一十一条　当选人足额后以得票次多数者为候补当选人,其名额与议员名额同。

候补当选人不足额时,准用前条之规定选举之。

第一百一十二条　当选人及候补当选人名次准用第五十七条之规定。

第一百一十三条　当选通知及证书之给与准用第七十七条第七十九条之规定。

第一百一十四条　议员证书给与后,选举监督应将选举情形详细记载连同投票簿,并有效、无效之投票纸,及议员名册,于本届选举年限内保存之,并造具该区议员名册报告内务部。

议员名册适用第八十条第三项之规定。

第一百一十五条 关于当选人不愿应选及议员出缺时,候补当选人之递补准用第七十八条、第八十一条、第八十二条、第八十三条之规定。

第一百一十六条 关于选举无效及当选无效,适用第八十四条、第八十六条、第八十七条、第八十八条之规定。

第一百一十七条 改选及补选,适用第九十条、第九十一条之规定。

改选及补选之选举事项均依本编之规定行之。

第一百一十八条 选举人确认办理选举人员有舞弊及其他违背法令行为时,得自选举日起五日内向受理诉讼之官署起诉。

第一百一十九条 选举人确认当选人资格不符或票数不实者,得依前条之规定起诉。

第一百二十条 落选人确认所得票数应当选而未当选或候补当选人确认名次有错误者,得依第一百一十八条之规定起诉。

第一百二十一条 选举诉讼之审判及上诉准用第九十六条、第九十七条之规定。

第四编 附则

第一百二十二条 本法施行细则以教令定之。

第一百二十三条 本法自公布日施行①。

(五)蒙古四部西藏第二届众议院议员选举施行法

1918 年 2 月 17 日公布

第一条 蒙古四部、西藏第二届众议院议员之选举得于政府所在

---

① 众议院秘书厅 1919 年 8 月订:《众议院要览(法令一)》,第 14—18 页。

地行之。

第二条　蒙古四部、西藏之选举监督以蒙藏院总裁充之。

第三条　选举细则由选举监督定之。

第四条　本法自公布日施行①。

（六）第二届国会（安福国会）议员名单

1. 参议院议员

议　长：李盛铎（议长原为梁士诒，1918 年 12 月 21 日辞，1919 年 1 月 9 日由李盛铎继之）

副议长：田应璜（副议长原为朱启钤，1918 年 11 月 27 日辞，同年 12 月 4 日改选为田应璜）

直　隶：冯家遂、曹　钧、杨以俭、陈赓虞、赵元礼、朱仕清、毕桂芳、王郅隆、卢谔生。

奉　天：曾有严、陈瀛州、赵连琪、陈克正、苏毓芳、毓　朗、溥　绪。

吉　林：祝华如、于贵良、毕维垣、成多禄、徐肇铨。

黑龙江：翟文选、蔡国忱、杨崇山、李占英、宋连甲。

江　苏：段书云、杨寿楠、邓邦述、徐果人、周作民、刘文煜、沈国钧、罗鸿年、吴宗濂、任凤宾。

安　徽：倪道杰、苏文选、张敬舜、姜兆璜、柳汝士、周秀文、李国杰、张汝钧、汪声玲、周诒春、许世英、江绍杰、唐在礼、吕调元、唐理淮。

江　西：吴　钫、陶家瑶、熊元锽、许受衡、魏斯炅、蔡儒楷、贺国昌。

浙　江：吴钟镕、张　烈、沈金鉴、潘　补、汪有龄、蒋　菜、吴德培。

福　建：陈懋鼎、陈之麟、郭章鋆、杨廷梁、林灏深、张超南、施景琛、梁鸿志、王世澄、张元奇、李兆珍。

湖　北：陈宝书、钱葆青、蔡汉卿、萧延平、陈元祥、胡　钧、陈邦燮。

---

① 众议院秘书厅 1919 年 8 月订：《众议院要览（法令一）》，第 28 页。

湖　　南：陈　介、刘冕执、陈嘉言、易顺豫、杜　俞。

山　　东：尹宏庆、庄陔兰、李元亮、王锡蕃、张玉庚、刘星楠、周自齐。

河　　南：张凤台、毕太昌、李时灿、苏思温、史宝安、冯汝骙、王祖同。

山　　西：贾　耕、解荣辂、梁善济、曾纪纲、王学曾、李钟龄、许　喆。

陕　　西：王　樾、张孝慈、武树善、郭毓璋、宋伯鲁、何毓璋。

甘　　肃：秦望澜、赵守愚、李增秋、吴本植、段永新。

新　　疆：一不拉引、李钟麟。

四　　川：赵得心、邓　镕。

广　　东：黄锡铨、何焱森、陈焕章、陈振先、梁葶联、谭瑞霖、韦荣熙、谭雨三、卢谔生、林韵宫。

广　　西：林炳华。

京　　兆：孟宪彝。

热　　河：高锡恩。

察哈尔：郑仲升。

绥　　远：郑　玓、龚秉钧。

蒙　　古：阿穆尔灵圭、德色赖托布、鄂多台、札噶尔、色丹巴勒珠尔、棍布札布、阿拉坦瓦齐尔、汉罗札布。

西　　藏：阿旺曲札、格勒索巴、江赞桑布。

2. 众议院议员

议　　长：王揖唐（1918年8月20日当选）

副议长：刘恩格（1918年8月20日当选）

直　　隶：卞荫昌、籍忠寅、叶云表、张濂、王葆鋆、田子鹏、苏艺林、汪铁松、张佐汉、耿兆栋、张恩绶、王恩澍、董景勋、卢　岳、王文芹、贺培桐、武绳绪、聂　蠢、王双岐、訾云岫、吴得禄、贾庸熙、韩梯云、王树楠。

奉　　天：邴克庄、曾宪文、高清和、魏福锡、董宝麟、孙孝宗、焉泮春、教德兴、翁恩裕、刘兴甲。

吉　　林：金明川、逯长增、贾明善、赵骥、王汝澂、孙恩溥、刘　哲、乌泽声、王沐身。

黑龙江：赵仲仁、刘振生、文子铎、张文翰、李维周、赵　镇、王文璞。

江　苏：夏仁虎、孙锡恩、柳肇庆、蒋士杰、陆冲鹏、鲍宗汉、金咏榴、陆才甫、蓝公武、黄家璘、孙润宇、葛梦朴、彭清鹏、孙靖圻、解树强、杨润、任祖荣、夏寅官、郝崇寿、季龙图、顾咏葵、杨毓遒、沈仲长、王玉树、王立廷、张从仁、臧荫松。

安　徽：洪玉麟、吴厚卿、光云锦、赵熙民、周行原、胡延禧、丁葆光、刘兆麟、倪道煌、丁冠军、华维岳、蒋尚恒、吴　山、江忠赓、崔　法、陈嘉言、陈光谱、黄光昌、吴文瀚、周维藩、吴荣成、史启藩、龚庆霖、永　寿、高炳麟、刘潮望、黄立中、关建藩、邱凤舞。

江　西：包发鸢、熊正琦、饶孟任、吴道觉、程臻、梅士焕、杨荫乔、叶先圻、黄文浚、林金相、刘思桂、熊坤、龙　晃、李学莲、黄大坝、邱　珍、葛庄、魏会英、刘树棠、熊正瑗、宋育德、李家浦、魏调元、蔡公一、石云星。

浙　江：汪　然、金绍城、周承桉、汪立元、金　森、钱　豫、沈椿年、谢钟灵、杜棣华、童能藩、王行健、黄秉义、王锡荣、袁　翼、何勋业、黄秉鉴、汪展、黄灵雨、苏应铨、黄　群、章献猷、杜　持、蒋季哲、姜周辅、林　卓、林　同、贺德霖。

福　建：邵继琛、林栋、刘以芬、李俊、林佑薾、郑蕲、王大贞、陈蓉光、黄　荫、陈　亮、陈为铫、邱曾炜、刘映奎、郑元桢、高登鲤、李兆年、陈　震、曾毓煦。

湖　北：贺黻冕、吕瑞庭、饶汉秘、赵俨葳、周　棠、刘　亮、李继桢、李宝楚、胡柏年、汤用彬、王　彭、刘　果、甘鹏云、余德元、郑万瞻、王运孚、王璟芳、何佩瑄。

湖　南：李棠生、罗正纬、吴德润、易克枭、吴剑丰、张　宣、周　渤、晏才猷、王　毅、朱后烈、何海鸣、陈琢章、符定一、唐乾一、向乃祺、杨岳、吴凌云、廖名缙。

山　东：李庆璋、艾庆镛、郭光烈、韩纯一、劳庆礽、邵晋蕃、周福岐、吕庆圻、王广瀚、王之策、杜维俭、周祖澜、沙明远、王广瑞、张栋铭、王